中国人口普查
CHINA POPULATION CENSUS

2020

四川省人口普查年鉴

(上册)

SICHUAN POPULATION CENSUS YEARBOOK 2020

(BOOK 1)

四川省第七次全国人口普查领导小组办公室
四　川　省　统　计　局　编

Compiled by
Office of the Leading Group of Sichuan Province for the Seventh National Population Census
Sichuan Provincial Bureau of Statistics

中国统计出版社
China Statistics Press

图书在版编目（CIP）数据

四川省人口普查年鉴. 2020. 上册 / 四川省第七次全国人口普查领导小组办公室, 四川省统计局编. -- 北京 : 中国统计出版社, 2022.9
ISBN 978-7-5037-9919-8

Ⅰ. ①四… Ⅱ. ①四… ②四… Ⅲ. ①人口普查－统计资料－四川－2020－年鉴 Ⅳ. ①C924.257.1-54

中国版本图书馆 CIP 数据核字(2022)第 148402 号

四川省人口普查年鉴-2020（上册）
Sichuan Population Census Yearbook 2020 (Book 1)

作　　者/四川省第七次全国人口普查领导小组办公室　四川省统计局
责任编辑/佘竞雄
封面设计/李雪燕
出版发行/中国统计出版社有限公司
通信地址/北京市丰台区西三环南路甲 6 号　邮政编码/100073
发行电话/邮购（010）63376909　书店（010）68783171
网　　址/http://www.zgtjcbs.com/
印　　刷/河北鑫兆源印刷有限公司
经　　销/新华书店
开　　本/880mm×1230mm　1/16
字　　数/972 千字
印　　张/31.75
版　　别/2022 年 9 月第 1 版
版　　次/2022 年 9 月第 1 次印刷
定　　价/980.00 元（全三册附光盘）

《四川省人口普查年鉴—2020》编委会和编辑工作人员

编辑说明

在以习近平同志为核心的党中央坚强领导下，按照国务院第七次全国人口普查领导小组统一部署，全省各地区各有关部门精心组织、协同推进，全体普查人员艰苦努力、无私奉献，亿万普查对象共同参与、积极配合，四川省第七次全国人口普查取得了圆满成功，获得了丰富详实的数据资料。为了满足社会各界的需要，现将汇总的数据资料编辑出版。

为便于读者使用本资料，现将有关情况说明如下：

一、普查对象和标准时点

第七次全国人口普查的普查对象指普查标准时点在中华人民共和国境内的自然人以及在中华人民共和国境外但未定居的中国公民，不包括在中华人民共和国境内短期停留的境外人员。普查标准时点为 2020 年 11 月 1 日零时。

二、普查表式

第七次全国人口普查采用长、短两种普查表。普查短表包括反映人口基本状况的项目，由全部住户（不包括港澳台居民和外籍人员）填报；普查长表包括所有短表项目和人口的经济活动、婚姻生育和住房等情况的项目，在全部住户中抽取 10%的户（不包括港澳台居民和外籍人员）填报。

三、资料主要内容

本资料分为三部分。第一部分是全部人口数据，主要反映人口的基本状况，分为八卷，共 196 张表；第二部分是普查长表数据，主要反映人口的各种结构情况，分为九卷，共 218 张表；第三部分是附录，主要是普查的有关规定和技术文件等。

四、数据汇总口径及推算说明

本资料是普查实际登记直接汇总的数据，不包括现役军人。

资料中各项指标的汇总结果未做任何误差校正，读者在使用时应考虑不同指标登记误差因素的影响。

由于普查长表是按户抽样并进行登记，因此人口总数以及各种人口结构数据的抽样比会存在略微差异，请读者使用本资料推算总体时，对采用的方法予以注意。

五、城乡划分规定

本次人口普查关于城乡的划分，按照国家统计局《统计上划分城乡的规定》执行。

六、其他

本资料中部分相对数由于单位取舍问题而产生的计算误差，均未做机械调整。本资料中空项表示无数字或数字很小。

目　　录

上　册

第一部分　全部数据资料

第一卷　概要

第三卷 年龄

第四卷 教育

第五卷　家庭

第六卷　死亡

第七卷 户口登记状况

第八卷 住房

中　册

第二部分　长表数据资料

第一卷　概要

第二卷　民族

第三卷　教育

下　册

第二部分　长表数据资料(续)

第六卷　生育

第七卷 迁移和户口登记地

第八卷 老年人口

第九卷 住房

第三部分　附　录

第一部分　全部数据资料

第一卷　概要

1-1 各地区户数、

地区	户数			合计			
	合计	家庭户	集体户	合计	男	女	性别比(女=100)
全省	**32205094**	**30756120**	**1448974**	**83674866**	**42289718**	**41385148**	**102.19**
成都市	8068465	7419822	648643	20937757	10522641	10415116	101.03
自贡市	976633	947274	29359	2489256	1238475	1250781	99.02
攀枝花市	471920	447849	24071	1212203	626361	585842	106.92
泸州市	1568880	1503753	65127	4254149	2144993	2109156	101.70
德阳市	1404799	1348263	56536	3456161	1736923	1719238	101.03
绵阳市	2048571	1972258	76313	4868243	2441188	2427055	100.58
广元市	945928	924277	21651	2305657	1153365	1152292	100.09
遂宁市	1132666	1105592	27074	2814196	1427876	1386320	103.00
内江市	1275417	1240588	34829	3140678	1578533	1562145	101.05
乐山市	1217917	1182406	35511	3160168	1585671	1574497	100.71
南充市	2340443	2266278	74165	5607565	2841682	2765883	102.74
眉山市	1109914	1061239	48675	2955219	1477604	1477615	100.00
宜宾市	1623798	1552253	71545	4588804	2345750	2243054	104.58
广安市	1316565	1284068	32497	3254883	1647064	1607819	102.44
达州市	2078802	2012786	66016	5385422	2769844	2615578	105.90
雅安市	516375	498236	18139	1434603	725878	708725	102.42
巴中市	1081076	1057045	24031	2712894	1380002	1332892	103.53
资阳市	981122	960664	20458	2308631	1165412	1143219	101.94
阿坝藏族羌族自治州	264792	251493	13299	822587	426330	396257	107.59
甘孜藏族自治州	324859	308707	16152	1107431	569779	537652	105.98
凉山彝族自治州	1456152	1411269	44883	4858359	2484347	2374012	104.65

1-1a 各地区户数、

地区	户数			合计			
	合计	家庭户	集体户	合计	男	女	性别比(女=100)
全省	**11605081**	**10700636**	**904445**	**30431679**	**15030432**	**15401247**	**97.59**
成都市	5900001	5362297	537704	15179852	7581369	7598483	99.77
自贡市	295821	280949	14872	767786	370947	396839	93.48
攀枝花市	283576	264683	18893	670591	344465	326126	105.62
泸州市	376849	345465	31384	999809	484895	514914	94.17
德阳市	491685	460414	31271	1254484	612945	641539	95.54
绵阳市	689988	647898	42090	1698180	821254	876926	93.65
广元市	184678	177173	7505	475784	228904	246880	92.72
遂宁市	389922	373483	16439	1092208	534955	557253	96.00
内江市	279126	261502	17624	756138	355609	400529	88.78
乐山市	365190	346886	18304	932896	450394	482502	93.35
南充市	535061	496937	38124	1461982	706875	755107	93.61
眉山市	243749	224760	18989	674734	327656	347078	94.40
宜宾市	385806	348499	37307	1079605	536518	543087	98.79
广安市	169721	158181	11540	513365	246954	266411	92.70
达州市	357067	336971	20096	1081856	542655	539201	100.64
雅安市	110428	101621	8807	290242	139612	150630	92.69
巴中市	158848	151565	7283	472166	233120	239046	97.52
资阳市	152060	143628	8432	408262	200897	207365	96.88
阿坝藏族羌族自治州	11639	10551	1088	31083	15398	15685	98.17
甘孜藏族自治州	18274	16781	1493	46041	23663	22378	105.74
凉山彝族自治州	205592	190392	15200	544615	271347	273268	99.30

人口数和性别比

单位：户、人

人口数								平均家庭户规模（人/户）
家庭户				集体户				
小计	男	女	性别比（女=100）	小计	男	女	性别比（女=100）	
77093057	**38672981**	**38420076**	**100.66**	**6581809**	**3616737**	**2965072**	**121.98**	**2.51**
18445326	9114439	9330887	97.68	2492431	1408202	1084229	129.88	2.49
2350865	1167069	1183796	98.59	138391	71406	66985	106.60	2.48
1095787	553888	541899	102.21	116416	72473	43943	164.93	2.45
3941233	1984756	1956477	101.45	312916	160237	152679	104.95	2.62
3221950	1598255	1623695	98.43	234211	138668	95543	145.14	2.39
4485534	2235886	2249648	99.39	382709	205302	177407	115.72	2.27
2182682	1084444	1098238	98.74	122975	68921	54054	127.50	2.36
2672540	1351580	1320960	102.32	141656	76296	65360	116.73	2.42
2965691	1491860	1473831	101.22	174987	86673	88314	98.14	2.39
2997514	1494601	1502913	99.45	162654	91070	71584	127.22	2.54
5254333	2663122	2591211	102.78	353232	178560	174672	102.23	2.32
2724682	1354398	1370284	98.84	230537	123206	107331	114.79	2.57
4264850	2165585	2099265	103.16	323954	180165	143789	125.30	2.75
3090331	1562704	1527627	102.30	164552	84360	80192	105.20	2.41
4947145	2539870	2407275	105.51	438277	229974	208303	110.40	2.46
1350992	680065	670927	101.36	83611	45813	37798	121.20	2.71
2589873	1311973	1277900	102.67	123021	68029	54992	123.71	2.45
2201463	1105198	1096265	100.81	107168	60214	46954	128.24	2.29
734564	373491	361073	103.44	88023	52839	35184	150.18	2.92
986818	500608	486210	102.96	120613	69171	51442	134.46	3.20
4588884	2339189	2249695	103.98	269475	145158	124317	116.76	3.25

人口数和性别比(城市)

单位：户、人

人口数								平均家庭户规模（人/户）
家庭户				集体户				
小计	男	女	性别比（女=100）	小计	男	女	性别比（女=100）	
26634361	**12980496**	**13653865**	**95.07**	**3797318**	**2049936**	**1747382**	**117.31**	**2.49**
13164502	6447430	6717072	95.99	2015350	1133939	881411	128.65	2.46
700998	336075	364923	92.09	66788	34872	31916	109.26	2.50
581343	290149	291194	99.64	89248	54316	34932	155.49	2.20
868769	419145	449624	93.22	131040	65750	65290	100.70	2.51
1121104	537939	583165	92.24	133380	75006	58374	128.49	2.43
1487227	717081	770146	93.11	210953	104173	106780	97.56	2.30
428842	205198	223644	91.75	46942	23706	23236	102.02	2.42
993731	482960	510771	94.56	98477	51995	46482	111.86	2.66
671217	319572	351645	90.88	84921	36037	48884	73.72	2.57
844898	404360	440538	91.79	87998	46034	41964	109.70	2.44
1272940	616954	655986	94.05	189042	89921	99121	90.72	2.56
601654	290043	311611	93.08	73080	37613	35467	106.05	2.68
927250	452723	474527	95.41	152355	83795	68560	122.22	2.66
453326	218159	235167	92.77	60039	28795	31244	92.16	2.87
945816	473580	472236	100.28	136040	69075	66965	103.15	2.81
254377	123033	131344	93.67	35865	16579	19286	85.96	2.50
435151	211920	223231	94.93	37015	21200	15815	134.05	2.87
361565	174463	187102	93.24	46697	26434	20263	130.45	2.52
21588	10484	11104	94.42	9495	4914	4581	107.27	2.05
35771	18064	17707	102.02	10270	5599	4671	119.87	2.13
462292	231164	231128	100.02	82323	40183	42140	95.36	2.43

1-1b 各地区户数、

地区	户数				合计		
	合计	家庭户	集体户	合计	男	女	性别比(女=100)
全省	**6358727**	**6020073**	**338654**	**17034233**	**8388350**	**8645883**	**97.02**
成都市	478641	448174	30467	1313128	641966	671162	95.65
自贡市	228666	216580	12086	611353	289923	321430	90.20
攀枝花市	64441	60945	3496	172787	88892	83895	105.96
泸州市	414856	386202	28654	1137655	554701	582954	95.15
德阳市	275339	257587	17752	679898	342513	337385	101.52
绵阳市	339089	315718	23371	816923	403129	413794	97.42
广元市	247112	236576	10536	608741	293963	314778	93.39
遂宁市	202931	195097	7834	520433	256352	264081	97.07
内江市	322492	307789	14703	816457	397446	419011	94.85
乐山市	286212	274461	11751	745471	365087	380384	95.98
南充市	539041	515619	23422	1353952	664588	689364	96.41
眉山市	291572	273055	18517	806871	395764	411107	96.27
宜宾市	437615	410939	26676	1278639	637532	641107	99.44
广安市	359124	345234	13890	921023	441425	479598	92.04
达州市	584957	554096	30861	1600310	800181	800129	100.01
雅安市	167532	161922	5610	466909	231875	235034	98.66
巴中市	296724	284844	11880	780127	380105	400022	95.02
资阳市	214846	205280	9566	544963	260328	284635	91.46
阿坝藏族羌族自治州	112972	105037	7935	310246	157594	152652	103.24
甘孜藏族自治州	105895	96604	9291	297387	149288	148099	100.80
凉山彝族自治州	388670	368314	20356	1250960	635698	615262	103.32

1-1c 各地区户数、

地区	户数				合计		
	合计	家庭户	集体户	合计	男	女	性别比(女=100)
全省	**14241286**	**14035411**	**205875**	**36208954**	**18870936**	**17338018**	**108.84**
成都市	1689823	1609351	80472	4444777	2299306	2145471	107.17
自贡市	452146	449745	2401	1110117	577605	532512	108.47
攀枝花市	123903	122221	1682	368825	193004	175821	109.77
泸州市	777175	772086	5089	2116685	1105397	1011288	109.31
德阳市	637775	630262	7513	1521779	781465	740314	105.56
绵阳市	1019494	1008642	10852	2353140	1216805	1136335	107.08
广元市	514138	510528	3610	1221132	630498	590634	106.75
遂宁市	539813	537012	2801	1201555	636569	564986	112.67
内江市	673799	671297	2502	1568083	825478	742605	111.16
乐山市	566515	561059	5456	1481801	770190	711611	108.23
南充市	1266341	1253722	12619	2791631	1470219	1321412	111.26
眉山市	574593	563424	11169	1473614	754184	719430	104.83
宜宾市	800377	792815	7562	2230560	1171700	1058860	110.66
广安市	787720	780653	7067	1820495	958685	861810	111.24
达州市	1136778	1121719	15059	2703256	1427008	1276248	111.81
雅安市	238415	234693	3722	677452	354391	323061	109.70
巴中市	625504	620636	4868	1460601	766777	693824	110.51
资阳市	614216	611756	2460	1355406	704187	651219	108.13
阿坝藏族羌族自治州	140181	135905	4276	481258	253338	227920	111.15
甘孜藏族自治州	200690	195322	5368	764003	396828	367175	108.08
凉山彝族自治州	861890	852563	9327	3062784	1577302	1485482	106.18

人口数和性别比(镇)

单位：户、人

人口数								平均家庭户规模(人/户)
家庭户				集体户				
小计	男	女	性别比(女=100)	小计	男	女	性别比(女=100)	
15297267	**7465075**	**7832192**	**95.31**	**1736966**	**923275**	**813691**	**113.47**	**2.54**
1153402	564515	588887	95.86	159726	77451	82275	94.14	2.57
551640	260943	290697	89.76	59713	28980	30733	94.30	2.55
154643	77637	77006	100.82	18144	11255	6889	163.38	2.54
982521	476484	506037	94.16	155134	78217	76917	101.69	2.54
612925	301807	311118	97.01	66973	40706	26267	154.97	2.38
713262	345159	368103	93.77	103661	57970	45691	126.87	2.26
552929	263480	289449	91.03	55812	30483	25329	120.35	2.34
489787	240025	249762	96.10	30646	16327	14319	114.02	2.51
740138	356503	383635	92.93	76319	40943	35376	115.74	2.40
701034	340255	360779	94.31	44437	24832	19605	126.66	2.55
1248818	610262	638556	95.57	105134	54326	50808	106.92	2.42
715968	346630	369338	93.85	90903	49134	41769	117.63	2.62
1143570	564697	578873	97.55	135069	72835	62234	117.03	2.78
854000	406526	447474	90.85	67023	34899	32124	108.64	2.47
1400452	693962	706490	98.23	199858	106219	93639	113.43	2.53
440021	217306	222715	97.57	26888	14569	12319	118.26	2.72
721763	349891	371872	94.09	58364	30214	28150	107.33	2.53
495633	233508	262125	89.08	49330	26820	22510	119.15	2.41
266342	133103	133239	99.90	43904	24491	19413	126.16	2.54
233372	116550	116822	99.77	64015	32738	31277	104.67	2.42
1125047	565832	559215	101.18	125913	69866	56047	124.66	3.05

人口数和性别比(乡村)

单位：户、人

人口数								平均家庭户规模(人/户)
家庭户				集体户				
小计	男	女	性别比(女=100)	小计	男	女	性别比(女=100)	
35161429	**18227410**	**16934019**	**107.64**	**1047525**	**643526**	**403999**	**159.29**	**2.51**
4127422	2102494	2024928	103.83	317355	196812	120543	163.27	2.56
1098227	570051	528176	107.93	11890	7554	4336	174.22	2.44
359801	186102	173699	107.14	9024	6902	2122	325.26	2.94
2089943	1089127	1000816	108.82	26742	16270	10472	155.37	2.71
1487921	758509	729412	103.99	33858	22956	10902	210.57	2.36
2285045	1173646	1111399	105.60	68095	43159	24936	173.08	2.27
1200911	615766	585145	105.23	20221	14732	5489	268.39	2.35
1189022	628595	560427	112.16	12533	7974	4559	174.91	2.21
1554336	815785	738551	110.46	13747	9693	4054	239.10	2.32
1451582	749986	701596	106.90	30219	20204	10015	201.74	2.59
2732575	1435906	1296669	110.74	59056	34313	24743	138.68	2.18
1407060	717725	689335	104.12	66554	36459	30095	121.15	2.50
2194030	1148165	1045865	109.78	36530	23535	12995	181.11	2.77
1783005	938019	844986	111.01	37490	20666	16824	122.84	2.28
2600877	1372328	1228549	111.70	102379	54680	47699	114.64	2.32
656594	339726	316868	107.21	20858	14665	6193	236.80	2.80
1432959	750162	682797	109.87	27642	16615	11027	150.68	2.31
1344265	697227	647038	107.76	11141	6960	4181	166.47	2.20
446634	229904	216730	106.08	34624	23434	11190	209.42	3.29
717675	365994	351681	104.07	46328	30834	15494	199.01	3.67
3001545	1542193	1459352	105.68	61239	35109	26130	134.36	3.52

1-2　各地区分性别、

地　区	人　口　数			居住本乡、镇、街道，户口在本乡、镇、街道		
	合计	男	女	小计	男	女
全省	**83674866**	**42289718**	**41385148**	**55583401**	**28317964**	**27265437**
成都市	20937757	10522641	10415116	10146686	5026196	5120490
自贡市	2489256	1238475	1250781	1772644	898937	873707
攀枝花市	1212203	626361	585842	736222	372637	363585
泸州市	4254149	2144993	2109156	3262699	1666903	1595796
德阳市	3456161	1736923	1719238	2514646	1268729	1245917
绵阳市	4868243	2441188	2427055	3271314	1661683	1609631
广元市	2305657	1153365	1152292	1746488	883167	863321
遂宁市	2814196	1427876	1386320	1954462	1005001	949461
内江市	3140678	1578533	1562145	2339159	1200343	1138816
乐山市	3160168	1585671	1574497	2233084	1135317	1097767
南充市	5607565	2841682	2765883	3957567	2039902	1917665
眉山市	2955219	1477604	1477615	2012817	1020343	992474
宜宾市	4588804	2345750	2243054	3393203	1755897	1637306
广安市	3254883	1647064	1607819	2488201	1284924	1203277
达州市	5385422	2769844	2615578	3879032	2015438	1863594
雅安市	1434603	725878	708725	1069876	552648	517228
巴中市	2712894	1380002	1332892	2012031	1035374	976657
资阳市	2308631	1165412	1143219	1757939	899357	858582
阿坝藏族羌族自治州	822587	426330	396257	640715	328937	311778
甘孜藏族自治州	1107431	569779	537652	837651	425638	412013
凉山彝族自治州	4858359	2484347	2374012	3556965	1840593	1716372

1-2a　各地区分性别、

地　区	人　口　数			居住本乡、镇、街道，户口在本乡、镇、街道		
	合计	男	女	小计	男	女
全省	**30431679**	**15030432**	**15401247**	**12390184**	**6057352**	**6332832**
成都市	15179852	7581369	7598483	5950420	2901496	3048924
自贡市	767786	370947	396839	358382	174143	184239
攀枝花市	670591	344465	326126	313449	155192	158257
泸州市	999809	484895	514914	463055	224636	238419
德阳市	1254484	612945	641539	630186	309646	320540
绵阳市	1698180	821254	876926	700314	340937	359377
广元市	475784	228904	246880	200746	98010	102736
遂宁市	1092208	534955	557253	472832	231580	241252
内江市	756138	355609	400529	312727	149743	162984
乐山市	932896	450394	482502	428930	207992	220938
南充市	1461982	706875	755107	597427	292235	305192
眉山市	674734	327656	347078	251600	124738	126862
宜宾市	1079605	536518	543087	408236	200841	207395
广安市	513365	246954	266411	240879	117606	123273
达州市	1081856	542655	539201	314286	157593	156693
雅安市	290242	139612	150630	153756	75744	78012
巴中市	472166	233120	239046	177016	87516	89500
资阳市	408262	200897	207365	150506	73089	77417
阿坝藏族羌族自治州	31083	15398	15685	13842	6955	6887
甘孜藏族自治州	46041	23663	22378	21794	11366	10428
凉山彝族自治州	544615	271347	273268	229801	116294	113507

户口登记状况的人口

单位：人

居住本乡、镇、街道，户口在外乡、镇、街道，离开户口登记地半年以上			居住本乡、镇、街道，户口待定			原住本乡、镇、街道，现在港澳台或国外工作学习		
小计	男	女	小计	男	女	小计	男	女
27823204	**13828619**	**13994585**	**182133**	**90278**	**91855**	**86128**	**52857**	**33271**
10722432	5461304	5261128	42881	22081	20800	25758	13060	12698
711259	336684	374575	2850	1391	1459	2503	1463	1040
472046	251579	220467	3065	1627	1438	870	518	352
977304	470734	506570	10433	4926	5507	3713	2430	1283
930907	462093	468814	4465	2153	2312	6143	3948	2195
1583852	772338	811514	7835	3864	3971	5242	3303	1939
552997	266395	286602	2508	1286	1222	3664	2517	1147
852282	418653	433629	4392	2098	2294	3060	2124	936
794326	374493	419833	4654	2103	2551	2539	1594	945
917714	445339	472375	5310	2548	2762	4060	2467	1593
1636234	794391	841843	9968	4900	5068	3796	2489	1307
935833	453544	482289	3271	1571	1700	3298	2146	1152
1177561	580659	596902	13913	6601	7312	4127	2593	1534
760548	358620	401928	2910	1305	1605	3224	2215	1009
1494704	748418	746286	9945	4888	5057	1741	1100	641
361071	171241	189830	2401	1147	1254	1255	842	413
693703	340754	352949	5505	2760	2745	1655	1114	541
544458	262642	281816	3704	1705	1999	2530	1708	822
178869	95592	83277	2240	1245	995	763	556	207
259501	137765	121736	5832	2984	2848	4447	3392	1055
1265603	625381	640222	34051	17095	16956	1740	1278	462

户口登记状况的人口(城市)

单位：人

居住本乡、镇、街道，户口在外乡、镇、街道，离开户口登记地半年以上			居住本乡、镇、街道，户口待定			原住本乡、镇、街道，现在港澳台或国外工作学习		
小计	男	女	小计	男	女	小计	男	女
17952455	**8928543**	**9023912**	**59905**	**30662**	**29243**	**29135**	**13875**	**15260**
9176212	4653494	4522718	34462	17696	16766	18758	8683	10075
407843	196066	211777	724	365	359	837	373	464
355298	188196	167102	1229	731	498	615	346	269
534670	259224	275446	1548	778	770	536	257	279
620825	301570	319255	1810	881	929	1663	848	815
993150	478003	515147	3034	1530	1504	1682	784	898
273697	130107	143590	435	256	179	906	531	375
617192	302236	314956	1588	771	817	596	368	228
442167	205247	236920	862	438	424	382	181	201
501212	241130	260082	1828	882	946	926	390	536
862356	413533	448823	1824	910	914	375	197	178
422256	202480	219776	576	279	297	302	159	143
668064	334075	333989	2792	1379	1413	513	223	290
272000	129082	142918	233	112	121	253	154	99
765415	383990	381425	2110	1045	1065	45	27	18
135662	63465	72197	539	282	257	285	121	164
293784	144921	148863	1263	632	631	103	51	52
256865	127351	129514	762	381	381	129	76	53
17083	8297	8786	155	144	11	3	2	1
24109	12223	11886	130	74	56	8		8
312595	153853	158742	2001	1096	905	218	104	114

1－2b 各地区分性别、

地区	人口数			居住本乡、镇、街道，户口在本乡、镇、街道		
	合计	男	女	小计	男	女
全省	**17034233**	**8388350**	**8645883**	**10730469**	**5331841**	**5398628**
成都市	1313128	641966	671162	779373	386856	392517
自贡市	611353	289923	321430	369041	177190	191851
攀枝花市	172787	88892	83895	101417	50547	50870
泸州市	1137655	554701	582954	802076	393935	408141
德阳市	679898	342513	337385	492693	245482	247211
绵阳市	816923	403129	413794	496671	248305	248366
广元市	608741	293963	314778	406127	198702	207425
遂宁市	520433	256352	264081	334108	164758	169350
内江市	816457	397446	419011	536125	261929	274196
乐山市	745471	365087	380384	460061	227345	232716
南充市	1353952	664588	689364	756991	374103	382888
眉山市	806871	395764	411107	468441	232101	236340
宜宾市	1278639	637532	641107	921595	463423	458172
广安市	921023	441425	479598	550202	268016	282186
达州市	1600310	800181	800129	1072995	539067	533928
雅安市	466909	231875	235034	318548	161083	157465
巴中市	780127	380105	400022	474392	233036	241356
资阳市	544963	260328	284635	315241	153506	161735
阿坝藏族羌族自治州	310246	157594	152652	202032	102500	99532
甘孜藏族自治州	297387	149288	148099	149355	75926	73429
凉山彝族自治州	1250960	635698	615262	722985	374031	348954

1－2c 各地区分性别、

地区	人口数			居住本乡、镇、街道，户口在本乡、镇、街道		
	合计	男	女	小计	男	女
全省	**36208954**	**18870936**	**17338018**	**32462748**	**16928771**	**15533977**
成都市	4444777	2299306	2145471	3416893	1737844	1679049
自贡市	1110117	577605	532512	1045221	547604	497617
攀枝花市	368825	193004	175821	321356	166898	154458
泸州市	2116685	1105397	1011288	1997568	1048332	949236
德阳市	1521779	781465	740314	1391767	713601	678166
绵阳市	2353140	1216805	1136335	2074329	1072441	1001888
广元市	1221132	630498	590634	1139615	586455	553160
遂宁市	1201555	636569	564986	1147522	608663	538859
内江市	1568083	825478	742605	1490307	788671	701636
乐山市	1481801	770190	711611	1344093	699980	644113
南充市	2791631	1470219	1321412	2603149	1373564	1229585
眉山市	1473614	754184	719430	1292776	663504	629272
宜宾市	2230560	1171700	1058860	2063372	1091633	971739
广安市	1820495	958685	861810	1697120	899302	797818
达州市	2703256	1427008	1276248	2491751	1318778	1172973
雅安市	677452	354391	323061	597572	315821	281751
巴中市	1460601	766777	693824	1360623	714822	645801
资阳市	1355406	704187	651219	1292192	672762	619430
阿坝藏族羌族自治州	481258	253338	227920	424841	219482	205359
甘孜藏族自治州	764003	396828	367175	666502	338346	328156
凉山彝族自治州	3062784	1577302	1485482	2604179	1350268	1253911

户口登记状况的人口(镇)

单位：人

居住本乡、镇、街道，户口在外乡、镇、街道，离开户口登记地半年以上			居住本乡、镇、街道，户口待定			原住本乡、镇、街道，现在港澳台或国外工作学习		
小计	男	女	小计	男	女	小计	男	女
6262343	**3034903**	**3227440**	**31753**	**15665**	**16088**	**9668**	**5941**	**3727**
530303	253311	276992	2504	1242	1262	948	557	391
241463	112285	129178	542	279	263	307	169	138
70908	38096	32812	380	196	184	82	53	29
332402	159182	173220	2575	1229	1346	602	355	247
185337	95982	89355	946	457	489	922	592	330
318610	153965	164645	1167	582	585	475	277	198
201240	94463	106777	652	334	318	722	464	258
185227	90999	94228	780	388	392	318	207	111
278968	134806	144162	1013	505	508	351	206	145
283834	136892	146942	960	494	466	616	356	260
594339	289118	305221	2193	1103	1090	429	264	165
337096	162916	174180	689	352	337	645	395	250
352389	171780	180609	3873	1874	1999	782	455	327
369832	172876	196956	602	289	313	387	244	143
524810	259916	264894	2254	1040	1214	251	158	93
147338	70251	77087	705	330	375	318	211	107
303845	146095	157750	1668	832	836	222	142	80
228482	106214	122268	883	414	469	357	194	163
107165	54489	52676	900	509	391	149	96	53
146798	72688	74110	845	406	439	389	268	121
521957	258579	263378	5622	2810	2812	396	278	118

户口登记状况的人口(乡村)

单位：人

居住本乡、镇、街道，户口在外乡、镇、街道，离开户口登记地半年以上			居住本乡、镇、街道，户口待定			原住本乡、镇、街道，现在港澳台或国外工作学习		
小计	男	女	小计	男	女	小计	男	女
3608406	**1865173**	**1743233**	**90475**	**43951**	**46524**	**47325**	**33041**	**14284**
1015917	554499	461418	5915	3143	2772	6052	3820	2232
61953	28333	33620	1584	747	837	1359	921	438
45840	25287	20553	1456	700	756	173	119	54
110232	52328	57904	6310	2919	3391	2575	1818	757
124745	64541	60204	1709	815	894	3558	2508	1050
272092	140370	131722	3634	1752	1882	3085	2242	843
78060	41825	36235	1421	696	725	2036	1522	514
49863	25418	24445	2024	939	1085	2146	1549	597
73191	34440	38751	2779	1160	1619	1806	1207	599
132668	67317	65351	2522	1172	1350	2518	1721	797
179539	91740	87799	5951	2887	3064	2992	2028	964
176481	88148	88333	2006	940	1066	2351	1592	759
157108	74804	82304	7248	3348	3900	2832	1915	917
118716	56662	62054	2075	904	1171	2584	1817	767
204479	104512	99967	5581	2803	2778	1445	915	530
78071	37525	40546	1157	535	622	652	510	142
96074	49738	46336	2574	1296	1278	1330	921	409
59111	29077	30034	2059	910	1149	2044	1438	606
54621	32806	21815	1185	592	593	611	458	153
88594	52854	35740	4857	2504	2353	4050	3124	926
431051	212949	218102	26428	13189	13239	1126	896	230

1-3 各地区分性别的户口登记地在外乡镇街道的人口状况

单位：人

地区	户口登记地					
	合计			本县(市、区)		
	合计	男	女	小计	男	女
全省	**27823204**	**13828619**	**13994585**	**11693450**	**5624103**	**6069347**
成都市	10722432	5461304	5261128	2074816	993573	1081243
自贡市	711259	336684	374575	390842	183118	207724
攀枝花市	472046	251579	220467	134589	67903	66686
泸州市	977304	470734	506570	500128	239317	260811
德阳市	930907	462093	468814	460309	215958	244351
绵阳市	1583852	772338	811514	611079	292599	318480
广元市	552997	266395	286602	273064	127532	145532
遂宁市	852282	418653	433629	570038	277610	292428
内江市	794326	374493	419833	481686	229062	252624
乐山市	917714	445339	472375	504905	241920	262985
南充市	1636234	794391	841843	1072119	525412	546707
眉山市	935833	453544	482289	587601	279246	308355
宜宾市	1177561	580659	596902	547002	264836	282166
广安市	760548	358620	401928	556620	262242	294378
达州市	1494704	748418	746286	929731	466607	463124
雅安市	361071	171241	189830	200095	93578	106517
巴中市	693703	340754	352949	490554	238643	251911
资阳市	544458	262642	281816	391410	185632	205778
阿坝藏族羌族自治州	178869	95592	83277	75901	37333	38568
甘孜藏族自治州	259501	137765	121736	100354	49444	50910
凉山彝族自治州	1265603	625381	640222	740607	352538	388069

1-3 续表

单位：人

地区	户口登记地					
	本省其他县(市、区)			省外		
	小计	男	女	小计	男	女
全省	**13539713**	**6791279**	**6748434**	**2590041**	**1413237**	**1176804**
成都市	7154035	3632893	3521142	1493581	834838	658743
自贡市	286344	136973	149371	34073	16593	17480
攀枝花市	288807	156527	132280	48650	27149	21501
泸州市	399346	194804	204542	77830	36613	41217
德阳市	390359	199274	191085	80239	46861	33378
绵阳市	836822	406325	430497	135951	73414	62537
广元市	238494	116168	122326	41439	22695	18744
遂宁市	238479	119048	119431	43765	21995	21770
内江市	263811	122329	141482	48829	23102	25727
乐山市	364112	176375	187737	48697	27044	21653
南充市	480418	227972	252446	83697	41007	42690
眉山市	304212	151210	153002	44020	23088	20932
宜宾市	538320	269284	269036	92239	46539	45700
广安市	155376	75052	80324	48552	21326	27226
达州市	472234	233534	238700	92739	48277	44462
雅安市	139494	66117	73377	21482	11546	9936
巴中市	175053	87192	87861	28096	14919	13177
资阳市	126706	64506	62200	26342	12504	13838
阿坝藏族羌族自治州	85631	45929	39702	17337	12330	5007
甘孜藏族自治州	131980	70178	61802	27167	18143	9024
凉山彝族自治州	469680	239589	230091	55316	33254	22062

1－3a　各地区分性别的户口登记地在外乡镇街道的人口状况(城市)

单位：人

地　区	户口登记地					
	合　计			本县(市、区)		
	合计	男	女	小计	男	女
全省	**17952455**	**8928543**	**9023912**	**6038060**	**2910982**	**3127078**
成都市	9176212	4653494	4522718	1708817	819075	889742
自贡市	407843	196066	211777	179375	85211	94164
攀枝花市	355298	188196	167102	85414	43608	41806
泸州市	534670	259224	275446	223002	107338	115664
德阳市	620825	301570	319255	315286	146977	168309
绵阳市	993150	478003	515147	331516	158125	173391
广元市	273697	130107	143590	96114	45518	50596
遂宁市	617192	302236	314956	400092	194270	205822
内江市	442167	205247	236920	278416	132116	146300
乐山市	501212	241130	260082	245178	117422	127756
南充市	862356	413533	448823	474975	232680	242295
眉山市	422256	202480	219776	275955	131303	144652
宜宾市	668064	334075	333989	265951	131257	134694
广安市	272000	129082	142918	178003	85040	92963
达州市	765415	383990	381425	410914	207466	203448
雅安市	135662	63465	72197	63622	29930	33692
巴中市	293784	144921	148863	186558	91323	95235
资阳市	256865	127351	129514	188450	91423	97027
阿坝藏族羌族自治州	17083	8297	8786	4507	2054	2453
甘孜藏族自治州	24109	12223	11886	4833	2273	2560
凉山彝族自治州	312595	153853	158742	121082	56573	64509

1－3a　续表

单位：人

地　区	户口登记地					
	本省其他县(市、区)			省　外		
	小计	男	女	小计	男	女
全省	**10121491**	**5032567**	**5088924**	**1792904**	**984994**	**807910**
成都市	6160929	3107784	3053145	1306466	726635	579831
自贡市	210716	101327	109389	17752	9528	8224
攀枝花市	232228	123729	108499	37656	20859	16797
泸州市	283371	137084	146287	28297	14802	13495
德阳市	261223	130270	130953	44316	24323	19993
绵阳市	589073	281629	307444	72561	38249	34312
广元市	160425	75798	84627	17158	8791	8367
遂宁市	189029	93529	95500	28071	14437	13634
内江市	141698	62359	79339	22053	10772	11281
乐山市	230742	109557	121185	25292	14151	11141
南充市	343292	158640	184652	44089	22213	21876
眉山市	126460	60609	65851	19841	10568	9273
宜宾市	365514	183099	182415	36599	19719	16880
广安市	80654	37723	42931	13343	6319	7024
达州市	324364	160940	163424	30137	15584	14553
雅安市	62154	28288	33866	9886	5247	4639
巴中市	98124	48325	49799	9102	5273	3829
资阳市	60318	31752	28566	8097	4176	3921
阿坝藏族羌族自治州	11967	5818	6149	609	425	184
甘孜藏族自治州	17476	8700	8776	1800	1250	550
凉山彝族自治州	171734	85607	86127	19779	11673	8106

1-3b 各地区分性别的户口登记地在外乡镇街道的人口状况(镇)

单位：人

地区	户口登记地					
	合计			本县(市、区)		
	合计	男	女	小计	男	女
全省	**6262343**	**3034903**	**3227440**	**4468360**	**2140547**	**2327813**
成都市	530303	253311	276992	222125	105221	116904
自贡市	241463	112285	129178	188224	88342	99882
攀枝花市	70908	38096	32812	34038	16778	17260
泸州市	332402	159182	173220	242968	116585	126383
德阳市	185337	95982	89355	108366	51625	56741
绵阳市	318610	153965	164645	194917	92518	102399
广元市	201240	94463	106777	149915	68535	81380
遂宁市	185227	90999	94228	152366	74891	77475
内江市	278968	134806	144162	181138	86858	94280
乐山市	283834	136892	146942	205374	98104	107270
南充市	594339	289118	305221	513048	250527	262521
眉山市	337096	162916	174180	240595	113291	127304
宜宾市	352389	171780	180609	232640	112087	120553
广安市	369832	172876	196956	317034	148283	168751
达州市	524810	259916	264894	434001	215520	218481
雅安市	147338	70251	77087	102731	48049	54682
巴中市	303845	146095	157750	249155	119601	129554
资阳市	228482	106214	122268	188375	87429	100946
阿坝藏族羌族自治州	107165	54489	52676	56607	27226	29381
甘孜藏族自治州	146798	72688	74110	61808	29782	32026
凉山彝族自治州	521957	258579	263378	392935	189295	203640

1-3b 续表

单位：人

地区	户口登记地					
	本省其他县(市、区)			省外		
	小计	男	女	小计	男	女
全省	**1432870**	**708295**	**724575**	**361113**	**186061**	**175052**
成都市	256752	121205	135547	51426	26885	24541
自贡市	43873	19778	24095	9366	4165	5201
攀枝花市	31666	18233	13433	5204	3085	2119
泸州市	62837	30480	32357	26597	12117	14480
德阳市	56898	30970	25928	20073	13387	6686
绵阳市	94617	46339	48278	29076	15108	13968
广元市	39557	19522	20035	11768	6406	5362
遂宁市	25255	12601	12654	7606	3507	4099
内江市	83341	40858	42483	14489	7090	7399
乐山市	67260	32943	34317	11200	5845	5355
南充市	60989	29508	31481	20302	9083	11219
眉山市	85068	43704	41364	11433	5921	5512
宜宾市	95158	47531	47627	24591	12162	12429
广安市	33107	15862	17245	19691	8731	10960
达州市	57467	28155	29312	33342	16241	17101
雅安市	39139	19178	19961	5468	3024	2444
巴中市	44005	21297	22708	10685	5197	5488
资阳市	30419	14373	16046	9688	4412	5276
阿坝藏族羌族自治州	42799	22329	20470	7759	4934	2825
甘孜藏族自治州	71839	35384	36455	13151	7522	5629
凉山彝族自治州	110824	58045	52779	18198	11239	6959

1−3c　各地区分性别的户口登记地在外乡镇街道的人口状况(乡村)

单位：人

地　区	户口登记地					
	合　计			本县(市、区)		
	合计	男	女	小计	男	女
全省	**3608406**	**1865173**	**1743233**	**1187030**	**572574**	**614456**
成都市	1015917	554499	461418	143874	69277	74597
自贡市	61953	28333	33620	23243	9565	13678
攀枝花市	45840	25287	20553	15137	7517	7620
泸州市	110232	52328	57904	34158	15394	18764
德阳市	124745	64541	60204	36657	17356	19301
绵阳市	272092	140370	131722	84646	41956	42690
广元市	78060	41825	36235	27035	13479	13556
遂宁市	49863	25418	24445	17580	8449	9131
内江市	73191	34440	38751	22132	10088	12044
乐山市	132668	67317	65351	54353	26394	27959
南充市	179539	91740	87799	84096	42205	41891
眉山市	176481	88148	88333	71051	34652	36399
宜宾市	157108	74804	82304	48411	21492	26919
广安市	118716	56662	62054	61583	28919	32664
达州市	204479	104512	99967	84816	43621	41195
雅安市	78071	37525	40546	33742	15599	18143
巴中市	96074	49738	46336	54841	27719	27122
资阳市	59111	29077	30034	14585	6780	7805
阿坝藏族羌族自治州	54621	32806	21815	14787	8053	6734
甘孜藏族自治州	88594	52854	35740	33713	17389	16324
凉山彝族自治州	431051	212949	218102	226590	106670	119920

1−3c　续表

单位：人

地　区	户口登记地					
	本省其他县(市、区)			省　外		
	小计	男	女	小计	男	女
全省	**1985352**	**1050417**	**934935**	**436024**	**242182**	**193842**
成都市	736354	403904	332450	135689	81318	54371
自贡市	31755	15868	15887	6955	2900	4055
攀枝花市	24913	14565	10348	5790	3205	2585
泸州市	53138	27240	25898	22936	9694	13242
德阳市	72238	38034	34204	15850	9151	6699
绵阳市	153132	78357	74775	34314	20057	14257
广元市	38512	20848	17664	12513	7498	5015
遂宁市	24195	12918	11277	8088	4051	4037
内江市	38772	19112	19660	12287	5240	7047
乐山市	66110	33875	32235	12205	7048	5157
南充市	76137	39824	36313	19306	9711	9595
眉山市	92684	46897	45787	12746	6599	6147
宜宾市	77648	38654	38994	31049	14658	16391
广安市	41615	21467	20148	15518	6276	9242
达州市	90403	44439	45964	29260	16452	12808
雅安市	38201	18651	19550	6128	3275	2853
巴中市	32924	17570	15354	8309	4449	3860
资阳市	35969	18381	17588	8557	3916	4641
阿坝藏族羌族自治州	30865	17782	13083	8969	6971	1998
甘孜藏族自治州	42665	26094	16571	12216	9371	2845
凉山彝族自治州	187122	95937	91185	17339	10342	6997

1-4 各地区分性别、民族的人口

单位：人

地　区	合　计			汉　族		
	合计	男	女	小计	男	女
全省	**83674866**	**42289718**	**41385148**	**77986638**	**39449256**	**38537382**
成都市	20937757	10522641	10415116	20548248	10332445	10215803
自贡市	2489256	1238475	1250781	2476092	1232920	1243172
攀枝花市	1212203	626361	585842	1027748	533933	493815
泸州市	4254149	2144993	2109156	4163542	2100307	2063235
德阳市	3456161	1736923	1719238	3425599	1721349	1704250
绵阳市	4868243	2441188	2427055	4701814	2359485	2342329
广元市	2305657	1153365	1152292	2287563	1144661	1142902
遂宁市	2814196	1427876	1386320	2801560	1423120	1378440
内江市	3140678	1578533	1562145	3124107	1571733	1552374
乐山市	3160168	1585671	1574497	2953987	1483867	1470120
南充市	5607565	2841682	2765883	5583733	2831369	2752364
眉山市	2955219	1477604	1477615	2928733	1465855	1462878
宜宾市	4588804	2345750	2243054	4491081	2297634	2193447
广安市	3254883	1647064	1607819	3242810	1642818	1599992
达州市	5385422	2769844	2615578	5333590	2744037	2589553
雅安市	1434603	725878	708725	1355888	687673	668215
巴中市	2712894	1380002	1332892	2704256	1376306	1327950
资阳市	2308631	1165412	1143219	2297259	1160844	1136415
阿坝藏族羌族自治州	822587	426330	396257	181810	102807	79003
甘孜藏族自治州	1107431	569779	537652	189410	109683	79727
凉山彝族自治州	4858359	2484347	2374012	2167808	1126410	1041398

1-4　续表 1

单位：人

地　区	蒙古族			回　族			藏　族		
	小计	男	女	小计	男	女	小计	男	女
全省	**42993**	**21799**	**21194**	**111280**	**56045**	**55235**	**1604629**	**797174**	**807455**
成都市	9523	4937	4586	35625	17373	18252	99415	47063	52352
自贡市	130	64	66	525	275	250	1792	777	1015
攀枝花市	844	446	398	3339	1720	1619	1257	670	587
泸州市	845	486	359	1112	521	591	3143	1495	1648
德阳市	575	331	244	2026	1022	1004	6518	3472	3046
绵阳市	794	393	401	9459	4650	4809	20511	10037	10474
广元市	162	87	75	5403	2687	2716	2537	1175	1362
遂宁市	188	54	134	440	199	241	2857	1174	1683
内江市	139	64	75	1881	947	934	2910	1247	1663
乐山市	364	166	198	1665	848	817	3157	1552	1605
南充市	317	137	180	3460	1720	1740	3483	1477	2006
眉山市	202	109	93	900	459	441	4990	2364	2626
宜宾市	280	159	121	2516	1312	1204	2927	1383	1544
广安市	129	53	76	418	195	223	1880	766	1114
达州市	156	76	80	802	439	363	1972	847	1125
雅安市	355	198	157	599	298	301	26033	12626	13407
巴中市	105	44	61	357	170	187	1929	838	1091
资阳市	121	55	66	303	136	167	2296	1004	1292
阿坝藏族羌族自治州	142	83	59	22382	11682	10700	476059	238759	237300
甘孜藏族自治州	488	285	203	2652	1559	1093	874552	436792	437760
凉山彝族自治州	27134	13572	13562	15416	7833	7583	64411	31656	32755

1-4　续表 2　　单位：人

地　区	维吾尔族			苗　族			彝　族		
	小计	男	女	小计	男	女	小计	男	女
全省	**6117**	**3142**	**2975**	**182569**	**90571**	**91998**	**3191470**	**1604454**	**1587016**
成都市	4175	2153	2022	20778	10471	10307	95647	47154	48493
自贡市	50	27	23	1016	336	680	6091	2807	3284
攀枝花市	48	30	18	4150	2071	2079	149604	74982	74622
泸州市	90	47	43	60443	30872	29571	17927	8899	9028
德阳市	209	128	81	1676	767	909	10894	5726	5168
绵阳市	524	259	265	2181	900	1281	12491	5864	6627
广元市	46	22	24	543	210	333	6582	3362	3220
遂宁市	101	44	57	767	237	530	4547	1935	2612
内江市	55	20	35	1109	355	754	6798	2998	3800
乐山市	80	42	38	2630	1248	1382	193199	95703	97496
南充市	144	68	76	1624	551	1073	8746	4399	4347
眉山市	89	50	39	791	331	460	15937	6944	8993
宜宾市	81	47	34	67357	33974	33383	16846	8282	8564
广安市	78	38	40	1017	201	816	5126	2206	2920
达州市	113	57	56	1286	485	801	5665	2522	3143
雅安市	37	17	20	494	201	293	48594	23691	24903
巴中市	38	16	22	507	169	338	3823	1817	2006
资阳市	46	20	26	803	195	608	5034	2318	2716
阿坝藏族羌族自治州	6	3	3	554	370	184	2707	1571	1136
甘孜藏族自治州	13	6	7	431	262	169	34406	18137	16269
凉山彝族自治州	94	48	46	12412	6365	6047	2540806	1283137	1257669

1-4　续表 3　　单位：人

地　区	壮　族			布依族			朝鲜族		
	小计	男	女	小计	男	女	小计	男	女
全省	**23631**	**9074**	**14557**	**16829**	**7464**	**9365**	**3293**	**1793**	**1500**
成都市	11007	5011	5996	5623	2769	2854	2357	1215	1142
自贡市	555	150	405	335	108	227	24	19	5
攀枝花市	752	309	443	351	171	180	60	32	28
泸州市	1021	257	764	845	247	598	26	14	12
德阳市	795	311	484	428	214	214	58	42	16
绵阳市	1303	454	849	711	309	402	319	213	106
广元市	381	115	266	178	46	132	20	10	10
遂宁市	340	84	256	198	38	160	20	12	8
内江市	485	143	342	333	114	219	26	13	13
乐山市	709	260	449	319	132	187	65	40	25
南充市	934	213	721	518	115	403	42	20	22
眉山市	379	166	213	211	92	119	38	22	16
宜宾市	1355	367	988	655	208	447	54	30	24
广安市	496	71	425	424	72	352	21	14	7
达州市	773	183	590	411	125	286	19	9	10
雅安市	235	86	149	134	49	85	23	12	11
巴中市	298	73	225	125	33	92	10	4	6
资阳市	342	83	259	219	53	166	41	27	14
阿坝藏族羌族自治州	104	54	50	61	36	25	18	12	6
甘孜藏族自治州	91	55	36	81	55	26	9	8	1
凉山彝族自治州	1276	629	647	4669	2478	2191	43	25	18

1-4 续表 4

单位：人

地区	满族			侗族			瑶族		
	小计	男	女	小计	男	女	小计	男	女
全省	**24450**	**12993**	**11457**	**9211**	**4217**	**4994**	**5007**	**1994**	**3013**
成都市	16783	8873	7910	4734	2494	2240	2297	1054	1243
自贡市	225	121	104	174	57	117	129	44	85
攀枝花市	1128	586	542	197	95	102	121	69	52
泸州市	295	127	168	413	144	269	247	70	177
德阳市	848	496	352	284	131	153	171	75	96
绵阳市	1634	860	774	500	232	268	269	101	168
广元市	226	131	95	136	45	91	84	23	61
遂宁市	104	58	46	131	48	83	107	40	67
内江市	138	78	60	177	58	119	126	23	103
乐山市	596	339	257	257	120	137	119	41	78
南充市	242	109	133	359	111	248	199	56	143
眉山市	286	146	140	172	72	100	115	51	64
宜宾市	455	268	187	390	144	246	345	106	239
广安市	62	32	30	205	36	169	102	17	85
达州市	106	53	53	357	109	248	182	48	134
雅安市	263	133	130	106	55	51	39	15	24
巴中市	103	48	55	150	45	105	65	22	43
资阳市	75	40	35	141	38	103	77	20	57
阿坝藏族羌族自治州	208	123	85	46	33	13	26	17	9
甘孜藏族自治州	75	44	31	29	19	10	80	54	26
凉山彝族自治州	598	328	270	253	131	122	107	48	59

1-4 续表 5

单位：人

地区	白族			土家族			哈尼族		
	小计	男	女	小计	男	女	小计	男	女
全省	**13321**	**6243**	**7078**	**87912**	**44459**	**43453**	**4109**	**1224**	**2885**
成都市	3974	1923	2051	29205	14975	14230	1351	514	837
自贡市	151	47	104	789	352	437	158	23	135
攀枝花市	2550	1243	1307	1735	901	834	129	46	83
泸州市	365	130	235	1567	625	942	325	82	243
德阳市	269	120	149	1509	744	765	147	49	98
绵阳市	350	154	196	2644	1252	1392	213	70	143
广元市	91	33	58	704	315	389	49	16	33
遂宁市	202	57	145	720	296	424	282	50	232
内江市	211	44	167	816	319	497	151	32	119
乐山市	268	108	160	1134	555	579	148	34	114
南充市	223	83	140	1674	606	1068	96	27	69
眉山市	166	61	105	684	338	346	89	23	66
宜宾市	322	119	203	1982	875	1107	262	70	192
广安市	163	37	126	786	280	506	226	13	213
达州市	258	122	136	38538	20218	18320	90	34	56
雅安市	130	51	79	567	300	267	58	19	39
巴中市	42	19	23	526	184	342	18	4	14
资阳市	220	56	164	509	197	312	84	5	79
阿坝藏族羌族自治州	268	165	103	351	238	113	24	18	6
甘孜藏族自治州	1028	609	419	337	253	84	28	16	12
凉山彝族自治州	2070	1062	1008	1135	636	499	181	79	102

1-4　续表 6

单位：人

地　区	哈萨克族			傣　族			黎　族		
	小计	男	女	小计	男	女	小计	男	女
全省	**737**	**290**	**447**	**9924**	**4068**	**5856**	**2740**	**1045**	**1695**
成都市	565	228	337	1390	546	844	1364	570	794
自贡市	4	2	2	112	31	81	68	19	49
攀枝花市	26	16	10	3981	1896	2085	94	34	60
泸州市	7	3	4	179	40	139	90	27	63
德阳市	26	12	14	166	53	113	90	32	58
绵阳市	52	16	36	260	60	200	164	61	103
广元市	8	1	7	40	14	26	28	8	20
遂宁市	8	2	6	176	22	154	44	14	30
内江市	2		2	99	16	83	39	16	23
乐山市	9	4	5	156	34	122	78	29	49
南充市	6	3	3	117	21	96	72	21	51
眉山市	3	1	2	137	30	107	52	19	33
宜宾市	2		2	191	45	146	123	36	87
广安市	3		3	105	8	97	52	21	31
达州市	4	1	3	64	22	42	79	24	55
雅安市	1		1	58	16	42	39	16	23
巴中市	3		3	30	8	22	68	20	48
资阳市	4		4	107	21	86	28	7	21
阿坝藏族羌族自治州	2	1	1	30	11	19	41	18	23
甘孜藏族自治州	1		1	32	18	14	23	8	15
凉山彝族自治州	1		1	2494	1156	1338	104	45	59

1-4　续表 7

单位：人

地　区	傈僳族			佤　族			畲　族		
	小计	男	女	小计	男	女	小计	男	女
全省	**23477**	**11316**	**12161**	**1890**	**438**	**1452**	**1242**	**669**	**573**
成都市	1025	407	618	489	207	282	703	389	314
自贡市	117	26	91	37	6	31	18	8	10
攀枝花市	10326	5241	5085	42	6	36	19	10	9
泸州市	130	41	89	140	32	108	26	12	14
德阳市	98	37	61	76	8	68	41	24	17
绵阳市	145	48	97	81	17	64	58	31	27
广元市	31	13	18	14	3	11	14	6	8
遂宁市	90	21	69	325	28	297	20	12	8
内江市	160	29	131	125	21	104	16	9	7
乐山市	152	49	103	45	15	30	33	13	20
南充市	120	30	90	73	9	64	23	13	10
眉山市	193	28	165	90	4	86	12	6	6
宜宾市	140	51	89	81	33	48	45	28	17
广安市	103	13	90	52	4	48	19	3	16
达州市	50	14	36	34	9	25	44	22	22
雅安市	81	18	63	10	4	6	24	17	7
巴中市	16	4	12	17	3	14	19	6	13
资阳市	194	26	168	100	12	88	29	11	18
阿坝藏族羌族自治州	20	12	8	3	1	2	6	4	2
甘孜藏族自治州	115	76	39	7	2	5	42	21	21
凉山彝族自治州	10171	5132	5039	49	14	35	31	24	7

1-4　续表 8　　　　单位：人

地　区	高山族			拉祜族			水族		
	小计	男	女	小计	男	女	小计	男	女
全省	**159**	**88**	**71**	**1269**	**287**	**982**	**1224**	**521**	**703**
成都市	39	27	12	373	104	269	508	264	244
自贡市				89	13	76	22	9	13
攀枝花市				36	7	29	105	46	59
泸州市	2		2	110	19	91	71	16	55
德阳市	7	4	3	64	17	47	27	17	10
绵阳市	2		2	53	11	42	79	30	49
广元市				11	1	10	9	3	6
遂宁市	40	21	19	100	9	91	17	6	11
内江市	3	3		54	7	47	18	4	14
乐山市				27	5	22	27	12	15
南充市	10	5	5	34	5	29	32	8	24
眉山市				36	6	30	27	13	14
宜宾市	1	1		37	11	26	87	26	61
广安市	3	1	2	85	10	75	34	11	23
达州市	4	1	3	20	10	10	46	9	37
雅安市				14	4	10	9	2	7
巴中市				17	4	13	18	6	12
资阳市				49	8	41	32	9	23
阿坝藏族羌族自治州				5	3	2	6	4	2
甘孜藏族自治州				27	24	3	6	4	2
凉山彝族自治州	48	25	23	28	9	19	44	22	22

1-4　续表 9　　　　单位：人

地　区	东乡族			纳西族			景颇族		
	小计	男	女	小计	男	女	小计	男	女
全省	**1216**	**760**	**456**	**10630**	**5158**	**5472**	**521**	**144**	**377**
成都市	657	414	243	768	318	450	184	69	115
自贡市	3	2	1	40	7	33	9	1	8
攀枝花市				2814	1403	1411	17	5	12
泸州市	7	4	3	37	9	28	30	11	19
德阳市	9	5	4	53	21	32	29	18	11
绵阳市	48	27	21	43	21	22	31	6	25
广元市	24	16	8	8	7	1	13	3	10
遂宁市	2	1	1	34	4	30	12	1	11
内江市	2	1	1	30	9	21	20	4	16
乐山市	5	1	4	37	11	26	23	1	22
南充市	5	3	2	26	7	19	11	3	8
眉山市	25	12	13	25	8	17	24	5	19
宜宾市				37	11	26	31	5	26
广安市	6	3	3	17	3	14	22	1	21
达州市	133	106	27	12	5	7	15	3	12
雅安市	4	3	1	32	10	22	10	3	7
巴中市	4	3	1	6	1	5	4	1	3
资阳市	3	2	1	23		23	12	1	11
阿坝藏族羌族自治州	138	69	69	13	8	5	1		1
甘孜藏族自治州	134	81	53	675	338	337	2		2
凉山彝族自治州	7	7		5900	2957	2943	21	3	18

1-4　续表 10

单位：人

地　区	柯尔克孜族			土　族			达斡尔族		
	小计	男	女	小计	男	女	小计	男	女
全省	**103**	**55**	**48**	**1191**	**588**	**603**	**322**	**159**	**163**
成都市	84	45	39	688	341	347	240	115	125
自贡市	1		1	11	6	5	3	2	1
攀枝花市				20	10	10	5	2	3
泸州市	2	1	1	19	7	12	2	1	1
德阳市	4	3	1	38	18	20	8	4	4
绵阳市	3	1	2	67	35	32	25	15	10
广元市	1	1		9	4	5	1		1
遂宁市				23	9	14			
内江市				14	3	11	4	1	3
乐山市	1		1	25	10	15	3	3	
南充市	2	1	1	43	17	26	3	1	2
眉山市				14	8	6			
宜宾市				38	16	22	1		1
广安市				5	1	4	1		1
达州市	1	1		44	24	20	1		1
雅安市				14	7	7	9	6	3
巴中市	1	1		10	4	6	2	2	
资阳市	3	1	2	7		7	7	1	6
阿坝藏族羌族自治州				24	13	11	1	1	
甘孜藏族自治州				49	37	12	2	1	1
凉山彝族自治州				29	18	11	4	4	

1-4　续表 11

单位：人

地　区	仫佬族			羌　族			布朗族		
	小计	男	女	小计	男	女	小计	男	女
全省	**910**	**397**	**513**	**294664**	**147494**	**147170**	**349**	**96**	**253**
成都市	465	233	232	33256	15738	17518	99	39	60
自贡市	24	7	17	314	153	161	6		6
攀枝花市	46	25	21	243	142	101	7	3	4
泸州市	37	8	29	568	285	283	25	6	19
德阳市	22	5	17	3113	1537	1576	10	2	8
绵阳市	42	19	23	110956	55354	55602	14	4	10
广元市	9	3	6	493	226	267	8	3	5
遂宁市	11	3	8	503	212	291	53	9	44
内江市	20	8	12	408	159	249	28	4	24
乐山市	24	12	12	616	309	307	8	1	7
南充市	38	14	24	873	366	507	11	1	10
眉山市	17	10	7	615	298	317	10	2	8
宜宾市	43	19	24	600	283	317	10	4	6
广安市	29	4	25	196	84	112	19	1	18
达州市	27	5	22	286	122	164	1		1
雅安市	6	1	5	639	300	339	2		2
巴中市	4	1	3	211	109	102			
资阳市	16	5	11	343	188	155	14	3	11
阿坝藏族羌族自治州	7	2	5	137348	70106	67242	3		3
甘孜藏族自治州	11	6	5	2440	1221	1219	12	11	1
凉山彝族自治州	12	7	5	643	302	341	9	3	6

1-4　续表 12　　　　单位：人

地　区	撒拉族			毛南族			仡佬族		
	小计	男	女	小计	男	女	小计	男	女
全省	**454**	**260**	**194**	**220**	**86**	**134**	**3972**	**1961**	**2011**
成都市	221	127	94	115	56	59	1887	1034	853
自贡市	5	1	4	11	2	9	58	28	30
攀枝花市	3		3	6	4	2	226	109	117
泸州市	1	1		10	1	9	231	81	150
德阳市	22	10	12	6	2	4	102	45	57
绵阳市	13	8	5	7	1	6	191	99	92
广元市	7	1	6	3		3	65	26	39
遂宁市	6	5	1	2		2	60	20	40
内江市	1		1	2		2	80	24	56
乐山市	2	1	1	8	3	5	96	54	42
南充市	7	2	5	8	1	7	159	60	99
眉山市	2	1	1	6	1	5	77	45	32
宜宾市	1		1	6	4	2	214	90	124
广安市				9	4	5	109	34	75
达州市	13	8	5	12	4	8	141	56	85
雅安市	3	2	1				44	29	15
巴中市				5	1	4	67	27	40
资阳市				1		1	34	17	17
阿坝藏族羌族自治州	68	41	27				22	14	8
甘孜藏族自治州	72	47	25				19	14	5
凉山彝族自治州	7	5	2	3	2	1	90	55	35

1-4　续表 13　　　　单位：人

地　区	锡伯族			阿昌族			普米族		
	小计	男	女	小计	男	女	小计	男	女
全省	**624**	**306**	**318**	**123**	**46**	**77**	**287**	**129**	**158**
成都市	456	213	243	45	19	26	56	24	32
自贡市	5	3	2	3		3	6	2	4
攀枝花市	25	11	14	2		2	52	28	24
泸州市	9	4	5	7	2	5	5	1	4
德阳市	29	21	8	1	1		7	5	2
绵阳市	22	15	7	3		3	5	4	1
广元市	5	1	4	1		1	2	2	
遂宁市	5	1	4	3	1	2	8	1	7
内江市	3		3	4	2	2	10	4	6
乐山市	4	3	1	4	2	2	1		1
南充市	11	5	6	3	1	2	6	1	5
眉山市	5	2	3	1		1	5	2	3
宜宾市	8	3	5	10	4	6	5	1	4
广安市				5	1	4	6	1	5
达州市	29	18	11	1		1			
雅安市	5	3	2	5	3	2	3	1	2
巴中市				1		1	2	1	1
资阳市	2	2		3	1	2	2		2
阿坝藏族羌族自治州				1		1	3	3	
甘孜藏族自治州				10	6	4	9	8	1
凉山彝族自治州	1	1		10	3	7	94	40	54

1-4　续表 14

单位：人

地　　区	塔吉克族			怒　　族			乌孜别克族		
	小计	男	女	小计	男	女	小计	男	女
全省	**12**	**5**	**7**	**163**	**35**	**128**	**11**	**3**	**8**
成都市	11	5	6	25	2	23	9	2	7
自贡市				3	1	2			
攀枝花市				5	4	1			
泸州市				16	1	15			
德阳市				4	1	3			
绵阳市				12	4	8			
广元市									
遂宁市				4	1	3			
内江市				10	3	7			
乐山市				21	6	15			
南充市				5	2	3	1	1	
眉山市				10	1	9			
宜宾市				6	1	5			
广安市				8		8	1		1
达州市				2	1	1			
雅安市				3	1	2			
巴中市				3		3			
资阳市				6		6			
阿坝藏族羌族自治州				4	2	2			
甘孜藏族自治州	1		1	1		1			
凉山彝族自治州				15	4	11			

1-4　续表 15

单位：人

地　　区	俄罗斯族			鄂温克族			德 昂 族		
	小计	男	女	小计	男	女	小计	男	女
全省	**124**	**55**	**69**	**60**	**31**	**29**	**68**	**17**	**51**
成都市	98	42	56	35	17	18	16	6	10
自贡市							8	3	5
攀枝花市	1	1		6	4	2	1	1	
泸州市	1	1							
德阳市	12	7	5	1	1		2		2
绵阳市	4	1	3	5	4	1	12	1	11
广元市	1	1					3	2	1
遂宁市	1		1	1		1	6	1	5
内江市	1	1					3		3
乐山市	2		2	1		1	2	1	1
南充市							1		1
眉山市	2	1	1	2	1	1	3	2	1
宜宾市	1		1				3		3
广安市				2		2	2		2
达州市									
雅安市							4		4
巴中市				1		1			
资阳市							1		1
阿坝藏族羌族自治州							1		1
甘孜藏族自治州									
凉山彝族自治州				6	4	2			

1-4 续表 16

单位：人

地区	保安族			裕固族			京族		
	小计	男	女	小计	男	女	小计	男	女
全省	**81**	**51**	**30**	**61**	**29**	**32**	**48**	**19**	**29**
成都市	26	17	9	45	20	25	28	12	16
自贡市									
攀枝花市									
泸州市							1		1
德阳市	1	1		1	1		4	2	2
绵阳市				2		2	2	2	
广元市	7	3	4	1	1				
遂宁市	2	2		1	1				
内江市									
乐山市				6	3	3			
南充市	1	1							
眉山市				2		2	1	1	
宜宾市							1		1
广安市							1		1
达州市	1	1					2		2
雅安市							1		1
巴中市							3		3
资阳市									
阿坝藏族羌族自治州	34	20	14				2	1	1
甘孜藏族自治州	9	6	3	2	2				
凉山彝族自治州				1	1		2	1	1

1-4 续表 17

单位：人

地区	塔塔尔族			独龙族			鄂伦春族		
	小计	男	女	小计	男	女	小计	男	女
全省	**25**	**19**	**6**	**59**	**21**	**38**	**27**	**11**	**16**
成都市	23	18	5	27	13	14	14	5	9
自贡市							2	1	1
攀枝花市									
泸州市				2	1	1			
德阳市	1		1	2		2	6	1	5
绵阳市							3	2	1
广元市				1	1				
遂宁市				2		2			
内江市				5	1	4			
乐山市				3	1	2			
南充市				3	2	1			
眉山市				2		2			
宜宾市				6	2	4			
广安市				1		1			
达州市							1	1	
雅安市									
巴中市				2		2			
资阳市				1		1			
阿坝藏族羌族自治州							1	1	
甘孜藏族自治州									
凉山彝族自治州	1	1		2		2			

1-4 续表 18

单位：人

地 区	赫哲族			门巴族			珞巴族		
	小计	男	女	小计	男	女	小计	男	女
全省	**19**	**13**	**6**	**87**	**38**	**49**	**22**	**9**	**13**
成都市	14	11	3	37	18	19	10	3	7
自贡市	1	1							
攀枝花市				1		1	1		1
泸州市				1	1				
德阳市	1		1	3	2	1	3	1	2
绵阳市				5	2	3	1	1	
广元市									
遂宁市	3	1	2	15	9	6	3	2	1
内江市									
乐山市							1	1	
南充市				5	2	3	2	1	1
眉山市				3	1	2			
宜宾市				4		4			
广安市									
达州市									
雅安市				5		5			
巴中市									
资阳市									
阿坝藏族羌族自治州				4	2	2			
甘孜藏族自治州				4	1	3			
凉山彝族自治州							1		1

1-4 续表 19

单位：人

地 区	基诺族			未定族称人口			入 籍		
	小计	男	女	小计	男	女	小计	男	女
全省	**92**	**23**	**69**	**1968**	**961**	**1007**	**232**	**115**	**117**
成都市	27	12	15	836	457	379	57	30	27
自贡市	3	1	2	30	10	20	7	3	4
攀枝花市	3	2	1	74	46	28	3	1	2
泸州市	7	1	6	153	48	105	17	5	12
德阳市	5	2	3	59	26	33	2		2
绵阳市	5	2	3	107	51	56	4	2	2
广元市				130	75	55	5	2	3
遂宁市	10	1	9	25	4	21	17	6	11
内江市	2		2	48	16	32	5		5
乐山市	2		2	44	28	16	5	4	1
南充市	4	1	3	48	12	36	8	1	7
眉山市	1		1	32	12	20	3	1	2
宜宾市	1	1		100	46	54	63	51	12
广安市	1		1	38	6	32	6	1	5
达州市				33	11	22	4	2	2
雅安市	1		1	22	8	14			
巴中市				24	7	17	4	1	3
资阳市	20		20	17	5	12	3	1	2
阿坝藏族羌族自治州				28	20	8	5	2	3
甘孜藏族自治州				14	9	5	2	1	1
凉山彝族自治州				106	64	42	12	1	11

1-4a 各地区分性别、民族的人口(城市)

单位：人

地区	合计			汉族		
	合计	男	女	小计	男	女
全省	**30431679**	**15030432**	**15401247**	**29743050**	**14696665**	**15046385**
成都市	15179852	7581369	7598483	14853178	7420842	7432336
自贡市	767786	370947	396839	762762	368399	394363
攀枝花市	670591	344465	326126	627572	323154	304418
泸州市	999809	484895	514914	991048	480728	510320
德阳市	1254484	612945	641539	1238093	604407	633686
绵阳市	1698180	821254	876926	1657632	802077	855555
广元市	475784	228904	246880	468956	225663	243293
遂宁市	1092208	534955	557253	1085972	532216	553756
内江市	756138	355609	400529	749027	352557	396470
乐山市	932896	450394	482502	913610	441243	472367
南充市	1461982	706875	755107	1449841	701192	748649
眉山市	674734	327656	347078	667026	324142	342884
宜宾市	1079605	536518	543087	1068574	530999	537575
广安市	513365	246954	266411	509858	245484	264374
达州市	1081856	542655	539201	1078619	541222	537397
雅安市	290242	139612	150630	282800	136519	146281
巴中市	472166	233120	239046	470393	232278	238115
资阳市	408262	200897	207365	405515	199531	205984
阿坝藏族羌族自治州	31083	15398	15685	9306	5451	3855
甘孜藏族自治州	46041	23663	22378	22774	12640	10134
凉山彝族自治州	544615	271347	273268	430494	215921	214573

1-4a 续表 1

单位：人

地区	蒙古族			回族			藏族		
	小计	男	女	小计	男	女	小计	男	女
全省	**13150**	**6689**	**6461**	**54335**	**26435**	**27900**	**155292**	**72911**	**82381**
成都市	8821	4578	4243	32936	16043	16893	82632	39662	42970
自贡市	72	39	33	264	139	125	630	307	323
攀枝花市	553	291	262	1443	712	731	971	509	462
泸州市	132	78	54	660	311	349	1395	703	692
德阳市	316	169	147	1382	665	717	3247	1572	1675
绵阳市	484	249	235	3786	1817	1969	5819	2770	3049
广元市	73	34	39	1287	639	648	1501	632	869
遂宁市	113	38	75	283	138	145	1743	745	998
内江市	83	33	50	728	351	377	1678	662	1016
乐山市	255	115	140	880	453	427	1604	766	838
南充市	182	83	99	1981	937	1044	1878	809	1069
眉山市	82	48	34	231	117	114	1319	591	728
宜宾市	157	91	66	1294	670	624	1453	674	779
广安市	61	24	37	68	30	38	845	313	532
达州市	63	30	33	244	121	123	373	159	214
雅安市	105	53	52	409	203	206	2845	1155	1690
巴中市	34	13	21	138	56	82	318	149	169
资阳市	55	28	27	137	70	67	734	371	363
阿坝藏族羌族自治州	9	6	3	601	264	337	19182	8657	10525
甘孜藏族自治州	78	33	45	406	213	193	20892	9845	11047
凉山彝族自治州	1422	656	766	5177	2486	2691	4233	1860	2373

1-4a 续表 2

单位：人

地区	维吾尔族			苗族			彝族		
	小计	男	女	小计	男	女	小计	男	女
全省	**4347**	**2229**	**2118**	**27352**	**13416**	**13936**	**265123**	**130312**	**134811**
成都市	3631	1839	1792	17453	8821	8632	73926	36603	37323
自贡市	33	20	13	323	131	192	2258	1253	1005
攀枝花市	30	18	12	1364	689	675	29464	14651	14813
泸州市	47	26	21	1047	439	608	3277	1643	1634
德阳市	67	45	22	766	379	387	6356	3617	2739
绵阳市	94	47	47	1005	447	558	6549	3168	3381
广元市	17	8	9	136	55	81	2972	1500	1472
遂宁市	55	28	27	298	139	159	2251	1079	1172
内江市	26	10	16	360	154	206	2958	1371	1587
乐山市	49	29	20	554	273	281	13603	6345	7258
南充市	71	37	34	726	320	406	4564	2409	2155
眉山市	46	26	20	260	128	132	4489	1972	2517
宜宾市	40	26	14	1501	701	800	3856	2087	1769
广安市	28	13	15	137	46	91	1820	843	977
达州市	24	12	12	236	98	138	838	386	452
雅安市	26	13	13	180	90	90	2706	1021	1685
巴中市	12	6	6	110	44	66	689	354	335
资阳市	16	11	5	131	58	73	1052	544	508
阿坝藏族羌族自治州				25	12	13	134	68	66
甘孜藏族自治州	1		1	67	40	27	1363	661	702
凉山彝族自治州	34	15	19	673	352	321	99998	48737	51261

1-4a 续表 3

单位：人

地区	壮族			布依族			朝鲜族		
	小计	男	女	小计	男	女	小计	男	女
全省	**13551**	**5972**	**7579**	**6725**	**3205**	**3520**	**2778**	**1511**	**1267**
成都市	9591	4406	5185	4627	2277	2350	2226	1150	1076
自贡市	187	72	115	104	45	59	20	16	4
攀枝花市	632	261	371	247	124	123	52	28	24
泸州市	212	68	144	149	55	94	13	8	5
德阳市	331	142	189	183	103	80	28	20	8
绵阳市	479	179	300	267	128	139	241	173	68
广元市	67	22	45	38	12	26	4	2	2
遂宁市	97	30	67	51	13	38	13	8	5
内江市	157	50	107	99	45	54	7	2	5
乐山市	285	134	151	92	42	50	47	29	18
南充市	351	118	233	167	45	122	26	14	12
眉山市	156	89	67	87	36	51	23	15	8
宜宾市	346	127	219	178	77	101	23	14	9
广安市	60	13	47	37	7	30	5	3	2
达州市	123	36	87	56	20	36	6	3	3
雅安市	87	42	45	40	21	19	15	7	8
巴中市	60	20	40	23	12	11			
资阳市	77	25	52	21	9	12	19	12	7
阿坝藏族羌族自治州	4	2	2	8	8		1		1
甘孜藏族自治州	7	5	2	12	8	4			
凉山彝族自治州	242	131	111	239	118	121	9	7	2

1–4a 续表 4

单位：人

地区	满族			侗族			瑶族		
	小计	男	女	小计	男	女	小计	男	女
全省	**20866**	**10967**	**9899**	**5578**	**2856**	**2722**	**2793**	**1267**	**1526**
成都市	15773	8333	7440	4058	2142	1916	1983	907	1076
自贡市	184	102	82	51	21	30	42	17	25
攀枝花市	1054	542	512	161	85	76	102	58	44
泸州市	207	88	119	111	47	64	46	15	31
德阳市	618	331	287	120	60	60	76	39	37
绵阳市	1109	561	548	218	112	106	111	43	68
广元市	85	42	43	28	9	19	21	7	14
遂宁市	71	40	31	64	30	34	41	16	25
内江市	92	48	44	46	22	24	33	10	23
乐山市	422	231	191	103	50	53	35	20	15
南充市	156	66	90	145	58	87	76	31	45
眉山市	164	83	81	69	35	34	32	20	12
宜宾市	271	149	122	101	49	52	74	31	43
广安市	7	3	4	28	10	18	11	2	9
达州市	57	32	25	69	29	40	27	10	17
雅安市	144	70	74	46	25	21	10	6	4
巴中市	42	22	20	33	13	20	16	7	9
资阳市	31	19	12	38	11	27	16	5	11
阿坝藏族羌族自治州	21	9	12	3	3		2	1	1
甘孜藏族自治州	21	14	7	5	4	1	20	11	9
凉山彝族自治州	337	182	155	81	41	40	19	11	8

1–4a 续表 5

单位：人

地区	白族			土家族			哈尼族		
	小计	男	女	小计	男	女	小计	男	女
全省	**6139**	**2914**	**3225**	**36235**	**18349**	**17886**	**1651**	**603**	**1048**
成都市	3447	1661	1786	25990	13295	12695	1038	411	627
自贡市	48	20	28	418	207	211	39	4	35
攀枝花市	1247	584	663	1493	759	734	82	31	51
泸州市	94	39	55	618	313	305	74	26	48
德阳市	121	59	62	840	419	421	55	23	32
绵阳市	158	75	83	1395	683	712	46	13	33
广元市	17	6	11	207	100	107	3	1	2
遂宁市	70	29	41	374	170	204	76	21	55
内江市	46	11	35	311	133	178	22	6	16
乐山市	102	50	52	557	292	265	30	7	23
南充市	81	39	42	823	354	469	38	14	24
眉山市	27	14	13	301	170	131	21	6	15
宜宾市	104	48	56	799	395	404	42	13	29
广安市	30	9	21	121	57	64	23	2	21
达州市	62	33	29	752	344	408	9	4	5
雅安市	40	15	25	323	172	151	13	6	7
巴中市	15	10	5	143	62	81	4	3	1
资阳市	26	11	15	135	66	69	8		8
阿坝藏族羌族自治州	13	8	5	40	30	10	1	1	
甘孜藏族自治州	46	27	19	41	27	14			
凉山彝族自治州	345	166	179	554	301	253	27	11	16

1-4a 续表 6　　单位：人

地区	哈萨克族			傣族			黎族		
	小计	男	女	小计	男	女	小计	男	女
全省	**560**	**222**	**338**	**3407**	**1418**	**1989**	**1660**	**684**	**976**
成都市	529	208	321	1103	443	660	1183	499	684
自贡市				31	9	22	19	7	12
攀枝花市	3	2	1	1692	786	906	62	23	39
泸州市	2	1	1	53	18	35	29	12	17
德阳市	4	3	1	52	19	33	38	13	25
绵阳市	5	2	3	69	19	50	71	28	43
广元市				15	7	8	1	1	
遂宁市	5	1	4	58	11	47	16	3	13
内江市				30	6	24	10	3	7
乐山市	5	2	3	40	11	29	29	15	14
南充市	5	3	2	42	11	31	22	9	13
眉山市				32	7	25	26	11	15
宜宾市				64	18	46	54	19	35
广安市				9	1	8	6	3	3
达州市	1		1	13	4	9	11	6	5
雅安市				13	5	8	23	11	12
巴中市	1		1	7	2	5	23	8	15
资阳市				12	6	6	6	3	3
阿坝藏族羌族自治州							1	1	
甘孜藏族自治州							2		2
凉山彝族自治州				72	35	37	28	9	19

1-4a 续表 7　　单位：人

地区	傈僳族			佤族			畲族		
	小计	男	女	小计	男	女	小计	男	女
全省	**2145**	**973**	**1172**	**553**	**184**	**369**	**810**	**445**	**365**
成都市	698	293	405	347	142	205	631	351	280
自贡市	18	8	10	12	2	10	3	1	2
攀枝花市	927	469	458	26	4	22	13	5	8
泸州市	34	16	18	9	1	8	5	1	4
德阳市	41	17	24	13	3	10	16	8	8
绵阳市	46	23	23	19	5	14	17	9	8
广元市	6	2	4	6	2	4	9	3	6
遂宁市	25	6	19	62	6	56	11	7	4
内江市	35	11	24	10	3	7	8	3	5
乐山市	37	18	19	3		3	21	8	13
南充市	32	14	18	13	6	7	7	4	3
眉山市	17	5	12	5		5	6	4	2
宜宾市	36	18	18	8	4	4	24	16	8
广安市	16	4	12	2	1	1	2		2
达州市	12	3	9	4		4	4	3	1
雅安市	16	5	11	2	1	1	14	11	3
巴中市	2	1	1	2		2	3		3
资阳市	33	7	26	5	2	3	3	2	1
阿坝藏族羌族自治州									
甘孜藏族自治州	2		2	2		2			
凉山彝族自治州	112	53	59	3	2	1	13	9	4

1－4a 续表 8

单位：人

地 区	高山族			拉祜族			水 族		
	小计	男	女	小计	男	女	小计	男	女
全省	**46**	**25**	**21**	**426**	**113**	**313**	**621**	**313**	**308**
成都市	31	21	10	280	77	203	422	222	200
自贡市				8		8	4		4
攀枝花市				17	4	13	53	23	30
泸州市				16	4	12	12	5	7
德阳市	1		1	11	6	5	13	10	3
绵阳市	2		2	15	2	13	26	15	11
广元市				1	1		1		1
遂宁市	2	1	1	20		20	2	1	1
内江市				8	1	7	3	1	2
乐山市				5	1	4	15	8	7
南充市	3	1	2	9	4	5	11	4	7
眉山市				2		2	8	3	5
宜宾市				8	3	5	16	9	7
广安市				7	3	4	10	5	5
达州市	4	1	3	5	1	4	12	3	9
雅安市				3		3	4	1	3
巴中市				2	1	1			
资阳市				3		3	3	2	1
阿坝藏族羌族自治州				1	1				
甘孜藏族自治州				1	1				
凉山彝族自治州	3	1	2	4	3	1	6	1	5

1－4a 续表 9

单位：人

地 区	东乡族			纳西族			景颇族		
	小计	男	女	小计	男	女	小计	男	女
全省	**708**	**441**	**267**	**1807**	**783**	**1024**	**192**	**73**	**119**
成都市	629	396	233	673	276	397	132	52	80
自贡市	2	1	1	5	3	2	2	1	1
攀枝花市				854	402	452	13	4	9
泸州市	1	1		6		6	6	3	3
德阳市	5	2	3	21	8	13	5	2	3
绵阳市	25	15	10	25	13	12	2	1	1
广元市	1	1		3	3		3	1	2
遂宁市	2	1	1	8	2	6	3		3
内江市				16	6	10			
乐山市	2		2	20	6	14	6	1	5
南充市	3	2	1	15	4	11	3	1	2
眉山市	21	9	12	9	2	7			
宜宾市				18	8	10	7	3	4
广安市	6	3	3	4	1	3	1		1
达州市	1	1		5	4	1	1		1
雅安市				16	5	11	4	2	2
巴中市	1	1							
资阳市				5		5	1		1
阿坝藏族羌族自治州									
甘孜藏族自治州	6	5	1	8	3	5			
凉山彝族自治州	3	3		96	37	59	3	2	1

1-4a 续表 10

单位：人

地区	柯尔克孜族			土族			达斡尔族		
	小计	男	女	小计	男	女	小计	男	女
全省	**76**	**42**	**34**	**844**	**400**	**444**	**271**	**133**	**138**
成都市	70	38	32	621	297	324	227	109	118
自贡市				8	5	3	2	2	
攀枝花市				18	9	9	5	2	3
泸州市				9	4	5	1	1	
德阳市	3	2	1	25	12	13	5	3	2
绵阳市	1		1	40	23	17	14	8	6
广元市				3	1	2			
遂宁市				15	7	8			
内江市				9	2	7	2		2
乐山市				9	2	7			
南充市	1	1		18	9	9	2	1	1
眉山市				5	3	2			
宜宾市				17	6	11	1		1
广安市				1		1			
达州市				20	8	12			
雅安市				9	4	5	9	6	3
巴中市	1	1							
资阳市				1		1	2		2
阿坝藏族羌族自治州				2		2			
甘孜藏族自治州				6	4	2	1	1	
凉山彝族自治州				8	4	4			

1-4a 续表 11

单位：人

地区	仫佬族			羌族			布朗族		
	小计	男	女	小计	男	女	小计	男	女
全省	**571**	**282**	**289**	**52834**	**24935**	**27899**	**131**	**50**	**81**
成都市	409	205	204	26909	12864	14045	78	34	44
自贡市	9	2	7	177	86	91			
攀枝花市	32	20	12	192	108	84	5	2	3
泸州市	13	2	11	374	194	180	1		1
德阳市	10	3	7	1488	716	772	3	1	2
绵阳市	18	8	10	18219	8453	9766	6	4	2
广元市	3	3		212	89	123	1		1
遂宁市	3	1	2	306	131	175	19	6	13
内江市	7	2	5	273	91	182	5		5
乐山市	11	8	3	397	197	200	3	1	2
南充市	19	8	11	547	209	338	3		3
眉山市	6	5	1	222	94	128	3	1	2
宜宾市	9	5	4	420	202	218	1	1	
广安市	3	2	1	117	49	68			
达州市	9	2	7	162	63	99			
雅安市	3	1	2	306	126	180	2		2
巴中市				59	40	19			
资阳市	5	3	2	156	95	61			
阿坝藏族羌族自治州				1723	870	853			
甘孜藏族自治州				273	118	155			
凉山彝族自治州	2	2		302	140	162	1		1

1-4a　续表 12

单位：人

地　区	撒拉族			毛南族			仡佬族		
	小计	男	女	小计	男	女	小计	男	女
全省	**265**	**146**	**119**	**128**	**62**	**66**	**2257**	**1211**	**1046**
成都市	211	119	92	97	48	49	1592	876	716
自贡市	3	1	2	3		3	23	15	8
攀枝花市	2		2	6	4	2	90	39	51
泸州市				2		2	40	18	22
德阳市	21	10	11	1	1		47	22	25
绵阳市	12	8	4	4	1	3	76	40	36
广元市	3	1	2				19	7	12
遂宁市	1	1					34	13	21
内江市							22	5	17
乐山市	2	1	1	5	2	3	29	16	13
南充市	5	2	3				74	39	35
眉山市	2	1	1	1		1	11	8	3
宜宾市				2	2		70	35	35
广安市				6	4	2	26	17	9
达州市	3	2	1	1		1	22	13	9
雅安市							15	9	6
巴中市							26	15	11
资阳市							10	5	5
阿坝藏族羌族自治州							1	1	
甘孜藏族自治州							5	2	3
凉山彝族自治州							25	16	9

1-4a　续表 13

单位：人

地　区	锡伯族			阿昌族			普米族		
	小计	男	女	小计	男	女	小计	男	女
全省	**522**	**243**	**279**	**43**	**19**	**24**	**97**	**48**	**49**
成都市	426	196	230	32	14	18	44	19	25
自贡市	4	3	1	1		1			
攀枝花市	23	10	13	1		1	34	19	15
泸州市	9	4	5	1		1	1	1	
德阳市	13	8	5	1	1		3	3	
绵阳市	13	8	5				1		1
广元市	3	1	2						
遂宁市	4		4	1		1	1	1	
内江市	2		2	2	1	1	5	2	3
乐山市	4	3	1				1		1
南充市	7	3	4	2	1	1	2		2
眉山市	4	2	2				1	1	
宜宾市	2	1	1	1	1				
广安市									
达州市	3		3						
雅安市	4	3	1				1	1	
巴中市							1	1	
资阳市							1		1
阿坝藏族羌族自治州									
甘孜藏族自治州									
凉山彝族自治州	1	1		1	1		1		1

1-4a 续表 14

单位：人

地 区	塔吉克族			怒 族			乌孜别克族		
	小计	男	女	小计	男	女	小计	男	女
全省	**10**	**5**	**5**	**22**	**5**	**17**	**9**	**3**	**6**
成都市	10	5	5	11		11	8	2	6
自贡市									
攀枝花市									
泸州市									
德阳市				2	1	1			
绵阳市				1		1			
广元市									
遂宁市									
内江市									
乐山市				4	3	1			
南充市				2	1	1	1	1	
眉山市									
宜宾市									
广安市									
达州市									
雅安市									
巴中市				1		1			
资阳市				1		1			
阿坝藏族羌族自治州									
甘孜藏族自治州									
凉山彝族自治州									

1-4a 续表 15

单位：人

地 区	俄罗斯族			鄂温克族			德 昂 族		
	小计	男	女	小计	男	女	小计	男	女
全省	**101**	**42**	**59**	**50**	**25**	**25**	**22**	**8**	**14**
成都市	93	39	54	34	16	18	14	6	8
自贡市									
攀枝花市	1	1		3	2	1	1	1	
泸州市									
德阳市	2	1	1	1	1				
绵阳市	1		1	2	1	1	1		1
广元市									
遂宁市	1		1	1		1	4	1	3
内江市	1	1							
乐山市	2		2	1		1			
南充市							1		1
眉山市				1	1				
宜宾市							1		1
广安市									
达州市									
雅安市									
巴中市				1		1			
资阳市									
阿坝藏族羌族自治州									
甘孜藏族自治州									
凉山彝族自治州				6	4	2			

1-4a 续表 16

单位：人

地区	保安族			裕固族			京族		
	小计	男	女	小计	男	女	小计	男	女
全省	**37**	**24**	**13**	**56**	**26**	**30**	**31**	**14**	**17**
成都市	26	17	9	44	20	24	24	12	12
自贡市									
攀枝花市									
泸州市									
德阳市	1	1		1	1		1	1	
绵阳市				1		1			
广元市	7	3	4						
遂宁市	2	2		1	1				
内江市									
乐山市				6	3	3			
南充市									
眉山市				2		2			
宜宾市									
广安市							1		1
达州市							1		1
雅安市									
巴中市							2		2
资阳市									
阿坝藏族羌族自治州	1	1							
甘孜藏族自治州									
凉山彝族自治州				1	1		2	1	1

1-4a 续表 17

单位：人

地区	塔塔尔族			独龙族			鄂伦春族		
	小计	男	女	小计	男	女	小计	男	女
全省	**5**	**3**	**2**	**24**	**10**	**14**	**24**	**9**	**15**
成都市	4	2	2	18	9	9	12	4	8
自贡市							2	1	1
攀枝花市									
泸州市				1		1			
德阳市							6	1	5
绵阳市							2	1	1
广元市									
遂宁市									
内江市									
乐山市									
南充市				1		1			
眉山市									
宜宾市				3	1	2			
广安市									
达州市							1	1	
雅安市									
巴中市									
资阳市				1		1			
阿坝藏族羌族自治州							1	1	
甘孜藏族自治州									
凉山彝族自治州	1	1							

1-4a 续表 18

单位：人

地区	赫哲族			门巴族			珞巴族		
	小计	男	女	小计	男	女	小计	男	女
全省	**17**	**11**	**6**	**53**	**25**	**28**	**11**	**4**	**7**
成都市	13	10	3	34	17	17	9	3	6
自贡市									
攀枝花市				1		1	1		1
泸州市				1	1				
德阳市	1		1						
绵阳市				2	1	1			
广元市									
遂宁市	3	1	2	8	5	3			
内江市									
乐山市									
南充市				2	1	1	1	1	
眉山市									
宜宾市									
广安市									
达州市									
雅安市				5		5			
巴中市									
资阳市									
阿坝藏族羌族自治州									
甘孜藏族自治州									
凉山彝族自治州									

1-4a 续表 19

单位：人

地区	基诺族			未定族称人口			入籍		
	小计	男	女	小计	男	女	小计	男	女
全省	**34**	**13**	**21**	**1155**	**618**	**537**	**79**	**41**	**38**
成都市	25	11	14	743	404	339	46	23	23
自贡市	1		1	11	5	6	3	3	
攀枝花市				48	30	18	1		1
泸州市				50	19	31	3	2	1
德阳市				30	15	15			
绵阳市	3		3	47	23	24	1	1	
广元市				74	45	29	1	1	
遂宁市	2		2	7	2	5	9	4	5
内江市				16	6	10	1		1
乐山市				8	6	2	3	3	
南充市	1	1		19	7	12	3	1	2
眉山市				15	6	9	2	1	1
宜宾市	1	1		26	14	12	3		3
广安市	1		1	8	2	6			
达州市				3	1	2			
雅安市				4	3	1			
巴中市				4	1	3			
资阳市				2		2	1	1	
阿坝藏族羌族自治州				3	3				
甘孜藏族自治州				2	1	1			
凉山彝族自治州				35	25	10	2	1	1

1-4b 各地区分性别、民族的人口(镇)

单位：人

地区	合计			汉族		
	合计	男	女	小计	男	女
全省	**17034233**	**8388350**	**8645883**	**15840470**	**7800202**	**8040268**
成都市	1313128	641966	671162	1298209	635267	662942
自贡市	611353	289923	321430	608346	288842	319504
攀枝花市	172787	88892	83895	150353	77640	72713
泸州市	1137655	554701	582954	1123787	548389	575398
德阳市	679898	342513	337385	674952	339939	335013
绵阳市	816923	403129	413794	781565	386217	395348
广元市	608741	293963	314778	605255	292180	313075
遂宁市	520433	256352	264081	518939	255782	263157
内江市	816457	397446	419011	813628	396251	417377
乐山市	745471	365087	380384	692398	339227	353171
南充市	1353952	664588	689364	1350841	663362	687479
眉山市	806871	395764	411107	800441	392752	407689
宜宾市	1278639	637532	641107	1262018	629696	632322
广安市	921023	441425	479598	918287	440345	477942
达州市	1600310	800181	800129	1591233	795897	795336
雅安市	466909	231875	235034	434552	216322	218230
巴中市	780127	380105	400022	776497	378637	397860
资阳市	544963	260328	284635	542806	259404	283402
阿坝藏族羌族自治州	310246	157594	152652	86926	47419	39507
甘孜藏族自治州	297387	149288	148099	80598	44255	36343
凉山彝族自治州	1250960	635698	615262	728839	372379	356460

1-4b 续表 1

单位：人

地区	蒙古族			回族			藏族		
	小计	男	女	小计	男	女	小计	男	女
全省	**11209**	**5591**	**5618**	**28776**	**14719**	**14057**	**393299**	**190129**	**203170**
成都市	263	122	141	771	369	402	4279	1799	2480
自贡市	29	14	15	148	68	80	489	176	313
攀枝花市	90	46	44	606	305	301	135	71	64
泸州市	235	121	114	293	132	161	945	398	547
德阳市	157	110	47	379	224	155	991	514	477
绵阳市	154	73	81	3558	1781	1777	4672	2234	2438
广元市	44	22	22	856	429	427	419	217	202
遂宁市	16	7	9	61	22	39	312	155	157
内江市	21	11	10	225	110	115	440	226	214
乐山市	54	25	29	408	196	212	607	312	295
南充市	52	24	28	162	75	87	441	181	260
眉山市	50	25	25	261	133	128	1445	703	742
宜宾市	61	35	26	695	363	332	491	245	246
广安市	32	14	18	186	91	95	346	170	176
达州市	49	25	24	171	83	88	276	129	147
雅安市	201	120	81	121	60	61	10794	5058	5736
巴中市	41	17	24	113	60	53	1044	386	658
资阳市	21	11	10	70	35	35	342	151	191
阿坝藏族羌族自治州	74	38	36	14223	7200	7023	142787	70148	72639
甘孜藏族自治州	229	119	110	1632	983	649	203245	97891	105354
凉山彝族自治州	9336	4612	4724	3837	2000	1837	18799	8965	9834

1-4b 续表 2

单位：人

地 区	维吾尔族			苗 族			彝 族		
	小计	男	女	小计	男	女	小计	男	女
全省	**976**	**517**	**459**	**25688**	**12022**	**13666**	**607688**	**305329**	**302359**
成都市	379	228	151	782	343	439	4470	2037	2433
自贡市	11	6	5	199	68	131	1344	497	847
攀枝花市	15	10	5	313	147	166	18941	9517	9424
泸州市	14	8	6	7507	3584	3923	3082	1472	1610
德阳市	103	62	41	375	184	191	1328	636	692
绵阳市	108	29	79	372	170	202	1874	981	893
广元市	13	8	5	138	54	84	1179	725	454
遂宁市	21	8	13	97	21	76	445	180	265
内江市	9	6	3	207	67	140	1139	525	614
乐山市	21	8	13	806	367	439	50072	24497	25575
南充市	46	24	22	291	83	208	970	488	482
眉山市	29	16	13	193	74	119	3651	1721	1930
宜宾市	19	8	11	11278	5439	5839	2156	1011	1145
广安市	29	16	13	255	62	193	1052	495	557
达州市	69	35	34	480	194	286	1005	437	568
雅安市	4		4	123	55	68	20487	9964	10523
巴中市	20	9	11	155	49	106	1690	770	920
资阳市	16	6	10	187	52	135	898	470	428
阿坝藏族羌族自治州	5	3	2	215	132	83	799	456	343
甘孜藏族自治州	7	3	4	173	99	74	8999	4654	4345
凉山彝族自治州	38	24	14	1542	778	764	482107	243796	238311

1-4b 续表 3

单位：人

地 区	壮 族			布依族			朝鲜族		
	小计	男	女	小计	男	女	小计	男	女
全省	**3439**	**1122**	**2317**	**3261**	**1358**	**1903**	**217**	**134**	**83**
成都市	354	137	217	189	79	110	26	15	11
自贡市	120	22	98	71	19	52	1	1	
攀枝花市	50	25	25	60	31	29	3	3	
泸州市	255	71	184	240	72	168	9	5	4
德阳市	191	91	100	89	47	42	22	17	5
绵阳市	302	122	180	149	74	75	23	15	8
广元市	127	46	81	50	10	40	7	3	4
遂宁市	105	26	79	30	7	23	5	3	2
内江市	112	38	74	57	13	44	10	4	6
乐山市	182	61	121	102	43	59	8	4	4
南充市	204	36	168	119	26	93	8	4	4
眉山市	59	24	35	37	12	25	8	5	3
宜宾市	362	85	277	159	57	102	19	13	6
广安市	119	19	100	97	23	74	10	7	3
达州市	235	58	177	184	68	116	5	2	3
雅安市	59	24	35	38	9	29	4	1	3
巴中市	84	18	66	32	5	27	2	2	
资阳市	70	14	56	59	13	46	13	8	5
阿坝藏族羌族自治州	41	17	24	23	13	10	11	9	2
甘孜藏族自治州	34	17	17	31	16	15	5	4	1
凉山彝族自治州	374	171	203	1445	721	724	18	9	9

1-4b 续表 4

单位：人

地　区	满族			侗族			瑶族		
	小计	男	女	小计	男	女	小计	男	女
全省	**1782**	**1018**	**764**	**1301**	**479**	**822**	**781**	**301**	**480**
成都市	336	183	153	163	72	91	69	32	37
自贡市	34	19	15	47	21	26	27	12	15
攀枝花市	50	28	22	22	6	16	10	7	3
泸州市	55	25	30	115	35	80	70	24	46
德阳市	169	129	40	64	29	35	47	22	25
绵阳市	259	141	118	109	56	53	72	32	40
广元市	59	32	27	33	6	27	23	7	16
遂宁市	9	6	3	19	4	15	18	9	9
内江市	25	12	13	50	14	36	32	5	27
乐山市	93	55	38	47	23	24	38	13	25
南充市	36	15	21	86	26	60	46	12	34
眉山市	47	27	20	41	14	27	34	17	17
宜宾市	107	71	36	102	37	65	98	33	65
广安市	37	22	15	51	8	43	24	5	19
达州市	19	10	9	133	39	94	57	12	45
雅安市	82	41	41	20	11	9	10	7	3
巴中市	32	12	20	46	9	37	15	6	9
资阳市	16	8	8	49	15	34	8	1	7
阿坝藏族羌族自治州	138	80	58	18	11	7	16	10	6
甘孜藏族自治州	32	15	17	12	5	7	27	18	9
凉山彝族自治州	147	87	60	74	38	36	40	17	23

1-4b 续表 5

单位：人

地　区	白族			土家族			哈尼族		
	小计	男	女	小计	男	女	小计	男	女
全省	**3294**	**1592**	**1702**	**11154**	**5317**	**5837**	**660**	**207**	**453**
成都市	165	79	86	860	391	469	71	28	43
自贡市	40	13	27	151	53	98	22	5	17
攀枝花市	477	219	258	151	95	56	15	8	7
泸州市	102	43	59	389	136	253	74	21	53
德阳市	54	33	21	237	130	107	34	12	22
绵阳市	66	34	32	502	237	265	32	10	22
广元市	27	10	17	197	86	111	17	5	12
遂宁市	20	9	11	110	41	69	27	8	19
内江市	47	10	37	218	78	140	24	5	19
乐山市	57	23	34	254	101	153	35	9	26
南充市	40	17	23	311	102	209	17	3	14
眉山市	40	13	27	134	60	74	16	5	11
宜宾市	92	34	58	475	215	260	95	29	66
广安市	35	13	22	266	95	171	39	4	35
达州市	121	58	63	5890	2969	2921	43	20	23
雅安市	40	21	19	118	71	47	15	4	11
巴中市	8	2	6	159	50	109	4		4
资阳市	60	18	42	121	45	76	16	2	14
阿坝藏族羌族自治州	193	114	79	146	88	58	8	7	1
甘孜藏族自治州	718	403	315	119	73	46	4	2	2
凉山彝族自治州	892	426	466	346	201	145	52	20	32

1-4b　续表 6　　　　　　　　　　　　　　　　　　单位：人

地　　区	哈萨克族			傣　　族			黎　　族		
	小计	男	女	小计	男	女	小计	男	女
全省	**116**	**48**	**68**	**1455**	**578**	**877**	**413**	**142**	**271**
成都市	22	13	9	71	24	47	61	20	41
自贡市	1		1	35	10	25	21	3	18
攀枝花市	22	14	8	484	258	226	7	3	4
泸州市				44	8	36	27	7	20
德阳市	20	9	11	37	15	22	13	6	7
绵阳市	38	10	28	39	10	29	38	15	23
广元市	5	1	4	9	2	7	12	4	8
遂宁市	1		1	19	1	18	6	3	3
内江市	1		1	13	3	10	11	7	4
乐山市				37	7	30	14	6	8
南充市				25	5	20	13	2	11
眉山市	1	1		35	8	27	5	1	4
宜宾市				47	12	35	34	11	23
广安市				11	1	10	17	5	12
达州市	1		1	27	7	20	33	11	22
雅安市				14	5	9	6		6
巴中市				14	4	10	18	6	12
资阳市	2		2	20	4	16	9	3	6
阿坝藏族羌族自治州	1		1	16	8	8	15	6	9
甘孜藏族自治州	1		1	14	5	9	16	6	10
凉山彝族自治州				444	181	263	37	17	20

1-4b　续表 7　　　　　　　　　　　　　　　　　　单位：人

地　　区	傈 僳 族			佤　　族			畲　　族		
	小计	男	女	小计	男	女	小计	男	女
全省	**1994**	**848**	**1146**	**288**	**71**	**217**	**233**	**113**	**120**
成都市	53	23	30	24	9	15	20	11	9
自贡市	26	3	23	10	2	8	12	6	6
攀枝花市	473	214	259	5	1	4	1	1	
泸州市	29	5	24	38	10	28	17	9	8
德阳市	23	7	16	15		15	10	6	4
绵阳市	20	4	16	9	3	6	24	14	10
广元市	13	7	6	2		2	2	1	1
遂宁市	11	4	7	30	1	29	3	2	1
内江市	11		11	20	2	18	4	3	1
乐山市	37	9	28	8	2	6	3	1	2
南充市	17	3	14	14	2	12	8	4	4
眉山市	32	6	26	20	1	19	3	1	2
宜宾市	26	9	17	33	19	14	15	8	7
广安市	21	3	18	10	1	9	7		7
达州市	21	9	12	14	6	8	32	15	17
雅安市	16	3	13	5	2	3	6	4	2
巴中市	5		5	2		2	10	4	6
资阳市	18	5	13	12		12	20	7	13
阿坝藏族羌族自治州	8	4	4	1	1		1	1	
甘孜藏族自治州	47	27	20	2	2		26	9	17
凉山彝族自治州	1087	503	584	14	7	7	9	6	3

1–4b 续表 8

单位：人

地区	高山族			拉祜族			水族		
	小计	男	女	小计	男	女	小计	男	女
全省	**94**	**49**	**45**	**193**	**48**	**145**	**187**	**70**	**117**
成都市	2	1	1	19	6	13	18	8	10
自贡市				22	4	18	8	3	5
攀枝花市				7		7	20	10	10
泸州市				18	4	14	19	3	16
德阳市	4	2	2	13	4	9	8	5	3
绵阳市				8	1	7	18	5	13
广元市				3		3	1		1
遂宁市	36	19	17	10	1	9	4		4
内江市	2	2		8		8	8	2	6
乐山市				12	3	9	5	2	3
南充市	4	2	2	6		6	3		3
眉山市				8	1	7	5	4	1
宜宾市				10	2	8	20	6	14
广安市	3	1	2	9		9	6	2	4
达州市				7	5	2	12	4	8
雅安市				3	1	2			
巴中市				6	3	3	4	2	2
资阳市				7	4	3	8	3	5
阿坝藏族羌族自治州				2	2		2	1	1
甘孜藏族自治州				6	6		3	2	1
凉山彝族自治州	43	22	21	9	1	8	15	8	7

1–4b 续表 9

单位：人

地区	东乡族			纳西族			景颇族		
	小计	男	女	小计	男	女	小计	男	女
全省	**250**	**138**	**112**	**1980**	**964**	**1016**	**84**	**21**	**63**
成都市	5	2	3	36	19	17	5	2	3
自贡市	1	1		8	2	6	3		3
攀枝花市				386	182	204			
泸州市				16	8	8	7	4	3
德阳市	2	2		8	6	2	3	3	
绵阳市	5	2	3	6	5	1	2		2
广元市	9	6	3	4	3	1	3		3
遂宁市				4	1	3	2		2
内江市				2		2	6	2	4
乐山市	3	1	2	3	1	2	4		4
南充市				1		1			
眉山市	2	2		7	4	3	11	4	7
宜宾市				6	1	5	11	2	9
广安市				2	2		3		3
达州市	19	11	8	5	1	4	7	2	5
雅安市	1		1	8	2	6	3	1	2
巴中市				5	1	4	1		1
资阳市				3		3	4		4
阿坝藏族羌族自治州	101	49	52	4	3	1			
甘孜藏族自治州	99	59	40	339	160	179	1		1
凉山彝族自治州	3	3		1127	563	564	8	1	7

1-4b　续表 10　　　　单位：人

地　区	柯尔克孜族			土　族			达斡尔族		
	小计	男	女	小计	男	女	小计	男	女
全省	**11**	**5**	**6**	**155**	**86**	**69**	**22**	**10**	**12**
成都市	4	1	3	21	16	5	8	3	5
自贡市				1		1	1		1
攀枝花市				1		1			
泸州市	2	1	1	4	1	3	1		1
德阳市	1	1		7	5	2	1		1
绵阳市	2	1	1	12	6	6			
广元市				1	1				
遂宁市									
内江市				3		3	2	1	1
乐山市				8	5	3	3	3	
南充市	1		1	10	4	6	1		1
眉山市				3		3			
宜宾市				10	4	6			
广安市				1		1			
达州市	1	1		14	10	4			
雅安市				4	2	2			
巴中市				3	1	2			
资阳市				5		5	3	1	2
阿坝藏族羌族自治州				18	10	8			
甘孜藏族自治州				21	15	6			
凉山彝族自治州				8	6	2	2	2	

1-4b　续表 11　　　　单位：人

地　区	仫佬族			羌　族			布朗族		
	小计	男	女	小计	男	女	小计	男	女
全省	**142**	**57**	**85**	**91241**	**44443**	**46798**	**56**	**17**	**39**
成都市	14	6	8	1237	560	677	4	2	2
自贡市	5	3	2	85	40	45	3		3
攀枝花市	9	4	5	34	21	13	1	1	
泸州市	13	5	8	108	52	56	7	1	6
德阳市	8	2	6	448	216	232	2		2
绵阳市	8	5	3	22790	10792	11998			
广元市	3		3	170	69	101	4	2	2
遂宁市	2	1	1	50	25	25			
内江市	5	2	3	66	31	35	7	2	5
乐山市	7	2	5	91	51	40	1		1
南充市	9	3	6	124	73	51	1	1	
眉山市	5	3	2	209	113	96	3	1	2
宜宾市	13	7	6	77	34	43	7	2	5
广安市	6	1	5	24	12	12	4		4
达州市	9	2	7	40	24	16			
雅安市				140	67	73			
巴中市	2	1	1	91	45	46			
资阳市	5	1	4	77	39	38	6	3	3
阿坝藏族羌族自治州	5	2	3	64351	31706	32645	3		3
甘孜藏族自治州	6	2	4	884	406	478			
凉山彝族自治州	8	5	3	145	67	78	3	2	1

1-4b 续表 12 单位：人

地 区	撒拉族			毛南族			仡佬族		
	小计	男	女	小计	男	女	小计	男	女
全省	**99**	**58**	**41**	**25**	**6**	**19**	**581**	**259**	**322**
成都市	5	5		1		1	52	20	32
自贡市				4	1	3	10	2	8
攀枝花市	1		1				23	12	11
泸州市	1	1					71	26	45
德阳市				4	1	3	24	12	12
绵阳市	1		1				56	31	25
广元市	4		4				17	8	9
遂宁市				1		1	10	3	7
内江市	1		1	1		1	21	7	14
乐山市							27	17	10
南充市				2		2	23	6	17
眉山市				3	1	2	16	8	8
宜宾市	1		1				54	25	29
广安市				1		1	25	8	17
达州市	7	4	3	7	3	4	70	26	44
雅安市							20	15	5
巴中市				1		1	15	4	11
资阳市							5	3	2
阿坝藏族羌族自治州	39	25	14				12	8	4
甘孜藏族自治州	36	21	15				5	4	1
凉山彝族自治州	3	2	1				25	14	11

1-4b 续表 13 单位：人

地 区	锡伯族			阿昌族			普米族		
	小计	男	女	小计	男	女	小计	男	女
全省	**39**	**24**	**15**	**24**	**9**	**15**	**76**	**40**	**36**
成都市	16	8	8	3	2	1	3	2	1
自贡市	1		1	1		1	3	2	1
攀枝花市							6	3	3
泸州市				2	1	1	1		1
德阳市	15	12	3						
绵阳市	2	2		2		2	1	1	
广元市				1		1			
遂宁市							2		2
内江市				1		1	1	1	
乐山市				1	1				
南充市	1	1					2	1	1
眉山市	1		1						
宜宾市	1		1	4	1	3	4	1	3
广安市									
达州市				1		1			
雅安市	1		1	3	3		1		1
巴中市				1		1	1		1
资阳市	1	1		1		1			
阿坝藏族羌族自治州							2	2	
甘孜藏族自治州							3	3	
凉山彝族自治州				3	1	2	46	24	22

1-4b 续表 14 单位：人

地 区	塔吉克族			怒 族			乌孜别克族		
	小计	男	女	小计	男	女	小计	男	女
全省	**1**		**1**	**35**	**10**	**25**	**1**		**1**
成都市	1		1				1		1
自贡市									
攀枝花市									
泸州市				5	1	4			
德阳市									
绵阳市				4	2	2			
广元市									
遂宁市				2		2			
内江市									
乐山市				9	3	6			
南充市				1		1			
眉山市				5	1	4			
宜宾市				2	1	1			
广安市				1		1			
达州市									
雅安市				2	1	1			
巴中市									
资阳市									
阿坝藏族羌族自治州				3	1	2			
甘孜藏族自治州									
凉山彝族自治州				1		1			

1-4b 续表 15 单位：人

地 区	俄罗斯族			鄂温克族			德 昂 族		
	小计	男	女	小计	男	女	小计	男	女
全省	**18**	**10**	**8**	**6**	**4**	**2**	**10**		**10**
成都市	2	1	1						
自贡市							3		3
攀枝花市				1	1				
泸州市	1	1							
德阳市	10	6	4				1		1
绵阳市	2	1	1	3	3		1		1
广元市									
遂宁市									
内江市									
乐山市									
南充市									
眉山市	2	1	1						
宜宾市	1		1				1		1
广安市				2		2	1		1
达州市									
雅安市							2		2
巴中市									
资阳市							1		1
阿坝藏族羌族自治州									
甘孜藏族自治州									
凉山彝族自治州									

1-4b 续表 16

单位：人

地 区	保安族			裕固族			京 族		
	小计	男	女	小计	男	女	小计	男	女
全省	**31**	**18**	**13**	**1**	**1**		**2**	**1**	**1**
成都市							1		1
自贡市									
攀枝花市									
泸州市									
德阳市									
绵阳市									
广元市									
遂宁市									
内江市									
乐山市									
南充市	1	1							
眉山市									
宜宾市									
广安市									
达州市									
雅安市									
巴中市									
资阳市									
阿坝藏族羌族自治州	25	15	10				1	1	
甘孜藏族自治州	5	2	3	1	1				
凉山彝族自治州									

1-4b 续表 17

单位：人

地 区	塔塔尔族			独 龙 族			鄂伦春族		
	小计	男	女	小计	男	女	小计	男	女
全省	**1**		**1**	**10**	**4**	**6**			
成都市				2	1	1			
自贡市									
攀枝花市									
泸州市									
德阳市	1		1	1		1			
绵阳市									
广元市									
遂宁市									
内江市				3	1	2			
乐山市				2	1	1			
南充市				1	1				
眉山市									
宜宾市									
广安市									
达州市									
雅安市									
巴中市									
资阳市									
阿坝藏族羌族自治州									
甘孜藏族自治州									
凉山彝族自治州				1		1			

1-4b　续表 18

单位：人

地　区	赫哲族			门巴族			珞巴族		
	小计	男	女	小计	男	女	小计	男	女
全省	**1**	**1**		**12**	**4**	**8**	**7**	**4**	**3**
成都市	1	1							
自贡市									
攀枝花市									
泸州市									
德阳市				3	2	1	1	1	
绵阳市							1	1	
广元市									
遂宁市							2	1	1
内江市									
乐山市							1	1	
南充市				2	1	1	1		1
眉山市				2	1	1			
宜宾市				2		2			
广安市									
达州市									
雅安市									
巴中市									
资阳市									
阿坝藏族羌族自治州				1		1			
甘孜藏族自治州				2		2			
凉山彝族自治州							1		1

1-4b　续表 19

单位：人

地　区	基诺族			未定族称人口			入　籍		
	小计	男	女	小计	男	女	小计	男	女
全省	**8**	**4**	**4**	**306**	**139**	**167**	**30**	**9**	**21**
成都市	1	1		27	17	10	2	1	1
自贡市				9	5	4	1		1
攀枝花市				15	9	6			
泸州市	3		3	45	15	30	4	2	2
德阳市	2	2		19	9	10	2		2
绵阳市	1	1		12	7	5	1	1	
广元市				34	19	15			
遂宁市				2	1	1	2	1	1
内江市				15	5	10	1		1
乐山市				12	6	6	1	1	
南充市				11		11			
眉山市				7	1	6			
宜宾市				31	15	16	2	1	1
广安市				3		3	1		1
达州市				12	4	8	1		1
雅安市				6	1	5			
巴中市				4	2	2	2		2
资阳市	1		1	3	1	2			
阿坝藏族羌族自治州				7	2	5	5	2	3
甘孜藏族自治州				4	1	3	1		1
凉山彝族自治州				28	19	9	4		4

1–4c 各地区分性别、民族的人口(乡村)

单位：人

地区	合计			汉族		
	合计	男	女	小计	男	女
全省	**36208954**	**18870936**	**17338018**	**32403118**	**16952389**	**15450729**
成都市	4444777	2299306	2145471	4396861	2276336	2120525
自贡市	1110117	577605	532512	1104984	575679	529305
攀枝花市	368825	193004	175821	249823	133139	116684
泸州市	2116685	1105397	1011288	2048707	1071190	977517
德阳市	1521779	781465	740314	1512554	777003	735551
绵阳市	2353140	1216805	1136335	2262617	1171191	1091426
广元市	1221132	630498	590634	1213352	626818	586534
遂宁市	1201555	636569	564986	1196649	635122	561527
内江市	1568083	825478	742605	1561452	822925	738527
乐山市	1481801	770190	711611	1347979	703397	644582
南充市	2791631	1470219	1321412	2783051	1466815	1316236
眉山市	1473614	754184	719430	1461266	748961	712305
宜宾市	2230560	1171700	1058860	2160489	1136939	1023550
广安市	1820495	958685	861810	1814665	956989	857676
达州市	2703256	1427008	1276248	2663738	1406918	1256820
雅安市	677452	354391	323061	638536	334832	303704
巴中市	1460601	766777	693824	1457366	765391	691975
资阳市	1355406	704187	651219	1348938	701909	647029
阿坝藏族羌族自治州	481258	253338	227920	85578	49937	35641
甘孜藏族自治州	764003	396828	367175	86038	52788	33250
凉山彝族自治州	3062784	1577302	1485482	1008475	538110	470365

1–4c 续表 1

单位：人

地区	蒙古族			回族			藏族		
	小计	男	女	小计	男	女	小计	男	女
全省	**18634**	**9519**	**9115**	**28169**	**14891**	**13278**	**1056038**	**534134**	**521904**
成都市	439	237	202	1918	961	957	12504	5602	6902
自贡市	29	11	18	113	68	45	673	294	379
攀枝花市	201	109	92	1290	703	587	151	90	61
泸州市	478	287	191	159	78	81	803	394	409
德阳市	102	52	50	265	133	132	2280	1386	894
绵阳市	156	71	85	2115	1052	1063	10020	5033	4987
广元市	45	31	14	3260	1619	1641	617	326	291
遂宁市	59	9	50	96	39	57	802	274	528
内江市	35	20	15	928	486	442	792	359	433
乐山市	55	26	29	377	199	178	946	474	472
南充市	83	30	53	1317	708	609	1164	487	677
眉山市	70	36	34	408	209	199	2226	1070	1156
宜宾市	62	33	29	527	279	248	983	464	519
广安市	36	15	21	164	74	90	689	283	406
达州市	44	21	23	387	235	152	1323	559	764
雅安市	49	25	24	69	35	34	12394	6413	5981
巴中市	30	14	16	106	54	52	567	303	264
资阳市	45	16	29	96	31	65	1220	482	738
阿坝藏族羌族自治州	59	39	20	7558	4218	3340	314090	159954	154136
甘孜藏族自治州	181	133	48	614	363	251	650415	329056	321359
凉山彝族自治州	16376	8304	8072	6402	3347	3055	41379	20831	20548

1-4c 续表 2

单位：人

地区	维吾尔族			苗族			彝族		
	小计	男	女	小计	男	女	小计	男	女
全省	**794**	**396**	**398**	**129529**	**65133**	**64396**	**2318659**	**1168813**	**1149846**
成都市	165	86	79	2543	1307	1236	17251	8514	8737
自贡市	6	1	5	494	137	357	2489	1057	1432
攀枝花市	3	2	1	2473	1235	1238	101199	50814	50385
泸州市	29	13	16	51889	26849	25040	11568	5784	5784
德阳市	39	21	18	535	204	331	3210	1473	1737
绵阳市	322	183	139	804	283	521	4068	1715	2353
广元市	16	6	10	269	101	168	2431	1137	1294
遂宁市	25	8	17	372	77	295	1851	676	1175
内江市	20	4	16	542	134	408	2701	1102	1599
乐山市	10	5	5	1270	608	662	129524	64861	64663
南充市	27	7	20	607	148	459	3212	1502	1710
眉山市	14	8	6	338	129	209	7797	3251	4546
宜宾市	22	13	9	54578	27834	26744	10834	5184	5650
广安市	21	9	12	625	93	532	2254	868	1386
达州市	20	10	10	570	193	377	3822	1699	2123
雅安市	7	4	3	191	56	135	25401	12706	12695
巴中市	6	1	5	242	76	166	1444	693	751
资阳市	14	3	11	485	85	400	3084	1304	1780
阿坝藏族羌族自治州	1		1	314	226	88	1774	1047	727
甘孜藏族自治州	5	3	2	191	123	68	24044	12822	11222
凉山彝族自治州	22	9	13	10197	5235	4962	1958701	990604	968097

1-4c 续表 3

单位：人

地区	壮族			布依族			朝鲜族		
	小计	男	女	小计	男	女	小计	男	女
全省	**6641**	**1980**	**4661**	**6843**	**2901**	**3942**	**298**	**148**	**150**
成都市	1062	468	594	807	413	394	105	50	55
自贡市	248	56	192	160	44	116	3	2	1
攀枝花市	70	23	47	44	16	28	5	1	4
泸州市	554	118	436	456	120	336	4	1	3
德阳市	273	78	195	156	64	92	8	5	3
绵阳市	522	153	369	295	107	188	55	25	30
广元市	187	47	140	90	24	66	9	5	4
遂宁市	138	28	110	117	18	99	2	1	1
内江市	216	55	161	177	56	121	9	7	2
乐山市	242	65	177	125	47	78	10	7	3
南充市	379	59	320	232	44	188	8	2	6
眉山市	164	53	111	87	44	43	7	2	5
宜宾市	647	155	492	318	74	244	12	3	9
广安市	317	39	278	290	42	248	6	4	2
达州市	415	89	326	171	37	134	8	4	4
雅安市	89	20	69	56	19	37	4	4	
巴中市	154	35	119	70	16	54	8	2	6
资阳市	195	44	151	139	31	108	9	7	2
阿坝藏族羌族自治州	59	35	24	30	15	15	6	3	3
甘孜藏族自治州	50	33	17	38	31	7	4	4	
凉山彝族自治州	660	327	333	2985	1639	1346	16	9	7

1-4c 续表 4

单位：人

地 区	满族			侗族			瑶族		
	小计	男	女	小计	男	女	小计	男	女
全省	**1802**	**1008**	**794**	**2332**	**882**	**1450**	**1433**	**426**	**1007**
成都市	674	357	317	513	280	233	245	115	130
自贡市	7		7	76	15	61	60	15	45
攀枝花市	24	16	8	14	4	10	9	4	5
泸州市	33	14	19	187	62	125	131	31	100
德阳市	61	36	25	100	42	58	48	14	34
绵阳市	266	158	108	173	64	109	86	26	60
广元市	82	57	25	75	30	45	40	9	31
遂宁市	24	12	12	48	14	34	48	15	33
内江市	21	18	3	81	22	59	61	8	53
乐山市	81	53	28	107	47	60	46	8	38
南充市	50	28	22	128	27	101	77	13	64
眉山市	75	36	39	62	23	39	49	14	35
宜宾市	77	48	29	187	58	129	173	42	131
广安市	18	7	11	126	18	108	67	10	57
达州市	30	11	19	155	41	114	98	26	72
雅安市	37	22	15	40	19	21	19	2	17
巴中市	29	14	15	71	23	48	34	9	25
资阳市	28	13	15	54	12	42	53	14	39
阿坝藏族羌族自治州	49	34	15	25	19	6	8	6	2
甘孜藏族自治州	22	15	7	12	10	2	33	25	8
凉山彝族自治州	114	59	55	98	52	46	48	20	28

1-4c 续表 5

单位：人

地 区	白族			土家族			哈尼族		
	小计	男	女	小计	男	女	小计	男	女
全省	**3888**	**1737**	**2151**	**40523**	**20793**	**19730**	**1798**	**414**	**1384**
成都市	362	183	179	2355	1289	1066	242	75	167
自贡市	63	14	49	220	92	128	97	14	83
攀枝花市	826	440	386	91	47	44	32	7	25
泸州市	169	48	121	560	176	384	177	35	142
德阳市	94	28	66	432	195	237	58	14	44
绵阳市	126	45	81	747	332	415	135	47	88
广元市	47	17	30	300	129	171	29	10	19
遂宁市	112	19	93	236	85	151	179	21	158
内江市	118	23	95	287	108	179	105	21	84
乐山市	109	35	74	323	162	161	83	18	65
南充市	102	27	75	540	150	390	41	10	31
眉山市	99	34	65	249	108	141	52	12	40
宜宾市	126	37	89	708	265	443	125	28	97
广安市	98	15	83	399	128	271	164	7	157
达州市	75	31	44	31896	16905	14991	38	10	28
雅安市	50	15	35	126	57	69	30	9	21
巴中市	19	7	12	224	72	152	10	1	9
资阳市	134	27	107	253	86	167	60	3	57
阿坝藏族羌族自治州	62	43	19	165	120	45	15	10	5
甘孜藏族自治州	264	179	85	177	153	24	24	14	10
凉山彝族自治州	833	470	363	235	134	101	102	48	54

1-4c 续表 6

单位：人

地区	哈萨克族			傣族			黎族		
	小计	男	女	小计	男	女	小计	男	女
全省	**61**	**20**	**41**	**5062**	**2072**	**2990**	**667**	**219**	**448**
成都市	14	7	7	216	79	137	120	51	69
自贡市	3	2	1	46	12	34	28	9	19
攀枝花市	1		1	1805	852	953	25	8	17
泸州市	5	2	3	82	14	68	34	8	26
德阳市	2		2	77	19	58	39	13	26
绵阳市	9	4	5	152	31	121	55	18	37
广元市	3		3	16	5	11	15	3	12
遂宁市	2	1	1	99	10	89	22	8	14
内江市	1		1	56	7	49	18	6	12
乐山市	4	2	2	79	16	63	35	8	27
南充市	1		1	50	5	45	37	10	27
眉山市	2		2	70	15	55	21	7	14
宜宾市	2		2	80	15	65	35	6	29
广安市	3		3	85	6	79	29	13	16
达州市	2	1	1	24	11	13	35	7	28
雅安市	1		1	31	6	25	10	5	5
巴中市	2		2	9	2	7	27	6	21
资阳市	2		2	75	11	64	13	1	12
阿坝藏族羌族自治州	1	1		14	3	11	25	11	14
甘孜藏族自治州				18	13	5	5	2	3
凉山彝族自治州	1		1	1978	940	1038	39	19	20

1-4c 续表 7

单位：人

地区	傈僳族			佤族			畲族		
	小计	男	女	小计	男	女	小计	男	女
全省	**19338**	**9495**	**9843**	**1049**	**183**	**866**	**199**	**111**	**88**
成都市	274	91	183	118	56	62	52	27	25
自贡市	73	15	58	15	2	13	3	1	2
攀枝花市	8926	4558	4368	11	1	10	5	4	1
泸州市	67	20	47	93	21	72	4	2	2
德阳市	34	13	21	48	5	43	15	10	5
绵阳市	79	21	58	53	9	44	17	8	9
广元市	12	4	8	6	1	5	3	2	1
遂宁市	54	11	43	233	21	212	6	3	3
内江市	114	18	96	95	16	79	4	3	1
乐山市	78	22	56	34	13	21	9	4	5
南充市	71	13	58	46	1	45	8	5	3
眉山市	144	17	127	65	3	62	3	1	2
宜宾市	78	24	54	40	10	30	6	4	2
广安市	66	6	60	40	2	38	10	3	7
达州市	17	2	15	16	3	13	8	4	4
雅安市	49	10	39	3	1	2	4	2	2
巴中市	9	3	6	13	3	10	6	2	4
资阳市	143	14	129	83	10	73	6	2	4
阿坝藏族羌族自治州	12	8	4	2		2	5	3	2
甘孜藏族自治州	66	49	17	3		3	16	12	4
凉山彝族自治州	8972	4576	4396	32	5	27	9	9	

1-4c 续表 8 单位：人

地区	高山族			拉祜族			水族		
	小计	男	女	小计	男	女	小计	男	女
全省	**19**	**14**	**5**	**650**	**126**	**524**	**416**	**138**	**278**
成都市	6	5	1	74	21	53	68	34	34
自贡市				59	9	50	10	6	4
攀枝花市				12	3	9	32	13	19
泸州市	2		2	76	11	65	40	8	32
德阳市	2	2		40	7	33	6	2	4
绵阳市				30	8	22	35	10	25
广元市				7		7	7	3	4
遂宁市	2	1	1	70	8	62	11	5	6
内江市	1	1		38	6	32	7	1	6
乐山市				10	1	9	7	2	5
南充市	3	2	1	19	1	18	18	4	14
眉山市				26	5	21	14	6	8
宜宾市	1	1		19	6	13	51	11	40
广安市				69	7	62	18	4	14
达州市				8	4	4	22	2	20
雅安市				8	3	5	5	1	4
巴中市				9		9	14	4	10
资阳市				39	4	35	21	4	17
阿坝藏族羌族自治州				2		2	4	3	1
甘孜藏族自治州				20	17	3	3	2	1
凉山彝族自治州	2	2		15	5	10	23	13	10

1-4c 续表 9 单位：人

地区	东乡族			纳西族			景颇族		
	小计	男	女	小计	男	女	小计	男	女
全省	**258**	**181**	**77**	**6843**	**3411**	**3432**	**245**	**50**	**195**
成都市	23	16	7	59	23	36	47	15	32
自贡市				27	2	25	4		4
攀枝花市				1574	819	755	4	1	3
泸州市	6	3	3	15	1	14	17	4	13
德阳市	2	1	1	24	7	17	21	13	8
绵阳市	18	10	8	12	3	9	27	5	22
广元市	14	9	5	1	1		7	2	5
遂宁市				22	1	21	7	1	6
内江市	2	1	1	12	3	9	14	2	12
乐山市				14	4	10	13		13
南充市	2	1	1	10	3	7	8	2	6
眉山市	2	1	1	9	2	7	13	1	12
宜宾市				13	2	11	13		13
广安市				11		11	18	1	17
达州市	113	94	19	2		2	7	1	6
雅安市	3	3		8	3	5	3		3
巴中市	3	2	1	1		1	3	1	2
资阳市	3	2	1	15		15	7	1	6
阿坝藏族羌族自治州	37	20	17	9	5	4	1		1
甘孜藏族自治州	29	17	12	328	175	153	1		1
凉山彝族自治州	1	1		4677	2357	2320	10		10

1-4c 续表 10

单位：人

地　　区	柯尔克孜族			土　族			达斡尔族		
	小计	男	女	小计	男	女	小计	男	女
全省	**16**	**8**	**8**	**192**	**102**	**90**	**29**	**16**	**13**
成都市	10	6	4	46	28	18	5	3	2
自贡市	1		1	2	1	1			
攀枝花市				1	1				
泸州市				6	2	4			
德阳市				6	1	5	2	1	1
绵阳市				15	6	9	11	7	4
广元市	1	1		5	2	3	1		1
遂宁市				8	2	6			
内江市				2	1	1			
乐山市	1		1	8	3	5			
南充市				15	4	11			
眉山市				6	5	1			
宜宾市				11	6	5			
广安市				3	1	2	1		1
达州市				10	6	4	1		1
雅安市				1	1				
巴中市				7	3	4	2	2	
资阳市	3	1	2	1		1	2		2
阿坝藏族羌族自治州				4	3	1	1	1	
甘孜藏族自治州				22	18	4	1		1
凉山彝族自治州				13	8	5	2	2	

1-4c 续表 11

单位：人

地　　区	仫佬族			羌　族			布朗族		
	小计	男	女	小计	男	女	小计	男	女
全省	**197**	**58**	**139**	**150589**	**78116**	**72473**	**162**	**29**	**133**
成都市	42	22	20	5110	2314	2796	17	3	14
自贡市	10	2	8	52	27	25	3		3
攀枝花市	5	1	4	17	13	4	1		1
泸州市	11	1	10	86	39	47	17	5	12
德阳市	4		4	1177	605	572	5	1	4
绵阳市	16	6	10	69947	36109	33838	8		8
广元市	3		3	111	68	43	3	1	2
遂宁市	6	1	5	147	56	91	34	3	31
内江市	8	4	4	69	37	32	16	2	14
乐山市	6	2	4	128	61	67	4		4
南充市	10	3	7	202	84	118	7		7
眉山市	6	2	4	184	91	93	4		4
宜宾市	21	7	14	103	47	56	2	1	1
广安市	20	1	19	55	23	32	15	1	14
达州市	9	1	8	84	35	49	1		1
雅安市	3		3	193	107	86			
巴中市	2		2	61	24	37			
资阳市	6	1	5	110	54	56	8		8
阿坝藏族羌族自治州	2		2	71274	37530	33744			
甘孜藏族自治州	5	4	1	1283	697	586	12	11	1
凉山彝族自治州	2		2	196	95	101	5	1	4

1-4c 续表 12

单位：人

地区	撒拉族			毛南族			仡佬族		
	小计	男	女	小计	男	女	小计	男	女
全省	**90**	**56**	**34**	**67**	**18**	**49**	**1134**	**491**	**643**
成都市	5	3	2	17	8	9	243	138	105
自贡市	2		2	4	1	3	25	11	14
攀枝花市							113	58	55
泸州市				8	1	7	120	37	83
德阳市	1		1	1		1	31	11	20
绵阳市				3		3	59	28	31
广元市				3		3	29	11	18
遂宁市	5	4	1	1		1	16	4	12
内江市				1		1	37	12	25
乐山市				3	1	2	40	21	19
南充市	2		2	6	1	5	62	15	47
眉山市				2		2	50	29	21
宜宾市				4	2	2	90	30	60
广安市				2		2	58	9	49
达州市	3	2	1	4	1	3	49	17	32
雅安市	3	2	1				9	5	4
巴中市				4	1	3	26	8	18
资阳市				1		1	19	9	10
阿坝藏族羌族自治州	29	16	13				9	5	4
甘孜藏族自治州	36	26	10				9	8	1
凉山彝族自治州	4	3	1	3	2	1	40	25	15

1-4c 续表 13

单位：人

地区	锡伯族			阿昌族			普米族		
	小计	男	女	小计	男	女	小计	男	女
全省	**63**	**39**	**24**	**56**	**18**	**38**	**114**	**41**	**73**
成都市	14	9	5	10	3	7	9	3	6
自贡市				1		1	3		3
攀枝花市	2	1	1	1		1	12	6	6
泸州市				4	1	3	3		3
德阳市	1	1					4	2	2
绵阳市	7	5	2	1		1	3	3	
广元市	2		2				2	2	
遂宁市	1	1		2	1	1	5		5
内江市	1		1	1	1		4	1	3
乐山市				3	1	2			
南充市	3	1	2	1		1	2		2
眉山市				1		1	4	1	3
宜宾市	5	2	3	5	2	3	1		1
广安市				5	1	4	6	1	5
达州市	26	18	8						
雅安市				2		2	1		1
巴中市									
资阳市	1	1		2	1	1	1		1
阿坝藏族羌族自治州				1		1	1	1	
甘孜藏族自治州				10	6	4	6	5	1
凉山彝族自治州				6	1	5	47	16	31

1−4c　续表 14

单位：人

地　区	塔吉克族			怒　族			乌孜别克族		
	小计	男	女	小计	男	女	小计	男	女
全省	**1**		**1**	**106**	**20**	**86**	**1**		**1**
成都市				14	2	12			
自贡市				3	1	2			
攀枝花市				5	4	1			
泸州市				11		11			
德阳市				2		2			
绵阳市				7	2	5			
广元市									
遂宁市				2	1	1			
内江市				10	3	7			
乐山市				8		8			
南充市				2	1	1			
眉山市				5		5			
宜宾市				4		4			
广安市				7		7	1		1
达州市				2	1	1			
雅安市				1		1			
巴中市				2		2			
资阳市				5		5			
阿坝藏族羌族自治州				1	1				
甘孜藏族自治州	1		1	1		1			
凉山彝族自治州				14	4	10			

1−4c　续表 15

单位：人

地　区	俄罗斯族			鄂温克族			德 昂 族		
	小计	男	女	小计	男	女	小计	男	女
全省	**5**	**3**	**2**	**4**	**2**	**2**	**36**	**9**	**27**
成都市	3	2	1	1	1		2		2
自贡市							5	3	2
攀枝花市				2	1	1			
泸州市									
德阳市							1		1
绵阳市	1		1				10	1	9
广元市	1	1					3	2	1
遂宁市							2		2
内江市							3		3
乐山市							2	1	1
南充市									
眉山市				1		1	3	2	1
宜宾市							1		1
广安市							1		1
达州市									
雅安市							2		2
巴中市									
资阳市									
阿坝藏族羌族自治州							1		1
甘孜藏族自治州									
凉山彝族自治州									

1–4c 续表 16　　单位：人

地区	保安族			裕固族			京族		
	小计	男	女	小计	男	女	小计	男	女
全省	**13**	**9**	**4**	**4**	**2**	**2**	**15**	**4**	**11**
成都市				1		1	3		3
自贡市									
攀枝花市									
泸州市							1		1
德阳市							3	1	2
绵阳市				1		1	2	2	
广元市				1	1				
遂宁市									
内江市									
乐山市									
南充市									
眉山市							1	1	
宜宾市							1		1
广安市									
达州市	1	1					1		1
雅安市							1		1
巴中市							1		1
资阳市									
阿坝藏族羌族自治州	8	4	4				1		1
甘孜藏族自治州	4	4		1	1				
凉山彝族自治州									

1–4c 续表 17　　单位：人

地区	塔塔尔族			独龙族			鄂伦春族		
	小计	男	女	小计	男	女	小计	男	女
全省	**19**	**16**	**3**	**25**	**7**	**18**	**3**	**2**	**1**
成都市	19	16	3	7	3	4	2	1	1
自贡市									
攀枝花市									
泸州市				1	1				
德阳市				1		1			
绵阳市							1	1	
广元市				1	1				
遂宁市				2		2			
内江市				2		2			
乐山市				1		1			
南充市				1	1				
眉山市				2		2			
宜宾市				3	1	2			
广安市				1		1			
达州市									
雅安市									
巴中市				2		2			
资阳市									
阿坝藏族羌族自治州									
甘孜藏族自治州									
凉山彝族自治州				1		1			

1-4c　续表 18

单位：人

地　区	赫哲族			门巴族			珞巴族		
	小计	男	女	小计	男	女	小计	男	女
全省	**1**	**1**		**22**	**9**	**13**	**4**	**1**	**3**
成都市				3	1	2	1		1
自贡市	1	1							
攀枝花市									
泸州市									
德阳市							2		2
绵阳市				3	1	2			
广元市									
遂宁市				7	4	3	1	1	
内江市									
乐山市									
南充市				1		1			
眉山市				1		1			
宜宾市				2		2			
广安市									
达州市									
雅安市									
巴中市									
资阳市									
阿坝藏族羌族自治州				3	2	1			
甘孜藏族自治州				2	1	1			
凉山彝族自治州									

1-4c　续表 19

单位：人

地　区	基诺族			未定族称人口			入　籍		
	小计	男	女	小计	男	女	小计	男	女
全省	**50**	**6**	**44**	**507**	**204**	**303**	**123**	**65**	**58**
成都市	1		1	66	36	30	9	6	3
自贡市	2	1	1	10		10	3		3
攀枝花市	3	2	1	11	7	4	2	1	1
泸州市	4	1	3	58	14	44	10	1	9
德阳市	3		3	10	2	8			
绵阳市	1	1		48	21	27	2		2
广元市				22	11	11	4	1	3
遂宁市	8	1	7	16	1	15	6	1	5
内江市	2		2	17	5	12	3		3
乐山市	2		2	24	16	8	1		1
南充市	3		3	18	5	13	5		5
眉山市	1		1	10	5	5	1		1
宜宾市				43	17	26	58	50	8
广安市				27	4	23	5	1	4
达州市				18	6	12	3	2	1
雅安市	1		1	12	4	8			
巴中市				16	4	12	2	1	1
资阳市	19		19	12	4	8	2		2
阿坝藏族羌族自治州				18	15	3			
甘孜藏族自治州				8	7	1	1	1	
凉山彝族自治州				43	20	23	6		6

1–5 各地区分年龄、性别的人口

单位：人

地　区	合　计			0岁		
	合计	男	女	小计	男	女
全省	**83674866**	**42289718**	**41385148**	**634562**	**329691**	**304871**
成都市	20937757	10522641	10415116	163071	84310	78761
自贡市	2489256	1238475	1250781	15397	7979	7418
攀枝花市	1212203	626361	585842	9239	4800	4439
泸州市	4254149	2144993	2109156	29697	15629	14068
德阳市	3456161	1736923	1719238	21152	10799	10353
绵阳市	4868243	2441188	2427055	33787	17406	16381
广元市	2305657	1153365	1152292	17570	9100	8470
遂宁市	2814196	1427876	1386320	18157	9498	8659
内江市	3140678	1578533	1562145	19759	10169	9590
乐山市	3160168	1585671	1574497	22938	11888	11050
南充市	5607565	2841682	2765883	39385	20530	18855
眉山市	2955219	1477604	1477615	23310	11884	11426
宜宾市	4588804	2345750	2243054	37542	19553	17989
广安市	3254883	1647064	1607819	23756	12578	11178
达州市	5385422	2769844	2615578	33680	17422	16258
雅安市	1434603	725878	708725	11685	6014	5671
巴中市	2712894	1380002	1332892	20492	10596	9896
资阳市	2308631	1165412	1143219	13471	7012	6459
阿坝藏族羌族自治州	822587	426330	396257	7553	3933	3620
甘孜藏族自治州	1107431	569779	537652	10621	5499	5122
凉山彝族自治州	4858359	2484347	2374012	62300	33092	29208

1–5 续表 1

单位：人

地　区	1–4岁			5–9岁			10–14岁		
	小计	男	女	小计	男	女	小计	男	女
全省	**3428595**	**1777510**	**1651085**	**4604374**	**2387321**	**2217053**	**4803581**	**2497084**	**2306497**
成都市	877038	453296	423742	947649	491225	456424	793069	411182	381887
自贡市	86341	44751	41590	131434	67771	63663	159284	81908	77376
攀枝花市	47482	24483	22999	54226	28403	25823	58722	30375	28347
泸州市	172572	89478	83094	248684	130052	118632	324637	169353	155284
德阳市	116514	60195	56319	153326	79121	74205	160304	82405	77899
绵阳市	181544	93910	87634	237148	122366	114782	235244	121652	113592
广元市	87004	44688	42316	117488	60560	56928	132238	68264	63974
遂宁市	106946	55579	51367	156335	81332	75003	155338	81035	74303
内江市	109219	56673	52546	159247	82249	76998	200011	103226	96785
乐山市	117428	60707	56721	153356	78989	74367	152334	78417	73917
南充市	202887	105389	97498	298070	154742	143328	341313	178657	162656
眉山市	114034	58697	55337	142846	73818	69028	133867	68648	65219
宜宾市	197016	101947	95069	295331	153906	141425	329502	171780	157722
广安市	132675	69017	63658	196533	102615	93918	218276	115531	102745
达州市	195429	101979	93450	314215	164868	149347	387700	205426	182274
雅安市	61018	31657	29361	71567	36925	34642	76544	39261	37283
巴中市	110859	57933	52926	166999	86880	80119	172325	90318	82007
资阳市	78212	40692	37520	126335	65505	60830	168678	87116	81562
阿坝藏族羌族自治州	39772	20508	19264	54749	27915	26834	53138	27139	25999
甘孜藏族自治州	64207	32840	31367	90440	46186	44254	89312	45504	43808
凉山彝族自治州	330398	173091	157307	488396	251893	236503	461745	239887	221858

1-5　续表 2　　单位：人

地　区	15-19岁			20-24岁			25-29岁		
	小计	男	女	小计	男	女	小计	男	女
全省	**4319402**	**2255617**	**2063785**	**4741386**	**2433508**	**2307878**	**5390889**	**2767100**	**2623789**
成都市	901126	467103	434023	1618570	812825	805745	1798836	905812	893024
自贡市	120018	61113	58905	98441	50262	48179	122094	61868	60226
攀枝花市	66088	36117	29971	71057	38239	32818	67358	34787	32571
泸州市	290232	151082	139150	202867	104782	98085	220620	112905	107715
德阳市	146567	78340	68227	153879	83308	70571	174885	87955	86930
绵阳市	243236	125488	117748	241422	119593	121829	271033	136074	134959
广元市	96321	50100	46221	96821	48724	48097	129305	65070	64235
遂宁市	121202	64511	56691	124720	65580	59140	178244	93554	84690
内江市	171505	85460	86045	137688	68855	68833	129274	66446	62828
乐山市	127139	64292	62847	137719	69644	68075	178477	90152	88325
南充市	299730	157789	141941	272166	139453	132713	314402	165978	148424
眉山市	133609	67769	65840	135300	67330	67970	175435	88246	87189
宜宾市	270727	143784	126943	244382	128817	115565	276676	145176	131500
广安市	179653	96081	83572	169907	90223	79684	196821	103778	93043
达州市	336134	180419	155715	271697	145204	126493	320047	171911	148136
雅安市	69530	34529	35001	74442	37129	37313	90395	45768	44627
巴中市	154278	82039	72239	146562	78079	68483	172069	90351	81718
资阳市	128251	67949	60302	81696	43947	37749	90573	46547	44026
阿坝藏族羌族自治州	46106	23416	22690	54384	28747	25637	66093	35018	31075
甘孜藏族自治州	79928	40645	39283	81062	42043	39019	83723	44256	39467
凉山彝族自治州	338022	177591	160431	326604	170724	155880	334529	175448	159081

1-5　续表 3　　单位：人

地　区	30-34岁			35-39岁			40-44岁		
	小计	男	女	小计	男	女	小计	男	女
全省	**6353288**	**3262890**	**3090398**	**4528132**	**2307155**	**2220977**	**4745388**	**2380790**	**2364598**
成都市	2103902	1071667	1032235	1415578	725127	690451	1264531	644133	620398
自贡市	158357	80861	77496	119238	60343	58895	123300	61223	62077
攀枝花市	83118	42578	40540	65448	32762	32686	87817	44281	43536
泸州市	258681	132105	126576	200683	102073	98610	211399	104788	106611
德阳市	238750	119207	119543	176177	87889	88288	203612	100081	103531
绵阳市	339516	167550	171966	247638	120991	126647	296623	145134	151489
广元市	143962	71407	72555	96497	47194	49303	126516	61902	64614
遂宁市	222247	117284	104963	149325	77829	71496	149122	75095	74027
内江市	238121	125619	112502	148170	76577	71593	163876	81227	82649
乐山市	194794	97017	97777	164002	82126	81876	189751	94767	94984
南充市	379063	196890	182173	266128	134863	131265	290007	142625	147382
眉山市	194658	97643	97015	136718	68491	68227	164936	81741	83195
宜宾市	284602	148930	135672	238802	123895	114907	249735	127911	121824
广安市	215932	112798	103134	139629	70630	68999	152694	73855	78839
达州市	371668	197491	174177	233917	119120	114797	289815	144684	145131
雅安市	90877	46129	44748	75425	38550	36875	73065	36890	36175
巴中市	178766	92738	86028	111652	56887	54765	149801	76165	73636
资阳市	165655	87098	78557	96134	49442	46692	112086	55195	56891
阿坝藏族羌族自治州	69927	37304	32623	62031	33091	28940	65339	34857	30482
甘孜藏族自治州	87574	46445	41129	84338	43876	40462	88598	46365	42233
凉山彝族自治州	333118	174129	158989	300602	155399	145203	292765	147871	144894

1-5 续表 4

单位：人

地区	45-49岁			50-54岁			55-59岁		
	小计	男	女	小计	男	女	小计	男	女
全省	**8008855**	**4023685**	**3985170**	**7947853**	**3963543**	**3984310**	**6004757**	**2993893**	**3010864**
成都市	1954008	991089	962919	1899373	948740	950633	1436937	707573	729364
自贡市	233637	114918	118719	248206	120856	127350	192822	95309	97513
攀枝花市	155144	81122	74022	125288	66173	59115	81642	43148	38494
泸州市	405305	201737	203568	404655	198812	205843	305899	151082	154817
德阳市	351415	174532	176883	358544	180027	178517	308827	155544	153283
绵阳市	494782	245277	249505	491020	244122	246898	401081	202639	198442
广元市	254794	126775	128019	248499	124723	123776	193720	97831	95889
遂宁市	247946	121995	125951	260623	122240	138383	215116	103708	111408
内江市	306261	151427	154834	320328	156413	163915	244659	121352	123307
乐山市	341120	171930	169190	352508	178132	174376	254423	128977	125446
南充市	513197	253942	259255	534713	262668	272045	398665	197092	201573
眉山市	308764	153771	154993	329909	166699	163210	231059	117022	114037
宜宾市	459797	236955	222842	432232	218153	214079	328270	162991	165279
广安市	286416	138277	148139	295734	143818	151916	239793	118869	120924
达州市	517950	262853	255097	516794	263735	253059	391965	197871	194094
雅安市	164029	83430	80599	160374	81881	78493	107971	55731	52240
巴中市	247232	124801	122431	244554	122093	122461	173826	86331	87495
资阳市	207224	100686	106538	219368	104879	114489	170195	84028	86167
阿坝藏族羌族自治州	76374	40530	35844	67477	36049	31428	41795	22432	19363
甘孜藏族自治州	92274	49185	43089	78252	41691	36561	51232	26987	24245
凉山彝族自治州	391186	198453	192733	359402	181639	177763	234860	117376	117484

1-5 续表 5

单位：人

地区	60-64岁			65-69岁			70-74岁		
	小计	男	女	小计	男	女	小计	男	女
全省	**3996204**	**2042844**	**1953360**	**5309368**	**2611050**	**2698318**	**3671628**	**1829916**	**1841712**
成都市	912886	449189	463697	1112583	528537	584046	711931	344621	367310
自贡市	150612	77269	73343	200181	99090	101091	134463	66227	68236
攀枝花市	47121	24150	22971	55654	24916	30738	58804	28050	30754
泸州市	227464	117055	110409	297190	148237	148953	187256	94013	93243
德阳市	192326	97566	94760	281343	135851	145492	172435	86635	85800
绵阳市	260387	136405	123982	346437	173772	172665	228916	117489	111427
广元市	131120	67116	64004	165069	80998	84071	114974	56436	58538
遂宁市	150353	82277	68076	208533	107027	101506	146312	74936	71376
内江市	163452	87285	76167	225762	114912	110850	159824	80466	79358
乐山市	167731	85740	81991	219461	107950	111511	152434	75787	76647
南充市	297594	156485	141109	426493	213467	213026	308443	159799	148644
眉山市	139274	71207	68067	210723	102782	107941	153290	75962	77328
宜宾市	221051	113027	108024	291301	142978	148323	179521	89289	90232
广安市	170012	90822	79190	233596	117748	115848	170784	85062	85722
达州市	237017	122355	114662	349115	176284	172831	271081	136004	135077
雅安市	63612	32956	30656	89045	44295	44750	59233	29387	29846
巴中市	129775	65011	64764	186324	90579	95745	155221	78026	77195
资阳市	128605	65208	63397	194052	97312	96740	134577	70237	64340
阿坝藏族羌族自治州	28887	14524	14363	29301	14230	15071	24280	11444	12836
甘孜藏族自治州	33332	16587	16745	32709	15773	16936	25082	11499	13583
凉山彝族自治州	143593	70610	72983	154496	74312	80184	122767	58547	64220

1-5　续表 6

单位：人

地　区	75-79岁			80-84岁			85-89岁		
	小计	男	女	小计	男	女	小计	男	女
全省	**2548930**	**1239306**	**1309624**	**1539955**	**718779**	**821176**	**747805**	**324968**	**422837**
成都市	480966	232370	248596	304828	145843	158985	160092	72700	87392
自贡市	88482	41821	46661	60470	26807	33663	31363	12463	18900
攀枝花市	43545	24930	18615	22312	11214	11098	9114	4358	4756
泸州市	126536	61179	65357	79598	36107	43491	41362	17238	24124
德阳市	118975	58862	60113	72923	34774	38149	37517	16692	20825
绵阳市	156883	77138	79745	96985	45937	51048	45028	19905	25123
广元市	86001	41329	44672	45600	21346	24254	15978	7153	8825
遂宁市	96567	46969	49598	58370	27215	31155	32381	13786	18595
内江市	115181	55174	60007	70646	31746	38900	38292	15800	22492
乐山市	115601	55860	59741	67521	31294	36227	35120	15371	19749
南充市	214533	106047	108486	124142	58577	65565	59703	26038	33665
眉山市	110432	53621	56811	65533	30865	34668	34421	14799	19622
宜宾市	122442	59556	62886	76001	34718	41283	37378	15867	21511
广安市	118943	55971	62972	69757	31867	37890	31045	12758	18287
达州市	174271	85124	89147	109602	50620	58982	43601	18471	25130
雅安市	48492	23893	24599	27650	12925	14725	13732	6054	7678
巴中市	108057	52542	55515	55611	26324	29287	18973	8504	10469
资阳市	92194	46528	45666	55029	26282	28747	30743	13550	17193
阿坝藏族羌族自治州	18913	8473	10440	10629	4512	6117	3904	1528	2376
甘孜藏族自治州	18038	7909	10129	10275	4117	6158	4258	1579	2679
凉山彝族自治州	93878	44010	49868	56473	25689	30784	23800	10354	13446

1-5　续表 7

单位：人

地　区	90-94岁			95-99岁			100岁及以上		
	小计	男	女	小计	男	女	小计	男	女
全省	**278725**	**116432**	**162293**	**62635**	**23801**	**38834**	**8554**	**2835**	**5719**
成都市	62595	27902	34693	15644	6374	9270	2544	1023	1521
自贡市	11955	4557	7398	2778	967	1811	383	112	271
攀枝花市	2508	1252	1256	462	208	254	54	15	39
泸州市	15190	6058	9132	3264	1113	2151	358	115	243
德阳市	13573	5942	7631	2794	1102	1692	323	96	227
绵阳市	15808	6837	8971	3357	1392	1965	368	111	257
广元市	5107	2259	2848	956	354	602	117	36	81
遂宁市	12759	5152	7607	3190	1150	2040	410	124	286
内江市	15404	6057	9347	3552	1269	2283	447	131	316
乐山市	12869	5351	7518	2993	1142	1851	449	138	311
南充市	21854	8856	12998	4562	1632	2930	515	163	352
眉山市	13286	5297	7989	3348	1181	2167	467	131	336
宜宾市	13410	5387	8023	2773	1038	1735	313	92	221
广安市	10669	4037	6632	2032	678	1354	226	51	175
达州市	16022	6593	9429	3318	1287	2031	384	123	261
雅安市	4950	2106	2844	866	333	533	101	35	66
巴中市	7704	3163	4541	1547	580	967	267	62	205
资阳市	12375	5099	7276	2753	979	1774	425	121	304
阿坝藏族羌族自治州	1479	508	971	400	150	250	56	22	34
甘孜藏族自治州	1644	595	1049	455	171	284	77	27	50
凉山彝族自治州	7564	3424	4140	1591	701	890	270	107	163

1-5a 各地区分年龄、性别的人口(城市)

单位：人

地区	合计			0岁		
	合计	男	女	小计	男	女
全省	**30431679**	**15030432**	**15401247**	**223669**	**115833**	**107836**
成都市	15179852	7581369	7598483	120602	62414	58188
自贡市	767786	370947	396839	4466	2306	2160
攀枝花市	670591	344465	326126	3715	1960	1755
泸州市	999809	484895	514914	6695	3561	3134
德阳市	1254484	612945	641539	7440	3760	3680
绵阳市	1698180	821254	876926	11537	5914	5623
广元市	475784	228904	246880	4003	2098	1905
遂宁市	1092208	534955	557253	7593	3936	3657
内江市	756138	355609	400529	4502	2310	2192
乐山市	932896	450394	482502	5749	2971	2778
南充市	1461982	706875	755107	9295	4788	4507
眉山市	674734	327656	347078	5118	2654	2464
宜宾市	1079605	536518	543087	8132	4211	3921
广安市	513365	246954	266411	3622	1894	1728
达州市	1081856	542655	539201	7040	3567	3473
雅安市	290242	139612	150630	2083	1069	1014
巴中市	472166	233120	239046	4142	2161	1981
资阳市	408262	200897	207365	2895	1548	1347
阿坝藏族羌族自治州	31083	15398	15685	240	125	115
甘孜藏族自治州	46041	23663	22378	288	157	131
凉山彝族自治州	544615	271347	273268	4512	2429	2083

1-5a 续表 1

单位：人

地区	1-4岁			5-9岁			10-14岁		
	小计	男	女	小计	男	女	小计	男	女
全省	**1277348**	**661025**	**616323**	**1506870**	**781691**	**725179**	**1290946**	**668051**	**622895**
成都市	660047	341198	318849	713111	370122	342989	547323	284570	262753
自贡市	26463	13738	12725	36981	18986	17995	36432	18575	17857
攀枝花市	20577	10647	9930	25960	13605	12355	30853	15698	15155
泸州市	41605	21613	19992	50103	26008	24095	50034	25658	24376
德阳市	46179	23870	22309	58870	30413	28457	50274	25717	24557
绵阳市	69735	36042	33693	86119	44678	41441	75857	39480	36377
广元市	21461	11135	10326	26484	13727	12757	23090	11835	11255
遂宁市	48156	24991	23165	64934	33712	31222	56051	29170	26881
内江市	28629	14844	13785	40328	20724	19604	42381	21643	20738
乐山市	34902	18094	16808	44094	22768	21326	37670	19442	18228
南充市	58012	29884	28128	76825	39655	37170	74188	38110	36078
眉山市	30638	15729	14909	36714	18999	17715	29671	15370	14301
宜宾市	45339	23439	21900	56086	29213	26873	53685	27547	26138
广安市	24570	12789	11781	32285	16861	15424	31890	16662	15228
达州市	38270	19866	18404	52825	27478	25347	58741	30739	28002
雅安市	12012	6113	5899	13852	7126	6726	11269	5786	5483
巴中市	24469	12732	11737	32616	16856	15760	29238	14937	14301
资阳市	17684	9152	8532	23847	12417	11430	22224	11382	10842
阿坝藏族羌族自治州	1330	696	634	1747	879	868	1334	675	659
甘孜藏族自治州	1778	915	863	2178	1167	1011	1917	967	950
凉山彝族自治州	25492	13538	11954	30911	16297	14614	26824	14088	12736

1-5a　续表 2　　　　单位：人

地　区	15-19岁			20-24岁			25-29岁		
	小计	男	女	小计	男	女	小计	男	女
全省	**1723909**	**873498**	**850411**	**2248650**	**1099193**	**1149457**	**2461942**	**1210659**	**1251283**
成都市	661149	344227	316922	1311668	653774	657894	1469467	733570	735897
自贡市	42438	21093	21345	34407	16991	17416	41587	19795	21792
攀枝花市	43172	23511	19661	41262	22079	19183	33638	16891	16747
泸州市	74407	36322	38085	61768	29391	32377	64196	30606	33590
德阳市	75399	39231	36168	69920	36065	33855	71014	33497	37517
绵阳市	132183	67418	64765	109076	50004	59072	109571	51370	58201
广元市	29735	14522	15213	26672	11855	14817	34012	15529	18483
遂宁市	62160	32315	29845	52483	25662	26821	75839	36506	39333
内江市	62037	27540	34497	47147	19487	27660	34246	15959	18287
乐山市	53895	26178	27717	53691	25889	27802	59978	28453	31525
南充市	115521	55108	60413	96704	42584	54120	95900	46297	49603
眉山市	33147	16019	17128	41455	19031	22424	51309	24433	26876
宜宾市	86906	45088	41818	86780	43322	43458	77140	38275	38865
广安市	40616	20258	20358	32606	15353	17253	35592	17214	18378
达州市	80477	40652	39825	66219	31654	34565	80420	40265	40155
雅安市	20115	8533	11582	22948	10432	12516	18571	8585	9986
巴中市	33396	17058	16338	25116	12166	12950	38534	18753	19781
资阳市	32004	17464	14540	19711	10589	9122	22733	10557	12176
阿坝藏族羌族自治州	3455	1318	2137	1632	820	812	2546	1300	1246
甘孜藏族自治州	4281	1930	2351	3171	1576	1595	3877	1997	1880
凉山彝族自治州	37416	17713	19703	44214	20469	23745	41772	20807	20965

1-5a　续表 3　　　　单位：人

地　区	30-34岁			35-39岁			40-44岁		
	小计	男	女	小计	男	女	小计	男	女
全省	**2991844**	**1482091**	**1509753**	**2097623**	**1039734**	**1057889**	**1929625**	**951515**	**978110**
成都市	1682946	852403	830543	1134926	577743	557183	944157	478374	465783
自贡市	62005	29781	32224	50657	24919	25738	43403	21287	22116
攀枝花市	45798	22864	22934	36605	17563	19042	51316	25460	25856
泸州市	85924	41681	44243	63857	31362	32495	57852	27815	30037
德阳市	107564	50666	56898	83325	39658	43667	82751	39152	43599
绵阳市	146745	67992	78753	113393	52091	61302	121362	56685	64677
广元市	42066	19314	22752	27181	12518	14663	32358	15156	17202
遂宁市	100306	49060	51246	71075	34588	36487	68146	32772	35374
内江市	67126	31614	35512	46172	22060	24112	44608	20953	23655
乐山市	73765	34520	39245	62601	29378	33223	61599	29155	32444
南充市	123499	59529	63970	90307	43300	47007	89039	42042	46997
眉山市	62449	29794	32655	44112	21470	22642	47536	23080	24456
宜宾市	89938	44750	45188	74791	36652	38139	68769	34238	34531
广安市	40155	19187	20968	27596	12842	14754	30047	13784	16263
达州市	96406	48327	48079	61844	30430	31414	74240	36417	37823
雅安市	22020	10443	11577	17431	8403	9028	14795	7194	7601
巴中市	44071	21578	22493	25648	12392	13256	32466	15805	16661
资阳市	44867	21598	23269	23396	11373	12023	25251	12112	13139
阿坝藏族羌族自治州	3071	1485	1586	2755	1330	1425	2458	1237	1221
甘孜藏族自治州	4552	2376	2176	3695	1883	1812	3974	2073	1901
凉山彝族自治州	46571	23129	23442	36256	17779	18477	33498	16724	16774

1-5a 续表 4

单位：人

地 区	45-49岁			50-54岁			55-59岁		
	小计	男	女	小计	男	女	小计	男	女
全省	**2904381**	**1442501**	**1461880**	**2670726**	**1306020**	**1364706**	**2062783**	**998480**	**1064303**
成都市	1348740	680850	667890	1256686	618173	638513	972549	467498	505051
自贡市	70697	34417	36280	71295	33970	37325	63688	30811	32877
攀枝花市	89793	47363	42430	64981	34469	30512	42318	22068	20250
泸州市	96869	46801	50068	90362	43078	47284	73150	34871	38279
德阳市	129215	63583	65632	119024	58751	60273	103462	50251	53211
绵阳市	172181	83240	88941	149797	72290	77507	120776	58291	62485
广元市	55442	26769	28673	46607	22737	23870	33888	16646	17242
遂宁市	104839	50334	54505	100781	46414	54367	81176	38143	43033
内江市	73620	34810	38810	69969	32619	37350	55721	26436	29285
乐山市	95227	45841	49386	91807	44024	47783	71430	34793	36637
南充市	141591	67281	74310	137014	65446	71568	100969	49019	51950
眉山市	68996	33848	35148	65524	32299	33225	48208	23440	24768
宜宾市	108890	55209	53681	91622	45710	45912	70471	34361	36110
广安市	51591	24073	27518	45662	21404	24258	35340	16583	18757
达州市	119178	59747	59431	108581	54791	53790	76079	38499	37580
雅安市	28573	13996	14577	27984	13687	14297	21654	10757	10897
巴中市	46021	22774	23247	40178	19886	20292	26270	12762	13508
资阳市	42119	20255	21864	38299	18208	20091	27214	13448	13766
阿坝藏族羌族自治州	3062	1636	1426	2767	1501	1266	1611	911	700
甘孜藏族自治州	4729	2545	2184	4348	2351	1997	2679	1535	1144
凉山彝族自治州	53008	27129	25879	47438	24212	23226	34130	17357	16773

1-5a 续表 5

单位：人

地 区	60-64岁			65-69岁			70-74岁		
	小计	男	女	小计	男	女	小计	男	女
全省	**1306945**	**640922**	**666023**	**1444281**	**678705**	**765576**	**937248**	**447272**	**489976**
成都市	627571	304114	323457	677734	317312	360422	425768	201807	223961
自贡市	49886	24519	25367	51393	24103	27290	31590	14709	16881
攀枝花市	24447	12097	12350	30261	12365	17896	38825	18350	20475
泸州市	49971	24681	25290	54825	26071	28754	31746	15224	16522
德阳市	60660	29457	31203	74491	34171	40320	46826	22334	24492
绵阳市	73280	36227	37053	78940	37761	41179	51788	25070	26718
广元市	19614	9810	9804	19829	9361	10468	14091	6697	7394
遂宁市	50380	26151	24229	59231	29330	29901	37285	18214	19071
内江市	35943	17590	18353	39096	18169	20927	25524	11823	13701
乐山市	47448	22996	24452	52773	24975	27798	35096	17285	17811
南充市	67641	34151	33490	75168	36584	38584	45260	22468	22792
眉山市	26240	12722	13518	31709	14655	17054	21437	10093	11344
宜宾市	43114	21126	21988	48665	22075	26590	29151	13660	15491
广安市	20193	9947	10246	24248	11126	13122	16185	7657	8528
达州市	40955	21016	19939	47023	23369	23654	32134	15984	16150
雅安市	13279	6647	6632	16318	7949	8369	10101	4822	5279
巴中市	17455	8431	9024	21144	9900	11244	14667	7261	7406
资阳市	15978	7683	8295	19284	8888	10396	12430	5820	6610
阿坝藏族羌族自治州	859	434	425	863	406	457	597	305	292
甘孜藏族自治州	1435	703	732	1350	653	697	801	410	391
凉山彝族自治州	20596	10420	10176	19936	9482	10454	15946	7279	8667

1−5a　续表 6　　单位：人

地　区	75−79岁			80−84岁			85−89岁		
	小计	男	女	小计	男	女	小计	男	女
全省	**630621**	**301669**	**328952**	**411867**	**191764**	**220103**	**208961**	**94027**	**114934**
成都市	283599	133983	149616	191942	90693	101249	99346	45527	53819
自贡市	22500	10104	12396	15435	6299	9136	8330	3058	5272
攀枝花市	27944	17346	10598	12686	6729	5957	4862	2547	2315
泸州市	20099	9233	10866	13921	5913	8008	8255	3333	4922
德阳市	32201	15451	16750	20981	9973	11008	10372	4836	5536
绵阳市	35432	17017	18415	24441	11885	12556	11221	5376	5845
广元市	9868	4698	5170	5994	2833	3161	2399	1160	1239
遂宁市	24202	11285	12917	14886	6767	8119	8492	3782	4710
内江市	17740	8166	9574	11430	4848	6582	6582	2627	3955
乐山市	24191	11454	12737	15032	6768	8264	8201	3732	4469
南充市	30555	14777	15778	19875	9284	10591	10065	4431	5634
眉山市	14742	6973	7769	8814	4045	4769	4536	1976	2560
宜宾市	18137	8441	9696	12403	5282	7121	6538	2665	3873
广安市	10604	4802	5802	6563	2884	3679	2867	1190	1677
达州市	20720	10072	10648	12854	6146	6708	5097	2358	2739
雅安市	7531	3483	4048	5237	2452	2785	3080	1459	1621
巴中市	9349	4355	4994	4882	2212	2670	1646	736	910
资阳市	8589	4101	4488	5381	2492	2889	2834	1209	1625
阿坝藏族羌族自治州	408	175	233	243	110	133	66	34	32
甘孜藏族自治州	458	209	249	328	137	191	136	49	87
凉山彝族自治州	11752	5544	6208	8539	4012	4527	4036	1942	2094

1−5a　续表 7　　单位：人

地　区	90−94岁			95−99岁			100岁及以上		
	小计	男	女	小计	男	女	小计	男	女
全省	**79675**	**36594**	**43081**	**18999**	**8068**	**10931**	**2766**	**1120**	**1646**
成都市	38984	18068	20916	9821	4215	5606	1716	734	982
自贡市	3250	1187	2063	786	270	516	97	29	68
攀枝花市	1317	730	587	242	118	124	19	5	14
泸州市	3333	1378	1955	766	270	496	71	25	46
德阳市	3613	1731	1882	823	350	473	80	28	52
绵阳市	3816	1963	1853	859	428	431	71	32	39
广元市	831	434	397	142	62	80	17	8	9
遂宁市	3289	1465	1824	815	325	490	89	33	56
内江市	2652	1133	1519	612	231	381	73	23	50
乐山市	2980	1352	1628	674	289	385	93	37	56
南充市	3651	1729	1922	804	375	429	99	33	66
眉山市	1808	807	1001	503	193	310	68	26	42
宜宾市	2492	1055	1437	497	184	313	59	15	44
广安市	942	376	566	174	61	113	17	7	10
达州市	2147	998	1149	523	245	278	83	35	48
雅安市	1156	570	586	208	94	114	25	12	13
巴中市	694	304	390	145	55	90	19	6	13
资阳市	1196	471	725	284	116	168	42	14	28
阿坝藏族羌族自治州	27	12	15	12	9	3			
甘孜藏族自治州	52	22	30	12	6	6	2	2	
凉山彝族自治州	1445	809	636	297	172	125	26	16	10

1-5b 各地区分年龄、性别的人口(镇)

单位：人

地 区	合 计			0岁		
	合计	男	女	小计	男	女
全省	**17034233**	**8388350**	**8645883**	**124165**	**64597**	**59568**
成都市	1313128	641966	671162	9679	4932	4747
自贡市	611353	289923	321430	3832	1982	1850
攀枝花市	172787	88892	83895	1472	750	722
泸州市	1137655	554701	582954	8141	4222	3919
德阳市	679898	342513	337385	4212	2162	2050
绵阳市	816923	403129	413794	5364	2737	2627
广元市	608741	293963	314778	4666	2397	2269
遂宁市	520433	256352	264081	2728	1431	1297
内江市	816457	397446	419011	5109	2657	2452
乐山市	745471	365087	380384	5760	2973	2787
南充市	1353952	664588	689364	9369	4885	4484
眉山市	806871	395764	411107	6029	3081	2948
宜宾市	1278639	637532	641107	10607	5561	5046
广安市	921023	441425	479598	6244	3335	2909
达州市	1600310	800181	800129	8997	4692	4305
雅安市	466909	231875	235034	4017	2079	1938
巴中市	780127	380105	400022	6453	3317	3136
资阳市	544963	260328	284635	3448	1771	1677
阿坝藏族羌族自治州	310246	157594	152652	2715	1431	1284
甘孜藏族自治州	297387	149288	148099	2213	1200	1013
凉山彝族自治州	1250960	635698	615262	13110	7002	6108

1-5b 续表 1

单位：人

地 区	1-4岁			5-9岁			10-14岁		
	小计	男	女	小计	男	女	小计	男	女
全省	**759203**	**393243**	**365960**	**1115626**	**578156**	**537470**	**1174490**	**606599**	**567891**
成都市	54328	28005	26323	60799	31426	29373	56633	29133	27500
自贡市	24335	12569	11766	37425	19114	18311	43993	22454	21539
攀枝花市	8556	4412	4144	9570	5032	4538	7682	4024	3658
泸州市	49024	25120	23904	71496	37193	34303	88414	45376	43038
德阳市	23740	12240	11500	33000	17050	15950	35824	18528	17296
绵阳市	32377	16819	15558	44255	22685	21570	42019	21478	20541
广元市	27331	13896	13435	39193	20100	19093	39179	20088	19091
遂宁市	21158	11061	10097	35289	18409	16880	36400	18791	17609
内江市	31725	16376	15349	46497	23811	22686	55775	28437	27338
乐山市	32183	16507	15676	44331	22854	21477	44144	22451	21693
南充市	58583	30562	28021	90578	46838	43740	100063	51890	48173
眉山市	34405	17596	16809	44969	23226	21743	41934	21235	20699
宜宾市	59299	30498	28801	91478	47692	43786	95882	49448	46434
广安市	43733	22705	21028	69963	36342	33621	73183	38344	34839
达州市	67840	35251	32589	114945	60186	54759	134055	70257	63798
雅安市	22755	11943	10812	26488	13619	12869	28050	14433	13617
巴中市	38929	20238	18691	63389	32801	30588	60260	31487	28773
资阳市	23086	11995	11091	36637	18850	17787	44879	22905	21974
阿坝藏族羌族自治州	15052	7770	7282	20426	10456	9970	18354	9346	9008
甘孜藏族自治州	14006	7145	6861	19554	9974	9580	18989	9598	9391
凉山彝族自治州	76758	40535	36223	115344	60498	54846	108778	56896	51882

1–5b 续表 2 单位：人

地 区	15–19岁			20–24岁			25–29岁		
	小计	男	女	小计	男	女	小计	男	女
全省	**1144402**	**589868**	**554534**	**780979**	**391147**	**389832**	**991139**	**476043**	**515096**
成都市	90461	42408	48053	88224	40116	48108	74916	35908	39008
自贡市	36215	17067	19148	22613	10483	12130	31090	14453	16637
攀枝花市	10230	5603	4627	9119	4939	4180	11684	5771	5913
泸州市	108800	55947	52853	46451	22624	23827	59848	27867	31981
德阳市	37863	20887	16976	32404	19186	13218	33904	16651	17253
绵阳市	49491	26387	23104	46605	23267	23338	43312	20530	22782
广元市	38390	20212	18178	20421	9805	10616	32652	14533	18119
遂宁市	24113	12854	11259	18834	9581	9253	29978	14746	15232
内江市	53614	26959	26655	28454	14493	13961	34657	16619	18038
乐山市	31061	15804	15257	27962	13643	14319	44599	21231	23368
南充市	82503	44804	37699	52639	26989	25650	77285	37602	39683
眉山市	52631	27074	25557	38204	19615	18589	49140	23541	25599
宜宾市	94748	49220	45528	54898	27585	27313	79862	38747	41115
广安市	63031	32804	30227	38087	18809	19278	52684	24382	28302
达州市	114540	62202	52338	64621	34295	30326	88190	44127	44063
雅安市	22402	11395	11007	20239	10002	10237	31240	14950	16290
巴中市	56458	29089	27369	37642	18606	19036	49507	22712	26795
资阳市	41909	21197	20712	16616	7934	8682	22830	10247	12583
阿坝藏族羌族自治州	19368	9410	9958	17622	9260	8362	26909	13338	13571
甘孜藏族自治州	22652	10460	12192	25593	12247	13346	26528	13280	13248
凉山彝族自治州	93922	48085	45837	73731	37668	36063	90324	44808	45516

1–5b 续表 3 单位：人

地 区	30–34岁			35–39岁			40–44岁		
	小计	男	女	小计	男	女	小计	男	女
全省	**1244433**	**599931**	**644502**	**924880**	**447602**	**477278**	**1019309**	**488089**	**531220**
成都市	101478	48893	52585	71539	34960	36579	75618	37098	38520
自贡市	40411	19099	21312	30680	14433	16247	33815	15600	18215
攀枝花市	13920	6975	6945	10402	5369	5033	11701	5984	5717
泸州市	73302	35105	38197	56954	27595	29359	59090	27831	31259
德阳市	45602	22379	23223	33106	16257	16849	41838	20157	21681
绵阳市	57403	26866	30537	42172	20036	22136	52514	24875	27639
广元市	40863	18201	22662	28972	12732	16240	38540	17460	21080
遂宁市	41415	20321	21094	29087	14542	14545	29564	14300	15264
内江市	66795	32513	34282	43317	20821	22496	50433	23685	26748
乐山市	50744	23847	26897	43089	20537	22552	50516	24660	25856
南充市	102252	49008	53244	72380	34380	38000	80490	36980	43510
眉山市	58143	27533	30610	41387	19633	21754	48380	22975	25405
宜宾市	85240	42506	42734	70822	35464	35358	70244	35078	35166
广安市	67459	31135	36324	46806	21694	25112	49082	21981	27101
达州市	113698	56459	57239	78163	37732	40431	92687	44141	48546
雅安市	32302	15738	16564	28007	13757	14250	25672	12574	13098
巴中市	57929	26594	31335	37883	17726	20157	49583	23545	26038
资阳市	42162	19252	22910	27863	12797	15066	32306	14447	17859
阿坝藏族羌族自治州	29301	14643	14658	24203	12255	11948	25102	12960	12142
甘孜藏族自治州	27885	14034	13851	23932	11815	12117	24205	12211	11994
凉山彝族自治州	96129	48830	47299	84116	43067	41049	77929	39547	38382

1-5b 续表 4 单位：人

地区	45-49岁			50-54岁			55-59岁		
	小计	男	女	小计	男	女	小计	男	女
全省	**1698001**	**822773**	**875228**	**1627295**	**787546**	**839749**	**1200397**	**583240**	**617157**
成都市	132765	65724	67041	133670	65696	67974	99348	49540	49808
自贡市	60094	27919	32175	61073	28271	32802	45654	21688	23966
攀枝花市	20575	10626	9949	17857	9428	8429	11519	6160	5359
泸州市	106992	50828	56164	104445	49317	55128	79143	37624	41519
德阳市	69468	33739	35729	68373	33589	34784	57546	28834	28712
绵阳市	85391	41062	44329	82992	39884	43108	66630	32990	33640
广元市	70449	33740	36709	64101	30975	33126	48551	24023	24528
遂宁市	46233	22137	24096	48293	21590	26703	40222	18449	21773
内江市	86048	41097	44951	83030	39701	43329	61677	29965	31712
乐山市	83152	40847	42305	80570	39972	40598	56181	27905	28276
南充市	135042	63850	71192	131204	61447	69757	92899	43761	49138
眉山市	86713	41607	45106	84975	41603	43372	57243	28242	29001
宜宾市	126534	63551	62983	117910	58041	59869	90705	44118	46587
广安市	85550	38259	47291	83199	37865	45334	65332	30185	35147
达州市	155870	75340	80530	149869	73449	76420	114969	54250	60719
雅安市	53690	26825	26865	50298	25221	25077	33956	17107	16849
巴中市	76316	37171	39145	68756	33180	35576	47306	22254	25052
资阳市	54175	24731	29444	51362	23411	27951	38148	18048	20100
阿坝藏族羌族自治州	29659	15449	14210	26081	13791	12290	15854	8531	7323
甘孜藏族自治州	25885	13657	12228	21329	11383	9946	13963	7525	6438
凉山彝族自治州	107400	54614	52786	97908	49732	48176	63551	32041	31510

1-5b 续表 5 单位：人

地区	60-64岁			65-69岁			70-74岁		
	小计	男	女	小计	男	女	小计	男	女
全省	**735270**	**363731**	**371539**	**936885**	**449995**	**486890**	**636155**	**314221**	**321934**
成都市	59698	29897	29801	80688	38827	41861	49583	24472	25111
自贡市	31645	15046	16599	41117	18911	22206	27147	12853	14294
攀枝花市	6519	3353	3166	7182	3443	3739	5743	2699	3044
泸州市	54729	26340	28389	67788	32318	35470	41812	21054	20758
德阳市	35415	18228	17187	51156	25087	26069	30914	15634	15280
绵阳市	39331	20376	18955	48367	24051	24316	31605	16161	15444
广元市	28585	14227	14358	32148	15286	16862	22712	10948	11764
遂宁市	26063	13445	12618	33917	16643	17274	23655	11894	11761
内江市	36819	18322	18497	48156	22618	25538	32597	15768	16829
乐山市	33862	16878	16984	43496	20469	23027	29110	14174	14936
南充市	58730	29004	29726	77628	37337	40291	55017	27941	27076
眉山市	33142	16628	16514	47381	22730	24651	32903	16427	16476
宜宾市	56023	27773	28250	69278	33078	36200	43110	21024	22086
广安市	41078	20194	20884	50549	23738	26811	35233	16861	18372
达州市	64084	30844	33240	87056	43351	43705	65243	32879	32364
雅安市	19385	9828	9557	25161	12126	13035	16764	8140	8624
巴中市	29625	13863	15762	36158	16935	19223	28153	13741	14412
资阳市	24558	11680	12878	31704	14912	16792	21014	10551	10463
阿坝藏族羌族自治州	10240	5137	5103	10148	4976	5172	7707	3708	3999
甘孜藏族自治州	8742	4441	4301	8193	4118	4075	5830	2814	3016
凉山彝族自治州	36997	18227	18770	39614	19041	20573	30303	14478	15825

1-5b 续表 6

单位：人

地区	75-79岁			80-84岁			85-89岁		
	小计	男	女	小计	男	女	小计	男	女
全省	**450089**	**216774**	**233315**	**275947**	**128759**	**147188**	**132596**	**59018**	**73578**
成都市	36282	17534	18748	21248	10203	11045	10857	4996	5861
自贡市	17540	8244	9296	12654	5615	7039	6729	2765	3964
攀枝花市	4523	2195	2328	2874	1363	1511	1226	556	670
泸州市	28832	13922	14910	18388	8321	10067	9598	4259	5339
德阳市	21906	10951	10955	13377	6476	6901	7067	3095	3972
绵阳市	22849	11376	11473	14399	7005	7394	6711	3086	3625
广元市	17480	8230	9250	9709	4737	4972	3440	1701	1739
遂宁市	16022	7933	8089	9673	4717	4956	5124	2361	2763
内江市	24019	11378	12641	15038	6681	8357	8273	3656	4617
乐山市	21749	10319	11430	12850	5761	7089	6806	2894	3912
南充市	38925	19387	19538	22769	10992	11777	10725	4805	5920
眉山市	23326	11304	12022	14329	6752	7577	7667	3396	4271
宜宾市	29859	14176	15683	18409	8230	10179	9373	3948	5425
广安市	24898	11615	13283	15089	6911	8178	6728	2929	3799
达州市	41217	20113	21104	27228	12844	14384	11339	5165	6174
雅安市	13555	6462	7093	7485	3378	4107	3818	1630	2188
巴中市	19721	9357	10364	10804	5145	5659	3522	1612	1910
资阳市	14894	7262	7632	9496	4562	4934	5293	2559	2734
阿坝藏族羌族自治州	5934	2716	3218	3512	1573	1939	1373	595	778
甘孜藏族自治州	3992	1767	2225	2473	1049	1424	942	368	574
凉山彝族自治州	22566	10533	12033	14143	6444	7699	5985	2642	3343

1-5b 续表 7

单位：人

地区	90-94岁			95-99岁			100岁及以上		
	小计	男	女	小计	男	女	小计	男	女
全省	**50195**	**22108**	**28087**	**11387**	**4457**	**6930**	**1390**	**453**	**937**
成都市	4179	1790	2389	972	344	628	163	64	99
自贡市	2553	1073	1480	656	260	396	82	24	58
攀枝花市	352	172	180	74	34	40	7	4	3
泸州市	3550	1519	2031	780	293	487	78	26	52
德阳市	2603	1162	1441	516	200	316	64	21	43
绵阳市	2510	1194	1316	552	235	317	74	29	45
广元市	1151	588	563	194	82	112	14	2	12
遂宁市	2037	908	1129	562	221	341	66	18	48
内江市	3508	1535	1973	812	325	487	104	29	75
乐山市	2604	1088	1516	608	245	363	94	28	66
南充市	3941	1772	2169	830	325	505	100	29	71
眉山市	3105	1269	1836	773	276	497	92	21	71
宜宾市	3481	1463	2018	791	298	493	86	33	53
广安市	2562	1136	1426	502	194	308	31	7	24
达州市	4442	2075	2367	1149	491	658	108	38	70
雅安市	1357	566	791	237	91	146	31	11	20
巴中市	1411	614	797	275	107	168	47	11	36
资阳市	2037	1011	1026	481	185	296	65	21	44
阿坝藏族羌族自治州	515	181	334	151	60	91	20	8	12
甘孜藏族自治州	372	151	221	93	42	51	16	9	7
凉山彝族自治州	1925	841	1084	379	149	230	48	20	28

1-5c 各地区分年龄、性别的人口(乡村)

单位：人

地区	合计			0岁		
	合计	男	女	小计	男	女
全省	**36208954**	**18870936**	**17338018**	**286728**	**149261**	**137467**
成都市	4444777	2299306	2145471	32790	16964	15826
自贡市	1110117	577605	532512	7099	3691	3408
攀枝花市	368825	193004	175821	4052	2090	1962
泸州市	2116685	1105397	1011288	14861	7846	7015
德阳市	1521779	781465	740314	9500	4877	4623
绵阳市	2353140	1216805	1136335	16886	8755	8131
广元市	1221132	630498	590634	8901	4605	4296
遂宁市	1201555	636569	564986	7836	4131	3705
内江市	1568083	825478	742605	10148	5202	4946
乐山市	1481801	770190	711611	11429	5944	5485
南充市	2791631	1470219	1321412	20721	10857	9864
眉山市	1473614	754184	719430	12163	6149	6014
宜宾市	2230560	1171700	1058860	18803	9781	9022
广安市	1820495	958685	861810	13890	7349	6541
达州市	2703256	1427008	1276248	17643	9163	8480
雅安市	677452	354391	323061	5585	2866	2719
巴中市	1460601	766777	693824	9897	5118	4779
资阳市	1355406	704187	651219	7128	3693	3435
阿坝藏族羌族自治州	481258	253338	227920	4598	2377	2221
甘孜藏族自治州	764003	396828	367175	8120	4142	3978
凉山彝族自治州	3062784	1577302	1485482	44678	23661	21017

1-5c 续表 1

单位：人

地区	1-4岁			5-9岁			10-14岁		
	小计	男	女	小计	男	女	小计	男	女
全省	**1392044**	**723242**	**668802**	**1981878**	**1027474**	**954404**	**2338145**	**1222434**	**1115711**
成都市	162663	84093	78570	173739	89677	84062	189113	97479	91634
自贡市	35543	18444	17099	57028	29671	27357	78859	40879	37980
攀枝花市	18349	9424	8925	18696	9766	8930	20187	10653	9534
泸州市	81943	42745	39198	127085	66851	60234	186189	98319	87870
德阳市	46595	24085	22510	61456	31658	29798	74206	38160	36046
绵阳市	79432	41049	38383	106774	55003	51771	117368	60694	56674
广元市	38212	19657	18555	51811	26733	25078	69969	36341	33628
遂宁市	37632	19527	18105	56112	29211	26901	62887	33074	29813
内江市	48865	25453	23412	72422	37714	34708	101855	53146	48709
乐山市	50343	26106	24237	64931	33367	31564	70520	36524	33996
南充市	86292	44943	41349	130667	68249	62418	167062	88657	78405
眉山市	48991	25372	23619	61163	31593	29570	62262	32043	30219
宜宾市	92378	48010	44368	147767	77001	70766	179935	94785	85150
广安市	64372	33523	30849	94285	49412	44873	113203	60525	52678
达州市	89319	46862	42457	146445	77204	69241	194904	104430	90474
雅安市	26251	13601	12650	31227	16180	15047	37225	19042	18183
巴中市	47461	24963	22498	70994	37223	33771	82827	43894	38933
资阳市	37442	19545	17897	65851	34238	31613	101575	52829	48746
阿坝藏族羌族自治州	23390	12042	11348	32576	16580	15996	33450	17118	16332
甘孜藏族自治州	48423	24780	23643	68708	35045	33663	68406	34939	33467
凉山彝族自治州	228148	119018	109130	342141	175098	167043	326143	168903	157240

1-5c 续表 2

单位：人

地 区	15-19岁			20-24岁			25-29岁		
	小计	男	女	小计	男	女	小计	男	女
全省	**1451091**	**792251**	**658840**	**1711757**	**943168**	**768589**	**1937808**	**1080398**	**857410**
成都市	149516	80468	69048	218678	118935	99743	254453	136334	118119
自贡市	41365	22953	18412	41421	22788	18633	49417	27620	21797
攀枝花市	12686	7003	5683	20676	11221	9455	22036	12125	9911
泸州市	107025	58813	48212	94648	52767	41881	96576	54432	42144
德阳市	33305	18222	15083	51555	28057	23498	69967	37807	32160
绵阳市	61562	31683	29879	85741	46322	39419	118150	64174	53976
广元市	28196	15366	12830	49728	27064	22664	62641	35008	27633
遂宁市	34929	19342	15587	53403	30337	23066	72427	42302	30125
内江市	55854	30961	24893	62087	34875	27212	60371	33868	26503
乐山市	42183	22310	19873	56066	30112	25954	73900	40468	33432
南充市	101706	57877	43829	122823	69880	52943	141217	82079	59138
眉山市	47831	24676	23155	55641	28684	26957	74986	40272	34714
宜宾市	89073	49476	39597	102704	57910	44794	119674	68154	51520
广安市	76006	43019	32987	99214	56061	43153	108545	62182	46363
达州市	141117	77565	63552	140857	79255	61602	151437	87519	63918
雅安市	27013	14601	12412	31255	16695	14560	40584	22233	18351
巴中市	64424	35892	28532	83804	47307	36497	84028	48886	35142
资阳市	54338	29288	25050	45369	25424	19945	45010	25743	19267
阿坝藏族羌族自治州	23283	12688	10595	35130	18667	16463	36638	20380	16258
甘孜藏族自治州	52995	28255	24740	52298	28220	24078	53318	28979	24339
凉山彝族自治州	206684	111793	94891	208659	112587	96072	202433	109833	92600

1-5c 续表 3

单位：人

地 区	30-34岁			35-39岁			40-44岁		
	小计	男	女	小计	男	女	小计	男	女
全省	**2117011**	**1180868**	**936143**	**1505629**	**819819**	**685810**	**1796454**	**941186**	**855268**
成都市	319478	170371	149107	209113	112424	96689	244756	128661	116095
自贡市	55941	31981	23960	37901	20991	16910	46082	24336	21746
攀枝花市	23400	12739	10661	18441	9830	8611	24800	12837	11963
泸州市	99455	55319	44136	79872	43116	36756	94457	49142	45315
德阳市	85584	46162	39422	59746	31974	27772	79023	40772	38251
绵阳市	135368	72692	62676	92073	48864	43209	122747	63574	59173
广元市	61033	33892	27141	40344	21944	18400	55618	29286	26332
遂宁市	80526	47903	32623	49163	28699	20464	51412	28023	23389
内江市	104200	61492	42708	58681	33696	24985	68835	36589	32246
乐山市	70285	38650	31635	58312	32211	26101	77636	40952	36684
南充市	153312	88353	64959	103441	57183	46258	120478	63603	56875
眉山市	74066	40316	33750	51219	27388	23831	69020	35686	33334
宜宾市	109424	61674	47750	93189	51779	41410	110722	58595	52127
广安市	108318	62476	45842	65227	36094	29133	73565	38090	35475
达州市	161564	92705	68859	93910	50958	42952	122888	64126	58762
雅安市	36555	19948	16607	29987	16390	13597	32598	17122	15476
巴中市	76766	44566	32200	48121	26769	21352	67752	36815	30937
资阳市	78626	46248	32378	44875	25272	19603	54529	28636	25893
阿坝藏族羌族自治州	37555	21176	16379	35073	19506	15567	37779	20660	17119
甘孜藏族自治州	55137	30035	25102	56711	30178	26533	60419	32081	28338
凉山彝族自治州	190418	102170	88248	180230	94553	85677	181338	91600	89738

1-5c　续表 4　　单位：人

地　区	45-49岁			50-54岁			55-59岁		
	小计	男	女	小计	男	女	小计	男	女
全省	**3406473**	**1758411**	**1648062**	**3649832**	**1869977**	**1779855**	**2741577**	**1412173**	**1329404**
成都市	472503	244515	227988	509017	264871	244146	365040	190535	174505
自贡市	102846	52582	50264	115838	58615	57223	83480	42810	40670
攀枝花市	44776	23133	21643	42450	22276	20174	27805	14920	12885
泸州市	201444	104108	97336	209848	106417	103431	153606	78587	75019
德阳市	152732	77210	75522	171147	87687	83460	147819	76459	71360
绵阳市	237210	120975	116235	258231	131948	126283	213675	111358	102317
广元市	128903	66266	62637	137791	71011	66780	111281	57162	54119
遂宁市	96874	49524	47350	111549	54236	57313	93718	47116	46602
内江市	146593	75520	71073	167329	84093	83236	127261	64951	62310
乐山市	162741	85242	77499	180131	94136	85995	126812	66279	60533
南充市	236564	122811	113753	266495	135775	130720	204797	104312	100485
眉山市	153055	78316	74739	179410	92797	86613	125608	65340	60268
宜宾市	224373	118195	106178	222700	114402	108298	167094	84512	82582
广安市	149275	75945	73330	166873	84549	82324	139121	72101	67020
达州市	242902	127766	115136	258344	135495	122849	200917	105122	95795
雅安市	81766	42609	39157	82092	42973	39119	52361	27867	24494
巴中市	124895	64856	60039	135620	69027	66593	100250	51315	48935
资阳市	110930	55700	55230	129707	63260	66447	104833	52532	52301
阿坝藏族羌族自治州	43653	23445	20208	38629	20757	17872	24330	12990	11340
甘孜藏族自治州	61660	32983	28677	52575	27957	24618	34590	17927	16663
凉山彝族自治州	230778	116710	114068	214056	107695	106361	137179	67978	69201

1-5c　续表 5　　单位：人

地　区	60-64岁			65-69岁			70-74岁		
	小计	男	女	小计	男	女	小计	男	女
全省	**1953989**	**1038191**	**915798**	**2928202**	**1482350**	**1445852**	**2098225**	**1068423**	**1029802**
成都市	225617	115178	110439	354161	172398	181763	236580	118342	118238
自贡市	69081	37704	31377	107671	56076	51595	75726	38665	37061
攀枝花市	16155	8700	7455	18211	9108	9103	14236	7001	7235
泸州市	122764	66034	56730	174577	89848	84729	113698	57735	55963
德阳市	96251	49881	46370	155696	76593	79103	94695	48667	46028
绵阳市	147776	79802	67974	219130	111960	107170	145523	76258	69265
广元市	82921	43079	39842	113092	56351	56741	78171	38791	39380
遂宁市	73910	42681	31229	115385	61054	54331	85372	44828	40544
内江市	90690	51373	39317	138510	74125	64385	101703	52875	48828
乐山市	86421	45866	40555	123192	62506	60686	88228	44328	43900
南充市	171223	93330	77893	273697	139546	134151	208166	109390	98776
眉山市	79892	41857	38035	131633	65397	66236	98950	49442	49508
宜宾市	121914	64128	57786	173358	87825	85533	107260	54605	52655
广安市	108741	60681	48060	158799	82884	75915	119366	60544	58822
达州市	131978	70495	61483	215036	109564	105472	173704	87141	86563
雅安市	30948	16481	14467	47566	24220	23346	32368	16425	15943
巴中市	82695	42717	39978	129022	63744	65278	112401	57024	55377
资阳市	88069	45845	42224	143064	73512	69552	101133	53866	47267
阿坝藏族羌族自治州	17788	8953	8835	18290	8848	9442	15976	7431	8545
甘孜藏族自治州	23155	11443	11712	23166	11002	12164	18451	8275	10176
凉山彝族自治州	86000	41963	44037	94946	45789	49157	76518	36790	39728

1−5c 续表 6

单位：人

地区	75−79岁			80−84岁			85−89岁		
	小计	男	女	小计	男	女	小计	男	女
全省	**1468220**	**720863**	**747357**	**852141**	**398256**	**453885**	**406248**	**171923**	**234325**
成都市	161085	80853	80232	91638	44947	46691	49889	22177	27712
自贡市	48442	23473	24969	32381	14893	17488	16304	6640	9664
攀枝花市	11078	5389	5689	6752	3122	3630	3026	1255	1771
泸州市	77605	38024	39581	47289	21873	25416	23509	9646	13863
德阳市	64868	32460	32408	38565	18325	20240	20078	8761	11317
绵阳市	98602	48745	49857	58145	27047	31098	27096	11443	15653
广元市	58653	28401	30252	29897	13776	16121	10139	4292	5847
遂宁市	56343	27751	28592	33811	15731	18080	18765	7643	11122
内江市	73422	35630	37792	44178	20217	23961	23437	9517	13920
乐山市	69661	34087	35574	39639	18765	20874	20113	8745	11368
南充市	145053	71883	73170	81498	38301	43197	38913	16802	22111
眉山市	72364	35344	37020	42390	20068	22322	22218	9427	12791
宜宾市	74446	36939	37507	45189	21206	23983	21467	9254	12213
广安市	83441	39554	43887	48105	22072	26033	21450	8639	12811
达州市	112334	54939	57395	69520	31630	37890	27165	10948	16217
雅安市	27406	13948	13458	14928	7095	7833	6834	2965	3869
巴中市	78987	38830	40157	39925	18967	20958	13805	6156	7649
资阳市	68711	35165	33546	40152	19228	20924	22616	9782	12834
阿坝藏族羌族自治州	12571	5582	6989	6874	2829	4045	2465	899	1566
甘孜藏族自治州	13588	5933	7655	7474	2931	4543	3180	1162	2018
凉山彝族自治州	59560	27933	31627	33791	15233	18558	13779	5770	8009

1−5c 续表 7

单位：人

地区	90−94岁			95−99岁			100岁及以上		
	小计	男	女	小计	男	女	小计	男	女
全省	**148855**	**57730**	**91125**	**32249**	**11276**	**20973**	**4398**	**1262**	**3136**
成都市	19432	8044	11388	4851	1815	3036	665	225	440
自贡市	6152	2297	3855	1336	437	899	204	59	145
攀枝花市	839	350	489	146	56	90	28	6	22
泸州市	8307	3161	5146	1718	550	1168	209	64	145
德阳市	7357	3049	4308	1455	552	903	179	47	132
绵阳市	9482	3680	5802	1946	729	1217	223	50	173
广元市	3125	1237	1888	620	210	410	86	26	60
遂宁市	7433	2779	4654	1813	604	1209	255	73	182
内江市	9244	3389	5855	2128	713	1415	270	79	191
乐山市	7285	2911	4374	1711	608	1103	262	73	189
南充市	14262	5355	8907	2928	932	1996	316	101	215
眉山市	8373	3221	5152	2072	712	1360	307	84	223
宜宾市	7437	2869	4568	1485	556	929	168	44	124
广安市	7165	2525	4640	1356	423	933	178	37	141
达州市	9433	3520	5913	1646	551	1095	193	50	143
雅安市	2437	970	1467	421	148	273	45	12	33
巴中市	5599	2245	3354	1127	418	709	201	45	156
资阳市	9142	3617	5525	1988	678	1310	318	86	232
阿坝藏族羌族自治州	937	315	622	237	81	156	36	14	22
甘孜藏族自治州	1220	422	798	350	123	227	59	16	43
凉山彝族自治州	4194	1774	2420	915	380	535	196	71	125

1-6 各地区分性别、受教育程度的3岁及以上人口

单位：人

地　区	3岁及以上人口			未上过学		
	合计	男	女	小计	男	女
全省	**81483925**	**41152443**	**40331482**	**3817982**	**1170589**	**2647393**
成都市	20368067	10228182	10139885	434027	134329	299698
自贡市	2435131	1210489	1224642	108090	31262	76828
攀枝花市	1180648	610022	570626	67645	22410	45235
泸州市	4147541	2089436	2058105	174336	55022	119314
德阳市	3382599	1698916	1683683	165799	46996	118803
绵阳市	4752405	2381340	2371065	224690	62120	162570
广元市	2247961	1123749	1124212	130845	28372	102473
遂宁市	2749127	1394059	1355068	144398	37125	107273
内江市	3072334	1543174	1529160	135465	41788	93677
乐山市	3082807	1545627	1537180	117867	36026	81841
南充市	5477890	2774192	2703698	348023	88280	259743
眉山市	2878549	1438207	1440342	124652	36230	88422
宜宾市	4461491	2279816	2181675	137099	43135	93964
广安市	3171170	1603236	1567934	140300	38257	102043
达州市	5265828	2707505	2558323	185340	55761	129579
雅安市	1394788	705240	689548	51537	15396	36141
巴中市	2643141	1343670	1299471	88735	18533	70202
资阳市	2260805	1140557	1120248	123386	33616	89770
阿坝藏族羌族自治州	796474	412853	383621	114360	41728	72632
甘孜藏族自治州	1067908	549371	518537	232896	99962	132934
凉山彝族自治州	4647261	2372802	2274459	568492	204241	364251

1-6 续表 1

单位：人

地　区	学前教育			小　学		
	小计	男	女	小计	男	女
全省	**2921011**	**1484995**	**1436016**	**26204828**	**12638740**	**13566088**
成都市	693501	355961	337540	4564849	2161926	2402923
自贡市	72177	36743	35434	835652	399239	436413
攀枝花市	34712	17917	16795	334864	165886	168978
泸州市	150050	76263	73787	1598781	776489	822292
德阳市	105728	52938	52790	1117231	538351	578880
绵阳市	161863	82192	79671	1502962	717042	785920
广元市	78321	38648	39673	801060	372119	428941
遂宁市	97398	49515	47883	924391	447451	476940
内江市	90581	46168	44413	1048053	511626	536427
乐山市	96668	49443	47225	1096666	526478	570188
南充市	188142	94163	93979	1826265	887361	938904
眉山市	96322	48453	47869	1007580	486346	521234
宜宾市	161626	83090	78536	1698792	816198	882594
广安市	119341	60182	59159	1192706	570306	622400
达州市	182447	92901	89546	1724292	829970	894322
雅安市	49296	25155	24141	455662	220218	235444
巴中市	104098	51630	52468	893854	400788	493066
资阳市	79499	39396	40103	823830	395397	428433
阿坝藏族羌族自治州	30928	15830	15098	296926	157488	139438
甘孜藏族自治州	46431	23547	22884	430459	227508	202951
凉山彝族自治州	281882	144860	137022	2029953	1030553	999400

1-6 续表 2

单位：人

地 区	初中			高中			大学专科		
	小计	男	女	小计	男	女	小计	男	女
全省	**26309511**	**14188760**	**12120751**	**11129746**	**6035213**	**5094533**	**6046102**	**3067955**	**2978147**
成都市	5930417	3093385	2837032	3388986	1790105	1598881	2589201	1289317	1299884
自贡市	863615	458234	405381	319516	168320	151196	136910	67223	69687
攀枝花市	373051	203110	169941	182775	99822	82953	105857	57374	48483
泸州市	1348157	726487	621670	518424	276370	242054	212635	107423	105212
德阳市	1129924	597395	532529	453248	244790	208458	250150	131316	118834
绵阳市	1562154	838402	723752	669845	362353	307492	335652	167352	168300
广元市	687933	387413	300520	313668	173751	139917	157753	81841	75912
遂宁市	1008600	546818	461782	363966	202418	161548	128989	67154	61835
内江市	1159202	618148	541054	385980	203474	182506	155548	76436	79112
乐山市	1031544	549960	481584	405588	214808	190780	197731	99200	98531
南充市	1872101	1026924	845177	748499	425047	323452	297688	154862	142826
眉山市	1012959	537685	475274	353342	190806	162536	169277	83093	86184
宜宾市	1456898	801268	655630	565570	311916	253654	237514	123016	114498
广安市	1110245	604303	505942	396738	220856	175882	138537	70851	67686
达州市	2058925	1122578	936347	742150	410916	331234	238266	125518	112748
雅安市	511496	276354	235142	174033	93755	80278	92149	44489	47660
巴中市	892258	495513	396745	430469	249842	180627	159372	86422	72950
资阳市	856118	467138	388980	235363	129106	106257	86397	46658	39739
阿坝藏族羌族自治州	177795	106375	71420	67955	38637	29318	68327	34683	33644
甘孜藏族自治州	161716	94575	67141	80279	44796	35483	73765	39210	34555
凉山彝族自治州	1104403	636695	467708	333352	183325	150027	214384	114517	99867

1-6 续表 3

单位：人

地 区	大学本科			硕士研究生			博士研究生		
	小计	男	女	小计	男	女	小计	男	女
全省	**4578724**	**2315609**	**2263115**	**420793**	**216004**	**204789**	**55228**	**34578**	**20650**
成都市	2417413	1218453	1198960	307053	158223	148830	42620	26483	16137
自贡市	92602	46162	46440	5955	2931	3024	614	375	239
攀枝花市	77569	41104	36465	3770	2116	1654	405	283	122
泸州市	136361	67269	69092	8005	3658	4347	792	455	337
德阳市	148867	80742	68125	10761	5804	4957	891	584	307
绵阳市	270468	137638	132830	21378	11758	9620	3393	2483	910
广元市	74756	39695	35061	3388	1765	1623	237	145	92
遂宁市	77417	41498	35919	3583	1855	1728	385	225	160
内江市	93009	43334	49675	4061	1956	2105	435	244	191
乐山市	129249	65964	63285	6863	3372	3491	631	376	255
南充市	185047	92145	92902	10687	4536	6151	1438	874	564
眉山市	109047	53023	56024	4983	2355	2628	387	216	171
宜宾市	194660	96327	98333	8546	4360	4186	786	506	280
广安市	70038	36816	33222	2988	1501	1487	277	164	113
达州市	129487	67311	62176	4402	2253	2149	519	297	222
雅安市	57378	28314	29064	2862	1344	1518	375	215	160
巴中市	71142	39084	32058	2951	1697	1254	262	161	101
资阳市	53497	27890	25607	2489	1232	1257	226	124	102
阿坝藏族羌族自治州	38838	17389	21449	1224	641	583	121	82	39
甘孜藏族自治州	41155	19050	22105	1095	634	461	112	89	23
凉山彝族自治州	110724	56401	54323	3749	2013	1736	322	197	125

1-6a 各地区分性别、受教育程度的3岁及以上人口(城市)

单位：人

地区	3岁及以上人口			未上过学		
	合计	男	女	小计	男	女
全省	**29628594**	**14614672**	**15013922**	**537578**	**163922**	**373656**
成都市	14755741	7362138	7393603	241799	75214	166585
自贡市	751361	362426	388935	20625	6102	14523
攀枝花市	657474	337642	319832	20103	5746	14357
泸州市	974661	471700	502961	18911	6566	12345
德阳市	1226814	598658	628156	27321	7742	19579
绵阳市	1655654	799281	856373	29168	7709	21459
广元市	462080	221822	240258	7628	1837	5791
遂宁市	1063546	520104	543442	25588	6902	18686
内江市	739049	346803	392246	14358	4797	9561
乐山市	911554	439296	472258	12741	3799	8942
南充市	1427214	689017	738197	27169	8346	18823
眉山市	655617	317803	337814	10991	3555	7436
宜宾市	1050307	521389	528918	16909	5408	11501
广安市	498654	239297	259357	9763	2594	7169
达州市	1057938	530247	527691	18736	6674	12062
雅安市	282820	135825	146995	4615	1384	3231
巴中市	457049	225188	231861	4686	1335	3351
资阳市	397500	195304	202196	7690	2383	5307
阿坝藏族羌族自治州	30257	14983	15274	1067	366	701
甘孜藏族自治州	44958	23112	21846	1476	601	875
凉山彝族自治州	528346	262637	265709	16234	4862	11372

1-6a 续表 1

单位：人

地区	学前教育			小学		
	小计	男	女	小计	男	女
全省	**1030318**	**530783**	**499535**	**5910422**	**2709948**	**3200474**
成都市	519722	267187	252535	2635107	1223767	1411340
自贡市	21521	11034	10487	151359	69039	82320
攀枝花市	16169	8438	7731	139807	69348	70459
泸州市	33525	17333	16192	229744	105700	124044
德阳市	40033	20461	19572	258801	117239	141562
绵阳市	57882	29880	28002	321673	142345	179328
广元市	17623	9171	8452	105667	45525	60142
遂宁市	40725	21088	19637	279955	126547	153408
内江市	23058	11818	11240	160921	71931	88990
乐山市	29401	15162	14239	189763	85706	104057
南充市	50048	25780	24268	324120	144080	180040
眉山市	24452	12500	11952	150327	69510	80817
宜宾市	34588	17944	16644	234825	108281	126544
广安市	20930	10835	10095	138876	59650	79226
达州市	32584	16797	15787	222842	104081	118761
雅安市	10020	5175	4845	54599	25144	29455
巴中市	20785	10645	10140	93672	39227	54445
资阳市	15621	8119	7502	87796	40077	47719
阿坝藏族羌族自治州	1084	570	514	5655	2724	2931
甘孜藏族自治州	1436	762	674	7477	3849	3628
凉山彝族自治州	19111	10084	9027	117436	56178	61258

1-6a　续表 2

单位：人

地　区	初　中			高　中			大学专科		
	小计	男	女	小计	男	女	小计	男	女
全省	**8465668**	**4243728**	**4221940**	**5815814**	**3008282**	**2807532**	**3989278**	**1985663**	**2003615**
成都市	3840025	1962742	1877283	2700183	1404941	1295242	2266628	1124128	1142500
自贡市	252362	123255	129107	157973	79511	78462	78788	38986	39802
攀枝花市	201181	104755	96426	134599	71648	62951	78583	41905	36678
泸州市	288115	140950	147165	202325	101028	101297	114276	57084	57192
德阳市	364894	176369	188525	240430	122738	117692	177900	92562	85338
绵阳市	474095	230821	243274	364344	185437	178907	224294	109415	114879
广元市	126615	62439	64176	101761	51554	50207	67553	32947	34606
遂宁市	372964	184747	188217	201241	106792	94449	86024	43791	42233
内江市	246024	117814	128210	153974	75794	78180	81122	38147	42975
乐山市	274488	132136	142352	196294	97236	99058	116714	57799	58915
南充市	458371	225533	232838	295769	155019	140750	152324	73828	78496
眉山市	221931	108464	113467	118760	60852	57908	68115	32817	35298
宜宾市	302726	153151	149575	216903	113712	103191	117852	60123	57729
广安市	154887	76285	78602	94320	50266	44054	52208	25252	26956
达州市	350955	177297	173658	266772	139435	127337	96329	50656	45673
雅安市	83264	40840	42424	59968	30113	29855	38831	17401	21430
巴中市	142089	68844	73245	121767	65410	56357	45396	23905	21491
资阳市	147025	71706	75319	75522	39201	36321	38932	21022	17910
阿坝藏族羌族自治州	5076	2725	2351	5775	2782	2993	5579	2912	2667
甘孜藏族自治州	9053	4846	4207	10513	5330	5183	7843	4086	3757
凉山彝族自治州	149528	78009	71519	96621	49483	47138	73987	36897	37090

1-6a　续表 3

单位：人

地　区	大学本科			硕士研究生			博士研究生		
	小计	男	女	小计	男	女	小计	男	女
全省	**3455854**	**1748246**	**1707608**	**373731**	**192771**	**180960**	**49931**	**31329**	**18602**
成都市	2213177	1124633	1088544	297447	153639	143808	41653	25887	15766
自贡市	63569	31827	31742	4703	2380	2323	461	292	169
攀枝花市	63292	33627	29665	3362	1911	1451	378	264	114
泸州市	80953	39859	41094	6222	2840	3382	590	340	250
德阳市	108312	56525	51787	8462	4589	3873	661	433	228
绵阳市	167339	83634	83705	14477	8249	6228	2382	1791	591
广元市	33347	17320	16027	1797	973	824	89	56	33
遂宁市	53991	28617	25374	2786	1457	1329	272	163	109
内江市	56890	25140	31750	2449	1214	1235	253	148	105
乐山市	86767	44704	42063	4973	2497	2476	413	257	156
南充市	110508	52714	57794	7810	3066	4744	1095	651	444
眉山市	58153	28654	29499	2746	1362	1384	142	89	53
宜宾市	120197	59416	60781	5749	2980	2769	558	374	184
广安市	26287	13644	12643	1282	705	577	101	66	35
达州市	67021	33910	33111	2441	1253	1188	258	144	114
雅安市	29313	14695	14618	1952	914	1038	258	159	99
巴中市	27318	15030	12288	1248	741	507	88	51	37
资阳市	23541	12104	11437	1280	644	636	93	48	45
阿坝藏族羌族自治州	5763	2765	2998	244	128	116	14	11	3
甘孜藏族自治州	6827	3450	3377	317	178	139	16	10	6
凉山彝族自治州	53289	25978	27311	1984	1051	933	156	95	61

1-6b 各地区分性别、受教育程度的3岁及以上人口(镇)

单位：人

地区	3岁及以上人口			未上过学		
	合计	男	女	小计	男	女
全省	**16578213**	**8151764**	**8426449**	**609091**	**192842**	**416249**
成都市	1278517	624197	654320	34503	10486	24017
自贡市	596923	282489	314434	20463	6137	14326
攀枝花市	167478	86165	81313	7713	2569	5144
泸州市	1108140	539537	568603	31985	10260	21725
德阳市	665076	334853	330223	30430	8753	21677
绵阳市	797487	393167	404320	23754	6841	16913
广元市	592099	285465	306634	18434	3935	14499
遂宁市	508975	250360	258615	18607	5503	13104
内江市	797350	387526	409824	22135	7180	14955
乐山市	725259	354742	370517	21378	6490	14888
南充市	1319667	646711	672956	53657	14803	38854
眉山市	785133	384618	400515	23882	7224	16658
宜宾市	1241929	618469	623460	29340	9511	19829
广安市	896235	428418	467817	23736	7306	16430
达州市	1562692	780616	782076	42469	13981	28488
雅安市	452512	224317	228195	11957	3469	8488
巴中市	757205	368235	388970	14372	3332	11040
资阳市	531721	253460	278261	14910	4366	10544
阿坝藏族羌族自治州	300759	152628	148131	28896	10350	18546
甘孜藏族自治州	289159	145045	144114	38784	16645	22139
凉山彝族自治州	1203897	610746	593151	97686	33701	63985

1-6b 续表 1

单位：人

地区	学前教育			小学		
	小计	男	女	小计	男	女
全省	**662636**	**339700**	**322936**	**5138832**	**2370900**	**2767932**
成都市	43947	22649	21298	347440	163478	183962
自贡市	19856	10133	9723	190104	84460	105644
攀枝花市	6732	3501	3231	45623	21709	23914
泸州市	43198	21970	21228	374402	172406	201996
德阳市	21483	10774	10709	219365	103897	115468
绵阳市	28473	14755	13718	218956	98028	120928
广元市	23851	11915	11936	172582	74091	98491
遂宁市	20346	10363	9983	165051	75988	89063
内江市	25071	12836	12235	230262	105122	125140
乐山市	27226	13989	13237	232446	106854	125592
南充市	53376	27260	26116	389768	175578	214190
眉山市	28692	14510	14182	237990	111302	126688
宜宾市	51642	26588	25054	419735	195298	224437
广安市	39416	20040	19376	289906	129463	160443
达州市	63464	32690	30774	467664	218933	248731
雅安市	18326	9447	8879	135806	63395	72411
巴中市	35947	18521	17426	205459	86888	118571
资阳市	20915	10607	10308	157190	68675	88515
阿坝藏族羌族自治州	12494	6373	6121	88822	45739	43083
甘孜藏族自治州	11368	5801	5567	89007	43865	45142
凉山彝族自治州	66813	34978	31835	461254	225731	235523

1-6b　续表 2

单位：人

地　区	初　中			高　中			大学专科		
	小计	男	女	小计	男	女	小计	男	女
全省	**5745867**	**2914019**	**2831848**	**2628057**	**1407004**	**1221053**	**1094560**	**573718**	**520842**
成都市	432030	219792	212238	203255	105216	98039	122251	61326	60925
自贡市	217308	106817	110491	89237	46028	43209	38633	18371	20262
攀枝花市	55479	29901	25578	25688	14172	11516	15808	8896	6912
泸州市	379880	191492	188388	181128	95287	85841	59724	29850	29874
德阳市	235344	122073	113271	93409	51058	42351	38394	21314	17080
绵阳市	286532	144135	142397	125002	68752	56250	48349	25593	22756
广元市	192474	96638	95836	110365	58577	51788	47679	25926	21753
遂宁市	190674	95564	95110	78278	43091	35187	23028	12667	10361
内江市	314498	155981	158517	134295	69961	64334	46474	24099	22375
乐山市	262010	131863	130147	104231	55427	48804	48516	25092	23424
南充市	482184	241231	240953	224196	124127	100069	75603	41407	34196
眉山市	276558	138380	138178	124013	65303	58710	64331	32561	31770
宜宾市	422548	220017	202531	194077	104232	89845	72248	37141	35107
广安市	311085	150066	161019	163005	85226	77779	44138	23241	20897
达州市	609958	309216	300742	263070	143211	119859	73938	40368	33570
雅安市	169371	87313	82058	62361	33225	29136	32980	16860	16120
巴中市	259142	127101	132041	157202	86729	70473	57504	30490	27014
资阳市	202566	98196	104370	87375	45855	41520	28165	15066	13099
阿坝藏族羌族自治州	72900	40777	32123	38145	20257	17888	38185	19268	18917
甘孜藏族自治州	50495	28267	22228	36300	19670	16630	36665	19427	17238
凉山彝族自治州	322831	179199	143632	133425	71600	61825	81947	44755	37192

1-6b　续表 3

单位：人

地　区	大学本科			硕士研究生			博士研究生		
	小计	男	女	小计	男	女	小计	男	女
全省	**674360**	**340854**	**333506**	**22398**	**11261**	**11137**	**2412**	**1466**	**946**
成都市	91740	39729	52011	3089	1370	1719	262	151	111
自贡市	20590	10205	10385	652	298	354	80	40	40
攀枝花市	10142	5256	4886	277	149	128	16	12	4
泸州市	36891	17816	19075	837	404	433	95	52	43
德阳市	25097	16104	8993	1425	797	628	129	83	46
绵阳市	61471	32403	29068	4245	2171	2074	705	489	216
广元市	25964	13996	11968	694	356	338	56	31	25
遂宁市	12690	7021	5669	271	148	123	30	15	15
内江市	23759	11933	11826	775	374	401	81	40	41
乐山市	28399	14504	13895	957	471	486	96	52	44
南充市	39505	21576	17929	1243	637	606	135	92	43
眉山市	28442	14765	13677	1126	519	607	99	54	45
宜宾市	50801	24895	25906	1441	730	711	97	57	40
广安市	24375	12809	11566	531	243	288	43	24	19
达州市	40981	21628	19353	1021	521	500	127	68	59
雅安市	21065	10292	10773	573	283	290	73	33	40
巴中市	26825	14748	12077	699	395	304	55	31	24
资阳市	20002	10384	9618	537	280	257	61	31	30
阿坝藏族羌族自治州	20723	9544	11179	535	284	251	59	36	23
甘孜藏族自治州	25968	11043	14925	538	304	234	34	23	11
凉山彝族自治州	38930	20203	18727	932	527	405	79	52	27

1－6c 各地区分性别、受教育程度的3岁及以上人口(乡村)

单位：人

地区	3岁及以上人口			未上过学		
	合计	男	女	小计	男	女
全省	**35277118**	**18386007**	**16891111**	**2671313**	**813825**	**1857488**
成都市	4333809	2241847	2091962	157725	48629	109096
自贡市	1086847	565574	521273	67002	19023	47979
攀枝花市	355696	186215	169481	39829	14095	25734
泸州市	2064740	1078199	986541	123440	38196	85244
德阳市	1490709	765405	725304	108048	30501	77547
绵阳市	2299264	1188892	1110372	171768	47570	124198
广元市	1193782	616462	577320	104783	22600	82183
遂宁市	1176606	623595	553011	100203	24720	75483
内江市	1535935	808845	727090	98972	29811	69161
乐山市	1445994	751589	694405	83748	25737	58011
南充市	2731009	1438464	1292545	267197	65131	202066
眉山市	1437799	735786	702013	89779	25451	64328
宜宾市	2169255	1139958	1029297	90850	28216	62634
广安市	1776281	935521	840760	106801	28357	78444
达州市	2645198	1396642	1248556	124135	35106	89029
雅安市	659456	345098	314358	34965	10543	24422
巴中市	1428887	750247	678640	69677	13866	55811
资阳市	1331584	691793	639791	100786	26867	73919
阿坝藏族羌族自治州	465458	245242	220216	84397	31012	53385
甘孜藏族自治州	733791	381214	352577	192636	82716	109920
凉山彝族自治州	2915018	1499419	1415599	454572	165678	288894

1－6c 续表 1

单位：人

地区	学前教育			小学		
	小计	男	女	小计	男	女
全省	**1228057**	**614512**	**613545**	**15155574**	**7557892**	**7597682**
成都市	129832	66125	63707	1582302	774681	807621
自贡市	30800	15576	15224	494189	245740	248449
攀枝花市	11811	5978	5833	149434	74829	74605
泸州市	73327	36960	36367	994635	498383	496252
德阳市	44212	21703	22509	639065	317215	321850
绵阳市	75508	37557	37951	962333	476669	485664
广元市	36847	17562	19285	522811	252503	270308
遂宁市	36327	18064	18263	479385	244916	234469
内江市	42452	21514	20938	656870	334573	322297
乐山市	40041	20292	19749	674457	333918	340539
南充市	84718	41123	43595	1112377	567703	544674
眉山市	43178	21443	21735	619263	305534	313729
宜宾市	75396	38558	36838	1044232	512619	531613
广安市	58995	29307	29688	763924	381193	382731
达州市	86399	43414	42985	1033786	506956	526830
雅安市	20950	10533	10417	265257	131679	133578
巴中市	47366	22464	24902	594723	274673	320050
资阳市	42963	20670	22293	578844	286645	292199
阿坝藏族羌族自治州	17350	8887	8463	202449	109025	93424
甘孜藏族自治州	33627	16984	16643	333975	179794	154181
凉山彝族自治州	195958	99798	96160	1451263	748644	702619

1-6c　续表 2

单位：人

地　区	初　中			高　中			大学专科		
	小计	男	女	小计	男	女	小计	男	女
全省	**12097976**	**7031013**	**5066963**	**2685875**	**1619927**	**1065948**	**962264**	**508574**	**453690**
成都市	1658362	910851	747511	485548	279948	205600	200322	103863	96459
自贡市	393945	228162	165783	72306	42781	29525	19489	9866	9623
攀枝花市	116391	68454	47937	22488	14002	8486	11466	6573	4893
泸州市	680162	394045	286117	134971	80055	54916	38635	20489	18146
德阳市	529686	298953	230733	119409	70994	48415	33856	17440	16416
绵阳市	801527	463446	338081	180499	108164	72335	63009	32344	30665
广元市	368844	228336	140508	101542	63620	37922	42521	22968	19553
遂宁市	444962	266507	178455	84447	52535	31912	19937	10696	9241
内江市	598680	344353	254327	97711	57719	39992	27952	14190	13762
乐山市	495046	285961	209085	105063	62145	42918	32501	16309	16192
南充市	931546	560160	371386	228534	145901	82633	69761	39627	30134
眉山市	514470	290841	223629	110569	64651	45918	36831	17715	19116
宜宾市	731624	428100	303524	154590	93972	60618	47414	25752	21662
广安市	644273	377952	266321	139413	85364	54049	42191	22358	19833
达州市	1098012	636065	461947	212308	128270	84038	67999	34494	33505
雅安市	258861	148201	110660	51704	30417	21287	20338	10228	10110
巴中市	491027	299568	191459	151500	97703	53797	56472	32027	24445
资阳市	506527	297236	209291	72466	44050	28416	19300	10570	8730
阿坝藏族羌族自治州	99819	62873	36946	24035	15598	8437	24563	12503	12060
甘孜藏族自治州	102168	61462	40706	33466	19796	13670	29257	15697	13560
凉山彝族自治州	632044	379487	252557	103306	62242	41064	58450	32865	25585

1-6c　续表 3

单位：人

地　区	大学本科			硕士研究生			博士研究生		
	小计	男	女	小计	男	女	小计	男	女
全省	**448510**	**226509**	**222001**	**24664**	**11972**	**12692**	**2885**	**1783**	**1102**
成都市	112496	54091	58405	6517	3214	3303	705	445	260
自贡市	8443	4130	4313	600	253	347	73	43	30
攀枝花市	4135	2221	1914	131	56	75	11	7	4
泸州市	18517	9594	8923	946	414	532	107	63	44
德阳市	15458	8113	7345	874	418	456	101	68	33
绵阳市	41658	21601	20057	2656	1338	1318	306	203	103
广元市	15445	8379	7066	897	436	461	92	58	34
遂宁市	10736	5860	4876	526	250	276	83	47	36
内江市	12360	6261	6099	837	368	469	101	56	45
乐山市	14083	6756	7327	933	404	529	122	67	55
南充市	35034	17855	17179	1634	833	801	208	131	77
眉山市	22452	9604	12848	1111	474	637	146	73	73
宜宾市	23662	12016	11646	1356	650	706	131	75	56
广安市	19376	10363	9013	1175	553	622	133	74	59
达州市	21485	11773	9712	940	479	461	134	85	49
雅安市	7000	3327	3673	337	147	190	44	23	21
巴中市	16999	9306	7693	1004	561	443	119	79	40
资阳市	9954	5402	4552	672	308	364	72	45	27
阿坝藏族羌族自治州	12352	5080	7272	445	229	216	48	35	13
甘孜藏族自治州	8360	4557	3803	240	152	88	62	56	6
凉山彝族自治州	18505	10220	8285	833	435	398	87	50	37

1-7 各地区分性别的15岁及以上文盲人口

单位：人、%

地 区	15岁及以上人口			文盲人口			文盲人口占15岁及以上人口比重		
	合计	男	女	合计	男	女	合计	男	女
全省	**70203754**	**35298112**	**34905642**	**3326403**	**952948**	**2373455**	**4.74**	**2.70**	**6.80**
成都市	18156930	9082628	9074302	356415	98504	257911	1.96	1.08	2.84
自贡市	2096800	1036066	1060734	92125	24469	67656	4.39	2.36	6.38
攀枝花市	1042534	538300	504234	57625	17743	39882	5.53	3.30	7.91
泸州市	3478559	1740481	1738078	146106	41337	104769	4.20	2.38	6.03
德阳市	3004865	1504403	1500462	147941	40188	107753	4.92	2.67	7.18
绵阳市	4180520	2085854	2094666	195203	51215	143988	4.67	2.46	6.87
广元市	1951357	970753	980604	110129	21889	88240	5.64	2.25	9.00
遂宁市	2377420	1200432	1176988	126314	30158	96156	5.31	2.51	8.17
内江市	2652442	1326216	1326226	120335	35007	85328	4.54	2.64	6.43
乐山市	2714112	1355670	1358442	108599	31386	77213	4.00	2.32	5.68
南充市	4725910	2382364	2343546	313658	74272	239386	6.64	3.12	10.21
眉山市	2541162	1264557	1276605	111353	30606	80747	4.38	2.42	6.33
宜宾市	3729413	1898564	1830849	110526	29880	80646	2.96	1.57	4.40
广安市	2683643	1347323	1336320	116572	28750	87822	4.34	2.13	6.57
达州市	4454398	2280149	2174249	155070	42338	112732	3.48	1.86	5.18
雅安市	1213789	612021	601768	41506	11094	30412	3.42	1.81	5.05
巴中市	2242219	1134275	1107944	71874	12137	59737	3.21	1.07	5.39
资阳市	1921935	965087	956848	110642	28116	82526	5.76	2.91	8.62
阿坝藏族羌族自治州	667375	346835	320540	109240	38902	70338	16.37	11.22	21.94
甘孜藏族自治州	852851	439750	413101	201762	83228	118534	23.66	18.93	28.69
凉山彝族自治州	3515520	1786384	1729136	523408	181729	341679	14.89	10.17	19.76

1-7a 各地区分性别的15岁及以上文盲人口(城市)

单位：人、%

地 区	15岁及以上人口			文盲人口			文盲人口占15岁及以上人口比重		
	合计	男	女	合计	男	女	合计	男	女
全省	**26132846**	**12803832**	**13329014**	**415379**	**108244**	**307135**	**1.59**	**0.85**	**2.30**
成都市	13138769	6523065	6615704	182168	47334	134834	1.39	0.73	2.04
自贡市	663444	317342	346102	16377	4143	12234	2.47	1.31	3.53
攀枝花市	589486	302555	286931	16376	4097	12279	2.78	1.35	4.28
泸州市	851372	408055	443317	15247	4859	10388	1.79	1.19	2.34
德阳市	1091721	529185	562536	22916	5980	16936	2.10	1.13	3.01
绵阳市	1454932	695140	759792	23452	5359	18093	1.61	0.77	2.38
广元市	400746	190109	210637	5526	1116	4410	1.38	0.59	2.09
遂宁市	915474	443146	472328	21929	5283	16646	2.40	1.19	3.52
内江市	640298	296088	344210	10931	3230	7701	1.71	1.09	2.24
乐山市	810481	387119	423362	10355	2700	7655	1.28	0.70	1.81
南充市	1243662	594438	649224	21479	5713	15766	1.73	0.96	2.43
眉山市	572593	274904	297689	9051	2665	6386	1.58	0.97	2.15
宜宾市	916363	452108	464255	12110	3060	9050	1.32	0.68	1.95
广安市	420998	198748	222250	6893	1540	5353	1.64	0.77	2.41
达州市	924980	461005	463975	12967	4034	8933	1.40	0.88	1.93
雅安市	251026	119518	131508	3503	867	2636	1.40	0.73	2.00
巴中市	381701	186434	195267	3436	601	2835	0.90	0.32	1.45
资阳市	341612	166398	175214	6309	1731	4578	1.85	1.04	2.61
阿坝藏族羌族自治州	26432	13023	13409	809	240	569	3.06	1.84	4.24
甘孜藏族自治州	39880	20457	19423	1005	375	630	2.52	1.83	3.24
凉山彝族自治州	456876	224995	231881	12540	3317	9223	2.74	1.47	3.98

1-7b　各地区分性别的15岁及以上文盲人口(镇)

单位：人、%

地　区	15岁及以上人口			文盲人口			文盲人口占15岁及以上人口比重		
	合计	男	女	合计	男	女	合计	男	女
全省	**13860749**	**6745755**	**7114994**	**512484**	**150087**	**362397**	**3.70**	**2.22**	**5.09**
成都市	1131689	548470	583219	30049	8491	21558	2.66	1.55	3.70
自贡市	501768	233804	267964	16489	4430	12059	3.29	1.89	4.50
攀枝花市	145507	74674	70833	6387	1967	4420	4.39	2.63	6.24
泸州市	920580	442790	477790	25943	7361	18582	2.82	1.66	3.89
德阳市	583122	292533	290589	27048	7583	19465	4.64	2.59	6.70
绵阳市	692908	339410	353498	19432	5273	14159	2.80	1.55	4.01
广元市	498372	237482	260890	15164	2935	12229	3.04	1.24	4.69
遂宁市	424858	206660	218198	14826	3926	10900	3.49	1.90	5.00
内江市	677351	326165	351186	18500	5438	13062	2.73	1.67	3.72
乐山市	619053	300302	318751	19525	5517	14008	3.15	1.84	4.39
南充市	1095359	530413	564946	45165	11109	34056	4.12	2.09	6.03
眉山市	679534	330626	348908	20795	5963	14832	3.06	1.80	4.25
宜宾市	1021373	504333	517040	23155	6377	16778	2.27	1.26	3.25
广安市	727900	340699	387201	17617	4805	12812	2.42	1.41	3.31
达州市	1274473	629795	644678	34058	10149	23909	2.67	1.61	3.71
雅安市	385599	189801	195798	9107	2220	6887	2.36	1.17	3.52
巴中市	611096	292262	318834	10852	1859	8993	1.78	0.64	2.82
资阳市	436913	204807	232106	12227	3134	9093	2.80	1.53	3.92
阿坝藏族羌族自治州	253699	128591	125108	27161	9735	17426	10.71	7.57	13.93
甘孜藏族自治州	242625	121371	121254	32593	13381	19212	13.43	11.02	15.84
凉山彝族自治州	936970	470767	466203	86391	28434	57957	9.22	6.04	12.43

1-7c　各地区分性别的15岁及以上文盲人口(乡村)

单位：人、%

地　区	15岁及以上人口			文盲人口			文盲人口占15岁及以上人口比重		
	合计	男	女	合计	男	女	合计	男	女
全省	**30210159**	**15748525**	**14461634**	**2398540**	**694617**	**1703923**	**7.94**	**4.41**	**11.78**
成都市	3886472	2011093	1875379	144198	42679	101519	3.71	2.12	5.41
自贡市	931588	484920	446668	59259	15896	43363	6.36	3.28	9.71
攀枝花市	307541	161071	146470	34862	11679	23183	11.34	7.25	15.83
泸州市	1706607	889636	816971	104916	29117	75799	6.15	3.27	9.28
德阳市	1330022	682685	647337	97977	26625	71352	7.37	3.90	11.02
绵阳市	2032680	1051304	981376	152319	40583	111736	7.49	3.86	11.39
广元市	1052239	543162	509077	89439	17838	71601	8.50	3.28	14.06
遂宁市	1037088	550626	486462	89559	20949	68610	8.64	3.80	14.10
内江市	1334793	703963	630830	90904	26339	64565	6.81	3.74	10.23
乐山市	1284578	668249	616329	78719	23169	55550	6.13	3.47	9.01
南充市	2386889	1257513	1129376	247014	57450	189564	10.35	4.57	16.78
眉山市	1289035	659027	630008	81507	21978	59529	6.32	3.33	9.45
宜宾市	1791677	942123	849554	75261	20443	54818	4.20	2.17	6.45
广安市	1534745	807876	726869	92062	22405	69657	6.00	2.77	9.58
达州市	2254945	1189349	1065596	108045	28155	79890	4.79	2.37	7.50
雅安市	577164	302702	274462	28896	8007	20889	5.01	2.65	7.61
巴中市	1249422	655579	593843	57586	9677	47909	4.61	1.48	8.07
资阳市	1143410	593882	549528	92106	23251	68855	8.06	3.92	12.53
阿坝藏族羌族自治州	387244	205221	182023	81270	28927	52343	20.99	14.10	28.76
甘孜藏族自治州	570346	297922	272424	168164	69472	98692	29.48	23.32	36.23
凉山彝族自治州	2121674	1090622	1031052	424477	149978	274499	20.01	13.75	26.62

1-8 各地区家庭户规模

单位：户、%

地区	家庭户户数	一人户		二人户		三人户	
		户数	比重	户数	比重	户数	比重
全省	**30756120**	**8836045**	**28.73**	**9159406**	**29.78**	**6087228**	**19.79**
成都市	7419822	2054502	27.69	2258330	30.44	1560282	21.03
自贡市	947274	262750	27.74	297386	31.39	190523	20.11
攀枝花市	447849	131922	29.46	137272	30.65	89924	20.08
泸州市	1503753	417618	27.77	410837	27.32	300947	20.01
德阳市	1348263	372951	27.66	461758	34.25	273707	20.30
绵阳市	1972258	647445	32.83	637498	32.32	372798	18.90
广元市	924277	269980	29.21	307622	33.28	184854	20.00
遂宁市	1105592	343216	31.04	332833	30.10	208104	18.82
内江市	1240588	385148	31.05	376882	30.38	242353	19.54
乐山市	1182406	297388	25.15	382684	32.36	251497	21.27
南充市	2266278	764706	33.74	685352	30.24	409037	18.05
眉山市	1061239	260467	24.54	334543	31.52	230172	21.69
宜宾市	1552253	376710	24.27	420720	27.10	325301	20.96
广安市	1284068	411650	32.06	378656	29.49	236188	18.39
达州市	2012786	632858	31.44	572843	28.46	375048	18.63
雅安市	498236	115084	23.10	145846	29.27	106243	21.32
巴中市	1057045	310059	29.33	322868	30.54	203798	19.28
资阳市	960664	318152	33.12	305953	31.85	175851	18.31
阿坝藏族羌族自治州	251493	68450	27.22	55150	21.93	47876	19.04
甘孜藏族自治州	308707	96776	31.35	50524	16.37	45813	14.84
凉山彝族自治州	1411269	298213	21.13	283849	20.11	256912	18.20

1-8 续表 1

单位：户、%

地区	四人户		五人户		六人户	
	户数	比重	户数	比重	户数	比重
全省	**3570933**	**11.61**	**1877152**	**6.10**	**859836**	**2.80**
成都市	851246	11.47	464398	6.26	185627	2.50
自贡市	108443	11.45	55501	5.86	24089	2.54
攀枝花市	48030	10.72	24842	5.55	11221	2.51
泸州市	192450	12.80	105622	7.02	51666	3.44
德阳市	137605	10.21	70039	5.19	26194	1.94
绵阳市	187213	9.49	84969	4.31	33711	1.71
广元市	96469	10.44	42613	4.61	17969	1.94
遂宁市	123221	11.15	60716	5.49	27519	2.49
内江市	136163	10.98	62128	5.01	27749	2.24
乐山市	134541	11.38	74887	6.33	30147	2.55
南充市	235928	10.41	107856	4.76	47207	2.08
眉山市	131207	12.36	67141	6.33	28710	2.71
宜宾市	215671	13.89	122068	7.86	62514	4.03
广安市	144931	11.29	68038	5.30	31609	2.46
达州市	240521	11.95	115145	5.72	51850	2.58
雅安市	67313	13.51	37433	7.51	19548	3.92
巴中市	128118	12.12	56824	5.38	26601	2.52
资阳市	95526	9.94	40983	4.27	17764	1.85
阿坝藏族羌族自治州	35954	14.30	20360	8.10	11886	4.73
甘孜藏族自治州	38844	12.58	28046	9.08	19801	6.41
凉山彝族自治州	221539	15.70	167543	11.87	106454	7.54

1-8　续表 2

单位：户、%

地　　区	七人户		八人户		九人户		十人及以上户	
	户数	比重	户数	比重	户数	比重	户数	比重
全省	**233376**	**0.76**	**74507**	**0.24**	**27556**	**0.09**	**30081**	**0.10**
成都市	31543	0.43	7597	0.10	2601	0.04	3696	0.05
自贡市	5935	0.63	1612	0.17	506	0.05	529	0.06
攀枝花市	3068	0.69	917	0.20	279	0.06	374	0.08
泸州市	15821	1.05	5080	0.34	1769	0.12	1943	0.13
德阳市	4301	0.32	953	0.07	277	0.02	478	0.04
绵阳市	5731	0.29	1469	0.07	502	0.03	922	0.05
广元市	3412	0.37	815	0.09	290	0.03	253	0.03
遂宁市	6719	0.61	1886	0.17	643	0.06	735	0.07
内江市	6729	0.54	2046	0.16	754	0.06	636	0.05
乐山市	7648	0.65	2236	0.19	619	0.05	759	0.06
南充市	11026	0.49	2974	0.13	975	0.04	1217	0.05
眉山市	5791	0.55	1648	0.16	548	0.05	1012	0.10
宜宾市	19763	1.27	5930	0.38	1944	0.13	1632	0.11
广安市	8545	0.67	2391	0.19	851	0.07	1209	0.09
达州市	15198	0.76	4940	0.25	1968	0.10	2415	0.12
雅安市	4671	0.94	1312	0.26	404	0.08	382	0.08
巴中市	6358	0.60	1587	0.15	389	0.04	443	0.04
资阳市	4284	0.45	1186	0.12	408	0.04	557	0.06
阿坝藏族羌族自治州	5783	2.30	2992	1.19	1577	0.63	1465	0.58
甘孜藏族自治州	12683	4.11	7516	2.43	4093	1.33	4611	1.49
凉山彝族自治州	48367	3.43	17420	1.23	6159	0.44	4813	0.34

1-8a　各地区家庭户规模(城市)

单位：户、%

地　　区	家庭户户　数	一人户		二人户		三人户	
		户数	比重	户数	比重	户数	比重
全省	**10700636**	**2924056**	**27.33**	**3249613**	**30.37**	**2312101**	**21.61**
成都市	5362297	1520432	28.35	1617688	30.17	1154115	21.52
自贡市	280949	68704	24.45	95759	34.08	60684	21.60
攀枝花市	264683	88605	33.48	89585	33.85	51387	19.41
泸州市	345465	96386	27.90	101622	29.42	71793	20.78
德阳市	460414	114675	24.91	157641	34.24	106444	23.12
绵阳市	647898	206805	31.92	205213	31.67	132100	20.39
广元市	177173	48840	27.57	56545	31.92	39275	22.17
遂宁市	373483	88762	23.77	109181	29.23	81227	21.75
内江市	261502	65326	24.98	79457	30.38	57808	22.11
乐山市	346886	89955	25.93	115437	33.28	79434	22.90
南充市	496937	129677	26.10	145112	29.20	109285	21.99
眉山市	224760	46458	20.67	66957	29.79	56946	25.34
宜宾市	348499	83726	24.02	99669	28.60	77178	22.15
广安市	158181	31824	20.12	41885	26.48	35691	22.56
达州市	336971	72449	21.50	91136	27.05	75548	22.42
雅安市	101621	26862	26.43	32572	32.05	21393	21.05
巴中市	151565	30556	20.16	39935	26.35	33117	21.85
资阳市	143628	38432	26.76	43445	30.25	30605	21.31
阿坝藏族羌族自治州	10551	4529	42.92	3014	28.57	1740	16.49
甘孜藏族自治州	16781	6920	41.24	4647	27.69	2900	17.28
凉山彝族自治州	190392	64133	33.68	53113	27.90	33431	17.56

1-8a 续表 1 单位：户、%

地区	四人户		五人户		六人户	
	户数	比重	户数	比重	户数	比重
全省	**1248799**	**11.67**	**640192**	**5.98**	**258397**	**2.41**
成都市	602559	11.24	318103	5.93	121750	2.27
自贡市	31471	11.20	16340	5.82	6288	2.24
攀枝花市	21979	8.30	9267	3.50	2905	1.10
泸州市	41818	12.10	21698	6.28	9550	2.76
德阳市	47958	10.42	24353	5.29	8047	1.75
绵阳市	62497	9.65	28663	4.42	10482	1.62
广元市	19259	10.87	8731	4.93	3732	2.11
遂宁市	51318	13.74	27073	7.25	12322	3.30
内江市	34006	13.00	15592	5.96	7158	2.74
乐山市	35603	10.26	18808	5.42	6129	1.77
南充市	64325	12.94	30895	6.22	13751	2.77
眉山市	30648	13.64	16388	7.29	6264	2.79
宜宾市	47238	13.55	25411	7.29	11903	3.42
广安市	25920	16.39	13578	8.58	7154	4.52
达州市	53120	15.76	27187	8.07	12029	3.57
雅安市	11212	11.03	5783	5.69	2883	2.84
巴中市	26441	17.45	12492	8.24	6934	4.57
资阳市	18212	12.68	8170	5.69	3708	2.58
阿坝藏族羌族自治州	812	7.70	303	2.87	99	0.94
甘孜藏族自治州	1405	8.37	557	3.32	229	1.36
凉山彝族自治州	20998	11.03	10800	5.67	5080	2.67

1-8a 续表 2 单位：户、%

地区	七人户		八人户		九人户		十人及以上户	
	户数	比重	户数	比重	户数	比重	户数	比重
全省	**45635**	**0.43**	**11734**	**0.11**	**4198**	**0.04**	**5911**	**0.06**
成都市	19007	0.35	4638	0.09	1658	0.03	2347	0.04
自贡市	1114	0.40	350	0.12	97	0.03	142	0.05
攀枝花市	631	0.24	142	0.05	57	0.02	125	0.05
泸州市	1765	0.51	430	0.12	130	0.04	273	0.08
德阳市	944	0.21	199	0.04	60	0.01	93	0.02
绵阳市	1419	0.22	331	0.05	118	0.02	270	0.04
广元市	540	0.30	144	0.08	65	0.04	42	0.02
遂宁市	2487	0.67	628	0.17	198	0.05	287	0.08
内江市	1471	0.56	388	0.15	151	0.06	145	0.06
乐山市	997	0.29	242	0.07	80	0.02	201	0.06
南充市	2680	0.54	637	0.13	182	0.04	393	0.08
眉山市	842	0.37	149	0.07	44	0.02	64	0.03
宜宾市	2512	0.72	548	0.16	176	0.05	138	0.04
广安市	1550	0.98	352	0.22	114	0.07	113	0.07
达州市	3212	0.95	1176	0.35	544	0.16	570	0.17
雅安市	610	0.60	163	0.16	70	0.07	73	0.07
巴中市	1550	1.02	377	0.25	85	0.06	78	0.05
资阳市	666	0.46	178	0.12	77	0.05	135	0.09
阿坝藏族羌族自治州	29	0.27	10	0.09	8	0.08	7	0.07
甘孜藏族自治州	65	0.39	17	0.10	15	0.09	26	0.15
凉山彝族自治州	1544	0.81	635	0.33	269	0.14	389	0.20

1-8b　各地区家庭户规模(镇)

单位：户、%

地　　区	家庭户户　数	一人户		二人户		三人户	
		户数	比重	户数	比重	户数	比重
全省	**6020073**	**1722428**	**28.61**	**1729563**	**28.73**	**1192643**	**19.81**
成都市	448174	111062	24.78	140655	31.38	94436	21.07
自贡市	216580	56900	26.27	67232	31.04	43784	20.22
攀枝花市	60945	18202	29.87	16895	27.72	11786	19.34
泸州市	386202	118940	30.80	102247	26.48	73462	19.02
德阳市	257587	77988	30.28	83335	32.35	48512	18.83
绵阳市	315718	106503	33.73	101138	32.03	58371	18.49
广元市	236576	70129	29.64	79625	33.66	46933	19.84
遂宁市	195097	57492	29.47	55880	28.64	38267	19.61
内江市	307789	92906	30.18	93665	30.43	62106	20.18
乐山市	274461	68831	25.08	86251	31.43	59130	21.54
南充市	515619	169052	32.79	142350	27.61	95748	18.57
眉山市	273055	63184	23.14	86107	31.53	60441	22.14
宜宾市	410939	98455	23.96	109927	26.75	84874	20.65
广安市	345234	104411	30.24	98594	28.56	68712	19.90
达州市	554096	167376	30.21	151910	27.42	107141	19.34
雅安市	161922	37311	23.04	46746	28.87	34914	21.56
巴中市	284844	80197	28.15	78726	27.64	60143	21.11
资阳市	205280	59310	28.89	64592	31.47	42284	20.60
阿坝藏族羌族自治州	105037	36481	34.73	24982	23.78	18511	17.62
甘孜藏族自治州	96604	43166	44.68	18843	19.51	13079	13.54
凉山彝族自治州	368314	84532	22.95	79863	21.68	70009	19.01

1-8b　续表 1

单位：户、%

地　　区	四人户		五人户		六人户	
	户数	比重	户数	比重	户数	比重
全省	**748526**	**12.43**	**372133**	**6.18**	**177474**	**2.95**
成都市	54823	12.23	30875	6.89	13110	2.93
自贡市	26860	12.40	13368	6.17	6266	2.89
攀枝花市	7409	12.16	3907	6.41	1920	3.15
泸州市	48157	12.47	25198	6.52	12572	3.26
德阳市	26986	10.48	13364	5.19	5741	2.23
绵阳市	29993	9.50	12807	4.06	5315	1.68
广元市	24398	10.31	10014	4.23	4243	1.79
遂宁市	24080	12.34	11488	5.89	5573	2.86
内江市	34966	11.36	15331	4.98	6579	2.14
乐山市	33057	12.04	17514	6.38	7193	2.62
南充市	61805	11.99	28332	5.49	13349	2.59
眉山市	35072	12.84	17476	6.40	8028	2.94
宜宾市	59263	14.42	32602	7.93	17292	4.21
广安市	43011	12.46	18496	5.36	8328	2.41
达州市	71166	12.84	33023	5.96	15716	2.84
雅安市	22534	13.92	12245	7.56	6060	3.74
巴中市	39547	13.88	16307	5.72	7561	2.65
资阳市	23655	11.52	9786	4.77	4217	2.05
阿坝藏族羌族自治州	12784	12.17	6196	5.90	3422	3.26
甘孜藏族自治州	9397	9.73	5382	5.57	3086	3.19
凉山彝族自治州	59563	16.17	38422	10.43	21903	5.95

1-8b 续表 2

单位：户、%

地 区	七人户		八人户		九人户		十人及以上户	
	户数	比重	户数	比重	户数	比重	户数	比重
全省	**47969**	**0.80**	**15326**	**0.25**	**5783**	**0.10**	**8228**	**0.14**
成都市	2272	0.51	511	0.11	140	0.03	290	0.06
自贡市	1492	0.69	358	0.17	138	0.06	182	0.08
攀枝花市	529	0.87	166	0.27	33	0.05	98	0.16
泸州市	3623	0.94	1071	0.28	362	0.09	570	0.15
德阳市	1063	0.41	289	0.11	108	0.04	201	0.08
绵阳市	916	0.29	294	0.09	114	0.04	267	0.08
广元市	813	0.34	236	0.10	84	0.04	101	0.04
遂宁市	1438	0.74	460	0.24	174	0.09	245	0.13
内江市	1427	0.46	439	0.14	160	0.05	210	0.07
乐山市	1670	0.61	481	0.18	143	0.05	191	0.07
南充市	3298	0.64	947	0.18	333	0.06	405	0.08
眉山市	1527	0.56	522	0.19	208	0.08	490	0.18
宜宾市	5412	1.32	1765	0.43	612	0.15	737	0.18
广安市	2101	0.61	667	0.19	284	0.08	630	0.18
达州市	4602	0.83	1525	0.28	624	0.11	1013	0.18
雅安市	1370	0.85	410	0.25	151	0.09	181	0.11
巴中市	1652	0.58	414	0.15	107	0.04	190	0.07
资阳市	943	0.46	252	0.12	83	0.04	158	0.08
阿坝藏族羌族自治州	1338	1.27	661	0.63	327	0.31	335	0.32
甘孜藏族自治州	1669	1.73	874	0.90	485	0.50	623	0.64
凉山彝族自治州	8814	2.39	2984	0.81	1113	0.30	1111	0.30

1-8c 各地区家庭户规模(乡村)

单位：户、%

地 区	家庭户	一人户		二人户		三人户	
	户 数	户数	比重	户数	比重	户数	比重
全省	**14035411**	**4189561**	**29.85**	**4180230**	**29.78**	**2582484**	**18.40**
成都市	1609351	423008	26.28	499987	31.07	311731	19.37
自贡市	449745	137146	30.49	134395	29.88	86055	19.13
攀枝花市	122221	25115	20.55	30792	25.19	26751	21.89
泸州市	772086	202292	26.20	206968	26.81	155692	20.17
德阳市	630262	180288	28.61	220782	35.03	118751	18.84
绵阳市	1008642	334137	33.13	331147	32.83	182327	18.08
广元市	510528	151011	29.58	171452	33.58	98646	19.32
遂宁市	537012	196962	36.68	167772	31.24	88610	16.50
内江市	671297	226916	33.80	203760	30.35	122439	18.24
乐山市	561059	138602	24.70	180996	32.26	112933	20.13
南充市	1253722	465977	37.17	397890	31.74	204004	16.27
眉山市	563424	150825	26.77	181479	32.21	112785	20.02
宜宾市	792815	194529	24.54	211124	26.63	163249	20.59
广安市	780653	275415	35.28	238177	30.51	131785	16.88
达州市	1121719	393033	35.04	329797	29.40	192359	17.15
雅安市	234693	50911	21.69	66528	28.35	49936	21.28
巴中市	620636	199306	32.11	204207	32.90	110538	17.81
资阳市	611756	220410	36.03	197916	32.35	102962	16.83
阿坝藏族羌族自治州	135905	27440	20.19	27154	19.98	27625	20.33
甘孜藏族自治州	195322	46690	23.90	27034	13.84	29834	15.27
凉山彝族自治州	852563	149548	17.54	150873	17.70	153472	18.00

1-8c　续表 1

单位：户、%

地　区	四人户		五人户		六人户	
	户数	比重	户数	比重	户数	比重
全省	**1573608**	**11.21**	**864827**	**6.16**	**423965**	**3.02**
成都市	193864	12.05	115420	7.17	50767	3.15
自贡市	50112	11.14	25793	5.74	11535	2.56
攀枝花市	18642	15.25	11668	9.55	6396	5.23
泸州市	102475	13.27	58726	7.61	29544	3.83
德阳市	62661	9.94	32322	5.13	12406	1.97
绵阳市	94723	9.39	43499	4.31	17914	1.78
广元市	52812	10.34	23868	4.68	9994	1.96
遂宁市	47823	8.91	22155	4.13	9624	1.79
内江市	67191	10.01	31205	4.65	14012	2.09
乐山市	65881	11.74	38565	6.87	16825	3.00
南充市	109798	8.76	48629	3.88	20107	1.60
眉山市	65487	11.62	33277	5.91	14418	2.56
宜宾市	109170	13.77	64055	8.08	33319	4.20
广安市	76000	9.74	35964	4.61	16127	2.07
达州市	116235	10.36	54935	4.90	24105	2.15
雅安市	33567	14.30	19405	8.27	10605	4.52
巴中市	62130	10.01	28025	4.52	12106	1.95
资阳市	53659	8.77	23027	3.76	9839	1.61
阿坝藏族羌族自治州	22358	16.45	13861	10.20	8365	6.16
甘孜藏族自治州	28042	14.36	22107	11.32	16486	8.44
凉山彝族自治州	140978	16.54	118321	13.88	79471	9.32

1-8c　续表 2

单位：户、%

地　区	七人户		八人户		九人户		十人及以上户	
	户数	比重	户数	比重	户数	比重	户数	比重
全省	**139772**	**1.00**	**47447**	**0.34**	**17575**	**0.13**	**15942**	**0.11**
成都市	10264	0.64	2448	0.15	803	0.05	1059	0.07
自贡市	3329	0.74	904	0.20	271	0.06	205	0.05
攀枝花市	1908	1.56	609	0.50	189	0.15	151	0.12
泸州市	10433	1.35	3579	0.46	1277	0.17	1100	0.14
德阳市	2294	0.36	465	0.07	109	0.02	184	0.03
绵阳市	3396	0.34	844	0.08	270	0.03	385	0.04
广元市	2059	0.40	435	0.09	141	0.03	110	0.02
遂宁市	2794	0.52	798	0.15	271	0.05	203	0.04
内江市	3831	0.57	1219	0.18	443	0.07	281	0.04
乐山市	4981	0.89	1513	0.27	396	0.07	367	0.07
南充市	5048	0.40	1390	0.11	460	0.04	419	0.03
眉山市	3422	0.61	977	0.17	296	0.05	458	0.08
宜宾市	11839	1.49	3617	0.46	1156	0.15	757	0.10
广安市	4894	0.63	1372	0.18	453	0.06	466	0.06
达州市	7384	0.66	2239	0.20	800	0.07	832	0.07
雅安市	2691	1.15	739	0.31	183	0.08	128	0.05
巴中市	3156	0.51	796	0.13	197	0.03	175	0.03
资阳市	2675	0.44	756	0.12	248	0.04	264	0.04
阿坝藏族羌族自治州	4416	3.25	2321	1.71	1242	0.91	1123	0.83
甘孜藏族自治州	10949	5.61	6625	3.39	3593	1.84	3962	2.03
凉山彝族自治州	38009	4.46	13801	1.62	4777	0.56	3313	0.39

1-9 各地区家庭户类别

单位：户、%

地　区	家庭户户　数	一代户		二代户	
		户数	比重	户数	比重
全省	**30756120**	**15828732**	**51.47**	**10186787**	**33.12**
成都市	7419822	3990299	53.78	2273458	30.64
自贡市	947274	484284	51.12	310191	32.75
攀枝花市	447849	240253	53.65	144275	32.22
泸州市	1503753	714267	47.50	516716	34.36
德阳市	1348263	734609	54.49	416938	30.92
绵阳市	1972258	1120755	56.83	598126	30.33
广元市	924277	488712	52.88	305379	33.04
遂宁市	1105592	577608	52.24	363942	32.92
内江市	1240588	647896	52.22	414368	33.40
乐山市	1182406	594846	50.31	393502	33.28
南充市	2266278	1246464	55.00	722037	31.86
眉山市	1061239	519383	48.94	352614	33.23
宜宾市	1552253	674589	43.46	556419	35.85
广安市	1284068	668189	52.04	436487	33.99
达州市	2012786	1057514	52.54	677555	33.66
雅安市	498236	221556	44.47	174324	34.99
巴中市	1057045	537493	50.85	373370	35.32
资阳市	960664	540178	56.23	304642	31.71
阿坝藏族羌族自治州	251493	107926	42.91	93521	37.19
甘孜藏族自治州	308707	137250	44.46	112286	36.37
凉山彝族自治州	1411269	524661	37.18	646637	45.82

1-9　续表

单位：户、%

地　区	三代户		四代户		五代及以上户	
	户数	比重	户数	比重	户数	比重
全省	**4502509**	**14.64**	**237833**	**0.77**	**259**	
成都市	1099509	14.82	56485	0.76	71	
自贡市	145015	15.31	7780	0.82	4	
攀枝花市	59766	13.35	3550	0.79	5	
泸州市	258967	17.22	13789	0.92	14	
德阳市	186852	13.86	9857	0.73	7	
绵阳市	241618	12.25	11746	0.60	13	
广元市	122901	13.30	7274	0.79	11	
遂宁市	156373	14.14	7666	0.69	3	
内江市	170737	13.76	7586	0.61	1	
乐山市	181769	15.37	12275	1.04	14	
南充市	285976	12.62	11789	0.52	12	
眉山市	175698	16.56	13531	1.28	13	
宜宾市	301320	19.41	19901	1.28	24	
广安市	172863	13.46	6526	0.51	3	
达州市	267285	13.28	10427	0.52	5	
雅安市	95104	19.09	7239	1.45	13	
巴中市	139218	13.17	6959	0.66	5	
资阳市	111039	11.56	4797	0.50	8	
阿坝藏族羌族自治州	46825	18.62	3212	1.28	9	
甘孜藏族自治州	56455	18.29	2708	0.88	8	
凉山彝族自治州	227219	16.10	12736	0.90	16	

1−9a　各地区家庭户类别(城市)

单位：户、%

地　　区	家庭户户　数	一代户		二代户	
		户数	比重	户数	比重
全省	**10700636**	**5644065**	**52.75**	**3506160**	**32.77**
成都市	5362297	2936767	54.77	1666994	31.09
自贡市	280949	145021	51.62	93218	33.18
攀枝花市	264683	160978	60.82	80174	30.29
泸州市	345465	179641	52.00	114512	33.15
德阳市	460414	241804	52.52	154363	33.53
绵阳市	647898	366208	56.52	204320	31.54
广元市	177173	92563	52.24	61084	34.48
遂宁市	373483	170253	45.59	135836	36.37
内江市	261502	124657	47.67	96228	36.80
乐山市	346886	181517	52.33	116825	33.68
南充市	496937	238910	48.08	179751	36.17
眉山市	224760	98669	43.90	85169	37.89
宜宾市	348499	162290	46.57	124716	35.79
广安市	158181	60977	38.55	63447	40.11
达州市	336971	174054	51.65	116041	34.44
雅安市	101621	52798	51.96	32919	32.39
巴中市	151565	59581	39.31	62324	41.12
资阳市	143628	72193	50.26	50370	35.07
阿坝藏族羌族自治州	10551	6760	64.07	3009	28.52
甘孜藏族自治州	16781	10470	62.39	4985	29.71
凉山彝族自治州	190392	107954	56.70	59875	31.45

1−9a　续表

单位：户、%

地　　区	三代户		四代户		五代及以上户	
	户数	比重	户数	比重	户数	比重
全省	**1497118**	**13.99**	**53259**	**0.50**	**34**	
成都市	733334	13.68	25183	0.47	19	
自贡市	41166	14.65	1544	0.55		
攀枝花市	22999	8.69	532	0.20		
泸州市	49383	14.29	1926	0.56	3	
德阳市	62233	13.52	2014	0.44		
绵阳市	75128	11.60	2240	0.35	2	
广元市	22790	12.86	734	0.41	2	
遂宁市	64709	17.33	2685	0.72		
内江市	39270	15.02	1347	0.52		
乐山市	46733	13.47	1807	0.52	4	
南充市	75736	15.24	2537	0.51	3	
眉山市	39316	17.49	1606	0.71		
宜宾市	58833	16.88	2659	0.76	1	
广安市	32613	20.62	1144	0.72		
达州市	45549	13.52	1327	0.39		
雅安市	15024	14.78	880	0.87		
巴中市	28329	18.69	1331	0.88		
资阳市	20299	14.13	766	0.53		
阿坝藏族羌族自治州	760	7.20	22	0.21		
甘孜藏族自治州	1304	7.77	22	0.13		
凉山彝族自治州	21610	11.35	953	0.50		

1-9b 各地区家庭户类别(镇)

单位：户、%

地区	家庭户户数	一代户		二代户	
		户数	比重	户数	比重
全省	**6020073**	**2968379**	**49.31**	**2132438**	**35.42**
成都市	448174	220693	49.24	145262	32.41
自贡市	216580	107182	49.49	74798	34.54
攀枝花市	60945	31849	52.26	19575	32.12
泸州市	386202	191681	49.63	131191	33.97
德阳市	257587	140610	54.59	79204	30.75
绵阳市	315718	180746	57.25	97627	30.92
广元市	236576	124654	52.69	82356	34.81
遂宁市	195097	97746	50.10	68235	34.97
内江市	307789	158630	51.54	107171	34.82
乐山市	274461	132892	48.42	97605	35.56
南充市	515619	270627	52.49	174388	33.82
眉山市	273055	128999	47.24	97204	35.60
宜宾市	410939	175613	42.73	151735	36.92
广安市	345234	172205	49.88	128923	37.34
达州市	554096	273106	49.29	200296	36.15
雅安市	161922	70858	43.76	59485	36.74
巴中市	284844	132442	46.50	113214	39.75
资阳市	205280	103292	50.32	76488	37.26
阿坝藏族羌族自治州	105037	54288	51.68	35668	33.96
甘孜藏族自治州	96604	57720	59.75	28450	29.45
凉山彝族自治州	368314	142546	38.70	163563	44.41

1-9b 续表

单位：户、%

地区	三代户		四代户		五代及以上户	
	户数	比重	户数	比重	户数	比重
全省	**874831**	**14.53**	**44370**	**0.74**	**55**	
成都市	77073	17.20	5139	1.15	7	
自贡市	32864	15.17	1735	0.80	1	
攀枝花市	8829	14.49	691	1.13	1	
泸州市	60378	15.63	2948	0.76	4	
德阳市	35818	13.91	1953	0.76	2	
绵阳市	35744	11.32	1599	0.51	2	
广元市	28228	11.93	1337	0.57	1	
遂宁市	27826	14.26	1289	0.66	1	
内江市	40398	13.13	1589	0.52	1	
乐山市	41594	15.15	2368	0.86	2	
南充市	67802	13.15	2800	0.54	2	
眉山市	44129	16.16	2721	1.00	2	
宜宾市	78790	19.17	4788	1.17	13	
广安市	42825	12.40	1280	0.37	1	
达州市	77654	14.01	3038	0.55	2	
雅安市	29656	18.31	1919	1.19	4	
巴中市	37529	13.18	1658	0.58	1	
资阳市	24635	12.00	862	0.42	3	
阿坝藏族羌族自治州	14308	13.62	772	0.73	1	
甘孜藏族自治州	10093	10.45	341	0.35		
凉山彝族自治州	58658	15.93	3543	0.96	4	

1-9c　各地区家庭户类别(乡村)

单位：户、%

地　　区	家庭户户　数	一代户		二代户	
		户数	比重	户数	比重
全省	**14035411**	**7216288**	**51.41**	**4548189**	**32.41**
成都市	1609351	832839	51.75	461202	28.66
自贡市	449745	232081	51.60	142175	31.61
攀枝花市	122221	47426	38.80	44526	36.43
泸州市	772086	342945	44.42	271013	35.10
德阳市	630262	352195	55.88	183371	29.09
绵阳市	1008642	573801	56.89	296179	29.36
广元市	510528	271495	53.18	161939	31.72
遂宁市	537012	309609	57.65	159871	29.77
内江市	671297	364609	54.31	210969	31.43
乐山市	561059	280437	49.98	179072	31.92
南充市	1253722	736927	58.78	367898	29.34
眉山市	563424	291715	51.78	170241	30.22
宜宾市	792815	336686	42.47	279968	35.31
广安市	780653	435007	55.72	244117	31.27
达州市	1121719	610354	54.41	361218	32.20
雅安市	234693	97900	41.71	81920	34.91
巴中市	620636	345470	55.66	197832	31.88
资阳市	611756	364693	59.61	177784	29.06
阿坝藏族羌族自治州	135905	46878	34.49	54844	40.35
甘孜藏族自治州	195322	69060	35.36	78851	40.37
凉山彝族自治州	852563	274161	32.16	423199	49.64

1-9c　续表

单位：户、%

地　　区	三代户		四代户		五代及以上户	
	户数	比重	户数	比重	户数	比重
全省	**2130560**	**15.18**	**140204**	**1.00**	**170**	
成都市	289102	17.96	26163	1.63	45	
自贡市	70985	15.78	4501	1.00	3	
攀枝花市	27938	22.86	2327	1.90	4	
泸州市	149206	19.33	8915	1.15	7	
德阳市	88801	14.09	5890	0.93	5	
绵阳市	130746	12.96	7907	0.78	9	
广元市	71883	14.08	5203	1.02	8	
遂宁市	63838	11.89	3692	0.69	2	
内江市	91069	13.57	4650	0.69		
乐山市	93442	16.65	8100	1.44	8	
南充市	142438	11.36	6452	0.51	7	
眉山市	92253	16.37	9204	1.63	11	
宜宾市	163697	20.65	12454	1.57	10	
广安市	97425	12.48	4102	0.53	2	
达州市	144082	12.84	6062	0.54	3	
雅安市	50424	21.49	4440	1.89	9	
巴中市	73360	11.82	3970	0.64	4	
资阳市	66105	10.81	3169	0.52	5	
阿坝藏族羌族自治州	31757	23.37	2418	1.78	8	0.01
甘孜藏族自治州	45058	23.07	2345	1.20	8	
凉山彝族自治州	146951	17.24	8240	0.97	12	

1-10 各地区分性别、月份的出生人口
(2019.11.1-2020.10.31)

单位：人

地区	出生人口			2019年11月		
	合计	男	女	小计	男	女
全省	**635353**	**330146**	**305207**	**71036**	**36496**	**34540**
成都市	163251	84410	78841	18076	9202	8874
自贡市	15409	7985	7424	1619	826	793
攀枝花市	9253	4810	4443	1013	514	499
泸州市	29727	15642	14085	3359	1713	1646
德阳市	21180	10818	10362	2285	1151	1134
绵阳市	33814	17422	16392	3815	1952	1863
广元市	17590	9114	8476	1934	1012	922
遂宁市	18174	9509	8665	2178	1161	1017
内江市	19770	10176	9594	2204	1126	1078
乐山市	22981	11910	11071	2342	1242	1100
南充市	39423	20555	18868	4751	2452	2299
眉山市	23332	11896	11436	2393	1166	1227
宜宾市	37594	19584	18010	3939	2031	1908
广安市	23782	12592	11190	2836	1493	1343
达州市	33707	17438	16269	3919	1996	1923
雅安市	11710	6027	5683	1254	591	663
巴中市	20507	10606	9901	2453	1288	1165
资阳市	13483	7020	6463	1514	763	751
阿坝藏族羌族自治州	7572	3940	3632	816	410	406
甘孜藏族自治州	10666	5522	5144	1058	551	507
凉山彝族自治州	62428	33170	29258	7278	3856	3422

1-10 续表 1

单位：人

地区	2019年12月			2020年1月		
	小计	男	女	小计	男	女
全省	**64104**	**33126**	**30978**	**59424**	**30922**	**28502**
成都市	16807	8619	8188	15467	8052	7415
自贡市	1528	788	740	1473	735	738
攀枝花市	953	479	474	894	451	443
泸州市	2954	1540	1414	2750	1465	1285
德阳市	2064	1065	999	1908	964	944
绵阳市	3375	1743	1632	3016	1542	1474
广元市	1775	882	893	1566	805	761
遂宁市	1923	1038	885	1631	849	782
内江市	1913	1009	904	1782	926	856
乐山市	2287	1150	1137	2119	1098	1021
南充市	4072	2094	1978	3767	1953	1814
眉山市	2270	1160	1110	2153	1151	1002
宜宾市	3669	1875	1794	3355	1784	1571
广安市	2458	1332	1126	2309	1255	1054
达州市	3612	1882	1730	3770	1955	1815
雅安市	1173	616	557	1084	550	534
巴中市	2130	1073	1057	1916	937	979
资阳市	1299	674	625	1322	697	625
阿坝藏族羌族自治州	695	379	316	701	374	327
甘孜藏族自治州	992	510	482	935	481	454
凉山彝族自治州	6155	3218	2937	5506	2898	2608

1-10　续表 2

单位：人

地　区	2020年2月			2020年3月			2020年4月		
	小计	男	女	小计	男	女	小计	男	女
全省	**52558**	**27216**	**25342**	**54061**	**28029**	**26032**	**50664**	**26404**	**24260**
成都市	13604	7031	6573	13832	7091	6741	12774	6652	6122
自贡市	1300	649	651	1295	696	599	1236	636	600
攀枝花市	715	359	356	752	440	312	726	369	357
泸州市	2568	1363	1205	2520	1318	1202	2427	1275	1152
德阳市	1713	849	864	1791	924	867	1710	900	810
绵阳市	2768	1410	1358	2848	1443	1405	2607	1345	1262
广元市	1443	739	704	1460	775	685	1382	709	673
遂宁市	1478	776	702	1524	802	722	1547	774	773
内江市	1685	883	802	1746	875	871	1583	765	818
乐山市	1926	1035	891	2002	1026	976	1742	906	836
南充市	3422	1838	1584	3571	1826	1745	3323	1712	1611
眉山市	1883	920	963	1868	983	885	1780	902	878
宜宾市	3102	1633	1469	3216	1684	1532	3026	1602	1424
广安市	1958	1014	944	2065	1077	988	1941	1033	908
达州市	2990	1513	1477	2984	1530	1454	2782	1428	1354
雅安市	903	452	451	992	509	483	845	470	375
巴中市	1693	854	839	1716	886	830	1635	879	756
资阳市	1167	621	546	1199	615	584	1144	606	538
阿坝藏族羌族自治州	619	331	288	686	355	331	667	343	324
甘孜藏族自治州	894	446	448	997	506	491	947	515	432
凉山彝族自治州	4727	2500	2227	4997	2668	2329	4840	2583	2257

1-10　续表 3

单位：人

地　区	2020年5月			2020年6月			2020年7月		
	小计	男	女	小计	男	女	小计	男	女
全省	**48081**	**25132**	**22949**	**48060**	**25098**	**22962**	**49016**	**25748**	**23268**
成都市	12377	6476	5901	12732	6679	6053	12870	6699	6171
自贡市	1206	624	582	1106	573	533	1199	620	579
攀枝花市	652	368	284	678	341	337	713	366	347
泸州市	2234	1181	1053	2263	1197	1066	2325	1266	1059
德阳市	1584	818	766	1589	823	766	1656	833	823
绵阳市	2407	1264	1143	2491	1266	1225	2574	1312	1262
广元市	1268	659	609	1259	653	606	1312	678	634
遂宁市	1359	706	653	1413	710	703	1343	722	621
内江市	1505	787	718	1549	772	777	1567	832	735
乐山市	1739	891	848	1772	944	828	1831	963	868
南充市	2992	1560	1432	2912	1522	1390	3037	1586	1451
眉山市	1705	882	823	1836	957	879	1806	942	864
宜宾市	2878	1474	1404	2898	1476	1422	2963	1545	1418
广安市	1855	963	892	1707	881	826	1727	953	774
达州市	2714	1422	1292	2615	1349	1266	2512	1338	1174
雅安市	848	429	419	924	489	435	971	522	449
巴中市	1491	789	702	1459	796	663	1446	765	681
资阳市	1078	585	493	1021	535	486	999	514	485
阿坝藏族羌族自治州	613	314	299	618	316	302	661	339	322
甘孜藏族自治州	924	484	440	831	454	377	809	396	413
凉山彝族自治州	4652	2456	2196	4387	2365	2022	4695	2557	2138

1-10 续表 4

单位：人

地　区	2020年8月			2020年9月			2020年10月		
	小计	男	女	小计	男	女	小计	男	女
全省	**51183**	**26615**	**24568**	**45677**	**23795**	**21882**	**41489**	**21565**	**19924**
成都市	13440	6940	6500	11734	6048	5686	9538	4921	4617
自贡市	1236	635	601	1152	640	512	1059	563	496
攀枝花市	763	410	353	756	385	371	638	328	310
泸州市	2230	1146	1084	2146	1162	984	1951	1016	935
德阳市	1715	870	845	1518	795	723	1647	826	821
绵阳市	2704	1422	1282	2669	1397	1272	2540	1326	1214
广元市	1372	686	686	1257	667	590	1562	849	713
遂宁市	1387	725	662	1251	657	594	1140	589	551
内江市	1571	849	722	1399	718	681	1266	634	632
乐山市	1983	1012	971	1747	909	838	1491	734	757
南充市	3031	1576	1455	2312	1213	1099	2233	1223	1010
眉山市	1913	1000	913	1693	809	884	2032	1024	1008
宜宾市	3010	1543	1467	2993	1599	1394	2545	1338	1207
广安市	1709	918	791	1582	841	741	1635	832	803
达州市	2369	1254	1115	1860	947	913	1580	824	756
雅安市	949	486	463	927	452	475	840	461	379
巴中市	1506	746	760	1498	770	728	1564	823	741
资阳市	1020	526	494	904	466	438	816	418	398
阿坝藏族羌族自治州	593	308	285	555	292	263	348	179	169
甘孜藏族自治州	815	428	387	845	440	405	619	311	308
凉山彝族自治州	5867	3135	2732	4879	2588	2291	4445	2346	2099

1-10a 各地区分性别、月份的出生人口 (2019.11.1-2020.10.31)(城市)

单位：人

地　区	出生人口			2019年11月		
	合计	男	女	小计	男	女
全省	**223860**	**115936**	**107924**	**25691**	**13015**	**12676**
成都市	120727	62476	58251	13609	6887	6722
自贡市	4468	2308	2160	461	236	225
攀枝花市	3716	1961	1755	439	216	223
泸州市	6697	3562	3135	792	399	393
德阳市	7444	3762	3682	849	413	436
绵阳市	11541	5916	5625	1342	659	683
广元市	4005	2099	1906	455	231	224
遂宁市	7596	3938	3658	962	488	474
内江市	4505	2311	2194	545	268	277
乐山市	5756	2977	2779	653	350	303
南充市	9305	4794	4511	1185	612	573
眉山市	5124	2658	2466	569	293	276
宜宾市	8137	4215	3922	842	414	428
广安市	3628	1898	1730	469	241	228
达州市	7043	3568	3475	827	422	405
雅安市	2084	1069	1015	238	118	120
巴中市	4144	2163	1981	489	257	232
资阳市	2897	1549	1348	345	186	159
阿坝藏族羌族自治州	240	125	115	30	13	17
甘孜藏族自治州	288	157	131	40	15	25
凉山彝族自治州	4515	2430	2085	550	297	253

1-10a 续表 1 单位：人

地 区	2019年12月			2020年1月		
	小计	男	女	小计	男	女
全省	**24151**	**12416**	**11735**	**22329**	**11614**	**10715**
成都市	12769	6579	6190	11635	6091	5544
自贡市	460	232	228	433	216	217
攀枝花市	413	216	197	355	174	181
泸州市	706	389	317	635	340	295
德阳市	774	393	381	704	355	349
绵阳市	1276	662	614	1056	549	507
广元市	425	218	207	356	179	177
遂宁市	847	443	404	686	360	326
内江市	495	244	251	450	227	223
乐山市	662	335	327	587	312	275
南充市	1023	531	492	927	470	457
眉山市	570	286	284	539	271	268
宜宾市	847	402	445	810	435	375
广安市	416	211	205	398	216	182
达州市	938	497	441	1354	679	675
雅安市	203	107	96	208	98	110
巴中市	444	221	223	391	201	190
资阳市	311	153	158	307	163	144
阿坝藏族羌族自治州	28	13	15	24	16	8
甘孜藏族自治州	31	15	16	27	19	8
凉山彝族自治州	513	269	244	447	243	204

1-10a 续表 2 单位：人

地 区	2020年2月			2020年3月			2020年4月		
	小计	男	女	小计	男	女	小计	男	女
全省	**19115**	**9866**	**9249**	**19474**	**9985**	**9489**	**17635**	**9209**	**8426**
成都市	10132	5243	4889	10333	5272	5061	9463	4952	4511
自贡市	405	201	204	377	198	179	350	187	163
攀枝花市	277	149	128	309	191	118	270	145	125
泸州市	613	320	293	564	298	266	550	297	253
德阳市	630	313	317	651	308	343	644	337	307
绵阳市	973	489	484	1024	522	502	862	454	408
广元市	336	182	154	362	190	172	323	168	155
遂宁市	663	355	308	628	319	309	632	315	317
内江市	386	203	183	391	197	194	370	168	202
乐山市	480	260	220	548	267	281	417	205	212
南充市	832	424	408	831	413	418	737	386	351
眉山市	473	240	233	431	246	185	405	202	203
宜宾市	668	353	315	734	381	353	637	337	300
广安市	335	170	165	393	197	196	338	177	161
达州市	714	348	366	730	378	352	531	255	276
雅安市	170	86	84	177	91	86	154	83	71
巴中市	359	183	176	328	174	154	330	180	150
资阳市	242	124	118	216	110	106	224	142	82
阿坝藏族羌族自治州	26	15	11	18	9	9	22	9	13
甘孜藏族自治州	21	11	10	26	15	11	24	12	12
凉山彝族自治州	380	197	183	403	209	194	352	198	154

1-10a 续表 3

单位：人

地　区	2020年5月			2020年6月			2020年7月		
	小计	男	女	小计	男	女	小计	男	女
全省	**17048**	**8964**	**8084**	**17302**	**9018**	**8284**	**17376**	**9103**	**8273**
成都市	9251	4837	4414	9521	4994	4527	9547	4995	4552
自贡市	356	196	160	319	160	159	357	194	163
攀枝花市	249	142	107	298	149	149	284	142	142
泸州市	534	287	247	516	267	249	545	294	251
德阳市	555	290	265	548	290	258	584	275	309
绵阳市	855	447	408	887	452	435	867	422	445
广元市	322	176	146	298	161	137	269	132	137
遂宁市	583	309	274	607	298	309	563	307	256
内江市	328	177	151	367	179	188	362	197	165
乐山市	443	228	215	479	265	214	445	227	218
南充市	730	390	340	751	385	366	778	434	344
眉山市	352	180	172	355	203	152	370	195	175
宜宾市	621	313	308	620	320	300	660	347	313
广安市	311	160	151	267	137	130	236	126	110
达州市	452	231	221	431	208	223	406	206	200
雅安市	164	92	72	171	81	90	180	94	86
巴中市	296	159	137	289	158	131	344	187	157
资阳市	243	136	107	240	125	115	216	122	94
阿坝藏族羌族自治州	19	7	12	14	7	7	18	8	10
甘孜藏族自治州	29	17	12	27	21	6	19	12	7
凉山彝族自治州	355	190	165	297	158	139	326	187	139

1-10a 续表 4

单位：人

地　区	2020年8月			2020年9月			2020年10月		
	小计	男	女	小计	男	女	小计	男	女
全省	**17880**	**9274**	**8606**	**14771**	**7694**	**7077**	**11088**	**5778**	**5310**
成都市	9979	5158	4821	8406	4319	4087	6082	3149	2933
自贡市	351	182	169	332	161	171	267	145	122
攀枝花市	285	150	135	293	153	140	244	134	110
泸州市	499	273	226	406	224	182	337	174	163
德阳市	588	308	280	495	267	228	422	213	209
绵阳市	933	492	441	821	440	381	645	328	317
广元市	333	175	158	257	129	128	269	158	111
遂宁市	634	337	297	472	246	226	319	161	158
内江市	340	184	156	268	147	121	203	120	83
乐山市	459	225	234	353	195	158	230	108	122
南充市	744	359	385	467	233	234	300	157	143
眉山市	424	215	209	327	171	156	309	156	153
宜宾市	687	368	319	592	326	266	419	219	200
广安市	182	108	74	170	102	68	113	53	60
达州市	339	174	165	171	92	79	150	78	72
雅安市	168	87	81	149	71	78	102	61	41
巴中市	327	165	162	287	136	151	260	142	118
资阳市	236	122	114	176	93	83	141	73	68
阿坝藏族羌族自治州	15	8	7	16	12	4	10	8	2
甘孜藏族自治州	13	5	8	19	8	11	12	7	5
凉山彝族自治州	344	179	165	294	169	125	254	134	120

1-10b 各地区分性别、月份的出生人口 (2019.11.1-2020.10.31)(镇)

单位：人

地区	出生人口			2019年11月		
	合计	男	女	小计	男	女
全省	**124302**	**64678**	**59624**	**14839**	**7727**	**7112**
成都市	9694	4941	4753	1037	521	516
自贡市	3835	1983	1852	417	210	207
攀枝花市	1474	752	722	168	94	74
泸州市	8150	4227	3923	917	485	432
德阳市	4216	2165	2051	488	256	232
绵阳市	5365	2738	2627	640	334	306
广元市	4670	2399	2271	571	289	282
遂宁市	2731	1433	1298	420	229	191
内江市	5110	2657	2453	609	331	278
乐山市	5767	2974	2793	579	317	262
南充市	9373	4889	4484	1249	644	605
眉山市	6036	3084	2952	701	349	352
宜宾市	10625	5572	5053	1204	644	560
广安市	6250	3340	2910	822	424	398
达州市	9001	4695	4306	1125	569	556
雅安市	4027	2086	1941	440	209	231
巴中市	6456	3318	3138	868	455	413
资阳市	3453	1774	1679	456	235	221
阿坝藏族羌族自治州	2716	1431	1285	309	162	147
甘孜藏族自治州	2222	1204	1018	264	146	118
凉山彝族自治州	13131	7016	6115	1555	824	731

1-10b 续表 1

单位：人

地区	2019年12月			2020年1月		
	小计	男	女	小计	男	女
全省	**13159**	**6796**	**6363**	**11780**	**6210**	**5570**
成都市	971	474	497	925	469	456
自贡市	401	212	189	371	180	191
攀枝花市	166	83	83	150	82	68
泸州市	870	428	442	756	416	340
德阳市	400	212	188	408	189	219
绵阳市	553	276	277	501	262	239
广元市	539	280	259	438	227	211
遂宁市	322	186	136	243	124	119
内江市	532	284	248	482	257	225
乐山市	588	293	295	540	264	276
南充市	1070	550	520	934	507	427
眉山市	648	333	315	580	312	268
宜宾市	1064	572	492	947	527	420
广安市	704	389	315	615	354	261
达州市	986	503	483	852	465	387
雅安市	455	234	221	409	214	195
巴中市	676	326	350	623	293	330
资阳市	367	181	186	342	189	153
阿坝藏族羌族自治州	267	151	116	253	138	115
甘孜藏族自治州	215	113	102	210	111	99
凉山彝族自治州	1365	716	649	1201	630	571

1-10b 续表 2

单位：人

地区	2020年2月			2020年3月			2020年4月		
	小计	男	女	小计	男	女	小计	男	女
全省	**10518**	**5419**	**5099**	**10627**	**5539**	**5088**	**9855**	**5131**	**4724**
成都市	822	420	402	843	420	423	700	356	344
自贡市	330	166	164	331	188	143	305	162	143
攀枝花市	123	54	69	123	69	54	139	67	72
泸州市	657	347	310	713	366	347	667	334	333
德阳市	342	157	185	343	179	164	313	166	147
绵阳市	464	255	209	423	201	222	393	203	190
广元市	400	193	207	368	205	163	349	170	179
遂宁市	225	114	111	221	118	103	272	135	137
内江市	430	212	218	452	235	217	399	174	225
乐山市	525	280	245	463	249	214	444	227	217
南充市	845	482	363	896	447	449	789	395	394
眉山市	470	217	253	497	258	239	480	260	220
宜宾市	911	493	418	900	466	434	873	466	407
广安市	537	269	268	538	290	248	497	262	235
达州市	785	377	408	747	397	350	791	424	367
雅安市	316	155	161	359	186	173	297	167	130
巴中市	540	271	269	564	287	277	471	242	229
资阳市	309	160	149	334	163	171	288	139	149
阿坝藏族羌族自治州	216	121	95	244	134	110	232	130	102
甘孜藏族自治州	199	101	98	218	126	92	190	115	75
凉山彝族自治州	1072	575	497	1050	555	495	966	537	429

1-10b 续表 3

单位：人

地区	2020年5月			2020年6月			2020年7月		
	小计	男	女	小计	男	女	小计	男	女
全省	**9529**	**4991**	**4538**	**9418**	**4871**	**4547**	**9462**	**4985**	**4477**
成都市	701	370	331	756	403	353	774	407	367
自贡市	284	135	149	292	147	145	303	153	150
攀枝花市	87	51	36	103	46	57	116	60	56
泸州市	615	329	286	649	329	320	641	335	306
德阳市	340	183	157	337	180	157	328	180	148
绵阳市	382	183	199	392	196	196	405	215	190
广元市	334	179	155	356	179	177	344	181	163
遂宁市	210	113	97	214	107	107	175	93	82
内江市	408	215	193	416	217	199	407	211	196
乐山市	495	251	244	417	220	197	447	227	220
南充市	704	364	340	656	333	323	689	342	347
眉山市	490	260	230	469	244	225	479	231	248
宜宾市	774	406	368	806	395	411	835	423	412
广安市	507	261	246	427	215	212	437	236	201
达州市	814	433	381	779	414	365	726	402	324
雅安市	271	128	143	307	171	136	298	163	135
巴中市	469	257	212	492	260	232	441	238	203
资阳市	265	132	133	236	127	109	242	129	113
阿坝藏族羌族自治州	218	107	111	207	101	106	233	123	110
甘孜藏族自治州	177	101	76	152	80	72	148	82	66
凉山彝族自治州	984	533	451	955	507	448	994	554	440

1-10b　续表 4　　　　单位：人

地　区	2020年8月			2020年9月			2020年10月		
	小计	男	女	小计	男	女	小计	男	女
全省	**9522**	**4950**	**4572**	**8451**	**4328**	**4123**	**7142**	**3731**	**3411**
成都市	753	383	370	772	393	379	640	325	315
自贡市	307	153	154	265	150	115	229	127	102
攀枝花市	93	50	43	125	59	66	81	37	44
泸州市	584	298	286	581	302	279	500	258	242
德阳市	341	175	166	288	151	137	288	137	151
绵阳市	428	230	198	417	187	230	367	196	171
广元市	339	170	169	294	153	141	338	173	165
遂宁市	151	77	74	142	74	68	136	63	73
内江市	416	224	192	325	173	152	234	124	110
乐山市	477	239	238	448	224	224	344	183	161
南充市	667	354	313	457	240	217	417	231	186
眉山市	472	258	214	376	172	204	374	190	184
宜宾市	855	407	448	829	436	393	627	337	290
广安市	427	246	181	393	216	177	346	178	168
达州市	651	341	310	446	220	226	299	150	149
雅安市	312	159	153	300	158	142	263	142	121
巴中市	458	235	223	451	239	212	403	215	188
资阳市	258	144	114	212	107	105	144	68	76
阿坝藏族羌族自治州	222	118	104	202	94	108	113	52	61
甘孜藏族自治州	149	79	70	188	97	91	112	53	59
凉山彝族自治州	1162	610	552	940	483	457	887	492	395

1-10c　各地区分性别、月份的出生人口 (2019.11.1-2020.10.31)(乡村)

单位：人

地　区	出生人口			2019年11月		
	合计	男	女	小计	男	女
全省	**287191**	**149532**	**137659**	**30506**	**15754**	**14752**
成都市	32830	16993	15837	3430	1794	1636
自贡市	7106	3694	3412	741	380	361
攀枝花市	4063	2097	1966	406	204	202
泸州市	14880	7853	7027	1650	829	821
德阳市	9520	4891	4629	948	482	466
绵阳市	16908	8768	8140	1833	959	874
广元市	8915	4616	4299	908	492	416
遂宁市	7847	4138	3709	796	444	352
内江市	10155	5208	4947	1050	527	523
乐山市	11458	5959	5499	1110	575	535
南充市	20745	10872	9873	2317	1196	1121
眉山市	12172	6154	6018	1123	524	599
宜宾市	18832	9797	9035	1893	973	920
广安市	13904	7354	6550	1545	828	717
达州市	17663	9175	8488	1967	1005	962
雅安市	5599	2872	2727	576	264	312
巴中市	9907	5125	4782	1096	576	520
资阳市	7133	3697	3436	713	342	371
阿坝藏族羌族自治州	4616	2384	2232	477	235	242
甘孜藏族自治州	8156	4161	3995	754	390	364
凉山彝族自治州	44782	23724	21058	5173	2735	2438

1-10c 续表 1

单位：人

地 区	2019年12月			2020年1月		
	小计	男	女	小计	男	女
全省	**26794**	**13914**	**12880**	**25315**	**13098**	**12217**
成都市	3067	1566	1501	2907	1492	1415
自贡市	667	344	323	669	339	330
攀枝花市	374	180	194	389	195	194
泸州市	1378	723	655	1359	709	650
德阳市	890	460	430	796	420	376
绵阳市	1546	805	741	1459	731	728
广元市	811	384	427	772	399	373
遂宁市	754	409	345	702	365	337
内江市	886	481	405	850	442	408
乐山市	1037	522	515	992	522	470
南充市	1979	1013	966	1906	976	930
眉山市	1052	541	511	1034	568	466
宜宾市	1758	901	857	1598	822	776
广安市	1338	732	606	1296	685	611
达州市	1688	882	806	1564	811	753
雅安市	515	275	240	467	238	229
巴中市	1010	526	484	902	443	459
资阳市	621	340	281	673	345	328
阿坝藏族羌族自治州	400	215	185	424	220	204
甘孜藏族自治州	746	382	364	698	351	347
凉山彝族自治州	4277	2233	2044	3858	2025	1833

1-10c 续表 2

单位：人

地 区	2020年2月			2020年3月			2020年4月		
	小计	男	女	小计	男	女	小计	男	女
全省	**22925**	**11931**	**10994**	**23960**	**12505**	**11455**	**23174**	**12064**	**11110**
成都市	2650	1368	1282	2656	1399	1257	2611	1344	1267
自贡市	565	282	283	587	310	277	581	287	294
攀枝花市	315	156	159	320	180	140	317	157	160
泸州市	1298	696	602	1243	654	589	1210	644	566
德阳市	741	379	362	797	437	360	753	397	356
绵阳市	1331	666	665	1401	720	681	1352	688	664
广元市	707	364	343	730	380	350	710	371	339
遂宁市	590	307	283	675	365	310	643	324	319
内江市	869	468	401	903	443	460	814	423	391
乐山市	921	495	426	991	510	481	881	474	407
南充市	1745	932	813	1844	966	878	1797	931	866
眉山市	940	463	477	940	479	461	895	440	455
宜宾市	1523	787	736	1582	837	745	1516	799	717
广安市	1086	575	511	1134	590	544	1106	594	512
达州市	1491	788	703	1507	755	752	1460	749	711
雅安市	417	211	206	456	232	224	394	220	174
巴中市	794	400	394	824	425	399	834	457	377
资阳市	616	337	279	649	342	307	632	325	307
阿坝藏族羌族自治州	377	195	182	424	212	212	413	204	209
甘孜藏族自治州	674	334	340	753	365	388	733	388	345
凉山彝族自治州	3275	1728	1547	3544	1904	1640	3522	1848	1674

1-10c　续表 3　　单位：人

地　区	2020年5月			2020年6月			2020年7月		
	小计	男	女	小计	男	女	小计	男	女
全省	**21504**	**11177**	**10327**	**21340**	**11209**	**10131**	**22178**	**11660**	**10518**
成都市	2425	1269	1156	2455	1282	1173	2549	1297	1252
自贡市	566	293	273	495	266	229	539	273	266
攀枝花市	316	175	141	277	146	131	313	164	149
泸州市	1085	565	520	1098	601	497	1139	637	502
德阳市	689	345	344	704	353	351	744	378	366
绵阳市	1170	634	536	1212	618	594	1302	675	627
广元市	612	304	308	605	313	292	699	365	334
遂宁市	566	284	282	592	305	287	605	322	283
内江市	769	395	374	766	376	390	798	424	374
乐山市	801	412	389	876	459	417	939	509	430
南充市	1558	806	752	1505	804	701	1570	810	760
眉山市	863	442	421	1012	510	502	957	516	441
宜宾市	1483	755	728	1472	761	711	1468	775	693
广安市	1037	542	495	1013	529	484	1054	591	463
达州市	1448	758	690	1405	727	678	1380	730	650
雅安市	413	209	204	446	237	209	493	265	228
巴中市	726	373	353	678	378	300	661	340	321
资阳市	570	317	253	545	283	262	541	263	278
阿坝藏族羌族自治州	376	200	176	397	208	189	410	208	202
甘孜藏族自治州	718	366	352	652	353	299	642	302	340
凉山彝族自治州	3313	1733	1580	3135	1700	1435	3375	1816	1559

1-10c　续表 4　　单位：人

地　区	2020年8月			2020年9月			2020年10月		
	小计	男	女	小计	男	女	小计	男	女
全省	**23781**	**12391**	**11390**	**22455**	**11773**	**10682**	**23259**	**12056**	**11203**
成都市	2708	1399	1309	2556	1336	1220	2816	1447	1369
自贡市	578	300	278	555	329	226	563	291	272
攀枝花市	385	210	175	338	173	165	313	157	156
泸州市	1147	575	572	1159	636	523	1114	584	530
德阳市	786	387	399	735	377	358	937	476	461
绵阳市	1343	700	643	1431	770	661	1528	802	726
广元市	700	341	359	706	385	321	955	518	437
遂宁市	602	311	291	637	337	300	685	365	320
内江市	815	441	374	806	398	408	829	390	439
乐山市	1047	548	499	946	490	456	917	443	474
南充市	1620	863	757	1388	740	648	1516	835	681
眉山市	1017	527	490	990	466	524	1349	678	671
宜宾市	1468	768	700	1572	837	735	1499	782	717
广安市	1100	564	536	1019	523	496	1176	601	575
达州市	1379	739	640	1243	635	608	1131	596	535
雅安市	469	240	229	478	223	255	475	258	217
巴中市	721	346	375	760	395	365	901	466	435
资阳市	526	260	266	516	266	250	531	277	254
阿坝藏族羌族自治州	356	182	174	337	186	151	225	119	106
甘孜藏族自治州	653	344	309	638	335	303	495	251	244
凉山彝族自治州	4361	2346	2015	3645	1936	1709	3304	1720	1584

1−11 各地区分性别、月份的死亡人口
(2019.11.1−2020.10.31)

单位：人

地　区	死亡人口			2019年11月		
	合计	男	女	小计	男	女
全省	**524988**	**311326**	**213662**	**39797**	**23806**	**15991**
成都市	95101	56151	38950	7705	4663	3042
自贡市	19239	11764	7475	1422	859	563
攀枝花市	7469	4427	3042	567	340	227
泸州市	28543	17227	11316	1891	1135	756
德阳市	29038	17298	11740	2299	1356	943
绵阳市	32456	19241	13215	2271	1366	905
广元市	17396	10092	7304	1271	701	570
遂宁市	17913	10694	7219	1270	750	520
内江市	24688	14888	9800	1912	1171	741
乐山市	24485	14407	10078	1956	1174	782
南充市	39138	23040	16098	3039	1803	1236
眉山市	24136	14192	9944	1940	1172	768
宜宾市	33536	19912	13624	2263	1371	892
广安市	23362	13881	9481	1731	1080	651
达州市	34312	20265	14047	2814	1640	1174
雅安市	9717	5631	4086	761	438	323
巴中市	17063	10061	7002	1161	697	464
资阳市	18998	11438	7560	1399	842	557
阿坝藏族羌族自治州	3589	2029	1560	229	134	95
甘孜藏族自治州	4222	2235	1987	289	154	135
凉山彝族自治州	20587	12453	8134	1607	960	647

1−11 续表 1

单位：人

地　区	2019年12月			2020年1月		
	小计	男	女	小计	男	女
全省	**45114**	**26589**	**18525**	**44486**	**26032**	**18454**
成都市	8719	5044	3675	9111	5319	3792
自贡市	1594	973	621	1605	971	634
攀枝花市	651	395	256	665	385	280
泸州市	2210	1338	872	2410	1450	960
德阳市	2647	1581	1066	2696	1585	1111
绵阳市	2703	1560	1143	2856	1672	1184
广元市	1487	848	639	1435	825	610
遂宁市	1457	865	592	1265	731	534
内江市	2248	1384	864	2035	1204	831
乐山市	2277	1374	903	2171	1286	885
南充市	3545	2061	1484	3037	1779	1258
眉山市	2299	1362	937	2204	1237	967
宜宾市	2729	1619	1110	2868	1662	1206
广安市	1848	1048	800	1786	1033	753
达州市	2988	1777	1211	2929	1697	1232
雅安市	819	495	324	849	495	354
巴中市	1346	781	565	1149	680	469
资阳市	1514	899	615	1453	866	587
阿坝藏族羌族自治州	267	143	124	316	195	121
甘孜藏族自治州	281	151	130	229	122	107
凉山彝族自治州	1485	891	594	1417	838	579

1-11　续表 2　　单位：人

地　　区	2020年2月			2020年3月			2020年4月		
	小计	男	女	小计	男	女	小计	男	女
全省	**46290**	**26957**	**19333**	**46440**	**27038**	**19402**	**41995**	**24909**	**17086**
成都市	8506	4948	3558	8144	4765	3379	7615	4585	3030
自贡市	1696	1035	661	1703	1016	687	1526	922	604
攀枝花市	606	368	238	647	368	279	628	368	260
泸州市	2691	1532	1159	2591	1545	1046	2291	1412	879
德阳市	2580	1545	1035	2464	1405	1059	2243	1334	909
绵阳市	2856	1673	1183	2708	1571	1137	2583	1531	1052
广元市	1465	832	633	1447	851	596	1378	768	610
遂宁市	1480	866	614	1729	1021	708	1480	873	607
内江市	2149	1231	918	2175	1295	880	2047	1250	797
乐山市	2138	1230	908	2087	1197	890	1967	1157	810
南充市	3324	1886	1438	3736	2167	1569	3120	1814	1306
眉山市	2142	1250	892	2000	1118	882	1879	1124	755
宜宾市	3194	1847	1347	2978	1764	1214	2801	1643	1158
广安市	2096	1236	860	2110	1205	905	1825	1059	766
达州市	3046	1772	1274	3257	1886	1371	2766	1621	1145
雅安市	855	470	385	852	480	372	796	485	311
巴中市	1513	888	625	1611	912	699	1402	806	596
资阳市	1750	1053	697	1713	1020	693	1452	877	575
阿坝藏族羌族自治州	265	141	124	334	183	151	307	164	143
甘孜藏族自治州	307	176	131	377	207	170	357	199	158
凉山彝族自治州	1631	978	653	1777	1062	715	1532	917	615

1-11　续表 3　　单位：人

地　　区	2020年5月			2020年6月			2020年7月		
	小计	男	女	小计	男	女	小计	男	女
全省	**46564**	**27405**	**19159**	**41958**	**25019**	**16939**	**39732**	**23950**	**15782**
成都市	7932	4596	3336	7292	4320	2972	7197	4252	2945
自贡市	1698	1042	656	1534	953	581	1475	923	552
攀枝花市	606	364	242	624	351	273	578	352	226
泸州市	2517	1529	988	2403	1457	946	2201	1324	877
德阳市	2476	1476	1000	2253	1353	900	2207	1337	870
绵阳市	2910	1714	1196	2557	1520	1037	2514	1535	979
广元市	1541	894	647	1338	798	540	1290	753	537
遂宁市	1714	1008	706	1418	878	540	1377	857	520
内江市	2221	1309	912	2039	1218	821	1835	1159	676
乐山市	2087	1186	901	1890	1097	793	1868	1111	757
南充市	3641	2116	1525	3188	1891	1297	2899	1744	1155
眉山市	2025	1203	822	1893	1116	777	1832	1118	714
宜宾市	3022	1770	1252	2750	1669	1081	2565	1531	1034
广安市	2251	1338	913	1806	1091	715	1733	1058	675
达州市	3128	1833	1295	2837	1715	1122	2499	1493	1006
雅安市	832	485	347	733	412	321	708	402	306
巴中市	1560	903	657	1382	823	559	1269	759	510
资阳市	1755	1055	700	1620	964	656	1527	953	574
阿坝藏族羌族自治州	302	177	125	272	153	119	293	159	134
甘孜藏族自治州	386	197	189	359	168	191	350	188	162
凉山彝族自治州	1960	1210	750	1770	1072	698	1515	942	573

1-11　续表 4

单位：人

地　区	2020年8月			2020年9月			2020年10月		
	小计	男	女	小计	男	女	小计	男	女
全省	**43671**	**26234**	**17437**	**41513**	**25134**	**16379**	**47428**	**28253**	**19175**
成都市	7686	4577	3109	7095	4287	2808	8099	4795	3304
自贡市	1647	1041	606	1496	916	580	1843	1113	730
攀枝花市	617	361	256	584	354	230	696	421	275
泸州市	2435	1500	935	2288	1429	859	2615	1576	1039
德阳市	2238	1360	878	2213	1372	841	2722	1594	1128
绵阳市	2720	1597	1123	2777	1727	1050	3001	1775	1226
广元市	1407	856	551	1533	905	628	1804	1061	743
遂宁市	1508	909	599	1542	933	609	1673	1003	670
内江市	2097	1297	800	1870	1155	715	2060	1215	845
乐山市	2092	1218	874	1859	1110	749	2093	1267	826
南充市	3328	2023	1305	3045	1829	1216	3236	1927	1309
眉山市	2020	1187	833	1836	1090	746	2066	1215	851
宜宾市	2648	1569	1079	2668	1618	1050	3050	1849	1201
广安市	2071	1274	797	1830	1089	741	2275	1370	905
达州市	2771	1639	1132	2555	1558	997	2722	1634	1088
雅安市	810	465	345	788	476	312	914	528	386
巴中市	1343	863	480	1469	864	605	1858	1085	773
资阳市	1568	937	631	1473	888	585	1774	1084	690
阿坝藏族羌族自治州	353	207	146	300	174	126	351	199	152
甘孜藏族自治州	421	210	211	462	241	221	404	222	182
凉山彝族自治州	1891	1144	747	1830	1119	711	2172	1320	852

1-11a　各地区分性别、月份的死亡人口
(2019.11.1-2020.10.31)(城市)

单位：人

地　区	死亡人口			2019年11月		
	合计	男	女	小计	男	女
全省	**104937**	**62253**	**42684**	**8043**	**4847**	**3196**
成都市	53337	31505	21832	4220	2537	1683
自贡市	4646	2765	1881	355	214	141
攀枝花市	3770	2343	1427	276	178	98
泸州市	2855	1686	1169	192	114	78
德阳市	5176	3072	2104	388	233	155
绵阳市	4008	2468	1540	255	160	95
广元市	1413	853	560	128	67	61
遂宁市	2904	1774	1130	196	115	81
内江市	2786	1611	1175	217	124	93
乐山市	4066	2353	1713	302	187	115
南充市	4655	2698	1957	365	209	156
眉山市	3076	1858	1218	250	168	82
宜宾市	4355	2581	1774	308	190	118
广安市	1375	827	548	106	71	35
达州市	1474	868	606	121	68	53
雅安市	1309	768	541	109	64	45
巴中市	962	587	375	66	43	23
资阳市	848	497	351	60	32	28
阿坝藏族羌族自治州	33	18	15	1	1	
甘孜藏族自治州	71	42	29	5	3	2
凉山彝族自治州	1818	1079	739	123	69	54

1-11a　续表 1

单位：人

地　区	2019年12月			2020年1月		
	小计	男	女	小计	男	女
全省	**9142**	**5418**	**3724**	**9735**	**5761**	**3974**
成都市	4719	2764	1955	5145	3033	2112
自贡市	374	233	141	390	225	165
攀枝花市	338	206	132	339	212	127
泸州市	242	142	100	246	148	98
德阳市	419	252	167	499	297	202
绵阳市	315	184	131	386	240	146
广元市	124	72	52	139	91	48
遂宁市	223	123	100	213	137	76
内江市	283	184	99	247	151	96
乐山市	353	222	131	364	198	166
南充市	424	240	184	432	236	196
眉山市	318	191	127	256	158	98
宜宾市	368	215	153	391	229	162
广安市	104	65	39	132	79	53
达州市	131	73	58	148	92	56
雅安市	114	71	43	123	64	59
巴中市	66	44	22	76	40	36
资阳市	76	44	32	65	37	28
阿坝藏族羌族自治州	3	1	2			
甘孜藏族自治州	3	1	2	4	2	2
凉山彝族自治州	145	91	54	140	92	48

1-11a　续表 2

单位：人

地　区	2020年2月			2020年3月			2020年4月		
	小计	男	女	小计	男	女	小计	男	女
全省	**9248**	**5431**	**3817**	**9234**	**5453**	**3781**	**8369**	**4984**	**3385**
成都市	4803	2780	2023	4593	2713	1880	4275	2569	1706
自贡市	415	250	165	371	227	144	345	198	147
攀枝花市	283	186	97	319	204	115	301	183	118
泸州市	257	168	89	269	152	117	243	147	96
德阳市	441	260	181	440	246	194	402	242	160
绵阳市	340	211	129	372	210	162	336	216	120
广元市	114	65	49	127	82	45	107	66	41
遂宁市	255	140	115	267	170	97	230	142	88
内江市	245	131	114	270	166	104	228	130	98
乐山市	363	203	160	353	190	163	322	180	142
南充市	422	259	163	444	257	187	383	221	162
眉山市	285	169	116	269	164	105	216	121	95
宜宾市	388	232	156	382	241	141	354	204	150
广安市	114	61	53	143	79	64	102	64	38
达州市	117	74	43	155	90	65	124	72	52
雅安市	120	70	50	104	55	49	113	70	43
巴中市	71	45	26	91	58	33	80	42	38
资阳市	78	54	24	96	52	44	72	35	37
阿坝藏族羌族自治州	3	1	2	3	1	2	2	1	1
甘孜藏族自治州	1	1		8	4	4	12	8	4
凉山彝族自治州	133	71	62	158	92	66	122	73	49

1-11a 续表 3

单位：人

地　区	2020年5月			2020年6月			2020年7月		
	小计	男	女	小计	男	女	小计	男	女
全省	**9037**	**5298**	**3739**	**8236**	**4876**	**3360**	**8095**	**4809**	**3286**
成都市	4593	2684	1909	4194	2464	1730	4180	2479	1701
自贡市	399	237	162	355	211	144	335	210	125
攀枝花市	293	179	114	351	198	153	297	183	114
泸州市	258	148	110	223	123	100	240	138	102
德阳市	449	276	173	388	241	147	396	235	161
绵阳市	366	223	143	288	177	111	291	182	109
广元市	127	77	50	91	53	38	70	43	27
遂宁市	256	145	111	246	153	93	226	149	77
内江市	234	128	106	244	135	109	192	124	68
乐山市	357	205	152	311	183	128	330	189	141
南充市	391	214	177	355	211	144	331	183	148
眉山市	250	153	97	242	143	99	257	149	108
宜宾市	381	225	156	359	208	151	330	188	142
广安市	110	66	44	91	68	23	116	61	55
达州市	122	71	51	111	68	43	123	73	50
雅安市	116	66	50	96	62	34	92	50	42
巴中市	94	61	33	78	43	35	69	38	31
资阳市	63	39	24	65	40	25	71	46	25
阿坝藏族羌族自治州	2	2		2	1	1	5	3	2
甘孜藏族自治州	5	1	4	5	4	1	5	3	2
凉山彝族自治州	171	98	73	141	90	51	139	83	56

1-11a 续表 4

单位：人

地　区	2020年8月			2020年9月			2020年10月		
	小计	男	女	小计	男	女	小计	男	女
全省	**8867**	**5252**	**3615**	**8078**	**4923**	**3155**	**8853**	**5201**	**3652**
成都市	4467	2655	1812	3866	2296	1570	4282	2531	1751
自贡市	422	245	177	436	265	171	449	250	199
攀枝花市	319	195	124	289	187	102	365	232	133
泸州市	246	142	104	218	141	77	221	123	98
德阳市	414	238	176	422	265	157	518	287	231
绵阳市	337	210	127	357	248	109	365	207	158
广元市	112	70	42	132	83	49	142	84	58
遂宁市	229	138	91	276	181	95	287	181	106
内江市	207	110	97	193	111	82	226	117	109
乐山市	381	229	152	295	170	125	335	197	138
南充市	396	249	147	367	219	148	345	200	145
眉山市	259	149	110	234	142	92	240	151	89
宜宾市	368	215	153	368	221	147	358	213	145
广安市	115	72	43	109	63	46	133	78	55
达州市	125	68	57	97	61	36	100	58	42
雅安市	118	67	51	95	60	35	109	69	40
巴中市	80	53	27	94	64	30	97	56	41
资阳市	79	46	33	53	31	22	70	41	29
阿坝藏族羌族自治州	6	4	2	2	1	1	4	2	2
甘孜藏族自治州	11	8	3	8	6	2	4	1	3
凉山彝族自治州	176	89	87	167	108	59	203	123	80

1−11b　各地区分性别、月份的死亡人口
(2019.11.1−2020.10.31)(镇)

单位：人

地　区	死亡人口			2019年11月		
	合计	男	女	小计	男	女
全省	**93622**	**56430**	**37192**	**7146**	**4350**	**2796**
成都市	11363	6771	4592	937	599	338
自贡市	3869	2403	1466	296	188	108
攀枝花市	882	501	381	66	33	33
泸州市	6032	3770	2262	430	259	171
德阳市	7104	4273	2831	549	323	226
绵阳市	3385	2127	1258	231	154	77
广元市	2634	1622	1012	196	120	76
遂宁市	2699	1618	1081	193	110	83
内江市	4438	2733	1705	353	220	133
乐山市	4968	3034	1934	400	255	145
南充市	4408	2641	1767	337	203	134
眉山市	5740	3412	2328	429	254	175
宜宾市	8897	5315	3582	634	390	244
广安市	3034	1827	1207	216	138	78
达州市	8724	5242	3482	732	427	305
雅安市	3454	1994	1460	278	172	106
巴中市	2733	1635	1098	189	105	84
资阳市	3010	1835	1175	220	140	80
阿坝藏族羌族自治州	1082	629	453	70	42	28
甘孜藏族自治州	701	399	302	55	27	28
凉山彝族自治州	4465	2649	1816	335	191	144

1−11b　续表 1

单位：人

地　区	2019年12月			2020年1月		
	小计	男	女	小计	男	女
全省	**8014**	**4759**	**3255**	**8118**	**4824**	**3294**
成都市	1068	621	447	1064	626	438
自贡市	351	205	146	330	209	121
攀枝花市	77	48	29	90	59	31
泸州市	514	326	188	539	337	202
德阳市	645	380	265	641	376	265
绵阳市	270	170	100	307	188	119
广元市	205	126	79	229	130	99
遂宁市	206	122	84	189	115	74
内江市	383	231	152	372	215	157
乐山市	482	287	195	424	264	160
南充市	413	246	167	363	224	139
眉山市	543	333	210	512	295	217
宜宾市	730	427	303	774	451	323
广安市	223	128	95	231	136	95
达州市	717	437	280	789	460	329
雅安市	296	168	128	321	176	145
巴中市	230	122	108	175	108	67
资阳市	254	135	119	251	155	96
阿坝藏族羌族自治州	65	42	23	136	84	52
甘孜藏族自治州	42	24	18	39	20	19
凉山彝族自治州	300	181	119	342	196	146

1－11b 续表 2

单位：人

地　区	2020年2月			2020年3月			2020年4月		
	小计	男	女	小计	男	女	小计	男	女
全省	**8280**	**4942**	**3338**	**8290**	**4893**	**3397**	**7517**	**4528**	**2989**
成都市	1025	587	438	932	527	405	915	546	369
自贡市	323	219	104	328	184	144	335	205	130
攀枝花市	79	37	42	84	45	39	74	42	32
泸州市	549	315	234	538	348	190	468	303	165
德阳市	626	401	225	632	356	276	535	326	209
绵阳市	290	187	103	294	170	124	270	170	100
广元市	215	132	83	215	137	78	194	112	82
遂宁市	214	136	78	280	163	117	199	117	82
内江市	393	238	155	423	252	171	369	232	137
乐山市	416	240	176	461	283	178	396	231	165
南充市	358	204	154	430	266	164	354	212	142
眉山市	544	336	208	462	270	192	470	280	190
宜宾市	833	492	341	751	460	291	731	440	291
广安市	291	186	105	295	174	121	242	134	108
达州市	776	466	310	794	476	318	741	449	292
雅安市	308	158	150	290	158	132	277	174	103
巴中市	242	153	89	233	118	115	205	120	85
资阳市	298	174	124	272	164	108	246	142	104
阿坝藏族羌族自治州	92	44	48	100	57	43	84	43	41
甘孜藏族自治州	53	30	23	66	39	27	70	46	24
凉山彝族自治州	355	207	148	410	246	164	342	204	138

1－11b 续表 3

单位：人

地　区	2020年5月			2020年6月			2020年7月		
	小计	男	女	小计	男	女	小计	男	女
全省	**8139**	**4912**	**3227**	**7266**	**4413**	**2853**	**7111**	**4329**	**2782**
成都市	893	532	361	882	531	351	861	488	373
自贡市	342	204	138	302	190	112	296	173	123
攀枝花市	81	46	35	58	32	26	69	47	22
泸州市	491	314	177	473	316	157	491	294	197
德阳市	629	374	255	568	340	228	546	357	189
绵阳市	312	198	114	243	162	81	276	177	99
广元市	235	138	97	204	128	76	183	113	70
遂宁市	291	169	122	196	124	72	224	141	83
内江市	356	234	122	341	214	127	329	208	121
乐山市	425	246	179	337	197	140	388	237	151
南充市	401	244	157	361	196	165	317	189	128
眉山市	462	273	189	501	308	193	436	268	168
宜宾市	772	453	319	671	393	278	715	450	265
广安市	297	187	110	232	148	84	230	140	90
达州市	786	462	324	684	418	266	603	364	239
雅安市	293	175	118	247	133	114	243	142	101
巴中市	243	165	78	210	131	79	206	120	86
资阳市	266	169	97	239	155	84	260	155	105
阿坝藏族羌族自治州	93	50	43	76	37	39	87	52	35
甘孜藏族自治州	62	32	30	46	25	21	49	30	19
凉山彝族自治州	409	247	162	395	235	160	302	184	118

1-11b　续表 4

单位：人

地　　区	2020年8月			2020年9月			2020年10月		
	小计	男	女	小计	男	女	小计	男	女
全省	**7733**	**4712**	**3021**	**7404**	**4506**	**2898**	**8604**	**5262**	**3342**
成都市	911	551	360	855	539	316	1020	624	396
自贡市	309	210	99	282	170	112	375	246	129
攀枝花市	63	40	23	69	38	31	72	34	38
泸州市	493	308	185	465	289	176	581	361	220
德阳市	533	328	205	555	339	216	645	373	272
绵阳市	289	173	116	297	182	115	306	196	110
广元市	246	159	87	237	154	83	275	173	102
遂宁市	237	139	98	225	138	87	245	144	101
内江市	403	247	156	338	203	135	378	239	139
乐山市	412	265	147	378	248	130	449	281	168
南充市	367	226	141	318	196	122	389	235	154
眉山市	504	280	224	414	246	168	463	269	194
宜宾市	703	409	294	730	428	302	853	522	331
广安市	231	134	97	241	148	93	305	174	131
达州市	709	421	288	706	419	287	687	443	244
雅安市	299	173	126	285	186	99	317	179	138
巴中市	232	159	73	234	136	98	334	198	136
资阳市	223	147	76	220	130	90	261	169	92
阿坝藏族羌族自治州	100	66	34	88	54	34	91	58	33
甘孜藏族自治州	77	41	36	63	32	31	79	53	26
凉山彝族自治州	392	236	156	404	231	173	479	291	188

1-11c　各地区分性别、月份的死亡人口 (2019.11.1-2020.10.31)(乡村)

单位：人

地　　区	死亡人口			2019年11月		
	合计	男	女	小计	男	女
全省	**326429**	**192643**	**133786**	**24608**	**14609**	**9999**
成都市	30401	17875	12526	2548	1527	1021
自贡市	10724	6596	4128	771	457	314
攀枝花市	2817	1583	1234	225	129	96
泸州市	19656	11771	7885	1269	762	507
德阳市	16758	9953	6805	1362	800	562
绵阳市	25063	14646	10417	1785	1052	733
广元市	13349	7617	5732	947	514	433
遂宁市	12310	7302	5008	881	525	356
内江市	17464	10544	6920	1342	827	515
乐山市	15451	9020	6431	1254	732	522
南充市	30075	17701	12374	2337	1391	946
眉山市	15320	8922	6398	1261	750	511
宜宾市	20284	12016	8268	1321	791	530
广安市	18953	11227	7726	1409	871	538
达州市	24114	14155	9959	1961	1145	816
雅安市	4954	2869	2085	374	202	172
巴中市	13368	7839	5529	906	549	357
资阳市	15140	9106	6034	1119	670	449
阿坝藏族羌族自治州	2474	1382	1092	158	91	67
甘孜藏族自治州	3450	1794	1656	229	124	105
凉山彝族自治州	14304	8725	5579	1149	700	449

1-11c　续表 1　　　　单位：人

地　　区	2019年12月			2020年1月		
	小计	男	女	小计	男	女
全省	**27958**	**16412**	**11546**	**26633**	**15447**	**11186**
成都市	2932	1659	1273	2902	1660	1242
自贡市	869	535	334	885	537	348
攀枝花市	236	141	95	236	114	122
泸州市	1454	870	584	1625	965	660
德阳市	1583	949	634	1556	912	644
绵阳市	2118	1206	912	2163	1244	919
广元市	1158	650	508	1067	604	463
遂宁市	1028	620	408	863	479	384
内江市	1582	969	613	1416	838	578
乐山市	1442	865	577	1383	824	559
南充市	2708	1575	1133	2242	1319	923
眉山市	1438	838	600	1436	784	652
宜宾市	1631	977	654	1703	982	721
广安市	1521	855	666	1423	818	605
达州市	2140	1267	873	1992	1145	847
雅安市	409	256	153	405	255	150
巴中市	1050	615	435	898	532	366
资阳市	1184	720	464	1137	674	463
阿坝藏族羌族自治州	199	100	99	180	111	69
甘孜藏族自治州	236	126	110	186	100	86
凉山彝族自治州	1040	619	421	935	550	385

1-11c　续表 2　　　　单位：人

地　　区	2020年2月			2020年3月			2020年4月		
	小计	男	女	小计	男	女	小计	男	女
全省	**28762**	**16584**	**12178**	**28916**	**16692**	**12224**	**26109**	**15397**	**10712**
成都市	2678	1581	1097	2619	1525	1094	2425	1470	955
自贡市	958	566	392	1004	605	399	846	519	327
攀枝花市	244	145	99	244	119	125	253	143	110
泸州市	1885	1049	836	1784	1045	739	1580	962	618
德阳市	1513	884	629	1392	803	589	1306	766	540
绵阳市	2226	1275	951	2042	1191	851	1977	1145	832
广元市	1136	635	501	1105	632	473	1077	590	487
遂宁市	1011	590	421	1182	688	494	1051	614	437
内江市	1511	862	649	1482	877	605	1450	888	562
乐山市	1359	787	572	1273	724	549	1249	746	503
南充市	2544	1423	1121	2862	1644	1218	2383	1381	1002
眉山市	1313	745	568	1269	684	585	1193	723	470
宜宾市	1973	1123	850	1845	1063	782	1716	999	717
广安市	1691	989	702	1672	952	720	1481	861	620
达州市	2153	1232	921	2308	1320	988	1901	1100	801
雅安市	427	242	185	458	267	191	406	241	165
巴中市	1200	690	510	1287	736	551	1117	644	473
资阳市	1374	825	549	1345	804	541	1134	700	434
阿坝藏族羌族自治州	170	96	74	231	125	106	221	120	101
甘孜藏族自治州	253	145	108	303	164	139	275	145	130
凉山彝族自治州	1143	700	443	1209	724	485	1068	640	428

1-11c 续表 3

单位：人

地 区	2020年5月			2020年6月			2020年7月		
	小计	男	女	小计	男	女	小计	男	女
全省	**29388**	**17195**	**12193**	**26456**	**15730**	**10726**	**24526**	**14812**	**9714**
成都市	2446	1380	1066	2216	1325	891	2156	1285	871
自贡市	957	601	356	877	552	325	844	540	304
攀枝花市	232	139	93	215	121	94	212	122	90
泸州市	1768	1067	701	1707	1018	689	1470	892	578
德阳市	1398	826	572	1297	772	525	1265	745	520
绵阳市	2232	1293	939	2026	1181	845	1947	1176	771
广元市	1179	679	500	1043	617	426	1037	597	440
遂宁市	1167	694	473	976	601	375	927	567	360
内江市	1631	947	684	1454	869	585	1314	827	487
乐山市	1305	735	570	1242	717	525	1150	685	465
南充市	2849	1658	1191	2472	1484	988	2251	1372	879
眉山市	1313	777	536	1150	665	485	1139	701	438
宜宾市	1869	1092	777	1720	1068	652	1520	893	627
广安市	1844	1085	759	1483	875	608	1387	857	530
达州市	2220	1300	920	2042	1229	813	1773	1056	717
雅安市	423	244	179	390	217	173	373	210	163
巴中市	1223	677	546	1094	649	445	994	601	393
资阳市	1426	847	579	1316	769	547	1196	752	444
阿坝藏族羌族自治州	207	125	82	194	115	79	201	104	97
甘孜藏族自治州	319	164	155	308	139	169	296	155	141
凉山彝族自治州	1380	865	515	1234	747	487	1074	675	399

1-11c 续表 4

单位：人

地 区	2020年8月			2020年9月			2020年10月		
	小计	男	女	小计	男	女	小计	男	女
全省	**27071**	**16270**	**10801**	**26031**	**15705**	**10326**	**29971**	**17790**	**12181**
成都市	2308	1371	937	2374	1452	922	2797	1640	1157
自贡市	916	586	330	778	481	297	1019	617	402
攀枝花市	235	126	109	226	129	97	259	155	104
泸州市	1696	1050	646	1605	999	606	1813	1092	721
德阳市	1291	794	497	1236	768	468	1559	934	625
绵阳市	2094	1214	880	2123	1297	826	2330	1372	958
广元市	1049	627	422	1164	668	496	1387	804	583
遂宁市	1042	632	410	1041	614	427	1141	678	463
内江市	1487	940	547	1339	841	498	1456	859	597
乐山市	1299	724	575	1186	692	494	1309	789	520
南充市	2565	1548	1017	2360	1414	946	2502	1492	1010
眉山市	1257	758	499	1188	702	486	1363	795	568
宜宾市	1577	945	632	1570	969	601	1839	1114	725
广安市	1725	1068	657	1480	878	602	1837	1118	719
达州市	1937	1150	787	1752	1078	674	1935	1133	802
雅安市	393	225	168	408	230	178	488	280	208
巴中市	1031	651	380	1141	664	477	1427	831	596
资阳市	1266	744	522	1200	727	473	1443	874	569
阿坝藏族羌族自治州	247	137	110	210	119	91	256	139	117
甘孜藏族自治州	333	161	172	391	203	188	321	168	153
凉山彝族自治州	1323	819	504	1259	780	479	1490	906	584

1–12　各地区家庭户的住房间数和面积

地　　区	家庭户户　数(户)	家庭户人　数(人)	平均每户住房建筑面积(平方米/户)	平均每户住房间数(间/户)	人均住房建筑面积(平方米/人)	人　　均住房间数(间/人)
全省	**29098226**	**74210524**	**111.28**	**3.25**	**43.63**	**1.27**
成都市	7076572	17844982	105.08	2.75	41.67	1.09
自贡市	896646	2264452	107.91	3.26	42.73	1.29
攀枝花市	420195	1051062	99.76	3.10	39.88	1.24
泸州市	1399450	3761844	120.55	3.54	44.85	1.32
德阳市	1279919	3108221	109.70	3.23	45.17	1.33
绵阳市	1866517	4320814	105.60	3.22	45.62	1.39
广元市	874375	2104289	115.83	3.40	48.13	1.41
遂宁市	1046405	2571652	114.85	3.27	46.73	1.33
内江市	1172531	2852192	102.68	3.44	42.21	1.41
乐山市	1136733	2911638	121.53	3.23	47.45	1.26
南充市	2158667	5081530	104.98	3.48	44.60	1.48
眉山市	1007008	2616331	136.51	3.50	52.54	1.35
宜宾市	1470268	4120094	125.77	3.49	44.88	1.24
广安市	1200497	2947653	110.78	3.33	45.12	1.35
达州市	1919493	4778787	102.16	3.04	41.03	1.22
雅安市	480069	1316688	133.37	3.93	48.63	1.43
巴中市	1000398	2497464	113.41	3.76	45.43	1.51
资阳市	912771	2116803	111.44	3.53	48.05	1.52
阿坝藏族羌族自治州	214796	666624	151.27	4.47	48.74	1.44
甘孜藏族自治州	257173	897687	137.23	3.73	39.31	1.07
凉山彝族自治州	1307743	4379717	110.56	3.67	33.01	1.10

注：本表数据为居住在普通住宅的家庭户。

1–12a　各地区家庭户的住房间数和面积(城市)

地　　区	家庭户户　数(户)	家庭户人　数(人)	平均每户住房建筑面积(平方米/户)	平均每户住房间数(间/户)	人均住房建筑面积(平方米/人)	人　　均住房间数(间/人)
全省	**10317119**	**25976480**	**93.19**	**2.58**	**37.01**	**1.02**
成都市	5176654	12843968	89.28	2.46	35.99	0.99
自贡市	269893	683957	90.93	2.52	35.88	1.00
攀枝花市	250122	557827	82.15	2.38	36.84	1.07
泸州市	334611	849114	101.37	2.73	39.95	1.08
德阳市	445707	1097515	99.26	2.63	40.31	1.07
绵阳市	624964	1452182	89.48	2.50	38.51	1.08
广元市	167883	417952	98.66	2.63	39.63	1.06
遂宁市	355562	960874	102.22	2.74	37.83	1.02
内江市	253249	656560	93.92	2.68	36.23	1.03
乐山市	337893	827693	98.57	2.71	40.24	1.11
南充市	481496	1244975	96.99	2.76	37.51	1.07
眉山市	219611	592665	109.23	2.91	40.48	1.08
宜宾市	335446	906032	93.28	2.65	34.53	0.98
广安市	152157	442226	107.92	2.99	37.13	1.03
达州市	332467	933509	95.64	2.79	34.06	0.99
雅安市	98511	249074	112.10	3.01	44.34	1.19
巴中市	147524	427515	107.62	3.01	37.14	1.04
资阳市	139392	353620	98.10	2.81	38.67	1.11
阿坝藏族羌族自治州	8346	17821	89.23	2.46	41.79	1.15
甘孜藏族自治州	14029	31373	87.68	2.74	39.21	1.23
凉山彝族自治州	171602	430028	101.11	2.92	40.35	1.17

注：本表数据为居住在普通住宅的家庭户。

1—12b　各地区家庭户的住房间数和面积(镇)

地　　区	家庭户户　数(户)	家庭户人　数(人)	平均每户住房建筑面积(平方米/户)	平均每户住房间数(间/户)	人均住房建筑面积(平方米/人)	人　　均住房间数(间/人)
全省	**5565652**	**14536800**	**110.29**	**3.16**	**42.23**	**1.21**
成都市	422588	1112238	126.61	3.19	48.11	1.21
自贡市	200795	525959	102.79	2.97	39.24	1.14
攀枝花市	55684	146801	109.20	3.36	41.42	1.27
泸州市	346248	919668	115.98	3.28	43.66	1.23
德阳市	235465	577563	112.81	3.28	45.99	1.34
绵阳市	290298	674482	103.56	2.90	44.57	1.25
广元市	221053	529860	104.96	3.03	43.79	1.27
遂宁市	179513	463271	107.12	3.04	41.51	1.18
内江市	287682	709397	97.07	2.94	39.37	1.19
乐山市	262022	680661	109.97	2.93	42.33	1.13
南充市	474889	1182784	102.50	3.08	41.15	1.24
眉山市	260051	688608	121.30	3.23	45.81	1.22
宜宾市	383386	1094822	123.22	3.34	43.15	1.17
广安市	314364	800008	104.83	2.98	41.19	1.17
达州市	522170	1336172	103.65	3.05	40.51	1.19
雅安市	155548	427809	128.92	3.81	46.88	1.38
巴中市	260382	683178	105.23	3.19	40.11	1.21
资阳市	192566	475569	98.48	2.92	39.87	1.18
阿坝藏族羌族自治州	85376	233030	127.21	3.93	46.61	1.44
甘孜藏族自治州	74991	200581	111.14	3.17	41.55	1.19
凉山彝族自治州	340581	1074339	110.12	3.55	34.91	1.12

注：本表数据为居住在普通住宅的家庭户。

1—12c　各地区家庭户的住房间数和面积(乡村)

地　　区	家庭户户　数(户)	家庭户人　数(人)	平均每户住房建筑面积(平方米/户)	平均每户住房间数(间/户)	人均住房建筑面积(平方米/人)	人　　均住房间数(间/人)
全省	**13215455**	**33697244**	**125.82**	**3.80**	**49.35**	**1.49**
成都市	1477330	3888776	154.25	3.64	58.60	1.38
自贡市	425958	1054536	121.08	3.86	48.91	1.56
攀枝花市	114389	346434	133.68	4.53	44.14	1.50
泸州市	718591	1993062	131.68	4.04	47.48	1.46
德阳市	598747	1433143	116.24	3.65	48.56	1.52
绵阳市	951255	2194150	116.81	3.80	50.64	1.65
广元市	485439	1156477	126.72	3.83	53.19	1.61
遂宁市	511330	1147507	126.36	3.72	56.30	1.66
内江市	631600	1486235	108.75	3.97	46.21	1.69
乐山市	536818	1403284	141.63	3.69	54.18	1.41
南充市	1202282	2653771	109.16	3.93	49.45	1.78
眉山市	527346	1335058	155.36	3.88	61.37	1.53
宜宾市	751436	2119240	141.57	3.94	50.20	1.40
广安市	733976	1705419	113.93	3.54	49.03	1.52
达州市	1064856	2509106	103.46	3.12	43.91	1.33
雅安市	226010	639805	145.70	4.42	51.47	1.56
巴中市	592492	1386771	118.45	4.21	50.61	1.80
资阳市	580813	1287614	118.95	3.91	53.65	1.76
阿坝藏族羌族自治州	121074	415773	172.50	4.99	50.23	1.45
甘孜藏族自治州	168153	665733	153.00	4.06	38.65	1.02
凉山彝族自治州	795560	2875350	112.79	3.89	31.21	1.08

注：本表数据为居住在普通住宅的家庭户。

第一部分　全部数据资料

第二卷　民族

2-1　全省各民族人口及比重

单位：人、%

民　族	人口数	男	女	各民族人口占总人口的比重
总　计	**83674866**	**42289718**	**41385148**	**100.00**
汉　族	77986638	39449256	38537382	93.20
蒙古族	42993	21799	21194	0.05
回　族	111280	56045	55235	0.13
藏　族	1604629	797174	807455	1.92
维吾尔族	6117	3142	2975	0.01
苗　族	182569	90571	91998	0.22
彝　族	3191470	1604454	1587016	3.81
壮　族	23631	9074	14557	0.03
布依族	16829	7464	9365	0.02
朝鲜族	3293	1793	1500	
满　族	24450	12993	11457	0.03
侗　族	9211	4217	4994	0.01
瑶　族	5007	1994	3013	0.01
白　族	13321	6243	7078	0.02
土家族	87912	44459	43453	0.11
哈尼族	4109	1224	2885	
哈萨克族	737	290	447	
傣　族	9924	4068	5856	0.01
黎　族	2740	1045	1695	
傈僳族	23477	11316	12161	0.03
佤　族	1890	438	1452	
畲　族	1242	669	573	
高山族	159	88	71	
拉祜族	1269	287	982	
水　族	1224	521	703	
东乡族	1216	760	456	
纳西族	10630	5158	5472	0.01
景颇族	521	144	377	
柯尔克孜族	103	55	48	
土　族	1191	588	603	
达斡尔族	322	159	163	
仫佬族	910	397	513	
羌　族	294664	147494	147170	0.35
布朗族	349	96	253	
撒拉族	454	260	194	
毛南族	220	86	134	
仡佬族	3972	1961	2011	
锡伯族	624	306	318	
阿昌族	123	46	77	
普米族	287	129	158	
塔吉克族	12	5	7	
怒　族	163	35	128	
乌孜别克族	11	3	8	
俄罗斯族	124	55	69	
鄂温克族	60	31	29	
德昂族	68	17	51	
保安族	81	51	30	
裕固族	61	29	32	
京　族	48	19	29	
塔塔尔族	25	19	6	
独龙族	59	21	38	
鄂伦春族	27	11	16	
赫哲族	19	13	6	
门巴族	87	38	49	
珞巴族	22	9	13	
基诺族	92	23	69	
未定族称人口	1968	961	1007	
入　籍	232	115	117	

2-1a 全省各民族人口及比重(城市)

单位：人、%

民 族	人口数	男	女	各民族人口占总人口的比重
总 计	**30431679**	**15030432**	**15401247**	**100.00**
汉 族	29743050	14696665	15046385	97.74
蒙古族	13150	6689	6461	0.04
回 族	54335	26435	27900	0.18
藏 族	155292	72911	82381	0.51
维吾尔族	4347	2229	2118	0.01
苗 族	27352	13416	13936	0.09
彝 族	265123	130312	134811	0.87
壮 族	13551	5972	7579	0.04
布依族	6725	3205	3520	0.02
朝鲜族	2778	1511	1267	0.01
满 族	20866	10967	9899	0.07
侗 族	5578	2856	2722	0.02
瑶 族	2793	1267	1526	0.01
白 族	6139	2914	3225	0.02
土家族	36235	18349	17886	0.12
哈尼族	1651	603	1048	0.01
哈萨克族	560	222	338	
傣 族	3407	1418	1989	0.01
黎 族	1660	684	976	0.01
傈僳族	2145	973	1172	0.01
佤 族	553	184	369	
畲 族	810	445	365	
高山族	46	25	21	
拉祜族	426	113	313	
水 族	621	313	308	
东乡族	708	441	267	
纳西族	1807	783	1024	0.01
景颇族	192	73	119	
柯尔克孜族	76	42	34	
土 族	844	400	444	
达斡尔族	271	133	138	
仫佬族	571	282	289	
羌 族	52834	24935	27899	0.17
布朗族	131	50	81	
撒拉族	265	146	119	
毛南族	128	62	66	
仡佬族	2257	1211	1046	0.01
锡伯族	522	243	279	
阿昌族	43	19	24	
普米族	97	48	49	
塔吉克族	10	5	5	
怒 族	22	5	17	
乌孜别克族	9	3	6	
俄罗斯族	101	42	59	
鄂温克族	50	25	25	
德昂族	22	8	14	
保安族	37	24	13	
裕固族	56	26	30	
京 族	31	14	17	
塔塔尔族	5	3	2	
独龙族	24	10	14	
鄂伦春族	24	9	15	
赫哲族	17	11	6	
门巴族	53	25	28	
珞巴族	11	4	7	
基诺族	34	13	21	
未定族称人口	1155	618	537	
入 籍	79	41	38	

2-1b　全省各民族人口及比重(镇)

单位：人、%

民　族	人口数	男	女	各民族人口占总人口的比重
总　计	**17034233**	**8388350**	**8645883**	**100.00**
汉　族	15840470	7800202	8040268	92.99
蒙古族	11209	5591	5618	0.07
回　族	28776	14719	14057	0.17
藏　族	393299	190129	203170	2.31
维吾尔族	976	517	459	0.01
苗　族	25688	12022	13666	0.15
彝　族	607688	305329	302359	3.57
壮　族	3439	1122	2317	0.02
布依族	3261	1358	1903	0.02
朝鲜族	217	134	83	
满　族	1782	1018	764	0.01
侗　族	1301	479	822	0.01
瑶　族	781	301	480	
白　族	3294	1592	1702	0.02
土家族	11154	5317	5837	0.07
哈尼族	660	207	453	
哈萨克族	116	48	68	
傣　族	1455	578	877	0.01
黎　族	413	142	271	
傈僳族	1994	848	1146	0.01
佤　族	288	71	217	
畲　族	233	113	120	
高山族	94	49	45	
拉祜族	193	48	145	
水　族	187	70	117	
东乡族	250	138	112	
纳西族	1980	964	1016	0.01
景颇族	84	21	63	
柯尔克孜族	11	5	6	
土　族	155	86	69	
达斡尔族	22	10	12	
仫佬族	142	57	85	
羌　族	91241	44443	46798	0.54
布朗族	56	17	39	
撒拉族	99	58	41	
毛南族	25	6	19	
仡佬族	581	259	322	
锡伯族	39	24	15	
阿昌族	24	9	15	
普米族	76	40	36	
塔吉克族	1		1	
怒　族	35	10	25	
乌孜别克族	1		1	
俄罗斯族	18	10	8	
鄂温克族	6	4	2	
德昂族	10		10	
保安族	31	18	13	
裕固族	1	1		
京　族	2	1	1	
塔塔尔族	1		1	
独龙族	10	4	6	
鄂伦春族				
赫哲族	1	1		
门巴族	12	4	8	
珞巴族	7	4	3	
基诺族	8	4	4	
未定族称人口	306	139	167	
入　籍	30	9	21	

2-1c 全省各民族人口及比重(乡村)

单位：人、%

民 族	人口数	男	女	各民族人口占总人口的比重
总 计	**36208954**	**18870936**	**17338018**	**100.00**
汉 族	32403118	16952389	15450729	89.49
蒙古族	18634	9519	9115	0.05
回 族	28169	14891	13278	0.08
藏 族	1056038	534134	521904	2.92
维吾尔族	794	396	398	
苗 族	129529	65133	64396	0.36
彝 族	2318659	1168813	1149846	6.40
壮 族	6641	1980	4661	0.02
布依族	6843	2901	3942	0.02
朝鲜族	298	148	150	
满 族	1802	1008	794	
侗 族	2332	882	1450	0.01
瑶 族	1433	426	1007	
白 族	3888	1737	2151	0.01
土家族	40523	20793	19730	0.11
哈尼族	1798	414	1384	
哈萨克族	61	20	41	
傣 族	5062	2072	2990	0.01
黎 族	667	219	448	
傈僳族	19338	9495	9843	0.05
佤 族	1049	183	866	
畲 族	199	111	88	
高山族	19	14	5	
拉祜族	650	126	524	
水 族	416	138	278	
东乡族	258	181	77	
纳西族	6843	3411	3432	0.02
景颇族	245	50	195	
柯尔克孜族	16	8	8	
土 族	192	102	90	
达斡尔族	29	16	13	
仫佬族	197	58	139	
羌 族	150589	78116	72473	0.42
布朗族	162	29	133	
撒拉族	90	56	34	
毛南族	67	18	49	
仡佬族	1134	491	643	
锡伯族	63	39	24	
阿昌族	56	18	38	
普米族	114	41	73	
塔吉克族	1		1	
怒 族	106	20	86	
乌孜别克族	1		1	
俄罗斯族	5	3	2	
鄂温克族	4	2	2	
德昂族	36	9	27	
保安族	13	9	4	
裕固族	4	2	2	
京 族	15	4	11	
塔塔尔族	19	16	3	
独龙族	25	7	18	
鄂伦春族	3	2	1	
赫哲族	1	1		
门巴族	22	9	13	
珞巴族	4	1	3	
基诺族	50	6	44	
未定族称人口	507	204	303	
入 籍	123	65	58	

2-2 全省各民族分年龄、性别的人口

单位：人

年龄组	合计			汉族		
	合计	男	女	小计	男	女
总 计	**83674866**	**42289718**	**41385148**	**77986638**	**39449256**	**38537382**
0–4岁	4063157	2107201	1955956	3574711	1852728	1721983
5–9岁	4604374	2387321	2217053	3988732	2071267	1917465
10–14岁	4803581	2497084	2306497	4227223	2199585	2027638
15–19岁	4319402	2255617	2063785	3823242	1998606	1824636
20–24岁	4741386	2433508	2307878	4263852	2190520	2073332
25–29岁	5390889	2767100	2623789	4976558	2556193	2420365
30–34岁	6353288	3262890	3090398	5945010	3060295	2884715
35–39岁	4528132	2307155	2220977	4144413	2119552	2024861
40–44岁	4745388	2380790	2364598	4373662	2199702	2173960
45–49岁	8008855	4023685	3985170	7634282	3840944	3793338
50–54岁	7947853	3963543	3984310	7623611	3806076	3817535
55–59岁	6004757	2993893	3010864	5792010	2891891	2900119
60–64岁	3996204	2042844	1953360	3856930	1976379	1880551
65–69岁	5309368	2611050	2698318	5169656	2545241	2624415
70–74岁	3671628	1829916	1841712	3557461	1777513	1779948
75–79岁	2548930	1239306	1309624	2463991	1202307	1261684
80–84岁	1539955	718779	821176	1495800	700566	795234
85–89岁	747805	324968	422837	731735	318871	412864
90–94岁	278725	116432	162293	273863	114790	159073
95–99岁	62635	23801	38834	61513	23441	38072
100岁及以上	8554	2835	5719	8383	2789	5594

2-2 续表 1

单位：人

年龄组	蒙古族			回族			藏族		
	小计	男	女	小计	男	女	小计	男	女
总 计	**42993**	**21799**	**21194**	**111280**	**56045**	**55235**	**1604629**	**797174**	**807455**
0–4岁	3188	1662	1526	6863	3555	3308	110451	56641	53810
5–9岁	3411	1774	1637	7047	3584	3463	135405	68993	66412
10–14岁	2841	1419	1422	5790	2981	2809	133341	67707	65634
15–19岁	3396	1707	1689	6906	3575	3331	129726	65432	64294
20–24岁	4529	2286	2243	10084	5010	5074	128997	64852	64145
25–29岁	3952	2106	1846	8634	4368	4266	122551	62081	60470
30–34岁	3963	2104	1859	9776	4996	4780	125518	63086	62432
35–39岁	3450	1803	1647	7439	3831	3608	121480	60468	61012
40–44岁	2621	1380	1241	6553	3321	3232	121016	60457	60559
45–49岁	2866	1397	1469	9014	4586	4428	121042	60405	60637
50–54岁	2609	1316	1293	8399	4339	4060	102053	50481	51572
55–59岁	1879	908	971	6432	3167	3265	67822	33473	34349
60–64岁	1290	621	669	4851	2406	2445	48014	23139	24875
65–69岁	1096	518	578	4873	2311	2562	47347	22396	24951
70–74岁	705	307	398	3487	1733	1754	38205	17108	21097
75–79岁	597	254	343	2550	1170	1380	28037	11870	16167
80–84岁	384	139	245	1510	676	834	15231	5874	9357
85–89岁	154	72	82	744	304	440	5804	1973	3831
90–94岁	51	21	30	262	108	154	1996	572	1424
95–99岁	8	3	5	61	24	37	507	142	365
100岁及以上	3	2	1	5		5	86	24	62

2-2 续表 2

单位：人

年龄组	维吾尔族			苗族			彝族		
	小计	男	女	小计	男	女	小计	男	女
总 计	**6117**	**3142**	**2975**	**182569**	**90571**	**91998**	**3191470**	**1604454**	**1587016**
0-4岁	146	69	77	12848	6479	6369	316956	166817	150139
5-9岁	240	119	121	16834	8591	8243	414430	213439	200991
10-14岁	126	57	69	17327	8752	8575	383339	199444	183895
15-19岁	767	390	377	15149	7693	7456	304249	160138	144111
20-24岁	2162	1009	1153	15907	8007	7900	263508	136216	127292
25-29岁	812	449	363	13281	6613	6668	218887	113016	105871
30-34岁	524	304	220	13132	6217	6915	203925	102298	101627
35-39岁	330	198	132	11167	5448	5719	198605	97200	101405
40-44岁	236	135	101	10816	5437	5379	192761	92528	100233
45-49岁	217	120	97	13864	7155	6709	183510	87592	95918
50-54岁	177	95	82	12274	6138	6136	160908	76469	84439
55-59岁	116	59	57	8748	4224	4524	101640	47367	54273
60-64岁	89	44	45	5291	2594	2697	62858	29269	33589
65-69岁	73	39	34	6344	2945	3399	61063	28362	32701
70-74岁	35	15	20	3915	1821	2094	54667	24849	29818
75-79岁	37	20	17	2871	1336	1535	41098	17687	23411
80-84岁	14	11	3	1676	704	972	19960	8325	11635
85-89岁	12	7	5	832	324	508	6957	2695	4262
90-94岁	2	1	1	236	78	158	1720	610	1110
95-99岁	2	1	1	46	13	33	368	118	250
100岁及以上				11	2	9	61	15	46

2-2 续表 3

单位：人

年龄组	壮族			布依族			朝鲜族		
	小计	男	女	小计	男	女	小计	男	女
总 计	**23631**	**9074**	**14557**	**16829**	**7464**	**9365**	**3293**	**1793**	**1500**
0-4岁	1592	784	808	1205	590	615	273	131	142
5-9岁	1783	876	907	1162	576	586	245	108	137
10-14岁	1308	617	691	937	477	460	136	76	60
15-19岁	1759	769	990	1442	734	708	201	100	101
20-24岁	3743	1596	2147	2672	1255	1417	356	161	195
25-29岁	2277	773	1504	1831	767	1064	362	215	147
30-34岁	3389	883	2506	1886	680	1206	440	273	167
35-39岁	3182	832	2350	1422	517	905	394	230	164
40-44岁	1851	634	1217	1093	422	671	229	146	83
45-49岁	1038	464	574	1056	445	611	155	102	53
50-54岁	579	286	293	787	374	413	116	67	49
55-59岁	384	188	196	452	207	245	106	52	54
60-64岁	259	115	144	227	98	129	102	47	55
65-69岁	171	88	83	222	112	110	95	45	50
70-74岁	114	59	55	166	79	87	35	18	17
75-79岁	92	44	48	129	59	70	19	10	9
80-84岁	75	47	28	93	42	51	17	4	13
85-89岁	26	13	13	34	20	14	10	6	4
90-94岁	8	5	3	13	10	3	1	1	
95-99岁	1	1					1	1	
100岁及以上									

2–2　续表 4

单位：人

年龄组	满族			侗族			瑶族		
	小计	男	女	小计	男	女	小计	男	女
总　计	**24450**	**12993**	**11457**	**9211**	**4217**	**4994**	**5007**	**1994**	**3013**
0–4岁	2213	1106	1107	720	380	340	428	226	202
5–9岁	1863	940	923	710	386	324	429	210	219
10–14岁	1023	507	516	461	212	249	323	154	169
15–19岁	1634	781	853	800	412	388	362	167	195
20–24岁	2969	1611	1358	1437	741	696	703	297	406
25–29岁	2152	1234	918	964	415	549	527	170	357
30–34岁	2878	1642	1236	1265	478	787	791	244	547
35–39岁	2270	1277	993	1066	376	690	669	194	475
40–44岁	1332	743	589	626	249	377	354	130	224
45–49岁	1199	661	538	450	197	253	175	83	92
50–54岁	1049	557	492	311	157	154	81	40	41
55–59岁	1133	559	574	165	69	96	61	29	32
60–64岁	1012	508	504	95	50	45	39	19	20
65–69岁	649	339	310	57	32	25	32	14	18
70–74岁	362	195	167	35	22	13	13	5	8
75–79岁	300	126	174	22	17	5	9	5	4
80–84岁	256	124	132	20	17	3	6	4	2
85–89岁	110	52	58	5	5		3	3	
90–94岁	35	24	11	2	2		2		2
95–99岁	11	7	4						
100岁及以上									

2–2　续表 5

单位：人

年龄组	白族			土家族			哈尼族		
	小计	男	女	小计	男	女	小计	男	女
总　计	**13321**	**6243**	**7078**	**87912**	**44459**	**43453**	**4109**	**1224**	**2885**
0–4岁	1016	527	489	6462	3336	3126	261	125	136
5–9岁	912	474	438	7058	3612	3446	282	144	138
10–14岁	722	371	351	6841	3633	3208	234	116	118
15–19岁	1097	544	553	6691	3479	3212	290	125	165
20–24岁	1711	857	854	9983	5048	4935	488	204	284
25–29岁	1199	592	607	7733	3792	3941	440	127	313
30–34岁	1472	645	827	7905	3607	4298	536	118	418
35–39岁	1101	435	666	6287	2929	3358	515	96	419
40–44岁	952	373	579	5207	2598	2609	424	53	371
45–49岁	991	423	568	6284	3340	2944	310	59	251
50–54岁	808	377	431	5187	2756	2431	189	30	159
55–59岁	483	216	267	3568	1735	1833	79	12	67
60–64岁	233	103	130	1883	988	895	37	7	30
65–69岁	187	83	104	2627	1377	1250	13	6	7
70–74岁	182	85	97	2026	1080	946	6		6
75–79岁	129	70	59	1213	655	558	1	1	
80–84岁	79	42	37	708	369	339	2		2
85–89岁	37	21	16	190	95	95	2	1	1
90–94岁	7	3	4	46	22	24			
95–99岁	3	2	1	13	8	5			
100岁及以上									

2–2 续表 6

单位：人

年龄组	哈萨克族			傣族			黎族		
	小计	男	女	小计	男	女	小计	男	女
总　计	**737**	**290**	**447**	**9924**	**4068**	**5856**	**2740**	**1045**	**1695**
0–4岁	9	2	7	804	375	429	142	68	74
5–9岁	2		2	740	370	370	181	90	91
10–14岁	8	4	4	664	341	323	113	52	61
15–19岁	117	54	63	754	374	380	319	137	182
20–24岁	440	168	272	954	421	533	755	302	453
25–29岁	85	32	53	830	320	510	270	97	173
30–34岁	24	11	13	997	341	656	269	73	196
35–39岁	16	5	11	781	255	526	221	59	162
40–44岁	4	1	3	711	253	458	141	34	107
45–49岁	7	3	4	827	322	505	109	43	66
50–54岁	8	3	5	665	244	421	68	24	44
55–59岁	6	2	4	414	139	275	45	14	31
60–64岁	2	1	1	208	67	141	31	21	10
65–69岁	2	1	1	224	83	141	28	15	13
70–74岁	4	2	2	149	71	78	15	4	11
75–79岁				97	51	46	14	5	9
80–84岁	3	1	2	71	31	40	11	4	7
85–89岁				29	9	20	7	3	4
90–94岁				4		4	1		1
95–99岁				1	1				
100岁及以上									

2–2 续表 7

单位：人

年龄组	傈僳族			佤族			畲族		
	小计	男	女	小计	男	女	小计	男	女
总　计	**23477**	**11316**	**12161**	**1890**	**438**	**1452**	**1242**	**669**	**573**
0–4岁	1653	818	835	66	41	25	111	58	53
5–9岁	1696	906	790	80	43	37	119	56	63
10–14岁	1736	913	823	62	19	43	70	30	40
15–19岁	1838	959	879	120	53	67	102	58	44
20–24岁	1916	993	923	169	59	110	190	96	94
25–29岁	1818	906	912	177	49	128	114	61	53
30–34岁	1940	874	1066	254	69	185	134	70	64
35–39岁	1788	767	1021	218	35	183	132	75	57
40–44岁	1843	843	1000	215	29	186	96	49	47
45–49岁	2035	947	1088	199	15	184	67	38	29
50–54岁	1721	807	914	170	11	159	47	34	13
55–59岁	1132	517	615	81	4	77	25	17	8
60–64岁	644	303	341	45	7	38	13	9	4
65–69岁	649	272	377	23	1	22	13	11	2
70–74岁	457	212	245	6	1	5	3	2	1
75–79岁	360	179	181	4	1	3	3	3	
80–84岁	165	65	100	1	1		2	1	1
85–89岁	73	30	43						
90–94岁	10	4	6						
95–99岁	3	1	2				1	1	
100岁及以上									

2-2　续表 8

单位：人

年龄组	高山族			拉祜族			水　族		
	小计	男	女	小计	男	女	小计	男	女
总　计	**159**	**88**	**71**	**1269**	**287**	**982**	**1224**	**521**	**703**
0–4岁	11	7	4	66	32	34	83	45	38
5–9岁	12	8	4	69	32	37	101	48	53
10–14岁	9	5	4	74	35	39	57	26	31
15–19岁	10	5	5	82	30	52	100	50	50
20–24岁	8	5	3	148	40	108	230	125	105
25–29岁	12	8	4	115	28	87	155	57	98
30–34岁	13	8	5	173	41	132	150	48	102
35–39岁	10	4	6	156	23	133	127	40	87
40–44岁	4	3	1	121	9	112	74	24	50
45–49岁	18	9	9	112	6	106	54	25	29
50–54岁	12	5	7	82	4	78	40	18	22
55–59岁	10	6	4	36	1	35	26	6	20
60–64岁	14	6	8	19	1	18	6		6
65–69岁	4	2	2	7	2	5	11	4	7
70–74岁	4	2	2	5	2	3	4	1	3
75–79岁	4	4		4	1	3	1	1	
80–84岁	4	1	3				5	3	2
85–89岁									
90–94岁									
95–99岁									
100岁及以上									

2-2　续表 9

单位：人

年龄组	东乡族			纳西族			景颇族		
	小计	男	女	小计	男	女	小计	男	女
总　计	**1216**	**760**	**456**	**10630**	**5158**	**5472**	**521**	**144**	**377**
0–4岁	78	38	40	718	360	358	31	14	17
5–9岁	69	39	30	753	378	375	38	11	27
10–14岁	41	28	13	747	368	379	25	13	12
15–19岁	91	65	26	900	472	428	50	24	26
20–24岁	196	126	70	1033	500	533	64	31	33
25–29岁	268	180	88	884	443	441	62	16	46
30–34岁	171	104	67	779	387	392	67	15	52
35–39岁	92	57	35	688	337	351	83	9	74
40–44岁	63	35	28	833	400	433	48	4	44
45–49岁	69	38	31	939	439	500	28	3	25
50–54岁	37	25	12	741	353	388	15	4	11
55–59岁	21	16	5	474	211	263	8		8
60–64岁	8	3	5	285	134	151	1		1
65–69岁	7	4	3	251	102	149			
70–74岁	2	1	1	285	127	158			
75–79岁	1		1	175	95	80			
80–84岁	1	1		100	39	61	1		1
85–89岁	1		1	37	11	26			
90–94岁				5	2	3			
95–99岁				3		3			
100岁及以上									

2-2 续表 10 单位：人

年龄组	柯尔克孜族			土 族			达斡尔族		
	小计	男	女	小计	男	女	小计	男	女
总 计	**103**	**55**	**48**	**1191**	**588**	**603**	**322**	**159**	**163**
0-4岁	3	2	1	93	42	51	28	16	12
5-9岁	3	2	1	71	43	28	28	14	14
10-14岁	1	1		49	23	26	20	8	12
15-19岁	19	7	12	139	59	80	23	12	11
20-24岁	49	28	21	240	113	127	57	29	28
25-29岁	12	5	7	153	71	82	32	20	12
30-34岁	7	4	3	140	60	80	40	20	20
35-39岁	4	2	2	92	56	36	31	13	18
40-44岁	1	1		54	32	22	17	6	11
45-49岁	1	1		44	27	17	9	4	5
50-54岁				38	21	17	7	5	2
55-59岁				22	9	13	9	4	5
60-64岁	2	2		22	12	10	8	3	5
65-69岁				11	7	4	8	4	4
70-74岁				14	9	5	2	1	1
75-79岁				2		2	1		1
80-84岁				4	2	2	1		1
85-89岁				2	1	1	1		1
90-94岁	1		1						
95-99岁				1	1				
100岁及以上									

2-2 续表 11 单位：人

年龄组	仫佬族			羌 族			布朗族		
	小计	男	女	小计	男	女	小计	男	女
总 计	**910**	**397**	**513**	**294664**	**147494**	**147170**	**349**	**96**	**253**
0-4岁	76	40	36	19118	9704	9414	17	9	8
5-9岁	76	36	40	19262	9864	9398	20	12	8
10-14岁	52	28	24	17475	8893	8582	18	9	9
15-19岁	83	45	38	16029	8096	7933	21	6	15
20-24岁	145	70	75	19882	9802	10080	39	20	19
25-29岁	91	43	48	22652	11397	11255	35	10	25
30-34岁	101	34	67	24574	12420	12154	50	6	44
35-39岁	126	41	85	19018	9669	9349	29	6	23
40-44岁	76	29	47	20750	10495	10255	35	2	33
45-49岁	34	11	23	27318	13547	13771	42	8	34
50-54岁	18	8	10	24706	12254	12452	25	4	21
55-59岁	14	5	9	17136	8685	8451	10	2	8
60-64岁	5	2	3	11568	5829	5739	5		5
65-69岁	2		2	13543	6599	6944	1	1	
70-74岁	1	1		9220	4576	4644	2	1	1
75-79岁	5	1	4	7135	3323	3812			
80-84岁	2	1	1	3733	1677	2056			
85-89岁	2	1	1	992	448	544			
90-94岁	1	1		456	177	279			
95-99岁				92	36	56			
100岁及以上				5	3	2			

2–2　续表 12　　　　单位：人

年龄组	撒拉族			毛南族			仡佬族		
	小计	男	女	小计	男	女	小计	男	女
总　计	**454**	**260**	**194**	**220**	**86**	**134**	**3972**	**1961**	**2011**
0–4岁	37	19	18	13	9	4	288	147	141
5–9岁	35	23	12	13	8	5	251	131	120
10–14岁	15	11	4	8	3	5	202	94	108
15–19岁	37	20	17	14	6	8	359	187	172
20–24岁	94	50	44	48	18	30	751	401	350
25–29岁	55	27	28	30	13	17	431	195	236
30–34岁	52	33	19	37	13	24	465	221	244
35–39岁	40	25	15	21	6	15	331	155	176
40–44岁	32	17	15	18	2	16	288	122	166
45–49岁	21	15	6	9	3	6	259	125	134
50–54岁	20	13	7	3	3		139	84	55
55–59岁	8	3	5	4	1	3	89	49	40
60–64岁	4	2	2	1	1		45	25	20
65–69岁	2	1	1				36	15	21
70–74岁							14	3	11
75–79岁	2	1	1				12	4	8
80–84岁							10	3	7
85–89岁				1		1	1		1
90–94岁							1		1
95–99岁									
100岁及以上									

2–2　续表 13　　　　单位：人

年龄组	锡伯族			阿昌族			普米族		
	小计	男	女	小计	男	女	小计	男	女
总　计	**624**	**306**	**318**	**123**	**46**	**77**	**287**	**129**	**158**
0–4岁	43	22	21	11	5	6	18	11	7
5–9岁	39	19	20	5	2	3	25	17	8
10–14岁	24	10	14	10	6	4	21	10	11
15–19岁	40	21	19	11	6	5	35	21	14
20–24岁	116	57	59	18	7	11	37	19	18
25–29岁	85	49	36	14	6	8	34	12	22
30–34岁	76	29	47	21	6	15	28	9	19
35–39岁	55	30	25	19	5	14	19	1	18
40–44岁	34	20	14	7	1	6	16	3	13
45–49岁	15	7	8	4	1	3	26	12	14
50–54岁	17	8	9	1		1	14	8	6
55–59岁	25	13	12				9	4	5
60–64岁	20	8	12	1	1		1		1
65–69岁	13	5	8				1	1	
70–74岁	6	2	4	1		1	2		2
75–79岁	5		5				1	1	
80–84岁	6	3	3						
85–89岁	3	2	1						
90–94岁	2	1	1						
95–99岁									
100岁及以上									

2—2 续表 14 单位：人

年龄组	塔吉克族			怒　族			乌孜别克族		
	小计	男	女	小计	男	女	小计	男	女
总　计	**12**	**5**	**7**	**163**	**35**	**128**	**11**	**3**	**8**
0—4岁				13	5	8	1		1
5—9岁				8	4	4			
10—14岁				17	7	10			
15—19岁	3	1	2	16	9	7	2	1	1
20—24岁	5	3	2	16	3	13	7	2	5
25—29岁	2	1	1	11	2	9			
30—34岁	1		1	19	3	16			
35—39岁				19	1	18			
40—44岁				13		13			
45—49岁				14	1	13			
50—54岁				8		8			
55—59岁				9		9			
60—64岁							1		1
65—69岁									
70—74岁	1		1						
75—79岁									
80—84岁									
85—89岁									
90—94岁									
95—99岁									
100岁及以上									

2—2 续表 15 单位：人

年龄组	俄罗斯族			鄂温克族			德 昂 族		
	小计	男	女	小计	男	女	小计	男	女
总　计	**124**	**55**	**69**	**60**	**31**	**29**	**68**	**17**	**51**
0—4岁	6	3	3	6	4	2	8	3	5
5—9岁	7	4	3	4	2	2	4	2	2
10—14岁	3	1	2	3	1	2	6	4	2
15—19岁	11	5	6	5	1	4	6	2	4
20—24岁	27	9	18	11	6	5	11	4	7
25—29岁	18	10	8	11	5	6	7	1	6
30—34岁	9	4	5	8	4	4	7		7
35—39岁	8	4	4	4	2	2	5	1	4
40—44岁	4	2	2	4	3	1	11		11
45—49岁	6		6				1		1
50—54岁	9	5	4	1	1		2		2
55—59岁	4	3	1	3	2	1			
60—64岁	2		2						
65—69岁	6	3	3						
70—74岁	2		2						
75—79岁	2	2							
80—84岁									
85—89岁									
90—94岁									
95—99岁									
100岁及以上									

2-2　续表 16　　单位：人

年龄组	保安族			裕固族			京族		
	小计	男	女	小计	男	女	小计	男	女
总　计	**81**	**51**	**30**	**61**	**29**	**32**	**48**	**19**	**29**
0–4岁	4	4		5	4	1	5	2	3
5–9岁	9	4	5	3		3	4	2	2
10–14岁	4	1	3	2		2	1		1
15–19岁	10	6	4	4	2	2	2	1	1
20–24岁	10	8	2	15	7	8	10	3	7
25–29岁	7	4	3	7	4	3	5		5
30–34岁	5	3	2	9	6	3	1		1
35–39岁	2	1	1	3	1	2	7	5	2
40–44岁	4	4		4	2	2	4	1	3
45–49岁	10	6	4	3	2	1	2	1	1
50–54岁	9	4	5				3		3
55–59岁	5	4	1	4		4			
60–64岁	2	2		1		1	2	2	
65–69岁									
70–74岁				1	1		1	1	
75–79岁							1	1	
80–84岁									
85–89岁									
90–94岁									
95–99岁									
100岁及以上									

2-2　续表 17　　单位：人

年龄组	塔塔尔族			独龙族			鄂伦春族		
	小计	男	女	小计	男	女	小计	男	女
总　计	**25**	**19**	**6**	**59**	**21**	**38**	**27**	**11**	**16**
0–4岁				3	3		4	1	3
5–9岁	1	1		2	1	1			
10–14岁				2		2			
15–19岁	3	3		10	5	5	1	1	
20–24岁	15	11	4	5	2	3	7	5	2
25–29岁	1	1		4		4	2	1	1
30–34岁	2	2		7	3	4	5	1	4
35–39岁	3	1	2	5		5	4	1	3
40–44岁				6	2	4	2	1	1
45–49岁				4	1	3			
50–54岁				4	1	3			
55–59岁				3	1	2	1		1
60–64岁				3	1	2	1		1
65–69岁									
70–74岁									
75–79岁									
80–84岁									
85–89岁				1	1				
90–94岁									
95–99岁									
100岁及以上									

2-2 续表 18

单位：人

年龄组	赫哲族			门巴族			珞巴族		
	小计	男	女	小计	男	女	小计	男	女
总 计	**19**	**13**	**6**	**87**	**38**	**49**	**22**	**9**	**13**
0–4岁	1	1		2	2		1	1	
5–9岁	1	1		10	6	4			
10–14岁	1	1		8	3	5	2	2	
15–19岁	2	2		9	2	7	2		2
20–24岁	4	3	1	20	14	6	13	5	8
25–29岁	2	2		5	3	2	1		1
30–34岁	1		1	9	3	6	2		2
35–39岁	4	3	1	8	1	7			
40–44岁				1		1	1	1	
45–49岁	1		1	4	1	3			
50–54岁	1		1	4		4			
55–59岁				3	1	2			
60–64岁				3	2	1			
65–69岁	1		1						
70–74岁				1		1			
75–79岁									
80–84岁									
85–89岁									
90–94岁									
95–99岁									
100岁及以上									

2-2 续表 19

单位：人

年龄组	基诺族			未定族称人口			入籍		
	小计	男	女	小计	男	女	小计	男	女
总 计	**92**	**23**	**69**	**1968**	**961**	**1007**	**232**	**115**	**117**
0–4岁	7	5	2	228	116	112	13	7	6
5–9岁	5	2	3	74	41	33	11	6	5
10–14岁	5	2	3	46	21	25	8	3	5
15–19岁	3	1	2	292	148	144	17	8	9
20–24岁	10	5	5	494	257	237	26	11	15
25–29岁	8	4	4	191	93	98	33	13	20
30–34岁	8	1	7	191	84	107	32	10	22
35–39岁	6	1	5	150	66	84	17	6	11
40–44岁	5	1	4	99	43	56	16	8	8
45–49岁	4		4	93	41	52	14	10	4
50–54岁	18		18	44	20	24	18	14	4
55–59岁	10	1	9	20	7	13	13	10	3
60–64岁	2		2	14	9	5	5	4	1
65–69岁	1		1	14	5	9	5	4	1
70–74岁				9	6	3	3	1	2
75–79岁				5	2	3	1		1
80–84岁				4	2	2			
85–89岁									
90–94岁									
95–99岁									
100岁及以上									

2–2a　全省各民族分年龄、性别的人口(城市)

单位：人

年龄组	合计			汉族		
	合计	男	女	小计	男	女
总　计	**30431679**	**15030432**	**15401247**	**29743050**	**14696665**	**15046385**
0–4岁	1501017	776858	724159	1457066	753782	703284
5–9岁	1506870	781691	725179	1458099	756531	701568
10–14岁	1290946	668051	622895	1250674	647185	603489
15–19岁	1723909	873498	850411	1632864	829372	803492
20–24岁	2248650	1099193	1149457	2137701	1047008	1090693
25–29岁	2461942	1210659	1251283	2401368	1181550	1219818
30–34岁	2991844	1482091	1509753	2929395	1452825	1476570
35–39岁	2097623	1039734	1057889	2046403	1015781	1030622
40–44岁	1929625	951515	978110	1890648	932968	957680
45–49岁	2904381	1442501	1461880	2868329	1424879	1443450
50–54岁	2670726	1306020	1364706	2641511	1292014	1349497
55–59岁	2062783	998480	1064303	2040156	987963	1052193
60–64岁	1306945	640922	666023	1291239	633217	658022
65–69岁	1444281	678705	765576	1429815	671571	758244
70–74岁	937248	447272	489976	927652	442562	485090
75–79岁	630621	301669	328952	624163	298761	325402
80–84岁	411867	191764	220103	407710	189917	217793
85–89岁	208961	94027	114934	207402	93272	114130
90–94岁	79675	36594	43081	79217	36377	42840
95–99岁	18999	8068	10931	18882	8013	10869
100岁及以上	2766	1120	1646	2756	1117	1639

2–2a　续表 1

单位：人

年龄组	蒙古族			回族			藏族		
	小计	男	女	小计	男	女	小计	男	女
总　计	**13150**	**6689**	**6461**	**54335**	**26435**	**27900**	**155292**	**72911**	**82381**
0–4岁	1060	556	504	3508	1836	1672	7607	3993	3614
5–9岁	957	488	469	3639	1830	1809	9065	4674	4391
10–14岁	539	288	251	2515	1265	1250	8515	4314	4201
15–19岁	1337	656	681	4064	2002	2062	22271	9954	12317
20–24岁	2321	1103	1218	6309	3041	3268	23274	10081	13193
25–29岁	1375	748	627	4224	2057	2167	12229	5687	6542
30–34岁	1470	774	696	5052	2494	2558	12775	5850	6925
35–39岁	1206	625	581	3993	1995	1998	11010	5054	5956
40–44岁	619	322	297	2873	1412	1461	9416	4422	4994
45–49岁	467	234	233	3582	1783	1799	9213	4438	4775
50–54岁	429	217	212	3300	1569	1731	7954	3781	4173
55–59岁	401	189	212	2909	1341	1568	6467	3153	3314
60–64岁	340	176	164	2332	1088	1244	4735	2378	2357
65–69岁	286	142	144	2213	1007	1206	4415	2244	2171
70–74岁	114	50	64	1559	750	809	2778	1385	1393
75–79岁	110	56	54	1055	452	603	1888	792	1096
80–84岁	73	34	39	709	302	407	1177	491	686
85–89岁	35	25	10	343	145	198	375	168	207
90–94岁	10	5	5	122	53	69	99	39	60
95–99岁	1	1		32	13	19	25	11	14
100岁及以上				2		2	4	2	2

2-2a 续表 2

单位：人

年龄组	维吾尔族			苗族			彝族		
	小计	男	女	小计	男	女	小计	男	女
总 计	**4347**	**2229**	**2118**	**27352**	**13416**	**13936**	**265123**	**130312**	**134811**
0-4岁	104	49	55	1770	898	872	16288	8848	7440
5-9岁	164	81	83	1571	787	784	21317	11249	10068
10-14岁	69	31	38	1124	550	574	19731	10470	9261
15-19岁	349	153	196	3449	1700	1749	44326	22487	21839
20-24岁	1690	776	914	5719	2778	2941	43526	21355	22171
25-29岁	616	347	269	3161	1504	1657	21537	10402	11135
30-34岁	392	235	157	2821	1301	1520	20415	9409	11006
35-39岁	245	161	84	2317	1135	1182	17770	7964	9806
40-44岁	174	106	68	1461	758	703	14871	6777	8094
45-49岁	154	90	64	1418	767	651	12489	5814	6675
50-54岁	116	64	52	851	453	398	10319	4856	5463
55-59岁	82	40	42	621	277	344	7059	3241	3818
60-64岁	66	32	34	291	147	144	4373	2134	2239
65-69岁	52	27	25	326	135	191	4032	2008	2024
70-74岁	24	10	14	215	100	115	3051	1488	1563
75-79岁	25	11	14	114	60	54	2118	971	1147
80-84岁	12	9	3	81	41	40	1281	548	733
85-89岁	10	5	5	31	20	11	458	217	241
90-94岁	2	1	1	8	4	4	127	62	65
95-99岁	1	1		2	1	1	32	11	21
100岁及以上				1		1	3	1	2

2-2a 续表 3

单位：人

年龄组	壮族			布依族			朝鲜族		
	小计	男	女	小计	男	女	小计	男	女
总 计	**13551**	**5972**	**7579**	**6725**	**3205**	**3520**	**2778**	**1511**	**1267**
0-4岁	856	410	446	438	210	228	228	110	118
5-9岁	864	432	432	365	178	187	198	87	111
10-14岁	590	282	308	239	129	110	115	61	54
15-19岁	1185	500	685	780	363	417	165	79	86
20-24岁	2906	1269	1637	1713	788	925	309	130	179
25-29岁	1309	547	762	849	432	417	314	193	121
30-34岁	1674	620	1054	732	334	398	381	241	140
35-39岁	1557	584	973	558	258	300	350	204	146
40-44岁	920	438	482	352	164	188	192	123	69
45-49岁	567	309	258	265	123	142	121	76	45
50-54岁	325	176	149	161	84	77	86	52	34
55-59岁	251	122	129	109	52	57	78	42	36
60-64岁	195	88	107	57	25	32	88	39	49
65-69岁	121	68	53	34	18	16	80	39	41
70-74岁	79	41	38	25	18	7	31	17	14
75-79岁	66	33	33	15	7	8	13	6	7
80-84岁	61	38	23	18	10	8	17	4	13
85-89岁	19	10	9	9	8	1	10	6	4
90-94岁	5	4	1	6	4	2	1	1	
95-99岁	1	1					1	1	
100岁及以上									

2-2a　续表 4　　单位：人

年龄组	满族			侗族			瑶族		
	小计	男	女	小计	男	女	小计	男	女
总　计	**20866**	**10967**	**9899**	**5578**	**2856**	**2722**	**2793**	**1267**	**1526**
0-4岁	1924	968	956	443	248	195	240	129	111
5-9岁	1626	821	805	390	212	178	214	107	107
10-14岁	855	431	424	230	106	124	130	63	67
15-19岁	1301	591	710	566	279	287	261	114	147
20-24岁	2491	1315	1176	1097	564	533	523	225	298
25-29岁	1855	1060	795	613	311	302	288	120	168
30-34岁	2458	1411	1047	703	338	365	405	172	233
35-39岁	1963	1101	862	544	261	283	322	124	198
40-44岁	1153	642	511	315	169	146	166	79	87
45-49岁	961	516	445	231	129	102	81	52	29
50-54岁	827	420	407	171	95	76	37	22	15
55-59岁	965	451	514	109	43	66	46	23	23
60-64岁	903	454	449	68	35	33	31	15	16
65-69岁	585	302	283	41	24	17	27	13	14
70-74岁	335	179	156	27	16	11	10	2	8
75-79岁	277	111	166	12	10	2	8	4	4
80-84岁	242	117	125	13	11	2	3	2	1
85-89岁	101	47	54	4	4		1	1	
90-94岁	35	24	11	1	1				
95-99岁	9	6	3						
100岁及以上									

2-2a　续表 5　　单位：人

年龄组	白族			土家族			哈尼族		
	小计	男	女	小计	男	女	小计	男	女
总　计	**6139**	**2914**	**3225**	**36235**	**18349**	**17886**	**1651**	**603**	**1048**
0-4岁	449	229	220	2965	1518	1447	115	56	59
5-9岁	409	216	193	2589	1269	1320	102	46	56
10-14岁	263	137	126	1685	886	799	60	30	30
15-19岁	597	275	322	2994	1471	1523	159	66	93
20-24岁	1111	519	592	6372	3132	3240	295	131	164
25-29岁	597	302	295	3868	1898	1970	222	76	146
30-34岁	661	303	358	3923	1921	2002	224	67	157
35-39岁	498	211	287	3169	1639	1530	168	56	112
40-44岁	333	142	191	1979	1060	919	117	26	91
45-49岁	383	170	213	2044	1201	843	87	26	61
50-54岁	268	140	128	1340	745	595	54	12	42
55-59岁	182	81	101	1081	479	602	23	4	19
60-64岁	97	44	53	601	300	301	14	4	10
65-69岁	73	33	40	686	323	363	7	2	5
70-74岁	99	41	58	455	236	219	1		1
75-79岁	60	37	23	250	139	111	1	1	
80-84岁	35	21	14	154	80	74	1		1
85-89岁	21	11	10	63	41	22	1		1
90-94岁	2	1	1	11	7	4			
95-99岁	1	1		6	4	2			
100岁及以上									

2-2a　续表 6　　　　单位：人

年龄组	哈萨克族			傣　族			黎　族		
	小计	男	女	小计	男	女	小计	男	女
总　计	**560**	**222**	**338**	**3407**	**1418**	**1989**	**1660**	**684**	**976**
0–4岁	4	1	3	260	119	141	83	41	42
5–9岁				243	132	111	83	42	41
10–14岁	3	2	1	217	110	107	45	23	22
15–19岁	81	35	46	377	197	180	248	105	143
20–24岁	377	145	232	521	219	302	600	243	357
25–29岁	66	26	40	328	121	207	166	64	102
30–34岁	14	5	9	404	125	279	136	50	86
35–39岁	4	3	1	283	103	180	109	42	67
40–44岁	2		2	239	93	146	60	21	39
45–49岁	3	2	1	206	94	112	51	22	29
50–54岁	2		2	139	46	93	26	8	18
55–59岁	2	1	1	68	20	48	21	6	15
60–64岁				33	10	23	10	6	4
65–69岁	1	1		37	9	28	6	4	2
70–74岁	1	1		22	7	15	6	1	5
75–79岁				12	5	7	5	3	2
80–84岁				14	7	7	3	2	1
85–89岁				3	1	2	2	1	1
90–94岁				1		1			
95–99岁									
100岁及以上									

2-2a　续表 7　　　　单位：人

年龄组	傈僳族			佤　族			畲　族		
	小计	男	女	小计	男	女	小计	男	女
总　计	**2145**	**973**	**1172**	**553**	**184**	**369**	**810**	**445**	**365**
0–4岁	126	57	69	22	14	8	68	36	32
5–9岁	132	70	62	12	4	8	84	39	45
10–14岁	108	60	48	12	4	8	49	22	27
15–19岁	412	228	184	47	17	30	83	46	37
20–24岁	403	196	207	90	32	58	157	74	83
25–29岁	231	90	141	63	24	39	81	43	38
30–34岁	215	85	130	76	25	51	69	43	26
35–39岁	152	49	103	69	25	44	79	54	25
40–44岁	106	31	75	62	22	40	55	31	24
45–49岁	109	49	60	40	7	33	24	13	11
50–54岁	51	18	33	34	6	28	25	17	8
55–59岁	32	8	24	10	2	8	13	10	3
60–64岁	16	7	9	10	2	8	9	5	4
65–69岁	16	7	9	5		5	9	8	1
70–74岁	25	12	13				3	2	1
75–79岁	6	4	2	1		1	1	1	
80–84岁	2		2						
85–89岁	2	2							
90–94岁	1		1						
95–99岁							1	1	
100岁及以上									

2–2a　续表 8　　　　单位：人

年龄组	高山族			拉祜族			水族		
	小计	男	女	小计	男	女	小计	男	女
总　计	**46**	**25**	**21**	**426**	**113**	**313**	**621**	**313**	**308**
0–4岁	3	2	1	18	8	10	35	19	16
5–9岁	1	1		22	9	13	42	25	17
10–14岁	2	1	1	15	8	7	31	16	15
15–19岁	5	1	4	45	16	29	64	31	33
20–24岁	4	2	2	69	16	53	162	86	76
25–29岁	5	4	1	46	12	34	63	32	31
30–34岁	4	3	1	72	20	52	71	32	39
35–39岁	4	2	2	47	12	35	53	24	29
40–44岁	1		1	28	2	26	32	17	15
45–49岁	6	4	2	32	3	29	24	14	10
50–54岁	3	1	2	14	3	11	17	9	8
55–59岁	1	1		10	1	9	11	4	7
60–64岁	2		2	3	1	2	3		3
65–69岁	1		1	1		1	7	2	5
70–74岁	2	1	1	2	1	1	4	1	3
75–79岁	2	2		2	1	1			
80–84岁							2	1	1
85–89岁									
90–94岁									
95–99岁									
100岁及以上									

2–2a　续表 9　　　　单位：人

年龄组	东乡族			纳西族			景颇族		
	小计	男	女	小计	男	女	小计	男	女
总　计	**708**	**441**	**267**	**1807**	**783**	**1024**	**192**	**73**	**119**
0–4岁	40	21	19	116	51	65	7	5	2
5–9岁	26	16	10	98	42	56	10	6	4
10–14岁	16	14	2	98	58	40	5	3	2
15–19岁	65	49	16	263	127	136	24	12	12
20–24岁	141	89	52	308	125	183	34	16	18
25–29岁	140	84	56	181	72	109	28	9	19
30–34岁	104	65	39	164	64	100	29	8	21
35–39岁	56	35	21	92	34	58	25	7	18
40–44岁	34	20	14	102	40	62	10	2	8
45–49岁	44	22	22	117	50	67	10	3	7
50–54岁	19	13	6	82	41	41	4	2	2
55–59岁	15	10	5	47	21	26	5		5
60–64岁	1		1	31	15	16			
65–69岁	5	3	2	17	3	14			
70–74岁	1		1	53	21	32			
75–79岁				18	9	9			
80–84岁				13	6	7	1		1
85–89岁	1		1	7	4	3			
90–94岁									
95–99岁									
100岁及以上									

2-2a 续表 10

单位：人

年龄组	柯尔克孜族			土　族			达斡尔族		
	小计	男	女	小计	男	女	小计	男	女
总　计	**76**	**42**	**34**	**844**	**400**	**444**	**271**	**133**	**138**
0-4岁	1		1	60	25	35	23	13	10
5-9岁	1	1		39	21	18	20	9	11
10-14岁				30	15	15	17	8	9
15-19岁	11	4	7	104	40	64	21	10	11
20-24岁	40	23	17	197	86	111	53	27	26
25-29岁	10	4	6	110	52	58	27	18	9
30-34岁	6	4	2	91	40	51	29	15	14
35-39岁	2	2		69	39	30	25	9	16
40-44岁	1	1		33	22	11	15	6	9
45-49岁	1	1		24	14	10	7	2	5
50-54岁				25	12	13	6	4	2
55-59岁				17	7	10	8	4	4
60-64岁	2	2		18	9	9	8	3	5
65-69岁				9	7	2	7	4	3
70-74岁				12	8	4	2	1	1
75-79岁				1		1	1		1
80-84岁				4	2	2	1		1
85-89岁				1	1		1		1
90-94岁	1		1						
95-99岁									
100岁及以上									

2-2a 续表 11

单位：人

年龄组	仫佬族			羌　族			布朗族		
	小计	男	女	小计	男	女	小计	男	女
总　计	**571**	**282**	**289**	**52834**	**24935**	**27899**	**131**	**50**	**81**
0-4岁	51	26	25	4658	2380	2278	5	4	1
5-9岁	47	23	24	4193	2100	2093	4	3	1
10-14岁	24	16	8	2759	1372	1387	5	3	2
15-19岁	61	32	29	4725	2184	2541	10	3	7
20-24岁	110	50	60	6742	2886	3856	26	14	12
25-29岁	60	34	26	5329	2449	2880	19	5	14
30-34岁	66	26	40	6270	2910	3360	18	5	13
35-39岁	63	33	30	4044	1909	2135	8	3	5
40-44岁	39	20	19	2955	1443	1512	10	1	9
45-49岁	16	6	10	3025	1454	1571	14	5	9
50-54岁	11	6	5	2364	1049	1315	7	3	4
55-59岁	10	5	5	1855	822	1033	5	1	4
60-64岁	4	2	2	1290	641	649			
65-69岁	1		1	1308	681	627			
70-74岁				635	311	324			
75-79岁	4	1	3	376	184	192			
80-84岁	2	1	1	223	112	111			
85-89岁	2	1	1	54	35	19			
90-94岁				24	10	14			
95-99岁				5	3	2			
100岁及以上									

2–2a　续表 12　　　　单位：人

年龄组	撒拉族			毛南族			仡佬族		
	小计	男	女	小计	男	女	小计	男	女
总　计	**265**	**146**	**119**	**128**	**62**	**66**	**2257**	**1211**	**1046**
0–4岁	23	11	12	9	6	3	152	77	75
5–9岁	22	16	6	4	2	2	113	63	50
10–14岁	13	9	4	2	1	1	93	46	47
15–19岁	20	9	11	13	6	7	234	122	112
20–24岁	59	29	30	36	15	21	558	295	263
25–29岁	29	13	16	17	9	8	262	126	136
30–34岁	20	11	9	21	12	9	256	146	110
35–39岁	19	12	7	12	5	7	158	93	65
40–44岁	20	12	8	5		5	124	73	51
45–49岁	12	7	5	2	2		126	75	51
50–54岁	17	10	7	2	2		61	37	24
55–59岁	5	3	2	3	1	2	47	24	23
60–64岁	2	2		1	1		29	19	10
65–69岁	2	1	1				26	8	18
70–74岁							6	1	5
75–79岁	2	1	1				6	3	3
80–84岁							5	3	2
85–89岁				1		1	1		1
90–94岁									
95–99岁									
100岁及以上									

2–2a　续表 13　　　　单位：人

年龄组	锡伯族			阿昌族			普米族		
	小计	男	女	小计	男	女	小计	男	女
总　计	**522**	**243**	**279**	**43**	**19**	**24**	**97**	**48**	**49**
0–4岁	37	20	17	1	1		5	2	3
5–9岁	34	17	17				8	5	3
10–14岁	22	10	12	1	1		4	1	3
15–19岁	33	16	17	7	4	3	15	9	6
20–24岁	86	34	52	14	5	9	21	9	12
25–29岁	60	33	27	7	4	3	10	4	6
30–34岁	67	25	42	6	2	4	9	3	6
35–39岁	51	28	23	3		3	6	1	5
40–44岁	27	15	12	1		1	2	2	
45–49岁	14	6	8	1	1		9	5	4
50–54岁	16	7	9				6	6	
55–59岁	23	13	10						
60–64岁	19	7	12	1	1				
65–69岁	12	4	8						
70–74岁	6	2	4	1		1	1		1
75–79岁	4		4				1	1	
80–84岁	6	3	3						
85–89岁	3	2	1						
90–94岁	2	1	1						
95–99岁									
100岁及以上									

2-2a 续表 14

单位：人

年龄组	塔吉克族			怒 族			乌孜别克族		
	小计	男	女	小计	男	女	小计	男	女
总 计	**10**	**5**	**5**	**22**	**5**	**17**	**9**	**3**	**6**
0-4岁									
5-9岁									
10-14岁									
15-19岁	3	1	2	5	4	1	2	1	1
20-24岁	4	3	1	5	1	4	7	2	5
25-29岁	2	1	1	3		3			
30-34岁	1		1	1		1			
35-39岁				2		2			
40-44岁				2		2			
45-49岁				2		2			
50-54岁									
55-59岁				2		2			
60-64岁									
65-69岁									
70-74岁									
75-79岁									
80-84岁									
85-89岁									
90-94岁									
95-99岁									
100岁及以上									

2-2a 续表 15

单位：人

年龄组	俄罗斯族			鄂温克族			德 昂 族		
	小计	男	女	小计	男	女	小计	男	女
总 计	**101**	**42**	**59**	**50**	**25**	**25**	**22**	**8**	**14**
0-4岁	6	3	3	4	3	1	4	1	3
5-9岁	7	4	3	2	1	1			
10-14岁	3	1	2	3	1	2			
15-19岁	5	2	3	4		4	4	2	2
20-24岁	17	4	13	11	6	5	8	3	5
25-29岁	14	7	7	11	5	6	2	1	1
30-34岁	8	4	4	5	2	3			
35-39岁	8	4	4	3	2	1	1	1	
40-44岁	4	2	2	3	2	1	2		2
45-49岁	6		6				1		1
50-54岁	8	4	4	1	1				
55-59岁	3	2	1	3	2	1			
60-64岁	2		2						
65-69岁	6	3	3						
70-74岁	2		2						
75-79岁	2	2							
80-84岁									
85-89岁									
90-94岁									
95-99岁									
100岁及以上									

2–2a　续表 16　　　　单位：人

年龄组	保安族			裕固族			京　族		
	小计	男	女	小计	男	女	小计	男	女
总　计	**37**	**24**	**13**	**56**	**26**	**30**	**31**	**14**	**17**
0–4岁	4	4		5	4	1	3	1	2
5–9岁	4	2	2	3		3	3	2	1
10–14岁	2	1	1	2		2	1		1
15–19岁	8	5	3	3	1	2	2	1	1
20–24岁	7	6	1	13	7	6	7	3	4
25–29岁	2	1	1	6	3	3	3		3
30–34岁	1		1	9	6	3	1		1
35–39岁				3	1	2	6	4	2
40–44岁				4	2	2	1		1
45–49岁	3	1	2	2	1	1	1		1
50–54岁	3	1	2						
55–59岁	2	2		4		4			
60–64岁	1	1		1		1	2	2	
65–69岁									
70–74岁				1	1		1	1	
75–79岁									
80–84岁									
85–89岁									
90–94岁									
95–99岁									
100岁及以上									

2–2a　续表 17　　　　单位：人

年龄组	塔塔尔族			独龙族			鄂伦春族		
	小计	男	女	小计	男	女	小计	男	女
总　计	**5**	**3**	**2**	**24**	**10**	**14**	**24**	**9**	**15**
0–4岁				1	1		3		3
5–9岁	1	1							
10–14岁									
15–19岁	1	1		6	3	3	1	1	
20–24岁	1		1	4	1	3	7	5	2
25–29岁				2		2	1		1
30–34岁				1	1		5	1	4
35–39岁	2	1	1	1		1	3	1	2
40–44岁				3	1	2	2	1	1
45–49岁				2	1	1			
50–54岁				2	1	1			
55–59岁				2	1	1	1		1
60–64岁							1		1
65–69岁									
70–74岁									
75–79岁									
80–84岁									
85–89岁									
90–94岁									
95–99岁									
100岁及以上									

2-2a 续表 18

单位：人

年龄组	赫哲族			门巴族			珞巴族		
	小计	男	女	小计	男	女	小计	男	女
总　计	**17**	**11**	**6**	**53**	**25**	**28**	**11**	**4**	**7**
0-4岁	1	1		2	2				
5-9岁	1	1		3	2	1			
10-14岁	1	1		3	1	2	1	1	
15-19岁	2	2		6		6	1		1
20-24岁	3	2	1	15	12	3	9	3	6
25-29岁	1	1							
30-34岁	1		1	8	3	5			
35-39岁	4	3	1	5	1	4			
40-44岁				1		1			
45-49岁	1		1	2	1	1			
50-54岁	1		1	2		2			
55-59岁				3	1	2			
60-64岁				2	2				
65-69岁	1		1						
70-74岁				1		1			
75-79岁									
80-84岁									
85-89岁									
90-94岁									
95-99岁									
100岁及以上									

2-2a 续表 19

单位：人

年龄组	基诺族			未定族称人口			入籍		
	小计	男	女	小计	男	女	小计	男	女
总　计	**34**	**13**	**21**	**1155**	**618**	**537**	**79**	**41**	**38**
0-4岁	4	3	1	106	53	53	6	3	3
5-9岁	1	1		32	20	12	6	3	3
10-14岁	1	1		19	11	8	5	2	3
15-19岁	1		1	206	103	103	13	6	7
20-24岁	6	3	3	350	196	154	11	5	6
25-29岁	4	2	2	119	66	53	9	6	3
30-34岁	2		2	90	49	41	13	6	7
35-39岁	2	1	1	74	37	37	3	1	2
40-44岁	1	1		47	23	24	3	1	2
45-49岁	1		1	50	28	22	1	1	
50-54岁	5		5	20	11	9	4	2	2
55-59岁	3	1	2	11	4	7	2	2	
60-64岁	2		2	12	8	4			
65-69岁	1		1	8	2	6	2	2	
70-74岁				5	4	1	1	1	
75-79岁				2	1	1			
80-84岁				4	2	2			
85-89岁									
90-94岁									
95-99岁									
100岁及以上									

2-2b 全省各民族分年龄、性别的人口(镇)

单位：人

年龄组	合计			汉族		
	合计	男	女	小计	男	女
总 计	**17034233**	**8388350**	**8645883**	**15840470**	**7800202**	**8040268**
0-4岁	883368	457840	425528	791028	409126	381902
5-9岁	1115626	578156	537470	989690	512572	477118
10-14岁	1174490	606599	567891	1057951	546103	511848
15-19岁	1144402	589868	554534	1025889	530664	495225
20-24岁	780979	391147	389832	693291	347976	345315
25-29岁	991139	476043	515096	897774	431465	466309
30-34岁	1244433	599931	644502	1148211	554407	593804
35-39岁	924880	447602	477278	837429	406102	431327
40-44岁	1019309	488089	531220	937016	448300	488716
45-49岁	1698001	822773	875228	1618293	783898	834395
50-54岁	1627295	787546	839749	1560503	755107	805396
55-59岁	1200397	583240	617157	1156978	562305	594673
60-64岁	735270	363731	371539	707600	350568	357032
65-69岁	936885	449995	486890	909815	437178	472637
70-74岁	636155	314221	321934	615072	304353	310719
75-79岁	450089	216774	233315	434795	210232	224563
80-84岁	275947	128759	147188	267764	125387	142377
85-89岁	132596	59018	73578	129601	57847	71754
90-94岁	50195	22108	28087	49260	21789	27471
95-99岁	11387	4457	6930	11160	4385	6775
100岁及以上	1390	453	937	1350	438	912

2-2b 续表 1

单位：人

年龄组	蒙古族			回族			藏族		
	小计	男	女	小计	男	女	小计	男	女
总 计	**11209**	**5591**	**5618**	**28776**	**14719**	**14057**	**393299**	**190129**	**203170**
0-4岁	796	442	354	1715	893	822	24678	12707	11971
5-9岁	948	513	435	1838	949	889	31138	15856	15282
10-14岁	805	402	403	1631	854	777	29985	15096	14889
15-19岁	969	478	491	1678	920	758	34800	16538	18262
20-24岁	854	433	421	1905	986	919	30150	14621	15529
25-29岁	966	460	506	2308	1128	1180	34508	16398	18110
30-34岁	987	508	479	2525	1266	1259	35163	16546	18617
35-39岁	893	459	434	1954	1016	938	31499	14661	16838
40-44岁	733	382	351	1991	989	1002	30211	14526	15685
45-49岁	857	414	443	2763	1435	1328	29596	14452	15144
50-54岁	746	373	373	2531	1378	1153	24328	11900	12428
55-59岁	516	250	266	1696	885	811	16093	7974	8119
60-64岁	350	149	201	1151	587	564	11148	5387	5761
65-69岁	269	129	140	1140	547	593	10773	5186	5587
70-74岁	194	87	107	728	365	363	8253	3846	4407
75-79岁	160	58	102	629	287	342	5861	2491	3370
80-84岁	112	30	82	332	139	193	3338	1347	1991
85-89岁	36	16	20	187	73	114	1234	434	800
90-94岁	13	5	8	60	18	42	417	126	291
95-99岁	3	2	1	12	4	8	107	29	78
100岁及以上	2	1	1	2		2	19	8	11

2-2b 续表 2

单位：人

年龄组	维吾尔族			苗族			彝族		
	小计	男	女	小计	男	女	小计	男	女
总计	**976**	**517**	**459**	**25688**	**12022**	**13666**	**607688**	**305329**	**302359**
0-4岁	16	9	7	1796	934	862	53959	28899	25060
5-9岁	47	23	24	2457	1269	1188	79177	41759	37418
10-14岁	33	14	19	2293	1160	1133	73514	38782	34732
15-19岁	284	174	110	3711	1775	1936	66640	34039	32601
20-24岁	277	134	143	1877	863	1014	44658	22253	22405
25-29岁	69	36	33	1721	713	1008	43373	21282	22091
30-34岁	54	25	29	2026	805	1221	43171	21156	22015
35-39岁	42	20	22	1677	724	953	41706	20390	21316
40-44岁	31	14	17	1535	699	836	38642	18903	19739
45-49岁	31	16	15	1776	852	924	34223	16678	17545
50-54岁	26	14	12	1392	705	687	28999	13861	15138
55-59岁	20	11	9	1097	486	611	18302	8591	9711
60-64岁	10	6	4	590	273	317	10949	5086	5863
65-69岁	15	8	7	703	316	387	10372	4864	5508
70-74岁	8	3	5	413	200	213	8935	4133	4802
75-79岁	10	7	3	310	130	180	6434	2723	3711
80-84岁	1	1		179	74	105	3165	1330	1835
85-89岁	2	2		96	35	61	1123	470	653
90-94岁				26	9	17	274	104	170
95-99岁				10		10	61	22	39
100岁及以上				3		3	11	4	7

2-2b 续表 3

单位：人

年龄组	壮族			布依族			朝鲜族		
	小计	男	女	小计	男	女	小计	男	女
总计	**3439**	**1122**	**2317**	**3261**	**1358**	**1903**	**217**	**134**	**83**
0-4岁	234	120	114	283	146	137	13	6	7
5-9岁	337	168	169	290	132	158	19	11	8
10-14岁	239	116	123	253	123	130	8	6	2
15-19岁	281	138	143	275	149	126	19	17	2
20-24岁	349	149	200	328	149	179	23	14	9
25-29岁	343	66	277	311	95	216	15	8	7
30-34岁	530	74	456	363	105	258	29	13	16
35-39岁	504	84	420	298	85	213	23	17	6
40-44岁	277	67	210	194	77	117	20	12	8
45-49岁	141	45	96	244	105	139	13	10	3
50-54岁	79	39	40	170	80	90	10	6	4
55-59岁	47	25	22	88	41	47	12	6	6
60-64岁	22	8	14	37	19	18	4	3	1
65-69岁	19	7	12	45	22	23	6	2	4
70-74岁	19	9	10	32	12	20	1	1	
75-79岁	7	2	5	28	12	16	2	2	
80-84岁	6	2	4	17	5	12			
85-89岁	4	2	2	5	1	4			
90-94岁	1	1							
95-99岁									
100岁及以上									

2-2b 续表 4

单位：人

年龄组	满族			侗族			瑶族		
	小计	男	女	小计	男	女	小计	男	女
总　计	**1782**	**1018**	**764**	**1301**	**479**	**822**	**781**	**301**	**480**
0–4岁	133	68	65	80	33	47	63	39	24
5–9岁	120	60	60	121	60	61	72	34	38
10–14岁	90	42	48	82	35	47	73	34	39
15–19岁	229	138	91	112	65	47	45	25	20
20–24岁	279	184	95	129	58	71	74	33	41
25–29岁	122	72	50	122	34	88	90	25	65
30–34岁	190	105	85	203	47	156	129	26	103
35–39岁	144	88	56	182	42	140	119	31	88
40–44岁	72	36	36	108	31	77	58	20	38
45–49岁	112	69	43	52	15	37	25	13	12
50–54岁	94	52	42	52	27	25	16	9	7
55–59岁	83	45	38	29	14	15	5	3	2
60–64岁	47	21	26	9	6	3	5	3	2
65–69岁	25	12	13	8	3	5	1		1
70–74岁	14	8	6	3	2	1	3	3	
75–79岁	12	8	4	4	3	1	1	1	
80–84岁	9	6	3	3	2	1			
85–89岁	6	3	3	1	1		2	2	
90–94岁				1	1				
95–99岁	1	1							
100岁及以上									

2-2b 续表 5

单位：人

年龄组	白族			土家族			哈尼族		
	小计	男	女	小计	男	女	小计	男	女
总　计	**3294**	**1592**	**1702**	**11154**	**5317**	**5837**	**660**	**207**	**453**
0–4岁	301	167	134	830	432	398	41	21	20
5–9岁	252	129	123	1037	531	506	57	38	19
10–14岁	178	87	91	989	519	470	49	28	21
15–19岁	293	148	145	1393	742	651	60	22	38
20–24岁	258	145	113	936	432	504	62	23	39
25–29岁	298	134	164	910	372	538	75	20	55
30–34岁	418	191	227	1118	413	705	100	18	82
35–39岁	274	119	155	858	325	533	81	11	70
40–44岁	296	131	165	710	323	387	65	7	58
45–49岁	276	131	145	748	403	345	43	10	33
50–54岁	198	94	104	552	287	265	15	5	10
55–59岁	113	56	57	373	183	190	6	2	4
60–64岁	51	20	31	155	79	76	4		4
65–69岁	33	16	17	230	112	118	2	2	
70–74岁	20	8	12	141	72	69			
75–79岁	16	9	7	99	56	43			
80–84岁	13	4	9	57	27	30			
85–89岁	4	3	1	13	6	7			
90–94岁	1		1	4	2	2			
95–99岁	1		1	1	1				
100岁及以上									

2-2b 续表 6

单位：人

年龄组	哈萨克族			傣族			黎族		
	小计	男	女	小计	男	女	小计	男	女
总计	**116**	**48**	**68**	**1455**	**578**	**877**	**413**	**142**	**271**
0-4岁	3	1	2	131	57	74	21	7	14
5-9岁	1		1	126	64	62	33	15	18
10-14岁	3	1	2	93	46	47	31	15	16
15-19岁	27	14	13	168	65	103	42	18	24
20-24岁	50	17	33	118	47	71	67	22	45
25-29岁	10	3	7	123	54	69	43	17	26
30-34岁	6	4	2	143	41	102	44	7	37
35-39岁	5	2	3	110	38	72	43	6	37
40-44岁				98	30	68	19	4	15
45-49岁	2	1	1	125	43	82	19	8	11
50-54岁	3	2	1	71	29	42	17	10	7
55-59岁	2	1	1	61	24	37	10	3	7
60-64岁	1	1		29	8	21	7	4	3
65-69岁	1		1	19	7	12	7	3	4
70-74岁				18	9	9	4	2	2
75-79岁				12	9	3	3		3
80-84岁	2	1	1	7	5	2	2	1	1
85-89岁				2	2		1		1
90-94岁				1		1			
95-99岁									
100岁及以上									

2-2b 续表 7

单位：人

年龄组	傈僳族			佤族			畲族		
	小计	男	女	小计	男	女	小计	男	女
总计	**1994**	**848**	**1146**	**288**	**71**	**217**	**233**	**113**	**120**
0-4岁	162	86	76	9	6	3	28	15	13
5-9岁	181	83	98	17	11	6	21	9	12
10-14岁	146	75	71	10	4	6	10	5	5
15-19岁	371	173	198	29	10	19	10	5	5
20-24岁	138	59	79	24	11	13	15	7	8
25-29岁	171	61	110	23	4	19	16	6	10
30-34岁	196	70	126	41	14	27	34	17	17
35-39岁	160	55	105	29	2	27	31	12	19
40-44岁	107	47	60	32	2	30	25	11	14
45-49岁	113	39	74	34	4	30	25	15	10
50-54岁	89	34	55	19	1	18	9	7	2
55-59岁	54	20	34	12		12	7	2	5
60-64岁	31	13	18	5	2	3	1	1	
65-69岁	37	14	23	3		3	1	1	
70-74岁	16	8	8	1		1			
75-79岁	11	7	4						
80-84岁	9	3	6						
85-89岁	2	1	1						
90-94岁									
95-99岁									
100岁及以上									

2−2b　续表 8

单位：人

年龄组	高山族			拉祜族			水族		
	小计	男	女	小计	男	女	小计	男	女
总　计	**94**	**49**	**45**	**193**	**48**	**145**	**187**	**70**	**117**
0−4岁	7	4	3	13	9	4	15	8	7
5−9岁	9	5	4	13	8	5	22	9	13
10−14岁	6	3	3	11	5	6	7	3	4
15−19岁	4	3	1	12	4	8	16	8	8
20−24岁	3	2	1	32	10	22	18	13	5
25−29岁	5	3	2	13	2	11	28	8	20
30−34岁	8	4	4	25	7	18	29	8	21
35−39岁	6	2	4	22	2	20	23	5	18
40−44岁	3	3		19		19	8		8
45−49岁	10	4	6	11		11	11	5	6
50−54岁	7	3	4	14	1	13	6	2	4
55−59岁	7	4	3	6		6	3	1	2
60−64岁	12	6	6	2		2			
65−69岁	3	2	1						
70−74岁	1	1							
75−79岁									
80−84岁	3		3				1		1
85−89岁									
90−94岁									
95−99岁									
100岁及以上									

2−2b　续表 9

单位：人

年龄组	东乡族			纳西族			景颇族		
	小计	男	女	小计	男	女	小计	男	女
总　计	**250**	**138**	**112**	**1980**	**964**	**1016**	**84**	**21**	**63**
0−4岁	23	11	12	157	73	84	5	3	2
5−9岁	27	13	14	139	68	71	7	2	5
10−14岁	16	9	7	85	48	37	5	4	1
15−19岁	15	10	5	166	86	80	10	3	7
20−24岁	30	19	11	162	78	84	14	5	9
25−29岁	29	15	14	174	91	83	9		9
30−34岁	26	10	16	165	82	83	11	2	9
35−39岁	20	14	6	156	74	82	14		14
40−44岁	23	12	11	172	93	79	5	1	4
45−49岁	20	12	8	169	71	98	3		3
50−54岁	11	7	4	133	65	68	1	1	
55−59岁	3	3		96	45	51			
60−64岁	4	2	2	59	30	29			
65−69岁	2	1	1	47	20	27			
70−74岁				47	23	24			
75−79岁	1		1	26	8	18			
80−84岁				19	7	12			
85−89岁				7	2	5			
90−94岁									
95−99岁				1		1			
100岁及以上									

2–2b 续表 10

单位：人

年龄组	柯尔克孜族			土 族			达斡尔族		
	小计	男	女	小计	男	女	小计	男	女
总 计	**11**	**5**	**6**	**155**	**86**	**69**	**22**	**10**	**12**
0–4岁				14	8	6	3	2	1
5–9岁	1		1	13	8	5	5	4	1
10–14岁	1	1		11	6	5	1		1
15–19岁	2		2	16	10	6			
20–24岁	6	4	2	29	18	11	2		2
25–29岁				19	8	11			
30–34岁	1		1	22	9	13	5	2	3
35–39岁				7	7		3	1	2
40–44岁				5	2	3	1		1
45–49岁				7	3	4	1	1	
50–54岁				5	4	1			
55–59岁				2	1	1			
60–64岁				2	2				
65–69岁				1		1	1		1
70–74岁									
75–79岁				1		1			
80–84岁									
85–89岁				1		1			
90–94岁									
95–99岁									
100岁及以上									

2–2b 续表 11

单位：人

年龄组	仫 佬 族			羌 族			布 朗 族		
	小计	男	女	小计	男	女	小计	男	女
总 计	**142**	**57**	**85**	**91241**	**44443**	**46798**	**56**	**17**	**39**
0–4岁	11	6	5	6684	3441	3243	7	5	2
5–9岁	19	10	9	7286	3682	3604	8	4	4
10–14岁	9	5	4	5785	2933	2852	2	1	1
15–19岁	9	5	4	6660	3334	3326	6	1	5
20–24岁	17	11	6	4594	2267	2327	5	1	4
25–29岁	13	2	11	7347	3418	3929	7	2	5
30–34岁	11	2	9	8277	3885	4392	5		5
35–39岁	27	5	22	6415	3158	3257	3	1	2
40–44岁	11	3	8	6717	3329	3388	6		6
45–49岁	9	5	4	8155	3971	4184	5	1	4
50–54岁	4	2	2	7153	3417	3736			
55–59岁	1		1	4652	2248	2404			
60–64岁				2978	1446	1532			
65–69岁				3301	1538	1763	1	1	
70–74岁				2227	1074	1153	1		1
75–79岁				1665	729	936			
80–84岁				907	388	519			
85–89岁				269	118	151			
90–94岁	1	1		136	52	84			
95–99岁				30	13	17			
100岁及以上				3	2	1			

2-2b　续表 12　　　　单位：人

年龄组	撒拉族			毛南族			仡佬族		
	小计	男	女	小计	男	女	小计	男	女
总　计	**99**	**58**	**41**	**25**	**6**	**19**	**581**	**259**	**322**
0-4岁	8	3	5	2	1	1	36	14	22
5-9岁	8	3	5	3	1	2	49	28	21
10-14岁	1	1		3	1	2	42	17	25
15-19岁	9	6	3	1		1	60	29	31
20-24岁	16	9	7	4	1	3	72	39	33
25-29岁	18	9	9	3		3	46	18	28
30-34岁	14	10	4	4	1	3	75	26	49
35-39岁	13	9	4	4	1	3	56	22	34
40-44岁	5	3	2				49	18	31
45-49岁	3	3					55	25	30
50-54岁	2	2					24	15	9
55-59岁	1		1	1		1	8	6	2
60-64岁	1		1				4		4
65-69岁							1	1	
70-74岁							2	1	1
75-79岁							1		1
80-84岁							1		1
85-89岁									
90-94岁									
95-99岁									
100岁及以上									

2-2b　续表 13　　　　单位：人

年龄组	锡伯族			阿昌族			普米族		
	小计	男	女	小计	男	女	小计	男	女
总　计	**39**	**24**	**15**	**24**	**9**	**15**	**76**	**40**	**36**
0-4岁	1		1	4	2	2	4	3	1
5-9岁	3	1	2				8	7	1
10-14岁	2		2	4	2	2	10	5	5
15-19岁	2	1	1	2	1	1	11	7	4
20-24岁	16	13	3	2	1	1	7	4	3
25-29岁				1		1	6	3	3
30-34岁	3	1	2	4	1	3	9	3	6
35-39岁	2	2		4	2	2	5		5
40-44岁	6	4	2	1		1	5		5
45-49岁	1	1		2		2	6	4	2
50-54岁							1	1	
55-59岁	1		1				3	2	1
60-64岁									
65-69岁	1	1					1	1	
70-74岁									
75-79岁	1		1						
80-84岁									
85-89岁									
90-94岁									
95-99岁									
100岁及以上									

2-2b 续表 14　　单位：人

年龄组	塔吉克族			怒　族			乌孜别克族		
	小计	男	女	小计	男	女	小计	男	女
总　计	**1**		**1**	**35**	**10**	**25**	**1**		**1**
0-4岁				4	2	2	1		1
5-9岁				2	2				
10-14岁				4	3	1			
15-19岁				7	3	4			
20-24岁	1		1						
25-29岁									
30-34岁				6		6			
35-39岁				7		7			
40-44岁				3		3			
45-49岁									
50-54岁				1		1			
55-59岁				1		1			
60-64岁									
65-69岁									
70-74岁									
75-79岁									
80-84岁									
85-89岁									
90-94岁									
95-99岁									
100岁及以上									

2-2b 续表 15　　单位：人

年龄组	俄罗斯族			鄂温克族			德 昂 族		
	小计	男	女	小计	男	女	小计	男	女
总　计	**18**	**10**	**8**	**6**	**4**	**2**	**10**		**10**
0-4岁				1	1				
5-9岁				2	1	1			
10-14岁							2		2
15-19岁	3	2	1	1	1		1		1
20-24岁	10	5	5						
25-29岁	2	1	1						
30-34岁	1		1	1	1		2		2
35-39岁				1		1	2		2
40-44岁							3		3
45-49岁									
50-54岁	1	1							
55-59岁	1	1							
60-64岁									
65-69岁									
70-74岁									
75-79岁									
80-84岁									
85-89岁									
90-94岁									
95-99岁									
100岁及以上									

2-2b 续表 16

单位：人

年龄组	保安族			裕固族			京族		
	小计	男	女	小计	男	女	小计	男	女
总　计	**31**	**18**	**13**	**1**	**1**		**2**	**1**	**1**
0–4岁									
5–9岁	4	2	2						
10–14岁	2		2						
15–19岁	2	1	1						
20–24岁	2	1	1						
25–29岁	4	2	2						
30–34岁	2	2							
35–39岁	1		1						
40–44岁	4	4					1		1
45–49岁	2	2		1	1		1	1	
50–54岁	5	2	3						
55–59岁	2	1	1						
60–64岁	1	1							
65–69岁									
70–74岁									
75–79岁									
80–84岁									
85–89岁									
90–94岁									
95–99岁									
100岁及以上									

2-2b 续表 17

单位：人

年龄组	塔塔尔族			独龙族			鄂伦春族		
	小计	男	女	小计	男	女	小计	男	女
总　计	**1**		**1**	**10**	**4**	**6**			
0–4岁				1	1				
5–9岁				1		1			
10–14岁				1		1			
15–19岁				3	2	1			
20–24岁	1		1						
25–29岁				1		1			
30–34岁				2	1	1			
35–39岁									
40–44岁									
45–49岁									
50–54岁									
55–59岁				1		1			
60–64岁									
65–69岁									
70–74岁									
75–79岁									
80–84岁									
85–89岁									
90–94岁									
95–99岁									
100岁及以上									

2-2b 续表 18

单位：人

年龄组	赫哲族			门巴族			珞巴族		
	小计	男	女	小计	男	女	小计	男	女
总　计	**1**	**1**		**12**	**4**	**8**	**7**	**4**	**3**
0-4岁							1	1	
5-9岁				2	1	1			
10-14岁				2		2	1	1	
15-19岁				3	2	1	1		1
20-24岁	1	1		3	1	2	1	1	
25-29岁				1		1	1		1
30-34岁							1		1
35-39岁				1		1			
40-44岁							1	1	
45-49岁									
50-54岁									
55-59岁									
60-64岁									
65-69岁									
70-74岁									
75-79岁									
80-84岁									
85-89岁									
90-94岁									
95-99岁									
100岁及以上									

2-2b 续表 19

单位：人

年龄组	基诺族			未定族称人口			入籍		
	小计	男	女	小计	男	女	小计	男	女
总　计	**8**	**4**	**4**	**306**	**139**	**167**	**30**	**9**	**21**
0-4岁	2	1	1	42	25	17	2	2	
5-9岁				14	10	4	2	1	1
10-14岁				11	4	7			
15-19岁	1	1		51	29	22	3	2	1
20-24岁				64	25	39	5	2	3
25-29岁	1	1		15	6	9	5	1	4
30-34岁	1	1		36	15	21	6		6
35-39岁	1		1	22	8	14	4		4
40-44岁	1		1	19	5	14	1		1
45-49岁				16	6	10	2	1	1
50-54岁				8	3	5			
55-59岁	1		1	3	1	2			
60-64岁				1		1			
65-69岁				2	1	1			
70-74岁				2	1	1			
75-79岁									
80-84岁									
85-89岁									
90-94岁									
95-99岁									
100岁及以上									

2-2c　全省各民族分年龄、性别的人口(乡村)

单位：人

年龄组	合计			汉族		
	合计	男	女	小计	男	女
总　计	**36208954**	**18870936**	**17338018**	**32403118**	**16952389**	**15450729**
0-4岁	1678772	872503	806269	1326617	689820	636797
5-9岁	1981878	1027474	954404	1540943	802164	738779
10-14岁	2338145	1222434	1115711	1918598	1006297	912301
15-19岁	1451091	792251	658840	1164489	638570	525919
20-24岁	1711757	943168	768589	1432860	795536	637324
25-29岁	1937808	1080398	857410	1677416	943178	734238
30-34岁	2117011	1180868	936143	1867404	1053063	814341
35-39岁	1505629	819819	685810	1260581	697669	562912
40-44岁	1796454	941186	855268	1545998	818434	727564
45-49岁	3406473	1758411	1648062	3147660	1632167	1515493
50-54岁	3649832	1869977	1779855	3421597	1758955	1662642
55-59岁	2741577	1412173	1329404	2594876	1341623	1253253
60-64岁	1953989	1038191	915798	1858091	992594	865497
65-69岁	2928202	1482350	1445852	2830026	1436492	1393534
70-74岁	2098225	1068423	1029802	2014737	1030598	984139
75-79岁	1468220	720863	747357	1405033	693314	711719
80-84岁	852141	398256	453885	820326	385262	435064
85-89岁	406248	171923	234325	394732	167752	226980
90-94岁	148855	57730	91125	145386	56624	88762
95-99岁	32249	11276	20973	31471	11043	20428
100岁及以上	4398	1262	3136	4277	1234	3043

2-2c　续表 1

单位：人

年龄组	蒙古族			回族			藏族		
	小计	男	女	小计	男	女	小计	男	女
总　计	**18634**	**9519**	**9115**	**28169**	**14891**	**13278**	**1056038**	**534134**	**521904**
0-4岁	1332	664	668	1640	826	814	78166	39941	38225
5-9岁	1506	773	733	1570	805	765	95202	48463	46739
10-14岁	1497	729	768	1644	862	782	94841	48297	46544
15-19岁	1090	573	517	1164	653	511	72655	38940	33715
20-24岁	1354	750	604	1870	983	887	75573	40150	35423
25-29岁	1611	898	713	2102	1183	919	75814	39996	35818
30-34岁	1506	822	684	2199	1236	963	77580	40690	36890
35-39岁	1351	719	632	1492	820	672	78971	40753	38218
40-44岁	1269	676	593	1689	920	769	81389	41509	39880
45-49岁	1542	749	793	2669	1368	1301	82233	41515	40718
50-54岁	1434	726	708	2568	1392	1176	69771	34800	34971
55-59岁	962	469	493	1827	941	886	45262	22346	22916
60-64岁	600	296	304	1368	731	637	32131	15374	16757
65-69岁	541	247	294	1520	757	763	32159	14966	17193
70-74岁	397	170	227	1200	618	582	27174	11877	15297
75-79岁	327	140	187	866	431	435	20288	8587	11701
80-84岁	199	75	124	469	235	234	10716	4036	6680
85-89岁	83	31	52	214	86	128	4195	1371	2824
90-94岁	28	11	17	80	37	43	1480	407	1073
95-99岁	4		4	17	7	10	375	102	273
100岁及以上	1	1		1		1	63	14	49

2-2c 续表 2

单位：人

年龄组	维吾尔族			苗族			彝族		
	小计	男	女	小计	男	女	小计	男	女
总 计	**794**	**396**	**398**	**129529**	**65133**	**64396**	**2318659**	**1168813**	**1149846**
0-4岁	26	11	15	9282	4647	4635	246709	129070	117639
5-9岁	29	15	14	12806	6535	6271	313936	160431	153505
10-14岁	24	12	12	13910	7042	6868	290094	150192	139902
15-19岁	134	63	71	7989	4218	3771	193283	103612	89671
20-24岁	195	99	96	8311	4366	3945	175324	92608	82716
25-29岁	127	66	61	8399	4396	4003	153977	81332	72645
30-34岁	78	44	34	8285	4111	4174	140339	71733	68606
35-39岁	43	17	26	7173	3589	3584	139129	68846	70283
40-44岁	31	15	16	7820	3980	3840	139248	66848	72400
45-49岁	32	14	18	10670	5536	5134	136798	65100	71698
50-54岁	35	17	18	10031	4980	5051	121590	57752	63838
55-59岁	14	8	6	7030	3461	3569	76279	35535	40744
60-64岁	13	6	7	4410	2174	2236	47536	22049	25487
65-69岁	6	4	2	5315	2494	2821	46659	21490	25169
70-74岁	3	2	1	3287	1521	1766	42681	19228	23453
75-79岁	2	2		2447	1146	1301	32546	13993	18553
80-84岁	1	1		1416	589	827	15514	6447	9067
85-89岁				705	269	436	5376	2008	3368
90-94岁				202	65	137	1319	444	875
95-99岁	1		1	34	12	22	275	85	190
100岁及以上				7	2	5	47	10	37

2-2c 续表 3

单位：人

年龄组	壮族			布依族			朝鲜族		
	小计	男	女	小计	男	女	小计	男	女
总 计	**6641**	**1980**	**4661**	**6843**	**2901**	**3942**	**298**	**148**	**150**
0-4岁	502	254	248	484	234	250	32	15	17
5-9岁	582	276	306	507	266	241	28	10	18
10-14岁	479	219	260	445	225	220	13	9	4
15-19岁	293	131	162	387	222	165	17	4	13
20-24岁	488	178	310	631	318	313	24	17	7
25-29岁	625	160	465	671	240	431	33	14	19
30-34岁	1185	189	996	791	241	550	30	19	11
35-39岁	1121	164	957	566	174	392	21	9	12
40-44岁	654	129	525	547	181	366	17	11	6
45-49岁	330	110	220	547	217	330	21	16	5
50-54岁	175	71	104	456	210	246	20	9	11
55-59岁	86	41	45	255	114	141	16	4	12
60-64岁	42	19	23	133	54	79	10	5	5
65-69岁	31	13	18	143	72	71	9	4	5
70-74岁	16	9	7	109	49	60	3		3
75-79岁	19	9	10	86	40	46	4	2	2
80-84岁	8	7	1	58	27	31			
85-89岁	3	1	2	20	11	9			
90-94岁	2		2	7	6	1			
95-99岁									
100岁及以上									

2-2c 续表 4

单位：人

年龄组	满族			侗族			瑶族		
	小计	男	女	小计	男	女	小计	男	女
总 计	**1802**	**1008**	**794**	**2332**	**882**	**1450**	**1433**	**426**	**1007**
0-4岁	156	70	86	197	99	98	125	58	67
5-9岁	117	59	58	199	114	85	143	69	74
10-14岁	78	34	44	149	71	78	120	57	63
15-19岁	104	52	52	122	68	54	56	28	28
20-24岁	199	112	87	211	119	92	106	39	67
25-29岁	175	102	73	229	70	159	149	25	124
30-34岁	230	126	104	359	93	266	257	46	211
35-39岁	163	88	75	340	73	267	228	39	189
40-44岁	107	65	42	203	49	154	130	31	99
45-49岁	126	76	50	167	53	114	69	18	51
50-54岁	128	85	43	88	35	53	28	9	19
55-59岁	85	63	22	27	12	15	10	3	7
60-64岁	62	33	29	18	9	9	3	1	2
65-69岁	39	25	14	8	5	3	4	1	3
70-74岁	13	8	5	5	4	1			
75-79岁	11	7	4	6	4	2			
80-84岁	5	1	4	4	4		3	2	1
85-89岁	3	2	1						
90-94岁							2		2
95-99岁	1		1						
100岁及以上									

2-2c 续表 5

单位：人

年龄组	白族			土家族			哈尼族		
	小计	男	女	小计	男	女	小计	男	女
总 计	**3888**	**1737**	**2151**	**40523**	**20793**	**19730**	**1798**	**414**	**1384**
0-4岁	266	131	135	2667	1386	1281	105	48	57
5-9岁	251	129	122	3432	1812	1620	123	60	63
10-14岁	281	147	134	4167	2228	1939	125	58	67
15-19岁	207	121	86	2304	1266	1038	71	37	34
20-24岁	342	193	149	2675	1484	1191	131	50	81
25-29岁	304	156	148	2955	1522	1433	143	31	112
30-34岁	393	151	242	2864	1273	1591	212	33	179
35-39岁	329	105	224	2260	965	1295	266	29	237
40-44岁	323	100	223	2518	1215	1303	242	20	222
45-49岁	332	122	210	3492	1736	1756	180	23	157
50-54岁	342	143	199	3295	1724	1571	120	13	107
55-59岁	188	79	109	2114	1073	1041	50	6	44
60-64岁	85	39	46	1127	609	518	19	3	16
65-69岁	81	34	47	1711	942	769	4	2	2
70-74岁	63	36	27	1430	772	658	5		5
75-79岁	53	24	29	864	460	404			
80-84岁	31	17	14	497	262	235	1		1
85-89岁	12	7	5	114	48	66	1	1	
90-94岁	4	2	2	31	13	18			
95-99岁	1	1		6	3	3			
100岁及以上									

2–2c 续表 6 单位：人

年龄组	哈萨克族			傣 族			黎 族		
	小计	男	女	小计	男	女	小计	男	女
总 计	**61**	**20**	**41**	**5062**	**2072**	**2990**	**667**	**219**	**448**
0–4岁	2		2	413	199	214	38	20	18
5–9岁	1		1	371	174	197	65	33	32
10–14岁	2	1	1	354	185	169	37	14	23
15–19岁	9	5	4	209	112	97	29	14	15
20–24岁	13	6	7	315	155	160	88	37	51
25–29岁	9	3	6	379	145	234	61	16	45
30–34岁	4	2	2	450	175	275	89	16	73
35–39岁	7		7	388	114	274	69	11	58
40–44岁	2	1	1	374	130	244	62	9	53
45–49岁	2		2	496	185	311	39	13	26
50–54岁	3	1	2	455	169	286	25	6	19
55–59岁	2		2	285	95	190	14	5	9
60–64岁	1		1	146	49	97	14	11	3
65–69岁				168	67	101	15	8	7
70–74岁	3	1	2	109	55	54	5	1	4
75–79岁				73	37	36	6	2	4
80–84岁	1		1	50	19	31	6	1	5
85–89岁				24	6	18	4	2	2
90–94岁				2		2	1		1
95–99岁				1	1				
100岁及以上									

2–2c 续表 7 单位：人

年龄组	傈 僳 族			佤 族			畲 族		
	小计	男	女	小计	男	女	小计	男	女
总 计	**19338**	**9495**	**9843**	**1049**	**183**	**866**	**199**	**111**	**88**
0–4岁	1365	675	690	35	21	14	15	7	8
5–9岁	1383	753	630	51	28	23	14	8	6
10–14岁	1482	778	704	40	11	29	11	3	8
15–19岁	1055	558	497	44	26	18	9	7	2
20–24岁	1375	738	637	55	16	39	18	15	3
25–29岁	1416	755	661	91	21	70	17	12	5
30–34岁	1529	719	810	137	30	107	31	10	21
35–39岁	1476	663	813	120	8	112	22	9	13
40–44岁	1630	765	865	121	5	116	16	7	9
45–49岁	1813	859	954	125	4	121	18	10	8
50–54岁	1581	755	826	117	4	113	13	10	3
55–59岁	1046	489	557	59	2	57	5	5	
60–64岁	597	283	314	30	3	27	3	3	
65–69岁	596	251	345	15	1	14	3	2	1
70–74岁	416	192	224	5	1	4			
75–79岁	343	168	175	3	1	2	2	2	
80–84岁	154	62	92	1	1		2	1	1
85–89岁	69	27	42						
90–94岁	9	4	5						
95–99岁	3	1	2						
100岁及以上									

2-2c 续表 8

单位：人

年龄组	高山族			拉祜族			水族		
	小计	男	女	小计	男	女	小计	男	女
总 计	**19**	**14**	**5**	**650**	**126**	**524**	**416**	**138**	**278**
0-4岁	1	1		35	15	20	33	18	15
5-9岁	2	2		34	15	19	37	14	23
10-14岁	1	1		48	22	26	19	7	12
15-19岁	1	1		25	10	15	20	11	9
20-24岁	1	1		47	14	33	50	26	24
25-29岁	2	1	1	56	14	42	64	17	47
30-34岁	1	1		76	14	62	50	8	42
35-39岁				87	9	78	51	11	40
40-44岁				74	7	67	34	7	27
45-49岁	2	1	1	69	3	66	19	6	13
50-54岁	2	1	1	54		54	17	7	10
55-59岁	2	1	1	20		20	12	1	11
60-64岁				14		14	3		3
65-69岁				6	2	4	4	2	2
70-74岁	1		1	3	1	2			
75-79岁	2	2		2		2	1	1	
80-84岁	1	1					2	2	
85-89岁									
90-94岁									
95-99岁									
100岁及以上									

2-2c 续表 9

单位：人

年龄组	东乡族			纳西族			景颇族		
	小计	男	女	小计	男	女	小计	男	女
总 计	**258**	**181**	**77**	**6843**	**3411**	**3432**	**245**	**50**	**195**
0-4岁	15	6	9	445	236	209	19	6	13
5-9岁	16	10	6	516	268	248	21	3	18
10-14岁	9	5	4	564	262	302	15	6	9
15-19岁	11	6	5	471	259	212	16	9	7
20-24岁	25	18	7	563	297	266	16	10	6
25-29岁	99	81	18	529	280	249	25	7	18
30-34岁	41	29	12	450	241	209	27	5	22
35-39岁	16	8	8	440	229	211	44	2	42
40-44岁	6	3	3	559	267	292	33	1	32
45-49岁	5	4	1	653	318	335	15		15
50-54岁	7	5	2	526	247	279	10	1	9
55-59岁	3	3		331	145	186	3		3
60-64岁	3	1	2	195	89	106	1		1
65-69岁				187	79	108			
70-74岁	1	1		185	83	102			
75-79岁				131	78	53			
80-84岁	1	1		68	26	42			
85-89岁				23	5	18			
90-94岁				5	2	3			
95-99岁				2		2			
100岁及以上									

2-2c 续表 10

单位：人

年龄组	柯尔克孜族			土族			达斡尔族		
	小计	男	女	小计	男	女	小计	男	女
总计	**16**	**8**	**8**	**192**	**102**	**90**	**29**	**16**	**13**
0-4岁	2	2		19	9	10	2	1	1
5-9岁	1	1		19	14	5	3	1	2
10-14岁				8	2	6	2		2
15-19岁	6	3	3	19	9	10	2	2	
20-24岁	3	1	2	14	9	5	2	2	
25-29岁	2	1	1	24	11	13	5	2	3
30-34岁				27	11	16	6	3	3
35-39岁	2		2	16	10	6	3	3	
40-44岁				16	8	8	1		1
45-49岁				13	10	3	1	1	
50-54岁				8	5	3	1	1	
55-59岁				3	1	2	1		1
60-64岁				2	1	1			
65-69岁				1		1			
70-74岁				2	1	1			
75-79岁									
80-84岁									
85-89岁									
90-94岁									
95-99岁				1	1				
100岁及以上									

2-2c 续表 11

单位：人

年龄组	仫佬族			羌族			布朗族		
	小计	男	女	小计	男	女	小计	男	女
总计	**197**	**58**	**139**	**150589**	**78116**	**72473**	**162**	**29**	**133**
0-4岁	14	8	6	7776	3883	3893	5		5
5-9岁	10	3	7	7783	4082	3701	8	5	3
10-14岁	19	7	12	8931	4588	4343	11	5	6
15-19岁	13	8	5	4644	2578	2066	5	2	3
20-24岁	18	9	9	8546	4649	3897	8	5	3
25-29岁	18	7	11	9976	5530	4446	9	3	6
30-34岁	24	6	18	10027	5625	4402	27	1	26
35-39岁	36	3	33	8559	4602	3957	18	2	16
40-44岁	26	6	20	11078	5723	5355	19	1	18
45-49岁	9		9	16138	8122	8016	23	2	21
50-54岁	3		3	15189	7788	7401	18	1	17
55-59岁	3		3	10629	5615	5014	5	1	4
60-64岁	1		1	7300	3742	3558	5		5
65-69岁	1		1	8934	4380	4554			
70-74岁	1	1		6358	3191	3167	1	1	
75-79岁	1		1	5094	2410	2684			
80-84岁				2603	1177	1426			
85-89岁				669	295	374			
90-94岁				296	115	181			
95-99岁				57	20	37			
100岁及以上				2	1	1			

2–2c　续表 12　　　　单位：人

年龄组	撒拉族			毛南族			仡佬族		
	小计	男	女	小计	男	女	小计	男	女
总　计	**90**	**56**	**34**	**67**	**18**	**49**	**1134**	**491**	**643**
0–4岁	6	5	1	2	2		100	56	44
5–9岁	5	4	1	6	5	1	89	40	49
10–14岁	1	1		3	1	2	67	31	36
15–19岁	8	5	3				65	36	29
20–24岁	19	12	7	8	2	6	121	67	54
25–29岁	8	5	3	10	4	6	123	51	72
30–34岁	18	12	6	12		12	134	49	85
35–39岁	8	4	4	5		5	117	40	77
40–44岁	7	2	5	13	2	11	115	31	84
45–49岁	6	5	1	7	1	6	78	25	53
50–54岁	1	1		1	1		54	32	22
55–59岁	2		2				34	19	15
60–64岁	1		1				12	6	6
65–69岁							9	6	3
70–74岁							6	1	5
75–79岁							5	1	4
80–84岁							4		4
85–89岁									
90–94岁							1		1
95–99岁									
100岁及以上									

2–2c　续表 13　　　　单位：人

年龄组	锡伯族			阿昌族			普米族		
	小计	男	女	小计	男	女	小计	男	女
总　计	**63**	**39**	**24**	**56**	**18**	**38**	**114**	**41**	**73**
0–4岁	5	2	3	6	2	4	9	6	3
5–9岁	2	1	1	5	2	3	9	5	4
10–14岁				5	3	2	7	4	3
15–19岁	5	4	1	2	1	1	9	5	4
20–24岁	14	10	4	2	1	1	9	6	3
25–29岁	25	16	9	6	2	4	18	5	13
30–34岁	6	3	3	11	3	8	10	3	7
35–39岁	2		2	12	3	9	8		8
40–44岁	1	1		5	1	4	9	1	8
45–49岁				1		1	11	3	8
50–54岁	1	1		1		1	7	1	6
55–59岁	1		1				6	2	4
60–64岁	1	1					1		1
65–69岁									
70–74岁							1		1
75–79岁									
80–84岁									
85–89岁									
90–94岁									
95–99岁									
100岁及以上									

2−2c 续表 14

单位：人

年龄组	塔吉克族			怒 族			乌孜别克族		
	小计	男	女	小计	男	女	小计	男	女
总 计	**1**		**1**	**106**	**20**	**86**	**1**		**1**
0−4岁				9	3	6			
5−9岁				6	2	4			
10−14岁				13	4	9			
15−19岁				4	2	2			
20−24岁				11	2	9			
25−29岁				8	2	6			
30−34岁				12	3	9			
35−39岁				10	1	9			
40−44岁				8		8			
45−49岁				12	1	11			
50−54岁				7		7			
55−59岁				6		6			
60−64岁							1		1
65−69岁									
70−74岁	1		1						
75−79岁									
80−84岁									
85−89岁									
90−94岁									
95−99岁									
100岁及以上									

2−2c 续表 15

单位：人

年龄组	俄罗斯族			鄂温克族			德 昂 族		
	小计	男	女	小计	男	女	小计	男	女
总 计	**5**	**3**	**2**	**4**	**2**	**2**	**36**	**9**	**27**
0−4岁				1		1	4	2	2
5−9岁							4	2	2
10−14岁							4	4	
15−19岁	3	1	2				1		1
20−24岁							3	1	2
25−29岁	2	2					5		5
30−34岁				2	1	1	5		5
35−39岁							2		2
40−44岁				1	1		6		6
45−49岁									
50−54岁							2		2
55−59岁									
60−64岁									
65−69岁									
70−74岁									
75−79岁									
80−84岁									
85−89岁									
90−94岁									
95−99岁									
100岁及以上									

2–2c 续表 16

单位：人

年龄组	保安族			裕固族			京族		
	小计	男	女	小计	男	女	小计	男	女
总 计	**13**	**9**	**4**	**4**	**2**	**2**	**15**	**4**	**11**
0–4岁							2	1	1
5–9岁	1		1				1		1
10–14岁									
15–19岁				1	1				
20–24岁	1	1		2		2	3		3
25–29岁	1	1		1	1		2		2
30–34岁	2	1	1						
35–39岁	1	1					1	1	
40–44岁							2	1	1
45–49岁	5	3	2						
50–54岁	1	1					3		3
55–59岁	1	1							
60–64岁									
65–69岁									
70–74岁									
75–79岁							1	1	
80–84岁									
85–89岁									
90–94岁									
95–99岁									
100岁及以上									

2–2c 续表 17

单位：人

年龄组	塔塔尔族			独龙族			鄂伦春族		
	小计	男	女	小计	男	女	小计	男	女
总 计	**19**	**16**	**3**	**25**	**7**	**18**	**3**	**2**	**1**
0–4岁				1	1		1	1	
5–9岁				1	1				
10–14岁				1		1			
15–19岁	2	2		1		1			
20–24岁	13	11	2	1	1				
25–29岁	1	1		1		1	1	1	
30–34岁	2	2		4	1	3			
35–39岁	1		1	4		4	1		1
40–44岁				3	1	2			
45–49岁				2		2			
50–54岁				2		2			
55–59岁									
60–64岁				3	1	2			
65–69岁									
70–74岁									
75–79岁									
80–84岁									
85–89岁				1	1				
90–94岁									
95–99岁									
100岁及以上									

2−2c 续表 18

单位：人

年龄组	赫哲族			门巴族			珞巴族		
	小计	男	女	小计	男	女	小计	男	女
总 计	**1**	**1**		**22**	**9**	**13**	**4**	**1**	**3**
0−4岁									
5−9岁				5	3	2			
10−14岁				3	2	1			
15−19岁									
20−24岁				2	1	1	3	1	2
25−29岁	1	1		4	3	1			
30−34岁				1		1	1		1
35−39岁				2		2			
40−44岁									
45−49岁				2		2			
50−54岁				2		2			
55−59岁									
60−64岁				1		1			
65−69岁									
70−74岁									
75−79岁									
80−84岁									
85−89岁									
90−94岁									
95−99岁									
100岁及以上									

2−2c 续表 19

单位：人

年龄组	基诺族			未定族称人口			入籍		
	小计	男	女	小计	男	女	小计	男	女
总 计	**50**	**6**	**44**	**507**	**204**	**303**	**123**	**65**	**58**
0−4岁	1	1		80	38	42	5	2	3
5−9岁	4	1	3	28	11	17	3	2	1
10−14岁	4	1	3	16	6	10	3	1	2
15−19岁	1		1	35	16	19	1		1
20−24岁	4	2	2	80	36	44	10	4	6
25−29岁	3	1	2	57	21	36	19	6	13
30−34岁	5		5	65	20	45	13	4	9
35−39岁	3		3	54	21	33	10	5	5
40−44岁	3		3	33	15	18	12	7	5
45−49岁	3		3	27	7	20	11	8	3
50−54岁	13		13	16	6	10	14	12	2
55−59岁	6		6	6	2	4	11	8	3
60−64岁				1	1		5	4	1
65−69岁				4	2	2	3	2	1
70−74岁				2	1	1	2		2
75−79岁				3	1	2	1		1
80−84岁									
85−89岁									
90−94岁									
95−99岁									
100岁及以上									

2–3 全省各民族分性别、受教育程度的3岁及以上人口

单位：人

民 族	3岁及以上人口			未上过学		
	合计	男	女	小计	男	女
总 计	**81483925**	**41152443**	**40331482**	**3817982**	**1170589**	**2647393**
汉 族	76057105	38449121	37607984	2945111	840271	2104840
蒙古族	41205	20876	20329	4028	1433	2595
回 族	107600	54168	53432	3546	1254	2292
藏 族	1545915	766928	778987	336008	139478	196530
维吾尔族	6053	3119	2934	81	38	43
苗 族	175553	87014	88539	11904	3947	7957
彝 族	3022562	1514639	1507923	490130	176422	313708
壮 族	22788	8675	14113	329	126	203
布依族	16137	7124	9013	734	242	492
朝鲜族	3142	1725	1417	34	15	19
满 族	23270	12389	10881	187	79	108
侗 族	8804	4007	4797	103	39	64
瑶 族	4779	1867	2912	72	27	45
白 族	12746	5958	6788	310	92	218
土家族	84404	42655	41749	1709	530	1179
哈尼族	3952	1144	2808	151	18	133
哈萨克族	730	288	442	4	1	3
傣 族	9471	3848	5623	429	106	323
黎 族	2652	1001	1651	43	9	34
傈僳族	22571	10876	11695	2637	961	1676
佤 族	1859	421	1438	151	9	142
畲 族	1180	637	543	12	4	8
高山族	154	85	69	13	3	10
拉祜族	1231	266	965	96	10	86
水 族	1163	484	679	20	3	17
东乡族	1172	739	433	83	23	60
纳西族	10237	4955	5282	2036	790	1246
景颇族	507	139	368	10	2	8
柯尔克孜族	101	53	48	1		1
土 族	1137	564	573	18	6	12
达斡尔族	307	149	158	7	2	5
仫佬族	871	380	491	17	5	12
羌 族	283826	142053	141773	17649	4561	13088
布朗族	340	92	248	27	3	24
撒拉族	438	251	187	35	12	23
毛南族	216	82	134	3	1	2
仡佬族	3829	1890	1939	70	11	59
锡伯族	605	293	312	3	1	2
阿昌族	116	43	73	1		1
普米族	277	122	155	15	2	13
塔吉克族	12	5	7			
怒 族	156	32	124	12		12
乌孜别克族	11	3	8			
俄罗斯族	122	53	69			
鄂温克族	57	29	28	1	1	
德昂族	62	15	47	1		1
保安族	78	48	30	12	7	5
裕固族	57	26	31			
京 族	45	17	28	1		1
塔塔尔族	25	19	6			
独龙族	56	18	38	1		1
鄂伦春族	25	10	15	1		1
赫哲族	18	12	6			
门巴族	86	37	49	9		9
珞巴族	22	9	13			
基诺族	87	20	67	2		2
未定族称人口	1779	861	918	109	43	66
入 籍	222	109	113	16	2	14

2-3 续表 1

单位：人

民 族	学前教育			小 学		
	小计	男	女	小计	男	女
总 计	**2921011**	**1484995**	**1436016**	**26204828**	**12638740**	**13566088**
汉 族	2581080	1311230	1269850	23846263	11442919	12403344
蒙古族	2108	1079	1029	12888	6461	6427
回 族	4594	2382	2212	27189	13621	13568
藏 族	70155	35636	34519	624623	324937	299686
维吾尔族	133	69	64	696	390	306
苗 族	8210	4123	4087	76763	37504	39259
彝 族	229518	117680	111838	1451057	735307	715750
壮 族	1140	600	540	3896	1437	2459
布依族	736	365	371	4109	1732	2377
朝鲜族	174	89	85	319	143	176
满 族	1438	700	738	2720	1328	1392
侗 族	453	247	206	1447	595	852
瑶 族	281	140	141	907	327	580
白 族	612	329	283	2833	1171	1662
土家族	4518	2293	2225	24268	11624	12644
哈尼族	177	70	107	1207	269	938
哈萨克族	4		4	27	9	18
傣 族	479	216	263	3151	1195	1956
黎 族	90	40	50	423	155	268
傈僳族	1010	528	482	11781	5687	6094
佤 族	53	28	25	791	129	662
畲 族	78	43	35	195	85	110
高山族	8	5	3	48	23	25
拉祜族	44	17	27	497	82	415
水 族	52	23	29	247	77	170
东乡族	44	26	18	504	290	214
纳西族	526	257	269	3782	1912	1870
景颇族	22	9	13	144	28	116
柯尔克孜族	1	1		6	4	2
土 族	53	29	24	154	76	78
达斡尔族	15	9	6	36	16	20
仫佬族	49	28	21	147	53	94
羌 族	12781	6505	6276	99927	48441	51486
布朗族	14	10	4	123	28	95
撒拉族	18	12	6	168	90	78
毛南族	11	5	6	34	11	23
仡佬族	190	105	85	687	303	384
锡伯族	29	12	17	61	28	33
阿昌族	6	3	3	28	7	21
普米族	15	9	6	75	28	47
塔吉克族				1		1
怒 族	7	3	4	60	8	52
乌孜别克族	1		1	1		1
俄罗斯族	6	3	3	7	2	5
鄂温克族	3	2	1	6	2	4
德昂族	4	2	2	23	3	20
保安族	4	2	2	33	18	15
裕固族	1	1		5		5
京 族	2		2	11	3	8
塔塔尔族				2	2	
独龙族				18	2	16
鄂伦春族	1		1			
赫哲族				3	2	1
门巴族	4	4		20	7	13
珞巴族	1	1		4	2	2
基诺族	3	3		33	1	32
未定族称人口	51	20	31	301	123	178
入 籍	4	2	2	79	43	36

2-3　续表 2　　　　单位：人

民　族	初　中			高　中			大学专科		
	小计	男	女	小计	男	女	小计	男	女
总　计	**26309511**	**14188760**	**12120751**	**11129746**	**6035213**	**5094533**	**6046102**	**3067955**	**2978147**
汉　族	25327349	13632885	11694464	10766752	5840612	4926140	5743366	2913186	2830180
蒙古族	7753	4466	3287	4081	2144	1937	4168	2185	1983
回　族	26603	14443	12160	14859	7777	7082	13547	6655	6892
藏　族	223217	124720	98497	114258	59445	54813	119590	57920	61670
维吾尔族	1535	900	635	690	384	306	919	504	415
苗　族	48471	25817	22654	13739	7185	6554	7286	3823	3463
彝　族	536638	313452	223186	155554	86353	69201	109886	59956	49930
壮　族	7396	2142	5254	2938	1126	1812	1998	892	1106
布依族	4832	1987	2845	1917	962	955	1355	698	657
朝鲜族	373	204	169	461	280	181	418	272	146
满　族	3254	1860	1394	3128	1692	1436	3512	1919	1593
侗　族	2605	917	1688	1204	609	595	953	552	401
瑶　族	1458	449	1009	634	256	378	386	178	208
白　族	3542	1639	1903	1710	858	852	1294	645	649
土家族	23000	11909	11091	10393	5577	4816	6891	3609	3282
哈尼族	1326	338	988	501	189	312	259	112	147
哈萨克族	42	13	29	58	26	32	82	43	39
傣　族	2932	1232	1700	1090	504	586	725	322	403
黎　族	637	179	458	314	137	177	284	118	166
傈僳族	4700	2437	2263	1481	777	704	600	310	290
佤　族	604	156	448	159	68	91	50	19	31
畲　族	335	182	153	173	104	69	87	52	35
高山族	47	30	17	7	4	3	12	8	4
拉祜族	382	89	293	102	36	66	42	11	31
水　族	360	121	239	150	81	69	115	63	52
东乡族	288	221	67	142	110	32	44	32	12
纳西族	1809	951	858	831	454	377	669	335	334
景颇族	209	50	159	69	26	43	26	12	14
柯尔克孜族	10	5	5	19	11	8	19	8	11
土　族	210	115	95	133	56	77	173	101	72
达斡尔族	38	19	19	33	16	17	48	25	23
仫佬族	230	70	160	100	45	55	117	69	48
羌　族	75017	43759	31258	30913	16686	14227	26345	12874	13471
布朗族	107	27	80	27	8	19	7	2	5
撒拉族	102	70	32	34	20	14	28	18	10
毛南族	63	16	47	27	12	15	20	7	13
仡佬族	1185	524	661	537	309	228	378	205	173
锡伯族	44	23	21	91	45	46	77	40	37
阿昌族	47	18	29	13	7	6	6	2	4
普米族	69	35	34	45	24	21	27	11	16
塔吉克族	1		1	3	2	1	4	1	3
怒　族	49	11	38	13	5	8	6	2	4
乌孜别克族				1	1		1		1
俄罗斯族	10	6	4	15	7	8	17	12	5
鄂温克族	10	6	4	9	3	6	6	5	1
德昂族	18	5	13	5	1	4	5		5
保安族	17	13	4	1	1				
裕固族	8	3	5	2	1	1	7	4	3
京　族	11	2	9	4	2	2	4	4	
塔塔尔族	4	3	1	8	6	2	4	4	
独龙族	9	4	5	15	7	8	5	1	4
鄂伦春族	4	2	2	1	1		5	2	3
赫哲族	2	1	1	2	1	1	2		2
门巴族	16	8	8	2	1	1	10	7	3
珞巴族	4	2	2	3	1	2	3	1	2
基诺族	31	7	24	6	3	3	4	2	2
未定族称人口	445	196	249	267	142	125	198	110	88
入　籍	53	21	32	22	13	9	12	7	5

2-3 续表 3

单位：人

民族	大学本科			硕士研究生			博士研究生		
	小计	男	女	小计	男	女	小计	男	女
总　计	**4578724**	**2315609**	**2263115**	**420793**	**216004**	**204789**	**55228**	**34578**	**20650**
汉　族	4386414	2224876	2161538	407340	209628	197712	53430	33514	19916
蒙古族	5363	2705	2658	691	333	358	125	70	55
回　族	15386	7132	8254	1649	790	859	227	114	113
藏　族	55398	23517	31881	2350	1068	1282	316	207	109
维吾尔族	1925	804	1121	62	24	38	12	6	6
苗　族	8247	4149	4098	834	400	434	99	66	33
彝　族	47754	24479	23275	1846	891	955	179	99	80
壮　族	4582	2063	2519	447	250	197	62	39	23
布依族	2218	1036	1182	216	88	128	20	14	6
朝鲜族	1191	639	552	145	66	79	27	17	10
满　族	7585	4084	3501	1253	627	626	193	100	93
侗　族	1779	911	868	228	115	113	32	22	10
瑶　族	919	432	487	107	48	59	15	10	5
白　族	2160	1088	1072	239	107	132	46	29	17
土家族	11564	6048	5516	1804	898	906	257	167	90
哈尼族	298	135	163	29	10	19	4	3	1
哈萨克族	502	194	308	10	2	8	1		1
傣　族	616	255	361	46	17	29	3	1	2
黎　族	827	346	481	28	13	15	6	4	2
傈僳族	347	166	181	13	8	5	2	2	
佤　族	49	12	37	2		2			
畲　族	262	144	118	33	20	13	5	3	2
高山族	18	12	6	1		1			
拉祜族	62	18	44	5	3	2	1		1
水　族	199	106	93	18	8	10	2	2	
东乡族	65	37	28	2		2			
纳西族	526	236	290	45	13	32	13	7	6
景颇族	25	11	14	2	1	1			
柯尔克孜族	44	23	21	1	1				
土　族	343	158	185	48	21	27	5	2	3
达斡尔族	106	49	57	21	11	10	3	2	1
仫佬族	184	94	90	26	16	10	1		1
羌　族	20031	8735	11296	1052	432	620	111	60	51
布朗族	31	12	19	4	2	2			
撒拉族	49	28	21	4	1	3			
毛南族	49	24	25	8	5	3	1	1	
仡佬族	697	393	304	78	36	42	7	4	3
锡伯族	264	128	136	30	12	18	6	4	2
阿昌族	15	6	9						
普米族	29	12	17	2	1	1			
塔吉克族	2	2		1		1			
怒　族	8	2	6	1	1				
乌孜别克族	7	2	5						
俄罗斯族	62	22	40	4	1	3	1		1
鄂温克族	19	9	10	3	1	2			
德昂族	5	3	2	1	1				
保安族	11	7	4						
裕固族	29	14	15	4	2	2	1	1	
京　族	8	4	4	4	2	2			
塔塔尔族	7	4	3						
独龙族	5	2	3	3	2	1			
鄂伦春族	11	5	6	1		1	1		1
赫哲族	9	8	1						
门巴族	22	10	12	3		3			
珞巴族	7	2	5						
基诺族	7	3	4	1	1				
未定族称人口	353	196	157	45	25	20	10	6	4
入　籍	29	17	12	3	2	1	4	2	2

2-3a　全省各民族分性别、受教育程度的3岁及以上人口(城市)

单位：人

民　族	3岁及以上人口			未上过学		
	合计	男	女	小计	男	女
总　计	**29628594**	**14614672**	**15013922**	**537578**	**163922**	**373656**
汉　族	28963164	14293021	14670143	506455	153069	353386
蒙古族	12576	6390	6186	111	51	60
回　族	52508	25486	27022	886	281	605
藏　族	151343	70873	80470	8258	3324	4934
维吾尔族	4303	2213	2090	53	28	25
苗　族	26388	12931	13457	402	123	279
彝　族	256731	125687	131044	19380	6419	12961
壮　族	13106	5771	7335	102	33	69
布依族	6474	3080	3394	77	22	55
朝鲜族	2656	1455	1201	26	13	13
满　族	19851	10443	9408	140	58	82
侗　族	5323	2717	2606	42	15	27
瑶　族	2668	1199	1469	24	12	12
白　族	5884	2790	3094	90	26	64
土家族	34629	17543	17086	408	128	280
哈尼族	1584	568	1016	29	6	23
哈萨克族	557	221	336			
傣　族	3268	1358	1910	59	18	41
黎　族	1610	660	950	13	7	6
傈僳族	2078	942	1136	69	19	50
佤　族	541	177	364	20	1	19
畲　族	771	426	345	9	2	7
高山族	44	24	20			
拉祜族	412	106	306	16	2	14
水　族	594	297	297	8	1	7
东乡族	686	431	255	40	11	29
纳西族	1739	751	988	29	4	25
景颇族	189	71	118	2		2
柯尔克孜族	76	42	34	1		1
土　族	808	386	422	11	3	8
达斡尔族	259	126	133	5	2	3
仫佬族	545	271	274	8	1	7
羌　族	50264	23670	26594	670	196	474
布朗族	128	48	80	7	3	4
撒拉族	256	142	114	16	4	12
毛南族	124	58	66	2		2
仡佬族	2189	1182	1007	37	8	29
锡伯族	505	231	274	3	1	2
阿昌族	42	18	24			
普米族	94	46	48	3	1	2
塔吉克族	10	5	5			
怒　族	22	5	17	3		3
乌孜别克族	9	3	6			
俄罗斯族	99	40	59			
鄂温克族	49	24	25	1	1	
德昂族	19	7	12			
保安族	34	21	13	1		1
裕固族	52	23	29			
京　族	29	13	16			
塔塔尔族	5	3	2			
独龙族	23	9	14			
鄂伦春族	23	9	14	1		1
赫哲族	16	10	6			
门巴族	52	24	28	5		5
珞巴族	11	4	7			
基诺族	31	11	20			
未定族称人口	1068	572	496	54	27	27
入　籍	75	38	37	2	2	

2-3a 续表 1

单位：人

民 族	学前教育			小 学		
	小计	男	女	小计	男	女
总 计	**1030318**	**530783**	**499535**	**5910422**	**2709948**	**3200474**
汉 族	999967	514932	485035	5770361	2644001	3126360
蒙古族	694	349	345	1424	704	720
回 族	2425	1258	1167	8605	4123	4482
藏 族	5292	2782	2510	28215	13505	14710
维吾尔族	93	42	51	446	270	176
苗 族	1104	577	527	4147	1865	2282
彝 族	11975	6300	5675	73756	35090	38666
壮 族	617	326	291	1562	660	902
布依族	256	125	131	857	365	492
朝鲜族	143	71	72	240	111	129
满 族	1262	617	645	2198	1071	1127
侗 族	272	165	107	663	301	362
瑶 族	156	79	77	349	148	201
白 族	254	140	114	829	350	479
土家族	1952	1005	947	4741	2166	2575
哈尼族	72	30	42	355	100	255
哈萨克族	2		2	8	5	3
傣 族	163	83	80	695	268	427
黎 族	52	27	25	147	57	90
傈僳族	80	41	39	466	183	283
佤 族	15	9	6	164	43	121
畲 族	46	28	18	110	48	62
高山族	1	1		4	2	2
拉祜族	10	4	6	139	24	115
水 族	18	9	9	83	35	48
东乡族	20	13	7	324	190	134
纳西族	68	30	38	252	108	144
景颇族	7	4	3	31	13	18
柯尔克孜族	1	1		2	2	
土 族	29	15	14	82	39	43
达斡尔族	13	9	4	27	11	16
仫佬族	30	19	11	71	32	39
羌 族	3030	1582	1448	8395	3749	4646
布朗族	2	2		32	14	18
撒拉族	14	10	4	92	51	41
毛南族	7	3	4	8	2	6
仡佬族	97	59	38	279	130	149
锡伯族	24	10	14	53	26	27
阿昌族				5	1	4
普米族	4	2	2	13	4	9
塔吉克族						
怒 族				2		2
乌孜别克族						
俄罗斯族	6	3	3	6	2	4
鄂温克族	2	1	1	5	2	3
德昂族	1		1	2		2
保安族	2	2		12	6	6
裕固族	1	1		5		5
京 族	1		1	5	2	3
塔塔尔族				1	1	
独龙族				4		4
鄂伦春族	1		1			
赫哲族				3	2	1
门巴族	2	2		8	4	4
珞巴族				1	1	
基诺族	2	2		7		7
未定族称人口	31	13	18	120	57	63
入 籍	2		2	11	4	7

2–3a　续表 2

单位：人

民　族	初　中			高　中			大学专科		
	小计	男	女	小计	男	女	小计	男	女
总　计	**8465668**	**4243728**	**4221940**	**5815814**	**3008282**	**2807532**	**3989278**	**1985663**	**2003615**
汉　族	8353727	4186867	4166860	5701414	2950376	2751038	3879403	1931562	1947841
蒙古族	1431	738	693	1754	930	824	2120	1104	1016
回　族	9926	5062	4864	8653	4265	4388	8157	3959	4198
藏　族	22768	11475	11293	29017	13880	15137	32828	15286	17542
维吾尔族	912	572	340	555	315	240	511	261	250
苗　族	5526	2671	2855	4405	2273	2132	3769	1902	1867
彝　族	42273	22232	20041	44974	23607	21367	38303	19502	18801
壮　族	3034	1223	1811	1852	796	1056	1457	679	778
布依族	1401	681	720	1006	530	476	807	415	392
朝鲜族	265	139	126	384	227	157	383	252	131
满　族	2369	1334	1035	2671	1416	1255	3039	1645	1394
侗　族	1038	479	559	791	422	369	686	409	277
瑶　族	527	232	295	391	170	221	295	139	156
白　族	1057	479	578	894	441	453	740	359	381
土家族	5837	2935	2902	5123	2723	2400	4856	2539	2317
哈尼族	412	131	281	259	108	151	172	74	98
哈萨克族	13	4	9	41	19	22	51	24	27
傣　族	901	368	533	544	262	282	394	159	235
黎　族	246	77	169	203	100	103	194	76	118
傈僳族	509	230	279	467	238	229	249	119	130
佤　族	193	74	119	72	30	42	34	10	24
畲　族	156	88	68	114	68	46	66	43	23
高山族	10	4	6	2		2	11	7	4
拉祜族	121	35	86	50	19	31	20	6	14
水　族	134	64	70	101	57	44	64	31	33
东乡族	187	141	46	43	29	14	18	14	4
纳西族	289	122	167	358	178	180	312	130	182
景颇族	76	21	55	34	16	18	13	5	8
柯尔克孜族	7	5	2	13	7	6	12	5	7
土　族	107	62	45	103	47	56	129	66	63
达斡尔族	29	15	14	27	12	15	43	23	20
仫佬族	99	41	58	64	33	31	84	44	40
羌　族	9099	4601	4498	8735	4298	4437	9519	4525	4994
布朗族	38	10	28	17	8	9	4		4
撒拉族	51	31	20	18	10	8	17	10	7
毛南族	24	13	11	15	7	8	14	6	8
仡佬族	509	283	226	323	192	131	242	132	110
锡伯族	39	21	18	62	27	35	62	30	32
阿昌族	14	6	8	8	5	3	3	2	1
普米族	24	16	8	15	8	7	16	7	9
塔吉克族	1		1	3	2	1	3	1	2
怒　族	4		4	3	2	1	2	1	1
乌孜别克族				1	1		1		1
俄罗斯族	8	5	3	13	5	8	15	10	5
鄂温克族	8	4	4	7	2	5	5	4	1
德昂族	5	2	3	3	1	2	2		2
保安族	7	5	2	1	1				
裕固族	7	2	5	2	1	1	5	3	2
京　族	7	2	5	2	1	1	3	3	
塔塔尔族							1	1	
独龙族	2	2		8	3	5	3	1	2
鄂伦春族	3	2	1	1	1		4	1	3
赫哲族	2	1	1	2	1	1	2		2
门巴族	6	2	4	2	1	1	8	7	1
珞巴族				2	1	1	2	1	1
基诺族	11	3	8	2	1	1	2	1	1
未定族称人口	209	113	96	178	102	76	117	64	53
入　籍	10	3	7	12	7	5	6	4	2

2–3a 续表 3 单位：人

民 族	大学本科			硕士研究生			博士研究生		
	小计	男	女	小计	男	女	小计	男	女
总 计	**3455854**	**1748246**	**1707608**	**373731**	**192771**	**180960**	**49931**	**31329**	**18602**
汉 族	3341162	1694402	1646760	362304	187387	174917	48371	30425	17946
蒙古族	4285	2136	2149	635	309	326	122	69	53
回 族	12137	5707	6430	1504	725	779	215	106	109
藏 族	23120	9800	13320	1663	723	940	182	98	84
维吾尔族	1666	697	969	55	22	33	12	6	6
苗 族	6179	3096	3083	762	361	401	94	63	31
彝 族	24564	11819	12745	1359	635	724	147	83	64
壮 族	3992	1779	2213	428	236	192	62	39	23
布依族	1852	849	1003	198	79	119	20	14	6
朝鲜族	1061	564	497	130	62	68	24	16	8
满 族	6791	3609	3182	1197	598	599	184	95	89
侗 族	1585	798	787	214	106	108	32	22	10
瑶 族	815	367	448	97	43	54	14	9	5
白 族	1747	867	880	227	99	128	46	29	17
土家族	9762	5037	4725	1698	847	851	252	163	89
哈尼族	256	108	148	25	8	17	4	3	1
哈萨克族	433	167	266	8	2	6	1		1
傣 族	466	183	283	43	16	27	3	1	2
黎 族	721	299	422	28	13	15	6	4	2
傈僳族	225	104	121	11	6	5	2	2	
佤 族	41	10	31	2		2			
畲 族	233	127	106	32	19	13	5	3	2
高山族	15	10	5	1		1			
拉祜族	50	13	37	5	3	2	1		1
水 族	166	90	76	18	8	10	2	2	
东乡族	53	33	20	1		1			
纳西族	375	159	216	43	13	30	13	7	6
景颇族	24	11	13	2	1	1			
柯尔克孜族	39	21	18	1	1				
土 族	299	133	166	43	19	24	5	2	3
达斡尔族	95	44	51	17	8	9	3	2	1
仫佬族	162	85	77	26	16	10	1		1
羌 族	9976	4355	5621	763	316	447	77	48	29
布朗族	24	9	15	4	2	2			
撒拉族	45	26	19	3		3			
毛南族	45	21	24	8	5	3	1	1	
仡佬族	618	339	279	77	35	42	7	4	3
锡伯族	228	100	128	28	12	16	6	4	2
阿昌族	12	4	8						
普米族	18	7	11	1	1				
塔吉克族	2	2		1		1			
怒 族	8	2	6						
乌孜别克族	7	2	5						
俄罗斯族	46	14	32	4	1	3	1		1
鄂温克族	18	9	9	3	1	2			
德昂族	5	3	2	1	1				
保安族	11	7	4						
裕固族	27	13	14	4	2	2	1	1	
京 族	7	3	4	4	2	2			
塔塔尔族	3	1	2						
独龙族	5	2	3	1	1				
鄂伦春族	11	5	6	1		1	1		1
赫哲族	7	6	1						
门巴族	18	8	10	3		3			
珞巴族	6	1	5						
基诺族	6	3	3	1	1				
未定族称人口	305	166	139	44	24	20	10	6	4
入 籍	25	14	11	3	2	1	4	2	2

2−3b　全省各民族分性别、受教育程度的3岁及以上人口(镇)

单位：人

民　族	3岁及以上人口			未上过学		
	合计	男	女	小计	男	女
总　计	**16578213**	**8151764**	**8426449**	**609091**	**192842**	**416249**
汉　族	15432031	7588927	7843104	472247	141736	330511
蒙古族	10767	5349	5418	830	274	556
回　族	27876	14263	13613	1146	442	704
藏　族	380635	183544	197091	59104	24095	35009
维吾尔族	971	515	456	16	7	9
苗　族	24703	11515	13188	943	279	664
彝　族	580170	290394	289776	70088	24830	45258
壮　族	3320	1062	2258	57	23	34
布依族	3109	1279	1830	96	26	70
朝鲜族	205	128	77	3	2	1
满　族	1713	983	730	17	7	10
侗　族	1258	461	797	17	5	12
瑶　族	748	278	470	15	7	8
白　族	3128	1508	1620	55	24	31
土家族	10740	5102	5638	137	50	87
哈尼族	636	194	442	23	5	18
哈萨克族	114	47	67	2	1	1
傣　族	1380	540	840	32	7	25
黎　族	399	136	263	5		5
傈僳族	1911	809	1102	88	27	61
佤　族	285	70	215	25	3	22
畲　族	222	105	117	2	1	1
高山族	92	48	44	11	3	8
拉祜族	189	45	144	17	1	16
水　族	179	65	114	5	1	4
东乡族	238	133	105	28	7	21
纳西族	1895	923	972	166	52	114
景颇族	81	20	61	3	1	2
柯尔克孜族	11	5	6			
土　族	148	83	65	4	2	2
达斡尔族	20	8	12			
仫佬族	135	54	81	5	2	3
羌　族	87599	42592	45007	3845	906	2939
布朗族	53	15	38	5		5
撒拉族	96	56	40	13	5	8
毛南族	25	6	19			
仡佬族	562	251	311	6		6
锡伯族	39	24	15			
阿昌族	21	7	14			
普米族	73	38	35	1		1
塔吉克族	1		1			
怒　族	32	8	24	1		1
乌孜别克族	1		1			
俄罗斯族	18	10	8			
鄂温克族	5	3	2			
德昂族	10		10			
保安族	31	18	13	8	5	3
裕固族	1	1				
京　族	2	1	1	1		1
塔塔尔族	1		1			
独龙族	9	3	6			
鄂伦春族						
赫哲族	1	1				
门巴族	12	4	8			
珞巴族	7	4	3			
基诺族	7	4	3			
未定族称人口	269	117	152	19	6	13
入　籍	29	8	21	5		5

2-3b 续表 1 单位：人

民 族	学前教育			小 学		
	小计	男	女	小计	男	女
总 计	**662636**	**339700**	**322936**	**5138832**	**2370900**	**2767932**
汉 族	593446	303726	289720	4702465	2157576	2544889
蒙古族	564	307	257	3721	1752	1969
回 族	1154	611	543	7985	4058	3927
藏 族	17590	8931	8659	127146	62496	64650
维吾尔族	22	14	8	131	63	68
苗 族	1280	666	614	8506	3860	4646
彝 族	41805	21961	19844	255249	125896	129353
壮 族	198	110	88	679	249	430
布依族	191	93	98	831	330	501
朝鲜族	8	4	4	22	12	10
满 族	93	47	46	223	105	118
侗 族	63	23	40	244	90	154
瑶 族	53	28	25	159	62	97
白 族	189	110	79	732	340	392
土家族	621	312	309	2664	1252	1412
哈尼族	29	14	15	173	50	123
哈萨克族	2		2	8	4	4
傣 族	76	30	46	360	127	233
黎 族	13	3	10	85	30	55
傈僳族	108	56	52	606	220	386
佤 族	8	5	3	124	31	93
畲 族	25	11	14	41	19	22
高山族	6	3	3	37	16	21
拉祜族	14	9	5	59	12	47
水 族	13	6	7	42	13	29
东乡族	14	8	6	112	58	54
纳西族	96	42	54	763	367	396
景颇族	2	1	1	19	5	14
柯尔克孜族				3	1	2
土 族	12	8	4	29	15	14
达斡尔族	1		1	6	4	2
仫佬族	9	5	4	31	13	18
羌 族	4873	2526	2347	25242	11635	13607
布朗族	7	5	2	14	3	11
撒拉族	3	1	2	42	23	19
毛南族	2	1	1	9	2	7
仡佬族	27	12	15	134	63	71
锡伯族	1		1	6	1	5
阿昌族	1		1	3	1	2
普米族	2	2		24	12	12
塔吉克族						
怒 族	2	1	1	12	3	9
乌孜别克族	1		1			
俄罗斯族				1		1
鄂温克族	1	1		1		1
德昂族				5		5
保安族	2		2	16	10	6
裕固族						
京 族						
塔塔尔族						
独龙族				3		3
鄂伦春族						
赫哲族						
门巴族				5	1	4
珞巴族	1	1		2		2
基诺族	1	1		2		2
未定族称人口	5	3	2	51	20	31
入 籍	2	2		5		5

2–3b　续表 2

单位：人

民　族	初　中			高　中			大学专科		
	小计	男	女	小计	男	女	小计	男	女
总　计	**5745867**	**2914019**	**2831848**	**2628057**	**1407004**	**1221053**	**1094560**	**573718**	**520842**
汉　族	5520469	2792574	2727895	2499642	1340640	1159002	997143	523448	473695
蒙古族	2421	1365	1056	1283	651	632	1195	619	576
回　族	7817	4252	3565	3810	2082	1728	3614	1763	1851
藏　族	62055	32916	29139	45802	22946	22856	45967	22590	23377
维吾尔族	176	86	90	85	50	35	338	212	126
苗　族	7062	3304	3758	4214	2045	2169	1481	751	730
彝　族	111638	62647	48991	55161	29523	25638	31801	17836	13965
壮　族	1288	263	1025	476	132	344	261	98	163
布依族	1093	411	682	410	174	236	265	139	126
朝鲜族	52	27	25	37	26	11	19	15	4
满　族	332	192	140	243	141	102	273	160	113
侗　族	521	150	371	191	78	113	115	53	62
瑶　族	286	75	211	123	44	79	46	20	26
白　族	1082	514	568	435	207	228	340	161	179
土家族	3512	1579	1933	2117	1040	1077	797	388	409
哈尼族	255	65	190	97	30	67	34	13	21
哈萨克族	12	6	6	8	3	5	21	14	7
傣　族	444	174	270	220	84	136	162	72	90
黎　族	133	38	95	44	14	30	48	21	27
傈僳族	482	192	290	425	209	216	129	70	59
佤　族	87	17	70	30	8	22	8	5	3
畲　族	90	44	46	35	19	16	16	6	10
高山族	30	20	10	4	3	1	1	1	
拉祜族	55	12	43	22	6	16	14	2	12
水　族	57	9	48	20	11	9	21	14	7
东乡族	54	41	13	16	14	2	7	2	5
纳西族	390	201	189	220	115	105	163	96	67
景颇族	34	7	27	17	4	13	5	2	3
柯尔克孜族							5	2	3
土　族	36	22	14	15	3	12	22	18	4
达斡尔族	1		1	2		2	3	1	2
仫佬族	40	11	29	20	6	14	19	12	7
羌　族	23471	12656	10815	12634	6599	6035	10095	5050	5045
布朗族	16	4	12	5		5	2	2	
撒拉族	22	16	6	7	5	2	5	4	1
毛南族	7		7	3	1	2	3	1	2
仡佬族	208	77	131	91	45	46	57	25	32
锡伯族	2	1	1	5	4	1	4	2	2
阿昌族	10	4	6	3	1	2	2		2
普米族	17	9	8	20	11	9	2		2
塔吉克族							1		1
怒　族	10	3	7	5		5	2	1	1
乌孜别克族									
俄罗斯族				2	2		2	2	
鄂温克族	1	1		2	1	1			
德昂族	2		2	2		2	1		1
保安族	5	3	2						
裕固族	1	1							
京　族							1	1	
塔塔尔族									
独龙族	1		1	4	3	1	1		1
鄂伦春族									
赫哲族									
门巴族	4	2	2						
珞巴族	3	2	1						
基诺族	2	1	1	2	2				
未定族称人口	73	25	48	47	21	26	45	24	21
入　籍	8		8	1	1		4	2	2

2-3b 续表 3

单位：人

民 族	大学本科			硕士研究生			博士研究生		
	小计	男	女	小计	男	女	小计	男	女
总 计	**674360**	**340854**	**333506**	**22398**	**11261**	**11137**	**2412**	**1466**	**946**
汉 族	623085	317158	305927	21230	10670	10560	2304	1399	905
蒙古族	716	363	353	35	17	18	2	1	1
回 族	2269	1016	1253	77	36	41	4	3	1
藏 族	22494	9321	13173	427	213	214	50	36	14
维吾尔族	199	81	118	4	2	2			
苗 族	1172	585	587	41	23	18	4	2	2
彝 族	14142	7541	6601	271	151	120	15	9	6
壮 族	349	179	170	12	8	4			
布依族	217	102	115	6	4	2			
朝鲜族	54	38	16	8	3	5	2	1	1
满 族	497	311	186	28	16	12	7	4	3
侗 族	102	59	43	5	3	2			
瑶 族	62	39	23	3	2	1	1	1	
白 族	286	146	140	9	6	3			
土家族	825	447	378	64	31	33	3	3	
哈尼族	23	16	7	2	1	1			
哈萨克族	59	19	40	2		2			
傣 族	85	45	40	1	1				
黎 族	71	30	41						
傈僳族	72	34	38	1	1				
佤 族	3	1	2						
畲 族	13	5	8						
高山族	3	2	1						
拉祜族	8	3	5						
水 族	21	11	10						
东乡族	6	3	3	1		1			
纳西族	95	50	45	2		2			
景颇族	1		1						
柯尔克孜族	3	2	1						
土 族	27	15	12	3		3			
达斡尔族	5	2	3	2	1	1			
仫佬族	11	5	6						
羌 族	7258	3143	4115	161	70	91	20	7	13
布朗族	4	1	3						
撒拉族	3	1	2	1	1				
毛南族	1	1							
仡佬族	39	29	10						
锡伯族	20	16	4	1		1			
阿昌族	2	1	1						
普米族	7	4	3						
塔吉克族									
怒 族									
乌孜别克族									
俄罗斯族	13	6	7						
鄂温克族									
德昂族									
保安族									
裕固族									
京 族									
塔塔尔族	1		1						
独龙族									
鄂伦春族									
赫哲族	1	1							
门巴族	3	1	2						
珞巴族	1	1							
基诺族									
未定族称人口	28	17	11	1	1				
入 籍	4	3	1						

2-3c　全省各民族分性别、受教育程度的3岁及以上人口(乡村)

单位：人

民　族	3岁及以上人口			未上过学		
	合计	男	女	小计	男	女
总　计	**35277118**	**18386007**	**16891111**	**2671313**	**813825**	**1857488**
汉　族	31661910	16567173	15094737	1966409	545466	1420943
蒙古族	17862	9137	8725	3087	1108	1979
回　族	27216	14419	12797	1514	531	983
藏　族	1013937	512511	501426	268646	112059	156587
维吾尔族	779	391	388	12	3	9
苗　族	124462	62568	61894	10559	3545	7014
彝　族	2185661	1098558	1087103	400662	145173	255489
壮　族	6362	1842	4520	170	70	100
布依族	6554	2765	3789	561	194	367
朝鲜族	281	142	139	5		5
满　族	1706	963	743	30	14	16
侗　族	2223	829	1394	44	19	25
瑶　族	1363	390	973	33	8	25
白　族	3734	1660	2074	165	42	123
土家族	39035	20010	19025	1164	352	812
哈尼族	1732	382	1350	99	7	92
哈萨克族	59	20	39	2		2
傣　族	4823	1950	2873	338	81	257
黎　族	643	205	438	25	2	23
傈僳族	18582	9125	9457	2480	915	1565
佤　族	1033	174	859	106	5	101
畲　族	187	106	81	1	1	
高山族	18	13	5	2		2
拉祜族	630	115	515	63	7	56
水　族	390	122	268	7	1	6
东乡族	248	175	73	15	5	10
纳西族	6603	3281	3322	1841	734	1107
景颇族	237	48	189	5	1	4
柯尔克孜族	14	6	8			
土　族	181	95	86	3	1	2
达斡尔族	28	15	13	2		2
仫佬族	191	55	136	4	2	2
羌　族	145963	75791	70172	13134	3459	9675
布朗族	159	29	130	15		15
撒拉族	86	53	33	6	3	3
毛南族	67	18	49	1	1	
仡佬族	1078	457	621	27	3	24
锡伯族	61	38	23			
阿昌族	53	18	35	1		1
普米族	110	38	72	11	1	10
塔吉克族	1		1			
怒　族	102	19	83	8		8
乌孜别克族	1		1			
俄罗斯族	5	3	2			
鄂温克族	3	2	1			
德昂族	33	8	25	1		1
保安族	13	9	4	3	2	1
裕固族	4	2	2			
京　族	14	3	11			
塔塔尔族	19	16	3			
独龙族	24	6	18	1		1
鄂伦春族	2	1	1			
赫哲族	1	1				
门巴族	22	9	13	4		4
珞巴族	4	1	3			
基诺族	49	5	44	2		2
未定族称人口	442	172	270	36	10	26
入　籍	118	63	55	9		9

2-3c 续表 1

单位：人

民 族	学前教育			小 学		
	小计	男	女	小计	男	女
总 计	**1228057**	**614512**	**613545**	**15155574**	**7557892**	**7597682**
汉 族	987667	492572	495095	13373437	6641342	6732095
蒙古族	850	423	427	7743	4005	3738
回 族	1015	513	502	10599	5440	5159
藏 族	47273	23923	23350	469262	248936	220326
维吾尔族	18	13	5	119	57	62
苗 族	5826	2880	2946	64110	31779	32331
彝 族	175738	89419	86319	1122052	574321	547731
壮 族	325	164	161	1655	528	1127
布依族	289	147	142	2421	1037	1384
朝鲜族	23	14	9	57	20	37
满 族	83	36	47	299	152	147
侗 族	118	59	59	540	204	336
瑶 族	72	33	39	399	117	282
白 族	169	79	90	1272	481	791
土家族	1945	976	969	16863	8206	8657
哈尼族	76	26	50	679	119	560
哈萨克族				11		11
傣 族	240	103	137	2096	800	1296
黎 族	25	10	15	191	68	123
傈僳族	822	431	391	10709	5284	5425
佤 族	30	14	16	503	55	448
畲 族	7	4	3	44	18	26
高山族	1	1		7	5	2
拉祜族	20	4	16	299	46	253
水 族	21	8	13	122	29	93
东乡族	10	5	5	68	42	26
纳西族	362	185	177	2767	1437	1330
景颇族	13	4	9	94	10	84
柯尔克孜族				1	1	
土 族	12	6	6	43	22	21
达斡尔族	1		1	3	1	2
仫佬族	10	4	6	45	8	37
羌 族	4878	2397	2481	66290	33057	33233
布朗族	5	3	2	77	11	66
撒拉族	1	1		34	16	18
毛南族	2	1	1	17	7	10
仡佬族	66	34	32	274	110	164
锡伯族	4	2	2	2	1	1
阿昌族	5	3	2	20	5	15
普米族	9	5	4	38	12	26
塔吉克族				1		1
怒 族	5	2	3	46	5	41
乌孜别克族				1		1
俄罗斯族						
鄂温克族						
德昂族	3	2	1	16	3	13
保安族				5	2	3
裕固族						
京 族	1		1	6	1	5
塔塔尔族				1	1	
独龙族				11	2	9
鄂伦春族						
赫哲族						
门巴族	2	2		7	2	5
珞巴族				1	1	
基诺族				24	1	23
未定族称人口	15	4	11	130	46	84
入 籍				63	39	24

2–3c　续表 2

单位：人

民　族	初　中			高　中			大学专科		
	小计	男	女	小计	男	女	小计	男	女
总　计	**12097976**	**7031013**	**5066963**	**2685875**	**1619927**	**1065948**	**962264**	**508574**	**453690**
汉　族	11453153	6653444	4799709	2565696	1549596	1016100	866820	458176	408644
蒙古族	3901	2363	1538	1044	563	481	853	462	391
回　族	8860	5129	3731	2396	1430	966	1776	933	843
藏　族	138394	80329	58065	39439	22619	16820	40795	20044	20751
维吾尔族	447	242	205	50	19	31	70	31	39
苗　族	35883	19842	16041	5120	2867	2253	2036	1170	866
彝　族	382727	228573	154154	55419	33223	22196	39782	22618	17164
壮　族	3074	656	2418	610	198	412	280	115	165
布依族	2338	895	1443	501	258	243	283	144	139
朝鲜族	56	38	18	40	27	13	16	5	11
满　族	553	334	219	214	135	79	200	114	86
侗　族	1046	288	758	222	109	113	152	90	62
瑶　族	645	142	503	120	42	78	45	19	26
白　族	1403	646	757	381	210	171	214	125	89
土家族	13651	7395	6256	3153	1814	1339	1238	682	556
哈尼族	659	142	517	145	51	94	53	25	28
哈萨克族	17	3	14	9	4	5	10	5	5
傣　族	1587	690	897	326	158	168	169	91	78
黎　族	258	64	194	67	23	44	42	21	21
傈僳族	3709	2015	1694	589	330	259	222	121	101
佤　族	324	65	259	57	30	27	8	4	4
畲　族	89	50	39	24	17	7	5	3	2
高山族	7	6	1	1	1				
拉祜族	206	42	164	30	11	19	8	3	5
水　族	169	48	121	29	13	16	30	18	12
东乡族	47	39	8	83	67	16	19	16	3
纳西族	1130	628	502	253	161	92	194	109	85
景颇族	99	22	77	18	6	12	8	5	3
柯尔克孜族	3		3	6	4	2	2	1	1
土　族	67	31	36	15	6	9	22	17	5
达斡尔族	8	4	4	4	4		2	1	1
仫佬族	91	18	73	16	6	10	14	13	1
羌　族	42447	26502	15945	9544	5789	3755	6731	3299	3432
布朗族	53	13	40	5		5	1		1
撒拉族	29	23	6	9	5	4	6	4	2
毛南族	32	3	29	9	4	5	3		3
仡佬族	468	164	304	123	72	51	79	48	31
锡伯族	3	1	2	24	14	10	11	8	3
阿昌族	23	8	15	2	1	1	1		1
普米族	28	10	18	10	5	5	9	4	5
塔吉克族									
怒　族	35	8	27	5	3	2	2		2
乌孜别克族									
俄罗斯族	2	1	1						
鄂温克族	1	1					1	1	
德昂族	11	3	8				2		2
保安族	5	5							
裕固族							2	1	1
京　族	4		4	2	1	1			
塔塔尔族	4	3	1	8	6	2	3	3	
独龙族	6	2	4	3	1	2	1		1
鄂伦春族	1		1				1	1	
赫哲族									
门巴族	6	4	2				2		2
珞巴族	1		1	1		1	1		1
基诺族	18	3	15	2		2	2	1	1
未定族称人口	163	58	105	42	19	23	36	22	14
入　籍	35	18	17	9	5	4	2	1	1

2–3c 续表 3

单位：人

民 族	大学本科			硕士研究生			博士研究生		
	小计	男	女	小计	男	女	小计	男	女
总 计	**448510**	**226509**	**222001**	**24664**	**11972**	**12692**	**2885**	**1783**	**1102**
汉 族	422167	213316	208851	23806	11571	12235	2755	1690	1065
蒙古族	362	206	156	21	7	14	1		1
回 族	980	409	571	68	29	39	8	5	3
藏 族	9784	4396	5388	260	132	128	84	73	11
维吾尔族	60	26	34	3		3			
苗 族	896	468	428	31	16	15	1	1	
彝 族	9048	5119	3929	216	105	111	17	7	10
壮 族	241	105	136	7	6	1			
布依族	149	85	64	12	5	7			
朝鲜族	76	37	39	7	1	6	1		1
满 族	297	164	133	28	13	15	2	1	1
侗 族	92	54	38	9	6	3			
瑶 族	42	26	16	7	3	4			
白 族	127	75	52	3	2	1			
土家族	977	564	413	42	20	22	2	1	1
哈尼族	19	11	8	2	1	1			
哈萨克族	10	8	2						
傣 族	65	27	38	2		2			
黎 族	35	17	18						
傈僳族	50	28	22	1	1				
佤 族	5	1	4						
畲 族	16	12	4	1	1				
高山族									
拉祜族	4	2	2						
水 族	12	5	7						
东乡族	6	1	5						
纳西族	56	27	29						
景颇族									
柯尔克孜族	2		2						
土 族	17	10	7	2	2				
达斡尔族	6	3	3	2	2				
仫佬族	11	4	7						
羌 族	2797	1237	1560	128	46	82	14	5	9
布朗族	3	2	1						
撒拉族	1	1							
毛南族	3	2	1						
仡佬族	40	25	15	1	1				
锡伯族	16	12	4	1		1			
阿昌族	1	1							
普米族	4	1	3	1		1			
塔吉克族									
怒 族				1	1				
乌孜别克族									
俄罗斯族	3	2	1						
鄂温克族	1		1						
德昂族									
保安族									
裕固族	2	1	1						
京 族	1	1							
塔塔尔族	3	3							
独龙族				2	1	1			
鄂伦春族									
赫哲族	1	1							
门巴族	1	1							
珞巴族									
基诺族	1		1						
未定族称人口	20	13	7						
入 籍									

2–4　全省各民族按户口登记地、性别分的户口登记地在外乡镇街道的人口

单位：人

民　族	户口登记地					
	合　计			省　内		
	合计	男	女	小计	男	女
总　计	**27823204**	**13828619**	**13994585**	**25233163**	**12415382**	**12817781**
汉　族	26196321	13038958	13157363	23786318	11713251	12073067
蒙古族	15738	7980	7758	9822	4745	5077
回　族	47056	23167	23889	29809	13801	16008
藏　族	367230	174267	192963	344861	163765	181096
维吾尔族	5358	2806	2552	444	199	245
苗　族	43028	19547	23481	20500	8807	11693
彝　族	930114	458755	471359	912983	450529	462454
壮　族	15682	6314	9368	2571	972	1599
布依族	9498	4220	5278	2417	1034	1383
朝鲜族	2138	1176	962	550	268	282
满　族	14279	7789	6490	5085	2577	2508
侗　族	6245	3051	3194	1162	487	675
瑶　族	3191	1369	1822	541	220	321
白　族	7713	3685	4028	2621	1230	1391
土家族	38585	19411	19174	13001	6289	6712
哈尼族	2559	836	1723	450	134	316
哈萨克族	619	244	375	77	28	49
傣　族	4264	1617	2647	1954	832	1122
黎　族	1954	736	1218	344	145	199
傈僳族	5455	2380	3075	3943	1856	2087
佤　族	1017	307	710	165	36	129
畲　族	953	550	403	116	59	57
高山族	70	35	35	61	29	32
拉祜族	743	186	557	107	28	79
水　族	811	380	431	135	50	85
东乡族	1138	717	421	18	8	10
纳西族	2165	967	1198	1566	726	840
景颇族	339	109	230	50	13	37
柯尔克孜族	82	45	37	4	1	3
土　族	884	444	440	167	77	90
达斡尔族	222	112	110	51	22	29
仫佬族	593	280	313	139	69	70
羌　族	90705	42924	47781	90238	42691	47547
布朗族	197	70	127	27	11	16
撒拉族	425	245	180	12	7	5
毛南族	135	53	82	18	6	12
仡佬族	2863	1515	1348	413	188	225
锡伯族	381	189	192	135	65	70
阿昌族	78	31	47	8	1	7
普米族	167	89	78	39	18	21
塔吉克族	9	4	5	2	1	1
怒　族	76	20	56	14	6	8
乌孜别克族	8	2	6	1		1
俄罗斯族	76	32	44	25	9	16
鄂温克族	42	23	19	10	6	4
德昂族	40	9	31	9	1	8
保安族	78	49	29	7	5	2
裕固族	41	19	22	8	5	3
京　族	26	7	19	3	1	2
塔塔尔族	22	18	4	2	1	1
独龙族	34	11	23	18	8	10
鄂伦春族	25	10	15	9	5	4
赫哲族	12	10	2	8	7	1
门巴族	70	33	37	9	4	5
珞巴族	18	6	12			
基诺族	45	15	30	14	4	10
未定族称人口	1516	760	756	79	33	46
入　籍	71	35	36	23	12	11

2-4 续表

单位：人

民族	户口登记地					
	省内			省外		
	其中市辖区内人户分离					
	小计	男	女	小计	男	女
总计	**7134650**	**3463931**	**3670719**	**2590041**	**1413237**	**1176804**
汉族	7089564	3442860	3646704	2410003	1325707	1084296
蒙古族	1430	725	705	5916	3235	2681
回族	7183	3405	3778	17247	9366	7881
藏族	4241	1932	2309	22369	10502	11867
维吾尔族	304	135	169	4914	2607	2307
苗族	2153	1019	1134	22528	10740	11788
彝族	12999	5936	7063	17131	8226	8905
壮族	992	413	579	13111	5342	7769
布依族	503	206	297	7081	3186	3895
朝鲜族	360	176	184	1588	908	680
满族	3285	1667	1618	9194	5212	3982
侗族	523	250	273	5083	2564	2519
瑶族	215	94	121	2650	1149	1501
白族	718	355	363	5092	2455	2637
土家族	3786	1854	1932	25584	13122	12462
哈尼族	127	45	82	2109	702	1407
哈萨克族	62	19	43	542	216	326
傣族	648	276	372	2310	785	1525
黎族	103	40	63	1610	591	1019
傈僳族	299	135	164	1512	524	988
佤族	39	10	29	852	271	581
畲族	59	36	23	837	491	346
高山族	11	6	5	9	6	3
拉祜族	21	8	13	636	158	478
水族	52	24	28	676	330	346
东乡族	6	4	2	1120	709	411
纳西族	246	106	140	599	241	358
景颇族	13	4	9	289	96	193
柯尔克孜族	2		2	78	44	34
土族	82	40	42	717	367	350
达斡尔族	33	15	18	171	90	81
仫佬族	65	34	31	454	211	243
羌族	4160	1914	2246	467	233	234
布朗族	11	5	6	170	59	111
撒拉族	2	1	1	413	238	175
毛南族	3	1	2	117	47	70
仡佬族	149	83	66	2450	1327	1123
锡伯族	97	50	47	246	124	122
阿昌族				70	30	40
普米族	6	3	3	128	71	57
塔吉克族	2	1	1	7	3	4
怒族	1		1	62	14	48
乌孜别克族	1		1	7	2	5
俄罗斯族	20	6	14	51	23	28
鄂温克族	3	2	1	32	17	15
德昂族	5	1	4	31	8	23
保安族	4	3	1	71	44	27
裕固族	7	5	2	33	14	19
京族	1	1		23	6	17
塔塔尔族	1		1	20	17	3
独龙族	10	3	7	16	3	13
鄂伦春族	3	2	1	16	5	11
赫哲族	3	3		4	3	1
门巴族	6	2	4	61	29	32
珞巴族				18	6	12
基诺族	4	2	2	31	11	20
未定族称人口	19	10	9	1437	727	710
入籍	8	4	4	48	23	25

2–4a　全省各民族按户口登记地、性别分的户口登记地在外乡镇街道的人口(城市)

单位：人

民　族	户口登记地					
	合　计			省　内		
	合计	男	女	小计	男	女
总　计	**17952455**	**8928543**	**9023912**	**16159551**	**7943549**	**8216002**
汉　族	17424802	8672982	8751820	15741529	7742443	7999086
蒙古族	9003	4605	4398	4254	2053	2201
回　族	31754	15481	16273	20086	9370	10716
藏　族	117960	55131	62829	106671	49945	56726
维吾尔族	3819	1970	1849	353	157	196
苗　族	21328	10445	10883	8458	3801	4657
彝　族	221437	109126	112311	214440	105939	108501
壮　族	10332	4492	5840	1764	685	1079
布依族	5395	2557	2838	1249	542	707
朝鲜族	1805	994	811	453	230	223
满　族	11835	6318	5517	4475	2243	2232
侗　族	4154	2124	2030	897	397	500
瑶　族	2041	915	1126	381	156	225
白　族	4121	1911	2210	1611	749	862
土家族	25030	12620	12410	7313	3506	3807
哈尼族	1352	480	872	296	87	209
哈萨克族	497	193	304	60	15	45
傣　族	2558	1045	1513	1262	549	713
黎　族	1368	540	828	233	90	143
傈僳族	1827	827	1000	1209	586	623
佤　族	473	169	304	104	20	84
畲　族	628	363	265	75	43	32
高山族	21	9	12	16	6	10
拉祜族	362	89	273	63	16	47
水　族	485	246	239	92	35	57
东乡族	687	429	258	11	7	4
纳西族	1263	552	711	871	396	475
景颇族	162	60	102	28	10	18
柯尔克孜族	61	36	25	2		2
土　族	634	297	337	124	53	71
达斡尔族	186	93	93	41	18	23
仫佬族	414	202	212	106	52	54
羌　族	40573	19136	21437	40355	19034	21321
布朗族	104	42	62	18	7	11
撒拉族	250	136	114	9	5	4
毛南族	81	36	45	12	4	8
仡佬族	1854	1003	851	308	148	160
锡伯族	305	141	164	117	57	60
阿昌族	38	16	22	4	1	3
普米族	86	44	42	24	11	13
塔吉克族	8	4	4	2	1	1
怒　族	19	5	14	7	3	4
乌孜别克族	8	2	6	1		1
俄罗斯族	61	25	36	22	8	14
鄂温克族	34	17	17	9	5	4
德昂族	20	7	13	6	1	5
保安族	35	22	13	7	5	2
裕固族	36	16	20	8	5	3
京　族	20	6	14	2	1	1
塔塔尔族	3	2	1	1	1	
独龙族	18	6	12	13	5	8
鄂伦春族	22	8	14	6	3	3
赫哲族	10	8	2	6	5	1
门巴族	51	25	26	6	2	4
珞巴族	9	2	7			
基诺族	30	10	20	11	4	7
未定族称人口	944	502	442	51	24	27
入　籍	42	21	21	19	10	9

2–4a 续表

单位：人

民族	户口登记地					
	省内			省外		
	其中市辖区内人户分离					
	小计	男	女	小计	男	女
总计	**6444093**	**3123551**	**3320542**	**1792904**	**984994**	**807910**
汉族	6403175	3104371	3298804	1683273	930539	752734
蒙古族	1369	690	679	4749	2552	2197
回族	6813	3225	3588	11668	6111	5557
藏族	3963	1805	2158	11289	5186	6103
维吾尔族	287	127	160	3466	1813	1653
苗族	1976	945	1031	12870	6644	6226
彝族	10895	4967	5928	6997	3187	3810
壮族	919	386	533	8568	3807	4761
布依族	452	185	267	4146	2015	2131
朝鲜族	342	171	171	1352	764	588
满族	3192	1615	1577	7360	4075	3285
侗族	500	240	260	3257	1727	1530
瑶族	197	87	110	1660	759	901
白族	681	336	345	2510	1162	1348
土家族	3633	1788	1845	17717	9114	8603
哈尼族	120	42	78	1056	393	663
哈萨克族	56	14	42	437	178	259
傣族	573	245	328	1296	496	800
黎族	91	35	56	1135	450	685
傈僳族	242	110	132	618	241	377
佤族	34	9	25	369	149	220
畲族	51	34	17	553	320	233
高山族	11	6	5	5	3	2
拉祜族	18	7	11	299	73	226
水族	48	22	26	393	211	182
东乡族	6	4	2	676	422	254
纳西族	234	102	132	392	156	236
景颇族	13	4	9	134	50	84
柯尔克孜族	2		2	59	36	23
土族	77	38	39	510	244	266
达斡尔族	31	14	17	145	75	70
仫佬族	62	31	31	308	150	158
羌族	3679	1713	1966	218	102	116
布朗族	10	4	6	86	35	51
撒拉族	2	1	1	241	131	110
毛南族	3	1	2	69	32	37
仡佬族	143	81	62	1546	855	691
锡伯族	95	49	46	188	84	104
阿昌族				34	15	19
普米族	5	2	3	62	33	29
塔吉克族	2	1	1	6	3	3
怒族	1		1	12	2	10
乌孜别克族	1		1	7	2	5
俄罗斯族	19	6	13	39	17	22
鄂温克族	3	2	1	25	12	13
德昂族	5	1	4	14	6	8
保安族	4	3	1	28	17	11
裕固族	7	5	2	28	11	17
京族	1	1		18	5	13
塔塔尔族				2	1	1
独龙族	9	3	6	5	1	4
鄂伦春族	3	2	1	16	5	11
赫哲族	3	3		4	3	1
门巴族	6	2	4	45	23	22
珞巴族				9	2	7
基诺族	4	2	2	19	6	13
未定族称人口	18	10	8	893	478	415
入籍	7	4	3	23	11	12

2-4b　全省各民族按户口登记地、性别分的户口登记地在外乡镇街道的人口(镇)

单位：人

民族	户口登记地					
	合计			省内		
	合计	男	女	小计	男	女
总　计	**6262343**	**3034903**	**3227440**	**5901230**	**2848842**	**3052388**
汉　族	5697984	2765104	2932880	5366557	2592765	2773792
蒙古族	3845	1856	1989	3249	1527	1722
回　族	9660	4904	4756	6380	2978	3402
藏　族	161716	74330	87386	155958	71798	84160
维吾尔族	890	477	413	38	19	19
苗　族	10640	4614	6026	7227	3176	4051
彝　族	323287	158775	164512	320219	157305	162914
壮　族	2266	755	1511	529	180	349
布依族	1938	764	1174	842	363	479
朝鲜族	160	99	61	51	25	26
满　族	1188	704	484	326	171	155
侗　族	882	347	535	173	55	118
瑶　族	506	211	295	100	41	59
白　族	2204	1114	1090	757	355	402
土家族	6641	3149	3492	3528	1697	1831
哈尼族	441	135	306	99	34	65
哈萨克族	86	33	53	7	4	3
傣　族	765	270	495	444	176	268
黎　族	287	95	192	72	37	35
傈僳族	1353	567	786	1065	466	599
佤　族	192	50	142	41	12	29
畲　族	192	95	97	32	12	20
高山族	48	25	23	45	23	22
拉祜族	124	34	90	29	8	21
水　族	119	47	72	28	10	18
东乡族	234	130	104	2	1	1
纳西族	568	266	302	483	225	258
景颇族	58	15	43	14	1	13
柯尔克孜族	8	4	4	1	1	
土　族	130	74	56	25	10	15
达斡尔族	14	5	9	6	2	4
仫佬族	86	40	46	26	12	14
羌　族	32839	15336	17503	32739	15297	17442
布朗族	32	11	21	5	2	3
撒拉族	97	57	40	3	2	1
毛南族	16	5	11	5	2	3
仡佬族	424	204	220	65	27	38
锡伯族	24	14	10	7	2	5
阿昌族	15	6	9	3		3
普米族	38	22	16	11	5	6
塔吉克族	1		1			
怒　族	19	6	13	5	2	3
乌孜别克族						
俄罗斯族	11	5	6	3	1	2
鄂温克族	6	4	2	1	1	
德昂族	9		9	2		2
保安族	31	18	13			
裕固族	1	1				
京　族						
塔塔尔族						
独龙族	5	3	2	3	3	
鄂伦春族						
赫哲族	1	1		1	1	
门巴族	8	4	4	2	2	
珞巴族	6	3	3			
基诺族	5	4	1	1		1
未定族称人口	235	106	129	19	5	14
入　籍	8	5	3	2	1	1

2-4b 续表 单位：人

民 族	户口登记地					
	省 内			省 外		
	其中市辖区内人户分离					
	小计	男	女	小计	男	女
总 计	**213200**	**102555**	**110645**	**361113**	**186061**	**175052**
汉 族	212256	102128	110128	331427	172339	159088
蒙古族	22	12	10	596	329	267
回 族	95	52	43	3280	1926	1354
藏 族	77	34	43	5758	2532	3226
维吾尔族	3	1	2	852	458	394
苗 族	50	14	36	3413	1438	1975
彝 族	403	188	215	3068	1470	1598
壮 族	28	8	20	1737	575	1162
布依族	16	7	9	1096	401	695
朝鲜族	5	3	2	109	74	35
满 族	23	11	12	862	533	329
侗 族	3	1	2	709	292	417
瑶 族	4	1	3	406	170	236
白 族	7	5	2	1447	759	688
土家族	32	13	19	3113	1452	1661
哈尼族	3	1	2	342	101	241
哈萨克族				79	29	50
傣 族	9	3	6	321	94	227
黎 族	5	2	3	215	58	157
傈僳族	3	3		288	101	187
佤 族	1		1	151	38	113
畲 族	5	1	4	160	83	77
高山族				3	2	1
拉祜族				95	26	69
水 族	3	2	1	91	37	54
东乡族				232	129	103
纳西族	1		1	85	41	44
景颇族				44	14	30
柯尔克孜族				7	3	4
土 族	1		1	105	64	41
达斡尔族				8	3	5
仫佬族	1	1		60	28	32
羌 族	141	63	78	100	39	61
布朗族				27	9	18
撒拉族				94	55	39
毛南族				11	3	8
仡佬族	1		1	359	177	182
锡伯族				17	12	5
阿昌族				12	6	6
普米族	1	1		27	17	10
塔吉克族				1		1
怒 族				14	4	10
乌孜别克族						
俄罗斯族	1		1	8	4	4
鄂温克族				5	3	2
德昂族				7		7
保安族				31	18	13
裕固族				1	1	
京 族						
塔塔尔族						
独龙族				2		2
鄂伦春族						
赫哲族						
门巴族				6	2	4
珞巴族				6	3	3
基诺族				4	4	
未定族称人口				216	101	115
入 籍				6	4	2

2-4c　全省各民族按户口登记地、性别分的户口登记地在外乡镇街道的人口(乡村)

单位：人

民族	户口登记地					
	合计			省内		
	合计	男	女	小计	男	女
总　计	**3608406**	**1865173**	**1743233**	**3172382**	**1622991**	**1549391**
汉　族	3073535	1600872	1472663	2678232	1378043	1300189
蒙古族	2890	1519	1371	2319	1165	1154
回　族	5642	2782	2860	3343	1453	1890
藏　族	87554	44806	42748	82232	42022	40210
维吾尔族	649	359	290	53	23	30
苗　族	11060	4488	6572	4815	1830	2985
彝　族	385390	190854	194536	378324	187285	191039
壮　族	3084	1067	2017	278	107	171
布依族	2165	899	1266	326	129	197
朝鲜族	173	83	90	46	13	33
满　族	1256	767	489	284	163	121
侗　族	1209	580	629	92	35	57
瑶　族	644	243	401	60	23	37
白　族	1388	660	728	253	126	127
土家族	6914	3642	3272	2160	1086	1074
哈尼族	766	221	545	55	13	42
哈萨克族	36	18	18	10	9	1
傣　族	941	302	639	248	107	141
黎　族	299	101	198	39	18	21
傈僳族	2275	986	1289	1669	804	865
佤　族	352	88	264	20	4	16
畲　族	133	92	41	9	4	5
高山族	1	1				
拉祜族	257	63	194	15	4	11
水　族	207	87	120	15	5	10
东乡族	217	158	59	5		5
纳西族	334	149	185	212	105	107
景颇族	119	34	85	8	2	6
柯尔克孜族	13	5	8	1		1
土　族	120	73	47	18	14	4
达斡尔族	22	14	8	4	2	2
仫佬族	93	38	55	7	5	2
羌　族	17293	8452	8841	17144	8360	8784
布朗族	61	17	44	4	2	2
撒拉族	78	52	26			
毛南族	38	12	26	1		1
仡佬族	585	308	277	40	13	27
锡伯族	52	34	18	11	6	5
阿昌族	25	9	16	1		1
普米族	43	23	20	4	2	2
塔吉克族						
怒　族	38	9	29	2	1	1
乌孜别克族						
俄罗斯族	4	2	2			
鄂温克族	2	2				
德昂族	11	2	9	1		1
保安族	12	9	3			
裕固族	4	2	2			
京　族	6	1	5	1		1
塔塔尔族	19	16	3	1		1
独龙族	11	2	9	2		2
鄂伦春族	3	2	1	3	2	1
赫哲族	1	1		1	1	
门巴族	11	4	7	1		1
珞巴族	3	1	2			
基诺族	10	1	9	2		2
未定族称人口	337	152	185	9	4	5
入　籍	21	9	12	2	1	1

2-4c 续表

单位：人

民族	户口登记地					
	省内			省外		
	其中市辖区内人户分离					
	小计	男	女	小计	男	女
总计	**477357**	**237825**	**239532**	**436024**	**242182**	**193842**
汉族	474133	236361	237772	395303	222829	172474
蒙古族	39	23	16	571	354	217
回族	275	128	147	2299	1329	970
藏族	201	93	108	5322	2784	2538
维吾尔族	14	7	7	596	336	260
苗族	127	60	67	6245	2658	3587
彝族	1701	781	920	7066	3569	3497
壮族	45	19	26	2806	960	1846
布依族	35	14	21	1839	770	1069
朝鲜族	13	2	11	127	70	57
满族	70	41	29	972	604	368
侗族	20	9	11	1117	545	572
瑶族	14	6	8	584	220	364
白族	30	14	16	1135	534	601
土家族	121	53	68	4754	2556	2198
哈尼族	4	2	2	711	208	503
哈萨克族	6	5	1	26	9	17
傣族	66	28	38	693	195	498
黎族	7	3	4	260	83	177
傈僳族	54	22	32	606	182	424
佤族	4	1	3	332	84	248
畲族	3	1	2	124	88	36
高山族				1	1	
拉祜族	3	1	2	242	59	183
水族	1		1	192	82	110
东乡族				212	158	54
纳西族	11	4	7	122	44	78
景颇族				111	32	79
柯尔克孜族				12	5	7
土族	4	2	2	102	59	43
达斡尔族	2	1	1	18	12	6
仫佬族	2	2		86	33	53
羌族	340	138	202	149	92	57
布朗族	1	1		57	15	42
撒拉族				78	52	26
毛南族				37	12	25
仡佬族	5	2	3	545	295	250
锡伯族	2	1	1	41	28	13
阿昌族				24	9	15
普米族				39	21	18
塔吉克族						
怒族				36	8	28
乌孜别克族						
俄罗斯族				4	2	2
鄂温克族				2	2	
德昂族				10	2	8
保安族				12	9	3
裕固族				4	2	2
京族				5	1	4
塔塔尔族	1		1	18	16	2
独龙族	1		1	9	2	7
鄂伦春族						
赫哲族						
门巴族				10	4	6
珞巴族				3	1	2
基诺族				8	1	7
未定族称人口	1		1	328	148	180
入籍	1		1	19	8	11

第一部分　全部数据资料

第三卷　年龄

3-1　全省分年龄、性别的人口

单位：人、%

年　龄	人　口　数			占总人口比重			性别比
	合计	男	女	合计	男	女	(女=100)
总　计	**83674866**	**42289718**	**41385148**	**100.00**	**50.54**	**49.46**	**102.19**
0-4岁	**4063157**	**2107201**	**1955956**	**4.86**	**2.52**	**2.34**	**107.73**
0	634562	329691	304871	0.76	0.39	0.36	108.14
1	762563	396380	366183	0.91	0.47	0.44	108.25
2	793816	411204	382612	0.95	0.49	0.46	107.47
3	944132	489083	455049	1.13	0.58	0.54	107.48
4	928084	480843	447241	1.11	0.57	0.53	107.51
5-9岁	**4604374**	**2387321**	**2217053**	**5.50**	**2.85**	**2.65**	**107.68**
5	876267	453552	422715	1.05	0.54	0.51	107.29
6	905411	469220	436191	1.08	0.56	0.52	107.57
7	912109	473160	438949	1.09	0.57	0.52	107.79
8	988081	512861	475220	1.18	0.61	0.57	107.92
9	922506	478528	443978	1.10	0.57	0.53	107.78
10-14岁	**4803581**	**2497084**	**2306497**	**5.74**	**2.98**	**2.76**	**108.26**
10	935237	485642	449595	1.12	0.58	0.54	108.02
11	960519	497842	462677	1.15	0.59	0.55	107.60
12	975991	507706	468285	1.17	0.61	0.56	108.42
13	975558	506962	468596	1.17	0.61	0.56	108.19
14	956276	498932	457344	1.14	0.60	0.55	109.09
15-19岁	**4319402**	**2255617**	**2063785**	**5.16**	**2.70**	**2.47**	**109.30**
15	899386	469941	429445	1.07	0.56	0.51	109.43
16	902232	471838	430394	1.08	0.56	0.51	109.63
17	822293	428474	393819	0.98	0.51	0.47	108.80
18	835875	437632	398243	1.00	0.52	0.48	109.89
19	859616	447732	411884	1.03	0.54	0.49	108.70
20-24岁	**4741386**	**2433508**	**2307878**	**5.67**	**2.91**	**2.76**	**105.44**
20	878852	454287	424565	1.05	0.54	0.51	107.00
21	870159	446646	423513	1.04	0.53	0.51	105.46
22	973673	498866	474807	1.16	0.60	0.57	105.07
23	982997	503449	479548	1.17	0.60	0.57	104.98
24	1035705	530260	505445	1.24	0.63	0.60	104.91
25-29岁	**5390889**	**2767100**	**2623789**	**6.44**	**3.31**	**3.14**	**105.46**
25	1122321	575300	547021	1.34	0.69	0.65	105.17
26	1054908	541665	513243	1.26	0.65	0.61	105.54
27	1099995	564336	535659	1.31	0.67	0.64	105.35
28	1044524	536220	508304	1.25	0.64	0.61	105.49
29	1069141	549579	519562	1.28	0.66	0.62	105.78

3-1 续表 1 单位：人、%

年龄	人口数			占总人口比重			性别比
	合计	男	女	合计	男	女	(女=100)
30-34岁	**6353288**	**3262890**	**3090398**	**7.59**	**3.90**	**3.69**	**105.58**
30	1273059	655979	617080	1.52	0.78	0.74	106.30
31	1231101	633140	597961	1.47	0.76	0.71	105.88
32	1168725	599259	569466	1.40	0.72	0.68	105.23
33	1403066	718765	684301	1.68	0.86	0.82	105.04
34	1277337	655747	621590	1.53	0.78	0.74	105.50
35-39岁	**4528132**	**2307155**	**2220977**	**5.41**	**2.76**	**2.65**	**103.88**
35	917095	469188	447907	1.10	0.56	0.54	104.75
36	780096	398517	381579	0.93	0.48	0.46	104.44
37	816470	415952	400518	0.98	0.50	0.48	103.85
38	1061634	540693	520941	1.27	0.65	0.62	103.79
39	952837	482805	470032	1.14	0.58	0.56	102.72
40-44岁	**4745388**	**2380790**	**2364598**	**5.67**	**2.85**	**2.83**	**100.68**
40	748509	377399	371110	0.89	0.45	0.44	101.69
41	870770	438928	431842	1.04	0.52	0.52	101.64
42	847371	423169	424202	1.01	0.51	0.51	99.76
43	1015899	509394	506505	1.21	0.61	0.61	100.57
44	1262839	631900	630939	1.51	0.76	0.75	100.15
45-49岁	**8008855**	**4023685**	**3985170**	**9.57**	**4.81**	**4.76**	**100.97**
45	1445079	723548	721531	1.73	0.86	0.86	100.28
46	1591039	796448	794591	1.90	0.95	0.95	100.23
47	1609103	811239	797864	1.92	0.97	0.95	101.68
48	1651180	829934	821246	1.97	0.99	0.98	101.06
49	1712454	862516	849938	2.05	1.03	1.02	101.48
50-54岁	**7947853**	**3963543**	**3984310**	**9.50**	**4.74**	**4.76**	**99.48**
50	1709059	854074	854985	2.04	1.02	1.02	99.89
51	1576978	788967	788011	1.88	0.94	0.94	100.12
52	1722281	857137	865144	2.06	1.02	1.03	99.07
53	1360418	672435	687983	1.63	0.80	0.82	97.74
54	1579117	790930	788187	1.89	0.95	0.94	100.35
55-59岁	**6004757**	**2993893**	**3010864**	**7.18**	**3.58**	**3.60**	**99.44**
55	1503849	755147	748702	1.80	0.90	0.89	100.86
56	1513087	754793	758294	1.81	0.90	0.91	99.54
57	1673442	841911	831531	2.00	1.01	0.99	101.25
58	888316	438540	449776	1.06	0.52	0.54	97.50
59	426063	203502	222561	0.51	0.24	0.27	91.44
60-64岁	**3996204**	**2042844**	**1953360**	**4.78**	**2.44**	**2.33**	**104.58**
60	507309	250868	256441	0.61	0.30	0.31	97.83
61	560431	291134	269297	0.67	0.35	0.32	108.11
62	909229	471379	437850	1.09	0.56	0.52	107.66
63	1008592	516390	492202	1.21	0.62	0.59	104.91
64	1010643	513073	497570	1.21	0.61	0.59	103.12

3-1　续表 2　　单位：人、%

年　龄	人口数			占总人口比重			性别比
	合计	男	女	合计	男	女	(女=100)
65-69岁	**5309368**	**2611050**	**2698318**	**6.35**	**3.12**	**3.22**	**96.77**
65	1100553	552598	547955	1.32	0.66	0.65	100.85
66	1143946	566272	577674	1.37	0.68	0.69	98.03
67	1100869	535622	565247	1.32	0.64	0.68	94.76
68	1117551	543933	573618	1.34	0.65	0.69	94.82
69	846449	412625	433824	1.01	0.49	0.52	95.11
70-74岁	**3671628**	**1829916**	**1841712**	**4.39**	**2.19**	**2.20**	**99.36**
70	808635	398721	409914	0.97	0.48	0.49	97.27
71	835553	417580	417973	1.00	0.50	0.50	99.91
72	695830	347020	348810	0.83	0.41	0.42	99.49
73	692661	349637	343024	0.83	0.42	0.41	101.93
74	638949	316958	321991	0.76	0.38	0.38	98.44
75-79岁	**2548930**	**1239306**	**1309624**	**3.05**	**1.48**	**1.57**	**94.63**
75	547629	265446	282183	0.65	0.32	0.34	94.07
76	588096	289804	298292	0.70	0.35	0.36	97.15
77	517309	249308	268001	0.62	0.30	0.32	93.03
78	454560	222227	232333	0.54	0.27	0.28	95.65
79	441336	212521	228815	0.53	0.25	0.27	92.88
80-84岁	**1539955**	**718779**	**821176**	**1.84**	**0.86**	**0.98**	**87.53**
80	390489	188966	201523	0.47	0.23	0.24	93.77
81	324100	150338	173762	0.39	0.18	0.21	86.52
82	302599	140846	161753	0.36	0.17	0.19	87.07
83	267093	124105	142988	0.32	0.15	0.17	86.79
84	255674	114524	141150	0.31	0.14	0.17	81.14
85-89岁	**747805**	**324968**	**422837**	**0.89**	**0.39**	**0.51**	**76.85**
85	183258	79952	103306	0.22	0.10	0.12	77.39
86	165768	70899	94869	0.20	0.08	0.11	74.73
87	164337	72773	91564	0.20	0.09	0.11	79.48
88	128739	55126	73613	0.15	0.07	0.09	74.89
89	105703	46218	59485	0.13	0.06	0.07	77.70
90-94岁	**278725**	**116432**	**162293**	**0.33**	**0.14**	**0.19**	**71.74**
90	89531	39389	50142	0.11	0.05	0.06	78.55
91	64106	26833	37273	0.08	0.03	0.04	71.99
92	56452	23088	33364	0.07	0.03	0.04	69.20
93	39815	15886	23929	0.05	0.02	0.03	66.39
94	28821	11236	17585	0.03	0.01	0.02	63.90
95-99岁	**62635**	**23801**	**38834**	**0.07**	**0.03**	**0.05**	**61.29**
95	21664	8377	13287	0.03	0.01	0.02	63.05
96	16756	6295	10461	0.02	0.01	0.01	60.18
97	10648	3988	6660	0.01		0.01	59.88
98	7519	2866	4653	0.01		0.01	61.59
99	6048	2275	3773	0.01			60.30
100岁及以上	**8554**	**2835**	**5719**	**0.01**		**0.01**	**49.57**

3-1a 全省分年龄、性别的人口(城市)

单位：人、%

年 龄	人口数			占总人口比重			性别比
	合计	男	女	合计	男	女	(女=100)
总 计	**30431679**	**15030432**	**15401247**	**100.00**	**49.39**	**50.61**	**97.59**
0-4岁	**1501017**	**776858**	**724159**	**4.93**	**2.55**	**2.38**	**107.28**
0	223669	115833	107836	0.73	0.38	0.35	107.42
1	287923	149214	138709	0.95	0.49	0.46	107.57
2	291493	150713	140780	0.96	0.50	0.46	107.06
3	352481	182085	170396	1.16	0.60	0.56	106.86
4	345451	179013	166438	1.14	0.59	0.55	107.56
5-9岁	**1506870**	**781691**	**725179**	**4.95**	**2.57**	**2.38**	**107.79**
5	307478	159050	148428	1.01	0.52	0.49	107.16
6	310164	160714	149450	1.02	0.53	0.49	107.54
7	295883	153846	142037	0.97	0.51	0.47	108.31
8	318208	165420	152788	1.05	0.54	0.50	108.27
9	275137	142661	132476	0.90	0.47	0.44	107.69
10-14岁	**1290946**	**668051**	**622895**	**4.24**	**2.20**	**2.05**	**107.25**
10	265060	137724	127336	0.87	0.45	0.42	108.16
11	254611	131795	122816	0.84	0.43	0.40	107.31
12	265105	137336	127769	0.87	0.45	0.42	107.49
13	262898	135864	127034	0.86	0.45	0.42	106.95
14	243272	125332	117940	0.80	0.41	0.39	106.27
15-19岁	**1723909**	**873498**	**850411**	**5.66**	**2.87**	**2.79**	**102.71**
15	294563	150139	144424	0.97	0.49	0.47	103.96
16	347827	177301	170526	1.14	0.58	0.56	103.97
17	330301	168151	162150	1.09	0.55	0.53	103.70
18	345159	175282	169877	1.13	0.58	0.56	103.18
19	406059	202625	203434	1.33	0.67	0.67	99.60
20-24岁	**2248650**	**1099193**	**1149457**	**7.39**	**3.61**	**3.78**	**95.63**
20	449171	220935	228236	1.48	0.73	0.75	96.80
21	430515	210064	220451	1.41	0.69	0.72	95.29
22	455785	222976	232809	1.50	0.73	0.77	95.78
23	446042	217169	228873	1.47	0.71	0.75	94.89
24	467137	228049	239088	1.54	0.75	0.79	95.38
25-29岁	**2461942**	**1210659**	**1251283**	**8.09**	**3.98**	**4.11**	**96.75**
25	502965	245796	257169	1.65	0.81	0.85	95.58
26	476885	234453	242432	1.57	0.77	0.80	96.71
27	501767	246046	255721	1.65	0.81	0.84	96.22
28	482482	238286	244196	1.59	0.78	0.80	97.58
29	497843	246078	251765	1.64	0.81	0.83	97.74

3-1a 续表 1

单位：人、%

年 龄	人口数			占总人口比重			性别比
	合计	男	女	合计	男	女	(女=100)
30-34岁	**2991844**	**1482091**	**1509753**	**9.83**	**4.87**	**4.96**	**98.17**
30	594620	295152	299468	1.95	0.97	0.98	98.56
31	581958	288874	293084	1.91	0.95	0.96	98.56
32	554189	274847	279342	1.82	0.90	0.92	98.39
33	661914	326852	335062	2.18	1.07	1.10	97.55
34	599163	296366	302797	1.97	0.97	1.00	97.88
35-39岁	**2097623**	**1039734**	**1057889**	**6.89**	**3.42**	**3.48**	**98.28**
35	424497	210447	214050	1.39	0.69	0.70	98.32
36	362667	181527	181140	1.19	0.60	0.60	100.21
37	384684	191041	193643	1.26	0.63	0.64	98.66
38	496796	245863	250933	1.63	0.81	0.82	97.98
39	428979	210856	218123	1.41	0.69	0.72	96.67
40-44岁	**1929625**	**951515**	**978110**	**6.34**	**3.13**	**3.21**	**97.28**
40	325516	161111	164405	1.07	0.53	0.54	98.00
41	365505	180635	184870	1.20	0.59	0.61	97.71
42	345066	169357	175709	1.13	0.56	0.58	96.38
43	406479	200322	206157	1.34	0.66	0.68	97.17
44	487059	240090	246969	1.60	0.79	0.81	97.21
45-49岁	**2904381**	**1442501**	**1461880**	**9.54**	**4.74**	**4.80**	**98.67**
45	543428	267955	275473	1.79	0.88	0.91	97.27
46	577852	286017	291835	1.90	0.94	0.96	98.01
47	580888	289749	291139	1.91	0.95	0.96	99.52
48	592551	295420	297131	1.95	0.97	0.98	99.42
49	609662	303360	306302	2.00	1.00	1.01	99.04
50-54岁	**2670726**	**1306020**	**1364706**	**8.78**	**4.29**	**4.48**	**95.70**
50	602878	297609	305269	1.98	0.98	1.00	97.49
51	546452	268820	277632	1.80	0.88	0.91	96.83
52	578150	282404	295746	1.90	0.93	0.97	95.49
53	436010	209864	226146	1.43	0.69	0.74	92.80
54	507236	247323	259913	1.67	0.81	0.85	95.16
55-59岁	**2062783**	**998480**	**1064303**	**6.78**	**3.28**	**3.50**	**93.82**
55	500268	244321	255947	1.64	0.80	0.84	95.46
56	520168	252178	267990	1.71	0.83	0.88	94.10
57	584183	283770	300413	1.92	0.93	0.99	94.46
58	302215	145223	156992	0.99	0.48	0.52	92.50
59	155949	72988	82961	0.51	0.24	0.27	87.98
60-64岁	**1306945**	**640922**	**666023**	**4.29**	**2.11**	**2.19**	**96.23**
60	187912	90366	97546	0.62	0.30	0.32	92.64
61	194710	97231	97479	0.64	0.32	0.32	99.75
62	300801	149566	151235	0.99	0.49	0.50	98.90
63	315357	153904	161453	1.04	0.51	0.53	95.32
64	308165	149855	158310	1.01	0.49	0.52	94.66

3-1a 续表 2 单位：人、%

年 龄	人口数 合计	人口数 男	人口数 女	占总人口比重 合计	占总人口比重 男	占总人口比重 女	性别比(女=100)
65-69岁	**1444281**	**678705**	**765576**	**4.75**	**2.23**	**2.52**	**88.65**
65	317936	152886	165050	1.04	0.50	0.54	92.63
66	322450	153312	169138	1.06	0.50	0.56	90.64
67	294268	137139	157129	0.97	0.45	0.52	87.28
68	287487	132859	154628	0.94	0.44	0.51	85.92
69	222140	102509	119631	0.73	0.34	0.39	85.69
70-74岁	**937248**	**447272**	**489976**	**3.08**	**1.47**	**1.61**	**91.28**
70	213574	99612	113962	0.70	0.33	0.37	87.41
71	210474	98703	111771	0.69	0.32	0.37	88.31
72	177093	84054	93039	0.58	0.28	0.31	90.34
73	175599	85762	89837	0.58	0.28	0.30	95.46
74	160508	79141	81367	0.53	0.26	0.27	97.26
75-79岁	**630621**	**301669**	**328952**	**2.07**	**0.99**	**1.08**	**91.71**
75	138299	66651	71648	0.45	0.22	0.24	93.03
76	142205	68591	73614	0.47	0.23	0.24	93.18
77	125374	59137	66237	0.41	0.19	0.22	89.28
78	115617	55576	60041	0.38	0.18	0.20	92.56
79	109126	51714	57412	0.36	0.17	0.19	90.08
80-84岁	**411867**	**191764**	**220103**	**1.35**	**0.63**	**0.72**	**87.12**
80	103545	49822	53723	0.34	0.16	0.18	92.74
81	85756	39126	46630	0.28	0.13	0.15	83.91
82	81734	37863	43871	0.27	0.12	0.14	86.31
83	72647	34012	38635	0.24	0.11	0.13	88.03
84	68185	30941	37244	0.22	0.10	0.12	83.08
85-89岁	**208961**	**94027**	**114934**	**0.69**	**0.31**	**0.38**	**81.81**
85	51331	22472	28859	0.17	0.07	0.09	77.87
86	46722	20221	26501	0.15	0.07	0.09	76.30
87	45706	21138	24568	0.15	0.07	0.08	86.04
88	35467	16125	19342	0.12	0.05	0.06	83.37
89	29735	14071	15664	0.10	0.05	0.05	89.83
90-94岁	**79675**	**36594**	**43081**	**0.26**	**0.12**	**0.14**	**84.94**
90	25965	12428	13537	0.09	0.04	0.04	91.81
91	18281	8439	9842	0.06	0.03	0.03	85.74
92	15880	7047	8833	0.05	0.02	0.03	79.78
93	11256	5043	6213	0.04	0.02	0.02	81.17
94	8293	3637	4656	0.03	0.01	0.02	78.11
95-99岁	**18999**	**8068**	**10931**	**0.06**	**0.03**	**0.04**	**73.81**
95	6472	2775	3697	0.02	0.01	0.01	75.06
96	5011	2119	2892	0.02	0.01	0.01	73.27
97	3227	1370	1857	0.01		0.01	73.77
98	2359	1006	1353	0.01			74.35
99	1930	798	1132	0.01			70.49
100岁及以上	**2766**	**1120**	**1646**	**0.01**		**0.01**	**68.04**

3-1b　全省分年龄、性别的人口(镇)

单位：人、%

年　龄	人　口　数			占总人口比重			性别比
	合计	男	女	合计	男	女	(女=100)
总　计	**17034233**	**8388350**	**8645883**	**100.00**	**49.24**	**50.76**	**97.02**
0-4岁	**883368**	**457840**	**425528**	**5.19**	**2.69**	**2.50**	**107.59**
0	124165	64597	59568	0.73	0.38	0.35	108.44
1	160647	83553	77094	0.94	0.49	0.45	108.38
2	171208	88436	82772	1.01	0.52	0.49	106.84
3	215136	111459	103677	1.26	0.65	0.61	107.51
4	212212	109795	102417	1.25	0.64	0.60	107.20
5-9岁	**1115626**	**578156**	**537470**	**6.55**	**3.39**	**3.16**	**107.57**
5	204410	105689	98721	1.20	0.62	0.58	107.06
6	216294	112178	104116	1.27	0.66	0.61	107.74
7	223820	116311	107509	1.31	0.68	0.63	108.19
8	242256	125455	116801	1.42	0.74	0.69	107.41
9	228846	118523	110323	1.34	0.70	0.65	107.43
10-14岁	**1174490**	**606599**	**567891**	**6.89**	**3.56**	**3.33**	**106.82**
10	232066	120160	111906	1.36	0.71	0.66	107.38
11	237777	123019	114758	1.40	0.72	0.67	107.20
12	236480	122550	113930	1.39	0.72	0.67	107.57
13	234032	120255	113777	1.37	0.71	0.67	105.69
14	234135	120615	113520	1.37	0.71	0.67	106.25
15-19岁	**1144402**	**589868**	**554534**	**6.72**	**3.46**	**3.26**	**106.37**
15	252177	129371	122806	1.48	0.76	0.72	105.35
16	280469	143859	136610	1.65	0.84	0.80	105.31
17	246443	125421	121022	1.45	0.74	0.71	103.63
18	204131	106508	97623	1.20	0.63	0.57	109.10
19	161182	84709	76473	0.95	0.50	0.45	110.77
20-24岁	**780979**	**391147**	**389832**	**4.58**	**2.30**	**2.29**	**100.34**
20	142151	74270	67881	0.83	0.44	0.40	109.41
21	138474	70305	68169	0.81	0.41	0.40	103.13
22	158853	79205	79648	0.93	0.46	0.47	99.44
23	164193	81115	83078	0.96	0.48	0.49	97.64
24	177308	86252	91056	1.04	0.51	0.53	94.72
25-29岁	**991139**	**476043**	**515096**	**5.82**	**2.79**	**3.02**	**92.42**
25	197842	95233	102609	1.16	0.56	0.60	92.81
26	191432	92179	99253	1.12	0.54	0.58	92.87
27	203989	97877	106112	1.20	0.57	0.62	92.24
28	195214	93413	101801	1.15	0.55	0.60	91.76
29	202662	97341	105321	1.19	0.57	0.62	92.42

3-1b 续表 1

单位：人、%

年 龄	人口数			占总人口比重			性别比
	合计	男	女	合计	男	女	(女=100)
30-34岁	**1244433**	**599931**	**644502**	**7.31**	**3.52**	**3.78**	**93.08**
30	244863	117785	127078	1.44	0.69	0.75	92.69
31	236503	113976	122527	1.39	0.67	0.72	93.02
32	228880	110476	118404	1.34	0.65	0.70	93.30
33	278048	133729	144319	1.63	0.79	0.85	92.66
34	256139	123965	132174	1.50	0.73	0.78	93.79
35-39岁	**924880**	**447602**	**477278**	**5.43**	**2.63**	**2.80**	**93.78**
35	186165	90252	95913	1.09	0.53	0.56	94.10
36	159412	77262	82150	0.94	0.45	0.48	94.05
37	165607	80528	85079	0.97	0.47	0.50	94.65
38	216254	104505	111749	1.27	0.61	0.66	93.52
39	197442	95055	102387	1.16	0.56	0.60	92.84
40-44岁	**1019309**	**488089**	**531220**	**5.98**	**2.87**	**3.12**	**91.88**
40	157266	75619	81647	0.92	0.44	0.48	92.62
41	186719	89237	97482	1.10	0.52	0.57	91.54
42	181790	86901	94889	1.07	0.51	0.56	91.58
43	219414	104920	114494	1.29	0.62	0.67	91.64
44	274120	131412	142708	1.61	0.77	0.84	92.08
45-49岁	**1698001**	**822773**	**875228**	**9.97**	**4.83**	**5.14**	**94.01**
45	311911	149655	162256	1.83	0.88	0.95	92.23
46	343443	165366	178077	2.02	0.97	1.05	92.86
47	344577	167852	176725	2.02	0.99	1.04	94.98
48	347283	168591	178692	2.04	0.99	1.05	94.35
49	350787	171309	179478	2.06	1.01	1.05	95.45
50-54岁	**1627295**	**787546**	**839749**	**9.55**	**4.62**	**4.93**	**93.78**
50	350571	170422	180149	2.06	1.00	1.06	94.60
51	322696	156912	165784	1.89	0.92	0.97	94.65
52	353952	170715	183237	2.08	1.00	1.08	93.17
53	278589	133734	144855	1.64	0.79	0.85	92.32
54	321487	155763	165724	1.89	0.91	0.97	93.99
55-59岁	**1200397**	**583240**	**617157**	**7.05**	**3.42**	**3.62**	**94.50**
55	304760	148611	156149	1.79	0.87	0.92	95.17
56	304485	148378	156107	1.79	0.87	0.92	95.05
57	333946	163736	170210	1.96	0.96	1.00	96.20
58	174714	84220	90494	1.03	0.49	0.53	93.07
59	82492	38295	44197	0.48	0.22	0.26	86.65
60-64岁	**735270**	**363731**	**371539**	**4.32**	**2.14**	**2.18**	**97.90**
60	97031	46052	50979	0.57	0.27	0.30	90.34
61	105076	53047	52029	0.62	0.31	0.31	101.96
62	167436	84538	82898	0.98	0.50	0.49	101.98
63	184143	91009	93134	1.08	0.53	0.55	97.72
64	181584	89085	92499	1.07	0.52	0.54	96.31

3-1b 续表 2

单位：人、%

年 龄	人 口 数			占总人口比重			性别比
	合计	男	女	合计	男	女	(女=100)
65-69岁	**936885**	**449995**	**486890**	**5.50**	**2.64**	**2.86**	**92.42**
65	198722	96957	101765	1.17	0.57	0.60	95.28
66	204411	98426	105985	1.20	0.58	0.62	92.87
67	194718	92430	102288	1.14	0.54	0.60	90.36
68	194682	93089	101593	1.14	0.55	0.60	91.63
69	144352	69093	75259	0.85	0.41	0.44	91.81
70-74岁	**636155**	**314221**	**321934**	**3.73**	**1.84**	**1.89**	**97.60**
70	139405	68597	70808	0.82	0.40	0.42	96.88
71	143639	70636	73003	0.84	0.41	0.43	96.76
72	120348	59630	60718	0.71	0.35	0.36	98.21
73	120642	60121	60521	0.71	0.35	0.36	99.34
74	112121	55237	56884	0.66	0.32	0.33	97.10
75-79岁	**450089**	**216774**	**233315**	**2.64**	**1.27**	**1.37**	**92.91**
75	95473	46342	49131	0.56	0.27	0.29	94.32
76	102974	50091	52883	0.60	0.29	0.31	94.72
77	91181	43413	47768	0.54	0.25	0.28	90.88
78	81223	39329	41894	0.48	0.23	0.25	93.88
79	79238	37599	41639	0.47	0.22	0.24	90.30
80-84岁	**275947**	**128759**	**147188**	**1.62**	**0.76**	**0.86**	**87.48**
80	70886	34168	36718	0.42	0.20	0.22	93.06
81	57563	26446	31117	0.34	0.16	0.18	84.99
82	54664	25654	29010	0.32	0.15	0.17	88.43
83	47444	21980	25464	0.28	0.13	0.15	86.32
84	45390	20511	24879	0.27	0.12	0.15	82.44
85-89岁	**132596**	**59018**	**73578**	**0.78**	**0.35**	**0.43**	**80.21**
85	32245	14092	18153	0.19	0.08	0.11	77.63
86	28963	12584	16379	0.17	0.07	0.10	76.83
87	29399	13427	15972	0.17	0.08	0.09	84.07
88	22916	10244	12672	0.13	0.06	0.07	80.84
89	19073	8671	10402	0.11	0.05	0.06	83.36
90-94岁	**50195**	**22108**	**28087**	**0.29**	**0.13**	**0.16**	**78.71**
90	16442	7648	8794	0.10	0.04	0.05	86.97
91	11479	5031	6448	0.07	0.03	0.04	78.02
92	9905	4260	5645	0.06	0.03	0.03	75.47
93	7254	3032	4222	0.04	0.02	0.02	71.81
94	5115	2137	2978	0.03	0.01	0.02	71.76
95-99岁	**11387**	**4457**	**6930**	**0.07**	**0.03**	**0.04**	**64.31**
95	3838	1538	2300	0.02	0.01	0.01	66.87
96	2996	1180	1816	0.02	0.01	0.01	64.98
97	1963	745	1218	0.01		0.01	61.17
98	1395	524	871	0.01		0.01	60.16
99	1195	470	725	0.01			64.83
100岁及以上	**1390**	**453**	**937**	**0.01**		**0.01**	**48.35**

3-1c 全省分年龄、性别的人口(乡村)

单位：人、%

年 龄	人口数			占总人口比重			性别比
	合计	男	女	合计	男	女	(女=100)
总 计	**36208954**	**18870936**	**17338018**	**100.00**	**52.12**	**47.88**	**108.84**
0-4岁	**1678772**	**872503**	**806269**	**4.64**	**2.41**	**2.23**	**108.21**
0	286728	149261	137467	0.79	0.41	0.38	108.58
1	313993	163613	150380	0.87	0.45	0.42	108.80
2	331115	172055	159060	0.91	0.48	0.44	108.17
3	376515	195539	180976	1.04	0.54	0.50	108.05
4	370421	192035	178386	1.02	0.53	0.49	107.65
5-9岁	**1981878**	**1027474**	**954404**	**5.47**	**2.84**	**2.64**	**107.66**
5	364379	188813	175566	1.01	0.52	0.48	107.55
6	378953	196328	182625	1.05	0.54	0.50	107.50
7	392406	203003	189403	1.08	0.56	0.52	107.18
8	427617	221986	205631	1.18	0.61	0.57	107.95
9	418523	217344	201179	1.16	0.60	0.56	108.04
10-14岁	**2338145**	**1222434**	**1115711**	**6.46**	**3.38**	**3.08**	**109.57**
10	438111	227758	210353	1.21	0.63	0.58	108.27
11	468131	243028	225103	1.29	0.67	0.62	107.96
12	474406	247820	226586	1.31	0.68	0.63	109.37
13	478628	250843	227785	1.32	0.69	0.63	110.12
14	478869	252985	225884	1.32	0.70	0.62	112.00
15-19岁	**1451091**	**792251**	**658840**	**4.01**	**2.19**	**1.82**	**120.25**
15	352646	190431	162215	0.97	0.53	0.45	117.39
16	273936	150678	123258	0.76	0.42	0.34	122.25
17	245549	134902	110647	0.68	0.37	0.31	121.92
18	286585	155842	130743	0.79	0.43	0.36	119.20
19	292375	160398	131977	0.81	0.44	0.36	121.53
20-24岁	**1711757**	**943168**	**768589**	**4.73**	**2.60**	**2.12**	**122.71**
20	287530	159082	128448	0.79	0.44	0.35	123.85
21	301170	166277	134893	0.83	0.46	0.37	123.27
22	359035	196685	162350	0.99	0.54	0.45	121.15
23	372762	205165	167597	1.03	0.57	0.46	122.42
24	391260	215959	175301	1.08	0.60	0.48	123.19
25-29岁	**1937808**	**1080398**	**857410**	**5.35**	**2.98**	**2.37**	**126.01**
25	421514	234271	187243	1.16	0.65	0.52	125.12
26	386591	215033	171558	1.07	0.59	0.47	125.34
27	394239	220413	173826	1.09	0.61	0.48	126.80
28	366828	204521	162307	1.01	0.56	0.45	126.01
29	368636	206160	162476	1.02	0.57	0.45	126.89

3-1c　续表 1

单位：人、%

年　龄	人口数			占总人口比重			性别比
	合计	男	女	合计	男	女	(女=100)
30-34岁	**2117011**	**1180868**	**936143**	**5.85**	**3.26**	**2.59**	**126.14**
30	433576	243042	190534	1.20	0.67	0.53	127.56
31	412640	230290	182350	1.14	0.64	0.50	126.29
32	385656	213936	171720	1.07	0.59	0.47	124.58
33	463104	258184	204920	1.28	0.71	0.57	125.99
34	422035	235416	186619	1.17	0.65	0.52	126.15
35-39岁	**1505629**	**819819**	**685810**	**4.16**	**2.26**	**1.89**	**119.54**
35	306433	168489	137944	0.85	0.47	0.38	122.14
36	258017	139728	118289	0.71	0.39	0.33	118.12
37	266179	144383	121796	0.74	0.40	0.34	118.54
38	348584	190325	158259	0.96	0.53	0.44	120.26
39	326416	176894	149522	0.90	0.49	0.41	118.31
40-44岁	**1796454**	**941186**	**855268**	**4.96**	**2.60**	**2.36**	**110.05**
40	265727	140669	125058	0.73	0.39	0.35	112.48
41	318546	169056	149490	0.88	0.47	0.41	113.09
42	320515	166911	153604	0.89	0.46	0.42	108.66
43	390006	204152	185854	1.08	0.56	0.51	109.85
44	501660	260398	241262	1.39	0.72	0.67	107.93
45-49岁	**3406473**	**1758411**	**1648062**	**9.41**	**4.86**	**4.55**	**106.70**
45	589740	305938	283802	1.63	0.84	0.78	107.80
46	669744	345065	324679	1.85	0.95	0.90	106.28
47	683638	353638	330000	1.89	0.98	0.91	107.16
48	711346	365923	345423	1.96	1.01	0.95	105.93
49	752005	387847	364158	2.08	1.07	1.01	106.51
50-54岁	**3649832**	**1869977**	**1779855**	**10.08**	**5.16**	**4.92**	**105.06**
50	755610	386043	369567	2.09	1.07	1.02	104.46
51	707830	363235	344595	1.95	1.00	0.95	105.41
52	790179	404018	386161	2.18	1.12	1.07	104.62
53	645819	328837	316982	1.78	0.91	0.88	103.74
54	750394	387844	362550	2.07	1.07	1.00	106.98
55-59岁	**2741577**	**1412173**	**1329404**	**7.57**	**3.90**	**3.67**	**106.23**
55	698821	362215	336606	1.93	1.00	0.93	107.61
56	688434	354237	334197	1.90	0.98	0.92	106.00
57	755313	394405	360908	2.09	1.09	1.00	109.28
58	411387	209097	202290	1.14	0.58	0.56	103.36
59	187622	92219	95403	0.52	0.25	0.26	96.66
60-64岁	**1953989**	**1038191**	**915798**	**5.40**	**2.87**	**2.53**	**113.36**
60	222366	114450	107916	0.61	0.32	0.30	106.05
61	260645	140856	119789	0.72	0.39	0.33	117.59
62	440992	237275	203717	1.22	0.66	0.56	116.47
63	509092	271477	237615	1.41	0.75	0.66	114.25
64	520894	274133	246761	1.44	0.76	0.68	111.09

3—1c 续表 2

单位：人、%

年 龄	人口数			占总人口比重			性别比
	合计	男	女	合计	男	女	(女=100)
65—69岁	**2928202**	**1482350**	**1445852**	**8.09**	**4.09**	**3.99**	**102.52**
65	583895	302755	281140	1.61	0.84	0.78	107.69
66	617085	314534	302551	1.70	0.87	0.84	103.96
67	611883	306053	305830	1.69	0.85	0.84	100.07
68	635382	317985	317397	1.75	0.88	0.88	100.19
69	479957	241023	238934	1.33	0.67	0.66	100.87
70—74岁	**2098225**	**1068423**	**1029802**	**5.79**	**2.95**	**2.84**	**103.75**
70	455656	230512	225144	1.26	0.64	0.62	102.38
71	481440	248241	233199	1.33	0.69	0.64	106.45
72	398389	203336	195053	1.10	0.56	0.54	104.25
73	396420	203754	192666	1.09	0.56	0.53	105.76
74	366320	182580	183740	1.01	0.50	0.51	99.37
75—79岁	**1468220**	**720863**	**747357**	**4.05**	**1.99**	**2.06**	**96.45**
75	313857	152453	161404	0.87	0.42	0.45	94.45
76	342917	171122	171795	0.95	0.47	0.47	99.61
77	300754	146758	153996	0.83	0.41	0.43	95.30
78	257720	127322	130398	0.71	0.35	0.36	97.64
79	252972	123208	129764	0.70	0.34	0.36	94.95
80—84岁	**852141**	**398256**	**453885**	**2.35**	**1.10**	**1.25**	**87.74**
80	216058	104976	111082	0.60	0.29	0.31	94.50
81	180781	84766	96015	0.50	0.23	0.27	88.28
82	166201	77329	88872	0.46	0.21	0.25	87.01
83	147002	68113	78889	0.41	0.19	0.22	86.34
84	142099	63072	79027	0.39	0.17	0.22	79.81
85—89岁	**406248**	**171923**	**234325**	**1.12**	**0.47**	**0.65**	**73.37**
85	99682	43388	56294	0.28	0.12	0.16	77.07
86	90083	38094	51989	0.25	0.11	0.14	73.27
87	89232	38208	51024	0.25	0.11	0.14	74.88
88	70356	28757	41599	0.19	0.08	0.11	69.13
89	56895	23476	33419	0.16	0.06	0.09	70.25
90—94岁	**148855**	**57730**	**91125**	**0.41**	**0.16**	**0.25**	**63.35**
90	47124	19313	27811	0.13	0.05	0.08	69.44
91	34346	13363	20983	0.09	0.04	0.06	63.68
92	30667	11781	18886	0.08	0.03	0.05	62.38
93	21305	7811	13494	0.06	0.02	0.04	57.88
94	15413	5462	9951	0.04	0.02	0.03	54.89
95—99岁	**32249**	**11276**	**20973**	**0.09**	**0.03**	**0.06**	**53.76**
95	11354	4064	7290	0.03	0.01	0.02	55.75
96	8749	2996	5753	0.02	0.01	0.02	52.08
97	5458	1873	3585	0.02	0.01	0.01	52.25
98	3765	1336	2429	0.01		0.01	55.00
99	2923	1007	1916	0.01		0.01	52.56
100岁及以上	**4398**	**1262**	**3136**	**0.01**		**0.01**	**40.24**

3-2 各地区人口年龄构成(一)

单位：人、%

地 区	人 口 数				比 重			
	合计	0-14岁	15-64岁	65岁及以上	合计	0-14岁	15-64岁	65岁及以上
全省	**83674866**	**13471112**	**56036154**	**14167600**	**100.00**	**16.10**	**66.97**	**16.93**
成都市	20937757	2780827	15305747	2851183	100.00	13.28	73.10	13.62
自贡市	2489256	392456	1566725	530075	100.00	15.77	62.94	21.29
攀枝花市	1212203	169669	850081	192453	100.00	14.00	70.13	15.88
泸州市	4254149	775590	2727805	750754	100.00	18.23	64.12	17.65
德阳市	3456161	451296	2304982	699883	100.00	13.06	66.69	20.25
绵阳市	4868243	687723	3286738	893782	100.00	14.13	67.51	18.36
广元市	2305657	354300	1517555	433802	100.00	15.37	65.82	18.81
遂宁市	2814196	436776	1818898	558522	100.00	15.52	64.63	19.85
内江市	3140678	488236	2023334	629108	100.00	15.55	64.42	20.03
乐山市	3160168	446056	2107664	606448	100.00	14.11	66.69	19.19
南充市	5607565	881655	3565665	1160245	100.00	15.72	63.59	20.69
眉山市	2955219	414057	1949662	591500	100.00	14.01	65.97	20.02
宜宾市	4588804	859391	3006274	723139	100.00	18.73	65.51	15.76
广安市	3254883	571240	2046591	637052	100.00	17.55	62.88	19.57
达州市	5385422	931024	3487004	967394	100.00	17.29	64.75	17.96
雅安市	1434603	220814	969720	244069	100.00	15.39	67.60	17.01
巴中市	2712894	470675	1708515	533704	100.00	17.35	62.98	19.67
资阳市	2308631	386696	1399787	522148	100.00	16.75	60.63	22.62
阿坝藏族羌族自治州	822587	155212	578413	88962	100.00	18.87	70.32	10.81
甘孜藏族自治州	1107431	254580	760313	92538	100.00	22.99	68.66	8.36
凉山彝族自治州	4858359	1342839	3054681	460839	100.00	27.64	62.87	9.49

3-2a 各地区人口年龄构成(一)(城市)

单位：人、%

地区	人口数				比重			
	合计	0-14岁	15-64岁	65岁及以上	合计	0-14岁	15-64岁	65岁及以上
全省	**30431679**	**4298833**	**22398428**	**3734418**	**100.00**	**14.13**	**73.60**	**12.27**
成都市	15179852	2041083	11409859	1728910	100.00	13.45	75.16	11.39
自贡市	767786	104342	530063	133381	100.00	13.59	69.04	17.37
攀枝花市	670591	81105	473330	116156	100.00	12.09	70.58	17.32
泸州市	999809	148437	718356	133016	100.00	14.85	71.85	13.30
德阳市	1254484	162763	902334	189387	100.00	12.97	71.93	15.10
绵阳市	1698180	243248	1248364	206568	100.00	14.32	73.51	12.16
广元市	475784	75038	347575	53171	100.00	15.77	73.05	11.18
遂宁市	1092208	176734	767185	148289	100.00	16.18	70.24	13.58
内江市	756138	115840	536589	103709	100.00	15.32	70.96	13.72
乐山市	932896	122415	671441	139040	100.00	13.12	71.97	14.90
南充市	1461982	218320	1058185	185477	100.00	14.93	72.38	12.69
眉山市	674734	102141	488976	83617	100.00	15.14	72.47	12.39
宜宾市	1079605	163242	798421	117942	100.00	15.12	73.95	10.92
广安市	513365	92367	359398	61600	100.00	17.99	70.01	12.00
达州市	1081856	156876	804399	120581	100.00	14.50	74.35	11.15
雅安市	290242	39216	207370	43656	100.00	13.51	71.45	15.04
巴中市	472166	90465	329155	52546	100.00	19.16	69.71	11.13
资阳市	408262	66650	291572	50040	100.00	16.33	71.42	12.26
阿坝藏族羌族自治州	31083	4651	24216	2216	100.00	14.96	77.91	7.13
甘孜藏族自治州	46041	6161	36741	3139	100.00	13.38	79.80	6.82
凉山彝族自治州	544615	87739	394899	61977	100.00	16.11	72.51	11.38

3-2b　各地区人口年龄构成(一)(镇)

单位：人、%

地　区	人口数				比重			
	合计	0-14岁	15-64岁	65岁及以上	合计	0-14岁	15-64岁	65岁及以上
全省	**17034233**	**3173484**	**11366105**	**2494644**	**100.00**	**18.63**	**66.73**	**14.64**
成都市	1313128	181439	927717	203972	100.00	13.82	70.65	15.53
自贡市	611353	109585	393290	108478	100.00	17.92	64.33	17.74
攀枝花市	172787	27280	123526	21981	100.00	15.79	71.49	12.72
泸州市	1137655	217075	749754	170826	100.00	19.08	65.90	15.02
德阳市	679898	96776	455519	127603	100.00	14.23	67.00	18.77
绵阳市	816923	124015	565841	127067	100.00	15.18	69.26	15.55
广元市	608741	110369	411524	86848	100.00	18.13	67.60	14.27
遂宁市	520433	95575	333802	91056	100.00	18.36	64.14	17.50
内江市	816457	139106	544844	132507	100.00	17.04	66.73	16.23
乐山市	745471	126418	501736	117317	100.00	16.96	67.30	15.74
南充市	1353952	258593	885424	209935	100.00	19.10	65.40	15.51
眉山市	806871	127337	549958	129576	100.00	15.78	68.16	16.06
宜宾市	1278639	257266	846986	174387	100.00	20.12	66.24	13.64
广安市	921023	193123	592308	135592	100.00	20.97	64.31	14.72
达州市	1600310	325837	1036691	237782	100.00	20.36	64.78	14.86
雅安市	466909	81310	317191	68408	100.00	17.41	67.93	14.65
巴中市	780127	169031	511005	100091	100.00	21.67	65.50	12.83
资阳市	544963	108050	351929	84984	100.00	19.83	64.58	15.59
阿坝藏族羌族自治州	310246	56547	224339	29360	100.00	18.23	72.31	9.46
甘孜藏族自治州	297387	54762	220714	21911	100.00	18.41	74.22	7.37
凉山彝族自治州	1250960	313990	822007	114963	100.00	25.10	65.71	9.19

3-2c 各地区人口年龄构成(一)(乡村)

单位：人、%

地区	人口数				比重			
	合计	0-14岁	15-64岁	65岁及以上	合计	0-14岁	15-64岁	65岁及以上
全省	**36208954**	**5998795**	**22271621**	**7938538**	**100.00**	**16.57**	**61.51**	**21.92**
成都市	4444777	558305	2968171	918301	100.00	12.56	66.78	20.66
自贡市	1110117	178529	643372	288216	100.00	16.08	57.96	25.96
攀枝花市	368825	61284	253225	54316	100.00	16.62	68.66	14.73
泸州市	2116685	410078	1259695	446912	100.00	19.37	59.51	21.11
德阳市	1521779	191757	947129	382893	100.00	12.60	62.24	25.16
绵阳市	2353140	320460	1472533	560147	100.00	13.62	62.58	23.80
广元市	1221132	168893	758456	293783	100.00	13.83	62.11	24.06
遂宁市	1201555	164467	717911	319177	100.00	13.69	59.75	26.56
内江市	1568083	233290	941901	392892	100.00	14.88	60.07	25.06
乐山市	1481801	197223	934487	350091	100.00	13.31	63.06	23.63
南充市	2791631	404742	1622056	764833	100.00	14.50	58.10	27.40
眉山市	1473614	184579	910728	378307	100.00	12.53	61.80	25.67
宜宾市	2230560	438883	1360867	430810	100.00	19.68	61.01	19.31
广安市	1820495	285750	1094885	439860	100.00	15.70	60.14	24.16
达州市	2703256	448311	1645914	609031	100.00	16.58	60.89	22.53
雅安市	677452	100288	445159	132005	100.00	14.80	65.71	19.49
巴中市	1460601	211179	868355	381067	100.00	14.46	59.45	26.09
资阳市	1355406	211996	756286	387124	100.00	15.64	55.80	28.56
阿坝藏族羌族自治州	481258	94014	329858	57386	100.00	19.54	68.54	11.92
甘孜藏族自治州	764003	193657	502858	67488	100.00	25.35	65.82	8.83
凉山彝族自治州	3062784	941110	1837775	283899	100.00	30.73	60.00	9.27

3–3 各地区人口年龄构成(二)

单位：人、%

地 区	人口数				比重			
	合计	0–15岁	16–59岁	60岁及以上	合计	0–15岁	16–59岁	60岁及以上
全省	**83674866**	**14370498**	**51140564**	**18163804**	**100.00**	**17.17**	**61.12**	**21.71**
成都市	20937757	2921712	14251976	3764069	100.00	13.95	68.07	17.98
自贡市	2489256	421565	1387004	680687	100.00	16.94	55.72	27.34
攀枝花市	1212203	181978	790651	239574	100.00	15.01	65.22	19.76
泸州市	4254149	853607	2422324	978218	100.00	20.07	56.94	22.99
德阳市	3456161	478148	2085804	892209	100.00	13.83	60.35	25.82
绵阳市	4868243	736048	2978026	1154169	100.00	15.12	61.17	23.71
广元市	2305657	376208	1364527	564922	100.00	16.32	59.18	24.50
遂宁市	2814196	463298	1642023	708875	100.00	16.46	58.35	25.19
内江市	3140678	530490	1817628	792560	100.00	16.89	57.87	25.24
乐山市	3160168	473486	1912503	774179	100.00	14.98	60.52	24.50
南充市	5607565	946308	3203418	1457839	100.00	16.88	57.13	26.00
眉山市	2955219	439025	1785420	730774	100.00	14.86	60.42	24.73
宜宾市	4588804	921649	2722965	944190	100.00	20.08	59.34	20.58
广安市	3254883	610136	1837683	807064	100.00	18.75	56.46	24.80
达州市	5385422	1005705	3175306	1204411	100.00	18.67	58.96	22.36
雅安市	1434603	235822	891100	307681	100.00	16.44	62.11	21.45
巴中市	2712894	502281	1547134	663479	100.00	18.51	57.03	24.46
资阳市	2308631	420501	1237377	650753	100.00	18.21	53.60	28.19
阿坝藏族羌族自治州	822587	164371	540367	117849	100.00	19.98	65.69	14.33
甘孜藏族自治州	1107431	270726	710835	125870	100.00	24.45	64.19	11.37
凉山彝族自治州	4858359	1417434	2836493	604432	100.00	29.18	58.38	12.44

3－3a 各地区人口年龄构成(二)(城市)

单位：人、%

地区	人口数				比重			
	合计	0－15岁	16－59岁	60岁及以上	合计	0－15岁	16－59岁	60岁及以上
全省	**30431679**	**4593396**	**20796920**	**5041363**	**100.00**	**15.09**	**68.34**	**16.57**
成都市	15179852	2140100	10683271	2356481	100.00	14.10	70.38	15.52
自贡市	767786	112637	471882	183267	100.00	14.67	61.46	23.87
攀枝花市	670591	88457	441531	140603	100.00	13.19	65.84	20.97
泸州市	999809	164316	652506	182987	100.00	16.43	65.26	18.30
德阳市	1254484	173925	830512	250047	100.00	13.86	66.20	19.93
绵阳市	1698180	267207	1151125	279848	100.00	15.73	67.79	16.48
广元市	475784	80231	322768	72785	100.00	16.86	67.84	15.30
遂宁市	1092208	189582	703957	198669	100.00	17.36	64.45	18.19
内江市	756138	129044	487442	139652	100.00	17.07	64.46	18.47
乐山市	932896	131276	615132	186488	100.00	14.07	65.94	19.99
南充市	1461982	240560	968304	253118	100.00	16.45	66.23	17.31
眉山市	674734	108137	456740	109857	100.00	16.03	67.69	16.28
宜宾市	1079605	178009	740540	161056	100.00	16.49	68.59	14.92
广安市	513365	99626	331946	81793	100.00	19.41	64.66	15.93
达州市	1081856	173207	747113	161536	100.00	16.01	69.06	14.93
雅安市	290242	41838	191469	56935	100.00	14.41	65.97	19.62
巴中市	472166	97115	305050	70001	100.00	20.57	64.61	14.83
资阳市	408262	72558	269686	66018	100.00	17.77	66.06	16.17
阿坝藏族羌族自治州	31083	5157	22851	3075	100.00	16.59	73.52	9.89
甘孜藏族自治州	46041	6792	34675	4574	100.00	14.75	75.31	9.93
凉山彝族自治州	544615	93622	368420	82573	100.00	17.19	67.65	15.16

3-3b　各地区人口年龄构成(二)(镇)

单位：人、%

地　区	人　口　数				比　重			
	合计	0-15岁	16-59岁	60岁及以上	合计	0-15岁	16-59岁	60岁及以上
全省	**17034233**	**3425661**	**10378658**	**3229914**	**100.00**	**20.11**	**60.93**	**18.96**
成都市	1313128	194591	854867	263670	100.00	14.82	65.10	20.08
自贡市	611353	118156	353074	140123	100.00	19.33	57.75	22.92
攀枝花市	172787	29025	115262	28500	100.00	16.80	66.71	16.49
泸州市	1137655	242838	669262	225555	100.00	21.35	58.83	19.83
德阳市	679898	103411	413469	163018	100.00	15.21	60.81	23.98
绵阳市	816923	133349	517176	166398	100.00	16.32	63.31	20.37
广元市	608741	119267	374041	115433	100.00	19.59	61.45	18.96
遂宁市	520433	101269	302045	117119	100.00	19.46	58.04	22.50
内江市	816457	153493	493638	169326	100.00	18.80	60.46	20.74
乐山市	745471	134352	459940	151179	100.00	18.02	61.70	20.28
南充市	1353952	278418	806869	268665	100.00	20.56	59.59	19.84
眉山市	806871	137705	506448	162718	100.00	17.07	62.77	20.17
宜宾市	1278639	280062	768167	230410	100.00	21.90	60.08	18.02
广安市	921023	207930	536423	176670	100.00	22.58	58.24	19.18
达州市	1600310	352650	945794	301866	100.00	22.04	59.10	18.86
雅安市	466909	86828	292288	87793	100.00	18.60	62.60	18.80
巴中市	780127	180682	469729	129716	100.00	23.16	60.21	16.63
资阳市	544963	118734	316687	109542	100.00	21.79	58.11	20.10
阿坝藏族羌族自治州	310246	60130	210516	39600	100.00	19.38	67.85	12.76
甘孜藏族自治州	297387	58527	208207	30653	100.00	19.68	70.01	10.31
凉山彝族自治州	1250960	334244	764756	151960	100.00	26.72	61.13	12.15

3–3c 各地区人口年龄构成(二)(乡村)

单位：人、%

地区	人口数				比重			
	合计	0–15岁	16–59岁	60岁及以上	合计	0–15岁	16–59岁	60岁及以上
全省	**36208954**	**6351441**	**19964986**	**9892527**	**100.00**	**17.54**	**55.14**	**27.32**
成都市	4444777	587021	2713838	1143918	100.00	13.21	61.06	25.74
自贡市	1110117	190772	562048	357297	100.00	17.18	50.63	32.19
攀枝花市	368825	64496	233858	70471	100.00	17.49	63.41	19.11
泸州市	2116685	446453	1100556	569676	100.00	21.09	51.99	26.91
德阳市	1521779	200812	841823	479144	100.00	13.20	55.32	31.49
绵阳市	2353140	335492	1309725	707923	100.00	14.26	55.66	30.08
广元市	1221132	176710	667718	376704	100.00	14.47	54.68	30.85
遂宁市	1201555	172447	636021	393087	100.00	14.35	52.93	32.71
内江市	1568083	247953	836548	483582	100.00	15.81	53.35	30.84
乐山市	1481801	207858	837431	436512	100.00	14.03	56.51	29.46
南充市	2791631	427330	1428245	936056	100.00	15.31	51.16	33.53
眉山市	1473614	193183	822232	458199	100.00	13.11	55.80	31.09
宜宾市	2230560	463578	1214258	552724	100.00	20.78	54.44	24.78
广安市	1820495	302580	969314	548601	100.00	16.62	53.24	30.13
达州市	2703256	479848	1482399	741009	100.00	17.75	54.84	27.41
雅安市	677452	107156	407343	162953	100.00	15.82	60.13	24.05
巴中市	1460601	224484	772355	463762	100.00	15.37	52.88	31.75
资阳市	1355406	229209	651004	475193	100.00	16.91	48.03	35.06
阿坝藏族羌族自治州	481258	99084	307000	75174	100.00	20.59	63.79	15.62
甘孜藏族自治州	764003	205407	467953	90643	100.00	26.89	61.25	11.86
凉山彝族自治州	3062784	989568	1703317	369899	100.00	32.31	55.61	12.08

第一部分　全部数据资料

第四卷　教育

4-1　全省分年龄、性别、受教育程度的3岁及以上人口

单位：人

年　龄	3岁及以上人口			未上过学		
	合计	男	女	小计	男	女
总　计	**81483925**	**41152443**	**40331482**	**3817982**	**1170589**	**2647393**
3	944132	489083	455049	202263	105796	96467
4	928084	480843	447241	67260	34801	32459
5-9岁	**4604374**	**2387321**	**2217053**	**49045**	**25423**	**23622**
5	876267	453552	422715	29541	15201	14340
6	905411	469220	436191	10283	5353	4930
7	912109	473160	438949	3455	1815	1640
8	988081	512861	475220	3072	1620	1452
9	922506	478528	443978	2694	1434	1260
10-14岁	**4803581**	**2497084**	**2306497**	**15932**	**8457**	**7475**
10	935237	485642	449595	3056	1580	1476
11	960519	497842	462677	3461	1802	1659
12	975991	507706	468285	3612	1925	1687
13	975558	506962	468596	3149	1691	1458
14	956276	498932	457344	2654	1459	1195
15-19岁	**4319402**	**2255617**	**2063785**	**12727**	**7017**	**5710**
15	899386	469941	429445	2116	1247	869
16	902232	471838	430394	2124	1198	926
17	822293	428474	393819	2333	1318	1015
18	835875	437632	398243	2968	1572	1396
19	859616	447732	411884	3186	1682	1504
20-24岁	**4741386**	**2433508**	**2307878**	**24428**	**11583**	**12845**
20	878852	454287	424565	4091	2017	2074
21	870159	446646	423513	4413	2119	2294
22	973673	498866	474807	4870	2354	2516
23	982997	503449	479548	5430	2544	2886
24	1035705	530260	505445	5624	2549	3075
25-29岁	**5390889**	**2767100**	**2623789**	**37964**	**16100**	**21864**
25	1122321	575300	547021	6304	2838	3466
26	1054908	541665	513243	7377	3151	4226
27	1099995	564336	535659	7625	3198	4427
28	1044524	536220	508304	8105	3391	4714
29	1069141	549579	519562	8553	3522	5031
30-34岁	**6353288**	**3262890**	**3090398**	**68284**	**27510**	**40774**
30	1273059	655979	617080	10838	4524	6314
31	1231101	633140	597961	13418	5433	7985
32	1168725	599259	569466	13405	5323	8082
33	1403066	718765	684301	15041	5994	9047
34	1277337	655747	621590	15582	6236	9346
35-39岁	**4528132**	**2307155**	**2220977**	**87994**	**34057**	**53937**
35	917095	469188	447907	15235	5924	9311
36	780096	398517	381579	15736	6141	9595
37	816470	415952	400518	16778	6413	10365
38	1061634	540693	520941	19991	7688	12303
39	952837	482805	470032	20254	7891	12363
40-44岁	**4745388**	**2380790**	**2364598**	**114874**	**44276**	**70598**
40	748509	377399	371110	19946	7527	12419
41	870770	438928	431842	21740	8447	13293
42	847371	423169	424202	22296	8509	13787
43	1015899	509394	506505	24283	9532	14751
44	1262839	631900	630939	26609	10261	16348

4-1 续表 1

单位：人

年 龄	3岁及以上人口			未上过学		
	合计	男	女	小计	男	女
45-49岁	**8008855**	**4023685**	**3985170**	**160319**	**61915**	**98404**
45	1445079	723548	721531	28382	10958	17424
46	1591039	796448	794591	31754	12353	19401
47	1609103	811239	797864	32153	12518	19635
48	1651180	829934	821246	33506	12841	20665
49	1712454	862516	849938	34524	13245	21279
50-54岁	**7947853**	**3963543**	**3984310**	**190235**	**66589**	**123646**
50	1709059	854074	854985	36326	13396	22930
51	1576978	788967	788011	37043	13452	23591
52	1722281	857137	865144	40782	14269	26513
53	1360418	672435	687983	35876	12129	23747
54	1579117	790930	788187	40208	13343	26865
55-59岁	**6004757**	**2993893**	**3010864**	**173473**	**50849**	**122624**
55	1503849	755147	748702	40007	12834	27173
56	1513087	754793	758294	41190	12446	28744
57	1673442	841911	831531	43394	12706	30688
58	888316	438540	449776	30853	8103	22750
59	426063	203502	222561	18029	4760	13269
60-64岁	**3996204**	**2042844**	**1953360**	**258883**	**73914**	**184969**
60	507309	250868	256441	24619	6958	17661
61	560431	291134	269297	34194	10321	23873
62	909229	471379	437850	57636	17041	40595
63	1008592	516390	492202	69228	19673	49555
64	1010643	513073	497570	73206	19921	53285
65-69岁	**5309368**	**2611050**	**2698318**	**499369**	**123246**	**376123**
65	1100553	552598	547955	85550	21897	63653
66	1143946	566272	577674	96391	24011	72380
67	1100869	535622	565247	104104	25062	79042
68	1117551	543933	573618	116600	28275	88325
69	846449	412625	433824	96724	24001	72723
70-74岁	**3671628**	**1829916**	**1841712**	**521467**	**140127**	**381340**
70	808635	398721	409914	100281	26432	73849
71	835553	417580	417973	115802	31806	83996
72	695830	347020	348810	101563	27813	73750
73	692661	349637	343024	102554	27985	74569
74	638949	316958	321991	101267	26091	75176
75-79岁	**2548930**	**1239306**	**1309624**	**498150**	**128471**	**369679**
75	547629	265446	282183	95150	23657	71493
76	588096	289804	298292	109230	28203	81027
77	517309	249308	268001	102618	26145	76473
78	454560	222227	232333	92946	24712	68234
79	441336	212521	228815	98206	25754	72452
80-84岁	**1539955**	**718779**	**821176**	**423465**	**109749**	**313716**
80	390489	188966	201523	92061	24149	67912
81	324100	150338	173762	88297	23192	65105
82	302599	140846	161753	84933	22395	62538
83	267093	124105	142988	78119	20270	57849
84	255674	114524	141150	80055	19743	60312
85岁及以上	**1097719**	**468036**	**629683**	**411850**	**100709**	**311141**

4-1　续表 2

单位：人

年　龄	学前教育			小　学		
	小计	男	女	小计	男	女
总　计	**2921011**	**1484995**	**1436016**	**26204828**	**12638740**	**13566088**
3	741869	383287	358582			
4	860824	446042	414782			
5—9岁	**1076285**	**560522**	**515763**	**3418472**	**1768707**	**1649765**
5	741041	383670	357371	105685	54681	51004
6	267713	142342	125371	616298	315537	300761
7	35028	17958	17070	860735	446361	414374
8	19102	9771	9331	948861	492351	456510
9	13401	6781	6620	886893	459777	427116
10—14岁	**48291**	**24390**	**23901**	**2380814**	**1245871**	**1134943**
10	11150	5623	5527	888707	461170	427537
11	9808	5021	4787	854601	444285	410316
12	8159	4161	3998	424760	228105	196655
13	9038	4509	4529	143476	75758	67718
14	10136	5076	5060	69270	36553	32717
15—19岁	**11740**	**5959**	**5781**	**161615**	**86006**	**75609**
15	5680	2866	2814	35267	18920	16347
16	2581	1324	1257	29465	15618	13847
17	1298	668	630	28394	14929	13465
18	1211	612	599	32121	17196	14925
19	970	489	481	36368	19343	17025
20—24岁	**3157**	**1551**	**1606**	**214876**	**112487**	**102389**
20	875	437	438	36860	19491	17369
21	555	283	272	38518	20323	18195
22	544	270	274	43833	22936	20897
23	589	294	295	46398	24145	22253
24	594	267	327	49267	25592	23675
25—29岁	**2485**	**1137**	**1348**	**286774**	**147501**	**139273**
25	630	283	347	53464	27896	25568
26	504	238	266	53613	27551	26062
27	450	208	242	57448	29655	27793
28	431	186	245	58880	29995	28885
29	470	222	248	63369	32404	30965
30—34岁	**2623**	**1258**	**1365**	**461032**	**230016**	**231016**
30	536	254	282	80958	40994	39964
31	534	269	265	86880	43824	43056
32	494	251	243	86224	42976	43248
33	548	253	295	103918	51362	52556
34	511	231	280	103052	50860	52192
35—39岁	**2007**	**888**	**1119**	**485399**	**231411**	**253988**
35	423	192	231	86392	41890	44502
36	376	174	202	80150	38148	42002
37	371	176	195	87141	41719	45422
38	417	159	258	115084	54752	60332
39	420	187	233	116632	54902	61730
40—44岁	**2753**	**1244**	**1509**	**879558**	**399653**	**479905**
40	455	197	258	107279	49516	57763
41	468	213	255	142402	65979	76423
42	501	230	271	153324	69176	84148
43	588	262	326	199342	90226	109116
44	741	342	399	277211	124756	152455

4-1 续表 3

单位：人

年 龄	学前教育			小 学		
	小计	男	女	小计	男	女
45-49岁	**5411**	**2312**	**3099**	**2197905**	**974601**	**1223304**
45	827	353	474	346010	155947	190063
46	990	425	565	412876	183954	228922
47	1024	448	576	436398	193939	242459
48	1258	542	716	474531	208406	266125
49	1312	544	768	528090	232355	295735
50-54岁	**9162**	**3410**	**5752**	**2977391**	**1302121**	**1675270**
50	1430	546	884	563197	244934	318263
51	1657	652	1005	581841	257366	324475
52	2021	750	1271	662550	289432	373118
53	1780	642	1138	543031	234940	308091
54	2274	820	1454	626772	275449	351323
55-59岁	**10272**	**3273**	**6999**	**2248742**	**966489**	**1282253**
55	2213	783	1430	572020	251049	320971
56	2473	808	1665	558101	240764	317337
57	2759	872	1887	608940	264985	343955
58	1812	543	1269	341763	142098	199665
59	1015	267	748	167918	67593	100325
60-64岁	**15757**	**5360**	**10397**	**2025304**	**961007**	**1064297**
60	1362	389	973	214485	94203	120282
61	1923	704	1219	263105	126651	136454
62	3582	1247	2335	457433	220253	237180
63	4293	1480	2813	534814	256304	278510
64	4597	1540	3057	555467	263596	291871
65-69岁	**32530**	**10433**	**22097**	**3260531**	**1548871**	**1711660**
65	5533	1853	3680	633529	299259	334270
66	6354	2043	4311	684068	322462	361606
67	6773	2133	4640	688826	324781	364045
68	7584	2378	5206	715563	341894	373669
69	6286	2026	4260	538545	260475	278070
70-74岁	**32936**	**11587**	**21349**	**2338609**	**1186586**	**1152023**
70	6437	2140	4297	513009	252385	260624
71	7505	2722	4783	538473	273192	265281
72	6434	2262	4172	445752	227388	218364
73	6352	2323	4029	442363	229467	212896
74	6208	2140	4068	399012	204154	194858
75-79岁	**27579**	**9728**	**17851**	**1516000**	**780975**	**735025**
75	5527	1897	3630	332386	167737	164649
76	6265	2207	4058	355691	185037	170654
77	5701	2006	3695	307172	157385	149787
78	4989	1820	3169	265377	138135	127242
79	5097	1798	3299	255374	132681	122693
80-84岁	**19529**	**7042**	**12487**	**832820**	**432318**	**400502**
80	4558	1678	2880	219055	114897	104158
81	4142	1451	2691	175751	90502	85249
82	3899	1394	2505	162061	83979	78082
83	3437	1271	2166	141986	74201	67785
84	3493	1248	2245	133967	68739	65228
85岁及以上	**15801**	**5572**	**10229**	**518986**	**264120**	**254866**

4-1　续表 4

单位：人

年　龄	初　中			高　中			大学专科		
	小计	男	女	小计	男	女	小计	男	女
总　计	**26309511**	**14188760**	**12120751**	**11129746**	**6035213**	**5094533**	**6046102**	**3067955**	**2978147**
3									
4									
5-9岁	**60217**	**32490**	**27727**	**355**	**179**	**176**			
5									
6	11117	5988	5129						
7	12891	7026	5865						
8	16859	9025	7834	187	94	93			
9	19350	10451	8899	168	85	83			
10-14岁	**2268032**	**1175863**	**1092169**	**89426**	**42006**	**47420**	**836**	**372**	**464**
10	31969	17078	14891	259	136	123	50	33	17
11	92164	46490	45674	387	197	190	60	29	31
12	538559	273095	265464	781	366	415	77	34	43
13	801704	415793	385911	18006	9119	8887	138	68	70
14	803636	423407	380229	69993	32188	37805	511	208	303
15-19岁	**947899**	**540038**	**407861**	**2350726**	**1227646**	**1123080**	**481637**	**229449**	**252188**
15	386018	212817	173201	460755	229723	231032	8450	3812	4638
16	182323	102465	79858	666859	342466	324393	16378	7606	8772
17	124701	72017	52684	607837	314740	293097	39693	17616	22077
18	122437	72848	49589	389893	212531	177362	162133	77221	84912
19	132420	79891	52529	225382	128186	97196	254983	123194	131789
20-24岁	**1091394**	**633628**	**457766**	**1042776**	**590649**	**452127**	**1258697**	**586120**	**672577**
20	148968	89789	59179	183581	105642	77939	268799	128861	139938
21	175219	103573	71646	182484	104370	78114	236427	111579	124848
22	226348	131309	95039	212367	120554	91813	253541	117385	136156
23	251940	144598	107342	223093	125564	97529	249718	114137	135581
24	288919	164359	124560	241251	134519	106732	250212	114158	136054
25-29岁	**1695134**	**935405**	**759729**	**1315993**	**713095**	**602898**	**1095137**	**517661**	**577476**
25	331875	186757	145118	267505	147699	119806	254365	117245	137120
26	321187	179272	141915	254789	139613	115176	226532	105856	120676
27	348069	192341	155728	269071	145237	123834	222671	105865	116806
28	335975	183185	152790	258338	138786	119552	199617	95679	103938
29	358028	193850	164178	266290	141760	124530	191952	93016	98936
30-34岁	**2442349**	**1281956**	**1160393**	**1445581**	**764446**	**681135**	**988066**	**488229**	**499837**
30	452818	242512	210306	309469	164479	144990	215358	105477	109881
31	456440	241602	214838	286439	151741	134698	198027	97628	100399
32	442761	231640	211121	266830	140889	125941	182314	90142	92172
33	563783	293108	270675	312867	164684	148183	208766	103345	105421
34	526547	273094	253453	269976	142653	127323	183601	91637	91964
35-39岁	**1940490**	**992123**	**948367**	**850921**	**445710**	**405211**	**552732**	**280537**	**272195**
35	382103	195805	186298	179195	95077	84118	122927	62025	60902
36	323225	164543	158682	143527	75746	67781	99280	51387	47893
37	342213	174702	167511	148510	77789	70721	101176	51415	49761
38	465372	238633	226739	199565	103918	95647	124789	62802	61987
39	427577	218440	209137	180124	93180	86944	104560	52908	51652
40-44岁	**2278606**	**1146309**	**1132297**	**761293**	**402570**	**358723**	**393909**	**207850**	**186059**
40	330997	167298	163699	139447	72835	66612	78689	40778	37911
41	410263	207071	203192	150880	78816	72064	78287	40723	37564
42	403041	201084	201957	139317	73508	65809	71858	37917	33941
43	500123	251956	248167	155580	82658	72922	78053	41310	36743
44	634182	318900	315282	176069	94753	81316	87022	47122	39900

4-1 续表 5 单位：人

年 龄	初 中			高 中			大学专科		
	小计	男	女	小计	男	女	小计	男	女
45-49岁	**4015887**	**2066230**	**1949657**	**923397**	**511243**	**412154**	**429755**	**238355**	**191400**
45	733533	370830	362703	186813	101158	85655	89707	48710	40997
46	806643	410013	396630	191517	105096	86421	89523	49552	39971
47	811411	418730	392681	185838	103252	82586	86920	48489	38431
48	823578	426336	397242	181825	102009	79816	83862	46931	36931
49	840722	440321	400401	177404	99728	77676	79743	44673	35070
50-54岁	**3601003**	**1908260**	**1692743**	**674732**	**383803**	**290929**	**297216**	**171505**	**125711**
50	813638	426826	386812	170005	95627	74378	76007	42514	33493
51	708717	374072	334645	140307	79682	60625	64304	36441	27863
52	766906	406459	360447	143163	81638	61525	63445	36624	26821
53	604857	321276	283581	101670	58140	43530	43496	25733	17763
54	706885	379627	327258	119587	68716	50871	49964	30193	19771
55-59岁	**2543690**	**1371295**	**1172395**	**675542**	**376293**	**299249**	**222660**	**135140**	**87520**
55	673573	361359	312214	131002	74854	56148	51854	31434	20420
56	663199	353547	309652	156147	88349	67798	57827	35061	22766
57	711168	384379	326789	206439	114510	91929	64095	38847	25248
58	345026	189967	155059	118546	65407	53139	32463	19959	12504
59	150724	82043	68681	63408	33173	30235	16421	9839	6582
60-64岁	**1138176**	**679873**	**458303**	**405571**	**222527**	**183044**	**106312**	**67905**	**38407**
60	165250	92790	72460	74560	39310	35250	18301	11214	7087
61	165709	99033	66676	71017	38329	32688	16841	10664	6177
62	259416	157072	102344	98034	53806	44228	23265	15017	8248
63	276458	167100	109358	89186	49092	40094	24445	15670	8775
64	271343	163878	107465	72774	41990	30784	23460	15340	8120
65-69岁	**1165460**	**711865**	**453595**	**227756**	**134630**	**93126**	**90705**	**59298**	**31407**
65	279394	170130	109264	64281	38042	26239	23247	15197	8050
66	272115	165414	106701	54574	32281	22293	22200	14458	7742
67	234626	142820	91806	42997	25294	17703	17528	11435	6093
68	219560	135361	84199	37472	22170	15302	15469	10208	5261
69	159765	98140	61625	28432	16843	11589	12261	8000	4261
70-74岁	**553831**	**349909**	**203922**	**146158**	**87493**	**58665**	**55441**	**37663**	**17778**
70	142674	88323	54351	28923	17469	11454	12590	8580	4010
71	124225	78611	45614	32103	19104	12999	12796	8691	4105
72	97721	61705	36016	29500	17529	11971	11022	7475	3547
73	97105	62145	34960	29741	17753	11988	10237	6944	3293
74	92106	59125	32981	25891	15638	10253	8796	5973	2823
75-79岁	**333637**	**212254**	**121383**	**112655**	**67308**	**45347**	**34144**	**22250**	**11894**
75	78983	50096	28887	22737	13453	9284	7345	4836	2509
76	80362	51684	28678	23953	14280	9673	7106	4585	2521
77	66630	42186	24444	23408	13738	9670	6806	4448	2358
78	57184	36297	20887	22233	13383	8850	6652	4353	2299
79	50478	31991	18487	20324	12454	7870	6235	4028	2207
80-84岁	**146836**	**94403**	**52433**	**67104**	**41321**	**25783**	**25592**	**16796**	**8796**
80	43739	28088	15651	18730	11731	6999	6419	4273	2146
81	30338	19167	11171	14457	8614	5843	5446	3491	1955
82	27559	17553	10006	13401	8271	5130	5392	3549	1843
83	23653	15445	8208	11014	6852	4162	4492	2974	1518
84	21547	14150	7397	9502	5853	3649	3843	2509	1334
85岁及以上	**86870**	**56859**	**30011**	**39760**	**24294**	**15466**	**13263**	**8825**	**4438**

4-1　续表 6　　　　单位：人

年　龄	大学本科			硕士研究生			博士研究生		
	小计	男	女	小计	男	女	小计	男	女
总　计	**4578724**	**2315609**	**2263115**	**420793**	**216004**	**204789**	**55228**	**34578**	**20650**
3									
4									
5-9岁									
5									
6									
7									
8									
9									
10-14岁	**234**	**117**	**117**	**14**	**6**	**8**	**2**	**2**	
10	46	22	24						
11	38	18	20						
12	41	19	22	2	1	1			
13	44	22	22	3	2	1			
14	65	36	29	9	3	6	2	2	
15-19岁	**352675**	**159290**	**193385**	**285**	**147**	**138**	**98**	**65**	**33**
15	1090	549	541	5	2	3	5	5	
16	2487	1148	1339	2	2		13	11	2
17	17986	7156	10830	35	21	14	16	9	7
18	124987	55583	69404	98	54	44	27	15	12
19	206125	94854	111271	145	68	77	37	25	12
20-24岁	**1032803**	**465422**	**567381**	**70452**	**30645**	**39807**	**2803**	**1423**	**1380**
20	235214	107826	127388	403	183	220	61	41	20
21	229606	103258	126348	2809	1083	1726	128	58	70
22	216566	97208	119358	15138	6619	8519	466	231	235
23	180054	80771	99283	24943	10972	13971	832	424	408
24	171363	76359	95004	27159	11788	15371	1316	669	647
25-29岁	**835891**	**381139**	**454752**	**108495**	**47882**	**60613**	**13016**	**7180**	**5836**
25	179392	79759	99633	26592	11675	14917	2194	1148	1046
26	166015	74992	91023	22303	9620	12683	2588	1372	1216
27	170464	77034	93430	21340	9234	12106	2857	1564	1293
28	160910	74661	86249	19565	8791	10774	2703	1546	1157
29	159110	74693	84417	18695	8562	10133	2674	1550	1124
30-34岁	**833201**	**412513**	**420688**	**98848**	**48768**	**50080**	**13304**	**8194**	**5110**
30	178497	85841	92656	21536	10078	11458	3049	1820	1229
31	165889	81016	84873	20796	9953	10843	2678	1674	1004
32	155104	77219	77885	19074	9268	9806	2519	1551	968
33	175745	88292	87453	19698	10050	9648	2700	1677	1023
34	157966	80145	77821	17744	9419	8325	2358	1472	886
35-39岁	**534138**	**280995**	**253143**	**64552**	**35221**	**29331**	**9899**	**6213**	**3686**
35	115616	59841	55775	13199	7146	6053	2005	1288	717
36	103198	54256	48942	12711	6924	5787	1893	1198	695
37	105055	55389	49666	13268	7123	6145	1958	1226	732
38	119688	63429	56259	14544	7959	6585	2184	1353	831
39	90581	48080	42501	10830	6069	4761	1859	1148	711
40-44岁	**279010**	**157101**	**121909**	**29331**	**17778**	**11553**	**6054**	**4009**	**2045**
40	62625	33967	28658	7591	4320	3271	1480	961	519
41	58697	32829	25868	6670	3950	2720	1363	900	463
42	50469	28602	21867	5439	3377	2062	1126	766	360
43	52000	29726	22274	4887	3038	1849	1043	686	357
44	55219	31977	23242	4744	3093	1651	1042	696	346

4-1 续表 7

单位：人

年 龄	大学本科			硕士研究生			博士研究生		
	小计	男	女	小计	男	女	小计	男	女
45-49岁	**251848**	**152382**	**99466**	**20124**	**13714**	**6410**	**4209**	**2933**	**1276**
45	54349	31956	22393	4560	3023	1537	898	613	285
46	52540	31553	20987	4252	2836	1416	944	666	278
47	50301	30406	19895	4161	2828	1333	897	629	268
48	48203	29781	18422	3631	2536	1095	786	552	234
49	46455	28686	17769	3520	2491	1029	684	473	211
50-54岁	**182520**	**116446**	**66074**	**12991**	**9455**	**3536**	**2603**	**1954**	**649**
50	44435	27374	17061	3336	2364	972	685	493	192
51	39701	24886	14815	2852	2017	835	556	399	157
52	40084	25530	14554	2789	2032	757	541	403	138
53	27514	17931	9583	1827	1359	468	367	285	82
54	30786	20725	10061	2187	1683	504	454	374	80
55-59岁	**119051**	**81504**	**37547**	**9350**	**7409**	**1941**	**1977**	**1641**	**336**
55	30324	20548	9776	2336	1845	491	520	441	79
56	31215	21463	9752	2460	1963	497	475	392	83
57	33404	23029	10375	2672	2117	555	571	466	105
58	16281	11209	5072	1283	1015	268	289	239	50
59	7827	5255	2572	599	469	130	122	103	19
60-64岁	**42633**	**29392**	**13241**	**2997**	**2403**	**594**	**571**	**463**	**108**
60	8068	5474	2594	561	448	113	103	82	21
61	7030	4944	2086	532	423	109	80	65	15
62	9077	6312	2765	670	536	134	116	95	21
63	9368	6425	2943	662	535	127	138	111	27
64	9090	6237	2853	572	461	111	134	110	24
65-69岁	**31186**	**21271**	**9915**	**1558**	**1218**	**340**	**273**	**218**	**55**
65	8417	5727	2690	504	408	96	98	85	13
66	7730	5201	2529	441	344	97	73	58	15
67	5703	3866	1837	274	202	72	38	29	9
68	5076	3473	1603	189	147	42	38	27	11
69	4260	3004	1256	150	117	33	26	19	7
70-74岁	**22387**	**15940**	**6447**	**686**	**526**	**160**	**113**	**85**	**28**
70	4524	3241	1283	173	133	40	24	18	6
71	4480	3331	1149	146	106	40	23	17	6
72	3689	2743	946	126	89	37	23	16	7
73	4178	2913	1265	112	94	18	19	13	6
74	5516	3712	1804	129	104	25	24	21	3
75-79岁	**26153**	**17840**	**8313**	**515**	**404**	**111**	**97**	**76**	**21**
75	5367	3665	1702	110	84	26	24	21	3
76	5343	3688	1655	118	99	19	28	21	7
77	4861	3312	1549	103	80	23	10	8	2
78	5073	3445	1628	85	66	19	21	16	5
79	5509	3730	1779	99	75	24	14	10	4
80-84岁	**24180**	**16850**	**7330**	**335**	**240**	**95**	**94**	**60**	**34**
80	5822	4072	1750	87	64	23	18	14	4
81	5584	3857	1727	66	52	14	19	12	7
82	5275	3657	1618	57	35	22	22	13	9
83	4299	3032	1267	70	47	23	23	13	10
84	3200	2232	968	55	42	13	12	8	4
85岁及以上	**10814**	**7407**	**3407**	**260**	**188**	**72**	**115**	**62**	**53**

4-1a　全省分年龄、性别、受教育程度的3岁及以上人口(城市)

单位：人

年　龄	3岁及以上人口			未上过学		
	合计	男	女	小计	男	女
总　计	**29628594**	**14614672**	**15013922**	**537578**	**163922**	**373656**
3	352481	182085	170396	52732	27778	24954
4	345451	179013	166438	17031	8877	8154
5-9岁	**1506870**	**781691**	**725179**	**13083**	**6884**	**6199**
5	307478	159050	148428	8248	4348	3900
6	310164	160714	149450	2456	1302	1154
7	295883	153846	142037	852	453	399
8	318208	165420	152788	833	425	408
9	275137	142661	132476	694	356	338
10-14岁	**1290946**	**668051**	**622895**	**3791**	**1982**	**1809**
10	265060	137724	127336	850	440	410
11	254611	131795	122816	850	433	417
12	265105	137336	127769	868	453	415
13	262898	135864	127034	697	373	324
14	243272	125332	117940	526	283	243
15-19岁	**1723909**	**873498**	**850411**	**1847**	**1053**	**794**
15	294563	150139	144424	349	199	150
16	347827	177301	170526	314	167	147
17	330301	168151	162150	347	197	150
18	345159	175282	169877	451	259	192
19	406059	202625	203434	386	231	155
20-24岁	**2248650**	**1099193**	**1149457**	**2913**	**1537**	**1376**
20	449171	220935	228236	597	307	290
21	430515	210064	220451	553	284	269
22	455785	222976	232809	590	326	264
23	446042	217169	228873	594	302	292
24	467137	228049	239088	579	318	261
25-29岁	**2461942**	**1210659**	**1251283**	**3647**	**1808**	**1839**
25	502965	245796	257169	656	345	311
26	476885	234453	242432	698	361	337
27	501767	246046	255721	747	346	401
28	482482	238286	244196	732	366	366
29	497843	246078	251765	814	390	424
30-34岁	**2991844**	**1482091**	**1509753**	**5571**	**2575**	**2996**
30	594620	295152	299468	1021	510	511
31	581958	288874	293084	1001	486	515
32	554189	274847	279342	1095	501	594
33	661914	326852	335062	1242	551	691
34	599163	296366	302797	1212	527	685
35-39岁	**2097623**	**1039734**	**1057889**	**5624**	**2343**	**3281**
35	424497	210447	214050	1042	441	601
36	362667	181527	181140	1001	422	579
37	384684	191041	193643	1048	438	610
38	496796	245863	250933	1298	541	757
39	428979	210856	218123	1235	501	734
40-44岁	**1929625**	**951515**	**978110**	**7280**	**2957**	**4323**
40	325516	161111	164405	1172	455	717
41	365505	180635	184870	1323	542	781
42	345066	169357	175709	1329	505	824
43	406479	200322	206157	1566	675	891
44	487059	240090	246969	1890	780	1110

4-1a 续表 1

单位：人

年 龄	3岁及以上人口			未上过学		
	合计	男	女	小计	男	女
45-49岁	**2904381**	**1442501**	**1461880**	**13507**	**5407**	**8100**
45	543428	267955	275473	2199	909	1290
46	577852	286017	291835	2547	1079	1468
47	580888	289749	291139	2647	1041	1606
48	592551	295420	297131	2871	1107	1764
49	609662	303360	306302	3243	1271	1972
50-54岁	**2670726**	**1306020**	**1364706**	**20998**	**7154**	**13844**
50	602878	297609	305269	3564	1339	2225
51	546452	268820	277632	3831	1367	2464
52	578150	282404	295746	4591	1584	3007
53	436010	209864	226146	4013	1291	2722
54	507236	247323	259913	4999	1573	3426
55-59岁	**2062783**	**998480**	**1064303**	**22559**	**6190**	**16369**
55	500268	244321	255947	4946	1484	3462
56	520168	252178	267990	5272	1578	3694
57	584183	283770	300413	5860	1635	4225
58	302215	145223	156992	4009	918	3091
59	155949	72988	82961	2472	575	1897
60-64岁	**1306945**	**640922**	**666023**	**38522**	**9654**	**28868**
60	187912	90366	97546	3381	864	2517
61	194710	97231	97479	4865	1303	3562
62	300801	149566	151235	8764	2218	6546
63	315357	153904	161453	10523	2603	7920
64	308165	149855	158310	10989	2666	8323
65-69岁	**1444281**	**678705**	**765576**	**68478**	**15452**	**53026**
65	317936	152886	165050	12433	2812	9621
66	322450	153312	169138	13308	2962	10346
67	294268	137139	157129	14150	3119	11031
68	287487	132859	154628	15780	3584	12196
69	222140	102509	119631	12807	2975	9832
70-74岁	**937248**	**447272**	**489976**	**61957**	**15861**	**46096**
70	213574	99612	113962	13226	3230	9996
71	210474	98703	111771	14378	3701	10677
72	177093	84054	93039	11862	3043	8819
73	175599	85762	89837	11526	3104	8422
74	160508	79141	81367	10965	2783	8182
75-79岁	**630621**	**301669**	**328952**	**58341**	**14124**	**44217**
75	138299	66651	71648	10769	2607	8162
76	142205	68591	73614	12531	3172	9359
77	125374	59137	66237	11752	2730	9022
78	115617	55576	60041	11088	2713	8375
79	109126	51714	57412	12201	2902	9299
80-84岁	**411867**	**191764**	**220103**	**62526**	**14334**	**48192**
80	103545	49822	53723	12419	2945	9474
81	85756	39126	46630	12601	2928	9673
82	81734	37863	43871	12644	2966	9678
83	72647	34012	38635	12015	2763	9252
84	68185	30941	37244	12847	2732	10115
85岁及以上	**310401**	**139809**	**170592**	**77171**	**17952**	**59219**

4-1a 续表 2

单位：人

年 龄	学前教育			小 学		
	小计	男	女	小计	男	女
总 计	**1030318**	**530783**	**499535**	**5910422**	**2709948**	**3200474**
3	299749	154307	145442			
4	328420	170136	158284			
5-9岁	**360620**	**188358**	**172262**	**1113454**	**575898**	**537556**
5	269381	139399	129982	29849	15303	14546
6	71799	38943	32856	232166	118494	113672
7	8789	4539	4250	282066	146555	135511
8	6185	3216	2969	305559	158802	146757
9	4466	2261	2205	263814	136744	127070
10-14岁	**14810**	**7581**	**7229**	**588732**	**308585**	**280147**
10	3732	1920	1812	251064	130303	120761
11	3156	1615	1541	225451	117409	108042
12	2446	1236	1210	81755	44907	36848
13	2619	1353	1266	20453	10655	9798
14	2857	1457	1400	10009	5311	4698
15-19岁	**3613**	**1811**	**1802**	**23832**	**12814**	**11018**
15	1714	846	868	4589	2494	2095
16	773	386	387	4198	2230	1968
17	422	221	201	4415	2290	2125
18	377	188	189	5121	2781	2340
19	327	170	157	5509	3019	2490
20-24岁	**1059**	**501**	**558**	**27706**	**15450**	**12256**
20	304	145	159	4982	2805	2177
21	171	90	81	4574	2493	2081
22	176	77	99	5416	3053	2363
23	211	107	104	5943	3337	2606
24	197	82	115	6791	3762	3029
25-29岁	**760**	**353**	**407**	**43889**	**23689**	**20200**
25	203	97	106	7307	3986	3321
26	156	69	87	7372	4103	3269
27	125	59	66	8719	4716	4003
28	126	53	73	9286	4927	4359
29	150	75	75	11205	5957	5248
30-34岁	**833**	**408**	**425**	**91548**	**46065**	**45483**
30	184	88	96	15373	8029	7344
31	158	82	76	16835	8714	8121
32	153	75	78	16910	8523	8387
33	178	84	94	21601	10631	10970
34	160	79	81	20829	10168	10661
35-39岁	**446**	**209**	**237**	**88440**	**40229**	**48211**
35	92	45	47	15655	7323	8332
36	88	44	44	13697	6185	7512
37	79	38	41	15394	7056	8338
38	93	35	58	21649	9865	11784
39	94	47	47	22045	9800	12245
40-44岁	**478**	**232**	**246**	**183843**	**79872**	**103971**
40	68	31	37	19484	8653	10831
41	83	43	40	28982	12780	16202
42	90	43	47	31581	13502	18079
43	109	53	56	42919	18707	24212
44	128	62	66	60877	26230	34647

4-1a 续表 3

单位：人

年龄	学前教育			小学		
	小计	男	女	小计	男	女
45-49岁	**895**	**403**	**492**	**495398**	**210853**	**284545**
45	146	73	73	77818	33954	43864
46	154	67	87	91956	39426	52530
47	180	81	99	97716	41664	56052
48	207	92	115	107204	45251	61953
49	208	90	118	120704	50558	70146
50-54岁	**1631**	**663**	**968**	**669592**	**278913**	**390679**
50	266	103	163	129913	54222	75691
51	288	130	158	135217	57069	78148
52	362	158	204	150756	62863	87893
53	313	116	197	118943	48434	70509
54	402	156	246	134763	56325	78438
55-59岁	**1633**	**570**	**1063**	**462184**	**190694**	**271490**
55	392	139	253	120856	50808	70048
56	405	151	254	114435	47320	67115
57	432	154	278	124270	52140	72130
58	263	85	178	67714	27042	40672
59	141	41	100	34909	13384	21525
60-64岁	**1970**	**650**	**1320**	**404184**	**174368**	**229816**
60	190	60	130	45172	18454	26718
61	239	86	153	54473	24340	30133
62	465	155	310	92814	40931	51883
63	511	164	347	103859	44838	59021
64	565	185	380	107866	45805	62061
65-69岁	**3254**	**1067**	**2187**	**630100**	**264641**	**365459**
65	579	200	379	120322	50409	69913
66	652	215	437	131553	55001	76552
67	688	227	461	134144	56630	77514
68	728	243	485	138707	58383	80324
69	607	182	425	105374	44218	61156
70-74岁	**3005**	**1038**	**1967**	**464878**	**205199**	**259679**
70	591	199	392	101928	43003	58925
71	739	239	500	105426	45342	60084
72	592	204	388	89744	39504	50240
73	584	220	364	88770	40692	48078
74	499	176	323	79010	36658	42352
75-79岁	**2480**	**918**	**1562**	**298858**	**135905**	**162953**
75	460	180	280	65540	29815	35725
76	554	206	348	68626	31632	36994
77	502	187	315	59416	26752	32664
78	459	160	299	54199	24673	29526
79	505	185	320	51077	23033	28044
80-84岁	**2209**	**759**	**1450**	**187962**	**83516**	**104446**
80	466	176	290	47694	21731	25963
81	445	145	300	38987	16947	22040
82	470	160	310	36931	16174	20757
83	388	139	249	32991	14689	18302
84	440	139	301	31359	13975	17384
85岁及以上	**2453**	**819**	**1634**	**135822**	**63257**	**72565**

4-1a 续表 4

单位：人

年 龄	初 中			高 中			大学专科		
	小计	男	女	小计	男	女	小计	男	女
总 计	**8465668**	**4243728**	**4221940**	**5815814**	**3008282**	**2807532**	**3989278**	**1985663**	**2003615**
3									
4									
5–9岁	**19589**	**10486**	**9103**	**124**	**65**	**59**			
5									
6	3743	1975	1768						
7	4176	2299	1877						
8	5562	2941	2621	69	36	33			
9	6108	3271	2837	55	29	26			
10–14岁	**651030**	**335285**	**315745**	**31951**	**14362**	**17589**	**501**	**190**	**311**
10	9270	4985	4285	87	40	47	27	20	7
11	24965	12247	12718	138	64	74	34	19	15
12	179717	90598	89119	258	117	141	36	16	20
13	232742	120241	112501	6289	3197	3092	74	32	42
14	204336	107214	97122	25179	10944	14235	330	103	227
15–19岁	**180227**	**102779**	**77448**	**1014729**	**523802**	**490927**	**262751**	**123990**	**138761**
15	75006	41956	33050	207953	102637	105316	4359	1752	2607
16	32303	17671	14632	300136	152677	147459	8719	3554	5165
17	23704	13659	10045	270707	139158	131549	19995	8504	11491
18	23455	13918	9537	151894	82624	69270	83465	39865	43600
19	25759	15575	10184	84039	46706	37333	146213	70315	75898
20–24岁	**247048**	**139981**	**107067**	**425532**	**235003**	**190529**	**745921**	**345715**	**400206**
20	31238	18763	12475	73931	40932	32999	164338	77799	86539
21	37972	21946	16026	73928	41013	32915	140503	65933	74570
22	50582	28686	21896	85704	47603	38101	147121	68210	78911
23	58222	32435	25787	91057	50049	41008	145451	66250	79201
24	69034	38151	30883	100912	55406	45506	148508	67523	80985
25–29岁	**431997**	**230043**	**201954**	**591390**	**312358**	**279032**	**686681**	**321520**	**365161**
25	80109	43842	36267	113782	61332	52450	152995	70178	82817
26	79967	43184	36783	111668	59833	51835	138987	64578	74409
27	88537	47087	41450	121258	63812	57446	140004	65794	74210
28	87530	46091	41439	119298	62490	56808	128274	60741	67533
29	95854	49839	46015	125384	64891	60493	126421	60229	66192
30–34岁	**713082**	**354017**	**359065**	**736878**	**374886**	**361992**	**689925**	**332212**	**357713**
30	125910	64489	61421	149555	77093	72462	144675	69289	75386
31	131422	66198	65224	144460	73951	70509	137504	66267	71237
32	128542	63817	64725	136995	69808	67187	128324	61853	66471
33	167797	82008	85789	163474	82397	81077	148162	71345	76817
34	159411	77505	81906	142394	71637	70757	131260	63458	67802
35–39岁	**616941**	**295715**	**321226**	**478817**	**238483**	**240334**	**403027**	**197801**	**205226**
35	116749	55977	60772	95667	48299	47368	88353	43091	45262
36	99519	47762	51757	78418	39505	38913	72125	36245	35880
37	108629	51945	56684	84311	41962	42349	74410	36646	37764
38	152570	73310	79260	115608	57193	58415	91911	44789	47122
39	139474	66721	72753	104813	51524	53289	76228	37030	39198
40–44岁	**750531**	**355634**	**394897**	**458544**	**230129**	**228415**	**278510**	**141727**	**136783**
40	107864	51297	56567	81633	40466	41167	56519	28287	28232
41	135466	64532	70934	90435	44784	45651	55546	27895	27651
42	132124	61930	70194	84210	42070	42140	50563	25701	24862
43	166475	78905	87570	95004	47938	47066	54983	28055	26928
44	208602	98970	109632	107262	54871	52391	60899	31789	29110

4–1a 续表 5 单位：人

年龄	初中			高中			大学专科		
	小计	男	女	小计	男	女	小计	男	女
45–49岁	**1308126**	**635438**	**672688**	**567708**	**298828**	**268880**	**301538**	**160906**	**140632**
45	238838	113800	125038	114709	58963	55746	63086	32943	30143
46	259196	124512	134684	116521	60883	55638	62516	33190	29326
47	261742	127688	134054	113977	60276	53701	60937	32741	28196
48	269953	131984	137969	112180	59844	52336	58550	31618	26932
49	278397	137454	140943	110321	58862	51459	56449	30414	26035
50–54岁	**1195993**	**585352**	**610641**	**420342**	**222686**	**197656**	**204887**	**112070**	**92817**
50	270143	133230	136913	106586	56456	50130	53647	28632	25015
51	238836	117413	121423	88785	47326	41459	44920	24126	20794
52	254326	124437	129889	89807	47663	42144	43883	24055	19828
53	198088	96151	101937	62408	32813	29595	29133	16183	12950
54	234600	114121	120479	72756	38428	34328	33304	19074	14230
55–59岁	**895806**	**432241**	**463565**	**414069**	**206626**	**207443**	**158333**	**89028**	**69305**
55	231961	112395	119566	79831	41328	38503	35413	20100	15313
56	235917	112776	123141	95709	48737	46972	40409	22627	17782
57	252021	121514	130507	125060	61892	63168	45919	25646	20273
58	119506	58323	61183	71712	35064	36648	23816	13508	10308
59	56401	27233	29168	41757	19605	22152	12776	7147	5629
60–64岁	**465752**	**243257**	**222495**	**271130**	**133560**	**137570**	**84054**	**50989**	**33065**
60	66468	33372	33096	50381	23926	26455	14536	8409	6127
61	67323	35481	31842	47626	23223	24403	13385	8045	5340
62	105320	56035	49285	66202	32795	33407	18409	11310	7099
63	112168	58841	53327	59791	29346	30445	19367	11836	7531
64	114473	59528	54945	47130	24270	22860	18357	11389	6968
65–69岁	**492439**	**254263**	**238176**	**149065**	**78497**	**70568**	**71436**	**44751**	**26685**
65	116993	60930	56063	41238	21638	19600	18314	11425	6889
66	116195	60242	55953	35816	19003	16813	17527	10926	6601
67	98109	50325	47784	28064	14639	13425	13776	8617	5159
68	90668	46632	44036	24765	13100	11665	12123	7710	4413
69	70474	36134	34340	19182	10117	9065	9696	6073	3623
70–74岁	**240584**	**127249**	**113335**	**102202**	**54764**	**47438**	**43895**	**28527**	**15368**
70	64232	33280	30952	19444	10402	9042	9952	6501	3451
71	52923	27611	25312	22689	12129	10560	10169	6630	3539
72	41675	21912	19763	21024	11200	9824	8827	5707	3120
73	41744	22561	19183	21013	11272	9741	8112	5257	2855
74	40010	21885	18125	18032	9761	8271	6835	4432	2403
75–79岁	**142421**	**76457**	**65964**	**77239**	**41081**	**36158**	**26749**	**16580**	**10169**
75	34863	18737	16126	15841	8314	7527	5803	3605	2198
76	33610	18171	15439	16353	8613	7740	5540	3370	2170
77	27705	14663	13042	16122	8418	7704	5323	3317	2006
78	24594	13241	11353	15273	8285	6988	5226	3281	1945
79	21649	11645	10004	13650	7451	6199	4857	3007	1850
80–84岁	**69040**	**38351**	**30689**	**47059**	**26358**	**20701**	**20343**	**12736**	**7607**
80	19855	10910	8945	12679	7122	5557	4975	3146	1829
81	14084	7520	6564	10057	5354	4703	4340	2638	1702
82	12965	7117	5848	9482	5352	4130	4271	2673	1598
83	11552	6659	4893	7984	4593	3391	3661	2337	1324
84	10584	6145	4439	6857	3937	2920	3096	1942	1154
85岁及以上	**45062**	**27180**	**17882**	**29035**	**16794**	**12241**	**10727**	**6921**	**3806**

4-1a　续表 6

单位：人

年　龄	大学本科			硕士研究生			博士研究生		
	小计	男	女	小计	男	女	小计	男	女
总　计	**3455854**	**1748246**	**1707608**	**373731**	**192771**	**180960**	**49931**	**31329**	**18602**
3									
4									
5–9岁									
5									
6									
7									
8									
9									
10–14岁	**123**	**62**	**61**	**7**	**3**	**4**	**1**	**1**	
10	30	16	14						
11	17	8	9						
12	24	9	15	1		1			
13	23	12	11	1	1				
14	29	17	12	5	2	3	1	1	
15–19岁	**236660**	**107116**	**129544**	**182**	**94**	**88**	**68**	**39**	**29**
15	585	248	337	3	2	1	5	5	
16	1376	609	767				8	7	1
17	10681	4101	6580	20	17	3	10	4	6
18	80320	35615	44705	58	26	32	18	6	12
19	143698	66543	77155	101	49	52	27	17	10
20–24岁	**738926**	**334850**	**404076**	**57423**	**25077**	**32346**	**2122**	**1079**	**1043**
20	173479	80039	93440	265	121	144	37	24	13
21	170606	77448	93158	2124	817	1307	84	40	44
22	154081	69629	84452	11807	5250	6557	308	142	166
23	123510	55370	68140	20432	8995	11437	622	324	298
24	117250	52364	64886	22795	9894	12901	1071	549	522
25–29岁	**600204**	**274063**	**326141**	**92122**	**40589**	**51533**	**11252**	**6236**	**5016**
25	123986	55304	68682	22111	9743	12368	1816	969	847
26	117212	53092	64120	18601	8052	10549	2224	1181	1043
27	121868	55102	66766	18043	7776	10267	2466	1354	1112
28	117969	54725	63244	16903	7545	9358	2364	1348	1016
29	119169	55840	63329	16464	7473	8991	2382	1384	998
30–34岁	**651538**	**320110**	**331428**	**90305**	**44336**	**45969**	**12164**	**7482**	**4682**
30	135822	65022	70800	19344	8992	10352	2736	1640	1096
31	129228	62637	66591	18908	9025	9883	2442	1514	928
32	122361	60405	61956	17490	8450	9040	2319	1415	904
33	138825	69071	69754	18154	9213	8941	2481	1552	929
34	125302	62975	62327	16409	8656	7753	2186	1361	825
35–39岁	**434266**	**226079**	**208187**	**60733**	**33062**	**27671**	**9329**	**5813**	**3516**
35	92777	47441	45336	12309	6649	5660	1853	1181	672
36	84096	43758	40338	11923	6476	5447	1800	1130	670
37	86398	45078	41320	12569	6731	5838	1846	1147	699
38	97875	51363	46512	13728	7497	6231	2064	1270	794
39	73120	38439	34681	10204	5709	4495	1766	1085	681
40–44岁	**217161**	**120547**	**96614**	**27623**	**16682**	**10941**	**5655**	**3735**	**1920**
40	50173	26930	23243	7201	4086	3115	1402	906	496
41	46101	25500	20601	6304	3724	2580	1265	835	430
42	39005	21732	17273	5111	3161	1950	1053	713	340
43	39883	22512	17371	4564	2837	1727	976	640	336
44	41999	23873	18126	4443	2874	1569	959	641	318

4—1a 续表 7

单位：人

年 龄	大学本科			硕士研究生			博士研究生		
	小计	男	女	小计	男	女	小计	男	女
45—49岁	**194496**	**115216**	**79280**	**18795**	**12739**	**6056**	**3918**	**2711**	**1207**
45	41520	23931	17589	4271	2815	1456	841	567	274
46	40117	23616	16501	3962	2628	1334	883	616	267
47	38964	23043	15921	3892	2633	1259	833	582	251
48	37483	22670	14813	3382	2348	1034	721	506	215
49	36412	21956	14456	3288	2315	973	640	440	200
50—54岁	**142843**	**88646**	**54197**	**12003**	**8706**	**3297**	**2437**	**1830**	**607**
50	35035	20987	14048	3086	2181	905	638	459	179
51	31405	19156	12249	2637	1853	784	533	380	153
52	31363	19408	11955	2562	1860	702	500	376	124
53	21072	13346	7726	1693	1263	430	347	267	80
54	23968	15749	8219	2025	1549	476	419	348	71
55—59岁	**97656**	**64730**	**32926**	**8685**	**6865**	**1820**	**1858**	**1536**	**322**
55	24207	15941	8266	2171	1711	460	491	415	76
56	25279	16786	8493	2292	1831	461	450	372	78
57	27625	18415	9210	2466	1943	523	530	431	99
58	13734	9124	4610	1188	936	252	273	223	50
59	6811	4464	2347	568	444	124	114	95	19
60—64岁	**37982**	**25751**	**12231**	**2812**	**2256**	**556**	**539**	**437**	**102**
60	7173	4796	2377	514	409	105	97	76	21
61	6217	4287	1930	508	405	103	74	61	13
62	8092	5536	2556	625	496	129	110	90	20
63	8381	5658	2723	622	509	113	135	109	26
64	8119	5474	2645	543	437	106	123	101	22
65—69岁	**27852**	**18725**	**9127**	**1413**	**1111**	**302**	**244**	**198**	**46**
65	7510	5025	2485	458	370	88	89	77	12
66	6923	4589	2334	410	320	90	66	54	12
67	5063	3379	1684	243	179	64	31	24	7
68	4515	3049	1466	166	133	33	35	25	10
69	3841	2683	1158	136	109	27	23	18	5
70—74岁	**20029**	**14091**	**5938**	**615**	**478**	**137**	**83**	**65**	**18**
70	4022	2853	1169	161	129	32	18	15	3
71	4007	2951	1056	127	88	39	16	12	4
72	3242	2392	850	111	81	30	16	11	5
73	3741	2567	1174	96	79	17	13	10	3
74	5017	3328	1689	120	101	19	20	17	3
75—79岁	**23977**	**16163**	**7814**	**475**	**378**	**97**	**81**	**63**	**18**
75	4900	3296	1604	103	79	24	20	18	2
76	4853	3314	1539	113	95	18	25	18	7
77	4458	2992	1466	89	73	16	7	5	2
78	4682	3147	1535	80	63	17	16	13	3
79	5084	3414	1670	90	68	22	13	9	4
80—84岁	**22349**	**15437**	**6912**	**299**	**220**	**79**	**80**	**53**	**27**
80	5363	3720	1643	78	59	19	16	13	3
81	5171	3538	1633	55	45	10	16	11	5
82	4898	3375	1523	54	34	20	19	12	7
83	3976	2778	1198	61	43	18	19	11	8
84	2941	2026	915	51	39	12	10	6	4
85岁及以上	**9792**	**6660**	**3132**	**239**	**175**	**64**	**100**	**51**	**49**

4–1b　全省分年龄、性别、受教育程度的3岁及以上人口(镇)

单位：人

年　龄	3岁及以上人口			未上过学		
	合计	男	女	小计	男	女
总　计	**16578213**	**8151764**	**8426449**	**609091**	**192842**	**416249**
3	215136	111459	103677	40350	21083	19267
4	212212	109795	102417	12458	6427	6031
5–9岁	**1115626**	**578156**	**537470**	**9000**	**4703**	**4297**
5	204410	105689	98721	5461	2841	2620
6	216294	112178	104116	1756	925	831
7	223820	116311	107509	632	339	293
8	242256	125455	116801	609	304	305
9	228846	118523	110323	542	294	248
10–14岁	**1174490**	**606599**	**567891**	**3541**	**1834**	**1707**
10	232066	120160	111906	687	339	348
11	237777	123019	114758	786	400	386
12	236480	122550	113930	827	416	411
13	234032	120255	113777	718	383	335
14	234135	120615	113520	523	296	227
15–19岁	**1144402**	**589868**	**554534**	**2150**	**1231**	**919**
15	252177	129371	122806	429	249	180
16	280469	143859	136610	351	208	143
17	246443	125421	121022	381	222	159
18	204131	106508	97623	487	273	214
19	161182	84709	76473	502	279	223
20–24岁	**780979**	**391147**	**389832**	**3706**	**1905**	**1801**
20	142151	74270	67881	607	326	281
21	138474	70305	68169	683	335	348
22	158853	79205	79648	737	378	359
23	164193	81115	83078	837	432	405
24	177308	86252	91056	842	434	408
25–29岁	**991139**	**476043**	**515096**	**6253**	**2811**	**3442**
25	197842	95233	102609	1054	531	523
26	191432	92179	99253	1236	555	681
27	203989	97877	106112	1258	549	709
28	195214	93413	101801	1292	547	745
29	202662	97341	105321	1413	629	784
30–34岁	**1244433**	**599931**	**644502**	**11466**	**4757**	**6709**
30	244863	117785	127078	1839	789	1050
31	236503	113976	122527	2238	943	1295
32	228880	110476	118404	2171	858	1313
33	278048	133729	144319	2564	1056	1508
34	256139	123965	132174	2654	1111	1543
35–39岁	**924880**	**447602**	**477278**	**14315**	**5601**	**8714**
35	186165	90252	95913	2467	970	1497
36	159412	77262	82150	2593	1045	1548
37	165607	80528	85079	2702	1054	1648
38	216254	104505	111749	3272	1195	2077
39	197442	95055	102387	3281	1337	1944
40–44岁	**1019309**	**488089**	**531220**	**17648**	**6746**	**10902**
40	157266	75619	81647	3028	1128	1900
41	186719	89237	97482	3418	1298	2120
42	181790	86901	94889	3515	1345	2170
43	219414	104920	114494	3638	1383	2255
44	274120	131412	142708	4049	1592	2457

4-1b 续表 1

单位：人

年 龄	3岁及以上人口			未上过学		
	合计	男	女	小计	男	女
45-49岁	**1698001**	**822773**	**875228**	**24157**	**9227**	**14930**
45	311911	149655	162256	4307	1658	2649
46	343443	165366	178077	4799	1831	2968
47	344577	167852	176725	4888	1907	2981
48	347283	168591	178692	5041	1919	3122
49	350787	171309	179478	5122	1912	3210
50-54岁	**1627295**	**787546**	**839749**	**29216**	**10108**	**19108**
50	350571	170422	180149	5427	2064	3363
51	322696	156912	165784	5765	2068	3697
52	353952	170715	183237	6290	2183	4107
53	278589	133734	144855	5520	1832	3688
54	321487	155763	165724	6214	1961	4253
55-59岁	**1200397**	**583240**	**617157**	**27366**	**7758**	**19608**
55	304760	148611	156149	6219	1930	4289
56	304485	148378	156107	6522	1859	4663
57	333946	163736	170210	7018	2001	5017
58	174714	84220	90494	4800	1268	3532
59	82492	38295	44197	2807	700	2107
60-64岁	**735270**	**363731**	**371539**	**40462**	**11087**	**29375**
60	97031	46052	50979	3951	1062	2889
61	105076	53047	52029	5568	1621	3947
62	167436	84538	82898	8857	2506	6351
63	184143	91009	93134	10786	2983	7803
64	181584	89085	92499	11300	2915	8385
65-69岁	**936885**	**449995**	**486890**	**73853**	**18404**	**55449**
65	198722	96957	101765	13222	3330	9892
66	204411	98426	105985	14656	3700	10956
67	194718	92430	102288	15275	3702	11573
68	194682	93089	101593	16903	4164	12739
69	144352	69093	75259	13797	3508	10289
70-74岁	**636155**	**314221**	**321934**	**78400**	**22090**	**56310**
70	139405	68597	70808	14682	3998	10684
71	143639	70636	73003	17381	4932	12449
72	120348	59630	60718	15460	4528	10932
73	120642	60121	60521	15523	4506	11017
74	112121	55237	56884	15354	4126	11228
75-79岁	**450089**	**216774**	**233315**	**76762**	**20494**	**56268**
75	95473	46342	49131	14337	3852	10485
76	102974	50091	52883	16684	4393	12291
77	91181	43413	47768	15817	4134	11683
78	81223	39329	41894	14439	3963	10476
79	79238	37599	41639	15485	4152	11333
80-84岁	**275947**	**128759**	**147188**	**69817**	**18812**	**51005**
80	70886	34168	36718	14811	3939	10872
81	57563	26446	31117	14726	4010	10716
82	54664	25654	29010	14298	4010	10288
83	47444	21980	25464	12852	3486	9366
84	45390	20511	24879	13130	3367	9763
85岁及以上	**195568**	**86036**	**109532**	**68171**	**17764**	**50407**

4-1b　续表 2

单位：人

年　龄	学前教育			小　学		
	小计	男	女	小计	男	女
总　计	**662636**	**339700**	**322936**	**5138832**	**2370900**	**2767932**
3	174786	90376	84410			
4	199754	103368	96386			
5–9岁	**249709**	**130189**	**119520**	**838981**	**433560**	**405421**
5	173439	89649	83790	25510	13199	12311
6	62059	33343	28716	149270	76139	73131
7	7149	3669	3480	212194	110220	101974
8	4060	2054	2006	232403	120319	112084
9	3002	1474	1528	219604	113683	105921
10–14岁	**11457**	**5692**	**5765**	**569323**	**297044**	**272279**
10	2394	1162	1232	219921	113842	106079
11	2182	1101	1081	209680	108750	100930
12	1910	967	943	98457	52824	45633
13	2389	1180	1209	28093	14702	13391
14	2582	1282	1300	13172	6926	6246
15–19岁	**3032**	**1526**	**1506**	**29670**	**15839**	**13831**
15	1552	779	773	6484	3447	3037
16	641	319	322	5465	2887	2578
17	324	163	161	5193	2743	2450
18	292	147	145	5935	3200	2735
19	223	118	105	6593	3562	3031
20–24岁	**605**	**298**	**307**	**34527**	**17753**	**16774**
20	169	88	81	5933	3203	2730
21	103	62	41	5880	3076	2804
22	109	55	54	6942	3553	3389
23	98	43	55	7568	3823	3745
24	126	50	76	8204	4098	4106
25–29岁	**461**	**177**	**284**	**52870**	**25357**	**27513**
25	134	57	77	9321	4535	4786
26	82	26	56	9446	4599	4847
27	97	37	60	10505	5028	5477
28	75	25	50	11167	5274	5893
29	73	32	41	12431	5921	6510
30–34岁	**394**	**173**	**221**	**94696**	**43308**	**51388**
30	92	41	51	15952	7420	8532
31	92	48	44	17534	8159	9375
32	59	22	37	18005	8134	9871
33	79	31	48	21556	9791	11765
34	72	31	41	21649	9804	11845
35–39岁	**291**	**130**	**161**	**99632**	**44118**	**55514**
35	69	35	34	17878	8052	9826
36	50	22	28	16435	7226	9209
37	54	24	30	17846	7942	9904
38	59	25	34	23781	10508	13273
39	59	24	35	23692	10390	13302
40–44岁	**437**	**193**	**244**	**175461**	**74399**	**101062**
40	71	29	42	21792	9327	12465
41	78	34	44	29132	12482	16650
42	70	33	37	30247	12741	17506
43	93	38	55	39788	16770	23018
44	125	59	66	54502	23079	31423

4-1b 续表 3

单位：人

年龄	学前教育			小学		
	小计	男	女	小计	男	女
45-49岁	**697**	**284**	**413**	**410138**	**170889**	**239249**
45	102	30	72	66938	28147	38791
46	124	59	65	78667	32941	45726
47	136	61	75	81723	34353	47370
48	167	72	95	87754	36136	51618
49	168	62	106	95056	39312	55744
50-54岁	**1244**	**451**	**793**	**553072**	**225544**	**327528**
50	184	67	117	102451	41774	60677
51	252	98	154	109153	45229	63924
52	266	86	180	124496	50670	73826
53	221	83	138	100822	40534	60288
54	321	117	204	116150	47337	68813
55-59岁	**1372**	**440**	**932**	**419799**	**165819**	**253980**
55	289	99	190	106119	42952	63167
56	348	113	235	104325	41529	62796
57	360	121	239	114279	45623	68656
58	238	79	159	63433	24031	39402
59	137	28	109	31643	11684	19959
60-64岁	**2035**	**684**	**1351**	**367530**	**160407**	**207123**
60	194	51	143	40400	16143	24257
61	275	101	174	49230	21848	27382
62	421	162	259	83341	37265	46076
63	596	191	405	96698	42480	54218
64	549	179	370	97861	42671	55190
65-69岁	**3840**	**1218**	**2622**	**564850**	**249474**	**315376**
65	672	212	460	112433	49088	63345
66	800	268	532	120513	52744	67769
67	785	249	536	119474	52261	67213
68	849	271	578	121806	54538	67268
69	734	218	516	90624	40843	49781
70-74岁	**4110**	**1465**	**2645**	**403460**	**192310**	**211150**
70	778	276	502	87167	40582	46585
71	928	348	580	92346	43863	48483
72	835	288	547	76896	36981	39915
73	773	268	505	76828	37155	39673
74	796	285	511	70223	33729	36494
75-79岁	**3518**	**1269**	**2249**	**271269**	**130136**	**141133**
75	681	259	422	58508	27708	30800
76	772	293	479	62597	30306	32291
77	722	248	474	54859	26110	28749
78	664	223	441	48297	23392	24905
79	679	246	433	47008	22620	24388
80-84岁	**2682**	**934**	**1748**	**155138**	**75971**	**79167**
80	627	220	407	40796	20035	20761
81	562	199	363	32348	15524	16824
82	531	181	350	30537	15100	15437
83	486	164	322	26538	13094	13444
84	476	170	306	24919	12218	12701
85岁及以上	**2212**	**833**	**1379**	**98416**	**48972**	**49444**

4-1b　续表 4

单位：人

年　龄	初　中			高　中			大学专科		
	小计	男	女	小计	男	女	小计	男	女
总　计	**5745867**	**2914019**	**2831848**	**2628057**	**1407004**	**1221053**	**1094560**	**573718**	**520842**
3									
4									
5-9岁	**17822**	**9656**	**8166**	**114**	**48**	**66**			
5									
6	3209	1771	1438						
7	3845	2083	1762						
8	5128	2756	2372	56	22	34			
9	5640	3046	2594	58	26	32			
10-14岁	**559914**	**288065**	**271849**	**30032**	**13845**	**16187**	**151**	**77**	**74**
10	8950	4758	4192	91	48	43	11	6	5
11	24977	12703	12274	123	50	73	14	6	8
12	134957	68183	66774	294	143	151	24	10	14
13	197260	101248	96012	5525	2719	2806	32	15	17
14	193770	101173	92597	23999	10885	13114	70	40	30
15-19岁	**193770**	**106653**	**87117**	**771433**	**395020**	**376413**	**88872**	**43352**	**45520**
15	90140	48785	41355	151877	75218	76659	1405	713	692
16	37919	20898	17021	232727	117747	114980	2835	1516	1319
17	22738	12380	10358	207141	105082	102059	7289	3406	3883
18	21082	11974	9108	123612	65717	57895	32037	15533	16504
19	21891	12616	9275	56076	31256	24820	45306	22184	23122
20-24岁	**190478**	**102488**	**87990**	**200187**	**109105**	**91082**	**203078**	**93896**	**109182**
20	24424	13933	10491	36158	20589	15569	43264	21347	21917
21	29243	16280	12963	34296	19116	15180	36897	17541	19356
22	39134	21108	18026	40343	22003	18340	40070	18184	21886
23	45020	23803	21217	42524	22809	19715	40894	18237	22657
24	52657	27364	25293	46866	24588	22278	41953	18587	23366
25-29岁	**338809**	**167588**	**171221**	**270693**	**137879**	**132814**	**190102**	**86900**	**103202**
25	62544	31690	30854	52742	27499	25243	43525	19258	24267
26	63004	31755	31249	51722	26589	25133	39780	17903	21877
27	70423	34919	35504	55468	28067	27401	38742	17905	20837
28	68563	33230	35333	53835	27182	26653	34887	16250	18637
29	74275	35994	38281	56926	28542	28384	33168	15584	17584
30-34岁	**528898**	**248667**	**280231**	**320457**	**162656**	**157801**	**165157**	**81692**	**83465**
30	95169	45401	49768	67642	33922	33720	36998	17907	19091
31	97373	46112	51261	62370	31476	30894	32716	16029	16687
32	96287	45298	50989	59790	30438	29352	30050	14888	15162
33	123553	57488	66065	69865	35544	34321	34619	17228	17391
34	116516	54368	62148	60790	31276	29514	30774	15640	15134
35-39岁	**441776**	**205797**	**235979**	**195271**	**100911**	**94360**	**96620**	**50660**	**45960**
35	86459	39991	46468	41312	21460	19852	21131	11038	10093
36	74675	34656	40019	33778	17509	16269	17333	9176	8157
37	78986	37079	41907	34221	17721	16500	17437	9148	8289
38	105125	49076	56049	45142	23355	21787	21681	11248	10433
39	96531	44995	51536	40818	20866	19952	19038	10050	8988
40-44岁	**519254**	**241307**	**277947**	**172420**	**91056**	**81364**	**82538**	**44724**	**37814**
40	75070	34848	40222	31829	16553	15276	15306	8159	7147
41	93895	43491	50404	33829	17592	16237	15922	8458	7464
42	91909	42364	49545	31284	16586	14698	15209	8252	6957
43	113753	53023	60730	35040	18592	16448	16851	9140	7711
44	144627	67581	77046	40438	21733	18705	19250	10715	8535

4-1b 续表 5

单位：人

年 龄	初中			高中			大学专科		
	小计	男	女	小计	男	女	小计	男	女
45-49岁	**904018**	**436712**	**467306**	**213857**	**118980**	**94877**	**96625**	**55654**	**40971**
45	167067	78749	88318	42910	23289	19621	19744	11123	8621
46	183958	87478	96480	45091	24662	20429	20278	11750	8528
47	184967	89708	95259	43588	24308	19280	19638	11331	8307
48	183678	89532	94146	42363	23953	18410	19203	11038	8165
49	184348	91245	93103	39905	22768	17137	17762	10412	7350
50-54岁	**789899**	**396707**	**393192**	**147906**	**86520**	**61386**	**71879**	**44458**	**27421**
50	179646	89302	90344	37790	21662	16128	17064	10149	6915
51	154930	77677	77253	30347	17757	12590	15138	9188	5950
52	169041	84834	84207	31089	18292	12797	15252	9426	5826
53	132857	66916	65941	22369	13220	9149	11267	7231	4036
54	153425	77978	75447	26311	15589	10722	13158	8464	4694
55-59岁	**548674**	**279780**	**268894**	**134472**	**79648**	**54824**	**50755**	**35647**	**15108**
55	145964	74247	71717	27985	16770	11215	12998	8679	4319
56	142400	71944	70456	31916	19183	12733	13893	9743	4150
57	152499	78085	74414	40689	23873	16816	14288	10172	4116
58	74687	38660	36027	22706	13466	9240	6761	5003	1758
59	33124	16844	16280	11176	6356	4820	2815	2050	765
60-64岁	**237716**	**135972**	**101744**	**67297**	**40238**	**27059**	**16663**	**12509**	**4154**
60	36355	18935	17420	12553	7209	5344	2883	2119	764
61	35104	20184	14920	11631	6772	4859	2646	2015	631
62	54722	31904	22818	15669	9348	6321	3669	2747	922
63	57172	33215	23957	14392	8761	5631	3736	2774	962
64	54363	31734	22629	13052	8148	4904	3729	2854	875
65-69岁	**235522**	**140746**	**94776**	**42432**	**27985**	**14447**	**13967**	**10303**	**3664**
65	56134	33267	22867	11969	7819	4150	3638	2736	902
66	54373	32182	22191	10106	6600	3506	3358	2463	895
67	47839	28455	19384	8127	5383	2744	2746	2022	724
68	45203	27330	17873	7093	4716	2377	2425	1758	667
69	31973	19512	12461	5137	3467	1670	1800	1324	476
70-74岁	**115981**	**73682**	**42299**	**24543**	**17173**	**7370**	**8007**	**6181**	**1826**
70	29246	18292	10954	5320	3726	1594	1863	1452	411
71	25628	16233	9395	5172	3578	1594	1840	1404	436
72	20623	13092	7531	4701	3307	1394	1508	1176	332
73	20765	13333	7432	5004	3496	1508	1446	1113	333
74	19719	12732	6987	4346	3066	1280	1350	1036	314
75-79岁	**72565**	**46349**	**26216**	**19578**	**13658**	**5920**	**4940**	**3687**	**1253**
75	16753	10758	5995	3821	2680	1141	1060	831	229
76	17328	11081	6247	4216	2962	1254	1038	785	253
77	14519	9230	5289	4006	2737	1269	982	724	258
78	12684	8136	4548	3943	2726	1217	949	690	259
79	11281	7144	4137	3592	2553	1039	911	657	254
80-84岁	**32204**	**21267**	**10937**	**11332**	**8072**	**3260**	**3613**	**2764**	**849**
80	9956	6519	3437	3385	2450	935	1001	760	241
81	6425	4199	2226	2491	1733	758	751	571	180
82	6075	3987	2088	2218	1586	632	770	600	170
83	5070	3392	1678	1699	1228	471	605	460	145
84	4678	3170	1508	1539	1075	464	486	373	113
85岁及以上	**18567**	**12583**	**5984**	**6033**	**4210**	**1823**	**1593**	**1214**	**379**

4—1b 续表 6

单位：人

年 龄	大学本科			硕士研究生			博士研究生		
	小计	男	女	小计	男	女	小计	男	女
总 计	**674360**	**340854**	**333506**	**22398**	**11261**	**11137**	**2412**	**1466**	**946**
3									
4									
5—9岁									
5									
6									
7									
8									
9									
10—14岁	**69**	**41**	**28**	**3**	**1**	**2**			
10	12	5	7						
11	15	9	6						
12	11	7	4						
13	14	7	7	1	1				
14	17	13	4	2		2			
15—19岁	**55418**	**26211**	**29207**	**41**	**21**	**20**	**16**	**15**	**1**
15	289	180	109	1		1			
16	525	278	247	2	2		4	4	
17	3370	1422	1948	4		4	3	3	
18	20660	9646	11014	21	13	8	5	5	
19	30574	14685	15889	13	6	7	4	3	1
20—24岁	**142366**	**63012**	**79354**	**5773**	**2570**	**3203**	**259**	**120**	**139**
20	31536	14754	16782	50	21	29	10	9	1
21	31055	13774	17281	298	112	186	19	9	10
22	30009	13280	16729	1449	614	835	60	30	30
23	25158	10998	14160	2007	933	1074	87	37	50
24	24608	10206	14402	1969	890	1079	83	35	48
25—29岁	**124666**	**52120**	**72546**	**6658**	**2895**	**3763**	**627**	**316**	**311**
25	26475	10763	15712	1921	843	1078	126	57	69
26	24568	10070	14498	1466	618	848	128	64	64
27	26098	10788	15310	1255	516	739	143	68	75
28	24185	10350	13835	1084	481	603	126	74	52
29	23340	10149	13191	932	437	495	104	53	51
30—34岁	**118451**	**56209**	**62242**	**4419**	**2170**	**2249**	**495**	**299**	**196**
30	26075	11781	14294	985	459	526	111	65	46
31	23157	10733	12424	933	421	512	90	55	35
32	21555	10353	11202	861	417	444	102	68	34
33	24834	12086	12748	878	453	425	100	52	48
34	22830	11256	11574	762	420	342	92	59	33
35—39岁	**74414**	**38952**	**35462**	**2221**	**1206**	**1015**	**340**	**227**	**113**
35	16290	8405	7885	480	252	228	79	49	30
36	14047	7340	6707	447	246	201	54	42	12
37	13876	7290	6586	414	221	193	71	49	22
38	16618	8769	7849	499	277	222	77	52	25
39	13583	7148	6435	381	210	171	59	35	24
40—44岁	**50160**	**28758**	**21402**	**1117**	**719**	**398**	**274**	**187**	**87**
40	9859	5374	4485	251	159	92	60	42	18
41	10155	5704	4451	228	137	91	62	41	21
42	9301	5412	3889	206	133	73	49	35	14
43	9980	5805	4175	228	138	90	43	31	12
44	10865	6463	4402	204	152	52	60	38	22

4-1b 续表 7

单位：人

年 龄	大学本科			硕士研究生			博士研究生		
	小计	男	女	小计	男	女	小计	男	女
45-49岁	**47461**	**30237**	**17224**	**868**	**658**	**210**	**180**	**132**	**48**
45	10625	6490	4135	184	141	43	34	28	6
46	10277	6453	3824	204	156	48	45	36	9
47	9420	6029	3391	182	132	50	35	23	12
48	8877	5792	3085	160	121	39	40	28	12
49	8262	5473	2789	138	108	30	26	17	9
50-54岁	**33344**	**23194**	**10150**	**649**	**503**	**146**	**86**	**61**	**25**
50	7809	5258	2551	172	128	44	28	18	10
51	6967	4779	2188	132	106	26	12	10	2
52	7352	5099	2253	151	115	36	15	10	5
53	5432	3841	1591	90	68	22	11	9	2
54	5784	4217	1567	104	86	18	20	14	6
55-59岁	**17466**	**13737**	**3729**	**419**	**346**	**73**	**74**	**65**	**9**
55	5064	3829	1235	101	86	15	21	19	2
56	4961	3913	1048	101	79	22	19	15	4
57	4654	3724	930	135	116	19	24	21	3
58	2018	1656	362	65	51	14	6	6	
59	769	615	154	17	14	3	4	4	
60-64岁	**3467**	**2749**	**718**	**82**	**69**	**13**	**18**	**16**	**2**
60	668	509	159	23	20	3	4	4	
61	608	496	112	10	7	3	4	3	1
62	728	581	147	25	22	3	4	3	1
63	748	593	155	14	11	3	1	1	
64	715	570	145	10	9	1	5	5	
65-69岁	**2339**	**1808**	**531**	**69**	**50**	**19**	**13**	**7**	**6**
65	627	484	143	23	18	5	4	3	1
66	588	456	132	15	12	3	2	1	1
67	455	347	108	16	11	5	1		1
68	390	303	87	10	7	3	3	2	1
69	279	218	61	5	2	3	3	1	2
70-74岁	**1606**	**1286**	**320**	**31**	**21**	**10**	**17**	**13**	**4**
70	339	267	72	5	2	3	5	2	3
71	335	270	65	8	7	1	1	1	
72	312	249	63	8	4	4	5	5	
73	294	242	52	7	7		2	1	1
74	326	258	68	3	1	2	4	4	
75-79岁	**1435**	**1165**	**270**	**19**	**13**	**6**	**3**	**3**	
75	311	252	59	2	2				
76	334	267	67	4	3	1	1	1	
77	269	227	42	6	2	4	1	1	
78	244	196	48	2	2		1	1	
79	277	223	54	5	4	1			
80-84岁	**1140**	**928**	**212**	**17**	**10**	**7**	**4**	**1**	**3**
80	302	240	62	8	5	3			
81	254	207	47	4	3	1	2		2
82	233	189	44	2	1	1			
83	190	155	35	3	1	2	1		1
84	161	137	24				1	1	
85岁及以上	**558**	**447**	**111**	**12**	**9**	**3**	**6**	**4**	**2**

4-1c 全省分年龄、性别、受教育程度的3岁及以上人口(乡村)

单位：人

年龄	3岁及以上人口			未上过学		
	合计	男	女	小计	男	女
总计	**35277118**	**18386007**	**16891111**	**2671313**	**813825**	**1857488**
3	376515	195539	180976	109181	56935	52246
4	370421	192035	178386	37771	19497	18274
5-9岁	**1981878**	**1027474**	**954404**	**26962**	**13836**	**13126**
5	364379	188813	175566	15832	8012	7820
6	378953	196328	182625	6071	3126	2945
7	392406	203003	189403	1971	1023	948
8	427617	221986	205631	1630	891	739
9	418523	217344	201179	1458	784	674
10-14岁	**2338145**	**1222434**	**1115711**	**8600**	**4641**	**3959**
10	438111	227758	210353	1519	801	718
11	468131	243028	225103	1825	969	856
12	474406	247820	226586	1917	1056	861
13	478628	250843	227785	1734	935	799
14	478869	252985	225884	1605	880	725
15-19岁	**1451091**	**792251**	**658840**	**8730**	**4733**	**3997**
15	352646	190431	162215	1338	799	539
16	273936	150678	123258	1459	823	636
17	245549	134902	110647	1605	899	706
18	286585	155842	130743	2030	1040	990
19	292375	160398	131977	2298	1172	1126
20-24岁	**1711757**	**943168**	**768589**	**17809**	**8141**	**9668**
20	287530	159082	128448	2887	1384	1503
21	301170	166277	134893	3177	1500	1677
22	359035	196685	162350	3543	1650	1893
23	372762	205165	167597	3999	1810	2189
24	391260	215959	175301	4203	1797	2406
25-29岁	**1937808**	**1080398**	**857410**	**28064**	**11481**	**16583**
25	421514	234271	187243	4594	1962	2632
26	386591	215033	171558	5443	2235	3208
27	394239	220413	173826	5620	2303	3317
28	366828	204521	162307	6081	2478	3603
29	368636	206160	162476	6326	2503	3823
30-34岁	**2117011**	**1180868**	**936143**	**51247**	**20178**	**31069**
30	433576	243042	190534	7978	3225	4753
31	412640	230290	182350	10179	4004	6175
32	385656	213936	171720	10139	3964	6175
33	463104	258184	204920	11235	4387	6848
34	422035	235416	186619	11716	4598	7118
35-39岁	**1505629**	**819819**	**685810**	**68055**	**26113**	**41942**
35	306433	168489	137944	11726	4513	7213
36	258017	139728	118289	12142	4674	7468
37	266179	144383	121796	13028	4921	8107
38	348584	190325	158259	15421	5952	9469
39	326416	176894	149522	15738	6053	9685
40-44岁	**1796454**	**941186**	**855268**	**89946**	**34573**	**55373**
40	265727	140669	125058	15746	5944	9802
41	318546	169056	149490	16999	6607	10392
42	320515	166911	153604	17452	6659	10793
43	390006	204152	185854	19079	7474	11605
44	501660	260398	241262	20670	7889	12781

4-1c 续表 1

单位：人

年 龄	3岁及以上人口			未上过学		
	合计	男	女	小计	男	女
45-49岁	**3406473**	**1758411**	**1648062**	**122655**	**47281**	**75374**
45	589740	305938	283802	21876	8391	13485
46	669744	345065	324679	24408	9443	14965
47	683638	353638	330000	24618	9570	15048
48	711346	365923	345423	25594	9815	15779
49	752005	387847	364158	26159	10062	16097
50-54岁	**3649832**	**1869977**	**1779855**	**140021**	**49327**	**90694**
50	755610	386043	369567	27335	9993	17342
51	707830	363235	344595	27447	10017	17430
52	790179	404018	386161	29901	10502	19399
53	645819	328837	316982	26343	9006	17337
54	750394	387844	362550	28995	9809	19186
55-59岁	**2741577**	**1412173**	**1329404**	**123548**	**36901**	**86647**
55	698821	362215	336606	28842	9420	19422
56	688434	354237	334197	29396	9009	20387
57	755313	394405	360908	30516	9070	21446
58	411387	209097	202290	22044	5917	16127
59	187622	92219	95403	12750	3485	9265
60-64岁	**1953989**	**1038191**	**915798**	**179899**	**53173**	**126726**
60	222366	114450	107916	17287	5032	12255
61	260645	140856	119789	23761	7397	16364
62	440992	237275	203717	40015	12317	27698
63	509092	271477	237615	47919	14087	33832
64	520894	274133	246761	50917	14340	36577
65-69岁	**2928202**	**1482350**	**1445852**	**357038**	**89390**	**267648**
65	583895	302755	281140	59895	15755	44140
66	617085	314534	302551	68427	17349	51078
67	611883	306053	305830	74679	18241	56438
68	635382	317985	317397	83917	20527	63390
69	479957	241023	238934	70120	17518	52602
70-74岁	**2098225**	**1068423**	**1029802**	**381110**	**102176**	**278934**
70	455656	230512	225144	72373	19204	53169
71	481440	248241	233199	84043	23173	60870
72	398389	203336	195053	74241	20242	53999
73	396420	203754	192666	75505	20375	55130
74	366320	182580	183740	74948	19182	55766
75-79岁	**1468220**	**720863**	**747357**	**363047**	**93853**	**269194**
75	313857	152453	161404	70044	17198	52846
76	342917	171122	171795	80015	20638	59377
77	300754	146758	153996	75049	19281	55768
78	257720	127322	130398	67419	18036	49383
79	252972	123208	129764	70520	18700	51820
80-84岁	**852141**	**398256**	**453885**	**291122**	**76603**	**214519**
80	216058	104976	111082	64831	17265	47566
81	180781	84766	96015	60970	16254	44716
82	166201	77329	88872	57991	15419	42572
83	147002	68113	78889	53252	14021	39231
84	142099	63072	79027	54078	13644	40434
85岁及以上	**591750**	**242191**	**349559**	**266508**	**64993**	**201515**

4—1c　续表 2

单位：人

年　龄	学前教育			小　学		
	小计	男	女	小计	男	女
总　计	**1228057**	**614512**	**613545**	**15155574**	**7557892**	**7597682**
3	267334	138604	128730			
4	332650	172538	160112			
5—9岁	**465956**	**241975**	**223981**	**1466037**	**759249**	**706788**
5	298221	154622	143599	50326	26179	24147
6	133855	70056	63799	234862	120904	113958
7	19090	9750	9340	366475	189586	176889
8	8857	4501	4356	410899	213230	197669
9	5933	3046	2887	403475	209350	194125
10—14岁	**22024**	**11117**	**10907**	**1222759**	**640242**	**582517**
10	5024	2541	2483	417722	217025	200697
11	4470	2305	2165	419470	218126	201344
12	3803	1958	1845	244548	130374	114174
13	4030	1976	2054	94930	50401	44529
14	4697	2337	2360	46089	24316	21773
15—19岁	**5095**	**2622**	**2473**	**108113**	**57353**	**50760**
15	2414	1241	1173	24194	12979	11215
16	1167	619	548	19802	10501	9301
17	552	284	268	18786	9896	8890
18	542	277	265	21065	11215	9850
19	420	201	219	24266	12762	11504
20—24岁	**1493**	**752**	**741**	**152643**	**79284**	**73359**
20	402	204	198	25945	13483	12462
21	281	131	150	28064	14754	13310
22	259	138	121	31475	16330	15145
23	280	144	136	32887	16985	15902
24	271	135	136	34272	17732	16540
25—29岁	**1264**	**607**	**657**	**190015**	**98455**	**91560**
25	293	129	164	36836	19375	17461
26	266	143	123	36795	18849	17946
27	228	112	116	38224	19911	18313
28	230	108	122	38427	19794	18633
29	247	115	132	39733	20526	19207
30—34岁	**1396**	**677**	**719**	**274788**	**140643**	**134145**
30	260	125	135	49633	25545	24088
31	284	139	145	52511	26951	25560
32	282	154	128	51309	26319	24990
33	291	138	153	60761	30940	29821
34	279	121	158	60574	30888	29686
35—39岁	**1270**	**549**	**721**	**297327**	**147064**	**150263**
35	262	112	150	52859	26515	26344
36	238	108	130	50018	24737	25281
37	238	114	124	53901	26721	27180
38	265	99	166	69654	34379	35275
39	267	116	151	70895	34712	36183
40—44岁	**1838**	**819**	**1019**	**520254**	**245382**	**274872**
40	316	137	179	66003	31536	34467
41	307	136	171	84288	40717	43571
42	341	154	187	91496	42933	48563
43	386	171	215	116635	54749	61886
44	488	221	267	161832	75447	86385

4-1c 续表 3 单位：人

年 龄	学前教育			小 学		
	小计	男	女	小计	男	女
45-49岁	**3819**	**1625**	**2194**	**1292369**	**592859**	**699510**
45	579	250	329	201254	93846	107408
46	712	299	413	242253	111587	130666
47	708	306	402	256959	117922	139037
48	884	378	506	279573	127019	152554
49	936	392	544	312330	142485	169845
50-54岁	**6287**	**2296**	**3991**	**1754727**	**797664**	**957063**
50	980	376	604	330833	148938	181895
51	1117	424	693	337471	155068	182403
52	1393	506	887	387298	175899	211399
53	1246	443	803	323266	145972	177294
54	1551	547	1004	375859	171787	204072
55-59岁	**7267**	**2263**	**5004**	**1366759**	**609976**	**756783**
55	1532	545	987	345045	157289	187756
56	1720	544	1176	339341	151915	187426
57	1967	597	1370	370391	167222	203169
58	1311	379	932	210616	91025	119591
59	737	198	539	101366	42525	58841
60-64岁	**11752**	**4026**	**7726**	**1253590**	**626232**	**627358**
60	978	278	700	128913	59606	69307
61	1409	517	892	159402	80463	78939
62	2696	930	1766	281278	142057	139221
63	3186	1125	2061	334257	168986	165271
64	3483	1176	2307	349740	175120	174620
65-69岁	**25436**	**8148**	**17288**	**2065581**	**1034756**	**1030825**
65	4282	1441	2841	400774	199762	201012
66	4902	1560	3342	432002	214717	217285
67	5300	1657	3643	435208	215890	219318
68	6007	1864	4143	455050	228973	226077
69	4945	1626	3319	342547	175414	167133
70-74岁	**25821**	**9084**	**16737**	**1470271**	**789077**	**681194**
70	5068	1665	3403	323914	168800	155114
71	5838	2135	3703	340701	183987	156714
72	5007	1770	3237	279112	150903	128209
73	4995	1835	3160	276765	151620	125145
74	4913	1679	3234	249779	133767	116012
75-79岁	**21581**	**7541**	**14040**	**945873**	**514934**	**430939**
75	4386	1458	2928	208338	110214	98124
76	4939	1708	3231	224468	123099	101369
77	4477	1571	2906	192897	104523	88374
78	3866	1437	2429	162881	90070	72811
79	3913	1367	2546	157289	87028	70261
80-84岁	**14638**	**5349**	**9289**	**489720**	**272831**	**216889**
80	3465	1282	2183	130565	73131	57434
81	3135	1107	2028	104416	58031	46385
82	2898	1053	1845	94593	52705	41888
83	2563	968	1595	82457	46418	36039
84	2577	939	1638	77689	42546	35143
85岁及以上	**11136**	**3920**	**7216**	**284748**	**151891**	**132857**

4-1c　续表 4

单位：人

年　龄	初　中			高　中			大学专科		
	小计	男	女	小计	男	女	小计	男	女
总　计	**12097976**	**7031013**	**5066963**	**2685875**	**1619927**	**1065948**	**962264**	**508574**	**453690**
3									
4									
5-9岁	**22806**	**12348**	**10458**	**117**	**66**	**51**			
5									
6	4165	2242	1923						
7	4870	2644	2226						
8	6169	3328	2841	62	36	26			
9	7602	4134	3468	55	30	25			
10-14岁	**1057088**	**552513**	**504575**	**27443**	**13799**	**13644**	**184**	**105**	**79**
10	13749	7335	6414	81	48	33	12	7	5
11	42222	21540	20682	126	83	43	12	4	8
12	223885	114314	109571	229	106	123	17	8	9
13	371702	194304	177398	6192	3203	2989	32	21	11
14	405530	215020	190510	20815	10359	10456	111	65	46
15-19岁	**573902**	**330606**	**243296**	**564564**	**308824**	**255740**	**130014**	**62107**	**67907**
15	220872	122076	98796	100925	51868	49057	2686	1347	1339
16	112101	63896	48205	133996	72042	61954	4824	2536	2288
17	78259	45978	32281	129989	70500	59489	12409	5706	6703
18	77900	46956	30944	114387	64190	50197	46631	21823	24808
19	84770	51700	33070	85267	50224	35043	63464	30695	32769
20-24岁	**653868**	**391159**	**262709**	**417057**	**246541**	**170516**	**309698**	**146509**	**163189**
20	93306	57093	36213	73492	44121	29371	61197	29715	31482
21	108004	65347	42657	74260	44241	30019	59027	28105	30922
22	136632	81515	55117	86320	50948	35372	66350	30991	35359
23	148698	88360	60338	89512	52706	36806	63373	29650	33723
24	167228	98844	68384	93473	54525	38948	59751	28048	31703
25-29岁	**924328**	**537774**	**386554**	**453910**	**262858**	**191052**	**218354**	**109241**	**109113**
25	189222	111225	77997	100981	58868	42113	57845	27809	30036
26	178216	104333	73883	91399	53191	38208	47765	23375	24390
27	189109	110335	78774	92345	53358	38987	43925	22166	21759
28	179882	103864	76018	85205	49114	36091	36456	18688	17768
29	187899	108017	79882	83980	48327	35653	32363	17203	15160
30-34岁	**1200369**	**679272**	**521097**	**388246**	**226904**	**161342**	**132984**	**74325**	**58659**
30	231739	132622	99117	92272	53464	38808	33685	18281	15404
31	227645	129292	98353	79609	46314	33295	27807	15332	12475
32	217932	122525	95407	70045	40643	29402	23940	13401	10539
33	272433	153612	118821	79528	46743	32785	25985	14772	11213
34	250620	141221	109399	66792	39740	27052	21567	12539	9028
35-39岁	**881773**	**490611**	**391162**	**176833**	**106316**	**70517**	**53085**	**32076**	**21009**
35	178895	99837	79058	42216	25318	16898	13443	7896	5547
36	149031	82125	66906	31331	18732	12599	9822	5966	3856
37	154598	85678	68920	29978	18106	11872	9329	5621	3708
38	207677	116247	91430	38815	23370	15445	11197	6765	4432
39	191572	106724	84848	34493	20790	13703	9294	5828	3466
40-44岁	**1008821**	**549368**	**459453**	**130329**	**81385**	**48944**	**32861**	**21399**	**11462**
40	148063	81153	66910	25985	15816	10169	6864	4332	2532
41	180902	99048	81854	26616	16440	10176	6819	4370	2449
42	179008	96790	82218	23823	14852	8971	6086	3964	2122
43	219895	120028	99867	25536	16128	9408	6219	4115	2104
44	280953	152349	128604	28369	18149	10220	6873	4618	2255

4-1c 续表 5

单位：人

年龄	初中			高中			大学专科		
	小计	男	女	小计	男	女	小计	男	女
45-49岁	**1803743**	**994080**	**809663**	**141832**	**93435**	**48397**	**31592**	**21795**	**9797**
45	327628	178281	149347	29194	18906	10288	6877	4644	2233
46	363489	198023	165466	29905	19551	10354	6729	4612	2117
47	364702	201334	163368	28273	18668	9605	6345	4417	1928
48	369947	204820	165127	27282	18212	9070	6109	4275	1834
49	377977	211622	166355	27178	18098	9080	5532	3847	1685
50-54岁	**1615111**	**926201**	**688910**	**106484**	**74597**	**31887**	**20450**	**14977**	**5473**
50	363849	204294	159555	25629	17509	8120	5296	3733	1563
51	314951	178982	135969	21175	14599	6576	4246	3127	1119
52	343539	197188	146351	22267	15683	6584	4310	3143	1167
53	273912	158209	115703	16893	12107	4786	3096	2319	777
54	318860	187528	131332	20520	14699	5821	3502	2655	847
55-59岁	**1099210**	**659274**	**439936**	**127001**	**90019**	**36982**	**13572**	**10465**	**3107**
55	295648	174717	120931	23186	16756	6430	3443	2655	788
56	284882	168827	116055	28522	20429	8093	3525	2691	834
57	306648	184780	121868	40690	28745	11945	3888	3029	859
58	150833	92984	57849	24128	16877	7251	1886	1448	438
59	61199	37966	23233	10475	7212	3263	830	642	188
60-64岁	**434708**	**300644**	**134064**	**67144**	**48729**	**18415**	**5595**	**4407**	**1188**
60	62427	40483	21944	11626	8175	3451	882	686	196
61	63282	43368	19914	11760	8334	3426	810	604	206
62	99374	69133	30241	16163	11663	4500	1187	960	227
63	107118	75044	32074	15003	10985	4018	1342	1060	282
64	102507	72616	29891	12592	9572	3020	1374	1097	277
65-69岁	**437499**	**316856**	**120643**	**36259**	**28148**	**8111**	**5302**	**4244**	**1058**
65	106267	75933	30334	11074	8585	2489	1295	1036	259
66	101547	72990	28557	8652	6678	1974	1315	1069	246
67	88678	64040	24638	6806	5272	1534	1006	796	210
68	83689	61399	22290	5614	4354	1260	921	740	181
69	57318	42494	14824	4113	3259	854	765	603	162
70-74岁	**197266**	**148978**	**48288**	**19413**	**15556**	**3857**	**3539**	**2955**	**584**
70	49196	36751	12445	4159	3341	818	775	627	148
71	45674	34767	10907	4242	3397	845	787	657	130
72	35423	26701	8722	3775	3022	753	687	592	95
73	34596	26251	8345	3724	2985	739	679	574	105
74	32377	24508	7869	3513	2811	702	611	505	106
75-79岁	**118651**	**89448**	**29203**	**15838**	**12569**	**3269**	**2455**	**1983**	**472**
75	27367	20601	6766	3075	2459	616	482	400	82
76	29424	22432	6992	3384	2705	679	528	430	98
77	24406	18293	6113	3280	2583	697	501	407	94
78	19906	14920	4986	3017	2372	645	477	382	95
79	17548	13202	4346	3082	2450	632	467	364	103
80-84岁	**45592**	**34785**	**10807**	**8713**	**6891**	**1822**	**1636**	**1296**	**340**
80	13928	10659	3269	2666	2159	507	443	367	76
81	9829	7448	2381	1909	1527	382	355	282	73
82	8519	6449	2070	1701	1333	368	351	276	75
83	7031	5394	1637	1331	1031	300	226	177	49
84	6285	4835	1450	1106	841	265	261	194	67
85岁及以上	**23241**	**17096**	**6145**	**4692**	**3290**	**1402**	**943**	**690**	**253**

4-1c　续表 6　　　　　　　　　　　　　　　　　　　　　　　　单位：人

年　龄	大学本科			硕士研究生			博士研究生		
	小计	男	女	小计	男	女	小计	男	女
总　计	**448510**	**226509**	**222001**	**24664**	**11972**	**12692**	**2885**	**1783**	**1102**
3									
4									
5-9岁									
5									
6									
7									
8									
9									
10-14岁	**42**	**14**	**28**	**4**	**2**	**2**	**1**	**1**	
10	4	1	3						
11	6	1	5						
12	6	3	3	1	1				
13	7	3	4	1		1			
14	19	6	13	2	1	1	1	1	
15-19岁	**60597**	**25963**	**34634**	**62**	**32**	**30**	**14**	**11**	**3**
15	216	121	95	1		1			
16	586	261	325				1		1
17	3935	1633	2302	11	4	7	3	2	1
18	24007	10322	13685	19	15	4	4	4	
19	31853	13626	18227	31	13	18	6	5	1
20-24岁	**151511**	**67560**	**83951**	**7256**	**2998**	**4258**	**422**	**224**	**198**
20	30199	13033	17166	88	41	47	14	8	6
21	27945	12036	15909	387	154	233	25	9	16
22	32476	14299	18177	1882	755	1127	98	59	39
23	31386	14403	16983	2504	1044	1460	123	63	60
24	29505	13789	15716	2395	1004	1391	162	85	77
25-29岁	**111021**	**54956**	**56065**	**9715**	**4398**	**5317**	**1137**	**628**	**509**
25	28931	13692	15239	2560	1089	1471	252	122	130
26	24235	11830	12405	2236	950	1286	236	127	109
27	22498	11144	11354	2042	942	1100	248	142	106
28	18756	9586	9170	1578	765	813	213	124	89
29	16601	8704	7897	1299	652	647	188	113	75
30-34岁	**63212**	**36194**	**27018**	**4124**	**2262**	**1862**	**645**	**413**	**232**
30	16600	9038	7562	1207	627	580	202	115	87
31	13504	7646	5858	955	507	448	146	105	41
32	11188	6461	4727	723	401	322	98	68	30
33	12086	7135	4951	666	384	282	119	73	46
34	9834	5914	3920	573	343	230	80	52	28
35-39岁	**25458**	**15964**	**9494**	**1598**	**953**	**645**	**230**	**173**	**57**
35	6549	3995	2554	410	245	165	73	58	15
36	5055	3158	1897	341	202	139	39	26	13
37	4781	3021	1760	285	171	114	41	30	11
38	5195	3297	1898	317	185	132	43	31	12
39	3878	2493	1385	245	150	95	34	28	6
40-44岁	**11689**	**7796**	**3893**	**591**	**377**	**214**	**125**	**87**	**38**
40	2593	1663	930	139	75	64	18	13	5
41	2441	1625	816	138	89	49	36	24	12
42	2163	1458	705	122	83	39	24	18	6
43	2137	1409	728	95	63	32	24	15	9
44	2355	1641	714	97	67	30	23	17	6

4-1c　续表 7　　　　单位：人

年　龄	大学本科			硕士研究生			博士研究生		
	小计	男	女	小计	男	女	小计	男	女
45—49岁	**9891**	**6929**	**2962**	**461**	**317**	**144**	**111**	**90**	**21**
45	2204	1535	669	105	67	38	23	18	5
46	2146	1484	662	86	52	34	16	14	2
47	1917	1334	583	87	63	24	29	24	5
48	1843	1319	524	89	67	22	25	18	7
49	1781	1257	524	94	68	26	18	16	2
50—54岁	**6333**	**4606**	**1727**	**339**	**246**	**93**	**80**	**63**	**17**
50	1591	1129	462	78	55	23	19	16	3
51	1329	951	378	83	58	25	11	9	2
52	1369	1023	346	76	57	19	26	17	9
53	1010	744	266	44	28	16	9	9	
54	1034	759	275	58	48	10	15	12	3
55—59岁	**3929**	**3037**	**892**	**246**	**198**	**48**	**45**	**40**	**5**
55	1053	778	275	64	48	16	8	7	1
56	975	764	211	67	53	14	6	5	1
57	1125	890	235	71	58	13	17	14	3
58	529	429	100	30	28	2	10	10	
59	247	176	71	14	11	3	4	4	
60—64岁	**1184**	**892**	**292**	**103**	**78**	**25**	**14**	**10**	**4**
60	227	169	58	24	19	5	2	2	
61	205	161	44	14	11	3	2	1	1
62	257	195	62	20	18	2	2	2	
63	239	174	65	26	15	11	2	1	1
64	256	193	63	19	15	4	6	4	2
65—69岁	**995**	**738**	**257**	**76**	**57**	**19**	**16**	**13**	**3**
65	280	218	62	23	20	3	5	5	
66	219	156	63	16	12	4	5	3	2
67	185	140	45	15	12	3	6	5	1
68	171	121	50	13	7	6			
69	140	103	37	9	6	3			
70—74岁	**752**	**563**	**189**	**40**	**27**	**13**	**13**	**7**	**6**
70	163	121	42	7	2	5	1	1	
71	138	110	28	11	11		6	4	2
72	135	102	33	7	4	3	2		2
73	143	104	39	9	8	1	4	2	2
74	173	126	47	6	2	4			
75—79岁	**741**	**512**	**229**	**21**	**13**	**8**	**13**	**10**	**3**
75	156	117	39	5	3	2	4	3	1
76	156	107	49	1	1		2	2	
77	134	93	41	8	5	3	2	2	
78	147	102	45	3	1	2	4	2	2
79	148	93	55	4	3	1	1	1	
80—84岁	**691**	**485**	**206**	**19**	**10**	**9**	**10**	**6**	**4**
80	157	112	45	1		1	2	1	1
81	159	112	47	7	4	3	1	1	
82	144	93	51	1		1	3	1	2
83	133	99	34	6	3	3	3	2	1
84	98	69	29	4	3	1	1	1	
85岁及以上	**464**	**300**	**164**	**9**	**4**	**5**	**9**	**7**	**2**

4–2　各地区分性别、受教育程度的15岁及以上人口

单位：人

地　区	15岁及以上人口			未上过学		
	合计	男	女	小计	男	女
全省	**70203754**	**35298112**	**34905642**	**3483482**	**996112**	**2487370**
成都市	18156930	9082628	9074302	377798	104817	272981
自贡市	2096800	1036066	1060734	96659	25184	71475
攀枝花市	1042534	538300	504234	60971	18931	42040
泸州市	3478559	1740481	1738078	150671	42740	107931
德阳市	3004865	1504403	1500462	158062	42963	115099
绵阳市	4180520	2085854	2094666	214744	56879	157865
广元市	1951357	970753	980604	126642	26147	100495
遂宁市	2377420	1200432	1176988	135518	32390	103128
内江市	2652442	1326216	1326226	123176	35352	87824
乐山市	2714112	1355670	1358442	108580	31227	77353
南充市	4725910	2382364	2343546	330225	78899	251326
眉山市	2541162	1264557	1276605	116042	31773	84269
宜宾市	3729413	1898564	1830849	112238	30115	82123
广安市	2683643	1347323	1336320	127862	31797	96065
达州市	4454398	2280149	2174249	167764	46550	121214
雅安市	1213789	612021	601768	45856	12350	33506
巴中市	2242219	1134275	1107944	80427	14156	66271
资阳市	1921935	965087	956848	115135	29238	85897
阿坝藏族羌族自治州	667375	346835	320540	105933	37362	68571
甘孜藏族自治州	852851	439750	413101	209029	87831	121198
凉山彝族自治州	3515520	1786384	1729136	520150	179411	340739

4–2　续表 1

单位：人

地　区	学前教育			小　学		
	小计	男	女	小计	男	女
全省	**193742**	**70754**	**122988**	**20405542**	**9624162**	**10781380**
成都市	22433	8779	13654	3504247	1610851	1893396
自贡市	3893	1342	2551	660523	308946	351577
攀枝花市	1735	761	974	267960	130944	137016
泸州市	13861	5385	8476	1261747	600250	661497
德阳市	10863	4021	6842	925516	439320	486196
绵阳市	11886	4250	7636	1217299	569498	647801
广元市	8902	2761	6141	647028	292359	354669
遂宁市	7461	2665	4796	729200	345583	383617
内江市	5911	2347	3564	835667	401662	434005
乐山市	4081	1387	2694	908822	429888	478934
南充市	20967	7390	13577	1443051	687489	755562
眉山市	7682	2843	4839	833897	396697	437200
宜宾市	6556	2282	4274	1311707	614004	697703
广安市	12798	4681	8117	933245	433808	499437
达州市	16781	6420	10361	1305786	609596	696190
雅安市	2125	743	1382	368693	175265	193428
巴中市	11284	2986	8298	685164	291841	393323
资阳市	12491	4392	8099	649135	304905	344230
阿坝藏族羌族自治州	1410	668	742	226983	121466	105517
甘孜藏族自治州	5403	2620	2783	305945	163537	142408
凉山彝族自治州	5219	2031	3188	1383927	696253	687674

4-2 续表 2

单位：人

地　区	初　中			高　中			大学专科		
	小计	男	女	小计	男	女	小计	男	女
全省	**23981262**	**12980407**	**11000855**	**11039965**	**5993028**	**5046937**	**6045266**	**3067583**	**2977683**
成都市	5520182	2881703	2638479	3376234	1784137	1592097	2589028	1289219	1299809
自贡市	782533	416640	365893	317116	167266	149850	136905	67220	69685
攀枝花市	342324	187380	154944	181956	99412	82544	105848	57370	48478
泸州市	1181476	639574	541902	513039	273741	239298	212614	107412	105202
德阳市	1049004	556028	492976	450782	243647	207135	250122	131296	118826
绵阳市	1440563	775675	664888	665204	360348	304856	335606	167333	168273
广元市	622579	353930	268649	310097	172119	137978	157730	81833	75897
遂宁市	934105	508165	425940	360768	200900	159868	128985	67152	61833
内江市	1052779	563251	489528	381877	201645	180232	155534	76428	79106
乐山市	954569	510393	444176	403638	213885	189753	197694	99184	98510
南充市	1700026	936608	763418	737120	419678	317442	297379	154760	142619
眉山市	949006	504932	444074	350854	189635	161219	169273	83090	86183
宜宾市	1297149	718472	578677	560327	309517	250810	237474	123000	114474
广安市	1005729	549109	456620	392175	218602	173573	138533	70847	67686
达州市	1859103	1016175	842928	732360	406065	326295	238213	125490	112723
雅安市	471173	255955	215218	173202	93355	79847	92127	44481	47646
巴中市	806276	450563	355713	425366	247382	177984	159360	86414	72946
资阳市	770509	423048	347461	232068	127605	104463	86387	46653	39734
阿坝藏族羌族自治州	157349	96212	61137	67193	38333	28860	68325	34682	33643
甘孜藏族自治州	137041	82426	54615	79313	44356	34957	73760	39208	34552
凉山彝族自治州	947787	554168	393619	329276	181400	147876	214369	114511	99858

4-2 续表 3

单位：人

地　区	大学本科			硕士研究生			博士研究生		
	小计	男	女	小计	男	女	小计	男	女
全省	**4578490**	**2315492**	**2262998**	**420779**	**215998**	**204781**	**55226**	**34576**	**20650**
成都市	2417340	1218419	1198921	307050	158222	148828	42618	26481	16137
自贡市	92602	46162	46440	5955	2931	3024	614	375	239
攀枝花市	77565	41103	36462	3770	2116	1654	405	283	122
泸州市	136355	67266	69089	8004	3658	4346	792	455	337
德阳市	148865	80740	68125	10760	5804	4956	891	584	307
绵阳市	270451	137633	132818	21374	11755	9619	3393	2483	910
广元市	74754	39694	35060	3388	1765	1623	237	145	92
遂宁市	77415	41497	35918	3583	1855	1728	385	225	160
内江市	93002	43331	49671	4061	1956	2105	435	244	191
乐山市	129235	65958	63277	6862	3372	3490	631	376	255
南充市	185017	92130	92887	10687	4536	6151	1438	874	564
眉山市	109038	53016	56022	4983	2355	2628	387	216	171
宜宾市	194630	96308	98322	8546	4360	4186	786	506	280
广安市	70037	36815	33222	2987	1500	1487	277	164	113
达州市	129470	67303	62167	4402	2253	2149	519	297	222
雅安市	57376	28313	29063	2862	1344	1518	375	215	160
巴中市	71129	39075	32054	2951	1697	1254	262	161	101
资阳市	53496	27890	25606	2488	1232	1256	226	124	102
阿坝藏族羌族自治州	38837	17389	21448	1224	641	583	121	82	39
甘孜藏族自治州	41155	19050	22105	1093	633	460	112	89	23
凉山彝族自治州	110721	56400	54321	3749	2013	1736	322	197	125

4-2a　各地区分性别、受教育程度的15岁及以上人口(城市)

单位：人

地　区	15岁及以上人口			未上过学		
	合计	男	女	小计	男	女
全省	**26132846**	**12803832**	**13329014**	**450941**	**118401**	**332540**
成都市	13138769	6523065	6615704	198659	52495	146164
自贡市	663444	317342	346102	17257	4299	12958
攀枝花市	589486	302555	286931	17824	4555	13269
泸州市	851372	408055	443317	16042	5077	10965
德阳市	1091721	529185	562536	24500	6319	18181
绵阳市	1454932	695140	759792	25729	5932	19797
广元市	400746	190109	210637	6860	1436	5424
遂宁市	915474	443146	472328	22491	5229	17262
内江市	640298	296088	344210	11602	3364	8238
乐山市	810481	387119	423362	10943	2870	8073
南充市	1243662	594438	649224	22735	6062	16673
眉山市	572593	274904	297689	9268	2660	6608
宜宾市	916363	452108	464255	13035	3312	9723
广安市	420998	198748	222250	8378	1851	6527
达州市	924980	461005	463975	15632	5098	10534
雅安市	251026	119518	131508	3675	908	2767
巴中市	381701	186434	195267	3357	614	2743
资阳市	341612	166398	175214	6487	1742	4745
阿坝藏族羌族自治州	26432	13023	13409	895	277	618
甘孜藏族自治州	39880	20457	19423	1365	537	828
凉山彝族自治州	456876	224995	231881	14207	3764	10443

4-2a　续表 1

单位：人

地　区	学前教育			小　学		
	小计	男	女	小计	男	女
全省	**26719**	**10401**	**16318**	**4208236**	**1825465**	**2382771**
成都市	12686	4996	7690	1860310	820247	1040063
自贡市	613	223	390	107482	46427	61055
攀枝花市	796	345	451	108408	53055	55353
泸州市	1003	418	585	170077	74738	95339
德阳市	1362	495	867	192406	82937	109469
绵阳市	1058	370	688	224584	91687	132897
广元市	321	118	203	74884	29587	45297
遂宁市	916	326	590	205016	87597	117419
内江市	494	161	333	111603	46510	65093
乐山市	585	227	358	139855	59973	79882
南充市	1760	659	1101	235027	98142	136885
眉山市	519	191	328	108613	47884	60729
宜宾市	576	196	380	168477	73828	94649
广安市	385	140	245	98719	38613	60106
达州市	1726	802	924	158630	70640	87990
雅安市	237	74	163	39449	17416	22033
巴中市	725	259	466	56003	19780	36223
资阳市	364	149	215	59964	25704	34260
阿坝藏族羌族自治州	68	38	30	3692	1733	1959
甘孜藏族自治州	32	13	19	4970	2514	2456
凉山彝族自治州	493	201	292	80067	36453	43614

4−2a 续表 2

单位：人

地区	初中			高中			大学专科		
	小计	男	女	小计	男	女	小计	男	女
全省	**7795049**	**3897957**	**3897092**	**5783739**	**2993855**	**2789884**	**3988777**	**1985473**	**2003304**
成都市	3557611	1816674	1740937	2690768	1400457	1290311	2266523	1124069	1142454
自贡市	233374	113703	119671	157199	79206	77993	78786	38985	39801
攀枝花市	182725	95462	87263	134125	71433	62692	78578	41903	36675
泸州市	261316	127280	134036	200900	100422	100478	114271	57082	57189
德阳市	338624	163012	175612	239508	122325	117183	177889	92552	85337
绵阳市	433145	209551	223594	361951	184523	177428	224276	109406	114870
广元市	114851	56439	58412	101059	51235	49824	67539	32945	34594
遂宁市	344394	169945	174449	199587	106023	93564	86022	43790	42232
内江市	223110	106095	117015	152783	75313	77470	81117	38144	42973
乐山市	254668	121895	132773	195591	96908	98683	116695	57793	58902
南充市	420697	206038	214659	291974	153357	138617	152065	73754	78311
眉山市	206903	100671	106232	118134	60576	57558	68115	32817	35298
宜宾市	274329	138712	135617	215611	113179	102432	117844	60119	57725
广安市	140149	68634	71515	93490	49844	43646	52207	25251	26956
达州市	319112	160462	158650	263845	138046	125799	96316	50651	45665
雅安市	77493	37911	39582	59840	30047	29793	38810	17394	21416
巴中市	127092	61219	65873	120487	64843	55644	45392	23903	21489
资阳市	135971	66045	69926	74980	38940	36040	38932	21022	17910
阿坝藏族羌族自治州	4488	2410	2078	5689	2749	2940	5579	2912	2667
甘孜藏族自治州	8102	4385	3717	10408	5284	5124	7843	4086	3757
凉山彝族自治州	136895	71414	65481	95810	49145	46665	73978	36895	37083

4−2a 续表 3

单位：人

地区	大学本科			硕士研究生			博士研究生		
	小计	男	女	小计	男	女	小计	男	女
全省	**3455731**	**1748184**	**1707547**	**373724**	**192768**	**180956**	**49930**	**31328**	**18602**
成都市	2213115	1124602	1088513	297445	153639	143806	41652	25886	15766
自贡市	63569	31827	31742	4703	2380	2323	461	292	169
攀枝花市	63290	33627	29663	3362	1911	1451	378	264	114
泸州市	80952	39858	41094	6221	2840	3381	590	340	250
德阳市	108310	56523	51787	8461	4589	3872	661	433	228
绵阳市	167333	83634	83699	14474	8246	6228	2382	1791	591
广元市	33346	17320	16026	1797	973	824	89	56	33
遂宁市	53990	28616	25374	2786	1457	1329	272	163	109
内江市	56887	25139	31748	2449	1214	1235	253	148	105
乐山市	86758	44699	42059	4973	2497	2476	413	257	156
南充市	110499	52709	57790	7810	3066	4744	1095	651	444
眉山市	58153	28654	29499	2746	1362	1384	142	89	53
宜宾市	120184	59408	60776	5749	2980	2769	558	374	184
广安市	26287	13644	12643	1282	705	577	101	66	35
达州市	67020	33909	33111	2441	1253	1188	258	144	114
雅安市	29312	14695	14617	1952	914	1038	258	159	99
巴中市	27309	15024	12285	1248	741	507	88	51	37
资阳市	23541	12104	11437	1280	644	636	93	48	45
阿坝藏族羌族自治州	5763	2765	2998	244	128	116	14	11	3
甘孜藏族自治州	6827	3450	3377	317	178	139	16	10	6
凉山彝族自治州	53286	25977	27309	1984	1051	933	156	95	61

4-2b 各地区分性别、受教育程度的15岁及以上人口(镇)

单位：人

地区	15岁及以上人口			未上过学		
	合计	男	女	小计	男	女
全省	**13860749**	**6745755**	**7114994**	**543742**	**158795**	**384947**
成都市	1131689	548470	583219	31230	8787	22443
自贡市	501768	233804	267964	17543	4606	12937
攀枝花市	145507	74674	70833	6855	2128	4727
泸州市	920580	442790	477790	26981	7684	19297
德阳市	583122	292533	290589	28964	7961	21003
绵阳市	692908	339410	353498	22145	5970	16175
广元市	498372	237482	260890	17303	3328	13975
遂宁市	424858	206660	218198	16815	4541	12274
内江市	677351	326165	351186	18795	5459	13336
乐山市	619053	300302	318751	19379	5412	13967
南充市	1095359	530413	564946	49560	12607	36953
眉山市	679534	330626	348908	21351	5961	15390
宜宾市	1021373	504333	517040	23338	6405	16933
广安市	727900	340699	387201	20555	5700	14855
达州市	1274473	629795	644678	37411	11374	26037
雅安市	385599	189801	195798	10143	2490	7653
巴中市	611096	292262	318834	11892	2043	9849
资阳市	436913	204807	232106	12986	3336	9650
阿坝藏族羌族自治州	253699	128591	125108	26696	9217	17479
甘孜藏族自治州	242625	121371	121254	35701	15071	20630
凉山彝族自治州	936970	470767	466203	88099	28715	59384

4-2b 续表 1

单位：人

地区	学前教育			小学		
	小计	男	女	小计	男	女
全省	**26930**	**10075**	**16855**	**3730528**	**1640296**	**2090232**
成都市	1582	708	874	276572	126826	149746
自贡市	610	199	411	140957	59320	81637
攀枝花市	221	85	136	34497	15920	18577
泸州市	2123	762	1361	279486	123254	156232
德阳市	2103	782	1321	176805	81831	94974
绵阳市	955	361	594	165581	70787	94794
广元市	970	266	704	123194	48590	74604
遂宁市	1370	531	839	119720	52265	67455
内江市	675	279	396	169923	74250	95673
乐山市	467	160	307	178217	79040	99177
南充市	2973	1129	1844	276100	116574	159526
眉山市	1130	431	699	183716	83349	100367
宜宾市	1421	504	917	303469	134771	168698
广安市	2086	712	1374	200441	82613	117828
达州市	3239	1285	1954	319225	141212	178013
雅安市	455	150	305	103688	46798	56890
巴中市	1117	303	814	128171	46764	81407
资阳市	1208	433	775	109231	43958	65273
阿坝藏族羌族自治州	433	210	223	64291	33081	31210
甘孜藏族自治州	546	269	277	63633	30911	32722
凉山彝族自治州	1246	516	730	313611	148182	165429

4–2b 续表 2

单位：人

地区	初中			高中			大学专科		
	小计	男	女	小计	男	女	小计	男	女
全省	**5168131**	**2616298**	**2551833**	**2597911**	**1393111**	**1204800**	**1094409**	**573641**	**520768**
成都市	402830	204845	197985	202164	104740	97424	122225	61316	60909
自贡市	194312	95106	99206	88392	45660	42732	38632	18370	20262
攀枝花市	52154	28144	24010	25540	14086	11454	15807	8895	6912
泸州市	335349	168685	166664	179109	94290	84819	59713	29845	29868
德阳市	217498	112916	104582	92711	50746	41965	38390	21313	17077
绵阳市	265473	133375	132098	123998	68266	55732	48342	25591	22751
广元市	173679	87080	86599	108843	57916	50927	47670	25920	21750
遂宁市	173423	86742	86681	77512	42730	34782	23027	12667	10360
内江市	284379	140568	143811	132498	69169	63329	46468	24094	22374
乐山市	239428	120426	119002	103604	55149	48455	48508	25088	23420
南充市	430241	214172	216069	220031	122237	97794	75583	41395	34188
眉山市	256400	128189	128211	122948	64806	58142	64329	32559	31770
宜宾市	376811	196668	180143	191772	103175	88597	72235	37138	35097
广安市	274799	131059	143740	160935	84301	76634	44136	23239	20897
达州市	539229	271975	267254	259339	141384	117955	73913	40353	33560
雅安市	154631	79841	74790	61992	33055	28937	32980	16860	16120
巴中市	229492	111647	117845	155348	85846	69502	57500	30487	27013
资阳市	178851	86141	92710	85877	45179	40698	28161	15065	13096
阿坝藏族羌族自治州	65050	36846	28204	37729	20106	17623	38183	19267	18916
甘孜藏族自治州	43708	24863	18845	35835	19462	16373	36662	19425	17237
凉山彝族自治州	280394	157010	123384	131734	70808	60926	81945	44754	37191

4–2b 续表 3

单位：人

地区	大学本科			硕士研究生			博士研究生		
	小计	男	女	小计	男	女	小计	男	女
全省	**674291**	**340813**	**333478**	**22395**	**11260**	**11135**	**2412**	**1466**	**946**
成都市	91736	39728	52008	3088	1369	1719	262	151	111
自贡市	20590	10205	10385	652	298	354	80	40	40
攀枝花市	10140	5255	4885	277	149	128	16	12	4
泸州市	36887	17814	19073	837	404	433	95	52	43
德阳市	25097	16104	8993	1425	797	628	129	83	46
绵阳市	61465	32400	29065	4244	2171	2073	705	489	216
广元市	25963	13995	11968	694	356	338	56	31	25
遂宁市	12690	7021	5669	271	148	123	30	15	15
内江市	23757	11932	11825	775	374	401	81	40	41
乐山市	28397	14504	13893	957	471	486	96	52	44
南充市	39493	21570	17923	1243	637	606	135	92	43
眉山市	28435	14758	13677	1126	519	607	99	54	45
宜宾市	50789	24885	25904	1441	730	711	97	57	40
广安市	24374	12808	11566	531	243	288	43	24	19
达州市	40969	21623	19346	1021	521	500	127	68	59
雅安市	21064	10291	10773	573	283	290	73	33	40
巴中市	26822	14746	12076	699	395	304	55	31	24
资阳市	20002	10384	9618	536	280	256	61	31	30
阿坝藏族羌族自治州	20723	9544	11179	535	284	251	59	36	23
甘孜藏族自治州	25968	11043	14925	538	304	234	34	23	11
凉山彝族自治州	38930	20203	18727	932	527	405	79	52	27

4-2c　各地区分性别、受教育程度的15岁及以上人口(乡村)

单位：人

地　区	15岁及以上人口			未上过学		
	合计	男	女	小计	男	女
全省	**30210159**	**15748525**	**14461634**	**2488799**	**718916**	**1769883**
成都市	3886472	2011093	1875379	147909	43535	104374
自贡市	931588	484920	446668	61859	16279	45580
攀枝花市	307541	161071	146470	36292	12248	24044
泸州市	1706607	889636	816971	107648	29979	77669
德阳市	1330022	682685	647337	104598	28683	75915
绵阳市	2032680	1051304	981376	166870	44977	121893
广元市	1052239	543162	509077	102479	21383	81096
遂宁市	1037088	550626	486462	96212	22620	73592
内江市	1334793	703963	630830	92779	26529	66250
乐山市	1284578	668249	616329	78258	22945	55313
南充市	2386889	1257513	1129376	257930	60230	197700
眉山市	1289035	659027	630008	85423	23152	62271
宜宾市	1791677	942123	849554	75865	20398	55467
广安市	1534745	807876	726869	98929	24246	74683
达州市	2254945	1189349	1065596	114721	30078	84643
雅安市	577164	302702	274462	32038	8952	23086
巴中市	1249422	655579	593843	65178	11499	53679
资阳市	1143410	593882	549528	95662	24160	71502
阿坝藏族羌族自治州	387244	205221	182023	78342	27868	50474
甘孜藏族自治州	570346	297922	272424	171963	72223	99740
凉山彝族自治州	2121674	1090622	1031052	417844	146932	270912

4-2c　续表 1

单位：人

地　区	学前教育			小　学		
	小计	男	女	小计	男	女
全省	**140093**	**50278**	**89815**	**12466778**	**6158401**	**6308377**
成都市	8165	3075	5090	1367365	663778	703587
自贡市	2670	920	1750	412084	203199	208885
攀枝花市	718	331	387	125055	61969	63086
泸州市	10735	4205	6530	812184	402258	409926
德阳市	7398	2744	4654	556305	274552	281753
绵阳市	9873	3519	6354	827134	407024	420110
广元市	7611	2377	5234	448950	214182	234768
遂宁市	5175	1808	3367	404464	205721	198743
内江市	4742	1907	2835	554141	280902	273239
乐山市	3029	1000	2029	590750	290875	299875
南充市	16234	5602	10632	931924	472773	459151
眉山市	6033	2221	3812	541568	265464	276104
宜宾市	4559	1582	2977	839761	405405	434356
广安市	10327	3829	6498	634085	312582	321503
达州市	11816	4333	7483	827931	397744	430187
雅安市	1433	519	914	225556	111051	114505
巴中市	9442	2424	7018	500990	225297	275693
资阳市	10919	3810	7109	479940	235243	244697
阿坝藏族羌族自治州	909	420	489	159000	86652	72348
甘孜藏族自治州	4825	2338	2487	237342	130112	107230
凉山彝族自治州	3480	1314	2166	990249	511618	478631

4-2c 续表 2 单位：人

地区	初中			高中			大学专科		
	小计	男	女	小计	男	女	小计	男	女
全省	**11018082**	**6466152**	**4551930**	**2658315**	**1606062**	**1052253**	**962080**	**508469**	**453611**
成都市	1559741	860184	699557	483302	278940	204362	200280	103834	96446
自贡市	354847	207831	147016	71525	42400	29125	19487	9865	9622
攀枝花市	107445	63774	43671	22291	13893	8398	11463	6572	4891
泸州市	584811	343609	241202	133030	79029	54001	38630	20485	18145
德阳市	492882	280100	212782	118563	70576	47987	33843	17431	16412
绵阳市	741945	432749	309196	179255	107559	71696	62988	32336	30652
广元市	334049	210411	123638	100195	62968	37227	42521	22968	19553
遂宁市	416288	251478	164810	83669	52147	31522	19936	10695	9241
内江市	545290	316588	228702	96596	57163	39433	27949	14190	13759
乐山市	460473	268072	192401	104443	61828	42615	32491	16303	16188
南充市	849088	516398	332690	225115	144084	81031	69731	39611	30120
眉山市	485703	276072	209631	109772	64253	45519	36829	17714	19115
宜宾市	646009	383092	262917	152944	93163	59781	47395	25743	21652
广安市	590781	349416	241365	137750	84457	53293	42190	22357	19833
达州市	1000762	583738	417024	209176	126635	82541	67984	34486	33498
雅安市	239049	138203	100846	51370	30253	21117	20337	10227	10110
巴中市	449692	277697	171995	149531	96693	52838	56468	32024	24444
资阳市	455687	270862	184825	71211	43486	27725	19294	10566	8728
阿坝藏族羌族自治州	87811	56956	30855	23775	15478	8297	24563	12503	12060
甘孜藏族自治州	85231	53178	32053	33070	19610	13460	29255	15697	13558
凉山彝族自治州	530498	325744	204754	101732	61447	40285	58446	32862	25584

4-2c 续表 3 单位：人

地区	大学本科			硕士研究生			博士研究生		
	小计	男	女	小计	男	女	小计	男	女
全省	**448468**	**226495**	**221973**	**24660**	**11970**	**12690**	**2884**	**1782**	**1102**
成都市	112489	54089	58400	6517	3214	3303	704	444	260
自贡市	8443	4130	4313	600	253	347	73	43	30
攀枝花市	4135	2221	1914	131	56	75	11	7	4
泸州市	18516	9594	8922	946	414	532	107	63	44
德阳市	15458	8113	7345	874	418	456	101	68	33
绵阳市	41653	21599	20054	2656	1338	1318	306	203	103
广元市	15445	8379	7066	897	436	461	92	58	34
遂宁市	10735	5860	4875	526	250	276	83	47	36
内江市	12358	6260	6098	837	368	469	101	56	45
乐山市	14080	6755	7325	932	404	528	122	67	55
南充市	35025	17851	17174	1634	833	801	208	131	77
眉山市	22450	9604	12846	1111	474	637	146	73	73
宜宾市	23657	12015	11642	1356	650	706	131	75	56
广安市	19376	10363	9013	1174	552	622	133	74	59
达州市	21481	11771	9710	940	479	461	134	85	49
雅安市	7000	3327	3673	337	147	190	44	23	21
巴中市	16998	9305	7693	1004	561	443	119	79	40
资阳市	9953	5402	4551	672	308	364	72	45	27
阿坝藏族羌族自治州	12351	5080	7271	445	229	216	48	35	13
甘孜藏族自治州	8360	4557	3803	238	151	87	62	56	6
凉山彝族自治州	18505	10220	8285	833	435	398	87	50	37

4-3　各地区分性别、受教育程度的16-59岁人口

单位：人

地　　区	16-59岁人口			未上过学		
	合计	男	女	小计	男	女
全省	**51140564**	**25918240**	**25222324**	**868182**	**318649**	**549533**
成都市	14251976	7201180	7050796	62229	24393	37836
自贡市	1387004	691655	695349	10298	4181	6117
攀枝花市	790651	412666	377985	16864	5538	11326
泸州市	2422324	1219063	1203261	20620	7429	13191
德阳市	2085804	1053018	1032786	16834	6487	10347
绵阳市	2978026	1481563	1496463	24440	8670	15770
广元市	1364527	682396	682131	17385	4653	12732
遂宁市	1642023	827778	814245	14124	4824	9300
内江市	1817628	911716	905912	14384	5862	8522
乐山市	1912503	962943	949560	29674	10683	18991
南充市	3203418	1617129	1586289	33502	9991	23511
眉山市	1785420	895774	889646	12479	5069	7410
宜宾市	2722965	1403767	1319198	20932	7727	13205
广安市	1837683	927657	910026	15302	5107	10195
达州市	3175306	1643330	1531976	18615	7134	11481
雅安市	891100	452309	438791	8286	3296	4990
巴中市	1547134	792718	754416	9747	3125	6622
资阳市	1237377	622380	614997	12016	4237	7779
阿坝藏族羌族自治州	540367	286799	253568	57160	21767	35393
甘孜藏族自治州	710835	373116	337719	147629	64171	83458
凉山彝族自治州	2836493	1459283	1377210	305662	104305	201357

4-3　续表 1

单位：人

地　　区	学前教育			小　　学		
	小计	男	女	小计	男	女
全省	**43930**	**18166**	**25764**	**9878025**	**4431365**	**5446660**
成都市	6944	3196	3748	1671674	763191	908483
自贡市	653	262	391	281227	124698	156529
攀枝花市	643	287	356	154641	73453	81188
泸州市	2825	1191	1634	624764	279691	345073
德阳市	1535	601	934	395029	173261	221768
绵阳市	2083	803	1280	559191	236166	323025
广元市	1619	475	1144	311079	121480	189599
遂宁市	1369	518	851	300515	121691	178824
内江市	1177	508	669	358306	162436	195870
乐山市	834	356	478	438496	205741	232755
南充市	3501	1261	2240	587759	232430	355329
眉山市	1346	567	779	377888	173676	204212
宜宾市	1590	636	954	687331	313441	373890
广安市	2223	898	1325	386903	159849	227054
达州市	3391	1451	1940	533228	232656	300572
雅安市	539	213	326	184897	86690	98207
巴中市	1775	591	1184	260033	94468	165565
资阳市	1822	673	1149	248729	100643	148086
阿坝藏族羌族自治州	810	389	421	174386	93025	81361
甘孜藏族自治州	4401	2178	2223	255093	137823	117270
凉山彝族自治州	2850	1112	1738	1086856	544856	542000

4-3 续表 2

单位：人

地区	初中			高中			大学专科		
	小计	男	女	小计	男	女	小计	男	女
全省	**20170434**	**10662427**	**9508007**	**9580206**	**5185732**	**4394474**	**5711359**	**2851034**	**2860325**
成都市	4556508	2359304	2197204	2872900	1529065	1343835	2421928	1189872	1232056
自贡市	613659	318604	295055	259069	136798	122271	126952	60622	66330
攀枝花市	284187	153989	130198	155952	84957	70995	99417	52967	46450
泸州市	986498	524128	462370	443055	236696	206359	203000	101129	101871
德阳市	887702	456526	431176	392655	210841	181814	237171	122360	114811
绵阳市	1218588	631538	587050	572668	306572	266096	315673	153406	162267
广元市	529828	287621	242207	276084	150761	125323	151625	76980	74645
遂宁市	798598	417408	381190	324972	178664	146308	123064	62679	60385
内江市	873811	455780	418031	327419	172345	155074	147694	71150	76544
乐山市	783651	409537	374114	342787	180047	162740	185034	90422	94612
南充市	1445424	764102	681322	656070	369843	286227	283953	145045	138908
眉山市	811566	419777	391789	307148	164393	142755	162928	78569	84359
宜宾市	1106393	602162	504231	481998	266838	215160	225289	115096	110193
广安市	871169	460291	410878	355554	196253	159301	134329	67661	66668
达州市	1599969	852526	747443	658356	362068	296288	229978	119510	110468
雅安市	402750	213340	189410	150256	80133	70123	85762	40240	45522
巴中市	665950	354284	311666	382382	218350	164032	154036	81926	72110
资阳市	639993	337594	302399	198885	108167	90718	81178	42946	38232
阿坝藏族羌族自治州	140738	85800	54938	60433	34270	26163	66880	33607	33273
甘孜藏族自治州	117970	71439	46531	71775	40022	31753	71929	37938	33991
凉山彝族自治州	835482	486677	348805	289788	158649	131139	203539	106909	96630

4-3 续表 3

单位：人

地区	大学本科			硕士研究生			博士研究生		
	小计	男	女	小计	男	女	小计	男	女
全省	**4420047**	**2206243**	**2213804**	**414423**	**211017**	**203406**	**53958**	**33607**	**20351**
成都市	2315839	1151888	1163951	302343	154558	147785	41611	25713	15898
自贡市	88661	43255	45406	5881	2867	3014	604	368	236
攀枝花市	74831	39130	35701	3721	2071	1650	395	274	121
泸州市	132899	64794	68105	7899	3574	4325	764	431	333
德阳市	143383	76678	66705	10626	5694	4932	869	570	299
绵阳市	261119	130597	130522	20917	11367	9550	3347	2444	903
广元市	73302	38532	34770	3368	1749	1619	237	145	92
遂宁市	75483	39975	35508	3517	1798	1719	381	221	160
内江市	90402	41476	48926	4009	1921	2088	426	238	188
乐山市	124646	62500	62146	6764	3293	3471	617	364	253
南充市	181258	89157	92101	10531	4438	6093	1420	862	558
眉山市	106756	51201	55555	4933	2314	2619	376	208	168
宜宾市	190252	93113	97139	8414	4262	4152	766	492	274
广安市	68962	35952	33010	2965	1482	1483	276	164	112
达州市	126930	65486	61444	4341	2216	2125	498	283	215
雅安市	55418	26878	28540	2824	1309	1515	368	210	158
巴中市	70050	38162	31888	2906	1656	1250	255	156	99
资阳市	52063	26782	25281	2469	1216	1253	222	122	100
阿坝藏族羌族自治州	38637	17238	21399	1214	633	581	109	70	39
甘孜藏族自治州	40853	18840	22013	1083	625	458	102	80	22
凉山彝族自治州	108303	54609	53694	3698	1974	1724	315	192	123

4–3a　各地区分性别、受教育程度的16–59岁人口(城市)

单位：人

地　　区	16–59岁人口			未上过学		
	合计	男	女	小计	男	女
全省	**20796920**	**10253552**	**10543368**	**83597**	**30825**	**52772**
成都市	10683271	5355243	5328028	39967	14548	25419
自贡市	471882	228796	243086	2449	1188	1261
攀枝花市	441531	228361	213170	3582	1257	2325
泸州市	652506	314428	338078	2600	1247	1353
德阳市	830512	405254	425258	2990	1154	1836
绵阳市	1151125	546920	604205	3690	1174	2516
广元市	322768	152462	170306	1322	355	967
遂宁市	703957	339115	364842	2513	947	1566
内江市	487442	225113	262329	2176	1116	1060
乐山市	615132	293650	321482	1996	837	1159
南充市	968304	459653	508651	3308	1311	1997
眉山市	456740	220326	236414	1280	563	717
宜宾市	740540	370003	370537	2779	1097	1682
广安市	331946	156942	175004	1295	365	930
达州市	747113	372480	374633	2579	983	1596
雅安市	191469	90760	100709	479	191	288
巴中市	305050	149868	155182	587	190	397
资阳市	269686	132556	137130	801	331	470
阿坝藏族羌族自治州	22851	11321	11530	357	112	245
甘孜藏族自治州	34675	17993	16682	643	291	352
凉山彝族自治州	368420	182308	186112	6204	1568	4636

4–3a　续表 1

单位：人

地　　区	学前教育			小　　学		
	小计	男	女	小计	男	女
全省	**9634**	**4304**	**5330**	**2081843**	**896085**	**1185758**
成都市	4982	2257	2725	957184	424452	532732
自贡市	126	69	57	51035	22802	28233
攀枝花市	221	95	126	44750	21148	23602
泸州市	343	176	167	87521	38113	49408
德阳市	308	129	179	77103	32459	44644
绵阳市	365	145	220	107335	41178	66157
广元市	139	59	80	38583	14289	24294
遂宁市	314	120	194	97639	38705	58934
内江市	189	73	116	50511	20932	29579
乐山市	207	105	102	62659	27186	35473
南充市	545	231	314	107334	41888	65446
眉山市	139	57	82	54025	24427	29598
宜宾市	239	110	129	97094	43438	53656
广安市	140	61	79	50544	18306	32238
达州市	609	295	314	76776	33438	43338
雅安市	76	25	51	15839	7185	8654
巴中市	249	100	149	22820	7877	14943
资阳市	150	66	84	30965	13464	17501
阿坝藏族羌族自治州	28	17	11	2336	1109	1227
甘孜藏族自治州	16	10	6	3358	1775	1583
凉山彝族自治州	249	104	145	46432	21914	24518

4-3a 续表 2 单位：人

地区	初中			高中			大学专科		
	小计	男	女	小计	男	女	小计	男	女
全省	**6264745**	**3089244**	**3175501**	**4900056**	**2540164**	**2359892**	**3727214**	**1823217**	**1903997**
成都市	2865375	1460878	1404497	2257326	1185643	1071683	2109865	1031795	1078070
自贡市	160524	76966	83558	120937	61514	59423	71451	34246	37205
攀枝花市	141573	73108	68465	113498	60361	53137	73418	38425	34993
泸州市	202348	97001	105347	167261	84058	83203	107657	52941	54716
德阳市	267745	125351	142394	202618	102809	99809	167392	85537	81855
绵阳市	348916	163150	185766	305244	154194	151050	209790	99733	110057
广元市	94205	44546	49659	89576	44736	44840	64719	30917	33802
遂宁市	289755	137314	152441	176885	92656	84229	81512	40495	41017
内江市	173266	80379	92887	127317	62492	64825	76335	34992	41343
乐山市	191775	89469	102306	162969	80082	82887	107355	51498	55857
南充市	342794	161771	181023	254415	132282	122133	143527	68068	75459
眉山市	173916	83251	90665	102585	52244	50341	65034	30674	34360
宜宾市	224624	112891	111733	182169	96576	85593	110556	55580	54976
广安市	118299	55868	62431	84116	44406	39710	50395	23939	26456
达州市	270458	132895	137563	236111	122738	113373	92447	47915	44532
雅安市	59344	28282	31062	50676	25298	25378	35088	15139	19949
巴中市	102703	47560	55143	107278	56553	50725	43387	22303	21084
资阳市	112548	53758	58790	64699	33402	31297	36529	19431	17098
阿坝藏族羌族自治州	3857	2060	1797	4996	2410	2586	5316	2751	2565
甘孜藏族自治州	6903	3758	3145	9155	4703	4452	7519	3875	3644
凉山彝族自治州	113817	58988	54829	80225	41007	39218	67922	32963	34959

4-3a 续表 3 单位：人

地区	大学本科			硕士研究生			博士研究生		
	小计	男	女	小计	男	女	小计	男	女
全省	**3313165**	**1651109**	**1662056**	**367868**	**188148**	**179720**	**48798**	**30456**	**18342**
成都市	2114975	1060413	1054562	292923	150120	142803	40674	25137	15537
自贡市	60260	29395	30865	4640	2324	2316	460	292	168
攀枝花市	60804	31843	28961	3316	1868	1448	369	256	113
泸州市	78080	37807	40273	6128	2764	3364	568	321	247
德阳市	103371	52902	50469	8340	4490	3850	645	423	222
绵阳市	159366	77683	81683	14073	7904	6169	2346	1759	587
广元市	32350	16542	15808	1785	962	823	89	56	33
遂宁市	52343	27312	25031	2727	1406	1321	269	160	109
内江市	54988	23798	31190	2412	1187	1225	248	144	104
乐山市	82886	41803	41083	4881	2421	2460	404	249	155
南充市	107623	50478	57145	7675	2980	4695	1083	644	439
眉山市	56906	27686	29220	2717	1338	1379	138	86	52
宜宾市	116876	57039	59837	5660	2910	2750	543	362	181
广安市	25785	13237	12548	1271	694	577	101	66	35
达州市	65469	32846	32623	2415	1232	1183	249	138	111
雅安市	27796	13603	14193	1917	881	1036	254	156	98
巴中市	26726	14526	12200	1215	711	504	85	48	37
资阳市	22634	11424	11210	1269	633	636	91	47	44
阿坝藏族羌族自治州	5705	2725	2980	243	127	116	13	10	3
甘孜藏族自治州	6750	3395	3355	315	176	139	16	10	6
凉山彝族自治州	51472	24652	26820	1946	1020	926	153	92	61

4-3b　各地区分性别、受教育程度的16-59岁人口(镇)

单位：人

地　　区	16-59岁人口			未上过学		
	合计	男	女	小计	男	女
全省	**10378658**	**5056868**	**5321790**	**135848**	**49895**	**85953**
成都市	854867	413938	440929	3820	1526	2294
自贡市	353074	164768	188306	1856	754	1102
攀枝花市	115262	59978	55284	1457	449	1008
泸州市	669262	321379	347883	3415	1321	2094
德阳市	413469	208386	205083	2954	1184	1770
绵阳市	517176	250890	266286	2500	907	1593
广元市	374041	177215	196826	2412	667	1745
遂宁市	302045	145556	156489	1532	595	937
内江市	493638	238682	254956	2060	858	1202
乐山市	459940	224478	235462	5496	1919	3577
南充市	806869	388454	418415	5369	1439	3930
眉山市	506448	246457	259991	2191	885	1306
宜宾市	768167	382484	385683	4116	1584	2532
广安市	536423	249554	286869	2328	814	1514
达州市	945794	467809	477985	4394	1488	2906
雅安市	292288	144766	147522	1623	569	1054
巴中市	469729	224797	244932	1733	456	1277
资阳市	316687	146812	169875	1504	624	880
阿坝藏族羌族自治州	210516	107880	102636	13472	5143	8329
甘孜藏族自治州	208207	104716	103491	24906	10962	13944
凉山彝族自治州	764756	387869	376887	46710	15751	30959

4-3b　续表 1

单位：人

地　　区	学前教育			小　　学		
	小计	男	女	小计	男	女
全省	**6981**	**2893**	**4088**	**1863381**	**779579**	**1083802**
成都市	401	181	220	124727	55476	69251
自贡市	137	47	90	63963	25525	38438
攀枝花市	84	40	44	21032	9734	11298
泸州市	453	178	275	136622	56189	80433
德阳市	363	146	217	79327	33649	45678
绵阳市	211	96	115	75792	29612	46180
广元市	186	50	136	57191	19375	37816
遂宁市	279	122	157	48606	18350	30256
内江市	167	75	92	76053	32039	44014
乐山市	135	57	78	91623	40317	51306
南充市	633	244	389	123726	43776	79950
眉山市	245	108	137	88018	38396	49622
宜宾市	411	174	237	160653	69898	90755
广安市	385	153	232	88179	32380	55799
达州市	870	350	520	139823	57311	82512
雅安市	126	50	76	51310	23335	27975
巴中市	281	101	180	55826	17941	37885
资阳市	211	81	130	47945	16928	31017
阿坝藏族羌族自治州	245	118	127	46933	24151	22782
甘孜藏族自治州	425	204	221	51765	25250	26515
凉山彝族自治州	733	318	415	234267	109947	124320

4-3b 续表 2　　单位：人

地　区	初　中			高　中			大学专科		
	小计	男	女	小计	男	女	小计	男	女
全省	**4365436**	**2136914**	**2228522**	**2274819**	**1206557**	**1068262**	**1044221**	**536270**	**507951**
成都市	339209	168321	170888	176531	90796	85735	116627	57541	59086
自贡市	154844	73253	81591	75140	38291	36849	36388	16791	19597
攀枝花市	45401	24127	21274	22218	12152	10066	14827	8207	6620
泸州市	278891	136360	142531	155145	81208	73937	57373	28183	29190
德阳市	186217	92572	93645	81574	44101	37473	36783	20080	16703
绵阳市	221662	105717	115945	106324	57152	49172	45142	23034	22108
广元市	147067	69269	77798	95404	49757	45647	45408	24005	21403
遂宁市	146027	69169	76858	70816	38491	32325	22011	11819	10192
内江市	234507	112692	121815	112898	58781	54117	43941	22333	21608
乐山市	199466	97827	101639	88343	46504	41839	45957	23249	22708
南充市	368217	174676	193541	196588	108007	88581	72154	38609	33545
眉山市	218922	106235	112687	106399	55428	50971	61837	30765	31072
宜宾市	319470	163290	156180	163282	87711	75571	68729	34789	33940
广安市	233602	106550	127052	144970	75014	69956	42463	21936	20527
达州市	457514	224324	233190	231164	124749	106415	70704	37981	32723
雅安市	132721	66586	66135	54203	28527	25676	30933	15359	15574
巴中市	189640	87136	102504	139631	75634	63997	55402	28663	26739
资阳市	148297	67817	80480	72452	37554	34898	26114	13479	12635
阿坝藏族羌族自治州	57820	32390	25430	33540	17700	15840	37299	18600	18699
甘孜藏族自治州	37306	21184	16122	31901	17203	14698	35541	18662	16879
凉山彝族自治州	248636	137419	111217	116296	61797	54499	78588	42185	36403

4-3b 续表 3　　单位：人

地　区	大学本科			硕士研究生			博士研究生		
	小计	男	女	小计	男	女	小计	男	女
全省	**663457**	**332250**	**331207**	**22164**	**11088**	**11076**	**2351**	**1422**	**929**
成都市	90246	38612	51634	3049	1337	1712	257	148	109
自贡市	20027	9779	10248	645	292	353	74	36	38
攀枝花市	9953	5110	4843	275	148	127	15	11	4
泸州市	36441	17493	18948	828	396	432	94	51	43
德阳市	24709	15785	8924	1418	790	628	124	79	45
绵阳市	60629	31740	28889	4218	2148	2070	698	484	214
广元市	25626	13707	11919	691	354	337	56	31	25
遂宁市	12480	6853	5627	265	143	122	29	14	15
内江市	23168	11498	11670	764	367	397	80	39	41
乐山市	27874	14087	13787	953	468	485	93	50	43
南充市	38814	20981	17833	1237	633	604	131	89	42
眉山市	27627	14079	13548	1115	510	605	94	51	43
宜宾市	50006	24274	25732	1405	707	698	95	57	38
广安市	23927	12444	11483	526	239	287	43	24	19
达州市	40211	21036	19175	995	507	488	119	63	56
雅安市	20729	10026	10703	571	282	289	72	32	40
巴中市	26470	14447	12023	692	389	303	54	30	24
资阳市	19570	10021	9549	533	277	256	61	31	30
阿坝藏族羌族自治州	20625	9469	11156	528	278	250	54	31	23
甘孜藏族自治州	25799	10929	14870	534	302	232	30	20	10
凉山彝族自治州	38526	19880	18646	922	521	401	78	51	27

4−3c 各地区分性别、受教育程度的16−59岁人口(乡村)

单位：人

地区	16−59岁人口			未上过学		
	合计	男	女	小计	男	女
全省	**19964986**	**10607820**	**9357166**	**648737**	**237929**	**410808**
成都市	2713838	1431999	1281839	18442	8319	10123
自贡市	562048	298091	263957	5993	2239	3754
攀枝花市	233858	124327	109531	11825	3832	7993
泸州市	1100556	583256	517300	14605	4861	9744
德阳市	841823	439378	402445	10890	4149	6741
绵阳市	1309725	683753	625972	18250	6589	11661
广元市	667718	352719	314999	13651	3631	10020
遂宁市	636021	343107	292914	10079	3282	6797
内江市	836548	447921	388627	10148	3888	6260
乐山市	837431	444815	392616	22182	7927	14255
南充市	1428245	769022	659223	24825	7241	17584
眉山市	822232	428991	393241	9008	3621	5387
宜宾市	1214258	651280	562978	14037	5046	8991
广安市	969314	521161	448153	11679	3928	7751
达州市	1482399	803041	679358	11642	4663	6979
雅安市	407343	216783	190560	6184	2536	3648
巴中市	772355	418053	354302	7427	2479	4948
资阳市	651004	343012	307992	9711	3282	6429
阿坝藏族羌族自治州	307000	167598	139402	43331	16512	26819
甘孜藏族自治州	467953	250407	217546	122080	52918	69162
凉山彝族自治州	1703317	889106	814211	252748	86986	165762

4−3c 续表 1

单位：人

地区	学前教育			小学		
	小计	男	女	小计	男	女
全省	**27315**	**10969**	**16346**	**5932801**	**2755701**	**3177100**
成都市	1561	758	803	589763	283263	306500
自贡市	390	146	244	166229	76371	89858
攀枝花市	338	152	186	88859	42571	46288
泸州市	2029	837	1192	400621	185389	215232
德阳市	864	326	538	238599	107153	131446
绵阳市	1507	562	945	376064	165376	210688
广元市	1294	366	928	215305	87816	127489
遂宁市	776	276	500	154270	64636	89634
内江市	821	360	461	231742	109465	122277
乐山市	492	194	298	284214	138238	145976
南充市	2323	786	1537	356699	146766	209933
眉山市	962	402	560	235845	110853	124992
宜宾市	940	352	588	429584	200105	229479
广安市	1698	684	1014	248180	109163	139017
达州市	1912	806	1106	316629	141907	174722
雅安市	337	138	199	117748	56170	61578
巴中市	1245	390	855	181387	68650	112737
资阳市	1461	526	935	169819	70251	99568
阿坝藏族羌族自治州	537	254	283	125117	67765	57352
甘孜藏族自治州	3960	1964	1996	199970	110798	89172
凉山彝族自治州	1868	690	1178	806157	412995	393162

4-3c 续表 2

单位：人

地 区	初 中			高 中			大学专科		
	小计	男	女	小计	男	女	小计	男	女
全省	**9540253**	**5436269**	**4103984**	**2405331**	**1439011**	**966320**	**939924**	**491547**	**448377**
成都市	1351924	730105	621819	439043	252626	186417	195436	100536	94900
自贡市	298291	168385	129906	62992	36993	25999	19113	9585	9528
攀枝花市	97213	56754	40459	20236	12444	7792	11172	6335	4837
泸州市	505259	290767	214492	120649	71430	49219	37970	20005	17965
德阳市	433740	238603	195137	108463	63931	44532	32996	16743	16253
绵阳市	648010	362671	285339	161100	95226	65874	60741	30639	30102
广元市	288556	173806	114750	91104	56268	34836	41498	22058	19440
遂宁市	362816	210925	151891	77271	47517	29754	19541	10365	9176
内江市	466038	262709	203329	87204	51072	36132	27418	13825	13593
乐山市	392410	222241	170169	91475	53461	38014	31722	15675	16047
南充市	734413	427655	306758	205067	129554	75513	68272	38368	29904
眉山市	418728	230291	188437	98164	56721	41443	36057	17130	18927
宜宾市	562299	325981	236318	136547	82551	53996	46004	24727	21277
广安市	519268	297873	221395	126468	76833	49635	41471	21786	19685
达州市	871997	495307	376690	191081	114581	76500	66827	33614	33213
雅安市	210685	118472	92213	45377	26308	19069	19741	9742	9999
巴中市	373607	219588	154019	135473	86163	49310	55247	30960	24287
资阳市	379148	216019	163129	61734	37211	24523	18535	10036	8499
阿坝藏族羌族自治州	79061	51350	27711	21897	14160	7737	24265	12256	12009
甘孜藏族自治州	73761	46497	27264	30719	18116	12603	28869	15401	13468
凉山彝族自治州	473029	290270	182759	93267	55845	37422	57029	31761	25268

4-3c 续表 3

单位：人

地 区	大学本科			硕士研究生			博士研究生		
	小计	男	女	小计	男	女	小计	男	女
全省	**443425**	**222884**	**220541**	**24391**	**11781**	**12610**	**2809**	**1729**	**1080**
成都市	110618	52863	57755	6371	3101	3270	680	428	252
自贡市	8374	4081	4293	596	251	345	70	40	30
攀枝花市	4074	2177	1897	130	55	75	11	7	4
泸州市	18378	9494	8884	943	414	529	102	59	43
德阳市	15303	7991	7312	868	414	454	100	68	32
绵阳市	41124	21174	19950	2626	1315	1311	303	201	102
广元市	15326	8283	7043	892	433	459	92	58	34
遂宁市	10660	5810	4850	525	249	276	83	47	36
内江市	12246	6180	6066	833	367	466	98	55	43
乐山市	13886	6610	7276	930	404	526	120	65	55
南充市	34821	17698	17123	1619	825	794	206	129	77
眉山市	22223	9436	12787	1101	466	635	144	71	73
宜宾市	23370	11800	11570	1349	645	704	128	73	55
广安市	19250	10271	8979	1168	549	619	132	74	58
达州市	21250	11604	9646	931	477	454	130	82	48
雅安市	6893	3249	3644	336	146	190	42	22	20
巴中市	16854	9189	7665	999	556	443	116	78	38
资阳市	9859	5337	4522	667	306	361	70	44	26
阿坝藏族羌族自治州	12307	5044	7263	443	228	215	42	29	13
甘孜藏族自治州	8304	4516	3788	234	147	87	56	50	6
凉山彝族自治州	18305	10077	8228	830	433	397	84	49	35

4-4　各地区分性别、受教育程度的25岁及以上人口

单位：人

地　　区	25岁及以上人口			未上过学		
	合计	男	女	小计	男	女
全省	**61142966**	**30608987**	**30533979**	**3446327**	**977512**	**2468815**
成都市	15637234	7802700	7834534	374164	102795	271369
自贡市	1878341	924691	953650	96061	24823	71238
攀枝花市	905389	463944	441445	60414	18647	41767
泸州市	2985460	1484617	1500843	149492	42073	107419
德阳市	2704419	1342755	1361664	157412	42586	114826
绵阳市	3695862	1840773	1855089	213824	56349	157475
广元市	1758215	871929	886286	126140	25868	100272
遂宁市	2131498	1070341	1061157	134762	31960	102802
内江市	2343249	1171901	1171348	122312	34854	87458
乐山市	2449254	1221734	1227520	107394	30756	76638
南充市	4154014	2085122	2068892	328999	78167	250832
眉山市	2272253	1129458	1142795	115365	31415	83950
宜宾市	3214304	1625963	1588341	111048	29437	81611
广安市	2334083	1161019	1173064	127021	31325	95696
达州市	3846567	1954526	1892041	166606	45893	120713
雅安市	1069817	540363	529454	45472	12139	33333
巴中市	1941379	974157	967222	79813	13809	66004
资阳市	1711988	853191	858797	114511	28886	85625
阿坝藏族羌族自治州	566885	294672	272213	103278	36023	67255
甘孜藏族自治州	691861	357062	334799	198431	82714	115717
凉山彝族自治州	2850894	1438069	1412825	513808	176993	336815

4-4　续表 1

单位：人

地　　区	学前教育			小　　学		
	小计	男	女	小计	男	女
全省	**178845**	**63244**	**115601**	**20029051**	**9425669**	**10603382**
成都市	19482	7310	12172	3471804	1592332	1879472
自贡市	3613	1212	2401	654822	305719	349103
攀枝花市	1520	652	868	262501	128197	134304
泸州市	12942	4917	8025	1247155	592536	654619
德阳市	10412	3797	6615	921035	436857	484178
绵阳市	11149	3869	7280	1210011	565608	644403
广元市	8652	2626	6026	643444	290454	352990
遂宁市	6841	2352	4489	722435	341866	380569
内江市	5583	2185	3398	828705	397709	430996
乐山市	3752	1210	2542	897011	424192	472819
南充市	19800	6796	13004	1431913	681343	750570
眉山市	7280	2654	4626	827590	393292	434298
宜宾市	6093	2032	4061	1298969	606997	691972
广安市	12083	4313	7770	923605	428494	495111
达州市	15385	5677	9708	1287842	599741	688101
雅安市	1924	655	1269	364836	173114	191722
巴中市	10722	2691	8031	678289	288207	390082
资阳市	11974	4117	7857	643029	301578	341451
阿坝藏族羌族自治州	1227	563	664	213212	112850	100362
甘孜藏族自治州	4504	2156	2348	262270	139012	123258
凉山彝族自治州	3907	1460	2447	1238573	625571	613002

4-4 续表 2

单位：人

地区	初中			高中			大学专科		
	小计	男	女	小计	男	女	小计	男	女
全省	**21941969**	**11806741**	**10135228**	**7646463**	**4174733**	**3471730**	**4304932**	**2252014**	**2052918**
成都市	5218607	2700620	2517987	2633028	1377867	1255161	1908944	960834	948110
自贡市	724173	383557	340616	223258	118239	105019	104603	53898	50705
攀枝花市	314663	171513	143150	130275	71023	59252	78544	42370	36174
泸州市	1036813	558985	477828	294874	159828	135046	140367	73555	66812
德阳市	993988	525313	468675	339641	183622	156019	163560	86223	77337
绵阳市	1362801	731675	631126	466821	253023	213798	238469	124729	113740
广元市	590203	335238	254965	217332	122835	94497	110066	60591	49475
遂宁市	864684	468696	395988	247643	140045	107598	91913	50389	41524
内江市	970732	515775	454957	247049	133341	113708	105841	55598	50243
乐山市	897000	476887	420113	290505	155920	134585	151817	79204	72613
南充市	1571831	863350	708481	483199	279116	204083	201883	112149	89734
眉山市	895949	474645	421304	244321	133170	111151	109544	56020	53524
宜宾市	1161624	641124	520500	333782	187323	146459	170634	91087	79547
广安市	893077	484675	408402	238226	135287	102939	87701	48388	39313
达州市	1668082	906328	761754	462968	260303	202665	159219	88926	70293
雅安市	432207	233420	198787	113381	62826	50555	63431	33375	30056
巴中市	737224	411696	325528	277953	166543	111410	103476	59998	43478
资阳市	698741	382730	316011	137815	78197	59618	61005	33595	27410
阿坝藏族羌族自治州	132674	80968	51706	39231	24430	14801	47210	25228	21982
甘孜藏族自治州	103052	63186	39866	43247	26779	16468	50547	27869	22678
凉山彝族自治州	673844	396360	277484	181914	105016	76898	156158	87988	68170

4-4 续表 3

单位：人

地区	大学本科			硕士研究生			博士研究生		
	小计	男	女	小计	男	女	小计	男	女
全省	**3193012**	**1690780**	**1502232**	**350042**	**185206**	**164836**	**52325**	**33088**	**19237**
成都市	1712678	899516	813162	257766	135912	121854	40761	25514	15247
自贡市	66535	34492	32043	4704	2402	2302	572	349	223
攀枝花市	53704	29304	24400	3377	1964	1413	391	274	117
泸州市	96608	49197	47411	6478	3106	3372	731	420	311
德阳市	108349	58678	49671	9221	5140	4081	801	539	262
绵阳市	171832	93017	78815	17710	10087	7623	3245	2416	829
广元市	59454	32694	26760	2720	1499	1221	204	124	80
遂宁市	59888	33199	26689	2987	1628	1359	345	206	139
内江市	59514	30648	28866	3135	1568	1567	378	223	155
乐山市	95307	50190	45117	5885	3023	2862	583	352	231
南充市	107457	59779	47678	7609	3617	3992	1323	805	518
眉山市	67789	36059	31730	4071	2003	2068	344	200	144
宜宾市	124484	63737	60747	6943	3747	3196	727	479	248
广安市	50011	27254	22757	2123	1135	988	236	148	88
达州市	82705	45629	37076	3344	1781	1563	416	248	168
雅安市	45799	23437	22362	2417	1193	1224	350	204	146
巴中市	51518	29744	21774	2162	1325	837	222	144	78
资阳市	42771	22967	19804	1948	1013	935	194	108	86
阿坝藏族羌族自治州	28821	13922	14899	1118	609	509	114	79	35
甘孜藏族自治州	28668	14641	14027	1031	617	414	111	88	23
凉山彝族自治州	79120	42676	36444	3293	1837	1456	277	168	109

4-4a 各地区分性别、受教育程度的25岁及以上人口(城市)

单位：人

地 区	25岁及以上人口			未上过学		
	合计	男	女	小计	男	女
全省	**22160287**	**10831141**	**11329146**	**446181**	**115811**	**330370**
成都市	11165952	5525064	5640888	196340	51232	145108
自贡市	586599	279258	307341	17155	4235	12920
攀枝花市	505052	256965	248087	17650	4452	13198
泸州市	715197	342342	372855	15882	4985	10897
德阳市	946402	453889	492513	24342	6234	18108
绵阳市	1213673	577718	635955	25531	5832	19699
广元市	344339	163732	180607	6806	1406	5400
遂宁市	800831	385169	415662	22227	5090	17137
内江市	531114	249061	282053	11439	3265	8174
乐山市	702895	335052	367843	10812	2801	8011
南充市	1031437	496746	534691	22477	5917	16560
眉山市	497991	239854	258137	9180	2609	6571
宜宾市	742677	363698	378979	12906	3244	9662
广安市	347776	163137	184639	8279	1804	6475
达州市	778284	388699	389585	15472	5021	10451
雅安市	207963	100553	107410	3640	889	2751
巴中市	323189	157210	165979	3307	584	2723
资阳市	289897	138345	151552	6425	1711	4714
阿坝藏族羌族自治州	21345	10885	10460	889	273	616
甘孜藏族自治州	32428	16951	15477	1341	523	818
凉山彝族自治州	375246	186813	188433	14081	3704	10377

4-4a 续表 1

单位：人

地 区	学前教育			小 学		
	小计	男	女	小计	男	女
全省	**22047**	**8089**	**13958**	**4156698**	**1797201**	**2359497**
成都市	10572	3959	6613	1836763	806928	1029835
自贡市	549	190	359	106420	45820	60600
攀枝花市	712	303	409	107177	52388	54789
泸州市	839	327	512	167781	73505	94276
德阳市	1168	396	772	191104	82256	108848
绵阳市	820	246	574	222662	90693	131969
广元市	254	83	171	74253	29248	45005
遂宁市	743	245	498	202718	86367	116351
内江市	387	117	270	110336	45834	64502
乐山市	461	155	306	138804	59396	79408
南充市	1442	512	930	232438	96742	135696
眉山市	442	152	290	107600	47352	60248
宜宾市	497	157	340	167060	73079	93981
广安市	249	71	178	97402	37889	59513
达州市	1443	653	790	155469	68967	86502
雅安市	165	56	109	39149	17250	21899
巴中市	543	166	377	54880	19194	35686
资阳市	251	90	161	58931	25139	33792
阿坝藏族羌族自治州	62	36	26	3631	1699	1932
甘孜藏族自治州	29	12	17	4826	2428	2398
凉山彝族自治州	419	163	256	77294	35027	42267

4-4a 续表 2

单位：人

地　区	初　中			高　中			大学专科		
	小计	男	女	小计	男	女	小计	男	女
全省	**7367774**	**3655197**	**3712577**	**4343478**	**2235050**	**2108428**	**2980105**	**1515768**	**1464337**
成都市	3356297	1696349	1659948	2134429	1097223	1037206	1727651	865903	861748
自贡市	225141	109083	116058	122336	61018	61318	65849	33368	32481
攀枝花市	173006	89833	83173	100195	52939	47256	60067	31661	28406
泸州市	247155	119920	127235	140334	70994	69340	79655	40315	39340
德阳市	324718	155526	169192	189205	95484	93721	120806	62418	58388
绵阳市	414091	199026	215065	255444	127745	127699	158676	79982	78694
广元市	109412	53535	55877	76209	38692	37517	47060	24564	22496
遂宁市	325341	159681	165660	140019	74615	65404	62634	33476	29158
内江市	211809	100049	111760	105419	52998	52421	54472	27884	26588
乐山市	246183	117158	129025	145730	72375	73355	92921	47420	45501
南充市	395784	192972	202812	204773	107938	96835	106257	56096	50161
眉山市	198435	95987	102448	90815	46409	44406	52294	26386	25908
宜宾市	257807	129496	128311	142187	74062	68125	86998	44948	42050
广安市	127818	62196	65622	60326	32263	28063	31740	17109	14631
达州市	301598	151155	150443	186124	98693	87431	74891	40405	34486
雅安市	73783	35837	37946	38739	19528	19211	26493	13657	12836
巴中市	118266	56701	61565	87710	47902	39808	35355	19323	16032
资阳市	127158	61232	65926	48267	24598	23669	27180	14163	13017
阿坝藏族羌族自治州	4169	2220	1949	2617	1569	1048	4322	2348	1974
甘孜藏族自治州	7440	4005	3435	5733	3201	2532	6572	3471	3101
凉山彝族自治州	122363	63236	59127	66867	34804	32063	58212	30871	27341

4-4a 续表 3

单位：人

地　区	大学本科			硕士研究生			博士研究生		
	小计	男	女	小计	男	女	小计	男	女
全省	**2480145**	**1306218**	**1173927**	**316119**	**167597**	**148522**	**47740**	**30210**	**17530**
成都市	1614379	846621	767758	249633	131884	117749	39888	24965	14923
自贡市	44915	23287	21628	3791	1976	1815	443	281	162
攀枝花市	42815	23337	19478	3062	1793	1269	368	259	109
泸州市	57673	29404	28269	5307	2559	2748	571	333	238
德阳市	86723	46841	39882	7727	4323	3404	609	411	198
绵阳市	120779	64649	56130	13378	7793	5585	2292	1752	540
广元市	28655	15244	13411	1608	907	701	82	53	29
遂宁市	44462	24206	20256	2436	1336	1100	251	153	98
内江市	34901	17696	17205	2117	1075	1042	234	143	91
乐山市	63076	33169	29907	4518	2332	2186	390	246	144
南充市	61547	33353	28194	5667	2588	3079	1052	628	424
眉山市	36700	19642	17058	2393	1232	1161	132	85	47
宜宾市	69673	35669	34004	5014	2680	2334	535	363	172
广安市	20778	11121	9657	1090	622	468	94	62	32
达州市	41048	22604	18444	2028	1079	949	211	122	89
雅安市	24011	12339	11672	1729	841	888	254	156	98
巴中市	21986	12618	9368	1065	674	391	77	48	29
资阳市	20436	10766	9670	1164	601	563	85	45	40
阿坝藏族羌族自治州	5406	2603	2803	235	126	109	14	11	3
甘孜藏族自治州	6175	3129	3046	296	172	124	16	10	6
凉山彝族自治州	34007	17920	16087	1861	1004	857	142	84	58

4-4b　各地区分性别、受教育程度的25岁及以上人口(镇)

单位：人

地　　区	25岁及以上人口			未上过学		
	合计	男	女	小计	男	女
全省	**11935368**	**5764740**	**6170628**	**537886**	**155659**	**382227**
成都市	953004	465946	487058	31001	8659	22342
自贡市	442940	206254	236686	17410	4524	12886
攀枝花市	126158	64132	62026	6799	2104	4695
泸州市	765329	364219	401110	26718	7546	19172
德阳市	512855	252460	260395	28856	7895	20961
绵阳市	596812	289756	307056	22019	5899	16120
广元市	439561	207465	232096	17196	3273	13923
遂宁市	381911	184225	197686	16700	4468	12232
内江市	595283	284713	310570	18630	5360	13270
乐山市	560030	270855	289175	19140	5321	13819
南充市	960217	458620	501597	49365	12497	36868
眉山市	588699	283937	304762	21189	5884	15305
宜宾市	871727	427528	444199	23064	6246	16818
广安市	626782	289086	337696	20390	5607	14783
达州市	1095312	533298	562014	37087	11187	25900
雅安市	342958	168404	174554	10063	2447	7616
巴中市	516996	244567	272429	11732	1959	9773
资阳市	378388	175676	202712	12876	3270	9606
阿坝藏族羌族自治州	216709	109921	106788	26122	8896	17226
甘孜藏族自治州	194380	98664	95716	34170	14255	19915
凉山彝族自治州	769317	385014	384303	87359	28362	58997

4-4b　续表 1

单位：人

地　　区	学前教育			小　　学		
	小计	男	女	小计	男	女
全省	**23293**	**8251**	**15042**	**3666331**	**1606704**	**2059627**
成都市	1311	571	740	274704	125758	148946
自贡市	533	168	365	139650	58626	81024
攀枝花市	189	72	117	33971	15659	18312
泸州市	1884	654	1230	276225	121553	154672
德阳市	2009	740	1269	175861	81309	94552
绵阳市	820	293	527	164318	70108	94210
广元市	910	233	677	122447	48223	74224
遂宁市	1139	410	729	118323	51509	66814
内江市	592	231	361	168456	73457	94999
乐山市	396	126	270	175847	77928	97919
南充市	2575	917	1658	273567	115195	158372
眉山市	954	354	600	181909	82377	99532
宜宾市	1241	409	832	300370	133064	167306
广安市	1827	581	1246	197901	81263	116638
达州市	2788	1060	1728	313908	138290	175618
雅安市	400	124	276	102523	46150	56373
巴中市	954	218	736	126147	45717	80430
资阳市	1084	370	714	108051	43350	64701
阿坝藏族羌族自治州	367	163	204	61348	31057	30291
甘孜藏族自治州	433	205	228	57289	27467	29822
凉山彝族自治州	887	352	535	293516	138644	154872

4-4b 续表 2

单位：人

地区	初中			高中			大学专科		
	小计	男	女	小计	男	女	小计	男	女
全省	**4783883**	**2407157**	**2376726**	**1626291**	**888986**	**737305**	**802459**	**436393**	**366066**
成都市	385690	195214	190476	144558	75866	68692	70773	36534	34239
自贡市	180985	88153	92832	58452	31014	27438	28206	14676	13530
攀枝花市	48337	26032	22305	16244	9064	7180	11824	6503	5321
泸州市	302354	151399	150955	85797	45818	39979	41559	22049	19510
德阳市	206770	107046	99724	62776	35230	27546	22764	12683	10081
绵阳市	255297	127891	127406	86288	47827	38461	38758	21705	17053
广元市	167482	83726	83756	70891	38209	32682	38325	21315	17010
遂宁市	163408	81380	82028	54748	30635	24113	17916	10247	7669
内江市	268406	131731	136675	83112	44337	38775	36881	19640	17241
乐山市	226167	113170	112997	74741	40359	34382	39239	21007	18232
南充市	405001	200488	204513	141734	79750	61984	56924	32194	24730
眉山市	242182	120445	121737	81339	43170	38169	38350	19732	18618
宜宾市	344187	178846	165341	103219	57108	46111	56628	30124	26504
广安市	253604	119944	133660	100323	53021	47302	33509	18249	15260
达州市	492494	246286	246208	161870	88137	73733	55843	31297	24546
雅安市	143148	73486	69662	42196	23078	19118	26573	14001	12572
巴中市	213317	103253	110064	102000	57512	44488	41441	23651	17790
资阳市	166756	79810	86946	48533	26358	22175	23554	13114	10440
阿坝藏族羌族自治州	58241	32725	25516	21796	12682	9114	29715	15460	14255
甘孜藏族自治州	36628	20840	15788	20604	12323	8281	28688	15480	13208
凉山彝族自治州	223429	125292	98137	65070	37488	27582	64989	36732	28257

4-4b 续表 3

单位：人

地区	大学本科			硕士研究生			博士研究生		
	小计	男	女	小计	男	女	小计	男	女
全省	**476507**	**251590**	**224917**	**16581**	**8669**	**7912**	**2137**	**1331**	**806**
成都市	42004	21979	20025	2724	1227	1497	239	138	101
自贡市	17108	8803	8305	523	253	270	73	37	36
攀枝花市	8546	4558	3988	234	130	104	14	10	4
泸州市	30073	14842	15231	642	320	322	77	38	39
德阳市	12784	6956	5828	924	526	398	111	75	36
绵阳市	26325	14361	11964	2299	1191	1108	688	481	207
广元市	21727	12165	9562	537	296	241	46	25	21
遂宁市	9463	5453	4010	193	112	81	21	11	10
内江市	18587	9641	8946	556	281	275	63	35	28
乐山市	23668	12499	11169	747	399	348	85	46	39
南充市	30035	17019	13016	903	481	422	113	79	34
眉山市	21781	11490	10291	909	435	474	86	50	36
宜宾市	41824	21060	20764	1113	621	492	81	50	31
广安市	18829	10227	8602	369	176	193	30	18	12
达州市	30504	16599	13905	721	389	332	97	53	44
雅安市	17538	8848	8690	458	242	216	59	28	31
巴中市	20838	11912	8926	520	316	204	47	29	18
资阳市	17071	9149	7922	409	227	182	54	28	26
阿坝藏族羌族自治州	18574	8635	9939	492	270	222	54	33	21
甘孜藏族自治州	16018	7771	8247	517	301	216	33	22	11
凉山彝族自治州	33210	17623	15587	791	476	315	66	45	21

4-4c　各地区分性别、受教育程度的25岁及以上人口(乡村)

单位：人

地　区	25岁及以上人口			未上过学		
	合计	男	女	小计	男	女
全省	**27047311**	**14013106**	**13034205**	**2462260**	**706042**	**1756218**
成都市	3518278	1811690	1706588	146823	42904	103919
自贡市	848802	439179	409623	61496	16064	45432
攀枝花市	274179	142847	131332	35965	12091	23874
泸州市	1504934	778056	726878	106892	29542	77350
德阳市	1245162	636406	608756	104214	28457	75757
绵阳市	1885377	973299	912078	166274	44618	121656
广元市	974315	500732	473583	102138	21189	80949
遂宁市	948756	500947	447809	95835	22402	73433
内江市	1216852	638127	578725	92243	26229	66014
乐山市	1186329	615827	570502	77442	22634	54808
南充市	2162360	1129756	1032604	257157	59753	197404
眉山市	1185563	605667	579896	84996	22922	62074
宜宾市	1599900	834737	765163	75078	19947	55131
广安市	1359525	708796	650729	98352	23914	74438
达州市	1972971	1032529	940442	114047	29685	84362
雅安市	518896	271406	247490	31769	8803	22966
巴中市	1101194	572380	528814	64774	11266	53508
资阳市	1043703	539170	504533	95210	23905	71305
阿坝藏族羌族自治州	328831	173866	154965	76267	26854	49413
甘孜藏族自治州	465053	241447	223606	162920	67936	94984
凉山彝族自治州	1706331	866242	840089	412368	144927	267441

4-4c　续表 1

单位：人

地　区	学前教育			小　学		
	小计	男	女	小计	男	女
全省	**133505**	**46904**	**86601**	**12206022**	**6021764**	**6184258**
成都市	7599	2780	4819	1360337	659646	700691
自贡市	2531	854	1677	408752	201273	207479
攀枝花市	619	277	342	121353	60150	61203
泸州市	10219	3936	6283	803149	397478	405671
德阳市	7235	2661	4574	554070	273292	280778
绵阳市	9509	3330	6179	823031	404807	418224
广元市	7488	2310	5178	446744	212983	233761
遂宁市	4959	1697	3262	401394	203990	197404
内江市	4604	1837	2767	549913	278418	271495
乐山市	2895	929	1966	582360	286868	295492
南充市	15783	5367	10416	925908	469406	456502
眉山市	5884	2148	3736	538081	263563	274518
宜宾市	4355	1466	2889	831539	400854	430685
广安市	10007	3661	6346	628302	309342	318960
达州市	11154	3964	7190	818465	392484	425981
雅安市	1359	475	884	223164	109714	113450
巴中市	9225	2307	6918	497262	223296	273966
资阳市	10639	3657	6982	476047	233089	242958
阿坝藏族羌族自治州	798	364	434	148233	80094	68139
甘孜藏族自治州	4042	1939	2103	200155	109117	91038
凉山彝族自治州	2601	945	1656	867763	451900	415863

4-4c 续表 2

单位：人

地区	初中			高中			大学专科		
	小计	男	女	小计	男	女	小计	男	女
全省	**9790312**	**5744387**	**4045925**	**1676694**	**1050697**	**625997**	**522368**	**299853**	**222515**
成都市	1476620	809057	667563	354041	204778	149263	110520	58397	52123
自贡市	318047	186321	131726	42470	26207	16263	10548	5854	4694
攀枝花市	93320	55648	37672	13836	9020	4816	6653	4206	2447
泸州市	487304	287666	199638	68743	43016	25727	19153	11191	7962
德阳市	462500	262741	199759	87660	52908	34752	19990	11122	8868
绵阳市	693413	404758	288655	125089	77451	47638	41035	23042	17993
广元市	313309	197977	115332	70232	45934	24298	24681	14712	9969
遂宁市	375935	227635	148300	52876	34795	18081	11363	6666	4697
内江市	490517	283995	206522	58518	36006	22512	14488	8074	6414
乐山市	424650	246559	178091	70034	43186	26848	19657	10777	8880
南充市	771046	469890	301156	136692	91428	45264	38702	23859	14843
眉山市	455332	258213	197119	72167	43591	28576	18900	9902	8998
宜宾市	559630	332782	226848	88376	56153	32223	27008	16015	10993
广安市	511655	302535	209120	77577	50003	27574	22452	13030	9422
达州市	873990	508887	365103	114974	73473	41501	28485	17224	11261
雅安市	215276	124097	91179	32446	20220	12226	10365	5717	4648
巴中市	405641	251742	153899	88243	61129	27114	26680	17024	9656
资阳市	404827	241688	163139	41015	27241	13774	10271	6318	3953
阿坝藏族羌族自治州	70264	46023	24241	14818	10179	4639	13173	7420	5753
甘孜藏族自治州	58984	38341	20643	16910	11255	5655	15287	8918	6369
凉山彝族自治州	328052	207832	120220	49977	32724	17253	32957	20385	12572

4-4c 续表 3

单位：人

地区	大学本科			硕士研究生			博士研究生		
	小计	男	女	小计	男	女	小计	男	女
全省	**236360**	**132972**	**103388**	**17342**	**8940**	**8402**	**2448**	**1547**	**901**
成都市	56295	30916	25379	5409	2801	2608	634	411	223
自贡市	4512	2402	2110	390	173	217	56	31	25
攀枝花市	2343	1409	934	81	41	40	9	5	4
泸州市	8862	4951	3911	529	227	302	83	49	34
德阳市	8842	4881	3961	570	291	279	81	53	28
绵阳市	24728	14007	10721	2033	1103	930	265	183	82
广元市	9072	5285	3787	575	296	279	76	46	30
遂宁市	5963	3540	2423	358	180	178	73	42	31
内江市	6026	3311	2715	462	212	250	81	45	36
乐山市	8563	4522	4041	620	292	328	108	60	48
南充市	15875	9407	6468	1039	548	491	158	98	60
眉山市	9308	4927	4381	769	336	433	126	65	61
宜宾市	12987	7008	5979	816	446	370	111	66	45
广安市	10404	5906	4498	664	337	327	112	68	44
达州市	11153	6426	4727	595	313	282	108	73	35
雅安市	4250	2250	2000	230	110	120	37	20	17
巴中市	8694	5214	3480	577	335	242	98	67	31
资阳市	5264	3052	2212	375	185	190	55	35	20
阿坝藏族羌族自治州	4841	2684	2157	391	213	178	46	35	11
甘孜藏族自治州	6475	3741	2734	218	144	74	62	56	6
凉山彝族自治州	11903	7133	4770	641	357	284	69	39	30

4-5 全省分年龄、性别的15岁及以上文盲人口

单位：人、%

年 龄	15岁及以上人口			文盲人口			文盲人口占15岁及以上人口比重		
	合计	男	女	合计	男	女	合计	男	女
总 计	**70203754**	**35298112**	**34905642**	**3326403**	**952948**	**2373455**	**4.74**	**2.70**	**6.80**
15—19岁	**4319402**	**2255617**	**2063785**	**14484**	**7864**	**6620**	**0.34**	**0.35**	**0.32**
15	899386	469941	429445	3111	1726	1385	0.35	0.37	0.32
16	902232	471838	430394	2553	1410	1143	0.28	0.30	0.27
17	822293	428474	393819	2516	1415	1101	0.31	0.33	0.28
18	835875	437632	398243	3067	1621	1446	0.37	0.37	0.36
19	859616	447732	411884	3237	1692	1545	0.38	0.38	0.38
20—24岁	**4741386**	**2433508**	**2307878**	**23629**	**11183**	**12446**	**0.50**	**0.46**	**0.54**
20	878852	454287	424565	4056	2041	2015	0.46	0.45	0.47
21	870159	446646	423513	4250	2026	2224	0.49	0.45	0.53
22	973673	498866	474807	4711	2268	2443	0.48	0.45	0.51
23	982997	503449	479548	5191	2416	2775	0.53	0.48	0.58
24	1035705	530260	505445	5421	2432	2989	0.52	0.46	0.59
25—29岁	**5390889**	**2767100**	**2623789**	**36890**	**15425**	**21465**	**0.68**	**0.56**	**0.82**
25	1122321	575300	547021	5978	2672	3306	0.53	0.46	0.60
26	1054908	541665	513243	7170	3032	4138	0.68	0.56	0.81
27	1099995	564336	535659	7441	3093	4348	0.68	0.55	0.81
28	1044524	536220	508304	7997	3265	4732	0.77	0.61	0.93
29	1069141	549579	519562	8304	3363	4941	0.78	0.61	0.95
30—34岁	**6353288**	**3262890**	**3090398**	**67819**	**27021**	**40798**	**1.07**	**0.83**	**1.32**
30	1273059	655979	617080	10604	4367	6237	0.83	0.67	1.01
31	1231101	633140	597961	13367	5293	8074	1.09	0.84	1.35
32	1168725	599259	569466	13398	5263	8135	1.15	0.88	1.43
33	1403066	718765	684301	14911	5913	8998	1.06	0.82	1.31
34	1277337	655747	621590	15539	6185	9354	1.22	0.94	1.50
35—39岁	**4528132**	**2307155**	**2220977**	**88306**	**33944**	**54362**	**1.95**	**1.47**	**2.45**
35	917095	469188	447907	15279	5906	9373	1.67	1.26	2.09
36	780096	398517	381579	15851	6120	9731	2.03	1.54	2.55
37	816470	415952	400518	16878	6450	10428	2.07	1.55	2.60
38	1061634	540693	520941	19990	7580	12410	1.88	1.40	2.38
39	952837	482805	470032	20308	7888	12420	2.13	1.63	2.64
40—44岁	**4745388**	**2380790**	**2364598**	**115325**	**44058**	**71267**	**2.43**	**1.85**	**3.01**
40	748509	377399	371110	20189	7574	12615	2.70	2.01	3.40
41	870770	438928	431842	21796	8425	13371	2.50	1.92	3.10
42	847371	423169	424202	22324	8432	13892	2.63	1.99	3.27
43	1015899	509394	506505	24352	9478	14874	2.40	1.86	2.94
44	1262839	631900	630939	26664	10149	16515	2.11	1.61	2.62

4-5 续表 单位：人、%

年 龄	15岁及以上人口			文盲人口			文盲人口占15岁及以上人口比重		
	合计	男	女	合计	男	女	合计	男	女
45—49岁	**8008855**	**4023685**	**3985170**	**161355**	**61660**	**99695**	**2.01**	**1.53**	**2.50**
45	1445079	723548	721531	28436	10889	17547	1.97	1.50	2.43
46	1591039	796448	794591	32095	12291	19804	2.02	1.54	2.49
47	1609103	811239	797864	32339	12467	19872	2.01	1.54	2.49
48	1651180	829934	821246	33726	12809	20917	2.04	1.54	2.55
49	1712454	862516	849938	34759	13204	21555	2.03	1.53	2.54
50—54岁	**7947853**	**3963543**	**3984310**	**192421**	**67023**	**125398**	**2.42**	**1.69**	**3.15**
50	1709059	854074	854985	36479	13369	23110	2.13	1.57	2.70
51	1576978	788967	788011	37447	13526	23921	2.37	1.71	3.04
52	1722281	857137	865144	41529	14501	27028	2.41	1.69	3.12
53	1360418	672435	687983	36388	12196	24192	2.67	1.81	3.52
54	1579117	790930	788187	40578	13431	27147	2.57	1.70	3.44
55—59岁	**6004757**	**2993893**	**3010864**	**172792**	**50673**	**122119**	**2.88**	**1.69**	**4.06**
55	1503849	755147	748702	40348	12865	27483	2.68	1.70	3.67
56	1513087	754793	758294	41088	12384	28704	2.72	1.64	3.79
57	1673442	841911	831531	43225	12695	30530	2.58	1.51	3.67
58	888316	438540	449776	30473	8084	22389	3.43	1.84	4.98
59	426063	203502	222561	17658	4645	13013	4.14	2.28	5.85
60—64岁	**3996204**	**2042844**	**1953360**	**251975**	**72398**	**179577**	**6.31**	**3.54**	**9.19**
60	507309	250868	256441	24263	6863	17400	4.78	2.74	6.79
61	560431	291134	269297	33359	10107	23252	5.95	3.47	8.63
62	909229	471379	437850	56141	16718	39423	6.17	3.55	9.00
63	1008592	516390	492202	67264	19267	47997	6.67	3.73	9.75
64	1010643	513073	497570	70948	19443	51505	7.02	3.79	10.35
65—69岁	**5309368**	**2611050**	**2698318**	**478352**	**118662**	**359690**	**9.01**	**4.54**	**13.33**
65	1100553	552598	547955	82383	21153	61230	7.49	3.83	11.17
66	1143946	566272	577674	92933	23174	69759	8.12	4.09	12.08
67	1100869	535622	565247	99752	24287	75465	9.06	4.53	13.35
68	1117551	543933	573618	111125	27041	84084	9.94	4.97	14.66
69	846449	412625	433824	92159	23007	69152	10.89	5.58	15.94
70—74岁	**3671628**	**1829916**	**1841712**	**491447**	**131864**	**359583**	**13.38**	**7.21**	**19.52**
70	808635	398721	409914	95277	25119	70158	11.78	6.30	17.12
71	835553	417580	417973	109185	29958	79227	13.07	7.17	18.96
72	695830	347020	348810	95650	26092	69558	13.75	7.52	19.94
73	692661	349637	343024	96494	26340	70154	13.93	7.53	20.45
74	638949	316958	321991	94841	24355	70486	14.84	7.68	21.89
75—79岁	**2548930**	**1239306**	**1309624**	**463803**	**119367**	**344436**	**18.20**	**9.63**	**26.30**
75	547629	265446	282183	89130	22194	66936	16.28	8.36	23.72
76	588096	289804	298292	101758	26184	75574	17.30	9.04	25.34
77	517309	249308	268001	95704	24381	71323	18.50	9.78	26.61
78	454560	222227	232333	86315	22851	63464	18.99	10.28	27.32
79	441336	212521	228815	90896	23757	67139	20.60	11.18	29.34
80—84岁	**1539955**	**718779**	**821176**	**390285**	**100243**	**290042**	**25.34**	**13.95**	**35.32**
80	390489	188966	201523	84880	22100	62780	21.74	11.70	31.15
81	324100	150338	173762	81417	21201	60216	25.12	14.10	34.65
82	302599	140846	161753	78006	20374	57632	25.78	14.47	35.63
83	267093	124105	142988	72176	18490	53686	27.02	14.90	37.55
84	255674	114524	141150	73806	18078	55728	28.87	15.79	39.48
85岁及以上	**1097719**	**468036**	**629683**	**377520**	**91563**	**285957**	**34.39**	**19.56**	**45.41**

4-5a　全省分年龄、性别的15岁及以上文盲人口(城市)

单位：人、%

年　龄	15岁及以上人口			文盲人口			文盲人口占15岁及以上人口比重		
	合计	男	女	合计	男	女	合计	男	女
总　计	**26132846**	**12803832**	**13329014**	**415379**	**108244**	**307135**	**1.59**	**0.85**	**2.30**
15-19岁	**1723909**	**873498**	**850411**	**2056**	**1140**	**916**	**0.12**	**0.13**	**0.11**
15	294563	150139	144424	537	282	255	0.18	0.19	0.18
16	347827	177301	170526	377	203	174	0.11	0.11	0.10
17	330301	168151	162150	346	198	148	0.10	0.12	0.09
18	345159	175282	169877	428	239	189	0.12	0.14	0.11
19	406059	202625	203434	368	218	150	0.09	0.11	0.07
20-24岁	**2248650**	**1099193**	**1149457**	**2282**	**1221**	**1061**	**0.10**	**0.11**	**0.09**
20	449171	220935	228236	527	278	249	0.12	0.13	0.11
21	430515	210064	220451	449	237	212	0.10	0.11	0.10
22	455785	222976	232809	457	250	207	0.10	0.11	0.09
23	446042	217169	228873	420	217	203	0.09	0.10	0.09
24	467137	228049	239088	429	239	190	0.09	0.10	0.08
25-29岁	**2461942**	**1210659**	**1251283**	**2545**	**1262**	**1283**	**0.10**	**0.10**	**0.10**
25	502965	245796	257169	454	224	230	0.09	0.09	0.09
26	476885	234453	242432	481	257	224	0.10	0.11	0.09
27	501767	246046	255721	517	233	284	0.10	0.09	0.11
28	482482	238286	244196	524	274	250	0.11	0.11	0.10
29	497843	246078	251765	569	274	295	0.11	0.11	0.12
30-34岁	**2991844**	**1482091**	**1509753**	**4065**	**1895**	**2170**	**0.14**	**0.13**	**0.14**
30	594620	295152	299468	722	382	340	0.12	0.13	0.11
31	581958	288874	293084	743	345	398	0.13	0.12	0.14
32	554189	274847	279342	801	378	423	0.14	0.14	0.15
33	661914	326852	335062	887	378	509	0.13	0.12	0.15
34	599163	296366	302797	912	412	500	0.15	0.14	0.17
35-39岁	**2097623**	**1039734**	**1057889**	**4475**	**1847**	**2628**	**0.21**	**0.18**	**0.25**
35	424497	210447	214050	780	321	459	0.18	0.15	0.21
36	362667	181527	181140	784	330	454	0.22	0.18	0.25
37	384684	191041	193643	845	343	502	0.22	0.18	0.26
38	496796	245863	250933	1027	420	607	0.21	0.17	0.24
39	428979	210856	218123	1039	433	606	0.24	0.21	0.28
40-44岁	**1929625**	**951515**	**978110**	**6360**	**2487**	**3873**	**0.33**	**0.26**	**0.40**
40	325516	161111	164405	997	367	630	0.31	0.23	0.38
41	365505	180635	184870	1141	440	701	0.31	0.24	0.38
42	345066	169357	175709	1178	429	749	0.34	0.25	0.43
43	406479	200322	206157	1365	571	794	0.34	0.29	0.39
44	487059	240090	246969	1679	680	999	0.34	0.28	0.40

4－5a 续表

单位：人、%

年龄	15岁及以上人口			文盲人口			文盲人口占15岁及以上人口比重		
	合计	男	女	合计	男	女	合计	男	女
45－49岁	**2904381**	**1442501**	**1461880**	**12536**	**4873**	**7663**	**0.43**	**0.34**	**0.52**
45	543428	267955	275473	1964	794	1170	0.36	0.30	0.42
46	577852	286017	291835	2329	937	1392	0.40	0.33	0.48
47	580888	289749	291139	2465	946	1519	0.42	0.33	0.52
48	592551	295420	297131	2709	1026	1683	0.46	0.35	0.57
49	609662	303360	306302	3069	1170	1899	0.50	0.39	0.62
50－54岁	**2670726**	**1306020**	**1364706**	**20610**	**6877**	**13733**	**0.77**	**0.53**	**1.01**
50	602878	297609	305269	3366	1247	2119	0.56	0.42	0.69
51	546452	268820	277632	3742	1339	2403	0.68	0.50	0.87
52	578150	282404	295746	4586	1548	3038	0.79	0.55	1.03
53	436010	209864	226146	4029	1243	2786	0.92	0.59	1.23
54	507236	247323	259913	4887	1500	3387	0.96	0.61	1.30
55－59岁	**2062783**	**998480**	**1064303**	**21642**	**5880**	**15762**	**1.05**	**0.59**	**1.48**
55	500268	244321	255947	4863	1448	3415	0.97	0.59	1.33
56	520168	252178	267990	5034	1522	3512	0.97	0.60	1.31
57	584183	283770	300413	5580	1536	4044	0.96	0.54	1.35
58	302215	145223	156992	3833	871	2962	1.27	0.60	1.89
59	155949	72988	82961	2332	503	1829	1.50	0.69	2.20
60－64岁	**1306945**	**640922**	**666023**	**36786**	**9248**	**27538**	**2.81**	**1.44**	**4.13**
60	187912	90366	97546	3236	814	2422	1.72	0.90	2.48
61	194710	97231	97479	4626	1246	3380	2.38	1.28	3.47
62	300801	149566	151235	8422	2150	6272	2.80	1.44	4.15
63	315357	153904	161453	10078	2514	7564	3.20	1.63	4.68
64	308165	149855	158310	10424	2524	7900	3.38	1.68	4.99
65－69岁	**1444281**	**678705**	**765576**	**64876**	**14787**	**50089**	**4.49**	**2.18**	**6.54**
65	317936	152886	165050	11763	2695	9068	3.70	1.76	5.49
66	322450	153312	169138	12602	2789	9813	3.91	1.82	5.80
67	294268	137139	157129	13492	3031	10461	4.58	2.21	6.66
68	287487	132859	154628	14875	3415	11460	5.17	2.57	7.41
69	222140	102509	119631	12144	2857	9287	5.47	2.79	7.76
70－74岁	**937248**	**447272**	**489976**	**58110**	**14919**	**43191**	**6.20**	**3.34**	**8.81**
70	213574	99612	113962	12452	3021	9431	5.83	3.03	8.28
71	210474	98703	111771	13492	3471	10021	6.41	3.52	8.97
72	177093	84054	93039	11121	2908	8213	6.28	3.46	8.83
73	175599	85762	89837	10874	2952	7922	6.19	3.44	8.82
74	160508	79141	81367	10171	2567	7604	6.34	3.24	9.35
75－79岁	**630621**	**301669**	**328952**	**53581**	**12994**	**40587**	**8.50**	**4.31**	**12.34**
75	138299	66651	71648	9926	2393	7533	7.18	3.59	10.51
76	142205	68591	73614	11601	2884	8717	8.16	4.20	11.84
77	125374	59137	66237	10769	2540	8229	8.59	4.30	12.42
78	115617	55576	60041	10201	2540	7661	8.82	4.57	12.76
79	109126	51714	57412	11084	2637	8447	10.16	5.10	14.71
80－84岁	**411867**	**191764**	**220103**	**56526**	**12892**	**43634**	**13.72**	**6.72**	**19.82**
80	103545	49822	53723	11229	2620	8609	10.84	5.26	16.02
81	85756	39126	46630	11347	2629	8718	13.23	6.72	18.70
82	81734	37863	43871	11435	2668	8767	13.99	7.05	19.98
83	72647	34012	38635	10897	2513	8384	15.00	7.39	21.70
84	68185	30941	37244	11618	2462	9156	17.04	7.96	24.58
85岁及以上	**310401**	**139809**	**170592**	**68929**	**15922**	**53007**	**22.21**	**11.39**	**31.07**

4-5b 全省分年龄、性别的15岁及以上文盲人口(镇)

单位：人、%

年 龄	15岁及以上人口			文盲人口			文盲人口占15岁及以上人口比重		
	合计	男	女	合计	男	女	合计	男	女
总 计	**13860749**	**6745755**	**7114994**	**512484**	**150087**	**362397**	**3.70**	**2.22**	**5.09**
15-19岁	**1144402**	**589868**	**554534**	**2490**	**1359**	**1131**	**0.22**	**0.23**	**0.20**
15	252177	129371	122806	671	355	316	0.27	0.27	0.26
16	280469	143859	136610	417	230	187	0.15	0.16	0.14
17	246443	125421	121022	401	229	172	0.16	0.18	0.14
18	204131	106508	97623	493	267	226	0.24	0.25	0.23
19	161182	84709	76473	508	278	230	0.32	0.33	0.30
20-24岁	**780979**	**391147**	**389832**	**3534**	**1865**	**1669**	**0.45**	**0.48**	**0.43**
20	142151	74270	67881	612	339	273	0.43	0.46	0.40
21	138474	70305	68169	641	326	315	0.46	0.46	0.46
22	158853	79205	79648	728	381	347	0.46	0.48	0.44
23	164193	81115	83078	758	407	351	0.46	0.50	0.42
24	177308	86252	91056	795	412	383	0.45	0.48	0.42
25-29岁	**991139**	**476043**	**515096**	**6022**	**2768**	**3254**	**0.61**	**0.58**	**0.63**
25	197842	95233	102609	974	494	480	0.49	0.52	0.47
26	191432	92179	99253	1175	532	643	0.61	0.58	0.65
27	203989	97877	106112	1225	559	666	0.60	0.57	0.63
28	195214	93413	101801	1289	555	734	0.66	0.59	0.72
29	202662	97341	105321	1359	628	731	0.67	0.65	0.69
30-34岁	**1244433**	**599931**	**644502**	**11325**	**4742**	**6583**	**0.91**	**0.79**	**1.02**
30	244863	117785	127078	1810	794	1016	0.74	0.67	0.80
31	236503	113976	122527	2208	937	1271	0.93	0.82	1.04
32	228880	110476	118404	2165	857	1308	0.95	0.78	1.10
33	278048	133729	144319	2542	1055	1487	0.91	0.79	1.03
34	256139	123965	132174	2600	1099	1501	1.02	0.89	1.14
35-39岁	**924880**	**447602**	**477278**	**14084**	**5536**	**8548**	**1.52**	**1.24**	**1.79**
35	186165	90252	95913	2465	993	1472	1.32	1.10	1.53
36	159412	77262	82150	2542	1020	1522	1.59	1.32	1.85
37	165607	80528	85079	2648	1031	1617	1.60	1.28	1.90
38	216254	104505	111749	3220	1177	2043	1.49	1.13	1.83
39	197442	95055	102387	3209	1315	1894	1.63	1.38	1.85
40-44岁	**1019309**	**488089**	**531220**	**17306**	**6595**	**10711**	**1.70**	**1.35**	**2.02**
40	157266	75619	81647	3028	1134	1894	1.93	1.50	2.32
41	186719	89237	97482	3312	1249	2063	1.77	1.40	2.12
42	181790	86901	94889	3409	1303	2106	1.88	1.50	2.22
43	219414	104920	114494	3548	1354	2194	1.62	1.29	1.92
44	274120	131412	142708	4009	1555	2454	1.46	1.18	1.72

4-5b 续表

单位：人、%

年 龄	15岁及以上人口			文盲人口			文盲人口占15岁及以上人口比重		
	合计	男	女	合计	男	女	合计	男	女
45-49岁	**1698001**	**822773**	**875228**	**23727**	**8942**	**14785**	**1.40**	**1.09**	**1.69**
45	311911	149655	162256	4228	1613	2615	1.36	1.08	1.61
46	343443	165366	178077	4730	1769	2961	1.38	1.07	1.66
47	344577	167852	176725	4743	1814	2929	1.38	1.08	1.66
48	347283	168591	178692	4970	1866	3104	1.43	1.11	1.74
49	350787	171309	179478	5056	1880	3176	1.44	1.10	1.77
50-54岁	**1627295**	**787546**	**839749**	**29102**	**10041**	**19061**	**1.79**	**1.27**	**2.27**
50	350571	170422	180149	5389	2027	3362	1.54	1.19	1.87
51	322696	156912	165784	5738	2046	3692	1.78	1.30	2.23
52	353952	170715	183237	6301	2206	4095	1.78	1.29	2.23
53	278589	133734	144855	5544	1833	3711	1.99	1.37	2.56
54	321487	155763	165724	6130	1929	4201	1.91	1.24	2.53
55-59岁	**1200397**	**583240**	**617157**	**26970**	**7663**	**19307**	**2.25**	**1.31**	**3.13**
55	304760	148611	156149	6150	1892	4258	2.02	1.27	2.73
56	304485	148378	156107	6445	1825	4620	2.12	1.23	2.96
57	333946	163736	170210	6934	2003	4931	2.08	1.22	2.90
58	174714	84220	90494	4728	1261	3467	2.71	1.50	3.83
59	82492	38295	44197	2713	682	2031	3.29	1.78	4.60
60-64岁	**735270**	**363731**	**371539**	**39028**	**10729**	**28299**	**5.31**	**2.95**	**7.62**
60	97031	46052	50979	3853	1041	2812	3.97	2.26	5.52
61	105076	53047	52029	5377	1581	3796	5.12	2.98	7.30
62	167436	84538	82898	8543	2439	6104	5.10	2.89	7.36
63	184143	91009	93134	10408	2861	7547	5.65	3.14	8.10
64	181584	89085	92499	10847	2807	8040	5.97	3.15	8.69
65-69岁	**936885**	**449995**	**486890**	**69885**	**17551**	**52334**	**7.46**	**3.90**	**10.75**
65	198722	96957	101765	12544	3156	9388	6.31	3.26	9.23
66	204411	98426	105985	14009	3559	10450	6.85	3.62	9.86
67	194718	92430	102288	14465	3549	10916	7.43	3.84	10.67
68	194682	93089	101593	15947	4020	11927	8.19	4.32	11.74
69	144352	69093	75259	12920	3267	9653	8.95	4.73	12.83
70-74岁	**636155**	**314221**	**321934**	**72854**	**20495**	**52359**	**11.45**	**6.52**	**16.26**
70	139405	68597	70808	13743	3789	9954	9.86	5.52	14.06
71	143639	70636	73003	16231	4602	11629	11.30	6.52	15.93
72	120348	59630	60718	14297	4142	10155	11.88	6.95	16.72
73	120642	60121	60521	14383	4148	10235	11.92	6.90	16.91
74	112121	55237	56884	14200	3814	10386	12.66	6.90	18.26
75-79岁	**450089**	**216774**	**233315**	**70716**	**18830**	**51886**	**15.71**	**8.69**	**22.24**
75	95473	46342	49131	13307	3557	9750	13.94	7.68	19.84
76	102974	50091	52883	15307	4033	11274	14.86	8.05	21.32
77	91181	43413	47768	14657	3836	10821	16.07	8.84	22.65
78	81223	39329	41894	13265	3601	9664	16.33	9.16	23.07
79	79238	37599	41639	14180	3803	10377	17.90	10.11	24.92
80-84岁	**275947**	**128759**	**147188**	**63482**	**16953**	**46529**	**23.01**	**13.17**	**31.61**
80	70886	34168	36718	13503	3618	9885	19.05	10.59	26.92
81	57563	26446	31117	13350	3628	9722	23.19	13.72	31.24
82	54664	25654	29010	12975	3596	9379	23.74	14.02	32.33
83	47444	21980	25464	11795	3118	8677	24.86	14.19	34.08
84	45390	20511	24879	11859	2993	8866	26.13	14.59	35.64
85岁及以上	**195568**	**86036**	**109532**	**61959**	**16018**	**45941**	**31.68**	**18.62**	**41.94**

4-5c　全省分年龄、性别的15岁及以上文盲人口(乡村)

单位：人、%

年　龄	15岁及以上人口			文盲人口			文盲人口占15岁及以上人口比重		
	合计	男	女	合计	男	女	合计	男	女
总　计	**30210159**	**15748525**	**14461634**	**2398540**	**694617**	**1703923**	**7.94**	**4.41**	**11.78**
15-19岁	**1451091**	**792251**	**658840**	**9938**	**5365**	**4573**	**0.68**	**0.68**	**0.69**
15	352646	190431	162215	1903	1089	814	0.54	0.57	0.50
16	273936	150678	123258	1759	977	782	0.64	0.65	0.63
17	245549	134902	110647	1769	988	781	0.72	0.73	0.71
18	286585	155842	130743	2146	1115	1031	0.75	0.72	0.79
19	292375	160398	131977	2361	1196	1165	0.81	0.75	0.88
20-24岁	**1711757**	**943168**	**768589**	**17813**	**8097**	**9716**	**1.04**	**0.86**	**1.26**
20	287530	159082	128448	2917	1424	1493	1.01	0.90	1.16
21	301170	166277	134893	3160	1463	1697	1.05	0.88	1.26
22	359035	196685	162350	3526	1637	1889	0.98	0.83	1.16
23	372762	205165	167597	4013	1792	2221	1.08	0.87	1.33
24	391260	215959	175301	4197	1781	2416	1.07	0.82	1.38
25-29岁	**1937808**	**1080398**	**857410**	**28323**	**11395**	**16928**	**1.46**	**1.05**	**1.97**
25	421514	234271	187243	4550	1954	2596	1.08	0.83	1.39
26	386591	215033	171558	5514	2243	3271	1.43	1.04	1.91
27	394239	220413	173826	5699	2301	3398	1.45	1.04	1.95
28	366828	204521	162307	6184	2436	3748	1.69	1.19	2.31
29	368636	206160	162476	6376	2461	3915	1.73	1.19	2.41
30-34岁	**2117011**	**1180868**	**936143**	**52429**	**20384**	**32045**	**2.48**	**1.73**	**3.42**
30	433576	243042	190534	8072	3191	4881	1.86	1.31	2.56
31	412640	230290	182350	10416	4011	6405	2.52	1.74	3.51
32	385656	213936	171720	10432	4028	6404	2.71	1.88	3.73
33	463104	258184	204920	11482	4480	7002	2.48	1.74	3.42
34	422035	235416	186619	12027	4674	7353	2.85	1.99	3.94
35-39岁	**1505629**	**819819**	**685810**	**69747**	**26561**	**43186**	**4.63**	**3.24**	**6.30**
35	306433	168489	137944	12034	4592	7442	3.93	2.73	5.39
36	258017	139728	118289	12525	4770	7755	4.85	3.41	6.56
37	266179	144383	121796	13385	5076	8309	5.03	3.52	6.82
38	348584	190325	158259	15743	5983	9760	4.52	3.14	6.17
39	326416	176894	149522	16060	6140	9920	4.92	3.47	6.63
40-44岁	**1796454**	**941186**	**855268**	**91659**	**34976**	**56683**	**5.10**	**3.72**	**6.63**
40	265727	140669	125058	16164	6073	10091	6.08	4.32	8.07
41	318546	169056	149490	17343	6736	10607	5.44	3.98	7.10
42	320515	166911	153604	17737	6700	11037	5.53	4.01	7.19
43	390006	204152	185854	19439	7553	11886	4.98	3.70	6.40
44	501660	260398	241262	20976	7914	13062	4.18	3.04	5.41

4-5c 续表

单位：人、%

年龄	15岁及以上人口			文盲人口			文盲人口占15岁及以上人口比重		
	合计	男	女	合计	男	女	合计	男	女
45—49岁	**3406473**	**1758411**	**1648062**	**125092**	**47845**	**77247**	**3.67**	**2.72**	**4.69**
45	589740	305938	283802	22244	8482	13762	3.77	2.77	4.85
46	669744	345065	324679	25036	9585	15451	3.74	2.78	4.76
47	683638	353638	330000	25131	9707	15424	3.68	2.74	4.67
48	711346	365923	345423	26047	9917	16130	3.66	2.71	4.67
49	752005	387847	364158	26634	10154	16480	3.54	2.62	4.53
50—54岁	**3649832**	**1869977**	**1779855**	**142709**	**50105**	**92604**	**3.91**	**2.68**	**5.20**
50	755610	386043	369567	27724	10095	17629	3.67	2.61	4.77
51	707830	363235	344595	27967	10141	17826	3.95	2.79	5.17
52	790179	404018	386161	30642	10747	19895	3.88	2.66	5.15
53	645819	328837	316982	26815	9120	17695	4.15	2.77	5.58
54	750394	387844	362550	29561	10002	19559	3.94	2.58	5.39
55—59岁	**2741577**	**1412173**	**1329404**	**124180**	**37130**	**87050**	**4.53**	**2.63**	**6.55**
55	698821	362215	336606	29335	9525	19810	4.20	2.63	5.89
56	688434	354237	334197	29609	9037	20572	4.30	2.55	6.16
57	755313	394405	360908	30711	9156	21555	4.07	2.32	5.97
58	411387	209097	202290	21912	5952	15960	5.33	2.85	7.89
59	187622	92219	95403	12613	3460	9153	6.72	3.75	9.59
60—64岁	**1953989**	**1038191**	**915798**	**176161**	**52421**	**123740**	**9.02**	**5.05**	**13.51**
60	222366	114450	107916	17174	5008	12166	7.72	4.38	11.27
61	260645	140856	119789	23356	7280	16076	8.96	5.17	13.42
62	440992	237275	203717	39176	12129	27047	8.88	5.11	13.28
63	509092	271477	237615	46778	13892	32886	9.19	5.12	13.84
64	520894	274133	246761	49677	14112	35565	9.54	5.15	14.41
65—69岁	**2928202**	**1482350**	**1445852**	**343591**	**86324**	**257267**	**11.73**	**5.82**	**17.79**
65	583895	302755	281140	58076	15302	42774	9.95	5.05	15.21
66	617085	314534	302551	66322	16826	49496	10.75	5.35	16.36
67	611883	306053	305830	71795	17707	54088	11.73	5.79	17.69
68	635382	317985	317397	80303	19606	60697	12.64	6.17	19.12
69	479957	241023	238934	67095	16883	50212	13.98	7.00	21.02
70—74岁	**2098225**	**1068423**	**1029802**	**360483**	**96450**	**264033**	**17.18**	**9.03**	**25.64**
70	455656	230512	225144	69082	18309	50773	15.16	7.94	22.55
71	481440	248241	233199	79462	21885	57577	16.51	8.82	24.69
72	398389	203336	195053	70232	19042	51190	17.63	9.36	26.24
73	396420	203754	192666	71237	19240	51997	17.97	9.44	26.99
74	366320	182580	183740	70470	17974	52496	19.24	9.84	28.57
75—79岁	**1468220**	**720863**	**747357**	**339506**	**87543**	**251963**	**23.12**	**12.14**	**33.71**
75	313857	152453	161404	65897	16244	49653	21.00	10.66	30.76
76	342917	171122	171795	74850	19267	55583	21.83	11.26	32.35
77	300754	146758	153996	70278	18005	52273	23.37	12.27	33.94
78	257720	127322	130398	62849	16710	46139	24.39	13.12	35.38
79	252972	123208	129764	65632	17317	48315	25.94	14.06	37.23
80—84岁	**852141**	**398256**	**453885**	**270277**	**70398**	**199879**	**31.72**	**17.68**	**44.04**
80	216058	104976	111082	60148	15862	44286	27.84	15.11	39.87
81	180781	84766	96015	56720	14944	41776	31.37	17.63	43.51
82	166201	77329	88872	53596	14110	39486	32.25	18.25	44.43
83	147002	68113	78889	49484	12859	36625	33.66	18.88	46.43
84	142099	63072	79027	50329	12623	37706	35.42	20.01	47.71
85岁及以上	**591750**	**242191**	**349559**	**246632**	**59623**	**187009**	**41.68**	**24.62**	**53.50**

第一部分　全部数据资料

第五卷　家庭

5-1　全省不同规模的家庭户类别

单位：户

家庭户规模	家庭户户　数	一代户	二代户	三代户	四代户	五代及以上户
总　计	**30756120**	**15828732**	**10186787**	**4502509**	**237833**	**259**
一人户	8836045	8836045				
二人户	9159406	6394237	2765169			
三人户	6087228	366142	5184991	536095		
四人户	3570933	121556	1791934	1639671	17772	
五人户	1877152	53422	296309	1456881	70522	18
六人户	859836	22464	95310	660646	81355	61
七人户	233376	10646	35067	139464	48118	81
八人户	74507	6586	11433	42593	13838	57
九人户	27556	4027	3593	16033	3874	29
十人及以上户	30081	13607	2981	11126	2354	13

5-1a　全省不同规模的家庭户类别(城市)

单位：户

家庭户规模	家庭户户　数	一代户	二代户	三代户	四代户	五代及以上户
总　计	**10700636**	**5644065**	**3506160**	**1497118**	**53259**	**34**
一人户	2924056	2924056				
二人户	3249613	2441562	808051			
三人户	2312101	158942	2004071	149088		
四人户	1248799	63485	617664	564158	3492	
五人户	640192	29940	60528	534695	15028	1
六人户	258397	12033	11372	214480	20508	4
七人户	45635	5173	2866	26321	11261	14
八人户	11734	2907	894	5633	2288	12
九人户	4198	1664	310	1745	477	2
十人及以上户	5911	4303	404	998	205	1

5-1b 全省不同规模的家庭户类别(镇)

单位：户

家庭户规模	家庭户户数	一代户	二代户	三代户	四代户	五代及以上户
总　计	**6020073**	**2968379**	**2132438**	**874831**	**44370**	**55**
一人户	1722428	1722428				
二人户	1729563	1144628	584935			
三人户	1192643	50948	1035582	106113		
四人户	748526	20342	421456	303575	3153	
五人户	372133	12948	64981	281672	12527	5
六人户	177474	5841	17311	139403	14903	16
七人户	47969	2917	5534	30012	9490	16
八人户	15326	1994	1561	8758	3001	12
九人户	5783	1235	504	3217	824	3
十人及以上户	8228	5098	574	2081	472	3

5-1c 全省不同规模的家庭户类别(乡村)

单位：户

家庭户规模	家庭户户数	一代户	二代户	三代户	四代户	五代及以上户
总　计	**14035411**	**7216288**	**4548189**	**2130560**	**140204**	**170**
一人户	4189561	4189561				
二人户	4180230	2808047	1372183			
三人户	2582484	156252	2145338	280894		
四人户	1573608	37729	752814	771938	11127	
五人户	864827	10534	170800	640514	42967	12
六人户	423965	4590	66627	306763	45944	41
七人户	139772	2556	26667	83131	27367	51
八人户	47447	1685	8978	28202	8549	33
九人户	17575	1128	2779	11071	2573	24
十人及以上户	15942	4206	2003	8047	1677	9

5-2　各地区分年龄、性别的一人户

单位：户

地　　区	合　　计			14岁及以下		
	合计	男	女	小计	男	女
全省	**8836045**	**4734096**	**4101949**	**419503**	**224098**	**195405**
成都市	2054502	1098954	955548	53582	28070	25512
自贡市	262750	138983	123767	12869	6813	6056
攀枝花市	131922	71259	60663	3537	1863	1674
泸州市	417618	223789	193829	22866	12444	10422
德阳市	372951	191893	181058	13459	7180	6279
绵阳市	647445	342835	304610	26514	14077	12437
广元市	269980	143569	126411	15489	8173	7316
遂宁市	343216	184476	158740	18225	9851	8374
内江市	385148	209934	175214	19810	10530	9280
乐山市	297388	156942	140446	8219	4281	3938
南充市	764706	410754	353952	48013	25489	22524
眉山市	260467	137618	122849	10733	5656	5077
宜宾市	376710	209059	167651	20602	11244	9358
广安市	411650	220964	190686	25308	13704	11604
达州市	632858	342016	290842	49189	26633	22556
雅安市	115084	60449	54635	3690	1896	1794
巴中市	310059	167290	142769	19508	10445	9063
资阳市	318152	170627	147525	18990	10213	8777
阿坝藏族羌族自治州	68450	38254	30196	3395	1836	1559
甘孜藏族自治州	96776	53511	43265	5120	2612	2508
凉山彝族自治州	298213	160920	137293	20385	11088	9297

5-2　续表 1

单位：户

地　　区	15-19岁			20-24岁		
	小计	男	女	小计	男	女
全省	**225434**	**127473**	**97961**	**559735**	**304409**	**255326**
成都市	34820	19169	15651	196456	102756	93700
自贡市	7517	4415	3102	12427	6733	5694
攀枝花市	2776	1520	1256	8034	4291	3743
泸州市	14369	8223	6146	22129	11911	10218
德阳市	6284	3578	2706	15505	8689	6816
绵阳市	17137	9419	7718	37879	20145	17734
广元市	4856	2645	2211	14074	7283	6791
遂宁市	7362	4237	3125	17100	9762	7338
内江市	9749	5480	4269	17262	9650	7612
乐山市	4744	2565	2179	12880	6889	5991
南充市	21596	12470	9126	38304	21633	16671
眉山市	4064	2171	1893	10718	5962	4756
宜宾市	11127	6485	4642	22397	12573	9824
广安市	16097	9139	6958	26785	15045	11740
达州市	24538	14153	10385	34215	19805	14410
雅安市	2107	1124	983	5041	2588	2453
巴中市	10508	6026	4482	21224	11918	9306
资阳市	9716	5467	4249	13864	7780	6084
阿坝藏族羌族自治州	1646	988	658	4093	2211	1882
甘孜藏族自治州	2517	1426	1091	7286	3880	3406
凉山彝族自治州	11904	6773	5131	22062	12905	9157

5–2 续表 2

单位：户

地 区	25–29岁			30–34岁			35–39岁		
	小计	男	女	小计	男	女	小计	男	女
全省	**739797**	**420407**	**319390**	**686739**	**408627**	**278112**	**433216**	**247191**	**186025**
成都市	286830	161203	125627	246518	147983	98535	141455	82594	58861
自贡市	15755	8785	6970	15230	8794	6436	9618	5287	4331
攀枝花市	8981	5146	3835	9132	5606	3526	6996	4050	2946
泸州市	26766	14446	12320	25664	14193	11471	17608	9349	8259
德阳市	20214	11806	8408	21234	12848	8386	14701	8413	6288
绵阳市	44201	25155	19046	42609	25074	17535	28938	15832	13106
广元市	18616	10470	8146	15619	9463	6156	9693	5558	4135
遂宁市	24711	14712	9999	25893	15709	10184	15896	9078	6818
内江市	18469	10590	7879	27657	16680	10977	14946	8628	6318
乐山市	18479	10566	7913	16618	9608	7010	13004	7173	5831
南充市	49048	28727	20321	47467	28147	19320	31275	17447	13828
眉山市	16093	9341	6752	14172	8335	5837	9448	5215	4233
宜宾市	28529	15994	12535	23736	13674	10062	17766	9807	7959
广安市	29483	16713	12770	25761	15277	10484	15128	8744	6384
达州市	42096	24310	17786	40767	23664	17103	24900	13485	11415
雅安市	7421	3968	3453	6240	3509	2731	5082	2840	2242
巴中市	23109	13522	9587	19511	11985	7526	11901	6925	4976
资阳市	15301	8776	6525	21326	13070	8256	10844	6416	4428
阿坝藏族羌族自治州	7624	3948	3676	7282	4195	3087	6132	3702	2430
甘孜藏族自治州	11608	6370	5238	10794	6164	4630	8999	5103	3896
凉山彝族自治州	26463	15859	10604	23509	14649	8860	18886	11545	7341

5–2 续表 3

单位：户

地 区	40–44岁			45–49岁			50–54岁		
	小计	男	女	小计	男	女	小计	男	女
全省	**492883**	**265127**	**227756**	**880482**	**481158**	**399324**	**889675**	**502210**	**387465**
成都市	126877	69902	56975	194087	106397	87690	180903	102070	78833
自贡市	11322	5839	5483	23816	12824	10992	27269	15408	11861
攀枝花市	11122	6055	5067	21778	11935	9843	16359	9446	6913
泸州市	20317	10606	9711	42660	22774	19886	44066	24417	19649
德阳市	20645	10700	9945	38296	20411	17885	39595	22047	17548
绵阳市	40597	20728	19869	72235	38289	33946	72638	40531	32107
广元市	14857	7933	6924	30780	16936	13844	31420	18018	13402
遂宁市	17246	9055	8191	29909	15701	14208	31880	16962	14918
内江市	18648	10111	8537	38419	21179	17240	41663	23727	17936
乐山市	16533	8645	7888	32992	18042	14950	36006	20760	15246
南充市	37925	20005	17920	71385	38685	32700	76669	42746	33923
眉山市	13272	6725	6547	26630	14179	12451	30935	17580	13355
宜宾市	20216	11001	9215	41163	23457	17706	40214	23725	16489
广安市	18107	9583	8524	36917	19426	17491	39066	21577	17489
达州市	32956	17236	15720	62797	35118	27679	63852	36918	26934
雅安市	5460	2935	2525	13615	7734	5881	14613	8279	6334
巴中市	17552	9729	7823	28885	16101	12784	28637	16245	12392
资阳市	13739	7452	6287	27378	14911	12467	30299	16646	13653
阿坝藏族羌族自治州	6502	3885	2617	7812	4550	3262	6970	4234	2736
甘孜藏族自治州	9491	5503	3988	10214	5988	4226	8855	5317	3538
凉山彝族自治州	19499	11499	8000	28714	16521	12193	27766	15557	12209

5-2　续表 4

单位：户

地　　区	55-59岁			60-64岁			65岁及以上		
	小计	男	女	小计	男	女	小计	男	女
全省	**698834**	**405555**	**293279**	**494208**	**297632**	**196576**	**2315539**	**1050209**	**1265330**
成都市	140577	79381	61196	88913	48774	40139	363484	150655	212829
自贡市	22270	13079	9191	19144	11986	7158	85513	39020	46493
攀枝花市	10944	6559	4385	5939	3314	2625	26324	11474	14850
泸州市	34995	20103	14892	29172	18387	10785	117006	56936	60070
德阳市	35841	20597	15244	24027	14110	9917	123150	51514	71636
绵阳市	59614	34964	24650	38413	23561	14852	166670	75060	91610
广元市	26022	15624	10398	17033	10067	6966	71521	31399	40122
遂宁市	26982	15307	11675	21504	14010	7494	106508	50092	56416
内江市	32784	19525	13259	24776	16240	8536	120965	57594	63371
乐山市	27617	16435	11182	19337	11579	7758	90959	40399	50560
南充市	57885	33662	24223	46151	28691	17460	238988	113052	125936
眉山市	22934	13613	9321	15564	9643	5921	85904	39198	46706
宜宾市	31582	18963	12619	23371	14799	8572	96007	47337	48670
广安市	31642	18536	13106	24882	16502	8380	122474	56718	65756
达州市	49981	29132	20849	32153	19460	12693	175414	82102	93312
雅安市	11139	6423	4716	6926	4066	2860	33750	15087	18663
巴中市	21643	12538	9105	16856	9809	7047	90725	42047	48678
资阳市	24469	14255	10214	20059	12546	7513	112167	53095	59072
阿坝藏族羌族自治州	4222	2602	1620	2749	1545	1204	10023	4558	5465
甘孜藏族自治州	5685	3399	2286	3548	1887	1661	12659	5862	6797
凉山彝族自治州	20006	10858	9148	13691	6656	7035	65328	27010	38318

5-2a　各地区分年龄、性别的一人户(城市)

单位：户

地　　区	合　　计			14岁及以下		
	合计	男	女	小计	男	女
全省	**2924056**	**1497053**	**1427003**	**76348**	**40028**	**36320**
成都市	1520432	802014	718418	34365	17950	16415
自贡市	68704	32797	35907	1763	940	823
攀枝花市	88605	46407	42198	2049	1052	997
泸州市	96386	46449	49937	3119	1656	1463
德阳市	114675	54106	60569	2197	1096	1101
绵阳市	206805	104054	102751	5000	2625	2375
广元市	48840	23799	25041	2259	1165	1094
遂宁市	88762	43484	45278	2897	1541	1356
内江市	65326	31134	34192	2081	1075	1006
乐山市	89955	42456	47499	1927	1008	919
南充市	129677	63855	65822	5894	3092	2802
眉山市	46458	22756	23702	1137	576	561
宜宾市	83726	42947	40779	2144	1143	1001
广安市	31824	15304	16520	1099	555	544
达州市	72449	38193	34256	3266	1779	1487
雅安市	26862	12819	14043	529	277	252
巴中市	30556	15564	14992	1360	724	636
资阳市	38432	19012	19420	1051	583	468
阿坝藏族羌族自治州	4529	2350	2179	184	93	91
甘孜藏族自治州	6920	3895	3025	210	105	105
凉山彝族自治州	64133	33658	30475	1817	993	824

5-2a 续表 1

单位：户

地 区	15-19岁			20-24岁		
	小计	男	女	小计	男	女
全省	**55011**	**29920**	**25091**	**261477**	**133694**	**127783**
成都市	23370	12553	10817	167789	85483	82306
自贡市	1788	1029	759	3695	1898	1797
攀枝花市	1981	1055	926	5863	3074	2789
泸州市	1993	1075	918	6429	3211	3218
德阳市	1629	892	737	6234	3244	2990
绵阳市	7558	4562	2996	18715	9791	8924
广元市	729	388	341	3813	1730	2083
遂宁市	1490	815	675	4989	2692	2297
内江市	1187	631	556	3315	1710	1605
乐山市	1519	753	766	5687	2743	2944
南充市	2728	1472	1256	7450	3809	3641
眉山市	532	249	283	2904	1517	1387
宜宾市	1659	867	792	5949	3175	2774
广安市	953	499	454	2795	1427	1368
达州市	1701	966	735	4231	2381	1850
雅安市	387	180	207	1658	797	861
巴中市	771	408	363	2322	1216	1106
资阳市	611	333	278	2164	1184	980
阿坝藏族羌族自治州	31	16	15	217	101	116
甘孜藏族自治州	97	55	42	474	230	244
凉山彝族自治州	2297	1122	1175	4784	2281	2503

5-2a 续表 2

单位：户

地 区	25-29岁			30-34岁			35-39岁		
	小计	男	女	小计	男	女	小计	男	女
全省	**385297**	**213324**	**171973**	**345847**	**201173**	**144674**	**207785**	**115444**	**92341**
成都市	252849	139799	113050	211524	125471	86053	118172	68728	49444
自贡市	5248	2815	2433	5489	3018	2471	3811	2042	1769
攀枝花市	6254	3615	2639	6243	3793	2450	4688	2714	1974
泸州市	8801	4651	4150	9297	5000	4297	6349	3202	3147
德阳市	9498	5265	4233	10366	5944	4422	7131	3845	3286
绵阳市	21246	11612	9634	20096	11311	8785	14082	7292	6790
广元市	5324	2874	2450	4563	2540	2023	2667	1366	1301
遂宁市	8117	4749	3368	8734	5028	3706	5944	2972	2972
内江市	4479	2423	2056	6866	3806	3060	3948	2000	1948
乐山市	8759	4744	4015	8160	4481	3679	6079	3052	3027
南充市	11380	6355	5025	12162	6714	5448	8246	4183	4063
眉山市	5309	3020	2289	4936	2769	2167	3044	1636	1408
宜宾市	9010	5002	4008	8617	4904	3713	6239	3350	2889
广安市	3631	2023	1608	2782	1557	1225	1600	800	800
达州市	7445	4626	2819	7588	4418	3170	4568	2332	2236
雅安市	2609	1299	1310	2190	1156	1034	1510	758	752
巴中市	3650	2215	1435	3126	1865	1261	1648	835	813
资阳市	3351	1877	1474	5192	2932	2260	2564	1333	1231
阿坝藏族羌族自治州	503	227	276	645	298	347	498	242	256
甘孜藏族自治州	808	402	406	834	463	371	628	356	272
凉山彝族自治州	7026	3731	3295	6437	3705	2732	4369	2406	1963

5−2a　续表 3　　单位：户

地　区	40−44岁			45−49岁			50−54岁		
	小计	男	女	小计	男	女	小计	男	女
全省	**200712**	**101890**	**98822**	**312977**	**157156**	**155821**	**273637**	**142365**	**131272**
成都市	97408	53261	44147	138054	73682	64372	120918	65795	55123
自贡市	3657	1742	1915	6765	3178	3587	7064	3480	3584
攀枝花市	7772	4019	3753	15458	8063	7395	10754	5991	4763
泸州市	6393	2911	3482	11442	5173	6269	10291	4916	5375
德阳市	7782	3529	4253	13616	6249	7367	12131	5878	6253
绵阳市	17270	7935	9335	26028	12355	13673	21126	10784	10342
广元市	3709	1693	2016	6555	3022	3533	5305	2658	2647
遂宁市	6459	2881	3578	10255	4680	5575	9307	4379	4928
内江市	4139	1866	2273	7697	3427	4270	7469	3475	3994
乐山市	6518	2951	3567	10711	4842	5869	10004	4722	5282
南充市	9194	4243	4951	15601	7092	8509	14603	7089	7514
眉山市	3579	1627	1952	5325	2463	2862	4851	2364	2487
宜宾市	6208	3103	3105	10624	5416	5208	8677	4640	4037
广安市	2031	875	1156	3946	1725	2221	3417	1565	1852
达州市	5906	2873	3033	10000	5087	4913	8638	4499	4139
雅安市	1400	659	741	2928	1427	1501	3055	1516	1539
巴中市	2458	1100	1358	3644	1711	1933	3057	1580	1477
资阳市	3023	1366	1657	5079	2350	2729	4339	2103	2236
阿坝藏族羌族自治州	477	258	219	621	345	276	569	341	228
甘孜藏族自治州	670	408	262	880	525	355	881	534	347
凉山彝族自治州	4659	2590	2069	7748	4344	3404	7181	4056	3125

5−2a　续表 4　　单位：户

地　区	55−59岁			60−64岁			65岁及以上		
	小计	男	女	小计	男	女	小计	男	女
全省	**211809**	**112675**	**99134**	**128956**	**67081**	**61875**	**464200**	**182303**	**281897**
成都市	94648	50916	43732	58910	30346	28564	202425	78030	124395
自贡市	6890	3641	3249	5477	2847	2630	17057	6167	10890
攀枝花市	7018	4111	2907	3522	1897	1625	17003	7023	9980
泸州市	8653	4317	4336	5866	3040	2826	17753	7297	10456
德阳市	10661	5287	5374	6137	3055	3082	27293	9822	17471
绵阳市	16222	8683	7539	8934	4880	4054	30528	12224	18304
广元市	3787	2081	1706	2113	1118	995	8016	3164	4852
遂宁市	7116	3593	3523	4506	2400	2106	18948	7754	11194
内江市	6343	3275	3068	4081	2129	1952	13721	5317	8404
乐山市	7792	3978	3814	4810	2399	2411	17989	6783	11206
南充市	10561	5467	5094	6895	3611	3284	24963	10728	14235
眉山市	3788	1950	1838	2019	1010	1009	9034	3575	5459
宜宾市	6753	3637	3116	4080	2170	1910	13766	5540	8226
广安市	2565	1334	1231	1360	744	616	5645	2200	3445
达州市	5879	3145	2734	2737	1462	1275	10490	4625	5865
雅安市	2536	1356	1180	1575	818	757	6485	2576	3909
巴中市	1878	1016	862	1175	609	566	5467	2285	3182
资阳市	2977	1579	1398	1644	809	835	6437	2563	3874
阿坝藏族羌族自治州	303	196	107	130	78	52	351	155	196
甘孜藏族自治州	567	370	197	261	143	118	610	304	306
凉山彝族自治州	4872	2743	2129	2724	1516	1208	10219	4171	6048

5-2b 各地区分年龄、性别的一人户(镇)

单位：户

地 区	合 计			14岁及以下		
	合计	男	女	小计	男	女
全省	**1722428**	**869605**	**852823**	**83157**	**43827**	**39330**
成都市	111062	56068	54994	3484	1824	1660
自贡市	56900	26722	30178	2329	1180	1149
攀枝花市	18202	9937	8265	489	279	210
泸州市	118940	59374	59566	5496	2924	2572
德阳市	77988	39870	38118	2827	1531	1296
绵阳市	106503	53809	52694	3603	1893	1710
广元市	70129	35362	34767	2922	1519	1403
遂宁市	57492	29294	28198	2653	1408	1245
内江市	92906	46624	46282	3937	2069	1868
乐山市	68831	34246	34585	1695	880	815
南充市	169052	85827	83225	9996	5260	4736
眉山市	63184	31172	32012	2282	1207	1075
宜宾市	98455	50587	47868	5095	2695	2400
广安市	104411	49785	54626	6135	3270	2865
达州市	167376	85193	82183	13633	7187	6446
雅安市	37311	18739	18572	1261	619	642
巴中市	80197	41371	38826	4754	2526	2228
资阳市	59310	28859	30451	2704	1390	1314
阿坝藏族羌族自治州	36481	19942	16539	1635	885	750
甘孜藏族自治州	43166	22541	20625	1575	815	760
凉山彝族自治州	84532	44283	40249	4652	2466	2186

5-2b 续表 1

单位：户

地 区	15-19岁			20-24岁		
	小计	男	女	小计	男	女
全省	**44949**	**25057**	**19892**	**87018**	**45141**	**41877**
成都市	1813	978	835	5936	3205	2731
自贡市	1348	738	610	2690	1313	1377
攀枝花市	315	164	151	1100	569	531
泸州市	3782	2140	1642	6077	3055	3022
德阳市	1148	645	503	2946	1618	1328
绵阳市	1397	782	615	4196	2066	2130
广元市	968	525	443	3205	1495	1710
遂宁市	1206	682	524	2573	1403	1170
内江市	1984	1077	907	3870	2041	1829
乐山市	1055	610	445	2827	1508	1319
南充市	5978	3390	2588	8046	4211	3835
眉山市	1121	596	525	2739	1471	1268
宜宾市	2844	1634	1210	5753	2986	2767
广安市	5082	2764	2318	6002	3107	2895
达州市	6321	3511	2810	7893	4308	3585
雅安市	699	367	332	1733	866	867
巴中市	2288	1316	972	5121	2654	2467
资阳市	1494	815	679	2671	1316	1355
阿坝藏族羌族自治州	775	485	290	2246	1150	1096
甘孜藏族自治州	733	418	315	3446	1687	1759
凉山彝族自治州	2598	1420	1178	5948	3112	2836

5-2b 续表 2

单位：户

地 区	25-29岁			30-34岁			35-39岁		
	小计	男	女	小计	男	女	小计	男	女
全省	**125895**	**66164**	**59731**	**124110**	**68519**	**55591**	**88853**	**46672**	**42181**
成都市	8247	4530	3717	8282	4624	3658	5832	3020	2812
自贡市	3527	1842	1685	3514	1911	1603	2360	1160	1200
攀枝花市	1579	825	754	1594	956	638	1202	662	540
泸州市	8715	4257	4458	8314	4288	4026	5892	2970	2922
德阳市	4093	2336	1757	4557	2692	1865	3202	1781	1421
绵阳市	6375	3335	3040	6818	3774	3044	5192	2685	2507
广元市	5143	2532	2611	4373	2483	1890	3123	1605	1518
遂宁市	3809	2118	1691	4249	2416	1833	2940	1623	1317
内江市	4716	2610	2106	6937	3924	3013	4231	2238	1993
乐山市	4415	2436	1979	4200	2362	1838	3428	1839	1589
南充市	11916	6591	5325	12618	7081	5537	8763	4614	4149
眉山市	4217	2320	1897	3833	2111	1722	2699	1338	1361
宜宾市	8021	4054	3967	6411	3415	2996	5125	2585	2540
广安市	7346	3674	3672	7074	3753	3321	4706	2410	2296
达州市	10599	5687	4912	11011	6014	4997	7678	3955	3723
雅安市	2758	1420	1338	2206	1230	976	1981	1087	894
巴中市	6907	3636	3271	6078	3400	2678	3863	2034	1829
资阳市	3453	1727	1726	4527	2494	2033	2738	1443	1295
阿坝藏族羌族自治州	4926	2381	2545	4232	2309	1923	3364	1913	1451
甘孜藏族自治州	6593	3337	3256	5886	3060	2826	4552	2294	2258
凉山彝族自治州	8540	4516	4024	7396	4222	3174	5982	3416	2566

5-2b 续表 3

单位：户

地 区	40-44岁			45-49岁			50-54岁		
	小计	男	女	小计	男	女	小计	男	女
全省	**114543**	**55161**	**59382**	**204432**	**99693**	**104739**	**196836**	**102120**	**94716**
成都市	7200	3439	3761	13202	6583	6619	12990	6879	6111
自贡市	3178	1342	1836	6186	2695	3491	6490	3112	3378
攀枝花市	1594	894	700	2666	1456	1210	2147	1297	850
泸州市	7060	3361	3699	13980	6666	7314	13404	6814	6590
德阳市	5118	2441	2677	8760	4346	4414	8717	4622	4095
绵阳市	8122	3841	4281	14196	6958	7238	13530	6898	6632
广元市	5177	2391	2786	10074	5001	5073	9115	4959	4156
遂宁市	3424	1719	1705	5668	2705	2963	5752	2800	2952
内江市	5933	2829	3104	11538	5519	6019	11326	5894	5432
乐山市	4745	2263	2482	8705	4290	4415	8674	4667	4007
南充市	10959	5237	5722	19524	9434	10090	19071	9545	9526
眉山市	3954	1726	2228	7751	3448	4303	7832	4022	3810
宜宾市	5902	2887	3015	11530	5790	5740	11003	5872	5131
广安市	5958	2640	3318	11776	4976	6800	11488	5269	6219
达州市	10174	4825	5349	19051	9330	9721	18738	9672	9066
雅安市	2061	1041	1020	4655	2491	2164	4798	2552	2246
巴中市	6080	2975	3105	10051	5049	5002	8930	4844	4086
资阳市	3798	1661	2137	6883	3060	3823	6569	3130	3439
阿坝藏族羌族自治州	3520	1978	1542	4299	2407	1892	3750	2288	1462
甘孜藏族自治州	4461	2312	2149	4680	2495	2185	3669	2105	1564
凉山彝族自治州	6125	3359	2766	9257	4994	4263	8843	4879	3964

5-2b 续表 4

单位：户

地区	55-59岁			60-64岁			65岁及以上		
	小计	男	女	小计	男	女	小计	男	女
全省	**148042**	**81655**	**66387**	**92689**	**50869**	**41820**	**411904**	**184727**	**227177**
成都市	10243	5770	4473	6032	3381	2651	27801	11835	15966
自贡市	5013	2653	2360	3741	1947	1794	16524	6829	9695
攀枝花市	1453	873	580	855	498	357	3208	1464	1744
泸州市	10120	5462	4658	7532	3986	3546	28568	13451	15117
德阳市	7635	4397	3238	4962	2930	2032	24023	10531	13492
绵阳市	11001	6116	4885	6326	3645	2681	25747	11816	13931
广元市	6832	4094	2738	3819	2202	1617	15378	6556	8822
遂宁市	4943	2576	2367	3568	2042	1526	16707	7802	8905
内江市	8516	4780	3736	5464	2981	2483	24454	10662	13792
乐山市	6413	3686	2727	4023	2223	1800	18651	7482	11169
南充市	13292	7098	6194	8544	4545	3999	40345	18821	21524
眉山市	5537	3118	2419	3376	1959	1417	17843	7856	9987
宜宾市	8747	4954	3793	5517	3247	2270	22507	10468	12039
广安市	8563	4354	4209	5562	2953	2609	24719	10615	14104
达州市	14563	7576	6987	8078	4235	3843	39637	18893	20744
雅安市	3587	2013	1574	2042	1158	884	9530	3895	5635
巴中市	6070	3321	2749	3772	1902	1870	16283	7714	8569
资阳市	5095	2710	2385	3362	1821	1541	16016	7292	8724
阿坝藏族羌族自治州	2195	1403	792	1209	681	528	4330	2062	2268
甘孜藏族自治州	2185	1317	868	1278	703	575	4108	1998	2110
凉山彝族自治州	6039	3384	2655	3627	1830	1797	15525	6685	8840

5-2c 各地区分年龄、性别的一人户(乡村)

单位：户

地区	合计			14岁及以下		
	合计	男	女	小计	男	女
全省	**4189561**	**2367438**	**1822123**	**259998**	**140243**	**119755**
成都市	423008	240872	182136	15733	8296	7437
自贡市	137146	79464	57682	8777	4693	4084
攀枝花市	25115	14915	10200	999	532	467
泸州市	202292	117966	84326	14251	7864	6387
德阳市	180288	97917	82371	8435	4553	3882
绵阳市	334137	184972	149165	17911	9559	8352
广元市	151011	84408	66603	10308	5489	4819
遂宁市	196962	111698	85264	12675	6902	5773
内江市	226916	132176	94740	13792	7386	6406
乐山市	138602	80240	58362	4597	2393	2204
南充市	465977	261072	204905	32123	17137	14986
眉山市	150825	83690	67135	7314	3873	3441
宜宾市	194529	115525	79004	13363	7406	5957
广安市	275415	155875	119540	18074	9879	8195
达州市	393033	218630	174403	32290	17667	14623
雅安市	50911	28891	22020	1900	1000	900
巴中市	199306	110355	88951	13394	7195	6199
资阳市	220410	122756	97654	15235	8240	6995
阿坝藏族羌族自治州	27440	15962	11478	1576	858	718
甘孜藏族自治州	46690	27075	19615	3335	1692	1643
凉山彝族自治州	149548	82979	66569	13916	7629	6287

5-2c　续表 1

单位：户

地　区	15-19岁			20-24岁		
	小计	男	女	小计	男	女
全省	**125474**	**72496**	**52978**	**211240**	**125574**	**85666**
成都市	9637	5638	3999	22731	14068	8663
自贡市	4381	2648	1733	6042	3522	2520
攀枝花市	480	301	179	1071	648	423
泸州市	8594	5008	3586	9623	5645	3978
德阳市	3507	2041	1466	6325	3827	2498
绵阳市	8182	4075	4107	14968	8288	6680
广元市	3159	1732	1427	7056	4058	2998
遂宁市	4666	2740	1926	9538	5667	3871
内江市	6578	3772	2806	10077	5899	4178
乐山市	2170	1202	968	4366	2638	1728
南充市	12890	7608	5282	22808	13613	9195
眉山市	2411	1326	1085	5075	2974	2101
宜宾市	6624	3984	2640	10695	6412	4283
广安市	10062	5876	4186	17988	10511	7477
达州市	16516	9676	6840	22091	13116	8975
雅安市	1021	577	444	1650	925	725
巴中市	7449	4302	3147	13781	8048	5733
资阳市	7611	4319	3292	9029	5280	3749
阿坝藏族羌族自治州	840	487	353	1630	960	670
甘孜藏族自治州	1687	953	734	3366	1963	1403
凉山彝族自治州	7009	4231	2778	11330	7512	3818

5-2c　续表 2

单位：户

地　区	25-29岁			30-34岁			35-39岁		
	小计	男	女	小计	男	女	小计	男	女
全省	**228605**	**140919**	**87686**	**216782**	**138935**	**77847**	**136578**	**85075**	**51503**
成都市	25734	16874	8860	26712	17888	8824	17451	10846	6605
自贡市	6980	4128	2852	6227	3865	2362	3447	2085	1362
攀枝花市	1148	706	442	1295	857	438	1106	674	432
泸州市	9250	5538	3712	8053	4905	3148	5367	3177	2190
德阳市	6623	4205	2418	6311	4212	2099	4368	2787	1581
绵阳市	16580	10208	6372	15695	9989	5706	9664	5855	3809
广元市	8149	5064	3085	6683	4440	2243	3903	2587	1316
遂宁市	12785	7845	4940	12910	8265	4645	7012	4483	2529
内江市	9274	5557	3717	13854	8950	4904	6767	4390	2377
乐山市	5305	3386	1919	4258	2765	1493	3497	2282	1215
南充市	25752	15781	9971	22687	14352	8335	14266	8650	5616
眉山市	6567	4001	2566	5403	3455	1948	3705	2241	1464
宜宾市	11498	6938	4560	8708	5355	3353	6402	3872	2530
广安市	18506	11016	7490	15905	9967	5938	8822	5534	3288
达州市	24052	13997	10055	22168	13232	8936	12654	7198	5456
雅安市	2054	1249	805	1844	1123	721	1591	995	596
巴中市	12552	7671	4881	10307	6720	3587	6390	4056	2334
资阳市	8497	5172	3325	11607	7644	3963	5542	3640	1902
阿坝藏族羌族自治州	2195	1340	855	2405	1588	817	2270	1547	723
甘孜藏族自治州	4207	2631	1576	4074	2641	1433	3819	2453	1366
凉山彝族自治州	10897	7612	3285	9676	6722	2954	8535	5723	2812

5－2c　续表 3　　单位：户

地区	40－44岁			45－49岁			50－54岁		
	小计	男	女	小计	男	女	小计	男	女
全省	**177628**	**108076**	**69552**	**363073**	**224309**	**138764**	**419202**	**257725**	**161477**
成都市	22269	13202	9067	42831	26132	16699	46995	29396	17599
自贡市	4487	2755	1732	10865	6951	3914	13715	8816	4899
攀枝花市	1756	1142	614	3654	2416	1238	3458	2158	1300
泸州市	6864	4334	2530	17238	10935	6303	20371	12687	7684
德阳市	7745	4730	3015	15920	9816	6104	18747	11547	7200
绵阳市	15205	8952	6253	32011	18976	13035	37982	22849	15133
广元市	5971	3849	2122	14151	8913	5238	17000	10401	6599
遂宁市	7363	4455	2908	13986	8316	5670	16821	9783	7038
内江市	8576	5416	3160	19184	12233	6951	22868	14358	8510
乐山市	5270	3431	1839	13576	8910	4666	17328	11371	5957
南充市	17772	10525	7247	36260	22159	14101	42995	26112	16883
眉山市	5739	3372	2367	13554	8268	5286	18252	11194	7058
宜宾市	8106	5011	3095	19009	12251	6758	20534	13213	7321
广安市	10118	6068	4050	21195	12725	8470	24161	14743	9418
达州市	16876	9538	7338	33746	20701	13045	36476	22747	13729
雅安市	1999	1235	764	6032	3816	2216	6760	4211	2549
巴中市	9014	5654	3360	15190	9341	5849	16650	9821	6829
资阳市	6918	4425	2493	15416	9501	5915	19391	11413	7978
阿坝藏族羌族自治州	2505	1649	856	2892	1798	1094	2651	1605	1046
甘孜藏族自治州	4360	2783	1577	4654	2968	1686	4305	2678	1627
凉山彝族自治州	8715	5550	3165	11709	7183	4526	11742	6622	5120

5－2c　续表 4　　单位：户

地区	55－59岁			60－64岁			65岁及以上		
	小计	男	女	小计	男	女	小计	男	女
全省	**338983**	**211225**	**127758**	**272563**	**179682**	**92881**	**1439435**	**683179**	**756256**
成都市	35686	22695	12991	23971	15047	8924	133258	60790	72468
自贡市	10367	6785	3582	9926	7192	2734	51932	26024	25908
攀枝花市	2473	1575	898	1562	919	643	6113	2987	3126
泸州市	16222	10324	5898	15774	11361	4413	70685	36188	34497
德阳市	17545	10913	6632	12928	8125	4803	71834	31161	40673
绵阳市	32391	20165	12226	23153	15036	8117	110395	51020	59375
广元市	15403	9449	5954	11101	6747	4354	48127	21679	26448
遂宁市	14923	9138	5785	13430	9568	3862	70853	34536	36317
内江市	17925	11470	6455	15231	11130	4101	82790	41615	41175
乐山市	13412	8771	4641	10504	6957	3547	54319	26134	28185
南充市	34032	21097	12935	30712	20535	10177	173680	83503	90177
眉山市	13609	8545	5064	10169	6674	3495	59027	27767	31260
宜宾市	16082	10372	5710	13774	9382	4392	59734	31329	28405
广安市	20514	12848	7666	17960	12805	5155	92110	43903	48207
达州市	29539	18411	11128	21338	13763	7575	125287	58584	66703
雅安市	5016	3054	1962	3309	2090	1219	17735	8616	9119
巴中市	13695	8201	5494	11909	7298	4611	68975	32048	36927
资阳市	16397	9966	6431	15053	9916	5137	89714	43240	46474
阿坝藏族羌族自治州	1724	1003	721	1410	786	624	5342	2341	3001
甘孜藏族自治州	2933	1712	1221	2009	1041	968	7941	3560	4381
凉山彝族自治州	9095	4731	4364	7340	3310	4030	39584	16154	23430

5–3 各地区家庭户中民族混合户户数

单位：户、%

地 区	家庭户户 数	单一民族户		二个民族户		三个民族户		四个及以上民族户	
		户数	占家庭户比重	户数	占家庭户比重	户数	占家庭户比重	户数	占家庭户比重
全省	**30756120**	**30387645**	**98.80**	**361379**	**1.17**	**6876**	**0.02**	**220**	
成都市	7419822	7327914	98.76	90100	1.21	1723	0.02	85	
自贡市	947274	942258	99.47	4908	0.52	107	0.01	1	
攀枝花市	447849	423649	94.60	23814	5.32	374	0.08	12	
泸州市	1503753	1491268	99.17	12275	0.82	205	0.01	5	
德阳市	1348263	1339928	99.38	8221	0.61	112	0.01	2	
绵阳市	1972258	1935717	98.15	36082	1.83	446	0.02	13	
广元市	924277	919882	99.52	4308	0.47	87	0.01		
遂宁市	1105592	1100830	99.57	4715	0.43	44		3	
内江市	1240588	1235079	99.56	5424	0.44	84	0.01	1	
乐山市	1182406	1169338	98.89	12916	1.09	149	0.01	3	
南充市	2266278	2259547	99.70	6654	0.29	72		5	
眉山市	1061239	1053912	99.31	7111	0.67	214	0.02	2	
宜宾市	1552253	1538806	99.13	13241	0.85	199	0.01	7	
广安市	1284068	1278930	99.60	5084	0.40	53		1	
达州市	2012786	2006983	99.71	5679	0.28	114	0.01	10	
雅安市	498236	484889	97.32	13224	2.65	120	0.02	3	
巴中市	1057045	1054286	99.74	2724	0.26	34		1	
资阳市	960664	954873	99.40	5645	0.59	146	0.02		
阿坝藏族羌族自治州	251493	219105	87.12	31289	12.44	1079	0.43	20	0.01
甘孜藏族自治州	308707	292342	94.70	15980	5.18	376	0.12	9	
凉山彝族自治州	1411269	1358109	96.23	51985	3.68	1138	0.08	37	

5–3a 各地区家庭户中民族混合户户数(城市)

单位：户、%

地 区	家庭户户 数	单一民族户		二个民族户		三个民族户		四个及以上民族户	
		户数	占家庭户比重	户数	占家庭户比重	户数	占家庭户比重	户数	占家庭户比重
全省	**10700636**	**10576139**	**98.84**	**122560**	**1.15**	**1832**	**0.02**	**105**	
成都市	5362297	5290630	98.66	70403	1.31	1187	0.02	77	
自贡市	280949	279996	99.66	940	0.33	13			
攀枝花市	264683	254531	96.16	10018	3.78	129	0.05	5	
泸州市	345465	343922	99.55	1521	0.44	22	0.01		
德阳市	460414	457328	99.33	3045	0.66	39	0.01	2	
绵阳市	647898	637192	98.35	10617	1.64	88	0.01	1	
广元市	177173	176364	99.54	804	0.45	5			
遂宁市	373483	372404	99.71	1066	0.29	11		2	
内江市	261502	260726	99.70	769	0.29	6		1	
乐山市	346886	343912	99.14	2954	0.85	20	0.01		
南充市	496937	495068	99.62	1845	0.37	19		5	
眉山市	224760	223589	99.48	1168	0.52	3			
宜宾市	348499	346365	99.39	2121	0.61	12		1	
广安市	158181	157884	99.81	295	0.19	2			
达州市	336971	336178	99.76	756	0.22	35	0.01	2	
雅安市	101621	100123	98.53	1485	1.46	13	0.01		
巴中市	151565	151208	99.76	355	0.23	2			
资阳市	143628	143197	99.70	427	0.30	4			
阿坝藏族羌族自治州	10551	9140	86.63	1386	13.14	24	0.23	1	0.01
甘孜藏族自治州	16781	14207	84.66	2514	14.98	59	0.35	1	0.01
凉山彝族自治州	190392	182175	95.68	8071	4.24	139	0.07	7	

5-3b 各地区家庭户中民族混合户户数(镇)

单位：户、%

地　　区	家庭户户　数	单一民族户		二个民族户		三个民族户		四个及以上民族户	
		户数	占家庭户比重	户数	占家庭户比重	户数	占家庭户比重	户数	占家庭户比重
全省	**6020073**	**5946510**	**98.78**	**72182**	**1.20**	**1332**	**0.02**	**49**	
成都市	448174	445214	99.34	2930	0.65	30	0.01		
自贡市	216580	215878	99.68	698	0.32	3		1	
攀枝花市	60945	57968	95.12	2914	4.78	58	0.10	5	0.01
泸州市	386202	383964	99.42	2220	0.57	18			
德阳市	257587	256609	99.62	975	0.38	3			
绵阳市	315718	307943	97.54	7667	2.43	106	0.03	2	
广元市	236576	235858	99.70	717	0.30	1			
遂宁市	195097	194553	99.72	544	0.28				
内江市	307789	307122	99.78	661	0.21	6			
乐山市	274461	271361	98.87	3085	1.12	15	0.01		
南充市	515619	514691	99.82	916	0.18	12			
眉山市	273055	272175	99.68	870	0.32	10			
宜宾市	410939	408073	99.30	2846	0.69	17		3	
广安市	345234	344487	99.78	744	0.22	3			
达州市	554096	552557	99.72	1482	0.27	52	0.01	5	
雅安市	161922	156916	96.91	4962	3.06	41	0.03	3	
巴中市	284844	284387	99.84	453	0.16	3		1	
资阳市	205280	204689	99.71	589	0.29	2			
阿坝藏族羌族自治州	105037	89013	84.74	15433	14.69	577	0.55	14	0.01
甘孜藏族自治州	96604	90795	93.99	5710	5.91	94	0.10	5	0.01
凉山彝族自治州	368314	352257	95.64	15766	4.28	281	0.08	10	

5-3c 各地区家庭户中民族混合户户数(乡村)

单位：户、%

地　　区	家庭户户　数	单一民族户		二个民族户		三个民族户		四个及以上民族户	
		户数	占家庭户比重	户数	占家庭户比重	户数	占家庭户比重	户数	占家庭户比重
全省	**14035411**	**13864996**	**98.79**	**166637**	**1.19**	**3712**	**0.03**	**66**	
成都市	1609351	1592070	98.93	16767	1.04	506	0.03	8	
自贡市	449745	446384	99.25	3270	0.73	91	0.02		
攀枝花市	122221	111150	90.94	10882	8.90	187	0.15	2	
泸州市	772086	763382	98.87	8534	1.11	165	0.02	5	
德阳市	630262	625991	99.32	4201	0.67	70	0.01		
绵阳市	1008642	990582	98.21	17798	1.76	252	0.02	10	
广元市	510528	507660	99.44	2787	0.55	81	0.02		
遂宁市	537012	533873	99.42	3105	0.58	33	0.01	1	
内江市	671297	667231	99.39	3994	0.59	72	0.01		
乐山市	561059	554065	98.75	6877	1.23	114	0.02	3	
南充市	1253722	1249788	99.69	3893	0.31	41			
眉山市	563424	558148	99.06	5073	0.90	201	0.04	2	
宜宾市	792815	784368	98.93	8274	1.04	170	0.02	3	
广安市	780653	776559	99.48	4045	0.52	48	0.01	1	
达州市	1121719	1118248	99.69	3441	0.31	27		3	
雅安市	234693	227850	97.08	6777	2.89	66	0.03		
巴中市	620636	618691	99.69	1916	0.31	29			
资阳市	611756	606987	99.22	4629	0.76	140	0.02		
阿坝藏族羌族自治州	135905	120952	89.00	14470	10.65	478	0.35	5	
甘孜藏族自治州	195322	187340	95.91	7756	3.97	223	0.11	3	
凉山彝族自治州	852563	823677	96.61	28148	3.30	718	0.08	20	

5-4　各地区有60岁及以上人口的家庭户户数

单位：户

地　区	合　计	有一个60岁及以上人口的户				有二个60岁及以上人口的户				有三个60岁及以上人口的户
		小计	独自居住	只与未成年人口共同居住	其他	小计	只有一对60岁及以上夫妇居住	只有一对60岁及以上夫妇与未成年人口共同居住	其他	
全省	**12249457**	**7181497**	**2809747**	**210730**	**4161020**	**4922170**	**2433548**	**237833**	**2250789**	**145790**
成都市	2417751	1312473	452397	18113	841963	1072709	534164	30611	507934	32569
自贡市	456948	264874	104657	9801	150416	185509	89184	11541	84784	6565
攀枝花市	157413	94619	32263	1324	61032	60359	30053	1344	28962	2435
泸州市	666676	406777	146178	16291	244308	251056	100408	18440	132208	8843
德阳市	599090	337501	147177	5665	184659	255171	148008	8513	98650	6418
绵阳市	791485	470352	205083	12167	253102	313437	174115	14202	125120	7696
广元市	389089	228788	88554	8677	131557	156538	83612	9037	63889	3763
遂宁市	489052	297551	128012	9082	160457	185817	95548	9023	81246	5684
内江市	551434	340761	145741	10293	184727	204570	100726	11306	92538	6103
乐山市	517240	291091	110296	5336	175459	219652	111628	7408	100616	6497
南充市	1006328	605576	285139	21347	299090	389782	204232	22366	163184	10970
眉山市	481201	269812	101468	5665	162679	204045	100873	8068	95104	7344
宜宾市	652885	396150	119378	15603	261169	250001	96928	18799	134274	6734
广安市	552996	328923	147356	14539	167028	218801	108583	14994	95224	5272
达州市	803380	484577	207567	22259	254751	307441	144698	20117	142626	11362
雅安市	209943	121734	40676	1904	79154	86066	39470	2498	44098	2143
巴中市	450979	253301	107581	12609	133111	193046	103413	11422	78211	4632
资阳市	449757	269321	132226	10204	126891	175636	101029	11142	63465	4800
阿坝藏族羌族自治州	84105	56862	12772	1267	42823	26338	6824	896	18618	905
甘孜藏族自治州	91665	67046	16207	1062	49777	23062	4408	685	17969	1557
凉山彝族自治州	430040	283408	79019	7522	196867	143134	55644	5421	82069	3498

5-4a　各地区有60岁及以上人口的家庭户户数(城市)

单位：户

地　区	合　计	有一个60岁及以上人口的户				有二个60岁及以上人口的户				有三个60岁及以上人口的户
		小计	独自居住	只与未成年人口共同居住	其他	小计	只有一对60岁及以上夫妇居住	只有一对60岁及以上夫妇与未成年人口共同居住	其他	
全省	**3215722**	**1764324**	**593156**	**29993**	**1141175**	**1406279**	**705426**	**43275**	**657578**	**45119**
成都市	1484640	798434	261335	9973	527126	666530	331629	17075	317826	19676
自贡市	117328	61936	22534	1000	38402	53407	28846	1680	22881	1985
攀枝花市	86093	47787	20525	624	26638	36616	21222	811	14583	1690
泸州市	117126	68053	23619	1382	43052	46929	21632	1598	23699	2144
德阳市	161559	86201	33430	948	51823	73635	44446	1764	27425	1723
绵阳市	183255	102775	39462	1946	61367	78747	44581	2805	31361	1733
广元市	47685	27209	10129	621	16459	20090	11360	821	7909	386
遂宁市	129753	73598	23454	1686	48458	54534	26219	2302	26013	1621
内江市	92176	52421	17802	1445	33174	38360	18404	1657	18299	1395
乐山市	118626	61149	22799	807	37543	55944	30825	1604	23515	1533
南充市	167006	95554	31858	2902	60794	68942	30907	3175	34860	2510
眉山市	68416	36055	11053	479	24523	31380	16247	768	14365	981
宜宾市	107893	61905	17846	1080	42979	44664	19997	1696	22971	1324
广安市	52297	29048	7005	813	21230	22643	8613	1246	12784	606
达州市	96734	55456	13227	1612	40617	37643	12546	1420	23677	3635
雅安市	37158	20363	8060	248	12055	16349	8883	470	6996	446
巴中市	46546	26067	6642	1035	18390	19981	8213	1018	10750	498
资阳市	41938	23290	8081	599	14610	18025	9911	648	7466	623
阿坝藏族羌族自治州	1886	1399	481	90	828	469	166	49	254	18
甘孜藏族自治州	3128	2359	871	61	1427	751	246	43	462	18
凉山彝族自治州	54479	33265	12943	642	19680	20640	10533	625	9482	574

5-4b 各地区有60岁及以上人口的家庭户户数(镇)

单位：户

地　　区	合　计	有一个60岁及以上人口的户				有二个60岁及以上人口的户				有三个60岁及以上人口的户
		小计	独自居住	只与未成年人口共同居住	其他	小计	只有一对60岁及以上夫妇居住	只有一对60岁及以上夫妇与未成年人口共同居住	其他	
全省	**2139911**	**1307340**	**504593**	**63851**	**738896**	**804294**	**382314**	**50295**	**371685**	**28277**
成都市	172327	94693	33833	1642	59218	75304	38410	2496	34398	2330
自贡市	89253	52591	20265	3150	29176	34815	16254	2553	16008	1847
攀枝花市	19779	12651	4063	232	8356	6863	3158	151	3554	265
泸州市	146377	92424	36100	5042	51282	51542	20913	4166	26463	2411
德阳市	109364	64453	28985	1465	34003	43649	23807	1828	18014	1262
绵阳市	111626	68836	32073	2361	34402	41571	24044	2251	15276	1219
广元市	78655	47725	19197	3016	25512	30280	16951	2045	11284	650
遂宁市	78260	48527	20275	2608	25644	28450	13507	1997	12946	1283
内江市	112841	70747	29918	3239	37590	40614	20706	2428	17480	1480
乐山市	99055	57749	22674	1908	33167	40043	20828	1690	17525	1263
南充市	181522	114511	48889	5890	59732	64450	30508	4521	29421	2561
眉山市	102204	57068	21219	1708	34141	43355	21604	1861	19890	1781
宜宾市	153057	93809	28024	4586	61199	57529	22229	4322	30978	1719
广安市	118301	73169	30281	5857	37031	43513	20635	4007	18871	1619
达州市	192523	121127	47715	8344	65068	68713	29609	5928	33176	2683
雅安市	59620	34959	11572	732	22655	24094	11218	748	12128	567
巴中市	89812	55482	20055	5251	30176	33423	15359	3051	15013	907
资阳市	73164	44666	19378	3159	22129	27540	14987	2131	10422	958
阿坝藏族羌族自治州	27184	18409	5539	622	12248	8503	2733	383	5387	272
甘孜藏族自治州	20816	15473	5386	485	9602	5063	1443	302	3318	280
凉山彝族自治州	104171	68271	19152	2554	46565	34980	13411	1436	20133	920

5-4c 各地区有60岁及以上人口的家庭户户数(乡村)

单位：户

地　　区	合　计	有一个60岁及以上人口的户				有二个60岁及以上人口的户				有三个60岁及以上人口的户
		小计	独自居住	只与未成年人口共同居住	其他	小计	只有一对60岁及以上夫妇居住	只有一对60岁及以上夫妇与未成年人口共同居住	其他	
全省	**6893824**	**4109833**	**1711998**	**116886**	**2280949**	**2711597**	**1345808**	**144263**	**1221526**	**72394**
成都市	760784	419346	157229	6498	255619	330875	164125	11040	155710	10563
自贡市	250367	150347	61858	5651	82838	97287	44084	7308	45895	2733
攀枝花市	51541	34181	7675	468	26038	16880	5673	382	10825	480
泸州市	403173	246300	86459	9867	149974	152585	57863	12676	82046	4288
德阳市	328167	186847	84762	3252	98833	137887	79755	4921	53211	3433
绵阳市	496604	298741	133548	7860	157333	193119	105490	9146	78483	4744
广元市	262749	153854	59228	5040	89586	106168	55301	6171	44696	2727
遂宁市	281039	175426	84283	4788	86355	102833	55822	4724	42287	2780
内江市	346417	217593	98021	5609	113963	125596	61616	7221	56759	3228
乐山市	299559	172193	64823	2621	104749	123665	59975	4114	59576	3701
南充市	657800	395511	204392	12555	178564	256390	142817	14670	98903	5899
眉山市	310581	176689	69196	3478	104015	129310	63022	5439	60849	4582
宜宾市	391935	240436	73508	9937	156991	147808	54702	12781	80325	3691
广安市	382398	226706	110070	7869	108767	152645	79335	9741	63569	3047
达州市	514123	307994	146625	12303	149066	201085	102543	12769	85773	5044
雅安市	113165	66412	21044	924	44444	45623	19369	1280	24974	1130
巴中市	314621	171752	80884	6323	84545	139642	79841	7353	52448	3227
资阳市	334655	201365	104767	6446	90152	130071	76131	8363	45577	3219
阿坝藏族羌族自治州	55035	37054	6752	555	29747	17366	3925	464	12977	615
甘孜藏族自治州	67721	49214	9950	516	38748	17248	2719	340	14189	1259
凉山彝族自治州	271390	181872	46924	4326	130622	87514	31700	3360	52454	2004

5−5　各地区有65岁及以上人口的家庭户户数

单位：户

地　区	合　计	有一个65岁及以上人口的户				有二个65岁及以上人口的户				有三个65岁及以上人口的户
		小计	独自居住	只与未成年人口共同居住	其他	小计	只有一对65岁及以上夫妇居住	只有一对65岁及以上夫妇与未成年人口共同居住	其他	
全省	**9972689**	**6394256**	**2315539**	**146887**	**3931830**	**3507031**	**1808786**	**129614**	**1568631**	**71402**
成都市	1916791	1158280	363484	12137	782659	743728	388452	16034	339242	14783
自贡市	372777	238835	85513	6837	146485	130930	65203	6122	59605	3012
攀枝花市	129768	82945	26324	893	55728	45288	23512	780	20996	1535
泸州市	536963	360998	117006	11558	232434	171814	71149	9951	90714	4151
德阳市	490837	304608	123150	3984	177474	183109	109561	4602	68946	3120
绵阳市	638494	412824	166670	8421	237733	221964	127342	7519	87103	3706
广元市	312591	202203	71521	5765	124917	108792	59602	4617	44573	1596
遂宁市	399509	261089	106508	6132	148449	135509	73389	5048	57072	2911
内江市	454669	302807	120965	7310	174532	148849	76309	6327	66213	3013
乐山市	425117	266170	90959	3638	171573	156040	80195	3806	72039	2907
南充市	830866	538091	238988	15264	283839	287021	157497	12774	116750	5754
眉山市	407910	252669	85904	4112	162653	151381	75402	4568	71411	3860
宜宾市	526550	354597	96007	10621	247969	168984	68189	9573	91222	2969
广安市	451804	288776	122474	9947	156355	160325	84962	8384	66979	2703
达州市	669996	432463	175414	16119	240930	230621	114270	11849	104502	6912
雅安市	173702	110155	33750	1321	75084	62528	29365	1287	31876	1019
巴中市	376273	228933	90725	8787	129421	145080	81583	6443	57054	2260
资阳市	376365	245505	112167	7195	126143	128371	76955	6342	45074	2489
阿坝藏族羌族自治州	66787	48974	10023	878	38073	17421	4595	478	12348	392
甘孜藏族自治州	71126	56105	12659	684	42762	14355	2843	298	11214	666
凉山彝族自治州	343794	247229	65328	5284	176617	94921	38411	2812	53698	1644

5−5a　各地区有65岁及以上人口的家庭户户数(城市)

单位：户

地　区	合　计	有一个65岁及以上人口的户				有二个65岁及以上人口的户				有三个65岁及以上人口的户
		小计	独自居住	只与未成年人口共同居住	其他	小计	只有一对65岁及以上夫妇居住	只有一对65岁及以上夫妇与未成年人口共同居住	其他	
全省	**2480516**	**1500916**	**464200**	**18984**	**1017732**	**958415**	**507508**	**22170**	**428737**	**21185**
成都市	1133859	675382	202425	6385	466572	449942	237791	8856	203295	8535
自贡市	89654	53621	17057	608	35956	35223	19548	788	14887	810
攀枝花市	72238	41878	17003	424	24451	29176	17416	527	11233	1184
泸州市	88785	56929	17753	897	38279	30849	14934	816	15099	1007
德阳市	127589	75295	27293	601	47401	51506	32324	892	18290	788
绵阳市	140170	85334	30528	1157	53649	54083	32144	1389	20550	753
广元市	36031	22414	8016	339	14059	13461	8103	376	4982	156
遂宁市	100733	62593	18948	1049	42596	37366	19170	1167	17029	774
内江市	71438	44674	13721	915	30038	26121	12898	858	12365	643
乐山市	92638	53721	17989	483	35249	38257	21796	792	15669	660
南充市	127855	80305	24963	1852	53490	46301	22120	1627	22554	1249
眉山市	54451	31960	9034	305	22621	22029	11832	409	9788	462
宜宾市	83142	52997	13766	674	38557	29612	14018	827	14767	533
广安市	40984	25093	5645	529	18919	15607	6438	638	8531	284
达州市	75435	47019	10490	1058	35471	26113	9179	752	16182	2303
雅安市	29637	17847	6485	155	11207	11574	6478	231	4865	216
巴中市	36632	22593	5467	664	16462	13799	6150	536	7113	240
资阳市	33341	20348	6437	371	13540	12683	7380	335	4968	310
阿坝藏族羌族自治州	1405	1075	351	57	667	322	122	30	170	8
甘孜藏族自治州	2179	1759	610	35	1114	414	145	22	247	6
凉山彝族自治州	42320	28079	10219	426	17434	13977	7522	302	6153	264

5-5b　各地区有65岁及以上人口的家庭户户数(镇)

单位：户

地　　区	合　计	有一个65岁及以上人口的户				有二个65岁及以上人口的户				有三个65岁及以上人口的户
		小计	独自居住	只与未成年人口共同居住	其他	小计	只有一对65岁及以上夫妇居住	只有一对65岁及以上夫妇与未成年人口共同居住	其他	
全省	**1719677**	**1141154**	**411904**	**42343**	**686907**	**563443**	**280829**	**26722**	**255892**	**15080**
成都市	140154	86262	27801	1085	57376	52799	27819	1229	23751	1093
自贡市	72145	46898	16524	2122	28252	24282	11857	1321	11104	965
攀枝花市	15859	10956	3208	147	7601	4765	2286	63	2416	138
泸州市	115699	80027	28568	3455	48004	34385	14547	2193	17645	1287
德阳市	89303	57584	24023	1003	32558	31079	17548	994	12537	640
绵阳市	88397	58880	25747	1496	31637	28857	17292	1175	10390	660
广元市	61386	40369	15378	1810	23181	20733	12235	981	7517	284
遂宁市	62988	41857	16707	1694	23456	20390	10328	1127	8935	741
内江市	91476	61654	24454	2164	35036	29031	15403	1291	12337	791
乐山市	80113	51341	18651	1250	31440	28185	15133	879	12173	587
南充市	146603	98892	40345	3991	54556	46238	23042	2476	20720	1473
眉山市	85063	52392	17843	1166	33383	31628	16136	1008	14484	1043
宜宾市	121562	82754	22507	2977	57270	37981	15421	2202	20358	827
广安市	93610	61823	24719	3837	33267	30804	15731	2171	12902	983
达州市	157158	105619	39637	5764	60218	49857	22722	3399	23736	1682
雅安市	48409	31005	9530	485	20990	17133	8297	360	8476	271
巴中市	71561	47279	16283	3414	27582	23822	11750	1634	10438	460
资阳市	58825	38861	16016	2091	20754	19459	11178	1175	7106	505
阿坝藏族羌族自治州	21108	15435	4330	428	10677	5555	1850	205	3500	118
甘孜藏族自治州	15643	12443	4108	301	8034	3086	929	132	2025	114
凉山彝族自治州	82615	58823	15525	1663	41635	23374	9325	707	13342	418

5-5c　各地区有65岁及以上人口的家庭户户数(乡村)

单位：户

地　　区	合　计	有一个65岁及以上人口的户				有二个65岁及以上人口的户				有三个65岁及以上人口的户
		小计	独自居住	只与未成年人口共同居住	其他	小计	只有一对65岁及以上夫妇居住	只有一对65岁及以上夫妇与未成年人口共同居住	其他	
全省	**5772496**	**3752186**	**1439435**	**85560**	**2227191**	**1985173**	**1020449**	**80722**	**884002**	**35137**
成都市	642778	396636	133258	4667	258711	240987	122842	5949	112196	5155
自贡市	210978	138316	51932	4107	82277	71425	33798	4013	33614	1237
攀枝花市	41671	30111	6113	322	23676	11347	3810	190	7347	213
泸州市	332479	224042	70685	7206	146151	106580	41668	6942	57970	1857
德阳市	273945	171729	71834	2380	97515	100524	59689	2716	38119	1692
绵阳市	409927	268610	110395	5768	152447	139024	77906	4955	56163	2293
广元市	215174	139420	48127	3616	87677	74598	39264	3260	32074	1156
遂宁市	235788	156639	70853	3389	82397	77753	43891	2754	31108	1396
内江市	291755	196479	82790	4231	109458	93697	48008	4178	41511	1579
乐山市	252366	161108	54319	1905	104884	89598	43266	2135	44197	1660
南充市	556408	358894	173680	9421	175793	194482	112335	8671	73476	3032
眉山市	268396	168317	59027	2641	106649	97724	47434	3151	47139	2355
宜宾市	321846	218846	59734	6970	152142	101391	38750	6544	56097	1609
广安市	317210	201860	92110	5581	104169	113914	62793	5575	45546	1436
达州市	437403	279825	125287	9297	145241	154651	82369	7698	64584	2927
雅安市	95656	61303	17735	681	42887	33821	14590	696	18535	532
巴中市	268080	159061	68975	4709	85377	107459	63683	4273	39503	1560
资阳市	284199	186296	89714	4733	91849	96229	58397	4832	33000	1674
阿坝藏族羌族自治州	44274	32464	5342	393	26729	11544	2623	243	8678	266
甘孜藏族自治州	53304	41903	7941	348	33614	10855	1769	144	8942	546
凉山彝族自治州	218859	160327	39584	3195	117548	57570	21564	1803	34203	962

5-6 各地区有80岁及以上人口的家庭户户数

单位：户

地区	合计	有一个80岁及以上人口的户				有二个80岁及以上人口的户				有三个80岁及以上人口的户
		小计	独自居住	只与未成年人口共同居住	其他	小计	只有一对80岁及以上夫妇居住	只有一对80岁及以上夫妇与未成年人口共同居住	其他	
全省	**2237917**	**1998786**	**582849**	**16376**	**1399561**	**236196**	**126685**	**2142**	**107369**	**2935**
成都市	438598	384741	96313	1265	287163	53335	29468	218	23649	522
自贡市	90048	79906	22395	740	56771	10034	5150	97	4787	108
攀枝花市	28867	25775	5770	83	19922	3012	1509	7	1496	80
泸州市	119920	109005	27277	1239	80489	10731	4601	167	5963	184
德阳市	109865	98711	32333	465	65913	11035	6921	58	4056	119
绵阳市	140013	125911	41550	1091	83270	13972	8403	110	5459	130
广元市	60047	54860	14627	514	39719	5167	2758	56	2353	20
遂宁市	92327	82649	28532	716	53401	9564	5489	103	3972	114
内江市	111326	100034	31463	853	67718	11199	5987	112	5100	93
乐山市	101875	90323	23121	400	66802	11469	5913	62	5494	83
南充市	182501	162796	61673	1833	99290	19459	11228	246	7985	246
眉山市	98688	87867	21911	579	65377	10654	5017	82	5555	167
宜宾市	113622	103706	21004	1038	81664	9845	4021	125	5699	71
广安市	97322	86343	31046	1009	54288	10829	6342	151	4336	150
达州市	142724	126474	43715	2000	80759	15685	8054	253	7378	565
雅安市	40965	36317	8666	144	27507	4615	2264	24	2327	33
巴中市	73760	65203	20202	846	44155	8530	5022	85	3423	27
资阳市	88277	79100	30677	786	47637	9084	5666	115	3303	93
阿坝藏族羌族自治州	14465	13458	2164	89	11205	995	246	7	742	12
甘孜藏族自治州	14670	13881	2821	75	10985	773	159	6	608	16
凉山彝族自治州	78037	71726	15589	611	55526	6209	2467	58	3684	102

5-6a 各地区有80岁及以上人口的家庭户户数(城市)

单位：户

地区	合计	有一个80岁及以上人口的户				有二个80岁及以上人口的户				有三个80岁及以上人口的户
		小计	独自居住	只与未成年人口共同居住	其他	小计	只有一对80岁及以上夫妇居住	只有一对80岁及以上夫妇与未成年人口共同居住	其他	
全省	**566675**	**489250**	**126686**	**1496**	**361068**	**76281**	**43459**	**276**	**32546**	**1144**
成都市	262085	224256	56577	585	167094	37407	21295	113	15999	422
自贡市	21945	18903	4762	33	14108	2994	1704	7	1283	48
攀枝花市	15090	13002	3682	26	9294	2020	1163	3	854	68
泸州市	20429	17960	4551	82	13327	2416	1244	14	1158	53
德阳市	29215	25390	7804	53	17533	3774	2531	9	1234	51
绵阳市	32560	28023	8553	83	19387	4504	2992	25	1487	33
广元市	7646	6838	2082	15	4741	805	524	3	278	3
遂宁市	22057	19396	5262	76	14058	2607	1520	16	1071	54
内江市	17409	15137	3854	50	11233	2247	1192	14	1041	25
乐山市	21748	18581	5258	39	13284	3139	1917	6	1216	28
南充市	28408	24776	6838	129	17809	3565	1823	27	1715	67
眉山市	12069	10540	2257	19	8264	1513	806	2	705	16
宜宾市	18601	16450	3479	47	12924	2144	1144	7	993	7
广安市	8111	7044	1254	33	5757	1054	520	5	529	13
达州市	15055	12980	2274	116	10590	1872	631	12	1229	203
雅安市	7861	6712	2022	10	4680	1134	710	5	419	15
巴中市	6520	5860	1149	23	4688	658	320	2	336	2
资阳市	7650	6626	1553	20	5053	1013	589	1	423	11
阿坝藏族羌族自治州	244	233	73	1	159	11	7		4	
甘孜藏族自治州	443	424	158		266	19	6		13	
凉山彝族自治州	11529	10119	3244	56	6819	1385	821	5	559	25

5-6b 各地区有80岁及以上人口的家庭户户数(镇)

单位：户

地区	合计	有一个80岁及以上人口的户				有二个80岁及以上人口的户				有三个80岁及以上人口的户
		小计	独自居住	只与未成年人口共同居住	其他	小计	只有一对80岁及以上夫妇居住	只有一对80岁及以上夫妇与未成年人口共同居住	其他	
全省	**380610**	**340322**	**100203**	**3045**	**237074**	**39309**	**20709**	**368**	**18232**	**979**
成都市	31413	28143	7090	86	20967	3233	1827	13	1393	37
自贡市	17663	15612	4439	147	11026	2021	1096	18	907	30
攀枝花市	3832	3475	727	11	2737	346	158	1	187	11
泸州市	25438	23027	6338	290	16399	2317	998	37	1282	94
德阳市	20054	18171	6126	94	11951	1843	1134	14	695	40
绵阳市	19759	17769	6327	97	11345	1930	1162	15	753	60
广元市	12184	10990	3330	76	7584	1186	732	5	449	8
遂宁市	14398	12830	4269	109	8452	1531	842	18	671	37
内江市	22364	19955	6516	154	13285	2375	1325	20	1030	34
乐山市	18734	16568	4675	82	11811	2135	1213	11	911	31
南充市	31042	27726	9578	317	17831	3216	1745	33	1438	100
眉山市	20235	17692	4680	106	12906	2445	1210	18	1217	98
宜宾市	25816	23477	5078	213	18186	2294	987	20	1287	45
广安市	19850	17332	6026	259	11047	2423	1370	32	1021	95
达州市	32942	29194	9335	526	19333	3587	1720	54	1813	161
雅安市	11060	9833	2418	38	7377	1212	630	4	578	15
巴中市	13695	12199	3325	147	8727	1486	761	23	702	10
资阳市	13813	12196	4392	113	7691	1582	975	16	591	35
阿坝藏族羌族自治州	4535	4165	988	29	3148	363	122	2	239	7
甘孜藏族自治州	3078	2897	839	26	2032	179	58	1	120	2
凉山彝族自治州	18705	17071	3707	125	13239	1605	644	13	948	29

5-6c 各地区有80岁及以上人口的家庭户户数(乡村)

单位：户

地区	合计	有一个80岁及以上人口的户				有二个80岁及以上人口的户				有三个80岁及以上人口的户
		小计	独自居住	只与未成年人口共同居住	其他	小计	只有一对80岁及以上夫妇居住	只有一对80岁及以上夫妇与未成年人口共同居住	其他	
全省	**1290632**	**1169214**	**355960**	**11835**	**801419**	**120606**	**62517**	**1498**	**56591**	**812**
成都市	145100	132342	32646	594	99102	12695	6346	92	6257	63
自贡市	50440	45391	13194	560	31637	5019	2350	72	2597	30
攀枝花市	9945	9298	1361	46	7891	646	188	3	455	1
泸州市	74053	68018	16388	867	50763	5998	2359	116	3523	37
德阳市	60596	55150	18403	318	36429	5418	3256	35	2127	28
绵阳市	87694	80119	26670	911	52538	7538	4249	70	3219	37
广元市	40217	37032	9215	423	27394	3176	1502	48	1626	9
遂宁市	55872	50423	19001	531	30891	5426	3127	69	2230	23
内江市	71553	64942	21093	649	43200	6577	3470	78	3029	34
乐山市	61393	55174	13188	279	41707	6195	2783	45	3367	24
南充市	123051	110294	45257	1387	63650	12678	7660	186	4832	79
眉山市	66384	59635	14974	454	44207	6696	3001	62	3633	53
宜宾市	69205	63779	12447	778	50554	5407	1890	98	3419	19
广安市	69361	61967	23766	717	37484	7352	4452	114	2786	42
达州市	94727	84300	32106	1358	50836	10226	5703	187	4336	201
雅安市	22044	19772	4226	96	15450	2269	924	15	1330	3
巴中市	53545	47144	15728	676	30740	6386	3941	60	2385	15
资阳市	66814	60278	24732	653	34893	6489	4102	98	2289	47
阿坝藏族羌族自治州	9686	9060	1103	59	7898	621	117	5	499	5
甘孜藏族自治州	11149	10560	1824	49	8687	575	95	5	475	14
凉山彝族自治州	47803	44536	8638	430	35468	3219	1002	40	2177	48

第一部分　全部数据资料

第六卷　死亡

6-1　各地区分年龄、性别的死亡人口
(2019.11.1-2020.10.31)

单位：人

地　　区	死亡人口			0岁		
	合计	男	女	小计	男	女
全省	**524988**	**311326**	**213662**	**1036**	**586**	**450**
成都市	95101	56151	38950	222	124	98
自贡市	19239	11764	7475	16	9	7
攀枝花市	7469	4427	3042	18	11	7
泸州市	28543	17227	11316	40	18	22
德阳市	29038	17298	11740	40	28	12
绵阳市	32456	19241	13215	35	21	14
广元市	17396	10092	7304	27	16	11
遂宁市	17913	10694	7219	24	13	11
内江市	24688	14888	9800	15	9	6
乐山市	24485	14407	10078	58	29	29
南充市	39138	23040	16098	50	33	17
眉山市	24136	14192	9944	30	16	14
宜宾市	33536	19912	13624	66	37	29
广安市	23362	13881	9481	27	15	12
达州市	34312	20265	14047	34	19	15
雅安市	9717	5631	4086	27	15	12
巴中市	17063	10061	7002	21	14	7
资阳市	18998	11438	7560	15	9	6
阿坝藏族羌族自治州	3589	2029	1560	27	11	16
甘孜藏族自治州	4222	2235	1987	57	29	28
凉山彝族自治州	20587	12453	8134	187	110	77

6-1　续表 1

单位：人

地　　区	1-4岁			5-9岁			10-14岁		
	小计	男	女	小计	男	女	小计	男	女
全省	**1174**	**675**	**499**	**881**	**520**	**361**	**1178**	**705**	**473**
成都市	146	73	73	73	38	35	149	91	58
自贡市	30	18	12	18	9	9	47	22	25
攀枝花市	15	7	8	8	5	3	14	8	6
泸州市	56	33	23	47	28	19	77	48	29
德阳市	28	16	12	22	17	5	27	17	10
绵阳市	47	28	19	36	21	15	44	29	15
广元市	24	12	12	22	15	7	28	17	11
遂宁市	33	22	11	22	12	10	35	24	11
内江市	35	20	15	20	13	7	40	21	19
乐山市	45	27	18	45	27	18	40	18	22
南充市	60	40	20	60	37	23	78	47	31
眉山市	40	25	15	19	11	8	31	18	13
宜宾市	108	65	43	76	50	26	101	62	39
广安市	30	20	10	38	20	18	38	20	18
达州市	61	28	33	62	32	30	109	68	41
雅安市	18	9	9	9	6	3	16	10	6
巴中市	27	15	12	23	13	10	35	23	12
资阳市	28	14	14	25	18	7	42	23	19
阿坝藏族羌族自治州	23	16	7	17	10	7	6	5	1
甘孜藏族自治州	74	41	33	40	24	16	50	29	21
凉山彝族自治州	246	146	100	199	114	85	171	105	66

6－1　续表 2　　单位：人

地　　区	15－19岁			20－24岁			25－29岁		
	小计	男	女	小计	男	女	小计	男	女
全省	**1397**	**901**	**496**	**1838**	**1294**	**544**	**2498**	**1784**	**714**
成都市	141	97	44	199	139	60	325	219	106
自贡市	43	29	14	44	32	12	62	50	12
攀枝花市	12	6	6	28	24	4	28	19	9
泸州市	107	77	30	94	73	21	119	86	33
德阳市	37	26	11	44	33	11	97	70	27
绵阳市	46	30	16	84	59	25	120	87	33
广元市	40	25	15	60	46	14	91	68	23
遂宁市	34	24	10	54	34	20	91	68	23
内江市	58	38	20	76	58	18	74	51	23
乐山市	57	32	25	72	42	30	99	76	23
南充市	88	50	38	139	103	36	172	124	48
眉山市	35	21	14	62	47	15	94	62	32
宜宾市	125	91	34	142	103	39	188	131	57
广安市	64	46	18	94	61	33	131	93	38
达州市	101	66	35	104	69	35	169	120	49
雅安市	13	8	5	41	29	12	54	37	17
巴中市	63	39	24	89	59	30	96	66	30
资阳市	44	30	14	55	44	11	67	52	15
阿坝藏族羌族自治州	35	23	12	33	22	11	56	47	9
甘孜藏族自治州	57	27	30	67	42	25	56	33	23
凉山彝族自治州	197	116	81	257	175	82	309	225	84

6－1　续表 3　　单位：人

地　　区	30－34岁			35－39岁			40－44岁		
	小计	男	女	小计	男	女	小计	男	女
全省	**3553**	**2504**	**1049**	**3810**	**2713**	**1097**	**7040**	**4961**	**2079**
成都市	516	338	178	541	356	185	1000	675	325
自贡市	118	86	32	116	79	37	221	159	62
攀枝花市	42	34	8	44	27	17	132	94	38
泸州市	170	123	47	192	133	59	375	263	112
德阳市	178	118	60	154	104	50	356	245	111
绵阳市	187	129	58	164	119	45	424	308	116
广元市	97	68	29	95	58	37	204	148	56
遂宁市	120	88	32	110	83	27	197	143	54
内江市	139	118	21	160	112	48	248	178	70
乐山市	142	89	53	198	153	45	311	210	101
南充市	239	164	75	224	158	66	437	297	140
眉山市	116	88	28	121	89	32	295	206	89
宜宾市	212	142	70	266	194	72	537	394	143
广安市	148	100	48	121	93	28	214	150	64
达州市	212	153	59	235	170	65	452	302	150
雅安市	59	43	16	53	39	14	125	90	35
巴中市	113	82	31	101	76	25	261	184	77
资阳市	134	97	37	119	89	30	226	167	59
阿坝藏族羌族自治州	69	45	24	75	44	31	95	74	21
甘孜藏族自治州	78	48	30	116	74	42	162	97	65
凉山彝族自治州	464	351	113	605	463	142	768	577	191

6–1 续表 4

单位：人

地　　区	45–49岁			50–54岁			55–59岁		
	小计	男	女	小计	男	女	小计	男	女
全省	**16862**	**11920**	**4942**	**25319**	**17940**	**7379**	**25741**	**18349**	**7392**
成都市	2546	1754	792	4166	2914	1252	4477	3281	1196
自贡市	571	397	174	890	624	266	933	706	227
攀枝花市	279	195	84	345	239	106	316	225	91
泸州市	1056	759	297	1497	1084	413	1531	1111	420
德阳市	765	530	235	1278	914	364	1648	1208	440
绵阳市	1018	727	291	1487	1040	447	1654	1159	495
广元市	626	442	184	832	563	269	984	669	315
遂宁市	512	363	149	846	574	272	880	638	242
内江市	757	554	203	1166	825	341	1245	906	339
乐山市	795	562	233	1227	877	350	1072	755	317
南充市	1143	788	355	1800	1244	556	1776	1241	535
眉山市	689	475	214	1100	744	356	1049	755	294
宜宾市	1320	966	354	1881	1382	499	1767	1252	515
广安市	764	549	215	1189	830	359	1236	889	347
达州市	1172	836	336	1739	1278	461	1768	1220	548
雅安市	352	237	115	512	370	142	390	284	106
巴中市	545	388	157	777	565	212	721	486	235
资阳市	596	419	177	903	646	257	948	666	282
阿坝藏族羌族自治州	149	104	45	193	149	44	156	96	60
甘孜藏族自治州	177	118	59	224	152	72	217	147	70
凉山彝族自治州	1030	757	273	1267	926	341	973	655	318

6–1 续表 5

单位：人

地　　区	60–64岁			65–69岁			70–74岁		
	小计	男	女	小计	男	女	小计	男	女
全省	**33176**	**23683**	**9493**	**59314**	**39266**	**20048**	**66492**	**42152**	**24340**
成都市	5620	3955	1665	10410	6752	3658	11298	7186	4112
自贡市	1411	1085	326	2351	1665	686	2382	1618	764
攀枝花市	306	200	106	583	343	240	1143	699	444
泸州市	2053	1472	581	3490	2390	1100	3544	2270	1274
德阳市	1962	1407	555	3572	2356	1216	3494	2224	1270
绵阳市	2207	1606	601	3901	2551	1350	4229	2666	1563
广元市	1198	842	356	2010	1266	744	2442	1452	990
遂宁市	1216	910	306	2338	1578	760	2341	1573	768
内江市	1657	1246	411	2878	2053	825	3133	2063	1070
乐山市	1428	1020	408	2353	1549	804	2825	1810	1015
南充市	2573	1842	731	4558	2982	1576	5404	3500	1904
眉山市	1340	938	402	2516	1677	839	2915	1883	1032
宜宾市	2323	1644	679	4010	2622	1388	3960	2453	1507
广安市	1550	1174	376	2864	2013	851	3105	1954	1151
达州市	1995	1423	572	3864	2551	1313	4978	3114	1864
雅安市	480	329	151	947	609	338	1088	648	440
巴中市	1036	669	367	1899	1206	693	2606	1558	1048
资阳市	1229	888	341	2325	1558	767	2439	1625	814
阿坝藏族羌族自治州	190	129	61	316	203	113	407	232	175
甘孜藏族自治州	296	174	122	434	260	174	493	253	240
凉山彝族自治州	1106	730	376	1695	1082	613	2266	1371	895

6-1 续表 6

单位：人

地 区	75—79岁			80—84岁			85—89岁		
	小计	男	女	小计	男	女	小计	男	女
全省	**78994**	**46755**	**32239**	**80419**	**42864**	**37555**	**66203**	**32207**	**33996**
成都市	13550	8069	5481	14787	8198	6589	13983	7142	6841
自贡市	2571	1620	951	2870	1621	1249	2535	1143	1392
攀枝花市	1388	859	529	1437	787	650	860	414	446
泸州市	3934	2363	1571	4143	2220	1923	3524	1732	1792
德阳市	4237	2504	1733	4424	2389	2035	3931	1934	1997
绵阳市	5020	2980	2040	5092	2685	2407	3921	1880	2041
广元市	3153	1772	1381	2846	1464	1382	1695	797	898
遂宁市	2640	1556	1084	2437	1299	1138	2258	1026	1232
内江市	3490	2153	1337	3549	1878	1671	3281	1557	1724
乐山市	3783	2239	1544	3977	2107	1870	3330	1667	1663
南充市	6083	3638	2445	5860	3054	2806	4883	2353	2530
眉山市	3632	2235	1397	3759	2030	1729	3448	1737	1711
宜宾市	4900	2819	2081	4932	2576	2356	4005	1894	2111
广安市	3677	2099	1578	3633	1893	1740	2742	1272	1470
达州市	5357	3142	2215	5759	2993	2766	3768	1761	2007
雅安市	1580	957	623	1622	835	787	1353	651	702
巴中市	3124	1876	1248	2573	1353	1220	1701	869	832
资阳市	2695	1631	1064	2680	1445	1235	2441	1181	1260
阿坝藏族羌族自治州	599	319	280	539	257	282	362	156	206
甘孜藏族自治州	563	258	305	515	214	301	323	130	193
凉山彝族自治州	3018	1666	1352	2985	1566	1419	1859	911	948

6-1 续表 7

单位：人

地 区	90—94岁			95—99岁			100岁及以上		
	小计	男	女	小计	男	女	小计	男	女
全省	**35888**	**15163**	**20725**	**10279**	**3813**	**6466**	**1896**	**571**	**1325**
成都市	8065	3612	4453	2426	975	1451	461	163	298
自贡市	1460	610	850	469	160	309	81	22	59
攀枝花市	369	178	191	87	44	43	15	9	6
泸州市	1884	740	1144	505	175	330	105	29	76
德阳市	2100	921	1179	540	199	341	104	38	66
绵阳市	2074	870	1204	577	217	360	89	29	60
广元市	737	285	452	159	59	100	26	8	18
遂宁市	1199	488	711	438	157	281	88	21	67
内江市	1916	773	1143	637	234	403	114	28	86
乐山市	1939	870	1069	575	217	358	114	31	83
南充市	2634	1066	1568	763	254	509	114	25	89
眉山市	2067	877	1190	669	230	439	109	28	81
宜宾市	2021	832	1189	516	184	332	80	19	61
广安市	1331	485	846	307	92	215	59	13	46
达州市	1883	765	1118	409	136	273	81	19	62
雅安市	762	331	431	187	83	104	29	11	18
巴中市	957	403	554	253	103	150	42	14	28
资阳市	1389	615	774	484	187	297	114	34	80
阿坝藏族羌族自治州	175	66	109	55	16	39	12	5	7
甘孜藏族自治州	165	64	101	47	16	31	11	5	6
凉山彝族自治州	761	312	449	176	75	101	48	20	28

6-1a　各地区分年龄、性别的死亡人口
(2019.11.1-2020.10.31)(城市)

单位：人

地　　区	死亡人口			0岁		
	合计	男	女	小计	男	女
全省	**104937**	**62253**	**42684**	**237**	**128**	**109**
成都市	53337	31505	21832	152	78	74
自贡市	4646	2765	1881	2	2	
攀枝花市	3770	2343	1427	2	2	
泸州市	2855	1686	1169	2	1	1
德阳市	5176	3072	2104	7	3	4
绵阳市	4008	2468	1540	5	3	2
广元市	1413	853	560	4	1	3
遂宁市	2904	1774	1130	4	2	2
内江市	2786	1611	1175	4	2	2
乐山市	4066	2353	1713	9	8	1
南充市	4655	2698	1957	12	7	5
眉山市	3076	1858	1218	6	4	2
宜宾市	4355	2581	1774	8	5	3
广安市	1375	827	548	7	5	2
达州市	1474	868	606	5	1	4
雅安市	1309	768	541	1		1
巴中市	962	587	375	2	2	
资阳市	848	497	351	2	1	1
阿坝藏族羌族自治州	33	18	15			
甘孜藏族自治州	71	42	29			
凉山彝族自治州	1818	1079	739	3	1	2

6-1a　续表 1

单位：人

地　　区	1-4岁			5-9岁			10-14岁		
	小计	男	女	小计	男	女	小计	男	女
全省	**138**	**65**	**73**	**93**	**46**	**47**	**161**	**87**	**74**
成都市	82	37	45	38	15	23	89	53	36
自贡市				3	1	2	7	3	4
攀枝花市	3		3	1	1		5	2	3
泸州市	1	1		1	1		3	3	
德阳市	7	3	4	3	2	1	4	3	1
绵阳市	4	2	2	5	3	2	5	3	2
广元市				1	1		1	1	
遂宁市	4	3	1	5	3	2	4	1	3
内江市	2	1	1	2	2		3	1	2
乐山市	3	1	2	5	1	4	2	1	1
南充市	3	1	2	4	4		8	3	5
眉山市	6	1	5	1		1	4	1	3
宜宾市	7	6	1	11	6	5	6	3	3
广安市	2	2		2		2	2		2
达州市	1		1	1	1		4	1	3
雅安市	3	1	2				3	1	2
巴中市	1	1		1		1	1	1	
资阳市	3	1	2	2	1	1	1		1
阿坝藏族羌族自治州									
甘孜藏族自治州									
凉山彝族自治州	6	4	2	7	4	3	9	6	3

6-1a 续表 2

单位：人

地 区	15-19岁			20-24岁			25-29岁		
	小计	男	女	小计	男	女	小计	男	女
全省	**176**	**118**	**58**	**213**	**145**	**68**	**361**	**253**	**108**
成都市	80	60	20	91	60	31	185	122	63
自贡市	7	6	1	6	5	1	11	9	2
攀枝花市	4	2	2	8	7	1	6	5	1
泸州市	5	4	1	5	5		7	5	2
德阳市	8	6	2	5	4	1	15	13	2
绵阳市	6	3	3	8	5	3	10	8	2
广元市	3		3	6	6		8	5	3
遂宁市	8	4	4	14	6	8	15	12	3
内江市	8	5	3	8	4	4	7	6	1
乐山市	5	2	3	2	1	1	12	11	1
南充市	7	1	6	15	9	6	18	13	5
眉山市	3	2	1	7	5	2	11	8	3
宜宾市	16	12	4	13	8	5	21	12	9
广安市	3	3		3	2	1	9	4	5
达州市	5	2	3	3	2	1	11	7	4
雅安市	2	1	1	4	4		1	1	
巴中市	2	1	1	4	3	1	2	1	1
资阳市	4	4		3	3		3	2	1
阿坝藏族羌族自治州									
甘孜藏族自治州				1	1		1	1	
凉山彝族自治州				7	5	2	8	8	

6-1a 续表 3

单位：人

地 区	30-34岁			35-39岁			40-44岁		
	小计	男	女	小计	男	女	小计	男	女
全省	**597**	**366**	**231**	**676**	**442**	**234**	**1209**	**821**	**388**
成都市	277	170	107	345	216	129	551	367	184
自贡市	31	20	11	29	18	11	48	34	14
攀枝花市	15	12	3	18	8	10	65	48	17
泸州市	18	13	5	20	9	11	34	22	12
德阳市	30	14	16	26	20	6	52	33	19
绵阳市	26	17	9	24	17	7	46	37	9
广元市	13	8	5	8	2	6	16	11	5
遂宁市	21	14	7	25	19	6	34	24	10
内江市	19	16	3	16	9	7	29	18	11
乐山市	15	5	10	29	22	7	42	26	16
南充市	35	17	18	35	30	5	64	44	20
眉山市	14	8	6	16	12	4	53	35	18
宜宾市	24	13	11	26	14	12	52	37	15
广安市	12	7	5	4	3	1	21	17	4
达州市	13	11	2	23	15	8	28	11	17
雅安市	3	1	2	6	5	1	16	11	5
巴中市	11	6	5	5	5		20	13	7
资阳市	7	5	2	6	4	2	16	12	4
阿坝藏族羌族自治州	1	1							
甘孜藏族自治州	1	1					2	2	
凉山彝族自治州	11	7	4	15	14	1	20	19	1

6-1a 续表 4

单位：人

地 区	45-49岁			50-54岁			55-59岁		
	小计	男	女	小计	男	女	小计	男	女
全省	**2986**	**2015**	**971**	**4357**	**3097**	**1260**	**5107**	**3721**	**1386**
成都市	1352	918	434	2108	1484	624	2485	1827	658
自贡市	121	81	40	158	117	41	251	192	59
攀枝花市	153	109	44	141	102	39	138	94	44
泸州市	102	61	41	115	80	35	157	118	39
德阳市	145	98	47	199	146	53	287	205	82
绵阳市	127	81	46	142	102	40	192	136	56
广元市	46	32	14	79	55	24	69	50	19
遂宁市	104	72	32	145	97	48	179	133	46
内江市	87	59	28	115	79	36	164	120	44
乐山市	115	81	34	186	134	52	163	116	47
南充市	153	104	49	209	151	58	242	178	64
眉山市	77	44	33	151	112	39	158	117	41
宜宾市	150	105	45	222	165	57	209	166	43
广安市	52	38	14	80	60	20	85	47	38
达州市	54	35	19	75	55	20	70	48	22
雅安市	32	16	16	58	36	22	58	40	18
巴中市	36	28	8	42	28	14	50	37	13
资阳市	25	15	10	40	24	16	53	37	16
阿坝藏族羌族自治州	1	1		4	3	1	3	2	1
甘孜藏族自治州	6	6		4	2	2	7	4	3
凉山彝族自治州	48	31	17	84	65	19	87	54	33

6-1a 续表 5

单位：人

地 区	60-64岁			65-69岁			70-74岁		
	小计	男	女	小计	男	女	小计	男	女
全省	**6430**	**4601**	**1829**	**11127**	**7343**	**3784**	**12579**	**7990**	**4589**
成都市	3218	2283	935	5604	3657	1947	6206	3917	2289
自贡市	380	293	87	513	358	155	527	354	173
攀枝花市	112	71	41	294	161	133	698	449	249
泸州市	208	148	60	338	238	100	349	232	117
德阳市	318	222	96	546	370	176	633	394	239
绵阳市	244	178	66	427	288	139	457	280	177
广元市	95	73	22	145	97	48	177	110	67
遂宁市	190	147	43	360	258	102	364	229	135
内江市	211	163	48	308	207	101	305	194	111
乐山市	227	159	68	383	242	141	487	329	158
南充市	306	212	94	556	366	190	534	327	207
眉山市	162	119	43	286	202	84	383	244	139
宜宾市	271	201	70	557	378	179	546	344	202
广安市	109	74	35	142	104	38	167	110	57
达州市	93	66	27	160	107	53	173	111	62
雅安市	58	38	20	133	76	57	129	79	50
巴中市	67	46	21	114	80	34	129	81	48
资阳市	46	36	10	94	53	41	111	67	44
阿坝藏族羌族自治州	1	1		4	1	3	3	2	1
甘孜藏族自治州	5	2	3	7	5	2	8	6	2
凉山彝族自治州	109	69	40	156	95	61	193	131	62

6—1a 续表 6

单位：人

地区	75—79岁			80—84岁			85—89岁		
	小计	男	女	小计	男	女	小计	男	女
全省	**14633**	**8843**	**5790**	**16847**	**9152**	**7695**	**15334**	**7842**	**7492**
成都市	7272	4353	2919	8520	4716	3804	8237	4284	3953
自贡市	632	402	230	699	382	317	668	280	388
攀枝花市	755	494	261	710	425	285	430	223	207
泸州市	339	205	134	437	230	207	382	194	188
德阳市	738	439	299	857	472	385	784	406	378
绵阳市	581	368	213	742	417	325	573	326	247
广元市	215	128	87	222	122	100	197	105	92
遂宁市	377	227	150	419	235	184	348	158	190
内江市	311	190	121	394	188	206	430	204	226
乐山市	555	326	229	711	344	367	572	296	276
南充市	618	369	249	754	380	374	663	313	350
眉山市	462	272	190	461	237	224	441	250	191
宜宾市	569	331	238	640	325	315	586	265	321
广安市	201	124	77	219	101	118	169	96	73
达州市	225	145	80	237	117	120	172	85	87
雅安市	189	123	66	221	131	90	204	107	97
巴中市	160	97	63	136	80	56	104	51	53
资阳市	136	77	59	116	67	49	98	51	47
阿坝藏族羌族自治州	4	1	3	5	3	2	7	3	4
甘孜藏族自治州	9	4	5	10	4	6	6	3	3
凉山彝族自治州	285	168	117	337	176	161	263	142	121

6—1a 续表 7

单位：人

地区	90—94岁			95—99岁			100岁及以上		
	小计	男	女	小计	男	女	小计	男	女
全省	**8617**	**3929**	**4688**	**2533**	**1061**	**1472**	**526**	**188**	**338**
成都市	4741	2164	2577	1404	611	793	300	113	187
自贡市	390	154	236	141	46	95	22	8	14
攀枝花市	155	98	57	51	28	23	6	2	4
泸州市	234	80	154	74	28	46	24	8	16
德阳市	389	177	212	96	32	64	27	10	17
绵阳市	297	152	145	74	36	38	13	6	7
广元市	85	35	50	18	8	10	5	3	2
遂宁市	206	95	111	68	29	39	10	6	4
内江市	267	112	155	80	29	51	16	2	14
乐山市	388	186	202	130	57	73	25	5	20
南充市	310	134	176	91	31	60	18	4	14
眉山市	293	152	141	64	26	38	17	7	10
宜宾市	311	144	167	91	39	52	19	2	17
广安市	67	24	43	16	6	10	3		3
达州市	97	42	55	19	2	17	5	4	1
雅安市	141	77	64	41	17	24	6	3	3
巴中市	55	18	37	18	7	11	2	1	1
资阳市	59	25	34	21	11	10	2	1	1
阿坝藏族羌族自治州									
甘孜藏族自治州	2		2	2	1	1			
凉山彝族自治州	130	60	70	34	17	17	6	3	3

6–1b　各地区分年龄、性别的死亡人口
(2019.11.1–2020.10.31)(镇)

单位：人

地　　区	死亡人口			0岁		
	合计	男	女	小计	男	女
全省	**93622**	**56430**	**37192**	**165**	**94**	**71**
成都市	11363	6771	4592	19	10	9
自贡市	3869	2403	1466	3	1	2
攀枝花市	882	501	381	3	2	1
泸州市	6032	3770	2262	10	5	5
德阳市	7104	4273	2831	6	5	1
绵阳市	3385	2127	1258	1	1	
广元市	2634	1622	1012	5	2	3
遂宁市	2699	1618	1081	4	2	2
内江市	4438	2733	1705	1		1
乐山市	4968	3034	1934	7	1	6
南充市	4408	2641	1767	5	5	
眉山市	5740	3412	2328	8	3	5
宜宾市	8897	5315	3582	23	13	10
广安市	3034	1827	1207	6	5	1
达州市	8724	5242	3482	6	5	1
雅安市	3454	1994	1460	11	8	3
巴中市	2733	1635	1098	6	2	4
资阳市	3010	1835	1175	5	3	2
阿坝藏族羌族自治州	1082	629	453	1		1
甘孜藏族自治州	701	399	302	9	4	5
凉山彝族自治州	4465	2649	1816	26	17	9

6–1b　续表 1

单位：人

地　　区	1–4岁			5–9岁			10–14岁		
	小计	男	女	小计	男	女	小计	男	女
全省	**188**	**117**	**71**	**167**	**101**	**66**	**202**	**123**	**79**
成都市	21	14	7	12	9	3	17	9	8
自贡市	3	1	2	5	2	3	8	2	6
攀枝花市	1		1	1	1		2	1	1
泸州市	13	7	6	9	8	1	10	7	3
德阳市	3	3		2	1	1	4	4	
绵阳市	2	1	1	3	3		4	3	1
广元市	4	3	1	6	5	1	3	2	1
遂宁市	4	3	1	5	2	3	5	4	1
内江市	4	1	3	5	4	1	6	2	4
乐山市	4	4		9	6	3	9	4	5
南充市	4	3	1	11	5	6	15	10	5
眉山市	11	8	3	1		1	3	2	1
宜宾市	34	24	10	23	15	8	35	19	16
广安市	9	5	4	6	3	3	2	1	1
达州市	15	8	7	21	8	13	32	19	13
雅安市	7	4	3	5	4	1	6	3	3
巴中市	3	1	2	3	1	2	7	4	3
资阳市	3	1	2	8	8		4	2	2
阿坝藏族羌族自治州	6	3	3	5	3	2	2	2	
甘孜藏族自治州	9	7	2	5		5	7	5	2
凉山彝族自治州	28	16	12	22	13	9	21	18	3

6-1b 续表 2

单位：人

地　区	15-19岁			20-24岁			25-29岁		
	小计	男	女	小计	男	女	小计	男	女
全省	**257**	**158**	**99**	**334**	**236**	**98**	**432**	**298**	**134**
成都市	13	8	5	32	21	11	42	26	16
自贡市	5	3	2	11	6	5	11	7	4
攀枝花市	1	1		5	5		3	1	2
泸州市	18	8	10	16	13	3	15	11	4
德阳市	12	8	4	19	14	5	22	14	8
绵阳市	10	8	2	9	7	2	12	7	5
广元市	11	6	5	8	3	5	13	11	2
遂宁市	5	3	2	9	7	2	16	11	5
内江市	9	7	2	14	11	3	17	11	6
乐山市	8	7	1	11	6	5	20	14	6
南充市	17	10	7	20	14	6	23	16	7
眉山市	11	5	6	15	11	4	22	14	8
宜宾市	25	18	7	31	23	8	49	35	14
广安市	6	5	1	8	7	1	16	10	6
达州市	31	20	11	27	17	10	43	38	5
雅安市	4	3	1	11	8	3	16	10	6
巴中市	14	4	10	18	11	7	20	15	5
资阳市	4	3	1	9	9		8	1	7
阿坝藏族羌族自治州	15	7	8	13	10	3	15	12	3
甘孜藏族自治州	5	2	3	4	4		10	7	3
凉山彝族自治州	33	22	11	44	29	15	39	27	12

6-1b 续表 3

单位：人

地　区	30-34岁			35-39岁			40-44岁		
	小计	男	女	小计	男	女	小计	男	女
全省	**680**	**477**	**203**	**686**	**481**	**205**	**1325**	**917**	**408**
成都市	79	51	28	53	40	13	137	94	43
自贡市	12	9	3	21	16	5	34	26	8
攀枝花市	8	5	3	2	2		15	12	3
泸州市	24	17	7	32	20	12	74	52	22
德阳市	44	30	14	47	29	18	96	68	28
绵阳市	19	11	8	16	14	2	52	33	19
广元市	18	12	6	17	12	5	38	27	11
遂宁市	22	18	4	20	13	7	25	17	8
内江市	15	13	2	30	20	10	37	28	9
乐山市	38	22	16	46	36	10	75	49	26
南充市	34	25	9	22	10	12	52	34	18
眉山市	31	26	5	24	15	9	72	50	22
宜宾市	61	44	17	81	62	19	149	111	38
广安市	27	15	12	17	12	5	38	26	12
达州市	65	43	22	56	41	15	122	79	43
雅安市	23	18	5	27	17	10	36	20	16
巴中市	27	24	3	27	20	7	55	33	22
资阳市	38	26	12	22	14	8	27	18	9
阿坝藏族羌族自治州	24	16	8	26	18	8	34	25	9
甘孜藏族自治州	9	6	3	17	9	8	26	19	7
凉山彝族自治州	62	46	16	83	61	22	131	96	35

6-1b　续表 4　　单位：人

地　区	45-49岁			50-54岁			55-59岁		
	小计	男	女	小计	男	女	小计	男	女
全省	**3085**	**2173**	**912**	**4726**	**3360**	**1366**	**4676**	**3294**	**1382**
成都市	325	244	81	577	409	168	554	405	149
自贡市	119	80	39	184	126	58	169	131	38
攀枝花市	29	19	10	50	35	15	42	28	14
泸州市	170	115	55	267	199	68	310	221	89
德阳市	167	112	55	284	205	79	415	290	125
绵阳市	129	98	31	162	108	54	165	111	54
广元市	105	69	36	135	101	34	134	92	42
遂宁市	69	44	25	141	95	46	157	104	53
内江市	126	90	36	192	134	58	232	167	65
乐山市	163	113	50	254	175	79	239	178	61
南充市	156	97	59	232	151	81	192	130	62
眉山市	151	101	50	237	156	81	248	186	62
宜宾市	336	248	88	519	385	134	469	327	142
广安市	114	78	36	178	119	59	169	121	48
达州市	317	232	85	471	351	120	478	327	151
雅安市	145	103	42	211	154	57	141	106	35
巴中市	88	60	28	123	80	43	124	67	57
资阳市	95	68	27	131	92	39	169	113	56
阿坝藏族羌族自治州	45	28	17	60	48	12	46	30	16
甘孜藏族自治州	26	15	11	31	22	9	37	27	10
凉山彝族自治州	210	159	51	287	215	72	186	133	53

6-1b　续表 5　　单位：人

地　区	60-64岁			65-69岁			70-74岁		
	小计	男	女	小计	男	女	小计	男	女
全省	**5870**	**4174**	**1696**	**10441**	**6983**	**3458**	**11707**	**7618**	**4089**
成都市	682	497	185	1304	869	435	1317	837	480
自贡市	284	222	62	450	315	135	531	362	169
攀枝花市	45	28	17	66	40	26	110	62	48
泸州市	446	318	128	754	529	225	775	514	261
德阳市	482	354	128	900	592	308	813	546	267
绵阳市	233	180	53	367	244	123	458	302	156
广元市	166	113	53	261	178	83	368	227	141
遂宁市	183	124	59	321	238	83	343	226	117
内江市	259	188	71	560	385	175	550	382	168
乐山市	266	187	79	506	346	160	596	411	185
南充市	298	201	97	474	323	151	564	374	190
眉山市	333	235	98	615	390	225	705	466	239
宜宾市	627	443	184	1003	665	338	1065	680	385
广安市	189	136	53	353	239	114	423	271	152
达州市	494	363	131	1005	670	335	1233	799	434
雅安市	175	114	61	324	212	112	394	242	152
巴中市	158	100	58	295	193	102	414	258	156
资阳市	184	122	62	332	211	121	357	248	109
阿坝藏族羌族自治州	59	41	18	80	51	29	116	70	46
甘孜藏族自治州	59	40	19	78	52	26	72	45	27
凉山彝族自治州	248	168	80	393	241	152	503	296	207

6-1b 续表 6

单位：人

地区	75-79岁			80-84岁			85-89岁		
	小计	男	女	小计	男	女	小计	男	女
全省	**14012**	**8535**	**5477**	**14292**	**7801**	**6491**	**11753**	**5822**	**5931**
成都市	1722	1010	712	1685	915	770	1577	786	791
自贡市	552	350	202	582	339	243	507	247	260
攀枝花市	148	89	59	171	90	81	110	51	59
泸州市	874	576	298	914	523	391	743	400	343
德阳市	1029	635	394	1104	600	504	961	459	502
绵阳市	509	334	175	512	287	225	408	225	183
广元市	474	290	184	464	263	201	248	135	113
遂宁市	401	231	170	368	193	175	351	184	167
内江市	612	396	216	647	356	291	623	313	310
乐山市	755	479	276	765	436	329	686	334	352
南充市	665	400	265	695	378	317	539	290	249
眉山市	820	517	303	848	470	378	837	437	400
宜宾市	1293	765	528	1259	650	609	1101	516	585
广安市	465	287	178	456	250	206	323	150	173
达州市	1272	771	501	1409	757	652	960	435	525
雅安市	540	313	227	567	287	280	473	227	246
巴中市	488	295	193	415	234	181	251	132	119
资阳市	454	286	168	452	272	180	392	193	199
阿坝藏族羌族自治州	158	89	69	170	91	79	113	49	64
甘孜藏族自治州	103	47	56	87	44	43	62	22	40
凉山彝族自治州	678	375	303	722	366	356	488	237	251

6-1b 续表 7

单位：人

地区	90-94岁			95-99岁			100岁及以上		
	小计	男	女	小计	男	女	小计	男	女
全省	**6436**	**2820**	**3616**	**1856**	**740**	**1116**	**332**	**108**	**224**
成都市	875	397	478	285	107	178	35	13	22
自贡市	274	120	154	92	33	59	12	5	7
攀枝花市	55	20	35	11	6	5	4	3	1
泸州市	436	184	252	101	39	62	21	4	17
德阳市	522	238	284	138	54	84	34	12	22
绵阳市	243	114	129	65	36	29	6		6
广元市	124	59	65	27	11	16	5	1	4
遂宁市	175	70	105	60	23	37	15	6	9
内江市	356	160	196	125	57	68	18	8	10
乐山市	380	177	203	106	43	63	25	6	19
南充市	275	122	153	94	38	56	21	5	16
眉山市	551	244	307	178	70	108	19	6	13
宜宾市	548	221	327	147	45	102	19	6	13
广安市	173	70	103	48	16	32	8	1	7
达州市	516	208	308	129	47	82	22	4	18
雅安市	269	109	160	55	29	26	14	3	11
巴中市	146	79	67	46	22	24	5		5
资阳市	233	107	126	59	29	30	24	9	15
阿坝藏族羌族自治州	65	26	39	25	8	17	4	2	2
甘孜藏族自治州	31	16	15	10	3	7	4	3	1
凉山彝族自治州	189	79	110	55	24	31	17	11	6

6–1c　各地区分年龄、性别的死亡人口
(2019.11.1–2020.10.31)(乡村)

单位：人

地　　区	死亡人口			0岁		
	合计	男	女	小计	男	女
全省	**326429**	**192643**	**133786**	**634**	**364**	**270**
成都市	30401	17875	12526	51	36	15
自贡市	10724	6596	4128	11	6	5
攀枝花市	2817	1583	1234	13	7	6
泸州市	19656	11771	7885	28	12	16
德阳市	16758	9953	6805	27	20	7
绵阳市	25063	14646	10417	29	17	12
广元市	13349	7617	5732	18	13	5
遂宁市	12310	7302	5008	16	9	7
内江市	17464	10544	6920	10	7	3
乐山市	15451	9020	6431	42	20	22
南充市	30075	17701	12374	33	21	12
眉山市	15320	8922	6398	16	9	7
宜宾市	20284	12016	8268	35	19	16
广安市	18953	11227	7726	14	5	9
达州市	24114	14155	9959	23	13	10
雅安市	4954	2869	2085	15	7	8
巴中市	13368	7839	5529	13	10	3
资阳市	15140	9106	6034	8	5	3
阿坝藏族羌族自治州	2474	1382	1092	26	11	15
甘孜藏族自治州	3450	1794	1656	48	25	23
凉山彝族自治州	14304	8725	5579	158	92	66

6–1c　续表 1

单位：人

地　　区	1–4岁			5–9岁			10–14岁		
	小计	男	女	小计	男	女	小计	男	女
全省	**848**	**493**	**355**	**621**	**373**	**248**	**815**	**495**	**320**
成都市	43	22	21	23	14	9	43	29	14
自贡市	27	17	10	10	6	4	32	17	15
攀枝花市	11	7	4	6	3	3	7	5	2
泸州市	42	25	17	37	19	18	64	38	26
德阳市	18	10	8	17	14	3	19	10	9
绵阳市	41	25	16	28	15	13	35	23	12
广元市	20	9	11	15	9	6	24	14	10
遂宁市	25	16	9	12	7	5	26	19	7
内江市	29	18	11	13	7	6	31	18	13
乐山市	38	22	16	31	20	11	29	13	16
南充市	53	36	17	45	28	17	55	34	21
眉山市	23	16	7	17	11	6	24	15	9
宜宾市	67	35	32	42	29	13	60	40	20
广安市	19	13	6	30	17	13	34	19	15
达州市	45	20	25	40	23	17	73	48	25
雅安市	8	4	4	4	2	2	7	6	1
巴中市	23	13	10	19	12	7	27	18	9
资阳市	22	12	10	15	9	6	37	21	16
阿坝藏族羌族自治州	17	13	4	12	7	5	4	3	1
甘孜藏族自治州	65	34	31	35	24	11	43	24	19
凉山彝族自治州	212	126	86	170	97	73	141	81	60

6-1c 续表 2

单位：人

地区	15-19岁			20-24岁			25-29岁		
	小计	男	女	小计	男	女	小计	男	女
全省	**964**	**625**	**339**	**1291**	**913**	**378**	**1705**	**1233**	**472**
成都市	48	29	19	76	58	18	98	71	27
自贡市	31	20	11	27	21	6	40	34	6
攀枝花市	7	3	4	15	12	3	19	13	6
泸州市	84	65	19	73	55	18	97	70	27
德阳市	17	12	5	20	15	5	60	43	17
绵阳市	30	19	11	67	47	20	98	72	26
广元市	26	19	7	46	37	9	70	52	18
遂宁市	21	17	4	31	21	10	60	45	15
内江市	41	26	15	54	43	11	50	34	16
乐山市	44	23	21	59	35	24	67	51	16
南充市	64	39	25	104	80	24	131	95	36
眉山市	21	14	7	40	31	9	61	40	21
宜宾市	84	61	23	98	72	26	118	84	34
广安市	55	38	17	83	52	31	106	79	27
达州市	65	44	21	74	50	24	115	75	40
雅安市	7	4	3	26	17	9	37	26	11
巴中市	47	34	13	67	45	22	74	50	24
资阳市	36	23	13	43	32	11	56	49	7
阿坝藏族羌族自治州	20	16	4	20	12	8	41	35	6
甘孜藏族自治州	52	25	27	62	37	25	45	25	20
凉山彝族自治州	164	94	70	206	141	65	262	190	72

6-1c 续表 3

单位：人

地区	30-34岁			35-39岁			40-44岁		
	小计	男	女	小计	男	女	小计	男	女
全省	**2276**	**1661**	**615**	**2448**	**1790**	**658**	**4506**	**3223**	**1283**
成都市	160	117	43	143	100	43	312	214	98
自贡市	75	57	18	66	45	21	139	99	40
攀枝花市	19	17	2	24	17	7	52	34	18
泸州市	128	93	35	140	104	36	267	189	78
德阳市	104	74	30	81	55	26	208	144	64
绵阳市	142	101	41	124	88	36	326	238	88
广元市	66	48	18	70	44	26	150	110	40
遂宁市	77	56	21	65	51	14	138	102	36
内江市	105	89	16	114	83	31	182	132	50
乐山市	89	62	27	123	95	28	194	135	59
南充市	170	122	48	167	118	49	321	219	102
眉山市	71	54	17	81	62	19	170	121	49
宜宾市	127	85	42	159	118	41	336	246	90
广安市	109	78	31	100	78	22	155	107	48
达州市	134	99	35	156	114	42	302	212	90
雅安市	33	24	9	20	17	3	73	59	14
巴中市	75	52	23	69	51	18	186	138	48
资阳市	89	66	23	91	71	20	183	137	46
阿坝藏族羌族自治州	44	28	16	49	26	23	61	49	12
甘孜藏族自治州	68	41	27	99	65	34	134	76	58
凉山彝族自治州	391	298	93	507	388	119	617	462	155

6-1c 续表 4

单位：人

地 区	45-49岁			50-54岁			55-59岁		
	小计	男	女	小计	男	女	小计	男	女
全省	**10791**	**7732**	**3059**	**16236**	**11483**	**4753**	**15958**	**11334**	**4624**
成都市	869	592	277	1481	1021	460	1438	1049	389
自贡市	331	236	95	548	381	167	513	383	130
攀枝花市	97	67	30	154	102	52	136	103	33
泸州市	784	583	201	1115	805	310	1064	772	292
德阳市	453	320	133	795	563	232	946	713	233
绵阳市	762	548	214	1183	830	353	1297	912	385
广元市	475	341	134	618	407	211	781	527	254
遂宁市	339	247	92	560	382	178	544	401	143
内江市	544	405	139	859	612	247	849	619	230
乐山市	517	368	149	787	568	219	670	461	209
南充市	834	587	247	1359	942	417	1342	933	409
眉山市	461	330	131	712	476	236	643	452	191
宜宾市	834	613	221	1140	832	308	1089	759	330
广安市	598	433	165	931	651	280	982	721	261
达州市	801	569	232	1193	872	321	1220	845	375
雅安市	175	118	57	243	180	63	191	138	53
巴中市	421	300	121	612	457	155	547	382	165
资阳市	476	336	140	732	530	202	726	516	210
阿坝藏族羌族自治州	103	75	28	129	98	31	107	64	43
甘孜藏族自治州	145	97	48	189	128	61	173	116	57
凉山彝族自治州	772	567	205	896	646	250	700	468	232

6-1c 续表 5

单位：人

地 区	60-64岁			65-69岁			70-74岁		
	小计	男	女	小计	男	女	小计	男	女
全省	**20876**	**14908**	**5968**	**37746**	**24940**	**12806**	**42206**	**26544**	**15662**
成都市	1720	1175	545	3502	2226	1276	3775	2432	1343
自贡市	747	570	177	1388	992	396	1324	902	422
攀枝花市	149	101	48	223	142	81	335	188	147
泸州市	1399	1006	393	2398	1623	775	2420	1524	896
德阳市	1162	831	331	2126	1394	732	2048	1284	764
绵阳市	1730	1248	482	3107	2019	1088	3314	2084	1230
广元市	937	656	281	1604	991	613	1897	1115	782
遂宁市	843	639	204	1657	1082	575	1634	1118	516
内江市	1187	895	292	2010	1461	549	2278	1487	791
乐山市	935	674	261	1464	961	503	1742	1070	672
南充市	1969	1429	540	3528	2293	1235	4306	2799	1507
眉山市	845	584	261	1615	1085	530	1827	1173	654
宜宾市	1425	1000	425	2450	1579	871	2349	1429	920
广安市	1252	964	288	2369	1670	699	2515	1573	942
达州市	1408	994	414	2699	1774	925	3572	2204	1368
雅安市	247	177	70	490	321	169	565	327	238
巴中市	811	523	288	1490	933	557	2063	1219	844
资阳市	999	730	269	1899	1294	605	1971	1310	661
阿坝藏族羌族自治州	130	87	43	232	151	81	288	160	128
甘孜藏族自治州	232	132	100	349	203	146	413	202	211
凉山彝族自治州	749	493	256	1146	746	400	1570	944	626

6-1c 续表 6

单位：人

地区	75-79岁			80-84岁			85-89岁		
	小计	男	女	小计	男	女	小计	男	女
全省	**50349**	**29377**	**20972**	**49280**	**25911**	**23369**	**39116**	**18543**	**20573**
成都市	4556	2706	1850	4582	2567	2015	4169	2072	2097
自贡市	1387	868	519	1589	900	689	1360	616	744
攀枝花市	485	276	209	556	272	284	320	140	180
泸州市	2721	1582	1139	2792	1467	1325	2399	1138	1261
德阳市	2470	1430	1040	2463	1317	1146	2186	1069	1117
绵阳市	3930	2278	1652	3838	1981	1857	2940	1329	1611
广元市	2464	1354	1110	2160	1079	1081	1250	557	693
遂宁市	1862	1098	764	1650	871	779	1559	684	875
内江市	2567	1567	1000	2508	1334	1174	2228	1040	1188
乐山市	2473	1434	1039	2501	1327	1174	2072	1037	1035
南充市	4800	2869	1931	4411	2296	2115	3681	1750	1931
眉山市	2350	1446	904	2450	1323	1127	2170	1050	1120
宜宾市	3038	1723	1315	3033	1601	1432	2318	1113	1205
广安市	3011	1688	1323	2958	1542	1416	2250	1026	1224
达州市	3860	2226	1634	4113	2119	1994	2636	1241	1395
雅安市	851	521	330	834	417	417	676	317	359
巴中市	2476	1484	992	2022	1039	983	1346	686	660
资阳市	2105	1268	837	2112	1106	1006	1951	937	1014
阿坝藏族羌族自治州	437	229	208	364	163	201	242	104	138
甘孜藏族自治州	451	207	244	418	166	252	255	105	150
凉山彝族自治州	2055	1123	932	1926	1024	902	1108	532	576

6-1c 续表 7

单位：人

地区	90-94岁			95-99岁			100岁及以上		
	小计	男	女	小计	男	女	小计	男	女
全省	**20835**	**8414**	**12421**	**5890**	**2012**	**3878**	**1038**	**275**	**763**
成都市	2449	1051	1398	737	257	480	126	37	89
自贡市	796	336	460	236	81	155	47	9	38
攀枝花市	159	60	99	25	10	15	5	4	1
泸州市	1214	476	738	330	108	222	60	17	43
德阳市	1189	506	683	306	113	193	43	16	27
绵阳市	1534	604	930	438	145	293	70	23	47
广元市	528	191	337	114	40	74	16	4	12
遂宁市	818	323	495	310	105	205	63	9	54
内江市	1293	501	792	432	148	284	80	18	62
乐山市	1171	507	664	339	117	222	64	20	44
南充市	2049	810	1239	578	185	393	75	16	59
眉山市	1223	481	742	427	134	293	73	15	58
宜宾市	1162	467	695	278	100	178	42	11	31
广安市	1091	391	700	243	70	173	48	12	36
达州市	1270	515	755	261	87	174	54	11	43
雅安市	352	145	207	91	37	54	9	5	4
巴中市	756	306	450	189	74	115	35	13	22
资阳市	1097	483	614	404	147	257	88	24	64
阿坝藏族羌族自治州	110	40	70	30	8	22	8	3	5
甘孜藏族自治州	132	48	84	35	12	23	7	2	5
凉山彝族自治州	442	173	269	87	34	53	25	6	19

6-2　各地区分性别、受教育程度的3岁及以上死亡人口
(2019.11.1—2020.10.31)

单位：人

地　区	3岁及以上死亡人口			未上过学		
	合计	男	女	小计	男	女
全省	**523257**	**310339**	**212918**	**127969**	**46641**	**81328**
成都市	94799	55988	38811	15807	5778	10029
自贡市	19204	11745	7459	3871	1384	2487
攀枝花市	7442	4413	3029	2120	848	1272
泸州市	28463	17187	11276	6352	2413	3939
德阳市	28978	17257	11721	8380	3163	5217
绵阳市	32396	19202	13194	9506	3343	6163
广元市	17354	10070	7284	5159	1592	3567
遂宁市	17868	10667	7201	5609	1899	3710
内江市	24649	14865	9784	5576	2044	3532
乐山市	24394	14359	10035	4511	1606	2905
南充市	39060	22986	16074	13267	4580	8687
眉山市	24078	14157	9921	6087	2232	3855
宜宾市	33407	19841	13566	5274	1768	3506
广安市	23322	13858	9464	5363	1725	3638
达州市	34244	20230	14014	7210	2543	4667
雅安市	9680	5611	4069	2211	713	1498
巴中市	17029	10038	6991	3125	853	2272
资阳市	18973	11422	7551	5260	1870	3390
阿坝藏族羌族自治州	3548	2005	1543	1916	825	1091
甘孜藏族自治州	4116	2182	1934	2348	1048	1300
凉山彝族自治州	20253	12256	7997	9017	4414	4603

6-2　续表 1

单位：人

地　区	学前教育			小　学		
	小计	男	女	小计	男	女
全省	**5390**	**2572**	**2818**	**292558**	**186884**	**105674**
成都市	720	337	383	52437	31694	20743
自贡市	103	42	61	10830	6960	3870
攀枝花市	34	16	18	3415	2116	1299
泸州市	442	221	221	17630	11427	6203
德阳市	365	195	170	15451	10215	5236
绵阳市	372	163	209	16933	11275	5658
广元市	254	115	139	9148	6076	3072
遂宁市	156	78	78	9358	6450	2908
内江市	193	94	99	14568	9377	5191
乐山市	161	69	92	15176	9286	5890
南充市	478	241	237	19678	13621	6057
眉山市	324	152	172	14171	9080	5091
宜宾市	272	125	147	21492	13117	8375
广安市	267	128	139	14303	9279	5024
达州市	389	195	194	20656	12826	7830
雅安市	74	31	43	5407	3331	2076
巴中市	285	118	167	10352	6334	4018
资阳市	296	142	154	10199	6806	3393
阿坝藏族羌族自治州	13	5	8	1193	840	353
甘孜藏族自治州	38	20	18	1359	826	533
凉山彝族自治州	154	85	69	8802	5948	2854

6-2 续表 2

单位：人

地 区	初 中			高 中			大学专科		
	小计	男	女	小计	男	女	小计	男	女
全省	**77004**	**59051**	**17953**	**14375**	**10755**	**3620**	**3804**	**2836**	**968**
成都市	17624	12426	5198	5284	3655	1629	1647	1166	481
自贡市	3536	2718	818	663	495	168	127	87	40
攀枝花市	1299	997	302	382	285	97	130	99	31
泸州市	3470	2682	788	432	331	101	96	78	18
德阳市	3871	2976	895	677	526	151	154	121	33
绵阳市	4512	3568	944	775	620	155	174	138	36
广元市	2280	1863	417	384	322	62	102	80	22
遂宁市	2381	1947	434	287	229	58	52	44	8
内江市	3749	2908	841	443	350	93	91	67	24
乐山市	3658	2746	912	652	492	160	169	116	53
南充市	4826	3885	941	646	531	115	121	96	25
眉山市	3016	2321	695	376	293	83	72	58	14
宜宾市	5113	3921	1192	945	686	259	217	152	65
广安市	2953	2374	579	329	273	56	81	62	19
达州市	5312	4129	1183	557	436	121	93	78	15
雅安市	1599	1231	368	287	227	60	69	58	11
巴中市	2746	2293	453	402	344	58	100	80	20
资阳市	2822	2274	548	287	236	51	88	76	12
阿坝藏族羌族自治州	314	258	56	75	51	24	32	22	10
甘孜藏族自治州	240	188	52	90	66	24	33	29	4
凉山彝族自治州	1683	1346	337	402	307	95	156	129	27

6-2 续表 3

单位：人

地 区	大学本科			硕士研究生			博士研究生		
	小计	男	女	小计	男	女	小计	男	女
全省	**2051**	**1523**	**528**	**89**	**64**	**25**	**17**	**13**	**4**
成都市	1203	874	329	62	47	15	15	11	4
自贡市	74	59	15						
攀枝花市	62	52	10						
泸州市	41	35	6						
德阳市	79	61	18	1		1			
绵阳市	115	88	27	8	6	2	1	1	
广元市	26	21	5	1	1				
遂宁市	25	20	5						
内江市	28	25	3	1		1			
乐山市	65	44	21	2		2			
南充市	42	31	11	2	1	1			
眉山市	30	21	9	2		2			
宜宾市	88	66	22	6	6				
广安市	26	17	9						
达州市	27	23	4						
雅安市	32	20	12	1		1			
巴中市	17	14	3	1	1		1	1	
资阳市	19	16	3	2	2				
阿坝藏族羌族自治州	5	4	1						
甘孜藏族自治州	8	5	3						
凉山彝族自治州	39	27	12						

6–2a 各地区分性别、受教育程度的3岁及以上死亡人口 (2019.11.1–2020.10.31)(城市)

单位：人

地区	3岁及以上死亡人口			未上过学		
	合计	男	女	小计	男	女
全省	**104617**	**62088**	**42529**	**15040**	**5274**	**9766**
成都市	53141	31409	21732	6892	2454	4438
自贡市	4644	2763	1881	688	213	475
攀枝花市	3765	2341	1424	524	180	344
泸州市	2853	1685	1168	455	183	272
德阳市	5165	3066	2099	938	343	595
绵阳市	4002	2464	1538	725	261	464
广元市	1409	852	557	219	58	161
遂宁市	2897	1770	1127	660	233	427
内江市	2780	1608	1172	413	129	284
乐山市	4054	2344	1710	423	125	298
南充市	4641	2691	1950	855	270	585
眉山市	3065	1853	1212	505	205	300
宜宾市	4342	2572	1770	512	185	327
广安市	1366	820	546	230	79	151
达州市	1468	867	601	186	67	119
雅安市	1306	768	538	178	49	129
巴中市	959	584	375	90	21	69
资阳市	846	496	350	128	50	78
阿坝藏族羌族自治州	33	18	15	4		4
甘孜藏族自治州	71	42	29	13	6	7
凉山彝族自治州	1810	1075	735	402	163	239

6–2a 续表 1

单位：人

地区	学前教育			小学		
	小计	男	女	小计	男	女
全省	**585**	**257**	**328**	**52778**	**30972**	**21806**
成都市	330	150	180	26682	15611	11071
自贡市	13	5	8	1861	1034	827
攀枝花市	18	7	11	1862	1129	733
泸州市	13	9	4	1573	911	662
德阳市	49	25	24	2542	1540	1002
绵阳市	16	3	13	1831	1130	701
广元市	2	1	1	711	436	275
遂宁市	11	2	9	1494	961	533
内江市	6	2	4	1375	766	609
乐山市	13	6	7	2215	1215	1000
南充市	26	11	15	2616	1561	1055
眉山市	28	12	16	1837	1118	719
宜宾市	21	9	12	2274	1295	979
广安市	1	1		779	473	306
达州市	6	2	4	657	390	267
雅安市	10	3	7	633	367	266
巴中市	11	5	6	527	289	238
资阳市	2		2	399	214	185
阿坝藏族羌族自治州				16	7	9
甘孜藏族自治州				24	12	12
凉山彝族自治州	9	4	5	870	513	357

6–2a 续表 2 单位：人

地　区	初　中			高　中			大学专科		
	小计	男	女	小计	男	女	小计	男	女
全省	**23953**	**16846**	**7107**	**7986**	**5609**	**2377**	**2505**	**1806**	**699**
成都市	11949	8136	3813	4521	3076	1445	1523	1073	450
自贡市	1497	1095	402	439	314	125	85	52	33
攀枝花市	881	661	220	316	233	83	108	83	25
泸州市	622	447	175	136	95	41	31	21	10
德阳市	1115	763	352	359	267	92	101	78	23
绵阳市	890	666	224	349	259	90	100	76	24
广元市	338	253	85	94	70	24	36	27	9
遂宁市	577	450	127	109	86	23	30	27	3
内江市	750	524	226	172	136	36	46	34	12
乐山市	986	708	278	276	192	84	97	67	30
南充市	868	638	230	207	158	49	47	38	9
眉山市	547	406	141	108	81	27	29	21	8
宜宾市	1046	757	289	343	227	116	97	63	34
广安市	267	193	74	65	55	10	18	15	3
达州市	485	311	174	94	61	33	31	28	3
雅安市	336	234	102	111	86	25	18	15	3
巴中市	234	186	48	74	61	13	18	17	1
资阳市	238	172	66	53	39	14	21	17	4
阿坝藏族羌族自治州	5	5		6	5	1	2	1	1
甘孜藏族自治州	20	14	6	8	5	3	5	4	1
凉山彝族自治州	302	227	75	146	103	43	62	49	13

6–2a 续表 3 单位：人

地　区	大学本科			硕士研究生			博士研究生		
	小计	男	女	小计	男	女	小计	男	女
全省	**1679**	**1255**	**424**	**74**	**56**	**18**	**17**	**13**	**4**
成都市	1168	851	317	61	47	14	15	11	4
自贡市	61	50	11						
攀枝花市	56	48	8						
泸州市	23	19	4						
德阳市	61	50	11						
绵阳市	85	65	20	5	3	2	1	1	
广元市	9	7	2						
遂宁市	16	11	5						
内江市	18	17	1						
乐山市	44	31	13						
南充市	21	15	6	1		1			
眉山市	10	10		1		1			
宜宾市	44	31	13	5	5				
广安市	6	4	2						
达州市	9	8	1						
雅安市	20	14	6						
巴中市	4	4					1	1	
资阳市	4	3	1	1	1				
阿坝藏族羌族自治州									
甘孜藏族自治州	1	1							
凉山彝族自治州	19	16	3						

6–2b　各地区分性别、受教育程度的3岁及以上死亡人口 (2019.11.1–2020.10.31)(镇)

单位：人

地　区	3岁及以上死亡人口			未上过学		
	合计	男	女	小计	男	女
全省	**93339**	**56262**	**37077**	**20271**	**7605**	**12666**
成都市	11332	6753	4579	2355	892	1463
自贡市	3865	2402	1463	644	239	405
攀枝花市	878	499	379	246	100	146
泸州市	6009	3758	2251	1148	483	665
德阳市	7095	4265	2830	2048	754	1294
绵阳市	3383	2125	1258	656	222	434
广元市	2625	1617	1008	511	159	352
遂宁市	2692	1614	1078	769	264	505
内江市	4433	2732	1701	835	335	500
乐山市	4960	3032	1928	761	302	459
南充市	4402	2635	1767	1319	494	825
眉山市	5725	3404	2321	1306	481	825
宜宾市	8853	5287	3566	1188	409	779
广安市	3023	1820	1203	499	167	332
达州市	8709	5233	3476	1816	690	1126
雅安市	3439	1983	1456	740	235	505
巴中市	2726	1633	1093	441	137	304
资阳市	3005	1832	1173	614	225	389
阿坝藏族羌族自治州	1077	626	451	563	251	312
甘孜藏族自治州	687	391	296	302	124	178
凉山彝族自治州	4421	2621	1800	1510	642	868

6–2b　续表 1

单位：人

地　区	学前教育			小　学		
	小计	男	女	小计	男	女
全省	**732**	**344**	**388**	**52289**	**32852**	**19437**
成都市	85	42	43	6731	4200	2531
自贡市	20	7	13	2313	1466	847
攀枝花市	2		2	429	251	178
泸州市	84	39	45	3683	2408	1275
德阳市	77	38	39	3770	2501	1269
绵阳市	20	9	11	1730	1121	609
广元市	30	13	17	1395	885	510
遂宁市	21	14	7	1365	903	462
内江市	29	13	16	2492	1556	936
乐山市	24	7	17	2978	1832	1146
南充市	40	22	18	2090	1388	702
眉山市	29	13	16	3328	2103	1225
宜宾市	64	32	32	5520	3277	2243
广安市	31	17	14	1818	1115	703
达州市	65	34	31	5019	3136	1883
雅安市	19	5	14	1887	1130	757
巴中市	27	7	20	1495	883	612
资阳市	25	13	12	1610	1004	606
阿坝藏族羌族自治州	3	1	2	320	225	95
甘孜藏族自治州	5	3	2	240	148	92
凉山彝族自治州	32	15	17	2076	1320	756

6-2b　续表 2　　　　单位：人

地　区	初　中			高　中			大学专科		
	小计	男	女	小计	男	女	小计	男	女
全省	**15896**	**12183**	**3713**	**3156**	**2489**	**667**	**773**	**623**	**150**
成都市	1746	1306	440	334	254	80	62	47	15
自贡市	717	552	165	132	106	26	30	25	5
攀枝花市	146	110	36	37	25	12	14	11	3
泸州市	896	670	226	152	118	34	39	34	5
德阳市	990	802	188	159	131	28	38	32	6
绵阳市	750	585	165	177	146	31	34	27	7
广元市	518	417	101	122	104	18	39	31	8
遂宁市	447	362	85	69	51	18	15	14	1
内江市	886	676	210	155	123	32	30	24	6
乐山市	947	694	253	193	155	38	44	33	11
南充市	749	570	179	163	131	32	33	24	9
眉山市	865	651	214	155	124	31	27	23	4
宜宾市	1609	1216	393	357	267	90	86	61	25
广安市	521	396	125	115	92	23	29	25	4
达州市	1500	1135	365	258	197	61	38	31	7
雅安市	638	492	146	107	83	24	39	32	7
巴中市	582	451	131	134	115	19	38	33	5
资阳市	597	459	138	104	85	19	45	38	7
阿坝藏族羌族自治州	127	104	23	43	28	15	18	14	4
甘孜藏族自治州	83	66	17	38	34	4	16	14	2
凉山彝族自治州	582	469	113	152	120	32	59	50	9

6-2b　续表 3　　　　单位：人

地　区	大学本科			硕士研究生			博士研究生		
	小计	男	女	小计	男	女	小计	男	女
全省	**213**	**162**	**51**	**9**	**4**	**5**			
成都市	18	12	6	1		1			
自贡市	9	7	2						
攀枝花市	4	2	2						
泸州市	7	6	1						
德阳市	12	7	5	1		1			
绵阳市	15	14	1	1	1				
广元市	9	7	2	1	1				
遂宁市	6	6							
内江市	6	5	1						
乐山市	12	9	3	1		1			
南充市	8	6	2						
眉山市	14	9	5	1		1			
宜宾市	29	25	4						
广安市	10	8	2						
达州市	13	10	3						
雅安市	8	6	2	1		1			
巴中市	8	6	2	1	1				
资阳市	9	7	2	1	1				
阿坝藏族羌族自治州	3	3							
甘孜藏族自治州	3	2	1						
凉山彝族自治州	10	5	5						

6-2c　各地区分性别、受教育程度的3岁及以上死亡人口 (2019.11.1-2020.10.31)(乡村)

单位：人

地　区	3岁及以上死亡人口			未上过学		
	合计	男	女	小计	男	女
全省	**325301**	**191989**	**133312**	**92658**	**33762**	**58896**
成都市	30326	17826	12500	6560	2432	4128
自贡市	10695	6580	4115	2539	932	1607
攀枝花市	2799	1573	1226	1350	568	782
泸州市	19601	11744	7857	4749	1747	3002
德阳市	16718	9926	6792	5394	2066	3328
绵阳市	25011	14613	10398	8125	2860	5265
广元市	13320	7601	5719	4429	1375	3054
遂宁市	12279	7283	4996	4180	1402	2778
内江市	17436	10525	6911	4328	1580	2748
乐山市	15380	8983	6397	3327	1179	2148
南充市	30017	17660	12357	11093	3816	7277
眉山市	15288	8900	6388	4276	1546	2730
宜宾市	20212	11982	8230	3574	1174	2400
广安市	18933	11218	7715	4634	1479	3155
达州市	24067	14130	9937	5208	1786	3422
雅安市	4935	2860	2075	1293	429	864
巴中市	13344	7821	5523	2594	695	1899
资阳市	15122	9094	6028	4518	1595	2923
阿坝藏族羌族自治州	2438	1361	1077	1349	574	775
甘孜藏族自治州	3358	1749	1609	2033	918	1115
凉山彝族自治州	14022	8560	5462	7105	3609	3496

6-2c　续表 1

单位：人

地　区	学前教育			小　学		
	小计	男	女	小计	男	女
全省	**4073**	**1971**	**2102**	**187491**	**123060**	**64431**
成都市	305	145	160	19024	11883	7141
自贡市	70	30	40	6656	4460	2196
攀枝花市	14	9	5	1124	736	388
泸州市	345	173	172	12374	8108	4266
德阳市	239	132	107	9139	6174	2965
绵阳市	336	151	185	13372	9024	4348
广元市	222	101	121	7042	4755	2287
遂宁市	124	62	62	6499	4586	1913
内江市	158	79	79	10701	7055	3646
乐山市	124	56	68	9983	6239	3744
南充市	412	208	204	14972	10672	4300
眉山市	267	127	140	9006	5859	3147
宜宾市	187	84	103	13698	8545	5153
广安市	235	110	125	11706	7691	4015
达州市	318	159	159	14980	9300	5680
雅安市	45	23	22	2887	1834	1053
巴中市	247	106	141	8330	5162	3168
资阳市	269	129	140	8190	5588	2602
阿坝藏族羌族自治州	10	4	6	857	608	249
甘孜藏族自治州	33	17	16	1095	666	429
凉山彝族自治州	113	66	47	5856	4115	1741

6-2c 续表 2

单位：人

地　区	初　中			高　中			大学专科		
	小计	男	女	小计	男	女	小计	男	女
全省	**37155**	**30022**	**7133**	**3233**	**2657**	**576**	**526**	**407**	**119**
成都市	3929	2984	945	429	325	104	62	46	16
自贡市	1322	1071	251	92	75	17	12	10	2
攀枝花市	272	226	46	29	27	2	8	5	3
泸州市	1952	1565	387	144	118	26	26	23	3
德阳市	1766	1411	355	159	128	31	15	11	4
绵阳市	2872	2317	555	249	215	34	40	35	5
广元市	1424	1193	231	168	148	20	27	22	5
遂宁市	1357	1135	222	109	92	17	7	3	4
内江市	2113	1708	405	116	91	25	15	9	6
乐山市	1725	1344	381	183	145	38	28	16	12
南充市	3209	2677	532	276	242	34	41	34	7
眉山市	1604	1264	340	113	88	25	16	14	2
宜宾市	2458	1948	510	245	192	53	34	28	6
广安市	2165	1785	380	149	126	23	34	22	12
达州市	3327	2683	644	205	178	27	24	19	5
雅安市	625	505	120	69	58	11	12	11	1
巴中市	1930	1656	274	194	168	26	44	30	14
资阳市	1987	1643	344	130	112	18	22	21	1
阿坝藏族羌族自治州	182	149	33	26	18	8	12	7	5
甘孜藏族自治州	137	108	29	44	27	17	12	11	1
凉山彝族自治州	799	650	149	104	84	20	35	30	5

6-2c 续表 3

单位：人

地　区	大学本科			硕士研究生			博士研究生		
	小计	男	女	小计	男	女	小计	男	女
全省	**159**	**106**	**53**	**6**	**4**	**2**			
成都市	17	11	6						
自贡市	4	2	2						
攀枝花市	2	2							
泸州市	11	10	1						
德阳市	6	4	2						
绵阳市	15	9	6	2	2				
广元市	8	7	1						
遂宁市	3	3							
内江市	4	3	1	1		1			
乐山市	9	4	5	1		1			
南充市	13	10	3	1	1				
眉山市	6	2	4						
宜宾市	15	10	5	1	1				
广安市	10	5	5						
达州市	5	5							
雅安市	4		4						
巴中市	5	4	1						
资阳市	6	6							
阿坝藏族羌族自治州	2	1	1						
甘孜藏族自治州	4	2	2						
凉山彝族自治州	10	6	4						

6-3　各地区分性别、婚姻状况的15岁及以上死亡人口
(2019.11.1-2020.10.31)

单位：人

地　　区	15岁及以上死亡人口			未　婚		
	合计	男	女	小计	男	女
全省	**520719**	**308840**	**211879**	**27820**	**25187**	**2633**
成都市	94511	55825	38686	3783	3415	368
自贡市	19128	11706	7422	1128	1044	84
攀枝花市	7414	4396	3018	260	212	48
泸州市	28323	17100	11223	1677	1574	103
德阳市	28921	17220	11701	1600	1511	89
绵阳市	32294	19142	13152	1728	1605	123
广元市	17295	10032	7263	598	533	65
遂宁市	17799	10623	7176	1102	1021	81
内江市	24578	14825	9753	1836	1738	98
乐山市	24297	14306	9991	1302	1186	116
南充市	38890	22883	16007	2025	1868	157
眉山市	24016	14122	9894	1183	1099	84
宜宾市	33185	19698	13487	1972	1804	168
广安市	23229	13806	9423	1471	1372	99
达州市	34046	20118	13928	1630	1476	154
雅安市	9647	5591	4056	362	321	41
巴中市	16957	9996	6961	580	502	78
资阳市	18888	11374	7514	1212	1153	59
阿坝藏族羌族自治州	3516	1987	1529	360	271	89
甘孜藏族自治州	4001	2112	1889	646	400	246
凉山彝族自治州	19784	11978	7806	1365	1082	283

6-3　续表

单位：人

地　　区	有配偶			离　婚			丧　偶		
	小计	男	女	小计	男	女	小计	男	女
全省	**281579**	**192783**	**88796**	**12090**	**9835**	**2255**	**199230**	**81035**	**118195**
成都市	52861	36292	16569	2484	1900	584	35383	14218	21165
自贡市	10321	7405	2916	511	425	86	7168	2832	4336
攀枝花市	4266	2959	1307	232	171	61	2656	1054	1602
泸州市	14935	10322	4613	667	566	101	11044	4638	6406
德阳市	15282	10751	4531	698	574	124	11341	4384	6957
绵阳市	17167	11753	5414	930	807	123	12469	4977	7492
广元市	9655	6486	3169	307	260	47	6735	2753	3982
遂宁市	9667	6616	3051	347	311	36	6683	2675	4008
内江市	12786	8982	3804	611	504	107	9345	3601	5744
乐山市	12646	8627	4019	715	578	137	9634	3915	5719
南充市	20944	14119	6825	679	561	118	15242	6335	8907
眉山市	12724	8669	4055	549	427	122	9560	3927	5633
宜宾市	17568	11929	5639	955	789	166	12690	5176	7514
广安市	12447	8495	3952	373	321	52	8938	3618	5320
达州市	18310	12171	6139	628	503	125	13478	5968	7510
雅安市	5465	3683	1782	228	184	44	3592	1403	2189
巴中市	9964	6626	3338	237	201	36	6176	2667	3509
资阳市	10025	6843	3182	391	336	55	7260	3042	4218
阿坝藏族羌族自治州	1793	1224	569	71	55	16	1292	437	855
甘孜藏族自治州	1815	1187	628	82	48	34	1458	477	981
凉山彝族自治州	10938	7644	3294	395	314	81	7086	2938	4148

6-3a 各地区分性别、婚姻状况的15岁及以上死亡人口(2019.11.1-2020.10.31)(城市)

单位：人

地　区	15岁及以上死亡人口			未　婚		
	合计	男	女	小计	男	女
全省	**104308**	**61927**	**42381**	**2899**	**2443**	**456**
成都市	52976	31322	21654	1437	1221	216
自贡市	4634	2759	1875	128	111	17
攀枝花市	3759	2338	1421	96	74	22
泸州市	2848	1680	1168	81	72	9
德阳市	5155	3061	2094	130	113	17
绵阳市	3989	2457	1532	111	86	25
广元市	1407	850	557	42	33	9
遂宁市	2887	1765	1122	107	87	20
内江市	2775	1605	1170	89	77	12
乐山市	4047	2342	1705	86	71	15
南充市	4628	2683	1945	147	122	25
眉山市	3059	1852	1207	72	63	9
宜宾市	4323	2561	1762	154	129	25
广安市	1362	820	542	33	29	4
达州市	1463	865	598	38	23	15
雅安市	1302	766	536	32	27	5
巴中市	957	583	374	17	15	2
资阳市	840	494	346	30	26	4
阿坝藏族羌族自治州	33	18	15			
甘孜藏族自治州	71	42	29	12	12	
凉山彝族自治州	1793	1064	729	57	52	5

6-3a 续表

单位：人

地　区	有配偶			离　婚			丧　偶		
	小计	男	女	小计	男	女	小计	男	女
全省	**61602**	**42865**	**18737**	**3238**	**2393**	**845**	**36569**	**14226**	**22343**
成都市	31648	21753	9895	1436	1056	380	18455	7292	11163
自贡市	2645	1947	698	187	145	42	1674	556	1118
攀枝花市	2369	1688	681	151	108	43	1143	468	675
泸州市	1629	1132	497	105	73	32	1033	403	630
德阳市	3059	2175	884	147	106	41	1819	667	1152
绵阳市	2377	1706	671	151	124	27	1350	541	809
广元市	849	605	244	46	33	13	470	179	291
遂宁市	1706	1214	492	83	70	13	991	394	597
内江市	1564	1080	484	102	77	25	1020	371	649
乐山市	2265	1568	697	182	139	43	1514	564	950
南充市	2714	1856	858	132	98	34	1635	607	1028
眉山市	1626	1152	474	149	103	46	1212	534	678
宜宾市	2465	1726	739	156	114	42	1548	592	956
广安市	819	584	235	18	15	3	492	192	300
达州市	868	602	266	42	29	13	515	211	304
雅安市	799	550	249	48	29	19	423	160	263
巴中市	610	435	175	19	16	3	311	117	194
资阳市	520	341	179	22	17	5	268	110	158
阿坝藏族羌族自治州	16	11	5	2	1	1	15	6	9
甘孜藏族自治州	35	24	11	1		1	23	6	17
凉山彝族自治州	1019	716	303	59	40	19	658	256	402

6-3b　各地区分性别、婚姻状况的15岁及以上死亡人口 (2019.11.1-2020.10.31)(镇)

单位：人

地　区	15岁及以上死亡人口			未　婚		
	合计	男	女	小计	男	女
全省	**92900**	**55995**	**36905**	**4917**	**4365**	**552**
成都市	11294	6729	4565	606	549	57
自贡市	3850	2397	1453	304	277	27
攀枝花市	875	497	378	35	29	6
泸州市	5990	3743	2247	370	345	25
德阳市	7089	4260	2829	374	351	23
绵阳市	3375	2119	1256	170	153	17
广元市	2616	1610	1006	83	67	16
遂宁市	2681	1607	1074	171	157	14
内江市	4422	2726	1696	240	222	18
乐山市	4939	3019	1920	299	267	32
南充市	4373	2618	1755	184	160	24
眉山市	5717	3399	2318	273	251	22
宜宾市	8782	5244	3538	448	408	40
广安市	3011	1813	1198	131	116	15
达州市	8650	5202	3448	363	326	37
雅安市	3425	1975	1450	110	93	17
巴中市	2714	1627	1087	105	85	20
资阳市	2990	1821	1169	203	185	18
阿坝藏族羌族自治州	1068	621	447	98	71	27
甘孜藏族自治州	671	383	288	89	52	37
凉山彝族自治州	4368	2585	1783	261	201	60

6-3b　续表

单位：人

地　区	有配偶			离　婚			丧　偶		
	小计	男	女	小计	男	女	小计	男	女
全省	**50337**	**34892**	**15445**	**2494**	**1978**	**516**	**35152**	**14760**	**20392**
成都市	5894	4099	1795	323	242	81	4471	1839	2632
自贡市	2024	1414	610	113	99	14	1409	607	802
攀枝花市	503	331	172	19	15	4	318	122	196
泸州市	3146	2254	892	141	109	32	2333	1035	1298
德阳市	3689	2651	1038	177	143	34	2849	1115	1734
绵阳市	1901	1350	551	118	99	19	1186	517	669
广元市	1530	1094	436	61	48	13	942	401	541
遂宁市	1511	1046	465	50	42	8	949	362	587
内江市	2448	1731	717	132	109	23	1602	664	938
乐山市	2608	1814	794	186	145	41	1846	793	1053
南充市	2374	1630	744	108	80	28	1707	748	959
眉山市	3076	2062	1014	141	107	34	2227	979	1248
宜宾市	4692	3238	1454	283	239	44	3359	1359	2000
广安市	1693	1152	541	71	56	15	1116	489	627
达州市	4637	3127	1510	227	173	54	3423	1576	1847
雅安市	1964	1327	637	88	74	14	1263	481	782
巴中市	1658	1107	551	39	28	11	912	407	505
资阳市	1598	1086	512	74	61	13	1115	489	626
阿坝藏族羌族自治州	557	396	161	29	20	9	384	134	250
甘孜藏族自治州	349	243	106	22	13	9	211	75	136
凉山彝族自治州	2485	1740	745	92	76	16	1530	568	962

6-3c 各地区分性别、婚姻状况的15岁及以上死亡人口 (2019.11.1-2020.10.31)(乡村)

单位：人

地区	15岁及以上死亡人口			未婚		
	合计	男	女	小计	男	女
全省	**323511**	**190918**	**132593**	**20004**	**18379**	**1625**
成都市	30241	17774	12467	1740	1645	95
自贡市	10644	6550	4094	696	656	40
攀枝花市	2780	1561	1219	129	109	20
泸州市	19485	11677	7808	1226	1157	69
德阳市	16677	9899	6778	1096	1047	49
绵阳市	24930	14566	10364	1447	1366	81
广元市	13272	7572	5700	473	433	40
遂宁市	12231	7251	4980	824	777	47
内江市	17381	10494	6887	1507	1439	68
乐山市	15311	8945	6366	917	848	69
南充市	29889	17582	12307	1694	1586	108
眉山市	15240	8871	6369	838	785	53
宜宾市	20080	11893	8187	1370	1267	103
广安市	18856	11173	7683	1307	1227	80
达州市	23933	14051	9882	1229	1127	102
雅安市	4920	2850	2070	220	201	19
巴中市	13286	7786	5500	458	402	56
资阳市	15058	9059	5999	979	942	37
阿坝藏族羌族自治州	2415	1348	1067	262	200	62
甘孜藏族自治州	3259	1687	1572	545	336	209
凉山彝族自治州	13623	8329	5294	1047	829	218

6-3c 续表

单位：人

地区	有配偶			离婚			丧偶		
	小计	男	女	小计	男	女	小计	男	女
全省	**169640**	**115026**	**54614**	**6358**	**5464**	**894**	**127509**	**52049**	**75460**
成都市	15319	10440	4879	725	602	123	12457	5087	7370
自贡市	5652	4044	1608	211	181	30	4085	1669	2416
攀枝花市	1394	940	454	62	48	14	1195	464	731
泸州市	10160	6936	3224	421	384	37	7678	3200	4478
德阳市	8534	5925	2609	374	325	49	6673	2602	4071
绵阳市	12889	8697	4192	661	584	77	9933	3919	6014
广元市	7276	4787	2489	200	179	21	5323	2173	3150
遂宁市	6450	4356	2094	214	199	15	4743	1919	2824
内江市	8774	6171	2603	377	318	59	6723	2566	4157
乐山市	7773	5245	2528	347	294	53	6274	2558	3716
南充市	15856	10633	5223	439	383	56	11900	4980	6920
眉山市	8022	5455	2567	259	217	42	6121	2414	3707
宜宾市	10411	6965	3446	516	436	80	7783	3225	4558
广安市	9935	6759	3176	284	250	34	7330	2937	4393
达州市	12805	8442	4363	359	301	58	9540	4181	5359
雅安市	2702	1806	896	92	81	11	1906	762	1144
巴中市	7696	5084	2612	179	157	22	4953	2143	2810
资阳市	7907	5416	2491	295	258	37	5877	2443	3434
阿坝藏族羌族自治州	1220	817	403	40	34	6	893	297	596
甘孜藏族自治州	1431	920	511	59	35	24	1224	396	828
凉山彝族自治州	7434	5188	2246	244	198	46	4898	2114	2784

6-4 全省分年龄、性别的死亡人口状况
(2019.11.1-2020.10.31)

单位：人、‰

年龄	平均人口			死亡人口			死亡率		
	合计	男	女	合计	男	女	合计	男	女
总　计	**83652226**	**42297760**	**41354466**	**524988**	**311326**	**213662**	**6.28**	**7.36**	**5.17**
0-4岁	**4202849**	**2179003**	**2023846**	**2210**	**1261**	**949**	**0.53**	**0.58**	**0.47**
0	724134	375952	348182	1036	586	450	1.43	1.56	1.29
1	772352	400974	371378	417	231	186	0.54	0.58	0.50
2	860368	445768	414600	278	170	108	0.32	0.38	0.26
3	977373	506408	470965	283	159	124	0.29	0.31	0.26
4	868622	449901	418721	196	115	81	0.23	0.26	0.19
5-9岁	**4646258**	**2409474**	**2236784**	**881**	**520**	**361**	**0.19**	**0.22**	**0.16**
5	909627	471015	438612	198	110	88	0.22	0.23	0.20
6	893795	463463	430332	169	95	74	0.19	0.20	0.17
7	978702	507469	471233	181	121	60	0.18	0.24	0.13
8	935733	485482	450251	185	103	82	0.20	0.21	0.18
9	928401	482045	446356	148	91	57	0.16	0.19	0.13
10-14岁	**4803128**	**2498378**	**2304750**	**1178**	**705**	**473**	**0.25**	**0.28**	**0.21**
10	950903	493420	457483	207	119	88	0.22	0.24	0.19
11	964391	500676	463715	196	111	85	0.20	0.22	0.18
12	991056	515126	475930	240	143	97	0.24	0.28	0.20
13	973815	507099	466716	272	157	115	0.28	0.31	0.25
14	922963	482057	440906	263	175	88	0.28	0.36	0.20
15-19岁	**4301860**	**2244879**	**2056981**	**1397**	**901**	**496**	**0.32**	**0.40**	**0.24**
15	907846	474615	433231	285	179	106	0.31	0.38	0.24
16	853318	445673	407645	273	178	95	0.32	0.40	0.23
17	838430	438537	399893	255	160	95	0.30	0.36	0.24
18	832980	435072	397908	271	180	91	0.33	0.41	0.23
19	869286	450982	418304	313	204	109	0.36	0.45	0.26
20-24岁	**4914479**	**2519556**	**2394923**	**1838**	**1294**	**544**	**0.37**	**0.51**	**0.23**
20	885725	455796	429929	313	204	109	0.35	0.45	0.25
21	933142	478243	454899	331	238	93	0.35	0.50	0.20
22	962747	493585	469162	358	247	111	0.37	0.50	0.24
23	1022149	522501	499648	377	280	97	0.37	0.54	0.19
24	1110716	569431	541285	459	325	134	0.41	0.57	0.25
25-29岁	**5436301**	**2793883**	**2642418**	**2498**	**1784**	**714**	**0.46**	**0.64**	**0.27**
25	1073267	550774	522493	477	339	138	0.44	0.62	0.26
26	1074974	552109	522865	470	333	137	0.44	0.60	0.26
27	1057921	542559	515362	501	375	126	0.47	0.69	0.24
28	1061147	545046	516101	535	366	169	0.50	0.67	0.33
29	1168992	603395	565597	515	371	144	0.44	0.61	0.25

6−4 续表 1

单位：人、‰

年 龄	平均人口			死亡人口			死亡率		
	合计	男	女	合计	男	女	合计	男	女
30−34岁	**6207548**	**3185133**	**3022415**	**3553**	**2504**	**1049**	**0.57**	**0.79**	**0.35**
30	1270835	653145	617690	623	439	184	0.49	0.67	0.30
31	1196690	614024	582666	627	432	195	0.52	0.70	0.33
32	1286277	658828	627449	745	534	211	0.58	0.81	0.34
33	1366295	701290	665005	861	604	257	0.63	0.86	0.39
34	1087451	557846	529605	697	495	202	0.64	0.89	0.38
35−39岁	**4389210**	**2233460**	**2155750**	**3810**	**2713**	**1097**	**0.87**	**1.21**	**0.51**
35	811712	415611	396101	575	394	181	0.71	0.95	0.46
36	777331	395662	381669	617	428	189	0.79	1.08	0.50
37	918442	468411	450031	792	570	222	0.86	1.22	0.49
38	1081512	549613	531899	1014	740	274	0.94	1.35	0.52
39	800213	404163	396050	812	581	231	1.01	1.44	0.58
40−44岁	**5074317**	**2543853**	**2530464**	**7040**	**4961**	**2079**	**1.39**	**1.95**	**0.82**
40	830796	419264	411532	930	667	263	1.12	1.59	0.64
41	833365	417868	415497	1039	738	301	1.25	1.77	0.72
42	911862	456160	455702	1227	850	377	1.35	1.86	0.83
43	1138732	570374	568358	1693	1177	516	1.49	2.06	0.91
44	1359562	680187	679375	2151	1529	622	1.58	2.25	0.92
45−49岁	**8169253**	**4107412**	**4061841**	**16862**	**11920**	**4942**	**2.06**	**2.90**	**1.22**
45	1507592	753967	753625	2629	1893	736	1.74	2.51	0.98
46	1613586	811460	802126	3053	2138	915	1.89	2.63	1.14
47	1646593	830127	816466	3298	2369	929	2.00	2.85	1.14
48	1696260	854254	842006	3765	2601	1164	2.22	3.04	1.38
49	1705222	857604	847618	4117	2919	1198	2.41	3.40	1.41
50−54岁	**7848873**	**3915927**	**3932946**	**25319**	**17940**	**7379**	**3.23**	**4.58**	**1.88**
50	1619329	807699	811630	4277	3067	1210	2.64	3.80	1.49
51	1739947	868853	871094	4994	3528	1466	2.87	4.06	1.68
52	1479706	733058	746648	4935	3459	1476	3.34	4.72	1.98
53	1446637	720630	726007	5137	3620	1517	3.55	5.02	2.09
54	1563254	785687	777567	5976	4266	1710	3.82	5.43	2.20
55−59岁	**5492722**	**2736492**	**2756230**	**25741**	**18349**	**7392**	**4.69**	**6.71**	**2.68**
55	1482047	742075	739972	6135	4382	1753	4.14	5.91	2.37
56	1672992	840177	832815	7446	5353	2093	4.45	6.37	2.51
57	1329610	667365	662245	6483	4592	1891	4.88	6.88	2.86
58	584245	283612	300633	3283	2331	952	5.62	8.22	3.17
59	423828	203263	220565	2394	1691	703	5.65	8.32	3.19
60−64岁	**4318559**	**2211591**	**2106968**	**33176**	**23683**	**9493**	**7.68**	**10.71**	**4.51**
60	538317	274513	263804	3368	2447	921	6.26	8.91	3.49
61	744385	386911	357474	5000	3631	1369	6.72	9.38	3.83
62	1011129	522113	489016	7542	5450	2092	7.46	10.44	4.28
63	976429	498395	478034	8062	5698	2364	8.26	11.43	4.95
64	1048299	529659	518640	9204	6457	2747	8.78	12.19	5.30

6-4 续表 2

单位：人、‰

年 龄	平均人口			死亡人口			死亡率		
	合计	男	女	合计	男	女	合计	男	女
65-69岁	**5217405**	**2565438**	**2651967**	**59314**	**39266**	**20048**	**11.37**	**15.31**	**7.56**
65	1157227	579881	577346	10721	7418	3303	9.26	12.79	5.72
66	1139154	560047	579107	11733	7892	3841	10.30	14.09	6.63
67	1154013	562776	591237	13243	8735	4508	11.48	15.52	7.62
68	966367	470595	495772	12468	8078	4390	12.90	17.17	8.85
69	800644	392139	408505	11149	7143	4006	13.93	18.22	9.81
70-74岁	**3579136**	**1787576**	**1791560**	**66492**	**42152**	**24340**	**18.58**	**23.58**	**13.59**
70	864901	431409	433492	12901	8310	4591	14.92	19.26	10.59
71	744174	371683	372491	12774	8171	4603	17.17	21.98	12.36
72	688065	346688	341377	13251	8559	4692	19.26	24.69	13.74
73	687068	346804	340264	14094	8928	5166	20.51	25.74	15.18
74	594928	290992	303936	13472	8184	5288	22.64	28.12	17.40
75-79岁	**2517425**	**1230020**	**1287405**	**78994**	**46755**	**32239**	**31.38**	**38.01**	**25.04**
75	562556	276859	285697	14479	8724	5755	25.74	31.51	20.14
76	577628	282010	295618	16096	9709	6387	27.87	34.43	21.61
77	501999	246049	255950	15758	9357	6401	31.39	38.03	25.01
78	450704	218438	232266	16060	9396	6664	35.63	43.01	28.69
79	424538	206664	217874	16601	9569	7032	39.10	46.30	32.28
80-84岁	**1476137**	**684263**	**791874**	**80419**	**42864**	**37555**	**54.48**	**62.64**	**47.43**
80	366300	174028	192272	16227	9043	7184	44.30	51.96	37.36
81	326013	151664	174349	16245	8821	7424	49.83	58.16	42.58
82	284415	133263	151152	15723	8372	7351	55.28	62.82	48.63
83	274254	125221	149033	17018	8955	8063	62.05	71.51	54.10
84	225155	100087	125068	15206	7673	7533	67.54	76.66	60.23
85-89岁	**732549**	**320302**	**412247**	**66203**	**32207**	**33996**	**90.37**	**100.55**	**82.47**
85	177729	76975	100754	13503	6697	6806	75.98	87.00	67.55
86	175786	78115	97671	14557	7271	7286	82.81	93.08	74.60
87	150212	65434	84778	14447	6954	7493	96.18	106.28	88.38
88	123639	53236	70403	12219	5814	6405	98.83	109.21	90.98
89	105183	46542	58641	11477	5471	6006	109.11	117.55	102.42
90-94岁	**256840**	**106042**	**150798**	**35888**	**15163**	**20725**	**139.73**	**142.99**	**137.44**
90	78648	33744	44904	9667	4318	5349	122.91	127.96	119.12
91	63898	26474	37424	8700	3652	5048	136.15	137.95	134.89
92	51910	21159	30751	7566	3186	4380	145.75	150.57	142.43
93	36919	14644	22275	5720	2313	3407	154.93	157.95	152.95
94	25465	10021	15444	4235	1694	2541	166.31	169.05	164.53
95-99岁	**58380**	**21976**	**36404**	**10279**	**3813**	**6466**	**176.07**	**173.51**	**177.62**
95	21041	8198	12843	3538	1436	2102	168.15	175.16	163.67
96	15021	5549	9472	2685	971	1714	178.75	174.99	180.95
97	9664	3575	6089	1763	624	1139	182.43	174.55	187.06
98	7218	2678	4540	1296	455	841	179.55	169.90	185.24
99	5436	1976	3460	997	327	670	183.41	165.49	193.64
100岁及以上	**8997**	**3102**	**5895**	**1896**	**571**	**1325**	**210.74**	**184.07**	**224.77**

6-4a 全省分年龄、性别的死亡人口状况
(2019.11.1-2020.10.31)(城市)

单位：人、‰

年龄	平均人口			死亡人口			死亡率		
	合计	男	女	合计	男	女	合计	男	女
总计	**30387380**	**15010960**	**15376420**	**104937**	**62253**	**42684**	**3.45**	**4.15**	**2.78**
0-4岁	**1553283**	**803522**	**749761**	**375**	**193**	**182**	**0.24**	**0.24**	**0.24**
0	271517	140222	131295	237	128	109	0.87	0.91	0.83
1	285692	148007	137685	50	25	25	0.18	0.17	0.18
2	316637	163727	152910	33	12	21	0.10	0.07	0.14
3	372057	192479	179578	41	21	20	0.11	0.11	0.11
4	307380	159087	148293	14	7	7	0.05	0.04	0.05
5-9岁	**1494073**	**775292**	**718781**	**93**	**46**	**47**	**0.06**	**0.06**	**0.07**
5	318556	165033	153523	22	7	15	0.07	0.04	0.10
6	296129	153691	142438	18	9	9	0.06	0.06	0.06
7	320695	166738	153957	18	11	7	0.06	0.07	0.05
8	286534	148801	137733	24	14	10	0.08	0.09	0.07
9	272159	141029	131130	11	5	6	0.04	0.04	0.05
10-14岁	**1296791**	**669640**	**627151**	**161**	**87**	**74**	**0.12**	**0.13**	**0.12**
10	256093	133115	122978	25	12	13	0.10	0.09	0.11
11	259466	134230	125236	29	15	14	0.11	0.11	0.11
12	272250	140754	131496	29	16	13	0.11	0.11	0.10
13	248660	128669	119991	39	21	18	0.16	0.16	0.15
14	260322	132872	127450	39	23	16	0.15	0.17	0.13
15-19岁	**1812041**	**915003**	**897038**	**176**	**118**	**58**	**0.10**	**0.13**	**0.06**
15	333165	169832	163333	29	23	6	0.09	0.14	0.04
16	335989	171373	164616	32	19	13	0.10	0.11	0.08
17	340508	173669	166839	27	16	11	0.08	0.09	0.07
18	365977	184098	181879	33	24	9	0.09	0.13	0.05
19	436402	216031	220371	55	36	19	0.13	0.17	0.09
20-24岁	**2295359**	**1120522**	**1174837**	**213**	**145**	**68**	**0.09**	**0.13**	**0.06**
20	446385	218348	228037	32	15	17	0.07	0.07	0.07
21	448169	218923	229246	50	39	11	0.11	0.18	0.05
22	440831	215015	225816	40	29	11	0.09	0.13	0.05
23	461661	224678	236983	39	28	11	0.08	0.12	0.05
24	498313	243558	254755	52	34	18	0.10	0.14	0.07
25-29岁	**2496873**	**1230729**	**1266144**	**361**	**253**	**108**	**0.14**	**0.21**	**0.09**
25	484389	237544	246845	56	43	13	0.12	0.18	0.05
26	489322	240259	249063	61	42	19	0.12	0.17	0.08
27	485402	239168	246234	69	56	13	0.14	0.23	0.05
28	491822	242704	249118	93	56	37	0.19	0.23	0.15
29	545938	271054	274884	82	56	26	0.15	0.21	0.09

6-4a　续表 1　　单位：人、‰

年　龄	平均人口			死亡人口			死亡率		
	合计	男	女	合计	男	女	合计	男	女
30-34岁	**2920291**	**1446062**	**1474229**	**597**	**366**	**231**	**0.20**	**0.25**	**0.16**
30	596364	295523	300841	80	51	29	0.13	0.17	0.10
31	565564	280283	285281	98	62	36	0.17	0.22	0.13
32	608582	301661	306921	134	79	55	0.22	0.26	0.18
33	644125	317926	326199	169	110	59	0.26	0.35	0.18
34	505656	250669	254987	116	64	52	0.23	0.26	0.20
35-39岁	**2022374**	**1002446**	**1019928**	**676**	**442**	**234**	**0.33**	**0.44**	**0.23**
35	374903	187141	187762	100	62	38	0.27	0.33	0.20
36	363428	181397	182031	104	66	38	0.29	0.36	0.21
37	433984	214983	219001	142	97	45	0.33	0.45	0.21
38	499932	246446	253486	190	124	66	0.38	0.50	0.26
39	350127	172479	177648	140	93	47	0.40	0.54	0.26
40-44岁	**2034851**	**1003212**	**1031639**	**1209**	**821**	**388**	**0.59**	**0.82**	**0.38**
40	355948	176335	179613	174	123	51	0.49	0.70	0.28
41	342443	168495	173948	174	122	52	0.51	0.72	0.30
42	368620	181216	187404	193	130	63	0.52	0.72	0.34
43	447781	221028	226753	270	185	85	0.60	0.84	0.37
44	520059	256138	263921	398	261	137	0.77	1.02	0.52
45-49岁	**2939832**	**1461313**	**1478519**	**2986**	**2015**	**971**	**1.02**	**1.38**	**0.66**
45	555837	274403	281434	458	288	170	0.82	1.05	0.60
46	583294	289850	293444	528	355	173	0.91	1.22	0.59
47	590936	295226	295710	603	404	199	1.02	1.37	0.67
48	606004	302237	303767	687	477	210	1.13	1.58	0.69
49	603761	299597	304164	710	491	219	1.18	1.64	0.72
50-54岁	**2615503**	**1277210**	**1338293**	**4357**	**3097**	**1260**	**1.67**	**2.42**	**0.94**
50	565182	277679	287503	799	553	246	1.41	1.99	0.86
51	594823	292191	302632	894	618	276	1.50	2.12	0.91
52	486810	235587	251223	824	580	244	1.69	2.46	0.97
53	461549	223593	237956	844	605	239	1.83	2.71	1.00
54	507139	248160	258979	996	741	255	1.96	2.99	0.98
55-59岁	**1902094**	**919218**	**982876**	**5107**	**3721**	**1386**	**2.68**	**4.05**	**1.41**
55	500797	243799	256998	1181	863	318	2.36	3.54	1.24
56	581454	282120	299334	1477	1067	410	2.54	3.78	1.37
57	457218	221974	235244	1293	959	334	2.83	4.32	1.42
58	203206	96439	106767	611	439	172	3.01	4.55	1.61
59	159419	74886	84533	545	393	152	3.42	5.25	1.80
60-64岁	**1380902**	**677728**	**703174**	**6430**	**4601**	**1829**	**4.66**	**6.79**	**2.60**
60	196026	96534	99492	685	486	199	3.49	5.03	2.00
61	247944	123824	124120	1031	749	282	4.16	6.05	2.27
62	325179	160218	164961	1461	1047	414	4.49	6.53	2.51
63	300300	146626	153674	1555	1127	428	5.18	7.69	2.79
64	311453	150526	160927	1698	1192	506	5.45	7.92	3.14

6-4a 续表 2

单位：人、‰

年 龄	平均人口			死亡人口			死亡率		
	合计	男	女	合计	男	女	合计	男	女
65-69岁	**1403292**	**658527**	**744765**	**11127**	**7343**	**3784**	**7.93**	**11.15**	**5.08**
65	329152	158098	171054	2012	1376	636	6.11	8.70	3.72
66	313432	147664	165768	2229	1527	702	7.11	10.34	4.23
67	298583	138877	159706	2437	1600	837	8.16	11.52	5.24
68	249341	114651	134690	2272	1447	825	9.11	12.62	6.13
69	212784	99237	113547	2177	1393	784	10.23	14.04	6.90
70-74岁	**907512**	**435267**	**472245**	**12579**	**7990**	**4589**	**13.86**	**18.36**	**9.72**
70	221459	103531	117928	2397	1517	880	10.82	14.65	7.46
71	188222	88832	99390	2340	1446	894	12.43	16.28	8.99
72	175490	84801	90689	2577	1654	923	14.68	19.50	10.18
73	172632	85111	87521	2684	1736	948	15.55	20.40	10.83
74	149709	72992	76717	2581	1637	944	17.24	22.43	12.30
75-79岁	**621450**	**298471**	**322979**	**14633**	**8843**	**5790**	**23.55**	**29.63**	**17.93**
75	139324	67585	71739	2712	1685	1027	19.47	24.93	14.32
76	137332	65744	71588	2870	1760	1110	20.90	26.77	15.51
77	124474	59626	64848	2979	1825	1154	23.93	30.61	17.80
78	111077	52848	58229	2934	1749	1185	26.41	33.09	20.35
79	109243	52668	56575	3138	1824	1314	28.72	34.63	23.23
80-84岁	**393655**	**182188**	**211467**	**16847**	**9152**	**7695**	**42.80**	**50.23**	**36.39**
80	96317	45245	51072	3179	1797	1382	33.01	39.72	27.06
81	85863	39485	46378	3393	1868	1525	39.52	47.31	32.88
82	77486	36341	41145	3307	1852	1455	42.68	50.96	35.36
83	73115	33880	39235	3560	1901	1659	48.69	56.11	42.28
84	60874	27237	33637	3408	1734	1674	55.98	63.66	49.77
85-89岁	**203725**	**92803**	**110922**	**15334**	**7842**	**7492**	**75.27**	**84.50**	**67.54**
85	49719	21572	28147	3163	1602	1561	63.62	74.26	55.46
86	49005	22295	26710	3361	1719	1642	68.58	77.10	61.48
87	41229	18912	22317	3303	1681	1622	80.11	88.89	72.68
88	33879	15667	18212	2725	1400	1325	80.43	89.36	72.75
89	29893	14357	15536	2782	1440	1342	93.07	100.30	86.38
90-94岁	**72784**	**33078**	**39706**	**8617**	**3929**	**4688**	**118.39**	**118.78**	**118.07**
90	22605	10613	11992	2232	1072	1160	98.74	101.01	96.73
91	17834	8086	9748	2051	932	1119	115.01	115.26	114.79
92	14459	6462	7997	1878	849	1029	129.88	131.38	128.67
93	10347	4607	5740	1359	594	765	131.34	128.93	133.28
94	7539	3310	4229	1097	482	615	145.51	145.62	145.42
95-99岁	**17492**	**7387**	**10105**	**2533**	**1061**	**1472**	**144.81**	**143.63**	**145.67**
95	6270	2743	3527	872	396	476	139.07	144.37	134.96
96	4356	1815	2541	628	247	381	144.17	136.09	149.94
97	2891	1179	1712	440	172	268	152.20	145.89	156.54
98	2234	941	1293	328	137	191	146.82	145.59	147.72
99	1741	709	1032	265	109	156	152.21	153.74	151.16
100岁及以上	**3203**	**1342**	**1861**	**526**	**188**	**338**	**164.22**	**140.09**	**181.62**

6-4b 全省分年龄、性别的死亡人口状况
(2019.11.1-2020.10.31)(镇)

单位：人、‰

年龄	平均人口			死亡人口			死亡率		
	合计	男	女	合计	男	女	合计	男	女
总计	**17026966**	**8388628**	**8638338**	**93622**	**56430**	**37192**	**5.50**	**6.73**	**4.31**
0-4岁	**927944**	**480884**	**447060**	**353**	**211**	**142**	**0.38**	**0.44**	**0.32**
0	148446	77336	71110	165	94	71	1.11	1.22	1.00
1	164671	85399	79272	76	48	28	0.46	0.56	0.35
2	190437	98506	91931	42	26	16	0.22	0.26	0.17
3	223271	115544	107727	41	24	17	0.18	0.21	0.16
4	201119	104099	97020	29	19	10	0.14	0.18	0.10
5-9岁	**1132093**	**586772**	**545321**	**167**	**101**	**66**	**0.15**	**0.17**	**0.12**
5	213831	110716	103115	36	21	15	0.17	0.19	0.15
6	216986	112745	104241	35	21	14	0.16	0.19	0.13
7	239990	124260	115730	27	20	7	0.11	0.16	0.06
8	231295	119793	111502	31	19	12	0.13	0.16	0.11
9	229991	119258	110733	38	20	18	0.17	0.17	0.16
10-14岁	**1185208**	**611327**	**573881**	**202**	**123**	**79**	**0.17**	**0.20**	**0.14**
10	236950	122715	114235	39	21	18	0.16	0.17	0.16
11	235658	121798	113860	34	18	16	0.14	0.15	0.14
12	238320	122986	115334	42	27	15	0.18	0.22	0.13
13	235325	121085	114240	52	29	23	0.22	0.24	0.20
14	238955	122743	116212	35	28	7	0.15	0.23	0.06
15-19岁	**1092584**	**564365**	**528219**	**257**	**158**	**99**	**0.24**	**0.28**	**0.19**
15	270761	139277	131484	47	25	22	0.17	0.18	0.17
16	267157	136153	131004	61	37	24	0.23	0.27	0.18
17	230667	118967	111700	48	25	23	0.21	0.21	0.21
18	175381	92023	83358	39	24	15	0.22	0.26	0.18
19	148618	77945	70673	62	47	15	0.42	0.60	0.21
20-24岁	**816895**	**405232**	**411663**	**334**	**236**	**98**	**0.41**	**0.58**	**0.24**
20	140708	72417	68291	58	39	19	0.41	0.54	0.28
21	150666	75672	74994	53	41	12	0.35	0.54	0.16
22	159191	79141	80050	66	44	22	0.41	0.56	0.27
23	172906	84480	88426	82	60	22	0.47	0.71	0.25
24	193424	93522	99902	75	52	23	0.39	0.56	0.23
25-29岁	**1009976**	**485463**	**524513**	**432**	**298**	**134**	**0.43**	**0.61**	**0.26**
25	191793	92432	99361	86	61	25	0.45	0.66	0.25
26	197834	95197	102637	80	50	30	0.40	0.53	0.29
27	196949	94195	102754	84	60	24	0.43	0.64	0.23
28	200300	96113	104187	106	72	34	0.53	0.75	0.33
29	223100	107526	115574	76	55	21	0.34	0.51	0.18

6-4b 续表 1

单位：人、‰

年 龄	平均人口			死亡人口			死亡率		
	合计	男	女	合计	男	女	合计	男	女
30-34岁	**1221993**	**589332**	**632661**	**680**	**477**	**203**	**0.56**	**0.81**	**0.32**
30	244562	117367	127195	127	96	31	0.52	0.82	0.24
31	232269	112249	120020	127	87	40	0.55	0.78	0.33
32	253451	121668	131783	138	93	45	0.54	0.76	0.34
33	271688	131341	140347	165	114	51	0.61	0.87	0.36
34	220023	106707	113316	123	87	36	0.56	0.82	0.32
35-39岁	**899405**	**434963**	**464442**	**686**	**481**	**205**	**0.76**	**1.11**	**0.44**
35	165343	80233	85110	89	59	30	0.54	0.74	0.35
36	158826	76793	82033	108	71	37	0.68	0.92	0.45
37	186217	90518	95699	156	112	44	0.84	1.24	0.46
38	221212	106735	114477	186	131	55	0.84	1.23	0.48
39	167807	80684	87123	147	108	39	0.88	1.34	0.45
40-44岁	**1092297**	**522822**	**569475**	**1325**	**917**	**408**	**1.21**	**1.75**	**0.72**
40	175944	84369	91575	166	117	49	0.94	1.39	0.54
41	179569	85912	93657	178	127	51	0.99	1.48	0.54
42	195773	93556	102217	240	162	78	1.23	1.73	0.76
43	247477	118214	129263	327	222	105	1.32	1.88	0.81
44	293534	140771	152763	414	289	125	1.41	2.05	0.82
45-49岁	**1723462**	**837000**	**886462**	**3085**	**2173**	**912**	**1.79**	**2.60**	**1.03**
45	326098	156632	169466	499	360	139	1.53	2.30	0.82
46	347146	168559	178587	538	375	163	1.55	2.22	0.91
47	350446	170507	179939	628	437	191	1.79	2.56	1.06
48	349719	170090	179629	679	483	196	1.94	2.84	1.09
49	350053	171212	178841	741	518	223	2.12	3.03	1.25
50-54岁	**1604743**	**776814**	**827929**	**4726**	**3360**	**1366**	**2.95**	**4.33**	**1.65**
50	332696	161639	171057	818	599	219	2.46	3.71	1.28
51	356809	172505	184304	883	635	248	2.47	3.68	1.35
52	301477	145183	156294	948	660	288	3.14	4.55	1.84
53	295825	142879	152946	938	662	276	3.17	4.63	1.80
54	317936	154608	163328	1139	804	335	3.58	5.20	2.05
55-59岁	**1093228**	**530701**	**562527**	**4676**	**3294**	**1382**	**4.28**	**6.21**	**2.46**
55	299792	146480	153312	1098	784	314	3.66	5.35	2.05
56	335338	164455	170883	1334	936	398	3.98	5.69	2.33
57	262028	127969	134059	1231	865	366	4.70	6.76	2.73
58	114391	54202	60189	594	410	184	5.19	7.56	3.06
59	81679	37595	44084	419	299	120	5.13	7.95	2.72
60-64岁	**790965**	**392477**	**398488**	**5870**	**4174**	**1696**	**7.42**	**10.64**	**4.26**
60	102176	50439	51737	655	469	186	6.41	9.30	3.60
61	138674	70213	68461	862	628	234	6.22	8.94	3.42
62	184993	92577	92416	1322	966	356	7.15	10.43	3.85
63	176729	86966	89763	1437	1006	431	8.13	11.57	4.80
64	188393	92282	96111	1594	1105	489	8.46	11.97	5.09

6–4b　续表 2　　　　　　　　　　　　　　　　单位：人、‰

年　龄	平均人口			死亡人口			死亡率		
	合计	男	女	合计	男	女	合计	男	女
65–69岁	**917272**	**441569**	**475703**	**10441**	**6983**	**3458**	**11.38**	**15.81**	**7.27**
65	208406	101519	106887	1930	1345	585	9.26	13.25	5.47
66	202066	96808	105258	2010	1336	674	9.95	13.80	6.40
67	203364	96941	106423	2281	1546	735	11.22	15.95	6.91
68	166346	79629	86717	2255	1456	799	13.56	18.28	9.21
69	137090	66672	70418	1965	1300	665	14.33	19.50	9.44
70–74岁	**620571**	**307447**	**313124**	**11707**	**7618**	**4089**	**18.86**	**24.78**	**13.06**
70	149051	73628	75423	2258	1484	774	15.15	20.16	10.26
71	128271	63505	64766	2310	1527	783	18.01	24.05	12.09
72	119055	59443	59612	2273	1503	770	19.09	25.28	12.92
73	120638	60303	60335	2483	1611	872	20.58	26.72	14.45
74	103556	50568	52988	2383	1493	890	23.01	29.52	16.80
75–79岁	**446364**	**215897**	**230467**	**14012**	**8535**	**5477**	**31.39**	**39.53**	**23.76**
75	98121	48035	50086	2487	1565	922	25.35	32.58	18.41
76	101725	48990	52735	2865	1741	1124	28.16	35.54	21.31
77	89198	43171	46027	2746	1664	1082	30.79	38.54	23.51
78	80481	38534	41947	2883	1754	1129	35.82	45.52	26.91
79	76839	37167	39672	3031	1811	1220	39.45	48.73	30.75
80–84岁	**263554**	**122319**	**141235**	**14292**	**7801**	**6491**	**54.23**	**63.78**	**45.96**
80	65842	31170	34672	2954	1704	1250	44.86	54.67	36.05
81	58289	27018	31271	2855	1584	1271	48.98	58.63	40.64
82	50891	24072	26819	2815	1535	1280	55.31	63.77	47.73
83	48843	22251	26592	3014	1628	1386	61.71	73.17	52.12
84	39689	17808	21881	2654	1350	1304	66.87	75.81	59.60
85–89岁	**130203**	**58583**	**71620**	**11753**	**5822**	**5931**	**90.27**	**99.38**	**82.81**
85	31034	13522	17512	2326	1196	1130	74.95	88.45	64.53
86	31079	14145	16934	2646	1323	1323	85.14	93.53	78.13
87	26802	12085	14717	2513	1180	1333	93.76	97.64	90.58
88	22009	9857	12152	2200	1075	1125	99.96	109.06	92.58
89	19279	8974	10305	2068	1048	1020	107.27	116.78	98.98
90–94岁	**45955**	**19956**	**25999**	**6436**	**2820**	**3616**	**140.05**	**141.31**	**139.08**
90	14216	6389	7827	1766	820	946	124.23	128.35	120.86
91	11316	4912	6404	1560	666	894	137.86	135.59	139.60
92	9290	4001	5289	1319	557	762	141.98	139.22	144.07
93	6662	2800	3862	1032	459	573	154.91	163.93	148.37
94	4471	1854	2617	759	318	441	169.76	171.52	168.51
95–99岁	**10747**	**4182**	**6565**	**1856**	**740**	**1116**	**172.70**	**176.95**	**169.99**
95	3740	1527	2213	618	269	349	165.24	176.16	157.70
96	2755	1043	1712	502	199	303	182.21	190.80	176.99
97	1786	679	1107	305	116	189	170.77	170.84	170.73
98	1370	508	862	248	95	153	181.02	187.01	177.49
99	1096	425	671	183	61	122	166.97	143.53	181.82
100岁及以上	**1507**	**523**	**984**	**332**	**108**	**224**	**220.31**	**206.50**	**227.64**

6-4c 全省分年龄、性别的死亡人口状况
(2019.11.1-2020.10.31)(乡村)

单位：人、‰

年 龄	平均人口			死亡人口			死亡率		
	合计	男	女	合计	男	女	合计	男	女
总 计	**36237880**	**18898172**	**17339708**	**326429**	**192643**	**133786**	**9.01**	**10.19**	**7.72**
0-4岁	**1721622**	**894597**	**827025**	**1482**	**857**	**625**	**0.86**	**0.96**	**0.76**
0	304171	158394	145777	634	364	270	2.08	2.30	1.85
1	321989	167568	154421	291	158	133	0.90	0.94	0.86
2	353294	183535	169759	203	132	71	0.57	0.72	0.42
3	382045	198385	183660	201	114	87	0.53	0.57	0.47
4	360123	186715	173408	153	89	64	0.42	0.48	0.37
5-9岁	**2020092**	**1047410**	**972682**	**621**	**373**	**248**	**0.31**	**0.36**	**0.25**
5	377240	195266	181974	140	82	58	0.37	0.42	0.32
6	380680	197027	183653	116	65	51	0.30	0.33	0.28
7	418017	216471	201546	136	90	46	0.33	0.42	0.23
8	417904	216888	201016	130	70	60	0.31	0.32	0.30
9	426251	221758	204493	99	66	33	0.23	0.30	0.16
10-14岁	**2321129**	**1217411**	**1103718**	**815**	**495**	**320**	**0.35**	**0.41**	**0.29**
10	457860	237590	220270	143	86	57	0.31	0.36	0.26
11	469267	244648	224619	133	78	55	0.28	0.32	0.24
12	480486	251386	229100	169	100	69	0.35	0.40	0.30
13	489830	257345	232485	181	107	74	0.37	0.42	0.32
14	423686	226442	197244	189	124	65	0.45	0.55	0.33
15-19岁	**1397235**	**765511**	**631724**	**964**	**625**	**339**	**0.69**	**0.82**	**0.54**
15	303920	165506	138414	209	131	78	0.69	0.79	0.56
16	250172	138147	112025	180	122	58	0.72	0.88	0.52
17	267255	145901	121354	180	119	61	0.67	0.82	0.50
18	291622	158951	132671	199	132	67	0.68	0.83	0.51
19	284266	157006	127260	196	121	75	0.69	0.77	0.59
20-24岁	**1802225**	**993802**	**808423**	**1291**	**913**	**378**	**0.72**	**0.92**	**0.47**
20	298632	165031	133601	223	150	73	0.75	0.91	0.55
21	334307	183648	150659	228	158	70	0.68	0.86	0.46
22	362725	199429	163296	252	174	78	0.69	0.87	0.48
23	387582	213343	174239	256	192	64	0.66	0.90	0.37
24	418979	232351	186628	332	239	93	0.79	1.03	0.50
25-29岁	**1929452**	**1077691**	**851761**	**1705**	**1233**	**472**	**0.88**	**1.14**	**0.55**
25	397085	220798	176287	335	235	100	0.84	1.06	0.57
26	387818	216653	171165	329	241	88	0.85	1.11	0.51
27	375570	209196	166374	348	259	89	0.93	1.24	0.53
28	369025	206229	162796	336	238	98	0.91	1.15	0.60
29	399954	224815	175139	357	260	97	0.89	1.16	0.55

6-4c 续表 1

单位：人、‰

年 龄	平均人口			死亡人口			死亡率		
	合计	男	女	合计	男	女	合计	男	女
30-34岁	**2065264**	**1149739**	**915525**	**2276**	**1661**	**615**	**1.10**	**1.44**	**0.67**
30	429909	240255	189654	416	292	124	0.97	1.22	0.65
31	398857	221492	177365	402	283	119	1.01	1.28	0.67
32	424244	235499	188745	473	362	111	1.11	1.54	0.59
33	450482	252023	198459	527	380	147	1.17	1.51	0.74
34	361772	200470	161302	458	344	114	1.27	1.72	0.71
35-39岁	**1467431**	**796051**	**671380**	**2448**	**1790**	**658**	**1.67**	**2.25**	**0.98**
35	271466	148237	123229	386	273	113	1.42	1.84	0.92
36	255077	137472	117605	405	291	114	1.59	2.12	0.97
37	298241	162910	135331	494	361	133	1.66	2.22	0.98
38	360368	196432	163936	638	485	153	1.77	2.47	0.93
39	282279	151000	131279	525	380	145	1.86	2.52	1.10
40-44岁	**1947169**	**1017819**	**929350**	**4506**	**3223**	**1283**	**2.31**	**3.17**	**1.38**
40	298904	158560	140344	590	427	163	1.97	2.69	1.16
41	311353	163461	147892	687	489	198	2.21	2.99	1.34
42	347469	181388	166081	794	558	236	2.29	3.08	1.42
43	443474	231132	212342	1096	770	326	2.47	3.33	1.54
44	545969	283278	262691	1339	979	360	2.45	3.46	1.37
45-49岁	**3505959**	**1809099**	**1696860**	**10791**	**7732**	**3059**	**3.08**	**4.27**	**1.80**
45	625657	322932	302725	1672	1245	427	2.67	3.86	1.41
46	683146	353051	330095	1987	1408	579	2.91	3.99	1.75
47	705211	364394	340817	2067	1528	539	2.93	4.19	1.58
48	740537	381927	358610	2399	1641	758	3.24	4.30	2.11
49	751408	386795	364613	2666	1910	756	3.55	4.94	2.07
50-54岁	**3628627**	**1861903**	**1766724**	**16236**	**11483**	**4753**	**4.47**	**6.17**	**2.69**
50	721451	368381	353070	2660	1915	745	3.69	5.20	2.11
51	788315	404157	384158	3217	2275	942	4.08	5.63	2.45
52	691419	352288	339131	3163	2219	944	4.57	6.30	2.78
53	689263	354158	335105	3355	2353	1002	4.87	6.64	2.99
54	738179	382919	355260	3841	2721	1120	5.20	7.11	3.15
55-59岁	**2497400**	**1286573**	**1210827**	**15958**	**11334**	**4624**	**6.39**	**8.81**	**3.82**
55	681458	351796	329662	3856	2735	1121	5.66	7.77	3.40
56	756200	393602	362598	4635	3350	1285	6.13	8.51	3.54
57	610364	317422	292942	3959	2768	1191	6.49	8.72	4.07
58	266648	132971	133677	2078	1482	596	7.79	11.15	4.46
59	182730	90782	91948	1430	999	431	7.83	11.00	4.69
60-64岁	**2146692**	**1141386**	**1005306**	**20876**	**14908**	**5968**	**9.72**	**13.06**	**5.94**
60	240115	127540	112575	2028	1492	536	8.45	11.70	4.76
61	357767	192874	164893	3107	2254	853	8.68	11.69	5.17
62	500957	269318	231639	4759	3437	1322	9.50	12.76	5.71
63	499400	264803	234597	5070	3565	1505	10.15	13.46	6.42
64	548453	286851	261602	5912	4160	1752	10.78	14.50	6.70

6—4c 续表 2

单位：人、‰

年 龄	平均人口			死亡人口			死亡率		
	合计	男	女	合计	男	女	合计	男	女
65—69岁	**2896841**	**1465342**	**1431499**	**37746**	**24940**	**12806**	**13.03**	**17.02**	**8.95**
65	619669	320264	299405	6779	4697	2082	10.94	14.67	6.95
66	623656	315575	308081	7494	5029	2465	12.02	15.94	8.00
67	652066	326958	325108	8525	5589	2936	13.07	17.09	9.03
68	550680	276315	274365	7941	5175	2766	14.42	18.73	10.08
69	450770	226230	224540	7007	4450	2557	15.54	19.67	11.39
70—74岁	**2051053**	**1044862**	**1006191**	**42206**	**26544**	**15662**	**20.58**	**25.40**	**15.57**
70	494391	254250	240141	8246	5309	2937	16.68	20.88	12.23
71	427681	219346	208335	8124	5198	2926	19.00	23.70	14.04
72	393520	202444	191076	8401	5402	2999	21.35	26.68	15.70
73	393798	201390	192408	8927	5581	3346	22.67	27.71	17.39
74	341663	167432	174231	8508	5054	3454	24.90	30.19	19.82
75—79岁	**1449611**	**715652**	**733959**	**50349**	**29377**	**20972**	**34.73**	**41.05**	**28.57**
75	325111	161239	163872	9280	5474	3806	28.54	33.95	23.23
76	338571	167276	171295	10361	6208	4153	30.60	37.11	24.24
77	288327	143252	145075	10033	5868	4165	34.80	40.96	28.71
78	259146	127056	132090	10243	5893	4350	39.53	46.38	32.93
79	238456	116829	121627	10432	5934	4498	43.75	50.79	36.98
80—84岁	**818928**	**379756**	**439172**	**49280**	**25911**	**23369**	**60.18**	**68.23**	**53.21**
80	204141	97613	106528	10094	5542	4552	49.45	56.78	42.73
81	181861	85161	96700	9997	5369	4628	54.97	63.05	47.86
82	156038	72850	83188	9601	4985	4616	61.53	68.43	55.49
83	152296	69090	83206	10444	5426	5018	68.58	78.54	60.31
84	124592	55042	69550	9144	4589	4555	73.39	83.37	65.49
85—89岁	**398621**	**168916**	**229705**	**39116**	**18543**	**20573**	**98.13**	**109.78**	**89.56**
85	96976	41881	55095	8014	3899	4115	82.64	93.10	74.69
86	95702	41675	54027	8550	4229	4321	89.34	101.48	79.98
87	82181	34437	47744	8631	4093	4538	105.02	118.85	95.05
88	67751	27712	40039	7294	3339	3955	107.66	120.49	98.78
89	56011	23211	32800	6627	2983	3644	118.32	128.52	111.10
90—94岁	**138101**	**53008**	**85093**	**20835**	**8414**	**12421**	**150.87**	**158.73**	**145.97**
90	41827	16742	25085	5669	2426	3243	135.53	144.91	129.28
91	34748	13476	21272	5089	2054	3035	146.45	152.42	142.68
92	28161	10696	17465	4369	1780	2589	155.14	166.42	148.24
93	19910	7237	12673	3329	1260	2069	167.20	174.11	163.26
94	13455	4857	8598	2379	894	1485	176.81	184.06	172.71
95—99岁	**30141**	**10407**	**19734**	**5890**	**2012**	**3878**	**195.41**	**193.33**	**196.51**
95	11031	3928	7103	2048	771	1277	185.66	196.28	179.78
96	7910	2691	5219	1555	525	1030	196.59	195.09	197.36
97	4987	1717	3270	1018	336	682	204.13	195.69	208.56
98	3614	1229	2385	720	223	497	199.23	181.45	208.39
99	2599	842	1757	549	157	392	211.24	186.46	223.11
100岁及以上	**4287**	**1237**	**3050**	**1038**	**275**	**763**	**242.13**	**222.31**	**250.16**

第一部分　全部数据资料

第七卷　户口登记状况

7-1 全省按现住地、户口登记地、

现住地	户口					
	合计			省内		
	合计	男	女	小计	男	女
全省	**27823204**	**13828619**	**13994585**	**25233163**	**12415382**	**12817781**
成都市	10722432	5461304	5261128	9228851	4626466	4602385
自贡市	711259	336684	374575	677186	320091	357095
攀枝花市	472046	251579	220467	423396	224430	198966
泸州市	977304	470734	506570	899474	434121	465353
德阳市	930907	462093	468814	850668	415232	435436
绵阳市	1583852	772338	811514	1447901	698924	748977
广元市	552997	266395	286602	511558	243700	267858
遂宁市	852282	418653	433629	808517	396658	411859
内江市	794326	374493	419833	745497	351391	394106
乐山市	917714	445339	472375	869017	418295	450722
南充市	1636234	794391	841843	1552537	753384	799153
眉山市	935833	453544	482289	891813	430456	461357
宜宾市	1177561	580659	596902	1085322	534120	551202
广安市	760548	358620	401928	711996	337294	374702
达州市	1494704	748418	746286	1401965	700141	701824
雅安市	361071	171241	189830	339589	159695	179894
巴中市	693703	340754	352949	665607	325835	339772
资阳市	544458	262642	281816	518116	250138	267978
阿坝藏族羌族自治州	178869	95592	83277	161532	83262	78270
甘孜藏族自治州	259501	137765	121736	232334	119622	112712
凉山彝族自治州	1265603	625381	640222	1210287	592127	618160

7-1a 全省按现住地、户口登记地、

现住地	户口					
	合计			省内		
	合计	男	女	小计	男	女
全省	**17952455**	**8928543**	**9023912**	**16159551**	**7943549**	**8216002**
成都市	9176212	4653494	4522718	7869746	3926859	3942887
自贡市	407843	196066	211777	390091	186538	203553
攀枝花市	355298	188196	167102	317642	167337	150305
泸州市	534670	259224	275446	506373	244422	261951
德阳市	620825	301570	319255	576509	277247	299262
绵阳市	993150	478003	515147	920589	439754	480835
广元市	273697	130107	143590	256539	121316	135223
遂宁市	617192	302236	314956	589121	287799	301322
内江市	442167	205247	236920	420114	194475	225639
乐山市	501212	241130	260082	475920	226979	248941
南充市	862356	413533	448823	818267	391320	426947
眉山市	422256	202480	219776	402415	191912	210503
宜宾市	668064	334075	333989	631465	314356	317109
广安市	272000	129082	142918	258657	122763	135894
达州市	765415	383990	381425	735278	368406	366872
雅安市	135662	63465	72197	125776	58218	67558
巴中市	293784	144921	148863	284682	139648	145034
资阳市	256865	127351	129514	248768	123175	125593
阿坝藏族羌族自治州	17083	8297	8786	16474	7872	8602
甘孜藏族自治州	24109	12223	11886	22309	10973	11336
凉山彝族自治州	312595	153853	158742	292816	142180	150636

性别分的户口登记地在外乡镇街道的人口

单位：人

登记地

市辖区内人户分离			省内流动人口			省外		
小计	男	女	小计	男	女	小计	男	女
7134650	**3463931**	**3670719**	**18098513**	**8951451**	**9147062**	**2590041**	**1413237**	**1176804**
2262825	1099238	1163587	6966026	3527228	3438798	1493581	834838	658743
310900	146617	164283	366286	173474	192812	34073	16593	17480
134914	68820	66094	288482	155610	132872	48650	27149	21501
326929	157006	169923	572545	277115	295430	77830	36613	41217
174897	82644	92253	675771	332588	343183	80239	46861	33378
365698	176650	189048	1082203	522274	559929	135951	73414	62537
178711	84833	93878	332847	158867	173980	41439	22695	18744
334723	161882	172841	473794	234776	239018	43765	21995	21770
255290	121197	134093	490207	230194	260013	48829	23102	25727
227324	108961	118363	641693	309334	332359	48697	27044	21653
517436	254559	262877	1035101	498825	536276	83697	41007	42690
311913	148776	163137	579900	281680	298220	44020	23088	20932
463230	227490	235740	622092	306630	315462	92239	46539	45700
201539	96571	104968	510457	240723	269734	48552	21326	27226
525749	266163	259586	876216	433978	442238	92739	48277	44462
86267	40451	45816	253322	119244	134078	21482	11546	9936
255296	124991	130305	410311	200844	209467	28096	14919	13177
201009	97082	103927	317107	153056	164051	26342	12504	13838
			161532	83262	78270	17337	12330	5007
			232334	119622	112712	27167	18143	9024
			1210287	592127	618160	55316	33254	22062

性别分的户口登记地在外乡镇街道的人口(城市)

单位：人

登记地

市辖区内人户分离			省内流动人口			省外		
小计	男	女	小计	男	女	小计	男	女
6444093	**3123551**	**3320542**	**9715458**	**4819998**	**4895460**	**1792904**	**984994**	**807910**
2116973	1026367	1090606	5752773	2900492	2852281	1306466	726635	579831
291379	137880	153499	98712	48658	50054	17752	9528	8224
126401	64148	62253	191241	103189	88052	37656	20859	16797
299628	144150	155478	206745	100272	106473	28297	14802	13495
157986	74356	83630	418523	202891	215632	44316	24323	19993
302249	144843	157406	618340	294911	323429	72561	38249	34312
151292	71580	79712	105247	49736	55511	17158	8791	8367
320045	154373	165672	269076	133426	135650	28071	14437	13634
240967	114564	126403	179147	79911	99236	22053	10772	11281
194418	92309	102109	281502	134670	146832	25292	14151	11141
459680	225250	234430	358587	166070	192517	44089	22213	21876
283702	134894	148808	118713	57018	61695	19841	10568	9273
399803	196964	202839	231662	117392	114270	36599	19719	16880
155044	74177	80867	103613	48586	55027	13343	6319	7024
464920	235220	229700	270358	133186	137172	30137	15584	14553
69728	32698	37030	56048	25520	30528	9886	5247	4639
221428	108355	113073	63254	31293	31961	9102	5273	3829
188450	91423	97027	60318	31752	28566	8097	4176	3921
			16474	7872	8602	609	425	184
			22309	10973	11336	1800	1250	550
			292816	142180	150636	19779	11673	8106

7-1b 全省按现住地、户口登记地、

现住地	户口					
	合计			省内		
	合计	男	女	小计	男	女
全省	**6262343**	**3034903**	**3227440**	**5901230**	**2848842**	**3052388**
成都市	530303	253311	276992	478877	226426	252451
自贡市	241463	112285	129178	232097	108120	123977
攀枝花市	70908	38096	32812	65704	35011	30693
泸州市	332402	159182	173220	305805	147065	158740
德阳市	185337	95982	89355	165264	82595	82669
绵阳市	318610	153965	164645	289534	138857	150677
广元市	201240	94463	106777	189472	88057	101415
遂宁市	185227	90999	94228	177621	87492	90129
内江市	278968	134806	144162	264479	127716	136763
乐山市	283834	136892	146942	272634	131047	141587
南充市	594339	289118	305221	574037	280035	294002
眉山市	337096	162916	174180	325663	156995	168668
宜宾市	352389	171780	180609	327798	159618	168180
广安市	369832	172876	196956	350141	164145	185996
达州市	524810	259916	264894	491468	243675	247793
雅安市	147338	70251	77087	141870	67227	74643
巴中市	303845	146095	157750	293160	140898	152262
资阳市	228482	106214	122268	218794	101802	116992
阿坝藏族羌族自治州	107165	54489	52676	99406	49555	49851
甘孜藏族自治州	146798	72688	74110	133647	65166	68481
凉山彝族自治州	521957	258579	263378	503759	247340	256419

7-1c 全省按现住地、户口登记地、

现住地	户口					
	合计			省内		
	合计	男	女	小计	男	女
全省	**3608406**	**1865173**	**1743233**	**3172382**	**1622991**	**1549391**
成都市	1015917	554499	461418	880228	473181	407047
自贡市	61953	28333	33620	54998	25433	29565
攀枝花市	45840	25287	20553	40050	22082	17968
泸州市	110232	52328	57904	87296	42634	44662
德阳市	124745	64541	60204	108895	55390	53505
绵阳市	272092	140370	131722	237778	120313	117465
广元市	78060	41825	36235	65547	34327	31220
遂宁市	49863	25418	24445	41775	21367	20408
内江市	73191	34440	38751	60904	29200	31704
乐山市	132668	67317	65351	120463	60269	60194
南充市	179539	91740	87799	160233	82029	78204
眉山市	176481	88148	88333	163735	81549	82186
宜宾市	157108	74804	82304	126059	60146	65913
广安市	118716	56662	62054	103198	50386	52812
达州市	204479	104512	99967	175219	88060	87159
雅安市	78071	37525	40546	71943	34250	37693
巴中市	96074	49738	46336	87765	45289	42476
资阳市	59111	29077	30034	50554	25161	25393
阿坝藏族羌族自治州	54621	32806	21815	45652	25835	19817
甘孜藏族自治州	88594	52854	35740	76378	43483	32895
凉山彝族自治州	431051	212949	218102	413712	202607	211105

性别分的户口登记地在外乡镇街道的人口(镇)

单位：人

登记地								
市辖区内人户分离			省内流动人口			省　外		
小计	男	女	小计	男	女	小计	男	女
213200	**102555**	**110645**	**5688030**	**2746287**	**2941743**	**361113**	**186061**	**175052**
32802	15896	16906	446075	210530	235545	51426	26885	24541
10626	4984	5642	221471	103136	118335	9366	4165	5201
1995	1145	850	63709	33866	29843	5204	3085	2119
12859	5693	7166	292946	141372	151574	26597	12117	14480
3342	1494	1848	161922	81101	80821	20073	13387	6686
14517	6931	7586	275017	131926	143091	29076	15108	13968
13313	6366	6947	176159	81691	94468	11768	6406	5362
5490	2900	2590	172131	84592	87539	7606	3507	4099
6498	2982	3516	257981	124734	133247	14489	7090	7399
14707	7302	7405	257927	123745	134182	11200	5845	5355
5700	2734	2966	568337	277301	291036	20302	9083	11219
4250	2171	2079	321413	154824	166589	11433	5921	5512
26848	13167	13681	300950	146451	154499	24591	12162	12429
15384	7280	8104	334757	156865	177892	19691	8731	10960
19391	9714	9677	472077	233961	238116	33342	16241	17101
3459	1658	1801	138411	65569	72842	5468	3024	2444
13994	6528	7466	279166	134370	144796	10685	5197	5488
8025	3610	4415	210769	98192	112577	9688	4412	5276
			99406	49555	49851	7759	4934	2825
			133647	65166	68481	13151	7522	5629
			503759	247340	256419	18198	11239	6959

性别分的户口登记地在外乡镇街道的人口(乡村)

单位：人

登记地								
市辖区内人户分离			省内流动人口			省　外		
小计	男	女	小计	男	女	小计	男	女
477357	**237825**	**239532**	**2695025**	**1385166**	**1309859**	**436024**	**242182**	**193842**
113050	56975	56075	767178	416206	350972	135689	81318	54371
8895	3753	5142	46103	21680	24423	6955	2900	4055
6518	3527	2991	33532	18555	14977	5790	3205	2585
14442	7163	7279	72854	35471	37383	22936	9694	13242
13569	6794	6775	95326	48596	46730	15850	9151	6699
48932	24876	24056	188846	95437	93409	34314	20057	14257
14106	6887	7219	51441	27440	24001	12513	7498	5015
9188	4609	4579	32587	16758	15829	8088	4051	4037
7825	3651	4174	53079	25549	27530	12287	5240	7047
18199	9350	8849	102264	50919	51345	12205	7048	5157
52056	26575	25481	108177	55454	52723	19306	9711	9595
23961	11711	12250	139774	69838	69936	12746	6599	6147
36579	17359	19220	89480	42787	46693	31049	14658	16391
31111	15114	15997	72087	35272	36815	15518	6276	9242
41438	21229	20209	133781	66831	66950	29260	16452	12808
13080	6095	6985	58863	28155	30708	6128	3275	2853
19874	10108	9766	67891	35181	32710	8309	4449	3860
4534	2049	2485	46020	23112	22908	8557	3916	4641
			45652	25835	19817	8969	6971	1998
			76378	43483	32895	12216	9371	2845
			413712	202607	211105	17339	10342	6997

7-2 全省按户口登记地、年龄、性别分的

年 龄	户口					
	合 计			省 内		
	合计	男	女	小计	男	女
总 计	**27823204**	**13828619**	**13994585**	**25233163**	**12415382**	**12817781**
0-4岁	**1198175**	**621195**	**576980**	**1116272**	**578365**	**537907**
0	148261	76708	71553	140341	72565	67776
1	236322	122909	113413	220704	114711	105993
2	242567	125687	116880	225186	116648	108538
3	287287	148592	138695	266860	137968	128892
4	283738	147299	136439	263181	136473	126708
5-9岁	**1311537**	**680858**	**630679**	**1216223**	**631002**	**585221**
5	260953	135073	125880	241784	125086	116698
6	262073	136143	125930	243020	126150	116870
7	259743	134979	124764	240946	125217	115729
8	277170	143959	133211	256932	133284	123648
9	251598	130704	120894	233541	121265	112276
10-14岁	**1251045**	**645795**	**605250**	**1171592**	**604476**	**567116**
10	248520	129182	119338	231208	120143	111065
11	247093	128334	118759	229936	119458	110478
12	251011	129818	121193	234945	121444	113501
13	251230	129182	122048	236351	121421	114930
14	253191	129279	123912	239152	122010	117142
15-19岁	**2323406**	**1167299**	**1156107**	**2150215**	**1073844**	**1076371**
15	384389	194759	189630	369520	186582	182938
16	513970	262504	251466	494209	251406	242803
17	480717	244487	236230	457856	231633	226223
18	445371	223475	221896	403270	201074	202196
19	498959	242074	256885	425360	203149	222211
20-24岁	**2448250**	**1170900**	**1277350**	**2080946**	**970268**	**1110678**
20	522029	250628	271401	435575	205489	230086
21	479239	228600	250639	400869	186851	214018
22	482932	231728	251204	412938	192622	220316
23	469001	224243	244758	403267	187041	216226
24	495049	235701	259348	428297	198265	230032
25-29岁	**2579102**	**1243057**	**1336045**	**2262903**	**1069001**	**1193902**
25	539506	256723	282783	471275	218704	252571
26	507342	243361	263981	444823	208693	236130
27	526982	252979	274003	463426	218198	245228
28	498195	241818	256377	437359	208484	228875
29	507077	248176	258901	446020	214922	231098

户口登记地在外乡镇街道的人口

单位：人

登记地					
其中市辖区内人户分离			省外		
小计	男	女	小计	男	女
7134650	**3463931**	**3670719**	**2590041**	**1413237**	**1176804**
341404	**176351**	**165053**	**81903**	**42830**	**39073**
43800	22481	21319	7920	4143	3777
67387	35161	32226	15618	8198	7420
68637	35372	33265	17381	9039	8342
81241	41934	39307	20427	10624	9803
80339	41403	38936	20557	10826	9731
350099	**181957**	**168142**	**95314**	**49856**	**45458**
72666	37725	34941	19169	9987	9182
70669	36792	33877	19053	9993	9060
68523	35684	32839	18797	9762	9035
73452	38081	35371	20238	10675	9563
64789	33675	31114	18057	9439	8618
321687	**165834**	**155853**	**79453**	**41319**	**38134**
63126	32932	30194	17312	9039	8273
61683	31987	29696	17157	8876	8281
65430	33768	31662	16066	8374	7692
66578	34210	32368	14879	7761	7118
64870	32937	31933	14039	7269	6770
501293	**256696**	**244597**	**173191**	**93455**	**79736**
104473	52829	51644	14869	8177	6692
137681	69833	67848	19761	11098	8663
120880	61890	58990	22861	12854	10007
77339	40951	36388	42101	22401	19700
60920	31193	29727	73599	38925	34674
364351	**171277**	**193074**	**367304**	**200632**	**166672**
60586	30064	30522	86454	45139	41315
59702	28407	31295	78370	41749	36621
71589	33226	38363	69994	39106	30888
79946	36937	43009	65734	37202	28532
92528	42643	49885	66752	37436	29316
556572	**259456**	**297116**	**316199**	**174056**	**142143**
107042	49246	57796	68231	38019	30212
106600	49982	56618	62519	34668	27851
116466	54221	62245	63556	34781	28775
111794	52434	59360	60836	33334	27502
114670	53573	61097	61057	33254	27803

7-2 续表 1

年龄	户口					
	合计			省内		
	合计	男	女	小计	男	女
30-34岁	**2860650**	**1420864**	**1439786**	**2517987**	**1235280**	**1282707**
30	598677	295945	302732	524553	255480	269073
31	567380	281807	285573	497077	243553	253524
32	526307	262045	264262	462052	227383	234669
33	618131	306998	311133	546566	268650	277916
34	550155	274069	276086	487739	240214	247525
35-39岁	**1835829**	**921452**	**914377**	**1608816**	**796054**	**812762**
35	386537	193737	192800	336547	166693	169854
36	324539	164335	160204	278557	138758	139799
37	330547	166304	164243	287626	142421	145205
38	421885	211382	210503	373861	184829	189032
39	372321	185694	186627	332225	163353	168872
40-44岁	**1743757**	**876415**	**867342**	**1570237**	**778524**	**791713**
40	288870	144793	144077	255230	125854	129376
41	331293	166563	164730	294797	146072	148725
42	315987	158340	157647	282478	139600	142878
43	366408	184330	182078	333767	165809	167958
44	441199	222389	218810	403965	201189	202776
45-49岁	**2593577**	**1315081**	**1278496**	**2397121**	**1200921**	**1196200**
45	489613	247058	242555	450763	225010	225753
46	525463	265839	259624	484571	242177	242394
47	522401	266398	256003	482231	242948	239283
48	524290	266059	258231	485854	243506	242348
49	531810	269727	262083	493702	247280	246422
50-54岁	**2365490**	**1172956**	**1192534**	**2194512**	**1075619**	**1118893**
50	526051	263700	262351	487596	241312	246284
51	476413	238464	237949	441647	218497	223150
52	513949	254032	259917	477086	232891	244195
53	395366	192975	202391	366581	176901	189680
54	453711	223785	229926	421602	206018	215584
55-59岁	**1705602**	**832194**	**873408**	**1573980**	**763033**	**810947**
55	431028	212249	218779	400425	195652	204773
56	434094	212246	221848	402863	195746	207117
57	471674	231240	240434	437043	213010	224033
58	246648	119094	127554	223745	107335	116410
59	122158	57365	64793	109904	51290	58614
60-64岁	**988185**	**493735**	**494450**	**904584**	**450635**	**453949**
60	142463	69181	73282	127886	61759	66127
61	147237	75412	71825	133216	67956	65260
62	226671	115179	111492	208258	105513	102745
63	240048	119205	120843	220901	109494	111407
64	231766	114758	117008	214323	105913	108410

单位：人

登记地					
其中市辖区内人户分离			省外		
小计	男	女	小计	男	女
689203	**322994**	**366209**	**342663**	**185584**	**157079**
133709	62898	70811	74124	40465	33659
131915	61633	70282	70303	38254	32049
127053	59896	67157	64255	34662	29593
154868	72012	82856	71565	38348	33217
141658	66555	75103	62416	33855	28561
498440	**234872**	**263568**	**227013**	**125398**	**101615**
98346	46594	51752	49990	27044	22946
83725	39689	44036	45982	25577	20405
91068	42940	48128	42921	23883	19038
120441	56563	63878	48024	26553	21471
104860	49086	55774	40096	22341	17755
483045	**229742**	**253303**	**173520**	**97891**	**75629**
79001	37430	41571	33640	18939	14701
91306	43155	48151	36496	20491	16005
86576	41013	45563	33509	18740	14769
102626	48927	53699	32641	18521	14120
123536	59217	64319	37234	21200	16034
736039	**358940**	**377099**	**196456**	**114160**	**82296**
138669	66860	71809	38850	22048	16802
146957	71158	75799	40892	23662	17230
147237	72098	75139	40170	23450	16720
149750	73623	76127	38436	22553	15883
153426	75201	78225	38108	22447	15661
658403	**321310**	**337093**	**170978**	**97337**	**73641**
150648	73757	76891	38455	22388	16067
136011	66573	69438	34766	19967	14799
143049	69832	73217	36863	21141	15722
105974	51151	54823	28785	16074	12711
122721	59997	62724	32109	17767	14342
495558	**242108**	**253450**	**131622**	**69161**	**62461**
120522	59166	61356	30603	16597	14006
126419	61700	64719	31231	16500	14731
140295	68625	71670	34631	18230	16401
70864	34577	36287	22903	11759	11144
37458	18040	19418	12254	6075	6179
303383	**150879**	**152504**	**83601**	**43100**	**40501**
44507	22003	22504	14577	7422	7155
45191	23025	22166	14021	7456	6565
69366	34864	34502	18413	9666	8747
73623	36373	37250	19147	9711	9436
70696	34614	36082	17443	8845	8598

7-2 续表 2

年龄	户口					
	合计			省内		
	合计	男	女	小计	男	女
65-69岁	**1057515**	**510106**	**547409**	**987422**	**474784**	**512638**
65	241113	117818	123295	223889	109225	114664
66	238335	115442	122893	221736	107020	114716
67	215784	103055	112729	201875	96073	105802
68	207705	99324	108381	195114	92855	102259
69	154578	74467	80111	144808	69611	75197
70-74岁	**644732**	**322822**	**321910**	**607557**	**302524**	**305033**
70	146734	72322	74412	138024	67745	70279
71	145834	72399	73435	137390	67822	69568
72	121802	60990	60812	114824	57182	57642
73	119991	61236	58755	113185	57428	55757
74	110371	55875	54496	104134	52347	51787
75-79岁	**431595**	**212375**	**219220**	**408523**	**199775**	**208748**
75	94093	46845	47248	88900	43954	44946
76	98675	49484	49191	93315	46447	46868
77	86834	42097	44737	82354	39669	42685
78	77584	38131	39453	73389	35869	37520
79	74409	35818	38591	70565	33836	36729
80-84岁	**272233**	**126957**	**145276**	**259206**	**120207**	**138999**
80	69251	33594	35657	65709	31693	34016
81	56667	26021	30646	53888	24618	29270
82	53408	24933	28475	50837	23647	27190
83	47599	21984	25615	45421	20838	24583
84	45308	20425	24883	43351	19411	23940
85-89岁	**140134**	**62416**	**77718**	**134764**	**59865**	**74899**
85	33413	14584	18829	31943	13874	18069
86	30712	13233	17479	29474	12662	16812
87	31016	14176	16840	29857	13603	16254
88	24298	10814	13484	23484	10443	13041
89	20695	9609	11086	20006	9283	10723
90-94岁	**55693**	**25075**	**30618**	**54045**	**24317**	**29728**
90	17829	8349	9480	17284	8079	9205
91	12596	5665	6931	12197	5477	6720
92	11242	4926	6316	10919	4794	6125
93	8086	3552	4534	7857	3450	4407
94	5940	2583	3357	5788	2517	3271
95-99岁	**14181**	**6047**	**8134**	**13802**	**5885**	**7917**
95	4697	2014	2683	4554	1948	2606
96	3755	1575	2180	3674	1542	2132
97	2372	1021	1351	2309	991	1318
98	1827	771	1056	1778	756	1022
99	1530	666	864	1487	648	839
100岁及以上	**2516**	**1020**	**1496**	**2456**	**1003**	**1453**

单位：人

其中市辖区内人户分离			省外		
小计	男	女	小计	男	女
331576	**156145**	**175431**	**70093**	**35322**	**34771**
73516	35406	38110	17224	8593	8631
74325	35364	38961	16599	8422	8177
67379	31447	35932	13909	6982	6927
65642	30317	35325	12591	6469	6122
50714	23611	27103	9770	4856	4914
207641	**99988**	**107653**	**37175**	**20298**	**16877**
48300	22737	25563	8710	4577	4133
47263	22535	24728	8444	4577	3867
38865	18694	20171	6978	3808	3170
38410	18949	19461	6806	3808	2998
34803	17073	17730	6237	3528	2709
136487	**64809**	**71678**	**23072**	**12600**	**10472**
29899	14300	15599	5193	2891	2302
30813	14775	16038	5360	3037	2323
27240	12804	14436	4480	2428	2052
24661	11780	12881	4195	2262	1933
23874	11150	12724	3844	1982	1862
89405	**40516**	**48889**	**13027**	**6750**	**6277**
22398	10540	11858	3542	1901	1641
18600	8293	10307	2779	1403	1376
17631	7969	9662	2571	1286	1285
15832	7156	8676	2178	1146	1032
14944	6558	8386	1957	1014	943
46943	**20151**	**26792**	**5370**	**2551**	**2819**
11333	4695	6638	1470	710	760
10441	4422	6019	1238	571	667
10321	4519	5802	1159	573	586
8112	3522	4590	814	371	443
6736	2993	3743	689	326	363
18282	**7903**	**10379**	**1648**	**758**	**890**
5923	2620	3303	545	270	275
4225	1844	2381	399	188	211
3632	1544	2088	323	132	191
2614	1102	1512	229	102	127
1888	793	1095	152	66	86
4186	**1767**	**2419**	**379**	**162**	**217**
1479	648	831	143	66	77
1128	468	660	81	33	48
665	268	397	63	30	33
520	222	298	49	15	34
394	161	233	43	18	25
653	**236**	**417**	**60**	**17**	**43**

7-2a 全省按户口登记地、年龄、性别分的

年龄	合计			户口 省内		
	合计	男	女	小计	男	女
总计	**17952455**	**8928543**	**9023912**	**16159551**	**7943549**	**8216002**
0-4岁	**727234**	**376843**	**350391**	**673145**	**348385**	**324760**
0	95377	49179	46198	89911	46321	43590
1	146499	76074	70425	136241	70664	65577
2	147293	76279	71014	135932	70348	65584
3	170746	88227	82519	157267	81221	76046
4	167319	87084	80235	153794	79831	73963
5-9岁	**720260**	**375868**	**344392**	**660760**	**344165**	**316595**
5	149505	77786	71719	137248	71307	65941
6	144862	75611	69251	132829	69223	63606
7	140578	73517	67061	128964	67316	61648
8	150943	78979	71964	138339	72194	66145
9	134372	69975	64397	123380	64125	59255
10-14岁	**657364**	**341078**	**316286**	**609311**	**315179**	**294132**
10	130390	68087	62303	119873	62413	57460
11	127176	66379	60797	116992	60940	56052
12	132755	68949	63806	123074	63756	59318
13	134607	69652	64955	125481	64690	60791
14	132436	68011	64425	123891	63380	60511
15-19岁	**1343078**	**672979**	**670099**	**1227018**	**610497**	**616521**
15	204984	103668	101316	195995	98734	97261
16	274044	139475	134569	260626	131966	128660
17	261920	133325	128595	246009	124331	121678
18	264326	132322	132004	236779	117683	119096
19	337804	164189	173615	287609	137783	149826
20-24岁	**1789521**	**860686**	**928835**	**1513841**	**709817**	**804024**
20	377279	181232	196047	314641	148621	166020
21	354066	169459	184607	295097	138076	157021
22	356683	172084	184599	303737	142397	161340
23	343156	165097	178059	292985	136750	156235
24	358337	172814	185523	307381	143973	163408
25-29岁	**1810444**	**888773**	**921671**	**1581578**	**759376**	**822202**
25	384645	186104	198541	333885	157284	176601
26	356704	174062	182642	311022	148149	162873
27	369248	180579	188669	323472	154923	168549
28	347348	172178	175170	303964	147574	156390
29	352499	175850	176649	309235	151446	157789

户口登记地在外乡镇街道的人口(城市)

单位：人

其中市辖区内人户分离 小计	男	女	省外 小计	男	女
6444093	**3123551**	**3320542**	**1792904**	**984994**	**807910**
308013	**159281**	**148732**	**54089**	**28458**	**25631**
39692	20401	19291	5466	2858	2608
60819	31782	29037	10258	5410	4848
61750	31855	29895	11361	5931	5430
73078	37781	35297	13479	7006	6473
72674	37462	35212	13525	7253	6272
314765	**163841**	**150924**	**59500**	**31703**	**27797**
65571	34148	31423	12257	6479	5778
63515	33102	30413	12033	6388	5645
61562	32079	29483	11614	6201	5413
66061	34321	31740	12604	6785	5819
58056	30191	27865	10992	5850	5142
287415	**148239**	**139176**	**48053**	**25899**	**22154**
56336	29394	26942	10517	5674	4843
54759	28434	26325	10184	5439	4745
58676	30294	28382	9681	5193	4488
59799	30750	29049	9126	4962	4164
57845	29367	28478	8545	4631	3914
436980	**223367**	**213613**	**116060**	**62482**	**53578**
91503	46166	45337	8989	4934	4055
119112	60147	58965	13418	7509	5909
104337	53296	51041	15911	8994	6917
67262	35656	31606	27547	14639	12908
54766	28102	26664	50195	26406	23789
332859	**157359**	**175500**	**275680**	**150869**	**124811**
55404	27515	27889	62638	32611	30027
54668	26125	28543	58969	31383	27586
65438	30507	34931	52946	29687	23259
72946	33951	38995	50171	28347	21824
84403	39261	45142	50956	28841	22115
508387	**238534**	**269853**	**228866**	**129397**	**99469**
97531	45269	52262	50760	28820	21940
97198	45882	51316	45682	25913	19769
106306	49724	56582	45776	25656	20120
102278	48302	53976	43384	24604	18780
105074	49357	55717	43264	24404	18860

7-2a 续表 1

年 龄	户口					
	合 计			省 内		
	合计	男	女	小计	男	女
30-34岁	**1957024**	**988815**	**968209**	**1720491**	**855812**	**864679**
30	414885	209258	205627	362706	179667	183039
31	391450	198025	193425	342421	170372	172049
32	360142	182416	177726	316006	157692	158314
33	420035	211949	208086	371318	184785	186533
34	370512	187167	183345	328040	163296	164744
35-39岁	**1217846**	**620273**	**597573**	**1064260**	**531658**	**532602**
35	256541	130597	125944	222729	111519	111210
36	213979	110112	103867	182652	91821	90831
37	219621	112171	107450	190584	95316	95268
38	282163	143317	138846	249581	124471	125110
39	245542	124076	121466	218714	108531	110183
40-44岁	**1113466**	**565875**	**547591**	**1001785**	**500641**	**501144**
40	186764	95081	91683	164562	82044	82518
41	212834	108569	104265	188968	94620	94348
42	200929	101808	99121	179399	89267	90132
43	233394	118500	114894	212700	106479	106221
44	279545	141917	137628	256156	128231	127925
45-49岁	**1655061**	**839414**	**815647**	**1531917**	**767317**	**764600**
45	310002	157187	152815	285689	143083	142606
46	332498	168542	163956	306990	153608	153382
47	332503	169857	162646	307400	155061	152339
48	336393	170516	165877	312185	156335	155850
49	343665	173312	170353	319653	159230	160423
50-54岁	**1527831**	**747243**	**780588**	**1417083**	**686524**	**730559**
50	338998	168362	170636	314788	154533	160255
51	307474	151900	155574	285345	139590	145755
52	332023	161988	170035	308057	148754	159303
53	253821	121557	132264	234985	111542	123443
54	295515	143436	152079	273908	132105	141803
55-59岁	**1144550**	**547439**	**597111**	**1049283**	**500785**	**548498**
55	285379	138126	147253	264021	127253	136768
56	290084	138837	151247	267835	127910	139925
57	319118	153104	166014	293788	140688	153100
58	166357	78697	87660	149291	70579	78712
59	83612	38675	44937	74348	34355	39993
60-64岁	**674751**	**333821**	**340930**	**608651**	**301099**	**307552**
60	99393	47738	51655	87941	42170	45771
61	101637	51352	50285	90624	45779	44845
62	155187	77957	77230	140678	70699	69979
63	162405	80069	82336	147246	72618	74628
64	156129	76705	79424	142162	69833	72329

单位：人

登记地					
其中市辖区内人户分离			省外		
小计	男	女	小计	男	女
631772	**296924**	**334848**	**236533**	**133003**	**103530**
122964	58152	64812	52179	29591	22588
121205	56845	64360	49029	27653	21376
116694	55199	61495	44136	24724	19412
141597	65928	75669	48717	27164	21553
129312	60800	68512	42472	23871	18601
458663	**216226**	**242437**	**153586**	**88615**	**64971**
90177	42738	47439	33812	19078	14734
77154	36634	40520	31327	18291	13036
84160	39716	44444	29037	16855	12182
111064	52160	58904	32582	18846	13736
96108	44978	51130	26828	15545	11283
438191	**208143**	**230048**	**111681**	**65234**	**46447**
72165	34220	37945	22202	13037	9165
83100	39227	43873	23866	13949	9917
78424	37052	41372	21530	12541	8989
92991	44299	48692	20694	12021	8673
111511	53345	58166	23389	13686	9703
664007	**323060**	**340947**	**123144**	**72097**	**51047**
125016	60035	64981	24313	14104	10209
132331	63922	68409	25508	14934	10574
132800	64975	67825	25103	14796	10307
135211	66312	68899	24208	14181	10027
138649	67816	70833	24012	14082	9930
596538	**289793**	**306745**	**110748**	**60719**	**50029**
136769	66709	70060	24210	13829	10381
123547	60199	63348	22129	12310	9819
129725	63008	66717	23966	13234	10732
95618	45988	49630	18836	10015	8821
110879	53889	56990	21607	11331	10276
451142	**219205**	**231937**	**95267**	**46654**	**48613**
109306	53380	55926	21358	10873	10485
114949	55789	59160	22249	10927	11322
128070	62215	65855	25330	12416	12914
64434	31282	33152	17066	8118	8948
34383	16539	17844	9264	4320	4944
276095	**136691**	**139404**	**66100**	**32722**	**33378**
41015	20187	20828	11452	5568	5884
41344	20887	20457	11013	5573	5440
63066	31632	31434	14509	7258	7251
66748	32814	33934	15159	7451	7708
63922	31171	32751	13967	6872	7095

7-2a 续表 2

年龄	户口					
	合计			省内		
	合计	男	女	小计	男	女
65-69岁	**685966**	**328494**	**357472**	**630484**	**301109**	**329375**
65	159945	77568	82377	146129	70859	75270
66	156533	75497	81036	143343	68963	74380
67	139292	66127	73165	128305	60676	67629
68	132097	62637	69460	122191	57661	64530
69	98099	46665	51434	90516	42950	47566
70-74岁	**392235**	**191952**	**200283**	**364858**	**177629**	**187229**
70	91892	44371	47521	85205	40936	44269
71	88902	43154	45748	82518	39794	42724
72	73890	36031	37859	68725	33322	35403
73	72002	35837	36165	67175	33289	33886
74	65549	32559	32990	61235	30288	30947
75-79岁	**254138**	**122781**	**131357**	**238222**	**114625**	**123597**
75	56042	27413	28629	52454	25547	26907
76	58223	28591	29632	54595	26691	27904
77	50880	24239	26641	47841	22698	25143
78	45620	22056	23564	42656	20522	22134
79	43373	20482	22891	40676	19167	21509
80-84岁	**160509**	**73467**	**87042**	**151097**	**68723**	**82374**
80	40978	19459	21519	38477	18175	20302
81	33387	15083	18304	31373	14091	17282
82	31583	14436	17147	29699	13533	16166
83	28001	12708	15293	26407	11872	14535
84	26560	11781	14779	25141	11052	14089
85-89岁	**81352**	**35468**	**45884**	**77441**	**33620**	**43821**
85	19758	8391	11367	18677	7872	10805
86	18048	7655	10393	17126	7237	9889
87	17938	8037	9901	17085	7629	9456
88	13914	6056	7858	13352	5792	7560
89	11694	5329	6365	11201	5090	6111
90-94岁	**31254**	**13729**	**17525**	**30074**	**13176**	**16898**
90	10129	4612	5517	9724	4407	5317
91	7169	3172	3997	6883	3035	3848
92	6328	2710	3618	6100	2617	3483
93	4435	1886	2549	4276	1816	2460
94	3193	1349	1844	3091	1301	1790
95-99岁	**7392**	**3083**	**4309**	**7115**	**2965**	**4150**
95	2535	1075	1460	2426	1020	1406
96	1998	817	1181	1936	790	1146
97	1216	515	701	1170	497	673
98	898	369	529	863	359	504
99	745	307	438	720	299	421
100岁及以上	**1179**	**462**	**717**	**1137**	**447**	**690**

单位：人

登记地					
其中市辖区内人户分离			省　　外		
小计	男	女	小计	男	女
296516	**138717**	**157799**	**55482**	**27385**	**28097**
66238	31728	34510	13816	6709	7107
66702	31624	35078	13190	6534	6656
60185	27864	32321	10987	5451	5536
58339	26777	31562	9906	4976	4930
45052	20724	24328	7583	3715	3868
182930	**86590**	**96340**	**27377**	**14323**	**13054**
42802	19899	22903	6687	3435	3252
41484	19476	22008	6384	3360	3024
34259	16145	18114	5165	2709	2456
33833	16310	17523	4827	2548	2279
30552	14760	15792	4314	2271	2043
120124	**56352**	**63772**	**15916**	**8156**	**7760**
26395	12507	13888	3588	1866	1722
27067	12799	14268	3628	1900	1728
23963	11100	12863	3039	1541	1498
21743	10239	11504	2964	1534	1430
20956	9707	11249	2697	1315	1382
78570	**35251**	**43319**	**9412**	**4744**	**4668**
19743	9175	10568	2501	1284	1217
16347	7207	9140	2014	992	1022
15461	6924	8537	1884	903	981
13941	6244	7697	1594	836	758
13078	5701	7377	1419	729	690
41193	**17542**	**23651**	**3911**	**1848**	**2063**
9925	4044	5881	1081	519	562
9196	3893	5303	922	418	504
9054	3945	5109	853	408	445
7141	3069	4072	562	264	298
5877	2591	3286	493	239	254
15860	**6772**	**9088**	**1180**	**553**	**627**
5174	2258	2916	405	205	200
3634	1561	2073	286	137	149
3175	1337	1838	228	93	135
2261	943	1318	159	70	89
1616	673	943	102	48	54
3545	**1470**	**2075**	**277**	**118**	**159**
1260	533	727	109	55	54
951	388	563	62	27	35
568	231	337	46	18	28
436	184	252	35	10	25
330	134	196	25	8	17
528	**194**	**334**	**42**	**15**	**27**

7-2b 全省按户口登记地、年龄、性别分的

年 龄	户口					
	合 计			省 内		
	合计	男	女	小计	男	女
总 计	**6262343**	**3034903**	**3227440**	**5901230**	**2848842**	**3052388**
0-4岁	**317863**	**165000**	**152863**	**303830**	**157794**	**146036**
0	34876	18116	16760	33642	17470	16172
1	59249	30966	28283	56586	29578	27008
2	63268	32759	30509	60347	31273	29074
3	80126	41495	38631	76557	39663	36894
4	80344	41664	38680	76698	39810	36888
5-9岁	**413006**	**214530**	**198476**	**394364**	**204901**	**189463**
5	76533	39540	36993	73014	37705	35309
6	81572	42438	39134	77906	40510	37396
7	83602	43460	40142	79831	41562	38269
8	88960	46132	42828	85012	44076	40936
9	82339	42960	39379	78601	41048	37553
10-14岁	**421105**	**217021**	**204084**	**404821**	**208972**	**195849**
10	82741	43048	39693	79231	41289	37942
11	84201	43808	40393	80622	42027	38595
12	83722	43338	40384	80393	41660	38733
13	83190	42527	40663	80228	41106	39122
14	87251	44300	42951	84347	42890	41457
15-19岁	**704593**	**355043**	**349550**	**671818**	**336944**	**334874**
15	136811	69013	67798	133044	66924	66120
16	184418	93436	90982	180585	91289	89296
17	163551	81907	81644	159732	79847	79885
18	123806	62950	60856	115238	58350	56888
19	96007	47737	48270	83219	40534	42685
20-24岁	**363672**	**168524**	**195148**	**322047**	**146422**	**175625**
20	80937	39541	41396	68580	32920	35660
21	68873	32284	36589	59355	27234	32121
22	69042	31808	37234	61519	27732	33787
23	68686	31214	37472	62627	27951	34676
24	76134	33677	42457	69966	30585	39381
25-29岁	**447375**	**199150**	**248225**	**412268**	**182987**	**229281**
25	87517	38323	49194	80768	35114	45654
26	86029	38204	47825	79499	35154	44345
27	92237	40815	51422	84981	37483	47498
28	89084	39784	49300	81941	36576	45365
29	92508	42024	50484	85079	38660	46419

户口登记地在外乡镇街道的人口(镇)

单位：人

登记地					
其中市辖区内人户分离			省外		
小计	男	女	小计	男	女
213200	**102555**	**110645**	**361113**	**186061**	**175052**
10783	**5517**	**5266**	**14033**	**7206**	**6827**
1231	632	599	1234	646	588
1996	1022	974	2663	1388	1275
2203	1135	1068	2921	1486	1435
2748	1386	1362	3569	1832	1737
2605	1342	1263	3646	1854	1792
13228	**6684**	**6544**	**18642**	**9629**	**9013**
2497	1256	1241	3519	1835	1684
2635	1336	1299	3666	1928	1738
2640	1346	1294	3771	1898	1873
2893	1437	1456	3948	2056	1892
2563	1309	1254	3738	1912	1826
13451	**6926**	**6525**	**16284**	**8049**	**8235**
2701	1422	1279	3510	1759	1751
2750	1408	1342	3579	1781	1798
2659	1357	1302	3329	1678	1651
2604	1327	1277	2962	1421	1541
2737	1412	1325	2904	1410	1494
27404	**13845**	**13559**	**32775**	**18099**	**14676**
5540	2699	2841	3767	2089	1678
8473	4276	4197	3833	2147	1686
7775	3892	3883	3819	2060	1759
3936	2113	1823	8568	4600	3968
1680	865	815	12788	7203	5585
7458	**3129**	**4329**	**41625**	**22102**	**19523**
1118	553	565	12357	6621	5736
1167	513	654	9518	5050	4468
1428	578	850	7523	4076	3447
1716	705	1011	6059	3263	2796
2029	780	1249	6168	3092	3076
12025	**4859**	**7166**	**35107**	**16163**	**18944**
2334	883	1451	6749	3209	3540
2385	953	1432	6530	3050	3480
2519	1058	1461	7256	3332	3924
2383	967	1416	7143	3208	3935
2404	998	1406	7429	3364	4065

7-2b 续表 1

年 龄	户口					
	合 计			省 内		
	合计	男	女	小计	男	女
30-34岁	**555126**	**255621**	**299505**	**509196**	**234772**	**274424**
30	111777	50946	60831	102428	46664	55764
31	107000	49112	57888	97925	44996	52929
32	101904	47159	54745	93249	43189	50060
33	123087	56789	66298	113089	52342	60747
34	111358	51615	59743	102505	47581	54924
35-39岁	**387003**	**182025**	**204978**	**353550**	**166470**	**187080**
35	80673	37731	42942	73317	34438	38879
36	69069	32707	36362	62323	29637	32686
37	69327	32718	36609	62984	29706	33278
38	88065	41350	46715	81035	38063	42972
39	79869	37519	42350	73891	34626	39265
40-44岁	**390890**	**186768**	**204122**	**363940**	**173129**	**190811**
40	63357	29920	33437	58281	27452	30829
41	74282	35096	39186	68652	32344	36308
42	70873	33888	36985	65678	31292	34386
43	82217	39417	42800	77111	36740	40371
44	100161	48447	51714	94218	45301	48917
45-49岁	**587879**	**289350**	**298529**	**556638**	**272049**	**284589**
45	111832	54443	57389	105658	51201	54457
46	120664	59169	61495	114144	55623	58521
47	119937	59344	60593	113392	55668	57724
48	118586	58562	60024	112461	55052	57409
49	116860	57832	59028	110983	54505	56478
50-54岁	**527721**	**255628**	**272093**	**503076**	**241365**	**261711**
50	116560	57046	59514	110736	53688	57048
51	105065	51488	53577	100022	48606	51416
52	114808	55156	59652	109599	52100	57499
53	89785	43081	46704	85660	40678	44982
54	101503	48857	52646	97059	46293	50766
55-59岁	**362015**	**174003**	**188012**	**346311**	**164751**	**181560**
55	93752	45214	48538	89828	42913	46915
56	93246	45007	48239	89314	42694	46620
57	98939	47884	51055	94911	45481	49430
58	51574	24547	27027	49043	23042	26001
59	24504	11351	13153	23215	10621	12594
60-64岁	**199584**	**98329**	**101255**	**191518**	**93705**	**97813**
60	27592	13116	14476	26173	12301	13872
61	28955	14741	14214	27595	13907	13688
62	45280	22807	22473	43483	21747	21736
63	49706	24319	25387	47856	23301	24555
64	48051	23346	24705	46411	22449	23962

单位：人

登记地					
其中市辖区内人户分离			省外		
小计	男	女	小计	男	女
15716	**6807**	**8909**	**45930**	**20849**	**25081**
2858	1187	1671	9349	4282	5067
2957	1241	1716	9075	4116	4959
2765	1200	1565	8655	3970	4685
3698	1667	2031	9998	4447	5551
3438	1512	1926	8853	4034	4819
11667	**5398**	**6269**	**33453**	**15555**	**17898**
2341	1115	1226	7356	3293	4063
1959	875	1084	6746	3070	3676
1988	914	1074	6343	3012	3331
2736	1286	1450	7030	3287	3743
2643	1208	1435	5978	2893	3085
13362	**6308**	**7054**	**26950**	**13639**	**13311**
1980	922	1058	5076	2468	2608
2521	1165	1356	5630	2752	2878
2445	1179	1266	5195	2596	2599
2866	1368	1498	5106	2677	2429
3550	1674	1876	5943	3146	2797
21727	**10550**	**11177**	**31241**	**17301**	**13940**
4127	2056	2071	6174	3242	2932
4465	2127	2338	6520	3546	2974
4345	2092	2253	6545	3676	2869
4400	2144	2256	6125	3510	2615
4390	2131	2259	5877	3327	2550
18931	**9223**	**9708**	**24645**	**14263**	**10382**
4277	2090	2187	5824	3358	2466
3691	1822	1869	5043	2882	2161
4062	1971	2091	5209	3056	2153
3151	1484	1667	4125	2403	1722
3750	1856	1894	4444	2564	1880
13679	**6861**	**6818**	**15704**	**9252**	**6452**
3453	1694	1759	3924	2301	1623
3578	1808	1770	3932	2313	1619
3727	1924	1803	4028	2403	1625
1972	983	989	2531	1505	1026
949	452	497	1289	730	559
8195	**4115**	**4080**	**8066**	**4624**	**3442**
1054	505	549	1419	815	604
1134	628	506	1360	834	526
1896	940	956	1797	1060	737
2153	1092	1061	1850	1018	832
1958	950	1008	1640	897	743

7-2b 续表 2

年 龄	户口					
	合 计			省 内		
	合计	男	女	小计	男	女
65-69岁	**230996**	**109075**	**121921**	**224066**	**105337**	**118729**
65	51555	24951	26604	49943	24075	25868
66	51312	24242	27070	49691	23341	26350
67	47636	22073	25563	46236	21351	24885
68	46637	21774	24863	45379	21076	24303
69	33856	16035	17821	32817	15494	17323
70-74岁	**147431**	**71241**	**76190**	**143180**	**68775**	**74405**
70	32624	15751	16873	31701	15234	16467
71	33466	16128	17338	32539	15604	16935
72	27880	13535	14345	27087	13085	14002
73	27691	13470	14221	26871	12982	13889
74	25770	12357	13413	24982	11870	13112
75-79岁	**101363**	**47218**	**54145**	**98354**	**45425**	**52929**
75	21792	10302	11490	21108	9890	11218
76	23239	11010	12229	22551	10574	11977
77	20655	9407	11248	20034	9050	10984
78	18116	8431	9685	17576	8117	9459
79	17561	8068	9493	17085	7794	9291
80-84岁	**61617**	**27836**	**33781**	**60030**	**26926**	**33104**
80	16046	7498	8548	15582	7223	8359
81	13096	5799	7297	12768	5615	7153
82	11911	5443	6468	11613	5274	6339
83	10475	4658	5817	10218	4517	5701
84	10089	4438	5651	9849	4297	5552
85-89岁	**29569**	**12779**	**16790**	**28918**	**12463**	**16455**
85	7154	3038	4116	6973	2946	4027
86	6419	2689	3730	6292	2633	3659
87	6599	2915	3684	6461	2838	3623
88	5110	2243	2867	5001	2193	2808
89	4287	1894	2393	4191	1853	2338
90-94岁	**10843**	**4734**	**6109**	**10662**	**4650**	**6012**
90	3596	1656	1940	3539	1627	1912
91	2489	1093	1396	2443	1068	1375
92	2132	901	1231	2094	886	1208
93	1519	618	901	1495	607	888
94	1107	466	641	1091	462	629
95-99岁	**2321**	**895**	**1426**	**2276**	**872**	**1404**
95	773	299	474	760	293	467
96	613	241	372	605	240	365
97	396	147	249	387	139	248
98	282	107	175	276	104	172
99	257	101	156	248	96	152
100岁及以上	**371**	**133**	**238**	**367**	**133**	**234**

单位：人

登记地					
其中市辖区内人户分离			省外		
小计	男	女	小计	男	女
9781	**4732**	**5049**	**6930**	**3738**	**3192**
2034	1051	983	1612	876	736
2142	1022	1120	1621	901	720
2034	955	1079	1400	722	678
2064	974	1090	1258	698	560
1507	730	777	1039	541	498
6490	**3268**	**3222**	**4251**	**2466**	**1785**
1471	724	747	923	517	406
1493	749	744	927	524	403
1243	646	597	793	450	343
1147	599	548	820	488	332
1136	550	586	788	487	301
4376	**2075**	**2301**	**3009**	**1793**	**1216**
932	449	483	684	412	272
1009	474	535	688	436	252
864	418	446	621	357	264
770	374	396	540	314	226
801	360	441	476	274	202
2858	**1330**	**1528**	**1587**	**910**	**677**
734	348	386	464	275	189
617	287	330	328	184	144
552	256	296	298	169	129
485	219	266	257	141	116
470	220	250	240	141	99
1382	**613**	**769**	**651**	**316**	**335**
344	153	191	181	92	89
315	130	185	127	56	71
295	129	166	138	77	61
226	110	116	109	50	59
202	91	111	96	41	55
555	**261**	**294**	**181**	**84**	**97**
192	98	94	57	29	28
138	68	70	46	25	21
83	30	53	38	15	23
81	39	42	24	11	13
61	26	35	16	4	12
110	**47**	**63**	**45**	**23**	**22**
39	17	22	13	6	7
25	12	13	8	1	7
17	5	12	9	8	1
12	4	8	6	3	3
17	9	8	9	5	4
22	**7**	**15**	**4**		**4**

7-2c 全省按户口登记地、年龄、性别分的

年 龄	户口					
	合 计			省 内		
	合计	男	女	小计	男	女
总 计	**3608406**	**1865173**	**1743233**	**3172382**	**1622991**	**1549391**
0–4岁	**153078**	**79352**	**73726**	**139297**	**72186**	**67111**
0	18008	9413	8595	16788	8774	8014
1	30574	15869	14705	27877	14469	13408
2	32006	16649	15357	28907	15027	13880
3	36415	18870	17545	33036	17084	15952
4	36075	18551	17524	32689	16832	15857
5–9岁	**178271**	**90460**	**87811**	**161099**	**81936**	**79163**
5	34915	17747	17168	31522	16074	15448
6	35639	18094	17545	32285	16417	15868
7	35563	18002	17561	32151	16339	15812
8	37267	18848	18419	33581	17014	16567
9	34887	17769	17118	31560	16092	15468
10–14岁	**172576**	**87696**	**84880**	**157460**	**80325**	**77135**
10	35389	18047	17342	32104	16441	15663
11	35716	18147	17569	32322	16491	15831
12	34534	17531	17003	31478	16028	15450
13	33433	17003	16430	30642	15625	15017
14	33504	16968	16536	30914	15740	15174
15–19岁	**275735**	**139277**	**136458**	**251379**	**126403**	**124976**
15	42594	22078	20516	40481	20924	19557
16	55508	29593	25915	52998	28151	24847
17	55246	29255	25991	52115	27455	24660
18	57239	28203	29036	51253	25041	26212
19	65148	30148	35000	54532	24832	29700
20–24岁	**295057**	**141690**	**153367**	**245058**	**114029**	**131029**
20	63813	29855	33958	52354	23948	28406
21	56300	26857	29443	46417	21541	24876
22	57207	27836	29371	47682	22493	25189
23	57159	27932	29227	47655	22340	25315
24	60578	29210	31368	50950	23707	27243
25–29岁	**321283**	**155134**	**166149**	**269057**	**126638**	**142419**
25	67344	32296	35048	56622	26306	30316
26	64609	31095	33514	54302	25390	28912
27	65497	31585	33912	54973	25792	29181
28	61763	29856	31907	51454	24334	27120
29	62070	30302	31768	51706	24816	26890

户口登记地在外乡镇街道的人口(乡村)

单位：人

登记地					
其中市辖区内人户分离			省外		
小计	男	女	小计	男	女
477357	**237825**	**239532**	**436024**	**242182**	**193842**
22608	**11553**	**11055**	**13781**	**7166**	**6615**
2877	1448	1429	1220	639	581
4572	2357	2215	2697	1400	1297
4684	2382	2302	3099	1622	1477
5415	2767	2648	3379	1786	1593
5060	2599	2461	3386	1719	1667
22106	**11432**	**10674**	**17172**	**8524**	**8648**
4598	2321	2277	3393	1673	1720
4519	2354	2165	3354	1677	1677
4321	2259	2062	3412	1663	1749
4498	2323	2175	3686	1834	1852
4170	2175	1995	3327	1677	1650
20821	**10669**	**10152**	**15116**	**7371**	**7745**
4089	2116	1973	3285	1606	1679
4174	2145	2029	3394	1656	1738
4095	2117	1978	3056	1503	1553
4175	2133	2042	2791	1378	1413
4288	2158	2130	2590	1228	1362
36909	**19484**	**17425**	**24356**	**12874**	**11482**
7430	3964	3466	2113	1154	959
10096	5410	4686	2510	1442	1068
8768	4702	4066	3131	1800	1331
6141	3182	2959	5986	3162	2824
4474	2226	2248	10616	5316	5300
24034	**10789**	**13245**	**49999**	**27661**	**22338**
4064	1996	2068	11459	5907	5552
3867	1769	2098	9883	5316	4567
4723	2141	2582	9525	5343	4182
5284	2281	3003	9504	5592	3912
6096	2602	3494	9628	5503	4125
36160	**16063**	**20097**	**52226**	**28496**	**23730**
7177	3094	4083	10722	5990	4732
7017	3147	3870	10307	5705	4602
7641	3439	4202	10524	5793	4731
7133	3165	3968	10309	5522	4787
7192	3218	3974	10364	5486	4878

7-2c 续表 1

年龄	户口					
	合计			省内		
	合计	男	女	小计	男	女
30-34岁	**348500**	**176428**	**172072**	**288300**	**144696**	**143604**
30	72015	35741	36274	59419	29149	30270
31	68930	34670	34260	56731	28185	28546
32	64261	32470	31791	52797	26502	26295
33	75009	38260	36749	62159	31523	30636
34	68285	35287	32998	57194	29337	27857
35-39岁	**230980**	**119154**	**111826**	**191006**	**97926**	**93080**
35	49323	25409	23914	40501	20736	19765
36	41491	21516	19975	33582	17300	16282
37	41599	21415	20184	34058	17399	16659
38	51657	26715	24942	43245	22295	20950
39	46910	24099	22811	39620	20196	19424
40-44岁	**239401**	**123772**	**115629**	**204512**	**104754**	**99758**
40	38749	19792	18957	32387	16358	16029
41	44177	22898	21279	37177	19108	18069
42	44185	22644	21541	37401	19041	18360
43	50797	26413	24384	43956	22590	21366
44	61493	32025	29468	53591	27657	25934
45-49岁	**350637**	**186317**	**164320**	**308566**	**161555**	**147011**
45	67779	35428	32351	59416	30726	28690
46	72301	38128	34173	63437	32946	30491
47	69961	37197	32764	61439	32219	29220
48	69311	36981	32330	61208	32119	29089
49	71285	38583	32702	63066	33545	29521
50-54岁	**309938**	**170085**	**139853**	**274353**	**147730**	**126623**
50	70493	38292	32201	62072	33091	28981
51	63874	35076	28798	56280	30301	25979
52	67118	36888	30230	59430	32037	27393
53	51760	28337	23423	45936	24681	21255
54	56693	31492	25201	50635	27620	23015
55-59岁	**199037**	**110752**	**88285**	**178386**	**97497**	**80889**
55	51897	28909	22988	46576	25486	21090
56	50764	28402	22362	45714	25142	20572
57	53617	30252	23365	48344	26841	21503
58	28717	15850	12867	25411	13714	11697
59	14042	7339	6703	12341	6314	6027
60-64岁	**113850**	**61585**	**52265**	**104415**	**55831**	**48584**
60	15478	8327	7151	13772	7288	6484
61	16645	9319	7326	14997	8270	6727
62	26204	14415	11789	24097	13067	11030
63	27937	14817	13120	25799	13575	12224
64	27586	14707	12879	25750	13631	12119

单位：人

登记地					
其中市辖区内人户分离			省外		
小计	男	女	小计	男	女
41715	**19263**	**22452**	**60200**	**31732**	**28468**
7887	3559	4328	12596	6592	6004
7753	3547	4206	12199	6485	5714
7594	3497	4097	11464	5968	5496
9573	4417	5156	12850	6737	6113
8908	4243	4665	11091	5950	5141
28110	**13248**	**14862**	**39974**	**21228**	**18746**
5828	2741	3087	8822	4673	4149
4612	2180	2432	7909	4216	3693
4920	2310	2610	7541	4016	3525
6641	3117	3524	8412	4420	3992
6109	2900	3209	7290	3903	3387
31492	**15291**	**16201**	**34889**	**19018**	**15871**
4856	2288	2568	6362	3434	2928
5685	2763	2922	7000	3790	3210
5707	2782	2925	6784	3603	3181
6769	3260	3509	6841	3823	3018
8475	4198	4277	7902	4368	3534
50305	**25330**	**24975**	**42071**	**24762**	**17309**
9526	4769	4757	8363	4702	3661
10161	5109	5052	8864	5182	3682
10092	5031	5061	8522	4978	3544
10139	5167	4972	8103	4862	3241
10387	5254	5133	8219	5038	3181
42934	**22294**	**20640**	**35585**	**22355**	**13230**
9602	4958	4644	8421	5201	3220
8773	4552	4221	7594	4775	2819
9262	4853	4409	7688	4851	2837
7205	3679	3526	5824	3656	2168
8092	4252	3840	6058	3872	2186
30737	**16042**	**14695**	**20651**	**13255**	**7396**
7763	4092	3671	5321	3423	1898
7892	4103	3789	5050	3260	1790
8498	4486	4012	5273	3411	1862
4458	2312	2146	3306	2136	1170
2126	1049	1077	1701	1025	676
19093	**10073**	**9020**	**9435**	**5754**	**3681**
2438	1311	1127	1706	1039	667
2713	1510	1203	1648	1049	599
4404	2292	2112	2107	1348	759
4722	2467	2255	2138	1242	896
4816	2493	2323	1836	1076	760

7-2c 续表 2

年龄	户口					
	合计			省内		
	合计	男	女	小计	男	女
65-69岁	**140553**	**72537**	**68016**	**132872**	**68338**	**64534**
65	29613	15299	14314	27817	14291	13526
66	30490	15703	14787	28702	14716	13986
67	28856	14855	14001	27334	14046	13288
68	28971	14913	14058	27544	14118	13426
69	22623	11767	10856	21475	11167	10308
70-74岁	**105066**	**59629**	**45437**	**99519**	**56120**	**43399**
70	22218	12200	10018	21118	11575	9543
71	23466	13117	10349	22333	12424	9909
72	20032	11424	8608	19012	10775	8237
73	20298	11929	8369	19139	11157	7982
74	19052	10959	8093	17917	10189	7728
75-79岁	**76094**	**42376**	**33718**	**71947**	**39725**	**32222**
75	16259	9130	7129	15338	8517	6821
76	17213	9883	7330	16169	9182	6987
77	15299	8451	6848	14479	7921	6558
78	13848	7644	6204	13157	7230	5927
79	13475	7268	6207	12804	6875	5929
80-84岁	**50107**	**25654**	**24453**	**48079**	**24558**	**23521**
80	12227	6637	5590	11650	6295	5355
81	10184	5139	5045	9747	4912	4835
82	9914	5054	4860	9525	4840	4685
83	9123	4618	4505	8796	4449	4347
84	8659	4206	4453	8361	4062	4299
85-89岁	**29213**	**14169**	**15044**	**28405**	**13782**	**14623**
85	6501	3155	3346	6293	3056	3237
86	6245	2889	3356	6056	2792	3264
87	6479	3224	3255	6311	3136	3175
88	5274	2515	2759	5131	2458	2673
89	4714	2386	2328	4614	2340	2274
90-94岁	**13596**	**6612**	**6984**	**13309**	**6491**	**6818**
90	4104	2081	2023	4021	2045	1976
91	2938	1400	1538	2871	1374	1497
92	2782	1315	1467	2725	1291	1434
93	2132	1048	1084	2086	1027	1059
94	1640	768	872	1606	754	852
95-99岁	**4468**	**2069**	**2399**	**4411**	**2048**	**2363**
95	1389	640	749	1368	635	733
96	1144	517	627	1133	512	621
97	760	359	401	752	355	397
98	647	295	352	639	293	346
99	528	258	270	519	253	266
100岁及以上	**966**	**425**	**541**	**952**	**423**	**529**

单位：人

登记地					
其中市辖区内人户分离			省外		
小计	男	女	小计	男	女
25279	**12696**	**12583**	**7681**	**4199**	**3482**
5244	2627	2617	1796	1008	788
5481	2718	2763	1788	987	801
5160	2628	2532	1522	809	713
5239	2566	2673	1427	795	632
4155	2157	1998	1148	600	548
18221	**10130**	**8091**	**5547**	**3509**	**2038**
4027	2114	1913	1100	625	475
4286	2310	1976	1133	693	440
3363	1903	1460	1020	649	371
3430	2040	1390	1159	772	387
3115	1763	1352	1135	770	365
11987	**6382**	**5605**	**4147**	**2651**	**1496**
2572	1344	1228	921	613	308
2737	1502	1235	1044	701	343
2413	1286	1127	820	530	290
2148	1167	981	691	414	277
2117	1083	1034	671	393	278
7977	**3935**	**4042**	**2028**	**1096**	**932**
1921	1017	904	577	342	235
1636	799	837	437	227	210
1618	789	829	389	214	175
1406	693	713	327	169	158
1396	637	759	298	144	154
4368	**1996**	**2372**	**808**	**387**	**421**
1064	498	566	208	99	109
930	399	531	189	97	92
972	445	527	168	88	80
745	343	402	143	57	86
657	311	346	100	46	54
1867	**870**	**997**	**287**	**121**	**166**
557	264	293	83	36	47
453	215	238	67	26	41
374	177	197	57	24	33
272	120	152	46	21	25
211	94	117	34	14	20
531	**250**	**281**	**57**	**21**	**36**
180	98	82	21	5	16
152	68	84	11	5	6
80	32	48	8	4	4
72	34	38	8	2	6
47	18	29	9	5	4
103	**35**	**68**	**14**	**2**	**12**

7-3 全省按现住地、性别分的户口登记地在外省的人口

单位：人

现住地	户口登记地					
	合计			北京		
	合计	男	女	小计	男	女
全省	**2590041**	**1413237**	**1176804**	**19133**	**12016**	**7117**
成都市	1493581	834838	658743	12935	8156	4779
自贡市	34073	16593	17480	230	151	79
攀枝花市	48650	27149	21501	140	82	58
泸州市	77830	36613	41217	375	229	146
德阳市	80239	46861	33378	552	391	161
绵阳市	135951	73414	62537	1114	686	428
广元市	41439	22695	18744	277	161	116
遂宁市	43765	21995	21770	231	144	87
内江市	48829	23102	25727	189	104	85
乐山市	48697	27044	21653	487	315	172
南充市	83697	41007	42690	566	362	204
眉山市	44020	23088	20932	276	172	104
宜宾市	92239	46539	45700	431	260	171
广安市	48552	21326	27226	125	69	56
达州市	92739	48277	44462	503	279	224
雅安市	21482	11546	9936	80	56	24
巴中市	28096	14919	13177	212	134	78
资阳市	26342	12504	13838	151	96	55
阿坝藏族羌族自治州	17337	12330	5007	33	24	9
甘孜藏族自治州	27167	18143	9024	39	23	16
凉山彝族自治州	55316	33254	22062	187	122	65

7-3 续表 1

单位：人

现住地	户口登记地								
	天津			河北			山西		
	小计	男	女	小计	男	女	小计	男	女
全省	**10803**	**6752**	**4051**	**89803**	**52517**	**37286**	**48497**	**28196**	**20301**
成都市	7126	4374	2752	59431	35001	24430	32389	18664	13725
自贡市	110	71	39	826	456	370	340	185	155
攀枝花市	80	50	30	1262	749	513	355	226	129
泸州市	233	167	66	1375	830	545	701	415	286
德阳市	332	237	95	3084	1900	1184	1548	966	582
绵阳市	685	417	268	6053	3388	2665	3722	2087	1635
广元市	102	73	29	1474	827	647	692	404	288
遂宁市	146	88	58	820	456	364	411	251	160
内江市	152	111	41	1048	666	382	553	352	201
乐山市	240	152	88	1794	1025	769	882	532	350
南充市	340	198	142	2204	1164	1040	1178	609	569
眉山市	205	105	100	1410	757	653	765	428	337
宜宾市	252	177	75	2540	1471	1069	1181	768	413
广安市	63	34	29	704	387	317	408	263	145
达州市	307	192	115	1590	867	723	1103	601	502
雅安市	75	43	32	757	431	326	373	205	168
巴中市	103	73	30	979	508	471	473	258	215
资阳市	72	46	26	859	526	333	354	202	152
阿坝藏族羌族自治州	30	25	5	224	180	44	217	170	47
甘孜藏族自治州	34	29	5	305	232	73	280	226	54
凉山彝族自治州	116	90	26	1064	696	368	572	384	188

7-3　续表 2

单位：人

现住地	户口登记地								
	内蒙古			辽宁			吉林		
	小计	男	女	小计	男	女	小计	男	女
全省	**23454**	**13300**	**10154**	**34465**	**20269**	**14196**	**29730**	**17099**	**12631**
成都市	15436	8699	6737	22767	12915	9852	20482	11535	8947
自贡市	186	118	68	320	202	118	292	158	134
攀枝花市	253	145	108	746	441	305	375	212	163
泸州市	250	154	96	435	272	163	336	196	140
德阳市	1027	625	402	1336	930	406	1086	710	376
绵阳市	1748	989	759	1928	1127	801	2502	1419	1083
广元市	267	160	107	431	285	146	361	216	145
遂宁市	329	165	164	389	224	165	279	149	130
内江市	301	166	135	878	655	223	290	172	118
乐山市	462	258	204	678	422	256	472	294	178
南充市	475	266	209	928	516	412	616	357	259
眉山市	493	281	212	525	276	249	434	248	186
宜宾市	434	283	151	841	607	234	586	406	180
广安市	188	97	91	247	143	104	183	99	84
达州市	483	278	205	522	318	204	361	223	138
雅安市	198	95	103	348	178	170	186	111	75
巴中市	207	99	108	274	162	112	200	126	74
资阳市	226	120	106	191	119	72	194	120	74
阿坝藏族羌族自治州	98	67	31	152	118	34	90	62	28
甘孜藏族自治州	107	55	52	133	85	48	96	68	28
凉山彝族自治州	286	180	106	396	274	122	309	218	91

7-3　续表 3

单位：人

现住地	户口登记地								
	黑龙江			上海			江苏		
	小计	男	女	小计	男	女	小计	男	女
全省	**38870**	**21412**	**17458**	**11302**	**7097**	**4205**	**75335**	**46587**	**28748**
成都市	27508	14940	12568	6708	4194	2514	44653	28469	16184
自贡市	299	183	116	212	120	92	1059	607	452
攀枝花市	447	231	216	257	146	111	1187	698	489
泸州市	395	228	167	269	160	109	1589	966	623
德阳市	1354	859	495	516	351	165	2662	1671	991
绵阳市	2958	1598	1360	790	469	321	5544	3250	2294
广元市	275	143	132	95	65	30	1182	682	500
遂宁市	457	272	185	281	206	75	1121	683	438
内江市	361	197	164	154	102	52	1361	787	574
乐山市	616	348	268	285	187	98	2188	1325	863
南充市	906	490	416	410	278	132	2245	1258	987
眉山市	621	330	291	199	136	63	1750	1021	729
宜宾市	665	411	254	402	238	164	2500	1482	1018
广安市	278	141	137	64	42	22	778	498	280
达州市	519	309	210	239	138	101	1537	852	685
雅安市	232	136	96	58	39	19	733	407	326
巴中市	247	146	101	144	95	49	899	481	418
资阳市	221	129	92	93	56	37	687	385	302
阿坝藏族羌族自治州	99	64	35	9	5	4	252	183	69
甘孜藏族自治州	92	55	37	13	7	6	251	171	80
凉山彝族自治州	320	202	118	104	63	41	1157	711	446

7-3 续表 4

单位：人

现住地	户口登记地								
	浙江			安徽			福建		
	小计	男	女	小计	男	女	小计	男	女
全省	**82497**	**48743**	**33754**	**67639**	**40065**	**27574**	**74968**	**45513**	**29455**
成都市	48193	28677	19516	42334	25838	16496	44195	26902	17293
自贡市	1201	681	520	836	458	378	868	512	356
攀枝花市	889	546	343	726	464	262	1052	664	388
泸州市	1785	1007	778	1144	650	494	1728	1032	696
德阳市	3285	2034	1251	2161	1315	846	2952	1891	1061
绵阳市	4333	2569	1764	5144	2855	2289	3195	1903	1292
广元市	1330	766	564	815	454	361	1128	678	450
遂宁市	1202	679	523	1041	545	496	1133	685	448
内江市	1497	794	703	996	535	461	874	511	363
乐山市	2302	1328	974	1380	796	584	1695	1045	650
南充市	2488	1467	1021	2001	1068	933	2195	1244	951
眉山市	1585	890	695	1347	777	570	1575	897	678
宜宾市	4296	2422	1874	2185	1188	997	2401	1506	895
广安市	892	508	384	660	359	301	1099	531	568
达州市	1792	1045	747	1531	850	681	3654	2065	1589
雅安市	853	489	364	547	312	235	849	540	309
巴中市	1087	627	460	765	386	379	1003	608	395
资阳市	938	545	393	544	281	263	492	273	219
阿坝藏族羌族自治州	354	252	102	265	190	75	489	399	90
甘孜藏族自治州	347	249	98	230	163	67	342	267	75
凉山彝族自治州	1848	1168	680	987	581	406	2049	1360	689

7-3 续表 5

单位：人

现住地	户口登记地								
	江西			山东			河南		
	小计	男	女	小计	男	女	小计	男	女
全省	**72865**	**41897**	**30968**	**70801**	**42952**	**27849**	**191812**	**114750**	**77062**
成都市	44128	26402	17726	47757	28751	19006	123699	73102	50597
自贡市	1212	667	545	743	453	290	1930	1153	777
攀枝花市	666	399	267	942	615	327	2293	1514	779
泸州市	1514	756	758	1200	732	468	3166	1969	1197
德阳市	2354	1432	922	2424	1595	829	5885	3743	2142
绵阳市	3728	2067	1661	4353	2495	1858	12678	7342	5336
广元市	894	471	423	845	491	354	3975	2668	1307
遂宁市	1075	548	527	807	504	303	1892	1074	818
内江市	1167	550	617	795	517	278	2386	1448	938
乐山市	1670	978	692	1464	899	565	3487	2112	1375
南充市	2871	1381	1490	1459	860	599	4345	2251	2094
眉山市	1381	756	625	1307	742	565	2740	1564	1176
宜宾市	2110	1088	1022	1706	1157	549	4587	2810	1777
广安市	1160	527	633	519	314	205	1969	1069	900
达州市	2719	1448	1271	1145	672	473	6682	4193	2489
雅安市	621	374	247	539	340	199	1600	982	618
巴中市	942	486	456	639	342	297	1897	1131	766
资阳市	651	325	326	485	294	191	1353	778	575
阿坝藏族羌族自治州	303	195	108	338	256	82	954	747	207
甘孜藏族自治州	353	232	121	232	183	49	1478	1148	330
凉山彝族自治州	1346	815	531	1102	740	362	2816	1952	864

7-3 续表 6

单位：人

现住地	户口登记地								
	湖北			湖南			广东		
	小计	男	女	小计	男	女	小计	男	女
全省	**130604**	**73776**	**56828**	**101550**	**54447**	**47103**	**93257**	**50493**	**42764**
成都市	80944	45997	34947	54986	30339	24647	47127	27275	19852
自贡市	1535	750	785	2089	1088	1001	1606	699	907
攀枝花市	1855	1133	722	2018	1139	879	818	446	372
泸州市	2360	1306	1054	2551	1144	1407	4172	2047	2125
德阳市	3226	1953	1273	3158	1886	1272	2233	1300	933
绵阳市	5614	3096	2518	5368	2886	2482	4461	2269	2192
广元市	1962	1102	860	1456	762	694	1126	584	542
遂宁市	1957	1026	931	1867	974	893	1569	728	841
内江市	1922	930	992	2225	1059	1166	1995	850	1145
乐山市	2806	1619	1187	2204	1199	1005	2165	1126	1039
南充市	4753	2225	2528	4601	2094	2507	6451	3224	3227
眉山市	1900	1008	892	1916	984	932	1722	830	892
宜宾市	3797	2178	1619	3812	1959	1853	5523	2927	2596
广安市	2002	877	1125	1830	766	1064	1697	675	1022
达州市	4565	2298	2267	4195	1999	2196	6338	3358	2980
雅安市	1107	647	460	999	521	478	501	212	289
巴中市	1955	1112	843	1133	552	581	1208	539	669
资阳市	975	492	483	1208	584	624	1106	582	524
阿坝藏族羌族自治州	1077	876	201	695	520	175	113	72	41
甘孜藏族自治州	1446	1203	243	1158	741	417	165	106	59
凉山彝族自治州	2846	1948	898	2081	1251	830	1161	644	517

7-3 续表 7

单位：人

现住地	户口登记地								
	广西			海南			重庆		
	小计	男	女	小计	男	女	小计	男	女
全省	**49584**	**21301**	**28283**	**12291**	**5732**	**6559**	**558517**	**289605**	**268912**
成都市	26162	12845	13317	6936	3388	3548	319867	166667	153200
自贡市	1079	354	725	194	80	114	6680	3299	3381
攀枝花市	691	358	333	101	38	63	13478	7718	5760
泸州市	1924	566	1358	298	117	181	18242	9103	9139
德阳市	1571	764	807	406	219	187	15068	7990	7078
绵阳市	2340	986	1354	640	310	330	19257	9817	9440
广元市	701	236	465	111	51	60	5360	2883	2477
遂宁市	865	294	571	150	64	86	13368	6694	6674
内江市	1382	406	976	239	88	151	13501	6337	7164
乐山市	1081	468	613	249	113	136	7444	3885	3559
南充市	2326	677	1649	401	152	249	17597	8834	8763
眉山市	984	427	557	354	153	201	8052	4210	3842
宜宾市	2406	739	1667	382	171	211	13953	7669	6284
广安市	1108	242	866	142	35	107	22367	10384	11983
达州市	2246	761	1485	903	432	471	33063	16588	16475
雅安市	415	168	247	146	60	86	4339	2332	2007
巴中市	566	187	379	416	177	239	5212	2837	2375
资阳市	666	228	438	70	25	45	7061	3303	3758
阿坝藏族羌族自治州	218	120	98	33	15	18	2206	1518	688
甘孜藏族自治州	161	117	44	61	18	43	2974	1963	1011
凉山彝族自治州	692	358	334	59	26	33	9428	5574	3854

7-3 续表 8　　　　单位：人

现住地	户口登记地					
	贵州			云南		
	小计	男	女	小计	男	女
全省	**161558**	**79051**	**82507**	**168724**	**75986**	**92738**
成都市	76873	42209	34664	58943	29012	29931
自贡市	3043	1176	1867	3837	1133	2704
攀枝花市	1950	1002	948	13832	6839	6993
泸州市	20562	7961	12601	7055	2264	4791
德阳市	4125	2161	1964	3566	1711	1855
绵阳市	6072	2988	3084	4757	2197	2560
广元市	2232	1004	1228	1258	531	727
遂宁市	2447	941	1506	2684	795	1889
内江市	4240	1564	2676	6012	1902	4110
乐山市	2878	1505	1373	3486	1439	2047
南充市	6290	2469	3821	3393	1257	2136
眉山市	3225	1545	1680	2672	997	1675
宜宾市	6917	2878	4039	22153	8035	14118
广安市	4154	1071	3083	2670	573	2097
达州市	6147	2788	3359	3052	1524	1528
雅安市	1191	549	642	2062	849	1213
巴中市	1794	708	1086	1135	550	585
资阳市	2146	741	1405	2560	693	1867
阿坝藏族羌族自治州	1308	1047	261	1497	1102	395
甘孜藏族自治州	1127	882	245	4471	3369	1102
凉山彝族自治州	2837	1862	975	17629	9214	8415

7-3 续表 9　　　　单位：人

现住地	户口登记地								
	西藏			陕西			甘肃		
	小计	男	女	小计	男	女	小计	男	女
全省	**48025**	**24975**	**23050**	**104145**	**61542**	**42603**	**104113**	**58192**	**45921**
成都市	27800	14416	13384	60133	35039	25094	63230	35052	28178
自贡市	653	345	308	1083	661	422	760	407	353
攀枝花市	106	47	59	929	541	388	632	403	229
泸州市	604	333	271	1317	762	555	969	608	361
德阳市	1882	1076	806	3489	2255	1234	2923	1680	1243
绵阳市	2539	1389	1150	7902	4427	3475	7976	4099	3877
广元市	393	185	208	4553	2534	2019	6221	3316	2905
遂宁市	1447	764	683	1586	946	640	1315	656	659
内江市	729	374	355	1190	690	500	841	446	395
乐山市	1129	608	521	1966	1237	729	1402	858	544
南充市	2219	1171	1048	3044	1641	1403	2424	1160	1264
眉山市	1403	745	658	1828	1060	768	1335	719	616
宜宾市	542	300	242	2493	1642	851	1442	912	530
广安市	870	394	476	803	430	373	515	257	258
达州市	499	291	208	3962	2185	1777	1473	875	598
雅安市	681	334	347	873	553	320	503	282	221
巴中市	176	75	101	2836	1699	1137	810	433	377
资阳市	618	328	290	639	344	295	590	296	294
阿坝藏族羌族自治州	225	118	107	913	814	99	4082	2531	1551
甘孜藏族自治州	3336	1577	1759	1148	987	161	3351	2252	1099
凉山彝族自治州	174	105	69	1458	1095	363	1319	950	369

7-3　续表 10

单位：人

现住地	户口登记地								
	青海			宁夏			新疆		
	小计	男	女	小计	男	女	小计	男	女
全省	**37508**	**19139**	**18369**	**10666**	**5503**	**5163**	**67525**	**34330**	**33195**
成都市	21131	10668	10463	6997	3644	3353	42711	21668	21043
自贡市	174	90	84	55	31	24	621	305	316
攀枝花市	124	67	57	66	40	26	380	196	184
泸州市	292	142	150	93	43	50	896	454	442
德阳市	3317	1691	1626	412	259	153	2305	1266	1039
绵阳市	2385	1252	1133	1150	492	658	5015	2545	2470
广元市	879	409	470	194	104	90	850	450	400
遂宁市	558	263	295	117	63	54	2221	1114	1107
内江市	345	162	183	116	50	66	1090	577	513
乐山市	472	264	208	287	155	132	1026	552	474
南充市	913	414	499	281	138	143	3777	1782	1995
眉山市	691	340	351	116	57	59	1209	633	576
宜宾市	358	177	181	222	102	120	1122	576	546
广安市	148	72	76	55	26	29	854	443	411
达州市	348	205	143	147	83	64	1114	560	554
雅安市	163	83	80	77	36	41	376	182	194
巴中市	194	93	101	60	28	32	530	267	263
资阳市	216	100	116	63	36	27	913	457	456
阿坝藏族羌族自治州	957	591	366	26	24	2	80	45	35
甘孜藏族自治州	3304	1651	1653	51	34	17	82	50	32
凉山彝族自治州	539	405	134	81	58	23	353	208	145

7-3a　全省按现住地、性别分的户口登记地在外省的人口(城市)

单位：人

现住地	户口登记地					
	合计			北京		
	合计	男	女	小计	男	女
全省	**1792904**	**984994**	**807910**	**15711**	**9823**	**5888**
成都市	1306466	726635	579831	12244	7743	4501
自贡市	17752	9528	8224	143	89	54
攀枝花市	37656	20859	16797	115	67	48
泸州市	28297	14802	13495	267	153	114
德阳市	44316	24323	19993	295	190	105
绵阳市	72561	38249	34312	728	437	291
广元市	17158	8791	8367	90	53	37
遂宁市	28071	14437	13634	131	77	54
内江市	22053	10772	11281	114	64	50
乐山市	25292	14151	11141	297	184	113
南充市	44089	22213	21876	294	181	113
眉山市	19841	10568	9273	166	103	63
宜宾市	36599	19719	16880	221	134	87
广安市	13343	6319	7024	75	35	40
达州市	30137	15584	14553	270	153	117
雅安市	9886	5247	4639	48	33	15
巴中市	9102	5273	3829	64	34	30
资阳市	8097	4176	3921	68	45	23
阿坝藏族羌族自治州	609	425	184	5	2	3
甘孜藏族自治州	1800	1250	550	6	4	2
凉山彝族自治州	19779	11673	8106	70	42	28

7-3a 续表 1

单位：人

现住地	户口登记地 天津 小计	男	女	河北 小计	男	女	山西 小计	男	女
全省	**8341**	**5106**	**3235**	**67201**	**39110**	**28091**	**35723**	**20462**	**15261**
成都市	6493	4003	2490	51916	30475	21441	27990	16096	11894
自贡市	79	48	31	519	303	216	210	122	88
攀枝花市	67	42	25	1033	616	417	283	175	108
泸州市	113	64	49	720	416	304	367	215	152
德阳市	186	114	72	1643	960	683	716	407	309
绵阳市	305	165	140	2735	1514	1221	1848	991	857
广元市	28	19	9	653	360	293	284	154	130
遂宁市	90	54	36	588	329	259	302	188	114
内江市	71	48	23	450	282	168	228	127	101
乐山市	163	98	65	958	544	414	519	309	210
南充市	234	132	102	1359	736	623	764	406	358
眉山市	105	56	49	614	332	282	328	175	153
宜宾市	114	73	41	1351	736	615	510	301	209
广安市	23	13	10	282	149	133	110	57	53
达州市	143	92	51	828	466	362	491	275	216
雅安市	40	25	15	374	187	187	193	110	83
巴中市	30	21	9	373	214	159	171	97	74
资阳市	20	15	5	312	187	125	154	87	67
阿坝藏族羌族自治州				17	12	5	16	12	4
甘孜藏族自治州	4	4		20	16	4	16	14	2
凉山彝族自治州	33	20	13	456	276	180	223	144	79

7-3a 续表 2

单位：人

现住地	户口登记地 内蒙古 小计	男	女	辽宁 小计	男	女	吉林 小计	男	女
全省	**18281**	**10226**	**8055**	**26594**	**15031**	**11563**	**23701**	**13384**	**10317**
成都市	13989	7844	6145	20713	11640	9073	18707	10496	8211
自贡市	127	81	46	215	125	90	210	118	92
攀枝花市	207	117	90	657	379	278	309	170	139
泸州市	144	89	55	261	148	113	229	124	105
德阳市	565	320	245	616	371	245	465	264	201
绵阳市	926	503	423	1022	588	434	1329	744	585
广元市	108	59	49	154	85	69	213	124	89
遂宁市	205	115	90	248	151	97	186	101	85
内江市	169	84	85	250	138	112	159	84	75
乐山市	306	158	148	421	250	171	331	201	130
南充市	283	160	123	490	257	233	397	238	159
眉山市	300	165	135	252	135	117	194	112	82
宜宾市	221	135	86	362	225	137	311	215	96
广安市	57	27	30	116	68	48	87	49	38
达州市	304	179	125	260	159	101	175	106	69
雅安市	118	50	68	230	104	126	99	53	46
巴中市	71	37	34	118	80	38	63	39	24
资阳市	73	38	35	68	33	35	99	55	44
阿坝藏族羌族自治州	4	4		3	3		2	2	
甘孜藏族自治州	6	3	3	16	14	2	9	8	1
凉山彝族自治州	98	58	40	122	78	44	127	81	46

7-3a　续表 3　　单位：人

现住地	户口登记地								
	黑龙江			上海			江苏		
	小计	男	女	小计	男	女	小计	男	女
全省	**31211**	**17013**	**14198**	**8785**	**5483**	**3302**	**52915**	**33261**	**19654**
成都市	24701	13364	11337	6284	3932	2352	39396	25165	14231
自贡市	202	126	76	139	84	55	651	398	253
攀枝花市	383	196	187	249	142	107	967	560	407
泸州市	277	163	114	126	75	51	707	426	281
德阳市	817	452	365	316	187	129	1472	898	574
绵阳市	1529	847	682	480	279	201	2434	1412	1022
广元市	140	72	68	38	29	9	386	223	163
遂宁市	379	233	146	190	142	48	626	390	236
内江市	185	89	96	95	63	32	575	341	234
乐山市	421	230	191	163	112	51	1005	628	377
南充市	581	324	257	167	102	65	1121	658	463
眉山市	356	195	161	126	82	44	757	443	314
宜宾市	366	211	155	154	89	65	906	575	331
广安市	111	60	51	25	14	11	202	121	81
达州市	280	174	106	92	55	37	546	318	228
雅安市	103	57	46	35	23	12	222	125	97
巴中市	101	57	44	40	30	10	279	157	122
资阳市	111	57	54	30	20	10	213	120	93
阿坝藏族羌族自治州	9	3	6	3	1	2	14	11	3
甘孜藏族自治州	5	4	1	5	4	1	27	20	7
凉山彝族自治州	154	99	55	28	18	10	409	272	137

7-3a　续表 4　　单位：人

现住地	户口登记地								
	浙江			安徽			福建		
	小计	男	女	小计	男	女	小计	男	女
全省	**58079**	**34331**	**23748**	**48838**	**29774**	**19064**	**52585**	**31752**	**20833**
成都市	42292	25184	17108	36464	22537	13927	38592	23509	15083
自贡市	694	402	292	498	304	194	498	309	189
攀枝花市	674	418	256	546	338	208	776	456	320
泸州市	787	449	338	671	413	258	771	486	285
德阳市	1561	934	627	1080	655	425	1222	746	476
绵阳市	2438	1429	1009	2303	1320	983	1808	1059	749
广元市	653	375	278	347	204	143	489	267	222
遂宁市	760	429	331	721	387	334	712	426	286
内江市	669	334	335	486	260	226	382	208	174
乐山市	1331	768	563	720	435	285	939	570	369
南充市	1324	787	537	1180	676	504	1228	703	525
眉山市	716	395	321	689	401	288	910	488	422
宜宾市	1449	805	644	1144	670	474	1076	633	443
广安市	245	151	94	198	112	86	393	211	182
达州市	691	403	288	588	342	246	910	495	415
雅安市	442	249	193	279	185	94	421	234	187
巴中市	394	235	159	253	143	110	365	248	117
资阳市	238	131	107	225	117	108	150	91	59
阿坝藏族羌族自治州	35	29	6	21	15	6	38	28	10
甘孜藏族自治州	33	18	15	31	20	11	38	32	6
凉山彝族自治州	653	406	247	394	240	154	867	553	314

7-3a 续表 5　　单位：人

现住地	户口登记地								
	江西			山东			河南		
	小计	男	女	小计	男	女	小计	男	女
全省	**52693**	**31108**	**21585**	**52507**	**31926**	**20581**	**138505**	**81120**	**57385**
成都市	38438	23093	15345	40764	24846	15918	106190	62083	44107
自贡市	796	483	313	540	330	210	1132	690	442
攀枝花市	530	319	211	745	470	275	1863	1208	655
泸州市	819	463	356	652	372	280	1512	905	607
德阳市	1202	700	502	1195	777	418	3284	2010	1274
绵阳市	1987	1148	839	2095	1234	861	7365	4115	3250
广元市	424	240	184	356	199	157	1277	726	551
遂宁市	768	401	367	518	316	202	1231	717	514
内江市	537	279	258	385	243	142	978	550	428
乐山市	919	564	355	839	507	332	2043	1236	807
南充市	1742	869	873	897	505	392	2533	1345	1188
眉山市	654	387	267	725	402	323	1315	778	537
宜宾市	1039	576	463	844	554	290	2004	1257	747
广安市	349	186	163	143	79	64	544	286	258
达州市	866	435	431	598	339	259	1837	1084	753
雅安市	325	203	122	312	191	121	736	442	294
巴中市	380	205	175	215	129	86	673	435	238
资阳市	257	131	126	203	123	80	587	351	236
阿坝藏族羌族自治州	7	6	1	6	4	2	46	35	11
甘孜藏族自治州	40	28	12	29	20	9	101	69	32
凉山彝族自治州	614	392	222	446	286	160	1254	798	456

7-3a 续表 6　　单位：人

现住地	户口登记地								
	湖北			湖南			广东		
	小计	男	女	小计	男	女	小计	男	女
全省	**95720**	**53328**	**42392**	**67404**	**36274**	**31130**	**56590**	**31848**	**24742**
成都市	72182	40566	31616	47931	26162	21769	41935	24469	17466
自贡市	787	423	364	1050	575	475	705	330	375
攀枝花市	1536	911	625	1554	873	681	678	360	318
泸州市	1226	692	534	1098	542	556	997	499	498
德阳市	1658	927	731	1511	811	700	1001	550	451
绵阳市	3247	1707	1540	2673	1394	1279	1902	973	929
广元市	854	476	378	451	211	240	262	137	125
遂宁市	1333	696	637	1130	603	527	824	385	439
内江市	894	450	444	859	412	447	781	352	429
乐山市	1342	723	619	978	501	477	909	465	444
南充市	2723	1336	1387	2186	1047	1139	1995	963	1032
眉山市	838	470	368	762	402	360	717	365	352
宜宾市	1815	1061	754	1646	900	746	1354	732	622
广安市	657	317	340	415	198	217	434	229	205
达州市	1745	894	851	1148	516	632	1040	485	555
雅安市	502	288	214	374	196	178	192	90	102
巴中市	639	358	281	367	189	178	318	166	152
资阳市	391	194	197	357	188	169	265	134	131
阿坝藏族羌族自治州	45	34	11	41	24	17	7	6	1
甘孜藏族自治州	167	142	25	95	55	40	24	19	5
凉山彝族自治州	1139	663	476	778	475	303	250	139	111

7-3a 续表 7

单位：人

现住地	户口登记地								
	广西			海南			重庆		
	小计	男	女	小计	男	女	小计	男	女
全省	**31319**	**14715**	**16604**	**8863**	**4236**	**4627**	**396742**	**204146**	**192596**
成都市	23006	11289	11717	6069	3012	3057	280469	144500	135969
自贡市	455	194	261	97	48	49	3999	2042	1957
攀枝花市	546	273	273	92	35	57	11173	6284	4889
泸州市	568	226	342	177	84	93	8022	4124	3898
德阳市	653	305	348	236	107	129	9517	4808	4709
绵阳市	930	388	542	387	181	206	11322	5541	5781
广元市	161	55	106	34	17	17	2221	1130	1091
遂宁市	416	165	251	94	42	52	8899	4491	4408
内江市	440	144	296	158	59	99	7268	3395	3873
乐山市	465	218	247	160	80	80	4088	2126	1962
南充市	1055	365	690	214	79	135	9968	5018	4950
眉山市	311	152	159	239	104	135	3621	1811	1810
宜宾市	822	345	477	227	99	128	7257	4051	3206
广安市	193	52	141	31	9	22	5938	2797	3141
达州市	441	148	293	333	143	190	11531	5790	5741
雅安市	155	76	79	103	46	57	2483	1237	1246
巴中市	175	68	107	167	75	92	1681	958	723
资阳市	217	80	137	23	5	18	1912	945	967
阿坝藏族羌族自治州	2		2				118	79	39
甘孜藏族自治州	15	10	5	3	2	1	513	314	199
凉山彝族自治州	293	162	131	19	9	10	4742	2705	2037

7-3a 续表 8

单位：人

现住地	户口登记地					
	贵州			云南		
	小计	男	女	小计	男	女
全省	**89985**	**46808**	**43177**	**85277**	**40640**	**44637**
成都市	64432	34763	29669	48335	23671	24664
自贡市	1116	503	613	1132	437	695
攀枝花市	1352	673	679	9552	4792	4760
泸州市	3478	1595	1883	1966	789	1177
德阳市	1795	899	896	1407	671	736
绵阳市	2590	1212	1378	1734	706	1028
广元市	706	305	401	340	144	196
遂宁市	1367	547	820	1401	497	904
内江市	1585	688	897	2249	1012	1237
乐山市	989	545	444	1272	625	647
南充市	2953	1324	1629	1525	587	938
眉山市	1141	528	613	756	326	430
宜宾市	2343	1178	1165	6220	2657	3563
广安市	721	263	458	599	181	418
达州市	1141	506	635	620	289	331
雅安市	400	189	211	417	188	229
巴中市	483	256	227	342	216	126
资阳市	465	214	251	476	172	304
阿坝藏族羌族自治州	61	50	11	30	19	11
甘孜藏族自治州	138	107	31	125	82	43
凉山彝族自治州	729	463	266	4779	2579	2200

7-3a 续表 9

单位：人

现住地	户口登记地								
	西藏			陕西			甘肃		
	小计	男	女	小计	男	女	小计	男	女
全省	**36636**	**19140**	**17496**	**73673**	**42202**	**31471**	**74561**	**40362**	**34199**
成都市	25487	13235	12252	53162	30763	22399	56300	30953	25347
自贡市	308	167	141	539	322	217	488	258	230
攀枝花市	84	33	51	734	407	327	475	297	178
泸州市	442	244	198	723	431	292	480	282	198
德阳市	1393	754	639	1890	1105	785	1931	1041	890
绵阳市	1794	953	841	4747	2481	2266	5346	2646	2700
广元市	240	108	132	2351	1234	1117	2743	1249	1494
遂宁市	1189	634	555	945	530	415	887	443	444
内江市	432	229	203	448	252	196	371	189	182
乐山市	821	438	383	920	540	380	826	485	341
南充市	1629	866	763	1437	761	676	1418	675	743
眉山市	872	469	403	799	459	340	646	343	303
宜宾市	314	175	139	1008	586	422	639	354	285
广安市	577	231	346	276	151	125	192	93	99
达州市	281	173	108	1728	923	805	495	271	224
雅安市	331	184	147	336	181	155	228	113	115
巴中市	65	34	31	762	503	259	256	151	105
资阳市	249	146	103	265	141	124	294	157	137
阿坝藏族羌族自治州	14	8	6	20	12	8	38	23	15
甘孜藏族自治州	75	37	38	103	88	15	114	85	29
凉山彝族自治州	39	22	17	480	332	148	394	254	140

7-3a 续表 10

单位：人

现住地	户口登记地								
	青海			宁夏			新疆		
	小计	男	女	小计	男	女	小计	男	女
全省	**26806**	**13384**	**13422**	**8153**	**4145**	**4008**	**49505**	**24856**	**24649**
成都市	18445	9269	9176	6186	3222	2964	37354	18751	18603
自贡市	100	52	48	43	26	17	280	139	141
攀枝花市	104	54	50	55	34	21	317	160	157
泸州市	188	79	109	58	24	34	451	230	221
德阳市	3012	1488	1524	260	139	121	1417	733	684
绵阳市	1604	819	785	511	229	282	2442	1234	1208
广元市	764	353	411	87	34	53	304	149	155
遂宁市	418	195	223	86	47	39	1427	706	721
内江市	226	98	128	88	36	52	521	262	259
乐山市	314	175	139	197	92	105	636	344	292
南充市	472	224	248	153	69	84	1767	820	947
眉山市	384	193	191	41	27	14	507	270	237
宜宾市	232	89	143	140	50	90	510	253	257
广安市	75	35	40	25	10	15	250	135	115
达州市	156	90	66	84	39	45	515	242	273
雅安市	97	47	50	63	28	35	228	113	115
巴中市	56	31	25	12	2	10	189	105	84
资阳市	70	33	37	33	18	15	272	148	124
阿坝藏族羌族自治州	5	3	2				2		2
甘孜藏族自治州	37	27	10	2	1	1	3	3	
凉山彝族自治州	47	30	17	29	18	11	113	59	54

7-3b　全省按现住地、性别分的户口登记地在外省的人口(镇)

单位：人

现住地	户口登记地					
	合计			北京		
	合计	男	女	小计	男	女
全省	**361113**	**186061**	**175052**	**1613**	**1034**	**579**
成都市	51426	26885	24541	233	141	92
自贡市	9366	4165	5201	56	39	17
攀枝花市	5204	3085	2119	11	5	6
泸州市	26597	12117	14480	69	49	20
德阳市	20073	13387	6686	204	167	37
绵阳市	29076	15108	13968	177	112	65
广元市	11768	6406	5362	72	42	30
遂宁市	7606	3507	4099	29	18	11
内江市	14489	7090	7399	53	29	24
乐山市	11200	5845	5355	92	60	32
南充市	20302	9083	11219	121	77	44
眉山市	11433	5921	5512	56	36	20
宜宾市	24591	12162	12429	84	48	36
广安市	19691	8731	10960	30	18	12
达州市	33342	16241	17101	120	63	57
雅安市	5468	3024	2444	17	11	6
巴中市	10685	5197	5488	76	48	28
资阳市	9688	4412	5276	36	21	15
阿坝藏族羌族自治州	7759	4934	2825	10	5	5
甘孜藏族自治州	13151	7522	5629	21	13	8
凉山彝族自治州	18198	11239	6959	46	32	14

7-3b　续表 1

单位：人

现住地	户口登记地								
	天津			河北			山西		
	小计	男	女	小计	男	女	小计	男	女
全省	**1271**	**841**	**430**	**10241**	**5908**	**4333**	**5839**	**3539**	**2300**
成都市	288	161	127	2102	1155	947	1271	744	527
自贡市	19	14	5	200	99	101	79	45	34
攀枝花市	9	5	4	110	64	46	44	29	15
泸州市	38	27	11	263	140	123	155	105	50
德阳市	115	98	17	943	650	293	528	385	143
绵阳市	209	135	74	1903	1083	820	1092	597	495
广元市	35	21	14	427	241	186	205	137	68
遂宁市	20	15	5	94	51	43	45	29	16
内江市	54	40	14	398	261	137	168	108	60
乐山市	42	30	12	476	279	197	157	94	63
南充市	53	35	18	459	222	237	232	114	118
眉山市	34	20	14	339	173	166	194	108	86
宜宾市	81	61	20	599	362	237	293	198	95
广安市	28	14	14	221	129	92	218	162	56
达州市	88	54	34	415	218	197	411	200	211
雅安市	15	7	8	166	101	65	76	42	34
巴中市	37	24	13	326	145	181	177	100	77
资阳市	36	22	14	282	164	118	88	46	42
阿坝藏族羌族自治州	20	17	3	100	77	23	98	72	26
甘孜藏族自治州	24	21	3	121	90	31	158	123	35
凉山彝族自治州	26	20	6	297	204	93	150	101	49

7-3b 续表 2

单位：人

现住地	户口登记地								
	内蒙古			辽宁			吉林		
	小计	男	女	小计	男	女	小计	男	女
全省	**2474**	**1415**	**1059**	**3618**	**2387**	**1231**	**2775**	**1697**	**1078**
成都市	566	308	258	541	306	235	651	329	322
自贡市	33	22	11	74	56	18	48	24	24
攀枝花市	22	13	9	38	25	13	45	30	15
泸州市	49	27	22	93	62	31	62	46	16
德阳市	282	196	86	542	429	113	509	373	136
绵阳市	442	251	191	300	168	132	310	187	123
广元市	65	44	21	128	84	44	62	39	23
遂宁市	55	24	31	86	42	44	40	18	22
内江市	77	44	33	350	279	71	83	51	32
乐山市	80	49	31	125	80	45	62	40	22
南充市	95	50	45	230	137	93	129	69	60
眉山市	83	49	34	137	66	71	113	64	49
宜宾市	90	60	30	311	257	54	159	116	43
广安市	81	39	42	78	48	30	60	30	30
达州市	99	53	46	111	52	59	109	62	47
雅安市	43	24	19	60	34	26	38	26	12
巴中市	65	31	34	82	43	39	84	53	31
资阳市	63	26	37	58	33	25	40	21	19
阿坝藏族羌族自治州	49	28	21	55	37	18	30	17	13
甘孜藏族自治州	57	25	32	48	28	20	51	33	18
凉山彝族自治州	78	52	26	171	121	50	90	69	21

7-3b 续表 3

单位：人

现住地	户口登记地								
	黑龙江			上海			江苏		
	小计	男	女	小计	男	女	小计	男	女
全省	**3654**	**2139**	**1515**	**1131**	**746**	**385**	**9499**	**5460**	**4039**
成都市	982	539	443	108	68	40	1531	867	664
自贡市	74	50	24	64	30	34	227	110	117
攀枝花市	38	21	17	7	3	4	120	78	42
泸州市	70	35	35	47	31	16	432	270	162
德阳市	410	335	75	161	138	23	583	398	185
绵阳市	410	195	215	132	74	58	1141	646	495
广元市	75	40	35	23	15	8	372	200	172
遂宁市	50	23	27	24	18	6	260	150	110
内江市	135	81	54	36	25	11	427	236	191
乐山市	137	84	53	62	39	23	504	285	219
南充市	223	116	107	130	99	31	515	264	251
眉山市	146	81	65	43	31	12	455	272	183
宜宾市	205	141	64	94	55	39	721	398	323
广安市	112	55	57	28	22	6	406	275	131
达州市	147	82	65	50	24	26	449	231	218
雅安市	82	50	32	9	5	4	232	127	105
巴中市	84	46	38	55	35	20	356	187	169
资阳市	66	39	27	24	13	11	249	138	111
阿坝藏族羌族自治州	54	36	18	3	3		134	92	42
甘孜藏族自治州	44	22	22	3	2	1	122	70	52
凉山彝族自治州	110	68	42	28	16	12	263	166	97

7-3b　续表 4　　单位：人

现住地	户口登记地								
	浙江			安徽			福建		
	小计	男	女	小计	男	女	小计	男	女
全省	**11808**	**6801**	**5007**	**8736**	**4726**	**4010**	**10250**	**6028**	**4222**
成都市	2028	1093	935	1297	698	599	1346	783	563
自贡市	356	195	161	200	91	109	239	129	110
攀枝花市	142	89	53	102	77	25	119	83	36
泸州市	465	259	206	272	147	125	481	278	203
德阳市	866	573	293	521	351	170	1031	677	354
绵阳市	902	533	369	1661	806	855	669	400	269
广元市	333	186	147	284	153	131	307	185	122
遂宁市	232	129	103	188	92	96	174	103	71
内江市	515	291	224	348	208	140	290	183	107
乐山市	480	272	208	363	194	169	410	243	167
南充市	698	406	292	466	229	237	513	285	228
眉山市	490	277	213	313	175	138	353	207	146
宜宾市	1162	643	519	560	306	254	647	408	239
广安市	399	211	188	328	186	142	377	168	209
达州市	623	376	247	510	262	248	1603	835	768
雅安市	278	161	117	117	60	57	221	150	71
巴中市	449	250	199	319	152	167	345	190	155
资阳市	431	240	191	212	110	102	199	101	98
阿坝藏族羌族自治州	220	150	70	162	107	55	110	78	32
甘孜藏族自治州	142	95	47	135	91	44	115	82	33
凉山彝族自治州	597	372	225	378	231	147	701	460	241

7-3b　续表 5　　单位：人

现住地	户口登记地								
	江西			山东			河南		
	小计	男	女	小计	男	女	小计	男	女
全省	**11126**	**5839**	**5287**	**7979**	**4646**	**3333**	**20427**	**11975**	**8452**
成都市	1570	855	715	2368	1204	1164	3634	1975	1659
自贡市	291	136	155	102	57	45	404	225	179
攀枝花市	112	66	46	68	51	17	234	160	74
泸州市	455	223	232	229	137	92	815	530	285
德阳市	775	514	261	767	538	229	1426	986	440
绵阳市	1068	533	535	1210	623	587	2371	1268	1103
广元市	338	170	168	212	128	84	897	522	375
遂宁市	239	112	127	109	64	45	313	161	152
内江市	452	213	239	260	186	74	729	428	301
乐山市	476	252	224	286	152	134	646	370	276
南充市	732	334	398	277	164	113	948	449	499
眉山市	419	217	202	258	151	107	550	296	254
宜宾市	625	307	318	337	234	103	1208	678	530
广安市	527	225	302	236	166	70	714	432	282
达州市	1069	576	493	249	142	107	2338	1422	916
雅安市	192	116	76	128	82	46	363	215	148
巴中市	403	209	194	233	112	121	675	377	298
资阳市	314	155	159	108	56	52	373	193	180
阿坝藏族羌族自治州	237	145	92	180	147	33	398	285	113
甘孜藏族自治州	247	149	98	82	56	26	577	407	170
凉山彝族自治州	585	332	253	280	196	84	814	596	218

7-3b 续表 6

单位：人

现住地	户口登记地								
	湖北			湖南			广东		
	小计	男	女	小计	男	女	小计	男	女
全省	**16584**	**8898**	**7686**	**18269**	**9179**	**9090**	**13918**	**6687**	**7231**
成都市	2466	1396	1070	1859	971	888	1698	887	811
自贡市	482	202	280	728	369	359	516	213	303
攀枝花市	175	116	59	252	138	114	64	41	23
泸州市	736	412	324	918	417	501	1026	481	545
德阳市	870	566	304	942	615	327	671	466	205
绵阳市	1140	601	539	1419	730	689	1135	556	579
广元市	631	316	315	614	317	297	313	151	162
遂宁市	373	181	192	489	213	276	288	124	164
内江市	650	321	329	891	426	465	620	270	350
乐山市	668	355	313	703	368	335	560	284	276
南充市	1313	584	729	1511	659	852	1547	705	842
眉山市	581	298	283	698	365	333	535	248	287
宜宾市	997	529	468	1240	639	601	1212	594	618
广安市	774	328	446	884	357	527	632	233	399
达州市	1519	702	817	1553	652	901	1829	841	988
雅安市	295	177	118	355	189	166	138	52	86
巴中市	874	476	398	564	280	284	416	164	252
资阳市	382	190	192	636	291	345	306	152	154
阿坝藏族羌族自治州	304	196	108	337	213	124	46	23	23
甘孜藏族自治州	361	240	121	732	402	330	87	53	34
凉山彝族自治州	993	712	281	944	568	376	279	149	130

7-3b 续表 7

单位：人

现住地	户口登记地								
	广西			海南			重庆		
	小计	男	女	小计	男	女	小计	男	女
全省	**7923**	**2804**	**5119**	**1780**	**774**	**1006**	**78317**	**39189**	**39128**
成都市	840	349	491	449	163	286	9337	4769	4568
自贡市	308	93	215	60	21	39	1722	772	950
攀枝花市	70	46	24	7	3	4	1460	859	601
泸州市	607	183	424	55	18	37	6184	3042	3142
德阳市	563	327	236	126	97	29	2559	1506	1053
绵阳市	737	330	407	159	89	70	3557	1764	1793
广元市	262	98	164	45	19	26	1570	813	757
遂宁市	204	55	149	20	7	13	2518	1198	1320
内江市	417	124	293	38	14	24	3558	1747	1811
乐山市	264	92	172	41	13	28	1840	936	904
南充市	631	152	479	85	32	53	3665	1621	2044
眉山市	293	123	170	50	23	27	2152	1115	1037
宜宾市	638	161	477	70	31	39	3746	2010	1736
广安市	421	96	325	62	14	48	9695	4330	5365
达州市	880	255	625	273	137	136	13149	6340	6809
雅安市	97	36	61	25	10	15	1037	626	411
巴中市	191	56	135	110	44	66	2113	1072	1041
资阳市	194	68	126	28	13	15	3002	1358	1644
阿坝藏族羌族自治州	81	41	40	6	3	3	1080	685	395
甘孜藏族自治州	33	21	12	53	15	38	1558	964	594
凉山彝族自治州	192	98	94	18	8	10	2815	1662	1153

7-3b 续表 8

单位：人

现住地	户口登记地					
	贵州			云南		
	小计	男	女	小计	男	女
全省	**30085**	**12626**	**17459**	**31799**	**13625**	**18174**
成都市	2631	1347	1284	2415	1105	1310
自贡市	918	312	606	1154	315	839
攀枝花市	310	179	131	1353	713	640
泸州市	9846	3888	5958	2263	767	1496
德阳市	1046	609	437	1055	594	461
绵阳市	1238	617	621	948	416	532
广元市	531	225	306	311	113	198
遂宁市	417	136	281	427	93	334
内江市	1146	393	753	1458	393	1065
乐山市	700	316	384	784	268	516
南充市	1511	446	1065	870	271	599
眉山市	835	401	434	693	257	436
宜宾市	1783	688	1095	6267	2335	3932
广安市	1512	393	1119	804	214	590
达州市	2352	958	1394	1369	662	707
雅安市	315	159	156	558	224	334
巴中市	613	184	429	379	129	250
资阳市	697	223	474	764	205	559
阿坝藏族羌族自治州	394	283	111	444	278	166
甘孜藏族自治州	418	284	134	1579	986	593
凉山彝族自治州	872	585	287	5904	3287	2617

7-3b 续表 9

单位：人

现住地	户口登记地								
	西藏			陕西			甘肃		
	小计	男	女	小计	男	女	小计	男	女
全省	**6304**	**3134**	**3170**	**12242**	**6951**	**5291**	**14876**	**8569**	**6307**
成都市	944	491	453	2004	962	1042	2029	1048	981
自贡市	299	154	145	290	170	120	152	81	71
攀枝花市	13	8	5	117	77	40	98	69	29
泸州市	109	60	49	327	185	142	220	137	83
德阳市	219	132	87	968	742	226	564	378	186
绵阳市	342	187	155	1166	607	559	1150	605	545
广元市	97	47	50	872	482	390	2308	1410	898
遂宁市	104	52	52	224	129	95	179	74	105
内江市	237	119	118	398	240	158	259	135	124
乐山市	199	107	92	469	280	189	266	149	117
南充市	394	192	202	883	422	461	627	285	342
眉山市	424	224	200	419	241	178	325	172	153
宜宾市	143	74	69	619	426	193	326	203	123
广安市	228	135	93	285	162	123	160	82	78
达州市	168	90	78	976	488	488	433	234	199
雅安市	162	77	85	207	127	80	136	86	50
巴中市	89	34	55	985	485	500	304	148	156
资阳市	288	151	137	190	89	101	152	67	85
阿坝藏族羌族自治州	79	37	42	246	210	36	2389	1355	1034
甘孜藏族自治州	1706	726	980	191	144	47	2247	1439	808
凉山彝族自治州	60	37	23	406	283	123	552	412	140

7－3b 续表 10

单位：人

现住地	户口登记地								
	青海			宁夏			新疆		
	小计	男	女	小计	男	女	小计	男	女
全省	**6409**	**3244**	**3165**	**1270**	**608**	**662**	**8896**	**4592**	**4304**
成都市	1400	696	704	328	143	185	2510	1332	1178
自贡市	55	31	24	3	2	1	213	108	105
攀枝花市	16	10	6	6	3	3	42	24	18
泸州市	61	37	24	18	10	8	232	114	118
德阳市	201	142	59	72	55	17	554	350	204
绵阳市	503	276	227	435	158	277	1150	561	589
广元市	60	28	32	65	44	21	254	136	118
遂宁市	70	32	38	12	5	7	323	159	164
内江市	76	40	36	17	7	10	349	198	151
乐山市	95	52	43	28	14	14	185	88	97
南充市	302	123	179	85	45	40	1057	496	561
眉山市	130	72	58	26	13	13	289	146	143
宜宾市	46	28	18	40	22	18	288	150	138
广安市	49	26	23	13	10	3	329	171	158
达州市	106	64	42	22	12	10	322	154	168
雅安市	31	13	18	5	3	2	70	34	36
巴中市	89	31	58	22	11	11	170	81	89
资阳市	102	52	50	11	7	4	357	168	189
阿坝藏族羌族自治州	437	279	158	14	12	2	42	23	19
甘孜藏族自治州	2168	899	1269	30	18	12	41	24	17
凉山彝族自治州	412	313	99	18	14	4	119	75	44

7－3c 全省按现住地、性别分的户口登记地在外省的人口(乡村)

单位：人

现住地	户口登记地					
	合计			北京		
	合计	男	女	小计	男	女
全省	**436024**	**242182**	**193842**	**1809**	**1159**	**650**
成都市	135689	81318	54371	458	272	186
自贡市	6955	2900	4055	31	23	8
攀枝花市	5790	3205	2585	14	10	4
泸州市	22936	9694	13242	39	27	12
德阳市	15850	9151	6699	53	34	19
绵阳市	34314	20057	14257	209	137	72
广元市	12513	7498	5015	115	66	49
遂宁市	8088	4051	4037	71	49	22
内江市	12287	5240	7047	22	11	11
乐山市	12205	7048	5157	98	71	27
南充市	19306	9711	9595	151	104	47
眉山市	12746	6599	6147	54	33	21
宜宾市	31049	14658	16391	126	78	48
广安市	15518	6276	9242	20	16	4
达州市	29260	16452	12808	113	63	50
雅安市	6128	3275	2853	15	12	3
巴中市	8309	4449	3860	72	52	20
资阳市	8557	3916	4641	47	30	17
阿坝藏族羌族自治州	8969	6971	1998	18	17	1
甘孜藏族自治州	12216	9371	2845	12	6	6
凉山彝族自治州	17339	10342	6997	71	48	23

7–3c　续表 1　　　　单位：人

现住地	户口登记地								
	天津			河北			山西		
	小计	男	女	小计	男	女	小计	男	女
全省	**1191**	**805**	**386**	**12361**	**7499**	**4862**	**6935**	**4195**	**2740**
成都市	345	210	135	5413	3371	2042	3128	1824	1304
自贡市	12	9	3	107	54	53	51	18	33
攀枝花市	4	3	1	119	69	50	28	22	6
泸州市	82	76	6	392	274	118	179	95	84
德阳市	31	25	6	498	290	208	304	174	130
绵阳市	171	117	54	1415	791	624	782	499	283
广元市	39	33	6	394	226	168	203	113	90
遂宁市	36	19	17	138	76	62	64	34	30
内江市	27	23	4	200	123	77	157	117	40
乐山市	35	24	11	360	202	158	206	129	77
南充市	53	31	22	386	206	180	182	89	93
眉山市	66	29	37	457	252	205	243	145	98
宜宾市	57	43	14	590	373	217	378	269	109
广安市	12	7	5	201	109	92	80	44	36
达州市	76	46	30	347	183	164	201	126	75
雅安市	20	11	9	217	143	74	104	53	51
巴中市	36	28	8	280	149	131	125	61	64
资阳市	16	9	7	265	175	90	112	69	43
阿坝藏族羌族自治州	10	8	2	107	91	16	103	86	17
甘孜藏族自治州	6	4	2	164	126	38	106	89	17
凉山彝族自治州	57	50	7	311	216	95	199	139	60

7–3c　续表 2　　　　单位：人

现住地	户口登记地								
	内蒙古			辽宁			吉林		
	小计	男	女	小计	男	女	小计	男	女
全省	**2699**	**1659**	**1040**	**4253**	**2851**	**1402**	**3254**	**2018**	**1236**
成都市	881	547	334	1513	969	544	1124	710	414
自贡市	26	15	11	31	21	10	34	16	18
攀枝花市	24	15	9	51	37	14	21	12	9
泸州市	57	38	19	81	62	19	45	26	19
德阳市	180	109	71	178	130	48	112	73	39
绵阳市	380	235	145	606	371	235	863	488	375
广元市	94	57	37	149	116	33	86	53	33
遂宁市	69	26	43	55	31	24	53	30	23
内江市	55	38	17	278	238	40	48	37	11
乐山市	76	51	25	132	92	40	79	53	26
南充市	97	56	41	208	122	86	90	50	40
眉山市	110	67	43	136	75	61	127	72	55
宜宾市	123	88	35	168	125	43	116	75	41
广安市	50	31	19	53	27	26	36	20	16
达州市	80	46	34	151	107	44	77	55	22
雅安市	37	21	16	58	40	18	49	32	17
巴中市	71	31	40	74	39	35	53	34	19
资阳市	90	56	34	65	53	12	55	44	11
阿坝藏族羌族自治州	45	35	10	94	78	16	58	43	15
甘孜藏族自治州	44	27	17	69	43	26	36	27	9
凉山彝族自治州	110	70	40	103	75	28	92	68	24

7-3c 续表 3

单位：人

现住地	户口登记地								
	黑龙江			上海			江苏		
	小计	男	女	小计	男	女	小计	男	女
全省	**4005**	**2260**	**1745**	**1386**	**868**	**518**	**12921**	**7866**	**5055**
成都市	1825	1037	788	316	194	122	3726	2437	1289
自贡市	23	7	16	9	6	3	181	99	82
攀枝花市	26	14	12	1	1		100	60	40
泸州市	48	30	18	96	54	42	450	270	180
德阳市	127	72	55	39	26	13	607	375	232
绵阳市	1019	556	463	178	116	62	1969	1192	777
广元市	60	31	29	34	21	13	424	259	165
遂宁市	28	16	12	67	46	21	235	143	92
内江市	41	27	14	23	14	9	359	210	149
乐山市	58	34	24	60	36	24	679	412	267
南充市	102	50	52	113	77	36	609	336	273
眉山市	119	54	65	30	23	7	538	306	232
宜宾市	94	59	35	154	94	60	873	509	364
广安市	55	26	29	11	6	5	170	102	68
达州市	92	53	39	97	59	38	542	303	239
雅安市	47	29	18	14	11	3	279	155	124
巴中市	62	43	19	49	30	19	264	137	127
资阳市	44	33	11	39	23	16	225	127	98
阿坝藏族羌族自治州	36	25	11	3	1	2	104	80	24
甘孜藏族自治州	43	29	14	5	1	4	102	81	21
凉山彝族自治州	56	35	21	48	29	19	485	273	212

7-3c 续表 4

单位：人

现住地	户口登记地								
	浙江			安徽			福建		
	小计	男	女	小计	男	女	小计	男	女
全省	**12610**	**7611**	**4999**	**10065**	**5565**	**4500**	**12133**	**7733**	**4400**
成都市	3873	2400	1473	4573	2603	1970	4257	2610	1647
自贡市	151	84	67	138	63	75	131	74	57
攀枝花市	73	39	34	78	49	29	157	125	32
泸州市	533	299	234	201	90	111	476	268	208
德阳市	858	527	331	560	309	251	699	468	231
绵阳市	993	607	386	1180	729	451	718	444	274
广元市	344	205	139	184	97	87	332	226	106
遂宁市	210	121	89	132	66	66	247	156	91
内江市	313	169	144	162	67	95	202	120	82
乐山市	491	288	203	297	167	130	346	232	114
南充市	466	274	192	355	163	192	454	256	198
眉山市	379	218	161	345	201	144	312	202	110
宜宾市	1685	974	711	481	212	269	678	465	213
广安市	248	146	102	134	61	73	329	152	177
达州市	478	266	212	433	246	187	1141	735	406
雅安市	133	79	54	151	67	84	207	156	51
巴中市	244	142	102	193	91	102	293	170	123
资阳市	269	174	95	107	54	53	143	81	62
阿坝藏族羌族自治州	99	73	26	82	68	14	341	293	48
甘孜藏族自治州	172	136	36	64	52	12	189	153	36
凉山彝族自治州	598	390	208	215	110	105	481	347	134

7-3c　续表 5　　单位：人

现住地	户口登记地								
	江西			山东			河南		
	小计	男	女	小计	男	女	小计	男	女
全省	**9046**	**4950**	**4096**	**10315**	**6380**	**3935**	**32880**	**21655**	**11225**
成都市	4120	2454	1666	4625	2701	1924	13875	9044	4831
自贡市	125	48	77	101	66	35	394	238	156
攀枝花市	24	14	10	129	94	35	196	146	50
泸州市	240	70	170	319	223	96	839	534	305
德阳市	377	218	159	462	280	182	1175	747	428
绵阳市	673	386	287	1048	638	410	2942	1959	983
广元市	132	61	71	277	164	113	1801	1420	381
遂宁市	68	35	33	180	124	56	348	196	152
内江市	178	58	120	150	88	62	679	470	209
乐山市	275	162	113	339	240	99	798	506	292
南充市	397	178	219	285	191	94	864	457	407
眉山市	308	152	156	324	189	135	875	490	385
宜宾市	446	205	241	525	369	156	1375	875	500
广安市	284	116	168	140	69	71	711	351	360
达州市	784	437	347	298	191	107	2507	1687	820
雅安市	104	55	49	99	67	32	501	325	176
巴中市	159	72	87	191	101	90	549	319	230
资阳市	80	39	41	174	115	59	393	234	159
阿坝藏族羌族自治州	59	44	15	152	105	47	510	427	83
甘孜藏族自治州	66	55	11	121	107	14	800	672	128
凉山彝族自治州	147	91	56	376	258	118	748	558	190

7-3c　续表 6　　单位：人

现住地	户口登记地								
	湖北			湖南			广东		
	小计	男	女	小计	男	女	小计	男	女
全省	**18300**	**11550**	**6750**	**15877**	**8994**	**6883**	**22749**	**11958**	**10791**
成都市	6296	4035	2261	5196	3206	1990	3494	1919	1575
自贡市	266	125	141	311	144	167	385	156	229
攀枝花市	144	106	38	212	128	84	76	45	31
泸州市	398	202	196	535	185	350	2149	1067	1082
德阳市	698	460	238	705	460	245	561	284	277
绵阳市	1227	788	439	1276	762	514	1424	740	684
广元市	477	310	167	391	234	157	551	296	255
遂宁市	251	149	102	248	158	90	457	219	238
内江市	378	159	219	475	221	254	594	228	366
乐山市	796	541	255	523	330	193	696	377	319
南充市	717	305	412	904	388	516	2909	1556	1353
眉山市	481	240	241	456	217	239	470	217	253
宜宾市	985	588	397	926	420	506	2957	1601	1356
广安市	571	232	339	531	211	320	631	213	418
达州市	1301	702	599	1494	831	663	3469	2032	1437
雅安市	310	182	128	270	136	134	171	70	101
巴中市	442	278	164	202	83	119	474	209	265
资阳市	202	108	94	215	105	110	535	296	239
阿坝藏族羌族自治州	728	646	82	317	283	34	60	43	17
甘孜藏族自治州	918	821	97	331	284	47	54	34	20
凉山彝族自治州	714	573	141	359	208	151	632	356	276

7−3c 续表 7

单位：人

现住地	户口登记地								
	广西			海南			重庆		
	小计	男	女	小计	男	女	小计	男	女
全省	**10342**	**3782**	**6560**	**1648**	**722**	**926**	**83458**	**46270**	**37188**
成都市	2316	1207	1109	418	213	205	30061	17398	12663
自贡市	316	67	249	37	11	26	959	485	474
攀枝花市	75	39	36	2		2	845	575	270
泸州市	749	157	592	66	15	51	4036	1937	2099
德阳市	355	132	223	44	15	29	2992	1676	1316
绵阳市	673	268	405	94	40	54	4378	2512	1866
广元市	278	83	195	32	15	17	1569	940	629
遂宁市	245	74	171	36	15	21	1951	1005	946
内江市	525	138	387	43	15	28	2675	1195	1480
乐山市	352	158	194	48	20	28	1516	823	693
南充市	640	160	480	102	41	61	3964	2195	1769
眉山市	380	152	228	65	26	39	2279	1284	995
宜宾市	946	233	713	85	41	44	2950	1608	1342
广安市	494	94	400	49	12	37	6734	3257	3477
达州市	925	358	567	297	152	145	8383	4458	3925
雅安市	163	56	107	18	4	14	819	469	350
巴中市	200	63	137	139	58	81	1418	807	611
资阳市	255	80	175	19	7	12	2147	1000	1147
阿坝藏族羌族自治州	135	79	56	27	12	15	1008	754	254
甘孜藏族自治州	113	86	27	5	1	4	903	685	218
凉山彝族自治州	207	98	109	22	9	13	1871	1207	664

7−3c 续表 8

单位：人

现住地	户口登记地					
	贵州			云南		
	小计	男	女	小计	男	女
全省	**41488**	**19617**	**21871**	**51648**	**21721**	**29927**
成都市	9810	6099	3711	8193	4236	3957
自贡市	1009	361	648	1551	381	1170
攀枝花市	288	150	138	2927	1334	1593
泸州市	7238	2478	4760	2826	708	2118
德阳市	1284	653	631	1104	446	658
绵阳市	2244	1159	1085	2075	1075	1000
广元市	995	474	521	607	274	333
遂宁市	663	258	405	856	205	651
内江市	1509	483	1026	2305	497	1808
乐山市	1189	644	545	1430	546	884
南充市	1826	699	1127	998	399	599
眉山市	1249	616	633	1223	414	809
宜宾市	2791	1012	1779	9666	3043	6623
广安市	1921	415	1506	1267	178	1089
达州市	2654	1324	1330	1063	573	490
雅安市	476	201	275	1087	437	650
巴中市	698	268	430	414	205	209
资阳市	984	304	680	1320	316	1004
阿坝藏族羌族自治州	853	714	139	1023	805	218
甘孜藏族自治州	571	491	80	2767	2301	466
凉山彝族自治州	1236	814	422	6946	3348	3598

7−3c　续表 9　　　　　　　　　　　　　　　　　　　　　单位：人

现住地	户口登记地								
	西藏			陕西			甘肃		
	小计	男	女	小计	男	女	小计	男	女
全省	**5085**	**2701**	**2384**	**18230**	**12389**	**5841**	**14676**	**9261**	**5415**
成都市	1369	690	679	4967	3314	1653	4901	3051	1850
自贡市	46	24	22	254	169	85	120	68	52
攀枝花市	9	6	3	78	57	21	59	37	22
泸州市	53	29	24	267	146	121	269	189	80
德阳市	270	190	80	631	408	223	428	261	167
绵阳市	403	249	154	1989	1339	650	1480	848	632
广元市	56	30	26	1330	818	512	1170	657	513
遂宁市	154	78	76	417	287	130	249	139	110
内江市	60	26	34	344	198	146	211	122	89
乐山市	109	63	46	577	417	160	310	224	86
南充市	196	113	83	724	458	266	379	200	179
眉山市	107	52	55	610	360	250	364	204	160
宜宾市	85	51	34	866	630	236	477	355	122
广安市	65	28	37	242	117	125	163	82	81
达州市	50	28	22	1258	774	484	545	370	175
雅安市	188	73	115	330	245	85	139	83	56
巴中市	22	7	15	1089	711	378	250	134	116
资阳市	81	31	50	184	114	70	144	72	72
阿坝藏族羌族自治州	132	73	59	647	592	55	1655	1153	502
甘孜藏族自治州	1555	814	741	854	755	99	990	728	262
凉山彝族自治州	75	46	29	572	480	92	373	284	89

7−3c　续表 10　　　　　　　　　　　　　　　　　　　　　单位：人

现住地	户口登记地								
	青海			宁夏			新疆		
	小计	男	女	小计	男	女	小计	男	女
全省	**4293**	**2511**	**1782**	**1243**	**750**	**493**	**9124**	**4882**	**4242**
成都市	1286	703	583	483	279	204	2847	1585	1262
自贡市	19	7	12	9	3	6	128	58	70
攀枝花市	4	3	1	5	3	2	21	12	9
泸州市	43	26	17	17	9	8	213	110	103
德阳市	104	61	43	80	65	15	334	183	151
绵阳市	278	157	121	204	105	99	1423	750	673
广元市	55	28	27	42	26	16	292	165	127
遂宁市	70	36	34	19	11	8	471	249	222
内江市	43	24	19	11	7	4	220	117	103
乐山市	63	37	26	62	49	13	205	120	85
南充市	139	67	72	43	24	19	953	466	487
眉山市	177	75	102	49	17	32	413	217	196
宜宾市	80	60	20	42	30	12	324	173	151
广安市	24	11	13	17	6	11	275	137	138
达州市	86	51	35	41	32	9	277	164	113
雅安市	35	23	12	9	5	4	78	35	43
巴中市	49	31	18	26	15	11	171	81	90
资阳市	44	15	29	19	11	8	284	141	143
阿坝藏族羌族自治州	515	309	206	12	12		36	22	14
甘孜藏族自治州	1099	725	374	19	15	4	38	23	15
凉山彝族自治州	80	62	18	34	26	8	121	74	47

7-4 全省按现住地、离开户口登记地时间分的户口登记地在外乡镇街道的人口

单位：人

现住地	离开户口登记地时间							
	合计							
	合计	半年以上，不满一年	一年以上，不满二年	二年以上，不满三年	三年以上，不满四年	四年以上，不满五年	五年以上，不满十年	十年以上
全省	**27823204**	**5115924**	**4128310**	**3863191**	**3072365**	**2086281**	**5041018**	**4516115**
成都市	10722432	1856830	1488724	1385511	1157748	787526	2014745	2031348
自贡市	711259	124457	112022	96716	83964	56122	139320	98658
攀枝花市	472046	89691	74006	61593	43270	29241	72564	101681
泸州市	977304	214678	169716	147504	96705	68892	154001	125808
德阳市	930907	161851	140464	132397	98008	69690	174590	153907
绵阳市	1583852	309490	246869	246378	172648	111306	275865	221296
广元市	552997	96811	79042	79485	62369	42356	105202	87732
遂宁市	852282	157595	132985	121531	107512	68704	150390	113565
内江市	794326	143733	121156	120339	95523	62746	136131	114698
乐山市	917714	151510	128825	125688	99349	70656	189505	152181
南充市	1636234	319074	270329	259995	205499	131786	277463	172088
眉山市	935833	166769	145884	145406	115395	72899	168658	120822
宜宾市	1177561	241760	187780	162577	117115	81625	196070	190634
广安市	760548	154572	135883	120156	86984	59773	136126	67054
达州市	1494704	258105	234954	208090	178306	129103	269506	216640
雅安市	361071	68299	50928	44937	37359	23610	62843	73095
巴中市	693703	131209	104755	104624	84614	57388	119192	91921
资阳市	544458	96436	80530	84878	62645	43704	100268	75997
阿坝藏族羌族自治州	178869	55557	22271	19757	14498	10041	25809	30936
甘孜藏族自治州	259501	61437	35993	31649	25763	16572	39603	48484
凉山彝族自治州	1265603	256060	165194	163980	127091	92541	233167	227570

7-4 续表 1

单位：人

现住地	离开户口登记地时间							
	省内							
	小计	半年以上，不满一年	一年以上，不满二年	二年以上，不满三年	三年以上，不满四年	四年以上，不满五年	五年以上，不满十年	十年以上
全省	**25233163**	**4565235**	**3708833**	**3514840**	**2800170**	**1916939**	**4626493**	**4100653**
成都市	9228851	1578986	1252485	1176813	991377	685595	1761108	1782487
自贡市	677186	116058	106233	92540	80599	54069	134179	93508
攀枝花市	423396	80326	67442	56770	39346	26328	65005	88179
泸州市	899474	196005	158231	138102	89817	63763	141453	112103
德阳市	850668	146435	126105	122139	89195	64329	162002	140463
绵阳市	1447901	275316	222683	225987	158849	103552	257181	204333
广元市	511558	86686	72079	73922	58515	39726	99081	81549
遂宁市	808517	146208	125708	115818	103291	65813	143973	107706
内江市	745497	133031	113463	113746	90583	59614	128623	106437
乐山市	869017	141030	121132	119463	94614	67592	181362	143824
南充市	1552537	296039	254940	248269	196387	126462	266948	163492
眉山市	891813	158033	137643	139051	110346	70005	161759	114976
宜宾市	1085322	216203	173356	152920	109166	76396	182654	174627
广安市	711996	143890	127866	113542	81802	56390	128000	60506
达州市	1401965	233758	214545	195957	169913	123820	257803	206169
雅安市	339589	63501	47653	41973	35153	22481	59569	69259
巴中市	665607	122493	100432	101586	81997	55666	115071	88362
资阳市	518116	90359	76896	81729	60191	41799	95638	71504
阿坝藏族羌族自治州	161532	47471	20276	18293	13325	9346	24065	28756
甘孜藏族自治州	232334	52378	32364	28697	23529	15060	35921	44385
凉山彝族自治州	1210287	241029	157301	157523	122175	89133	225098	218028

7-4　续表 2

单位：人

现住地	离开户口登记地时间 省外 小计	半年以上，不满一年	一年以上，不满二年	二年以上，不满三年	三年以上，不满四年	四年以上，不满五年	五年以上，不满十年	十年以上
全省	**2590041**	**550689**	**419477**	**348351**	**272195**	**169342**	**414525**	**415462**
成都市	1493581	277844	236239	208698	166371	101931	253637	248861
自贡市	34073	8399	5789	4176	3365	2053	5141	5150
攀枝花市	48650	9365	6564	4823	3924	2913	7559	13502
泸州市	77830	18673	11485	9402	6888	5129	12548	13705
德阳市	80239	15416	14359	10258	8813	5361	12588	13444
绵阳市	135951	34174	24186	20391	13799	7754	18684	16963
广元市	41439	10125	6963	5563	3854	2630	6121	6183
遂宁市	43765	11387	7277	5713	4221	2891	6417	5859
内江市	48829	10702	7693	6593	4940	3132	7508	8261
乐山市	48697	10480	7693	6225	4735	3064	8143	8357
南充市	83697	23035	15389	11726	9112	5324	10515	8596
眉山市	44020	8736	8241	6355	5049	2894	6899	5846
宜宾市	92239	25557	14424	9657	7949	5229	13416	16007
广安市	48552	10682	8017	6614	5182	3383	8126	6548
达州市	92739	24347	20409	12133	8393	5283	11703	10471
雅安市	21482	4798	3275	2964	2206	1129	3274	3836
巴中市	28096	8716	4323	3038	2617	1722	4121	3559
资阳市	26342	6077	3634	3149	2454	1905	4630	4493
阿坝藏族羌族自治州	17337	8086	1995	1464	1173	695	1744	2180
甘孜藏族自治州	27167	9059	3629	2952	2234	1512	3682	4099
凉山彝族自治州	55316	15031	7893	6457	4916	3408	8069	9542

7-4a　全省按现住地、离开户口登记地时间分的户口登记地在外乡镇街道的人口(城市)

单位：人

现住地	离开户口登记地时间 合计 合计	半年以上，不满一年	一年以上，不满二年	二年以上，不满三年	三年以上，不满四年	四年以上，不满五年	五年以上，不满十年	十年以上
全省	**17952455**	**2979980**	**2670117**	**2511031**	**2035240**	**1368249**	**3361164**	**3026674**
成都市	9176212	1525941	1249289	1169208	997835	686496	1763385	1784058
自贡市	407843	67177	64987	56801	51286	32859	83268	51465
攀枝花市	355298	65882	57148	48438	32444	21003	53996	76387
泸州市	534670	101797	98351	85373	59032	40468	88744	60905
德阳市	620825	88859	93637	90642	67578	48539	124173	107397
绵阳市	993150	162664	156315	162451	112281	73546	180926	144967
广元市	273697	36650	39284	42758	34390	21469	53549	45597
遂宁市	617192	109526	96612	87979	72904	48094	113157	88920
内江市	442167	67816	71173	76360	60027	38109	74360	54322
乐山市	501212	77168	77902	73479	56010	39614	104513	72526
南充市	862356	149181	150756	144106	115413	70652	152709	79539
眉山市	422256	63262	62576	62455	55293	36909	84316	57445
宜宾市	668064	129088	110304	98245	70980	49124	111136	99187
广安市	272000	55887	57524	45584	30505	19519	46691	16290
达州市	765415	105417	119775	105558	94552	65354	151456	123303
雅安市	135662	25387	23219	20836	16284	8201	20533	21202
巴中市	293784	40382	42860	47045	38702	24729	52120	47946
资阳市	256865	39754	41471	42299	32087	20739	44869	35646
阿坝藏族羌族自治州	17083	7339	1661	1278	1059	866	2002	2878
甘孜藏族自治州	24109	8207	3568	2935	1731	1335	2763	3570
凉山彝族自治州	312595	52596	51705	47201	34847	20624	52498	53124

7-4a　续表 1　　　　单位：人

现住地	离开户口登记地时间							
	省内							
	小计	半年以上，不满一年	一年以上，不满二年	二年以上，不满三年	三年以上，不满四年	四年以上，不满五年	五年以上，不满十年	十年以上
全省	**16159551**	**2658294**	**2382021**	**2259299**	**1834485**	**1243317**	**3055475**	**2726660**
成都市	7869746	1295134	1046583	987718	851088	594815	1534810	1559598
自贡市	390091	62840	61724	54414	49406	31827	80676	49204
攀枝花市	317642	59214	51908	44505	29404	18844	48062	65705
泸州市	506373	96418	93323	81237	55861	38259	84119	57156
德阳市	576509	81853	86768	85087	62827	45397	116269	98308
绵阳市	920589	150360	143675	151004	104357	68487	168728	133978
广元市	256539	34121	36284	39962	32475	20203	50725	42769
遂宁市	589121	102779	91995	84062	70027	46171	108857	85230
内江市	420114	64170	67011	72483	57360	36612	71119	51359
乐山市	475920	73131	73282	69765	53288	37994	100055	68405
南充市	818267	139398	142015	137422	109598	67450	146952	75432
眉山市	402415	60079	59060	59378	52597	35515	80945	54841
宜宾市	631465	120603	103971	93517	67067	46873	105875	93559
广安市	258657	53536	54523	43370	28935	18582	44516	15195
达州市	735278	100942	113593	101145	91104	63055	146522	118917
雅安市	125776	23860	21252	18923	14910	7717	19304	19810
巴中市	284682	37785	41467	45921	37845	24136	50704	46824
资阳市	248768	38255	40285	41159	31104	20079	43390	34496
阿坝藏族羌族自治州	16474	7076	1594	1229	1028	839	1933	2775
甘孜藏族自治州	22309	7402	3350	2780	1625	1237	2574	3341
凉山彝族自治州	292816	49338	48358	44218	32579	19225	49340	49758

7-4a　续表 2　　　　单位：人

现住地	离开户口登记地时间							
	省外							
	小计	半年以上，不满一年	一年以上，不满二年	二年以上，不满三年	三年以上，不满四年	四年以上，不满五年	五年以上，不满十年	十年以上
全省	**1792904**	**321686**	**288096**	**251732**	**200755**	**124932**	**305689**	**300014**
成都市	1306466	230807	202706	181490	146747	91681	228575	224460
自贡市	17752	4337	3263	2387	1880	1032	2592	2261
攀枝花市	37656	6668	5240	3933	3040	2159	5934	10682
泸州市	28297	5379	5028	4136	3171	2209	4625	3749
德阳市	44316	7006	6869	5555	4751	3142	7904	9089
绵阳市	72561	12304	12640	11447	7924	5059	12198	10989
广元市	17158	2529	3000	2796	1915	1266	2824	2828
遂宁市	28071	6747	4617	3917	2877	1923	4300	3690
内江市	22053	3646	4162	3877	2667	1497	3241	2963
乐山市	25292	4037	4620	3714	2722	1620	4458	4121
南充市	44089	9783	8741	6684	5815	3202	5757	4107
眉山市	19841	3183	3516	3077	2696	1394	3371	2604
宜宾市	36599	8485	6333	4728	3913	2251	5261	5628
广安市	13343	2351	3001	2214	1570	937	2175	1095
达州市	30137	4475	6182	4413	3448	2299	4934	4386
雅安市	9886	1527	1967	1913	1374	484	1229	1392
巴中市	9102	2597	1393	1124	857	593	1416	1122
资阳市	8097	1499	1186	1140	983	660	1479	1150
阿坝藏族羌族自治州	609	263	67	49	31	27	69	103
甘孜藏族自治州	1800	805	218	155	106	98	189	229
凉山彝族自治州	19779	3258	3347	2983	2268	1399	3158	3366

7-4b 全省按现住地、离开户口登记地时间分的户口登记地在外乡镇街道的人口(镇)

单位：人

现住地	离开户口登记地时间							
	合计							
	合计	半年以上，不满一年	一年以上，不满二年	二年以上，不满三年	三年以上，不满四年	四年以上，不满五年	五年以上，不满十年	十年以上
全省	**6262343**	**1188683**	**960371**	**927823**	**722430**	**494560**	**1121821**	**846655**
成都市	530303	93796	89116	84951	62653	38004	93956	67827
自贡市	241463	41370	39350	34004	27735	19471	45351	34182
攀枝花市	70908	14468	11970	9101	7021	5028	10812	12508
泸州市	332402	75434	58001	52387	29622	22732	49648	44578
德阳市	185337	39085	30987	28463	20174	14180	30499	21949
绵阳市	318610	64760	50896	51243	36612	21438	56190	37471
广元市	201240	37734	29037	28304	20892	16075	40604	28594
遂宁市	185227	33191	28201	25340	31120	18141	31616	17618
内江市	278968	55376	41528	37334	29941	20648	51296	42845
乐山市	283834	43452	35573	38121	33040	23234	61450	48964
南充市	594339	115354	87836	90825	73714	50430	103655	72525
眉山市	337096	58119	56453	59444	43343	24749	58855	36133
宜宾市	352389	70548	57023	47835	34028	23800	61133	58022
广安市	369832	63926	61213	61166	46376	31330	70630	35191
达州市	524810	94527	79109	75676	65333	49370	91801	68994
雅安市	147338	26074	18327	17620	15894	10849	28775	29799
巴中市	303845	61709	48942	46103	37307	26722	52615	30447
资阳市	228482	38194	31836	37040	26222	19571	47250	28369
阿坝藏族羌族自治州	107165	26643	13497	12139	9579	7035	18055	20217
甘孜藏族自治州	146798	28141	20185	17739	16234	10178	24628	29693
凉山彝族自治州	521957	106782	71291	72988	55590	41575	93002	80729

7-4b 续表 1

单位：人

现住地	离开户口登记地时间							
	省内							
	小计	半年以上，不满一年	一年以上，不满二年	二年以上，不满三年	三年以上，不满四年	四年以上，不满五年	五年以上，不满十年	十年以上
全省	**5901230**	**1107646**	**896262**	**877543**	**684681**	**471259**	**1067650**	**796189**
成都市	478877	81493	78875	76917	57011	35080	87006	62495
自贡市	232097	39736	37620	32760	26660	18799	43794	32728
攀枝花市	65704	13103	11262	8677	6568	4662	10102	11330
泸州市	305805	69502	54306	48864	27412	20953	45269	39499
德阳市	165264	35552	25777	25403	17406	12731	28152	20243
绵阳市	289534	56977	45304	45646	32902	20177	53371	35157
广元市	189472	35176	27101	26705	19794	15221	38756	26719
遂宁市	177621	31360	26777	24352	30323	17584	30453	16772
内江市	264479	52184	39281	35562	28478	19632	48885	40457
乐山市	272634	41458	34088	36708	31848	22392	59347	46793
南充市	574037	110640	84255	87776	71551	48997	100598	70220
眉山市	325663	56096	54219	57623	42078	23927	56995	34725
宜宾市	327798	64380	53327	45365	31979	22290	57180	53277
广安市	350141	60348	58386	58265	43929	29731	66946	32536
达州市	491468	87003	70762	70948	62025	47573	87513	65644
雅安市	141870	24828	17662	17049	15419	10516	27715	28681
巴中市	293160	59080	47130	44844	36073	25933	50920	29180
资阳市	218794	36577	30468	35707	25256	18750	45267	26769
阿坝藏族羌族自治州	99406	24393	12500	11372	8939	6624	16873	18705
甘孜藏族自治州	133647	26164	18079	16039	14946	9325	22189	26905
凉山彝族自治州	503759	101596	69083	70961	54084	40362	90319	77354

7-4b 续表 2

单位：人

现住地	离开户口登记地时间							
	省外							
	小计	半年以上，不满一年	一年以上，不满二年	二年以上，不满三年	三年以上，不满四年	四年以上，不满五年	五年以上，不满十年	十年以上
全省	**361113**	**81037**	**64109**	**50280**	**37749**	**23301**	**54171**	**50466**
成都市	51426	12303	10241	8034	5642	2924	6950	5332
自贡市	9366	1634	1730	1244	1075	672	1557	1454
攀枝花市	5204	1365	708	424	453	366	710	1178
泸州市	26597	5932	3695	3523	2210	1779	4379	5079
德阳市	20073	3533	5210	3060	2768	1449	2347	1706
绵阳市	29076	7783	5592	5597	3710	1261	2819	2314
广元市	11768	2558	1936	1599	1098	854	1848	1875
遂宁市	7606	1831	1424	988	797	557	1163	846
内江市	14489	3192	2247	1772	1463	1016	2411	2388
乐山市	11200	1994	1485	1413	1192	842	2103	2171
南充市	20302	4714	3581	3049	2163	1433	3057	2305
眉山市	11433	2023	2234	1821	1265	822	1860	1408
宜宾市	24591	6168	3696	2470	2049	1510	3953	4745
广安市	19691	3578	2827	2901	2447	1599	3684	2655
达州市	33342	7524	8347	4728	3308	1797	4288	3350
雅安市	5468	1246	665	571	475	333	1060	1118
巴中市	10685	2629	1812	1259	1234	789	1695	1267
资阳市	9688	1617	1368	1333	966	821	1983	1600
阿坝藏族羌族自治州	7759	2250	997	767	640	411	1182	1512
甘孜藏族自治州	13151	1977	2106	1700	1288	853	2439	2788
凉山彝族自治州	18198	5186	2208	2027	1506	1213	2683	3375

7-4c 全省按现住地、离开户口登记地时间分的户口登记地在外乡镇街道的人口(乡村)

单位：人

现住地	离开户口登记地时间							
	合计							
	合计	半年以上，不满一年	一年以上，不满二年	二年以上，不满三年	三年以上，不满四年	四年以上，不满五年	五年以上，不满十年	十年以上
全省	**3608406**	**947261**	**497822**	**424337**	**314695**	**223472**	**558033**	**642786**
成都市	1015917	237093	150319	131352	97260	63026	157404	179463
自贡市	61953	15910	7685	5911	4943	3792	10701	13011
攀枝花市	45840	9341	4888	4054	3805	3210	7756	12786
泸州市	110232	37447	13364	9744	8051	5692	15609	20325
德阳市	124745	33907	15840	13292	10256	6971	19918	24561
绵阳市	272092	82066	39658	32684	23755	16322	38749	38858
广元市	78060	22427	10721	8423	7087	4812	11049	13541
遂宁市	49863	14878	8172	8212	3488	2469	5617	7027
内江市	73191	20541	8455	6645	5555	3989	10475	17531
乐山市	132668	30890	15350	14088	10299	7808	23542	30691
南充市	179539	54539	31737	25064	16372	10704	21099	20024
眉山市	176481	45388	26855	23507	16759	11241	25487	27244
宜宾市	157108	42124	20453	16497	12107	8701	23801	33425
广安市	118716	34759	17146	13406	10103	8924	18805	15573
达州市	204479	58161	36070	26856	18421	14379	26249	24343
雅安市	78071	16838	9382	6481	5181	4560	13535	22094
巴中市	96074	29118	12953	11476	8605	5937	14457	13528
资阳市	59111	18488	7223	5539	4336	3394	8149	11982
阿坝藏族羌族自治州	54621	21575	7113	6340	3860	2140	5752	7841
甘孜藏族自治州	88594	25089	12240	10975	7798	5059	12212	15221
凉山彝族自治州	431051	96682	42198	43791	36654	30342	87667	93717

7–4c　续表 1　　单位：人

现 住 地	离开户口登记地时间 省内 小计	半年以上，不满一年	一年以上，不满二年	二年以上，不满三年	三年以上，不满四年	四年以上，不满五年	五年以上，不满十年	十年以上
全省	**3172382**	**799295**	**430550**	**377998**	**281004**	**202363**	**503368**	**577804**
成都市	880228	202359	127027	112178	83278	55700	139292	160394
自贡市	54998	13482	6889	5366	4533	3443	9709	11576
攀枝花市	40050	8009	4272	3588	3374	2822	6841	11144
泸州市	87296	30085	10602	8001	6544	4551	12065	15448
德阳市	108895	29030	13560	11649	8962	6201	17581	21912
绵阳市	237778	67979	33704	29337	21590	14888	35082	35198
广元市	65547	17389	8694	7255	6246	4302	9600	12061
遂宁市	41775	12069	6936	7404	2941	2058	4663	5704
内江市	60904	16677	7171	5701	4745	3370	8619	14621
乐山市	120463	26441	13762	12990	9478	7206	21960	28626
南充市	160233	46001	28670	23071	15238	10015	19398	17840
眉山市	163735	41858	24364	22050	15671	10563	23819	25410
宜宾市	126059	31220	16058	14038	10120	7233	19599	27791
广安市	103198	30006	14957	11907	8938	8077	16538	12775
达州市	175219	45813	30190	23864	16784	13192	23768	21608
雅安市	71943	14813	8739	6001	4824	4248	12550	20768
巴中市	87765	25628	11835	10821	8079	5597	13447	12358
资阳市	50554	15527	6143	4863	3831	2970	6981	10239
阿坝藏族羌族自治州	45652	16002	6182	5692	3358	1883	5259	7276
甘孜藏族自治州	76378	18812	10935	9878	6958	4498	11158	14139
凉山彝族自治州	413712	90095	39860	42344	35512	29546	85439	90916

7–4c　续表 2　　单位：人

现 住 地	离开户口登记地时间 省外 小计	半年以上，不满一年	一年以上，不满二年	二年以上，不满三年	三年以上，不满四年	四年以上，不满五年	五年以上，不满十年	十年以上
全省	**436024**	**147966**	**67272**	**46339**	**33691**	**21109**	**54665**	**64982**
成都市	135689	34734	23292	19174	13982	7326	18112	19069
自贡市	6955	2428	796	545	410	349	992	1435
攀枝花市	5790	1332	616	466	431	388	915	1642
泸州市	22936	7362	2762	1743	1507	1141	3544	4877
德阳市	15850	4877	2280	1643	1294	770	2337	2649
绵阳市	34314	14087	5954	3347	2165	1434	3667	3660
广元市	12513	5038	2027	1168	841	510	1449	1480
遂宁市	8088	2809	1236	808	547	411	954	1323
内江市	12287	3864	1284	944	810	619	1856	2910
乐山市	12205	4449	1588	1098	821	602	1582	2065
南充市	19306	8538	3067	1993	1134	689	1701	2184
眉山市	12746	3530	2491	1457	1088	678	1668	1834
宜宾市	31049	10904	4395	2459	1987	1468	4202	5634
广安市	15518	4753	2189	1499	1165	847	2267	2798
达州市	29260	12348	5880	2992	1637	1187	2481	2735
雅安市	6128	2025	643	480	357	312	985	1326
巴中市	8309	3490	1118	655	526	340	1010	1170
资阳市	8557	2961	1080	676	505	424	1168	1743
阿坝藏族羌族自治州	8969	5573	931	648	502	257	493	565
甘孜藏族自治州	12216	6277	1305	1097	840	561	1054	1082
凉山彝族自治州	17339	6587	2338	1447	1142	796	2228	2801

7-5 全省按户口登记地、性别、受教育程度分的户口登记地在外乡镇街道的人口

单位：人

受教育程度	合计			省内		
	合计	男	女	小计	男	女
总 计	**27196054**	**13503315**	**13692739**	**24646932**	**12111458**	**12535474**
未上过学	611751	195112	416639	577683	184894	392789
学前教育	852728	439287	413441	791686	407519	384167
小 学	5760324	2643060	3117264	5378855	2462064	2916791
初 中	8233701	4217352	4016349	7485707	3811106	3674601
高 中	5478380	2893117	2585263	5012853	2622576	2390277
大学专科	3330731	1657832	1672899	2993377	1461112	1532265
大学本科	2664642	1319578	1345064	2210204	1062936	1147268
硕士研究生	234397	119651	114746	176074	86575	89499
博士研究生	29400	18326	11074	20493	12676	7817

7-5 续表

单位：人

受教育程度	省内			省外		
	其中市辖区内人户分离					
	小计	男	女	小计	男	女
总 计	**6954826**	**3370917**	**3583909**	**2549122**	**1391857**	**1157265**
未上过学	114464	35499	78965	34068	10218	23850
学前教育	237872	122566	115306	61042	31768	29274
小 学	1357947	610782	747165	381469	180996	200473
初 中	2041139	997265	1043874	747994	406246	341748
高 中	1550695	785626	765069	465527	270541	194986
大学专科	819588	400245	419343	337354	196720	140634
大学本科	724762	361626	363136	454438	256642	197796
硕士研究生	95074	48846	46228	58323	33076	25247
博士研究生	13285	8462	4823	8907	5650	3257

7-5a　全省按户口登记地、性别、受教育程度分的户口登记地在外乡镇街道的人口(城市)

单位：人

受教育程度	合计			省内		
	合计	男	女	小计	男	女
总　计	**17563286**	**8727011**	**8836275**	**15797467**	**7756216**	**8041251**
未上过学	288439	85435	203004	267618	79612	188006
学前教育	498021	257275	240746	458199	236310	221889
小　学	3167935	1436912	1731023	2944089	1330529	1613560
初　中	5024636	2583577	2441059	4577874	2337029	2240845
高　中	3656728	1923676	1733052	3318606	1729071	1589535
大学专科	2551799	1256134	1295665	2291277	1105454	1185823
大学本科	2134599	1058186	1076413	1761248	848340	912908
硕士研究生	213453	108610	104843	159455	78096	81359
博士研究生	27676	17206	10470	19101	11775	7326

7-5a　续表

单位：人

受教育程度	省内			省外		
	其中市辖区内人户分离					
	小计	男	女	小计	男	女
总　计	**6281832**	**3039513**	**3242319**	**1765819**	**970795**	**795024**
未上过学	98357	30285	68072	20821	5823	14998
学前教育	214157	110507	103650	39822	20965	18857
小　学	1182462	529147	653315	223846	106383	117463
初　中	1811234	882302	928932	446762	246548	200214
高　中	1407859	710886	696973	338122	194605	143517
大学专科	769205	375057	394148	260522	150680	109842
大学本科	693029	345536	347493	373351	209846	163505
硕士研究生	92557	47533	45024	53998	30514	23484
博士研究生	12972	8260	4712	8575	5431	3144

7-5b 全省按户口登记地、性别、受教育程度分的户口登记地在外乡镇街道的人口(镇)

单位：人

受教育程度	合计			省内		
	合计	男	女	小计	男	女
总　计	**6104950**	**2953062**	**3151888**	**5750655**	**2770521**	**2980134**
未上过学	168276	51964	116312	163096	50116	112980
学前教育	244931	126178	118753	233996	120562	113434
小　学	1580544	709845	870699	1514305	678925	835380
初　中	1987435	980539	1006896	1865348	920243	945105
高　中	1267361	657150	610211	1205977	623817	582160
大学专科	495599	250795	244804	455333	228287	227046
大学本科	347996	169932	178064	302360	143397	158963
硕士研究生	11869	6088	5781	9484	4720	4764
博士研究生	939	571	368	756	454	302

7-5b 续表

单位：人

受教育程度	省内			省外		
	其中市辖区内人户分离					
	小计	男	女	小计	男	女
总　计	**207770**	**99766**	**108004**	**354295**	**182541**	**171754**
未上过学	4774	1504	3270	5180	1848	3332
学前教育	8069	4098	3971	10935	5616	5319
小　学	55892	25244	30648	66239	30920	35319
初　中	67799	33066	34733	122087	60296	61791
高　中	48563	24747	23816	61384	33333	28051
大学专科	13209	6483	6726	40266	22508	17758
大学本科	8826	4312	4514	45636	26535	19101
硕士研究生	549	259	290	2385	1368	1017
博士研究生	89	53	36	183	117	66

7-5c　全省按户口登记地、性别、受教育程度分的户口登记地在外乡镇街道的人口(乡村)

单位：人

受教育程度	合计			省内		
	合计	男	女	小计	男	女
总　计	**3527818**	**1823242**	**1704576**	**3098810**	**1584721**	**1514089**
未上过学	155036	57713	97323	146969	55166	91803
学前教育	109776	55834	53942	99491	50647	48844
小　学	1011845	496303	515542	920461	452610	467851
初　中	1221630	653236	568394	1042485	553834	488651
高　中	554291	312291	242000	488270	269688	218582
大学专科	283333	150903	132430	246767	127371	119396
大学本科	182047	91460	90587	146596	71199	75397
硕士研究生	9075	4953	4122	7135	3759	3376
博士研究生	785	549	236	636	447	189

7-5c　续表

单位：人

受教育程度	省内			省外		
	其中市辖区内人户分离					
	小计	男	女	小计	男	女
总　计	**465224**	**231638**	**233586**	**429008**	**238521**	**190487**
未上过学	11333	3710	7623	8067	2547	5520
学前教育	15646	7961	7685	10285	5187	5098
小　学	119593	56391	63202	91384	43693	47691
初　中	162106	81897	80209	179145	99402	79743
高　中	94273	49993	44280	66021	42603	23418
大学专科	37174	18705	18469	36566	23532	13034
大学本科	22907	11778	11129	35451	20261	15190
硕士研究生	1968	1054	914	1940	1194	746
博士研究生	224	149	75	149	102	47

7-6 全省按现住地、受教育程度、性别分的户口登记地在本省其他乡镇街道的人口

单位：人

现住地	合计			未上过学		
	合计	男	女	小计	男	女
全省	**24646932**	**12111458**	**12535474**	**577683**	**184894**	**392789**
成都市	9028066	4523025	4505041	150814	47098	103716
自贡市	661992	312287	349705	20004	6041	13963
攀枝花市	414761	219931	194830	13980	4398	9582
泸州市	879023	423411	455612	16860	5951	10909
德阳市	831969	405488	426481	18247	5374	12873
绵阳市	1413655	681309	732346	26701	7168	19533
广元市	497230	236377	260853	10254	2601	7653
遂宁市	788891	386460	402431	18050	5244	12806
内江市	730100	343410	386690	15716	5311	10405
乐山市	847524	407160	440364	19119	5933	13186
南充市	1518249	735612	782637	37948	10816	27132
眉山市	867714	418068	449646	14856	4878	9978
宜宾市	1058270	520065	538205	18340	5856	12484
广安市	692475	327173	365302	16066	4694	11372
达州市	1374803	685939	688864	24218	7594	16624
雅安市	330466	154987	175479	7214	2307	4907
巴中市	647365	316388	330977	10004	2714	7290
资阳市	505767	243744	262023	11576	3591	7985
阿坝藏族羌族自治州	158434	81621	76813	8817	3169	5648
甘孜藏族自治州	228317	117547	110770	24467	10182	14285
凉山彝族自治州	1171861	571456	600405	94432	33974	60458

7-6 续表 1

单位：人

现住地	学前教育			小学		
	小计	男	女	小计	男	女
全省	**791686**	**407519**	**384167**	**5378855**	**2462064**	**2916791**
成都市	234274	120777	113497	1569055	728035	841020
自贡市	19333	9914	9419	156200	68970	87230
攀枝花市	11597	6088	5509	94852	49327	45525
泸州市	27820	14294	13526	208484	94684	113800
德阳市	25595	12999	12596	174243	79173	95070
绵阳市	48349	24890	23459	283345	124451	158894
广元市	19388	10047	9341	120545	51280	69265
遂宁市	30791	15849	14942	204393	91924	112469
内江市	21729	11172	10557	163356	73004	90352
乐山市	28855	14790	14065	210834	96419	114415
南充市	53299	27419	25880	369114	163435	205679
眉山市	31594	16115	15479	198659	91163	107496
宜宾市	35348	18151	17197	245380	111794	133586
广安市	29871	15409	14462	206744	90231	116513
达州市	42037	21687	20350	309957	143286	166671
雅安市	12845	6630	6215	75373	34118	41255
巴中市	27673	14261	13412	148730	63254	85476
资阳市	18859	9690	9169	123772	54886	68886
阿坝藏族羌族自治州	4704	2370	2334	37385	19973	17412
甘孜藏族自治州	6709	3424	3285	64392	32396	31996
凉山彝族自治州	61016	31543	29473	414042	200261	213781

7-6　续表 2　　　　单位：人

现住地	初中			高中			大学专科		
	小计	男	女	小计	男	女	小计	男	女
全省	**7485707**	**3811106**	**3674601**	**5012853**	**2622576**	**2390277**	**2993377**	**1461112**	**1532265**
成都市	2574736	1362595	1212141	1742488	927210	815278	1453883	709233	744650
自贡市	223906	109225	114681	132364	66606	65758	60333	27602	32731
攀枝花市	125543	69202	56341	80435	43932	36503	47570	25815	21755
泸州市	263404	129603	133801	206653	103852	102801	92704	45073	47631
德阳市	258725	127276	131449	168497	85749	82748	121050	61470	59580
绵阳市	427934	212466	215468	317591	165575	152016	166363	77314	89049
广元市	137254	67695	69559	115268	58453	56815	62683	30127	32556
遂宁市	273532	135973	137559	163724	87487	76237	61008	30493	30515
内江市	251684	122637	129047	158516	78319	80197	70194	32031	38163
乐山市	276271	136119	140152	170039	84440	85599	82974	39662	43312
南充市	503725	253184	250541	314177	168559	145618	134700	64439	70261
眉山市	294871	144236	150635	169582	87200	82382	94510	45102	49408
宜宾市	312353	157115	155238	238604	124891	113713	101884	50917	50967
广安市	223320	107956	115364	143135	74066	69069	49828	23186	26642
达州市	484035	246610	237425	326137	172192	153945	117312	59079	58233
雅安市	107389	51568	55821	63541	30998	32543	38123	16932	21191
巴中市	203448	99511	103937	170502	92232	78270	54746	27385	27361
资阳市	183210	88758	94452	104079	53614	50465	38926	20642	18284
阿坝藏族羌族自治州	35886	20899	14987	27124	14177	12947	23758	11996	11762
甘孜藏族自治州	43310	25828	17482	37363	19965	17398	26506	14294	12212
凉山彝族自治州	281171	142650	138521	163034	83059	79975	94322	48320	46002

7-6　续表 3　　　　单位：人

现住地	大学本科			硕士研究生			博士研究生		
	小计	男	女	小计	男	女	小计	男	女
全省	**2210204**	**1062936**	**1147268**	**176074**	**86575**	**89499**	**20493**	**12676**	**7817**
成都市	1161632	557146	604486	125319	61275	64044	15865	9656	6209
自贡市	46877	22460	24417	2776	1350	1426	199	119	80
攀枝花市	39194	20255	18939	1481	834	647	109	80	29
泸州市	59207	28229	30978	3590	1546	2044	301	179	122
德阳市	60836	30855	29981	4459	2368	2091	317	224	93
绵阳市	133009	63603	69406	9073	4894	4179	1290	948	342
广元市	30504	15434	15070	1269	700	569	65	40	25
遂宁市	35471	18489	16982	1767	913	854	155	88	67
内江市	47079	20046	27033	1661	796	865	165	94	71
乐山市	56498	28261	28237	2726	1403	1323	208	133	75
南充市	98951	45252	53699	5738	2147	3591	597	361	236
眉山市	61064	28135	32929	2445	1157	1288	133	82	51
宜宾市	102151	49133	53018	3914	2009	1905	296	199	97
广安市	22628	11168	11460	834	433	401	49	30	19
达州市	68827	34316	34511	2074	1067	1007	206	108	98
雅安市	24481	11739	12742	1350	601	749	150	94	56
巴中市	31095	16369	14726	1099	626	473	68	36	32
资阳市	24093	11940	12153	1178	583	595	74	40	34
阿坝藏族羌族自治州	20030	8627	11403	675	367	308	55	43	12
甘孜藏族自治州	24881	11046	13835	645	379	266	44	33	11
凉山彝族自治州	61696	30433	31263	2001	1127	874	147	89	58

7-6a 全省按现住地、受教育程度、性别分的户口登记地在本省其他乡镇街道的人口(城市)

单位：人

现住地	合计			未上过学		
	合计	男	女	小计	男	女
全省	**15797467**	**7756216**	**8041251**	**267618**	**79612**	**188006**
成都市	7697983	3838296	3859687	123794	37298	86496
自贡市	381448	182031	199417	10307	3105	7202
攀枝花市	311667	164256	147411	9149	2710	6439
泸州市	494648	238206	256442	8131	2899	5232
德阳市	564306	270893	293413	10361	2774	7587
绵阳市	899324	428809	470515	14040	3348	10692
广元市	249346	117598	131748	3713	932	2781
遂宁市	574584	280314	294270	11545	3007	8538
内江市	411703	190088	221615	7424	2637	4787
乐山市	465687	221665	244022	6727	1901	4826
南充市	801042	382437	418605	14182	4123	10059
眉山市	390613	185840	204773	4685	1480	3205
宜宾市	615660	306187	309473	8921	2728	6193
广安市	251351	119014	132337	4897	1202	3695
达州市	721447	361150	360297	11891	3969	7922
雅安市	122892	56773	66119	1658	514	1144
巴中市	276379	135284	141095	2916	796	2120
资阳市	242615	119999	122616	4254	1351	2903
阿坝藏族羌族自治州	16218	7746	8472	625	207	418
甘孜藏族自治州	21986	10815	11171	651	230	421
凉山彝族自治州	286568	138815	147753	7747	2401	5346

7-6a 续表 1

单位：人

现住地	学前教育			小学		
	小计	男	女	小计	男	女
全省	**458199**	**236310**	**221889**	**2944089**	**1330529**	**1613560**
成都市	197760	101918	95842	1279576	585732	693844
自贡市	10511	5375	5136	74270	33253	41017
攀枝花市	7810	4077	3733	66102	34831	31271
泸州市	14841	7709	7132	104859	47564	57295
德阳市	17103	8682	8421	105817	46546	59271
绵阳市	29661	15255	14406	161074	69563	91511
广元市	9278	4856	4422	54642	22959	31683
遂宁市	21870	11280	10590	141982	62967	79015
内江市	12015	6198	5817	83247	36924	46323
乐山市	13711	7071	6640	93380	41804	51576
南充市	25340	13098	12242	169977	74295	95682
眉山市	14803	7554	7249	80918	36413	44505
宜宾市	19422	10009	9413	127171	58197	68974
广安市	10165	5273	4892	70251	29462	40789
达州市	19165	9997	9168	144664	66629	78035
雅安市	4036	2056	1980	19175	8602	10573
巴中市	12085	6207	5878	55169	22718	32451
资阳市	9074	4722	4352	49846	22648	27198
阿坝藏族羌族自治州	380	210	170	2865	1368	1497
甘孜藏族自治州	544	282	262	3293	1612	1681
凉山彝族自治州	8625	4481	4144	55811	26442	29369

7–6a　续表 2

单位：人

现 住 地	初　　中			高　　中			大学专科		
	小计	男	女	小计	男	女	小计	男	女
全省	**4577874**	**2337029**	**2240845**	**3318606**	**1729071**	**1589535**	**2291277**	**1105454**	**1185823**
成都市	2105421	1107521	997900	1496009	793814	702195	1301116	631187	669929
自贡市	124786	60897	63889	83166	42124	41042	40286	18944	21342
攀枝花市	92404	50416	41988	63103	33968	29135	37934	20080	17854
泸州市	140622	69687	70935	113239	55703	57536	66529	32646	33883
德阳市	165239	79563	85676	116695	59067	57628	95200	47502	47698
绵阳市	254994	125887	129107	217205	111457	105748	125455	57522	67933
广元市	65726	32370	33356	57128	28626	28502	41169	19009	22160
遂宁市	197280	98421	98859	121932	64611	57321	49603	24379	25224
内江市	132327	64115	68212	90573	43566	47007	49767	21867	27900
乐山市	141128	68396	72732	107006	52446	54560	59086	27737	31349
南充市	249880	124933	124947	174413	90999	83414	92452	41882	50570
眉山市	132880	64063	68817	76199	38620	37579	43189	19934	23255
宜宾市	172453	88341	84112	133309	70838	62471	71567	35972	35595
广安市	74943	37772	37171	49627	26356	23271	29604	13059	16545
达州市	242454	124227	118227	190188	99091	91097	64609	33374	31235
雅安市	31257	15056	16201	29697	14423	15274	20894	8418	12476
巴中市	86359	41594	44765	76862	41451	35411	26463	13634	12829
资阳市	87933	43282	44651	51749	26936	24813	25051	13707	11344
阿坝藏族羌族自治州	2810	1510	1300	4217	1861	2356	2706	1345	1361
甘孜藏族自治州	4329	2277	2052	6564	3144	3420	3346	1632	1714
凉山彝族自治州	72649	36701	35948	59725	29970	29755	45251	21624	23627

7–6a　续表 3

单位：人

现 住 地	大学本科			硕士研究生			博士研究生		
	小计	男	女	小计	男	女	小计	男	女
全省	**1761248**	**848340**	**912908**	**159455**	**78096**	**81359**	**19101**	**11775**	**7326**
成都市	1057643	512103	545540	121179	59313	61866	15485	9410	6075
自贡市	35611	17087	18524	2345	1142	1203	166	104	62
攀枝花市	33729	17354	16375	1337	747	590	99	73	26
泸州市	43011	20517	22494	3169	1336	1833	247	145	102
德阳市	49915	24613	25302	3727	1972	1755	249	174	75
绵阳市	89451	41436	48015	6384	3553	2831	1060	788	272
广元市	16802	8351	8451	847	469	378	41	26	15
遂宁市	28682	14767	13915	1553	803	750	137	79	58
内江市	34985	14120	20865	1232	588	644	133	73	60
乐山市	42348	21127	21221	2142	1080	1062	159	103	56
南充市	69526	31126	38400	4772	1686	3086	500	295	205
眉山市	36277	16952	19325	1581	768	813	81	56	25
宜宾市	79407	38371	41036	3162	1570	1592	248	161	87
广安市	11291	5583	5708	547	290	257	26	17	9
达州市	46783	22996	23787	1544	787	757	149	80	69
雅安市	15001	7179	7822	1045	444	601	129	81	48
巴中市	15805	8462	7343	682	402	280	38	20	18
资阳市	13850	6932	6918	803	393	410	55	28	27
阿坝藏族羌族自治州	2488	1175	1313	120	63	57	7	7	
甘孜藏族自治州	3081	1538	1543	171	96	75	7	4	3
凉山彝族自治州	35562	16551	19011	1113	594	519	85	51	34

7-6b 全省按现住地、受教育程度、性别分的户口登记地在本省其他乡镇街道的人口(镇)

单位：人

现住地	合计			未上过学		
	合计	男	女	小计	男	女
全省	**5750655**	**2770521**	**2980134**	**163096**	**50116**	**112980**
成都市	467250	220519	246731	8436	2654	5782
自贡市	226633	105346	121287	6816	2049	4767
攀枝花市	64109	34141	29968	1834	550	1284
泸州市	298740	143445	155295	5405	1720	3685
德阳市	161487	80603	80884	3672	1148	2524
绵阳市	282382	135231	147151	5328	1431	3897
广元市	184191	85377	98814	3751	755	2996
遂宁市	173314	85187	88127	4188	1431	2757
内江市	258658	124694	133964	5276	1636	3640
乐山市	264621	126933	137688	6573	1886	4687
南充市	559783	272610	287173	17965	4716	13249
眉山市	317043	152585	164458	5288	1590	3698
宜宾市	319522	155294	164228	5567	1759	3808
广安市	340424	159080	181344	6994	2055	4939
达州市	480731	238103	242628	8618	2384	6234
雅安市	137576	64965	72611	2685	791	1894
巴中市	284892	136664	148228	4502	1037	3465
资阳市	213520	99069	114451	4637	1222	3415
阿坝藏族羌族自治州	97146	48340	48806	6098	2075	4023
甘孜藏族自治州	131263	63932	67331	14431	5799	8632
凉山彝族自治州	487370	238403	248967	35032	11428	23604

7-6b 续表 1

单位：人

现住地	学前教育			小学		
	小计	男	女	小计	男	女
全省	**233996**	**120562**	**113434**	**1514305**	**678925**	**835380**
成都市	15313	7962	7351	91973	41993	49980
自贡市	7349	3787	3562	61645	27003	34642
攀枝花市	2493	1324	1169	15426	7561	7865
泸州市	10553	5386	5167	75184	33430	41754
德阳市	5217	2694	2523	38215	17373	20842
绵阳市	10753	5552	5201	65699	27954	37745
广元市	7968	4123	3845	47058	19172	27886
遂宁市	7769	4009	3760	49019	22413	26606
内江市	7847	4016	3831	59924	26736	33188
乐山市	11426	5822	5604	77901	35075	42826
南充市	23732	12180	11552	155287	68030	87257
眉山市	12212	6238	5974	74729	33491	41238
宜宾市	12125	6257	5868	79464	35547	43917
广安市	16118	8311	7807	101303	44228	57075
达州市	18578	9507	9071	120547	55123	65424
雅安市	6481	3378	3103	36243	16135	20108
巴中市	12975	6706	6269	69442	29099	40343
资阳市	8198	4162	4036	57525	24299	33226
阿坝藏族羌族自治州	3709	1858	1851	24418	12494	11924
甘孜藏族自治州	4174	2114	2060	36993	17411	19582
凉山彝族自治州	29006	15176	13830	176310	84358	91952

7-6b 续表 2

单位：人

现住地	初中			高中			大学专科		
	小计	男	女	小计	男	女	小计	男	女
全省	**1865348**	**920243**	**945105**	**1205977**	**623817**	**582160**	**455333**	**228287**	**227046**
成都市	139364	69467	69897	90982	45020	45962	63337	30429	32908
自贡市	80682	39319	41363	42429	21044	21385	18050	7597	10453
攀枝花市	19272	10767	8505	12987	7161	5826	7472	4391	3081
泸州市	91953	45030	46923	80382	41426	38956	21864	10194	11670
德阳市	53284	26768	26516	35508	18037	17471	17697	10053	7644
绵阳市	94043	45709	48334	55562	29309	26253	19166	9199	9967
广元市	51663	24203	27460	47423	23759	23664	16000	8072	7928
遂宁市	62353	30268	32085	35129	19134	15995	9483	5027	4456
内江市	96902	47736	49166	60170	30557	29613	17926	8894	9032
乐山市	94970	47059	47911	44542	22725	21817	18104	8899	9205
南充市	202110	100651	101459	110114	60194	49920	32616	17428	15188
眉山市	108274	52227	56047	64959	33220	31739	37578	18736	18842
宜宾市	97109	48454	48655	84131	43493	40638	23054	11282	11772
广安市	113059	52625	60434	78601	39825	38776	15648	7814	7834
达州市	179929	89598	90331	105665	56620	49045	29419	15701	13718
雅安市	49216	23821	25395	24333	11957	12376	10714	5149	5565
巴中市	90939	44093	46846	72458	38884	33574	22845	10800	12045
资阳市	78433	36979	41454	46153	23345	22808	10370	5150	5220
阿坝藏族羌族自治州	21629	11923	9706	17235	8586	8649	14571	7072	7499
甘孜藏族自治州	22069	12460	9609	20693	10734	9959	15348	8208	7140
凉山彝族自治州	118095	61086	57009	76521	38787	37734	34071	18192	15879

7-6b 续表 3

单位：人

现住地	大学本科			硕士研究生			博士研究生		
	小计	男	女	小计	男	女	小计	男	女
全省	**302360**	**143397**	**158963**	**9484**	**4720**	**4764**	**756**	**454**	**302**
成都市	56237	22317	33920	1489	615	874	119	62	57
自贡市	9362	4403	4959	273	133	140	27	11	16
攀枝花市	4499	2309	2190	118	72	46	8	6	2
泸州市	13104	6106	6998	257	131	126	38	22	16
德阳市	7274	4185	3089	564	303	261	56	42	14
绵阳市	29799	15094	14705	1877	888	989	155	95	60
广元市	10051	5139	4912	259	145	114	18	9	9
遂宁市	5263	2850	2413	100	51	49	10	4	6
内江市	10274	4956	5318	314	147	167	25	16	9
乐山市	10723	5270	5453	355	181	174	27	16	11
南充市	17329	9098	8231	569	269	300	61	44	17
眉山市	13431	6817	6614	541	248	293	31	18	13
宜宾市	17574	8210	9364	470	270	200	28	22	6
广安市	8543	4151	4392	150	68	82	8	3	5
达州市	17538	8948	8590	397	205	192	40	17	23
雅安市	7669	3616	4053	225	111	114	10	7	3
巴中市	11464	5892	5572	250	145	105	17	8	9
资阳市	7986	3800	4186	210	109	101	8	3	5
阿坝藏族羌族自治州	9181	4162	5019	278	150	128	27	20	7
甘孜藏族自治州	17196	6994	10202	341	200	141	18	12	6
凉山彝族自治州	17863	9080	8783	447	279	168	25	17	8

7-6c 全省按现住地、受教育程度、性别分的户口登记地在本省其他乡镇街道的人口(乡村)

单位：人

现住地	合计			未上过学		
	合计	男	女	小计	男	女
全省	**3098810**	**1584721**	**1514089**	**146969**	**55166**	**91803**
成都市	862833	464210	398623	18584	7146	11438
自贡市	53911	24910	29001	2881	887	1994
攀枝花市	38985	21534	17451	2997	1138	1859
泸州市	85635	41760	43875	3324	1332	1992
德阳市	106176	53992	52184	4214	1452	2762
绵阳市	231949	117269	114680	7333	2389	4944
广元市	63693	33402	30291	2790	914	1876
遂宁市	40993	20959	20034	2317	806	1511
内江市	59739	28628	31111	3016	1038	1978
乐山市	117216	58562	58654	5819	2146	3673
南充市	157424	80565	76859	5801	1977	3824
眉山市	160058	79643	80415	4883	1808	3075
宜宾市	123088	58584	64504	3852	1369	2483
广安市	100700	49079	51621	4175	1437	2738
达州市	172625	86686	85939	3709	1241	2468
雅安市	69998	33249	36749	2871	1002	1869
巴中市	86094	44440	41654	2586	881	1705
资阳市	49632	24676	24956	2685	1018	1667
阿坝藏族羌族自治州	45070	25535	19535	2094	887	1207
甘孜藏族自治州	75068	42800	32268	9385	4153	5232
凉山彝族自治州	397923	194238	203685	51653	20145	31508

7-6c 续表 1

单位：人

现住地	学前教育			小学		
	小计	男	女	小计	男	女
全省	**99491**	**50647**	**48844**	**920461**	**452610**	**467851**
成都市	21201	10897	10304	197506	100310	97196
自贡市	1473	752	721	20285	8714	11571
攀枝花市	1294	687	607	13324	6935	6389
泸州市	2426	1199	1227	28441	13690	14751
德阳市	3275	1623	1652	30211	15254	14957
绵阳市	7935	4083	3852	56572	26934	29638
广元市	2142	1068	1074	18845	9149	9696
遂宁市	1152	560	592	13392	6544	6848
内江市	1867	958	909	20185	9344	10841
乐山市	3718	1897	1821	39553	19540	20013
南充市	4227	2141	2086	43850	21110	22740
眉山市	4579	2323	2256	43012	21259	21753
宜宾市	3801	1885	1916	38745	18050	20695
广安市	3588	1825	1763	35190	16541	18649
达州市	4294	2183	2111	44746	21534	23212
雅安市	2328	1196	1132	19955	9381	10574
巴中市	2613	1348	1265	24119	11437	12682
资阳市	1587	806	781	16401	7939	8462
阿坝藏族羌族自治州	615	302	313	10102	6111	3991
甘孜藏族自治州	1991	1028	963	24106	13373	10733
凉山彝族自治州	23385	11886	11499	181921	89461	92460

7-6c　续表 2

单位：人

现住地	初中			高中			大学专科		
	小计	男	女	小计	男	女	小计	男	女
全省	**1042485**	**553834**	**488651**	**488270**	**269688**	**218582**	**246767**	**127371**	**119396**
成都市	329951	185607	144344	155497	88376	67121	89430	47617	41813
自贡市	18438	9009	9429	6769	3438	3331	1997	1061	936
攀枝花市	13867	8019	5848	4345	2803	1542	2164	1344	820
泸州市	30829	14886	15943	13032	6723	6309	4311	2233	2078
德阳市	40202	20945	19257	16294	8645	7649	8153	3915	4238
绵阳市	78897	40870	38027	44824	24809	20015	21742	10593	11149
广元市	19865	11122	8743	10717	6068	4649	5514	3046	2468
遂宁市	13899	7284	6615	6663	3742	2921	1922	1087	835
内江市	22455	10786	11669	7773	4196	3577	2501	1270	1231
乐山市	40173	20664	19509	18491	9269	9222	5784	3026	2758
南充市	51735	27600	24135	29650	17366	12284	9632	5129	4503
眉山市	53717	27946	25771	28424	15360	13064	13743	6432	7311
宜宾市	42791	20320	22471	21164	10560	10604	7263	3663	3600
广安市	35318	17559	17759	14907	7885	7022	4576	2313	2263
达州市	61652	32785	28867	30284	16481	13803	23284	10004	13280
雅安市	26916	12691	14225	9511	4618	4893	6515	3365	3150
巴中市	26150	13824	12326	21182	11897	9285	5438	2951	2487
资阳市	16844	8497	8347	6177	3333	2844	3505	1785	1720
阿坝藏族羌族自治州	11447	7466	3981	5672	3730	1942	6481	3579	2902
甘孜藏族自治州	16912	11091	5821	10106	6087	4019	7812	4454	3358
凉山彝族自治州	90427	44863	45564	26788	14302	12486	15000	8504	6496

7-6c　续表 3

单位：人

现住地	大学本科			硕士研究生			博士研究生		
	小计	男	女	小计	男	女	小计	男	女
全省	**146596**	**71199**	**75397**	**7135**	**3759**	**3376**	**636**	**447**	**189**
成都市	47752	22726	25026	2651	1347	1304	261	184	77
自贡市	1904	970	934	158	75	83	6	4	2
攀枝花市	966	592	374	26	15	11	2	1	1
泸州市	3092	1606	1486	164	79	85	16	12	4
德阳市	3647	2057	1590	168	93	75	12	8	4
绵阳市	13759	7073	6686	812	453	359	75	65	10
广元市	3651	1944	1707	163	86	77	6	5	1
遂宁市	1526	872	654	114	59	55	8	5	3
内江市	1820	970	850	115	61	54	7	5	2
乐山市	3427	1864	1563	229	142	87	22	14	8
南充市	12096	5028	7068	397	192	205	36	22	14
眉山市	11356	4366	6990	323	141	182	21	8	13
宜宾市	5170	2552	2618	282	169	113	20	16	4
广安市	2794	1434	1360	137	75	62	15	10	5
达州市	4506	2372	2134	133	75	58	17	11	6
雅安市	1811	944	867	80	46	34	11	6	5
巴中市	3826	2015	1811	167	79	88	13	8	5
资阳市	2257	1208	1049	165	81	84	11	9	2
阿坝藏族羌族自治州	8361	3290	5071	277	154	123	21	16	5
甘孜藏族自治州	4604	2514	2090	133	83	50	19	17	2
凉山彝族自治州	8271	4802	3469	441	254	187	37	21	16

7-7 全省按现住地、受教育程度、性别分的户口登记地在外省的人口

单位：人

现住地	合计			未上过学		
	合计	男	女	小计	男	女
全省	**2549122**	**1391857**	**1157265**	**34068**	**10218**	**23850**
成都市	1472662	823901	648761	16558	4583	11975
自贡市	33375	16229	17146	524	162	362
攀枝花市	47881	26763	21118	1389	428	961
泸州市	76178	35718	40460	1207	357	850
德阳市	78948	46167	32781	1246	328	918
绵阳市	133811	72313	61498	1412	354	1058
广元市	40675	22302	18373	464	137	327
遂宁市	42775	21482	21293	691	199	492
内江市	47888	22625	25263	802	206	596
乐山市	47702	26518	21184	530	156	374
南充市	82214	40241	41973	1085	390	695
眉山市	43215	22640	20575	463	123	340
宜宾市	90382	45607	44775	1193	346	847
广安市	47448	20750	26698	783	193	590
达州市	91352	47543	43809	805	272	533
雅安市	21105	11350	9755	277	73	204
巴中市	27436	14546	12890	243	83	160
资阳市	25736	12201	13535	475	115	360
阿坝藏族羌族自治州	17173	12246	4927	732	340	392
甘孜藏族自治州	26859	17981	8878	1754	860	894
凉山彝族自治州	54307	32734	21573	1435	513	922

7-7 续表 1

单位：人

现住地	学前教育			小学		
	小计	男	女	小计	男	女
全省	**61042**	**31768**	**29274**	**381469**	**180996**	**200473**
成都市	29925	15735	14190	175570	83755	91815
自贡市	1082	559	523	6037	2584	3453
攀枝花市	1235	660	575	11895	6384	5511
泸州市	2500	1282	1218	17766	7420	10346
德阳市	1999	1062	937	13101	6402	6699
绵阳市	3406	1835	1571	18965	8977	9988
广元市	1219	615	604	7444	3577	3867
遂宁市	1628	826	802	9079	4181	4898
内江市	1515	750	765	9503	3900	5603
乐山市	1520	801	719	8141	3855	4286
南充市	2332	1180	1152	13493	6367	7126
眉山市	1281	673	608	7341	3415	3926
宜宾市	2680	1357	1323	19101	8191	10910
广安市	1885	956	929	10811	4323	6488
达州市	2449	1221	1228	13637	6578	7059
雅安市	537	281	256	3298	1542	1756
巴中市	878	457	421	4987	2488	2499
资阳市	939	469	470	5497	2335	3162
阿坝藏族羌族自治州	237	129	108	4118	2816	1302
甘孜藏族自治州	475	230	245	7925	4550	3375
凉山彝族自治州	1320	690	630	13760	7356	6404

7-7　续表 2

单位：人

现 住 地	初　中			高　中			大学专科		
	小计	男	女	小计	男	女	小计	男	女
全省	**747994**	**406246**	**341748**	**465527**	**270541**	**194986**	**337354**	**196720**	**140634**
成都市	369307	210479	158828	266259	157892	108367	227096	133560	93536
自贡市	11596	5376	6220	5882	3058	2824	3440	1877	1563
攀枝花市	17033	9570	7463	7693	4517	3176	3938	2395	1543
泸州市	27679	12228	15451	12763	6682	6081	7207	3948	3259
德阳市	24424	13603	10821	13324	7998	5326	10243	6035	4208
绵阳市	38464	20858	17606	25969	14984	10985	15790	8685	7105
广元市	14013	7568	6445	8582	4995	3587	5439	3222	2217
遂宁市	15873	7770	8103	8440	4433	4007	4134	2275	1859
内江市	17171	7581	9590	9256	4984	4272	4530	2526	2004
乐山市	16116	8792	7324	9282	5114	4168	5247	3281	1966
南充市	28298	13418	14880	17764	9585	8179	7710	4045	3665
眉山市	14102	7390	6712	8196	4596	3600	5551	3035	2516
宜宾市	34310	16632	17678	14244	8029	6215	7884	4763	3121
广安市	18567	7805	10762	7886	3831	4055	4159	1958	2201
达州市	36745	18673	18072	20455	11639	8816	9255	5013	4242
雅安市	7005	3882	3123	5590	3012	2578	1990	1168	822
巴中市	11320	5958	5362	5506	2999	2507	2527	1370	1157
资阳市	10471	4782	5689	4170	2089	2081	2210	1245	965
阿坝藏族羌族自治州	6041	4512	1529	2579	1962	617	1889	1440	449
甘孜藏族自治州	8850	6635	2215	3804	2906	898	2278	1635	643
凉山彝族自治州	20609	12734	7875	7883	5236	2647	4837	3244	1593

7-7　续表 3

单位：人

现 住 地	大学本科			硕士研究生			博士研究生		
	小计	男	女	小计	男	女	小计	男	女
全省	**454438**	**256642**	**197796**	**58323**	**33076**	**25247**	**8907**	**5650**	**3257**
成都市	331327	185263	146064	48780	27729	21051	7840	4905	2935
自贡市	4227	2302	1925	525	268	257	62	43	19
攀枝花市	4279	2549	1730	336	201	135	83	59	24
泸州市	6286	3420	2866	697	336	361	73	45	28
德阳市	13613	10108	3505	955	607	348	43	24	19
绵阳市	27101	15012	12089	2373	1369	1004	331	239	92
广元市	3182	1994	1188	319	183	136	13	11	2
遂宁市	2702	1656	1046	211	129	82	17	13	4
内江市	4778	2490	2288	298	167	131	35	21	14
乐山市	6478	4264	2214	355	233	122	33	22	11
南充市	10507	4815	5692	924	378	546	101	63	38
眉山市	5979	3222	2757	269	159	110	33	27	6
宜宾市	10139	5782	4357	749	445	304	82	62	20
广安市	3106	1534	1572	213	119	94	38	31	7
达州市	7574	3910	3664	401	215	186	31	22	9
雅安市	2142	1263	879	232	109	123	34	20	14
巴中市	1830	1108	722	134	74	60	11	9	2
资阳市	1838	1085	753	127	76	51	9	5	4
阿坝藏族羌族自治州	1475	980	495	93	59	34	9	8	1
甘孜藏族自治州	1663	1094	569	103	67	36	7	4	3
凉山彝族自治州	4212	2791	1421	229	153	76	22	17	5

7-7a 全省按现住地、受教育程度、性别分的户口登记地在外省的人口(城市)

单位：人

现住地	合计			未上过学		
	合计	男	女	小计	男	女
全省	**1765819**	**970795**	**795024**	**20821**	**5823**	**14998**
成都市	1288056	716988	571068	14647	3951	10696
自贡市	17421	9355	8066	205	79	126
攀枝花市	37065	20561	16504	1011	299	712
泸州市	27760	14501	13259	288	81	207
德阳市	43591	23936	19655	763	175	588
绵阳市	71273	37588	33685	890	211	679
广元市	16884	8655	8229	159	47	112
遂宁市	27441	14107	13334	370	115	255
内江市	21674	10589	11085	215	70	145
乐山市	24835	13912	10923	243	74	169
南充市	43388	21852	21536	424	179	245
眉山市	19467	10358	9109	178	53	125
宜宾市	35918	19367	16551	370	118	252
广安市	13076	6174	6902	125	39	86
达州市	29608	15291	14317	250	91	159
雅安市	9739	5178	4561	86	20	66
巴中市	8896	5162	3734	52	14	38
资阳市	7926	4085	3841	105	31	74
阿坝藏族羌族自治州	599	422	177	2		2
甘孜藏族自治州	1773	1235	538	89	70	19
凉山彝族自治州	19429	11479	7950	349	106	243

7-7a 续表 1

单位：人

现住地	学前教育			小学		
	小计	男	女	小计	男	女
全省	**39822**	**20965**	**18857**	**223846**	**106383**	**117463**
成都市	26063	13694	12369	148416	69772	78644
自贡市	467	256	211	2294	1139	1155
攀枝花市	941	515	426	9000	4902	4098
泸州市	802	412	390	4363	2054	2309
德阳市	1130	610	520	6996	3297	3699
绵阳市	2047	1129	918	10185	4719	5466
广元市	539	269	270	2802	1359	1443
遂宁市	1067	549	518	5074	2423	2651
内江市	608	312	296	3293	1487	1806
乐山市	762	391	371	3239	1512	1727
南充市	1113	567	546	5617	2660	2957
眉山市	565	301	264	2822	1318	1504
宜宾市	958	512	446	5368	2519	2849
广安市	551	292	259	2392	1045	1347
达州市	904	467	437	3835	1900	1935
雅安市	180	101	79	970	479	491
巴中市	265	140	125	1368	719	649
资阳市	291	149	142	1256	581	675
阿坝藏族羌族自治州	9	3	6	90	53	37
甘孜藏族自治州	39	21	18	357	242	115
凉山彝族自治州	521	275	246	4109	2203	1906

7–7a　续表 2　　单位：人

现住地	初中			高中			大学专科		
	小计	男	女	小计	男	女	小计	男	女
全省	**446762**	**246548**	**200214**	**338122**	**194605**	**143517**	**260522**	**150680**	**109842**
成都市	307008	172475	134533	236363	138557	97806	198694	116352	82342
自贡市	4811	2642	2169	3371	1846	1525	2245	1242	1003
攀枝花市	12740	7109	5631	6216	3556	2660	3154	1857	1297
泸州市	7658	4001	3657	5579	3007	2572	3970	2249	1721
德阳市	12559	6826	5733	8645	5007	3638	7237	4256	2981
绵阳市	19341	10101	9240	15416	8441	6975	10703	5720	4983
广元市	5104	2582	2522	4056	2161	1895	2519	1217	1302
遂宁市	9405	4760	4645	5958	3090	2868	3216	1739	1477
内江市	6083	2899	3184	5131	2704	2427	2535	1250	1285
乐山市	6286	3404	2882	5449	2916	2533	3345	2040	1305
南充市	11968	5876	6092	10297	5794	4503	5183	2772	2411
眉山市	5360	2930	2430	3567	1985	1582	2679	1462	1217
宜宾市	10682	5673	5009	6539	3752	2787	4074	2446	1628
广安市	4031	1898	2133	2378	1154	1224	2032	929	1103
达州市	8010	4052	3958	7986	4344	3642	3708	2033	1675
雅安市	1908	1071	837	3924	2045	1879	1038	571	467
巴中市	3663	2308	1355	1936	1068	868	862	480	382
资阳市	2584	1263	1321	1583	815	768	1042	607	435
阿坝藏族羌族自治州	186	132	54	93	65	28	140	111	29
甘孜藏族自治州	461	301	160	410	298	112	210	147	63
凉山彝族自治州	6914	4245	2669	3225	2000	1225	1936	1200	736

7–7a　续表 3　　单位：人

现住地	大学本科			硕士研究生			博士研究生		
	小计	男	女	小计	男	女	小计	男	女
全省	**373351**	**209846**	**163505**	**53998**	**30514**	**23484**	**8575**	**5431**	**3144**
成都市	301795	170471	131324	47329	26879	20450	7741	4837	2904
自贡市	3487	1863	1624	485	249	236	56	39	17
攀枝花市	3614	2082	1532	310	185	125	79	56	23
泸州市	4414	2357	2057	621	300	321	65	40	25
德阳市	5675	3406	2269	553	340	213	33	19	14
绵阳市	11139	6297	4842	1310	790	520	242	180	62
广元市	1476	886	590	220	126	94	9	8	1
遂宁市	2150	1309	841	185	110	75	16	12	4
内江市	3544	1721	1823	239	130	109	26	16	10
乐山市	5208	3381	1827	275	175	100	28	19	9
南充市	7897	3639	4258	808	309	499	81	56	25
眉山市	4120	2199	1921	160	98	62	16	12	4
宜宾市	7250	3942	3308	600	346	254	77	59	18
广安市	1411	719	692	125	74	51	31	24	7
达州市	4609	2246	2363	284	142	142	22	16	6
雅安市	1429	793	636	176	79	97	28	19	9
巴中市	669	390	279	74	37	37	7	6	1
资阳市	976	591	385	85	46	39	4	2	2
阿坝藏族羌族自治州	73	54	19	5	3	2	1	1	
甘孜藏族自治州	182	137	45	24	18	6	1	1	
凉山彝族自治州	2233	1363	870	130	78	52	12	9	3

7-7b 全省按现住地、受教育程度、性别分的户口登记地在外省的人口(镇)

单位：人

现住地	合计			未上过学		
	合计	男	女	小计	男	女
全省	**354295**	**182541**	**171754**	**5180**	**1848**	**3332**
成都市	50733	26541	24192	499	160	339
自贡市	9150	4069	5081	144	44	100
攀枝花市	5122	3045	2077	101	35	66
泸州市	25958	11769	14189	387	121	266
德阳市	19801	13241	6560	194	62	132
绵阳市	28722	14930	13792	151	36	115
广元市	11526	6276	5250	129	37	92
遂宁市	7435	3426	4009	97	30	67
内江市	14160	6923	7237	212	68	144
乐山市	10927	5706	5221	105	27	78
南充市	19821	8825	10996	255	95	160
眉山市	11218	5800	5418	103	34	69
宜宾市	24049	11874	12175	297	91	206
广安市	19173	8464	10709	232	67	165
达州市	32793	15966	16827	238	77	161
雅安市	5348	2956	2392	77	23	54
巴中市	10405	5034	5371	84	31	53
资阳市	9458	4302	5156	119	40	79
阿坝藏族羌族自治州	7669	4891	2778	462	200	262
甘孜藏族自治州	12981	7439	5542	876	432	444
凉山彝族自治州	17846	11064	6782	418	138	280

7-7b 续表 1

单位：人

现住地	学前教育			小学		
	小计	男	女	小计	男	女
全省	**10935**	**5616**	**5319**	**66239**	**30920**	**35319**
成都市	1048	543	505	6114	2933	3181
自贡市	366	186	180	1907	802	1105
攀枝花市	155	76	79	1175	625	550
泸州市	985	524	461	6535	2833	3702
德阳市	400	206	194	2511	1308	1203
绵阳市	579	323	256	2872	1329	1543
广元市	400	191	209	2070	930	1140
遂宁市	307	156	151	1913	862	1051
内江市	503	243	260	2823	1210	1613
乐山市	464	249	215	2125	950	1175
南充市	773	383	390	3880	1792	2088
眉山市	399	218	181	2094	995	1099
宜宾市	844	430	414	5224	2250	2974
广安市	843	423	420	4200	1783	2417
达州市	991	489	502	5290	2475	2815
雅安市	202	110	92	1064	517	547
巴中市	382	199	183	1784	851	933
资阳市	364	174	190	2018	885	1133
阿坝藏族羌族自治州	158	86	72	1898	1111	787
甘孜藏族自治州	290	144	146	4625	2201	2424
凉山彝族自治州	482	263	219	4117	2278	1839

7−7b　续表 2

单位：人

现 住 地	初　　中			高　　中			大学专科		
	小计	男	女	小计	男	女	小计	男	女
全省	**122087**	**60296**	**61791**	**61384**	**33333**	**28051**	**40266**	**22508**	**17758**
成都市	11944	6526	5418	7649	4354	3295	13049	7324	5725
自贡市	3588	1471	2117	1673	780	893	867	437	430
攀枝花市	1921	1137	784	815	521	294	475	325	150
泸州市	9796	4202	5594	4642	2314	2328	2279	1070	1209
德阳市	4794	2687	2107	2273	1417	856	1903	1032	871
绵阳市	5720	2835	2885	5093	2997	2096	1965	1014	951
广元市	3765	1935	1830	2501	1479	1022	1697	1149	548
遂宁市	3007	1328	1679	1374	654	720	447	227	220
内江市	5649	2558	3091	2709	1488	1221	1319	786	533
乐山市	4289	2137	2152	2056	1108	948	1050	657	393
南充市	8084	3418	4666	4316	1957	2359	1476	664	812
眉山市	3900	1955	1945	2290	1235	1055	1561	797	764
宜宾市	9531	4471	5060	4008	2148	1860	2227	1294	933
广安市	7523	3206	4317	3680	1736	1944	1440	666	774
达州市	15614	7437	8177	5836	2877	2959	2666	1462	1204
雅安市	2106	1169	937	897	516	381	510	325	185
巴中市	3962	1753	2209	2220	1134	1086	1112	538	574
资阳市	3849	1676	2173	1785	838	947	668	328	340
阿坝藏族羌族自治州	2652	1744	908	1092	754	338	737	513	224
甘孜藏族自治州	3692	2483	1209	1626	1128	498	1004	634	370
凉山彝族自治州	6701	4168	2533	2849	1898	951	1814	1266	548

7−7b　续表 3

单位：人

现 住 地	大学本科			硕士研究生			博士研究生		
	小计	男	女	小计	男	女	小计	男	女
全省	**45636**	**26535**	**19101**	**2385**	**1368**	**1017**	**183**	**117**	**66**
成都市	10047	4497	5550	355	185	170	28	19	9
自贡市	561	327	234	38	18	20	6	4	2
攀枝花市	454	310	144	23	13	10	3	3	
泸州市	1278	677	601	51	25	26	5	3	2
德阳市	7343	6273	1070	374	252	122	9	4	5
绵阳市	11540	5985	5555	736	368	368	66	43	23
广元市	904	519	385	59	36	23	1		1
遂宁市	277	158	119	13	11	2			
内江市	893	537	356	44	29	15	8	4	4
乐山市	793	546	247	44	31	13	1	1	
南充市	953	469	484	72	42	30	12	5	7
眉山市	809	525	284	53	32	21	9	9	
宜宾市	1827	1132	695	87	55	32	4	3	1
广安市	1206	559	647	48	23	25	1	1	
达州市	2072	1099	973	83	49	34	3	1	2
雅安市	442	272	170	46	24	22	4		4
巴中市	812	496	316	46	29	17	3	3	
资阳市	623	337	286	32	24	8			
阿坝藏族羌族自治州	617	447	170	48	32	16	5	4	1
甘孜藏族自治州	805	383	422	57	31	26	6	3	3
凉山彝族自治州	1380	987	393	76	59	17	9	7	2

7-7c 全省按现住地、受教育程度、性别分的户口登记地在外省的人口(乡村)

单位：人

现住地	合计			未上过学		
	合计	男	女	小计	男	女
全省	**429008**	**238521**	**190487**	**8067**	**2547**	**5520**
成都市	133873	80372	53501	1412	472	940
自贡市	6804	2805	3999	175	39	136
攀枝花市	5694	3157	2537	277	94	183
泸州市	22460	9448	13012	532	155	377
德阳市	15556	8990	6566	289	91	198
绵阳市	33816	19795	14021	371	107	264
广元市	12265	7371	4894	176	53	123
遂宁市	7899	3949	3950	224	54	170
内江市	12054	5113	6941	375	68	307
乐山市	11940	6900	5040	182	55	127
南充市	19005	9564	9441	406	116	290
眉山市	12530	6482	6048	182	36	146
宜宾市	30415	14366	16049	526	137	389
广安市	15199	6112	9087	426	87	339
达州市	28951	16286	12665	317	104	213
雅安市	6018	3216	2802	114	30	84
巴中市	8135	4350	3785	107	38	69
资阳市	8352	3814	4538	251	44	207
阿坝藏族羌族自治州	8905	6933	1972	268	140	128
甘孜藏族自治州	12105	9307	2798	789	358	431
凉山彝族自治州	17032	10191	6841	668	269	399

7-7c 续表 1

单位：人

现住地	学前教育			小学		
	小计	男	女	小计	男	女
全省	**10285**	**5187**	**5098**	**91384**	**43693**	**47691**
成都市	2814	1498	1316	21040	11050	9990
自贡市	249	117	132	1836	643	1193
攀枝花市	139	69	70	1720	857	863
泸州市	713	346	367	6868	2533	4335
德阳市	469	246	223	3594	1797	1797
绵阳市	780	383	397	5908	2929	2979
广元市	280	155	125	2572	1288	1284
遂宁市	254	121	133	2092	896	1196
内江市	404	195	209	3387	1203	2184
乐山市	294	161	133	2777	1393	1384
南充市	446	230	216	3996	1915	2081
眉山市	317	154	163	2425	1102	1323
宜宾市	878	415	463	8509	3422	5087
广安市	491	241	250	4219	1495	2724
达州市	554	265	289	4512	2203	2309
雅安市	155	70	85	1264	546	718
巴中市	231	118	113	1835	918	917
资阳市	284	146	138	2223	869	1354
阿坝藏族羌族自治州	70	40	30	2130	1652	478
甘孜藏族自治州	146	65	81	2943	2107	836
凉山彝族自治州	317	152	165	5534	2875	2659

7-7c　续表 2　　　　单位：人

现住地	初中			高中			大学专科		
	小计	男	女	小计	男	女	小计	男	女
全省	**179145**	**99402**	**79743**	**66021**	**42603**	**23418**	**36566**	**23532**	**13034**
成都市	50355	31478	18877	22247	14981	7266	15353	9884	5469
自贡市	3197	1263	1934	838	432	406	328	198	130
攀枝花市	2372	1324	1048	662	440	222	309	213	96
泸州市	10225	4025	6200	2542	1361	1181	958	629	329
德阳市	7071	4090	2981	2406	1574	832	1103	747	356
绵阳市	13403	7922	5481	5460	3546	1914	3122	1951	1171
广元市	5144	3051	2093	2025	1355	670	1223	856	367
遂宁市	3461	1682	1779	1108	689	419	471	309	162
内江市	5439	2124	3315	1416	792	624	676	490	186
乐山市	5541	3251	2290	1777	1090	687	852	584	268
南充市	8246	4124	4122	3151	1834	1317	1051	609	442
眉山市	4842	2505	2337	2339	1376	963	1311	776	535
宜宾市	14097	6488	7609	3697	2129	1568	1583	1023	560
广安市	7013	2701	4312	1828	941	887	687	363	324
达州市	13121	7184	5937	6633	4418	2215	2881	1518	1363
雅安市	2991	1642	1349	769	451	318	442	272	170
巴中市	3695	1897	1798	1350	797	553	553	352	201
资阳市	4038	1843	2195	802	436	366	500	310	190
阿坝藏族羌族自治州	3203	2636	567	1394	1143	251	1012	816	196
甘孜藏族自治州	4697	3851	846	1768	1480	288	1064	854	210
凉山彝族自治州	6994	4321	2673	1809	1338	471	1087	778	309

7-7c　续表 3　　　　单位：人

现住地	大学本科			硕士研究生			博士研究生		
	小计	男	女	小计	男	女	小计	男	女
全省	**35451**	**20261**	**15190**	**1940**	**1194**	**746**	**149**	**102**	**47**
成都市	19485	10295	9190	1096	665	431	71	49	22
自贡市	179	112	67	2	1	1			
攀枝花市	211	157	54	3	3		1		1
泸州市	594	386	208	25	11	14	3	2	1
德阳市	595	429	166	28	15	13	1	1	
绵阳市	4422	2730	1692	327	211	116	23	16	7
广元市	802	589	213	40	21	19	3	3	
遂宁市	275	189	86	13	8	5	1	1	
内江市	341	232	109	15	8	7	1	1	
乐山市	477	337	140	36	27	9	4	2	2
南充市	1657	707	950	44	27	17	8	2	6
眉山市	1050	498	552	56	29	27	8	6	2
宜宾市	1062	708	354	62	44	18	1		1
广安市	489	256	233	40	22	18	6	6	
达州市	893	565	328	34	24	10	6	5	1
雅安市	271	198	73	10	6	4	2	1	1
巴中市	349	222	127	14	8	6	1		1
资阳市	239	157	82	10	6	4	5	3	2
阿坝藏族羌族自治州	785	479	306	40	24	16	3	3	
甘孜藏族自治州	676	574	102	22	18	4			
凉山彝族自治州	599	441	158	23	16	7	1	1	

7-8 全省分年龄、性别、迁移原因的户口登记地在外乡镇街道的人口

单位：人

年龄	合计			工作就业		
	合计	男	女	小计	男	女
总计	**27823204**	**13828619**	**13994585**	**9297860**	**5227907**	**4069953**
0-4岁	**1198175**	**621195**	**576980**			
0	148261	76708	71553			
1	236322	122909	113413			
2	242567	125687	116880			
3	287287	148592	138695			
4	283738	147299	136439			
5-9岁	**1311537**	**680858**	**630679**			
5	260953	135073	125880			
6	262073	136143	125930			
7	259743	134979	124764			
8	277170	143959	133211			
9	251598	130704	120894			
10-14岁	**1251045**	**645795**	**605250**	**2679**	**1455**	**1224**
10	248520	129182	119338	491	270	221
11	247093	128334	118759	426	221	205
12	251011	129818	121193	531	281	250
13	251230	129182	122048	553	311	242
14	253191	129279	123912	678	372	306
15-19岁	**2323406**	**1167299**	**1156107**	**141602**	**81436**	**60166**
15	384389	194759	189630	5894	3403	2491
16	513970	262504	251466	12250	7377	4873
17	480717	244487	236230	23023	13428	9595
18	445371	223475	221896	39500	22808	16692
19	498959	242074	256885	60935	34420	26515
20-24岁	**2448250**	**1170900**	**1277350**	**998316**	**511772**	**486544**
20	522029	250628	271401	92804	49903	42901
21	479239	228600	250639	140527	72748	67779
22	482932	231728	251204	216228	109767	106461
23	469001	224243	244758	257834	130452	127382
24	495049	235701	259348	290923	148902	142021
25-29岁	**2579102**	**1243057**	**1336045**	**1497172**	**800441**	**696731**
25	539506	256723	282783	321687	166279	155408
26	507342	243361	263981	299491	157922	141569
27	526982	252979	274003	306278	163667	142611
28	498195	241818	256377	284391	155023	129368
29	507077	248176	258901	285325	157550	127775

7-8 续表 1

单位：人

年 龄	合 计			工作就业		
	合计	男	女	小计	男	女
30—34岁	**2860650**	**1420864**	**1439786**	**1562161**	**880130**	**682031**
30	598677	295945	302732	335632	187979	147653
31	567380	281807	285573	314342	177359	136983
32	526307	262045	264262	287234	161922	125312
33	618131	306998	311133	333473	188024	145449
34	550155	274069	276086	291480	164846	126634
35—39岁	**1835829**	**921452**	**914377**	**947349**	**537549**	**409800**
35	386537	193737	192800	203681	115633	88048
36	324539	164335	160204	170242	97539	72703
37	330547	166304	164243	170716	97108	73608
38	421885	211382	210503	215085	121831	93254
39	372321	185694	186627	187625	105438	82187
40—44岁	**1743757**	**876415**	**867342**	**878698**	**490776**	**387922**
40	288870	144793	144077	145687	82131	63556
41	331293	166563	164730	167346	93807	73539
42	315987	158340	157647	159954	89135	70819
43	366408	184330	182078	184195	102639	81556
44	441199	222389	218810	221516	123064	98452
45—49岁	**2593577**	**1315081**	**1278496**	**1277572**	**715853**	**561719**
45	489613	247058	242555	244720	135769	108951
46	525463	265839	259624	262817	146067	116750
47	522401	266398	256003	258904	145399	113505
48	524290	266059	258231	256024	143625	112399
49	531810	269727	262083	255107	144993	110114
50—54岁	**2365490**	**1172956**	**1192534**	**998180**	**585397**	**412783**
50	526051	263700	262351	242188	138163	104025
51	476413	238464	237949	206474	120467	86007
52	513949	254032	259917	215841	126625	89216
53	395366	192975	202391	159618	94174	65444
54	453711	223785	229926	174059	105968	68091
55—59岁	**1705602**	**832194**	**873408**	**555834**	**345770**	**210064**
55	431028	212249	218779	155269	95363	59906
56	434094	212246	221848	145097	89808	55289
57	471674	231240	240434	149028	93918	55110
58	246648	119094	127554	73040	45948	27092
59	122158	57365	64793	33400	20733	12667
60—64岁	**988185**	**493735**	**494450**	**199469**	**129051**	**70418**
60	142463	69181	73282	33904	21165	12739
61	147237	75412	71825	31910	21097	10813
62	226671	115179	111492	46406	30520	15886
63	240048	119205	120843	45987	29695	16292
64	231766	114758	117008	41262	26574	14688
65岁及以上	**2618599**	**1266818**	**1351781**	**238828**	**148277**	**90551**

7-8 续表 2

单位：人

年 龄	学习培训			随同离开/投亲靠友			拆迁/搬家		
	小计	男	女	小计	男	女	小计	男	女
总 计	**3582382**	**1765442**	**1816940**	**2838992**	**1325049**	**1513943**	**6471199**	**3222617**	**3248582**
0-4岁	**37342**	**19259**	**18083**	**641998**	**332280**	**309718**	**227446**	**118097**	**109349**
0	794	426	368	80984	41829	39155	25341	13197	12144
1	2071	1105	966	131202	68081	63121	41377	21508	19869
2	4562	2269	2293	133589	69198	64391	44964	23246	21718
3	13572	6974	6598	150427	77530	72897	57306	29788	27518
4	16343	8485	7858	145796	75642	70154	58458	30358	28100
5-9岁	**335384**	**175011**	**160373**	**509939**	**263855**	**246084**	**278988**	**145436**	**133552**
5	17045	8919	8126	131223	67853	63370	55543	28803	26740
6	68788	35686	33102	101596	52813	48783	55523	28915	26608
7	79893	41672	38221	92986	47985	45001	55153	28973	26180
8	88369	46193	42176	97262	50190	47072	58979	30810	28169
9	81289	42541	38748	86872	45014	41858	53790	27935	25855
10-14岁	**456325**	**233943**	**222382**	**379125**	**195703**	**183422**	**272977**	**142734**	**130243**
10	80846	42300	38546	83600	43164	40436	54853	28643	26210
11	83170	43327	39843	80701	41757	38944	54734	28569	26165
12	89395	46141	43254	76800	39679	37121	55925	29195	26730
13	93889	48141	45748	73126	37404	35722	55643	28921	26722
14	109025	54034	54991	64898	33699	31199	51822	27406	24416
15-19岁	**1743272**	**858180**	**885092**	**157798**	**82493**	**75305**	**172728**	**92445**	**80283**
15	274232	136405	137827	43199	22765	20434	39364	21024	18340
16	409713	207324	202389	35011	18208	16803	36120	19044	17076
17	373884	187687	186197	29866	15475	14391	33671	17900	15771
18	325263	158698	166565	26789	14117	12672	32374	17523	14851
19	360180	168066	192114	22933	11928	11005	31199	16954	14245
20-24岁	**847010**	**396263**	**450747**	**121321**	**59114**	**62207**	**253373**	**127816**	**125557**
20	344455	159165	185290	22132	11328	10804	34302	18350	15952
21	243300	112191	131109	21679	10542	11137	39719	20489	19230
22	142718	67864	74854	25710	12398	13312	52642	26358	26284
23	71720	35001	36719	25688	12390	13298	59132	29426	29706
24	44817	22042	22775	26112	12456	13656	67578	33193	34385
25-29岁	**93354**	**46663**	**46691**	**117544**	**54981**	**62563**	**448312**	**221063**	**227249**
25	32602	16149	16453	27174	12962	14212	79256	38979	40277
26	21184	10562	10622	24200	11404	12796	82142	40663	41479
27	16167	8085	8082	23726	11074	12652	92723	45476	47247
28	12607	6377	6230	21346	9826	11520	93376	46130	47246
29	10794	5490	5304	21098	9715	11383	100815	49815	51000

7-8　续表 3　　　　单位：人

年　龄	学习培训			随同离开/投亲靠友			拆迁/搬家		
	小计	男	女	小计	男	女	小计	男	女
30−34岁	**36144**	**18909**	**17235**	**102945**	**44752**	**58193**	**643390**	**314535**	**328855**
30	10733	5476	5257	23629	10653	12976	122937	60545	62392
31	8064	4269	3795	20705	9143	11562	123182	60306	62876
32	6394	3374	3020	18780	8196	10584	118700	58323	60377
33	6150	3266	2884	21232	9035	12197	145100	70402	74698
34	4803	2524	2279	18599	7725	10874	133471	64959	68512
35−39岁	**11956**	**6408**	**5548**	**56783**	**22467**	**34316**	**476671**	**231711**	**244960**
35	3060	1586	1474	12636	5142	7494	94462	46299	48163
36	2380	1338	1042	10054	4040	6014	80476	39529	40947
37	2217	1214	1003	10213	4075	6138	85828	41723	44105
38	2420	1293	1127	12936	5099	7837	113354	54708	58646
39	1879	977	902	10944	4111	6833	102551	49452	53099
40−44岁	**5769**	**3015**	**2754**	**51992**	**18728**	**33264**	**500499**	**242419**	**258080**
40	1326	689	637	8655	3260	5395	79649	38468	41181
41	1228	633	595	9689	3563	6126	93320	45218	48102
42	1044	571	473	9449	3412	6037	89520	43278	46242
43	1029	512	517	11013	3944	7069	107308	51829	55479
44	1142	610	532	13186	4549	8637	130702	63626	67076
45−49岁	**5201**	**2714**	**2487**	**87427**	**28508**	**58919**	**799400**	**393409**	**405991**
45	1143	597	546	15302	5241	10061	147421	72250	75171
46	1118	602	516	16963	5617	11346	158624	77797	80827
47	1119	582	537	17310	5708	11602	160718	79361	81357
48	952	485	467	18396	5843	12553	163996	81084	82912
49	869	448	421	19456	6099	13357	168641	82917	85724
50−54岁	**3511**	**1732**	**1779**	**110217**	**33290**	**76927**	**755428**	**370772**	**384656**
50	895	472	423	20611	6211	14400	168439	82643	85796
51	699	327	372	20915	6412	14503	154365	75816	78549
52	740	361	379	24133	7228	16905	165174	80883	84291
53	572	280	292	20069	5972	14097	124906	60885	64021
54	605	292	313	24489	7467	17022	142544	70545	71999
55−59岁	**2172**	**1018**	**1154**	**104039**	**33651**	**70388**	**543963**	**270889**	**273074**
55	567	263	304	24578	7781	16797	136821	68184	68637
56	515	251	264	25866	8459	17407	139545	69237	70308
57	588	284	304	29126	9540	19586	151268	75712	75556
58	343	142	201	16227	5217	11010	77382	38869	38513
59	159	78	81	8242	2654	5588	38947	18887	20060
60−64岁	**1299**	**640**	**659**	**80691**	**31407**	**49284**	**306189**	**158381**	**147808**
60	178	84	94	10423	3797	6626	45276	22968	22308
61	206	104	102	11245	4528	6717	46138	24270	21868
62	306	157	149	18314	7183	11131	69810	36851	32959
63	314	155	159	20307	7957	12350	74002	37957	36045
64	295	140	155	20402	7942	12460	70963	36335	34628
65岁及以上	**3643**	**1687**	**1956**	**317173**	**123820**	**193353**	**791835**	**392910**	**398925**

7-8 续表 4

单位：人

年龄	寄挂户口			婚姻嫁娶			照料孙子女		
	小计	男	女	小计	男	女	小计	男	女
总计	**378191**	**200695**	**177496**	**1147669**	**271913**	**875756**	**841633**	**265134**	**576499**
0—4岁	**14010**	**7363**	**6647**						
0	1625	860	765						
1	2814	1528	1286						
2	2696	1419	1277						
3	3462	1766	1696						
4	3413	1790	1623						
5—9岁	**14810**	**7420**	**7390**						
5	3267	1632	1635						
6	2889	1422	1467						
7	2877	1483	1394						
8	3010	1503	1507						
9	2767	1380	1387						
10—14岁	**16008**	**7899**	**8109**	**138**	**47**	**91**			
10	2835	1445	1390	28	16	12			
11	2921	1405	1516	24	7	17			
12	3312	1588	1724	28	11	17			
13	3479	1729	1750	23	7	16			
14	3461	1732	1729	35	6	29			
15—19岁	**12004**	**6354**	**5650**	**8615**	**291**	**8324**	**28**	**13**	**15**
15	2410	1187	1223	233	37	196	10	5	5
16	2307	1152	1155	647	49	598	8	4	4
17	2373	1238	1135	1317	66	1251	4	1	3
18	2337	1296	1041	2395	75	2320	2	1	1
19	2577	1481	1096	4023	64	3959	4	2	2
20—24岁	**24914**	**13090**	**11824**	**85705**	**4436**	**81269**	**132**	**18**	**114**
20	3025	1735	1290	6412	110	6302	9	2	7
21	3634	2033	1601	10045	268	9777	15	1	14
22	4874	2577	2297	16400	654	15746	25	6	19
23	5984	3071	2913	22673	1214	21459	29	2	27
24	7397	3674	3723	30175	2190	27985	54	7	47
25—29岁	**39887**	**20744**	**19143**	**222071**	**26731**	**195340**	**371**	**69**	**302**
25	8576	4334	4242	39062	3436	35626	46	7	39
26	8327	4360	3967	41390	4415	36975	57	19	38
27	8407	4359	4048	46871	5565	41306	80	13	67
28	7548	4004	3544	46472	6148	40324	92	16	76
29	7029	3687	3342	48276	7167	41109	96	14	82

7-8　续表 5　　单位：人

年　龄	寄挂户口			婚姻嫁娶			照料孙子女		
	小计	男	女	小计	男	女	小计	男	女
30-34岁	**33900**	**18328**	**15572**	**261703**	**49103**	**212600**	**3159**	**786**	**2373**
30	7287	3894	3393	56530	9208	47322	537	136	401
31	6898	3653	3245	52707	9340	43367	608	141	467
32	6108	3317	2791	48000	9162	38838	569	134	435
33	7079	3879	3200	55567	11107	44460	729	188	541
34	6528	3585	2943	48899	10286	38613	716	187	529
35-39岁	**23011**	**12685**	**10326**	**146053**	**34662**	**111391**	**2463**	**703**	**1760**
35	4765	2651	2114	33397	7406	25991	479	140	339
36	4174	2371	1803	26955	6229	20726	411	109	302
37	4316	2398	1918	26081	6105	19976	500	166	334
38	5278	2806	2472	32120	7946	24174	529	133	396
39	4478	2459	2019	27500	6976	20524	544	155	389
40-44岁	**22128**	**11546**	**10582**	**105161**	**30198**	**74963**	**4260**	**1110**	**3150**
40	3621	1931	1690	19929	5260	14669	454	119	335
41	4154	2213	1941	21176	5807	15369	649	217	432
42	4106	2148	1958	19036	5312	13724	695	180	515
43	4625	2409	2216	20891	6330	14561	937	242	695
44	5622	2845	2777	24129	7489	16640	1525	352	1173
45-49岁	**31914**	**16162**	**15752**	**117419**	**39800**	**77619**	**29784**	**4510**	**25274**
45	6229	3110	3119	25224	7982	17242	2141	425	1716
46	6659	3320	3339	25200	8386	16814	3328	544	2784
47	6444	3316	3128	23516	8078	15438	5045	786	4259
48	6402	3298	3104	22179	7721	14458	7770	1091	6679
49	6180	3118	3062	21300	7633	13667	11500	1664	9836
50-54岁	**27783**	**14308**	**13475**	**78434**	**28779**	**49655**	**143167**	**25822**	**117345**
50	6251	3190	3061	19759	6975	12784	16268	2430	13838
51	5730	3029	2701	16718	6034	10684	22127	3714	18413
52	6016	3044	2972	16614	6135	10479	31434	5390	26044
53	4540	2285	2255	12232	4615	7617	30817	5597	25220
54	5246	2760	2486	13111	5020	8091	42521	8691	33830
55-59岁	**21771**	**11285**	**10486**	**45458**	**18668**	**26790**	**210934**	**51231**	**159703**
55	5244	2716	2528	12008	4707	7301	45276	9996	35280
56	5441	2878	2563	11662	4714	6948	51299	12020	39279
57	5977	3121	2856	12428	5308	7120	61102	15229	45873
58	3308	1749	1559	6326	2665	3661	35425	9075	26350
59	1801	821	980	3034	1274	1760	17832	4911	12921
60-64岁	**16028**	**7619**	**8409**	**23556**	**11076**	**12480**	**170908**	**63080**	**107828**
60	2309	1076	1233	3441	1510	1931	22392	7149	15243
61	2297	1134	1163	3542	1762	1780	24530	8921	15609
62	3738	1795	1943	5524	2659	2865	39343	14652	24691
63	3763	1767	1996	5627	2619	3008	42935	16225	26710
64	3921	1847	2074	5422	2526	2896	41708	16133	25575
65岁及以上	**80023**	**45892**	**34131**	**53356**	**28122**	**25234**	**276427**	**117792**	**158635**

7-8 续表 6 单位：人

年 龄	为子女就学			养老/康养			其 他		
	小计	男	女	小计	男	女	小计	男	女
总 计	**330588**	**113066**	**217522**	**781143**	**348385**	**432758**	**2153547**	**1088411**	**1065136**
0-4岁							**277379**	**144196**	**133183**
0							39517	20396	19121
1							58858	30687	28171
2							56756	29555	27201
3							62520	32534	29986
4							59728	31024	28704
5-9岁							**172416**	**89136**	**83280**
5							53875	27866	26009
6							33277	17307	15970
7							28834	14866	13968
8							29550	15263	14287
9							26880	13834	13046
10-14岁				**38**	**20**	**18**	**123755**	**63994**	**59761**
10				3	2	1	25864	13342	12522
11				8	2	6	25109	13046	12063
12				10	6	4	25010	12917	12093
13				10	6	4	24507	12663	11844
14				7	4	3	23265	12026	11239
15-19岁	**1374**	**569**	**805**	**41**	**30**	**11**	**85944**	**45488**	**40456**
15	297	151	146	11	9	2	18739	9773	8966
16	269	125	144	11	8	3	17634	9213	8421
17	227	117	110	8	5	3	16344	8570	7774
18	258	104	154	7	5	2	16446	8848	7598
19	323	72	251	4	3	1	16781	9084	7697
20-24岁	**4819**	**944**	**3875**	**129**	**76**	**53**	**112531**	**57371**	**55160**
20	491	130	361	15	11	4	18384	9894	8490
21	587	125	462	26	13	13	19707	10190	9517
22	793	172	621	21	10	11	23521	11922	11599
23	1143	211	932	32	22	10	24766	12454	12312
24	1805	306	1499	35	20	15	26153	12911	13242
25-29岁	**25232**	**5313**	**19919**	**162**	**108**	**54**	**134997**	**66944**	**68053**
25	2839	513	2326	31	21	10	28233	14043	14190
26	3761	719	3042	30	18	12	26760	13279	13481
27	5048	1021	4027	25	19	6	27657	13700	13957
28	6171	1346	4825	42	31	11	26150	12917	13233
29	7413	1714	5699	34	19	15	26197	13005	13192

7-8 续表 7

单位：人

年龄	为子女就学			养老/康养			其他		
	小计	男	女	小计	男	女	小计	男	女
30—34岁	**64849**	**18047**	**46802**	**251**	**160**	**91**	**152148**	**76114**	**76034**
30	10398	2589	7809	43	26	17	30951	15439	15512
31	11581	3031	8550	53	31	22	29240	14534	14706
32	12118	3419	8699	55	36	19	28349	14162	14187
33	15634	4434	11200	54	37	17	33113	16626	16487
34	15118	4574	10544	46	30	16	30495	15353	15142
35—39岁	**61166**	**20130**	**41036**	**260**	**147**	**113**	**110117**	**54990**	**55127**
35	11846	3602	8244	42	22	20	22169	11256	10913
36	10399	3343	7056	43	25	18	19405	9812	9593
37	10776	3566	7210	47	25	22	19853	9924	9929
38	14654	4954	9700	64	37	27	25445	12575	12870
39	13491	4665	8826	64	38	26	23245	11423	11822
40—44岁	**58121**	**21324**	**36797**	**624**	**308**	**316**	**116505**	**56991**	**59514**
40	10672	3777	6895	79	42	37	18798	9116	9682
41	11821	4292	7529	101	51	50	21809	10762	11047
42	10838	3886	6952	102	50	52	21243	10368	10875
43	11718	4370	7348	123	61	62	24569	11994	12575
44	13072	4999	8073	219	104	115	30086	14751	15335
45—49岁	**56097**	**22010**	**34087**	**2612**	**1066**	**1546**	**186151**	**91049**	**95102**
45	13255	5102	8153	272	133	139	33906	16449	17457
46	12947	5028	7919	379	174	205	37428	18304	19124
47	11364	4521	6843	490	202	288	37491	18445	19046
48	9886	3898	5988	638	259	379	38047	18755	19292
49	8645	3461	5184	833	298	535	39279	19096	20183
50—54岁	**27288**	**11051**	**16237**	**41795**	**14196**	**27599**	**179687**	**87609**	**92078**
50	7644	3020	4624	4842	1548	3294	39154	19048	20106
51	5955	2455	3500	7280	2458	4822	36150	17752	18398
52	5638	2307	3331	9355	3078	6277	39004	18981	20023
53	3986	1635	2351	8464	2829	5635	30162	14703	15459
54	4065	1634	2431	11854	4283	7571	35217	17125	18092
55—59岁	**12957**	**5261**	**7696**	**72994**	**27468**	**45526**	**135480**	**66953**	**68527**
55	3519	1414	2105	14157	5238	8919	33589	16587	17002
56	3289	1369	1920	16905	6378	10527	34475	17132	17343
57	3370	1357	2013	21331	8122	13209	37456	18649	18807
58	1856	753	1103	12987	4934	8053	19754	9742	10012
59	923	368	555	7614	2796	4818	10206	4843	5363
60—64岁	**6592**	**2849**	**3743**	**97216**	**45601**	**51615**	**86237**	**44031**	**42206**
60	1033	398	635	11323	4996	6327	12184	6038	6146
61	994	449	545	13448	6484	6964	12927	6663	6264
62	1461	649	812	22069	10473	11596	19700	10240	9460
63	1653	719	934	24580	11569	13011	20880	10542	10338
64	1451	634	817	25796	12079	13717	20546	10548	9998
65岁及以上	**12093**	**5568**	**6525**	**565021**	**259205**	**305816**	**280200**	**143545**	**136655**

7-8a 全省分年龄、性别、迁移原因的户口登记地在外乡镇街道的人口(城市)

单位：人

年 龄	合 计			工作就业		
	合计	男	女	小计	男	女
总 计	**17952455**	**8928543**	**9023912**	**6731111**	**3707003**	**3024108**
0-4岁	**727234**	**376843**	**350391**			
0	95377	49179	46198			
1	146499	76074	70425			
2	147293	76279	71014			
3	170746	88227	82519			
4	167319	87084	80235			
5-9岁	**720260**	**375868**	**344392**			
5	149505	77786	71719			
6	144862	75611	69251			
7	140578	73517	67061			
8	150943	78979	71964			
9	134372	69975	64397			
10-14岁	**657364**	**341078**	**316286**	**1634**	**874**	**760**
10	130390	68087	62303	310	168	142
11	127176	66379	60797	257	130	127
12	132755	68949	63806	330	163	167
13	134607	69652	64955	326	193	133
14	132436	68011	64425	411	220	191
15-19岁	**1343078**	**672979**	**670099**	**105558**	**59606**	**45952**
15	204984	103668	101316	4053	2334	1719
16	274044	139475	134569	8809	5332	3477
17	261920	133325	128595	16991	9806	7185
18	264326	132322	132004	29414	16651	12763
19	337804	164189	173615	46291	25483	20808
20-24岁	**1789521**	**860686**	**928835**	**788189**	**394807**	**393382**
20	377279	181232	196047	72453	37816	34637
21	354066	169459	184607	110742	55709	55033
22	356683	172084	184599	171912	85134	86778
23	343156	165097	178059	204123	101095	103028
24	358337	172814	185523	228959	115053	113906
25-29岁	**1810444**	**888773**	**921671**	**1154219**	**608031**	**546188**
25	384645	186104	198541	251064	127794	123270
26	356704	174062	182642	231635	120246	111389
27	369248	180579	188669	235724	124052	111672
28	347348	172178	175170	218038	117330	100708
29	352499	175850	176649	217758	118609	99149

7-8a 续表 1

单位：人

年龄	合计			工作就业		
	合计	男	女	小计	男	女
30-34岁	**1957024**	**988815**	**968209**	**1167372**	**649132**	**518240**
30	414885	209258	205627	254877	140910	113967
31	391450	198025	193425	236710	131895	104815
32	360142	182416	177726	214363	119244	95119
33	420035	211949	208086	247107	137638	109469
34	370512	187167	183345	214315	119445	94870
35-39岁	**1217846**	**620273**	**597573**	**681191**	**382307**	**298884**
35	256541	130597	125944	147895	82891	65004
36	213979	110112	103867	122412	69301	53111
37	219621	112171	107450	122578	68928	53650
38	282163	143317	138846	154759	86846	67913
39	245542	124076	121466	133547	74341	59206
40-44岁	**1113466**	**565875**	**547591**	**605591**	**334306**	**271285**
40	186764	95081	91683	102185	57099	45086
41	212834	108569	104265	116324	64641	51683
42	200929	101808	99121	110124	60593	49531
43	233394	118500	114894	126477	69574	56903
44	279545	141917	137628	150481	82399	68082
45-49岁	**1655061**	**839414**	**815647**	**866024**	**475419**	**390605**
45	310002	157187	152815	165725	90527	75198
46	332498	168542	163956	177796	97018	80778
47	332503	169857	162646	175064	96345	78719
48	336393	170516	165877	173910	95458	78452
49	343665	173312	170353	173529	96071	77458
50-54岁	**1527831**	**747243**	**780588**	**676612**	**384859**	**291753**
50	338998	168362	170636	164307	91043	73264
51	307474	151900	155574	140122	79330	60792
52	332023	161988	170035	146228	83189	63039
53	253821	121557	132264	107840	61484	46356
54	295515	143436	152079	118115	69813	48302
55-59岁	**1144550**	**547439**	**597111**	**380838**	**229619**	**151219**
55	285379	138126	147253	106260	63450	42810
56	290084	138837	151247	99088	59359	39729
57	319118	153104	166014	102317	62453	39864
58	166357	78697	87660	50028	30405	19623
59	83612	38675	44937	23145	13952	9193
60-64岁	**674751**	**333821**	**340930**	**139530**	**88259**	**51271**
60	99393	47738	51655	23961	14588	9373
61	101637	51352	50285	22372	14455	7917
62	155187	77957	77230	32639	20999	11640
63	162405	80069	82336	31923	20259	11664
64	156129	76705	79424	28635	17958	10677
65岁及以上	**1614025**	**769436**	**844589**	**164353**	**99784**	**64569**

7-8a 续表 2

单位：人

年 龄	学习培训			随同离开/投亲靠友			拆迁/搬家		
	小计	男	女	小计	男	女	小计	男	女
总 计	**2232938**	**1092047**	**1140891**	**1743129**	**811161**	**931968**	**4100039**	**2030644**	**2069395**
0-4岁	**22809**	**11749**	**11060**	**399728**	**206979**	**192749**	**130856**	**67863**	**62993**
0	508	274	234	53117	27372	25745	14630	7539	7091
1	1338	702	636	82856	42958	39898	24282	12596	11686
2	2848	1427	1421	82962	42939	40023	26083	13456	12627
3	8293	4259	4034	91906	47332	44574	32753	17039	15714
4	9822	5087	4735	88887	46378	42509	33108	17233	15875
5-9岁	**178031**	**93306**	**84725**	**299662**	**156207**	**143455**	**145503**	**76027**	**69476**
5	9999	5210	4789	78120	40682	37438	30292	15845	14447
6	37275	19431	17844	60026	31369	28657	28955	15094	13861
7	41979	21850	20129	54248	28345	25903	28256	14944	13312
8	46754	24693	22061	57052	29695	27357	30581	15967	14614
9	42024	22122	19902	50216	26116	24100	27419	14177	13242
10-14岁	**235395**	**120996**	**114399**	**216126**	**112703**	**103423**	**138284**	**72400**	**65884**
10	41195	21716	19479	47599	24678	22921	27557	14457	13100
11	41477	21574	19903	45343	23748	21595	27074	14180	12894
12	46702	24054	22648	43847	22927	20920	28479	14872	13607
13	49940	25775	24165	42278	21851	20427	28736	14963	13773
14	56081	27877	28204	37059	19499	17560	26438	13928	12510
15-19岁	**997871**	**486882**	**510989**	**96133**	**50416**	**45717**	**91936**	**49101**	**42835**
15	145233	71708	73525	25213	13356	11857	20003	10786	9217
16	215436	108039	107397	20957	10989	9968	18546	9729	8817
17	198899	99259	99640	18402	9542	8860	17823	9464	8359
18	190270	91989	98281	16707	8834	7873	17774	9521	8253
19	248033	115887	132146	14854	7695	7159	17790	9601	8189
20-24岁	**659336**	**309500**	**349836**	**81214**	**39194**	**42020**	**156551**	**77679**	**78872**
20	256151	118827	137324	14995	7624	7371	20469	10765	9704
21	189304	87998	101306	14468	6937	7531	23926	12186	11740
22	114386	54654	59732	17133	8195	8938	32595	16068	16527
23	60339	29118	31221	17187	8184	9003	36848	18007	18841
24	39156	18903	20253	17431	8254	9177	42713	20653	22060
25-29岁	**82294**	**40349**	**41945**	**76643**	**35501**	**41142**	**293926**	**142727**	**151199**
25	28760	13984	14776	18013	8507	9506	50563	24457	26106
26	18688	9151	9537	15780	7340	8440	53020	25769	27251
27	14267	6982	7285	15447	7103	8344	61101	29585	31516
28	11099	5501	5598	13792	6284	7508	61939	30091	31848
29	9480	4731	4749	13611	6267	7344	67303	32825	34478

7−8a　续表 3　　　　单位：人

年　龄	学习培训			随同离开/投亲靠友			拆迁/搬家		
	小计	男	女	小计	男	女	小计	男	女
30−34岁	**31732**	**16358**	**15374**	**65266**	**28279**	**36987**	**431368**	**208775**	**222593**
30	9455	4756	4699	15178	6813	8365	82227	39950	42277
31	7148	3706	3442	13159	5758	7401	83046	40280	42766
32	5631	2940	2691	11967	5213	6754	79698	38842	40856
33	5374	2829	2545	13393	5657	7736	97218	46626	50592
34	4124	2127	1997	11569	4838	6731	89179	43077	46102
35−39岁	**9917**	**5261**	**4656**	**35029**	**13902**	**21127**	**316669**	**152876**	**163793**
35	2584	1313	1271	7747	3140	4607	62007	30175	31832
36	2002	1118	884	6122	2483	3639	52527	25508	27019
37	1812	997	815	6356	2581	3775	57209	27744	29465
38	1995	1046	949	8077	3196	4881	76603	36741	39862
39	1524	787	737	6727	2502	4225	68323	32708	35615
40−44岁	**4297**	**2221**	**2076**	**30863**	**11090**	**19773**	**321596**	**155609**	**165987**
40	1016	530	486	5194	1949	3245	51561	24868	26693
41	944	478	466	5771	2117	3654	60108	29214	30894
42	779	429	350	5569	2023	3546	57093	27498	29595
43	740	363	377	6494	2310	4184	68873	33234	35639
44	818	421	397	7835	2691	5144	83961	40795	43166
45−49岁	**3690**	**1891**	**1799**	**53601**	**17426**	**36175**	**516655**	**253971**	**262684**
45	821	420	401	9039	3095	5944	94730	46302	48428
46	791	422	369	10208	3395	6813	101374	49419	51955
47	794	410	384	10576	3494	7082	103322	51077	52245
48	675	332	343	11361	3625	7736	106488	52712	53776
49	609	307	302	12417	3817	8600	110741	54461	56280
50−54岁	**2425**	**1161**	**1264**	**71996**	**21704**	**50292**	**485882**	**238785**	**247097**
50	622	327	295	13250	3998	9252	109349	53722	55627
51	515	233	282	13644	4134	9510	100178	49050	51128
52	491	235	256	15743	4700	11043	106301	52215	54086
53	389	176	213	13147	3906	9241	78615	38382	40233
54	408	190	218	16212	4966	11246	91439	45416	46023
55−59岁	**1548**	**684**	**864**	**71013**	**23112**	**47901**	**360787**	**179959**	**180828**
55	388	167	221	16570	5269	11301	89139	44433	44706
56	359	163	196	17650	5810	11840	92197	45808	46389
57	417	190	227	19949	6565	13384	101721	51018	50703
58	262	107	155	11122	3604	7518	51403	25918	25485
59	122	57	65	5722	1864	3858	26327	12782	13545
60−64岁	**956**	**464**	**492**	**54711**	**21562**	**33149**	**207500**	**106827**	**100673**
60	127	60	67	7255	2687	4568	31319	15888	15431
61	151	71	80	7736	3158	4578	31452	16442	15010
62	216	107	109	12540	4948	7592	47386	24894	22492
63	233	115	118	13667	5445	8222	49599	25332	24267
64	229	111	118	13513	5324	8189	47744	24271	23473
65岁及以上	**2637**	**1225**	**1412**	**191144**	**73086**	**118058**	**502526**	**248045**	**254481**

7-8a 续表 4 单位：人

年 龄	寄挂户口			婚姻嫁娶			照料孙子女		
	小计	男	女	小计	男	女	小计	男	女
总 计	**176062**	**93340**	**82722**	**503090**	**128553**	**374537**	**631219**	**201987**	**429232**
0-4岁	**8240**	**4341**	**3899**						
0	1096	590	506						
1	1735	942	793						
2	1595	840	755						
3	1940	968	972						
4	1874	1001	873						
5-9岁	**7189**	**3722**	**3467**						
5	1727	914	813						
6	1423	727	696						
7	1349	706	643						
8	1387	718	669						
9	1303	657	646						
10-14岁	**7247**	**3603**	**3644**	**39**	**18**	**21**			
10	1285	653	632	10	8	2			
11	1305	625	680	7	2	5			
12	1448	707	741	7	3	4			
13	1628	816	812	9	2	7			
14	1581	802	779	6	3	3			
15-19岁	**5628**	**2998**	**2630**	**1111**	**123**	**988**	**9**	**4**	**5**
15	1035	517	518	49	19	30	4	2	2
16	1028	504	524	73	21	52	3	2	1
17	1148	602	546	138	34	104	2		2
18	1144	643	501	280	28	252			
19	1273	732	541	571	21	550			
20-24岁	**12477**	**6461**	**6016**	**28154**	**2035**	**26119**	**75**	**13**	**62**
20	1540	859	681	1283	40	1243	4	1	3
21	1901	1054	847	2647	120	2527	7		7
22	2498	1305	1193	4960	281	4679	15	5	10
23	2926	1468	1458	7829	555	7274	17	2	15
24	3612	1775	1837	11435	1039	10396	32	5	27
25-29岁	**19787**	**10132**	**9655**	**99990**	**13848**	**86142**	**221**	**39**	**182**
25	4093	2032	2061	15925	1705	14220	22	6	16
26	3955	2020	1935	17876	2245	15631	34	10	24
27	4271	2153	2118	21206	2821	18385	48	7	41
28	3893	2044	1849	21736	3298	18438	63	7	56
29	3575	1883	1692	23247	3779	19468	54	9	45

7–8a　续表 5

单位：人

年　龄	寄挂户口			婚姻嫁娶			照料孙子女		
	小计	男	女	小计	男	女	小计	男	女
30–34岁	**16839**	**9016**	**7823**	**128593**	**26477**	**102116**	**2017**	**544**	**1473**
30	3853	2068	1785	27441	4979	22462	342	94	248
31	3549	1832	1717	26058	5075	20983	375	95	280
32	3038	1638	1400	23803	5047	18756	347	86	261
33	3329	1813	1516	27389	5998	21391	471	133	338
34	3070	1665	1405	23902	5378	18524	482	136	346
35–39岁	**11745**	**6406**	**5339**	**70416**	**18586**	**51830**	**1554**	**486**	**1068**
35	2268	1249	1019	15995	3890	12105	308	108	200
36	2105	1193	912	13034	3423	9611	258	75	183
37	2229	1235	994	12828	3362	9466	330	122	208
38	2809	1443	1366	15601	4266	11335	346	87	259
39	2334	1286	1048	12958	3645	9313	312	94	218
40–44岁	**10593**	**5536**	**5057**	**45985**	**14524**	**31461**	**2529**	**724**	**1805**
40	1829	999	830	9068	2653	6415	281	84	197
41	2015	1083	932	9571	2930	6641	371	136	235
42	1947	1005	942	8308	2566	5742	400	115	285
43	2141	1110	1031	8968	2970	5998	548	154	394
44	2661	1339	1322	10070	3405	6665	929	235	694
45–49岁	**15685**	**8006**	**7679**	**48314**	**18100**	**30214**	**20263**	**3045**	**17218**
45	2885	1442	1443	10485	3599	6886	1338	281	1057
46	3211	1637	1574	10368	3751	6617	2122	346	1776
47	3343	1750	1593	9680	3738	5942	3270	508	2762
48	3303	1700	1603	9087	3556	5531	5338	727	4611
49	2943	1477	1466	8694	3456	5238	8195	1183	7012
50–54岁	**12789**	**6654**	**6135**	**31703**	**12874**	**18829**	**105176**	**18714**	**86462**
50	2849	1450	1399	8197	3179	5018	11813	1763	10050
51	2560	1377	1183	6869	2791	4078	15980	2614	13366
52	2725	1368	1357	6730	2804	3926	22931	3876	19055
53	2109	1081	1028	4690	1930	2760	22715	4054	18661
54	2546	1378	1168	5217	2170	3047	31737	6407	25330
55–59岁	**10581**	**5506**	**5075**	**19615**	**8449**	**11166**	**161816**	**39525**	**122291**
55	2607	1359	1248	4960	2073	2887	34169	7554	26615
56	2650	1384	1266	4977	2099	2878	39285	9252	30033
57	2857	1527	1330	5490	2386	3104	47069	11792	35277
58	1568	825	743	2779	1248	1531	27361	7015	20346
59	899	411	488	1409	643	766	13932	3912	10020
60–64岁	**7271**	**3564**	**3707**	**9880**	**4663**	**5217**	**133335**	**49954**	**83381**
60	1107	513	594	1535	708	827	17797	5761	12036
61	1108	560	548	1598	818	780	19409	7091	12318
62	1702	847	855	2214	1062	1152	30726	11613	19113
63	1705	824	881	2321	1063	1258	33257	12773	20484
64	1649	820	829	2212	1012	1200	32146	12716	19430
65岁及以上	**29991**	**17395**	**12596**	**19290**	**8856**	**10434**	**204224**	**88939**	**115285**

7-8a 续表 6

单位：人

年龄	为子女就学			养老/康养			其他		
	小计	男	女	小计	男	女	小计	男	女
总计	**168011**	**61160**	**106851**	**506321**	**218896**	**287425**	**1160535**	**583752**	**576783**
0-4岁							**165601**	**85911**	**79690**
0							26026	13404	12622
1							36288	18876	17412
2							33805	17617	16188
3							35854	18629	17225
4							33628	17385	16243
5-9岁							**89875**	**46606**	**43269**
5							29367	15135	14232
6							17183	8990	8193
7							14746	7672	7074
8							15169	7906	7263
9							13410	6903	6507
10-14岁				**20**	**12**	**8**	**58619**	**30472**	**28147**
10				2	2		12432	6405	6027
11				3	1	2	11710	6119	5591
12				5	3	2	11937	6220	5717
13				4	3	1	11686	6049	5637
14				6	3	3	10854	5679	5175
15-19岁	**1029**	**406**	**623**	**13**	**12**	**1**	**43790**	**23431**	**20359**
15	210	107	103	2	2		9182	4837	4345
16	188	90	98	1	1		9003	4768	4235
17	165	86	79	3	3		8349	4529	3820
18	194	72	122	4	3	1	8539	4581	3958
19	272	51	221	3	3		8717	4716	4001
20-24岁	**2127**	**439**	**1688**	**73**	**42**	**31**	**61325**	**30516**	**30809**
20	360	80	280	7	4	3	10017	5216	4801
21	340	77	263	18	8	10	10713	5370	5343
22	367	86	281	13	5	8	12804	6351	6453
23	433	88	345	18	13	5	13436	6567	6869
24	627	108	519	17	12	5	14355	7012	7343
25-29岁	**9855**	**2029**	**7826**	**78**	**50**	**28**	**73431**	**36067**	**37364**
25	992	172	820	16	10	6	15197	7437	7760
26	1342	237	1105	16	11	5	14358	7033	7325
27	1976	374	1602	12	9	3	15196	7493	7703
28	2446	535	1911	19	14	5	14323	7074	7249
29	3099	711	2388	15	6	9	14357	7030	7327

7-8a　续表 7　　　　单位：人

年　龄	为子女就学			养老/康养			其　他		
	小计	男	女	小计	男	女	小计	男	女
30-34岁	**30988**	**9005**	**21983**	**120**	**70**	**50**	**82729**	**41159**	**41570**
30	4495	1179	3316	21	13	8	16996	8496	8500
31	5300	1421	3879	25	11	14	16080	7952	8128
32	5833	1711	4122	28	20	8	15434	7675	7759
33	7649	2263	5386	24	13	11	18081	8979	9102
34	7711	2431	5280	22	13	9	16138	8057	8081
35-39岁	**32062**	**10866**	**21196**	**127**	**67**	**60**	**59136**	**29516**	**29620**
35	6023	1888	4135	19	10	9	11695	5933	5762
36	5217	1775	3442	24	13	11	10278	5223	5055
37	5580	1870	3710	28	13	15	10671	5319	5352
38	7984	2772	5212	22	11	11	13967	6909	7058
39	7258	2561	4697	34	20	14	12525	6132	6393
40-44岁	**31272**	**12076**	**19196**	**361**	**164**	**197**	**60379**	**29625**	**30754**
40	5720	2093	3627	43	21	22	9867	4785	5082
41	6355	2391	3964	56	22	34	11319	5557	5762
42	5785	2170	3615	53	23	30	10871	5386	5485
43	6324	2508	3816	76	31	45	12753	6246	6507
44	7088	2914	4174	133	67	66	15569	7651	7918
45-49岁	**29537**	**12681**	**16856**	**1723**	**625**	**1098**	**99569**	**48250**	**51319**
45	7200	2949	4251	159	64	95	17620	8508	9112
46	6725	2858	3867	235	97	138	19668	9599	10069
47	5976	2634	3342	336	123	213	20142	9778	10364
48	5120	2219	2901	420	154	266	20691	10033	10658
49	4516	2021	2495	573	187	386	21448	10332	11116
50-54岁	**13631**	**5887**	**7744**	**29698**	**9567**	**20131**	**97919**	**47038**	**50881**
50	3892	1693	2199	3458	1012	2446	21261	10175	11086
51	3007	1288	1719	5118	1630	3488	19481	9453	10028
52	2806	1212	1594	6708	2097	4611	21360	10292	11068
53	1944	852	1092	6008	1915	4093	16364	7777	8587
54	1982	842	1140	8406	2913	5493	19453	9341	10112
55-59岁	**6740**	**2853**	**3887**	**53514**	**19760**	**33754**	**78098**	**37972**	**40126**
55	1810	774	1036	10300	3725	6575	19176	9322	9854
56	1706	746	960	12327	4531	7796	19845	9685	10160
57	1776	718	1058	15720	5856	9864	21802	10599	11203
58	994	439	555	9500	3576	5924	11340	5560	5780
59	454	176	278	5667	2072	3595	5935	2806	3129
60-64岁	**3731**	**1632**	**2099**	**68515**	**31681**	**36834**	**49322**	**25215**	**24107**
60	534	217	317	8461	3710	4751	7297	3606	3691
61	545	239	306	9745	4633	5112	7521	3885	3636
62	858	379	479	15554	7219	8335	11352	5889	5463
63	950	428	522	17096	7902	9194	11654	5928	5726
64	844	369	475	17659	8217	9442	11498	5907	5591
65岁及以上	**7039**	**3286**	**3753**	**352079**	**156846**	**195233**	**140742**	**71974**	**68768**

7－8b 全省分年龄、性别、迁移原因的户口登记地在外乡镇街道的人口(镇)

单位：人

年 龄	合 计			工作就业		
	合计	男	女	小计	男	女
总 计	**6262343**	**3034903**	**3227440**	**1460808**	**807978**	**652830**
0－4岁	**317863**	**165000**	**152863**			
0	34876	18116	16760			
1	59249	30966	28283			
2	63268	32759	30509			
3	80126	41495	38631			
4	80344	41664	38680			
5－9岁	**413006**	**214530**	**198476**			
5	76533	39540	36993			
6	81572	42438	39134			
7	83602	43460	40142			
8	88960	46132	42828			
9	82339	42960	39379			
10－14岁	**421105**	**217021**	**204084**	**649**	**354**	**295**
10	82741	43048	39693	113	65	48
11	84201	43808	40393	109	62	47
12	83722	43338	40384	127	75	52
13	83190	42527	40663	138	67	71
14	87251	44300	42951	162	85	77
15－19岁	**704593**	**355043**	**349550**	**18563**	**10288**	**8275**
15	136811	69013	67798	1198	667	531
16	184418	93436	90982	2133	1201	932
17	163551	81907	81644	3230	1800	1430
18	123806	62950	60856	4912	2725	2187
19	96007	47737	48270	7090	3895	3195
20－24岁	**363672**	**168524**	**195148**	**108310**	**53064**	**55246**
20	80937	39541	41396	9563	5044	4519
21	68873	32284	36589	14403	7312	7091
22	69042	31808	37234	22427	10996	11431
23	68686	31214	37472	28101	13416	14685
24	76134	33677	42457	33816	16296	17520
25－29岁	**447375**	**199150**	**248225**	**197311**	**100306**	**97005**
25	87517	38323	49194	39621	19235	20386
26	86029	38204	47825	38817	19459	19358
27	92237	40815	51422	40796	20705	20091
28	89084	39784	49300	38651	19970	18681
29	92508	42024	50484	39426	20937	18489

7-8b 续表 1

单位：人

年龄	合计			工作就业		
	合计	男	女	小计	男	女
30—34岁	**555126**	**255621**	**299505**	**231217**	**125187**	**106030**
30	111777	50946	60831	46646	25117	21529
31	107000	49112	57888	45074	24384	20690
32	101904	47159	54745	42623	23219	19404
33	123087	56789	66298	50945	27497	23448
34	111358	51615	59743	45929	24970	20959
35—39岁	**387003**	**182025**	**204978**	**160735**	**87577**	**73158**
35	80673	37731	42942	33526	18270	15256
36	69069	32707	36362	28947	15998	12949
37	69327	32718	36609	29072	15906	13166
38	88065	41350	46715	36569	19827	16742
39	79869	37519	42350	32621	17576	15045
40—44岁	**390890**	**186768**	**204122**	**161108**	**87009**	**74099**
40	63357	29920	33437	26048	14044	12004
41	74282	35096	39186	30575	16387	14188
42	70873	33888	36985	29206	15814	13392
43	82217	39417	42800	33783	18257	15526
44	100161	48447	51714	41496	22507	18989
45—49岁	**587879**	**289350**	**298529**	**235978**	**131248**	**104730**
45	111832	54443	57389	46049	25073	20976
46	120664	59169	61495	49024	26903	22121
47	119937	59344	60593	48206	26882	21324
48	118586	58562	60024	46773	26175	20598
49	116860	57832	59028	45926	26215	19711
50—54岁	**527721**	**255628**	**272093**	**178074**	**105229**	**72845**
50	116560	57046	59514	44029	25181	18848
51	105065	51488	53577	36577	21429	15148
52	114808	55156	59652	38437	22683	15754
53	89785	43081	46704	28513	17137	11376
54	101503	48857	52646	30518	18799	11719
55—59岁	**362015**	**174003**	**188012**	**95149**	**60346**	**34803**
55	93752	45214	48538	26563	16501	10062
56	93246	45007	48239	25059	15869	9190
57	98939	47884	51055	25466	16379	9087
58	51574	24547	27027	12511	8069	4442
59	24504	11351	13153	5550	3528	2022
60—64岁	**199584**	**98329**	**101255**	**31745**	**20861**	**10884**
60	27592	13116	14476	5383	3409	1974
61	28955	14741	14214	5016	3376	1640
62	45280	22807	22473	7178	4777	2401
63	49706	24319	25387	7509	4908	2601
64	48051	23346	24705	6659	4391	2268
65岁及以上	**584511**	**273911**	**310600**	**41969**	**26509**	**15460**

7-8b 续表 2

单位：人

年龄	学习培训			随同离开/投亲靠友			拆迁/搬家		
	小计	男	女	小计	男	女	小计	男	女
总计	**1004737**	**504586**	**500151**	**742047**	**344687**	**397360**	**1659916**	**828121**	**831795**
0-4岁	**10569**	**5447**	**5122**	**163590**	**84722**	**78868**	**61220**	**31878**	**29342**
0	211	110	101	18278	9489	8789	6652	3462	3190
1	517	280	237	31730	16550	15180	10721	5641	5080
2	1222	608	614	33405	17341	16064	11900	6147	5753
3	3848	1971	1877	40410	20848	19562	15880	8263	7617
4	4771	2478	2293	39767	20494	19273	16067	8365	7702
5-9岁	**126436**	**65908**	**60528**	**144538**	**74778**	**69760**	**83235**	**43533**	**39702**
5	5251	2769	2482	37029	19065	17964	15786	8131	7655
6	25259	13023	12236	28499	14891	13608	16452	8617	7835
7	30774	16143	14631	26443	13574	12869	16640	8786	7854
8	33552	17369	16183	27611	14277	13334	17831	9381	8450
9	31600	16604	14996	24956	12971	11985	16526	8618	7908
10-14岁	**178484**	**91444**	**87040**	**111297**	**57228**	**54069**	**85485**	**44657**	**40828**
10	31863	16633	15230	24398	12638	11760	17081	8913	8168
11	33446	17523	15923	23933	12280	11653	17395	9116	8279
12	34630	17986	16644	22525	11542	10983	17405	9081	8324
13	35653	18170	17483	21192	10771	10421	17287	8922	8365
14	42892	21132	21760	19249	9997	9252	16317	8625	7692
15-19岁	**559495**	**278680**	**280815**	**45053**	**23495**	**21558**	**50262**	**27089**	**23173**
15	103190	51342	51848	12966	6790	6176	12321	6543	5778
16	154115	77580	76535	10566	5428	5138	11071	5901	5170
17	135909	67483	68426	8562	4408	4154	9826	5236	4590
18	96659	48428	48231	7365	3906	3459	9156	5056	4100
19	69622	33847	35775	5594	2963	2631	7888	4353	3535
20-24岁	**113601**	**54266**	**59335**	**27870**	**13857**	**14013**	**59990**	**30387**	**29603**
20	52223	24885	27338	4810	2524	2286	7869	4296	3573
21	32612	15041	17571	4911	2440	2471	9238	4727	4511
22	17548	8360	9188	5926	2897	3029	12414	6207	6207
23	7357	3845	3512	6018	3005	3013	14162	7119	7043
24	3861	2135	1726	6205	2991	3214	16307	8038	8269
25-29岁	**7501**	**4202**	**3299**	**29370**	**13870**	**15500**	**108487**	**54059**	**54428**
25	2556	1399	1157	6534	3156	3378	19438	9578	9860
26	1715	932	783	6016	2879	3137	19731	9922	9809
27	1314	768	546	5970	2834	3136	22339	10970	11369
28	1032	607	425	5414	2529	2885	22465	11302	11163
29	884	496	388	5436	2472	2964	24514	12287	12227

7-8b　续表 3　　　　单位：人

年　龄	学习培训			随同离开/投亲靠友			拆迁/搬家		
	小计	男	女	小计	男	女	小计	男	女
30–34岁	**2940**	**1689**	**1251**	**27472**	**11851**	**15621**	**158386**	**77853**	**80533**
30	850	483	367	6250	2833	3417	30521	15208	15313
31	601	358	243	5491	2441	3050	29759	14724	15035
32	510	296	214	4990	2158	2832	28849	14196	14653
33	523	294	229	5688	2389	3299	36230	17757	18473
34	456	258	198	5053	2030	3023	33027	15968	17059
35–39岁	**1371**	**767**	**604**	**15341**	**5833**	**9508**	**117299**	**57089**	**60210**
35	322	176	146	3465	1384	2081	23762	11678	12084
36	256	153	103	2810	1070	1740	20243	10056	10187
37	273	151	122	2684	1004	1680	20932	10081	10851
38	289	168	121	3381	1299	2082	27232	13103	14129
39	231	119	112	3001	1076	1925	25130	12171	12959
40–44岁	**1003**	**532**	**471**	**14524**	**4889**	**9635**	**130895**	**63139**	**67756**
40	223	119	104	2367	849	1518	20072	9702	10370
41	190	102	88	2683	933	1750	24400	11567	12833
42	168	89	79	2645	893	1752	23565	11437	12128
43	198	95	103	3099	1022	2077	28235	13572	14663
44	224	127	97	3730	1192	2538	34623	16861	17762
45–49岁	**1102**	**584**	**518**	**23556**	**7067**	**16489**	**213899**	**105242**	**108657**
45	230	117	113	4360	1370	2990	39241	19209	20032
46	236	132	104	4708	1402	3306	43213	21391	21822
47	247	126	121	4710	1416	3294	43800	21634	22166
48	208	115	93	4885	1413	3472	44022	21635	22387
49	181	94	87	4893	1466	3427	43623	21373	22250
50–54岁	**811**	**400**	**411**	**26922**	**7557**	**19365**	**201398**	**97847**	**103551**
50	193	96	97	5174	1455	3719	44122	21426	22696
51	144	69	75	5041	1460	3581	40217	19784	20433
52	189	88	101	5965	1661	4304	44055	21276	22779
53	139	78	61	4915	1358	3557	34447	16591	17856
54	146	69	77	5827	1623	4204	38557	18770	19787
55–59岁	**467**	**234**	**233**	**23026**	**6910**	**16116**	**136830**	**67520**	**69310**
55	137	67	70	5597	1660	3937	35965	17781	18184
56	114	61	53	5767	1749	4018	35660	17529	18131
57	127	65	62	6464	1974	4490	37117	18407	18710
58	60	25	35	3499	1038	2461	19067	9445	9622
59	29	16	13	1699	489	1210	9021	4358	4663
60–64岁	**243**	**118**	**125**	**16690**	**5986**	**10704**	**70483**	**36827**	**33656**
60	35	16	19	2109	693	1416	10058	5047	5011
61	34	21	13	2257	835	1422	10456	5575	4881
62	70	35	35	3699	1359	2340	15905	8502	7403
63	57	27	30	4244	1503	2741	17487	9075	8412
64	47	19	28	4381	1596	2785	16577	8628	7949
65岁及以上	**714**	**315**	**399**	**72798**	**26644**	**46154**	**182047**	**91001**	**91046**

7-8b 续表 4

单位：人

年 龄	寄挂户口			婚姻嫁娶			照料孙子女		
	小计	男	女	小计	男	女	小计	男	女
总 计	**54631**	**28802**	**25829**	**256210**	**52055**	**204155**	**175697**	**52968**	**122729**
0-4岁	**2366**	**1240**	**1126**						
0	235	118	117						
1	434	241	193						
2	476	246	230						
3	617	329	288						
4	604	306	298						
5-9岁	**2746**	**1333**	**1413**						
5	577	259	318						
6	533	253	280						
7	532	265	267						
8	557	276	281						
9	547	280	267						
10-14岁	**3091**	**1585**	**1506**	**30**	**12**	**18**			
10	554	282	272	6	3	3			
11	568	288	280	5	1	4			
12	698	358	340	7	4	3			
13	633	327	306	5	2	3			
14	638	330	308	7	2	5			
15-19岁	**2571**	**1378**	**1193**	**1803**	**81**	**1722**	**14**	**5**	**9**
15	620	310	310	35	11	24	3	1	2
16	546	284	262	131	18	113	4	1	3
17	487	266	221	260	18	242	2	1	1
18	448	245	203	508	23	485	2	1	1
19	470	273	197	869	11	858	3	1	2
20-24岁	**3744**	**1999**	**1745**	**20199**	**847**	**19352**	**28**	**2**	**26**
20	488	294	194	1457	27	1430	2	1	1
21	532	306	226	2326	51	2275	4		4
22	707	376	331	3889	128	3761	3		3
23	888	463	425	5358	233	5125	7		7
24	1129	560	569	7169	408	6761	12	1	11
25-29岁	**5337**	**2802**	**2535**	**50827**	**4494**	**46333**	**87**	**19**	**68**
25	1205	639	566	9357	588	8769	11	1	10
26	1148	595	553	9536	701	8835	16	7	9
27	1104	579	525	10834	985	9849	20	3	17
28	936	498	438	10472	1014	9458	16	4	12
29	944	491	453	10628	1206	9422	24	4	20

7-8b 续表 5

单位：人

年 龄	寄挂户口			婚姻嫁娶			照料孙子女		
	小计	男	女	小计	男	女	小计	男	女
30-34岁	**5241**	**2821**	**2420**	**58202**	**8574**	**49628**	**889**	**182**	**707**
30	1000	516	484	12734	1567	11167	151	31	120
31	976	501	475	11544	1541	10003	181	37	144
32	1035	572	463	10615	1592	9023	165	33	132
33	1166	640	526	12512	1980	10532	203	42	161
34	1064	592	472	10797	1894	8903	189	39	150
35-39岁	**3404**	**1859**	**1545**	**32433**	**6291**	**26142**	**736**	**165**	**571**
35	718	391	327	7604	1410	6194	139	26	113
36	630	342	288	6050	1096	4954	121	26	95
37	645	348	297	5622	1105	4517	141	33	108
38	767	426	341	7000	1390	5610	138	29	109
39	644	352	292	6157	1290	4867	197	51	146
40-44岁	**3121**	**1614**	**1507**	**23510**	**6140**	**17370**	**1452**	**322**	**1130**
40	512	259	253	4492	1032	3460	143	27	116
41	625	326	299	4681	1132	3549	242	70	172
42	584	312	272	4248	1057	3191	242	52	190
43	626	328	298	4651	1299	3352	320	75	245
44	774	389	385	5438	1620	3818	505	98	407
45-49岁	**5069**	**2576**	**2493**	**26277**	**8608**	**17669**	**7801**	**1223**	**6578**
45	935	468	467	5706	1746	3960	656	120	536
46	1034	505	529	5679	1818	3861	1000	170	830
47	1039	523	516	5306	1768	3538	1462	231	1231
48	1092	597	495	4978	1679	3299	1998	308	1690
49	969	483	486	4608	1597	3011	2685	394	2291
50-54岁	**4150**	**2141**	**2009**	**17428**	**6148**	**11280**	**31655**	**6072**	**25583**
50	932	503	429	4296	1474	2822	3596	555	3041
51	834	420	414	3591	1257	2334	5112	935	4177
52	918	462	456	3685	1275	2410	7129	1311	5818
53	680	337	343	2825	1053	1772	6765	1314	5451
54	786	419	367	3031	1089	1942	9053	1957	7096
55-59岁	**3079**	**1621**	**1458**	**10062**	**3848**	**6214**	**41307**	**9999**	**31308**
55	770	407	363	2696	965	1731	9343	2092	7251
56	785	416	369	2613	1005	1608	10135	2376	7759
57	846	439	407	2770	1122	1648	11892	2961	8931
58	433	242	191	1343	511	832	6756	1748	5008
59	245	117	128	640	245	395	3181	822	2359
60-64岁	**2247**	**1093**	**1154**	**4717**	**2033**	**2684**	**31476**	**11020**	**20456**
60	334	167	167	719	271	448	3798	1136	2662
61	332	173	159	667	305	362	4334	1536	2798
62	548	262	286	1125	536	589	7223	2557	4666
63	505	242	263	1130	472	658	8120	2928	5192
64	528	249	279	1076	449	627	8001	2863	5138
65岁及以上	**8465**	**4740**	**3725**	**10722**	**4979**	**5743**	**60252**	**23959**	**36293**

7-8b 续表 6

单位：人

年 龄	为子女就学			养老/康养			其 他		
	小计	男	女	小计	男	女	小计	男	女
总 计	**141876**	**44782**	**97094**	**184410**	**81968**	**102442**	**582011**	**288956**	**293055**
0-4岁							**80118**	**41713**	**38405**
0							9500	4937	4563
1							15847	8254	7593
2							16265	8417	7848
3							19371	10084	9287
4							19135	10021	9114
5-9岁							**56051**	**28978**	**27073**
5							17890	9316	8574
6							10829	5654	5175
7							9213	4692	4521
8							9409	4829	4580
9							8710	4487	4223
10-14岁				**8**	**3**	**5**	**42061**	**21738**	**20323**
10				1		1	8725	4514	4211
11				2		2	8743	4538	4205
12				2	1	1	8328	4291	4037
13				2	1	1	8280	4267	4013
14				1	1		7985	4128	3857
15-19岁	**224**	**114**	**110**	**14**	**7**	**7**	**26594**	**13906**	**12688**
15	53	29	24	5	3	2	6420	3317	3103
16	51	25	26	4	2	2	5797	2996	2801
17	42	22	20	3	1	2	5230	2672	2558
18	47	24	23	2	1	1	4707	2541	2166
19	31	14	17				4440	2380	2060
20-24岁	**2270**	**401**	**1869**	**27**	**17**	**10**	**27633**	**13684**	**13949**
20	104	38	66	4	4		4417	2428	1989
21	190	29	161	6	4	2	4651	2374	2277
22	360	69	291	2	1	1	5766	2774	2992
23	601	103	498	7	5	2	6187	3025	3162
24	1015	162	853	8	3	5	6612	3083	3529
25-29岁	**13310**	**2807**	**10503**	**42**	**27**	**15**	**35103**	**16564**	**18539**
25	1549	274	1275	6	4	2	7240	3449	3791
26	2087	406	1681	8	4	4	6955	3299	3656
27	2681	558	2123	9	7	2	7170	3406	3764
28	3238	703	2535	12	7	5	6848	3150	3698
29	3755	866	2889	7	5	2	6890	3260	3630

7-8b　续表 7　　　　　　　　　　　　　　　　　　　　　　　　单位：人

年　龄	为子女就学			养老/康养			其　他		
	小计	男	女	小计	男	女	小计	男	女
30-34岁	**29708**	**7871**	**21837**	**81**	**59**	**22**	**40990**	**19534**	**21456**
30	5177	1236	3941	10	4	6	8438	3951	4487
31	5473	1388	4085	20	16	4	7881	3722	4159
32	5517	1490	4027	14	9	5	7586	3594	3992
33	7008	1882	5126	22	18	4	8790	4290	4500
34	6533	1875	4658	15	12	3	8295	3977	4318
35-39岁	**25623**	**8053**	**17570**	**81**	**44**	**37**	**29980**	**14347**	**15633**
35	5133	1498	3635	14	7	7	5990	2891	3099
36	4551	1348	3203	12	6	6	5449	2612	2837
37	4599	1514	3085	9	4	5	5350	2572	2778
38	5845	1875	3970	28	16	12	6816	3217	3599
39	5495	1818	3677	18	11	7	6375	3055	3320
40-44岁	**23493**	**8009**	**15484**	**152**	**80**	**72**	**31632**	**15034**	**16598**
40	4312	1447	2865	22	12	10	5166	2429	2737
41	4803	1646	3157	27	17	10	6056	2916	3140
42	4408	1500	2908	23	11	12	5784	2723	3061
43	4727	1608	3119	27	16	11	6551	3145	3406
44	5243	1808	3435	53	24	29	8075	3821	4254
45-49岁	**23491**	**8172**	**15319**	**539**	**241**	**298**	**50167**	**24389**	**25778**
45	5378	1890	3488	70	38	32	9207	4412	4795
46	5501	1900	3601	88	43	45	10181	4905	5276
47	4776	1672	3104	87	40	47	10304	5052	5252
48	4192	1457	2735	136	60	76	10302	5123	5179
49	3644	1253	2391	158	60	98	10173	4897	5276
50-54岁	**11906**	**4442**	**7464**	**8761**	**3163**	**5598**	**46616**	**22629**	**23987**
50	3281	1148	2133	948	329	619	9989	4879	5110
51	2560	1002	1558	1546	557	989	9443	4575	4868
52	2483	946	1537	1918	685	1233	10029	4769	5260
53	1765	662	1103	1803	633	1170	7933	3918	4015
54	1817	684	1133	2546	959	1587	9222	4488	4734
55-59岁	**5285**	**2032**	**3253**	**14016**	**5302**	**8714**	**32794**	**16191**	**16603**
55	1437	527	910	2798	1069	1729	8446	4145	4301
56	1352	528	824	3300	1278	2022	8461	4196	4265
57	1355	552	803	4009	1522	2487	8893	4463	4430
58	740	266	474	2507	914	1593	4658	2289	2369
59	401	159	242	1402	519	883	2336	1098	1238
60-64岁	**2395**	**1015**	**1380**	**19793**	**9299**	**10494**	**19795**	**10077**	**9718**
60	402	147	255	2043	882	1161	2711	1348	1363
61	357	162	195	2566	1235	1331	2936	1523	1413
62	524	235	289	4465	2178	2287	4543	2366	2177
63	599	251	348	5111	2432	2679	4944	2481	2463
64	513	220	293	5608	2572	3036	4661	2359	2302
65岁及以上	**4171**	**1866**	**2305**	**140896**	**63726**	**77170**	**62477**	**30172**	**32305**

7-8c 全省分年龄、性别、迁移原因的户口登记地在外乡镇街道的人口(乡村)

单位：人

年龄	合计			工作就业		
	合计	男	女	小计	男	女
总计	**3608406**	**1865173**	**1743233**	**1105941**	**712926**	**393015**
0-4岁	**153078**	**79352**	**73726**			
0	18008	9413	8595			
1	30574	15869	14705			
2	32006	16649	15357			
3	36415	18870	17545			
4	36075	18551	17524			
5-9岁	**178271**	**90460**	**87811**			
5	34915	17747	17168			
6	35639	18094	17545			
7	35563	18002	17561			
8	37267	18848	18419			
9	34887	17769	17118			
10-14岁	**172576**	**87696**	**84880**	**396**	**227**	**169**
10	35389	18047	17342	68	37	31
11	35716	18147	17569	60	29	31
12	34534	17531	17003	74	43	31
13	33433	17003	16430	89	51	38
14	33504	16968	16536	105	67	38
15-19岁	**275735**	**139277**	**136458**	**17481**	**11542**	**5939**
15	42594	22078	20516	643	402	241
16	55508	29593	25915	1308	844	464
17	55246	29255	25991	2802	1822	980
18	57239	28203	29036	5174	3432	1742
19	65148	30148	35000	7554	5042	2512
20-24岁	**295057**	**141690**	**153367**	**101817**	**63901**	**37916**
20	63813	29855	33958	10788	7043	3745
21	56300	26857	29443	15382	9727	5655
22	57207	27836	29371	21889	13637	8252
23	57159	27932	29227	25610	15941	9669
24	60578	29210	31368	28148	17553	10595
25-29岁	**321283**	**155134**	**166149**	**145642**	**92104**	**53538**
25	67344	32296	35048	31002	19250	11752
26	64609	31095	33514	29039	18217	10822
27	65497	31585	33912	29758	18910	10848
28	61763	29856	31907	27702	17723	9979
29	62070	30302	31768	28141	18004	10137

7-8c 续表 1

单位：人

年 龄	合 计			工作就业		
	合计	男	女	小计	男	女
30-34岁	**348500**	**176428**	**172072**	**163572**	**105811**	**57761**
30	72015	35741	36274	34109	21952	12157
31	68930	34670	34260	32558	21080	11478
32	64261	32470	31791	30248	19459	10789
33	75009	38260	36749	35421	22889	12532
34	68285	35287	32998	31236	20431	10805
35-39岁	**230980**	**119154**	**111826**	**105423**	**67665**	**37758**
35	49323	25409	23914	22260	14472	7788
36	41491	21516	19975	18883	12240	6643
37	41599	21415	20184	19066	12274	6792
38	51657	26715	24942	23757	15158	8599
39	46910	24099	22811	21457	13521	7936
40-44岁	**239401**	**123772**	**115629**	**111999**	**69461**	**42538**
40	38749	19792	18957	17454	10988	6466
41	44177	22898	21279	20447	12779	7668
42	44185	22644	21541	20624	12728	7896
43	50797	26413	24384	23935	14808	9127
44	61493	32025	29468	29539	18158	11381
45-49岁	**350637**	**186317**	**164320**	**175570**	**109186**	**66384**
45	67779	35428	32351	32946	20169	12777
46	72301	38128	34173	35997	22146	13851
47	69961	37197	32764	35634	22172	13462
48	69311	36981	32330	35341	21992	13349
49	71285	38583	32702	35652	22707	12945
50-54岁	**309938**	**170085**	**139853**	**143494**	**95309**	**48185**
50	70493	38292	32201	33852	21939	11913
51	63874	35076	28798	29775	19708	10067
52	67118	36888	30230	31176	20753	10423
53	51760	28337	23423	23265	15553	7712
54	56693	31492	25201	25426	17356	8070
55-59岁	**199037**	**110752**	**88285**	**79847**	**55805**	**24042**
55	51897	28909	22988	22446	15412	7034
56	50764	28402	22362	20950	14580	6370
57	53617	30252	23365	21245	15086	6159
58	28717	15850	12867	10501	7474	3027
59	14042	7339	6703	4705	3253	1452
60-64岁	**113850**	**61585**	**52265**	**28194**	**19931**	**8263**
60	15478	8327	7151	4560	3168	1392
61	16645	9319	7326	4522	3266	1256
62	26204	14415	11789	6589	4744	1845
63	27937	14817	13120	6555	4528	2027
64	27586	14707	12879	5968	4225	1743
65岁及以上	**420063**	**223471**	**196592**	**32506**	**21984**	**10522**

7-8c 续表 2 单位：人

年龄	学习培训			随同离开/投亲靠友			拆迁/搬家		
	小计	男	女	小计	男	女	小计	男	女
总计	**344707**	**168809**	**175898**	**353816**	**169201**	**184615**	**711244**	**363852**	**347392**
0-4岁	**3964**	**2063**	**1901**	**78680**	**40579**	**38101**	**35370**	**18356**	**17014**
0	75	42	33	9589	4968	4621	4059	2196	1863
1	216	123	93	16616	8573	8043	6374	3271	3103
2	492	234	258	17222	8918	8304	6981	3643	3338
3	1431	744	687	18111	9350	8761	8673	4486	4187
4	1750	920	830	17142	8770	8372	9283	4760	4523
5-9岁	**30917**	**15797**	**15120**	**65739**	**32870**	**32869**	**50250**	**25876**	**24374**
5	1795	940	855	16074	8106	7968	9465	4827	4638
6	6254	3232	3022	13071	6553	6518	10116	5204	4912
7	7140	3679	3461	12295	6066	6229	10257	5243	5014
8	8063	4131	3932	12599	6218	6381	10567	5462	5105
9	7665	3815	3850	11700	5927	5773	9845	5140	4705
10-14岁	**42446**	**21503**	**20943**	**51702**	**25772**	**25930**	**49208**	**25677**	**23531**
10	7788	3951	3837	11603	5848	5755	10215	5273	4942
11	8247	4230	4017	11425	5729	5696	10265	5273	4992
12	8063	4101	3962	10428	5210	5218	10041	5242	4799
13	8296	4196	4100	9656	4782	4874	9620	5036	4584
14	10052	5025	5027	8590	4203	4387	9067	4853	4214
15-19岁	**185906**	**92618**	**93288**	**16612**	**8582**	**8030**	**30530**	**16255**	**14275**
15	25809	13355	12454	5020	2619	2401	7040	3695	3345
16	40162	21705	18457	3488	1791	1697	6503	3414	3089
17	39076	20945	18131	2902	1525	1377	6022	3200	2822
18	38334	18281	20053	2717	1377	1340	5444	2946	2498
19	42525	18332	24193	2485	1270	1215	5521	3000	2521
20-24岁	**74073**	**32497**	**41576**	**12237**	**6063**	**6174**	**36832**	**19750**	**17082**
20	36081	15453	20628	2327	1180	1147	5964	3289	2675
21	21384	9152	12232	2300	1165	1135	6555	3576	2979
22	10784	4850	5934	2651	1306	1345	7633	4083	3550
23	4024	2038	1986	2483	1201	1282	8122	4300	3822
24	1800	1004	796	2476	1211	1265	8558	4502	4056
25-29岁	**3559**	**2112**	**1447**	**11531**	**5610**	**5921**	**45899**	**24277**	**21622**
25	1286	766	520	2627	1299	1328	9255	4944	4311
26	781	479	302	2404	1185	1219	9391	4972	4419
27	586	335	251	2309	1137	1172	9283	4921	4362
28	476	269	207	2140	1013	1127	8972	4737	4235
29	430	263	167	2051	976	1075	8998	4703	4295

7-8c　续表 3　　　　单位：人

年　龄	学习培训			随同离开/投亲靠友			拆迁/搬家		
	小计	男	女	小计	男	女	小计	男	女
30-34岁	**1472**	**862**	**610**	**10207**	**4622**	**5585**	**53636**	**27907**	**25729**
30	428	237	191	2201	1007	1194	10189	5387	4802
31	315	205	110	2055	944	1111	10377	5302	5075
32	253	138	115	1823	825	998	10153	5285	4868
33	253	143	110	2151	989	1162	11652	6019	5633
34	223	139	84	1977	857	1120	11265	5914	5351
35-39岁	**668**	**380**	**288**	**6413**	**2732**	**3681**	**42703**	**21746**	**20957**
35	154	97	57	1424	618	806	8693	4446	4247
36	122	67	55	1122	487	635	7706	3965	3741
37	132	66	66	1173	490	683	7687	3898	3789
38	136	79	57	1478	604	874	9519	4864	4655
39	124	71	53	1216	533	683	9098	4573	4525
40-44岁	**469**	**262**	**207**	**6605**	**2749**	**3856**	**48008**	**23671**	**24337**
40	87	40	47	1094	462	632	8016	3898	4118
41	94	53	41	1235	513	722	8812	4437	4375
42	97	53	44	1235	496	739	8862	4343	4519
43	91	54	37	1420	612	808	10200	5023	5177
44	100	62	38	1621	666	955	12118	5970	6148
45-49岁	**409**	**239**	**170**	**10270**	**4015**	**6255**	**68846**	**34196**	**34650**
45	92	60	32	1903	776	1127	13450	6739	6711
46	91	48	43	2047	820	1227	14037	6987	7050
47	78	46	32	2024	798	1226	13596	6650	6946
48	69	38	31	2150	805	1345	13486	6737	6749
49	79	47	32	2146	816	1330	14277	7083	7194
50-54岁	**275**	**171**	**104**	**11299**	**4029**	**7270**	**68148**	**34140**	**34008**
50	80	49	31	2187	758	1429	14968	7495	7473
51	40	25	15	2230	818	1412	13970	6982	6988
52	60	38	22	2425	867	1558	14818	7392	7426
53	44	26	18	2007	708	1299	11844	5912	5932
54	51	33	18	2450	878	1572	12548	6359	6189
55-59岁	**157**	**100**	**57**	**10000**	**3629**	**6371**	**46346**	**23410**	**22936**
55	42	29	13	2411	852	1559	11717	5970	5747
56	42	27	15	2449	900	1549	11688	5900	5788
57	44	29	15	2713	1001	1712	12430	6287	6143
58	21	10	11	1606	575	1031	6912	3506	3406
59	8	5	3	821	301	520	3599	1747	1852
60-64岁	**100**	**58**	**42**	**9290**	**3859**	**5431**	**28206**	**14727**	**13479**
60	16	8	8	1059	417	642	3899	2033	1866
61	21	12	9	1252	535	717	4230	2253	1977
62	20	15	5	2075	876	1199	6519	3455	3064
63	24	13	11	2396	1009	1387	6916	3550	3366
64	19	10	9	2508	1022	1486	6642	3436	3206
65岁及以上	**292**	**147**	**145**	**53231**	**24090**	**29141**	**107262**	**53864**	**53398**

7-8c 续表 4 单位：人

年 龄	寄挂户口			婚姻嫁娶			照料孙子女		
	小计	男	女	小计	男	女	小计	男	女
总 计	**147498**	**78553**	**68945**	**388369**	**91305**	**297064**	**34717**	**10179**	**24538**
0-4岁	**3404**	**1782**	**1622**						
0	294	152	142						
1	645	345	300						
2	625	333	292						
3	905	469	436						
4	935	483	452						
5-9岁	**4875**	**2365**	**2510**						
5	963	459	504						
6	933	442	491						
7	996	512	484						
8	1066	509	557						
9	917	443	474						
10-14岁	**5670**	**2711**	**2959**	**69**	**17**	**52**			
10	996	510	486	12	5	7			
11	1048	492	556	12	4	8			
12	1166	523	643	14	4	10			
13	1218	586	632	9	3	6			
14	1242	600	642	22	1	21			
15-19岁	**3805**	**1978**	**1827**	**5701**	**87**	**5614**	**5**	**4**	**1**
15	755	360	395	149	7	142	3	2	1
16	733	364	369	443	10	433	1	1	
17	738	370	368	919	14	905			
18	745	408	337	1607	24	1583			
19	834	476	358	2583	32	2551	1	1	
20-24岁	**8693**	**4630**	**4063**	**37352**	**1554**	**35798**	**29**	**3**	**26**
20	997	582	415	3672	43	3629	3		3
21	1201	673	528	5072	97	4975	4	1	3
22	1669	896	773	7551	245	7306	7	1	6
23	2170	1140	1030	9486	426	9060	5		5
24	2656	1339	1317	11571	743	10828	10	1	9
25-29岁	**14763**	**7810**	**6953**	**71254**	**8389**	**62865**	**63**	**11**	**52**
25	3278	1663	1615	13780	1143	12637	13		13
26	3224	1745	1479	13978	1469	12509	7	2	5
27	3032	1627	1405	14831	1759	13072	12	3	9
28	2719	1462	1257	14264	1836	12428	13	5	8
29	2510	1313	1197	14401	2182	12219	18	1	17

7-8c　续表 5

单位：人

年　龄	寄挂户口			婚姻嫁娶			照料孙子女		
	小计	男	女	小计	男	女	小计	男	女
30—34岁	**11820**	**6491**	**5329**	**74908**	**14052**	**60856**	**253**	**60**	**193**
30	2434	1310	1124	16355	2662	13693	44	11	33
31	2373	1320	1053	15105	2724	12381	52	9	43
32	2035	1107	928	13582	2523	11059	57	15	42
33	2584	1426	1158	15666	3129	12537	55	13	42
34	2394	1328	1066	14200	3014	11186	45	12	33
35—39岁	**7862**	**4420**	**3442**	**43204**	**9785**	**33419**	**173**	**52**	**121**
35	1779	1011	768	9798	2106	7692	32	6	26
36	1439	836	603	7871	1710	6161	32	8	24
37	1442	815	627	7631	1638	5993	29	11	18
38	1702	937	765	9519	2290	7229	45	17	28
39	1500	821	679	8385	2041	6344	35	10	25
40—44岁	**8414**	**4396**	**4018**	**35666**	**9534**	**26132**	**279**	**64**	**215**
40	1280	673	607	6369	1575	4794	30	8	22
41	1514	804	710	6924	1745	5179	36	11	25
42	1575	831	744	6480	1689	4791	53	13	40
43	1858	971	887	7272	2061	5211	69	13	56
44	2187	1117	1070	8621	2464	6157	91	19	72
45—49岁	**11160**	**5580**	**5580**	**42828**	**13092**	**29736**	**1720**	**242**	**1478**
45	2409	1200	1209	9033	2637	6396	147	24	123
46	2414	1178	1236	9153	2817	6336	206	28	178
47	2062	1043	1019	8530	2572	5958	313	47	266
48	2007	1001	1006	8114	2486	5628	434	56	378
49	2268	1158	1110	7998	2580	5418	620	87	533
50—54岁	**10844**	**5513**	**5331**	**29303**	**9757**	**19546**	**6336**	**1036**	**5300**
50	2470	1237	1233	7266	2322	4944	859	112	747
51	2336	1232	1104	6258	1986	4272	1035	165	870
52	2373	1214	1159	6199	2056	4143	1374	203	1171
53	1751	867	884	4717	1632	3085	1337	229	1108
54	1914	963	951	4863	1761	3102	1731	327	1404
55—59岁	**8111**	**4158**	**3953**	**15781**	**6371**	**9410**	**7811**	**1707**	**6104**
55	1867	950	917	4352	1669	2683	1764	350	1414
56	2006	1078	928	4072	1610	2462	1879	392	1487
57	2274	1155	1119	4168	1800	2368	2141	476	1665
58	1307	682	625	2204	906	1298	1308	312	996
59	657	293	364	985	386	599	719	177	542
60—64岁	**6510**	**2962**	**3548**	**8959**	**4380**	**4579**	**6097**	**2106**	**3991**
60	868	396	472	1187	531	656	797	252	545
61	857	401	456	1277	639	638	787	294	493
62	1488	686	802	2185	1061	1124	1394	482	912
63	1553	701	852	2176	1084	1092	1558	524	1034
64	1744	778	966	2134	1065	1069	1561	554	1007
65岁及以上	**41567**	**23757**	**17810**	**23344**	**14287**	**9057**	**11951**	**4894**	**7057**

7–8c 续表 6　　　　　　单位：人

年 龄	为子女就学			养老/康养			其 他		
	小计	男	女	小计	男	女	小计	男	女
总 计	**20701**	**7124**	**13577**	**90412**	**47521**	**42891**	**411001**	**215703**	**195298**
0–4岁							**31660**	**16572**	**15088**
0							3991	2055	1936
1							6723	3557	3166
2							6686	3521	3165
3							7295	3821	3474
4							6965	3618	3347
5–9岁							**26490**	**13552**	**12938**
5							6618	3415	3203
6							5265	2663	2602
7							4875	2502	2373
8							4972	2528	2444
9							4760	2444	2316
10–14岁				**10**	**5**	**5**	**23075**	**11784**	**11291**
10							4707	2423	2284
11				3	1	2	4656	2389	2267
12				3	2	1	4745	2406	2339
13				4	2	2	4541	2347	2194
14							4426	2219	2207
15–19岁	**121**	**49**	**72**	**14**	**11**	**3**	**15560**	**8151**	**7409**
15	34	15	19	4	4		3137	1619	1518
16	30	10	20	6	5	1	2834	1449	1385
17	20	9	11	2	1	1	2765	1369	1396
18	17	8	9	1	1		3200	1726	1474
19	20	7	13	1		1	3624	1988	1636
20–24岁	**422**	**104**	**318**	**29**	**17**	**12**	**23573**	**13171**	**10402**
20	27	12	15	4	3	1	3950	2250	1700
21	57	19	38	2	1	1	4343	2446	1897
22	66	17	49	6	4	2	4951	2797	2154
23	109	20	89	7	4	3	5143	2862	2281
24	163	36	127	10	5	5	5186	2816	2370
25–29岁	**2067**	**477**	**1590**	**42**	**31**	**11**	**26463**	**14313**	**12150**
25	298	67	231	9	7	2	5796	3157	2639
26	332	76	256	6	3	3	5447	2947	2500
27	391	89	302	4	3	1	5291	2801	2490
28	487	108	379	11	10	1	4979	2693	2286
29	559	137	422	12	8	4	4950	2715	2235

7-8c　续表 7　　单位：人

年　龄	为子女就学			养老/康养			其　他		
	小计	男	女	小计	男	女	小计	男	女
30-34岁	**4153**	**1171**	**2982**	**50**	**31**	**19**	**28429**	**15421**	**13008**
30	726	174	552	12	9	3	5517	2992	2525
31	808	222	586	8	4	4	5279	2860	2419
32	768	218	550	13	7	6	5329	2893	2436
33	977	289	688	8	6	2	6242	3357	2885
34	874	268	606	9	5	4	6062	3319	2743
35-39岁	**3481**	**1211**	**2270**	**52**	**36**	**16**	**21001**	**11127**	**9874**
35	690	216	474	9	5	4	4484	2432	2052
36	631	220	411	7	6	1	3678	1977	1701
37	597	182	415	10	8	2	3832	2033	1799
38	825	307	518	14	10	4	4662	2449	2213
39	738	286	452	12	7	5	4345	2236	2109
40-44岁	**3356**	**1239**	**2117**	**111**	**64**	**47**	**24494**	**12332**	**12162**
40	640	237	403	14	9	5	3765	1902	1863
41	663	255	408	18	12	6	4434	2289	2145
42	645	216	429	26	16	10	4588	2259	2329
43	667	254	413	20	14	6	5265	2603	2662
44	741	277	464	33	13	20	6442	3279	3163
45-49岁	**3069**	**1157**	**1912**	**350**	**200**	**150**	**36415**	**18410**	**18005**
45	677	263	414	43	31	12	7079	3529	3550
46	721	270	451	56	34	22	7579	3800	3779
47	612	215	397	67	39	28	7045	3615	3430
48	574	222	352	82	45	37	7054	3599	3455
49	485	187	298	102	51	51	7658	3867	3791
50-54岁	**1751**	**722**	**1029**	**3336**	**1466**	**1870**	**35152**	**17942**	**17210**
50	471	179	292	436	207	229	7904	3994	3910
51	388	165	223	616	271	345	7226	3724	3502
52	349	149	200	729	296	433	7615	3920	3695
53	277	121	156	653	281	372	5865	3008	2857
54	266	108	158	902	411	491	6542	3296	3246
55-59岁	**932**	**376**	**556**	**5464**	**2406**	**3058**	**24588**	**12790**	**11798**
55	272	113	159	1059	444	615	5967	3120	2847
56	231	95	136	1278	569	709	6169	3251	2918
57	239	87	152	1602	744	858	6761	3587	3174
58	122	48	74	980	444	536	3756	1893	1863
59	68	33	35	545	205	340	1935	939	996
60-64岁	**466**	**202**	**264**	**8908**	**4621**	**4287**	**17120**	**8739**	**8381**
60	97	34	63	819	404	415	2176	1084	1092
61	92	48	44	1137	616	521	2470	1255	1215
62	79	35	44	2050	1076	974	3805	1985	1820
63	104	40	64	2373	1235	1138	4282	2133	2149
64	94	45	49	2529	1290	1239	4387	2282	2105
65岁及以上	**883**	**416**	**467**	**72046**	**38633**	**33413**	**76981**	**41399**	**35582**

7-9　全省按现住地、性别、迁移原因分的户口登记地在本省其他乡镇街道的人口

单位：人

现住地	合计			工作就业		
	合计	男	女	小计	男	女
全省	**25233163**	**12415382**	**12817781**	**8010071**	**4404519**	**3605552**
成都市	9228851	4626466	4602385	4159697	2293264	1866433
自贡市	677186	320091	357095	97347	51932	45415
攀枝花市	423396	224430	198966	160495	96065	64430
泸州市	899474	434121	465353	217393	114343	103050
德阳市	850668	415232	435436	218868	123070	95798
绵阳市	1447901	698924	748977	482373	257393	224980
广元市	511558	243700	267858	148029	79074	68955
遂宁市	808517	396658	411859	159414	88281	71133
内江市	745497	351391	394106	139106	74814	64292
乐山市	869017	418295	450722	196689	107287	89402
南充市	1552537	753384	799153	375121	201529	173592
眉山市	891813	430456	461357	173524	94611	78913
宜宾市	1085322	534120	551202	299945	168683	131262
广安市	711996	337294	374702	127895	68018	59877
达州市	1401965	700141	701824	368193	198602	169591
雅安市	339589	159695	179894	71848	40502	31346
巴中市	665607	325835	339772	143212	79195	64017
资阳市	518116	250138	267978	101402	53279	48123
阿坝藏族羌族自治州	161532	83262	78270	65105	38945	26160
甘孜藏族自治州	232334	119622	112712	80698	48969	31729
凉山彝族自治州	1210287	592127	618160	223717	126663	97054

7-9　续表 1

单位：人

现住地	学习培训			随同离开/投亲靠友			拆迁/搬家		
	小计	男	女	小计	男	女	小计	男	女
全省	**3190766**	**1560906**	**1629860**	**2606626**	**1215245**	**1391381**	**6292573**	**3130840**	**3161733**
成都市	995514	485709	509805	766037	355176	410861	1658244	814386	843858
自贡市	67627	31812	35815	85258	39589	45669	271952	133398	138554
攀枝花市	64714	35336	29378	50300	23195	27105	64561	32715	31846
泸州市	156674	76488	80186	90719	42447	48272	246366	122956	123410
德阳市	114519	59778	54741	86265	39115	47150	258187	124288	133899
绵阳市	242141	117876	124265	131648	60671	70977	305474	150348	155126
广元市	68755	33981	34774	75481	33866	41615	105498	52077	53421
遂宁市	75839	39146	36693	129322	59745	69577	297797	152198	145599
内江市	101869	43936	57933	108072	50098	57974	243779	120520	123259
乐山市	96692	46847	49845	90778	42564	48214	267652	132059	135593
南充市	237092	113227	123865	176507	82870	93637	468084	236745	231339
眉山市	111988	53524	58464	107723	51359	56364	297787	145626	152161
宜宾市	182976	93559	89417	115377	54147	61230	295701	147213	148488
广安市	90845	45070	45775	91640	43436	48204	241326	118590	122736
达州市	152657	74412	78245	181441	85320	96121	399693	206715	192978
雅安市	48233	22019	26214	38451	18304	20147	72943	36846	36097
巴中市	101333	51697	49636	67340	31353	35987	193117	97964	95153
资阳市	71839	38007	33832	65638	30829	34809	168386	82461	85925
阿坝藏族羌族自治州	27009	11064	15945	9705	4451	5254	16080	8081	7999
甘孜藏族自治州	36119	16266	19853	11975	5679	6296	43553	21940	21613
凉山彝族自治州	146331	71152	75179	126949	61031	65918	376393	193714	182679

7–9 续表 2

单位：人

现住地	寄挂户口			婚姻嫁娶			照料孙子女		
	小计	男	女	小计	男	女	小计	男	女
全省	**366843**	**194564**	**172279**	**974758**	**237772**	**736986**	**752923**	**234807**	**518116**
成都市	137120	73572	63548	299712	84483	215229	329955	102733	227222
自贡市	12854	6416	6438	27914	7390	20524	20091	6439	13652
攀枝花市	2971	1584	1387	17726	4622	13104	10165	3380	6785
泸州市	16931	8861	8070	34700	7094	27606	20647	6500	14147
德阳市	11756	6320	5436	46953	12816	34137	22616	6637	15979
绵阳市	15766	8394	7372	56085	14298	41787	48151	13897	34254
广元市	10081	5419	4662	21039	5159	15880	17112	4387	12725
遂宁市	9388	4798	4590	27269	4086	23183	21852	6959	14893
内江市	11151	5804	5347	30862	8589	22273	22676	7510	15166
乐山市	14597	7738	6859	54663	15453	39210	22335	6946	15389
南充市	15293	7923	7370	39400	7095	32305	52017	17479	34538
眉山市	15966	8464	7502	37960	10797	27163	20989	6169	14820
宜宾市	12753	6639	6114	57062	11053	46009	25908	7768	18140
广安市	6268	3304	2964	24260	3766	20494	24439	7601	16838
达州市	9759	5031	4728	28673	5281	23392	29275	10397	18878
雅安市	5628	2975	2653	42615	11895	30720	8500	2500	6000
巴中市	12219	6483	5736	20062	2862	17200	23141	7293	15848
资阳市	11329	5971	5358	15938	3242	12696	14515	4290	10225
阿坝藏族羌族自治州	2823	1518	1305	7890	2262	5628	3036	893	2143
甘孜藏族自治州	5173	2821	2352	6292	2368	3924	2761	914	1847
凉山彝族自治州	27017	14529	12488	77683	13161	64522	12742	4115	8627

7–9 续表 3

单位：人

现住地	为子女就学			养老/康养			其他		
	小计	男	女	小计	男	女	小计	男	女
全省	**316755**	**109274**	**207481**	**713449**	**315382**	**398067**	**2008399**	**1012073**	**996326**
成都市	61264	22890	38374	253188	109876	143312	568120	284377	283743
自贡市	8813	3034	5779	22206	9008	13198	63124	31073	32051
攀枝花市	6638	2533	4105	17188	8789	8399	28638	16211	12427
泸州市	9178	3296	5882	21074	9160	11914	85792	42976	42816
德阳市	7631	2607	5024	22344	9619	12725	61529	30982	30547
绵阳市	19784	5701	14083	44129	19429	24700	102350	50917	51433
广元市	9007	2023	6984	15574	7315	8259	40982	20399	20583
遂宁市	6981	2041	4940	25271	11268	14003	55384	28136	27248
内江市	11573	3811	7762	25499	10717	14782	50910	25592	25318
乐山市	17882	7027	10855	34336	15571	18765	73393	36803	36590
南充市	27179	7982	19197	57249	25674	31575	104595	52860	51735
眉山市	13071	4618	8453	19963	9078	10885	92842	46210	46632
宜宾市	11596	4157	7439	23946	10389	13557	60058	30512	29546
广安市	11152	2451	8701	25920	11358	14562	68251	33700	34551
达州市	19003	7533	11470	38853	17671	21182	174418	89179	85239
雅安市	7610	2858	4752	8208	3910	4298	35553	17886	17667
巴中市	19076	6237	12839	19640	9176	10464	66467	33575	32892
资阳市	9067	2483	6584	16117	7079	9038	43885	22497	21388
阿坝藏族羌族自治州	3241	1071	2170	2954	1389	1565	23689	13588	10101
甘孜藏族自治州	4381	1707	2674	3422	1549	1873	37960	17409	20551
凉山彝族自治州	32628	13214	19414	16368	7357	9011	170459	87191	83268

7-9a 全省按现住地、性别、迁移原因分的户口登记地在本省其他乡镇街道的人口(城市)

单位：人

现 住 地	合 计			工作就业		
	合计	男	女	小计	男	女
全省	**16159551**	**7943549**	**8216002**	**5812577**	**3136128**	**2676449**
成都市	7869746	3926859	3942887	3659882	1988843	1671039
自贡市	390091	186538	203553	53959	28709	25250
攀枝花市	317642	167337	150305	120386	70412	49974
泸州市	506373	244422	261951	128142	66547	61595
德阳市	576509	277247	299262	144825	78632	66193
绵阳市	920589	439754	480835	325668	168121	157547
广元市	256539	121316	135223	84408	43226	41182
遂宁市	589121	287799	301322	111567	61093	50474
内江市	420114	194475	225639	76283	39582	36701
乐山市	475920	226979	248941	117254	60862	56392
南充市	818267	391320	426947	182511	96119	86392
眉山市	402415	191912	210503	74760	39237	35523
宜宾市	631465	314356	317109	191619	105931	85688
广安市	258657	122763	135894	52661	27622	25039
达州市	735278	368406	366872	222508	118685	103823
雅安市	125776	58218	67558	30689	16123	14566
巴中市	284682	139648	145034	67814	36986	30828
资阳市	248768	123175	125593	50648	26585	24063
阿坝藏族羌族自治州	16474	7872	8602	5925	3073	2852
甘孜藏族自治州	22309	10973	11336	10561	5689	4872
凉山彝族自治州	292816	142180	150636	100507	54051	46456

7-9a 续表 1

单位：人

现 住 地	学习培训			随同离开/投亲靠友			拆迁/搬家		
	小计	男	女	小计	男	女	小计	男	女
全省	**1943273**	**941214**	**1002059**	**1590536**	**739029**	**851507**	**3970325**	**1963159**	**2007166**
成都市	799966	395041	404925	648130	299764	348366	1407259	689794	717465
自贡市	37079	18164	18915	44497	20858	23639	186211	91139	95072
攀枝花市	54174	29228	24946	34918	16040	18878	49359	24722	24637
泸州市	77958	36841	41117	52865	24612	28253	157077	78083	78994
德阳市	78639	40458	38181	51883	23275	28608	200799	95783	105016
绵阳市	164148	79584	84564	72443	33390	39053	200224	97879	102345
广元市	30273	14170	16103	39961	18128	21833	55744	27729	28015
遂宁市	53759	27209	26550	99397	45973	53424	227401	115972	111429
内江市	66030	26046	39984	62618	29078	33540	144981	71207	73774
乐山市	58185	27612	30573	45342	21073	24269	151799	74275	77524
南充市	130454	57128	73326	98599	46272	52327	287173	144979	142194
眉山市	30859	13374	17485	54147	25619	28528	168972	82194	86778
宜宾市	105742	54147	51595	64234	30322	33912	190607	94105	96502
广安市	34073	16170	17903	34926	16218	18708	97224	48046	49178
达州市	73976	35480	38496	88487	42194	46293	178548	93207	85341
雅安市	23970	9937	14033	10637	4907	5730	32474	15952	16522
巴中市	33662	17102	16560	31138	14242	16896	95740	49147	46593
资阳市	31559	17793	13766	31048	14893	16155	95217	46996	48221
阿坝藏族羌族自治州	3768	1409	2359	504	219	285	925	428	497
甘孜藏族自治州	4505	1941	2564	835	386	449	1078	529	549
凉山彝族自治州	50494	22380	28114	23927	11566	12361	41513	20993	20520

7–9a　续表 2　　单位：人

现住地	寄挂户口			婚姻嫁娶			照料孙子女		
	小计	男	女	小计	男	女	小计	男	女
全省	**170455**	**90298**	**80157**	**436336**	**110065**	**326271**	**550392**	**174015**	**376377**
成都市	109332	58336	50996	197625	54454	143171	310985	97226	213759
自贡市	2802	1485	1317	13746	3991	9755	12207	4048	8159
攀枝花市	1534	848	686	8988	2027	6961	8893	2969	5924
泸州市	5700	2991	2709	12852	3464	9388	12701	4132	8569
德阳市	4992	2644	2348	20526	5274	15252	18401	5387	13014
绵阳市	6617	3477	3140	25581	6470	19111	33993	10084	23909
广元市	2253	1228	1025	7944	1782	6162	8134	2249	5885
遂宁市	3690	1871	1819	19166	2988	16178	15392	5011	10381
内江市	2081	1079	1002	10501	3071	7430	13712	4644	9068
乐山市	5201	2778	2423	16725	4866	11859	14850	4827	10023
南充市	4652	2266	2386	19728	3964	15764	24247	8263	15984
眉山市	3297	1766	1531	9739	2670	7069	11020	3448	7572
宜宾市	3216	1662	1554	17095	3557	13538	15713	4886	10827
广安市	875	481	394	7276	1292	5984	9076	3085	5991
达州市	2619	1222	1397	13489	2335	11154	15851	5764	10087
雅安市	1308	681	627	7093	2001	5092	3966	1227	2739
巴中市	3041	1549	1492	7556	799	6757	9798	3135	6663
资阳市	2432	1280	1152	6040	1544	4496	6030	1897	4133
阿坝藏族羌族自治州	142	69	73	130	33	97	570	174	396
甘孜藏族自治州	326	180	146	464	161	303	523	158	365
凉山彝族自治州	4345	2405	1940	14072	3322	10750	4330	1401	2929

7–9a　续表 3　　单位：人

现住地	为子女就学			养老/康养			其　他		
	小计	男	女	小计	男	女	小计	男	女
全省	**158671**	**58178**	**100493**	**451901**	**193242**	**258659**	**1075085**	**538221**	**536864**
成都市	55574	20845	34729	217055	92558	124497	463938	229998	233940
自贡市	4030	1558	2472	10619	4146	6473	24941	12440	12501
攀枝花市	4872	1905	2967	15059	7776	7283	19459	11410	8049
泸州市	5148	2005	3143	12697	5182	7515	41233	20565	20668
德阳市	5843	2130	3713	15321	6289	9032	35280	17375	17905
绵阳市	13270	3931	9339	24191	10155	14036	54454	26663	27791
广元市	2714	674	2040	7006	3113	3893	18102	9017	9085
遂宁市	4350	1471	2879	16578	7082	9496	37821	19129	18692
内江市	7137	2556	4581	13773	5688	8085	22998	11524	11474
乐山市	8314	3290	5024	20747	8935	11812	37503	18461	19042
南充市	10836	3479	7357	20351	8783	11568	39716	20067	19649
眉山市	4672	1976	2696	7017	3018	3999	37932	18610	19322
宜宾市	5536	2125	3411	13753	5604	8149	23950	12017	11933
广安市	1957	468	1489	8372	3503	4869	12217	5878	6339
达州市	9372	4092	5280	22792	10096	12696	107636	55331	52305
雅安市	1711	647	1064	3405	1556	1849	10523	5187	5336
巴中市	5236	1885	3351	6353	2653	3700	24344	12150	12194
资阳市	2709	949	1760	6255	2559	3696	16830	8679	8151
阿坝藏族羌族自治州	327	106	221	324	133	191	3859	2228	1631
甘孜藏族自治州	328	99	229	394	161	233	3295	1669	1626
凉山彝族自治州	4735	1987	2748	9839	4252	5587	39054	19823	19231

7-9b 全省按现住地、性别、迁移原因分的户口登记地在本省其他乡镇街道的人口(镇)

单位：人

现住地	合计			工作就业		
	合计	男	女	小计	男	女
全省	**5901230**	**2848842**	**3052388**	**1315758**	**716904**	**598854**
成都市	478877	226426	252451	107655	59864	47791
自贡市	232097	108120	123977	36817	18993	17824
攀枝花市	65704	35011	30693	27319	16456	10863
泸州市	305805	147065	158740	69223	35757	33466
德阳市	165264	82595	82669	42937	24128	18809
绵阳市	289534	138857	150677	74326	39548	34778
广元市	189472	88057	101415	47496	25283	22213
遂宁市	177621	87492	90129	39828	22055	17773
内江市	264479	127716	136763	55421	30547	24874
乐山市	272634	131047	141587	57457	31835	25622
南充市	574037	280035	294002	153478	82305	71173
眉山市	325663	156995	168668	66881	35674	31207
宜宾市	327798	159618	168180	79621	44464	35157
广安市	350141	164145	185996	52366	27512	24854
达州市	491468	243675	247793	88817	47744	41073
雅安市	141870	67227	74643	31157	17246	13911
巴中市	293160	140898	152262	60214	32862	27352
资阳市	218794	101802	116992	44282	22822	21460
阿坝藏族羌族自治州	99406	49555	49851	40677	22523	18154
甘孜藏族自治州	133647	65166	68481	44557	25519	19038
凉山彝族自治州	503759	247340	256419	95229	53767	41462

7-9b 续表 1

单位：人

现住地	学习培训			随同离开/投亲靠友			拆迁/搬家		
	小计	男	女	小计	男	女	小计	男	女
全省	**943390**	**471248**	**472142**	**704080**	**326772**	**377308**	**1627633**	**812348**	**815285**
成都市	95033	40328	54705	44511	20499	24012	137072	66956	70116
自贡市	28158	12510	15648	33498	15525	17973	75905	37257	38648
攀枝花市	9372	5359	4013	9652	4435	5217	7895	4027	3868
泸州市	74164	37325	36839	29351	13799	15552	73533	36753	36780
德阳市	29814	16248	13566	19804	8870	10934	40181	19897	20284
绵阳市	53616	27396	26220	31970	14436	17534	65750	32703	33047
广元市	35164	18076	17088	29380	12864	16516	35855	17386	18469
遂宁市	19476	10561	8915	26560	12183	14377	59430	30654	28776
内江市	32667	16083	16584	37685	17370	20315	86927	43230	43697
乐山市	30002	15098	14904	29336	13620	15716	93316	46104	47212
南充市	84118	44491	39627	63538	29721	33817	142241	71959	70282
眉山市	53342	27574	25768	38160	18216	19944	93586	45770	47816
宜宾市	65893	33712	32181	36751	17097	19654	79138	39960	39178
广安市	48980	24991	23989	43824	21068	22756	117030	56814	60216
达州市	53142	28070	25072	73102	33744	39358	188919	96596	92323
雅安市	16763	8176	8587	18488	8758	9730	29128	14890	14238
巴中市	53073	26695	26378	29799	13962	15837	79580	39795	39785
资阳市	37439	18834	18605	30643	14037	16606	61186	29319	31867
阿坝藏族羌族自治州	15250	6683	8567	7477	3371	4106	10210	5113	5097
甘孜藏族自治州	24451	10628	13823	7775	3644	4131	26241	13021	13220
凉山彝族自治州	83473	42410	41063	62776	29553	33223	124510	64144	60366

7–9b　续表 2　　　　单位：人

现 住 地	寄挂户口			婚姻嫁娶			照料孙子女		
	小计	男	女	小计	男	女	小计	男	女
全省	**53046**	**27975**	**25071**	**218046**	**45197**	**172849**	**171060**	**51547**	**119513**
成都市	4944	2740	2204	24207	6464	17743	10225	3157	7068
自贡市	3109	1627	1482	6938	1629	5309	7400	2249	5151
攀枝花市	424	208	216	2508	714	1794	1040	329	711
泸州市	3292	1693	1599	10941	1778	9163	7494	2216	5278
德阳市	1752	924	828	8480	2355	6125	3266	951	2315
绵阳市	1778	952	826	10388	1896	8492	9340	2560	6780
广元市	2063	1096	967	6703	1306	5397	8084	1909	6175
遂宁市	1023	534	489	4906	524	4382	6197	1865	4332
内江市	3174	1690	1484	9561	2520	7041	8448	2708	5740
乐山市	2436	1301	1135	14873	3379	11494	6857	1951	4906
南充市	2232	1192	1040	11632	1376	10256	24852	8296	16556
眉山市	3726	1957	1769	12076	3157	8919	8625	2326	6299
宜宾市	3188	1628	1560	18618	3656	14962	8871	2499	6372
广安市	1529	788	741	9678	1090	8588	13145	3846	9299
达州市	3454	1803	1651	9003	1515	7488	11448	3894	7554
雅安市	1565	824	741	14503	4080	10423	4139	1138	3001
巴中市	2206	1148	1058	7279	857	6422	11571	3619	7952
资阳市	1983	1019	964	5609	780	4829	8160	2306	5854
阿坝藏族羌族自治州	1104	607	497	3620	998	2622	2349	683	1666
甘孜藏族自治州	1415	757	658	2301	780	1521	1883	629	1254
凉山彝族自治州	6649	3487	3162	24222	4343	19879	7666	2416	5250

7–9b　续表 3　　　　单位：人

现 住 地	为子女就学			养老/康养			其　他		
	小计	男	女	小计	男	女	小计	男	女
全省	**138386**	**44171**	**94215**	**178015**	**78543**	**99472**	**551816**	**274137**	**277679**
成都市	3746	1422	2324	13020	5953	7067	38464	19043	19421
自贡市	4579	1432	3147	8751	3710	5041	26942	13188	13754
攀枝花市	1443	497	946	1438	647	791	4613	2339	2274
泸州市	3763	1201	2562	6254	2761	3493	27790	13782	14008
德阳市	1454	354	1100	4363	1979	2384	13213	6889	6324
绵阳市	4367	1173	3194	12573	5623	6950	25426	12570	12856
广元市	5805	1244	4561	6127	2744	3383	12795	6149	6646
遂宁市	2546	551	1995	6679	3013	3666	10976	5552	5424
内江市	4271	1218	3053	9058	3801	5257	17267	8549	8718
乐山市	8765	3396	5369	9328	4204	5124	20264	10159	10105
南充市	14952	4104	10848	29662	13010	16652	47332	23581	23751
眉山市	7352	2314	5038	8904	3886	5018	33011	16121	16890
宜宾市	5205	1744	3461	7376	3182	4194	23137	11676	11461
广安市	8264	1826	6438	13081	5663	7418	42244	20547	21697
达州市	8575	3021	5554	10818	4804	6014	44190	22484	21706
雅安市	5549	2063	3486	3557	1527	2030	17021	8525	8496
巴中市	12127	3872	8255	8810	3934	4876	28501	14154	14347
资阳市	6122	1495	4627	8065	3559	4506	15305	7631	7674
阿坝藏族羌族自治州	2815	934	1881	2190	955	1235	13714	7688	6026
甘孜藏族自治州	2508	931	1577	2477	1116	1361	20039	8141	11898
凉山彝族自治州	24178	9379	14799	5484	2472	3012	69572	35369	34203

7-9c 全省按现住地、性别、迁移原因分的户口登记地在本省其他乡镇街道的人口(乡村)

单位：人

现住地	合计			工作就业		
	合计	男	女	小计	男	女
全省	**3172382**	**1622991**	**1549391**	**881736**	**551487**	**330249**
成都市	880228	473181	407047	392160	244557	147603
自贡市	54998	25433	29565	6571	4230	2341
攀枝花市	40050	22082	17968	12790	9197	3593
泸州市	87296	42634	44662	20028	12039	7989
德阳市	108895	55390	53505	31106	20310	10796
绵阳市	237778	120313	117465	82379	49724	32655
广元市	65547	34327	31220	16125	10565	5560
遂宁市	41775	21367	20408	8019	5133	2886
内江市	60904	29200	31704	7402	4685	2717
乐山市	120463	60269	60194	21978	14590	7388
南充市	160233	82029	78204	39132	23105	16027
眉山市	163735	81549	82186	31883	19700	12183
宜宾市	126059	60146	65913	28705	18288	10417
广安市	103198	50386	52812	22868	12884	9984
达州市	175219	88060	87159	56868	32173	24695
雅安市	71943	34250	37693	10002	7133	2869
巴中市	87765	45289	42476	15184	9347	5837
资阳市	50554	25161	25393	6472	3872	2600
阿坝藏族羌族自治州	45652	25835	19817	18503	13349	5154
甘孜藏族自治州	76378	43483	32895	25580	17761	7819
凉山彝族自治州	413712	202607	211105	27981	18845	9136

7-9c 续表 1

单位：人

现住地	学习培训			随同离开/投亲靠友			拆迁/搬家		
	小计	男	女	小计	男	女	小计	男	女
全省	**304103**	**148444**	**155659**	**312010**	**149444**	**162566**	**694615**	**355333**	**339282**
成都市	100515	50340	50175	73396	34913	38483	113913	57636	56277
自贡市	2390	1138	1252	7263	3206	4057	9836	5002	4834
攀枝花市	1168	749	419	5730	2720	3010	7307	3966	3341
泸州市	4552	2322	2230	8503	4036	4467	15756	8120	7636
德阳市	6066	3072	2994	14578	6970	7608	17207	8608	8599
绵阳市	24377	10896	13481	27235	12845	14390	39500	19766	19734
广元市	3318	1735	1583	6140	2874	3266	13899	6962	6937
遂宁市	2604	1376	1228	3365	1589	1776	10966	5572	5394
内江市	3172	1807	1365	7769	3650	4119	11871	6083	5788
乐山市	8505	4137	4368	16100	7871	8229	22537	11680	10857
南充市	22520	11608	10912	14370	6877	7493	38670	19807	18863
眉山市	27787	12576	15211	15416	7524	7892	35229	17662	17567
宜宾市	11341	5700	5641	14392	6728	7664	25956	13148	12808
广安市	7792	3909	3883	12890	6150	6740	27072	13730	13342
达州市	25539	10862	14677	19852	9382	10470	32226	16912	15314
雅安市	7500	3906	3594	9326	4639	4687	11341	6004	5337
巴中市	14598	7900	6698	6403	3149	3254	17797	9022	8775
资阳市	2841	1380	1461	3947	1899	2048	11983	6146	5837
阿坝藏族羌族自治州	7991	2972	5019	1724	861	863	4945	2540	2405
甘孜藏族自治州	7163	3697	3466	3365	1649	1716	16234	8390	7844
凉山彝族自治州	12364	6362	6002	40246	19912	20334	210370	108577	101793

7-9c 续表 2

单位：人

现住地	寄挂户口			婚姻嫁娶			照料孙子女		
	小计	男	女	小计	男	女	小计	男	女
全省	**143342**	**76291**	**67051**	**320376**	**82510**	**237866**	**31471**	**9245**	**22226**
成都市	22844	12496	10348	77880	23565	54315	8745	2350	6395
自贡市	6943	3304	3639	7230	1770	5460	484	142	342
攀枝花市	1013	528	485	6230	1881	4349	232	82	150
泸州市	7939	4177	3762	10907	1852	9055	452	152	300
德阳市	5012	2752	2260	17947	5187	12760	949	299	650
绵阳市	7371	3965	3406	20116	5932	14184	4818	1253	3565
广元市	5765	3095	2670	6392	2071	4321	894	229	665
遂宁市	4675	2393	2282	3197	574	2623	263	83	180
内江市	5896	3035	2861	10800	2998	7802	516	158	358
乐山市	6960	3659	3301	23065	7208	15857	628	168	460
南充市	8409	4465	3944	8040	1755	6285	2918	920	1998
眉山市	8943	4741	4202	16145	4970	11175	1344	395	949
宜宾市	6349	3349	3000	21349	3840	17509	1324	383	941
广安市	3864	2035	1829	7306	1384	5922	2218	670	1548
达州市	3686	2006	1680	6181	1431	4750	1976	739	1237
雅安市	2755	1470	1285	21019	5814	15205	395	135	260
巴中市	6972	3786	3186	5227	1206	4021	1772	539	1233
资阳市	6914	3672	3242	4289	918	3371	325	87	238
阿坝藏族羌族自治州	1577	842	735	4140	1231	2909	117	36	81
甘孜藏族自治州	3432	1884	1548	3527	1427	2100	355	127	228
凉山彝族自治州	16023	8637	7386	39389	5496	33893	746	298	448

7-9c 续表 3

单位：人

现住地	为子女就学			养老/康养			其　他		
	小计	男	女	小计	男	女	小计	男	女
全省	**19698**	**6925**	**12773**	**83533**	**43597**	**39936**	**381498**	**199715**	**181783**
成都市	1944	623	1321	23113	11365	11748	65718	35336	30382
自贡市	204	44	160	2836	1152	1684	11241	5445	5796
攀枝花市	323	131	192	691	366	325	4566	2462	2104
泸州市	267	90	177	2123	1217	906	16769	8629	8140
德阳市	334	123	211	2660	1351	1309	13036	6718	6318
绵阳市	2147	597	1550	7365	3651	3714	22470	11684	10786
广元市	488	105	383	2441	1458	983	10085	5233	4852
遂宁市	85	19	66	2014	1173	841	6587	3455	3132
内江市	165	37	128	2668	1228	1440	10645	5519	5126
乐山市	803	341	462	4261	2432	1829	15626	8183	7443
南充市	1391	399	992	7236	3881	3355	17547	9212	8335
眉山市	1047	328	719	4042	2174	1868	21899	11479	10420
宜宾市	855	288	567	2817	1603	1214	12971	6819	6152
广安市	931	157	774	4467	2192	2275	13790	7275	6515
达州市	1056	420	636	5243	2771	2472	22592	11364	11228
雅安市	350	148	202	1246	827	419	8009	4174	3835
巴中市	1713	480	1233	4477	2589	1888	13622	7271	6351
资阳市	236	39	197	1797	961	836	11750	6187	5563
阿坝藏族羌族自治州	99	31	68	440	301	139	6116	3672	2444
甘孜藏族自治州	1545	677	868	551	272	279	14626	7599	7027
凉山彝族自治州	3715	1848	1867	1045	633	412	61833	31999	29834

7-10 全省按现住地、性别、迁移原因分的户口登记地在外省的人口

单位：人

现住地	合计			工作就业		
	合计	男	女	小计	男	女
全省	**2590041**	**1413237**	**1176804**	**1287789**	**823388**	**464401**
成都市	1493581	834838	658743	808592	507730	300862
自贡市	34073	16593	17480	11984	7714	4270
攀枝花市	48650	27149	21501	24466	15710	8756
泸州市	77830	36613	41217	29031	18272	10759
德阳市	80239	46861	33378	32258	21441	10817
绵阳市	135951	73414	62537	59689	38146	21543
广元市	41439	22695	18744	19359	12816	6543
遂宁市	43765	21995	21770	16786	10629	6157
内江市	48829	23102	25727	15826	10296	5530
乐山市	48697	27044	21653	20925	14548	6377
南充市	83697	41007	42690	33756	20076	13680
眉山市	44020	23088	20932	15719	10341	5378
宜宾市	92239	46539	45700	43339	29434	13905
广安市	48552	21326	27226	16859	10019	6840
达州市	92739	48277	44462	44292	27826	16466
雅安市	21482	11546	9936	8536	6124	2412
巴中市	28096	14919	13177	13000	9052	3948
资阳市	26342	12504	13838	10043	6349	3694
阿坝藏族羌族自治州	17337	12330	5007	12979	10067	2912
甘孜藏族自治州	27167	18143	9024	18157	13741	4416
凉山彝族自治州	55316	33254	22062	32193	23057	9136

7-10 续表 1

单位：人

现住地	学习培训			随同离开/投亲靠友			拆迁/搬家		
	小计	男	女	小计	男	女	小计	男	女
全省	**391616**	**204536**	**187080**	**232366**	**109804**	**122562**	**178626**	**91777**	**86849**
成都市	260008	136378	123630	115799	54713	61086	78004	41317	36687
自贡市	3573	1688	1885	4511	2209	2302	4191	2109	2082
攀枝花市	4306	2449	1857	5928	2684	3244	2932	1535	1397
泸州市	8315	3649	4666	8836	4136	4700	8384	4173	4211
德阳市	15225	10690	4535	8228	3992	4236	7905	4075	3830
绵阳市	29534	15265	14269	11335	5441	5894	8607	4415	4192
广元市	5101	3045	2056	4912	2352	2560	2577	1339	1238
遂宁市	3181	1499	1682	6136	2877	3259	6394	3272	3122
内江市	6165	2778	3387	7257	3404	3853	6195	3027	3168
乐山市	6098	3391	2707	5310	2528	2782	4374	2257	2117
南充市	13269	6132	7137	8465	4017	4448	9169	4461	4708
眉山市	6841	3261	3580	5182	2527	2655	5942	3123	2819
宜宾市	8848	4313	4535	9532	4402	5130	6764	3312	3452
广安市	2926	1350	1576	6479	3001	3478	7337	3394	3943
达州市	5694	2400	3294	9328	4336	4992	9913	4800	5113
雅安市	4295	2045	2250	2030	978	1052	1010	547	463
巴中市	1777	813	964	2820	1377	1443	2329	1220	1109
资阳市	1812	919	893	3417	1589	1828	3036	1474	1562
阿坝藏族羌族自治州	755	337	418	728	343	385	213	115	98
甘孜藏族自治州	1351	792	559	1155	559	596	1120	584	536
凉山彝族自治州	2542	1342	1200	4978	2339	2639	2230	1228	1002

7–10　续表 2

单位：人

现住地	寄挂户口			婚姻嫁娶			照料孙子女		
	小计	男	女	小计	男	女	小计	男	女
全省	**11348**	**6131**	**5217**	**172911**	**34141**	**138770**	**88710**	**30327**	**58383**
成都市	4290	2329	1961	46534	13398	33136	69035	23857	45178
自贡市	300	157	143	5425	899	4526	595	192	403
攀枝花市	227	115	112	3469	737	2732	1322	481	841
泸州市	964	469	495	12690	1584	11106	1156	357	799
德阳市	351	209	142	5872	1533	4339	2119	710	1409
绵阳市	611	358	253	8892	1835	7057	4376	1495	2881
广元市	336	191	145	4692	866	3826	686	202	484
遂宁市	417	240	177	5373	851	4522	852	270	582
内江市	450	229	221	8140	1263	6877	749	241	508
乐山市	215	117	98	6226	1473	4753	1047	365	682
南充市	643	377	266	8682	1194	7488	1181	395	786
眉山市	230	128	102	5142	1284	3858	756	252	504
宜宾市	526	260	266	16333	1863	14470	1286	382	904
广安市	412	215	197	8513	909	7604	775	250	525
达州市	468	242	226	7558	1010	6548	775	253	522
雅安市	107	61	46	3363	747	2616	411	129	282
巴中市	235	150	85	4506	577	3929	375	119	256
资阳市	246	118	128	4344	491	3853	530	167	363
阿坝藏族羌族自治州	54	35	19	658	198	460	103	33	70
甘孜藏族自治州	33	19	14	607	210	397	64	20	44
凉山彝族自治州	233	112	121	5892	1219	4673	517	157	360

7–10　续表 3

单位：人

现住地	为子女就学			养老/康养			其　他		
	小计	男	女	小计	男	女	小计	男	女
全省	**13833**	**3792**	**10041**	**67694**	**33003**	**34691**	**145148**	**76338**	**68810**
成都市	5841	1974	3867	44733	20677	24056	60745	32465	28280
自贡市	290	56	234	580	324	256	2624	1245	1379
攀枝花市	278	85	193	2140	1223	917	3582	2130	1452
泸州市	457	89	368	1161	634	527	6836	3250	3586
德阳市	326	84	242	3749	1887	1862	4206	2240	1966
绵阳市	1290	324	966	3614	1847	1767	8003	4288	3715
广元市	331	61	270	724	412	312	2721	1411	1310
遂宁市	318	53	265	1136	638	498	3172	1666	1506
内江市	405	82	323	909	459	450	2733	1323	1410
乐山市	362	107	255	1260	673	587	2880	1585	1295
南充市	783	174	609	1874	1114	760	5875	3067	2808
眉山市	271	83	188	839	448	391	3098	1641	1457
宜宾市	573	118	455	905	491	414	4133	1964	2169
广安市	598	92	506	1106	562	544	3547	1534	2013
达州市	701	183	518	951	475	476	13059	6752	6307
雅安市	86	22	64	297	165	132	1347	728	619
巴中市	311	53	258	502	355	147	2241	1203	1038
资阳市	294	57	237	689	392	297	1931	948	983
阿坝藏族羌族自治州	62	15	47	38	19	19	1747	1168	579
甘孜藏族自治州	53	21	32	45	13	32	4582	2184	2398
凉山彝族自治州	203	59	144	442	195	247	6086	3546	2540

7-10a 全省按现住地、性别、迁移原因分的户口登记地在外省的人口(城市)

单位：人

现住地	合计			工作就业		
	合计	男	女	小计	男	女
全省	**1792904**	**984994**	**807910**	**918534**	**570875**	**347659**
成都市	1306466	726635	579831	712528	442537	269991
自贡市	17752	9528	8224	6795	4433	2362
攀枝花市	37656	20859	16797	18873	11765	7108
泸州市	28297	14802	13495	12223	7570	4653
德阳市	44316	24323	19993	17719	11444	6275
绵阳市	72561	38249	34312	33870	20201	13669
广元市	17158	8791	8367	7498	4390	3108
遂宁市	28071	14437	13634	10559	6558	4001
内江市	22053	10772	11281	6570	3984	2586
乐山市	25292	14151	11141	9588	6205	3383
南充市	44089	22213	21876	16448	9912	6536
眉山市	19841	10568	9273	6649	4251	2398
宜宾市	36599	19719	16880	17815	11414	6401
广安市	13343	6319	7024	4928	2772	2156
达州市	30137	15584	14553	11840	7017	4823
雅安市	9886	5247	4639	3290	2157	1133
巴中市	9102	5273	3829	4627	3314	1313
资阳市	8097	4176	3921	3363	2067	1296
阿坝藏族羌族自治州	609	425	184	274	188	86
甘孜藏族自治州	1800	1250	550	1352	1002	350
凉山彝族自治州	19779	11673	8106	11725	7694	4031

7-10a 续表 1

单位：人

现住地	学习培训			随同离开/投亲靠友			拆迁/搬家		
	小计	男	女	小计	男	女	小计	男	女
全省	**289665**	**150833**	**138832**	**152593**	**72132**	**80461**	**129714**	**67485**	**62229**
成都市	219398	116388	103010	100834	47478	53356	69970	37110	32860
自贡市	2607	1243	1364	1923	993	930	2792	1423	1369
攀枝花市	3911	2214	1697	4570	2086	2484	2247	1157	1090
泸州市	3521	1563	1958	2926	1377	1549	4049	2053	1996
德阳市	5652	3150	2502	4396	2107	2289	6440	3306	3134
绵阳市	11476	5933	5543	6232	2988	3244	6293	3233	3060
广元市	2475	1160	1315	2363	1133	1230	1571	826	745
遂宁市	2036	927	1109	4141	1965	2176	5162	2653	2509
内江市	4502	1983	2519	3025	1445	1580	3878	1887	1991
乐山市	5011	2849	2162	2733	1294	1439	2813	1500	1313
南充市	9282	4149	5133	4174	1987	2187	6584	3252	3332
眉山市	3100	1357	1743	2528	1216	1312	3894	2090	1804
宜宾市	6125	2952	3173	3296	1547	1749	3898	1944	1954
广安市	1107	467	640	1783	853	930	2841	1343	1498
达州市	2760	1194	1566	3166	1548	1618	3888	1930	1958
雅安市	3885	1837	2048	680	339	341	451	245	206
巴中市	538	262	276	907	426	481	973	526	447
资阳市	488	263	225	970	445	525	1434	708	726
阿坝藏族羌族自治州	18	9	9	18	5	13	1	1	
甘孜藏族自治州	63	34	29	62	31	31	20	9	11
凉山彝族自治州	1710	899	811	1866	869	997	515	289	226

7-10a　续表 2　　　　单位：人

现住地	寄挂户口			婚姻嫁娶			照料孙子女		
	小计	男	女	小计	男	女	小计	男	女
全省	**5607**	**3042**	**2565**	**66754**	**18488**	**48266**	**80827**	**27972**	**52855**
成都市	3777	2029	1748	35130	10032	25098	66589	23114	43475
自贡市	94	49	45	1608	488	1120	458	157	301
攀枝花市	145	72	73	1896	321	1575	1205	437	768
泸州市	165	88	77	2009	590	1419	737	241	496
德阳市	133	70	63	2171	683	1488	1832	622	1210
绵阳市	211	123	88	3374	889	2485	3511	1227	2284
广元市	79	45	34	1291	347	944	433	136	297
遂宁市	183	110	73	2625	610	2015	612	191	421
内江市	97	52	45	1979	528	1451	450	151	299
乐山市	72	39	33	1760	670	1090	810	291	519
南充市	170	90	80	3069	665	2404	831	288	543
眉山市	60	36	24	1149	440	709	514	165	349
宜宾市	102	60	42	2560	602	1958	857	276	581
广安市	55	28	27	1306	301	1005	330	112	218
达州市	88	49	39	1563	379	1184	453	158	295
雅安市	33	17	16	553	191	362	309	96	213
巴中市	42	26	16	933	180	753	205	80	125
资阳市	42	25	17	742	198	544	300	102	198
阿坝藏族羌族自治州	2	1	1	14	6	8	7	1	6
甘孜藏族自治州	7	4	3	41	17	24	17	5	12
凉山彝族自治州	50	29	21	981	351	630	367	122	245

7-10a　续表 3　　　　单位：人

现住地	为子女就学			养老/康养			其　他		
	小计	男	女	小计	男	女	小计	男	女
全省	**9340**	**2982**	**6358**	**54420**	**25654**	**28766**	**85450**	**45531**	**39919**
成都市	5494	1869	3625	40378	18527	21851	52368	27551	24817
自贡市	115	36	79	274	152	122	1086	554	532
攀枝花市	244	72	172	1983	1164	819	2582	1571	1011
泸州市	170	51	119	535	254	281	1962	1015	947
德阳市	261	72	189	3269	1570	1699	2443	1299	1144
绵阳市	1001	256	745	2503	1224	1279	4090	2175	1915
广元市	147	38	109	327	161	166	974	555	419
遂宁市	174	40	134	660	347	313	1919	1036	883
内江市	179	48	131	460	224	236	913	470	443
乐山市	208	77	131	906	456	450	1391	770	621
南充市	395	126	269	699	376	323	2437	1368	1069
眉山市	124	56	68	470	236	234	1353	721	632
宜宾市	223	55	168	467	230	237	1256	639	617
广安市	60	14	46	254	122	132	679	307	372
达州市	296	94	202	417	204	213	5666	3011	2655
雅安市	36	12	24	173	97	76	476	256	220
巴中市	80	21	59	139	89	50	658	349	309
资阳市	71	22	49	171	80	91	516	266	250
阿坝藏族羌族自治州	1	1		4	1	3	270	212	58
甘孜藏族自治州	8	2	6	10	2	8	220	144	76
凉山彝族自治州	53	20	33	321	138	183	2191	1262	929

7－10b 全省按现住地、性别、迁移原因分的户口登记地在外省的人口(镇)

单位：人

现住地	合计			工作就业		
	合计	男	女	小计	男	女
全省	**361113**	**186061**	**175052**	**145050**	**91074**	**53976**
成都市	51426	26885	24541	16941	10830	6111
自贡市	9366	4165	5201	3005	1664	1341
攀枝花市	5204	3085	2119	3073	2093	980
泸州市	26597	12117	14480	9048	5375	3673
德阳市	20073	13387	6686	5985	3905	2080
绵阳市	29076	15108	13968	6582	4010	2572
广元市	11768	6406	5362	4769	3011	1758
遂宁市	7606	3507	4099	2778	1607	1171
内江市	14489	7090	7399	5633	3613	2020
乐山市	11200	5845	5355	4799	3206	1593
南充市	20302	9083	11219	8756	4526	4230
眉山市	11433	5921	5512	4352	2752	1600
宜宾市	24591	12162	12429	11463	7598	3865
广安市	19691	8731	10960	6348	3780	2568
达州市	33342	16241	17101	16060	9186	6874
雅安市	5468	3024	2444	2590	1802	788
巴中市	10685	5197	5488	4644	2950	1694
资阳市	9688	4412	5276	3420	1982	1438
阿坝藏族羌族自治州	7759	4934	2825	5646	3845	1801
甘孜藏族自治州	13151	7522	5629	7807	5144	2663
凉山彝族自治州	18198	11239	6959	11351	8195	3156

7－10b 续表 1

单位：人

现住地	学习培训			随同离开/投亲靠友			拆迁/搬家		
	小计	男	女	小计	男	女	小计	男	女
全省	**61347**	**33338**	**28009**	**37967**	**17915**	**20052**	**32283**	**15773**	**16510**
成都市	17645	8294	9351	4162	1983	2179	4213	2211	2002
自贡市	703	316	387	1496	710	786	1148	568	580
攀枝花市	236	138	98	666	295	371	248	149	99
泸州市	3584	1507	2077	3042	1456	1586	3351	1619	1732
德阳市	8911	7131	1780	1699	848	851	986	523	463
绵阳市	14740	7752	6988	1927	962	965	1181	613	568
广元市	2070	1507	563	1495	699	796	664	329	335
遂宁市	780	378	402	1007	442	565	804	399	405
内江市	1011	480	531	2131	980	1151	1872	911	961
乐山市	701	355	346	1283	620	663	1326	626	700
南充市	1611	835	776	2456	1170	1286	1811	833	978
眉山市	1488	769	719	1344	678	666	1270	620	650
宜宾市	1557	759	798	2787	1293	1494	1809	851	958
广安市	1275	620	655	2618	1216	1402	3433	1541	1892
达州市	1472	719	753	3947	1767	2180	4222	1952	2270
雅安市	206	107	99	678	332	346	318	169	149
巴中市	854	363	491	1093	530	563	995	513	482
资阳市	853	422	431	1335	629	706	1263	597	666
阿坝藏族羌族自治州	282	147	135	462	212	250	91	49	42
甘孜藏族自治州	833	451	382	663	316	347	568	312	256
凉山彝族自治州	535	288	247	1676	777	899	710	388	322

7-10b　续表 2

单位：人

现住地	寄挂户口			婚姻嫁娶			照料孙子女		
	小计	男	女	小计	男	女	小计	男	女
全省	**1585**	**827**	**758**	**38164**	**6858**	**31306**	**4637**	**1421**	**3216**
成都市	122	66	56	2906	893	2013	1011	325	686
自贡市	57	34	23	1434	254	1180	101	24	77
攀枝花市	19	9	10	336	101	235	95	35	60
泸州市	280	145	135	3849	525	3324	324	89	235
德阳市	64	44	20	1191	299	892	147	41	106
绵阳市	94	48	46	1755	327	1428	397	131	266
广元市	65	31	34	1363	250	1113	165	44	121
遂宁市	54	33	21	1066	130	936	180	65	115
内江市	125	62	63	2115	383	1732	214	65	149
乐山市	49	25	24	1737	391	1346	175	58	117
南充市	65	38	27	2479	296	2183	246	76	170
眉山市	46	25	21	1561	431	1130	161	58	103
宜宾市	115	54	61	4528	626	3902	279	65	214
广安市	117	60	57	2953	371	2582	310	94	216
达州市	107	49	58	2523	333	2190	216	69	147
雅安市	30	20	10	945	259	686	87	29	58
巴中市	47	23	24	1769	220	1549	128	34	94
资阳市	56	24	32	1418	174	1244	163	52	111
阿坝藏族羌族自治州	20	15	5	318	103	215	80	26	54
甘孜藏族自治州	7	5	2	191	74	117	43	14	29
凉山彝族自治州	46	17	29	1727	418	1309	115	27	88

7-10b　续表 3

单位：人

现住地	为子女就学			养老/康养			其　他		
	小计	男	女	小计	男	女	小计	男	女
全省	**3490**	**611**	**2879**	**6395**	**3425**	**2970**	**30195**	**14819**	**15376**
成都市	127	50	77	1664	807	857	2635	1426	1209
自贡市	162	20	142	222	123	99	1038	452	586
攀枝花市	24	8	16	111	39	72	396	218	178
泸州市	241	29	212	359	219	140	2519	1153	1366
德阳市	44	7	37	248	161	87	798	428	370
绵阳市	139	31	108	496	263	233	1765	971	794
广元市	151	17	134	188	113	75	838	405	433
遂宁市	119	7	112	225	121	104	593	325	268
内江市	205	29	176	261	141	120	922	426	496
乐山市	139	29	110	233	135	98	758	400	358
南充市	329	44	285	560	315	245	1989	950	1039
眉山市	127	24	103	206	118	88	878	446	432
宜宾市	269	51	218	269	158	111	1515	707	808
广安市	447	71	376	441	223	218	1749	755	994
达州市	348	73	275	305	151	154	4142	1942	2200
雅安市	46	8	38	87	44	43	481	254	227
巴中市	179	28	151	128	85	43	848	451	397
资阳市	195	31	164	261	148	113	724	353	371
阿坝藏族羌族自治州	50	13	37	22	12	10	788	512	276
甘孜藏族自治州	34	15	19	25	9	16	2980	1182	1798
凉山彝族自治州	115	26	89	84	40	44	1839	1063	776

7-10c 全省按现住地、性别、迁移原因分的户口登记地在外省的人口(乡村)

单位：人

现住地	合计			工作就业		
	合计	男	女	小计	男	女
全省	**436024**	**242182**	**193842**	**224205**	**161439**	**62766**
成都市	135689	81318	54371	79123	54363	24760
自贡市	6955	2900	4055	2184	1617	567
攀枝花市	5790	3205	2585	2520	1852	668
泸州市	22936	9694	13242	7760	5327	2433
德阳市	15850	9151	6699	8554	6092	2462
绵阳市	34314	20057	14257	19237	13935	5302
广元市	12513	7498	5015	7092	5415	1677
遂宁市	8088	4051	4037	3449	2464	985
内江市	12287	5240	7047	3623	2699	924
乐山市	12205	7048	5157	6538	5137	1401
南充市	19306	9711	9595	8552	5638	2914
眉山市	12746	6599	6147	4718	3338	1380
宜宾市	31049	14658	16391	14061	10422	3639
广安市	15518	6276	9242	5583	3467	2116
达州市	29260	16452	12808	16392	11623	4769
雅安市	6128	3275	2853	2656	2165	491
巴中市	8309	4449	3860	3729	2788	941
资阳市	8557	3916	4641	3260	2300	960
阿坝藏族羌族自治州	8969	6971	1998	7059	6034	1025
甘孜藏族自治州	12216	9371	2845	8998	7595	1403
凉山彝族自治州	17339	10342	6997	9117	7168	1949

7-10c 续表 1

单位：人

现住地	学习培训			随同离开/投亲靠友			拆迁/搬家		
	小计	男	女	小计	男	女	小计	男	女
全省	**40604**	**20365**	**20239**	**41806**	**19757**	**22049**	**16629**	**8519**	**8110**
成都市	22965	11696	11269	10803	5252	5551	3821	1996	1825
自贡市	263	129	134	1092	506	586	251	118	133
攀枝花市	159	97	62	692	303	389	437	229	208
泸州市	1210	579	631	2868	1303	1565	984	501	483
德阳市	662	409	253	2133	1037	1096	479	246	233
绵阳市	3318	1580	1738	3176	1491	1685	1133	569	564
广元市	556	378	178	1054	520	534	342	184	158
遂宁市	365	194	171	988	470	518	428	220	208
内江市	652	315	337	2101	979	1122	445	229	216
乐山市	386	187	199	1294	614	680	235	131	104
南充市	2376	1148	1228	1835	860	975	774	376	398
眉山市	2253	1135	1118	1310	633	677	778	413	365
宜宾市	1166	602	564	3449	1562	1887	1057	517	540
广安市	544	263	281	2078	932	1146	1063	510	553
达州市	1462	487	975	2215	1021	1194	1803	918	885
雅安市	204	101	103	672	307	365	241	133	108
巴中市	385	188	197	820	421	399	361	181	180
资阳市	471	234	237	1112	515	597	339	169	170
阿坝藏族羌族自治州	455	181	274	248	126	122	121	65	56
甘孜藏族自治州	455	307	148	430	212	218	532	263	269
凉山彝族自治州	297	155	142	1436	693	743	1005	551	454

7-10c　续表 2

单位：人

现住地	寄挂户口			婚姻嫁娶			照料孙子女		
	小计	男	女	小计	男	女	小计	男	女
全省	**4156**	**2262**	**1894**	**67993**	**8795**	**59198**	**3246**	**934**	**2312**
成都市	391	234	157	8498	2473	6025	1435	418	1017
自贡市	149	74	75	2383	157	2226	36	11	25
攀枝花市	63	34	29	1237	315	922	22	9	13
泸州市	519	236	283	6832	469	6363	95	27	68
德阳市	154	95	59	2510	551	1959	140	47	93
绵阳市	306	187	119	3763	619	3144	468	137	331
广元市	192	115	77	2038	269	1769	88	22	66
遂宁市	180	97	83	1682	111	1571	60	14	46
内江市	228	115	113	4046	352	3694	85	25	60
乐山市	94	53	41	2729	412	2317	62	16	46
南充市	408	249	159	3134	233	2901	104	31	73
眉山市	124	67	57	2432	413	2019	81	29	52
宜宾市	309	146	163	9245	635	8610	150	41	109
广安市	240	127	113	4254	237	4017	135	44	91
达州市	273	144	129	3472	298	3174	106	26	80
雅安市	44	24	20	1865	297	1568	15	4	11
巴中市	146	101	45	1804	177	1627	42	5	37
资阳市	148	69	79	2184	119	2065	67	13	54
阿坝藏族羌族自治州	32	19	13	326	89	237	16	6	10
甘孜藏族自治州	19	10	9	375	119	256	4	1	3
凉山彝族自治州	137	66	71	3184	450	2734	35	8	27

7-10c　续表 3

单位：人

现住地	为子女就学			养老/康养			其　他		
	小计	男	女	小计	男	女	小计	男	女
全省	**1003**	**199**	**804**	**6879**	**3924**	**2955**	**29503**	**15988**	**13515**
成都市	220	55	165	2691	1343	1348	5742	3488	2254
自贡市	13		13	84	49	35	500	239	261
攀枝花市	10	5	5	46	20	26	604	341	263
泸州市	46	9	37	267	161	106	2355	1082	1273
德阳市	21	5	16	232	156	76	965	513	452
绵阳市	150	37	113	615	360	255	2148	1142	1006
广元市	33	6	27	209	138	71	909	451	458
遂宁市	25	6	19	251	170	81	660	305	355
内江市	21	5	16	188	94	94	898	427	471
乐山市	15	1	14	121	82	39	731	415	316
南充市	59	4	55	615	423	192	1449	749	700
眉山市	20	3	17	163	94	69	867	474	393
宜宾市	81	12	69	169	103	66	1362	618	744
广安市	91	7	84	411	217	194	1119	472	647
达州市	57	16	41	229	120	109	3251	1799	1452
雅安市	4	2	2	37	24	13	390	218	172
巴中市	52	4	48	235	181	54	735	403	332
资阳市	28	4	24	257	164	93	691	329	362
阿坝藏族羌族自治州	11	1	10	12	6	6	689	444	245
甘孜藏族自治州	11	4	7	10	2	8	1382	858	524
凉山彝族自治州	35	13	22	37	17	20	2056	1221	835

第一部分　全部数据资料

第八卷　住房

8-1　各地区按住房间数分的家庭户户数

单位：户

地　　区	家庭户户　数	住房间数				
		一间	二间	三间	四间	五间
全省	**29098226**	**2193161**	**6809963**	**11411051**	**4427432**	**1909199**
成都市	7076572	954710	2268310	2697084	678436	220178
自贡市	896646	49511	233383	339871	141608	57596
攀枝花市	420195	48263	127447	138665	43430	24151
泸州市	1399450	60398	246316	547606	274842	130572
德阳市	1279919	82845	339101	473256	194624	92016
绵阳市	1866517	146561	493493	665380	271380	133870
广元市	874375	38841	177640	351166	158169	73527
遂宁市	1046405	50897	228276	461537	158101	61127
内江市	1172531	70769	267811	427650	182662	83573
乐山市	1136733	58443	237305	498984	203607	77289
南充市	2158667	102134	408268	931589	330702	158346
眉山市	1007008	32583	161480	442518	202359	81511
宜宾市	1470268	72392	270077	548562	292847	151698
广安市	1200497	64475	216602	539499	213893	66994
达州市	1919493	136012	450205	870776	291513	85117
雅安市	480069	18046	84048	157649	90823	49364
巴中市	1000398	32684	127207	404355	202705	97898
资阳市	912771	44215	174953	356400	160594	69877
阿坝藏族羌族自治州	214796	12543	33358	50164	37360	25882
甘孜藏族自治州	257173	26935	56010	64492	38859	27085
凉山彝族自治州	1307743	89904	208673	443848	258918	141528

注：本表数据为居住在普通住宅的家庭户。

8-1　续表

单位：户

地　　区	住房间数				
	六间	七间	八间	九间	十间及以上
全省	**1255234**	**323275**	**398004**	**119864**	**251043**
成都市	116481	36664	44090	15117	45502
自贡市	40085	11744	12911	3494	6443
攀枝花市	18056	6612	6294	2183	5094
泸州市	78527	16701	24677	6079	13732
德阳市	54653	13504	15182	4717	10021
绵阳市	86414	19524	25682	8587	15626
广元市	46270	8800	11029	3371	5562
遂宁市	55129	10722	12493	3180	4943
内江市	74934	18900	28142	7124	10966
乐山市	34492	9271	9123	3150	5069
南充市	111019	32792	42216	14447	27154
眉山市	47731	12583	13542	3730	8971
宜宾市	80002	18722	22016	5435	8517
广安市	62344	11184	14836	4368	6302
达州市	53044	10381	12815	3130	6500
雅安市	38889	9410	14529	4410	12901
巴中市	72558	21318	24327	6142	11204
资阳市	59248	13694	18294	5226	10270
阿坝藏族羌族自治州	22075	8136	10225	3963	11090
甘孜藏族自治州	18834	7955	8040	2892	6071
凉山彝族自治州	84449	24658	27541	9119	19105

8-1a 各地区按住房间数分的家庭户户数(城市)

单位：户

地 区	家庭户户 数	住房间数				
		一间	二间	三间	四间	五间
全省	**10317119**	**1172692**	**3579247**	**4656044**	**652154**	**130645**
成都市	5176654	799914	1901977	2054796	312322	58884
自贡市	269893	19084	119916	113802	11909	2321
攀枝花市	250122	37176	104295	93077	12012	1889
泸州市	334611	21758	105624	173515	24489	4488
德阳市	445707	26733	176707	205885	25257	5592
绵阳市	624964	80091	250242	241149	34026	11077
广元市	167883	10645	66359	77964	7391	1899
遂宁市	355562	17340	110604	196762	20394	4732
内江市	253249	12382	89500	131889	13715	2493
乐山市	337893	26052	97830	183937	21161	4524
南充市	481496	23849	134712	278663	32647	8089
眉山市	219611	6007	51427	136527	18180	3400
宜宾市	335446	29159	111076	161731	24436	5099
广安市	152157	4998	27072	92668	22917	2672
达州市	332467	14415	77508	213021	23698	2422
雅安市	98511	5148	33517	40997	9886	3536
巴中市	147524	4435	21654	100392	16147	2591
资阳市	139392	5104	42666	80796	7767	930
阿坝藏族羌族自治州	8346	1171	3749	2869	289	63
甘孜藏族自治州	14029	1732	4918	5389	1085	398
凉山彝族自治州	171602	25499	47894	70215	12426	3546

注：本表数据为居住在普通住宅的家庭户。

8-1a 续表

单位：户

地 区	住房间数				
	六间	七间	八间	九间	十间及以上
全省	**60200**	**14664**	**20761**	**7231**	**23481**
成都市	23035	6097	7245	2385	9999
自贡市	1405	406	443	168	439
攀枝花市	736	232	302	73	330
泸州市	2243	479	708	223	1084
德阳市	2501	550	883	366	1233
绵阳市	4352	1008	1286	464	1269
广元市	2256	265	532	277	295
遂宁市	3308	578	1021	286	537
内江市	1591	364	639	162	514
乐山市	1993	558	739	288	811
南充市	2108	353	501	140	434
眉山市	1884	570	787	273	556
宜宾市	1984	599	616	246	500
广安市	1158	229	229	84	130
达州市	889	174	143	55	142
雅安市	2606	521	944	317	1039
巴中市	1185	247	504	101	268
资阳市	617	184	326	102	900
阿坝藏族羌族自治州	40	36	34	14	81
甘孜藏族自治州	210	65	106	18	108
凉山彝族自治州	4099	1149	2773	1189	2812

8-1b　各地区按住房间数分的家庭户户数(镇)

单位：户

地　　区	家庭户户　数	住房间数				
		一间	二间	三间	四间	五间
全省	**5565652**	**328436**	**1130937**	**2792755**	**744080**	**258656**
成都市	422588	23186	101094	192558	59729	21106
自贡市	200795	11803	51686	102591	19591	6397
攀枝花市	55684	6176	12636	20798	6989	3335
泸州市	346248	14460	56597	178445	56808	20422
德阳市	235465	15691	57657	90020	35086	17012
绵阳市	290298	20645	88249	129120	30767	10203
广元市	221053	15193	49927	110672	26009	9083
遂宁市	179513	10872	36813	98341	19657	5500
内江市	287682	20011	76759	141768	27471	8862
乐山市	262022	12381	63596	143496	28081	8377
南充市	474889	25134	73708	290037	54742	14873
眉山市	260051	10232	44729	143358	36179	11448
宜宾市	383386	17171	70368	176528	63884	28685
广安市	314364	15689	53504	195677	36167	5875
达州市	522170	32946	95784	284198	71978	18718
雅安市	155548	6045	25588	61121	27988	12236
巴中市	260382	12160	32873	150436	45863	9863
资阳市	192566	13110	46858	104575	15709	5329
阿坝藏族羌族自治州	85376	7518	17427	25418	12627	7190
甘孜藏族自治州	74991	13770	18895	20991	8076	5006
凉山彝族自治州	340581	24243	56189	132607	60679	29136

注：本表数据为居住在普通住宅的家庭户。

8-1b　续表

单位：户

地　　区	住房间数				
	六间	七间	八间	九间	十间及以上
全省	**159990**	**39179**	**52273**	**16691**	**42655**
成都市	10936	3401	4207	1449	4922
自贡市	4411	1172	1668	430	1046
攀枝花市	2205	744	944	376	1481
泸州市	10278	2664	3601	996	1977
德阳市	10800	2598	3328	1020	2253
绵阳市	6588	1131	1723	620	1252
广元市	5802	993	1707	502	1165
遂宁市	5152	879	1168	341	790
内江市	6797	1635	2483	714	1182
乐山市	3525	768	905	294	599
南充市	8111	1866	2434	1185	2799
眉山市	7355	1796	2216	543	2195
宜宾市	14939	3488	4747	1224	2352
广安市	4541	723	1171	351	666
达州市	10990	2324	2782	707	1743
雅安市	10133	2625	4118	1437	4257
巴中市	5070	1214	1550	349	1004
资阳市	3824	730	1180	490	761
阿坝藏族羌族自治州	5922	1874	2703	1072	3625
甘孜藏族自治州	3649	1242	1445	533	1384
凉山彝族自治州	18962	5312	6193	2058	5202

8-1c 各地区按住房间数分的家庭户户数(乡村)

单位：户

地区	家庭户户数	住房间数				
		一间	二间	三间	四间	五间
全省	**13215455**	**692033**	**2099779**	**3962252**	**3031198**	**1519898**
成都市	1477330	131610	265239	449730	306385	140188
自贡市	425958	18624	61781	123478	110108	48878
攀枝花市	114389	4911	10516	24790	24429	18927
泸州市	718591	24180	84095	195646	193545	105662
德阳市	598747	40421	104737	177351	134281	69412
绵阳市	951255	45825	155002	295111	206587	112590
广元市	485439	13003	61354	162530	124769	62545
遂宁市	511330	22685	80859	166434	118050	50895
内江市	631600	38376	101552	153993	141476	72218
乐山市	536818	20010	75879	171551	154365	64388
南充市	1202282	53151	199848	362889	243313	135384
眉山市	527346	16344	65324	162633	148000	66663
宜宾市	751436	26062	88633	210303	204527	117914
广安市	733976	43788	136026	251154	154809	58447
达州市	1064856	88651	276913	373557	195837	63977
雅安市	226010	6853	24943	55531	52949	33592
巴中市	592492	16089	72680	153527	140695	85444
资阳市	580813	26001	85429	171029	137118	63618
阿坝藏族羌族自治州	121074	3854	12182	21877	24444	18629
甘孜藏族自治州	168153	11433	32197	38112	29698	21681
凉山彝族自治州	795560	40162	104590	241026	185813	108846

注：本表数据为居住在普通住宅的家庭户。

8-1c 续表

单位：户

地区	住房间数				
	六间	七间	八间	九间	十间及以上
全省	**1035044**	**269432**	**324970**	**95942**	**184907**
成都市	82510	27166	32638	11283	30581
自贡市	34269	10166	10800	2896	4958
攀枝花市	15115	5636	5048	1734	3283
泸州市	66006	13558	20368	4860	10671
德阳市	41352	10356	10971	3331	6535
绵阳市	75474	17385	22673	7503	13105
广元市	38212	7542	8790	2592	4102
遂宁市	46669	9265	10304	2553	3616
内江市	66546	16901	25020	6248	9270
乐山市	28974	7945	7479	2568	3659
南充市	100800	30573	39281	13122	23921
眉山市	38492	10217	10539	2914	6220
宜宾市	63079	14635	16653	3965	5665
广安市	56645	10232	13436	3933	5506
达州市	41165	7883	9890	2368	4615
雅安市	26150	6264	9467	2656	7605
巴中市	66303	19857	22273	5692	9932
资阳市	54807	12780	16788	4634	8609
阿坝藏族羌族自治州	16113	6226	7488	2877	7384
甘孜藏族自治州	14975	6648	6489	2341	4579
凉山彝族自治州	61388	18197	18575	5872	11091

8-2　各地区按人均住房建筑面积分的家庭户户数

单位：户

地　区	家庭户户　数	人均住房建筑面积(平方米)			
		8及以下	9-12	13-16	17-19
全省	**29098226**	**161357**	**439747**	**965419**	**766302**
成都市	7076572	84164	174479	327356	290442
自贡市	896646	2021	8882	24304	22829
攀枝花市	420195	5410	11506	18479	11619
泸州市	1399450	2187	8881	27137	25345
德阳市	1279919	3147	11546	30122	25051
绵阳市	1866517	5613	21022	47545	35542
广元市	874375	2024	6401	16664	11459
遂宁市	1046405	1890	7672	23819	23098
内江市	1172531	3139	13106	36034	27288
乐山市	1136733	2052	7819	23289	22286
南充市	2158667	4524	15885	48854	42564
眉山市	1007008	1348	6162	19270	18381
宜宾市	1470268	4633	16122	39957	32674
广安市	1200497	2520	9112	26938	23035
达州市	1919493	5255	19911	59967	44507
雅安市	480069	1312	3812	10308	7892
巴中市	1000398	2015	6087	18449	15987
资阳市	912771	2051	6379	17526	14816
阿坝藏族羌族自治州	214796	2568	5080	7584	3826
甘孜藏族自治州	257173	3833	10730	16674	8924
凉山彝族自治州	1307743	19651	69153	125143	58737

注：本表数据为居住在普通住宅的家庭户。

8-2　续表

单位：户

地　区	人均住房建筑面积(平方米)					
	20-29	30-39	40-49	50-59	60-69	70及以上
全省	**4885926**	**4916236**	**4125162**	**2710578**	**2713816**	**7413683**
成都市	1457541	1160141	953713	566790	462413	1599533
自贡市	150526	160045	136941	86570	89381	215147
攀枝花市	78882	80003	62159	36577	37083	78477
泸州市	203925	247299	209963	138916	161668	374129
德阳市	191135	242308	211548	124048	133257	307757
绵阳市	273799	325736	292193	176325	195983	492759
广元市	116452	143328	133129	89443	103194	252281
遂宁市	156761	167457	144589	104242	101767	315110
内江市	204329	205808	177491	112321	109997	283018
乐山市	158862	183831	169183	115852	129877	323682
南充市	323742	366994	305445	229793	219847	601019
眉山市	130629	147697	137541	98526	108348	339106
宜宾市	229515	255097	213616	133521	161414	383719
广安市	182944	207795	161804	132472	117979	335898
达州市	340091	346783	271602	189301	169976	472100
雅安市	64814	82468	71529	46056	55786	136092
巴中市	150180	172831	131960	119763	102680	280446
资阳市	111037	148360	142775	76061	117760	276006
阿坝藏族羌族自治州	27550	30262	26881	20451	23304	67290
甘孜藏族自治州	48321	38506	30332	22721	19513	57619
凉山彝族自治州	284891	203487	140768	90829	92589	222495

8-2a 各地区按人均住房建筑面积分的家庭户户数(城市)

单位：户

地　　区	家庭户户　数	人均住房建筑面积(平方米)			
		8及以下	9-12	13-16	17-19
全省	**10317119**	**93841**	**222739**	**478929**	**457073**
成都市	5176654	69854	143429	277259	257731
自贡市	269893	604	3642	11169	12730
攀枝花市	250122	3457	7898	12194	8213
泸州市	334611	652	3211	10201	11536
德阳市	445707	1377	4679	12511	13890
绵阳市	624964	3784	13560	26600	20632
广元市	167883	424	1915	5588	4475
遂宁市	355562	891	4176	13726	14949
内江市	253249	726	3489	11066	11788
乐山市	337893	580	2680	9308	10809
南充市	481496	1300	5210	17474	20211
眉山市	219611	282	1799	6902	8500
宜宾市	335446	2220	8103	18494	16176
广安市	152157	349	1413	5160	6362
达州市	332467	1544	5568	16531	17901
雅安市	98511	179	894	2688	2866
巴中市	147524	592	1584	4864	5865
资阳市	139392	437	1455	4565	6036
阿坝藏族羌族自治州	8346	154	225	359	237
甘孜藏族自治州	14029	246	536	769	511
凉山彝族自治州	171602	4189	7273	11501	5655

注：本表数据为居住在普通住宅的家庭户。

8-2a 续表

单位：户

地　　区	人均住房建筑面积(平方米)					
	20-29	30-39	40-49	50-59	60-69	70及以上
全省	**2342114**	**1850911**	**1492940**	**828291**	**641753**	**1908528**
成都市	1233574	890227	724473	380766	288324	911017
自贡市	63236	54573	41347	23674	18701	40217
攀枝花市	53505	46754	37154	21806	19319	39822
泸州市	65601	62417	49642	32005	26983	72363
德阳市	85166	89942	76541	38987	36467	86147
绵阳市	130024	118636	97119	49527	41950	123132
广元市	34691	31137	27517	15049	12684	34403
遂宁市	80377	64386	50976	31775	22240	72066
内江市	58934	45359	38538	20417	15339	47593
乐山市	68053	62573	58642	29599	28209	67440
南充市	105810	87489	69546	46488	26749	101219
眉山市	45960	39107	35019	17324	18332	46386
宜宾市	81709	61789	49488	23220	22120	52127
广安市	35098	30922	19053	15895	8870	29035
达州市	83107	62261	42207	28603	15343	59402
雅安市	17411	17839	14302	10065	8668	23599
巴中市	34219	29070	17823	15548	9737	28222
资阳市	29060	26115	21149	10837	7918	31820
阿坝藏族羌族自治州	1221	1411	1096	568	1038	2037
甘孜藏族自治州	2584	2080	2063	1098	715	3427
凉山彝族自治州	32774	26824	19245	15040	12047	37054

8–2b　各地区按人均住房建筑面积分的家庭户户数(镇)

单位：户

地　区	家庭户户　数	人均住房建筑面积(平方米)			
		8及以下	9–12	13–16	17–19
全省	**5565652**	**28587**	**79513**	**181276**	**141479**
成都市	422588	1236	3483	10195	10789
自贡市	200795	1027	3312	7392	5987
攀枝花市	55684	1207	1818	2896	1482
泸州市	346248	876	3256	7962	6905
德阳市	235465	805	2820	6995	5129
绵阳市	290298	939	3242	7733	6311
广元市	221053	1230	3092	6416	3856
遂宁市	179513	621	2028	5522	4678
内江市	287682	1322	4539	10703	8724
乐山市	262022	883	2977	7294	7168
南充市	474889	1933	5265	13684	12238
眉山市	260051	526	2167	6551	6512
宜宾市	383386	1419	4808	11493	9435
广安市	314364	1076	3390	8351	8412
达州市	522170	1519	5646	16312	13610
雅安市	155548	895	1860	3974	2838
巴中市	260382	1077	2824	7259	6193
资阳市	192566	1044	3013	6943	5468
阿坝藏族羌族自治州	85376	1377	2210	3271	1626
甘孜藏族自治州	74991	1077	2452	4597	2516
凉山彝族自治州	340581	6498	15311	25733	11602

注：本表数据为居住在普通住宅的家庭户。

8–2b　续表

单位：户

地　区	人均住房建筑面积(平方米)					
	20–29	30–39	40–49	50–59	60–69	70及以上
全省	**981231**	**985880**	**772592**	**568235**	**485584**	**1341275**
成都市	67853	73427	58741	42754	32333	121777
自贡市	39864	36576	30066	20094	16106	40371
攀枝花市	9405	9937	7053	4828	5061	11997
泸州市	55074	59818	50072	34192	38536	89557
德阳市	36352	42155	36047	23044	22848	59270
绵阳市	47511	50581	43477	29350	25784	75370
广元市	34984	38169	33284	24651	23362	52009
遂宁市	32344	31737	24370	19185	15108	43920
内江市	56659	53569	42018	27878	21654	60616
乐山市	46017	48348	38896	26569	23908	59962
南充市	84947	82981	62785	51270	39316	120470
眉山市	43970	44616	37179	26485	24039	68006
宜宾市	65669	68714	55240	35834	39549	91225
广安市	57133	56914	41506	36393	26838	74351
达州市	96578	94183	69680	56661	39154	128827
雅安市	22607	26657	22915	14200	17130	42472
巴中市	50475	50614	32063	32986	19208	57683
资阳市	36602	35320	28289	20321	14445	41121
阿坝藏族羌族自治州	12275	12591	10639	8161	8483	24743
甘孜藏族自治州	13640	11662	8691	6168	5744	18444
凉山彝族自治州	71272	57311	39581	27211	26978	59084

8-2c 各地区按人均住房建筑面积分的家庭户户数(乡村)

单位：户

地区	家庭户户数	人均住房建筑面积(平方米)			
		8及以下	9-12	13-16	17-19
全省	**13215455**	**38929**	**137495**	**305214**	**167750**
成都市	1477330	13074	27567	39902	21922
自贡市	425958	390	1928	5743	4112
攀枝花市	114389	746	1790	3389	1924
泸州市	718591	659	2414	8974	6904
德阳市	598747	965	4047	10616	6032
绵阳市	951255	890	4220	13212	8599
广元市	485439	370	1394	4660	3128
遂宁市	511330	378	1468	4571	3471
内江市	631600	1091	5078	14265	6776
乐山市	536818	589	2162	6687	4309
南充市	1202282	1291	5410	17696	10115
眉山市	527346	540	2196	5817	3369
宜宾市	751436	994	3211	9970	7063
广安市	733976	1095	4309	13427	8261
达州市	1064856	2192	8697	27124	12996
雅安市	226010	238	1058	3646	2188
巴中市	592492	346	1679	6326	3929
资阳市	580813	570	1911	6018	3312
阿坝藏族羌族自治州	121074	1037	2645	3954	1963
甘孜藏族自治州	168153	2510	7742	11308	5897
凉山彝族自治州	795560	8964	46569	87909	41480

注：本表数据为居住在普通住宅的家庭户。

8-2c 续表

单位：户

地区	人均住房建筑面积(平方米)					
	20-29	30-39	40-49	50-59	60-69	70及以上
全省	**1562581**	**2079445**	**1859630**	**1314052**	**1586479**	**4163880**
成都市	156114	196487	170499	143270	141756	566739
自贡市	47426	68896	65528	42802	54574	134559
攀枝花市	15972	23312	17952	9943	12703	26658
泸州市	83250	125064	110249	72719	96149	212209
德阳市	69617	110211	98960	62017	73942	162340
绵阳市	96264	156519	151597	97448	128249	294257
广元市	46777	74022	72328	49743	67148	165869
遂宁市	44040	71334	69243	53282	64419	199124
内江市	88736	106880	96935	64026	73004	174809
乐山市	44792	72910	71645	59684	77760	196280
南充市	132985	196524	173114	132035	153782	379330
眉山市	40699	63974	65343	54717	65977	224714
宜宾市	82137	124594	108888	74467	99745	240367
广安市	90713	119959	101245	80184	82271	232512
达州市	160406	190339	159715	104037	115479	283871
雅安市	24796	37972	34312	21791	29988	70021
巴中市	65486	93147	82074	71229	73735	194541
资阳市	45375	86925	93337	44903	95397	203065
阿坝藏族羌族自治州	14054	16260	15146	11722	13783	40510
甘孜藏族自治州	32097	24764	19578	15455	13054	35748
凉山彝族自治州	180845	119352	81942	48578	53564	126357

8–3 各地区按家庭户类别和住房间数分的家庭户户数

单位：户

地区	家庭户户数	一代户				
		一间	二间	三间	四间	五间及以上
全省	**29098226**	**1887204**	**4168236**	**5123600**	**1755929**	**1478442**
成都市	7076572	845338	1313276	1123386	247464	169508
自贡市	896646	42096	141896	150232	57433	48619
攀枝花市	420195	40807	78076	65519	15606	15526
泸州市	1399450	51789	156180	242442	95797	78786
德阳市	1279919	76539	223345	224952	80295	70220
绵阳市	1866517	130909	317672	340095	123142	114119
广元市	874375	31271	113416	174642	69788	55410
遂宁市	1046405	42982	139955	212229	72736	59382
内江市	1172531	59748	166587	198789	79701	85125
乐山市	1136733	51746	152848	225929	76114	48765
南充市	2158667	86195	274358	462004	162890	168222
眉山市	1007008	29211	102472	195620	81841	64178
宜宾市	1470268	60271	155250	219145	95609	75597
广安市	1200497	52457	141186	249086	91481	63127
达州市	1919493	111172	283273	408663	117652	59623
雅安市	480069	15549	52932	69904	32659	35300
巴中市	1000398	26202	84913	185154	93683	99337
资阳市	912771	38135	119459	186920	79543	74072
阿坝藏族羌族自治州	214796	8959	17544	19383	11713	20966
甘孜藏族自治州	257173	21724	27025	20634	9037	14377
凉山彝族自治州	1307743	64104	106573	148872	61745	58183

注：本表数据为居住在普通住宅的家庭户。

8–3 续表 1

单位：户

地区	二代户				
	一间	二间	三间	四间	五间及以上
全省	**275319**	**2108552**	**4350989**	**1680898**	**1568644**
成都市	98732	733211	1002782	240140	155793
自贡市	6634	72587	126925	51230	47280
攀枝花市	6893	41322	52837	17300	23439
泸州市	7683	72740	210620	108378	104657
德阳市	5732	95365	171123	69938	67309
绵阳市	14228	142616	233772	96410	101832
广元市	6998	53157	128301	57866	54137
遂宁市	6920	69296	171579	56597	52179
内江市	9953	82328	162680	67926	82815
乐山市	6112	69679	189669	75855	47158
南充市	14013	108241	334062	115063	138183
眉山市	3078	48199	169249	70176	55631
宜宾市	10868	91531	220945	115796	106320
广安市	10754	62151	210420	80599	61827
达州市	21584	134996	329815	113192	64516
雅安市	2209	25422	61173	35570	47624
巴中市	5999	35701	161148	77355	85804
资阳市	5624	46388	126054	57008	64532
阿坝藏族羌族自治州	3002	12349	21581	16342	33996
甘孜藏族自治州	4549	23283	31526	18082	28779
凉山彝族自治州	23754	87990	234728	140075	144833

8-3 续表 2

单位：户

地区	三代户				
	一间	二间	三间	四间	五间及以上
全省	**30115**	**522136**	**1865445**	**931651**	**1114454**
成都市	10518	217647	548795	176319	137500
自贡市	774	18463	60184	31006	33539
攀枝花市	557	7940	19728	9975	21130
泸州市	912	17004	91073	66943	80714
德阳市	568	20092	74509	41534	48583
绵阳市	1398	32492	88623	49063	68437
广元市	557	10847	46412	28544	35770
遂宁市	965	18534	74657	27336	33453
内江市	1054	18506	63950	33400	52423
乐山市	572	14456	80053	47664	37886
南充市	1877	25120	130854	50515	75326
眉山市	289	10554	74390	45967	42716
宜宾市	1228	22722	103925	76248	94970
广安市	1241	12978	77604	40180	38929
达州市	3184	31161	128026	58092	44181
雅安市	284	5523	25471	21186	42049
巴中市	472	6438	55827	30222	45219
资阳市	448	8924	42052	23032	35800
阿坝藏族羌族自治州	547	3308	8750	8735	24454
甘孜藏族自治州	645	5545	11951	11264	26063
凉山彝族自治州	2025	13882	58611	54426	95312

8-3 续表 3

单位：户

地区	四代户				
	一间	二间	三间	四间	五间及以上
全省	**521**	**11028**	**70971**	**58904**	**94932**
成都市	122	4172	22108	14496	15194
自贡市	7	437	2529	1939	2832
攀枝花市	6	109	581	548	2291
泸州市	13	392	3467	3720	6126
德阳市	6	299	2672	2855	3976
绵阳市	26	712	2889	2763	5306
广元市	15	220	1808	1969	3236
遂宁市	30	491	3072	1431	2578
内江市	14	390	2231	1634	3276
乐山市	13	321	3329	3968	4582
南充市	49	548	4665	2233	4237
眉山市	5	254	3259	4371	5535
宜宾市	25	573	4543	5192	9487
广安市	23	287	2388	1632	2144
达州市	72	775	4270	2576	2665
雅安市	4	171	1101	1408	4517
巴中市	11	155	2225	1445	3083
资阳市	8	182	1371	1010	2201
阿坝藏族羌族自治州	34	157	449	570	1950
甘孜藏族自治州	17	156	380	474	1654
凉山彝族自治州	21	227	1634	2670	8062

8-3　续表 4　　　　单位：户

地　　区	五代及以上户				
	一间	二间	三间	四间	五间及以上
全省	**2**	**11**	**46**	**50**	**147**
成都市		4	13	17	37
自贡市			1		3
攀枝花市				1	4
泸州市	1		4	4	5
德阳市				2	5
绵阳市		1	1	2	9
广元市			3	2	6
遂宁市				1	2
内江市				1	
乐山市		1	4	6	3
南充市		1	4	1	6
眉山市		1		4	8
宜宾市		1	4	2	16
广安市			1	1	1
达州市			2	1	2
雅安市					13
巴中市			1		4
资阳市			3	1	4
阿坝藏族羌族自治州	1		1		5
甘孜藏族自治州		1	1	2	4
凉山彝族自治州		1	3	2	10

8-3a　各地区按家庭户类别和住房间数分的家庭户户数(城市)

单位：户

地　　区	家庭户户　数	一代户				
		一间	二间	三间	四间	五间及以上
全省	**10317119**	**1017983**	**2044230**	**1923430**	**244077**	**88987**
成都市	5176654	703483	1079391	844598	115235	38230
自贡市	269893	15925	68311	44500	4484	1874
攀枝花市	250122	31753	64001	45306	5384	1289
泸州市	334611	18317	65018	74178	9191	3506
德阳市	445707	23793	105608	86428	9382	3848
绵阳市	624964	70979	147097	107170	13503	6745
广元市	167883	8670	37749	32965	2647	1716
遂宁市	355562	13665	56841	74076	7491	3418
内江市	253249	9156	48265	53228	5276	2056
乐山市	337893	22664	60688	79912	7752	2903
南充市	481496	18665	75156	113245	13928	4953
眉山市	219611	5419	28355	51204	6307	3031
宜宾市	335446	24046	59034	58166	7206	2644
广安市	152157	3711	13621	30683	6917	1276
达州市	332467	10858	44515	101617	11558	1672
雅安市	98511	4445	21003	18599	3701	2444
巴中市	147524	3309	10653	34814	5741	1977
资阳市	139392	4496	24961	35000	3104	1166
阿坝藏族羌族自治州	8346	879	2427	1503	119	78
甘孜藏族自治州	14029	1505	3124	2684	497	373
凉山彝族自治州	171602	22245	28412	33554	4654	3788

注：本表数据为居住在普通住宅的家庭户。

8−3a　续表 1

单位：户

地　区	二代户				
	一间	二间	三间	四间	五间及以上
全省	**138830**	**1190494**	**1799631**	**243600**	**84577**
成都市	86892	628021	775325	116885	34196
自贡市	2731	39846	43954	4123	1601
攀枝花市	5016	33734	34639	4342	1265
泸州市	3028	32141	66291	8796	3054
德阳市	2621	57072	80009	9362	3648
绵阳市	8294	82308	92385	12730	6713
广元市	1832	23169	31073	2735	1865
遂宁市	3120	40219	78614	7655	3652
内江市	2784	31993	52906	5160	2041
乐山市	3053	30077	71636	8050	2877
南充市	4505	45799	111378	11996	3979
眉山市	525	18038	56844	6814	2330
宜宾市	4544	40387	65836	9405	3026
广安市	1141	10119	40114	9415	1651
达州市	3132	26029	77374	7772	1170
雅安市	589	10111	15393	3589	2849
巴中市	999	8496	43882	6481	1696
资阳市	557	14087	31312	2853	936
阿坝藏族羌族自治州	251	1104	1047	114	109
甘孜藏族自治州	215	1531	2112	372	334
凉山彝族自治州	3001	16213	27507	4951	5585

8−3a　续表 2

单位：户

地　区	三代户				
	一间	二间	三间	四间	五间及以上
全省	**15685**	**338173**	**901577**	**156191**	**76637**
成都市	9440	191126	420234	76295	32220
自贡市	426	11509	24410	3093	1565
攀枝花市	404	6482	12830	2207	942
泸州市	409	8289	31896	6113	2463
德阳市	318	13848	38246	6183	3339
绵阳市	802	20449	40548	7434	5572
广元市	143	5369	13551	1899	1767
遂宁市	538	13194	42333	4956	3124
内江市	436	9052	24905	3110	1539
乐山市	330	6940	31331	5039	2835
南充市	666	13486	52192	6456	2562
眉山市	62	4935	27516	4741	1892
宜宾市	560	11383	36133	7333	3090
广安市	146	3263	21145	6321	1494
达州市	420	6829	33039	4212	945
雅安市	114	2351	6744	2422	3284
巴中市	122	2429	20747	3706	1151
资阳市	48	3543	13949	1727	891
阿坝藏族羌族自治州	40	211	313	52	80
甘孜藏族自治州	12	260	582	211	195
凉山彝族自治州	249	3225	8933	2681	5687

8-3a　续表 3　　　　单位：户

地　区	四代户				
	一间	二间	三间	四间	五间及以上
全省	**194**	**6347**	**31390**	**8280**	**6772**
成都市	99	3436	14634	3903	2992
自贡市	2	250	938	209	142
攀枝花市	3	78	302	79	66
泸州市	4	176	1148	388	202
德阳市	1	179	1202	330	290
绵阳市	16	388	1045	359	425
广元市		72	374	110	175
遂宁市	17	350	1739	292	268
内江市	6	190	850	169	127
乐山市	5	125	1055	319	298
南充市	13	271	1845	267	131
眉山市	1	99	963	318	217
宜宾市	9	272	1595	492	284
广安市		69	726	264	81
达州市	5	135	991	156	38
雅安市		52	261	174	386
巴中市	5	76	949	219	72
资阳市	3	75	535	83	66
阿坝藏族羌族自治州	1	7	6	4	1
甘孜藏族自治州		3	11	5	3
凉山彝族自治州	4	44	221	140	508

8-3a　续表 4　　　　单位：户

地　区	五代及以上户				
	一间	二间	三间	四间	五间及以上
全省		**3**	**16**	**6**	**9**
成都市		3	5	4	7
自贡市					
攀枝花市					
泸州市			2	1	
德阳市					
绵阳市			1		1
广元市			1		1
遂宁市					
内江市					
乐山市			3	1	
南充市			3		
眉山市					
宜宾市			1		
广安市					
达州市					
雅安市					
巴中市					
资阳市					
阿坝藏族羌族自治州					
甘孜藏族自治州					
凉山彝族自治州					

8-3b 各地区按家庭户类别和住房间数分的家庭户户数(镇)

单位：户

地区	家庭户户数	一代户				
		一间	二间	三间	四间	五间及以上
全省	**5565652**	**259166**	**674373**	**1198145**	**270988**	**179900**
成都市	422588	20447	61506	79708	21266	16062
自贡市	200795	9051	29690	42069	7580	5294
攀枝花市	55684	4869	7660	9733	2498	2395
泸州市	346248	11869	34627	78240	20002	11588
德阳市	235465	13960	38160	43088	13812	12749
绵阳市	290298	17242	55681	62883	13297	8767
广元市	221053	10995	30532	52474	10679	6765
遂宁市	179513	8380	21841	41097	7998	5184
内江市	287682	15684	45062	61436	10995	7913
乐山市	262022	10366	38697	59276	9483	4624
南充市	474889	19704	46575	134342	22765	12349
眉山市	260051	8612	26840	59916	13777	8974
宜宾市	383386	13442	39198	67952	19391	13340
广安市	314364	11376	31039	83629	14631	4989
达州市	522170	25063	58208	124918	25921	12519
雅安市	155548	4844	14757	25846	10446	9828
巴中市	260382	8423	18189	60829	17007	7272
资阳市	192566	9618	26347	45053	6651	4824
阿坝藏族羌族自治州	85376	5678	10197	11357	4571	6490
甘孜藏族自治州	74991	12129	11412	8638	2639	3855
凉山彝族自治州	340581	17414	28155	45661	15579	14119

注：本表数据为居住在普通住宅的家庭户。

8-3b 续表 1

单位：户

地区	二代户				
	一间	二间	三间	四间	五间及以上
全省	**62875**	**373862**	**1130182**	**296468**	**210973**
成都市	2483	30800	72490	21177	15210
自贡市	2552	17571	40431	7073	5262
攀枝花市	1247	4226	7961	2610	3086
泸州市	2379	17821	69566	22329	15148
德阳市	1598	16252	32680	12900	13126
绵阳市	3108	26637	47481	11079	7151
广元市	3880	16167	43167	10113	7008
遂宁市	2203	12005	39627	7442	4996
内江市	3995	25755	56687	10587	7928
乐山市	1888	20451	57825	10745	4989
南充市	4787	22328	110265	20954	11195
眉山市	1512	14761	57638	13167	8458
宜宾市	3386	25144	73392	25475	19996
广安市	3785	18529	83350	14495	5018
达州市	6723	30598	114547	29815	14026
雅安市	1109	8825	24669	10888	12979
巴中市	3496	12486	66475	20117	7286
资阳市	3224	16970	43872	6227	4534
阿坝藏族羌族自治州	1655	5939	10345	5205	9282
甘孜藏族自治州	1483	6233	9272	3642	5526
凉山彝族自治州	6382	24364	68442	30428	28769

8-3b　续表 2　　　　单位：户

地　　区	三代户				
	一间	二间	三间	四间	五间及以上
全省	**6256**	**80848**	**447581**	**166242**	**163751**
成都市	253	8585	38510	15783	13203
自贡市	197	4318	19204	4609	4178
攀枝花市	59	732	2998	1763	3162
泸州市	210	4053	29465	13737	12281
德阳市	129	3198	13738	7848	10294
绵阳市	289	5802	18081	6052	5162
广元市	310	3154	14569	4890	5019
遂宁市	283	2886	16915	3990	3392
内江市	328	5820	22828	5581	5504
乐山市	124	4343	25293	7271	4291
南充市	625	4698	43755	10509	7256
眉山市	105	3057	24854	8528	7160
宜宾市	335	5876	33757	17813	20116
广安市	513	3854	27963	6768	3159
达州市	1129	6822	43337	15496	10023
雅安市	91	1938	10223	6288	10904
巴中市	236	2159	22293	8296	4170
资阳市	265	3476	15192	2684	2776
阿坝藏族羌族自治州	178	1244	3591	2690	6193
甘孜藏族自治州	156	1225	3013	1725	3709
凉山彝族自治州	441	3608	18002	13921	21799

8-3b　续表 3　　　　单位：户

地　　区	四代户				
	一间	二间	三间	四间	五间及以上
全省	**138**	**1849**	**16832**	**10371**	**14798**
成都市	3	203	1848	1500	1544
自贡市	3	107	886	329	390
攀枝花市	1	18	106	118	441
泸州市	1	96	1173	738	921
德阳市	4	47	514	526	840
绵阳市	6	128	675	338	437
广元市	8	74	461	327	460
遂宁市	6	81	702	227	257
内江市	4	122	817	307	328
乐山市	3	104	1102	581	564
南充市	18	106	1674	514	468
眉山市	3	71	950	707	959
宜宾市	8	149	1424	1204	1975
广安市	15	82	734	273	161
达州市	31	156	1395	746	695
雅安市	1	68	383	366	1091
巴中市	5	39	838	443	322
资阳市	3	65	456	146	180
阿坝藏族羌族自治州	7	47	125	161	421
甘孜藏族自治州	2	25	68	70	169
凉山彝族自治州	6	61	501	750	2175

8-3b　续表 4　　　　单位：户

地　　区	五代及以上户				
	一间	二间	三间	四间	五间及以上
全省	**1**	**5**	**15**	**11**	**22**
成都市			2	3	2
自贡市			1		
攀枝花市					1
泸州市	1		1	2	
德阳市					2
绵阳市		1		1	
广元市			1		
遂宁市					1
内江市				1	
乐山市		1		1	
南充市		1	1		
眉山市					2
宜宾市		1	3	1	8
广安市			1		
达州市			1		1
雅安市					4
巴中市			1		
资阳市			2	1	
阿坝藏族羌族自治州					
甘孜藏族自治州					
凉山彝族自治州		1	1	1	1

8-3c　各地区按家庭户类别和住房间数分的家庭户户数(乡村)

单位：户

地　　区	家庭户户　数	一代户				
		一间	二间	三间	四间	五间及以上
全省	**13215455**	**610055**	**1449633**	**2002025**	**1240864**	**1209555**
成都市	1477330	121408	172379	199080	110963	115216
自贡市	425958	17120	43895	63663	45369	41451
攀枝花市	114389	4185	6415	10480	7724	11842
泸州市	718591	21603	56535	90024	66604	63692
德阳市	598747	38786	79577	95436	57101	53623
绵阳市	951255	42688	114894	170042	96342	98607
广元市	485439	11606	45135	89203	56462	46929
遂宁市	511330	20937	61273	97056	57247	50780
内江市	631600	34908	73260	84125	63430	75156
乐山市	536818	18716	53463	86741	58879	41238
南充市	1202282	47826	152627	214417	126197	150920
眉山市	527346	15180	47277	84500	61757	52173
宜宾市	751436	22783	57018	93027	69012	59613
广安市	733976	37370	96526	134774	69933	56862
达州市	1064856	75251	180550	182128	80173	45432
雅安市	226010	6260	17172	25459	18512	23028
巴中市	592492	14470	56071	89511	70935	90088
资阳市	580813	24021	68151	106867	69788	68082
阿坝藏族羌族自治州	121074	2402	4920	6523	7023	14398
甘孜藏族自治州	168153	8090	12489	9312	5901	10149
凉山彝族自治州	795560	24445	50006	69657	41512	40276

注：本表数据为居住在普通住宅的家庭户。

8-3c　续表 1　　单位：户

地　　区	二代户				
	一间	二间	三间	四间	五间及以上
全省	**73614**	**544196**	**1421176**	**1140830**	**1273094**
成都市	9357	74390	154967	102078	106387
自贡市	1351	15170	42540	40034	40417
攀枝花市	630	3362	10237	10348	19088
泸州市	2276	22778	74763	77253	86455
德阳市	1513	22041	58434	47676	50535
绵阳市	2826	33671	93906	72601	87968
广元市	1286	13821	54061	45018	45264
遂宁市	1597	17072	53338	41500	43531
内江市	3174	24580	53087	52179	72846
乐山市	1171	19151	60208	57060	39292
南充市	4721	40114	112419	82113	123009
眉山市	1041	15400	54767	50195	44843
宜宾市	2938	26000	81717	80916	83298
广安市	5828	33503	86956	56689	55158
达州市	11729	78369	137894	75605	49320
雅安市	511	6486	21111	21093	31796
巴中市	1504	14719	50791	50757	76822
资阳市	1843	15331	50870	47928	59062
阿坝藏族羌族自治州	1096	5306	10189	11023	24605
甘孜藏族自治州	2851	15519	20142	14068	22919
凉山彝族自治州	14371	47413	138779	104696	110479

8-3c　续表 2　　单位：户

地　　区	三代户				
	一间	二间	三间	四间	五间及以上
全省	**8174**	**103115**	**516287**	**609218**	**874066**
成都市	825	17936	90051	84241	92077
自贡市	151	2636	16570	23304	27796
攀枝花市	94	726	3900	6005	17026
泸州市	293	4662	29712	47093	65970
德阳市	121	3046	22525	27503	34950
绵阳市	307	6241	29994	35577	57703
广元市	104	2324	18292	21755	28984
遂宁市	144	2454	15409	18390	26937
内江市	290	3634	16217	24709	45380
乐山市	118	3173	23429	35354	30760
南充市	586	6936	34907	33550	65508
眉山市	122	2562	22020	32698	33664
宜宾市	333	5463	34035	51102	71764
广安市	582	5861	28496	27091	34276
达州市	1635	17510	51650	38384	33213
雅安市	79	1234	8504	12476	27861
巴中市	114	1850	12787	18220	39898
资阳市	135	1905	12911	18621	32133
阿坝藏族羌族自治州	329	1853	4846	5993	18181
甘孜藏族自治州	477	4060	8356	9328	22159
凉山彝族自治州	1335	7049	31676	37824	67826

8-3c 续表 3

单位：户

地　　区	四代户				
	一间	二间	三间	四间	五间及以上
全省	**189**	**2832**	**22749**	**40253**	**73362**
成都市	20	533	5626	9093	10658
自贡市	2	80	705	1401	2300
攀枝花市	2	13	173	351	1784
泸州市	8	120	1146	2594	5003
德阳市	1	73	956	1999	2846
绵阳市	4	196	1169	2066	4444
广元市	7	74	973	1532	2601
遂宁市	7	60	631	912	2053
内江市	4	78	564	1158	2821
乐山市	5	92	1172	3068	3720
南充市	18	171	1146	1452	3638
眉山市	1	84	1346	3346	4359
宜宾市	8	152	1524	3496	7228
广安市	8	136	928	1095	1902
达州市	36	484	1884	1674	1932
雅安市	3	51	457	868	3040
巴中市	1	40	438	783	2689
资阳市	2	42	380	781	1955
阿坝藏族羌族自治州	26	103	318	405	1528
甘孜藏族自治州	15	128	301	399	1482
凉山彝族自治州	11	122	912	1780	5379

8-3c 续表 4

单位：户

地　　区	五代及以上户				
	一间	二间	三间	四间	五间及以上
全省	**1**	**3**	**15**	**33**	**116**
成都市		1	6	10	28
自贡市					3
攀枝花市				1	3
泸州市			1	1	5
德阳市				2	3
绵阳市				1	8
广元市			1	2	5
遂宁市				1	1
内江市					
乐山市			1	4	3
南充市				1	6
眉山市		1		4	6
宜宾市				1	8
广安市				1	1
达州市			1	1	1
雅安市					9
巴中市					4
资阳市			1		4
阿坝藏族羌族自治州	1		1		5
甘孜藏族自治州		1	1	2	4
凉山彝族自治州			2	1	9

8-4　全省按户主的受教育程度分的家庭户住房状况

受教育程度	户　数 (户)	人　数 (人)	平均每户住房间数 (间/户)	人均住房建筑面积 (平方米/人)	人均住房间　数 (间/人)
总　计	**25378978**	**67537843**	**3.18**	**41.27**	**1.20**
未上过学	1064487	2724029	3.12	39.14	1.22
学前教育	72310	156734	3.20	46.59	1.47
小　学	8485741	22905304	3.45	42.86	1.28
初　中	9026493	24841347	3.28	41.17	1.19
高　中	3065322	7829483	2.80	39.14	1.10
大学专科	1951379	4813873	2.66	39.49	1.08
大学本科	1530670	3810025	2.67	40.19	1.07
硕士研究生	161524	403081	2.69	41.95	1.08
博士研究生	21052	53967	2.78	42.57	1.08

注：本表数据为居住在普通住宅的家庭户。

8-4a　全省按户主的受教育程度分的家庭户住房状况(城市)

受教育程度	户　数 (户)	人　数 (人)	平均每户住房间数 (间/户)	人均住房建筑面积 (平方米/人)	人均住房间　数 (间/人)
总　计	**9596695**	**24651698**	**2.56**	**36.08**	**1.00**
未上过学	118736	252752	2.36	38.38	1.11
学前教育	10515	21545	2.50	42.26	1.22
小　学	1519598	3979170	2.58	34.90	0.99
初　中	3065004	8206113	2.56	33.86	0.96
高　中	1919762	4833214	2.51	36.05	1.00
大学专科	1502640	3707224	2.55	38.21	1.04
大学本科	1286739	3214651	2.63	39.82	1.05
硕士研究生	153728	385582	2.69	41.77	1.07
博士研究生	19973	51447	2.77	42.34	1.08

注：本表数据为居住在普通住宅的家庭户。

8-4b 全省按户主的受教育程度分的家庭户住房状况(镇)

受教育程度	户 数 (户)	人 数 (人)	平均每户 住房间数 (间/户)	人均住房 建筑面积 (平方米/人)	人均住房 间 数 (间/人)
总 计	**4997826**	**13452085**	**3.13**	**40.65**	**1.16**
未上过学	167531	425955	2.99	38.89	1.17
学前教育	10087	21560	2.98	46.41	1.39
小 学	1522356	4149128	3.23	40.78	1.19
初 中	2077634	5743110	3.18	40.25	1.15
高 中	672505	1753866	2.99	40.78	1.14
大学专科	339176	841359	2.93	42.65	1.18
大学本科	202330	503133	2.84	41.45	1.14
硕士研究生	5462	12186	2.70	44.74	1.21
博士研究生	745	1788	2.81	45.11	1.17

注：本表数据为居住在普通住宅的家庭户。

8-4c 全省按户主的受教育程度分的家庭户住房状况(乡村)

受教育程度	户 数 (户)	人 数 (人)	平均每户 住房间数 (间/户)	人均住房 建筑面积 (平方米/人)	人均住房 间 数 (间/人)
总 计	**10784457**	**29434060**	**3.76**	**45.90**	**1.38**
未上过学	778220	2045322	3.26	39.28	1.24
学前教育	51708	113629	3.38	47.44	1.54
小 学	5443787	14777006	3.75	45.59	1.38
初 中	3883855	10892124	3.91	47.17	1.40
高 中	473055	1242403	3.69	48.82	1.41
大学专科	109563	265290	3.28	47.35	1.35
大学本科	41601	92241	2.85	46.25	1.28
硕士研究生	2334	5313	2.87	48.54	1.26
博士研究生	334	732	2.99	52.55	1.36

注：本表数据为居住在普通住宅的家庭户。

8–5　全省按户主受教育程度、人均住房建筑面积分的家庭户户数

单位：户

受教育程度	户　数	人均住房建筑面积(平方米)			
		8及以下	9–12	13–16	17–19
总　计	**25378978**	**157961**	**428738**	**936438**	**744089**
未上过学	1064487	10266	33077	54055	27112
学前教育	72310	308	869	1820	1113
小　学	8485741	54056	146180	299596	195721
初　中	9026493	67253	164189	348239	270445
高　中	3065322	17585	50724	122858	113859
大学专科	1951379	5754	21462	63989	73572
大学本科	1530670	2593	11269	41866	56108
硕士研究生	161524	129	781	3536	5486
博士研究生	21052	17	187	479	673

注：本表数据为居住在普通住宅的家庭户。

8–5　续表　　单位：户

受教育程度	人均住房建筑面积(平方米)				
	20–29	30–39	40–49	50–59	60及以上
总　计	**4671251**	**4590159**	**3737875**	**2399078**	**7713389**
未上过学	169810	174336	133433	101900	360498
学前教育	8803	11759	10067	7581	29990
小　学	1350817	1513059	1248354	863287	2814671
初　中	1716476	1680843	1316874	845556	2616618
高　中	653857	560835	451385	264172	830047
大学专科	416537	349159	302636	168198	550072
大学本科	319106	269898	244990	132026	452814
硕士研究生	31670	26868	26805	14430	51819
博士研究生	4175	3402	3331	1928	6860

8-5a 全省按户主受教育程度、人均住房建筑面积分的家庭户户数(城市)

单位：户

受教育程度	户　数	人均住房建筑面积(平方米)			
		8及以下	9-12	13-16	17-19
总　计	**9596695**	**92566**	**218866**	**469302**	**446600**
未上过学	118736	1813	4204	6126	4337
学前教育	10515	145	274	426	384
小　学	1519598	26836	53892	92492	74790
初　中	3065004	44063	95903	185871	159754
高　中	1919762	13021	37430	91172	88063
大学专科	1502640	4484	17247	53336	63363
大学本科	1286739	2072	9017	36098	49942
硕士研究生	153728	116	722	3332	5313
博士研究生	19973	16	177	449	654

注：本表数据为居住在普通住宅的家庭户。

8-5a 续表

单位：户

受教育程度	人均住房建筑面积(平方米)				
	20-29	30-39	40-49	50-59	60及以上
总　计	**2265482**	**1761766**	**1395256**	**759078**	**2187779**
未上过学	21830	19610	15834	11000	33982
学前教育	1640	1431	1206	854	4155
小　学	350437	280738	199878	123493	317042
初　中	782837	583766	415181	230236	567393
高　中	458507	354875	287987	149206	439501
大学专科	340818	268267	236848	121973	396304
大学本科	274965	224197	209431	106892	374125
硕士研究生	30456	25628	25693	13602	48866
博士研究生	3992	3254	3198	1822	6411

8-5b 全省按户主受教育程度、人均住房建筑面积分的家庭户户数(镇)

单位：户

受教育程度	户 数	人均住房建筑面积(平方米)			
		8及以下	9-12	13-16	17-19
总　计	**4997826**	**27858**	**77440**	**176126**	**137244**
未上过学	167531	2792	5960	9328	4578
学前教育	10087	50	141	271	186
小　学	1522356	11239	29218	61646	41360
初　中	2077634	10012	30153	73435	59302
高　中	672505	2558	7463	19391	18501
大学专科	339176	812	2752	7388	7957
大学本科	202330	385	1698	4518	5217
硕士研究生	5462	9	46	128	129
博士研究生	745	1	9	21	14

注：本表数据为居住在普通住宅的家庭户。

8-5b 续表

单位：户

受教育程度	人均住房建筑面积(平方米)				
	20-29	30-39	40-49	50-59	60及以上
总　计	**938636**	**924847**	**709090**	**512424**	**1494161**
未上过学	27813	25937	19829	15638	55656
学前教育	1303	1522	1236	1012	4366
小　学	271707	271014	211395	157756	467021
初　中	408938	397871	298562	212203	587158
高　中	131355	126665	96403	67676	202493
大学专科	58964	62237	51096	36048	111922
大学本科	37553	38626	29710	21373	63250
硕士研究生	858	868	781	643	2000
博士研究生	145	107	78	75	295

8-5c 全省按户主受教育程度、人均住房建筑面积分的家庭户户数(乡村)

单位：户

受教育程度	户 数	人均住房建筑面积(平方米)			
		8及以下	9-12	13-16	17-19
总 计	**10784457**	**37537**	**132432**	**291010**	**160245**
未上过学	778220	5661	22913	38601	18197
学前教育	51708	113	454	1123	543
小 学	5443787	15981	63070	145458	79571
初 中	3883855	13178	38133	88933	51389
高 中	473055	2006	5831	12295	7295
大学专科	109563	458	1463	3265	2252
大学本科	41601	136	554	1250	949
硕士研究生	2334	4	13	76	44
博士研究生	334		1	9	5

注：本表数据为居住在普通住宅的家庭户。

8-5c 续表

单位：户

受教育程度	人均住房建筑面积(平方米)				
	20-29	30-39	40-49	50-59	60及以上
总 计	**1467133**	**1903546**	**1633529**	**1127576**	**4031449**
未上过学	120167	128789	97770	75262	270860
学前教育	5860	8806	7625	5715	21469
小 学	728673	961307	837081	582038	2030608
初 中	524701	699206	603131	403117	1462067
高 中	63995	79295	66995	47290	188053
大学专科	16755	18655	14692	10177	41846
大学本科	6588	7075	5849	3761	15439
硕士研究生	356	372	331	185	953
博士研究生	38	41	55	31	154

中国人口普查
CHINA POPULATION CENSUS

2020

四川省人口普查年鉴

（中册）

SICHUAN POPULATION CENSUS YEARBOOK 2020

(BOOK 2)

四川省第七次全国人口普查领导小组办公室
四　川　省　统　计　局　编

Compiled by
Office of the Leading Group of Sichuan Province for the Seventh National Population Census
Sichuan Provincial Bureau of Statistics

中国统计出版社
China Statistics Press

图书在版编目（CIP）数据

四川省人口普查年鉴. 2020. 中册 / 四川省第七次全国人口普查领导小组办公室, 四川省统计局编. -- 北京：中国统计出版社, 2022.9
ISBN 978-7-5037-9919-8

Ⅰ. ①四… Ⅱ. ①四… ②四… Ⅲ. ①人口普查－统计资料－四川－2020－年鉴 Ⅳ. ①C924.257.1-54

中国版本图书馆 CIP 数据核字(2022)第 148401 号

四川省人口普查年鉴-2020（中册）
Sichuan Population Census Yearbook 2020 (Book 2)

作　　者/四川省第七次全国人口普查领导小组办公室　四川省统计局
责任编辑/佘竞雄
封面设计/李雪燕
出版发行/中国统计出版社有限公司
通信地址/北京市丰台区西三环南路甲 6 号　邮政编码/100073
发行电话/邮购（010）63376909　书店（010）68783171
网　　址/http://www.zgtjcbs.com/
印　　刷/河北鑫兆源印刷有限公司
经　　销/新华书店
开　　本/880mm×1230mm　1/16
字　　数/1060 千字
印　　张/33.5
版　　别/2022 年 9 月第 1 版
版　　次/2022 年 9 月第 1 次印刷
定　　价/980.00 元（全三册附光盘）

目　　录

中　册

第二部分　长表数据资料

第一卷　概要

第二卷　民族

第三卷 教育

第四卷 就业

第五卷 婚姻

第二部分 长表数据资料

第一卷 概要

1-1 各地区户数、

地区	户数						
				合计			
	合计	家庭户	集体户	合计	男	女	性别比(女=100)
全省	**3110729**	**3036755**	**73974**	**8866931**	**4468377**	**4398554**	**101.59**
成都市	750351	715485	34866	2049635	1025380	1024255	100.11
自贡市	92627	91411	1216	255739	126290	129449	97.56
攀枝花市	48045	46237	1808	135955	70521	65434	107.77
泸州市	143190	140148	3042	412397	206356	206041	100.15
德阳市	133495	130874	2621	353644	176568	177076	99.71
绵阳市	202914	198606	4308	529181	264836	264345	100.19
广元市	89226	88337	889	237057	117473	119584	98.23
遂宁市	120546	119506	1040	358815	183109	175706	104.21
内江市	130442	128845	1597	373591	188159	185432	101.47
乐山市	113581	112419	1162	310605	154495	156110	98.97
南充市	251028	246093	4935	702979	358415	344564	104.02
眉山市	102389	100851	1538	289746	142373	147373	96.61
宜宾市	149722	145361	4361	451524	229898	221626	103.73
广安市	116219	115324	895	315272	157421	157851	99.73
达州市	230735	226737	3998	727030	375295	351735	106.70
雅安市	49519	48755	764	148370	74728	73642	101.47
巴中市	109414	108413	1001	319910	162644	157266	103.42
资阳市	88275	87562	713	223604	110992	112612	98.56
阿坝藏族羌族自治州	24922	24193	729	84724	43735	40989	106.70
甘孜藏族自治州	29979	29078	901	109989	56380	53609	105.17
凉山彝族自治州	134110	132520	1590	477164	243309	233855	104.04

1-1a 各地区户数、

地区	户数						
				合计			
	合计	家庭户	集体户	合计	男	女	性别比(女=100)
全省	**1100384**	**1052671**	**47713**	**3023299**	**1489653**	**1533646**	**97.13**
成都市	548983	520538	28445	1471212	732657	738555	99.20
自贡市	28595	27883	712	76909	36987	39922	92.65
攀枝花市	29227	27780	1447	74818	38617	36201	106.67
泸州市	35876	34434	1442	99324	48156	51168	94.11
德阳市	46406	44942	1464	122483	59577	62906	94.71
绵阳市	66936	64671	2265	170264	82363	87901	93.70
广元市	16857	16579	278	45383	21685	23698	91.51
遂宁市	38110	37459	651	113599	55488	58111	95.49
内江市	27414	26449	965	78459	36846	41613	88.54
乐山市	33972	33493	479	89494	42783	46711	91.59
南充市	54249	51470	2779	159373	76971	82402	93.41
眉山市	22924	22225	699	65949	31693	34256	92.52
宜宾市	35675	33010	2665	105076	52221	52855	98.80
广安市	15767	15543	224	48530	23466	25064	93.62
达州市	37652	36062	1590	126389	63143	63246	99.84
雅安市	10199	9831	368	28051	13619	14432	94.37
巴中市	15630	15370	260	49852	24705	25147	98.24
资阳市	14646	14373	273	40576	19920	20656	96.44
阿坝藏族羌族自治州	1150	1111	39	3026	1431	1595	89.72
甘孜藏族自治州	1625	1571	54	4125	2154	1971	109.28
凉山彝族自治州	18491	17877	614	50407	25171	25236	99.74

人口数和性别比

单位：户、人

人口数								平均家庭户规模（人/户）
家庭户				集体户				
小计	男	女	性别比（女=100）	小计	男	女	性别比（女=100）	
8403050	**4208222**	**4194828**	**100.32**	**463881**	**260155**	**203726**	**127.70**	**2.77**
1879794	927663	952131	97.43	169841	97717	72124	135.48	2.63
248306	122392	125914	97.20	7433	3898	3535	110.27	2.72
124761	63365	61396	103.21	11194	7156	4038	177.22	2.70
391504	195558	195946	99.80	20893	10798	10095	106.96	2.79
338159	166959	171200	97.52	15485	9609	5876	163.53	2.58
499948	249112	250836	99.31	29233	15724	13509	116.40	2.52
229272	112981	116291	97.15	7785	4492	3293	136.41	2.60
348780	177538	171242	103.68	10035	5571	4464	124.80	2.92
360200	181544	178656	101.62	13391	6615	6776	97.62	2.80
301246	149083	152163	97.98	9359	5412	3947	137.12	2.68
671058	342276	328782	104.10	31921	16139	15782	102.26	2.73
277577	136114	141463	96.22	12169	6259	5910	105.91	2.75
427081	215745	211336	102.09	24443	14153	10290	137.54	2.94
308377	153463	154914	99.06	6895	3958	2937	134.76	2.67
683431	352068	331363	106.25	43599	23227	20372	114.01	3.01
143226	71832	71394	100.61	5144	2896	2248	128.83	2.94
309617	156941	152676	102.79	10293	5703	4590	124.25	2.86
216890	107109	109781	97.57	6714	3883	2831	137.16	2.48
77775	39306	38469	102.18	6949	4429	2520	175.75	3.21
101851	51306	50545	101.51	8138	5074	3064	165.60	3.50
464197	235867	228330	103.30	12967	7442	5525	134.70	3.50

人口数和性别比(城市)

单位：户、人

人口数								平均家庭户规模（人/户）
家庭户				集体户				
小计	男	女	性别比（女=100）	小计	男	女	性别比（女=100）	
2760987	**1347222**	**1413765**	**95.29**	**262312**	**142431**	**119881**	**118.81**	**2.62**
1339311	656812	682499	96.24	131901	75845	56056	135.30	2.57
72800	34920	37880	92.19	4109	2067	2042	101.22	2.61
66323	33408	32915	101.50	8495	5209	3286	158.52	2.39
91197	44084	47113	93.57	8127	4072	4055	100.42	2.65
113710	54499	59211	92.04	8773	5078	3695	137.43	2.53
155090	74916	80174	93.44	15174	7447	7727	96.38	2.40
42607	20316	22291	91.14	2776	1369	1407	97.30	2.57
106947	51950	54997	94.46	6652	3538	3114	113.62	2.86
72027	34321	37706	91.02	6432	2525	3907	64.63	2.72
84864	40473	44391	91.17	4630	2310	2320	99.57	2.53
141306	68635	72671	94.45	18067	8336	9731	85.66	2.75
61712	29709	32003	92.83	4237	1984	2253	88.06	2.78
92316	45154	47162	95.74	12760	7067	5693	124.13	2.80
46847	22590	24257	93.13	1683	876	807	108.55	3.01
111528	55671	55857	99.67	14861	7472	7389	101.12	3.09
25985	12617	13368	94.38	2066	1002	1064	94.17	2.64
47036	23126	23910	96.72	2816	1579	1237	127.65	3.06
37430	18042	19388	93.06	3146	1878	1268	148.11	2.60
2492	1206	1286	93.78	534	225	309	72.82	2.24
3724	1890	1834	103.05	401	264	137	192.70	2.37
45735	22883	22852	100.14	4672	2288	2384	95.97	2.56

1−1b　各地区户数、

地　区	户　数						
				合　计			
	合计	家庭户	集体户	合计	男	女	性别比(女=100)
全省	**617015**	**602588**	**14427**	**1788517**	**879599**	**908918**	**96.77**
成都市	45325	43829	1496	134349	65248	69101	94.42
自贡市	21643	21232	411	61092	28982	32110	90.26
攀枝花市	6354	6151	203	18529	9603	8926	107.58
泸州市	37730	36396	1334	110813	53832	56981	94.47
德阳市	25880	25048	832	69662	34681	34981	99.14
绵阳市	33390	32041	1349	86445	42381	44064	96.18
广元市	23614	23195	419	61870	29734	32136	92.53
遂宁市	20366	20114	252	60368	29862	30506	97.89
内江市	32410	31890	520	92307	45080	47227	95.45
乐山市	27157	26779	378	74331	36306	38025	95.48
南充市	56626	55400	1226	157260	77846	79414	98.03
眉山市	27022	26582	440	77695	37628	40067	93.91
宜宾市	41139	39870	1269	127932	63767	64165	99.38
广安市	33575	33151	424	92415	44205	48210	91.69
达州市	63457	62080	1377	196593	98980	97613	101.40
雅安市	16080	15888	192	48339	23839	24500	97.30
巴中市	29471	28968	503	86185	42264	43921	96.23
资阳市	20113	19757	356	53784	25595	28189	90.80
阿坝藏族羌族自治州	10418	10061	357	30998	15655	15343	102.03
甘孜藏族自治州	9891	9414	477	28545	14144	14401	98.22
凉山彝族自治州	35354	34742	612	119005	59967	59038	101.57

1−1c　各地区户数、

地　区	户　数						
				合　计			
	合计	家庭户	集体户	合计	男	女	性别比(女=100)
全省	**1393330**	**1381496**	**11834**	**4055115**	**2099125**	**1955990**	**107.32**
成都市	156043	151118	4925	444074	227475	216599	105.02
自贡市	42389	42296	93	117738	60321	57417	105.06
攀枝花市	12464	12306	158	42608	22301	20307	109.82
泸州市	69584	69318	266	202260	104368	97892	106.62
德阳市	61209	60884	325	161499	82310	79189	103.94
绵阳市	102588	101894	694	272472	140092	132380	105.83
广元市	48755	48563	192	129804	66054	63750	103.61
遂宁市	62070	61933	137	184848	97759	87089	112.25
内江市	70618	70506	112	202825	106233	96592	109.98
乐山市	52452	52147	305	146780	75406	71374	105.65
南充市	140153	139223	930	386346	203598	182748	111.41
眉山市	52443	52044	399	146102	73052	73050	100.00
宜宾市	72908	72481	427	218516	113910	104606	108.89
广安市	66877	66630	247	174327	89750	84577	106.12
达州市	129626	128595	1031	404048	213172	190876	111.68
雅安市	23240	23036	204	71980	37270	34710	107.38
巴中市	64313	64075	238	183873	95675	88198	108.48
资阳市	53516	53432	84	129244	65477	63767	102.68
阿坝藏族羌族自治州	13354	13021	333	50700	26649	24051	110.80
甘孜藏族自治州	18463	18093	370	77319	40082	37237	107.64
凉山彝族自治州	80265	79901	364	307752	158171	149581	105.74

人口数和性别比(镇)

单位：户、人

人口数								平均家庭户规模(人/户)
家庭户				集体户				
小计	男	女	性别比(女=100)	小计	男	女	性别比(女=100)	
1671809	**816601**	**855208**	**95.49**	**116708**	**62998**	**53710**	**117.29**	**2.77**
120849	58913	61936	95.12	13500	6335	7165	88.42	2.76
58511	27717	30794	90.01	2581	1265	1316	96.12	2.76
16937	8516	8421	101.13	1592	1087	505	215.25	2.75
99642	48247	51395	93.87	11171	5585	5586	99.98	2.74
65199	31847	33352	95.49	4463	2834	1629	173.97	2.60
78703	38118	40585	93.92	7742	4263	3479	122.54	2.46
58267	27707	30560	90.66	3603	2027	1576	128.62	2.51
58106	28589	29517	96.86	2262	1273	989	128.72	2.89
86570	41950	44620	94.02	5737	3130	2607	120.06	2.71
71982	34946	37036	94.36	2349	1360	989	137.51	2.69
149700	73810	75890	97.26	7560	4036	3524	114.53	2.70
73981	35601	38380	92.76	3714	2027	1687	120.15	2.78
119117	58738	60379	97.28	8815	5029	3786	132.83	2.99
89129	42355	46774	90.55	3286	1850	1436	128.83	2.69
180377	89965	90412	99.51	16216	9015	7201	125.19	2.91
46804	23007	23797	96.68	1535	832	703	118.35	2.95
81386	39808	41578	95.74	4799	2456	2343	104.82	2.81
50747	23965	26782	89.48	3037	1630	1407	115.85	2.57
27958	13932	14026	99.33	3040	1723	1317	130.83	2.78
24580	12191	12389	98.40	3965	1953	2012	97.07	2.61
113264	56679	56585	100.17	5741	3288	2453	134.04	3.26

人口数和性别比(乡村)

单位：户、人

人口数								平均家庭户规模(人/户)
家庭户				集体户				
小计	男	女	性别比(女=100)	小计	男	女	性别比(女=100)	
3970254	**2044399**	**1925855**	**106.16**	**84861**	**54726**	**30135**	**181.60**	**2.87**
419634	211938	207696	102.04	24440	15537	8903	174.51	2.78
116995	59755	57240	104.39	743	566	177	319.77	2.77
41501	21441	20060	106.88	1107	860	247	348.18	3.37
200665	103227	97438	105.94	1595	1141	454	251.32	2.89
159250	80613	78637	102.51	2249	1697	552	307.43	2.62
266155	136078	130077	104.61	6317	4014	2303	174.29	2.61
128398	64958	63440	102.39	1406	1096	310	353.55	2.64
183727	96999	86728	111.84	1121	760	361	210.53	2.97
201603	105273	96330	109.28	1222	960	262	366.41	2.86
144400	73664	70736	104.14	2380	1742	638	273.04	2.77
380052	199831	180221	110.88	6294	3767	2527	149.07	2.73
141884	70804	71080	99.61	4218	2248	1970	114.11	2.73
215648	111853	103795	107.76	2868	2057	811	253.64	2.98
172401	88518	83883	105.53	1926	1232	694	177.52	2.59
391526	206432	185094	111.53	12522	6740	5782	116.57	3.04
70437	36208	34229	105.78	1543	1062	481	220.79	3.06
181195	94007	87188	107.82	2678	1668	1010	165.15	2.83
128713	65102	63611	102.34	531	375	156	240.38	2.41
47325	24168	23157	104.37	3375	2481	894	277.52	3.63
73547	37225	36322	102.49	3772	2857	915	312.24	4.06
305198	156305	148893	104.98	2554	1866	688	271.22	3.82

1-2 各地区分性别、

地区	人口数			居住本乡、镇、街道，户口在本乡、镇、街道		
	合计	男	女	小计	男	女
全省	**8866931**	**4468377**	**4398554**	**6235824**	**3161856**	**3073968**
成都市	2049635	1025380	1024255	1061151	523363	537788
自贡市	255739	126290	129449	190225	95302	94923
攀枝花市	135955	70521	65434	87908	44754	43154
泸州市	412397	206356	206041	325567	164693	160874
德阳市	353644	176568	177076	267171	133706	133465
绵阳市	529181	264836	264345	375669	189573	186096
广元市	237057	117473	119584	185899	92887	93012
遂宁市	358815	183109	175706	273758	141281	132477
内江市	373591	188159	185432	295321	151209	144112
乐山市	310605	154495	156110	227068	114209	112859
南充市	702979	358415	344564	536323	277175	259148
眉山市	289746	142373	147373	206075	102363	103712
宜宾市	451524	229898	221626	340056	174888	165168
广安市	315272	157421	157851	246203	124655	121548
达州市	727030	375295	351735	559212	291107	268105
雅安市	148370	74728	73642	114950	58824	56126
巴中市	319910	162644	157266	250566	128455	122111
资阳市	223604	110992	112612	173792	87041	86751
阿坝藏族羌族自治州	84724	43735	40989	68995	35305	33690
甘孜藏族自治州	109989	56380	53609	88103	44574	43529
凉山彝族自治州	477164	243309	233855	361812	186492	175320

1-2a 各地区分性别、

地区	人口数			居住本乡、镇、街道，户口在本乡、镇、街道		
	合计	男	女	小计	男	女
全省	**3023299**	**1489653**	**1533646**	**1328628**	**649085**	**679543**
成都市	1471212	732657	738555	627249	306103	321146
自贡市	76909	36987	39922	38332	18537	19795
攀枝花市	74818	38617	36201	38571	19392	19179
泸州市	99324	48156	51168	50459	24544	25915
德阳市	122483	59577	62906	64090	31403	32687
绵阳市	170264	82363	87901	75215	36404	38811
广元市	45383	21685	23698	19878	9662	10216
遂宁市	113599	55488	58111	52487	25615	26872
内江市	78459	36846	41613	34454	16562	17892
乐山市	89494	42783	46711	43940	21068	22872
南充市	159373	76971	82402	71052	34711	36341
眉山市	65949	31693	34256	25868	12586	13282
宜宾市	105076	52221	52855	41110	20186	20924
广安市	48530	23466	25064	24371	11844	12527
达州市	126389	63143	63246	42973	21373	21600
雅安市	28051	13619	14432	16062	7915	8147
巴中市	49852	24705	25147	20650	10221	10429
资阳市	40576	19920	20656	15815	7676	8139
阿坝藏族羌族自治州	3026	1431	1595	1586	783	803
甘孜藏族自治州	4125	2154	1971	2279	1204	1075
凉山彝族自治州	50407	25171	25236	22187	11296	10891

户口登记状况的人口

单位：人

居住本乡、镇、街道，户口在外乡、镇、街道，离开户口登记地半年以上			居住本乡、镇、街道，户口待定			原住本乡、镇、街道，现在港澳台或国外工作学习		
小计	男	女	小计	男	女	小计	男	女
2610212	**1295189**	**1315023**	**13997**	**7019**	**6978**	**6898**	**4313**	**2585**
983565	499424	484141	3085	1636	1449	1834	957	877
65084	30778	34306	234	108	126	196	102	94
47680	25556	22124	288	167	121	79	44	35
85673	41067	44606	823	380	443	334	216	118
85651	42402	43249	282	125	157	540	335	205
152509	74688	77821	557	285	272	446	290	156
50740	24305	26435	195	113	82	223	168	55
84489	41505	42984	284	118	166	284	205	79
77713	36689	41024	338	134	204	219	127	92
82757	39862	42895	417	197	220	363	227	136
165542	80622	84920	703	340	363	411	278	133
83168	39727	43441	234	115	119	269	168	101
110097	54318	55779	1062	496	566	309	196	113
68546	32479	36067	277	118	159	246	169	77
166920	83700	83220	694	364	330	204	124	80
33131	15742	17389	180	86	94	109	76	33
68707	33829	34878	461	235	226	176	125	51
49421	23723	25698	226	113	113	165	115	50
15519	8297	7222	144	85	59	66	48	18
21142	11318	9824	478	262	216	266	226	40
112158	55158	57000	3035	1542	1493	159	117	42

户口登记状况的人口(城市)

单位：人

居住本乡、镇、街道，户口在外乡、镇、街道，离开户口登记地半年以上			居住本乡、镇、街道，户口待定			原住本乡、镇、街道，现在港澳台或国外工作学习		
小计	男	女	小计	男	女	小计	男	女
1688451	**837394**	**851057**	**3996**	**2097**	**1899**	**2224**	**1077**	**1147**
840193	424657	415536	2425	1274	1151	1345	623	722
38462	18404	20058	46	18	28	69	28	41
36080	19123	16957	111	70	41	56	32	24
48720	23537	25183	90	45	45	55	30	25
58162	28058	30104	91	41	50	140	75	65
94690	45768	48922	202	106	96	157	85	72
25450	11986	13464	25	18	7	30	19	11
60978	29807	31171	83	35	48	51	31	20
43926	20249	23677	48	24	24	31	11	20
45322	21599	23723	150	77	73	82	39	43
88172	42181	45991	92	49	43	57	30	27
40034	19082	20952	32	17	15	15	8	7
63758	31919	31839	165	99	66	43	17	26
24107	11597	12510	24	10	14	28	15	13
83351	41737	41614	58	28	30	7	5	2
11927	5671	6256	40	24	16	22	9	13
29093	14429	14664	99	49	50	10	6	4
24707	12218	12489	45	21	24	9	5	4
1437	646	791	2	2		1		1
1835	946	889	11	4	7			
28047	13780	14267	157	86	71	16	9	7

1-2b 各地区分性别、

地区	人口数			居住本乡、镇、街道，户口在本乡、镇、街道		
	合计	男	女	小计	男	女
全省	**1788517**	**879599**	**908918**	**1173498**	**580647**	**592851**
成都市	134349	65248	69101	81760	40192	41568
自贡市	61092	28982	32110	38696	18405	20291
攀枝花市	18529	9603	8926	11554	5787	5767
泸州市	110813	53832	56981	80070	39104	40966
德阳市	69662	34681	34981	52064	25595	26469
绵阳市	86445	42381	44064	53828	26550	27278
广元市	61870	29734	32136	42397	20614	21783
遂宁市	60368	29862	30506	40314	19916	20398
内江市	92307	45080	47227	63260	30768	32492
乐山市	74331	36306	38025	47675	23499	24176
南充市	157260	77846	79414	95845	47637	48208
眉山市	77695	37628	40067	47714	23301	24413
宜宾市	127932	63767	64165	94202	47288	46914
广安市	92415	44205	48210	56757	27402	29355
达州市	196593	98980	97613	137643	69579	68064
雅安市	48339	23839	24500	34380	17262	17118
巴中市	86185	42264	43921	54393	26901	27492
资阳市	53784	25595	28189	31523	15228	16295
阿坝藏族羌族自治州	30998	15655	15343	21377	10850	10527
甘孜藏族自治州	28545	14144	14401	15731	7884	7847
凉山彝族自治州	119005	59967	59038	72315	36885	35430

1-2c 各地区分性别、

地区	人口数			居住本乡、镇、街道，户口在本乡、镇、街道		
	合计	男	女	小计	男	女
全省	**4055115**	**2099125**	**1955990**	**3733698**	**1932124**	**1801574**
成都市	444074	227475	216599	352142	177068	175074
自贡市	117738	60321	57417	113197	58360	54837
攀枝花市	42608	22301	20307	37783	19575	18208
泸州市	202260	104368	97892	195038	101045	93993
德阳市	161499	82310	79189	151017	76708	74309
绵阳市	272472	140092	132380	246626	126619	120007
广元市	129804	66054	63750	123624	62611	61013
遂宁市	184848	97759	87089	180957	95750	85207
内江市	202825	106233	96592	197607	103879	93728
乐山市	146780	75406	71374	135453	69642	65811
南充市	386346	203598	182748	369426	194827	174599
眉山市	146102	73052	73050	132493	66476	66017
宜宾市	218516	113910	104606	204744	107414	97330
广安市	174327	89750	84577	165075	85409	79666
达州市	404048	213172	190876	378596	200155	178441
雅安市	71980	37270	34710	64508	33647	30861
巴中市	183873	95675	88198	175523	91333	84190
资阳市	129244	65477	63767	126454	64137	62317
阿坝藏族羌族自治州	50700	26649	24051	46032	23672	22360
甘孜藏族自治州	77319	40082	37237	70093	35486	34607
凉山彝族自治州	307752	158171	149581	267310	138311	128999

户口登记状况的人口(镇)

单位：人

居住本乡、镇、街道，户口在外乡、镇、街道，离开户口登记地半年以上			居住本乡、镇、街道，户口待定			原住本乡、镇、街道，现在港澳台或国外工作学习		
小计	男	女	小计	男	女	小计	男	女
612039	**297348**	**314691**	**2187**	**1108**	**1079**	**793**	**496**	**297**
52356	24927	27429	177	94	83	56	35	21
22333	10540	11793	34	23	11	29	14	15
6919	3776	3143	49	36	13	7	4	3
30524	14616	15908	164	79	85	55	33	22
17455	9006	8449	56	31	25	87	49	38
32505	15772	16733	70	35	35	42	24	18
19401	9071	10330	28	17	11	44	32	12
19967	9902	10065	51	21	30	36	23	13
28965	14271	14694	50	22	28	32	19	13
26533	12742	13791	74	39	35	49	26	23
61235	30105	31130	135	71	64	45	33	12
29878	14280	15598	44	14	30	59	33	26
33422	16326	17096	262	120	142	46	33	13
35568	16750	18818	61	32	29	29	21	8
58777	29310	29467	147	77	70	26	14	12
13883	6540	7343	44	17	27	32	20	12
31665	15293	16372	102	51	51	25	19	6
22192	10328	11864	41	24	17	28	15	13
9556	4769	4787	50	28	22	15	8	7
12730	6209	6521	63	32	31	21	19	2
46175	22815	23360	485	245	240	30	22	8

户口登记状况的人口(乡村)

单位：人

居住本乡、镇、街道，户口在外乡、镇、街道，离开户口登记地半年以上			居住本乡、镇、街道，户口待定			原住本乡、镇、街道，现在港澳台或国外工作学习		
小计	男	女	小计	男	女	小计	男	女
309722	**160447**	**149275**	**7814**	**3814**	**4000**	**3881**	**2740**	**1141**
91016	49840	41176	483	268	215	433	299	134
4289	1834	2455	154	67	87	98	60	38
4681	2657	2024	128	61	67	16	8	8
6429	2914	3515	569	256	313	224	153	71
10034	5338	4696	135	53	82	313	211	102
25314	13148	12166	285	144	141	247	181	66
5889	3248	2641	142	78	64	149	117	32
3544	1796	1748	150	62	88	197	151	46
4822	2169	2653	240	88	152	156	97	59
10902	5521	5381	193	81	112	232	162	70
16135	8336	7799	476	220	256	309	215	94
13256	6365	6891	158	84	74	195	127	68
12917	6073	6844	635	277	358	220	146	74
8871	4132	4739	192	76	116	189	133	56
24792	12653	12139	489	259	230	171	105	66
7321	3531	3790	96	45	51	55	47	8
7949	4107	3842	260	135	125	141	100	41
2522	1177	1345	140	68	72	128	95	33
4526	2882	1644	92	55	37	50	40	10
6577	4163	2414	404	226	178	245	207	38
37936	18563	19373	2393	1211	1182	113	86	27

1-3 各地区分年龄、性别的人口

单位：人

地区	合计			0岁		
	合计	男	女	小计	男	女
全省	**8866931**	**4468377**	**4398554**	**60817**	**31793**	**29024**
成都市	2049635	1025380	1024255	14025	7305	6720
自贡市	255739	126290	129449	1520	812	708
攀枝花市	135955	70521	65434	921	484	437
泸州市	412397	206356	206041	2823	1503	1320
德阳市	353644	176568	177076	2075	1013	1062
绵阳市	529181	264836	264345	3351	1805	1546
广元市	237057	117473	119584	1772	908	864
遂宁市	358815	183109	175706	1850	960	890
内江市	373591	188159	185432	2037	1066	971
乐山市	310605	154495	156110	2223	1143	1080
南充市	702979	358415	344564	4268	2302	1966
眉山市	289746	142373	147373	2132	1085	1047
宜宾市	451524	229898	221626	3622	1869	1753
广安市	315272	157421	157851	2280	1210	1070
达州市	727030	375295	351735	3527	1843	1684
雅安市	148370	74728	73642	1146	595	551
巴中市	319910	162644	157266	2114	1073	1041
资阳市	223604	110992	112612	1376	711	665
阿坝藏族羌族自治州	84724	43735	40989	724	356	368
甘孜藏族自治州	109989	56380	53609	1027	565	462
凉山彝族自治州	477164	243309	233855	6004	3185	2819

1-3 续表 1

单位：人

地区	1-4岁			5-9岁			10-14岁		
	小计	男	女	小计	男	女	小计	男	女
全省	**356610**	**184540**	**172070**	**484911**	**251724**	**233187**	**497943**	**259073**	**238870**
成都市	84831	43589	41242	92192	47963	44229	76476	39698	36778
自贡市	8885	4603	4282	14071	7214	6857	16302	8445	7857
攀枝花市	5109	2650	2459	6198	3204	2994	6581	3461	3120
泸州市	16674	8685	7989	24328	12746	11582	30979	16120	14859
德阳市	12100	6259	5841	15956	8256	7700	16255	8274	7981
绵阳市	19508	10037	9471	25578	13267	12311	24647	12760	11887
广元市	9081	4675	4406	12205	6271	5934	13068	6726	6342
遂宁市	12873	6657	6216	19689	10194	9495	19088	9965	9123
内江市	12793	6586	6207	18540	9510	9030	22601	11645	10956
乐山市	11652	6040	5612	15416	7935	7481	15031	7683	7348
南充市	24533	12750	11783	35903	18574	17329	39478	20781	18697
眉山市	11553	5896	5657	14531	7596	6935	13405	6869	6536
宜宾市	19515	10082	9433	29356	15362	13994	32262	16886	15376
广安市	12806	6581	6225	19673	10195	9478	21511	11379	10132
达州市	24681	12831	11850	39393	20703	18690	47222	24940	22282
雅安市	6540	3398	3142	7617	3977	3640	8136	4197	3939
巴中市	12778	6750	6028	19398	10200	9198	19398	10225	9173
资阳市	7608	3951	3657	12463	6497	5966	16641	8531	8110
阿坝藏族羌族自治州	4095	2136	1959	5536	2878	2658	5177	2609	2568
甘孜藏族自治州	6325	3213	3112	8653	4392	4261	8479	4318	4161
凉山彝族自治州	32670	17171	15499	48215	24790	23425	45206	23561	21645

1-3　续表 2　　单位：人

地　区	15-19岁			20-24岁			25-29岁		
	小计	男	女	小计	男	女	小计	男	女
全省	**505721**	**260341**	**245380**	**506593**	**252634**	**253959**	**581211**	**293050**	**288161**
成都市	91275	46664	44611	155068	75943	79125	175311	86764	88547
自贡市	13519	6685	6834	9841	4887	4954	12202	6039	6163
攀枝花市	8606	4590	4016	8498	4517	3981	7787	3901	3886
泸州市	31698	16319	15379	18382	9059	9323	20154	10019	10135
德阳市	15739	8200	7539	15955	8355	7600	18259	9004	9255
绵阳市	29123	14931	14192	26014	12590	13424	30483	14815	15668
广元市	11123	5726	5397	10162	4874	5288	13757	6769	6988
遂宁市	17540	9149	8391	17869	9202	8667	25630	13322	12308
内江市	24107	12009	12098	18016	8776	9240	16916	8631	8285
乐山市	13733	6856	6877	13182	6358	6824	17345	8512	8833
南充市	41595	21653	19942	37705	18987	18718	44587	23191	21396
眉山市	13526	6632	6894	12577	5771	6806	17143	8211	8932
宜宾市	31000	16231	14769	23360	11889	11471	26158	13490	12668
广安市	18911	10013	8898	15373	7790	7583	18027	9259	8768
达州市	49686	26354	23332	42247	21649	20598	50100	26428	23672
雅安市	7748	3838	3910	7706	3779	3927	9595	4760	4835
巴中市	21642	11137	10505	19405	9985	9420	21891	11247	10644
资阳市	13872	7223	6649	7193	3698	3495	8082	3858	4224
阿坝藏族羌族自治州	5482	2638	2844	5850	2983	2867	6695	3420	3275
甘孜藏族自治州	8604	4366	4238	8425	4263	4162	8455	4433	4022
凉山彝族自治州	37192	19127	18065	33765	17279	16486	32634	16977	15657

1-3　续表 3　　单位：人

地　区	30-34岁			35-39岁			40-44岁		
	小计	男	女	小计	男	女	小计	男	女
全省	**700650**	**357016**	**343634**	**491750**	**251205**	**240545**	**512893**	**258760**	**254133**
成都市	210950	106532	104418	142757	72986	69771	125855	64009	61846
自贡市	16732	8333	8399	12650	6377	6273	12746	6308	6438
攀枝花市	9547	4896	4651	7344	3690	3654	9782	5052	4730
泸州市	25100	12516	12584	19623	9927	9696	20347	10067	10280
德阳市	25683	12619	13064	18400	9120	9280	21360	10464	10896
绵阳市	39436	19194	20242	28225	13935	14290	33877	16792	17085
广元市	15039	7287	7752	9977	4782	5195	12883	6213	6670
遂宁市	32021	17061	14960	20344	10834	9510	20167	10354	9813
内江市	31552	16547	15005	19049	10092	8957	20537	10411	10126
乐山市	19152	9366	9786	16090	7887	8203	18808	9249	9559
南充市	53606	28090	25516	35911	18648	17263	38721	19578	19143
眉山市	19602	9488	10114	13708	6694	7014	16283	7992	8291
宜宾市	27604	14212	13392	23617	12304	11313	24648	12718	11930
广安市	20904	10679	10225	13658	6848	6810	14628	7003	7625
达州市	57432	30631	26801	34708	18069	16639	41475	21277	20198
雅安市	9695	4771	4924	8083	4101	3982	7463	3833	3630
巴中市	22532	11663	10869	13734	7047	6687	18123	9367	8756
资阳市	15862	7919	7943	9354	4684	4670	11036	5304	5732
阿坝藏族羌族自治州	7133	3844	3289	6489	3476	3013	6708	3575	3133
甘孜藏族自治州	8813	4673	4140	8416	4399	4017	8795	4612	4183
凉山彝族自治州	32255	16695	15560	29613	15305	14308	28651	14582	14069

1-3 续表 4　　单位：人

地　区	45-49岁			50-54岁			55-59岁		
	小计	男	女	小计	男	女	小计	男	女
全省	**861042**	**434901**	**426141**	**851387**	**425513**	**425874**	**637567**	**317082**	**320485**
成都市	192251	98011	94240	186927	93688	93239	141403	69428	71975
自贡市	23927	11631	12296	25453	12272	13181	19848	9721	10127
攀枝花市	17605	9389	8216	13631	7398	6233	8801	4625	4176
泸州市	38984	19289	19695	39224	19088	20136	30400	14916	15484
德阳市	36225	17947	18278	36839	18537	18302	31655	15895	15760
绵阳市	55568	27592	27976	53501	26799	26702	43269	21925	21344
广元市	26485	13273	13212	25798	12812	12986	20228	10070	10158
遂宁市	32978	16565	16413	34631	16452	18179	27442	13534	13908
内江市	37560	18849	18711	38584	19109	19475	28778	14180	14598
乐山市	33672	16997	16675	34469	17342	17127	24947	12513	12434
南充市	68294	34308	33986	70165	35106	35059	49974	24891	25083
眉山市	30052	14850	15202	32497	16191	16306	22825	11336	11489
宜宾市	44783	23185	21598	42565	21488	21077	32081	15818	16263
广安市	27297	12997	14300	28444	13486	14958	23645	11519	12126
达州市	73770	38185	35585	72474	37296	35178	52538	26948	25590
雅安市	16400	8272	8128	16525	8402	8123	11172	5722	5450
巴中市	29718	15264	14454	28938	14512	14426	19900	9793	10107
资阳市	20273	9669	10604	21085	9952	11133	16680	7955	8725
阿坝藏族羌族自治州	7833	4259	3574	7030	3770	3260	4310	2325	1985
甘孜藏族自治州	9189	4931	4258	7755	4061	3694	5124	2708	2416
凉山彝族自治州	38178	19438	18740	34852	17752	17100	22547	11260	11287

1-3 续表 5　　单位：人

地　区	60-64岁			65-69岁			70-74岁		
	小计	男	女	小计	男	女	小计	男	女
全省	**413314**	**210762**	**202552**	**541196**	**265704**	**275492**	**368798**	**182870**	**185928**
成都市	89738	43992	45746	108430	51430	57000	68485	32982	35503
自贡市	15572	7952	7620	20209	9964	10245	13629	6705	6924
攀枝花市	5084	2574	2510	6072	2704	3368	6356	3057	3299
泸州市	22219	11512	10707	28901	14390	14511	18126	8952	9174
德阳市	19272	9714	9558	28018	13531	14487	16823	8464	8359
绵阳市	27150	14087	13063	35460	17718	17742	23030	11871	11159
广元市	13226	6645	6581	16769	8283	8486	11233	5505	5728
遂宁市	17281	9603	7678	23228	11961	11267	15700	8013	7687
内江市	18129	9565	8564	23954	12161	11793	16292	8011	8281
乐山市	16567	8438	8129	21453	10505	10948	14797	7371	7426
南充市	34431	18132	16299	46782	23445	23337	33234	17180	16054
眉山市	13663	6885	6778	20368	9872	10496	14880	7230	7650
宜宾市	21452	10895	10557	28427	13869	14558	17559	8714	8845
广安市	16677	8713	7964	23428	11726	11702	16731	8245	8486
达州市	29524	15317	14207	41201	20687	20514	30338	15094	15244
雅安市	6456	3299	3157	8922	4424	4498	5930	2958	2972
巴中市	14610	7398	7212	20081	9777	10304	16443	8186	8257
资阳市	12489	6324	6165	18942	9378	9564	13065	6798	6267
阿坝藏族羌族自治州	2860	1417	1443	3001	1455	1546	2433	1161	1272
甘孜藏族自治州	3300	1648	1652	3086	1459	1627	2466	1094	1372
凉山彝族自治州	13614	6652	6962	14464	6965	7499	11248	5279	5969

1-3　续表 6

单位：人

地　　区	75-79岁			80-84岁			85-89岁		
	小计	男	女	小计	男	女	小计	男	女
全省	**250844**	**121825**	**129019**	**146688**	**68547**	**78141**	**67770**	**29356**	**38414**
成都市	45293	21855	23438	28228	13506	14722	13862	6303	7559
自贡市	8725	4179	4546	5756	2544	3212	2794	1098	1696
攀枝花市	4505	2544	1961	2359	1215	1144	896	437	459
泸州市	12097	5890	6207	7321	3325	3996	3564	1482	2082
德阳市	11366	5570	5796	6888	3246	3642	3355	1512	1843
绵阳市	15544	7666	7878	9434	4444	4990	4324	1905	2419
广元市	8045	3847	4198	4243	1981	2262	1473	617	856
遂宁市	9951	4749	5202	5898	2711	3187	3217	1313	1904
内江市	11803	5687	6116	6926	3149	3777	3651	1506	2145
乐山市	11169	5429	5740	6257	2936	3321	3237	1373	1864
南充市	22648	11204	11444	12656	5967	6689	5856	2586	3270
眉山市	10465	5015	5450	6197	2934	3263	2993	1312	1681
宜宾市	11865	5773	6092	6969	3209	3760	3319	1391	1928
广安市	11338	5345	5993	6196	2892	3304	2670	1156	1514
达州市	19225	9349	9876	11464	5226	6238	4334	1820	2514
雅安市	4838	2370	2468	2631	1257	1374	1243	550	693
巴中市	11102	5342	5760	5426	2545	2881	1845	821	1024
资阳市	8822	4492	4330	5005	2409	2596	2514	1132	1382
阿坝藏族羌族自治州	1840	830	1010	986	401	585	360	143	217
甘孜藏族自治州	1678	729	949	897	361	536	326	108	218
凉山彝族自治州	8525	3960	4565	4951	2289	2662	1937	791	1146

1-3　续表 7

单位：人

地　　区	90-94岁			95-99岁			100岁及以上		
	小计	男	女	小计	男	女	小计	男	女
全省	**23943**	**9883**	**14060**	**4691**	**1641**	**3050**	**592**	**157**	**435**
成都市	5090	2301	2789	1047	384	663	141	47	94
自贡市	1111	439	672	217	75	142	30	7	23
攀枝花市	238	126	112	28	7	21	7		7
泸州市	1184	471	713	245	78	167	24	2	22
德阳市	1189	507	682	204	72	132	28	9	19
绵阳市	1374	598	776	263	99	164	22	6	16
广元市	411	179	232	72	29	43	7	1	6
遂宁市	1110	419	691	276	83	193	32	8	24
内江市	1434	558	876	286	100	186	46	11	35
乐山市	1121	456	665	245	95	150	39	11	28
南充市	2187	892	1295	407	142	265	38	8	30
眉山市	1083	434	649	229	71	158	34	9	25
宜宾市	1125	430	695	222	77	145	15	6	9
广安市	909	332	577	143	47	96	23	6	17
达州市	1443	559	884	225	85	140	23	4	19
雅安市	434	195	239	82	25	57	8	5	3
巴中市	668	260	408	144	45	99	20	7	13
资阳市	1011	429	582	199	71	128	32	7	25
阿坝藏族羌族自治州	149	49	100	28	9	19	5	1	4
甘孜藏族自治州	144	38	106	29	9	20	3		3
凉山彝族自治州	528	211	317	100	38	62	15	2	13

1-3a 各地区分年龄、性别的人口(城市)

单位：人

地区	合计			0岁		
	合计	男	女	小计	男	女
全省	**3023299**	**1489653**	**1533646**	**17665**	**9341**	**8324**
成都市	1471212	732657	738555	9606	5055	4551
自贡市	76909	36987	39922	362	208	154
攀枝花市	74818	38617	36201	305	173	132
泸州市	99324	48156	51168	527	270	257
德阳市	122483	59577	62906	639	321	318
绵阳市	170264	82363	87901	883	481	402
广元市	45383	21685	23698	281	154	127
遂宁市	113599	55488	58111	569	298	271
内江市	78459	36846	41613	365	205	160
乐山市	89494	42783	46711	466	248	218
南充市	159373	76971	82402	786	413	373
眉山市	65949	31693	34256	385	207	178
宜宾市	105076	52221	52855	634	323	311
广安市	48530	23466	25064	300	147	153
达州市	126389	63143	63246	415	215	200
雅安市	28051	13619	14432	175	91	84
巴中市	49852	24705	25147	318	168	150
资阳市	40576	19920	20656	224	120	104
阿坝藏族羌族自治州	3026	1431	1595	34	16	18
甘孜藏族自治州	4125	2154	1971	26	14	12
凉山彝族自治州	50407	25171	25236	365	214	151

1-3a 续表 1

单位：人

地区	1-4岁			5-9岁			10-14岁		
	小计	男	女	小计	男	女	小计	男	女
全省	**122573**	**63189**	**59384**	**147564**	**76573**	**70991**	**125569**	**65181**	**60388**
成都市	62412	32104	30308	68414	35580	32834	51889	27020	24869
自贡市	2610	1380	1230	3716	1877	1839	3574	1843	1731
攀枝花市	2091	1100	991	2874	1481	1393	3535	1828	1707
泸州市	3952	2102	1850	4851	2479	2372	4794	2426	2368
德阳市	4470	2313	2157	5736	3034	2702	4795	2391	2404
绵阳市	6833	3526	3307	8409	4380	4029	7326	3852	3474
广元市	1991	1003	988	2505	1264	1241	2082	1047	1035
遂宁市	4739	2411	2328	6696	3481	3215	5754	3041	2713
内江市	2795	1395	1400	4034	2049	1985	4159	2156	2003
乐山市	3311	1684	1627	4232	2153	2079	3498	1778	1720
南充市	5887	3063	2824	8036	4134	3902	7535	3924	3611
眉山市	2954	1511	1443	3566	1816	1750	2919	1512	1407
宜宾市	4333	2241	2092	5366	2829	2537	5173	2725	2448
广安市	2290	1167	1123	3092	1591	1501	3048	1594	1454
达州市	3954	2055	1899	5634	2918	2716	6402	3320	3082
雅安市	1250	620	630	1497	787	710	1098	586	512
巴中市	2422	1293	1129	3261	1750	1511	3015	1564	1451
资阳市	1658	862	796	2338	1210	1128	2143	1098	1045
阿坝藏族羌族自治州	136	78	58	191	98	93	126	65	61
甘孜藏族自治州	160	81	79	195	110	85	181	92	89
凉山彝族自治州	2325	1200	1125	2921	1552	1369	2523	1319	1204

1-3a　续表 2

单位：人

地　区	15-19岁			20-24岁			25-29岁		
	小计	男	女	小计	男	女	小计	男	女
全省	**176553**	**89200**	**87353**	**218161**	**105145**	**113016**	**242007**	**117494**	**124513**
成都市	64708	33270	31438	123837	60565	63272	141466	69900	71566
自贡市	4313	2114	2199	3366	1689	1677	4087	1923	2164
攀枝花市	5108	2725	2383	4515	2392	2123	3622	1738	1884
泸州市	7393	3648	3745	6027	2859	3168	6234	2990	3244
德阳市	7384	3771	3613	6790	3477	3313	6720	3093	3627
绵阳市	13985	7211	6774	10270	4686	5584	10732	4989	5743
广元市	2701	1312	1389	2364	1013	1351	3360	1566	1794
遂宁市	7276	3732	3544	5486	2721	2765	7857	3658	4199
内江市	6604	2932	3672	4997	2065	2932	3546	1635	1911
乐山市	4998	2452	2546	4972	2303	2669	5754	2710	3044
南充市	13349	6305	7044	10758	4712	6046	10724	5139	5585
眉山市	3526	1696	1830	4148	1841	2307	4809	2234	2575
宜宾市	9087	4758	4329	8630	4231	4399	7418	3638	3780
广安市	3376	1785	1591	2819	1401	1418	3412	1587	1825
达州市	9606	4986	4620	7855	3682	4173	9666	4694	4972
雅安市	1637	760	877	1950	911	1039	1813	833	980
巴中市	4080	2036	2044	2748	1335	1413	4117	1973	2144
资阳市	3166	1682	1484	2045	1140	905	2255	1009	1246
阿坝藏族羌族自治州	407	142	265	122	52	70	218	108	110
甘孜藏族自治州	230	123	107	273	145	128	385	201	184
凉山彝族自治州	3619	1760	1859	4189	1925	2264	3812	1876	1936

1-3a　续表 3

单位：人

地　区	30-34岁			35-39岁			40-44岁		
	小计	男	女	小计	男	女	小计	男	女
全省	**303308**	**149286**	**154022**	**213464**	**105628**	**107836**	**195867**	**96708**	**99159**
成都市	166872	84223	82649	113272	57700	55572	93302	47232	46070
自贡市	6222	2952	3270	5270	2575	2695	4359	2124	2235
攀枝花市	5052	2529	2523	3885	1853	2032	5742	2920	2822
泸州市	8707	4143	4564	6662	3290	3372	5835	2823	3012
德阳市	10686	4936	5750	8170	3912	4258	8258	3930	4328
绵阳市	14988	6971	8017	11752	5433	6319	12559	5857	6702
广元市	4072	1840	2232	2702	1236	1466	3052	1422	1630
遂宁市	11143	5422	5721	7548	3657	3891	7260	3516	3744
内江市	7056	3284	3772	4877	2347	2530	4709	2237	2472
乐山市	7194	3368	3826	5921	2719	3202	6021	2777	3244
南充市	14035	6635	7400	10094	4839	5255	10050	4773	5277
眉山市	6150	2862	3288	4425	2103	2322	4703	2298	2405
宜宾市	8822	4381	4441	7353	3645	3708	6792	3386	3406
广安市	3957	1913	2044	2752	1279	1473	2884	1345	1539
达州市	11764	5811	5953	7721	3692	4029	9047	4430	4617
雅安市	2311	1078	1233	1768	854	914	1423	723	700
巴中市	4678	2269	2409	2772	1316	1456	3507	1756	1751
资阳市	4490	2149	2341	2436	1181	1255	2653	1275	1378
阿坝藏族羌族自治州	276	120	156	306	145	161	230	116	114
甘孜藏族自治州	422	214	208	378	190	188	333	165	168
凉山彝族自治州	4411	2186	2225	3400	1662	1738	3148	1603	1545

1-3a 续表 4

单位：人

地 区	45-49岁			50-54岁			55-59岁		
	小计	男	女	小计	男	女	小计	男	女
全省	**292671**	**145769**	**146902**	**267792**	**131508**	**136284**	**206638**	**100017**	**106621**
成都市	131797	66930	64867	123041	60793	62248	95353	45865	49488
自贡市	6924	3362	3562	7263	3454	3809	6339	3084	3255
攀枝花市	10577	5679	4898	7185	3944	3241	4646	2398	2248
泸州市	9769	4712	5057	9226	4406	4820	7366	3509	3857
德阳市	12610	6175	6435	11804	5865	5939	10221	4895	5326
绵阳市	17780	8549	9231	14777	7131	7646	12097	5830	6267
广元市	5369	2625	2744	4486	2180	2306	3406	1620	1786
遂宁市	10784	5195	5589	10447	4825	5622	8571	4069	4502
内江市	7824	3688	4136	7291	3395	3896	5921	2798	3123
乐山市	9447	4495	4952	8904	4303	4601	6898	3352	3546
南充市	15691	7453	8238	14893	7146	7747	10955	5369	5586
眉山市	6560	3218	3342	6433	3150	3283	4793	2323	2470
宜宾市	10662	5423	5239	8833	4392	4441	6584	3202	3382
广安市	4944	2276	2668	4334	2042	2292	3491	1659	1832
达州市	14339	7208	7131	12847	6433	6414	8860	4529	4331
雅安市	2689	1285	1404	2820	1398	1422	2180	1063	1117
巴中市	4897	2454	2443	4306	2172	2134	2712	1293	1419
资阳市	4297	2088	2209	3798	1821	1977	2771	1377	1394
阿坝藏族羌族自治州	279	143	136	265	136	129	147	81	66
甘孜藏族自治州	489	268	221	393	217	176	246	142	104
凉山彝族自治州	4943	2543	2400	4446	2305	2141	3081	1559	1522

1-3a 续表 5

单位：人

地 区	60-64岁			65-69岁			70-74岁		
	小计	男	女	小计	男	女	小计	男	女
全省	**131063**	**64113**	**66950**	**143748**	**67457**	**76291**	**92398**	**44006**	**48392**
成都市	61841	29865	31976	66110	30852	35258	40863	19275	21588
自贡市	5225	2529	2696	5182	2387	2795	3205	1471	1734
攀枝花市	2712	1324	1388	3465	1438	2027	4396	2129	2267
泸州市	5112	2561	2551	5368	2573	2795	3177	1504	1673
德阳市	5971	2879	3092	7339	3373	3966	4579	2193	2386
绵阳市	7398	3633	3765	7927	3748	4179	5192	2492	2700
广元市	1960	976	984	1977	975	1002	1310	625	685
遂宁市	5109	2649	2460	5965	2946	3019	3630	1765	1865
内江市	3731	1814	1917	4098	1928	2170	2603	1205	1398
乐山市	4638	2240	2398	5193	2445	2748	3342	1632	1710
南充市	7231	3708	3523	8013	3892	4121	4837	2416	2421
眉山市	2492	1199	1293	3117	1401	1716	2061	961	1100
宜宾市	4080	1953	2127	4687	2128	2559	2852	1332	1520
广安市	2036	1024	1012	2373	1096	1277	1542	723	819
达州市	4758	2479	2279	5394	2658	2736	3676	1858	1818
雅安市	1350	672	678	1563	760	803	986	469	517
巴中市	1798	854	944	2155	1031	1124	1431	716	715
资阳市	1507	697	810	1857	880	977	1164	544	620
阿坝藏族羌族自治州	81	36	45	91	45	46	52	27	25
甘孜藏族自治州	150	67	83	117	61	56	70	36	34
凉山彝族自治州	1883	954	929	1757	840	917	1430	633	797

1-3a 续表 6

单位：人

地区	75-79岁			80-84岁			85-89岁		
	小计	男	女	小计	男	女	小计	男	女
全省	**60849**	**28989**	**31860**	**38842**	**18186**	**20656**	**18611**	**8307**	**10304**
成都市	26421	12397	14024	17723	8414	9309	8593	3898	4695
自贡市	2237	1000	1237	1494	599	895	788	278	510
攀枝花市	3063	1849	1214	1382	755	627	508	274	234
泸州市	1962	889	1073	1303	562	741	731	283	448
德阳市	3070	1489	1581	1960	944	1016	915	432	483
绵阳市	3517	1727	1790	2400	1175	1225	1065	509	556
广元市	877	412	465	604	282	322	216	99	117
遂宁市	2306	1052	1254	1360	594	766	777	335	442
内江市	1818	850	968	1136	510	626	597	244	353
乐山市	2282	1031	1251	1325	606	719	774	334	440
南充市	3149	1511	1638	1993	930	1063	916	410	506
眉山市	1475	685	790	840	393	447	402	191	211
宜宾市	1823	850	973	1102	453	649	575	231	344
广安市	1001	457	544	567	246	321	229	105	124
达州市	2325	1152	1173	1370	676	694	532	238	294
雅安市	686	322	364	496	237	259	242	113	129
巴中市	891	409	482	481	203	278	189	82	107
资阳市	859	400	459	546	238	308	245	101	144
阿坝藏族羌族自治州	31	14	17	23	4	19	8	3	5
甘孜藏族自治州	39	13	26	27	13	14	8	2	6
凉山彝族自治州	1017	480	537	710	352	358	301	145	156

1-3a 续表 7

单位：人

地区	90-94岁			95-99岁			100岁及以上		
	小计	男	女	小计	男	女	小计	男	女
全省	**6534**	**3016**	**3518**	**1252**	**489**	**763**	**170**	**51**	**119**
成都市	3036	1461	1575	568	227	341	88	31	57
自贡市	299	117	182	62	20	42	12	1	11
攀枝花市	140	84	56	13	4	9	2		2
泸州市	259	106	153	64	21	43	5		5
德阳市	307	135	172	50	17	33	9	2	7
绵阳市	311	151	160	57	30	27	6	2	4
广元市	60	33	27	7	1	6	1		1
遂宁市	256	100	156	60	19	41	6	2	4
内江市	232	87	145	56	19	37	10	3	7
乐山市	267	124	143	50	26	24	7	3	4
南充市	362	162	200	70	36	34	9	1	8
眉山市	155	79	76	31	10	21	5	3	2
宜宾市	224	86	138	44	14	30	2		2
广安市	72	26	46	11	3	8			
达州市	192	94	98	32	15	17			
雅安市	94	50	44	22	6	16	1	1	
巴中市	58	26	32	15	4	11	1	1	
资阳市	101	41	60	22	7	15	1		1
阿坝藏族羌族自治州	1		1	2	2				
甘孜藏族自治州	3		3						
凉山彝族自治州	105	54	51	16	8	8	5	1	4

1–3b 各地区分年龄、性别的人口(镇)

单位：人

地区	合计			0岁		
	合计	男	女	小计	男	女
全省	**1788517**	**879599**	**908918**	**11459**	**5938**	**5521**
成都市	134349	65248	69101	880	465	415
自贡市	61092	28982	32110	316	172	144
攀枝花市	18529	9603	8926	165	76	89
泸州市	110813	53832	56981	737	388	349
德阳市	69662	34681	34981	411	190	221
绵阳市	86445	42381	44064	533	279	254
广元市	61870	29734	32136	431	208	223
遂宁市	60368	29862	30506	256	131	125
内江市	92307	45080	47227	477	245	232
乐山市	74331	36306	38025	495	248	247
南充市	157260	77846	79414	891	496	395
眉山市	77695	37628	40067	498	241	257
宜宾市	127932	63767	64165	972	506	466
广安市	92415	44205	48210	562	303	259
达州市	196593	98980	97613	927	486	441
雅安市	48339	23839	24500	373	202	171
巴中市	86185	42264	43921	557	288	269
资阳市	53784	25595	28189	295	152	143
阿坝藏族羌族自治州	30998	15655	15343	245	113	132
甘孜藏族自治州	28545	14144	14401	218	121	97
凉山彝族自治州	119005	59967	59038	1220	628	592

1–3b 续表 1

单位：人

地区	1–4岁			5–9岁			10–14岁		
	小计	男	女	小计	男	女	小计	男	女
全省	**76376**	**39499**	**36877**	**112138**	**58014**	**54124**	**117296**	**60612**	**56684**
成都市	5453	2754	2699	6130	3185	2945	5570	2851	2719
自贡市	2371	1193	1178	3805	1962	1843	4262	2229	2033
攀枝花市	879	465	414	1001	520	481	804	440	364
泸州市	4783	2426	2357	6891	3573	3318	8342	4314	4028
德阳市	2383	1222	1161	3298	1665	1633	3606	1839	1767
绵阳市	3234	1657	1577	4497	2290	2207	4277	2175	2102
广元市	2741	1424	1317	3893	1989	1904	3751	1889	1862
遂宁市	2236	1172	1064	3784	1952	1832	3894	1979	1915
内江市	3521	1831	1690	4998	2560	2438	5901	3010	2891
乐山市	3126	1628	1498	4227	2213	2014	4309	2202	2107
南充市	6265	3264	3001	9613	4907	4706	10360	5395	4965
眉山市	3403	1760	1643	4518	2373	2145	4114	2042	2072
宜宾市	5747	2981	2766	8996	4697	4299	9296	4795	4501
广安市	4154	2148	2006	6789	3530	3259	7151	3743	3408
达州市	7450	3828	3622	12679	6614	6065	14645	7706	6939
雅安市	2359	1238	1121	2712	1392	1320	2976	1515	1461
巴中市	3977	2060	1917	6270	3271	2999	6127	3188	2939
资阳市	2166	1113	1053	3586	1856	1730	4355	2244	2111
阿坝藏族羌族自治州	1503	772	731	1910	989	921	1703	855	848
甘孜藏族自治州	1369	698	671	1808	897	911	1652	834	818
凉山彝族自治州	7256	3865	3391	10733	5579	5154	10201	5367	4834

1-3b　续表 2

单位：人

地　　区	15-19岁			20-24岁			25-29岁		
	小计	男	女	小计	男	女	小计	男	女
全省	**126784**	**64522**	**62262**	**87989**	**42704**	**45285**	**108843**	**51679**	**57164**
成都市	9885	4678	5207	9623	4220	5403	7919	3699	4220
自贡市	3643	1739	1904	2325	1061	1264	3127	1422	1705
攀枝花市	1187	592	595	1130	630	500	1273	604	669
泸州市	11257	5757	5500	4556	2106	2450	5870	2653	3217
德阳市	3697	1973	1724	3557	2023	1534	3612	1787	1825
绵阳市	5679	3001	2678	5186	2517	2669	4698	2117	2581
广元市	4156	2173	1983	2291	1055	1236	3458	1483	1975
遂宁市	3181	1647	1534	2758	1367	1391	3834	1880	1954
内江市	6758	3412	3346	3696	1829	1867	4252	2054	2198
乐山市	3466	1716	1750	2911	1366	1545	4479	2091	2388
南充市	10036	5379	4657	7406	3702	3704	10203	4970	5233
眉山市	4720	2375	2345	3170	1509	1661	4920	2298	2622
宜宾市	10300	5277	5023	5575	2682	2893	8261	4029	4232
广安市	6539	3376	3163	4055	1953	2102	5312	2473	2839
达州市	14420	7603	6817	9544	4895	4649	12403	6170	6233
雅安市	2622	1282	1340	2261	1078	1183	3303	1537	1766
巴中市	6753	3380	3373	4865	2318	2547	6049	2784	3265
资阳市	4279	2167	2112	1625	734	891	2211	981	1230
阿坝藏族羌族自治州	2127	1002	1125	1843	950	893	2603	1248	1355
甘孜藏族自治州	2167	998	1169	2361	1102	1259	2584	1294	1290
凉山彝族自治州	9912	4995	4917	7251	3607	3644	8472	4105	4367

1-3b　续表 3

单位：人

地　　区	30-34岁			35-39岁			40-44岁		
	小计	男	女	小计	男	女	小计	男	女
全省	**138065**	**66312**	**71753**	**100525**	**48884**	**51641**	**110226**	**53388**	**56838**
成都市	10875	5171	5704	7596	3643	3953	7810	3895	3915
自贡市	4257	1978	2279	3194	1512	1682	3470	1616	1854
攀枝花市	1522	774	748	1220	647	573	1262	686	576
泸州市	7364	3515	3849	5771	2839	2932	5921	2843	3078
德阳市	5012	2423	2589	3486	1655	1831	4571	2178	2393
绵阳市	6337	2903	3434	4507	2089	2418	5761	2766	2995
广元市	4319	1900	2419	3032	1363	1669	3857	1702	2155
遂宁市	5283	2641	2642	3547	1756	1791	3546	1740	1806
内江市	8304	4032	4272	5115	2518	2597	5800	2803	2997
乐山市	5105	2377	2728	4371	2099	2272	5097	2475	2622
南充市	13002	6309	6693	8875	4334	4541	9827	4669	5158
眉山市	5907	2762	3145	4177	1979	2198	4771	2243	2528
宜宾市	8703	4259	4444	7355	3704	3651	7286	3701	3585
广安市	7131	3305	3826	4873	2282	2591	5057	2277	2780
达州市	15970	8094	7876	10561	5288	5273	12191	6003	6188
雅安市	3357	1617	1740	2971	1452	1519	2679	1318	1361
巴中市	6675	3086	3589	4329	2109	2220	5613	2725	2888
资阳市	4335	1944	2391	2845	1297	1548	3327	1493	1834
阿坝藏族羌族自治州	2915	1447	1468	2422	1242	1180	2532	1276	1256
甘孜藏族自治州	2775	1366	1409	2313	1108	1205	2346	1150	1196
凉山彝族自治州	8917	4409	4508	7965	3968	3997	7502	3829	3673

1－3b 续表 4

单位：人

地　区	45－49岁			50－54岁			55－59岁		
	小计	男	女	小计	男	女	小计	男	女
全省	**181370**	**89023**	**92347**	**172922**	**84531**	**88391**	**126835**	**61819**	**65016**
成都市	13309	6596	6713	13780	6840	6940	9974	4925	5049
自贡市	6298	2898	3400	6098	2857	3241	4541	2163	2378
攀枝花市	2186	1153	1033	1857	1002	855	1182	635	547
泸州市	10677	5078	5599	10140	4815	5325	7768	3689	4079
德阳市	7197	3503	3694	7053	3478	3575	6003	2997	3006
绵阳市	9358	4501	4857	8908	4380	4528	7087	3537	3550
广元市	7261	3549	3712	6528	3150	3378	4927	2431	2496
遂宁市	5604	2745	2859	5752	2603	3149	4630	2218	2412
内江市	9674	4785	4889	9571	4630	4941	6993	3377	3616
乐山市	8311	4150	4161	7962	3919	4043	5686	2791	2895
南充市	16109	7786	8323	15485	7489	7996	10723	5067	5656
眉山市	8359	3995	4364	8355	4045	4310	5718	2805	2913
宜宾市	12701	6436	6265	11794	5892	5902	9076	4374	4702
广安市	8821	4019	4802	8311	3778	4533	6673	3072	3601
达州市	20150	10059	10091	19010	9507	9503	14082	6867	7215
雅安市	5371	2703	2668	5162	2564	2598	3462	1763	1699
巴中市	8827	4429	4398	7592	3758	3834	5267	2555	2712
资阳市	5496	2499	2997	5206	2427	2779	3837	1812	2025
阿坝藏族羌族自治州	2975	1608	1367	2708	1416	1292	1659	880	779
甘孜藏族自治州	2484	1285	1199	2212	1167	1045	1369	747	622
凉山彝族自治州	10202	5246	4956	9438	4814	4624	6178	3114	3064

1－3b 续表 5

单位：人

地　区	60－64岁			65－69岁			70－74岁		
	小计	男	女	小计	男	女	小计	男	女
全省	**75427**	**37484**	**37943**	**94234**	**45295**	**48939**	**63148**	**30852**	**32296**
成都市	5847	2925	2922	7872	3755	4117	4846	2383	2463
自贡市	3216	1548	1668	4011	1864	2147	2604	1205	1399
攀枝花市	706	351	355	777	363	414	550	265	285
泸州市	5122	2495	2627	6510	3053	3457	3889	1937	1952
德阳市	3516	1808	1708	5111	2473	2638	2964	1496	1468
绵阳市	3993	2057	1936	4946	2436	2510	3159	1624	1535
广元市	2960	1448	1512	3227	1565	1662	2173	1040	1133
遂宁市	2804	1528	1276	3605	1795	1810	2450	1233	1217
内江市	4097	2024	2073	5097	2365	2732	3187	1474	1713
乐山市	3392	1713	1679	4265	1982	2283	2941	1445	1496
南充市	6598	3300	3298	8210	4053	4157	5934	2987	2947
眉山市	3208	1578	1630	4493	2181	2312	3123	1496	1627
宜宾市	5578	2797	2781	6598	3144	3454	4148	1989	2159
广安市	4058	1996	2062	5013	2346	2667	3474	1628	1846
达州市	7493	3664	3829	9726	4885	4841	6957	3442	3515
雅安市	2000	980	1020	2488	1215	1273	1733	845	888
巴中市	3166	1536	1630	3715	1727	1988	2958	1448	1510
资阳市	2385	1162	1223	3077	1430	1647	2016	998	1018
阿坝藏族羌族自治州	975	461	514	1082	550	532	727	363	364
甘孜藏族自治州	861	431	430	753	384	369	586	265	321
凉山彝族自治州	3452	1682	1770	3658	1729	1929	2729	1289	1440

1-3b 续表 6

单位：人

地　区	75–79岁			80–84岁			85–89岁		
	小计	男	女	小计	男	女	小计	男	女
全省	**42852**	**20323**	**22529**	**25597**	**11632**	**13965**	**11436**	**5019**	**6417**
成都市	3459	1651	1808	2057	955	1102	987	468	519
自贡市	1630	760	870	1094	468	626	564	230	334
攀枝花市	407	191	216	279	144	135	109	49	60
泸州市	2507	1188	1319	1621	694	927	763	339	424
德阳市	2080	1007	1073	1226	573	653	616	278	338
绵阳市	2135	1053	1082	1286	597	689	597	278	319
广元市	1610	742	868	837	430	407	300	136	164
遂宁市	1605	760	845	919	434	485	465	198	267
内江市	2312	1057	1255	1438	628	810	720	279	441
乐山市	2088	991	1097	1223	529	694	593	256	337
南充市	3944	1963	1981	2336	1119	1217	1038	474	564
眉山市	2128	1007	1121	1242	568	674	615	265	350
宜宾市	2810	1345	1465	1646	706	940	769	323	446
广安市	2271	1032	1239	1364	604	760	569	250	319
达州市	4310	2023	2287	2707	1235	1472	974	443	531
雅安市	1307	635	672	715	309	406	343	140	203
巴中市	1979	932	1047	1013	485	528	311	130	181
资阳市	1311	638	673	826	366	460	421	197	224
阿坝藏族羌族自治州	582	274	308	311	137	174	114	50	64
甘孜藏族自治州	372	159	213	213	100	113	63	23	40
凉山彝族自治州	2005	915	1090	1244	551	693	505	213	292

1-3b 续表 7

单位：人

地　区	90–94岁			95–99岁			100岁及以上		
	小计	男	女	小计	男	女	小计	男	女
全省	**4094**	**1729**	**2365**	**799**	**309**	**490**	**102**	**31**	**71**
成都市	372	153	219	91	30	61	14	6	8
自贡市	218	90	128	46	15	31	2		2
攀枝花市	28	13	15	5	3	2			
泸州市	270	107	163	50	23	27	4		4
德阳市	225	99	126	33	13	20	5	1	4
绵阳市	228	108	120	36	15	21	3	1	2
广元市	92	47	45	24	10	14	2		2
遂宁市	161	64	97	49	18	31	5	1	4
内江市	322	138	184	66	28	38	8	1	7
乐山市	229	96	133	46	16	30	9	3	6
南充市	338	159	179	60	22	38	7	2	5
眉山市	208	92	116	37	12	25	11	2	9
宜宾市	254	106	148	61	20	41	6	4	2
广安市	207	78	129	27	11	16	4	1	3
达州市	334	140	194	51	24	27	9	4	5
雅安市	118	43	75	24	9	15	3	2	1
巴中市	118	46	72	21	8	13	3	1	2
资阳市	153	69	84	28	15	13	4	1	3
阿坝藏族羌族自治州	54	18	36	6	3	3	2	1	1
甘孜藏族自治州	30	11	19	9	4	5			
凉山彝族自治州	135	52	83	29	10	19	1		1

1-3c 各地区分年龄、性别的人口(乡村)

单位：人

地区	合计			0岁		
	合计	男	女	小计	男	女
全省	**4055115**	**2099125**	**1955990**	**31693**	**16514**	**15179**
成都市	444074	227475	216599	3539	1785	1754
自贡市	117738	60321	57417	842	432	410
攀枝花市	42608	22301	20307	451	235	216
泸州市	202260	104368	97892	1559	845	714
德阳市	161499	82310	79189	1025	502	523
绵阳市	272472	140092	132380	1935	1045	890
广元市	129804	66054	63750	1060	546	514
遂宁市	184848	97759	87089	1025	531	494
内江市	202825	106233	96592	1195	616	579
乐山市	146780	75406	71374	1262	647	615
南充市	386346	203598	182748	2591	1393	1198
眉山市	146102	73052	73050	1249	637	612
宜宾市	218516	113910	104606	2016	1040	976
广安市	174327	89750	84577	1418	760	658
达州市	404048	213172	190876	2185	1142	1043
雅安市	71980	37270	34710	598	302	296
巴中市	183873	95675	88198	1239	617	622
资阳市	129244	65477	63767	857	439	418
阿坝藏族羌族自治州	50700	26649	24051	445	227	218
甘孜藏族自治州	77319	40082	37237	783	430	353
凉山彝族自治州	307752	158171	149581	4419	2343	2076

1-3c 续表 1

单位：人

地区	1-4岁			5-9岁			10-14岁		
	小计	男	女	小计	男	女	小计	男	女
全省	**157661**	**81852**	**75809**	**225209**	**117137**	**108072**	**255078**	**133280**	**121798**
成都市	16966	8731	8235	17648	9198	8450	19017	9827	9190
自贡市	3904	2030	1874	6550	3375	3175	8466	4373	4093
攀枝花市	2139	1085	1054	2323	1203	1120	2242	1193	1049
泸州市	7939	4157	3782	12586	6694	5892	17843	9380	8463
德阳市	5247	2724	2523	6922	3557	3365	7854	4044	3810
绵阳市	9441	4854	4587	12672	6597	6075	13044	6733	6311
广元市	4349	2248	2101	5807	3018	2789	7235	3790	3445
遂宁市	5898	3074	2824	9209	4761	4448	9440	4945	4495
内江市	6477	3360	3117	9508	4901	4607	12541	6479	6062
乐山市	5215	2728	2487	6957	3569	3388	7224	3703	3521
南充市	12381	6423	5958	18254	9533	8721	21583	11462	10121
眉山市	5196	2625	2571	6447	3407	3040	6372	3315	3057
宜宾市	9435	4860	4575	14994	7836	7158	17793	9366	8427
广安市	6362	3266	3096	9792	5074	4718	11312	6042	5270
达州市	13277	6948	6329	21080	11171	9909	26175	13914	12261
雅安市	2931	1540	1391	3408	1798	1610	4062	2096	1966
巴中市	6379	3397	2982	9867	5179	4688	10256	5473	4783
资阳市	3784	1976	1808	6539	3431	3108	10143	5189	4954
阿坝藏族羌族自治州	2456	1286	1170	3435	1791	1644	3348	1689	1659
甘孜藏族自治州	4796	2434	2362	6650	3385	3265	6646	3392	3254
凉山彝族自治州	23089	12106	10983	34561	17659	16902	32482	16875	15607

1-3c 续表 2

单位：人

地 区	15-19岁			20-24岁			25-29岁		
	小计	男	女	小计	男	女	小计	男	女
全省	**202384**	**106619**	**95765**	**200443**	**104785**	**95658**	**230361**	**123877**	**106484**
成都市	16682	8716	7966	21608	11158	10450	25926	13165	12761
自贡市	5563	2832	2731	4150	2137	2013	4988	2694	2294
攀枝花市	2311	1273	1038	2853	1495	1358	2892	1559	1333
泸州市	13048	6914	6134	7799	4094	3705	8050	4376	3674
德阳市	4658	2456	2202	5608	2855	2753	7927	4124	3803
绵阳市	9459	4719	4740	10558	5387	5171	15053	7709	7344
广元市	4266	2241	2025	5507	2806	2701	6939	3720	3219
遂宁市	7083	3770	3313	9625	5114	4511	13939	7784	6155
内江市	10745	5665	5080	9323	4882	4441	9118	4942	4176
乐山市	5269	2688	2581	5299	2689	2610	7112	3711	3401
南充市	18210	9969	8241	19541	10573	8968	23660	13082	10578
眉山市	5280	2561	2719	5259	2421	2838	7414	3679	3735
宜宾市	11613	6196	5417	9155	4976	4179	10479	5823	4656
广安市	8996	4852	4144	8499	4436	4063	9303	5199	4104
达州市	25660	13765	11895	24848	13072	11776	28031	15564	12467
雅安市	3489	1796	1693	3495	1790	1705	4479	2390	2089
巴中市	10809	5721	5088	11792	6332	5460	11725	6490	5235
资阳市	6427	3374	3053	3523	1824	1699	3616	1868	1748
阿坝藏族羌族自治州	2948	1494	1454	3885	1981	1904	3874	2064	1810
甘孜藏族自治州	6207	3245	2962	5791	3016	2775	5486	2938	2548
凉山彝族自治州	23661	12372	11289	22325	11747	10578	20350	10996	9354

1-3c 续表 3

单位：人

地 区	30-34岁			35-39岁			40-44岁		
	小计	男	女	小计	男	女	小计	男	女
全省	**259277**	**141418**	**117859**	**177761**	**96693**	**81068**	**206800**	**108664**	**98136**
成都市	33203	17138	16065	21889	11643	10246	24743	12882	11861
自贡市	6253	3403	2850	4186	2290	1896	4917	2568	2349
攀枝花市	2973	1593	1380	2239	1190	1049	2778	1446	1332
泸州市	9029	4858	4171	7190	3798	3392	8591	4401	4190
德阳市	9985	5260	4725	6744	3553	3191	8531	4356	4175
绵阳市	18111	9320	8791	11966	6413	5553	15557	8169	7388
广元市	6648	3547	3101	4243	2183	2060	5974	3089	2885
遂宁市	15595	8998	6597	9249	5421	3828	9361	5098	4263
内江市	16192	9231	6961	9057	5227	3830	10028	5371	4657
乐山市	6853	3621	3232	5798	3069	2729	7690	3997	3693
南充市	26569	15146	11423	16942	9475	7467	18844	10136	8708
眉山市	7545	3864	3681	5106	2612	2494	6809	3451	3358
宜宾市	10079	5572	4507	8909	4955	3954	10570	5631	4939
广安市	9816	5461	4355	6033	3287	2746	6687	3381	3306
达州市	29698	16726	12972	16426	9089	7337	20237	10844	9393
雅安市	4027	2076	1951	3344	1795	1549	3361	1792	1569
巴中市	11179	6308	4871	6633	3622	3011	9003	4886	4117
资阳市	7037	3826	3211	4073	2206	1867	5056	2536	2520
阿坝藏族羌族自治州	3942	2277	1665	3761	2089	1672	3946	2183	1763
甘孜藏族自治州	5616	3093	2523	5725	3101	2624	6116	3297	2819
凉山彝族自治州	18927	10100	8827	18248	9675	8573	18001	9150	8851

1-3c 续表 4 单位：人

地区	45-49岁			50-54岁			55-59岁		
	小计	男	女	小计	男	女	小计	男	女
全省	**387001**	**200109**	**186892**	**410673**	**209474**	**201199**	**304094**	**155246**	**148848**
成都市	47145	24485	22660	50106	26055	24051	36076	18638	17438
自贡市	10705	5371	5334	12092	5961	6131	8968	4474	4494
攀枝花市	4842	2557	2285	4589	2452	2137	2973	1592	1381
泸州市	18538	9499	9039	19858	9867	9991	15266	7718	7548
德阳市	16418	8269	8149	17982	9194	8788	15431	8003	7428
绵阳市	28430	14542	13888	29816	15288	14528	24085	12558	11527
广元市	13855	7099	6756	14784	7482	7302	11895	6019	5876
遂宁市	16590	8625	7965	18432	9024	9408	14241	7247	6994
内江市	20062	10376	9686	21722	11084	10638	15864	8005	7859
乐山市	15914	8352	7562	17603	9120	8483	12363	6370	5993
南充市	36494	19069	17425	39787	20471	19316	28296	14455	13841
眉山市	15133	7637	7496	17709	8996	8713	12314	6208	6106
宜宾市	21420	11326	10094	21938	11204	10734	16421	8242	8179
广安市	13532	6702	6830	15799	7666	8133	13481	6788	6693
达州市	39281	20918	18363	40617	21356	19261	29596	15552	14044
雅安市	8340	4284	4056	8543	4440	4103	5530	2896	2634
巴中市	15994	8381	7613	17040	8582	8458	11921	5945	5976
资阳市	10480	5082	5398	12081	5704	6377	10072	4766	5306
阿坝藏族羌族自治州	4579	2508	2071	4057	2218	1839	2504	1364	1140
甘孜藏族自治州	6216	3378	2838	5150	2677	2473	3509	1819	1690
凉山彝族自治州	23033	11649	11384	20968	10633	10335	13288	6587	6701

1-3c 续表 5 单位：人

地区	60-64岁			65-69岁			70-74岁		
	小计	男	女	小计	男	女	小计	男	女
全省	**206824**	**109165**	**97659**	**303214**	**152952**	**150262**	**213252**	**108012**	**105240**
成都市	22050	11202	10848	34448	16823	17625	22776	11324	11452
自贡市	7131	3875	3256	11016	5713	5303	7820	4029	3791
攀枝花市	1666	899	767	1830	903	927	1410	663	747
泸州市	11985	6456	5529	17023	8764	8259	11060	5511	5549
德阳市	9785	5027	4758	15568	7685	7883	9280	4775	4505
绵阳市	15759	8397	7362	22587	11534	11053	14679	7755	6924
广元市	8306	4221	4085	11565	5743	5822	7750	3840	3910
遂宁市	9368	5426	3942	13658	7220	6438	9620	5015	4605
内江市	10301	5727	4574	14759	7868	6891	10502	5332	5170
乐山市	8537	4485	4052	11995	6078	5917	8514	4294	4220
南充市	20602	11124	9478	30559	15500	15059	22463	11777	10686
眉山市	7963	4108	3855	12758	6290	6468	9696	4773	4923
宜宾市	11794	6145	5649	17142	8597	8545	10559	5393	5166
广安市	10583	5693	4890	16042	8284	7758	11715	5894	5821
达州市	17273	9174	8099	26081	13144	12937	19705	9794	9911
雅安市	3106	1647	1459	4871	2449	2422	3211	1644	1567
巴中市	9646	5008	4638	14211	7019	7192	12054	6022	6032
资阳市	8597	4465	4132	14008	7068	6940	9885	5256	4629
阿坝藏族羌族自治州	1804	920	884	1828	860	968	1654	771	883
甘孜藏族自治州	2289	1150	1139	2216	1014	1202	1810	793	1017
凉山彝族自治州	8279	4016	4263	9049	4396	4653	7089	3357	3732

1-3c　续表 6

单位：人

地　区	75—79岁			80—84岁			85—89岁		
	小计	男	女	小计	男	女	小计	男	女
全省	**147143**	**72513**	**74630**	**82249**	**38729**	**43520**	**37723**	**16030**	**21693**
成都市	15413	7807	7606	8448	4137	4311	4282	1937	2345
自贡市	4858	2419	2439	3168	1477	1691	1442	590	852
攀枝花市	1035	504	531	698	316	382	279	114	165
泸州市	7628	3813	3815	4397	2069	2328	2070	860	1210
德阳市	6216	3074	3142	3702	1729	1973	1824	802	1022
绵阳市	9892	4886	5006	5748	2672	3076	2662	1118	1544
广元市	5558	2693	2865	2802	1269	1533	957	382	575
遂宁市	6040	2937	3103	3619	1683	1936	1975	780	1195
内江市	7673	3780	3893	4352	2011	2341	2334	983	1351
乐山市	6799	3407	3392	3709	1801	1908	1870	783	1087
南充市	15555	7730	7825	8327	3918	4409	3902	1702	2200
眉山市	6862	3323	3539	4115	1973	2142	1976	856	1120
宜宾市	7232	3578	3654	4221	2050	2171	1975	837	1138
广安市	8066	3856	4210	4265	2042	2223	1872	801	1071
达州市	12590	6174	6416	7387	3315	4072	2828	1139	1689
雅安市	2845	1413	1432	1420	711	709	658	297	361
巴中市	8232	4001	4231	3932	1857	2075	1345	609	736
资阳市	6652	3454	3198	3633	1805	1828	1848	834	1014
阿坝藏族羌族自治州	1227	542	685	652	260	392	238	90	148
甘孜藏族自治州	1267	557	710	657	248	409	255	83	172
凉山彝族自治州	5503	2565	2938	2997	1386	1611	1131	433	698

1-3c　续表 7

单位：人

地　区	90—94岁			95—99岁			100岁及以上		
	小计	男	女	小计	男	女	小计	男	女
全省	**13315**	**5138**	**8177**	**2640**	**843**	**1797**	**320**	**75**	**245**
成都市	1682	687	995	388	127	261	39	10	29
自贡市	594	232	362	109	40	69	16	6	10
攀枝花市	70	29	41	10		10	5		5
泸州市	655	258	397	131	34	97	15	2	13
德阳市	657	273	384	121	42	79	14	6	8
绵阳市	835	339	496	170	54	116	13	3	10
广元市	259	99	160	41	18	23	4	1	3
遂宁市	693	255	438	167	46	121	21	5	16
内江市	880	333	547	164	53	111	28	7	21
乐山市	625	236	389	149	53	96	23	5	18
南充市	1487	571	916	277	84	193	22	5	17
眉山市	720	263	457	161	49	112	18	4	14
宜宾市	647	238	409	117	43	74	7	2	5
广安市	630	228	402	105	33	72	19	5	14
达州市	917	325	592	142	46	96	14		14
雅安市	222	102	120	36	10	26	4	2	2
巴中市	492	188	304	108	33	75	16	5	11
资阳市	757	319	438	149	49	100	27	6	21
阿坝藏族羌族自治州	94	31	63	20	4	16	3		3
甘孜藏族自治州	111	27	84	20	5	15	3		3
凉山彝族自治州	288	105	183	55	20	35	9	1	8

1-4 全省分年龄、性别的人口

单位：人、%

年 龄	人 口 数			占总人口比重			性别比
	合计	男	女	合计	男	女	(女=100)
总 计	**8866931**	**4468377**	**4398554**	**100.00**	**50.39**	**49.61**	**101.59**
0-4岁	**417427**	**216333**	**201094**	**4.71**	**2.44**	**2.27**	**107.58**
0	60817	31793	29024	0.69	0.36	0.33	109.54
1	78692	40827	37865	0.89	0.46	0.43	107.82
2	82627	42594	40033	0.93	0.48	0.45	106.40
3	97967	50928	47039	1.10	0.57	0.53	108.27
4	97324	50191	47133	1.10	0.57	0.53	106.49
5-9岁	**484911**	**251724**	**233187**	**5.47**	**2.84**	**2.63**	**107.95**
5	91856	47774	44082	1.04	0.54	0.50	108.38
6	95743	49647	46096	1.08	0.56	0.52	107.70
7	96249	49789	46460	1.09	0.56	0.52	107.17
8	104268	54287	49981	1.18	0.61	0.56	108.62
9	96795	50227	46568	1.09	0.57	0.53	107.86
10-14岁	**497943**	**259073**	**238870**	**5.62**	**2.92**	**2.69**	**108.46**
10	98208	50819	47389	1.11	0.57	0.53	107.24
11	100127	52094	48033	1.13	0.59	0.54	108.45
12	100931	52622	48309	1.14	0.59	0.54	108.93
13	100262	52244	48018	1.13	0.59	0.54	108.80
14	98415	51294	47121	1.11	0.58	0.53	108.86
15-19岁	**505721**	**260341**	**245380**	**5.70**	**2.94**	**2.77**	**106.10**
15	102256	52897	49359	1.15	0.60	0.56	107.17
16	112881	58215	54666	1.27	0.66	0.62	106.49
17	102177	52844	49333	1.15	0.60	0.56	107.12
18	92264	47900	44364	1.04	0.54	0.50	107.97
19	96143	48485	47658	1.08	0.55	0.54	101.74
20-24岁	**506593**	**252634**	**253959**	**5.71**	**2.85**	**2.86**	**99.48**
20	99345	49479	49866	1.12	0.56	0.56	99.22
21	95614	47579	48035	1.08	0.54	0.54	99.05
22	102245	51055	51190	1.15	0.58	0.58	99.74
23	101688	50704	50984	1.15	0.57	0.57	99.45
24	107701	53817	53884	1.21	0.61	0.61	99.88
25-29岁	**581211**	**293050**	**288161**	**6.55**	**3.30**	**3.25**	**101.70**
25	118438	59299	59139	1.34	0.67	0.67	100.27
26	111907	56097	55810	1.26	0.63	0.63	100.51
27	119665	60269	59396	1.35	0.68	0.67	101.47
28	113753	57615	56138	1.28	0.65	0.63	102.63
29	117448	59770	57678	1.32	0.67	0.65	103.63

1-4　续表 1

单位：人、%

年　龄	人口数			占总人口比重			性别比
	合计	男	女	合计	男	女	(女=100)
30—34岁	**700650**	**357016**	**343634**	**7.90**	**4.03**	**3.88**	**103.89**
30	140231	71539	68692	1.58	0.81	0.77	104.14
31	135693	69220	66473	1.53	0.78	0.75	104.13
32	128786	65493	63293	1.45	0.74	0.71	103.48
33	155456	79158	76298	1.75	0.89	0.86	103.75
34	140484	71606	68878	1.58	0.81	0.78	103.96
35—39岁	**491750**	**251205**	**240545**	**5.55**	**2.83**	**2.71**	**104.43**
35	100373	51254	49119	1.13	0.58	0.55	104.35
36	85181	43475	41706	0.96	0.49	0.47	104.24
37	88517	45352	43165	1.00	0.51	0.49	105.07
38	114587	58676	55911	1.29	0.66	0.63	104.95
39	103092	52448	50644	1.16	0.59	0.57	103.56
40—44岁	**512893**	**258760**	**254133**	**5.78**	**2.92**	**2.87**	**101.82**
40	81077	41013	40064	0.91	0.46	0.45	102.37
41	94705	47896	46809	1.07	0.54	0.53	102.32
42	91588	45861	45727	1.03	0.52	0.52	100.29
43	109747	55295	54452	1.24	0.62	0.61	101.55
44	135776	68695	67081	1.53	0.77	0.76	102.41
45—49岁	**861042**	**434901**	**426141**	**9.71**	**4.90**	**4.81**	**102.06**
45	155438	78255	77183	1.75	0.88	0.87	101.39
46	171054	86204	84850	1.93	0.97	0.96	101.60
47	173509	88070	85439	1.96	0.99	0.96	103.08
48	177241	89266	87975	2.00	1.01	0.99	101.47
49	183800	93106	90694	2.07	1.05	1.02	102.66
50—54岁	**851387**	**425513**	**425874**	**9.60**	**4.80**	**4.80**	**99.92**
50	182995	92167	90828	2.06	1.04	1.02	101.47
51	168818	84528	84290	1.90	0.95	0.95	100.28
52	185266	92316	92950	2.09	1.04	1.05	99.32
53	145243	71765	73478	1.64	0.81	0.83	97.67
54	169065	84737	84328	1.91	0.96	0.95	100.49
55—59岁	**637567**	**317082**	**320485**	**7.19**	**3.58**	**3.61**	**98.94**
55	160358	80340	80018	1.81	0.91	0.90	100.40
56	160571	79854	80717	1.81	0.90	0.91	98.93
57	177220	88913	88307	2.00	1.00	1.00	100.69
58	94581	46446	48135	1.07	0.52	0.54	96.49
59	44837	21529	23308	0.51	0.24	0.26	92.37
60—64岁	**413314**	**210762**	**202552**	**4.66**	**2.38**	**2.28**	**104.05**
60	52733	26009	26724	0.59	0.29	0.30	97.32
61	58001	30157	27844	0.65	0.34	0.31	108.31
62	94112	48544	45568	1.06	0.55	0.51	106.53
63	104073	53112	50961	1.17	0.60	0.57	104.22
64	104395	52940	51455	1.18	0.60	0.58	102.89

1-4 续表 2

单位：人、%

年 龄	人口数			占总人口比重			性别比
	合计	男	女	合计	男	女	(女=100)
65-69岁	**541196**	**265704**	**275492**	**6.10**	**3.00**	**3.11**	**96.45**
65	113124	56869	56255	1.28	0.64	0.63	101.09
66	117099	58083	59016	1.32	0.66	0.67	98.42
67	112457	54671	57786	1.27	0.62	0.65	94.61
68	113519	55070	58449	1.28	0.62	0.66	94.22
69	84997	41011	43986	0.96	0.46	0.50	93.24
70-74岁	**368798**	**182870**	**185928**	**4.16**	**2.06**	**2.10**	**98.36**
70	81794	40251	41543	0.92	0.45	0.47	96.89
71	84331	42014	42317	0.95	0.47	0.48	99.28
72	69851	34607	35244	0.79	0.39	0.40	98.19
73	69119	34591	34528	0.78	0.39	0.39	100.18
74	63703	31407	32296	0.72	0.35	0.36	97.25
75-79岁	**250844**	**121825**	**129019**	**2.83**	**1.37**	**1.46**	**94.42**
75	54510	26420	28090	0.61	0.30	0.32	94.05
76	58035	28632	29403	0.65	0.32	0.33	97.38
77	51144	24511	26633	0.58	0.28	0.30	92.03
78	44050	21565	22485	0.50	0.24	0.25	95.91
79	43105	20697	22408	0.49	0.23	0.25	92.36
80-84岁	**146688**	**68547**	**78141**	**1.65**	**0.77**	**0.88**	**87.72**
80	37810	18376	19434	0.43	0.21	0.22	94.56
81	31114	14420	16694	0.35	0.16	0.19	86.38
82	28786	13369	15417	0.32	0.15	0.17	86.72
83	25055	11653	13402	0.28	0.13	0.15	86.95
84	23923	10729	13194	0.27	0.12	0.15	81.32
85-89岁	**67770**	**29356**	**38414**	**0.76**	**0.33**	**0.43**	**76.42**
85	17078	7484	9594	0.19	0.08	0.11	78.01
86	15132	6474	8658	0.17	0.07	0.10	74.77
87	14941	6616	8325	0.17	0.07	0.09	79.47
88	11569	4885	6684	0.13	0.06	0.08	73.08
89	9050	3897	5153	0.10	0.04	0.06	75.63
90-94岁	**23943**	**9883**	**14060**	**0.27**	**0.11**	**0.16**	**70.29**
90	7844	3406	4438	0.09	0.04	0.05	76.75
91	5633	2363	3270	0.06	0.03	0.04	72.26
92	4782	1954	2828	0.05	0.02	0.03	69.09
93	3315	1278	2037	0.04	0.01	0.02	62.74
94	2369	882	1487	0.03	0.01	0.02	59.31
95-99岁	**4691**	**1641**	**3050**	**0.05**	**0.02**	**0.03**	**53.80**
95	1690	607	1083	0.02	0.01	0.01	56.05
96	1301	458	843	0.01	0.01	0.01	54.33
97	800	271	529	0.01		0.01	51.23
98	526	177	349	0.01			50.72
99	374	128	246				52.03
100岁及以上	**592**	**157**	**435**	**0.01**			**36.09**

1-4a　全省分年龄、性别的人口(城市)

单位：人、%

年　龄	人　口　数			占总人口比重			性别比
	合计	男	女	合计	男	女	(女=100)
总　计	**3023299**	**1489653**	**1533646**	**100.00**	**49.27**	**50.73**	**97.13**
0-4岁	**140238**	**72530**	**67708**	**4.64**	**2.40**	**2.24**	**107.12**
0	17665	9341	8324	0.58	0.31	0.28	112.22
1	27608	14424	13184	0.91	0.48	0.44	109.41
2	27989	14266	13723	0.93	0.47	0.45	103.96
3	33714	17438	16276	1.12	0.58	0.54	107.14
4	33262	17061	16201	1.10	0.56	0.54	105.31
5-9岁	**147564**	**76573**	**70991**	**4.88**	**2.53**	**2.35**	**107.86**
5	29805	15461	14344	0.99	0.51	0.47	107.79
6	30465	15727	14738	1.01	0.52	0.49	106.71
7	28852	14909	13943	0.95	0.49	0.46	106.93
8	31389	16461	14928	1.04	0.54	0.49	110.27
9	27053	14015	13038	0.89	0.46	0.43	107.49
10-14岁	**125569**	**65181**	**60388**	**4.15**	**2.16**	**2.00**	**107.94**
10	25873	13436	12437	0.86	0.44	0.41	108.03
11	24751	12801	11950	0.82	0.42	0.40	107.12
12	25860	13430	12430	0.86	0.44	0.41	108.05
13	25505	13309	12196	0.84	0.44	0.40	109.13
14	23580	12205	11375	0.78	0.40	0.38	107.30
15-19岁	**176553**	**89200**	**87353**	**5.84**	**2.95**	**2.89**	**102.11**
15	30309	15468	14841	1.00	0.51	0.49	104.22
16	38192	19345	18847	1.26	0.64	0.62	102.64
17	36190	18500	17690	1.20	0.61	0.59	104.58
18	32290	16539	15751	1.07	0.55	0.52	105.00
19	39572	19348	20224	1.31	0.64	0.67	95.67
20-24岁	**218161**	**105145**	**113016**	**7.22**	**3.48**	**3.74**	**93.04**
20	45078	21666	23412	1.49	0.72	0.77	92.54
21	42617	20365	22252	1.41	0.67	0.74	91.52
22	43498	21223	22275	1.44	0.70	0.74	95.28
23	42396	20366	22030	1.40	0.67	0.73	92.45
24	44572	21525	23047	1.47	0.71	0.76	93.40
25-29岁	**242007**	**117494**	**124513**	**8.00**	**3.89**	**4.12**	**94.36**
25	48650	23532	25118	1.61	0.78	0.83	93.69
26	46176	22364	23812	1.53	0.74	0.79	93.92
27	49549	23913	25636	1.64	0.79	0.85	93.28
28	47938	23516	24422	1.59	0.78	0.81	96.29
29	49694	24169	25525	1.64	0.80	0.84	94.69

1-4a 续表 1

单位：人、%

年 龄	人口数			占总人口比重			性别比
	合计	男	女	合计	男	女	(女=100)
30-34岁	**303308**	**149286**	**154022**	**10.03**	**4.94**	**5.09**	**96.93**
30	59926	29531	30395	1.98	0.98	1.01	97.16
31	58604	28926	29678	1.94	0.96	0.98	97.47
32	56209	27725	28484	1.86	0.92	0.94	97.34
33	67627	33279	34348	2.24	1.10	1.14	96.89
34	60942	29825	31117	2.02	0.99	1.03	95.85
35-39岁	**213464**	**105628**	**107836**	**7.06**	**3.49**	**3.57**	**97.95**
35	43462	21523	21939	1.44	0.71	0.73	98.10
36	36946	18309	18637	1.22	0.61	0.62	98.24
37	38973	19359	19614	1.29	0.64	0.65	98.70
38	50285	24921	25364	1.66	0.82	0.84	98.25
39	43798	21516	22282	1.45	0.71	0.74	96.56
40-44岁	**195867**	**96708**	**99159**	**6.48**	**3.20**	**3.28**	**97.53**
40	33353	16563	16790	1.10	0.55	0.56	98.65
41	37361	18493	18868	1.24	0.61	0.62	98.01
42	34856	17109	17747	1.15	0.57	0.59	96.41
43	41202	20220	20982	1.36	0.67	0.69	96.37
44	49095	24323	24772	1.62	0.80	0.82	98.19
45-49岁	**292671**	**145769**	**146902**	**9.68**	**4.82**	**4.86**	**99.23**
45	54702	26918	27784	1.81	0.89	0.92	96.88
46	58320	28923	29397	1.93	0.96	0.97	98.39
47	58450	29267	29183	1.93	0.97	0.97	100.29
48	59478	29707	29771	1.97	0.98	0.98	99.79
49	61721	30954	30767	2.04	1.02	1.02	100.61
50-54岁	**267792**	**131508**	**136284**	**8.86**	**4.35**	**4.51**	**96.50**
50	60757	30191	30566	2.01	1.00	1.01	98.77
51	55081	27130	27951	1.82	0.90	0.92	97.06
52	57870	28444	29426	1.91	0.94	0.97	96.66
53	43477	21027	22450	1.44	0.70	0.74	93.66
54	50607	24716	25891	1.67	0.82	0.86	95.46
55-59岁	**206638**	**100017**	**106621**	**6.83**	**3.31**	**3.53**	**93.81**
55	49949	24427	25522	1.65	0.81	0.84	95.71
56	51857	25238	26619	1.72	0.83	0.88	94.81
57	58759	28426	30333	1.94	0.94	1.00	93.71
58	30444	14551	15893	1.01	0.48	0.53	91.56
59	15629	7375	8254	0.52	0.24	0.27	89.35
60-64岁	**131063**	**64113**	**66950**	**4.34**	**2.12**	**2.21**	**95.76**
60	18958	9115	9843	0.63	0.30	0.33	92.60
61	19535	9700	9835	0.65	0.32	0.33	98.63
62	30114	14975	15139	1.00	0.50	0.50	98.92
63	31445	15264	16181	1.04	0.50	0.54	94.33
64	31011	15059	15952	1.03	0.50	0.53	94.40

1—4a 续表 2

单位：人、%

年 龄	人口数			占总人口比重			性别比
	合计	男	女	合计	男	女	(女=100)
65—69岁	**143748**	**67457**	**76291**	**4.75**	**2.23**	**2.52**	**88.42**
65	31678	15149	16529	1.05	0.50	0.55	91.65
66	32240	15414	16826	1.07	0.51	0.56	91.61
67	29406	13730	15676	0.97	0.45	0.52	87.59
68	28518	13115	15403	0.94	0.43	0.51	85.15
69	21906	10049	11857	0.72	0.33	0.39	84.75
70—74岁	**92398**	**44006**	**48392**	**3.06**	**1.46**	**1.60**	**90.94**
70	21420	9960	11460	0.71	0.33	0.38	86.91
71	20829	9867	10962	0.69	0.33	0.36	90.01
72	17351	8261	9090	0.57	0.27	0.30	90.88
73	17000	8197	8803	0.56	0.27	0.29	93.12
74	15798	7721	8077	0.52	0.26	0.27	95.59
75—79岁	**60849**	**28989**	**31860**	**2.01**	**0.96**	**1.05**	**90.99**
75	13528	6570	6958	0.45	0.22	0.23	94.42
76	13766	6619	7147	0.46	0.22	0.24	92.61
77	12123	5709	6414	0.40	0.19	0.21	89.01
78	11036	5235	5801	0.37	0.17	0.19	90.24
79	10396	4856	5540	0.34	0.16	0.18	87.65
80—84岁	**38842**	**18186**	**20656**	**1.28**	**0.60**	**0.68**	**88.04**
80	10018	4826	5192	0.33	0.16	0.17	92.95
81	8086	3756	4330	0.27	0.12	0.14	86.74
82	7695	3580	4115	0.25	0.12	0.14	87.00
83	6738	3171	3567	0.22	0.10	0.12	88.90
84	6305	2853	3452	0.21	0.09	0.11	82.65
85—89岁	**18611**	**8307**	**10304**	**0.62**	**0.27**	**0.34**	**80.62**
85	4757	2042	2715	0.16	0.07	0.09	75.21
86	4176	1792	2384	0.14	0.06	0.08	75.17
87	4001	1863	2138	0.13	0.06	0.07	87.14
88	3153	1448	1705	0.10	0.05	0.06	84.93
89	2524	1162	1362	0.08	0.04	0.05	85.32
90—94岁	**6534**	**3016**	**3518**	**0.22**	**0.10**	**0.12**	**85.73**
90	2196	1046	1150	0.07	0.03	0.04	90.96
91	1508	706	802	0.05	0.02	0.03	88.03
92	1276	581	695	0.04	0.02	0.02	83.60
93	881	392	489	0.03	0.01	0.02	80.16
94	673	291	382	0.02	0.01	0.01	76.18
95—99岁	**1252**	**489**	**763**	**0.04**	**0.02**	**0.03**	**64.09**
95	445	182	263	0.01	0.01	0.01	69.20
96	346	131	215	0.01		0.01	60.93
97	216	88	128	0.01			68.75
98	143	53	90				58.89
99	102	35	67				52.24
100岁及以上	**170**	**51**	**119**	**0.01**			**42.86**

1-4b 全省分年龄、性别的人口(镇)

单位：人、%

年龄	人口数			占总人口比重			性别比
	合计	男	女	合计	男	女	(女=100)
总计	**1788517**	**879599**	**908918**	**100.00**	**49.18**	**50.82**	**96.77**
0-4岁	**87835**	**45437**	**42398**	**4.91**	**2.54**	**2.37**	**107.17**
0	11459	5938	5521	0.64	0.33	0.31	107.55
1	16209	8369	7840	0.91	0.47	0.44	106.75
2	17339	8947	8392	0.97	0.50	0.47	106.61
3	21629	11258	10371	1.21	0.63	0.58	108.55
4	21199	10925	10274	1.19	0.61	0.57	106.34
5-9岁	**112138**	**58014**	**54124**	**6.27**	**3.24**	**3.03**	**107.19**
5	20578	10525	10053	1.15	0.59	0.56	104.70
6	21917	11482	10435	1.23	0.64	0.58	110.03
7	22419	11527	10892	1.25	0.64	0.61	105.83
8	24286	12600	11686	1.36	0.70	0.65	107.82
9	22938	11880	11058	1.28	0.66	0.62	107.43
10-14岁	**117296**	**60612**	**56684**	**6.56**	**3.39**	**3.17**	**106.93**
10	23453	12182	11271	1.31	0.68	0.63	108.08
11	23847	12320	11527	1.33	0.69	0.64	106.88
12	23599	12197	11402	1.32	0.68	0.64	106.97
13	23261	11924	11337	1.30	0.67	0.63	105.18
14	23136	11989	11147	1.29	0.67	0.62	107.55
15-19岁	**126784**	**64522**	**62262**	**7.09**	**3.61**	**3.48**	**103.63**
15	26534	13584	12950	1.48	0.76	0.72	104.90
16	31494	16006	15488	1.76	0.89	0.87	103.34
17	27686	13952	13734	1.55	0.78	0.77	101.59
18	22227	11372	10855	1.24	0.64	0.61	104.76
19	18843	9608	9235	1.05	0.54	0.52	104.04
20-24岁	**87989**	**42704**	**45285**	**4.92**	**2.39**	**2.53**	**94.30**
20	17274	8650	8624	0.97	0.48	0.48	100.30
21	16334	8026	8308	0.91	0.45	0.46	96.61
22	17520	8408	9112	0.98	0.47	0.51	92.27
23	17849	8588	9261	1.00	0.48	0.52	92.73
24	19012	9032	9980	1.06	0.50	0.56	90.50
25-29岁	**108843**	**51679**	**57164**	**6.09**	**2.89**	**3.20**	**90.40**
25	21438	10123	11315	1.20	0.57	0.63	89.47
26	20848	9779	11069	1.17	0.55	0.62	88.35
27	22769	10766	12003	1.27	0.60	0.67	89.69
28	21315	10183	11132	1.19	0.57	0.62	91.48
29	22473	10828	11645	1.26	0.61	0.65	92.98

1-4b　续表 1

单位：人、%

年　龄	人　口　数			占总人口比重			性别比
	合计	男	女	合计	男	女	(女=100)
30—34岁	**138065**	**66312**	**71753**	**7.72**	**3.71**	**4.01**	**92.42**
30	27370	13205	14165	1.53	0.74	0.79	93.22
31	26312	12647	13665	1.47	0.71	0.76	92.55
32	25132	12098	13034	1.41	0.68	0.73	92.82
33	30988	14796	16192	1.73	0.83	0.91	91.38
34	28263	13566	14697	1.58	0.76	0.82	92.30
35—39岁	**100525**	**48884**	**51641**	**5.62**	**2.73**	**2.89**	**94.66**
35	20152	9751	10401	1.13	0.55	0.58	93.75
36	17272	8435	8837	0.97	0.47	0.49	95.45
37	18161	8873	9288	1.02	0.50	0.52	95.53
38	23622	11536	12086	1.32	0.65	0.68	95.45
39	21318	10289	11029	1.19	0.58	0.62	93.29
40—44岁	**110226**	**53388**	**56838**	**6.16**	**2.99**	**3.18**	**93.93**
40	16991	8280	8711	0.95	0.46	0.49	95.05
41	20327	9795	10532	1.14	0.55	0.59	93.00
42	19690	9447	10243	1.10	0.53	0.57	92.23
43	23589	11464	12125	1.32	0.64	0.68	94.55
44	29629	14402	15227	1.66	0.81	0.85	94.58
45—49岁	**181370**	**89023**	**92347**	**10.14**	**4.98**	**5.16**	**96.40**
45	33491	16252	17239	1.87	0.91	0.96	94.27
46	36656	18065	18591	2.05	1.01	1.04	97.17
47	36832	18243	18589	2.06	1.02	1.04	98.14
48	36747	17926	18821	2.05	1.00	1.05	95.24
49	37644	18537	19107	2.10	1.04	1.07	97.02
50—54岁	**172922**	**84531**	**88391**	**9.67**	**4.73**	**4.94**	**95.63**
50	37279	18533	18746	2.08	1.04	1.05	98.86
51	34111	16654	17457	1.91	0.93	0.98	95.40
52	37787	18390	19397	2.11	1.03	1.08	94.81
53	29504	14315	15189	1.65	0.80	0.85	94.25
54	34241	16639	17602	1.91	0.93	0.98	94.53
55—59岁	**126835**	**61819**	**65016**	**7.09**	**3.46**	**3.64**	**95.08**
55	32213	15645	16568	1.80	0.87	0.93	94.43
56	32028	15817	16211	1.79	0.88	0.91	97.57
57	35413	17393	18020	1.98	0.97	1.01	96.52
58	18447	8838	9609	1.03	0.49	0.54	91.98
59	8734	4126	4608	0.49	0.23	0.26	89.54
60—64岁	**75427**	**37484**	**37943**	**4.22**	**2.10**	**2.12**	**98.79**
60	9912	4787	5125	0.55	0.27	0.29	93.40
61	10877	5535	5342	0.61	0.31	0.30	103.61
62	17110	8602	8508	0.96	0.48	0.48	101.10
63	18774	9272	9502	1.05	0.52	0.53	97.58
64	18754	9288	9466	1.05	0.52	0.53	98.12

1-4b 续表 2

单位：人、%

年 龄	人口数			占总人口比重			性别比
	合计	男	女	合计	男	女	(女=100)
65-69岁	**94234**	**45295**	**48939**	**5.27**	**2.53**	**2.74**	**92.55**
65	20331	10054	10277	1.14	0.56	0.57	97.83
66	20613	10003	10610	1.15	0.56	0.59	94.28
67	19563	9330	10233	1.09	0.52	0.57	91.18
68	19422	9140	10282	1.09	0.51	0.57	88.89
69	14305	6768	7537	0.80	0.38	0.42	89.80
70-74岁	**63148**	**30852**	**32296**	**3.53**	**1.73**	**1.81**	**95.53**
70	14008	6791	7217	0.78	0.38	0.40	94.10
71	14363	6995	7368	0.80	0.39	0.41	94.94
72	11829	5722	6107	0.66	0.32	0.34	93.70
73	11897	5903	5994	0.67	0.33	0.34	98.48
74	11051	5441	5610	0.62	0.30	0.31	96.99
75-79岁	**42852**	**20323**	**22529**	**2.40**	**1.14**	**1.26**	**90.21**
75	9103	4351	4752	0.51	0.24	0.27	91.56
76	10028	4804	5224	0.56	0.27	0.29	91.96
77	8709	4021	4688	0.49	0.22	0.26	85.77
78	7554	3630	3924	0.42	0.20	0.22	92.51
79	7458	3517	3941	0.42	0.20	0.22	89.24
80-84岁	**25597**	**11632**	**13965**	**1.43**	**0.65**	**0.78**	**83.29**
80	6790	3179	3611	0.38	0.18	0.20	88.04
81	5430	2470	2960	0.30	0.14	0.17	83.45
82	4976	2266	2710	0.28	0.13	0.15	83.62
83	4368	1915	2453	0.24	0.11	0.14	78.07
84	4033	1802	2231	0.23	0.10	0.12	80.77
85-89岁	**11436**	**5019**	**6417**	**0.64**	**0.28**	**0.36**	**78.21**
85	2870	1231	1639	0.16	0.07	0.09	75.11
86	2516	1108	1408	0.14	0.06	0.08	78.69
87	2522	1153	1369	0.14	0.06	0.08	84.22
88	1960	849	1111	0.11	0.05	0.06	76.42
89	1568	678	890	0.09	0.04	0.05	76.18
90-94岁	**4094**	**1729**	**2365**	**0.23**	**0.10**	**0.13**	**73.11**
90	1405	619	786	0.08	0.03	0.04	78.75
91	964	413	551	0.05	0.02	0.03	74.95
92	809	347	462	0.05	0.02	0.03	75.11
93	559	211	348	0.03	0.01	0.02	60.63
94	357	139	218	0.02	0.01	0.01	63.76
95-99岁	**799**	**309**	**490**	**0.04**	**0.02**	**0.03**	**63.06**
95	289	117	172	0.02	0.01	0.01	68.02
96	189	71	118	0.01		0.01	60.17
97	158	57	101	0.01		0.01	56.44
98	89	35	54				64.81
99	74	29	45				64.44
100岁及以上	**102**	**31**	**71**	**0.01**			**43.66**

1-4c　全省分年龄、性别的人口(乡村)

单位：人、%

年　龄	人　口　数			占总人口比重			性别比
	合计	男	女	合计	男	女	(女=100)
总　计	**4055115**	**2099125**	**1955990**	**100.00**	**51.76**	**48.24**	**107.32**
0–4岁	**189354**	**98366**	**90988**	**4.67**	**2.43**	**2.24**	**108.11**
0	31693	16514	15179	0.78	0.41	0.37	108.80
1	34875	18034	16841	0.86	0.44	0.42	107.08
2	37299	19381	17918	0.92	0.48	0.44	108.16
3	42624	22232	20392	1.05	0.55	0.50	109.02
4	42863	22205	20658	1.06	0.55	0.51	107.49
5–9岁	**225209**	**117137**	**108072**	**5.55**	**2.89**	**2.67**	**108.39**
5	41473	21788	19685	1.02	0.54	0.49	110.68
6	43361	22438	20923	1.07	0.55	0.52	107.24
7	44978	23353	21625	1.11	0.58	0.53	107.99
8	48593	25226	23367	1.20	0.62	0.58	107.96
9	46804	24332	22472	1.15	0.60	0.55	108.28
10–14岁	**255078**	**133280**	**121798**	**6.29**	**3.29**	**3.00**	**109.43**
10	48882	25201	23681	1.21	0.62	0.58	106.42
11	51529	26973	24556	1.27	0.67	0.61	109.84
12	51472	26995	24477	1.27	0.67	0.60	110.29
13	51496	27011	24485	1.27	0.67	0.60	110.32
14	51699	27100	24599	1.27	0.67	0.61	110.17
15–19岁	**202384**	**106619**	**95765**	**4.99**	**2.63**	**2.36**	**111.33**
15	45413	23845	21568	1.12	0.59	0.53	110.56
16	43195	22864	20331	1.07	0.56	0.50	112.46
17	38301	20392	17909	0.94	0.50	0.44	113.86
18	37747	19989	17758	0.93	0.49	0.44	112.56
19	37728	19529	18199	0.93	0.48	0.45	107.31
20–24岁	**200443**	**104785**	**95658**	**4.94**	**2.58**	**2.36**	**109.54**
20	36993	19163	17830	0.91	0.47	0.44	107.48
21	36663	19188	17475	0.90	0.47	0.43	109.80
22	41227	21424	19803	1.02	0.53	0.49	108.19
23	41443	21750	19693	1.02	0.54	0.49	110.45
24	44117	23260	20857	1.09	0.57	0.51	111.52
25–29岁	**230361**	**123877**	**106484**	**5.68**	**3.05**	**2.63**	**116.33**
25	48350	25644	22706	1.19	0.63	0.56	112.94
26	44883	23954	20929	1.11	0.59	0.52	114.45
27	47347	25590	21757	1.17	0.63	0.54	117.62
28	44500	23916	20584	1.10	0.59	0.51	116.19
29	45281	24773	20508	1.12	0.61	0.51	120.80

1-4c 续表 1

单位：人、%

年 龄	人口数			占总人口比重			性别比
	合计	男	女	合计	男	女	(女=100)
30-34岁	**259277**	**141418**	**117859**	**6.39**	**3.49**	**2.91**	**119.99**
30	52935	28803	24132	1.31	0.71	0.60	119.36
31	50777	27647	23130	1.25	0.68	0.57	119.53
32	47445	25670	21775	1.17	0.63	0.54	117.89
33	56841	31083	25758	1.40	0.77	0.64	120.67
34	51279	28215	23064	1.26	0.70	0.57	122.33
35-39岁	**177761**	**96693**	**81068**	**4.38**	**2.38**	**2.00**	**119.27**
35	36759	19980	16779	0.91	0.49	0.41	119.08
36	30963	16731	14232	0.76	0.41	0.35	117.56
37	31383	17120	14263	0.77	0.42	0.35	120.03
38	40680	22219	18461	1.00	0.55	0.46	120.36
39	37976	20643	17333	0.94	0.51	0.43	119.10
40-44岁	**206800**	**108664**	**98136**	**5.10**	**2.68**	**2.42**	**110.73**
40	30733	16170	14563	0.76	0.40	0.36	111.03
41	37017	19608	17409	0.91	0.48	0.43	112.63
42	37042	19305	17737	0.91	0.48	0.44	108.84
43	44956	23611	21345	1.11	0.58	0.53	110.62
44	57052	29970	27082	1.41	0.74	0.67	110.66
45-49岁	**387001**	**200109**	**186892**	**9.54**	**4.93**	**4.61**	**107.07**
45	67245	35085	32160	1.66	0.87	0.79	109.10
46	76078	39216	36862	1.88	0.97	0.91	106.39
47	78227	40560	37667	1.93	1.00	0.93	107.68
48	81016	41633	39383	2.00	1.03	0.97	105.71
49	84435	43615	40820	2.08	1.08	1.01	106.85
50-54岁	**410673**	**209474**	**201199**	**10.13**	**5.17**	**4.96**	**104.11**
50	84959	43443	41516	2.10	1.07	1.02	104.64
51	79626	40744	38882	1.96	1.00	0.96	104.79
52	89609	45482	44127	2.21	1.12	1.09	103.07
53	72262	36423	35839	1.78	0.90	0.88	101.63
54	84217	43382	40835	2.08	1.07	1.01	106.24
55-59岁	**304094**	**155246**	**148848**	**7.50**	**3.83**	**3.67**	**104.30**
55	78196	40268	37928	1.93	0.99	0.94	106.17
56	76686	38799	37887	1.89	0.96	0.93	102.41
57	83048	43094	39954	2.05	1.06	0.99	107.86
58	45690	23057	22633	1.13	0.57	0.56	101.87
59	20474	10028	10446	0.50	0.25	0.26	96.00
60-64岁	**206824**	**109165**	**97659**	**5.10**	**2.69**	**2.41**	**111.78**
60	23863	12107	11756	0.59	0.30	0.29	102.99
61	27589	14922	12667	0.68	0.37	0.31	117.80
62	46888	24967	21921	1.16	0.62	0.54	113.90
63	53854	28576	25278	1.33	0.70	0.62	113.05
64	54630	28593	26037	1.35	0.71	0.64	109.82

1-4c　续表 2

单位：人、%

年　龄	人　口　数			占总人口比重			性别比
	合计	男	女	合计	男	女	(女=100)
65-69岁	**303214**	**152952**	**150262**	**7.48**	**3.77**	**3.71**	**101.79**
65	61115	31666	29449	1.51	0.78	0.73	107.53
66	64246	32666	31580	1.58	0.81	0.78	103.44
67	63488	31611	31877	1.57	0.78	0.79	99.17
68	65579	32815	32764	1.62	0.81	0.81	100.16
69	48786	24194	24592	1.20	0.60	0.61	98.38
70-74岁	**213252**	**108012**	**105240**	**5.26**	**2.66**	**2.60**	**102.63**
70	46366	23500	22866	1.14	0.58	0.56	102.77
71	49139	25152	23987	1.21	0.62	0.59	104.86
72	40671	20624	20047	1.00	0.51	0.49	102.88
73	40222	20491	19731	0.99	0.51	0.49	103.85
74	36854	18245	18609	0.91	0.45	0.46	98.04
75-79岁	**147143**	**72513**	**74630**	**3.63**	**1.79**	**1.84**	**97.16**
75	31879	15499	16380	0.79	0.38	0.40	94.62
76	34241	17209	17032	0.84	0.42	0.42	101.04
77	30312	14781	15531	0.75	0.36	0.38	95.17
78	25460	12700	12760	0.63	0.31	0.31	99.53
79	25251	12324	12927	0.62	0.30	0.32	95.34
80-84岁	**82249**	**38729**	**43520**	**2.03**	**0.96**	**1.07**	**88.99**
80	21002	10371	10631	0.52	0.26	0.26	97.55
81	17598	8194	9404	0.43	0.20	0.23	87.13
82	16115	7523	8592	0.40	0.19	0.21	87.56
83	13949	6567	7382	0.34	0.16	0.18	88.96
84	13585	6074	7511	0.34	0.15	0.19	80.87
85-89岁	**37723**	**16030**	**21693**	**0.93**	**0.40**	**0.53**	**73.89**
85	9451	4211	5240	0.23	0.10	0.13	80.36
86	8440	3574	4866	0.21	0.09	0.12	73.45
87	8418	3600	4818	0.21	0.09	0.12	74.72
88	6456	2588	3868	0.16	0.06	0.10	66.91
89	4958	2057	2901	0.12	0.05	0.07	70.91
90-94岁	**13315**	**5138**	**8177**	**0.33**	**0.13**	**0.20**	**62.83**
90	4243	1741	2502	0.10	0.04	0.06	69.58
91	3161	1244	1917	0.08	0.03	0.05	64.89
92	2697	1026	1671	0.07	0.03	0.04	61.40
93	1875	675	1200	0.05	0.02	0.03	56.25
94	1339	452	887	0.03	0.01	0.02	50.96
95-99岁	**2640**	**843**	**1797**	**0.07**	**0.02**	**0.04**	**46.91**
95	956	308	648	0.02	0.01	0.02	47.53
96	766	256	510	0.02	0.01	0.01	50.20
97	426	126	300	0.01		0.01	42.00
98	294	89	205	0.01		0.01	43.41
99	198	64	134				47.76
100岁及以上	**320**	**75**	**245**	**0.01**		**0.01**	**30.61**

第二部分 长表数据资料

第二卷 民族

2-1　全省各民族分性别、行业的人口

单位：人

民　族	人口数			农、林、牧、渔业			采矿业		
	合计	男	女	小计	男	女	小计	男	女
总　计	**4556016**	**2580033**	**1975983**	**1126660**	**548408**	**578252**	**23803**	**20133**	**3670**
汉　族	4315182	2453702	1861480	990542	483563	506979	22784	19320	3464
蒙古族	2248	1181	1067	1107	542	565	12	10	2
回　族	5397	3020	2377	969	509	460	24	15	9
藏　族	73820	39053	34767	38010	18354	19656	188	147	41
维吾尔族	232	127	105	5	1	4	1		1
苗　族	7979	4316	3663	3672	1704	1968	63	55	8
彝　族	123250	63929	59321	82754	39075	43679	506	397	109
壮　族	999	355	644	137	23	114	21	15	6
布依族	717	319	398	218	86	132	2	2	
朝鲜族	157	105	52	4	3	1	3	3	
满　族	1024	593	431	27	14	13	24	20	4
侗　族	410	185	225	44	5	39	2	2	
瑶　族	217	84	133	30	1	29	2	1	1
白　族	618	294	324	116	42	74	14	12	2
土家族	4180	2399	1781	880	456	424	55	54	1
哈尼族	200	50	150	46	1	45			
哈萨克族	11	4	7	1		1			
傣　族	520	235	285	212	84	128	11	10	1
黎　族	82	37	45	8	1	7			
傈僳族	1495	749	746	1180	564	616	12	10	2
佤　族	90	23	67	34		34	1		1
畲　族	68	40	28	3	1	2			
高山族	8	6	2	2	1	1			
拉祜族	50	18	32	9		9			
水　族	52	19	33	2		2			
东乡族	48	26	22						
纳西族	620	314	306	412	204	208	8	5	3
景颇族	22	3	19	7		7			
柯尔克孜族	1		1						
土　族	41	20	21	4		4	1	1	
达斡尔族	15	7	8				1	1	
仫佬族	51	28	23	7	1	6	1	1	
羌　族	15840	8585	7255	6178	3167	3011	66	51	15
布朗族	25	11	14	3		3			
撒拉族	37	22	15						
毛南族	9	4	5	1		1			
仡佬族	153	83	70	19	2	17	1	1	
锡伯族	30	22	8						
阿昌族	8	5	3						
普米族	8	1	7						
塔吉克族									
怒　族	2		2	1		1			
乌孜别克族									
俄罗斯族	4	3	1						
鄂温克族	6	3	3						
德昂族									
保安族	13	9	4	2	2				
裕固族	3	1	2						
京　族	2	2							
塔塔尔族	1		1						
独龙族	5	3	2	3	2	1			
鄂伦春族	2	2							
赫哲族									
门巴族	2		2	1		1			
珞巴族									
基诺族	2	1	1						
未定族称人口	34	15	19	7		7			
入　籍	26	20	6	3		3			

2–1　续表 1　　　　单位：人

民　族	制造业			电力、热力、燃气及水生产和供应业			建筑业		
	小计	男	女	小计	男	女	小计	男	女
总　计	**508326**	**309826**	**198500**	**33391**	**24189**	**9202**	**714636**	**590670**	**123966**
汉　族	497563	303395	194168	31698	22909	8789	692394	573629	118765
蒙古族	103	69	34	16	11	5	152	120	32
回　族	376	247	129	65	54	11	408	326	82
藏　族	1700	1177	523	561	381	180	5598	4050	1548
维吾尔族	27	12	15	1	1		19	13	6
苗　族	878	537	341	36	27	9	1318	1024	294
彝　族	5279	3019	2260	719	602	117	11462	8944	2518
壮　族	206	81	125	5	4	1	79	46	33
布依族	106	52	54				103	66	37
朝鲜族	43	34	9	3	1	2	5	4	1
满　族	123	88	35	26	19	7	104	84	20
侗　族	87	40	47	2	2		55	34	21
瑶　族	53	24	29	2	2		19	9	10
白　族	65	40	25	7	6	1	62	41	21
土家族	465	268	197	32	24	8	838	680	158
哈尼族	40	10	30	1		1	37	19	18
哈萨克族	1	1		1		1			
傣　族	39	23	16	2	1	1	55	38	17
黎　族	14	7	7				5	4	1
傈僳族	42	27	15	3	2	1	68	57	11
佤　族	12	3	9				22	14	8
畲　族	9	7	2	3	3		6	4	2
高山族	1	1							
拉祜族	9	5	4				13	8	5
水　族	10	3	7				9	3	6
东乡族	14	10	4						
纳西族	21	13	8	4	2	2	25	21	4
景颇族	5	2	3	1		1	3		3
柯尔克孜族									
土　族	6	5	1				4	1	3
达斡尔族	1		1				1		1
仫佬族	12	8	4				3	3	
羌　族	954	584	370	201	136	65	1707	1378	329
布朗族	8	3	5				7	7	
撒拉族	2	1	1						
毛南族	3		3	2	2				
仡佬族	24	11	13				25	19	6
锡伯族	7	6	1						
阿昌族	4	4					1		1
普米族							3		3
塔吉克族									
怒　族							1		1
乌孜别克族									
俄罗斯族									
鄂温克族							1	1	
德昂族									
保安族	7	6	1						
裕固族	1	1							
京　族							1	1	
塔塔尔族									
独龙族									
鄂伦春族									
赫哲族									
门巴族	1		1						
珞巴族									
基诺族									
未定族称人口	5	2	3				3	3	
入　籍							20	19	1

2-1　续表 2

单位：人

民　族	批发和零售业			交通运输、仓储和邮政业			住宿和餐饮业		
	小计	男	女	小计	男	女	小计	男	女
总　计	**615974**	**272486**	**343488**	**192583**	**160310**	**32273**	**292886**	**124763**	**168123**
汉　族	603789	267088	336701	186896	155608	31288	281868	120377	161491
蒙古族	181	80	101	74	54	20	103	43	60
回　族	708	367	341	256	213	43	724	365	359
藏　族	3826	1866	1960	2024	1672	352	4841	1940	2901
维吾尔族	33	16	17	1	1		82	54	28
苗　族	537	204	333	159	123	36	280	113	167
彝　族	4288	1832	2456	2216	1876	340	3312	1201	2111
壮　族	179	41	138	17	8	9	89	32	57
布依族	80	24	56	19	13	6	27	7	20
朝鲜族	29	21	8	4	3	1	12	9	3
满　族	141	72	69	45	33	12	42	23	19
侗　族	49	15	34	20	9	11	30	13	17
瑶　族	33	11	22	5	4	1	10	3	7
白　族	97	36	61	22	20	2	44	17	27
土家族	466	183	283	132	103	29	205	75	130
哈尼族	23	2	21	2	1	1	17	5	12
哈萨克族	1		1	1	1				
傣　族	74	24	50	22	18	4	34	13	21
黎　族	14	5	9	3	3		11	5	6
傈僳族	47	14	33	9	6	3	44	20	24
佤　族	3	1	2				6	1	5
畲　族	29	16	13	1	1		3	1	2
高山族				1	1		1	1	
拉祜族	5		5				4	3	1
水　族	9	1	8	2	1	1	3		3
东乡族	3	2	1	3	1	2	28	13	15
纳西族	16	6	10	7	7		46	18	28
景颇族	2		2	1		1	1		1
柯尔克孜族									
土　族	5	3	2	1	1		2	1	1
达斡尔族	3	2	1						
仫佬族	5	2	3	2	2		6		6
羌　族	1240	521	719	625	517	108	979	400	579
布朗族	6	1	5						
撒拉族	13	11	2				21	9	12
毛南族	1		1						
仡佬族	20	11	9	9	6	3	6	1	5
锡伯族	3	2	1	4	4		1		1
阿昌族	2	1	1				1		1
普米族							1		1
塔吉克族									
怒　族									
乌孜别克族									
俄罗斯族									
鄂温克族	1		1						
德昂族									
保安族	3	1	2				1		1
裕固族									
京　族	1	1							
塔塔尔族	1		1						
独龙族	1		1						
鄂伦春族									
赫哲族									
门巴族									
珞巴族									
基诺族	1		1						
未定族称人口	6	3	3				1		1
入　籍									

2-1 续表 3

单位：人

民　族	信息传输、软件和信息技术服务业			金融业			房地产业		
	小计	男	女	小计	男	女	小计	男	女
总　计	**76335**	**49170**	**27165**	**56011**	**24929**	**31082**	**97089**	**58709**	**38380**
汉　族	74952	48343	26609	54831	24375	30456	95997	58051	37946
蒙古族	43	32	11	27	14	13	23	16	7
回　族	137	88	49	107	47	60	88	65	23
藏　族	409	234	175	391	194	197	259	161	98
维吾尔族	10	6	4	8	5	3	5	2	3
苗　族	56	29	27	32	16	16	44	20	24
彝　族	273	157	116	275	149	126	333	209	124
壮　族	37	21	16	16	4	12	20	9	11
布依族	20	10	10	3	2	1	10	6	4
朝鲜族	16	13	3	5	2	3	1		1
满　族	56	33	23	31	13	18	33	22	11
侗　族	18	13	5	5	1	4	5	2	3
瑶　族	6	4	2	4	2	2	6	2	4
白　族	14	9	5	11	4	7	12	6	6
土家族	99	66	33	62	25	37	71	36	35
哈尼族	3	3		3		3	1	1	
哈萨克族	2		2						
傣　族	4	1	3	1		1	6	1	5
黎　族	1	1					3		3
傈僳族	4	3	1	1	1		6	3	3
佤　族	2	1	1				1	1	
畲　族	1		1	1		1	1	1	
高山族									
拉祜族							1		1
水　族	1	1		1	1				
东乡族									
纳西族	6	2	4	2	1	1	5	2	3
景颇族									
柯尔克孜族									
土　族	3	2	1	1		1			
达斡尔族	2		2	2	1	1			
仫佬族	4	4		2		2	1	1	
羌　族	147	86	61	183	70	113	149	89	60
布朗族									
撒拉族									
毛南族							1	1	
仡佬族	3	3		3	1	2	2	1	1
锡伯族	1	1		1		1	2	1	1
阿昌族									
普米族									
塔吉克族									
怒　族									
乌孜别克族									
俄罗斯族	1	1							
鄂温克族	3	2	1						
德昂族									
保安族									
裕固族							1		1
京　族									
塔塔尔族									
独龙族									
鄂伦春族									
赫哲族									
门巴族									
珞巴族									
基诺族									
未定族称人口	1	1		2	1	1	2		2
入　籍									

2-1　续表 4　　　　单位：人

民　族	租赁和商务服务业			科学研究和技术服务业			水利、环境和公共设施管理业		
	小计	男	女	小计	男	女	小计	男	女
总　计	**109617**	**67221**	**42396**	**46399**	**30946**	**15453**	**28774**	**16043**	**12731**
汉　族	107367	65794	41573	45521	30361	15160	27695	15489	12206
蒙古族	49	29	20	36	21	15	9	7	2
回　族	157	89	68	80	50	30	49	32	17
藏　族	565	339	226	165	105	60	415	233	182
维吾尔族	5	1	4	1		1			
苗　族	79	51	28	57	37	20	38	28	10
彝　族	787	574	213	177	133	44	396	155	241
壮　族	28	8	20	31	24	7	2	1	1
布依族	14	7	7	8	6	2	2	1	1
朝鲜族	6	4	2	7	3	4	1		1
满　族	70	36	34	63	43	20	2	1	1
侗　族	18	11	7	6	5	1	1		1
瑶　族	7	1	6	9	3	6	1	1	
白　族	11	5	6	17	9	8	2	1	1
土家族	142	80	62	82	59	23	24	15	9
哈尼族	1		1						
哈萨克族									
傣　族	4		4	5	3	2	2	1	1
黎　族	4	4		3	2	1			
傈僳族	8	7	1				2	1	1
佤　族	3		3				1		1
畲　族	4	3	1	1	1				
高山族									
拉祜族				1	1				
水　族	3	2	1	2	2				
东乡族									
纳西族	9	5	4	1		1	2		2
景颇族	1		1						
柯尔克孜族									
土　族	1		1	2	1	1			
达斡尔族	3	2	1						
仫佬族	2	1	1	4	3	1			
羌　族	255	156	99	113	70	43	127	75	52
布朗族									
撒拉族									
毛南族									
仡佬族	9	8	1	3	2	1	2	1	1
锡伯族	2	2		4	2	2	1	1	
阿昌族									
普米族									
塔吉克族									
怒　族									
乌孜别克族									
俄罗斯族									
鄂温克族	1		1						
德昂族									
保安族									
裕固族									
京　族									
塔塔尔族									
独龙族									
鄂伦春族	1	1							
赫哲族									
门巴族									
珞巴族									
基诺族									
未定族称人口	1	1							
入　籍									

2-1 续表 5 单位：人

民族	居民服务、修理和其他服务业			教育			卫生和社会工作		
	小计	男	女	小计	男	女	小计	男	女
总计	**186047**	**76430**	**109617**	**164660**	**60924**	**103736**	**90359**	**30153**	**60206**
汉族	182297	74865	107432	156629	57776	98853	86797	29109	57688
蒙古族	39	14	25	100	31	69	50	14	36
回族	140	50	90	366	123	243	169	45	124
藏族	833	411	422	2790	973	1817	1273	344	929
维吾尔族	8	5	3	9	3	6	4	1	3
苗族	228	100	128	214	91	123	77	34	43
彝族	1780	696	1084	3214	1490	1724	1307	398	909
壮族	40	7	33	41	11	30	12	4	8
布依族	17	4	13	45	11	34	10	2	8
朝鲜族	4	1	3	9	1	8	2	1	1
满族	26	12	14	91	31	60	36	9	27
侗族	13	2	11	22	10	12	9	6	3
瑶族	4	3	1	7	2	5	10	3	7
白族	23	9	14	49	11	38	19	7	12
土家族	119	48	71	201	57	144	116	47	69
哈尼族	6	1	5	7	2	5	3		3
哈萨克族				2		2			
傣族	10	1	9	10	4	6	8	1	7
黎族	4	1	3	5	1	4	4	1	3
傈僳族	29	14	15	16	7	9	6	2	4
佤族	2		2				1	1	
畲族	2	1	1	1		1	1		1
高山族	2	1	1						
拉祜族	3		3	3		3			
水族	2		2	1	1		1	1	
东乡族									
纳西族	9	4	5	21	9	12	3		3
景颇族	1	1							
柯尔克孜族							1		1
土族	3	2	1	3	1	2	2		2
达斡尔族							1		1
仫佬族	1	1		1	1				
羌族	385	165	220	791	270	521	428	118	310
布朗族	1		1						
撒拉族							1	1	
毛南族									
仡佬族	10	7	3	6	3	3	3	1	2
锡伯族							3	2	1
阿昌族									
普米族	2	1	1						
塔吉克族									
怒族									
乌孜别克族									
俄罗斯族				1	1				
鄂温克族									
德昂族									
保安族									
裕固族				1		1			
京族									
塔塔尔族									
独龙族	1	1							
鄂伦春族	1	1							
赫哲族									
门巴族									
珞巴族									
基诺族									
未定族称人口	1	1		3	2	1	2	1	1
入籍	1		1	1	1				

2-1　续表 6　　　　单位：人

民　族	文化、体育和娱乐业			公共管理、社会保障和社会组织			国际组织		
	小计	男	女	小计	男	女	小计	男	女
总　计	**40953**	**18497**	**22456**	**151491**	**96217**	**55274**	**22**	**9**	**13**
汉　族	39725	17893	21832	135816	85749	50067	21	8	13
蒙古族	17	9	8	107	65	42			
回　族	71	31	40	503	304	199			
藏　族	539	276	263	9433	6196	3237			
维吾尔族	11	5	6	2	1	1			
苗　族	33	15	18	178	108	70			
彝　族	282	152	130	3890	2870	1020			
壮　族	13	4	9	26	12	14			
布依族	9	3	6	24	17	7			
朝鲜族	1	1		2	1	1			
满　族	26	11	15	58	29	29			
侗　族	6	2	4	18	13	5			
瑶　族	1	1		8	7	1			
白　族	9	5	4	24	14	10			
土家族	49	25	24	141	97	44	1	1	
哈尼族	6	3	3	4	2	2			
哈萨克族	1	1		1	1				
傣　族	4		4	17	12	5			
黎　族				3	2	1			
傈僳族	6	1	5	12	10	2			
佤　族	2	1	1						
畲　族				2	1	1			
高山族	1	1							
拉祜族	1		1	1	1				
水　族	1		1	5	3	2			
东乡族									
纳西族	3	2	1	20	13	7			
景颇族									
柯尔克孜族									
土　族				3	2	1			
达斡尔族				1	1				
仫佬族									
羌　族	131	54	77	1181	678	503			
布朗族									
撒拉族									
毛南族				1	1				
仡佬族	1		1	7	5	2			
锡伯族				1	1				
阿昌族									
普米族	1		1	1		1			
塔吉克族									
怒　族									
乌孜别克族									
俄罗斯族	2	1	1						
鄂温克族									
德昂族									
保安族									
裕固族									
京　族									
塔塔尔族									
独龙族									
鄂伦春族									
赫哲族									
门巴族									
珞巴族									
基诺族				1	1				
未定族称人口									
入　籍	1		1						

2–2　全省各民族分性别、职业的人口

单位：人

民　族	人口数			党的机关、国家机关、群众团体和社会组织、企事业单位负责人		
	合计	男	女	小计	男	女
总　计	**4556016**	**2580033**	**1975983**	**47437**	**35343**	**12094**
汉　族	4315182	2453702	1861480	45411	33730	11681
蒙古族	2248	1181	1067	26	17	9
回　族	5397	3020	2377	99	74	25
藏　族	73820	39053	34767	875	719	156
维吾尔族	232	127	105	6	2	4
苗　族	7979	4316	3663	48	36	12
彝　族	123250	63929	59321	574	480	94
壮　族	999	355	644	11	9	2
布依族	717	319	398	5	3	2
朝鲜族	157	105	52	7	6	1
满　族	1024	593	431	37	27	10
侗　族	410	185	225	11	6	5
瑶　族	217	84	133	7	5	2
白　族	618	294	324	7	6	1
土家族	4180	2399	1781	68	52	16
哈尼族	200	50	150			
哈萨克族	11	4	7			
傣　族	520	235	285	4	1	3
黎　族	82	37	45	1		1
傈僳族	1495	749	746	5	2	3
佤　族	90	23	67			
畲　族	68	40	28	2	2	
高山族	8	6	2	1	1	
拉祜族	50	18	32			
水　族	52	19	33	2	2	
东乡族	48	26	22			
纳西族	620	314	306	3	3	
景颇族	22	3	19			
柯尔克孜族	1		1			
土　族	41	20	21	1	1	
达斡尔族	15	7	8			
仫佬族	51	28	23	2	2	
羌　族	15840	8585	7255	221	154	67
布朗族	25	11	14			
撒拉族	37	22	15			
毛南族	9	4	5	1	1	
仡佬族	153	83	70	1	1	
锡伯族	30	22	8			
阿昌族	8	5	3			
普米族	8	1	7			
塔吉克族						
怒　族	2		2			
乌孜别克族						
俄罗斯族	4	3	1			
鄂温克族	6	3	3			
德昂族						
保安族	13	9	4			
裕固族	3	1	2			
京　族	2	2				
塔塔尔族	1		1			
独龙族	5	3	2			
鄂伦春族	2	2				
赫哲族						
门巴族	2		2			
珞巴族						
基诺族	2	1	1			
未定族称人口	34	15	19	1	1	
入　籍	26	20	6			

2-2　续表 1　　　　单位：人

民　族	专业技术人员			办事人员和有关人员			社会生产服务和生活服务人员		
	小计	男	女	小计	男	女	小计	男	女
总　计	**391306**	**177743**	**213563**	**262048**	**153187**	**108861**	**1617500**	**826694**	**790806**
汉　族	373488	169232	204256	250384	145866	104518	1576880	806177	770703
蒙古族	276	126	150	148	84	64	495	251	244
回　族	797	314	483	622	358	264	2250	1259	991
藏　族	8080	4119	3961	5100	3053	2047	14621	7642	6979
维吾尔族	22	9	13	10	4	6	143	84	59
苗　族	406	200	206	213	129	84	1503	706	797
彝　族	5081	2406	2675	3594	2588	1006	13895	6862	7033
壮　族	126	58	68	65	36	29	404	124	280
布依族	92	36	56	45	31	14	182	68	114
朝鲜族	50	29	21	16	10	6	60	41	19
满　族	299	139	160	159	88	71	375	218	157
侗　族	66	41	25	29	16	13	154	65	89
瑶　族	40	15	25	18	10	8	71	31	40
白　族	114	47	67	46	27	19	215	93	122
土家族	555	263	292	293	178	115	1192	552	640
哈尼族	10	2	8	11	4	7	64	16	48
哈萨克族	4	1	3	2	2		4	1	3
傣　族	28	13	15	23	13	10	162	59	103
黎　族	9	3	6	7	4	3	40	18	22
傈僳族	26	11	15	16	12	4	149	65	84
佤　族	4	2	2	1		1	14	2	12
畲　族	11	6	5	5	3	2	33	17	16
高山族	1	1					3	2	1
拉祜族	4	1	3	2	1	1	14	3	11
水　族	4	3	1	4	3	1	22	6	16
东乡族							34	16	18
纳西族	37	14	23	26	15	11	88	39	49
景颇族	1		1				7	1	6
柯尔克孜族	1		1						
土　族	12	5	7	4	2	2	12	7	5
达斡尔族	5	2	3	4	2	2	5	2	3
仫佬族	9	6	3	2	1	1	16	7	9
羌　族	1597	610	987	1176	632	544	4248	2190	2058
布朗族	2	1	1	1		1	8	1	7
撒拉族	1	1		1		1	33	20	13
毛南族				6	3	3	1		1
仡佬族	24	12	12	8	7	1	56	28	28
锡伯族	10	7	3	4	3	1	10	6	4
阿昌族							3	1	2
普米族	1		1				4	1	3
塔吉克族									
怒　族									
乌孜别克族									
俄罗斯族	3	2	1				1	1	
鄂温克族	1		1	1		1	2	2	
德昂族									
保安族							4	1	3
裕固族	1		1				1		1
京　族	1	1					1	1	
塔塔尔族							1		1
独龙族							2	1	1
鄂伦春族							1	1	
赫哲族									
门巴族									
珞巴族									
基诺族				1	1		1		1
未定族称人口	6	4	2	1	1		14	6	8
入　籍	1	1					2		2

2-2 续表 2

单位：人

民　族	农、林、牧、渔业生产及辅助人员			生产制造及有关人员			不便分类的其他从业人员		
	小计	男	女	小计	男	女	小计	男	女
总　计	**1123718**	**546436**	**577282**	**1107749**	**837083**	**270666**	**6258**	**3547**	**2711**
汉　族	987409	481421	505988	1075661	813918	261743	5949	3358	2591
蒙古族	1102	545	557	198	156	42	3	2	1
回　族	976	517	459	652	497	155	1	1	
藏　族	38244	18503	19741	6868	4996	1872	32	21	11
维吾尔族	5	1	4	46	27	19			
苗　族	3705	1720	1985	2094	1518	576	10	7	3
彝　族	82731	39103	43628	17156	12362	4794	219	128	91
壮　族	136	22	114	256	106	150	1		1
布依族	218	86	132	175	95	80			
朝鲜族	4	3	1	20	16	4			
满　族	23	11	12	129	109	20	2	1	1
侗　族	46	6	40	103	51	52	1		1
瑶　族	28	1	27	53	22	31			
白　族	114	41	73	121	79	42	1	1	
土家族	830	415	415	1215	922	293	27	17	10
哈尼族	46	1	45	69	27	42			
哈萨克族	1		1						
傣　族	208	84	124	94	64	30	1	1	
黎　族	9	2	7	16	10	6			
傈僳族	1180	565	615	119	94	25			
佤　族	33		33	38	19	19			
畲　族	3	1	2	13	10	3	1	1	
高山族	2	1	1	1	1				
拉祜族	8		8	22	13	9			
水　族	3	1	2	17	4	13			
东乡族				14	10	4			
纳西族	414	206	208	52	37	15			
景颇族	6		6	8	2	6			
柯尔克孜族									
土　族	4		4	8	5	3			
达斡尔族				1	1				
仫佬族	7	1	6	15	11	4			
羌　族	6183	3173	3010	2406	1818	588	9	8	1
布朗族	3		3	11	9	2			
撒拉族				2	1	1			
毛南族	1		1						
仡佬族	19	2	17	44	32	12	1	1	
锡伯族				6	6				
阿昌族				5	4	1			
普米族				3		3			
塔吉克族									
怒　族	1		1	1		1			
乌孜别克族									
俄罗斯族									
鄂温克族				2	1	1			
德昂族									
保安族	2	2		7	6	1			
裕固族				1	1				
京　族									
塔塔尔族									
独龙族	3	2	1						
鄂伦春族				1	1				
赫哲族									
门巴族	1		1	1		1			
珞巴族									
基诺族									
未定族称人口	7		7	5	3	2			
入　籍	3		3	20	19	1			

2-3　全省各民族分性别、主要生活来源的15岁及以上人口

单位：人

民　　族	15岁及以上人口			劳动收入		
	合计	男	女	小计	男	女
总　计	**7466650**	**3741247**	**3725403**	**4471409**	**2553381**	**1918028**
汉　族	7068530	3545982	3522548	4225147	2423993	1801154
蒙古族	3322	1631	1691	2114	1108	1006
回　族	9175	4585	4590	5286	2974	2312
藏　族	122617	60081	62536	71933	38254	33679
维吾尔族	495	240	255	228	127	101
苗　族	12282	6024	6258	7820	4250	3570
彝　族	205455	101482	103973	131011	67884	63127
壮　族	1705	562	1143	984	357	627
布依族	1166	473	693	703	314	389
朝鲜族	276	151	125	155	103	52
满　族	1911	1003	908	1017	594	423
侗　族	649	263	386	404	185	219
瑶　族	357	133	224	218	85	133
白　族	957	421	536	613	295	318
土家族	7299	3572	3727	4157	2401	1756
哈尼族	300	65	235	197	49	148
哈萨克族	71	27	44	12	4	8
傣　族	805	323	482	516	236	280
黎　族	183	63	120	82	37	45
傈僳族	1891	898	993	1382	684	698
佤　族	137	26	111	91	23	68
畲　族	98	55	43	68	40	28
高山族	15	8	7	8	6	2
拉祜族	84	21	63	45	14	31
水　族	76	24	52	48	19	29
东乡族	60	32	28	48	26	22
纳西族	855	410	445	575	295	280
景颇族	38	4	34	22	3	19
柯尔克孜族	8	6	2	1		1
土　族	80	33	47	38	19	19
达斡尔族	26	11	15	15	7	8
仫佬族	77	40	37	50	28	22
羌　族	25026	12294	12732	16048	8759	7289
布朗族	33	12	21	25	11	14
撒拉族	48	28	20	41	24	17
毛南族	18	6	12	9	4	5
仡佬族	250	122	128	152	82	70
锡伯族	53	30	23	31	22	9
阿昌族	10	5	5	8	5	3
普米族	19	10	9	7	1	6
塔吉克族	1	1				
怒　族	7		7	2		2
乌孜别克族						
俄罗斯族	7	3	4	4	3	1
鄂温克族	10	5	5	6	3	3
德昂族	2		2			
保安族	13	9	4	13	9	4
裕固族	5	2	3	3	1	2
京　族	5	4	1	2	2	
塔塔尔族	1		1	1		1
独龙族	8	3	5	5	3	2
鄂伦春族	2	2		2	2	
赫哲族						
门巴族	5	1	4	1		1
珞巴族	2		2			
基诺族	3	1	2	2	1	1
未定族称人口	87	38	49	34	15	19
入　籍	35	22	13	25	20	5

2–3　续表 1　　　　单位：人

民　族	离退休金/养老金			最低生活保障金			失业保险金		
	小计	男	女	小计	男	女	小计	男	女
总　计	**794048**	**332170**	**461878**	**117880**	**67812**	**50068**	**3558**	**1894**	**1664**
汉　族	782760	326926	455834	108099	63203	44896	3503	1862	1641
蒙古族	165	63	102	35	18	17	1	1	
回　族	1224	499	725	116	57	59	7	2	5
藏　族	4046	1924	2122	2918	1332	1586	14	9	5
维吾尔族	35	16	19						
苗　族	252	126	126	306	174	132	4	2	2
彝　族	3059	1540	1519	5854	2737	3117	22	15	7
壮　族	67	26	41	3	1	2	1		1
布依族	26	10	16	21	10	11	1	1	
朝鲜族	25	11	14						
满　族	358	162	196						
侗　族	29	17	12	2		2			
瑶　族	9	5	4						
白　族	52	24	28	11	5	6			
土家族	292	140	152	146	75	71	1		1
哈尼族	5	1	4	1		1			
哈萨克族	2	1	1						
傣　族	30	6	24	10	4	6			
黎　族	3	1	2	1		1			
傈僳族	25	10	15	49	20	29			
佤　族	2		2	2		2			
畲　族	4	2	2						
高山族	1		1						
拉祜族									
水　族	2	1	1						
东乡族	1	1							
纳西族	59	24	35	8	3	5			
景颇族									
柯尔克孜族									
土　族	3	1	2						
达斡尔族	2	1	1						
仫佬族	2	2							
羌　族	1487	622	865	297	173	124	4	2	2
布朗族									
撒拉族									
毛南族									
仡佬族	5	3	2						
锡伯族	6		6						
阿昌族									
普米族	2	1	1						
塔吉克族									
怒　族									
乌孜别克族									
俄罗斯族									
鄂温克族	1	1							
德昂族									
保安族									
裕固族									
京　族	2	2							
塔塔尔族									
独龙族	2		2						
鄂伦春族									
赫哲族									
门巴族				1		1			
珞巴族									
基诺族	1		1						
未定族称人口	2	1	1						
入　籍									

2–3　续表 2

单位：人

民　族	财产性收入			家庭其他成员供养			其　他		
	小计	男	女	小计	男	女	小计	男	女
总　计	**37129**	**20676**	**16453**	**1690409**	**590787**	**1099622**	**352217**	**174527**	**177690**
汉　族	33686	18853	14833	1604277	556853	1047424	311058	154292	156766
蒙古族	27	13	14	797	341	456	183	87	96
回　族	92	53	39	2105	817	1288	345	183	162
藏　族	1228	630	598	28315	10934	17381	14163	6998	7165
维吾尔族				216	92	124	16	5	11
苗　族	50	23	27	3257	1191	2066	593	258	335
彝　族	1794	967	827	39815	16550	23265	23900	11789	12111
壮　族	6	2	4	585	161	424	59	15	44
布依族				366	128	238	49	10	39
朝鲜族	5	2	3	83	29	54	8	6	2
满　族	12	5	7	474	213	261	50	29	21
侗　族	2	1	1	196	55	141	16	5	11
瑶　族	3		3	113	41	72	14	2	12
白　族	3	2	1	245	83	162	33	12	21
土家族	30	15	15	2272	765	1507	401	176	225
哈尼族				80	11	69	17	4	13
哈萨克族				55	22	33	2		2
傣　族	4	1	3	221	69	152	24	7	17
黎　族				91	24	67	6	1	5
傈僳族	16	9	7	368	145	223	51	30	21
佤　族	1		1	36	3	33	5		5
畲　族				25	12	13	1	1	
高山族				6	2	4			
拉祜族				33	3	30	6	4	2
水　族				22	3	19	4	1	3
东乡族				10	4	6	1	1	
纳西族	9	8	1	176	66	110	28	14	14
景颇族				16	1	15			
柯尔克孜族				7	6	1			
土　族	1	1		35	11	24	3	1	2
达斡尔族				7	2	5	2	1	1
仫佬族				25	10	15			
羌　族	158	90	68	5882	2063	3819	1150	585	565
布朗族				7	1	6	1		1
撒拉族				7	4	3			
毛南族				9	2	7			
仡佬族	2	1	1	77	33	44	14	3	11
锡伯族				14	6	8	2	2	
阿昌族							2		2
普米族				9	7	2	1	1	
塔吉克族				1	1				
怒　族				5		5			
乌孜别克族									
俄罗斯族				3		3			
鄂温克族				2	1	1	1		1
德昂族				2		2			
保安族									
裕固族				2	1	1			
京　族				1		1			
塔塔尔族									
独龙族				1		1			
鄂伦春族									
赫哲族									
门巴族				3	1	2			
珞巴族				2		2			
基诺族									
未定族称人口				45	19	26	6	3	3
入　籍				8	1	7	2	1	1

2–4　全省各民族分性别、婚姻状况的15岁及以上人口

单位：人

民　族	15岁及以上人口			未　婚		
	合计	男	女	小计	男	女
总　计	**7466650**	**3741247**	**3725403**	**1424843**	**838330**	**586513**
汉　族	7068530	3545982	3522548	1303979	770458	533521
蒙古族	3322	1631	1691	1075	619	456
回　族	9175	4585	4590	2268	1221	1047
藏　族	122617	60081	62536	44222	24527	19695
维吾尔族	495	240	255	302	146	156
苗　族	12282	6024	6258	3246	1987	1259
彝　族	205455	101482	103973	57868	32779	25089
壮　族	1705	562	1143	564	282	282
布依族	1166	473	693	382	210	172
朝鲜族	276	151	125	122	70	52
满　族	1911	1003	908	650	354	296
侗　族	649	263	386	211	113	98
瑶　族	357	133	224	119	65	54
白　族	957	421	536	297	150	147
土家族	7299	3572	3727	2142	1160	982
哈尼族	300	65	235	69	33	36
哈萨克族	71	27	44	62	23	39
傣　族	805	323	482	219	121	98
黎　族	183	63	120	98	38	60
傈僳族	1891	898	993	503	337	166
佤　族	137	26	111	25	11	14
畲　族	98	55	43	31	19	12
高山族	15	8	7	5	2	3
拉祜族	84	21	63	27	14	13
水　族	76	24	52	19	7	12
东乡族	60	32	28	23	18	5
纳西族	855	410	445	290	171	119
景颇族	38	4	34	15	4	11
柯尔克孜族	8	6	2	7	6	1
土　族	80	33	47	40	15	25
达斡尔族	26	11	15	15	6	9
仫佬族	77	40	37	34	24	10
羌　族	25026	12294	12732	5666	3195	2471
布朗族	33	12	21	8	6	2
撒拉族	48	28	20	17	11	6
毛南族	18	6	12	7	4	3
仡佬族	250	122	128	101	64	37
锡伯族	53	30	23	23	11	12
阿昌族	10	5	5	4	3	1
普米族	19	10	9	11	8	3
塔吉克族	1	1		1	1	
怒　族	7		7	1		1
乌孜别克族						
俄罗斯族	7	3	4	4	1	3
鄂温克族	10	5	5	5	2	3
德昂族	2		2			
保安族	13	9	4			
裕固族	5	2	3	4	2	2
京　族	5	4	1	2	1	1
塔塔尔族	1		1			
独龙族	8	3	5	2	1	1
鄂伦春族	2	2				
赫哲族						
门巴族	5	1	4	3	1	2
珞巴族	2		2	2		2
基诺族	3	1	2			
未定族称人口	87	38	49	50	27	23
入　籍	35	22	13	3	2	1

2-4　续表

单位：人

民　族	有配偶			离　婚			丧　偶		
	小计	男	女	小计	男	女	小计	男	女
总　计	**5334325**	**2640944**	**2693381**	**218471**	**121474**	**96997**	**489011**	**140499**	**348512**
汉　族	5086568	2522199	2564369	212261	118611	93650	465722	134714	331008
蒙古族	2018	950	1068	54	31	23	175	31	144
回　族	6199	3130	3069	281	135	146	427	99	328
藏　族	68400	32951	35449	2552	876	1676	7443	1727	5716
维吾尔族	187	93	94	3	1	2	3		3
苗　族	7916	3600	4316	262	188	74	858	249	609
彝　族	133116	64412	68704	2142	1148	994	12329	3143	9186
壮　族	1092	272	820	31	7	24	18	1	17
布依族	735	247	488	17	6	11	32	10	22
朝鲜族	141	76	65	8	4	4	5	1	4
满　族	1147	610	537	69	30	39	45	9	36
侗　族	424	146	278	12	4	8	2		2
瑶　族	235	67	168	1		1	2	1	1
白　族	623	256	367	17	11	6	20	4	16
土家族	4737	2249	2488	144	78	66	276	85	191
哈尼族	220	29	191	9	2	7	2	1	1
哈萨克族	9	4	5						
傣　族	539	189	350	17	9	8	30	4	26
黎　族	81	24	57	2	1	1	2		2
傈僳族	1231	507	724	29	17	12	128	37	91
佤　族	102	15	87				10		10
畲　族	66	35	31	1	1				
高山族	8	5	3				2	1	1
拉祜族	52	5	47	3	1	2	2	1	1
水　族	53	14	39	3	2	1	1	1	
东乡族	35	13	22	1	1		1		1
纳西族	483	214	269	17	9	8	65	16	49
景颇族	23		23						
柯尔克孜族	1		1						
土　族	38	16	22	2	2				
达斡尔族	9	5	4	1		1	1		1
仫佬族	41	15	26				2	1	1
羌　族	17431	8440	8991	523	296	227	1406	363	1043
布朗族	25	6	19						
撒拉族	31	17	14						
毛南族	11	2	9						
仡佬族	145	57	88	3	1	2	1		1
锡伯族	25	17	8	4	2	2	1		1
阿昌族	6	2	4						
普米族	7	2	5	1		1			
塔吉克族									
怒　族	6		6						
乌孜别克族									
俄罗斯族	3	2	1						
鄂温克族	5	3	2						
德昂族	2		2						
保安族	13	9	4						
裕固族	1		1						
京　族	3	3							
塔塔尔族	1		1						
独龙族	6	2	4						
鄂伦春族	2	2							
赫哲族									
门巴族	2		2						
珞巴族									
基诺族	3	1	2						
未定族称人口	36	11	25	1		1			
入　籍	32	20	12						

2－5 全省各民族分性别、初婚年龄的人口

单位：人

民　族	合　计			15岁以下		
	合计	男	女	小计	男	女
总　计	**6041807**	**2902917**	**3138890**	**9965**	**1999**	**7966**
汉　族	5764551	2775524	2989027	7967	1532	6435
蒙古族	2247	1012	1235	15	4	11
回　族	6907	3364	3543	10	1	9
藏　族	78395	35554	42841	567	125	442
维吾尔族	193	94	99			
苗　族	9036	4037	4999	48	4	44
彝　族	147587	68703	78884	1276	315	961
壮　族	1141	280	861	2	1	1
布依族	784	263	521	4		4
朝鲜族	154	81	73			
满　族	1261	649	612			
侗　族	438	150	288	1		1
瑶　族	238	68	170			
白　族	660	271	389	2		2
土家族	5157	2412	2745	15	3	12
哈尼族	231	32	199			
哈萨克族	9	4	5			
傣　族	586	202	384	2		2
黎　族	85	25	60			
傈僳族	1388	561	827	12	3	9
佤　族	112	15	97			
畲　族	67	36	31			
高山族	10	6	4			
拉祜族	57	7	50	1		1
水　族	57	17	40			
东乡族	37	14	23	1		1
纳西族	565	239	326	4	2	2
景颇族	23		23			
柯尔克孜族	1		1			
土　族	40	18	22			
达斡尔族	11	5	6			
仫佬族	43	16	27			
羌　族	19360	9099	10261	38	9	29
布朗族	25	6	19			
撒拉族	31	17	14			
毛南族	11	2	9			
仡佬族	149	58	91			
锡伯族	30	19	11			
阿昌族	6	2	4			
普米族	8	2	6			
塔吉克族						
怒　族	6		6			
乌孜别克族						
俄罗斯族	3	2	1			
鄂温克族	5	3	2			
德昂族	2		2			
保安族	13	9	4			
裕固族	1		1			
京　族	3	3				
塔塔尔族	1		1			
独龙族	6	2	4			
鄂伦春族	2	2				
赫哲族						
门巴族	2		2			
珞巴族						
基诺族	3	1	2			
未定族称人口	37	11	26			
入　籍	32	20	12			

2-5　续表 1

单位：人

民　族	15岁			16岁		
	小计	男	女	小计	男	女
总　计	**44405**	**9757**	**34648**	**78932**	**15999**	**62933**
汉　族	37919	7870	30049	69177	13092	56085
蒙古族	44	12	32	64	12	52
回　族	47	9	38	79	11	68
藏　族	1602	463	1139	2380	725	1655
维吾尔族	4	1	3	5	2	3
苗　族	201	37	164	301	57	244
彝　族	4238	1307	2931	6374	2013	4361
壮　族	14	1	13	15		15
布依族	6		6	16	3	13
朝鲜族				1		1
满　族	1		1	4	2	2
侗　族	7		7	7	1	6
瑶　族	4		4	8		8
白　族	9	1	8	11	2	9
土家族	68	19	49	108	22	86
哈尼族	1		1	3		3
哈萨克族						
傣　族	12	1	11	11	1	10
黎　族				2	1	1
傈僳族	31	4	27	44	5	39
佤　族	3		3	2		2
畲　族	2		2			
高山族						
拉祜族	1		1	2		2
水　族	1		1	1		1
东乡族						
纳西族	12	2	10	24	6	18
景颇族						
柯尔克孜族						
土　族				1		1
达斡尔族						
仫佬族						
羌　族	169	30	139	286	42	244
布朗族						
撒拉族	1		1			
毛南族						
仡佬族	2		2	4	1	3
锡伯族	1		1			
阿昌族	1		1			
普米族	1		1			
塔吉克族						
怒　族						
乌孜别克族						
俄罗斯族						
鄂温克族						
德昂族						
保安族	1		1	1	1	
裕固族						
京　族						
塔塔尔族						
独龙族						
鄂伦春族						
赫哲族						
门巴族						
珞巴族						
基诺族						
未定族称人口	2		2	1		1
入　籍						

2-5 续表 2

单位：人

民族	17岁			18岁			19岁		
	小计	男	女	小计	男	女	小计	男	女
总　计	**146504**	**29850**	**116654**	**255802**	**57384**	**198418**	**465179**	**119891**	**345288**
汉　族	132025	25336	106689	236183	50830	185353	438853	109899	328954
蒙古族	89	21	68	118	32	86	148	47	101
回　族	138	26	112	196	49	147	375	114	261
藏　族	3447	1052	2395	4789	1495	3294	6287	2223	4064
维吾尔族	5	1	4	7	3	4	14	7	7
苗　族	474	133	341	622	180	442	859	282	577
彝　族	9312	3123	6189	12331	4518	7813	16002	6728	9274
壮　族	27	1	26	38	3	35	60	4	56
布依族	29	2	27	51	6	45	64	9	55
朝鲜族	1		1	1		1	1		1
满　族	9	2	7	10	2	8	24	7	17
侗　族	16	2	14	14	1	13	20	2	18
瑶　族	7	1	6	8	1	7	15	4	11
白　族	8	2	6	21	4	17	57	13	44
土家族	166	35	131	214	50	164	385	95	290
哈尼族	14	2	12	14		14	14	3	11
哈萨克族				1		1	1		1
傣　族	20	3	17	30	3	27	63	7	56
黎　族	3		3	1		1	10	1	9
傈僳族	81	20	61	117	24	93	171	56	115
佤　族	10		10	10		10	11		11
畲　族									
高山族	1		1				2	1	1
拉祜族	3		3	4		4	5		5
水　族	1		1	1		1	5	1	4
东乡族	4		4	1		1	6	1	5
纳西族	34	4	30	29	11	18	61	23	38
景颇族	1		1				4		4
柯尔克孜族									
土　族	1		1	2	1	1	4		4
达斡尔族	1		1						
仫佬族	1		1				1		1
羌　族	566	81	485	966	168	798	1637	361	1276
布朗族				1		1	1		1
撒拉族	1	1		1		1	6	1	5
毛南族	1		1				1		1
仡佬族	2	1	1	10		10	9	1	8
锡伯族	1		1	1		1			
阿昌族	1		1						
普米族	1	1							
塔吉克族									
怒　族	1		1						
乌孜别克族									
俄罗斯族							1		1
鄂温克族									
德昂族				1		1			
保安族				4	2	2	1	1	
裕固族									
京　族									
塔塔尔族									
独龙族				2		2			
鄂伦春族									
赫哲族									
门巴族									
珞巴族									
基诺族							1		1
未定族称人口	2		2	2	1	1			
入　籍				1		1			

2-5 续表 3

单位：人

民族	20岁			21岁			22岁		
	小计	男	女	小计	男	女	小计	男	女
总计	**679548**	**207893**	**471655**	**765037**	**331674**	**433363**	**801788**	**418247**	**383541**
汉族	648250	194518	453732	738257	319322	418935	776666	405806	370860
蒙古族	202	82	120	213	95	118	199	83	116
回族	489	153	336	637	249	388	726	327	399
藏族	7595	3033	4562	6676	2860	3816	6655	3030	3625
维吾尔族	17	6	11	17	6	11	20	11	9
苗族	1064	407	657	1031	478	553	978	519	459
彝族	18329	8643	9686	14727	7242	7485	12927	6640	6287
壮族	108	13	95	94	9	85	99	17	82
布依族	69	14	55	92	34	58	83	26	57
朝鲜族	5	2	3	6	3	3	10	2	8
满族	58	24	34	77	29	48	97	41	56
侗族	44	4	40	32	5	27	41	10	31
瑶族	10	1	9	20	3	17	28	4	24
白族	51	14	37	67	23	44	70	33	37
土家族	549	184	365	550	246	304	595	320	275
哈尼族	29	1	28	27	2	25	22	4	18
哈萨克族				1	1				
傣族	76	23	53	83	26	57	68	25	43
黎族	1		1	8	1	7	14	4	10
傈僳族	216	94	122	125	58	67	130	68	62
佤族	9	1	8	12	4	8	8	2	6
畲族	4		4	7	1	6	8	5	3
高山族	1	1					1	1	
拉祜族	6		6	4		4	6	1	5
水族	5		5	5		5	4		4
东乡族	7	1	6	7	5	2	3	2	1
纳西族	53	16	37	64	24	40	47	20	27
景颇族	3		3	2		2	3		3
柯尔克孜族									
土族	2		2	1		1	5	4	1
达斡尔族							2		2
仫佬族	6	2	4	3		3	3		3
羌族	2256	647	1609	2155	932	1223	2237	1219	1018
布朗族	2	1	1	1		1	2		2
撒拉族	3		3	4	3	1	3	3	
毛南族	2		2						
仡佬族	17	7	10	11	4	7	13	8	5
锡伯族	1		1	2	2				
阿昌族				1		1	1		1
普米族				3		3			
塔吉克族									
怒族	2		2	1		1			
乌孜别克族									
俄罗斯族									
鄂温克族	1		1						
德昂族									
保安族	1	1		1	1		1	1	
裕固族									
京族									
塔塔尔族									
独龙族				1	1				
鄂伦春族				1	1				
赫哲族									
门巴族							1		1
珞巴族									
基诺族				1		1			
未定族称人口	2		2	4		4			
入籍	3		3	6	4	2	12	11	1

2-5 续表 4

单位：人

民族	23岁			24岁			25岁		
	小计	男	女	小计	男	女	小计	男	女
总计	**649744**	**350635**	**299109**	**525123**	**303663**	**221460**	**412639**	**253760**	**158879**
汉族	628498	340112	288386	507118	294392	212726	397383	245405	151978
蒙古族	185	83	102	169	77	92	175	95	80
回族	729	333	396	665	322	343	632	335	297
藏族	6030	2848	3182	5433	2682	2751	4785	2522	2263
维吾尔族	22	12	10	11	5	6	13	7	6
苗族	787	403	384	590	320	270	472	264	208
彝族	10319	5241	5078	8473	4439	4034	6818	3786	3032
壮族	118	21	97	111	30	81	84	26	58
布依族	64	24	40	53	20	33	43	21	22
朝鲜族	9	3	6	19	10	9	17	9	8
满族	132	66	66	137	58	79	142	78	64
侗族	43	17	26	37	13	24	35	16	19
瑶族	22	9	13	24	8	16	24	5	19
白族	66	31	35	60	27	33	59	28	31
土家族	493	248	245	410	221	189	371	203	168
哈尼族	17	2	15	19	2	17	17	2	15
哈萨克族				1	1		2	1	1
傣族	49	28	21	28	13	15	26	15	11
黎族	12	5	7	2		2	11	4	7
傈僳族	88	46	42	80	37	43	70	39	31
佤族	6	2	4	5	2	3	7	1	6
畲族	3	1	2	6	5	1	10	5	5
高山族	2	2							
拉祜族	4		4	5	1	4	3	2	1
水族	5	1	4	4	2	2	8	4	4
东乡族	3	2	1				1	1	
纳西族	43	21	22	39	20	19	24	13	11
景颇族	5		5				1		1
柯尔克孜族									
土族	3	2	1	4	2	2	6	3	3
达斡尔族	1	1							
仫佬族	2	1	1	4	1	3	3	1	2
羌族	1948	1056	892	1593	945	648	1363	852	511
布朗族	2	1	1	3		3	4		4
撒拉族	3	2	1	1	1		2	1	1
毛南族	3		3				1	1	
仡佬族	13	4	9	11	3	8	13	8	5
锡伯族	5	1	4	2	1	1	1	1	
阿昌族							2	2	
普米族							2	1	1
塔吉克族									
怒族				1		1	1		1
乌孜别克族									
俄罗斯族									
鄂温克族									
德昂族							1		1
保安族							2	2	
裕固族	1		1						
京族				1	1				
塔塔尔族	1		1						
独龙族	2	1	1						
鄂伦春族									
赫哲族									
门巴族									
珞巴族									
基诺族							1	1	
未定族称人口	2	1	1	3	1	2	2		2
入籍	4	4		1	1		2		2

2–5 续表 5

单位：人

民族	26岁			27岁			28岁		
	小计	男	女	小计	男	女	小计	男	女
总计	**304939**	**195329**	**109610**	**221301**	**147260**	**74041**	**159044**	**108525**	**50519**
汉族	292509	188470	104039	211563	141744	69819	151247	103944	47303
蒙古族	125	65	60	139	90	49	108	61	47
回族	514	306	208	427	270	157	332	228	104
藏族	4073	2202	1871	3264	1807	1457	2741	1548	1193
维吾尔族	9	6	3	11	7	4	10	5	5
苗族	352	199	153	252	154	98	206	128	78
彝族	5382	2952	2430	4183	2353	1830	3308	1904	1404
壮族	78	27	51	84	32	52	51	21	30
布依族	56	24	32	31	16	15	28	23	5
朝鲜族	20	10	10	14	8	6	12	8	4
满族	156	79	77	90	60	30	82	54	28
侗族	34	14	20	30	17	13	14	8	6
瑶族	15	4	11	13	6	7	11	7	4
白族	40	17	23	34	16	18	24	15	9
土家族	308	186	122	204	110	94	183	116	67
哈尼族	10	3	7	8	3	5	7		7
哈萨克族				2	1	1			
傣族	29	17	12	26	13	13	11	3	8
黎族	6	3	3	6	1	5	3	2	1
傈僳族	49	26	23	42	20	22	30	12	18
佤族	5	1	4	4		4	4	1	3
畲族	10	8	2	5	2	3	3	2	1
高山族	1		1	1		1			
拉祜族	3		3	3	1	2	1		1
水族	3		3	2	1	1	4	3	1
东乡族	3	1	2						
纳西族	33	22	11	29	14	15	16	11	5
景颇族				1		1	1		1
柯尔克孜族	1		1						
土族	2	1	1	3	1	2	2	1	1
达斡尔族	3	1	2				1		1
仫佬族	4	3	1	4	2	2			
羌族	1080	668	412	807	501	306	593	412	181
布朗族	2	1	1						
撒拉族	1	1							
毛南族				1		1			
仡佬族	13	5	8	10	6	4	4	3	1
锡伯族	5	3	2	4	4		1	1	
阿昌族									
普米族									
塔吉克族									
怒族									
乌孜别克族									
俄罗斯族	2	2							
鄂温克族	1	1		1		1			
德昂族									
保安族									
裕固族									
京族							1	1	
塔塔尔族									
独龙族									
鄂伦春族	1	1							
赫哲族									
门巴族									
珞巴族									
基诺族									
未定族称人口	1		1	3		3	5	3	2
入籍									

2-5 续表 6

单位：人

民 族	29岁			30岁			31岁		
	小计	男	女	小计	男	女	小计	男	女
总 计	**116160**	**79709**	**36451**	**86519**	**58846**	**27673**	**63919**	**43228**	**20691**
汉 族	110179	76123	34056	81824	56100	25724	60255	41091	19164
蒙古族	53	36	17	49	30	19	39	25	14
回 族	231	156	75	143	102	41	116	88	28
藏 族	2220	1310	910	1698	998	700	1402	781	621
维吾尔族	7	6	1	4	2	2	3	1	2
苗 族	154	108	46	125	71	54	124	78	46
彝 族	2531	1443	1088	2077	1151	926	1590	926	664
壮 族	41	21	20	28	17	11	16	7	9
布依族	18	10	8	16	10	6	12	4	8
朝鲜族	9	5	4	4	2	2	2	2	
满 族	60	37	23	48	26	22	34	17	17
侗 族	19	15	4	9	5	4	8	4	4
瑶 族	8	5	3	4	2	2	6	3	3
白 族	24	16	8	18	8	10	10	4	6
土家族	129	90	39	88	55	33	73	49	24
哈尼族	10	4	6	4	1	3	1		1
哈萨克族									
傣 族	7	1	6	9	7	2	10	6	4
黎 族	1		1	1		1	1		1
傈僳族	17	9	8	26	9	17	7	6	1
佤 族	2		2	1	1		2		2
畲 族	1		1	2	2		3	2	1
高山族	1	1							
拉祜族				1	1		1		1
水 族				3	1	2	2	1	1
东乡族									
纳西族	7	4	3	7	5	2	7	4	3
景颇族	2		2						
柯尔克孜族									
土 族	1	1					1	1	
达斡尔族	1	1		1	1				
仫佬族	1		1	3	2	1			
羌 族	414	299	115	314	230	84	191	126	65
布朗族	1	1		1		1	1		1
撒拉族	1	1		3	3				
毛南族	1		1						
仡佬族	6	4	2	4	1	3	1	1	
锡伯族				3	3				
阿昌族									
普米族									
塔吉克族									
怒 族									
乌孜别克族									
俄罗斯族									
鄂温克族	1	1					1	1	
德昂族									
保安族									
裕固族									
京 族									
塔塔尔族									
独龙族									
鄂伦春族									
赫哲族									
门巴族									
珞巴族									
基诺族									
未定族称人口	2	1	1						
入 籍				1		1			

2-5 续表 7

单位：人

民族	32岁			33岁			34岁		
	小计	男	女	小计	男	女	小计	男	女
总计	**49056**	**33267**	**15789**	**37384**	**25230**	**12154**	**29017**	**19503**	**9514**
汉族	46120	31550	14570	35095	23926	11169	27128	18443	8685
蒙古族	24	14	10	22	10	12	16	8	8
回族	99	74	25	61	37	24	50	30	20
藏族	1104	641	463	902	526	376	768	440	328
维吾尔族	1	1		1	1				
苗族	86	56	30	52	30	22	43	22	21
彝族	1296	727	569	995	539	456	833	446	387
壮族	19	9	10	12	5	7	15	6	9
布依族	8	2	6	8	2	6	10	3	7
朝鲜族	4	3	1	4	2	2	1	1	
满族	18	14	4	20	12	8	6	3	3
侗族	7	4	3	2	1	1	3		3
瑶族	3	2	1	2		2			
白族	10	5	5	3	1	2	3	2	1
土家族	62	42	20	42	26	16	27	18	9
哈尼族	4	2	2	3		3	4	1	3
哈萨克族				1		1			
傣族	3	1	2	3	2	1	1	1	
黎族	1	1							
傈僳族	9	5	4	4	3	1	8	6	2
佤族	3		3	1		1			
畲族	1	1		1	1		1	1	
高山族									
拉祜族	1	1		1		1			
水族									
东乡族	1	1							
纳西族	7	4	3	7	5	2	2	1	1
景颇族									
柯尔克孜族									
土族	1		1						
达斡尔族									
仫佬族	2	2		2	1	1	2		2
羌族	154	103	51	135	98	37	95	70	25
布朗族	1		1						
撒拉族	1		1						
毛南族									
仡佬族	2		2				1	1	
锡伯族	1	1							
阿昌族									
普米族				1		1			
塔吉克族									
怒族									
乌孜别克族									
俄罗斯族									
鄂温克族									
德昂族									
保安族	1		1						
裕固族									
京族				1	1				
塔塔尔族									
独龙族				1		1			
鄂伦春族									
赫哲族									
门巴族									
珞巴族									
基诺族									
未定族称人口	2	1	1	1	1				
入籍				1		1			

2-5 续表 8

单位：人

民 族	35岁			36岁			37岁		
	小计	男	女	小计	男	女	小计	男	女
总 计	**23377**	**15792**	**7585**	**18226**	**12217**	**6009**	**14873**	**9966**	**4907**
汉 族	21816	14911	6905	17069	11553	5516	13838	9373	4465
蒙古族	12	6	6	13	8	5	5	3	2
回 族	49	31	18	27	22	5	28	17	11
藏 族	639	373	266	460	276	184	422	265	157
维吾尔族	3	1	2	1		1	6	2	4
苗 族	39	21	18	39	22	17	23	8	15
彝 族	671	360	311	501	269	232	458	239	219
壮 族	8	2	6	6	1	5	2	2	
布依族	2	1	1	5	3	2	3	1	2
朝鲜族	3	2	1	1	1		2	2	
满 族	16	12	4	7	4	3	5	4	1
侗 族	3	2	1	1	1		2	1	1
瑶 族	2	1	1	2		2	1	1	
白 族	3	1	2	4	4				
土家族	22	16	6	21	10	11	14	8	6
哈尼族	1		1	1		1	1		1
哈萨克族									
傣 族	4	2	2	4	1	3	2	1	1
黎 族									
傈僳族	8	3	5	5	3	2	4	1	3
佤 族	1		1	1		1	1		1
畲 族									
高山族									
拉祜族									
水 族				1	1				
东乡族									
纳西族	3		3	4	3	1	2	1	1
景颇族									
柯尔克孜族									
土 族									
达斡尔族	1	1							
仫佬族				1	1				
羌 族	69	45	24	50	33	17	52	36	16
布朗族				1	1				
撒拉族									
毛南族									
仡佬族	1		1	1		1	1		1
锡伯族	1	1					1	1	
阿昌族									
普米族									
塔吉克族									
怒 族									
乌孜别克族									
俄罗斯族									
鄂温克族									
德昂族									
保安族									
裕固族									
京 族									
塔塔尔族									
独龙族									
鄂伦春族									
赫哲族									
门巴族									
珞巴族									
基诺族									
未定族称人口									
入 籍									

2-5　续表 9

单位：人

民　族	38岁			39岁			40岁及以上		
	小计	男	女	小计	男	女	小计	男	女
总　计	**12116**	**8040**	**4076**	**10395**	**6771**	**3624**	**60815**	**38482**	**22333**
汉　族	11271	7564	3707	9700	6387	3313	56641	36231	20410
蒙古族	8	5	3				13	8	5
回　族	15	15		17	12	5	75	47	28
藏　族	352	210	142	302	151	151	1802	968	834
维吾尔族	1		1				1	1	
苗　族	20	10	10	12	6	6	82	40	42
彝　族	388	195	193	310	175	135	1938	1029	909
壮　族	2		2	2	2		7	2	5
布依族	2	1	1	2		2	9	4	5
朝鲜族	2	2		5	3	2	1	1	
满　族	5	2	3	3	3		20	13	7
侗　族				1	1		8	6	2
瑶　族				1	1				
白　族				1	1		5	3	2
土家族	7	4	3	9	5	4	44	31	13
哈尼族									
哈萨克族									
傣　族	2		2	1	1		6	1	5
黎　族							2	2	
傈僳族	2	1	1	3	1	2	9	2	7
佤　族	1		1	1		1	2		2
畲　族									
高山族									
拉祜族				1		1	1		1
水　族	1	1					1	1	
东乡族									
纳西族	2	1	1				5	2	3
景颇族									
柯尔克孜族									
土　族							1	1	
达斡尔族									
仫佬族							1		1
羌　族	34	29	5	24	22	2	134	85	49
布朗族							2	1	1
撒拉族									
毛南族							1	1	
仡佬族									
锡伯族									
阿昌族									
普米族									
塔吉克族									
怒　族									
乌孜别克族									
俄罗斯族									
鄂温克族									
德昂族									
保安族									
裕固族									
京　族									
塔塔尔族									
独龙族									
鄂伦春族									
赫哲族									
门巴族							1		1
珞巴族									
基诺族									
未定族称人口							3	2	1
入　籍	1		1						

2-6 全省按民族、生育孩次分的育龄妇女人数
(2019.11.1-2020.10.31)

单位：人

民族	合计	生男孩的妇女人数	生女孩的妇女人数	一孩			二孩		
				小计	男	女	小计	男	女
总计	**71023**	**37434**	**33589**	**36430**	**19590**	**16840**	**29011**	**14874**	**14137**
汉族	62537	32856	29681	33402	17957	15445	26337	13438	12899
蒙古族	45	23	22	24	14	10	18	9	9
回族	99	44	55	44	22	22	49	19	30
藏族	1640	895	745	635	344	291	564	316	248
维吾尔族	2	1	1	2	1	1			
苗族	222	114	108	93	47	46	83	43	40
彝族	5792	3148	2644	1858	1018	840	1688	904	784
壮族	46	24	22	21	11	10	20	10	10
布依族	38	22	16	10	4	6	24	15	9
朝鲜族	3	1	2	3	1	2			
满族	16	7	9	12	6	6	4	1	3
侗族	15	9	6	5	4	1	5	3	2
瑶族	16	8	8	10	5	5	5	2	3
白族	17	7	10	8	3	5	7	3	4
土家族	108	56	52	68	31	37	33	21	12
哈尼族	18	7	11	10	4	6	8	3	5
哈萨克族									
傣族	20	7	13	10	3	7	10	4	6
黎族	2	1	1	2	1	1			
傈僳族	34	14	20	15	9	6	16	4	12
佤族	2	2		1	1		1	1	
畲族	4	2	2	2	1	1	2	1	1
高山族									
拉祜族	2	2		2	2				
水族	6	1	5	2		2	3	1	2
东乡族	3	2	1	2	1	1	1	1	
纳西族	13	7	6	7	4	3	5	2	3
景颇族	2	2		1	1		1	1	
柯尔克孜族									
土族	1	1					1	1	
达斡尔族									
仫佬族	3	2	1	1	1		1	1	
羌族	301	159	142	176	93	83	116	63	53
布朗族	1		1	1		1			
撒拉族	2	2					2	2	
毛南族	1	1					1	1	
仡佬族	6	2	4	2		2	2	1	1
锡伯族									
阿昌族									
普米族									
塔吉克族									
怒族									
乌孜别克族									
俄罗斯族									
鄂温克族									
德昂族	1	1							
保安族									
裕固族									
京族									
塔塔尔族									
独龙族									
鄂伦春族									
赫哲族									
门巴族									
珞巴族									
基诺族									
未定族称人口	3	3		1	1		2	2	
入籍	2	1	1				2	1	1

2–6　续表

单位：人

民　族	三　孩			四　孩			五孩及以上		
	小计	男	女	小计	男	女	小计	男	女
总　计	**3999**	**2142**	**1857**	**1040**	**520**	**520**	**543**	**308**	**235**
汉　族	2377	1269	1108	324	140	184	97	52	45
蒙古族	3		3						
回　族	6	3	3						
藏　族	256	141	115	93	45	48	92	49	43
维吾尔族									
苗　族	29	12	17	10	9	1	7	3	4
彝　族	1296	697	599	604	325	279	346	204	142
壮　族	5	3	2						
布依族	3	2	1	1	1				
朝鲜族									
满　族									
侗　族	4	2	2	1		1			
瑶　族	1	1							
白　族	1	1		1		1			
土家族	4	4		3		3			
哈尼族									
哈萨克族									
傣　族									
黎　族									
傈僳族	2	1	1				1		1
佤　族									
畲　族									
高山族									
拉祜族									
水　族	1		1						
东乡族									
纳西族	1	1							
景颇族									
柯尔克孜族									
土　族									
达斡尔族									
仫佬族	1		1						
羌　族	6	3	3	3		3			
布朗族									
撒拉族									
毛南族									
仡佬族	2	1	1						
锡伯族									
阿昌族									
普米族									
塔吉克族									
怒　族									
乌孜别克族									
俄罗斯族									
鄂温克族									
德昂族	1	1							
保安族									
裕固族									
京　族									
塔塔尔族									
独龙族									
鄂伦春族									
赫哲族									
门巴族									
珞巴族									
基诺族									
未定族称人口									
入　籍									

2-7 全省各民族15-64岁妇女平均活产子女数和平均存活子女数

单位：人、%

民族	15-64岁妇女人数	活产子女总数			存活子女总数			存活子女数占活产子女数的百分比	妇女平均活产子女数	妇女平均存活子女数
		小计	男	女	小计	男	女			
总计	**3000864**	**3623723**	**1944721**	**1679002**	**3519754**	**1880142**	**1639612**	**97.13**	**1.21**	**1.17**
汉族	2818975	3319330	1782224	1537106	3224870	1723817	1501053	97.15	1.18	1.14
蒙古族	1509	1923	1013	910	1880	983	897	97.76	1.27	1.25
回族	3903	4091	2136	1955	3975	2062	1913	97.16	1.05	1.02
藏族	55097	74437	39232	35205	72159	37839	34320	96.94	1.35	1.31
维吾尔族	239	117	71	46	111	66	45	94.87	0.49	0.46
苗族	5418	8745	4613	4132	8502	4468	4034	97.22	1.61	1.57
彝族	94725	188969	101838	87131	182883	97778	85105	96.78	1.99	1.93
壮族	1124	1335	695	640	1305	676	629	97.75	1.19	1.16
布依族	658	802	394	408	790	388	402	98.50	1.22	1.20
朝鲜族	113	69	36	33	67	36	31	97.10	0.61	0.59
满族	819	590	280	310	576	272	304	97.63	0.72	0.70
侗族	381	455	246	209	451	243	208	99.12	1.19	1.18
瑶族	223	270	129	141	266	128	138	98.52	1.21	1.19
白族	510	550	281	269	527	263	264	95.82	1.08	1.03
土家族	3375	3930	2120	1810	3852	2075	1777	98.02	1.16	1.14
哈尼族	234	306	165	141	296	160	136	96.73	1.31	1.26
哈萨克族	44	5		5	5		5	100.00	0.11	0.11
傣族	448	542	283	259	533	276	257	98.34	1.21	1.19
黎族	119	83	45	38	81	43	38	97.59	0.70	0.68
傈僳族	894	1378	738	640	1334	711	623	96.81	1.54	1.49
佤族	107	158	81	77	154	77	77	97.47	1.48	1.44
畲族	43	48	25	23	48	25	23	100.00	1.12	1.12
高山族	6	7	5	2	7	5	2	100.00	1.17	1.17
拉祜族	62	74	33	41	73	32	41	98.65	1.19	1.18
水族	51	68	30	38	66	28	38	97.06	1.33	1.29
东乡族	27	42	23	19	41	22	19	97.62	1.56	1.52
纳西族	392	579	294	285	564	285	279	97.41	1.48	1.44
景颇族	34	34	20	14	33	19	14	97.06	1.00	0.97
柯尔克孜族	2									
土族	46	29	16	13	29	16	13	100.00	0.63	0.63
达斡尔族	14	4		4	4		4	100.00	0.29	0.29
仫佬族	37	42	29	13	42	29	13	100.00	1.14	1.14
羌族	10922	14375	7438	6937	13905	7135	6770	96.73	1.32	1.27
布朗族	21	28	17	11	28	17	11	100.00	1.33	1.33
撒拉族	20	24	16	8	24	16	8	100.00	1.20	1.20
毛南族	12	14	8	6	14	8	6	100.00	1.17	1.17
仡佬族	125	149	80	69	142	78	64	95.30	1.19	1.14
锡伯族	21	12	7	5	12	7	5	100.00	0.57	0.57
阿昌族	5	4	2	2	4	2	2	100.00	0.80	0.80
普米族	8	10	4	6	10	4	6	100.00	1.25	1.25
塔吉克族										
怒族	7	8	3	5	8	3	5	100.00	1.14	1.14
乌孜别克族										
俄罗斯族	4	2	2		2	2		100.00	0.50	0.50
鄂温克族	5	3	1	2	3	1	2	100.00	0.60	0.60
德昂族	2	4	3	1	4	3	1	100.00	2.00	2.00
保安族	4	8	4	4	7	4	3	87.50	2.00	1.75
裕固族	3	2		2	2		2	100.00	0.67	0.67
京族	1									
塔塔尔族	1	1	1		1	1		100.00	1.00	1.00
独龙族	5	4	3	1	2	2		50.00	0.80	0.40
鄂伦春族										
赫哲族										
门巴族	4	2	1	1	2	1	1	100.00	0.50	0.50
珞巴族	2									
基诺族	2	2	2		2	2		100.00	1.00	1.00
未定族称人口	48	42	23	19	41	23	18	97.62	0.88	0.85
入籍	13	17	11	6	17	11	6	100.00	1.31	1.31

第二部分　长表数据资料

第三卷　教育

3-1　全省分学业完成情况、性别、受教育程度的3岁及以上人口

单位：人

学业完成情况	合计			小学		
	合计	男	女	小计	男	女
总　计	**7982439**	**4094251**	**3888188**	**2681945**	**1280778**	**1401167**
在　校	1437459	731919	705540	589558	306253	283305
毕　业	5983491	3086145	2897346	1760400	827024	933376
肄　业	105246	50254	54992	68372	29120	39252
辍　学	162947	76755	86192	111636	47332	64304
其　他	293296	149178	144118	151979	71049	80930

3-1　续表 1

单位：人

学业完成情况	初中			高中			大学专科		
	小计	男	女	小计	男	女	小计	男	女
总　计	**2838353**	**1526415**	**1311938**	**1224554**	**661482**	**563072**	**674761**	**340672**	**334089**
在　校	305386	159562	145824	297214	152133	145081	111474	53045	58429
毕　业	2363160	1272078	1091082	887451	486076	401375	550337	280647	269690
肄　业	28354	16118	12236	6168	3701	2467	1629	910	719
辍　学	42536	24032	18504	8029	4939	3090	599	363	236
其　他	98917	54625	44292	25692	14633	11059	10722	5707	5015

3-1　续表 2

单位：人

学业完成情况	大学本科			硕士研究生			博士研究生		
	小计	男	女	小计	男	女	小计	男	女
总　计	**510694**	**257495**	**253199**	**46128**	**23726**	**22402**	**6004**	**3683**	**2321**
在　校	120069	54445	65624	11737	5419	6318	2021	1062	959
毕　业	384263	199661	184602	33955	18074	15881	3925	2585	1340
肄　业	673	373	300	45	29	16	5	3	2
辍　学	141	87	54	6	2	4			
其　他	5548	2929	2619	385	202	183	53	33	20

3-1a 全省分学业完成情况、性别、受教育程度的3岁及以上人口(城市)

单位：人

学业完成情况	合计			小学		
	合计	男	女	小计	男	女
总　计	**2804277**	**1387592**	**1416685**	**562160**	**255204**	**306956**
在　校	485820	244770	241050	161764	83977	77787
毕　业	2212653	1092892	1119761	357160	153920	203240
肄　业	18910	8948	9962	8938	3545	5393
辍　学	34173	15792	18381	19002	7522	11480
其　他	52721	25190	27531	15296	6240	9056

3-1a 续表 1

单位：人

学业完成情况	初中			高中			大学专科		
	小计	男	女	小计	男	女	小计	男	女
总　计	**826657**	**412132**	**414525**	**591573**	**305287**	**286286**	**412058**	**205367**	**206691**
在　校	74470	38833	35637	112003	57512	54491	50227	24126	26101
毕　业	715825	354651	361174	463851	239315	224536	355607	177975	177632
肄　业	6401	3399	3002	2358	1349	1009	780	422	358
辍　学	11421	6093	5328	3345	1935	1410	315	189	126
其　他	18540	9156	9384	10016	5176	4840	5129	2655	2474

3-1a 续表 2

单位：人

学业完成情况	大学本科			硕士研究生			博士研究生		
	小计	男	女	小计	男	女	小计	男	女
总　计	**366225**	**185409**	**180816**	**40239**	**20909**	**19330**	**5365**	**3284**	**2081**
在　校	76528	35151	41377	9110	4270	4840	1718	901	817
毕　业	285835	148227	137608	30776	16448	14328	3599	2356	1243
肄　业	395	210	185	35	22	13	3	1	2
辍　学	87	52	35	3	1	2			
其　他	3380	1769	1611	315	168	147	45	26	19

3-1b 全省分学业完成情况、性别、受教育程度的3岁及以上人口(镇)

单位：人

学业完成情况	合计			小学		
	合计	男	女	小计	男	女
总　计	**1622030**	**806151**	**815879**	**510345**	**232252**	**278093**
在　校	340221	173122	167099	137049	71054	65995
毕　业	1181753	586513	595240	321125	139833	181292
肄　业	16358	7294	9064	9733	3760	5973
辍　学	26753	11796	14957	17488	6831	10657
其　他	56945	27426	29519	24950	10774	14176

3-1b 续表 1

单位：人

学业完成情况	初中			高中			大学专科		
	小计	男	女	小计	男	女	小计	男	女
总　计	**606465**	**308486**	**297979**	**286113**	**152688**	**133425**	**130778**	**68191**	**62587**
在　校	70770	36639	34131	89262	44994	44268	21624	10514	11110
毕　业	501850	254507	247343	187643	102490	85153	105871	55882	49989
肄　业	4868	2542	2326	1242	708	534	345	189	156
辍　学	7686	4015	3671	1469	883	586	94	55	39
其　他	21291	10783	10508	6497	3613	2884	2844	1551	1293

3-1b 续表 2

单位：人

学业完成情况	大学本科			硕士研究生			博士研究生		
	小计	男	女	小计	男	女	小计	男	女
总　计	**85029**	**42846**	**42183**	**2999**	**1499**	**1500**	**301**	**189**	**112**
在　校	20179	9299	10880	1222	557	665	115	65	50
毕　业	63346	32766	30580	1737	916	821	181	119	62
肄　业	163	88	75	5	5		2	2	
辍　学	16	12	4						
其　他	1325	681	644	35	21	14	3	3	

3-1c　全省分学业完成情况、性别、受教育程度的3岁及以上人口(乡村)

单位：人

学业完成情况	合计			小学		
	合计	男	女	小计	男	女
总　计	**3556132**	**1900508**	**1655624**	**1609440**	**793322**	**816118**
在　校	611418	314027	297391	290745	151222	139523
毕　业	2589085	1406740	1182345	1082115	533271	548844
肄　业	69978	34012	35966	49701	21815	27886
辍　学	102021	49167	52854	75146	32979	42167
其　他	183630	96562	87068	111733	54035	57698

3-1c　续表 1

单位：人

学业完成情况	初中			高中			大学专科		
	小计	男	女	小计	男	女	小计	男	女
总　计	**1405231**	**805797**	**599434**	**346868**	**203507**	**143361**	**131925**	**67114**	**64811**
在　校	160146	84090	76056	95949	49627	46322	39623	18405	21218
毕　业	1145485	662920	482565	235957	144271	91686	88859	46790	42069
肄　业	17085	10177	6908	2568	1644	924	504	299	205
辍　学	23429	13924	9505	3215	2121	1094	190	119	71
其　他	59086	34686	24400	9179	5844	3335	2749	1501	1248

3-1c　续表 2

单位：人

学业完成情况	大学本科			硕士研究生			博士研究生		
	小计	男	女	小计	男	女	小计	男	女
总　计	**59440**	**29240**	**30200**	**2890**	**1318**	**1572**	**338**	**210**	**128**
在　校	23362	9995	13367	1405	592	813	188	96	92
毕　业	35082	18668	16414	1442	710	732	145	110	35
肄　业	115	75	40	5	2	3			
辍　学	38	23	15	3	1	2			
其　他	843	479	364	35	13	22	5	4	1

3-2 全省分年龄、性别、学业完成情况的3岁及以上各种受教育程度人口

单位：人

年龄	合计								
	合计			在校			毕业		
	合计	男	女	小计	男	女	小计	男	女
总计	**7982439**	**4094251**	**3888188**	**1437459**	**731919**	**705540**	**5983491**	**3086145**	**2897346**
3									
4									
5-9岁	**365943**	**189392**	**176551**	**355655**	**183943**	**171712**	**8039**	**4259**	**3780**
5	8567	4396	4171	8212	4197	4015	218	125	93
6	66223	33868	32355	64389	32912	31477	1411	728	683
7	92963	48130	44833	90445	46796	43649	1990	1057	933
8	102551	53370	49181	99667	51847	47820	2268	1217	1051
9	95639	49628	46011	92942	48191	44751	2152	1132	1020
10-14岁	**493944**	**257030**	**236914**	**474088**	**246256**	**227832**	**16220**	**8783**	**7437**
10	97266	50339	46927	94297	48719	45578	2339	1263	1076
11	99262	51646	47616	95918	49825	46093	2685	1459	1226
12	100227	52267	47960	96227	50108	46119	3332	1800	1532
13	99551	51867	47684	95194	49484	45710	3611	1986	1625
14	97638	50911	46727	92452	48120	44332	4253	2275	1978
15-19岁	**504433**	**259667**	**244766**	**438065**	**221206**	**216859**	**58808**	**34034**	**24774**
15	101987	52753	49234	98235	50590	47645	2953	1701	1252
16	112679	58097	54582	105688	53993	51695	5763	3377	2386
17	101935	52721	49214	90815	46325	44490	9576	5488	4088
18	92008	47779	44229	73660	36920	36740	16556	9805	6751
19	95824	48317	47507	69667	33378	36289	23960	13663	10297
20-24岁	**504254**	**251574**	**252680**	**154774**	**72884**	**81890**	**330887**	**168367**	**162520**
20	98956	49298	49658	62339	29187	33152	33905	18557	15348
21	95220	47394	47826	44522	20724	23798	47517	24839	22678
22	101803	50851	50952	26943	12775	14168	70988	35955	35033
23	101156	50453	50703	13301	6449	6852	83578	41649	41929
24	107119	53578	53541	7669	3749	3920	94899	47367	47532
25-29岁	**577553**	**291545**	**286008**	**10309**	**5172**	**5137**	**540938**	**272069**	**268869**
25	117804	59024	58780	4611	2249	2362	107959	53945	54014
26	111191	55829	55362	2302	1156	1146	103849	51943	51906
27	118970	59976	58994	1553	804	749	111958	56210	55748
28	112974	57305	55669	1072	575	497	106698	53817	52881
29	116614	59411	57203	771	388	383	110474	56154	54320
30-34岁	**694357**	**354494**	**339863**	**2042**	**1032**	**1010**	**658632**	**335239**	**323393**
30	139260	71139	68121	694	369	325	132013	67229	64784
31	134438	68704	65734	427	203	224	127281	64850	62431
32	127575	65026	62549	349	173	176	120887	61513	59374
33	154096	78626	75470	323	156	167	146430	74474	71956
34	138988	70999	67989	249	131	118	132021	67173	64848
35-39岁	**483726**	**248149**	**235577**	**748**	**397**	**351**	**456707**	**233859**	**222848**
35	99019	50745	48274	179	101	78	93750	47927	45823
36	83701	42909	40792	140	77	63	78953	40426	38527
37	87018	44786	42232	146	70	76	82073	42110	39963
38	112762	57972	54790	150	78	72	106565	54746	51819
39	101226	51737	49489	133	71	62	95366	48650	46716
40-44岁	**502281**	**254759**	**247522**	**439**	**249**	**190**	**470111**	**238308**	**231803**
40	79259	40387	38872	92	58	34	74534	37933	36601
41	92669	47128	45541	89	50	39	86850	44108	42742
42	89540	45097	44443	87	41	46	83662	42130	41532
43	107481	54421	53060	73	39	34	100527	50855	49672
44	133332	67726	65606	98	61	37	124538	63282	61256
45-49岁	**845624**	**429112**	**416512**	**423**	**256**	**167**	**784483**	**398854**	**385629**
45	152784	77294	75490	96	60	36	142422	72116	70306
46	168078	85081	82997	82	55	27	156145	79131	77014
47	170363	86863	83500	95	54	41	157919	80673	77246
48	173919	88021	85898	77	49	28	161135	81803	79332
49	180480	91853	88627	73	38	35	166862	85131	81731
50岁及以上	**3010324**	**1558529**	**1451795**	**916**	**524**	**392**	**2658666**	**1392373**	**1266293**

3-2 续表 1

单位：人

年 龄	合计								
	肄业			辍学			其他		
	小计	男	女	小计	男	女	小计	男	女
总 计	**105246**	**50254**	**54992**	**162947**	**76755**	**86192**	**293296**	**149178**	**144118**
3									
4									
5-9岁	**211**	**122**	**89**	**68**	**39**	**29**	**1970**	**1029**	**941**
5	3	3		2	2		132	69	63
6	39	24	15	10	7	3	374	197	177
7	57	30	27	12	5	7	459	242	217
8	56	34	22	22	15	7	538	257	281
9	56	31	25	22	10	12	467	264	203
10-14岁	**415**	**240**	**175**	**331**	**198**	**133**	**2890**	**1553**	**1337**
10	63	42	21	26	15	11	541	300	241
11	78	47	31	34	23	11	547	292	255
12	64	37	27	45	26	19	559	296	263
13	86	41	45	73	42	31	587	314	273
14	124	73	51	153	92	61	656	351	305
15-19岁	**1083**	**645**	**438**	**1846**	**1175**	**671**	**4631**	**2607**	**2024**
15	101	62	39	199	133	66	499	267	232
16	177	103	74	356	239	117	695	385	310
17	222	141	81	441	275	166	881	492	389
18	260	169	91	427	264	163	1105	621	484
19	323	170	153	423	264	159	1451	842	609
20-24岁	**2627**	**1516**	**1111**	**3161**	**1972**	**1189**	**12805**	**6835**	**5970**
20	413	246	167	519	333	186	1780	975	805
21	449	267	182	553	351	202	2179	1213	966
22	517	297	220	643	397	246	2712	1427	1285
23	607	345	262	693	438	255	2977	1572	1405
24	641	361	280	753	453	300	3157	1648	1509
25-29岁	**3653**	**2058**	**1595**	**4464**	**2702**	**1762**	**18189**	**9544**	**8645**
25	731	388	343	899	543	356	3604	1899	1705
26	710	406	304	837	519	318	3493	1805	1688
27	715	410	305	892	541	351	3852	2011	1841
28	751	447	304	880	535	345	3573	1931	1642
29	746	407	339	956	564	392	3667	1898	1769
30-34岁	**4838**	**2716**	**2122**	**6374**	**3656**	**2718**	**22471**	**11851**	**10620**
30	953	548	405	1140	655	485	4460	2338	2122
31	972	525	447	1282	745	537	4476	2381	2095
32	879	477	402	1203	668	535	4257	2195	2062
33	1024	558	466	1421	819	602	4898	2619	2279
34	1010	608	402	1328	769	559	4380	2318	2062
35-39岁	**4099**	**2221**	**1878**	**5556**	**2991**	**2565**	**16616**	**8681**	**7935**
35	773	420	353	1100	619	481	3217	1678	1539
36	720	388	332	917	488	429	2971	1530	1441
37	736	417	319	1027	570	457	3036	1619	1417
38	947	495	452	1261	662	599	3839	1991	1848
39	923	501	422	1251	652	599	3553	1863	1690
40-44岁	**5181**	**2647**	**2534**	**7572**	**3819**	**3753**	**18978**	**9736**	**9242**
40	764	403	361	1023	552	471	2846	1441	1405
41	895	438	457	1311	691	620	3524	1841	1683
42	949	502	447	1354	634	720	3488	1790	1698
43	1118	571	547	1687	849	838	4076	2107	1969
44	1455	733	722	2197	1093	1104	5044	2557	2487
45-49岁	**10414**	**5106**	**5308**	**16883**	**8187**	**8696**	**33421**	**16709**	**16712**
45	1729	840	889	2751	1386	1365	5786	2892	2894
46	2040	1029	1011	3153	1519	1634	6658	3347	3311
47	2100	1025	1075	3437	1662	1775	6812	3449	3363
48	2191	1071	1120	3609	1714	1895	6907	3384	3523
49	2354	1141	1213	3933	1906	2027	7258	3637	3621
50岁及以上	**72725**	**32983**	**39742**	**116692**	**52016**	**64676**	**161325**	**80633**	**80692**

3-2　续表 2

单位：人

年　龄	小学								
	合　计			在　校			毕　业		
	合计	男	女	小计	男	女	小计	男	女
总　计	**2681945**	**1280778**	**1401167**	**589558**	**306253**	**283305**	**1760400**	**827024**	**933376**
3									
4									
5-9岁	**362013**	**187266**	**174747**	**352150**	**182054**	**170096**	**7684**	**4061**	**3623**
5	8567	4396	4171	8212	4197	4015	218	125	93
6	65550	33503	32047	63795	32592	31203	1346	690	656
7	92116	47662	44454	89698	46385	43313	1902	1008	894
8	101455	52783	48672	98690	51321	47369	2170	1167	1003
9	94325	48922	45403	91755	47559	44196	2048	1071	977
10-14岁	**244728**	**128310**	**116418**	**235616**	**123291**	**112325**	**7117**	**3903**	**3214**
10	94887	49077	45810	92137	47573	44564	2156	1162	994
11	91014	47477	43537	88153	45907	42246	2285	1252	1033
12	41671	22677	18994	39918	21696	18222	1382	777	605
13	12135	6439	5696	11162	5901	5261	728	400	328
14	5021	2640	2381	4246	2214	2032	566	312	254
15-19岁	**8791**	**4578**	**4213**	**1061**	**537**	**524**	**5944**	**3053**	**2891**
15	1167	623	544	468	243	225	476	251	225
16	1296	695	601	235	122	113	803	424	379
17	1599	812	787	154	72	82	1087	537	550
18	2080	1128	952	114	60	54	1557	849	708
19	2649	1320	1329	90	40	50	2021	992	1029
20-24岁	**19240**	**9791**	**9449**	**170**	**87**	**83**	**15280**	**7709**	**7571**
20	3102	1614	1488	81	36	45	2400	1247	1153
21	3417	1746	1671	36	18	18	2680	1357	1323
22	3952	2048	1904	20	11	9	3120	1586	1534
23	4232	2123	2109	15	9	6	3396	1695	1701
24	4537	2260	2277	18	13	5	3684	1824	1860
25-29岁	**27065**	**13585**	**13480**	**33**	**19**	**14**	**22150**	**11104**	**11046**
25	4907	2466	2441	13	8	5	3987	2026	1961
26	4994	2521	2473	5	3	2	4041	2028	2013
27	5408	2676	2732	3	2	1	4365	2149	2216
28	5595	2788	2807	7	4	3	4605	2280	2325
29	6161	3134	3027	5	2	3	5152	2621	2531
30-34岁	**45529**	**22185**	**23344**	**33**	**18**	**15**	**38313**	**18582**	**19731**
30	7806	3845	3961	5	4	1	6507	3177	3330
31	8602	4227	4375	10	3	7	7123	3475	3648
32	8582	4103	4479	3	2	1	7150	3427	3723
33	10259	4936	5323	11	6	5	8744	4201	4543
34	10280	5074	5206	4	3	1	8789	4302	4487
35-39岁	**48631**	**22807**	**25824**	**26**	**13**	**13**	**40707**	**18854**	**21853**
35	8637	4048	4589	7	4	3	7221	3336	3885
36	8007	3753	4254	5	2	3	6647	3091	3556
37	8802	4192	4610	7	5	2	7305	3431	3874
38	11578	5463	6115	3	1	2	9723	4535	5188
39	11607	5351	6256	4	1	3	9811	4461	5350
40-44岁	**90636**	**40519**	**50117**	**25**	**12**	**13**	**78706**	**34963**	**43743**
40	10867	4865	6002	4	2	2	9217	4118	5099
41	14623	6661	7962	9	3	6	12583	5667	6916
42	15848	6986	8862	4	3	1	13595	5934	7661
43	20709	9191	11518	2		2	18111	7991	10120
44	28589	12816	15773	6	4	2	25200	11253	13947
45-49岁	**230638**	**101011**	**129627**	**52**	**25**	**27**	**203324**	**88916**	**114408**
45	36218	15981	20237	10	6	4	31894	14031	17863
46	42848	18806	24042	11	4	7	37783	16561	21222
47	45841	20129	25712	13	7	6	40373	17696	22677
48	50082	21700	28382	6	3	3	44138	19111	25027
49	55649	24395	31254	12	5	7	49136	21517	27619
50岁及以上	**1604674**	**750726**	**853948**	**392**	**197**	**195**	**1341175**	**635879**	**705296**

3-2 续表 3

单位：人

年 龄	小学								
	肄业			辍学			其他		
	小计	男	女	小计	男	女	小计	男	女
总 计	**68372**	**29120**	**39252**	**111636**	**47332**	**64304**	**151979**	**71049**	**80930**
3									
4									
5-9岁	**207**	**119**	**88**	**67**	**38**	**29**	**1905**	**994**	**911**
5	3	3		2	2		132	69	63
6	38	24	14	10	7	3	361	190	171
7	56	29	27	12	5	7	448	235	213
8	55	33	22	21	14	7	519	248	271
9	55	30	25	22	10	12	445	252	193
10-14岁	**203**	**124**	**79**	**135**	**90**	**45**	**1657**	**902**	**755**
10	59	41	18	26	15	11	509	286	223
11	71	42	29	28	21	7	477	255	222
12	27	16	11	25	17	8	319	171	148
13	21	12	9	27	16	11	197	110	87
14	25	13	12	29	21	8	155	80	75
15-19岁	**215**	**117**	**98**	**278**	**172**	**106**	**1293**	**699**	**594**
15	20	14	6	42	28	14	161	87	74
16	28	14	14	41	25	16	189	110	79
17	36	17	19	63	43	20	259	143	116
18	57	37	20	64	38	26	288	144	144
19	74	35	39	68	38	30	396	215	181
20-24岁	**546**	**274**	**272**	**567**	**327**	**240**	**2677**	**1394**	**1283**
20	87	45	42	90	47	43	444	239	205
21	90	49	41	97	52	45	514	270	244
22	98	45	53	133	83	50	581	323	258
23	133	58	75	125	72	53	563	289	274
24	138	77	61	122	73	49	575	273	302
25-29岁	**761**	**375**	**386**	**911**	**474**	**437**	**3210**	**1613**	**1597**
25	151	68	83	166	80	86	590	284	306
26	140	81	59	172	90	82	636	319	317
27	164	76	88	193	94	99	683	355	328
28	162	88	74	173	97	76	648	319	329
29	144	62	82	207	113	94	653	336	317
30-34岁	**1132**	**536**	**596**	**1675**	**825**	**850**	**4376**	**2224**	**2152**
30	198	95	103	263	138	125	833	431	402
31	230	104	126	323	173	150	916	472	444
32	225	102	123	350	154	196	854	418	436
33	230	112	118	373	175	198	901	442	459
34	249	123	126	366	185	181	872	461	411
35-39岁	**1359**	**670**	**689**	**1803**	**859**	**944**	**4736**	**2411**	**2325**
35	244	117	127	335	159	176	830	432	398
36	231	106	125	267	134	133	857	420	437
37	270	138	132	345	159	186	875	459	416
38	310	159	151	420	202	218	1122	566	556
39	304	150	154	436	205	231	1052	534	518
40-44岁	**2096**	**949**	**1147**	**3326**	**1484**	**1842**	**6483**	**3111**	**3372**
40	287	135	152	418	203	215	941	407	534
41	340	150	190	553	263	290	1138	578	560
42	391	182	209	624	264	360	1234	603	631
43	462	209	253	741	317	424	1393	674	719
44	616	273	343	990	437	553	1777	849	928
45-49岁	**5023**	**2192**	**2831**	**8905**	**3909**	**4996**	**13334**	**5969**	**7365**
45	796	334	462	1332	625	707	2186	985	1201
46	929	416	513	1564	668	896	2561	1157	1404
47	1006	436	570	1789	767	1022	2660	1223	1437
48	1079	485	594	2029	866	1163	2830	1235	1595
49	1213	521	692	2191	983	1208	3097	1369	1728
50岁及以上	**56830**	**23764**	**33066**	**93969**	**39154**	**54815**	**112308**	**51732**	**60576**

3-2 续表 4

单位：人

年 龄	初中								
	合 计			在 校			毕 业		
	合计	男	女	小计	男	女	小计	男	女
总 计	**2838353**	**1526415**	**1311938**	**305386**	**159562**	**145824**	**2363160**	**1272078**	**1091082**
3									
4									
5—9岁	**3926**	**2126**	**1800**	**3503**	**1889**	**1614**	**354**	**198**	**156**
5									
6	673	365	308	594	320	274	65	38	27
7	847	468	379	747	411	336	88	49	39
8	1094	587	507	976	526	450	97	50	47
9	1312	706	606	1186	632	554	104	61	43
10—14岁	**240370**	**124611**	**115759**	**230001**	**119035**	**110966**	**8795**	**4735**	**4060**
10	2369	1260	1109	2157	1145	1012	177	100	77
11	8239	4168	4071	7760	3917	3843	396	207	189
12	58531	29581	28950	56287	28405	27882	1948	1022	926
13	85969	44694	41275	82674	42899	39775	2812	1547	1265
14	85262	44908	40354	81123	42669	38454	3462	1859	1603
15—19岁	**103259**	**57658**	**45601**	**70801**	**38055**	**32746**	**29283**	**17685**	**11598**
15	44035	23982	20053	41520	22505	19015	2073	1213	860
16	21128	11473	9655	16671	8795	7876	3866	2331	1535
17	13058	7427	5631	6884	3734	3150	5548	3326	2222
18	11977	7034	4943	3497	1844	1653	7815	4780	3035
19	13061	7742	5319	2229	1177	1052	9981	6035	3946
20—24岁	**108880**	**61680**	**47200**	**482**	**259**	**223**	**101324**	**57269**	**44055**
20	14160	8349	5811	222	125	97	12911	7613	5298
21	17021	9847	7174	97	44	53	15739	9080	6659
22	22336	12633	9703	78	41	37	20838	11788	9050
23	25529	14244	11285	48	27	21	23853	13251	10602
24	29834	16607	13227	37	22	15	27983	15537	12446
25—29岁	**186825**	**100782**	**86043**	**135**	**73**	**62**	**175806**	**94464**	**81342**
25	35408	19311	16097	40	20	20	33306	18096	15210
26	34825	18971	15854	31	17	14	32791	17821	14970
27	38675	20994	17681	29	18	11	36374	19663	16711
28	37502	20060	17442	17	8	9	35242	18732	16510
29	40415	21446	18969	18	10	8	38093	20152	17941
30—34岁	**276952**	**143040**	**133912**	**74**	**38**	**36**	**260971**	**134255**	**126716**
30	51054	26882	24172	25	9	16	48061	25266	22795
31	51897	26987	24910	13	9	4	48801	25264	23537
32	50070	25733	24337	10	6	4	47105	24132	22973
33	64043	32945	31098	13	7	6	60400	30906	29494
34	59888	30493	29395	13	7	6	56604	28687	27917
35—39岁	**217733**	**111523**	**106210**	**47**	**29**	**18**	**205188**	**104754**	**100434**
35	43220	22096	21124	11	6	5	40815	20785	20030
36	36584	18559	18025	7	5	2	34403	17393	17010
37	38561	19768	18793	10	7	3	36300	18502	17798
38	51751	26634	25117	9	5	4	48850	25094	23756
39	47617	24466	23151	10	6	4	44820	22980	21840
40—44岁	**251487**	**127152**	**124335**	**50**	**21**	**29**	**236122**	**119014**	**117108**
40	36913	18739	18174	3	1	2	34792	17577	17215
41	45600	22981	22619	10	5	5	42804	21508	21296
42	44591	22314	22277	11	5	6	41840	20881	20959
43	55023	27936	27087	8	3	5	51648	26138	25510
44	69360	35182	34178	18	7	11	65038	32910	32128
45—49岁	**438452**	**227084**	**211368**	**101**	**58**	**43**	**410033**	**212190**	**197843**
45	80035	40967	39068	19	10	9	75069	38372	36697
46	88431	45275	43156	22	14	8	82756	42311	40445
47	88967	46236	42731	22	11	11	83082	43145	39937
48	89344	46367	42977	20	14	6	83525	43351	40174
49	91675	48239	43436	18	9	9	85601	45011	40590
50岁及以上	**1010469**	**570759**	**439710**	**192**	**105**	**87**	**935284**	**527514**	**407770**

3-2 续表 5

单位：人

年龄	初中								
	肄业			辍学			其他		
	小计	男	女	小计	男	女	小计	男	女
总计	**28354**	**16118**	**12236**	**42536**	**24032**	**18504**	**98917**	**54625**	**44292**
3									
4									
5-9岁	**4**	**3**	**1**	**1**	**1**		**64**	**35**	**29**
5									
6	1		1				13	7	6
7	1	1					11	7	4
8	1	1		1	1		19	9	10
9	1	1					21	12	9
10-14岁	**204**	**112**	**92**	**194**	**107**	**87**	**1176**	**622**	**554**
10	4	1	3				31	14	17
11	7	5	2	6	2	4	70	37	33
12	37	21	16	20	9	11	239	124	115
13	65	29	36	46	26	20	372	193	179
14	91	56	35	122	70	52	464	254	210
15-19岁	**434**	**274**	**160**	**818**	**541**	**277**	**1923**	**1103**	**820**
15	62	37	25	129	87	42	251	140	111
16	75	45	30	188	121	67	328	181	147
17	80	56	24	184	117	67	362	194	168
18	98	68	30	147	99	48	420	243	177
19	119	68	51	170	117	53	562	345	217
20-24岁	**940**	**596**	**344**	**1377**	**880**	**497**	**4757**	**2676**	**2081**
20	130	84	46	222	150	72	675	377	298
21	160	106	54	230	150	80	795	467	328
22	188	126	62	270	165	105	962	513	449
23	228	147	81	322	207	115	1078	612	466
24	234	133	101	333	208	125	1247	707	540
25-29岁	**1499**	**906**	**593**	**2070**	**1324**	**746**	**7315**	**4015**	**3300**
25	290	166	124	408	263	145	1364	766	598
26	287	169	118	364	237	127	1352	727	625
27	280	170	110	431	280	151	1561	863	698
28	325	216	109	414	266	148	1504	838	666
29	317	185	132	453	278	175	1534	821	713
30-34岁	**2150**	**1264**	**886**	**3199**	**1917**	**1282**	**10558**	**5566**	**4992**
30	394	242	152	555	334	221	2019	1031	988
31	408	229	179	633	379	254	2042	1106	936
32	391	219	172	596	345	251	1968	1031	937
33	481	276	205	759	460	299	2390	1296	1094
34	476	298	178	656	399	257	2139	1102	1037
35-39岁	**1882**	**1074**	**808**	**2940**	**1653**	**1287**	**7676**	**4013**	**3663**
35	342	202	140	562	330	232	1490	773	717
36	333	192	141	513	278	235	1328	691	637
37	319	193	126	537	321	216	1395	745	650
38	445	233	212	665	361	304	1782	941	841
39	443	254	189	663	363	300	1681	863	818
40-44岁	**2465**	**1326**	**1139**	**3654**	**1979**	**1675**	**9196**	**4812**	**4384**
40	349	190	159	489	281	208	1280	690	590
41	439	222	217	644	356	288	1703	890	813
42	446	252	194	624	315	309	1670	861	809
43	514	274	240	821	458	363	2032	1063	969
44	717	388	329	1076	569	507	2511	1308	1203
45-49岁	**4676**	**2473**	**2203**	**7271**	**3843**	**3428**	**16371**	**8520**	**7851**
45	792	422	370	1263	663	600	2892	1500	1392
46	950	507	443	1424	750	674	3279	1693	1586
47	943	491	452	1498	810	688	3422	1779	1643
48	980	508	472	1456	770	686	3363	1724	1639
49	1011	545	466	1630	850	780	3415	1824	1591
50岁及以上	**14100**	**8090**	**6010**	**21012**	**11787**	**9225**	**39881**	**23263**	**16618**

3-2 续表 6

单位：人

年龄	高中								
	合计			在校			毕业		
	合计	男	女	小计	男	女	小计	男	女
总计	**1224554**	**661482**	**563072**	**297214**	**152133**	**145081**	**887451**	**486076**	**401375**
3									
4									
5-9岁	**4**		**4**	**2**		**2**	**1**		**1**
5									
6									
7									
8	2		2	1		1	1		1
9	2		2	1		1			
10-14岁	**8814**	**4100**	**4714**	**8445**	**3923**	**4522**	**303**	**143**	**160**
10	7	2	5	2	1	1	5	1	4
11	8	1	7	4	1	3	4		4
12	23	9	14	21	7	14	1	1	
13	1440	730	710	1352	681	671	70	38	32
14	7336	3358	3978	7066	3233	3833	223	103	120
15-19岁	**296408**	**153608**	**142800**	**275148**	**140986**	**134162**	**19094**	**11325**	**7769**
15	55863	27759	28104	55357	27469	27888	378	223	155
16	87898	44937	42961	86503	44117	42386	1031	598	433
17	80598	41612	38986	77440	39780	37660	2640	1517	1123
18	47439	25693	21746	40803	21668	19135	6052	3673	2379
19	24610	13607	11003	15045	7952	7093	8993	5314	3679
20-24岁	**105562**	**58289**	**47273**	**13276**	**7024**	**6252**	**87782**	**48619**	**39163**
20	19045	10644	8401	6699	3554	3145	11641	6657	4984
21	18075	10117	7958	3227	1666	1561	14097	7979	6118
22	20931	11561	9370	1790	939	851	18212	10100	8112
23	22546	12412	10134	945	524	421	20565	11275	9290
24	24965	13555	11410	615	341	274	23267	12608	10659
25-29岁	**141429**	**75742**	**65687**	**173**	**106**	**67**	**134930**	**72056**	**62874**
25	27784	15123	12661	75	49	26	26418	14330	12088
26	26962	14485	12477	26	14	12	25712	13798	11914
27	29602	15808	13794	32	18	14	28302	15075	13227
28	27918	14863	13055	21	13	8	26682	14133	12549
29	29163	15463	13700	19	12	7	27816	14720	13096
30-34岁	**157957**	**83361**	**74596**	**55**	**34**	**21**	**151201**	**79487**	**71714**
30	34254	18127	16127	18	12	6	32783	17284	15499
31	31205	16530	14675	8	6	2	29834	15756	14078
32	29242	15444	13798	12	6	6	27993	14734	13259
33	34212	17923	16289	6	3	3	32818	17129	15689
34	29044	15337	13707	11	7	4	27773	14584	13189
35-39岁	**89418**	**47100**	**42318**	**27**	**14**	**13**	**85692**	**45032**	**40660**
35	18906	10000	8906	2	1	1	18107	9566	8541
36	15068	8033	7035	4	3	1	14387	7653	6734
37	15491	8229	7262	4	3	1	14858	7860	6998
38	20841	10912	9929	9	3	6	19992	10457	9535
39	19112	9926	9186	8	4	4	18348	9496	8852
40-44岁	**80397**	**43091**	**37306**	**20**	**8**	**12**	**77305**	**41359**	**35946**
40	14809	7874	6935	1		1	14244	7564	6680
41	16109	8532	7577	11	5	6	15488	8192	7296
42	14518	7740	6778	3		3	13955	7427	6528
43	16381	8784	7597	2		2	15747	8418	7329
44	18580	10161	8419	3	3		17871	9758	8113
45-49岁	**96585**	**54259**	**42326**	**16**	**10**	**6**	**92877**	**52050**	**40827**
45	19761	10772	8989	3	3		19046	10361	8685
46	20116	11244	8872	4	3	1	19260	10708	8552
47	19362	10910	8452	4	2	2	18632	10475	8157
48	18860	10752	8108	1		1	18172	10341	7831
49	18486	10581	7905	4	2	2	17767	10165	7602
50岁及以上	**247980**	**141932**	**106048**	**52**	**28**	**24**	**238266**	**136005**	**102261**

3–2 续表 7

单位：人

年 龄	高中								
	肄业			辍学			其他		
	小计	男	女	小计	男	女	小计	男	女
总 计	**6168**	**3701**	**2467**	**8029**	**4939**	**3090**	**25692**	**14633**	**11059**
3									
4									
5–9岁							**1**		**1**
5									
6									
7									
8									
9							1		1
10–14岁	**8**	**4**	**4**	**2**	**1**	**1**	**56**	**29**	**27**
10									
11									
12							1	1	
13							18	11	7
14	8	4	4	2	1	1	37	17	20
15–19岁	**361**	**219**	**142**	**709**	**438**	**271**	**1096**	**640**	**456**
15	19	11	8	28	18	10	81	38	43
16	71	42	29	122	90	32	171	90	81
17	100	64	36	190	113	77	228	138	90
18	82	50	32	202	117	85	300	185	115
19	89	52	37	167	100	67	316	189	127
20–24岁	**695**	**438**	**257**	**1051**	**661**	**390**	**2758**	**1547**	**1211**
20	134	90	44	175	115	60	396	228	168
21	121	74	47	193	128	65	437	270	167
22	144	86	58	208	127	81	577	309	268
23	135	92	43	216	140	76	685	381	304
24	161	96	65	259	151	108	663	359	304
25–29岁	**927**	**539**	**388**	**1315**	**801**	**514**	**4084**	**2240**	**1844**
25	177	104	73	274	164	110	840	476	364
26	187	99	88	277	177	100	760	397	363
27	182	115	67	241	152	89	845	448	397
28	179	101	78	259	153	106	777	463	314
29	202	120	82	264	155	109	862	456	406
30–34岁	**1074**	**647**	**427**	**1353**	**830**	**523**	**4274**	**2363**	**1911**
30	240	142	98	287	162	125	926	527	399
31	237	136	101	297	178	119	829	454	375
32	190	118	72	235	151	84	812	435	377
33	213	121	92	253	165	88	922	505	417
34	194	130	64	281	174	107	785	442	343
35–39岁	**582**	**317**	**265**	**736**	**432**	**304**	**2381**	**1305**	**1076**
35	126	64	62	183	114	69	488	255	233
36	104	62	42	127	70	57	446	245	201
37	98	56	42	133	82	51	398	228	170
38	125	65	60	163	94	69	552	293	259
39	129	70	59	130	72	58	497	284	213
40–44岁	**444**	**263**	**181**	**559**	**336**	**223**	**2069**	**1125**	**944**
40	88	52	36	109	64	45	367	194	173
41	86	49	37	104	65	39	420	221	199
42	82	51	31	104	54	50	374	208	166
43	97	57	40	118	71	47	417	238	179
44	91	54	37	124	82	42	491	264	227
45–49岁	**556**	**344**	**212**	**678**	**414**	**264**	**2458**	**1441**	**1017**
45	107	69	38	146	91	55	459	248	211
46	134	89	45	160	97	63	558	347	211
47	108	67	41	142	79	63	476	287	189
48	110	67	43	120	76	44	457	268	189
49	97	52	45	110	71	39	508	291	217
50岁及以上	**1521**	**930**	**591**	**1626**	**1026**	**600**	**6515**	**3943**	**2572**

3-2 续表 8

单位：人

年 龄	大学专科								
	合 计			在 校			毕 业		
	合计	男	女	小计	男	女	小计	男	女
总 计	**674761**	**340672**	**334089**	**111474**	**53045**	**58429**	**550337**	**280647**	**269690**
3									
4									
5—9岁									
5									
6									
7									
8									
9									
10—14岁	**28**	**9**	**19**	**25**	**7**	**18**	**2**	**2**	
10	2		2	1		1			
11	1		1	1		1			
12	1		1	1		1			
13	7	4	3	6	3	3	1	1	
14	17	5	12	16	4	12	1	1	
15—19岁	**56504**	**26303**	**30201**	**52262**	**24414**	**27848**	**3888**	**1704**	**2184**
15	848	350	498	821	338	483	23	11	12
16	2109	893	1216	2039	865	1174	56	19	37
17	4839	2121	2718	4529	1997	2532	271	103	168
18	17906	8427	9479	16814	7934	8880	981	433	548
19	30802	14512	16290	28059	13280	14779	2557	1138	1419
20—24岁	**143783**	**65588**	**78195**	**55381**	**26640**	**28741**	**86081**	**37825**	**48256**
20	33273	15601	17672	26990	12847	14143	5994	2614	3380
21	28100	12943	15157	15472	7462	8010	12200	5266	6934
22	28525	13056	15469	7815	3803	4012	20209	9000	11209
23	26842	11895	14947	3316	1629	1687	23002	10031	12971
24	27043	12093	14950	1788	899	889	24676	10914	13762
25—29岁	**120283**	**55598**	**64685**	**2475**	**1224**	**1251**	**115141**	**53088**	**62053**
25	27890	12517	15373	1058	500	558	26199	11709	14490
26	24527	11070	13457	542	264	278	23425	10531	12894
27	24597	11335	13262	388	200	188	23668	10871	12797
28	22086	10465	11621	266	145	121	21340	10088	11252
29	21183	10211	10972	221	115	106	20509	9889	10620
30—34岁	**109540**	**54114**	**55426**	**586**	**300**	**286**	**106588**	**52557**	**54031**
30	24029	11716	12313	188	110	78	23326	11331	11995
31	21852	10707	11145	108	52	56	21237	10389	10848
32	20182	10071	10111	98	49	49	19665	9809	9856
33	23337	11567	11770	98	47	51	22738	11250	11488
34	20140	10053	10087	94	42	52	19622	9778	9844
35—39岁	**59878**	**30753**	**29125**	**224**	**118**	**106**	**58384**	**29948**	**28436**
35	13427	6846	6581	50	24	26	13087	6655	6432
36	10856	5679	5177	43	23	20	10586	5536	5050
37	10907	5559	5348	34	16	18	10630	5416	5214
38	13376	6895	6481	51	29	22	13053	6726	6327
39	11312	5774	5538	46	26	20	11028	5615	5413
40—44岁	**43810**	**23390**	**20420**	**175**	**107**	**68**	**42716**	**22768**	**19948**
40	8474	4364	4110	36	27	9	8259	4227	4032
41	8821	4684	4137	28	16	12	8592	4551	4041
42	7996	4283	3713	36	16	20	7800	4183	3617
43	8707	4647	4060	34	19	15	8498	4530	3968
44	9812	5412	4400	41	29	12	9567	5277	4290
45—49岁	**48232**	**27151**	**21081**	**175**	**116**	**59**	**47083**	**26450**	**20633**
45	10029	5526	4503	48	33	15	9787	5383	4404
46	10092	5682	4410	24	18	6	9867	5545	4322
47	9728	5589	4139	37	23	14	9477	5430	4047
48	9562	5385	4177	39	25	14	9330	5250	4080
49	8821	4969	3852	27	17	10	8622	4842	3780
50岁及以上	**92703**	**57766**	**34937**	**171**	**119**	**52**	**90454**	**56305**	**34149**

3-2 续表 9

单位：人

年 龄	大学专科								
	肄 业			辍 学			其 他		
	小计	男	女	小计	男	女	小计	男	女
总 计	**1629**	**910**	**719**	**599**	**363**	**236**	**10722**	**5707**	**5015**
3									
4									
5-9岁									
5									
6									
7									
8									
9									
10-14岁							**1**		**1**
10							1		1
11									
12									
13									
14									
15-19岁	**64**	**30**	**34**	**41**	**24**	**17**	**249**	**131**	**118**
15							4	1	3
16	2	2		5	3	2	7	4	3
17	5	3	2	4	2	2	30	16	14
18	21	12	9	14	10	4	76	38	38
19	36	13	23	18	9	9	132	72	60
20-24岁	**321**	**157**	**164**	**135**	**84**	**51**	**1865**	**882**	**983**
20	53	22	31	26	18	8	210	100	110
21	60	32	28	31	20	11	337	163	174
22	63	28	35	22	14	8	416	211	205
23	70	33	37	23	14	9	431	188	243
24	75	42	33	33	18	15	471	220	251
25-29岁	**311**	**155**	**156**	**134**	**81**	**53**	**2222**	**1050**	**1172**
25	83	37	46	42	30	12	508	241	267
26	65	36	29	20	13	7	475	226	249
27	50	30	20	23	13	10	468	221	247
28	57	26	31	23	11	12	400	195	205
29	56	26	30	26	14	12	371	167	204
30-34岁	**320**	**174**	**146**	**119**	**69**	**50**	**1927**	**1014**	**913**
30	79	44	35	30	18	12	406	213	193
31	67	41	26	23	13	10	417	212	205
32	47	22	25	15	12	3	357	179	178
33	72	34	38	30	17	13	399	219	180
34	55	33	22	21	9	12	348	191	157
35-39岁	**176**	**106**	**70**	**57**	**36**	**21**	**1037**	**545**	**492**
35	43	24	19	15	11	4	232	132	100
36	31	17	14	6	5	1	190	98	92
37	29	16	13	9	7	2	205	104	101
38	40	27	13	11	4	7	221	109	112
39	33	22	11	16	9	7	189	102	87
40-44岁	**131**	**81**	**50**	**27**	**16**	**11**	**761**	**418**	**343**
40	24	15	9	5	3	2	150	92	58
41	26	15	11	10	7	3	165	95	70
42	20	11	9	2	1	1	138	72	66
43	35	24	11	4	1	3	136	73	63
44	26	16	10	6	4	2	172	86	86
45-49岁	**108**	**63**	**45**	**23**	**17**	**6**	**843**	**505**	**338**
45	22	9	13	9	6	3	163	95	68
46	22	13	9	5	4	1	174	102	72
47	29	20	9	5	4	1	180	112	68
48	16	8	8	2	1	1	175	101	74
49	19	13	6	2	2		151	95	56
50岁及以上	**198**	**144**	**54**	**63**	**36**	**27**	**1817**	**1162**	**655**

3-2 续表 10

单位：人

年龄	大学本科								
	合计			在校			毕业		
	合计	男	女	小计	男	女	小计	男	女
总计	**510694**	**257495**	**253199**	**120069**	**54445**	**65624**	**384263**	**199661**	**184602**
3									
4									
5—9岁									
5									
6									
7									
8									
9									
10—14岁	**4**		**4**	**1**		**1**	**3**		**3**
10	1		1				1		1
11									
12	1		1				1		1
13									
14	2		2	1		1	1		1
15—19岁	**39421**	**17495**	**21926**	**38751**	**17193**	**21558**	**592**	**264**	**328**
15	74	39	35	69	35	34	3	3	
16	247	99	148	239	94	145	7	5	2
17	1836	747	1089	1804	741	1063	29	4	25
18	12593	5489	7104	12422	5407	7015	148	69	79
19	24671	11121	13550	24217	10916	13301	405	183	222
20—24岁	**118512**	**52635**	**65877**	**77965**	**35540**	**42425**	**39673**	**16699**	**22974**
20	29311	13065	16246	28290	12602	15688	951	424	527
21	28288	12615	15673	25391	11417	13974	2783	1148	1635
22	24323	10800	13523	15592	7262	8330	8529	3451	5078
23	19051	8489	10562	6232	3043	3189	12558	5328	7230
24	17539	7666	9873	2460	1216	1244	14852	6348	8504
25—29岁	**88829**	**39980**	**48849**	**2487**	**1252**	**1235**	**84898**	**38032**	**46866**
25	18545	8175	10370	1250	635	615	16976	7396	9580
26	17276	7633	9643	528	271	257	16458	7206	9252
27	18062	8016	10046	330	161	169	17416	7716	9700
28	17488	8056	9432	225	108	117	17001	7816	9185
29	17458	8100	9358	154	77	77	17047	7898	9149
30—34岁	**92542**	**45810**	**46732**	**429**	**207**	**222**	**90720**	**44886**	**45834**
30	19512	9321	10191	142	70	72	19080	9102	9978
31	18450	9036	9414	90	38	52	18073	8859	9214
32	17196	8512	8684	85	41	44	16839	8336	8503
33	19858	10011	9847	67	31	36	19494	9817	9677
34	17526	8930	8596	45	27	18	17234	8772	8462
35—39岁	**59750**	**31343**	**28407**	**176**	**91**	**85**	**58754**	**30826**	**27928**
35	13136	6825	6311	54	31	23	12894	6695	6199
36	11607	5999	5608	26	15	11	11425	5903	5522
37	11568	6104	5464	37	18	19	11364	5999	5365
38	13343	7031	6312	29	13	16	13142	6936	6206
39	10096	5384	4712	30	14	16	9929	5293	4636
40—44岁	**31914**	**18072**	**13842**	**97**	**57**	**40**	**31334**	**17737**	**13597**
40	7103	3899	3204	26	17	9	6963	3819	3144
41	6613	3709	2904	18	10	8	6497	3643	2854
42	5872	3309	2563	19	10	9	5775	3249	2526
43	5988	3435	2553	16	9	7	5873	3367	2506
44	6338	3720	2618	18	11	7	6226	3659	2567
45—49岁	**28949**	**17706**	**11243**	**69**	**39**	**30**	**28440**	**17379**	**11061**
45	6145	3635	2510	15	7	8	6035	3560	2475
46	5986	3672	2314	16	12	4	5884	3611	2273
47	5868	3594	2274	16	8	8	5768	3532	2236
48	5565	3460	2105	11	7	4	5473	3398	2075
49	5385	3345	2040	11	5	6	5280	3278	2002
50岁及以上	**50773**	**34454**	**16319**	**94**	**66**	**28**	**49849**	**33838**	**16011**

3-2 续表 11 单位：人

年龄	大学本科								
	肄业			辍学			其他		
	小计	男	女	小计	男	女	小计	男	女
总计	**673**	**373**	**300**	**141**	**87**	**54**	**5548**	**2929**	**2619**
3									
4									
5-9岁									
5									
6									
7									
8									
9									
10-14岁									
10									
11									
12									
13									
14									
15-19岁	**9**	**5**	**4**				**69**	**33**	**36**
15							2	1	1
16	1		1						
17	1	1					2	1	1
18	2	2					21	11	10
19	5	2	3				44	20	24
20-24岁	**122**	**51**	**71**	**30**	**20**	**10**	**722**	**325**	**397**
20	9	5	4	6	3	3	55	31	24
21	18	6	12	1	1		95	43	52
22	24	12	12	10	8	2	168	67	101
23	40	15	25	7	5	2	214	98	116
24	31	13	18	6	3	3	190	86	104
25-29岁	**147**	**81**	**66**	**34**	**22**	**12**	**1263**	**593**	**670**
25	28	12	16	9	6	3	282	126	156
26	31	21	10	4	2	2	255	133	122
27	36	19	17	4	2	2	276	118	158
28	26	15	11	11	8	3	225	109	116
29	26	14	12	6	4	2	225	107	118
30-34岁	**152**	**87**	**65**	**26**	**15**	**11**	**1215**	**615**	**600**
30	41	24	17	5	3	2	244	122	122
31	29	15	14	6	2	4	252	122	130
32	23	13	10	7	6	1	242	116	126
33	25	13	12	5	2	3	267	148	119
34	34	22	12	3	2	1	210	107	103
35-39岁	**88**	**48**	**40**	**19**	**11**	**8**	**713**	**367**	**346**
35	18	13	5	5	5		165	81	84
36	18	10	8	4	1	3	134	70	64
37	16	10	6	2	1	1	149	76	73
38	24	10	14	2	1	1	146	71	75
39	12	5	7	6	3	3	119	69	50
40-44岁	**42**	**25**	**17**	**6**	**4**	**2**	**435**	**249**	**186**
40	16	11	5	2	1	1	96	51	45
41	4	2	2				94	54	40
42	9	5	4				69	45	24
43	8	5	3	3	2	1	88	52	36
44	5	2	3	1	1		88	47	41
45-49岁	**45**	**29**	**16**	**5**	**3**	**2**	**390**	**256**	**134**
45	11	5	6	1	1		83	62	21
46	4	3	1				82	46	36
47	12	9	3	2	1	1	70	44	26
48	5	3	2	2	1	1	74	51	23
49	13	9	4				81	53	28
50岁及以上	**68**	**47**	**21**	**21**	**12**	**9**	**741**	**491**	**250**

3-2　续表 12

单位：人

年　龄	硕士研究生								
	合　　计			在　　校			毕　　业		
	合计	男	女	小计	男	女	小计	男	女
总　计	**46128**	**23726**	**22402**	**11737**	**5419**	**6318**	**33955**	**18074**	**15881**
3									
4									
5—9岁									
5									
6									
7									
8									
9									
10—14岁									
10									
11									
12									
13									
14									
15—19岁	**39**	**19**	**20**	**34**	**17**	**17**	**5**	**2**	**3**
15									
16									
17	5	2	3	4	1	3	1	1	
18	13	8	5	10	7	3	3	1	2
19	21	9	12	20	9	11	1		1
20—24岁	**7933**	**3433**	**4500**	**7181**	**3191**	**3990**	**724**	**233**	**491**
20	60	22	38	54	21	33	6	1	5
21	302	119	183	283	111	172	17	8	9
22	1657	722	935	1573	690	883	77	29	48
23	2866	1250	1616	2664	1183	1481	196	64	132
24	3048	1320	1728	2607	1186	1421	428	131	297
25—29岁	**11640**	**5080**	**6560**	**3882**	**1903**	**1979**	**7664**	**3144**	**4520**
25	3039	1317	1722	1973	936	1037	1048	374	674
26	2293	996	1297	899	455	444	1379	538	841
27	2301	980	1321	517	268	249	1764	706	1058
28	2064	897	1167	296	157	139	1747	732	1015
29	1943	890	1053	197	87	110	1726	794	932
30—34岁	**10479**	**5177**	**5302**	**459**	**211**	**248**	**9899**	**4896**	**5003**
30	2294	1067	1227	175	77	98	2089	975	1114
31	2159	1061	1098	95	44	51	2045	1004	1041
32	2044	1009	1035	79	36	43	1938	954	984
33	2117	1079	1038	69	32	37	2028	1038	990
34	1865	961	904	41	22	19	1799	925	874
35—39岁	**7269**	**3975**	**3294**	**130**	**65**	**65**	**7067**	**3872**	**3195**
35	1498	803	695	36	20	16	1453	780	673
36	1385	767	618	28	13	15	1340	747	593
37	1489	806	683	31	13	18	1442	785	657
38	1626	895	731	21	12	9	1588	871	717
39	1271	704	567	14	7	7	1244	689	555
40—44岁	**3327**	**2047**	**1280**	**32**	**20**	**12**	**3264**	**2008**	**1256**
40	915	527	388	7	3	4	898	519	379
41	759	464	295	7	7		748	454	294
42	577	365	212	4	2	2	569	361	208
43	543	339	204	5	3	2	528	329	199
44	533	352	181	9	5	4	521	345	176
45—49岁	**2317**	**1596**	**721**	**9**	**7**	**2**	**2282**	**1569**	**713**
45	502	349	153	1	1		497	345	152
46	505	335	170	5	4	1	495	328	167
47	503	340	163	2	2		496	333	163
48	422	302	120				416	298	118
49	385	270	115	1		1	378	265	113
50岁及以上	**3124**	**2399**	**725**	**10**	**5**	**5**	**3050**	**2350**	**700**

3-2 续表 13

单位：人

年 龄	硕士研究生								
	肄 业			辍 学			其 他		
	小计	男	女	小计	男	女	小计	男	女
总 计	**45**	**29**	**16**	**6**	**2**	**4**	**385**	**202**	**183**
3									
4									
5-9岁									
5									
6									
7									
8									
9									
10-14岁									
10									
11									
12									
13									
14									
15-19岁									
15									
16									
17									
18									
19									
20-24岁	**3**		**3**	**1**		**1**	**24**	**9**	**15**
20									
21				1		1	1		1
22							7	3	4
23	1		1				5	3	2
24	2		2				11	3	8
25-29岁	**8**	**2**	**6**				**86**	**31**	**55**
25	2	1	1				16	6	10
26							15	3	12
27	3		3				17	6	11
28	2	1	1				19	7	12
29	1		1				19	9	10
30-34岁	**10**	**8**	**2**	**2**		**2**	**109**	**62**	**47**
30	1	1					29	14	15
31	1		1				18	13	5
32	3	3					24	16	8
33	3	2	1	1		1	16	7	9
34	2	2		1		1	22	12	10
35-39岁	**10**	**5**	**5**	**1**		**1**	**61**	**33**	**28**
35							9	3	6
36	3	1	2				14	6	8
37	3	3		1		1	12	5	7
38	2	1	1				15	11	4
39	2		2				11	8	3
40-44岁	**3**	**3**					**28**	**16**	**12**
40							10	5	5
41							4	3	1
42	1	1					3	1	2
43	2	2					8	5	3
44							3	2	1
45-49岁	**5**	**5**		**1**	**1**		**20**	**14**	**6**
45	1	1					3	2	1
46	1	1					4	2	2
47	2	2		1	1		2	2	
48							6	4	2
49	1	1					5	4	1
50岁及以上	**6**	**6**		**1**	**1**		**57**	**37**	**20**

3-2　续表 14

单位：人

年　龄	博士研究生								
	合　计			在　校			毕　业		
	合计	男	女	小计	男	女	小计	男	女
总　计	**6004**	**3683**	**2321**	**2021**	**1062**	**959**	**3925**	**2585**	**1340**
3									
4									
5–9岁									
5									
6									
7									
8									
9									
10–14岁									
10									
11									
12									
13									
14									
15–19岁	**11**	**6**	**5**	**8**	**4**	**4**	**2**	**1**	**1**
15									
16	1		1	1		1			
17									
18									
19	10	6	4	7	4	3	2	1	1
20–24岁	**344**	**158**	**186**	**319**	**143**	**176**	**23**	**13**	**10**
20	5	3	2	3	2	1	2	1	1
21	17	7	10	16	6	10	1	1	
22	79	31	48	75	29	46	3	1	2
23	90	40	50	81	34	47	8	5	3
24	153	77	76	144	72	72	9	5	4
25–29岁	**1482**	**778**	**704**	**1124**	**595**	**529**	**349**	**181**	**168**
25	231	115	116	202	101	101	25	14	11
26	314	153	161	271	132	139	43	21	22
27	325	167	158	254	137	117	69	30	39
28	321	176	145	240	140	100	81	36	45
29	291	167	124	157	85	72	131	80	51
30–34岁	**1358**	**807**	**551**	**406**	**224**	**182**	**940**	**576**	**364**
30	311	181	130	141	87	54	167	94	73
31	273	156	117	103	51	52	168	103	65
32	259	154	105	62	33	29	197	121	76
33	270	165	105	59	30	29	208	133	75
34	245	151	94	41	23	18	200	125	75
35–39岁	**1047**	**648**	**399**	**118**	**67**	**51**	**915**	**573**	**342**
35	195	127	68	19	15	4	173	110	63
36	194	119	75	27	16	11	165	103	62
37	200	128	72	23	8	15	174	117	57
38	247	142	105	28	15	13	217	127	90
39	211	132	79	21	13	8	186	116	70
40–44岁	**710**	**488**	**222**	**40**	**24**	**16**	**664**	**459**	**205**
40	178	119	59	15	8	7	161	109	52
41	144	97	47	6	4	2	138	93	45
42	138	100	38	10	5	5	128	95	33
43	130	89	41	6	5	1	122	82	40
44	120	83	37	3	2	1	115	80	35
45–49岁	**451**	**305**	**146**	**1**	**1**		**444**	**300**	**144**
45	94	64	30				94	64	30
46	100	67	33				100	67	33
47	94	65	29	1	1		91	62	29
48	84	55	29				81	54	27
49	79	54	25				78	53	25
50岁及以上	**601**	**493**	**108**	**5**	**4**	**1**	**588**	**482**	**106**

3-2 续表 15

单位：人

年龄	博士研究生								
	肄业			辍学			其他		
	小计	男	女	小计	男	女	小计	男	女
总计	**5**	**3**	**2**				**53**	**33**	**20**
3									
4									
5-9岁									
5									
6									
7									
8									
9									
10-14岁									
10									
11									
12									
13									
14									
15-19岁							**1**	**1**	
15									
16									
17									
18									
19							1	1	
20-24岁							**2**	**2**	
20									
21									
22							1	1	
23							1	1	
24									
25-29岁							**9**	**2**	**7**
25							4		4
26									
27							2		2
28									
29							3	2	1
30-34岁							**12**	**7**	**5**
30							3		3
31							2	2	
32									
33							3	2	1
34							4	3	1
35-39岁	**2**	**1**	**1**				**12**	**7**	**5**
35							3	2	1
36							2		2
37	1	1					2	2	
38	1		1				1		1
39							4	3	1
40-44岁							**6**	**5**	**1**
40							2	2	
41									
42									
43							2	2	
44							2	1	1
45-49岁	**1**		**1**				**5**	**4**	**1**
45									
46									
47							2	2	
48	1		1				2	1	1
49							1	1	
50岁及以上	**2**	**2**					**6**	**5**	**1**

3–2a　全省分年龄、性别、学业完成情况的3岁及以上各种受教育程度人口(城市)

单位：人

年龄	合计								
	合计			在校			毕业		
	合计	男	女	小计	男	女	小计	男	女
总计	**2804277**	**1387592**	**1416685**	**485820**	**244770**	**241050**	**2212653**	**1092892**	**1119761**
3									
4									
5–9岁	**111267**	**57478**	**53789**	**108011**	**55802**	**52209**	**2853**	**1471**	**1382**
5	2079	1060	1019	1994	1015	979	63	35	28
6	23393	11834	11559	22715	11491	11224	584	293	291
7	28141	14538	13603	27345	14129	13216	717	370	347
8	30941	16211	14730	30004	15729	14275	817	423	394
9	26713	13835	12878	25953	13438	12515	672	350	322
10–14岁	**124473**	**64593**	**59880**	**119488**	**61962**	**57526**	**4434**	**2326**	**2108**
10	25576	13269	12307	24752	12833	11919	724	375	349
11	24499	12669	11830	23650	12229	11421	763	391	372
12	25689	13344	12345	24599	12746	11853	985	541	444
13	25316	13204	12112	24218	12640	11578	985	513	472
14	23393	12107	11286	22269	11514	10755	977	506	471
15–19岁	**176364**	**89102**	**87262**	**162596**	**81341**	**81255**	**12580**	**7041**	**5539**
15	30258	15441	14817	29779	15147	14632	381	233	148
16	38163	19330	18833	37113	18691	18422	852	510	342
17	36162	18487	17675	34201	17388	16813	1719	955	764
18	32251	16517	15734	28373	14295	14078	3593	2048	1545
19	39530	19327	20203	33130	15820	17310	6035	3295	2740
20–24岁	**217923**	**105010**	**112913**	**86584**	**41018**	**45566**	**127575**	**61950**	**65625**
20	45030	21639	23391	34365	16133	18232	10195	5246	4949
21	42582	20346	22236	25405	11854	13551	16565	8164	8401
22	43441	21191	22250	14983	7294	7689	27639	13437	14202
23	42350	20336	22014	7384	3589	3795	34072	16266	17806
24	44520	21498	23022	4447	2148	2299	39104	18837	20267
25–29岁	**241721**	**117358**	**124363**	**6459**	**3274**	**3185**	**229321**	**110888**	**118433**
25	48592	23499	25093	2796	1381	1415	44582	21471	23111
26	46120	22342	23778	1481	749	732	43550	21005	22545
27	49491	23891	25600	972	503	469	47296	22732	24564
28	47883	23488	24395	698	384	314	46040	22457	23583
29	49635	24138	25497	512	257	255	47853	23223	24630
30–34岁	**302911**	**149078**	**153833**	**1411**	**696**	**715**	**293410**	**144118**	**149292**
30	59855	29485	30370	458	243	215	57828	28428	29400
31	58529	28887	29642	300	133	167	56590	27889	28701
32	56133	27685	28448	250	123	127	54386	26775	27611
33	67543	33239	34304	224	105	119	65512	32163	33349
34	60851	29782	31069	179	92	87	59094	28863	30231
35–39岁	**213068**	**105461**	**107607**	**508**	**248**	**260**	**206611**	**102235**	**104376**
35	43388	21491	21897	125	63	62	42081	20818	21263
36	36876	18282	18594	100	55	45	35741	17722	18019
37	38896	19331	19565	100	43	57	37679	18707	18972
38	50195	24883	25312	102	51	51	48761	24193	24568
39	43713	21474	22239	81	36	45	42349	20795	21554
40–44岁	**195386**	**96505**	**98881**	**249**	**134**	**115**	**188416**	**92983**	**95433**
40	33281	16535	16746	56	34	22	32234	15988	16246
41	37273	18457	18816	49	29	20	35971	17798	18173
42	34764	17069	17695	54	25	29	33543	16449	17094
43	41094	20174	20920	38	17	21	39600	19407	20193
44	48974	24270	24704	52	29	23	47068	23341	23727
45–49岁	**291606**	**145352**	**146254**	**172**	**102**	**70**	**278920**	**139274**	**139646**
45	54555	26869	27686	34	21	13	52388	25815	26573
46	58136	28848	29288	39	28	11	55691	27687	28004
47	58218	29172	29046	42	25	17	55691	27959	27732
48	59255	29618	29637	31	18	13	56626	28360	28266
49	61442	30845	30597	26	10	16	58524	29453	29071
50岁及以上	**929558**	**457655**	**471903**	**342**	**193**	**149**	**868533**	**430606**	**437927**

3-2a 续表 1

单位：人

年 龄	合计								
	肄业			辍学			其他		
	小计	男	女	小计	男	女	小计	男	女
总 计	**18910**	**8948**	**9962**	**34173**	**15792**	**18381**	**52721**	**25190**	**27531**
3									
4									
5-9岁	**43**	**26**	**17**	**8**	**4**	**4**	**352**	**175**	**177**
5	1	1					21	9	12
6	8	5	3	2	1	1	84	44	40
7	11	6	5	1		1	67	33	34
8	12	7	5	3	3		105	49	56
9	11	7	4	2		2	75	40	35
10-14岁	**80**	**45**	**35**	**58**	**41**	**17**	**413**	**219**	**194**
10	11	7	4	6	5	1	83	49	34
11	17	11	6	3	3		66	35	31
12	11	5	6	6	4	2	88	48	40
13	15	4	11	10	4	6	88	43	45
14	26	18	8	33	25	8	88	44	44
15-19岁	**171**	**102**	**69**	**461**	**297**	**164**	**556**	**321**	**235**
15	16	9	7	34	27	7	48	25	23
16	27	18	9	83	57	26	88	54	34
17	38	24	14	114	65	49	90	55	35
18	35	22	13	119	75	44	131	77	54
19	55	29	26	111	73	38	199	110	89
20-24岁	**596**	**343**	**253**	**853**	**541**	**312**	**2315**	**1158**	**1157**
20	88	46	42	145	101	44	237	113	124
21	99	52	47	149	93	56	364	183	181
22	123	81	42	171	119	52	525	260	265
23	139	83	56	169	103	66	586	295	291
24	147	81	66	219	125	94	603	307	296
25-29岁	**871**	**524**	**347**	**1270**	**787**	**483**	**3800**	**1885**	**1915**
25	174	99	75	278	175	103	762	373	389
26	173	102	71	237	148	89	679	338	341
27	173	110	63	244	145	99	806	401	405
28	172	112	60	236	150	86	737	385	352
29	179	101	78	275	169	106	816	388	428
30-34岁	**1242**	**715**	**527**	**1793**	**1035**	**758**	**5055**	**2514**	**2541**
30	265	157	108	327	185	142	977	472	505
31	243	133	110	367	222	145	1029	510	519
32	198	114	84	323	193	130	976	480	496
33	279	156	123	401	230	171	1127	585	542
34	257	155	102	375	205	170	946	467	479
35-39岁	**1018**	**541**	**477**	**1470**	**759**	**711**	**3461**	**1678**	**1783**
35	198	114	84	311	169	142	673	327	346
36	184	85	99	233	124	109	618	296	322
37	175	99	76	276	145	131	666	337	329
38	244	123	121	328	157	171	760	359	401
39	217	120	97	322	164	158	744	359	385
40-44岁	**1059**	**570**	**489**	**1937**	**995**	**942**	**3725**	**1823**	**1902**
40	153	79	74	267	150	117	571	284	287
41	186	96	90	326	166	160	741	368	373
42	185	117	68	336	172	164	646	306	340
43	235	135	100	423	221	202	798	394	404
44	300	143	157	585	286	299	969	471	498
45-49岁	**2156**	**1057**	**1099**	**4190**	**1975**	**2215**	**6168**	**2944**	**3224**
45	364	170	194	687	345	342	1082	518	564
46	410	203	207	783	367	416	1213	563	650
47	445	230	215	819	379	440	1221	579	642
48	418	205	213	904	420	484	1276	615	661
49	519	249	270	997	464	533	1376	669	707
50岁及以上	**11674**	**5025**	**6649**	**22133**	**9358**	**12775**	**26876**	**12473**	**14403**

3-2a 续表 2

单位：人

年 龄	小学								
	合 计			在 校			毕 业		
	合计	男	女	小计	男	女	小计	男	女
总 计	**562160**	**255204**	**306956**	**161764**	**83977**	**77787**	**357160**	**153920**	**203240**
3									
4									
5-9岁	**110093**	**56844**	**53249**	**106947**	**55222**	**51725**	**2760**	**1423**	**1337**
5	2079	1060	1019	1994	1015	979	63	35	28
6	23166	11717	11449	22515	11389	11126	561	279	282
7	27886	14406	13480	27115	14006	13109	696	363	333
8	30617	16041	14576	29709	15570	14139	792	412	380
9	26345	13620	12725	25614	13242	12372	648	334	314
10-14岁	**56704**	**29759**	**26945**	**54618**	**28649**	**25969**	**1841**	**967**	**874**
10	24951	12926	12025	24177	12517	11660	680	349	331
11	22568	11737	10831	21830	11351	10479	662	344	318
12	7197	4035	3162	6847	3832	3015	309	182	127
13	1420	757	663	1286	697	589	120	53	67
14	568	304	264	478	252	226	70	39	31
15-19岁	**541**	**307**	**234**	**89**	**48**	**41**	**367**	**213**	**154**
15	68	36	32	25	12	13	30	16	14
16	78	49	29	16	12	4	47	27	20
17	94	56	38	20	11	9	57	39	18
18	124	74	50	16	8	8	92	57	35
19	177	92	85	12	5	7	141	74	67
20-24岁	**1531**	**864**	**667**	**25**	**16**	**9**	**1346**	**763**	**583**
20	209	118	91	10	5	5	170	99	71
21	230	127	103	10	6	4	189	106	83
22	298	170	128				266	150	116
23	358	199	159	1	1		323	181	142
24	436	250	186	4	4		398	227	171
25-29岁	**3176**	**1690**	**1486**	**3**	**1**	**2**	**2916**	**1553**	**1363**
25	496	256	240	1		1	442	229	213
26	513	286	227				472	262	210
27	635	326	309	1		1	583	304	279
28	705	382	323				651	352	299
29	827	440	387	1	1		768	406	362
30-34岁	**7685**	**3816**	**3869**	**4**	**3**	**1**	**7076**	**3509**	**3567**
30	1246	641	605	1	1		1140	583	557
31	1369	694	675	1	1		1250	630	620
32	1402	687	715				1288	628	660
33	1847	894	953	1		1	1709	830	879
34	1821	900	921	1	1		1689	838	851
35-39岁	**7363**	**3233**	**4130**				**6776**	**2970**	**3806**
35	1301	581	720				1194	530	664
36	1132	501	631				1037	456	581
37	1262	551	711				1155	504	651
38	1781	795	986				1646	737	909
39	1887	805	1082				1744	743	1001
40-44岁	**17051**	**7223**	**9828**	**3**	**2**	**1**	**15749**	**6619**	**9130**
40	1727	755	972	1	1		1605	695	910
41	2696	1174	1522	1		1	2486	1070	1416
42	2838	1204	1634				2613	1091	1522
43	4017	1682	2335				3703	1534	2169
44	5773	2408	3365	1	1		5342	2229	3113
45-49岁	**47937**	**20306**	**27631**	**10**	**4**	**6**	**44109**	**18713**	**25396**
45	7477	3185	4292	1	1		6873	2918	3955
46	8626	3630	4996	3		3	7953	3355	4598
47	9507	4031	5476	4	2	2	8759	3719	5040
48	10342	4361	5981	1	1		9516	4022	5494
49	11985	5099	6886	1		1	11008	4699	6309
50岁及以上	**310079**	**131162**	**178917**	**65**	**32**	**33**	**274220**	**117190**	**157030**

3-2a 续表 3

单位：人

年 龄	小学								
	肄业			辍学			其他		
	小计	男	女	小计	男	女	小计	男	女
总 计	**8938**	**3545**	**5393**	**19002**	**7522**	**11480**	**15296**	**6240**	**9056**
3									
4									
5-9岁	**43**	**26**	**17**	**8**	**4**	**4**	**335**	**169**	**166**
5	1	1					21	9	12
6	8	5	3	2	1	1	80	43	37
7	11	6	5	1		1	63	31	32
8	12	7	5	3	3		101	49	52
9	11	7	4	2		2	70	37	33
10-14岁	**33**	**21**	**12**	**22**	**17**	**5**	**190**	**105**	**85**
10	11	7	4	6	5	1	77	48	29
11	15	10	5	3	3		58	29	29
12	2	1	1	5	3	2	34	17	17
13	2		2	1		1	11	7	4
14	3	3		7	6	1	10	4	6
15-19岁	**6**	**3**	**3**	**34**	**18**	**16**	**45**	**25**	**20**
15				4	3	1	9	5	4
16	1	1		6	2	4	8	7	1
17				10	4	6	7	2	5
18	2	1	1	8	6	2	6	2	4
19	3	1	2	6	3	3	15	9	6
20-24岁	**39**	**25**	**14**	**48**	**26**	**22**	**73**	**34**	**39**
20	4	3	1	12	6	6	13	5	8
21	9	4	5	8	4	4	14	7	7
22	6	4	2	11	7	4	15	9	6
23	11	7	4	9	4	5	14	6	8
24	9	7	2	8	5	3	17	7	10
25-29岁	**36**	**24**	**12**	**98**	**50**	**48**	**123**	**62**	**61**
25	10	7	3	26	13	13	17	7	10
26	5	4	1	17	11	6	19	9	10
27	4	1	3	20	5	15	27	16	11
28	10	8	2	12	6	6	32	16	16
29	7	4	3	23	15	8	28	14	14
30-34岁	**100**	**60**	**40**	**242**	**125**	**117**	**263**	**119**	**144**
30	20	15	5	39	21	18	46	21	25
31	23	15	8	41	25	16	54	23	31
32	17	9	8	37	20	17	60	30	30
33	18	10	8	65	31	34	54	23	31
34	22	11	11	60	28	32	49	22	27
35-39岁	**116**	**56**	**60**	**251**	**105**	**146**	**220**	**102**	**118**
35	21	10	11	55	24	31	31	17	14
36	19	9	10	33	16	17	43	20	23
37	22	7	15	44	17	27	41	23	18
38	27	13	14	67	27	40	41	18	23
39	27	17	10	52	21	31	64	24	40
40-44岁	**244**	**111**	**133**	**583**	**273**	**310**	**472**	**218**	**254**
40	20	8	12	54	27	27	47	24	23
41	43	16	27	85	44	41	81	44	37
42	46	26	20	104	55	49	75	32	43
43	55	29	26	140	61	79	119	58	61
44	80	32	48	200	86	114	150	60	90
45-49岁	**718**	**309**	**409**	**1868**	**793**	**1075**	**1232**	**487**	**745**
45	120	52	68	271	135	136	212	79	133
46	127	56	71	327	133	194	216	86	130
47	136	71	65	363	145	218	245	94	151
48	139	56	83	429	179	250	257	103	154
49	196	74	122	478	201	277	302	125	177
50岁及以上	**7603**	**2910**	**4693**	**15848**	**6111**	**9737**	**12343**	**4919**	**7424**

3-2a 续表 4

单位：人

年 龄	初中								
	合 计			在 校			毕 业		
	合计	男	女	小计	男	女	小计	男	女
总 计	**826657**	**412132**	**414525**	**74470**	**38833**	**35637**	**715825**	**354651**	**361174**
3									
4									
5-9岁	**1174**	**634**	**540**	**1064**	**580**	**484**	**93**	**48**	**45**
5									
6	227	117	110	200	102	98	23	14	9
7	255	132	123	230	123	107	21	7	14
8	324	170	154	295	159	136	25	11	14
9	368	215	153	339	196	143	24	16	8
10-14岁	**64963**	**33611**	**31352**	**62197**	**32154**	**30043**	**2483**	**1308**	**1175**
10	622	343	279	575	316	259	42	26	16
11	1930	932	998	1819	878	941	101	47	54
12	18484	9306	9178	17746	8912	8834	674	358	316
13	23456	12209	11247	22524	11722	10802	839	447	392
14	20471	10821	9650	19533	10326	9207	827	430	397
15-19岁	**15701**	**8871**	**6830**	**11006**	**6004**	**5002**	**4292**	**2606**	**1686**
15	7276	4062	3214	6984	3875	3109	232	147	85
16	2636	1435	1201	2125	1105	1020	443	285	158
17	1877	1079	798	1020	574	446	790	467	323
18	1824	1064	760	536	279	257	1203	728	475
19	2088	1231	857	341	171	170	1624	979	645
20-24岁	**20796**	**11818**	**8978**	**75**	**37**	**38**	**19723**	**11186**	**8537**
20	2508	1504	1004	33	16	17	2346	1402	944
21	3088	1804	1284	17	8	9	2910	1705	1205
22	4141	2373	1768	15	7	8	3922	2233	1689
23	4969	2755	2214	8	5	3	4727	2615	2112
24	6090	3382	2708	2	1	1	5818	3231	2587
25-29岁	**40307**	**21101**	**19206**	**17**	**8**	**9**	**38547**	**20067**	**18480**
25	7368	3938	3430	7	3	4	7030	3743	3287
26	7369	3945	3424	2	1	1	7063	3761	3302
27	8238	4347	3891	7	4	3	7880	4138	3742
28	8163	4243	3920				7812	4024	3788
29	9169	4628	4541	1		1	8762	4401	4361
30-34岁	**68844**	**33550**	**35294**	**12**	**6**	**6**	**65968**	**31995**	**33973**
30	11946	6035	5911	4	3	1	11440	5770	5670
31	12620	6272	6348	3	2	1	12047	5955	6092
32	12358	6060	6298				11800	5756	6044
33	16214	7749	8465	2		2	15573	7396	8177
34	15706	7434	8272	3	1	2	15108	7118	7990
35-39岁	**60424**	**28834**	**31590**	**7**	**4**	**3**	**57873**	**27558**	**30315**
35	11452	5495	5957	1		1	10962	5238	5724
36	9690	4559	5131	1	1		9275	4362	4913
37	10694	5077	5617	1	1		10208	4823	5385
38	14809	7131	7678	1	1		14238	6850	7388
39	13779	6572	7207	3	1	2	13190	6285	6905
40-44岁	**73627**	**34604**	**39023**	**15**	**5**	**10**	**70392**	**32979**	**37413**
40	10699	5101	5598	1	1		10280	4888	5392
41	13304	6272	7032	1		1	12710	5986	6724
42	12942	5975	6967	4	2	2	12375	5691	6684
43	16299	7654	8645	2		2	15591	7285	8306
44	20383	9602	10781	7	2	5	19436	9129	10307
45-49岁	**128748**	**62141**	**66607**	**13**	**6**	**7**	**122596**	**59136**	**63460**
45	23347	11059	12288	2	2		22313	10560	11753
46	25649	12213	13436	4	3	1	24446	11640	12806
47	25604	12386	13218	3		3	24372	11787	12585
48	26391	12777	13614	1		1	25112	12144	12968
49	27757	13706	14051	3	1	2	26353	13005	13348
50岁及以上	**352073**	**176968**	**175105**	**64**	**29**	**35**	**333858**	**167768**	**166090**

3–2a 续表 5

单位：人

年 龄	初中								
	肄业			辍学			其他		
	小计	男	女	小计	男	女	小计	男	女
总 计	**6401**	**3399**	**3002**	**11421**	**6093**	**5328**	**18540**	**9156**	**9384**
3									
4									
5–9岁							**17**	**6**	**11**
5									
6							4	1	3
7							4	2	2
8							4		4
9							5	3	2
10–14岁	**44**	**21**	**23**	**36**	**24**	**12**	**203**	**104**	**99**
10							5	1	4
11	2	1	1				8	6	2
12	9	4	5	1	1		54	31	23
13	13	4	9	9	4	5	71	32	39
14	20	12	8	26	19	7	65	34	31
15–19岁	**54**	**35**	**19**	**182**	**127**	**55**	**167**	**99**	**68**
15	8	5	3	25	20	5	27	15	12
16	9	6	3	38	25	13	21	14	7
17	7	5	2	40	22	18	20	11	9
18	10	8	2	37	27	10	38	22	16
19	20	11	9	42	33	9	61	37	24
20–24岁	**145**	**102**	**43**	**367**	**236**	**131**	**486**	**257**	**229**
20	17	13	4	58	43	15	54	30	24
21	25	16	9	61	38	23	75	37	38
22	30	27	3	77	53	24	97	53	44
23	39	27	12	73	43	30	122	65	57
24	34	19	15	98	59	39	138	72	66
25–29岁	**300**	**194**	**106**	**553**	**361**	**192**	**890**	**471**	**419**
25	55	33	22	113	76	37	163	83	80
26	52	36	16	102	65	37	150	82	68
27	65	42	23	103	63	40	183	100	83
28	71	47	24	107	73	34	173	99	74
29	57	36	21	128	84	44	221	107	114
30–34岁	**490**	**281**	**209**	**893**	**530**	**363**	**1481**	**738**	**743**
30	88	52	36	154	89	65	260	121	139
31	86	45	41	187	115	72	297	155	142
32	89	51	38	170	101	69	299	152	147
33	117	69	48	198	119	79	324	165	159
34	110	64	46	184	106	78	301	145	156
35–39岁	**464**	**248**	**216**	**868**	**461**	**407**	**1212**	**563**	**649**
35	91	58	33	176	93	83	222	106	116
36	78	31	47	143	77	66	193	88	105
37	85	49	36	158	87	71	242	117	125
38	109	56	53	186	95	91	275	129	146
39	101	54	47	205	109	96	280	123	157
40–44岁	**536**	**296**	**240**	**1058**	**552**	**506**	**1626**	**772**	**854**
40	67	34	33	154	88	66	197	90	107
41	93	51	42	189	92	97	311	143	168
42	88	56	32	174	90	84	301	136	165
43	123	70	53	227	126	101	356	173	183
44	165	85	80	314	156	158	461	230	231
45–49岁	**1102**	**566**	**536**	**1992**	**1001**	**991**	**3045**	**1432**	**1613**
45	180	90	90	338	166	172	514	241	273
46	213	105	108	388	199	189	598	266	332
47	226	111	115	389	198	191	614	290	324
48	222	120	102	418	212	206	638	301	337
49	261	140	121	459	226	233	681	334	347
50岁及以上	**3266**	**1656**	**1610**	**5472**	**2801**	**2671**	**9413**	**4714**	**4699**

3-2a 续表 6

单位：人

年 龄	高中								
	合 计			在 校			毕 业		
	合计	男	女	小计	男	女	小计	男	女
总 计	**591573**	**305287**	**286286**	**112003**	**57512**	**54491**	**463851**	**239315**	**224536**
3									
4									
5-9岁									
5									
6									
7									
8									
9									
10-14岁	**2784**	**1217**	**1567**	**2655**	**1153**	**1502**	**107**	**51**	**56**
10	1		1				1		1
11									
12	6	3	3	5	2	3	1	1	
13	436	235	201	404	218	186	26	13	13
14	2341	979	1362	2246	933	1313	79	37	42
15-19岁	**111427**	**57684**	**53743**	**105000**	**53970**	**51030**	**5859**	**3367**	**2492**
15	22485	11183	11302	22353	11106	11247	108	64	44
16	34357	17454	16903	33918	17197	16721	331	187	144
17	31352	16197	15155	30458	15697	14761	745	406	339
18	15778	8678	7100	13822	7534	6288	1810	1057	753
19	7455	4172	3283	4449	2436	2013	2865	1653	1212
20-24岁	**37777**	**20683**	**17094**	**4172**	**2294**	**1878**	**32397**	**17686**	**14711**
20	6152	3393	2759	2051	1121	930	3931	2172	1759
21	6333	3476	2857	1036	555	481	5100	2806	2294
22	7578	4169	3409	577	313	264	6737	3704	3033
23	8343	4537	3806	288	167	121	7784	4201	3583
24	9371	5108	4263	220	138	82	8845	4803	4042
25-29岁	**57157**	**29961**	**27196**	**67**	**41**	**26**	**55142**	**28852**	**26290**
25	10643	5737	4906	28	17	11	10223	5501	4722
26	10593	5659	4934	11	6	5	10225	5469	4756
27	11937	6236	5701	11	7	4	11524	5999	5525
28	11629	6037	5592	9	6	3	11260	5822	5438
29	12355	6292	6063	8	5	3	11910	6061	5849
30-34岁	**73864**	**37494**	**36370**	**30**	**19**	**11**	**71385**	**36166**	**35219**
30	15093	7797	7296	7	5	2	14581	7520	7061
31	14395	7391	7004	4	3	1	13898	7129	6769
32	13767	6980	6787	7	4	3	13314	6731	6583
33	16497	8337	8160	4	2	2	15957	8054	7903
34	14112	6989	7123	8	5	3	13635	6732	6903
35-39岁	**47748**	**23664**	**24084**	**18**	**8**	**10**	**46218**	**22877**	**23341**
35	9469	4729	4740	1		1	9160	4569	4591
36	7716	3848	3868	3	2	1	7443	3709	3734
37	8320	4164	4156	3	2	1	8047	4013	4034
38	11597	5722	5875	5	2	3	11237	5546	5691
39	10646	5201	5445	6	2	4	10331	5040	5291
40-44岁	**46667**	**23501**	**23166**	**16**	**5**	**11**	**45234**	**22755**	**22479**
40	8334	4158	4176	1		1	8067	4025	4042
41	9224	4544	4680	8	3	5	8932	4399	4533
42	8447	4241	4206	3		3	8187	4107	4080
43	9756	4925	4831	2		2	9470	4769	4701
44	10906	5633	5273	2	2		10578	5455	5123
45-49岁	**57782**	**30545**	**27237**	**12**	**7**	**5**	**56016**	**29613**	**26403**
45	11741	5999	5742	1	1		11398	5826	5572
46	11947	6272	5675	3	2	1	11565	6064	5501
47	11565	6141	5424	3	2	1	11215	5954	5261
48	11379	6136	5243	1		1	11052	5960	5092
49	11150	5997	5153	4	2	2	10786	5809	4977
50岁及以上	**156367**	**80538**	**75829**	**33**	**15**	**18**	**151493**	**77948**	**73545**

3-2a 续表 7 单位：人

年 龄	高 中								
	肄 业			辍 学			其 他		
	小计	男	女	小计	男	女	小计	男	女
总 计	**2358**	**1349**	**1009**	**3345**	**1935**	**1410**	**10016**	**5176**	**4840**
3									
4									
5-9岁									
5									
6									
7									
8									
9									
10-14岁	**3**	**3**					**19**	**10**	**9**
10									
11									
12									
13							6	4	2
14	3	3					13	6	7
15-19岁	**91**	**53**	**38**	**224**	**140**	**84**	**253**	**154**	**99**
15	8	4	4	5	4	1	11	5	6
16	17	11	6	36	28	8	55	31	24
17	29	18	11	62	39	23	58	37	21
18	16	8	8	67	37	30	63	42	21
19	21	12	9	54	32	22	66	39	27
20-24岁	**202**	**125**	**77**	**364**	**234**	**130**	**642**	**344**	**298**
20	37	21	16	60	41	19	73	38	35
21	31	16	15	70	46	24	96	53	43
22	48	30	18	66	48	18	150	74	76
23	33	25	8	73	49	24	165	95	70
24	53	33	20	95	50	45	158	84	74
25-29岁	**317**	**197**	**120**	**527**	**313**	**214**	**1104**	**558**	**546**
25	58	36	22	109	63	46	225	120	105
26	65	34	31	107	64	43	185	86	99
27	65	44	21	105	68	37	232	118	114
28	52	39	13	101	60	41	207	110	97
29	77	44	33	105	58	47	255	124	131
30-34岁	**405**	**238**	**167**	**581**	**338**	**243**	**1463**	**733**	**730**
30	95	58	37	114	63	51	296	151	145
31	86	47	39	127	75	52	280	137	143
32	61	34	27	104	64	40	281	147	134
33	85	48	37	120	72	48	331	161	170
34	78	51	27	116	64	52	275	137	138
35-39岁	**260**	**141**	**119**	**304**	**167**	**137**	**948**	**471**	**477**
35	50	27	23	67	41	26	191	92	99
36	50	28	22	52	29	23	168	80	88
37	38	24	14	68	37	31	164	88	76
38	63	31	32	64	32	32	228	111	117
39	59	31	28	53	28	25	197	100	97
40-44岁	**178**	**102**	**76**	**277**	**159**	**118**	**962**	**480**	**482**
40	40	20	20	53	31	22	173	82	91
41	33	19	14	47	26	21	204	97	107
42	33	23	10	56	26	30	168	85	83
43	35	22	13	53	33	20	196	101	95
44	37	18	19	68	43	25	221	115	106
45-49岁	**244**	**132**	**112**	**312**	**169**	**143**	**1198**	**624**	**574**
45	46	23	23	73	40	33	223	109	114
46	53	32	21	65	33	32	261	141	120
47	55	30	25	61	32	29	231	123	108
48	46	25	21	53	27	26	227	124	103
49	44	22	22	60	37	23	256	127	129
50岁及以上	**658**	**358**	**300**	**756**	**415**	**341**	**3427**	**1802**	**1625**

3-2a　续表 8

单位：人

年　龄	大学专科								
	合　计			在　校			毕　业		
	合计	男	女	小计	男	女	小计	男	女
总　计	**412058**	**205367**	**206691**	**50227**	**24126**	**26101**	**355607**	**177975**	**177632**
3									
4									
5－9岁									
5									
6									
7									
8									
9									
10－14岁	**19**	**6**	**13**	**18**	**6**	**12**			
10	1		1						
11	1		1	1		1			
12	1		1	1		1			
13	4	3	1	4	3	1			
14	12	3	9	12	3	9			
15－19岁	**25055**	**11643**	**13412**	**23206**	**10880**	**12326**	**1749**	**710**	**1039**
15	386	138	248	377	134	243	9	4	5
16	981	349	632	949	338	611	25	7	18
17	1942	810	1132	1820	763	1057	113	41	72
18	7385	3575	3810	6938	3389	3549	420	170	250
19	14361	6771	7590	13122	6256	6866	1182	488	694
20－24岁	**74113**	**34227**	**39886**	**25351**	**12411**	**12940**	**47859**	**21384**	**26475**
20	16742	7859	8883	13440	6472	6968	3199	1343	1856
21	13923	6431	7492	7100	3486	3614	6667	2866	3801
22	14381	6775	7606	3008	1546	1462	11169	5129	6040
23	14330	6481	7849	1160	604	556	12959	5782	7177
24	14737	6681	8056	643	303	340	13865	6264	7601
25－29岁	**69575**	**32228**	**37347**	**989**	**487**	**502**	**67471**	**31183**	**36288**
25	15421	7020	8401	382	179	203	14798	6713	8085
26	13888	6293	7595	238	118	120	13421	6061	7360
27	14260	6558	7702	150	70	80	13881	6379	7502
28	13107	6221	6886	122	68	54	12774	6042	6732
29	12899	6136	6763	97	52	45	12597	5988	6609
30－34岁	**72173**	**34647**	**37526**	**302**	**146**	**156**	**70677**	**33896**	**36781**
30	15094	7180	7914	87	54	33	14753	7002	7751
31	14269	6832	7437	56	24	32	13939	6665	7274
32	13453	6519	6934	52	25	27	13205	6406	6799
33	15657	7512	8145	48	20	28	15339	7342	7997
34	13700	6604	7096	59	23	36	13441	6481	6960
35－39岁	**42222**	**20794**	**21428**	**112**	**46**	**66**	**41420**	**20395**	**21025**
35	9236	4511	4725	28	7	21	9070	4428	4642
36	7623	3845	3778	21	11	10	7468	3768	3700
37	7768	3803	3965	13	5	8	7620	3727	3893
38	9567	4707	4860	31	16	15	9389	4624	4765
39	8028	3928	4100	19	7	12	7873	3848	4025
40－44岁	**30058**	**15386**	**14672**	**75**	**41**	**34**	**29505**	**15087**	**14418**
40	5911	2915	2996	11	7	4	5797	2841	2956
41	6084	3095	2989	12	7	5	5968	3029	2939
42	5494	2815	2679	21	11	10	5396	2765	2631
43	5904	3004	2900	12	5	7	5806	2958	2848
44	6665	3557	3108	19	11	8	6538	3494	3044
45－49岁	**32752**	**17607**	**15145**	**82**	**54**	**28**	**32166**	**17287**	**14879**
45	6847	3583	3264	21	13	8	6720	3509	3211
46	6862	3687	3175	14	11	3	6749	3624	3125
47	6593	3654	2939	18	13	5	6472	3588	2884
48	6427	3432	2995	19	12	7	6302	3370	2932
49	6023	3251	2772	10	5	5	5923	3196	2727
50岁及以上	**66091**	**38829**	**27262**	**92**	**55**	**37**	**64760**	**38033**	**26727**

3-2a 续表 9 单位：人

年龄	大学专科								
	肄业			辍学			其他		
	小计	男	女	小计	男	女	小计	男	女
总计	**780**	**422**	**358**	**315**	**189**	**126**	**5129**	**2655**	**2474**
3									
4									
5-9岁									
5									
6									
7									
8									
9									
10-14岁							**1**		**1**
10							1		1
11									
12									
13									
14									
15-19岁	**18**	**10**	**8**	**21**	**12**	**9**	**61**	**31**	**30**
15									
16				3	2	1	4	2	2
17	2	1	1	2		2	5	5	
18	6	4	2	7	5	2	14	7	7
19	10	5	5	9	5	4	38	17	21
20-24岁	**130**	**60**	**70**	**58**	**35**	**23**	**715**	**337**	**378**
20	24	7	17	11	9	2	68	28	40
21	22	11	11	8	4	4	126	64	62
22	25	13	12	12	6	6	167	81	86
23	31	16	15	13	7	6	167	72	95
24	28	13	15	14	9	5	187	92	95
25-29岁	**128**	**60**	**68**	**73**	**50**	**23**	**914**	**448**	**466**
25	32	16	16	27	21	6	182	91	91
26	31	13	18	10	7	3	188	94	94
27	18	10	8	13	8	5	198	91	107
28	24	11	13	10	6	4	177	94	83
29	23	10	13	13	8	5	169	78	91
30-34岁	**151**	**84**	**67**	**63**	**35**	**28**	**980**	**486**	**494**
30	37	19	18	19	11	8	198	94	104
31	28	17	11	10	7	3	236	119	117
32	18	11	7	8	5	3	170	72	98
33	41	22	19	15	7	8	214	121	93
34	27	15	12	11	5	6	162	80	82
35-39岁	**112**	**61**	**51**	**31**	**17**	**14**	**547**	**275**	**272**
35	28	13	15	8	6	2	102	57	45
36	21	10	11	3	2	1	110	54	56
37	16	8	8	4	3	1	115	60	55
38	26	16	10	9	2	7	112	49	63
39	21	14	7	7	4	3	108	55	53
40-44岁	**74**	**47**	**27**	**15**	**9**	**6**	**389**	**202**	**187**
40	17	11	6	4	3	1	82	53	29
41	15	10	5	5	4	1	84	45	39
42	11	8	3	2	1	1	64	30	34
43	17	11	6	1		1	68	30	38
44	14	7	7	3	1	2	91	44	47
45-49岁	**70**	**34**	**36**	**13**	**9**	**4**	**421**	**223**	**198**
45	16	4	12	5	4	1	85	53	32
46	14	8	6	3	2	1	82	42	40
47	20	12	8	3	2	1	80	39	41
48	10	4	6	2	1	1	94	45	49
49	10	6	4				80	44	36
50岁及以上	**97**	**66**	**31**	**41**	**22**	**19**	**1101**	**653**	**448**

3-2a　续表 10

单位：人

年　龄	大学本科								
	合　计			在　校			毕　业		
	合计	男	女	小计	男	女	小计	男	女
总　计	**366225**	**185409**	**180816**	**76528**	**35151**	**41377**	**285835**	**148227**	**137608**
3									
4									
5–9岁									
5									
6									
7									
8									
9									
10–14岁	**3**		**3**				**3**		**3**
10	1		1				1		1
11									
12	1		1				1		1
13									
14	1		1				1		1
15–19岁	**23611**	**10583**	**13028**	**23270**	**10426**	**12844**	**309**	**144**	**165**
15	43	22	21	40	20	20	2	2	
16	111	43	68	105	39	66	6	4	2
17	896	344	552	882	342	540	14	2	12
18	7133	3121	4012	7055	3080	3975	67	36	31
19	15428	7053	8375	15188	6945	8243	220	100	120
20–24岁	**77335**	**34627**	**42708**	**51212**	**23670**	**27542**	**25650**	**10738**	**14912**
20	19381	8748	10633	18798	8503	10295	544	229	315
21	18781	8425	10356	17031	7723	9308	1685	674	1011
22	15751	7138	8613	10153	4884	5269	5487	2201	3286
23	12042	5346	6696	3796	1854	1942	8109	3431	4678
24	11380	4970	6410	1434	706	728	9825	4203	5622
25–29岁	**60655**	**27514**	**33141**	**1427**	**734**	**693**	**58428**	**26397**	**32031**
25	12121	5409	6712	699	362	337	11237	4970	6267
26	11635	5219	6416	300	156	144	11189	4982	6207
27	12248	5482	6766	203	104	99	11872	5292	6580
28	12234	5682	6552	128	62	66	11954	5548	6406
29	12417	5722	6695	97	50	47	12176	5605	6571
30–34岁	**69596**	**34167**	**35429**	**283**	**135**	**148**	**68451**	**33601**	**34850**
30	14137	6706	7431	80	37	43	13881	6581	7300
31	13691	6623	7068	57	24	33	13469	6528	6941
32	13059	6382	6677	62	30	32	12835	6275	6560
33	15158	7620	7538	52	25	27	14903	7483	7420
34	13551	6836	6715	32	19	13	13363	6734	6629
35–39岁	**47489**	**24591**	**22898**	**140**	**68**	**72**	**46807**	**24254**	**22553**
35	10352	5305	5047	42	23	19	10180	5220	4960
36	9229	4692	4537	24	13	11	9099	4624	4475
37	9264	4856	4408	33	16	17	9128	4789	4339
38	10674	5558	5116	20	8	12	10544	5501	5043
39	7970	4180	3790	21	8	13	7856	4120	3736
40–44岁	**24182**	**13413**	**10769**	**73**	**41**	**32**	**23835**	**13225**	**10610**
40	5562	2986	2576	21	14	7	5469	2936	2533
41	5114	2842	2272	14	8	6	5040	2797	2243
42	4367	2397	1970	12	5	7	4314	2367	1947
43	4494	2516	1978	13	6	7	4425	2481	1944
44	4645	2672	1973	13	8	5	4587	2644	1943
45–49岁	**21810**	**12992**	**8818**	**47**	**24**	**23**	**21490**	**12790**	**8700**
45	4580	2657	1923	9	4	5	4525	2619	1906
46	4497	2682	1815	10	8	2	4431	2645	1786
47	4387	2583	1804	11	5	6	4320	2543	1777
48	4249	2578	1671	9	5	4	4184	2534	1650
49	4097	2492	1605	8	2	6	4030	2449	1581
50岁及以上	**41544**	**27522**	**14022**	**76**	**53**	**23**	**40862**	**27078**	**13784**

3-2a 续表 11　　　　单位：人

年 龄	大学本科								
	肄 业			辍 学			其 他		
	小计	男	女	小计	男	女	小计	男	女
总 计	**395**	**210**	**185**	**87**	**52**	**35**	**3380**	**1769**	**1611**
3									
4									
5-9岁									
5									
6									
7									
8									
9									
10-14岁									
10									
11									
12									
13									
14									
15-19岁	**2**	**1**	**1**				**30**	**12**	**18**
15							1		1
16									
17									
18	1	1					10	4	6
19	1		1				19	8	11
20-24岁	**77**	**31**	**46**	**15**	**10**	**5**	**381**	**178**	**203**
20	6	2	4	4	2	2	29	12	17
21	12	5	7	1	1		52	22	30
22	14	7	7	5	5		92	41	51
23	24	8	16	1		1	112	53	59
24	21	9	12	4	2	2	96	50	46
25-29岁	**85**	**48**	**37**	**19**	**13**	**6**	**696**	**322**	**374**
25	18	6	12	3	2	1	164	69	95
26	20	15	5	1	1		125	65	60
27	19	13	6	3	1	2	151	72	79
28	14	7	7	6	5	1	132	60	72
29	14	7	7	6	4	2	124	56	68
30-34岁	**88**	**46**	**42**	**13**	**7**	**6**	**761**	**378**	**383**
30	25	13	12	1	1		150	74	76
31	19	9	10	2		2	144	62	82
32	10	6	4	4	3	1	148	68	80
33	15	5	10	3	1	2	185	106	79
34	19	13	6	3	2	1	134	68	66
35-39岁	**57**	**31**	**26**	**16**	**9**	**7**	**469**	**229**	**240**
35	8	6	2	5	5		117	51	66
36	14	7	7	2		2	90	48	42
37	11	8	3	2	1	1	90	42	48
38	17	6	11	2	1	1	91	42	49
39	7	4	3	5	2	3	81	46	35
40-44岁	**25**	**12**	**13**	**4**	**2**	**2**	**245**	**133**	**112**
40	9	6	3	2	1	1	61	29	32
41	2		2				58	37	21
42	6	3	3				35	22	13
43	4	2	2	2	1	1	50	26	24
44	4	1	3				41	19	22
45-49岁	**16**	**11**	**5**	**4**	**2**	**2**	**253**	**165**	**88**
45	1		1				45	34	11
46	2	1	1				54	28	26
47	6	4	2	2	1	1	48	30	18
48				2	1	1	54	38	16
49	7	6	1				52	35	17
50岁及以上	**45**	**30**	**15**	**16**	**9**	**7**	**545**	**352**	**193**

3−2a　续表 12　　　　单位：人

年　龄	硕士研究生								
	合　　计			在　　校			毕　　业		
	合计	男	女	小计	男	女	小计	男	女
总　计	**40239**	**20909**	**19330**	**9110**	**4270**	**4840**	**30776**	**16448**	**14328**
3									
4									
5−9岁									
5									
6									
7									
8									
9									
10−14岁									
10									
11									
12									
13									
14									
15−19岁	**25**	**12**	**13**	**23**	**12**	**11**	**2**		**2**
15									
16									
17	1	1		1	1				
18	7	5	2	6	5	1	1		1
19	17	6	11	16	6	10	1		1
20−24岁	**6120**	**2684**	**3436**	**5516**	**2493**	**3023**	**583**	**184**	**399**
20	35	16	19	31	15	16	4	1	3
21	216	79	137	201	73	128	13	6	7
22	1241	552	689	1181	530	651	56	20	36
23	2242	990	1252	2072	934	1138	164	53	111
24	2386	1047	1339	2031	941	1090	346	104	242
25−29岁	**9601**	**4208**	**5393**	**2999**	**1494**	**1505**	**6532**	**2691**	**3841**
25	2364	1051	1313	1522	741	781	834	306	528
26	1849	806	1043	689	350	339	1148	454	694
27	1906	803	1103	391	204	187	1499	595	904
28	1772	772	1000	233	127	106	1522	639	883
29	1710	776	934	164	72	92	1529	697	832
30−34岁	**9492**	**4664**	**4828**	**404**	**181**	**223**	**8983**	**4423**	**4560**
30	2053	957	1096	148	62	86	1881	884	997
31	1941	943	998	86	37	49	1837	893	944
32	1857	919	938	71	33	38	1765	872	893
33	1915	970	945	61	28	33	1835	933	902
34	1726	875	851	38	21	17	1665	841	824
35−39岁	**6846**	**3745**	**3101**	**124**	**61**	**63**	**6660**	**3648**	**3012**
35	1397	754	643	35	19	16	1354	732	622
36	1301	720	581	26	13	13	1261	701	560
37	1401	760	641	29	11	18	1357	741	616
38	1543	846	697	20	11	9	1510	824	686
39	1204	665	539	14	7	7	1178	650	528
40−44岁	**3139**	**1927**	**1212**	**30**	**18**	**12**	**3082**	**1894**	**1188**
40	878	508	370	7	3	4	862	501	361
41	722	443	279	7	7		712	434	278
42	541	339	202	4	2	2	533	335	198
43	504	311	193	4	2	2	492	304	188
44	494	326	168	8	4	4	483	320	163
45−49岁	**2163**	**1485**	**678**	**7**	**6**	**1**	**2135**	**1463**	**672**
45	472	325	147				468	322	146
46	467	308	159	5	4	1	459	303	156
47	476	319	157	2	2		469	312	157
48	389	283	106				385	280	105
49	359	250	109				354	246	108
50岁及以上	**2853**	**2184**	**669**	**7**	**5**	**2**	**2799**	**2145**	**654**

3-2a 续表 13

单位：人

年 龄	硕士研究生								
	肄 业			辍 学			其 他		
	小计	男	女	小计	男	女	小计	男	女
总 计	**35**	**22**	**13**	**3**	**1**	**2**	**315**	**168**	**147**
3									
4									
5-9岁									
5									
6									
7									
8									
9									
10-14岁									
10									
11									
12									
13									
14									
15-19岁									
15									
16									
17									
18									
19									
20-24岁	**3**		**3**	**1**		**1**	**17**	**7**	**10**
20									
21				1		1	1		1
22							4	2	2
23	1		1				5	3	2
24	2		2				7	2	5
25-29岁	**5**	**1**	**4**				**65**	**22**	**43**
25	1	1					7	3	4
26							12	2	10
27	2		2				14	4	10
28	1		1				16	6	10
29	1		1				16	7	9
30-34岁	**8**	**6**	**2**	**1**		**1**	**96**	**54**	**42**
30							24	11	13
31	1		1				17	13	4
32	3	3					18	11	7
33	3	2	1				16	7	9
34	1	1		1		1	21	12	9
35-39岁	**8**	**4**	**4**				**54**	**32**	**22**
35							8	3	5
36	2		2				12	6	6
37	3	3					12	5	7
38	1	1					12	10	2
39	2		2				10	8	2
40-44岁	**2**	**2**					**25**	**13**	**12**
40							9	4	5
41							3	2	1
42	1	1					3	1	2
43	1	1					7	4	3
44							3	2	1
45-49岁	**5**	**5**		**1**	**1**		**15**	**10**	**5**
45	1	1					3	2	1
46	1	1					2		2
47	2	2		1	1		2	2	
48							4	3	1
49	1	1					4	3	1
50岁及以上	**4**	**4**					**43**	**30**	**13**

3–2a　续表 14　　单位：人

年　龄	博士研究生								
	合　计			在　校			毕　业		
	合计	男	女	小计	男	女	小计	男	女
总　计	**5365**	**3284**	**2081**	**1718**	**901**	**817**	**3599**	**2356**	**1243**
3									
4									
5–9岁									
5									
6									
7									
8									
9									
10–14岁									
10									
11									
12									
13									
14									
15–19岁	**4**	**2**	**2**	**2**	**1**	**1**	**2**	**1**	**1**
15									
16									
17									
18									
19	4	2	2	2	1	1	2	1	1
20–24岁	**251**	**107**	**144**	**233**	**97**	**136**	**17**	**9**	**8**
20	3	1	2	2	1	1	1		1
21	11	4	7	10	3	7	1	1	
22	51	14	37	49	14	35	2		2
23	66	28	38	59	24	35	6	3	3
24	120	60	60	113	55	58	7	5	2
25–29岁	**1250**	**656**	**594**	**957**	**509**	**448**	**285**	**145**	**140**
25	179	88	91	157	79	78	18	9	9
26	273	134	139	241	118	123	32	16	16
27	267	139	128	209	114	95	57	25	32
28	273	151	122	206	121	85	67	30	37
29	258	144	114	144	77	67	111	65	46
30–34岁	**1257**	**740**	**517**	**376**	**206**	**170**	**870**	**528**	**342**
30	286	169	117	131	81	50	152	88	64
31	244	132	112	93	42	51	150	89	61
32	237	138	99	58	31	27	179	107	72
33	255	157	98	56	30	26	196	125	71
34	235	144	91	38	22	16	193	119	74
35–39岁	**976**	**600**	**376**	**107**	**61**	**46**	**857**	**533**	**324**
35	181	116	65	18	14	4	161	101	60
36	185	117	68	25	15	10	158	102	56
37	187	120	67	21	8	13	164	110	54
38	224	124	100	25	13	12	197	111	86
39	199	123	76	18	11	7	177	109	68
40–44岁	**662**	**451**	**211**	**37**	**22**	**15**	**619**	**424**	**195**
40	170	112	58	14	8	6	154	102	52
41	129	87	42	6	4	2	123	83	40
42	135	98	37	10	5	5	125	93	32
43	120	82	38	5	4	1	113	76	37
44	108	72	36	2	1	1	104	70	34
45–49岁	**414**	**276**	**138**	**1**	**1**		**408**	**272**	**136**
45	91	61	30				91	61	30
46	88	56	32				88	56	32
47	86	58	28	1	1		84	56	28
48	78	51	27				75	50	25
49	71	50	21				70	49	21
50岁及以上	**551**	**452**	**99**	**5**	**4**	**1**	**541**	**444**	**97**

3-2a　续表 15　　　　单位：人

年　龄	博士研究生								
	肄　业			辍　学			其　他		
	小计	男	女	小计	男	女	小计	男	女
总　计	**3**	**1**	**2**				**45**	**26**	**19**
3									
4									
5-9岁									
5									
6									
7									
8									
9									
10-14岁									
10									
11									
12									
13									
14									
15-19岁									
15									
16									
17									
18									
19									
20-24岁							**1**	**1**	
20									
21									
22									
23							1	1	
24									
25-29岁							**8**	**2**	**6**
25							4		4
26									
27							1		1
28									
29							3	2	1
30-34岁							**11**	**6**	**5**
30							3		3
31							1	1	
32									
33							3	2	1
34							4	3	1
35-39岁	**1**		**1**				**11**	**6**	**5**
35							2	1	1
36							2		2
37							2	2	
38	1		1				1		1
39							4	3	1
40-44岁							**6**	**5**	**1**
40							2	2	
41									
42									
43							2	2	
44							2	1	1
45-49岁	**1**		**1**				**4**	**3**	**1**
45									
46									
47							1	1	
48	1		1				2	1	1
49							1	1	
50岁及以上	**1**	**1**					**4**	**3**	**1**

3-2b　全省分年龄、性别、学业完成情况的3岁及以上各种受教育程度人口(镇)

单位：人

年龄	合计								
	合计			在校			毕业		
	合计	男	女	小计	男	女	小计	男	女
总计	**1622030**	**806151**	**815879**	**340221**	**173122**	**167099**	**1181753**	**586513**	**595240**
3									
4									
5-9岁	**85763**	**44276**	**41487**	**83317**	**42951**	**40366**	**1967**	**1066**	**901**
5	1947	973	974	1865	926	939	58	32	26
6	15363	7906	7457	14920	7660	7260	351	195	156
7	21819	11223	10596	21209	10895	10314	489	263	226
8	23948	12425	11523	23271	12065	11206	558	305	253
9	22686	11749	10937	22052	11405	10647	511	271	240
10-14岁	**116415**	**60189**	**56226**	**111815**	**57709**	**54106**	**3843**	**2083**	**1760**
10	23261	12086	11175	22561	11718	10843	566	300	266
11	23646	12225	11421	22826	11785	11041	668	356	312
12	23448	12124	11324	22514	11628	10886	793	425	368
13	23101	11845	11256	22122	11312	10810	829	449	380
14	22959	11909	11050	21792	11266	10526	987	553	434
15-19岁	**126577**	**64422**	**62155**	**116023**	**58467**	**57556**	**9434**	**5311**	**4123**
15	26502	13570	12932	25913	13227	12686	469	274	195
16	31466	15991	15475	30375	15374	15001	900	514	386
17	27648	13931	13717	25974	13017	12957	1447	787	660
18	22179	11352	10827	19373	9722	9651	2564	1483	1081
19	18782	9578	9204	14388	7127	7261	4054	2253	1801
20-24岁	**87643**	**42555**	**45088**	**27041**	**12951**	**14090**	**57507**	**27918**	**29589**
20	17210	8623	8587	11127	5356	5771	5673	3026	2647
21	16281	8003	8278	7732	3667	4065	8035	4032	4003
22	17452	8376	9076	4694	2170	2524	12131	5879	6252
23	17756	8546	9210	2295	1139	1156	14728	7025	7703
24	18944	9007	9937	1193	619	574	16940	7956	8984
25-29岁	**108303**	**51448**	**56855**	**1410**	**699**	**711**	**101916**	**48245**	**53671**
25	21343	10083	11260	657	319	338	19696	9271	10425
26	20754	9743	11011	293	157	136	19528	9138	10390
27	22658	10723	11935	236	115	121	21394	10111	11283
28	21200	10138	11062	115	55	60	20081	9550	10531
29	22348	10761	11587	109	53	56	21217	10175	11042
30-34岁	**137081**	**65921**	**71160**	**250**	**131**	**119**	**129894**	**62277**	**67617**
30	27213	13145	14068	96	55	41	25818	12436	13382
31	26107	12564	13543	48	24	24	24712	11861	12851
32	24962	12030	12932	36	17	19	23598	11354	12244
33	30761	14709	16052	45	20	25	29189	13908	15281
34	28038	13473	14565	25	15	10	26577	12718	13859
35-39岁	**99360**	**48452**	**50908**	**90**	**54**	**36**	**93932**	**45723**	**48209**
35	19957	9684	10273	16	12	4	18946	9165	9781
36	17052	8345	8707	15	7	8	16118	7882	8236
37	17940	8793	9147	20	11	9	16954	8295	8659
38	23354	11451	11903	19	13	6	22063	10792	11271
39	21057	10179	10878	20	11	9	19851	9589	10262
40-44岁	**108662**	**52828**	**55834**	**75**	**40**	**35**	**102118**	**49703**	**52415**
40	16743	8203	8540	18	11	7	15736	7684	8052
41	20030	9691	10339	11	3	8	18869	9125	9744
42	19380	9336	10044	16	6	10	18143	8769	9374
43	23232	11339	11893	18	13	5	21844	10675	11169
44	29277	14259	15018	12	7	5	27526	13450	14076
45-49岁	**179146**	**88194**	**90952**	**82**	**51**	**31**	**167529**	**82715**	**84814**
45	33120	16116	17004	22	12	10	31102	15189	15913
46	36217	17900	18317	13	9	4	33848	16771	17077
47	36386	18074	18312	15	10	5	33995	16919	17076
48	36262	17746	18516	18	12	6	33841	16625	17216
49	37161	18358	18803	14	8	6	34743	17211	17532
50岁及以上	**573080**	**287866**	**285214**	**118**	**69**	**49**	**513613**	**261472**	**252141**

3-2b 续表 1

单位：人

年龄	合计								
	肄业			辍学			其他		
	小计	男	女	小计	男	女	小计	男	女
总计	**16358**	**7294**	**9064**	**26753**	**11796**	**14957**	**56945**	**27426**	**29519**
3									
4									
5－9岁	**35**	**21**	**14**	**15**	**11**	**4**	**429**	**227**	**202**
5				1	1		23	14	9
6	7	4	3	3	2	1	82	45	37
7	11	7	4	2	1	1	108	57	51
8	7	4	3	3	3		109	48	61
9	10	6	4	6	4	2	107	63	44
10－14岁	**52**	**30**	**22**	**67**	**33**	**34**	**638**	**334**	**304**
10	8	5	3	5	3	2	121	60	61
11	9	3	6	5	4	1	138	77	61
12	4	3	1	13	7	6	124	61	63
13	13	6	7	19	12	7	118	66	52
14	18	13	5	25	7	18	137	70	67
15－19岁	**144**	**81**	**63**	**277**	**183**	**94**	**699**	**380**	**319**
15	9	6	3	30	22	8	81	41	40
16	25	11	14	55	33	22	111	59	52
17	25	13	12	77	47	30	125	67	58
18	34	26	8	55	37	18	153	84	69
19	51	25	26	60	44	16	229	129	100
20－24岁	**376**	**222**	**154**	**533**	**327**	**206**	**2186**	**1137**	**1049**
20	49	34	15	73	46	27	288	161	127
21	71	44	27	95	53	42	348	207	141
22	65	40	25	113	71	42	449	216	233
23	84	43	41	117	77	40	532	262	270
24	107	61	46	135	80	55	569	291	278
25－29岁	**562**	**283**	**279**	**772**	**449**	**323**	**3643**	**1772**	**1871**
25	112	50	62	151	85	66	727	358	369
26	121	57	64	142	94	48	670	297	373
27	103	43	60	149	87	62	776	367	409
28	110	70	40	165	84	81	729	379	350
29	116	63	53	165	99	66	741	371	370
30－34岁	**808**	**448**	**360**	**1233**	**643**	**590**	**4896**	**2422**	**2474**
30	160	86	74	190	96	94	949	472	477
31	166	88	78	248	132	116	933	459	474
32	149	82	67	255	121	134	924	456	468
33	156	85	71	282	156	126	1089	540	549
34	177	107	70	258	138	120	1001	495	506
35－39岁	**646**	**327**	**319**	**1056**	**525**	**531**	**3636**	**1823**	**1813**
35	102	57	45	207	110	97	686	340	346
36	112	55	57	158	81	77	649	320	329
37	123	61	62	186	94	92	657	332	325
38	173	91	82	251	128	123	848	427	421
39	136	63	73	254	112	142	796	404	392
40－44岁	**881**	**412**	**469**	**1388**	**643**	**745**	**4200**	**2030**	**2170**
40	131	67	64	214	109	105	644	332	312
41	132	59	73	253	123	130	765	381	384
42	172	82	90	255	107	148	794	372	422
43	196	94	102	294	136	158	880	421	459
44	250	110	140	372	168	204	1117	524	593
45－49岁	**1639**	**769**	**870**	**2906**	**1318**	**1588**	**6990**	**3341**	**3649**
45	272	124	148	486	233	253	1238	558	680
46	348	173	175	571	253	318	1437	694	743
47	315	141	174	605	276	329	1456	728	728
48	357	166	191	631	277	354	1415	666	749
49	347	165	182	613	279	334	1444	695	749
50岁及以上	**11215**	**4701**	**6514**	**18506**	**7664**	**10842**	**29628**	**13960**	**15668**

3-2b　续表 2　　　　单位：人

年　龄	小　学								
	合　计			在　校			毕　业		
	合计	男	女	小计	男	女	小计	男	女
总　计	**510345**	**232252**	**278093**	**137049**	**71054**	**65995**	**321125**	**139833**	**181292**
3									
4									
5—9岁	**84683**	**43691**	**40992**	**82358**	**42440**	**39918**	**1860**	**1002**	**858**
5	1947	973	974	1865	926	939	58	32	26
6	15193	7813	7380	14771	7580	7191	332	184	148
7	21583	11094	10489	21002	10785	10217	464	247	217
8	23621	12253	11368	22980	11912	11068	526	288	238
9	22339	11558	10781	21740	11237	10503	480	251	229
10—14岁	**56447**	**29577**	**26870**	**54440**	**28483**	**25957**	**1624**	**874**	**750**
10	22697	11798	10899	22055	11458	10597	516	275	241
11	21551	11182	10369	20850	10797	10053	570	311	259
12	9204	5008	4196	8833	4799	4034	309	170	139
13	2138	1130	1008	1982	1043	939	124	63	61
14	857	459	398	720	386	334	105	55	50
15—19岁	**1194**	**653**	**541**	**159**	**81**	**78**	**802**	**425**	**377**
15	150	87	63	61	33	28	58	36	22
16	150	86	64	22	12	10	96	53	43
17	223	115	108	33	16	17	147	70	77
18	298	174	124	22	10	12	215	124	91
19	373	191	182	21	10	11	286	142	144
20—24岁	**2865**	**1450**	**1415**	**26**	**17**	**9**	**2394**	**1173**	**1221**
20	458	255	203	15	11	4	374	199	175
21	496	240	256	4	3	1	407	182	225
22	558	287	271	4	2	2	455	227	228
23	695	345	350	2	1	1	606	300	306
24	658	323	335	1		1	552	265	287
25—29岁	**4766**	**2256**	**2510**	**8**	**6**	**2**	**4087**	**1914**	**2173**
25	826	380	446	3	2	1	684	323	361
26	841	403	438	2	1	1	718	345	373
27	936	436	500	1	1		794	361	433
28	997	477	520	1	1		866	402	464
29	1166	560	606	1	1		1025	483	542
30—34岁	**9012**	**3939**	**5073**	**5**	**3**	**2**	**7879**	**3425**	**4454**
30	1452	654	798				1265	567	698
31	1682	742	940	1	1		1454	640	814
32	1712	731	981				1481	636	845
33	2078	893	1185	4	2	2	1826	775	1051
34	2088	919	1169				1853	807	1046
35—39岁	**9820**	**4204**	**5616**	**4**	**3**	**1**	**8580**	**3636**	**4944**
35	1719	708	1011	1	1		1524	621	903
36	1591	685	906				1384	594	790
37	1807	798	1009	1	1		1578	687	891
38	2351	1052	1299	1	1		2044	902	1142
39	2352	961	1391	1		1	2050	832	1218
40—44岁	**17886**	**7461**	**10425**	**1**		**1**	**15964**	**6624**	**9340**
40	2225	929	1296				1935	797	1138
41	2962	1235	1727	1		1	2627	1081	1546
42	3138	1267	1871				2764	1107	1657
43	4037	1689	2348				3656	1525	2131
44	5524	2341	3183				4982	2114	2868
45—49岁	**42550**	**17526**	**25024**	**10**	**4**	**6**	**38132**	**15700**	**22432**
45	6872	2826	4046	3	1	2	6183	2546	3637
46	8136	3423	4713				7302	3061	4241
47	8500	3532	4968	3	2	1	7613	3158	4455
48	9116	3632	5484	1		1	8120	3235	4885
49	9926	4113	5813	3	1	2	8914	3700	5214
50岁及以上	**281122**	**121495**	**159627**	**38**	**17**	**21**	**239803**	**105060**	**134743**

3-2b 续表 3

单位：人

年 龄	小学								
	肄业			辍学			其他		
	小计	男	女	小计	男	女	小计	男	女
总 计	**9733**	**3760**	**5973**	**17488**	**6831**	**10657**	**24950**	**10774**	**14176**
3									
4									
5-9岁	**35**	**21**	**14**	**15**	**11**	**4**	**415**	**217**	**198**
5				1	1		23	14	9
6	7	4	3	3	2	1	80	43	37
7	11	7	4	2	1	1	104	54	50
8	7	4	3	3	3		105	46	59
9	10	6	4	6	4	2	103	60	43
10-14岁	**17**	**7**	**10**	**24**	**18**	**6**	**342**	**195**	**147**
10	6	4	2	5	3	2	115	58	57
11	8	2	6	3	3		120	69	51
12	1		1	7	5	2	54	34	20
13	2	1	1	5	4	1	25	19	6
14				4	3	1	28	15	13
15-19岁	**19**	**14**	**5**	**39**	**29**	**10**	**175**	**104**	**71**
15	2	1	1	7	4	3	22	13	9
16	3	1	2	6	5	1	23	15	8
17	1		1	10	8	2	32	21	11
18	9	9		6	5	1	46	26	20
19	4	3	1	10	7	3	52	29	23
20-24岁	**37**	**22**	**15**	**90**	**54**	**36**	**318**	**184**	**134**
20	7	5	2	9	5	4	53	35	18
21	9	5	4	16	9	7	60	41	19
22	5	2	3	21	14	7	73	42	31
23	5	2	3	18	10	8	64	32	32
24	11	8	3	26	16	10	68	34	34
25-29岁	**56**	**19**	**37**	**146**	**78**	**68**	**469**	**239**	**230**
25	9	3	6	29	12	17	101	40	61
26	12	3	9	31	20	11	78	34	44
27	12	4	8	28	12	16	101	58	43
28	9	4	5	26	12	14	95	58	37
29	14	5	9	32	22	10	94	49	45
30-34岁	**111**	**50**	**61**	**326**	**139**	**187**	**691**	**322**	**369**
30	17	9	8	44	19	25	126	59	67
31	20	9	11	66	29	37	141	63	78
32	27	11	16	67	22	45	137	62	75
33	24	11	13	76	35	41	148	70	78
34	23	10	13	73	34	39	139	68	71
35-39岁	**153**	**60**	**93**	**337**	**142**	**195**	**746**	**363**	**383**
35	20	7	13	55	21	34	119	58	61
36	29	9	20	43	21	22	135	61	74
37	30	11	19	58	26	32	140	73	67
38	50	26	24	86	38	48	170	85	85
39	24	7	17	95	36	59	182	86	96
40-44岁	**285**	**129**	**156**	**599**	**252**	**347**	**1037**	**456**	**581**
40	39	19	20	92	48	44	159	65	94
41	41	20	21	116	53	63	177	81	96
42	56	28	28	112	42	70	206	90	116
43	56	27	29	119	44	75	206	93	113
44	93	35	58	160	65	95	289	127	162
45-49岁	**711**	**299**	**412**	**1462**	**593**	**869**	**2235**	**930**	**1305**
45	102	36	66	220	100	120	364	143	221
46	140	67	73	260	107	153	434	188	246
47	137	48	89	290	115	175	457	209	248
48	159	68	91	355	136	219	481	193	288
49	173	80	93	337	135	202	499	197	302
50岁及以上	**8309**	**3139**	**5170**	**14450**	**5515**	**8935**	**18522**	**7764**	**10758**

3-2b　续表 4　　　　　　　　　　　　　　　　　　单位：人

年　龄	初中								
	合　计			在　校			毕　业		
	合计	男	女	小计	男	女	小计	男	女
总　计	**606465**	**308486**	**297979**	**70770**	**36639**	**34131**	**501850**	**254507**	**247343**
3									
4									
5-9岁	**1079**	**585**	**494**	**958**	**511**	**447**	**107**	**64**	**43**
5									
6	170	93	77	149	80	69	19	11	8
7	236	129	107	207	110	97	25	16	9
8	326	172	154	290	153	137	32	17	15
9	347	191	156	312	168	144	31	20	11
10-14岁	**57190**	**29360**	**27830**	**54694**	**28020**	**26674**	**2138**	**1171**	**967**
10	561	287	274	505	259	246	48	25	23
11	2092	1043	1049	1975	988	987	96	45	51
12	14235	7114	7121	13672	6827	6845	484	255	229
13	20532	10510	10022	19729	10077	9652	691	377	314
14	19770	10406	9364	18813	9869	8944	819	469	350
15-19岁	**19848**	**10865**	**8983**	**14936**	**8002**	**6934**	**4488**	**2615**	**1873**
15	9640	5208	4432	9244	4970	4274	332	197	135
16	3998	2152	1846	3330	1761	1569	587	348	239
17	2165	1195	970	1278	681	597	801	467	334
18	1827	1048	779	637	354	283	1123	649	474
19	2218	1262	956	447	236	211	1645	954	691
20-24岁	**18935**	**10050**	**8885**	**86**	**49**	**37**	**17734**	**9382**	**8352**
20	2275	1267	1008	35	20	15	2099	1164	935
21	2817	1529	1288	20	7	13	2606	1410	1196
22	3838	2078	1760	11	9	2	3618	1952	1666
23	4566	2378	2188	11	6	5	4285	2233	2052
24	5439	2798	2641	9	7	2	5126	2623	2503
25-29岁	**36666**	**18147**	**18519**	**25**	**14**	**11**	**34657**	**17104**	**17553**
25	6612	3315	3297	5	3	2	6249	3130	3119
26	6744	3351	3393	6	4	2	6370	3174	3196
27	7767	3887	3880	5	1	4	7357	3680	3677
28	7469	3622	3847	6	3	3	7038	3387	3651
29	8074	3972	4102	3	3		7643	3733	3910
30-34岁	**58742**	**27594**	**31148**	**18**	**10**	**8**	**55426**	**25932**	**29494**
30	10607	5064	5543	6	1	5	10014	4785	5229
31	10817	5125	5692	3	3		10202	4812	5390
32	10568	4922	5646				9968	4625	5343
33	13746	6456	7290	5	3	2	12956	6048	6908
34	13004	6027	6977	4	3	1	12286	5662	6624
35-39岁	**48583**	**22856**	**25727**	**6**	**6**		**46008**	**21580**	**24428**
35	9486	4402	5084	1	1		9007	4155	4852
36	8148	3828	4320	1	1		7691	3603	4088
37	8785	4180	4605	3	3		8314	3947	4367
38	11696	5542	6154				11093	5240	5853
39	10468	4904	5564	1	1		9903	4635	5268
40-44岁	**56042**	**26336**	**29706**	**5**	**1**	**4**	**52770**	**24770**	**28000**
40	8176	3820	4356				7702	3572	4130
41	10288	4810	5478	1		1	9717	4527	5190
42	9887	4598	5289	1		1	9268	4311	4957
43	12143	5748	6395	1	1		11424	5416	6008
44	15548	7360	8188	2		2	14659	6944	7715
45-49岁	**95794**	**46948**	**48846**	**18**	**12**	**6**	**90089**	**44202**	**45887**
45	17893	8562	9331	6	4	2	16866	8083	8783
46	19440	9451	9989	3	2	1	18246	8889	9357
47	19576	9668	9908	3	1	2	18383	9090	9293
48	19214	9464	9750	4	4		18062	8904	9158
49	19671	9803	9868	2	1	1	18532	9236	9296
50岁及以上	**213586**	**115745**	**97841**	**24**	**14**	**10**	**198433**	**107687**	**90746**

3-2b 续表 5

单位：人

年 龄	初中								
	肄业			辍学			其他		
	小计	男	女	小计	男	女	小计	男	女
总 计	**4868**	**2542**	**2326**	**7686**	**4015**	**3671**	**21291**	**10783**	**10508**
3									
4									
5-9岁							**14**	**10**	**4**
5									
6							2	2	
7							4	3	1
8							4	2	2
9							4	3	1
10-14岁	**32**	**22**	**10**	**43**	**15**	**28**	**283**	**132**	**151**
10	2	1	1				6	2	4
11	1	1		2	1	1	18	8	10
12	3	3		6	2	4	70	27	43
13	11	5	6	14	8	6	87	43	44
14	15	12	3	21	4	17	102	52	50
15-19岁	**57**	**33**	**24**	**127**	**84**	**43**	**240**	**131**	**109**
15	6	4	2	19	15	4	39	22	17
16	11	6	5	28	15	13	42	22	20
17	10	6	4	31	17	14	45	24	21
18	9	8	1	20	15	5	38	22	16
19	21	9	12	29	22	7	76	41	35
20-24岁	**151**	**91**	**60**	**232**	**142**	**90**	**732**	**386**	**346**
20	13	12	1	33	21	12	95	50	45
21	26	17	9	46	26	20	119	69	50
22	28	18	10	45	30	15	136	69	67
23	37	18	19	57	36	21	176	85	91
24	47	26	21	51	29	22	206	113	93
25-29岁	**256**	**147**	**109**	**393**	**237**	**156**	**1335**	**645**	**690**
25	49	22	27	68	42	26	241	118	123
26	56	32	24	70	42	28	242	99	143
27	43	19	24	78	50	28	284	137	147
28	53	42	11	89	50	39	283	140	143
29	55	32	23	88	53	35	285	151	134
30-34岁	**359**	**207**	**152**	**620**	**345**	**275**	**2319**	**1100**	**1219**
30	66	36	30	87	47	40	434	195	239
31	78	41	37	119	71	48	415	198	217
32	55	35	20	132	63	69	413	199	214
33	74	43	31	159	94	65	552	268	284
34	86	52	34	123	70	53	505	240	265
35-39岁	**331**	**183**	**148**	**552**	**286**	**266**	**1686**	**801**	**885**
35	53	33	20	107	61	46	318	152	166
36	59	32	27	88	45	43	309	147	162
37	58	32	26	106	55	51	304	143	161
38	86	46	40	130	69	61	387	187	200
39	75	40	35	121	56	65	368	172	196
40-44岁	**427**	**194**	**233**	**681**	**329**	**352**	**2159**	**1042**	**1117**
40	63	30	33	95	45	50	316	173	143
41	63	28	35	121	61	60	386	194	192
42	86	42	44	126	56	70	406	189	217
43	88	37	51	154	81	73	476	213	263
44	127	57	70	185	86	99	575	273	302
45-49岁	**747**	**351**	**396**	**1292**	**629**	**663**	**3648**	**1754**	**1894**
45	128	60	68	231	112	119	662	303	359
46	167	77	90	265	118	147	759	365	394
47	142	65	77	285	143	142	763	369	394
48	166	82	84	253	126	127	729	348	381
49	144	67	77	258	130	128	735	369	366
50岁及以上	**2508**	**1314**	**1194**	**3746**	**1948**	**1798**	**8875**	**4782**	**4093**

3-2b　续表 6

单位：人

年龄	高中								
	合计			在校			毕业		
	合计	男	女	小计	男	女	小计	男	女
总　计	**286113**	**152688**	**133425**	**89262**	**44994**	**44268**	**187643**	**102490**	**85153**
3									
4									
5-9岁	**1**		**1**	**1**		**1**			
5									
6									
7									
8	1		1	1		1			
9									
10-14岁	**2776**	**1251**	**1525**	**2680**	**1206**	**1474**	**80**	**37**	**43**
10	3	1	2	1	1		2		2
11	3		3	1		1	2		2
12	9	2	7	9	2	7			
13	431	205	226	411	192	219	14	9	5
14	2330	1043	1287	2258	1011	1247	62	28	34
15-19岁	**87019**	**44175**	**42844**	**83291**	**42056**	**41235**	**3360**	**1914**	**1446**
15	16591	8213	8378	16490	8163	8327	76	40	36
16	26914	13548	13366	26635	13402	13233	204	108	96
17	23935	12037	11898	23400	11757	11643	448	234	214
18	13646	7193	6453	12519	6527	5992	1040	618	422
19	5933	3184	2749	4247	2207	2040	1592	914	678
20-24岁	**20604**	**10893**	**9711**	**3247**	**1707**	**1540**	**16487**	**8698**	**7789**
20	3938	2159	1779	1700	918	782	2109	1167	942
21	3521	1888	1633	782	387	395	2598	1413	1185
22	3858	2036	1822	400	207	193	3277	1741	1536
23	4346	2273	2073	226	126	100	3917	2034	1883
24	4941	2537	2404	139	69	70	4586	2343	2243
25-29岁	**29011**	**14696**	**14315**	**27**	**17**	**10**	**27608**	**13956**	**13652**
25	5443	2843	2600	13	10	3	5155	2676	2479
26	5517	2794	2723	3	2	1	5268	2664	2604
27	6179	3057	3122	8	4	4	5876	2911	2965
28	5611	2862	2749	1		1	5339	2715	2624
29	6261	3140	3121	2	1	1	5970	2990	2980
30-34岁	**34944**	**17739**	**17205**	**6**	**4**	**2**	**33314**	**16848**	**16466**
30	7522	3818	3704	3	2	1	7180	3631	3549
31	6777	3450	3327	1	1		6456	3284	3172
32	6529	3362	3167	1	1		6198	3180	3018
33	7559	3761	3798	1		1	7230	3580	3650
34	6557	3348	3209				6250	3173	3077
35-39岁	**20412**	**10576**	**9836**	**2**	**2**		**19437**	**10042**	**9395**
35	4305	2240	2065	1	1		4108	2133	1975
36	3482	1820	1662				3315	1728	1587
37	3591	1862	1729				3433	1773	1660
38	4667	2409	2258				4439	2290	2149
39	4367	2245	2122	1	1		4142	2118	2024
40-44岁	**18479**	**9898**	**8581**	**1**		**1**	**17656**	**9479**	**8177**
40	3353	1805	1548				3208	1723	1485
41	3648	1917	1731	1		1	3494	1846	1648
42	3301	1745	1556				3153	1675	1478
43	3727	2010	1717				3554	1918	1636
44	4450	2421	2029				4247	2317	1930
45-49岁	**22949**	**12892**	**10057**	**1**	**1**		**21977**	**12310**	**9667**
45	4662	2551	2111	1	1		4473	2441	2032
46	4865	2710	2155				4629	2570	2059
47	4678	2655	2023				4484	2531	1953
48	4435	2528	1907				4257	2425	1832
49	4309	2448	1861				4134	2343	1791
50岁及以上	**49918**	**30568**	**19350**	**6**	**1**	**5**	**47724**	**29206**	**18518**

3－2b　续表 7　　　　单位：人

年　龄	高中								
	肄业			辍学			其他		
	小计	男	女	小计	男	女	小计	男	女
总　计	**1242**	**708**	**534**	**1469**	**883**	**586**	**6497**	**3613**	**2884**
3									
4									
5－9岁									
5									
6									
7									
8									
9									
10－14岁	**3**	**1**	**2**				**13**	**7**	**6**
10									
11									
12									
13							6	4	2
14	3	1	2				7	3	4
15－19岁	**53**	**29**	**24**	**107**	**69**	**38**	**208**	**107**	**101**
15	1	1		4	3	1	20	6	14
16	11	4	7	20	13	7	44	21	23
17	13	6	7	35	21	14	39	19	20
18	13	8	5	28	17	11	46	23	23
19	15	10	5	20	15	5	59	38	21
20－24岁	**111**	**67**	**44**	**186**	**113**	**73**	**573**	**308**	**265**
20	20	12	8	29	18	11	80	44	36
21	18	11	7	28	15	13	95	62	33
22	19	11	8	43	24	19	119	53	66
23	26	16	10	34	24	10	143	73	70
24	28	17	11	52	32	20	136	76	60
25－29岁	**159**	**72**	**87**	**213**	**125**	**88**	**1004**	**526**	**478**
25	29	13	16	50	28	22	196	116	80
26	35	12	23	37	30	7	174	86	88
27	33	15	18	40	24	16	222	103	119
28	30	14	16	44	20	24	197	113	84
29	32	18	14	42	23	19	215	108	107
30－34岁	**231**	**138**	**93**	**262**	**144**	**118**	**1131**	**605**	**526**
30	53	28	25	55	28	27	231	129	102
31	43	23	20	57	28	29	220	114	106
32	49	31	18	52	32	20	229	118	111
33	40	23	17	41	24	17	247	134	113
34	46	33	13	57	32	25	204	110	94
35－39岁	**110**	**55**	**55**	**155**	**88**	**67**	**708**	**389**	**319**
35	18	9	9	42	26	16	136	71	65
36	15	8	7	25	14	11	127	70	57
37	25	14	11	20	11	9	113	64	49
38	25	12	13	34	20	14	169	87	82
39	27	12	15	34	17	17	163	97	66
40－44岁	**114**	**57**	**57**	**102**	**58**	**44**	**606**	**304**	**302**
40	19	13	6	26	16	10	100	53	47
41	19	6	13	13	7	6	121	58	63
42	21	9	12	17	9	8	110	52	58
43	33	16	17	20	10	10	120	66	54
44	22	13	9	26	16	10	155	75	80
45－49岁	**134**	**90**	**44**	**147**	**93**	**54**	**690**	**398**	**292**
45	30	22	8	32	20	12	126	67	59
46	34	24	10	46	28	18	156	88	68
47	24	18	6	29	17	12	141	89	52
48	25	13	12	23	15	8	130	75	55
49	21	13	8	17	13	4	137	79	58
50岁及以上	**327**	**199**	**128**	**297**	**193**	**104**	**1564**	**969**	**595**

3-2b 续表 8

单位：人

年 龄	大学专科								
	合 计			在 校			毕 业		
	合计	男	女	小计	男	女	小计	男	女
总 计	**130778**	**68191**	**62587**	**21624**	**10514**	**11110**	**105871**	**55882**	**49989**
3									
4									
5-9岁									
5									
6									
7									
8									
9									
10-14岁	**2**	**1**	**1**	**1**		**1**	**1**	**1**	
10									
11									
12									
13									
14	2	1	1	1		1	1	1	
15-19岁	**11146**	**5341**	**5805**	**10406**	**4997**	**5409**	**665**	**309**	**356**
15	110	56	54	107	55	52	3	1	2
16	359	180	179	343	174	169	13	5	8
17	902	414	488	847	393	454	45	16	29
18	3843	1789	2054	3664	1696	1968	156	81	75
19	5932	2902	3030	5445	2679	2766	448	206	242
20-24岁	**25313**	**11410**	**13903**	**10442**	**5105**	**5337**	**14386**	**6058**	**8328**
20	6005	2889	3116	5010	2431	2579	938	428	510
21	4824	2275	2549	2822	1411	1411	1926	824	1102
22	5043	2198	2845	1542	736	806	3409	1415	1994
23	4662	2004	2658	679	318	361	3856	1619	2237
24	4779	2044	2735	389	209	180	4257	1772	2485
25-29岁	**22055**	**9798**	**12257**	**496**	**245**	**251**	**20928**	**9267**	**11661**
25	5096	2173	2923	218	102	116	4715	1995	2720
26	4552	1970	2582	93	48	45	4327	1861	2466
27	4468	1977	2491	86	44	42	4269	1882	2387
28	4077	1885	2192	44	24	20	3910	1809	2101
29	3862	1793	2069	55	27	28	3707	1720	1987
30-34岁	**19224**	**9465**	**9759**	**111**	**64**	**47**	**18565**	**9117**	**9448**
30	4301	2096	2205	44	27	17	4136	2000	2136
31	3767	1781	1986	19	9	10	3643	1718	1925
32	3359	1693	1666	17	11	6	3244	1632	1612
33	4186	2078	2108	21	10	11	4055	2016	2039
34	3611	1817	1794	10	7	3	3487	1751	1736
35-39岁	**10920**	**5778**	**5142**	**43**	**23**	**20**	**10521**	**5554**	**4967**
35	2399	1288	1111	6	5	1	2306	1236	1070
36	1966	1035	931	10	4	6	1902	998	904
37	1944	1024	920	10	4	6	1870	988	882
38	2476	1319	1157	9	6	3	2381	1262	1119
39	2135	1112	1023	8	4	4	2062	1070	992
40-44岁	**9728**	**5317**	**4411**	**49**	**28**	**21**	**9393**	**5130**	**4263**
40	1714	921	793	12	8	4	1657	888	769
41	1878	1034	844	6	3	3	1807	992	815
42	1787	982	805	10	3	7	1726	954	772
43	2043	1124	919	14	9	5	1970	1078	892
44	2306	1256	1050	7	5	2	2233	1218	1015
45-49岁	**11708**	**6832**	**4876**	**38**	**24**	**14**	**11341**	**6606**	**4735**
45	2350	1343	1007	8	5	3	2279	1310	969
46	2483	1466	1017	4	3	1	2410	1422	988
47	2361	1367	994	7	5	2	2272	1307	965
48	2374	1388	986	12	7	5	2302	1342	960
49	2140	1268	872	7	4	3	2078	1225	853
50岁及以上	**20682**	**14249**	**6433**	**38**	**28**	**10**	**20071**	**13840**	**6231**

3—2b 续表 9

单位：人

年 龄	大学专科								
	肄 业			辍 学			其 他		
	小计	男	女	小计	男	女	小计	男	女
总 计	**345**	**189**	**156**	**94**	**55**	**39**	**2844**	**1551**	**1293**
3									
4									
5—9岁									
5									
6									
7									
8									
9									
10—14岁									
10									
11									
12									
13									
14									
15—19岁	**13**	**5**	**8**	**4**	**1**	**3**	**58**	**29**	**29**
15									
16				1		1	2	1	1
17	1	1		1	1		8	3	5
18	3	1	2	1		1	19	11	8
19	9	3	6	1		1	29	14	15
20—24岁	**59**	**36**	**23**	**21**	**14**	**7**	**405**	**197**	**208**
20	8	4	4	2	2		47	24	23
21	16	11	5	5	3	2	55	26	29
22	7	6	1	3	2	1	82	39	43
23	11	6	5	5	4	1	111	57	54
24	17	9	8	6	3	3	110	51	59
25—29岁	**61**	**31**	**30**	**16**	**7**	**9**	**554**	**248**	**306**
25	19	9	10	4	3	1	140	64	76
26	13	8	5	3	2	1	116	51	65
27	8	3	5	3	1	2	102	47	55
28	13	6	7	3		3	107	46	61
29	8	5	3	3	1	2	89	40	49
30—34岁	**72**	**32**	**40**	**21**	**11**	**10**	**455**	**241**	**214**
30	17	9	8	4	2	2	100	58	42
31	18	11	7	5	3	2	82	40	42
32	12	2	10	1	1		85	47	38
33	12	3	9	6	3	3	92	46	46
34	13	7	6	5	2	3	96	50	46
35—39岁	**31**	**19**	**12**	**11**	**9**	**2**	**314**	**173**	**141**
35	5	5		3	2	1	79	40	39
36	5	3	2	1	1		48	29	19
37	7	3	4	2	2		55	27	28
38	7	4	3	1	1		78	46	32
39	7	4	3	4	3	1	54	31	23
40—44岁	**39**	**20**	**19**	**5**	**3**	**2**	**242**	**136**	**106**
40	5	2	3	1		1	39	23	16
41	7	3	4	3	2	1	55	34	21
42	6	1	5				45	24	21
43	14	10	4				45	27	18
44	7	4	3	1	1		58	28	30
45—49岁	**19**	**12**	**7**	**5**	**3**	**2**	**305**	**187**	**118**
45	2	1	1	3	1	2	58	26	32
46	5	3	2				64	38	26
47	6	5	1	1	1		75	49	26
48	2		2				58	39	19
49	4	3	1	1	1		50	35	15
50岁及以上	**51**	**34**	**17**	**11**	**7**	**4**	**511**	**340**	**171**

3-2b 续表 10

单位：人

年龄	大学本科								
	合计			在校			毕业		
	合计	男	女	小计	男	女	小计	男	女
总计	**85029**	**42846**	**42183**	**20179**	**9299**	**10880**	**63346**	**32766**	**30580**
3									
4									
5-9岁									
5									
6									
7									
8									
9									
10-14岁									
10									
11									
12									
13									
14									
15-19岁	**7367**	**3387**	**3980**	**7228**	**3330**	**3898**	**119**	**48**	**71**
15	11	6	5	11	6	5			
16	44	25	19	44	25	19			
17	422	170	252	415	170	245	6		6
18	2565	1148	1417	2531	1135	1396	30	11	19
19	4325	2038	2287	4227	1994	2233	83	37	46
20-24岁	**19015**	**8364**	**10651**	**12407**	**5708**	**6699**	**6431**	**2585**	**3846**
20	4524	2051	2473	4358	1974	2384	152	68	84
21	4579	2054	2525	4061	1842	2219	497	203	294
22	3944	1682	2262	2539	1126	1413	1360	540	820
23	3168	1404	1764	1074	553	521	2048	832	1216
24	2800	1173	1627	375	213	162	2374	942	1432
25-29岁	**14799**	**6092**	**8707**	**405**	**188**	**217**	**14091**	**5779**	**8312**
25	3039	1225	1814	201	97	104	2788	1106	1682
26	2891	1129	1762	82	44	38	2744	1056	1688
27	3107	1272	1835	61	23	38	2975	1227	1748
28	2907	1232	1675	34	12	22	2819	1192	1627
29	2855	1234	1621	27	12	15	2765	1198	1567
30-34岁	**14561**	**6874**	**7687**	**73**	**31**	**42**	**14158**	**6671**	**7487**
30	3209	1463	1746	28	14	14	3120	1417	1703
31	2940	1401	1539	16	5	11	2842	1348	1494
32	2673	1265	1408	13	5	8	2593	1226	1367
33	3057	1444	1613	9	3	6	2992	1414	1578
34	2682	1301	1381	7	4	3	2611	1266	1345
35-39岁	**9329**	**4873**	**4456**	**24**	**14**	**10**	**9104**	**4754**	**4350**
35	1986	1018	968	7	4	3	1940	992	948
36	1809	945	864	1	1		1774	929	845
37	1751	897	854	2	1	1	1702	871	831
38	2098	1087	1011	7	4	3	2042	1058	984
39	1685	926	759	7	4	3	1646	904	742
40-44岁	**6357**	**3701**	**2656**	**16**	**9**	**7**	**6172**	**3591**	**2581**
40	1242	709	533	5	3	2	1203	686	517
41	1221	675	546	2		2	1192	660	532
42	1238	722	516	5	3	2	1203	700	503
43	1245	742	503	2	2		1206	715	491
44	1411	853	558	2	1	1	1368	830	538
45-49岁	**6010**	**3893**	**2117**	**15**	**10**	**5**	**5859**	**3797**	**2062**
45	1320	814	506	4	1	3	1278	789	489
46	1252	818	434	6	4	2	1221	798	423
47	1249	834	415	2	2		1221	815	406
48	1094	715	379	1	1		1073	701	372
49	1095	712	383	2	2		1066	694	372
50岁及以上	**7591**	**5662**	**1929**	**11**	**9**	**2**	**7412**	**5541**	**1871**

3-2b 续表 11 单位：人

年龄	大学本科								
	肄业			辍学			其他		
	小计	男	女	小计	男	女	小计	男	女
总计	**163**	**88**	**75**	**16**	**12**	**4**	**1325**	**681**	**644**
3									
4									
5-9岁									
5									
6									
7									
8									
9									
10-14岁									
10									
11									
12									
13									
14									
15-19岁	**2**		**2**				**18**	**9**	**9**
15									
16									
17							1		1
18							4	2	2
19	2		2				13	7	6
20-24岁	**18**	**6**	**12**	**4**	**4**		**155**	**61**	**94**
20	1	1					13	8	5
21	2		2				19	9	10
22	6	3	3	1	1		38	12	26
23	5	1	4	3	3		38	15	23
24	4	1	3				47	17	30
25-29岁	**30**	**14**	**16**	**4**	**2**	**2**	**269**	**109**	**160**
25	6	3	3				44	19	25
26	5	2	3	1		1	59	27	32
27	7	2	5				64	20	44
28	5	4	1	3	2	1	46	22	24
29	7	3	4				56	21	35
30-34岁	**34**	**20**	**14**	**4**	**4**		**292**	**148**	**144**
30	7	4	3				54	28	26
31	7	4	3	1	1		74	43	31
32	6	3	3	3	3		58	28	30
33	6	5	1				50	22	28
34	8	4	4				56	27	29
35-39岁	**19**	**8**	**11**	**1**		**1**	**181**	**97**	**84**
35	6	3	3				33	19	14
36	3	2	1	1		1	30	13	17
37	2		2				45	25	20
38	5	3	2				44	22	22
39	3		3				29	18	11
40-44岁	**15**	**11**	**4**	**1**	**1**		**153**	**89**	**64**
40	5	3	2				29	17	12
41	2	2					25	13	12
42	3	2	1				27	17	10
43	4	3	1	1	1		32	21	11
44	1	1					40	21	19
45-49岁	**28**	**17**	**11**				**108**	**69**	**39**
45	10	5	5				28	19	9
46	2	2					23	14	9
47	6	5	1				20	12	8
48	5	3	2				15	10	5
49	5	2	3				22	14	8
50岁及以上	**17**	**12**	**5**	**2**	**1**	**1**	**149**	**99**	**50**

3-2b 续表 12

单位：人

年 龄	硕士研究生								
	合 计			在 校			毕 业		
	合计	男	女	小计	男	女	小计	男	女
总 计	**2999**	**1499**	**1500**	**1222**	**557**	**665**	**1737**	**916**	**821**
3									
4									
5-9岁									
5									
6									
7									
8									
9									
10-14岁									
10									
11									
12									
13									
14									
15-19岁	**1**		**1**	**1**		**1**			
15									
16									
17	1		1	1		1			
18									
19									
20-24岁	**878**	**370**	**508**	**803**	**348**	**455**	**73**	**22**	**51**
20	9	1	8	8	1	7	1		1
21	41	14	27	40	14	26	1		1
22	204	92	112	192	88	104	12	4	8
23	309	139	170	293	132	161	16	7	9
24	315	124	191	270	113	157	43	11	32
25-29岁	**907**	**406**	**501**	**384**	**192**	**192**	**511**	**209**	**302**
25	304	132	172	198	93	105	101	38	63
26	190	89	101	94	53	41	95	36	59
27	177	80	97	58	30	28	116	48	68
28	124	53	71	20	10	10	103	43	60
29	112	52	60	14	6	8	96	44	52
30-34岁	**552**	**278**	**274**	**28**	**14**	**14**	**516**	**258**	**258**
30	116	48	68	13	9	4	99	36	63
31	111	54	57	5	3	2	106	51	55
32	112	49	63	5		5	105	47	58
33	124	71	53	3	2	1	121	69	52
34	89	56	33	2		2	85	55	30
35-39岁	**251**	**136**	**115**	**4**	**2**	**2**	**245**	**133**	**112**
35	55	23	32				54	23	31
36	50	31	19	2		2	47	30	17
37	52	26	26	2	2		50	24	26
38	52	30	22				52	30	22
39	42	26	16				42	26	16
40-44岁	**140**	**93**	**47**	**1**	**1**		**135**	**88**	**47**
40	28	15	13				27	14	13
41	25	15	10				24	14	10
42	26	20	6				26	20	6
43	30	21	9				28	19	9
44	31	22	9	1	1		30	21	9
45-49岁	**111**	**85**	**26**				**107**	**82**	**25**
45	20	17	3				20	17	3
46	32	24	8				31	23	8
47	19	16	3				19	16	3
48	24	16	8				22	15	7
49	16	12	4				15	11	4
50岁及以上	**159**	**131**	**28**	**1**		**1**	**150**	**124**	**26**

3-2b 续表 13

单位：人

年 龄	硕士研究生								
	肄 业			辍 学			其 他		
	小计	男	女	小计	男	女	小计	男	女
总 计	**5**	**5**					**35**	**21**	**14**
3									
4									
5-9岁									
5									
6									
7									
8									
9									
10-14岁									
10									
11									
12									
13									
14									
15-19岁									
15									
16									
17									
18									
19									
20-24岁							**2**		**2**
20									
21									
22									
23									
24							2		2
25-29岁							**12**	**5**	**7**
25							5	1	4
26							1		1
27							3	2	1
28							1		1
29							2	2	
30-34岁	**1**	**1**					**7**	**5**	**2**
30							4	3	1
31									
32							2	2	
33									
34	1	1					1		1
35-39岁	**1**	**1**					**1**		**1**
35							1		1
36	1	1							
37									
38									
39									
40-44岁	**1**	**1**					**3**	**3**	
40							1	1	
41							1	1	
42									
43	1	1					1	1	
44									
45-49岁							**4**	**3**	**1**
45									
46							1	1	
47									
48							2	1	1
49							1	1	
50岁及以上	**2**	**2**					**6**	**5**	**1**

3−2b 续表 14

单位：人

年 龄	博士研究生								
	合 计			在 校			毕 业		
	合计	男	女	小计	男	女	小计	男	女
总 计	**301**	**189**	**112**	**115**	**65**	**50**	**181**	**119**	**62**
3									
4									
5−9岁									
5									
6									
7									
8									
9									
10−14岁									
10									
11									
12									
13									
14									
15−19岁	**2**	**1**	**1**	**2**	**1**	**1**			
15									
16	1		1	1		1			
17									
18									
19	1	1		1	1				
20−24岁	**33**	**18**	**15**	**30**	**17**	**13**	**2**		**2**
20	1	1		1	1				
21	3	3		3	3				
22	7	3	4	6	2	4			
23	10	3	7	10	3	7			
24	12	8	4	10	8	2	2		2
25−29岁	**99**	**53**	**46**	**65**	**37**	**28**	**34**	**16**	**18**
25	23	15	8	19	12	7	4	3	1
26	19	7	12	13	5	8	6	2	4
27	24	14	10	17	12	5	7	2	5
28	15	7	8	9	5	4	6	2	4
29	18	10	8	7	3	4	11	7	4
30−34岁	**46**	**32**	**14**	**9**	**5**	**4**	**36**	**26**	**10**
30	6	2	4	2	2		4		4
31	13	11	2	3	2	1	9	8	1
32	9	8	1				9	8	1
33	11	6	5	2		2	9	6	3
34	7	5	2	2	1	1	5	4	1
35−39岁	**45**	**29**	**16**	**7**	**4**	**3**	**37**	**24**	**13**
35	7	5	2				7	5	2
36	6	1	5	1	1		5		5
37	10	6	4	2		2	7	5	2
38	14	12	2	2	2		12	10	2
39	8	5	3	2	1	1	6	4	2
40−44岁	**30**	**22**	**8**	**2**	**1**	**1**	**28**	**21**	**7**
40	5	4	1	1		1	4	4	
41	8	5	3				8	5	3
42	3	2	1				3	2	1
43	7	5	2	1	1		6	4	2
44	7	6	1				7	6	1
45−49岁	**24**	**18**	**6**				**24**	**18**	**6**
45	3	3					3	3	
46	9	8	1				9	8	1
47	3	2	1				3	2	1
48	5	3	2				5	3	2
49	4	2	2				4	2	2
50岁及以上	**22**	**16**	**6**				**20**	**14**	**6**

3-2b 续表 15

单位：人

年 龄	博士研究生								
	肄 业			辍 学			其 他		
	小计	男	女	小计	男	女	小计	男	女
总 计	**2**	**2**					**3**	**3**	
3									
4									
5-9岁									
5									
6									
7									
8									
9									
10-14岁									
10									
11									
12									
13									
14									
15-19岁									
15									
16									
17									
18									
19									
20-24岁							**1**	**1**	
20									
21									
22							1	1	
23									
24									
25-29岁									
25									
26									
27									
28									
29									
30-34岁							**1**	**1**	
30									
31							1	1	
32									
33									
34									
35-39岁	**1**	**1**							
35									
36									
37	1	1							
38									
39									
40-44岁									
40									
41									
42									
43									
44									
45-49岁									
45									
46									
47									
48									
49									
50岁及以上	**1**	**1**					**1**	**1**	

3-2c　全省分年龄、性别、学业完成情况的3岁及以上各种受教育程度人口(乡村)

单位：人

年龄	合计								
	合计			在校			毕业		
	合计	男	女	小计	男	女	小计	男	女
总计	**3556132**	**1900508**	**1655624**	**611418**	**314027**	**297391**	**2589085**	**1406740**	**1182345**
3									
4									
5-9岁	**168913**	**87638**	**81275**	**164327**	**85190**	**79137**	**3219**	**1722**	**1497**
5	4541	2363	2178	4353	2256	2097	97	58	39
6	27467	14128	13339	26754	13761	12993	476	240	236
7	43003	22369	20634	41891	21772	20119	784	424	360
8	47662	24734	22928	46392	24053	22339	893	489	404
9	46240	24044	22196	44937	23348	21589	969	511	458
10-14岁	**253056**	**132248**	**120808**	**242785**	**126585**	**116200**	**7943**	**4374**	**3569**
10	48429	24984	23445	46984	24168	22816	1049	588	461
11	51117	26752	24365	49442	25811	23631	1254	712	542
12	51090	26799	24291	49114	25734	23380	1554	834	720
13	51134	26818	24316	48854	25532	23322	1797	1024	773
14	51286	26895	24391	48391	25340	23051	2289	1216	1073
15-19岁	**201492**	**106143**	**95349**	**159446**	**81398**	**78048**	**36794**	**21682**	**15112**
15	45227	23742	21485	42543	22216	20327	2103	1194	909
16	43050	22776	20274	38200	19928	18272	4011	2353	1658
17	38125	20303	17822	30640	15920	14720	6410	3746	2664
18	37578	19910	17668	25914	12903	13011	10399	6274	4125
19	37512	19412	18100	22149	10431	11718	13871	8115	5756
20-24岁	**198688**	**104009**	**94679**	**41149**	**18915**	**22234**	**145805**	**78499**	**67306**
20	36716	19036	17680	16847	7698	9149	18037	10285	7752
21	36357	19045	17312	11385	5203	6182	22917	12643	10274
22	40910	21284	19626	7266	3311	3955	31218	16639	14579
23	41050	21571	19479	3622	1721	1901	34778	18358	16420
24	43655	23073	20582	2029	982	1047	38855	20574	18281
25-29岁	**227529**	**122739**	**104790**	**2440**	**1199**	**1241**	**209701**	**112936**	**96765**
25	47869	25442	22427	1158	549	609	43681	23203	20478
26	44317	23744	20573	528	250	278	40771	21800	18971
27	46821	25362	21459	345	186	159	43268	23367	19901
28	43891	23679	20212	259	136	123	40577	21810	18767
29	44631	24512	20119	150	78	72	41404	22756	18648
30-34岁	**254365**	**139495**	**114870**	**381**	**205**	**176**	**235328**	**128844**	**106484**
30	52192	28509	23683	140	71	69	48367	26365	22002
31	49802	27253	22549	79	46	33	45979	25100	20879
32	46480	25311	21169	63	33	30	42903	23384	19519
33	55792	30678	25114	54	31	23	51729	28403	23326
34	50099	27744	22355	45	24	21	46350	25592	20758
35-39岁	**171298**	**94236**	**77062**	**150**	**95**	**55**	**156164**	**85901**	**70263**
35	35674	19570	16104	38	26	12	32723	17944	14779
36	29773	16282	13491	25	15	10	27094	14822	12272
37	30182	16662	13520	26	16	10	27440	15108	12332
38	39213	21638	17575	29	14	15	35741	19761	15980
39	36456	20084	16372	32	24	8	33166	18266	14900
40-44岁	**198233**	**105426**	**92807**	**115**	**75**	**40**	**179577**	**95622**	**83955**
40	29235	15649	13586	18	13	5	26564	14261	12303
41	35366	18980	16386	29	18	11	32010	17185	14825
42	35396	18692	16704	17	10	7	31976	16912	15064
43	43155	22908	20247	17	9	8	39083	20773	18310
44	55081	29197	25884	34	25	9	49944	26491	23453
45-49岁	**374872**	**195566**	**179306**	**169**	**103**	**66**	**338034**	**176865**	**161169**
45	65109	34309	30800	40	27	13	58932	31112	27820
46	73725	38333	35392	30	18	12	66606	34673	31933
47	75759	39617	36142	38	19	19	68233	35795	32438
48	78402	40657	37745	28	19	9	70668	36818	33850
49	81877	42650	39227	33	20	13	73595	38467	35128
50岁及以上	**1507686**	**813008**	**694678**	**456**	**262**	**194**	**1276520**	**700295**	**576225**

3-2c 续表 1

单位：人

年龄	合计								
	肄业			辍学			其他		
	小计	男	女	小计	男	女	小计	男	女
总计	**69978**	**34012**	**35966**	**102021**	**49167**	**52854**	**183630**	**96562**	**87068**
3									
4									
5-9岁	**133**	**75**	**58**	**45**	**24**	**21**	**1189**	**627**	**562**
5	2	2		1	1		88	46	42
6	24	15	9	5	4	1	208	108	100
7	35	17	18	9	4	5	284	152	132
8	37	23	14	16	9	7	324	160	164
9	35	18	17	14	6	8	285	161	124
10-14岁	**283**	**165**	**118**	**206**	**124**	**82**	**1839**	**1000**	**839**
10	44	30	14	15	7	8	337	191	146
11	52	33	19	26	16	10	343	180	163
12	49	29	20	26	15	11	347	187	160
13	58	31	27	44	26	18	381	205	176
14	80	42	38	95	60	35	431	237	194
15-19岁	**768**	**462**	**306**	**1108**	**695**	**413**	**3376**	**1906**	**1470**
15	76	47	29	135	84	51	370	201	169
16	125	74	51	218	149	69	496	272	224
17	159	104	55	250	163	87	666	370	296
18	191	121	70	253	152	101	821	460	361
19	217	116	101	252	147	105	1023	603	420
20-24岁	**1655**	**951**	**704**	**1775**	**1104**	**671**	**8304**	**4540**	**3764**
20	276	166	110	301	186	115	1255	701	554
21	279	171	108	309	205	104	1467	823	644
22	329	176	153	359	207	152	1738	951	787
23	384	219	165	407	258	149	1859	1015	844
24	387	219	168	399	248	151	1985	1050	935
25-29岁	**2220**	**1251**	**969**	**2422**	**1466**	**956**	**10746**	**5887**	**4859**
25	445	239	206	470	283	187	2115	1168	947
26	416	247	169	458	277	181	2144	1170	974
27	439	257	182	499	309	190	2270	1243	1027
28	469	265	204	479	301	178	2107	1167	940
29	451	243	208	516	296	220	2110	1139	971
30-34岁	**2788**	**1553**	**1235**	**3348**	**1978**	**1370**	**12520**	**6915**	**5605**
30	528	305	223	623	374	249	2534	1394	1140
31	563	304	259	667	391	276	2514	1412	1102
32	532	281	251	625	354	271	2357	1259	1098
33	589	317	272	738	433	305	2682	1494	1188
34	576	346	230	695	426	269	2433	1356	1077
35-39岁	**2435**	**1353**	**1082**	**3030**	**1707**	**1323**	**9519**	**5180**	**4339**
35	473	249	224	582	340	242	1858	1011	847
36	424	248	176	526	283	243	1704	914	790
37	438	257	181	565	331	234	1713	950	763
38	530	281	249	682	377	305	2231	1205	1026
39	570	318	252	675	376	299	2013	1100	913
40-44岁	**3241**	**1665**	**1576**	**4247**	**2181**	**2066**	**11053**	**5883**	**5170**
40	480	257	223	542	293	249	1631	825	806
41	577	283	294	732	402	330	2018	1092	926
42	592	303	289	763	355	408	2048	1112	936
43	687	342	345	970	492	478	2398	1292	1106
44	905	480	425	1240	639	601	2958	1562	1396
45-49岁	**6619**	**3280**	**3339**	**9787**	**4894**	**4893**	**20263**	**10424**	**9839**
45	1093	546	547	1578	808	770	3466	1816	1650
46	1282	653	629	1799	899	900	4008	2090	1918
47	1340	654	686	2013	1007	1006	4135	2142	1993
48	1416	700	716	2074	1017	1057	4216	2103	2113
49	1488	727	761	2323	1163	1160	4438	2273	2165
50岁及以上	**49836**	**23257**	**26579**	**76053**	**34994**	**41059**	**104821**	**54200**	**50621**

3-2c 续表 2

单位：人

年 龄	小学								
	合 计			在 校			毕 业		
	合计	男	女	小计	男	女	小计	男	女
总 计	**1609440**	**793322**	**816118**	**290745**	**151222**	**139523**	**1082115**	**533271**	**548844**
3									
4									
5-9岁	**167237**	**86731**	**80506**	**162845**	**84392**	**78453**	**3064**	**1636**	**1428**
5	4541	2363	2178	4353	2256	2097	97	58	39
6	27191	13973	13218	26509	13623	12886	453	227	226
7	42647	22162	20485	41581	21594	19987	742	398	344
8	47217	24489	22728	46001	23839	22162	852	467	385
9	45641	23744	21897	44401	23080	21321	920	486	434
10-14岁	**131577**	**68974**	**62603**	**126558**	**66159**	**60399**	**3652**	**2062**	**1590**
10	47239	24353	22886	45905	23598	22307	960	538	422
11	46895	24558	22337	45473	23759	21714	1053	597	456
12	25270	13634	11636	24238	13065	11173	764	425	339
13	8577	4552	4025	7894	4161	3733	484	284	200
14	3596	1877	1719	3048	1576	1472	391	218	173
15-19岁	**7056**	**3618**	**3438**	**813**	**408**	**405**	**4775**	**2415**	**2360**
15	949	500	449	382	198	184	388	199	189
16	1068	560	508	197	98	99	660	344	316
17	1282	641	641	101	45	56	883	428	455
18	1658	880	778	76	42	34	1250	668	582
19	2099	1037	1062	57	25	32	1594	776	818
20-24岁	**14844**	**7477**	**7367**	**119**	**54**	**65**	**11540**	**5773**	**5767**
20	2435	1241	1194	56	20	36	1856	949	907
21	2691	1379	1312	22	9	13	2084	1069	1015
22	3096	1591	1505	16	9	7	2399	1209	1190
23	3179	1579	1600	12	7	5	2467	1214	1253
24	3443	1687	1756	13	9	4	2734	1332	1402
25-29岁	**19123**	**9639**	**9484**	**22**	**12**	**10**	**15147**	**7637**	**7510**
25	3585	1830	1755	9	6	3	2861	1474	1387
26	3640	1832	1808	3	2	1	2851	1421	1430
27	3837	1914	1923	1	1		2988	1484	1504
28	3893	1929	1964	6	3	3	3088	1526	1562
29	4168	2134	2034	3		3	3359	1732	1627
30-34岁	**28832**	**14430**	**14402**	**24**	**12**	**12**	**23358**	**11648**	**11710**
30	5108	2550	2558	4	3	1	4102	2027	2075
31	5551	2791	2760	8	1	7	4419	2205	2214
32	5468	2685	2783	3	2	1	4381	2163	2218
33	6334	3149	3185	6	4	2	5209	2596	2613
34	6371	3255	3116	3	2	1	5247	2657	2590
35-39岁	**31448**	**15370**	**16078**	**22**	**10**	**12**	**25351**	**12248**	**13103**
35	5617	2759	2858	6	3	3	4503	2185	2318
36	5284	2567	2717	5	2	3	4226	2041	2185
37	5733	2843	2890	6	4	2	4572	2240	2332
38	7446	3616	3830	2		2	6033	2896	3137
39	7368	3585	3783	3	1	2	6017	2886	3131
40-44岁	**55699**	**25835**	**29864**	**21**	**10**	**11**	**46993**	**21720**	**25273**
40	6915	3181	3734	3	1	2	5677	2626	3051
41	8965	4252	4713	7	3	4	7470	3516	3954
42	9872	4515	5357	4	3	1	8218	3736	4482
43	12655	5820	6835	2		2	10752	4932	5820
44	17292	8067	9225	5	3	2	14876	6910	7966
45-49岁	**140151**	**63179**	**76972**	**32**	**17**	**15**	**121083**	**54503**	**66580**
45	21869	9970	11899	6	4	2	18838	8567	10271
46	26086	11753	14333	8	4	4	22528	10145	12383
47	27834	12566	15268	6	3	3	24001	10819	13182
48	30624	13707	16917	4	2	2	26502	11854	14648
49	33738	15183	18555	8	4	4	29214	13118	16096
50岁及以上	**1013473**	**498069**	**515404**	**289**	**148**	**141**	**827152**	**413629**	**413523**

3-2c 续表 3

单位：人

年 龄	小学								
	肄业			辍学			其他		
	小计	男	女	小计	男	女	小计	男	女
总 计	**49701**	**21815**	**27886**	**75146**	**32979**	**42167**	**111733**	**54035**	**57698**
3									
4									
5-9岁	**129**	**72**	**57**	**44**	**23**	**21**	**1155**	**608**	**547**
5	2	2		1	1		88	46	42
6	23	15	8	5	4	1	201	104	97
7	34	16	18	9	4	5	281	150	131
8	36	22	14	15	8	7	313	153	160
9	34	17	17	14	6	8	272	155	117
10-14岁	**153**	**96**	**57**	**89**	**55**	**34**	**1125**	**602**	**523**
10	42	30	12	15	7	8	317	180	137
11	48	30	18	22	15	7	299	157	142
12	24	15	9	13	9	4	231	120	111
13	17	11	6	21	12	9	161	84	77
14	22	10	12	18	12	6	117	61	56
15-19岁	**190**	**100**	**90**	**205**	**125**	**80**	**1073**	**570**	**503**
15	18	13	5	31	21	10	130	69	61
16	24	12	12	29	18	11	158	88	70
17	35	17	18	43	31	12	220	120	100
18	46	27	19	50	27	23	236	116	120
19	67	31	36	52	28	24	329	177	152
20-24岁	**470**	**227**	**243**	**429**	**247**	**182**	**2286**	**1176**	**1110**
20	76	37	39	69	36	33	378	199	179
21	72	40	32	73	39	34	440	222	218
22	87	39	48	101	62	39	493	272	221
23	117	49	68	98	58	40	485	251	234
24	118	62	56	88	52	36	490	232	258
25-29岁	**669**	**332**	**337**	**667**	**346**	**321**	**2618**	**1312**	**1306**
25	132	58	74	111	55	56	472	237	235
26	123	74	49	124	59	65	539	276	263
27	148	71	77	145	77	68	555	281	274
28	143	76	67	135	79	56	521	245	276
29	123	53	70	152	76	76	531	273	258
30-34岁	**921**	**426**	**495**	**1107**	**561**	**546**	**3422**	**1783**	**1639**
30	161	71	90	180	98	82	661	351	310
31	187	80	107	216	119	97	721	386	335
32	181	82	99	246	112	134	657	326	331
33	188	91	97	232	109	123	699	349	350
34	204	102	102	233	123	110	684	371	313
35-39岁	**1090**	**554**	**536**	**1215**	**612**	**603**	**3770**	**1946**	**1824**
35	203	100	103	225	114	111	680	357	323
36	183	88	95	191	97	94	679	339	340
37	218	120	98	243	116	127	694	363	331
38	233	120	113	267	137	130	911	463	448
39	253	126	127	289	148	141	806	424	382
40-44岁	**1567**	**709**	**858**	**2144**	**959**	**1185**	**4974**	**2437**	**2537**
40	228	108	120	272	128	144	735	318	417
41	256	114	142	352	166	186	880	453	427
42	289	128	161	408	167	241	953	481	472
43	351	153	198	482	212	270	1068	523	545
44	443	206	237	630	286	344	1338	662	676
45-49岁	**3594**	**1584**	**2010**	**5575**	**2523**	**3052**	**9867**	**4552**	**5315**
45	574	246	328	841	390	451	1610	763	847
46	662	293	369	977	428	549	1911	883	1028
47	733	317	416	1136	507	629	1958	920	1038
48	781	361	420	1245	551	694	2092	939	1153
49	844	367	477	1376	647	729	2296	1047	1249
50岁及以上	**40918**	**17715**	**23203**	**63671**	**27528**	**36143**	**81443**	**39049**	**42394**

3-2c　续表 4

单位：人

年　龄	初中								
	合　计			在　校			毕　业		
	合计	男	女	小计	男	女	小计	男	女
总　计	**1405231**	**805797**	**599434**	**160146**	**84090**	**76056**	**1145485**	**662920**	**482565**
3									
4									
5-9岁	**1673**	**907**	**766**	**1481**	**798**	**683**	**154**	**86**	**68**
5									
6	276	155	121	245	138	107	23	13	10
7	356	207	149	310	178	132	42	26	16
8	444	245	199	391	214	177	40	22	18
9	597	300	297	535	268	267	49	25	24
10-14岁	**118217**	**61640**	**56577**	**113110**	**58861**	**54249**	**4174**	**2256**	**1918**
10	1186	630	556	1077	570	507	87	49	38
11	4217	2193	2024	3966	2051	1915	199	115	84
12	25812	13161	12651	24869	12666	12203	790	409	381
13	41981	21975	20006	40421	21100	19321	1282	723	559
14	45021	23681	21340	42777	22474	20303	1816	960	856
15-19岁	**67710**	**37922**	**29788**	**44859**	**24049**	**20810**	**20503**	**12464**	**8039**
15	27119	14712	12407	25292	13660	11632	1509	869	640
16	14494	7886	6608	11216	5929	5287	2836	1698	1138
17	9016	5153	3863	4586	2479	2107	3957	2392	1565
18	8326	4922	3404	2324	1211	1113	5489	3403	2086
19	8755	5249	3506	1441	770	671	6712	4102	2610
20-24岁	**69149**	**39812**	**29337**	**321**	**173**	**148**	**63867**	**36701**	**27166**
20	9377	5578	3799	154	89	65	8466	5047	3419
21	11116	6514	4602	60	29	31	10223	5965	4258
22	14357	8182	6175	52	25	27	13298	7603	5695
23	15994	9111	6883	29	16	13	14841	8403	6438
24	18305	10427	7878	26	14	12	17039	9683	7356
25-29岁	**109852**	**61534**	**48318**	**93**	**51**	**42**	**102602**	**57293**	**45309**
25	21428	12058	9370	28	14	14	20027	11223	8804
26	20712	11675	9037	23	12	11	19358	10886	8472
27	22670	12760	9910	17	13	4	21137	11845	9292
28	21870	12195	9675	11	5	6	20392	11321	9071
29	23172	12846	10326	14	7	7	21688	12018	9670
30-34岁	**149366**	**81896**	**67470**	**44**	**22**	**22**	**139577**	**76328**	**63249**
30	28501	15783	12718	15	5	10	26607	14711	11896
31	28460	15590	12870	7	4	3	26552	14497	12055
32	27144	14751	12393	10	6	4	25337	13751	11586
33	34083	18740	15343	6	4	2	31871	17462	14409
34	31178	17032	14146	6	3	3	29210	15907	13303
35-39岁	**108726**	**59833**	**48893**	**34**	**19**	**15**	**101307**	**55616**	**45691**
35	22282	12199	10083	9	5	4	20846	11392	9454
36	18746	10172	8574	5	3	2	17437	9428	8009
37	19082	10511	8571	6	3	3	17778	9732	8046
38	25246	13961	11285	8	4	4	23519	13004	10515
39	23370	12990	10380	6	4	2	21727	12060	9667
40-44岁	**121818**	**66212**	**55606**	**30**	**15**	**15**	**112960**	**61265**	**51695**
40	18038	9818	8220	2		2	16810	9117	7693
41	22008	11899	10109	8	5	3	20377	10995	9382
42	21762	11741	10021	6	3	3	20197	10879	9318
43	26581	14534	12047	5	2	3	24633	13437	11196
44	33429	18220	15209	9	5	4	30943	16837	14106
45-49岁	**213910**	**117995**	**95915**	**70**	**40**	**30**	**197348**	**108852**	**88496**
45	38795	21346	17449	11	4	7	35890	19729	16161
46	43342	23611	19731	15	9	6	40064	21782	18282
47	43787	24182	19605	16	10	6	40327	22268	18059
48	43739	24126	19613	15	10	5	40351	22303	18048
49	44247	24730	19517	13	7	6	40716	22770	17946
50岁及以上	**444810**	**278046**	**166764**	**104**	**62**	**42**	**402993**	**252059**	**150934**

3−2c　续表 5　　　　　　　　　　　　　　　　　　　　　　　　　　　　　　　　单位：人

年龄	初中								
	肄业			辍学			其他		
	小计	男	女	小计	男	女	小计	男	女
总　计	**17085**	**10177**	**6908**	**23429**	**13924**	**9505**	**59086**	**34686**	**24400**
3									
4									
5−9岁	**4**	**3**	**1**	**1**	**1**		**33**	**19**	**14**
5									
6	1		1				7	4	3
7	1	1					3	2	1
8	1	1		1	1		11	7	4
9	1	1					12	6	6
10−14岁	**128**	**69**	**59**	**115**	**68**	**47**	**690**	**386**	**304**
10	2		2				20	11	9
11	4	3	1	4	1	3	44	23	21
12	25	14	11	13	6	7	115	66	49
13	41	20	21	23	14	9	214	118	96
14	56	32	24	75	47	28	297	168	129
15−19岁	**323**	**206**	**117**	**509**	**330**	**179**	**1516**	**873**	**643**
15	48	28	20	85	52	33	185	103	82
16	55	33	22	122	81	41	265	145	120
17	63	45	18	113	78	35	297	159	138
18	79	52	27	90	57	33	344	199	145
19	78	48	30	99	62	37	425	267	158
20−24岁	**644**	**403**	**241**	**778**	**502**	**276**	**3539**	**2033**	**1506**
20	100	59	41	131	86	45	526	297	229
21	109	73	36	123	86	37	601	361	240
22	130	81	49	148	82	66	729	391	338
23	152	102	50	192	128	64	780	462	318
24	153	88	65	184	120	64	903	522	381
25−29岁	**943**	**565**	**378**	**1124**	**726**	**398**	**5090**	**2899**	**2191**
25	186	111	75	227	145	82	960	565	395
26	179	101	78	192	130	62	960	546	414
27	172	109	63	250	167	83	1094	626	468
28	201	127	74	218	143	75	1048	599	449
29	205	117	88	237	141	96	1028	563	465
30−34岁	**1301**	**776**	**525**	**1686**	**1042**	**644**	**6758**	**3728**	**3030**
30	240	154	86	314	198	116	1325	715	610
31	244	143	101	327	193	134	1330	753	577
32	247	133	114	294	181	113	1256	680	576
33	290	164	126	402	247	155	1514	863	651
34	280	182	98	349	223	126	1333	717	616
35−39岁	**1087**	**643**	**444**	**1520**	**906**	**614**	**4778**	**2649**	**2129**
35	198	111	87	279	176	103	950	515	435
36	196	129	67	282	156	126	826	456	370
37	176	112	64	273	179	94	849	485	364
38	250	131	119	349	197	152	1120	625	495
39	267	160	107	337	198	139	1033	568	465
40−44岁	**1502**	**836**	**666**	**1915**	**1098**	**817**	**5411**	**2998**	**2413**
40	219	126	93	240	148	92	767	427	340
41	283	143	140	334	203	131	1006	553	453
42	272	154	118	324	169	155	963	536	427
43	303	167	136	440	251	189	1200	677	523
44	425	246	179	577	327	250	1475	805	670
45−49岁	**2827**	**1556**	**1271**	**3987**	**2213**	**1774**	**9678**	**5334**	**4344**
45	484	272	212	694	385	309	1716	956	760
46	570	325	245	771	433	338	1922	1062	860
47	575	315	260	824	469	355	2045	1120	925
48	592	306	286	785	432	353	1996	1075	921
49	606	338	268	913	494	419	1999	1121	878
50岁及以上	**8326**	**5120**	**3206**	**11794**	**7038**	**4756**	**21593**	**13767**	**7826**

3-2c 续表 6

单位：人

年龄	高中								
	合计			在校			毕业		
	合计	男	女	小计	男	女	小计	男	女
总计	**346868**	**203507**	**143361**	**95949**	**49627**	**46322**	**235957**	**144271**	**91686**
3									
4									
5—9岁	**3**		**3**	**1**		**1**	**1**		**1**
5									
6									
7									
8	1		1				1		1
9	2		2	1		1			
10—14岁	**3254**	**1632**	**1622**	**3110**	**1564**	**1546**	**116**	**55**	**61**
10	3	1	2	1		1	2	1	1
11	5	1	4	3	1	2	2		2
12	8	4	4	7	3	4			
13	573	290	283	537	271	266	30	16	14
14	2665	1336	1329	2562	1289	1273	82	38	44
15—19岁	**97962**	**51749**	**46213**	**86857**	**44960**	**41897**	**9875**	**6044**	**3831**
15	16787	8363	8424	16514	8200	8314	194	119	75
16	26627	13935	12692	25950	13518	12432	496	303	193
17	25311	13378	11933	23582	12326	11256	1447	877	570
18	18015	9822	8193	14462	7607	6855	3202	1998	1204
19	11222	6251	4971	6349	3309	3040	4536	2747	1789
20—24岁	**47181**	**26713**	**20468**	**5857**	**3023**	**2834**	**38898**	**22235**	**16663**
20	8955	5092	3863	2948	1515	1433	5601	3318	2283
21	8221	4753	3468	1409	724	685	6399	3760	2639
22	9495	5356	4139	813	419	394	8198	4655	3543
23	9857	5602	4255	431	231	200	8864	5040	3824
24	10653	5910	4743	256	134	122	9836	5462	4374
25—29岁	**55261**	**31085**	**24176**	**79**	**48**	**31**	**52180**	**29248**	**22932**
25	11698	6543	5155	34	22	12	11040	6153	4887
26	10852	6032	4820	12	6	6	10219	5665	4554
27	11486	6515	4971	13	7	6	10902	6165	4737
28	10678	5964	4714	11	7	4	10083	5596	4487
29	10547	6031	4516	9	6	3	9936	5669	4267
30—34岁	**49149**	**28128**	**21021**	**19**	**11**	**8**	**46502**	**26473**	**20029**
30	11639	6512	5127	8	5	3	11022	6133	4889
31	10033	5689	4344	3	2	1	9480	5343	4137
32	8946	5102	3844	4	1	3	8481	4823	3658
33	10156	5825	4331	1	1		9631	5495	4136
34	8375	5000	3375	3	2	1	7888	4679	3209
35—39岁	**21258**	**12860**	**8398**	**7**	**4**	**3**	**20037**	**12113**	**7924**
35	5132	3031	2101				4839	2864	1975
36	3870	2365	1505	1	1		3629	2216	1413
37	3580	2203	1377	1	1		3378	2074	1304
38	4577	2781	1796	4	1	3	4316	2621	1695
39	4099	2480	1619	1	1		3875	2338	1537
40—44岁	**15251**	**9692**	**5559**	**3**	**3**		**14415**	**9125**	**5290**
40	3122	1911	1211				2969	1816	1153
41	3237	2071	1166	2	2		3062	1947	1115
42	2770	1754	1016				2615	1645	970
43	2898	1849	1049				2723	1731	992
44	3224	2107	1117	1	1		3046	1986	1060
45—49岁	**15854**	**10822**	**5032**	**3**	**2**	**1**	**14884**	**10127**	**4757**
45	3358	2222	1136	1	1		3175	2094	1081
46	3304	2262	1042	1	1		3066	2074	992
47	3119	2114	1005	1		1	2933	1990	943
48	3046	2088	958				2863	1956	907
49	3027	2136	891				2847	2013	834
50岁及以上	**41695**	**30826**	**10869**	**13**	**12**	**1**	**39049**	**28851**	**10198**

3–2c 续表 7

单位：人

年龄	高中								
	肄业			辍学			其他		
	小计	男	女	小计	男	女	小计	男	女
总计	**2568**	**1644**	**924**	**3215**	**2121**	**1094**	**9179**	**5844**	**3335**
3									
4									
5–9岁							**1**		**1**
5									
6									
7									
8									
9							1		1
10–14岁	**2**		**2**	**2**	**1**	**1**	**24**	**12**	**12**
10									
11									
12							1	1	
13							6	3	3
14	2		2	2	1	1	17	8	9
15–19岁	**217**	**137**	**80**	**378**	**229**	**149**	**635**	**379**	**256**
15	10	6	4	19	11	8	50	27	23
16	43	27	16	66	49	17	72	38	34
17	58	40	18	93	53	40	131	82	49
18	53	34	19	107	63	44	191	120	71
19	53	30	23	93	53	40	191	112	79
20–24岁	**382**	**246**	**136**	**501**	**314**	**187**	**1543**	**895**	**648**
20	77	57	20	86	56	30	243	146	97
21	72	47	25	95	67	28	246	155	91
22	77	45	32	99	55	44	308	182	126
23	76	51	25	109	67	42	377	213	164
24	80	46	34	112	69	43	369	199	170
25–29岁	**451**	**270**	**181**	**575**	**363**	**212**	**1976**	**1156**	**820**
25	90	55	35	115	73	42	419	240	179
26	87	53	34	133	83	50	401	225	176
27	84	56	28	96	60	36	391	227	164
28	97	48	49	114	73	41	373	240	133
29	93	58	35	117	74	43	392	224	168
30–34岁	**438**	**271**	**167**	**510**	**348**	**162**	**1680**	**1025**	**655**
30	92	56	36	118	71	47	399	247	152
31	108	66	42	113	75	38	329	203	126
32	80	53	27	79	55	24	302	170	132
33	88	50	38	92	69	23	344	210	134
34	70	46	24	108	78	30	306	195	111
35–39岁	**212**	**121**	**91**	**277**	**177**	**100**	**725**	**445**	**280**
35	58	28	30	74	47	27	161	92	69
36	39	26	13	50	27	23	151	95	56
37	35	18	17	45	34	11	121	76	45
38	37	22	15	65	42	23	155	95	60
39	43	27	16	43	27	16	137	87	50
40–44岁	**152**	**104**	**48**	**180**	**119**	**61**	**501**	**341**	**160**
40	29	19	10	30	17	13	94	59	35
41	34	24	10	44	32	12	95	66	29
42	28	19	9	31	19	12	96	71	25
43	29	19	10	45	28	17	101	71	30
44	32	23	9	30	23	7	115	74	41
45–49岁	**178**	**122**	**56**	**219**	**152**	**67**	**570**	**419**	**151**
45	31	24	7	41	31	10	110	72	38
46	47	33	14	49	36	13	141	118	23
47	29	19	10	52	30	22	104	75	29
48	39	29	10	44	34	10	100	69	31
49	32	17	15	33	21	12	115	85	30
50岁及以上	**536**	**373**	**163**	**573**	**418**	**155**	**1524**	**1172**	**352**

3-2c 续表 8

单位：人

年 龄	大学专科								
	合 计			在 校			毕 业		
	合计	男	女	小计	男	女	小计	男	女
总 计	**131925**	**67114**	**64811**	**39623**	**18405**	**21218**	**88859**	**46790**	**42069**
3									
4									
5–9岁									
5									
6									
7									
8									
9									
10–14岁	**7**	**2**	**5**	**6**	**1**	**5**	**1**	**1**	
10	1		1	1		1			
11									
12									
13	3	1	2	2		2	1	1	
14	3	1	2	3	1	2			
15–19岁	**20303**	**9319**	**10984**	**18650**	**8537**	**10113**	**1474**	**685**	**789**
15	352	156	196	337	149	188	11	6	5
16	769	364	405	747	353	394	18	7	11
17	1995	897	1098	1862	841	1021	113	46	67
18	6678	3063	3615	6212	2849	3363	405	182	223
19	10509	4839	5670	9492	4345	5147	927	444	483
20–24岁	**44357**	**19951**	**24406**	**19588**	**9124**	**10464**	**23836**	**10383**	**13453**
20	10526	4853	5673	8540	3944	4596	1857	843	1014
21	9353	4237	5116	5550	2565	2985	3607	1576	2031
22	9101	4083	5018	3265	1521	1744	5631	2456	3175
23	7850	3410	4440	1477	707	770	6187	2630	3557
24	7527	3368	4159	756	387	369	6554	2878	3676
25–29岁	**28653**	**13572**	**15081**	**990**	**492**	**498**	**26742**	**12638**	**14104**
25	7373	3324	4049	458	219	239	6686	3001	3685
26	6087	2807	3280	211	98	113	5677	2609	3068
27	5869	2800	3069	152	86	66	5518	2610	2908
28	4902	2359	2543	100	53	47	4656	2237	2419
29	4422	2282	2140	69	36	33	4205	2181	2024
30–34岁	**18143**	**10002**	**8141**	**173**	**90**	**83**	**17346**	**9544**	**7802**
30	4634	2440	2194	57	29	28	4437	2329	2108
31	3816	2094	1722	33	19	14	3655	2006	1649
32	3370	1859	1511	29	13	16	3216	1771	1445
33	3494	1977	1517	29	17	12	3344	1892	1452
34	2829	1632	1197	25	12	13	2694	1546	1148
35–39岁	**6736**	**4181**	**2555**	**69**	**49**	**20**	**6443**	**3999**	**2444**
35	1792	1047	745	16	12	4	1711	991	720
36	1267	799	468	12	8	4	1216	770	446
37	1195	732	463	11	7	4	1140	701	439
38	1333	869	464	11	7	4	1283	840	443
39	1149	734	415	19	15	4	1093	697	396
40–44岁	**4024**	**2687**	**1337**	**51**	**38**	**13**	**3818**	**2551**	**1267**
40	849	528	321	13	12	1	805	498	307
41	859	555	304	10	6	4	817	530	287
42	715	486	229	5	2	3	678	464	214
43	760	519	241	8	5	3	722	494	228
44	841	599	242	15	13	2	796	565	231
45–49岁	**3772**	**2712**	**1060**	**55**	**38**	**17**	**3576**	**2557**	**1019**
45	832	600	232	19	15	4	788	564	224
46	747	529	218	6	4	2	708	499	209
47	774	568	206	12	5	7	733	535	198
48	761	565	196	8	6	2	726	538	188
49	658	450	208	10	8	2	621	421	200
50岁及以上	**5930**	**4688**	**1242**	**41**	**36**	**5**	**5623**	**4432**	**1191**

3-2c　续表 9

单位：人

年 龄	大学专科								
	肄 业			辍 学			其 他		
	小计	男	女	小计	男	女	小计	男	女
总 计	**504**	**299**	**205**	**190**	**119**	**71**	**2749**	**1501**	**1248**
3									
4									
5—9岁									
5									
6									
7									
8									
9									
10—14岁									
10									
11									
12									
13									
14									
15—19岁	**33**	**15**	**18**	**16**	**11**	**5**	**130**	**71**	**59**
15							4	1	3
16	2	2		1	1		1	1	
17	2	1	1	1	1		17	8	9
18	12	7	5	6	5	1	43	20	23
19	17	5	12	8	4	4	65	41	24
20—24岁	**132**	**61**	**71**	**56**	**35**	**21**	**745**	**348**	**397**
20	21	11	10	13	7	6	95	48	47
21	22	10	12	18	13	5	156	73	83
22	31	9	22	7	6	1	167	91	76
23	28	11	17	5	3	2	153	59	94
24	30	20	10	13	6	7	174	77	97
25—29岁	**122**	**64**	**58**	**45**	**24**	**21**	**754**	**354**	**400**
25	32	12	20	11	6	5	186	86	100
26	21	15	6	7	4	3	171	81	90
27	24	17	7	7	4	3	168	83	85
28	20	9	11	10	5	5	116	55	61
29	25	11	14	10	5	5	113	49	64
30—34岁	**97**	**58**	**39**	**35**	**23**	**12**	**492**	**287**	**205**
30	25	16	9	7	5	2	108	61	47
31	21	13	8	8	3	5	99	53	46
32	17	9	8	6	6		102	60	42
33	19	9	10	9	7	2	93	52	41
34	15	11	4	5	2	3	90	61	29
35—39岁	**33**	**26**	**7**	**15**	**10**	**5**	**176**	**97**	**79**
35	10	6	4	4	3	1	51	35	16
36	5	4	1	2	2		32	15	17
37	6	5	1	3	2	1	35	17	18
38	7	7		1	1		31	14	17
39	5	4	1	5	2	3	27	16	11
40—44岁	**18**	**14**	**4**	**7**	**4**	**3**	**130**	**80**	**50**
40	2	2					29	16	13
41	4	2	2	2	1	1	26	16	10
42	3	2	1				29	18	11
43	4	3	1	3	1	2	23	16	7
44	5	5		2	2		23	14	9
45—49岁	**19**	**17**	**2**	**5**	**5**		**117**	**95**	**22**
45	4	4		1	1		20	16	4
46	3	2	1	2	2		28	22	6
47	3	3		1	1		25	24	1
48	4	4					23	17	6
49	5	4	1	1	1		21	16	5
50岁及以上	**50**	**44**	**6**	**11**	**7**	**4**	**205**	**169**	**36**

3–2c　续表 10　　　　单位：人

年　龄	大学本科								
	合　计			在　校			毕　业		
	合计	男	女	小计	男	女	小计	男	女
总　计	**59440**	**29240**	**30200**	**23362**	**9995**	**13367**	**35082**	**18668**	**16414**
3									
4									
5–9岁									
5									
6									
7									
8									
9									
10–14岁	**1**		**1**	**1**		**1**			
10									
11									
12									
13									
14	1		1	1		1			
15–19岁	**8443**	**3525**	**4918**	**8253**	**3437**	**4816**	**164**	**72**	**92**
15	20	11	9	18	9	9	1	1	
16	92	31	61	90	30	60	1	1	
17	518	233	285	507	229	278	9	2	7
18	2895	1220	1675	2836	1192	1644	51	22	29
19	4918	2030	2888	4802	1977	2825	102	46	56
20–24岁	**22162**	**9644**	**12518**	**14346**	**6162**	**8184**	**7592**	**3376**	**4216**
20	5406	2266	3140	5134	2125	3009	255	127	128
21	4928	2136	2792	4299	1852	2447	601	271	330
22	4628	1980	2648	2900	1252	1648	1682	710	972
23	3841	1739	2102	1362	636	726	2401	1065	1336
24	3359	1523	1836	651	297	354	2653	1203	1450
25–29岁	**13375**	**6374**	**7001**	**655**	**330**	**325**	**12379**	**5856**	**6523**
25	3385	1541	1844	350	176	174	2951	1320	1631
26	2750	1285	1465	146	71	75	2525	1168	1357
27	2707	1262	1445	66	34	32	2569	1197	1372
28	2347	1142	1205	63	34	29	2228	1076	1152
29	2186	1144	1042	30	15	15	2106	1095	1011
30–34岁	**8385**	**4769**	**3616**	**73**	**41**	**32**	**8111**	**4614**	**3497**
30	2166	1152	1014	34	19	15	2079	1104	975
31	1819	1012	807	17	9	8	1762	983	779
32	1464	865	599	10	6	4	1411	835	576
33	1643	947	696	6	3	3	1599	920	679
34	1293	793	500	6	4	2	1260	772	488
35–39岁	**2932**	**1879**	**1053**	**12**	**9**	**3**	**2843**	**1818**	**1025**
35	798	502	296	5	4	1	774	483	291
36	569	362	207	1	1		552	350	202
37	553	351	202	2	1	1	534	339	195
38	571	386	185	2	1	1	556	377	179
39	441	278	163	2	2		427	269	158
40–44岁	**1375**	**958**	**417**	**8**	**7**	**1**	**1327**	**921**	**406**
40	299	204	95				291	197	94
41	278	192	86	2	2		265	186	79
42	267	190	77	2	2		258	182	76
43	249	177	72	1	1		242	171	71
44	282	195	87	3	2	1	271	185	86
45–49岁	**1129**	**821**	**308**	**7**	**5**	**2**	**1091**	**792**	**299**
45	245	164	81	2	2		232	152	80
46	237	172	65				232	168	64
47	232	177	55	3	1	2	227	174	53
48	222	167	55	1	1		216	163	53
49	193	141	52	1	1		184	135	49
50岁及以上	**1638**	**1270**	**368**	**7**	**4**	**3**	**1575**	**1219**	**356**

3-2c　续表 11　　　　　　　　　　　　　　　　　　　　　　　　　　　　单位：人

年　龄	大学本科								
	肄　业			辍　学			其　他		
	小计	男	女	小计	男	女	小计	男	女
总　计	**115**	**75**	**40**	**38**	**23**	**15**	**843**	**479**	**364**
3									
4									
5-9岁									
5									
6									
7									
8									
9									
10-14岁									
10									
11									
12									
13									
14									
15-19岁	**5**	**4**	**1**				**21**	**12**	**9**
15							1	1	
16	1		1						
17	1	1					1	1	
18	1	1					7	5	2
19	2	2					12	5	7
20-24岁	**27**	**14**	**13**	**11**	**6**	**5**	**186**	**86**	**100**
20	2	2		2	1	1	13	11	2
21	4	1	3				24	12	12
22	4	2	2	4	2	2	38	14	24
23	11	6	5	3	2	1	64	30	34
24	6	3	3	2	1	1	47	19	28
25-29岁	**32**	**19**	**13**	**11**	**7**	**4**	**298**	**162**	**136**
25	4	3	1	6	4	2	74	38	36
26	6	4	2	2	1	1	71	41	30
27	10	4	6	1	1		61	26	35
28	7	4	3	2	1	1	47	27	20
29	5	4	1				45	30	15
30-34岁	**30**	**21**	**9**	**9**	**4**	**5**	**162**	**89**	**73**
30	9	7	2	4	2	2	40	20	20
31	3	2	1	3	1	2	34	17	17
32	7	4	3				36	20	16
33	4	3	1	2	1	1	32	20	12
34	7	5	2				20	12	8
35-39岁	**12**	**9**	**3**	**2**	**2**		**63**	**41**	**22**
35	4	4					15	11	4
36	1	1		1	1		14	9	5
37	3	2	1				14	9	5
38	2	1	1				11	7	4
39	2	1	1	1	1		9	5	4
40-44岁	**2**	**2**		**1**	**1**		**37**	**27**	**10**
40	2	2					6	5	1
41							11	4	7
42							7	6	1
43							6	5	1
44				1	1		7	7	
45-49岁	**1**	**1**		**1**	**1**		**29**	**22**	**7**
45				1	1		10	9	1
46							5	4	1
47							2	2	
48							5	3	2
49	1	1					7	4	3
50岁及以上	**6**	**5**	**1**	**3**	**2**	**1**	**47**	**40**	**7**

3-2c　续表 12

单位：人

年　龄	硕士研究生								
	合　计			在　校			毕　业		
	合计	男	女	小计	男	女	小计	男	女
总　计	**2890**	**1318**	**1572**	**1405**	**592**	**813**	**1442**	**710**	**732**
3									
4									
5–9岁									
5									
6									
7									
8									
9									
10–14岁									
10									
11									
12									
13									
14									
15–19岁	**13**	**7**	**6**	**10**	**5**	**5**	**3**	**2**	**1**
15									
16									
17	3	1	2	2		2	1	1	
18	6	3	3	4	2	2	2	1	1
19	4	3	1	4	3	1			
20–24岁	**935**	**379**	**556**	**862**	**350**	**512**	**68**	**27**	**41**
20	16	5	11	15	5	10	1		1
21	45	26	19	42	24	18	3	2	1
22	212	78	134	200	72	128	9	5	4
23	315	121	194	299	117	182	16	4	12
24	347	149	198	306	132	174	39	16	23
25–29岁	**1132**	**466**	**666**	**499**	**217**	**282**	**621**	**244**	**377**
25	371	134	237	253	102	151	113	30	83
26	254	101	153	116	52	64	136	48	88
27	218	97	121	68	34	34	149	63	86
28	168	72	96	43	20	23	122	50	72
29	121	62	59	19	9	10	101	53	48
30–34岁	**435**	**235**	**200**	**27**	**16**	**11**	**400**	**215**	**185**
30	125	62	63	14	6	8	109	55	54
31	107	64	43	4	4		102	60	42
32	75	41	34	3	3		68	35	33
33	78	38	40	5	2	3	72	36	36
34	50	30	20	1	1		49	29	20
35–39岁	**172**	**94**	**78**	**2**	**2**		**162**	**91**	**71**
35	46	26	20	1	1		45	25	20
36	34	16	18				32	16	16
37	36	20	16				35	20	15
38	31	19	12	1	1		26	17	9
39	25	13	12				24	13	11
40–44岁	**48**	**27**	**21**	**1**	**1**		**47**	**26**	**21**
40	9	4	5				9	4	5
41	12	6	6				12	6	6
42	10	6	4				10	6	4
43	9	7	2	1	1		8	6	2
44	8	4	4				8	4	4
45–49岁	**43**	**26**	**17**	**2**	**1**	**1**	**40**	**24**	**16**
45	10	7	3	1	1		9	6	3
46	6	3	3				5	2	3
47	8	5	3				8	5	3
48	9	3	6				9	3	6
49	10	8	2	1		1	9	8	1
50岁及以上	**112**	**84**	**28**	**2**		**2**	**101**	**81**	**20**

3－2c 续表 13

单位：人

年 龄	硕士研究生								
	肄 业			辍 学			其 他		
	小计	男	女	小计	男	女	小计	男	女
总 计	**5**	**2**	**3**	**3**	**1**	**2**	**35**	**13**	**22**
3									
4									
5－9岁									
5									
6									
7									
8									
9									
10－14岁									
10									
11									
12									
13									
14									
15－19岁									
15									
16									
17									
18									
19									
20－24岁							**5**	**2**	**3**
20									
21									
22							3	1	2
23									
24							2	1	1
25－29岁	**3**	**1**	**2**				**9**	**4**	**5**
25	1		1				4	2	2
26							2	1	1
27	1		1						
28	1	1					2	1	1
29							1		1
30－34岁	**1**	**1**		**1**		**1**	**6**	**3**	**3**
30	1	1					1		1
31							1		1
32							4	3	1
33				1		1			
34									
35－39岁	**1**		**1**	**1**		**1**	**6**	**1**	**5**
35									
36							2		2
37				1		1			
38	1		1				3	1	2
39							1		1
40－44岁									
40									
41									
42									
43									
44									
45－49岁							**1**	**1**	
45									
46							1	1	
47									
48									
49									
50岁及以上				**1**	**1**		**8**	**2**	**6**

3-2c　续表 14　　　　　　　　单位：人

年龄	博士研究生								
	合计			在校			毕业		
	合计	男	女	小计	男	女	小计	男	女
总　计	**338**	**210**	**128**	**188**	**96**	**92**	**145**	**110**	**35**
3									
4									
5-9岁									
5									
6									
7									
8									
9									
10-14岁									
10									
11									
12									
13									
14									
15-19岁	**5**	**3**	**2**	**4**	**2**	**2**			
15									
16									
17									
18									
19	5	3	2	4	2	2			
20-24岁	**60**	**33**	**27**	**56**	**29**	**27**	**4**	**4**	
20	1	1					1	1	
21	3		3	3		3			
22	21	14	7	20	13	7	1	1	
23	14	9	5	12	7	5	2	2	
24	21	9	12	21	9	12			
25-29岁	**133**	**69**	**64**	**102**	**49**	**53**	**30**	**20**	**10**
25	29	12	17	26	10	16	3	2	1
26	22	12	10	17	9	8	5	3	2
27	34	14	20	28	11	17	5	3	2
28	33	18	15	25	14	11	8	4	4
29	15	13	2	6	5	1	9	8	1
30-34岁	**55**	**35**	**20**	**21**	**13**	**8**	**34**	**22**	**12**
30	19	10	9	8	4	4	11	6	5
31	16	13	3	7	7		9	6	3
32	13	8	5	4	2	2	9	6	3
33	4	2	2	1		1	3	2	1
34	3	2	1	1		1	2	2	
35-39岁	**26**	**19**	**7**	**4**	**2**	**2**	**21**	**16**	**5**
35	7	6	1	1	1		5	4	1
36	3	1	2	1		1	2	1	1
37	3	2	1				3	2	1
38	9	6	3	1		1	8	6	2
39	4	4		1	1		3	3	
40-44岁	**18**	**15**	**3**	**1**	**1**		**17**	**14**	**3**
40	3	3					3	3	
41	7	5	2				7	5	2
42									
43	3	2	1				3	2	1
44	5	5		1	1		4	4	
45-49岁	**13**	**11**	**2**				**12**	**10**	**2**
45									
46	3	3					3	3	
47	5	5					4	4	
48	1	1					1	1	
49	4	2	2				4	2	2
50岁及以上	**28**	**25**	**3**				**27**	**24**	**3**

3-2c 续表 15

单位：人

年 龄	博士研究生								
	肄 业			辍 学			其 他		
	小计	男	女	小计	男	女	小计	男	女
总 计							**5**	**4**	**1**
3									
4									
5-9岁									
5									
6									
7									
8									
9									
10-14岁									
10									
11									
12									
13									
14									
15-19岁							**1**	**1**	
15									
16									
17									
18									
19							1	1	
20-24岁									
20									
21									
22									
23									
24									
25-29岁							**1**		**1**
25									
26									
27							1		1
28									
29									
30-34岁									
30									
31									
32									
33									
34									
35-39岁							**1**	**1**	
35							1	1	
36									
37									
38									
39									
40-44岁									
40									
41									
42									
43									
44									
45-49岁							**1**	**1**	
45									
46									
47							1	1	
48									
49									
50岁及以上							**1**	**1**	

第二部分　长表数据资料

第四卷　就业

4-1 各地区分性别、年龄的就业人口

单位：人

地区 性别	合计	16-19岁	20-24岁	25-29岁	30-34岁	35-39岁	40-44岁
全省	**4552395**	**53851**	**293304**	**477536**	**592708**	**420956**	**437453**
成都市	1021153	7624	81736	142032	176500	120161	104340
自贡市	120944	1058	5738	10099	14204	10912	11003
攀枝花市	71385	1207	4762	6670	8359	6465	8711
泸州市	204447	3361	11279	16832	21856	17269	17781
德阳市	196112	1799	9363	15213	22140	16260	18845
绵阳市	296373	2486	14062	25629	34098	24950	29987
广元市	125882	616	5984	10952	12342	8397	10948
遂宁市	177864	1896	11263	20527	26118	17003	16684
内江市	200261	2532	11446	14694	27909	17097	18420
乐山市	146462	1116	7064	13241	15283	13086	15241
南充市	413191	4273	24588	40082	49402	33315	35762
眉山市	142533	777	6384	13452	16115	11465	13566
宜宾市	238019	3389	14183	22562	24417	21167	22159
广安市	172065	2280	10560	15676	18338	12194	12965
达州市	368016	6269	25665	40239	47220	28861	34411
雅安市	77789	838	4622	8020	8421	7124	6636
巴中市	158498	1500	11293	17157	17910	11212	14934
资阳市	103456	1120	4161	6102	12364	7439	8679
阿坝藏族羌族自治州	40732	585	3011	5103	5610	5106	5277
甘孜藏族自治州	56051	1341	5277	7352	7766	7421	7691
凉山彝族自治州	221162	7784	20863	25902	26336	24052	23413
男	**2578043**	**31508**	**158096**	**263203**	**331062**	**232500**	**237743**
成都市	588235	4512	42745	76600	98133	67088	57897
自贡市	68242	607	3190	5537	7778	5910	5833
攀枝花市	40926	700	2553	3584	4589	3491	4755
泸州市	111981	1932	6085	9074	11699	9244	9336
德阳市	110345	1179	5131	8305	11995	8712	9911
绵阳市	165753	1385	7418	13810	18342	13367	15964
广元市	71181	378	3149	6153	6881	4508	5784
遂宁市	106903	1092	6314	12082	15819	10104	9544
内江市	112717	1523	6173	8015	15693	9633	9889
乐山市	84049	678	3841	7406	8402	7100	8252
南充市	227410	2420	13185	21976	27213	18086	18950
眉山市	80498	469	3411	7390	8796	6176	7297
宜宾市	132988	2072	7926	12606	13543	11675	12021
广安市	92884	1314	5744	8641	10130	6523	6666
达州市	214958	3713	14258	23431	27845	16474	19293
雅安市	43588	518	2490	4340	4454	3855	3586
巴中市	93434	903	6418	10149	10911	6540	8647
资阳市	58286	656	2231	3334	7124	4206	4652
阿坝藏族羌族自治州	23560	407	1737	2736	3178	2876	2960
甘孜藏族自治州	30926	787	2827	3926	4265	4006	4174
凉山彝族自治州	119179	4263	11270	14108	14272	12926	12332
女	**1974352**	**22343**	**135208**	**214333**	**261646**	**188456**	**199710**
成都市	432918	3112	38991	65432	78367	53073	46443
自贡市	52702	451	2548	4562	6426	5002	5170
攀枝花市	30459	507	2209	3086	3770	2974	3956
泸州市	92466	1429	5194	7758	10157	8025	8445
德阳市	85767	620	4232	6908	10145	7548	8934
绵阳市	130620	1101	6644	11819	15756	11583	14023
广元市	54701	238	2835	4799	5461	3889	5164
遂宁市	70961	804	4949	8445	10299	6899	7140
内江市	87544	1009	5273	6679	12216	7464	8531
乐山市	62413	438	3223	5835	6881	5986	6989
南充市	185781	1853	11403	18106	22189	15229	16812
眉山市	62035	308	2973	6062	7319	5289	6269
宜宾市	105031	1317	6257	9956	10874	9492	10138
广安市	79181	966	4816	7035	8208	5671	6299
达州市	153058	2556	11407	16808	19375	12387	15118
雅安市	34201	320	2132	3680	3967	3269	3050
巴中市	65064	597	4875	7008	6999	4672	6287
资阳市	45170	464	1930	2768	5240	3233	4027
阿坝藏族羌族自治州	17172	178	1274	2367	2432	2230	2317
甘孜藏族自治州	25125	554	2450	3426	3501	3415	3517
凉山彝族自治州	101983	3521	9593	11794	12064	11126	11081

4-1 续表

单位：人

地区 性别	45－49岁	50－54岁	55－59岁	60－64岁	65－69岁	70－74岁	75岁及以上
全省	**714233**	**621972**	**395858**	**179494**	**206261**	**98156**	**60613**
成都市	150987	118420	67685	20396	19997	7582	3693
自贡市	19809	18070	11687	5847	7106	3488	1923
攀枝花市	15192	10193	5256	1781	1502	668	619
泸州市	33169	30143	20468	11277	12291	5243	3478
德阳市	30919	27981	20991	9600	13100	5906	3995
绵阳市	47682	41185	29557	14460	17596	8789	5892
广元市	21986	19176	13353	7201	8418	4103	2406
遂宁市	26038	23081	15414	6858	7510	3531	1941
内江市	32908	30202	19632	8354	9424	4574	3069
乐山市	26472	23360	13929	5982	6526	3028	2134
南充市	62378	60410	38514	20900	24288	12038	7241
眉山市	23800	23029	14074	6009	7787	3858	2217
宜宾市	39249	33685	22353	11475	13581	5958	3841
广安市	23943	23066	17769	10545	13602	6773	4354
达州市	59965	52936	33332	13136	14894	7241	3847
雅安市	14099	12672	7408	2752	3087	1223	887
巴中市	24236	21496	12758	7563	9311	5761	3367
资阳市	15577	14521	10325	6441	8986	4719	3022
阿坝藏族羌族自治州	6106	4915	2673	1081	761	313	191
甘孜藏族自治州	7935	6190	2944	984	581	324	245
凉山彝族自治州	31783	27241	15736	6852	5913	3036	2251
男	**395055**	**368090**	**245463**	**106630**	**116677**	**56895**	**35121**
成都市	86213	76048	47252	12935	11826	4599	2387
自贡市	10631	10662	7365	3520	4078	2003	1128
攀枝花市	8709	6566	3407	1058	802	380	332
泸州市	17622	16631	11860	6577	6922	2964	2035
德阳市	16811	16714	13053	5522	7167	3475	2370
绵阳市	25927	24309	18280	8514	9860	5181	3396
广元市	12172	11411	8193	4112	4682	2328	1430
遂宁市	15006	13972	10227	4742	4656	2169	1176
内江市	17697	17222	11639	5120	5587	2675	1851
乐山市	14904	14280	8976	3547	3746	1737	1180
南充市	33098	33178	22092	12357	13633	7095	4127
眉山市	13184	13674	8690	3534	4382	2195	1300
宜宾市	21615	19304	12973	6362	7425	3318	2148
广安市	12227	12278	9893	5983	7383	3732	2370
达州市	34324	31902	20825	7938	8564	4198	2193
雅安市	7624	7478	4656	1605	1756	706	520
巴中市	13990	12838	7933	4618	5251	3294	1942
资阳市	8463	8292	6044	3662	4974	2834	1814
阿坝藏族羌族自治州	3523	2968	1726	677	463	198	111
甘孜藏族自治州	4447	3462	1794	594	349	171	124
凉山彝族自治州	16868	14901	8585	3653	3171	1643	1187
女	**319178**	**253882**	**150395**	**72864**	**89584**	**41261**	**25492**
成都市	64774	42372	20433	7461	8171	2983	1306
自贡市	9178	7408	4322	2327	3028	1485	795
攀枝花市	6483	3627	1849	723	700	288	287
泸州市	15547	13512	8608	4700	5369	2279	1443
德阳市	14108	11267	7938	4078	5933	2431	1625
绵阳市	21755	16876	11277	5946	7736	3608	2496
广元市	9814	7765	5160	3089	3736	1775	976
遂宁市	11032	9109	5187	2116	2854	1362	765
内江市	15211	12980	7993	3234	3837	1899	1218
乐山市	11568	9080	4953	2435	2780	1291	954
南充市	29280	27232	16422	8543	10655	4943	3114
眉山市	10616	9355	5384	2475	3405	1663	917
宜宾市	17634	14381	9380	5113	6156	2640	1693
广安市	11716	10788	7876	4562	6219	3041	1984
达州市	25641	21034	12507	5198	6330	3043	1654
雅安市	6475	5194	2752	1147	1331	517	367
巴中市	10246	8658	4825	2945	4060	2467	1425
资阳市	7114	6229	4281	2779	4012	1885	1208
阿坝藏族羌族自治州	2583	1947	947	404	298	115	80
甘孜藏族自治州	3488	2728	1150	390	232	153	121
凉山彝族自治州	14915	12340	7151	3199	2742	1393	1064

4-1a 各地区分性别、年龄的就业人口(城市)

单位：人

地区 性别	合计	16-19岁	20-24岁	25-29岁	30-34岁	35-39岁	40-44岁
全省	**1463437**	**12349**	**111473**	**198763**	**257381**	**182676**	**165197**
成都市	724544	5436	65958	115176	140067	95355	76862
自贡市	32452	178	1569	3469	5395	4641	3794
攀枝花市	32781	269	1841	2929	4226	3241	4889
泸州市	53771	1152	3637	5534	8032	6178	5286
德阳市	59444	759	3629	5687	9289	7271	7227
绵阳市	81318	713	4788	9040	12922	10299	10870
广元市	21820	70	1247	2722	3440	2315	2584
遂宁市	50629	346	2980	6200	9114	6381	5986
内江市	35923	248	2092	3099	6278	4391	4229
乐山市	37246	172	1986	4380	5767	4801	4782
南充市	82481	667	5169	9346	12767	9269	9149
眉山市	31260	140	1691	3909	5234	3812	4036
宜宾市	48736	689	3519	6170	7648	6400	5958
广安市	29663	454	2035	3165	3741	2620	2717
达州市	60442	405	3898	7730	9737	6398	7433
雅安市	12968	96	791	1558	2077	1599	1280
巴中市	22864	136	1627	3231	3738	2253	2877
资阳市	16686	107	952	1656	3444	1869	2040
阿坝藏族羌族自治州	1382	4	44	178	224	265	183
甘孜藏族自治州	2342	9	154	337	382	339	289
凉山彝族自治州	24685	299	1866	3247	3859	2979	2726
男	**825515**	**6974**	**56749**	**104419**	**138432**	**98107**	**88640**
成都市	415304	3151	33622	61271	77392	52937	42534
自贡市	18352	100	826	1766	2771	2405	1967
攀枝花市	19574	160	953	1522	2329	1721	2700
泸州市	28185	616	1813	2778	3977	3178	2679
德阳市	33380	539	2007	2842	4689	3748	3718
绵阳市	44808	371	2319	4638	6631	5189	5515
广元市	11995	40	546	1398	1741	1164	1331
遂宁市	29399	187	1622	3290	5004	3412	3239
内江市	19379	125	1013	1498	3130	2250	2142
乐山市	20894	94	971	2317	2970	2471	2432
南充市	43307	271	2486	4706	6327	4654	4560
眉山市	17426	75	895	2037	2715	1970	2128
宜宾市	27878	440	1879	3309	4132	3423	3169
广安市	14662	236	1020	1533	1867	1259	1321
达州市	34974	207	1972	4161	5363	3400	4072
雅安市	7094	61	390	760	1008	814	681
巴中市	13560	73	848	1797	2153	1233	1649
资阳市	9802	57	506	836	1916	1043	1122
阿坝藏族羌族自治州	727	2	19	89	98	131	92
甘孜藏族自治州	1319	7	84	180	204	174	150
凉山彝族自治州	13496	162	958	1691	2015	1531	1439
女	**637922**	**5375**	**54724**	**94344**	**118949**	**84569**	**76557**
成都市	309240	2285	32336	53905	62675	42418	34328
自贡市	14100	78	743	1703	2624	2236	1827
攀枝花市	13207	109	888	1407	1897	1520	2189
泸州市	25586	536	1824	2756	4055	3000	2607
德阳市	26064	220	1622	2845	4600	3523	3509
绵阳市	36510	342	2469	4402	6291	5110	5355
广元市	9825	30	701	1324	1699	1151	1253
遂宁市	21230	159	1358	2910	4110	2969	2747
内江市	16544	123	1079	1601	3148	2141	2087
乐山市	16352	78	1015	2063	2797	2330	2350
南充市	39174	396	2683	4640	6440	4615	4589
眉山市	13834	65	796	1872	2519	1842	1908
宜宾市	20858	249	1640	2861	3516	2977	2789
广安市	15001	218	1015	1632	1874	1361	1396
达州市	25468	198	1926	3569	4374	2998	3361
雅安市	5874	35	401	798	1069	785	599
巴中市	9304	63	779	1434	1585	1020	1228
资阳市	6884	50	446	820	1528	826	918
阿坝藏族羌族自治州	655	2	25	89	126	134	91
甘孜藏族自治州	1023	2	70	157	178	165	139
凉山彝族自治州	11189	137	908	1556	1844	1448	1287

4—1a 续表 单位：人

地区 性别	45—49岁	50—54岁	55—59岁	60—64岁	65—69岁	70—74岁	75岁及以上
全省	**233971**	**166407**	**91009**	**22193**	**15594**	**4283**	**2141**
成都市	101767	71827	37683	7777	4860	1239	537
自贡市	5653	4269	2531	514	330	73	36
攀枝花市	8600	4477	1800	269	148	53	39
泸州市	8593	6789	4414	1987	1492	417	260
德阳市	10432	7714	4771	1136	1071	306	152
绵阳市	14611	9532	5761	1426	957	261	138
广元市	4337	2894	1513	357	262	62	17
遂宁市	8256	5877	3588	949	684	191	77
内江市	6762	4731	2839	662	399	125	68
乐山市	7037	4906	2540	459	294	81	41
南充市	14024	11588	6497	2222	1331	313	139
眉山市	5202	4086	2232	402	346	115	55
宜宾市	8774	5544	2862	549	436	120	67
广安市	4615	3837	2876	1417	1500	437	249
达州市	11283	8109	4037	771	448	132	61
雅安市	2252	1825	992	205	195	65	33
巴中市	3849	2839	1330	454	372	116	42
资阳市	3123	2049	1097	173	122	29	25
阿坝藏族羌族自治州	219	165	71	17	4	6	2
甘孜藏族自治州	416	261	114	22	12	4	3
凉山彝族自治州	4166	3088	1461	425	331	138	100
男	**130462**	**107848**	**66026**	**14518**	**9507**	**2584**	**1249**
成都市	58286	47761	28534	5439	3235	791	351
自贡市	3053	2894	1991	328	192	40	19
攀枝花市	5144	3324	1387	188	82	40	24
泸州市	4425	3849	2645	1089	787	217	132
德阳市	5724	5074	3448	709	596	190	96
绵阳市	7936	6202	4176	955	627	162	87
广元市	2386	1861	1095	224	163	41	5
遂宁市	4651	3901	2741	719	469	122	42
内江市	3451	2963	2023	415	249	78	42
乐山市	3843	3304	1937	296	189	49	21
南充市	7122	6478	4209	1409	802	208	75
眉山市	2872	2594	1571	271	197	64	37
宜宾市	4951	3692	2164	354	256	65	44
广安市	2213	1947	1484	736	717	211	118
达州市	6528	5332	2968	543	304	89	35
雅安市	1172	1200	721	127	115	30	15
巴中市	2249	1885	978	332	246	85	32
资阳市	1790	1414	880	116	85	21	16
阿坝藏族羌族自治州	120	99	56	12	3	4	2
甘孜藏族自治州	243	165	81	16	10	2	3
凉山彝族自治州	2303	1909	937	240	183	75	53
女	**103509**	**58559**	**24983**	**7675**	**6087**	**1699**	**892**
成都市	43481	24066	9149	2338	1625	448	186
自贡市	2600	1375	540	186	138	33	17
攀枝花市	3456	1153	413	81	66	13	15
泸州市	4168	2940	1769	898	705	200	128
德阳市	4708	2640	1323	427	475	116	56
绵阳市	6675	3330	1585	471	330	99	51
广元市	1951	1033	418	133	99	21	12
遂宁市	3605	1976	847	230	215	69	35
内江市	3311	1768	816	247	150	47	26
乐山市	3194	1602	603	163	105	32	20
南充市	6902	5110	2288	813	529	105	64
眉山市	2330	1492	661	131	149	51	18
宜宾市	3823	1852	698	195	180	55	23
广安市	2402	1890	1392	681	783	226	131
达州市	4755	2777	1069	228	144	43	26
雅安市	1080	625	271	78	80	35	18
巴中市	1600	954	352	122	126	31	10
资阳市	1333	635	217	57	37	8	9
阿坝藏族羌族自治州	99	66	15	5	1	2	
甘孜藏族自治州	173	96	33	6	2	2	
凉山彝族自治州	1863	1179	524	185	148	63	47

4-1b 各地区分性别、年龄的就业人口(镇)

单位：人

地区 性别	合计	16-19岁	20-24岁	25-29岁	30-34岁	35-39岁	40-44岁
全省	**853394**	**8549**	**49220**	**88363**	**115121**	**85265**	**93030**
成都市	60078	402	3308	6141	8801	6231	6451
自贡市	25850	191	1299	2496	3468	2622	2854
攀枝花市	11029	194	741	1164	1428	1159	1194
泸州市	50758	640	2709	4881	6327	5028	5114
德阳市	36233	266	1802	2962	4249	3023	3935
绵阳市	43207	341	1889	3888	5444	3972	5076
广元市	28547	94	1281	2674	3428	2469	3192
遂宁市	25967	220	1516	2867	4032	2778	2758
内江市	46671	452	2606	3648	7242	4536	5192
乐山市	32433	206	1676	3391	4012	3413	4021
南充市	89285	787	5121	9241	11984	8245	9081
眉山市	36519	173	1768	3848	4791	3465	3925
宜宾市	64126	706	3841	7181	7731	6645	6509
广安市	41965	312	2472	4404	5952	4225	4234
达州市	92189	1322	5690	9807	12935	8735	9935
雅安市	24430	213	1473	2725	2888	2592	2378
巴中市	35691	233	2349	4365	4935	3325	4253
资阳市	22466	189	959	1672	3397	2239	2613
阿坝藏族羌族自治州	15082	153	982	2000	2289	1928	2045
甘孜藏族自治州	14903	210	1224	2157	2403	1993	2015
凉山彝族自治州	55965	1245	4514	6851	7385	6642	6255
男	**472323**	**4858**	**25466**	**46271**	**61341**	**45122**	**49093**
成都市	34154	218	1739	3269	4719	3305	3526
自贡市	14292	97	675	1287	1818	1363	1463
攀枝花市	6127	103	397	580	746	635	663
泸州市	27032	356	1362	2407	3268	2615	2636
德阳市	20345	154	936	1620	2296	1568	2047
绵阳市	23713	178	917	1917	2788	2004	2634
广元市	16136	56	626	1349	1796	1286	1586
遂宁市	15642	115	807	1654	2415	1604	1580
内江市	25358	257	1355	1885	3799	2391	2656
乐山市	18792	125	892	1809	2147	1845	2205
南充市	46599	455	2556	4719	6121	4189	4511
眉山市	20389	102	913	2066	2547	1819	2059
宜宾市	35002	417	1976	3758	4052	3523	3492
广安市	22294	178	1279	2231	3079	2159	2132
达州市	52409	762	3048	5402	7296	4819	5363
雅安市	13511	132	760	1382	1513	1359	1234
巴中市	21122	124	1236	2376	2801	1887	2417
资阳市	12264	113	434	852	1755	1166	1319
阿坝藏族羌族自治州	8573	116	547	1014	1199	1057	1117
甘孜藏族自治州	8055	127	625	1115	1232	1007	1047
凉山彝族自治州	30514	673	2386	3579	3954	3521	3406
女	**381071**	**3691**	**23754**	**42092**	**53780**	**40143**	**43937**
成都市	25924	184	1569	2872	4082	2926	2925
自贡市	11558	94	624	1209	1650	1259	1391
攀枝花市	4902	91	344	584	682	524	531
泸州市	23726	284	1347	2474	3059	2413	2478
德阳市	15888	112	866	1342	1953	1455	1888
绵阳市	19494	163	972	1971	2656	1968	2442
广元市	12411	38	655	1325	1632	1183	1606
遂宁市	10325	105	709	1213	1617	1174	1178
内江市	21313	195	1251	1763	3443	2145	2536
乐山市	13641	81	784	1582	1865	1568	1816
南充市	42686	332	2565	4522	5863	4056	4570
眉山市	16130	71	855	1782	2244	1646	1866
宜宾市	29124	289	1865	3423	3679	3122	3017
广安市	19671	134	1193	2173	2873	2066	2102
达州市	39780	560	2642	4405	5639	3916	4572
雅安市	10919	81	713	1343	1375	1233	1144
巴中市	14569	109	1113	1989	2134	1438	1836
资阳市	10202	76	525	820	1642	1073	1294
阿坝藏族羌族自治州	6509	37	435	986	1090	871	928
甘孜藏族自治州	6848	83	599	1042	1171	986	968
凉山彝族自治州	25451	572	2128	3272	3431	3121	2849

4-1b　续表　　　　　　　　　　　　　　　　　　　　　　　　　　　　　　　单位：人

地　区 性　别	45-49岁	50-54岁	55-59岁	60-64岁	65-69岁	70-74岁	75岁及以上
全省	**148765**	**122751**	**74270**	**26492**	**25766**	**10062**	**5740**
成都市	10433	8907	5204	1582	1653	616	349
自贡市	4833	3871	2264	801	761	254	136
攀枝花市	2053	1529	859	290	248	102	68
泸州市	8914	7454	4696	1934	1854	742	465
德阳市	6028	5186	3850	1541	1998	831	562
绵阳市	7926	6544	4303	1489	1467	572	296
广元市	5832	4353	2731	1036	920	357	180
遂宁市	4220	3430	2222	805	718	269	132
内江市	8303	7124	4353	1256	1207	467	285
乐山市	6334	5014	2606	687	645	251	177
南充市	14708	13228	8158	3495	3383	1183	671
眉山市	6513	5660	3233	1090	1267	517	269
宜宾市	10993	8979	5684	2327	2185	853	492
广安市	7322	5714	3804	1362	1355	543	266
达州市	16034	13154	8073	2604	2485	958	457
雅安市	4622	3758	2135	672	633	213	128
巴中市	6661	4881	2588	868	704	350	179
资阳市	4122	3303	2015	737	786	277	157
阿坝藏族羌族自治州	2340	1845	897	268	223	67	45
甘孜藏族自治州	2110	1676	700	196	104	72	43
凉山彝族自治州	8464	7141	3895	1452	1170	568	383
男	**80761**	**72713**	**47060**	**15848**	**14724**	**5826**	**3240**
成都市	5788	5590	3499	950	971	365	215
自贡市	2538	2368	1526	486	441	144	86
攀枝花市	1117	939	558	165	127	59	38
泸州市	4583	4140	2838	1126	1029	417	255
德阳市	3251	3112	2460	944	1142	488	327
绵阳市	4206	3907	2836	914	870	353	189
广元市	3257	2779	1885	641	561	213	101
遂宁市	2459	2132	1555	604	462	177	78
内江市	4457	4092	2621	757	671	275	142
乐山市	3632	3205	1856	439	391	143	103
南充市	7500	7082	4518	2006	1908	671	363
眉山市	3550	3351	2138	650	727	308	159
宜宾市	5957	5206	3408	1293	1194	458	268
广安市	3703	3243	2339	804	724	287	136
达州市	8965	7892	5069	1560	1416	558	259
雅安市	2476	2276	1413	390	382	118	76
巴中市	3934	3160	1860	578	425	218	106
资阳市	2190	1996	1308	445	425	173	88
阿坝藏族羌族自治州	1361	1144	625	167	150	46	30
甘孜藏族自治州	1167	996	480	131	72	38	18
凉山彝族自治州	4670	4103	2268	798	636	317	203
女	**68004**	**50038**	**27210**	**10644**	**11042**	**4236**	**2500**
成都市	4645	3317	1705	632	682	251	134
自贡市	2295	1503	738	315	320	110	50
攀枝花市	936	590	301	125	121	43	30
泸州市	4331	3314	1858	808	825	325	210
德阳市	2777	2074	1390	597	856	343	235
绵阳市	3720	2637	1467	575	597	219	107
广元市	2575	1574	846	395	359	144	79
遂宁市	1761	1298	667	201	256	92	54
内江市	3846	3032	1732	499	536	192	143
乐山市	2702	1809	750	248	254	108	74
南充市	7208	6146	3640	1489	1475	512	308
眉山市	2963	2309	1095	440	540	209	110
宜宾市	5036	3773	2276	1034	991	395	224
广安市	3619	2471	1465	558	631	256	130
达州市	7069	5262	3004	1044	1069	400	198
雅安市	2146	1482	722	282	251	95	52
巴中市	2727	1721	728	290	279	132	73
资阳市	1932	1307	707	292	361	104	69
阿坝藏族羌族自治州	979	701	272	101	73	21	15
甘孜藏族自治州	943	680	220	65	32	34	25
凉山彝族自治州	3794	3038	1627	654	534	251	180

4-1c 各地区分性别、年龄的就业人口(乡村)

单位：人

地区 性别	合计	16-19岁	20-24岁	25-29岁	30-34岁	35-39岁	40-44岁
全省	**2235564**	**32953**	**132611**	**190410**	**220206**	**153015**	**179226**
成都市	236531	1786	12470	20715	27632	18575	21027
自贡市	62642	689	2870	4134	5341	3649	4355
攀枝花市	27575	744	2180	2577	2705	2065	2628
泸州市	99918	1569	4933	6417	7497	6063	7381
德阳市	100435	774	3932	6564	8602	5966	7683
绵阳市	171848	1432	7385	12701	15732	10679	14041
广元市	75515	452	3456	5556	5474	3613	5172
遂宁市	101268	1330	6767	11460	12972	7844	7940
内江市	117667	1832	6748	7947	14389	8170	8999
乐山市	76783	738	3402	5470	5504	4872	6438
南充市	241425	2819	14298	21495	24651	15801	17532
眉山市	74754	464	2925	5695	6090	4188	5605
宜宾市	125157	1994	6823	9211	9038	8122	9692
广安市	100437	1514	6053	8107	8645	5349	6014
达州市	215385	4542	16077	22702	24548	13728	17043
雅安市	40391	529	2358	3737	3456	2933	2978
巴中市	99943	1131	7317	9561	9237	5634	7804
资阳市	64304	824	2250	2774	5523	3331	4026
阿坝藏族羌族自治州	24268	428	1985	2925	3097	2913	3049
甘孜藏族自治州	38806	1122	3899	4858	4981	5089	5387
凉山彝族自治州	140512	6240	14483	15804	15092	14431	14432
男	**1280205**	**19676**	**75881**	**112513**	**131289**	**89271**	**100010**
成都市	138777	1143	7384	12060	16022	10846	11837
自贡市	35598	410	1689	2484	3189	2142	2403
攀枝花市	15225	437	1203	1482	1514	1135	1392
泸州市	56764	960	2910	3889	4454	3451	4021
德阳市	56620	486	2188	3843	5010	3396	4146
绵阳市	97232	836	4182	7255	8923	6174	7815
广元市	43050	282	1977	3406	3344	2058	2867
遂宁市	61862	790	3885	7138	8400	5088	4725
内江市	67980	1141	3805	4632	8764	4992	5091
乐山市	44363	459	1978	3280	3285	2784	3615
南充市	137504	1694	8143	12551	14765	9243	9879
眉山市	42683	292	1603	3287	3534	2387	3110
宜宾市	70108	1215	4071	5539	5359	4729	5360
广安市	55928	900	3445	4877	5184	3105	3213
达州市	127575	2744	9238	13868	15186	8255	9858
雅安市	22983	325	1340	2198	1933	1682	1671
巴中市	58752	706	4334	5976	5957	3420	4581
资阳市	36220	486	1291	1646	3453	1997	2211
阿坝藏族羌族自治州	14260	289	1171	1633	1881	1688	1751
甘孜藏族自治州	21552	653	2118	2631	2829	2825	2977
凉山彝族自治州	75169	3428	7926	8838	8303	7874	7487
女	**955359**	**13277**	**56730**	**77897**	**88917**	**63744**	**79216**
成都市	97754	643	5086	8655	11610	7729	9190
自贡市	27044	279	1181	1650	2152	1507	1952
攀枝花市	12350	307	977	1095	1191	930	1236
泸州市	43154	609	2023	2528	3043	2612	3360
德阳市	43815	288	1744	2721	3592	2570	3537
绵阳市	74616	596	3203	5446	6809	4505	6226
广元市	32465	170	1479	2150	2130	1555	2305
遂宁市	39406	540	2882	4322	4572	2756	3215
内江市	49687	691	2943	3315	5625	3178	3908
乐山市	32420	279	1424	2190	2219	2088	2823
南充市	103921	1125	6155	8944	9886	6558	7653
眉山市	32071	172	1322	2408	2556	1801	2495
宜宾市	55049	779	2752	3672	3679	3393	4332
广安市	44509	614	2608	3230	3461	2244	2801
达州市	87810	1798	6839	8834	9362	5473	7185
雅安市	17408	204	1018	1539	1523	1251	1307
巴中市	41191	425	2983	3585	3280	2214	3223
资阳市	28084	338	959	1128	2070	1334	1815
阿坝藏族羌族自治州	10008	139	814	1292	1216	1225	1298
甘孜藏族自治州	17254	469	1781	2227	2152	2264	2410
凉山彝族自治州	65343	2812	6557	6966	6789	6557	6945

4-1c 续表

单位：人

地区 性别	45-49岁	50-54岁	55-59岁	60-64岁	65-69岁	70-74岁	75岁及以上
全省	**331497**	**332814**	**230579**	**130809**	**164901**	**83811**	**52732**
成都市	38787	37686	24798	11037	13484	5727	2807
自贡市	9323	9930	6892	4532	6015	3161	1751
攀枝花市	4539	4187	2597	1222	1106	513	512
泸州市	15662	15900	11358	7356	8945	4084	2753
德阳市	14459	15081	12370	6923	10031	4769	3281
绵阳市	25145	25109	19493	11545	15172	7956	5458
广元市	11817	11929	9109	5808	7236	3684	2209
遂宁市	13562	13774	9604	5104	6108	3071	1732
内江市	17843	18347	12440	6436	7818	3982	2716
乐山市	13101	13440	8783	4836	5587	2696	1916
南充市	33646	35594	23859	15183	19574	10542	6431
眉山市	12085	13283	8609	4517	6174	3226	1893
宜宾市	19482	19162	13807	8599	10960	4985	3282
广安市	12006	13515	11089	7766	10747	5793	3839
达州市	32648	31673	21222	9761	11961	6151	3329
雅安市	7225	7089	4281	1875	2259	945	726
巴中市	13726	13776	8840	6241	8235	5295	3146
资阳市	8332	9169	7213	5531	8078	4413	2840
阿坝藏族羌族自治州	3547	2905	1705	796	534	240	144
甘孜藏族自治州	5409	4253	2130	766	465	248	199
凉山彝族自治州	19153	17012	10380	4975	4412	2330	1768
男	**183832**	**187529**	**132377**	**76264**	**92446**	**48485**	**30632**
成都市	22139	22697	15219	6546	7620	3443	1821
自贡市	5040	5400	3848	2706	3445	1819	1023
攀枝花市	2448	2303	1462	705	593	281	270
泸州市	8614	8642	6377	4362	5106	2330	1648
德阳市	7836	8528	7145	3869	5429	2797	1947
绵阳市	13785	14200	11268	6645	8363	4666	3120
广元市	6529	6771	5213	3247	3958	2074	1324
遂宁市	7896	7939	5931	3419	3725	1870	1056
内江市	9789	10167	6995	3948	4667	2322	1667
乐山市	7429	7771	5183	2812	3166	1545	1056
南充市	18476	19618	13365	8942	10923	6216	3689
眉山市	6762	7729	4981	2613	3458	1823	1104
宜宾市	10707	10406	7401	4715	5975	2795	1836
广安市	6311	7088	6070	4443	5942	3234	2116
达州市	18831	18678	12788	5835	6844	3551	1899
雅安市	3976	4002	2522	1088	1259	558	429
巴中市	7807	7793	5095	3708	4580	2991	1804
资阳市	4483	4882	3856	3101	4464	2640	1710
阿坝藏族羌族自治州	2042	1725	1045	498	310	148	79
甘孜藏族自治州	3037	2301	1233	447	267	131	103
凉山彝族自治州	9895	8889	5380	2615	2352	1251	931
女	**147665**	**145285**	**98202**	**54545**	**72455**	**35326**	**22100**
成都市	16648	14989	9579	4491	5864	2284	986
自贡市	4283	4530	3044	1826	2570	1342	728
攀枝花市	2091	1884	1135	517	513	232	242
泸州市	7048	7258	4981	2994	3839	1754	1105
德阳市	6623	6553	5225	3054	4602	1972	1334
绵阳市	11360	10909	8225	4900	6809	3290	2338
广元市	5288	5158	3896	2561	3278	1610	885
遂宁市	5666	5835	3673	1685	2383	1201	676
内江市	8054	8180	5445	2488	3151	1660	1049
乐山市	5672	5669	3600	2024	2421	1151	860
南充市	15170	15976	10494	6241	8651	4326	2742
眉山市	5323	5554	3628	1904	2716	1403	789
宜宾市	8775	8756	6406	3884	4985	2190	1446
广安市	5695	6427	5019	3323	4805	2559	1723
达州市	13817	12995	8434	3926	5117	2600	1430
雅安市	3249	3087	1759	787	1000	387	297
巴中市	5919	5983	3745	2533	3655	2304	1342
资阳市	3849	4287	3357	2430	3614	1773	1130
阿坝藏族羌族自治州	1505	1180	660	298	224	92	65
甘孜藏族自治州	2372	1952	897	319	198	117	96
凉山彝族自治州	9258	8123	5000	2360	2060	1079	837

4-2　各地区分性别、受教育程度的就业人口

单位：人

地　区 性　别	合　计	未上过学	学前教育	小　学	初　中	高　中	大学专科	大学本科	硕　士 研究生	博　士 研究生
全省	**4552395**	**106334**	**6237**	**1122456**	**1816880**	**668354**	**456733**	**339520**	**31997**	**3884**
成都市	1021153	4871	393	134192	327598	186402	178167	163619	23032	2879
自贡市	120944	1889	90	33605	51627	16046	10106	7131	401	49
攀枝花市	71385	2387	36	16112	25337	11674	9027	6385	393	34
泸州市	204447	3553	415	66561	77810	27305	16129	11938	677	59
德阳市	196112	4797	398	53620	78653	28814	17538	11379	845	68
绵阳市	296373	7187	535	77037	120529	43333	26364	19397	1671	320
广元市	125882	4219	346	38229	45139	18230	12299	7139	272	9
遂宁市	177864	2632	158	37833	89911	27419	11616	7980	290	25
内江市	200261	2888	212	50778	98450	26330	13538	7681	343	41
乐山市	146462	3224	67	42477	57259	19661	13904	9355	476	39
南充市	413191	11344	829	104161	186192	62970	30370	16315	870	140
眉山市	142533	2195	177	38719	63282	19552	11047	7165	375	21
宜宾市	238019	2616	166	77186	95419	30165	17875	13903	643	46
广安市	172065	3447	449	53749	73870	23246	10783	6308	201	12
达州市	368016	3626	539	76220	193393	56630	24428	12710	430	40
雅安市	77789	898	52	19931	35338	9810	6582	4922	229	27
巴中市	158498	2066	346	38811	67319	28408	14542	6800	191	15
资阳市	103456	2678	390	31651	47698	10636	5697	4534	164	8
阿坝藏族羌族自治州	40732	4193	68	14174	10753	3256	5004	3146	128	10
甘孜藏族自治州	56051	12027	390	22027	8888	3623	5809	3171	95	21
凉山彝族自治州	221162	23597	181	95383	62415	14844	15908	8542	271	21
男	**2578043**	**33798**	**2388**	**586942**	**1096942**	**411068**	**246732**	**180397**	**17238**	**2538**
成都市	588235	1760	183	75452	199644	114398	95183	87365	12384	1866
自贡市	68242	575	32	17742	30781	9849	5381	3640	215	27
攀枝花市	40926	804	23	8392	15652	7278	5080	3438	235	24
泸州市	111981	1080	181	34564	45362	15920	8474	6017	339	44
德阳市	110345	1414	159	28351	46628	17457	9756	6071	462	47
绵阳市	165753	2058	202	39615	71901	26178	14129	10463	969	238
广元市	71181	886	111	18948	28795	11597	6808	3885	143	8
遂宁市	106903	678	62	20977	56745	17520	6390	4368	147	16
内江市	112717	956	93	27323	57873	15381	6948	3948	177	18
乐山市	84049	1031	25	22987	35009	12378	7495	4849	251	24
南充市	227410	2656	297	51310	109052	38291	16446	8837	442	79
眉山市	80498	672	73	20760	37476	11787	5804	3727	191	8
宜宾市	132988	676	53	38813	57102	19080	9873	7022	339	30
广安市	92884	876	168	26372	42393	13808	5849	3297	114	7
达州市	214958	1191	206	40134	117920	34633	13610	7000	237	27
雅安市	43588	291	14	10393	20997	5923	3406	2434	113	17
巴中市	93434	320	85	18527	42977	19185	8329	3895	106	10
资阳市	58286	656	118	16114	29076	6672	3155	2408	81	6
阿坝藏族羌族自治州	23560	1716	33	8233	7180	2199	2571	1546	74	8
甘孜藏族自治州	30926	5348	199	12454	5762	2356	3118	1603	65	21
凉山彝族自治州	119179	8154	71	49481	38617	9178	8927	4584	154	13
女	**1974352**	**72536**	**3849**	**535514**	**719938**	**257286**	**210001**	**159123**	**14759**	**1346**
成都市	432918	3111	210	58740	127954	72004	82984	76254	10648	1013
自贡市	52702	1314	58	15863	20846	6197	4725	3491	186	22
攀枝花市	30459	1583	13	7720	9685	4396	3947	2947	158	10
泸州市	92466	2473	234	31997	32448	11385	7655	5921	338	15
德阳市	85767	3383	239	25269	32025	11357	7782	5308	383	21
绵阳市	130620	5129	333	37422	48628	17155	12235	8934	702	82
广元市	54701	3333	235	19281	16344	6633	5491	3254	129	1
遂宁市	70961	1954	96	16856	33166	9899	5226	3612	143	9
内江市	87544	1932	119	23455	40577	10949	6590	3733	166	23
乐山市	62413	2193	42	19490	22250	7283	6409	4506	225	15
南充市	185781	8688	532	52851	77140	24679	13924	7478	428	61
眉山市	62035	1523	104	17959	25806	7765	5243	3438	184	13
宜宾市	105031	1940	113	38373	38317	11085	8002	6881	304	16
广安市	79181	2571	281	27377	31477	9438	4934	3011	87	5
达州市	153058	2435	333	36086	75473	21997	10818	5710	193	13
雅安市	34201	607	38	9538	14341	3887	3176	2488	116	10
巴中市	65064	1746	261	20284	24342	9223	6213	2905	85	5
资阳市	45170	2022	272	15537	18622	3964	2542	2126	83	2
阿坝藏族羌族自治州	17172	2477	35	5941	3573	1057	2433	1600	54	2
甘孜藏族自治州	25125	6679	191	9573	3126	1267	2691	1568	30	
凉山彝族自治州	101983	15443	110	45902	23798	5666	6981	3958	117	8

4－2a 各地区分性别、受教育程度的就业人口(城市)

单位：人

地区 性别	合计	未上过学	学前教育	小学	初中	高中	大学专科	大学本科	硕士 研究生	博士 研究生
全省	**1463437**	**4673**	**367**	**143132**	**444209**	**311201**	**282159**	**245403**	**28752**	**3541**
成都市	724544	1891	187	59108	188228	140780	157060	152254	22217	2819
自贡市	32452	128	4	3381	10962	7116	5821	4672	328	40
攀枝花市	32781	238	11	3221	10381	7643	6179	4734	341	33
泸州市	53771	238	11	7528	17167	12359	8786	7050	575	57
德阳市	59444	266	18	5977	18765	13093	11993	8553	718	61
绵阳市	81318	268	9	7665	25436	19059	15378	12009	1289	205
广元市	21820	84	1	2592	6111	5098	4443	3304	183	4
遂宁市	50629	160	9	6304	21272	11371	6270	4993	229	21
内江市	35923	84	10	3995	13948	8256	5574	3794	235	27
乐山市	37246	74	5	3682	11474	8197	7623	5795	368	28
南充市	82481	222	17	9652	31142	19925	12618	8194	595	116
眉山市	31260	90	9	3781	11991	6630	4880	3623	243	13
宜宾市	48736	121	10	6552	16084	10423	8018	7012	480	36
广安市	29663	171	6	5676	11226	6111	3834	2524	108	7
达州市	60442	183	26	5571	22287	17583	9195	5337	241	19
雅安市	12968	34	6	1154	4377	2614	2282	2309	169	23
巴中市	22864	28	5	1697	7748	6848	3874	2558	99	7
资阳市	16686	31	4	1679	7059	3368	2382	2047	112	4
阿坝藏族羌族自治州	1382	9		107	162	127	341	610	26	
甘孜藏族自治州	2342	24	1	256	470	342	580	634	30	5
凉山彝族自治州	24685	329	18	3554	7919	4258	5028	3397	166	16
男	**825515**	**1749**	**176**	**77525**	**261072**	**185671**	**151027**	**130422**	**15569**	**2304**
成都市	415304	764	101	33833	115715	85912	83811	81336	12005	1827
自贡市	18352	52	2	1879	6405	4282	3131	2400	177	24
攀枝花市	19574	89	8	1863	6553	4842	3448	2544	203	24
泸州市	28185	94	7	3831	9094	6789	4495	3541	292	42
德阳市	33380	93	5	3265	10655	7612	6714	4588	406	42
绵阳市	44808	103	3	3935	14436	10864	8081	6469	762	155
广元市	11995	20		1211	3494	2983	2426	1755	102	4
遂宁市	29399	58	4	3642	12585	6870	3421	2688	117	14
内江市	19379	33	4	2107	7688	4618	2863	1927	126	13
乐山市	20894	19	3	1959	6689	4905	4073	3036	194	16
南充市	43307	65	8	4463	16413	11174	6506	4330	286	62
眉山市	17426	36	5	2092	6770	3837	2638	1915	127	6
宜宾市	27878	37	3	3597	9503	6531	4371	3560	251	25
广安市	14662	42	1	2215	5602	3401	2040	1291	67	3
达州市	34974	84	11	3139	13163	10371	5099	2947	149	11
雅安市	7094	12	2	618	2503	1541	1196	1124	84	14
巴中市	13560	9	2	833	4655	4364	2184	1451	58	4
资阳市	9802	14		991	4330	2010	1324	1079	51	3
阿坝藏族羌族自治州	727	5		65	84	83	169	308	13	
甘孜藏族自治州	1319	12		161	275	206	291	351	18	5
凉山彝族自治州	13496	108	7	1826	4460	2476	2746	1782	81	10
女	**637922**	**2924**	**191**	**65607**	**183137**	**125530**	**131132**	**114981**	**13183**	**1237**
成都市	309240	1127	86	25275	72513	54868	73249	70918	10212	992
自贡市	14100	76	2	1502	4557	2834	2690	2272	151	16
攀枝花市	13207	149	3	1358	3828	2801	2731	2190	138	9
泸州市	25586	144	4	3697	8073	5570	4291	3509	283	15
德阳市	26064	173	13	2712	8110	5481	5279	3965	312	19
绵阳市	36510	165	6	3730	11000	8195	7297	5540	527	50
广元市	9825	64	1	1381	2617	2115	2017	1549	81	
遂宁市	21230	102	5	2662	8687	4501	2849	2305	112	7
内江市	16544	51	6	1888	6260	3638	2711	1867	109	14
乐山市	16352	55	2	1723	4785	3292	3550	2759	174	12
南充市	39174	157	9	5189	14729	8751	6112	3864	309	54
眉山市	13834	54	4	1689	5221	2793	2242	1708	116	7
宜宾市	20858	84	7	2955	6581	3892	3647	3452	229	11
广安市	15001	129	5	3461	5624	2710	1794	1233	41	4
达州市	25468	99	15	2432	9124	7212	4096	2390	92	8
雅安市	5874	22	4	536	1874	1073	1086	1185	85	9
巴中市	9304	19	3	864	3093	2484	1690	1107	41	3
资阳市	6884	17	4	688	2729	1358	1058	968	61	1
阿坝藏族羌族自治州	655	4		42	78	44	172	302	13	
甘孜藏族自治州	1023	12	1	95	195	136	289	283	12	
凉山彝族自治州	11189	221	11	1728	3459	1782	2282	1615	85	6

4-2b　各地区分性别、受教育程度的就业人口(镇)

单位：人

地　　区 性　　别	合　计	未上过学	学前教育	小　学	初　中	高　中	大学专科	大学本科	硕　士 研究生	博　士 研究生
全省	**853394**	**12061**	**540**	**170908**	**368999**	**146309**	**92267**	**60391**	**1728**	**191**
成都市	60078	380	20	10417	25790	11356	7145	4659	292	19
自贡市	25850	172	4	5115	11408	4288	2834	1971	53	5
攀枝花市	11029	204	3	2213	4313	1671	1429	1153	42	1
泸州市	50758	436	32	12440	21445	7669	4783	3887	65	1
德阳市	36233	690	64	9088	16418	5601	2676	1612	80	4
绵阳市	43207	418	13	7318	19422	7703	4647	3443	160	83
广元市	28547	337	10	4872	10808	5649	4202	2619	48	2
遂宁市	25967	136	9	4186	12505	5227	2373	1500	29	2
内江市	46671	267	17	7980	22696	8307	4736	2590	71	7
乐山市	32433	451	3	6692	13625	5054	3845	2677	79	7
南充市	89285	1131	84	16419	41596	17005	8273	4614	153	10
眉山市	36519	312	17	7360	16092	6233	3952	2464	84	5
宜宾市	64126	344	27	15149	27597	9461	6253	5185	103	7
广安市	41965	219	35	7739	18291	8965	4062	2611	42	1
达州市	92189	616	83	14282	45990	18095	8138	4861	114	10
雅安市	24430	137	16	4842	11017	3532	2800	2044	39	3
巴中市	35691	101	10	4263	14569	8849	5062	2782	50	5
资阳市	22466	145	16	3927	10517	3579	2247	1989	43	3
阿坝藏族羌族自治州	15082	855	19	3500	4074	1556	3009	1996	65	8
甘孜藏族自治州	14903	1767	24	4008	2671	1546	3002	1834	48	3
凉山彝族自治州	55965	2943	34	19098	18155	4963	6799	3900	68	5
男	**472323**	**4132**	**218**	**86207**	**211087**	**87695**	**50411**	**31514**	**931**	**128**
成都市	34154	145	5	5765	15126	6757	3819	2393	133	11
自贡市	14292	60	2	2627	6447	2590	1553	983	28	2
攀枝花市	6127	66	2	1094	2540	971	822	608	24	
泸州市	27032	140	11	6135	11844	4405	2550	1914	32	1
德阳市	20345	206	26	4836	9531	3338	1507	862	36	3
绵阳市	23713	119	5	3544	10900	4631	2556	1822	80	56
广元市	16136	80	2	2313	6481	3455	2327	1450	27	1
遂宁市	15642	40	4	2385	7620	3354	1373	850	14	2
内江市	25358	86	7	4056	12541	4800	2468	1361	35	4
乐山市	18792	159	1	3693	8223	3202	2101	1363	44	6
南充市	46599	275	42	7191	22108	9841	4528	2513	93	8
眉山市	20389	99	8	3916	9238	3743	2051	1289	43	2
宜宾市	35002	104	7	7406	15718	5725	3419	2558	61	4
广安市	22294	64	12	3635	9809	5145	2240	1366	22	1
达州市	52409	200	36	7457	26773	10628	4597	2653	58	7
雅安市	13511	50	5	2525	6340	2110	1427	1032	20	2
巴中市	21122	19	3	1997	8788	5789	2891	1603	28	4
资阳市	12264	39	4	1797	5952	2164	1214	1067	25	2
阿坝藏族羌族自治州	8573	390	9	2097	2560	1005	1551	909	46	6
甘孜藏族自治州	8055	810	11	2115	1627	969	1627	861	32	3
凉山彝族自治州	30514	981	16	9623	10921	3073	3790	2057	50	3
女	**381071**	**7929**	**322**	**84701**	**157912**	**58614**	**41856**	**28877**	**797**	**63**
成都市	25924	235	15	4652	10664	4599	3326	2266	159	8
自贡市	11558	112	2	2488	4961	1698	1281	988	25	3
攀枝花市	4902	138	1	1119	1773	700	607	545	18	1
泸州市	23726	296	21	6305	9601	3264	2233	1973	33	
德阳市	15888	484	38	4252	6887	2263	1169	750	44	1
绵阳市	19494	299	8	3774	8522	3072	2091	1621	80	27
广元市	12411	257	8	2559	4327	2194	1875	1169	21	1
遂宁市	10325	96	5	1801	4885	1873	1000	650	15	
内江市	21313	181	10	3924	10155	3507	2268	1229	36	3
乐山市	13641	292	2	2999	5402	1852	1744	1314	35	1
南充市	42686	856	42	9228	19488	7164	3745	2101	60	2
眉山市	16130	213	9	3444	6854	2490	1901	1175	41	3
宜宾市	29124	240	20	7743	11879	3736	2834	2627	42	3
广安市	19671	155	23	4104	8482	3820	1822	1245	20	
达州市	39780	416	47	6825	19217	7467	3541	2208	56	3
雅安市	10919	87	11	2317	4677	1422	1373	1012	19	1
巴中市	14569	82	7	2266	5781	3060	2171	1179	22	1
资阳市	10202	106	12	2130	4565	1415	1033	922	18	1
阿坝藏族羌族自治州	6509	465	10	1403	1514	551	1458	1087	19	2
甘孜藏族自治州	6848	957	13	1893	1044	577	1375	973	16	
凉山彝族自治州	25451	1962	18	9475	7234	1890	3009	1843	18	2

4-2c 各地区分性别、受教育程度的就业人口(乡村)

单位：人

地区/性别	合计	未上过学	学前教育	小学	初中	高中	大学专科	大学本科	硕士研究生	博士研究生
全省	**2235564**	**89600**	**5330**	**808416**	**1003672**	**210844**	**82307**	**33726**	**1517**	**152**
成都市	236531	2600	186	64667	113580	34266	13962	6706	523	41
自贡市	62642	1589	82	25109	29257	4642	1451	488	20	4
攀枝花市	27575	1945	22	10678	10643	2360	1419	498	10	
泸州市	99918	2879	372	46593	39198	7277	2560	1001	37	1
德阳市	100435	3841	316	38555	43470	10120	2869	1214	47	3
绵阳市	171848	6501	513	62054	75671	16571	6339	3945	222	32
广元市	75515	3798	335	30765	28220	7483	3654	1216	41	3
遂宁市	101268	2336	140	27343	56134	10821	2973	1487	32	2
内江市	117667	2537	185	38803	61806	9767	3228	1297	37	7
乐山市	76783	2699	59	32103	32160	6410	2436	883	29	4
南充市	241425	9991	728	78090	113454	26040	9479	3507	122	14
眉山市	74754	1793	151	27578	35199	6689	2215	1078	48	3
宜宾市	125157	2151	129	55485	51738	10281	3604	1706	60	3
广安市	100437	3057	408	40334	44353	8170	2887	1173	51	4
达州市	215385	2827	430	56367	125116	20952	7095	2512	75	11
雅安市	40391	727	30	13935	19944	3664	1500	569	21	1
巴中市	99943	1937	331	32851	45002	12711	5606	1460	42	3
资阳市	64304	2502	370	26045	30122	3689	1068	498	9	1
阿坝藏族羌族自治州	24268	3329	49	10567	6517	1573	1654	540	37	2
甘孜藏族自治州	38806	10236	365	17763	5747	1735	2227	703	17	13
凉山彝族自治州	140512	20325	129	72731	36341	5623	4081	1245	37	
男	**1280205**	**27917**	**1994**	**423210**	**624783**	**137702**	**45294**	**18461**	**738**	**106**
成都市	138777	851	77	35854	68803	21729	7553	3636	246	28
自贡市	35598	463	28	13236	17929	2977	697	257	10	1
攀枝花市	15225	649	13	5435	6559	1465	810	286	8	
泸州市	56764	846	163	24598	24424	4726	1429	562	15	1
德阳市	56620	1115	128	20250	26442	6507	1535	621	20	2
绵阳市	97232	1836	194	32136	46565	10683	3492	2172	127	27
广元市	43050	786	109	15424	18820	5159	2055	680	14	3
遂宁市	61862	580	54	14950	36540	7296	1596	830	16	
内江市	67980	837	82	21160	37644	5963	1617	660	16	1
乐山市	44363	853	21	17335	20097	4271	1321	450	13	2
南充市	137504	2316	247	39656	70531	17276	5412	1994	63	9
眉山市	42683	537	60	14752	21468	4207	1115	523	21	
宜宾市	70108	535	43	27810	31881	6824	2083	904	27	1
广安市	55928	770	155	20522	26982	5262	1569	640	25	3
达州市	127575	907	159	29538	77984	13634	3914	1400	30	9
雅安市	22983	229	7	7250	12154	2272	783	278	9	1
巴中市	58752	292	80	15697	29534	9032	3254	841	20	2
资阳市	36220	603	114	13326	18794	2498	617	262	5	1
阿坝藏族羌族自治州	14260	1321	24	6071	4536	1111	851	329	15	2
甘孜藏族自治州	21552	4526	188	10178	3860	1181	1200	391	15	13
凉山彝族自治州	75169	7065	48	38032	23236	3629	2391	745	23	
女	**955359**	**61683**	**3336**	**385206**	**378889**	**73142**	**37013**	**15265**	**779**	**46**
成都市	97754	1749	109	28813	44777	12537	6409	3070	277	13
自贡市	27044	1126	54	11873	11328	1665	754	231	10	3
攀枝花市	12350	1296	9	5243	4084	895	609	212	2	
泸州市	43154	2033	209	21995	14774	2551	1131	439	22	
德阳市	43815	2726	188	18305	17028	3613	1334	593	27	1
绵阳市	74616	4665	319	29918	29106	5888	2847	1773	95	5
广元市	32465	3012	226	15341	9400	2324	1599	536	27	
遂宁市	39406	1756	86	12393	19594	3525	1377	657	16	2
内江市	49687	1700	103	17643	24162	3804	1611	637	21	6
乐山市	32420	1846	38	14768	12063	2139	1115	433	16	2
南充市	103921	7675	481	38434	42923	8764	4067	1513	59	5
眉山市	32071	1256	91	12826	13731	2482	1100	555	27	3
宜宾市	55049	1616	86	27675	19857	3457	1521	802	33	2
广安市	44509	2287	253	19812	17371	2908	1318	533	26	1
达州市	87810	1920	271	26829	47132	7318	3181	1112	45	2
雅安市	17408	498	23	6685	7790	1392	717	291	12	
巴中市	41191	1645	251	17154	15468	3679	2352	619	22	1
资阳市	28084	1899	256	12719	11328	1191	451	236	4	
阿坝藏族羌族自治州	10008	2008	25	4496	1981	462	803	211	22	
甘孜藏族自治州	17254	5710	177	7585	1887	554	1027	312	2	
凉山彝族自治州	65343	13260	81	34699	13105	1994	1690	500	14	

4-3 全省分年龄、性别、受教育程度的就业人口

单位：人

年龄组 性别	合计	未上过学	学前教育	小学	初中	高中	大学专科	大学本科	硕士 研究生	博士 研究生
总计	**4552395**	**106334**	**6237**	**1122456**	**1816880**	**668354**	**456733**	**339520**	**31997**	**3884**
16-19岁	53851	219	52	4033	22804	20072	5501	1165	5	
20-24岁	293304	996	102	13477	86386	76176	78680	36557	863	67
25-29岁	477536	2032	119	20345	151160	116177	101453	78424	7443	383
30-34岁	592708	3918	153	35594	229885	133011	94980	84658	9548	961
35-39岁	420956	5467	105	38886	185001	76321	52550	54909	6790	927
40-44岁	437453	7196	200	74213	214795	68554	39073	29644	3123	655
45-49岁	714233	10222	360	185390	366371	80017	42624	26690	2137	422
50-54岁	621972	11372	548	228711	288456	47924	25618	17884	1212	247
55-59岁	395858	9308	559	155568	171243	35675	13877	8689	759	180
60-64岁	179494	10965	787	108255	48300	9237	1305	538	77	30
65-69岁	206261	18773	1407	144634	36962	3538	704	208	26	9
70-74岁	98156	13269	995	72080	10478	1018	230	78	7	1
75岁及以上	60613	12597	850	41270	5039	634	138	76	7	2
男	**2578043**	**33798**	**2388**	**586942**	**1096942**	**411068**	**246732**	**180397**	**17238**	**2538**
16-19岁	31508	93	28	2139	14298	11802	2629	518	1	
20-24岁	158096	397	52	7252	53668	45104	35632	15662	302	27
25-29岁	263203	807	54	11052	92094	69303	50237	36320	3135	201
30-34岁	331062	1572	84	18917	133048	77719	50674	43619	4839	590
35-39岁	232500	2099	54	19534	103978	43754	28827	29859	3806	589
40-44岁	237743	2742	94	35777	117796	39768	21980	17167	1962	457
45-49岁	395055	3865	135	89951	208135	49238	25248	16689	1509	285
50-54岁	368090	4016	194	115793	182085	35019	17529	12316	937	201
55-59岁	245463	2793	195	78518	115245	28250	12105	7543	663	151
60-64岁	106630	3057	282	59077	35713	6952	1037	428	57	27
65-69岁	116677	4469	477	79815	28374	2818	542	156	18	8
70-74岁	56895	3833	387	43169	8432	827	182	59	5	1
75岁及以上	35121	4055	352	25948	4076	514	110	61	4	1
女	**1974352**	**72536**	**3849**	**535514**	**719938**	**257286**	**210001**	**159123**	**14759**	**1346**
16-19岁	22343	126	24	1894	8506	8270	2872	647	4	
20-24岁	135208	599	50	6225	32718	31072	43048	20895	561	40
25-29岁	214333	1225	65	9293	59066	46874	51216	42104	4308	182
30-34岁	261646	2346	69	16677	96837	55292	44306	41039	4709	371
35-39岁	188456	3368	51	19352	81023	32567	23723	25050	2984	338
40-44岁	199710	4454	106	38436	96999	28786	17093	12477	1161	198
45-49岁	319178	6357	225	95439	158236	30779	17376	10001	628	137
50-54岁	253882	7356	354	112918	106371	12905	8089	5568	275	46
55-59岁	150395	6515	364	77050	55998	7425	1772	1146	96	29
60-64岁	72864	7908	505	49178	12587	2285	268	110	20	3
65-69岁	89584	14304	930	64819	8588	720	162	52	8	1
70-74岁	41261	9436	608	28911	2046	191	48	19	2	
75岁及以上	25492	8542	498	15322	963	120	28	15	3	1

4-3a 全省分年龄、性别、受教育程度的就业人口(城市)

单位：人

年龄组 性别	合计	未上过学	学前教育	小学	初中	高中	大学专科	大学本科	硕士 研究生	博士 研究生
总计	**1463437**	**4673**	**367**	**143132**	**444209**	**311201**	**282159**	**245403**	**28752**	**3541**
16-19岁	12349	6	3	209	3371	5574	2674	508	4	
20-24岁	111473	48	15	1047	16242	27036	43385	23012	635	53
25-29岁	198763	83	29	2417	31973	46116	58366	53197	6273	309
30-34岁	257381	175	33	5959	55844	61112	61677	63059	8638	884
35-39岁	182676	197	27	5758	49948	39885	36415	43193	6392	861
40-44岁	165197	243	31	13612	60508	38889	26211	22147	2947	609
45-49岁	233971	545	46	35827	101024	46280	28070	19797	1992	390
50-54岁	166407	742	54	37472	71875	25864	15844	13232	1098	226
55-59岁	91009	650	40	19607	38994	16124	8151	6585	687	171
60-64岁	22193	691	40	8967	8295	2919	780	410	62	29
65-69岁	15594	800	25	8403	4791	995	400	155	18	7
70-74岁	4283	288	11	2599	957	254	120	51	3	
75岁及以上	2141	205	13	1255	387	153	66	57	3	2
男	**825515**	**1749**	**176**	**77525**	**261072**	**185671**	**151027**	**130422**	**15569**	**2304**
16-19岁	6974	3		118	2154	3181	1304	213	1	
20-24岁	56749	25	5	651	10262	15802	19970	9800	215	19
25-29岁	104419	37	16	1448	19212	26983	29018	24890	2653	162
30-34岁	138432	80	21	3365	30937	34535	32215	32383	4360	536
35-39岁	98107	80	16	2824	26617	21754	19383	23303	3587	543
40-44岁	88640	94	15	6455	31419	21463	14315	12610	1847	422
45-49岁	130462	225	16	17742	55328	27284	16099	12108	1400	260
50-54岁	107848	307	27	20959	47112	18763	10704	8949	844	183
55-59岁	66026	247	21	11730	27741	12884	7011	5649	598	145
60-64岁	14518	239	18	5259	5969	2052	585	323	47	26
65-69岁	9507	255	9	4764	3359	702	284	114	13	7
70-74岁	2584	100	3	1499	686	167	89	38	2	
75岁及以上	1249	57	9	711	276	101	50	42	2	1
女	**637922**	**2924**	**191**	**65607**	**183137**	**125530**	**131132**	**114981**	**13183**	**1237**
16-19岁	5375	3	3	91	1217	2393	1370	295	3	
20-24岁	54724	23	10	396	5980	11234	23415	13212	420	34
25-29岁	94344	46	13	969	12761	19133	29348	28307	3620	147
30-34岁	118949	95	12	2594	24907	26577	29462	30676	4278	348
35-39岁	84569	117	11	2934	23331	18131	17032	19890	2805	318
40-44岁	76557	149	16	7157	29089	17426	11896	9537	1100	187
45-49岁	103509	320	30	18085	45696	18996	11971	7689	592	130
50-54岁	58559	435	27	16513	24763	7101	5140	4283	254	43
55-59岁	24983	403	19	7877	11253	3240	1140	936	89	26
60-64岁	7675	452	22	3708	2326	867	195	87	15	3
65-69岁	6087	545	16	3639	1432	293	116	41	5	
70-74岁	1699	188	8	1100	271	87	31	13	1	
75岁及以上	892	148	4	544	111	52	16	15	1	1

4-3b　全省分年龄、性别、受教育程度的就业人口(镇)

单位：人

年龄组 性别	合计	未上过学	学前教育	小学	初中	高中	大学专科	大学本科	硕士 研究生	博士 研究生
总　计	**853394**	**12061**	**540**	**170908**	**368999**	**146309**	**92267**	**60391**	**1728**	**191**
16-19岁	8549	31	12	553	3200	3691	816	246		
20-24岁	49220	124	19	1977	14283	13878	12839	5997	96	7
25-29岁	88363	257	13	3407	28538	23412	18722	13459	515	40
30-34岁	115121	548	19	6804	47075	29238	17041	13844	514	38
35-39岁	85265	732	10	7626	40269	17393	9993	8962	238	42
40-44岁	93030	985	28	14048	46624	15891	9119	6174	132	29
45-49岁	148765	1429	43	32435	78365	19519	11021	5824	108	21
50-54岁	122751	1504	67	38175	59570	11787	7601	3968	70	9
55-59岁	74270	1214	55	24143	34007	8545	4481	1772	50	3
60-64岁	26492	1222	79	14192	8684	1885	345	81	3	1
65-69岁	25766	1862	105	16777	6072	719	196	33	2	
70-74岁	10062	1150	54	6980	1580	223	57	17		1
75岁及以上	5740	1003	36	3791	732	128	36	14		
男	**472323**	**4132**	**218**	**86207**	**211087**	**87695**	**50411**	**31514**	**931**	**128**
16-19岁	4858	11	7	307	1941	2113	360	119		
20-24岁	25466	46	8	1069	8484	7861	5543	2417	34	4
25-29岁	46271	109	6	1827	16291	13338	8842	5618	220	20
30-34岁	61341	233	6	3383	25377	16473	8916	6660	264	29
35-39岁	45122	277	4	3630	21068	9754	5487	4742	132	28
40-44岁	49093	373	15	6566	24173	9133	5099	3623	90	21
45-49岁	80761	557	22	15320	42615	11794	6559	3793	85	16
50-54岁	72713	593	22	19182	36554	8353	5119	2825	59	6
55-59岁	47060	374	19	12124	22282	6652	3963	1598	46	2
60-64岁	15848	374	30	7604	6099	1385	292	63		1
65-69岁	14724	501	40	9004	4440	553	157	28	1	
70-74岁	5826	359	21	4000	1206	180	45	14		1
75岁及以上	3240	325	18	2191	557	106	29	14		
女	**381071**	**7929**	**322**	**84701**	**157912**	**58614**	**41856**	**28877**	**797**	**63**
16-19岁	3691	20	5	246	1259	1578	456	127		
20-24岁	23754	78	11	908	5799	6017	7296	3580	62	3
25-29岁	42092	148	7	1580	12247	10074	9880	7841	295	20
30-34岁	53780	315	13	3421	21698	12765	8125	7184	250	9
35-39岁	40143	455	6	3996	19201	7639	4506	4220	106	14
40-44岁	43937	612	13	7482	22451	6758	4020	2551	42	8
45-49岁	68004	872	21	17115	35750	7725	4462	2031	23	5
50-54岁	50038	911	45	18993	23016	3434	2482	1143	11	3
55-59岁	27210	840	36	12019	11725	1893	518	174	4	1
60-64岁	10644	848	49	6588	2585	500	53	18	3	
65-69岁	11042	1361	65	7773	1632	166	39	5	1	
70-74岁	4236	791	33	2980	374	43	12	3		
75岁及以上	2500	678	18	1600	175	22	7			

4-3c 全省分年龄、性别、受教育程度的就业人口(乡村)

单位：人

年龄组 性别	合计	未上过学	学前教育	小学	初中	高中	大学专科	大学本科	硕士 研究生	博士 研究生
总计	**2235564**	**89600**	**5330**	**808416**	**1003672**	**210844**	**82307**	**33726**	**1517**	**152**
16-19岁	32953	182	37	3271	16233	10807	2011	411	1	
20-24岁	132611	824	68	10453	55861	35262	22456	7548	132	7
25-29岁	190410	1692	77	14521	90649	46649	24365	11768	655	34
30-34岁	220206	3195	101	22831	126966	42661	16262	7755	396	39
35-39岁	153015	4538	68	25502	94784	19043	6142	2754	160	24
40-44岁	179226	5968	141	46553	107663	13774	3743	1323	44	17
45-49岁	331497	8248	271	117128	186982	14218	3533	1069	37	11
50-54岁	332814	9126	427	153064	157011	10273	2173	684	44	12
55-59岁	230579	7444	464	111818	98242	11006	1245	332	22	6
60-64岁	130809	9052	668	85096	31321	4433	180	47	12	
65-69岁	164901	16111	1277	119454	26099	1824	108	20	6	2
70-74岁	83811	11831	930	62501	7941	541	53	10	4	
75岁及以上	52732	11389	801	36224	3920	353	36	5	4	
男	**1280205**	**27917**	**1994**	**423210**	**624783**	**137702**	**45294**	**18461**	**738**	**106**
16-19岁	19676	79	21	1714	10203	6508	965	186		
20-24岁	75881	326	39	5532	34922	21441	10119	3445	53	4
25-29岁	112513	661	32	7777	56591	28982	12377	5812	262	19
30-34岁	131289	1259	57	12169	76734	26711	9543	4576	215	25
35-39岁	89271	1742	34	13080	56293	12246	3957	1814	87	18
40-44岁	100010	2275	64	22756	62204	9172	2566	934	25	14
45-49岁	183832	3083	97	56889	110192	10160	2590	788	24	9
50-54岁	187529	3116	145	75652	98419	7903	1706	542	34	12
55-59岁	132377	2172	155	54664	65222	8714	1131	296	19	4
60-64岁	76264	2444	234	46214	23645	3515	160	42	10	
65-69岁	92446	3713	428	66047	20575	1563	101	14	4	1
70-74岁	48485	3374	363	37670	6540	480	48	7	3	
75岁及以上	30632	3673	325	23046	3243	307	31	5	2	
女	**955359**	**61683**	**3336**	**385206**	**378889**	**73142**	**37013**	**15265**	**779**	**46**
16-19岁	13277	103	16	1557	6030	4299	1046	225	1	
20-24岁	56730	498	29	4921	20939	13821	12337	4103	79	3
25-29岁	77897	1031	45	6744	34058	17667	11988	5956	393	15
30-34岁	88917	1936	44	10662	50232	15950	6719	3179	181	14
35-39岁	63744	2796	34	12422	38491	6797	2185	940	73	6
40-44岁	79216	3693	77	23797	45459	4602	1177	389	19	3
45-49岁	147665	5165	174	60239	76790	4058	943	281	13	2
50-54岁	145285	6010	282	77412	58592	2370	467	142	10	
55-59岁	98202	5272	309	57154	33020	2292	114	36	3	2
60-64岁	54545	6608	434	38882	7676	918	20	5	2	
65-69岁	72455	12398	849	53407	5524	261	7	6	2	1
70-74岁	35326	8457	567	24831	1401	61	5	3	1	
75岁及以上	22100	7716	476	13178	677	46	5		2	

4-4 各地区分性别、行业大类的就业人口

单位：人

地区 性别	合计	农、林、牧、渔业						采矿业	
		小计	农业	林业	畜牧业	渔业	农、林、牧、渔专业及辅助性活动	小计	煤炭开采和洗选业
全省	**4552395**	**1125467**	**964398**	**12620**	**136072**	**6917**	**5460**	**23800**	**7885**
成都市	1021153	90132	83191	2118	3478	650	695	2126	91
自贡市	120944	34952	32536	165	1560	569	122	614	136
攀枝花市	71385	23163	20445	80	2511	52	75	3471	1289
泸州市	204447	59198	48014	615	9987	368	214	994	319
德阳市	196112	54102	49727	225	3671	289	190	874	62
绵阳市	296373	76006	68735	479	6046	342	404	1028	155
广元市	125882	38340	34857	294	2954	96	139	1284	735
遂宁市	177864	28271	24957	170	2714	279	151	809	47
内江市	200261	50846	46424	259	3365	487	311	1145	472
乐山市	146462	46104	37831	1489	6299	396	89	1462	711
南充市	413191	87644	72382	368	13726	654	514	855	64
眉山市	142533	40760	36927	723	2241	435	434	307	44
宜宾市	238019	76701	60563	1782	13303	699	354	1876	939
广安市	172065	54855	49504	104	4844	257	146	651	484
达州市	368016	83771	75908	571	6236	588	468	3089	1889
雅安市	77789	27120	23490	594	2653	58	325	684	213
巴中市	158498	41222	35364	195	5295	254	114	441	111
资阳市	103456	39394	36483	99	2262	245	305	130	13
阿坝藏族羌族自治州	40732	16812	11230	175	5370	2	35	230	2
甘孜藏族自治州	56051	26886	14184	1738	10902		62	275	
凉山彝族自治州	221162	129188	101646	377	26655	197	313	1455	109
男	**2578043**	**547770**	**468876**	**8492**	**62293**	**4869**	**3240**	**20132**	**7007**
成都市	588235	44968	40741	1289	2050	457	431	1647	73
自贡市	68242	17338	15964	111	788	394	81	515	122
攀枝花市	40926	11673	10396	56	1135	31	55	2897	1143
泸州市	111981	28500	23520	457	4121	264	138	866	274
德阳市	110345	25020	22866	148	1668	213	125	715	56
绵阳市	165753	36629	32958	361	2827	228	255	885	136
广元市	71181	18385	16765	201	1268	66	85	1112	649
遂宁市	106903	14131	12295	118	1410	221	87	670	39
内江市	112717	24430	22137	172	1583	350	188	1017	416
乐山市	84049	22562	17983	1100	3133	284	62	1268	647
南充市	227410	40834	34000	273	5816	443	302	715	57
眉山市	80498	19964	17718	543	1172	292	239	265	37
宜宾市	132988	36246	28541	1322	5691	495	197	1649	835
广安市	92884	26450	23951	69	2165	178	87	591	444
达州市	214958	43193	38707	419	3344	420	303	2656	1701
雅安市	43588	13194	11247	441	1302	50	154	610	201
巴中市	93434	20359	17670	135	2287	187	80	369	94
资阳市	58286	19153	17828	70	968	180	107	113	11
阿坝藏族羌族自治州	23560	8648	5687	95	2838	2	26	195	1
甘孜藏族自治州	30926	12956	6761	868	5282		45	222	
凉山彝族自治州	119179	63137	51141	244	11445	114	193	1155	71
女	**1974352**	**577697**	**495522**	**4128**	**73779**	**2048**	**2220**	**3668**	**878**
成都市	432918	45164	42450	829	1428	193	264	479	18
自贡市	52702	17614	16572	54	772	175	41	99	14
攀枝花市	30459	11490	10049	24	1376	21	20	574	146
泸州市	92466	30698	24494	158	5866	104	76	128	45
德阳市	85767	29082	26861	77	2003	76	65	159	6
绵阳市	130620	39377	35777	118	3219	114	149	143	19
广元市	54701	19955	18092	93	1686	30	54	172	86
遂宁市	70961	14140	12662	52	1304	58	64	139	8
内江市	87544	26416	24287	87	1782	137	123	128	56
乐山市	62413	23542	19848	389	3166	112	27	194	64
南充市	185781	46810	38382	95	7910	211	212	140	7
眉山市	62035	20796	19209	180	1069	143	195	42	7
宜宾市	105031	40455	32022	460	7612	204	157	227	104
广安市	79181	28405	25553	35	2679	79	59	60	40
达州市	153058	40578	37201	152	2892	168	165	433	188
雅安市	34201	13926	12243	153	1351	8	171	74	12
巴中市	65064	20863	17694	60	3008	67	34	72	17
资阳市	45170	20241	18655	29	1294	65	198	17	2
阿坝藏族羌族自治州	17172	8164	5543	80	2532		9	35	1
甘孜藏族自治州	25125	13930	7423	870	5620		17	53	
凉山彝族自治州	101983	66051	50505	133	15210	83	120	300	38

4-4 续表 1

单位：人

地　区 性　别	采矿业 石油和天然气开采业	采矿业 黑色金属矿采选业	采矿业 有色金属矿采选业	采矿业 非金属矿采选业	采矿业 开采专业及辅助性活　动	采矿业 其　他采矿业	制造业 小计	制造业 农副食品加工业	制造业 食　品制造业
全省	**3219**	**2932**	**1555**	**5092**	**2703**	**414**	**508142**	**24869**	**19053**
成都市	752	63	53	553	576	38	146175	4970	6500
自贡市	109	9	5	194	131	30	12727	740	513
攀枝花市	2	1851	136	158	25	10	6510	185	143
泸州市	289	12	5	181	163	25	21204	974	512
德阳市	193	16	27	343	221	12	31284	1574	1278
绵阳市	138	60	63	461	125	26	33865	1936	1246
广元市	119	59	47	198	117	9	8252	625	325
遂宁市	310	14	13	232	176	17	22748	1012	825
内江市	404	10	4	140	104	11	21048	1079	791
乐山市	12	27	52	580	42	38	14203	830	391
南充市	277	26	7	312	145	24	40951	2144	1183
眉山市	20	12	7	157	33	34	14491	1596	1252
宜宾市	185	21	13	382	321	15	27659	2058	806
广安市	27	11	6	74	35	14	16135	740	445
达州市	325	59	19	397	363	37	53580	2165	1306
雅安市	2	12	169	235	30	23	6133	281	261
巴中市	34	106	38	95	41	16	11787	518	399
资阳市	16	2	3	62	31	3	8194	561	421
阿坝藏族羌族自治州		38	90	94	1	5	1257	91	62
甘孜藏族自治州			252	22		1	1130	60	52
凉山彝族自治州	5	524	546	222	23	26	8809	730	342
男	**2566**	**2385**	**1274**	**4299**	**2250**	**351**	**309718**	**13711**	**8880**
成都市	542	55	37	495	419	26	92139	2704	3048
自贡市	90	6	5	146	120	26	7911	419	235
攀枝花市	1	1497	102	128	17	9	4772	111	65
泸州市	258	10	4	156	143	21	11697	545	233
德阳市	144	15	22	293	176	9	20327	851	519
绵阳市	118	55	53	391	109	23	20353	1082	563
广元市	103	50	44	165	92	9	5057	320	139
遂宁市	248	12	13	194	148	16	12918	626	384
内江市	371	7	3	124	86	10	12398	593	349
乐山市	12	22	51	468	36	32	9245	493	184
南充市	231	25	6	259	118	19	23223	1141	576
眉山市	15	10	6	138	29	30	8854	859	582
宜宾市	161	16	10	326	291	10	17427	1099	372
广安市	25	10	5	65	31	11	9146	405	201
达州市	196	51	14	334	326	34	30727	1183	669
雅安市	2	9	145	205	27	21	4108	163	140
巴中市	29	87	31	80	36	12	7086	288	188
资阳市	15	2	3	55	24	3	4928	323	206
阿坝藏族羌族自治州		29	80	79	1	5	907	61	33
甘孜藏族自治州			205	16		1	881	32	24
凉山彝族自治州	5	417	435	182	21	24	5614	413	170
女	**653**	**547**	**281**	**793**	**453**	**63**	**198424**	**11158**	**10173**
成都市	210	8	16	58	157	12	54036	2266	3452
自贡市	19	3		48	11	4	4816	321	278
攀枝花市	1	354	34	30	8	1	1738	74	78
泸州市	31	2	1	25	20	4	9507	429	279
德阳市	49	1	5	50	45	3	10957	723	759
绵阳市	20	5	10	70	16	3	13512	854	683
广元市	16	9	3	33	25		3195	305	186
遂宁市	62	2		38	28	1	9830	386	441
内江市	33	3	1	16	18	1	8650	486	442
乐山市		5	1	112	6	6	4958	337	207
南充市	46	1	1	53	27	5	17728	1003	607
眉山市	5	2	1	19	4	4	5637	737	670
宜宾市	24	5	3	56	30	5	10232	959	434
广安市	2	1	1	9	4	3	6989	335	244
达州市	129	8	5	63	37	3	22853	982	637
雅安市		3	24	30	3	2	2025	118	121
巴中市	5	19	7	15	5	4	4701	230	211
资阳市	1			7	7		3266	238	215
阿坝藏族羌族自治州		9	10	15			350	30	29
甘孜藏族自治州			47	6			249	28	28
凉山彝族自治州		107	111	40	2	2	3195	317	172

4–4　续表 2

单位：人

地　区 性　别	制造业								
	酒、饮料和精制茶制造业	烟　草制品业	纺织业	纺织服装、服饰业	皮革、毛皮、羽毛及其制品和制鞋业	木材加工和木、竹、藤、棕、草制品业	家　具制造业	造纸和纸制品业	印刷和记录媒介复制业
全省	**15665**	**1304**	**15623**	**40552**	**23993**	**12919**	**32457**	**9587**	**6753**
成都市	2776	228	1652	5519	5343	3482	16880	2668	2991
自贡市	195	4	313	1758	566	364	620	111	107
攀枝花市	89	14	70	74	13	30	42	37	37
泸州市	2692	22	502	2969	533	662	701	1314	599
德阳市	1332	314	545	1020	566	801	1736	846	437
绵阳市	583	135	1656	1476	680	803	1380	504	286
广元市	241	16	333	333	167	291	291	116	72
遂宁市	462	12	1104	2050	996	500	960	416	235
内江市	302	7	727	2001	1146	309	1079	259	171
乐山市	397	5	634	172	550	729	353	585	69
南充市	626	20	1556	5194	3575	989	2428	438	414
眉山市	251	9	369	411	278	593	912	419	146
宜宾市	3462	100	1362	984	530	956	846	711	333
广安市	217	19	997	3211	1236	323	445	209	98
达州市	639	23	2148	10625	5914	1014	2134	582	445
雅安市	603	2	338	144	111	257	151	76	29
巴中市	319	8	653	1560	852	260	375	148	149
资阳市	178	12	390	665	807	294	716	86	60
阿坝藏族羌族自治州	48		9	41	10	35	44	6	13
甘孜藏族自治州	5		18	148	3	75	207		6
凉山彝族自治州	248	354	247	197	117	152	157	56	56
男	**10016**	**734**	**7058**	**16384**	**12164**	**9167**	**21435**	**5129**	**3796**
成都市	1624	149	719	2180	2580	2409	10761	1422	1729
自贡市	129	2	158	778	253	222	433	60	54
攀枝花市	52	11	33	22	10	25	31	20	15
泸州市	1719	15	204	1077	255	453	465	550	265
德阳市	888	170	256	247	276	558	1154	376	230
绵阳市	353	83	762	503	324	584	928	267	171
广元市	141	10	158	130	97	218	180	63	31
遂宁市	294	7	513	764	525	353	652	216	130
内江市	200	4	295	796	582	226	729	152	99
乐山市	245	3	266	59	236	518	236	370	40
南充市	379	13	681	2009	1743	636	1741	243	244
眉山市	154	6	162	114	125	417	595	247	74
宜宾市	2511	51	642	331	289	697	579	434	184
广安市	142	7	476	1363	637	251	303	117	47
达州市	365	15	1058	4845	3263	769	1456	363	294
雅安市	329	2	97	59	52	200	110	53	15
巴中市	194	5	304	704	434	199	254	89	95
资阳市	105	7	166	215	407	223	500	53	39
阿坝藏族羌族自治州	28		3	18	6	33	33	3	7
甘孜藏族自治州	4		9	94		65	183		4
凉山彝族自治州	160	174	96	76	70	111	112	31	29
女	**5649**	**570**	**8565**	**24168**	**11829**	**3752**	**11022**	**4458**	**2957**
成都市	1152	79	933	3339	2763	1073	6119	1246	1262
自贡市	66	2	155	980	313	142	187	51	53
攀枝花市	37	3	37	52	3	5	11	17	22
泸州市	973	7	298	1892	278	209	236	764	334
德阳市	444	144	289	773	290	243	582	470	207
绵阳市	230	52	894	973	356	219	452	237	115
广元市	100	6	175	203	70	73	111	53	41
遂宁市	168	5	591	1286	471	147	308	200	105
内江市	102	3	432	1205	564	83	350	107	72
乐山市	152	2	368	113	314	211	117	215	29
南充市	247	7	875	3185	1832	353	687	195	170
眉山市	97	3	207	297	153	176	317	172	72
宜宾市	951	49	720	653	241	259	267	277	149
广安市	75	12	521	1848	599	72	142	92	51
达州市	274	8	1090	5780	2651	245	678	219	151
雅安市	274		241	85	59	57	41	23	14
巴中市	125	3	349	856	418	61	121	59	54
资阳市	73	5	224	450	400	71	216	33	21
阿坝藏族羌族自治州	20		6	23	4	2	11	3	6
甘孜藏族自治州	1		9	54	3	10	24		2
凉山彝族自治州	88	180	151	121	47	41	45	25	27

4-4 续表 3

单位：人

地区 性别	制造业								
	文教、工美、体育和娱乐用品制造业	石油、煤炭及其他燃料加工业	化学原料和化学制品制造业	医药制造业	化学纤维制造业	橡胶和塑料制品业	非金属矿物制品业	黑色金属冶炼和压延加工业	有色金属冶炼和压延加工业
全省	**10512**	**2026**	**16446**	**9383**	**1035**	**16536**	**39572**	**8581**	**5406**
成都市	1258	485	3359	5134	198	5057	8226	934	980
自贡市	352	22	450	117	30	455	941	70	220
攀枝花市	45	136	785	27	2	92	608	1892	576
泸州市	480	57	1020	171	29	523	2196	160	52
德阳市	233	54	2132	804	47	1115	3219	353	577
绵阳市	434	73	1522	491	35	1224	2245	574	150
广元市	207	62	215	131	7	301	936	89	176
遂宁市	493	176	528	223	39	684	1096	134	76
内江市	416	175	310	283	13	648	2486	1022	64
乐山市	85	43	956	243	18	260	3220	665	380
南充市	1378	122	1030	276	42	1367	2160	268	295
眉山市	112	26	924	281	12	392	1708	109	272
宜宾市	386	395	818	179	491	1209	2792	125	83
广安市	412	14	363	272	9	333	1201	62	44
达州市	2851	123	927	270	45	1897	3003	1057	167
雅安市	116	12	300	79	4	92	1089	131	510
巴中市	251	18	174	136	8	486	924	132	66
资阳市	100	8	90	191	2	238	477	81	9
阿坝藏族羌族自治州	52	1	262	15		27	97	51	172
甘孜藏族自治州	238	1	5	4		1	188	1	32
凉山彝族自治州	613	23	276	56	4	135	760	671	505
男	**4966**	**1526**	**11200**	**4787**	**641**	**9723**	**28237**	**6722**	**4018**
成都市	698	363	2206	2617	126	3089	5931	719	713
自贡市	215	15	304	55	17	283	678	56	157
攀枝花市	28	97	556	10	1	54	456	1487	437
泸州市	125	40	725	92	21	259	1329	129	37
德阳市	126	39	1573	382	26	612	2269	292	412
绵阳市	212	53	1083	247	24	690	1641	477	116
广元市	102	44	133	73	7	175	670	65	156
遂宁市	223	143	354	107	21	397	781	113	59
内江市	186	133	181	138	9	355	1643	757	53
乐山市	50	30	618	131	9	154	2239	508	289
南充市	624	91	639	141	22	819	1554	201	217
眉山市	57	19	605	151	6	209	1196	82	199
宜宾市	178	299	559	102	307	724	2009	102	53
广安市	157	14	263	157	4	202	885	54	34
达州市	1183	103	626	153	32	1129	2187	818	131
雅安市	75	8	227	38	2	47	893	96	358
巴中市	134	15	88	73	3	271	725	105	49
资阳市	45	5	56	87		151	362	64	8
阿坝藏族羌族自治州	39		199	9		17	79	45	136
甘孜藏族自治州	208	1	2	1		1	157	1	28
凉山彝族自治州	301	14	203	23	4	85	553	551	376
女	**5546**	**500**	**5246**	**4596**	**394**	**6813**	**11335**	**1859**	**1388**
成都市	560	122	1153	2517	72	1968	2295	215	267
自贡市	137	7	146	62	13	172	263	14	63
攀枝花市	17	39	229	17	1	38	152	405	139
泸州市	355	17	295	79	8	264	867	31	15
德阳市	107	15	559	422	21	503	950	61	165
绵阳市	222	20	439	244	11	534	604	97	34
广元市	105	18	82	58		126	266	24	20
遂宁市	270	33	174	116	18	287	315	21	17
内江市	230	42	129	145	4	293	843	265	11
乐山市	35	13	338	112	9	106	981	157	91
南充市	754	31	391	135	20	548	606	67	78
眉山市	55	7	319	130	6	183	512	27	73
宜宾市	208	96	259	77	184	485	783	23	30
广安市	255		100	115	5	131	316	8	10
达州市	1668	20	301	117	13	768	816	239	36
雅安市	41	4	73	41	2	45	196	35	152
巴中市	117	3	86	63	5	215	199	27	17
资阳市	55	3	34	104	2	87	115	17	1
阿坝藏族羌族自治州	13	1	63	6		10	18	6	36
甘孜藏族自治州	30		3	3			31		4
凉山彝族自治州	312	9	73	33		50	207	120	129

4-4　续表 4

单位：人

地　区 性　别	制造业								
	金　属 制品业	通用设备 制造业	专用设备 制造业	汽　车 制造业	铁路、船舶、 航空航天和 其他运输 设备制造业	电气机械 和器材 制造业	计算机、 通信和其 他电子设 备制造业	仪器仪表 制造业	其　他 制造业
全省	**31229**	**27318**	**14728**	**16374**	**7688**	**18517**	**62693**	**2977**	**4183**
成都市	9602	8255	5334	8139	4643	5491	21696	1562	454
自贡市	962	1652	239	189	65	453	679	67	202
攀枝花市	486	218	202	23	72	57	165	7	20
泸州市	855	749	513	189	129	460	1463	40	174
德阳市	2785	3643	1184	278	282	1630	1732	117	187
绵阳市	2230	2043	981	1361	242	2304	6146	160	276
广元市	580	421	284	215	71	283	1006	35	106
遂宁市	1556	1073	676	712	155	1397	4173	106	281
内江市	1082	1217	527	745	201	519	2642	89	188
乐山市	662	673	286	162	42	360	812	30	315
南充市	2653	1767	1299	960	276	1508	5709	253	335
眉山市	689	1016	331	132	342	386	830	52	302
宜宾市	1558	1042	514	590	143	1126	3273	52	176
广安市	733	508	412	987	149	377	1733	59	133
达州市	2762	1663	1043	548	205	1247	6953	222	739
雅安市	168	229	123	297	71	121	323	18	29
巴中市	918	596	305	247	78	369	1354	56	132
资阳市	399	316	217	539	406	207	540	16	60
阿坝藏族羌族自治州	38	29	48	18	3	26	38	2	5
甘孜藏族自治州	51	10	4	2		4	5	3	
凉山彝族自治州	460	198	206	41	113	192	1421	31	69
男	**23229**	**20118**	**9799**	**11407**	**5724**	**11635**	**35112**	**1873**	**2592**
成都市	7170	6233	3700	5859	3458	3567	13257	972	290
自贡市	702	1282	160	128	53	271	386	47	147
攀枝花市	382	182	148	14	54	36	113	5	12
泸州市	584	529	320	129	95	280	776	25	103
德阳市	2116	2917	915	213	217	1212	893	89	120
绵阳市	1635	1430	627	895	173	1329	3310	104	152
广元市	419	278	171	141	57	173	573	24	56
遂宁市	1117	717	392	456	113	784	2000	61	172
内江市	795	880	336	474	156	333	1356	62	110
乐山市	527	520	201	109	37	264	430	23	226
南充市	1945	1201	801	638	200	891	2949	149	211
眉山市	550	724	213	96	266	245	417	28	186
宜宾市	1134	746	319	426	107	698	1886	33	104
广安市	541	347	257	611	100	238	896	39	79
达州市	2018	1108	681	373	162	753	3746	141	435
雅安市	143	180	81	233	52	68	213	10	24
巴中市	687	441	187	178	57	218	773	27	78
资阳市	307	231	122	391	299	127	299	10	37
阿坝藏族羌族自治州	29	20	38	12	3	19	21		4
甘孜藏族自治州	40	8	3	2		2	4	2	
凉山彝族自治州	388	144	127	29	65	127	814	22	46
女	**8000**	**7200**	**4929**	**4967**	**1964**	**6882**	**27581**	**1104**	**1591**
成都市	2432	2022	1634	2280	1185	1924	8439	590	164
自贡市	260	370	79	61	12	182	293	20	55
攀枝花市	104	36	54	9	18	21	52	2	8
泸州市	271	220	193	60	34	180	687	15	71
德阳市	669	726	269	65	65	418	839	28	67
绵阳市	595	613	354	466	69	975	2836	56	124
广元市	161	143	113	74	14	110	433	11	50
遂宁市	439	356	284	256	42	613	2173	45	109
内江市	287	337	191	271	45	186	1286	27	78
乐山市	135	153	85	53	5	96	382	7	89
南充市	708	566	498	322	76	617	2760	104	124
眉山市	139	292	118	36	76	141	413	24	116
宜宾市	424	296	195	164	36	428	1387	19	72
广安市	192	161	155	376	49	139	837	20	54
达州市	744	555	362	175	43	494	3207	81	304
雅安市	25	49	42	64	19	53	110	8	5
巴中市	231	155	118	69	21	151	581	29	54
资阳市	92	85	95	148	107	80	241	6	23
阿坝藏族羌族自治州	9	9	10	6		7	17	2	1
甘孜藏族自治州	11	2	1			2	1	1	
凉山彝族自治州	72	54	79	12	48	65	607	9	23

4-4 续表 5

单位：人

地区 性别	制造业		电力、热力、燃气及水生产和供应业				建筑业		
	废弃资源综合利用业	金属制品、机械和设备修理业	小计	电力、热力生产和供应业	燃气生产和供应业	水的生产和供应业	小计	房屋建筑业	土木工程建筑业
全省	**4532**	**5631**	**33391**	**21305**	**6659**	**5427**	**714460**	**452108**	**64117**
成都市	812	1547	7314	4297	1635	1382	127016	65898	16147
自贡市	149	122	815	397	266	152	16488	9933	1164
攀枝花市	140	223	910	621	111	178	5609	3391	732
泸州市	283	181	1349	739	425	185	32483	24281	1565
德阳市	240	223	1252	630	378	244	24643	15148	2204
绵阳市	309	380	2154	1191	617	346	44965	27476	4439
广元市	112	205	1066	674	204	188	27425	19192	3352
遂宁市	321	277	1186	674	329	183	45185	28899	2406
内江市	312	238	1154	670	291	193	39206	27817	1633
乐山市	85	191	1834	1362	235	237	20116	11799	2872
南充市	296	390	1958	1069	495	394	85120	55115	3984
眉山市	153	186	1198	771	199	228	22919	15010	1780
宜宾市	307	252	2041	1354	349	338	33648	21862	4056
广安市	155	239	1175	840	170	165	27252	17168	2385
达州市	395	468	2264	1354	501	409	61759	41088	3178
雅安市	68	100	1336	1173	63	100	9271	5958	1338
巴中市	134	162	1021	645	177	199	42693	30288	2896
资阳市	43	65	547	297	127	123	16654	11446	1040
阿坝藏族羌族自治州	8	6	613	572	19	22	4549	2298	1822
甘孜藏族自治州	2	5	553	517	7	29	6189	3427	2121
凉山彝族自治州	208	171	1651	1458	61	132	21270	14614	3003
男	**3149**	**4786**	**24189**	**16046**	**4520**	**3623**	**590528**	**370164**	**54447**
成都市	584	1262	5083	3071	1095	917	104179	54503	12677
自贡市	109	103	631	319	199	113	13773	8320	1000
攀枝花市	115	190	668	469	71	128	4642	2768	632
泸州市	159	159	997	590	285	122	26896	19948	1363
德阳市	173	206	936	485	284	167	21228	13051	1892
绵阳市	213	322	1555	920	396	239	38343	23327	3924
广元市	73	180	797	531	139	127	21097	14412	2848
遂宁市	221	223	862	510	229	123	38127	24124	2131
内江市	203	213	866	509	218	139	32545	22923	1427
乐山市	65	165	1296	999	149	148	17300	10039	2547
南充市	188	336	1449	844	337	268	69491	44631	3380
眉山市	104	166	886	604	137	145	19784	12952	1555
宜宾市	230	222	1492	1029	227	236	28106	18005	3534
广安市	109	210	880	665	108	107	22744	14061	2167
达州市	277	391	1561	987	319	255	51166	33566	2727
雅安市	51	89	949	827	48	74	8070	5113	1208
巴中市	89	134	728	489	123	116	33208	23045	2438
资阳市	30	53	394	222	97	75	14084	9625	922
阿坝藏族羌族自治州	6	6	439	415	10	14	3796	1809	1626
甘孜藏族自治州	2	4	417	389	6	22	4782	2478	1796
凉山彝族自治州	148	152	1303	1172	43	88	17167	11464	2653
女	**1383**	**845**	**9202**	**5259**	**2139**	**1804**	**123932**	**81944**	**9670**
成都市	228	285	2231	1226	540	465	22837	11395	3470
自贡市	40	19	184	78	67	39	2715	1613	164
攀枝花市	25	33	242	152	40	50	967	623	100
泸州市	124	22	352	149	140	63	5587	4333	202
德阳市	67	17	316	145	94	77	3415	2097	312
绵阳市	96	58	599	271	221	107	6622	4149	515
广元市	39	25	269	143	65	61	6328	4780	504
遂宁市	100	54	324	164	100	60	7058	4775	275
内江市	109	25	288	161	73	54	6661	4894	206
乐山市	20	26	538	363	86	89	2816	1760	325
南充市	108	54	509	225	158	126	15629	10484	604
眉山市	49	20	312	167	62	83	3135	2058	225
宜宾市	77	30	549	325	122	102	5542	3857	522
广安市	46	29	295	175	62	58	4508	3107	218
达州市	118	77	703	367	182	154	10593	7522	451
雅安市	17	11	387	346	15	26	1201	845	130
巴中市	45	28	293	156	54	83	9485	7243	458
资阳市	13	12	153	75	30	48	2570	1821	118
阿坝藏族羌族自治州	2		174	157	9	8	753	489	196
甘孜藏族自治州		1	136	128	1	7	1407	949	325
凉山彝族自治州	60	19	348	286	18	44	4103	3150	350

4-4　续表 6

单位：人

地　区 性　别	建筑业		批发和零售业			交通运输、仓储和邮政业			
	建　筑 安装业	建筑装饰、装修和其他建筑业	小计	批发业	零售业	小计	铁　路 运输业	道　路 运输业	水　上 运输业
全省	**32149**	**166086**	**615577**	**133802**	**481775**	**192542**	**6465**	**131369**	**871**
成都市	7805	37166	173327	53915	119412	53625	2586	34834	112
自贡市	808	4583	17285	4021	13264	4941	92	3345	18
攀枝花市	219	1267	8191	1809	6382	3923	313	2974	14
泸州市	1028	5609	27174	5017	22157	7512	80	5126	89
德阳市	1558	5733	24895	5200	19695	8288	172	6280	10
绵阳市	2672	10378	40655	9539	31116	11358	336	8262	53
广元市	820	4061	12025	2275	9750	4878	287	3348	17
遂宁市	2664	11216	23466	4495	18971	7995	158	5645	32
内江市	1156	8600	27695	4354	23341	8543	478	5762	40
乐山市	919	4526	15905	3145	12760	7043	321	5228	53
南充市	3558	22463	65880	7323	58557	16206	297	10405	84
眉山市	1014	5115	19070	4023	15047	5151	110	3606	27
宜宾市	1239	6491	28362	5552	22810	9425	216	6790	129
广安市	1149	6550	23033	3152	19881	5603	101	3711	44
达州市	2362	15131	51082	10046	41036	15761	344	10208	82
雅安市	277	1698	9656	1669	7987	3216	35	2549	5
巴中市	1410	8099	16050	2547	13503	5911	79	4153	23
资阳市	868	3300	11609	2157	9452	3759	75	2686	6
阿坝藏族羌族自治州	104	325	2772	296	2476	1478	6	1140	1
甘孜藏族自治州	44	597	2977	196	2781	1510	2	1017	
凉山彝族自治州	475	3178	14468	3071	11397	6416	377	4300	32
男	**28860**	**137057**	**272277**	**76909**	**195368**	**160281**	**4803**	**114820**	**639**
成都市	6770	30229	84361	31459	52902	41954	1840	28726	64
自贡市	712	3741	7636	2202	5434	4229	68	2977	16
攀枝花市	204	1038	3581	1131	2450	3251	237	2541	10
泸州市	932	4653	11212	2745	8467	6153	55	4372	69
德阳市	1433	4852	11167	3134	8033	7081	136	5602	9
绵阳市	2409	8683	17537	5365	12172	9731	252	7389	38
广元市	721	3116	4959	1339	3620	4164	231	2994	13
遂宁市	2455	9417	9928	2478	7450	6837	117	5074	22
内江市	1043	7152	11211	2448	8763	7381	388	5189	28
乐山市	837	3877	7060	1904	5156	6193	269	4726	42
南充市	3248	18232	25496	4160	21336	13556	206	9158	63
眉山市	919	4358	8128	2275	5853	4329	83	3185	18
宜宾市	1127	5440	12202	3159	9043	8129	158	6114	107
广安市	1058	5458	8929	1763	7166	4789	71	3319	34
达州市	2116	12757	23461	5673	17788	13462	247	9135	49
雅安市	260	1489	4108	879	3229	2808	23	2297	5
巴中市	1264	6461	6827	1516	5311	5049	58	3722	19
资阳市	793	2744	5249	1228	4021	3224	54	2411	6
阿坝藏族羌族自治州	91	270	1365	181	1184	1288	4	1058	1
甘孜藏族自治州	33	475	1567	127	1440	1204	1	880	
凉山彝族自治州	435	2615	6293	1743	4550	5469	305	3951	26
女	**3289**	**29029**	**343300**	**56893**	**286407**	**32261**	**1662**	**16549**	**232**
成都市	1035	6937	88966	22456	66510	11671	746	6108	48
自贡市	96	842	9649	1819	7830	712	24	368	2
攀枝花市	15	229	4610	678	3932	672	76	433	4
泸州市	96	956	15962	2272	13690	1359	25	754	20
德阳市	125	881	13728	2066	11662	1207	36	678	1
绵阳市	263	1695	23118	4174	18944	1627	84	873	15
广元市	99	945	7066	936	6130	714	56	354	4
遂宁市	209	1799	13538	2017	11521	1158	41	571	10
内江市	113	1448	16484	1906	14578	1162	90	573	12
乐山市	82	649	8845	1241	7604	850	52	502	11
南充市	310	4231	40384	3163	37221	2650	91	1247	21
眉山市	95	757	10942	1748	9194	822	27	421	9
宜宾市	112	1051	16160	2393	13767	1296	58	676	22
广安市	91	1092	14104	1389	12715	814	30	392	10
达州市	246	2374	27621	4373	23248	2299	97	1073	33
雅安市	17	209	5548	790	4758	408	12	252	
巴中市	146	1638	9223	1031	8192	862	21	431	4
资阳市	75	556	6360	929	5431	535	21	275	
阿坝藏族羌族自治州	13	55	1407	115	1292	190	2	82	
甘孜藏族自治州	11	122	1410	69	1341	306	1	137	
凉山彝族自治州	40	563	8175	1328	6847	947	72	349	6

4-4 续表 7 单位：人

地区 性别	交通运输、仓储和邮政业					住宿和餐饮业		
	航空运输业	管道运输业	多式联运和运输代理业	装卸搬运和仓储业	邮政业	小计	住宿业	餐饮业
全省	**5179**	**134**	**3727**	**19289**	**25508**	**292419**	**30664**	**261755**
成都市	3945	29	1392	3813	6914	69605	9175	60430
自贡市	47	6	109	688	636	6980	424	6556
攀枝花市	28	1	40	278	275	3671	442	3229
泸州市	74	2	133	1025	983	11759	895	10864
德阳市	87	2	166	601	970	11011	789	10222
绵阳市	155	18	228	815	1491	20749	2059	18690
广元市	56	9	62	487	612	6950	816	6134
遂宁市	73	5	182	738	1162	13550	1003	12547
内江市	59	3	118	1092	991	12815	808	12007
乐山市	31	4	68	720	618	8624	1149	7475
南充市	156	4	218	2012	3030	32869	2917	29952
眉山市	57	6	161	570	614	8329	743	7586
宜宾市	89	1	94	996	1110	12322	913	11409
广安市	32	1	122	741	851	10785	667	10118
达州市	82	29	389	2014	2613	28170	2630	25540
雅安市	15	4	30	196	382	4771	629	4142
巴中市	56	6	94	710	790	8865	1085	7780
资阳市	22		47	475	448	5347	379	4968
阿坝藏族羌族自治州	35	1	10	116	169	3024	767	2257
甘孜藏族自治州	44		1	161	285	3938	1246	2692
凉山彝族自治州	36	3	63	1041	564	8285	1128	7157
男	**3055**	**96**	**2825**	**15952**	**18091**	**124500**	**11010**	**113490**
成都市	2329	23	962	3063	4947	32906	3489	29417
自贡市	32	4	90	590	452	3178	140	3038
攀枝花市	17	1	27	233	185	1617	141	1476
泸州市	49	2	105	843	658	5208	337	4871
德阳市	55	2	121	496	660	4585	272	4313
绵阳市	92	13	189	707	1051	8608	679	7929
广元市	32	9	47	407	431	2458	229	2229
遂宁市	42	2	155	641	784	5739	339	5400
内江市	33	3	95	926	719	5089	264	4825
乐山市	16	4	62	644	430	3649	406	3243
南充市	82	3	159	1726	2159	12191	970	11221
眉山市	33	4	127	458	421	3559	243	3316
宜宾市	56	1	74	867	752	5227	293	4934
广安市	17	1	98	629	620	4085	211	3874
达州市	50	18	328	1667	1968	12300	1054	11246
雅安市	9		22	177	275	1938	229	1709
巴中市	31	4	68	569	578	3469	345	3124
资阳市	12		37	398	306	2246	104	2142
阿坝藏族羌族自治州	16		6	85	118	1308	352	956
甘孜藏族自治州	24		1	110	188	1697	537	1160
凉山彝族自治州	28	2	52	716	389	3443	376	3067
女	**2124**	**38**	**902**	**3337**	**7417**	**167919**	**19654**	**148265**
成都市	1616	6	430	750	1967	36699	5686	31013
自贡市	15	2	19	98	184	3802	284	3518
攀枝花市	11		13	45	90	2054	301	1753
泸州市	25		28	182	325	6551	558	5993
德阳市	32		45	105	310	6426	517	5909
绵阳市	63	5	39	108	440	12141	1380	10761
广元市	24		15	80	181	4492	587	3905
遂宁市	31	3	27	97	378	7811	664	7147
内江市	26		23	166	272	7726	544	7182
乐山市	15		6	76	188	4975	743	4232
南充市	74	1	59	286	871	20678	1947	18731
眉山市	24	2	34	112	193	4770	500	4270
宜宾市	33		20	129	358	7095	620	6475
广安市	15		24	112	231	6700	456	6244
达州市	32	11	61	347	645	15870	1576	14294
雅安市	6	4	8	19	107	2833	400	2433
巴中市	25	2	26	141	212	5396	740	4656
资阳市	10		10	77	142	3101	275	2826
阿坝藏族羌族自治州	19	1	4	31	51	1716	415	1301
甘孜藏族自治州	20			51	97	2241	709	1532
凉山彝族自治州	8	1	11	325	175	4842	752	4090

4—4　续表 8　　　　单位：人

地　区 性　别	信息传输、软件和信息技术服务业				金融业				
	小计	电信、广播电视和卫星传输服务	互联网和相关服务	软件和信息技术服务业	小计	货币金融服务	资本市场服务	保险业	其他金融业
全省	**76304**	**18622**	**22257**	**35425**	**56005**	**24400**	**3688**	**23401**	**4516**
成都市	44006	5274	12744	25988	23683	10116	2301	8918	2348
自贡市	1164	475	331	358	1418	603	42	671	102
攀枝花市	628	342	116	170	853	401	38	371	43
泸州市	1579	701	413	465	1925	763	78	975	109
德阳市	1812	735	528	549	2178	971	130	951	126
绵阳市	3758	1219	1258	1281	3456	1476	218	1491	271
广元市	1390	560	402	428	1374	686	41	522	125
遂宁市	2013	698	583	732	1662	674	80	703	205
内江市	2832	608	1207	1017	1851	653	71	1020	107
乐山市	1507	814	299	394	1586	831	86	585	84
南充市	4255	1652	1372	1231	3953	1566	138	2023	226
眉山市	1207	499	377	331	1466	601	66	693	106
宜宾市	1714	798	508	408	1716	932	78	612	94
广安市	1106	494	306	306	1413	596	39	696	82
达州市	3125	1248	1001	876	2726	998	113	1380	235
雅安市	629	383	137	109	847	446	21	334	46
巴中市	1511	697	318	496	1427	631	73	608	115
资阳市	734	408	168	158	915	469	28	375	43
阿坝藏族羌族自治州	216	167	30	19	287	193	5	79	10
甘孜藏族自治州	308	282	15	11	253	209	3	41	
凉山彝族自治州	810	568	144	98	1016	585	39	353	39
男	**49153**	**10728**	**14747**	**23678**	**24926**	**11682**	**2081**	**8819**	**2344**
成都市	29466	3024	9044	17398	10639	4592	1300	3501	1246
自贡市	734	278	207	249	618	313	21	230	54
攀枝花市	418	209	81	128	372	198	13	138	23
泸州市	967	393	252	322	797	336	37	372	52
德阳市	1180	418	364	398	905	441	70	329	65
绵阳市	2346	705	777	864	1418	684	131	489	114
广元市	810	323	210	277	633	359	25	186	63
遂宁市	1259	404	340	515	765	348	39	268	110
内江市	1228	335	468	425	785	335	45	348	57
乐山市	891	420	179	292	689	406	45	202	36
南充市	2737	952	913	872	1782	786	86	802	108
眉山市	765	296	226	243	603	292	33	225	53
宜宾市	1080	481	316	283	821	491	44	227	59
广安市	679	276	189	214	624	296	26	254	48
达州市	1947	720	644	583	1319	527	61	619	112
雅安市	385	226	92	67	357	213	11	111	22
巴中市	983	433	202	348	692	334	48	240	70
资阳市	472	251	114	107	376	227	16	111	22
阿坝藏族羌族自治州	123	87	22	14	145	103	4	32	6
甘孜藏族自治州	189	167	14	8	140	118	3	19	
凉山彝族自治州	494	330	93	71	446	283	23	116	24
女	**27151**	**7894**	**7510**	**11747**	**31079**	**12718**	**1607**	**14582**	**2172**
成都市	14540	2250	3700	8590	13044	5524	1001	5417	1102
自贡市	430	197	124	109	800	290	21	441	48
攀枝花市	210	133	35	42	481	203	25	233	20
泸州市	612	308	161	143	1128	427	41	603	57
德阳市	632	317	164	151	1273	530	60	622	61
绵阳市	1412	514	481	417	2038	792	87	1002	157
广元市	580	237	192	151	741	327	16	336	62
遂宁市	754	294	243	217	897	326	41	435	95
内江市	1604	273	739	592	1066	318	26	672	50
乐山市	616	394	120	102	897	425	41	383	48
南充市	1518	700	459	359	2171	780	52	1221	118
眉山市	442	203	151	88	863	309	33	468	53
宜宾市	634	317	192	125	895	441	34	385	35
广安市	427	218	117	92	789	300	13	442	34
达州市	1178	528	357	293	1407	471	52	761	123
雅安市	244	157	45	42	490	233	10	223	24
巴中市	528	264	116	148	735	297	25	368	45
资阳市	262	157	54	51	539	242	12	264	21
阿坝藏族羌族自治州	93	80	8	5	142	90	1	47	4
甘孜藏族自治州	119	115	1	3	113	91		22	
凉山彝族自治州	316	238	51	27	570	302	16	237	15

4-4 续表 9

单位：人

地区 性别	房地产业		租赁和商务服务业			科学研究和技术服务业			
	小计	房地产业	小计	租赁业	商务服务业	小计	研究和试验发展	专业技术服务业	科技推广和应用服务业
全省	**97068**	**97068**	**109533**	**9964**	**99569**	**46392**	**8412**	**30533**	**7447**
成都市	38982	38982	46617	4103	42514	26205	5171	17117	3917
自贡市	2147	2147	2601	189	2412	1084	110	564	410
攀枝花市	1223	1223	1472	154	1318	598	64	455	79
泸州市	3728	3728	4187	326	3861	1114	82	774	258
德阳市	3604	3604	3957	483	3474	1441	143	1111	187
绵阳市	5514	5514	5853	739	5114	3588	1775	1393	420
广元市	1430	1430	2116	274	1842	795	194	529	72
遂宁市	3027	3027	3532	368	3164	949	73	742	134
内江市	3224	3224	3748	273	3475	931	99	661	171
乐山市	2221	2221	2120	243	1877	816	133	590	93
南充市	9629	9629	7322	794	6528	1824	135	1346	343
眉山市	2957	2957	2905	305	2600	1029	74	708	247
宜宾市	3706	3706	3473	376	3097	987	79	773	135
广安市	2975	2975	2520	168	2352	575	33	454	88
达州市	6972	6972	8889	421	8468	2180	126	1454	600
雅安市	895	895	1268	160	1108	266	13	218	35
巴中市	2124	2124	2775	237	2538	800	45	631	124
资阳市	1495	1495	1145	114	1031	299	20	245	34
阿坝藏族羌族自治州	152	152	486	40	446	115	4	107	4
甘孜藏族自治州	141	141	272	13	259	164	18	133	13
凉山彝族自治州	922	922	2275	184	2091	632	21	528	83
男	**58696**	**58696**	**67178**	**8409**	**58769**	**30942**	**5534**	**20912**	**4496**
成都市	23336	23336	26738	3323	23415	16964	3306	11268	2390
自贡市	1328	1328	1637	162	1475	702	72	399	231
攀枝花市	694	694	914	137	777	420	35	328	57
泸州市	2181	2181	2574	279	2295	783	56	574	153
德阳市	2146	2146	2532	406	2126	991	85	783	123
绵阳市	3347	3347	3752	640	3112	2504	1241	997	266
广元市	866	866	1404	245	1159	565	154	372	39
遂宁市	1901	1901	2313	321	1992	673	55	534	84
内江市	1930	1930	2306	230	2076	645	70	469	106
乐山市	1340	1340	1352	224	1128	585	94	427	64
南充市	5950	5950	4653	671	3982	1219	93	955	171
眉山市	1721	1721	1809	272	1537	701	50	514	137
宜宾市	2236	2236	2247	314	1933	708	49	572	87
广安市	1839	1839	1603	145	1458	422	27	338	57
达州市	4460	4460	5794	370	5424	1404	70	986	348
雅安市	540	540	860	151	709	183	9	152	22
巴中市	1343	1343	1820	210	1610	565	32	469	64
资阳市	862	862	745	100	645	233	16	192	25
阿坝藏族羌族自治州	93	93	343	39	304	85	2	81	2
甘孜藏族自治州	89	89	185	9	176	121	8	103	10
凉山彝族自治州	494	494	1597	161	1436	469	10	399	60
女	**38372**	**38372**	**42355**	**1555**	**40800**	**15450**	**2878**	**9621**	**2951**
成都市	15646	15646	19879	780	19099	9241	1865	5849	1527
自贡市	819	819	964	27	937	382	38	165	179
攀枝花市	529	529	558	17	541	178	29	127	22
泸州市	1547	1547	1613	47	1566	331	26	200	105
德阳市	1458	1458	1425	77	1348	450	58	328	64
绵阳市	2167	2167	2101	99	2002	1084	534	396	154
广元市	564	564	712	29	683	230	40	157	33
遂宁市	1126	1126	1219	47	1172	276	18	208	50
内江市	1294	1294	1442	43	1399	286	29	192	65
乐山市	881	881	768	19	749	231	39	163	29
南充市	3679	3679	2669	123	2546	605	42	391	172
眉山市	1236	1236	1096	33	1063	328	24	194	110
宜宾市	1470	1470	1226	62	1164	279	30	201	48
广安市	1136	1136	917	23	894	153	6	116	31
达州市	2512	2512	3095	51	3044	776	56	468	252
雅安市	355	355	408	9	399	83	4	66	13
巴中市	781	781	955	27	928	235	13	162	60
资阳市	633	633	400	14	386	66	4	53	9
阿坝藏族羌族自治州	59	59	143	1	142	30	2	26	2
甘孜藏族自治州	52	52	87	4	83	43	10	30	3
凉山彝族自治州	428	428	678	23	655	163	11	129	23

4-4　续表 10

单位：人

地　区 性　别	水利、环境和公共设施管理业					居民服务、修理和其他服务业			
	小计	水　利 管理业	生态保护 和环境 治理业	公共设施 管理业	土　地 管理业	小计	居　民 服务业	机动车、 电子产品 和日用产 品修理业	其　他 服务业
全省	**28772**	**1241**	**2247**	**24920**	**364**	**185798**	**119636**	**40343**	**25819**
成都市	8285	287	657	7185	156	40743	25455	10097	5191
自贡市	814	66	65	675	8	5045	3078	1019	948
攀枝花市	357	31	38	285	3	2621	1646	652	323
泸州市	1206	31	99	1067	9	9815	6727	1628	1460
德阳市	1217	64	78	1069	6	7892	5276	1753	863
绵阳市	1793	94	150	1533	16	13661	9497	2781	1383
广元市	921	46	94	768	13	4131	2591	984	556
遂宁市	990	46	96	843	5	7771	4615	2021	1135
内江市	880	47	58	767	8	8771	5540	1775	1456
乐山市	1005	40	66	891	8	5851	3815	1379	657
南充市	2388	80	158	2130	20	21707	14850	3985	2872
眉山市	959	53	62	835	9	6060	3907	1229	924
宜宾市	1650	66	91	1462	31	9775	7002	1963	810
广安市	1116	41	58	1007	10	9227	6192	1447	1588
达州市	1945	96	145	1679	25	15210	9018	3102	3090
雅安市	536	27	59	447	3	2702	1574	761	367
巴中市	794	24	55	698	17	5542	3419	1336	787
资阳市	505	29	17	457	2	3706	2388	793	525
阿坝藏族羌族自治州	588	15	109	464		628	291	260	77
甘孜藏族自治州	116	9	12	95		637	268	278	91
凉山彝族自治州	707	49	80	563	15	4303	2487	1100	716
男	**16042**	**887**	**1566**	**13317**	**272**	**76285**	**34364**	**33360**	**8561**
成都市	4948	190	461	4187	110	18047	7936	8200	1911
自贡市	485	44	47	388	6	2168	959	850	359
攀枝花市	209	22	28	157	2	1012	382	535	95
泸州市	619	26	71	516	6	3706	1827	1357	522
德阳市	638	41	57	535	5	3098	1425	1382	291
绵阳市	1018	73	95	844	6	5119	2386	2259	474
广元市	511	35	59	406	11	1669	667	826	176
遂宁市	570	35	70	461	4	3515	1420	1725	370
内江市	481	36	39	401	5	3477	1582	1502	393
乐山市	533	25	46	455	7	2536	1183	1145	208
南充市	1149	63	107	963	16	7983	3862	3350	771
眉山市	571	38	45	481	7	2433	1093	1010	330
宜宾市	910	49	64	772	25	3774	1841	1617	316
广安市	504	28	33	435	8	3057	1522	1175	360
达州市	1092	64	102	905	21	6696	3029	2584	1083
雅安市	291	23	45	220	3	1249	461	649	139
巴中市	456	15	42	385	14	2497	1082	1170	245
资阳市	278	19	14	243	2	1558	705	677	176
阿坝藏族羌族自治州	363	14	65	284		384	124	220	40
甘孜藏族自治州	63	8	7	48		380	114	221	45
凉山彝族自治州	353	39	69	231	14	1927	764	906	257
女	**12730**	**354**	**681**	**11603**	**92**	**109513**	**85272**	**6983**	**17258**
成都市	3337	97	196	2998	46	22696	17519	1897	3280
自贡市	329	22	18	287	2	2877	2119	169	589
攀枝花市	148	9	10	128	1	1609	1264	117	228
泸州市	587	5	28	551	3	6109	4900	271	938
德阳市	579	23	21	534	1	4794	3851	371	572
绵阳市	775	21	55	689	10	8542	7111	522	909
广元市	410	11	35	362	2	2462	1924	158	380
遂宁市	420	11	26	382	1	4256	3195	296	765
内江市	399	11	19	366	3	5294	3958	273	1063
乐山市	472	15	20	436	1	3315	2632	234	449
南充市	1239	17	51	1167	4	13724	10988	635	2101
眉山市	388	15	17	354	2	3627	2814	219	594
宜宾市	740	17	27	690	6	6001	5161	346	494
广安市	612	13	25	572	2	6170	4670	272	1228
达州市	853	32	43	774	4	8514	5989	518	2007
雅安市	245	4	14	227		1453	1113	112	228
巴中市	338	9	13	313	3	3045	2337	166	542
资阳市	227	10	3	214		2148	1683	116	349
阿坝藏族羌族自治州	225	1	44	180		244	167	40	37
甘孜藏族自治州	53	1	5	47		257	154	57	46
凉山彝族自治州	354	10	11	332	1	2376	1723	194	459

4-4 续表 11

单位：人

地区 性别	教育		卫生和社会工作			文化、体育和娱乐业				
	小计	教育	小计	卫生	社会工作	小计	新闻和出版业	广播、电视、电影和录音制作业	文化艺术业	体育
全省	**163979**	**163979**	**90350**	**86902**	**3448**	**40922**	**1857**	**3397**	**4615**	**4861**
成都市	49218	49218	26459	25149	1310	13596	976	1863	1917	1823
自贡市	3998	3998	2720	2587	133	1068	28	44	118	104
攀枝花市	2736	2736	1905	1826	79	495	20	48	62	109
泸州市	7188	7188	4327	4176	151	1314	52	67	250	133
德阳市	6263	6263	3590	3487	103	2282	51	123	141	146
绵阳市	10720	10720	5685	5401	284	3084	82	162	272	326
广元市	4383	4383	2885	2833	52	828	44	66	100	78
遂宁市	5461	5461	3011	2906	105	1526	57	71	101	150
内江市	5168	5168	3479	3347	132	1476	52	63	140	108
乐山市	5178	5178	3173	3035	138	1070	31	70	150	180
南充市	11343	11343	6113	5916	197	3903	96	175	205	501
眉山市	4577	4577	2479	2379	100	1243	31	59	82	139
宜宾市	8435	8435	4531	4415	116	1710	43	116	214	403
广安市	5223	5223	2543	2452	91	1100	23	45	71	106
达州市	11060	11060	5525	5320	205	3077	65	157	258	320
雅安市	2467	2467	1863	1813	50	476	23	50	54	40
巴中市	6050	6050	2917	2854	63	895	73	55	108	90
资阳市	3337	3337	2167	2100	67	477	33	26	38	31
阿坝藏族羌族自治州	1751	1751	899	887	12	264	15	16	134	12
甘孜藏族自治州	2165	2165	826	807	19	322	19	44	93	15
凉山彝族自治州	7258	7258	3253	3212	41	716	43	77	107	47
男	**60590**	**60590**	**30147**	**28948**	**1199**	**18479**	**951**	**1828**	**2236**	**2387**
成都市	16442	16442	7560	7157	403	6627	484	1022	929	949
自贡市	1451	1451	918	872	46	482	16	27	64	59
攀枝花市	1068	1068	586	556	30	225	13	21	26	41
泸州市	2691	2691	1544	1500	44	607	27	33	114	68
德阳市	2357	2357	1119	1087	32	875	26	53	63	80
绵阳市	3924	3924	1961	1850	111	1310	35	88	131	157
广元市	1659	1659	1085	1069	16	335	24	33	46	32
遂宁市	2166	2166	1050	1009	41	634	30	27	53	67
内江市	2024	2024	1112	1063	49	601	34	32	56	52
乐山市	1868	1868	1010	958	52	478	19	31	74	83
南充市	4620	4620	2509	2413	96	1511	57	91	92	211
眉山市	1584	1584	795	768	27	500	14	39	36	66
宜宾市	3003	3003	1568	1528	40	828	22	59	103	173
广安市	1960	1960	968	926	42	447	9	26	28	49
达州市	4804	4804	2214	2134	80	1468	36	91	142	181
雅安市	872	872	541	520	21	230	9	30	23	20
巴中市	2378	2378	1178	1155	23	426	43	31	52	38
资阳市	1335	1335	855	838	17	211	18	11	20	18
阿坝藏族羌族自治州	617	617	265	261	4	129	5	9	70	7
甘孜藏族自治州	808	808	257	249	8	176	11	24	53	6
凉山彝族自治州	2959	2959	1052	1035	17	379	19	50	61	30
女	**103389**	**103389**	**60203**	**57954**	**2249**	**22443**	**906**	**1569**	**2379**	**2474**
成都市	32776	32776	18899	17992	907	6969	492	841	988	874
自贡市	2547	2547	1802	1715	87	586	12	17	54	45
攀枝花市	1668	1668	1319	1270	49	270	7	27	36	68
泸州市	4497	4497	2783	2676	107	707	25	34	136	65
德阳市	3906	3906	2471	2400	71	1407	25	70	78	66
绵阳市	6796	6796	3724	3551	173	1774	47	74	141	169
广元市	2724	2724	1800	1764	36	493	20	33	54	46
遂宁市	3295	3295	1961	1897	64	892	27	44	48	83
内江市	3144	3144	2367	2284	83	875	18	31	84	56
乐山市	3310	3310	2163	2077	86	592	12	39	76	97
南充市	6723	6723	3604	3503	101	2392	39	84	113	290
眉山市	2993	2993	1684	1611	73	743	17	20	46	73
宜宾市	5432	5432	2963	2887	76	882	21	57	111	230
广安市	3263	3263	1575	1526	49	653	14	19	43	57
达州市	6256	6256	3311	3186	125	1609	29	66	116	139
雅安市	1595	1595	1322	1293	29	246	14	20	31	20
巴中市	3672	3672	1739	1699	40	469	30	24	56	52
资阳市	2002	2002	1312	1262	50	266	15	15	18	13
阿坝藏族羌族自治州	1134	1134	634	626	8	135	10	7	64	5
甘孜藏族自治州	1357	1357	569	558	11	146	8	20	40	9
凉山彝族自治州	4299	4299	2201	2177	24	337	24	27	46	17

4-4 续表 12

单位：人

地区 性别	娱乐业	公共管理、社会保障和社会组织 小计	中国共产党机关	国家机构	人民政协、民主党派	社会保障	群众团体、社会团体和其他成员组织	基层群众自治组织	国际组织 小计	国际组织
全省	**26192**	**151452**	**3524**	**114110**	**612**	**606**	**8196**	**24404**	**22**	**22**
成都市	7017	34025	725	26361	136	73	1427	5303	14	14
自贡市	774	4083	114	3009	18	20	226	696		
攀枝花市	256	3049	64	2591	18	12	66	298		
泸州市	812	6391	102	4436	17	19	367	1450		
德阳市	1821	5527	110	4233	16	17	128	1023		
绵阳市	2242	8480	149	6563	28	43	275	1422	1	1
广元市	540	5408	211	4175	15	18	152	837	1	1
遂宁市	1147	4711	67	3633	15	35	216	745	1	1
内江市	1113	5449	105	3604	15	40	255	1430		
乐山市	639	6644	127	5244	48	31	229	965		
南充市	2926	9270	158	7134	24	40	254	1660	1	1
眉山市	932	5426	165	4078	25	19	235	904		
宜宾市	934	8287	123	6296	21	30	153	1664	1	1
广安市	855	4778	130	3717	20	33	121	757		
达州市	2277	7829	223	5790	20	32	442	1322	2	2
雅安市	309	3652	69	3007	20	11	115	430	1	1
巴中市	569	5673	117	4423	24	13	120	976		
资阳市	349	3042	87	2257	16	21	71	590		
阿坝藏族羌族自治州	87	4611	186	3058	32	47	891	397		
甘孜藏族自治州	151	7389	304	4084	44	25	2247	685		
凉山彝族自治州	442	7728	188	6417	40	27	206	850		
男	**11077**	**96201**	**2325**	**73974**	**433**	**271**	**4812**	**14386**	**9**	**9**
成都市	3243	20226	483	16354	83	23	698	2585	5	5
自贡市	316	2508	69	1957	12	9	125	336		
攀枝花市	124	1907	41	1687	15	5	30	129		
泸州市	365	3983	63	2892	12	8	198	810		
德阳市	653	3445	66	2734	13	11	59	562		
绵阳市	899	5412	106	4286	23	19	146	832	1	1
广元市	200	3614	151	2771	12	8	82	590	1	1
遂宁市	457	2845	50	2284	9	14	105	383		
内江市	427	3191	55	2266	12	16	122	720		
乐山市	271	4194	82	3355	39	14	118	586		
南充市	1060	6341	114	4963	20	20	136	1088	1	1
眉山市	345	3247	103	2559	18	8	94	465		
宜宾市	471	5335	81	4087	14	14	70	1069		
广安市	335	3167	89	2559	16	11	58	434		
达州市	1018	5234	151	3927	9	18	255	874		
雅安市	148	2294	44	1915	13	4	49	269	1	1
巴中市	262	4001	92	3066	18	8	59	758		
资阳市	144	1970	61	1499	12	7	38	353		
阿坝藏族羌族自治州	38	3067	109	1848	18	23	772	297		
甘孜藏族自治州	82	4792	194	2528	33	14	1479	544		
凉山彝族自治州	219	5428	121	4437	32	17	119	702		
女	**15115**	**55251**	**1199**	**40136**	**179**	**335**	**3384**	**10018**	**13**	**13**
成都市	3774	13799	242	10007	53	50	729	2718	9	9
自贡市	458	1575	45	1052	6	11	101	360		
攀枝花市	132	1142	23	904	3	7	36	169		
泸州市	447	2408	39	1544	5	11	169	640		
德阳市	1168	2082	44	1499	3	6	69	461		
绵阳市	1343	3068	43	2277	5	24	129	590		
广元市	340	1794	60	1404	3	10	70	247		
遂宁市	690	1866	17	1349	6	21	111	362	1	1
内江市	686	2258	50	1338	3	24	133	710		
乐山市	368	2450	45	1889	9	17	111	379		
南充市	1866	2929	44	2171	4	20	118	572		
眉山市	587	2179	62	1519	7	11	141	439		
宜宾市	463	2952	42	2209	7	16	83	595	1	1
广安市	520	1611	41	1158	4	22	63	323		
达州市	1259	2595	72	1863	11	14	187	448	2	2
雅安市	161	1358	25	1092	7	7	66	161		
巴中市	307	1672	25	1357	6	5	61	218		
资阳市	205	1072	26	758	4	14	33	237		
阿坝藏族羌族自治州	49	1544	77	1210	14	24	119	100		
甘孜藏族自治州	69	2597	110	1556	11	11	768	141		
凉山彝族自治州	223	2300	67	1980	8	10	87	148		

4-4a 各地区分性别、行业大类的就业人口(城市)

单位：人

地区 性别	合计	农、林、牧、渔业						采矿业	
		小计	农业	林业	畜牧业	渔业	农、林、牧、渔专业及辅助性活动	小计	煤炭开采和洗选业
全省	**1463437**	**28530**	**23749**	**954**	**2621**	**588**	**618**	**7615**	**1885**
成都市	724544	7724	6488	319	549	157	211	1617	55
自贡市	32452	730	608	19	53	37	13	274	5
攀枝花市	32781	740	655	21	41	15	8	2170	1147
泸州市	53771	1577	1305	35	191	28	18	254	18
德阳市	59444	1727	1492	30	165	26	14	492	7
绵阳市	81318	1373	1024	58	202	50	39	214	16
广元市	21820	686	548	36	76	8	18	112	62
遂宁市	50629	1285	968	44	190	44	39	460	3
内江市	35923	915	753	16	90	36	20	153	1
乐山市	37246	1041	797	80	120	19	25	156	46
南充市	82481	1649	1321	77	152	22	77	370	8
眉山市	31260	1874	1670	27	100	26	51	92	8
宜宾市	48736	1290	1023	58	150	39	20	113	29
广安市	29663	567	501	15	31	10	10	234	201
达州市	60442	670	542	25	72	19	12	580	258
雅安市	12968	879	791	17	59	6	6	27	2
巴中市	22864	674	557	13	79	19	6	25	4
资阳市	16686	304	241	19	23	12	9	33	1
阿坝藏族羌族自治州	1382	20	16	2	2			4	
甘孜藏族自治州	2342	86	78		8			4	
凉山彝族自治州	24685	2719	2371	43	268	15	22	231	14
男	**825515**	**14407**	**11396**	**659**	**1540**	**415**	**397**	**6059**	**1629**
成都市	415304	4128	3299	218	361	111	139	1191	42
自贡市	18352	372	290	13	32	26	11	215	4
攀枝花市	19574	381	325	15	24	9	8	1812	1016
泸州市	28185	745	609	18	88	17	13	211	12
德阳市	33380	806	663	20	99	17	7	369	5
绵阳市	44808	690	482	39	115	30	24	185	14
广元市	11995	323	234	26	44	6	13	94	56
遂宁市	29399	645	441	30	114	36	24	376	3
内江市	19379	463	364	10	50	28	11	135	1
乐山市	20894	550	381	62	75	17	15	131	38
南充市	43307	782	558	58	100	14	52	304	7
眉山市	17426	940	817	22	54	18	29	74	5
宜宾市	27878	649	489	39	82	28	11	86	19
广安市	14662	251	208	11	19	7	6	210	182
达州市	34974	382	299	16	48	13	6	412	211
雅安市	7094	377	323	13	33	4	4	22	2
巴中市	13560	374	298	10	47	14	5	21	4
资阳市	9802	182	139	12	15	9	7	28	
阿坝藏族羌族自治州	727	9	6	2	1			4	
甘孜藏族自治州	1319	53	49		4			3	
凉山彝族自治州	13496	1305	1122	25	135	11	12	176	8
女	**637922**	**14123**	**12353**	**295**	**1081**	**173**	**221**	**1556**	**256**
成都市	309240	3596	3189	101	188	46	72	426	13
自贡市	14100	358	318	6	21	11	2	59	1
攀枝花市	13207	359	330	6	17	6		358	131
泸州市	25586	832	696	17	103	11	5	43	6
德阳市	26064	921	829	10	66	9	7	123	2
绵阳市	36510	683	542	19	87	20	15	29	2
广元市	9825	363	314	10	32	2	5	18	6
遂宁市	21230	640	527	14	76	8	15	84	
内江市	16544	452	389	6	40	8	9	18	
乐山市	16352	491	416	18	45	2	10	25	8
南充市	39174	867	763	19	52	8	25	66	1
眉山市	13834	934	853	5	46	8	22	18	3
宜宾市	20858	641	534	19	68	11	9	27	10
广安市	15001	316	293	4	12	3	4	24	19
达州市	25468	288	243	9	24	6	6	168	47
雅安市	5874	502	468	4	26	2	2	5	
巴中市	9304	300	259	3	32	5	1	4	
资阳市	6884	122	102	7	8	3	2	5	1
阿坝藏族羌族自治州	655	11	10		1				
甘孜藏族自治州	1023	33	29		4			1	
凉山彝族自治州	11189	1414	1249	18	133	4	10	55	6

4-4a　续表 1　　　　单位：人

地　区 性　别	采矿业						制造业		
	石油和天然气开采业	黑色金属矿采选业	有色金属矿采选业	非金属矿采选业	开采专业及辅助性活　动	其　他采矿业	小计	农副食品加工业	食　品制造业
全省	**1891**	**1070**	**193**	**1179**	**1283**	**114**	**171227**	**6006**	**7424**
成都市	650	52	46	243	540	31	92579	2197	3701
自贡市	82	2	2	105	73	5	3610	188	160
攀枝花市	2	808	73	124	12	4	4656	63	97
泸州市	132	5	3	25	68	3	5309	188	137
德阳市	146	3	9	155	164	8	10880	357	398
绵阳市	62	7	6	71	41	11	10714	589	407
广元市	7	1	3	17	21	1	1406	116	89
遂宁市	244	6	2	66	130	9	5641	367	364
内江市	94	2		10	46		2861	147	234
乐山市	7	8	5	80	9	1	4091	128	126
南充市	194	6		72	83	7	5242	222	300
眉山市	12	1	3	51	11	6	3694	494	512
宜宾市	12		2	46	22	2	8800	309	179
广安市	6	5	1	10	8	3	1867	80	73
达州市	228	10	1	35	43	5	3884	227	243
雅安市		1	1	15	3	5	1127	55	59
巴中市	3		1	14	3		1087	89	63
资阳市	10	1	1	16	2	2	2008	75	176
阿坝藏族羌族自治州			1	3			11	1	1
甘孜藏族自治州			4				16	2	
凉山彝族自治州		152	29	21	4	11	1744	112	105
男	**1406**	**837**	**148**	**964**	**983**	**92**	**109462**	**3462**	**3606**
成都市	453	45	33	212	385	21	59156	1297	1820
自贡市	65	1	2	75	63	5	2470	104	72
攀枝花市	1	632	55	98	7	3	3420	36	37
泸州市	112	4	2	21	57	3	3130	103	67
德阳市	105	2	6	120	126	5	7530	203	177
绵阳市	53	7	6	62	34	9	6505	320	195
广元市	5	1	3	14	14	1	888	66	30
遂宁市	194	6	2	53	109	9	3177	223	161
内江市	84	2		10	38		1734	90	107
乐山市	7	6	4	67	9		2743	75	64
南充市	160	6		59	66	6	3023	114	162
眉山市	10		2	42	9	6	2352	282	265
宜宾市	10		1	39	15	2	5726	172	83
广安市	6	4	1	9	6	2	1074	41	32
达州市	130	7	1	27	33	3	2505	141	129
雅安市		1	1	11	3	4	744	31	32
巴中市	2		1	11	3		708	45	34
资阳市	9	1	1	13	2	2	1321	54	82
阿坝藏族羌族自治州			1	3			9	1	1
甘孜藏族自治州			3				13	1	
凉山彝族自治州		112	23	18	4	11	1234	63	56
女	**485**	**233**	**45**	**215**	**300**	**22**	**61765**	**2544**	**3818**
成都市	197	7	13	31	155	10	33423	900	1881
自贡市	17	1		30	10		1140	84	88
攀枝花市	1	176	18	26	5	1	1236	27	60
泸州市	20	1	1	4	11		2179	85	70
德阳市	41	1	3	35	38	3	3350	154	221
绵阳市	9			9	7	2	4209	269	212
广元市	2			3	7		518	50	59
遂宁市	50			13	21		2464	144	203
内江市	10				8		1127	57	127
乐山市		2	1	13		1	1348	53	62
南充市	34			13	17	1	2219	108	138
眉山市	2	1	1	9	2		1342	212	247
宜宾市	2		1	7	7		3074	137	96
广安市		1		1	2	1	793	39	41
达州市	98	3		8	10	2	1379	86	114
雅安市				4		1	383	24	27
巴中市	1			3			379	44	29
资阳市	1			3			687	21	94
阿坝藏族羌族自治州							2		
甘孜藏族自治州			1				3	1	
凉山彝族自治州		40	6	3			510	49	49

4-4a 续表 2 单位：人

地区 性别	制造业								
	酒、饮料和精制茶制造业	烟草制品业	纺织业	纺织服装、服饰业	皮革、毛皮、羽毛及其制品和制鞋业	木材加工和木、竹、藤、棕、草制品业	家具制造业	造纸和纸制品业	印刷和记录媒介复制业
全省	**6388**	**722**	**3019**	**7090**	**3981**	**2171**	**9340**	**2740**	**3519**
成都市	1547	220	922	4025	2616	1202	7599	1377	2354
自贡市	27		60	63	36	40	85	15	42
攀枝花市	67	7	53	59	8	13	24	25	22
泸州市	813	2	55	541	34	62	70	207	234
德阳市	662	217	86	199	43	88	149	196	149
绵阳市	263	101	156	216	51	103	243	107	94
广元市	58	10	27	34	5	56	49	18	26
遂宁市	121	4	357	264	87	64	143	149	79
内江市	51		190	159	107	26	82	17	36
乐山市	145	1	59	26	238	65	84	34	30
南充市	156	6	463	430	214	109	222	32	99
眉山市	53	2	41	67	55	65	148	92	60
宜宾市	2057	44	279	78	52	67	101	332	146
广安市	26	1	39	319	81	21	46	55	14
达州市	66	3	110	418	150	112	148	27	72
雅安市	110	1	21	30	31	18	14	27	8
巴中市	28		62	77	25	22	52	12	20
资阳市	58	9	19	52	144	14	40	11	13
阿坝藏族羌族自治州	1						2		
甘孜藏族自治州	1			1			2		
凉山彝族自治州	78	94	20	32	4	24	37	7	21
男	**4182**	**466**	**1366**	**2820**	**2043**	**1575**	**6174**	**1517**	**2018**
成都市	909	145	392	1664	1353	845	4977	767	1389
自贡市	17		30	19	13	25	63	8	24
攀枝花市	37	5	25	15	5	9	17	12	9
泸州市	503		18	223	18	47	45	86	116
德阳市	444	137	41	52	21	64	103	103	78
绵阳市	159	65	73	84	28	83	158	54	57
广元市	32	7	12	11	3	41	32	10	14
遂宁市	78	3	185	100	40	48	105	76	43
内江市	32		71	67	57	18	61	11	21
乐山市	93	1	26	11	116	48	55	25	19
南充市	95	5	192	145	96	71	155	16	56
眉山市	36	2	24	16	32	49	92	52	33
宜宾市	1506	24	146	24	21	50	70	213	69
广安市	21		15	140	34	19	28	31	7
达州市	46	2	60	178	89	97	110	18	48
雅安市	66	1	10	12	10	16	10	18	4
巴中市	19		31	37	14	15	35	8	12
资阳市	38	4	7	12	89	11	27	7	6
阿坝藏族羌族自治州							2		
甘孜藏族自治州				1			1		
凉山彝族自治州	51	65	8	9	4	19	28	2	13
女	**2206**	**256**	**1653**	**4270**	**1938**	**596**	**3166**	**1223**	**1501**
成都市	638	75	530	2361	1263	357	2622	610	965
自贡市	10		30	44	23	15	22	7	18
攀枝花市	30	2	28	44	3	4	7	13	13
泸州市	310	2	37	318	16	15	25	121	118
德阳市	218	80	45	147	22	24	46	93	71
绵阳市	104	36	83	132	23	20	85	53	37
广元市	26	3	15	23	2	15	17	8	12
遂宁市	43	1	172	164	47	16	38	73	36
内江市	19		119	92	50	8	21	6	15
乐山市	52		33	15	122	17	29	9	11
南充市	61	1	271	285	118	38	67	16	43
眉山市	17		17	51	23	16	56	40	27
宜宾市	551	20	133	54	31	17	31	119	77
广安市	5	1	24	179	47	2	18	24	7
达州市	20	1	50	240	61	15	38	9	24
雅安市	44		11	18	21	2	4	9	4
巴中市	9		31	40	11	7	17	4	8
资阳市	20	5	12	40	55	3	13	4	7
阿坝藏族羌族自治州	1								
甘孜藏族自治州	1						1		
凉山彝族自治州	27	29	12	23		5	9	5	8

4-4a　续表 3　　　　单位：人

地　区 性　别	制造业								
	文教、工美、体育和娱乐用品制造业	石油、煤炭及其他燃料加工业	化学原料和化学制品制造业	医　药制造业	化学纤维制造业	橡胶和塑　料制品业	非金属矿　物制品业	黑色金属冶炼和压延加工业	有色金属冶炼和压延加工业
全省	**1768**	**1001**	**6799**	**5400**	**452**	**4993**	**9870**	**4122**	**2136**
成都市	748	342	2248	3929	165	2665	4359	547	640
自贡市	156	13	146	56	21	114	267	25	172
攀枝花市	9	82	421	17	1	48	350	1693	463
泸州市	49	18	702	74	20	121	418	55	6
德阳市	49	14	818	359	8	345	767	84	217
绵阳市	68	31	392	187	2	340	400	258	43
广元市	23	6	27	30		50	156	4	53
遂宁市	137	11	172	87	6	136	252	34	30
内江市	73	12	36	95	4	134	259	9	5
乐山市	34	7	456	143	3	54	715	407	112
南充市	73	77	279	51	19	106	296	22	19
眉山市	29	8	418	107	5	136	241	16	95
宜宾市	49	347	272	61	191	428	590	16	7
广安市	22	2	124	6	1	44	234	10	8
达州市	121	20	129	45	5	161	221	466	23
雅安市	10	1	82	41	1	20	73	5	24
巴中市	28	4	15	26		34	96	6	9
资阳市	19	2	18	57		40	94	47	
阿坝藏族羌族自治州	3	1							
甘孜藏族自治州	1						4		2
凉山彝族自治州	67	3	44	29		17	78	418	208
男	**908**	**735**	**4606**	**2741**	**299**	**3060**	**7037**	**3199**	**1598**
成都市	398	255	1447	2007	109	1640	3145	404	452
自贡市	102	7	107	28	14	78	188	17	125
攀枝花市	4	59	291	8	1	25	258	1330	353
泸州市	22	10	501	37	16	54	266	45	4
德阳市	21	10	566	161	4	212	539	65	153
绵阳市	24	20	283	80	2	217	304	209	31
广元市	11	4	15	12		35	116	3	47
遂宁市	58	8	116	46	3	81	174	31	28
内江市	40	9	21	49	2	76	185	8	4
乐山市	19	4	287	82	2	34	526	306	88
南充市	36	55	196	26	10	63	212	18	15
眉山市	19	5	288	61	2	78	176	14	79
宜宾市	26	263	190	39	130	269	362	9	6
广安市	9	2	98	3		28	153	9	4
达州市	42	17	87	24	4	99	169	343	16
雅安市	4	1	69	21		9	54	3	18
巴中市	15	3	5	18		28	80	5	9
资阳市	8	2	10	25		26	70	33	
阿坝藏族羌族自治州	3								
甘孜藏族自治州	1						4		2
凉山彝族自治州	46	1	29	14		8	56	347	164
女	**860**	**266**	**2193**	**2659**	**153**	**1933**	**2833**	**923**	**538**
成都市	350	87	801	1922	56	1025	1214	143	188
自贡市	54	6	39	28	7	36	79	8	47
攀枝花市	5	23	130	9		23	92	363	110
泸州市	27	8	201	37	4	67	152	10	2
德阳市	28	4	252	198	4	133	228	19	64
绵阳市	44	11	109	107		123	96	49	12
广元市	12	2	12	18		15	40	1	6
遂宁市	79	3	56	41	3	55	78	3	2
内江市	33	3	15	46	2	58	74	1	1
乐山市	15	3	169	61	1	20	189	101	24
南充市	37	22	83	25	9	43	84	4	4
眉山市	10	3	130	46	3	58	65	2	16
宜宾市	23	84	82	22	61	159	228	7	1
广安市	13		26	3	1	16	81	1	4
达州市	79	3	42	21	1	62	52	123	7
雅安市	6		13	20	1	11	19	2	6
巴中市	13	1	10	8		6	16	1	
资阳市	11		8	32		14	24	14	
阿坝藏族羌族自治州		1							
甘孜藏族自治州									
凉山彝族自治州	21	2	15	15		9	22	71	44

4－4a　续表 4　　　　单位：人

地　区 性　别	制造业								
	金　属 制品业	通用设备 制造业	专用设备 制造业	汽　车 制造业	铁路、船舶、航空航天和其他运输设备制造业	电气机械和器材制造业	计算机、通信和其他电子设备制造业	仪器仪表 制造业	其　他 制造业
全省	**10379**	**12286**	**6984**	**9053**	**5269**	**7403**	**24410**	**1529**	**1127**
成都市	5881	5893	4011	6562	4095	3896	15713	1256	295
自贡市	344	1027	101	34	15	161	109	10	32
攀枝花市	350	164	170	11	32	38	67	6	8
泸州市	152	359	215	54	81	63	332	14	32
德阳市	921	2238	805	82	127	985	212	63	61
绵阳市	685	790	411	534	74	1040	2758	53	91
广元市	71	88	53	21	9	22	188	2	11
遂宁市	284	198	206	256	29	292	1221	24	72
内江市	159	219	109	194	81	56	257	8	20
乐山市	142	176	87	17	12	136	328	12	227
南充市	281	157	191	332	20	112	747	18	44
眉山市	166	152	103	46	166	124	111	9	92
宜宾市	260	385	143	232	54	212	1711	13	39
广安市	99	58	69	63	29	61	184	9	17
达州市	301	130	98	41	20	66	241	18	48
雅安市	37	59	42	157	54	59	46	7	9
巴中市	113	56	36	35	5	39	112		5
资阳市	60	110	96	375	363	20	43	1	17
阿坝藏族羌族自治州		1		1					
甘孜藏族自治州	1	1					1		
凉山彝族自治州	72	25	38	6	3	21	29	6	7
男	**7746**	**9233**	**4835**	**6464**	**3962**	**4826**	**14298**	**1003**	**736**
成都市	4342	4402	2815	4761	3073	2526	9600	819	191
自贡市	248	816	71	20	13	97	62	8	24
攀枝花市	271	134	124	7	28	23	45	5	7
泸州市	106	247	152	34	53	46	174	10	17
德阳市	708	1751	639	65	92	760	123	48	43
绵阳市	503	560	277	349	59	599	1447	35	50
广元市	54	62	30	14	9	13	122	1	6
遂宁市	211	139	133	166	23	147	549	14	42
内江市	115	171	66	117	61	37	153	4	11
乐山市	115	138	66	12	11	101	175	8	167
南充市	226	117	105	215	19	71	373	12	32
眉山市	129	113	65	34	130	86	66	5	55
宜宾市	193	266	78	177	38	142	1014	11	26
广安市	73	37	45	28	20	39	93	5	8
达州市	235	88	62	28	16	49	148	11	28
雅安市	28	46	26	123	38	33	29	3	8
巴中市	86	40	22	24	4	26	77		3
资阳市	44	85	42	284	272	14	28	1	14
阿坝藏族羌族自治州		1		1					
甘孜藏族自治州	1	1					1		
凉山彝族自治州	58	19	17	5	3	17	19	3	4
女	**2633**	**3053**	**2149**	**2589**	**1307**	**2577**	**10112**	**526**	**391**
成都市	1539	1491	1196	1801	1022	1370	6113	437	104
自贡市	96	211	30	14	2	64	47	2	8
攀枝花市	79	30	46	4	4	15	22	1	1
泸州市	46	112	63	20	28	17	158	4	15
德阳市	213	487	166	17	35	225	89	15	18
绵阳市	182	230	134	185	15	441	1311	18	41
广元市	17	26	23	7		9	66	1	5
遂宁市	73	59	73	90	6	145	672	10	30
内江市	44	48	43	77	20	19	104	4	9
乐山市	27	38	21	5	1	35	153	4	60
南充市	55	40	86	117	1	41	374	6	12
眉山市	37	39	38	12	36	38	45	4	37
宜宾市	67	119	65	55	16	70	697	2	13
广安市	26	21	24	35	9	22	91	4	9
达州市	66	42	36	13	4	17	93	7	20
雅安市	9	13	16	34	16	26	17	4	1
巴中市	27	16	14	11	1	13	35		2
资阳市	16	25	54	91	91	6	15		3
阿坝藏族羌族自治州									
甘孜藏族自治州									
凉山彝族自治州	14	6	21	1		4	10	3	3

4-4a 续表 5

单位：人

地区 性别	制造业		电力、热力、燃气及水生产和供应业				建筑业		
	废弃资源综合利用业	金属制品、机械和设备修理业	小计	电力、热力生产和供应业	燃气生产和供应业	水的生产和供应业	小计	房屋建筑业	土木工程建筑业
全省	**1438**	**2408**	**15681**	**9569**	**3630**	**2482**	**186324**	**98935**	**20683**
成都市	382	1192	5663	3402	1284	977	85985	40708	12194
自贡市	44	47	465	214	170	81	4037	1870	314
攀枝花市	111	177	619	388	96	135	3267	1820	331
泸州市	155	46	629	302	239	88	5948	3645	367
德阳市	91	90	628	345	176	107	5670	3197	604
绵阳市	98	129	982	481	364	137	9936	5360	787
广元市	39	65	350	207	84	59	3518	2149	399
遂宁市	96	99	675	376	207	92	10187	5958	674
内江市	27	55	547	373	108	66	5666	3931	335
乐山市	24	63	874	651	120	103	3532	1486	456
南充市	43	102	840	459	246	135	12610	8178	868
眉山市	41	40	372	244	60	68	4293	2225	489
宜宾市	62	84	726	464	128	134	6806	3975	654
广安市	36	36	350	248	54	48	4541	2730	379
达州市	44	110	695	461	140	94	7479	3825	529
雅安市	14	12	276	212	30	34	1257	734	136
巴中市	8	10	295	207	51	37	5624	3609	609
资阳市	12	23	216	136	48	32	3176	1857	304
阿坝藏族羌族自治州			17	16		1	37	20	5
甘孜藏族自治州			33	32		1	253	157	73
凉山彝族自治州	111	28	429	351	25	53	2502	1501	176
男	**967**	**1980**	**10723**	**6732**	**2390**	**1601**	**151070**	**80326**	**16366**
成都市	263	949	3820	2346	845	629	68523	32664	9301
自贡市	31	39	346	163	123	60	3308	1566	254
攀枝花市	92	148	440	286	58	96	2692	1497	271
泸州市	70	40	437	223	157	57	4823	2967	305
德阳市	60	87	425	239	123	63	4663	2662	492
绵阳市	70	110	681	359	235	87	8227	4445	652
广元市	22	54	238	149	52	37	2684	1627	333
遂宁市	65	81	442	257	134	51	8794	5114	607
内江市	19	51	395	268	82	45	4557	3133	274
乐山市	17	52	579	448	68	63	2921	1240	358
南充市	25	90	589	332	167	90	10337	6597	717
眉山市	29	35	269	186	40	43	3588	1873	390
宜宾市	45	64	503	344	72	87	5569	3231	536
广安市	23	29	242	171	34	37	3672	2171	328
达州市	31	90	455	310	90	55	6211	3167	443
雅安市	9	12	186	139	25	22	1023	588	113
巴中市	4	9	202	145	33	24	4558	2882	522
资阳市	8	18	146	91	35	20	2705	1595	261
阿坝藏族羌族自治州			12	11		1	31	17	3
甘孜藏族自治州			23	22		1	202	120	63
凉山彝族自治州	84	22	293	243	17	33	1982	1170	143
女	**471**	**428**	**4958**	**2837**	**1240**	**881**	**35254**	**18609**	**4317**
成都市	119	243	1843	1056	439	348	17462	8044	2893
自贡市	13	8	119	51	47	21	729	304	60
攀枝花市	19	29	179	102	38	39	575	323	60
泸州市	85	6	192	79	82	31	1125	678	62
德阳市	31	3	203	106	53	44	1007	535	112
绵阳市	28	19	301	122	129	50	1709	915	135
广元市	17	11	112	58	32	22	834	522	66
遂宁市	31	18	233	119	73	41	1393	844	67
内江市	8	4	152	105	26	21	1109	798	61
乐山市	7	11	295	203	52	40	611	246	98
南充市	18	12	251	127	79	45	2273	1581	151
眉山市	12	5	103	58	20	25	705	352	99
宜宾市	17	20	223	120	56	47	1237	744	118
广安市	13	7	108	77	20	11	869	559	51
达州市	13	20	240	151	50	39	1268	658	86
雅安市	5		90	73	5	12	234	146	23
巴中市	4	1	93	62	18	13	1066	727	87
资阳市	4	5	70	45	13	12	471	262	43
阿坝藏族羌族自治州			5	5			6	3	2
甘孜藏族自治州			10	10			51	37	10
凉山彝族自治州	27	6	136	108	8	20	520	331	33

4-4a 续表 6 单位：人

地区 性别	建筑业		批发和零售业			交通运输、仓储和邮政业			
	建筑安装业	建筑装饰、装修和其他建筑业	小计	批发业	零售业	小计	铁路运输业	道路运输业	水上运输业
全省	**10767**	**55939**	**281104**	**69754**	**211350**	**83597**	**4567**	**55600**	**332**
成都市	5551	27532	137939	44715	93224	41513	2335	26181	95
自贡市	295	1558	6425	1274	5151	1924	50	1366	4
攀枝花市	144	972	5727	1252	4475	2456	181	1878	6
泸州市	257	1679	11659	2044	9615	2894	49	1950	48
德阳市	436	1433	11075	2388	8687	3205	106	2296	4
绵阳市	669	3120	15469	3248	12221	4182	248	3016	12
广元市	131	839	3647	683	2964	1351	178	934	3
遂宁市	562	2993	9007	1671	7336	2658	91	1875	15
内江市	184	1216	7904	1046	6858	2305	231	1540	9
乐山市	256	1334	6270	1041	5229	2650	186	1967	23
南充市	545	3019	18475	1978	16497	4399	157	3089	30
眉山市	269	1310	5440	1088	4352	1599	67	1126	7
宜宾市	315	1862	8388	1901	6487	2646	112	1873	51
广安市	209	1223	6138	750	5388	1175	32	781	4
达州市	312	2813	13915	2324	11591	4096	172	2672	7
雅安市	44	343	2157	357	1800	699	6	542	1
巴中市	266	1140	3874	535	3339	1230	8	961	4
资阳市	199	816	2909	524	2385	923	56	623	2
阿坝藏族羌族自治州	2	10	92	9	83	64		32	
甘孜藏族自治州	3	20	289	41	248	138		84	
凉山彝族自治州	118	707	4305	885	3420	1490	302	814	7
男	**9306**	**45072**	**126560**	**40233**	**86327**	**66499**	**3376**	**46265**	**239**
成都市	4673	21885	67254	25758	41496	31761	1654	21077	55
自贡市	254	1234	2676	712	1964	1613	42	1176	4
攀枝花市	135	789	2488	789	1699	1970	138	1533	5
泸州市	224	1327	4764	1102	3662	2269	33	1548	35
德阳市	381	1128	4805	1398	3407	2640	85	1997	4
绵阳市	572	2558	6604	1881	4723	3478	187	2618	8
广元市	111	613	1482	393	1089	1135	149	801	2
遂宁市	503	2570	3630	914	2716	2205	69	1651	12
内江市	168	982	3049	596	2453	1965	195	1364	7
乐山市	217	1106	2745	636	2109	2264	155	1716	16
南充市	506	2517	6769	1127	5642	3584	100	2636	21
眉山市	232	1093	2305	653	1652	1272	51	933	7
宜宾市	271	1531	3552	1079	2473	2210	84	1611	41
广安市	196	977	2174	426	1748	982	25	685	3
达州市	279	2322	6496	1393	5103	3370	119	2283	5
雅安市	39	283	952	206	746	594	4	473	1
巴中市	247	907	1584	333	1251	1050	7	838	4
资阳市	186	663	1259	295	964	757	39	535	2
阿坝藏族羌族自治州	2	9	37	6	31	50		31	
甘孜藏族自治州	3	16	140	30	110	91		57	
凉山彝族自治州	107	562	1795	506	1289	1239	240	702	7
女	**1461**	**10867**	**154544**	**29521**	**125023**	**17098**	**1191**	**9335**	**93**
成都市	878	5647	70685	18957	51728	9752	681	5104	40
自贡市	41	324	3749	562	3187	311	8	190	
攀枝花市	9	183	3239	463	2776	486	43	345	1
泸州市	33	352	6895	942	5953	625	16	402	13
德阳市	55	305	6270	990	5280	565	21	299	
绵阳市	97	562	8865	1367	7498	704	61	398	4
广元市	20	226	2165	290	1875	216	29	133	1
遂宁市	59	423	5377	757	4620	453	22	224	3
内江市	16	234	4855	450	4405	340	36	176	2
乐山市	39	228	3525	405	3120	386	31	251	7
南充市	39	502	11706	851	10855	815	57	453	9
眉山市	37	217	3135	435	2700	327	16	193	
宜宾市	44	331	4836	822	4014	436	28	262	10
广安市	13	246	3964	324	3640	193	7	96	1
达州市	33	491	7419	931	6488	726	53	389	2
雅安市	5	60	1205	151	1054	105	2	69	
巴中市	19	233	2290	202	2088	180	1	123	
资阳市	13	153	1650	229	1421	166	17	88	
阿坝藏族羌族自治州		1	55	3	52	14		1	
甘孜藏族自治州		4	149	11	138	47		27	
凉山彝族自治州	11	145	2510	379	2131	251	62	112	

4-4a　续表 7

单位：人

地　区 性　别	交通运输、仓储和邮政业					住宿和餐饮业		
	航　空 运输业	管　道 运输业	多式联运 和运输 代理业	装卸搬运 和仓储业	邮政业	小计	住宿业	餐饮业
全省	**4160**	**63**	**2064**	**5533**	**11278**	**117784**	**14795**	**102989**
成都市	3655	24	1159	2691	5373	51248	7417	43831
自贡市	17	2	56	156	273	2283	197	2086
攀枝花市	20	1	33	155	182	2204	280	1924
泸州市	52		60	300	435	4918	377	4541
德阳市	47	1	98	193	460	4252	329	3923
绵阳市	78	16	100	154	558	7352	913	6439
广元市	22		28	50	136	1830	192	1638
遂宁市	28	4	99	117	429	4484	319	4165
内江市	13		20	193	299	2900	252	2648
乐山市	12	2	28	167	265	3152	591	2561
南充市	56	2	55	232	778	10176	1072	9104
眉山市	22	1	56	106	214	2329	203	2126
宜宾市	43		31	255	281	3084	338	2746
广安市	8		40	120	190	3217	216	3001
达州市	26	10	132	300	777	7752	1076	6676
雅安市	4		17	25	104	1107	142	965
巴中市	17		17	80	143	1905	307	1598
资阳市	3		9	97	133	1261	100	1161
阿坝藏族羌族自治州	2			3	27	96	23	73
甘孜藏族自治州	14			3	37	247	82	165
凉山彝族自治州	21		26	136	184	1987	369	1618
男	**2440**	**44**	**1491**	**4520**	**8124**	**53714**	**5523**	**48191**
成都市	2154	19	775	2142	3885	25052	2910	22142
自贡市	10	2	46	133	200	1056	67	989
攀枝花市	11	1	23	129	130	1005	91	914
泸州市	35		47	261	310	2303	152	2151
德阳市	28	1	70	147	308	1891	114	1777
绵阳市	38	12	82	135	398	3175	313	2862
广元市	12		21	40	110	708	49	659
遂宁市	15	1	84	98	275	2004	108	1896
内江市	7		15	168	209	1160	84	1076
乐山市	7	2	25	145	198	1390	224	1166
南充市	26	1	39	201	560	3946	402	3544
眉山市	13	1	43	82	142	1040	57	983
宜宾市	26		24	224	200	1373	105	1268
广安市	5		32	90	142	1077	60	1017
达州市	16	4	111	237	595	3688	459	3229
雅安市	2		12	24	78	502	54	448
巴中市	11		14	62	114	762	89	673
资阳市	2		8	81	90	547	34	513
阿坝藏族羌族自治州				3	16	38	6	32
甘孜藏族自治州	4			3	27	109	37	72
凉山彝族自治州	18		20	115	137	888	108	780
女	**1720**	**19**	**573**	**1013**	**3154**	**64070**	**9272**	**54798**
成都市	1501	5	384	549	1488	26196	4507	21689
自贡市	7		10	23	73	1227	130	1097
攀枝花市	9		10	26	52	1199	189	1010
泸州市	17		13	39	125	2615	225	2390
德阳市	19		28	46	152	2361	215	2146
绵阳市	40	4	18	19	160	4177	600	3577
广元市	10		7	10	26	1122	143	979
遂宁市	13	3	15	19	154	2480	211	2269
内江市	6		5	25	90	1740	168	1572
乐山市	5		3	22	67	1762	367	1395
南充市	30	1	16	31	218	6230	670	5560
眉山市	9		13	24	72	1289	146	1143
宜宾市	17		7	31	81	1711	233	1478
广安市	3		8	30	48	2140	156	1984
达州市	10	6	21	63	182	4064	617	3447
雅安市	2		5	1	26	605	88	517
巴中市	6		3	18	29	1143	218	925
资阳市	1		1	16	43	714	66	648
阿坝藏族羌族自治州	2				11	58	17	41
甘孜藏族自治州	10				10	138	45	93
凉山彝族自治州	3		6	21	47	1099	261	838

4-4a 续表 8 单位：人

地区 性别	信息传输、软件和信息技术服务业				金融业				
	小计	电信、广播电视和卫星传输服务	互联网和相关服务	软件和信息技术服务业	小计	货币金融服务	资本市场服务	保险业	其他金融业
全省	**54431**	**10545**	**15480**	**28406**	**38390**	**16878**	**3024**	**15184**	**3304**
成都市	41024	4383	11686	24955	21822	9375	2205	8017	2225
自贡市	656	280	187	189	823	378	31	361	53
攀枝花市	471	241	91	139	668	311	37	295	25
泸州市	825	355	187	283	1159	497	65	538	59
德阳市	1017	433	289	295	1405	638	86	600	81
绵阳市	1980	594	696	690	2041	895	147	843	156
广元市	514	222	179	113	546	259	21	195	71
遂宁市	890	341	300	249	914	406	48	361	99
内江市	555	255	188	112	961	354	46	521	40
乐山市	864	454	170	240	941	505	61	333	42
南充市	1370	667	437	266	1794	728	62	921	83
眉山市	561	234	180	147	644	256	32	293	63
宜宾市	777	346	243	188	909	489	49	322	49
广安市	372	204	88	80	606	253	13	304	36
达州市	1111	560	306	245	1176	483	37	541	115
雅安市	252	150	55	47	404	216	12	148	28
巴中市	405	268	68	69	519	248	39	199	33
资阳市	308	182	65	61	420	181	15	196	28
阿坝藏族羌族自治州	53	37	12	4	59	45	2	9	3
甘孜藏族自治州	88	78	7	3	83	67	3	13	
凉山彝族自治州	338	261	46	31	496	294	13	174	15
男	**35596**	**5982**	**10537**	**19077**	**17009**	**7849**	**1698**	**5729**	**1733**
成都市	27396	2479	8226	16691	9836	4238	1247	3171	1180
自贡市	410	163	111	136	370	198	17	123	32
攀枝花市	300	137	64	99	284	149	12	112	11
泸州市	510	198	119	193	490	215	30	217	28
德阳市	637	231	202	204	564	271	46	205	42
绵阳市	1230	343	412	475	847	409	85	283	70
广元市	269	123	74	72	248	128	13	70	37
遂宁市	575	210	187	178	409	217	23	124	45
内江市	322	147	103	72	388	175	27	161	25
乐山市	500	233	98	169	409	238	32	118	21
南充市	862	383	284	195	747	350	36	327	34
眉山市	351	138	102	111	261	118	17	92	34
宜宾市	476	201	148	127	430	249	28	122	31
广安市	210	100	53	57	274	126	9	117	22
达州市	674	315	201	158	580	253	23	246	58
雅安市	153	88	34	31	184	107	9	54	14
巴中市	248	165	40	43	245	132	26	66	21
资阳市	198	118	40	40	156	86	6	50	14
阿坝藏族羌族自治州	29	19	8	2	33	25	2	5	1
甘孜藏族自治州	55	47	7	1	47	39	3	5	
凉山彝族自治州	191	144	24	23	207	126	7	61	13
女	**18835**	**4563**	**4943**	**9329**	**21381**	**9029**	**1326**	**9455**	**1571**
成都市	13628	1904	3460	8264	11986	5137	958	4846	1045
自贡市	246	117	76	53	453	180	14	238	21
攀枝花市	171	104	27	40	384	162	25	183	14
泸州市	315	157	68	90	669	282	35	321	31
德阳市	380	202	87	91	841	367	40	395	39
绵阳市	750	251	284	215	1194	486	62	560	86
广元市	245	99	105	41	298	131	8	125	34
遂宁市	315	131	113	71	505	189	25	237	54
内江市	233	108	85	40	573	179	19	360	15
乐山市	364	221	72	71	532	267	29	215	21
南充市	508	284	153	71	1047	378	26	594	49
眉山市	210	96	78	36	383	138	15	201	29
宜宾市	301	145	95	61	479	240	21	200	18
广安市	162	104	35	23	332	127	4	187	14
达州市	437	245	105	87	596	230	14	295	57
雅安市	99	62	21	16	220	109	3	94	14
巴中市	157	103	28	26	274	116	13	133	12
资阳市	110	64	25	21	264	95	9	146	14
阿坝藏族羌族自治州	24	18	4	2	26	20		4	2
甘孜藏族自治州	33	31		2	36	28		8	
凉山彝族自治州	147	117	22	8	289	168	6	113	2

4-4a 续表 9 单位：人

地 区 性 别	房地产业		租赁和商务服务业			科学研究和技术服务业			
	小计	房地产业	小计	租赁业	商 务 服务业	小计	研究和 试验发展	专业技术 服务业	科技推广 和应用 服务业
全省	**61716**	**61716**	**65115**	**4850**	**60265**	**33578**	**7263**	**21678**	**4637**
成都市	33694	33694	40476	2993	37483	24163	4876	15750	3537
自贡市	1265	1265	1249	69	1180	435	42	331	62
攀枝花市	971	971	981	96	885	486	62	355	69
泸州市	2460	2460	2082	118	1964	545	54	423	68
德阳市	2169	2169	2250	221	2029	916	100	712	104
绵阳市	2951	2951	2853	246	2607	2601	1590	779	232
广元市	556	556	791	67	724	412	163	224	25
遂宁市	1491	1491	1560	154	1406	377	21	298	58
内江市	1165	1165	863	74	789	233	36	159	38
乐山市	1236	1236	1143	66	1077	458	74	332	52
南充市	4006	4006	2571	178	2393	574	66	457	51
眉山市	1299	1299	1018	107	911	454	40	350	64
宜宾市	1858	1858	1414	135	1279	424	46	333	45
广安市	1267	1267	890	44	846	160	4	137	19
达州市	3090	3090	2458	98	2360	569	34	401	134
雅安市	436	436	449	35	414	100	5	78	17
巴中市	542	542	753	50	703	156	9	132	15
资阳市	662	662	473	53	420	145	11	112	22
阿坝藏族羌族自治州	14	14	15		15	11	1	10	
甘孜藏族自治州	33	33	33	1	32	42	16	23	3
凉山彝族自治州	551	551	793	45	748	317	13	282	22
男	**36874**	**36874**	**37841**	**3876**	**33965**	**22066**	**4756**	**14455**	**2855**
成都市	20174	20174	22546	2347	20199	15521	3114	10255	2152
自贡市	773	773	783	58	725	313	27	239	47
攀枝花市	546	546	604	82	522	339	34	256	49
泸州市	1449	1449	1212	90	1122	382	36	301	45
德阳市	1246	1246	1346	170	1176	611	53	493	65
绵阳市	1762	1762	1717	196	1521	1793	1108	549	136
广元市	322	322	494	59	435	294	130	152	12
遂宁市	938	938	1049	139	910	270	16	221	33
内江市	685	685	547	61	486	165	29	111	25
乐山市	753	753	703	59	644	322	51	239	32
南充市	2393	2393	1552	137	1415	403	48	322	33
眉山市	742	742	609	91	518	306	28	239	39
宜宾市	1092	1092	875	107	768	302	29	240	33
广安市	722	722	575	37	538	122	4	103	15
达州市	2048	2048	1578	84	1494	374	18	274	82
雅安市	247	247	294	33	261	64	3	50	11
巴中市	325	325	489	42	447	118	6	105	7
资阳市	358	358	305	42	263	109	10	81	18
阿坝藏族羌族自治州	5	5	9		9	5		5	
甘孜藏族自治州	18	18	18	1	17	24	7	14	3
凉山彝族自治州	276	276	536	41	495	229	5	206	18
女	**24842**	**24842**	**27274**	**974**	**26300**	**11512**	**2507**	**7223**	**1782**
成都市	13520	13520	17930	646	17284	8642	1762	5495	1385
自贡市	492	492	466	11	455	122	15	92	15
攀枝花市	425	425	377	14	363	147	28	99	20
泸州市	1011	1011	870	28	842	163	18	122	23
德阳市	923	923	904	51	853	305	47	219	39
绵阳市	1189	1189	1136	50	1086	808	482	230	96
广元市	234	234	297	8	289	118	33	72	13
遂宁市	553	553	511	15	496	107	5	77	25
内江市	480	480	316	13	303	68	7	48	13
乐山市	483	483	440	7	433	136	23	93	20
南充市	1613	1613	1019	41	978	171	18	135	18
眉山市	557	557	409	16	393	148	12	111	25
宜宾市	766	766	539	28	511	122	17	93	12
广安市	545	545	315	7	308	38		34	4
达州市	1042	1042	880	14	866	195	16	127	52
雅安市	189	189	155	2	153	36	2	28	6
巴中市	217	217	264	8	256	38	3	27	8
资阳市	304	304	168	11	157	36	1	31	4
阿坝藏族羌族自治州	9	9	6		6	6	1	5	
甘孜藏族自治州	15	15	15		15	18	9	9	
凉山彝族自治州	275	275	257	4	253	88	8	76	4

4—4a 续表 10 单位：人

地区 性别	水利、环境和公共设施管理业 小计	水利管理业	生态保护和环境治理业	公共设施管理业	土地管理业	居民服务、修理和其他服务业 小计	居民服务业	机动车、电子产品和日用产品修理业	其他服务业
全省	**11759**	**634**	**958**	**9977**	**190**	**75263**	**50221**	**15596**	**9446**
成都市	5446	247	515	4560	124	31147	20191	7123	3833
自贡市	305	32	31	239	3	1890	1189	390	311
攀枝花市	240	19	28	190	3	1554	970	398	186
泸州市	477	13	21	439	4	4489	3225	584	680
德阳市	413	38	25	348	2	3318	2366	662	290
绵阳市	618	49	50	509	10	4618	3255	924	439
广元市	312	12	39	257	4	962	640	216	106
遂宁市	353	27	36	288	2	2591	1654	608	329
内江市	257	20	22	214	1	2211	1542	415	254
乐山市	437	10	18	405	4	2474	1690	484	300
南充市	683	21	38	616	8	5422	3744	986	692
眉山市	273	25	17	224	7	1906	1337	362	207
宜宾市	521	19	33	467	2	2300	1634	486	180
广安市	348	13	7	324	4	3303	2328	281	694
达州市	443	45	25	366	7	3272	2081	746	445
雅安市	155	17	9	127	2	688	428	174	86
巴中市	108	8	6	92	2	997	636	265	96
资阳市	147	14	7	126		746	393	221	132
阿坝藏族羌族自治州	7			7		23	12	7	4
甘孜藏族自治州	9		1	8		58	32	24	2
凉山彝族自治州	207	5	30	171	1	1294	874	240	180
男	**6635**	**424**	**670**	**5410**	**131**	**29989**	**14337**	**12549**	**3103**
成都市	3329	159	359	2728	83	13469	6325	5716	1428
自贡市	191	20	22	146	3	748	315	320	113
攀枝花市	147	13	20	112	2	617	234	328	55
泸州市	239	9	15	212	3	1509	811	467	231
德阳市	216	25	18	171	2	1195	612	485	98
绵阳市	340	35	33	268	4	1722	844	730	148
广元市	142	8	24	106	4	375	166	172	37
遂宁市	208	20	25	162	1	1123	512	507	104
内江市	138	13	16	108	1	807	366	356	85
乐山市	240	6	15	216	3	960	485	383	92
南充市	308	18	24	260	6	1948	997	809	142
眉山市	160	17	14	124	5	707	343	287	77
宜宾市	288	14	24	249	1	867	399	404	64
广安市	126	8	1	115	2	820	481	214	125
达州市	230	27	15	182	6	1478	730	606	142
雅安市	84	14	8	60	2	307	138	140	29
巴中市	62	7	4	49	2	470	201	234	35
资阳市	77	8	5	64		342	127	178	37
阿坝藏族羌族自治州	2			2		12	3	6	3
甘孜藏族自治州	5		1	4		28	9	19	
凉山彝族自治州	103	3	27	72	1	485	239	188	58
女	**5124**	**210**	**288**	**4567**	**59**	**45274**	**35884**	**3047**	**6343**
成都市	2117	88	156	1832	41	17678	13866	1407	2405
自贡市	114	12	9	93		1142	874	70	198
攀枝花市	93	6	8	78	1	937	736	70	131
泸州市	238	4	6	227	1	2980	2414	117	449
德阳市	197	13	7	177		2123	1754	177	192
绵阳市	278	14	17	241	6	2896	2411	194	291
广元市	170	4	15	151		587	474	44	69
遂宁市	145	7	11	126	1	1468	1142	101	225
内江市	119	7	6	106		1404	1176	59	169
乐山市	197	4	3	189	1	1514	1205	101	208
南充市	375	3	14	356	2	3474	2747	177	550
眉山市	113	8	3	100	2	1199	994	75	130
宜宾市	233	5	9	218	1	1433	1235	82	116
广安市	222	5	6	209	2	2483	1847	67	569
达州市	213	18	10	184	1	1794	1351	140	303
雅安市	71	3	1	67		381	290	34	57
巴中市	46	1	2	43		527	435	31	61
资阳市	70	6	2	62		404	266	43	95
阿坝藏族羌族自治州	5			5		11	9	1	1
甘孜藏族自治州	4			4		30	23	5	2
凉山彝族自治州	104	2	3	99		809	635	52	122

4-4a 续表 11

单位：人

地区 性别	教育		卫生和社会工作			文化、体育和娱乐业				
	小计	教育	小计	卫生	社会工作	小计	新闻和出版业	广播、电视、电影和录音制作业	文化艺术业	体育
全省	**85064**	**85064**	**48956**	**47402**	**1554**	**23401**	**1474**	**2603**	**2988**	**2917**
成都市	41353	41353	22398	21511	887	11627	939	1753	1738	1579
自贡市	1933	1933	1505	1441	64	564	16	31	85	51
攀枝花市	1769	1769	1382	1330	52	412	19	43	53	92
泸州市	2703	2703	2174	2104	70	712	37	43	152	70
德阳市	3491	3491	2003	1975	28	1094	37	83	85	88
绵阳市	5285	5285	2668	2570	98	1397	42	88	133	170
广元市	1326	1326	1015	993	22	334	25	37	32	28
遂宁市	2961	2961	1544	1518	26	791	32	40	63	53
内江市	2117	2117	1450	1418	32	527	29	24	60	36
乐山市	2486	2486	1632	1571	61	507	18	46	93	114
南充市	4531	4531	2375	2313	62	1443	60	81	83	185
眉山市	1667	1667	947	926	21	495	21	38	53	66
宜宾市	3078	3078	1878	1841	37	678	29	73	68	154
广安市	1687	1687	754	734	20	430	11	15	33	43
达州市	3174	3174	1872	1856	16	1304	37	70	78	126
雅安市	826	826	697	682	15	200	14	26	25	13
巴中市	1502	1502	793	784	9	331	39	21	36	17
资阳市	1026	1026	671	658	13	130	19	12	10	13
阿坝藏族羌族自治州	132	132	114	113	1	42	8	6	23	
甘孜藏族自治州	146	146	134	132	2	62	13	18	23	1
凉山彝族自治州	1871	1871	950	932	18	321	29	55	62	18
男	**30047**	**30047**	**14853**	**14330**	**523**	**10900**	**755**	**1399**	**1425**	**1473**
成都市	13881	13881	6364	6080	284	5759	461	966	838	830
自贡市	722	722	485	462	23	254	7	19	47	32
攀枝花市	690	690	420	404	16	197	13	20	24	36
泸州市	935	935	716	690	26	316	22	19	62	38
德阳市	1319	1319	567	560	7	411	18	33	34	52
绵阳市	1870	1870	822	790	32	591	18	42	65	82
广元市	459	459	336	328	8	144	14	20	14	14
遂宁市	1128	1128	481	472	9	297	16	14	32	20
内江市	823	823	471	455	16	208	21	12	21	17
乐山市	881	881	490	466	24	236	10	24	47	52
南充市	1721	1721	853	824	29	598	39	41	36	79
眉山市	558	558	308	304	4	214	9	24	25	33
宜宾市	1082	1082	580	569	11	343	16	38	35	71
广安市	620	620	249	242	7	149	5	5	10	20
达州市	1308	1308	661	654	7	619	20	40	45	67
雅安市	299	299	214	209	5	103	7	17	14	5
巴中市	555	555	275	272	3	162	25	11	15	5
资阳市	363	363	213	210	3	61	12	2	6	7
阿坝藏族羌族自治州	48	48	24	24		20	3	4	11	
甘孜藏族自治州	60	60	42	41	1	36	7	12	12	1
凉山彝族自治州	725	725	282	274	8	182	12	36	32	12
女	**55017**	**55017**	**34103**	**33072**	**1031**	**12501**	**719**	**1204**	**1563**	**1444**
成都市	27472	27472	16034	15431	603	5868	478	787	900	749
自贡市	1211	1211	1020	979	41	310	9	12	38	19
攀枝花市	1079	1079	962	926	36	215	6	23	29	56
泸州市	1768	1768	1458	1414	44	396	15	24	90	32
德阳市	2172	2172	1436	1415	21	683	19	50	51	36
绵阳市	3415	3415	1846	1780	66	806	24	46	68	88
广元市	867	867	679	665	14	190	11	17	18	14
遂宁市	1833	1833	1063	1046	17	494	16	26	31	33
内江市	1294	1294	979	963	16	319	8	12	39	19
乐山市	1605	1605	1142	1105	37	271	8	22	46	62
南充市	2810	2810	1522	1489	33	845	21	40	47	106
眉山市	1109	1109	639	622	17	281	12	14	28	33
宜宾市	1996	1996	1298	1272	26	335	13	35	33	83
广安市	1067	1067	505	492	13	281	6	10	23	23
达州市	1866	1866	1211	1202	9	685	17	30	33	59
雅安市	527	527	483	473	10	97	7	9	11	8
巴中市	947	947	518	512	6	169	14	10	21	12
资阳市	663	663	458	448	10	69	7	10	4	6
阿坝藏族羌族自治州	84	84	90	89	1	22	5	2	12	
甘孜藏族自治州	86	86	92	91	1	26	6	6	11	
凉山彝族自治州	1146	1146	668	658	10	139	17	19	30	6

4-4a　续表 12　　　　　　　　　　　　　　　　　　　　单位：人

地区 性别	娱乐业	公共管理、社会保障和社会组织							国际组织	
		小计	中国共产党机关	国家机构	人民政协、民主党派	社会保障	群众团体、社会团体和其他成员组织	基层群众自治组织	小计	国际组织
全省	**13419**	**73883**	**1826**	**62340**	**337**	**289**	**2575**	**6516**	**19**	**19**
成都市	5618	27112	630	22191	122	65	1189	2915	14	14
自贡市	381	2079	52	1725	15	16	69	202		
攀枝花市	205	2008	49	1697	15	7	46	194		
泸州市	410	2957	63	2283	10	7	192	402		
德阳市	801	3439	83	2937	13	11	52	343		
绵阳市	964	4083	80	3502	9	16	102	374	1	1
广元市	212	2151	122	1827	2	11	70	119	1	1
遂宁市	603	2760	39	2318	11	22	119	251		
内江市	378	2333	49	2011	6	25	41	201		
乐山市	236	3302	60	2893	26	27	105	191		
南充市	1034	3951	67	3522	18	21	73	250		
眉山市	317	2303	103	1918	11	10	69	192		
宜宾市	354	3045	55	2706	8	7	61	208	1	1
广安市	328	1757	78	1520	6	9	40	104		
达州市	993	2901	79	2474	10	5	131	202	1	1
雅安市	122	1231	25	1090	12	5	37	62	1	1
巴中市	218	2044	41	1828	12	4	44	115		
资阳市	76	1128	32	983	6	4	20	83		
阿坝藏族羌族自治州	5	571	44	474	5	9	34	5		
甘孜藏族自治州	7	588	34	479	8	7	43	17		
凉山彝族自治州	157	2140	41	1962	12	1	38	86		
男	**5848**	**45203**	**1214**	**39342**	**228**	**119**	**1279**	**3021**	**8**	**8**
成都市	2664	16139	433	13686	75	21	579	1345	5	5
自贡市	149	1247	31	1094	10	7	35	70		
攀枝花市	104	1222	30	1093	12	3	21	63		
泸州市	175	1745	35	1408	6	1	102	193		
德阳市	274	2139	49	1892	10	8	29	151		
绵阳市	384	2568	54	2247	7	7	55	198	1	1
广元市	82	1359	86	1163	2	6	36	66	1	1
遂宁市	215	1648	27	1448	7	10	51	105		
内江市	137	1367	26	1236	6	10	16	73		
乐山市	103	2077	37	1853	19	12	66	90		
南充市	403	2588	54	2355	16	10	35	118		
眉山市	123	1370	67	1177	6	5	28	87		
宜宾市	183	1875	36	1705	5	3	24	102		
广安市	109	1113	55	989	5	1	20	43		
达州市	447	1905	51	1655	4	2	76	117		
雅安市	60	744	13	679	7	2	13	30	1	1
巴中市	106	1352	35	1197	9	1	23	87		
资阳市	34	675	21	621	3	1	6	23		
阿坝藏族羌族自治州	2	350	23	300	2	5	16	4		
甘孜藏族自治州	4	352	24	280	8	3	29	8		
凉山彝族自治州	90	1368	27	1264	9	1	19	48		
女	**7571**	**28680**	**612**	**22998**	**109**	**170**	**1296**	**3495**	**11**	**11**
成都市	2954	10973	197	8505	47	44	610	1570	9	9
自贡市	232	832	21	631	5	9	34	132		
攀枝花市	101	786	19	604	3	4	25	131		
泸州市	235	1212	28	875	4	6	90	209		
德阳市	527	1300	34	1045	3	3	23	192		
绵阳市	580	1515	26	1255	2	9	47	176		
广元市	130	792	36	664		5	34	53		
遂宁市	388	1112	12	870	4	12	68	146		
内江市	241	966	23	775		15	25	128		
乐山市	133	1225	23	1040	7	15	39	101		
南充市	631	1363	13	1167	2	11	38	132		
眉山市	194	933	36	741	5	5	41	105		
宜宾市	171	1170	19	1001	3	4	37	106	1	1
广安市	219	644	23	531	1	8	20	61		
达州市	546	996	28	819	6	3	55	85	1	1
雅安市	62	487	12	411	5	3	24	32		
巴中市	112	692	6	631	3	3	21	28		
资阳市	42	453	11	362	3	3	14	60		
阿坝藏族羌族自治州	3	221	21	174	3	4	18	1		
甘孜藏族自治州	3	236	10	199		4	14	9		
凉山彝族自治州	67	772	14	698	3		19	38		

4-4b 各地区分性别、行业大类的就业人口(镇)

单位：人

地区 性别	合计	农、林、牧、渔业						采矿业	
		小计	农业	林业	畜牧业	渔业	农、林、牧、渔专业及辅助性活动	小计	煤炭开采和洗选业
全省	**853394**	**124970**	**105512**	**1977**	**15068**	**1046**	**1367**	**5727**	**2386**
成都市	60078	8979	8440	164	250	38	87	95	16
自贡市	25850	3035	2683	33	166	101	52	140	60
攀枝花市	11029	3201	2960	42	164	7	28	489	21
泸州市	50758	7360	6072	143	960	110	75	289	116
德阳市	36233	7223	6454	40	623	48	58	134	19
绵阳市	43207	3635	3138	75	328	30	64	129	21
广元市	28547	3829	3372	68	327	25	37	554	440
遂宁市	25967	1989	1743	24	162	33	27	92	7
内江市	46671	4703	4189	48	337	51	78	437	237
乐山市	32433	4505	3712	135	594	39	25	481	288
南充市	89285	7954	6730	60	1010	100	54	108	5
眉山市	36519	5539	5006	124	285	47	77	51	13
宜宾市	64126	9791	7618	175	1730	136	132	934	579
广安市	41965	4790	4230	17	482	38	23	129	72
达州市	92189	10113	9002	123	707	124	157	598	333
雅安市	24430	5685	5100	90	421	12	62	255	54
巴中市	35691	2903	2490	58	288	37	30	121	28
资阳市	22466	2451	2148	11	124	27	141	25	3
阿坝藏族羌族自治州	15082	3366	2204	68	1082		12	58	2
甘孜藏族自治州	14903	2915	1615	368	923		9	78	
凉山彝族自治州	55965	21004	16606	111	4105	43	139	530	72
男	**472323**	**58997**	**49298**	**1293**	**6901**	**743**	**762**	**4859**	**2076**
成都市	34154	4442	4091	117	164	26	44	80	13
自贡市	14292	1444	1249	22	75	64	34	119	54
攀枝花市	6127	1567	1439	29	77	5	17	409	19
泸州市	27032	3422	2788	101	410	79	44	247	96
德阳市	20345	3279	2891	21	294	32	41	119	18
绵阳市	23713	1807	1492	56	190	22	47	106	19
广元市	16136	1834	1595	47	147	20	25	476	388
遂宁市	15642	1037	876	17	96	29	19	68	5
内江市	25358	2021	1750	32	154	43	42	379	200
乐山市	18792	2175	1706	95	325	30	19	420	260
南充市	46599	3326	2744	42	432	71	37	91	5
眉山市	20389	2649	2328	92	157	33	39	46	12
宜宾市	35002	4434	3430	128	725	97	54	811	506
广安市	22294	2097	1835	13	207	25	17	116	67
达州市	52409	5061	4385	83	410	85	98	523	295
雅安市	13511	2743	2439	69	196	9	30	221	48
巴中市	21122	1423	1185	39	149	27	23	93	23
资阳市	12264	1049	930	7	54	18	40	21	3
阿坝藏族羌族自治州	8573	1773	1135	36	595		7	46	1
甘孜藏族自治州	8055	1391	764	175	444		8	62	
凉山彝族自治州	30514	10023	8246	72	1600	28	77	406	44
女	**381071**	**65973**	**56214**	**684**	**8167**	**303**	**605**	**868**	**310**
成都市	25924	4537	4349	47	86	12	43	15	3
自贡市	11558	1591	1434	11	91	37	18	21	6
攀枝花市	4902	1634	1521	13	87	2	11	80	2
泸州市	23726	3938	3284	42	550	31	31	42	20
德阳市	15888	3944	3563	19	329	16	17	15	1
绵阳市	19494	1828	1646	19	138	8	17	23	2
广元市	12411	1995	1777	21	180	5	12	78	52
遂宁市	10325	952	867	7	66	4	8	24	2
内江市	21313	2682	2439	16	183	8	36	58	37
乐山市	13641	2330	2006	40	269	9	6	61	28
南充市	42686	4628	3986	18	578	29	17	17	
眉山市	16130	2890	2678	32	128	14	38	5	1
宜宾市	29124	5357	4188	47	1005	39	78	123	73
广安市	19671	2693	2395	4	275	13	6	13	5
达州市	39780	5052	4617	40	297	39	59	75	38
雅安市	10919	2942	2661	21	225	3	32	34	6
巴中市	14569	1480	1305	19	139	10	7	28	5
资阳市	10202	1402	1218	4	70	9	101	4	
阿坝藏族羌族自治州	6509	1593	1069	32	487		5	12	1
甘孜藏族自治州	6848	1524	851	193	479		1	16	
凉山彝族自治州	25451	10981	8360	39	2505	15	62	124	28

4-4b 续表 1 单位：人

地区 性别	采矿业 石油和天然气开采业	采矿业 黑色金属矿采选业	采矿业 有色金属矿采选业	采矿业 非金属矿采选业	采矿业 开采专业及辅助性活动	采矿业 其他采矿业	制造业 小计	制造业 农副食品加工业	制造业 食品制造业
全省	**424**	**761**	**394**	**1149**	**500**	**113**	**87063**	**6108**	**3946**
成都市	23	4	1	41	8	2	9126	480	504
自贡市	13	4	1	40	17	5	2541	221	168
攀枝花市		437	13	10	4	4	558	70	13
泸州市	78	3	1	39	43	9	6136	331	210
德阳市	15	5	5	76	14		6269	353	257
绵阳市	14	9	4	64	15	2	3832	379	195
广元市	19	7	6	67	12	3	1677	185	94
遂宁市	16	1	1	53	12	2	3423	145	127
内江市	135	1		48	14	2	5773	337	220
乐山市	3	8	7	133	16	26	3837	315	132
南充市	29	1	1	57	12	3	6779	545	311
眉山市	3	4		17	7	7	3813	316	197
宜宾市	19	5	4	140	177	10	6943	615	312
广安市	9	4	1	34	7	2	3981	262	164
达州市	40	5	7	90	112	11	12742	791	547
雅安市		4	80	104	4	9	1973	104	99
巴中市	5	47	2	24	10	5	2522	162	128
资阳市	2		1	14	5		1819	163	92
阿坝藏族羌族自治州		4	26	25	1		560	47	32
甘孜藏族自治州			77	1			338	20	2
凉山彝族自治州	1	208	156	72	10	11	2421	267	142
男	**367**	**621**	**321**	**949**	**436**	**89**	**51907**	**3362**	**1828**
成都市	16	4	1	37	7	2	5644	239	239
自贡市	12	4	1	30	16	2	1455	122	81
攀枝花市		363	12	8	3	4	386	44	3
泸州市	73	2	1	33	36	6	3183	187	94
德阳市	12	5	3	67	14		3923	201	116
绵阳市	12	8	3	51	11	2	2297	217	87
广元市	16	3	6	51	9	3	1021	91	46
遂宁市	13	1	1	38	9	1	1984	99	58
内江市	121	1		44	12	1	3417	181	97
乐山市	3	8	7	109	12	21	2467	191	65
南充市	24	1	1	48	10	2	3860	289	125
眉山市	2	4		16	6	6	2349	182	97
宜宾市	19	4	4	114	159	5	4251	322	148
广安市	7	4	1	28	7	2	2275	148	66
达州市	30	5	5	78	100	10	7402	413	277
雅安市		3	67	90	4	9	1322	59	52
巴中市	4	33	2	20	8	3	1513	93	59
资阳市	2		1	11	4		1020	91	40
阿坝藏族羌族自治州		1	23	20	1		385	29	18
甘孜藏族自治州			62				248	13	1
凉山彝族自治州	1	167	120	56	8	10	1505	151	59
女	**57**	**140**	**73**	**200**	**64**	**24**	**35156**	**2746**	**2118**
成都市	7			4	1		3482	241	265
自贡市	1			10	1	3	1086	99	87
攀枝花市		74	1	2	1		172	26	10
泸州市	5	1		6	7	3	2953	144	116
德阳市	3		2	9			2346	152	141
绵阳市	2	1	1	13	4		1535	162	108
广元市	3	4		16	3		656	94	48
遂宁市	3			15	3	1	1439	46	69
内江市	14			4	2	1	2356	156	123
乐山市				24	4	5	1370	124	67
南充市	5			9	2	1	2919	256	186
眉山市	1			1	1	1	1464	134	100
宜宾市		1		26	18	5	2692	293	164
广安市	2			6			1706	114	98
达州市	10		2	12	12	1	5340	378	270
雅安市		1	13	14			651	45	47
巴中市	1	14		4	2	2	1009	69	69
资阳市				3	1		799	72	52
阿坝藏族羌族自治州		3	3	5			175	18	14
甘孜藏族自治州			15	1			90	7	1
凉山彝族自治州		41	36	16	2	1	916	116	83

4-4b 续表 2

单位：人

地区 性别	制造业								
	酒、饮料和精制茶制造业	烟草制品业	纺织业	纺织服装、服饰业	皮革、毛皮、羽毛及其制品和制鞋业	木材加工和木、竹、藤、棕、草制品业	家具制造业	造纸和纸制品业	印刷和记录媒介复制业
全省	**3306**	**275**	**3463**	**7088**	**4213**	**2846**	**4480**	**2222**	**1095**
成都市	315	1	125	168	418	361	1240	260	119
自贡市	72	1	68	330	151	109	133	16	22
攀枝花市	9	5	2	2	1	6	2	4	9
泸州市	676	8	176	721	167	267	270	583	245
德阳市	165	23	154	283	125	197	496	198	100
绵阳市	109	1	300	183	70	158	157	94	40
广元市	64	1	84	72	28	47	59	16	17
遂宁市	196	2	188	242	92	142	117	51	38
内江市	123	1	134	312	165	98	197	104	40
乐山市	54	3	229	63	52	165	79	306	11
南充市	165	3	239	900	469	220	311	69	88
眉山市	65	5	167	174	69	156	268	118	33
宜宾市	592	21	452	356	138	268	214	154	83
广安市	99	4	167	614	217	102	115	35	31
达州市	266	7	399	1990	1617	288	448	129	113
雅安市	70	1	124	46	16	66	51	19	13
巴中市	122	2	129	297	142	55	99	20	43
资阳市	60	1	169	163	243	59	107	20	18
阿坝藏族羌族自治州	22		7	17	5	21	26		6
甘孜藏族自治州	3		15	71	3	8	45		4
凉山彝族自治州	59	185	135	84	25	53	46	26	22
男	**2019**	**123**	**1557**	**2675**	**2129**	**1933**	**2964**	**1190**	**575**
成都市	179		61	49	179	255	771	132	73
自贡市	45		31	127	59	51	88	6	7
攀枝花市	7	4	1		1	6	1	2	2
泸州市	401	4	76	232	76	150	170	285	100
德阳市	109	12	77	68	57	139	319	89	55
绵阳市	62		151	55	34	120	105	53	22
广元市	40		42	36	16	39	36	10	6
遂宁市	113		77	81	48	90	82	26	22
内江市	83		51	99	74	71	132	55	22
乐山市	37	1	107	15	33	114	52	189	6
南充市	101	1	116	340	217	122	234	38	48
眉山市	36	3	75	63	32	111	179	68	17
宜宾市	388	9	214	123	73	183	148	89	48
广安市	55	3	69	220	111	72	76	13	13
达州市	162	4	186	877	905	214	301	82	76
雅安市	43	1	36	17	10	48	34	13	7
巴中市	73	1	56	130	75	45	69	15	24
资阳市	31	1	71	57	110	39	84	10	13
阿坝藏族羌族自治州	15		2	8	3	19	18		3
甘孜藏族自治州	3		8	44		6	35		2
凉山彝族自治州	36	79	50	34	16	39	30	15	9
女	**1287**	**152**	**1906**	**4413**	**2084**	**913**	**1516**	**1032**	**520**
成都市	136	1	64	119	239	106	469	128	46
自贡市	27	1	37	203	92	58	45	10	15
攀枝花市	2	1	1	2			1	2	7
泸州市	275	4	100	489	91	117	100	298	145
德阳市	56	11	77	215	68	58	177	109	45
绵阳市	47	1	149	128	36	38	52	41	18
广元市	24	1	42	36	12	8	23	6	11
遂宁市	83	2	111	161	44	52	35	25	16
内江市	40	1	83	213	91	27	65	49	18
乐山市	17	2	122	48	19	51	27	117	5
南充市	64	2	123	560	252	98	77	31	40
眉山市	29	2	92	111	37	45	89	50	16
宜宾市	204	12	238	233	65	85	66	65	35
广安市	44	1	98	394	106	30	39	22	18
达州市	104	3	213	1113	712	74	147	47	37
雅安市	27		88	29	6	18	17	6	6
巴中市	49	1	73	167	67	10	30	5	19
资阳市	29		98	106	133	20	23	10	5
阿坝藏族羌族自治州	7		5	9	2	2	8		3
甘孜藏族自治州			7	27	3	2	10		2
凉山彝族自治州	23	106	85	50	9	14	16	11	13

4-4b 续表 3

单位：人

地区 性别	制造业 文教、工美、体育和娱乐用品制造业	石油、煤炭及其他燃料加工业	化学原料和化学制品制造业	医药制造业	化学纤维制造业	橡胶和塑料制品业	非金属矿物制品业	黑色金属冶炼和压延加工业	有色金属冶炼和压延加工业
全省	**1956**	**438**	**2928**	**1442**	**225**	**2830**	**9342**	**1720**	**1060**
成都市	87	47	203	282	5	531	650	116	52
自贡市	53	2	183	19	2	106	225	18	7
攀枝花市	12	1	124	2		9	55	81	43
泸州市	206	18	182	56	4	163	793	61	12
德阳市	46	4	293	171	17	203	839	108	77
绵阳市	52	11	110	73	4	110	398	101	16
广元市	38	34	37	16	1	68	224	27	6
遂宁市	60	90	95	61	24	103	191	12	7
内江市	102	137	136	74	7	117	993	703	17
乐山市	17	12	191	47	9	82	936	65	121
南充市	220	10	181	77	3	250	310	37	44
眉山市	39	3	124	57	1	96	445	21	25
宜宾市	127	20	340	51	135	200	987	45	17
广安市	111	2	76	176		70	263	14	8
达州市	496	31	274	116	9	503	950	158	25
雅安市	40	6	137	17	3	28	403	36	332
巴中市	57	2	44	33		97	221	33	20
资阳市	30	4	20	89		54	97	11	5
阿坝藏族羌族自治州	19		119	9		6	56	4	95
甘孜藏族自治州	49	1	2				65		3
凉山彝族自治州	95	3	57	16	1	34	241	69	128
男	**827**	**339**	**1990**	**750**	**139**	**1726**	**6665**	**1314**	**721**
成都市	56	39	138	156	4	320	469	88	35
自贡市	27	2	113	10	1	62	163	17	5
攀枝花市	6	1	89	1		7	39	61	30
泸州市	43	14	133	29	2	84	454	47	8
德阳市	24	4	234	87	10	119	635	89	41
绵阳市	28	9	77	39	3	65	286	83	14
广元市	18	24	22	4	1	43	153	21	4
遂宁市	25	74	65	29	12	69	139	10	3
内江市	34	101	78	31	5	63	642	498	13
乐山市	8	11	130	21	4	58	614	44	83
南充市	91	9	112	46	2	157	239	26	32
眉山市	17	2	73	29	1	53	324	18	21
宜宾市	56	13	232	28	84	113	733	42	13
广安市	31	2	51	103		48	208	12	8
达州市	187	24	177	62	7	331	696	130	20
雅安市	31	3	97	7	2	15	333	25	216
巴中市	31	2	23	20		58	170	28	14
资阳市	16	2	13	38		36	79	11	4
阿坝藏族羌族自治州	12		88	5		2	43	4	66
甘孜藏族自治州	40	1	1				56		2
凉山彝族自治州	46	2	44	5	1	23	190	60	89
女	**1129**	**99**	**938**	**692**	**86**	**1104**	**2677**	**406**	**339**
成都市	31	8	65	126	1	211	181	28	17
自贡市	26		70	9	1	44	62	1	2
攀枝花市	6		35	1		2	16	20	13
泸州市	163	4	49	27	2	79	339	14	4
德阳市	22		59	84	7	84	204	19	36
绵阳市	24	2	33	34	1	45	112	18	2
广元市	20	10	15	12		25	71	6	2
遂宁市	35	16	30	32	12	34	52	2	4
内江市	68	36	58	43	2	54	351	205	4
乐山市	9	1	61	26	5	24	322	21	38
南充市	129	1	69	31	1	93	71	11	12
眉山市	22	1	51	28		43	121	3	4
宜宾市	71	7	108	23	51	87	254	3	4
广安市	80		25	73		22	55	2	
达州市	309	7	97	54	2	172	254	28	5
雅安市	9	3	40	10	1	13	70	11	116
巴中市	26		21	13		39	51	5	6
资阳市	14	2	7	51		18	18		1
阿坝藏族羌族自治州	7		31	4		4	13		29
甘孜藏族自治州	9		1				9		1
凉山彝族自治州	49	1	13	11		11	51	9	39

4-4b 续表 4

单位：人

地区 性别	制造业								
	金属制品业	通用设备制造业	专用设备制造业	汽车制造业	铁路、船舶、航空航天和其他运输设备制造业	电气机械和器材制造业	计算机、通信和其他电子设备制造业	仪器仪表制造业	其他制造业
全省	**5310**	**3656**	**1969**	**1842**	**577**	**2463**	**7255**	**357**	**694**
成都市	669	551	280	381	122	325	637	48	27
自贡市	131	142	34	48	16	66	94	10	28
攀枝花市	36	16	13	7	6	2	11		2
泸州市	245	103	107	37	16	107	208	10	32
德阳市	663	339	102	54	46	179	658	14	40
绵阳市	242	177	99	96	25	138	335	24	35
广元市	135	92	44	34	8	46	132	3	16
遂宁市	375	123	92	84	19	193	420	10	37
内江市	251	253	130	125	33	88	662	25	52
乐山市	178	219	90	92	12	104	144	7	41
南充市	464	294	149	151	56	237	711	74	29
眉山市	218	412	81	35	94	117	321	18	43
宜宾市	376	181	166	78	28	287	466	14	34
广安市	170	128	115	420	36	73	325	23	17
达州市	604	371	287	85	23	317	1389	57	189
雅安市	34	61	39	29	6	14	116	5	7
巴中市	188	95	55	28	8	52	272	5	29
资阳市	111	32	26	47	7	57	93	6	6
阿坝藏族羌族自治州	27	10	7	1	1	8	9		
甘孜藏族自治州	36	5	1			1	1		
凉山彝族自治州	157	52	52	10	15	52	251	4	30
男	**3950**	**2713**	**1233**	**1239**	**428**	**1525**	**3812**	**224**	**428**
成都市	486	429	194	275	85	216	345	20	18
自贡市	96	112	22	32	11	35	47	7	22
攀枝花市	29	13	8	3	4	1	9		1
泸州市	153	81	52	25	13	56	95	6	17
德阳市	482	281	68	45	37	125	313	11	26
绵阳市	184	123	61	60	17	76	161	14	20
广元市	102	66	26	21	7	30	66	1	8
遂宁市	273	77	49	53	11	113	201	8	24
内江市	185	182	79	79	26	52	335	20	24
乐山市	139	176	55	58	11	80	74	6	28
南充市	349	203	99	103	39	148	393	41	22
眉山市	177	283	46	25	71	62	168	8	32
宜宾市	273	143	109	53	22	174	238	8	17
广安市	129	88	76	275	26	47	180	17	9
达州市	446	252	172	56	19	200	759	43	116
雅安市	32	48	27	21	4	9	76	4	7
巴中市	145	78	33	15	6	27	143	2	19
资阳市	85	26	19	33	6	30	48	4	3
阿坝藏族羌族自治州	20	8	5		1	6	4		
甘孜藏族自治州	28	3	1			1	1		
凉山彝族自治州	137	41	32	7	12	37	156	4	15
女	**1360**	**943**	**736**	**603**	**149**	**938**	**3443**	**133**	**266**
成都市	183	122	86	106	37	109	292	28	9
自贡市	35	30	12	16	5	31	47	3	6
攀枝花市	7	3	5	4	2	1	2		1
泸州市	92	22	55	12	3	51	113	4	15
德阳市	181	58	34	9	9	54	345	3	14
绵阳市	58	54	38	36	8	62	174	10	15
广元市	33	26	18	13	1	16	66	2	8
遂宁市	102	46	43	31	8	80	219	2	13
内江市	66	71	51	46	7	36	327	5	28
乐山市	39	43	35	34	1	24	70	1	13
南充市	115	91	50	48	17	89	318	33	7
眉山市	41	129	35	10	23	55	153	10	11
宜宾市	103	38	57	25	6	113	228	6	17
广安市	41	40	39	145	10	26	145	6	8
达州市	158	119	115	29	4	117	630	14	73
雅安市	2	13	12	8	2	5	40	1	
巴中市	43	17	22	13	2	25	129	3	10
资阳市	26	6	7	14	1	27	45	2	3
阿坝藏族羌族自治州	7	2	2	1		2	5		
甘孜藏族自治州	8	2							
凉山彝族自治州	20	11	20	3	3	15	95		15

4-4b 续表 5

单位：人

地区 性别	制造业		电力、热力、燃气及水生产和供应业				建筑业		
	废弃资源综合利用业	金属制品、机械和设备修理业	小计	电力、热力生产和供应业	燃气生产和供应业	水的生产和供应业	小计	房屋建筑业	土木工程建筑业
全省	**893**	**1064**	**9066**	**6065**	**1397**	**1604**	**127617**	**81101**	**11275**
成都市	63	59	567	315	106	146	8058	5316	550
自贡市	31	35	161	90	37	34	3481	2016	217
攀枝花市	5	10	121	94	10	17	994	697	163
泸州市	52	70	365	220	86	59	7891	5759	383
德阳市	28	37	240	121	54	65	4607	2862	392
绵阳市	35	65	546	345	112	89	5804	3305	629
广元市	7	42	381	251	58	72	4901	3115	714
遂宁市	50	37	215	125	42	48	5754	3509	446
内江市	75	62	297	151	80	66	7428	4961	378
乐山市	15	46	537	403	61	73	4564	2642	679
南充市	98	64	600	325	116	159	15628	9728	725
眉山市	40	55	510	338	76	96	5807	3766	407
宜宾市	101	85	715	484	113	118	8681	5665	927
广安市	33	111	385	242	68	75	6349	3595	754
达州市	137	126	960	554	220	186	12904	7919	661
雅安市	17	34	669	621	16	32	2597	1735	375
巴中市	40	44	496	316	66	114	8710	5821	615
资阳市	15	14	197	86	43	68	3549	2303	250
阿坝藏族羌族自治州	3	3	295	276	6	13	1353	768	420
甘孜藏族自治州	1	2	225	205	1	19	1303	874	283
凉山彝族自治州	47	63	584	503	26	55	7254	4745	1307
男	**605**	**924**	**6516**	**4548**	**955**	**1013**	**107224**	**67292**	**9882**
成都市	46	48	398	234	72	92	6877	4511	459
自贡市	25	29	123	73	26	24	2938	1701	183
攀枝花市	3	10	89	72	8	9	832	571	146
泸州市	35	61	270	179	55	36	6509	4702	340
德阳市	20	30	187	98	42	47	4021	2485	346
绵阳市	18	53	391	259	76	56	5030	2878	554
广元市	5	37	278	193	40	45	4054	2526	630
遂宁市	31	22	168	104	31	33	4996	3019	387
内江市	47	58	222	114	58	50	6305	4187	331
乐山市	13	44	383	297	44	42	3951	2262	615
南充市	59	59	450	266	79	105	13168	8155	630
眉山市	27	49	357	244	53	60	5046	3274	367
宜宾市	75	80	524	367	78	79	7219	4652	819
广安市	20	99	272	188	41	43	5406	2992	692
达州市	97	111	663	410	142	111	10777	6520	576
雅安市	16	29	468	433	12	23	2264	1501	333
巴中市	26	33	340	237	42	61	6994	4556	532
资阳市	10	10	134	64	30	40	2987	1918	222
阿坝藏族羌族自治州	3	3	199	187	5	7	1093	591	367
甘孜藏族自治州	1	1	160	144	1	15	951	618	224
凉山彝族自治州	28	58	440	385	20	35	5806	3673	1129
女	**288**	**140**	**2550**	**1517**	**442**	**591**	**20393**	**13809**	**1393**
成都市	17	11	169	81	34	54	1181	805	91
自贡市	6	6	38	17	11	10	543	315	34
攀枝花市	2		32	22	2	8	162	126	17
泸州市	17	9	95	41	31	23	1382	1057	43
德阳市	8	7	53	23	12	18	586	377	46
绵阳市	17	12	155	86	36	33	774	427	75
广元市	2	5	103	58	18	27	847	589	84
遂宁市	19	15	47	21	11	15	758	490	59
内江市	28	4	75	37	22	16	1123	774	47
乐山市	2	2	154	106	17	31	613	380	64
南充市	39	5	150	59	37	54	2460	1573	95
眉山市	13	6	153	94	23	36	761	492	40
宜宾市	26	5	191	117	35	39	1462	1013	108
广安市	13	12	113	54	27	32	943	603	62
达州市	40	15	297	144	78	75	2127	1399	85
雅安市	1	5	201	188	4	9	333	234	42
巴中市	14	11	156	79	24	53	1716	1265	83
资阳市	5	4	63	22	13	28	562	385	28
阿坝藏族羌族自治州			96	89	1	6	260	177	53
甘孜藏族自治州		1	65	61		4	352	256	59
凉山彝族自治州	19	5	144	118	6	20	1448	1072	178

4-4b　续表 6

单位：人

地区 性别	建筑业		批发和零售业			交通运输、仓储和邮政业			
	建筑安装业	建筑装饰、装修和其他建筑业	小计	批发业	零售业	小计	铁路运输业	道路运输业	水上运输业
全省	**5734**	**29507**	**149818**	**23022**	**126796**	**40696**	**862**	**28469**	**168**
成都市	382	1810	9812	1866	7946	2588	75	1862	2
自贡市	195	1053	5385	1019	4366	1336	19	923	3
攀枝花市	20	114	1393	273	1120	668	106	443	4
泸州市	264	1485	8981	1322	7659	2270	14	1559	22
德阳市	293	1060	5763	976	4787	1658	23	1325	1
绵阳市	352	1518	9063	1588	7475	2081	22	1525	9
广元市	185	887	4449	800	3649	1446	46	1023	4
遂宁市	410	1389	4547	764	3783	1337	15	953	1
内江市	285	1804	8795	1167	7628	2626	170	1847	8
乐山市	210	1033	5165	1114	4051	1889	89	1405	9
南充市	792	4383	19406	1593	17813	3954	39	2456	6
眉山市	271	1363	6190	1072	5118	1443	18	1051	6
宜宾市	286	1803	11613	1930	9683	3157	39	2348	32
广安市	305	1695	8954	920	8034	1906	26	1280	15
达州市	681	3643	17973	3126	14847	4656	69	3033	26
雅安市	81	406	3780	608	3172	1268	11	994	2
巴中市	337	1937	5420	847	4573	1800	26	1272	8
资阳市	188	808	4311	652	3659	1119	3	850	1
阿坝藏族羌族自治州	34	131	1446	172	1274	613	3	437	1
甘孜藏族自治州	6	140	1544	91	1453	616	2	361	
凉山彝族自治州	157	1045	5828	1122	4706	2265	47	1522	8
男	**5267**	**24783**	**61681**	**12816**	**48865**	**34490**	**652**	**25388**	**131**
成都市	357	1550	4499	1161	3338	2149	57	1638	1
自贡市	181	873	2303	548	1755	1145	12	827	2
攀枝花市	20	95	589	161	428	567	81	399	3
泸州市	240	1227	3513	718	2795	1868	10	1352	19
德阳市	277	913	2543	571	1972	1430	19	1171	1
绵阳市	327	1271	3742	872	2870	1794	19	1381	3
广元市	170	728	1749	458	1291	1219	34	907	4
遂宁市	389	1201	1979	414	1565	1143	13	854	1
内江市	258	1529	3422	628	2794	2237	129	1637	8
乐山市	200	874	2226	628	1598	1666	76	1277	8
南充市	734	3649	6813	890	5923	3286	32	2166	4
眉山市	247	1158	2520	571	1949	1238	12	941	3
宜宾市	262	1486	4840	1049	3791	2714	24	2117	28
广安市	279	1443	3345	505	2840	1613	12	1129	14
达州市	599	3082	7926	1668	6258	3959	52	2700	16
雅安市	75	355	1548	338	1210	1089	6	882	2
巴中市	307	1599	2286	493	1793	1539	17	1160	5
资阳市	172	675	1859	357	1502	969	3	770	1
阿坝藏族羌族自治州	27	108	692	100	592	500	2	388	1
甘孜藏族自治州	5	104	816	58	758	471	1	305	
凉山彝族自治州	141	863	2471	628	1843	1894	41	1387	7
女	**467**	**4724**	**88137**	**10206**	**77931**	**6206**	**210**	**3081**	**37**
成都市	25	260	5313	705	4608	439	18	224	1
自贡市	14	180	3082	471	2611	191	7	96	1
攀枝花市		19	804	112	692	101	25	44	1
泸州市	24	258	5468	604	4864	402	4	207	3
德阳市	16	147	3220	405	2815	228	4	154	
绵阳市	25	247	5321	716	4605	287	3	144	6
广元市	15	159	2700	342	2358	227	12	116	
遂宁市	21	188	2568	350	2218	194	2	99	
内江市	27	275	5373	539	4834	389	41	210	
乐山市	10	159	2939	486	2453	223	13	128	1
南充市	58	734	12593	703	11890	668	7	290	2
眉山市	24	205	3670	501	3169	205	6	110	3
宜宾市	24	317	6773	881	5892	443	15	231	4
广安市	26	252	5609	415	5194	293	14	151	1
达州市	82	561	10047	1458	8589	697	17	333	10
雅安市	6	51	2232	270	1962	179	5	112	
巴中市	30	338	3134	354	2780	261	9	112	3
资阳市	16	133	2452	295	2157	150		80	
阿坝藏族羌族自治州	7	23	754	72	682	113	1	49	
甘孜藏族自治州	1	36	728	33	695	145	1	56	
凉山彝族自治州	16	182	3357	494	2863	371	6	135	1

4—4b　续表 7　　　　单位：人

地区 性别	交通运输、仓储和邮政业					住宿和餐饮业		
	航空运输业	管道运输业	多式联运和运输代理业	装卸搬运和仓储业	邮政业	小计	住宿业	餐饮业
全省	**329**	**25**	**645**	**4191**	**6007**	**71259**	**7290**	**63969**
成都市	50	1	51	194	353	5093	572	4521
自贡市	12	2	30	192	155	2114	117	1997
攀枝花市	2		5	66	42	663	100	563
泸州市	7		53	301	314	3557	296	3261
德阳市	17	1	12	107	172	2457	169	2288
绵阳市	18	1	35	164	307	4273	415	3858
广元市	6	3	12	150	202	2293	317	1976
遂宁市	10		9	128	221	2104	171	1933
内江市	19		39	301	242	3767	199	3568
乐山市	8		19	192	167	2362	205	2157
南充市	29		45	394	985	9996	925	9071
眉山市	18	1	38	129	182	2694	297	2397
宜宾市	24		37	242	435	4757	325	4432
广安市	14		40	210	321	3548	242	3306
达州市	28	9	130	506	855	8828	779	8049
雅安市	2	2	9	70	178	1847	252	1595
巴中市	9	3	32	213	237	2560	276	2284
资阳市	4		18	84	159	1741	142	1599
阿坝藏族羌族自治州	18		8	68	78	1479	427	1052
甘孜藏族自治州	24		1	66	162	1814	599	1215
凉山彝族自治州	10	2	22	414	240	3312	465	2847
男	**200**	**19**	**517**	**3444**	**4139**	**28420**	**2612**	**25808**
成都市	27	1	40	155	230	2175	225	1950
自贡市	8	1	25	169	101	928	39	889
攀枝花市	1		4	55	24	251	26	225
泸州市	4		41	239	203	1502	112	1390
德阳市	10	1	10	98	120	980	68	912
绵阳市	12	1	31	137	210	1733	146	1587
广元市	2	3	10	123	136	771	98	673
遂宁市	8		8	113	146	886	57	829
内江市	13		31	246	173	1490	64	1426
乐山市	3		18	174	110	1021	78	943
南充市	16		31	344	693	3428	281	3147
眉山市	14		29	107	132	1144	111	1033
宜宾市	16		29	218	282	1886	100	1786
广安市	6		32	189	231	1348	81	1267
达州市	18	8	109	425	631	3770	294	3476
雅安市	1		6	59	133	700	82	618
巴中市	4	2	25	166	160	961	98	863
资阳市	2		14	70	109	721	34	687
阿坝藏族羌族自治州	11		5	42	51	643	206	437
甘孜藏族自治州	18		1	44	102	801	265	536
凉山彝族自治州	6	2	18	271	162	1281	147	1134
女	**129**	**6**	**128**	**747**	**1868**	**42839**	**4678**	**38161**
成都市	23		11	39	123	2918	347	2571
自贡市	4	1	5	23	54	1186	78	1108
攀枝花市	1		1	11	18	412	74	338
泸州市	3		12	62	111	2055	184	1871
德阳市	7		2	9	52	1477	101	1376
绵阳市	6		4	27	97	2540	269	2271
广元市	4		2	27	66	1522	219	1303
遂宁市	2		1	15	75	1218	114	1104
内江市	6		8	55	69	2277	135	2142
乐山市	5		1	18	57	1341	127	1214
南充市	13		14	50	292	6568	644	5924
眉山市	4	1	9	22	50	1550	186	1364
宜宾市	8		8	24	153	2871	225	2646
广安市	8		8	21	90	2200	161	2039
达州市	10	1	21	81	224	5058	485	4573
雅安市	1	2	3	11	45	1147	170	977
巴中市	5	1	7	47	77	1599	178	1421
资阳市	2		4	14	50	1020	108	912
阿坝藏族羌族自治州	7		3	26	27	836	221	615
甘孜藏族自治州	6			22	60	1013	334	679
凉山彝族自治州	4		4	143	78	2031	318	1713

4-4b 续表 8

单位：人

地区 性别	信息传输、软件和信息技术服务业				金融业				
	小计	电信、广播电视和卫星传输服务	互联网和相关服务	软件和信息技术服务业	小计	货币金融服务	资本市场服务	保险业	其他金融业
全省	**9589**	**4177**	**2914**	**2498**	**10075**	**5133**	**276**	**4146**	**520**
成都市	843	265	310	268	722	379	27	277	39
自贡市	211	98	63	50	390	188	5	170	27
攀枝花市	85	58	12	15	98	53		39	6
泸州市	435	225	130	80	532	211	8	285	28
德阳市	310	130	83	97	367	188	27	134	18
绵阳市	525	250	149	126	659	337	31	266	25
广元市	358	201	83	74	515	307	7	176	25
遂宁市	297	139	72	86	308	166	8	100	34
内江市	1542	192	680	670	508	213	14	245	36
乐山市	350	211	65	74	430	253	10	147	20
南充市	1203	514	407	282	1223	533	33	591	66
眉山市	341	164	95	82	525	248	20	233	24
宜宾市	478	263	127	88	532	306	17	187	22
广安市	328	168	83	77	540	264	10	245	21
达州市	889	347	322	220	887	365	21	446	55
雅安市	215	149	37	29	299	179	4	108	8
巴中市	405	226	69	110	509	261	11	199	38
资阳市	226	144	53	29	329	216	7	99	7
阿坝藏族羌族自治州	102	82	11	9	172	118	1	50	3
甘孜藏族自治州	148	144	3	1	125	111		14	
凉山彝族自治州	298	207	60	31	405	237	15	135	18
男	**5586**	**2364**	**1683**	**1539**	**4628**	**2682**	**164**	**1510**	**272**
成都市	573	158	232	183	319	178	13	103	25
自贡市	133	56	39	38	163	98	1	51	13
攀枝花市	63	40	10	13	39	28		9	2
泸州市	248	124	75	49	220	102	4	101	13
德阳市	207	73	57	77	164	96	15	43	10
绵阳市	324	151	87	86	280	169	23	83	5
广元市	220	117	49	54	251	177	4	60	10
遂宁市	182	72	41	69	144	80	6	36	22
内江市	540	102	220	218	237	118	10	91	18
乐山市	207	103	44	60	198	132	6	52	8
南充市	767	283	279	205	591	279	18	255	39
眉山市	214	98	55	61	229	138	9	72	10
宜宾市	296	152	84	60	251	167	9	62	13
广安市	205	99	51	55	234	130	6	87	11
达州市	551	190	203	158	443	203	14	199	27
雅安市	128	87	24	17	132	91	1	36	4
巴中市	258	130	45	83	247	137	8	76	26
资阳市	137	81	36	20	148	107	5	33	3
阿坝藏族羌族自治州	58	41	9	8	90	65	1	21	3
甘孜藏族自治州	86	83	2	1	64	58		6	
凉山彝族自治州	189	124	41	24	184	129	11	34	10
女	**4003**	**1813**	**1231**	**959**	**5447**	**2451**	**112**	**2636**	**248**
成都市	270	107	78	85	403	201	14	174	14
自贡市	78	42	24	12	227	90	4	119	14
攀枝花市	22	18	2	2	59	25		30	4
泸州市	187	101	55	31	312	109	4	184	15
德阳市	103	57	26	20	203	92	12	91	8
绵阳市	201	99	62	40	379	168	8	183	20
广元市	138	84	34	20	264	130	3	116	15
遂宁市	115	67	31	17	164	86	2	64	12
内江市	1002	90	460	452	271	95	4	154	18
乐山市	143	108	21	14	232	121	4	95	12
南充市	436	231	128	77	632	254	15	336	27
眉山市	127	66	40	21	296	110	11	161	14
宜宾市	182	111	43	28	281	139	8	125	9
广安市	123	69	32	22	306	134	4	158	10
达州市	338	157	119	62	444	162	7	247	28
雅安市	87	62	13	12	167	88	3	72	4
巴中市	147	96	24	27	262	124	3	123	12
资阳市	89	63	17	9	181	109	2	66	4
阿坝藏族羌族自治州	44	41	2	1	82	53		29	
甘孜藏族自治州	62	61	1		61	53		8	
凉山彝族自治州	109	83	19	7	221	108	4	101	8

4–4b 续表 9

单位：人

地区 性别	房地产业		租赁和商务服务业			科学研究和技术服务业			
	小计	房地产业	小计	租赁业	商务服务业	小计	研究和试验发展	专业技术服务业	科技推广和应用服务业
全省	**15972**	**15972**	**16547**	**1587**	**14960**	**4435**	**366**	**3260**	**809**
成都市	1478	1478	1302	182	1120	474	49	342	83
自贡市	480	480	605	57	548	221	43	123	55
攀枝花市	169	169	255	27	228	51	2	46	3
泸州市	794	794	1125	92	1033	255	14	170	71
德阳市	500	500	554	83	471	191	15	136	40
绵阳市	1005	1005	756	98	658	229	32	174	23
广元市	323	323	563	54	509	128	11	103	14
遂宁市	422	422	422	55	367	129	9	105	15
内江市	1093	1093	1184	71	1113	312	25	234	53
乐山市	479	479	464	80	384	190	41	133	16
南充市	2774	2774	1620	210	1410	329	18	245	66
眉山市	884	884	801	84	717	226	20	150	56
宜宾市	1110	1110	1075	97	978	275	11	208	56
广安市	985	985	632	41	591	217	15	170	32
达州市	1811	1811	2560	115	2445	495	39	331	125
雅安市	222	222	428	51	377	90	3	78	9
巴中市	648	648	782	75	707	232	11	179	42
资阳市	446	446	278	29	249	88	4	77	7
阿坝藏族羌族自治州	84	84	243	18	225	58		55	3
甘孜藏族自治州	47	47	126	4	122	68		63	5
凉山彝族自治州	218	218	772	64	708	177	4	138	35
男	**9740**	**9740**	**10769**	**1388**	**9381**	**3167**	**258**	**2412**	**497**
成都市	889	889	841	158	683	338	34	246	58
自贡市	297	297	391	49	342	154	31	91	32
攀枝花市	99	99	160	26	134	35	1	31	3
泸州市	451	451	702	82	620	180	12	130	38
德阳市	318	318	367	77	290	139	12	96	31
绵阳市	644	644	509	88	421	161	20	127	14
广元市	199	199	387	47	340	96	8	78	10
遂宁市	277	277	281	48	233	90	7	74	9
内江市	637	637	678	56	622	208	17	156	35
乐山市	267	267	305	72	233	138	32	93	13
南充市	1714	1714	1046	184	862	236	13	182	41
眉山市	499	499	522	76	446	160	17	117	26
宜宾市	679	679	702	81	621	192	5	157	30
广安市	648	648	409	36	373	165	14	129	22
达州市	1141	1141	1721	96	1625	342	20	245	77
雅安市	139	139	278	47	231	70	2	62	6
巴中市	393	393	519	66	453	168	7	136	25
资阳市	254	254	180	26	154	73	2	66	5
阿坝藏族羌族自治州	50	50	160	18	142	41		40	1
甘孜藏族自治州	28	28	87	3	84	52		50	2
凉山彝族自治州	117	117	524	52	472	129	4	106	19
女	**6232**	**6232**	**5778**	**199**	**5579**	**1268**	**108**	**848**	**312**
成都市	589	589	461	24	437	136	15	96	25
自贡市	183	183	214	8	206	67	12	32	23
攀枝花市	70	70	95	1	94	16	1	15	
泸州市	343	343	423	10	413	75	2	40	33
德阳市	182	182	187	6	181	52	3	40	9
绵阳市	361	361	247	10	237	68	12	47	9
广元市	124	124	176	7	169	32	3	25	4
遂宁市	145	145	141	7	134	39	2	31	6
内江市	456	456	506	15	491	104	8	78	18
乐山市	212	212	159	8	151	52	9	40	3
南充市	1060	1060	574	26	548	93	5	63	25
眉山市	385	385	279	8	271	66	3	33	30
宜宾市	431	431	373	16	357	83	6	51	26
广安市	337	337	223	5	218	52	1	41	10
达州市	670	670	839	19	820	153	19	86	48
雅安市	83	83	150	4	146	20	1	16	3
巴中市	255	255	263	9	254	64	4	43	17
资阳市	192	192	98	3	95	15	2	11	2
阿坝藏族羌族自治州	34	34	83		83	17		15	2
甘孜藏族自治州	19	19	39	1	38	16		13	3
凉山彝族自治州	101	101	248	12	236	48		32	16

4-4b　续表 10　　　　　　　　　　单位：人

地区 性别	水利、环境和公共设施管理业					居民服务、修理和其他服务业			
	小计	水利管理业	生态保护和环境治理业	公共设施管理业	土地管理业	小计	居民服务业	机动车、电子产品和日用产品修理业	其他服务业
全省	**5560**	**299**	**437**	**4762**	**62**	**45489**	**30999**	**9264**	**5226**
成都市	530	10	51	459	10	2484	1610	633	241
自贡市	161	17	11	132	1	1466	927	309	230
攀枝花市	68	5	4	59		540	363	110	67
泸州市	299	13	30	254	2	3055	2220	485	350
德阳市	270	19	5	246		1639	1128	350	161
绵阳市	294	20	28	244	2	3059	2285	565	209
广元市	238	15	16	204	3	1242	793	348	101
遂宁市	138	7	9	122		1272	804	347	121
内江市	245	18	21	204	2	2564	1648	520	396
乐山市	211	16	23	171	1	1517	1016	369	132
南充市	542	28	36	473	5	6718	5005	1166	547
眉山市	290	22	13	253	2	1868	1199	382	287
宜宾市	499	24	22	443	10	3974	3006	704	264
广安市	241	13	17	208	3	2784	1944	503	337
达州市	521	26	42	444	9	5156	3249	854	1053
雅安市	163	4	30	128	1	1007	621	291	95
巴中市	236	11	18	201	6	1633	1036	377	220
资阳市	133	7	3	121	2	1467	1107	249	111
阿坝藏族羌族自治州	234	3	32	199		327	144	145	38
甘孜藏族自治州	44	4	9	31		295	129	137	29
凉山彝族自治州	203	17	17	166	3	1422	765	420	237
男	**3080**	**218**	**307**	**2505**	**50**	**17882**	**8619**	**7598**	**1665**
成都市	329	8	36	280	5	1072	473	514	85
自贡市	95	13	9	73		643	314	251	78
攀枝花市	34	4	2	28		168	69	87	12
泸州市	155	13	19	122	1	1071	554	397	120
德阳市	136	12	3	121		650	319	278	53
绵阳市	174	16	18	138	2	1079	557	444	78
广元市	157	13	11	130	3	534	212	288	34
遂宁市	72	6	7	59		588	245	303	40
内江市	136	16	14	104	2	977	482	426	69
乐山市	99	9	13	76	1	654	308	305	41
南充市	260	19	24	214	3	2413	1286	972	155
眉山市	184	16	10	156	2	717	333	300	84
宜宾市	262	15	16	221	10	1420	762	553	105
广安市	118	9	13	93	3	970	498	399	73
达州市	309	20	31	251	7	2150	1039	728	383
雅安市	78	3	21	53	1	458	168	246	44
巴中市	138	6	15	111	6	737	345	324	68
资阳市	73	4	3	64	2	531	280	213	38
阿坝藏族羌族自治州	144	2	20	122		205	64	122	19
甘孜藏族自治州	22	3	6	13		181	65	102	14
凉山彝族自治州	105	11	16	76	2	664	246	346	72
女	**2480**	**81**	**130**	**2257**	**12**	**27607**	**22380**	**1666**	**3561**
成都市	201	2	15	179	5	1412	1137	119	156
自贡市	66	4	2	59	1	823	613	58	152
攀枝花市	34	1	2	31		372	294	23	55
泸州市	144		11	132	1	1984	1666	88	230
德阳市	134	7	2	125		989	809	72	108
绵阳市	120	4	10	106		1980	1728	121	131
广元市	81	2	5	74		708	581	60	67
遂宁市	66	1	2	63		684	559	44	81
内江市	109	2	7	100		1587	1166	94	327
乐山市	112	7	10	95		863	708	64	91
南充市	282	9	12	259	2	4305	3719	194	392
眉山市	106	6	3	97		1151	866	82	203
宜宾市	237	9	6	222		2554	2244	151	159
广安市	123	4	4	115		1814	1446	104	264
达州市	212	6	11	193	2	3006	2210	126	670
雅安市	85	1	9	75		549	453	45	51
巴中市	98	5	3	90		896	691	53	152
资阳市	60	3		57		936	827	36	73
阿坝藏族羌族自治州	90	1	12	77		122	80	23	19
甘孜藏族自治州	22	1	3	18		114	64	35	15
凉山彝族自治州	98	6	1	90	1	758	519	74	165

4-4b 续表 11

单位：人

地区 性别	教育		卫生和社会工作			文化、体育和娱乐业				
	小计	教育	小计	卫生	社会工作	小计	新闻和出版业	广播、电视、电影和录音制作业	文化艺术业	体育
全省	**47977**	**47977**	**23602**	**22923**	**679**	**9099**	**211**	**413**	**803**	**923**
成都市	2870	2870	1572	1460	112	567	18	48	48	79
自贡市	1572	1572	810	789	21	257	9	6	20	23
攀枝花市	577	577	309	303	6	49		3	7	9
泸州市	3330	3330	1368	1332	36	398	11	18	54	37
德阳市	1584	1584	756	727	29	556	8	22	15	24
绵阳市	2718	2718	1419	1364	55	633	12	17	62	43
广元市	2006	2006	1144	1133	11	268	12	14	35	23
遂宁市	1340	1340	695	673	22	290	2	11	14	27
内江市	1907	1907	1166	1115	51	572	17	24	49	47
乐山市	1904	1904	988	966	22	333	10	12	32	26
南充市	3804	3804	1936	1891	45	1453	15	39	66	179
眉山市	1949	1949	965	930	35	446	4	12	15	37
宜宾市	3679	3679	1744	1707	37	654	9	32	78	162
广安市	2468	2468	1116	1103	13	411	8	14	19	33
达州市	4786	4786	2073	1984	89	1043	21	52	89	98
雅安市	1131	1131	793	779	14	161	7	16	15	12
巴中市	2823	2823	1152	1135	17	271	17	17	39	39
资阳市	1640	1640	1019	987	32	219	9	10	22	4
阿坝藏族羌族自治州	1106	1106	561	557	4	136	5	8	73	4
甘孜藏族自治州	1206	1206	448	434	14	124	4	20	24	4
凉山彝族自治州	3577	3577	1568	1554	14	258	13	18	27	13
男	**19642**	**19642**	**8413**	**8185**	**228**	**3726**	**117**	**223**	**377**	**409**
成都市	1034	1034	475	437	38	272	14	29	24	36
自贡市	602	602	295	289	6	116	8	5	8	10
攀枝花市	233	233	108	105	3	16		1	2	3
泸州市	1333	1333	482	474	8	178	5	9	27	14
德阳市	660	660	277	266	11	210	4	10	6	11
绵阳市	1191	1191	507	490	17	259	5	11	29	20
广元市	824	824	444	442	2	104	8	7	11	9
遂宁市	621	621	262	256	6	128	1	5	7	15
内江市	815	815	372	360	12	216	9	12	19	24
乐山市	737	737	331	323	8	137	7	3	14	14
南充市	1664	1664	792	766	26	448	7	21	29	66
眉山市	721	721	309	300	9	171	2	8	5	19
宜宾市	1370	1370	595	584	11	290	4	16	37	63
广安市	991	991	422	412	10	170	4	11	10	14
达州市	2214	2214	856	827	29	460	13	29	45	52
雅安市	409	409	219	215	4	77	2	9	6	6
巴中市	1172	1172	456	449	7	131	10	8	22	19
资阳市	707	707	388	379	9	92	4	6	8	3
阿坝藏族羌族自治州	408	408	175	173	2	63	1	3	37	1
甘孜藏族自治州	448	448	143	138	5	64	3	9	14	1
凉山彝族自治州	1488	1488	505	500	5	124	6	11	17	9
女	**28335**	**28335**	**15189**	**14738**	**451**	**5373**	**94**	**190**	**426**	**514**
成都市	1836	1836	1097	1023	74	295	4	19	24	43
自贡市	970	970	515	500	15	141	1	1	12	13
攀枝花市	344	344	201	198	3	33		2	5	6
泸州市	1997	1997	886	858	28	220	6	9	27	23
德阳市	924	924	479	461	18	346	4	12	9	13
绵阳市	1527	1527	912	874	38	374	7	6	33	23
广元市	1182	1182	700	691	9	164	4	7	24	14
遂宁市	719	719	433	417	16	162	1	6	7	12
内江市	1092	1092	794	755	39	356	8	12	30	23
乐山市	1167	1167	657	643	14	196	3	9	18	12
南充市	2140	2140	1144	1125	19	1005	8	18	37	113
眉山市	1228	1228	656	630	26	275	2	4	10	18
宜宾市	2309	2309	1149	1123	26	364	5	16	41	99
广安市	1477	1477	694	691	3	241	4	3	9	19
达州市	2572	2572	1217	1157	60	583	8	23	44	46
雅安市	722	722	574	564	10	84	5	7	9	6
巴中市	1651	1651	696	686	10	140	7	9	17	20
资阳市	933	933	631	608	23	127	5	4	14	1
阿坝藏族羌族自治州	698	698	386	384	2	73	4	5	36	3
甘孜藏族自治州	758	758	305	296	9	60	1	11	10	3
凉山彝族自治州	2089	2089	1063	1054	9	134	7	7	10	4

4-4b　续表 12

单位：人

地区 性别	娱乐业	公共管理、社会保障和社会组织							国际组织	
		小计	中国共产党机关	国家机构	人民政协、民主党派	社会保障	群众团体、社会团体和其他成员组织	基层群众自治组织	小计	国际组织
全省	**6749**	**48831**	**1376**	**38852**	**256**	**236**	**2319**	**5792**	**2**	**2**
成都市	374	2918	73	2289	10	4	59	483		
自贡市	199	1484	57	1131	3	2	65	226		
攀枝花市	30	741	15	680	3	1	9	33		
泸州市	278	2318	29	1811	7	8	78	385		
德阳市	487	1155	19	874	3	1	31	227		
绵阳市	499	2547	49	2089	17	21	60	311		
广元市	184	2232	78	1866	12	3	41	232		
遂宁市	236	1192	15	926	3	8	36	204	1	1
内江市	435	1752	46	1230	9	10	114	343		
乐山市	253	2227	59	1831	22	3	57	255		
南充市	1154	3257	53	2607	5	17	83	492	1	1
眉山市	378	2177	41	1766	13	8	70	279		
宜宾市	373	3515	60	2868	11	18	51	507		
广安市	337	2201	34	1818	14	19	54	262		
达州市	783	3194	114	2464	10	14	129	463		
雅安市	111	1847	32	1595	8	4	57	151		
巴中市	159	2468	69	2040	11	6	47	295		
资阳市	174	1409	51	1116	10	16	19	197		
阿坝藏族羌族自治州	46	2889	130	2111	27	34	472	115		
甘孜藏族自治州	72	3439	224	2373	32	16	695	99		
凉山彝族自治州	187	3869	128	3367	26	23	92	233		
男	**2600**	**31595**	**901**	**25898**	**188**	**113**	**1287**	**3208**	**1**	**1**
成都市	169	1748	41	1457	4		21	225		
自贡市	85	948	37	762	2	1	35	111		
攀枝花市	10	482	11	446	3	1	3	18		
泸州市	123	1498	20	1246	6	5	42	179		
德阳市	179	735	14	572	3		11	135		
绵阳市	194	1685	36	1406	14	10	32	187		
广元市	69	1518	59	1280	9	2	23	145		
遂宁市	100	736	12	595	1	2	20	106		
内江市	152	1049	24	801	6	4	53	161		
乐山市	99	1410	41	1189	20	1	20	139		
南充市	325	2245	38	1865	3	8	48	283	1	1
眉山市	137	1314	25	1123	11	2	28	125		
宜宾市	170	2266	41	1901	7	9	20	288		
广安市	131	1490	21	1309	11	7	24	118		
达州市	321	2141	79	1691	5	9	71	286		
雅安市	54	1168	21	1026	6	1	26	88		
巴中市	72	1754	51	1458	8	5	28	204		
资阳市	71	921	37	764	9	5	7	99		
阿坝藏族羌族自治州	21	1848	78	1242	16	16	424	72		
甘孜藏族自治州	37	1980	136	1437	22	11	307	67		
凉山彝族自治州	81	2659	79	2328	22	14	44	172		
女	**4149**	**17236**	**475**	**12954**	**68**	**123**	**1032**	**2584**	**1**	**1**
成都市	205	1170	32	832	6	4	38	258		
自贡市	114	536	20	369	1	1	30	115		
攀枝花市	20	259	4	234			6	15		
泸州市	155	820	9	565	1	3	36	206		
德阳市	308	420	5	302		1	20	92		
绵阳市	305	862	13	683	3	11	28	124		
广元市	115	714	19	586	3	1	18	87		
遂宁市	136	456	3	331	2	6	16	98	1	1
内江市	283	703	22	429	3	6	61	182		
乐山市	154	817	18	642	2	2	37	116		
南充市	829	1012	15	742	2	9	35	209		
眉山市	241	863	16	643	2	6	42	154		
宜宾市	203	1249	19	967	4	9	31	219		
广安市	206	711	13	509	3	12	30	144		
达州市	462	1053	35	773	5	5	58	177		
雅安市	57	679	11	569	2	3	31	63		
巴中市	87	714	18	582	3	1	19	91		
资阳市	103	488	14	352	1	11	12	98		
阿坝藏族羌族自治州	25	1041	52	869	11	18	48	43		
甘孜藏族自治州	35	1459	88	936	10	5	388	32		
凉山彝族自治州	106	1210	49	1039	4	9	48	61		

4-4c 各地区分性别、行业大类的就业人口(乡村)

单位：人

地区 性别	合计	农、林、牧、渔业						采矿业	
		小计	农业	林业	畜牧业	渔业	农、林、牧、渔专业及辅助性活动	小计	煤炭开采和洗选业
全省	**2235564**	**971967**	**835137**	**9689**	**118383**	**5283**	**3475**	**10458**	**3614**
成都市	236531	73429	68263	1635	2679	455	397	414	20
自贡市	62642	31187	29245	113	1341	431	57	200	71
攀枝花市	27575	19222	16830	17	2306	30	39	812	121
泸州市	99918	50261	40637	437	8836	230	121	451	185
德阳市	100435	45152	41781	155	2883	215	118	248	36
绵阳市	171848	70998	64573	346	5516	262	301	685	118
广元市	75515	33825	30937	190	2551	63	84	618	233
遂宁市	101268	24997	22246	102	2362	202	85	257	37
内江市	117667	45228	41482	195	2938	400	213	555	234
乐山市	76783	40558	33322	1274	5585	338	39	825	377
南充市	241425	78041	64331	231	12564	532	383	377	51
眉山市	74754	33347	30251	572	1856	362	306	164	23
宜宾市	125157	65620	51922	1549	11423	524	202	829	331
广安市	100437	49498	44773	72	4331	209	113	288	211
达州市	215385	72988	66364	423	5457	445	299	1911	1298
雅安市	40391	20556	17599	487	2173	40	257	402	157
巴中市	99943	37645	32317	124	4928	198	78	295	79
资阳市	64304	36639	34094	69	2115	206	155	72	9
阿坝藏族羌族自治州	24268	13426	9010	105	4286	2	23	168	
甘孜藏族自治州	38806	23885	12491	1370	9971		53	193	
凉山彝族自治州	140512	105465	82669	223	22282	139	152	694	23
男	**1280205**	**474366**	**408182**	**6540**	**53852**	**3711**	**2081**	**9214**	**3302**
成都市	138777	36398	33351	954	1525	320	248	376	18
自贡市	35598	15522	14425	76	681	304	36	181	64
攀枝花市	15225	9725	8632	12	1034	17	30	676	108
泸州市	56764	24333	20123	338	3623	168	81	408	166
德阳市	56620	20935	19312	107	1275	164	77	227	33
绵阳市	97232	34132	30984	266	2522	176	184	594	103
广元市	43050	16228	14936	128	1077	40	47	542	205
遂宁市	61862	12449	10978	71	1200	156	44	226	31
内江市	67980	21946	20023	130	1379	279	135	503	215
乐山市	44363	19837	15896	943	2733	237	28	717	349
南充市	137504	36726	30698	173	5284	358	213	320	45
眉山市	42683	16375	14573	429	961	241	171	145	20
宜宾市	70108	31163	24622	1155	4884	370	132	752	310
广安市	55928	24102	21908	45	1939	146	64	265	195
达州市	127575	37750	34023	320	2886	322	199	1721	1195
雅安市	22983	10074	8485	359	1073	37	120	367	151
巴中市	58752	18562	16187	86	2091	146	52	255	67
资阳市	36220	17922	16759	51	899	153	60	64	8
阿坝藏族羌族自治州	14260	6866	4546	57	2242	2	19	145	
甘孜藏族自治州	21552	11512	5948	693	4834		37	157	
凉山彝族自治州	75169	51809	41773	147	9710	75	104	573	19
女	**955359**	**497601**	**426955**	**3149**	**64531**	**1572**	**1394**	**1244**	**312**
成都市	97754	37031	34912	681	1154	135	149	38	2
自贡市	27044	15665	14820	37	660	127	21	19	7
攀枝花市	12350	9497	8198	5	1272	13	9	136	13
泸州市	43154	25928	20514	99	5213	62	40	43	19
德阳市	43815	24217	22469	48	1608	51	41	21	3
绵阳市	74616	36866	33589	80	2994	86	117	91	15
广元市	32465	17597	16001	62	1474	23	37	76	28
遂宁市	39406	12548	11268	31	1162	46	41	31	6
内江市	49687	23282	21459	65	1559	121	78	52	19
乐山市	32420	20721	17426	331	2852	101	11	108	28
南充市	103921	41315	33633	58	7280	174	170	57	6
眉山市	32071	16972	15678	143	895	121	135	19	3
宜宾市	55049	34457	27300	394	6539	154	70	77	21
广安市	44509	25396	22865	27	2392	63	49	23	16
达州市	87810	35238	32341	103	2571	123	100	190	103
雅安市	17408	10482	9114	128	1100	3	137	35	6
巴中市	41191	19083	16130	38	2837	52	26	40	12
资阳市	28084	18717	17335	18	1216	53	95	8	1
阿坝藏族羌族自治州	10008	6560	4464	48	2044		4	23	
甘孜藏族自治州	17254	12373	6543	677	5137		16	36	
凉山彝族自治州	65343	53656	40896	76	12572	64	48	121	4

4-4c 续表 1

单位：人

地区 性别	采矿业						制造业		
	石油和天然气开采业	黑色金属矿采选业	有色金属矿采选业	非金属矿采选业	开采专业及辅助性活动	其他采矿业	小计	农副食品加工业	食品制造业
全省	**904**	**1101**	**968**	**2764**	**920**	**187**	**249852**	**12755**	**7683**
成都市	79	7	6	269	28	5	44470	2293	2295
自贡市	14	3	2	49	41	20	6576	331	185
攀枝花市		606	50	24	9	2	1296	52	33
泸州市	79	4	1	117	52	13	9759	455	165
德阳市	32	8	13	112	43	4	14135	864	623
绵阳市	62	44	53	326	69	13	19319	968	644
广元市	93	51	38	114	84	5	5169	324	142
遂宁市	50	7	10	113	34	6	13684	500	334
内江市	175	7	4	82	44	9	12414	595	337
乐山市	2	11	40	367	17	11	6275	387	133
南充市	54	19	6	183	50	14	28930	1377	572
眉山市	5	7	4	89	15	21	6984	786	543
宜宾市	154	16	7	196	122	3	11916	1134	315
广安市	12	2	4	30	20	9	10287	398	208
达州市	57	44	11	272	208	21	36954	1147	516
雅安市	2	7	88	116	23	9	3033	122	103
巴中市	26	59	35	57	28	11	8178	267	208
资阳市	4	1	1	32	24	1	4367	323	153
阿坝藏族羌族自治州		34	63	66		5	686	43	29
甘孜藏族自治州			171	21		1	776	38	50
凉山彝族自治州	4	164	361	129	9	4	4644	351	95
男	**793**	**927**	**805**	**2386**	**831**	**170**	**148349**	**6887**	**3446**
成都市	73	6	3	246	27	3	27339	1168	989
自贡市	13	1	2	41	41	19	3986	193	82
攀枝花市		502	35	22	7	2	966	31	25
泸州市	73	4	1	102	50	12	5384	255	72
德阳市	27	8	13	106	36	4	8874	447	226
绵阳市	53	40	44	278	64	12	11551	545	281
广元市	82	46	35	100	69	5	3148	163	63
遂宁市	41	5	10	103	30	6	7757	304	165
内江市	166	4	3	70	36	9	7247	322	145
乐山市	2	8	40	292	15	11	4035	227	55
南充市	47	18	5	152	42	11	16340	738	289
眉山市	3	6	4	80	14	18	4153	395	220
宜宾市	132	12	5	173	117	3	7450	605	141
广安市	12	2	3	28	18	7	5797	216	103
达州市	36	39	8	229	193	21	20820	629	263
雅安市	2	5	77	104	20	8	2042	73	56
巴中市	23	54	28	49	25	9	4865	150	95
资阳市	4	1	1	31	18	1	2587	178	84
阿坝藏族羌族自治州		28	56	56		5	513	31	14
甘孜藏族自治州			140	16		1	620	18	23
凉山彝族自治州	4	138	292	108	9	3	2875	199	55
女	**111**	**174**	**163**	**378**	**89**	**17**	**101503**	**5868**	**4237**
成都市	6	1	3	23	1	2	17131	1125	1306
自贡市	1	2		8		1	2590	138	103
攀枝花市		104	15	2	2		330	21	8
泸州市	6			15	2	1	4375	200	93
德阳市	5			6	7		5261	417	397
绵阳市	9	4	9	48	5	1	7768	423	363
广元市	11	5	3	14	15		2021	161	79
遂宁市	9	2		10	4		5927	196	169
内江市	9	3	1	12	8		5167	273	192
乐山市		3		75	2		2240	160	78
南充市	7	1	1	31	8	3	12590	639	283
眉山市	2	1		9	1	3	2831	391	323
宜宾市	22	4	2	23	5		4466	529	174
广安市			1	2	2	2	4490	182	105
达州市	21	5	3	43	15		16134	518	253
雅安市		2	11	12	3	1	991	49	47
巴中市	3	5	7	8	3	2	3313	117	113
资阳市				1	6		1780	145	69
阿坝藏族羌族自治州		6	7	10			173	12	15
甘孜藏族自治州			31	5			156	20	27
凉山彝族自治州		26	69	21		1	1769	152	40

4-4c 续表 2

单位：人

地 区 性 别	制造业								
	酒、饮料和精制茶制造业	烟 草制品业	纺织业	纺织服装、服饰业	皮革、毛皮、羽毛及其制品和制鞋业	木材加工和木、竹、藤、棕、草制品业	家 具制造业	造纸和纸制品业	印刷和记录媒介复制业
全省	**5971**	**307**	**9141**	**26374**	**15799**	**7902**	**18637**	**4625**	**2139**
成都市	914	7	605	1326	2309	1919	8041	1031	518
自贡市	96	3	185	1365	379	215	402	80	43
攀枝花市	13	2	15	13	4	11	16	8	6
泸州市	1203	12	271	1707	332	333	361	524	120
德阳市	505	74	305	538	398	516	1091	452	188
绵阳市	211	33	1200	1077	559	542	980	303	152
广元市	119	5	222	227	134	188	183	82	29
遂宁市	145	6	559	1544	817	294	700	216	118
内江市	128	6	403	1530	874	185	800	138	95
乐山市	198	1	346	83	260	499	190	245	28
南充市	305	11	854	3864	2892	660	1895	337	227
眉山市	133	2	161	170	154	372	496	209	53
宜宾市	813	35	631	550	340	621	531	225	104
广安市	92	14	791	2278	938	200	284	119	53
达州市	307	13	1639	8217	4147	614	1538	426	260
雅安市	423		193	68	64	173	86	30	8
巴中市	169	6	462	1186	685	183	224	116	86
资阳市	60	2	202	450	420	221	569	55	29
阿坝藏族羌族自治州	25		2	24	5	14	16	6	7
甘孜藏族自治州	1		3	76		67	160		2
凉山彝族自治州	111	75	92	81	88	75	74	23	13
男	**3815**	**145**	**4135**	**10889**	**7992**	**5659**	**12297**	**2422**	**1203**
成都市	536	4	266	467	1048	1309	5013	523	267
自贡市	67	2	97	632	181	146	282	46	23
攀枝花市	8	2	7	7	4	10	13	6	4
泸州市	815	11	110	622	161	256	250	179	49
德阳市	335	21	138	127	198	355	732	184	97
绵阳市	132	18	538	364	262	381	665	160	92
广元市	69	3	104	83	78	138	112	43	11
遂宁市	103	4	251	583	437	215	465	114	65
内江市	85	4	173	630	451	137	536	86	56
乐山市	115	1	133	33	87	356	129	156	15
南充市	183	7	373	1524	1430	443	1352	189	140
眉山市	82	1	63	35	61	257	324	127	24
宜宾市	617	18	282	184	195	464	361	132	67
广安市	66	4	392	1003	492	160	199	73	27
达州市	157	9	812	3790	2269	458	1045	263	170
雅安市	220		51	30	32	136	66	22	4
巴中市	102	4	217	537	345	139	150	66	59
资阳市	36	2	88	146	208	173	389	36	20
阿坝藏族羌族自治州	13		1	10	3	14	13	3	4
甘孜藏族自治州	1		1	49		59	147		2
凉山彝族自治州	73	30	38	33	50	53	54	14	7
女	**2156**	**162**	**5006**	**15485**	**7807**	**2243**	**6340**	**2203**	**936**
成都市	378	3	339	859	1261	610	3028	508	251
自贡市	29	1	88	733	198	69	120	34	20
攀枝花市	5		8	6		1	3	2	2
泸州市	388	1	161	1085	171	77	111	345	71
德阳市	170	53	167	411	200	161	359	268	91
绵阳市	79	15	662	713	297	161	315	143	60
广元市	50	2	118	144	56	50	71	39	18
遂宁市	42	2	308	961	380	79	235	102	53
内江市	43	2	230	900	423	48	264	52	39
乐山市	83		213	50	173	143	61	89	13
南充市	122	4	481	2340	1462	217	543	148	87
眉山市	51	1	98	135	93	115	172	82	29
宜宾市	196	17	349	366	145	157	170	93	37
广安市	26	10	399	1275	446	40	85	46	26
达州市	150	4	827	4427	1878	156	493	163	90
雅安市	203		142	38	32	37	20	8	4
巴中市	67	2	245	649	340	44	74	50	27
资阳市	24		114	304	212	48	180	19	9
阿坝藏族羌族自治州	12		1	14	2		3	3	3
甘孜藏族自治州			2	27		8	13		
凉山彝族自治州	38	45	54	48	38	22	20	9	6

4-4c　续表 3　　　　单位：人

地　区 性　别	制造业								
	文教、工美、体育和娱乐用品制造业	石油、煤炭及其他燃料加工业	化学原料和化学制品制造业	医　药制造业	化学纤维制造业	橡胶和塑　料制品业	非金属矿　物制品业	黑色金属冶炼和压延加工业	有色金属冶炼和压延加工业
全省	**6788**	**587**	**6719**	**2541**	**358**	**8713**	**20360**	**2739**	**2210**
成都市	423	96	908	923	28	1861	3217	271	288
自贡市	143	7	121	42	7	235	449	27	41
攀枝花市	24	53	240	8	1	35	203	118	70
泸州市	225	21	136	41	5	239	985	44	34
德阳市	138	36	1021	274	22	567	1613	161	283
绵阳市	314	31	1020	231	29	774	1447	215	91
广元市	146	22	151	85	6	183	556	58	117
遂宁市	296	75	261	75	9	445	653	88	39
内江市	241	26	138	114	2	397	1234	310	42
乐山市	34	24	309	53	6	124	1569	193	147
南充市	1085	35	570	148	20	1011	1554	209	232
眉山市	44	15	382	117	6	160	1022	72	152
宜宾市	210	28	206	67	165	581	1215	64	59
广安市	279	10	163	90	8	219	704	38	28
达州市	2234	72	524	109	31	1233	1832	433	119
雅安市	66	5	81	21		44	613	90	154
巴中市	166	12	115	77	8	355	607	93	37
资阳市	51	2	52	45	2	144	286	23	4
阿坝藏族羌族自治州	30		143	6		21	41	47	77
甘孜藏族自治州	188		3	4		1	119	1	27
凉山彝族自治州	451	17	175	11	3	84	441	184	169
男	**3231**	**452**	**4604**	**1296**	**203**	**4937**	**14535**	**2209**	**1699**
成都市	244	69	621	454	13	1129	2317	227	226
自贡市	86	6	84	17	2	143	327	22	27
攀枝花市	18	37	176	1		22	159	96	54
泸州市	60	16	91	26	3	121	609	37	25
德阳市	81	25	773	134	12	281	1095	138	218
绵阳市	160	24	723	128	19	408	1051	185	71
广元市	73	16	96	57	6	97	401	41	105
遂宁市	140	61	173	32	6	247	468	72	28
内江市	112	23	82	58	2	216	816	251	36
乐山市	23	15	201	28	3	62	1099	158	118
南充市	497	27	331	69	10	599	1103	157	170
眉山市	21	12	244	61	3	78	696	50	99
宜宾市	96	23	137	35	93	342	914	51	34
广安市	117	10	114	51	4	126	524	33	22
达州市	954	62	362	67	21	699	1322	345	95
雅安市	40	4	61	10		23	506	68	124
巴中市	88	10	60	35	3	185	475	72	26
资阳市	21	1	33	24		89	213	20	4
阿坝藏族羌族自治州	24		111	4		15	36	41	70
甘孜藏族自治州	167		1	1		1	97	1	24
凉山彝族自治州	209	11	130	4	3	54	307	144	123
女	**3557**	**135**	**2115**	**1245**	**155**	**3776**	**5825**	**530**	**511**
成都市	179	27	287	469	15	732	900	44	62
自贡市	57	1	37	25	5	92	122	5	14
攀枝花市	6	16	64	7	1	13	44	22	16
泸州市	165	5	45	15	2	118	376	7	9
德阳市	57	11	248	140	10	286	518	23	65
绵阳市	154	7	297	103	10	366	396	30	20
广元市	73	6	55	28		86	155	17	12
遂宁市	156	14	88	43	3	198	185	16	11
内江市	129	3	56	56		181	418	59	6
乐山市	11	9	108	25	3	62	470	35	29
南充市	588	8	239	79	10	412	451	52	62
眉山市	23	3	138	56	3	82	326	22	53
宜宾市	114	5	69	32	72	239	301	13	25
广安市	162		49	39	4	93	180	5	6
达州市	1280	10	162	42	10	534	510	88	24
雅安市	26	1	20	11		21	107	22	30
巴中市	78	2	55	42	5	170	132	21	11
资阳市	30	1	19	21	2	55	73	3	
阿坝藏族羌族自治州	6		32	2		6	5	6	7
甘孜藏族自治州	21		2	3			22		3
凉山彝族自治州	242	6	45	7		30	134	40	46

4-4c 续表 4

单位：人

地区 性别	制造业 金属制品业	通用设备制造业	专用设备制造业	汽车制造业	铁路、船舶、航空航天和其他运输设备制造业	电气机械和器材制造业	计算机、通信和其他电子设备制造业	仪器仪表制造业	其他制造业
全省	**15540**	**11376**	**5775**	**5479**	**1842**	**8651**	**31028**	**1091**	**2362**
成都市	3052	1811	1043	1196	426	1270	5346	258	132
自贡市	487	483	104	107	34	226	476	47	142
攀枝花市	100	38	19	5	34	17	87	1	10
泸州市	458	287	191	98	32	290	923	16	110
德阳市	1201	1066	277	142	109	466	862	40	86
绵阳市	1303	1076	471	731	143	1126	3053	83	150
广元市	374	241	187	160	54	215	686	30	79
遂宁市	897	752	378	372	107	912	2532	72	172
内江市	672	745	288	426	87	375	1723	56	116
乐山市	342	278	109	53	18	120	340	11	47
南充市	1908	1316	959	477	200	1159	4251	161	262
眉山市	305	452	147	51	82	145	398	25	167
宜宾市	922	476	205	280	61	627	1096	25	103
广安市	464	322	228	504	84	243	1224	27	99
达州市	1857	1162	658	422	162	864	5323	147	502
雅安市	97	109	42	111	11	48	161	6	13
巴中市	617	445	214	184	65	278	970	51	98
资阳市	228	174	95	117	36	130	404	9	37
阿坝藏族羌族自治州	11	18	41	16	2	18	29	2	5
甘孜藏族自治州	14	4	3	2		3	3	3	
凉山彝族自治州	231	121	116	25	95	119	1141	21	32
男	**11533**	**8172**	**3731**	**3704**	**1334**	**5284**	**17002**	**646**	**1428**
成都市	2342	1402	691	823	300	825	3312	133	81
自贡市	358	354	67	76	29	139	277	32	101
攀枝花市	82	35	16	4	22	12	59		4
泸州市	325	201	116	70	29	178	507	9	69
德阳市	926	885	208	103	88	327	457	30	51
绵阳市	948	747	289	486	97	654	1702	55	82
广元市	263	150	115	106	41	130	385	22	42
遂宁市	633	501	210	237	79	524	1250	39	106
内江市	495	527	191	278	69	244	868	38	75
乐山市	273	206	80	39	15	83	181	9	31
南充市	1370	881	597	320	142	672	2183	96	157
眉山市	244	328	102	37	65	97	183	15	99
宜宾市	668	337	132	196	47	382	634	14	61
广安市	339	222	136	308	54	152	623	17	62
达州市	1337	768	447	289	127	504	2839	87	291
雅安市	83	86	28	89	10	26	108	3	9
巴中市	456	323	132	139	47	165	553	25	56
资阳市	178	120	61	74	21	83	223	5	20
阿坝藏族羌族自治州	9	11	33	11	2	13	17		4
甘孜藏族自治州	11	4	2	2		1	2	2	
凉山彝族自治州	193	84	78	17	50	73	639	15	27
女	**4007**	**3204**	**2044**	**1775**	**508**	**3367**	**14026**	**445**	**934**
成都市	710	409	352	373	126	445	2034	125	51
自贡市	129	129	37	31	5	87	199	15	41
攀枝花市	18	3	3	1	12	5	28	1	6
泸州市	133	86	75	28	3	112	416	7	41
德阳市	275	181	69	39	21	139	405	10	35
绵阳市	355	329	182	245	46	472	1351	28	68
广元市	111	91	72	54	13	85	301	8	37
遂宁市	264	251	168	135	28	388	1282	33	66
内江市	177	218	97	148	18	131	855	18	41
乐山市	69	72	29	14	3	37	159	2	16
南充市	538	435	362	157	58	487	2068	65	105
眉山市	61	124	45	14	17	48	215	10	68
宜宾市	254	139	73	84	14	245	462	11	42
广安市	125	100	92	196	30	91	601	10	37
达州市	520	394	211	133	35	360	2484	60	211
雅安市	14	23	14	22	1	22	53	3	4
巴中市	161	122	82	45	18	113	417	26	42
资阳市	50	54	34	43	15	47	181	4	17
阿坝藏族羌族自治州	2	7	8	5		5	12	2	1
甘孜藏族自治州	3		1			2	1	1	
凉山彝族自治州	38	37	38	8	45	46	502	6	5

4-4c　续表 5　　　　单位：人

地区 性别	制造业		电力、热力、燃气及水生产和供应业				建筑业		
	废弃资源综合利用业	金属制品、机械和设备修理业	小计	电力、热力生产和供应业	燃气生产和供应业	水的生产和供应业	小计	房屋建筑业	土木工程建筑业
全省	**2201**	**2159**	**8644**	**5671**	**1632**	**1341**	**400519**	**272072**	**32159**
成都市	367	296	1084	580	245	259	32973	19874	3403
自贡市	74	40	189	93	59	37	8970	6047	633
攀枝花市	24	36	170	139	5	26	1348	874	238
泸州市	76	65	355	217	100	38	18644	14877	815
德阳市	121	96	384	164	148	72	14366	9089	1208
绵阳市	176	186	626	365	141	120	29225	18811	3023
广元市	66	98	335	216	62	57	19006	13928	2239
遂宁市	175	141	296	173	80	43	29244	19432	1286
内江市	210	121	310	146	103	61	26112	18925	920
乐山市	46	82	423	308	54	61	12020	7671	1737
南充市	155	224	518	285	133	100	56882	37209	2391
眉山市	72	91	316	189	63	64	12819	9019	884
宜宾市	144	83	600	406	108	86	18161	12222	2475
广安市	86	92	440	350	48	42	16362	10843	1252
达州市	214	232	609	339	141	129	41376	29344	1988
雅安市	37	54	391	340	17	34	5417	3489	827
巴中市	86	108	230	122	60	48	28359	20858	1672
资阳市	16	28	134	75	36	23	9929	7286	486
阿坝藏族羌族自治州	5	3	301	280	13	8	3159	1510	1397
甘孜藏族自治州	1	3	295	280	6	9	4633	2396	1765
凉山彝族自治州	50	80	638	604	10	24	11514	8368	1520
男	**1577**	**1882**	**6950**	**4766**	**1175**	**1009**	**332234**	**222546**	**28199**
成都市	275	265	865	491	178	196	28779	17328	2917
自贡市	53	35	162	83	50	29	7527	5053	563
攀枝花市	20	32	139	111	5	23	1118	700	215
泸州市	54	58	290	188	73	29	15564	12279	718
德阳市	93	89	324	148	119	57	12544	7904	1054
绵阳市	125	159	483	302	85	96	25086	16004	2718
广元市	46	89	281	189	47	45	14359	10259	1885
遂宁市	125	120	252	149	64	39	24337	15991	1137
内江市	137	104	249	127	78	44	21683	15603	822
乐山市	35	69	334	254	37	43	10428	6537	1574
南充市	104	187	410	246	91	73	45986	29879	2033
眉山市	48	82	260	174	44	42	11150	7805	798
宜宾市	110	78	465	318	77	70	15318	10122	2179
广安市	66	82	366	306	33	27	13666	8898	1147
达州市	149	190	443	267	87	89	34178	23879	1708
雅安市	26	48	295	255	11	29	4783	3024	762
巴中市	59	92	186	107	48	31	21656	15607	1384
资阳市	12	25	114	67	32	15	8392	6112	439
阿坝藏族羌族自治州	3	3	228	217	5	6	2672	1201	1256
甘孜藏族自治州	1	3	234	223	5	6	3629	1740	1509
凉山彝族自治州	36	72	570	544	6	20	9379	6621	1381
女	**624**	**277**	**1694**	**905**	**457**	**332**	**68285**	**49526**	**3960**
成都市	92	31	219	89	67	63	4194	2546	486
自贡市	21	5	27	10	9	8	1443	994	70
攀枝花市	4	4	31	28		3	230	174	23
泸州市	22	7	65	29	27	9	3080	2598	97
德阳市	28	7	60	16	29	15	1822	1185	154
绵阳市	51	27	143	63	56	24	4139	2807	305
广元市	20	9	54	27	15	12	4647	3669	354
遂宁市	50	21	44	24	16	4	4907	3441	149
内江市	73	17	61	19	25	17	4429	3322	98
乐山市	11	13	89	54	17	18	1592	1134	163
南充市	51	37	108	39	42	27	10896	7330	358
眉山市	24	9	56	15	19	22	1669	1214	86
宜宾市	34	5	135	88	31	16	2843	2100	296
广安市	20	10	74	44	15	15	2696	1945	105
达州市	65	42	166	72	54	40	7198	5465	280
雅安市	11	6	96	85	6	5	634	465	65
巴中市	27	16	44	15	12	17	6703	5251	288
资阳市	4	3	20	8	4	8	1537	1174	47
阿坝藏族羌族自治州	2		73	63	8	2	487	309	141
甘孜藏族自治州			61	57	1	3	1004	656	256
凉山彝族自治州	14	8	68	60	4	4	2135	1747	139

4-4c 续表 6

单位：人

地区 性别	建筑业		批发和零售业			交通运输、仓储和邮政业			
	建筑安装业	建筑装饰、装修和其他建筑业	小计	批发业	零售业	小计	铁路运输业	道路运输业	水上运输业
全省	**15648**	**80640**	**184655**	**41026**	**143629**	**68249**	**1036**	**47300**	**371**
成都市	1872	7824	25576	7334	18242	9524	176	6791	15
自贡市	318	1972	5475	1728	3747	1681	23	1056	11
攀枝花市	55	181	1071	284	787	799	26	653	4
泸州市	507	2445	6534	1651	4883	2348	17	1617	19
德阳市	829	3240	8057	1836	6221	3425	43	2659	5
绵阳市	1651	5740	16123	4703	11420	5095	66	3721	32
广元市	504	2335	3929	792	3137	2081	63	1391	10
遂宁市	1692	6834	9912	2060	7852	4000	52	2817	16
内江市	687	5580	10996	2141	8855	3612	77	2375	23
乐山市	453	2159	4470	990	3480	2504	46	1856	21
南充市	2221	15061	27999	3752	24247	7853	101	4860	48
眉山市	474	2442	7440	1863	5577	2109	25	1429	14
宜宾市	638	2826	8361	1721	6640	3622	65	2569	46
广安市	635	3632	7941	1482	6459	2522	43	1650	25
达州市	1369	8675	19194	4596	14598	7009	103	4503	49
雅安市	152	949	3719	704	3015	1249	18	1013	2
巴中市	807	5022	6756	1165	5591	2881	45	1920	11
资阳市	481	1676	4389	981	3408	1717	16	1213	3
阿坝藏族羌族自治州	68	184	1234	115	1119	801	3	671	
甘孜藏族自治州	35	437	1144	64	1080	756		572	
凉山彝族自治州	200	1426	4335	1064	3271	2661	28	1964	17
男	**14287**	**67202**	**84036**	**23860**	**60176**	**59292**	**775**	**43167**	**269**
成都市	1740	6794	12608	4540	8068	8044	129	6011	8
自贡市	277	1634	2657	942	1715	1471	14	974	10
攀枝花市	49	154	504	181	323	714	18	609	2
泸州市	468	2099	2935	925	2010	2016	12	1472	15
德阳市	775	2811	3819	1165	2654	3011	32	2434	4
绵阳市	1510	4854	7191	2612	4579	4459	46	3390	27
广元市	440	1775	1728	488	1240	1810	48	1286	7
遂宁市	1563	5646	4319	1150	3169	3489	35	2569	9
内江市	617	4641	4740	1224	3516	3179	64	2188	13
乐山市	420	1897	2089	640	1449	2263	38	1733	18
南充市	2008	12066	11914	2143	9771	6686	74	4356	38
眉山市	440	2107	3303	1051	2252	1819	20	1311	8
宜宾市	594	2423	3810	1031	2779	3205	50	2386	38
广安市	583	3038	3410	832	2578	2194	34	1505	17
达州市	1238	7353	9039	2612	6427	6133	76	4152	28
雅安市	146	851	1608	335	1273	1125	13	942	2
巴中市	710	3955	2957	690	2267	2460	34	1724	10
资阳市	435	1406	2131	576	1555	1498	12	1106	3
阿坝藏族羌族自治州	62	153	636	75	561	738	2	639	
甘孜藏族自治州	25	355	611	39	572	642		518	
凉山彝族自治州	187	1190	2027	609	1418	2336	24	1862	12
女	**1361**	**13438**	**100619**	**17166**	**83453**	**8957**	**261**	**4133**	**102**
成都市	132	1030	12968	2794	10174	1480	47	780	7
自贡市	41	338	2818	786	2032	210	9	82	1
攀枝花市	6	27	567	103	464	85	8	44	2
泸州市	39	346	3599	726	2873	332	5	145	4
德阳市	54	429	4238	671	3567	414	11	225	1
绵阳市	141	886	8932	2091	6841	636	20	331	5
广元市	64	560	2201	304	1897	271	15	105	3
遂宁市	129	1188	5593	910	4683	511	17	248	7
内江市	70	939	6256	917	5339	433	13	187	10
乐山市	33	262	2381	350	2031	241	8	123	3
南充市	213	2995	16085	1609	14476	1167	27	504	10
眉山市	34	335	4137	812	3325	290	5	118	6
宜宾市	44	403	4551	690	3861	417	15	183	8
广安市	52	594	4531	650	3881	328	9	145	8
达州市	131	1322	10155	1984	8171	876	27	351	21
雅安市	6	98	2111	369	1742	124	5	71	
巴中市	97	1067	3799	475	3324	421	11	196	1
资阳市	46	270	2258	405	1853	219	4	107	
阿坝藏族羌族自治州	6	31	598	40	558	63	1	32	
甘孜藏族自治州	10	82	533	25	508	114		54	
凉山彝族自治州	13	236	2308	455	1853	325	4	102	5

4-4c 续表 7

单位：人

地区 性别	交通运输、仓储和邮政业					住宿和餐饮业		
	航空运输业	管道运输业	多式联运和运输代理业	装卸搬运和仓储业	邮政业	小计	住宿业	餐饮业
全省	**690**	**46**	**1018**	**9565**	**8223**	**103376**	**8579**	**94797**
成都市	240	4	182	928	1188	13264	1186	12078
自贡市	18	2	23	340	208	2583	110	2473
攀枝花市	6		2	57	51	804	62	742
泸州市	15	2	20	424	234	3284	222	3062
德阳市	23		56	301	338	4302	291	4011
绵阳市	59	1	93	497	626	9124	731	8393
广元市	28	6	22	287	274	2827	307	2520
遂宁市	35	1	74	493	512	6962	513	6449
内江市	27	3	59	598	450	6148	357	5791
乐山市	11	2	21	361	186	3110	353	2757
南充市	71	2	118	1386	1267	12697	920	11777
眉山市	17	4	67	335	218	3306	243	3063
宜宾市	22	1	26	499	394	4481	250	4231
广安市	10	1	42	411	340	4020	209	3811
达州市	28	10	127	1208	981	11590	775	10815
雅安市	9	2	4	101	100	1817	235	1582
巴中市	30	3	45	417	410	4400	502	3898
资阳市	15		20	294	156	2345	137	2208
阿坝藏族羌族自治州	15	1	2	45	64	1449	317	1132
甘孜藏族自治州	6			92	86	1877	565	1312
凉山彝族自治州	5	1	15	491	140	2986	294	2692
男	**415**	**33**	**817**	**7988**	**5828**	**42366**	**2875**	**39491**
成都市	148	3	147	766	832	5679	354	5325
自贡市	14	1	19	288	151	1194	34	1160
攀枝花市	5			49	31	361	24	337
泸州市	10	2	17	343	145	1403	73	1330
德阳市	17		41	251	232	1714	90	1624
绵阳市	42		76	435	443	3700	220	3480
广元市	18	6	16	244	185	979	82	897
遂宁市	19	1	63	430	363	2849	174	2675
内江市	13	3	49	512	337	2439	116	2323
乐山市	6	2	19	325	122	1238	104	1134
南充市	40	2	89	1181	906	4817	287	4530
眉山市	6	3	55	269	147	1375	75	1300
宜宾市	14	1	21	425	270	1968	88	1880
广安市	6	1	34	350	247	1660	70	1590
达州市	16	6	108	1005	742	4842	301	4541
雅安市	6		4	94	64	736	93	643
巴中市	16	2	29	341	304	1746	158	1588
资阳市	8		15	247	107	978	36	942
阿坝藏族羌族自治州	5		1	40	51	627	140	487
甘孜藏族自治州	2			63	59	787	235	552
凉山彝族自治州	4		14	330	90	1274	121	1153
女	**275**	**13**	**201**	**1577**	**2395**	**61010**	**5704**	**55306**
成都市	92	1	35	162	356	7585	832	6753
自贡市	4	1	4	52	57	1389	76	1313
攀枝花市	1		2	8	20	443	38	405
泸州市	5		3	81	89	1881	149	1732
德阳市	6		15	50	106	2588	201	2387
绵阳市	17	1	17	62	183	5424	511	4913
广元市	10		6	43	89	1848	225	1623
遂宁市	16		11	63	149	4113	339	3774
内江市	14		10	86	113	3709	241	3468
乐山市	5		2	36	64	1872	249	1623
南充市	31		29	205	361	7880	633	7247
眉山市	11	1	12	66	71	1931	168	1763
宜宾市	8		5	74	124	2513	162	2351
广安市	4		8	61	93	2360	139	2221
达州市	12	4	19	203	239	6748	474	6274
雅安市	3	2		7	36	1081	142	939
巴中市	14	1	16	76	106	2654	344	2310
资阳市	7		5	47	49	1367	101	1266
阿坝藏族羌族自治州	10	1	1	5	13	822	177	645
甘孜藏族自治州	4			29	27	1090	330	760
凉山彝族自治州	1	1	1	161	50	1712	173	1539

4-4c 续表 8　　单位：人

地　区 性　别	信息传输、软件和信息技术服务业				金融业				
	小计	电信、广播电视和卫星传输服务	互联网和相关服务	软件和信息技术服务业	小计	货币金融服务	资本市场服务	保险业	其他金融业
全省	**12284**	**3900**	**3863**	**4521**	**7540**	**2389**	**388**	**4071**	**692**
成都市	2139	626	748	765	1139	362	69	624	84
自贡市	297	97	81	119	205	37	6	140	22
攀枝花市	72	43	13	16	87	37	1	37	12
泸州市	319	121	96	102	234	55	5	152	22
德阳市	485	172	156	157	406	145	17	217	27
绵阳市	1253	375	413	465	756	244	40	382	90
广元市	518	137	140	241	313	120	13	151	29
遂宁市	826	218	211	397	440	102	24	242	72
内江市	735	161	339	235	382	86	11	254	31
乐山市	293	149	64	80	215	73	15	105	22
南充市	1682	471	528	683	936	305	43	511	77
眉山市	305	101	102	102	297	97	14	167	19
宜宾市	459	189	138	132	275	137	12	103	23
广安市	406	122	135	149	267	79	16	147	25
达州市	1125	341	373	411	663	150	55	393	65
雅安市	162	84	45	33	144	51	5	78	10
巴中市	701	203	181	317	399	122	23	210	44
资阳市	200	82	50	68	166	72	6	80	8
阿坝藏族羌族自治州	61	48	7	6	56	30	2	20	4
甘孜藏族自治州	72	60	5	7	45	31		14	
凉山彝族自治州	174	100	38	36	115	54	11	44	6
男	**7971**	**2382**	**2527**	**3062**	**3289**	**1151**	**219**	**1580**	**339**
成都市	1497	387	586	524	484	176	40	227	41
自贡市	191	59	57	75	85	17	3	56	9
攀枝花市	55	32	7	16	49	21	1	17	10
泸州市	209	71	58	80	87	19	3	54	11
德阳市	336	114	105	117	177	74	9	81	13
绵阳市	792	211	278	303	291	106	23	123	39
广元市	321	83	87	151	134	54	8	56	16
遂宁市	502	122	112	268	212	51	10	108	43
内江市	366	86	145	135	160	42	8	96	14
乐山市	184	84	37	63	82	36	7	32	7
南充市	1108	286	350	472	444	157	32	220	35
眉山市	200	60	69	71	113	36	7	61	9
宜宾市	308	128	84	96	140	75	7	43	15
广安市	264	77	85	102	116	40	11	50	15
达州市	722	215	240	267	296	71	24	174	27
雅安市	104	51	34	19	41	15	1	21	4
巴中市	477	138	117	222	200	65	14	98	23
资阳市	137	52	38	47	72	34	5	28	5
阿坝藏族羌族自治州	36	27	5	4	22	13	1	6	2
甘孜藏族自治州	48	37	5	6	29	21		8	
凉山彝族自治州	114	62	28	24	55	28	5	21	1
女	**4313**	**1518**	**1336**	**1459**	**4251**	**1238**	**169**	**2491**	**353**
成都市	642	239	162	241	655	186	29	397	43
自贡市	106	38	24	44	120	20	3	84	13
攀枝花市	17	11	6		38	16		20	2
泸州市	110	50	38	22	147	36	2	98	11
德阳市	149	58	51	40	229	71	8	136	14
绵阳市	461	164	135	162	465	138	17	259	51
广元市	197	54	53	90	179	66	5	95	13
遂宁市	324	96	99	129	228	51	14	134	29
内江市	369	75	194	100	222	44	3	158	17
乐山市	109	65	27	17	133	37	8	73	15
南充市	574	185	178	211	492	148	11	291	42
眉山市	105	41	33	31	184	61	7	106	10
宜宾市	151	61	54	36	135	62	5	60	8
广安市	142	45	50	47	151	39	5	97	10
达州市	403	126	133	144	367	79	31	219	38
雅安市	58	33	11	14	103	36	4	57	6
巴中市	224	65	64	95	199	57	9	112	21
资阳市	63	30	12	21	94	38	1	52	3
阿坝藏族羌族自治州	25	21	2	2	34	17	1	14	2
甘孜藏族自治州	24	23		1	16	10		6	
凉山彝族自治州	60	38	10	12	60	26	6	23	5

4-4c　续表 9　　　　单位：人

地　区 性　别	房地产业		租赁和商务服务业			科学研究和技术服务业			
	小计	房地产业	小计	租赁业	商　务 服务业	小计	研究和 试验发展	专业技术 服务业	科技推广 和应用 服务业
全省	**19380**	**19380**	**27871**	**3527**	**24344**	**8379**	**783**	**5595**	**2001**
成都市	3810	3810	4839	928	3911	1568	246	1025	297
自贡市	402	402	747	63	684	428	25	110	293
攀枝花市	83	83	236	31	205	61		54	7
泸州市	474	474	980	116	864	314	14	181	119
德阳市	935	935	1153	179	974	334	28	263	43
绵阳市	1558	1558	2244	395	1849	758	153	440	165
广元市	551	551	762	153	609	255	20	202	33
遂宁市	1114	1114	1550	159	1391	443	43	339	61
内江市	966	966	1701	128	1573	386	38	268	80
乐山市	506	506	513	97	416	168	18	125	25
南充市	2849	2849	3131	406	2725	921	51	644	226
眉山市	774	774	1086	114	972	349	14	208	127
宜宾市	738	738	984	144	840	288	22	232	34
广安市	723	723	998	83	915	198	14	147	37
达州市	2071	2071	3871	208	3663	1116	53	722	341
雅安市	237	237	391	74	317	76	5	62	9
巴中市	934	934	1240	112	1128	412	25	320	67
资阳市	387	387	394	32	362	66	5	56	5
阿坝藏族羌族自治州	54	54	228	22	206	46	3	42	1
甘孜藏族自治州	61	61	113	8	105	54	2	47	5
凉山彝族自治州	153	153	710	75	635	138	4	108	26
男	**12082**	**12082**	**18568**	**3145**	**15423**	**5709**	**520**	**4045**	**1144**
成都市	2273	2273	3351	818	2533	1105	158	767	180
自贡市	258	258	463	55	408	235	14	69	152
攀枝花市	49	49	150	29	121	46		41	5
泸州市	281	281	660	107	553	221	8	143	70
德阳市	582	582	819	159	660	241	20	194	27
绵阳市	941	941	1526	356	1170	550	113	321	116
广元市	345	345	523	139	384	175	16	142	17
遂宁市	686	686	983	134	849	313	32	239	42
内江市	608	608	1081	113	968	272	24	202	46
乐山市	320	320	344	93	251	125	11	95	19
南充市	1843	1843	2055	350	1705	580	32	451	97
眉山市	480	480	678	105	573	235	5	158	72
宜宾市	465	465	670	126	544	214	15	175	24
广安市	469	469	619	72	547	135	9	106	20
达州市	1271	1271	2495	190	2305	688	32	467	189
雅安市	154	154	288	71	217	49	4	40	5
巴中市	625	625	812	102	710	279	19	228	32
资阳市	250	250	260	32	228	51	4	45	2
阿坝藏族羌族自治州	38	38	174	21	153	39	2	36	1
甘孜藏族自治州	43	43	80	5	75	45	1	39	5
凉山彝族自治州	101	101	537	68	469	111	1	87	23
女	**7298**	**7298**	**9303**	**382**	**8921**	**2670**	**263**	**1550**	**857**
成都市	1537	1537	1488	110	1378	463	88	258	117
自贡市	144	144	284	8	276	193	11	41	141
攀枝花市	34	34	86	2	84	15		13	2
泸州市	193	193	320	9	311	93	6	38	49
德阳市	353	353	334	20	314	93	8	69	16
绵阳市	617	617	718	39	679	208	40	119	49
广元市	206	206	239	14	225	80	4	60	16
遂宁市	428	428	567	25	542	130	11	100	19
内江市	358	358	620	15	605	114	14	66	34
乐山市	186	186	169	4	165	43	7	30	6
南充市	1006	1006	1076	56	1020	341	19	193	129
眉山市	294	294	408	9	399	114	9	50	55
宜宾市	273	273	314	18	296	74	7	57	10
广安市	254	254	379	11	368	63	5	41	17
达州市	800	800	1376	18	1358	428	21	255	152
雅安市	83	83	103	3	100	27	1	22	4
巴中市	309	309	428	10	418	133	6	92	35
资阳市	137	137	134		134	15	1	11	3
阿坝藏族羌族自治州	16	16	54	1	53	7	1	6	
甘孜藏族自治州	18	18	33	3	30	9	1	8	
凉山彝族自治州	52	52	173	7	166	27	3	21	3

4-4c 续表 10

单位：人

地区 性别	水利、环境和公共设施管理业					居民服务、修理和其他服务业			
	小计	水利管理业	生态保护和环境治理业	公共设施管理业	土地管理业	小计	居民服务业	机动车、电子产品和日用产品修理业	其他服务业
全省	**11453**	**308**	**852**	**10181**	**112**	**65046**	**38416**	**15483**	**11147**
成都市	2309	30	91	2166	22	7112	3654	2341	1117
自贡市	348	17	23	304	4	1689	962	320	407
攀枝花市	49	7	6	36		527	313	144	70
泸州市	430	5	48	374	3	2271	1282	559	430
德阳市	534	7	48	475	4	2935	1782	741	412
绵阳市	881	25	72	780	4	5984	3957	1292	735
广元市	371	19	39	307	6	1927	1158	420	349
遂宁市	499	12	51	433	3	3908	2157	1066	685
内江市	378	9	15	349	5	3996	2350	840	806
乐山市	357	14	25	315	3	1860	1109	526	225
南充市	1163	31	84	1041	7	9567	6101	1833	1633
眉山市	396	6	32	358		2286	1371	485	430
宜宾市	630	23	36	552	19	3501	2362	773	366
广安市	527	15	34	475	3	3140	1920	663	557
达州市	981	25	78	869	9	6782	3688	1502	1592
雅安市	218	6	20	192		1007	525	296	186
巴中市	450	5	31	405	9	2912	1747	694	471
资阳市	225	8	7	210		1493	888	323	282
阿坝藏族羌族自治州	347	12	77	258		278	135	108	35
甘孜藏族自治州	63	5	2	56		284	107	117	60
凉山彝族自治州	297	27	33	226	11	1587	848	440	299
男	**6327**	**245**	**589**	**5402**	**91**	**28414**	**11408**	**13213**	**3793**
成都市	1290	23	66	1179	22	3506	1138	1970	398
自贡市	199	11	16	169	3	777	330	279	168
攀枝花市	28	5	6	17		227	79	120	28
泸州市	225	4	37	182	2	1126	462	493	171
德阳市	286	4	36	243	3	1253	494	619	140
绵阳市	504	22	44	438		2318	985	1085	248
广元市	212	14	24	170	4	760	289	366	105
遂宁市	290	9	38	240	3	1804	663	915	226
内江市	207	7	9	189	2	1693	734	720	239
乐山市	194	10	18	163	3	922	390	457	75
南充市	581	26	59	489	7	3622	1579	1569	474
眉山市	227	5	21	201		1009	417	423	169
宜宾市	360	20	24	302	14	1487	680	660	147
广安市	260	11	19	227	3	1267	543	562	162
达州市	553	17	56	472	8	3068	1260	1250	558
雅安市	129	6	16	107		484	155	263	66
巴中市	256	2	23	225	6	1290	536	612	142
资阳市	128	7	6	115		685	298	286	101
阿坝藏族羌族自治州	217	12	45	160		167	57	92	18
甘孜藏族自治州	36	5		31		171	40	100	31
凉山彝族自治州	145	25	26	83	11	778	279	372	127
女	**5126**	**63**	**263**	**4779**	**21**	**36632**	**27008**	**2270**	**7354**
成都市	1019	7	25	987		3606	2516	371	719
自贡市	149	6	7	135	1	912	632	41	239
攀枝花市	21	2		19		300	234	24	42
泸州市	205	1	11	192	1	1145	820	66	259
德阳市	248	3	12	232	1	1682	1288	122	272
绵阳市	377	3	28	342	4	3666	2972	207	487
广元市	159	5	15	137	2	1167	869	54	244
遂宁市	209	3	13	193		2104	1494	151	459
内江市	171	2	6	160	3	2303	1616	120	567
乐山市	163	4	7	152		938	719	69	150
南充市	582	5	25	552		5945	4522	264	1159
眉山市	169	1	11	157		1277	954	62	261
宜宾市	270	3	12	250	5	2014	1682	113	219
广安市	267	4	15	248		1873	1377	101	395
达州市	428	8	22	397	1	3714	2428	252	1034
雅安市	89		4	85		523	370	33	120
巴中市	194	3	8	180	3	1622	1211	82	329
资阳市	97	1	1	95		808	590	37	181
阿坝藏族羌族自治州	130		32	98		111	78	16	17
甘孜藏族自治州	27		2	25		113	67	17	29
凉山彝族自治州	152	2	7	143		809	569	68	172

4-4c 续表 11

单位：人

地区 性别	教育		卫生和社会工作			文化、体育和娱乐业				
	小计	教育	小计	卫生	社会工作	小计	新闻和出版业	广播、电视、电影和录音制作业	文化艺术业	体育
全省	**30938**	**30938**	**17792**	**16577**	**1215**	**8422**	**172**	**381**	**824**	**1021**
成都市	4995	4995	2489	2178	311	1402	19	62	131	165
自贡市	493	493	405	357	48	247	3	7	13	30
攀枝花市	390	390	214	193	21	34	1	2	2	8
泸州市	1155	1155	785	740	45	204	4	6	44	26
德阳市	1188	1188	831	785	46	632	6	18	41	34
绵阳市	2717	2717	1598	1467	131	1054	28	57	77	113
广元市	1051	1051	726	707	19	226	7	15	33	27
遂宁市	1160	1160	772	715	57	445	23	20	24	70
内江市	1144	1144	863	814	49	377	6	15	31	25
乐山市	788	788	553	498	55	230	3	12	25	40
南充市	3008	3008	1802	1712	90	1007	21	55	56	137
眉山市	961	961	567	523	44	302	6	9	14	36
宜宾市	1678	1678	909	867	42	378	5	11	68	87
广安市	1068	1068	673	615	58	259	4	16	19	30
达州市	3100	3100	1580	1480	100	730	7	35	91	96
雅安市	510	510	373	352	21	115	2	8	14	15
巴中市	1725	1725	972	935	37	293	17	17	33	34
资阳市	671	671	477	455	22	128	5	4	6	14
阿坝藏族羌族自治州	513	513	224	217	7	86	2	2	38	8
甘孜藏族自治州	813	813	244	241	3	136	2	6	46	10
凉山彝族自治州	1810	1810	735	726	9	137	1	4	18	16
男	**10901**	**10901**	**6881**	**6433**	**448**	**3853**	**79**	**206**	**434**	**505**
成都市	1527	1527	721	640	81	596	9	27	67	83
自贡市	127	127	138	121	17	112	1	3	9	17
攀枝花市	145	145	58	47	11	12				2
泸州市	423	423	346	336	10	113		5	25	16
德阳市	378	378	275	261	14	254	4	10	23	17
绵阳市	863	863	632	570	62	460	12	35	37	55
广元市	376	376	305	299	6	87	2	6	21	9
遂宁市	417	417	307	281	26	209	13	8	14	32
内江市	386	386	269	248	21	177	4	8	16	11
乐山市	250	250	189	169	20	105	2	4	13	17
南充市	1235	1235	864	823	41	465	11	29	27	66
眉山市	305	305	178	164	14	115	3	7	6	14
宜宾市	551	551	393	375	18	195	2	5	31	39
广安市	349	349	297	272	25	128		10	8	15
达州市	1282	1282	697	653	44	389	3	22	52	62
雅安市	164	164	108	96	12	50		4	3	9
巴中市	651	651	447	434	13	133	8	12	15	14
资阳市	265	265	254	249	5	58	2	3	6	8
阿坝藏族羌族自治州	161	161	66	64	2	46	1	2	22	6
甘孜藏族自治州	300	300	72	70	2	76	1	3	27	4
凉山彝族自治州	746	746	265	261	4	73	1	3	12	9
女	**20037**	**20037**	**10911**	**10144**	**767**	**4569**	**93**	**175**	**390**	**516**
成都市	3468	3468	1768	1538	230	806	10	35	64	82
自贡市	366	366	267	236	31	135	2	4	4	13
攀枝花市	245	245	156	146	10	22	1	2	2	6
泸州市	732	732	439	404	35	91	4	1	19	10
德阳市	810	810	556	524	32	378	2	8	18	17
绵阳市	1854	1854	966	897	69	594	16	22	40	58
广元市	675	675	421	408	13	139	5	9	12	18
遂宁市	743	743	465	434	31	236	10	12	10	38
内江市	758	758	594	566	28	200	2	7	15	14
乐山市	538	538	364	329	35	125	1	8	12	23
南充市	1773	1773	938	889	49	542	10	26	29	71
眉山市	656	656	389	359	30	187	3	2	8	22
宜宾市	1127	1127	516	492	24	183	3	6	37	48
广安市	719	719	376	343	33	131	4	6	11	15
达州市	1818	1818	883	827	56	341	4	13	39	34
雅安市	346	346	265	256	9	65	2	4	11	6
巴中市	1074	1074	525	501	24	160	9	5	18	20
资阳市	406	406	223	206	17	70	3	1		6
阿坝藏族羌族自治州	352	352	158	153	5	40	1		16	2
甘孜藏族自治州	513	513	172	171	1	60	1	3	19	6
凉山彝族自治州	1064	1064	470	465	5	64		1	6	7

4-4c 续表 12

单位：人

地区 性别	娱乐业	公共管理、社会保障和社会组织							国际组织	
		小计	中国共产党机关	国家机构	人民政协、民主党派	社会保障	群众团体、社会团体和其他成员组织	基层群众自治组织	小计	国际组织
全省	**6024**	**28738**	**322**	**12918**	**19**	**81**	**3302**	**12096**	**1**	**1**
成都市	1025	3995	22	1881	4	4	179	1905		
自贡市	194	520	5	153		2	92	268		
攀枝花市	21	300		214		4	11	71		
泸州市	124	1116	10	342		4	97	663		
德阳市	533	933	8	422		5	45	453		
绵阳市	779	1850	20	972	2	6	113	737		
广元市	144	1025	11	482	1	4	41	486		
遂宁市	308	759	13	389	1	5	61	290		
内江市	300	1364	10	363		5	100	886		
乐山市	150	1115	8	520		1	67	519		
南充市	738	2062	38	1005	1	2	98	918		
眉山市	237	946	21	394	1	1	96	433		
宜宾市	207	1727	8	722	2	5	41	949		
广安市	190	820	18	379		5	27	391		
达州市	501	1734	30	852		13	182	657	1	1
雅安市	76	574	12	322		2	21	217		
巴中市	192	1161	7	555	1	3	29	566		
资阳市	99	505	4	158		1	32	310		
阿坝藏族羌族自治州	36	1151	12	473		4	385	277		
甘孜藏族自治州	72	3362	46	1232	4	2	1509	569		
凉山彝族自治州	98	1719	19	1088	2	3	76	531		
男	**2629**	**19403**	**210**	**8734**	**17**	**39**	**2246**	**8157**		
成都市	410	2339	9	1211	4	2	98	1015		
自贡市	82	313	1	101		1	55	155		
攀枝花市	10	203		148		1	6	48		
泸州市	67	740	8	238		2	54	438		
德阳市	200	571	3	270		3	19	276		
绵阳市	321	1159	16	633	2	2	59	447		
广元市	49	737	6	328	1		23	379		
遂宁市	142	461	11	241	1	2	34	172		
内江市	138	775	5	229		2	53	486		
乐山市	69	707	4	313		1	32	357		
南充市	332	1508	22	743	1	2	53	687		
眉山市	85	563	11	259	1	1	38	253		
宜宾市	118	1194	4	481	2	2	26	679		
广安市	95	564	13	261		3	14	273		
达州市	250	1188	21	581		7	108	471		
雅安市	34	382	10	210		1	10	151		
巴中市	84	895	6	411	1	2	8	467		
资阳市	39	374	3	114		1	25	231		
阿坝藏族羌族自治州	15	869	8	306		2	332	221		
甘孜藏族自治州	41	2460	34	811	3		1143	469		
凉山彝族自治州	48	1401	15	845	1	2	56	482		
女	**3395**	**9335**	**112**	**4184**	**2**	**42**	**1056**	**3939**	**1**	**1**
成都市	615	1656	13	670		2	81	890		
自贡市	112	207	4	52		1	37	113		
攀枝花市	11	97		66		3	5	23		
泸州市	57	376	2	104		2	43	225		
德阳市	333	362	5	152		2	26	177		
绵阳市	458	691	4	339		4	54	290		
广元市	95	288	5	154		4	18	107		
遂宁市	166	298	2	148		3	27	118		
内江市	162	589	5	134		3	47	400		
乐山市	81	408	4	207			35	162		
南充市	406	554	16	262			45	231		
眉山市	152	383	10	135			58	180		
宜宾市	89	533	4	241		3	15	270		
广安市	95	256	5	118		2	13	118		
达州市	251	546	9	271		6	74	186	1	1
雅安市	42	192	2	112		1	11	66		
巴中市	108	266	1	144		1	21	99		
资阳市	60	131	1	44			7	79		
阿坝藏族羌族自治州	21	282	4	167		2	53	56		
甘孜藏族自治州	31	902	12	421	1	2	366	100		
凉山彝族自治州	50	318	4	243	1	1	20	49		

4-5 全省分年龄、性别、行业大类的就业人口

单位：人

年龄组 性别	合计	农、林、牧、渔业						采矿业	
		小计	农业	林业	畜牧业	渔业	农、林、牧、渔专业及辅助性活动	小计	煤炭开采和洗选业
总　计	**4552395**	**1125467**	**964398**	**12620**	**136072**	**6917**	**5460**	**23800**	**7885**
16-19岁	53851	11172	8395	149	2515	52	61	60	4
20-24岁	293304	31422	24093	443	6449	234	203	717	90
25-29岁	477536	43864	34360	645	8085	443	331	1549	228
30-34岁	592708	55528	44076	851	9551	606	444	2719	484
35-39岁	420956	49448	38801	761	9006	458	422	2193	473
40-44岁	437453	66510	53391	1139	10905	634	441	2849	909
45-49岁	714233	140804	118282	2256	18104	1202	960	6188	2517
50-54岁	621972	175769	151350	2479	19698	1283	959	4904	2227
55-59岁	395858	147985	129890	1785	14843	820	647	2035	777
60-64岁	179494	109193	97809	857	9793	385	349	330	98
65-69岁	206261	156065	141100	829	13240	497	399	189	55
70-74岁	98156	84209	75781	301	7760	200	167	43	12
75岁及以上	60613	53498	47070	125	6123	103	77	24	11
男	**2578043**	**547770**	**468876**	**8492**	**62293**	**4869**	**3240**	**20132**	**7007**
16-19岁	31508	6096	4664	80	1281	34	37	56	3
20-24岁	158096	16164	12427	269	3155	179	134	596	63
25-29岁	263203	21980	17039	422	3984	317	218	1248	177
30-34岁	331062	26689	20815	520	4658	444	252	2207	390
35-39岁	232500	23227	17996	465	4203	314	249	1789	399
40-44岁	237743	29820	23625	671	4852	437	235	2216	730
45-49岁	395055	61368	50566	1497	7972	801	532	5158	2252
50-54岁	368090	76965	65323	1757	8427	875	583	4468	2114
55-59岁	245463	67781	58986	1281	6528	583	403	1884	721
60-64岁	106630	56712	51104	634	4473	281	220	287	90
65-69岁	116677	82584	75236	593	6149	377	229	171	51
70-74岁	56895	47614	43446	215	3698	150	105	34	8
75岁及以上	35121	30770	27649	88	2913	77	43	18	9
女	**1974352**	**577697**	**495522**	**4128**	**73779**	**2048**	**2220**	**3668**	**878**
16-19岁	22343	5076	3731	69	1234	18	24	4	1
20-24岁	135208	15258	11666	174	3294	55	69	121	27
25-29岁	214333	21884	17321	223	4101	126	113	301	51
30-34岁	261646	28839	23261	331	4893	162	192	512	94
35-39岁	188456	26221	20805	296	4803	144	173	404	74
40-44岁	199710	36690	29766	468	6053	197	206	633	179
45-49岁	319178	79436	67716	759	10132	401	428	1030	265
50-54岁	253882	98804	86027	722	11271	408	376	436	113
55-59岁	150395	80204	70904	504	8315	237	244	151	56
60-64岁	72864	52481	46705	223	5320	104	129	43	8
65-69岁	89584	73481	65864	236	7091	120	170	18	4
70-74岁	41261	36595	32335	86	4062	50	62	9	4
75岁及以上	25492	22728	19421	37	3210	26	34	6	2

4-5 续表 1

单位：人

年龄组 性 别	采矿业						制造业		
	石油和天然气开采业	黑色金属矿采选业	有色金属矿采选业	非金属矿采选业	开采专业及辅助性活 动	其 他采矿业	小计	农副食品加工业	食 品制造业
总 计	**3219**	**2932**	**1555**	**5092**	**2703**	**414**	**508142**	**24869**	**19053**
16-19岁	10	9	4	21	12		7412	133	255
20-24岁	150	97	40	209	118	13	36500	780	1389
25-29岁	343	181	131	423	213	30	58284	1676	2093
30-34岁	630	322	216	609	419	39	81286	2555	2957
35-39岁	419	248	176	503	333	41	57001	1973	2204
40-44岁	353	436	237	565	296	53	60965	2579	2323
45-49岁	602	938	393	1110	534	94	96189	5081	3676
50-54岁	427	511	249	887	508	95	65433	4742	2349
55-59岁	245	157	85	510	224	37	30822	2884	1164
60-64岁	26	18	18	144	20	6	7143	961	339
65-69岁	10	9	6	90	13	6	4912	971	212
70-74岁	4	4		15	8		1476	358	56
75岁及以上		2		6	5		719	176	36
男	**2566**	**2385**	**1274**	**4299**	**2250**	**351**	**309718**	**13711**	**8880**
16-19岁	9	8	4	20	12		4863	86	135
20-24岁	130	82	31	173	106	11	23416	435	645
25-29岁	276	142	104	355	172	22	36624	989	1003
30-34岁	501	253	176	516	344	27	48969	1372	1353
35-39岁	328	204	141	419	263	35	32582	1019	939
40-44岁	278	316	178	441	228	45	32900	1249	921
45-49岁	440	731	314	913	427	81	54093	2510	1567
50-54岁	354	474	221	770	447	88	43220	2699	1195
55-59岁	222	150	84	457	217	33	22546	1762	689
60-64岁	19	12	15	133	13	5	5390	637	227
65-69岁	6	9	6	84	11	4	3588	612	146
70-74岁	3	3		13	7		1063	235	36
75岁及以上		1		5	3		464	106	24
女	**653**	**547**	**281**	**793**	**453**	**63**	**198424**	**11158**	**10173**
16-19岁	1	1		1			2549	47	120
20-24岁	20	15	9	36	12	2	13084	345	744
25-29岁	67	39	27	68	41	8	21660	687	1090
30-34岁	129	69	40	93	75	12	32317	1183	1604
35-39岁	91	44	35	84	70	6	24419	954	1265
40-44岁	75	120	59	124	68	8	28065	1330	1402
45-49岁	162	207	79	197	107	13	42096	2571	2109
50-54岁	73	37	28	117	61	7	22213	2043	1154
55-59岁	23	7	1	53	7	4	8276	1122	475
60-64岁	7	6	3	11	7	1	1753	324	112
65-69岁	4			6	2	2	1324	359	66
70-74岁	1	1		2	1		413	123	20
75岁及以上		1		1	2		255	70	12

4-5　续表 2

单位：人

年龄组 性　别	制造业								
	酒、饮料和精制茶制造业	烟　草制品业	纺织业	纺织服装、服饰业	皮革、毛皮、羽毛及其制品和制鞋业	木材加工和木、竹、藤、棕、草制品业	家　具制造业	造纸和纸制品业	印刷和记录媒介复制业
总　计	**15665**	**1304**	**15623**	**40552**	**23993**	**12919**	**32457**	**9587**	**6753**
16-19岁	77	5	180	752	448	77	223	87	72
20-24岁	724	44	785	3107	1703	391	1556	438	482
25-29岁	1464	115	1333	4600	2421	829	3279	760	722
30-34岁	2189	176	1986	6600	3892	1366	5334	1319	1090
35-39岁	1928	181	1687	4573	2917	986	3557	1056	860
40-44岁	1843	178	2088	5078	3424	1296	4081	1276	999
45-49岁	3133	285	3573	8119	5063	2513	6517	2247	1368
50-54岁	2225	202	2405	4926	2758	2564	4835	1457	748
55-59岁	1317	91	1084	2016	1008	1548	2253	683	310
60-64岁	368	16	263	414	198	541	462	156	59
65-69岁	280	8	175	261	102	484	280	86	29
70-74岁	91	2	46	76	36	186	54	16	9
75岁及以上	26	1	18	30	23	138	26	6	5
男	**10016**	**734**	**7058**	**16384**	**12164**	**9167**	**21435**	**5129**	**3796**
16-19岁	55	3	96	368	275	59	165	54	50
20-24岁	409	22	390	1335	978	278	1081	269	290
25-29岁	947	68	658	1906	1293	594	2239	434	432
30-34岁	1341	92	859	2714	2102	943	3444	716	594
35-39岁	1099	87	702	1802	1438	665	2248	525	485
40-44岁	1065	94	765	1868	1515	840	2480	586	517
45-49岁	1896	144	1389	2922	2374	1683	4046	1031	668
50-54岁	1627	136	1186	2030	1381	1875	3320	848	450
55-59岁	1012	75	668	1003	562	1194	1729	476	232
60-64岁	271	6	172	235	143	424	387	123	45
65-69岁	208	5	128	136	67	370	230	55	22
70-74岁	70	2	29	48	26	137	49	10	7
75岁及以上	16		16	17	10	105	17	2	4
女	**5649**	**570**	**8565**	**24168**	**11829**	**3752**	**11022**	**4458**	**2957**
16-19岁	22	2	84	384	173	18	58	33	22
20-24岁	315	22	395	1772	725	113	475	169	192
25-29岁	517	47	675	2694	1128	235	1040	326	290
30-34岁	848	84	1127	3886	1790	423	1890	603	496
35-39岁	829	94	985	2771	1479	321	1309	531	375
40-44岁	778	84	1323	3210	1909	456	1601	690	482
45-49岁	1237	141	2184	5197	2689	830	2471	1216	700
50-54岁	598	66	1219	2896	1377	689	1515	609	298
55-59岁	305	16	416	1013	446	354	524	207	78
60-64岁	97	10	91	179	55	117	75	33	14
65-69岁	72	3	47	125	35	114	50	31	7
70-74岁	21		17	28	10	49	5	6	2
75岁及以上	10	1	2	13	13	33	9	4	1

4–5 续表 3　　单位：人

年龄组 性　别	制造业								
	文教、工美、体育和娱乐用品制造业	石油、煤炭及其他燃料加工业	化学原料和化学制品制造业	医　药制造业	化学纤维制造业	橡胶和塑　料制品业	非金属矿　物制品业	黑色金属冶炼和压延加工业	有色金属冶炼和压延加工业
总　计	**10512**	**2026**	**16446**	**9383**	**1035**	**16536**	**39572**	**8581**	**5406**
16–19岁	289	7	70	36	5	162	183	40	33
20–24岁	995	85	763	743	33	856	1495	312	202
25–29岁	1283	162	1520	1395	110	1471	3105	615	464
30–34岁	1640	322	2432	1828	146	2249	5119	1032	726
35–39岁	1152	192	1880	1364	146	1807	4056	765	631
40–44岁	1225	231	2156	1225	174	2130	4773	1253	819
45–49岁	1813	514	3599	1439	241	3684	8748	2430	1331
50–54岁	1289	342	2455	801	124	2586	6924	1470	801
55–59岁	548	135	1160	414	40	1156	3588	535	327
60–64岁	146	21	200	70	7	268	886	83	46
65–69岁	87	10	151	48	7	128	555	34	15
70–74岁	29	4	40	12	1	29	113	6	9
75岁及以上	16	1	20	8	1	10	27	6	2
男	**4966**	**1526**	**11200**	**4787**	**641**	**9723**	**28237**	**6722**	**4018**
16–19岁	144	6	52	21	4	122	138	29	27
20–24岁	515	65	472	356	23	572	1137	235	151
25–29岁	636	115	968	666	67	916	2268	465	336
30–34岁	768	256	1533	871	96	1343	3562	729	516
35–39岁	544	132	1171	650	85	1033	2729	555	428
40–44岁	536	143	1301	539	79	1114	3073	912	569
45–49岁	767	365	2416	694	147	1916	5789	1899	954
50–54岁	592	292	1979	557	96	1557	5273	1303	672
55–59岁	303	123	985	325	34	814	2921	483	301
60–64岁	87	17	162	57	6	208	756	72	43
65–69岁	45	8	123	39	3	104	476	29	13
70–74岁	20	3	25	7	1	16	101	6	7
75岁及以上	9	1	13	5		8	14	5	1
女	**5546**	**500**	**5246**	**4596**	**394**	**6813**	**11335**	**1859**	**1388**
16–19岁	145	1	18	15	1	40	45	11	6
20–24岁	480	20	291	387	10	284	358	77	51
25–29岁	647	47	552	729	43	555	837	150	128
30–34岁	872	66	899	957	50	906	1557	303	210
35–39岁	608	60	709	714	61	774	1327	210	203
40–44岁	689	88	855	686	95	1016	1700	341	250
45–49岁	1046	149	1183	745	94	1768	2959	531	377
50–54岁	697	50	476	244	28	1029	1651	167	129
55–59岁	245	12	175	89	6	342	667	52	26
60–64岁	59	4	38	13	1	60	130	11	3
65–69岁	42	2	28	9	4	24	79	5	2
70–74岁	9	1	15	5		13	12		2
75岁及以上	7		7	3	1	2	13	1	1

4-5　续表 4　　单位：人

年龄组 性　别	制造业								
	金　属 制品业	通用设备 制造业	专用设备 制造业	汽　车 制造业	铁路、船舶、 航空航天和 其他运输 设备制造业	电气机械 和器材 制造业	计算机、 通信和其 他电子设 备制造业	仪器仪表 制造业	其　他 制造业
总　计	**31229**	**27318**	**14728**	**16374**	**7688**	**18517**	**62693**	**2977**	**4183**
16-19岁	270	332	212	294	58	298	2644	39	55
20-24岁	1592	1805	1233	1332	658	1562	10236	301	315
25-29岁	3163	3016	1989	2431	1111	2439	12774	436	470
30-34岁	4861	4682	2885	3348	1276	3399	13269	641	622
35-39岁	3515	3307	1804	2030	874	2322	7467	420	401
40-44岁	3925	3474	1667	1989	803	2237	5842	340	485
45-49岁	6627	5170	2429	2696	1348	3273	6191	386	819
50-54岁	4649	3511	1546	1518	944	1996	2833	258	561
55-59岁	1969	1547	683	602	531	754	1126	109	321
60-64岁	383	277	123	77	51	137	185	18	62
65-69岁	212	144	104	39	21	77	79	20	40
70-74岁	42	40	34	10	5	21	34	7	17
75岁及以上	21	13	19	8	8	2	13	2	15
男	**23229**	**20118**	**9799**	**11407**	**5724**	**11635**	**35112**	**1873**	**2592**
16-19岁	223	261	159	235	49	208	1695	28	48
20-24岁	1247	1407	795	1096	535	1067	6703	200	210
25-29岁	2422	2294	1317	1891	863	1593	7795	279	300
30-34岁	3635	3526	1888	2409	944	2115	7387	405	379
35-39岁	2547	2321	1166	1261	623	1366	3795	241	223
40-44岁	2736	2294	1019	1149	504	1246	2515	203	266
45-49岁	4642	3528	1538	1624	901	1901	2702	220	463
50-54岁	3567	2775	1165	1133	742	1373	1578	179	371
55-59岁	1651	1336	545	503	490	571	722	83	228
60-64岁	324	216	93	65	44	118	135	13	48
65-69岁	184	116	78	30	20	57	54	17	32
70-74岁	36	35	24	6	4	19	20	3	15
75岁及以上	15	9	12	5	5	1	11	2	9
女	**8000**	**7200**	**4929**	**4967**	**1964**	**6882**	**27581**	**1104**	**1591**
16-19岁	47	71	53	59	9	90	949	11	7
20-24岁	345	398	438	236	123	495	3533	101	105
25-29岁	741	722	672	540	248	846	4979	157	170
30-34岁	1226	1156	997	939	332	1284	5882	236	243
35-39岁	968	986	638	769	251	956	3672	179	178
40-44岁	1189	1180	648	840	299	991	3327	137	219
45-49岁	1985	1642	891	1072	447	1372	3489	166	356
50-54岁	1082	736	381	385	202	623	1255	79	190
55-59岁	318	211	138	99	41	183	404	26	93
60-64岁	59	61	30	12	7	19	50	5	14
65-69岁	28	28	26	9	1	20	25	3	8
70-74岁	6	5	10	4	1	2	14	4	2
75岁及以上	6	4	7	3	3	1	2		6

4-5 续表 5 单位：人

年龄组 性别	制造业		电力、热力、燃气及水生产和供应业				建筑业		
	废弃资源综合利用业	金属制品、机械和设备修理业	小计	电力、热力生产和供应业	燃气生产和供应业	水的生产和供应业	小计	房屋建筑业	土木工程建筑业
总　计	**4532**	**5631**	**33391**	**21305**	**6659**	**5427**	**714460**	**452108**	**64117**
16-19岁	17	59	98	72	16	10	5068	3259	440
20-24岁	124	459	1391	875	278	238	34228	19548	4074
25-29岁	262	776	3155	1887	721	547	66827	37115	7512
30-34岁	420	925	4894	2776	1216	902	92150	52139	9251
35-39岁	307	639	3723	2370	788	565	63666	36705	6208
40-44岁	424	628	4360	2851	847	662	76338	47170	6709
45-49岁	864	1012	7071	4672	1345	1054	143520	93694	11632
50-54岁	933	681	5007	3444	792	771	129822	88442	10017
55-59岁	568	351	2909	1975	490	444	70346	49307	5814
60-64岁	272	54	436	216	101	119	19671	14814	1521
65-69岁	223	30	270	125	52	93	10499	8122	770
70-74岁	81	12	55	27	11	17	1763	1374	115
75岁及以上	37	5	22	15	2	5	562	419	54
男	**3149**	**4786**	**24189**	**16046**	**4520**	**3623**	**590528**	**370164**	**54447**
16-19岁	11	57	89	67	14	8	4444	2807	398
20-24岁	93	405	1007	661	186	160	28720	16376	3416
25-29岁	197	673	2213	1383	478	352	56433	31303	6311
30-34岁	289	788	3348	2018	780	550	77551	43597	7785
35-39岁	202	501	2454	1648	473	333	52198	29762	5221
40-44岁	293	509	2790	1913	506	371	60373	36812	5535
45-49岁	556	841	4634	3157	843	634	113039	72742	9619
50-54岁	664	605	4252	2986	653	613	106801	71729	8670
55-59岁	406	320	2712	1872	448	392	61517	42685	5258
60-64岁	209	47	384	194	87	103	17944	13444	1403
65-69岁	154	27	239	112	41	86	9523	7372	687
70-74岁	57	9	49	24	9	16	1547	1207	96
75岁及以上	18	4	18	11	2	5	438	328	48
女	**1383**	**845**	**9202**	**5259**	**2139**	**1804**	**123932**	**81944**	**9670**
16-19岁	6	2	9	5	2	2	624	452	42
20-24岁	31	54	384	214	92	78	5508	3172	658
25-29岁	65	103	942	504	243	195	10394	5812	1201
30-34岁	131	137	1546	758	436	352	14599	8542	1466
35-39岁	105	138	1269	722	315	232	11468	6943	987
40-44岁	131	119	1570	938	341	291	15965	10358	1174
45-49岁	308	171	2437	1515	502	420	30481	20952	2013
50-54岁	269	76	755	458	139	158	23021	16713	1347
55-59岁	162	31	197	103	42	52	8829	6622	556
60-64岁	63	7	52	22	14	16	1727	1370	118
65-69岁	69	3	31	13	11	7	976	750	83
70-74岁	24	3	6	3	2	1	216	167	19
75岁及以上	19	1	4	4			124	91	6

4-5 续表 6

单位：人

年龄组 性别	建筑业		批发和零售业			交通运输、仓储和邮政业			
	建筑安装业	建筑装饰、装修和其他建筑业	小计	批发业	零售业	小计	铁路运输业	道路运输业	水上运输业
总 计	**32149**	**166086**	**615577**	**133802**	**481775**	**192542**	**6465**	**131369**	**871**
16-19岁	226	1143	6802	868	5934	1206	36	474	7
20-24岁	1947	8659	45286	7980	37306	11850	562	6104	55
25-29岁	4105	18095	78990	15623	63367	22970	1098	13536	89
30-34岁	5831	24929	106683	22374	84309	31148	833	21011	114
35-39岁	3811	16942	74486	16166	58320	22652	535	16674	93
40-44岁	3702	18757	71481	15403	56078	23315	617	17744	83
45-49岁	5485	32709	99565	22309	77256	36111	1219	26594	151
50-54岁	4216	27147	67384	16430	50954	25456	940	17712	128
55-59岁	2072	13153	35506	9042	26464	12870	541	8546	91
60-64岁	462	2874	11913	3007	8906	2817	51	1686	26
65-69岁	242	1365	10837	2832	8005	1751	20	1053	30
70-74岁	42	232	4147	1113	3034	286	5	176	1
75岁及以上	8	81	2497	655	1842	110	8	59	3
男	**28860**	**137057**	**272277**	**76909**	**195368**	**160281**	**4803**	**114820**	**639**
16-19岁	216	1023	2986	497	2489	926	21	386	5
20-24岁	1791	7137	18831	4343	14488	8781	345	4754	44
25-29岁	3713	15106	32867	8600	24267	17904	777	11286	63
30-34岁	5274	20895	43471	12285	31186	25087	575	18049	79
35-39岁	3388	13827	30352	8857	21495	18795	385	14606	71
40-44岁	3233	14793	28760	8374	20386	19360	443	15417	60
45-49岁	4796	25882	42491	12601	29890	30323	879	23242	102
50-54岁	3816	22586	34392	10327	24065	22715	807	16298	100
55-59岁	1924	11650	20444	6083	14361	11851	501	8008	70
60-64岁	441	2656	7231	2015	5216	2612	42	1590	20
65-69岁	227	1237	6436	1823	4613	1593	18	979	22
70-74岁	36	208	2536	697	1839	253	4	160	1
75岁及以上	5	57	1480	407	1073	81	6	45	2
女	**3289**	**29029**	**343300**	**56893**	**286407**	**32261**	**1662**	**16549**	**232**
16-19岁	10	120	3816	371	3445	280	15	88	2
20-24岁	156	1522	26455	3637	22818	3069	217	1350	11
25-29岁	392	2989	46123	7023	39100	5066	321	2250	26
30-34岁	557	4034	63212	10089	53123	6061	258	2962	35
35-39岁	423	3115	44134	7309	36825	3857	150	2068	22
40-44岁	469	3964	42721	7029	35692	3955	174	2327	23
45-49岁	689	6827	57074	9708	47366	5788	340	3352	49
50-54岁	400	4561	32992	6103	26889	2741	133	1414	28
55-59岁	148	1503	15062	2959	12103	1019	40	538	21
60-64岁	21	218	4682	992	3690	205	9	96	6
65-69岁	15	128	4401	1009	3392	158	2	74	8
70-74岁	6	24	1611	416	1195	33	1	16	
75岁及以上	3	24	1017	248	769	29	2	14	1

4—5 续表 7

单位：人

年龄组 性 别	交通运输、仓储和邮政业					住宿和餐饮业		
	航 空 运输业	管 道 运输业	多式联运 和运输 代理业	装卸搬运 和仓储业	邮政业	小计	住宿业	餐饮业
总 计	**5179**	**134**	**3727**	**19289**	**25508**	**292419**	**30664**	**261755**
16—19岁	25	3	25	159	477	7976	601	7375
20—24岁	832	6	258	748	3285	25749	3050	22699
25—29岁	1276	15	519	1311	5126	33029	3869	29160
30—34岁	1170	17	661	1660	5682	41278	4409	36869
35—39岁	639	16	410	1329	2956	30415	3310	27105
40—44岁	363	18	443	1767	2280	32100	3524	28576
45—49岁	456	28	697	4004	2962	50941	5531	45410
50—54岁	266	18	463	4255	1674	38739	3662	35077
55—59岁	130	7	191	2569	795	20660	1822	18838
60—64岁	15	5	39	828	167	6048	482	5566
65—69岁	4	1	19	550	74	4151	318	3833
70—74岁	3		1	79	21	896	55	841
75岁及以上			1	30	9	437	31	406
男	**3055**	**96**	**2825**	**15952**	**18091**	**124500**	**11010**	**113490**
16—19岁	17	3	19	116	359	4604	280	4324
20—24岁	429	4	146	601	2458	14362	1145	13217
25—29岁	719	6	346	1043	3664	17149	1372	15777
30—34岁	661	15	478	1266	3964	19508	1529	17979
35—39岁	395	14	307	986	2031	13365	1159	12206
40—44岁	224	10	340	1384	1482	12316	1073	11243
45—49岁	277	20	556	3237	2010	17110	1635	15475
50—54岁	197	12	404	3644	1253	13214	1424	11790
55—59岁	118	6	173	2317	658	7665	887	6778
60—64岁	12	5	37	769	137	2647	281	2366
65—69岁	3	1	17	496	57	1881	179	1702
70—74岁	3		1	72	12	464	32	432
75岁及以上			1	21	6	215	14	201
女	**2124**	**38**	**902**	**3337**	**7417**	**167919**	**19654**	**148265**
16—19岁	8		6	43	118	3372	321	3051
20—24岁	403	2	112	147	827	11387	1905	9482
25—29岁	557	9	173	268	1462	15880	2497	13383
30—34岁	509	2	183	394	1718	21770	2880	18890
35—39岁	244	2	103	343	925	17050	2151	14899
40—44岁	139	8	103	383	798	19784	2451	17333
45—49岁	179	8	141	767	952	33831	3896	29935
50—54岁	69	6	59	611	421	25525	2238	23287
55—59岁	12	1	18	252	137	12995	935	12060
60—64岁	3		2	59	30	3401	201	3200
65—69岁	1		2	54	17	2270	139	2131
70—74岁				7	9	432	23	409
75岁及以上				9	3	222	17	205

4-5　续表 8

单位：人

年龄组 性　别	信息传输、软件和信息技术服务业				金融业				
	小计	电信、广播电视和卫星传输服务	互联网和相关服务	软件和信息技术服务业	小计	货币金融服务	资本市场服务	保险业	其他金融业
总　计	**76304**	**18622**	**22257**	**35425**	**56005**	**24400**	**3688**	**23401**	**4516**
16-19岁	868	156	485	227	171	48	10	86	27
20-24岁	12147	1952	4137	6058	5318	1950	338	2273	757
25-29岁	20118	3678	5692	10748	10833	4359	815	4522	1137
30-34岁	17995	4553	4674	8768	13556	5983	879	5592	1102
35-39岁	9738	2762	2487	4489	7386	2797	586	3462	541
40-44岁	5666	1892	1575	2199	4863	1718	297	2561	287
45-49岁	5311	1909	1747	1655	6786	3280	381	2803	322
50-54岁	2765	1059	892	814	4563	2760	229	1373	201
55-59岁	1349	552	429	368	2110	1311	119	563	117
60-64岁	183	58	69	56	243	119	17	94	13
65-69岁	121	37	47	37	128	53	12	54	9
70-74岁	27	7	17	3	24	12	4	6	2
75岁及以上	16	7	6	3	24	10	1	12	1
男	**49153**	**10728**	**14747**	**23678**	**24926**	**11682**	**2081**	**8819**	**2344**
16-19岁	548	90	311	147	87	26	5	43	13
20-24岁	7136	997	2442	3697	2315	759	154	1065	337
25-29岁	12638	2007	3515	7116	4763	1759	393	2072	539
30-34岁	11620	2387	3162	6071	5619	2465	503	2082	569
35-39岁	6400	1464	1768	3168	2917	1213	338	1080	286
40-44岁	3759	1112	1143	1504	1860	827	174	685	174
45-49岁	3623	1252	1293	1078	2879	1627	236	839	177
50-54岁	2096	847	691	558	2561	1695	161	570	135
55-59岁	1098	487	334	277	1654	1172	93	291	98
60-64岁	130	46	49	35	162	89	11	56	6
65-69岁	77	29	26	22	80	37	10	26	7
70-74岁	18	6	10	2	11	4	2	3	2
75岁及以上	10	4	3	3	18	9	1	7	1
女	**27151**	**7894**	**7510**	**11747**	**31079**	**12718**	**1607**	**14582**	**2172**
16-19岁	320	66	174	80	84	22	5	43	14
20-24岁	5011	955	1695	2361	3003	1191	184	1208	420
25-29岁	7480	1671	2177	3632	6070	2600	422	2450	598
30-34岁	6375	2166	1512	2697	7937	3518	376	3510	533
35-39岁	3338	1298	719	1321	4469	1584	248	2382	255
40-44岁	1907	780	432	695	3003	891	123	1876	113
45-49岁	1688	657	454	577	3907	1653	145	1964	145
50-54岁	669	212	201	256	2002	1065	68	803	66
55-59岁	251	65	95	91	456	139	26	272	19
60-64岁	53	12	20	21	81	30	6	38	7
65-69岁	44	8	21	15	48	16	2	28	2
70-74岁	9	1	7	1	13	8	2	3	
75岁及以上	6	3	3		6	1		5	

4-5 续表 9

单位：人

年龄组 性　别	房地产业		租赁和商务服务业			科学研究和技术服务业			
	小计	房地产业	小计	租赁业	商　务 服务业	小计	研究和 试验发展	专业技术 服务业	科技推广 和应用 服务业
总　计	**97068**	**97068**	**109533**	**9964**	**99569**	**46392**	**8412**	**30533**	**7447**
16-19岁	653	653	1488	75	1413	233	18	159	56
20-24岁	8753	8753	12148	854	11294	4773	610	3422	741
25-29岁	14485	14485	19152	1771	17381	9226	1431	6344	1451
30-34岁	15635	15635	19728	1959	17769	10308	1826	6965	1517
35-39岁	8915	8915	12383	1217	11166	6198	1355	4005	838
40-44岁	7686	7686	9767	1044	8723	4072	891	2533	648
45-49岁	12215	12215	13325	1426	11899	4799	999	3031	769
50-54岁	11835	11835	10380	931	9449	3761	754	2401	606
55-59岁	9269	9269	6827	501	6326	2192	453	1347	392
60-64岁	3928	3928	2181	94	2087	361	44	175	142
65-69岁	2926	2926	1568	65	1503	275	21	101	153
70-74岁	579	579	423	21	402	117	4	32	81
75岁及以上	189	189	163	6	157	77	6	18	53
男	**58696**	**58696**	**67178**	**8409**	**58769**	**30942**	**5534**	**20912**	**4496**
16-19岁	407	407	908	72	836	158	13	105	40
20-24岁	4949	4949	6088	745	5343	2923	360	2141	422
25-29岁	8136	8136	10099	1541	8558	5672	833	4015	824
30-34岁	8394	8394	11136	1652	9484	6702	1177	4623	902
35-39岁	4956	4956	7318	987	6331	4188	920	2735	533
40-44岁	4273	4273	6038	853	5185	2740	577	1751	412
45-49岁	7093	7093	8703	1158	7545	3208	628	2149	431
50-54岁	7941	7941	7837	793	7044	2909	572	1921	416
55-59岁	6905	6905	5649	448	5201	1859	404	1187	268
60-64岁	2898	2898	1751	81	1670	253	29	147	77
65-69岁	2166	2166	1236	56	1180	196	15	91	90
70-74岁	449	449	305	18	287	82	2	29	51
75岁及以上	129	129	110	5	105	52	4	18	30
女	**38372**	**38372**	**42355**	**1555**	**40800**	**15450**	**2878**	**9621**	**2951**
16-19岁	246	246	580	3	577	75	5	54	16
20-24岁	3804	3804	6060	109	5951	1850	250	1281	319
25-29岁	6349	6349	9053	230	8823	3554	598	2329	627
30-34岁	7241	7241	8592	307	8285	3606	649	2342	615
35-39岁	3959	3959	5065	230	4835	2010	435	1270	305
40-44岁	3413	3413	3729	191	3538	1332	314	782	236
45-49岁	5122	5122	4622	268	4354	1591	371	882	338
50-54岁	3894	3894	2543	138	2405	852	182	480	190
55-59岁	2364	2364	1178	53	1125	333	49	160	124
60-64岁	1030	1030	430	13	417	108	15	28	65
65-69岁	760	760	332	9	323	79	6	10	63
70-74岁	130	130	118	3	115	35	2	3	30
75岁及以上	60	60	53	1	52	25	2		23

4–5　续表 10　　　　单位：人

年龄组 性　别	水利、环境和公共设施管理业					居民服务、修理和其他服务业			
	小计	水　利 管理业	生态保护 和环境 治理业	公共设施 管理业	土　地 管理业	小计	居　民 服务业	机动车、 电子产品 和日用产 品修理业	其　他 服务业
总　计	**28772**	**1241**	**2247**	**24920**	**364**	**185798**	**119636**	**40343**	**25819**
16–19岁	54	1	9	39	5	4453	2920	1296	237
20–24岁	722	36	111	553	22	17063	11100	5141	822
25–29岁	1609	119	242	1184	64	23143	15160	6702	1281
30–34岁	2341	160	326	1774	81	26061	17235	7172	1654
35–39岁	1921	139	232	1517	33	17366	11355	4578	1433
40–44岁	2459	158	251	2019	31	16915	10627	4096	2192
45–49岁	4922	244	345	4283	50	26612	16576	5153	4883
50–54岁	5295	183	337	4747	28	22996	14165	3486	5345
55–59岁	4319	157	212	3919	31	14927	9526	1694	3707
60–64岁	2519	17	93	2400	9	6894	4396	531	1967
65–69岁	1990	20	68	1897	5	6170	4115	359	1696
70–74岁	473	6	14	452	1	2003	1464	110	429
75岁及以上	148	1	7	136	4	1195	997	25	173
男	**16042**	**887**	**1566**	**13317**	**272**	**76285**	**34364**	**33360**	**8561**
16–19岁	36	1	7	26	2	2693	1339	1236	118
20–24岁	439	25	77	320	17	9167	4103	4692	372
25–29岁	973	72	158	698	45	11374	4982	5799	593
30–34岁	1496	109	244	1083	60	11778	5186	5921	671
35–39岁	1103	88	147	839	29	7365	3208	3666	491
40–44岁	1308	99	169	1020	20	6330	2555	3189	586
45–49岁	2360	163	229	1935	33	8609	3566	3941	1102
50–54岁	2864	145	259	2433	27	7159	3063	2686	1410
55–59岁	2431	143	148	2113	27	4873	2335	1376	1162
60–64岁	1458	16	68	1369	5	2846	1505	436	905
65–69岁	1182	19	47	1112	4	2640	1498	309	833
70–74岁	309	6	9	293	1	913	588	90	235
75岁及以上	83	1	4	76	2	538	436	19	83
女	**12730**	**354**	**681**	**11603**	**92**	**109513**	**85272**	**6983**	**17258**
16–19岁	18		2	13	3	1760	1581	60	119
20–24岁	283	11	34	233	5	7896	6997	449	450
25–29岁	636	47	84	486	19	11769	10178	903	688
30–34岁	845	51	82	691	21	14283	12049	1251	983
35–39岁	818	51	85	678	4	10001	8147	912	942
40–44岁	1151	59	82	999	11	10585	8072	907	1606
45–49岁	2562	81	116	2348	17	18003	13010	1212	3781
50–54岁	2431	38	78	2314	1	15837	11102	800	3935
55–59岁	1888	14	64	1806	4	10054	7191	318	2545
60–64岁	1061	1	25	1031	4	4048	2891	95	1062
65–69岁	808	1	21	785	1	3530	2617	50	863
70–74岁	164		5	159		1090	876	20	194
75岁及以上	65		3	60	2	657	561	6	90

4–5 续表 11

单位：人

年龄组 性　别	教育		卫生和社会工作			文化、体育和娱乐业				
	小计	教育	小计	卫生	社会工作	小计	新闻和出版业	广播、电视、电影和录音制作业	文　化艺术业	体育
总　计	**163979**	**163979**	**90350**	**86902**	**3448**	**40922**	**1857**	**3397**	**4615**	**4861**
16–19岁	3560	3560	892	872	20	1029	9	44	83	111
20–24岁	20082	20082	12144	11949	195	5390	173	621	658	994
25–29岁	26856	26856	17784	17525	259	6512	336	806	838	1155
30–34岁	24393	24393	15822	15507	315	6257	338	655	746	738
35–39岁	20185	20185	9983	9731	252	4184	259	422	501	406
40–44岁	18145	18145	8166	7850	316	3692	199	240	367	323
45–49岁	21510	21510	9815	9221	594	5446	260	257	502	433
50–54岁	16949	16949	7201	6611	590	4092	158	193	442	321
55–59岁	9970	9970	4787	4357	430	2553	105	117	303	228
60–64岁	1282	1282	1505	1293	212	811	13	21	80	81
65–69岁	686	686	1348	1190	158	649	5	16	64	40
70–74岁	208	208	574	513	61	206	2	1	24	21
75岁及以上	153	153	329	283	46	101		4	7	10
男	**60590**	**60590**	**30147**	**28948**	**1199**	**18479**	**951**	**1828**	**2236**	**2387**
16–19岁	1377	1377	156	146	10	594	1	21	41	68
20–24岁	3975	3975	1990	1935	55	2833	71	280	276	583
25–29岁	6227	6227	3485	3402	83	3264	126	400	363	667
30–34岁	7015	7015	4096	3996	100	2720	145	347	322	306
35–39岁	6658	6658	3531	3459	72	1760	131	242	250	161
40–44岁	7273	7273	3191	3109	82	1327	113	145	167	114
45–49岁	9506	9506	4243	4097	146	1980	146	141	254	154
50–54岁	9229	9229	3614	3407	207	1752	112	122	255	132
55–59岁	7698	7698	3077	2888	189	1270	89	99	199	115
60–64岁	901	901	1046	928	118	438	10	16	46	48
65–69岁	462	462	967	889	78	364	5	13	45	21
70–74岁	161	161	473	440	33	125	2		14	13
75岁及以上	108	108	278	252	26	52		2	4	5
女	**103389**	**103389**	**60203**	**57954**	**2249**	**22443**	**906**	**1569**	**2379**	**2474**
16–19岁	2183	2183	736	726	10	435	8	23	42	43
20–24岁	16107	16107	10154	10014	140	2557	102	341	382	411
25–29岁	20629	20629	14299	14123	176	3248	210	406	475	488
30–34岁	17378	17378	11726	11511	215	3537	193	308	424	432
35–39岁	13527	13527	6452	6272	180	2424	128	180	251	245
40–44岁	10872	10872	4975	4741	234	2365	86	95	200	209
45–49岁	12004	12004	5572	5124	448	3466	114	116	248	279
50–54岁	7720	7720	3587	3204	383	2340	46	71	187	189
55–59岁	2272	2272	1710	1469	241	1283	16	18	104	113
60–64岁	381	381	459	365	94	373	3	5	34	33
65–69岁	224	224	381	301	80	285		3	19	19
70–74岁	47	47	101	73	28	81		1	10	8
75岁及以上	45	45	51	31	20	49		2	3	5

4-5　续表 12　　　　单位：人

年龄组 性　别	娱乐业	公共管理、社会保障和社会组织							国际组织	
		小计	中国共产党机关	国家机构	人民政协、民主党派	社会保障	群众团体、社会团体和其他成员组织	基层群众自治组织	小计	国际组织
总　计	**26192**	**151452**	**3524**	**114110**	**612**	**606**	**8196**	**24404**	**22**	**22**
16–19岁	782	656	11	296		1	193	155		
20–24岁	2944	7621	122	6078	9	34	739	639		
25–29岁	3377	19147	441	16042	17	85	946	1616	3	3
30–34岁	3780	24922	684	20107	40	138	1087	2866	4	4
35–39岁	2596	19109	555	15142	50	88	931	2343	4	4
40–44岁	2563	18098	450	13941	51	81	943	2632	6	6
45–49岁	3994	23100	524	16789	94	88	1187	4418	3	3
50–54岁	2978	19619	399	14132	157	48	944	3939	2	2
55–59岁	1800	14422	294	10088	182	31	597	3230		
60–64岁	616	2036	25	806	7	4	201	993		
65–69岁	524	1726	14	463	3	3	199	1044		
70–74岁	158	647	2	124	2	2	122	395		
75岁及以上	80	349	3	102		3	107	134		
男	**11077**	**96201**	**2325**	**73974**	**433**	**271**	**4812**	**14386**	**9**	**9**
16–19岁	463	480	5	241		1	150	83		
20–24岁	1623	4404	65	3644	2	11	437	245		
25–29岁	1708	10153	219	8825	5	35	482	587	1	1
30–34岁	1600	13653	398	11566	21	54	531	1083	3	3
35–39岁	976	11541	360	9544	30	34	523	1050	1	1
40–44岁	788	11107	312	8854	34	35	533	1339	2	2
45–49岁	1285	14634	359	10926	60	43	704	2542	1	1
50–54岁	1131	14100	305	10176	108	21	629	2861	1	1
55–59岁	768	12549	267	9082	164	27	422	2587		
60–64岁	318	1540	20	595	5	4	140	776		
65–69岁	280	1292	10	341	3	3	123	812		
70–74岁	96	489	2	96	1	1	70	319		
75岁及以上	41	259	3	84		2	68	102		
女	**15115**	**55251**	**1199**	**40136**	**179**	**335**	**3384**	**10018**	**13**	**13**
16–19岁	319	176	6	55			43	72		
20–24岁	1321	3217	57	2434	7	23	302	394		
25–29岁	1669	8994	222	7217	12	50	464	1029	2	2
30–34岁	2180	11269	286	8541	19	84	556	1783	1	1
35–39岁	1620	7568	195	5598	20	54	408	1293	3	3
40–44岁	1775	6991	138	5087	17	46	410	1293	4	4
45–49岁	2709	8466	165	5863	34	45	483	1876	2	2
50–54岁	1847	5519	94	3956	49	27	315	1078	1	1
55–59岁	1032	1873	27	1006	18	4	175	643		
60–64岁	298	496	5	211	2		61	217		
65–69岁	244	434	4	122			76	232		
70–74岁	62	158		28	1	1	52	76		
75岁及以上	39	90		18		1	39	32		

4-5a 全省分年龄、性别、行业大类的就业人口(城市)

单位：人

年龄组 性　别	合计	农、林、牧、渔业						采矿业	
		小计	农业	林业	畜牧业	渔业	农、林、牧、渔专业及辅助性活动	小计	煤炭开采和洗选业
总　计	**1463437**	**28530**	**23749**	**954**	**2621**	**588**	**618**	**7615**	**1885**
16-19岁	12349	101	85	2	9	3	2	11	1
20-24岁	111473	590	436	21	101	17	15	172	24
25-29岁	198763	1255	905	53	192	45	60	486	73
30-34岁	257381	1947	1397	93	304	71	82	993	135
35-39岁	182676	1661	1212	77	239	60	73	799	118
40-44岁	165197	2152	1670	109	248	62	63	973	262
45-49岁	233971	4639	3713	200	476	124	126	2028	646
50-54岁	166407	5267	4400	210	437	113	107	1480	479
55-59岁	91009	3932	3472	99	258	49	54	553	116
60-64岁	22193	2149	1957	47	106	24	15	68	19
65-69岁	15594	2828	2635	30	131	17	15	34	7
70-74岁	4283	1283	1187	8	80	3	5	13	4
75岁及以上	2141	726	680	5	40		1	5	1
男	**825515**	**14407**	**11396**	**659**	**1540**	**415**	**397**	**6059**	**1629**
16-19岁	6974	58	48	1	6	2	1	10	
20-24岁	56749	289	196	16	55	11	11	124	15
25-29岁	104419	686	460	35	121	32	38	360	52
30-34岁	138432	1041	679	57	195	55	55	743	100
35-39岁	98107	852	584	51	134	37	46	601	97
40-44岁	88640	1079	785	60	147	43	44	718	210
45-49岁	130462	2190	1627	134	283	82	64	1588	564
50-54岁	107848	2540	1963	156	258	90	73	1311	460
55-59岁	66026	1947	1640	80	152	34	41	508	105
60-64岁	14518	1159	1031	37	68	14	9	54	16
65-69岁	9507	1442	1334	22	60	14	12	28	7
70-74岁	2584	706	653	7	42	1	3	11	2
75岁及以上	1249	418	396	3	19			3	1
女	**637922**	**14123**	**12353**	**295**	**1081**	**173**	**221**	**1556**	**256**
16-19岁	5375	43	37	1	3	1	1	1	1
20-24岁	54724	301	240	5	46	6	4	48	9
25-29岁	94344	569	445	18	71	13	22	126	21
30-34岁	118949	906	718	36	109	16	27	250	35
35-39岁	84569	809	628	26	105	23	27	198	21
40-44岁	76557	1073	885	49	101	19	19	255	52
45-49岁	103509	2449	2086	66	193	42	62	440	82
50-54岁	58559	2727	2437	54	179	23	34	169	19
55-59岁	24983	1985	1832	19	106	15	13	45	11
60-64岁	7675	990	926	10	38	10	6	14	3
65-69岁	6087	1386	1301	8	71	3	3	6	
70-74岁	1699	577	534	1	38	2	2	2	2
75岁及以上	892	308	284	2	21		1	2	

4−5a　续表 1

单位：人

年龄组 性　别	采矿业						制造业		
	石油和天然气开采业	黑色金属矿采选业	有色金属矿采选业	非金属矿采选业	开采专业及辅助性活　动	其　他采矿业	小计	农副食品加工业	食　品制造业
总　计	**1891**	**1070**	**193**	**1179**	**1283**	**114**	**171227**	**6006**	**7424**
16−19岁	2	3	1	1	3		1356	15	65
20−24岁	53	20	4	35	35	1	10615	181	621
25−29岁	154	44	16	98	94	7	20092	465	872
30−34岁	357	96	28	138	219	20	30964	824	1345
35−39岁	252	71	18	138	186	16	22394	651	966
40−44岁	202	162	32	144	153	18	22473	781	961
45−49岁	380	408	53	284	238	19	32585	1334	1370
50−54岁	298	200	28	227	226	22	19398	1016	755
55−59岁	175	50	9	87	108	8	8693	522	328
60−64岁	13	10	3	14	8	1	1441	97	84
65−69岁	3	5	1	10	6	2	819	81	41
70−74岁	2			3	4		272	32	7
75岁及以上		1			3		125	7	9
男	**1406**	**837**	**148**	**964**	**983**	**92**	**109462**	**3462**	**3606**
16−19岁	2	3	1	1	3		950	11	28
20−24岁	37	15	3	25	28	1	7090	109	287
25−29岁	106	31	13	82	70	6	12948	275	412
30−34岁	263	74	20	108	165	13	19318	467	638
35−39岁	179	58	12	107	135	13	13217	348	432
40−44岁	155	105	20	104	110	14	12694	415	407
45−49岁	259	306	43	229	171	16	19621	683	663
50−54岁	238	186	23	204	180	20	14526	633	433
55−59岁	157	47	9	77	106	7	7139	370	202
60−64岁	8	6	3	14	6	1	1121	69	63
65−69岁		5	1	10	4	1	585	57	30
70−74岁	2			3	4		178	20	5
75岁及以上		1			1		75	5	6
女	**485**	**233**	**45**	**215**	**300**	**22**	**61765**	**2544**	**3818**
16−19岁							406	4	37
20−24岁	16	5	1	10	7		3525	72	334
25−29岁	48	13	3	16	24	1	7144	190	460
30−34岁	94	22	8	30	54	7	11646	357	707
35−39岁	73	13	6	31	51	3	9177	303	534
40−44岁	47	57	12	40	43	4	9779	366	554
45−49岁	121	102	10	55	67	3	12964	651	707
50−54岁	60	14	5	23	46	2	4872	383	322
55−59岁	18	3		10	2	1	1554	152	126
60−64岁	5	4			2		320	28	21
65−69岁	3				2	1	234	24	11
70−74岁							94	12	2
75岁及以上					2		50	2	3

4−5a　续表 2　　　　单位：人

年龄组 性　别	制造业								
	酒、饮料和精制茶制造业	烟　草制品业	纺织业	纺织服装、服饰业	皮革、毛皮、羽毛及其制品和制鞋业	木材加工和木、竹、藤、棕、草制品业	家　具制造业	造纸和纸制品业	印刷和记录媒介复制业
总　计	**6388**	**722**	**3019**	**7090**	**3981**	**2171**	**9340**	**2740**	**3519**
16−19岁	20	1	14	49	23	10	33	9	25
20−24岁	252	17	87	273	123	62	425	102	233
25−29岁	697	67	173	510	254	188	1054	217	338
30−34岁	1092	108	335	1063	620	326	1754	409	571
35−39岁	967	105	329	857	614	202	1185	353	474
40−44岁	846	94	480	1013	670	230	1250	400	549
45−49岁	1336	148	775	1722	959	445	1833	662	743
50−54岁	725	120	484	975	475	422	1186	385	375
55−59岁	371	56	239	417	180	190	507	162	152
60−64岁	50	2	58	116	35	42	68	22	33
65−69岁	24	3	34	58	15	39	36	16	13
70−74岁	7		8	26	10	11	4	3	9
75岁及以上	1	1	3	11	3	4	5		4
男	**4182**	**466**	**1366**	**2820**	**2043**	**1575**	**6174**	**1517**	**2018**
16−19岁	15		7	20	15	8	22	6	19
20−24岁	159	8	35	114	64	42	269	67	144
25−29岁	437	46	79	184	126	129	704	118	208
30−34岁	679	64	142	399	330	225	1141	214	312
35−39岁	571	50	132	329	300	139	746	179	269
40−44岁	511	58	178	356	304	161	757	195	292
45−49岁	817	96	301	626	454	300	1159	318	369
50−54岁	601	91	258	453	278	341	872	261	242
55−59岁	329	51	164	234	125	153	408	131	120
60−64岁	41		39	63	27	38	59	16	23
65−69岁	16	2	26	22	12	29	29	10	9
70−74岁	5		3	13	7	8	4	2	7
75岁及以上	1		2	7	1	2	4		4
女	**2206**	**256**	**1653**	**4270**	**1938**	**596**	**3166**	**1223**	**1501**
16−19岁	5	1	7	29	8	2	11	3	6
20−24岁	93	9	52	159	59	20	156	35	89
25−29岁	260	21	94	326	128	59	350	99	130
30−34岁	413	44	193	664	290	101	613	195	259
35−39岁	396	55	197	528	314	63	439	174	205
40−44岁	335	36	302	657	366	69	493	205	257
45−49岁	519	52	474	1096	505	145	674	344	374
50−54岁	124	29	226	522	197	81	314	124	133
55−59岁	42	5	75	183	55	37	99	31	32
60−64岁	9	2	19	53	8	4	9	6	10
65−69岁	8	1	8	36	3	10	7	6	4
70−74岁	2		5	13	3	3		1	2
75岁及以上		1	1	4	2	2	1		

4-5a 续表 3

单位：人

年龄组 性 别	制造业								
	文教、工美、体育和娱乐用品制造业	石油、煤炭及其他燃料加工业	化学原料和化学制品制造业	医 药制造业	化学纤维制造业	橡胶和塑 料制品业	非金属矿 物制品业	黑色金属冶炼和压延加工业	有色金属冶炼和压延加工业
总 计	**1768**	**1001**	**6799**	**5400**	**452**	**4993**	**9870**	**4122**	**2136**
16–19岁	14		12	13	1	12	16	2	7
20–24岁	115	24	292	376	14	189	342	115	67
25–29岁	226	71	638	822	40	459	848	255	146
30–34岁	333	146	1089	1158	59	742	1634	401	286
35–39岁	246	98	830	871	70	642	1327	316	257
40–44岁	227	130	963	720	73	723	1360	692	363
45–49岁	285	290	1530	787	109	1095	2073	1370	585
50–54岁	207	165	913	415	61	683	1419	734	290
55–59岁	87	69	409	197	17	340	669	197	117
60–64岁	17	5	59	24	2	60	97	22	11
65–69岁	6	3	38	15	5	33	59	12	2
70–74岁	4		14	2	1	12	22	3	4
75岁及以上	1		12			3	4	3	1
男	**908**	**735**	**4606**	**2741**	**299**	**3060**	**7037**	**3199**	**1598**
16–19岁	6		8	7	1	9	12	1	5
20–24岁	51	16	178	167	10	134	241	85	53
25–29岁	103	44	402	374	21	291	586	187	103
30–34岁	158	115	690	560	37	443	1132	277	202
35–39岁	130	70	505	419	48	362	888	219	173
40–44岁	107	76	573	316	37	397	884	493	257
45–49岁	136	198	1024	405	72	614	1406	1056	425
50–54岁	134	140	767	295	53	463	1154	672	254
55–59岁	61	68	367	162	16	262	580	177	111
60–64岁	14	5	47	21	2	51	86	17	10
65–69岁	5	3	30	13	1	27	48	10	2
70–74岁	3		7	2	1	5	18	3	3
75岁及以上			8			2	2	2	
女	**860**	**266**	**2193**	**2659**	**153**	**1933**	**2833**	**923**	**538**
16–19岁	8		4	6		3	4	1	2
20–24岁	64	8	114	209	4	55	101	30	14
25–29岁	123	27	236	448	19	168	262	68	43
30–34岁	175	31	399	598	22	299	502	124	84
35–39岁	116	28	325	452	22	280	439	97	84
40–44岁	120	54	390	404	36	326	476	199	106
45–49岁	149	92	506	382	37	481	667	314	160
50–54岁	73	25	146	120	8	220	265	62	36
55–59岁	26	1	42	35	1	78	89	20	6
60–64岁	3		12	3		9	11	5	1
65–69岁	1		8	2	4	6	11	2	
70–74岁	1		7			7	4		1
75岁及以上	1		4			1	2	1	1

4-5a 续表 4

单位：人

年龄组 性别	制造业								
	金属制品业	通用设备制造业	专用设备制造业	汽车制造业	铁路、船舶、航空航天和其他运输设备制造业	电气机械和器材制造业	计算机、通信和其他电子设备制造业	仪器仪表制造业	其他制造业
总计	**10379**	**12286**	**6984**	**9053**	**5269**	**7403**	**24410**	**1529**	**1127**
16—19岁	42	69	42	88	10	62	684	7	1
20—24岁	448	618	454	625	410	432	3325	129	48
25—29岁	1012	1159	861	1410	770	899	4883	238	100
30—34岁	1764	2142	1480	2081	905	1413	5818	369	169
35—39岁	1241	1582	986	1187	641	1051	3590	232	135
40—44岁	1422	1687	848	1111	535	1020	2552	177	164
45—49岁	2241	2440	1206	1432	941	1376	2282	181	268
50—54岁	1405	1630	705	776	631	769	846	124	146
55—59岁	620	759	314	296	386	294	360	59	85
60—64岁	112	115	48	28	24	48	45	8	7
65—69岁	59	55	27	13	8	29	12	2	1
70—74岁	4	22	8	2	1	9	7	2	2
75岁及以上	9	8	5	4	7	1	6	1	1
男	**7746**	**9233**	**4835**	**6464**	**3962**	**4826**	**14298**	**1003**	**736**
16—19岁	37	59	32	77	9	46	475	4	1
20—24岁	350	494	310	526	332	297	2252	91	28
25—29岁	752	865	595	1128	610	573	3024	160	64
30—34岁	1292	1614	958	1541	680	889	3377	233	104
35—39岁	867	1121	656	732	465	630	1952	138	76
40—44岁	984	1122	540	645	337	602	1167	104	95
45—49岁	1611	1729	811	889	634	849	1119	118	169
50—54岁	1149	1387	587	632	500	615	587	95	119
55—59岁	552	691	279	259	363	252	292	51	72
60—64岁	95	89	39	26	20	43	37	6	6
65—69岁	49	39	20	7	7	21	8	2	1
70—74岁	3	19	6	1		8	3		1
75岁及以上	5	4	2	1	5	1	5	1	
女	**2633**	**3053**	**2149**	**2589**	**1307**	**2577**	**10112**	**526**	**391**
16—19岁	5	10	10	11	1	16	209	3	
20—24岁	98	124	144	99	78	135	1073	38	20
25—29岁	260	294	266	282	160	326	1859	78	36
30—34岁	472	528	522	540	225	524	2441	136	65
35—39岁	374	461	330	455	176	421	1638	94	59
40—44岁	438	565	308	466	198	418	1385	73	69
45—49岁	630	711	395	543	307	527	1163	63	99
50—54岁	256	243	118	144	131	154	259	29	27
55—59岁	68	68	35	37	23	42	68	8	13
60—64岁	17	26	9	2	4	5	8	2	1
65—69岁	10	16	7	6	1	8	4		
70—74岁	1	3	2	1	1	1	4	2	1
75岁及以上	4	4	3	3	2		1		1

4-5a 续表 5

单位：人

年龄组 性别	制造业		电力、热力、燃气及水生产和供应业				建筑业		
	废弃资源综合利用业	金属制品、机械和设备修理业	小计	电力、热力生产和供应业	燃气生产和供应业	水的生产和供应业	小计	房屋建筑业	土木工程建筑业
总　计	**1438**	**2408**	**15681**	**9569**	**3630**	**2482**	**186324**	**98935**	**20683**
16-19岁	2	8	12	10	1	1	618	340	56
20-24岁	45	171	519	295	120	104	8659	4066	1241
25-29岁	96	324	1421	779	374	268	19576	9198	2723
30-34岁	152	376	2501	1360	684	457	28934	13990	3735
35-39岁	107	282	2053	1304	463	286	19574	9394	2498
40-44岁	152	280	2196	1348	499	349	21127	10985	2219
45-49岁	278	489	3413	2179	777	457	36379	20062	3529
50-54岁	260	301	2167	1433	408	326	30503	17766	2676
55-59岁	149	145	1218	773	264	181	15798	9639	1552
60-64岁	88	14	106	48	28	30	3290	2215	279
65-69岁	70	10	55	27	8	20	1544	1058	149
70-74岁	29	7	12	6	4	2	242	170	17
75岁及以上	10	1	8	7		1	80	52	9
男	**967**	**1980**	**10723**	**6732**	**2390**	**1601**	**151070**	**80326**	**16366**
16-19岁	2	8	10	8	1	1	533	291	48
20-24岁	31	146	324	184	74	66	6742	3232	931
25-29岁	74	274	928	530	229	169	15381	7293	2082
30-34岁	99	306	1637	910	447	280	23173	11211	2854
35-39岁	71	200	1298	862	278	158	15593	7492	1942
40-44岁	107	217	1318	833	284	201	16524	8593	1701
45-49岁	177	393	2088	1372	459	257	28773	15782	2732
50-54岁	189	271	1812	1218	336	258	25634	14761	2284
55-59岁	95	142	1162	745	252	165	14130	8562	1404
60-64岁	58	11	86	40	21	25	2968	1984	252
65-69岁	42	8	45	21	6	18	1347	933	114
70-74岁	17	4	10	5	3	2	212	151	15
75岁及以上	5		5	4		1	60	41	7
女	**471**	**428**	**4958**	**2837**	**1240**	**881**	**35254**	**18609**	**4317**
16-19岁			2	2			85	49	8
20-24岁	14	25	195	111	46	38	1917	834	310
25-29岁	22	50	493	249	145	99	4195	1905	641
30-34岁	53	70	864	450	237	177	5761	2779	881
35-39岁	36	82	755	442	185	128	3981	1902	556
40-44岁	45	63	878	515	215	148	4603	2392	518
45-49岁	101	96	1325	807	318	200	7606	4280	797
50-54岁	71	30	355	215	72	68	4869	3005	392
55-59岁	54	3	56	28	12	16	1668	1077	148
60-64岁	30	3	20	8	7	5	322	231	27
65-69岁	28	2	10	6	2	2	197	125	35
70-74岁	12	3	2	1	1		30	19	2
75岁及以上	5	1	3	3			20	11	2

4−5a 续表 6 单位：人

年龄组 性 别	建筑业		批发和零售业			交通运输、仓储和邮政业			
	建 筑 安装业	建筑装饰、装修和其他建筑业	小计	批发业	零售业	小计	铁 路 运输业	道 路 运输业	水 上 运输业
总 计	**10767**	**55939**	**281104**	**69754**	**211350**	**83597**	**4567**	**55600**	**332**
16−19岁	31	191	2154	306	1848	358	4	151	1
20−24岁	601	2751	19970	4355	15615	5155	314	2615	19
25−29岁	1324	6331	37721	9025	28696	10157	717	5613	39
30−34岁	2034	9175	53838	13443	40395	13690	615	8570	59
35−39岁	1382	6300	39126	10134	28992	10040	399	6939	55
40−44岁	1328	6595	35797	8883	26914	10386	464	7686	30
45−49岁	1936	10852	46093	11406	34687	16086	907	11710	58
50−54岁	1375	8686	27115	7210	19905	10893	695	7693	33
55−59岁	596	4011	12754	3540	9214	5323	415	3637	26
60−64岁	110	686	3283	763	2520	868	23	547	3
65−69岁	39	298	2291	514	1777	521	6	358	9
70−74岁	8	47	633	109	524	84	4	56	
75岁及以上	3	16	329	66	263	36	4	25	
男	**9306**	**45072**	**126560**	**40233**	**86327**	**66499**	**3376**	**46265**	**239**
16−19岁	28	166	1031	190	841	262	3	114	1
20−24岁	522	2057	8697	2288	6409	3510	196	1825	14
25−29岁	1109	4897	16250	4841	11409	7325	490	4230	24
30−34岁	1737	7371	22830	7333	15497	10352	423	6853	37
35−39岁	1172	4987	16483	5555	10928	7806	283	5694	40
40−44岁	1129	5101	14674	4881	9793	8226	323	6372	24
45−49岁	1640	8619	19821	6555	13266	13047	644	9880	40
50−54岁	1261	7328	14659	4906	9753	9676	599	7000	26
55−59岁	560	3604	8086	2644	5442	4947	388	3411	23
60−64岁	105	627	2052	562	1490	792	17	502	2
65−69岁	35	265	1386	359	1027	462	5	320	8
70−74岁	7	39	400	77	323	71	3	48	
75岁及以上	1	11	191	42	149	23	2	16	
女	**1461**	**10867**	**154544**	**29521**	**125023**	**17098**	**1191**	**9335**	**93**
16−19岁	3	25	1123	116	1007	96	1	37	
20−24岁	79	694	11273	2067	9206	1645	118	790	5
25−29岁	215	1434	21471	4184	17287	2832	227	1383	15
30−34岁	297	1804	31008	6110	24898	3338	192	1717	22
35−39岁	210	1313	22643	4579	18064	2234	116	1245	15
40−44岁	199	1494	21123	4002	17121	2160	141	1314	6
45−49岁	296	2233	26272	4851	21421	3039	263	1830	18
50−54岁	114	1358	12456	2304	10152	1217	96	693	7
55−59岁	36	407	4668	896	3772	376	27	226	3
60−64岁	5	59	1231	201	1030	76	6	45	1
65−69岁	4	33	905	155	750	59	1	38	1
70−74岁	1	8	233	32	201	13	1	8	
75岁及以上	2	5	138	24	114	13	2	9	

4−5a　续表 7　　　　　　　　　　　　　　　　　　　　　　　　单位：人

年龄组 性　别	交通运输、仓储和邮政业					住宿和餐饮业		
	航　空 运输业	管　道 运输业	多式联运 和运输 代理业	装卸搬运 和仓储业	邮政业	小计	住宿业	餐饮业
总　计	**4160**	**63**	**2064**	**5533**	**11278**	**117784**	**14795**	**102989**
16−19岁	12		11	29	150	2817	203	2614
20−24岁	611	3	136	210	1247	10340	1439	8901
25−29岁	1015	4	294	377	2098	13432	1813	11619
30−34岁	1002	8	384	506	2546	17393	2172	15221
35−39岁	558	12	229	408	1440	13169	1707	11462
40−44岁	304	9	245	536	1112	13381	1788	11593
45−49岁	352	16	391	1207	1445	20879	2787	18092
50−54岁	204	7	231	1217	813	14899	1728	13171
55−59岁	94	3	109	702	337	7678	835	6843
60−64岁	5		23	201	66	2140	194	1946
65−69岁	2	1	10	116	19	1304	104	1200
70−74岁	1			19	4	245	14	231
75岁及以上			1	5	1	107	11	96
男	**2440**	**44**	**1491**	**4520**	**8124**	**53714**	**5523**	**48191**
16−19岁	8		9	18	109	1674	92	1582
20−24岁	308	2	68	158	939	5964	526	5438
25−29岁	571	1	181	283	1545	7373	668	6705
30−34岁	564	7	265	383	1820	8767	780	7987
35−39岁	345	11	150	283	1000	6150	660	5490
40−44岁	189	4	176	410	728	5496	559	4937
45−49岁	211	11	305	968	988	7523	844	6679
50−54岁	151	4	206	1058	632	5768	750	5018
55−59岁	87	3	99	648	288	3262	455	2807
60−64岁	4		23	188	56	944	110	834
65−69岁	1	1	8	103	16	622	64	558
70−74岁	1			17	2	126	9	117
75岁及以上			1	3	1	45	6	39
女	**1720**	**19**	**573**	**1013**	**3154**	**64070**	**9272**	**54798**
16−19岁	4		2	11	41	1143	111	1032
20−24岁	303	1	68	52	308	4376	913	3463
25−29岁	444	3	113	94	553	6059	1145	4914
30−34岁	438	1	119	123	726	8626	1392	7234
35−39岁	213	1	79	125	440	7019	1047	5972
40−44岁	115	5	69	126	384	7885	1229	6656
45−49岁	141	5	86	239	457	13356	1943	11413
50−54岁	53	3	25	159	181	9131	978	8153
55−59岁	7		10	54	49	4416	380	4036
60−64岁	1			13	10	1196	84	1112
65−69岁	1		2	13	3	682	40	642
70−74岁				2	2	119	5	114
75岁及以上				2		62	5	57

4-5a 续表 8

单位：人

年龄组 性　别	信息传输、软件和信息技术服务业				金融业				
	小计	电信、广播电视和卫星传输服务	互联网和相关服务	软件和信息技术服务业	小计	货币金融服　务	资本市场服　务	保险业	其　他金融业
总　计	**54431**	**10545**	**15480**	**28406**	**38390**	**16878**	**3024**	**15184**	**3304**
16-19岁	401	57	254	90	76	21	6	33	16
20-24岁	8151	915	2748	4488	3289	1203	244	1356	486
25-29岁	14446	1885	4041	8520	7139	2859	627	2849	804
30-34岁	13198	2613	3296	7289	9692	4298	729	3835	830
35-39岁	7596	1788	1838	3970	5628	2206	524	2445	453
40-44岁	4219	1200	1137	1882	3470	1278	257	1712	223
45-49岁	3700	1131	1248	1321	4532	2240	338	1703	251
50-54岁	1754	605	603	546	3013	1851	186	829	147
55-59岁	816	305	260	251	1332	819	94	342	77
60-64岁	83	22	35	26	136	71	11	45	9
65-69岁	51	18	13	20	66	26	6	28	6
70-74岁	11	3	6	2	7	2	2	2	1
75岁及以上	5	3	1	1	10	4		5	1
男	**35596**	**5982**	**10537**	**19077**	**17009**	**7849**	**1698**	**5729**	**1733**
16-19岁	249	27	172	50	41	13	2	17	9
20-24岁	4799	475	1614	2710	1415	463	104	634	214
25-29岁	9152	1021	2533	5598	3117	1157	303	1272	385
30-34岁	8644	1344	2290	5010	3980	1723	405	1415	437
35-39岁	5072	930	1324	2818	2298	963	299	792	244
40-44岁	2831	683	836	1312	1380	617	153	474	136
45-49岁	2592	711	979	902	1935	1055	205	537	138
50-54岁	1406	481	507	418	1661	1056	136	373	96
55-59岁	741	275	241	225	1059	734	79	180	66
60-64岁	63	17	27	19	78	49	6	21	2
65-69岁	36	13	10	13	35	16	5	10	4
70-74岁	8	3	4	1	3		1	1	1
75岁及以上	3	2		1	7	3		3	1
女	**18835**	**4563**	**4943**	**9329**	**21381**	**9029**	**1326**	**9455**	**1571**
16-19岁	152	30	82	40	35	8	4	16	7
20-24岁	3352	440	1134	1778	1874	740	140	722	272
25-29岁	5294	864	1508	2922	4022	1702	324	1577	419
30-34岁	4554	1269	1006	2279	5712	2575	324	2420	393
35-39岁	2524	858	514	1152	3330	1243	225	1653	209
40-44岁	1388	517	301	570	2090	661	104	1238	87
45-49岁	1108	420	269	419	2597	1185	133	1166	113
50-54岁	348	124	96	128	1352	795	50	456	51
55-59岁	75	30	19	26	273	85	15	162	11
60-64岁	20	5	8	7	58	22	5	24	7
65-69岁	15	5	3	7	31	10	1	18	2
70-74岁	3		2	1	4	2	1	1	
75岁及以上	2	1	1		3	1		2	

4-5a　续表 9　　　　　　　　　　　　　　　　　　　　　　　　　　　单位：人

年龄组 性　别	房地产业		租赁和商务服务业			科学研究和技术服务业			
	小计	房地产业	小计	租赁业	商　务 服务业	小计	研究和 试验发展	专业技术 服务业	科技推广 和应用 服务业
总　计	**61716**	**61716**	**65115**	**4850**	**60265**	**33578**	**7263**	**21678**	**4637**
16-19岁	295	295	528	14	514	80	7	57	16
20-24岁	5088	5088	7222	336	6886	2957	450	2023	484
25-29岁	9009	9009	12048	789	11259	6520	1154	4307	1059
30-34岁	10422	10422	12715	947	11768	7881	1592	5157	1132
35-39岁	6321	6321	8444	651	7793	5111	1224	3245	642
40-44岁	5171	5171	6140	581	5559	3171	809	1917	445
45-49岁	7895	7895	7626	765	6861	3473	890	2152	431
50-54岁	7300	7300	5410	453	4957	2642	674	1694	274
55-59岁	5816	5816	3317	246	3071	1524	412	978	134
60-64岁	2298	2298	833	37	796	137	32	93	12
65-69岁	1655	1655	583	22	561	51	10	35	6
70-74岁	322	322	174	7	167	15	3	11	1
75岁及以上	124	124	75	2	73	16	6	9	1
男	**36874**	**36874**	**37841**	**3876**	**33965**	**22066**	**4756**	**14455**	**2855**
16-19岁	184	184	301	13	288	51	5	37	9
20-24岁	2836	2836	3350	262	3088	1729	273	1184	272
25-29岁	5027	5027	5908	627	5281	3839	655	2582	602
30-34岁	5530	5530	6782	734	6048	5016	1019	3329	668
35-39岁	3459	3459	4765	505	4260	3419	828	2181	410
40-44岁	2835	2835	3675	461	3214	2123	517	1318	288
45-49岁	4540	4540	4861	600	4261	2310	548	1499	263
50-54岁	4918	4918	4161	392	3769	2064	510	1338	216
55-59岁	4366	4366	2807	227	2580	1347	367	866	114
60-64岁	1669	1669	646	31	615	104	21	74	9
65-69岁	1184	1184	429	18	411	41	8	29	4
70-74岁	240	240	109	5	104	10	1	9	
75岁及以上	86	86	47	1	46	13	4	9	
女	**24842**	**24842**	**27274**	**974**	**26300**	**11512**	**2507**	**7223**	**1782**
16-19岁	111	111	227	1	226	29	2	20	7
20-24岁	2252	2252	3872	74	3798	1228	177	839	212
25-29岁	3982	3982	6140	162	5978	2681	499	1725	457
30-34岁	4892	4892	5933	213	5720	2865	573	1828	464
35-39岁	2862	2862	3679	146	3533	1692	396	1064	232
40-44岁	2336	2336	2465	120	2345	1048	292	599	157
45-49岁	3355	3355	2765	165	2600	1163	342	653	168
50-54岁	2382	2382	1249	61	1188	578	164	356	58
55-59岁	1450	1450	510	19	491	177	45	112	20
60-64岁	629	629	187	6	181	33	11	19	3
65-69岁	471	471	154	4	150	10	2	6	2
70-74岁	82	82	65	2	63	5	2	2	1
75岁及以上	38	38	28	1	27	3	2		1

4-5a 续表 10 单位：人

年龄组 性 别	水利、环境和公共设施管理业					居民服务、修理和其他服务业			
	小计	水 利 管理业	生态保护 和环境 治理业	公共设施 管理业	土 地 管理业	小计	居 民 服务业	机动车、 电子产品 和日用产 品修理业	其 他 服务业
总 计	**11759**	**634**	**958**	**9977**	**190**	**75263**	**50221**	**15596**	**9446**
16-19岁	11		1	9	1	1428	1006	374	48
20-24岁	287	10	44	224	9	6881	4738	1778	365
25-29岁	825	68	140	578	39	9352	6391	2420	541
30-34岁	1172	80	192	849	51	11198	7700	2829	669
35-39岁	969	76	119	756	18	7969	5413	1948	608
40-44岁	1137	98	105	911	23	7463	4935	1652	876
45-49岁	2165	134	131	1879	21	11504	7434	2171	1899
50-54岁	2057	90	116	1841	10	8765	5465	1392	1908
55-59岁	1611	70	68	1459	14	5534	3591	682	1261
60-64岁	866	4	21	838	3	2442	1592	203	647
65-69岁	551	2	13	535	1	1955	1354	112	489
70-74岁	80	2	4	74		523	401	27	95
75岁及以上	28		4	24		249	201	8	40
男	**6635**	**424**	**670**	**5410**	**131**	**29989**	**14337**	**12549**	**3103**
16-19岁	9		1	8		855	477	356	22
20-24岁	167	7	26	128	6	3477	1749	1574	154
25-29岁	484	40	87	335	22	4445	2135	2049	261
30-34岁	754	55	148	517	34	4901	2357	2258	286
35-39岁	568	44	76	431	17	3281	1568	1483	230
40-44岁	615	59	72	471	13	2726	1226	1262	238
45-49岁	1043	84	92	855	12	3622	1541	1651	430
50-54岁	1169	68	95	996	10	2813	1225	1078	510
55-59岁	987	60	51	862	14	1827	878	553	396
60-64岁	476	4	13	457	2	957	501	164	292
65-69岁	309	1	6	301	1	748	432	97	219
70-74岁	38	2	1	35		220	157	17	46
75岁及以上	16		2	14		117	91	7	19
女	**5124**	**210**	**288**	**4567**	**59**	**45274**	**35884**	**3047**	**6343**
16-19岁	2			1	1	573	529	18	26
20-24岁	120	3	18	96	3	3404	2989	204	211
25-29岁	341	28	53	243	17	4907	4256	371	280
30-34岁	418	25	44	332	17	6297	5343	571	383
35-39岁	401	32	43	325	1	4688	3845	465	378
40-44岁	522	39	33	440	10	4737	3709	390	638
45-49岁	1122	50	39	1024	9	7882	5893	520	1469
50-54岁	888	22	21	845		5952	4240	314	1398
55-59岁	624	10	17	597		3707	2713	129	865
60-64岁	390		8	381	1	1485	1091	39	355
65-69岁	242	1	7	234		1207	922	15	270
70-74岁	42		3	39		303	244	10	49
75岁及以上	12		2	10		132	110	1	21

4-5a 续表 11 单位：人

年龄组 性别	教育		卫生和社会工作			文化、体育和娱乐业				
	小计	教育	小计	卫生	社会工作	小计	新闻和出版业	广播、电视、电影和录音制作业	文化艺术业	体育
总　计	**85064**	**85064**	**48956**	**47402**	**1554**	**23401**	**1474**	**2603**	**2988**	**2917**
16-19岁	944	944	396	385	11	539	2	25	30	72
20-24岁	9400	9400	5857	5754	103	3331	118	451	400	604
25-29岁	13231	13231	9527	9377	150	3982	241	602	549	713
30-34岁	13950	13950	10001	9820	181	3828	267	517	521	469
35-39岁	11906	11906	6600	6446	154	2658	237	353	365	253
40-44岁	9804	9804	4581	4431	150	2153	168	198	251	207
45-49岁	11207	11207	5120	4855	265	2941	206	200	319	253
50-54岁	8773	8773	3493	3250	243	2092	131	149	270	162
55-59岁	4887	4887	2250	2102	148	1262	86	86	193	115
60-64岁	562	562	548	480	68	327	12	12	45	43
65-69岁	266	266	399	339	60	202	4	7	30	16
70-74岁	82	82	114	102	12	57	2	1	11	8
75岁及以上	52	52	70	61	9	29		2	4	2
男	**30047**	**30047**	**14853**	**14330**	**523**	**10900**	**755**	**1399**	**1425**	**1473**
16-19岁	263	263	68	64	4	295		10	14	46
20-24岁	1899	1899	980	947	33	1733	52	208	165	352
25-29岁	3088	3088	1841	1801	40	2022	91	292	234	421
30-34岁	3934	3934	2451	2391	60	1695	117	274	216	195
35-39岁	3661	3661	2147	2100	47	1199	117	203	181	108
40-44岁	3643	3643	1651	1606	45	855	88	117	119	82
45-49岁	4576	4576	1998	1929	69	1120	113	106	158	93
50-54岁	4596	4596	1604	1509	95	953	90	98	161	73
55-59岁	3761	3761	1391	1328	63	703	72	75	127	67
60-64岁	381	381	354	322	32	176	9	10	24	25
65-69岁	161	161	240	215	25	109	4	6	17	7
70-74岁	55	55	79	73	6	31	2		6	4
75岁及以上	29	29	49	45	4	9			3	
女	**55017**	**55017**	**34103**	**33072**	**1031**	**12501**	**719**	**1204**	**1563**	**1444**
16-19岁	681	681	328	321	7	244	2	15	16	26
20-24岁	7501	7501	4877	4807	70	1598	66	243	235	252
25-29岁	10143	10143	7686	7576	110	1960	150	310	315	292
30-34岁	10016	10016	7550	7429	121	2133	150	243	305	274
35-39岁	8245	8245	4453	4346	107	1459	120	150	184	145
40-44岁	6161	6161	2930	2825	105	1298	80	81	132	125
45-49岁	6631	6631	3122	2926	196	1821	93	94	161	160
50-54岁	4177	4177	1889	1741	148	1139	41	51	109	89
55-59岁	1126	1126	859	774	85	559	14	11	66	48
60-64岁	181	181	194	158	36	151	3	2	21	18
65-69岁	105	105	159	124	35	93		1	13	9
70-74岁	27	27	35	29	6	26		1	5	4
75岁及以上	23	23	21	16	5	20		2	1	2

4-5a 续表 12 单位：人

年龄组 性 别	娱乐业	公共管理、社会保障和社会组织							国际组织	
		小计	中国共产党机关	国家机构	人民政协、民主党派	社会保障	群众团体、社会团体和其他成员组织	基层群众自治组织	小计	国际组织
总 计	**13419**	**73883**	**1826**	**62340**	**337**	**289**	**2575**	**6516**	**19**	**19**
16-19岁	410	224	6	72		1	15	130		
20-24岁	1758	2990	38	2483	4	14	180	271		
25-29岁	1877	8541	179	7491	9	33	291	538	3	3
30-34岁	2054	13061	369	11249	22	76	400	945	3	3
35-39岁	1450	10654	313	9173	32	46	351	739	4	4
40-44岁	1329	9399	221	8018	31	37	279	813	4	4
45-49岁	1963	11703	301	9691	56	43	401	1211	3	3
50-54岁	1380	9384	215	7960	76	25	286	822	2	2
55-59岁	782	6711	164	5572	98	13	223	641		
60-64岁	215	616	12	375	6		49	174		
65-69岁	145	419	4	181	1	1	64	168		
70-74岁	35	114	2	41	2		22	47		
75岁及以上	21	67	2	34			14	17		
男	**5848**	**45203**	**1214**	**39342**	**228**	**119**	**1279**	**3021**	**8**	**8**
16-19岁	225	130		50		1	9	70		
20-24岁	956	1624	20	1419		3	70	112		
25-29岁	984	4244	83	3876	3	13	93	176	1	1
30-34岁	893	6882	219	6200	10	24	149	280	2	2
35-39岁	590	6237	204	5566	20	17	170	260	1	1
40-44岁	449	5575	148	4950	20	14	135	308	2	2
45-49岁	650	7213	218	6198	35	20	213	529	1	1
50-54岁	531	6576	160	5650	50	13	172	531	1	1
55-59岁	362	5856	146	4974	84	13	163	476		
60-64岁	108	438	10	270	4		35	119		
65-69岁	75	298	2	134	1	1	46	114		
70-74岁	19	77	2	27	1		12	35		
75岁及以上	6	53	2	28			12	11		
女	**7571**	**28680**	**612**	**22998**	**109**	**170**	**1296**	**3495**	**11**	**11**
16-19岁	185	94	6	22			6	60		
20-24岁	802	1366	18	1064	4	11	110	159		
25-29岁	893	4297	96	3615	6	20	198	362	2	2
30-34岁	1161	6179	150	5049	12	52	251	665	1	1
35-39岁	860	4417	109	3607	12	29	181	479	3	3
40-44岁	880	3824	73	3068	11	23	144	505	2	2
45-49岁	1313	4490	83	3493	21	23	188	682	2	2
50-54岁	849	2808	55	2310	26	12	114	291	1	1
55-59岁	420	855	18	598	14		60	165		
60-64岁	107	178	2	105	2		14	55		
65-69岁	70	121	2	47			18	54		
70-74岁	16	37		14	1		10	12		
75岁及以上	15	14		6			2	6		

4-5b　全省分年龄、性别、行业大类的就业人口(镇)

单位：人

年龄组 性别	合计	农、林、牧、渔业						采矿业	
		小计	农业	林业	畜牧业	渔业	农、林、牧、渔专业及辅助性活动	小计	煤炭开采和洗选业
总　计	**853394**	**124970**	**105512**	**1977**	**15068**	**1046**	**1367**	**5727**	**2386**
16-19岁	8549	1121	860	24	220	6	11	7	
20-24岁	49220	3594	2695	84	735	35	45	183	30
25-29岁	88363	5662	4375	108	1022	70	87	337	56
30-34岁	115121	7590	5914	173	1259	131	113	653	148
35-39岁	85265	7076	5635	135	1106	82	118	515	153
40-44岁	93030	9066	7184	232	1415	116	119	709	299
45-49岁	148765	17686	14639	389	2224	181	253	1562	780
50-54岁	122751	21240	18099	381	2325	181	254	1233	686
55-59岁	74270	16898	14684	259	1651	118	186	417	199
60-64岁	26492	10836	9679	100	945	43	69	61	18
65-69岁	25766	13744	12458	68	1095	55	68	34	11
70-74岁	10062	6580	5888	18	622	23	29	10	2
75岁及以上	5740	3877	3402	6	449	5	15	6	4
男	**472323**	**58997**	**49298**	**1293**	**6901**	**743**	**762**	**4859**	**2076**
16-19岁	4858	599	463	13	113	4	6	7	
20-24岁	25466	1818	1356	47	359	28	28	148	19
25-29岁	46271	2733	2042	63	514	54	60	273	46
30-34岁	61341	3538	2679	105	617	86	51	522	116
35-39岁	45122	3239	2536	77	511	54	61	435	124
40-44岁	49093	4052	3131	135	639	88	59	520	215
45-49岁	80761	7668	6209	234	975	120	130	1321	688
50-54岁	72713	9278	7688	280	1024	125	161	1151	653
55-59岁	47060	7628	6514	196	729	85	104	387	185
60-64岁	15848	5491	4908	77	432	34	40	55	15
65-69岁	14724	7170	6562	50	478	44	36	29	11
70-74岁	5826	3634	3283	11	304	17	19	8	2
75岁及以上	3240	2149	1927	5	206	4	7	3	2
女	**381071**	**65973**	**56214**	**684**	**8167**	**303**	**605**	**868**	**310**
16-19岁	3691	522	397	11	107	2	5		
20-24岁	23754	1776	1339	37	376	7	17	35	11
25-29岁	42092	2929	2333	45	508	16	27	64	10
30-34岁	53780	4052	3235	68	642	45	62	131	32
35-39岁	40143	3837	3099	58	595	28	57	80	29
40-44岁	43937	5014	4053	97	776	28	60	189	84
45-49岁	68004	10018	8430	155	1249	61	123	241	92
50-54岁	50038	11962	10411	101	1301	56	93	82	33
55-59岁	27210	9270	8170	63	922	33	82	30	14
60-64岁	10644	5345	4771	23	513	9	29	6	3
65-69岁	11042	6574	5896	18	617	11	32	5	
70-74岁	4236	2946	2605	7	318	6	10	2	
75岁及以上	2500	1728	1475	1	243	1	8	3	2

4-5b 续表 1

单位：人

年龄组 性 别	采矿业						制造业		
	石油和天然气开采业	黑色金属矿采选业	有色金属矿采选业	非金属矿采选业	开采专业及辅助性活动	其他采矿业	小计	农副食品加工业	食品制造业
总 计	**424**	**761**	**394**	**1149**	**500**	**113**	**87063**	**6108**	**3946**
16-19岁	1	1		2	3		928	34	57
20-24岁	28	35	6	54	24	6	4940	163	224
25-29岁	52	59	33	92	35	10	8566	350	391
30-34岁	100	110	61	163	62	9	13335	584	577
35-39岁	55	74	45	115	64	9	9787	451	452
40-44岁	48	115	61	122	51	13	10732	606	501
45-49岁	64	205	106	254	123	30	17605	1288	774
50-54岁	46	120	58	194	104	25	12143	1252	497
55-59岁	22	32	21	103	31	9	5966	792	290
60-64岁	2	4	3	32		2	1433	252	84
65-69岁	4	2		16	1		1087	226	62
70-74岁	2	3		1	2		363	76	24
75岁及以上		1		1			178	34	13
男	**367**	**621**	**321**	**949**	**436**	**89**	**51907**	**3362**	**1828**
16-19岁	1	1		2	3		590	24	26
20-24岁	27	29	4	42	22	5	3134	100	97
25-29岁	44	48	25	75	28	7	5285	194	188
30-34岁	87	84	45	132	53	5	7740	302	230
35-39岁	49	66	40	97	53	6	5337	236	199
40-44岁	39	81	44	89	42	10	5740	291	206
45-49岁	54	160	87	204	105	23	9775	644	337
50-54岁	39	113	53	171	99	23	7935	716	255
55-59岁	21	31	21	93	28	8	4211	466	180
60-64岁	2	4	2	30		2	1023	172	47
65-69岁	3	2		12	1		763	139	39
70-74岁	1	2		1	2		263	57	17
75岁及以上				1			111	21	7
女	**57**	**140**	**73**	**200**	**64**	**24**	**35156**	**2746**	**2118**
16-19岁							338	10	31
20-24岁	1	6	2	12	2	1	1806	63	127
25-29岁	8	11	8	17	7	3	3281	156	203
30-34岁	13	26	16	31	9	4	5595	282	347
35-39岁	6	8	5	18	11	3	4450	215	253
40-44岁	9	34	17	33	9	3	4992	315	295
45-49岁	10	45	19	50	18	7	7830	644	437
50-54岁	7	7	5	23	5	2	4208	536	242
55-59岁	1	1		10	3	1	1755	326	110
60-64岁			1	2			410	80	37
65-69岁	1			4			324	87	23
70-74岁	1	1					100	19	7
75岁及以上		1					67	13	6

4-5b　续表 2

单位：人

年龄组 性　别	制造业								
	酒、饮料和精制茶制造业	烟　草制品业	纺织业	纺织服装、服饰业	皮革、毛皮、羽毛及其制品和制鞋业	木材加工和木、竹、藤、棕、草制品业	家　具制造业	造纸和纸制品业	印刷和记录媒介复制业
总　计	**3306**	**275**	**3463**	**7088**	**4213**	**2846**	**4480**	**2222**	**1095**
16–19岁	8	1	29	73	77	13	31	21	13
20–24岁	125	7	114	429	304	85	212	90	69
25–29岁	275	16	250	703	427	176	437	156	112
30–34岁	428	31	431	1125	726	328	705	290	181
35–39岁	409	43	398	883	520	227	467	251	121
40–44岁	368	49	496	969	575	266	520	299	156
45–49岁	646	66	797	1484	893	581	921	530	221
50–54岁	509	34	542	886	453	508	699	339	142
55–59岁	321	21	269	365	175	327	342	174	62
60–64岁	94	6	61	81	37	126	64	42	13
65–69岁	87	1	52	60	14	125	57	22	4
70–74岁	26		17	23	7	44	17	4	
75岁及以上	10		7	7	5	40	8	4	1
男	**2019**	**123**	**1557**	**2675**	**2129**	**1933**	**2964**	**1190**	**575**
16–19岁	5		15	33	55	11	25	8	7
20–24岁	63	3	58	190	175	57	137	62	38
25–29岁	168	6	114	280	237	133	296	90	62
30–34岁	252	13	173	424	385	217	443	157	91
35–39岁	216	20	165	317	239	144	298	127	69
40–44岁	212	25	189	334	249	172	343	140	74
45–49岁	378	22	316	502	422	375	588	242	99
50–54岁	347	17	265	348	220	374	467	194	75
55–59岁	224	13	171	161	101	231	252	121	45
60–64岁	61	4	38	42	26	80	51	32	12
65–69岁	65		36	28	11	84	44	12	3
70–74岁	23		11	14	6	23	15	4	
75岁及以上	5		6	2	3	32	5	1	
女	**1287**	**152**	**1906**	**4413**	**2084**	**913**	**1516**	**1032**	**520**
16–19岁	3	1	14	40	22	2	6	13	6
20–24岁	62	4	56	239	129	28	75	28	31
25–29岁	107	10	136	423	190	43	141	66	50
30–34岁	176	18	258	701	341	111	262	133	90
35–39岁	193	23	233	566	281	83	169	124	52
40–44岁	156	24	307	635	326	94	177	159	82
45–49岁	268	44	481	982	471	206	333	288	122
50–54岁	162	17	277	538	233	134	232	145	67
55–59岁	97	8	98	204	74	96	90	53	17
60–64岁	33	2	23	39	11	46	13	10	1
65–69岁	22	1	16	32	3	41	13	10	1
70–74岁	3		6	9	1	21	2		
75岁及以上	5		1	5	2	8	3	3	1

4-5b 续表 3

单位：人

年龄组 性别	制造业								
	文教、工美、体育和娱乐用品制造业	石油、煤炭及其他燃料加工业	化学原料和化学制品制造业	医药制造业	化学纤维制造业	橡胶和塑料制品业	非金属矿物制品业	黑色金属冶炼和压延加工业	有色金属冶炼和压延加工业
总计	**1956**	**438**	**2928**	**1442**	**225**	**2830**	**9342**	**1720**	**1060**
16-19岁	41	1	11	8		20	31	11	6
20-24岁	138	17	139	127	8	128	335	74	40
25-29岁	218	22	255	189	13	259	704	136	111
30-34岁	339	95	417	252	37	381	1239	292	149
35-39岁	233	47	339	175	28	309	930	177	134
40-44岁	254	49	380	209	38	395	1151	224	155
45-49岁	338	90	666	239	61	660	2172	402	234
50-54岁	234	75	461	137	28	415	1623	265	161
55-59岁	106	33	186	71	5	192	830	114	56
60-64岁	24	3	32	16	5	44	181	14	9
65-69岁	19	4	27	13	2	20	109	10	3
70-74岁	8	1	13	2		5	30	1	2
75岁及以上	4	1	2	4		2	7		
男	**827**	**339**	**1990**	**750**	**139**	**1726**	**6665**	**1314**	**721**
16-19岁	24	1	6	6		14	21	6	4
20-24岁	70	12	94	65	5	91	266	56	27
25-29岁	96	20	163	93	10	155	523	101	72
30-34岁	146	80	254	129	23	247	842	190	97
35-39岁	96	30	204	88	13	168	635	122	75
40-44岁	103	31	230	86	16	222	752	160	90
45-49岁	133	69	459	101	41	365	1433	321	155
50-54岁	92	60	375	102	21	259	1252	228	136
55-59岁	47	28	152	52	4	146	670	107	54
60-64岁	9	3	23	14	4	35	152	14	8
65-69岁	6	3	21	10	2	19	91	8	2
70-74岁	5	1	9	1		3	25	1	1
75岁及以上		1		3		2	3		
女	**1129**	**99**	**938**	**692**	**86**	**1104**	**2677**	**406**	**339**
16-19岁	17		5	2		6	10	5	2
20-24岁	68	5	45	62	3	37	69	18	13
25-29岁	122	2	92	96	3	104	181	35	39
30-34岁	193	15	163	123	14	134	397	102	52
35-39岁	137	17	135	87	15	141	295	55	59
40-44岁	151	18	150	123	22	173	399	64	65
45-49岁	205	21	207	138	20	295	739	81	79
50-54岁	142	15	86	35	7	156	371	37	25
55-59岁	59	5	34	19	1	46	160	7	2
60-64岁	15		9	2	1	9	29		1
65-69岁	13	1	6	3		1	18	2	1
70-74岁	3		4	1		2	5		1
75岁及以上	4		2	1			4		

4-5b　续表 4

单位：人

年龄组 性　别	制造业								
	金　属 制品业	通用设备 制造业	专用设备 制造业	汽　车 制造业	铁路、船舶、航空航天和其他运输设备制造业	电气机械 和器材 制造业	计算机、 通信和其他电子设备制造业	仪器仪表 制造业	其　他 制造业
总　计	**5310**	**3656**	**1969**	**1842**	**577**	**2463**	**7255**	**357**	**694**
16-19岁	40	31	39	29	6	41	232	7	7
20-24岁	223	210	167	138	62	179	950	27	60
25-29岁	529	393	237	240	92	300	1276	43	67
30-34岁	880	645	358	304	95	437	1586	71	107
35-39岁	631	428	245	219	54	348	976	40	71
40-44岁	686	464	228	249	69	279	777	38	74
45-49岁	1148	721	308	357	87	463	890	55	146
50-54岁	741	490	257	207	67	277	382	44	91
55-59岁	319	215	94	74	35	106	143	16	51
60-64岁	60	36	17	13	4	16	26	6	8
65-69岁	36	16	13	6	4	13	7	8	9
70-74岁	12	6	4	5	2	4	7	1	2
75岁及以上	5	1	2	1			3	1	1
男	**3950**	**2713**	**1233**	**1239**	**428**	**1525**	**3812**	**224**	**428**
16-19岁	32	22	20	21	6	31	145	7	7
20-24岁	171	169	100	112	54	112	606	20	41
25-29岁	417	315	149	172	66	194	752	23	40
30-34岁	659	492	214	215	69	258	839	40	59
35-39岁	433	295	140	135	33	198	434	24	37
40-44岁	501	301	132	147	45	149	317	31	40
45-49岁	798	481	193	202	54	278	369	29	87
50-54岁	582	395	190	149	59	193	221	30	66
55-59岁	264	191	68	64	33	84	93	9	36
60-64岁	48	30	11	11	3	15	23	3	4
65-69岁	30	15	12	6	4	10	7	7	8
70-74岁	11	6	3	4	2	3	4		2
75岁及以上	4	1	1	1			2	1	1
女	**1360**	**943**	**736**	**603**	**149**	**938**	**3443**	**133**	**266**
16-19岁	8	9	19	8		10	87		
20-24岁	52	41	67	26	8	67	344	7	19
25-29岁	112	78	88	68	26	106	524	20	27
30-34岁	221	153	144	89	26	179	747	31	48
35-39岁	198	133	105	84	21	150	542	16	34
40-44岁	185	163	96	102	24	130	460	7	34
45-49岁	350	240	115	155	33	185	521	26	59
50-54岁	159	95	67	58	8	84	161	14	25
55-59岁	55	24	26	10	2	22	50	7	15
60-64岁	12	6	6	2	1	1	3	3	4
65-69岁	6	1	1			3		1	1
70-74岁	1		1	1		1	3	1	
75岁及以上	1		1				1		

4-5b 续表 5

单位：人

年龄组 性别	制造业		电力、热力、燃气及水生产和供应业				建筑业		
	废弃资源综合利用业	金属制品、机械和设备修理业	小计	电力、热力生产和供应业	燃气生产和供应业	水的生产和供应业	小计	房屋建筑业	土木工程建筑业
总计	**893**	**1064**	**9066**	**6065**	**1397**	**1604**	**127617**	**81101**	**11275**
16-19岁	4	6	17	10	4	3	779	490	80
20-24岁	20	76	313	182	59	72	5664	3219	745
25-29岁	51	138	752	472	133	147	11782	6575	1334
30-34岁	86	159	1190	673	247	270	16873	9679	1630
35-39岁	56	125	929	586	174	169	12056	7136	1140
40-44岁	72	136	1309	916	188	205	14441	9091	1237
45-49岁	177	190	2165	1528	280	357	26277	17150	2115
50-54岁	195	132	1443	1063	167	213	22633	15472	1750
55-59岁	103	79	779	553	110	116	11960	8398	911
60-64岁	49	10	94	47	22	25	3099	2304	219
65-69岁	50	8	62	30	9	23	1669	1291	90
70-74岁	17	3	10	3	4	3	270	208	16
75岁及以上	13	2	3	2		1	114	88	8
男	**605**	**924**	**6516**	**4548**	**955**	**1013**	**107224**	**67292**	**9882**
16-19岁	2	6	15	9	3	3	677	407	74
20-24岁	15	68	215	136	38	41	4781	2666	648
25-29岁	37	119	522	346	91	85	10071	5571	1147
30-34岁	60	140	814	500	161	153	14417	8175	1443
35-39岁	37	110	601	399	106	96	10008	5816	1008
40-44岁	42	110	826	614	111	101	11690	7245	1058
45-49岁	119	163	1409	1013	185	211	21272	13720	1821
50-54岁	131	116	1234	927	134	173	19088	12855	1550
55-59岁	73	71	728	529	97	102	10600	7368	824
60-64岁	40	8	87	43	20	24	2831	2094	203
65-69岁	33	8	54	28	6	20	1486	1140	86
70-74岁	9	3	8	2	3	3	223	175	13
75岁及以上	7	2	3	2		1	80	60	7
女	**288**	**140**	**2550**	**1517**	**442**	**591**	**20393**	**13809**	**1393**
16-19岁	2		2	1	1		102	83	6
20-24岁	5	8	98	46	21	31	883	553	97
25-29岁	14	19	230	126	42	62	1711	1004	187
30-34岁	26	19	376	173	86	117	2456	1504	187
35-39岁	19	15	328	187	68	73	2048	1320	132
40-44岁	30	26	483	302	77	104	2751	1846	179
45-49岁	58	27	756	515	95	146	5005	3430	294
50-54岁	64	16	209	136	33	40	3545	2617	200
55-59岁	30	8	51	24	13	14	1360	1030	87
60-64岁	9	2	7	4	2	1	268	210	16
65-69岁	17		8	2	3	3	183	151	4
70-74岁	8		2	1	1		47	33	3
75岁及以上	6						34	28	1

4-5b 续表 6

单位：人

年龄组 性别	建筑业		批发和零售业			交通运输、仓储和邮政业			
	建筑安装业	建筑装饰、装修和其他建筑业	小计	批发业	零售业	小计	铁路运输业	道路运输业	水上运输业
总 计	**5734**	**29507**	**149818**	**23022**	**126796**	**40696**	**862**	**28469**	**168**
16-19岁	34	175	1361	149	1212	222	8	75	
20-24岁	308	1392	8508	1010	7498	2032	82	980	8
25-29岁	677	3196	16199	2217	13982	4241	161	2480	22
30-34岁	1015	4549	23239	3304	19935	6330	101	4404	20
35-39岁	649	3131	17164	2525	14639	5001	72	3821	17
40-44岁	651	3462	17869	2618	15251	5126	78	3955	17
45-49岁	1036	5976	27036	4290	22746	8102	167	6065	28
50-54岁	769	4642	19165	3369	15796	5602	115	4030	27
55-59岁	430	2221	10603	1908	8695	2921	62	1996	17
60-64岁	96	480	3646	669	2977	623	10	384	7
65-69岁	58	230	3239	624	2615	396	4	224	4
70-74岁	11	35	1131	214	917	76	1	46	
75岁及以上		18	658	125	533	24	1	9	1
男	**5267**	**24783**	**61681**	**12816**	**48865**	**34490**	**652**	**25388**	**131**
16-19岁	34	162	581	83	498	176	6	68	
20-24岁	296	1171	3334	574	2760	1538	39	800	5
25-29岁	631	2722	6177	1235	4942	3381	123	2144	18
30-34岁	940	3859	8540	1790	6750	5206	69	3893	17
35-39岁	597	2587	6254	1327	4927	4278	53	3446	14
40-44岁	570	2817	6556	1346	5210	4309	64	3478	11
45-49岁	936	4795	10567	2290	8277	6891	124	5364	20
50-54岁	700	3983	9052	1976	7076	5035	103	3725	20
55-59岁	410	1998	5636	1193	4443	2667	57	1852	15
60-64岁	92	442	2073	421	1652	571	8	365	6
65-69岁	55	205	1871	378	1493	355	4	203	4
70-74岁	6	29	679	127	552	65	1	43	
75岁及以上		13	361	76	285	18	1	7	1
女	**467**	**4724**	**88137**	**10206**	**77931**	**6206**	**210**	**3081**	**37**
16-19岁		13	780	66	714	46	2	7	
20-24岁	12	221	5174	436	4738	494	43	180	3
25-29岁	46	474	10022	982	9040	860	38	336	4
30-34岁	75	690	14699	1514	13185	1124	32	511	3
35-39岁	52	544	10910	1198	9712	723	19	375	3
40-44岁	81	645	11313	1272	10041	817	14	477	6
45-49岁	100	1181	16469	2000	14469	1211	43	701	8
50-54岁	69	659	10113	1393	8720	567	12	305	7
55-59岁	20	223	4967	715	4252	254	5	144	2
60-64岁	4	38	1573	248	1325	52	2	19	1
65-69岁	3	25	1368	246	1122	41		21	
70-74岁	5	6	452	87	365	11		3	
75岁及以上		5	297	49	248	6		2	

4-5b　续表 7

单位：人

年龄组 性别	交通运输、仓储和邮政业					住宿和餐饮业		
	航空运输业	管道运输业	多式联运和运输代理业	装卸搬运和仓储业	邮政业	小计	住宿业	餐饮业
总　计	**329**	**25**	**645**	**4191**	**6007**	**71259**	**7290**	**63969**
16-19岁	4	2	1	34	98	1394	119	1275
20-24岁	74		34	139	715	4549	586	3963
25-29岁	100	2	75	239	1162	6920	821	6099
30-34岁	45	4	97	349	1310	9374	999	8375
35-39岁	23	2	75	291	700	7462	799	6663
40-44岁	22	3	79	410	562	8405	877	7528
45-49岁	35	8	148	908	743	13747	1364	12383
50-54岁	18	3	90	910	409	10501	931	9570
55-59岁	6		33	584	223	5678	503	5175
60-64岁	2	1	9	167	43	1586	154	1432
65-69岁			3	132	29	1217	106	1111
70-74岁			1	20	8	266	17	249
75岁及以上				8	5	160	14	146
男	**200**	**19**	**517**	**3444**	**4139**	**28420**	**2612**	**25808**
16-19岁	3	2	1	26	70	777	52	725
20-24岁	45		22	107	520	2456	237	2219
25-29岁	53	1	54	183	805	3451	302	3149
30-34岁	30	3	74	257	863	4073	330	3743
35-39岁	14	2	65	227	457	2996	241	2755
40-44岁	12	2	65	319	358	3059	266	2793
45-49岁	24	6	116	731	506	4554	424	4130
50-54岁	11	2	79	778	317	3503	347	3156
55-59岁	6		29	526	182	2100	252	1848
60-64岁	2	1	8	146	35	705	89	616
65-69岁			3	121	20	527	58	469
70-74岁			1	17	3	135	7	128
75岁及以上				6	3	84	7	77
女	**129**	**6**	**128**	**747**	**1868**	**42839**	**4678**	**38161**
16-19岁	1			8	28	617	67	550
20-24岁	29		12	32	195	2093	349	1744
25-29岁	47	1	21	56	357	3469	519	2950
30-34岁	15	1	23	92	447	5301	669	4632
35-39岁	9		10	64	243	4466	558	3908
40-44岁	10	1	14	91	204	5346	611	4735
45-49岁	11	2	32	177	237	9193	940	8253
50-54岁	7	1	11	132	92	6998	584	6414
55-59岁			4	58	41	3578	251	3327
60-64岁			1	21	8	881	65	816
65-69岁				11	9	690	48	642
70-74岁				3	5	131	10	121
75岁及以上				2	2	76	7	69

4-5b 续表 8

单位：人

年龄组 性 别	信息传输、软件和信息技术服务业				金融业				
	小计	电信、广播电视和卫星传输服务	互联网和相关服务	软件和信息技术服务业	小计	货币金融服务	资本市场服务	保险业	其他金融业
总 计	**9589**	**4177**	**2914**	**2498**	**10075**	**5133**	**276**	**4146**	**520**
16-19岁	147	32	81	34	35	10	3	21	1
20-24岁	1401	437	482	482	807	359	27	332	89
25-29岁	1983	792	581	610	1714	831	69	690	124
30-34岁	2122	1013	612	497	2202	1148	75	864	115
35-39岁	1143	595	315	233	1082	440	27	574	41
40-44岁	820	428	221	171	876	339	23	478	36
45-49岁	950	483	273	194	1592	824	21	698	49
50-54岁	573	235	174	164	1099	733	19	310	37
55-59岁	330	128	115	87	555	391	8	131	25
60-64岁	59	18	24	17	63	35	1	27	
65-69岁	40	8	24	8	35	16	1	15	3
70-74岁	12	4	7	1	7	4	1	2	
75岁及以上	9	4	5		8	3	1	4	
男	**5586**	**2364**	**1683**	**1539**	**4628**	**2682**	**164**	**1510**	**272**
16-19岁	98	21	51	26	20	6	3	10	1
20-24岁	839	214	295	330	361	146	13	157	45
25-29岁	1182	435	342	405	764	342	34	330	58
30-34岁	1198	510	351	337	930	497	50	328	55
35-39岁	637	304	185	148	373	169	18	169	17
40-44岁	472	241	138	93	313	160	13	118	22
45-49岁	554	319	149	86	675	451	15	185	24
50-54岁	354	189	91	74	665	515	10	112	28
55-59岁	191	107	54	30	444	351	4	70	19
60-64岁	32	13	13	6	49	29	1	19	
65-69岁	16	6	7	3	25	12	1	9	3
70-74岁	8	3	4	1	3	1	1	1	
75岁及以上	5	2	3		6	3	1	2	
女	**4003**	**1813**	**1231**	**959**	**5447**	**2451**	**112**	**2636**	**248**
16-19岁	49	11	30	8	15	4		11	
20-24岁	562	223	187	152	446	213	14	175	44
25-29岁	801	357	239	205	950	489	35	360	66
30-34岁	924	503	261	160	1272	651	25	536	60
35-39岁	506	291	130	85	709	271	9	405	24
40-44岁	348	187	83	78	563	179	10	360	14
45-49岁	396	164	124	108	917	373	6	513	25
50-54岁	219	46	83	90	434	218	9	198	9
55-59岁	139	21	61	57	111	40	4	61	6
60-64岁	27	5	11	11	14	6		8	
65-69岁	24	2	17	5	10	4		6	
70-74岁	4	1	3		4	3		1	
75岁及以上	4	2	2		2			2	

4-5b 续表 9

单位：人

年龄组 性别	房地产业		租赁和商务服务业			科学研究和技术服务业			
	小计	房地产业	小计	租赁业	商务服务业	小计	研究和试验发展	专业技术服务业	科技推广和应用服务业
总计	**15972**	**15972**	**16547**	**1587**	**14960**	**4435**	**366**	**3260**	**809**
16-19岁	119	119	257	16	241	31	3	22	6
20-24岁	1223	1223	1532	140	1392	529	34	435	60
25-29岁	2042	2042	2457	290	2167	885	86	683	116
30-34岁	2420	2420	2698	338	2360	888	69	693	126
35-39岁	1287	1287	1607	184	1423	431	53	308	70
40-44岁	1292	1292	1522	160	1362	381	35	271	75
45-49岁	2118	2118	2370	208	2162	510	49	351	110
50-54岁	2219	2219	1964	156	1808	438	23	298	117
55-59岁	1732	1732	1314	73	1241	234	13	145	76
60-64岁	760	760	405	9	396	42	1	24	17
65-69岁	602	602	294	8	286	39		19	20
70-74岁	131	131	86	4	82	16		7	9
75岁及以上	27	27	41	1	40	11		4	7
男	**9740**	**9740**	**10769**	**1388**	**9381**	**3167**	**258**	**2412**	**497**
16-19岁	69	69	149	15	134	22	2	15	5
20-24岁	701	701	877	125	752	370	21	318	31
25-29岁	1118	1118	1479	269	1210	621	61	483	77
30-34岁	1276	1276	1638	297	1341	611	45	490	76
35-39岁	698	698	988	155	833	306	39	224	43
40-44岁	725	725	941	135	806	262	27	187	48
45-49岁	1245	1245	1541	177	1364	357	34	268	55
50-54岁	1486	1486	1468	131	1337	339	16	248	75
55-59岁	1296	1296	1078	66	1012	201	12	131	58
60-64岁	556	556	299	7	292	31	1	21	9
65-69岁	449	449	226	7	219	29		17	12
70-74岁	106	106	55	3	52	11		6	5
75岁及以上	15	15	30	1	29	7		4	3
女	**6232**	**6232**	**5778**	**199**	**5579**	**1268**	**108**	**848**	**312**
16-19岁	50	50	108	1	107	9	1	7	1
20-24岁	522	522	655	15	640	159	13	117	29
25-29岁	924	924	978	21	957	264	25	200	39
30-34岁	1144	1144	1060	41	1019	277	24	203	50
35-39岁	589	589	619	29	590	125	14	84	27
40-44岁	567	567	581	25	556	119	8	84	27
45-49岁	873	873	829	31	798	153	15	83	55
50-54岁	733	733	496	25	471	99	7	50	42
55-59岁	436	436	236	7	229	33	1	14	18
60-64岁	204	204	106	2	104	11		3	8
65-69岁	153	153	68	1	67	10		2	8
70-74岁	25	25	31	1	30	5		1	4
75岁及以上	12	12	11		11	4			4

4-5b 续表 10

单位：人

年龄组 性别	水利、环境和公共设施管理业					居民服务、修理和其他服务业			
	小计	水利管理业	生态保护和环境治理业	公共设施管理业	土地管理业	小计	居民服务业	机动车、电子产品和日用产品修理业	其他服务业
总计	**5560**	**299**	**437**	**4762**	**62**	**45489**	**30999**	**9264**	**5226**
16-19岁	8		2	5	1	886	578	225	83
20-24岁	136	9	21	103	3	3259	2186	941	132
25-29岁	251	23	33	183	12	5196	3576	1382	238
30-34岁	452	51	48	342	11	6232	4307	1576	349
35-39岁	397	38	47	301	11	4272	2906	1078	288
40-44岁	522	27	60	433	2	4390	2867	1064	459
45-49岁	965	61	82	808	14	6886	4474	1390	1022
50-54岁	1011	44	76	887	4	5996	4032	929	1035
55-59岁	820	39	29	751	1	3913	2720	431	762
60-64岁	455	3	22	429	1	1790	1305	123	362
65-69岁	403	4	14	383	2	1758	1313	88	357
70-74岁	107		3	104		593	457	30	106
75岁及以上	33			33		318	278	7	33
男	**3080**	**218**	**307**	**2505**	**50**	**17882**	**8619**	**7598**	**1665**
16-19岁	4		1	3		520	267	209	44
20-24岁	90	7	17	63	3	1720	797	857	66
25-29岁	167	14	24	119	10	2435	1144	1181	110
30-34岁	272	34	34	195	9	2684	1242	1312	130
35-39岁	217	24	30	155	8	1712	771	859	82
40-44岁	267	16	43	206	2	1567	640	807	120
45-49岁	464	42	57	355	10	2252	982	1065	205
50-54岁	551	37	53	457	4	1913	882	737	294
55-59岁	469	38	22	408	1	1247	655	359	233
60-64岁	254	2	15	236	1	718	452	107	159
65-69岁	236	4	9	221	2	709	481	73	155
70-74岁	74		2	72		250	171	29	50
75岁及以上	15			15		155	135	3	17
女	**2480**	**81**	**130**	**2257**	**12**	**27607**	**22380**	**1666**	**3561**
16-19岁	4		1	2	1	366	311	16	39
20-24岁	46	2	4	40		1539	1389	84	66
25-29岁	84	9	9	64	2	2761	2432	201	128
30-34岁	180	17	14	147	2	3548	3065	264	219
35-39岁	180	14	17	146	3	2560	2135	219	206
40-44岁	255	11	17	227		2823	2227	257	339
45-49岁	501	19	25	453	4	4634	3492	325	817
50-54岁	460	7	23	430		4083	3150	192	741
55-59岁	351	1	7	343		2666	2065	72	529
60-64岁	201	1	7	193		1072	853	16	203
65-69岁	167		5	162		1049	832	15	202
70-74岁	33		1	32		343	286	1	56
75岁及以上	18			18		163	143	4	16

4-5b 续表 11

单位：人

年龄组 性 别	教育		卫生和社会工作			文化、体育和娱乐业				
	小计	教育	小计	卫生	社会工作	小计	新闻和出版业	广播、电视、电影和录音制作业	文 化艺术业	体育
总 计	**47977**	**47977**	**23602**	**22923**	**679**	**9099**	**211**	**413**	**803**	**923**
16-19岁	691	691	234	231	3	190	3	9	15	10
20-24岁	4367	4367	3039	3005	34	885	30	69	118	129
25-29岁	7205	7205	4606	4563	43	1155	39	109	119	178
30-34岁	6621	6621	3759	3709	50	1234	44	81	110	135
35-39岁	5934	5934	2386	2345	41	865	16	49	69	88
40-44岁	6114	6114	2443	2368	75	889	16	20	67	69
45-49岁	7289	7289	2841	2730	111	1460	30	28	105	99
50-54岁	5716	5716	2026	1903	123	1146	18	28	100	99
55-59岁	3377	3377	1322	1214	108	703	14	12	61	68
60-64岁	347	347	385	348	37	252	1	4	16	22
65-69岁	203	203	333	301	32	222		3	15	15
70-74岁	57	57	150	136	14	64			5	7
75岁及以上	56	56	78	70	8	34		1	3	4
男	**19642**	**19642**	**8413**	**8185**	**228**	**3726**	**117**	**223**	**377**	**409**
16-19岁	308	308	36	33	3	116	1	3	8	7
20-24岁	816	816	489	483	6	469	16	28	44	78
25-29岁	1600	1600	953	934	19	570	16	64	53	105
30-34岁	1908	1908	1023	1013	10	473	15	39	44	51
35-39岁	2112	2112	955	945	10	304	10	26	28	25
40-44岁	2718	2718	993	980	13	260	13	14	28	19
45-49岁	3626	3626	1291	1265	26	479	16	16	58	27
50-54岁	3348	3348	1068	1031	37	451	16	17	55	38
55-59岁	2736	2736	907	853	54	298	13	10	37	28
60-64岁	248	248	265	246	19	130	1	3	10	15
65-69岁	134	134	242	224	18	117		2	9	9
70-74岁	48	48	124	115	9	40			2	5
75岁及以上	40	40	67	63	4	19		1	1	2
女	**28335**	**28335**	**15189**	**14738**	**451**	**5373**	**94**	**190**	**426**	**514**
16-19岁	383	383	198	198		74	2	6	7	3
20-24岁	3551	3551	2550	2522	28	416	14	41	74	51
25-29岁	5605	5605	3653	3629	24	585	23	45	66	73
30-34岁	4713	4713	2736	2696	40	761	29	42	66	84
35-39岁	3822	3822	1431	1400	31	561	6	23	41	63
40-44岁	3396	3396	1450	1388	62	629	3	6	39	50
45-49岁	3663	3663	1550	1465	85	981	14	12	47	72
50-54岁	2368	2368	958	872	86	695	2	11	45	61
55-59岁	641	641	415	361	54	405	1	2	24	40
60-64岁	99	99	120	102	18	122		1	6	7
65-69岁	69	69	91	77	14	105		1	6	6
70-74岁	9	9	26	21	5	24			3	2
75岁及以上	16	16	11	7	4	15			2	2

4-5b　续表 12

单位：人

年龄组 性　别	娱乐业	公共管理、社会保障和社会组织							国际组织	
		小计	中国共产党机关	国家机构	人民政协、民主党派	社会保障	群众团体、社会团体和其他成员组织	基层群众自治组织	小计	国际组织
总　计	**6749**	**48831**	**1376**	**38852**	**256**	**236**	**2319**	**5792**	**2**	**2**
16-19岁	153	122	1	68			46	7		
20-24岁	539	2259	49	1890	4	6	201	109		
25-29岁	710	6410	203	5531	5	30	280	361		
30-34岁	864	7908	256	6562	17	50	332	691	1	1
35-39岁	643	5871	207	4752	17	36	243	616		
40-44岁	717	6123	200	4886	18	36	284	699	1	1
45-49岁	1198	7604	188	5897	34	37	299	1149		
50-54岁	901	6603	152	5159	77	21	272	922		
55-59岁	548	4748	107	3623	81	14	153	770		
60-64岁	209	556	6	261	1	3	66	219		
65-69岁	189	389	6	148	2	1	57	175		
70-74岁	52	133		37		1	43	52		
75岁及以上	26	105	1	38		1	43	22		
男	**2600**	**31595**	**901**	**25898**	**188**	**113**	**1287**	**3208**	**1**	**1**
16-19岁	97	94	1	53			37	3		
20-24岁	303	1310	24	1137	2	1	111	35		
25-29岁	332	3489	102	3105		13	146	123		
30-34岁	324	4477	152	3875	10	25	154	261	1	1
35-39岁	215	3672	130	3124	9	16	127	266		
40-44岁	186	3823	141	3189	12	18	140	323		
45-49岁	362	4820	117	3911	21	19	156	596		
50-54岁	325	4794	121	3791	54	6	186	636		
55-59岁	210	4236	102	3338	77	10	104	605		
60-64岁	101	430	5	203	1	3	45	173		
65-69岁	97	286	5	113	2	1	35	130		
70-74岁	33	92		29			23	40		
75岁及以上	15	72	1	30		1	23	17		
女	**4149**	**17236**	**475**	**12954**	**68**	**123**	**1032**	**2584**	**1**	**1**
16-19岁	56	28		15			9	4		
20-24岁	236	949	25	753	2	5	90	74		
25-29岁	378	2921	101	2426	5	17	134	238		
30-34岁	540	3431	104	2687	7	25	178	430		
35-39岁	428	2199	77	1628	8	20	116	350		
40-44岁	531	2300	59	1697	6	18	144	376	1	1
45-49岁	836	2784	71	1986	13	18	143	553		
50-54岁	576	1809	31	1368	23	15	86	286		
55-59岁	338	512	5	285	4	4	49	165		
60-64岁	108	126	1	58			21	46		
65-69岁	92	103	1	35			22	45		
70-74岁	19	41		8		1	20	12		
75岁及以上	11	33		8			20	5		

4-5c 全省分年龄、性别、行业大类的就业人口(乡村)

单位：人

年龄组 性别	合计	农、林、牧、渔业						采矿业	
		小计	农业	林业	畜牧业	渔业	农、林、牧、渔专业及辅助性活动	小计	煤炭开采和洗选业
总　计	**2235564**	**971967**	**835137**	**9689**	**118383**	**5283**	**3475**	**10458**	**3614**
16-19岁	32953	9950	7450	123	2286	43	48	42	3
20-24岁	132611	27238	20962	338	5613	182	143	362	36
25-29岁	190410	36947	29080	484	6871	328	184	726	99
30-34岁	220206	45991	36765	585	7988	404	249	1073	201
35-39岁	153015	40711	31954	549	7661	316	231	879	202
40-44岁	179226	55292	44537	798	9242	456	259	1167	348
45-49岁	331497	118479	99930	1667	15404	897	581	2598	1091
50-54岁	332814	149262	128851	1888	16936	989	598	2191	1062
55-59岁	230579	127155	111734	1427	12934	653	407	1065	462
60-64岁	130809	96208	86173	710	8742	318	265	201	61
65-69岁	164901	139493	126007	731	12014	425	316	121	37
70-74岁	83811	76346	68706	275	7058	174	133	20	6
75岁及以上	52732	48895	42988	114	5634	98	61	13	6
男	**1280205**	**474366**	**408182**	**6540**	**53852**	**3711**	**2081**	**9214**	**3302**
16-19岁	19676	5439	4153	66	1162	28	30	39	3
20-24岁	75881	14057	10875	206	2741	140	95	324	29
25-29岁	112513	18561	14537	324	3349	231	120	615	79
30-34岁	131289	22110	17457	358	3846	303	146	942	174
35-39岁	89271	19136	14876	337	3558	223	142	753	178
40-44岁	100010	24689	19709	476	4066	306	132	978	305
45-49岁	183832	51510	42730	1129	6714	599	338	2249	1000
50-54岁	187529	65147	55672	1321	7145	660	349	2006	1001
55-59岁	132377	58206	50832	1005	5647	464	258	989	431
60-64岁	76264	50062	45165	520	3973	233	171	178	59
65-69岁	92446	73972	67340	521	5611	319	181	114	33
70-74岁	48485	43274	39510	197	3352	132	83	15	4
75岁及以上	30632	28203	25326	80	2688	73	36	12	6
女	**955359**	**497601**	**426955**	**3149**	**64531**	**1572**	**1394**	**1244**	**312**
16-19岁	13277	4511	3297	57	1124	15	18	3	
20-24岁	56730	13181	10087	132	2872	42	48	38	7
25-29岁	77897	18386	14543	160	3522	97	64	111	20
30-34岁	88917	23881	19308	227	4142	101	103	131	27
35-39岁	63744	21575	17078	212	4103	93	89	126	24
40-44岁	79216	30603	24828	322	5176	150	127	189	43
45-49岁	147665	66969	57200	538	8690	298	243	349	91
50-54岁	145285	84115	73179	567	9791	329	249	185	61
55-59岁	98202	68949	60902	422	7287	189	149	76	31
60-64岁	54545	46146	41008	190	4769	85	94	23	2
65-69岁	72455	65521	58667	210	6403	106	135	7	4
70-74岁	35326	33072	29196	78	3706	42	50	5	2
75岁及以上	22100	20692	17662	34	2946	25	25	1	

4-5c 续表 1

单位：人

年龄组 性 别	采矿业						制造业		
	石油和天然气开采业	黑色金属矿采选业	有色金属矿采选业	非金属矿采选业	开采专业及辅助性活动	其他采矿业	小计	农副食品加工业	食品制造业
总 计	**904**	**1101**	**968**	**2764**	**920**	**187**	**249852**	**12755**	**7683**
16-19岁	7	5	3	18	6		5128	84	133
20-24岁	69	42	30	120	59	6	20945	436	544
25-29岁	137	78	82	233	84	13	29626	861	830
30-34岁	173	116	127	308	138	10	36987	1147	1035
35-39岁	112	103	113	250	83	16	24820	871	786
40-44岁	103	159	144	299	92	22	27760	1192	861
45-49岁	158	325	234	572	173	45	45999	2459	1532
50-54岁	83	191	163	466	178	48	33892	2474	1097
55-59岁	48	75	55	320	85	20	16163	1570	546
60-64岁	11	4	12	98	12	3	4269	612	171
65-69岁	3	2	5	64	6	4	3006	664	109
70-74岁		1		11	2		841	250	25
75岁及以上				5	2		416	135	14
男	**793**	**927**	**805**	**2386**	**831**	**170**	**148349**	**6887**	**3446**
16-19岁	6	4	3	17	6		3323	51	81
20-24岁	66	38	24	106	56	5	13192	226	261
25-29岁	126	63	66	198	74	9	18391	520	403
30-34岁	151	95	111	276	126	9	21911	603	485
35-39岁	100	80	89	215	75	16	14028	435	308
40-44岁	84	130	114	248	76	21	14466	543	308
45-49岁	127	265	184	480	151	42	24697	1183	567
50-54岁	77	175	145	395	168	45	20759	1350	507
55-59岁	44	72	54	287	83	18	11196	926	307
60-64岁	9	2	10	89	7	2	3246	396	117
65-69岁	3	2	5	62	6	3	2240	416	77
70-74岁		1		9	1		622	158	14
75岁及以上				4	2		278	80	11
女	**111**	**174**	**163**	**378**	**89**	**17**	**101503**	**5868**	**4237**
16-19岁	1	1		1			1805	33	52
20-24岁	3	4	6	14	3	1	7753	210	283
25-29岁	11	15	16	35	10	4	11235	341	427
30-34岁	22	21	16	32	12	1	15076	544	550
35-39岁	12	23	24	35	8		10792	436	478
40-44岁	19	29	30	51	16	1	13294	649	553
45-49岁	31	60	50	92	22	3	21302	1276	965
50-54岁	6	16	18	71	10	3	13133	1124	590
55-59岁	4	3	1	33	2	2	4967	644	239
60-64岁	2	2	2	9	5	1	1023	216	54
65-69岁				2		1	766	248	32
70-74岁				2	1		219	92	11
75岁及以上				1			138	55	3

4-5c 续表 2

单位：人

年龄组 性别	制造业								
	酒、饮料和精制茶制造业	烟草制品业	纺织业	纺织服装、服饰业	皮革、毛皮、羽毛及其制品和制鞋业	木材加工和木、竹、藤、棕、草制品业	家具制造业	造纸和纸制品业	印刷和记录媒介复制业
总　计	**5971**	**307**	**9141**	**26374**	**15799**	**7902**	**18637**	**4625**	**2139**
16-19岁	49	3	137	630	348	54	159	57	34
20-24岁	347	20	584	2405	1276	244	919	246	180
25-29岁	492	32	910	3387	1740	465	1788	387	272
30-34岁	669	37	1220	4412	2546	712	2875	620	338
35-39岁	552	33	960	2833	1783	557	1905	452	265
40-44岁	629	35	1112	3096	2179	800	2311	577	294
45-49岁	1151	71	2001	4913	3211	1487	3763	1055	404
50-54岁	991	48	1379	3065	1830	1634	2950	733	231
55-59岁	625	14	576	1234	653	1031	1404	347	96
60-64岁	224	8	144	217	126	373	330	92	13
65-69岁	169	4	89	143	73	320	187	48	12
70-74岁	58	2	21	27	19	131	33	9	
75岁及以上	15		8	12	15	94	13	2	
男	**3815**	**145**	**4135**	**10889**	**7992**	**5659**	**12297**	**2422**	**1203**
16-19岁	35	3	74	315	205	40	118	40	24
20-24岁	187	11	297	1031	739	179	675	140	108
25-29岁	342	16	465	1442	930	332	1239	226	162
30-34岁	410	15	544	1891	1387	501	1860	345	191
35-39岁	312	17	405	1156	899	382	1204	219	147
40-44岁	342	11	398	1178	962	507	1380	251	151
45-49岁	701	26	772	1794	1498	1008	2299	471	200
50-54岁	679	28	663	1229	883	1160	1981	393	133
55-59岁	459	11	333	608	336	810	1069	224	67
60-64岁	169	2	95	130	90	306	277	75	10
65-69岁	127	3	66	86	44	257	157	33	10
70-74岁	42	2	15	21	13	106	30	4	
75岁及以上	10		8	8	6	71	8	1	
女	**2156**	**162**	**5006**	**15485**	**7807**	**2243**	**6340**	**2203**	**936**
16-19岁	14		63	315	143	14	41	17	10
20-24岁	160	9	287	1374	537	65	244	106	72
25-29岁	150	16	445	1945	810	133	549	161	110
30-34岁	259	22	676	2521	1159	211	1015	275	147
35-39岁	240	16	555	1677	884	175	701	233	118
40-44岁	287	24	714	1918	1217	293	931	326	143
45-49岁	450	45	1229	3119	1713	479	1464	584	204
50-54岁	312	20	716	1836	947	474	969	340	98
55-59岁	166	3	243	626	317	221	335	123	29
60-64岁	55	6	49	87	36	67	53	17	3
65-69岁	42	1	23	57	29	63	30	15	2
70-74岁	16		6	6	6	25	3	5	
75岁及以上	5			4	9	23	5	1	

4-5c 续表 3

单位：人

年龄组 性别	制造业								
	文教、工美、体育和娱乐用品制造业	石油、煤炭及其他燃料加工业	化学原料和化学制品制造业	医药制造业	化学纤维制造业	橡胶和塑料制品业	非金属矿物制品业	黑色金属冶炼和压延加工业	有色金属冶炼和压延加工业
总计	**6788**	**587**	**6719**	**2541**	**358**	**8713**	**20360**	**2739**	**2210**
16—19岁	234	6	47	15	4	130	136	27	20
20—24岁	742	44	332	240	11	539	818	123	95
25—29岁	839	69	627	384	57	753	1553	224	207
30—34岁	968	81	926	418	50	1126	2246	339	291
35—39岁	673	47	711	318	48	856	1799	272	240
40—44岁	744	52	813	296	63	1012	2262	337	301
45—49岁	1190	134	1403	413	71	1929	4503	658	512
50—54岁	848	102	1081	249	35	1488	3882	471	350
55—59岁	355	33	565	146	18	624	2089	224	154
60—64岁	105	13	109	30		164	608	47	26
65—69岁	62	3	86	20		75	387	12	10
70—74岁	17	3	13	8		12	61	2	3
75岁及以上	11		6	4	1	5	16	3	1
男	**3231**	**452**	**4604**	**1296**	**203**	**4937**	**14535**	**2209**	**1699**
16—19岁	114	5	38	8	3	99	105	22	18
20—24岁	394	37	200	124	8	347	630	94	71
25—29岁	437	51	403	199	36	470	1159	177	161
30—34岁	464	61	589	182	36	653	1588	262	217
35—39岁	318	32	462	143	24	503	1206	214	180
40—44岁	326	36	498	137	26	495	1437	259	222
45—49岁	498	98	933	188	34	937	2950	522	374
50—54岁	366	92	837	160	22	835	2867	403	282
55—59岁	195	27	466	111	14	406	1671	199	136
60—64岁	64	9	92	22		122	518	41	25
65—69岁	34	2	72	16		58	337	11	9
70—74岁	12	2	9	4		8	58	2	3
75岁及以上	9		5	2		4	9	3	1
女	**3557**	**135**	**2115**	**1245**	**155**	**3776**	**5825**	**530**	**511**
16—19岁	120	1	9	7	1	31	31	5	2
20—24岁	348	7	132	116	3	192	188	29	24
25—29岁	402	18	224	185	21	283	394	47	46
30—34岁	504	20	337	236	14	473	658	77	74
35—39岁	355	15	249	175	24	353	593	58	60
40—44岁	418	16	315	159	37	517	825	78	79
45—49岁	692	36	470	225	37	992	1553	136	138
50—54岁	482	10	244	89	13	653	1015	68	68
55—59岁	160	6	99	35	4	218	418	25	18
60—64岁	41	4	17	8		42	90	6	1
65—69岁	28	1	14	4		17	50	1	1
70—74岁	5	1	4	4		4	3		
75岁及以上	2		1	2	1	1	7		

4-5c 续表 4

单位：人

年龄组 性 别	制造业								
	金 属 制品业	通用设备 制造业	专用设备 制造业	汽 车 制造业	铁路、船舶、 航空航天和 其他运输 设备制造业	电气机械 和器材 制造业	计算机、 通信和其 他电子设 备制造业	仪器仪表 制造业	其 他 制造业
总 计	**15540**	**11376**	**5775**	**5479**	**1842**	**8651**	**31028**	**1091**	**2362**
16-19岁	188	232	131	177	42	195	1728	25	47
20-24岁	921	977	612	569	186	951	5961	145	207
25-29岁	1622	1464	891	781	249	1240	6615	155	303
30-34岁	2217	1895	1047	963	276	1549	5865	201	346
35-39岁	1643	1297	573	624	179	923	2901	148	195
40-44岁	1817	1323	591	629	199	938	2513	125	247
45-49岁	3238	2009	915	907	320	1434	3019	150	405
50-54岁	2503	1391	584	535	246	950	1605	90	324
55-59岁	1030	573	275	232	110	354	623	34	185
60-64岁	211	126	58	36	23	73	114	4	47
65-69岁	117	73	64	20	9	35	60	10	30
70-74岁	26	12	22	3	2	8	20	4	13
75岁及以上	7	4	12	3	1	1	4		13
男	**11533**	**8172**	**3731**	**3704**	**1334**	**5284**	**17002**	**646**	**1428**
16-19岁	154	180	107	137	34	131	1075	17	40
20-24岁	726	744	385	458	149	658	3845	89	141
25-29岁	1253	1114	573	591	187	826	4019	96	196
30-34岁	1684	1420	716	653	195	968	3171	132	216
35-39岁	1247	905	370	394	125	538	1409	79	110
40-44岁	1251	871	347	357	122	495	1031	68	131
45-49岁	2233	1318	534	533	213	774	1214	73	207
50-54岁	1836	993	388	352	183	565	770	54	186
55-59岁	835	454	198	180	94	235	337	23	120
60-64岁	181	97	43	28	21	60	75	4	38
65-69岁	105	62	46	17	9	26	39	8	23
70-74岁	22	10	15	1	2	8	13	3	12
75岁及以上	6	4	9	3			4		8
女	**4007**	**3204**	**2044**	**1775**	**508**	**3367**	**14026**	**445**	**934**
16-19岁	34	52	24	40	8	64	653	8	7
20-24岁	195	233	227	111	37	293	2116	56	66
25-29岁	369	350	318	190	62	414	2596	59	107
30-34岁	533	475	331	310	81	581	2694	69	130
35-39岁	396	392	203	230	54	385	1492	69	85
40-44岁	566	452	244	272	77	443	1482	57	116
45-49岁	1005	691	381	374	107	660	1805	77	198
50-54岁	667	398	196	183	63	385	835	36	138
55-59岁	195	119	77	52	16	119	286	11	65
60-64岁	30	29	15	8	2	13	39		9
65-69岁	12	11	18	3		9	21	2	7
70-74岁	4	2	7	2			7	1	1
75岁及以上	1		3		1	1			5

4-5c　续表 5

单位：人

年龄组 性别	制造业		电力、热力、燃气及水生产和供应业				建筑业		
	废弃资源综合利用业	金属制品、机械和设备修理业	小计	电力、热力生产和供应业	燃气生产和供应业	水的生产和供应业	小计	房屋建筑业	土木工程建筑业
总　计	**2201**	**2159**	**8644**	**5671**	**1632**	**1341**	**400519**	**272072**	**32159**
16-19岁	11	45	69	52	11	6	3671	2429	304
20-24岁	59	212	559	398	99	62	19905	12263	2088
25-29岁	115	314	982	636	214	132	35469	21342	3455
30-34岁	182	390	1203	743	285	175	46343	28470	3886
35-39岁	144	232	741	480	151	110	32036	20175	2570
40-44岁	200	212	855	587	160	108	40770	27094	3253
45-49岁	409	333	1493	965	288	240	80864	56482	5988
50-54岁	478	248	1397	948	217	232	76686	55204	5591
55-59岁	316	127	912	649	116	147	42588	31270	3351
60-64岁	135	30	236	121	51	64	13282	10295	1023
65-69岁	103	12	153	68	35	50	7286	5773	531
70-74岁	35	2	33	18	3	12	1251	996	82
75岁及以上	14	2	11	6	2	3	368	279	37
男	**1577**	**1882**	**6950**	**4766**	**1175**	**1009**	**332234**	**222546**	**28199**
16-19岁	7	43	64	50	10	4	3234	2109	276
20-24岁	47	191	468	341	74	53	17197	10478	1837
25-29岁	86	280	763	507	158	98	30981	18439	3082
30-34岁	130	342	897	608	172	117	39961	24211	3488
35-39岁	94	191	555	387	89	79	26597	16454	2271
40-44岁	144	182	646	466	111	69	32159	20974	2776
45-49岁	260	285	1137	772	199	166	62994	43240	5066
50-54岁	344	218	1206	841	183	182	62079	44113	4836
55-59岁	238	107	822	598	99	125	36787	26755	3030
60-64岁	111	28	211	111	46	54	12145	9366	948
65-69岁	79	11	140	63	29	48	6690	5299	487
70-74岁	31	2	31	17	3	11	1112	881	68
75岁及以上	6	2	10	5	2	3	298	227	34
女	**624**	**277**	**1694**	**905**	**457**	**332**	**68285**	**49526**	**3960**
16-19岁	4	2	5	2	1	2	437	320	28
20-24岁	12	21	91	57	25	9	2708	1785	251
25-29岁	29	34	219	129	56	34	4488	2903	373
30-34岁	52	48	306	135	113	58	6382	4259	398
35-39岁	50	41	186	93	62	31	5439	3721	299
40-44岁	56	30	209	121	49	39	8611	6120	477
45-49岁	149	48	356	193	89	74	17870	13242	922
50-54岁	134	30	191	107	34	50	14607	11091	755
55-59岁	78	20	90	51	17	22	5801	4515	321
60-64岁	24	2	25	10	5	10	1137	929	75
65-69岁	24	1	13	5	6	2	596	474	44
70-74岁	4		2	1		1	139	115	14
75岁及以上	8		1	1			70	52	3

4-5c 续表 6

单位：人

年龄组 性 别	建筑业		批发和零售业			交通运输、仓储和邮政业			
	建 筑 安装业	建筑装 饰、装修 和其他 建筑业	小计	批发业	零售业	小计	铁 路 运输业	道 路 运输业	水 上 运输业
总 计	**15648**	**80640**	**184655**	**41026**	**143629**	**68249**	**1036**	**47300**	**371**
16-19岁	161	777	3287	413	2874	626	24	248	6
20-24岁	1038	4516	16808	2615	14193	4663	166	2509	28
25-29岁	2104	8568	25070	4381	20689	8572	220	5443	28
30-34岁	2782	11205	29606	5627	23979	11128	117	8037	35
35-39岁	1780	7511	18196	3507	14689	7611	64	5914	21
40-44岁	1723	8700	17815	3902	13913	7803	75	6103	36
45-49岁	2513	15881	26436	6613	19823	11923	145	8819	65
50-54岁	2072	13819	21104	5851	15253	8961	130	5989	68
55-59岁	1046	6921	12149	3594	8555	4626	64	2913	48
60-64岁	256	1708	4984	1575	3409	1326	18	755	16
65-69岁	145	837	5307	1694	3613	834	10	471	17
70-74岁	23	150	2383	790	1593	126		74	1
75岁及以上	5	47	1510	464	1046	50	3	25	2
男	**14287**	**67202**	**84036**	**23860**	**60176**	**59292**	**775**	**43167**	**269**
16-19岁	154	695	1374	224	1150	488	12	204	4
20-24岁	973	3909	6800	1481	5319	3733	110	2129	25
25-29岁	1973	7487	10440	2524	7916	7198	164	4912	21
30-34岁	2597	9665	12101	3162	8939	9529	83	7303	25
35-39岁	1619	6253	7615	1975	5640	6711	49	5466	17
40-44岁	1534	6875	7530	2147	5383	6825	56	5567	25
45-49岁	2220	12468	12103	3756	8347	10385	111	7998	42
50-54岁	1855	11275	10681	3445	7236	8004	105	5573	54
55-59岁	954	6048	6722	2246	4476	4237	56	2745	32
60-64岁	244	1587	3106	1032	2074	1249	17	723	12
65-69岁	137	767	3179	1086	2093	776	9	456	10
70-74岁	23	140	1457	493	964	117		69	1
75岁及以上	4	33	928	289	639	40	3	22	1
女	**1361**	**13438**	**100619**	**17166**	**83453**	**8957**	**261**	**4133**	**102**
16-19岁	7	82	1913	189	1724	138	12	44	2
20-24岁	65	607	10008	1134	8874	930	56	380	3
25-29岁	131	1081	14630	1857	12773	1374	56	531	7
30-34岁	185	1540	17505	2465	15040	1599	34	734	10
35-39岁	161	1258	10581	1532	9049	900	15	448	4
40-44岁	189	1825	10285	1755	8530	978	19	536	11
45-49岁	293	3413	14333	2857	11476	1538	34	821	23
50-54岁	217	2544	10423	2406	8017	957	25	416	14
55-59岁	92	873	5427	1348	4079	389	8	168	16
60-64岁	12	121	1878	543	1335	77	1	32	4
65-69岁	8	70	2128	608	1520	58	1	15	7
70-74岁		10	926	297	629	9		5	
75岁及以上	1	14	582	175	407	10		3	1

4-5c　续表 7

单位：人

年龄组 性　别	交通运输、仓储和邮政业					住宿和餐饮业		
	航　空 运输业	管　道 运输业	多式联运 和运输 代理业	装卸搬运 和仓储业	邮政业	小计	住宿业	餐饮业
总　计	**690**	**46**	**1018**	**9565**	**8223**	**103376**	**8579**	**94797**
16-19岁	9	1	13	96	229	3765	279	3486
20-24岁	147	3	88	399	1323	10860	1025	9835
25-29岁	161	9	150	695	1866	12677	1235	11442
30-34岁	123	5	180	805	1826	14511	1238	13273
35-39岁	58	2	106	630	816	9784	804	8980
40-44岁	37	6	119	821	606	10314	859	9455
45-49岁	69	4	158	1889	774	16315	1380	14935
50-54岁	44	8	142	2128	452	13339	1003	12336
55-59岁	30	4	49	1283	235	7304	484	6820
60-64岁	8	4	7	460	58	2322	134	2188
65-69岁	2		6	302	26	1630	108	1522
70-74岁	2			40	9	385	24	361
75岁及以上				17	3	170	6	164
男	**415**	**33**	**817**	**7988**	**5828**	**42366**	**2875**	**39491**
16-19岁	6	1	9	72	180	2153	136	2017
20-24岁	76	2	56	336	999	5942	382	5560
25-29岁	95	4	111	577	1314	6325	402	5923
30-34岁	67	5	139	626	1281	6668	419	6249
35-39岁	36	1	92	476	574	4219	258	3961
40-44岁	23	4	99	655	396	3761	248	3513
45-49岁	42	3	135	1538	516	5033	367	4666
50-54岁	35	6	119	1808	304	3943	327	3616
55-59岁	25	3	45	1143	188	2303	180	2123
60-64岁	6	4	6	435	46	998	82	916
65-69岁	2		6	272	21	732	57	675
70-74岁	2			38	7	203	16	187
75岁及以上				12	2	86	1	85
女	**275**	**13**	**201**	**1577**	**2395**	**61010**	**5704**	**55306**
16-19岁	3		4	24	49	1612	143	1469
20-24岁	71	1	32	63	324	4918	643	4275
25-29岁	66	5	39	118	552	6352	833	5519
30-34岁	56		41	179	545	7843	819	7024
35-39岁	22	1	14	154	242	5565	546	5019
40-44岁	14	2	20	166	210	6553	611	5942
45-49岁	27	1	23	351	258	11282	1013	10269
50-54岁	9	2	23	320	148	9396	676	8720
55-59岁	5	1	4	140	47	5001	304	4697
60-64岁	2		1	25	12	1324	52	1272
65-69岁				30	5	898	51	847
70-74岁				2	2	182	8	174
75岁及以上				5	1	84	5	79

4−5c 续表 8

单位：人

年龄组 性 别	信息传输、软件和信息技术服务业				金融业				
	小计	电信、广播电视和卫星传输服务	互联网和相关服务	软件和信息技术服务业	小计	货币金融服务	资本市场服务	保险业	其他金融业
总　计	**12284**	**3900**	**3863**	**4521**	**7540**	**2389**	**388**	**4071**	**692**
16−19岁	320	67	150	103	60	17	1	32	10
20−24岁	2595	600	907	1088	1222	388	67	585	182
25−29岁	3689	1001	1070	1618	1980	669	119	983	209
30−34岁	2675	927	766	982	1662	537	75	893	157
35−39岁	999	379	334	286	676	151	35	443	47
40−44岁	627	264	217	146	517	101	17	371	28
45−49岁	661	295	226	140	662	216	22	402	22
50−54岁	438	219	115	104	451	176	24	234	17
55−59岁	203	119	54	30	223	101	17	90	15
60−64岁	41	18	10	13	44	13	5	22	4
65−69岁	30	11	10	9	27	11	5	11	
70−74岁	4		4		10	6	1	2	1
75岁及以上	2			2	6	3		3	
男	**7971**	**2382**	**2527**	**3062**	**3289**	**1151**	**219**	**1580**	**339**
16−19岁	201	42	88	71	26	7		16	3
20−24岁	1498	308	533	657	539	150	37	274	78
25−29岁	2304	551	640	1113	882	260	56	470	96
30−34岁	1778	533	521	724	709	245	48	339	77
35−39岁	691	230	259	202	246	81	21	119	25
40−44岁	456	188	169	99	167	50	8	93	16
45−49岁	477	222	165	90	269	121	16	117	15
50−54岁	336	177	93	66	235	124	15	85	11
55−59岁	166	105	39	22	151	87	10	41	13
60−64岁	35	16	9	10	35	11	4	16	4
65−69岁	25	10	9	6	20	9	4	7	
70−74岁	2		2		5	3		1	1
75岁及以上	2			2	5	3		2	
女	**4313**	**1518**	**1336**	**1459**	**4251**	**1238**	**169**	**2491**	**353**
16−19岁	119	25	62	32	34	10	1	16	7
20−24岁	1097	292	374	431	683	238	30	311	104
25−29岁	1385	450	430	505	1098	409	63	513	113
30−34岁	897	394	245	258	953	292	27	554	80
35−39岁	308	149	75	84	430	70	14	324	22
40−44岁	171	76	48	47	350	51	9	278	12
45−49岁	184	73	61	50	393	95	6	285	7
50−54岁	102	42	22	38	216	52	9	149	6
55−59岁	37	14	15	8	72	14	7	49	2
60−64岁	6	2	1	3	9	2	1	6	
65−69岁	5	1	1	3	7	2	1	4	
70−74岁	2		2		5	3	1	1	
75岁及以上					1			1	

4-5c　续表 9

单位：人

年龄组 性　别	房地产业		租赁和商务服务业			科学研究和技术服务业			
	小计	房地产业	小计	租赁业	商　务 服务业	小计	研究和 试验发展	专业技术 服务业	科技推广 和应用 服务业
总　计	**19380**	**19380**	**27871**	**3527**	**24344**	**8379**	**783**	**5595**	**2001**
16-19岁	239	239	703	45	658	122	8	80	34
20-24岁	2442	2442	3394	378	3016	1287	126	964	197
25-29岁	3434	3434	4647	692	3955	1821	191	1354	276
30-34岁	2793	2793	4315	674	3641	1539	165	1115	259
35-39岁	1307	1307	2332	382	1950	656	78	452	126
40-44岁	1223	1223	2105	303	1802	520	47	345	128
45-49岁	2202	2202	3329	453	2876	816	60	528	228
50-54岁	2316	2316	3006	322	2684	681	57	409	215
55-59岁	1721	1721	2196	182	2014	434	28	224	182
60-64岁	870	870	943	48	895	182	11	58	113
65-69岁	669	669	691	35	656	185	11	47	127
70-74岁	126	126	163	10	153	86	1	14	71
75岁及以上	38	38	47	3	44	50		5	45
男	**12082**	**12082**	**18568**	**3145**	**15423**	**5709**	**520**	**4045**	**1144**
16-19岁	154	154	458	44	414	85	6	53	26
20-24岁	1412	1412	1861	358	1503	824	66	639	119
25-29岁	1991	1991	2712	645	2067	1212	117	950	145
30-34岁	1588	1588	2716	621	2095	1075	113	804	158
35-39岁	799	799	1565	327	1238	463	53	330	80
40-44岁	713	713	1422	257	1165	355	33	246	76
45-49岁	1308	1308	2301	381	1920	541	46	382	113
50-54岁	1537	1537	2208	270	1938	506	46	335	125
55-59岁	1243	1243	1764	155	1609	311	25	190	96
60-64岁	673	673	806	43	763	118	7	52	59
65-69岁	533	533	581	31	550	126	7	45	74
70-74岁	103	103	141	10	131	61	1	14	46
75岁及以上	28	28	33	3	30	32		5	27
女	**7298**	**7298**	**9303**	**382**	**8921**	**2670**	**263**	**1550**	**857**
16-19岁	85	85	245	1	244	37	2	27	8
20-24岁	1030	1030	1533	20	1513	463	60	325	78
25-29岁	1443	1443	1935	47	1888	609	74	404	131
30-34岁	1205	1205	1599	53	1546	464	52	311	101
35-39岁	508	508	767	55	712	193	25	122	46
40-44岁	510	510	683	46	637	165	14	99	52
45-49岁	894	894	1028	72	956	275	14	146	115
50-54岁	779	779	798	52	746	175	11	74	90
55-59岁	478	478	432	27	405	123	3	34	86
60-64岁	197	197	137	5	132	64	4	6	54
65-69岁	136	136	110	4	106	59	4	2	53
70-74岁	23	23	22		22	25			25
75岁及以上	10	10	14		14	18			18

4—5c　续表 10　　　　单位：人

年龄组 性　别	水利、环境和公共设施管理业					居民服务、修理和其他服务业			
	小计	水　利 管理业	生态保护 和环境 治理业	公共设施 管理业	土　地 管理业	小计	居　民 服务业	机动车、 电子产品 和日用产 品修理业	其　他 服务业
总　计	**11453**	**308**	**852**	**10181**	**112**	**65046**	**38416**	**15483**	**11147**
16—19岁	35	1	6	25	3	2139	1336	697	106
20—24岁	299	17	46	226	10	6923	4176	2422	325
25—29岁	533	28	69	423	13	8595	5193	2900	502
30—34岁	717	29	86	583	19	8631	5228	2767	636
35—39岁	555	25	66	460	4	5125	3036	1552	537
40—44岁	800	33	86	675	6	5062	2825	1380	857
45—49岁	1792	49	132	1596	15	8222	4668	1592	1962
50—54岁	2227	49	145	2019	14	8235	4668	1165	2402
55—59岁	1888	48	115	1709	16	5480	3215	581	1684
60—64岁	1198	10	50	1133	5	2662	1499	205	958
65—69岁	1036	14	41	979	2	2457	1448	159	850
70—74岁	286	4	7	274	1	887	606	53	228
75岁及以上	87	1	3	79	4	628	518	10	100
男	**6327**	**245**	**589**	**5402**	**91**	**28414**	**11408**	**13213**	**3793**
16—19岁	23	1	5	15	2	1318	595	671	52
20—24岁	182	11	34	129	8	3970	1557	2261	152
25—29岁	322	18	47	244	13	4494	1703	2569	222
30—34岁	470	20	62	371	17	4193	1587	2351	255
35—39岁	318	20	41	253	4	2372	869	1324	179
40—44岁	426	24	54	343	5	2037	689	1120	228
45—49岁	853	37	80	725	11	2735	1043	1225	467
50—54岁	1144	40	111	980	13	2433	956	871	606
55—59岁	975	45	75	843	12	1799	802	464	533
60—64岁	728	10	40	676	2	1171	552	165	454
65—69岁	637	14	32	590	1	1183	585	139	459
70—74岁	197	4	6	186	1	443	260	44	139
75岁及以上	52	1	2	47	2	266	210	9	47
女	**5126**	**63**	**263**	**4779**	**21**	**36632**	**27008**	**2270**	**7354**
16—19岁	12		1	10	1	821	741	26	54
20—24岁	117	6	12	97	2	2953	2619	161	173
25—29岁	211	10	22	179		4101	3490	331	280
30—34岁	247	9	24	212	2	4438	3641	416	381
35—39岁	237	5	25	207		2753	2167	228	358
40—44岁	374	9	32	332	1	3025	2136	260	629
45—49岁	939	12	52	871	4	5487	3625	367	1495
50—54岁	1083	9	34	1039	1	5802	3712	294	1796
55—59岁	913	3	40	866	4	3681	2413	117	1151
60—64岁	470		10	457	3	1491	947	40	504
65—69岁	399		9	389	1	1274	863	20	391
70—74岁	89		1	88		444	346	9	89
75岁及以上	35		1	32	2	362	308	1	53

4–5c　续表 11

单位：人

年龄组 性　别	教育		卫生和社会工作			文化、体育和娱乐业				
	小计	教育	小计	卫生	社会工作	小计	新闻和出版业	广播、电视、电影和录音制作业	文　化艺术业	体育
总　计	**30938**	**30938**	**17792**	**16577**	**1215**	**8422**	**172**	**381**	**824**	**1021**
16–19岁	1925	1925	262	256	6	300	4	10	38	29
20–24岁	6315	6315	3248	3190	58	1174	25	101	140	261
25–29岁	6420	6420	3651	3585	66	1375	56	95	170	264
30–34岁	3822	3822	2062	1978	84	1195	27	57	115	134
35–39岁	2345	2345	997	940	57	661	6	20	67	65
40–44岁	2227	2227	1142	1051	91	650	15	22	49	47
45–49岁	3014	3014	1854	1636	218	1045	24	29	78	81
50–54岁	2460	2460	1682	1458	224	854	9	16	72	60
55–59岁	1706	1706	1215	1041	174	588	5	19	49	45
60–64岁	373	373	572	465	107	232		5	19	16
65–69岁	217	217	616	550	66	225	1	6	19	9
70–74岁	69	69	310	275	35	85			8	6
75岁及以上	45	45	181	152	29	38		1		4
男	**10901**	**10901**	**6881**	**6433**	**448**	**3853**	**79**	**206**	**434**	**505**
16–19岁	806	806	52	49	3	183		8	19	15
20–24岁	1260	1260	521	505	16	631	3	44	67	153
25–29岁	1539	1539	691	667	24	672	19	44	76	141
30–34岁	1173	1173	622	592	30	552	13	34	62	60
35–39岁	885	885	429	414	15	257	4	13	41	28
40–44岁	912	912	547	523	24	212	12	14	20	13
45–49岁	1304	1304	954	903	51	381	17	19	38	34
50–54岁	1285	1285	942	867	75	348	6	7	39	21
55–59岁	1201	1201	779	707	72	269	4	14	35	20
60–64岁	272	272	427	360	67	132		3	12	8
65–69岁	167	167	485	450	35	138	1	5	19	5
70–74岁	58	58	270	252	18	54			6	4
75岁及以上	39	39	162	144	18	24		1		3
女	**20037**	**20037**	**10911**	**10144**	**767**	**4569**	**93**	**175**	**390**	**516**
16–19岁	1119	1119	210	207	3	117	4	2	19	14
20–24岁	5055	5055	2727	2685	42	543	22	57	73	108
25–29岁	4881	4881	2960	2918	42	703	37	51	94	123
30–34岁	2649	2649	1440	1386	54	643	14	23	53	74
35–39岁	1460	1460	568	526	42	404	2	7	26	37
40–44岁	1315	1315	595	528	67	438	3	8	29	34
45–49岁	1710	1710	900	733	167	664	7	10	40	47
50–54岁	1175	1175	740	591	149	506	3	9	33	39
55–59岁	505	505	436	334	102	319	1	5	14	25
60–64岁	101	101	145	105	40	100		2	7	8
65–69岁	50	50	131	100	31	87		1		4
70–74岁	11	11	40	23	17	31			2	2
75岁及以上	6	6	19	8	11	14				1

4-5c 续表 12

单位：人

年龄组 性 别	娱乐业	公共管理、社会保障和社会组织						国际组织	
		小计	中国共产党机关	国家机构	人民政协、民主党派	社会保障	群众团体、社会团体和其他成员组织	基层群众自治组织	小计	国际组织
总 计	**6024**	**28738**	**322**	**12918**	**19**	**81**	**3302**	**12096**	**1**	**1**
16-19岁	219	310	4	156			132	18		
20-24岁	647	2372	35	1705	1	14	358	259		
25-29岁	790	4196	59	3020	3	22	375	717		
30-34岁	862	3953	59	2296	1	12	355	1230		
35-39岁	503	2584	35	1217	1	6	337	988		
40-44岁	517	2576	29	1037	2	8	380	1120	1	1
45-49岁	833	3793	35	1201	4	8	487	2058		
50-54岁	697	3632	32	1013	4	2	386	2195		
55-59岁	470	2963	23	893	3	4	221	1819		
60-64岁	192	864	7	170		1	86	600		
65-69岁	190	918	4	134		1	78	701		
70-74岁	71	400		46		1	57	296		
75岁及以上	33	177		30		2	50	95		
男	**2629**	**19403**	**210**	**8734**	**17**	**39**	**2246**	**8157**		
16-19岁	141	256	4	138			104	10		
20-24岁	364	1470	21	1088		7	256	98		
25-29岁	392	2420	34	1844	2	9	243	288		
30-34岁	383	2294	27	1491	1	5	228	542		
35-39岁	171	1632	26	854	1	1	226	524		
40-44岁	153	1709	23	715	2	3	258	708		
45-49岁	273	2601	24	817	4	4	335	1417		
50-54岁	275	2730	24	735	4	2	271	1694		
55-59岁	196	2457	19	770	3	4	155	1506		
60-64岁	109	672	5	122		1	60	484		
65-69岁	108	708	3	94		1	42	568		
70-74岁	44	320		40		1	35	244		
75岁及以上	20	134		26		1	33	74		
女	**3395**	**9335**	**112**	**4184**	**2**	**42**	**1056**	**3939**	**1**	**1**
16-19岁	78	54		18			28	8		
20-24岁	283	902	14	617	1	7	102	161		
25-29岁	398	1776	25	1176	1	13	132	429		
30-34岁	479	1659	32	805		7	127	688		
35-39岁	332	952	9	363		5	111	464		
40-44岁	364	867	6	322		5	122	412	1	1
45-49岁	560	1192	11	384		4	152	641		
50-54岁	422	902	8	278			115	501		
55-59岁	274	506	4	123			66	313		
60-64岁	83	192	2	48			26	116		
65-69岁	82	210	1	40			36	133		
70-74岁	27	80		6			22	52		
75岁及以上	13	43		4		1	17	21		

4−6 各地区分性别、职业中类的就业人口

单位：人

地区 性别	合计	党的机关、国家机关、群众团体和社会组织、企事业单位负责人						
		小计	中国共产党机关负责人	国家机关负责人	民主党派和工商联负责人	人民团体和群众团体、社会组织及其他成员组织负责人	基层群众自治组织负责人	企事业单位负责人
全省	**4552395**	**47437**	**443**	**4270**	**12**	**2264**	**3981**	**36467**
成都市	1021153	18471	42	649	3	683	403	16691
自贡市	120944	951	8	109		61	87	686
攀枝花市	71385	655	7	114		21	27	486
泸州市	204447	1129	11	147		68	170	733
德阳市	196112	1677	11	119		76	143	1328
绵阳市	296373	3554	17	301	1	168	323	2744
广元市	125882	1659	26	250		81	278	1024
遂宁市	177864	1754	5	170	1	118	112	1348
内江市	200261	1386	8	106		75	152	1045
乐山市	146462	1358	11	222	1	109	180	835
南充市	413191	3396	17	333	2	147	342	2555
眉山市	142533	1549	8	168		108	126	1139
宜宾市	238019	1580	26	205		173	259	917
广安市	172065	790	80	126	1	68	123	392
达州市	368016	2727	29	242	1	126	224	2105
雅安市	77789	408	11	78	1	29	87	202
巴中市	158498	1269	16	177		36	220	820
资阳市	103456	543	15	83		10	107	328
阿坝藏族羌族自治州	40732	543	17	173		21	141	191
甘孜藏族自治州	56051	569	33	185		26	192	133
凉山彝族自治州	221162	1469	45	313	1	60	285	765
男	**2578043**	**35343**	**373**	**3381**	**7**	**1383**	**3199**	**27000**
成都市	588235	13561	34	484	2	407	280	12354
自贡市	68242	665	6	72		35	55	497
攀枝花市	40926	510	6	91		9	22	382
泸州市	111981	875	10	120		48	130	567
德阳市	110345	1289	10	96		49	123	1011
绵阳市	165753	2609	15	237		112	236	2009
广元市	71181	1276	24	206		63	233	750
遂宁市	106903	1280	4	136	1	73	92	974
内江市	112717	978	6	87		49	97	739
乐山市	84049	1015	8	171		65	143	628
南充市	227410	2577	15	282	2	87	289	1902
眉山市	80498	1086	6	127		60	85	808
宜宾市	132988	1209	22	167		103	212	705
广安市	92884	601	68	102		40	96	295
达州市	214958	1987	21	200	1	70	183	1512
雅安市	43588	324	11	68		11	74	160
巴中市	93434	1034	16	148		22	197	651
资阳市	58286	429	15	63		6	84	261
阿坝藏族羌族自治州	23560	426	16	131		14	126	139
甘孜藏族自治州	30926	483	24	146		23	181	109
凉山彝族自治州	119179	1129	36	247	1	37	261	547
女	**1974352**	**12094**	**70**	**889**	**5**	**881**	**782**	**9467**
成都市	432918	4910	8	165	1	276	123	4337
自贡市	52702	286	2	37		26	32	189
攀枝花市	30459	145	1	23		12	5	104
泸州市	92466	254	1	27		20	40	166
德阳市	85767	388	1	23		27	20	317
绵阳市	130620	945	2	64	1	56	87	735
广元市	54701	383	2	44		18	45	274
遂宁市	70961	474	1	34		45	20	374
内江市	87544	408	2	19		26	55	306
乐山市	62413	343	3	51	1	44	37	207
南充市	185781	819	2	51		60	53	653
眉山市	62035	463	2	41		48	41	331
宜宾市	105031	371	4	38		70	47	212
广安市	79181	189	12	24	1	28	27	97
达州市	153058	740	8	42		56	41	593
雅安市	34201	84		10	1	18	13	42
巴中市	65064	235		29		14	23	169
资阳市	45170	114		20		4	23	67
阿坝藏族羌族自治州	17172	117	1	42		7	15	52
甘孜藏族自治州	25125	86	9	39		3	11	24
凉山彝族自治州	101983	340	9	66		23	24	218

4-6 续表 1

单位：人

地区 性别	专业技术人员 小计	科学研究人员	工程技术人员	农业技术人员	飞机和船舶技术人员	卫生专业技术人员	经济和金融专业人员	法律、社会和宗教专业人员	教学人员	文学艺术、体育专业人员
全省	**391026**	**2864**	**81033**	**4166**	**492**	**72816**	**74123**	**10267**	**130983**	**6308**
成都市	146540	1397	39125	738	380	20150	38861	3263	35977	3225
自贡市	9043	21	1618	88	5	2109	1341	176	3350	136
攀枝花市	6585	26	1219	54	1	1611	1079	117	2321	45
泸州市	14714	34	2159	118	7	3499	2100	295	6071	198
德阳市	14278	38	2966	140	18	2830	2724	278	4833	175
绵阳市	24562	910	5500	257	14	4489	4204	388	8032	320
广元市	9962	30	1715	135	1	2327	1449	199	3758	102
遂宁市	12172	27	2568	126	7	2516	1630	220	4551	180
内江市	11480	37	2130	125	7	2864	1560	228	4210	142
乐山市	11403	52	2207	147	9	2479	1675	254	4221	138
南充市	24079	64	4168	308	10	5081	3712	340	9689	324
眉山市	10745	26	2129	453	4	2040	1683	193	3755	144
宜宾市	17135	39	2898	216	9	3795	2318	374	7000	214
广安市	9799	11	1299	90	3	2085	1369	175	4567	58
达州市	21624	46	3403	254	8	4864	3108	244	9000	314
雅安市	5065	13	496	56	3	1499	744	107	1988	41
巴中市	11735	22	1795	225	2	2524	1419	181	5233	106
资阳市	6483	14	924	111	1	1769	704	91	2724	56
阿坝藏族羌族自治州	4380	19	534	99		782	529	731	1485	131
甘孜藏族自治州	6208	20	493	104	1	693	606	2199	1833	162
凉山彝族自治州	13034	18	1687	322	2	2810	1308	214	6385	97
男	**177621**	**1825**	**67225**	**2851**	**464**	**22969**	**22761**	**6046**	**45900**	**3655**
成都市	65789	811	31394	493	357	5193	11724	1567	10926	1834
自贡市	3965	11	1388	55	5	647	407	100	1149	89
攀枝花市	2887	17	1027	40	1	460	308	66	890	25
泸州市	6311	22	1829	86	7	1187	621	170	2172	98
德阳市	6341	17	2507	102	17	847	753	142	1723	107
绵阳市	11514	663	4578	186	14	1435	1243	198	2787	187
广元市	4607	21	1468	104	1	834	487	123	1377	57
遂宁市	5924	16	2208	92	5	873	496	129	1795	99
内江市	5063	21	1838	86	7	868	422	139	1526	70
乐山市	4997	34	1885	111	9	713	474	144	1433	79
南充市	11542	45	3577	215	9	2039	1270	215	3771	192
眉山市	4837	16	1876	266	4	611	480	110	1211	81
宜宾市	7461	25	2487	158	8	1249	693	203	2375	114
广安市	4317	7	1135	67	3	764	487	86	1649	33
达州市	10245	28	2869	177	8	1873	1025	157	3702	188
雅安市	1861	9	426	32	3	399	195	62	641	29
巴中市	5592	15	1543	170	2	1006	521	121	2013	73
资阳市	3053	11	821	85	1	696	240	62	1056	35
阿坝藏族羌族自治州	2225	13	468	60		214	203	677	493	72
甘孜藏族自治州	3212	12	433	51	1	200	255	1441	658	129
凉山彝族自治州	5878	11	1468	215	2	861	457	134	2553	64
女	**213405**	**1039**	**13808**	**1315**	**28**	**49847**	**51362**	**4221**	**85083**	**2653**
成都市	80751	586	7731	245	23	14957	27137	1696	25051	1391
自贡市	5078	10	230	33		1462	934	76	2201	47
攀枝花市	3698	9	192	14		1151	771	51	1431	20
泸州市	8403	12	330	32		2312	1479	125	3899	100
德阳市	7937	21	459	38	1	1983	1971	136	3110	68
绵阳市	13048	247	922	71		3054	2961	190	5245	133
广元市	5355	9	247	31		1493	962	76	2381	45
遂宁市	6248	11	360	34	2	1643	1134	91	2756	81
内江市	6417	16	292	39		1996	1138	89	2684	72
乐山市	6406	18	322	36		1766	1201	110	2788	59
南充市	12537	19	591	93	1	3042	2442	125	5918	132
眉山市	5908	10	253	187		1429	1203	83	2544	63
宜宾市	9674	14	411	58	1	2546	1625	171	4625	100
广安市	5482	4	164	23		1321	882	89	2918	25
达州市	11379	18	534	77		2991	2083	87	5298	126
雅安市	3204	4	70	24		1100	549	45	1347	12
巴中市	6143	7	252	55		1518	898	60	3220	33
资阳市	3430	3	103	26		1073	464	29	1668	21
阿坝藏族羌族自治州	2155	6	66	39		568	326	54	992	59
甘孜藏族自治州	2996	8	60	53		493	351	758	1175	33
凉山彝族自治州	7156	7	219	107		1949	851	80	3832	33

4-6　续表 2

单位：人

地区 性别	专业技术人员		办事人员和有关人员				社会生产服务和生活服务人员		
	新闻出版、文化专业人员	其他专业技术人员	小计	办事人员	安全和消防人员	其他办事人员和有关人员	小计	批发与零售服务人员	交通运输、仓储和邮政业服务人员
全省	**5839**	**2135**	**262015**	**219480**	**39375**	**3160**	**1616027**	**618410**	**244873**
成都市	2919	505	98175	86434	11295	446	453961	168167	70167
自贡市	100	99	7005	5777	1058	170	40734	16877	5910
攀枝花市	87	25	5404	4439	934	31	22333	7858	4583
泸州市	164	69	9771	8103	1539	129	68280	28033	9320
德阳市	210	66	10709	8410	2180	119	67127	25446	11383
绵阳市	301	147	15584	12250	2612	722	106364	40787	14669
广元市	136	110	6448	5394	933	121	34836	12397	5650
遂宁市	144	203	7719	5598	1893	228	63583	24179	9715
内江市	116	61	7929	6764	1091	74	70487	28820	10427
乐山市	136	85	8773	7266	1417	90	47258	16464	8264
南充市	270	113	13784	11454	2107	223	166948	67292	21147
眉山市	140	178	7615	6291	1220	104	48214	20042	6442
宜宾市	189	83	11360	9595	1663	102	75787	29322	12780
广安市	100	42	6221	5073	1076	72	58869	22852	7153
达州市	212	171	14479	11338	2979	162	130171	50702	19956
雅安市	88	30	4373	3571	701	101	25755	10131	4018
巴中市	169	59	7039	5893	1035	111	44500	16729	6749
资阳市	67	22	4135	3606	497	32	30018	11738	4822
阿坝藏族羌族自治州	66	4	3133	2478	631	24	10183	2852	2085
甘孜藏族自治州	96	1	3979	3317	656	6	11442	3042	2321
凉山彝族自治州	129	62	8380	6429	1858	93	39177	14680	7312
男	**2346**	**1579**	**153179**	**116887**	**34781**	**1511**	**825883**	**263524**	**208214**
成都市	1137	353	52506	42344	9955	207	250497	80472	57845
自贡市	42	72	4176	3120	970	86	20978	7074	5177
攀枝花市	33	20	3354	2503	837	14	11666	3172	3908
泸州市	69	50	5909	4486	1363	60	32949	11124	7783
德阳市	79	47	6238	4288	1908	42	34345	11124	9666
绵阳市	103	120	9159	6588	2288	283	52133	16777	12803
广元市	54	81	4088	3190	819	79	16880	4765	4862
遂宁市	63	148	4669	2901	1682	86	32084	9895	8411
内江市	43	43	4579	3591	952	36	33953	11072	9099
乐山市	54	61	5313	4009	1248	56	24965	7058	7276
南充市	121	88	8596	6611	1872	113	75986	24984	17793
眉山市	51	131	4329	3175	1089	65	23761	8269	5549
宜宾市	83	66	6980	5431	1482	67	38488	11947	11088
广安市	54	32	3990	2957	984	49	26571	8484	6188
达州市	94	124	9315	6593	2635	87	67169	21952	17188
雅安市	42	23	2713	2049	619	45	13125	4221	3525
巴中市	80	48	4666	3711	923	32	22463	6939	5876
资阳市	27	19	2519	2064	437	18	15475	5140	4171
阿坝藏族羌族自治州	22	3	1904	1343	546	15	5768	1372	1832
甘孜藏族自治州	31	1	2526	1957	565	4	6299	1547	1893
凉山彝族自治州	64	49	5650	3976	1607	67	20328	6136	6281
女	**3493**	**556**	**108836**	**102593**	**4594**	**1649**	**790144**	**354886**	**36659**
成都市	1782	152	45669	44090	1340	239	203464	87695	12322
自贡市	58	27	2829	2657	88	84	19756	9803	733
攀枝花市	54	5	2050	1936	97	17	10667	4686	675
泸州市	95	19	3862	3617	176	69	35331	16909	1537
德阳市	131	19	4471	4122	272	77	32782	14322	1717
绵阳市	198	27	6425	5662	324	439	54231	24010	1866
广元市	82	29	2360	2204	114	42	17956	7632	788
遂宁市	81	55	3050	2697	211	142	31499	14284	1304
内江市	73	18	3350	3173	139	38	36534	17748	1328
乐山市	82	24	3460	3257	169	34	22293	9406	988
南充市	149	25	5188	4843	235	110	90962	42308	3354
眉山市	89	47	3286	3116	131	39	24453	11773	893
宜宾市	106	17	4380	4164	181	35	37299	17375	1692
广安市	46	10	2231	2116	92	23	32298	14368	965
达州市	118	47	5164	4745	344	75	63002	28750	2768
雅安市	46	7	1660	1522	82	56	12630	5910	493
巴中市	89	11	2373	2182	112	79	22037	9790	873
资阳市	40	3	1616	1542	60	14	14543	6598	651
阿坝藏族羌族自治州	44	1	1229	1135	85	9	4415	1480	253
甘孜藏族自治州	65		1453	1360	91	2	5143	1495	428
凉山彝族自治州	65	13	2730	2453	251	26	18849	8544	1031

4－6 续表 3 单位：人

地区 性别	社会生产服务和生活服务人员								
	住宿和餐饮服务人员	信息传输、软件和信息技术服务人员	金融服务人员	房地产服务人员	租赁和商务服务人员	技术辅助服务人员	水利、环境和公共设施管理服务人员	居民服务人员	电力、燃气及水供应服务人员
全省	**277058**	**36415**	**34047**	**40440**	**52260**	**31413**	**79440**	**117950**	**13046**
成都市	63603	20199	13193	16860	22110	13775	21128	23865	2357
自贡市	6673	551	825	811	1008	607	2031	3007	391
攀枝花市	3629	310	492	366	689	324	1051	1626	314
泸州市	10881	804	1088	1486	1800	993	3858	6806	604
德阳市	10932	916	1441	1397	1735	1213	3617	5045	527
绵阳市	20271	1712	2118	2367	2825	1925	4498	9373	899
广元市	6874	676	861	629	738	676	1627	2585	484
遂宁市	12864	1066	1057	1182	997	1009	2774	4801	534
内江市	12117	1120	1220	1140	2338	961	3428	5466	437
乐山市	8737	774	941	1010	1484	604	2355	3828	617
南充市	29716	2248	3014	4586	4873	2316	8830	14581	946
眉山市	8338	553	967	1198	1255	698	2400	3829	498
宜宾市	11973	892	1034	1447	2206	1172	4037	6747	760
广安市	10032	606	917	1206	1525	827	4100	6370	747
达州市	26620	1530	1785	2366	2879	2076	6341	9586	924
雅安市	4788	363	599	441	629	352	1264	1587	358
巴中市	8722	853	934	821	817	982	2009	3390	455
资阳市	5154	431	628	662	882	327	1433	2395	244
阿坝藏族羌族自治州	3018	151	163	56	352	63	526	273	225
甘孜藏族自治州	3835	208	149	30	390	88	586	285	99
凉山彝族自治州	8281	452	621	379	728	425	1547	2505	626
男	**111515**	**25586**	**14328**	**23341**	**40265**	**20204**	**25559**	**32125**	**10330**
成都市	28691	14630	5683	9997	15629	8610	7223	6703	1828
自贡市	2875	375	338	473	863	401	743	907	334
攀枝花市	1460	233	200	166	569	232	317	351	244
泸州市	4606	548	450	781	1529	651	1233	1779	488
德阳市	4344	672	538	790	1364	773	1142	1253	426
绵阳市	8016	1194	782	1290	2194	1218	1461	2245	707
广元市	2245	436	395	373	569	441	587	637	375
遂宁市	5186	727	473	711	768	668	866	1429	410
内江市	4566	581	470	590	1980	628	965	1480	372
乐山市	3538	497	385	594	1143	371	811	1160	503
南充市	10321	1551	1300	2623	4086	1539	2268	3715	760
眉山市	3350	393	360	648	1036	459	866	953	404
宜宾市	4763	623	460	745	1831	758	1445	1715	576
广安市	3497	419	373	719	1306	550	1063	1539	629
达州市	10938	1012	835	1477	2384	1352	2072	3139	709
雅安市	1791	241	228	265	529	245	444	441	268
巴中市	3185	606	422	502	624	682	665	1041	346
资阳市	2049	298	246	357	683	220	474	673	193
阿坝藏族羌族自治州	1232	95	69	29	256	45	248	108	172
甘孜藏族自治州	1544	139	69	12	333	68	218	115	68
凉山彝族自治州	3318	316	252	199	589	293	448	742	518
女	**165543**	**10829**	**19719**	**17099**	**11995**	**11209**	**53881**	**85825**	**2716**
成都市	34912	5569	7510	6863	6481	5165	13905	17162	529
自贡市	3798	176	487	338	145	206	1288	2100	57
攀枝花市	2169	77	292	200	120	92	734	1275	70
泸州市	6275	256	638	705	271	342	2625	5027	116
德阳市	6588	244	903	607	371	440	2475	3792	101
绵阳市	12255	518	1336	1077	631	707	3037	7128	192
广元市	4629	240	466	256	169	235	1040	1948	109
遂宁市	7678	339	584	471	229	341	1908	3372	124
内江市	7551	539	750	550	358	333	2463	3986	65
乐山市	5199	277	556	416	341	233	1544	2668	114
南充市	19395	697	1714	1963	787	777	6562	10866	186
眉山市	4988	160	607	550	219	239	1534	2876	94
宜宾市	7210	269	574	702	375	414	2592	5032	184
广安市	6535	187	544	487	219	277	3037	4831	118
达州市	15682	518	950	889	495	724	4269	6447	215
雅安市	2997	122	371	176	100	107	820	1146	90
巴中市	5537	247	512	319	193	300	1344	2349	109
资阳市	3105	133	382	305	199	107	959	1722	51
阿坝藏族羌族自治州	1786	56	94	27	96	18	278	165	53
甘孜藏族自治州	2291	69	80	18	57	20	368	170	31
凉山彝族自治州	4963	136	369	180	139	132	1099	1763	108

4-6 续表 4

单位：人

地区 性别	社会生产服务和生活服务人员				农、林、牧、渔业生产及辅助人员				
	修理及制作服务人员	文化、体育和娱乐服务人员	健康服务人员	其他社会生产和生活服务人员	小计	农业生产人员	林业生产人员	畜牧业生产人员	渔业生产人员
全省	**47254**	**18466**	**3467**	**1488**	**1122531**	**964383**	**12833**	**134181**	**6644**
成都市	11641	5333	1354	209	89932	83225	2285	3391	602
自贡市	1277	552	128	86	36102	33657	140	1631	566
攀枝花市	760	272	42	17	23144	20480	91	2484	48
泸州市	1887	526	135	59	59593	48421	629	10003	351
德阳市	1965	1345	116	49	53959	49691	207	3613	279
绵阳市	3230	1330	244	116	75716	68773	453	5791	352
广元市	1150	316	140	33	38129	34782	329	2857	80
遂宁市	2464	632	151	158	27764	24620	106	2664	253
内江市	2044	779	102	88	51152	46996	165	3388	454
乐山市	1574	454	98	54	45970	37754	1481	6232	394
南充市	4753	2265	237	144	86083	71568	305	13213	636
眉山市	1439	434	77	44	40456	36388	676	2201	441
宜宾市	2327	921	112	57	76316	60490	1718	13118	669
广安市	1736	656	67	75	54811	49367	179	4844	278
达州市	3955	1179	152	120	83303	76211	352	5971	524
雅安市	866	246	67	46	26948	23531	654	2635	54
巴中市	1493	420	90	36	41029	35161	215	5191	254
资阳市	943	270	52	37	39186	36345	77	2194	228
阿坝藏族羌族自治州	283	113	20	3	16994	11220	378	5361	2
甘孜藏族自治州	280	118	11		27091	14196	1965	10902	1
凉山彝族自治州	1187	305	72	57	128853	101507	428	26497	178
男	**40894**	**8092**	**1113**	**793**	**545802**	**468900**	**8638**	**61077**	**4741**
成都市	10143	2529	401	113	44808	40710	1401	1986	428
自贡市	1113	222	37	46	17918	16531	104	829	398
攀枝花市	667	121	14	12	11669	10430	66	1122	27
泸州市	1657	244	45	31	28685	23770	474	4073	254
德阳市	1655	534	42	22	24924	22846	137	1633	209
绵阳市	2769	524	83	70	36433	32973	339	2667	238
广元市	1005	126	44	20	18257	16710	233	1208	55
遂宁市	2147	264	46	83	13817	12106	76	1367	203
内江市	1767	303	33	47	24559	22449	101	1601	332
乐山市	1377	193	28	31	22498	17947	1107	3090	287
南充市	4101	804	81	60	40017	33633	206	5550	439
眉山市	1246	183	20	25	19795	17481	503	1151	297
宜宾市	2014	454	39	30	36053	28519	1289	5573	478
广安市	1444	307	19	34	26402	23851	131	2153	192
达州市	3411	573	60	67	42751	38827	219	3184	386
雅安市	767	110	21	29	13128	11256	495	1296	47
巴中市	1316	206	32	21	20210	17573	142	2206	184
资阳市	823	110	24	14	19001	17746	49	925	168
阿坝藏族羌族自治州	245	58	5	2	8759	5679	228	2830	2
甘孜藏族自治州	223	64	6		13110	6766	1048	5278	1
凉山彝族自治州	1004	163	33	36	63008	51097	290	11355	116
女	**6360**	**10374**	**2354**	**695**	**576729**	**495483**	**4195**	**73104**	**1903**
成都市	1498	2804	953	96	45124	42515	884	1405	174
自贡市	164	330	91	40	18184	17126	36	802	168
攀枝花市	93	151	28	5	11475	10050	25	1362	21
泸州市	230	282	90	28	30908	24651	155	5930	97
德阳市	310	811	74	27	29035	26845	70	1980	70
绵阳市	461	806	161	46	39283	35800	114	3124	114
广元市	145	190	96	13	19872	18072	96	1649	25
遂宁市	317	368	105	75	13947	12514	30	1297	50
内江市	277	476	69	41	26593	24547	64	1787	122
乐山市	197	261	70	23	23472	19807	374	3142	107
南充市	652	1461	156	84	46066	37935	99	7663	197
眉山市	193	251	57	19	20661	18907	173	1050	144
宜宾市	313	467	73	27	40263	31971	429	7545	191
广安市	292	349	48	41	28409	25516	48	2691	86
达州市	544	606	92	53	40552	37384	133	2787	138
雅安市	99	136	46	17	13820	12275	159	1339	7
巴中市	177	214	58	15	20819	17588	73	2985	70
资阳市	120	160	28	23	20185	18599	28	1269	60
阿坝藏族羌族自治州	38	55	15	1	8235	5541	150	2531	
甘孜藏族自治州	57	54	5		13981	7430	917	5624	
凉山彝族自治州	183	142	39	21	65845	50410	138	15142	62

4–6 续表 5

单位：人

地区 性别	农林牧渔生产辅助人员	其他农、林、牧、渔业生产加工人员	生产制造及有关人员 小计	农副产品加工人员	食品、饮料生产加工人员	烟草及其制品加工人员	纺织、针织、印染人员	纺织品、服装和皮革、毛皮制品加工制作人员	木材加工、家具与木制品制作人员
全省	**3778**	**712**	**1107391**	**13476**	**19616**	**719**	**8114**	**63218**	**46308**
成都市	400	29	213452	2539	4591	114	509	9892	15737
自贡市	96	12	27070	367	437	2	127	2458	1009
攀枝花市	38	3	13219	102	133	5	18	105	172
泸州市	164	25	50403	443	1868	10	196	3598	1586
德阳市	156	13	48298	816	1384	175	272	1631	2630
绵阳市	320	27	70255	1151	1009	49	883	2308	2584
广元市	69	12	34805	360	409	8	150	596	643
遂宁市	111	10	64588	487	804	6	650	3084	2302
内江市	134	15	57205	584	595	2	325	3241	2470
乐山市	93	16	31670	463	434	4	388	747	947
南充市	244	117	118192	1371	1169	6	619	8320	4066
眉山市	451	299	33618	591	752	3	157	782	1503
宜宾市	264	57	55717	1147	2429	57	798	1592	2040
广安市	112	31	41308	568	481	3	722	4229	1325
达州市	229	16	114555	1014	1268	6	1383	15903	3932
雅安市	66	8	15172	198	520		225	300	460
巴中市	205	3	52679	331	432	1	334	2352	892
资阳市	339	3	22990	332	324	6	220	1412	1217
阿坝藏族羌族自治州	32	1	5475	66	94		7	62	117
甘孜藏族自治州	27		6759	52	60		2	171	253
凉山彝族自治州	228	15	29961	494	423	262	129	435	423
男	**2101**	**345**	**836831**	**7611**	**11394**	**381**	**3204**	**26658**	**35833**
成都市	269	14	160662	1378	2365	75	214	3978	11180
自贡市	51	5	20515	218	252	1	47	1065	804
攀枝花市	23	1	10812	66	72	5	3	41	164
泸州市	101	13	36998	276	1305	7	78	1335	1271
德阳市	94	5	37167	436	823	75	107	501	2035
绵阳市	195	21	53692	638	522	33	342	831	2054
广元市	47	4	26042	183	207	5	64	262	490
遂宁市	58	7	48956	305	418	4	242	1282	1891
内江市	69	7	43301	340	295	2	128	1347	2061
乐山市	59	8	25244	270	237	2	111	287	732
南充市	141	48	88324	773	628	4	244	3307	3288
眉山市	220	143	26500	336	357	1	55	259	1155
宜宾市	158	36	42709	627	1910	19	316	628	1648
广安市	63	12	30869	320	286	2	315	1870	1149
达州市	128	7	82798	598	704	5	662	7546	3179
雅安市	31	3	12396	121	286		37	120	391
巴中市	104	1	39324	189	233		126	1111	692
资阳市	112	1	17752	168	183	4	73	571	983
阿坝藏族羌族自治州	19	1	4461	45	51		3	27	106
甘孜藏族自治州	17		5293	28	28			105	226
凉山彝族自治州	142	8	23016	296	232	137	37	185	334
女	**1677**	**367**	**270560**	**5865**	**8222**	**338**	**4910**	**36560**	**10475**
成都市	131	15	52790	1161	2226	39	295	5914	4557
自贡市	45	7	6555	149	185	1	80	1393	205
攀枝花市	15	2	2407	36	61		15	64	8
泸州市	63	12	13405	167	563	3	118	2263	315
德阳市	62	8	11131	380	561	100	165	1130	595
绵阳市	125	6	16563	513	487	16	541	1477	530
广元市	22	8	8763	177	202	3	86	334	153
遂宁市	53	3	15632	182	386	2	408	1802	411
内江市	65	8	13904	244	300		197	1894	409
乐山市	34	8	6426	193	197	2	277	460	215
南充市	103	69	29868	598	541	2	375	5013	778
眉山市	231	156	7118	255	395	2	102	523	348
宜宾市	106	21	13008	520	519	38	482	964	392
广安市	49	19	10439	248	195	1	407	2359	176
达州市	101	9	31757	416	564	1	721	8357	753
雅安市	35	5	2776	77	234		188	180	69
巴中市	101	2	13355	142	199	1	208	1241	200
资阳市	227	2	5238	164	141	2	147	841	234
阿坝藏族羌族自治州	13		1014	21	43		4	35	11
甘孜藏族自治州	10		1466	24	32		2	66	27
凉山彝族自治州	86	7	6945	198	191	125	92	250	89

4-6 续表 6

单位：人

地 区 性 别	生产制造及有关人员								
	纸及纸制品生产加工人员	印刷和记录媒介复制人员	文教、工美、体育和娱乐用品制造人 员	石油加工和炼焦、煤化工生产人员	化学原料和化学制品制造人 员	医药制造人 员	化学纤维制造人员	橡胶和塑料制品制造人员	非金属矿物制品制造人员
全省	**5145**	**4790**	**7609**	**814**	**7043**	**3633**	**522**	**9001**	**20841**
成都市	1432	1662	884	132	1101	1660	89	2367	3468
自贡市	68	86	241	19	195	54	21	236	491
攀枝花市	27	35	45	47	327	5	2	41	213
泸州市	751	336	389	31	426	119	19	298	1310
德阳市	453	277	161	17	900	276	40	583	1757
绵阳市	248	219	330	42	753	266	44	717	1176
广元市	76	96	154	38	143	73	8	182	515
遂宁市	245	200	330	91	287	117	33	443	661
内江市	133	123	319	111	128	93	19	384	1273
乐山市	298	51	86	42	508	114	6	141	1559
南充市	210	421	1033	66	555	152	30	776	1425
眉山市	208	103	103	12	260	145	9	183	825
宜宾市	362	244	249	26	487	70	158	736	1238
广安市	107	117	311	13	175	127	4	179	600
达州市	311	410	1879	93	389	128	32	1071	2093
雅安市	51	35	102	9	114	46		55	695
巴中市	85	157	193	14	103	64	3	320	606
资阳市	39	61	89	2	59	68	4	168	285
阿坝藏族羌族自治州	4	30	41	1	27	10		18	100
甘孜藏族自治州		49	137		5	9		5	75
凉山彝族自治州	37	78	533	8	101	37	1	98	476
男	**2578**	**2861**	**3621**	**652**	**4967**	**1833**	**316**	**5179**	**15194**
成都市	730	1046	508	102	788	850	56	1435	2575
自贡市	39	47	122	17	132	27	12	145	360
攀枝花市	12	13	22	34	242	1	2	28	163
泸州市	265	176	97	25	302	65	12	136	785
德阳市	164	179	90	15	688	142	22	300	1259
绵阳市	130	140	165	37	557	126	29	375	896
广元市	33	46	75	27	94	37	5	103	374
遂宁市	120	104	156	75	206	50	19	246	470
内江市	74	77	127	89	84	40	14	207	845
乐山市	186	25	56	34	317	56	5	77	1056
南充市	115	246	444	51	323	70	13	476	1056
眉山市	120	48	56	10	181	83	4	98	586
宜宾市	215	146	134	21	359	36	101	430	929
广安市	61	69	123	11	137	69	4	103	457
达州市	186	257	805	75	285	69	15	640	1586
雅安市	36	16	71	8	85	18		23	609
巴中市	50	103	105	13	61	35	1	172	477
资阳市	17	36	40	2	37	33	1	104	221
阿坝藏族羌族自治州	2	20	33		15	5		12	77
甘孜藏族自治州		31	118		3	5		4	58
凉山彝族自治州	23	36	274	6	71	16	1	65	355
女	**2567**	**1929**	**3988**	**162**	**2076**	**1800**	**206**	**3822**	**5647**
成都市	702	616	376	30	313	810	33	932	893
自贡市	29	39	119	2	63	27	9	91	131
攀枝花市	15	22	23	13	85	4		13	50
泸州市	486	160	292	6	124	54	7	162	525
德阳市	289	98	71	2	212	134	18	283	498
绵阳市	118	79	165	5	196	140	15	342	280
广元市	43	50	79	11	49	36	3	79	141
遂宁市	125	96	174	16	81	67	14	197	191
内江市	59	46	192	22	44	53	5	177	428
乐山市	112	26	30	8	191	58	1	64	503
南充市	95	175	589	15	232	82	17	300	369
眉山市	88	55	47	2	79	62	5	85	239
宜宾市	147	98	115	5	128	34	57	306	309
广安市	46	48	188	2	38	58		76	143
达州市	125	153	1074	18	104	59	17	431	507
雅安市	15	19	31	1	29	28		32	86
巴中市	35	54	88	1	42	29	2	148	129
资阳市	22	25	49		22	35	3	64	64
阿坝藏族羌族自治州	2	10	8	1	12	5		6	23
甘孜藏族自治州		18	19		2	4		1	17
凉山彝族自治州	14	42	259	2	30	21		33	121

4-6 续表 7 单位：人

地区 性别	生产制造及有关人员								
	采矿人员	金属冶炼和压延加工人员	机械制造基础加工人员	金属制品制造人员	通用设备制造人员	专用设备制造人员	汽车制造人员	铁路、船舶、航空设备制造人员	电气机械和器材制造人员
全省	**11694**	**8016**	**31128**	**17065**	**5565**	**2229**	**9133**	**2095**	**7494**
成都市	602	1200	8327	3557	1601	952	4377	1028	1990
自贡市	261	129	1118	689	249	41	148	14	202
攀枝花市	1484	1088	722	97	59	24	18	37	22
泸州市	616	117	852	800	122	55	122	27	248
德阳市	343	540	4036	851	484	91	188	66	464
绵阳市	470	499	2289	1183	454	143	711	95	842
广元市	726	153	516	380	170	55	153	35	143
遂宁市	322	174	1300	1072	249	87	446	52	704
内江市	665	533	1309	769	207	62	468	92	245
乐山市	744	681	711	354	149	58	101	36	130
南充市	359	436	2133	1787	492	170	482	121	721
眉山市	117	185	917	508	199	39	81	55	105
宜宾市	987	205	1233	1110	291	101	385	47	528
广安市	385	95	838	533	98	35	505	53	153
达州市	2007	769	2393	2050	326	128	308	101	511
雅安市	367	355	382	106	76	12	139	14	33
巴中市	310	162	684	657	142	49	202	37	156
资阳市	56	60	563	269	87	78	246	120	115
阿坝藏族羌族自治州	99	184	64	32	22	4	17		21
甘孜藏族自治州	163	7	127	28	5	2	1	1	9
凉山彝族自治州	611	444	614	233	83	43	35	64	152
男	**10564**	**6556**	**26748**	**12319**	**4402**	**1370**	**6440**	**1643**	**4753**
成都市	525	985	7260	2650	1299	591	3206	848	1357
自贡市	232	104	969	497	206	28	94	11	138
攀枝花市	1285	928	659	75	55	20	13	27	17
泸州市	568	96	674	551	107	25	91	23	164
德阳市	296	447	3635	628	399	63	149	55	342
绵阳市	406	428	1945	839	342	83	459	69	461
广元市	672	124	431	259	122	32	110	27	88
遂宁市	293	136	1105	702	194	45	288	39	374
内江市	622	412	1072	550	160	34	302	77	155
乐山市	685	549	634	288	120	41	74	29	99
南充市	320	352	1783	1310	346	105	349	87	423
眉山市	109	152	784	386	153	26	62	41	75
宜宾市	924	177	1060	797	218	64	276	34	333
广安市	356	77	681	383	73	24	307	29	94
达州市	1890	597	1926	1450	262	73	210	89	310
雅安市	339	271	358	90	67	11	105	11	30
巴中市	270	125	570	468	110	33	152	26	95
资阳市	51	47	480	190	68	39	157	79	68
阿坝藏族羌族自治州	83	165	58	24	21	3	11		18
甘孜藏族自治州	131	5	117	24	3	1	1	1	5
凉山彝族自治州	507	379	547	158	77	29	24	41	107
女	**1130**	**1460**	**4380**	**4746**	**1163**	**859**	**2693**	**452**	**2741**
成都市	77	215	1067	907	302	361	1171	180	633
自贡市	29	25	149	192	43	13	54	3	64
攀枝花市	199	160	63	22	4	4	5	10	5
泸州市	48	21	178	249	15	30	31	4	84
德阳市	47	93	401	223	85	28	39	11	122
绵阳市	64	71	344	344	112	60	252	26	381
广元市	54	29	85	121	48	23	43	8	55
遂宁市	29	38	195	370	55	42	158	13	330
内江市	43	121	237	219	47	28	166	15	90
乐山市	59	132	77	66	29	17	27	7	31
南充市	39	84	350	477	146	65	133	34	298
眉山市	8	33	133	122	46	13	19	14	30
宜宾市	63	28	173	313	73	37	109	13	195
广安市	29	18	157	150	25	11	198	24	59
达州市	117	172	467	600	64	55	98	12	201
雅安市	28	84	24	16	9	1	34	3	3
巴中市	40	37	114	189	32	16	50	11	61
资阳市	5	13	83	79	19	39	89	41	47
阿坝藏族羌族自治州	16	19	6	8	1	1	6		3
甘孜藏族自治州	32	2	10	4	2	1			4
凉山彝族自治州	104	65	67	75	6	14	11	23	45

4-6　续表 8

单位：人

地　区 性　别	生产制造及有关人员：计算机、通信和其他电子设备制造人员	仪器仪表制造人员	废弃资源综合利用人员	电力、热力、气体、水生产和输配人员	建筑施工人员	运输设备和通用工程机械操作人员及有关人员	生产辅助人员	其他生产制造及有关人员	不便分类的其他从业人员
全省	**59361**	**789**	**958**	**4259**	**611637**	**29059**	**93298**	**2762**	**5968**
成都市	15908	279	204	637	93097	6184	26903	429	622
自贡市	1076	26	31	70	14339	624	2136	106	39
攀枝花市	191	9	28	232	4462	1039	2412	18	45
泸州市	1780	20	32	170	29022	1064	3780	196	557
德阳市	1669	39	42	154	20586	1665	5602	106	64
绵阳市	5079	43	85	231	38180	2049	5927	196	338
广元市	974	10	24	110	24709	1131	2012	53	43
遂宁市	4550	42	49	93	40205	1415	3857	231	284
内江市	3025	33	57	159	34904	1014	3714	149	622
乐山市	958	15	30	373	17371	1192	2845	134	30
南充市	5382	102	49	179	75971	2038	7328	223	709
眉山市	1200	13	42	170	19716	1095	3355	185	336
宜宾市	2920	22	89	272	28838	1695	5253	108	124
广安市	1962	22	36	100	24010	752	2685	85	267
达州市	8285	78	76	205	56517	2024	8547	318	1157
雅安市	416	4	9	483	8015	698	1232	21	68
巴中市	1591	14	29	76	39569	924	2113	77	247
资阳市	587	2	17	44	14487	605	1318	50	101
阿坝藏族羌族自治州	120	2		146	3574	330	282	1	24
甘孜藏族自治州	15		2	62	4941	294	284		3
凉山彝族自治州	1673	14	27	293	19124	1227	1713	76	288
男	**32752**	**477**	**659**	**3228**	**512727**	**26263**	**61917**	**1731**	**3384**
成都市	9479	175	151	487	80562	5664	17875	268	412
自贡市	645	17	25	60	12133	553	1442	73	25
攀枝花市	128	5	23	183	3712	899	1903	12	28
泸州市	947	15	19	128	24224	958	2162	111	254
德阳市	936	33	32	125	18117	1440	3565	69	41
绵阳市	2469	20	52	181	33070	1856	4010	127	213
广元市	538	5	17	83	18998	1009	1495	27	31
遂宁市	2196	25	38	68	34022	1249	2458	136	173
内江市	1577	27	33	119	29003	897	2438	93	284
乐山市	556	9	21	269	15154	1096	2079	90	17
南充市	2773	52	27	135	62391	1828	4857	148	368
眉山市	633	8	28	144	17291	995	2150	114	190
宜宾市	1717	14	66	216	24375	1507	3344	68	88
广安市	1038	13	21	77	20225	706	1738	51	134
达州市	4566	44	50	150	47111	1846	5421	191	693
雅安市	273	2	5	342	7071	663	920	17	41
巴中市	901	4	18	54	30753	824	1504	49	145
资阳市	325	1	11	32	12321	536	841	33	57
阿坝藏族羌族自治州	75			98	2961	319	228	1	17
甘孜藏族自治州	11		1	46	3817	279	245		3
凉山彝族自治州	969	8	21	231	15416	1139	1242	53	170
女	**26609**	**312**	**299**	**1031**	**98910**	**2796**	**31381**	**1031**	**2584**
成都市	6429	104	53	150	12535	520	9028	161	210
自贡市	431	9	6	10	2206	71	694	33	14
攀枝花市	63	4	5	49	750	140	509	6	17
泸州市	833	5	13	42	4798	106	1618	85	303
德阳市	733	6	10	29	2469	225	2037	37	23
绵阳市	2610	23	33	50	5110	193	1917	69	125
广元市	436	5	7	27	5711	122	517	26	12
遂宁市	2354	17	11	25	6183	166	1399	95	111
内江市	1448	6	24	40	5901	117	1276	56	338
乐山市	402	6	9	104	2217	96	766	44	13
南充市	2609	50	22	44	13580	210	2471	75	341
眉山市	567	5	14	26	2425	100	1205	71	146
宜宾市	1203	8	23	56	4463	188	1909	40	36
广安市	924	9	15	23	3785	46	947	34	133
达州市	3719	34	26	55	9406	178	3126	127	464
雅安市	143	2	4	141	944	35	312	4	27
巴中市	690	10	11	22	8816	100	609	28	102
资阳市	262	1	6	12	2166	69	477	17	44
阿坝藏族羌族自治州	45	2		48	613	11	54		7
甘孜藏族自治州	4		1	16	1124	15	39		
凉山彝族自治州	704	6	6	62	3708	88	471	23	118

4—6a 各地区分性别、职业中类的就业人口(城市)

单位：人

地区 性别	合计	党的机关、国家机关、群众团体和社会组织、企事业单位负责人						
		小计	中国共产党机关负责人	国家机关负责人	民主党派和工商联负责人	人民团体和群众团体、社会组织及其他成员组织负责人	基层群众自治组织负责人	企事业单位负责人
全省	**1463437**	**28502**	**118**	**1943**	**7**	**1113**	**503**	**24818**
成都市	724544	16297	33	581	2	567	164	14950
自贡市	32452	542	4	66		18	17	437
攀枝花市	32781	484	6	55		15	9	399
泸州市	53771	453	4	73		30	24	322
德阳市	59444	1031	4	82		33	22	890
绵阳市	81318	1931	3	108	1	90	26	1703
广元市	21820	844	6	127		43	18	650
遂宁市	50629	872	3	109		39	21	700
内江市	35923	398	3	47		23	26	299
乐山市	37246	616	1	112		28	11	464
南充市	82481	1421	9	152	2	27	48	1183
眉山市	31260	906	6	65		42	10	783
宜宾市	48736	590	10	75		94	19	392
广安市	29663	184	2	44		1	12	125
达州市	60442	804	5	64		27	15	693
雅安市	12968	120	3	13	1	7	8	88
巴中市	22864	314	5	64		9	21	215
资阳市	16686	208	2	40		5	16	145
阿坝藏族羌族自治州	1382	42	3	12		3	2	22
甘孜藏族自治州	2342	32	1	10		2	3	16
凉山彝族自治州	24685	413	5	44	1	10	11	342
男	**825515**	**20658**	**96**	**1477**	**5**	**659**	**349**	**18072**
成都市	415304	11904	25	429	2	336	106	11006
自贡市	18352	370	3	38		9	9	311
攀枝花市	19574	381	5	46		7	7	316
泸州市	28185	346	4	52		23	17	250
德阳市	33380	769	3	67		24	18	657
绵阳市	44808	1380	2	82		59	22	1215
广元市	11995	597	5	100		32	13	447
遂宁市	29399	625	2	87		20	18	498
内江市	19379	275	1	37		13	16	208
乐山市	20894	451		83		14	8	346
南充市	43307	996	8	125	2	11	32	818
眉山市	17426	621	4	49		29	7	532
宜宾市	27878	425	9	58		52	11	295
广安市	14662	140	2	39			8	91
达州市	34974	563	4	50		16	13	480
雅安市	7094	92	3	11		1	7	70
巴中市	13560	254	5	51		3	19	176
资阳市	9802	147	2	26		3	7	109
阿坝藏族羌族自治州	727	30	3	9		1	1	16
甘孜藏族自治州	1319	22	1	5			2	14
凉山彝族自治州	13496	270	5	33	1	6	8	217
女	**637922**	**7844**	**22**	**466**	**2**	**454**	**154**	**6746**
成都市	309240	4393	8	152		231	58	3944
自贡市	14100	172	1	28		9	8	126
攀枝花市	13207	103	1	9		8	2	83
泸州市	25586	107		21		7	7	72
德阳市	26064	262	1	15		9	4	233
绵阳市	36510	551	1	26	1	31	4	488
广元市	9825	247	1	27		11	5	203
遂宁市	21230	247	1	22		19	3	202
内江市	16544	123	2	10		10	10	91
乐山市	16352	165	1	29		14	3	118
南充市	39174	425	1	27		16	16	365
眉山市	13834	285	2	16		13	3	251
宜宾市	20858	165	1	17		42	8	97
广安市	15001	44		5		1	4	34
达州市	25468	241	1	14		11	2	213
雅安市	5874	28		2	1	6	1	18
巴中市	9304	60		13		6	2	39
资阳市	6884	61		14		2	9	36
阿坝藏族羌族自治州	655	12		3		2	1	6
甘孜藏族自治州	1023	10		5		2	1	2
凉山彝族自治州	11189	143		11		4	3	125

4-6a　续表 1

单位：人

地区 性别	专业技术人员									
	小计	科学研究人员	工程技术人员	农业技术人员	飞机和船舶技术人员	卫生专业技术人员	经济和金融专业人员	法律、社会和宗教专业人员	教学人员	文学艺术、体育专业人员
全省	**230108**	**2491**	**52443**	**1167**	**406**	**38549**	**54003**	**4908**	**66749**	**4158**
成都市	129787	1329	35106	481	360	17097	35767	2898	30675	2963
自贡市	4778	13	900	31		1137	817	111	1561	97
攀枝花市	4584	23	854	18		1167	868	90	1455	35
泸州市	6842	21	1059	18	2	1716	1381	158	2258	86
德阳市	8503	28	1778	59	7	1577	1808	182	2828	93
绵阳市	13240	868	3016	47	7	2108	2624	210	3941	159
广元市	3251	11	487	13	1	746	652	82	1122	35
遂宁市	6223	12	1085	35	5	1293	928	129	2468	74
内江市	4326	12	575	35	1	1135	624	80	1750	42
乐山市	5922	39	1111	51	4	1290	1017	162	2053	81
南充市	9320	40	1274	38	2	1939	1626	142	3972	119
眉山市	4210	16	884	42	1	765	878	77	1363	67
宜宾市	7028	22	1330	22	6	1519	1234	161	2519	79
广安市	3265	2	404	13	1	638	596	67	1457	25
达州市	6801	16	940	44	6	1665	1270	93	2568	79
雅安市	1930	6	220	11	1	555	344	55	670	16
巴中市	2973	4	324	39		675	478	39	1313	21
资阳市	2390	5	473	22	1	538	352	41	900	13
阿坝藏族羌族自治州	400	8	40	6		90	84	20	116	14
甘孜藏族自治州	457	8	48	17		104	80	38	117	17
凉山彝族自治州	3878	8	535	125	1	795	575	73	1643	43
男	**101729**	**1581**	**42549**	**746**	**379**	**10666**	**16369**	**2523**	**22111**	**2355**
成都市	58439	774	27945	312	338	4369	10901	1388	9388	1679
自贡市	2100	7	779	16		317	242	62	552	65
攀枝花市	1986	15	707	12		344	246	51	557	19
泸州市	2734	13	866	12	2	500	402	88	738	41
德阳市	3675	12	1479	42	6	417	488	99	1017	50
绵阳市	6136	634	2472	33	7	579	767	104	1318	89
广元市	1340	7	420	11	1	217	202	46	364	18
遂宁市	2803	6	937	24	3	389	279	68	941	40
内江市	1774	6	499	24	1	344	159	46	643	18
乐山市	2487	25	925	36	4	349	286	91	671	47
南充市	4067	26	1088	22	1	647	588	86	1459	62
眉山市	1847	9	773	29	1	228	248	47	417	38
宜宾市	2955	15	1110	15	5	417	353	86	825	48
广安市	1357	1	347	7	1	203	207	28	518	14
达州市	2950	7	798	31	6	548	392	64	989	52
雅安市	736	4	186	8	1	149	95	30	225	11
巴中市	1274	3	282	26		225	171	35	474	10
资阳市	1064	3	419	12	1	155	111	23	307	8
阿坝藏族羌族自治州	152	4	32	4		17	30	9	39	8
甘孜藏族自治州	208	6	40	6		30	27	27	47	11
凉山彝族自治州	1645	4	445	64	1	222	175	45	622	27
女	**128379**	**910**	**9894**	**421**	**27**	**27883**	**37634**	**2385**	**44638**	**1803**
成都市	71348	555	7161	169	22	12728	24866	1510	21287	1284
自贡市	2678	6	121	15		820	575	49	1009	32
攀枝花市	2598	8	147	6		823	622	39	898	16
泸州市	4108	8	193	6		1216	979	70	1520	45
德阳市	4828	16	299	17	1	1160	1320	83	1811	43
绵阳市	7104	234	544	14		1529	1857	106	2623	70
广元市	1911	4	67	2		529	450	36	758	17
遂宁市	3420	6	148	11	2	904	649	61	1527	34
内江市	2552	6	76	11		791	465	34	1107	24
乐山市	3435	14	186	15		941	731	71	1382	34
南充市	5253	14	186	16	1	1292	1038	56	2513	57
眉山市	2363	7	111	13		537	630	30	946	29
宜宾市	4073	7	220	7	1	1102	881	75	1694	31
广安市	1908	1	57	6		435	389	39	939	11
达州市	3851	9	142	13		1117	878	29	1579	27
雅安市	1194	2	34	3		406	249	25	445	5
巴中市	1699	1	42	13		450	307	4	839	11
资阳市	1326	2	54	10		383	241	18	593	5
阿坝藏族羌族自治州	248	4	8	2		73	54	11	77	6
甘孜藏族自治州	249	2	8	11		74	53	11	70	6
凉山彝族自治州	2233	4	90	61		573	400	28	1021	16

4－6a 续表 2

单位：人

地区 性别	专业技术人员		办事人员和有关人员				社会生产服务和生活服务人员		
	新闻出版、文化专业人员	其他专业技术人员	小计	办事人员	安全和消防人员	其他办事人员和有关人员	小计	批发与零售服务人员	交通运输、仓储和邮政业服务人员
全省	**4255**	**979**	**163924**	**142036**	**20324**	**1564**	**727265**	**278697**	**104403**
成都市	2694	417	84901	76073	8443	385	355760	133275	52446
自贡市	66	45	4105	3489	582	34	15876	6437	2336
攀枝花市	66	8	4134	3469	652	13	14533	5269	2934
泸州市	112	31	5273	4530	706	37	29630	12108	3698
德阳市	128	15	6994	5754	1181	59	28380	11413	4172
绵阳市	173	87	8859	7201	1250	408	39854	15735	5307
广元市	63	39	2931	2502	383	46	9658	3781	1472
遂宁市	92	102	4507	3401	935	171	23313	9435	3336
内江市	59	13	3569	3200	332	37	18960	7855	2748
乐山市	82	32	4869	4035	793	41	18600	6380	2899
南充市	143	25	6413	5427	872	114	47560	18362	5574
眉山市	79	38	3537	2957	548	32	14434	5897	1926
宜宾市	99	37	5353	4634	679	40	21929	8360	3633
广安市	49	13	2564	2032	516	16	17098	6124	1466
达州市	85	35	5735	4821	884	30	35553	14470	5001
雅安市	41	11	1911	1576	288	47	6084	2194	830
巴中市	73	7	2525	2157	338	30	10081	3893	1466
资阳市	32	13	1760	1536	214	10	7641	3036	1184
阿坝藏族羌族自治州	22		418	325	93		431	121	78
甘孜藏族自治州	28		559	487	71	1	956	274	171
凉山彝族自治州	69	11	3007	2430	564	13	10934	4278	1726
男	**1734**	**716**	**91550**	**73164**	**17712**	**674**	**378608**	**121777**	**87009**
成都市	1059	286	44943	37392	7376	175	197265	64253	42911
自贡市	26	34	2378	1821	542	15	8061	2559	2012
攀枝花市	28	7	2506	1924	578	4	7507	2078	2446
泸州市	50	22	3046	2421	612	13	14086	4786	2998
德阳市	54	11	3982	2951	1008	23	14084	4900	3447
绵阳市	62	71	5079	3832	1079	168	19506	6439	4565
广元市	23	31	1779	1419	330	30	4571	1397	1278
遂宁市	40	76	2643	1762	829	52	11487	3669	2851
内江市	24	10	1956	1661	279	16	9082	2901	2384
乐山市	32	21	2902	2198	676	28	9649	2674	2530
南充市	69	19	3795	2979	767	49	21246	6333	4675
眉山市	27	30	1987	1492	471	24	7045	2412	1606
宜宾市	49	32	3149	2522	601	26	11214	3308	3127
广安市	23	8	1632	1156	468	8	6740	2105	1269
达州市	39	24	3616	2840	765	11	18770	6405	4193
雅安市	20	7	1142	880	247	15	3116	917	721
巴中市	42	6	1592	1293	295	4	5043	1492	1292
资阳市	13	12	1012	822	184	6	3939	1264	1020
阿坝藏族羌族自治州	9		256	175	81		223	44	67
甘孜藏族自治州	14		327	270	56	1	503	122	133
凉山彝族自治州	31	9	1828	1354	468	6	5471	1719	1484
女	**2521**	**263**	**72374**	**68872**	**2612**	**890**	**348657**	**156920**	**17394**
成都市	1635	131	39958	38681	1067	210	158495	69022	9535
自贡市	40	11	1727	1668	40	19	7815	3878	324
攀枝花市	38	1	1628	1545	74	9	7026	3191	488
泸州市	62	9	2227	2109	94	24	15544	7322	700
德阳市	74	4	3012	2803	173	36	14296	6513	725
绵阳市	111	16	3780	3369	171	240	20348	9296	742
广元市	40	8	1152	1083	53	16	5087	2384	194
遂宁市	52	26	1864	1639	106	119	11826	5766	485
内江市	35	3	1613	1539	53	21	9878	4954	364
乐山市	50	11	1967	1837	117	13	8951	3706	369
南充市	74	6	2618	2448	105	65	26314	12029	899
眉山市	52	8	1550	1465	77	8	7389	3485	320
宜宾市	50	5	2204	2112	78	14	10715	5052	506
广安市	26	5	932	876	48	8	10358	4019	197
达州市	46	11	2119	1981	119	19	16783	8065	808
雅安市	21	4	769	696	41	32	2968	1277	109
巴中市	31	1	933	864	43	26	5038	2401	174
资阳市	19	1	748	714	30	4	3702	1772	164
阿坝藏族羌族自治州	13		162	150	12		208	77	11
甘孜藏族自治州	14		232	217	15		453	152	38
凉山彝族自治州	38	2	1179	1076	96	7	5463	2559	242

4-6a 续表 3

单位：人

地区 性别	社会生产服务和生活服务人员								
	住宿和餐饮服务人员	信息传输、软件和信息技术服务人员	金融服务人员	房地产服务人员	租赁和商务服务人员	技术辅助服务人员	水利、环境和公共设施管理服务人员	居民服务人员	电力、燃气及水供应服务人员
全省	**105859**	**24591**	**22102**	**25755**	**31205**	**19644**	**32435**	**47554**	**4801**
成都市	45374	18735	12019	14883	18536	12050	14361	18533	1631
自贡市	2096	272	497	466	549	333	722	1141	143
攀枝花市	2117	217	382	294	484	241	685	944	203
泸州市	4066	353	634	979	1133	544	1731	3217	202
德阳市	4016	412	923	846	796	676	1221	2233	248
绵阳市	6760	765	1191	1171	1255	1044	1448	3174	276
广元市	1694	183	283	220	178	237	447	606	109
遂宁市	4105	400	549	554	464	476	929	1650	242
内江市	2672	235	651	463	879	301	820	1413	103
乐山市	3103	401	546	544	781	341	847	1687	233
南充市	8763	613	1258	1839	1930	798	2718	3393	293
眉山市	2252	219	367	437	413	319	664	1259	112
宜宾市	2943	365	480	666	941	522	1205	1570	229
广安市	2917	175	351	469	495	252	1677	2458	149
达州市	6818	518	730	961	1274	691	1368	2003	180
雅安市	1065	130	250	166	187	154	298	422	80
巴中市	1840	198	355	225	251	319	352	596	118
资阳市	1136	147	252	318	256	115	367	394	86
阿坝藏族羌族自治州	93	31	27	5	9	14	25	10	5
甘孜藏族自治州	228	63	46	3	53	12	37	34	3
凉山彝族自治州	1801	159	311	246	341	205	513	817	156
男	**45908**	**17515**	**9258**	**14913**	**22940**	**12542**	**9440**	**12577**	**3567**
成都市	21307	13565	5210	8881	12731	7462	4740	5224	1221
自贡市	912	187	204	264	470	222	225	298	110
攀枝花市	873	155	151	124	394	179	188	200	153
泸州市	1839	231	269	525	963	363	480	774	150
德阳市	1704	284	338	467	600	439	305	520	182
绵阳市	2758	541	445	623	924	676	380	767	201
广元市	582	116	118	133	129	157	126	151	81
遂宁市	1726	280	239	337	346	327	262	481	159
内江市	1005	154	258	244	737	206	226	333	87
乐山市	1329	246	223	322	595	203	276	471	177
南充市	3180	415	476	1038	1600	538	546	856	232
眉山市	952	161	131	245	317	210	204	287	84
宜宾市	1251	248	201	344	764	325	367	367	164
广安市	894	119	152	267	418	179	355	502	124
达州市	3096	320	347	588	1077	484	331	688	126
雅安市	445	89	102	91	146	106	90	125	59
巴中市	679	138	150	129	204	231	93	191	83
资阳市	476	94	84	164	201	72	106	127	63
阿坝藏族羌族自治州	40	16	16	3	5	9	8	2	4
甘孜藏族自治州	88	46	22	2	44	5	7	10	1
凉山彝族自治州	772	110	122	122	275	149	125	203	106
女	**59951**	**7076**	**12844**	**10842**	**8265**	**7102**	**22995**	**34977**	**1234**
成都市	24067	5170	6809	6002	5805	4588	9621	13309	410
自贡市	1184	85	293	202	79	111	497	843	33
攀枝花市	1244	62	231	170	90	62	497	744	50
泸州市	2227	122	365	454	170	181	1251	2443	52
德阳市	2312	128	585	379	196	237	916	1713	66
绵阳市	4002	224	746	548	331	368	1068	2407	75
广元市	1112	67	165	87	49	80	321	455	28
遂宁市	2379	120	310	217	118	149	667	1169	83
内江市	1667	81	393	219	142	95	594	1080	16
乐山市	1774	155	323	222	186	138	571	1216	56
南充市	5583	198	782	801	330	260	2172	2537	61
眉山市	1300	58	236	192	96	109	460	972	28
宜宾市	1692	117	279	322	177	197	838	1203	65
广安市	2023	56	199	202	77	73	1322	1956	25
达州市	3722	198	383	373	197	207	1037	1315	54
雅安市	620	41	148	75	41	48	208	297	21
巴中市	1161	60	205	96	47	88	259	405	35
资阳市	660	53	168	154	55	43	261	267	23
阿坝藏族羌族自治州	53	15	11	2	4	5	17	8	1
甘孜藏族自治州	140	17	24	1	9	7	30	24	2
凉山彝族自治州	1029	49	189	124	66	56	388	614	50

4-6a 续表 4

单位：人

地　区 性　别	社会生产服务和生活服务人员				农、林、牧、渔业生产及辅助人员				
	修理及制作服务人员	文化、体育和娱乐服务人员	健康服务人员	其他社会生产和生活服务人员	小计	农业生产人员	林业生产人员	畜牧业生产人员	渔业生产人员
全省	**18466**	**9207**	**1958**	**588**	**27103**	**22921**	**857**	**2259**	**496**
成都市	8263	4318	1170	166	7457	6345	345	476	131
自贡市	505	294	50	35	754	658	8	44	34
攀枝花市	504	217	29	13	740	660	29	34	10
泸州市	667	245	41	12	1543	1291	28	187	23
德阳市	740	608	60	16	1695	1483	29	146	18
绵阳市	1069	502	112	45	1223	980	36	143	34
广元市	285	104	53	6	623	519	28	63	5
遂宁市	752	263	83	75	1100	858	24	165	37
内江市	471	270	34	45	878	736	10	91	34
乐山市	569	205	46	18	954	739	79	108	15
南充市	1207	710	63	39	1473	1274	30	119	24
眉山市	404	121	24	20	1735	1471	25	76	23
宜宾市	622	324	34	35	1199	979	38	119	34
广安市	319	210	25	11	564	485	17	33	10
达州市	1010	455	53	21	663	549	44	45	15
雅安市	203	71	27	7	875	757	18	58	6
巴中市	313	134	17	4	641	543	9	67	18
资阳市	274	48	16	12	273	225	14	15	12
阿坝藏族羌族自治州	6	5	2		36	18	14	2	
甘孜藏族自治州	24	8			89	79		9	
凉山彝族自治州	259	95	19	8	2588	2272	32	259	13
男	**16041**	**4200**	**601**	**320**	**13592**	**10975**	**598**	**1319**	**356**
成都市	7230	2100	341	89	3989	3219	240	322	88
自贡市	456	113	12	17	370	306	6	28	25
攀枝花市	447	100	9	10	381	331	18	21	5
泸州市	581	108	11	8	735	608	18	88	13
德阳市	608	264	20	6	783	654	19	86	15
绵阳市	928	195	40	24	609	460	24	78	24
广元市	245	40	13	5	277	214	21	34	3
遂宁市	659	90	25	36	529	376	19	96	31
内江市	412	97	13	25	440	353	6	50	26
乐山市	487	88	16	12	503	358	59	66	14
南充市	1041	274	22	20	674	543	20	78	16
眉山市	356	56	10	14	863	725	17	39	16
宜宾市	544	173	11	20	600	465	30	64	23
广安市	261	84	5	6	253	203	14	21	8
达州市	858	221	24	12	386	302	29	33	13
雅安市	175	35	13	2	375	309	14	32	4
巴中市	283	69	7	2	348	288	7	37	14
资阳市	231	25	7	5	157	124	7	10	9
阿坝藏族羌族自治州	6	3			21	8	11	1	
甘孜藏族自治州	18	5			53	49		4	
凉山彝族自治州	215	60	2	7	1246	1080	19	131	9
女	**2425**	**5007**	**1357**	**268**	**13511**	**11946**	**259**	**940**	**140**
成都市	1033	2218	829	77	3468	3126	105	154	43
自贡市	49	181	38	18	384	352	2	16	9
攀枝花市	57	117	20	3	359	329	11	13	5
泸州市	86	137	30	4	808	683	10	99	10
德阳市	132	344	40	10	912	829	10	60	3
绵阳市	141	307	72	21	614	520	12	65	10
广元市	40	64	40	1	346	305	7	29	2
遂宁市	93	173	58	39	571	482	5	69	6
内江市	59	173	21	20	438	383	4	41	8
乐山市	82	117	30	6	451	381	20	42	1
南充市	166	436	41	19	799	731	10	41	8
眉山市	48	65	14	6	872	746	8	37	7
宜宾市	78	151	23	15	599	514	8	55	11
广安市	58	126	20	5	311	282	3	12	2
达州市	152	234	29	9	277	247	15	12	2
雅安市	28	36	14	5	500	448	4	26	2
巴中市	30	65	10	2	293	255	2	30	4
资阳市	43	23	9	7	116	101	7	5	3
阿坝藏族羌族自治州		2	2		15	10	3	1	
甘孜藏族自治州	6	3			36	30		5	
凉山彝族自治州	44	35	17	1	1342	1192	13	128	4

4-6a 续表 5

单位：人

地区 性别	农林牧渔生产辅助人员	其他农、林、牧、渔业生产加工人员	生产制造及有关人员 小计	农副产品加工人员	食品、饮料生产加工人员	烟草及其制品加工人员	纺织、针织、印染人员	纺织品、服装和皮革、毛皮制品加工制作人员	木材加工、家具与木制品制作人员
全省	**519**	**51**	**284636**	**2577**	**6690**	**343**	**1099**	**10507**	**10838**
成都市	151	9	129886	1014	2435	101	265	5829	6749
自贡市	9	1	6390	84	114	1	16	141	146
攀枝花市	7		8285	48	70	1	3	86	109
泸州市	13	1	9657	76	387		17	678	186
德阳市	18	1	12808	130	485	110	51	245	327
绵阳市	23	7	16052	243	310	43	47	263	415
广元市	6	2	4500	44	75	3	9	55	140
遂宁市	16		14462	122	314	2	187	371	468
内江市	5	2	7689	56	164		78	297	163
乐山市	9	4	6283	62	123	2	27	241	144
南充市	24	2	16055	118	260	2	134	730	504
眉山市	135	5	6294	134	191		20	130	266
宜宾市	29		12626	149	1159	23	111	179	272
广安市	5	14	5891	46	85		25	393	187
达州市	9	1	10866	75	204	4	57	476	411
雅安市	35	1	2041	21	76		8	64	48
巴中市	4		6316	65	57		23	99	66
资阳市	6	1	4378	33	75	5	16	170	161
阿坝藏族羌族自治州	2		54	1	1				2
甘孜藏族自治州	1		249	3	1			1	2
凉山彝族自治州	12		3854	53	104	46	5	59	72
男	**320**	**24**	**218350**	**1486**	**4058**	**219**	**414**	**4264**	**8561**
成都市	115	5	98453	580	1249	69	115	2435	5027
自贡市	5		5070	49	63	1	5	42	126
攀枝花市	6		6801	27	37	1	1	29	103
泸州市	7	1	7097	43	253		5	287	153
德阳市	9		10068	77	314	63	16	66	297
绵阳市	16	7	11999	125	168	30	14	90	350
广元市	5		3422	21	33	3	3	18	114
遂宁市	7		11216	75	155	2	74	147	425
内江市	3	2	5800	32	81		22	112	141
乐山市	5	1	4900	37	65	1	8	107	124
南充市	17		12430	65	149	1	44	250	423
眉山市	64	2	4982	85	104		13	44	219
宜宾市	18		9528	88	1005	9	42	72	241
广安市	3	4	4505	27	59		11	166	167
达州市	9		8672	44	137	3	23	215	351
雅安市	15	1	1630	12	47		4	25	43
巴中市	2		5041	39	31		7	47	48
资阳市	6	1	3461	22	46	4	4	89	148
阿坝藏族羌族自治州	1		44	1	1				2
甘孜藏族自治州			206	2				1	2
凉山彝族自治州	7		3025	35	61	32	3	22	57
女	**199**	**27**	**66286**	**1091**	**2632**	**124**	**685**	**6243**	**2277**
成都市	36	4	31433	434	1186	32	150	3394	1722
自贡市	4	1	1320	35	51		11	99	20
攀枝花市	1		1484	21	33		2	57	6
泸州市	6		2560	33	134		12	391	33
德阳市	9	1	2740	53	171	47	35	179	30
绵阳市	7		4053	118	142	13	33	173	65
广元市	1	2	1078	23	42		6	37	26
遂宁市	9		3246	47	159		113	224	43
内江市	2		1889	24	83		56	185	22
乐山市	4	3	1383	25	58	1	19	134	20
南充市	7	2	3625	53	111	1	90	480	81
眉山市	71	3	1312	49	87		7	86	47
宜宾市	11		3098	61	154	14	69	107	31
广安市	2	10	1386	19	26		14	227	20
达州市		1	2194	31	67	1	34	261	60
雅安市	20		411	9	29		4	39	5
巴中市	2		1275	26	26		16	52	18
资阳市			917	11	29	1	12	81	13
阿坝藏族羌族自治州	1		10						
甘孜藏族自治州	1		43	1	1				
凉山彝族自治州	5		829	18	43	14	2	37	15

4-6a 续表 6

单位：人

地 区 性 别	生产制造及有关人员								
	纸及纸制品生产加工人员	印刷和记录媒介复制人员	文教、工美、体育和娱乐用品制造人员	石油加工和炼焦、煤化工生产人员	化学原料和化学制品制造人员	医药制造人员	化学纤维制造人员	橡胶和塑料制品制造人员	非金属矿物制品制造人员
全省	**1362**	**2123**	**1096**	**279**	**2294**	**1851**	**175**	**2148**	**3789**
成都市	739	1254	493	103	594	1219	65	1012	1542
自贡市	5	33	65	5	43	27	8	37	80
攀枝花市	16	20	5	32	124	3	2	16	119
泸州市	81	95	32	9	266	51	12	65	164
德阳市	94	102	34	7	273	104	10	124	279
绵阳市	45	60	41	18	152	95	3	124	174
广元市	9	42	7		10	11		26	44
遂宁市	80	70	84	12	87	49	7	73	140
内江市	7	25	46	7	11	21	3	77	116
乐山市	22	17	26	3	256	60	2	32	254
南充市	21	111	65	46	54	35	8	111	163
眉山市	38	34	25	4	106	51	4	48	70
宜宾市	143	80	21	3	148	22	50	222	195
广安市	18	29	15	1	63	6	1	19	110
达州市	13	78	61	21	41	24		92	166
雅安市	19	9	1	1	26	15		12	32
巴中市	6	26	13	1	10	14		23	69
资阳市	3	12	15	1	15	25		30	46
阿坝藏族羌族自治州		1	2						2
甘孜藏族自治州		3							1
凉山彝族自治州	3	22	45	5	15	19		5	23
男	**709**	**1288**	**611**	**225**	**1624**	**932**	**109**	**1325**	**2840**
成都市	403	800	277	85	413	614	42	633	1190
自贡市	2	16	42	4	34	12	4	24	56
攀枝花市	5	8	3	23	90	1	2	8	92
泸州市	22	58	14	8	189	26	9	26	100
德阳市	45	61	22	6	201	55	5	72	198
绵阳市	21	41	23	15	114	44	3	73	137
广元市	2	22	3		8	3		22	38
遂宁市	40	32	40	10	63	24	4	37	95
内江市	4	16	24	6	8	10	2	39	81
乐山市	17	10	17	2	152	36	2	21	191
南充市	9	64	28	34	35	17	2	99	129
眉山市	22	18	16	4	77	24	1	28	56
宜宾市	85	42	12	2	109	12	32	137	123
广安市	7	15	8		55	3	1	12	71
达州市	8	45	29	19	35	15		52	142
雅安市	13	4	1	1	18	7		5	27
巴中市	2	17	7	1	3	10		18	58
资阳市	1	5	8	1	10	12		17	37
阿坝藏族羌族自治州		1	2						1
甘孜藏族自治州		2							1
凉山彝族自治州	1	11	35	4	10	7		2	17
女	**653**	**835**	**485**	**54**	**670**	**919**	**66**	**823**	**949**
成都市	336	454	216	18	181	605	23	379	352
自贡市	3	17	23	1	9	15	4	13	24
攀枝花市	11	12	2	9	34	2		8	27
泸州市	59	37	18	1	77	25	3	39	64
德阳市	49	41	12	1	72	49	5	52	81
绵阳市	24	19	18	3	38	51		51	37
广元市	7	20	4		2	8		4	6
遂宁市	40	38	44	2	24	25	3	36	45
内江市	3	9	22	1	3	11	1	38	35
乐山市	5	7	9	1	104	24		11	63
南充市	12	47	37	12	19	18	6	12	34
眉山市	16	16	9		29	27	3	20	14
宜宾市	58	38	9	1	39	10	18	85	72
广安市	11	14	7	1	8	3		7	39
达州市	5	33	32	2	6	9		40	24
雅安市	6	5			8	8		7	5
巴中市	4	9	6		7	4		5	11
资阳市	2	7	7		5	13		13	9
阿坝藏族羌族自治州									1
甘孜藏族自治州		1							
凉山彝族自治州	2	11	10	1	5	12		3	6

4-6a 续表 7

单位：人

地 区 性 别	生产制造及有关人员								
	采矿人员	金属冶炼和压延加工人员	机械制造基础加工人员	金属制品制造人员	通用设备制造人员	专用设备制造人员	汽车制造人员	铁路、船舶、航空设备制造人员	电气机械和器材制造人员
全省	**2787**	**3029**	**11669**	**3910**	**1949**	**951**	**4608**	**1115**	**2002**
成都市	412	651	5166	2003	1026	657	3504	857	1029
自贡市	78	69	532	155	137	20	26	4	64
攀枝花市	956	884	557	56	33	13	10	12	9
泸州市	128	22	349	104	18	10	25	7	26
德阳市	179	131	1904	180	245	23	41	16	191
绵阳市	111	175	726	250	98	43	225	18	273
广元市	40	24	127	46	12	4	6	1	4
遂宁市	164	41	292	186	63	19	129	2	126
内江市	74	7	273	61	36	15	99	30	19
乐山市	41	335	134	61	31	15	8	7	38
南充市	161	36	307	175	31	26	95	8	48
眉山市	24	42	182	100	39	15	32	17	20
宜宾市	21	30	368	154	72	28	107	9	57
广安市	128	10	65	67	12	6	46	5	26
达州市	192	254	214	145	24	6	26	7	29
雅安市	7	11	72	28	22	4	58	5	6
巴中市	7	9	81	70	17	4	26	2	21
资阳市	10	29	157	43	18	40	142	101	10
阿坝藏族羌族自治州			3				1		
甘孜藏族自治州			7	1					
凉山彝族自治州	54	269	153	25	15	3	2	7	6
男	**2381**	**2503**	**10212**	**2905**	**1602**	**620**	**3332**	**924**	**1270**
成都市	349	521	4489	1484	830	434	2580	722	666
自贡市	62	55	475	123	114	15	16	2	47
攀枝花市	822	756	505	41	30	13	7	11	7
泸州市	105	22	280	71	15	3	21	6	21
德阳市	141	113	1700	134	211	20	35	15	147
绵阳市	84	152	623	187	80	26	150	15	141
广元市	36	23	113	30	10	1	3	1	3
遂宁市	145	33	260	134	53	11	80	2	52
内江市	68	7	227	43	26	12	51	25	9
乐山市	33	254	124	54	27	10	6	5	33
南充市	143	32	274	138	25	12	78	8	29
眉山市	23	37	165	73	31	10	24	12	16
宜宾市	18	26	327	110	56	19	81	8	35
广安市	115	7	57	50	10	5	20	4	13
达州市	171	201	186	111	21	5	18	7	21
雅安市	7	9	69	25	20	4	45	3	5
巴中市	7	6	70	50	11	4	18	2	13
资阳市	9	21	130	30	17	14	96	69	7
阿坝藏族羌族自治州			3				1		
甘孜藏族自治州			7	1					
凉山彝族自治州	43	228	128	16	15	2	2	7	5
女	**406**	**526**	**1457**	**1005**	**347**	**331**	**1276**	**191**	**732**
成都市	63	130	677	519	196	223	924	135	363
自贡市	16	14	57	32	23	5	10	2	17
攀枝花市	134	128	52	15	3		3	1	2
泸州市	23		69	33	3	7	4	1	5
德阳市	38	18	204	46	34	3	6	1	44
绵阳市	27	23	103	63	18	17	75	3	132
广元市	4	1	14	16	2	3	3		1
遂宁市	19	8	32	52	10	8	49		74
内江市	6		46	18	10	3	48	5	10
乐山市	8	81	10	7	4	5	2	2	5
南充市	18	4	33	37	6	14	17		19
眉山市	1	5	17	27	8	5	8	5	4
宜宾市	3	4	41	44	16	9	26	1	22
广安市	13	3	8	17	2	1	26	1	13
达州市	21	53	28	34	3	1	8		8
雅安市		2	3	3	2		13	2	1
巴中市		3	11	20	6		8		8
资阳市	1	8	27	13	1	26	46	32	3
阿坝藏族羌族自治州									
甘孜藏族自治州									
凉山彝族自治州	11	41	25	9		1			1

4-6a 续表 8 单位：人

地区 性别	生产制造及有关人员：计算机、通信和其他电子设备制造人员	仪器仪表制造人员	废弃资源综合利用人员	电力、热力、气体、水生产和输配人员	建筑施工人员	运输设备和通用工程机械操作人员及有关人员	生产辅助人员	其他生产制造及有关人员	不便分类的其他从业人员
全省	**18608**	**293**	**231**	**1453**	**136515**	**9756**	**37897**	**692**	**1899**
成都市	10851	195	67	394	57671	3830	17933	226	456
自贡市	246	9	7	37	2988	256	921	36	7
攀枝花市	85	7	21	148	2535	556	1740	9	21
泸州市	358	11	8	42	4728	291	1399	12	373
德阳市	361	11	6	54	4124	614	2326	27	33
绵阳市	1920	9	25	67	7268	544	2210	57	159
广元市	139	1	2	32	2728	250	609		13
遂宁市	1140	10	13	38	8333	499	1254	87	152
内江市	233	2	2	87	4619	213	815	33	103
乐山市	348	5	7	134	2606	286	930	26	2
南充市	600	1	6	82	10271	449	1374	23	239
眉山市	226	5	10	44	3128	287	958	44	144
宜宾市	1248	9	25	93	5112	441	2049	26	11
广安市	225	4	9	41	3574	169	485	21	97
达州市	331	12	10	40	6133	449	1257	14	20
雅安市	93	1	3	33	940	117	299	10	7
巴中市	97	1	1	10	5035	146	313	4	14
资阳市	72		3	20	2498	132	471	25	36
阿坝藏族羌族自治州	1			3	29		8		1
甘孜藏族自治州	1				194	6	29		
凉山彝族自治州	33		6	54	2001	221	517	12	11
男	**10672**	**199**	**161**	**1075**	**115879**	**8700**	**26822**	**428**	**1028**
成都市	6456	134	46	294	49251	3468	12659	138	311
自贡市	167	6	5	30	2552	214	679	28	3
攀枝花市	56	3	17	116	2113	469	1400	5	12
泸州市	190	7	4	28	3966	258	903	4	141
德阳市	259	9	4	37	3584	506	1632	23	19
绵阳市	875	4	18	51	6291	489	1527	38	99
广元市	86	1	1	23	2109	228	464		9
遂宁市	515	9	12	26	7287	457	871	46	96
内江市	135	1		62	3755	196	587	18	52
乐山市	208	4	5	96	2265	268	700	18	2
南充市	296	1	3	58	8593	404	975	12	99
眉山市	149	4	7	42	2736	264	655	23	81
宜宾市	763	7	18	70	4345	366	1251	17	7
广安市	116	2	5	27	2951	159	350	12	35
达州市	201	7	6	27	5212	405	945	10	17
雅安市	63		1	26	807	108	223	8	3
巴中市	65		1	6	4111	129	256	4	8
资阳市	47		3	13	2150	111	325	15	22
阿坝藏族羌族自治州	1			1	26		4		1
甘孜藏族自治州	1				159	6	24		
凉山彝族自治州	23		5	42	1616	195	392	9	11
女	**7936**	**94**	**70**	**378**	**20636**	**1056**	**11075**	**264**	**871**
成都市	4395	61	21	100	8420	362	5274	88	145
自贡市	79	3	2	7	436	42	242	8	4
攀枝花市	29	4	4	32	422	87	340	4	9
泸州市	168	4	4	14	762	33	496	8	232
德阳市	102	2	2	17	540	108	694	4	14
绵阳市	1045	5	7	16	977	55	683	19	60
广元市	53		1	9	619	22	145		4
遂宁市	625	1	1	12	1046	42	383	41	56
内江市	98	1	2	25	864	17	228	15	51
乐山市	140	1	2	38	341	18	230	8	
南充市	304		3	24	1678	45	399	11	140
眉山市	77	1	3	2	392	23	303	21	63
宜宾市	485	2	7	23	767	75	798	9	4
广安市	109	2	4	14	623	10	135	9	62
达州市	130	5	4	13	921	44	312	4	3
雅安市	30	1	2	7	133	9	76	2	4
巴中市	32	1		4	924	17	57		6
资阳市	25			7	348	21	146	10	14
阿坝藏族羌族自治州				2	3		4		
甘孜藏族自治州					35		5		
凉山彝族自治州	10		1	12	385	26	125	3	

4-6b 各地区分性别、职业中类的就业人口(镇)

单位：人

地区 性别	合计	党的机关、国家机关、群众团体和社会组织、企事业单位负责人						
		小计	中国共产党机关负责人	国家机关负责人	民主党派和工商联负责人	人民团体和群众团体、社会组织及其他成员组织负责人	基层群众自治组织负责人	企事业单位负责人
全省	**853394**	**9233**	**202**	**1920**	**3**	**657**	**956**	**5495**
成都市	60078	771	3	47		32	36	653
自贡市	25850	237	4	40		30	31	132
攀枝花市	11029	120	1	54		2	5	58
泸州市	50758	423	5	73		23	45	277
德阳市	36233	289	5	32		24	42	186
绵阳市	43207	616	10	150		29	89	338
广元市	28547	396	10	95		21	69	201
遂宁市	25967	324	2	50		47	25	200
内江市	46671	457	4	49		35	34	335
乐山市	32433	467	8	94	1	66	60	238
南充市	89285	717	5	134		49	69	460
眉山市	36519	360	1	92		37	22	208
宜宾市	64126	591	14	111		44	74	348
广安市	41965	367	40	75	1	61	33	157
达州市	92189	1066	16	150	1	74	77	748
雅安市	24430	186	8	60		14	24	80
巴中市	35691	467	8	104		22	59	274
资阳市	22466	194	11	43		3	23	114
阿坝藏族羌族自治州	15082	319	12	142		11	29	125
甘孜藏族自治州	14903	257	16	131		9	24	77
凉山彝族自治州	55965	609	19	194		24	86	286
男	**472323**	**7019**	**164**	**1583**	**1**	**390**	**745**	**4136**
成都市	34154	573	3	37		19	25	489
自贡市	14292	174	3	33		18	19	101
攀枝花市	6127	88	1	41		1	3	42
泸州市	27032	326	4	67		14	31	210
德阳市	20345	224	5	27		12	37	143
绵阳市	23713	462	10	120		17	65	250
广元市	16136	325	9	82		16	53	165
遂宁市	15642	236	2	42		28	22	142
内江市	25358	321	4	42		21	22	232
乐山市	18792	351	6	75		40	45	185
南充市	46599	558	4	119		27	58	350
眉山市	20389	268	1	70		18	14	165
宜宾市	35002	456	12	94		28	57	265
广安市	22294	271	29	60		37	24	121
达州市	52409	764	11	128	1	41	58	525
雅安市	13511	149	8	52		7	21	61
巴中市	21122	395	8	91		14	53	229
资阳市	12264	157	11	37		1	17	91
阿坝藏族羌族自治州	8573	237	11	107		8	28	83
甘孜藏族自治州	8055	206	10	103		8	19	66
凉山彝族自治州	30514	478	12	156		15	74	221
女	**381071**	**2214**	**38**	**337**	**2**	**267**	**211**	**1359**
成都市	25924	198		10		13	11	164
自贡市	11558	63	1	7		12	12	31
攀枝花市	4902	32		13		1	2	16
泸州市	23726	97	1	6		9	14	67
德阳市	15888	65		5		12	5	43
绵阳市	19494	154		30		12	24	88
广元市	12411	71	1	13		5	16	36
遂宁市	10325	88		8		19	3	58
内江市	21313	136		7		14	12	103
乐山市	13641	116	2	19	1	26	15	53
南充市	42686	159	1	15		22	11	110
眉山市	16130	92		22		19	8	43
宜宾市	29124	135	2	17		16	17	83
广安市	19671	96	11	15	1	24	9	36
达州市	39780	302	5	22		33	19	223
雅安市	10919	37		8		7	3	19
巴中市	14569	72		13		8	6	45
资阳市	10202	37		6		2	6	23
阿坝藏族羌族自治州	6509	82	1	35		3	1	42
甘孜藏族自治州	6848	51	6	28		1	5	11
凉山彝族自治州	25451	131	7	38		9	12	65

4-6b 续表 1

单位：人

地区 性别	专业技术人员									
	小计	科学研究人员	工程技术人员	农业技术人员	飞机和船舶技术人员	卫生专业技术人员	经济和金融专业人员	法律、社会和宗教专业人员	教学人员	文学艺术、体育专业人员
全省	**87934**	**166**	**10420**	**1291**	**31**	**19649**	**10279**	**2507**	**41471**	**872**
成都市	5774	22	1011	70	2	1245	997	115	2151	50
自贡市	2860	3	327	35	2	666	347	42	1390	18
攀枝花市	1196	2	210	15	1	256	129	20	529	8
泸州市	5362	11	522	41	3	1140	490	93	2941	65
德阳市	2811	2	384	34	5	610	413	48	1235	30
绵阳市	4806	12	566	83	4	1134	591	95	2208	33
广元市	3902	8	502	55		949	453	83	1771	29
遂宁市	2538	2	362	45	1	593	226	40	1206	29
内江市	4100	15	707	46		988	503	79	1667	45
乐山市	3565	9	521	42	2	769	431	61	1632	36
南充市	7050	7	855	99	3	1611	861	122	3319	81
眉山市	3771	6	555	57	2	790	475	70	1699	40
宜宾市	6531	10	765	68		1515	688	118	3224	65
广安市	4206	7	406	56	1	906	468	81	2228	8
达州市	8481	11	984	109	1	1832	1007	97	4201	117
雅安市	2145	3	132	31	1	661	269	39	956	16
巴中市	4806	8	548	90	1	982	488	89	2501	30
资阳市	2762	5	181	63		804	243	30	1382	25
阿坝藏族羌族自治州	2561	8	174	68		491	322	415	976	67
甘孜藏族自治州	2721	9	149	63	1	364	323	688	1041	42
凉山彝族自治州	5986	6	559	121	1	1343	555	82	3214	38
男	**39505**	**111**	**9023**	**949**	**31**	**6697**	**3489**	**1509**	**16527**	**500**
成都市	2449	11	884	57	2	329	295	56	734	22
自贡市	1218	3	275	27	2	227	122	24	510	11
攀枝花市	560	1	190	13	1	77	39	12	210	4
泸州市	2296	7	458	29	3	394	157	54	1137	30
德阳市	1277	1	329	27	5	223	123	22	498	23
绵阳市	2227	7	481	63	4	379	215	56	960	22
广元市	1819	5	423	43		358	178	55	711	19
遂宁市	1270	1	315	31	1	225	71	28	562	15
内江市	1875	10	608	33		306	154	50	676	18
乐山市	1581	7	455	35	2	224	141	36	625	21
南充市	3340	4	741	76	3	648	313	75	1378	49
眉山市	1648	5	497	46	2	241	136	44	613	21
宜宾市	2721	5	663	51		507	213	57	1154	34
广安市	1844	5	352	45	1	320	178	38	865	6
达州市	4137	9	839	76	1	722	384	63	1897	66
雅安市	753	3	112	18	1	172	67	22	324	12
巴中市	2290	6	475	70	1	380	195	65	1034	24
资阳市	1261	4	165	51		308	96	22	587	16
阿坝藏族羌族自治州	1217	7	144	39		144	100	388	349	34
甘孜藏族自治州	1096	6	131	30	1	108	107	302	373	28
凉山彝族自治州	2626	4	486	89	1	405	205	40	1330	25
女	**48429**	**55**	**1397**	**342**		**12952**	**6790**	**998**	**24944**	**372**
成都市	3325	11	127	13		916	702	59	1417	28
自贡市	1642		52	8		439	225	18	880	7
攀枝花市	636	1	20	2		179	90	8	319	4
泸州市	3066	4	64	12		746	333	39	1804	35
德阳市	1534	1	55	7		387	290	26	737	7
绵阳市	2579	5	85	20		755	376	39	1248	11
广元市	2083	3	79	12		591	275	28	1060	10
遂宁市	1268	1	47	14		368	155	12	644	14
内江市	2225	5	99	13		682	349	29	991	27
乐山市	1984	2	66	7		545	290	25	1007	15
南充市	3710	3	114	23		963	548	47	1941	32
眉山市	2123	1	58	11		549	339	26	1086	19
宜宾市	3810	5	102	17		1008	475	61	2070	31
广安市	2362	2	54	11		586	290	43	1363	2
达州市	4344	2	145	33		1110	623	34	2304	51
雅安市	1392		20	13		489	202	17	632	4
巴中市	2516	2	73	20		602	293	24	1467	6
资阳市	1501	1	16	12		496	147	8	795	9
阿坝藏族羌族自治州	1344	1	30	29		347	222	27	627	33
甘孜藏族自治州	1625	3	18	33		256	216	386	668	14
凉山彝族自治州	3360	2	73	32		938	350	42	1884	13

4-6b 续表 2

单位：人

地 区 性 别	专业技术人员		办事人员和有关人员				社会生产服务和生活服务人员		
	新闻出版、文化专业人员	其他专业技术人员	小计	办事人员	安全和消防人员	其他办事人员和有关人员	小计	批发与零售服务人员	交通运输、仓储和邮政业服务人员
全省	**826**	**422**	**56914**	**46774**	**9390**	**750**	**372962**	**154917**	**51424**
成都市	88	23	4780	3902	864	14	25251	10380	3571
自贡市	24	6	2077	1638	333	106	11892	5577	1575
攀枝花市	14	12	849	680	155	14	3917	1464	737
泸州市	40	16	3033	2476	514	43	21414	9564	2744
德阳市	29	21	1795	1364	406	25	14571	5941	2352
绵阳市	55	25	3044	2391	542	111	22315	9042	2729
广元市	37	15	2266	1976	266	24	11595	4558	1744
遂宁市	13	21	1421	1116	282	23	10969	4547	1592
内江市	31	19	2661	2248	394	19	22442	9818	3151
乐山市	35	27	2636	2274	333	29	13436	5425	2283
南充市	62	30	3727	3201	491	35	48809	19567	5269
眉山市	39	38	2657	2288	336	33	15455	6735	1838
宜宾市	57	21	4103	3405	658	40	28590	12133	4219
广安市	28	17	2439	2096	306	37	20511	8875	2460
达州市	57	65	5005	3800	1147	58	42460	18136	5824
雅安市	27	10	1823	1553	255	15	9934	3920	1635
巴中市	44	25	2862	2424	382	56	13869	5846	1958
资阳市	29		1719	1504	203	12	10504	4343	1469
阿坝藏族羌族自治州	39	1	1995	1636	348	11	4877	1447	838
甘孜藏族自治州	41		2213	1864	349		5149	1561	862
凉山彝族自治州	37	30	3809	2938	826	45	15002	6038	2574
男	**335**	**334**	**35595**	**26943**	**8257**	**395**	**178095**	**60894**	**44029**
成都市	39	20	2822	2049	765	8	12976	4660	2983
自贡市	14	3	1284	926	302	56	5875	2252	1385
攀枝花市	4	9	551	397	144	10	1933	592	634
泸州市	16	11	1879	1401	458	20	9740	3560	2313
德阳市	9	17	1086	720	361	5	7299	2511	2016
绵阳市	18	22	1879	1365	467	47	10440	3535	2391
广元市	15	12	1490	1245	229	16	5445	1675	1467
遂宁市	5	16	863	608	242	13	5540	1903	1372
内江市	10	10	1593	1245	338	10	10335	3586	2730
乐山市	12	23	1593	1277	298	18	6922	2272	2000
南充市	30	23	2424	1973	430	21	20682	6478	4424
眉山市	13	30	1507	1183	307	17	7413	2699	1586
宜宾市	19	18	2575	1959	589	27	13697	4806	3644
广安市	19	15	1560	1245	287	28	9142	3114	2111
达州市	30	50	3286	2244	1008	34	20942	7514	5016
雅安市	13	9	1147	917	226	4	4937	1590	1411
巴中市	17	23	1906	1561	332	13	6834	2431	1709
资阳市	12		1067	880	179	8	5047	1789	1267
阿坝藏族羌族自治州	11	1	1165	866	291	8	2673	682	712
甘孜藏族自治州	10		1357	1063	294		2760	792	682
凉山彝族自治州	19	22	2561	1819	710	32	7463	2453	2176
女	**491**	**88**	**21319**	**19831**	**1133**	**355**	**194867**	**94023**	**7395**
成都市	49	3	1958	1853	99	6	12275	5720	588
自贡市	10	3	793	712	31	50	6017	3325	190
攀枝花市	10	3	298	283	11	4	1984	872	103
泸州市	24	5	1154	1075	56	23	11674	6004	431
德阳市	20	4	709	644	45	20	7272	3430	336
绵阳市	37	3	1165	1026	75	64	11875	5507	338
广元市	22	3	776	731	37	8	6150	2883	277
遂宁市	8	5	558	508	40	10	5429	2644	220
内江市	21	9	1068	1003	56	9	12107	6232	421
乐山市	23	4	1043	997	35	11	6514	3153	283
南充市	32	7	1303	1228	61	14	28127	13089	845
眉山市	26	8	1150	1105	29	16	8042	4036	252
宜宾市	38	3	1528	1446	69	13	14893	7327	575
广安市	9	2	879	851	19	9	11369	5761	349
达州市	27	15	1719	1556	139	24	21518	10622	808
雅安市	14	1	676	636	29	11	4997	2330	224
巴中市	27	2	956	863	50	43	7035	3415	249
资阳市	17		652	624	24	4	5457	2554	202
阿坝藏族羌族自治州	28		830	770	57	3	2204	765	126
甘孜藏族自治州	31		856	801	55		2389	769	180
凉山彝族自治州	18	8	1248	1119	116	13	7539	3585	398

4－6b 续表 3

单位：人

地区 性别	社会生产服务和生活服务人员								
	住宿和餐饮服务人员	信息传输、软件和信息技术服务人员	金融服务人员	房地产服务人员	租赁和商务服务人员	技术辅助服务人员	水利、环境和公共设施管理服务人员	居民服务人员	电力、燃气及水供应服务人员
全省	**68138**	**4944**	**6856**	**6301**	**8663**	**4741**	**15730**	**30644**	**3745**
成都市	4756	339	446	548	785	426	1122	1571	189
自贡市	2020	107	222	154	152	149	418	866	104
攀枝花市	672	43	60	47	115	30	192	355	53
泸州市	3444	246	297	291	370	234	963	2242	188
德阳市	2478	190	234	186	357	192	735	1065	93
绵阳市	4209	293	436	368	582	251	840	2191	265
广元市	2262	209	362	142	271	190	356	770	186
遂宁市	2075	184	219	162	134	137	313	890	95
内江市	3485	547	313	285	745	296	1009	1658	147
乐山市	2334	178	263	208	340	125	503	1013	190
南充市	8903	651	1020	1338	1334	622	2266	4980	295
眉山市	2666	157	385	448	407	177	611	1160	183
宜宾市	4552	272	373	445	622	371	1289	2783	277
广安市	3271	203	379	442	539	330	990	1868	236
达州市	8287	463	605	624	626	558	1945	3431	365
雅安市	1834	140	236	128	252	110	414	635	167
巴中市	2553	238	327	194	243	218	541	986	196
资阳市	1695	136	259	184	278	115	372	1103	77
阿坝藏族羌族自治州	1473	77	108	24	166	42	195	133	129
甘孜藏族自治州	1776	102	74	13	134	40	196	134	53
凉山彝族自治州	3393	169	238	70	211	128	460	810	257
男	**25862**	**3223**	**2958**	**3451**	**7159**	**3120**	**4864**	**8062**	**2867**
成都市	1943	236	182	293	615	272	432	431	149
自贡市	858	73	91	95	136	105	136	265	92
攀枝花市	237	36	23	28	100	21	55	62	39
泸州市	1397	166	123	140	313	143	293	535	148
德阳市	953	145	95	104	291	114	237	289	78
绵阳市	1629	199	165	199	484	160	235	512	204
广元市	726	131	183	76	222	129	138	184	135
遂宁市	852	125	93	108	103	89	103	267	74
内江市	1307	218	123	127	620	192	236	414	121
乐山市	954	117	116	116	261	74	147	290	150
南充市	2865	455	480	742	1160	420	597	1260	225
眉山市	1064	111	151	227	346	115	225	285	138
宜宾市	1726	189	168	211	528	256	427	671	205
广安市	1151	142	140	266	477	218	256	461	183
达州市	3344	299	293	391	510	373	673	1064	267
雅安市	630	89	94	72	222	73	135	164	119
巴中市	907	162	151	108	177	151	179	293	143
资阳市	672	97	110	97	201	77	110	250	55
阿坝藏族羌族自治州	617	54	48	10	115	30	78	56	93
甘孜藏族自治州	746	62	34	6	112	30	54	65	37
凉山彝族自治州	1284	117	95	35	166	78	118	244	212
女	**42276**	**1721**	**3898**	**2850**	**1504**	**1621**	**10866**	**22582**	**878**
成都市	2813	103	264	255	170	154	690	1140	40
自贡市	1162	34	131	59	16	44	282	601	12
攀枝花市	435	7	37	19	15	9	137	293	14
泸州市	2047	80	174	151	57	91	670	1707	40
德阳市	1525	45	139	82	66	78	498	776	15
绵阳市	2580	94	271	169	98	91	605	1679	61
广元市	1536	78	179	66	49	61	218	586	51
遂宁市	1223	59	126	54	31	48	210	623	21
内江市	2178	329	190	158	125	104	773	1244	26
乐山市	1380	61	147	92	79	51	356	723	40
南充市	6038	196	540	596	174	202	1669	3720	70
眉山市	1602	46	234	221	61	62	386	875	45
宜宾市	2826	83	205	234	94	115	862	2112	72
广安市	2120	61	239	176	62	112	734	1407	53
达州市	4943	164	312	233	116	185	1272	2367	98
雅安市	1204	51	142	56	30	37	279	471	48
巴中市	1646	76	176	86	66	67	362	693	53
资阳市	1023	39	149	87	77	38	262	853	22
阿坝藏族羌族自治州	856	23	60	14	51	12	117	77	36
甘孜藏族自治州	1030	40	40	7	22	10	142	69	16
凉山彝族自治州	2109	52	143	35	45	50	342	566	45

4-6b 续表 4

单位：人

地区 性别	社会生产服务和生活服务人员				农、林、牧、渔业生产及辅助人员				
	修理及制作服务人员	文化、体育和娱乐服务人员	健康服务人员	其他社会生产和生活服务人员	小计	农业生产人员	林业生产人员	畜牧业生产人员	渔业生产人员
全省	**10835**	**4961**	**717**	**346**	**124049**	**105304**	**2047**	**14787**	**948**
成都市	750	312	46	10	8882	8404	146	258	29
自贡市	373	124	38	13	3126	2790	36	176	91
攀枝花市	116	27	6		3189	2976	39	162	7
泸州市	568	181	55	27	7267	6101	88	942	91
德阳市	395	322	20	11	7232	6495	32	621	53
绵阳市	659	365	51	34	3578	3097	83	303	29
广元市	374	118	43	10	3812	3370	80	316	22
遂宁市	421	156	23	21	1945	1722	17	168	28
内江市	619	319	42	8	4669	4218	24	320	42
乐山市	393	140	26	15	4503	3737	128	582	40
南充市	1440	983	83	58	7832	6672	50	977	91
眉山市	453	192	32	11	5540	4944	111	279	50
宜宾市	810	387	48	9	9722	7637	187	1690	123
广安市	585	280	24	29	4802	4228	45	460	39
达州市	1103	426	46	21	9805	8944	76	643	105
雅安市	320	115	18	10	5621	5059	129	411	10
巴中市	403	122	34	10	2840	2427	58	279	30
资阳市	291	150	23	9	2361	2087	10	114	25
阿坝藏族羌族自治州	155	75	13	2	3444	2212	138	1085	
甘孜藏族自治州	144	50	10		2997	1625	443	920	
凉山彝族自治州	463	117	36	38	20882	16559	127	4081	43
男	**9264**	**1937**	**235**	**170**	**58485**	**49165**	**1388**	**6713**	**690**
成都市	622	135	16	7	4377	4061	106	168	22
自贡市	316	52	12	7	1504	1317	26	84	59
攀枝花市	96	10			1567	1452	31	75	5
泸州市	496	80	18	15	3374	2817	68	396	65
德阳市	339	113	8	6	3283	2911	21	290	35
绵阳市	549	133	19	26	1758	1459	60	171	21
广元市	317	43	16	3	1831	1590	62	143	18
遂宁市	368	67	6	10	994	855	13	95	25
内江市	531	117	11	2	2005	1774	14	152	35
乐山市	353	60	6	6	2175	1719	95	317	31
南充市	1244	289	23	20	3250	2709	33	412	68
眉山市	380	78	4	4	2638	2289	87	152	36
宜宾市	675	172	17	2	4397	3420	139	699	88
广安市	485	121	9	8	2102	1825	38	196	25
达州市	975	198	13	12	4858	4358	49	347	82
雅安市	278	47	4	9	2728	2417	105	190	8
巴中市	349	55	12	7	1376	1153	34	144	22
资阳市	254	53	12	3	1002	899	7	48	16
阿坝藏族羌族自治州	135	37	4	2	1818	1137	78	596	
甘孜藏族自治州	109	26	5		1458	768	239	444	
凉山彝族自治州	393	51	20	21	9990	8235	83	1594	29
女	**1571**	**3024**	**482**	**176**	**65564**	**56139**	**659**	**8074**	**258**
成都市	128	177	30	3	4505	4343	40	90	7
自贡市	57	72	26	6	1622	1473	10	92	32
攀枝花市	20	17	6		1622	1524	8	87	2
泸州市	72	101	37	12	3893	3284	20	546	26
德阳市	56	209	12	5	3949	3584	11	331	18
绵阳市	110	232	32	8	1820	1638	23	132	8
广元市	57	75	27	7	1981	1780	18	173	4
遂宁市	53	89	17	11	951	867	4	73	3
内江市	88	202	31	6	2664	2444	10	168	7
乐山市	40	80	20	9	2328	2018	33	265	9
南充市	196	694	60	38	4582	3963	17	565	23
眉山市	73	114	28	7	2902	2655	24	127	14
宜宾市	135	215	31	7	5325	4217	48	991	35
广安市	100	159	15	21	2700	2403	7	264	14
达州市	128	228	33	9	4947	4586	27	296	23
雅安市	42	68	14	1	2893	2642	24	221	2
巴中市	54	67	22	3	1464	1274	24	135	8
资阳市	37	97	11	6	1359	1188	3	66	9
阿坝藏族羌族自治州	20	38	9		1626	1075	60	489	
甘孜藏族自治州	35	24	5		1539	857	204	476	
凉山彝族自治州	70	66	16	17	10892	8324	44	2487	14

4－6b 续表 5

单位：人

地区 性别	农林牧渔生产辅助人员	其他农、林、牧、渔业生产加工人员	生产制造及有关人员 小计	农副产品加工人员	食品、饮料生产加工人员	烟草及其制品加工人员	纺织、针织、印染人员	纺织品、服装和皮革、毛皮制品加工制作人员	木材加工、家具与木制品制作人员
全省	**822**	**141**	**201082**	**3466**	**4285**	**161**	**1632**	**11544**	**7958**
成都市	39	6	14595	263	419	1	32	564	1245
自贡市	33		5652	121	129		22	503	221
攀枝花市	4	1	1749	28	19	2	2	4	39
泸州市	39	6	13202	161	576	1	66	884	501
德阳市	29	2	9525	182	236	12	54	424	620
绵阳市	60	6	8816	244	197	1	131	284	358
广元市	21	3	6568	120	116	2	29	133	118
遂宁市	7	3	8755	92	130	2	106	391	468
内江市	59	6	12055	176	163		69	503	576
乐山市	13	3	7820	179	110	1	120	168	203
南充市	42		21003	309	301		93	1331	647
眉山市	73	83	8689	129	169	2	54	270	349
宜宾市	74	11	14559	385	506	9	254	533	516
广安市	28	2	9593	210	161	2	97	803	361
达州市	36	1	25051	364	491	1	192	3583	882
雅安市	10	2	4704	78	126		76	80	129
巴中市	45	1	10783	85	121		69	426	250
资阳市	125		4910	97	113		84	373	232
阿坝藏族羌族自治州	9		1873	43	47		3	30	49
甘孜藏族自治州	9		1564	19	6		1	93	46
凉山彝族自治州	67	5	9616	181	149	125	78	164	148
男	**461**	**68**	**152990**	**1993**	**2428**	**74**	**572**	**4683**	**6294**
成都市	18	2	10941	137	218		15	217	850
自贡市	18		4232	68	74		7	189	174
攀枝花市	4		1422	22	7	2		3	39
泸州市	26	2	9380	103	369	1	28	293	381
德阳市	25	1	7168	95	138	3	23	114	457
绵阳市	42	5	6928	146	104		53	106	294
广元市	17	1	5219	61	63	1	11	67	97
遂宁市	4	2	6730	62	75	1	24	154	373
内江市	27	3	9130	103	75		29	170	495
乐山市	11	2	6167	102	62		37	68	151
南充市	28		16279	170	154		43	488	551
眉山市	32	42	6892	77	98	1	18	94	275
宜宾市	45	6	11132	207	348	2	100	186	421
广安市	17	1	7345	121	93	1	24	310	313
达州市	22		18230	216	267	1	79	1734	720
雅安市	8		3790	51	65		13	27	106
巴中市	23		8289	50	70		24	195	200
资阳市	32		3722	47	54		21	142	195
阿坝藏族羌族自治州	7		1453	26	25		1	13	43
甘孜藏族自治州	7		1176	12	4			53	39
凉山彝族自治州	48	1	7365	117	65	61	22	60	120
女	**361**	**73**	**48092**	**1473**	**1857**	**87**	**1060**	**6861**	**1664**
成都市	21	4	3654	126	201	1	17	347	395
自贡市	15		1420	53	55		15	314	47
攀枝花市		1	327	6	12		2	1	
泸州市	13	4	3822	58	207		38	591	120
德阳市	4	1	2357	87	98	9	31	310	163
绵阳市	18	1	1888	98	93	1	78	178	64
广元市	4	2	1349	59	53	1	18	66	21
遂宁市	3	1	2025	30	55	1	82	237	95
内江市	32	3	2925	73	88		40	333	81
乐山市	2	1	1653	77	48	1	83	100	52
南充市	14		4724	139	147		50	843	96
眉山市	41	41	1797	52	71	1	36	176	74
宜宾市	29	5	3427	178	158	7	154	347	95
广安市	11	1	2248	89	68	1	73	493	48
达州市	14	1	6821	148	224		113	1849	162
雅安市	2	2	914	27	61		63	53	23
巴中市	22	1	2494	35	51		45	231	50
资阳市	93		1188	50	59		63	231	37
阿坝藏族羌族自治州	2		420	17	22		2	17	6
甘孜藏族自治州	2		388	7	2		1	40	7
凉山彝族自治州	19	4	2251	64	84	64	56	104	28

4−6b　续表 6　　　　　　　　　　　　　　　　　　　　　　单位：人

地　区 性　别	生产制造及有关人员								
	纸及纸制品生产加工人员	印刷和记录媒介复制人员	文教、工美、体育和娱乐用品制造人　员	石油加工和炼焦、煤化工生产人员	化学原料和化学制品制造人　员	医药制造人　　员	化学纤维制造人员	橡胶和塑料制品制造人员	非金属矿物制品制造人员
全省	**1179**	**958**	**1395**	**235**	**1321**	**664**	**93**	**1543**	**4527**
成都市	118	73	73	9	73	107	2	270	284
自贡市	7	14	61	3	92	11	4	55	102
攀枝花市	1	10	7	2	56			6	20
泸州市	355	165	168	6	77	42	5	79	468
德阳市	108	56	26		127	65	9	117	484
绵阳市	39	46	35	5	43	45	1	83	168
广元市	15	22	31	19	27	16		33	112
遂宁市	33	28	42	37	47	31	20	58	92
内江市	49	33	74	72	59	32	5	62	397
乐山市	141	13	26	20	86	30	2	32	394
南充市	33	96	166	2	133	34	1	110	181
眉山市	58	23	33	1	40	25	1	51	191
宜宾市	96	70	71	7	197	20	37	117	379
广安市	17	35	76	6	35	70		34	107
达州市	63	120	317	37	112	66	6	303	522
雅安市	11	11	30	7	55	15		11	251
巴中市	15	41	37	2	20	11		58	133
资阳市	7	13	22		7	28		40	52
阿坝藏族羌族自治州		19	12		4	2		5	46
甘孜藏族自治州		30	19		3	2			20
凉山彝族自治州	13	40	69		28	12		19	124
男	**579**	**532**	**603**	**188**	**923**	**312**	**58**	**919**	**3274**
成都市	58	45	46	4	58	63	2	156	205
自贡市	4	7	19	3	59	7	3	31	71
攀枝花市		2	4	2	42			5	13
泸州市	145	74	34	6	56	24	2	38	260
德阳市	36	39	12		102	27	7	65	380
绵阳市	25	27	17	5	31	19	1	45	129
广元市	6	11	18	12	15	5		18	81
遂宁市	14	17	25	30	36	10	12	41	64
内江市	21	21	22	55	37	9	4	37	266
乐山市	83	5	14	18	54	10	1	26	249
南充市	17	52	62	2	74	15	1	64	141
眉山市	35	11	16	1	26	14	1	28	134
宜宾市	58	40	41	5	147	9	23	68	281
广安市	9	19	24	5	27	38		21	91
达州市	39	71	132	32	72	32	1	192	385
雅安市	7	5	24	6	40	5		5	226
巴中市	11	30	21	2	14	6		36	106
资阳市	3	9	9		5	12		26	40
阿坝藏族羌族自治州		13	8		4			3	33
甘孜藏族自治州		18	18		1				17
凉山彝族自治州	8	16	37		23	7		14	102
女	**600**	**426**	**792**	**47**	**398**	**352**	**35**	**624**	**1253**
成都市	60	28	27	5	15	44		114	79
自贡市	3	7	42		33	4	1	24	31
攀枝花市	1	8	3		14			1	7
泸州市	210	91	134		21	18	3	41	208
德阳市	72	17	14		25	38	2	52	104
绵阳市	14	19	18		12	26		38	39
广元市	9	11	13	7	12	11		15	31
遂宁市	19	11	17	7	11	21	8	17	28
内江市	28	12	52	17	22	23	1	25	131
乐山市	58	8	12	2	32	20	1	6	145
南充市	16	44	104		59	19		46	40
眉山市	23	12	17		14	11		23	57
宜宾市	38	30	30	2	50	11	14	49	98
广安市	8	16	52	1	8	32		13	16
达州市	24	49	185	5	40	34	5	111	137
雅安市	4	6	6	1	15	10		6	25
巴中市	4	11	16		6	5		22	27
资阳市	4	4	13		2	16		14	12
阿坝藏族羌族自治州		6	4			2		2	13
甘孜藏族自治州		12	1		2	2			3
凉山彝族自治州	5	24	32		5	5		5	22

4—6b 续表 7

单位：人

地区 性别	生产制造及有关人员								
	采矿人员	金属冶炼和压延加工人员	机械制造基础加工人员	金属制品制造人员	通用设备制造人员	专用设备制造人员	汽车制造人员	铁路、船舶、航空设备制造人员	电气机械和器材制造人员
全省	**2908**	**1593**	**4800**	**3182**	**827**	**324**	**986**	**194**	**1020**
成都市	38	115	571	236	114	49	183	26	116
自贡市	75	12	161	137	32	2	37	3	31
攀枝花市	154	47	37	17	9	4	2	7	
泸州市	174	48	161	218	30	22	22	7	49
德阳市	49	111	590	212	49	20	40	10	66
绵阳市	54	77	197	153	43	12	63	9	59
广元市	344	24	105	82	36	11	18	3	20
遂宁市	34	23	185	199	36	9	47	5	92
内江市	244	328	303	175	46	15	73	20	39
乐山市	231	113	249	135	36	22	49	7	38
南充市	26	64	350	314	61	24	82	22	102
眉山市	24	40	312	142	58	10	10	27	27
宜宾市	488	39	271	278	58	39	60	6	139
广安市	75	23	248	124	31	10	169	14	30
达州市	410	138	493	424	82	43	48	9	111
雅安市	116	198	104	23	15	1	22	4	11
巴中市	89	35	133	126	30	11	26	1	15
资阳市	10	13	98	58	14	12	23	2	29
阿坝藏族羌族自治州	8	73	21	24	13		1		6
甘孜藏族自治州	46	1	50	8	4			1	2
凉山彝族自治州	219	71	161	97	30	8	11	11	38
男	**2618**	**1258**	**4134**	**2360**	**670**	**182**	**672**	**151**	**662**
成都市	33	96	502	180	91	23	140	20	80
自贡市	69	10	137	95	26	1	20	2	19
攀枝花市	133	37	35	13	9	2	1	5	
泸州市	167	37	121	148	28	10	15	5	30
德阳市	43	91	519	162	41	11	35	7	46
绵阳市	51	67	168	113	34	9	34	8	32
广元市	318	17	90	64	29	4	12	3	11
遂宁市	30	16	160	126	31	5	29	4	55
内江市	224	241	247	130	35	8	43	20	24
乐山市	210	98	225	109	29	15	33	6	28
南充市	24	47	303	242	48	15	58	16	67
眉山市	24	37	254	116	38	6	8	19	16
宜宾市	455	38	236	202	45	26	39	4	90
广安市	69	19	211	99	24	6	112	7	21
达州市	367	101	406	308	70	21	34	8	76
雅安市	104	144	99	19	12	1	17	4	10
巴中市	71	27	119	90	25	7	17	1	7
资阳市	9	11	90	45	13	8	18	2	14
阿坝藏族羌族自治州	6	60	18	18	12				5
甘孜藏族自治州	38	1	44	6	2			1	1
凉山彝族自治州	173	63	150	75	28	4	7	9	30
女	**290**	**335**	**666**	**822**	**157**	**142**	**314**	**43**	**358**
成都市	5	19	69	56	23	26	43	6	36
自贡市	6	2	24	42	6	1	17	1	12
攀枝花市	21	10	2	4		2	1	2	
泸州市	7	11	40	70	2	12	7	2	19
德阳市	6	20	71	50	8	9	5	3	20
绵阳市	3	10	29	40	9	3	29	1	27
广元市	26	7	15	18	7	7	6		9
遂宁市	4	7	25	73	5	4	18	1	37
内江市	20	87	56	45	11	7	30		15
乐山市	21	15	24	26	7	7	16	1	10
南充市	2	17	47	72	13	9	24	6	35
眉山市		3	58	26	20	4	2	8	11
宜宾市	33	1	35	76	13	13	21	2	49
广安市	6	4	37	25	7	4	57	7	9
达州市	43	37	87	116	12	22	14	1	35
雅安市	12	54	5	4	3		5		1
巴中市	18	8	14	36	5	4	9		8
资阳市	1	2	8	13	1	4	5		15
阿坝藏族羌族自治州	2	13	3	6	1		1		1
甘孜藏族自治州	8		6	2	2				1
凉山彝族自治州	46	8	11	22	2	4	4	2	8

4-6b 续表 8

单位：人

地区 性别	生产制造及有关人员								不便分类的其他从业人员
	计算机、通信和其他电子设备制造人员	仪器仪表制造人员	废弃资源综合利用人员	电力、热力、气体、水生产和输配人员	建筑施工人员	运输设备和通用工程机械操作人员及有关人员	生产辅助人员	其他生产制造及有关人员	
全省	**7962**	**116**	**192**	**1280**	**110696**	**6037**	**17517**	**487**	**1220**
成都市	547	10	30	68	6661	376	1885	37	25
自贡市	158	2	8	10	3049	165	411	14	6
攀枝花市	7	1	4	17	812	152	279	4	9
泸州市	282	5	7	77	7087	301	1121	37	57
德阳市	498	10	10	34	3913	294	1069	30	10
绵阳市	374	5	12	57	4978	284	739	20	32
广元市	156	2	2	21	4166	284	493	8	8
遂宁市	475	8	8	14	5055	217	737	34	15
内江市	701	7	17	31	6353	303	1079	51	287
乐山市	200	6	7	126	3824	360	843	49	6
南充市	700	28	5	46	13884	444	1399	15	147
眉山市	362	3	5	57	4942	316	930	28	47
宜宾市	497	3	24	90	7496	466	1382	26	30
广安市	400	5	6	25	5396	207	800	16	47
达州市	1764	12	19	81	11622	594	2081	61	321
雅安市	110	1	1	287	2214	241	473	3	17
巴中市	292	4	4	45	7781	242	661	20	64
资阳市	89	1	7	12	2909	196	363	6	16
阿坝藏族羌族自治州	54	2		65	1135	88	123		13
甘孜藏族自治州	4		1	13	1026	93	76		2
凉山彝族自治州	292	1	15	104	6393	414	573	28	61
男	**4249**	**64**	**122**	**942**	**93841**	**5509**	**11824**	**300**	**634**
成都市	309	3	23	48	5781	344	1163	31	16
自贡市	81	1	6	9	2602	149	282	7	5
攀枝花市	5	1	3	13	680	137	203	4	6
泸州市	139	4	5	63	5885	277	612	20	37
德阳市	229	9	7	31	3476	267	682	14	8
绵阳市	171	2	4	43	4392	264	523	11	19
广元市	83		2	17	3458	262	379	4	7
遂宁市	227	5	6	10	4403	196	468	21	9
内江市	358	7	11	21	5408	253	725	31	99
乐山市	118	3	5	84	3349	328	614	33	3
南充市	366	11	2	35	11779	399	1024	9	66
眉山市	180	2	4	45	4347	290	659	18	23
宜宾市	268	2	17	71	6292	424	969	18	24
广安市	227	5	1	21	4675	191	552	9	30
达州市	996	6	9	61	9841	543	1376	34	192
雅安市	73	1	1	201	1952	227	342	3	7
巴中市	168		2	31	6247	223	480	9	32
资阳市	44	1	3	9	2483	179	226	4	8
阿坝藏族羌族自治州	34			43	911	83	94		10
甘孜藏族自治州	3			9	759	89	61		2
凉山彝族自治州	170	1	11	77	5121	384	390	20	31
女	**3713**	**52**	**70**	**338**	**16855**	**528**	**5693**	**187**	**586**
成都市	238	7	7	20	880	32	722	6	9
自贡市	77	1	2	1	447	16	129	7	1
攀枝花市	2		1	4	132	15	76		3
泸州市	143	1	2	14	1202	24	509	17	20
德阳市	269	1	3	3	437	27	387	16	2
绵阳市	203	3	8	14	586	20	216	9	13
广元市	73	2		4	708	22	114	4	1
遂宁市	248	3	2	4	652	21	269	13	6
内江市	343		6	10	945	50	354	20	188
乐山市	82	3	2	42	475	32	229	16	3
南充市	334	17	3	11	2105	45	375	6	81
眉山市	182	1	1	12	595	26	271	10	24
宜宾市	229	1	7	19	1204	42	413	8	6
广安市	173		5	4	721	16	248	7	17
达州市	768	6	10	20	1781	51	705	27	129
雅安市	37			86	262	14	131		10
巴中市	124	4	2	14	1534	19	181	11	32
资阳市	45		4	3	426	17	137	2	8
阿坝藏族羌族自治州	20	2		22	224	5	29		3
甘孜藏族自治州	1		1	4	267	4	15		
凉山彝族自治州	122		4	27	1272	30	183	8	30

4-6c　各地区分性别、职业中类的就业人口(乡村)

单位：人

地区 性别	合计	党的机关、国家机关、群众团体和社会组织、企事业单位负责人						
		小计	中国共产党机关负责人	国家机关负责人	民主党派和工商联负责人	人民团体和群众团体、社会组织及其他成员组织负责人	基层群众自治组织负责人	企事业单位负责人
全省	**2235564**	**9702**	**123**	**407**	**2**	**494**	**2522**	**6154**
成都市	236531	1403	6	21	1	84	203	1088
自贡市	62642	172		3		13	39	117
攀枝花市	27575	51		5		4	13	29
泸州市	99918	253	2	1		15	101	134
德阳市	100435	357	2	5		19	79	252
绵阳市	171848	1007	4	43		49	208	703
广元市	75515	419	10	28		17	191	173
遂宁市	101268	558		11	1	32	66	448
内江市	117667	531	1	10		17	92	411
乐山市	76783	275	2	16		15	109	133
南充市	241425	1258	3	47		71	225	912
眉山市	74754	283	1	11		29	94	148
宜宾市	125157	399	2	19		35	166	177
广安市	100437	239	38	7		6	78	110
达州市	215385	857	8	28		25	132	664
雅安市	40391	102		5		8	55	34
巴中市	99943	488	3	9		5	140	331
资阳市	64304	141	2			2	68	69
阿坝藏族羌族自治州	24268	182	2	19		7	110	44
甘孜藏族自治州	38806	280	16	44		15	165	40
凉山彝族自治州	140512	447	21	75		26	188	137
男	**1280205**	**7666**	**113**	**321**	**1**	**334**	**2105**	**4792**
成都市	138777	1084	6	18		52	149	859
自贡市	35598	121		1		8	27	85
攀枝花市	15225	41		4		1	12	24
泸州市	56764	203	2	1		11	82	107
德阳市	56620	296	2	2		13	68	211
绵阳市	97232	767	3	35		36	149	544
广元市	43050	354	10	24		15	167	138
遂宁市	61862	419		7	1	25	52	334
内江市	67980	382	1	8		15	59	299
乐山市	44363	213	2	13		11	90	97
南充市	137504	1023	3	38		49	199	734
眉山市	42683	197	1	8		13	64	111
宜宾市	70108	328	1	15		23	144	145
广安市	55928	190	37	3		3	64	83
达州市	127575	660	6	22		13	112	507
雅安市	22983	83		5		3	46	29
巴中市	58752	385	3	6		5	125	246
资阳市	36220	125	2			2	60	61
阿坝藏族羌族自治州	14260	159	2	15		5	97	40
甘孜藏族自治州	21552	255	13	38		15	160	29
凉山彝族自治州	75169	381	19	58		16	179	109
女	**955359**	**2036**	**10**	**86**	**1**	**160**	**417**	**1362**
成都市	97754	319		3	1	32	54	229
自贡市	27044	51		2		5	12	32
攀枝花市	12350	10		1		3	1	5
泸州市	43154	50				4	19	27
德阳市	43815	61		3		6	11	41
绵阳市	74616	240	1	8		13	59	159
广元市	32465	65		4		2	24	35
遂宁市	39406	139		4		7	14	114
内江市	49687	149		2		2	33	112
乐山市	32420	62		3		4	19	36
南充市	103921	235		9		22	26	178
眉山市	32071	86		3		16	30	37
宜宾市	55049	71	1	4		12	22	32
广安市	44509	49	1	4		3	14	27
达州市	87810	197	2	6		12	20	157
雅安市	17408	19				5	9	5
巴中市	41191	103		3			15	85
资阳市	28084	16					8	8
阿坝藏族羌族自治州	10008	23		4		2	13	4
甘孜藏族自治州	17254	25	3	6			5	11
凉山彝族自治州	65343	66	2	17		10	9	28

4-6c　续表 1

单位：人

地　区 性　别	专业技术人员									
	小计	科学研究人员	工程技术人员	农业技术人员	飞机和船舶技术人员	卫生专业技术人员	经济和金融专业人员	法律、社会和宗教专业人员	教学人员	文学艺术、体育专业人员
全省	**72984**	**207**	**18170**	**1708**	**55**	**14618**	**9841**	**2852**	**22763**	**1278**
成都市	10979	46	3008	187	18	1808	2097	250	3151	212
自贡市	1405	5	391	22	3	306	177	23	399	21
攀枝花市	805	1	155	21		188	82	7	337	2
泸州市	2510	2	578	59	2	643	229	44	872	47
德阳市	2964	8	804	47	6	643	503	48	770	52
绵阳市	6516	30	1918	127	3	1247	989	83	1883	128
广元市	2809	11	726	67		632	344	34	865	38
遂宁市	3411	13	1121	46	1	630	476	51	877	77
内江市	3054	10	848	44	6	741	433	69	793	55
乐山市	1916	4	575	54	3	420	227	31	536	21
南充市	7709	17	2039	171	5	1531	1225	76	2398	124
眉山市	2764	4	690	354	1	485	330	46	693	37
宜宾市	3576	7	803	126	3	761	396	95	1257	70
广安市	2328	2	489	21	1	541	305	27	882	25
达州市	6342	19	1479	101	1	1367	831	54	2231	118
雅安市	990	4	144	14	1	283	131	13	362	9
巴中市	3956	10	923	96	1	867	453	53	1419	55
资阳市	1331	4	270	26		427	109	20	442	18
阿坝藏族羌族自治州	1419	3	320	25		201	123	296	393	50
甘孜藏族自治州	3030	3	296	24		225	203	1473	675	103
凉山彝族自治州	3170	4	593	76		672	178	59	1528	16
男	**36387**	**133**	**15653**	**1156**	**54**	**5606**	**2903**	**2014**	**7262**	**800**
成都市	4901	26	2565	124	17	495	528	123	804	133
自贡市	647	1	334	12	3	103	43	14	87	13
攀枝花市	341	1	130	15		39	23	3	123	2
泸州市	1281	2	505	45	2	293	62	28	297	27
德阳市	1389	4	699	33	6	207	142	21	208	34
绵阳市	3151	22	1625	90	3	477	261	38	509	76
广元市	1448	9	625	50		259	107	22	302	20
遂宁市	1851	9	956	37	1	259	146	33	292	44
内江市	1414	5	731	29	6	218	109	43	207	34
乐山市	929	2	505	40	3	140	47	17	137	11
南充市	4135	15	1748	117	5	744	369	54	934	81
眉山市	1342	2	606	191	1	142	96	19	181	22
宜宾市	1785	5	714	92	3	325	127	60	396	32
广安市	1116	1	436	15	1	241	102	20	266	13
达州市	3158	12	1232	70	1	603	249	30	816	70
雅安市	372	2	128	6	1	78	33	10	92	6
巴中市	2028	6	786	74	1	401	155	21	505	39
资阳市	728	4	237	22		233	33	17	162	11
阿坝藏族羌族自治州	856	2	292	17		53	73	280	105	30
甘孜藏族自治州	1908		262	15		62	121	1112	238	90
凉山彝族自治州	1607	3	537	62		234	77	49	601	12
女	**36597**	**74**	**2517**	**552**	**1**	**9012**	**6938**	**838**	**15501**	**478**
成都市	6078	20	443	63	1	1313	1569	127	2347	79
自贡市	758	4	57	10		203	134	9	312	8
攀枝花市	464		25	6		149	59	4	214	
泸州市	1229		73	14		350	167	16	575	20
德阳市	1575	4	105	14		436	361	27	562	18
绵阳市	3365	8	293	37		770	728	45	1374	52
广元市	1361	2	101	17		373	237	12	563	18
遂宁市	1560	4	165	9		371	330	18	585	33
内江市	1640	5	117	15		523	324	26	586	21
乐山市	987	2	70	14		280	180	14	399	10
南充市	3574	2	291	54		787	856	22	1464	43
眉山市	1422	2	84	163		343	234	27	512	15
宜宾市	1791	2	89	34		436	269	35	861	38
广安市	1212	1	53	6		300	203	7	616	12
达州市	3184	7	247	31		764	582	24	1415	48
雅安市	618	2	16	8		205	98	3	270	3
巴中市	1928	4	137	22		466	298	32	914	16
资阳市	603		33	4		194	76	3	280	7
阿坝藏族羌族自治州	563	1	28	8		148	50	16	288	20
甘孜藏族自治州	1122	3	34	9		163	82	361	437	13
凉山彝族自治州	1563	1	56	14		438	101	10	927	4

4-6c 续表 2

单位：人

地区 性别	专业技术人员		办事人员和有关人员				社会生产服务和生活服务人员		
	新闻出版、文化专业人员	其他专业技术人员	小计	办事人员	安全和消防人员	其他办事人员和有关人员	小计	批发与零售服务人员	交通运输、仓储和邮政业服务人员
全省	**758**	**734**	**41177**	**30670**	**9661**	**846**	**515800**	**184796**	**89046**
成都市	137	65	8494	6459	1988	47	72950	24512	14150
自贡市	10	48	823	650	143	30	12966	4863	1999
攀枝花市	7	5	421	290	127	4	3883	1125	912
泸州市	12	22	1465	1097	319	49	17236	6361	2878
德阳市	53	30	1920	1292	593	35	24176	8092	4859
绵阳市	73	35	3681	2658	820	203	44195	16010	6633
广元市	36	56	1251	916	284	51	13583	4058	2434
遂宁市	39	80	1791	1081	676	34	29301	10197	4787
内江市	26	29	1699	1316	365	18	29085	11147	4528
乐山市	19	26	1268	957	291	20	15222	4659	3082
南充市	65	58	3644	2826	744	74	70579	29363	10304
眉山市	22	102	1421	1046	336	39	18325	7410	2678
宜宾市	33	25	1904	1556	326	22	25268	8829	4928
广安市	23	12	1218	945	254	19	21260	7853	3227
达州市	70	71	3739	2717	948	74	52158	18096	9131
雅安市	20	9	639	442	158	39	9737	4017	1553
巴中市	52	27	1652	1312	315	25	20550	6990	3325
资阳市	6	9	656	566	80	10	11873	4359	2169
阿坝藏族羌族自治州	5	3	720	517	190	13	4875	1284	1169
甘孜藏族自治州	27	1	1207	966	236	5	5337	1207	1288
凉山彝族自治州	23	21	1564	1061	468	35	13241	4364	3012
男	**277**	**529**	**26034**	**16780**	**8812**	**442**	**269180**	**80853**	**77176**
成都市	39	47	4741	2903	1814	24	40256	11559	11951
自贡市	2	35	514	373	126	15	7042	2263	1780
攀枝花市	1	4	297	182	115		2226	502	828
泸州市	3	17	984	664	293	27	9123	2778	2472
德阳市	16	19	1170	617	539	14	12962	3713	4203
绵阳市	23	27	2201	1391	742	68	22187	6803	5847
广元市	16	38	819	526	260	33	6864	1693	2117
遂宁市	18	56	1163	531	611	21	15057	4323	4188
内江市	9	23	1030	685	335	10	14536	4585	3985
乐山市	10	17	818	534	274	10	8394	2112	2746
南充市	22	46	2377	1659	675	43	34058	12173	8694
眉山市	11	71	835	500	311	24	9303	3158	2357
宜宾市	15	16	1256	950	292	14	13577	3833	4317
广安市	12	9	798	556	229	13	10689	3265	2808
达州市	25	50	2413	1509	862	42	27457	8033	7979
雅安市	9	7	424	252	146	26	5072	1714	1393
巴中市	21	19	1168	857	296	15	10586	3016	2875
资阳市	2	7	440	362	74	4	6489	2087	1884
阿坝藏族羌族自治州	2	2	483	302	174	7	2872	646	1053
甘孜藏族自治州	7	1	842	624	215	3	3036	633	1078
凉山彝族自治州	14	18	1261	803	429	29	7394	1964	2621
女	**481**	**205**	**15143**	**13890**	**849**	**404**	**246620**	**103943**	**11870**
成都市	98	18	3753	3556	174	23	32694	12953	2199
自贡市	8	13	309	277	17	15	5924	2600	219
攀枝花市	6	1	124	108	12	4	1657	623	84
泸州市	9	5	481	433	26	22	8113	3583	406
德阳市	37	11	750	675	54	21	11214	4379	656
绵阳市	50	8	1480	1267	78	135	22008	9207	786
广元市	20	18	432	390	24	18	6719	2365	317
遂宁市	21	24	628	550	65	13	14244	5874	599
内江市	17	6	669	631	30	8	14549	6562	543
乐山市	9	9	450	423	17	10	6828	2547	336
南充市	43	12	1267	1167	69	31	36521	17190	1610
眉山市	11	31	586	546	25	15	9022	4252	321
宜宾市	18	9	648	606	34	8	11691	4996	611
广安市	11	3	420	389	25	6	10571	4588	419
达州市	45	21	1326	1208	86	32	24701	10063	1152
雅安市	11	2	215	190	12	13	4665	2303	160
巴中市	31	8	484	455	19	10	9964	3974	450
资阳市	4	2	216	204	6	6	5384	2272	285
阿坝藏族羌族自治州	3	1	237	215	16	6	2003	638	116
甘孜藏族自治州	20		365	342	21	2	2301	574	210
凉山彝族自治州	9	3	303	258	39	6	5847	2400	391

4-6c　续表 3

单位：人

地　区 性　别	社会生产服务和生活服务人员								
	住宿和餐饮服务人　员	信息传输、软件和信息技术服务人　员	金融服务人　员	房地产服务人员	租赁和商务服务人　员	技术辅助服务人员	水利、环境和公共设施管理服务人员	居民服务人　员	电力、燃气及水供应服务人　员
全省	**103061**	**6880**	**5089**	**8384**	**12392**	**7028**	**31275**	**39752**	**4500**
成都市	13473	1125	728	1429	2789	1299	5645	3761	537
自贡市	2557	172	106	191	307	125	891	1000	144
攀枝花市	840	50	50	25	90	53	174	327	58
泸州市	3371	205	157	216	297	215	1164	1347	214
德阳市	4438	314	284	365	582	345	1661	1747	186
绵阳市	9302	654	491	828	988	630	2210	4008	358
广元市	2918	284	216	267	289	249	824	1209	189
遂宁市	6684	482	289	466	399	396	1532	2261	197
内江市	5960	338	256	392	714	364	1599	2395	187
乐山市	3300	195	132	258	363	138	1005	1128	194
南充市	12050	984	736	1409	1609	896	3846	6208	358
眉山市	3420	177	215	313	435	202	1125	1410	203
宜宾市	4478	255	181	336	643	279	1543	2394	254
广安市	3844	228	187	295	491	245	1433	2044	362
达州市	11515	549	450	781	979	827	3028	4152	379
雅安市	1889	93	113	147	190	88	552	530	111
巴中市	4329	417	252	402	323	445	1116	1808	141
资阳市	2323	148	117	160	348	97	694	898	81
阿坝藏族羌族自治州	1452	43	28	27	177	7	306	130	91
甘孜藏族自治州	1831	43	29	14	203	36	353	117	43
凉山彝族自治州	3087	124	72	63	176	92	574	878	213
男	**39745**	**4848**	**2112**	**4977**	**10166**	**4542**	**11255**	**11486**	**3896**
成都市	5441	829	291	823	2283	876	2051	1048	458
自贡市	1105	115	43	114	257	74	382	344	132
攀枝花市	350	42	26	14	75	32	74	89	52
泸州市	1370	151	58	116	253	145	460	470	190
德阳市	1687	243	105	219	473	220	600	444	166
绵阳市	3629	454	172	468	786	382	846	966	302
广元市	937	189	94	164	218	155	323	302	159
遂宁市	2608	322	141	266	319	252	501	681	177
内江市	2254	209	89	219	623	230	503	733	164
乐山市	1255	134	46	156	287	94	388	399	176
南充市	4276	681	344	843	1326	581	1125	1599	303
眉山市	1334	121	78	176	373	134	437	381	182
宜宾市	1786	186	91	190	539	177	651	677	207
广安市	1452	158	81	186	411	153	452	576	322
达州市	4498	393	195	498	797	495	1068	1387	316
雅安市	716	63	32	102	161	66	219	152	90
巴中市	1599	306	121	265	243	300	393	557	120
资阳市	901	107	52	96	281	71	258	296	75
阿坝藏族羌族自治州	575	25	5	16	136	6	162	50	75
甘孜藏族自治州	710	31	13	4	177	33	157	40	30
凉山彝族自治州	1262	89	35	42	148	66	205	295	200
女	**63316**	**2032**	**2977**	**3407**	**2226**	**2486**	**20020**	**28266**	**604**
成都市	8032	296	437	606	506	423	3594	2713	79
自贡市	1452	57	63	77	50	51	509	656	12
攀枝花市	490	8	24	11	15	21	100	238	6
泸州市	2001	54	99	100	44	70	704	877	24
德阳市	2751	71	179	146	109	125	1061	1303	20
绵阳市	5673	200	319	360	202	248	1364	3042	56
广元市	1981	95	122	103	71	94	501	907	30
遂宁市	4076	160	148	200	80	144	1031	1580	20
内江市	3706	129	167	173	91	134	1096	1662	23
乐山市	2045	61	86	102	76	44	617	729	18
南充市	7774	303	392	566	283	315	2721	4609	55
眉山市	2086	56	137	137	62	68	688	1029	21
宜宾市	2692	69	90	146	104	102	892	1717	47
广安市	2392	70	106	109	80	92	981	1468	40
达州市	7017	156	255	283	182	332	1960	2765	63
雅安市	1173	30	81	45	29	22	333	378	21
巴中市	2730	111	131	137	80	145	723	1251	21
资阳市	1422	41	65	64	67	26	436	602	6
阿坝藏族羌族自治州	877	18	23	11	41	1	144	80	16
甘孜藏族自治州	1121	12	16	10	26	3	196	77	13
凉山彝族自治州	1825	35	37	21	28	26	369	583	13

4-6c 续表 4

单位：人

地区 性别	社会生产服务和生活服务人员				农、林、牧、渔业生产及辅助人员				
	修理及制作服务人员	文化、体育和娱乐服务人员	健康服务人员	其他社会生产和生活服务人员	小计	农业生产人员	林业生产人员	畜牧业生产人员	渔业生产人员
全省	**17953**	**4298**	**792**	**554**	**971379**	**836158**	**9929**	**117135**	**5200**
成都市	2628	703	138	33	73593	68476	1794	2657	442
自贡市	399	134	40	38	32222	30209	96	1411	441
攀枝花市	140	28	7	4	19215	16844	23	2288	31
泸州市	652	100	39	20	50783	41029	513	8874	237
德阳市	830	415	36	22	45032	41713	146	2846	208
绵阳市	1502	463	81	37	70915	64696	334	5345	289
广元市	491	94	44	17	33694	30893	221	2478	53
遂宁市	1291	213	45	62	24719	22040	65	2331	188
内江市	954	190	26	35	45605	42042	131	2977	378
乐山市	612	109	26	21	40513	33278	1274	5542	339
南充市	2106	572	91	47	76778	63622	225	12117	521
眉山市	582	121	21	13	33181	29973	540	1846	368
宜宾市	895	210	30	13	65395	51874	1493	11309	512
广安市	832	166	18	35	49445	44654	117	4351	229
达州市	1842	298	53	78	72835	66718	232	5283	404
雅安市	343	60	22	29	20452	17715	507	2166	38
巴中市	777	164	39	22	37548	32191	148	4845	206
资阳市	378	72	13	16	36552	34033	53	2065	191
阿坝藏族羌族自治州	122	33	5	1	13514	8990	226	4274	2
甘孜藏族自治州	112	60	1		24005	12492	1522	9973	1
凉山彝族自治州	465	93	17	11	105383	82676	269	22157	122
男	**15589**	**1955**	**277**	**303**	**473725**	**408760**	**6652**	**53045**	**3695**
成都市	2291	294	44	17	36442	33430	1055	1496	318
自贡市	341	57	13	22	16044	14908	72	717	314
攀枝花市	124	11	5	2	9721	8647	17	1026	17
泸州市	580	56	16	8	24576	20345	388	3589	176
德阳市	708	157	14	10	20858	19281	97	1257	159
绵阳市	1292	196	24	20	34066	31054	255	2418	193
广元市	443	43	15	12	16149	14906	150	1031	34
遂宁市	1120	107	15	37	12294	10875	44	1176	147
内江市	824	89	9	20	22114	20322	81	1399	271
乐山市	537	45	6	13	19820	15870	953	2707	242
南充市	1816	241	36	20	36093	30381	153	5060	355
眉山市	510	49	6	7	16294	14467	399	960	245
宜宾市	795	109	11	8	31056	24634	1120	4810	367
广安市	698	102	5	20	24047	21823	79	1936	159
达州市	1578	154	23	43	37507	34167	141	2804	291
雅安市	314	28	4	18	10025	8530	376	1074	35
巴中市	684	82	13	12	18486	16132	101	2025	148
资阳市	338	32	5	6	17842	16723	35	867	143
阿坝藏族羌族自治州	104	18	1		6920	4534	139	2233	2
甘孜藏族自治州	96	33	1		11599	5949	809	4830	1
凉山彝族自治州	396	52	11	8	51772	41782	188	9630	78
女	**2364**	**2343**	**515**	**251**	**497654**	**427398**	**3277**	**64090**	**1505**
成都市	337	409	94	16	37151	35046	739	1161	124
自贡市	58	77	27	16	16178	15301	24	694	127
攀枝花市	16	17	2	2	9494	8197	6	1262	14
泸州市	72	44	23	12	26207	20684	125	5285	61
德阳市	122	258	22	12	24174	22432	49	1589	49
绵阳市	210	267	57	17	36849	33642	79	2927	96
广元市	48	51	29	5	17545	15987	71	1447	19
遂宁市	171	106	30	25	12425	11165	21	1155	41
内江市	130	101	17	15	23491	21720	50	1578	107
乐山市	75	64	20	8	20693	17408	321	2835	97
南充市	290	331	55	27	40685	33241	72	7057	166
眉山市	72	72	15	6	16887	15506	141	886	123
宜宾市	100	101	19	5	34339	27240	373	6499	145
广安市	134	64	13	15	25398	22831	38	2415	70
达州市	264	144	30	35	35328	32551	91	2479	113
雅安市	29	32	18	11	10427	9185	131	1092	3
巴中市	93	82	26	10	19062	16059	47	2820	58
资阳市	40	40	8	10	18710	17310	18	1198	48
阿坝藏族羌族自治州	18	15	4	1	6594	4456	87	2041	
甘孜藏族自治州	16	27			12406	6543	713	5143	
凉山彝族自治州	69	41	6	3	53611	40894	81	12527	44

4-6c　续表 5

单位：人

地区 性别	农林牧渔生产辅助人员	其他农、林、牧、渔业生产加工人员	生产制造及有关人员 小计	农副产品加工人员	食品、饮料生产加工人员	烟草及其制品加工人员	纺织、针织、印染人员	纺织品、服装和皮革、毛皮制品加工制作人员	木材加工、家具与木制品制作人员
全省	**2437**	**520**	**621673**	**7433**	**8641**	**215**	**5383**	**41167**	**27512**
成都市	210	14	68971	1262	1737	12	212	3499	7743
自贡市	54	11	15028	162	194	1	89	1814	642
攀枝花市	27	2	3185	26	44	2	13	15	24
泸州市	112	18	27544	206	905	9	113	2036	899
德阳市	109	10	25965	504	663	53	167	962	1683
绵阳市	237	14	45387	664	502	5	705	1761	1811
广元市	42	7	23737	196	218	3	112	408	385
遂宁市	88	7	41371	273	360	2	357	2322	1366
内江市	70	7	37461	352	268	2	178	2441	1731
乐山市	71	9	17567	222	201	1	241	338	600
南充市	178	115	81134	944	608	4	392	6259	2915
眉山市	243	211	18635	328	392	1	83	382	888
宜宾市	161	46	28532	613	764	25	433	880	1252
广安市	79	15	25824	312	235	1	600	3033	777
达州市	184	14	78638	575	573	1	1134	11844	2639
雅安市	21	5	8427	99	318		141	156	283
巴中市	156	2	35580	181	254	1	242	1827	576
资阳市	208	2	13702	202	136	1	120	869	824
阿坝藏族羌族自治州	21	1	3548	22	46		4	32	66
甘孜藏族自治州	17		4946	30	53		1	77	205
凉山彝族自治州	149	10	16491	260	170	91	46	212	203
男	**1320**	**253**	**465491**	**4132**	**4908**	**88**	**2218**	**17711**	**20978**
成都市	136	7	51268	661	898	6	84	1326	5303
自贡市	28	5	11213	101	115		35	834	504
攀枝花市	13	1	2589	17	28	2	2	9	22
泸州市	68	10	20521	130	683	6	45	755	737
德阳市	60	4	19931	264	371	9	68	321	1281
绵阳市	137	9	34765	367	250	3	275	635	1410
广元市	25	3	17401	101	111	1	50	177	279
遂宁市	47	5	31010	168	188	1	144	981	1093
内江市	39	2	28371	205	139	2	77	1065	1425
乐山市	43	5	14177	131	110	1	66	112	457
南充市	96	48	59615	538	325	3	157	2569	2314
眉山市	124	99	14626	174	155		24	121	661
宜宾市	95	30	22049	332	557	8	174	370	986
广安市	43	7	19019	172	134	1	280	1394	669
达州市	97	7	55896	338	300	1	560	5597	2108
雅安市	8	2	6976	58	174		20	68	242
巴中市	79	1	25994	100	132		95	869	444
资阳市	74		10569	99	83		48	340	640
阿坝藏族羌族自治州	11	1	2964	18	25		2	14	61
甘孜藏族自治州	10		3911	14	24			51	185
凉山彝族自治州	87	7	12626	144	106	44	12	103	157
女	**1117**	**267**	**156182**	**3301**	**3733**	**127**	**3165**	**23456**	**6534**
成都市	74	7	17703	601	839	6	128	2173	2440
自贡市	26	6	3815	61	79	1	54	980	138
攀枝花市	14	1	596	9	16		11	6	2
泸州市	44	8	7023	76	222	3	68	1281	162
德阳市	49	6	6034	240	292	44	99	641	402
绵阳市	100	5	10622	297	252	2	430	1126	401
广元市	17	4	6336	95	107	2	62	231	106
遂宁市	41	2	10361	105	172	1	213	1341	273
内江市	31	5	9090	147	129		101	1376	306
乐山市	28	4	3390	91	91		175	226	143
南充市	82	67	21519	406	283	1	235	3690	601
眉山市	119	112	4009	154	237	1	59	261	227
宜宾市	66	16	6483	281	207	17	259	510	266
广安市	36	8	6805	140	101		320	1639	108
达州市	87	7	22742	237	273		574	6247	531
雅安市	13	3	1451	41	144		121	88	41
巴中市	77	1	9586	81	122	1	147	958	132
资阳市	134	2	3133	103	53	1	72	529	184
阿坝藏族羌族自治州	10		584	4	21		2	18	5
甘孜藏族自治州	7		1035	16	29		1	26	20
凉山彝族自治州	62	3	3865	116	64	47	34	109	46

4-6c 续表 6 单位：人

地区 性别	生产制造及有关人员								
	纸及纸制品生产加工人员	印刷和记录媒介复制人员	文教、工美、体育和娱乐用品制造人员	石油加工和炼焦、煤化工生产人员	化学原料和化学制品制造人员	医药制造人员	化学纤维制造人员	橡胶和塑料制品制造人员	非金属矿物制品制造人员
全省	**2604**	**1709**	**5118**	**300**	**3428**	**1118**	**254**	**5310**	**12525**
成都市	575	335	318	20	434	334	22	1085	1642
自贡市	56	39	115	11	60	16	9	144	309
攀枝花市	10	5	33	13	147	2		19	74
泸州市	315	76	189	16	83	26	2	154	678
德阳市	251	119	101	10	500	107	21	342	994
绵阳市	164	113	254	19	558	126	40	510	834
广元市	52	32	116	19	106	46	8	123	359
遂宁市	132	102	204	42	153	37	6	312	429
内江市	77	65	199	32	58	40	11	245	760
乐山市	135	21	34	19	166	24	2	77	911
南充市	156	214	802	18	368	83	21	555	1081
眉山市	112	46	45	7	114	69	4	84	564
宜宾市	123	94	157	16	142	28	71	397	664
广安市	72	53	220	6	77	51	3	126	383
达州市	235	212	1501	35	236	38	26	676	1405
雅安市	21	15	71	1	33	16		32	412
巴中市	64	90	143	11	73	39	3	239	404
资阳市	29	36	52	1	37	15	4	98	187
阿坝藏族羌族自治州	4	10	27	1	23	8		13	52
甘孜藏族自治州		16	118		2	7		5	54
凉山彝族自治州	21	16	419	3	58	6	1	74	329
男	**1290**	**1041**	**2407**	**239**	**2420**	**589**	**149**	**2935**	**9080**
成都市	269	201	185	13	317	173	12	646	1180
自贡市	33	24	61	10	39	8	5	90	233
攀枝花市	7	3	15	9	110			15	58
泸州市	98	44	49	11	57	15	1	72	425
德阳市	83	79	56	9	385	60	10	163	681
绵阳市	84	72	125	17	412	63	25	257	630
广元市	25	13	54	15	71	29	5	63	255
遂宁市	66	55	91	35	107	16	3	168	311
内江市	49	40	81	28	39	21	8	131	498
乐山市	86	10	25	14	111	10	2	30	616
南充市	89	130	354	15	214	38	10	313	786
眉山市	63	19	24	5	78	45	2	42	396
宜宾市	72	64	81	14	103	15	46	225	525
广安市	45	35	91	6	55	28	3	70	295
达州市	139	141	644	24	178	22	14	396	1059
雅安市	16	7	46	1	27	6		13	356
巴中市	37	56	77	10	44	19	1	118	313
资阳市	13	22	23	1	22	9	1	61	144
阿坝藏族羌族自治州	2	6	23		11	5		9	43
甘孜藏族自治州		11	100		2	5		4	40
凉山彝族自治州	14	9	202	2	38	2	1	49	236
女	**1314**	**668**	**2711**	**61**	**1008**	**529**	**105**	**2375**	**3445**
成都市	306	134	133	7	117	161	10	439	462
自贡市	23	15	54	1	21	8	4	54	76
攀枝花市	3	2	18	4	37	2		4	16
泸州市	217	32	140	5	26	11	1	82	253
德阳市	168	40	45	1	115	47	11	179	313
绵阳市	80	41	129	2	146	63	15	253	204
广元市	27	19	62	4	35	17	3	60	104
遂宁市	66	47	113	7	46	21	3	144	118
内江市	28	25	118	4	19	19	3	114	262
乐山市	49	11	9	5	55	14		47	295
南充市	67	84	448	3	154	45	11	242	295
眉山市	49	27	21	2	36	24	2	42	168
宜宾市	51	30	76	2	39	13	25	172	139
广安市	27	18	129		22	23		56	88
达州市	96	71	857	11	58	16	12	280	346
雅安市	5	8	25		6	10		19	56
巴中市	27	34	66	1	29	20	2	121	91
资阳市	16	14	29		15	6	3	37	43
阿坝藏族羌族自治州	2	4	4	1	12	3		4	9
甘孜藏族自治州		5	18			2		1	14
凉山彝族自治州	7	7	217	1	20	4		25	93

4-6c 续表 7

单位：人

地区 性别	生产制造及有关人员								
	采矿人员	金属冶炼和压延加工人员	机械制造基础加工人员	金属制品制造人员	通用设备制造人员	专用设备制造人员	汽车制造人员	铁路、船舶、航空设备制造人员	电气机械和器材制造人员
全省	**5999**	**3394**	**14659**	**9973**	**2789**	**954**	**3539**	**786**	**4472**
成都市	152	434	2590	1318	461	246	690	145	845
自贡市	108	48	425	397	80	19	85	7	107
攀枝花市	374	157	128	24	17	7	6	18	13
泸州市	314	47	342	478	74	23	75	13	173
德阳市	115	298	1542	459	190	48	107	40	207
绵阳市	305	247	1366	780	313	88	423	68	510
广元市	342	105	284	252	122	40	129	31	119
遂宁市	124	110	823	687	150	59	270	45	486
内江市	347	198	733	533	125	32	296	42	187
乐山市	472	233	328	158	82	21	44	22	54
南充市	172	336	1476	1298	400	120	305	91	571
眉山市	69	103	423	266	102	14	39	11	58
宜宾市	478	136	594	678	161	34	218	32	332
广安市	182	62	525	342	55	19	290	34	97
达州市	1405	377	1686	1481	220	79	234	85	371
雅安市	244	146	206	55	39	7	59	5	16
巴中市	214	118	470	461	95	34	150	34	120
资阳市	36	18	308	168	55	26	81	17	76
阿坝藏族羌族自治州	91	111	40	8	9	4	15		15
甘孜藏族自治州	117	6	70	19	1	2	1		7
凉山彝族自治州	338	104	300	111	38	32	22	46	108
男	**5565**	**2795**	**12402**	**7054**	**2130**	**568**	**2436**	**568**	**2821**
成都市	143	368	2269	986	378	134	486	106	611
自贡市	101	39	357	279	66	12	58	7	72
攀枝花市	330	135	119	21	16	5	5	11	10
泸州市	296	37	273	332	64	12	55	12	113
德阳市	112	243	1416	332	147	32	79	33	149
绵阳市	271	209	1154	539	228	48	275	46	288
广元市	318	84	228	165	83	27	95	23	74
遂宁市	118	87	685	442	110	29	179	33	267
内江市	330	164	598	377	99	14	208	32	122
乐山市	442	197	285	125	64	16	35	18	38
南充市	153	273	1206	930	273	78	213	63	327
眉山市	62	78	365	197	84	10	30	10	43
宜宾市	451	113	497	485	117	19	156	22	208
广安市	172	51	413	234	39	13	175	18	60
达州市	1352	295	1334	1031	171	47	158	74	213
雅安市	228	118	190	46	35	6	43	4	15
巴中市	192	92	381	328	74	22	117	23	75
资阳市	33	15	260	115	38	17	43	8	47
阿坝藏族羌族自治州	77	105	37	6	9	3	10		13
甘孜藏族自治州	93	4	66	17	1	1	1		4
凉山彝族自治州	291	88	269	67	34	23	15	25	72
女	**434**	**599**	**2257**	**2919**	**659**	**386**	**1103**	**218**	**1651**
成都市	9	66	321	332	83	112	204	39	234
自贡市	7	9	68	118	14	7	27		35
攀枝花市	44	22	9	3	1	2	1	7	3
泸州市	18	10	69	146	10	11	20	1	60
德阳市	3	55	126	127	43	16	28	7	58
绵阳市	34	38	212	241	85	40	148	22	222
广元市	24	21	56	87	39	13	34	8	45
遂宁市	6	23	138	245	40	30	91	12	219
内江市	17	34	135	156	26	18	88	10	65
乐山市	30	36	43	33	18	5	9	4	16
南充市	19	63	270	368	127	42	92	28	244
眉山市	7	25	58	69	18	4	9	1	15
宜宾市	27	23	97	193	44	15	62	10	124
广安市	10	11	112	108	16	6	115	16	37
达州市	53	82	352	450	49	32	76	11	158
雅安市	16	28	16	9	4	1	16	1	1
巴中市	22	26	89	133	21	12	33	11	45
资阳市	3	3	48	53	17	9	38	9	29
阿坝藏族羌族自治州	14	6	3	2		1	5		2
甘孜藏族自治州	24	2	4	2		1			3
凉山彝族自治州	47	16	31	44	4	9	7	21	36

4－6c 续表 8

单位：人

地区 性别	生产制造及有关人员								不便分类的其他从业人员
	计算机、通信和其他电子设备制造人员	仪器仪表制造人员	废弃资源综合利用人员	电力、热力、气体、水生产和输配人员	建筑施工人员	运输设备和通用工程机械操作人员及有关人员	生产辅助人员	其他生产制造及有关人员	
全省	**32791**	**380**	**535**	**1526**	**364426**	**13266**	**37884**	**1583**	**2849**
成都市	4510	74	107	175	28765	1978	7085	166	141
自贡市	672	15	16	23	8302	203	804	56	26
攀枝花市	99	1	3	67	1115	331	393	5	15
泸州市	1140	4	17	51	17207	472	1260	147	127
德阳市	810	18	26	66	12549	757	2207	49	21
绵阳市	2785	29	48	107	25934	1221	2978	119	147
广元市	679	7	20	57	17815	597	910	45	22
遂宁市	2935	24	28	41	26817	699	1866	110	117
内江市	2091	24	38	41	23932	498	1820	65	232
乐山市	410	4	16	113	10941	546	1072	59	22
南充市	4082	73	38	51	51816	1145	4555	185	323
眉山市	612	5	27	69	11646	492	1467	113	145
宜宾市	1175	10	40	89	16230	788	1822	56	83
广安市	1337	13	21	34	15040	376	1400	48	123
达州市	6190	54	47	84	38762	981	5209	243	816
雅安市	213	2	5	163	4861	340	460	8	44
巴中市	1202	9	24	21	26753	536	1139	53	169
资阳市	426	1	7	12	9080	277	484	19	49
阿坝藏族羌族自治州	65			78	2410	242	151	1	10
甘孜藏族自治州	10		1	49	3721	195	179		1
凉山彝族自治州	1348	13	6	135	10730	592	623	36	216
男	**17831**	**214**	**376**	**1211**	**303007**	**12054**	**23271**	**1003**	**1722**
成都市	2714	38	82	145	25530	1852	4053	99	85
自贡市	397	10	14	21	6979	190	481	38	17
攀枝花市	67	1	3	54	919	293	300	3	10
泸州市	618	4	10	37	14373	423	647	87	76
德阳市	448	15	21	57	11057	667	1251	32	14
绵阳市	1423	14	30	87	22387	1103	1960	78	95
广元市	369	4	14	43	13431	519	652	23	15
遂宁市	1454	11	20	32	22332	596	1119	69	68
内江市	1084	19	22	36	19840	448	1126	44	133
乐山市	230	2	11	89	9540	500	765	39	12
南充市	2111	40	22	42	42019	1025	2858	127	203
眉山市	304	2	17	57	10208	441	836	73	86
宜宾市	686	5	31	75	13738	717	1124	33	57
广安市	695	6	15	29	12599	356	836	30	69
达州市	3369	31	35	62	32058	898	3100	147	484
雅安市	137	1	3	115	4312	328	355	6	31
巴中市	668	4	15	17	20395	472	768	36	105
资阳市	234		5	10	7688	246	290	14	27
阿坝藏族羌族自治州	40			54	2024	236	130	1	6
甘孜藏族自治州	7		1	37	2899	184	160		1
凉山彝族自治州	776	7	5	112	8679	560	460	24	128
女	**14960**	**166**	**159**	**315**	**61419**	**1212**	**14613**	**580**	**1127**
成都市	1796	36	25	30	3235	126	3032	67	56
自贡市	275	5	2	2	1323	13	323	18	9
攀枝花市	32			13	196	38	93	2	5
泸州市	522		7	14	2834	49	613	60	51
德阳市	362	3	5	9	1492	90	956	17	7
绵阳市	1362	15	18	20	3547	118	1018	41	52
广元市	310	3	6	14	4384	78	258	22	7
遂宁市	1481	13	8	9	4485	103	747	41	49
内江市	1007	5	16	5	4092	50	694	21	99
乐山市	180	2	5	24	1401	46	307	20	10
南充市	1971	33	16	9	9797	120	1697	58	120
眉山市	308	3	10	12	1438	51	631	40	59
宜宾市	489	5	9	14	2492	71	698	23	26
广安市	642	7	6	5	2441	20	564	18	54
达州市	2821	23	12	22	6704	83	2109	96	332
雅安市	76	1	2	48	549	12	105	2	13
巴中市	534	5	9	4	6358	64	371	17	64
资阳市	192	1	2	2	1392	31	194	5	22
阿坝藏族羌族自治州	25			24	386	6	21		4
甘孜藏族自治州	3			12	822	11	19		
凉山彝族自治州	572	6	1	23	2051	32	163	12	88

4-7　全省分年龄、性别、职业中类的就业人口

单位：人

年龄组 性别	合计	党的机关、国家机关、群众团体和社会组织、企事业单位负责人						
		小计	中国共产党机关负责人	国家机关负责人	民主党派和工商联负责人	人民团体和群众团体、社会组织及其他成员组织负责人	基层群众自治组织负责人	企事业单位负责人
总　计	**4552395**	**47437**	**443**	**4270**	**12**	**2264**	**3981**	**36467**
16-19岁	53851	60	1	2		3	8	46
20-24岁	293304	1079	2	18	1	68	21	969
25-29岁	477536	3901	6	135	1	195	119	3445
30-34岁	592708	8083	45	496	1	314	341	6886
35-39岁	420956	7388	70	634		311	341	6032
40-44岁	437453	7113	96	780	3	322	498	5414
45-49岁	714233	8805	91	993	3	428	851	6439
50-54岁	621972	6397	69	749		312	851	4416
55-59岁	395858	3614	52	426	2	201	688	2245
60-64岁	179494	524	6	22	1	45	135	315
65-69岁	206261	325	2	10		30	96	187
70-74岁	98156	96	1			20	22	53
75岁及以上	60613	52	2	5		15	10	20
男	**2578043**	**35343**	**373**	**3381**	**7**	**1383**	**3199**	**27000**
16-19岁	31508	34	1			1	6	26
20-24岁	158096	655	2	9		36	11	597
25-29岁	263203	2623	6	74	1	107	74	2361
30-34岁	331062	5540	34	314		161	209	4822
35-39岁	232500	5168	58	477		194	242	4197
40-44岁	237743	5249	78	625	2	179	383	3982
45-49岁	395055	6718	76	825	1	253	670	4893
50-54岁	368090	5290	58	634		213	732	3653
55-59岁	245463	3195	49	390	2	154	624	1976
60-64岁	106630	463	6	19	1	38	129	270
65-69岁	116677	286	2	9		22	90	163
70-74岁	56895	80	1			14	20	45
75岁及以上	35121	42	2	5		11	9	15
女	**1974352**	**12094**	**70**	**889**	**5**	**881**	**782**	**9467**
16-19岁	22343	26		2		2	2	20
20-24岁	135208	424		9	1	32	10	372
25-29岁	214333	1278		61		88	45	1084
30-34岁	261646	2543	11	182	1	153	132	2064
35-39岁	188456	2220	12	157		117	99	1835
40-44岁	199710	1864	18	155	1	143	115	1432
45-49岁	319178	2087	15	168	2	175	181	1546
50-54岁	253882	1107	11	115		99	119	763
55-59岁	150395	419	3	36		47	64	269
60-64岁	72864	61		3		7	6	45
65-69岁	89584	39		1		8	6	24
70-74岁	41261	16				6	2	8
75岁及以上	25492	10				4	1	5

4–7 续表 1 单位：人

年龄组 性 别	专业技术人员									
	小计	科学研究人员	工程技术人员	农业技术人员	飞机和船舶技术人员	卫生专业技术人员	经济和金融专业人员	法律、社会和宗教专业人员	教学人员	文学艺术、体育专业人员
总 计	**391026**	**2864**	**81033**	**4166**	**492**	**72816**	**74123**	**10267**	**130983**	**6308**
16–19岁	4122	4	370	11	1	850	254	141	2239	163
20–24岁	48887	235	7486	226	64	11251	7886	831	18298	1452
25–29岁	77444	519	15095	338	155	15886	16062	1669	24280	1695
30–34岁	74943	546	18010	389	118	13240	17337	1825	20741	1209
35–39岁	49770	393	10943	323	64	8166	9981	1336	16953	620
40–44岁	38204	322	7597	396	20	6336	7194	1059	14233	340
45–49岁	43518	347	9921	697	30	6852	8378	1271	14907	332
50–54岁	30875	277	7055	709	22	4629	4540	1114	11720	252
55–59岁	17127	196	3764	575	14	2937	2024	589	6535	164
60–64岁	2592	11	491	178	4	873	244	143	568	39
65–69岁	2014	7	225	198		975	145	138	265	30
70–74岁	926	5	43	89		512	56	79	124	8
75岁及以上	604	2	33	37		309	22	72	120	4
男	**177621**	**1825**	**67225**	**2851**	**464**	**22969**	**22761**	**6046**	**45900**	**3655**
16–19岁	1391	3	310	6	1	134	81	125	598	89
20–24岁	14828	114	5926	114	61	1704	2061	455	3207	717
25–29岁	27437	289	12044	222	142	2865	4123	772	5304	928
30–34岁	31325	334	14809	233	115	3154	4789	860	5622	704
35–39岁	22431	252	9053	218	59	2819	2973	696	5482	393
40–44岁	18517	218	6285	247	19	2541	2035	664	5921	230
45–49岁	23431	211	8242	465	29	3128	2749	851	7097	225
50–54岁	19501	215	6279	517	21	2462	2105	819	6549	186
55–59岁	13969	171	3560	465	13	1992	1534	494	5351	126
60–64岁	2024	7	456	128	4	667	163	117	424	26
65–69岁	1539	6	203	145		771	101	102	162	23
70–74岁	745	3	38	63		451	33	49	95	5
75岁及以上	483	2	20	28		281	14	42	88	3
女	**213405**	**1039**	**13808**	**1315**	**28**	**49847**	**51362**	**4221**	**85083**	**2653**
16–19岁	2731	1	60	5		716	173	16	1641	74
20–24岁	34059	121	1560	112	3	9547	5825	376	15091	735
25–29岁	50007	230	3051	116	13	13021	11939	897	18976	767
30–34岁	43618	212	3201	156	3	10086	12548	965	15119	505
35–39岁	27339	141	1890	105	5	5347	7008	640	11471	227
40–44岁	19687	104	1312	149	1	3795	5159	395	8312	110
45–49岁	20087	136	1679	232	1	3724	5629	420	7810	107
50–54岁	11374	62	776	192	1	2167	2435	295	5171	66
55–59岁	3158	25	204	110	1	945	490	95	1184	38
60–64岁	568	4	35	50		206	81	26	144	13
65–69岁	475	1	22	53		204	44	36	103	7
70–74岁	181	2	5	26		61	23	30	29	3
75岁及以上	121		13	9		28	8	30	32	1

4-7 续表 2

单位：人

年龄组 性 别	专业技术人员		办事人员和有关人员				社会生产服务和生活服务人员		
	新闻出版、文化专业人员	其他专业技术人员	小计	办事人员	安全和消防人员	其他办事人员和有关人员	小计	批发与零售服务人员	交通运输、仓储和邮政业服务人员
总 计	**5839**	**2135**	**262015**	**219480**	**39375**	**3160**	**1616027**	**618410**	**244873**
16-19岁	65	24	1072	826	223	23	24190	7827	1806
20-24岁	966	192	17906	15082	2662	162	131304	49316	14508
25-29岁	1408	337	38478	33599	4509	370	206798	83751	27109
30-34岁	1163	365	49102	43829	4814	459	256155	110102	38148
35-39岁	747	244	34622	30713	3580	329	175127	75155	28195
40-44岁	484	223	28739	25264	3061	414	171277	70419	29986
45-49岁	458	325	36641	30917	5144	580	258729	96238	46849
50-54岁	315	242	28322	21881	5972	469	195453	64134	34039
55-59岁	198	131	19946	14382	5325	239	112631	33315	17490
60-64岁	19	22	3450	1446	1944	60	39069	11367	3877
65-69岁	10	21	2688	1058	1588	42	31219	10377	2368
70-74岁	4	6	747	315	422	10	9176	3957	376
75岁及以上	2	3	302	168	131	3	4899	2452	122
男	**2346**	**1579**	**153179**	**116887**	**34781**	**1511**	**825883**	**263524**	**208214**
16-19岁	27	17	601	384	206	11	13571	3351	1452
20-24岁	330	139	8058	5586	2399	73	69939	20142	11581
25-29岁	504	244	17966	13849	3955	162	109239	34373	22334
30-34岁	438	267	24143	19842	4097	204	129969	43622	31699
35-39岁	308	178	18793	15634	3001	158	87204	29631	23676
40-44岁	193	164	16170	13509	2498	163	81041	27166	24921
45-49岁	192	242	22241	17628	4386	227	121401	38984	39633
50-54岁	174	174	21167	15431	5472	264	101174	31232	30523
55-59岁	154	109	17815	12607	5046	162	63363	18311	16180
60-64岁	13	19	3029	1181	1804	44	22826	6845	3596
65-69岁	8	18	2335	860	1439	36	18008	6043	2196
70-74岁	3	5	623	244	372	7	5461	2399	322
75岁及以上	2	3	238	132	106		2687	1425	101
女	**3493**	**556**	**108836**	**102593**	**4594**	**1649**	**790144**	**354886**	**36659**
16-19岁	38	7	471	442	17	12	10619	4476	354
20-24岁	636	53	9848	9496	263	89	61365	29174	2927
25-29岁	904	93	20512	19750	554	208	97559	49378	4775
30-34岁	725	98	24959	23987	717	255	126186	66480	6449
35-39岁	439	66	15829	15079	579	171	87923	45524	4519
40-44岁	291	59	12569	11755	563	251	90236	43253	5065
45-49岁	266	83	14400	13289	758	353	137328	57254	7216
50-54岁	141	68	7155	6450	500	205	94279	32902	3516
55-59岁	44	22	2131	1775	279	77	49268	15004	1310
60-64岁	6	3	421	265	140	16	16243	4522	281
65-69岁	2	3	353	198	149	6	13211	4334	172
70-74岁	1	1	124	71	50	3	3715	1558	54
75岁及以上			64	36	25	3	2212	1027	21

4-7 续表 3 单位：人

年龄组 性 别	社会生产服务和生活服务人员								
	住宿和餐饮服务人员	信息传输、软件和信息技术服务人员	金融服务人员	房地产服务人员	租赁和商务服务人员	技术辅助服务人员	水利、环境和公共设施管理服务人员	居民服务人员	电力、燃气及水供应服务人员
总 计	**277058**	**36415**	**34047**	**40440**	**52260**	**31413**	**79440**	**117950**	**13046**
16-19岁	7514	382	119	398	378	397	281	2884	49
20-24岁	22640	6345	3364	5405	3528	5352	899	10157	573
25-29岁	28622	10755	6820	8221	5196	7960	1665	14020	1170
30-34岁	36689	8921	8583	7885	5578	7255	3081	16364	1819
35-39岁	27982	4311	4503	4062	3908	3837	3228	10997	1441
40-44岁	31083	2167	2979	3004	3793	2248	6277	10740	1720
45-49岁	51118	1890	4004	4090	7145	2309	16069	17051	2755
50-54岁	39118	1029	2471	3218	8636	1265	18282	14650	1958
55-59岁	20942	518	1039	2317	7912	604	14015	9698	1193
60-64岁	6042	55	88	908	3133	96	7677	4531	217
65-69岁	3992	35	58	709	2294	56	6128	4305	113
70-74岁	886	3	7	159	584	22	1353	1527	29
75岁及以上	430	4	12	64	175	12	485	1026	9
男	**111515**	**25586**	**14328**	**23341**	**40265**	**20204**	**25559**	**32125**	**10330**
16-19岁	4349	251	61	241	246	258	148	1343	48
20-24岁	12462	4192	1485	3122	1833	3148	456	3693	457
25-29岁	14471	7528	3035	4733	2821	4938	776	4432	931
30-34岁	16780	6288	3430	4111	3354	4797	1183	4662	1410
35-39岁	11760	3133	1616	2080	2547	2560	1008	2857	1038
40-44岁	11110	1535	1008	1535	2758	1439	1418	2398	1223
45-49岁	15833	1343	1524	2251	5770	1488	3308	3322	1999
50-54岁	12358	813	1274	2130	7876	953	4837	3054	1745
55-59岁	7405	430	794	1737	7454	482	4711	2270	1134
60-64岁	2555	44	56	683	2903	69	3577	1516	202
65-69岁	1778	24	33	558	2048	43	3090	1540	107
70-74岁	449	3	2	120	511	19	795	617	28
75岁及以上	205	2	10	40	144	10	252	421	8
女	**165543**	**10829**	**19719**	**17099**	**11995**	**11209**	**53881**	**85825**	**2716**
16-19岁	3165	131	58	157	132	139	133	1541	1
20-24岁	10178	2153	1879	2283	1695	2204	443	6464	116
25-29岁	14151	3227	3785	3488	2375	3022	889	9588	239
30-34岁	19909	2633	5153	3774	2224	2458	1898	11702	409
35-39岁	16222	1178	2887	1982	1361	1277	2220	8140	403
40-44岁	19973	632	1971	1469	1035	809	4859	8342	497
45-49岁	35285	547	2480	1839	1375	821	12761	13729	756
50-54岁	26760	216	1197	1088	760	312	13445	11596	213
55-59岁	13537	88	245	580	458	122	9304	7428	59
60-64岁	3487	11	32	225	230	27	4100	3015	15
65-69岁	2214	11	25	151	246	13	3038	2765	6
70-74岁	437		5	39	73	3	558	910	1
75岁及以上	225	2	2	24	31	2	233	605	1

4-7　续表 4　　　　　　　　　　　　　　　　　　　　　　　　　　　　单位：人

年龄组 性　别	社会生产服务和生活服务人员				农、林、牧、渔业生产及辅助人员				
	修理及制作服务人　员	文化、体育和娱乐服务人员	健康服务人　员	其他社会生产和生活服务人　员	小计	农业生产人　员	林业生产人　员	畜牧业生产人员	渔业生产人　员
总　计	**47254**	**18466**	**3467**	**1488**	**1122531**	**964383**	**12833**	**134181**	**6644**
16−19岁	1445	638	27	45	11149	8411	153	2505	51
20−24岁	5969	2637	473	138	30964	23912	424	6319	213
25−29岁	7835	2853	643	178	42974	33941	582	7876	394
30−34岁	8383	2568	582	197	54556	43670	753	9298	560
35−39岁	5295	1712	362	139	48923	38627	755	8855	446
40−44岁	4727	1618	361	155	66189	53246	1221	10784	587
45−49岁	6091	2463	418	239	140193	118186	2309	17863	1153
50−54岁	4247	1921	304	181	175613	151576	2551	19456	1246
55−59岁	2129	1161	167	131	148011	130069	1838	14649	813
60−64岁	604	376	68	30	109404	98062	890	9713	369
65−69岁	390	318	43	33	156360	141361	895	13117	506
70−74岁	109	135	14	15	84538	76082	318	7698	202
75岁及以上	30	66	5	7	53657	47240	144	6048	104
男	**40894**	**8092**	**1113**	**793**	**545802**	**468900**	**8638**	**61077**	**4741**
16−19岁	1386	408	9	20	6098	4690	86	1272	36
20−24岁	5593	1587	115	73	15940	12381	260	3074	168
25−29岁	7094	1525	155	93	21416	16787	378	3854	287
30−34岁	7289	1066	171	107	26178	20656	455	4494	419
35−39岁	4492	621	107	78	22901	17872	457	4116	320
40−44岁	3884	455	113	78	29617	23513	737	4759	415
45−49岁	4916	765	148	117	60971	50526	1531	7802	784
50−54岁	3459	705	122	93	76732	65392	1817	8249	862
55−59岁	1810	474	92	79	67694	59077	1302	6391	578
60−64岁	517	199	45	19	56782	51242	646	4426	263
65−69岁	337	170	22	19	82761	75379	634	6093	382
70−74岁	93	80	11	12	47818	43635	231	3665	151
75岁及以上	24	37	3	5	30894	27750	104	2882	76
女	**6360**	**10374**	**2354**	**695**	**576729**	**495483**	**4195**	**73104**	**1903**
16−19岁	59	230	18	25	5051	3721	67	1233	15
20−24岁	376	1050	358	65	15024	11531	164	3245	45
25−29岁	741	1328	488	85	21558	17154	204	4022	107
30−34岁	1094	1502	411	90	28378	23014	298	4804	141
35−39岁	803	1091	255	61	26022	20755	298	4739	126
40−44岁	843	1163	248	77	36572	29733	484	6025	172
45−49岁	1175	1698	270	122	79222	67660	778	10061	369
50−54岁	788	1216	182	88	98881	86184	734	11207	384
55−59岁	319	687	75	52	80317	70992	536	8258	235
60−64岁	87	177	23	11	52622	46820	244	5287	106
65−69岁	53	148	21	14	73599	65982	261	7024	124
70−74岁	16	55	3	3	36720	32447	87	4033	51
75岁及以上	6	29	2	2	22763	19490	40	3166	28

4-7 续表 5

单位：人

年龄组 性　别	农林牧渔生产辅助人员	其他农、林、牧、渔业生产加工人员	生产制造及有关人员 小计	农副产品加工人员	食品、饮料生产加工人员	烟草及其制品加工人员	纺织、针织、印染人员	纺织品、服装和皮革、毛皮制品加工制作人员	木材加工、家具与木制品制作人员
总　计	**3778**	**712**	**1107391**	**13476**	**19616**	**719**	**8114**	**63218**	**46308**
16-19岁	27	2	12212	73	294	4	103	1162	291
20-24岁	76	20	62275	385	1418	23	439	4482	1750
25-29岁	151	30	107379	759	2052	62	713	6584	3767
30-34岁	237	38	149212	1178	2677	85	1056	10045	6060
35-39岁	204	36	104720	913	2135	94	889	7199	4232
40-44岁	295	56	125549	1285	2220	101	1165	8372	5333
45-49岁	568	114	225719	2849	3836	165	1976	13269	9760
50-54岁	663	121	184747	2781	2729	116	1150	7833	8604
55-59岁	532	110	94127	1730	1422	44	456	3011	4564
60-64岁	312	58	24299	626	429	13	94	606	1050
65-69岁	416	65	13512	606	288	10	52	411	653
70-74岁	199	39	2619	202	75	2	12	150	158
75岁及以上	98	23	1021	89	41		9	94	86
男	**2101**	**345**	**836831**	**7611**	**11394**	**381**	**3204**	**26658**	**35833**
16-19岁	13	1	9227	49	175	2	51	629	246
20-24岁	48	9	48149	233	779	12	218	2167	1444
25-29岁	97	13	84164	478	1223	35	321	2966	3067
30-34岁	137	17	113520	646	1532	36	418	4461	4696
35-39岁	118	18	75769	487	1178	44	313	2952	3162
40-44岁	162	31	86941	628	1137	45	345	3050	3783
45-49岁	276	52	159970	1397	2053	82	679	4954	7048
50-54岁	357	55	143916	1569	1735	80	491	3319	6765
55-59岁	297	49	79213	1090	983	36	254	1480	3897
60-64岁	176	29	21408	427	306	4	63	340	946
65-69岁	240	33	11673	403	217	4	36	207	565
70-74岁	112	24	2138	143	47	1	9	85	141
75岁及以上	68	14	743	61	29		6	48	73
女	**1677**	**367**	**270560**	**5865**	**8222**	**338**	**4910**	**36560**	**10475**
16-19岁	14	1	2985	24	119	2	52	533	45
20-24岁	28	11	14126	152	639	11	221	2315	306
25-29岁	54	17	23215	281	829	27	392	3618	700
30-34岁	100	21	35692	532	1145	49	638	5584	1364
35-39岁	86	18	28951	426	957	50	576	4247	1070
40-44岁	133	25	38608	657	1083	56	820	5322	1550
45-49岁	292	62	65749	1452	1783	83	1297	8315	2712
50-54岁	306	66	40831	1212	994	36	659	4514	1839
55-59岁	235	61	14914	640	439	8	202	1531	667
60-64岁	136	29	2891	199	123	9	31	266	104
65-69岁	176	32	1839	203	71	6	16	204	88
70-74岁	87	15	481	59	28	1	3	65	17
75岁及以上	30	9	278	28	12		3	46	13

4-7　续表 6

单位：人

年龄组 性　别	生产制造及有关人员								
	纸及纸制品生产加工人员	印刷和记录媒介复制人员	文教、工美、体育和娱乐用品制造人　员	石油加工和炼焦、煤化工生产人员	化学原料和化学制品制造人　员	医药制造人　　员	化学纤维制造人员	橡胶和塑料制品制造人员	非金属矿物制品制造人员
总　计	**5145**	**4790**	**7609**	**814**	**7043**	**3633**	**522**	**9001**	**20841**
16−19岁	52	71	240	4	36	19	6	103	141
20−24岁	256	398	715	32	297	305	15	442	759
25−29岁	388	578	883	68	566	492	52	701	1417
30−34岁	659	852	1097	139	956	712	79	1133	2317
35−39岁	522	612	811	69	801	503	60	895	1852
40−44岁	702	705	855	90	969	450	95	1197	2428
45−49岁	1318	886	1362	175	1628	607	113	2196	4798
50−54岁	768	459	972	151	1131	320	69	1531	4072
55−59岁	361	177	415	62	495	166	25	611	2094
60−64岁	63	35	109	13	82	26	5	131	583
65−69岁	41	12	89	5	63	24	3	50	310
70−74岁	10	3	34	4	8	8		9	57
75岁及以上	5	2	27	2	11	1		2	13
男	**2578**	**2861**	**3621**	**652**	**4967**	**1833**	**316**	**5179**	**15194**
16−19岁	36	50	130	3	30	11	5	81	105
20−24岁	182	250	391	28	211	157	11	317	603
25−29岁	236	361	480	55	410	242	36	474	1122
30−34岁	349	531	543	115	649	349	55	695	1677
35−39岁	229	359	369	52	537	236	31	509	1247
40−44岁	303	375	350	60	592	189	48	567	1552
45−49岁	534	473	572	128	1088	263	60	1099	3154
50−54岁	408	295	409	140	901	213	48	886	3131
55−59岁	220	130	223	54	415	134	16	403	1731
60−64岁	49	26	64	10	70	18	4	100	524
65−69岁	25	8	46	3	52	16	2	40	289
70−74岁	5	2	23	2	6	5		7	50
75岁及以上	2	1	21	2	6			1	9
女	**2567**	**1929**	**3988**	**162**	**2076**	**1800**	**206**	**3822**	**5647**
16−19岁	16	21	110	1	6	8	1	22	36
20−24岁	74	148	324	4	86	148	4	125	156
25−29岁	152	217	403	13	156	250	16	227	295
30−34岁	310	321	554	24	307	363	24	438	640
35−39岁	293	253	442	17	264	267	29	386	605
40−44岁	399	330	505	30	377	261	47	630	876
45−49岁	784	413	790	47	540	344	53	1097	1644
50−54岁	360	164	563	11	230	107	21	645	941
55−59岁	141	47	192	8	80	32	9	208	363
60−64岁	14	9	45	3	12	8	1	31	59
65−69岁	16	4	43	2	11	8	1	10	21
70−74岁	5	1	11	2	2	3		2	7
75岁及以上	3	1	6		5	1		1	4

4−7 续表 7

单位：人

年龄组 性 别	生产制造及有关人员								
	采矿人员	金属冶炼和压延加工人员	机械制造基础加工人员	金属制品制造人员	通用设备制造人员	专用设备制造人员	汽车制造人员	铁路、船舶、航空设备制造人员	电气机械和器材制造人员
总 计	**11694**	**8016**	**31128**	**17065**	**5565**	**2229**	**9133**	**2095**	**7494**
16−19岁	26	41	348	212	55	52	194	26	167
20−24岁	274	281	1674	1013	328	244	885	222	726
25−29岁	590	569	2855	1860	556	348	1399	339	1024
30−34岁	1156	884	4805	2513	872	401	1880	293	1309
35−39岁	950	759	3578	1881	639	268	1065	191	902
40−44岁	1371	1200	4240	2089	744	278	1096	218	901
45−49岁	3329	2153	6998	3569	1193	325	1484	408	1346
50−54岁	2708	1429	4499	2551	807	215	813	258	763
55−59岁	1028	546	1710	1057	303	76	269	118	283
60−64岁	155	100	272	199	36	18	30	12	48
65−69岁	77	36	106	102	28	3	14	4	20
70−74岁	16	12	26	16		1	3	3	4
75岁及以上	14	6	17	3	4		1	3	1
男	**10564**	**6556**	**26748**	**12319**	**4402**	**1370**	**6440**	**1643**	**4753**
16−19岁	23	36	296	177	45	41	170	24	122
20−24岁	243	243	1491	822	287	171	744	187	538
25−29岁	519	471	2546	1490	465	231	1152	283	702
30−34岁	1006	690	4203	1882	717	248	1398	244	848
35−39岁	834	580	3048	1326	475	151	649	145	544
40−44岁	1162	921	3469	1346	552	139	602	146	493
45−49岁	2975	1732	5774	2329	881	175	849	280	725
50−54岁	2591	1255	3965	1823	650	135	612	206	518
55−59岁	984	494	1576	848	270	61	222	108	206
60−64岁	134	90	250	173	33	15	28	11	39
65−69岁	67	31	94	88	24	2	11	4	13
70−74岁	13	9	22	14		1	3	3	4
75岁及以上	13	4	14	1	3			2	1
女	**1130**	**1460**	**4380**	**4746**	**1163**	**859**	**2693**	**452**	**2741**
16−19岁	3	5	52	35	10	11	24	2	45
20−24岁	31	38	183	191	41	73	141	35	188
25−29岁	71	98	309	370	91	117	247	56	322
30−34岁	150	194	602	631	155	153	482	49	461
35−39岁	116	179	530	555	164	117	416	46	358
40−44岁	209	279	771	743	192	139	494	72	408
45−49岁	354	421	1224	1240	312	150	635	128	621
50−54岁	117	174	534	728	157	80	201	52	245
55−59岁	44	52	134	209	33	15	47	10	77
60−64岁	21	10	22	26	3	3	2	1	9
65−69岁	10	5	12	14	4	1	3		7
70−74岁	3	3	4	2					
75岁及以上	1	2	3	2	1		1	1	

4-7　续表 8　　　　　　　　　　　　　　　　　　　　　　　　单位：人

年龄组 性　别	生产制造及有关人员								不便分类的其他从业人员
	计算机、通信和其他电子设备制造人　员	仪器仪表制造人员	废弃资源综合利用人　　员	电力、热力、气体、水生产和输配人员	建筑施工人　　员	运输设备和通用工程机械操作人员及有关人员	生产辅助人　　员	其他生产制造及有关人员	
总　计	**59361**	**789**	**958**	**4259**	**611637**	**29059**	**93298**	**2762**	**5968**
16−19岁	2734	12	2	14	4374	444	877	35	1046
20−24岁	9380	86	22	179	25715	2960	6386	184	889
25−29岁	11037	103	57	384	50201	5676	11000	299	562
30−34岁	11523	144	63	549	72824	5592	14986	373	657
35−39岁	6534	86	70	387	52111	2924	10527	261	406
40−44岁	5970	109	85	507	66265	2945	11254	310	382
45−49岁	7081	119	190	967	128505	4394	18155	565	628
50−54岁	3544	91	224	757	118247	2642	12092	421	565
55−59岁	1247	27	113	400	63871	1214	6030	202	402
60−64岁	180	6	57	67	17887	169	1140	58	156
65−69岁	95	6	54	37	9576	76	631	30	143
70−74岁	27		17	7	1572	14	154	15	54
75岁及以上	9		4	4	489	9	66	9	78
男	**32752**	**477**	**659**	**3228**	**512727**	**26263**	**61917**	**1731**	**3384**
16−19岁	1790	6		13	3853	424	577	27	586
20−24岁	6195	60	16	143	22648	2841	4396	121	527
25−29岁	6809	71	47	301	44387	5415	7568	201	358
30−34岁	6295	88	46	394	63266	5173	10038	232	387
35−39岁	3078	48	39	265	43543	2587	6604	148	234
40−44岁	2438	56	54	327	52922	2444	6686	160	208
45−49岁	3082	65	117	640	101720	3633	11086	323	323
50−54岁	2010	54	162	668	97529	2352	8722	274	310
55−59岁	834	23	85	371	55993	1145	4772	155	214
60−64岁	134	3	41	60	16379	159	865	43	98
65−69岁	65	3	35	35	8729	71	461	27	75
70−74岁	16		15	7	1380	12	101	12	30
75岁及以上	6		2	4	378	7	41	8	34
女	**26609**	**312**	**299**	**1031**	**98910**	**2796**	**31381**	**1031**	**2584**
16−19岁	944	6	2	1	521	20	300	8	460
20−24岁	3185	26	6	36	3067	119	1990	63	362
25−29岁	4228	32	10	83	5814	261	3432	98	204
30−34岁	5228	56	17	155	9558	419	4948	141	270
35−39岁	3456	38	31	122	8568	337	3923	113	172
40−44岁	3532	53	31	180	13343	501	4568	150	174
45−49岁	3999	54	73	327	26785	761	7069	242	305
50−54岁	1534	37	62	89	20718	290	3370	147	255
55−59岁	413	4	28	29	7878	69	1258	47	188
60−64岁	46	3	16	7	1508	10	275	15	58
65−69岁	30	3	19	2	847	5	170	3	68
70−74岁	11		2		192	2	53	3	24
75岁及以上	3		2		111	2	25	1	44

4–7a　全省分年龄、性别、职业中类的就业人口(城市)

单位：人

年龄组 性别	合计	党的机关、国家机关、群众团体和社会组织、企事业单位负责人						
		小计	中国共产党机关负责人	国家机关负责人	民主党派和工商联负责人	人民团体和群众团体、社会组织及其他成员组织负责人	基层群众自治组织负责人	企事业单位负责人
总　计	**1463437**	**28502**	**118**	**1943**	**7**	**1113**	**503**	**24818**
16–19岁	12349	25					6	19
20–24岁	111473	619		6	1	34	2	576
25–29岁	198763	2498	1	50	1	108	23	2315
30–34岁	257381	5356	10	220		173	53	4900
35–39岁	182676	4943	19	270		178	59	4417
40–44岁	165197	4418	30	316	1	154	73	3844
45–49岁	233971	4991	25	453	2	201	110	4200
50–54岁	166407	3416	18	372		148	92	2786
55–59岁	91009	1866	13	241	1	85	73	1453
60–64岁	22193	212	1	9	1	16	9	176
65–69岁	15594	110		4		6	2	98
70–74岁	4283	29				6	1	22
75岁及以上	2141	19	1	2		4		12
男	**825515**	**20658**	**96**	**1477**	**5**	**659**	**349**	**18072**
16–19岁	6974	17					6	11
20–24岁	56749	384		3		16	1	364
25–29岁	104419	1659	1	26	1	60	14	1557
30–34岁	138432	3656	8	129		84	30	3405
35–39岁	98107	3352	16	184		106	35	3011
40–44岁	88640	3158	21	240	1	89	44	2763
45–49岁	130462	3713	23	363	1	116	74	3136
50–54岁	107848	2764	13	305		99	72	2275
55–59岁	66026	1636	12	215	1	66	61	1281
60–64岁	14518	175	1	6	1	10	9	148
65–69岁	9507	103		4		5	2	92
70–74岁	2584	26				5	1	20
75岁及以上	1249	15	1	2		3		9
女	**637922**	**7844**	**22**	**466**	**2**	**454**	**154**	**6746**
16–19岁	5375	8						8
20–24岁	54724	235		3	1	18	1	212
25–29岁	94344	839		24		48	9	758
30–34岁	118949	1700	2	91		89	23	1495
35–39岁	84569	1591	3	86		72	24	1406
40–44岁	76557	1260	9	76		65	29	1081
45–49岁	103509	1278	2	90	1	85	36	1064
50–54岁	58559	652	5	67		49	20	511
55–59岁	24983	230	1	26		19	12	172
60–64岁	7675	37		3		6		28
65–69岁	6087	7				1		6
70–74岁	1699	3				1		2
75岁及以上	892	4				1		3

4-7a　续表 1

单位：人

年龄组 性　别	专业技术人员									
	小计	科学研究人员	工程技术人员	农业技术人员	飞机和船舶技术人员	卫生专业技术人员	经济和金融专业人员	法律、社会和宗教专业人员	教学人员	文学艺术、体育专业人员
总　计	**230108**	**2491**	**52443**	**1167**	**406**	**38549**	**54003**	**4908**	**66749**	**4158**
16–19岁	1509	1	119	2	1	364	129	7	799	49
20–24岁	25478	182	4205	79	47	5325	5138	313	8526	944
25–29岁	44449	409	9666	142	124	8239	11164	898	11527	1160
30–34岁	49109	483	12627	166	104	8289	12958	1036	11567	827
35–39岁	33792	357	8099	139	60	5351	8002	746	9852	439
40–44岁	23301	295	5058	132	18	3473	5541	483	7598	234
45–49岁	25048	325	6060	178	23	3422	6328	567	7453	206
50–54岁	16772	246	4098	153	17	2082	3221	500	5940	153
55–59岁	8693	179	2192	135	11	1295	1266	254	3046	107
60–64岁	987	7	202	20	1	283	138	44	255	20
65–69岁	594	3	78	17		253	77	37	106	14
70–74岁	219	2	16	3		104	30	12	44	4
75岁及以上	157	2	23	1		69	11	11	36	1
男	**101729**	**1581**	**42549**	**746**	**379**	**10666**	**16369**	**2523**	**22111**	**2355**
16–19岁	418	1	97	1	1	51	44	4	171	30
20–24岁	7937	84	3224	34	44	820	1363	95	1551	444
25–29岁	16138	226	7437	96	111	1444	2907	349	2507	612
30–34岁	20426	290	10117	92	101	1856	3574	433	3031	472
35–39岁	14941	231	6600	80	56	1661	2417	341	2918	282
40–44岁	10782	196	4138	82	17	1242	1525	282	2919	159
45–49岁	12589	197	4975	107	22	1342	1997	353	3205	138
50–54岁	10090	191	3609	110	16	944	1452	360	3077	111
55–59岁	7011	155	2078	112	10	792	945	220	2446	84
60–64岁	731	5	181	14	1	202	86	37	183	10
65–69岁	404	2	67	14		176	42	31	55	9
70–74岁	155	1	12	3		81	12	10	30	3
75岁及以上	107	2	14	1		55	5	8	18	1
女	**128379**	**910**	**9894**	**421**	**27**	**27883**	**37634**	**2385**	**44638**	**1803**
16–19岁	1091		22	1		313	85	3	628	19
20–24岁	17541	98	981	45	3	4505	3775	218	6975	500
25–29岁	28311	183	2229	46	13	6795	8257	549	9020	548
30–34岁	28683	193	2510	74	3	6433	9384	603	8536	355
35–39岁	18851	126	1499	59	4	3690	5585	405	6934	157
40–44岁	12519	99	920	50	1	2231	4016	201	4679	75
45–49岁	12459	128	1085	71	1	2080	4331	214	4248	68
50–54岁	6682	55	489	43	1	1138	1769	140	2863	42
55–59岁	1682	24	114	23	1	503	321	34	600	23
60–64岁	256	2	21	6		81	52	7	72	10
65–69岁	190	1	11	3		77	35	6	51	5
70–74岁	64	1	4			23	18	2	14	1
75岁及以上	50		9			14	6	3	18	

4-7a 续表 2 单位：人

年龄组 性别	专业技术人员		办事人员和有关人员				社会生产服务和生活服务人员		
	新闻出版、文化专业人员	其他专业技术人员	小计	办事人员	安全和消防人员	其他办事人员和有关人员	小计	批发与零售服务人员	交通运输、仓储和邮政业服务人员
总计	**4255**	**979**	**163924**	**142036**	**20324**	**1564**	**727265**	**278697**	**104403**
16-19岁	32	6	485	427	50	8	8274	2698	593
20-24岁	643	76	10286	9134	1087	65	59795	21897	6158
25-29岁	957	163	23206	20972	2057	177	98997	39870	11477
30-34岁	858	194	32352	29489	2620	243	125726	54942	16421
35-39岁	613	134	24140	21807	2151	182	87567	38931	12275
40-44岁	370	99	18991	16947	1815	229	81041	34706	13426
45-49岁	344	142	23456	20237	2910	309	116191	43544	20799
50-54岁	258	104	16928	13503	3214	211	79928	24848	14282
55-59岁	156	52	11204	8360	2741	103	44046	11267	7058
60-64岁	15	2	1456	648	786	22	13405	2967	1140
65-69岁	4	5	1048	370	665	13	9192	2082	641
70-74岁	4		256	78	176	2	2134	626	96
75岁及以上	1	2	116	64	52		969	319	37
男	**1734**	**716**	**91550**	**73164**	**17712**	**674**	**378608**	**121777**	**87009**
16-19岁	13	5	253	206	42	5	4744	1237	475
20-24岁	221	57	4310	3319	961	30	32228	9531	4736
25-29岁	344	105	10185	8334	1780	71	53264	17329	9114
30-34岁	326	134	15326	13009	2216	101	65000	23106	13299
35-39岁	260	95	12680	10804	1794	82	44135	16113	9988
40-44岁	149	73	10321	8768	1474	79	38768	13726	10843
45-49岁	142	111	13757	11196	2458	103	55165	17729	17284
50-54岁	141	79	12386	9365	2918	103	43918	12696	12948
55-59岁	121	48	9967	7304	2592	71	26743	6751	6597
60-64岁	10	2	1224	504	703	17	7733	1816	1036
65-69岁	3	5	863	267	586	10	5168	1192	585
70-74岁	3		193	43	148	2	1223	373	76
75岁及以上	1	2	85	45	40		519	178	28
女	**2521**	**263**	**72374**	**68872**	**2612**	**890**	**348657**	**156920**	**17394**
16-19岁	19	1	232	221	8	3	3530	1461	118
20-24岁	422	19	5976	5815	126	35	27567	12366	1422
25-29岁	613	58	13021	12638	277	106	45733	22541	2363
30-34岁	532	60	17026	16480	404	142	60726	31836	3122
35-39岁	353	39	11460	11003	357	100	43432	22818	2287
40-44岁	221	26	8670	8179	341	150	42273	20980	2583
45-49岁	202	31	9699	9041	452	206	61026	25815	3515
50-54岁	117	25	4542	4138	296	108	36010	12152	1334
55-59岁	35	4	1237	1056	149	32	17303	4516	461
60-64岁	5		232	144	83	5	5672	1151	104
65-69岁	1		185	103	79	3	4024	890	56
70-74岁	1		63	35	28		911	253	20
75岁及以上			31	19	12		450	141	9

4-7a　续表 3　　　　单位：人

年龄组 性　别	社会生产服务和生活服务人员								
	住宿和餐饮服务人　员	信息传输、软件和信息技术服务人　员	金融服务人　　员	房地产服务人员	租赁和商务服务人　员	技术辅助服务人员	水利、环境和公共设施管理服务人员	居民服务人　　员	电力、燃气及水供应服务人　员
总　计	**105859**	**24591**	**22102**	**25755**	**31205**	**19644**	**32435**	**47554**	**4801**
16–19岁	2468	133	47	179	185	156	58	958	4
20–24岁	8635	4035	1987	3261	2305	3071	290	3969	162
25–29岁	10816	7493	4200	5114	3523	4945	608	5526	419
30–34岁	14594	6352	5845	5222	3709	4736	1164	6875	731
35–39岁	11390	3218	3249	2822	2599	2723	1304	5050	597
40–44岁	12355	1458	2025	2029	2328	1492	2720	4860	685
45–49岁	20202	1096	2523	2705	4250	1390	7109	7465	1044
50–54岁	14432	524	1533	1950	4905	730	7748	5555	698
55–59岁	7463	250	605	1415	4406	333	5823	3630	377
60–64岁	2000	15	48	522	1544	33	3075	1645	50
65–69岁	1178	15	31	404	1077	20	2094	1401	22
70–74岁	235		2	91	276	11	311	416	8
75岁及以上	91	2	7	41	98	4	131	204	4
男	**45908**	**17515**	**9258**	**14913**	**22940**	**12542**	**9440**	**12577**	**3567**
16–19岁	1496	79	24	106	97	107	36	448	4
20–24岁	4960	2674	875	1902	1081	1733	154	1434	117
25–29岁	5867	5304	1869	2979	1784	2963	319	1745	304
30–34岁	7203	4551	2310	2732	2096	3104	449	1937	556
35–39岁	5140	2390	1197	1434	1589	1816	425	1315	400
40–44岁	4743	1042	727	1042	1657	981	547	1100	452
45–49岁	6729	787	974	1504	3377	926	1267	1309	686
50–54岁	5165	432	774	1338	4485	573	1851	1204	610
55–59岁	3041	232	464	1091	4158	289	1869	888	360
60–64岁	855	13	25	389	1402	21	1340	515	46
65–69岁	553	9	14	304	913	15	972	439	21
70–74岁	118			67	227	10	149	158	8
75岁及以上	38	2	5	25	74	4	62	85	3
女	**59951**	**7076**	**12844**	**10842**	**8265**	**7102**	**22995**	**34977**	**1234**
16–19岁	972	54	23	73	88	49	22	510	
20–24岁	3675	1361	1112	1359	1224	1338	136	2535	45
25–29岁	4949	2189	2331	2135	1739	1982	289	3781	115
30–34岁	7391	1801	3535	2490	1613	1632	715	4938	175
35–39岁	6250	828	2052	1388	1010	907	879	3735	197
40–44岁	7612	416	1298	987	671	511	2173	3760	233
45–49岁	13473	309	1549	1201	873	464	5842	6156	358
50–54岁	9267	92	759	612	420	157	5897	4351	88
55–59岁	4422	18	141	324	248	44	3954	2742	17
60–64岁	1145	2	23	133	142	12	1735	1130	4
65–69岁	625	6	17	100	164	5	1122	962	1
70–74岁	117		2	24	49	1	162	258	
75岁及以上	53		2	16	24		69	119	1

4-7a　续表 4　　　　　　　　　　　　　　　　　　　　　　　　单位：人

年龄组 性　别	社会生产服务和生活服务人员				农、林、牧、渔业生产及辅助人员				
	修理及制作服务人员	文化、体育和娱乐服务人员	健康服务人员	其他社会生产和生活服务人员	小计	农业生产人员	林业生产人员	畜牧业生产人员	渔业生产人员
总　计	**18466**	**9207**	**1958**	**588**	**27103**	**22921**	**857**	**2259**	**496**
16-19岁	412	365	11	7	103	89		10	3
20-24岁	2157	1580	243	45	510	398	11	76	11
25-29岁	2926	1619	375	86	1033	791	35	149	35
30-34岁	3314	1361	366	94	1639	1243	67	225	56
35-39岁	2231	881	232	65	1490	1136	63	188	51
40-44岁	1916	770	209	62	2039	1602	110	219	50
45-49岁	2576	1136	249	103	4400	3573	190	422	104
50-54岁	1717	798	139	69	5093	4316	192	389	100
55-59岁	860	432	85	42	3878	3401	113	235	47
60-64岁	213	118	30	5	2125	1933	40	100	22
65-69岁	111	92	15	9	2789	2587	24	129	16
70-74岁	23	36	3		1275	1172	8	77	1
75岁及以上	10	19	1	1	729	680	4	40	
男	**16041**	**4200**	**601**	**320**	**13592**	**10975**	**598**	**1319**	**356**
16-19岁	395	229	5	6	60	50		7	2
20-24岁	2008	936	61	26	261	191	10	45	7
25-29岁	2675	885	86	41	554	395	24	94	23
30-34岁	2888	611	109	49	867	604	40	148	46
35-39岁	1880	343	74	31	763	550	38	112	33
40-44岁	1588	226	57	37	1010	737	71	129	36
45-49岁	2108	349	82	54	2054	1558	118	247	71
50-54岁	1460	294	52	36	2411	1905	147	226	79
55-59岁	734	190	47	32	1928	1616	95	132	34
60-64岁	186	68	17	4	1144	1025	28	61	13
65-69岁	97	42	8	4	1422	1309	18	59	12
70-74岁	16	19	2		700	643	7	40	
75岁及以上	6	8	1		418	392	2	19	
女	**2425**	**5007**	**1357**	**268**	**13511**	**11946**	**259**	**940**	**140**
16-19岁	17	136	6	1	43	39		3	1
20-24岁	149	644	182	19	249	207	1	31	4
25-29岁	251	734	289	45	479	396	11	55	12
30-34岁	426	750	257	45	772	639	27	77	10
35-39岁	351	538	158	34	727	586	25	76	18
40-44岁	328	544	152	25	1029	865	39	90	14
45-49岁	468	787	167	49	2346	2015	72	175	33
50-54岁	257	504	87	33	2682	2411	45	163	21
55-59岁	126	242	38	10	1950	1785	18	103	13
60-64岁	27	50	13	1	981	908	12	39	9
65-69岁	14	50	7	5	1367	1278	6	70	4
70-74岁	7	17	1		575	529	1	37	1
75岁及以上	4	11		1	311	288	2	21	

4-7a　续表 5

单位：人

年龄组 性别	农林牧渔生产辅助人员	其他农、林、牧、渔业生产加工人员	生产制造及有关人员 小计	农副产品加工人员	食品、饮料生产加工人员	烟草及其制品加工人员	纺织、针织、印染人员	纺织品、服装和皮革、毛皮制品加工制作人员	木材加工、家具与木制品制作人员
总　计	**519**	**51**	**284636**	**2577**	**6690**	**343**	**1099**	**10507**	**10838**
16-19岁	1		1858	4	69	1	6	72	38
20-24岁	9	5	14501	53	544	13	37	307	385
25-29岁	22	1	28372	135	819	40	51	637	899
30-34岁	44	4	42905	255	1044	47	110	1491	1596
35-39岁	47	5	30554	211	834	46	113	1318	1124
40-44岁	51	7	35232	273	778	43	201	1646	1268
45-49岁	99	12	59651	653	1321	70	304	2729	2390
50-54岁	91	5	44082	550	795	57	178	1464	1980
55-59岁	76	6	21196	295	363	24	74	559	924
60-64岁	25	5	3964	69	74	2	16	137	153
65-69岁	33		1823	61	38		6	80	64
70-74岁	16	1	353	16	8		2	47	11
75岁及以上	5		145	2	3		1	20	6
男	**320**	**24**	**218350**	**1486**	**4058**	**219**	**414**	**4264**	**8561**
16-19岁	1		1443	3	33		5	36	32
20-24岁	6	2	11503	39	317	7	20	144	317
25-29岁	17	1	22496	85	508	27	23	259	748
30-34岁	27	2	32965	147	630	27	36	624	1269
35-39岁	28	2	22122	109	490	20	38	529	853
40-44岁	35	2	24504	151	432	28	51	567	910
45-49岁	54	6	43065	318	752	40	95	985	1751
50-54岁	52	2	36171	323	547	49	81	658	1634
55-59岁	48	3	18678	206	260	21	48	311	830
60-64岁	14	3	3493	48	58		11	80	145
65-69岁	24		1529	45	25		4	37	56
70-74岁	9	1	278	10	4		2	21	11
75岁及以上	5		103	2	2			13	5
女	**199**	**27**	**66286**	**1091**	**2632**	**124**	**685**	**6243**	**2277**
16-19岁			415	1	36	1	1	36	6
20-24岁	3	3	2998	14	227	6	17	163	68
25-29岁	5		5876	50	311	13	28	378	151
30-34岁	17	2	9940	108	414	20	74	867	327
35-39岁	19	3	8432	102	344	26	75	789	271
40-44岁	16	5	10728	122	346	15	150	1079	358
45-49岁	45	6	16586	335	569	30	209	1744	639
50-54岁	39	3	7911	227	248	8	97	806	346
55-59岁	28	3	2518	89	103	3	26	248	94
60-64岁	11	2	471	21	16	2	5	57	8
65-69岁	9		294	16	13		2	43	8
70-74岁	7		75	6	4			26	
75岁及以上			42		1		1	7	1

4-7a 续表 6

单位：人

年龄组 性 别	生产制造及有关人员								
	纸及纸制品生产加工人员	印刷和记录媒介复制人员	文教、工美、体育和娱乐用品制造人员	石油加工和炼焦、煤化工生产人员	化学原料和化学制品制造人员	医药制造人员	化学纤维制造人员	橡胶和塑料制品制造人员	非金属矿物制品制造人员
总 计	**1362**	**2123**	**1096**	**279**	**2294**	**1851**	**175**	**2148**	**3789**
16-19岁	11	16	13		5	11	1	6	12
20-24岁	82	141	77	9	92	130	9	87	135
25-29岁	107	211	129	22	186	259	14	187	273
30-34岁	196	373	166	59	337	408	26	277	534
35-39岁	140	283	140	22	269	280	28	243	445
40-44岁	221	329	135	41	363	222	35	340	504
45-49岁	368	458	209	61	568	313	36	532	876
50-54岁	169	213	137	45	323	154	20	316	644
55-59岁	60	76	69	16	114	59	4	128	290
60-64岁	4	16	10	1	18	7	2	23	47
65-69岁	2	3	7	1	13	6		8	22
70-74岁	2	3	3		1	2			5
75岁及以上		1	1	2	5			1	2
男	**709**	**1288**	**611**	**225**	**1624**	**932**	**109**	**1325**	**2840**
16-19岁	9	13	9		3	7	1	6	10
20-24岁	65	96	40	6	64	71	6	75	99
25-29岁	64	136	80	18	132	127	8	145	224
30-34岁	109	237	98	48	234	202	16	182	405
35-39岁	60	166	74	18	178	132	19	138	305
40-44岁	97	174	56	28	230	90	17	168	329
45-49岁	152	246	113	44	376	140	22	278	594
50-54岁	104	140	78	44	277	103	16	210	546
55-59岁	45	64	45	15	101	50	3	97	261
60-64岁	2	12	8	1	14	5	1	19	44
65-69岁	1	1	6	1	12	3		7	19
70-74岁	1	2	3		1	2			3
75岁及以上		1	1	2	2				1
女	**653**	**835**	**485**	**54**	**670**	**919**	**66**	**823**	**949**
16-19岁	2	3	4		2	4			2
20-24岁	17	45	37	3	28	59	3	12	36
25-29岁	43	75	49	4	54	132	6	42	49
30-34岁	87	136	68	11	103	206	10	95	129
35-39岁	80	117	66	4	91	148	9	105	140
40-44岁	124	155	79	13	133	132	18	172	175
45-49岁	216	212	96	17	192	173	14	254	282
50-54岁	65	73	59	1	46	51	4	106	98
55-59岁	15	12	24	1	13	9	1	31	29
60-64岁	2	4	2		4	2	1	4	3
65-69岁	1	2	1		1	3		1	3
70-74岁	1	1							2
75岁及以上					3			1	1

4-7a　续表 7

单位：人

年龄组 性　别	生产制造及有关人员								
	采矿人员	金属冶炼和压延加工人员	机械制造基础加工人　员	金属制品制造人员	通用设备制造人员	专用设备制造人员	汽车制造人　员	铁路、船舶、航空设备制造人　员	电气机械和器材制造人员
总　计	**2787**	**3029**	**11669**	**3910**	**1949**	**951**	**4608**	**1115**	**2002**
16−19岁	3	1	92	21	13	21	65	4	22
20−24岁	53	81	543	211	119	88	405	133	135
25−29岁	155	176	997	397	195	150	755	194	239
30−34岁	362	338	1711	600	310	189	1095	162	358
35−39岁	233	287	1289	483	218	129	574	97	278
40−44岁	368	540	1653	527	262	124	556	121	279
45−49岁	847	921	2853	837	438	123	705	214	407
50−54岁	548	491	1765	550	281	90	337	126	191
55−59岁	178	144	633	231	95	32	101	59	73
60−64岁	26	32	83	38	10	4	10	3	11
65−69岁	11	8	30	14	5		4	1	8
70−74岁	2	6	10	1		1			
75岁及以上	1	4	10		3		1	1	1
男	**2381**	**2503**	**10212**	**2905**	**1602**	**620**	**3332**	**924**	**1270**
16−19岁	2	1	90	19	12	16	63	3	15
20−24岁	40	74	510	182	105	68	349	115	96
25−29岁	129	145	906	328	166	106	643	173	157
30−34岁	292	266	1532	452	265	110	849	141	232
35−39岁	192	218	1111	340	166	81	336	82	158
40−44岁	297	420	1355	348	198	65	300	91	149
45−49岁	712	749	2375	566	334	74	413	148	230
50−54岁	519	455	1629	421	249	67	281	111	154
55−59岁	168	130	595	204	92	29	86	56	63
60−64岁	19	30	72	35	8	3	10	2	9
65−69岁	9	8	23	10	5		2	1	6
70−74岁	1	5	7			1			
75岁及以上	1	2	7		2			1	1
女	**406**	**526**	**1457**	**1005**	**347**	**331**	**1276**	**191**	**732**
16−19岁	1		2	2	1	5	2	1	7
20−24岁	13	7	33	29	14	20	56	18	39
25−29岁	26	31	91	69	29	44	112	21	82
30−34岁	70	72	179	148	45	79	246	21	126
35−39岁	41	69	178	143	52	48	238	15	120
40−44岁	71	120	298	179	64	59	256	30	130
45−49岁	135	172	478	271	104	49	292	66	177
50−54岁	29	36	136	129	32	23	56	15	37
55−59岁	10	14	38	27	3	3	15	3	10
60−64岁	7	2	11	3	2	1		1	2
65−69岁	2		7	4			2		2
70−74岁	1	1	3	1					
75岁及以上		2	3		1		1		

4-7a 续表 8

单位：人

年龄组 性别	生产制造及有关人员								不便分类的其他从业人员
	计算机、通信和其他电子设备制造人员	仪器仪表制造人员	废弃资源综合利用人员	电力、热力、气体、水生产和输配人员	建筑施工人员	运输设备和通用工程机械操作人员及有关人员	生产辅助人员	其他生产制造及有关人员	
总　计	**18608**	**293**	**231**	**1453**	**136515**	**9756**	**37897**	**692**	**1899**
16-19岁	610	2		1	475	59	199	5	95
20-24岁	2577	27	5	53	4868	719	2338	45	284
25-29岁	3362	36	13	119	11427	1588	4523	77	208
30-34岁	3937	58	18	193	18109	1854	6587	105	294
35-39岁	2399	36	21	147	12998	1001	4804	64	190
40-44岁	2211	35	23	178	15944	1151	4768	93	175
45-49岁	2263	53	45	396	29403	1770	7336	152	234
50-54岁	872	34	54	243	25727	1061	4568	99	188
55-59岁	323	11	26	105	13273	486	2326	45	126
60-64岁	35		14	9	2777	48	281	4	44
65-69岁	10	1	8	6	1270	15	119	2	38
70-74岁	5		3	3	186	3	32	1	17
75岁及以上	4		1		58	1	16		6
男	**10672**	**199**	**161**	**1075**	**115879**	**8700**	**26822**	**428**	**1028**
16-19岁	431			1	425	56	138	4	39
20-24岁	1827	22	4	38	4351	673	1654	29	126
25-29岁	2137	32	10	94	10142	1473	3224	47	123
30-34岁	2212	37	12	136	15820	1721	4571	53	192
35-39岁	1141	21	11	94	10965	873	3173	31	114
40-44岁	907	15	16	116	12899	934	3015	51	97
45-49岁	1085	34	28	260	23692	1467	4900	92	119
50-54岁	623	27	41	218	21784	976	3730	76	108
55-59岁	265	11	20	103	11939	464	2057	39	63
60-64岁	30		10	7	2523	47	236	4	18
65-69岁	9		6	5	1126	12	88	2	18
70-74岁	3		3	3	167	3	25		9
75岁及以上	2				46	1	11		2
女	**7936**	**94**	**70**	**378**	**20636**	**1056**	**11075**	**264**	**871**
16-19岁	179	2			50	3	61	1	56
20-24岁	750	5	1	15	517	46	684	16	158
25-29岁	1225	4	3	25	1285	115	1299	30	85
30-34岁	1725	21	6	57	2289	133	2016	52	102
35-39岁	1258	15	10	53	2033	128	1631	33	76
40-44岁	1304	20	7	62	3045	217	1753	42	78
45-49岁	1178	19	17	136	5711	303	2436	60	115
50-54岁	249	7	13	25	3943	85	838	23	80
55-59岁	58		6	2	1334	22	269	6	63
60-64岁	5		4	2	254	1	45		26
65-69岁	1	1	2	1	144	3	31		20
70-74岁	2				19		7	1	8
75岁及以上	2		1		12		5		4

4-7b 全省分年龄、性别、职业中类的就业人口(镇)

单位：人

年龄组 性别	合计	党的机关、国家机关、群众团体和社会组织、企事业单位负责人						
		小计	中国共产党机关负责人	国家机关负责人	民主党派和工商联负责人	人民团体和群众团体、社会组织及其他成员组织负责人	基层群众自治组织负责人	企事业单位负责人
总计	**853394**	**9233**	**202**	**1920**	**3**	**657**	**956**	**5495**
16-19岁	8549	7						7
20-24岁	49220	161		8		16	3	134
25-29岁	88363	598	2	56		45	21	474
30-34岁	115121	1286	27	218		79	82	880
35-39岁	85265	1278	31	292		86	91	778
40-44岁	93030	1467	45	393	1	102	141	785
45-49岁	148765	1969	47	472	1	137	213	1099
50-54岁	122751	1469	29	323		92	194	831
55-59岁	74270	777	17	144	1	65	163	387
60-64岁	26492	118	1	8		11	30	68
65-69岁	25766	67	1	4		11	15	36
70-74岁	10062	20	1			6	1	12
75岁及以上	5740	16	1	2		7	2	4
男	**472323**	**7019**	**164**	**1583**	**1**	**390**	**745**	**4136**
16-19岁	4858	5						5
20-24岁	25466	103		4		11	2	86
25-29岁	46271	417	2	32		27	14	342
30-34岁	61341	854	20	150		37	52	595
35-39岁	45122	921	26	232		55	61	547
40-44岁	49093	1115	38	324		50	109	594
45-49岁	80761	1508	35	405		78	163	827
50-54岁	72713	1229	24	284		60	160	701
55-59岁	47060	686	15	138	1	47	142	343
60-64岁	15848	105	1	8		10	28	58
65-69岁	14724	51	1	4		7	12	27
70-74岁	5826	13	1			2	1	9
75岁及以上	3240	12	1	2		6	1	2
女	**381071**	**2214**	**38**	**337**	**2**	**267**	**211**	**1359**
16-19岁	3691	2						2
20-24岁	23754	58		4		5	1	48
25-29岁	42092	181		24		18	7	132
30-34岁	53780	432	7	68		42	30	285
35-39岁	40143	357	5	60		31	30	231
40-44岁	43937	352	7	69	1	52	32	191
45-49岁	68004	461	12	67	1	59	50	272
50-54岁	50038	240	5	39		32	34	130
55-59岁	27210	91	2	6		18	21	44
60-64岁	10644	13				1	2	10
65-69岁	11042	16				4	3	9
70-74岁	4236	7				4		3
75岁及以上	2500	4				1	1	2

4-7b 续表 1

单位：人

年龄组 性　别	专业技术人员									
	小计	科学研究人员	工程技术人员	农业技术人员	飞机和船舶技术人员	卫生专业技术人员	经济和金融专业人员	法律、社会和宗教专业人员	教学人员	文学艺术、体育专业人员
总　计	**87934**	**166**	**10420**	**1291**	**31**	**19649**	**10279**	**2507**	**41471**	**872**
16-19岁	793	2	68	2		231	36	33	373	36
20-24岁	9491	11	948	51	8	2830	971	196	4113	202
25-29岁	15722	34	1720	86	10	4203	1995	366	6846	199
30-34岁	14321	23	2005	106	5	3230	2103	421	6036	160
35-39岁	10275	19	1127	104	1	2007	1134	277	5399	80
40-44岁	9896	18	1064	150	2	1957	1047	259	5223	46
45-49岁	11868	17	1587	255		2125	1437	326	5910	58
50-54岁	8909	22	1172	267	2	1450	956	304	4595	47
55-59岁	5082	14	579	197	1	889	519	175	2621	25
60-64岁	679	2	92	31	2	258	44	49	186	9
65-69岁	489	3	46	26		253	20	42	89	6
70-74岁	237	1	9	9		136	13	28	36	2
75岁及以上	172		3	7		80	4	31	44	2
男	**39505**	**111**	**9023**	**949**	**31**	**6697**	**3489**	**1509**	**16527**	**500**
16-19岁	269	1	56	1		35	9	32	114	16
20-24岁	2521	5	787	30	8	423	261	127	697	105
25-29岁	4807	21	1474	55	10	810	544	175	1476	110
30-34岁	5347	17	1745	67	5	816	606	199	1681	97
35-39岁	4347	9	968	77	1	797	333	149	1910	42
40-44岁	4768	13	902	95	2	820	323	153	2360	33
45-49岁	6440	11	1336	181		999	506	201	3088	35
50-54岁	5597	16	1068	206	2	782	450	228	2748	34
55-59岁	4201	13	549	179	1	639	405	144	2203	16
60-64岁	522	2	87	25	2	192	22	41	138	7
65-69岁	365	3	41	20		195	17	30	51	4
70-74岁	190		8	8		118	10	15	28	
75岁及以上	131		2	5		71	3	15	33	1
女	**48429**	**55**	**1397**	**342**		**12952**	**6790**	**998**	**24944**	**372**
16-19岁	524	1	12	1		196	27	1	259	20
20-24岁	6970	6	161	21		2407	710	69	3416	97
25-29岁	10915	13	246	31		3393	1451	191	5370	89
30-34岁	8974	6	260	39		2414	1497	222	4355	63
35-39岁	5928	10	159	27		1210	801	128	3489	38
40-44岁	5128	5	162	55		1137	724	106	2863	13
45-49岁	5428	6	251	74		1126	931	125	2822	23
50-54岁	3312	6	104	61		668	506	76	1847	13
55-59岁	881	1	30	18		250	114	31	418	9
60-64岁	157		5	6		66	22	8	48	2
65-69岁	124		5	6		58	3	12	38	2
70-74岁	47	1	1	1		18	3	13	8	2
75岁及以上	41		1	2		9	1	16	11	1

4-7b 续表 2

单位：人

年龄组 性别	专业技术人员		办事人员和有关人员				社会生产服务和生活服务人员		
	新闻出版、文化专业人员	其他专业技术人员	小计	办事人员	安全和消防人员	其他办事人员和有关人员	小计	批发与零售服务人员	交通运输、仓储和邮政业服务人员
总 计	**826**	**422**	**56914**	**46774**	**9390**	**750**	**372962**	**154917**	**51424**
16-19岁	9	3	165	112	49	4	4638	1635	323
20-24岁	117	44	3246	2515	689	42	23232	9440	2450
25-29岁	201	62	8045	6663	1298	84	40115	17452	5128
30-34岁	170	62	9859	8481	1287	91	54480	24679	7822
35-39岁	86	41	6741	5779	886	76	39816	17871	6216
40-44岁	85	45	6497	5691	711	95	42066	18288	6528
45-49岁	81	72	8525	7292	1095	138	66355	27307	10257
50-54岁	41	53	7028	5578	1324	126	50514	19102	7394
55-59岁	33	29	5256	3957	1235	64	29476	10497	3840
60-64岁	2	4	761	361	386	14	9946	3621	801
65-69岁		4	554	232	313	9	8467	3212	548
70-74岁		3	151	67	79	5	2536	1145	90
75岁及以上	1		86	46	38	2	1321	668	27
男	**335**	**334**	**35595**	**26943**	**8257**	**395**	**178095**	**60894**	**44029**
16-19岁	4	1	97	50	46	1	2534	699	255
20-24岁	44	34	1672	1019	631	22	11915	3607	1956
25-29岁	80	52	4185	3014	1125	46	19773	6454	4229
30-34岁	64	50	5232	4124	1073	35	25388	8650	6531
35-39岁	30	31	3919	3136	746	37	18161	6168	5296
40-44岁	30	37	3823	3213	565	45	18409	6379	5485
45-49岁	29	54	5278	4290	929	59	29256	10086	8765
50-54岁	25	38	5275	3974	1221	80	24653	8574	6638
55-59岁	26	26	4781	3560	1173	48	15658	5321	3543
60-64岁	2	4	674	297	366	11	5501	2054	742
65-69岁		4	472	181	283	8	4678	1845	494
70-74岁		3	122	52	67	3	1466	694	72
75岁及以上	1		65	33	32		703	363	23
女	**491**	**88**	**21319**	**19831**	**1133**	**355**	**194867**	**94023**	**7395**
16-19岁	5	2	68	62	3	3	2104	936	68
20-24岁	73	10	1574	1496	58	20	11317	5833	494
25-29岁	121	10	3860	3649	173	38	20342	10998	899
30-34岁	106	12	4627	4357	214	56	29092	16029	1291
35-39岁	56	10	2822	2643	140	39	21655	11703	920
40-44岁	55	8	2674	2478	146	50	23657	11909	1043
45-49岁	52	18	3247	3002	166	79	37099	17221	1492
50-54岁	16	15	1753	1604	103	46	25861	10528	756
55-59岁	7	3	475	397	62	16	13818	5176	297
60-64岁			87	64	20	3	4445	1567	59
65-69岁			82	51	30	1	3789	1367	54
70-74岁			29	15	12	2	1070	451	18
75岁及以上			21	13	6	2	618	305	4

4－7b 续表 3 单位：人

年龄组 性别	社会生产服务和生活服务人员								
	住宿和餐饮服务人员	信息传输、软件和信息技术服务人员	金融服务人员	房地产服务人员	租赁和商务服务人员	技术辅助服务人员	水利、环境和公共设施管理服务人员	居民服务人员	电力、燃气及水供应服务人员
总计	**68138**	**4944**	**6856**	**6301**	**8663**	**4741**	**15730**	**30644**	**3745**
16－19岁	1335	81	28	66	54	69	108	568	6
20－24岁	4006	799	574	699	375	818	166	2111	129
25－29岁	6125	1111	1240	1131	545	1125	296	3370	278
30－34岁	8458	1085	1569	1196	756	1036	598	4223	445
35－39岁	7052	566	763	592	542	502	668	2816	407
40－44岁	8216	386	594	487	615	346	1301	2897	553
45－49岁	13725	459	1051	696	1238	419	3156	4531	915
50－54岁	10473	264	670	629	1697	252	3482	4071	568
55－59岁	5624	162	325	457	1558	111	2802	2718	358
60－64岁	1545	22	23	162	623	32	1447	1300	52
65－69岁	1158	6	15	138	498	20	1299	1307	22
70－74岁	263	1	2	39	127	7	301	456	10
75岁及以上	158	2	2	9	35	4	106	276	2
男	**25862**	**3223**	**2958**	**3451**	**7159**	**3120**	**4864**	**8062**	**2867**
16－19岁	746	55	14	42	46	44	54	266	6
20－24岁	2144	531	258	390	246	527	80	759	98
25－29岁	2970	737	544	612	348	746	128	1047	218
30－34岁	3567	684	643	570	499	701	214	1154	316
35－39岁	2709	364	248	279	383	330	174	696	287
40－44岁	2806	249	184	240	446	204	284	593	369
45－49岁	4259	300	403	353	996	259	632	912	644
50－54岁	3294	181	367	384	1544	186	952	824	510
55－59岁	2006	103	266	325	1473	77	903	629	338
60－64岁	662	15	18	116	583	24	611	417	49
65－69岁	489	3	10	105	450	14	618	465	21
70－74岁	132	1	1	29	113	6	169	172	9
75岁及以上	78		2	6	32	2	45	128	2
女	**42276**	**1721**	**3898**	**2850**	**1504**	**1621**	**10866**	**22582**	**878**
16－19岁	589	26	14	24	8	25	54	302	
20－24岁	1862	268	316	309	129	291	86	1352	31
25－29岁	3155	374	696	519	197	379	168	2323	60
30－34岁	4891	401	926	626	257	335	384	3069	129
35－39岁	4343	202	515	313	159	172	494	2120	120
40－44岁	5410	137	410	247	169	142	1017	2304	184
45－49岁	9466	159	648	343	242	160	2524	3619	271
50－54岁	7179	83	303	245	153	66	2530	3247	58
55－59岁	3618	59	59	132	85	34	1899	2089	20
60－64岁	883	7	5	46	40	8	836	883	3
65－69岁	669	3	5	33	48	6	681	842	1
70－74岁	131		1	10	14	1	132	284	1
75岁及以上	80	2		3	3	2	61	148	

4-7b 续表 4

单位：人

年龄组 性别	社会生产服务和生活服务人员				农、林、牧、渔业生产及辅助人员				
	修理及制作服务人员	文化、体育和娱乐服务人员	健康服务人员	其他社会生产和生活服务人员	小计	农业生产人员	林业生产人员	畜牧业生产人员	渔业生产人员
总计	**10835**	**4961**	**717**	**346**	**124049**	**105304**	**2047**	**14787**	**948**
16-19岁	261	95	4	5	1112	849	29	223	7
20-24岁	1087	455	90	33	3515	2665	97	707	30
25-29岁	1590	561	131	32	5475	4310	94	975	54
30-34岁	1860	611	102	40	7349	5823	147	1205	118
35-39岁	1237	488	70	26	6933	5564	132	1085	80
40-44岁	1207	518	86	44	8984	7104	259	1412	105
45-49岁	1638	817	93	53	17495	14565	421	2183	165
50-54岁	1116	667	83	46	21188	18188	395	2265	161
55-59岁	548	402	34	40	16873	14747	250	1614	110
60-64岁	149	149	11	9	10841	9707	109	931	39
65-69岁	102	124	9	9	13776	12479	82	1097	53
70-74岁	31	53	3	8	6608	5896	22	634	21
75岁及以上	9	21	1	1	3900	3407	10	456	5
男	**9264**	**1937**	**235**	**170**	**58485**	**49165**	**1388**	**6713**	**690**
16-19岁	248	57	1	1	598	458	18	115	5
20-24岁	1007	270	22	20	1780	1344	64	340	24
25-29岁	1413	276	34	17	2621	2006	58	488	42
30-34岁	1611	206	25	17	3408	2634	86	584	82
35-39岁	1041	156	17	13	3154	2493	75	490	55
40-44岁	976	144	32	18	4007	3090	149	631	80
45-49岁	1340	254	31	22	7574	6161	268	948	119
50-54岁	897	243	36	23	9244	7729	308	994	109
55-59岁	478	150	21	25	7607	6535	198	706	82
60-64岁	127	72	8	3	5492	4930	81	421	31
65-69岁	88	66	5	5	7179	6562	61	477	42
70-74岁	30	31	2	5	3649	3286	15	310	15
75岁及以上	8	12	1	1	2172	1937	7	209	4
女	**1571**	**3024**	**482**	**176**	**65564**	**56139**	**659**	**8074**	**258**
16-19岁	13	38	3	4	514	391	11	108	2
20-24岁	80	185	68	13	1735	1321	33	367	6
25-29岁	177	285	97	15	2854	2304	36	487	12
30-34岁	249	405	77	23	3941	3189	61	621	36
35-39岁	196	332	53	13	3779	3071	57	595	25
40-44岁	231	374	54	26	4977	4014	110	781	25
45-49岁	298	563	62	31	9921	8404	153	1235	46
50-54岁	219	424	47	23	11944	10459	87	1271	52
55-59岁	70	252	13	15	9266	8212	52	908	28
60-64岁	22	77	3	6	5349	4777	28	510	8
65-69岁	14	58	4	4	6597	5917	21	620	11
70-74岁	1	22	1	3	2959	2610	7	324	6
75岁及以上	1	9			1728	1470	3	247	1

4—7b 续表 5　　单位：人

年龄组 性 别	农林牧渔生产辅助人员	其他农、林、牧、渔业生产加工人员	生产制造及有关人员						
			小计	农副产品加工人员	食品、饮料生产加工人员	烟草及其制品加工人员	纺织、针织、印染人员	纺织品、服装和皮革、毛皮制品加工制作人员	木材加工、家具与木制品制作人员
总　计	**822**	**141**	**201082**	**3466**	**4285**	**161**	**1632**	**11544**	**7958**
16—19岁	4		1650	16	53		13	151	38
20—24岁	13	3	9463	72	239	4	56	682	263
25—29岁	36	6	18297	178	392	5	125	1043	620
30—34岁	49	7	27692	323	577	16	216	1845	1090
35—39岁	59	13	20144	242	485	22	203	1369	707
40—44岁	88	16	24045	350	495	29	278	1601	920
45—49岁	131	30	42393	747	841	45	397	2498	1690
50—54岁	155	24	33509	708	623	22	220	1448	1454
55—59岁	128	24	16699	449	342	14	88	601	800
60—64岁	48	7	4100	171	117	3	19	137	184
65—69岁	59	6	2367	140	91	1	9	102	136
70—74岁	34	1	495	47	21		6	44	34
75岁及以上	18	4	228	23	9		2	23	22
男	**461**	**68**	**152990**	**1993**	**2428**	**74**	**572**	**4683**	**6294**
16—19岁	2		1242	12	33		4	87	32
20—24岁	7	1	7396	47	125	1	26	347	209
25—29岁	26	1	14395	109	223	2	46	477	499
30—34岁	20	2	21040	167	303	7	77	752	852
35—39岁	35	6	14584	140	257	10	65	521	542
40—44岁	46	11	16940	166	254	10	78	578	705
45—49岁	64	14	30638	381	435	21	123	918	1275
50—54岁	91	13	26661	420	397	11	91	587	1178
55—59岁	76	10	14078	284	238	10	43	270	675
60—64岁	25	4	3527	122	73	2	7	67	161
65—69岁	34	3	1962	90	69		8	44	118
70—74岁	22	1	378	38	15		3	24	30
75岁及以上	13	2	149	17	6		1	11	18
女	**361**	**73**	**48092**	**1473**	**1857**	**87**	**1060**	**6861**	**1664**
16—19岁	2		408	4	20		9	64	6
20—24岁	6	2	2067	25	114	3	30	335	54
25—29岁	10	5	3902	69	169	3	79	566	121
30—34岁	29	5	6652	156	274	9	139	1093	238
35—39岁	24	7	5560	102	228	12	138	848	165
40—44岁	42	5	7105	184	241	19	200	1023	215
45—49岁	67	16	11755	366	406	24	274	1580	415
50—54岁	64	11	6848	288	226	11	129	861	276
55—59岁	52	14	2621	165	104	4	45	331	125
60—64岁	23	3	573	49	44	1	12	70	23
65—69岁	25	3	405	50	22	1	1	58	18
70—74岁	12		117	9	6		3	20	4
75岁及以上	5	2	79	6	3		1	12	4

4-7b 续表 6

单位：人

年龄组 性 别	生产制造及有关人员								
	纸及纸制品生产加工人员	印刷和记录媒介复制人员	文教、工美、体育和娱乐用品制造人员	石油加工和炼焦、煤化工生产人员	化学原料和化学制品制造人员	医药制造人员	化学纤维制造人员	橡胶和塑料制品制造人员	非金属矿物制品制造人员
总 计	**1179**	**958**	**1395**	**235**	**1321**	**664**	**93**	**1543**	**4527**
16—19岁	6	11	33		5	4		15	22
20—24岁	35	61	76	3	63	57	4	60	147
25—29岁	77	122	124	14	99	70	4	127	269
30—34岁	144	186	257	40	188	122	14	195	511
35—39岁	123	109	164	26	157	77	9	154	409
40—44岁	147	148	168	24	172	107	16	207	535
45—49岁	328	164	250	52	299	122	21	392	1089
50—54岁	188	99	183	47	219	55	14	256	905
55—59岁	89	44	69	23	92	36	6	107	449
60—64岁	23	10	28	2	13	8	3	21	122
65—69岁	12	3	24	2	9	4	2	7	51
70—74岁	4		9	2	4	1		2	15
75岁及以上	3	1	10		1	1			3
男	**579**	**532**	**603**	**188**	**923**	**312**	**58**	**919**	**3274**
16—19岁	1	5	21		4	1		11	13
20—24岁	27	40	42	3	45	25	3	46	125
25—29岁	44	70	66	12	70	29	4	78	211
30—34岁	72	115	123	32	125	62	10	118	348
35—39岁	55	57	63	17	104	32	2	85	286
40—44岁	68	72	70	15	102	45	6	106	344
45—49岁	136	77	93	42	205	42	14	218	716
50—54岁	93	56	70	41	172	39	10	155	708
55—59岁	57	29	25	22	73	28	4	78	356
60—64岁	16	8	12	2	12	7	3	16	107
65—69岁	6	3	5	1	8	2	2	6	46
70—74岁	3		6	1	3			2	12
75岁及以上	1		7						2
女	**600**	**426**	**792**	**47**	**398**	**352**	**35**	**624**	**1253**
16—19岁	5	6	12		1	3		4	9
20—24岁	8	21	34		18	32	1	14	22
25—29岁	33	52	58	2	29	41		49	58
30—34岁	72	71	134	8	63	60	4	77	163
35—39岁	68	52	101	9	53	45	7	69	123
40—44岁	79	76	98	9	70	62	10	101	191
45—49岁	192	87	157	10	94	80	7	174	373
50—54岁	95	43	113	6	47	16	4	101	197
55—59岁	32	15	44	1	19	8	2	29	93
60—64岁	7	2	16		1	1		5	15
65—69岁	6		19	1	1	2		1	5
70—74岁	1		3	1	1	1			3
75岁及以上	2	1	3		1	1			1

4-7b 续表 7

单位：人

年龄组 性　别	生产制造及有关人员								
	采矿人员	金属冶炼和压延加工人员	机械制造基础加工人员	金属制品制造人员	通用设备制造人员	专用设备制造人员	汽车制造人员	铁路、船舶、航空设备制造人员	电气机械和器材制造人员
总　计	**2908**	**1593**	**4800**	**3182**	**827**	**324**	**986**	**194**	**1020**
16-19岁	2	13	28	26	7	3	21	6	28
20-24岁	45	58	201	143	26	27	96	20	81
25-29岁	131	128	419	367	71	48	126	28	122
30-34岁	259	206	806	520	121	67	153	28	166
35-39岁	225	160	575	379	101	45	101	15	120
40-44岁	351	222	674	396	138	34	132	21	114
45-49岁	870	363	1057	671	178	44	202	37	195
50-54岁	750	302	712	423	123	36	110	27	134
55-59岁	221	114	270	186	50	15	36	8	46
60-64岁	32	14	36	38	5	4	5		8
65-69岁	13	10	14	27	7	1	3	1	5
70-74岁	6	3	5	5			1	3	1
75岁及以上	3		3	1					
男	**2618**	**1258**	**4134**	**2360**	**670**	**182**	**672**	**151**	**662**
16-19岁	2	11	22	21	6	2	19	6	21
20-24岁	42	46	178	115	25	17	81	18	61
25-29岁	117	103	372	292	64	26	94	20	81
30-34岁	225	148	708	394	111	42	108	24	111
35-39岁	198	116	479	254	79	19	67	12	68
40-44岁	276	159	546	275	103	16	68	15	62
45-49岁	775	300	892	465	124	23	118	24	111
50-54岁	726	251	631	329	102	22	80	20	98
55-59岁	210	103	253	155	46	12	28	8	39
60-64岁	28	12	32	30	5	3	5		7
65-69岁	11	7	13	25	5		3	1	2
70-74岁	6	2	5	5			1	3	1
75岁及以上	2		3						
女	**290**	**335**	**666**	**822**	**157**	**142**	**314**	**43**	**358**
16-19岁		2	6	5	1	1	2		7
20-24岁	3	12	23	28	1	10	15	2	20
25-29岁	14	25	47	75	7	22	32	8	41
30-34岁	34	58	98	126	10	25	45	4	55
35-39岁	27	44	96	125	22	26	34	3	52
40-44岁	75	63	128	121	35	18	64	6	52
45-49岁	95	63	165	206	54	21	84	13	84
50-54岁	24	51	81	94	21	14	30	7	36
55-59岁	11	11	17	31	4	3	8		7
60-64岁	4	2	4	8		1			1
65-69岁	2	3	1	2	2	1			3
70-74岁		1							
75岁及以上	1			1					

4-7b　续表 8

单位：人

年龄组 性　别	生产制造及有关人员								不便分类的其他从业人员
	计算机、通信和其他电子设备制造人员	仪器仪表制造人员	废弃资源综合利用人员	电力、热力、气体、水生产和输配人员	建筑施工人员	运输设备和通用工程机械操作人员及有关人员	生产辅助人员	其他生产制造及有关人员	
总　计	**7962**	**116**	**192**	**1280**	**110696**	**6037**	**17517**	**487**	**1220**
16－19岁	269	1	1	4	639	98	134	3	184
20－24岁	1004	8	5	48	4255	567	1036	21	112
25－29岁	1277	13	10	116	9061	1175	1886	50	111
30－34岁	1610	22	15	178	13810	1218	2717	72	134
35－39岁	1051	10	16	117	10254	640	2027	52	78
40－44岁	919	24	15	193	12738	616	2208	53	75
45－49岁	1125	16	35	287	23722	908	3634	114	160
50－54岁	481	18	40	227	20668	544	2398	75	134
55－59岁	181	3	22	93	10880	227	1105	33	107
60－64岁	22		10	10	2800	29	221	5	47
65－69岁	16	1	17	7	1523	11	111	7	46
70－74岁	3		5		244	4	25	1	15
75岁及以上	4		1		102		15	1	17
男	**4249**	**64**	**122**	**942**	**93841**	**5509**	**11824**	**300**	**634**
16－19岁	167	1		3	556	93	86	2	113
20－24岁	656	5	4	35	3711	546	727	18	79
25－29岁	774	10	9	89	7963	1129	1287	25	73
30－34岁	843	10	13	126	11976	1118	1865	55	72
35－39岁	470	3	8	78	8611	583	1275	28	36
40－44岁	381	18	8	118	10364	521	1367	24	31
45－49岁	502	4	21	182	19264	778	2293	66	67
50－54岁	283	10	27	207	17536	483	1780	48	54
55－59岁	140	3	13	87	9674	217	873	25	49
60－64岁	15		6	10	2564	27	165	3	27
65－69岁	14		9	7	1356	11	85	5	17
70－74岁	1		4		198	3	12		8
75岁及以上	3				68		9	1	8
女	**3713**	**52**	**70**	**338**	**16855**	**528**	**5693**	**187**	**586**
16－19岁	102		1	1	83	5	48	1	71
20－24岁	348	3	1	13	544	21	309	3	33
25－29岁	503	3	1	27	1098	46	599	25	38
30－34岁	767	12	2	52	1834	100	852	17	62
35－39岁	581	7	8	39	1643	57	752	24	42
40－44岁	538	6	7	75	2374	95	841	29	44
45－49岁	623	12	14	105	4458	130	1341	48	93
50－54岁	198	8	13	20	3132	61	618	27	80
55－59岁	41		9	6	1206	10	232	8	58
60－64岁	7		4		236	2	56	2	20
65－69岁	2	1	8		167		26	2	29
70－74岁	2		1		46	1	13	1	7
75岁及以上	1		1		34		6		9

4-7c 全省分年龄、性别、职业中类的就业人口(乡村)

单位：人

年龄组 性 别	合计	党的机关、国家机关、群众团体和社会组织、企事业单位负责人						
		小计	中国共产党机关负责人	国家机关负责人	民主党派和工商联负责人	人民团体和群众团体、社会组织及其他成员组织负责人	基层群众自治组织负责人	企事业单位负责人
总　计	**2235564**	**9702**	**123**	**407**	**2**	**494**	**2522**	**6154**
16-19岁	32953	28	1	2		3	2	20
20-24岁	132611	299	2	4		18	16	259
25-29岁	190410	805	3	29		42	75	656
30-34岁	220206	1441	8	58	1	62	206	1106
35-39岁	153015	1167	20	72		47	191	837
40-44岁	179226	1228	21	71	1	66	284	785
45-49岁	331497	1845	19	68		90	528	1140
50-54岁	332814	1512	22	54		72	565	799
55-59岁	230579	971	22	41		51	452	405
60-64岁	130809	194	4	5		18	96	71
65-69岁	164901	148	1	2		13	79	53
70-74岁	83811	47				8	20	19
75岁及以上	52732	17		1		4	8	4
男	**1280205**	**7666**	**113**	**321**	**1**	**334**	**2105**	**4792**
16-19岁	19676	12	1			1		10
20-24岁	75881	168	2	2		9	8	147
25-29岁	112513	547	3	16		20	46	462
30-34岁	131289	1030	6	35		40	127	822
35-39岁	89271	895	16	61		33	146	639
40-44岁	100010	976	19	61	1	40	230	625
45-49岁	183832	1497	18	57		59	433	930
50-54岁	187529	1297	21	45		54	500	677
55-59岁	132377	873	22	37		41	421	352
60-64岁	76264	183	4	5		18	92	64
65-69岁	92446	132	1	1		10	76	44
70-74岁	48485	41				7	18	16
75岁及以上	30632	15		1		2	8	4
女	**955359**	**2036**	**10**	**86**	**1**	**160**	**417**	**1362**
16-19岁	13277	16		2		2	2	10
20-24岁	56730	131		2		9	8	112
25-29岁	77897	258		13		22	29	194
30-34岁	88917	411	2	23	1	22	79	284
35-39岁	63744	272	4	11		14	45	198
40-44岁	79216	252	2	10		26	54	160
45-49岁	147665	348	1	11		31	95	210
50-54岁	145285	215	1	9		18	65	122
55-59岁	98202	98		4		10	31	53
60-64岁	54545	11					4	7
65-69岁	72455	16		1		3	3	9
70-74岁	35326	6				1	2	3
75岁及以上	22100	2				2		

4-7c　续表 1　　　　单位：人

年龄组 性　别	专业技术人员 小计	科学研究人员	工程技术人员	农业技术人员	飞机和船舶技术人员	卫生专业技术人员	经济和金融专业人员	法律、社会和宗教专业人员	教学人员	文学艺术、体育专业人员
总　计	**72984**	**207**	**18170**	**1708**	**55**	**14618**	**9841**	**2852**	**22763**	**1278**
16−19岁	1820	1	183	7		255	89	101	1067	78
20−24岁	13918	42	2333	96	9	3096	1777	322	5659	306
25−29岁	17273	76	3709	110	21	3444	2903	405	5907	336
30−34岁	11513	40	3378	117	9	1721	2276	368	3138	222
35−39岁	5703	17	1717	80	3	808	845	313	1702	101
40−44岁	5007	9	1475	114		906	606	317	1412	60
45−49岁	6602	5	2274	264	7	1305	613	378	1544	68
50−54岁	5194	9	1785	289	3	1097	363	310	1185	52
55−59岁	3352	3	993	243	2	753	239	160	868	32
60−64岁	926	2	197	127	1	332	62	50	127	10
65−69岁	931	1	101	155		469	48	59	70	10
70−74岁	470	2	18	77		272	13	39	44	2
75岁及以上	275		7	29		160	7	30	40	1
男	**36387**	**133**	**15653**	**1156**	**54**	**5606**	**2903**	**2014**	**7262**	**800**
16−19岁	704	1	157	4		48	28	89	313	43
20−24岁	4370	25	1915	50	9	461	437	233	959	168
25−29岁	6492	42	3133	71	21	611	672	248	1321	206
30−34岁	5552	27	2947	74	9	482	609	228	910	135
35−39岁	3143	12	1485	61	2	361	223	206	654	69
40−44岁	2967	9	1245	70		479	187	229	642	38
45−49岁	4402	3	1931	177	7	787	246	297	804	52
50−54岁	3814	8	1602	201	3	736	203	231	724	41
55−59岁	2757	3	933	174	2	561	184	130	702	26
60−64岁	771		188	89	1	273	55	39	103	9
65−69岁	770	1	95	111		400	42	41	56	10
70−74岁	400	2	18	52		252	11	24	37	2
75岁及以上	245		4	22		155	6	19	37	1
女	**36597**	**74**	**2517**	**552**	**1**	**9012**	**6938**	**838**	**15501**	**478**
16−19岁	1116		26	3		207	61	12	754	35
20−24岁	9548	17	418	46		2635	1340	89	4700	138
25−29岁	10781	34	576	39		2833	2231	157	4586	130
30−34岁	5961	13	431	43		1239	1667	140	2228	87
35−39岁	2560	5	232	19	1	447	622	107	1048	32
40−44岁	2040		230	44		427	419	88	770	22
45−49岁	2200	2	343	87		518	367	81	740	16
50−54岁	1380	1	183	88		361	160	79	461	11
55−59岁	595		60	69		192	55	30	166	6
60−64岁	155	2	9	38		59	7	11	24	1
65−69岁	161		6	44		69	6	18	14	
70−74岁	70			25		20	2	15	7	
75岁及以上	30		3	7		5	1	11	3	

4－7c　续表 2　　　　单位：人

年龄组 性　别	专业技术人员		办事人员和有关人员				社会生产服务和生活服务人员		
	新闻出版、文化专业人员	其他专业技术人员	小计	办事人员	安全和消防人员	其他办事人员和有关人员	小计	批发与零售服务人　员	交通运输、仓储和邮政业服务人员
总　计	**758**	**734**	**41177**	**30670**	**9661**	**846**	**515800**	**184796**	**89046**
16－19岁	24	15	422	287	124	11	11278	3494	890
20－24岁	206	72	4374	3433	886	55	48277	17979	5900
25－29岁	250	112	7227	5964	1154	109	67686	26429	10504
30－34岁	135	109	6891	5859	907	125	75949	30481	13905
35－39岁	48	69	3741	3127	543	71	47744	18353	9704
40－44岁	29	79	3251	2626	535	90	48170	17425	10032
45－49岁	33	111	4660	3388	1139	133	76183	25387	15793
50－54岁	16	85	4366	2800	1434	132	65011	20184	12363
55－59岁	9	50	3486	2065	1349	72	39109	11551	6592
60－64岁	2	16	1233	437	772	24	15718	4779	1936
65－69岁	6	12	1086	456	610	20	13560	5083	1179
70－74岁		3	340	170	167	3	4506	2186	190
75岁及以上		1	100	58	41	1	2609	1465	58
男	**277**	**529**	**26034**	**16780**	**8812**	**442**	**269180**	**80853**	**77176**
16－19岁	10	11	251	128	118	5	6293	1415	722
20－24岁	65	48	2076	1248	807	21	25796	7004	4889
25－29岁	80	87	3596	2501	1050	45	36202	10590	8991
30－34岁	48	83	3585	2709	808	68	39581	11866	11869
35－39岁	18	52	2194	1694	461	39	24908	7350	8392
40－44岁	14	54	2026	1528	459	39	23864	7061	8593
45－49岁	21	77	3206	2142	999	65	36980	11169	13584
50－54岁	8	57	3506	2092	1333	81	32603	9962	10937
55－59岁	7	35	3067	1743	1281	43	20962	6239	6040
60－64岁	1	13	1131	380	735	16	9592	2975	1818
65－69岁	5	9	1000	412	570	18	8162	3006	1117
70－74岁		2	308	149	157	2	2772	1332	174
75岁及以上		1	88	54	34		1465	884	50
女	**481**	**205**	**15143**	**13890**	**849**	**404**	**246620**	**103943**	**11870**
16－19岁	14	4	171	159	6	6	4985	2079	168
20－24岁	141	24	2298	2185	79	34	22481	10975	1011
25－29岁	170	25	3631	3463	104	64	31484	15839	1513
30－34岁	87	26	3306	3150	99	57	36368	18615	2036
35－39岁	30	17	1547	1433	82	32	22836	11003	1312
40－44岁	15	25	1225	1098	76	51	24306	10364	1439
45－49岁	12	34	1454	1246	140	68	39203	14218	2209
50－54岁	8	28	860	708	101	51	32408	10222	1426
55－59岁	2	15	419	322	68	29	18147	5312	552
60－64岁	1	3	102	57	37	8	6126	1804	118
65－69岁	1	3	86	44	40	2	5398	2077	62
70－74岁		1	32	21	10	1	1734	854	16
75岁及以上			12	4	7	1	1144	581	8

4−7c　续表 3　　　　单位：人

年龄组 性　别	社会生产服务和生活服务人员								
	住宿和餐饮服务人　员	信息传输、软件和信息技术服务人　员	金融服务人　　员	房地产服务人员	租赁和商务服务人　员	技术辅助服务人员	水利、环境和公共设施管理服务人员	居民服务人　　员	电力、燃气及水供应服务人　员
总　计	**103061**	**6880**	**5089**	**8384**	**12392**	**7028**	**31275**	**39752**	**4500**
16−19岁	3711	168	44	153	139	172	115	1358	39
20−24岁	9999	1511	803	1445	848	1463	443	4077	282
25−29岁	11681	2151	1380	1976	1128	1890	761	5124	473
30−34岁	13637	1484	1169	1467	1113	1483	1319	5266	643
35−39岁	9540	527	491	648	767	612	1256	3131	437
40−44岁	10512	323	360	488	850	410	2256	2983	482
45−49岁	17191	335	430	689	1657	500	5804	5055	796
50−54岁	14213	241	268	639	2034	283	7052	5024	692
55−59岁	7855	106	109	445	1948	160	5390	3350	458
60−64岁	2497	18	17	224	966	31	3155	1586	115
65−69岁	1656	14	12	167	719	16	2735	1597	69
70−74岁	388	2	3	29	181	4	741	655	11
75岁及以上	181		3	14	42	4	248	546	3
男	**39745**	**4848**	**2112**	**4977**	**10166**	**4542**	**11255**	**11486**	**3896**
16−19岁	2107	117	23	93	103	107	58	629	38
20−24岁	5358	987	352	830	506	888	222	1500	242
25−29岁	5634	1487	622	1142	689	1229	329	1640	409
30−34岁	6010	1053	477	809	759	992	520	1571	538
35−39岁	3911	379	171	367	575	414	409	846	351
40−44岁	3561	244	97	253	655	254	587	705	402
45−49岁	4845	256	147	394	1397	303	1409	1101	669
50−54岁	3899	200	133	408	1847	194	2034	1026	625
55−59岁	2358	95	64	321	1823	116	1939	753	436
60−64岁	1038	16	13	178	918	24	1626	584	107
65−69岁	736	12	9	149	685	14	1500	636	65
70−74岁	199	2	1	24	171	3	477	287	11
75岁及以上	89		3	9	38	4	145	208	3
女	**63316**	**2032**	**2977**	**3407**	**2226**	**2486**	**20020**	**28266**	**604**
16−19岁	1604	51	21	60	36	65	57	729	1
20−24岁	4641	524	451	615	342	575	221	2577	40
25−29岁	6047	664	758	834	439	661	432	3484	64
30−34岁	7627	431	692	658	354	491	799	3695	105
35−39岁	5629	148	320	281	192	198	847	2285	86
40−44岁	6951	79	263	235	195	156	1669	2278	80
45−49岁	12346	79	283	295	260	197	4395	3954	127
50−54岁	10314	41	135	231	187	89	5018	3998	67
55−59岁	5497	11	45	124	125	44	3451	2597	22
60−64岁	1459	2	4	46	48	7	1529	1002	8
65−69岁	920	2	3	18	34	2	1235	961	4
70−74岁	189		2	5	10	1	264	368	
75岁及以上	92			5	4		103	338	

4-7c 续表 4

单位：人

年龄组 性　别	社会生产服务和生活服务人员				农、林、牧、渔业生产及辅助人员				
	修理及制作服务人　员	文化、体育和娱乐服务人员	健康服务人　　员	其他社会生产和生活服务人　员	小计	农业生产人　　员	林业生产人　　员	畜牧业生产人员	渔业生产人　　员
总　计	**17953**	**4298**	**792**	**554**	**971379**	**836158**	**9929**	**117135**	**5200**
16-19岁	772	178	12	33	9934	7473	124	2272	41
20-24岁	2725	602	140	60	26939	20849	316	5536	172
25-29岁	3319	673	137	60	36466	28840	453	6752	305
30-34岁	3209	596	114	63	45568	36604	539	7868	386
35-39岁	1827	343	60	48	40500	31927	560	7582	315
40-44岁	1604	330	66	49	55166	44540	852	9153	432
45-49岁	1877	510	76	83	118298	100048	1698	15258	884
50-54岁	1414	456	82	66	149332	129072	1964	16802	985
55-59岁	721	327	48	49	127260	111921	1475	12800	656
60-64岁	242	109	27	16	96438	86422	741	8682	308
65-69岁	177	102	19	15	139795	126295	789	11891	437
70-74岁	55	46	8	7	76655	69014	288	6987	180
75岁及以上	11	26	3	5	49028	43153	130	5552	99
男	**15589**	**1955**	**277**	**303**	**473725**	**408760**	**6652**	**53045**	**3695**
16-19岁	743	122	3	13	5440	4182	68	1150	29
20-24岁	2578	381	32	27	13899	10846	186	2689	137
25-29岁	3006	364	35	35	18241	14386	296	3272	222
30-34岁	2790	249	37	41	21903	17418	329	3762	291
35-39岁	1571	122	16	34	18984	14829	344	3514	232
40-44岁	1320	85	24	23	24600	19686	517	3999	299
45-49岁	1468	162	35	41	51343	42807	1145	6607	594
50-54岁	1102	168	34	34	65077	55758	1362	7029	674
55-59岁	598	134	24	22	58159	50926	1009	5553	462
60-64岁	204	59	20	12	50146	45287	537	3944	219
65-69岁	152	62	9	10	74160	67508	555	5557	328
70-74岁	47	30	7	7	43469	39706	209	3315	136
75岁及以上	10	17	1	4	28304	25421	95	2654	72
女	**2364**	**2343**	**515**	**251**	**497654**	**427398**	**3277**	**64090**	**1505**
16-19岁	29	56	9	20	4494	3291	56	1122	12
20-24岁	147	221	108	33	13040	10003	130	2847	35
25-29岁	313	309	102	25	18225	14454	157	3480	83
30-34岁	419	347	77	22	23665	19186	210	4106	95
35-39岁	256	221	44	14	21516	17098	216	4068	83
40-44岁	284	245	42	26	30566	24854	335	5154	133
45-49岁	409	348	41	42	66955	57241	553	8651	290
50-54岁	312	288	48	32	84255	73314	602	9773	311
55-59岁	123	193	24	27	69101	60995	466	7247	194
60-64岁	38	50	7	4	46292	41135	204	4738	89
65-69岁	25	40	10	5	65635	58787	234	6334	109
70-74岁	8	16	1		33186	29308	79	3672	44
75岁及以上	1	9	2	1	20724	17732	35	2898	27

4-7c　续表 5　　　　单位：人

年龄组 性　别	农林牧渔生产辅助人员	其他农、林、牧、渔业生产加工人员	生产制造及有关人员 小计	农副产品加工人员	食品、饮料生产加工人员	烟草及其制品加工人员	纺织、针织、印染人员	纺织品、服装和皮革、毛皮制品加工制作人员	木材加工、家具与木制品制作人员
总　计	**2437**	**520**	**621673**	**7433**	**8641**	**215**	**5383**	**41167**	**27512**
16-19岁	22	2	8704	53	172	3	84	939	215
20-24岁	54	12	38311	260	635	6	346	3493	1102
25-29岁	93	23	60710	446	841	17	537	4904	2248
30-34岁	144	27	78615	600	1056	22	730	6709	3374
35-39岁	98	18	54022	460	816	26	573	4512	2401
40-44岁	156	33	66272	662	947	29	686	5125	3145
45-49岁	338	72	123675	1449	1674	50	1275	8042	5680
50-54岁	417	92	107156	1523	1311	37	752	4921	5170
55-59岁	328	80	56232	986	717	6	294	1851	2840
60-64岁	239	46	16235	386	238	8	59	332	713
65-69岁	324	59	9322	405	159	9	37	229	453
70-74岁	149	37	1771	139	46	2	4	59	113
75岁及以上	75	19	648	64	29		6	51	58
男	**1320**	**253**	**465491**	**4132**	**4908**	**88**	**2218**	**17711**	**20978**
16-19岁	10	1	6542	34	109	2	42	506	182
20-24岁	35	6	29250	147	337	4	172	1676	918
25-29岁	54	11	47273	284	492	6	252	2230	1820
30-34岁	90	13	59515	332	599	2	305	3085	2575
35-39岁	55	10	39063	238	431	14	210	1902	1767
40-44岁	81	18	45497	311	451	7	216	1905	2168
45-49岁	158	32	86267	698	866	21	461	3051	4022
50-54岁	214	40	81084	826	791	20	319	2074	3953
55-59岁	173	36	46457	600	485	5	163	899	2392
60-64岁	137	22	14388	257	175	2	45	193	640
65-69岁	182	30	8182	268	123	4	24	126	391
70-74岁	81	22	1482	95	28	1	4	40	100
75岁及以上	50	12	491	42	21		5	24	50
女	**1117**	**267**	**156182**	**3301**	**3733**	**127**	**3165**	**23456**	**6534**
16-19岁	12	1	2162	19	63	1	42	433	33
20-24岁	19	6	9061	113	298	2	174	1817	184
25-29岁	39	12	13437	162	349	11	285	2674	428
30-34岁	54	14	19100	268	457	20	425	3624	799
35-39岁	43	8	14959	222	385	12	363	2610	634
40-44岁	75	15	20775	351	496	22	470	3220	977
45-49岁	180	40	37408	751	808	29	814	4991	1658
50-54岁	203	52	26072	697	520	17	433	2847	1217
55-59岁	155	44	9775	386	232	1	131	952	448
60-64岁	102	24	1847	129	63	6	14	139	73
65-69岁	142	29	1140	137	36	5	13	103	62
70-74岁	68	15	289	44	18	1		19	13
75岁及以上	25	7	157	22	8		1	27	8

4-7c 续表 6 单位：人

年龄组 性别	生产制造及有关人员								
	纸及纸制品生产加工人员	印刷和记录媒介复制人员	文教、工美、体育和娱乐用品制造人员	石油加工和炼焦、煤化工生产人员	化学原料和化学制品制造人员	医药制造人员	化学纤维制造人员	橡胶和塑料制品制造人员	非金属矿物制品制造人员
总计	**2604**	**1709**	**5118**	**300**	**3428**	**1118**	**254**	**5310**	**12525**
16-19岁	35	44	194	4	26	4	5	82	107
20-24岁	139	196	562	20	142	118	2	295	477
25-29岁	204	245	630	32	281	163	34	387	875
30-34岁	319	293	674	40	431	182	39	661	1272
35-39岁	259	220	507	21	375	146	23	498	998
40-44岁	334	228	552	25	434	121	44	650	1389
45-49岁	622	264	903	62	761	172	56	1272	2833
50-54岁	411	147	652	59	589	111	35	959	2523
55-59岁	212	57	277	23	289	71	15	376	1355
60-64岁	36	9	71	10	51	11		87	414
65-69岁	27	6	58	2	41	14	1	35	237
70-74岁	4		22	2	3	5		7	37
75岁及以上	2		16		5			1	8
男	**1290**	**1041**	**2407**	**239**	**2420**	**589**	**149**	**2935**	**9080**
16-19岁	26	32	100	3	23	3	4	64	82
20-24岁	90	114	309	19	102	61	2	196	379
25-29岁	128	155	334	25	208	86	24	251	687
30-34岁	168	179	322	35	290	85	29	395	924
35-39岁	114	136	232	17	255	72	10	286	656
40-44岁	138	129	224	17	260	54	25	293	879
45-49岁	246	150	366	42	507	81	24	603	1844
50-54岁	211	99	261	55	452	71	22	521	1877
55-59岁	118	37	153	17	241	56	9	228	1114
60-64岁	31	6	44	7	44	6		65	373
65-69岁	18	4	35	1	32	11		27	224
70-74岁	1		14	1	2	3		5	35
75岁及以上	1		13		4			1	6
女	**1314**	**668**	**2711**	**61**	**1008**	**529**	**105**	**2375**	**3445**
16-19岁	9	12	94	1	3	1	1	18	25
20-24岁	49	82	253	1	40	57		99	98
25-29岁	76	90	296	7	73	77	10	136	188
30-34岁	151	114	352	5	141	97	10	266	348
35-39岁	145	84	275	4	120	74	13	212	342
40-44岁	196	99	328	8	174	67	19	357	510
45-49岁	376	114	537	20	254	91	32	669	989
50-54岁	200	48	391	4	137	40	13	438	646
55-59岁	94	20	124	6	48	15	6	148	241
60-64岁	5	3	27	3	7	5		22	41
65-69岁	9	2	23	1	9	3	1	8	13
70-74岁	3		8	1	1	2		2	2
75岁及以上	1		3		1				2

4-7c 续表 7

单位：人

年龄组 性别	生产制造及有关人员								
	采矿人员	金属冶炼和压延加工人员	机械制造基础加工人员	金属制品制造人员	通用设备制造人员	专用设备制造人员	汽车制造人员	铁路、船舶、航空设备制造人员	电气机械和器材制造人员
总计	**5999**	**3394**	**14659**	**9973**	**2789**	**954**	**3539**	**786**	**4472**
16-19岁	21	27	228	165	35	28	108	16	117
20-24岁	176	142	930	659	183	129	384	69	510
25-29岁	304	265	1439	1096	290	150	518	117	663
30-34岁	535	340	2288	1393	441	145	632	103	785
35-39岁	492	312	1714	1019	320	94	390	79	504
40-44岁	652	438	1913	1166	344	120	408	76	508
45-49岁	1612	869	3088	2061	577	158	577	157	744
50-54岁	1410	636	2022	1578	403	89	366	105	438
55-59岁	629	288	807	640	158	29	132	51	164
60-64岁	97	54	153	123	21	10	15	9	29
65-69岁	53	18	62	61	16	2	7	2	7
70-74岁	8	3	11	10			2		3
75岁及以上	10	2	4	2	1			2	
男	**5565**	**2795**	**12402**	**7054**	**2130**	**568**	**2436**	**568**	**2821**
16-19岁	19	24	184	137	27	23	88	15	86
20-24岁	161	123	803	525	157	86	314	54	381
25-29岁	273	223	1268	870	235	99	415	90	464
30-34岁	489	276	1963	1036	341	96	441	79	505
35-39岁	444	246	1458	732	230	51	246	51	318
40-44岁	589	342	1568	723	251	58	234	40	282
45-49岁	1488	683	2507	1298	423	78	318	108	384
50-54岁	1346	549	1705	1073	299	46	251	75	266
55-59岁	606	261	728	489	132	20	108	44	104
60-64岁	87	48	146	108	20	9	13	9	23
65-69岁	47	16	58	53	14	2	6	2	5
70-74岁	6	2	10	9			2		3
75岁及以上	10	2	4	1	1			1	
女	**434**	**599**	**2257**	**2919**	**659**	**386**	**1103**	**218**	**1651**
16-19岁	2	3	44	28	8	5	20	1	31
20-24岁	15	19	127	134	26	43	70	15	129
25-29岁	31	42	171	226	55	51	103	27	199
30-34岁	46	64	325	357	100	49	191	24	280
35-39岁	48	66	256	287	90	43	144	28	186
40-44岁	63	96	345	443	93	62	174	36	226
45-49岁	124	186	581	763	154	80	259	49	360
50-54岁	64	87	317	505	104	43	115	30	172
55-59岁	23	27	79	151	26	9	24	7	60
60-64岁	10	6	7	15	1	1	2		6
65-69岁	6	2	4	8	2		1		2
70-74岁	2	1	1	1					
75岁及以上				1				1	

4-7c 续表 8 单位：人

年龄组 性　别	生产制造及有关人员								不便分类的其他从业人员
	计算机、通信和其他电子设备制造人员	仪器仪表制造人员	废弃资源综合利用人员	电力、热力、气体、水生产和输配人员	建筑施工人员	运输设备和通用工程机械操作人员及有关人员	生产辅助人员	其他生产制造及有关人员	
总　计	**32791**	**380**	**535**	**1526**	**364426**	**13266**	**37884**	**1583**	**2849**
16-19岁	1855	9	1	9	3260	287	544	27	767
20-24岁	5799	51	12	78	16592	1674	3012	118	493
25-29岁	6398	54	34	149	29713	2913	4591	172	243
30-34岁	5976	64	30	178	40905	2520	5682	196	229
35-39岁	3084	40	33	123	28859	1283	3696	145	138
40-44岁	2840	50	47	136	37583	1178	4278	164	132
45-49岁	3693	50	110	284	75380	1716	7185	299	234
50-54岁	2191	39	130	287	71852	1037	5126	247	243
55-59岁	743	13	65	202	39718	501	2599	124	169
60-64岁	123	6	33	48	12310	92	638	49	65
65-69岁	69	4	29	24	6783	50	401	21	59
70-74岁	19		9	4	1142	7	97	13	22
75岁及以上	1		2	4	329	8	35	8	55
男	**17831**	**214**	**376**	**1211**	**303007**	**12054**	**23271**	**1003**	**1722**
16-19岁	1192	5		9	2872	275	353	21	434
20-24岁	3712	33	8	70	14586	1622	2015	74	322
25-29岁	3898	29	28	118	26282	2813	3057	129	162
30-34岁	3240	41	21	132	35470	2334	3602	124	123
35-39岁	1467	24	20	93	23967	1131	2156	89	84
40-44岁	1150	23	30	93	29659	989	2304	85	80
45-49岁	1495	27	68	198	58764	1388	3893	165	137
50-54岁	1104	17	94	243	58209	893	3212	150	148
55-59岁	429	9	52	181	34380	464	1842	91	102
60-64岁	89	3	25	43	11292	85	464	36	53
65-69岁	42	3	20	23	6247	48	288	20	40
70-74岁	12		8	4	1015	6	64	12	13
75岁及以上	1		2	4	264	6	21	7	24
女	**14960**	**166**	**159**	**315**	**61419**	**1212**	**14613**	**580**	**1127**
16-19岁	663	4	1		388	12	191	6	333
20-24岁	2087	18	4	8	2006	52	997	44	171
25-29岁	2500	25	6	31	3431	100	1534	43	81
30-34岁	2736	23	9	46	5435	186	2080	72	106
35-39岁	1617	16	13	30	4892	152	1540	56	54
40-44岁	1690	27	17	43	7924	189	1974	79	52
45-49岁	2198	23	42	86	16616	328	3292	134	97
50-54岁	1087	22	36	44	13643	144	1914	97	95
55-59岁	314	4	13	21	5338	37	757	33	67
60-64岁	34	3	8	5	1018	7	174	13	12
65-69岁	27	1	9	1	536	2	113	1	19
70-74岁	7		1		127	1	33	1	9
75岁及以上					65	2	14	1	31

第二部分　长表数据资料

第五卷　婚姻

5-1 各地区分性别、婚姻状况的15岁及以上人口

单位：人

地区	15岁及以上人口			未婚		
	合计	男	女	小计	男	女
全省	**7466650**	**3741247**	**3725403**	**1424843**	**838330**	**586513**
成都市	1782111	886825	895286	376345	210459	165886
自贡市	214961	105216	109745	33863	20302	13561
攀枝花市	117146	60722	56424	21996	13326	8670
泸州市	337593	167302	170291	65051	38058	26993
德阳市	307258	152766	154492	45741	28579	17162
绵阳市	456097	226967	229130	78555	46661	31894
广元市	200931	98893	102038	29028	17489	11539
遂宁市	305315	155333	149982	55107	34324	20783
内江市	317620	159352	158268	60430	36232	24198
乐山市	266283	131694	134589	36865	22614	14251
南充市	598797	304008	294789	113788	67786	46002
眉山市	248125	120927	127198	35134	20523	14611
宜宾市	366769	185699	181070	68865	41780	27085
广安市	259002	128056	130946	47571	28879	18692
达州市	612207	314978	297229	129966	77203	52763
雅安市	124931	62561	62370	19639	11775	7864
巴中市	266222	134396	131826	52416	30739	21677
资阳市	185516	91302	94214	29696	18557	11139
阿坝藏族羌族自治州	69192	35756	33436	18060	10712	7348
甘孜藏族自治州	85505	43892	41613	30122	16968	13154
凉山彝族自治州	345069	174602	170467	76605	45364	31241

5-1 续表

单位：人

地区	有配偶			离婚			丧偶		
	小计	男	女	小计	男	女	小计	男	女
全省	**5334325**	**2640944**	**2693381**	**218471**	**121474**	**96997**	**489011**	**140499**	**348512**
成都市	1263929	626480	637449	59630	29226	30404	82207	20660	61547
自贡市	155264	76190	79074	7891	4274	3617	17943	4450	13493
攀枝花市	82803	42403	40400	5522	3012	2510	6825	1981	4844
泸州市	236947	116193	120754	9431	5463	3968	26164	7588	18576
德阳市	227104	111897	115207	10875	6160	4715	23538	6130	17408
绵阳市	330263	161843	168420	16116	9382	6734	31163	9081	22082
广元市	150495	73287	77208	4986	2930	2056	16422	5187	11235
遂宁市	220270	109635	110635	8297	5158	3139	21641	6216	15425
内江市	224588	111473	113115	9919	5675	4244	22683	5972	16711
乐山市	199166	97738	101428	10694	5847	4847	19558	5495	14063
南充市	428424	213944	214480	14098	8539	5559	42487	13739	28748
眉山市	187183	90908	96275	7621	4258	3363	18187	5238	12949
宜宾市	258388	128839	129549	12382	7324	5058	27134	7756	19378
广安市	185843	89886	95957	5144	3083	2061	20444	6208	14236
达州市	431611	217169	214442	12778	7837	4941	37852	12769	25083
雅安市	92647	45827	46820	4310	2448	1862	8335	2511	5824
巴中市	190580	94388	96192	4727	3012	1715	18499	6257	12242
资阳市	134784	64928	69856	4591	2822	1769	16445	4995	11450
阿坝藏族羌族自治州	45333	23301	22032	1536	734	802	4263	1009	3254
甘孜藏族自治州	48549	24965	23584	1808	697	1111	5026	1262	3764
凉山彝族自治州	240154	119650	120504	6115	3593	2522	22195	5995	16200

5−1a　各地区分性别、婚姻状况的15岁及以上人口(城市)

单位：人

地　区	15岁及以上人口			未　婚		
	合计	男	女	小计	男	女
全省	**2609928**	**1275369**	**1334559**	**566303**	**306117**	**260186**
成都市	1278891	632898	645993	298928	163280	135648
自贡市	66647	31679	34968	10904	6041	4863
攀枝花市	66013	34035	31978	12883	7450	5433
泸州市	85200	40879	44321	17742	9347	8395
德阳市	106843	51518	55325	18489	10230	8259
绵阳市	146813	70124	76689	31299	16688	14611
广元市	38524	18217	20307	6534	3443	3091
遂宁市	95841	46257	49584	17125	9654	7471
内江市	67106	31041	36065	14450	6900	7550
乐山市	77987	36920	41067	13281	7095	6186
南充市	137129	65437	71692	31498	15863	15635
眉山市	56125	26647	29478	9701	5029	4672
宜宾市	89570	44103	45467	21379	11723	9656
广安市	39800	18967	20833	7672	4233	3439
达州市	109984	54635	55349	23601	12570	11031
雅安市	24031	11535	12496	4435	2271	2164
巴中市	40836	19930	20906	8194	4448	3746
资阳市	34213	16630	17583	6801	3960	2841
阿坝藏族羌族自治州	2539	1174	1365	735	295	440
甘孜藏族自治州	3563	1857	1706	887	524	363
凉山彝族自治州	42273	20886	21387	9765	5073	4692

5−1a　续表

单位：人

地　区	有配偶			离　婚			丧　偶		
	小计	男	女	小计	男	女	小计	男	女
全省	**1840603**	**901404**	**939199**	**95749**	**43161**	**52588**	**107273**	**24687**	**82586**
成都市	890123	439933	450190	43831	19543	24288	46009	10142	35867
自贡市	47558	23108	24450	3659	1691	1968	4526	839	3687
攀枝花市	45517	23427	22090	3975	2082	1893	3638	1076	2562
泸州市	59772	29036	30736	3543	1535	2008	4143	961	3182
德阳市	78071	38077	39994	4769	2111	2658	5514	1100	4414
绵阳市	103596	49336	54260	5981	2692	3289	5937	1408	4529
广元市	28991	13802	15189	1335	582	753	1664	390	1274
遂宁市	70870	34023	36847	2929	1416	1513	4917	1164	3753
内江市	46606	22193	24413	2784	1229	1555	3266	719	2547
乐山市	56423	27143	29280	4395	1884	2511	3888	798	3090
南充市	96652	46375	50277	3657	1708	1949	5322	1491	3831
眉山市	41715	20094	21621	2345	1004	1341	2364	520	1844
宜宾市	59917	29712	30205	4146	1862	2284	4128	806	3322
广安市	29422	13918	15504	864	377	487	1842	439	1403
达州市	79781	39415	40366	2799	1329	1470	3803	1321	2482
雅安市	17313	8532	8781	1132	472	660	1151	260	891
巴中市	30202	14668	15534	841	403	438	1599	411	1188
资阳市	24812	11828	12984	1061	468	593	1539	374	1165
阿坝藏族羌族自治州	1661	844	817	58	22	36	85	13	72
甘孜藏族自治州	2448	1260	1188	127	60	67	101	13	88
凉山彝族自治州	29153	14680	14473	1518	691	827	1837	442	1395

5-1b 各地区分性别、婚姻状况的15岁及以上人口(镇)

单位：人

地区	15岁及以上人口			未婚		
	合计	男	女	小计	男	女
全省	**1471248**	**715536**	**755712**	**273209**	**153556**	**119653**
成都市	116316	55993	60323	23443	12139	11304
自贡市	50338	23426	26912	7756	4227	3529
攀枝花市	15680	8102	7578	2810	1695	1115
泸州市	90060	43131	46929	18911	10276	8635
德阳市	59964	29765	30199	9882	6312	3570
绵阳市	73904	35980	37924	13725	7729	5996
广元市	51054	24224	26830	7847	4398	3449
遂宁市	50198	24628	25570	8294	4941	3353
内江市	77410	37434	39976	13807	7930	5877
乐山市	62174	30015	32159	8206	4851	3355
南充市	130131	63784	66347	22854	13104	9750
眉山市	65162	31212	33950	9846	5582	4264
宜宾市	102921	50788	52133	19576	11231	8345
广安市	73759	34481	39278	13385	7438	5947
达州市	160892	80346	80546	31621	17970	13651
雅安市	39919	19492	20427	6087	3479	2608
巴中市	69254	33457	35797	13917	7480	6437
资阳市	43382	20230	23152	7252	4041	3211
阿坝藏族羌族自治州	25637	12926	12711	6250	3550	2700
甘孜藏族自治州	23498	11594	11904	8430	4225	4205
凉山彝族自治州	89595	44528	45067	19310	10958	8352

5-1b 续表

单位：人

地区	有配偶			离婚			丧偶		
	小计	男	女	小计	男	女	小计	男	女
全省	**1073227**	**518228**	**554999**	**39744**	**20898**	**18846**	**85068**	**22854**	**62214**
成都市	82632	40277	42355	3637	1810	1827	6604	1767	4837
自贡市	37310	17580	19730	1801	867	934	3471	752	2719
攀枝花市	11503	5900	5603	571	289	282	796	218	578
泸州市	63031	30035	32996	2412	1310	1102	5706	1510	4196
德阳市	43790	21275	22515	1876	1078	798	4416	1100	3316
绵阳市	53672	25885	27787	2408	1309	1099	4099	1057	3042
广元市	38741	18249	20492	1318	696	622	3148	881	2267
遂宁市	37857	18219	19638	1011	616	395	3036	852	2184
内江市	56492	27125	29367	2592	1305	1287	4519	1074	3445
乐山市	47467	22832	24635	2529	1355	1174	3972	977	2995
南充市	97315	47006	50309	2713	1392	1321	7249	2282	4967
眉山市	49591	23636	25955	2017	1018	999	3708	976	2732
宜宾市	73203	35910	37293	3516	1965	1551	6626	1682	4944
广安市	54625	25122	29503	1666	825	841	4083	1096	2987
达州市	118341	58197	60144	2875	1590	1285	8055	2589	5466
雅安市	29995	14647	15348	1393	741	652	2444	625	1819
巴中市	50661	24269	26392	1243	658	585	3433	1050	2383
资阳市	32356	14954	17402	1147	579	568	2627	656	1971
阿坝藏族羌族自治州	17568	8831	8737	601	272	329	1218	273	945
甘孜藏族自治州	13555	6908	6647	530	208	322	983	253	730
凉山彝族自治州	63522	31371	32151	1888	1015	873	4875	1184	3691

5-1c　各地区分性别、婚姻状况的15岁及以上人口(乡村)

单位：人

地　区	15岁及以上人口			未　婚		
	合计	男	女	小计	男	女
全省	**3385474**	**1750342**	**1635132**	**585331**	**378657**	**206674**
成都市	386904	197934	188970	53974	35040	18934
自贡市	97976	50111	47865	15203	10034	5169
攀枝花市	35453	18585	16868	6303	4181	2122
泸州市	162333	83292	79041	28398	18435	9963
德阳市	140451	71483	68968	17370	12037	5333
绵阳市	235380	120863	114517	33531	22244	11287
广元市	111353	56452	54901	14647	9648	4999
遂宁市	159276	84448	74828	29688	19729	9959
内江市	173104	90877	82227	32173	21402	10771
乐山市	126122	64759	61363	15378	10668	4710
南充市	331537	174787	156750	59436	38819	20617
眉山市	126838	63068	63770	15587	9912	5675
宜宾市	174278	90808	83470	27910	18826	9084
广安市	145443	74608	70835	26514	17208	9306
达州市	341331	179997	161334	74744	46663	28081
雅安市	60981	31534	29447	9117	6025	3092
巴中市	156132	81009	75123	30305	18811	11494
资阳市	107921	54442	53479	15643	10556	5087
阿坝藏族羌族自治州	41016	21656	19360	11075	6867	4208
甘孜藏族自治州	58444	30441	28003	20805	12219	8586
凉山彝族自治州	213201	109188	104013	47530	29333	18197

5-1c　续表

单位：人

地　区	有配偶			离　婚			丧　偶		
	小计	男	女	小计	男	女	小计	男	女
全省	**2420495**	**1221312**	**1199183**	**82978**	**57415**	**25563**	**296670**	**92958**	**203712**
成都市	291174	146270	144904	12162	7873	4289	29594	8751	20843
自贡市	70396	35502	34894	2431	1716	715	9946	2859	7087
攀枝花市	25783	13076	12707	976	641	335	2391	687	1704
泸州市	114144	57122	57022	3476	2618	858	16315	5117	11198
德阳市	105243	52545	52698	4230	2971	1259	13608	3930	9678
绵阳市	172995	86622	86373	7727	5381	2346	21127	6616	14511
广元市	82763	41236	41527	2333	1652	681	11610	3916	7694
遂宁市	111543	57393	54150	4357	3126	1231	13688	4200	9488
内江市	121490	62155	59335	4543	3141	1402	14898	4179	10719
乐山市	95276	47763	47513	3770	2608	1162	11698	3720	7978
南充市	234457	120563	113894	7728	5439	2289	29916	9966	19950
眉山市	95877	47178	48699	3259	2236	1023	12115	3742	8373
宜宾市	125268	63217	62051	4720	3497	1223	16380	5268	11112
广安市	101796	50846	50950	2614	1881	733	14519	4673	9846
达州市	233489	119557	113932	7104	4918	2186	25994	8859	17135
雅安市	45339	22648	22691	1785	1235	550	4740	1626	3114
巴中市	109717	55451	54266	2643	1951	692	13467	4796	8671
资阳市	77616	38146	39470	2383	1775	608	12279	3965	8314
阿坝藏族羌族自治州	26104	13626	12478	877	440	437	2960	723	2237
甘孜藏族自治州	32546	16797	15749	1151	429	722	3942	996	2946
凉山彝族自治州	147479	73599	73880	2709	1887	822	15483	4369	11114

5–2 全省分性别、职业、婚姻状况的人口

单位：人

职业大类	15岁及以上人口			未婚		
	合计	男	女	小计	男	女
总　计	**4556016**	**2580033**	**1975983**	**680479**	**442140**	**238339**
党的机关、国家机关、群众团体和社会组织、企事业单位负责人	47437	35343	12094	3848	2637	1211
专业技术人员	391306	177743	213563	104636	41077	63559
办事人员和有关人员	262048	153187	108861	45404	23428	21976
社会生产服务和生活服务人员	1617500	826694	790806	281794	173819	107975
农、林、牧、渔业生产及辅助人员	1123718	546436	577282	83403	64145	19258
生产制造及有关人员	1107749	837083	270666	158714	135405	23309
不便分类的其他从业人员	6258	3547	2711	2680	1629	1051

5–2 续表

单位：人

职业大类	有配偶			离婚			丧偶		
	小计	男	女	小计	男	女	小计	男	女
总　计	**3603176**	**2000592**	**1602584**	**156071**	**95649**	**60422**	**116290**	**41652**	**74638**
党的机关、国家机关、群众团体和社会组织、企事业单位负责人	41512	31477	10035	1856	1130	726	221	99	122
专业技术人员	274875	131790	143085	10407	4341	6066	1388	535	853
办事人员和有关人员	205221	123742	81479	10107	5333	4774	1316	684	632
社会生产服务和生活服务人员	1245585	614046	631539	68217	32944	35273	21904	5885	16019
农、林、牧、渔业生产及辅助人员	936492	438091	498401	22846	16353	6493	80977	27847	53130
生产制造及有关人员	896167	659644	236523	42482	35458	7024	10386	6576	3810
不便分类的其他从业人员	3324	1802	1522	156	90	66	98	26	72

5–2a 全省分性别、职业、婚姻状况的人口(城市)

单位：人

职业大类	15岁及以上人口			未婚		
	合计	男	女	小计	男	女
总 计	**1463870**	**825768**	**638102**	**264435**	**153918**	**110517**
党的机关、国家机关、群众团体和社会组织、企事业单位负责人	28502	20658	7844	2500	1688	812
专业技术人员	230145	101746	128399	58343	22979	35364
办事人员和有关人员	163940	91554	72386	27850	13410	14440
社会生产服务和生活服务人员	727587	378801	348786	136491	82611	53880
农、林、牧、渔业生产及辅助人员	27115	13602	13513	1254	962	292
生产制造及有关人员	284667	218374	66293	37435	31979	5456
不便分类的其他从业人员	1914	1033	881	562	289	273

5–2a 续表

单位：人

职业大类	有配偶			离婚			丧偶		
	小计	男	女	小计	男	女	小计	男	女
总 计	**1129505**	**638261**	**491244**	**60385**	**30672**	**29713**	**9545**	**2917**	**6628**
党的机关、国家机关、群众团体和社会组织、企事业单位负责人	24667	18226	6441	1254	718	536	81	26	55
专业技术人员	164666	76158	88508	6605	2462	4143	531	147	384
办事人员和有关人员	128769	74591	54178	6755	3322	3433	566	231	335
社会生产服务和生活服务人员	551128	279575	271553	34050	15200	18850	5918	1415	4503
农、林、牧、渔业生产及辅助人员	23878	11836	12042	809	484	325	1174	320	854
生产制造及有关人员	235126	177166	57960	10848	8454	2394	1258	775	483
不便分类的其他从业人员	1271	709	562	64	32	32	17	3	14

5-2b 全省分性别、职业、婚姻状况的人口(镇)

单位：人

职业大类	15岁及以上人口			未婚		
	合计	男	女	小计	男	女
总　计	**853948**	**472624**	**381324**	**104013**	**64727**	**39286**
党的机关、国家机关、群众团体和社会组织、企事业单位负责人	9233	7019	2214	507	363	144
专业技术人员	87972	39524	48448	18849	6596	12253
办事人员和有关人员	56918	35597	21321	8317	4745	3572
社会生产服务和生活服务人员	373275	178257	195018	45891	28068	17823
农、林、牧、渔业生产及辅助人员	124147	58541	65606	7719	5699	2020
生产制造及有关人员	201139	153029	48110	22309	18978	3331
不便分类的其他从业人员	1264	657	607	421	278	143

5-2b 续表

单位：人

职业大类	有配偶			离婚			丧偶		
	小计	男	女	小计	男	女	小计	男	女
总　计	**707211**	**387289**	**319922**	**28049**	**16012**	**12037**	**14675**	**4596**	**10079**
党的机关、国家机关、群众团体和社会组织、企事业单位负责人	8389	6462	1927	286	171	115	51	23	28
专业技术人员	66523	31850	34673	2203	935	1268	397	143	254
办事人员和有关人员	46362	29617	16745	1952	1110	842	287	125	162
社会生产服务和生活服务人员	307847	142488	165359	14139	6436	7703	5398	1265	4133
农、林、牧、渔业生产及辅助人员	106904	49076	57828	2565	1673	892	6959	2093	4866
生产制造及有关人员	170400	127435	42965	6871	5674	1197	1559	942	617
不便分类的其他从业人员	786	361	425	33	13	20	24	5	19

5–2c　全省分性别、职业、婚姻状况的人口(乡村)

单位：人

职业大类	15岁及以上人口			未　　婚		
	合计	男	女	小计	男	女
总　计	**2238198**	**1281641**	**956557**	**312031**	**223495**	**88536**
党的机关、国家机关、群众团体和社会组织、企事业单位负责人	9702	7666	2036	841	586	255
专业技术人员	73189	36473	36716	27444	11502	15942
办事人员和有关人员	41190	26036	15154	9237	5273	3964
社会生产服务和生活服务人员	516638	269636	247002	99412	63140	36272
农、林、牧、渔业生产及辅助人员	972456	474293	498163	74430	57484	16946
生产制造及有关人员	621943	465680	156263	98970	84448	14522
不便分类的其他从业人员	3080	1857	1223	1697	1062	635

5–2c　续表

单位：人

职业大类	有 配 偶			离　　婚			丧　　偶		
	小计	男	女	小计	男	女	小计	男	女
总　计	**1766460**	**975042**	**791418**	**67637**	**48965**	**18672**	**92070**	**34139**	**57931**
党的机关、国家机关、群众团体和社会组织、企事业单位负责人	8456	6789	1667	316	241	75	89	50	39
专业技术人员	43686	23782	19904	1599	944	655	460	245	215
办事人员和有关人员	30090	19534	10556	1400	901	499	463	328	135
社会生产服务和生活服务人员	386610	191983	194627	20028	11308	8720	10588	3205	7383
农、林、牧、渔业生产及辅助人员	805710	377179	428531	19472	14196	5276	72844	25434	47410
生产制造及有关人员	490641	355043	135598	24763	21330	3433	7569	4859	2710
不便分类的其他从业人员	1267	732	535	59	45	14	57	18	39

5-3 全省分年龄、性别、受教育

受教育程度 年龄	15岁及以上人口			未婚		
	合计	男	女	小计	男	女
总计	**7466650**	**3741247**	**3725403**	**1424843**	**838330**	**586513**
15-19岁	**505721**	**260341**	**245380**	**502135**	**259594**	**242541**
15	102256	52897	49359	102210	52885	49325
16	112881	58215	54666	112691	58191	54500
17	102177	52844	49333	101708	52751	48957
18	92264	47900	44364	91266	47675	43591
19	96143	48485	47658	94260	48092	46168
20-24岁	**506593**	**252634**	**253959**	**430053**	**229736**	**200317**
20	99345	49479	49866	95478	48668	46810
21	95614	47579	48035	88623	45952	42671
22	102245	51055	51190	89087	47550	41537
23	101688	50704	50984	80761	44359	36402
24	107701	53817	53884	76104	43207	32897
25-29岁	**581211**	**293050**	**288161**	**244005**	**153016**	**90989**
25	118438	59299	59139	71720	42324	29396
26	111907	56097	55810	55869	34197	21672
27	119665	60269	59396	48708	31064	17644
28	113753	57615	56138	37116	24549	12567
29	117448	59770	57678	30592	20882	9710
30-34岁	**700650**	**357016**	**343634**	**98895**	**70980**	**27915**
30	140231	71539	68692	29344	20529	8815
31	135693	69220	66473	22129	15817	6312
32	128786	65493	63293	17337	12510	4827
33	155456	79158	76298	16838	12349	4489
34	140484	71606	68878	13247	9775	3472
35-39岁	**491750**	**251205**	**240545**	**31946**	**23198**	**8748**
35	100373	51254	49119	8239	6063	2176
36	85181	43475	41706	6210	4429	1781
37	88517	45352	43165	5707	4121	1586
38	114587	58676	55911	6518	4743	1775
39	103092	52448	50644	5272	3842	1430
40-44岁	**512893**	**258760**	**254133**	**20634**	**16161**	**4473**
40	81077	41013	40064	3873	2895	978
41	94705	47896	46809	3983	3104	879
42	91588	45861	45727	3683	2873	810
43	109747	55295	54452	4195	3317	878
44	135776	68695	67081	4900	3972	928
45-49岁	**861042**	**434901**	**426141**	**25707**	**21446**	**4261**
45	155438	78255	77183	5107	4194	913
46	171054	86204	84850	5456	4535	921
47	173509	88070	85439	5081	4253	828
48	177241	89266	87975	5009	4220	789
49	183800	93106	90694	5054	4244	810
50-54岁	**851387**	**425513**	**425874**	**18838**	**16281**	**2557**
50	182995	92167	90828	4606	3905	701
51	168818	84528	84290	3862	3338	524
52	185266	92316	92950	3997	3463	534
53	145243	71765	73478	3094	2710	384
54	169065	84737	84328	3279	2865	414
55-59岁	**637567**	**317082**	**320485**	**11178**	**9819**	**1359**
55	160358	80340	80018	3048	2701	347
56	160571	79854	80717	2825	2487	338
57	177220	88913	88307	2962	2619	343
58	94581	46446	48135	1528	1331	197
59	44837	21529	23308	815	681	134
60-64岁	**413314**	**210762**	**202552**	**10685**	**9934**	**751**
60	52733	26009	26724	1153	1023	130
61	58001	30157	27844	1412	1290	122
62	94112	48544	45568	2598	2417	181
63	104073	53112	50961	2820	2664	156
64	104395	52940	51455	2702	2540	162
65岁及以上	**1404522**	**679983**	**724539**	**30767**	**28165**	**2602**

程度、婚姻状况的人口

单位：人

有配偶			离婚			丧偶		
小计	男	女	小计	男	女	小计	男	女
5334325	**2640944**	**2693381**	**218471**	**121474**	**96997**	**489011**	**140499**	**348512**
3556	**740**	**2816**	**23**	**5**	**18**	**7**	**2**	**5**
46	12	34						
187	22	165				3	2	1
465	92	373	4	1	3			
988	223	765	8	2	6	2		2
1870	391	1479	11	2	9	2		2
75326	**22523**	**52803**	**1152**	**356**	**796**	**62**	**19**	**43**
3825	802	3023	40	7	33	2	2	
6900	1604	5296	84	20	64	7	3	4
12981	3446	9535	163	54	109	14	5	9
20584	6239	14345	326	102	224	17	4	13
31036	10432	20604	539	173	366	22	5	17
327951	**135895**	**192056**	**8969**	**4065**	**4904**	**286**	**74**	**212**
45821	16630	29191	859	332	527	38	13	25
54691	21347	33344	1303	542	761	44	11	33
69124	28404	40720	1772	785	987	61	16	45
74344	32038	42306	2224	1012	1212	69	16	53
83971	37476	46495	2811	1394	1417	74	18	56
573378	**271261**	**302117**	**27355**	**14479**	**12876**	**1022**	**296**	**726**
106739	48964	57775	4019	2006	2013	129	40	89
108776	50981	57795	4620	2372	2248	168	50	118
106167	50313	55854	5072	2619	2453	210	51	159
131390	62900	68490	6984	3832	3152	244	77	167
120306	58103	62203	6660	3650	3010	271	78	193
431549	**212706**	**218843**	**26658**	**14879**	**11779**	**1597**	**422**	**1175**
86836	42458	44378	5037	2658	2379	261	75	186
74419	36644	37775	4299	2334	1965	253	68	185
77751	38444	39307	4791	2721	2070	268	66	202
101179	50083	51096	6499	3754	2745	391	96	295
91364	45077	46287	6032	3412	2620	424	117	307
459271	**224804**	**234467**	**29564**	**16876**	**12688**	**3424**	**919**	**2505**
72169	35377	36792	4617	2642	1975	418	99	319
84713	41506	43207	5460	3143	2317	549	143	406
82076	39865	42211	5213	2973	2240	616	150	466
98302	48115	50187	6481	3640	2841	769	223	546
122011	59941	62070	7793	4478	3315	1072	304	768
781963	**385897**	**396066**	**43528**	**24777**	**18751**	**9844**	**2781**	**7063**
140293	68712	71581	8654	4971	3683	1384	378	1006
154994	76128	78866	8924	5081	3843	1680	460	1220
157827	78300	79527	8611	4920	3691	1990	597	1393
161441	79573	81868	8570	4859	3711	2221	614	1607
167408	83184	84224	8769	4946	3823	2569	732	1837
777945	**384499**	**393446**	**34393**	**19310**	**15083**	**20211**	**5423**	**14788**
167187	82839	84348	8132	4588	3544	3070	835	2235
154129	76139	77990	7365	4081	3284	3462	970	2492
169399	83433	85966	7523	4258	3265	4347	1162	3185
132813	65042	67771	5318	3004	2314	4018	1009	3009
154417	77046	77371	6055	3379	2676	5314	1447	3867
576730	**288309**	**288421**	**21965**	**12039**	**9926**	**27694**	**6915**	**20779**
145817	72943	72874	5664	3130	2534	5829	1566	4263
145542	72630	72912	5624	3079	2545	6580	1658	4922
160303	81025	79278	6084	3315	2769	7871	1954	5917
85089	42261	42828	3076	1697	1379	4888	1157	3731
39979	19450	20529	1517	818	699	2526	580	1946
356762	**184445**	**172317**	**10651**	**6305**	**4346**	**35216**	**10078**	**25138**
46306	23095	23211	1793	1010	783	3481	881	2600
50536	26615	23921	1702	1001	701	4351	1251	3100
81400	42420	38980	2458	1535	923	7656	2172	5484
89488	46266	43222	2475	1449	1026	9290	2733	6557
89032	46049	42983	2223	1310	913	10438	3041	7397
969894	**529865**	**440029**	**14213**	**8383**	**5830**	**389648**	**113570**	**276078**

5-3 续表 1

受教育程度 年　　龄	15岁及以上人口			未　　婚		
	合计	男	女	小计	男	女
未上过学	**327862**	**87873**	**239989**	**24832**	**19773**	**5059**
15—19岁	**958**	**504**	**454**	**896**	**496**	**400**
15	136	78	58	136	78	58
16	126	80	46	124	80	44
17	205	102	103	195	99	96
18	221	102	119	198	99	99
19	270	142	128	243	140	103
20—24岁	**2140**	**955**	**1185**	**1464**	**843**	**621**
20	342	155	187	290	152	138
21	365	172	193	270	154	116
22	400	180	220	277	162	115
23	487	228	259	320	196	124
24	546	220	326	307	179	128
25—29岁	**3476**	**1424**	**2052**	**1428**	**913**	**515**
25	593	256	337	304	194	110
26	683	254	429	302	181	121
27	658	275	383	275	165	110
28	748	298	450	257	173	84
29	794	341	453	290	200	90
30—34岁	**6083**	**2410**	**3673**	**1474**	**994**	**480**
30	935	380	555	273	178	95
31	1212	490	722	285	193	92
32	1176	450	726	298	192	106
33	1309	510	799	303	206	97
34	1451	580	871	315	225	90
35—39岁	**7880**	**2986**	**4894**	**1274**	**885**	**389**
35	1332	497	835	210	145	65
36	1453	551	902	239	168	71
37	1465	552	913	248	171	77
38	1803	693	1110	289	201	88
39	1827	693	1134	288	200	88
40—44岁	**10362**	**3889**	**6473**	**1467**	**1083**	**384**
40	1779	612	1167	246	167	79
41	1999	746	1253	272	200	72
42	2001	744	1257	270	200	70
43	2207	843	1364	336	249	87
44	2376	944	1432	343	267	76
45—49岁	**14929**	**5612**	**9317**	**2219**	**1775**	**444**
45	2588	939	1649	375	273	102
46	2883	1092	1791	444	350	94
47	3043	1166	1877	473	384	89
48	3215	1205	2010	444	376	68
49	3200	1210	1990	483	392	91
50—54岁	**17793**	**5981**	**11812**	**2129**	**1761**	**368**
50	3375	1178	2197	435	361	74
51	3419	1253	2166	456	370	86
52	3815	1251	2564	425	350	75
53	3435	1136	2299	389	329	60
54	3749	1163	2586	424	351	73
55—59岁	**16411**	**4506**	**11905**	**1488**	**1254**	**234**
55	3767	1194	2573	413	355	58
56	3875	1073	2802	359	303	56
57	4138	1124	3014	358	310	48
58	2895	711	2184	233	190	43
59	1736	404	1332	125	96	29
60—64岁	**25279**	**6652**	**18627**	**2111**	**1918**	**193**
60	2364	606	1758	193	164	29
61	3266	951	2315	308	269	39
62	5694	1573	4121	502	459	43
63	6698	1759	4939	562	532	30
64	7257	1763	5494	546	494	52
65岁及以上	**222551**	**52954**	**169597**	**8882**	**7851**	**1031**

单位：人

有配偶			离　婚			丧　偶		
小计	男	女	小计	男	女	小计	男	女
183222	**50006**	**133216**	**3148**	**1396**	**1752**	**116660**	**16698**	**99962**
61	**8**	**53**	**1**		**1**			
2		2						
10	3	7						
22	3	19	1		1			
27	2	25						
660	**111**	**549**	**15**	**1**	**14**	**1**		**1**
51	3	48	1		1			
94	18	76	1		1			
118	17	101	5	1	4			
164	32	132	3		3			
233	41	192	5		5	1		1
1986	**500**	**1486**	**41**	**9**	**32**	**21**	**2**	**19**
283	61	222	5	1	4	1		1
370	72	298	6	1	5	5		5
372	108	264	6	1	5	5	1	4
478	122	356	10	3	7	3		3
483	137	346	14	3	11	7	1	6
4405	**1356**	**3049**	**136**	**44**	**92**	**68**	**16**	**52**
635	194	441	22	6	16	5	2	3
894	284	610	22	8	14	11	5	6
843	251	592	23	7	16	12		12
959	286	673	28	12	16	19	6	13
1074	341	733	41	11	30	21	3	18
6226	**2002**	**4224**	**193**	**69**	**124**	**187**	**30**	**157**
1054	332	722	44	14	30	24	6	18
1149	369	780	32	10	22	33	4	29
1149	363	786	34	14	20	34	4	30
1442	473	969	33	14	19	39	5	34
1432	465	967	50	17	33	57	11	46
8232	**2655**	**5577**	**248**	**78**	**170**	**415**	**73**	**342**
1427	427	1000	44	7	37	62	11	51
1601	513	1088	46	16	30	80	17	63
1613	519	1094	48	15	33	70	10	60
1720	566	1154	58	15	43	93	13	80
1871	630	1241	52	25	27	110	22	88
11649	**3586**	**8063**	**345**	**145**	**200**	**716**	**106**	**610**
2033	631	1402	70	24	46	110	11	99
2247	706	1541	60	19	41	132	17	115
2356	729	1627	53	24	29	161	29	132
2537	772	1765	73	32	41	161	25	136
2476	748	1728	89	46	43	152	24	128
13920	**3849**	**10071**	**383**	**178**	**205**	**1361**	**193**	**1168**
2644	743	1901	71	40	31	225	34	191
2643	813	1830	70	26	44	250	44	206
3017	826	2191	85	36	49	288	39	249
2700	734	1966	79	37	42	267	36	231
2916	733	2183	78	39	39	331	40	291
12799	**2894**	**9905**	**302**	**146**	**156**	**1822**	**212**	**1610**
2911	749	2162	81	38	43	362	52	310
3044	693	2351	74	33	41	398	44	354
3228	722	2506	79	40	39	473	52	421
2260	463	1797	38	19	19	364	39	325
1356	267	1089	30	16	14	225	25	200
18707	**4048**	**14659**	**356**	**181**	**175**	**4105**	**505**	**3600**
1796	390	1406	40	16	24	335	36	299
2435	606	1829	55	20	35	468	56	412
4241	945	3296	81	45	36	870	124	746
4917	1041	3876	93	45	48	1126	141	985
5318	1066	4252	87	55	32	1306	148	1158
104577	**28997**	**75580**	**1128**	**545**	**583**	**107964**	**15561**	**92403**

5–3 续表 2

受教育程度 年　　龄	15岁及以上人口			未　　婚		
	合计	男	女	小计	男	女
学前教育	**16236**	**5545**	**10691**	**1501**	**1132**	**369**
15–19岁	**330**	**170**	**160**	**327**	**168**	**159**
15	133	66	67	133	66	67
16	76	38	38	74	36	38
17	37	21	16	36	21	15
18	35	19	16	35	19	16
19	49	26	23	49	26	23
20–24岁	**199**	**105**	**94**	**171**	**99**	**72**
20	47	26	21	47	26	21
21	29	13	16	28	13	15
22	42	24	18	37	21	16
23	45	23	22	35	22	13
24	36	19	17	24	17	7
25–29岁	**182**	**81**	**101**	**91**	**55**	**36**
25	41	19	22	24	17	7
26	33	14	19	17	10	7
27	37	18	19	20	11	9
28	31	12	19	13	8	5
29	40	18	22	17	9	8
30–34岁	**210**	**112**	**98**	**82**	**59**	**23**
30	36	20	16	16	12	4
31	43	26	17	15	12	3
32	35	17	18	15	9	6
33	51	22	29	19	14	5
34	45	27	18	17	12	5
35–39岁	**144**	**70**	**74**	**30**	**20**	**10**
35	22	12	10	4	3	1
36	27	15	12	10	5	5
37	34	14	20	6	4	2
38	22	11	11	3	3	
39	39	18	21	7	5	2
40–44岁	**250**	**112**	**138**	**40**	**31**	**9**
40	39	14	25	9	6	3
41	37	22	15	9	6	3
42	47	20	27	2	2	
43	59	31	28	12	12	
44	68	25	43	8	5	3
45–49岁	**489**	**177**	**312**	**71**	**61**	**10**
45	66	22	44	11	10	1
46	93	31	62	13	11	2
47	103	41	62	17	15	2
48	107	40	67	12	12	
49	120	43	77	18	13	5
50–54岁	**807**	**264**	**543**	**100**	**93**	**7**
50	130	39	91	17	14	3
51	124	48	76	22	22	
52	191	69	122	29	28	1
53	163	56	107	15	15	
54	199	52	147	17	14	3
55–59岁	**882**	**263**	**619**	**68**	**57**	**11**
55	186	65	121	18	16	2
56	211	61	150	18	14	4
57	238	59	179	15	12	3
58	165	52	113	7	6	1
59	82	26	56	10	9	1
60–64岁	**1433**	**469**	**964**	**99**	**97**	**2**
60	123	36	87	10	9	1
61	173	61	112	14	14	
62	324	108	216	23	23	
63	396	136	260	31	31	
64	417	128	289	21	20	1
65岁及以上	**11310**	**3722**	**7588**	**422**	**392**	**30**

单位：人

有配偶			离婚			丧偶		
小计	男	女	小计	男	女	小计	男	女
9594	**3268**	**6326**	**162**	**92**	**70**	**4979**	**1053**	**3926**
3	**2**	**1**						
2	2							
1		1						
26	**5**	**21**	**2**	**1**	**1**			
			1		1			
5	3	2						
9		9	1	1				
12	2	10						
89	**25**	**64**	**2**	**1**	**1**			
17	2	15						
15	3	12	1	1				
17	7	10						
17	4	13	1		1			
23	9	14						
123	**51**	**72**	**5**	**2**	**3**			
19	7	12	1	1				
28	14	14						
19	7	12	1	1				
29	8	21	3		3			
28	15	13						
107	**48**	**59**	**5**	**2**	**3**	**2**		**2**
17	8	9	1	1				
17	10	7						
27	10	17	1		1			
19	8	11						
27	12	15	3	1	2	2		2
199	**78**	**121**	**4**	**1**	**3**	**7**	**2**	**5**
29	8	21	1		1			
27	16	11	1		1			
40	18	22	1		1	4		4
46	19	27				1		1
57	17	40	1	1		2	2	
382	**103**	**279**	**25**	**12**	**13**	**11**	**1**	**10**
52	11	41	2	1	1	1		1
73	17	56	6	3	3	1		1
79	23	56	5	3	2	2		2
87	25	62	5	2	3	3	1	2
91	27	64	7	3	4	4		4
637	**156**	**481**	**17**	**7**	**10**	**53**	**8**	**45**
105	24	81	2	1	1	6		6
90	24	66	4	2	2	8		8
145	38	107	5		5	12	3	9
134	38	96	4	2	2	10	1	9
163	32	131	2	2		17	4	13
717	**178**	**539**	**21**	**16**	**5**	**76**	**12**	**64**
153	44	109	4	4		11	1	10
174	42	132	3	1	2	16	4	12
187	40	147	7	5	2	29	2	27
142	39	103	6	5	1	10	2	8
61	13	48	1	1		10	3	7
1116	**324**	**792**	**25**	**17**	**8**	**193**	**31**	**162**
92	23	69	2	2		19	2	17
133	43	90	5	3	2	21	1	20
257	71	186	5	4	1	39	10	29
306	90	216	4	4		55	11	44
328	97	231	9	4	5	59	7	52
6195	**2298**	**3897**	**56**	**33**	**23**	**4637**	**999**	**3638**

5-3 续表 3

受教育程度 年　　龄	15岁及以上人口			未　　婚		
	合计	男	女	小计	男	女
小　学	**2075204**	**965202**	**1110002**	**95428**	**79630**	**15798**
15-19岁	**8791**	**4578**	**4213**	**7781**	**4407**	**3374**
15	1167	623	544	1158	623	535
16	1296	695	601	1245	692	553
17	1599	812	787	1452	800	652
18	2080	1128	952	1787	1067	720
19	2649	1320	1329	2139	1225	914
20-24岁	**19240**	**9791**	**9449**	**10845**	**7183**	**3662**
20	3102	1614	1488	2263	1424	839
21	3417	1746	1671	2137	1399	738
22	3952	2048	1904	2284	1537	747
23	4232	2123	2109	2111	1421	690
24	4537	2260	2277	2050	1402	648
25-29岁	**27065**	**13585**	**13480**	**7961**	**5838**	**2123**
25	4907	2466	2441	1903	1346	557
26	4994	2521	2473	1696	1239	457
27	5408	2676	2732	1587	1151	436
28	5595	2788	2807	1388	1037	351
29	6161	3134	3027	1387	1065	322
30-34岁	**45529**	**22185**	**23344**	**6996**	**5492**	**1504**
30	7806	3845	3961	1526	1179	347
31	8602	4227	4375	1502	1162	340
32	8582	4103	4479	1320	1051	269
33	10259	4936	5323	1385	1085	300
34	10280	5074	5206	1263	1015	248
35-39岁	**48631**	**22807**	**25824**	**4528**	**3600**	**928**
35	8637	4048	4589	920	728	192
36	8007	3753	4254	830	647	183
37	8802	4192	4610	837	662	175
38	11578	5463	6115	975	791	184
39	11607	5351	6256	966	772	194
40-44岁	**90636**	**40519**	**50117**	**5946**	**5073**	**873**
40	10867	4865	6002	875	711	164
41	14623	6661	7962	1025	874	151
42	15848	6986	8862	1067	888	179
43	20709	9191	11518	1298	1108	190
44	28589	12816	15773	1681	1492	189
45-49岁	**230638**	**101011**	**129627**	**10093**	**9123**	**970**
45	36218	15981	20237	1840	1642	198
46	42848	18806	24042	2079	1877	202
47	45841	20129	25712	1951	1767	184
48	50082	21700	28382	2048	1855	193
49	55649	24395	31254	2175	1982	193
50-54岁	**314290**	**135418**	**178872**	**9492**	**8777**	**715**
50	59211	25569	33642	2078	1899	179
51	61260	26670	34590	1870	1732	138
52	70118	30159	39959	2061	1923	138
53	57361	24263	33098	1635	1516	119
54	66340	28757	37583	1848	1707	141
55-59岁	**235573**	**98779**	**136794**	**5993**	**5584**	**409**
55	60328	25855	34473	1694	1583	111
56	58234	24521	33713	1519	1414	105
57	63342	26856	36486	1528	1437	91
58	36130	14568	21562	812	757	55
59	17539	6979	10560	440	393	47
60-64岁	**207728**	**97432**	**110296**	**6873**	**6616**	**257**
60	21879	9447	12432	673	628	45
61	26915	12726	14189	885	841	44
62	46764	22232	24532	1681	1617	64
63	55111	26084	29027	1833	1778	55
64	57059	26943	30116	1801	1752	49
65岁及以上	**847083**	**419097**	**427986**	**18920**	**17937**	**983**

单位：人

有配偶			离婚			丧偶		
小计	男	女	小计	男	女	小计	男	女
1655566	**767167**	**888399**	**45818**	**28861**	**16957**	**278392**	**89544**	**188848**
1002	**170**	**832**	**4**	**1**	**3**	**4**		**4**
9		9						
50	3	47				1		1
146	12	134	1		1			
289	60	229	2	1	1	2		2
508	95	413	1		1	1		1
8228	**2545**	**5683**	**142**	**52**	**90**	**25**	**11**	**14**
827	185	642	11	4	7	1	1	
1252	339	913	24	5	19	4	3	1
1638	498	1140	25	10	15	5	3	2
2080	684	1396	34	16	18	7	2	5
2431	839	1592	48	17	31	8	2	6
18472	**7428**	**11044**	**558**	**294**	**264**	**74**	**25**	**49**
2907	1078	1829	85	34	51	12	8	4
3208	1232	1976	81	47	34	9	3	6
3692	1459	2233	114	63	51	15	3	12
4058	1670	2388	133	77	56	16	4	12
4607	1989	2618	145	73	72	22	7	15
36573	**15646**	**20927**	**1717**	**975**	**742**	**243**	**72**	**171**
6036	2537	3499	208	116	92	36	13	23
6773	2900	3873	287	154	133	40	11	29
6887	2860	4027	317	177	140	58	15	43
8360	3584	4776	459	251	208	55	16	39
8517	3765	4752	446	277	169	54	17	37
41504	**17791**	**23713**	**2150**	**1291**	**859**	**449**	**125**	**324**
7282	3101	4181	362	194	168	73	25	48
6800	2918	3882	297	172	125	80	16	64
7493	3255	4238	402	256	146	70	19	51
9962	4297	5665	533	346	187	108	29	79
9967	4220	5747	556	323	233	118	36	82
79221	**32410**	**46811**	**4358**	**2722**	**1636**	**1111**	**314**	**797**
9433	3862	5571	448	268	180	111	24	87
12700	5305	7395	717	438	279	181	44	137
13810	5554	8256	766	486	280	205	58	147
18122	7359	10763	1031	639	392	258	85	173
25156	10330	14826	1396	891	505	356	103	253
207119	**84782**	**122337**	**9585**	**6043**	**3542**	**3841**	**1063**	**2778**
32124	13094	19030	1767	1121	646	487	124	363
38281	15604	22677	1871	1162	709	617	163	454
41285	16958	24327	1852	1180	672	753	224	529
45140	18360	26780	1979	1230	749	915	255	660
50289	20766	29523	2116	1350	766	1069	297	772
285052	**117976**	**167076**	**9880**	**6181**	**3699**	**9866**	**2484**	**7382**
53792	22040	31752	2010	1269	741	1331	361	970
55734	23273	32461	2040	1235	805	1616	430	1186
63661	26268	37393	2219	1430	789	2177	538	1639
51966	21225	30741	1705	1049	656	2055	473	1582
59899	25170	34729	1906	1198	708	2687	682	2005
209844	**86219**	**123625**	**6024**	**3802**	**2222**	**13712**	**3174**	**10538**
54075	22489	31586	1631	1035	596	2928	748	2180
51967	21415	30552	1514	940	574	3234	752	2482
56409	23534	32875	1600	1021	579	3805	864	2941
31983	12727	19256	866	548	318	2469	536	1933
15410	6054	9356	413	258	155	1276	274	1002
175866	**82031**	**93835**	**4018**	**2780**	**1238**	**20971**	**6005**	**14966**
18838	8010	10828	531	359	172	1837	450	1387
22924	10738	12186	630	446	184	2476	701	1775
39719	18715	21004	924	655	269	4440	1245	3195
46603	21954	24649	973	665	308	5702	1687	4015
47782	22614	25168	960	655	305	6516	1922	4594
592685	**320169**	**272516**	**7382**	**4720**	**2662**	**228096**	**76271**	**151825**

5-3 续表 4

受教育程度 年龄	15岁及以上人口			未婚		
	合计	男	女	小计	男	女
初 中	**2594057**	**1399678**	**1194379**	**312831**	**216270**	**96561**
15-19岁	**103259**	**57658**	**45601**	**101338**	**57238**	**44100**
15	44035	23982	20053	44005	23973	20032
16	21128	11473	9655	21012	11458	9554
17	13058	7427	5631	12796	7362	5434
18	11977	7034	4943	11446	6911	4535
19	13061	7742	5319	12079	7534	4545
20-24岁	**108880**	**61680**	**47200**	**75475**	**51172**	**24303**
20	14160	8349	5811	12227	7913	4314
21	17021	9847	7174	13742	9038	4704
22	22336	12633	9703	16288	10942	5346
23	25529	14244	11285	16534	11396	5138
24	29834	16607	13227	16684	11883	4801
25-29岁	**186825**	**100782**	**86043**	**62218**	**46908**	**15310**
25	35408	19311	16097	17046	12374	4672
26	34825	18971	15854	13728	10172	3556
27	38675	20994	17681	12717	9762	2955
28	37502	20060	17442	9973	7715	2258
29	40415	21446	18969	8754	6885	1869
30-34岁	**276952**	**143040**	**133912**	**34587**	**28101**	**6486**
30	51054	26882	24172	9449	7562	1887
31	51897	26987	24910	7605	6151	1454
32	50070	25733	24337	6042	4910	1132
33	64043	32945	31098	6364	5262	1102
34	59888	30493	29395	5127	4216	911
35-39岁	**217733**	**111523**	**106210**	**11591**	**9521**	**2070**
35	43220	22096	21124	3045	2521	524
36	36584	18559	18025	2177	1780	397
37	38561	19768	18793	2010	1651	359
38	51751	26634	25117	2402	1980	422
39	47617	24466	23151	1957	1589	368
40-44岁	**251487**	**127152**	**124335**	**7879**	**6578**	**1301**
40	36913	18739	18174	1426	1176	250
41	45600	22981	22619	1558	1287	271
42	44591	22314	22277	1405	1180	225
43	55023	27936	27087	1606	1346	260
44	69360	35182	34178	1884	1589	295
45-49岁	**438452**	**227084**	**211368**	**9038**	**7686**	**1352**
45	80035	40967	39068	1887	1619	268
46	88431	45275	43156	1958	1690	268
47	88967	46236	42731	1821	1542	279
48	89344	46367	42977	1750	1479	271
49	91675	48239	43436	1622	1356	266
50-54岁	**390896**	**208171**	**182725**	**4926**	**4168**	**758**
50	88566	46845	41721	1412	1189	223
51	76783	40656	36127	1036	887	149
52	83517	44381	39136	1002	837	165
53	65351	34928	30423	756	643	113
54	76679	41361	35318	720	612	108
55-59岁	**272634**	**147378**	**125256**	**2579**	**2195**	**384**
55	72545	39068	33477	696	592	104
56	71342	37994	33348	668	578	90
57	76067	41265	34802	748	639	109
58	36812	20290	16522	323	266	57
59	15868	8761	7107	144	120	24
60-64岁	**118950**	**71495**	**47455**	**1216**	**1066**	**150**
60	17435	9829	7606	198	174	24
61	17350	10543	6807	150	134	16
62	27278	16493	10785	291	251	40
63	28515	17374	11141	296	266	30
64	28372	17256	11116	281	241	40
65岁及以上	**227989**	**143715**	**84274**	**1984**	**1637**	**347**

单位：人

有配偶			离婚			丧偶		
小计	男	女	小计	男	女	小计	男	女
2111906	**1098070**	**1013836**	**102471**	**59691**	**42780**	**66849**	**25647**	**41202**
1902	**414**	**1488**	**16**	**4**	**12**	**3**	**2**	**1**
30	9	21						
114	13	101				2	2	
260	64	196	2	1	1			
526	122	404	5	1	4			
972	206	766	9	2	7	1		1
32748	**10277**	**22471**	**635**	**226**	**409**	**22**	**5**	**17**
1910	434	1476	23	2	21			
3232	796	2436	45	13	32	2		2
5950	1656	4294	90	33	57	8	2	6
8806	2780	6026	183	67	116	6	1	5
12850	4611	8239	294	111	183	6	2	4
120197	**51671**	**68526**	**4311**	**2173**	**2138**	**99**	**30**	**69**
17933	6759	11174	419	176	243	10	2	8
20454	8510	11944	630	282	348	13	7	6
25087	10816	14271	846	407	439	25	9	16
26430	11797	14633	1074	542	532	25	6	19
30293	13789	16504	1342	766	576	26	6	20
228484	**106947**	**121537**	**13422**	**7853**	**5569**	**459**	**139**	**320**
39621	18206	21415	1931	1098	833	53	16	37
41936	19518	22418	2275	1298	977	81	20	61
41485	19426	22059	2458	1370	1088	85	27	58
54151	25560	28591	3413	2081	1332	115	42	73
51291	24237	27054	3345	2006	1339	125	34	91
192196	**93572**	**98624**	**13281**	**8232**	**5049**	**665**	**198**	**467**
37590	18076	19514	2468	1464	1004	117	35	82
32136	15418	16718	2177	1326	851	94	35	59
34074	16625	17449	2360	1459	901	117	33	84
45954	22575	23379	3234	2035	1199	161	44	117
42442	20878	21564	3042	1948	1094	176	51	125
226694	**110688**	**116006**	**15465**	**9460**	**6005**	**1449**	**426**	**1023**
32941	16033	16908	2366	1477	889	180	53	127
41006	19842	21164	2825	1790	1035	211	62	149
40147	19394	20753	2788	1678	1110	251	62	189
49702	24424	25278	3390	2068	1322	325	98	227
62898	30995	31903	4096	2447	1649	482	151	331
402641	**204865**	**197776**	**22433**	**13183**	**9250**	**4340**	**1350**	**2990**
72996	36420	36576	4519	2726	1793	633	202	431
81051	40598	40453	4672	2753	1919	750	234	516
81790	41783	40007	4473	2629	1844	883	282	601
82266	42062	40204	4378	2545	1833	950	281	669
84538	44002	40536	4391	2530	1861	1124	351	773
362403	**192583**	**169820**	**16056**	**9072**	**6984**	**7511**	**2348**	**5163**
81936	43006	38930	3962	2288	1674	1256	362	894
71013	37400	33613	3427	1950	1477	1307	419	888
77524	41122	36402	3404	1917	1487	1587	505	1082
60718	32472	28246	2449	1387	1062	1428	426	1002
71212	38583	32629	2814	1530	1284	1933	636	1297
250983	**137079**	**113904**	**9456**	**5222**	**4234**	**9616**	**2882**	**6734**
67115	36392	30723	2598	1423	1175	2136	661	1475
65689	35289	30400	2562	1399	1163	2423	728	1695
69942	38379	31563	2568	1415	1153	2809	832	1977
33772	18880	14892	1202	694	508	1515	450	1065
14465	8139	6326	526	291	235	733	211	522
106725	**65499**	**41226**	**3644**	**2150**	**1494**	**7365**	**2780**	**4585**
15721	9009	6712	627	363	264	889	283	606
15708	9700	6008	554	333	221	938	376	562
24479	15080	9399	848	542	306	1660	620	1040
25550	15900	9650	833	482	351	1836	726	1110
25267	15810	9457	782	430	352	2042	775	1267
186933	**124475**	**62458**	**3752**	**2116**	**1636**	**35320**	**15487**	**19833**

5－3 续表 5

受教育程度 年　　龄	15岁及以上人口 合计	男	女	未　婚 小计	男	女
高　中	**1215736**	**657382**	**558354**	**470366**	**268869**	**201497**
15－19岁	**296408**	**153608**	**142800**	**295929**	**153487**	**142442**
15	55863	27759	28104	55858	27757	28101
16	87898	44937	42961	87880	44933	42947
17	80598	41612	38986	80554	41599	38955
18	47439	25693	21746	47312	25663	21649
19	24610	13607	11003	24325	13535	10790
20－24岁	**105562**	**58289**	**47273**	**86214**	**52517**	**33697**
20	19045	10644	8401	18252	10505	7747
21	18075	10117	7958	16538	9815	6723
22	20931	11561	9370	17737	10770	6967
23	22546	12412	10134	17090	10736	6354
24	24965	13555	11410	16597	10691	5906
25－29岁	**141429**	**75742**	**65687**	**54285**	**37983**	**16302**
25	27784	15123	12661	15493	10338	5155
26	26962	14485	12477	12356	8506	3850
27	29602	15808	13794	10992	7846	3146
28	27918	14863	13055	8377	6094	2283
29	29163	15463	13700	7067	5199	1868
30－34岁	**157957**	**83361**	**74596**	**20994**	**15743**	**5251**
30	34254	18127	16127	6714	5012	1702
31	31205	16530	14675	4685	3505	1180
32	29242	15444	13798	3624	2742	882
33	34212	17923	16289	3433	2574	859
34	29044	15337	13707	2538	1910	628
35－39岁	**89418**	**47100**	**42318**	**5454**	**3948**	**1506**
35	18906	10000	8906	1502	1123	379
36	15068	8033	7035	1025	747	278
37	15491	8229	7262	956	682	274
38	20841	10912	9929	1098	782	316
39	19112	9926	9186	873	614	259
40－44岁	**80397**	**43091**	**37306**	**2550**	**1753**	**797**
40	14809	7874	6935	602	421	181
41	16109	8532	7577	500	357	143
42	14518	7740	6778	435	299	136
43	16381	8784	7597	489	334	155
44	18580	10161	8419	524	342	182
45－49岁	**96585**	**54259**	**42326**	**2365**	**1654**	**711**
45	19761	10772	8989	519	367	152
46	20116	11244	8872	555	368	187
47	19362	10910	8452	429	294	135
48	18860	10752	8108	427	311	116
49	18486	10581	7905	435	314	121
50－54岁	**71455**	**41150**	**30305**	**1295**	**921**	**374**
50	17826	10201	7625	363	262	101
51	14964	8533	6431	289	209	80
52	15384	8914	6470	288	200	88
53	10730	6224	4506	181	138	43
54	12551	7278	5273	174	112	62
55－59岁	**72420**	**40335**	**32085**	**682**	**487**	**195**
55	13851	7926	5925	145	101	44
56	16679	9453	7226	155	106	49
57	22151	12226	9925	218	158	60
58	12917	7144	5773	104	81	23
59	6822	3586	3236	60	41	19
60－64岁	**43288**	**23695**	**19593**	**255**	**156**	**99**
60	8005	4219	3786	52	33	19
61	7587	4085	3502	39	20	19
62	10412	5744	4668	69	47	22
63	9541	5199	4342	60	35	25
64	7743	4448	3295	35	21	14
65岁及以上	**60817**	**36752**	**24065**	**343**	**220**	**123**

单位：人

有配偶			离婚			丧偶		
小计	男	女	小计	男	女	小计	男	女
691138	**364094**	**327044**	**38494**	**19263**	**19231**	**15738**	**5156**	**10582**
477	**121**	**356**	**2**		**2**			
5	2	3						
18	4	14						
43	13	30	1		1			
127	30	97						
284	72	212	1		1			
19091	**5710**	**13381**	**247**	**59**	**188**	**10**	**3**	**7**
789	137	652	3	1	2	1	1	
1526	300	1226	10	2	8	1		1
3166	783	2383	28	8	20			
5380	1659	3721	73	16	57	3	1	2
8230	2831	5399	133	32	101	5	1	4
84629	**36679**	**47950**	**2465**	**1068**	**1397**	**50**	**12**	**38**
12051	4695	7356	231	88	143	9	2	7
14254	5835	8419	345	143	202	7	1	6
18113	7754	10359	486	205	281	11	3	8
18898	8497	10401	629	269	360	14	3	11
21313	9898	11415	774	363	411	9	3	6
130296	**64237**	**66059**	**6527**	**3342**	**3185**	**140**	**39**	**101**
26477	12620	13857	1046	489	557	17	6	11
25344	12453	12891	1152	563	589	24	9	15
24373	12080	12293	1218	616	602	27	6	21
29094	14454	14640	1656	886	770	29	9	20
25008	12630	12378	1455	788	667	43	9	34
78398	**40228**	**38170**	**5411**	**2887**	**2524**	**155**	**37**	**118**
16340	8338	8002	1042	535	507	22	4	18
13175	6839	6336	851	443	408	17	4	13
13590	7032	6558	925	508	417	20	7	13
18340	9372	8968	1354	747	607	49	11	38
16953	8647	8306	1239	654	585	47	11	36
72240	**38455**	**33785**	**5336**	**2814**	**2522**	**271**	**69**	**202**
13256	6922	6334	913	523	390	38	8	30
14500	7590	6910	1065	572	493	44	13	31
13127	6963	6164	905	465	440	51	13	38
14664	7849	6815	1168	586	582	60	15	45
16693	9131	7562	1285	668	617	78	20	58
87078	**49042**	**38036**	**6556**	**3395**	**3161**	**586**	**168**	**418**
17823	9696	8127	1325	680	645	94	29	65
18090	10119	7971	1361	733	628	110	24	86
17504	9899	7605	1306	673	633	123	44	79
17045	9759	7286	1269	652	617	119	30	89
16616	9569	7047	1295	657	638	140	41	99
64401	**37543**	**26858**	**4795**	**2407**	**2388**	**964**	**279**	**685**
16059	9262	6797	1235	625	610	169	52	117
13430	7760	5670	1067	515	552	178	49	129
13832	8103	5729	1074	557	517	190	54	136
9704	5692	4012	660	337	323	185	57	128
11376	6726	4650	759	373	386	242	67	175
65711	**37514**	**28197**	**4108**	**1879**	**2229**	**1919**	**455**	**1464**
12582	7368	5214	836	388	448	288	69	219
15190	8796	6394	955	460	495	379	91	288
20102	11369	8733	1234	553	681	597	146	451
11686	6654	5032	693	308	385	434	101	333
6151	3327	2824	390	170	220	221	48	173
39019	**22107**	**16912**	**1885**	**838**	**1047**	**2129**	**594**	**1535**
7169	3909	3260	442	193	249	342	84	258
6834	3820	3014	336	152	184	378	93	285
9346	5345	4001	454	212	242	543	140	403
8628	4857	3771	393	174	219	460	133	327
7042	4176	2866	260	107	153	406	144	262
49798	**32458**	**17340**	**1162**	**574**	**588**	**9514**	**3500**	**6014**

5-3 续表 6

受教育程度/年龄	15岁及以上人口			未婚		
	合计	男	女	小计	男	女
大学专科	**674733**	**340663**	**334070**	**271193**	**136260**	**134933**
15-19岁	**56504**	**26303**	**30201**	**56412**	**26284**	**30128**
15	848	350	498	846	349	497
16	2109	893	1216	2108	893	1215
17	4839	2121	2718	4835	2121	2714
18	17906	8427	9479	17888	8422	9466
19	30802	14512	16290	30735	14499	16236
20-24岁	**143783**	**65588**	**78195**	**132129**	**62564**	**69565**
20	33273	15601	17672	33057	15565	17492
21	28100	12943	15157	27412	12812	14600
22	28525	13056	15469	26731	12656	14075
23	26842	11895	14947	23458	11030	12428
24	27043	12093	14950	21471	10501	10970
25-29岁	**120283**	**55598**	**64685**	**58139**	**31965**	**26174**
25	27890	12517	15373	18976	9718	9258
26	24527	11070	13457	13776	7374	6402
27	24597	11335	13262	11179	6259	4920
28	22086	10465	11621	8029	4803	3226
29	21183	10211	10972	6179	3811	2368
30-34岁	**109540**	**54114**	**55426**	**16737**	**10604**	**6133**
30	24029	11716	12313	5490	3387	2103
31	21852	10707	11145	3828	2434	1394
32	20182	10071	10111	2895	1890	1005
33	23337	11567	11770	2605	1666	939
34	20140	10053	10087	1919	1227	692
35-39岁	**59878**	**30753**	**29125**	**4094**	**2546**	**1548**
35	13427	6846	6581	1164	754	410
36	10856	5679	5177	880	529	351
37	10907	5559	5348	729	467	262
38	13376	6895	6481	771	467	304
39	11312	5774	5538	550	329	221
40-44岁	**43810**	**23390**	**20420**	**1496**	**925**	**571**
40	8474	4364	4110	366	225	141
41	8821	4684	4137	329	202	127
42	7996	4283	3713	271	172	99
43	8707	4647	4060	254	155	99
44	9812	5412	4400	276	171	105
45-49岁	**48232**	**27151**	**21081**	**1223**	**754**	**469**
45	10029	5526	4503	293	183	110
46	10092	5682	4410	276	171	105
47	9728	5589	4139	247	159	88
48	9562	5385	4177	205	122	83
49	8821	4969	3852	202	119	83
50-54岁	**33546**	**19702**	**13844**	**523**	**332**	**191**
50	8451	4826	3625	169	99	70
51	7326	4196	3130	123	80	43
52	7173	4232	2941	105	73	32
53	4855	2925	1930	65	35	30
54	5741	3523	2218	61	45	16
55-59岁	**25036**	**15549**	**9487**	**215**	**145**	**70**
55	5937	3635	2302	48	33	15
56	6421	4036	2385	55	39	16
57	7150	4484	2666	57	38	19
58	3679	2295	1384	30	20	10
59	1849	1099	750	25	15	10
60-64岁	**11555**	**7381**	**4174**	**85**	**54**	**31**
60	2022	1239	783	17	10	7
61	1846	1183	663	8	6	2
62	2567	1637	930	20	13	7
63	2657	1719	938	24	15	9
64	2463	1603	860	16	10	6
65岁及以上	**22566**	**15134**	**7432**	**140**	**87**	**53**

单位：人

有配偶			离婚			丧偶		
小计	男	女	小计	男	女	小计	男	女
381539	**195279**	**186260**	**17792**	**7649**	**10143**	**4209**	**1475**	**2734**
92	**19**	**73**						
2	1	1						
1		1						
4		4						
18	5	13						
67	13	54						
11559	**3011**	**8548**	**91**	**13**	**78**	**4**		**4**
214	36	178	2		2			
687	131	556	1		1			
1779	399	1380	14	1	13	1		1
3356	864	2492	27	1	26	1		1
5523	1581	3942	47	11	36	2		2
60987	**23269**	**37718**	**1128**	**359**	**769**	**29**	**5**	**24**
8816	2771	6045	94	27	67	4	1	3
10552	3645	6907	192	51	141	7		7
13180	4997	8183	233	79	154	5		5
13798	5582	8216	252	77	175	7	3	4
14641	6274	8367	357	125	232	6	1	5
89242	**42040**	**47202**	**3493**	**1457**	**2036**	**68**	**13**	**55**
17998	8132	9866	529	195	334	12	2	10
17429	8024	9405	588	247	341	7	2	5
16636	7907	8729	635	273	362	16	1	15
19803	9501	10302	911	397	514	18	3	15
17376	8476	8900	830	345	485	15	5	10
52600	**26808**	**25792**	**3102**	**1380**	**1722**	**82**	**19**	**63**
11615	5826	5789	636	262	374	12	4	8
9471	4928	4543	486	217	269	19	5	14
9582	4815	4767	578	275	303	18	2	16
11835	6070	5765	748	353	395	22	5	17
10097	5169	4928	654	273	381	11	3	8
39629	**21304**	**18325**	**2560**	**1132**	**1428**	**125**	**29**	**96**
7584	3916	3668	506	221	285	18	2	16
8017	4287	3730	450	189	261	25	6	19
7266	3897	3369	436	209	227	23	5	18
7887	4254	3633	541	228	313	25	10	15
8875	4950	3925	627	285	342	34	6	28
43789	**25062**	**18727**	**2986**	**1277**	**1709**	**234**	**58**	**176**
9055	5065	3990	645	272	373	36	6	30
9133	5230	3903	636	266	370	47	15	32
8855	5161	3694	585	259	326	41	10	31
8727	4991	3736	576	257	319	54	15	39
8019	4615	3404	544	223	321	56	12	44
30619	**18376**	**12243**	**2095**	**924**	**1171**	**309**	**70**	**239**
7663	4473	3190	558	236	322	61	18	43
6645	3879	2766	499	220	279	59	17	42
6546	3941	2605	459	202	257	63	16	47
4468	2757	1711	268	123	145	54	10	44
5297	3326	1971	311	143	168	72	9	63
23095	**14663**	**8432**	**1321**	**620**	**701**	**405**	**121**	**284**
5507	3439	2068	315	141	174	67	22	45
5939	3812	2127	333	161	172	94	24	70
6593	4227	2366	375	178	197	125	41	84
3395	2170	1225	187	86	101	67	19	48
1661	1015	646	111	54	57	52	15	37
10631	**6992**	**3639**	**504**	**224**	**280**	**335**	**111**	**224**
1855	1163	692	106	49	57	44	17	27
1702	1125	577	81	33	48	55	19	36
2371	1549	822	96	51	45	80	24	56
2421	1632	789	130	49	81	82	23	59
2282	1523	759	91	42	49	74	28	46
19296	**13735**	**5561**	**512**	**263**	**249**	**2618**	**1049**	**1569**

5-3 续表 7

受教育程度 年 龄	15岁及以上人口			未 婚		
	合计	男	女	小计	男	女
大学本科	**510690**	**257495**	**253195**	**226300**	**106026**	**120274**
15−19岁	**39421**	**17495**	**21926**	**39402**	**17489**	**21913**
15	74	39	35	74	39	35
16	247	99	148	247	99	148
17	1836	747	1089	1835	747	1088
18	12593	5489	7104	12587	5486	7101
19	24671	11121	13550	24659	11118	13541
20−24岁	**118512**	**52635**	**65877**	**115556**	**51793**	**63763**
20	29311	13065	16246	29277	13058	16219
21	28288	12615	15673	28177	12595	15582
22	24323	10800	13523	24004	10711	13293
23	19051	8489	10562	18280	8279	10001
24	17539	7666	9873	15818	7150	8668
25−29岁	**88829**	**39980**	**48849**	**49877**	**24730**	**25147**
25	18545	8175	10370	14856	6958	7898
26	17276	7633	9643	11707	5665	6042
27	18062	8016	10046	9949	4962	4987
28	17488	8056	9432	7581	3993	3588
29	17458	8100	9358	5784	3152	2632
30−34岁	**92542**	**45810**	**46732**	**15075**	**8469**	**6606**
30	19512	9321	10191	4870	2690	2180
31	18450	9036	9414	3529	1992	1537
32	17196	8512	8684	2608	1458	1150
33	19858	10011	9847	2296	1322	974
34	17526	8930	8596	1772	1007	765
35−39岁	**59750**	**31343**	**28407**	**4169**	**2270**	**1899**
35	13136	6825	6311	1198	684	514
36	11607	5999	5608	861	451	410
37	11568	6104	5464	766	411	355
38	13343	7031	6312	821	440	381
39	10096	5384	4712	523	284	239
40−44岁	**31914**	**18072**	**13842**	**1038**	**593**	**445**
40	7103	3899	3204	284	157	127
41	6613	3709	2904	241	147	94
42	5872	3309	2563	190	107	83
43	5988	3435	2553	166	94	72
44	6338	3720	2618	157	88	69
45−49岁	**28949**	**17706**	**11243**	**608**	**340**	**268**
45	6145	3635	2510	157	84	73
46	5986	3672	2314	117	62	55
47	5868	3594	2274	122	80	42
48	5565	3460	2105	108	54	54
49	5385	3345	2040	104	60	44
50−54岁	**20914**	**13568**	**7346**	**324**	**196**	**128**
50	5015	3193	1822	116	71	45
51	4581	2906	1675	59	34	25
52	4673	3016	1657	69	39	30
53	3125	2067	1058	48	31	17
54	3520	2386	1134	32	21	11
55−59岁	**13376**	**9281**	**4095**	**143**	**90**	**53**
55	3445	2354	1091	32	20	12
56	3485	2459	1026	48	31	17
57	3800	2629	1171	34	22	12
58	1788	1234	554	18	10	8
59	858	605	253	11	7	4
60−64岁	**4694**	**3317**	**1377**	**42**	**24**	**18**
60	833	575	258	10	5	5
61	802	554	248	6	4	2
62	989	690	299	12	7	5
63	1063	765	298	12	6	6
64	1007	733	274	2	2	
65岁及以上	**11789**	**8288**	**3501**	**66**	**32**	**34**

单位：人

有配偶			离婚			丧偶		
小计	男	女	小计	男	女	小计	男	女
272569	**146464**	**126105**	**9707**	**4115**	**5592**	**2114**	**890**	**1224**
19	**6**	**13**						
1		1						
6	3	3						
12	3	9						
2937	**838**	**2099**	**19**	**4**	**15**			
34	7	27						
109	20	89	2		2			
318	88	230	1	1				
767	209	558	4	1	3			
1709	514	1195	12	2	10			
38496	**15091**	**23405**	**444**	**159**	**285**	**12**		**12**
3663	1211	2452	25	6	19	1		1
5522	1951	3571	44	17	27	3		3
8029	3025	5004	84	29	55			
9782	4019	5763	121	44	77	4		4
11500	4885	6615	170	63	107	4		4
75515	**36578**	**38937**	**1913**	**749**	**1164**	**39**	**14**	**25**
14373	6541	7832	265	90	175	4		4
14642	6947	7695	275	95	180	4	2	2
14197	6894	7303	380	158	222	11	2	9
17069	8495	8574	485	193	292	8	1	7
15234	7701	7533	508	213	295	12	9	3
53251	**28152**	**25099**	**2277**	**910**	**1367**	**53**	**11**	**42**
11474	5966	5508	451	174	277	13	1	12
10325	5400	4925	413	146	267	8	2	6
10357	5507	4850	436	185	251	9	1	8
11980	6366	5614	530	223	307	12	2	10
9115	4913	4202	447	182	265	11	5	6
29406	**16879**	**12527**	**1428**	**594**	**834**	**42**	**6**	**36**
6512	3611	2901	299	130	169	8	1	7
6048	3439	2609	318	122	196	6	1	5
5434	3097	2337	237	103	134	11	2	9
5550	3249	2301	265	90	175	7	2	5
5862	3483	2379	309	149	160	10		10
26774	**16677**	**10097**	**1457**	**656**	**801**	**110**	**33**	**77**
5666	3414	2252	299	131	168	23	6	17
5559	3472	2087	287	131	156	23	7	16
5411	3362	2049	308	144	164	27	8	19
5178	3274	1904	262	126	136	17	6	11
4960	3155	1805	301	124	177	20	6	14
19367	**12837**	**6530**	**1080**	**496**	**584**	**143**	**39**	**104**
4607	2998	1609	271	116	155	21	8	13
4240	2740	1500	239	121	118	43	11	32
4322	2863	1459	252	107	145	30	7	23
2919	1968	951	140	63	77	18	5	13
3279	2268	1011	178	89	89	31	8	23
12420	**8816**	**3604**	**677**	**321**	**356**	**136**	**54**	**82**
3188	2227	961	190	95	95	35	12	23
3233	2337	896	172	78	94	32	13	19
3539	2502	1037	195	89	106	32	16	16
1664	1180	484	77	34	43	29	10	19
796	570	226	43	25	18	8	3	5
4337	**3142**	**1195**	**202**	**103**	**99**	**113**	**48**	**65**
764	534	230	44	27	17	15	9	6
745	534	211	36	11	25	15	5	10
907	651	256	46	23	23	24	9	15
977	720	257	47	28	19	27	11	16
944	703	241	29	14	15	32	14	18
10047	**7448**	**2599**	**210**	**123**	**87**	**1466**	**685**	**781**

5-3 续表 8

受教育程度 年　　龄	15岁及以上人口			未　　婚		
	合计	男	女	小计	男	女
硕士研究生	**46128**	**23726**	**22402**	**20124**	**9146**	**10978**
15-19岁	**39**	**19**	**20**	**39**	**19**	**20**
15						
16						
17	5	2	3	5	2	3
18	13	8	5	13	8	5
19	21	9	12	21	9	12
20-24岁	**7933**	**3433**	**4500**	**7858**	**3409**	**4449**
20	60	22	38	60	22	38
21	302	119	183	302	119	183
22	1657	722	935	1651	721	930
23	2866	1250	1616	2843	1239	1604
24	3048	1320	1728	3002	1308	1694
25-29岁	**11640**	**5080**	**6560**	**8808**	**4000**	**4808**
25	3039	1317	1722	2899	1271	1628
26	2293	996	1297	1998	907	1091
27	2301	980	1321	1727	774	953
28	2064	897	1167	1251	585	666
29	1943	890	1053	933	463	470
30-34岁	**10479**	**5177**	**5302**	**2474**	**1231**	**1243**
30	2294	1067	1227	846	412	434
31	2159	1061	1098	568	301	267
32	2044	1009	1035	447	206	241
33	2117	1079	1038	363	177	186
34	1865	961	904	250	135	115
35-39岁	**7269**	**3975**	**3294**	**665**	**331**	**334**
35	1498	803	695	166	89	77
36	1385	767	618	159	85	74
37	1489	806	683	130	59	71
38	1626	895	731	124	65	59
39	1271	704	567	86	33	53
40-44岁	**3327**	**2047**	**1280**	**171**	**91**	**80**
40	915	527	388	47	22	25
41	759	464	295	42	25	17
42	577	365	212	34	19	15
43	543	339	204	28	14	14
44	533	352	181	20	11	9
45-49岁	**2317**	**1596**	**721**	**65**	**36**	**29**
45	502	349	153	18	12	6
46	505	335	170	13	5	8
47	503	340	163	13	6	7
48	422	302	120	10	7	3
49	385	270	115	11	6	5
50-54岁	**1416**	**1042**	**374**	**31**	**20**	**11**
50	350	261	89	9	5	4
51	310	224	86	3	1	2
52	331	242	89	13	10	3
53	185	135	50	5	3	2
54	240	180	60	1	1	
55-59岁	**1035**	**826**	**209**	**7**	**5**	**2**
55	240	195	45	1		1
56	275	216	59	3	2	1
57	282	228	54	3	3	
58	166	128	38			
59	72	59	13			
60-64岁	**323**	**261**	**62**	**3**	**2**	**1**
60	64	50	14			
61	52	44	8	1	1	
62	67	51	16			
63	80	65	15	2	1	1
64	60	51	9			
65岁及以上	**350**	**270**	**80**	**3**	**2**	**1**

单位：人

有配偶			离　婚			丧　偶		
小计	男	女	小计	男	女	小计	男	女
25179	**14203**	**10976**	**768**	**347**	**421**	**57**	**30**	**27**
74	**24**	**50**	**1**		**1**			
6	1	5						
22	11	11	1		1			
46	12	34						
2813	**1078**	**1735**	**18**	**2**	**16**	**1**		**1**
139	46	93				1		1
292	89	203	3		3			
571	205	366	3	1	2			
810	312	498	3		3			
1001	426	575	9	1	8			
7872	**3889**	**3983**	**129**	**54**	**75**	**4**	**3**	**1**
1431	644	787	16	10	6	1	1	
1570	752	818	20	7	13	1	1	
1559	786	773	37	17	20	1		1
1729	891	838	25	11	14			
1583	816	767	31	9	22	1	1	
6391	**3548**	**2843**	**209**	**94**	**115**	**4**	**2**	**2**
1302	701	601	30	13	17			
1182	661	521	42	19	23	2	2	
1311	728	583	48	19	29			
1447	798	649	55	32	23			
1149	660	489	34	11	23	2		2
3012	**1896**	**1116**	**141**	**60**	**81**	**3**		**3**
831	492	339	37	13	24			
685	429	256	30	10	20	2		2
515	332	183	27	14	13	1		1
490	312	178	25	13	12			
491	331	160	22	10	12			
2125	**1501**	**624**	**123**	**57**	**66**	**4**	**2**	**2**
459	322	137	25	15	10			
466	319	147	26	11	15			
469	329	140	21	5	16			
384	280	104	27	14	13	1	1	
347	251	96	24	12	12	3	1	2
1308	**985**	**323**	**73**	**35**	**38**	**4**	**2**	**2**
321	246	75	19	10	9	1		1
289	213	76	17	10	7	1		1
299	226	73	19	6	13			
167	126	41	12	5	7	1	1	
232	174	58	6	4	2	1	1	
973	**791**	**182**	**49**	**27**	**22**	**6**	**3**	**3**
231	191	40	7	4	3	1		1
259	206	53	9	6	3	4	2	2
253	211	42	25	13	12	1	1	
161	127	34	5	1	4			
69	56	13	3	3				
300	**245**	**55**	**15**	**10**	**5**	**5**	**4**	**1**
63	49	14	1	1				
46	40	6	5	3	2			
65	50	15	2	1	1			
74	61	13	2	2		2	1	1
52	45	7	5	3	2	3	3	
311	**246**	**65**	**10**	**8**	**2**	**26**	**14**	**12**

5-3 续表 9

受教育程度 年　　龄	15岁及以上人口 合计	男	女	未　　婚 小计	男	女
博士研究生	**6004**	**3683**	**2321**	**2268**	**1224**	**1044**
15-19岁	**11**	**6**	**5**	**11**	**6**	**5**
15						
16	1		1	1		1
17						
18						
19	10	6	4	10	6	4
20-24岁	**344**	**158**	**186**	**341**	**156**	**185**
20	5	3	2	5	3	2
21	17	7	10	17	7	10
22	79	31	48	78	30	48
23	90	40	50	90	40	50
24	153	77	76	151	76	75
25-29岁	**1482**	**778**	**704**	**1198**	**624**	**574**
25	231	115	116	219	108	111
26	314	153	161	289	143	146
27	325	167	158	262	134	128
28	321	176	145	247	141	106
29	291	167	124	181	98	83
30-34岁	**1358**	**807**	**551**	**476**	**287**	**189**
30	311	181	130	160	97	63
31	273	156	117	112	67	45
32	259	154	105	88	52	36
33	270	165	105	70	43	27
34	245	151	94	46	28	18
35-39岁	**1047**	**648**	**399**	**141**	**77**	**64**
35	195	127	68	30	16	14
36	194	119	75	29	17	12
37	200	128	72	25	14	11
38	247	142	105	35	14	21
39	211	132	79	22	16	6
40-44岁	**710**	**488**	**222**	**47**	**34**	**13**
40	178	119	59	18	10	8
41	144	97	47	7	6	1
42	138	100	38	9	6	3
43	130	89	41	6	5	1
44	120	83	37	7	7	
45-49岁	**451**	**305**	**146**	**25**	**17**	**8**
45	94	64	30	7	4	3
46	100	67	33	1	1	
47	94	65	29	8	6	2
48	84	55	29	5	4	1
49	79	54	25	4	2	2
50-54岁	**270**	**217**	**53**	**18**	**13**	**5**
50	71	55	16	7	5	2
51	51	42	9	4	3	1
52	64	52	12	5	3	2
53	38	31	7			
54	46	37	9	2	2	
55-59岁	**200**	**165**	**35**	**3**	**2**	**1**
55	59	48	11	1	1	
56	49	41	8			
57	52	42	10	1		1
58	29	24	5	1	1	
59	11	10	1			
60-64岁	**64**	**60**	**4**	**1**	**1**	
60	8	8				
61	10	10		1	1	
62	17	16	1			
63	12	11	1			
64	17	15	2			
65岁及以上	**67**	**51**	**16**	**7**	**7**	

单位：人

有配偶			离　婚			丧　偶		
小计	男	女	小计	男	女	小计	男	女
3612	**2393**	**1219**	**111**	**60**	**51**	**13**	**6**	**7**
3	**2**	**1**						
1	1							
2	1	1						
282	**154**	**128**	**2**		**2**			
12	7	5						
24	10	14	1		1			
63	33	30						
73	35	38	1		1			
110	69	41						
868	**517**	**351**	**13**	**3**	**10**	**1**		**1**
149	83	66	1	1		1		1
160	89	71	1		1			
168	102	66	3		3			
196	121	75	4	1	3			
195	122	73	4	1	3			
876	**557**	**319**	**30**	**14**	**16**			
162	110	52	3	1	2			
164	101	63	1	1				
168	109	59	7	5	2			
200	124	76	12	4	8			
182	113	69	7	3	4			
638	**439**	**199**	**24**	**15**	**9**	**1**		**1**
156	106	50	3	3		1		1
129	85	44	8	6	2			
124	91	33	5	3	2			
121	83	38	3	1	2			
108	74	34	5	2	3			
406	**279**	**127**	**18**	**9**	**9**	**2**		**2**
85	59	26	2	1	1			
94	63	31	5	3	2			
78	56	22	8	3	5			
77	50	27	1	1		1		1
72	51	21	2	1	1	1		1
238	**194**	**44**	**14**	**10**	**4**			
60	47	13	4	3	1			
45	37	8	2	2				
53	46	7	6	3	3			
37	30	7	1	1				
43	34	9	1	1				
188	**155**	**33**	**7**	**6**	**1**	**2**	**2**	
55	44	11	2	2		1	1	
47	40	7	2	1	1			
50	41	9	1	1				
26	21	5	2	2				
10	9	1				1	1	
61	**57**	**4**	**2**	**2**				
8	8							
9	9							
15	14	1	2	2				
12	11	1						
17	15	2						
52	**39**	**13**	**1**	**1**		**7**	**4**	**3**

5-3a 全省分年龄、性别、受教育

受教育程度 年龄	15岁及以上人口			未婚		
	合计	男	女	小计	男	女
总 计	**2609928**	**1275369**	**1334559**	**566303**	**306117**	**260186**
15-19岁	**176553**	**89200**	**87353**	**176172**	**89113**	**87059**
15	30309	15468	14841	30301	15463	14838
16	38192	19345	18847	38174	19343	18831
17	36190	18500	17690	36156	18492	17664
18	32290	16539	15751	32198	16521	15677
19	39572	19348	20224	39343	19294	20049
20-24岁	**218161**	**105145**	**113016**	**196126**	**98712**	**97414**
20	45078	21666	23412	44445	21567	22878
21	42617	20365	22252	41143	20075	21068
22	43498	21223	22275	40133	20392	19741
23	42396	20366	22030	36217	18559	17658
24	44572	21525	23047	34188	18119	16069
25-29岁	**242007**	**117494**	**124513**	**111177**	**64200**	**46977**
25	48650	23532	25118	32328	17716	14612
26	46176	22364	23812	25421	14426	10995
27	49549	23913	25636	22147	12913	9234
28	47938	23516	24422	17267	10499	6768
29	49694	24169	25525	14014	8646	5368
30-34岁	**303308**	**149286**	**154022**	**44645**	**28628**	**16017**
30	59926	29531	30395	13367	8463	4904
31	58604	28926	29678	10135	6492	3643
32	56209	27725	28484	7911	5086	2825
33	67627	33279	34348	7429	4813	2616
34	60942	29825	31117	5803	3774	2029
35-39岁	**213464**	**105628**	**107836**	**14075**	**8777**	**5298**
35	43462	21523	21939	3729	2397	1332
36	36946	18309	18637	2787	1687	1100
37	38973	19359	19614	2582	1608	974
38	50285	24921	25364	2870	1776	1094
39	43798	21516	22282	2107	1309	798
40-44岁	**195867**	**96708**	**99159**	**6594**	**4308**	**2286**
40	33353	16563	16790	1420	919	501
41	37361	18493	18868	1341	898	443
42	34856	17109	17747	1156	761	395
43	41202	20220	20982	1242	797	445
44	49095	24323	24772	1435	933	502
45-49岁	**292671**	**145769**	**146902**	**6828**	**4683**	**2145**
45	54702	26918	27784	1417	964	453
46	58320	28923	29397	1466	999	467
47	58450	29267	29183	1346	923	423
48	59478	29707	29771	1289	896	393
49	61721	30954	30767	1310	901	409
50-54岁	**267792**	**131508**	**136284**	**4286**	**3056**	**1230**
50	60757	30191	30566	1224	846	378
51	55081	27130	27951	927	692	235
52	57870	28444	29426	920	649	271
53	43477	21027	22450	611	443	168
54	50607	24716	25891	604	426	178
55-59岁	**206638**	**100017**	**106621**	**2230**	**1603**	**627**
55	49949	24427	25522	566	399	167
56	51857	25238	26619	550	397	153
57	58759	28426	30333	606	446	160
58	30444	14551	15893	316	226	90
59	15629	7375	8254	192	135	57
60-64岁	**131063**	**64113**	**66950**	**1271**	**931**	**340**
60	18958	9115	9843	210	149	61
61	19535	9700	9835	175	129	46
62	30114	14975	15139	301	216	85
63	31445	15264	16181	318	237	81
64	31011	15059	15952	267	200	67
65岁及以上	**362404**	**170501**	**191903**	**2899**	**2106**	**793**

程度、婚姻状况的人口(城市)

单位：人

有配偶			离婚			丧偶		
小计	男	女	小计	男	女	小计	男	女
1840603	**901404**	**939199**	**95749**	**43161**	**52588**	**107273**	**24687**	**82586**
377	**86**	**291**	**4**	**1**	**3**			
8	5	3						
18	2	16						
33	8	25	1		1			
91	18	73	1		1			
227	53	174	2	1	1			
21777	**6377**	**15400**	**253**	**55**	**198**	**5**	**1**	**4**
627	98	529	6	1	5			
1462	289	1173	12	1	11			
3333	824	2509	31	7	24	1		1
6109	1793	4316	68	13	55	2	1	1
10246	3373	6873	136	33	103	2		2
127824	**52155**	**75669**	**2954**	**1124**	**1830**	**52**	**15**	**37**
16076	5733	10343	236	80	156	10	3	7
20313	7778	12535	439	159	280	3	1	2
26809	10780	16029	582	216	366	11	4	7
29925	12738	17187	732	274	458	14	5	9
34701	15126	19575	965	395	570	14	2	12
247615	**115765**	**131850**	**10839**	**4840**	**5999**	**209**	**53**	**156**
45041	20446	24595	1490	615	875	28	7	21
46624	21609	25015	1822	814	1008	23	11	12
46183	21701	24482	2070	931	1139	45	7	38
57395	27186	30209	2751	1269	1482	52	11	41
52372	24823	27549	2706	1211	1495	61	17	44
187596	**91547**	**96049**	**11468**	**5240**	**6228**	**325**	**64**	**261**
37593	18238	19355	2096	879	1217	44	9	35
32332	15832	16500	1784	779	1005	43	11	32
34254	16781	17473	2077	963	1114	60	7	53
44425	21705	22720	2903	1423	1480	87	17	70
38992	18991	20001	2608	1196	1412	91	20	71
176281	**86669**	**89612**	**12356**	**5596**	**6760**	**636**	**135**	**501**
29861	14709	15152	1988	922	1066	84	13	71
33645	16528	17117	2268	1048	1220	107	19	88
31435	15361	16074	2158	964	1194	107	23	84
37093	18190	18903	2719	1197	1522	148	36	112
44247	21881	22366	3223	1465	1758	190	44	146
265233	**132237**	**132996**	**18633**	**8433**	**10200**	**1977**	**416**	**1561**
49437	24249	25188	3563	1640	1923	285	65	220
52826	26192	26634	3709	1667	2042	319	65	254
53029	26590	26439	3685	1659	2026	390	95	295
53991	27009	26982	3757	1721	2036	441	81	360
55950	28197	27753	3919	1746	2173	542	110	432
243349	**120582**	**122767**	**15799**	**7042**	**8757**	**4358**	**828**	**3530**
55071	27490	27581	3796	1712	2084	666	143	523
49898	24707	25191	3485	1576	1909	771	155	616
52621	26077	26544	3432	1536	1896	897	182	715
39651	19406	20245	2313	1026	1287	902	152	750
46108	22902	23206	2773	1192	1581	1122	196	926
186536	**92233**	**94303**	**11210**	**4992**	**6218**	**6662**	**1189**	**5473**
45434	22596	22838	2653	1168	1485	1296	264	1032
46872	23285	23587	2876	1284	1592	1559	272	1287
52980	26189	26791	3217	1443	1774	1956	348	1608
27328	13417	13911	1622	731	891	1178	177	1001
13922	6746	7176	842	366	476	673	128	545
115738	**58754**	**56984**	**5581**	**2637**	**2944**	**8473**	**1791**	**6682**
16851	8336	8515	997	459	538	900	171	729
17347	8897	8450	921	427	494	1092	247	845
26629	13743	12886	1259	635	624	1925	381	1544
27707	13966	13741	1281	593	688	2139	468	1671
27204	13812	13392	1123	523	600	2417	524	1893
268277	**144999**	**123278**	**6652**	**3201**	**3451**	**84576**	**20195**	**64381**

5-3a 续表 1

受教育程度 年龄	15岁及以上人口			未婚		
	合计	男	女	小计	男	女
未上过学	**39576**	**9218**	**30358**	**2155**	**1597**	**558**
15-19岁	**110**	**58**	**52**	**110**	**58**	**52**
15	17	11	6	17	11	6
16	13	7	6	13	7	6
17	21	8	13	21	8	13
18	29	17	12	29	17	12
19	30	15	15	30	15	15
20-24岁	**197**	**115**	**82**	**181**	**114**	**67**
20	38	22	16	37	22	15
21	31	18	13	31	18	13
22	46	28	18	40	27	13
23	39	25	14	39	25	14
24	43	22	21	34	22	12
25-29岁	**242**	**114**	**128**	**164**	**97**	**67**
25	46	25	21	38	23	15
26	48	18	30	34	18	16
27	46	18	28	30	14	16
28	51	26	25	29	19	10
29	51	27	24	33	23	10
30-34岁	**352**	**181**	**171**	**160**	**117**	**43**
30	62	39	23	37	29	8
31	65	33	32	31	19	12
32	68	35	33	29	22	7
33	75	36	39	31	21	10
34	82	38	44	32	26	6
35-39岁	**361**	**147**	**214**	**111**	**75**	**36**
35	69	28	41	22	18	4
36	62	22	40	15	9	6
37	68	25	43	25	16	9
38	88	37	51	24	16	8
39	74	35	39	25	16	9
40-44岁	**442**	**184**	**258**	**119**	**84**	**35**
40	63	24	39	14	10	4
41	80	31	49	22	15	7
42	86	37	49	21	14	7
43	102	42	60	33	23	10
44	111	50	61	29	22	7
45-49岁	**994**	**393**	**601**	**207**	**157**	**50**
45	142	48	94	35	23	12
46	167	70	97	40	32	8
47	219	91	128	52	41	11
48	210	86	124	36	29	7
49	256	98	158	44	32	12
50-54岁	**1663**	**539**	**1124**	**211**	**171**	**40**
50	284	105	179	50	40	10
51	312	118	194	51	41	10
52	377	99	278	37	30	7
53	315	101	214	32	26	6
54	375	116	259	41	34	7
55-59岁	**1927**	**470**	**1457**	**143**	**116**	**27**
55	432	106	326	31	24	7
56	421	120	301	38	34	4
57	522	134	388	32	26	6
58	332	54	278	25	18	7
59	220	56	164	17	14	3
60-64岁	**3611**	**839**	**2772**	**163**	**134**	**29**
60	323	83	240	25	18	7
61	431	114	317	23	19	4
62	809	191	618	42	37	5
63	1010	235	775	37	31	6
64	1038	216	822	36	29	7
65岁及以上	**29677**	**6178**	**23499**	**586**	**474**	**112**

单位：人

有配偶			离婚			丧偶		
小计	男	女	小计	男	女	小计	男	女
21019	**5652**	**15367**	**620**	**247**	**373**	**15782**	**1722**	**14060**
16	**1**	**15**						
1		1						
6	1	5						
9		9						
76	**17**	**59**	**2**		**2**			
8	2	6						
14		14						
16	4	12						
21	7	14	1		1			
17	4	13	1		1			
180	**59**	**121**	**11**	**4**	**7**	**1**	**1**	
24	10	14	1		1			
32	14	18	2		2			
36	13	23	3		3			
39	11	28	4	3	1	1	1	
49	11	38	1	1				
232	**67**	**165**	**13**	**5**	**8**	**5**		**5**
41	9	32	6	1	5			
45	12	33	2	1	1			
40	9	31	1		1	2		2
61	19	42	3	2	1			
45	18	27	1	1		3		3
293	**90**	**203**	**28**	**10**	**18**	**2**		**2**
45	14	31	3		3	1		1
54	14	40	4	2	2			
58	18	40	7	5	2			
65	19	46	4		4			
71	25	46	10	3	7	1		1
710	**205**	**505**	**53**	**28**	**25**	**24**	**3**	**21**
96	19	77	9	4	5	2	2	
119	37	82	2	1	1	6		6
149	44	105	12	5	7	6	1	5
155	52	103	13	5	8	6		6
191	53	138	17	13	4	4		4
1299	**327**	**972**	**75**	**36**	**39**	**78**	**5**	**73**
213	56	157	14	8	6	7	1	6
232	68	164	16	8	8	13	1	12
305	64	241	15	4	11	20	1	19
256	68	188	14	6	8	13	1	12
293	71	222	16	10	6	25	1	24
1564	**316**	**1248**	**66**	**27**	**39**	**154**	**11**	**143**
351	74	277	20	8	12	30		30
333	77	256	18	8	10	32	1	31
435	95	340	17	6	11	38	7	31
276	34	242	4	1	3	27	1	26
169	36	133	7	4	3	27	2	25
2861	**632**	**2229**	**84**	**32**	**52**	**503**	**41**	**462**
257	58	199	6	4	2	35	3	32
351	89	262	16	3	13	41	3	38
651	139	512	17	10	7	99	5	94
795	175	620	26	10	16	152	19	133
807	171	636	19	5	14	176	11	165
13788	**3938**	**9850**	**288**	**105**	**183**	**15015**	**1661**	**13354**

5-3a 续表 2

受教育程度 年　　龄	15岁及以上人口			未　　婚		
	合计	男	女	小计	男	女
学前教育	**1815**	**630**	**1185**	**206**	**121**	**85**
15-19岁	**79**	**40**	**39**	**79**	**40**	**39**
15	34	16	18	34	16	18
16	16	8	8	16	8	8
17	7	5	2	7	5	2
18	10	5	5	10	5	5
19	12	6	6	12	6	6
20-24岁	**41**	**20**	**21**	**36**	**19**	**17**
20	10	5	5	10	5	5
21	4	1	3	3	1	2
22	11	4	7	9	3	6
23	7	5	2	7	5	2
24	9	5	4	7	5	2
25-29岁	**44**	**22**	**22**	**22**	**14**	**8**
25	12	8	4	8	7	1
26	8	4	4	2	2	
27	12	4	8	6	1	5
28	4	2	2	2	1	1
29	8	4	4	4	3	1
30-34岁	**45**	**27**	**18**	**17**	**12**	**5**
30	9	7	2	6	5	1
31	10	6	4	2	2	
32	8	5	3	4	2	2
33	9	4	5	3	2	1
34	9	5	4	2	1	1
35-39岁	**35**	**20**	**15**	**5**	**2**	**3**
35	5	4	1			
36	8	5	3	3	1	2
37	9	3	6			
38	2	1	1	1	1	
39	11	7	4	1		1
40-44岁	**39**	**19**	**20**	**6**	**4**	**2**
40	9	4	5	3	2	1
41	8	5	3	2	1	1
42	6	3	3	1	1	
43	6	4	2			
44	10	3	7			
45-49岁	**71**	**24**	**47**	**6**	**3**	**3**
45	5	1	4			
46	17	5	12	1		1
47	13	4	9	1	1	
48	13	3	10	1	1	
49	23	11	12	3	1	2
50-54岁	**100**	**42**	**58**	**7**	**7**	
50	20	7	13	2	2	
51	17	9	8	1	1	
52	21	9	12	2	2	
53	24	10	14	1	1	
54	18	7	11	1	1	
55-59岁	**105**	**36**	**69**	**5**	**3**	**2**
55	21	11	10	1	1	
56	24	3	21	1		1
57	31	14	17	2	1	1
58	19	7	12			
59	10	1	9	1	1	
60-64岁	**162**	**46**	**116**	**6**	**5**	**1**
60	11	1	10			
61	26	7	19	2	2	
62	36	10	26	1	1	
63	43	15	28	1	1	
64	46	13	33	2	1	1
65岁及以上	**1094**	**334**	**760**	**17**	**12**	**5**

单位：人

有配偶			离　婚			丧　偶		
小计	男	女	小计	男	女	小计	男	女
1060	**399**	**661**	**45**	**20**	**25**	**504**	**90**	**414**
4	**1**	**3**	**1**		**1**			
			1		1			
2	1	1						
2		2						
22	**8**	**14**						
4	1	3						
6	2	4						
6	3	3						
2	1	1						
4	1	3						
26	**14**	**12**	**2**	**1**	**1**			
3	2	1						
8	4	4						
3	2	1	1	1				
5	2	3	1		1			
7	4	3						
26	**18**	**8**	**3**		**3**	**1**		**1**
5	4	1						
5	4	1						
8	3	5	1		1			
1		1						
7	7		2		2	1		1
33	**15**	**18**						
6	2	4						
6	4	2						
5	2	3						
6	4	2						
10	3	7						
56	**17**	**39**	**7**	**4**	**3**	**2**		**2**
4	1	3	1		1			
14	3	11	2	2				
10	2	8	2	1	1			
11	2	9				1		1
17	9	8	2	1	1	1		1
87	**33**	**54**	**5**	**2**	**3**	**1**		**1**
17	5	12	1		1			
14	7	7	1	1		1		1
17	7	10	2		2			
23	9	14						
16	5	11	1	1				
90	**28**	**62**	**5**	**4**	**1**	**5**	**1**	**4**
19	9	10	1	1				
20	3	17				3		3
25	10	15	2	2		2	1	1
17	6	11	2	1	1			
9		9						
128	**39**	**89**	**6**	**2**	**4**	**22**		**22**
9	1	8				2		2
18	5	13	1		1	5		5
27	9	18				8		8
36	12	24	2	2		4		4
38	12	26	3		3	3		3
588	**226**	**362**	**16**	**7**	**9**	**473**	**89**	**384**

5-3a 续表 3

受教育程度 年 龄	15岁及以上人口 合计	男	女	未婚 小计	男	女
小 学	**395363**	**168601**	**226762**	**9490**	**7246**	**2244**
15-19岁	**541**	**307**	**234**	**523**	**302**	**221**
15	68	36	32	68	36	32
16	78	49	29	77	49	28
17	94	56	38	93	56	37
18	124	74	50	119	74	45
19	177	92	85	166	87	79
20-24岁	**1531**	**864**	**667**	**1129**	**754**	**375**
20	209	118	91	184	113	71
21	230	127	103	196	120	76
22	298	170	128	232	154	78
23	358	199	159	250	173	77
24	436	250	186	267	194	73
25-29岁	**3176**	**1690**	**1486**	**1138**	**846**	**292**
25	496	256	240	262	172	90
26	513	286	227	220	169	51
27	635	326	309	231	175	56
28	705	382	323	213	165	48
29	827	440	387	212	165	47
30-34岁	**7685**	**3816**	**3869**	**1067**	**838**	**229**
30	1246	641	605	261	208	53
31	1369	694	675	223	177	46
32	1402	687	715	183	140	43
33	1847	894	953	222	169	53
34	1821	900	921	178	144	34
35-39岁	**7363**	**3233**	**4130**	**527**	**394**	**133**
35	1301	581	720	112	91	21
36	1132	501	631	87	60	27
37	1262	551	711	91	68	23
38	1781	795	986	123	91	32
39	1887	805	1082	114	84	30
40-44岁	**17051**	**7223**	**9828**	**649**	**511**	**138**
40	1727	755	972	88	73	15
41	2696	1174	1522	117	93	24
42	2838	1204	1634	110	82	28
43	4017	1682	2335	144	114	30
44	5773	2408	3365	190	149	41
45-49岁	**47937**	**20306**	**27631**	**1073**	**860**	**213**
45	7477	3185	4292	220	181	39
46	8626	3630	4996	220	180	40
47	9507	4031	5476	179	147	32
48	10342	4361	5981	207	164	43
49	11985	5099	6886	247	188	59
50-54岁	**64459**	**26477**	**37982**	**1031**	**832**	**199**
50	12639	5230	7409	236	180	56
51	13039	5438	7601	205	172	33
52	14495	5962	8533	230	188	42
53	11441	4581	6860	167	138	29
54	12845	5266	7579	193	154	39
55-59岁	**43535**	**17563**	**25972**	**557**	**456**	**101**
55	11404	4668	6736	167	131	36
56	10862	4444	6418	136	109	27
57	11771	4815	6956	141	121	20
58	6253	2386	3867	67	57	10
59	3245	1250	1995	46	38	8
60-64岁	**38552**	**16308**	**22244**	**473**	**398**	**75**
60	4181	1685	2496	62	50	12
61	5183	2221	2962	68	56	12
62	8768	3825	4943	107	87	20
63	9930	4201	5729	125	108	17
64	10490	4376	6114	111	97	14
65岁及以上	**163533**	**70814**	**92719**	**1323**	**1055**	**268**

单位：人

有配偶			离婚			丧偶		
小计	男	女	小计	男	女	小计	男	女
322386	**143423**	**178963**	**12312**	**5871**	**6441**	**51175**	**12061**	**39114**
18	**5**	**13**						
1		1						
1		1						
5		5						
11	5	6						
395	**109**	**286**	**5**	**1**	**4**	**2**		**2**
25	5	20						
33	7	26	1		1			
66	16	50						
106	25	81	1	1		1		1
165	56	109	3		3	1		1
1963	**807**	**1156**	**70**	**34**	**36**	**5**	**3**	**2**
226	80	146	7	3	4	1	1	
278	109	169	15	8	7			
392	148	244	12	3	9			
474	207	267	16	9	7	2	1	1
593	263	330	20	11	9	2	1	1
6258	**2809**	**3449**	**342**	**165**	**177**	**18**	**4**	**14**
949	416	533	34	16	18	2	1	1
1089	486	603	56	30	26	1	1	
1160	515	645	54	31	23	5	1	4
1521	687	834	96	37	59	8	1	7
1539	705	834	102	51	51	2		2
6356	**2608**	**3748**	**459**	**225**	**234**	**21**	**6**	**15**
1114	460	654	72	28	44	3	2	1
986	415	571	55	26	29	4		4
1081	438	643	85	43	42	5	2	3
1524	632	892	130	71	59	4	1	3
1651	663	988	117	57	60	5	1	4
15238	**6191**	**9047**	**1063**	**502**	**561**	**101**	**19**	**82**
1521	632	889	110	49	61	8	1	7
2401	1001	1400	164	78	86	14	2	12
2531	1035	1496	186	84	102	11	3	8
3581	1430	2151	267	131	136	25	7	18
5204	2093	3111	336	160	176	43	6	37
43995	**18234**	**25761**	**2427**	**1124**	**1303**	**442**	**88**	**354**
6771	2801	3970	430	193	237	56	10	46
7879	3224	4655	471	217	254	56	9	47
8752	3637	5115	483	230	253	93	17	76
9522	3931	5591	510	241	269	103	25	78
11071	4641	6430	533	243	290	134	27	107
59212	**24147**	**35065**	**2699**	**1236**	**1463**	**1517**	**262**	**1255**
11652	4738	6914	548	275	273	203	37	166
11984	4942	7042	590	270	320	260	54	206
13356	5434	7922	587	280	307	322	60	262
10462	4188	6274	476	212	264	336	43	293
11758	4845	6913	498	199	299	396	68	328
39310	**15966**	**23344**	**1660**	**784**	**876**	**2008**	**357**	**1651**
10410	4268	6142	418	187	231	409	82	327
9834	4054	5780	427	201	226	465	80	385
10650	4378	6272	441	221	220	539	95	444
5561	2150	3411	253	125	128	372	54	318
2855	1116	1739	121	50	71	223	46	177
33532	**14646**	**18886**	**1203**	**618**	**585**	**3344**	**646**	**2698**
3680	1518	2162	163	79	84	276	38	238
4515	1969	2546	212	114	98	388	82	306
7671	3473	4198	255	130	125	735	135	600
8618	3757	4861	287	147	140	900	189	711
9048	3929	5119	286	148	138	1045	202	843
116109	**57901**	**58208**	**2384**	**1182**	**1202**	**43717**	**10676**	**33041**

5-3a 续表 4

受教育程度 年龄	15岁及以上人口			未婚		
	合计	男	女	小计	男	女
初　中	**760520**	**377887**	**382633**	**60251**	**41096**	**19155**
15-19岁	**15701**	**8871**	**6830**	**15508**	**8829**	**6679**
15	7276	4062	3214	7270	4058	3212
16	2636	1435	1201	2629	1434	1195
17	1877	1079	798	1856	1075	781
18	1824	1064	760	1777	1057	720
19	2088	1231	857	1976	1205	771
20-24岁	**20796**	**11818**	**8978**	**14454**	**9891**	**4563**
20	2508	1504	1004	2253	1460	793
21	3088	1804	1284	2581	1692	889
22	4141	2373	1768	3094	2114	980
23	4969	2755	2214	3244	2225	1019
24	6090	3382	2708	3282	2400	882
25-29岁	**40307**	**21101**	**19206**	**12457**	**9248**	**3209**
25	7368	3938	3430	3467	2513	954
26	7369	3945	3424	2735	2016	719
27	8238	4347	3891	2545	1939	606
28	8163	4243	3920	1952	1472	480
29	9169	4628	4541	1758	1308	450
30-34岁	**68844**	**33550**	**35294**	**7464**	**5701**	**1763**
30	11946	6035	5911	1986	1523	463
31	12620	6272	6348	1681	1282	399
32	12358	6060	6298	1317	1021	296
33	16214	7749	8465	1345	1020	325
34	15706	7434	8272	1135	855	280
35-39岁	**60424**	**28834**	**31590**	**2821**	**2079**	**742**
35	11452	5495	5957	725	546	179
36	9690	4559	5131	523	382	141
37	10694	5077	5617	506	383	123
38	14809	7131	7678	596	433	163
39	13779	6572	7207	471	335	136
40-44岁	**73627**	**34604**	**39023**	**1907**	**1360**	**547**
40	10699	5101	5598	339	252	87
41	13304	6272	7032	364	264	100
42	12942	5975	6967	325	241	84
43	16299	7654	8645	387	267	120
44	20383	9602	10781	492	336	156
45-49岁	**128748**	**62141**	**66607**	**2433**	**1768**	**665**
45	23347	11059	12288	468	343	125
46	25649	12213	13436	502	376	126
47	25604	12386	13218	506	351	155
48	26391	12777	13614	482	353	129
49	27757	13706	14051	475	345	130
50-54岁	**118370**	**57861**	**60509**	**1453**	**1038**	**415**
50	26819	13177	13642	432	300	132
51	23670	11612	12058	322	250	72
52	25007	12244	12763	295	201	94
53	19561	9529	10032	210	155	55
54	23313	11299	12014	194	132	62
55-59岁	**88822**	**42713**	**46109**	**778**	**543**	**235**
55	22999	11232	11767	212	147	65
56	23297	11060	12237	190	136	54
57	25091	11989	13102	211	150	61
58	11930	5781	6149	108	72	36
59	5505	2651	2854	57	38	19
60-64岁	**46893**	**24512**	**22381**	**354**	**248**	**106**
60	6709	3372	3337	58	44	14
61	6746	3580	3166	42	30	12
62	10681	5681	5000	85	54	31
63	11138	5809	5329	87	67	20
64	11619	6070	5549	82	53	29
65岁及以上	**97988**	**51882**	**46106**	**622**	**391**	**231**

单位：人

有配偶			离婚			丧偶		
小计	男	女	小计	男	女	小计	男	女
638962	**313269**	**325693**	**36963**	**17212**	**19751**	**24344**	**6310**	**18034**
190	**41**	**149**	**3**	**1**	**2**			
6	4	2						
7	1	6						
21	4	17						
46	7	39	1		1			
110	25	85	2	1	1			
6241	**1902**	**4339**	**100**	**24**	**76**	**1**	**1**	
252	44	208	3		3			
501	111	390	6	1	5			
1038	257	781	9	2	7			
1696	525	1171	28	4	24	1	1	
2754	965	1789	54	17	37			
26951	**11489**	**15462**	**880**	**360**	**520**	**19**	**4**	**15**
3822	1403	2419	78	22	56	1		1
4502	1877	2625	131	52	79	1		1
5515	2338	3177	170	67	103	8	3	5
5991	2681	3310	216	89	127	4	1	3
7121	3190	3931	285	130	155	5		5
57867	**26134**	**31733**	**3431**	**1693**	**1738**	**82**	**22**	**60**
9499	4293	5206	451	216	235	10	3	7
10349	4704	5645	577	282	295	13	4	9
10353	4702	5651	670	333	337	18	4	14
13977	6279	7698	870	443	427	22	7	15
13689	6156	7533	863	419	444	19	4	15
53880	**24905**	**28975**	**3588**	**1826**	**1762**	**135**	**24**	**111**
10077	4652	5425	633	294	339	17	3	14
8593	3904	4689	561	270	291	13	3	10
9529	4379	5150	630	312	318	29	3	26
13268	6195	7073	906	493	413	39	10	29
12413	5775	6638	858	457	401	37	5	32
66690	**30953**	**35737**	**4732**	**2223**	**2509**	**298**	**68**	**230**
9636	4503	5133	685	339	346	39	7	32
12045	5565	6480	842	433	409	53	10	43
11717	5347	6370	843	376	467	57	11	46
14785	6882	7903	1062	491	571	65	14	51
18507	8656	9851	1300	584	716	84	26	58
117324	**56536**	**60788**	**8063**	**3659**	**4404**	**928**	**178**	**750**
21265	9989	11276	1469	693	776	145	34	111
23425	11109	12316	1584	700	884	138	28	110
23331	11273	12058	1596	723	873	171	39	132
24044	11638	12406	1658	761	897	207	25	182
25259	12527	12732	1756	782	974	267	52	215
108112	**53418**	**54694**	**6931**	**3047**	**3884**	**1874**	**358**	**1516**
24419	12076	12343	1663	738	925	305	63	242
21552	10630	10922	1486	673	813	310	59	251
22875	11323	11552	1457	638	819	380	82	298
17932	8860	9072	1024	444	580	395	70	325
21334	10529	10805	1301	554	747	484	84	400
80488	**39540**	**40948**	**4663**	**2125**	**2538**	**2893**	**505**	**2388**
20976	10413	10563	1209	547	662	602	125	477
21106	10230	10876	1274	563	711	727	131	596
22682	11088	11594	1318	608	710	880	143	737
10777	5359	5418	594	285	309	451	65	386
4947	2450	2497	268	122	146	233	41	192
41529	**22453**	**19076**	**2155**	**1094**	**1061**	**2855**	**717**	**2138**
5977	3072	2905	360	183	177	314	73	241
6026	3283	2743	322	164	158	356	103	253
9472	5204	4268	495	273	222	629	150	479
9871	5336	4535	483	232	251	697	174	523
10183	5558	4625	495	242	253	859	217	642
79690	**45898**	**33792**	**2417**	**1160**	**1257**	**15259**	**4433**	**10826**

5-3a 续表 5

受教育程度 年龄	15岁及以上人口 合计	男	女	未婚 小计	男	女
高　中	**588789**	**304070**	**284719**	**182095**	**103730**	**78365**
15-19岁	**111427**	**57684**	**53743**	**111310**	**57655**	**53655**
15	22485	11183	11302	22483	11182	11301
16	34357	17454	16903	34348	17453	16895
17	31352	16197	15155	31343	16193	15150
18	15778	8678	7100	15748	8670	7078
19	7455	4172	3283	7388	4157	3231
20-24岁	**37777**	**20683**	**17094**	**30715**	**18557**	**12158**
20	6152	3393	2759	5917	3360	2557
21	6333	3476	2857	5809	3373	2436
22	7578	4169	3409	6451	3892	2559
23	8343	4537	3806	6327	3910	2417
24	9371	5108	4263	6211	4022	2189
25-29岁	**57157**	**29961**	**27196**	**21776**	**14978**	**6798**
25	10643	5737	4906	5921	3903	2018
26	10593	5659	4934	4877	3326	1551
27	11937	6236	5701	4395	3062	1333
28	11629	6037	5592	3536	2519	1017
29	12355	6292	6063	3047	2168	879
30-34岁	**73864**	**37494**	**36370**	**10156**	**7236**	**2920**
30	15093	7797	7296	3015	2173	842
31	14395	7391	7004	2247	1600	647
32	13767	6980	6787	1814	1287	527
33	16497	8337	8160	1749	1234	515
34	14112	6989	7123	1331	942	389
35-39岁	**47748**	**23664**	**24084**	**3179**	**2139**	**1040**
35	9469	4729	4740	831	565	266
36	7716	3848	3868	584	398	186
37	8320	4164	4156	579	375	204
38	11597	5722	5875	660	447	213
39	10646	5201	5445	525	354	171
40-44岁	**46667**	**23501**	**23166**	**1650**	**1044**	**606**
40	8334	4158	4176	382	254	128
41	9224	4544	4680	324	214	110
42	8447	4241	4206	287	179	108
43	9756	4925	4831	311	189	122
44	10906	5633	5273	346	208	138
45-49岁	**57782**	**30545**	**27237**	**1581**	**1035**	**546**
45	11741	5999	5742	330	216	114
46	11947	6272	5675	371	224	147
47	11565	6141	5424	303	198	105
48	11379	6136	5243	291	204	87
49	11150	5997	5153	286	193	93
50-54岁	**43295**	**22964**	**20331**	**891**	**593**	**298**
50	10911	5834	5077	263	180	83
51	9225	4860	4365	198	139	59
52	9274	4938	4336	214	140	74
53	6459	3404	3055	112	76	36
54	7426	3928	3498	104	58	46
55-59岁	**43211**	**21362**	**21849**	**457**	**302**	**155**
55	8198	4196	4002	96	58	38
56	9889	5022	4867	98	62	36
57	13067	6367	6700	143	99	44
58	7648	3715	3933	78	56	22
59	4409	2062	2347	42	27	15
60-64岁	**28419**	**13832**	**14587**	**170**	**86**	**84**
60	5346	2498	2848	41	24	17
61	4956	2377	2579	26	12	14
62	6865	3389	3476	40	21	19
63	6252	3024	3228	42	18	24
64	5000	2544	2456	21	11	10
65岁及以上	**41442**	**22380**	**19062**	**210**	**105**	**105**

单位：人

有配偶			离婚			丧偶		
小计	男	女	小计	男	女	小计	男	女
372205	**186732**	**185473**	**24068**	**10892**	**13176**	**10421**	**2716**	**7705**
116	**29**	**87**	**1**		**1**			
2	1	1						
9	1	8						
8	4	4	1		1			
30	8	22						
67	15	52						
6976	**2107**	**4869**	**85**	**19**	**66**	**1**		**1**
234	32	202	1	1				
521	103	418	3		3			
1117	274	843	10	3	7			
1990	620	1370	26	7	19			
3114	1078	2036	45	8	37	1		1
34339	**14564**	**19775**	**1030**	**415**	**615**	**12**	**4**	**8**
4637	1798	2839	82	35	47	3	1	2
5564	2273	3291	151	59	92	1	1	
7330	3088	4242	210	85	125	2	1	1
7828	3417	4411	262	100	162	3	1	2
8980	3988	4992	325	136	189	3		3
60521	**28782**	**31739**	**3138**	**1464**	**1674**	**49**	**12**	**37**
11612	5427	6185	460	195	265	6	2	4
11577	5517	6060	566	270	296	5	4	1
11359	5435	5924	585	256	329	9	2	7
13952	6708	7244	788	393	395	8	2	6
12021	5695	6326	739	350	389	21	2	19
41462	**20089**	**21373**	**3039**	**1424**	**1615**	**68**	**12**	**56**
8078	3912	4166	554	251	303	6	1	5
6675	3237	3438	450	213	237	7		7
7218	3549	3669	517	239	278	6	1	5
10116	4878	5238	799	394	405	22	3	19
9375	4513	4862	719	327	392	27	7	20
41559	**20867**	**20692**	**3326**	**1560**	**1766**	**132**	**30**	**102**
7390	3618	3772	544	282	262	18	4	14
8251	4032	4219	630	294	336	19	4	15
7563	3793	3770	575	262	313	22	7	15
8661	4390	4271	750	341	409	34	5	29
9694	5034	4660	827	381	446	39	10	29
51367	**27316**	**24051**	**4494**	**2112**	**2382**	**340**	**82**	**258**
10474	5348	5126	891	424	467	46	11	35
10579	5581	4998	928	454	474	69	13	56
10303	5513	4790	881	403	478	78	27	51
10142	5515	4627	878	403	475	68	14	54
9869	5359	4510	916	428	488	79	17	62
38357	**20629**	**17728**	**3473**	**1611**	**1862**	**574**	**131**	**443**
9685	5217	4468	866	410	456	97	27	70
8122	4349	3773	795	350	445	110	22	88
8173	4403	3770	772	369	403	115	26	89
5760	3075	2685	477	227	250	110	26	84
6617	3585	3032	563	255	308	142	30	112
38498	**19588**	**18910**	**3077**	**1273**	**1804**	**1179**	**199**	**980**
7340	3859	3481	591	244	347	171	35	136
8836	4601	4235	720	323	397	235	36	199
11618	5839	5779	929	370	559	377	59	318
6786	3403	3383	531	215	316	253	41	212
3918	1886	2032	306	121	185	143	28	115
25371	**12876**	**12495**	**1494**	**601**	**893**	**1384**	**269**	**1115**
4743	2307	2436	336	129	207	226	38	188
4421	2215	2206	264	108	156	245	42	203
6091	3143	2948	367	157	210	367	68	299
5591	2814	2777	322	132	190	297	60	237
4525	2397	2128	205	75	130	249	61	188
33639	**19885**	**13754**	**911**	**413**	**498**	**6682**	**1977**	**4705**

5-3a 续表 6

受教育程度 年龄	15岁及以上人口			未婚		
	合计	男	女	小计	男	女
大学专科	**412039**	**205361**	**206678**	**143561**	**72822**	**70739**
15-19岁	**25055**	**11643**	**13412**	**25016**	**11637**	**13379**
15	386	138	248	386	138	248
16	981	349	632	980	349	631
17	1942	810	1132	1940	810	1130
18	7385	3575	3810	7379	3574	3805
19	14361	6771	7590	14331	6766	7565
20-24岁	**74113**	**34227**	**39886**	**67887**	**32561**	**35326**
20	16742	7859	8883	16646	7846	8800
21	13923	6431	7492	13576	6373	7203
22	14381	6775	7606	13474	6561	6913
23	14330	6481	7849	12524	6015	6509
24	14737	6681	8056	11667	5766	5901
25-29岁	**69575**	**32228**	**37347**	**33403**	**18246**	**15157**
25	15421	7020	8401	10470	5396	5074
26	13888	6293	7595	7776	4156	3620
27	14260	6558	7702	6476	3562	2914
28	13107	6221	6886	4849	2860	1989
29	12899	6136	6763	3832	2272	1560
30-34岁	**72173**	**34647**	**37526**	**11342**	**6886**	**4456**
30	15094	7180	7914	3503	2062	1441
31	14269	6832	7437	2616	1601	1015
32	13453	6519	6934	2011	1268	743
33	15657	7512	8145	1824	1117	707
34	13700	6604	7096	1388	838	550
35-39岁	**42222**	**20794**	**21428**	**3119**	**1835**	**1284**
35	9236	4511	4725	856	527	329
36	7623	3845	3778	668	372	296
37	7768	3803	3965	563	344	219
38	9567	4707	4860	614	357	257
39	8028	3928	4100	418	235	183
40-44岁	**30058**	**15386**	**14672**	**1144**	**680**	**464**
40	5911	2915	2996	280	163	117
41	6084	3095	2989	250	149	101
42	5494	2815	2679	205	131	74
43	5904	3004	2900	194	113	81
44	6665	3557	3108	215	124	91
45-49岁	**32752**	**17607**	**15145**	**938**	**546**	**392**
45	6847	3583	3264	216	126	90
46	6862	3687	3175	220	132	88
47	6593	3654	2939	188	115	73
48	6427	3432	2995	158	85	73
49	6023	3251	2772	156	88	68
50-54岁	**22420**	**12440**	**9980**	**394**	**240**	**154**
50	5843	3168	2675	135	81	54
51	4971	2677	2294	93	58	35
52	4813	2714	2099	74	49	25
53	3114	1741	1373	49	23	26
54	3679	2140	1539	43	29	14
55-59岁	**17132**	**9762**	**7370**	**160**	**106**	**54**
55	3902	2201	1701	30	22	8
56	4322	2501	1821	42	28	14
57	4887	2801	2086	45	29	16
58	2587	1468	1119	24	16	8
59	1434	791	643	19	11	8
60-64岁	**8926**	**5392**	**3534**	**68**	**39**	**29**
60	1579	917	662	15	9	6
61	1436	877	559	7	5	2
62	1995	1209	786	16	10	6
63	2050	1244	806	17	8	9
64	1866	1145	721	13	7	6
65岁及以上	**17613**	**11235**	**6378**	**90**	**46**	**44**

单位：人

有配偶			离婚			丧偶		
小计	男	女	小计	男	女	小计	男	女
252264	**126242**	**126022**	**13035**	**5289**	**7746**	**3179**	**1008**	**2171**
39	**6**	**33**						
1		1						
2		2						
6	1	5						
30	5	25						
6174	**1658**	**4516**	**51**	**8**	**43**	**1**		**1**
94	13	81	2		2			
346	58	288	1		1			
895	213	682	11	1	10	1		1
1796	465	1331	10	1	9			
3043	909	2134	27	6	21			
35516	**13780**	**21736**	**648**	**198**	**450**	**8**	**4**	**4**
4891	1607	3284	56	16	40	4	1	3
6010	2111	3899	102	26	76			
7651	2953	4698	132	43	89	1		1
8111	3316	4795	145	43	102	2	2	
8853	3793	5060	213	70	143	1	1	
58476	**26858**	**31618**	**2320**	**900**	**1420**	**35**	**3**	**32**
11251	5000	6251	335	118	217	5		5
11260	5080	6180	391	151	240	2		2
11007	5078	5929	426	173	253	9		9
13227	6153	7074	597	242	355	9		9
11731	5547	6184	571	216	355	10	3	7
36771	**18002**	**18769**	**2278**	**946**	**1332**	**54**	**11**	**43**
7917	3813	4104	455	168	287	8	3	5
6606	3329	3277	337	140	197	12	4	8
6766	3260	3506	428	199	229	11		11
8383	4104	4279	556	244	312	14	2	12
7099	3496	3603	502	195	307	9	2	7
26951	**13917**	**13034**	**1893**	**775**	**1118**	**70**	**14**	**56**
5255	2613	2642	365	139	226	11		11
5488	2812	2676	332	131	201	14	3	11
4948	2539	2409	330	144	186	11	1	10
5302	2733	2569	390	150	240	18	8	10
5958	3220	2738	476	211	265	16	2	14
29390	**16098**	**13292**	**2274**	**925**	**1349**	**150**	**38**	**112**
6122	3257	2865	489	196	293	20	4	16
6145	3361	2784	467	185	282	30	9	21
5942	3350	2592	438	183	255	25	6	19
5776	3141	2635	454	195	259	39	11	28
5405	2989	2416	426	166	260	36	8	28
20211	**11502**	**8709**	**1616**	**659**	**957**	**199**	**39**	**160**
5217	2900	2317	452	177	275	39	10	29
4459	2449	2010	375	159	216	44	11	33
4344	2510	1834	359	148	211	36	7	29
2837	1631	1206	197	81	116	31	6	25
3354	2012	1342	233	94	139	49	5	44
15578	**9107**	**6471**	**1086**	**475**	**611**	**308**	**74**	**234**
3574	2068	1506	243	96	147	55	15	40
3940	2342	1598	275	118	157	65	13	52
4437	2600	1837	310	144	166	95	28	67
2349	1368	981	160	73	87	54	11	43
1278	729	549	98	44	54	39	7	32
8156	**5088**	**3068**	**437**	**188**	**249**	**265**	**77**	**188**
1440	858	582	92	40	52	32	10	22
1316	833	483	67	25	42	46	14	32
1836	1141	695	78	42	36	65	16	49
1854	1177	677	114	42	72	65	17	48
1710	1079	631	86	39	47	57	20	37
15002	**10226**	**4776**	**432**	**215**	**217**	**2089**	**748**	**1341**

5−3a　续表 7

受教育程度 年龄	15岁及以上人口 合计	男	女	未婚 小计	男	女
大学本科	**366222**	**185409**	**180813**	**150306**	**70987**	**79319**
15−19岁	**23611**	**10583**	**13028**	**23597**	**10578**	**13019**
15	43	22	21	43	22	21
16	111	43	68	111	43	68
17	896	344	552	895	344	551
18	7133	3121	4012	7129	3119	4010
19	15428	7053	8375	15419	7050	8369
20−24岁	**77335**	**34627**	**42708**	**75414**	**34042**	**41372**
20	19381	8748	10633	19360	8744	10616
21	18781	8425	10356	18720	8415	10305
22	15751	7138	8613	15546	7075	8471
23	12042	5346	6696	11538	5196	6342
24	11380	4970	6410	10250	4612	5638
25−29岁	**60655**	**27514**	**33141**	**34072**	**16973**	**17099**
25	12121	5409	6712	9746	4607	5139
26	11635	5219	6416	7925	3879	4046
27	12248	5482	6766	6833	3421	3412
28	12234	5682	6552	5408	2842	2566
29	12417	5722	6695	4160	2224	1936
30−34岁	**69596**	**34167**	**35429**	**11768**	**6474**	**5294**
30	14137	6706	7431	3660	2004	1656
31	13691	6623	7068	2734	1499	1235
32	13059	6382	6677	2067	1114	953
33	15158	7620	7538	1852	1045	807
34	13551	6836	6715	1455	812	643
35−39岁	**47489**	**24591**	**22898**	**3560**	**1874**	**1686**
35	10352	5305	5047	1000	554	446
36	9229	4692	4537	729	369	360
37	9264	4856	4408	672	354	318
38	10674	5558	5116	707	359	348
39	7970	4180	3790	452	238	214
40−44岁	**24182**	**13413**	**10769**	**913**	**508**	**405**
40	5562	2986	2576	249	133	116
41	5114	2842	2272	217	132	85
42	4367	2397	1970	166	89	77
43	4494	2516	1978	141	74	67
44	4645	2672	1973	140	80	60
45−49岁	**21810**	**12992**	**8818**	**509**	**268**	**241**
45	4580	2657	1923	124	59	65
46	4497	2682	1815	99	50	49
47	4387	2583	1804	101	62	39
48	4249	2578	1671	100	50	50
49	4097	2492	1605	85	47	38
50−54岁	**15949**	**10048**	**5901**	**266**	**155**	**111**
50	3858	2380	1478	93	56	37
51	3515	2175	1340	52	29	23
52	3518	2210	1308	56	31	25
53	2364	1515	849	39	23	16
54	2694	1768	926	26	16	10
55−59岁	**10765**	**7198**	**3567**	**124**	**74**	**50**
55	2720	1793	927	28	16	12
56	2740	1848	892	42	26	16
57	3083	2057	1026	30	19	11
58	1493	999	494	14	7	7
59	729	501	228	10	6	4
60−64岁	**4142**	**2887**	**1255**	**33**	**18**	**15**
60	741	505	236	9	4	5
61	700	474	226	5	3	2
62	882	607	275	10	6	4
63	940	668	272	7	3	4
64	879	633	246	2	2	
65岁及以上	**10688**	**7389**	**3299**	**50**	**23**	**27**

单位：人

有配偶			离婚			丧偶		
小计	男	女	小计	男	女	小计	男	女
206227	110421	95806	7882	3256	4626	1807	745	1062
14	5	9						
1		1						
4	2	2						
9	3	6						
1911	582	1329	10	3	7			
21	4	17						
61	10	51						
204	62	142	1	1				
502	150	352	2		2			
1123	356	767	7	2	5			
26272	10426	15846	304	115	189	7		7
2362	798	1564	13	4	9			
3673	1326	2347	36	14	22	1		1
5360	2044	3316	55	17	38			
6735	2807	3928	88	33	55	3		3
8142	3451	4691	112	47	65	3		3
56346	27124	29222	1462	561	901	20	8	12
10282	4643	5639	192	59	133	3		3
10743	5047	5696	213	76	137	1	1	
10696	5148	5548	292	120	172	4		4
12934	6435	6499	368	140	228	4		4
11691	5851	5840	397	166	231	8	7	1
42025	21991	20034	1867	717	1150	37	9	28
8996	4626	4370	346	125	221	10		10
8156	4210	3946	339	111	228	5	2	3
8219	4352	3867	366	149	217	7	1	6
9511	5011	4500	448	187	261	8	1	7
7143	3792	3351	368	145	223	7	5	2
22082	12444	9638	1158	457	701	29	4	25
5062	2753	2309	245	99	146	6	1	5
4631	2614	2017	261	96	165	5		5
4010	2230	1780	186	77	109	5	1	4
4128	2369	1759	219	71	148	6	2	4
4251	2478	1773	247	114	133	7		7
20032	12178	7854	1184	521	663	85	25	60
4189	2477	1712	251	117	134	16	4	12
4151	2530	1621	227	96	131	20	6	14
4025	2410	1615	244	106	138	17	5	12
3916	2421	1495	218	102	116	15	5	10
3751	2340	1411	244	100	144	17	5	12
14654	9453	5201	917	409	508	112	31	81
3519	2227	1292	231	92	139	15	5	10
3228	2035	1193	203	103	100	32	8	24
3222	2084	1138	216	89	127	24	6	18
2197	1437	760	112	50	62	16	5	11
2488	1670	818	155	75	80	25	7	18
9934	6815	3119	600	272	328	107	37	70
2503	1692	811	162	79	83	27	6	21
2519	1749	770	151	64	87	28	9	19
2852	1945	907	177	79	98	24	14	10
1387	959	428	71	28	43	21	5	16
673	470	203	39	22	17	7	3	4
3826	2741	1085	186	90	96	97	38	59
678	469	209	39	23	16	15	9	6
649	458	191	35	10	25	11	3	8
807	574	233	43	20	23	22	7	15
865	631	234	45	26	19	23	8	15
827	609	218	24	11	13	26	11	15
9131	6662	2469	194	111	83	1313	593	720

5-3a 续表 8

受教育程度 年　　龄	15岁及以上人口			未　　婚		
	合计	男	女	小计	男	女
硕士研究生	**40239**	**20909**	**19330**	**16331**	**7499**	**8832**
15-19岁	**25**	**12**	**13**	**25**	**12**	**13**
15						
16						
17	1	1		1	1	
18	7	5	2	7	5	2
19	17	6	11	17	6	11
20-24岁	**6120**	**2684**	**3436**	**6060**	**2668**	**3392**
20	35	16	19	35	16	19
21	216	79	137	216	79	137
22	1241	552	689	1236	552	684
23	2242	990	1252	2222	982	1240
24	2386	1047	1339	2351	1039	1312
25-29岁	**9601**	**4208**	**5393**	**7136**	**3272**	**3864**
25	2364	1051	1313	2248	1013	1235
26	1849	806	1043	1603	736	867
27	1906	803	1103	1415	627	788
28	1772	772	1000	1066	499	567
29	1710	776	934	804	397	407
30-34岁	**9492**	**4664**	**4828**	**2234**	**1102**	**1132**
30	2053	957	1096	751	368	383
31	1941	943	998	501	256	245
32	1857	919	938	406	185	221
33	1915	970	945	338	164	174
34	1726	875	851	238	129	109
35-39岁	**6846**	**3745**	**3101**	**619**	**304**	**315**
35	1397	754	643	154	80	74
36	1301	720	581	149	79	70
37	1401	760	641	124	55	69
38	1543	846	697	113	59	54
39	1204	665	539	79	31	48
40-44岁	**3139**	**1927**	**1212**	**162**	**86**	**76**
40	878	508	370	47	22	25
41	722	443	279	38	24	14
42	541	339	202	32	18	14
43	504	311	193	26	12	14
44	494	326	168	19	10	9
45-49岁	**2163**	**1485**	**678**	**63**	**35**	**28**
45	472	325	147	17	12	5
46	467	308	159	12	4	8
47	476	319	157	13	6	7
48	389	283	106	10	7	3
49	359	250	109	11	6	5
50-54岁	**1288**	**939**	**349**	**23**	**15**	**8**
50	318	240	78	8	4	4
51	286	204	82	3	1	2
52	305	220	85	10	8	2
53	163	117	46	1	1	
54	216	158	58	1	1	
55-59岁	**953**	**757**	**196**	**5**	**3**	**2**
55	217	175	42	1		1
56	256	200	56	3	2	1
57	257	208	49	1	1	
58	155	119	36			
59	68	55	13			
60-64岁	**297**	**240**	**57**	**3**	**2**	**1**
60	60	46	14			
61	47	40	7	1	1	
62	62	48	14			
63	71	58	13	2	1	1
64	57	48	9			
65岁及以上	**315**	**248**	**67**	**1**		**1**

单位：人

有配偶			离婚			丧偶		
小计	男	女	小计	男	女	小计	男	女
23138	**13061**	**10077**	**722**	**320**	**402**	**48**	**29**	**19**
59	**16**	**43**	**1**		**1**			
5		5						
19	8	11	1		1			
35	8	27						
2446	**934**	**1512**	**18**	**2**	**16**	**1**		**1**
115	38	77				1		1
243	70	173	3		3			
488	175	313	3	1	2			
703	273	430	3		3			
897	378	519	9	1	8			
7134	**3510**	**3624**	**121**	**49**	**72**	**3**	**3**	
1285	578	707	16	10	6	1	1	
1422	681	741	17	5	12	1	1	
1415	717	698	36	17	19			
1554	796	758	23	10	13			
1458	738	720	29	7	22	1	1	
6029	**3354**	**2675**	**194**	**85**	**109**	**4**	**2**	**2**
1215	662	553	28	12	16			
1111	622	489	39	17	22	2	2	
1235	689	546	42	16	26			
1379	758	621	51	29	22			
1089	623	466	34	11	23	2		2
2841	**1786**	**1055**	**133**	**55**	**78**	**3**		**3**
798	475	323	33	11	22			
654	410	244	28	9	19	2		2
482	308	174	26	13	13	1		1
454	287	167	24	12	12			
453	306	147	22	10	12			
1979	**1394**	**585**	**117**	**54**	**63**	**4**	**2**	**2**
433	300	133	22	13	9			
429	293	136	26	11	15			
442	308	134	21	5	16			
353	262	91	25	13	12	1	1	
322	231	91	23	12	11	3	1	2
1193	**890**	**303**	**69**	**32**	**37**	**3**	**2**	**1**
293	227	66	17	9	8			
265	193	72	17	10	7	1		1
277	207	70	18	5	13			
149	110	39	12	5	7	1	1	
209	153	56	5	3	2	1	1	
896	**725**	**171**	**46**	**26**	**20**	**6**	**3**	**3**
208	171	37	7	4	3	1		1
240	190	50	9	6	3	4	2	2
233	194	39	22	12	10	1	1	
150	118	32	5	1	4			
65	52	13	3	3				
277	**225**	**52**	**14**	**10**	**4**	**3**	**3**	
59	45	14	1	1				
42	36	6	4	3	1			
60	47	13	2	1	1			
66	54	12	2	2		1	1	
50	43	7	5	3	2	2	2	
284	**227**	**57**	**9**	**7**	**2**	**21**	**14**	**7**

5-3a 续表 9

受教育程度 年 龄	15岁及以上人口			未 婚		
	合计	男	女	小计	男	女
博士研究生	**5365**	**3284**	**2081**	**1908**	**1019**	**889**
15—19岁	**4**	**2**	**2**	**4**	**2**	**2**
15						
16						
17						
18						
19	4	2	2	4	2	2
20—24岁	**251**	**107**	**144**	**250**	**106**	**144**
20	3	1	2	3	1	2
21	11	4	7	11	4	7
22	51	14	37	51	14	37
23	66	28	38	66	28	38
24	120	60	60	119	59	60
25—29岁	**1250**	**656**	**594**	**1009**	**526**	**483**
25	179	88	91	168	82	86
26	273	134	139	249	124	125
27	267	139	128	216	112	104
28	273	151	122	212	122	90
29	258	144	114	164	86	78
30—34岁	**1257**	**740**	**517**	**437**	**262**	**175**
30	286	169	117	148	91	57
31	244	132	112	100	56	44
32	237	138	99	80	47	33
33	255	157	98	65	41	24
34	235	144	91	44	27	17
35—39岁	**976**	**600**	**376**	**134**	**75**	**59**
35	181	116	65	29	16	13
36	185	117	68	29	17	12
37	187	120	67	22	13	9
38	224	124	100	32	13	19
39	199	123	76	22	16	6
40—44岁	**662**	**451**	**211**	**44**	**31**	**13**
40	170	112	58	18	10	8
41	129	87	42	7	6	1
42	135	98	37	9	6	3
43	120	82	38	6	5	1
44	108	72	36	4	4	
45—49岁	**414**	**276**	**138**	**18**	**11**	**7**
45	91	61	30	7	4	3
46	88	56	32	1	1	
47	86	58	28	3	2	1
48	78	51	27	4	3	1
49	71	50	21	3	1	2
50—54岁	**248**	**198**	**50**	**10**	**5**	**5**
50	65	50	15	5	3	2
51	46	37	9	2	1	1
52	60	48	12	2		2
53	36	29	7			
54	41	34	7	1	1	
55—59岁	**188**	**156**	**32**	**1**		**1**
55	56	45	11			
56	46	40	6			
57	50	41	9	1		1
58	27	22	5			
59	9	8	1			
60—64岁	**61**	**57**	**4**	**1**	**1**	
60	8	8				
61	10	10		1	1	
62	16	15	1			
63	11	10	1			
64	16	14	2			
65岁及以上	**54**	**41**	**13**			

单位：人

有配偶			离婚			丧偶		
小计	男	女	小计	男	女	小计	男	女
3342	**2205**	**1137**	**102**	**54**	**48**	**13**	**6**	**7**
1	**1**							
1	1							
239	**130**	**109**	**2**		**2**			
11	6	5						
23	10	13	1		1			
51	27	24						
60	29	31	1		1			
94	58	36						
807	**475**	**332**	**12**	**3**	**9**	**1**		**1**
136	77	59	1	1		1		1
144	76	68						
154	91	63	3		3			
186	115	71	4	1	3			
187	116	71	4	1	3			
815	**513**	**302**	**27**	**12**	**15**			
150	100	50	2		2			
155	99	56	1	1				
158	102	56	7	5	2			
182	108	74	10	3	7			
170	104	66	7	3	4			
594	**406**	**188**	**23**	**14**	**9**	**1**		**1**
148	99	49	3	3		1		1
115	76	39	7	5	2			
121	89	32	5	3	2			
111	76	35	3	1	2			
99	66	33	5	2	3			
380	**259**	**121**	**14**	**6**	**8**	**2**		**2**
83	57	26	1		1			
85	54	31	2	1	1			
75	53	22	8	3	5			
72	47	25	1	1		1		1
65	48	17	2	1	1	1		1
224	**183**	**41**	**14**	**10**	**4**			
56	44	12	4	3	1			
42	34	8	2	2				
52	45	7	6	3	3			
35	28	7	1	1				
39	32	7	1	1				
178	**148**	**30**	**7**	**6**	**1**	**2**	**2**	
53	42	11	2	2		1	1	
44	39	5	2	1	1			
48	40	8	1	1				
25	20	5	2	2				
8	7	1				1	1	
58	**54**	**4**	**2**	**2**				
8	8							
9	9							
14	13	1	2	2				
11	10	1						
16	14	2						
46	**36**	**10**	**1**	**1**		**7**	**4**	**3**

5－3b 全省分年龄、性别、受教育

受教育程度 年龄	15岁及以上人口			未婚		
	合计	男	女	小计	男	女
总计	**1471248**	**715536**	**755712**	**273209**	**153556**	**119653**
15－19岁	**126784**	**64522**	**62262**	**126168**	**64420**	**61748**
15	26534	13584	12950	26529	13582	12947
16	31494	16006	15488	31461	16002	15459
17	27686	13952	13734	27600	13938	13662
18	22227	11372	10855	22075	11344	10731
19	18843	9608	9235	18503	9554	8949
20－24岁	**87989**	**42704**	**45285**	**72615**	**38386**	**34229**
20	17274	8650	8624	16514	8485	8029
21	16334	8026	8308	14931	7723	7208
22	17520	8408	9112	14907	7746	7161
23	17849	8588	9261	13640	7394	6246
24	19012	9032	9980	12623	7038	5585
25－29岁	**108843**	**51679**	**57164**	**39497**	**24262**	**15235**
25	21438	10123	11315	11820	6848	4972
26	20848	9779	11069	9277	5538	3739
27	22769	10766	12003	7982	5017	2965
28	21315	10183	11132	5718	3673	2045
29	22473	10828	11645	4700	3186	1514
30－34岁	**138065**	**66312**	**71753**	**14275**	**10117**	**4158**
30	27370	13205	14165	4447	3111	1336
31	26312	12647	13665	3176	2256	920
32	25132	12098	13034	2475	1766	709
33	30988	14796	16192	2375	1697	678
34	28263	13566	14697	1802	1287	515
35－39岁	**100525**	**48884**	**51641**	**4542**	**3239**	**1303**
35	20152	9751	10401	1142	822	320
36	17272	8435	8837	875	626	249
37	18161	8873	9288	781	563	218
38	23622	11536	12086	960	697	263
39	21318	10289	11029	784	531	253
40－44岁	**110226**	**53388**	**56838**	**2930**	**2167**	**763**
40	16991	8280	8711	571	404	167
41	20327	9795	10532	557	418	139
42	19690	9447	10243	527	377	150
43	23589	11464	12125	620	470	150
44	29629	14402	15227	655	498	157
45－49岁	**181370**	**89023**	**92347**	**3515**	**2715**	**800**
45	33491	16252	17239	701	526	175
46	36656	18065	18591	749	581	168
47	36832	18243	18589	701	546	155
48	36747	17926	18821	666	516	150
49	37644	18537	19107	698	546	152
50－54岁	**172922**	**84531**	**88391**	**2571**	**2085**	**486**
50	37279	18533	18746	616	494	122
51	34111	16654	17457	553	444	109
52	37787	18390	19397	544	445	99
53	29504	14315	15189	405	335	70
54	34241	16639	17602	453	367	86
55－59岁	**126835**	**61819**	**65016**	**1449**	**1192**	**257**
55	32213	15645	16568	383	328	55
56	32028	15817	16211	369	302	67
57	35413	17393	18020	399	332	67
58	18447	8838	9609	184	146	38
59	8734	4126	4608	114	84	30
60－64岁	**75427**	**37484**	**37943**	**1286**	**1147**	**139**
60	9912	4787	5125	168	143	25
61	10877	5535	5342	172	147	25
62	17110	8602	8508	318	281	37
63	18774	9272	9502	330	305	25
64	18754	9288	9466	298	271	27
65岁及以上	**242262**	**115190**	**127072**	**4361**	**3826**	**535**

程度、婚姻状况的人口(镇)

单位：人

有配偶			离婚			丧偶		
小计	男	女	小计	男	女	小计	男	女
1073227	**518228**	**554999**	**39744**	**20898**	**18846**	**85068**	**22854**	**62214**
609	**100**	**509**	**4**		**4**	**3**	**2**	**1**
5	2	3						
31	2	29				2	2	
86	14	72						
152	28	124						
335	54	281	4		4	1		1
15135	**4251**	**10884**	**223**	**63**	**160**	**16**	**4**	**12**
755	162	593	4	2	2	1	1	
1384	300	1084	18	3	15	1		1
2572	648	1924	37	12	25	4	2	2
4151	1179	2972	55	15	40	3		3
6273	1962	4311	109	31	78	7	1	6
67638	**26669**	**40969**	**1648**	**739**	**909**	**60**	**9**	**51**
9465	3227	6238	146	47	99	7	1	6
11333	4143	7190	227	97	130	11	1	10
14439	5603	8836	335	143	192	13	3	10
15184	6320	8864	398	189	209	15	1	14
17217	7376	9841	542	263	279	14	3	11
118476	**53483**	**64993**	**5123**	**2668**	**2455**	**191**	**44**	**147**
22148	9706	12442	752	384	368	23	4	19
22255	9957	12298	852	430	422	29	4	25
21665	9822	11843	949	498	451	43	12	31
27246	12384	14862	1324	701	623	43	14	29
25162	11614	13548	1246	655	591	53	10	43
90734	**42915**	**47819**	**4939**	**2673**	**2266**	**310**	**57**	**253**
18014	8436	9578	942	485	457	54	8	46
15514	7363	8151	841	440	401	42	6	36
16435	7784	8651	893	514	379	52	12	40
21394	10176	11218	1178	647	531	90	16	74
19377	9156	10221	1085	587	498	72	15	57
101240	**48246**	**52994**	**5394**	**2819**	**2575**	**662**	**156**	**506**
15499	7382	8117	835	477	358	86	17	69
18659	8817	9842	1002	534	468	109	26	83
18138	8584	9554	918	465	453	107	21	86
21617	10332	11285	1203	620	583	149	42	107
27327	13131	14196	1436	723	713	211	50	161
168103	**81707**	**86396**	**8072**	**4212**	**3860**	**1680**	**389**	**1291**
30923	14831	16092	1613	831	782	254	64	190
33893	16511	17382	1697	903	794	317	70	247
34199	16752	17447	1604	862	742	328	83	245
34136	16522	17614	1598	813	785	347	75	272
34952	17091	17861	1560	803	757	434	97	337
160456	**78335**	**82121**	**6344**	**3305**	**3039**	**3551**	**806**	**2745**
34652	17153	17499	1497	774	723	514	112	402
31598	15387	16211	1333	685	648	627	138	489
35117	17062	18055	1362	713	649	764	170	594
27374	13256	14118	1050	560	490	675	164	511
31715	15477	16238	1102	573	529	971	222	749
116409	**57527**	**58882**	**3931**	**2035**	**1896**	**5046**	**1065**	**3981**
29713	14577	15136	1038	516	522	1079	224	855
29492	14729	14763	1013	543	470	1154	243	911
32487	16206	16281	1068	533	535	1459	322	1137
16856	8221	8635	530	287	243	877	184	693
7861	3794	4067	282	156	126	477	92	385
66176	**33695**	**32481**	**1733**	**1023**	**710**	**6232**	**1619**	**4613**
8799	4321	4478	321	182	139	624	141	483
9609	5001	4608	287	184	103	809	203	606
15082	7745	7337	379	228	151	1331	348	983
16435	8308	8127	390	226	164	1619	433	1186
16251	8320	7931	356	203	153	1849	494	1355
168251	**91300**	**76951**	**2333**	**1361**	**972**	**67317**	**18703**	**48614**

5-3b 续表 1

受教育程度 年龄	15岁及以上人口 合计	男	女	未婚 小计	男	女
未上过学	**49489**	**13190**	**36299**	**3667**	**2778**	**889**
15-19岁	**154**	**71**	**83**	**141**	**70**	**71**
15	17	6	11	17	6	11
16	16	10	6	15	10	5
17	32	17	15	29	16	13
18	39	14	25	36	14	22
19	50	24	26	44	24	20
20-24岁	**314**	**135**	**179**	**218**	**120**	**98**
20	55	23	32	44	21	23
21	49	21	28	37	18	19
22	61	26	35	42	25	17
23	85	42	43	57	37	20
24	64	23	41	38	19	19
25-29岁	**514**	**220**	**294**	**223**	**141**	**82**
25	90	38	52	46	31	15
26	89	34	55	45	25	20
27	104	41	63	43	20	23
28	114	45	69	39	28	11
29	117	62	55	50	37	13
30-34岁	**954**	**379**	**575**	**235**	**148**	**87**
30	151	58	93	44	26	18
31	200	80	120	47	29	18
32	164	66	98	42	25	17
33	222	85	137	56	34	22
34	217	90	127	46	34	12
35-39岁	**1140**	**421**	**719**	**175**	**120**	**55**
35	191	65	126	28	23	5
36	217	89	128	35	25	10
37	212	74	138	23	14	9
38	265	84	181	43	26	17
39	255	109	146	46	32	14
40-44岁	**1528**	**542**	**986**	**208**	**147**	**61**
40	244	76	168	27	16	11
41	291	100	191	50	38	12
42	304	109	195	38	26	12
43	347	120	227	47	35	12
44	342	137	205	46	32	14
45-49岁	**2160**	**799**	**1361**	**284**	**222**	**62**
45	360	130	230	47	34	13
46	428	159	269	61	44	17
47	436	165	271	65	53	12
48	468	173	295	54	46	8
49	468	172	296	57	45	12
50-54岁	**2663**	**912**	**1751**	**309**	**240**	**69**
50	477	179	298	59	49	10
51	520	191	329	61	49	12
52	551	190	361	69	53	16
53	533	172	361	52	42	10
54	582	180	402	68	47	21
55-59岁	**2544**	**654**	**1890**	**189**	**157**	**32**
55	565	163	402	50	45	5
56	611	163	448	46	38	8
57	659	171	488	43	39	4
58	433	106	327	35	26	9
59	276	51	225	15	9	6
60-64岁	**3925**	**1042**	**2883**	**282**	**244**	**38**
60	372	95	277	29	24	5
61	542	161	381	46	37	9
62	849	244	605	64	54	10
63	1015	277	738	77	71	6
64	1147	265	882	66	58	8
65岁及以上	**33593**	**8015**	**25578**	**1403**	**1169**	**234**

单位：人

有配偶			离　婚			丧　偶		
小计	男	女	小计	男	女	小计	男	女
27448	**7669**	**19779**	**565**	**228**	**337**	**17809**	**2515**	**15294**
13	**1**	**12**						
1		1						
3	1	2						
3		3						
6		6						
95	**15**	**80**				**1**		**1**
11	2	9						
12	3	9						
19	1	18						
28	5	23						
25	4	21				1		1
281	**78**	**203**	**7**	**1**	**6**	**3**		**3**
42	7	35	1		1	1		1
41	9	32	2		2	1		1
59	21	38	2		2			
73	17	56	1		1	1		1
66	24	42	1	1				
683	**221**	**462**	**27**	**8**	**19**	**9**	**2**	**7**
99	30	69	8	2	6			
149	50	99	2	1	1	2		2
118	39	79	3	2	1	1		1
158	48	110	5	1	4	3	2	1
159	54	105	9	2	7	3		3
903	**290**	**613**	**39**	**10**	**29**	**23**	**1**	**22**
147	39	108	9	3	6	7		7
171	64	107	8		8	3		3
181	57	124	5	3	2	3		3
212	57	155	5	1	4	5		5
192	73	119	12	3	9	5	1	4
1221	**370**	**851**	**54**	**18**	**36**	**45**	**7**	**38**
200	60	140	8		8	9		9
220	55	165	12	4	8	9	3	6
250	78	172	12	5	7	4		4
275	81	194	15	3	12	10	1	9
276	96	180	7	6	1	13	3	10
1733	**538**	**1195**	**66**	**30**	**36**	**77**	**9**	**68**
293	91	202	12	4	8	8	1	7
340	110	230	12	3	9	15	2	13
337	102	235	12	9	3	22	1	21
390	121	269	10	4	6	14	2	12
373	114	259	20	10	10	18	3	15
2083	**609**	**1474**	**78**	**31**	**47**	**193**	**32**	**161**
380	119	261	15	8	7	23	3	20
420	134	286	8	2	6	31	6	25
423	122	301	17	10	7	42	5	37
426	119	307	22	7	15	33	4	29
434	115	319	16	4	12	64	14	50
2033	**437**	**1596**	**68**	**30**	**38**	**254**	**30**	**224**
457	104	353	11	5	6	47	9	38
482	110	372	25	10	15	58	5	53
536	112	424	21	11	10	59	9	50
339	73	266	5	2	3	54	5	49
219	38	181	6	2	4	36	2	34
2941	**691**	**2250**	**67**	**24**	**43**	**635**	**83**	**552**
275	63	212	11	2	9	57	6	51
405	109	296	14	6	8	77	9	68
642	162	480	19	7	12	124	21	103
771	176	595	12	4	8	155	26	129
848	181	667	11	5	6	222	21	201
15462	**4419**	**11043**	**159**	**76**	**83**	**16569**	**2351**	**14218**

5-3b 续表 2

受教育程度 年　　龄	15岁及以上人口			未　　婚		
	合计	男	女	小计	男	女
学前教育	**1907**	**660**	**1247**	**184**	**135**	**49**
15-19岁	**53**	**29**	**24**	**52**	**28**	**24**
15	15	8	7	15	8	7
16	12	5	7	11	4	7
17	6	4	2	6	4	2
18	9	6	3	9	6	3
19	11	6	5	11	6	5
20-24岁	**32**	**14**	**18**	**27**	**13**	**14**
20	9	4	5	9	4	5
21	4	2	2	4	2	2
22	7	6	1	6	5	1
23	8		8	6		6
24	4	2	2	2	2	
25-29岁	**26**	**11**	**15**	**7**	**4**	**3**
25	5	2	3	3	1	2
26	5	2	3	1	1	
27	7	2	5	1		1
28	1		1			
29	8	5	3	2	2	
30-34岁	**30**	**12**	**18**	**10**	**7**	**3**
30	6	2	4	2	2	
31	5	3	2	1	1	
32	6	2	4	2	1	1
33	5	2	3	3	2	1
34	8	3	5	2	1	1
35-39岁	**25**	**11**	**14**	**5**	**4**	**1**
35	4	2	2			
36	3	1	2			
37	9	6	3	4	3	1
38	3	1	2			
39	6	1	5	1	1	
40-44岁	**36**	**18**	**18**	**3**	**3**	
40	4	1	3			
41	6	4	2	1	1	
42	6	2	4			
43	10	5	5	1	1	
44	10	6	4	1	1	
45-49岁	**64**	**30**	**34**	**10**	**10**	
45	11	6	5	3	3	
46	11	6	5	2	2	
47	10	4	6			
48	17	7	10	2	2	
49	15	7	8	3	3	
50-54岁	**112**	**33**	**79**	**9**	**8**	**1**
50	21	8	13			
51	19	6	13	3	3	
52	23	5	18	1	1	
53	20	5	15	2	2	
54	29	9	20	3	2	1
55-59岁	**101**	**29**	**72**	**3**	**3**	
55	21	6	15			
56	21	4	17	1	1	
57	35	12	23	1	1	
58	13	3	10			
59	11	4	7	1	1	
60-64岁	**166**	**52**	**114**	**11**	**11**	
60	17	5	12	2	2	
61	22	7	15			
62	34	12	22	4	4	
63	47	11	36	2	2	
64	46	17	29	3	3	
65岁及以上	**1262**	**421**	**841**	**47**	**44**	**3**

单位：人

有配偶			离婚			丧偶		
小计	男	女	小计	男	女	小计	男	女
1095	**373**	**722**	**23**	**15**	**8**	**605**	**137**	**468**
1	**1**							
1	1							
5	**1**	**4**						
1	1							
2		2						
2		2						
19	**7**	**12**						
2	1	1						
4	1	3						
6	2	4						
1		1						
6	3	3						
20	**5**	**15**						
4		4						
4	2	2						
4	1	3						
2		2						
6	2	4						
20	**7**	**13**						
4	2	2						
3	1	2						
5	3	2						
3	1	2						
5		5						
33	**15**	**18**						
4	1	3						
5	3	2						
6	2	4						
9	4	5						
9	5	4						
47	**19**	**28**	**4**	**1**	**3**	**3**		**3**
6	2	4	1	1		1		1
7	4	3	1		1	1		1
10	4	6						
14	5	9	1		1			
10	4	6	1		1	1		1
90	**21**	**69**	**5**	**3**	**2**	**8**	**1**	**7**
21	8	13						
12	2	10	1	1		3		3
20	4	16	2		2			
15	2	13	1	1		2		2
22	5	17	1	1		3	1	2
83	**21**	**62**	**3**	**2**	**1**	**12**	**3**	**9**
20	6	14				1		1
16	2	14	1		1	3	1	2
27	9	18	1	1		6	1	5
11	2	9	1	1		1		1
9	2	7				1	1	
121	**33**	**88**	**4**	**4**		**30**	**4**	**26**
11	2	9	1	1		3		3
19	7	12				3		3
22	3	19	3	3		5	2	3
36	8	28				9	1	8
33	13	20				10	1	9
656	**243**	**413**	**7**	**5**	**2**	**552**	**129**	**423**

5-3b 续表 3

受教育程度 年　龄	15岁及以上人口			未　婚		
	合计	男	女	小计	男	女
小　学	**369215**	**158984**	**210231**	**13621**	**10480**	**3141**
15-19岁	**1194**	**653**	**541**	**1083**	**637**	**446**
15	150	87	63	149	87	62
16	150	86	64	146	86	60
17	223	115	108	203	113	90
18	298	174	124	274	169	105
19	373	191	182	311	182	129
20-24岁	**2865**	**1450**	**1415**	**1678**	**1090**	**588**
20	458	255	203	334	225	109
21	496	240	256	308	189	119
22	558	287	271	339	218	121
23	695	345	350	370	246	124
24	658	323	335	327	212	115
25-29岁	**4766**	**2256**	**2510**	**1361**	**945**	**416**
25	826	380	446	331	219	112
26	841	403	438	281	203	78
27	936	436	500	289	195	94
28	997	477	520	239	164	75
29	1166	560	606	221	164	57
30-34岁	**9012**	**3939**	**5073**	**1150**	**771**	**379**
30	1452	654	798	260	182	78
31	1682	742	940	248	171	77
32	1712	731	981	212	146	66
33	2078	893	1185	220	136	84
34	2088	919	1169	210	136	74
35-39岁	**9820**	**4204**	**5616**	**778**	**542**	**236**
35	1719	708	1011	160	106	54
36	1591	685	906	146	99	47
37	1807	798	1009	148	106	42
38	2351	1052	1299	162	121	41
39	2352	961	1391	162	110	52
40-44岁	**17886**	**7461**	**10425**	**895**	**665**	**230**
40	2225	929	1296	156	108	48
41	2962	1235	1727	163	130	33
42	3138	1267	1871	154	104	50
43	4037	1689	2348	197	146	51
44	5524	2341	3183	225	177	48
45-49岁	**42550**	**17526**	**25024**	**1331**	**1074**	**257**
45	6872	2826	4046	239	183	56
46	8136	3423	4713	279	225	54
47	8500	3532	4968	267	211	56
48	9116	3632	5484	252	203	49
49	9926	4113	5813	294	252	42
50-54岁	**57169**	**23160**	**34009**	**1214**	**1044**	**170**
50	10637	4324	6313	257	219	38
51	11204	4550	6654	270	230	40
52	12923	5279	7644	275	239	36
53	10359	4151	6208	192	164	28
54	12046	4856	7190	220	192	28
55-59岁	**42617**	**16436**	**26181**	**748**	**633**	**115**
55	10860	4236	6624	200	179	21
56	10415	4130	6285	186	156	30
57	11615	4459	7156	194	165	29
58	6437	2365	4072	93	76	17
59	3290	1246	2044	75	57	18
60-64岁	**36575**	**15789**	**20786**	**812**	**747**	**65**
60	3958	1592	2366	98	87	11
61	4911	2124	2787	108	97	11
62	8157	3583	4574	194	179	15
63	9704	4213	5491	216	201	15
64	9845	4277	5568	196	183	13
65岁及以上	**144761**	**66110**	**78651**	**2571**	**2332**	**239**

单位：人

有配偶			离婚			丧偶		
小计	男	女	小计	男	女	小计	男	女
298518	**130401**	**168117**	**7969**	**4323**	**3646**	**49107**	**13780**	**35327**
111	**16**	**95**						
1		1						
4		4						
20	2	18						
24	5	19						
62	9	53						
1166	**351**	**815**	**19**	**8**	**11**	**2**	**1**	**1**
121	29	92	3	1	2			
184	50	134	4	1	3			
214	66	148	4	2	2	1	1	
322	97	225	3	2	1			
325	109	216	5	2	3	1		1
3305	**1261**	**2044**	**90**	**47**	**43**	**10**	**3**	**7**
485	157	328	9	3	6	1	1	
546	191	355	12	9	3	2		2
621	228	393	24	12	12	2	1	1
736	300	436	19	12	7	3	1	2
917	385	532	26	11	15	2		2
7481	**2963**	**4518**	**343**	**196**	**147**	**38**	**9**	**29**
1151	447	704	36	25	11	5		5
1373	543	830	54	28	26	7		7
1428	550	878	64	30	34	8	5	3
1742	691	1051	107	63	44	9	3	6
1787	732	1055	82	50	32	9	1	8
8550	**3436**	**5114**	**416**	**216**	**200**	**76**	**10**	**66**
1475	567	908	74	34	40	10	1	9
1371	551	820	61	32	29	13	3	10
1573	649	924	78	42	36	8	1	7
2066	870	1196	99	59	40	24	2	22
2065	799	1266	104	49	55	21	3	18
16073	**6346**	**9727**	**723**	**389**	**334**	**195**	**61**	**134**
1957	762	1195	87	52	35	25	7	18
2642	1026	1616	121	69	52	36	10	26
2842	1103	1739	106	51	55	36	9	27
3616	1428	2188	182	99	83	42	16	26
5016	2027	2989	227	118	109	56	19	37
39053	**15519**	**23534**	**1581**	**800**	**781**	**585**	**133**	**452**
6269	2477	3792	277	148	129	87	18	69
7460	3026	4434	297	149	148	100	23	77
7834	3121	4713	300	169	131	99	31	68
8368	3238	5130	355	161	194	141	30	111
9122	3657	5465	352	173	179	158	31	127
52694	**20919**	**31775**	**1670**	**872**	**798**	**1591**	**325**	**1266**
9846	3893	5953	327	164	163	207	48	159
10327	4097	6230	343	178	165	264	45	219
11934	4773	7161	369	201	168	345	66	279
9548	3765	5783	303	151	152	316	71	245
11039	4391	6648	328	178	150	459	95	364
38429	**14797**	**23632**	**1103**	**585**	**518**	**2337**	**421**	**1916**
9862	3822	6040	290	148	142	508	87	421
9439	3732	5707	277	149	128	513	93	420
10425	4017	6408	299	150	149	697	127	570
5801	2128	3673	152	89	63	391	72	319
2902	1098	1804	85	49	36	228	42	186
31427	**13739**	**17688**	**687**	**430**	**257**	**3649**	**873**	**2776**
3456	1386	2070	90	54	36	314	65	249
4247	1856	2391	108	71	37	448	100	348
7042	3116	3926	142	93	49	779	195	584
8320	3665	4655	180	113	67	988	234	754
8362	3716	4646	167	99	68	1120	279	841
100229	**51054**	**49175**	**1337**	**780**	**557**	**40624**	**11944**	**28680**

5-3b 续表 4

受教育程度	15岁及以上人口			未婚		
年龄	合计	男	女	小计	男	女
初 中	**548196**	**278541**	**269655**	**52480**	**34776**	**17704**
15-19岁	**19848**	**10865**	**8983**	**19481**	**10807**	**8674**
15	9640	5208	4432	9638	5207	4431
16	3998	2152	1846	3974	2149	1825
17	2165	1195	970	2114	1186	928
18	1827	1048	779	1730	1032	698
19	2218	1262	956	2025	1233	792
20-24岁	**18935**	**10050**	**8885**	**12120**	**8081**	**4039**
20	2275	1267	1008	1891	1183	708
21	2817	1529	1288	2146	1382	764
22	3838	2078	1760	2645	1754	891
23	4566	2378	2188	2734	1849	885
24	5439	2798	2641	2704	1913	791
25-29岁	**36666**	**18147**	**18519**	**10004**	**7383**	**2621**
25	6612	3315	3297	2738	1967	771
26	6744	3351	3393	2278	1642	636
27	7767	3887	3880	2072	1576	496
28	7469	3622	3847	1568	1155	413
29	8074	3972	4102	1348	1043	305
30-34岁	**58742**	**27594**	**31148**	**5136**	**4011**	**1125**
30	10607	5064	5543	1420	1104	316
31	10817	5125	5692	1098	869	229
32	10568	4922	5646	918	705	213
33	13746	6456	7290	968	764	204
34	13004	6027	6977	732	569	163
35-39岁	**48583**	**22856**	**25727**	**1777**	**1364**	**413**
35	9486	4402	5084	443	334	109
36	8148	3828	4320	339	268	71
37	8785	4180	4605	306	242	64
38	11696	5542	6154	394	313	81
39	10468	4904	5564	295	207	88
40-44岁	**56042**	**26336**	**29706**	**1154**	**907**	**247**
40	8176	3820	4356	216	168	48
41	10288	4810	5478	215	163	52
42	9887	4598	5289	222	170	52
43	12143	5748	6395	241	193	48
44	15548	7360	8188	260	213	47
45-49岁	**95794**	**46948**	**48846**	**1301**	**1013**	**288**
45	17893	8562	9331	279	219	60
46	19440	9451	9989	263	208	55
47	19576	9668	9908	253	205	48
48	19214	9464	9750	265	201	64
49	19671	9803	9868	241	180	61
50-54岁	**83737**	**42378**	**41359**	**732**	**572**	**160**
50	19062	9695	9367	205	159	46
51	16234	8151	8083	159	122	37
52	17996	9083	8913	137	109	28
53	14120	7175	6945	112	89	23
54	16325	8274	8051	119	93	26
55-59岁	**57961**	**29537**	**28424**	**369**	**297**	**72**
55	15397	7792	7605	100	78	22
56	15078	7679	7399	98	81	17
57	16088	8263	7825	114	92	22
58	7900	4016	3884	44	34	10
59	3498	1787	1711	13	12	1
60-64岁	**24771**	**14242**	**10529**	**141**	**119**	**22**
60	3777	1993	1784	33	26	7
61	3670	2172	1498	12	11	1
62	5751	3285	2466	43	35	8
63	5829	3392	2437	24	22	2
64	5744	3400	2344	29	25	4
65岁及以上	**47117**	**29588**	**17529**	**265**	**222**	**43**

单位：人

有配偶			离婚			丧偶		
小计	男	女	小计	男	女	小计	男	女
462374	**228279**	**234095**	**19598**	**10550**	**9048**	**13744**	**4936**	**8808**
361	**56**	**305**	**3**		**3**	**3**	**2**	**1**
2	1	1						
22	1	21				2	2	
51	9	42						
97	16	81						
189	29	160	3		3	1		1
6691	**1931**	**4760**	**118**	**37**	**81**	**6**	**1**	**5**
383	83	300	1	1				
662	146	516	9	1	8			
1166	314	852	24	9	15	3	1	2
1802	520	1282	29	9	20	1		1
2678	868	1810	55	17	38	2		2
25862	**10362**	**15500**	**781**	**398**	**383**	**19**	**4**	**15**
3802	1321	2481	70	27	43	2		2
4358	1659	2699	107	49	58	1	1	
5539	2238	3301	152	71	81	4	2	2
5702	2364	3338	193	103	90	6		6
6461	2780	3681	259	148	111	6	1	5
51069	**22196**	**28873**	**2451**	**1365**	**1086**	**86**	**22**	**64**
8846	3770	5076	331	189	142	10	1	9
9282	4016	5266	424	238	186	13	2	11
9171	3965	5206	461	247	214	18	5	13
12153	5336	6817	606	350	256	19	6	13
11617	5109	6508	629	341	288	26	8	18
44098	**20006**	**24092**	**2569**	**1455**	**1114**	**139**	**31**	**108**
8546	3812	4734	473	251	222	24	5	19
7361	3312	4049	434	247	187	14	1	13
7979	3651	4328	473	280	193	27	7	20
10628	4862	5766	634	359	275	40	8	32
9584	4369	5215	555	318	237	34	10	24
51687	**23821**	**27866**	**2904**	**1547**	**1357**	**297**	**61**	**236**
7488	3395	4093	435	250	185	37	7	30
9504	4344	5160	526	296	230	43	7	36
9106	4153	4953	522	267	255	37	8	29
11199	5202	5997	626	335	291	77	18	59
14390	6727	7663	795	399	396	103	21	82
89292	**43395**	**45897**	**4407**	**2348**	**2059**	**794**	**192**	**602**
16596	7832	8764	907	476	431	111	35	76
18075	8694	9381	941	513	428	161	36	125
18285	8962	9323	877	461	416	161	40	121
17933	8777	9156	864	454	410	152	32	120
18403	9130	9273	818	444	374	209	49	160
78326	**39759**	**38567**	**3227**	**1685**	**1542**	**1452**	**362**	**1090**
17822	9071	8751	804	421	383	231	44	187
15132	7622	7510	670	337	333	273	70	203
16869	8538	8331	679	353	326	311	83	228
13213	6721	6492	524	294	230	271	71	200
15290	7807	7483	550	280	270	366	94	272
53774	**27819**	**25955**	**1866**	**954**	**912**	**1952**	**467**	**1485**
14361	7377	6984	495	234	261	441	103	338
13996	7215	6781	502	273	229	482	110	372
14932	7785	7147	495	244	251	547	142	405
7286	3769	3517	249	135	114	321	78	243
3199	1673	1526	125	68	57	161	34	127
22452	**13222**	**9230**	**663**	**392**	**271**	**1515**	**509**	**1006**
3420	1840	1580	137	76	61	187	51	136
3344	2015	1329	113	76	37	201	70	131
5230	3063	2167	145	88	57	333	99	234
5282	3155	2127	135	77	58	388	138	250
5176	3149	2027	133	75	58	406	151	255
38762	**25712**	**13050**	**609**	**369**	**240**	**7481**	**3285**	**4196**

5-3b 续表 5

受教育程度 年　　龄	15岁及以上人口			未　婚		
	合计	男	女	小计	男	女
高　中	**283336**	**151437**	**131899**	**118686**	**64669**	**54017**
15-19岁	**87019**	**44175**	**42844**	**86919**	**44155**	**42764**
15	16591	8213	8378	16591	8213	8378
16	26914	13548	13366	26911	13548	13363
17	23935	12037	11898	23924	12035	11889
18	13646	7193	6453	13621	7188	6433
19	5933	3184	2749	5872	3171	2701
20-24岁	**20604**	**10893**	**9711**	**16270**	**9667**	**6603**
20	3938	2159	1779	3750	2119	1631
21	3521	1888	1633	3154	1824	1330
22	3858	2036	1822	3127	1867	1260
23	4346	2273	2073	3138	1923	1215
24	4941	2537	2404	3101	1934	1167
25-29岁	**29011**	**14696**	**14315**	**9842**	**6701**	**3141**
25	5443	2843	2600	2820	1858	962
26	5517	2794	2723	2270	1539	731
27	6179	3057	3122	2057	1421	636
28	5611	2862	2749	1450	1014	436
29	6261	3140	3121	1245	869	376
30-34岁	**34944**	**17739**	**17205**	**3615**	**2690**	**925**
30	7522	3818	3704	1239	921	318
31	6777	3450	3327	815	595	220
32	6529	3362	3167	625	477	148
33	7559	3761	3798	535	402	133
34	6557	3348	3209	401	295	106
35-39岁	**20412**	**10576**	**9836**	**924**	**668**	**256**
35	4305	2240	2065	242	187	55
36	3482	1820	1662	170	127	43
37	3591	1862	1729	154	112	42
38	4667	2409	2258	194	130	64
39	4367	2245	2122	164	112	52
40-44岁	**18479**	**9898**	**8581**	**383**	**266**	**117**
40	3353	1805	1548	93	58	35
41	3648	1917	1731	72	53	19
42	3301	1745	1556	59	48	11
43	3727	2010	1717	80	58	22
44	4450	2421	2029	79	49	30
45-49岁	**22949**	**12892**	**10057**	**361**	**247**	**114**
45	4662	2551	2111	75	49	26
46	4865	2710	2155	94	67	27
47	4678	2655	2023	69	45	24
48	4435	2528	1907	62	45	17
49	4309	2448	1861	61	41	20
50-54岁	**16244**	**9603**	**6641**	**190**	**139**	**51**
50	4079	2409	1670	55	41	14
51	3340	1985	1355	44	29	15
52	3505	2055	1450	33	22	11
53	2453	1462	991	29	26	3
54	2867	1692	1175	29	21	8
55-59岁	**15051**	**8850**	**6201**	**95**	**70**	**25**
55	3105	1842	1263	19	16	3
56	3585	2121	1464	26	16	10
57	4587	2672	1915	35	26	9
58	2539	1498	1041	8	8	
59	1235	717	518	7	4	3
60-64岁	**7520**	**4510**	**3010**	**32**	**21**	**11**
60	1385	810	575	5	3	2
61	1335	779	556	5	1	4
62	1785	1085	700	10	8	2
63	1616	943	673	8	7	1
64	1399	893	506	4	2	2
65岁及以上	**11103**	**7605**	**3498**	**55**	**45**	**10**

单位：人

有配偶			离　婚			丧　偶		
小计	男	女	小计	男	女	小计	男	女
154620	**81960**	**72660**	**7177**	**3741**	**3436**	**2853**	**1067**	**1786**
99	**20**	**79**	**1**		**1**			
3		3						
11	2	9						
25	5	20						
60	13	47	1		1			
4269	**1209**	**3060**	**60**	**15**	**45**	**5**	**2**	**3**
187	39	148				1	1	
362	63	299	4	1	3	1		1
725	168	557	6	1	5			
1192	347	845	15	3	12	1		1
1803	592	1211	35	10	25	2	1	1
18671	**7801**	**10870**	**481**	**192**	**289**	**17**	**2**	**15**
2575	975	1600	45	10	35	3		3
3178	1229	1949	65	26	39	4		4
4027	1599	2428	90	37	53	5		5
4034	1798	2236	125	50	75	2		2
4857	2200	2657	156	69	87	3	2	1
29953	**14347**	**15606**	**1345**	**697**	**648**	**31**	**5**	**26**
6061	2788	3273	217	107	110	5	2	3
5724	2751	2973	234	104	130	4		4
5651	2742	2909	246	142	104	7	1	6
6663	3179	3484	355	178	177	6	2	4
5854	2887	2967	293	166	127	9		9
18351	**9290**	**9061**	**1094**	**610**	**484**	**43**	**8**	**35**
3850	1939	1911	205	114	91	8		8
3126	1601	1525	180	90	90	6	2	4
3240	1631	1609	188	116	72	9	3	6
4193	2125	2068	267	151	116	13	3	10
3942	1994	1948	254	139	115	7		7
16979	**9070**	**7909**	**1037**	**544**	**493**	**80**	**18**	**62**
3079	1644	1435	170	100	70	11	3	8
3353	1751	1602	209	109	100	14	4	10
3059	1614	1445	168	83	85	15		15
3400	1828	1572	232	118	114	15	6	9
4088	2233	1855	258	134	124	25	5	20
21203	**11922**	**9281**	**1248**	**687**	**561**	**137**	**36**	**101**
4297	2356	1941	262	138	124	28	8	20
4485	2489	1996	260	150	110	26	4	22
4337	2465	1872	249	140	109	23	5	18
4102	2336	1766	243	139	104	28	8	20
3982	2276	1706	234	120	114	32	11	21
14985	**8948**	**6037**	**868**	**457**	**411**	**201**	**59**	**142**
3753	2236	1517	238	123	115	33	9	24
3072	1839	1233	186	105	81	38	12	26
3237	1924	1313	194	100	94	41	9	32
2266	1356	910	123	65	58	35	15	20
2657	1593	1064	127	64	63	54	14	40
13940	**8378**	**5562**	**633**	**310**	**323**	**383**	**92**	**291**
2865	1736	1129	156	75	81	65	15	50
3340	2014	1326	148	69	79	71	22	49
4258	2525	1733	180	91	89	114	30	84
2343	1425	918	97	48	49	91	17	74
1134	678	456	52	27	25	42	8	34
6901	**4235**	**2666**	**249**	**137**	**112**	**338**	**117**	**221**
1258	755	503	68	38	30	54	14	40
1219	733	486	41	26	15	70	19	51
1643	1024	619	57	30	27	75	23	52
1499	886	613	46	24	22	63	26	37
1282	837	445	37	19	18	76	35	41
9269	**6740**	**2529**	**161**	**92**	**69**	**1618**	**728**	**890**

5-3b 续表 6

受教育程度 年 龄	15岁及以上人口 合计	男	女	未婚 小计	男	女
大学专科	**130776**	**68190**	**62586**	**47063**	**23537**	**23526**
15-19岁	**11146**	**5341**	**5805**	**11125**	**5336**	**5789**
15	110	56	54	108	55	53
16	359	180	179	359	180	179
17	902	414	488	901	414	487
18	3843	1789	2054	3841	1788	2053
19	5932	2902	3030	5916	2899	3017
20-24岁	**25313**	**11410**	**13903**	**22920**	**10799**	**12121**
20	6005	2889	3116	5960	2881	3079
21	4824	2275	2549	4688	2243	2445
22	5043	2198	2845	4649	2115	2534
23	4662	2004	2658	3984	1825	2159
24	4779	2044	2735	3639	1735	1904
25-29岁	**22055**	**9798**	**12257**	**9730**	**5282**	**4448**
25	5096	2173	2923	3258	1634	1624
26	4552	1970	2582	2386	1258	1128
27	4468	1977	2491	1842	1024	818
28	4077	1885	2192	1279	751	528
29	3862	1793	2069	965	615	350
30-34岁	**19224**	**9465**	**9759**	**2316**	**1497**	**819**
30	4301	2096	2205	820	529	291
31	3767	1781	1986	536	342	194
32	3359	1693	1666	369	244	125
33	4186	2078	2108	358	228	130
34	3611	1817	1794	233	154	79
35-39岁	**10920**	**5778**	**5142**	**491**	**313**	**178**
35	2399	1288	1111	154	102	52
36	1966	1035	931	96	56	40
37	1944	1024	920	86	58	28
38	2476	1319	1157	89	56	33
39	2135	1112	1023	66	41	25
40-44岁	**9728**	**5317**	**4411**	**193**	**121**	**72**
40	1714	921	793	53	38	15
41	1878	1034	844	35	22	13
42	1787	982	805	37	17	20
43	2043	1124	919	35	23	12
44	2306	1256	1050	33	21	12
45-49岁	**11708**	**6832**	**4876**	**165**	**104**	**61**
45	2350	1343	1007	38	23	15
46	2483	1466	1017	40	28	12
47	2361	1367	994	33	21	12
48	2374	1388	986	25	16	9
49	2140	1268	872	29	16	13
50-54岁	**8698**	**5428**	**3270**	**72**	**49**	**23**
50	2016	1230	786	21	11	10
51	1864	1141	723	11	7	4
52	1814	1105	709	20	16	4
53	1358	875	483	11	7	4
54	1646	1077	569	9	8	1
55-59岁	**6322**	**4522**	**1800**	**31**	**20**	**11**
55	1647	1126	521	10	6	4
56	1674	1197	477	8	7	1
57	1810	1325	485	9	6	3
58	871	641	230	2	1	1
59	320	233	87	2		2
60-64岁	**2033**	**1513**	**520**	**6**	**5**	**1**
60	334	239	95	1	1	
61	322	234	88	1	1	
62	446	328	118	2	1	1
63	462	358	104	2	2	
64	469	354	115			
65岁及以上	**3629**	**2786**	**843**	**14**	**11**	**3**

单位：人

有配偶			离婚			丧偶		
小计	男	女	小计	男	女	小计	男	女
79949	**42908**	**37041**	**3040**	**1426**	**1614**	**724**	**319**	**405**
21	**5**	**16**						
2	1	1						
1		1						
2	1	1						
16	3	13						
2370	**609**	**1761**	**21**	**2**	**19**	**2**		**2**
45	8	37						
136	32	104						
391	83	308	3		3			
671	179	492	6		6	1		1
1127	307	820	12	2	10	1		1
12099	**4436**	**7663**	**217**	**80**	**137**	**9**		**9**
1821	534	1287	17	5	12			
2127	701	1426	37	11	26	2		2
2573	935	1638	51	18	33	2		2
2753	1117	1636	43	17	26	2		2
2825	1149	1676	69	29	40	3		3
16250	**7677**	**8573**	**641**	**287**	**354**	**17**	**4**	**13**
3374	1525	1849	104	41	63	3	1	2
3134	1393	1741	96	45	51	1	1	
2870	1391	1479	115	57	58	5	1	4
3647	1771	1876	176	78	98	5	1	4
3225	1597	1628	150	66	84	3		3
9912	**5221**	**4691**	**500**	**239**	**261**	**17**	**5**	**12**
2138	1133	1005	105	52	53	2	1	1
1769	936	833	97	43	54	4		4
1760	921	839	94	44	50	4	1	3
2277	1211	1066	105	50	55	5	2	3
1968	1020	948	99	50	49	2	1	1
9044	**4970**	**4074**	**457**	**218**	**239**	**34**	**8**	**26**
1566	831	735	93	52	41	2		2
1752	975	777	85	36	49	6	1	5
1673	923	750	66	38	28	11	4	7
1896	1050	846	108	50	58	4	1	3
2157	1191	966	105	42	63	11	2	9
10947	**6478**	**4469**	**533**	**236**	**297**	**63**	**14**	**49**
2185	1268	917	112	50	62	15	2	13
2294	1373	921	137	60	77	12	5	7
2202	1291	911	113	52	61	13	3	10
2250	1332	918	89	38	51	10	2	8
2016	1214	802	82	36	46	13	2	11
8175	**5166**	**3009**	**372**	**192**	**180**	**79**	**21**	**58**
1900	1175	725	81	39	42	14	5	9
1747	1083	664	97	48	49	9	3	6
1699	1047	652	75	36	39	20	6	14
1276	833	443	55	32	23	16	3	13
1553	1028	525	64	37	27	20	4	16
6014	**4351**	**1663**	**195**	**113**	**82**	**82**	**38**	**44**
1564	1075	489	62	39	23	11	6	5
1597	1150	447	45	31	14	24	9	15
1717	1280	437	56	28	28	28	11	17
836	625	211	22	8	14	11	7	4
300	221	79	10	7	3	8	5	3
1922	**1455**	**467**	**52**	**26**	**26**	**53**	**27**	**26**
313	225	88	11	8	3	9	5	4
304	225	79	10	4	6	7	4	3
420	316	104	11	5	6	13	6	7
432	344	88	15	6	9	13	6	7
453	345	108	5	3	2	11	6	5
3195	**2540**	**655**	**52**	**33**	**19**	**368**	**202**	**166**

5-3b 续表 7

受教育程度 年龄	15岁及以上人口			未婚		
	合计	男	女	小计	男	女
大学本科	**85029**	**42846**	**42183**	**35642**	**16337**	**19305**
15-19岁	**7367**	**3387**	**3980**	**7364**	**3386**	**3978**
15	11	6	5	11	6	5
16	44	25	19	44	25	19
17	422	170	252	422	170	252
18	2565	1148	1417	2564	1147	1417
19	4325	2038	2287	4323	2038	2285
20-24岁	**19015**	**8364**	**10651**	**18482**	**8232**	**10250**
20	4524	2051	2473	4516	2050	2466
21	4579	2054	2525	4550	2048	2502
22	3944	1682	2262	3889	1668	2221
23	3168	1404	1764	3034	1374	1660
24	2800	1173	1627	2493	1092	1401
25-29岁	**14799**	**6092**	**8707**	**7536**	**3432**	**4104**
25	3039	1225	1814	2314	998	1316
26	2891	1129	1762	1832	786	1046
27	3107	1272	1835	1526	702	824
28	2907	1232	1675	1064	522	542
29	2855	1234	1621	800	424	376
30-34岁	**14561**	**6874**	**7687**	**1688**	**933**	**755**
30	3209	1463	1746	613	325	288
31	2940	1401	1539	397	228	169
32	2673	1265	1408	288	160	128
33	3057	1444	1613	219	125	94
34	2682	1301	1381	171	95	76
35-39岁	**9329**	**4873**	**4456**	**364**	**213**	**151**
35	1986	1018	968	110	68	42
36	1809	945	864	83	46	37
37	1751	897	854	55	25	30
38	2098	1087	1011	71	47	24
39	1685	926	759	45	27	18
40-44岁	**6357**	**3701**	**2656**	**88**	**56**	**32**
40	1242	709	533	26	16	10
41	1221	675	546	18	11	7
42	1238	722	516	15	11	4
43	1245	742	503	19	14	5
44	1411	853	558	10	4	6
45-49岁	**6010**	**3893**	**2117**	**61**	**44**	**17**
45	1320	814	506	20	15	5
46	1252	818	434	10	7	3
47	1249	834	415	12	10	2
48	1094	715	379	6	3	3
49	1095	712	383	13	9	4
50-54岁	**4208**	**2941**	**1267**	**40**	**29**	**11**
50	964	671	293	17	13	4
51	911	613	298	5	4	1
52	960	659	301	8	4	4
53	646	463	183	5	4	1
54	727	535	192	5	4	1
55-59岁	**2181**	**1741**	**440**	**11**	**9**	**2**
55	601	466	135	3	3	
56	630	512	118	4	3	1
57	604	478	126	1	1	
58	245	200	45	2	1	1
59	101	85	16	1	1	
60-64岁	**423**	**325**	**98**	**2**		**2**
60	68	52	16			
61	74	57	17			
62	83	62	21	1		1
63	95	73	22	1		1
64	103	81	22			
65岁及以上	**779**	**655**	**124**	**6**	**3**	**3**

单位：人

有配偶			离婚			丧偶		
小计	男	女	小计	男	女	小计	男	女
47822	**25812**	**22010**	**1342**	**597**	**745**	**223**	**100**	**123**
3	**1**	**2**						
1	1							
2		2						
528	**131**	**397**	**5**	**1**	**4**			
8	1	7						
28	6	22	1		1			
55	14	41						
132	29	103	2	1	1			
305	81	224	2		2			
7189	**2639**	**4550**	**72**	**21**	**51**	**2**		**2**
721	225	496	4	2	2			
1054	341	713	4	2	2	1		1
1565	565	1000	16	5	11			
1825	703	1122	17	7	10	1		1
2024	805	1219	31	5	26			
12556	**5829**	**6727**	**308**	**110**	**198**	**9**	**2**	**7**
2540	1118	1422	56	20	36			
2502	1160	1342	39	12	27	2	1	1
2323	1085	1238	59	20	39	3		3
2764	1289	1475	73	30	43	1		1
2427	1177	1250	81	28	53	3	1	2
8641	**4521**	**4120**	**312**	**137**	**175**	**12**	**2**	**10**
1797	918	879	76	31	45	3	1	2
1666	873	793	58	26	32	2		2
1644	846	798	51	26	25	1		1
1958	1013	945	66	26	40	3	1	2
1576	871	705	61	28	33	3		3
6045	**3545**	**2500**	**213**	**99**	**114**	**11**	**1**	**10**
1174	671	503	40	22	18	2		2
1155	644	511	47	19	28	1	1	
1176	691	485	43	20	23	4		4
1186	714	472	39	14	25	1		1
1354	825	529	44	24	20	3		3
5701	**3737**	**1964**	**227**	**107**	**120**	**21**	**5**	**16**
1256	787	469	40	12	28	4		4
1193	784	409	47	27	20	2		2
1174	790	384	53	31	22	10	3	7
1051	694	357	35	17	18	2	1	1
1027	682	345	52	20	32	3	1	2
4017	**2841**	**1176**	**124**	**65**	**59**	**27**	**6**	**21**
909	636	273	32	19	13	6	3	3
869	593	276	28	14	14	9	2	7
921	641	280	26	13	13	5	1	4
617	449	168	22	10	12	2		2
701	522	179	16	9	7	5		5
2082	**1677**	**405**	**62**	**41**	**21**	**26**	**14**	**12**
568	444	124	24	15	9	6	4	2
608	495	113	15	11	4	3	3	
580	467	113	15	8	7	8	2	6
231	190	41	4	4		8	5	3
95	81	14	4	3	1	1		1
398	**309**	**89**	**11**	**10**	**1**	**12**	**6**	**6**
65	49	16	3	3				
70	55	15	1	1		3	1	2
78	58	20	2	2		2	2	
89	69	20	2	2		3	2	1
96	78	18	3	2	1	4	1	3
662	**582**	**80**	**8**	**6**	**2**	**103**	**64**	**39**

5-3b 续表 8

受教育程度	15岁及以上人口			未婚		
年龄	合计	男	女	小计	男	女
硕士研究生	**2999**	**1499**	**1500**	**1736**	**772**	**964**
15-19岁	**1**		**1**	**1**		**1**
15						
16						
17	1		1	1		1
18						
19						
20-24岁	**878**	**370**	**508**	**869**	**367**	**502**
20	9	1	8	9	1	8
21	41	14	27	41	14	27
22	204	92	112	204	92	112
23	309	139	170	307	137	170
24	315	124	191	308	123	185
25-29岁	**907**	**406**	**501**	**722**	**335**	**387**
25	304	132	172	288	126	162
26	190	89	101	166	77	89
27	177	80	97	138	70	68
28	124	53	71	69	34	35
29	112	52	60	61	28	33
30-34岁	**552**	**278**	**274**	**108**	**50**	**58**
30	116	48	68	46	21	25
31	111	54	57	29	17	12
32	112	49	63	17	6	11
33	124	71	53	11	4	7
34	89	56	33	5	2	3
35-39岁	**251**	**136**	**115**	**24**	**13**	**11**
35	55	23	32	4	2	2
36	50	31	19	6	5	1
37	52	26	26	3	2	1
38	52	30	22	6	3	3
39	42	26	16	5	1	4
40-44岁	**140**	**93**	**47**	**6**	**2**	**4**
40	28	15	13			
41	25	15	10	3		3
42	26	20	6	2	1	1
43	30	21	9			
44	31	22	9	1	1	
45-49岁	**111**	**85**	**26**			
45	20	17	3			
46	32	24	8			
47	19	16	3			
48	24	16	8			
49	16	12	4			
50-54岁	**81**	**69**	**12**	**4**	**3**	**1**
50	19	14	5	1	1	
51	16	14	2			
52	14	13	1	1	1	
53	15	12	3	2	1	1
54	17	16	1			
55-59岁	**54**	**47**	**7**	**2**	**2**	
55	15	12	3			
56	13	11	2			
57	15	13	2	2	2	
58	8	8				
59	3	3				
60-64岁	**11**	**8**	**3**			
60	1	1				
61	1	1				
62	4	2	2			
63	5	4	1			
64						
65岁及以上	**13**	**7**	**6**			

单位：人

有配偶			离婚			丧偶		
小计	男	女	小计	男	女	小计	男	女
1234	**711**	**523**	**26**	**16**	**10**	**3**		**3**
9	**3**	**6**						
2	2							
7	1	6						
185	**71**	**114**						
16	6	10						
24	12	12						
39	10	29						
55	19	36						
51	24	27						
435	**223**	**212**	**8**	**5**	**3**	**1**		**1**
70	27	43						
79	35	44	3	2	1			
93	43	50	1		1	1		1
111	66	45	2	1	1			
82	52	30	2	2				
219	**117**	**102**	**8**	**6**	**2**			
51	21	30						
41	24	17	3	2	1			
45	21	24	4	3	1			
45	26	19	1	1				
37	25	12						
128	**87**	**41**	**6**	**4**	**2**			
26	14	12	2	1	1			
20	14	6	2	1	1			
23	18	5	1	1				
29	20	9	1	1				
30	21	9						
108	**84**	**24**	**3**	**1**	**2**			
19	16	3	1	1				
32	24	8						
19	16	3						
23	16	7	1		1			
15	12	3	1		1			
77	**66**	**11**						
18	13	5						
16	14	2						
13	12	1						
13	11	2						
17	16	1						
51	**45**	**6**	**1**		**1**			
15	12	3						
13	11	2						
12	11	1	1		1			
8	8							
3	3							
11	**8**	**3**						
1	1							
1	1							
4	2	2						
5	4	1						
11	**7**	**4**				**2**		**2**

5-3b 续表 9

受教育程度 年　　龄	15岁及以上人口			未　婚		
	合计	男	女	小计	男	女
博士研究生	**301**	**189**	**112**	**130**	**72**	**58**
15-19岁	**2**	**1**	**1**	**2**	**1**	**1**
15						
16	1		1	1		1
17						
18						
19	1	1		1	1	
20-24岁	**33**	**18**	**15**	**31**	**17**	**14**
20	1	1		1	1	
21	3	3		3	3	
22	7	3	4	6	2	4
23	10	3	7	10	3	7
24	12	8	4	11	8	3
25-29岁	**99**	**53**	**46**	**72**	**39**	**33**
25	23	15	8	22	14	8
26	19	7	12	18	7	11
27	24	14	10	14	9	5
28	15	7	8	10	5	5
29	18	10	8	8	4	4
30-34岁	**46**	**32**	**14**	**17**	**10**	**7**
30	6	2	4	3	1	2
31	13	11	2	5	4	1
32	9	8	1	2	2	
33	11	6	5	5	2	3
34	7	5	2	2	1	1
35-39岁	**45**	**29**	**16**	**4**	**2**	**2**
35	7	5	2	1		1
36	6	1	5			
37	10	6	4	2	1	1
38	14	12	2	1	1	
39	8	5	3			
40-44岁	**30**	**22**	**8**			
40	5	4	1			
41	8	5	3			
42	3	2	1			
43	7	5	2			
44	7	6	1			
45-49岁	**24**	**18**	**6**	**2**	**1**	**1**
45	3	3				
46	9	8	1			
47	3	2	1	2	1	1
48	5	3	2			
49	4	2	2			
50-54岁	**10**	**7**	**3**	**1**	**1**	
50	4	3	1	1	1	
51	3	3				
52	1	1				
53						
54	2		2			
55-59岁	**4**	**3**	**1**	**1**	**1**	
55	2	2		1	1	
56	1		1			
57						
58	1	1				
59						
60-64岁	**3**	**3**				
60						
61						
62	1	1				
63	1	1				
64	1	1				
65岁及以上	**5**	**3**	**2**			

单位：人

有配偶			离婚			丧偶		
小计	男	女	小计	男	女	小计	男	女
167	**115**	**52**	**4**	**2**	**2**			
2	**1**	**1**						
1	1							
1		1						
27	**14**	**13**						
1	1							
1		1						
10	5	5						
5	2	3						
10	6	4						
29	**22**	**7**						
3	1	2						
8	7	1						
7	6	1						
6	4	2						
5	4	1						
40	**27**	**13**	**1**		**1**			
6	5	1						
6	1	5						
8	5	3						
12	11	1	1		1			
8	5	3						
30	**22**	**8**						
5	4	1						
8	5	3						
3	2	1						
7	5	2						
7	6	1						
19	**15**	**4**	**3**	**2**	**1**			
2	2		1	1				
7	7		2	1	1			
1	1							
5	3	2						
4	2	2						
9	**6**	**3**						
3	2	1						
3	3							
1	1							
2		2						
3	**2**	**1**						
1	1							
1		1						
1	1							
3	**3**							
1	1							
1	1							
1	1							
5	**3**	**2**						

5-3c 全省分年龄、性别、受教育

受教育程度 年 龄	15岁及以上人口			未 婚		
	合计	男	女	小计	男	女
总 计	**3385474**	**1750342**	**1635132**	**585331**	**378657**	**206674**
15-19岁	**202384**	**106619**	**95765**	**199795**	**106061**	**93734**
15	45413	23845	21568	45380	23840	21540
16	43195	22864	20331	43056	22846	20210
17	38301	20392	17909	37952	20321	17631
18	37747	19989	17758	36993	19810	17183
19	37728	19529	18199	36414	19244	17170
20-24岁	**200443**	**104785**	**95658**	**161312**	**92638**	**68674**
20	36993	19163	17830	34519	18616	15903
21	36663	19188	17475	32549	18154	14395
22	41227	21424	19803	34047	19412	14635
23	41443	21750	19693	30904	18406	12498
24	44117	23260	20857	29293	18050	11243
25-29岁	**230361**	**123877**	**106484**	**93331**	**64554**	**28777**
25	48350	25644	22706	27572	17760	9812
26	44883	23954	20929	21171	14233	6938
27	47347	25590	21757	18579	13134	5445
28	44500	23916	20584	14131	10377	3754
29	45281	24773	20508	11878	9050	2828
30-34岁	**259277**	**141418**	**117859**	**39975**	**32235**	**7740**
30	52935	28803	24132	11530	8955	2575
31	50777	27647	23130	8818	7069	1749
32	47445	25670	21775	6951	5658	1293
33	56841	31083	25758	7034	5839	1195
34	51279	28215	23064	5642	4714	928
35-39岁	**177761**	**96693**	**81068**	**13329**	**11182**	**2147**
35	36759	19980	16779	3368	2844	524
36	30963	16731	14232	2548	2116	432
37	31383	17120	14263	2344	1950	394
38	40680	22219	18461	2688	2270	418
39	37976	20643	17333	2381	2002	379
40-44岁	**206800**	**108664**	**98136**	**11110**	**9686**	**1424**
40	30733	16170	14563	1882	1572	310
41	37017	19608	17409	2085	1788	297
42	37042	19305	17737	2000	1735	265
43	44956	23611	21345	2333	2050	283
44	57052	29970	27082	2810	2541	269
45-49岁	**387001**	**200109**	**186892**	**15364**	**14048**	**1316**
45	67245	35085	32160	2989	2704	285
46	76078	39216	36862	3241	2955	286
47	78227	40560	37667	3034	2784	250
48	81016	41633	39383	3054	2808	246
49	84435	43615	40820	3046	2797	249
50-54岁	**410673**	**209474**	**201199**	**11981**	**11140**	**841**
50	84959	43443	41516	2766	2565	201
51	79626	40744	38882	2382	2202	180
52	89609	45482	44127	2533	2369	164
53	72262	36423	35839	2078	1932	146
54	84217	43382	40835	2222	2072	150
55-59岁	**304094**	**155246**	**148848**	**7499**	**7024**	**475**
55	78196	40268	37928	2099	1974	125
56	76686	38799	37887	1906	1788	118
57	83048	43094	39954	1957	1841	116
58	45690	23057	22633	1028	959	69
59	20474	10028	10446	509	462	47
60-64岁	**206824**	**109165**	**97659**	**8128**	**7856**	**272**
60	23863	12107	11756	775	731	44
61	27589	14922	12667	1065	1014	51
62	46888	24967	21921	1979	1920	59
63	53854	28576	25278	2172	2122	50
64	54630	28593	26037	2137	2069	68
65岁及以上	**799856**	**394292**	**405564**	**23507**	**22233**	**1274**

程度、婚姻状况的人口(乡村)

单位：人

有配偶			离婚			丧偶		
小计	男	女	小计	男	女	小计	男	女
2420495	**1221312**	**1199183**	**82978**	**57415**	**25563**	**296670**	**92958**	**203712**
2570	**554**	**2016**	**15**	**4**	**11**	**4**		**4**
33	5	28						
138	18	120				1		1
346	70	276	3	1	2			
745	177	568	7	2	5	2		2
1308	284	1024	5	1	4	1		1
38414	**11895**	**26519**	**676**	**238**	**438**	**41**	**14**	**27**
2443	542	1901	30	4	26	1	1	
4054	1015	3039	54	16	38	6	3	3
7076	1974	5102	95	35	60	9	3	6
10324	3267	7057	203	74	129	12	3	9
14517	5097	9420	294	109	185	13	4	9
132489	**57071**	**75418**	**4367**	**2202**	**2165**	**174**	**50**	**124**
20280	7670	12610	477	205	272	21	9	12
23045	9426	13619	637	286	351	30	9	21
27876	12021	15855	855	426	429	37	9	28
29235	12980	16255	1094	549	545	40	10	30
32053	14974	17079	1304	736	568	46	13	33
207287	**102013**	**105274**	**11393**	**6971**	**4422**	**622**	**199**	**423**
39550	18812	20738	1777	1007	770	78	29	49
39897	19415	20482	1946	1128	818	116	35	81
38319	18790	19529	2053	1190	863	122	32	90
46749	23330	23419	2909	1862	1047	149	52	97
42772	21666	21106	2708	1784	924	157	51	106
153219	**78244**	**74975**	**10251**	**6966**	**3285**	**962**	**301**	**661**
31229	15784	15445	1999	1294	705	163	58	105
26573	13449	13124	1674	1115	559	168	51	117
27062	13879	13183	1821	1244	577	156	47	109
35360	18202	17158	2418	1684	734	214	63	151
32995	16930	16065	2339	1629	710	261	82	179
181750	**89889**	**91861**	**11814**	**8461**	**3353**	**2126**	**628**	**1498**
26809	13286	13523	1794	1243	551	248	69	179
32409	16161	16248	2190	1561	629	333	98	235
32503	15920	16583	2137	1544	593	402	106	296
39592	19593	19999	2559	1823	736	472	145	327
50437	24929	25508	3134	2290	844	671	210	461
348627	**171953**	**176674**	**16823**	**12132**	**4691**	**6187**	**1976**	**4211**
59933	29632	30301	3478	2500	978	845	249	596
68275	33425	34850	3518	2511	1007	1044	325	719
70599	34958	35641	3322	2399	923	1272	419	853
73314	36042	37272	3215	2325	890	1433	458	975
76506	37896	38610	3290	2397	893	1593	525	1068
374140	**185582**	**188558**	**12250**	**8963**	**3287**	**12302**	**3789**	**8513**
77464	38196	39268	2839	2102	737	1890	580	1310
72633	36045	36588	2547	1820	727	2064	677	1387
81661	40294	41367	2729	2009	720	2686	810	1876
65788	32380	33408	1955	1418	537	2441	693	1748
76594	38667	37927	2180	1614	566	3221	1029	2192
273785	**138549**	**135236**	**6824**	**5012**	**1812**	**15986**	**4661**	**11325**
70670	35770	34900	1973	1446	527	3454	1078	2376
69178	34616	34562	1735	1252	483	3867	1143	2724
74836	38630	36206	1799	1339	460	4456	1284	3172
40905	20623	20282	924	679	245	2833	796	2037
18196	8910	9286	393	296	97	1376	360	1016
174848	**91996**	**82852**	**3337**	**2645**	**692**	**20511**	**6668**	**13843**
20656	10438	10218	475	369	106	1957	569	1388
23580	12717	10863	494	390	104	2450	801	1649
39689	20932	18757	820	672	148	4400	1443	2957
45346	23992	21354	804	630	174	5532	1832	3700
45577	23917	21660	744	584	160	6172	2023	4149
533366	**293566**	**239800**	**5228**	**3821**	**1407**	**237755**	**74672**	**163083**

5-3c 续表 1

受教育程度 年 龄	15岁及以上人口			未 婚		
	合计	男	女	小计	男	女
未上过学	**238797**	**65465**	**173332**	**19010**	**15398**	**3612**
15-19岁	**694**	**375**	**319**	**645**	**368**	**277**
15	102	61	41	102	61	41
16	97	63	34	96	63	33
17	152	77	75	145	75	70
18	153	71	82	133	68	65
19	190	103	87	169	101	68
20-24岁	**1629**	**705**	**924**	**1065**	**609**	**456**
20	249	110	139	209	109	100
21	285	133	152	202	118	84
22	293	126	167	195	110	85
23	363	161	202	224	134	90
24	439	175	264	235	138	97
25-29岁	**2720**	**1090**	**1630**	**1041**	**675**	**366**
25	457	193	264	220	140	80
26	546	202	344	223	138	85
27	508	216	292	202	131	71
28	583	227	356	189	126	63
29	626	252	374	207	140	67
30-34岁	**4777**	**1850**	**2927**	**1079**	**729**	**350**
30	722	283	439	192	123	69
31	947	377	570	207	145	62
32	944	349	595	227	145	82
33	1012	389	623	216	151	65
34	1152	452	700	237	165	72
35-39岁	**6379**	**2418**	**3961**	**988**	**690**	**298**
35	1072	404	668	160	104	56
36	1174	440	734	189	134	55
37	1185	453	732	200	141	59
38	1450	572	878	222	159	63
39	1498	549	949	217	152	65
40-44岁	**8392**	**3163**	**5229**	**1140**	**852**	**288**
40	1472	512	960	205	141	64
41	1628	615	1013	200	147	53
42	1611	598	1013	211	160	51
43	1758	681	1077	256	191	65
44	1923	757	1166	268	213	55
45-49岁	**11775**	**4420**	**7355**	**1728**	**1396**	**332**
45	2086	761	1325	293	216	77
46	2288	863	1425	343	274	69
47	2388	910	1478	356	290	66
48	2537	946	1591	354	301	53
49	2476	940	1536	382	315	67
50-54岁	**13467**	**4530**	**8937**	**1609**	**1350**	**259**
50	2614	894	1720	326	272	54
51	2587	944	1643	344	280	64
52	2887	962	1925	319	267	52
53	2587	863	1724	305	261	44
54	2792	867	1925	315	270	45
55-59岁	**11940**	**3382**	**8558**	**1156**	**981**	**175**
55	2770	925	1845	332	286	46
56	2843	790	2053	275	231	44
57	2957	819	2138	283	245	38
58	2130	551	1579	173	146	27
59	1240	297	943	93	73	20
60-64岁	**17743**	**4771**	**12972**	**1666**	**1540**	**126**
60	1669	428	1241	139	122	17
61	2293	676	1617	239	213	26
62	4036	1138	2898	396	368	28
63	4673	1247	3426	448	430	18
64	5072	1282	3790	444	407	37
65岁及以上	**159281**	**38761**	**120520**	**6893**	**6208**	**685**

单位：人

有配偶			离　婚			丧　偶		
小计	男	女	小计	男	女	小计	男	女
134755	**36685**	**98070**	**1963**	**921**	**1042**	**83069**	**12461**	**70608**
48	**7**	**41**	**1**		**1**			
1		1						
7	2	5						
19	3	16	1		1			
21	2	19						
549	**95**	**454**	**15**	**1**	**14**			
39	1	38	1		1			
82	15	67	1		1			
93	15	78	5	1	4			
136	27	109	3		3			
199	37	162	5		5			
1629	**405**	**1224**	**32**	**8**	**24**	**18**	**2**	**16**
233	52	181	4	1	3			
315	63	252	4	1	3	4		4
297	83	214	4	1	3	5	1	4
384	98	286	8	3	5	2		2
400	109	291	12	2	10	7	1	6
3542	**1076**	**2466**	**98**	**32**	**66**	**58**	**13**	**45**
512	154	358	13	4	9	5	2	3
713	220	493	18	7	11	9	5	4
689	199	490	17	5	12	11		11
762	227	535	19	8	11	15	3	12
866	276	590	31	8	23	18	3	15
5091	**1645**	**3446**	**141**	**54**	**87**	**159**	**29**	**130**
866	284	582	29	10	19	17	6	11
933	293	640	22	9	13	30	4	26
928	297	631	28	11	17	29	4	25
1169	397	772	25	11	14	34	5	29
1195	374	821	37	13	24	49	10	39
6718	**2195**	**4523**	**166**	**50**	**116**	**368**	**66**	**302**
1182	353	829	33	7	26	52	11	41
1327	444	883	30	10	20	71	14	57
1305	423	882	29	5	24	66	10	56
1380	466	914	39	12	27	83	12	71
1524	509	1015	35	16	19	96	19	77
9206	**2843**	**6363**	**226**	**87**	**139**	**615**	**94**	**521**
1644	521	1123	49	16	33	100	8	92
1788	559	1229	46	15	31	111	15	96
1870	583	1287	29	10	19	133	27	106
1992	599	1393	50	23	27	141	23	118
1912	581	1331	52	23	29	130	21	109
10538	**2913**	**7625**	**230**	**111**	**119**	**1090**	**156**	**934**
2051	568	1483	42	24	18	195	30	165
1991	611	1380	46	16	30	206	37	169
2289	640	1649	53	22	31	226	33	193
2018	547	1471	43	24	19	221	31	190
2189	547	1642	46	25	21	242	25	217
9202	**2141**	**7061**	**168**	**89**	**79**	**1414**	**171**	**1243**
2103	571	1532	50	25	25	285	43	242
2229	506	1723	31	15	16	308	38	270
2257	515	1742	41	23	18	376	36	340
1645	356	1289	29	16	13	283	33	250
968	193	775	17	10	7	162	21	141
12905	**2725**	**10180**	**205**	**125**	**80**	**2967**	**381**	**2586**
1264	269	995	23	10	13	243	27	216
1679	408	1271	25	11	14	350	44	306
2948	644	2304	45	28	17	647	98	549
3351	690	2661	55	31	24	819	96	723
3663	714	2949	57	45	12	908	116	792
75327	**20640**	**54687**	**681**	**364**	**317**	**76380**	**11549**	**64831**

5-3c 续表 2

受教育程度	15岁及以上人口			未婚		
年龄	合计	男	女	小计	男	女
学前教育	**12514**	**4255**	**8259**	**1111**	**876**	**235**
15-19岁	**198**	**101**	**97**	**196**	**100**	**96**
15	84	42	42	84	42	42
16	48	25	23	47	24	23
17	24	12	12	23	12	11
18	16	8	8	16	8	8
19	26	14	12	26	14	12
20-24岁	**126**	**71**	**55**	**108**	**67**	**41**
20	28	17	11	28	17	11
21	21	10	11	21	10	11
22	24	14	10	22	13	9
23	30	18	12	22	17	5
24	23	12	11	15	10	5
25-29岁	**112**	**48**	**64**	**62**	**37**	**25**
25	24	9	15	13	9	4
26	20	8	12	14	7	7
27	18	12	6	13	10	3
28	26	10	16	11	7	4
29	24	9	15	11	4	7
30-34岁	**135**	**73**	**62**	**55**	**40**	**15**
30	21	11	10	8	5	3
31	28	17	11	12	9	3
32	21	10	11	9	6	3
33	37	16	21	13	10	3
34	28	19	9	13	10	3
35-39岁	**84**	**39**	**45**	**20**	**14**	**6**
35	13	6	7	4	3	1
36	16	9	7	7	4	3
37	16	5	11	2	1	1
38	17	9	8	2	2	
39	22	10	12	5	4	1
40-44岁	**175**	**75**	**100**	**31**	**24**	**7**
40	26	9	17	6	4	2
41	23	13	10	6	4	2
42	35	15	20	1	1	
43	43	22	21	11	11	
44	48	16	32	7	4	3
45-49岁	**354**	**123**	**231**	**55**	**48**	**7**
45	50	15	35	8	7	1
46	65	20	45	10	9	1
47	80	33	47	16	14	2
48	77	30	47	9	9	
49	82	25	57	12	9	3
50-54岁	**595**	**189**	**406**	**84**	**78**	**6**
50	89	24	65	15	12	3
51	88	33	55	18	18	
52	147	55	92	26	25	1
53	119	41	78	12	12	
54	152	36	116	13	11	2
55-59岁	**676**	**198**	**478**	**60**	**51**	**9**
55	144	48	96	17	15	2
56	166	54	112	16	13	3
57	172	33	139	12	10	2
58	133	42	91	7	6	1
59	61	21	40	8	7	1
60-64岁	**1105**	**371**	**734**	**82**	**81**	**1**
60	95	30	65	8	7	1
61	125	47	78	12	12	
62	254	86	168	18	18	
63	306	110	196	28	28	
64	325	98	227	16	16	
65岁及以上	**8954**	**2967**	**5987**	**358**	**336**	**22**

单位：人

有配偶			离　婚			丧　偶		
小计	男	女	小计	男	女	小计	男	女
7439	**2496**	**4943**	**94**	**57**	**37**	**3870**	**826**	**3044**
2	**1**	**1**						
1	1							
1		1						
17	**3**	**14**	**1**	**1**				
2	1	1						
7		7	1	1				
8	2	6						
48	**10**	**38**	**2**	**1**	**1**			
11		11						
5		5	1	1				
5	2	3						
14	3	11	1		1			
13	5	8						
77	**32**	**45**	**3**	**1**	**2**			
12	5	7	1	1				
16	8	8						
12	4	8						
22	6	16	2		2			
15	9	6						
61	**23**	**38**	**2**	**2**		**1**		**1**
8	2	6	1	1				
9	5	4						
14	4	10						
15	7	8						
15	5	10	1	1		1		1
133	**48**	**85**	**4**	**1**	**3**	**7**	**2**	**5**
19	5	14	1		1			
16	9	7	1		1			
29	14	15	1		1	4		4
31	11	20				1		1
38	9	29	1	1		2	2	
279	**67**	**212**	**14**	**7**	**7**	**6**	**1**	**5**
42	8	34						
52	10	42	3	1	2			
59	17	42	3	2	1	2		2
62	18	44	4	2	2	2	1	1
64	14	50	4	2	2	2		2
460	**102**	**358**	**7**	**2**	**5**	**44**	**7**	**37**
67	11	56	1	1		6		6
64	15	49	2		2	4		4
108	27	81	1		1	12	3	9
96	27	69	3	1	2	8	1	7
125	22	103				14	3	11
544	**129**	**415**	**13**	**10**	**3**	**59**	**8**	**51**
114	29	85	3	3		10	1	9
138	37	101	2	1	1	10	3	7
135	21	114	4	2	2	21		21
114	31	83	3	3		9	2	7
43	11	32	1	1		9	2	7
867	**252**	**615**	**15**	**11**	**4**	**141**	**27**	**114**
72	20	52	1	1		14	2	12
96	31	65	4	3	1	13	1	12
208	59	149	2	1	1	26	8	18
234	70	164	2	2		42	10	32
257	72	185	6	4	2	46	6	40
4951	**1829**	**3122**	**33**	**21**	**12**	**3612**	**781**	**2831**

5-3c 续表 3

受教育程度 年　　龄	15岁及以上人口			未　　婚		
	合计	男	女	小计	男	女
小　学	**1310626**	**637617**	**673009**	**72317**	**61904**	**10413**
15-19岁	**7056**	**3618**	**3438**	**6175**	**3468**	**2707**
15	949	500	449	941	500	441
16	1068	560	508	1022	557	465
17	1282	641	641	1156	631	525
18	1658	880	778	1394	824	570
19	2099	1037	1062	1662	956	706
20-24岁	**14844**	**7477**	**7367**	**8038**	**5339**	**2699**
20	2435	1241	1194	1745	1086	659
21	2691	1379	1312	1633	1090	543
22	3096	1591	1505	1713	1165	548
23	3179	1579	1600	1491	1002	489
24	3443	1687	1756	1456	996	460
25-29岁	**19123**	**9639**	**9484**	**5462**	**4047**	**1415**
25	3585	1830	1755	1310	955	355
26	3640	1832	1808	1195	867	328
27	3837	1914	1923	1067	781	286
28	3893	1929	1964	936	708	228
29	4168	2134	2034	954	736	218
30-34岁	**28832**	**14430**	**14402**	**4779**	**3883**	**896**
30	5108	2550	2558	1005	789	216
31	5551	2791	2760	1031	814	217
32	5468	2685	2783	925	765	160
33	6334	3149	3185	943	780	163
34	6371	3255	3116	875	735	140
35-39岁	**31448**	**15370**	**16078**	**3223**	**2664**	**559**
35	5617	2759	2858	648	531	117
36	5284	2567	2717	597	488	109
37	5733	2843	2890	598	488	110
38	7446	3616	3830	690	579	111
39	7368	3585	3783	690	578	112
40-44岁	**55699**	**25835**	**29864**	**4402**	**3897**	**505**
40	6915	3181	3734	631	530	101
41	8965	4252	4713	745	651	94
42	9872	4515	5357	803	702	101
43	12655	5820	6835	957	848	109
44	17292	8067	9225	1266	1166	100
45-49岁	**140151**	**63179**	**76972**	**7689**	**7189**	**500**
45	21869	9970	11899	1381	1278	103
46	26086	11753	14333	1580	1472	108
47	27834	12566	15268	1505	1409	96
48	30624	13707	16917	1589	1488	101
49	33738	15183	18555	1634	1542	92
50-54岁	**192662**	**85781**	**106881**	**7247**	**6901**	**346**
50	35935	16015	19920	1585	1500	85
51	37017	16682	20335	1395	1330	65
52	42700	18918	23782	1556	1496	60
53	35561	15531	20030	1276	1214	62
54	41449	18635	22814	1435	1361	74
55-59岁	**149421**	**64780**	**84641**	**4688**	**4495**	**193**
55	38064	16951	21113	1327	1273	54
56	36957	15947	21010	1197	1149	48
57	39956	17582	22374	1193	1151	42
58	23440	9817	13623	652	624	28
59	11004	4483	6521	319	298	21
60-64岁	**132601**	**65335**	**67266**	**5588**	**5471**	**117**
60	13740	6170	7570	513	491	22
61	16821	8381	8440	709	688	21
62	29839	14824	15015	1380	1351	29
63	35477	17670	17807	1492	1469	23
64	36724	18290	18434	1494	1472	22
65岁及以上	**538789**	**282173**	**256616**	**15026**	**14550**	**476**

单位：人

有配偶			离婚			丧偶		
小计	男	女	小计	男	女	小计	男	女
1034662	**493343**	**541319**	**25537**	**18667**	**6870**	**178110**	**63703**	**114407**
873	**149**	**724**	**4**	**1**	**3**	**4**		**4**
8		8						
45	3	42				1		1
125	10	115	1		1			
260	55	205	2	1	1	2		2
435	81	354	1		1	1		1
6667	**2085**	**4582**	**118**	**43**	**75**	**21**	**10**	**11**
681	151	530	8	3	5	1	1	
1035	282	753	19	4	15	4	3	1
1358	416	942	21	8	13	4	2	2
1652	562	1090	30	13	17	6	2	4
1941	674	1267	40	15	25	6	2	4
13204	**5360**	**7844**	**398**	**213**	**185**	**59**	**19**	**40**
2196	841	1355	69	28	41	10	6	4
2384	932	1452	54	30	24	7	3	4
2679	1083	1596	78	48	30	13	2	11
2848	1163	1685	98	56	42	11	2	9
3097	1341	1756	99	51	48	18	6	12
22834	**9874**	**12960**	**1032**	**614**	**418**	**187**	**59**	**128**
3936	1674	2262	138	75	63	29	12	17
4311	1871	2440	177	96	81	32	10	22
4299	1795	2504	199	116	83	45	9	36
5097	2206	2891	256	151	105	38	12	26
5191	2328	2863	262	176	86	43	16	27
26598	**11747**	**14851**	**1275**	**850**	**425**	**352**	**109**	**243**
4693	2074	2619	216	132	84	60	22	38
4443	1952	2491	181	114	67	63	13	50
4839	2168	2671	239	171	68	57	16	41
6372	2795	3577	304	216	88	80	26	54
6251	2758	3493	335	217	118	92	32	60
47910	**19873**	**28037**	**2572**	**1831**	**741**	**815**	**234**	**581**
5955	2468	3487	251	167	84	78	16	62
7657	3278	4379	432	291	141	131	32	99
8437	3416	5021	474	351	123	158	46	112
10925	4501	6424	582	409	173	191	62	129
14936	6210	8726	833	613	220	257	78	179
124071	**51029**	**73042**	**5577**	**4119**	**1458**	**2814**	**842**	**1972**
19084	7816	11268	1060	780	280	344	96	248
22942	9354	13588	1103	796	307	461	131	330
24699	10200	14499	1069	781	288	561	176	385
27250	11191	16059	1114	828	286	671	200	471
30096	12468	17628	1231	934	297	777	239	538
173146	**72910**	**100236**	**5511**	**4073**	**1438**	**6758**	**1897**	**4861**
32294	13409	18885	1135	830	305	921	276	645
33423	14234	19189	1107	787	320	1092	331	761
38371	16061	22310	1263	949	314	1510	412	1098
31956	13272	18684	926	686	240	1403	359	1044
37102	15934	21168	1080	821	259	1832	519	1313
132105	**55456**	**76649**	**3261**	**2433**	**828**	**9367**	**2396**	**6971**
33803	14399	19404	923	700	223	2011	579	1432
32694	13629	19065	810	590	220	2256	579	1677
35334	15139	20195	860	650	210	2569	642	1927
20621	8449	12172	461	334	127	1706	410	1296
9653	3840	5813	207	159	48	825	186	639
110907	**53646**	**57261**	**2128**	**1732**	**396**	**13978**	**4486**	**9492**
11702	5106	6596	278	226	52	1247	347	900
14162	6913	7249	310	261	49	1640	519	1121
25006	12126	12880	527	432	95	2926	915	2011
29665	14532	15133	506	405	101	3814	1264	2550
30372	14969	15403	507	408	99	4351	1441	2910
376347	**211214**	**165133**	**3661**	**2758**	**903**	**143755**	**53651**	**90104**

5-3c 续表 4

受教育程度 年龄	15岁及以上人口			未婚		
	合计	男	女	小计	男	女
初　中	**1285341**	**743250**	**542091**	**200100**	**140398**	**59702**
15-19岁	**67710**	**37922**	**29788**	**66349**	**37602**	**28747**
15	27119	14712	12407	27097	14708	12389
16	14494	7886	6608	14409	7875	6534
17	9016	5153	3863	8826	5101	3725
18	8326	4922	3404	7939	4822	3117
19	8755	5249	3506	8078	5096	2982
20-24岁	**69149**	**39812**	**29337**	**48901**	**33200**	**15701**
20	9377	5578	3799	8083	5270	2813
21	11116	6514	4602	9015	5964	3051
22	14357	8182	6175	10549	7074	3475
23	15994	9111	6883	10556	7322	3234
24	18305	10427	7878	10698	7570	3128
25-29岁	**109852**	**61534**	**48318**	**39757**	**30277**	**9480**
25	21428	12058	9370	10841	7894	2947
26	20712	11675	9037	8715	6514	2201
27	22670	12760	9910	8100	6247	1853
28	21870	12195	9675	6453	5088	1365
29	23172	12846	10326	5648	4534	1114
30-34岁	**149366**	**81896**	**67470**	**21987**	**18389**	**3598**
30	28501	15783	12718	6043	4935	1108
31	28460	15590	12870	4826	4000	826
32	27144	14751	12393	3807	3184	623
33	34083	18740	15343	4051	3478	573
34	31178	17032	14146	3260	2792	468
35-39岁	**108726**	**59833**	**48893**	**6993**	**6078**	**915**
35	22282	12199	10083	1877	1641	236
36	18746	10172	8574	1315	1130	185
37	19082	10511	8571	1198	1026	172
38	25246	13961	11285	1412	1234	178
39	23370	12990	10380	1191	1047	144
40-44岁	**121818**	**66212**	**55606**	**4818**	**4311**	**507**
40	18038	9818	8220	871	756	115
41	22008	11899	10109	979	860	119
42	21762	11741	10021	858	769	89
43	26581	14534	12047	978	886	92
44	33429	18220	15209	1132	1040	92
45-49岁	**213910**	**117995**	**95915**	**5304**	**4905**	**399**
45	38795	21346	17449	1140	1057	83
46	43342	23611	19731	1193	1106	87
47	43787	24182	19605	1062	986	76
48	43739	24126	19613	1003	925	78
49	44247	24730	19517	906	831	75
50-54岁	**188789**	**107932**	**80857**	**2741**	**2558**	**183**
50	42685	23973	18712	775	730	45
51	36879	20893	15986	555	515	40
52	40514	23054	17460	570	527	43
53	31670	18224	13446	434	399	35
54	37041	21788	15253	407	387	20
55-59岁	**125851**	**75128**	**50723**	**1432**	**1355**	**77**
55	34149	20044	14105	384	367	17
56	32967	19255	13712	380	361	19
57	34888	21013	13875	423	397	26
58	16982	10493	6489	171	160	11
59	6865	4323	2542	74	70	4
60-64岁	**47286**	**32741**	**14545**	**721**	**699**	**22**
60	6949	4464	2485	107	104	3
61	6934	4791	2143	96	93	3
62	10846	7527	3319	163	162	1
63	11548	8173	3375	185	177	8
64	11009	7786	3223	170	163	7
65岁及以上	**82884**	**62245**	**20639**	**1097**	**1024**	**73**

单位：人

有配偶			离婚			丧偶		
小计	男	女	小计	男	女	小计	男	女
1010570	**556522**	**454048**	**45910**	**31929**	**13981**	**28761**	**14401**	**14360**
1351	**317**	**1034**	**10**	**3**	**7**			
22	4	18						
85	11	74						
188	51	137	2	1	1			
383	99	284	4	1	3			
673	152	521	4	1	3			
19816	**6444**	**13372**	**417**	**165**	**252**	**15**	**3**	**12**
1275	307	968	19	1	18			
2069	539	1530	30	11	19	2		2
3746	1085	2661	57	22	35	5	1	4
5308	1735	3573	126	54	72	4		4
7418	2778	4640	185	77	108	4	2	2
67384	**29820**	**37564**	**2650**	**1415**	**1235**	**61**	**22**	**39**
10309	4035	6274	271	127	144	7	2	5
11594	4974	6620	392	181	211	11	6	5
14033	6240	7793	524	269	255	13	4	9
14737	6752	7985	665	350	315	15	5	10
16711	7819	8892	798	488	310	15	5	10
119548	**58617**	**60931**	**7540**	**4795**	**2745**	**291**	**95**	**196**
21276	10143	11133	1149	693	456	33	12	21
22305	10798	11507	1274	778	496	55	14	41
21961	10759	11202	1327	790	537	49	18	31
28021	13945	14076	1937	1288	649	74	29	45
25985	12972	13013	1853	1246	607	80	22	58
94218	**48661**	**45557**	**7124**	**4951**	**2173**	**391**	**143**	**248**
18967	9612	9355	1362	919	443	76	27	49
16182	8202	7980	1182	809	373	67	31	36
16566	8595	7971	1257	867	390	61	23	38
22058	11518	10540	1694	1183	511	82	26	56
20445	10734	9711	1629	1173	456	105	36	69
108317	**55914**	**52403**	**7829**	**5690**	**2139**	**854**	**297**	**557**
15817	8135	7682	1246	888	358	104	39	65
19457	9933	9524	1457	1061	396	115	45	70
19324	9894	9430	1423	1035	388	157	43	114
23718	12340	11378	1702	1242	460	183	66	117
30001	15612	14389	2001	1464	537	295	104	191
196025	**104934**	**91091**	**9963**	**7176**	**2787**	**2618**	**980**	**1638**
35135	18599	16536	2143	1557	586	377	133	244
39551	20795	18756	2147	1540	607	451	170	281
40174	21548	18626	2000	1445	555	551	203	348
40289	21647	18642	1856	1330	526	591	224	367
40876	22345	18531	1817	1304	513	648	250	398
175965	**99406**	**76559**	**5898**	**4340**	**1558**	**4185**	**1628**	**2557**
39695	21859	17836	1495	1129	366	720	255	465
34329	19148	15181	1271	940	331	724	290	434
37780	21261	16519	1268	926	342	896	340	556
29573	16891	12682	901	649	252	762	285	477
34588	20247	14341	963	696	267	1083	458	625
116721	**69720**	**47001**	**2927**	**2143**	**784**	**4771**	**1910**	**2861**
31778	18602	13176	894	642	252	1093	433	660
30587	17844	12743	786	563	223	1214	487	727
32328	19506	12822	755	563	192	1382	547	835
15709	9752	5957	359	274	85	743	307	436
6319	4016	2303	133	101	32	339	136	203
42744	**29824**	**12920**	**826**	**664**	**162**	**2995**	**1554**	**1441**
6324	4097	2227	130	104	26	388	159	229
6338	4402	1936	119	93	26	381	203	178
9777	6813	2964	208	181	27	698	371	327
10397	7409	2988	215	173	42	751	414	337
9908	7103	2805	154	113	41	777	407	370
68481	**52865**	**15616**	**726**	**587**	**139**	**12580**	**7769**	**4811**

5-3c 续表 5

受教育程度 年 龄	15岁及以上人口			未 婚		
	合计	男	女	小计	男	女
高 中	**343611**	**201875**	**141736**	**169585**	**100470**	**69115**
15-19岁	**97962**	**51749**	**46213**	**97700**	**51677**	**46023**
15	16787	8363	8424	16784	8362	8422
16	26627	13935	12692	26621	13932	12689
17	25311	13378	11933	25287	13371	11916
18	18015	9822	8193	17943	9805	8138
19	11222	6251	4971	11065	6207	4858
20-24岁	**47181**	**26713**	**20468**	**39229**	**24293**	**14936**
20	8955	5092	3863	8585	5026	3559
21	8221	4753	3468	7575	4618	2957
22	9495	5356	4139	8159	5011	3148
23	9857	5602	4255	7625	4903	2722
24	10653	5910	4743	7285	4735	2550
25-29岁	**55261**	**31085**	**24176**	**22667**	**16304**	**6363**
25	11698	6543	5155	6752	4577	2175
26	10852	6032	4820	5209	3641	1568
27	11486	6515	4971	4540	3363	1177
28	10678	5964	4714	3391	2561	830
29	10547	6031	4516	2775	2162	613
30-34岁	**49149**	**28128**	**21021**	**7223**	**5817**	**1406**
30	11639	6512	5127	2460	1918	542
31	10033	5689	4344	1623	1310	313
32	8946	5102	3844	1185	978	207
33	10156	5825	4331	1149	938	211
34	8375	5000	3375	806	673	133
35-39岁	**21258**	**12860**	**8398**	**1351**	**1141**	**210**
35	5132	3031	2101	429	371	58
36	3870	2365	1505	271	222	49
37	3580	2203	1377	223	195	28
38	4577	2781	1796	244	205	39
39	4099	2480	1619	184	148	36
40-44岁	**15251**	**9692**	**5559**	**517**	**443**	**74**
40	3122	1911	1211	127	109	18
41	3237	2071	1166	104	90	14
42	2770	1754	1016	89	72	17
43	2898	1849	1049	98	87	11
44	3224	2107	1117	99	85	14
45-49岁	**15854**	**10822**	**5032**	**423**	**372**	**51**
45	3358	2222	1136	114	102	12
46	3304	2262	1042	90	77	13
47	3119	2114	1005	57	51	6
48	3046	2088	958	74	62	12
49	3027	2136	891	88	80	8
50-54岁	**11916**	**8583**	**3333**	**214**	**189**	**25**
50	2836	1958	878	45	41	4
51	2399	1688	711	47	41	6
52	2605	1921	684	41	38	3
53	1818	1358	460	40	36	4
54	2258	1658	600	41	33	8
55-59岁	**14158**	**10123**	**4035**	**130**	**115**	**15**
55	2548	1888	660	30	27	3
56	3205	2310	895	31	28	3
57	4497	3187	1310	40	33	7
58	2730	1931	799	18	17	1
59	1178	807	371	11	10	1
60-64岁	**7349**	**5353**	**1996**	**53**	**49**	**4**
60	1274	911	363	6	6	
61	1296	929	367	8	7	1
62	1762	1270	492	19	18	1
63	1673	1232	441	10	10	
64	1344	1011	333	10	8	2
65岁及以上	**8272**	**6767**	**1505**	**78**	**70**	**8**

单位：人

有配偶			离婚			丧偶		
小计	男	女	小计	男	女	小计	男	女
164313	**95402**	**68911**	**7249**	**4630**	**2619**	**2464**	**1373**	**1091**
262	**72**	**190**						
3	1	2						
6	3	3						
24	7	17						
72	17	55						
157	44	113						
7846	**2394**	**5452**	**102**	**25**	**77**	**4**	**1**	**3**
368	66	302	2		2			
643	134	509	3	1	2			
1324	341	983	12	4	8			
2198	692	1506	32	6	26	2	1	1
3313	1161	2152	53	14	39	2		2
31619	**14314**	**17305**	**954**	**461**	**493**	**21**	**6**	**15**
4839	1922	2917	104	43	61	3	1	2
5512	2333	3179	129	58	71	2		2
6756	3067	3689	186	83	103	4	2	2
7036	3282	3754	242	119	123	9	2	7
7476	3710	3766	293	158	135	3	1	2
39822	**21108**	**18714**	**2044**	**1181**	**863**	**60**	**22**	**38**
8804	4405	4399	369	187	182	6	2	4
8043	4185	3858	352	189	163	15	5	10
7363	3903	3460	387	218	169	11	3	8
8479	4567	3912	513	315	198	15	5	10
7133	4048	3085	423	272	151	13	7	6
18585	**10849**	**7736**	**1278**	**853**	**425**	**44**	**17**	**27**
4412	2487	1925	283	170	113	8	3	5
3374	2001	1373	221	140	81	4	2	2
3132	1852	1280	220	153	67	5	3	2
4031	2369	1662	288	202	86	14	5	9
3636	2140	1496	266	188	78	13	4	9
13702	**8518**	**5184**	**973**	**710**	**263**	**59**	**21**	**38**
2787	1660	1127	199	141	58	9	1	8
2896	1807	1089	226	169	57	11	5	6
2505	1556	949	162	120	42	14	6	8
2603	1631	972	186	127	59	11	4	7
2911	1864	1047	200	153	47	14	5	9
14508	**9804**	**4704**	**814**	**596**	**218**	**109**	**50**	**59**
3052	1992	1060	172	118	54	20	10	10
3026	2049	977	173	129	44	15	7	8
2864	1921	943	176	130	46	22	12	10
2801	1908	893	148	110	38	23	8	15
2765	1934	831	145	109	36	29	13	16
11059	**7966**	**3093**	**454**	**339**	**115**	**189**	**89**	**100**
2621	1809	812	131	92	39	39	16	23
2236	1572	664	86	60	26	30	15	15
2422	1776	646	108	88	20	34	19	15
1678	1261	417	60	45	15	40	16	24
2102	1548	554	69	54	15	46	23	23
13273	**9548**	**3725**	**398**	**296**	**102**	**357**	**164**	**193**
2377	1773	604	89	69	20	52	19	33
3014	2181	833	87	68	19	73	33	40
4226	3005	1221	125	92	33	106	57	49
2557	1826	731	65	45	20	90	43	47
1099	763	336	32	22	10	36	12	24
6747	**4996**	**1751**	**142**	**100**	**42**	**407**	**208**	**199**
1168	847	321	38	26	12	62	32	30
1194	872	322	31	18	13	63	32	31
1612	1178	434	30	25	5	101	49	52
1538	1157	381	25	18	7	100	47	53
1235	942	293	18	13	5	81	48	33
6890	**5833**	**1057**	**90**	**69**	**21**	**1214**	**795**	**419**

5–3c　续表 6

受教育程度 年　　龄	15岁及以上人口			未　婚		
	合计	男	女	小计	男	女
大学专科	**131918**	**67112**	**64806**	**80569**	**39901**	**40668**
15–19岁	**20303**	**9319**	**10984**	**20271**	**9311**	**10960**
15	352	156	196	352	156	196
16	769	364	405	769	364	405
17	1995	897	1098	1994	897	1097
18	6678	3063	3615	6668	3060	3608
19	10509	4839	5670	10488	4834	5654
20–24岁	**44357**	**19951**	**24406**	**41322**	**19204**	**22118**
20	10526	4853	5673	10451	4838	5613
21	9353	4237	5116	9148	4196	4952
22	9101	4083	5018	8608	3980	4628
23	7850	3410	4440	6950	3190	3760
24	7527	3368	4159	6165	3000	3165
25–29岁	**28653**	**13572**	**15081**	**15006**	**8437**	**6569**
25	7373	3324	4049	5248	2688	2560
26	6087	2807	3280	3614	1960	1654
27	5869	2800	3069	2861	1673	1188
28	4902	2359	2543	1901	1192	709
29	4422	2282	2140	1382	924	458
30–34岁	**18143**	**10002**	**8141**	**3079**	**2221**	**858**
30	4634	2440	2194	1167	796	371
31	3816	2094	1722	676	491	185
32	3370	1859	1511	515	378	137
33	3494	1977	1517	423	321	102
34	2829	1632	1197	298	235	63
35–39岁	**6736**	**4181**	**2555**	**484**	**398**	**86**
35	1792	1047	745	154	125	29
36	1267	799	468	116	101	15
37	1195	732	463	80	65	15
38	1333	869	464	68	54	14
39	1149	734	415	66	53	13
40–44岁	**4024**	**2687**	**1337**	**159**	**124**	**35**
40	849	528	321	33	24	9
41	859	555	304	44	31	13
42	715	486	229	29	24	5
43	760	519	241	25	19	6
44	841	599	242	28	26	2
45–49岁	**3772**	**2712**	**1060**	**120**	**104**	**16**
45	832	600	232	39	34	5
46	747	529	218	16	11	5
47	774	568	206	26	23	3
48	761	565	196	22	21	1
49	658	450	208	17	15	2
50–54岁	**2428**	**1834**	**594**	**57**	**43**	**14**
50	592	428	164	13	7	6
51	491	378	113	19	15	4
52	546	413	133	11	8	3
53	383	309	74	5	5	
54	416	306	110	9	8	1
55–59岁	**1582**	**1265**	**317**	**24**	**19**	**5**
55	388	308	80	8	5	3
56	425	338	87	5	4	1
57	453	358	95	3	3	
58	221	186	35	4	3	1
59	95	75	20	4	4	
60–64岁	**596**	**476**	**120**	**11**	**10**	**1**
60	109	83	26	1		1
61	88	72	16			
62	126	100	26	2	2	
63	145	117	28	5	5	
64	128	104	24	3	3	
65岁及以上	**1324**	**1113**	**211**	**36**	**30**	**6**

单位：人

有配偶			离婚			丧偶		
小计	男	女	小计	男	女	小计	男	女
49326	**26129**	**23197**	**1717**	**934**	**783**	**306**	**148**	**158**
32	**8**	**24**						
1		1						
10	3	7						
21	5	16						
3015	**744**	**2271**	**19**	**3**	**16**	**1**		**1**
75	15	60						
205	41	164						
493	103	390						
889	220	669	11		11			
1353	365	988	8	3	5	1		1
13372	**5053**	**8319**	**263**	**81**	**182**	**12**	**1**	**11**
2104	630	1474	21	6	15			
2415	833	1582	53	14	39	5		5
2956	1109	1847	50	18	32	2		2
2934	1149	1785	64	17	47	3	1	2
2963	1332	1631	75	26	49	2		2
14516	**7505**	**7011**	**532**	**270**	**262**	**16**	**6**	**10**
3373	1607	1766	90	36	54	4	1	3
3035	1551	1484	101	51	50	4	1	3
2759	1438	1321	94	43	51	2		2
2929	1577	1352	138	77	61	4	2	2
2420	1332	1088	109	63	46	2	2	
5917	**3585**	**2332**	**324**	**195**	**129**	**11**	**3**	**8**
1560	880	680	76	42	34	2		2
1096	663	433	52	34	18	3	1	2
1056	634	422	56	32	24	3	1	2
1175	755	420	87	59	28	3	1	2
1030	653	377	53	28	25			
3634	**2417**	**1217**	**210**	**139**	**71**	**21**	**7**	**14**
763	472	291	48	30	18	5	2	3
777	500	277	33	22	11	5	2	3
645	435	210	40	27	13	1		1
689	471	218	43	28	15	3	1	2
760	539	221	46	32	14	7	2	5
3452	**2486**	**966**	**179**	**116**	**63**	**21**	**6**	**15**
748	540	208	44	26	18	1		1
694	496	198	32	21	11	5	1	4
711	520	191	34	24	10	3	1	2
701	518	183	33	24	9	5	2	3
598	412	186	36	21	15	7	2	5
2233	**1708**	**525**	**107**	**73**	**34**	**31**	**10**	**21**
546	398	148	25	20	5	8	3	5
439	347	92	27	13	14	6	3	3
503	384	119	25	18	7	7	3	4
355	293	62	16	10	6	7	1	6
390	286	104	14	12	2	3		3
1503	**1205**	**298**	**40**	**32**	**8**	**15**	**9**	**6**
369	296	73	10	6	4	1	1	
402	320	82	13	12	1	5	2	3
439	347	92	9	6	3	2	2	
210	177	33	5	5		2	1	1
83	65	18	3	3		5	3	2
553	**449**	**104**	**15**	**10**	**5**	**17**	**7**	**10**
102	80	22	3	1	2	3	2	1
82	67	15	4	4		2	1	1
115	92	23	7	4	3	2	2	
135	111	24	1	1		4		4
119	99	20				6	2	4
1099	**969**	**130**	**28**	**15**	**13**	**161**	**99**	**62**

5-3c 续表 7

受教育程度 年 龄	15岁及以上人口			未 婚		
	合计	男	女	小计	男	女
大学本科	**59439**	**29240**	**30199**	**40352**	**18702**	**21650**
15-19岁	**8443**	**3525**	**4918**	**8441**	**3525**	**4916**
15	20	11	9	20	11	9
16	92	31	61	92	31	61
17	518	233	285	518	233	285
18	2895	1220	1675	2894	1220	1674
19	4918	2030	2888	4917	2030	2887
20-24岁	**22162**	**9644**	**12518**	**21660**	**9519**	**12141**
20	5406	2266	3140	5401	2264	3137
21	4928	2136	2792	4907	2132	2775
22	4628	1980	2648	4569	1968	2601
23	3841	1739	2102	3708	1709	1999
24	3359	1523	1836	3075	1446	1629
25-29岁	**13375**	**6374**	**7001**	**8269**	**4325**	**3944**
25	3385	1541	1844	2796	1353	1443
26	2750	1285	1465	1950	1000	950
27	2707	1262	1445	1590	839	751
28	2347	1142	1205	1109	629	480
29	2186	1144	1042	824	504	320
30-34岁	**8385**	**4769**	**3616**	**1619**	**1062**	**557**
30	2166	1152	1014	597	361	236
31	1819	1012	807	398	265	133
32	1464	865	599	253	184	69
33	1643	947	696	225	152	73
34	1293	793	500	146	100	46
35-39岁	**2932**	**1879**	**1053**	**245**	**183**	**62**
35	798	502	296	88	62	26
36	569	362	207	49	36	13
37	553	351	202	39	32	7
38	571	386	185	43	34	9
39	441	278	163	26	19	7
40-44岁	**1375**	**958**	**417**	**37**	**29**	**8**
40	299	204	95	9	8	1
41	278	192	86	6	4	2
42	267	190	77	9	7	2
43	249	177	72	6	6	
44	282	195	87	7	4	3
45-49岁	**1129**	**821**	**308**	**38**	**28**	**10**
45	245	164	81	13	10	3
46	237	172	65	8	5	3
47	232	177	55	9	8	1
48	222	167	55	2	1	1
49	193	141	52	6	4	2
50-54岁	**757**	**579**	**178**	**18**	**12**	**6**
50	193	142	51	6	2	4
51	155	118	37	2	1	1
52	195	147	48	5	4	1
53	115	89	26	4	4	
54	99	83	16	1	1	
55-59岁	**430**	**342**	**88**	**8**	**7**	**1**
55	124	95	29	1	1	
56	115	99	16	2	2	
57	113	94	19	3	2	1
58	50	35	15	2	2	
59	28	19	9			
60-64岁	**129**	**105**	**24**	**7**	**6**	**1**
60	24	18	6	1	1	
61	28	23	5	1	1	
62	24	21	3	1	1	
63	28	24	4	4	3	1
64	25	19	6			
65岁及以上	**322**	**244**	**78**	**10**	**6**	**4**

单位：人

有配偶			离婚			丧偶		
小计	男	女	小计	男	女	小计	男	女
18520	**10231**	**8289**	**483**	**262**	**221**	**84**	**45**	**39**
2		**2**						
1		1						
1		1						
498	**125**	**373**	**4**		**4**			
5	2	3						
20	4	16	1		1			
59	12	47						
133	30	103						
281	77	204	3		3			
5035	**2026**	**3009**	**68**	**23**	**45**	**3**		**3**
580	188	392	8		8	1		1
795	284	511	4	1	3	1		1
1104	416	688	13	7	6			
1222	509	713	16	4	12			
1334	629	705	27	11	16	1		1
6613	**3625**	**2988**	**143**	**78**	**65**	**10**	**4**	**6**
1551	780	771	17	11	6	1		1
1397	740	657	23	7	16	1		1
1178	661	517	29	18	11	4	2	2
1371	771	600	44	23	21	3	1	2
1116	673	443	30	19	11	1	1	
2585	**1640**	**945**	**98**	**56**	**42**	**4**		**4**
681	422	259	29	18	11			
503	317	186	16	9	7	1		1
494	309	185	19	10	9	1		1
511	342	169	16	10	6	1		1
396	250	146	18	9	9	1		1
1279	**890**	**389**	**57**	**38**	**19**	**2**	**1**	**1**
276	187	89	14	9	5			
262	181	81	10	7	3			
248	176	72	8	6	2	2	1	1
236	166	70	7	5	2			
257	180	77	18	11	7			
1041	**762**	**279**	**46**	**28**	**18**	**4**	**3**	**1**
221	150	71	8	2	6	3	2	1
215	158	57	13	8	5	1	1	
212	162	50	11	7	4			
211	159	52	9	7	2			
182	133	49	5	4	1			
696	**543**	**153**	**39**	**22**	**17**	**4**	**2**	**2**
179	135	44	8	5	3			
143	112	31	8	4	4	2	1	1
179	138	41	10	5	5	1		1
105	82	23	6	3	3			
90	76	14	7	5	2	1	1	
404	**324**	**80**	**15**	**8**	**7**	**3**	**3**	
117	91	26	4	1	3	2	2	
106	93	13	6	3	3	1	1	
107	90	17	3	2	1			
46	31	15	2	2				
28	19	9						
113	**92**	**21**	**5**	**3**	**2**	**4**	**4**	
21	16	5	2	1	1			
26	21	5				1	1	
22	19	3	1	1				
23	20	3				1	1	
21	16	5	2	1	1	2	2	
254	**204**	**50**	**8**	**6**	**2**	**50**	**28**	**22**

5-3c 续表 8

受教育程度 年　　龄	15岁及以上人口			未　婚		
	合计	男	女	小计	男	女
硕士研究生	**2890**	**1318**	**1572**	**2057**	**875**	**1182**
15-19岁	**13**	**7**	**6**	**13**	**7**	**6**
15						
16						
17	3	1	2	3	1	2
18	6	3	3	6	3	3
19	4	3	1	4	3	1
20-24岁	**935**	**379**	**556**	**929**	**374**	**555**
20	16	5	11	16	5	11
21	45	26	19	45	26	19
22	212	78	134	211	77	134
23	315	121	194	314	120	194
24	347	149	198	343	146	197
25-29岁	**1132**	**466**	**666**	**950**	**393**	**557**
25	371	134	237	363	132	231
26	254	101	153	229	94	135
27	218	97	121	174	77	97
28	168	72	96	116	52	64
29	121	62	59	68	38	30
30-34岁	**435**	**235**	**200**	**132**	**79**	**53**
30	125	62	63	49	23	26
31	107	64	43	38	28	10
32	75	41	34	24	15	9
33	78	38	40	14	9	5
34	50	30	20	7	4	3
35-39岁	**172**	**94**	**78**	**22**	**14**	**8**
35	46	26	20	8	7	1
36	34	16	18	4	1	3
37	36	20	16	3	2	1
38	31	19	12	5	3	2
39	25	13	12	2	1	1
40-44岁	**48**	**27**	**21**	**3**	**3**	
40	9	4	5			
41	12	6	6	1	1	
42	10	6	4			
43	9	7	2	2	2	
44	8	4	4			
45-49岁	**43**	**26**	**17**	**2**	**1**	**1**
45	10	7	3	1		1
46	6	3	3	1	1	
47	8	5	3			
48	9	3	6			
49	10	8	2			
50-54岁	**47**	**34**	**13**	**4**	**2**	**2**
50	13	7	6			
51	8	6	2			
52	12	9	3	2	1	1
53	7	6	1	2	1	1
54	7	6	1			
55-59岁	**28**	**22**	**6**			
55	8	8				
56	6	5	1			
57	10	7	3			
58	3	1	2			
59	1	1				
60-64岁	**15**	**13**	**2**			
60	3	3				
61	4	3	1			
62	1	1				
63	4	3	1			
64	3	3				
65岁及以上	**22**	**15**	**7**	**2**	**2**	

单位：人

有配偶			离婚			丧偶		
小计	男	女	小计	男	女	小计	男	女
807	**431**	**376**	**20**	**11**	**9**	**6**	**1**	**5**
6	**5**	**1**						
1	1							
1	1							
4	3	1						
182	**73**	**109**						
8	2	6						
25	7	18						
44	20	24						
52	20	32						
53	24	29						
303	**156**	**147**						
76	39	37						
69	36	33						
51	26	25						
64	29	35						
43	26	17						
143	**77**	**66**	**7**	**3**	**4**			
36	18	18	2	1	1			
30	15	15						
31	18	13	2		2			
23	14	9	3	2	1			
23	12	11						
43	**23**	**20**	**2**	**1**	**1**			
7	3	4	2	1	1			
11	5	6						
10	6	4						
7	5	2						
8	4	4						
38	**23**	**15**	**3**	**2**	**1**			
7	6	1	2	1	1			
5	2	3						
8	5	3						
8	2	6	1	1				
10	8	2						
38	**29**	**9**	**4**	**3**	**1**	**1**		**1**
10	6	4	2	1	1	1		1
8	6	2						
9	7	2	1	1				
5	5							
6	5	1	1	1				
26	**21**	**5**	**2**	**1**	**1**			
8	8							
6	5	1						
8	6	2	2	1	1			
3	1	2						
1	1							
12	**12**		**1**		**1**	**2**	**1**	**1**
3	3							
3	3		1		1			
1	1							
3	3					1		1
2	2					1	1	
16	**12**	**4**	**1**	**1**		**3**		**3**

5-3c 续表 9

受教育程度 年 龄	15岁及以上人口			未 婚		
	合计	男	女	小计	男	女
博士研究生	**338**	**210**	**128**	**230**	**133**	**97**
15-19岁	**5**	**3**	**2**	**5**	**3**	**2**
15						
16						
17						
18						
19	5	3	2	5	3	2
20-24岁	**60**	**33**	**27**	**60**	**33**	**27**
20	1	1		1	1	
21	3		3	3		3
22	21	14	7	21	14	7
23	14	9	5	14	9	5
24	21	9	12	21	9	12
25-29岁	**133**	**69**	**64**	**117**	**59**	**58**
25	29	12	17	29	12	17
26	22	12	10	22	12	10
27	34	14	20	32	13	19
28	33	18	15	25	14	11
29	15	13	2	9	8	1
30-34岁	**55**	**35**	**20**	**22**	**15**	**7**
30	19	10	9	9	5	4
31	16	13	3	7	7	
32	13	8	5	6	3	3
33	4	2	2			
34	3	2	1			
35-39岁	**26**	**19**	**7**	**3**		**3**
35	7	6	1			
36	3	1	2			
37	3	2	1	1		1
38	9	6	3	2		2
39	4	4				
40-44岁	**18**	**15**	**3**	**3**	**3**	
40	3	3				
41	7	5	2			
42						
43	3	2	1			
44	5	5		3	3	
45-49岁	**13**	**11**	**2**	**5**	**5**	
45						
46	3	3				
47	5	5		3	3	
48	1	1		1	1	
49	4	2	2	1	1	
50-54岁	**12**	**12**		**7**	**7**	
50	2	2		1	1	
51	2	2		2	2	
52	3	3		3	3	
53	2	2				
54	3	3		1	1	
55-59岁	**8**	**6**	**2**	**1**	**1**	
55	1	1				
56	2	1	1			
57	2	1	1			
58	1	1		1	1	
59	2	2				
60-64岁						
60						
61						
62						
63						
64						
65岁及以上	**8**	**7**	**1**	**7**	**7**	

单位：人

有配偶			离婚			丧偶		
小计	男	女	小计	男	女	小计	男	女
103	**73**	**30**	**5**	**4**	**1**			
16	**10**	**6**						
2	1	1						
8	4	4						
6	5	1						
32	**20**	**12**	**1**		**1**			
10	5	5						
8	6	2	1		1			
7	5	2						
4	2	2						
3	2	1						
21	**17**	**4**	**2**	**2**				
6	5	1	1	1				
3	1	2						
2	2							
6	5	1	1	1				
4	4							
14	**11**	**3**	**1**	**1**				
3	3							
6	4	2	1	1				
3	2	1						
2	2							
7	**5**	**2**	**1**	**1**				
2	2		1	1				
2	2							
3	1	2						
5	**5**							
1	1							
2	2							
2	2							
7	**5**	**2**						
1	1							
2	1	1						
2	1	1						
2	2							
1		**1**						

5-4 全省分初婚年龄、性别、初婚年份的人口

单位：人

初婚年龄	初婚年份								
	合计			1980年			1981年		
	合计	男	女	小计	男	女	小计	男	女
总 计	**4690994**	**2317079**	**2373915**	**130559**	**62913**	**67646**	**94048**	**44821**	**49227**
15岁以下	**5490**	**1221**	**4269**	**326**	**71**	**255**	**177**	**36**	**141**
15-19岁	**631104**	**153292**	**477812**	**14424**	**2457**	**11967**	**15443**	**2714**	**12729**
15	24795	6411	18384	1253	277	976	805	190	615
16	44799	10433	34366	2323	453	1870	1332	255	1077
17	84905	19380	65525	3607	579	3028	3015	512	2503
18	159633	37678	121955	3460	479	2981	5042	838	4204
19	316972	79390	237582	3781	669	3112	5249	919	4330
20-24岁	**2666549**	**1266378**	**1400171**	**73908**	**31989**	**41919**	**49338**	**21638**	**27700**
20	494106	145581	348525	6683	1735	4948	4996	1054	3942
21	590011	256875	333136	11189	3981	7208	6939	2311	4628
22	638766	338483	300283	18567	7404	11163	10546	4318	6228
23	520158	282065	238093	19507	8911	10596	14350	6831	7519
24	423508	243374	180134	17962	9958	8004	12507	7124	5383
25-29岁	**1018390**	**650283**	**368107**	**37018**	**24690**	**12328**	**25807**	**17921**	**7886**
25	337346	204559	132787	15067	9385	5682	10018	6510	3508
26	255504	161498	94006	10091	6708	3383	6987	4829	2158
27	188076	123520	64556	6092	4244	1848	4512	3289	1223
28	136834	92400	44434	3622	2688	934	2684	2045	639
29	100630	68306	32324	2146	1665	481	1606	1248	358
30-34岁	**236377**	**158892**	**77485**	**3834**	**2963**	**871**	**2556**	**1997**	**559**
30	75686	50944	24742	1516	1187	329	975	757	218
31	56554	37952	18602	924	710	214	664	518	146
32	43950	29630	14320	640	502	138	428	337	91
33	33779	22667	11112	452	346	106	277	220	57
34	26408	17699	8709	302	218	84	212	165	47
35-39岁	**73556**	**49296**	**24260**	**785**	**569**	**216**	**510**	**372**	**138**
35	21441	14503	6938	249	180	69	164	121	43
36	16939	11398	5541	189	146	43	132	103	29
37	13857	9297	4560	131	88	43	106	77	29
38	11436	7622	3814	128	93	35	59	42	17
39	9883	6476	3407	88	62	26	49	29	20
40-44岁	**32474**	**20946**	**11528**	**200**	**138**	**62**	**159**	**107**	**52**
40	8588	5506	3082	66	47	19	54	40	14
41	7266	4661	2605	38	29	9	34	24	10
42	6496	4221	2275	52	30	22	32	23	9
43	5580	3623	1957	30	23	7	22	11	11
44	4544	2935	1609	14	9	5	17	9	8
45-49岁	**14198**	**9022**	**5176**	**43**	**27**	**16**	**42**	**26**	**16**
45	3873	2467	1406	9	8	1	16	10	6
46	3222	2049	1173	12	7	5	9	5	4
47	2737	1768	969	9	4	5	3	3	
48	2388	1533	855	11	6	5	10	7	3
49	1978	1205	773	2	2		4	1	3
50岁及以上	**12856**	**7749**	**5107**	**21**	**9**	**12**	**16**	**10**	**6**
平均初婚年龄	**23.88**	**24.92**	**22.86**	**23.78**	**24.92**	**22.72**	**23.56**	**24.91**	**22.33**

5-4　续表 1

单位：人

初婚年龄	初婚年份								
	1982年			1983年			1984年		
	小计	男	女	小计	男	女	小计	男	女
总　计	**98459**	**47083**	**51376**	**96378**	**45756**	**50622**	**120922**	**57744**	**63178**
15岁以下	**219**	**51**	**168**	**217**	**54**	**163**	**143**	**36**	**107**
15—19岁	**24266**	**5195**	**19071**	**23816**	**5618**	**18198**	**26061**	**6385**	**19676**
15	880	231	649	854	206	648	927	259	668
16	1714	333	1381	1459	290	1169	1749	379	1370
17	3220	654	2566	3048	649	2399	3258	682	2576
18	6909	1382	5527	5701	1286	4415	6890	1604	5286
19	11543	2595	8948	12754	3187	9567	13237	3461	9776
20—24岁	**45288**	**21085**	**24203**	**46938**	**21013**	**25925**	**69902**	**32083**	**37819**
20	9632	2493	7139	17090	5179	11911	22251	7056	15195
21	6283	2297	3986	9885	4327	5558	23280	10578	12702
22	8441	3984	4457	6383	3259	3124	12707	7196	5511
23	9600	5358	4242	6754	3764	2990	5964	3462	2502
24	11332	6953	4379	6826	4484	2342	5700	3791	1909
25—29岁	**24725**	**17802**	**6923**	**21306**	**16035**	**5271**	**19699**	**15394**	**4305**
25	8993	6058	2935	7529	5356	2173	5369	4063	1306
26	6344	4645	1699	5308	3973	1335	5613	4386	1227
27	4490	3366	1124	3857	3031	826	3956	3159	797
28	3016	2304	712	2732	2192	540	2720	2158	562
29	1882	1429	453	1880	1483	397	2041	1628	413
30—34岁	**3067**	**2313**	**754**	**3206**	**2442**	**764**	**3967**	**3033**	**934**
30	1265	963	302	1236	940	296	1479	1128	351
31	703	522	181	835	647	188	1022	776	246
32	526	396	130	511	380	131	708	556	152
33	351	263	88	366	273	93	428	323	105
34	222	169	53	258	202	56	330	250	80
35—39岁	**639**	**470**	**169**	**616**	**431**	**185**	**793**	**598**	**195**
35	228	169	59	199	158	41	252	204	48
36	136	98	38	135	86	49	192	138	54
37	131	100	31	108	65	43	150	113	37
38	68	51	17	86	66	20	103	66	37
39	76	52	24	88	56	32	96	77	19
40—44岁	**169**	**111**	**58**	**205**	**125**	**80**	**254**	**161**	**93**
40	61	44	17	59	36	23	73	48	25
41	41	31	10	53	31	22	54	38	16
42	28	14	14	40	27	13	56	29	27
43	22	11	11	30	19	11	39	23	16
44	17	11	6	23	12	11	32	23	9
45—49岁	**63**	**40**	**23**	**47**	**28**	**19**	**73**	**40**	**33**
45	20	14	6	15	8	7	22	11	11
46	15	13	2	10	8	2	13	7	6
47	12	6	6	4	3	1	17	12	5
48	7	2	5	11	6	5	12	4	8
49	9	5	4	7	3	4	9	6	3
50岁及以上	**23**	**16**	**7**	**27**	**10**	**17**	**30**	**14**	**16**
平均初婚年龄	**23.10**	**24.63**	**21.70**	**22.71**	**24.23**	**21.34**	**22.44**	**23.76**	**21.23**

5-4 续表 2

单位：人

初婚年龄	初婚年份								
	1985年			1986年			1987年		
	小计	男	女	小计	男	女	小计	男	女
总　计	**165415**	**79402**	**86013**	**156343**	**75009**	**81334**	**142511**	**68821**	**73690**
15岁以下	**195**	**38**	**157**	**151**	**42**	**109**	**169**	**36**	**133**
15-19岁	**33179**	**8206**	**24973**	**30120**	**7424**	**22696**	**26538**	**6532**	**20006**
15	1053	295	758	801	190	611	677	182	495
16	2384	526	1858	1769	428	1341	1338	309	1029
17	4302	935	3367	4175	967	3208	3171	710	2461
18	8290	1907	6383	8003	1883	6120	7149	1706	5443
19	17150	4543	12607	15372	3956	11416	14203	3625	10578
20-24岁	**106017**	**51448**	**54569**	**107251**	**53691**	**53560**	**99940**	**50922**	**49018**
20	25085	8256	16829	24818	8182	16636	20621	6515	14106
21	32936	15283	17653	27619	13162	14457	26056	12465	13591
22	31359	17700	13659	28874	16444	12430	24354	14091	10263
23	11426	6841	4585	19340	11526	7814	17823	10746	7077
24	5211	3368	1843	6600	4377	2223	11086	7105	3981
25-29岁	**18945**	**14476**	**4469**	**12352**	**9179**	**3173**	**10129**	**7238**	**2891**
25	4888	3469	1419	3017	2086	931	3868	2639	1229
26	4134	3204	930	2645	1945	700	1823	1281	542
27	4200	3287	913	2346	1787	559	1544	1138	406
28	3250	2560	690	2409	1877	532	1346	1011	335
29	2473	1956	517	1935	1484	451	1548	1169	379
30-34岁	**5432**	**4092**	**1340**	**4796**	**3554**	**1242**	**4260**	**3089**	**1171**
30	1872	1436	436	1545	1165	380	1210	906	304
31	1357	1019	338	1183	874	309	1020	717	303
32	996	754	242	903	677	226	812	579	233
33	713	520	193	667	475	192	683	496	187
34	494	363	131	498	363	135	535	391	144
35-39岁	**1110**	**815**	**295**	**1159**	**786**	**373**	**988**	**694**	**294**
35	352	269	83	343	240	103	372	265	107
36	268	193	75	278	192	86	214	143	71
37	173	125	48	222	151	71	177	126	51
38	194	138	56	162	105	57	123	83	40
39	123	90	33	154	98	56	102	77	25
40-44岁	**361**	**234**	**127**	**359**	**240**	**119**	**315**	**213**	**102**
40	98	63	35	111	72	39	108	78	30
41	93	62	31	83	58	25	74	52	22
42	62	46	16	70	46	24	37	21	16
43	54	36	18	55	35	20	57	39	18
44	54	27	27	40	29	11	39	23	16
45-49岁	**115**	**60**	**55**	**93**	**58**	**35**	**105**	**65**	**40**
45	39	20	19	26	17	9	34	23	11
46	25	16	9	28	16	12	31	20	11
47	16	7	9	12	7	5	14	9	5
48	20	10	10	17	12	5	12	4	8
49	15	7	8	10	6	4	14	9	5
50岁及以上	**61**	**33**	**28**	**62**	**35**	**27**	**67**	**32**	**35**
平均初婚年龄	**22.36**	**23.46**	**21.35**	**22.32**	**23.29**	**21.42**	**22.38**	**23.28**	**21.53**

5-4　续表 3　　　　单位：人

初婚年龄	初婚年份								
	1988年			1989年			1990年		
	小计	男	女	小计	男	女	小计	男	女
总　计	**153238**	**74259**	**78979**	**150157**	**73298**	**76859**	**176659**	**87147**	**89512**
15岁以下	**160**	**28**	**132**	**192**	**45**	**147**	**304**	**72**	**232**
15–19岁	**28095**	**7016**	**21079**	**26901**	**6759**	**20142**	**33575**	**8826**	**24749**
15	827	195	632	880	249	631	1262	356	906
16	1509	342	1167	1570	391	1179	2214	584	1630
17	3259	703	2556	3251	807	2444	4270	1156	3114
18	6843	1691	5152	6765	1646	5119	8336	2155	6181
19	15657	4085	11572	14435	3666	10769	17493	4575	12918
20–24岁	**105394**	**53541**	**51853**	**102908**	**52426**	**50482**	**119253**	**61694**	**57559**
20	23388	7110	16278	23923	7658	16265	26632	8657	17975
21	24615	11780	12835	26617	12531	14086	32481	16101	16380
22	27014	16046	10968	23771	14194	9577	29958	17972	11986
23	17717	10585	7132	17710	10937	6773	17553	10792	6761
24	12660	8020	4640	10887	7106	3781	12629	8172	4457
25–29岁	**13708**	**9430**	**4278**	**15109**	**10484**	**4625**	**18594**	**13056**	**5538**
25	7843	5293	2550	7494	5132	2362	8009	5492	2517
26	2591	1765	826	4550	3200	1350	5422	3829	1593
27	1167	810	357	1521	1087	434	3239	2373	866
28	1091	802	289	780	521	259	1271	916	355
29	1016	760	256	764	544	220	653	446	207
30–34岁	**4117**	**3009**	**1108**	**3185**	**2328**	**857**	**2878**	**2103**	**775**
30	1185	880	305	693	495	198	614	446	168
31	963	711	252	756	567	189	570	424	146
32	794	580	214	714	523	191	660	471	189
33	677	478	199	567	417	150	538	391	147
34	498	360	138	455	326	129	496	371	125
35–39岁	**1217**	**888**	**329**	**1228**	**850**	**378**	**1369**	**977**	**392**
35	439	325	114	389	264	125	414	299	115
36	319	236	83	333	226	107	341	251	90
37	193	130	63	212	154	58	267	185	82
38	145	110	35	156	112	44	206	151	55
39	121	87	34	138	94	44	141	91	50
40–44岁	**361**	**251**	**110**	**402**	**273**	**129**	**419**	**265**	**154**
40	94	70	24	120	83	37	125	79	46
41	91	61	30	76	49	27	91	60	31
42	67	41	26	82	57	25	86	50	36
43	59	46	13	76	51	25	64	42	22
44	50	33	17	48	33	15	53	34	19
45–49岁	**118**	**70**	**48**	**152**	**89**	**63**	**163**	**102**	**61**
45	26	14	12	48	27	21	42	31	11
46	30	17	13	35	20	15	41	24	17
47	34	23	11	20	12	8	30	19	11
48	16	11	5	27	16	11	27	15	12
49	12	5	7	22	14	8	23	13	10
50岁及以上	**68**	**26**	**42**	**80**	**44**	**36**	**104**	**52**	**52**
平均初婚年龄	**22.41**	**23.31**	**21.57**	**22.38**	**23.26**	**21.54**	**22.29**	**23.14**	**21.46**

5−4 续表 4 单位：人

初婚年龄	初婚年份								
	1991年			1992年			1993年		
	小计	男	女	小计	男	女	小计	男	女
总　计	**127361**	**62043**	**65318**	**154586**	**76104**	**78482**	**147890**	**72786**	**75104**
15岁以下	**145**	**28**	**117**	**151**	**43**	**108**	**146**	**30**	**116**
15−19岁	**22217**	**5591**	**16626**	**24662**	**6331**	**18331**	**21832**	**5566**	**16266**
15	734	220	514	772	218	554	625	160	465
16	1289	311	978	1446	390	1056	1176	320	856
17	2502	629	1873	2791	688	2103	2503	606	1897
18	5459	1351	4108	6025	1533	4492	5316	1387	3929
19	12233	3080	9153	13628	3502	10126	12212	3093	9119
20−24岁	**88429**	**44561**	**43868**	**108443**	**54572**	**53871**	**103879**	**51989**	**51890**
20	19850	5937	13913	21858	6616	15242	20409	6232	14177
21	23019	11013	12006	28228	13366	14862	25606	11884	13722
22	22862	13439	9423	27947	16312	11635	27644	15835	11809
23	14635	8849	5786	18702	10907	7795	18386	10650	7736
24	8063	5323	2740	11708	7371	4337	11834	7388	4446
25−29岁	**13591**	**9749**	**3842**	**17354**	**12445**	**4909**	**17294**	**12076**	**5218**
25	5667	3960	1707	6411	4455	1956	7243	4861	2382
26	3406	2469	937	4424	3189	1235	3832	2741	1091
27	2414	1793	621	2901	2162	739	2795	2053	742
28	1517	1101	416	2162	1592	570	1920	1398	522
29	587	426	161	1456	1047	409	1504	1023	481
30−34岁	**1549**	**1118**	**431**	**1838**	**1273**	**565**	**2479**	**1666**	**813**
30	321	220	101	565	388	177	1124	771	353
31	289	204	85	305	202	103	531	335	196
32	316	222	94	304	198	106	297	183	114
33	349	265	84	278	194	84	254	179	75
34	274	207	67	386	291	95	273	198	75
35−39岁	**935**	**696**	**239**	**1219**	**861**	**358**	**1223**	**845**	**378**
35	251	190	61	312	248	64	316	226	90
36	217	174	43	270	207	63	251	175	76
37	179	134	45	234	153	81	228	160	68
38	167	117	50	189	127	62	219	155	64
39	121	81	40	214	126	88	209	129	80
40−44岁	**290**	**189**	**101**	**573**	**377**	**196**	**624**	**390**	**234**
40	77	48	29	186	116	70	199	125	74
41	71	50	21	140	86	54	149	89	60
42	47	30	17	103	74	29	116	75	41
43	57	40	17	90	63	27	93	55	38
44	38	21	17	54	38	16	67	46	21
45−49岁	**129**	**74**	**55**	**210**	**124**	**86**	**248**	**135**	**113**
45	29	16	13	57	41	16	57	33	24
46	35	20	15	59	32	27	58	35	23
47	29	20	9	33	19	14	38	24	14
48	21	9	12	31	17	14	53	25	28
49	15	9	6	30	15	15	42	18	24
50岁及以上	**76**	**37**	**39**	**136**	**78**	**58**	**165**	**89**	**76**
平均初婚年龄	**22.33**	**23.20**	**21.51**	**22.54**	**23.37**	**21.74**	**22.70**	**23.50**	**21.93**

5-4 续表 5

单位：人

初婚年龄	初婚年份								
	1994年			1995年			1996年		
	小计	男	女	小计	男	女	小计	男	女
总　计	**143892**	**71316**	**72576**	**158360**	**79182**	**79178**	**137383**	**68677**	**68706**
15岁以下	**106**	**29**	**77**	**114**	**20**	**94**	**122**	**28**	**94**
15–19岁	**19287**	**4901**	**14386**	**18657**	**4616**	**14041**	**13959**	**3264**	**10695**
15	618	175	443	584	139	445	439	80	359
16	940	253	687	1122	292	830	841	171	670
17	2023	496	1527	2057	495	1562	1722	413	1309
18	4666	1157	3509	4242	1030	3212	3213	743	2470
19	11040	2820	8220	10652	2660	7992	7744	1857	5887
20–24岁	**100285**	**49932**	**50353**	**108172**	**53647**	**54525**	**92011**	**44990**	**47021**
20	19208	5534	13674	19075	5503	13572	15186	4243	10943
21	23852	11182	12670	25188	11468	13720	20719	9105	11614
22	25468	14509	10959	27539	15336	12203	23865	13264	10601
23	19090	11048	8042	20858	11849	9009	18622	10339	8283
24	12667	7659	5008	15512	9491	6021	13619	8039	5580
25–29岁	**18925**	**12970**	**5955**	**24400**	**16363**	**8037**	**24072**	**15870**	**8202**
25	8040	5313	2727	10254	6561	3693	9742	6136	3606
26	4744	3253	1491	6110	4180	1930	6056	4052	2004
27	2650	1913	737	3948	2787	1161	3928	2706	1222
28	2041	1485	556	2234	1576	658	2657	1843	814
29	1450	1006	444	1854	1259	595	1689	1133	556
30–34岁	**2994**	**1974**	**1020**	**4304**	**2829**	**1475**	**4644**	**2974**	**1670**
30	1280	852	428	1394	901	493	1461	905	556
31	913	594	319	1306	848	458	1075	698	377
32	388	242	146	994	641	353	1032	663	369
33	210	135	75	399	290	109	787	528	259
34	203	151	52	211	149	62	289	180	109
35–39岁	**1142**	**839**	**303**	**1109**	**772**	**337**	**878**	**587**	**291**
35	203	152	51	221	150	71	139	92	47
36	273	212	61	196	140	56	170	109	61
37	219	162	57	232	168	64	178	117	61
38	206	156	50	231	157	74	210	141	69
39	241	157	84	229	157	72	181	128	53
40–44岁	**690**	**419**	**271**	**937**	**579**	**358**	**908**	**552**	**356**
40	198	114	84	239	147	92	212	125	87
41	153	87	66	211	140	71	207	121	86
42	161	106	55	197	120	77	189	130	59
43	103	64	39	194	120	74	157	90	67
44	75	48	27	96	52	44	143	86	57
45–49岁	**252**	**136**	**116**	**319**	**195**	**124**	**398**	**203**	**195**
45	64	40	24	88	49	39	87	51	36
46	50	26	24	71	48	23	82	46	36
47	62	26	36	65	37	28	74	36	38
48	48	28	20	45	33	12	80	40	40
49	28	16	12	50	28	22	75	30	45
50岁及以上	**211**	**116**	**95**	**348**	**161**	**187**	**391**	**209**	**182**
平均初婚年龄	**22.90**	**23.70**	**22.12**	**23.20**	**23.99**	**22.42**	**23.50**	**24.28**	**22.72**

5-4 续表 6

单位：人

初婚年龄	初婚年份								
	1997年			1998年			1999年		
	小计	男	女	小计	男	女	小计	男	女
总　计	**125688**	**62842**	**62846**	**128810**	**64813**	**63997**	**103194**	**51874**	**51320**
15岁以下	**110**	**21**	**89**	**135**	**27**	**108**	**129**	**31**	**98**
15-19岁	**11772**	**2568**	**9204**	**12294**	**2703**	**9591**	**10597**	**2281**	**8316**
15	531	124	407	586	142	444	427	107	320
16	722	135	587	1077	233	844	839	171	668
17	1392	292	1100	1611	326	1285	1785	361	1424
18	2753	596	2157	2848	609	2239	2527	486	2041
19	6374	1421	4953	6172	1393	4779	5019	1156	3863
20-24岁	**81231**	**39045**	**42186**	**77272**	**37249**	**40023**	**59114**	**27954**	**31160**
20	11773	3126	8647	10189	2771	7418	8714	2207	6507
21	17472	7432	10040	14504	5951	8553	10209	4078	6131
22	21139	11283	9856	19618	10082	9536	13942	7123	6819
23	17680	9533	8147	18133	9789	8344	14202	7659	6543
24	13167	7671	5496	14828	8656	6172	12047	6887	5160
25-29岁	**25378**	**16593**	**8785**	**29595**	**18909**	**10686**	**26116**	**16854**	**9262**
25	9655	6041	3614	10784	6711	4073	9214	5709	3505
26	6691	4423	2268	7397	4798	2599	6699	4333	2366
27	4167	2850	1317	5227	3482	1745	4629	3093	1536
28	2810	1911	899	3478	2246	1232	3264	2230	1034
29	2055	1368	687	2709	1672	1037	2310	1489	821
30-34岁	**4616**	**3044**	**1572**	**6790**	**4216**	**2574**	**5156**	**3381**	**1775**
30	1337	856	481	2193	1261	932	1806	1183	623
31	1150	756	394	1477	879	598	1281	825	456
32	887	586	301	1338	865	473	872	572	300
33	749	508	241	976	672	304	693	471	222
34	493	338	155	806	539	267	504	330	174
35-39岁	**858**	**566**	**292**	**1229**	**790**	**439**	**1054**	**699**	**355**
35	231	150	81	564	368	196	427	283	144
36	124	81	43	234	143	91	296	195	101
37	154	106	48	122	77	45	161	115	46
38	141	100	41	149	91	58	91	58	33
39	208	129	79	160	111	49	79	48	31
40-44岁	**1079**	**607**	**472**	**846**	**543**	**303**	**531**	**351**	**180**
40	210	118	92	218	144	74	87	63	24
41	234	130	104	203	127	76	116	77	39
42	249	142	107	168	103	65	130	90	40
43	214	123	91	147	98	49	99	60	39
44	172	94	78	110	71	39	99	61	38
45-49岁	**403**	**244**	**159**	**375**	**220**	**155**	**288**	**202**	**86**
45	140	89	51	112	70	42	88	63	25
46	87	49	38	81	45	36	52	36	16
47	70	44	26	70	40	30	61	43	18
48	65	40	25	57	36	21	45	34	11
49	41	22	19	55	29	26	42	26	16
50岁及以上	**241**	**154**	**87**	**274**	**156**	**118**	**209**	**121**	**88**
平均初婚年龄	**23.77**	**24.61**	**22.94**	**24.10**	**24.95**	**23.25**	**24.12**	**25.09**	**23.15**

5-4　续表 7　　　　　　　　　　　　　　　　　　　　　　　　单位：人

初婚年龄	初婚年份								
	2000年			2001年			2002年		
	小计	男	女	小计	男	女	小计	男	女
总　计	**115767**	**58851**	**56916**	**72353**	**36441**	**35912**	**83110**	**42287**	**40823**
15岁以下	**329**	**92**	**237**	**190**	**43**	**147**	**175**	**45**	**130**
15-19岁	**15415**	**3610**	**11805**	**10243**	**2425**	**7818**	**10784**	**2602**	**8182**
15	890	271	619	632	172	460	835	266	569
16	1242	336	906	769	180	589	1191	283	908
17	2262	483	1779	1247	284	963	1482	334	1148
18	4511	1012	3499	2393	558	1835	2275	515	1760
19	6510	1508	5002	5202	1231	3971	5001	1204	3797
20-24岁	**60952**	**29284**	**31668**	**36632**	**17056**	**19576**	**42049**	**19174**	**22875**
20	9164	2602	6562	6594	1660	4934	8939	2397	6542
21	11624	4748	6876	6977	2780	4197	8292	3226	5066
22	13135	6625	6510	8267	4136	4131	8852	4537	4315
23	13808	7565	6243	7359	4050	3309	8590	4715	3875
24	13221	7744	5477	7435	4430	3005	7376	4299	3077
25-29岁	**30985**	**20426**	**10559**	**20012**	**13348**	**6664**	**23230**	**15765**	**7465**
25	10843	6755	4088	6629	4201	2428	6931	4451	2480
26	7989	5239	2750	5060	3337	1723	5889	4008	1881
27	5518	3809	1709	3904	2666	1238	4604	3188	1416
28	3843	2698	1145	2613	1874	739	3387	2430	957
29	2792	1925	867	1806	1270	536	2419	1688	731
30-34岁	**5565**	**3720**	**1845**	**3790**	**2575**	**1215**	**5034**	**3474**	**1560**
30	1935	1330	605	1381	970	411	1747	1222	525
31	1333	895	438	913	616	297	1268	864	404
32	1049	687	362	670	443	227	892	626	266
33	675	453	222	533	356	177	638	446	192
34	573	355	218	293	190	103	489	316	173
35-39岁	**1365**	**929**	**436**	**922**	**618**	**304**	**1147**	**767**	**380**
35	435	298	137	306	187	119	308	213	95
36	410	278	132	216	159	57	254	174	80
37	297	205	92	195	129	66	239	159	80
38	139	93	46	140	96	44	197	129	68
39	84	55	29	65	47	18	149	92	57
40-44岁	**569**	**401**	**168**	**211**	**142**	**69**	**265**	**173**	**92**
40	110	69	41	22	13	9	82	56	26
41	108	79	29	35	21	14	42	26	16
42	128	94	34	38	26	12	38	24	14
43	125	90	35	63	44	19	44	29	15
44	98	69	29	53	38	15	59	38	21
45-49岁	**343**	**241**	**102**	**199**	**139**	**60**	**243**	**174**	**69**
45	90	65	25	46	31	15	54	44	10
46	82	58	24	42	27	15	48	36	12
47	71	48	23	42	32	10	43	28	15
48	57	41	16	36	24	12	53	35	18
49	43	29	14	33	25	8	45	31	14
50岁及以上	**244**	**148**	**96**	**154**	**95**	**59**	**183**	**113**	**70**
平均初婚年龄	**24.04**	**25.11**	**22.93**	**24.02**	**25.19**	**22.83**	**24.14**	**25.35**	**22.89**

5-4 续表 8

单位：人

初婚年龄	初婚年份								
	2003年			2004年			2005年		
	小计	男	女	小计	男	女	小计	男	女
总　计	**85883**	**43378**	**42505**	**83630**	**42415**	**41215**	**91060**	**46453**	**44607**
15岁以下	**124**	**33**	**91**	**132**	**34**	**98**	**144**	**39**	**105**
15–19岁	**10875**	**2646**	**8229**	**11745**	**2822**	**8923**	**14661**	**3887**	**10774**
15	753	206	547	716	214	502	813	260	553
16	1379	357	1022	1157	277	880	1302	364	938
17	1892	476	1416	2113	497	1616	2161	541	1620
18	2566	576	1990	3152	715	2437	4066	1081	2985
19	4285	1031	3254	4607	1119	3488	6319	1641	4678
20–24岁	**42930**	**19301**	**23629**	**41231**	**19098**	**22133**	**43328**	**20637**	**22691**
20	7430	2081	5349	6239	1776	4463	7305	2143	5162
21	10361	4000	6361	8272	3266	5006	7453	3061	4392
22	9536	4680	4856	11206	5515	5691	9607	4834	4773
23	8067	4208	3859	8598	4592	4006	10963	5932	5031
24	7536	4332	3204	6916	3949	2967	8000	4667	3333
25–29岁	**23359**	**15558**	**7801**	**21309**	**14170**	**7139**	**21740**	**14337**	**7403**
25	6207	3779	2428	6088	3745	2343	6213	3774	2439
26	5641	3687	1954	4710	3065	1645	5129	3327	1802
27	4837	3321	1516	4157	2850	1307	4001	2738	1263
28	3778	2714	1064	3523	2479	1044	3411	2425	986
29	2896	2057	839	2831	2031	800	2986	2073	913
30–34岁	**6343**	**4326**	**2017**	**6632**	**4570**	**2062**	**7898**	**5404**	**2494**
30	2089	1427	662	2224	1585	639	2413	1691	722
31	1591	1078	513	1584	1079	505	1968	1320	648
32	1186	822	364	1193	825	368	1461	1011	450
33	873	591	282	938	622	316	1144	763	381
34	604	408	196	693	459	234	912	619	293
35–39岁	**1427**	**966**	**461**	**1610**	**1073**	**537**	**2065**	**1365**	**700**
35	487	326	161	531	367	164	696	479	217
36	294	203	91	378	235	143	483	318	165
37	262	184	78	280	201	79	372	237	135
38	185	122	63	225	128	97	265	170	95
39	199	131	68	196	142	54	249	161	88
40–44岁	**377**	**238**	**139**	**495**	**324**	**171**	**666**	**423**	**243**
40	177	101	76	206	134	72	184	114	70
41	63	44	19	116	68	48	190	119	71
42	39	28	11	75	53	22	159	108	51
43	51	32	19	52	35	17	78	51	27
44	47	33	14	46	34	12	55	31	24
45–49岁	**243**	**178**	**65**	**256**	**183**	**73**	**231**	**160**	**71**
45	53	38	15	54	31	23	48	31	17
46	50	37	13	55	40	15	33	21	12
47	42	35	7	56	41	15	55	42	13
48	51	33	18	43	36	7	50	36	14
49	47	35	12	48	35	13	45	30	15
50岁及以上	**205**	**132**	**73**	**220**	**141**	**79**	**327**	**201**	**126**
平均初婚年龄	**24.35**	**25.59**	**23.08**	**24.39**	**25.65**	**23.10**	**24.45**	**25.68**	**23.16**

5-4　续表 9　　单位：人

初婚年龄	初婚年份								
	2006年			2007年			2008年		
	小计	男	女	小计	男	女	小计	男	女
总　计	**93065**	**47018**	**46047**	**90644**	**45658**	**44986**	**108701**	**54623**	**54078**
15岁以下	**106**	**20**	**86**	**92**	**19**	**73**	**102**	**19**	**83**
15-19岁	**13619**	**3520**	**10099**	**11835**	**3081**	**8754**	**12796**	**3345**	**9451**
15	449	120	329	478	128	350	484	114	370
16	1024	278	746	801	206	595	886	201	685
17	1839	455	1384	1764	453	1311	1735	423	1312
18	3336	858	2478	2918	764	2154	3478	865	2613
19	6971	1809	5162	5874	1530	4344	6213	1742	4471
20-24岁	**44998**	**20730**	**24268**	**44082**	**19755**	**24327**	**54495**	**24495**	**30000**
20	9623	2704	6919	10516	3097	7419	10050	2917	7133
21	8243	3330	4913	10305	4144	6161	14007	5623	8384
22	8154	4086	4068	8696	4401	4295	13683	6862	6821
23	8871	4788	4083	6987	3750	3237	9168	4884	4284
24	10107	5822	4285	7578	4363	3215	7587	4209	3378
25-29岁	**22758**	**14724**	**8034**	**22954**	**14740**	**8214**	**27542**	**17401**	**10141**
25	7102	4272	2830	8138	4904	3234	8105	4782	3323
26	5390	3408	1982	5563	3517	2046	8038	4951	3087
27	4221	2814	1407	3876	2576	1300	5047	3328	1719
28	3179	2179	1000	3026	2110	916	3584	2430	1154
29	2866	2051	815	2351	1633	718	2768	1910	858
30-34岁	**8156**	**5737**	**2419**	**7795**	**5457**	**2338**	**8386**	**5807**	**2579**
30	2403	1709	694	2048	1460	588	1996	1393	603
31	1939	1361	578	1916	1352	564	1932	1331	601
32	1601	1130	471	1586	1094	492	1778	1251	527
33	1234	875	359	1239	852	387	1470	1020	450
34	979	662	317	1006	699	307	1210	812	398
35-39岁	**2289**	**1520**	**769**	**2604**	**1747**	**857**	**3422**	**2323**	**1099**
35	784	529	255	793	540	253	1011	692	319
36	573	394	179	629	414	215	850	588	262
37	412	266	146	489	327	162	660	444	216
38	302	187	115	398	270	128	509	336	173
39	218	144	74	295	196	99	392	263	129
40-44岁	**673**	**469**	**204**	**745**	**505**	**240**	**1142**	**734**	**408**
40	172	120	52	185	132	53	331	206	125
41	158	109	49	171	107	64	231	152	79
42	161	112	49	134	87	47	228	152	76
43	132	88	44	139	96	43	180	111	69
44	50	40	10	116	83	33	172	113	59
45-49岁	**171**	**109**	**62**	**211**	**137**	**74**	**335**	**197**	**138**
45	34	21	13	58	36	22	147	91	56
46	29	14	15	39	24	15	60	32	28
47	24	13	11	37	25	12	32	19	13
48	46	34	12	38	25	13	44	26	18
49	38	27	11	39	27	12	52	29	23
50岁及以上	**295**	**189**	**106**	**326**	**217**	**109**	**481**	**302**	**179**
平均初婚年龄	**24.52**	**25.81**	**23.20**	**24.56**	**25.85**	**23.24**	**24.69**	**25.90**	**23.46**

5-4 续表 10

单位：人

初婚年龄	初婚年份								
	2009年			2010年			2011年		
	小计	男	女	小计	男	女	小计	男	女
总　计	**109419**	**54871**	**54548**	**119349**	**59889**	**59460**	**97920**	**48863**	**49057**
15岁以下	**96**	**18**	**78**	**115**	**18**	**97**	**83**	**14**	**69**
15-19岁	**11611**	**3016**	**8595**	**11999**	**3148**	**8851**	**8667**	**2288**	**6379**
15	412	97	315	550	121	429	379	74	305
16	833	193	640	941	220	721	680	181	499
17	1421	364	1057	1695	423	1272	1326	332	994
18	2801	727	2074	3052	818	2234	2239	604	1635
19	6144	1635	4509	5761	1566	4195	4043	1097	2946
20-24岁	**56822**	**25930**	**30892**	**65268**	**30379**	**34889**	**50574**	**22634**	**27940**
20	9210	2699	6511	10177	3053	7124	6927	1966	4961
21	11738	4766	6972	12025	4905	7120	9678	3705	5973
22	15741	7774	7967	14692	7198	7494	10956	5215	5741
23	11859	6157	5702	16251	8459	7792	10878	5413	5465
24	8274	4534	3740	12123	6764	5359	12135	6335	5800
25-29岁	**26983**	**16593**	**10390**	**27572**	**16748**	**10824**	**27089**	**16156**	**10933**
25	6875	3913	2962	8047	4576	3471	9346	5213	4133
26	6860	4089	2771	6043	3574	2469	6030	3458	2572
27	6610	4134	2476	5513	3407	2106	4457	2704	1753
28	4045	2708	1337	4907	3173	1734	3881	2542	1339
29	2593	1749	844	3062	2018	1044	3375	2239	1136
30-34岁	**8150**	**5468**	**2682**	**7977**	**5309**	**2668**	**6654**	**4416**	**2238**
30	2071	1387	684	2184	1472	712	2132	1416	716
31	1709	1143	566	1743	1171	572	1484	974	510
32	1553	1058	495	1420	950	470	1163	773	390
33	1530	1013	517	1365	872	493	954	640	314
34	1287	867	420	1265	844	421	921	613	308
35-39岁	**3729**	**2485**	**1244**	**4100**	**2753**	**1347**	**3093**	**2137**	**956**
35	1049	706	343	1145	794	351	883	601	282
36	865	587	278	946	630	316	756	533	223
37	733	497	236	766	523	243	617	424	193
38	597	387	210	671	431	240	457	323	134
39	485	308	177	572	375	197	380	256	124
40-44岁	**1232**	**835**	**397**	**1338**	**890**	**448**	**1091**	**761**	**330**
40	357	236	121	414	296	118	326	225	101
41	298	199	99	309	199	110	292	217	75
42	223	150	73	267	169	98	207	147	60
43	190	135	55	185	121	64	147	99	48
44	164	115	49	163	105	58	119	73	46
45-49岁	**407**	**266**	**141**	**496**	**327**	**169**	**392**	**262**	**130**
45	157	102	55	138	98	40	115	74	41
46	124	81	43	141	94	47	89	67	22
47	64	46	18	126	80	46	91	63	28
48	37	24	13	62	36	26	71	46	25
49	25	13	12	29	19	10	26	12	14
50岁及以上	**389**	**260**	**129**	**484**	**317**	**167**	**277**	**195**	**82**
平均初婚年龄	**24.84**	**25.97**	**23.69**	**24.81**	**25.89**	**23.73**	**25.00**	**26.09**	**23.92**

5-4 续表 11

单位：人

初婚年龄	初婚年份								
	2012年			2013年			2014年		
	小计	男	女	小计	男	女	小计	男	女
总　计	**110792**	**55473**	**55319**	**105375**	**52530**	**52845**	**104674**	**52072**	**52602**
15岁以下	**77**	**10**	**67**	**67**	**15**	**52**	**50**	**9**	**41**
15—19岁	**9351**	**2403**	**6948**	**8221**	**2118**	**6103**	**7409**	**1872**	**5537**
15	372	74	298	323	72	251	276	69	207
16	741	165	576	633	150	483	585	121	464
17	1377	337	1040	1215	301	914	1096	252	844
18	2356	650	1706	2066	535	1531	1845	473	1372
19	4505	1177	3328	3984	1060	2924	3607	957	2650
20—24岁	**53593**	**24148**	**29445**	**47954**	**21121**	**26833**	**45116**	**19465**	**25651**
20	7046	2056	4990	6406	1713	4693	6003	1578	4425
21	9381	3723	5658	7770	2914	4856	7471	2710	4761
22	12932	6149	6783	10450	4919	5531	9339	4287	5052
23	12102	5969	6133	11910	5777	6133	10267	4857	5410
24	12132	6251	5881	11418	5798	5620	12036	6033	6003
25—29岁	**33904**	**19711**	**14193**	**35173**	**20222**	**14951**	**37823**	**21588**	**16235**
25	12499	6791	5708	10944	5848	5096	10917	5697	5220
26	9134	5244	3890	10544	5981	4563	9731	5429	4302
27	5372	3241	2131	6856	4099	2757	8664	5143	3521
28	3693	2311	1382	3965	2454	1511	5436	3387	2049
29	3206	2124	1082	2864	1840	1024	3075	1932	1143
30—34岁	**8017**	**5245**	**2772**	**8175**	**5310**	**2865**	**8207**	**5129**	**3078**
30	2997	1987	1010	2505	1634	871	2177	1377	800
31	1849	1189	660	2245	1460	785	1962	1243	719
32	1234	809	425	1453	937	516	1909	1180	729
33	1067	678	389	1078	685	393	1220	742	478
34	870	582	288	894	594	300	939	587	352
35—39岁	**3440**	**2360**	**1080**	**3183**	**2079**	**1104**	**3128**	**2098**	**1030**
35	901	610	291	698	432	266	782	524	258
36	781	510	271	708	463	245	598	394	204
37	700	493	207	645	441	204	634	416	218
38	582	409	173	621	423	198	592	403	189
39	476	338	138	511	320	191	522	361	161
40—44岁	**1433**	**957**	**476**	**1541**	**1006**	**535**	**1743**	**1144**	**599**
40	426	277	149	432	292	140	468	304	164
41	341	240	101	355	224	131	412	270	142
42	276	193	83	302	187	115	359	236	123
43	227	141	86	255	174	81	288	191	97
44	163	106	57	197	129	68	216	143	73
45—49岁	**594**	**384**	**210**	**600**	**377**	**223**	**683**	**450**	**233**
45	132	87	45	176	100	76	189	124	65
46	147	92	55	124	78	46	158	111	47
47	112	64	48	110	71	39	119	77	42
48	110	82	28	86	56	30	128	88	40
49	93	59	34	104	72	32	89	50	39
50岁及以上	**383**	**255**	**128**	**461**	**282**	**179**	**515**	**317**	**198**
平均初婚年龄	**25.21**	**26.23**	**24.19**	**25.51**	**26.51**	**24.52**	**25.80**	**26.82**	**24.79**

5-4 续表 12

单位：人

初婚年龄	初婚年份								
	2015年			2016年			2017年		
	小计	男	女	小计	男	女	小计	男	女
总　计	**109235**	**54275**	**54960**	**94327**	**46776**	**47551**	**86660**	**42827**	**43833**
15岁以下	**48**	**10**	**38**	**40**	**8**	**32**	**32**	**4**	**28**
15-19岁	**6790**	**1571**	**5219**	**5116**	**1176**	**3940**	**4068**	**959**	**3109**
15	248	42	206	157	30	127	152	24	128
16	520	98	422	370	75	295	252	55	197
17	914	241	673	739	155	584	554	116	438
18	1684	414	1270	1300	292	1008	1022	247	775
19	3424	776	2648	2550	624	1926	2088	517	1571
20-24岁	**44462**	**18840**	**25622**	**37932**	**15740**	**22192**	**33532**	**13582**	**19950**
20	5710	1461	4249	4716	1212	3504	3725	861	2864
21	7383	2605	4778	6297	2123	4174	5506	1798	3708
22	9755	4385	5370	8438	3618	4820	7374	3165	4209
23	10174	4738	5436	9024	4182	4842	8052	3535	4517
24	11440	5651	5789	9457	4605	4852	8875	4223	4652
25-29岁	**42766**	**24200**	**18566**	**37030**	**20846**	**16184**	**34308**	**19066**	**15242**
25	12641	6619	6022	9606	4881	4725	8697	4309	4388
26	10360	5667	4693	9641	5328	4313	8412	4521	3891
27	8366	4850	3516	7344	4248	3096	7578	4320	3258
28	7070	4357	2713	5710	3448	2262	5331	3249	2082
29	4329	2707	1622	4729	2941	1788	4290	2667	1623
30-34岁	**8788**	**5537**	**3251**	**8439**	**5299**	**3140**	**8967**	**5575**	**3392**
30	2611	1618	993	3061	1911	1150	3526	2154	1372
31	1812	1127	685	1749	1104	645	2226	1405	821
32	1748	1126	622	1268	805	463	1330	848	482
33	1570	1009	561	1188	750	438	947	591	356
34	1047	657	390	1173	729	444	938	577	361
35-39岁	**2968**	**1941**	**1027**	**2748**	**1755**	**993**	**2643**	**1668**	**975**
35	800	529	271	810	501	309	915	575	340
36	626	410	216	588	369	219	575	371	204
37	501	325	176	504	336	168	460	277	183
38	512	317	195	408	292	116	366	239	127
39	529	360	169	438	257	181	327	206	121
40-44岁	**1918**	**1223**	**695**	**1654**	**1069**	**585**	**1537**	**985**	**552**
40	501	311	190	398	261	137	337	211	126
41	445	286	159	351	218	133	334	212	122
42	367	230	137	368	239	129	321	210	111
43	322	214	108	255	164	91	313	202	111
44	283	182	101	282	187	95	232	150	82
45-49岁	**827**	**533**	**294**	**737**	**474**	**263**	**804**	**522**	**282**
45	244	154	90	200	119	81	211	130	81
46	214	142	72	163	101	62	200	129	71
47	149	99	50	145	103	42	168	114	54
48	110	76	34	141	92	49	131	90	41
49	110	62	48	88	59	29	94	59	35
50岁及以上	**668**	**420**	**248**	**631**	**409**	**222**	**769**	**466**	**303**
平均初婚年龄	**26.04**	**27.05**	**25.03**	**26.24**	**27.27**	**25.22**	**26.54**	**27.57**	**25.53**

5-4 续表 13 单位：人

初婚年龄	初婚年份								
	2018年			2019年			2020年		
	小计	男	女	小计	男	女	小计	男	女
总 计	**95544**	**46277**	**49267**	**72235**	**35721**	**36514**	**49398**	**24491**	**24907**
15岁以下	**56**	**4**	**52**	**19**	**1**	**18**	**2**		**2**
15-19岁	**4144**	**929**	**3215**	**2877**	**673**	**2204**	**1183**	**248**	**935**
15	164	27	137	134	23	111	43	12	31
16	324	64	260	259	40	219	97	23	74
17	559	111	448	403	102	301	149	40	109
18	1072	246	826	749	191	558	315	68	247
19	2025	481	1544	1332	317	1015	579	105	474
20-24岁	**35548**	**13771**	**21777**	**25133**	**9958**	**15175**	**14945**	**5811**	**9134**
20	3454	749	2705	2302	543	1759	1189	249	940
21	5282	1582	3700	3499	1081	2418	1750	490	1260
22	7614	3022	4592	5233	2041	3192	3108	1243	1865
23	9089	3787	5302	6394	2796	3598	3695	1535	2160
24	10109	4631	5478	7705	3497	4208	5203	2294	2909
25-29岁	**38400**	**20832**	**17568**	**29302**	**15801**	**13501**	**20034**	**10517**	**9517**
25	9892	4859	5033	7402	3571	3831	5119	2389	2730
26	8740	4479	4261	6919	3539	3380	4814	2447	2367
27	7867	4375	3492	5663	3134	2529	4038	2165	1873
28	7049	4111	2938	5024	2932	2092	3375	1933	1442
29	4852	3008	1844	4294	2625	1669	2688	1583	1105
30-34岁	**11098**	**6828**	**4270**	**9391**	**5883**	**3508**	**7247**	**4425**	**2822**
30	3759	2292	1467	3027	1865	1162	2329	1404	925
31	3096	1917	1179	2285	1478	807	1626	1019	607
32	2027	1262	765	1959	1224	735	1350	842	508
33	1269	781	488	1341	822	519	1092	662	430
34	947	576	371	779	494	285	850	498	352
35-39岁	**2964**	**1806**	**1158**	**2496**	**1533**	**963**	**2152**	**1268**	**884**
35	830	498	332	653	415	238	559	334	225
36	829	509	320	607	362	245	405	249	156
37	534	310	224	571	354	217	409	243	166
38	419	256	163	377	233	144	441	259	182
39	352	233	119	288	169	119	338	183	155
40-44岁	**1503**	**965**	**538**	**1280**	**807**	**473**	**1379**	**770**	**609**
40	294	186	108	266	143	123	305	159	146
41	315	193	122	220	141	79	268	135	133
42	278	184	94	268	171	97	288	167	121
43	334	212	122	294	193	101	244	152	92
44	282	190	92	232	159	73	274	157	117
45-49岁	**914**	**592**	**322**	**898**	**563**	**335**	**978**	**616**	**362**
45	246	158	88	211	150	61	251	148	103
46	198	135	63	192	116	76	210	124	86
47	199	138	61	189	107	82	190	129	61
48	140	80	60	175	110	65	164	108	56
49	131	81	50	131	80	51	163	107	56
50岁及以上	**917**	**550**	**367**	**839**	**502**	**337**	**1478**	**836**	**642**
平均初婚年龄	**26.74**	**27.81**	**25.74**	**27.16**	**28.20**	**26.15**	**28.43**	**29.42**	**27.46**

5-4a 全省分初婚年龄、性别、初婚年份的人口(城市)

单位：人

初婚年龄	初婚年份								
	合计			1980年			1981年		
	合计	男	女	小计	男	女	小计	男	女
总　计	**1711439**	**828660**	**882779**	**43436**	**20172**	**23264**	**33504**	**15402**	**18102**
15岁以下	**951**	**272**	**679**	**61**	**22**	**39**	**36**	**6**	**30**
15-19岁	**144739**	**32555**	**112184**	**3066**	**569**	**2497**	**3426**	**595**	**2831**
15	5042	1544	3498	297	86	211	185	58	127
16	8654	2270	6384	459	116	343	265	56	209
17	16865	4003	12862	724	127	597	605	116	489
18	34627	7729	26898	707	100	607	1131	177	954
19	79551	17009	62542	879	140	739	1240	188	1052
20-24岁	**903555**	**388362**	**515193**	**23389**	**8925**	**14464**	**17781**	**6870**	**10911**
20	136302	33389	102913	1790	407	1383	1417	254	1163
21	177235	67018	110217	3188	1007	2181	2215	631	1584
22	212136	100137	111999	5517	1903	3614	3647	1242	2405
23	197621	94675	102946	6382	2483	3899	5440	2258	3182
24	180261	93143	87118	6512	3125	3387	5062	2485	2577
25-29岁	**497524**	**298881**	**198643**	**15136**	**9272**	**5864**	**11021**	**6982**	**4039**
25	157280	87499	69781	5886	3228	2658	4198	2404	1794
26	125858	74023	51835	4263	2599	1664	3007	1897	1110
27	95568	59454	36114	2576	1664	912	2054	1386	668
28	69011	44923	24088	1509	1084	425	1107	796	311
29	49807	32982	16825	902	697	205	655	499	156
30-34岁	**109107**	**72093**	**37014**	**1451**	**1127**	**324**	**1005**	**766**	**239**
30	36129	24012	12117	616	489	127	398	302	96
31	26137	17270	8867	348	265	83	269	195	74
32	19832	13053	6779	225	184	41	149	122	27
33	15076	9951	5125	154	119	35	113	88	25
34	11933	7807	4126	108	70	38	76	59	17
35-39岁	**32255**	**21454**	**10801**	**233**	**183**	**50**	**165**	**133**	**32**
35	9584	6388	3196	74	58	16	60	47	13
36	7598	5032	2566	59	48	11	39	36	3
37	6059	4024	2035	37	27	10	31	23	8
38	4884	3261	1623	33	27	6	17	13	4
39	4130	2749	1381	30	23	7	18	14	4
40-44岁	**12834**	**8380**	**4454**	**76**	**60**	**16**	**49**	**35**	**14**
40	3411	2261	1150	28	24	4	14	12	2
41	2899	1853	1046	13	13		8	6	2
42	2507	1629	878	19	11	8	11	7	4
43	2161	1433	728	12	9	3	9	6	3
44	1856	1204	652	4	3	1	7	4	3
45-49岁	**5712**	**3697**	**2015**	**15**	**10**	**5**	**17**	**12**	**5**
45	1571	1016	555	3	2	1	7	6	1
46	1283	834	449	5	4	1	2		2
47	1126	736	390	1		1	2	2	
48	970	621	349	5	3	2	4	3	1
49	762	490	272	1	1		2	1	1
50岁及以上	**4762**	**2966**	**1796**	**9**	**4**	**5**	**4**	**3**	**1**
平均初婚年龄	**24.72**	**25.77**	**23.73**	**24.34**	**25.39**	**23.43**	**24.15**	**25.32**	**23.15**

5-4a 续表 1 单位：人

初婚年龄	初婚年份								
	1982年			1983年			1984年		
	小计	男	女	小计	男	女	小计	男	女
总 计	**32647**	**15078**	**17569**	**29893**	**13659**	**16234**	**36929**	**16929**	**20000**
15岁以下	**44**	**11**	**33**	**56**	**17**	**39**	**27**	**12**	**15**
15—19岁	**5670**	**1164**	**4506**	**5500**	**1269**	**4231**	**6034**	**1410**	**4624**
15	194	68	126	199	53	146	206	62	144
16	353	81	272	291	64	227	371	99	272
17	703	144	559	609	146	463	714	167	547
18	1556	297	1259	1220	288	932	1506	358	1148
19	2864	574	2290	3181	718	2463	3237	724	2513
20—24岁	**15570**	**6375**	**9195**	**14802**	**5851**	**8951**	**21783**	**8851**	**12932**
20	2533	559	1974	4477	1183	3294	6031	1659	4372
21	1970	589	1381	2785	1029	1756	6860	2651	4209
22	2957	1132	1825	2174	919	1255	3983	1931	2052
23	3706	1758	1948	2622	1180	1442	2434	1186	1248
24	4404	2337	2067	2744	1540	1204	2475	1424	1051
25—29岁	**10054**	**6545**	**3509**	**8225**	**5578**	**2647**	**7563**	**5527**	**2036**
25	3678	2182	1496	3083	1932	1151	2225	1563	662
26	2672	1776	896	2066	1374	692	2262	1635	627
27	1842	1250	592	1442	1037	405	1478	1116	362
28	1193	860	333	994	768	226	962	731	231
29	669	477	192	640	467	173	636	482	154
30—34岁	**1041**	**781**	**260**	**1032**	**749**	**283**	**1176**	**876**	**300**
30	432	332	100	383	276	107	446	329	117
31	257	187	70	263	197	66	273	200	73
32	173	133	40	195	133	62	219	165	54
33	106	77	29	116	82	34	135	102	33
34	73	52	21	75	61	14	103	80	23
35—39岁	**184**	**138**	**46**	**186**	**142**	**44**	**227**	**178**	**49**
35	63	47	16	65	51	14	74	60	14
36	47	36	11	41	29	12	60	42	18
37	33	26	7	37	28	9	41	37	4
38	20	16	4	17	13	4	19	12	7
39	21	13	8	26	21	5	33	27	6
40—44岁	**48**	**37**	**11**	**57**	**36**	**21**	**83**	**55**	**28**
40	14	12	2	16	10	6	17	12	5
41	19	17	2	16	11	5	20	13	7
42	9	5	4	11	9	2	23	15	8
43	3	1	2	4	2	2	11	5	6
44	3	2	1	10	4	6	12	10	2
45—49岁	**27**	**19**	**8**	**22**	**12**	**10**	**25**	**14**	**11**
45	5	4	1	8	4	4	8	4	4
46	6	6		3	2	1	1		1
47	7	4	3	2	2		6	5	1
48	4	1	3	5	2	3	4	1	3
49	5	4	1	4	2	2	6	4	2
50岁及以上	**9**	**8**	**1**	**13**	**5**	**8**	**11**	**6**	**5**
平均初婚年龄	**23.73**	**25.08**	**22.57**	**23.33**	**24.73**	**22.15**	**22.92**	**24.24**	**21.80**

5-4a 续表 2

单位：人

初婚年龄	初婚年份								
	1985年			1986年			1987年		
	小计	男	女	小计	男	女	小计	男	女
总　计	**50815**	**23332**	**27483**	**48694**	**22362**	**26332**	**44834**	**20850**	**23984**
15岁以下	**41**	**12**	**29**	**31**	**14**	**17**	**28**	**10**	**18**
15-19岁	**7840**	**1886**	**5954**	**7252**	**1686**	**5566**	**6486**	**1522**	**4964**
15	266	83	183	182	60	122	139	40	99
16	536	151	385	379	98	281	289	70	219
17	875	197	678	938	233	705	710	171	539
18	1880	433	1447	1830	417	1413	1698	405	1293
19	4283	1022	3261	3923	878	3045	3650	836	2814
20-24岁	**33519**	**14517**	**19002**	**34309**	**15560**	**18749**	**32339**	**15189**	**17150**
20	6896	1982	4914	6623	1927	4696	5563	1495	4068
21	10040	4022	6018	8183	3478	4705	7442	3216	4226
22	10127	5003	5124	9775	4891	4884	7850	4059	3791
23	4150	2140	2010	7143	3690	3453	6867	3711	3156
24	2306	1370	936	2585	1574	1011	4617	2708	1909
25-29岁	**7504**	**5509**	**1995**	**5188**	**3789**	**1399**	**4341**	**2985**	**1356**
25	2230	1481	749	1418	960	458	1643	1056	587
26	1703	1277	426	1224	905	319	901	619	282
27	1655	1287	368	953	701	252	721	518	203
28	1099	846	253	944	726	218	538	386	152
29	817	618	199	649	497	152	538	406	132
30-34岁	**1450**	**1080**	**370**	**1384**	**959**	**425**	**1212**	**860**	**352**
30	533	415	118	455	322	133	360	277	83
31	357	263	94	344	237	107	300	206	94
32	249	180	69	253	170	83	213	151	62
33	194	144	50	195	139	56	200	134	66
34	117	78	39	137	91	46	139	92	47
35-39岁	**292**	**220**	**72**	**356**	**239**	**117**	**259**	**179**	**80**
35	101	76	25	105	70	35	106	68	38
36	67	50	17	88	62	26	58	35	23
37	47	33	14	73	51	22	44	36	8
38	54	43	11	49	32	17	30	23	7
39	23	18	5	41	24	17	21	17	4
40-44岁	**99**	**70**	**29**	**118**	**79**	**39**	**94**	**61**	**33**
40	28	24	4	36	23	13	29	21	8
41	24	16	8	30	18	12	23	18	5
42	13	9	4	24	17	7	11	4	7
43	18	15	3	15	11	4	17	11	6
44	16	6	10	13	10	3	14	7	7
45-49岁	**44**	**20**	**24**	**38**	**23**	**15**	**47**	**29**	**18**
45	13	6	7	8	5	3	13	9	4
46	10	7	3	15	10	5	14	8	6
47	5	1	4	3	1	2	6	4	2
48	10	3	7	6	4	2	5	2	3
49	6	3	3	6	3	3	9	6	3
50岁及以上	**26**	**18**	**8**	**18**	**13**	**5**	**28**	**15**	**13**
平均初婚年龄	**22.70**	**23.80**	**21.77**	**22.69**	**23.65**	**21.88**	**22.76**	**23.63**	**21.99**

5-4a 续表 3

单位：人

初婚年龄	初婚年份								
	1988年			1989年			1990年		
	小计	男	女	小计	男	女	小计	男	女
总　计	**46840**	**22030**	**24810**	**46488**	**22004**	**24484**	**53773**	**25861**	**27912**
15岁以下	**30**	**4**	**26**	**35**	**11**	**24**	**49**	**15**	**34**
15-19岁	**6764**	**1612**	**5152**	**6535**	**1547**	**4988**	**8316**	**2122**	**6194**
15	181	57	124	185	54	131	284	82	202
16	315	79	236	336	77	259	484	130	354
17	685	159	526	713	183	530	939	283	656
18	1585	393	1192	1587	390	1197	1971	506	1465
19	3998	924	3074	3714	843	2871	4638	1121	3517
20-24岁	**32321**	**15199**	**17122**	**31668**	**14871**	**16797**	**35956**	**17195**	**18761**
20	6136	1659	4477	6717	1884	4833	7338	2153	5185
21	6934	2978	3956	7592	3168	4424	9234	4123	5111
22	8025	4266	3759	7175	3924	3251	8973	4921	4052
23	6171	3341	2830	5968	3287	2681	5809	3212	2597
24	5055	2955	2100	4216	2608	1608	4602	2786	1816
25-29岁	**5943**	**3954**	**1989**	**6569**	**4413**	**2156**	**7898**	**5454**	**2444**
25	3400	2183	1217	3256	2109	1147	3261	2169	1092
26	1119	749	370	1978	1361	617	2439	1692	747
27	538	380	158	677	499	178	1393	1031	362
28	488	355	133	345	227	118	509	362	147
29	398	287	111	313	217	96	296	200	96
30-34岁	**1273**	**895**	**378**	**1108**	**782**	**326**	**937**	**646**	**291**
30	419	303	116	272	191	81	235	173	62
31	283	188	95	269	200	69	189	134	55
32	243	179	64	248	165	83	196	124	72
33	182	123	59	177	128	49	179	117	62
34	146	102	44	142	98	44	138	98	40
35-39岁	**356**	**267**	**89**	**355**	**238**	**117**	**402**	**284**	**118**
35	123	88	35	122	81	41	114	82	32
36	91	67	24	94	61	33	108	82	26
37	56	42	14	50	35	15	72	42	30
38	52	43	9	48	33	15	61	45	16
39	34	27	7	41	28	13	47	33	14
40-44岁	**91**	**67**	**24**	**135**	**89**	**46**	**123**	**89**	**34**
40	24	22	2	42	30	12	31	26	5
41	25	15	10	25	14	11	30	24	6
42	16	11	5	27	13	14	30	19	11
43	16	12	4	19	15	4	18	12	6
44	10	7	3	22	17	5	14	8	6
45-49岁	**38**	**24**	**14**	**52**	**36**	**16**	**52**	**34**	**18**
45	9	4	5	14	9	5	15	15	
46	12	7	5	13	8	5	14	8	6
47	9	6	3	8	5	3	9	5	4
48	6	5	1	7	6	1	7	2	5
49	2	2		10	8	2	7	4	3
50岁及以上	**24**	**8**	**16**	**31**	**17**	**14**	**40**	**22**	**18**
平均初婚年龄	**22.83**	**23.72**	**22.04**	**22.82**	**23.72**	**22.00**	**22.70**	**23.57**	**21.89**

5–4a　续表 4　　　　单位：人

初婚年龄	初婚年份								
	1991年			1992年			1993年		
	小计	男	女	小计	男	女	小计	男	女
总　计	**39148**	**18554**	**20594**	**48402**	**23388**	**25014**	**46359**	**22342**	**24017**
15岁以下	**35**	**9**	**26**	**34**	**13**	**21**	**22**	**7**	**15**
15–19岁	**5390**	**1305**	**4085**	**5830**	**1459**	**4371**	**5165**	**1269**	**3896**
15	178	67	111	170	57	113	132	42	90
16	267	77	190	319	100	219	261	84	177
17	545	136	409	545	144	401	541	129	412
18	1210	309	901	1317	341	976	1193	316	877
19	3190	716	2474	3479	817	2662	3038	698	2340
20–24岁	**27017**	**12528**	**14489**	**33851**	**15758**	**18093**	**32724**	**15185**	**17539**
20	5339	1428	3911	5958	1608	4350	5418	1443	3975
21	6678	2840	3838	8062	3451	4611	7309	3070	4239
22	7110	3760	3350	8648	4619	4029	8746	4600	4146
23	4976	2679	2297	6755	3501	3254	6541	3344	3197
24	2914	1821	1093	4428	2579	1849	4710	2728	1982
25–29岁	**5667**	**4000**	**1667**	**7333**	**5240**	**2093**	**6942**	**4873**	**2069**
25	2259	1522	737	2576	1748	828	2880	1883	997
26	1442	1026	416	1820	1299	521	1544	1111	433
27	1082	795	287	1309	1004	305	1114	839	275
28	636	472	164	972	715	257	800	596	204
29	248	185	63	656	474	182	604	444	160
30–34岁	**586**	**403**	**183**	**671**	**459**	**212**	**900**	**622**	**278**
30	144	108	36	226	163	63	420	300	120
31	112	72	40	113	78	35	198	135	63
32	120	76	44	102	66	36	105	64	41
33	119	83	36	105	70	35	93	67	26
34	91	64	27	125	82	43	84	56	28
35–39岁	**309**	**221**	**88**	**402**	**280**	**122**	**350**	**238**	**112**
35	76	54	22	110	86	24	91	60	31
36	79	59	20	99	75	24	80	56	24
37	61	44	17	74	47	27	62	41	21
38	54	39	15	60	39	21	59	43	16
39	39	25	14	59	33	26	58	38	20
40–44岁	**84**	**50**	**34**	**166**	**110**	**56**	**123**	**76**	**47**
40	23	16	7	58	36	22	39	22	17
41	17	9	8	31	21	10	28	17	11
42	14	8	6	29	19	10	26	20	6
43	15	10	5	25	16	9	23	13	10
44	15	7	8	23	18	5	7	4	3
45–49岁	**38**	**24**	**14**	**67**	**37**	**30**	**74**	**39**	**35**
45	6	3	3	14	10	4	17	10	7
46	12	7	5	26	11	15	19	14	5
47	11	9	2	8	4	4	13	7	6
48	6	4	2	9	8	1	14	3	11
49	3	1	2	10	4	6	11	5	6
50岁及以上	**22**	**14**	**8**	**48**	**32**	**16**	**59**	**33**	**26**
平均初婚年龄	**22.76**	**23.66**	**21.95**	**23.00**	**23.86**	**22.20**	**23.09**	**23.91**	**22.32**

5-4a 续表 5

单位：人

初婚年龄	初婚年份								
	1994年			1995年			1996年		
	小计	男	女	小计	男	女	小计	男	女
总　计	**45112**	**21942**	**23170**	**50673**	**24872**	**25801**	**45750**	**22446**	**23304**
15岁以下	**20**	**5**	**15**	**13**	**5**	**8**	**29**	**9**	**20**
15-19岁	**4434**	**1107**	**3327**	**4308**	**1003**	**3305**	**3089**	**689**	**2400**
15	145	47	98	119	36	83	79	17	62
16	198	60	138	224	67	157	162	33	129
17	429	114	315	404	110	294	298	68	230
18	1011	264	747	921	206	715	683	175	508
19	2651	622	2029	2640	584	2056	1867	396	1471
20-24岁	**31201**	**14431**	**16770**	**33829**	**15520**	**18309**	**29575**	**13222**	**16353**
20	4933	1203	3730	5054	1276	3778	4079	943	3136
21	6769	2870	3899	6954	2786	4168	6014	2305	3709
22	7924	4188	3736	8409	4269	4140	7436	3731	3705
23	6718	3493	3225	7302	3738	3564	6603	3282	3321
24	4857	2677	2180	6110	3451	2659	5443	2961	2482
25-29岁	**7617**	**5177**	**2440**	**10168**	**6755**	**3413**	**10598**	**6937**	**3661**
25	3358	2129	1229	4311	2676	1635	4275	2580	1695
26	1934	1319	615	2668	1791	877	2677	1763	914
27	1015	747	268	1661	1179	482	1825	1279	546
28	758	579	179	856	635	221	1183	856	327
29	552	403	149	672	474	198	638	459	179
30-34岁	**1126**	**762**	**364**	**1563**	**1087**	**476**	**1684**	**1130**	**554**
30	500	352	148	520	362	158	510	337	173
31	336	223	113	477	320	157	395	280	115
32	141	82	59	358	245	113	392	265	127
33	72	48	24	125	98	27	288	192	96
34	77	57	20	83	62	21	99	56	43
35-39岁	**358**	**255**	**103**	**340**	**237**	**103**	**308**	**206**	**102**
35	71	49	22	77	59	18	53	38	15
36	103	81	22	68	45	23	65	45	20
37	59	37	22	75	53	22	74	46	28
38	58	44	14	60	41	19	64	43	21
39	67	44	23	60	39	21	52	34	18
40-44岁	**193**	**110**	**83**	**261**	**157**	**104**	**234**	**131**	**103**
40	51	30	21	71	51	20	54	30	24
41	47	25	22	61	37	24	59	28	31
42	50	33	17	50	25	25	44	29	15
43	25	14	11	49	28	21	36	21	15
44	20	8	12	30	16	14	41	23	18
45-49岁	**93**	**51**	**42**	**83**	**51**	**32**	**121**	**62**	**59**
45	25	17	8	18	12	6	20	9	11
46	15	8	7	21	14	7	23	13	10
47	29	14	15	19	11	8	22	12	10
48	13	6	7	9	6	3	29	15	14
49	11	6	5	16	8	8	27	13	14
50岁及以上	**70**	**44**	**26**	**108**	**57**	**51**	**112**	**60**	**52**
平均初婚年龄	**23.34**	**24.15**	**22.58**	**23.64**	**24.48**	**22.84**	**23.97**	**24.79**	**23.18**

5-4a 续表 6

单位：人

初婚年龄	初婚年份								
	1997年			1998年			1999年		
	小计	男	女	小计	男	女	小计	男	女
总　计	**44268**	**21578**	**22690**	**45832**	**22545**	**23287**	**38850**	**19138**	**19712**
15岁以下	**15**	**2**	**13**	**17**	**5**	**12**	**21**	**7**	**14**
15-19岁	**2755**	**552**	**2203**	**2705**	**533**	**2172**	**2443**	**434**	**2009**
15	106	25	81	104	25	79	85	27	58
16	121	19	102	191	43	148	188	45	143
17	300	64	236	272	50	222	354	62	292
18	612	127	485	569	103	466	557	89	468
19	1616	317	1299	1569	312	1257	1259	211	1048
20-24岁	**27282**	**11895**	**15387**	**26491**	**11483**	**15008**	**21499**	**9186**	**12313**
20	3238	702	2536	2847	635	2212	2642	523	2119
21	5258	1933	3325	4509	1573	2936	3291	1037	2254
22	6880	3272	3608	6498	2940	3558	4939	2283	2656
23	6502	3097	3405	6703	3170	3533	5537	2677	2860
24	5404	2891	2513	5934	3165	2769	5090	2666	2424
25-29岁	**11567**	**7409**	**4158**	**13225**	**8344**	**4881**	**12011**	**7565**	**4446**
25	4372	2597	1775	4724	2796	1928	4105	2385	1720
26	3094	1982	1112	3403	2139	1264	3158	1987	1171
27	1959	1351	608	2439	1641	798	2226	1487	739
28	1308	922	386	1523	1029	494	1479	1021	458
29	834	557	277	1136	739	397	1043	685	358
30-34岁	**1750**	**1175**	**575**	**2459**	**1579**	**880**	**2088**	**1424**	**664**
30	502	337	165	789	492	297	800	555	245
31	417	279	138	512	318	194	510	332	178
32	325	213	112	480	303	177	313	214	99
33	300	208	92	371	265	106	273	190	83
34	206	138	68	307	201	106	192	133	59
35-39岁	**309**	**205**	**104**	**477**	**315**	**162**	**463**	**318**	**145**
35	84	58	26	236	159	77	185	130	55
36	47	29	18	95	62	33	133	86	47
37	70	49	21	43	27	16	70	53	17
38	49	32	17	56	38	18	43	30	13
39	59	37	22	47	29	18	32	19	13
40-44岁	**362**	**191**	**171**	**256**	**166**	**90**	**174**	**107**	**67**
40	68	38	30	61	40	21	34	25	9
41	80	40	40	65	42	23	34	23	11
42	77	46	31	48	28	20	43	26	17
43	80	43	37	46	32	14	30	18	12
44	57	24	33	36	24	12	33	15	18
45-49岁	**143**	**89**	**54**	**101**	**59**	**42**	**92**	**64**	**28**
45	47	31	16	38	23	15	29	21	8
46	33	21	12	18	10	8	18	14	4
47	21	11	10	17	10	7	23	13	10
48	30	18	12	20	12	8	8	6	2
49	12	8	4	8	4	4	14	10	4
50岁及以上	**85**	**60**	**25**	**101**	**61**	**40**	**59**	**33**	**26**
平均初婚年龄	**24.28**	**25.16**	**23.44**	**24.59**	**25.48**	**23.73**	**24.64**	**25.63**	**23.67**

5-4a　续表 7　　　　单位：人

初婚年龄	初婚年份								
	2000年			2001年			2002年		
	小计	男	女	小计	男	女	小计	男	女
总　计	**45377**	**22425**	**22952**	**27074**	**13218**	**13856**	**31214**	**15451**	**15763**
15岁以下	**74**	**20**	**54**	**37**	**8**	**29**	**25**	**7**	**18**
15–19岁	**4163**	**840**	**3323**	**2429**	**491**	**1938**	**2637**	**586**	**2051**
15	208	71	137	156	29	127	192	77	115
16	273	71	202	137	39	98	238	66	172
17	555	117	438	258	69	189	309	74	235
18	1188	214	974	524	104	420	493	91	402
19	1939	367	1572	1354	250	1104	1405	278	1127
20–24岁	**22971**	**9891**	**13080**	**13246**	**5423**	**7823**	**15021**	**6064**	**8957**
20	2928	661	2267	1964	365	1599	2720	540	2180
21	3976	1401	2575	2285	741	1544	2631	815	1816
22	4775	2119	2656	2958	1288	1670	3185	1460	1725
23	5534	2663	2871	2888	1352	1536	3357	1643	1714
24	5758	3047	2711	3151	1677	1474	3128	1606	1522
25–29岁	**14789**	**9341**	**5448**	**9214**	**5828**	**3386**	**10671**	**6796**	**3875**
25	5013	2904	2109	3015	1737	1278	3175	1868	1307
26	3807	2353	1454	2270	1395	875	2636	1626	1010
27	2705	1825	880	1823	1196	627	2148	1414	734
28	1909	1326	583	1263	901	362	1557	1082	475
29	1355	933	422	843	599	244	1155	806	349
30–34岁	**2418**	**1656**	**762**	**1612**	**1100**	**512**	**2191**	**1537**	**654**
30	927	660	267	617	440	177	795	552	243
31	599	408	191	400	265	135	556	377	179
32	421	273	148	288	193	95	380	276	104
33	241	169	72	200	131	69	259	190	69
34	230	146	84	107	71	36	201	142	59
35–39岁	**580**	**411**	**169**	**344**	**240**	**104**	**439**	**304**	**135**
35	179	129	50	105	74	31	114	87	27
36	192	132	60	77	57	20	86	58	28
37	127	87	40	84	56	28	89	57	32
38	49	39	10	58	38	20	85	60	25
39	33	24	9	20	15	5	65	42	23
40–44岁	**221**	**158**	**63**	**63**	**44**	**19**	**105**	**73**	**32**
40	53	36	17	9	7	2	33	27	6
41	41	33	8	11	7	4	19	13	6
42	47	35	12	11	7	4	20	13	7
43	44	29	15	21	15	6	14	7	7
44	36	25	11	11	8	3	19	13	6
45–49岁	**92**	**62**	**30**	**67**	**43**	**24**	**69**	**48**	**21**
45	24	17	7	17	8	9	16	13	3
46	26	18	8	13	9	4	11	7	4
47	14	7	7	13	11	2	15	10	5
48	18	12	6	12	7	5	14	11	3
49	10	8	2	12	8	4	13	7	6
50岁及以上	**69**	**46**	**23**	**62**	**41**	**21**	**56**	**36**	**20**
平均初婚年龄	**24.57**	**25.68**	**23.50**	**24.66**	**25.85**	**23.53**	**24.79**	**26.01**	**23.59**

5－4a　续表 8　　　　单位：人

初婚年龄	初婚年份								
	2003年			2004年			2005年		
	小计	男	女	小计	男	女	小计	男	女
总　计	**33397**	**16410**	**16987**	**32227**	**15885**	**16342**	**34084**	**16915**	**17169**
15岁以下	**21**	**8**	**13**	**23**	**7**	**16**	**25**	**9**	**16**
15—19岁	**2470**	**550**	**1920**	**2667**	**579**	**2088**	**3395**	**817**	**2578**
15	161	53	108	143	49	94	165	64	101
16	320	93	227	281	79	202	276	99	177
17	394	103	291	435	118	317	457	142	315
18	576	119	457	681	142	539	903	209	694
19	1019	182	837	1127	191	936	1594	303	1291
20—24岁	**15751**	**6164**	**9587**	**15186**	**6110**	**9076**	**15287**	**6367**	**8920**
20	2269	438	1831	1824	360	1464	2083	470	1613
21	3487	1072	2415	2692	852	1840	2197	723	1474
22	3448	1474	1974	4128	1723	2405	3318	1413	1905
23	3282	1499	1783	3507	1650	1857	4348	2025	2323
24	3265	1681	1584	3035	1525	1510	3341	1736	1605
25—29岁	**11334**	**7071**	**4263**	**10205**	**6328**	**3877**	**10492**	**6451**	**4041**
25	2909	1595	1314	2794	1552	1242	2865	1576	1289
26	2742	1662	1080	2274	1342	932	2467	1470	997
27	2393	1546	847	2037	1308	729	1948	1252	696
28	1878	1279	599	1777	1197	580	1705	1163	542
29	1412	989	423	1323	929	394	1507	990	517
30—34岁	**2948**	**2003**	**945**	**3071**	**2113**	**958**	**3532**	**2369**	**1163**
30	990	663	327	1077	764	313	1091	749	342
31	763	517	246	732	509	223	863	569	294
32	535	368	167	546	369	177	659	442	217
33	384	265	119	410	266	144	497	329	168
34	276	190	86	306	205	101	422	280	142
35—39岁	**585**	**417**	**168**	**657**	**470**	**187**	**895**	**605**	**290**
35	188	132	56	235	175	60	320	226	94
36	116	75	41	145	97	48	210	144	66
37	105	78	27	117	88	29	162	106	56
38	85	65	20	80	49	31	106	63	43
39	91	67	24	80	61	19	97	66	31
40—44岁	**135**	**88**	**47**	**233**	**153**	**80**	**267**	**168**	**99**
40	63	38	25	99	61	38	84	52	32
41	25	18	7	58	33	25	71	41	30
42	15	10	5	35	26	9	56	40	16
43	15	11	4	22	19	3	35	21	14
44	17	11	6	19	14	5	21	14	7
45—49岁	**80**	**59**	**21**	**107**	**76**	**31**	**81**	**59**	**22**
45	14	11	3	25	17	8	19	13	6
46	15	11	4	24	15	9	16	11	5
47	18	14	4	24	18	6	17	13	4
48	15	9	6	20	16	4	15	11	4
49	18	14	4	14	10	4	14	11	3
50岁及以上	**73**	**50**	**23**	**78**	**49**	**29**	**110**	**70**	**40**
平均初婚年龄	**25.10**	**26.38**	**23.87**	**25.21**	**26.50**	**23.95**	**25.34**	**26.57**	**24.12**

5-4a 续表 9

单位：人

初婚年龄	初婚年份								
	2006年			2007年			2008年		
	小计	男	女	小计	男	女	小计	男	女
总 计	**37257**	**18306**	**18951**	**35548**	**17568**	**17980**	**43757**	**21578**	**22179**
15岁以下	**13**	**5**	**8**	**10**		**10**	**15**	**2**	**13**
15-19岁	**3182**	**680**	**2502**	**2532**	**571**	**1961**	**2661**	**612**	**2049**
15	91	23	68	82	32	50	61	18	43
16	169	49	120	123	36	87	138	25	113
17	347	89	258	314	77	237	291	77	214
18	727	156	571	527	122	405	674	150	524
19	1848	363	1485	1486	304	1182	1497	342	1155
20-24岁	**16721**	**6758**	**9963**	**15405**	**6053**	**9352**	**19414**	**7707**	**11707**
20	2824	572	2252	3010	635	2375	2911	633	2278
21	2515	828	1687	3234	1088	2146	4465	1521	2944
22	2875	1248	1627	2912	1308	1604	4878	2171	2707
23	3692	1718	1974	2769	1285	1484	3615	1695	1920
24	4815	2392	2423	3480	1737	1743	3545	1687	1858
25-29岁	**11836**	**7033**	**4803**	**12057**	**7132**	**4925**	**15006**	**8768**	**6238**
25	3527	1861	1666	4207	2290	1917	4228	2215	2013
26	2850	1626	1224	2917	1635	1282	4436	2491	1945
27	2246	1391	855	2145	1341	804	2856	1747	1109
28	1686	1097	589	1588	1048	540	1986	1302	684
29	1527	1058	469	1200	818	382	1500	1013	487
30-34岁	**3951**	**2767**	**1184**	**3742**	**2587**	**1155**	**4232**	**2880**	**1352**
30	1222	873	349	1049	731	318	1069	737	332
31	975	668	307	913	630	283	995	675	320
32	728	501	227	751	506	245	853	595	258
33	562	401	161	567	392	175	738	508	230
34	464	324	140	462	328	134	577	365	212
35-39岁	**1086**	**742**	**344**	**1254**	**840**	**414**	**1596**	**1072**	**524**
35	385	259	126	383	260	123	465	318	147
36	292	210	82	316	204	112	391	255	136
37	188	124	64	241	165	76	316	216	100
38	135	91	44	188	123	65	239	162	77
39	86	58	28	126	88	38	185	121	64
40-44岁	**278**	**205**	**73**	**320**	**231**	**89**	**489**	**324**	**165**
40	65	44	21	72	51	21	143	95	48
41	60	45	15	74	57	17	95	63	32
42	74	57	17	55	37	18	90	57	33
43	53	38	15	72	54	18	82	53	29
44	26	21	5	47	32	15	79	56	23
45-49岁	**72**	**44**	**28**	**100**	**67**	**33**	**158**	**100**	**58**
45	16	9	7	27	16	11	77	50	27
46	11	5	6	17	14	3	24	16	8
47	14	7	7	13	8	5	15	9	6
48	17	13	4	28	17	11	17	11	6
49	14	10	4	15	12	3	25	14	11
50岁及以上	**118**	**72**	**46**	**128**	**87**	**41**	**186**	**113**	**73**
平均初婚年龄	**25.48**	**26.82**	**24.18**	**25.60**	**26.94**	**24.30**	**25.71**	**26.93**	**24.52**

5－4a 续表 10

单位：人

初婚年龄	初婚年份								
	2009年			2010年			2011年		
	小计	男	女	小计	男	女	小计	男	女
总　计	**45937**	**22636**	**23301**	**49231**	**24195**	**25036**	**43722**	**21479**	**22243**
15岁以下	**13**	**3**	**10**	**9**	**1**	**8**	**7**		**7**
15－19岁	**2469**	**514**	**1955**	**2621**	**541**	**2080**	**1733**	**358**	**1375**
15	54	17	37	79	18	61	55	6	49
16	106	22	84	137	31	106	87	27	60
17	211	52	159	281	64	217	186	35	151
18	520	106	414	651	128	523	386	84	302
19	1578	317	1261	1473	300	1173	1019	206	813
20－24岁	**21198**	**8662**	**12536**	**24296**	**10368**	**13928**	**19913**	**8079**	**11834**
20	2585	585	2000	3004	750	2254	1932	413	1519
21	3891	1338	2553	3829	1386	2443	3196	1051	2145
22	5858	2614	3244	5322	2391	2931	4163	1806	2357
23	4916	2216	2700	6576	3048	3528	4679	2078	2601
24	3948	1909	2039	5565	2793	2772	5943	2731	3212
25－29岁	**15531**	**8912**	**6619**	**15301**	**8688**	**6613**	**16082**	**9039**	**7043**
25	3651	1843	1808	4124	2114	2010	5086	2553	2533
26	4093	2250	1843	3363	1823	1540	3641	1962	1679
27	3999	2342	1657	3267	1889	1378	2810	1611	1199
28	2304	1485	819	2823	1769	1054	2482	1574	908
29	1484	992	492	1724	1093	631	2063	1339	724
30－34岁	**4128**	**2760**	**1368**	**4108**	**2672**	**1436**	**3640**	**2367**	**1273**
30	1068	710	358	1195	809	386	1210	792	418
31	892	604	288	865	574	291	827	526	301
32	762	522	240	706	450	256	636	417	219
33	780	515	265	713	435	278	477	316	161
34	626	409	217	629	404	225	490	316	174
35－39岁	**1723**	**1170**	**553**	**1941**	**1286**	**655**	**1496**	**1036**	**460**
35	486	330	156	513	354	159	431	282	149
36	419	284	135	477	312	165	368	260	108
37	346	245	101	359	240	119	291	202	89
38	262	164	98	334	201	133	226	167	59
39	210	147	63	258	179	79	180	125	55
40－44岁	**544**	**384**	**160**	**593**	**398**	**195**	**541**	**390**	**151**
40	155	103	52	189	130	59	156	103	53
41	152	101	51	138	88	50	146	116	30
42	93	68	25	116	71	45	113	83	30
43	68	56	12	86	64	22	65	46	19
44	76	56	20	64	45	19	61	42	19
45－49岁	**186**	**130**	**56**	**204**	**141**	**63**	**196**	**127**	**69**
45	75	54	21	44	34	10	62	38	24
46	53	31	22	57	42	15	36	29	7
47	31	25	6	58	35	23	42	30	12
48	19	14	5	27	19	8	42	24	18
49	8	6	2	18	11	7	14	6	8
50岁及以上	**145**	**101**	**44**	**158**	**100**	**58**	**114**	**83**	**31**
平均初婚年龄	**25.78**	**26.97**	**24.63**	**25.72**	**26.78**	**24.69**	**25.96**	**27.03**	**24.92**

5-4a　续表 11　　　　单位：人

初婚年龄	初婚年份								
	2012年			2013年			2014年		
	小计	男	女	小计	男	女	小计	男	女
总　计	**49280**	**24420**	**24860**	**47496**	**23418**	**24078**	**47689**	**23442**	**24247**
15岁以下	**7**	**2**	**5**	**6**	**1**	**5**	**6**	**2**	**4**
15-19岁	**1856**	**371**	**1485**	**1538**	**309**	**1229**	**1344**	**251**	**1093**
15	44	6	38	21	3	18	27	13	14
16	83	21	62	70	21	49	62	12	50
17	201	49	152	168	32	136	140	22	118
18	459	92	367	375	74	301	299	58	241
19	1069	203	866	904	179	725	816	146	670
20-24岁	**20786**	**8656**	**12130**	**18535**	**7452**	**11083**	**17565**	**6989**	**10576**
20	1983	445	1538	1761	325	1436	1674	311	1363
21	3091	1108	1983	2436	793	1643	2375	752	1623
22	4754	2094	2660	3955	1674	2281	3531	1465	2066
23	5129	2280	2849	4935	2160	2775	4324	1878	2446
24	5829	2729	3100	5448	2500	2948	5661	2583	3078
25-29岁	**19456**	**10641**	**8815**	**20085**	**10929**	**9156**	**21332**	**11453**	**9879**
25	6752	3397	3355	5944	2916	3028	5800	2724	3076
26	5193	2742	2451	5984	3188	2796	5550	2913	2637
27	3235	1836	1399	4057	2303	1754	5024	2812	2212
28	2283	1376	907	2390	1423	967	3135	1889	1246
29	1993	1290	703	1710	1099	611	1823	1115	708
30-34岁	**4422**	**2885**	**1537**	**4582**	**2961**	**1621**	**4627**	**2878**	**1749**
30	1757	1158	599	1509	1001	508	1317	846	471
31	1020	659	361	1268	822	446	1115	707	408
32	633	406	227	812	505	307	1066	623	443
33	538	339	199	540	343	197	641	396	245
34	474	323	151	453	290	163	488	306	182
35-39岁	**1711**	**1142**	**569**	**1573**	**1002**	**571**	**1517**	**996**	**521**
35	467	295	172	363	221	142	388	259	129
36	375	231	144	346	210	136	288	185	103
37	347	244	103	307	204	103	304	193	111
38	284	201	83	316	218	98	280	182	98
39	238	171	67	241	149	92	257	177	80
40-44岁	**630**	**440**	**190**	**704**	**470**	**234**	**790**	**526**	**264**
40	209	148	61	195	134	61	215	146	69
41	150	104	46	159	108	51	195	123	72
42	126	98	28	133	78	55	151	94	57
43	94	59	35	126	91	35	127	93	34
44	51	31	20	91	59	32	102	70	32
45-49岁	**258**	**181**	**77**	**276**	**177**	**99**	**307**	**222**	**85**
45	47	33	14	84	49	35	90	67	23
46	68	48	20	53	33	20	66	46	20
47	47	31	16	51	30	21	61	45	16
48	53	41	12	39	30	9	51	38	13
49	43	28	15	49	35	14	39	26	13
50岁及以上	**154**	**102**	**52**	**197**	**117**	**80**	**201**	**125**	**76**
平均初婚年龄	**26.09**	**27.07**	**25.13**	**26.40**	**27.34**	**25.48**	**26.62**	**27.58**	**25.69**

5—4a 续表 12

单位：人

初婚年龄	初婚年份								
	2015年			2016年			2017年		
	小计	男	女	小计	男	女	小计	男	女
总 计	**50185**	**24898**	**25287**	**43026**	**21340**	**21686**	**40002**	**19910**	**20092**
15岁以下	**7**		**7**	**1**	**1**		**1**		**1**
15—19岁	**1199**	**211**	**988**	**910**	**164**	**746**	**685**	**122**	**563**
15	19	5	14	14	5	9	7	1	6
16	42	8	34	33	10	23	28	4	24
17	133	23	110	101	20	81	57	9	48
18	260	57	203	184	31	153	162	37	125
19	745	118	627	578	98	480	431	71	360
20—24岁	**17159**	**6724**	**10435**	**14445**	**5661**	**8784**	**12943**	**4982**	**7961**
20	1561	283	1278	1285	225	1060	988	153	835
21	2410	745	1665	1981	612	1369	1810	497	1313
22	3448	1434	2014	3000	1195	1805	2664	1089	1575
23	4334	1836	2498	3759	1644	2115	3341	1398	1943
24	5406	2426	2980	4420	1985	2435	4140	1845	2295
25—29岁	**23784**	**12899**	**10885**	**20123**	**10773**	**9350**	**18674**	**10046**	**8628**
25	6411	3157	3254	4887	2307	2580	4407	2078	2329
26	5785	2974	2811	5134	2625	2509	4521	2321	2200
27	4928	2709	2219	4142	2284	1858	4235	2328	1907
28	4152	2498	1654	3268	1924	1344	3048	1813	1235
29	2508	1561	947	2692	1633	1059	2463	1506	957
30—34岁	**4968**	**3100**	**1868**	**4798**	**3001**	**1797**	**4900**	**3006**	**1894**
30	1477	901	576	1717	1043	674	1937	1154	783
31	1065	667	398	995	631	364	1200	751	449
32	995	635	360	741	473	268	689	443	246
33	869	558	311	651	412	239	528	329	199
34	562	339	223	694	442	252	546	329	217
35—39岁	**1546**	**987**	**559**	**1446**	**906**	**540**	**1424**	**886**	**538**
35	441	293	148	420	245	175	519	317	202
36	346	228	118	320	204	116	309	195	114
37	227	133	94	274	180	94	242	147	95
38	268	161	107	202	142	60	170	109	61
39	264	172	92	230	135	95	184	118	66
40—44岁	**888**	**570**	**318**	**721**	**453**	**268**	**694**	**439**	**255**
40	236	148	88	173	114	59	156	100	56
41	202	129	73	147	85	62	142	81	61
42	167	106	61	146	95	51	140	92	48
43	138	92	46	106	62	44	146	100	46
44	145	95	50	149	97	52	110	66	44
45—49岁	**370**	**246**	**124**	**327**	**208**	**119**	**379**	**253**	**126**
45	114	69	45	92	55	37	98	61	37
46	103	71	32	73	46	27	84	57	27
47	69	49	20	68	46	22	86	59	27
48	41	30	11	61	37	24	72	49	23
49	43	27	16	33	24	9	39	27	12
50岁及以上	**264**	**161**	**103**	**255**	**173**	**82**	**302**	**176**	**126**
平均初婚年龄	**26.87**	**27.78**	**25.96**	**27.04**	**27.96**	**26.13**	**27.28**	**28.18**	**26.38**

5–4a　续表 13　　　　单位：人

初婚年龄	初婚年份								
	2018年			2019年			2020年		
	小计	男	女	小计	男	女	小计	男	女
总　计	**43556**	**21268**	**22288**	**34423**	**17128**	**17295**	**24710**	**12286**	**12424**
15岁以下	**6**		**6**	**1**		**1**			
15–19岁	**587**	**122**	**465**	**429**	**85**	**344**	**224**	**48**	**176**
15	14	3	11	5		5	8	5	3
16	12	2	10	15	2	13	15	4	11
17	56	10	46	45	10	35	23	8	15
18	133	29	104	108	22	86	53	10	43
19	372	78	294	256	51	205	125	21	104
20–24岁	**13647**	**5019**	**8628**	**10408**	**4062**	**6346**	**6752**	**2560**	**4192**
20	929	132	797	654	113	541	384	57	327
21	1647	448	1199	1145	320	825	655	170	485
22	2756	1018	1738	2096	791	1305	1319	509	810
23	3718	1445	2273	2815	1200	1615	1774	735	1039
24	4597	1976	2621	3698	1638	2060	2620	1089	1531
25–29岁	**20232**	**10676**	**9556**	**15680**	**8143**	**7537**	**11070**	**5626**	**5444**
25	4855	2295	2560	3817	1719	2098	2675	1215	1460
26	4518	2236	2282	3612	1774	1838	2691	1314	1377
27	4248	2284	1964	3094	1666	1428	2269	1179	1090
28	3880	2188	1692	2799	1579	1220	1895	1044	851
29	2731	1673	1058	2358	1405	953	1540	874	666
30–34岁	**6084**	**3634**	**2450**	**5245**	**3206**	**2039**	**4012**	**2449**	**1563**
30	2096	1223	873	1698	996	702	1351	795	556
31	1686	1022	664	1296	817	479	890	563	327
32	1095	665	430	1086	681	405	751	476	275
33	682	398	284	728	440	288	574	345	229
34	525	326	199	437	272	165	446	270	176
35–39岁	**1609**	**946**	**663**	**1411**	**861**	**550**	**1091**	**659**	**432**
35	503	288	215	386	246	140	303	177	126
36	424	259	165	374	219	155	206	127	79
37	300	160	140	307	190	117	217	132	85
38	207	125	82	193	117	76	214	135	79
39	175	114	61	151	89	62	151	88	63
40–44岁	**675**	**412**	**263**	**552**	**343**	**209**	**565**	**335**	**230**
40	137	87	50	121	65	56	110	68	42
41	146	80	66	96	62	34	117	59	58
42	123	76	47	102	64	38	119	68	51
43	140	81	59	136	85	51	100	63	37
44	129	88	41	97	67	30	119	77	42
45–49岁	**395**	**251**	**144**	**379**	**231**	**148**	**420**	**263**	**157**
45	113	71	42	85	59	26	115	68	47
46	89	56	33	82	48	34	82	49	33
47	88	64	24	79	46	33	82	53	29
48	60	33	27	75	42	33	73	47	26
49	45	27	18	58	36	22	68	46	22
50岁及以上	**321**	**208**	**113**	**318**	**197**	**121**	**576**	**346**	**230**
平均初婚年龄	**27.45**	**28.34**	**26.60**	**27.73**	**28.59**	**26.88**	**28.53**	**29.46**	**27.61**

5-4b 全省分初婚年龄、性别、初婚年份的人口(镇)

单位：人

初婚年龄	初婚年份								
	合　计			1980年			1981年		
	合计	男	女	小计	男	女	小计	男	女
总　计	**961337**	**460910**	**500427**	**23932**	**11324**	**12608**	**17396**	**8066**	**9330**
15岁以下	**1071**	**246**	**825**	**62**	**11**	**51**	**44**	**10**	**34**
15-19岁	**131369**	**31362**	**100007**	**2807**	**469**	**2338**	**3147**	**552**	**2595**
15	4758	1238	3520	219	47	172	156	38	118
16	8816	1996	6820	436	83	353	257	56	201
17	17216	3764	13452	693	101	592	604	98	506
18	33230	7721	25509	671	97	574	1036	176	860
19	67349	16643	50706	788	141	647	1094	184	910
20-24岁	**568816**	**263935**	**304881**	**14047**	**6088**	**7959**	**9207**	**3987**	**5220**
20	105643	30692	74951	1347	364	983	1013	199	814
21	126761	53491	73270	2221	800	1421	1356	455	901
22	136942	69857	67085	3572	1430	2142	2050	838	1212
23	110876	59164	51712	3660	1672	1988	2631	1242	1389
24	88594	50731	37863	3247	1822	1425	2157	1253	904
25-29岁	**194021**	**123125**	**70896**	**6256**	**4171**	**2085**	**4467**	**3122**	**1345**
25	67744	41040	26704	2692	1693	999	1740	1149	591
26	48888	30950	17938	1661	1113	548	1267	889	378
27	34608	22525	12083	986	683	303	733	532	201
28	24814	16530	8284	580	424	156	475	369	106
29	17967	12080	5887	337	258	79	252	183	69
30-34岁	**42024**	**27129**	**14895**	**606**	**472**	**134**	**396**	**312**	**84**
30	13403	8726	4677	251	193	58	163	126	37
31	10085	6479	3606	141	110	31	115	94	21
32	7874	5087	2787	87	68	19	50	41	9
33	5985	3836	2149	79	63	16	30	23	7
34	4677	3001	1676	48	38	10	38	28	10
35-39岁	**13104**	**8492**	**4612**	**117**	**87**	**30**	**91**	**59**	**32**
35	3833	2522	1311	36	29	7	37	24	13
36	2984	1980	1004	25	21	4	24	18	6
37	2550	1637	913	23	17	6	15	8	7
38	2060	1316	744	18	12	6	9	6	3
39	1677	1037	640	15	8	7	6	3	3
40-44岁	**5926**	**3602**	**2324**	**29**	**18**	**11**	**35**	**18**	**17**
40	1577	972	605	10	6	4	12	7	5
41	1302	788	514	8	5	3	7	4	3
42	1164	713	451	4	2	2	7	4	3
43	1059	630	429	4	4		3	1	2
44	824	499	325	3	1	2	6	2	4
45-49岁	**2579**	**1575**	**1004**	**7**	**7**		**5**	**2**	**3**
45	696	423	273	3	3		2		2
46	589	377	212				2	2	
47	476	298	178						
48	430	274	156	3	3				
49	388	203	185	1	1		1		1
50岁及以上	**2427**	**1444**	**983**	**1**	**1**		**4**	**4**	
平均初婚年龄	**23.66**	**24.66**	**22.74**	**23.57**	**24.71**	**22.54**	**23.33**	**24.71**	**22.14**

5-4b　续表 1　　　　单位：人

初婚年龄	初婚年份								
	1982年			1983年			1984年		
	小计	男	女	小计	男	女	小计	男	女
总　计	**18504**	**8678**	**9826**	**18329**	**8441**	**9888**	**23435**	**10946**	**12489**
15岁以下	**40**	**8**	**32**	**35**	**10**	**25**	**34**	**7**	**27**
15–19岁	**4942**	**1074**	**3868**	**4829**	**1148**	**3681**	**5259**	**1317**	**3942**
15	167	49	118	142	32	110	171	51	120
16	311	59	252	300	61	239	338	72	266
17	597	135	462	593	121	472	595	126	469
18	1388	283	1105	1120	263	857	1378	346	1032
19	2479	548	1931	2674	671	2003	2777	722	2055
20–24岁	**8734**	**4108**	**4626**	**9221**	**4103**	**5118**	**13955**	**6386**	**7569**
20	1977	526	1451	3548	1092	2456	4559	1486	3073
21	1282	460	822	1978	859	1119	4744	2125	2619
22	1707	863	844	1247	653	594	2539	1409	1130
23	1758	1026	732	1220	676	544	1100	661	439
24	2010	1233	777	1228	823	405	1013	705	308
25–29岁	**4116**	**2993**	**1123**	**3547**	**2680**	**867**	**3359**	**2625**	**734**
25	1494	1014	480	1319	943	376	955	712	243
26	1068	788	280	844	633	211	914	730	184
27	739	568	171	631	508	123	675	537	138
28	515	393	122	445	346	99	462	360	102
29	300	230	70	308	250	58	353	286	67
30–34岁	**515**	**384**	**131**	**517**	**372**	**145**	**644**	**487**	**157**
30	208	156	52	213	157	56	245	186	59
31	116	80	36	140	95	45	175	135	40
32	80	63	17	72	53	19	108	79	29
33	73	57	16	55	39	16	70	55	15
34	38	28	10	37	28	9	46	32	14
35–39岁	**113**	**82**	**31**	**117**	**87**	**30**	**134**	**99**	**35**
35	36	30	6	38	32	6	43	35	8
36	20	12	8	22	17	5	29	20	9
37	30	23	7	19	12	7	29	19	10
38	14	10	4	22	18	4	19	13	6
39	13	7	6	16	8	8	14	12	2
40–44岁	**32**	**22**	**10**	**48**	**31**	**17**	**34**	**22**	**12**
40	15	11	4	14	10	4	11	9	2
41	4	2	2	10	6	4	4	2	2
42	3	3		7	4	3	3	2	1
43	6	2	4	12	9	3	8	5	3
44	4	4		5	2	3	8	4	4
45–49岁	**9**	**6**	**3**	**9**	**7**	**2**	**9**	**1**	**8**
45	1		1	3	3		5		5
46	6	4	2	3	3		1		1
47				1		1	1		1
48	1	1		1		1	2	1	1
49	1	1		1	1				
50岁及以上	**3**	**1**	**2**	**6**	**3**	**3**	**7**	**2**	**5**
平均初婚年龄	**22.83**	**24.36**	**21.49**	**22.45**	**23.94**	**21.18**	**22.20**	**23.44**	**21.12**

5-4b 续表 2

单位：人

初婚年龄	初婚年份								
	1985年			1986年			1987年		
	小计	男	女	小计	男	女	小计	男	女
总　计	**32366**	**15266**	**17100**	**30513**	**14500**	**16013**	**28483**	**13484**	**14999**
15岁以下	**30**	**6**	**24**	**28**	**6**	**22**	**35**	**7**	**28**
15-19岁	**6636**	**1663**	**4973**	**5962**	**1546**	**4416**	**5220**	**1309**	**3911**
15	180	52	128	136	27	109	118	42	76
16	477	100	377	323	75	248	225	58	167
17	836	198	638	824	199	625	563	133	430
18	1627	403	1224	1620	434	1186	1462	331	1131
19	3516	910	2606	3059	811	2248	2852	745	2107
20-24岁	**21294**	**10269**	**11025**	**21253**	**10580**	**10673**	**20351**	**10146**	**10205**
20	5103	1698	3405	4959	1593	3366	4225	1334	2891
21	6728	3136	3592	5506	2558	2948	5454	2504	2950
22	6264	3439	2825	5786	3326	2460	4953	2737	2216
23	2225	1343	882	3759	2271	1488	3565	2200	1365
24	974	653	321	1243	832	411	2154	1371	783
25-29岁	**3232**	**2477**	**755**	**2188**	**1585**	**603**	**1841**	**1304**	**537**
25	868	617	251	557	380	177	795	540	255
26	740	587	153	470	334	136	305	207	98
27	699	547	152	412	310	102	280	205	75
28	523	402	121	398	294	104	219	166	53
29	402	324	78	351	267	84	242	186	56
30-34岁	**898**	**661**	**237**	**794**	**586**	**208**	**759**	**538**	**221**
30	305	226	79	269	200	69	216	150	66
31	219	166	53	202	154	48	174	131	43
32	164	123	41	145	110	35	163	114	49
33	111	76	35	104	71	33	103	71	32
34	99	70	29	74	51	23	103	72	31
35-39岁	**179**	**131**	**48**	**193**	**138**	**55**	**192**	**131**	**61**
35	48	40	8	63	44	19	72	53	19
36	40	28	12	44	35	9	50	32	18
37	33	24	9	35	21	14	29	19	10
38	31	21	10	24	16	8	31	20	11
39	27	18	9	27	22	5	10	7	3
40-44岁	**66**	**40**	**26**	**71**	**46**	**25**	**59**	**38**	**21**
40	13	7	6	22	14	8	20	15	5
41	14	10	4	20	13	7	14	6	8
42	16	9	7	14	10	4	7	6	1
43	11	9	2	8	4	4	9	4	5
44	12	5	7	7	5	2	9	7	2
45-49岁	**21**	**11**	**10**	**9**	**6**	**3**	**13**	**7**	**6**
45	8	4	4	3	2	1	3	1	2
46	3	1	2				5	4	1
47	2	1	1	1		1	4	2	2
48	6	4	2	5	4	1	1		1
49	2	1	1						
50岁及以上	**10**	**8**	**2**	**15**	**7**	**8**	**13**	**4**	**9**
平均初婚年龄	**22.19**	**23.21**	**21.27**	**22.19**	**23.10**	**21.37**	**22.29**	**23.14**	**21.53**

5–4b　续表 3

单位：人

初婚年龄	初婚年份								
	1988年			1989年			1990年		
	小计	男	女	小计	男	女	小计	男	女
总　计	**30801**	**14712**	**16089**	**30170**	**14449**	**15721**	**36016**	**17425**	**18591**
15岁以下	**27**	**8**	**19**	**31**	**8**	**23**	**63**	**17**	**46**
15–19岁	**5461**	**1406**	**4055**	**5280**	**1357**	**3923**	**6621**	**1752**	**4869**
15	151	30	121	167	41	126	229	65	164
16	273	69	204	277	75	202	398	107	291
17	598	120	478	646	146	500	819	225	594
18	1331	344	987	1273	316	957	1644	405	1239
19	3108	843	2265	2917	779	2138	3531	950	2581
20–24岁	**21693**	**10830**	**10863**	**21113**	**10501**	**10612**	**24859**	**12539**	**12320**
20	4827	1514	3313	4836	1522	3314	5473	1724	3749
21	5169	2415	2754	5435	2532	2903	6884	3345	3539
22	5459	3132	2327	4911	2810	2101	6162	3561	2601
23	3687	2144	1543	3667	2216	1451	3659	2213	1446
24	2551	1625	926	2264	1421	843	2681	1696	985
25–29岁	**2626**	**1785**	**841**	**2902**	**2000**	**902**	**3622**	**2541**	**1081**
25	1554	1053	501	1450	1010	440	1664	1153	511
26	497	329	168	887	614	273	1009	716	293
27	221	141	80	271	181	90	595	417	178
28	191	139	52	151	97	54	230	177	53
29	163	123	40	143	98	45	124	78	46
30–34岁	**692**	**474**	**218**	**534**	**375**	**159**	**481**	**332**	**149**
30	193	136	57	122	85	37	103	66	37
31	155	107	48	127	84	43	90	65	25
32	134	82	52	110	83	27	122	80	42
33	132	93	39	95	66	29	83	58	25
34	78	56	22	80	57	23	83	63	20
35–39岁	**210**	**148**	**62**	**218**	**148**	**70**	**237**	**161**	**76**
35	72	53	19	58	35	23	78	54	24
36	65	48	17	60	40	20	55	39	16
37	31	19	12	49	39	10	48	33	15
38	25	17	8	28	20	8	35	24	11
39	17	11	6	23	14	9	21	11	10
40–44岁	**58**	**42**	**16**	**50**	**37**	**13**	**82**	**54**	**28**
40	15	11	4	17	13	4	22	14	8
41	14	10	4	10	7	3	16	9	7
42	8	4	4	10	10		21	14	7
43	11	9	2	12	7	5	17	13	4
44	10	8	2	1		1	6	4	2
45–49岁	**24**	**15**	**9**	**20**	**11**	**9**	**27**	**16**	**11**
45	5	4	1	6	4	2	8	6	2
46	7	3	4	2	1	1	7	4	3
47	7	5	2	4	3	1	4	1	3
48	2	2		6	1	5	4	3	1
49	3	1	2	2	2		4	2	2
50岁及以上	**10**	**4**	**6**	**22**	**12**	**10**	**24**	**13**	**11**
平均初婚年龄	**22.34**	**23.15**	**21.60**	**22.32**	**23.13**	**21.57**	**22.24**	**23.04**	**21.50**

5-4b 续表 4　　单位：人

初婚年龄	初婚年份								
	1991年			1992年			1993年		
	小计	男	女	小计	男	女	小计	男	女
总　计	**25560**	**12243**	**13317**	**31882**	**15291**	**16591**	**31011**	**14910**	**16101**
15岁以下	**34**	**10**	**24**	**35**	**8**	**27**	**19**	**2**	**17**
15—19岁	**4294**	**1118**	**3176**	**4908**	**1279**	**3629**	**4454**	**1127**	**3327**
15	142	39	103	146	41	105	124	32	92
16	229	56	173	275	75	200	229	56	173
17	505	122	383	591	136	455	512	115	397
18	1070	271	799	1161	287	874	1067	278	789
19	2348	630	1718	2735	740	1995	2522	646	1876
20—24岁	**17972**	**8876**	**9096**	**22812**	**11140**	**11672**	**22098**	**10815**	**11283**
20	4047	1256	2791	4395	1299	3096	4352	1312	3040
21	4620	2146	2474	5922	2702	3220	5472	2517	2955
22	4626	2615	2011	5948	3334	2614	5813	3163	2650
23	3002	1777	1225	4040	2253	1787	3912	2251	1661
24	1677	1082	595	2507	1552	955	2549	1572	977
25—29岁	**2707**	**1862**	**845**	**3448**	**2411**	**1037**	**3545**	**2396**	**1149**
25	1129	765	364	1334	917	417	1582	1034	548
26	730	502	228	893	622	271	739	509	230
27	447	315	132	537	387	150	561	400	161
28	284	200	84	420	300	120	365	256	109
29	117	80	37	264	185	79	298	197	101
30—34岁	**294**	**208**	**86**	**318**	**204**	**114**	**482**	**300**	**182**
30	71	44	27	89	50	39	216	138	78
31	55	37	18	61	37	24	109	61	48
32	48	34	14	61	40	21	67	41	26
33	68	49	19	46	29	17	43	30	13
34	52	44	8	61	48	13	47	30	17
35—39岁	**158**	**111**	**47**	**198**	**142**	**56**	**220**	**154**	**66**
35	35	25	10	51	45	6	65	49	16
36	41	31	10	43	34	9	40	25	15
37	28	21	7	38	26	12	44	33	11
38	36	22	14	34	25	9	38	28	10
39	18	12	6	32	12	20	33	19	14
40—44岁	**54**	**31**	**23**	**97**	**67**	**30**	**113**	**72**	**41**
40	16	9	7	31	20	11	30	18	12
41	12	6	6	24	16	8	28	18	10
42	8	4	4	18	14	4	23	16	7
43	12	7	5	17	12	5	19	12	7
44	6	5	1	7	5	2	13	8	5
45—49岁	**28**	**17**	**11**	**41**	**26**	**15**	**55**	**30**	**25**
45	9	7	2	12	8	4	13	7	6
46	6	3	3	9	7	2	10	4	6
47	4	3	1	7	5	2	6	4	2
48	6	2	4	9	4	5	18	12	6
49	3	2	1	4	2	2	8	3	5
50岁及以上	**19**	**10**	**9**	**25**	**14**	**11**	**25**	**14**	**11**
平均初婚年龄	**22.33**	**23.13**	**21.60**	**22.49**	**23.28**	**21.77**	**22.65**	**23.42**	**21.95**

5-4b 续表 5

单位：人

初婚年龄	初婚年份								
	1994年			1995年			1996年		
	小计	男	女	小计	男	女	小计	男	女
总 计	**30366**	**14594**	**15772**	**34270**	**16760**	**17510**	**29998**	**14626**	**15372**
15岁以下	**18**	**7**	**11**	**22**	**4**	**18**	**24**	**8**	**16**
15—19岁	**4022**	**1024**	**2998**	**3948**	**944**	**3004**	**2936**	**690**	**2246**
15	125	39	86	130	35	95	84	17	67
16	197	49	148	221	52	169	161	30	131
17	409	97	312	403	92	311	346	78	268
18	978	239	739	902	208	694	663	150	513
19	2313	600	1713	2292	557	1735	1682	415	1267
20—24岁	**21462**	**10336**	**11126**	**24042**	**11749**	**12293**	**20586**	**9808**	**10778**
20	4065	1173	2892	4123	1169	2954	3397	950	2447
21	5028	2272	2756	5559	2496	3063	4580	1943	2637
22	5463	2940	2523	6194	3349	2845	5311	2868	2443
23	4115	2254	1861	4657	2580	2077	4270	2315	1955
24	2791	1697	1094	3509	2155	1354	3028	1732	1296
25—29岁	**3932**	**2653**	**1279**	**5013**	**3290**	**1723**	**5046**	**3266**	**1780**
25	1667	1097	570	2190	1362	828	2107	1326	781
26	1012	686	326	1251	848	403	1303	861	442
27	556	385	171	761	530	231	798	534	264
28	415	287	128	457	314	143	512	336	176
29	282	198	84	354	236	118	326	209	117
30—34岁	**565**	**338**	**227**	**774**	**491**	**283**	**947**	**592**	**355**
30	246	146	100	257	159	98	298	175	123
31	164	99	65	231	145	86	214	126	88
32	75	48	27	182	116	66	215	143	72
33	41	22	19	68	46	22	174	118	56
34	39	23	16	36	25	11	46	30	16
35—39岁	**181**	**131**	**50**	**186**	**121**	**65**	**136**	**92**	**44**
35	31	25	6	38	20	18	24	15	9
36	45	32	13	36	25	11	24	13	11
37	43	30	13	35	24	11	22	16	6
38	26	17	9	34	23	11	36	24	12
39	36	27	9	43	29	14	30	24	6
40—44岁	**118**	**68**	**50**	**148**	**84**	**64**	**161**	**88**	**73**
40	29	18	11	41	21	20	43	24	19
41	28	16	12	31	22	9	33	21	12
42	26	14	12	30	19	11	32	21	11
43	22	11	11	27	13	14	34	15	19
44	13	9	4	19	9	10	19	7	12
45—49岁	**37**	**23**	**14**	**60**	**42**	**18**	**75**	**34**	**41**
45	7	6	1	21	13	8	17	6	11
46	10	7	3	10	9	1	14	9	5
47	7	2	5	15	9	6	18	9	9
48	10	7	3	4	3	1	17	7	10
49	3	1	2	10	8	2	9	3	6
50岁及以上	**31**	**14**	**17**	**77**	**35**	**42**	**87**	**48**	**39**
平均初婚年龄	**22.82**	**23.56**	**22.13**	**23.08**	**23.82**	**22.37**	**23.40**	**24.13**	**22.71**

5-4b 续表 6

单位：人

初婚年龄	初婚年份								
	1997年			1998年			1999年		
	小计	男	女	小计	男	女	小计	男	女
总　计	**27685**	**13500**	**14185**	**28606**	**13993**	**14613**	**23050**	**11162**	**11888**
15岁以下	**20**	**3**	**17**	**34**	**5**	**29**	**26**	**7**	**19**
15-19岁	**2376**	**481**	**1895**	**2572**	**563**	**2009**	**2285**	**467**	**1818**
15	91	21	70	106	21	85	95	23	72
16	148	26	122	200	44	156	171	28	143
17	268	54	214	323	64	259	347	55	292
18	528	100	428	620	143	477	538	107	431
19	1341	280	1061	1323	291	1032	1134	254	880
20-24岁	**18604**	**8776**	**9828**	**17990**	**8438**	**9552**	**13784**	**6272**	**7512**
20	2627	673	1954	2268	600	1668	2008	471	1537
21	4017	1605	2412	3328	1289	2039	2369	935	1434
22	4926	2573	2353	4648	2287	2361	3273	1569	1704
23	3985	2135	1850	4357	2307	2050	3340	1742	1598
24	3049	1790	1259	3389	1955	1434	2794	1555	1239
25-29岁	**5303**	**3397**	**1906**	**6203**	**3908**	**2295**	**5609**	**3581**	**2028**
25	2028	1232	796	2372	1451	921	2119	1316	803
26	1426	932	494	1528	985	543	1444	931	513
27	878	581	297	1053	672	381	959	616	343
28	535	360	175	695	446	249	675	451	224
29	436	292	144	555	354	201	412	267	145
30-34岁	**910**	**579**	**331**	**1348**	**810**	**538**	**966**	**599**	**367**
30	273	166	107	423	227	196	335	218	117
31	225	147	78	297	171	126	233	144	89
32	177	112	65	266	164	102	171	98	73
33	147	95	52	197	135	62	127	80	47
34	88	59	29	165	113	52	100	59	41
35-39岁	**168**	**96**	**72**	**215**	**139**	**76**	**211**	**137**	**74**
35	54	35	19	93	57	36	99	64	35
36	31	18	13	38	24	14	58	40	18
37	26	12	14	25	17	8	29	19	10
38	26	16	10	29	16	13	13	8	5
39	31	15	16	30	25	5	12	6	6
40-44岁	**185**	**94**	**91**	**125**	**66**	**59**	**88**	**50**	**38**
40	38	23	15	36	20	16	13	8	5
41	42	19	23	26	14	12	18	10	8
42	43	18	25	24	13	11	24	14	10
43	36	18	18	26	13	13	19	10	9
44	26	16	10	13	6	7	14	8	6
45-49岁	**74**	**50**	**24**	**72**	**40**	**32**	**46**	**30**	**16**
45	25	18	7	21	11	10	12	9	3
46	14	9	5	18	12	6	7	4	3
47	16	13	3	14	6	8	4	3	1
48	15	8	7	6	5	1	11	7	4
49	4	2	2	13	6	7	12	7	5
50岁及以上	**45**	**24**	**21**	**47**	**24**	**23**	**35**	**19**	**16**
平均初婚年龄	**23.65**	**24.44**	**22.91**	**23.93**	**24.72**	**23.18**	**23.94**	**24.85**	**23.08**

5-4b 续表 7

单位：人

初婚年龄	初婚年份								
	2000年			2001年			2002年		
	小计	男	女	小计	男	女	小计	男	女
总　计	**25814**	**12630**	**13184**	**16146**	**7811**	**8335**	**18676**	**9114**	**9562**
15岁以下	**61**	**18**	**43**	**48**	**10**	**38**	**40**	**9**	**31**
15—19岁	**3462**	**778**	**2684**	**2253**	**511**	**1742**	**2358**	**528**	**1830**
15	196	56	140	127	36	91	168	54	114
16	268	82	186	159	37	122	246	57	189
17	520	115	405	250	54	196	316	50	266
18	1012	214	798	544	125	419	526	107	419
19	1466	311	1155	1173	259	914	1102	260	842
20—24岁	**14389**	**6668**	**7721**	**8573**	**3857**	**4716**	**9915**	**4351**	**5564**
20	2118	574	1544	1508	351	1157	2112	516	1596
21	2748	1051	1697	1602	590	1012	1995	732	1263
22	3200	1545	1655	2003	939	1064	2061	1013	1048
23	3256	1760	1496	1737	950	787	2074	1128	946
24	3067	1738	1329	1723	1027	696	1673	962	711
25—29岁	**6434**	**4215**	**2219**	**4302**	**2793**	**1509**	**5090**	**3400**	**1690**
25	2374	1472	902	1487	948	539	1552	993	559
26	1677	1123	554	1138	730	408	1327	884	443
27	1134	771	363	812	540	272	972	670	302
28	725	502	223	509	345	164	742	523	219
29	524	347	177	356	230	126	497	330	167
30—34岁	**1033**	**671**	**362**	**712**	**482**	**230**	**937**	**618**	**319**
30	350	232	118	260	179	81	325	222	103
31	222	144	78	163	110	53	251	155	96
32	213	141	72	133	84	49	162	109	53
33	131	83	48	103	71	32	105	69	36
34	117	71	46	53	38	15	94	63	31
35—39岁	**236**	**156**	**80**	**147**	**87**	**60**	**209**	**131**	**78**
35	80	55	25	50	22	28	54	37	17
36	61	41	20	30	20	10	48	30	18
37	56	37	19	38	23	15	44	30	14
38	22	14	8	17	11	6	40	20	20
39	17	9	8	12	11	1	23	14	9
40—44岁	**76**	**47**	**29**	**44**	**24**	**20**	**47**	**27**	**20**
40	20	11	9	5	2	3	18	11	7
41	15	7	8	6	2	4	8	4	4
42	9	5	4	8	4	4	7	3	4
43	23	19	4	12	8	4	9	6	3
44	9	5	4	13	8	5	5	3	2
45—49岁	**78**	**50**	**28**	**34**	**27**	**7**	**39**	**25**	**14**
45	24	15	9	8	6	2	6	3	3
46	13	10	3	4	4		8	8	
47	16	10	6	10	7	3	8	5	3
48	13	9	4	6	5	1	7	3	4
49	12	6	6	6	5	1	10	6	4
50岁及以上	**45**	**27**	**18**	**33**	**20**	**13**	**41**	**25**	**16**
平均初婚年龄	**23.79**	**24.82**	**22.79**	**23.83**	**24.96**	**22.76**	**23.94**	**25.12**	**22.81**

5-4b 续表 8 单位：人

初婚年龄	初婚年份								
	2003年			2004年			2005年		
	小计	男	女	小计	男	女	小计	男	女
总 计	**18960**	**9214**	**9746**	**18269**	**8869**	**9400**	**20343**	**9893**	**10450**
15岁以下	**33**	**8**	**25**	**23**	**6**	**17**	**26**	**7**	**19**
15-19岁	**2384**	**553**	**1831**	**2596**	**556**	**2040**	**3394**	**795**	**2599**
15	158	50	108	153	50	103	178	55	123
16	273	66	207	223	45	178	289	68	221
17	403	107	296	451	90	361	498	118	380
18	557	112	445	708	149	559	942	217	725
19	993	218	775	1061	222	839	1487	337	1150
20-24岁	**9943**	**4281**	**5662**	**9462**	**4197**	**5265**	**10301**	**4706**	**5595**
20	1663	449	1214	1418	389	1029	1649	457	1192
21	2407	870	1537	1905	716	1189	1827	726	1101
22	2198	984	1214	2589	1195	1394	2367	1121	1246
23	1899	970	929	1961	1000	961	2574	1338	1236
24	1776	1008	768	1589	897	692	1884	1064	820
25-29岁	**4940**	**3268**	**1672**	**4532**	**3017**	**1515**	**4498**	**3005**	**1493**
25	1365	838	527	1383	848	535	1390	862	528
26	1182	759	423	1014	682	332	1070	712	358
27	1016	682	334	854	585	269	838	577	261
28	775	566	209	668	456	212	679	478	201
29	602	423	179	613	446	167	521	376	145
30-34岁	**1244**	**834**	**410**	**1231**	**814**	**417**	**1521**	**1008**	**513**
30	441	306	135	414	286	128	500	348	152
31	298	190	108	307	190	117	380	236	144
32	223	158	65	233	157	76	275	182	93
33	173	107	66	163	110	53	209	136	73
34	109	73	36	114	71	43	157	106	51
35-39岁	**250**	**164**	**86**	**266**	**175**	**91**	**361**	**221**	**140**
35	90	62	28	86	55	31	129	78	51
36	53	41	12	64	43	21	80	54	26
37	49	34	15	51	34	17	61	30	31
38	29	14	15	36	22	14	43	30	13
39	29	13	16	29	21	8	48	29	19
40-44岁	**87**	**54**	**33**	**76**	**51**	**25**	**152**	**96**	**56**
40	42	26	16	29	22	7	32	23	9
41	14	8	6	16	8	8	40	26	14
42	8	4	4	13	10	3	43	26	17
43	12	7	5	12	5	7	27	18	9
44	11	9	2	6	6		10	3	7
45-49岁	**41**	**25**	**16**	**46**	**25**	**21**	**42**	**26**	**16**
45	8	5	3	9	2	7	9	5	4
46	11	7	4	9	6	3	3	1	2
47	3	3		15	10	5	12	10	2
48	10	5	5	4	3	1	8	6	2
49	9	5	4	9	4	5	10	4	6
50岁及以上	**38**	**27**	**11**	**37**	**28**	**9**	**48**	**29**	**19**
平均初婚年龄	**24.15**	**25.39**	**22.97**	**24.11**	**25.38**	**22.91**	**24.10**	**25.37**	**22.91**

5-4b　续表 9　　单位：人

初婚年龄	初婚年份								
	2006年			2007年			2008年		
	小计	男	女	小计	男	女	小计	男	女
总　计	**20213**	**9899**	**10314**	**19428**	**9375**	**10053**	**23299**	**11276**	**12023**
15岁以下	**18**	**2**	**16**	**20**	**4**	**16**	**25**	**5**	**20**
15-19岁	**3192**	**808**	**2384**	**2694**	**688**	**2006**	**2891**	**705**	**2186**
15	73	24	49	115	26	89	101	24	77
16	249	72	177	182	42	140	186	39	147
17	441	111	330	381	92	289	377	89	288
18	794	206	588	669	164	505	809	168	641
19	1635	395	1240	1347	364	983	1418	385	1033
20-24岁	**10298**	**4656**	**5642**	**10062**	**4370**	**5692**	**12403**	**5389**	**7014**
20	2263	623	1640	2470	733	1737	2363	684	1679
21	1868	717	1151	2335	896	1439	3195	1211	1984
22	1894	912	982	1978	945	1033	3108	1483	1625
23	2091	1129	962	1601	839	762	2095	1090	1005
24	2182	1275	907	1678	957	721	1642	921	721
25-29岁	**4524**	**2988**	**1536**	**4504**	**2908**	**1596**	**5364**	**3461**	**1903**
25	1486	927	559	1684	1022	662	1692	1004	688
26	1057	701	356	1084	719	365	1552	987	565
27	786	516	270	714	472	242	959	674	285
28	624	447	177	601	419	182	675	457	218
29	571	397	174	421	276	145	486	339	147
30-34岁	**1538**	**1038**	**500**	**1455**	**950**	**505**	**1569**	**1043**	**526**
30	453	312	141	379	269	110	344	234	110
31	353	248	105	352	235	117	372	241	131
32	319	210	109	287	184	103	367	245	122
33	223	150	73	238	150	88	261	164	97
34	190	118	72	199	112	87	225	159	66
35-39岁	**414**	**263**	**151**	**464**	**301**	**163**	**681**	**451**	**230**
35	132	88	44	131	85	46	211	135	76
36	106	71	35	114	75	39	175	120	55
37	91	52	39	94	60	34	131	85	46
38	46	27	19	73	50	23	89	57	32
39	39	25	14	52	31	21	75	54	21
40-44岁	**135**	**86**	**49**	**147**	**97**	**50**	**206**	**128**	**78**
40	32	22	10	43	31	12	59	33	26
41	34	26	8	30	12	18	43	29	14
42	35	20	15	25	16	9	37	26	11
43	28	14	14	22	16	6	37	21	16
44	6	4	2	27	22	5	30	19	11
45-49岁	**41**	**25**	**16**	**36**	**22**	**14**	**65**	**38**	**27**
45	10	5	5	10	6	4	25	17	8
46	8	4	4	6	3	3	13	7	6
47	1	1		7	5	2	6	4	2
48	9	5	4	3	3		7	4	3
49	13	10	3	10	5	5	14	6	8
50岁及以上	**53**	**33**	**20**	**46**	**35**	**11**	**95**	**56**	**39**
平均初婚年龄	**24.17**	**25.44**	**22.96**	**24.17**	**25.42**	**23.00**	**24.35**	**25.59**	**23.18**

5-4b 续表 10

单位：人

初婚年龄	初婚年份								
	2009年			2010年			2011年		
	小计	男	女	小计	男	女	小计	男	女
总　计	**23079**	**11069**	**12010**	**25029**	**12116**	**12913**	**19976**	**9517**	**10459**
15岁以下	**12**	**1**	**11**	**22**	**7**	**15**	**18**	**4**	**14**
15—19岁	**2748**	**685**	**2063**	**2743**	**686**	**2057**	**2042**	**493**	**1549**
15	83	14	69	113	24	89	78	16	62
16	193	46	147	205	42	163	146	31	115
17	330	75	255	415	95	320	315	75	240
18	662	169	493	661	176	485	557	134	423
19	1480	381	1099	1349	349	1000	946	237	709
20—24岁	**12837**	**5688**	**7149**	**14404**	**6508**	**7896**	**11044**	**4790**	**6254**
20	2192	634	1558	2327	653	1674	1594	436	1158
21	2714	1067	1647	2626	1062	1564	2201	803	1398
22	3579	1666	1913	3276	1507	1769	2335	1056	1279
23	2573	1304	1269	3606	1845	1761	2397	1166	1231
24	1779	1017	762	2569	1441	1128	2517	1329	1188
25—29岁	**4952**	**3113**	**1839**	**5237**	**3235**	**2002**	**4786**	**2890**	**1896**
25	1402	818	584	1653	949	704	1833	1030	803
26	1224	762	462	1178	720	458	1050	616	434
27	1149	738	411	958	607	351	754	458	296
28	726	495	231	908	580	328	625	416	209
29	451	300	151	540	379	161	524	370	154
30—34岁	**1467**	**919**	**548**	**1424**	**925**	**499**	**1155**	**736**	**419**
30	371	233	138	364	235	129	370	248	122
31	308	200	108	322	205	117	261	164	97
32	288	177	111	276	192	84	199	119	80
33	282	166	116	230	143	87	176	108	68
34	218	143	75	232	150	82	149	97	52
35—39岁	**691**	**424**	**267**	**764**	**483**	**281**	**586**	**389**	**197**
35	185	110	75	224	151	73	169	118	51
36	154	102	52	165	103	62	142	95	47
37	136	82	54	142	93	49	127	78	49
38	121	76	45	124	77	47	90	64	26
39	95	54	41	109	59	50	58	34	24
40—44岁	**219**	**140**	**79**	**244**	**154**	**90**	**201**	**126**	**75**
40	64	39	25	74	54	20	66	45	21
41	37	26	11	58	35	23	54	34	20
42	47	30	17	47	29	18	29	19	10
43	34	19	15	24	13	11	34	19	15
44	37	26	11	41	23	18	18	9	9
45—49岁	**74**	**47**	**27**	**92**	**54**	**38**	**76**	**44**	**32**
45	25	14	11	27	14	13	20	10	10
46	22	15	7	32	22	10	23	16	7
47	18	10	8	17	13	4	19	11	8
48	5	5		12	3	9	8	6	2
49	4	3	1	4	2	2	6	1	5
50岁及以上	**79**	**52**	**27**	**99**	**64**	**35**	**68**	**45**	**23**
平均初婚年龄	**24.39**	**25.50**	**23.36**	**24.46**	**25.53**	**23.46**	**24.60**	**25.71**	**23.59**

5-4b　续表 11　　　　单位：人

初婚年龄	初婚年份								
	2012年			2013年			2014年		
	小计	男	女	小计	男	女	小计	男	女
总　计	**22479**	**10756**	**11723**	**21325**	**10162**	**11163**	**20207**	**9661**	**10546**
15岁以下	**8**		**8**	**14**	**6**	**8**	**11**	**2**	**9**
15–19岁	**2183**	**495**	**1688**	**1953**	**440**	**1513**	**1576**	**348**	**1228**
15	69	15	54	71	16	55	54	12	42
16	173	31	142	131	27	104	108	15	93
17	305	58	247	305	59	246	237	42	195
18	572	144	428	473	109	364	405	91	314
19	1064	247	817	973	229	744	772	188	584
20–24岁	**11641**	**5095**	**6546**	**10356**	**4466**	**5890**	**9356**	**3931**	**5425**
20	1628	501	1127	1470	382	1088	1332	333	999
21	2158	817	1341	1703	607	1096	1640	606	1034
22	2816	1273	1543	2248	1048	1200	1928	873	1055
23	2502	1225	1277	2596	1224	1372	2107	964	1143
24	2537	1279	1258	2339	1205	1134	2349	1155	1194
25–29岁	**6151**	**3581**	**2570**	**6471**	**3659**	**2812**	**6818**	**3875**	**2943**
25	2343	1250	1093	2140	1129	1011	2040	1088	952
26	1696	1009	687	1923	1069	854	1733	941	792
27	939	580	359	1219	719	500	1573	944	629
28	625	385	240	682	430	252	947	572	375
29	548	357	191	507	312	195	525	330	195
30–34岁	**1438**	**896**	**542**	**1424**	**900**	**524**	**1351**	**805**	**546**
30	519	323	196	412	257	155	319	189	130
31	324	200	124	397	252	145	344	214	130
32	243	158	85	265	165	100	317	196	121
33	200	126	74	188	119	69	195	109	86
34	152	89	63	162	107	55	176	97	79
35–39岁	**612**	**411**	**201**	**603**	**380**	**223**	**566**	**377**	**189**
35	159	106	53	139	80	59	148	91	57
36	135	92	43	138	95	43	105	68	37
37	134	88	46	130	86	44	115	82	33
38	109	73	36	105	63	42	111	73	38
39	75	52	23	91	56	35	87	63	24
40–44岁	**275**	**171**	**104**	**294**	**182**	**112**	**314**	**191**	**123**
40	65	41	24	91	62	29	89	54	35
41	65	43	22	64	33	31	83	50	33
42	46	25	21	56	33	23	65	41	24
43	58	36	22	48	30	18	45	25	20
44	41	26	15	35	24	11	32	21	11
45–49岁	**102**	**58**	**44**	**118**	**74**	**44**	**127**	**78**	**49**
45	24	14	10	24	14	10	40	25	15
46	25	12	13	28	18	10	35	26	9
47	21	11	10	25	16	9	13	7	6
48	12	9	3	18	11	7	27	15	12
49	20	12	8	23	15	8	12	5	7
50岁及以上	**69**	**49**	**20**	**92**	**55**	**37**	**88**	**54**	**34**
平均初婚年龄	**24.82**	**25.87**	**23.85**	**25.15**	**26.21**	**24.18**	**25.45**	**26.50**	**24.49**

5-4b 续表 12

单位：人

初婚年龄	初婚年份								
	2015年			2016年			2017年		
	小计	男	女	小计	男	女	小计	男	女
总 计	**21112**	**10080**	**11032**	**18338**	**8675**	**9663**	**16334**	**7719**	**8615**
15岁以下	**5**	**3**	**2**	**8**	**2**	**6**	**5**		**5**
15-19岁	**1436**	**291**	**1145**	**1090**	**231**	**859**	**837**	**178**	**659**
15	46	9	37	24	4	20	19	3	16
16	103	20	83	79	16	63	38	8	30
17	174	39	135	129	27	102	109	25	84
18	351	73	278	284	62	222	222	43	179
19	762	150	612	574	122	452	449	99	350
20-24岁	**9173**	**3775**	**5398**	**7946**	**3155**	**4791**	**6845**	**2700**	**4145**
20	1197	280	917	1056	266	790	755	162	593
21	1573	538	1035	1339	401	938	1145	369	776
22	2032	845	1187	1772	711	1061	1543	653	890
23	2079	963	1116	1809	800	1009	1666	690	976
24	2292	1149	1143	1970	977	993	1736	826	910
25-29岁	**7858**	**4392**	**3466**	**6836**	**3809**	**3027**	**6115**	**3333**	**2782**
25	2507	1314	1193	1962	997	965	1626	797	829
26	1902	1021	881	1813	1039	774	1545	801	744
27	1452	848	604	1298	741	557	1314	742	572
28	1216	736	480	995	571	424	911	553	358
29	781	473	308	768	461	307	719	440	279
30-34岁	**1513**	**916**	**597**	**1435**	**847**	**588**	**1559**	**917**	**642**
30	471	285	186	521	320	201	596	350	246
31	305	181	124	282	167	115	406	241	165
32	288	181	107	203	118	85	242	140	102
33	255	151	104	240	137	103	152	88	64
34	194	118	76	189	105	84	163	98	65
35-39岁	**501**	**322**	**179**	**480**	**290**	**190**	**469**	**288**	**181**
35	125	82	43	155	92	63	152	94	58
36	108	72	36	100	62	38	103	67	36
37	96	59	37	81	49	32	81	49	32
38	84	54	30	79	51	28	80	51	29
39	88	55	33	65	36	29	53	27	26
40-44岁	**348**	**209**	**139**	**316**	**199**	**117**	**268**	**154**	**114**
40	103	56	47	79	47	32	56	31	25
41	74	44	30	68	43	25	60	37	23
42	68	42	26	85	55	30	51	27	24
43	55	37	18	40	24	16	61	31	30
44	48	30	18	44	30	14	40	28	12
45-49岁	**147**	**86**	**61**	**120**	**78**	**42**	**113**	**68**	**45**
45	45	28	17	34	23	11	33	19	14
46	38	22	16	22	14	8	33	21	12
47	24	14	10	25	17	8	17	11	6
48	18	13	5	23	17	6	16	12	4
49	22	9	13	16	7	9	14	5	9
50岁及以上	**131**	**86**	**45**	**107**	**64**	**43**	**123**	**81**	**42**
平均初婚年龄	**25.74**	**26.79**	**24.78**	**25.87**	**26.92**	**24.94**	**26.19**	**27.21**	**25.27**

5-4b　续表 13　　　　单位：人

初婚年龄	初婚年份								
	2018年			2019年			2020年		
	小计	男	女	小计	男	女	小计	男	女
总　计	**17766**	**8246**	**9520**	**13087**	**6110**	**6977**	**9084**	**4348**	**4736**
15岁以下	**11**		**11**	**2**		**2**			
15-19岁	**791**	**152**	**639**	**562**	**114**	**448**	**225**	**41**	**184**
15	22	4	18	23	1	22	8	3	5
16	51	11	40	52	5	47	16	5	11
17	102	13	89	63	12	51	23	3	20
18	188	34	154	161	36	125	56	7	49
19	428	90	338	263	60	203	122	23	99
20-24岁	**7083**	**2691**	**4392**	**4888**	**1864**	**3024**	**2820**	**1050**	**1770**
20	665	154	511	459	103	356	255	57	198
21	1065	308	757	734	228	506	329	82	247
22	1553	574	979	1029	396	633	581	222	359
23	1790	738	1052	1180	509	671	674	254	420
24	2010	917	1093	1486	628	858	981	435	546
25-29岁	**6829**	**3594**	**3235**	**5262**	**2700**	**2562**	**3556**	**1842**	**1714**
25	1892	919	973	1356	631	725	961	440	521
26	1589	800	789	1310	654	656	836	405	431
27	1379	723	656	992	514	478	704	375	329
28	1178	674	504	869	465	404	587	343	244
29	791	478	313	735	436	299	468	279	189
30-34岁	**1871**	**1092**	**779**	**1481**	**902**	**579**	**1226**	**702**	**524**
30	623	376	247	487	299	188	388	219	169
31	554	323	231	343	219	124	298	176	122
32	326	182	144	304	180	124	214	117	97
33	209	124	85	225	133	92	181	116	65
34	159	87	72	122	71	51	145	74	71
35-39岁	**513**	**306**	**207**	**389**	**227**	**162**	**428**	**252**	**176**
35	124	79	45	113	68	45	106	70	36
36	154	83	71	78	48	30	81	46	35
37	87	53	34	91	53	38	84	48	36
38	77	46	31	64	37	27	93	50	43
39	71	45	26	43	21	22	64	38	26
40-44岁	**297**	**186**	**111**	**216**	**136**	**80**	**311**	**156**	**155**
40	58	33	25	42	21	21	62	30	32
41	68	44	24	35	24	11	67	37	30
42	54	36	18	47	31	16	56	30	26
43	59	34	25	53	40	13	53	30	23
44	58	39	19	39	20	19	73	29	44
45-49岁	**193**	**126**	**67**	**147**	**91**	**56**	**207**	**127**	**80**
45	52	33	19	34	26	8	45	27	18
46	41	27	14	41	25	16	40	23	17
47	39	27	12	25	14	11	40	26	14
48	30	19	11	26	18	8	41	29	12
49	31	20	11	21	8	13	41	22	19
50岁及以上	**178**	**99**	**79**	**140**	**76**	**64**	**311**	**178**	**133**
平均初婚年龄	**26.58**	**27.67**	**25.64**	**26.81**	**27.85**	**25.90**	**28.62**	**29.69**	**27.64**

5-4c 全省分初婚年龄、性别、初婚年份的人口(乡村)

单位：人

初婚年龄	初婚年份								
	合计			1980年			1981年		
	合计	男	女	小计	男	女	小计	男	女
总　计	**2018218**	**1027509**	**990709**	**63191**	**31417**	**31774**	**43148**	**21353**	**21795**
15岁以下	**3468**	**703**	**2765**	**203**	**38**	**165**	**97**	**20**	**77**
15-19岁	**354996**	**89375**	**265621**	**8551**	**1419**	**7132**	**8870**	**1567**	**7303**
15	14995	3629	11366	737	144	593	464	94	370
16	27329	6167	21162	1428	254	1174	810	143	667
17	50824	11613	39211	2190	351	1839	1806	298	1508
18	91776	22228	69548	2082	282	1800	2875	485	2390
19	170072	45738	124334	2114	388	1726	2915	547	2368
20-24岁	**1194178**	**614081**	**580097**	**36472**	**16976**	**19496**	**22350**	**10781**	**11569**
20	252161	81500	170661	3546	964	2582	2566	601	1965
21	286015	136366	149649	5780	2174	3606	3368	1225	2143
22	289688	168489	121199	9478	4071	5407	4849	2238	2611
23	211661	128226	83435	9465	4756	4709	6279	3331	2948
24	154653	99500	55153	8203	5011	3192	5288	3386	1902
25-29岁	**326845**	**228277**	**98568**	**15626**	**11247**	**4379**	**10319**	**7817**	**2502**
25	112322	76020	36302	6489	4464	2025	4080	2957	1123
26	80758	56525	24233	4167	2996	1171	2713	2043	670
27	57900	41541	16359	2530	1897	633	1725	1371	354
28	43009	30947	12062	1533	1180	353	1102	880	222
29	32856	23244	9612	907	710	197	699	566	133
30-34岁	**85246**	**59670**	**25576**	**1777**	**1364**	**413**	**1155**	**919**	**236**
30	26154	18206	7948	649	505	144	414	329	85
31	20332	14203	6129	435	335	100	280	229	51
32	16244	11490	4754	328	250	78	229	174	55
33	12718	8880	3838	219	164	55	134	109	25
34	9798	6891	2907	146	110	36	98	78	20
35-39岁	**28197**	**19350**	**8847**	**435**	**299**	**136**	**254**	**180**	**74**
35	8024	5593	2431	139	93	46	67	50	17
36	6357	4386	1971	105	77	28	69	49	20
37	5248	3636	1612	71	44	27	60	46	14
38	4492	3045	1447	77	54	23	33	23	10
39	4076	2690	1386	43	31	12	25	12	13
40-44岁	**13714**	**8964**	**4750**	**95**	**60**	**35**	**75**	**54**	**21**
40	3600	2273	1327	28	17	11	28	21	7
41	3065	2020	1045	17	11	6	19	14	5
42	2825	1879	946	29	17	12	14	12	2
43	2360	1560	800	14	10	4	10	4	6
44	1864	1232	632	7	5	2	4	3	1
45-49岁	**5907**	**3750**	**2157**	**21**	**10**	**11**	**20**	**12**	**8**
45	1606	1028	578	3	3		7	4	3
46	1350	838	512	7	3	4	5	3	2
47	1135	734	401	8	4	4	1	1	
48	988	638	350	3		3	6	4	2
49	828	512	316				1		1
50岁及以上	**5667**	**3339**	**2328**	**11**	**4**	**7**	**8**	**3**	**5**
平均初婚年龄	**23.26**	**24.35**	**22.13**	**23.48**	**24.70**	**22.26**	**23.19**	**24.68**	**21.73**

5-4c　续表 1　　　　　　　　　　　　单位：人

初婚年龄	初婚年份								
	1982年			1983年			1984年		
	小计	男	女	小计	男	女	小计	男	女
总　计	**47308**	**23327**	**23981**	**48156**	**23656**	**24500**	**60558**	**29869**	**30689**
15岁以下	**135**	**32**	**103**	**126**	**27**	**99**	**82**	**17**	**65**
15-19岁	**13654**	**2957**	**10697**	**13487**	**3201**	**10286**	**14768**	**3658**	**11110**
15	519	114	405	513	121	392	550	146	404
16	1050	193	857	868	165	703	1040	208	832
17	1920	375	1545	1846	382	1464	1949	389	1560
18	3965	802	3163	3361	735	2626	4006	900	3106
19	6200	1473	4727	6899	1798	5101	7223	2015	5208
20-24岁	**20984**	**10602**	**10382**	**22915**	**11059**	**11856**	**34164**	**16846**	**17318**
20	5122	1408	3714	9065	2904	6161	11661	3911	7750
21	3031	1248	1783	5122	2439	2683	11676	5802	5874
22	3777	1989	1788	2962	1687	1275	6185	3856	2329
23	4136	2574	1562	2912	1908	1004	2430	1615	815
24	4918	3383	1535	2854	2121	733	2212	1662	550
25-29岁	**10555**	**8264**	**2291**	**9534**	**7777**	**1757**	**8777**	**7242**	**1535**
25	3821	2862	959	3127	2481	646	2189	1788	401
26	2604	2081	523	2398	1966	432	2437	2021	416
27	1909	1548	361	1784	1486	298	1803	1506	297
28	1308	1051	257	1293	1078	215	1296	1067	229
29	913	722	191	932	766	166	1052	860	192
30-34岁	**1511**	**1148**	**363**	**1657**	**1321**	**336**	**2147**	**1670**	**477**
30	625	475	150	640	507	133	788	613	175
31	330	255	75	432	355	77	574	441	133
32	273	200	73	244	194	50	381	312	69
33	172	129	43	195	152	43	223	166	57
34	111	89	22	146	113	33	181	138	43
35-39岁	**342**	**250**	**92**	**313**	**202**	**111**	**432**	**321**	**111**
35	129	92	37	96	75	21	135	109	26
36	69	50	19	72	40	32	103	76	27
37	68	51	17	52	25	27	80	57	23
38	34	25	9	47	35	12	65	41	24
39	42	32	10	46	27	19	49	38	11
40-44岁	**89**	**52**	**37**	**100**	**58**	**42**	**137**	**84**	**53**
40	32	21	11	29	16	13	45	27	18
41	18	12	6	27	14	13	30	23	7
42	16	6	10	22	14	8	30	12	18
43	13	8	5	14	8	6	20	13	7
44	10	5	5	8	6	2	12	9	3
45-49岁	**27**	**15**	**12**	**16**	**9**	**7**	**39**	**25**	**14**
45	14	10	4	4	1	3	9	7	2
46	3	3		4	3	1	11	7	4
47	5	2	3	1	1		10	7	3
48	2		2	5	4	1	6	2	4
49	3		3	2		2	3	2	1
50岁及以上	**11**	**7**	**4**	**8**	**2**	**6**	**12**	**6**	**6**
平均初婚年龄	**22.77**	**24.44**	**21.14**	**22.43**	**24.05**	**20.87**	**22.24**	**23.61**	**20.90**

5-4c 续表 2 单位：人

初婚年龄	初婚年份								
	1985年			1986年			1987年		
	小计	男	女	小计	男	女	小计	男	女
总　计	**82234**	**40804**	**41430**	**77136**	**38147**	**38989**	**69194**	**34487**	**34707**
15岁以下	**124**	**20**	**104**	**92**	**22**	**70**	**106**	**19**	**87**
15-19岁	**18703**	**4657**	**14046**	**16906**	**4192**	**12714**	**14832**	**3701**	**11131**
15	607	160	447	483	103	380	420	100	320
16	1371	275	1096	1067	255	812	824	181	643
17	2591	540	2051	2413	535	1878	1898	406	1492
18	4783	1071	3712	4553	1032	3521	3989	970	3019
19	9351	2611	6740	8390	2267	6123	7701	2044	5657
20-24岁	**51204**	**26662**	**24542**	**51689**	**27551**	**24138**	**47250**	**25587**	**21663**
20	13086	4576	8510	13236	4662	8574	10833	3686	7147
21	16168	8125	8043	13930	7126	6804	13160	6745	6415
22	14968	9258	5710	13313	8227	5086	11551	7295	4256
23	5051	3358	1693	8438	5565	2873	7391	4835	2556
24	1931	1345	586	2772	1971	801	4315	3026	1289
25-29岁	**8209**	**6490**	**1719**	**4976**	**3805**	**1171**	**3947**	**2949**	**998**
25	1790	1371	419	1042	746	296	1430	1043	387
26	1691	1340	351	951	706	245	617	455	162
27	1846	1453	393	981	776	205	543	415	128
28	1628	1312	316	1067	857	210	589	459	130
29	1254	1014	240	935	720	215	768	577	191
30-34岁	**3084**	**2351**	**733**	**2618**	**2009**	**609**	**2289**	**1691**	**598**
30	1034	795	239	821	643	178	634	479	155
31	781	590	191	637	483	154	546	380	166
32	583	451	132	505	397	108	436	314	122
33	408	300	108	368	265	103	380	291	89
34	278	215	63	287	221	66	293	227	66
35-39岁	**639**	**464**	**175**	**610**	**409**	**201**	**537**	**384**	**153**
35	203	153	50	175	126	49	194	144	50
36	161	115	46	146	95	51	106	76	30
37	93	68	25	114	79	35	104	71	33
38	109	74	35	89	57	32	62	40	22
39	73	54	19	86	52	34	71	53	18
40-44岁	**196**	**124**	**72**	**170**	**115**	**55**	**162**	**114**	**48**
40	57	32	25	53	35	18	59	42	17
41	55	36	19	33	27	6	37	28	9
42	33	28	5	32	19	13	19	11	8
43	25	12	13	32	20	12	31	24	7
44	26	16	10	20	14	6	16	9	7
45-49岁	**50**	**29**	**21**	**46**	**29**	**17**	**45**	**29**	**16**
45	18	10	8	15	10	5	18	13	5
46	12	8	4	13	6	7	12	8	4
47	9	5	4	8	6	2	4	3	1
48	4	3	1	6	4	2	6	2	4
49	7	3	4	4	3	1	5	3	2
50岁及以上	**25**	**7**	**18**	**29**	**15**	**14**	**26**	**13**	**13**
平均初婚年龄	**22.22**	**23.35**	**21.10**	**22.13**	**23.14**	**21.14**	**22.17**	**23.13**	**21.21**

5-4c　续表 3

单位：人

初婚年龄	初婚年份								
	1988年			1989年			1990年		
	小计	男	女	小计	男	女	小计	男	女
总　计	**75597**	**37517**	**38080**	**73499**	**36845**	**36654**	**86870**	**43861**	**43009**
15岁以下	**103**	**16**	**87**	**126**	**26**	**100**	**192**	**40**	**152**
15-19岁	**15870**	**3998**	**11872**	**15086**	**3855**	**11231**	**18638**	**4952**	**13686**
15	495	108	387	528	154	374	749	209	540
16	921	194	727	957	239	718	1332	347	985
17	1976	424	1552	1892	478	1414	2512	648	1864
18	3927	954	2973	3905	940	2965	4721	1244	3477
19	8551	2318	6233	7804	2044	5760	9324	2504	6820
20-24岁	**51380**	**27512**	**23868**	**50127**	**27054**	**23073**	**58438**	**31960**	**26478**
20	12425	3937	8488	12370	4252	8118	13821	4780	9041
21	12512	6387	6125	13590	6831	6759	16363	8633	7730
22	13530	8648	4882	11685	7460	4225	14823	9490	5333
23	7859	5100	2759	8075	5434	2641	8085	5367	2718
24	5054	3440	1614	4407	3077	1330	5346	3690	1656
25-29岁	**5139**	**3691**	**1448**	**5638**	**4071**	**1567**	**7074**	**5061**	**2013**
25	2889	2057	832	2788	2013	775	3084	2170	914
26	975	687	288	1685	1225	460	1974	1421	553
27	408	289	119	573	407	166	1251	925	326
28	412	308	104	284	197	87	532	377	155
29	455	350	105	308	229	79	233	168	65
30-34岁	**2152**	**1640**	**512**	**1543**	**1171**	**372**	**1460**	**1125**	**335**
30	573	441	132	299	219	80	276	207	69
31	525	416	109	360	283	77	291	225	66
32	417	319	98	356	275	81	342	267	75
33	363	262	101	295	223	72	276	216	60
34	274	202	72	233	171	62	275	210	65
35-39岁	**651**	**473**	**178**	**655**	**464**	**191**	**730**	**532**	**198**
35	244	184	60	209	148	61	222	163	59
36	163	121	42	179	125	54	178	130	48
37	106	69	37	113	80	33	147	110	37
38	68	50	18	80	59	21	110	82	28
39	70	49	21	74	52	22	73	47	26
40-44岁	**212**	**142**	**70**	**217**	**147**	**70**	**214**	**122**	**92**
40	55	37	18	61	40	21	72	39	33
41	52	36	16	41	28	13	45	27	18
42	43	26	17	45	34	11	35	17	18
43	32	25	7	45	29	16	29	17	12
44	30	18	12	25	16	9	33	22	11
45-49岁	**56**	**31**	**25**	**80**	**42**	**38**	**84**	**52**	**32**
45	12	6	6	28	14	14	19	10	9
46	11	7	4	20	11	9	20	12	8
47	18	12	6	8	4	4	17	13	4
48	8	4	4	14	9	5	16	10	6
49	7	2	5	10	4	6	12	7	5
50岁及以上	**34**	**14**	**20**	**27**	**15**	**12**	**40**	**17**	**23**
平均初婚年龄	**22.19**	**23.14**	**21.25**	**22.13**	**23.03**	**21.23**	**22.05**	**22.92**	**21.17**

5–4c 续表 4

单位：人

初婚年龄	初婚年份								
	1991年			1992年			1993年		
	小计	男	女	小计	男	女	小计	男	女
总　计	**62653**	**31246**	**31407**	**74302**	**37425**	**36877**	**70520**	**35534**	**34986**
15岁以下	**76**	**9**	**67**	**82**	**22**	**60**	**105**	**21**	**84**
15–19岁	**12533**	**3168**	**9365**	**13924**	**3593**	**10331**	**12213**	**3170**	**9043**
15	414	114	300	456	120	336	369	86	283
16	793	178	615	852	215	637	686	180	506
17	1452	371	1081	1655	408	1247	1450	362	1088
18	3179	771	2408	3547	905	2642	3056	793	2263
19	6695	1734	4961	7414	1945	5469	6652	1749	4903
20–24岁	**43440**	**23157**	**20283**	**51780**	**27674**	**24106**	**49057**	**25989**	**23068**
20	10464	3253	7211	11505	3709	7796	10639	3477	7162
21	11721	6027	5694	14244	7213	7031	12825	6297	6528
22	11126	7064	4062	13351	8359	4992	13085	8072	5013
23	6657	4393	2264	7907	5153	2754	7933	5055	2878
24	3472	2420	1052	4773	3240	1533	4575	3088	1487
25–29岁	**5217**	**3887**	**1330**	**6573**	**4794**	**1779**	**6807**	**4807**	**2000**
25	2279	1673	606	2501	1790	711	2781	1944	837
26	1234	941	293	1711	1268	443	1549	1121	428
27	885	683	202	1055	771	284	1120	814	306
28	597	429	168	770	577	193	755	546	209
29	222	161	61	536	388	148	602	382	220
30–34岁	**669**	**507**	**162**	**849**	**610**	**239**	**1097**	**744**	**353**
30	106	68	38	250	175	75	488	333	155
31	122	95	27	131	87	44	224	139	85
32	148	112	36	141	92	49	125	78	47
33	162	133	29	127	95	32	118	82	36
34	131	99	32	200	161	39	142	112	30
35–39岁	**468**	**364**	**104**	**619**	**439**	**180**	**653**	**453**	**200**
35	140	111	29	151	117	34	160	117	43
36	97	84	13	128	98	30	131	94	37
37	90	69	21	122	80	42	122	86	36
38	77	56	21	95	63	32	122	84	38
39	64	44	20	123	81	42	118	72	46
40–44岁	**152**	**108**	**44**	**310**	**200**	**110**	**388**	**242**	**146**
40	38	23	15	97	60	37	130	85	45
41	42	35	7	85	49	36	93	54	39
42	25	18	7	56	41	15	67	39	28
43	30	23	7	48	35	13	51	30	21
44	17	9	8	24	15	9	47	34	13
45–49岁	**63**	**33**	**30**	**102**	**61**	**41**	**119**	**66**	**53**
45	14	6	8	31	23	8	27	16	11
46	17	10	7	24	14	10	29	17	12
47	14	8	6	18	10	8	19	13	6
48	9	3	6	13	5	8	21	10	11
49	9	6	3	16	9	7	23	10	13
50岁及以上	**35**	**13**	**22**	**63**	**32**	**31**	**81**	**42**	**39**
平均初婚年龄	**22.07**	**22.96**	**21.19**	**22.26**	**23.10**	**21.41**	**22.46**	**23.27**	**21.64**

5-4c 续表 5

单位：人

初婚年龄	初婚年份								
	1994年			1995年			1996年		
	小计	男	女	小计	男	女	小计	男	女
总 计	**68414**	**34780**	**33634**	**73417**	**37550**	**35867**	**61635**	**31605**	**30030**
15岁以下	**68**	**17**	**51**	**79**	**11**	**68**	**69**	**11**	**58**
15-19岁	**10831**	**2770**	**8061**	**10401**	**2669**	**7732**	**7934**	**1885**	**6049**
15	348	89	259	335	68	267	276	46	230
16	545	144	401	677	173	504	518	108	410
17	1185	285	900	1250	293	957	1078	267	811
18	2677	654	2023	2419	616	1803	1867	418	1449
19	6076	1598	4478	5720	1519	4201	4195	1046	3149
20-24岁	**47622**	**25165**	**22457**	**50301**	**26378**	**23923**	**41850**	**21960**	**19890**
20	10210	3158	7052	9898	3058	6840	7710	2350	5360
21	12055	6040	6015	12675	6186	6489	10125	4857	5268
22	12081	7381	4700	12936	7718	5218	11118	6665	4453
23	8257	5301	2956	8899	5531	3368	7749	4742	3007
24	5019	3285	1734	5893	3885	2008	5148	3346	1802
25-29岁	**7376**	**5140**	**2236**	**9219**	**6318**	**2901**	**8428**	**5667**	**2761**
25	3015	2087	928	3753	2523	1230	3360	2230	1130
26	1798	1248	550	2191	1541	650	2076	1428	648
27	1079	781	298	1526	1078	448	1305	893	412
28	868	619	249	921	627	294	962	651	311
29	616	405	211	828	549	279	725	465	260
30-34岁	**1303**	**874**	**429**	**1967**	**1251**	**716**	**2013**	**1252**	**761**
30	534	354	180	617	380	237	653	393	260
31	413	272	141	598	383	215	466	292	174
32	172	112	60	454	280	174	425	255	170
33	97	65	32	206	146	60	325	218	107
34	87	71	16	92	62	30	144	94	50
35-39岁	**603**	**453**	**150**	**583**	**414**	**169**	**434**	**289**	**145**
35	101	78	23	106	71	35	62	39	23
36	125	99	26	92	70	22	81	51	30
37	117	95	22	122	91	31	82	55	27
38	122	95	27	137	93	44	110	74	36
39	138	86	52	126	89	37	99	70	29
40-44岁	**379**	**241**	**138**	**528**	**338**	**190**	**513**	**333**	**180**
40	118	66	52	127	75	52	115	71	44
41	78	46	32	119	81	38	115	72	43
42	85	59	26	117	76	41	113	80	33
43	56	39	17	118	79	39	87	54	33
44	42	31	11	47	27	20	83	56	27
45-49岁	**122**	**62**	**60**	**176**	**102**	**74**	**202**	**107**	**95**
45	32	17	15	49	24	25	50	36	14
46	25	11	14	40	25	15	45	24	21
47	26	10	16	31	17	14	34	15	19
48	25	15	10	32	24	8	34	18	16
49	14	9	5	24	12	12	39	14	25
50岁及以上	**110**	**58**	**52**	**163**	**69**	**94**	**192**	**101**	**91**
平均初婚年龄	**22.65**	**23.46**	**21.81**	**22.95**	**23.74**	**22.13**	**23.20**	**23.99**	**22.38**

5-4c 续表 6

单位：人

初婚年龄	初婚年份								
	1997年			1998年			1999年		
	小计	男	女	小计	男	女	小计	男	女
总　计	**53735**	**27764**	**25971**	**54372**	**28275**	**26097**	**41294**	**21574**	**19720**
15岁以下	**75**	**16**	**59**	**84**	**17**	**67**	**82**	**17**	**65**
15－19岁	**6641**	**1535**	**5106**	**7017**	**1607**	**5410**	**5869**	**1380**	**4489**
15	334	78	256	376	96	280	247	57	190
16	453	90	363	686	146	540	480	98	382
17	824	174	650	1016	212	804	1084	244	840
18	1613	369	1244	1659	363	1296	1432	290	1142
19	3417	824	2593	3280	790	2490	2626	691	1935
20－24岁	**35345**	**18374**	**16971**	**32791**	**17328**	**15463**	**23831**	**12496**	**11335**
20	5908	1751	4157	5074	1536	3538	4064	1213	2851
21	8197	3894	4303	6667	3089	3578	4549	2106	2443
22	9333	5438	3895	8472	4855	3617	5730	3271	2459
23	7193	4301	2892	7073	4312	2761	5325	3240	2085
24	4714	2990	1724	5505	3536	1969	4163	2666	1497
25－29岁	**8508**	**5787**	**2721**	**10167**	**6657**	**3510**	**8496**	**5708**	**2788**
25	3255	2212	1043	3688	2464	1224	2990	2008	982
26	2171	1509	662	2466	1674	792	2097	1415	682
27	1330	918	412	1735	1169	566	1444	990	454
28	967	629	338	1260	771	489	1110	758	352
29	785	519	266	1018	579	439	855	537	318
30－34岁	**1956**	**1290**	**666**	**2983**	**1827**	**1156**	**2102**	**1358**	**744**
30	562	353	209	981	542	439	671	410	261
31	508	330	178	668	390	278	538	349	189
32	385	261	124	592	398	194	388	260	128
33	302	205	97	408	272	136	293	201	92
34	199	141	58	334	225	109	212	138	74
35－39岁	**381**	**265**	**116**	**537**	**336**	**201**	**380**	**244**	**136**
35	93	57	36	235	152	83	143	89	54
36	46	34	12	101	57	44	105	69	36
37	58	45	13	54	33	21	62	43	19
38	66	52	14	64	37	27	35	20	15
39	118	77	41	83	57	26	35	23	12
40－44岁	**532**	**322**	**210**	**465**	**311**	**154**	**269**	**194**	**75**
40	104	57	47	121	84	37	40	30	10
41	112	71	41	112	71	41	64	44	20
42	129	78	51	96	62	34	63	50	13
43	98	62	36	75	53	22	50	32	18
44	89	54	35	61	41	20	52	38	14
45－49岁	**186**	**105**	**81**	**202**	**121**	**81**	**150**	**108**	**42**
45	68	40	28	53	36	17	47	33	14
46	40	19	21	45	23	22	27	18	9
47	33	20	13	39	24	15	34	27	7
48	20	14	6	31	19	12	26	21	5
49	25	12	13	34	19	15	16	9	7
50岁及以上	**111**	**70**	**41**	**126**	**71**	**55**	**115**	**69**	**46**
平均初婚年龄	**23.41**	**24.26**	**22.51**	**23.79**	**24.65**	**22.86**	**23.74**	**24.74**	**22.66**

5-4c 续表 7

单位：人

初婚年龄	初婚年份								
	2000年			2001年			2002年		
	小计	男	女	小计	男	女	小计	男	女
总　计	**44576**	**23796**	**20780**	**29133**	**15412**	**13721**	**33220**	**17722**	**15498**
15岁以下	**194**	**54**	**140**	**105**	**25**	**80**	**110**	**29**	**81**
15—19岁	**7790**	**1992**	**5798**	**5561**	**1423**	**4138**	**5789**	**1488**	**4301**
15	486	144	342	349	107	242	475	135	340
16	701	183	518	473	104	369	707	160	547
17	1187	251	936	739	161	578	857	210	647
18	2311	584	1727	1325	329	996	1256	317	939
19	3105	830	2275	2675	722	1953	2494	666	1828
20—24岁	**23592**	**12725**	**10867**	**14813**	**7776**	**7037**	**17113**	**8759**	**8354**
20	4118	1367	2751	3122	944	2178	4107	1341	2766
21	4900	2296	2604	3090	1449	1641	3666	1679	1987
22	5160	2961	2199	3306	1909	1397	3606	2064	1542
23	5018	3142	1876	2734	1748	986	3159	1944	1215
24	4396	2959	1437	2561	1726	835	2575	1731	844
25—29岁	**9762**	**6870**	**2892**	**6496**	**4727**	**1769**	**7469**	**5569**	**1900**
25	3456	2379	1077	2127	1516	611	2204	1590	614
26	2505	1763	742	1652	1212	440	1926	1498	428
27	1679	1213	466	1269	930	339	1484	1104	380
28	1209	870	339	841	628	213	1088	825	263
29	913	645	268	607	441	166	767	552	215
30—34岁	**2114**	**1393**	**721**	**1466**	**993**	**473**	**1906**	**1319**	**587**
30	658	438	220	504	351	153	627	448	179
31	512	343	169	350	241	109	461	332	129
32	415	273	142	249	166	83	350	241	109
33	303	201	102	230	154	76	274	187	87
34	226	138	88	133	81	52	194	111	83
35—39岁	**549**	**362**	**187**	**431**	**291**	**140**	**499**	**332**	**167**
35	176	114	62	151	91	60	140	89	51
36	157	105	52	109	82	27	120	86	34
37	114	81	33	73	50	23	106	72	34
38	68	40	28	65	47	18	72	49	23
39	34	22	12	33	21	12	61	36	25
40—44岁	**272**	**196**	**76**	**104**	**74**	**30**	**113**	**73**	**40**
40	37	22	15	8	4	4	31	18	13
41	52	39	13	18	12	6	15	9	6
42	72	54	18	19	15	4	11	8	3
43	58	42	16	30	21	9	21	16	5
44	53	39	14	29	22	7	35	22	13
45—49岁	**173**	**129**	**44**	**98**	**69**	**29**	**135**	**101**	**34**
45	42	33	9	21	17	4	32	28	4
46	43	30	13	25	14	11	29	21	8
47	41	31	10	19	14	5	20	13	7
48	26	20	6	18	12	6	32	21	11
49	21	15	6	15	12	3	22	18	4
50岁及以上	**130**	**75**	**55**	**59**	**34**	**25**	**86**	**52**	**34**
平均初婚年龄	**23.63**	**24.72**	**22.38**	**23.53**	**24.74**	**22.17**	**23.65**	**24.89**	**22.22**

5-4c 续表 8

单位：人

初婚年龄	初婚年份								
	2003年			2004年			2005年		
	小计	男	女	小计	男	女	小计	男	女
总　计	**33526**	**17754**	**15772**	**33134**	**17661**	**15473**	**36633**	**19645**	**16988**
15岁以下	**70**	**17**	**53**	**86**	**21**	**65**	**93**	**23**	**70**
15–19岁	**6021**	**1543**	**4478**	**6482**	**1687**	**4795**	**7872**	**2275**	**5597**
15	434	103	331	420	115	305	470	141	329
16	786	198	588	653	153	500	737	197	540
17	1095	266	829	1227	289	938	1206	281	925
18	1433	345	1088	1763	424	1339	2221	655	1566
19	2273	631	1642	2419	706	1713	3238	1001	2237
20–24岁	**17236**	**8856**	**8380**	**16583**	**8791**	**7792**	**17740**	**9564**	**8176**
20	3498	1194	2304	2997	1027	1970	3573	1216	2357
21	4467	2058	2409	3675	1698	1977	3429	1612	1817
22	3890	2222	1668	4489	2597	1892	3922	2300	1622
23	2886	1739	1147	3130	1942	1188	4041	2569	1472
24	2495	1643	852	2292	1527	765	2775	1867	908
25–29岁	**7085**	**5219**	**1866**	**6572**	**4825**	**1747**	**6750**	**4881**	**1869**
25	1933	1346	587	1911	1345	566	1958	1336	622
26	1717	1266	451	1422	1041	381	1592	1145	447
27	1428	1093	335	1266	957	309	1215	909	306
28	1125	869	256	1078	826	252	1027	784	243
29	882	645	237	895	656	239	958	707	251
30–34岁	**2151**	**1489**	**662**	**2330**	**1643**	**687**	**2845**	**2027**	**818**
30	658	458	200	733	535	198	822	594	228
31	530	371	159	545	380	165	725	515	210
32	428	296	132	414	299	115	527	387	140
33	316	219	97	365	246	119	438	298	140
34	219	145	74	273	183	90	333	233	100
35–39岁	**592**	**385**	**207**	**687**	**428**	**259**	**809**	**539**	**270**
35	209	132	77	210	137	73	247	175	72
36	125	87	38	169	95	74	193	120	73
37	108	72	36	112	79	33	149	101	48
38	71	43	28	109	57	52	116	77	39
39	79	51	28	87	60	27	104	66	38
40–44岁	**155**	**96**	**59**	**186**	**120**	**66**	**247**	**159**	**88**
40	72	37	35	78	51	27	68	39	29
41	24	18	6	42	27	15	79	52	27
42	16	14	2	27	17	10	60	42	18
43	24	14	10	18	11	7	16	12	4
44	19	13	6	21	14	7	24	14	10
45–49岁	**122**	**94**	**28**	**103**	**82**	**21**	**108**	**75**	**33**
45	31	22	9	20	12	8	20	13	7
46	24	19	5	22	19	3	14	9	5
47	21	18	3	17	13	4	26	19	7
48	26	19	7	19	17	2	27	19	8
49	20	16	4	25	21	4	21	15	6
50岁及以上	**94**	**55**	**39**	**105**	**64**	**41**	**169**	**102**	**67**
平均初婚年龄	**23.70**	**24.96**	**22.29**	**23.76**	**25.02**	**22.32**	**23.82**	**25.08**	**22.36**

5-4c 续表 9

单位：人

初婚年龄	初婚年份								
	2006年			2007年			2008年		
	小计	男	女	小计	男	女	小计	男	女
总 计	**35595**	**18813**	**16782**	**35668**	**18715**	**16953**	**41645**	**21769**	**19876**
15岁以下	**75**	**13**	**62**	**62**	**15**	**47**	**62**	**12**	**50**
15–19岁	**7245**	**2032**	**5213**	**6609**	**1822**	**4787**	**7244**	**2028**	**5216**
15	285	73	212	281	70	211	322	72	250
16	606	157	449	496	128	368	562	137	425
17	1051	255	796	1069	284	785	1067	257	810
18	1815	496	1319	1722	478	1244	1995	547	1448
19	3488	1051	2437	3041	862	2179	3298	1015	2283
20–24岁	**17979**	**9316**	**8663**	**18615**	**9332**	**9283**	**22678**	**11399**	**11279**
20	4536	1509	3027	5036	1729	3307	4776	1600	3176
21	3860	1785	2075	4736	2160	2576	6347	2891	3456
22	3385	1926	1459	3806	2148	1658	5697	3208	2489
23	3088	1941	1147	2617	1626	991	3458	2099	1359
24	3110	2155	955	2420	1669	751	2400	1601	799
25–29岁	**6398**	**4703**	**1695**	**6393**	**4700**	**1693**	**7172**	**5172**	**2000**
25	2089	1484	605	2247	1592	655	2185	1563	622
26	1483	1081	402	1562	1163	399	2050	1473	577
27	1189	907	282	1017	763	254	1232	907	325
28	869	635	234	837	643	194	923	671	252
29	768	596	172	730	539	191	782	558	224
30–34岁	**2667**	**1932**	**735**	**2598**	**1920**	**678**	**2585**	**1884**	**701**
30	728	524	204	620	460	160	583	422	161
31	611	445	166	651	487	164	565	415	150
32	554	419	135	548	404	144	558	411	147
33	449	324	125	434	310	124	471	348	123
34	325	220	105	345	259	86	408	288	120
35–39岁	**789**	**515**	**274**	**886**	**606**	**280**	**1145**	**800**	**345**
35	267	182	85	279	195	84	335	239	96
36	175	113	62	199	135	64	284	213	71
37	133	90	43	154	102	52	213	143	70
38	121	69	52	137	97	40	181	117	64
39	93	61	32	117	77	40	132	88	44
40–44岁	**260**	**178**	**82**	**278**	**177**	**101**	**447**	**282**	**165**
40	75	54	21	70	50	20	129	78	51
41	64	38	26	67	38	29	93	60	33
42	52	35	17	54	34	20	101	69	32
43	51	36	15	45	26	19	61	37	24
44	18	15	3	42	29	13	63	38	25
45–49岁	**58**	**40**	**18**	**75**	**48**	**27**	**112**	**59**	**53**
45	8	7	1	21	14	7	45	24	21
46	10	5	5	16	7	9	23	9	14
47	9	5	4	17	12	5	11	6	5
48	20	16	4	7	5	2	20	11	9
49	11	7	4	14	10	4	13	9	4
50岁及以上	**124**	**84**	**40**	**152**	**95**	**57**	**200**	**133**	**67**
平均初婚年龄	**23.71**	**25.03**	**22.22**	**23.73**	**25.05**	**22.27**	**23.80**	**25.03**	**22.45**

5-4c 续表 10 单位：人

初婚年龄	初婚年份								
	2009年			2010年			2011年		
	小计	男	女	小计	男	女	小计	男	女
总　计	**40403**	**21166**	**19237**	**45089**	**23578**	**21511**	**34222**	**17867**	**16355**
15岁以下	**71**	**14**	**57**	**84**	**10**	**74**	**58**	**10**	**48**
15-19岁	**6394**	**1817**	**4577**	**6635**	**1921**	**4714**	**4892**	**1437**	**3455**
15	275	66	209	358	79	279	246	52	194
16	534	125	409	599	147	452	447	123	324
17	880	237	643	999	264	735	825	222	603
18	1619	452	1167	1740	514	1226	1296	386	910
19	3086	937	2149	2939	917	2022	2078	654	1424
20-24岁	**22787**	**11580**	**11207**	**26568**	**13503**	**13065**	**19617**	**9765**	**9852**
20	4433	1480	2953	4846	1650	3196	3401	1117	2284
21	5133	2361	2772	5570	2457	3113	4281	1851	2430
22	6304	3494	2810	6094	3300	2794	4458	2353	2105
23	4370	2637	1733	6069	3566	2503	3802	2169	1633
24	2547	1608	939	3989	2530	1459	3675	2275	1400
25-29岁	**6500**	**4568**	**1932**	**7034**	**4825**	**2209**	**6221**	**4227**	**1994**
25	1822	1252	570	2270	1513	757	2427	1630	797
26	1543	1077	466	1502	1031	471	1339	880	459
27	1462	1054	408	1288	911	377	893	635	258
28	1015	728	287	1176	824	352	774	552	222
29	658	457	201	798	546	252	788	530	258
30-34岁	**2555**	**1789**	**766**	**2445**	**1712**	**733**	**1859**	**1313**	**546**
30	632	444	188	625	428	197	552	376	176
31	509	339	170	556	392	164	396	284	112
32	503	359	144	438	308	130	328	237	91
33	468	332	136	422	294	128	301	216	85
34	443	315	128	404	290	114	282	200	82
35-39岁	**1315**	**891**	**424**	**1395**	**984**	**411**	**1011**	**712**	**299**
35	378	266	112	408	289	119	283	201	82
36	292	201	91	304	215	89	246	178	68
37	251	170	81	265	190	75	199	144	55
38	214	147	67	213	153	60	141	92	49
39	180	107	73	205	137	68	142	97	45
40-44岁	**469**	**311**	**158**	**501**	**338**	**163**	**349**	**245**	**104**
40	138	94	44	151	112	39	104	77	27
41	109	72	37	113	76	37	92	67	25
42	83	52	31	104	69	35	65	45	20
43	88	60	28	75	44	31	48	34	14
44	51	33	18	58	37	21	40	22	18
45-49岁	**147**	**89**	**58**	**200**	**132**	**68**	**120**	**91**	**29**
45	57	34	23	67	50	17	33	26	7
46	49	35	14	52	30	22	30	22	8
47	15	11	4	51	32	19	30	22	8
48	13	5	8	23	14	9	21	16	5
49	13	4	9	7	6	1	6	5	1
50岁及以上	**165**	**107**	**58**	**227**	**153**	**74**	**95**	**67**	**28**
平均初婚年龄	**24.01**	**25.15**	**22.75**	**24.02**	**25.15**	**22.78**	**24.02**	**25.15**	**22.78**

5-4c 续表 11

单位：人

初婚年龄	初婚年份								
	2012年			2013年			2014年		
	小计	男	女	小计	男	女	小计	男	女
总　计	**39033**	**20297**	**18736**	**36554**	**18950**	**17604**	**36778**	**18969**	**17809**
15岁以下	**62**	**8**	**54**	**47**	**8**	**39**	**33**	**5**	**28**
15-19岁	**5312**	**1537**	**3775**	**4730**	**1369**	**3361**	**4489**	**1273**	**3216**
15	259	53	206	231	53	178	195	44	151
16	485	113	372	432	102	330	415	94	321
17	871	230	641	742	210	532	719	188	531
18	1325	414	911	1218	352	866	1141	324	817
19	2372	727	1645	2107	652	1455	2019	623	1396
20-24岁	**21166**	**10397**	**10769**	**19063**	**9203**	**9860**	**18195**	**8545**	**9650**
20	3435	1110	2325	3175	1006	2169	2997	934	2063
21	4132	1798	2334	3631	1514	2117	3456	1352	2104
22	5362	2782	2580	4247	2197	2050	3880	1949	1931
23	4471	2464	2007	4379	2393	1986	3836	2015	1821
24	3766	2243	1523	3631	2093	1538	4026	2295	1731
25-29岁	**8297**	**5489**	**2808**	**8617**	**5634**	**2983**	**9673**	**6260**	**3413**
25	3404	2144	1260	2860	1803	1057	3077	1885	1192
26	2245	1493	752	2637	1724	913	2448	1575	873
27	1198	825	373	1580	1077	503	2067	1387	680
28	785	550	235	893	601	292	1354	926	428
29	665	477	188	647	429	218	727	487	240
30-34岁	**2157**	**1464**	**693**	**2169**	**1449**	**720**	**2229**	**1446**	**783**
30	721	506	215	584	376	208	541	342	199
31	505	330	175	580	386	194	503	322	181
32	358	245	113	376	267	109	526	361	165
33	329	213	116	350	223	127	384	237	147
34	244	170	74	279	197	82	275	184	91
35-39岁	**1117**	**807**	**310**	**1007**	**697**	**310**	**1045**	**725**	**320**
35	275	209	66	196	131	65	246	174	72
36	271	187	84	224	158	66	205	141	64
37	219	161	58	208	151	57	215	141	74
38	189	135	54	200	142	58	201	148	53
39	163	115	48	179	115	64	178	121	57
40-44岁	**528**	**346**	**182**	**543**	**354**	**189**	**639**	**427**	**212**
40	152	88	64	146	96	50	164	104	60
41	126	93	33	132	83	49	134	97	37
42	104	70	34	113	76	37	143	101	42
43	75	46	29	81	53	28	116	73	43
44	71	49	22	71	46	25	82	52	30
45-49岁	**234**	**145**	**89**	**206**	**126**	**80**	**249**	**150**	**99**
45	61	40	21	68	37	31	59	32	27
46	54	32	22	43	27	16	57	39	18
47	44	22	22	34	25	9	45	25	20
48	45	32	13	29	15	14	50	35	15
49	30	19	11	32	22	10	38	19	19
50岁及以上	**160**	**104**	**56**	**172**	**110**	**62**	**226**	**138**	**88**
平均初婚年龄	**24.32**	**25.41**	**23.14**	**24.57**	**25.63**	**23.41**	**24.92**	**26.03**	**23.73**

5-4c　续表 12　　　　单位：人

初婚年龄	初婚年份								
	2015年			2016年			2017年		
	小计	男	女	小计	男	女	小计	男	女
总　计	**37938**	**19297**	**18641**	**32963**	**16761**	**16202**	**30324**	**15198**	**15126**
15岁以下	**36**	**7**	**29**	**31**	**5**	**26**	**26**	**4**	**22**
15–19岁	**4155**	**1069**	**3086**	**3116**	**781**	**2335**	**2546**	**659**	**1887**
15	183	28	155	119	21	98	126	20	106
16	375	70	305	258	49	209	186	43	143
17	607	179	428	509	108	401	388	82	306
18	1073	284	789	832	199	633	638	167	471
19	1917	508	1409	1398	404	994	1208	347	861
20–24岁	**18130**	**8341**	**9789**	**15541**	**6924**	**8617**	**13744**	**5900**	**7844**
20	2952	898	2054	2375	721	1654	1982	546	1436
21	3400	1322	2078	2977	1110	1867	2551	932	1619
22	4275	2106	2169	3666	1712	1954	3167	1423	1744
23	3761	1939	1822	3456	1738	1718	3045	1447	1598
24	3742	2076	1666	3067	1643	1424	2999	1552	1447
25–29岁	**11124**	**6909**	**4215**	**10071**	**6264**	**3807**	**9519**	**5687**	**3832**
25	3723	2148	1575	2757	1577	1180	2664	1434	1230
26	2673	1672	1001	2694	1664	1030	2346	1399	947
27	1986	1293	693	1904	1223	681	2029	1250	779
28	1702	1123	579	1447	953	494	1372	883	489
29	1040	673	367	1269	847	422	1108	721	387
30–34岁	**2307**	**1521**	**786**	**2206**	**1451**	**755**	**2508**	**1652**	**856**
30	663	432	231	823	548	275	993	650	343
31	442	279	163	472	306	166	620	413	207
32	465	310	155	324	214	110	399	265	134
33	446	300	146	297	201	96	267	174	93
34	291	200	91	290	182	108	229	150	79
35–39岁	**921**	**632**	**289**	**822**	**559**	**263**	**750**	**494**	**256**
35	234	154	80	235	164	71	244	164	80
36	172	110	62	168	103	65	163	109	54
37	178	133	45	149	107	42	137	81	56
38	160	102	58	127	99	28	116	79	37
39	177	133	44	143	86	57	90	61	29
40–44岁	**682**	**444**	**238**	**617**	**417**	**200**	**575**	**392**	**183**
40	162	107	55	146	100	46	125	80	45
41	169	113	56	136	90	46	132	94	38
42	132	82	50	137	89	48	130	91	39
43	129	85	44	109	78	31	106	71	35
44	90	57	33	89	60	29	82	56	26
45–49岁	**310**	**201**	**109**	**290**	**188**	**102**	**312**	**201**	**111**
45	85	57	28	74	41	33	80	50	30
46	73	49	24	68	41	27	83	51	32
47	56	36	20	52	40	12	65	44	21
48	51	33	18	57	38	19	43	29	14
49	45	26	19	39	28	11	41	27	14
50岁及以上	**273**	**173**	**100**	**269**	**172**	**97**	**344**	**209**	**135**
平均初婚年龄	**25.11**	**26.26**	**23.92**	**25.39**	**26.57**	**24.16**	**25.75**	**26.94**	**24.55**

5-4c 续表 13 单位：人

初婚年龄	初婚年份								
	2018年			2019年			2020年		
	小计	男	女	小计	男	女	小计	男	女
总 计	**34222**	**16763**	**17459**	**24725**	**12483**	**12242**	**15604**	**7857**	**7747**
15岁以下	**39**	**4**	**35**	**16**	**1**	**15**	**2**		**2**
15-19岁	**2766**	**655**	**2111**	**1886**	**474**	**1412**	**734**	**159**	**575**
15	128	20	108	106	22	84	27	4	23
16	261	51	210	192	33	159	66	14	52
17	401	88	313	295	80	215	103	29	74
18	751	183	568	480	133	347	206	51	155
19	1225	313	912	813	206	607	332	61	271
20-24岁	**14818**	**6061**	**8757**	**9837**	**4032**	**5805**	**5373**	**2201**	**3172**
20	1860	463	1397	1189	327	862	550	135	415
21	2570	826	1744	1620	533	1087	766	238	528
22	3305	1430	1875	2108	854	1254	1208	512	696
23	3581	1604	1977	2399	1087	1312	1247	546	701
24	3502	1738	1764	2521	1231	1290	1602	770	832
25-29岁	**11339**	**6562**	**4777**	**8360**	**4958**	**3402**	**5408**	**3049**	**2359**
25	3145	1645	1500	2229	1221	1008	1483	734	749
26	2633	1443	1190	1997	1111	886	1287	728	559
27	2240	1368	872	1577	954	623	1065	611	454
28	1991	1249	742	1356	888	468	893	546	347
29	1330	857	473	1201	784	417	680	430	250
30-34岁	**3143**	**2102**	**1041**	**2665**	**1775**	**890**	**2009**	**1274**	**735**
30	1040	693	347	842	570	272	590	390	200
31	856	572	284	646	442	204	438	280	158
32	606	415	191	569	363	206	385	249	136
33	378	259	119	388	249	139	337	201	136
34	263	163	100	220	151	69	259	154	105
35-39岁	**842**	**554**	**288**	**696**	**445**	**251**	**633**	**357**	**276**
35	203	131	72	154	101	53	150	87	63
36	251	167	84	155	95	60	118	76	42
37	147	97	50	173	111	62	108	63	45
38	135	85	50	120	79	41	134	74	60
39	106	74	32	94	59	35	123	57	66
40-44岁	**531**	**367**	**164**	**512**	**328**	**184**	**503**	**279**	**224**
40	99	66	33	103	57	46	133	61	72
41	101	69	32	89	55	34	84	39	45
42	101	72	29	119	76	43	113	69	44
43	135	97	38	105	68	37	91	59	32
44	95	63	32	96	72	24	82	51	31
45-49岁	**326**	**215**	**111**	**372**	**241**	**131**	**351**	**226**	**125**
45	81	54	27	92	65	27	91	53	38
46	68	52	16	69	43	26	88	52	36
47	72	47	25	85	47	38	68	50	18
48	50	28	22	74	50	24	50	32	18
49	55	34	21	52	36	16	54	39	15
50岁及以上	**418**	**243**	**175**	**381**	**229**	**152**	**591**	**312**	**279**
平均初婚年龄	**25.93**	**27.21**	**24.70**	**26.55**	**27.82**	**25.26**	**28.18**	**29.22**	**27.13**

5-5 全省分年龄、性别、初婚年龄的人口

单位：人

年龄	初婚年龄					
	合计			15岁以下		
	合计	男	女	小计	男	女
总计	**6041807**	**2902917**	**3138890**	**9965**	**1999**	**7966**
20岁以下	**3586**	**747**	**2839**	**212**	**31**	**181**
20-24岁	**76540**	**22898**	**53642**	**395**	**63**	**332**
20	3867	811	3056	47	8	39
21	6991	1627	5364	74	10	64
22	13158	3505	9653	79	15	64
23	20927	6345	14582	82	12	70
24	31597	10610	20987	113	18	95
25-29岁	**337206**	**140034**	**197172**	**557**	**122**	**435**
25	46718	16975	29743	118	25	93
26	56038	21900	34138	102	18	84
27	70957	29205	41752	100	23	77
28	76637	33066	43571	127	29	98
29	86856	38888	47968	110	27	83
30-34岁	**601755**	**286036**	**315719**	**962**	**246**	**716**
30	110887	51010	59877	155	39	116
31	113564	53403	60161	193	50	143
32	111449	52983	58466	193	58	135
33	138618	66809	71809	208	49	159
34	127237	61831	65406	213	50	163
35-39岁	**459804**	**228007**	**231797**	**607**	**127**	**480**
35	92134	45191	46943	170	47	123
36	78971	39046	39925	99	15	84
37	82810	41231	41579	86	12	74
38	108069	53933	54136	144	30	114
39	97820	48606	49214	108	23	85
40-44岁	**492259**	**242599**	**249660**	**849**	**182**	**667**
40	77204	38118	39086	120	25	95
41	90722	44792	45930	149	37	112
42	87905	42988	44917	168	36	132
43	105552	51978	53574	189	38	151
44	130876	64723	66153	223	46	177
45-49岁	**835335**	**413455**	**421880**	**852**	**206**	**646**
45	150331	74061	76270	225	59	166
46	165598	81669	83929	157	38	119
47	168428	83817	84611	177	41	136
48	172232	85046	87186	151	35	116
49	178746	88862	89884	142	33	109
50-54岁	**832549**	**409232**	**423317**	**1054**	**235**	**819**
50	178389	88262	90127	175	37	138
51	164956	81190	83766	222	61	161
52	181269	88853	92416	250	73	177
53	142149	69055	73094	191	28	163
54	165786	81872	83914	216	36	180
55-59岁	**626389**	**307263**	**319126**	**619**	**82**	**537**
55	157310	77639	79671	211	37	174
56	157746	77367	80379	122	16	106
57	174258	86294	87964	139	16	123
58	93053	45115	47938	91	6	85
59	44022	20848	23174	56	7	49
60-64岁	**402629**	**200828**	**201801**	**713**	**121**	**592**
60	51580	24986	26594	69	11	58
61	56589	28867	27722	99	18	81
62	91514	46127	45387	146	22	124
63	101253	50448	50805	196	33	163
64	101693	50400	51293	203	37	166
65岁及以上	**1373755**	**651818**	**721937**	**3145**	**584**	**2561**

5-5 续表 1

单位：人

年 龄	初婚年龄								
	15岁			16岁			17岁		
	小计	男	女	小计	男	女	小计	男	女
总 计	**44405**	**9757**	**34648**	**78932**	**15999**	**62933**	**146504**	**29850**	**116654**
20岁以下	**583**	**104**	**479**	**830**	**157**	**673**	**909**	**214**	**695**
20-24岁	**1498**	**314**	**1184**	**2659**	**567**	**2092**	**4236**	**977**	**3259**
20	207	34	173	324	74	250	570	108	462
21	289	65	224	461	85	376	617	129	488
22	292	72	220	572	115	457	897	232	665
23	358	76	282	617	146	471	989	228	761
24	352	67	285	685	147	538	1163	280	883
25-29岁	**2359**	**562**	**1797**	**4114**	**991**	**3123**	**7297**	**1828**	**5469**
25	519	112	407	713	178	535	1313	324	989
26	444	100	344	859	215	644	1329	344	985
27	491	110	381	849	192	657	1623	387	1236
28	461	124	337	890	211	679	1464	367	1097
29	444	116	328	803	195	608	1568	406	1162
30-34岁	**3733**	**1129**	**2604**	**5983**	**1553**	**4430**	**9870**	**2444**	**7426**
30	682	204	478	966	258	708	1838	453	1385
31	774	248	526	1240	338	902	1803	466	1337
32	720	198	522	1110	297	813	1968	487	1481
33	835	255	580	1378	346	1032	2213	533	1680
34	722	224	498	1289	314	975	2048	505	1543
35-39岁	**2929**	**737**	**2192**	**4808**	**1107**	**3701**	**8518**	**1852**	**6666**
35	761	213	548	866	202	664	1574	372	1202
36	597	166	431	1039	259	780	1311	284	1027
37	515	122	393	982	237	745	1767	399	1368
38	586	147	439	1076	224	852	2141	442	1699
39	470	89	381	845	185	660	1725	355	1370
40-44岁	**3205**	**855**	**2350**	**5207**	**1316**	**3891**	**9215**	**2162**	**7053**
40	475	104	371	724	141	583	1301	250	1051
41	670	182	488	1113	265	848	1718	404	1314
42	598	143	455	925	232	693	1846	442	1404
43	714	210	504	1049	291	758	1986	472	1514
44	748	216	532	1396	387	1009	2364	594	1770
45-49岁	**4400**	**1178**	**3222**	**7947**	**1956**	**5991**	**15810**	**3946**	**11864**
45	1061	298	763	1344	325	1019	2586	639	1947
46	1039	317	722	1866	490	1376	2704	660	2044
47	817	207	610	1776	462	1314	3561	959	2602
48	759	185	574	1587	349	1238	3694	940	2754
49	724	171	553	1374	330	1044	3265	748	2517
50-54岁	**4521**	**1188**	**3333**	**8961**	**1967**	**6994**	**18047**	**3973**	**14074**
50	961	253	708	1558	377	1181	3095	686	2409
51	952	277	675	2105	483	1622	3721	850	2871
52	945	244	701	2148	480	1668	4534	1025	3509
53	805	185	620	1466	292	1174	3425	717	2708
54	858	229	629	1684	335	1349	3272	695	2577
55-59岁	**3345**	**614**	**2731**	**6004**	**1043**	**4961**	**12331**	**2132**	**10199**
55	1122	265	857	1446	255	1191	3073	638	2435
56	883	157	726	1908	392	1516	3040	526	2514
57	777	123	654	1649	276	1373	3770	643	3127
58	365	44	321	705	90	615	1868	254	1614
59	198	25	173	296	30	266	580	71	509
60-64岁	**2525**	**507**	**2018**	**3919**	**728**	**3191**	**6443**	**1101**	**5342**
60	304	55	249	352	35	317	574	82	492
61	372	76	296	567	118	449	786	129	657
62	553	105	448	861	165	696	1436	241	1195
63	646	138	508	985	180	805	1747	325	1422
64	650	133	517	1154	230	924	1900	324	1576
65岁及以上	**15307**	**2569**	**12738**	**28500**	**4614**	**23886**	**53828**	**9221**	**44607**

5—5 续表 2 单位：人

年龄	初婚年龄								
	18岁			19岁			20岁		
	小计	男	女	小计	男	女	小计	男	女
总　计	**255802**	**57384**	**198418**	**465179**	**119891**	**345288**	**679548**	**207893**	**471655**
20岁以下	**796**	**183**	**613**	**256**	**58**	**198**			
20—24岁	**6442**	**1549**	**4893**	**10221**	**2459**	**7762**	**13720**	**3158**	**10562**
20	952	227	725	1109	239	870	658	121	537
21	1024	253	771	1703	417	1286	1962	467	1495
22	1191	275	916	2112	510	1602	3205	677	2528
23	1553	380	1173	2293	568	1725	3588	839	2749
24	1722	414	1308	3004	725	2279	4307	1054	3253
25—29岁	**12150**	**3235**	**8915**	**20914**	**5505**	**15409**	**31242**	**8477**	**22765**
25	2033	529	1504	3623	850	2773	5525	1411	4114
26	2194	596	1598	3726	1015	2711	5735	1483	4252
27	2415	655	1760	4386	1150	3236	6366	1689	4677
28	2600	682	1918	4179	1121	3058	6733	1878	4855
29	2908	773	2135	5000	1369	3631	6883	2016	4867
30—34岁	**16995**	**4328**	**12667**	**31672**	**8384**	**23288**	**49453**	**14405**	**35048**
30	3258	807	2451	6067	1606	4461	9232	2651	6581
31	3193	838	2355	6228	1727	4501	9787	2910	6877
32	2949	805	2144	5690	1504	4186	9127	2691	6436
33	4013	1018	2995	6839	1813	5026	10944	3199	7745
34	3582	860	2722	6848	1734	5114	10363	2954	7409
35—39岁	**14504**	**3234**	**11270**	**25497**	**6151**	**19346**	**37333**	**10304**	**27029**
35	2659	617	2042	5136	1296	3840	7705	2216	5489
36	2332	525	1807	4235	1012	3223	6448	1847	4601
37	2293	538	1755	4503	1109	3394	6632	1883	4749
38	3727	823	2904	5383	1280	4103	8930	2417	6513
39	3493	731	2762	6240	1454	4786	7618	1941	5677
40—44岁	**16598**	**3803**	**12795**	**33859**	**7916**	**25943**	**51862**	**13932**	**37930**
40	2527	513	2014	5199	1187	4012	7508	2043	5465
41	2870	634	2236	6129	1379	4750	9565	2590	6975
42	2979	668	2311	5872	1319	4553	9526	2505	7021
43	3714	896	2818	7243	1718	5525	11045	2917	8128
44	4508	1092	3416	9416	2313	7103	14218	3877	10341
45—49岁	**31216**	**7920**	**23296**	**64014**	**16287**	**47727**	**99435**	**29366**	**70069**
45	5094	1286	3808	10838	2766	8072	17796	5080	12716
46	5856	1531	4325	11980	2983	8997	19646	5588	14058
47	5654	1426	4228	12941	3365	9576	19734	5901	13833
48	7097	1787	5310	12865	3234	9631	21315	6383	14932
49	7515	1890	5625	15390	3939	11451	20944	6414	14530
50—54岁	**37310**	**8823**	**28487**	**77549**	**19936**	**57613**	**118083**	**37412**	**80671**
50	6902	1659	5243	16113	4146	11967	24397	7502	16895
51	6692	1662	5030	14365	3710	10655	24152	7914	16238
52	8259	1937	6322	15787	4081	11706	25427	7878	17549
53	7643	1734	5909	14082	3523	10559	19688	6124	13564
54	7814	1831	5983	17202	4476	12726	24419	7994	16425
55—59岁	**24296**	**4676**	**19620**	**51533**	**12403**	**39130**	**84678**	**26412**	**58266**
55	6026	1416	4610	14494	3921	10573	24694	8174	16520
56	6192	1286	4906	12341	3138	9203	22272	7161	15111
57	6399	1159	5240	13417	3249	10168	20874	6605	14269
58	4187	638	3549	7630	1472	6158	11753	3287	8466
59	1492	177	1315	3651	623	3028	5085	1185	3900
60—64岁	**10163**	**1828**	**8335**	**18469**	**4329**	**14140**	**30547**	**8485**	**22062**
60	1123	165	958	2920	572	2348	6174	1435	4739
61	1068	189	879	2540	611	1929	4973	1467	3506
62	1988	327	1661	3425	806	2619	6329	1800	4529
63	2786	510	2276	4251	1010	3241	6242	1750	4492
64	3198	637	2561	5333	1330	4003	6829	2033	4796
65岁及以上	**85332**	**17805**	**67527**	**131195**	**36463**	**94732**	**163195**	**55942**	**107253**

5-5　续表 3

单位：人

年　龄	初婚年龄								
	21岁			22岁			23岁		
	小计	男	女	小计	男	女	小计	男	女
总　计	**765037**	**331674**	**433363**	**801788**	**418247**	**383541**	**649744**	**350635**	**299109**
20岁以下									
20-24岁	**13872**	**4151**	**9721**	**13176**	**5245**	**7931**	**7653**	**3251**	**4402**
20									
21	861	201	660						
22	2998	853	2145	1812	756	1056			
23	4649	1391	3258	4615	1812	2803	2183	893	1290
24	5364	1706	3658	6749	2677	4072	5470	2358	3112
25-29岁	**36745**	**13226**	**23519**	**44296**	**19639**	**24657**	**45348**	**20376**	**24972**
25	6152	2030	4122	7795	3181	4614	8531	3577	4954
26	6783	2345	4438	7838	3378	4460	8221	3574	4647
27	7716	2757	4959	9654	4283	5371	8956	4099	4857
28	7487	2800	4687	9272	4280	4992	9620	4427	5193
29	8607	3294	5313	9737	4517	5220	10020	4699	5321
30-34岁	**58383**	**23362**	**35021**	**68415**	**33264**	**35151**	**63839**	**32088**	**31751**
30	9918	3829	6089	12634	5959	6675	11697	5628	6069
31	11267	4496	6771	11737	5590	6147	12241	6094	6147
32	11243	4542	6701	12864	6228	6636	10704	5253	5451
33	14034	5676	8358	16416	8118	8298	15498	7946	7552
34	11921	4819	7102	14764	7369	7395	13699	7167	6532
35-39岁	**43239**	**17203**	**26036**	**48162**	**24006**	**24156**	**45205**	**24244**	**20961**
35	8669	3522	5147	9732	4914	4818	9357	4930	4427
36	7577	3147	4430	8020	4042	3978	7438	3955	3483
37	7586	3031	4555	8771	4414	4357	7895	4326	3569
38	9990	3834	6156	11200	5517	5683	10971	5883	5088
39	9417	3669	5748	10439	5119	5320	9544	5150	4394
40-44岁	**56890**	**23010**	**33880**	**60432**	**30742**	**29690**	**50090**	**27179**	**22911**
40	6757	2678	4079	8170	4107	4063	7529	3898	3631
41	10363	4173	6190	8907	4565	4342	8832	4804	4028
42	10497	4213	6284	11227	5619	5608	7522	4145	3377
43	12917	5145	7772	14091	7184	6907	11485	6295	5190
44	16356	6801	9555	18037	9267	8770	14722	8037	6685
45-49岁	**120337**	**54853**	**65484**	**124357**	**69262**	**55095**	**93456**	**51749**	**41707**
45	19823	8537	11286	20786	11009	9777	17157	9230	7927
46	23877	10617	13260	23873	13174	10699	18048	9719	8329
47	24215	11351	12864	26245	14571	11674	18438	10134	8304
48	24850	11396	13454	25964	14719	11245	20136	11417	8719
49	27572	12952	14620	27489	15789	11700	19677	11249	8428
50-54岁	**134294**	**64703**	**69591**	**132504**	**78384**	**54120**	**88072**	**52658**	**35414**
50	25444	12182	13262	28347	16468	11879	18983	11014	7969
51	27899	13665	14234	23133	13585	9548	17751	10340	7411
52	31223	15021	16202	30015	17836	12179	16970	10178	6792
53	23142	11010	12132	23670	14129	9541	15635	9560	6075
54	26586	12825	13761	27339	16366	10973	18733	11566	7167
55-59岁	**106051**	**49235**	**56816**	**107949**	**61304**	**46645**	**74621**	**44684**	**29937**
55	27142	12944	14198	24673	14328	10345	17422	10516	6906
56	29676	13798	15878	26356	15013	11343	16842	10143	6699
57	29808	13953	15855	34227	19400	14827	21250	12634	8616
58	13234	6122	7112	16298	9181	7117	13025	7848	5177
59	6191	2418	3773	6395	3382	3013	6082	3543	2539
60-64岁	**43273**	**15197**	**28076**	**59949**	**24584**	**35365**	**61136**	**29572**	**31564**
60	6720	2323	4397	7845	3717	4128	6585	3655	2930
61	8741	3019	5722	8755	3757	4998	7742	4335	3407
62	10669	3725	6944	16856	6700	10156	13213	6511	6702
63	9360	3287	6073	14598	5775	8823	18763	8684	10079
64	7783	2843	4940	11895	4635	7260	14833	6387	8446
65岁及以上	**151953**	**66734**	**85219**	**142548**	**71817**	**70731**	**120324**	**64834**	**55490**

5-5 续表 4

单位：人

年 龄	初婚年龄								
	24岁			25岁			26岁		
	小计	男	女	小计	男	女	小计	男	女
总 计	**525123**	**303663**	**221460**	**412639**	**253760**	**158879**	**304939**	**195329**	**109610**
20岁以下									
20-24岁	**2668**	**1164**	**1504**						
20									
21									
22									
23									
24	2668	1164	1504						
25-29岁	**45896**	**21587**	**24309**	**37205**	**18221**	**18984**	**25896**	**13347**	**12549**
25	7331	3342	3989	3065	1416	1649			
26	9325	4231	5094	6717	3223	3494	2765	1378	1387
27	9542	4413	5129	9551	4651	4900	6783	3460	3323
28	9181	4434	4747	8912	4421	4491	8214	4190	4024
29	10517	5167	5350	8960	4510	4450	8134	4319	3815
30-34岁	**60985**	**31601**	**29384**	**57378**	**30527**	**26851**	**49977**	**27841**	**22136**
30	12115	6066	6049	12339	6389	5950	9644	5280	4364
31	11730	5970	5760	11185	5849	5336	10215	5627	4588
32	11494	5885	5609	10347	5505	4842	9394	5249	4145
33	12749	6587	6162	12815	6910	5905	10595	5907	4688
34	12897	7093	5804	10692	5874	4818	10129	5778	4351
35-39岁	**42606**	**24123**	**18483**	**38925**	**22805**	**16120**	**33565**	**20147**	**13418**
35	8960	4955	4005	8231	4681	3550	6714	3899	2815
36	7580	4217	3363	7063	4010	3053	5927	3491	2436
37	7232	4031	3201	7345	4265	3080	6420	3795	2625
38	9787	5696	4091	8622	5164	3458	7995	4867	3128
39	9047	5224	3823	7664	4685	2979	6509	4095	2414
40-44岁	**40219**	**23425**	**16794**	**31887**	**19743**	**12144**	**26318**	**17104**	**9214**
40	6637	3820	2817	6018	3563	2455	5014	3157	1857
41	7729	4431	3298	6443	3982	2461	5454	3500	1954
42	7038	4084	2954	5876	3568	2308	4659	3065	1594
43	7456	4412	3044	6630	4212	2418	5371	3487	1884
44	11359	6678	4681	6920	4418	2502	5820	3895	1925
45-49岁	**69183**	**40609**	**28574**	**49724**	**31034**	**18690**	**33821**	**22137**	**11684**
45	12880	7413	5467	9620	5992	3628	5382	3625	1757
46	14307	8282	6025	10015	6186	3829	7228	4732	2496
47	13441	7841	5600	10327	6441	3886	7172	4620	2552
48	13587	7996	5591	9916	6186	3730	7230	4708	2522
49	14968	9077	5891	9846	6229	3617	6809	4452	2357
50-54岁	**57972**	**36443**	**21529**	**38715**	**25776**	**12939**	**25835**	**17840**	**7995**
50	13886	8437	5449	10396	6629	3767	6499	4365	2134
51	11539	7140	4399	8117	5289	2828	5765	3897	1868
52	12553	7910	4643	8037	5385	2652	5495	3779	1716
53	8227	5342	2885	6032	4156	1876	3774	2694	1080
54	11767	7614	4153	6133	4317	1816	4302	3105	1197
55-59岁	**48096**	**31107**	**16989**	**30771**	**21016**	**9755**	**18421**	**12993**	**5428**
55	11431	7483	3948	7397	5033	2364	3706	2679	1027
56	11814	7523	4291	7500	5171	2329	4724	3345	1379
57	12548	8028	4520	8491	5739	2752	5329	3756	1573
58	7605	5006	2599	4612	3149	1463	2983	2057	926
59	4698	3067	1631	2771	1924	847	1679	1156	523
60-64岁	**50440**	**30132**	**20308**	**34688**	**24089**	**10599**	**22802**	**17234**	**5568**
60	5675	3721	1954	4479	3108	1371	2464	1778	686
61	5812	3833	1979	4704	3551	1153	3328	2568	760
62	10297	6390	3907	7326	5317	2009	5482	4296	1186
63	12249	7133	5116	8638	5898	2740	5519	4172	1347
64	16407	9055	7352	9541	6215	3326	6009	4420	1589
65岁及以上	**107058**	**63472**	**43586**	**93346**	**60549**	**32797**	**68304**	**46686**	**21618**

5-5 续表 5

单位：人

年龄	初婚年龄								
	27岁			28岁			29岁		
	小计	男	女	小计	男	女	小计	男	女
总计	**221301**	**147260**	**74041**	**159044**	**108525**	**50519**	**116160**	**79709**	**36451**
20岁以下									
20-24岁									
20									
21									
22									
23									
24									
25-29岁	**14941**	**8175**	**6766**	**6670**	**3845**	**2825**	**1576**	**898**	**678**
25									
26									
27	2525	1336	1189						
28	5386	2922	2464	2111	1180	931			
29	7030	3917	3113	4559	2665	1894	1576	898	678
30-34岁	**39536**	**23000**	**16536**	**30962**	**18699**	**12263**	**22484**	**13938**	**8546**
30	7996	4533	3463	6744	3904	2840	4090	2494	1596
31	7382	4255	3127	5809	3517	2292	4818	2981	1837
32	7746	4507	3239	5361	3233	2128	4137	2585	1552
33	8861	5246	3615	7009	4343	2666	4863	3045	1818
34	7551	4459	3092	6039	3702	2337	4576	2833	1743
35-39岁	**27582**	**17061**	**10521**	**20896**	**13406**	**7490**	**15927**	**10317**	**5610**
35	5737	3466	2271	4146	2570	1576	3263	2032	1231
36	4636	2789	1847	3755	2348	1407	2921	1878	1043
37	4994	3065	1929	3679	2379	1300	2997	1953	1044
38	6623	4160	2463	4881	3158	1723	3493	2317	1176
39	5592	3581	2011	4435	2951	1484	3253	2137	1116
40-44岁	**20971**	**14238**	**6733**	**16616**	**11512**	**5104**	**13387**	**9264**	**4123**
40	3951	2652	1299	3419	2287	1132	2562	1726	836
41	4289	2846	1443	3301	2305	996	2800	1911	889
42	3944	2708	1236	3012	2085	927	2386	1672	714
43	4048	2721	1327	3356	2348	1008	2659	1848	811
44	4739	3311	1428	3528	2487	1041	2980	2107	873
45-49岁	**23902**	**16251**	**7651**	**17062**	**12114**	**4948**	**12904**	**9104**	**3800**
45	4647	3176	1471	3733	2668	1065	2920	2089	831
46	4129	2857	1272	3555	2543	1012	2904	2082	822
47	5023	3458	1565	2826	2049	777	2557	1779	778
48	4993	3367	1626	3488	2458	1030	1995	1403	592
49	5110	3393	1717	3460	2396	1064	2528	1751	777
50-54岁	**18142**	**12712**	**5430**	**13581**	**9269**	**4312**	**10852**	**7082**	**3770**
50	4587	3104	1483	3544	2323	1221	2505	1664	841
51	3760	2572	1188	2869	1891	978	2458	1517	941
52	4177	2953	1224	2807	1957	850	2397	1560	837
53	2760	1977	783	2202	1552	650	1664	1096	568
54	2858	2106	752	2159	1546	613	1828	1245	583
55-59岁	**11660**	**8548**	**3112**	**7961**	**5775**	**2186**	**6005**	**4188**	**1817**
55	2876	2129	747	1935	1419	516	1603	1113	490
56	2501	1875	626	2021	1479	542	1442	1001	441
57	3361	2450	911	1866	1364	502	1600	1131	469
58	1844	1330	514	1355	977	378	808	576	232
59	1078	764	314	784	536	248	552	367	185
60-64岁	**15178**	**11792**	**3386**	**10272**	**7962**	**2310**	**7233**	**5491**	**1742**
60	1485	1057	428	1012	713	299	761	547	214
61	1854	1419	435	1137	873	264	857	630	227
62	3808	2972	836	2183	1691	492	1435	1086	349
63	4154	3286	868	3113	2441	672	1826	1397	429
64	3877	3058	819	2827	2244	583	2354	1831	523
65岁及以上	**49389**	**35483**	**13906**	**35024**	**25943**	**9081**	**25792**	**19427**	**6365**

5-5 续表 6

单位：人

年龄	初婚年龄								
	30岁			31岁			32岁		
	小计	男	女	小计	男	女	小计	男	女
总　计	**86519**	**58846**	**27673**	**63919**	**43228**	**20691**	**49056**	**33267**	**15789**
20岁以下									
20—24岁									
20									
21									
22									
23									
24									
25—29岁									
25									
26									
27									
28									
29									
30—34岁	**14982**	**9170**	**5812**	**8681**	**5470**	**3211**	**4811**	**2997**	**1814**
30	1512	910	602						
31	2933	1800	1133	1029	647	382			
32	3475	2122	1353	2093	1307	786	834	527	307
33	3735	2281	1454	2999	1914	1085	1879	1173	706
34	3327	2057	1270	2560	1602	958	2098	1297	801
35—39岁	**12609**	**8111**	**4498**	**9650**	**6126**	**3524**	**7844**	**4974**	**2870**
35	2659	1635	1024	1806	1133	673	1506	967	539
36	2195	1407	788	1765	1116	649	1258	793	465
37	2248	1429	819	1836	1140	696	1495	948	547
38	3079	2023	1056	2260	1470	790	1942	1236	706
39	2428	1617	811	1983	1267	716	1643	1030	613
40—44岁	**10513**	**7291**	**3222**	**8712**	**5891**	**2821**	**7011**	**4724**	**2287**
40	2008	1362	646	1527	1013	514	1255	814	441
41	2221	1475	746	1730	1145	585	1227	818	409
42	1890	1299	591	1651	1105	546	1287	855	432
43	2061	1505	556	1888	1288	600	1494	1025	469
44	2333	1650	683	1916	1340	576	1748	1212	536
45—49岁	**10192**	**7127**	**3065**	**8584**	**5893**	**2691**	**7208**	**5011**	**2197**
45	2459	1724	735	1947	1380	567	1674	1157	517
46	2280	1616	664	1982	1342	640	1587	1132	455
47	2147	1488	659	1701	1143	558	1478	1037	441
48	1809	1252	557	1564	1081	483	1237	833	404
49	1497	1047	450	1390	947	443	1232	852	380
50—54岁	**8758**	**5593**	**3165**	**6211**	**4008**	**2203**	**4855**	**3222**	**1633**
50	1843	1271	572	1043	696	347	1016	714	302
51	1771	1165	606	1133	774	359	712	486	226
52	2234	1327	907	1413	908	505	984	643	341
53	1402	874	528	1379	819	560	861	558	303
54	1508	956	552	1243	811	432	1282	821	461
55—59岁	**4962**	**3289**	**1673**	**4327**	**2805**	**1522**	**3816**	**2471**	**1345**
55	1385	866	519	1098	707	391	968	647	321
56	1281	855	426	1190	770	420	961	629	332
57	1280	869	411	1131	747	384	1117	721	396
58	683	477	206	604	387	217	495	300	195
59	333	222	111	304	194	110	275	174	101
60—64岁	**4879**	**3634**	**1245**	**3390**	**2478**	**912**	**2690**	**1911**	**779**
60	548	398	150	306	210	96	306	191	115
61	604	432	172	445	326	119	285	204	81
62	1100	810	290	747	567	180	588	411	177
63	1155	862	293	922	675	247	698	502	196
64	1472	1132	340	970	700	270	813	603	210
65岁及以上	**19624**	**14631**	**4993**	**14364**	**10557**	**3807**	**10821**	**7957**	**2864**

5-5　续表 7　　　　单位：人

年　龄	初婚年龄								
	33岁			34岁			35岁		
	小计	男	女	小计	男	女	小计	男	女
总　计	**37384**	**25230**	**12154**	**29017**	**19503**	**9514**	**23377**	**15792**	**7585**
20岁以下									
20–24岁									
20									
21									
22									
23									
24									
25–29岁									
25									
26									
27									
28									
29									
30–34岁	**2077**	**1252**	**825**	**577**	**338**	**239**			
30									
31									
32									
33	735	450	285						
34	1342	802	540	577	338	239			
35–39岁	**6257**	**3922**	**2335**	**4906**	**3039**	**1867**	**3557**	**2182**	**1375**
35	1269	789	480	822	505	317	392	230	162
36	1002	622	380	885	553	332	633	408	225
37	1096	683	413	915	575	340	745	445	300
38	1542	993	549	1145	689	456	906	559	347
39	1348	835	513	1139	717	422	881	540	341
40–44岁	**5841**	**3780**	**2061**	**4775**	**3129**	**1646**	**3993**	**2646**	**1347**
40	1043	642	401	892	560	332	761	504	257
41	1093	712	381	955	622	333	813	545	268
42	954	619	335	827	543	284	710	450	260
43	1245	801	444	910	608	302	788	522	266
44	1506	1006	500	1191	796	395	921	625	296
45–49岁	**6172**	**4233**	**1939**	**5511**	**3742**	**1769**	**4845**	**3297**	**1548**
45	1486	1014	472	1299	874	425	1110	762	348
46	1309	910	399	1240	844	396	1085	754	331
47	1229	854	375	1045	711	334	1003	667	336
48	1174	795	379	978	655	323	846	583	263
49	974	660	314	949	658	291	801	531	270
50–54岁	**3531**	**2374**	**1157**	**2741**	**1785**	**956**	**2455**	**1669**	**786**
50	946	639	307	755	484	271	738	511	227
51	672	450	222	584	402	182	553	387	166
52	597	416	181	584	393	191	529	358	171
53	585	388	197	315	193	122	328	217	111
54	731	481	250	503	313	190	307	196	111
55–59岁	**3246**	**2228**	**1018**	**2399**	**1600**	**799**	**1834**	**1213**	**621**
55	925	659	266	536	348	188	399	274	125
56	745	497	248	691	461	230	427	281	146
57	883	585	298	628	426	202	585	381	204
58	465	338	127	344	223	121	305	202	103
59	228	149	79	200	142	58	118	75	43
60–64岁	**1888**	**1370**	**518**	**1543**	**1145**	**398**	**1273**	**938**	**335**
60	234	165	69	205	141	64	217	141	76
61	234	160	74	230	170	60	180	133	47
62	350	263	87	351	270	81	309	227	82
63	506	371	135	324	244	80	307	238	69
64	564	411	153	433	320	113	260	199	61
65岁及以上	**8372**	**6071**	**2301**	**6565**	**4725**	**1840**	**5420**	**3847**	**1573**

5-5 续表 8

单位：人

年　龄	初婚年龄								
	36岁			37岁			38岁		
	小计	男	女	小计	男	女	小计	男	女
总　计	**18226**	**12217**	**6009**	**14873**	**9966**	**4907**	**12116**	**8040**	**4076**
20岁以下									
20-24岁									
20									
21									
22									
23									
24									
25-29岁									
25									
26									
27									
28									
29									
30-34岁									
30									
31									
32									
33									
34									
35-39岁	**2291**	**1413**	**878**	**1399**	**842**	**557**	**735**	**437**	**298**
35									
36	255	162	93						
37	527	308	219	251	144	107			
38	814	505	309	550	336	214	282	163	119
39	695	438	257	598	362	236	453	274	179
40-44岁	**3178**	**2071**	**1107**	**2674**	**1726**	**948**	**2196**	**1431**	**765**
40	532	332	200	425	255	170	363	224	139
41	628	411	217	505	321	184	400	260	140
42	616	402	214	495	328	167	386	266	120
43	666	436	230	593	387	206	465	301	164
44	736	490	246	656	435	221	582	380	202
45-49岁	**4118**	**2789**	**1329**	**3489**	**2398**	**1091**	**2952**	**2003**	**949**
45	789	531	258	677	474	203	610	422	188
46	906	609	297	651	457	194	630	441	189
47	897	602	295	732	511	221	470	326	144
48	811	559	252	716	474	242	616	410	206
49	715	488	227	713	482	231	626	404	222
50-54岁	**2092**	**1396**	**696**	**1922**	**1286**	**636**	**1793**	**1147**	**646**
50	611	414	197	535	359	176	510	330	180
51	457	315	142	400	259	141	448	300	148
52	451	274	177	428	270	158	326	216	110
53	297	202	95	268	194	74	280	174	106
54	276	191	85	291	204	87	229	127	102
55-59岁	**1314**	**877**	**437**	**1040**	**707**	**333**	**786**	**525**	**261**
55	231	165	66	232	158	74	201	133	68
56	317	214	103	207	131	76	182	126	56
57	377	256	121	297	211	86	177	110	67
58	268	165	103	196	134	62	137	94	43
59	121	77	44	108	73	35	89	62	27
60-64岁	**1124**	**813**	**311**	**985**	**702**	**283**	**900**	**614**	**286**
60	166	110	56	142	95	47	141	86	55
61	161	118	43	170	115	55	138	92	46
62	270	200	70	219	154	65	171	113	58
63	236	164	72	222	167	55	245	170	75
64	291	221	70	232	171	61	205	153	52
65岁及以上	**4109**	**2858**	**1251**	**3364**	**2305**	**1059**	**2754**	**1883**	**871**

5-5　续表 9　　　　单位：人

年　龄	初婚年龄					
	39岁			40岁及以上		
	小计	男	女	小计	男	女
总　计	**10395**	**6771**	**3624**	**60815**	**38482**	**22333**
20岁以下						
20-24岁						
20						
21						
22						
23						
24						
25-29岁						
25						
26						
27						
28						
29						
30-34岁						
30						
31						
32						
33						
34						
35-39岁	**253**	**137**	**116**			
35						
36						
37						
38						
39	253	137	116			
40-44岁	**1851**	**1163**	**688**	**3910**	**2364**	**1546**
40	287	165	122	200	96	104
41	339	220	119	479	255	224
42	327	207	120	687	410	277
43	407	245	162	1082	666	416
44	491	326	165	1462	937	525
45-49岁	**2450**	**1645**	**805**	**11394**	**7345**	**4049**
45	524	357	167	1864	1174	690
46	524	332	192	2220	1433	787
47	489	338	151	2333	1535	798
48	396	272	124	2458	1569	889
49	517	346	171	2519	1634	885
50-54岁	**1739**	**1130**	**609**	**10960**	**7221**	**3739**
50	546	344	202	2454	1654	800
51	388	259	129	2338	1540	798
52	340	224	116	2359	1527	832
53	229	155	74	1799	1162	637
54	236	148	88	2010	1338	672
55-59岁	**745**	**502**	**243**	**7579**	**4834**	**2745**
55	219	153	66	1865	1179	686
56	179	121	58	1932	1258	674
57	190	126	64	2088	1336	752
58	85	55	30	1108	703	405
59	72	47	25	586	358	228
60-64岁	**805**	**536**	**269**	**5402**	**3535**	**1867**
60	73	46	27	700	429	271
61	132	86	46	675	438	237
62	204	134	70	1198	824	374
63	189	130	59	1376	906	470
64	207	140	67	1453	938	515
65岁及以上	**2552**	**1658**	**894**	**21570**	**13183**	**8387**

5-5a 全省分年龄、性别、初婚年龄的人口(城市)

单位：人

年龄	初婚年龄					
	合计			15岁以下		
	合计	男	女	小计	男	女
总计	**2043625**	**969252**	**1074373**	**1787**	**415**	**1372**
20岁以下	**381**	**87**	**294**	**15**	**2**	**13**
20-24岁	**22035**	**6433**	**15602**	**38**	**7**	**31**
20	633	99	534	6	1	5
21	1474	290	1184	9	1	8
22	3365	831	2534	5	1	4
23	6179	1807	4372	8	1	7
24	10384	3406	6978	10	3	7
25-29岁	**130830**	**53294**	**77536**	**74**	**16**	**58**
25	16322	5816	10506	13	1	12
26	20755	7938	12817	18	3	15
27	27402	11000	16402	11	2	9
28	30671	13017	17654	14	4	10
29	35680	15523	20157	18	6	12
30-34岁	**258663**	**120658**	**138005**	**174**	**49**	**125**
30	46559	21068	25491	23	8	15
31	48469	22434	26035	42	10	32
32	48298	22639	25659	30	11	19
33	60198	28466	31732	42	9	33
34	55139	26051	29088	37	11	26
35-39岁	**199389**	**96851**	**102538**	**108**	**30**	**78**
35	39733	19126	20607	37	14	23
36	34159	16622	17537	14	5	9
37	36391	17751	18640	16	2	14
38	47415	23145	24270	22	2	20
39	41691	20207	21484	19	7	12
40-44岁	**189273**	**92400**	**96873**	**155**	**46**	**109**
40	31933	15644	16289	17	3	14
41	36020	17595	18425	25	7	18
42	33700	16348	17352	31	14	17
43	39960	19423	20537	40	10	30
44	47660	23390	24270	42	12	30
45-49岁	**285843**	**141086**	**144757**	**169**	**54**	**115**
45	53285	25954	27331	46	18	28
46	56854	27924	28930	31	4	27
47	57104	28344	28760	37	11	26
48	58189	28811	29378	25	9	16
49	60411	30053	30358	30	12	18
50-54岁	**263506**	**128452**	**135054**	**210**	**62**	**148**
50	59533	29345	30188	39	16	23
51	54154	26438	27716	36	12	24
52	56950	27795	29155	61	21	40
53	42866	20584	22282	44	6	38
54	50003	24290	25713	30	7	23
55-59岁	**204408**	**98414**	**105994**	**118**	**20**	**98**
55	49383	24028	25355	43	10	33
56	51307	24841	26466	30	6	24
57	58153	27980	30173	23	2	21
58	30128	14325	15803	15	1	14
59	15437	7240	8197	7	1	6
60-64岁	**129792**	**63182**	**66610**	**134**	**25**	**109**
60	18748	8966	9782	13		13
61	19360	9571	9789	23	4	19
62	29813	14759	15054	28	5	23
63	31127	15027	16100	33	6	27
64	30744	14859	15885	37	10	27
65岁及以上	**359505**	**168395**	**191110**	**592**	**104**	**488**

5-5a　续表 1　　　　单位：人

年　龄	初婚年龄								
	15岁			16岁			17岁		
	小计	男	女	小计	男	女	小计	男	女
总　计	**8699**	**2168**	**6531**	**14912**	**3307**	**11605**	**28904**	**5816**	**23088**
20岁以下	**42**	**13**	**29**	**57**	**10**	**47**	**100**	**25**	**75**
20-24岁	**152**	**31**	**121**	**271**	**62**	**209**	**543**	**95**	**448**
20	14	3	11	32	7	25	59	8	51
21	27	11	16	42	11	31	70	12	58
22	23	7	16	47	11	36	124	26	98
23	34	6	28	66	18	48	132	19	113
24	54	4	50	84	15	69	158	30	128
25-29岁	**352**	**102**	**250**	**577**	**140**	**437**	**1113**	**254**	**859**
25	70	17	53	78	25	53	203	44	159
26	61	15	46	126	34	92	178	39	139
27	70	20	50	126	27	99	252	53	199
28	71	28	43	107	20	87	224	54	170
29	80	22	58	140	34	106	256	64	192
30-34岁	**801**	**279**	**522**	**1249**	**382**	**867**	**1938**	**530**	**1408**
30	131	51	80	160	44	116	318	80	238
31	167	56	111	235	82	153	339	83	256
32	141	52	89	251	84	167	396	132	264
33	194	65	129	329	91	238	459	129	330
34	168	55	113	274	81	193	426	106	320
35-39岁	**601**	**161**	**440**	**952**	**230**	**722**	**1812**	**395**	**1417**
35	187	48	139	165	42	123	321	81	240
36	131	41	90	201	55	146	291	75	216
37	84	26	58	233	59	174	412	87	325
38	116	25	91	202	45	157	457	87	370
39	83	21	62	151	29	122	331	65	266
40-44岁	**707**	**228**	**479**	**1082**	**315**	**767**	**1833**	**444**	**1389**
40	92	26	66	131	23	108	238	44	194
41	157	49	108	223	59	164	350	86	264
42	134	37	97	196	60	136	324	76	248
43	151	53	98	219	69	150	431	119	312
44	173	63	110	313	104	209	490	119	371
45-49岁	**971**	**296**	**675**	**1684**	**433**	**1251**	**3371**	**895**	**2476**
45	259	88	171	283	75	208	525	142	383
46	218	64	154	390	118	272	540	134	406
47	175	51	124	385	90	295	781	220	561
48	154	47	107	336	81	255	820	241	579
49	165	46	119	290	69	221	705	158	547
50-54岁	**1051**	**328**	**723**	**1926**	**494**	**1432**	**3874**	**916**	**2958**
50	222	77	145	332	88	244	665	165	500
51	234	64	170	474	140	334	858	214	644
52	217	69	148	468	120	348	947	213	734
53	176	45	131	300	68	232	719	165	554
54	202	73	129	352	78	274	685	159	526
55-59岁	**695**	**185**	**510**	**1128**	**266**	**862**	**2492**	**476**	**2016**
55	262	81	181	285	62	223	658	150	508
56	192	49	143	361	98	263	644	115	529
57	149	38	111	330	76	254	749	151	598
58	61	11	50	103	22	81	336	45	291
59	31	6	25	49	8	41	105	15	90
60-64岁	**440**	**108**	**332**	**687**	**164**	**523**	**1122**	**249**	**873**
60	63	11	52	70	16	54	91	21	70
61	79	24	55	112	33	79	172	36	136
62	101	25	76	162	38	124	245	58	187
63	83	19	64	193	41	152	291	63	228
64	114	29	85	150	36	114	323	71	252
65岁及以上	**2887**	**437**	**2450**	**5299**	**811**	**4488**	**10706**	**1537**	**9169**

5-5a 续表 2

单位：人

年龄	初婚年龄								
	18岁			19岁			20岁		
	小计	男	女	小计	男	女	小计	男	女
总计	**53216**	**10922**	**42294**	**108981**	**23851**	**85130**	**172847**	**43786**	**129061**
20岁以下	**120**	**25**	**95**	**47**	**12**	**35**			
20-24岁	**951**	**200**	**751**	**2092**	**374**	**1718**	**3709**	**581**	**3128**
20	114	23	91	210	36	174	198	21	177
21	149	36	113	301	64	237	572	100	472
22	178	30	148	403	78	325	869	126	743
23	228	47	181	512	84	428	927	146	781
24	282	64	218	666	112	554	1143	188	955
25-29岁	**2280**	**456**	**1824**	**4919**	**960**	**3959**	**8667**	**1683**	**6984**
25	328	61	267	793	123	670	1499	269	1230
26	414	78	336	834	170	664	1591	287	1304
27	457	88	369	1022	195	827	1785	314	1471
28	516	117	399	1025	194	831	1838	391	1447
29	565	112	453	1245	278	967	1954	422	1532
30-34岁	**3501**	**775**	**2726**	**8075**	**1628**	**6447**	**14279**	**3182**	**11097**
30	629	132	497	1568	302	1266	2674	613	2061
31	607	138	469	1550	331	1219	2809	679	2130
32	576	139	437	1377	302	1075	2540	583	1957
33	899	189	710	1780	359	1421	3194	670	2524
34	790	177	613	1800	334	1466	3062	637	2425
35-39岁	**3395**	**636**	**2759**	**6734**	**1259**	**5475**	**11095**	**2214**	**8881**
35	593	126	467	1285	228	1057	2208	481	1727
36	500	101	399	1040	193	847	1893	372	1521
37	507	102	405	1150	208	942	1930	372	1558
38	929	168	761	1463	292	1171	2748	545	2203
39	866	139	727	1796	338	1458	2316	444	1872
40-44岁	**3544**	**788**	**2756**	**8480**	**1686**	**6794**	**14884**	**3219**	**11665**
40	525	91	434	1398	239	1159	2315	482	1833
41	600	126	474	1556	283	1273	2991	646	2345
42	648	151	497	1459	292	1167	2740	589	2151
43	779	179	600	1810	387	1423	3038	651	2387
44	992	241	751	2257	485	1772	3800	851	2949
45-49岁	**7063**	**1825**	**5238**	**16164**	**3761**	**12403**	**26442**	**6815**	**19627**
45	1106	288	818	2665	610	2055	4679	1134	3545
46	1310	358	952	2929	691	2238	5171	1294	3877
47	1255	323	932	3259	779	2480	5134	1293	3841
48	1573	397	1176	3278	725	2553	5774	1513	4261
49	1819	459	1360	4033	956	3077	5684	1581	4103
50-54岁	**8557**	**2019**	**6538**	**19913**	**4564**	**15349**	**31958**	**8965**	**22993**
50	1599	387	1212	4220	956	3264	6632	1834	4798
51	1575	389	1186	3708	864	2844	6790	1977	4813
52	1911	449	1462	4077	948	3129	6780	1863	4917
53	1687	357	1330	3559	783	2776	5251	1432	3819
54	1785	437	1348	4349	1013	3336	6505	1859	4646
55-59岁	**5342**	**1017**	**4325**	**12770**	**2707**	**10063**	**22926**	**6203**	**16723**
55	1309	315	994	3599	846	2753	6715	1926	4789
56	1363	284	1079	3012	670	2342	6026	1676	4350
57	1483	257	1226	3425	741	2684	5699	1598	4101
58	855	123	732	1878	327	1551	3094	745	2349
59	332	38	294	856	123	733	1392	258	1134
60-64岁	**1815**	**336**	**1479**	**3614**	**850**	**2764**	**6721**	**1737**	**4984**
60	213	32	181	655	127	528	1710	359	1351
61	212	43	169	530	123	407	1229	331	898
62	354	60	294	634	164	470	1294	378	916
63	486	91	395	806	204	602	1227	354	873
64	550	110	440	989	232	757	1261	315	946
65岁及以上	**16648**	**2845**	**13803**	**26173**	**6050**	**20123**	**32166**	**9187**	**22979**

5-5a　续表 3

单位：人

年　龄	初婚年龄								
	21岁			22岁			23岁		
	小计	男	女	小计	男	女	小计	男	女
总　计	**214830**	**80447**	**134383**	**250875**	**115743**	**135132**	**232927**	**110760**	**122167**
20岁以下									
20-24岁	**4438**	**1154**	**3284**	**5049**	**1922**	**3127**	**3454**	**1444**	**2010**
20									
21	304	55	249						
22	990	250	740	726	302	424			
23	1403	384	1019	1871	699	1172	998	403	595
24	1741	465	1276	2452	921	1531	2456	1041	1415
25-29岁	**11690**	**3700**	**7990**	**16056**	**6530**	**9526**	**18866**	**7886**	**10980**
25	1950	580	1370	2813	1073	1740	3504	1380	2124
26	2195	673	1522	2768	1126	1642	3370	1393	1977
27	2474	762	1712	3436	1410	2026	3680	1585	2095
28	2386	797	1589	3404	1427	1977	4140	1761	2379
29	2685	888	1797	3635	1494	2141	4172	1767	2405
30-34岁	**18961**	**6550**	**12411**	**25229**	**11190**	**14039**	**26664**	**11985**	**14679**
30	3345	1130	2215	4682	2045	2637	4873	2159	2714
31	3539	1260	2279	4481	1969	2512	5153	2286	2867
32	3790	1329	2461	4639	2067	2572	4608	2040	2568
33	4435	1520	2915	6114	2742	3372	6314	2907	3407
34	3852	1311	2541	5313	2367	2946	5716	2593	3123
35-39岁	**13749**	**4394**	**9355**	**17082**	**7326**	**9756**	**18228**	**8479**	**9749**
35	2724	929	1795	3440	1532	1908	3727	1708	2019
36	2222	737	1485	2733	1203	1530	2974	1381	1593
37	2393	756	1637	2997	1269	1728	3217	1521	1696
38	3258	983	2275	4087	1691	2396	4422	2021	2401
39	3152	989	2163	3825	1631	2194	3888	1848	2040
40-44岁	**18123**	**6099**	**12024**	**21197**	**9585**	**11612**	**19874**	**9485**	**10389**
40	2183	710	1473	2942	1298	1644	3122	1422	1700
41	3444	1167	2277	3194	1465	1729	3449	1657	1792
42	3500	1157	2343	3996	1731	2265	2961	1419	1542
43	4060	1323	2737	5104	2359	2745	4485	2117	2368
44	4936	1742	3194	5961	2732	3229	5857	2870	2987
45-49岁	**34147**	**13916**	**20231**	**38978**	**19734**	**19244**	**33587**	**16578**	**17009**
45	5805	2208	3597	6842	3177	3665	6339	3002	3337
46	6640	2607	4033	7487	3729	3758	6674	3173	3501
47	6742	2794	3948	7977	4052	3925	6578	3228	3350
48	7023	2923	4100	8055	4182	3873	7060	3616	3444
49	7937	3384	4553	8617	4594	4023	6936	3559	3377
50-54岁	**38259**	**16515**	**21744**	**40324**	**21691**	**18633**	**30449**	**16196**	**14253**
50	7441	3182	4259	8923	4757	4166	6748	3443	3305
51	7986	3525	4461	7211	3789	3422	6405	3302	3103
52	8876	3826	5050	9006	4884	4122	5902	3184	2718
53	6484	2765	3719	7145	3904	3241	5110	2783	2327
54	7472	3217	4255	8039	4357	3682	6284	3484	2800
55-59岁	**31702**	**12801**	**18901**	**35306**	**17570**	**17736**	**27589**	**14561**	**13028**
55	7947	3392	4555	7810	4011	3799	6025	3280	2745
56	8945	3652	5293	8741	4421	4320	6316	3416	2900
57	9111	3675	5436	11321	5647	5674	7999	4140	3859
58	3827	1486	2341	5290	2546	2744	4748	2498	2250
59	1872	596	1276	2144	945	1199	2501	1227	1274
60-64岁	**11198**	**3454**	**7744**	**17917**	**6218**	**11699**	**21509**	**8959**	**12550**
60	2165	630	1535	2774	1053	1721	2559	1170	1389
61	2515	749	1766	2950	1066	1884	2958	1386	1572
62	2822	885	1937	5209	1786	3423	4977	2119	2858
63	2017	657	1360	4053	1355	2698	6293	2500	3793
64	1679	533	1146	2931	958	1973	4722	1784	2938
65岁及以上	**32563**	**11864**	**20699**	**33737**	**13977**	**19760**	**32707**	**15187**	**17520**

5－5a 续表 4

单位：人

年 龄	初婚年龄								
	24岁			25岁			26岁		
	小计	男	女	小计	男	女	小计	男	女
总 计	**211818**	**109705**	**102113**	**182839**	**102734**	**80105**	**143974**	**85744**	**58230**
20岁以下									
20－24岁	**1338**	**563**	**775**						
20									
21									
22									
23									
24	1338	563	775						
25－29岁	**21334**	**9354**	**11980**	**18665**	**8684**	**9981**	**13586**	**6718**	**6868**
25	3495	1522	1973	1576	721	855			
26	4224	1836	2388	3450	1554	1896	1526	730	796
27	4428	1892	2536	4660	2148	2512	3593	1781	1812
28	4260	1920	2340	4415	2089	2326	4189	2051	2138
29	4927	2184	2743	4564	2172	2392	4278	2156	2122
30－34岁	**29101**	**13588**	**15513**	**30490**	**14888**	**15602**	**27960**	**14561**	**13399**
30	5648	2581	3067	6248	3009	3239	5111	2625	2486
31	5595	2589	3006	5850	2782	3068	5669	2916	2753
32	5523	2572	2951	5595	2717	2878	5372	2805	2567
33	6292	2887	3405	6933	3451	3482	5998	3183	2815
34	6043	2959	3084	5864	2929	2935	5810	3032	2778
35－39岁	**19717**	**9715**	**10002**	**20223**	**10583**	**9640**	**19134**	**10554**	**8580**
35	4246	2086	2160	4322	2242	2080	3972	2164	1808
36	3532	1694	1838	3708	1869	1839	3352	1808	1544
37	3380	1628	1752	3843	1968	1875	3808	2081	1727
38	4551	2311	2240	4500	2413	2087	4470	2497	1973
39	4008	1996	2012	3850	2091	1759	3532	2004	1528
40－44岁	**17286**	**8990**	**8296**	**14783**	**8290**	**6493**	**12845**	**7583**	**5262**
40	2910	1495	1415	2840	1509	1331	2612	1456	1156
41	3327	1685	1642	3000	1671	1329	2750	1631	1119
42	3013	1580	1433	2748	1508	1240	2254	1331	923
43	3182	1672	1510	3062	1767	1295	2570	1528	1042
44	4854	2558	2296	3133	1835	1298	2659	1637	1022
45－49岁	**28164**	**15153**	**13011**	**22270**	**13114**	**9156**	**15690**	**9789**	**5901**
45	5539	2893	2646	4354	2507	1847	2445	1514	931
46	5770	3062	2708	4583	2639	1944	3352	2033	1319
47	5512	2947	2565	4526	2670	1856	3416	2161	1255
48	5407	2949	2458	4443	2663	1780	3358	2109	1249
49	5936	3302	2634	4364	2635	1729	3119	1972	1147
50－54岁	**22021**	**12810**	**9211**	**15928**	**10252**	**5676**	**11022**	**7508**	**3514**
50	5409	2991	2418	4417	2704	1713	2919	1924	995
51	4497	2597	1900	3440	2158	1282	2555	1676	879
52	4842	2830	2012	3238	2116	1122	2313	1593	720
53	3039	1856	1183	2368	1564	804	1482	1057	425
54	4234	2536	1698	2465	1710	755	1753	1258	495
55－59岁	**19301**	**11570**	**7731**	**13165**	**8583**	**4582**	**8144**	**5644**	**2500**
55	4370	2696	1674	3022	1987	1035	1553	1115	438
56	4627	2741	1886	3146	2068	1078	2106	1476	630
57	5265	3096	2169	3725	2398	1327	2372	1626	746
58	3037	1835	1202	1995	1287	708	1283	862	421
59	2002	1202	800	1277	843	434	830	565	265
60－64岁	**19888**	**10351**	**9537**	**14504**	**9064**	**5440**	**9365**	**6586**	**2779**
60	2525	1472	1053	2056	1358	698	1132	821	311
61	2350	1314	1036	2008	1420	588	1415	1063	352
62	4020	2156	1864	2978	1925	1053	2224	1641	583
63	4826	2429	2397	3437	2060	1377	2144	1438	706
64	6167	2980	3187	4025	2301	1724	2450	1623	827
65岁及以上	**33668**	**17611**	**16057**	**32811**	**19276**	**13535**	**26228**	**16801**	**9427**

5–5a　续表 5　　　　单位：人

年　龄	初婚年龄								
	27岁			28岁			29岁		
	小计	男	女	小计	男	女	小计	男	女
总　计	**108004**	**68130**	**39874**	**77270**	**51012**	**26258**	**55297**	**37152**	**18145**
20岁以下									
20–24岁									
20									
21									
22									
23									
24									
25–29岁	**8075**	**4283**	**3792**	**3690**	**2046**	**1644**	**886**	**482**	**404**
25									
26									
27	1408	723	685						
28	2915	1531	1384	1167	633	534			
29	3752	2029	1723	2523	1413	1110	886	482	404
30–34岁	**22738**	**12588**	**10150**	**17649**	**10370**	**7279**	**12731**	**7753**	**4978**
30	4401	2405	1996	3663	2061	1602	2257	1339	918
31	4205	2325	1880	3302	1928	1374	2675	1628	1047
32	4513	2479	2034	3055	1793	1262	2343	1425	918
33	5156	2893	2263	4124	2507	1617	2806	1729	1077
34	4463	2486	1977	3505	2081	1424	2650	1632	1018
35–39岁	**16542**	**9590**	**6952**	**12566**	**7775**	**4791**	**9539**	**6051**	**3488**
35	3415	1935	1480	2471	1469	1002	1937	1181	756
36	2941	1689	1252	2327	1400	927	1710	1087	623
37	2976	1715	1261	2327	1469	858	1846	1182	664
38	4005	2342	1663	2872	1783	1089	2171	1420	751
39	3205	1909	1296	2569	1654	915	1875	1181	694
40–44岁	**10812**	**6878**	**3934**	**8728**	**5784**	**2944**	**7177**	**4832**	**2345**
40	2237	1409	828	1884	1232	652	1476	977	499
41	2310	1419	891	1778	1172	606	1532	1026	506
42	1969	1285	684	1582	1044	538	1204	839	365
43	1975	1227	748	1706	1136	570	1433	964	469
44	2321	1538	783	1778	1200	578	1532	1026	506
45–49岁	**11422**	**7589**	**3833**	**8229**	**5713**	**2516**	**6201**	**4330**	**1871**
45	2206	1406	800	1881	1275	606	1379	961	418
46	1953	1319	634	1674	1153	521	1401	986	415
47	2445	1627	818	1354	972	382	1241	867	374
48	2433	1618	815	1705	1175	530	941	672	269
49	2385	1619	766	1615	1138	477	1239	844	395
50–54岁	**7929**	**5608**	**2321**	**5832**	**4139**	**1693**	**4494**	**3026**	**1468**
50	2152	1462	690	1576	1067	509	1156	785	371
51	1770	1226	544	1303	902	401	1046	678	368
52	1799	1283	516	1297	938	359	981	651	330
53	1095	794	301	865	640	225	628	427	201
54	1113	843	270	791	592	199	683	485	198
55–59岁	**5149**	**3837**	**1312**	**3374**	**2473**	**901**	**2466**	**1796**	**670**
55	1245	952	293	802	601	201	595	439	156
56	1134	847	287	882	660	222	570	427	143
57	1447	1064	383	809	593	216	687	490	197
58	833	614	219	547	397	150	364	268	96
59	490	360	130	334	222	112	250	172	78
60–64岁	**6012**	**4476**	**1536**	**3856**	**2900**	**956**	**2561**	**1889**	**672**
60	720	500	220	458	321	137	332	232	100
61	759	562	197	482	348	134	325	223	102
62	1507	1163	344	838	638	200	512	390	122
63	1562	1178	384	1069	826	243	624	476	148
64	1464	1073	391	1009	767	242	768	568	200
65岁及以上	**19325**	**13281**	**6044**	**13346**	**9812**	**3534**	**9242**	**6993**	**2249**

5–5a 续表 6

单位：人

年 龄	初婚年龄								
	30岁			31岁			32岁		
	小计	男	女	小计	男	女	小计	男	女
总 计	**39779**	**26846**	**12933**	**28530**	**19119**	**9411**	**21484**	**14335**	**7149**
20岁以下									
20–24岁									
20									
21									
22									
23									
24									
25–29岁									
25									
26									
27									
28									
29									
30–34岁	**8368**	**4942**	**3426**	**4738**	**2947**	**1791**	**2626**	**1631**	**995**
30	828	484	344						
31	1705	1008	697	546	364	182			
32	1903	1096	807	1191	718	473	455	295	160
33	2074	1244	830	1632	1006	626	1052	651	401
34	1858	1110	748	1369	859	510	1119	685	434
35–39岁	**7386**	**4746**	**2640**	**5494**	**3487**	**2007**	**4378**	**2722**	**1656**
35	1503	907	596	1046	656	390	795	510	285
36	1309	839	470	1016	645	371	715	449	266
37	1348	877	471	1052	658	394	855	541	314
38	1816	1196	620	1291	837	454	1107	677	430
39	1410	927	483	1089	691	398	906	545	361
40–44岁	**5537**	**3805**	**1732**	**4492**	**3004**	**1488**	**3552**	**2349**	**1203**
40	1126	769	357	856	563	293	670	430	240
41	1165	770	395	886	574	312	657	424	233
42	974	661	313	836	559	277	645	418	227
43	1091	776	315	983	670	313	765	505	260
44	1181	829	352	931	638	293	815	572	243
45–49岁	**4767**	**3313**	**1454**	**4038**	**2745**	**1293**	**3328**	**2270**	**1058**
45	1145	806	339	970	663	307	801	545	256
46	1099	777	322	908	611	297	725	503	222
47	1027	689	338	789	537	252	679	466	213
48	812	552	260	719	498	221	552	365	187
49	684	489	195	652	436	216	571	391	180
50–54岁	**3578**	**2418**	**1160**	**2479**	**1628**	**851**	**1919**	**1283**	**636**
50	889	628	261	446	295	151	450	321	129
51	778	542	236	520	358	162	288	196	92
52	867	563	304	576	380	196	419	273	146
53	497	325	172	481	293	188	311	209	102
54	547	360	187	456	302	154	451	284	167
55–59岁	**1899**	**1342**	**557**	**1588**	**1082**	**506**	**1409**	**931**	**478**
55	498	339	159	417	290	127	367	243	124
56	503	357	146	405	281	124	357	239	118
57	489	346	143	434	292	142	395	273	122
58	266	195	71	221	149	72	196	113	83
59	143	105	38	111	70	41	94	63	31
60–64岁	**1651**	**1216**	**435**	**1095**	**768**	**327**	**875**	**582**	**293**
60	219	169	50	127	87	40	107	68	39
61	250	178	72	150	103	47	101	65	36
62	390	284	106	262	198	64	176	104	72
63	359	265	94	282	189	93	241	156	85
64	433	320	113	274	191	83	250	189	61
65岁及以上	**6593**	**5064**	**1529**	**4606**	**3458**	**1148**	**3397**	**2567**	**830**

5-5a　续表 7

单位：人

年　龄	初婚年龄								
	33岁			34岁			35岁		
	小计	男	女	小计	男	女	小计	男	女
总　计	**16195**	**10811**	**5384**	**12739**	**8417**	**4322**	**10201**	**6849**	**3352**
20岁以下									
20-24岁									
20									
21									
22									
23									
24									
25-29岁									
25									
26									
27									
28									
29									
30-34岁	**1100**	**657**	**443**	**291**	**183**	**108**			
30									
31									
32									
33	371	234	137						
34	729	423	306	291	183	108			
35-39岁	**3404**	**2111**	**1293**	**2773**	**1712**	**1061**	**2014**	**1198**	**816**
35	683	399	284	458	274	184	198	114	84
36	556	350	206	491	310	181	374	238	136
37	602	375	227	524	331	193	449	262	187
38	845	549	296	676	412	264	526	315	211
39	718	438	280	624	385	239	467	269	198
40-44岁	**2987**	**1911**	**1076**	**2483**	**1597**	**886**	**2069**	**1337**	**732**
40	541	336	205	455	280	175	415	268	147
41	553	357	196	506	318	188	412	281	131
42	462	305	157	444	294	150	367	233	134
43	654	398	256	494	326	168	408	255	153
44	777	515	262	584	379	205	467	300	167
45-49岁	**2863**	**1955**	**908**	**2622**	**1749**	**873**	**2264**	**1531**	**733**
45	752	506	246	643	420	223	508	342	166
46	610	418	192	604	380	224	497	345	152
47	554	385	169	481	333	148	460	306	154
48	523	366	157	455	310	145	414	286	128
49	424	280	144	439	306	133	385	252	133
50-54岁	**1421**	**973**	**448**	**1173**	**784**	**389**	**1027**	**743**	**284**
50	418	282	136	338	216	122	347	244	103
51	290	201	89	278	202	76	250	187	63
52	231	162	69	241	165	76	206	148	58
53	198	138	60	123	82	41	123	91	32
54	284	190	94	193	119	74	101	73	28
55-59岁	**1213**	**856**	**357**	**935**	**623**	**312**	**754**	**525**	**229**
55	353	264	89	213	150	63	167	119	48
56	291	198	93	264	176	88	174	123	51
57	331	221	110	252	169	83	254	169	85
58	166	125	41	127	72	55	115	85	30
59	72	48	24	79	56	23	44	29	15
60-64岁	**643**	**444**	**199**	**494**	**348**	**146**	**426**	**308**	**118**
60	83	61	22	76	56	20	81	61	20
61	85	54	31	87	61	26	61	41	20
62	124	92	32	110	74	36	93	66	27
63	167	107	60	98	67	31	106	76	30
64	184	130	54	123	90	33	85	64	21
65岁及以上	**2564**	**1904**	**660**	**1968**	**1421**	**547**	**1647**	**1207**	**440**

5-5a 续表 8 单位：人

年 龄	初婚年龄								
	36岁			37岁			38岁		
	小计	男	女	小计	男	女	小计	男	女
总 计	**8008**	**5322**	**2686**	**6398**	**4278**	**2120**	**5093**	**3398**	**1695**
20岁以下									
20-24岁									
20									
21									
22									
23									
24									
25-29岁									
25									
26									
27									
28									
29									
30-34岁									
30									
31									
32									
33									
34									
35-39岁	**1235**	**748**	**487**	**756**	**445**	**311**	**362**	**225**	**137**
35									
36	129	81	48						
37	309	182	127	133	80	53			
38	440	267	173	302	182	120	139	85	54
39	357	218	139	321	183	138	223	140	83
40-44岁	**1619**	**1034**	**585**	**1328**	**827**	**501**	**1077**	**680**	**397**
40	306	196	110	230	141	89	190	113	77
41	325	218	107	272	165	107	187	123	64
42	313	194	119	239	153	86	184	123	61
43	333	210	123	276	174	102	238	146	92
44	342	216	126	311	194	117	278	175	103
45-49岁	**2021**	**1334**	**687**	**1665**	**1154**	**511**	**1449**	**978**	**471**
45	388	252	136	334	237	97	312	216	96
46	454	307	147	315	218	97	311	223	88
47	442	293	149	331	231	100	228	162	66
48	382	244	138	345	230	115	299	191	108
49	355	238	117	340	238	102	299	186	113
50-54岁	**911**	**627**	**284**	**874**	**601**	**273**	**793**	**512**	**281**
50	295	208	87	262	180	82	228	149	79
51	216	154	62	195	125	70	219	145	74
52	184	120	64	186	122	64	143	94	49
53	113	72	41	110	86	24	109	68	41
54	103	73	30	121	88	33	94	56	38
55-59岁	**553**	**373**	**180**	**427**	**291**	**136**	**327**	**237**	**90**
55	78	56	22	89	59	30	86	64	22
56	143	102	41	88	57	31	79	59	20
57	172	112	60	122	85	37	73	44	29
58	114	72	42	82	59	23	49	40	9
59	46	31	15	46	31	15	40	30	10
60-64岁	**402**	**288**	**114**	**330**	**220**	**110**	**280**	**190**	**90**
60	65	45	20	55	40	15	59	42	17
61	62	44	18	78	50	28	42	27	15
62	93	65	28	75	52	23	61	36	25
63	78	59	19	67	44	23	58	41	17
64	104	75	29	55	34	21	60	44	16
65岁及以上	**1267**	**918**	**349**	**1018**	**740**	**278**	**805**	**576**	**229**

5-5a 续表 9

单位：人

年 龄	初婚年龄					
	39岁			40岁及以上		
	小计	男	女	小计	男	女
总 计	**4288**	**2860**	**1428**	**23730**	**15325**	**8405**
20岁以下						
20-24岁						
20						
21						
22						
23						
24						
25-29岁						
25						
26						
27						
28						
29						
30-34岁						
30						
31						
32						
33						
34						
35-39岁	**110**	**65**	**45**			
35						
36						
37						
38						
39	110	65	45			
40-44岁	**951**	**595**	**356**	**1668**	**1009**	**659**
40	148	86	62	74	46	28
41	165	104	61	206	112	94
42	174	118	56	303	177	126
43	221	129	92	452	273	179
44	243	158	85	633	401	232
45-49岁	**1182**	**795**	**387**	**5092**	**3267**	**1825**
45	257	168	89	822	501	321
46	255	162	93	953	616	337
47	239	168	71	1057	689	368
48	193	135	58	1110	714	396
49	238	162	76	1150	747	403
50-54岁	**759**	**521**	**238**	**4825**	**3269**	**1556**
50	250	177	73	1160	807	353
51	177	121	56	1055	694	361
52	146	96	50	1036	684	352
53	92	61	31	757	513	244
54	94	66	28	817	571	246
55-59岁	**309**	**221**	**88**	**3327**	**2224**	**1103**
55	83	61	22	792	520	272
56	80	58	22	828	585	243
57	91	65	26	946	612	334
58	27	17	10	499	331	168
59	28	20	8	262	176	86
60-64岁	**240**	**154**	**86**	**2013**	**1298**	**715**
60	25	16	9	315	198	117
61	48	31	17	277	192	85
62	58	38	20	466	319	147
63	54	32	22	473	294	179
64	55	37	18	482	295	187
65岁及以上	**737**	**509**	**228**	**6805**	**4258**	**2547**

5－5b 全省分年龄、性别、初婚年龄的人口(镇)

单位：人

年 龄	初婚年龄					
	合 计			15岁以下		
	合计	男	女	小计	男	女
总 计	**1198039**	**561980**	**636059**	**1884**	**388**	**1496**
20岁以下	**616**	**102**	**514**	**34**	**4**	**30**
20－24岁	**15374**	**4318**	**11056**	**69**	**17**	**52**
20	760	165	595	11	3	8
21	1403	303	1100	14	4	10
22	2613	662	1951	15	5	10
23	4209	1194	3015	10	1	9
24	6389	1994	4395	19	4	15
25－29岁	**69346**	**27417**	**41929**	**106**	**22**	**84**
25	9618	3275	6343	24	5	19
26	11571	4241	7330	15	2	13
27	14787	5749	9038	21	6	15
28	15597	6510	9087	25	4	21
29	17773	7642	10131	21	5	16
30－34岁	**123790**	**56195**	**67595**	**214**	**52**	**162**
30	22923	10094	12829	30	8	22
31	23136	10391	12745	33	10	23
32	22657	10332	12325	47	14	33
33	28613	13099	15514	49	6	43
34	26461	12279	14182	55	14	41
35－39岁	**95983**	**45645**	**50338**	**122**	**26**	**96**
35	19010	8929	10081	36	12	24
36	16397	7809	8588	19	1	18
37	17380	8310	9070	19	1	18
38	22662	10839	11823	26	7	19
39	20534	9758	10776	22	5	17
40－44岁	**107296**	**51221**	**56075**	**158**	**38**	**120**
40	16420	7876	8544	15	6	9
41	19770	9377	10393	32	6	26
42	19163	9070	10093	29	6	23
43	22969	10994	11975	39	8	31
44	28974	13904	15070	43	12	31
45－49岁	**177855**	**86308**	**91547**	**163**	**44**	**119**
45	32790	15726	17064	40	14	26
46	35907	17484	18423	30	10	20
47	36131	17697	18434	41	9	32
48	36081	17410	18671	28	7	21
49	36946	17991	18955	24	4	20
50－54岁	**170351**	**82446**	**87905**	**203**	**41**	**162**
50	36663	18039	18624	35	4	31
51	33558	16210	17348	39	13	26
52	37243	17945	19298	46	12	34
53	29099	13980	15119	38	4	34
54	33788	16272	17516	45	8	37
55－59岁	**125386**	**60627**	**64759**	**111**	**12**	**99**
55	31830	15317	16513	40	5	35
56	31659	15515	16144	24	4	20
57	35014	17061	17953	26	1	25
58	18263	8692	9571	11	1	10
59	8620	4042	4578	10	1	9
60－64岁	**74141**	**36337**	**37804**	**137**	**21**	**116**
60	9744	4644	5100	16	3	13
61	10705	5388	5317	22	6	16
62	16792	8321	8471	31	3	28
63	18444	8967	9477	35	4	31
64	18456	9017	9439	33	5	28
65岁及以上	**237901**	**111364**	**126537**	**567**	**111**	**456**

5-5b　续表 1

单位：人

年龄	初婚年龄								
	15岁			16岁			17岁		
	小计	男	女	小计	男	女	小计	男	女
总　计	**8063**	**1833**	**6230**	**14812**	**2966**	**11846**	**27982**	**5539**	**22443**
20岁以下	**86**	**12**	**74**	**144**	**26**	**118**	**151**	**24**	**127**
20–24岁	**287**	**65**	**222**	**534**	**97**	**437**	**857**	**167**	**690**
20	30	6	24	60	14	46	106	21	85
21	62	13	49	89	18	71	113	25	88
22	60	16	44	114	17	97	162	35	127
23	68	17	51	124	24	100	210	35	175
24	67	13	54	147	24	123	266	51	215
25–29岁	**490**	**106**	**384**	**909**	**197**	**712**	**1718**	**385**	**1333**
25	108	25	83	163	38	125	309	61	248
26	92	14	78	187	38	149	318	76	242
27	105	22	83	190	39	151	403	87	316
28	101	23	78	196	44	152	340	72	268
29	84	22	62	173	38	135	348	89	259
30–34岁	**787**	**250**	**537**	**1270**	**314**	**956**	**2177**	**521**	**1656**
30	142	43	99	236	69	167	392	86	306
31	171	59	112	273	65	208	420	115	305
32	154	48	106	235	57	178	462	103	359
33	159	51	108	265	55	210	502	112	390
34	161	49	112	261	68	193	401	105	296
35–39岁	**579**	**141**	**438**	**980**	**220**	**760**	**1804**	**352**	**1452**
35	157	45	112	181	35	146	357	70	287
36	128	33	95	220	62	158	262	44	218
37	104	23	81	210	51	159	395	85	310
38	102	23	79	213	44	169	461	95	366
39	88	17	71	156	28	128	329	58	271
40–44岁	**639**	**176**	**463**	**1033**	**248**	**785**	**1844**	**413**	**1431**
40	101	24	77	144	32	112	265	50	215
41	143	44	99	213	46	167	329	74	255
42	111	25	86	187	39	148	358	77	281
43	142	49	93	215	59	156	390	91	299
44	142	34	108	274	72	202	502	121	381
45–49岁	**804**	**206**	**598**	**1418**	**364**	**1054**	**3128**	**744**	**2384**
45	174	46	128	237	57	180	528	120	408
46	222	62	160	354	92	262	581	135	446
47	151	35	116	301	87	214	671	179	492
48	128	34	94	283	62	221	741	177	564
49	129	29	100	243	66	177	607	133	474
50–54岁	**812**	**222**	**590**	**1723**	**375**	**1348**	**3411**	**784**	**2627**
50	170	48	122	271	70	201	554	133	421
51	164	49	115	412	79	333	677	141	536
52	160	44	116	434	106	328	908	229	679
53	135	29	106	275	55	220	658	146	512
54	183	52	131	331	65	266	614	135	479
55–59岁	**617**	**113**	**504**	**1111**	**188**	**923**	**2366**	**404**	**1962**
55	200	46	154	266	49	217	579	128	451
56	155	30	125	341	75	266	601	101	500
57	157	26	131	319	47	272	734	110	624
58	69	7	62	128	12	116	353	53	300
59	36	4	32	57	5	52	99	12	87
60–64岁	**469**	**102**	**367**	**707**	**125**	**582**	**1186**	**204**	**982**
60	57	9	48	82	4	78	109	14	95
61	66	11	55	97	21	76	151	31	120
62	99	27	72	156	29	127	263	47	216
63	116	23	93	160	35	125	325	60	265
64	131	32	99	212	36	176	338	52	286
65岁及以上	**2493**	**440**	**2053**	**4983**	**812**	**4171**	**9340**	**1541**	**7799**

5-5b 续表 2 单位：人

年龄	初婚年龄								
	18岁			19岁			20岁		
	小计	男	女	小计	男	女	小计	男	女
总计	**50759**	**11321**	**39438**	**94680**	**24185**	**70495**	**139704**	**42154**	**97550**
20岁以下	**155**	**28**	**127**	**46**	**8**	**38**			
20-24岁	**1341**	**275**	**1066**	**2192**	**477**	**1715**	**2811**	**645**	**2166**
20	184	35	149	230	55	175	139	31	108
21	210	42	168	359	75	284	397	93	304
22	234	46	188	456	102	354	608	129	479
23	339	67	272	470	100	370	732	169	563
24	374	85	289	677	145	532	935	223	712
25-29岁	**2817**	**696**	**2121**	**4859**	**1154**	**3705**	**6998**	**1866**	**5132**
25	453	106	347	818	168	650	1182	281	901
26	524	126	398	859	206	653	1246	309	937
27	598	144	454	1048	251	797	1444	356	1088
28	574	149	425	993	232	761	1522	446	1076
29	668	171	497	1141	297	844	1604	474	1130
30-34岁	**3968**	**931**	**3037**	**7413**	**1900**	**5513**	**11567**	**3290**	**8277**
30	759	174	585	1452	378	1074	2127	572	1555
31	739	173	566	1490	393	1097	2285	648	1637
32	689	186	503	1263	339	924	2188	634	1554
33	959	219	740	1606	412	1194	2531	752	1779
34	822	179	643	1602	378	1224	2436	684	1752
35-39岁	**3233**	**675**	**2558**	**5772**	**1257**	**4515**	**8564**	**2238**	**6326**
35	580	126	454	1199	248	951	1783	486	1297
36	513	97	416	971	200	771	1433	410	1023
37	531	123	408	1042	246	796	1526	416	1110
38	838	176	662	1180	277	903	2084	508	1576
39	771	153	618	1380	286	1094	1738	418	1320
40-44岁	**3456**	**784**	**2672**	**7348**	**1684**	**5664**	**11741**	**3045**	**8696**
40	524	112	412	1205	266	939	1747	458	1289
41	605	134	471	1316	275	1041	2191	555	1636
42	591	126	465	1273	276	997	2103	528	1575
43	780	180	600	1524	363	1161	2462	618	1844
44	956	232	724	2030	504	1526	3238	886	2352
45-49岁	**6118**	**1523**	**4595**	**13020**	**3429**	**9591**	**20914**	**6128**	**14786**
45	1041	252	789	2308	581	1727	3861	1101	2760
46	1148	297	851	2479	626	1853	4152	1177	2975
47	1081	284	797	2644	700	1944	4227	1222	3005
48	1426	341	1085	2548	695	1853	4424	1311	3113
49	1422	349	1073	3041	827	2214	4250	1317	2933
50-54岁	**7413**	**1858**	**5555**	**15561**	**4104**	**11457**	**24039**	**7584**	**16455**
50	1276	316	960	3249	869	2380	4982	1498	3484
51	1393	352	1041	2826	755	2071	4849	1603	3246
52	1694	425	1269	3183	844	2339	5214	1600	3614
53	1554	391	1163	2828	732	2096	4130	1291	2839
54	1496	374	1122	3475	904	2571	4864	1592	3272
55-59岁	**4850**	**972**	**3878**	**10823**	**2566**	**8257**	**17345**	**5470**	**11875**
55	1233	308	925	3005	787	2218	5007	1630	3377
56	1220	254	966	2601	665	1936	4513	1515	2998
57	1273	233	1040	2844	682	2162	4388	1411	2977
58	839	135	704	1607	297	1310	2374	661	1713
59	285	42	243	766	135	631	1063	253	810
60-64岁	**1956**	**369**	**1587**	**3601**	**874**	**2727**	**6085**	**1699**	**4386**
60	229	34	195	599	119	480	1212	284	928
61	210	36	174	528	139	389	1013	301	712
62	361	78	283	670	154	516	1242	350	892
63	532	103	429	800	192	608	1247	359	888
64	624	118	506	1004	270	734	1371	405	966
65岁及以上	**15452**	**3210**	**12242**	**24045**	**6732**	**17313**	**29640**	**10189**	**19451**

5-5b 续表 3

单位：人

年 龄	初婚年龄								
	21岁			22岁			23岁		
	小计	男	女	小计	男	女	小计	男	女
总 计	**158380**	**66826**	**91554**	**166100**	**84074**	**82026**	**133446**	**71116**	**62330**
20岁以下									
20-24岁	**2831**	**829**	**2002**	**2554**	**965**	**1589**	**1414**	**569**	**845**
20									
21	159	33	126						
22	626	179	447	338	133	205			
23	945	275	670	903	352	551	408	154	254
24	1101	342	759	1313	480	833	1006	415	591
25-29岁	**8003**	**2761**	**5242**	**9310**	**3976**	**5334**	**9128**	**3989**	**5139**
25	1302	399	903	1670	666	1004	1636	676	960
26	1447	470	977	1604	652	952	1682	710	972
27	1676	596	1080	2070	862	1208	1838	785	1053
28	1603	587	1016	1904	851	1053	1922	867	1055
29	1975	709	1266	2062	945	1117	2050	951	1099
30-34岁	**13228**	**5103**	**8125**	**15182**	**6983**	**8199**	**13862**	**6828**	**7034**
30	2248	845	1403	2741	1247	1494	2494	1159	1335
31	2536	986	1550	2512	1123	1389	2595	1285	1310
32	2451	973	1478	2856	1321	1535	2328	1123	1205
33	3235	1249	1986	3687	1702	1985	3404	1702	1702
34	2758	1050	1708	3386	1590	1796	3041	1559	1482
35-39岁	**10102**	**3814**	**6288**	**11211**	**5259**	**5952**	**10384**	**5444**	**4940**
35	1966	757	1209	2185	1063	1122	2067	1071	996
36	1784	692	1092	1850	902	948	1725	903	822
37	1776	700	1076	2141	1018	1123	1850	994	856
38	2387	858	1529	2658	1239	1419	2521	1316	1205
39	2189	807	1382	2377	1037	1340	2221	1160	1061
40-44岁	**13212**	**5093**	**8119**	**14377**	**6952**	**7425**	**11817**	**6302**	**5515**
40	1571	582	989	1898	931	967	1730	847	883
41	2408	899	1509	2121	1009	1112	2148	1146	1002
42	2508	992	1516	2771	1324	1447	1744	970	774
43	2896	1084	1812	3306	1594	1712	2769	1478	1291
44	3829	1536	2293	4281	2094	2187	3426	1861	1565
45-49岁	**25942**	**11445**	**14497**	**27588**	**14765**	**12823**	**21317**	**11473**	**9844**
45	4360	1767	2593	4822	2482	2340	4096	2132	1964
46	5356	2331	3025	5423	2905	2518	4155	2220	1935
47	5167	2380	2787	5927	3188	2739	4267	2301	1966
48	5305	2349	2956	5621	3065	2556	4426	2445	1981
49	5754	2618	3136	5795	3125	2670	4373	2375	1998
50-54岁	**27996**	**13202**	**14794**	**27346**	**15534**	**11812**	**18554**	**10812**	**7742**
50	5242	2472	2770	6008	3365	2643	4025	2329	1696
51	5735	2742	2993	4711	2647	2064	3800	2111	1689
52	6574	3113	3461	6183	3531	2652	3590	2083	1507
53	4731	2176	2555	4934	2829	2105	3215	1963	1252
54	5714	2699	3015	5510	3162	2348	3924	2326	1598
55-59岁	**21461**	**9831**	**11630**	**21695**	**12109**	**9586**	**14821**	**8946**	**5875**
55	5449	2494	2955	5075	2851	2224	3578	2108	1470
56	6025	2807	3218	5283	3015	2268	3433	2113	1320
57	6061	2815	3246	6870	3784	3086	4167	2528	1639
58	2684	1238	1446	3183	1762	1421	2527	1520	1007
59	1242	477	765	1284	697	587	1116	677	439
60-64岁	**8484**	**2958**	**5526**	**11640**	**4853**	**6787**	**11308**	**5487**	**5821**
60	1290	448	842	1541	792	749	1197	649	548
61	1764	598	1166	1773	766	1007	1428	837	591
62	2082	736	1346	3242	1274	1968	2445	1219	1226
63	1830	606	1224	2823	1145	1678	3518	1616	1902
64	1518	570	948	2261	876	1385	2720	1166	1554
65岁及以上	**27121**	**11790**	**15331**	**25197**	**12678**	**12519**	**20841**	**11266**	**9575**

5－5b　续表 4　　　　单位：人

年　龄	初婚年龄								
	24岁			25岁			26岁		
	小计	男	女	小计	男	女	小计	男	女
总　计	**105500**	**60868**	**44632**	**79935**	**49131**	**30804**	**56592**	**36298**	**20294**
20岁以下									
20－24岁	**484**	**212**	**272**						
20									
21									
22									
23									
24	484	212	272						
25－29岁	**9133**	**4293**	**4840**	**7095**	**3416**	**3679**	**4741**	**2382**	**2359**
25	1386	600	786	567	250	317			
26	1860	829	1031	1242	578	664	495	231	264
27	1905	873	1032	1809	878	931	1244	617	627
28	1867	924	943	1698	850	848	1513	760	753
29	2115	1067	1048	1779	860	919	1489	774	715
30－34岁	**12499**	**6459**	**6040**	**11099**	**5905**	**5194**	**9178**	**5095**	**4083**
30	2440	1200	1240	2482	1316	1166	1835	1006	829
31	2344	1193	1151	2154	1126	1028	1873	1028	845
32	2410	1210	1200	1958	1051	907	1623	897	726
33	2588	1358	1230	2471	1303	1168	1993	1070	923
34	2717	1498	1219	2034	1109	925	1854	1094	760
35－39岁	**9378**	**5347**	**4031**	**8029**	**4776**	**3253**	**6230**	**3858**	**2372**
35	1931	1099	832	1650	945	705	1190	714	476
36	1677	960	717	1471	855	616	1129	681	448
37	1553	857	696	1512	886	626	1172	726	446
38	2172	1256	916	1756	1075	681	1509	939	570
39	2045	1175	870	1640	1015	625	1230	798	432
40－44岁	**9311**	**5336**	**3975**	**7080**	**4407**	**2673**	**5545**	**3670**	**1875**
40	1501	842	659	1298	790	508	1017	692	325
41	1858	1072	786	1456	907	549	1093	713	380
42	1586	874	712	1295	798	497	981	672	309
43	1697	1011	686	1497	943	554	1146	747	399
44	2669	1537	1132	1534	969	565	1308	846	462
45－49岁	**15750**	**9108**	**6642**	**10938**	**6773**	**4165**	**7227**	**4714**	**2513**
45	2968	1672	1296	2160	1335	825	1193	793	400
46	3277	1849	1428	2231	1396	835	1548	1036	512
47	3099	1819	1280	2312	1425	887	1518	968	550
48	3069	1751	1318	2086	1253	833	1500	971	529
49	3337	2017	1320	2149	1364	785	1468	946	522
50－54岁	**12536**	**7806**	**4730**	**8137**	**5314**	**2823**	**5347**	**3618**	**1729**
50	3116	1934	1182	2206	1370	836	1383	922	461
51	2544	1532	1012	1685	1094	591	1191	800	391
52	2664	1666	998	1719	1125	594	1153	785	368
53	1694	1072	622	1300	897	403	781	544	237
54	2518	1602	916	1227	828	399	839	567	272
55－59岁	**9571**	**6146**	**3425**	**6134**	**4215**	**1919**	**3572**	**2479**	**1093**
55	2387	1510	877	1485	1003	482	777	555	222
56	2351	1469	882	1527	1079	448	914	632	282
57	2518	1620	898	1680	1137	543	1027	722	305
58	1428	952	476	932	639	293	554	376	178
59	887	595	292	510	357	153	300	194	106
60－64岁	**8963**	**5440**	**3523**	**6021**	**4191**	**1830**	**3824**	**2926**	**898**
60	1016	698	318	801	543	258	453	310	143
61	1041	698	343	843	633	210	570	450	120
62	1831	1153	678	1286	937	349	929	745	184
63	2142	1264	878	1457	1001	456	886	677	209
64	2933	1627	1306	1634	1077	557	986	744	242
65岁及以上	**17875**	**10721**	**7154**	**15402**	**10134**	**5268**	**10928**	**7556**	**3372**

5-5b　续表 5　　单位：人

年　龄	初婚年龄								
	27岁			28岁			29岁		
	小计	男	女	小计	男	女	小计	男	女
总　计	**39743**	**26200**	**13543**	**28281**	**19040**	**9241**	**20398**	**13853**	**6545**
20岁以下									
20-24岁									
20									
21									
22									
23									
24									
25-29岁	**2618**	**1374**	**1244**	**1142**	**638**	**504**	**279**	**162**	**117**
25									
26									
27	436	233	203						
28	975	497	478	364	204	160			
29	1207	644	563	778	434	344	279	162	117
30-34岁	**7008**	**4051**	**2957**	**5345**	**3144**	**2201**	**3773**	**2277**	**1496**
30	1414	764	650	1153	638	515	704	427	277
31	1288	737	551	989	601	388	788	470	318
32	1368	807	561	931	537	394	681	414	267
33	1569	931	638	1217	739	478	799	497	302
34	1369	812	557	1055	629	426	801	469	332
35-39岁	**4827**	**3060**	**1767**	**3613**	**2319**	**1294**	**2712**	**1777**	**935**
35	994	607	387	705	438	267	572	357	215
36	775	468	307	626	395	231	514	322	192
37	873	547	326	617	389	228	534	340	194
38	1164	762	402	865	567	298	548	370	178
39	1021	676	345	800	530	270	544	388	156
40-44岁	**4139**	**2815**	**1324**	**3216**	**2239**	**977**	**2428**	**1663**	**765**
40	730	505	225	653	445	208	439	300	139
41	806	539	267	618	425	193	516	354	162
42	772	511	261	616	432	184	420	273	147
43	855	577	278	655	471	184	506	346	160
44	976	683	293	674	466	208	547	390	157
45-49岁	**4939**	**3259**	**1680**	**3450**	**2402**	**1048**	**2596**	**1796**	**800**
45	995	675	320	746	532	214	608	442	166
46	843	567	276	757	543	214	616	443	173
47	1011	683	328	586	400	186	497	332	165
48	1063	697	366	657	461	196	414	267	147
49	1027	637	390	704	466	238	461	312	149
50-54岁	**3696**	**2522**	**1174**	**2699**	**1803**	**896**	**2138**	**1390**	**748**
50	973	651	322	710	471	239	469	305	164
51	771	506	265	554	351	203	489	319	170
52	813	564	249	529	357	172	470	301	169
53	553	382	171	454	309	145	360	238	122
54	586	419	167	452	315	137	350	227	123
55-59岁	**2169**	**1519**	**650**	**1510**	**1068**	**442**	**1156**	**786**	**370**
55	557	403	154	355	255	100	310	212	98
56	448	322	126	399	273	126	280	203	77
57	631	442	189	353	250	103	304	202	102
58	332	222	110	233	177	56	149	99	50
59	201	130	71	170	113	57	113	70	43
60-64岁	**2577**	**2000**	**577**	**1689**	**1284**	**405**	**1234**	**939**	**295**
60	260	181	79	175	124	51	140	95	45
61	343	258	85	188	151	37	142	105	37
62	634	497	137	373	274	99	238	184	54
63	714	560	154	500	373	127	302	227	75
64	626	504	122	453	362	91	412	328	84
65岁及以上	**7770**	**5600**	**2170**	**5617**	**4143**	**1474**	**4082**	**3063**	**1019**

5-5b 续表 6

单位：人

年龄	初婚年龄								
	30岁			31岁			32岁		
	小计	男	女	小计	男	女	小计	男	女
总计	**15092**	**9912**	**5180**	**11252**	**7301**	**3951**	**8659**	**5643**	**3016**
20岁以下									
20-24岁									
20									
21									
22									
23									
24									
25-29岁									
25									
26									
27									
28									
29									
30-34岁	**2502**	**1498**	**1004**	**1492**	**893**	**599**	**766**	**434**	**332**
30	274	162	112						
31	443	260	183	203	119	84			
32	578	354	224	309	190	119	126	74	52
33	630	367	263	525	321	204	292	172	120
34	577	355	222	455	263	192	348	188	160
35-39岁	**2111**	**1303**	**808**	**1680**	**1025**	**655**	**1327**	**800**	**527**
35	479	286	193	303	181	122	266	145	121
36	340	204	136	303	183	120	198	123	75
37	355	219	136	310	187	123	245	150	95
38	526	325	201	410	262	148	335	216	119
39	411	269	142	354	212	142	283	166	117
40-44岁	**1870**	**1264**	**606**	**1600**	**1036**	**564**	**1341**	**869**	**472**
40	328	223	105	259	170	89	241	154	87
41	396	237	159	326	204	122	220	139	81
42	340	230	110	297	196	101	228	148	80
43	370	269	101	367	231	136	277	192	85
44	436	305	131	351	235	116	375	236	139
45-49岁	**2002**	**1373**	**629**	**1607**	**1041**	**566**	**1373**	**913**	**460**
45	508	343	165	331	226	105	303	193	110
46	427	296	131	396	263	133	308	208	100
47	433	301	132	323	189	134	284	190	94
48	360	246	114	305	195	110	239	147	92
49	274	187	87	252	168	84	239	175	64
50-54岁	**1682**	**1030**	**652**	**1155**	**719**	**436**	**953**	**600**	**353**
50	336	231	105	198	127	71	177	123	54
51	326	209	117	194	125	69	148	95	53
52	434	232	202	244	149	95	193	125	68
53	273	169	104	276	163	113	163	102	61
54	313	189	124	243	155	88	272	155	117
55-59岁	**938**	**569**	**369**	**824**	**496**	**328**	**740**	**480**	**260**
55	272	169	103	213	126	87	189	125	64
56	233	136	97	226	142	84	197	135	62
57	249	151	98	204	123	81	214	134	80
58	106	69	37	118	67	51	90	58	32
59	78	44	34	63	38	25	50	28	22
60-64岁	**838**	**593**	**245**	**572**	**401**	**171**	**477**	**319**	**158**
60	92	61	31	57	38	19	75	49	26
61	92	62	30	79	52	27	47	34	13
62	191	130	61	115	80	35	98	63	35
63	195	136	59	151	99	52	117	86	31
64	268	204	64	170	132	38	140	87	53
65岁及以上	**3149**	**2282**	**867**	**2322**	**1690**	**632**	**1682**	**1228**	**454**

5-5b　续表 7　　单位：人

年　龄	初婚年龄								
	33岁			34岁			35岁		
	小计	男	女	小计	男	女	小计	男	女
总　计	**6544**	**4230**	**2314**	**5116**	**3302**	**1814**	**4134**	**2725**	**1409**
20岁以下									
20-24岁									
20									
21									
22									
23									
24									
25-29岁									
25									
26									
27									
28									
29									
30-34岁	**354**	**213**	**141**	**106**	**54**	**52**			
30									
31									
32									
33	132	81	51						
34	222	132	90	106	54	52			
35-39岁	**1061**	**627**	**434**	**822**	**470**	**352**	**611**	**376**	**235**
35	200	123	77	136	75	61	73	46	27
36	162	94	68	137	77	60	112	74	38
37	216	122	94	153	90	63	116	70	46
38	271	160	111	195	108	87	149	90	59
39	212	128	84	201	120	81	161	96	65
40-44岁	**1026**	**627**	**399**	**841**	**517**	**324**	**725**	**466**	**259**
40	165	98	67	170	95	75	116	80	36
41	207	128	79	179	116	63	159	97	62
42	190	111	79	141	85	56	133	74	59
43	204	130	74	137	86	51	152	101	51
44	260	160	100	214	135	79	165	114	51
45-49岁	**1138**	**730**	**408**	**1019**	**660**	**359**	**904**	**582**	**322**
45	269	164	105	226	147	79	207	139	68
46	260	172	88	224	167	57	205	133	72
47	218	143	75	215	124	91	208	126	82
48	211	132	79	180	108	72	147	101	46
49	180	119	61	174	114	60	137	83	54
50-54岁	**658**	**423**	**235**	**502**	**328**	**174**	**424**	**271**	**153**
50	179	115	64	124	74	50	128	80	48
51	116	76	40	105	74	31	95	64	31
52	111	71	40	118	81	37	97	62	35
53	120	79	41	54	34	20	62	45	17
54	132	82	50	101	65	36	42	20	22
55-59岁	**644**	**429**	**215**	**452**	**296**	**156**	**356**	**228**	**128**
55	178	126	52	106	63	43	80	55	25
56	147	92	55	135	90	45	90	54	36
57	191	126	65	122	81	41	107	67	40
58	84	60	24	57	39	18	61	39	22
59	44	25	19	32	23	9	18	13	5
60-64岁	**327**	**224**	**103**	**268**	**192**	**76**	**217**	**159**	**58**
60	43	28	15	40	23	17	40	18	22
61	39	29	10	38	23	15	23	18	5
62	69	45	24	55	42	13	65	53	12
63	75	49	26	56	47	9	54	43	11
64	101	73	28	79	57	22	35	27	8
65岁及以上	**1336**	**957**	**379**	**1106**	**785**	**321**	**897**	**643**	**254**

5-5b 续表 8

单位：人

年龄	初婚年龄								
	36岁			37岁			38岁		
	小计	男	女	小计	男	女	小计	男	女
总计	**3217**	**2133**	**1084**	**2703**	**1728**	**975**	**2170**	**1385**	**785**
20岁以下									
20-24岁									
20									
21									
22									
23									
24									
25-29岁									
25									
26									
27									
28									
29									
30-34岁									
30									
31									
32									
33									
34									
35-39岁	**395**	**230**	**165**	**240**	**142**	**98**	**146**	**80**	**66**
35									
36	48	29	19						
37	82	46	36	48	24	24			
38	133	75	58	92	57	35	67	34	33
39	132	80	52	100	61	39	79	46	33
40-44岁	**571**	**380**	**191**	**490**	**313**	**177**	**406**	**256**	**150**
40	88	54	34	72	41	31	60	39	21
41	114	75	39	83	51	32	80	44	36
42	107	75	32	95	58	37	87	59	28
43	127	82	45	106	73	33	75	48	27
44	135	94	41	134	90	44	104	66	38
45-49岁	**751**	**492**	**259**	**672**	**427**	**245**	**556**	**358**	**198**
45	137	95	42	132	89	43	107	70	37
46	164	99	65	128	79	49	109	69	40
47	159	103	56	151	99	52	101	71	30
48	168	121	47	122	72	50	115	73	42
49	123	74	49	139	88	51	124	75	49
50-54岁	**377**	**260**	**117**	**368**	**224**	**144**	**304**	**198**	**106**
50	122	83	39	105	69	36	87	56	31
51	70	48	22	79	47	32	87	58	29
52	80	55	25	85	42	43	51	36	15
53	50	38	12	41	29	12	49	31	18
54	55	36	19	58	37	21	30	17	13
55-59岁	**224**	**146**	**78**	**193**	**129**	**64**	**130**	**76**	**54**
55	31	20	11	39	28	11	31	18	13
56	43	22	21	40	25	15	31	17	14
57	74	55	19	53	36	17	32	16	16
58	41	30	11	43	26	17	23	14	9
59	35	19	16	18	14	4	13	11	2
60-64岁	**173**	**117**	**56**	**168**	**114**	**54**	**149**	**94**	**55**
60	21	13	8	27	14	13	26	11	15
61	26	17	9	24	17	7	26	16	10
62	48	35	13	29	20	9	24	15	9
63	37	19	18	44	30	14	42	31	11
64	41	33	8	44	33	11	31	21	10
65岁及以上	**726**	**508**	**218**	**572**	**379**	**193**	**479**	**323**	**156**

5-5b　续表 9　　　　单位：人

年　龄	初婚年龄					
	39岁			40岁及以上		
	小计	男	女	小计	男	女
总　计	**1754**	**1075**	**679**	**11139**	**6754**	**4385**
20岁以下						
20-24岁						
20						
21						
22						
23						
24						
25-29岁						
25						
26						
27						
28						
29						
30-34岁						
30						
31						
32						
33						
34						
35-39岁	**50**	**29**	**21**			
35						
36						
37						
38						
39	50	29	21			
40-44岁	**308**	**178**	**130**	**774**	**450**	**324**
40	46	26	20	37	14	23
41	58	34	24	95	54	41
42	67	35	32	133	76	57
43	59	36	23	216	127	89
44	78	47	31	293	179	114
45-49岁	**414**	**265**	**149**	**2107**	**1294**	**813**
45	87	59	28	346	200	146
46	85	55	30	429	254	175
47	87	59	28	452	280	172
48	64	38	26	451	291	160
49	91	54	37	429	269	160
50-54岁	**321**	**194**	**127**	**1996**	**1230**	**766**
50	100	51	49	438	273	165
51	76	54	22	422	266	156
52	65	41	24	431	266	165
53	40	24	16	331	208	123
54	40	24	16	374	217	157
55-59岁	**127**	**79**	**48**	**1446**	**875**	**571**
55	40	26	14	348	217	131
56	25	15	10	377	230	147
57	33	17	16	383	245	138
58	12	11	1	225	128	97
59	17	10	7	113	55	58
60-64岁	**134**	**89**	**45**	**937**	**563**	**374**
60	11	6	5	135	76	59
61	22	15	7	110	64	46
62	29	18	11	187	113	74
63	32	23	9	254	159	95
64	40	27	13	251	151	100
65岁及以上	**400**	**241**	**159**	**3879**	**2342**	**1537**

5－5c 全省分年龄、性别、初婚年龄的人口(乡村)

单位：人

年龄	初婚年龄					
	合计			15岁以下		
	合计	男	女	小计	男	女
总计	**2800143**	**1371685**	**1428458**	**6294**	**1196**	**5098**
20岁以下	**2589**	**558**	**2031**	**163**	**25**	**138**
20－24岁	**39131**	**12147**	**26984**	**288**	**39**	**249**
20	2474	547	1927	30	4	26
21	4114	1034	3080	51	5	46
22	7180	2012	5168	59	9	50
23	10539	3344	7195	64	10	54
24	14824	5210	9614	84	11	73
25－29岁	**137030**	**59323**	**77707**	**377**	**84**	**293**
25	20778	7884	12894	81	19	62
26	23712	9721	13991	69	13	56
27	28768	12456	16312	68	15	53
28	30369	13539	16830	88	21	67
29	33403	15723	17680	71	16	55
30－34岁	**219302**	**109183**	**110119**	**574**	**145**	**429**
30	41405	19848	21557	102	23	79
31	41959	20578	21381	118	30	88
32	40494	20012	20482	116	33	83
33	49807	25244	24563	117	34	83
34	45637	23501	22136	121	25	96
35－39岁	**164432**	**85511**	**78921**	**377**	**71**	**306**
35	33391	17136	16255	97	21	76
36	28415	14615	13800	66	9	57
37	29039	15170	13869	51	9	42
38	37992	19949	18043	96	21	75
39	35595	18641	16954	67	11	56
40－44岁	**195690**	**98978**	**96712**	**536**	**98**	**438**
40	28851	14598	14253	88	16	72
41	34932	17820	17112	92	24	68
42	35042	17570	17472	108	16	92
43	42623	21561	21062	110	20	90
44	54242	27429	26813	138	22	116
45－49岁	**371637**	**186061**	**185576**	**520**	**108**	**412**
45	64256	32381	31875	139	27	112
46	72837	36261	36576	96	24	72
47	75193	37776	37417	99	21	78
48	77962	38825	39137	98	19	79
49	81389	40818	40571	88	17	71
50－54岁	**398692**	**198334**	**200358**	**641**	**132**	**509**
50	82193	40878	41315	101	17	84
51	77244	38542	38702	147	36	111
52	87076	43113	43963	143	40	103
53	70184	34491	35693	109	18	91
54	81995	41310	40685	141	21	120
55－59岁	**296595**	**148222**	**148373**	**390**	**50**	**340**
55	76097	38294	37803	128	22	106
56	74780	37011	37769	68	6	62
57	81091	41253	39838	90	13	77
58	44662	22098	22564	65	4	61
59	19965	9566	10399	39	5	34
60－64岁	**198696**	**101309**	**97387**	**442**	**75**	**367**
60	23088	11376	11712	40	8	32
61	26524	13908	12616	54	8	46
62	44909	23047	21862	87	14	73
63	51682	26454	25228	128	23	105
64	52493	26524	25969	133	22	111
65岁及以上	**776349**	**372059**	**404290**	**1986**	**369**	**1617**

5-5c 续表 1

单位：人

年龄	初婚年龄								
	15岁			16岁			17岁		
	小计	男	女	小计	男	女	小计	男	女
总 计	**27643**	**5756**	**21887**	**49208**	**9726**	**39482**	**89618**	**18495**	**71123**
20岁以下	**455**	**79**	**376**	**629**	**121**	**508**	**658**	**165**	**493**
20-24岁	**1059**	**218**	**841**	**1854**	**408**	**1446**	**2836**	**715**	**2121**
20	163	25	138	232	53	179	405	79	326
21	200	41	159	330	56	274	434	92	342
22	209	49	160	411	87	324	611	171	440
23	256	53	203	427	104	323	647	174	473
24	231	50	181	454	108	346	739	199	540
25-29岁	**1517**	**354**	**1163**	**2628**	**654**	**1974**	**4466**	**1189**	**3277**
25	341	70	271	472	115	357	801	219	582
26	291	71	220	546	143	403	833	229	604
27	316	68	248	533	126	407	968	247	721
28	289	73	216	587	147	440	900	241	659
29	280	72	208	490	123	367	964	253	711
30-34岁	**2145**	**600**	**1545**	**3464**	**857**	**2607**	**5755**	**1393**	**4362**
30	409	110	299	570	145	425	1128	287	841
31	436	133	303	732	191	541	1044	268	776
32	425	98	327	624	156	468	1110	252	858
33	482	139	343	784	200	584	1252	292	960
34	393	120	273	754	165	589	1221	294	927
35-39岁	**1749**	**435**	**1314**	**2876**	**657**	**2219**	**4902**	**1105**	**3797**
35	417	120	297	520	125	395	896	221	675
36	338	92	246	618	142	476	758	165	593
37	327	73	254	539	127	412	960	227	733
38	368	99	269	661	135	526	1223	260	963
39	299	51	248	538	128	410	1065	232	833
40-44岁	**1859**	**451**	**1408**	**3092**	**753**	**2339**	**5538**	**1305**	**4233**
40	282	54	228	449	86	363	798	156	642
41	370	89	281	677	160	517	1039	244	795
42	353	81	272	542	133	409	1164	289	875
43	421	108	313	615	163	452	1165	262	903
44	433	119	314	809	211	598	1372	354	1018
45-49岁	**2625**	**676**	**1949**	**4845**	**1159**	**3686**	**9311**	**2307**	**7004**
45	628	164	464	824	193	631	1533	377	1156
46	599	191	408	1122	280	842	1583	391	1192
47	491	121	370	1090	285	805	2109	560	1549
48	477	104	373	968	206	762	2133	522	1611
49	430	96	334	841	195	646	1953	457	1496
50-54岁	**2658**	**638**	**2020**	**5312**	**1098**	**4214**	**10762**	**2273**	**8489**
50	569	128	441	955	219	736	1876	388	1488
51	554	164	390	1219	264	955	2186	495	1691
52	568	131	437	1246	254	992	2679	583	2096
53	494	111	383	891	169	722	2048	406	1642
54	473	104	369	1001	192	809	1973	401	1572
55-59岁	**2033**	**316**	**1717**	**3765**	**589**	**3176**	**7473**	**1252**	**6221**
55	660	138	522	895	144	751	1836	360	1476
56	536	78	458	1206	219	987	1795	310	1485
57	471	59	412	1000	153	847	2287	382	1905
58	235	26	209	474	56	418	1179	156	1023
59	131	15	116	190	17	173	376	44	332
60-64岁	**1616**	**297**	**1319**	**2525**	**439**	**2086**	**4135**	**648**	**3487**
60	184	35	149	200	15	185	374	47	327
61	227	41	186	358	64	294	463	62	401
62	353	53	300	543	98	445	928	136	792
63	447	96	351	632	104	528	1131	202	929
64	405	72	333	792	158	634	1239	201	1038
65岁及以上	**9927**	**1692**	**8235**	**18218**	**2991**	**15227**	**33782**	**6143**	**27639**

5－5c 续表 2

单位：人

年龄	初婚年龄								
	18岁			19岁			20岁		
	小计	男	女	小计	男	女	小计	男	女
总 计	**151827**	**35141**	**116686**	**261518**	**71855**	**189663**	**366997**	**121953**	**245044**
20岁以下	**521**	**130**	**391**	**163**	**38**	**125**			
20－24岁	**4150**	**1074**	**3076**	**5937**	**1608**	**4329**	**7200**	**1932**	**5268**
20	654	169	485	669	148	521	321	69	252
21	665	175	490	1043	278	765	993	274	719
22	779	199	580	1253	330	923	1728	422	1306
23	986	266	720	1311	384	927	1929	524	1405
24	1066	265	801	1661	468	1193	2229	643	1586
25－29岁	**7053**	**2083**	**4970**	**11136**	**3391**	**7745**	**15577**	**4928**	**10649**
25	1252	362	890	2012	559	1453	2844	861	1983
26	1256	392	864	2033	639	1394	2898	887	2011
27	1360	423	937	2316	704	1612	3137	1019	2118
28	1510	416	1094	2161	695	1466	3373	1041	2332
29	1675	490	1185	2614	794	1820	3325	1120	2205
30－34岁	**9526**	**2622**	**6904**	**16184**	**4856**	**11328**	**23607**	**7933**	**15674**
30	1870	501	1369	3047	926	2121	4431	1466	2965
31	1847	527	1320	3188	1003	2185	4693	1583	3110
32	1684	480	1204	3050	863	2187	4399	1474	2925
33	2155	610	1545	3453	1042	2411	5219	1777	3442
34	1970	504	1466	3446	1022	2424	4865	1633	3232
35－39岁	**7876**	**1923**	**5953**	**12991**	**3635**	**9356**	**17674**	**5852**	**11822**
35	1486	365	1121	2652	820	1832	3714	1249	2465
36	1319	327	992	2224	619	1605	3122	1065	2057
37	1255	313	942	2311	655	1656	3176	1095	2081
38	1960	479	1481	2740	711	2029	4098	1364	2734
39	1856	439	1417	3064	830	2234	3564	1079	2485
40－44岁	**9598**	**2231**	**7367**	**18031**	**4546**	**13485**	**25237**	**7668**	**17569**
40	1478	310	1168	2596	682	1914	3446	1103	2343
41	1665	374	1291	3257	821	2436	4383	1389	2994
42	1740	391	1349	3140	751	2389	4683	1388	3295
43	2155	537	1618	3909	968	2941	5545	1648	3897
44	2560	619	1941	5129	1324	3805	7180	2140	5040
45－49岁	**18035**	**4572**	**13463**	**34830**	**9097**	**25733**	**52079**	**16423**	**35656**
45	2947	746	2201	5865	1575	4290	9256	2845	6411
46	3398	876	2522	6572	1666	4906	10323	3117	7206
47	3318	819	2499	7038	1886	5152	10373	3386	6987
48	4098	1049	3049	7039	1814	5225	11117	3559	7558
49	4274	1082	3192	8316	2156	6160	11010	3516	7494
50－54岁	**21340**	**4946**	**16394**	**42075**	**11268**	**30807**	**62086**	**20863**	**41223**
50	4027	956	3071	8644	2321	6323	12783	4170	8613
51	3724	921	2803	7831	2091	5740	12513	4334	8179
52	4654	1063	3591	8527	2289	6238	13433	4415	9018
53	4402	986	3416	7695	2008	5687	10307	3401	6906
54	4533	1020	3513	9378	2559	6819	13050	4543	8507
55－59岁	**14104**	**2687**	**11417**	**27940**	**7130**	**20810**	**44407**	**14739**	**29668**
55	3484	793	2691	7890	2288	5602	12972	4618	8354
56	3609	748	2861	6728	1803	4925	11733	3970	7763
57	3643	669	2974	7148	1826	5322	10787	3596	7191
58	2493	380	2113	4145	848	3297	6285	1881	4404
59	875	97	778	2029	365	1664	2630	674	1956
60－64岁	**6392**	**1123**	**5269**	**11254**	**2605**	**8649**	**17741**	**5049**	**12692**
60	681	99	582	1666	326	1340	3252	792	2460
61	646	110	536	1482	349	1133	2731	835	1896
62	1273	189	1084	2121	488	1633	3793	1072	2721
63	1768	316	1452	2645	614	2031	3768	1037	2731
64	2024	409	1615	3340	828	2512	4197	1313	2884
65岁及以上	**53232**	**11750**	**41482**	**80977**	**23681**	**57296**	**101389**	**36566**	**64823**

5-5c 续表 3

单位：人

年 龄	初婚年龄								
	21岁			22岁			23岁		
	小计	男	女	小计	男	女	小计	男	女
总 计	**391827**	**184401**	**207426**	**384813**	**218430**	**166383**	**283371**	**168759**	**114612**
20岁以下									
20-24岁	**6603**	**2168**	**4435**	**5573**	**2358**	**3215**	**2785**	**1238**	**1547**
20									
21	398	113	285						
22	1382	424	958	748	321	427			
23	2301	732	1569	1841	761	1080	777	336	441
24	2522	899	1623	2984	1276	1708	2008	902	1106
25-29岁	**17052**	**6765**	**10287**	**18930**	**9133**	**9797**	**17354**	**8501**	**8853**
25	2900	1051	1849	3312	1442	1870	3391	1521	1870
26	3141	1202	1939	3466	1600	1866	3169	1471	1698
27	3566	1399	2167	4148	2011	2137	3438	1729	1709
28	3498	1416	2082	3964	2002	1962	3558	1799	1759
29	3947	1697	2250	4040	2078	1962	3798	1981	1817
30-34岁	**26194**	**11709**	**14485**	**28004**	**15091**	**12913**	**23313**	**13275**	**10038**
30	4325	1854	2471	5211	2667	2544	4330	2310	2020
31	5192	2250	2942	4744	2498	2246	4493	2523	1970
32	5002	2240	2762	5369	2840	2529	3768	2090	1678
33	6364	2907	3457	6615	3674	2941	5780	3337	2443
34	5311	2458	2853	6065	3412	2653	4942	3015	1927
35-39岁	**19388**	**8995**	**10393**	**19869**	**11421**	**8448**	**16593**	**10321**	**6272**
35	3979	1836	2143	4107	2319	1788	3563	2151	1412
36	3571	1718	1853	3437	1937	1500	2739	1671	1068
37	3417	1575	1842	3633	2127	1506	2828	1811	1017
38	4345	1993	2352	4455	2587	1868	4028	2546	1482
39	4076	1873	2203	4237	2451	1786	3435	2142	1293
40-44岁	**25555**	**11818**	**13737**	**24858**	**14205**	**10653**	**18399**	**11392**	**7007**
40	3003	1386	1617	3330	1878	1452	2677	1629	1048
41	4511	2107	2404	3592	2091	1501	3235	2001	1234
42	4489	2064	2425	4460	2564	1896	2817	1756	1061
43	5961	2738	3223	5681	3231	2450	4231	2700	1531
44	7591	3523	4068	7795	4441	3354	5439	3306	2133
45-49岁	**60248**	**29492**	**30756**	**57791**	**34763**	**23028**	**38552**	**23698**	**14854**
45	9658	4562	5096	9122	5350	3772	6722	4096	2626
46	11881	5679	6202	10963	6540	4423	7219	4326	2893
47	12306	6177	6129	12341	7331	5010	7593	4605	2988
48	12522	6124	6398	12288	7472	4816	8650	5356	3294
49	13881	6950	6931	13077	8070	5007	8368	5315	3053
50-54岁	**68039**	**34986**	**33053**	**64834**	**41159**	**23675**	**39069**	**25650**	**13419**
50	12761	6528	6233	13416	8346	5070	8210	5242	2968
51	14178	7398	6780	11211	7149	4062	7546	4927	2619
52	15773	8082	7691	14826	9421	5405	7478	4911	2567
53	11927	6069	5858	11591	7396	4195	7310	4814	2496
54	13400	6909	6491	13790	8847	4943	8525	5756	2769
55-59岁	**52888**	**26603**	**26285**	**50948**	**31625**	**19323**	**32211**	**21177**	**11034**
55	13746	7058	6688	11788	7466	4322	7819	5128	2691
56	14706	7339	7367	12332	7577	4755	7093	4614	2479
57	14636	7463	7173	16036	9969	6067	9084	5966	3118
58	6723	3398	3325	7825	4873	2952	5750	3830	1920
59	3077	1345	1732	2967	1740	1227	2465	1639	826
60-64岁	**23591**	**8785**	**14806**	**30392**	**13513**	**16879**	**28319**	**15126**	**13193**
60	3265	1245	2020	3530	1872	1658	2829	1836	993
61	4462	1672	2790	4032	1925	2107	3356	2112	1244
62	5765	2104	3661	8405	3640	4765	5791	3173	2618
63	5513	2024	3489	7722	3275	4447	8952	4568	4384
64	4586	1740	2846	6703	2801	3902	7391	3437	3954
65岁及以上	**92269**	**43080**	**49189**	**83614**	**45162**	**38452**	**66776**	**38381**	**28395**

5−5c 续表 4

单位：人

年 龄	初婚年龄								
	24岁			25岁			26岁		
	小计	男	女	小计	男	女	小计	男	女
总 计	**207805**	**133090**	**74715**	**149865**	**101895**	**47970**	**104373**	**73287**	**31086**
20岁以下									
20−24岁	**846**	**389**	**457**						
20									
21									
22									
23									
24	846	389	457						
25−29岁	**15429**	**7940**	**7489**	**11445**	**6121**	**5324**	**7569**	**4247**	**3322**
25	2450	1220	1230	922	445	477			
26	3241	1566	1675	2025	1091	934	744	417	327
27	3209	1648	1561	3082	1625	1457	1946	1062	884
28	3054	1590	1464	2799	1482	1317	2512	1379	1133
29	3475	1916	1559	2617	1478	1139	2367	1389	978
30−34岁	**19385**	**11554**	**7831**	**15789**	**9734**	**6055**	**12839**	**8185**	**4654**
30	4027	2285	1742	3609	2064	1545	2698	1649	1049
31	3791	2188	1603	3181	1941	1240	2673	1683	990
32	3561	2103	1458	2794	1737	1057	2399	1547	852
33	3869	2342	1527	3411	2156	1255	2604	1654	950
34	4137	2636	1501	2794	1836	958	2465	1652	813
35−39岁	**13511**	**9061**	**4450**	**10673**	**7446**	**3227**	**8201**	**5735**	**2466**
35	2783	1770	1013	2259	1494	765	1552	1021	531
36	2371	1563	808	1884	1286	598	1446	1002	444
37	2299	1546	753	1990	1411	579	1440	988	452
38	3064	2129	935	2366	1676	690	2016	1431	585
39	2994	2053	941	2174	1579	595	1747	1293	454
40−44岁	**13622**	**9099**	**4523**	**10024**	**7046**	**2978**	**7928**	**5851**	**2077**
40	2226	1483	743	1880	1264	616	1385	1009	376
41	2544	1674	870	1987	1404	583	1611	1156	455
42	2439	1630	809	1833	1262	571	1424	1062	362
43	2577	1729	848	2071	1502	569	1655	1212	443
44	3836	2583	1253	2253	1614	639	1853	1412	441
45−49岁	**25269**	**16348**	**8921**	**16516**	**11147**	**5369**	**10904**	**7634**	**3270**
45	4373	2848	1525	3106	2150	956	1744	1318	426
46	5260	3371	1889	3201	2151	1050	2328	1663	665
47	4830	3075	1755	3489	2346	1143	2238	1491	747
48	5111	3296	1815	3387	2270	1117	2372	1628	744
49	5695	3758	1937	3333	2230	1103	2222	1534	688
50−54岁	**23415**	**15827**	**7588**	**14650**	**10210**	**4440**	**9466**	**6714**	**2752**
50	5361	3512	1849	3773	2555	1218	2197	1519	678
51	4498	3011	1487	2992	2037	955	2019	1421	598
52	5047	3414	1633	3080	2144	936	2029	1401	628
53	3494	2414	1080	2364	1695	669	1511	1093	418
54	5015	3476	1539	2441	1779	662	1710	1280	430
55−59岁	**19224**	**13391**	**5833**	**11472**	**8218**	**3254**	**6705**	**4870**	**1835**
55	4674	3277	1397	2890	2043	847	1376	1009	367
56	4836	3313	1523	2827	2024	803	1704	1237	467
57	4765	3312	1453	3086	2204	882	1930	1408	522
58	3140	2219	921	1685	1223	462	1146	819	327
59	1809	1270	539	984	724	260	549	397	152
60−64岁	**21589**	**14341**	**7248**	**14163**	**10834**	**3329**	**9613**	**7722**	**1891**
60	2134	1551	583	1622	1207	415	879	647	232
61	2421	1821	600	1853	1498	355	1343	1055	288
62	4446	3081	1365	3062	2455	607	2329	1910	419
63	5281	3440	1841	3744	2837	907	2489	2057	432
64	7307	4448	2859	3882	2837	1045	2573	2053	520
65岁及以上	**55515**	**35140**	**20375**	**45133**	**31139**	**13994**	**31148**	**22329**	**8819**

5-5c　续表 5　　　　单位：人

年　龄	初婚年龄								
	27岁			28岁			29岁		
	小计	男	女	小计	男	女	小计	男	女
总　计	**73554**	**52930**	**20624**	**53493**	**38473**	**15020**	**40465**	**28704**	**11761**
20岁以下									
20-24岁									
20									
21									
22									
23									
24									
25-29岁	**4248**	**2518**	**1730**	**1838**	**1161**	**677**	**411**	**254**	**157**
25									
26									
27	681	380	301						
28	1496	894	602	580	343	237			
29	2071	1244	827	1258	818	440	411	254	157
30-34岁	**9790**	**6361**	**3429**	**7968**	**5185**	**2783**	**5980**	**3908**	**2072**
30	2181	1364	817	1928	1205	723	1129	728	401
31	1889	1193	696	1518	988	530	1355	883	472
32	1865	1221	644	1375	903	472	1113	746	367
33	2136	1422	714	1668	1097	571	1258	819	439
34	1719	1161	558	1479	992	487	1125	732	393
35-39岁	**6213**	**4411**	**1802**	**4717**	**3312**	**1405**	**3676**	**2489**	**1187**
35	1328	924	404	970	663	307	754	494	260
36	920	632	288	802	553	249	697	469	228
37	1145	803	342	735	521	214	617	431	186
38	1454	1056	398	1144	808	336	774	527	247
39	1366	996	370	1066	767	299	834	568	266
40-44岁	**6020**	**4545**	**1475**	**4672**	**3489**	**1183**	**3782**	**2769**	**1013**
40	984	738	246	882	610	272	647	449	198
41	1173	888	285	905	708	197	752	531	221
42	1203	912	291	814	609	205	762	560	202
43	1218	917	301	995	741	254	720	538	182
44	1442	1090	352	1076	821	255	901	691	210
45-49岁	**7541**	**5403**	**2138**	**5383**	**3999**	**1384**	**4107**	**2978**	**1129**
45	1446	1095	351	1106	861	245	933	686	247
46	1333	971	362	1124	847	277	887	653	234
47	1567	1148	419	886	677	209	819	580	239
48	1497	1052	445	1126	822	304	640	464	176
49	1698	1137	561	1141	792	349	828	595	233
50-54岁	**6517**	**4582**	**1935**	**5050**	**3327**	**1723**	**4220**	**2666**	**1554**
50	1462	991	471	1258	785	473	880	574	306
51	1219	840	379	1012	638	374	923	520	403
52	1565	1106	459	981	662	319	946	608	338
53	1112	801	311	883	603	280	676	431	245
54	1159	844	315	916	639	277	795	533	262
55-59岁	**4342**	**3192**	**1150**	**3077**	**2234**	**843**	**2383**	**1606**	**777**
55	1074	774	300	778	563	215	698	462	236
56	919	706	213	740	546	194	592	371	221
57	1283	944	339	704	521	183	609	439	170
58	679	494	185	575	403	172	295	209	86
59	387	274	113	280	201	79	189	125	64
60-64岁	**6589**	**5316**	**1273**	**4727**	**3778**	**949**	**3438**	**2663**	**775**
60	505	376	129	379	268	111	289	220	69
61	752	599	153	467	374	93	390	302	88
62	1667	1312	355	972	779	193	685	512	173
63	1878	1548	330	1544	1242	302	900	694	206
64	1787	1481	306	1365	1115	250	1174	935	239
65岁及以上	**22294**	**16602**	**5692**	**16061**	**11988**	**4073**	**12468**	**9371**	**3097**

5-5c 续表 6

单位：人

年龄	初婚年龄								
	30岁			31岁			32岁		
	小计	男	女	小计	男	女	小计	男	女
总计	**31648**	**22088**	**9560**	**24137**	**16808**	**7329**	**18913**	**13289**	**5624**
20岁以下									
20-24岁									
20									
21									
22									
23									
24									
25-29岁									
25									
26									
27									
28									
29									
30-34岁	**4112**	**2730**	**1382**	**2451**	**1630**	**821**	**1419**	**932**	**487**
30	410	264	146						
31	785	532	253	280	164	116			
32	994	672	322	593	399	194	253	158	95
33	1031	670	361	842	587	255	535	350	185
34	892	592	300	736	480	256	631	424	207
35-39岁	**3112**	**2062**	**1050**	**2476**	**1614**	**862**	**2139**	**1452**	**687**
35	677	442	235	457	296	161	445	312	133
36	546	364	182	446	288	158	345	221	124
37	545	333	212	474	295	179	395	257	138
38	737	502	235	559	371	188	500	343	157
39	607	421	186	540	364	176	454	319	135
40-44岁	**3106**	**2222**	**884**	**2620**	**1851**	**769**	**2118**	**1506**	**612**
40	554	370	184	412	280	132	344	230	114
41	660	468	192	518	367	151	350	255	95
42	576	408	168	518	350	168	414	289	125
43	600	460	140	538	387	151	452	328	124
44	716	516	200	634	467	167	558	404	154
45-49岁	**3423**	**2441**	**982**	**2939**	**2107**	**832**	**2507**	**1828**	**679**
45	806	575	231	646	491	155	570	419	151
46	754	543	211	678	468	210	554	421	133
47	687	498	189	589	417	172	515	381	134
48	637	454	183	540	388	152	446	321	125
49	539	371	168	486	343	143	422	286	136
50-54岁	**3498**	**2145**	**1353**	**2577**	**1661**	**916**	**1983**	**1339**	**644**
50	618	412	206	399	274	125	389	270	119
51	667	414	253	419	291	128	276	195	81
52	933	532	401	593	379	214	372	245	127
53	632	380	252	622	363	259	387	247	140
54	648	407	241	544	354	190	559	382	177
55-59岁	**2125**	**1378**	**747**	**1915**	**1227**	**688**	**1667**	**1060**	**607**
55	615	358	257	468	291	177	412	279	133
56	545	362	183	559	347	212	407	255	152
57	542	372	170	493	332	161	508	314	194
58	311	213	98	265	171	94	209	129	80
59	112	73	39	130	86	44	131	83	48
60-64岁	**2390**	**1825**	**565**	**1723**	**1309**	**414**	**1338**	**1010**	**328**
60	237	168	69	122	85	37	124	74	50
61	262	192	70	216	171	45	137	105	32
62	519	396	123	370	289	81	314	244	70
63	601	461	140	489	387	102	340	260	80
64	771	608	163	526	377	149	423	327	96
65岁及以上	**9882**	**7285**	**2597**	**7436**	**5409**	**2027**	**5742**	**4162**	**1580**

5-5c 续表 7

单位：人

年 龄	初婚年龄								
	33岁			34岁			35岁		
	小计	男	女	小计	男	女	小计	男	女
总 计	**14645**	**10189**	**4456**	**11162**	**7784**	**3378**	**9042**	**6218**	**2824**
20岁以下									
20-24岁									
20									
21									
22									
23									
24									
25-29岁									
25									
26									
27									
28									
29									
30-34岁	**623**	**382**	**241**	**180**	**101**	**79**			
30									
31									
32									
33	232	135	97						
34	391	247	144	180	101	79			
35-39岁	**1792**	**1184**	**608**	**1311**	**857**	**454**	**932**	**608**	**324**
35	386	267	119	228	156	72	121	70	51
36	284	178	106	257	166	91	147	96	51
37	278	186	92	238	154	84	180	113	67
38	426	284	142	274	169	105	231	154	77
39	418	269	149	314	212	102	253	175	78
40-44岁	**1828**	**1242**	**586**	**1451**	**1015**	**436**	**1199**	**843**	**356**
40	337	208	129	267	185	82	230	156	74
41	333	227	106	270	188	82	242	167	75
42	302	203	99	242	164	78	210	143	67
43	387	273	114	279	196	83	228	166	62
44	469	331	138	393	282	111	289	211	78
45-49岁	**2171**	**1548**	**623**	**1870**	**1333**	**537**	**1677**	**1184**	**493**
45	465	344	121	430	307	123	395	281	114
46	439	320	119	412	297	115	383	276	107
47	457	326	131	349	254	95	335	235	100
48	440	297	143	343	237	106	285	196	89
49	370	261	109	336	238	98	279	196	83
50-54岁	**1452**	**978**	**474**	**1066**	**673**	**393**	**1004**	**655**	**349**
50	349	242	107	293	194	99	263	187	76
51	266	173	93	201	126	75	208	136	72
52	255	183	72	225	147	78	226	148	78
53	267	171	96	138	77	61	143	81	62
54	315	209	106	209	129	80	164	103	61
55-59岁	**1389**	**943**	**446**	**1012**	**681**	**331**	**724**	**460**	**264**
55	394	269	125	217	135	82	152	100	52
56	307	207	100	292	195	97	163	104	59
57	361	238	123	254	176	78	224	145	79
58	215	153	62	160	112	48	129	78	51
59	112	76	36	89	63	26	56	33	23
60-64岁	**918**	**702**	**216**	**781**	**605**	**176**	**630**	**471**	**159**
60	108	76	32	89	62	27	96	62	34
61	110	77	33	105	86	19	96	74	22
62	157	126	31	186	154	32	151	108	43
63	264	215	49	170	130	40	147	119	28
64	279	208	71	231	173	58	140	108	32
65岁及以上	**4472**	**3210**	**1262**	**3491**	**2519**	**972**	**2876**	**1997**	**879**

5-5c 续表 8

单位：人

年龄	初婚年龄								
	36岁			37岁			38岁		
	小计	男	女	小计	男	女	小计	男	女
总　计	**7001**	**4762**	**2239**	**5772**	**3960**	**1812**	**4853**	**3257**	**1596**
20岁以下									
20-24岁									
20									
21									
22									
23									
24									
25-29岁									
25									
26									
27									
28									
29									
30-34岁									
30									
31									
32									
33									
34									
35-39岁	**661**	**435**	**226**	**403**	**255**	**148**	**227**	**132**	**95**
35									
36	78	52	26						
37	136	80	56	70	40	30			
38	241	163	78	156	97	59	76	44	32
39	206	140	66	177	118	59	151	88	63
40-44岁	**988**	**657**	**331**	**856**	**586**	**270**	**713**	**495**	**218**
40	138	82	56	123	73	50	113	72	41
41	189	118	71	150	105	45	133	93	40
42	196	133	63	161	117	44	115	84	31
43	206	144	62	211	140	71	152	107	45
44	259	180	79	211	151	60	200	139	61
45-49岁	**1346**	**963**	**383**	**1152**	**817**	**335**	**947**	**667**	**280**
45	264	184	80	211	148	63	191	136	55
46	288	203	85	208	160	48	210	149	61
47	296	206	90	250	181	69	141	93	48
48	261	194	67	249	172	77	202	146	56
49	237	176	61	234	156	78	203	143	60
50-54岁	**804**	**509**	**295**	**680**	**461**	**219**	**696**	**437**	**259**
50	194	123	71	168	110	58	195	125	70
51	171	113	58	126	87	39	142	97	45
52	187	99	88	157	106	51	132	86	46
53	134	92	42	117	79	38	122	75	47
54	118	82	36	112	79	33	105	54	51
55-59岁	**537**	**358**	**179**	**420**	**287**	**133**	**329**	**212**	**117**
55	122	89	33	104	71	33	84	51	33
56	131	90	41	79	49	30	72	50	22
57	131	89	42	122	90	32	72	50	22
58	113	63	50	71	49	22	65	40	25
59	40	27	13	44	28	16	36	21	15
60-64岁	**549**	**408**	**141**	**487**	**368**	**119**	**471**	**330**	**141**
60	80	52	28	60	41	19	56	33	23
61	73	57	16	68	48	20	70	49	21
62	129	100	29	115	82	33	86	62	24
63	121	86	35	111	93	18	145	98	47
64	146	113	33	133	104	29	114	88	26
65岁及以上	**2116**	**1432**	**684**	**1774**	**1186**	**588**	**1470**	**984**	**486**

5-5c　续表 9

单位：人

年　　龄	初婚年龄					
	39岁			40岁及以上		
	小计	男	女	小计	男	女
总　计	**4353**	**2836**	**1517**	**25946**	**16403**	**9543**
20岁以下						
20-24岁						
20						
21						
22						
23						
24						
25-29岁						
25						
26						
27						
28						
29						
30-34岁						
30						
31						
32						
33						
34						
35-39岁	**93**	**43**	**50**			
35						
36						
37						
38						
39	93	43	50			
40-44岁	**592**	**390**	**202**	**1468**	**905**	**563**
40	93	53	40	89	36	53
41	116	82	34	178	89	89
42	86	54	32	251	157	94
43	127	80	47	414	266	148
44	170	121	49	536	357	179
45-49岁	**854**	**585**	**269**	**4195**	**2784**	**1411**
45	180	130	50	696	473	223
46	184	115	69	838	563	275
47	163	111	52	824	566	258
48	139	99	40	897	564	333
49	188	130	58	940	618	322
50-54岁	**659**	**415**	**244**	**4139**	**2722**	**1417**
50	196	116	80	856	574	282
51	135	84	51	861	580	281
52	129	87	42	892	577	315
53	97	70	27	711	441	270
54	102	58	44	819	550	269
55-59岁	**309**	**202**	**107**	**2806**	**1735**	**1071**
55	96	66	30	725	442	283
56	74	48	26	727	443	284
57	66	44	22	759	479	280
58	46	27	19	384	244	140
59	27	17	10	211	127	84
60-64岁	**431**	**293**	**138**	**2452**	**1674**	**778**
60	37	24	13	250	155	95
61	62	40	22	288	182	106
62	117	78	39	545	392	153
63	103	75	28	649	453	196
64	112	76	36	720	492	228
65岁及以上	**1415**	**908**	**507**	**10886**	**6583**	**4303**

5-6 全省分性别、受教育程度、初婚年龄的人口

单位：人

受教育程度	初婚年龄					
	合 计			15岁以下		
	合计	男	女	小计	男	女
总 计	**6041807**	**2902917**	**3138890**	**9965**	**1999**	**7966**
未上过学	303030	68100	234930	1759	184	1575
学前教育	14735	4413	10322	55	6	49
小 学	1979776	885572	1094204	4651	861	3790
初 中	2281226	1183408	1097818	2647	666	1981
高 中	745370	388513	356857	555	173	382
大学专科	403540	204403	199137	196	68	128
大学本科	284390	151469	132921	96	39	57
硕士研究生	26004	14580	11424	5	1	4
博士研究生	3736	2459	1277	1	1	

5-6 续表 1

单位：人

受教育程度	初婚年龄								
	15岁			16岁			17岁		
	小计	男	女	小计	男	女	小计	男	女
总 计	**44405**	**9757**	**34648**	**78932**	**15999**	**62933**	**146504**	**29850**	**116654**
未上过学	6486	622	5864	11116	965	10151	18830	1581	17249
学前教育	259	29	230	442	44	398	767	68	699
小 学	21193	4087	17106	38097	6817	31280	70791	12830	57961
初 中	12464	3526	8938	23352	6058	17294	45830	11977	33853
高 中	2558	878	1680	4024	1354	2670	7481	2307	5174
大学专科	916	383	533	1268	480	788	1914	712	1202
大学本科	500	219	281	597	262	335	832	350	482
硕士研究生	24	11	13	30	16	14	53	22	31
博士研究生	5	2	3	6	3	3	6	3	3

5-6 续表 2

单位：人

受教育程度	初婚年龄								
	18岁			19岁			20岁		
	小计	男	女	小计	男	女	小计	男	女
总 计	**255802**	**57384**	**198418**	**465179**	**119891**	**345288**	**679548**	**207893**	**471655**
未上过学	27405	2536	24869	38197	4714	33483	43259	6681	36578
学前教育	1158	133	1025	1754	292	1462	2144	397	1747
小 学	118883	24087	94796	200515	48514	152001	268843	79744	189099
初 中	88820	24663	64157	180160	53061	127099	281415	95364	186051
高 中	14804	4338	10466	33408	9911	23497	61116	19131	41985
大学专科	3526	1159	2367	8437	2430	6007	17341	4850	12491
大学本科	1147	446	701	2587	922	1665	5256	1649	3607
硕士研究生	53	18	35	99	37	62	148	63	85
博士研究生	6	4	2	22	10	12	26	14	12

5-6　续表 3

单位：人

受教育程度	初婚年龄								
	21岁			22岁			23岁		
	小计	男	女	小计	男	女	小计	男	女
总　计	**765037**	**331674**	**433363**	**801788**	**418247**	**383541**	**649744**	**350635**	**299109**
未上过学	33829	7024	26805	28065	7202	20863	21259	6212	15047
学前教育	1857	507	1350	1550	547	1003	1128	452	676
小　学	268727	112335	156392	254026	129359	124667	188076	101970	86106
初　中	336598	161788	174810	350030	201811	148219	261733	156380	105353
高　中	84852	35888	48964	106197	53395	52802	99107	51734	47373
大学专科	28935	10310	18625	43314	18070	25244	50522	22052	28470
大学本科	9864	3644	6220	17903	7522	10381	26611	11219	15392
硕士研究生	330	155	175	627	299	328	1166	537	629
博士研究生	45	23	22	76	42	34	142	79	63

5-6　续表 4

单位：人

受教育程度	初婚年龄								
	24岁			25岁			26岁		
	小计	男	女	小计	男	女	小计	男	女
总　计	**525123**	**303663**	**221460**	**412639**	**253760**	**158879**	**304939**	**195329**	**109610**
未上过学	15586	5334	10252	11699	4689	7010	8511	3693	4818
学前教育	832	370	462	656	339	317	417	249	168
小　学	139367	84518	54849	101440	67394	34046	69353	48367	20986
初　中	191661	121402	70259	137059	91753	45306	93791	64904	28887
高　中	85466	48559	36907	67266	40879	26387	49168	31638	17530
大学专科	53665	25889	27776	49764	26250	23514	40482	23309	17173
大学本科	36265	16430	19835	41263	20678	20585	38855	20944	17911
硕士研究生	1987	988	999	3093	1540	1553	3871	1933	1938
博士研究生	294	173	121	399	238	161	491	292	199

5-6　续表 5

单位：人

受教育程度	初婚年龄								
	27岁			28岁			29岁		
	小计	男	女	小计	男	女	小计	男	女
总　计	**221301**	**147260**	**74041**	**159044**	**108525**	**50519**	**116160**	**79709**	**36451**
未上过学	6505	2975	3530	5216	2407	2809	4234	1964	2270
学前教育	333	199	134	245	144	101	212	117	95
小　学	49598	35764	13834	36460	26416	10044	28319	20265	8054
初　中	65021	45840	19181	46098	32721	13377	34459	24103	10356
高　中	34605	23369	11236	24125	16647	7478	16976	11717	5259
大学专科	29910	18606	11304	20824	13707	7117	14265	9660	4605
大学本科	30935	18148	12787	22392	14302	8090	14971	10128	4843
硕士研究生	3921	2062	1859	3235	1882	1353	2357	1491	866
博士研究生	473	297	176	449	299	150	367	264	103

5-6 续表 6

单位：人

受教育程度	初婚年龄								
	30岁			31岁			32岁		
	小计	男	女	小计	男	女	小计	男	女
总　计	**86519**	**58846**	**27673**	**63919**	**43228**	**20691**	**49056**	**33267**	**15789**
未上过学	3503	1594	1909	2814	1278	1536	2241	1042	1199
学前教育	170	103	67	130	84	46	104	58	46
小　学	22368	15608	6760	17107	11860	5247	13601	9444	4157
初　中	26447	18055	8392	20481	13834	6647	16233	11038	5195
高　中	12158	8436	3722	8952	6111	2841	6737	4531	2206
大学专科	9909	6834	3075	6732	4572	2160	4865	3342	1523
大学本科	10156	7051	3105	6533	4654	1879	4455	3221	1234
硕士研究生	1557	991	566	987	693	294	706	504	202
博士研究生	251	174	77	183	142	41	114	87	27

5-6 续表 7

单位：人

受教育程度	初婚年龄								
	33岁			34岁			35岁		
	小计	男	女	小计	男	女	小计	男	女
总　计	**37384**	**25230**	**12154**	**29017**	**19503**	**9514**	**23377**	**15792**	**7585**
未上过学	1736	785	951	1522	698	824	1276	558	718
学前教育	75	40	35	65	34	31	61	37	24
小　学	10678	7460	3218	8457	5890	2567	7075	4912	2163
初　中	12512	8457	4055	9557	6382	3175	7597	5165	2432
高　中	5207	3486	1721	3893	2617	1276	3080	2120	960
大学专科	3548	2405	1143	2824	1914	910	2140	1473	667
大学本科	3062	2183	879	2317	1669	648	1841	1299	542
硕士研究生	455	324	131	319	247	72	263	191	72
博士研究生	111	90	21	63	52	11	44	37	7

5-6 续表 8

单位：人

受教育程度	初婚年龄								
	36岁			37岁			38岁		
	小计	男	女	小计	男	女	小计	男	女
总　计	**18226**	**12217**	**6009**	**14873**	**9966**	**4907**	**12116**	**8040**	**4076**
未上过学	992	445	547	872	377	495	765	341	424
学前教育	42	19	23	36	23	13	29	14	15
小　学	5545	3760	1785	4739	3250	1489	3910	2611	1299
初　中	6056	4074	1982	4961	3355	1606	4067	2659	1408
高　中	2319	1581	738	1955	1301	654	1561	1079	482
大学专科	1680	1170	510	1213	853	360	989	716	273
大学本科	1387	1019	368	937	681	256	688	532	156
硕士研究生	166	120	46	129	102	27	88	72	16
博士研究生	39	29	10	31	24	7	19	16	3

5-6 续表 9

单位：人

受教育程度	初婚年龄					
	39岁			40岁及以上		
	小计	男	女	小计	男	女
总　计	**10395**	**6771**	**3624**	**60815**	**38482**	**22333**
未上过学	660	279	381	4693	1920	2773
学前教育	29	15	14	185	93	92
小　学	3567	2281	1286	24390	15168	9222
初　中	3484	2316	1168	18693	12056	6637
高　中	1252	858	394	6548	4475	2073
大学专科	765	549	216	3596	2640	956
大学本科	544	402	142	2396	1856	540
硕士研究生	76	59	17	259	222	37
博士研究生	18	12	6	55	52	3

5-6a 全省分性别、受教育程度、初婚年龄的人口(城市)

单位：人

受教育程度	初婚年龄					
	合　计			15岁以下		
	合计	男	女	小计	男	女
总　计	**2043625**	**969252**	**1074373**	**1787**	**415**	**1372**
未上过学	37421	7621	29800	149	14	135
学前教育	1609	509	1100	6		6
小　学	385873	161355	224518	584	102	482
初　中	700269	336791	363478	586	150	436
高　中	406694	200340	206354	275	79	196
大学专科	268478	132539	135939	112	37	75
大学本科	215916	114422	101494	70	31	39
硕士研究生	23908	13410	10498	4	1	3
博士研究生	3457	2265	1192	1	1	

5-6a 续表 1

单位：人

受教育程度	初婚年龄								
	15岁			16岁			17岁		
	小计	男	女	小计	男	女	小计	男	女
总　计	**8699**	**2168**	**6531**	**14912**	**3307**	**11605**	**28904**	**5816**	**23088**
未上过学	642	31	611	1237	72	1165	2270	122	2148
学前教育	18	2	16	43	1	42	85	6	79
小　学	3015	530	2485	5468	871	4597	11333	1678	9655
初　中	2831	821	2010	5107	1294	3813	10191	2430	7761
高　中	1251	401	850	1864	622	1242	3342	965	2377
大学专科	542	214	328	755	268	487	1050	356	694
大学本科	374	157	217	408	164	244	582	237	345
硕士研究生	21	10	11	24	12	12	45	19	26
博士研究生	5	2	3	6	3	3	6	3	3

5-6a 续表 2

单位：人

受教育程度	初婚年龄								
	18岁			19岁			20岁		
	小计	男	女	小计	男	女	小计	男	女
总　计	**53216**	**10922**	**42294**	**108981**	**23851**	**85130**	**172847**	**43786**	**129061**
未上过学	3177	158	3019	4706	412	4294	5059	563	4496
学前教育	104	9	95	163	24	139	193	37	156
小　学	19875	3266	16609	35806	6958	28848	49082	11925	37157
初　中	21003	4976	16027	46851	10982	35869	76612	20695	55917
高　中	6331	1625	4706	15070	3697	11373	28642	7262	21380
大学专科	1913	585	1328	4582	1142	3440	9701	2244	7457
大学本科	765	288	477	1704	600	1104	3409	989	2420
硕士研究生	43	12	31	82	30	52	127	58	69
博士研究生	5	3	2	17	6	11	22	13	9

5-6a 续表 3

单位：人

受教育程度	初婚年龄								
	21岁			22岁			23岁		
	小计	男	女	小计	男	女	小计	男	女
总　计	**214830**	**80447**	**134383**	**250875**	**115743**	**135132**	**232927**	**110760**	**122167**
未上过学	4249	774	3475	3763	814	2949	2847	752	2095
学前教育	183	49	134	182	58	124	144	56	88
小　学	51175	18777	32398	51046	23479	27567	39892	19425	20467
初　中	94874	38652	56222	103038	52598	50440	83398	44024	39374
高　中	40968	14758	26210	53994	23871	30123	53947	25076	28871
大学专科	16654	5146	11508	26075	9851	16224	32495	13143	19352
大学本科	6420	2152	4268	12155	4778	7377	19036	7737	11299
硕士研究生	270	119	151	551	256	295	1039	477	562
博士研究生	37	20	17	71	38	33	129	70	59

5-6a 续表 4

单位：人

受教育程度	初婚年龄								
	24岁			25岁			26岁		
	小计	男	女	小计	男	女	小计	男	女
总　计	**211818**	**109705**	**102113**	**182839**	**102734**	**80105**	**143974**	**85744**	**58230**
未上过学	2316	756	1560	1649	657	992	1156	539	617
学前教育	122	53	69	92	52	40	65	39	26
小　学	30724	17150	13574	22765	14081	8684	15416	10120	5296
初　中	65601	37372	28229	49875	30664	19211	35137	22721	12416
高　中	48613	25370	23243	39711	22702	17009	29675	18336	11339
大学专科	35759	16305	19454	34231	17477	16754	28466	15966	12500
大学本科	26611	11657	14954	31309	15475	15834	30055	15988	14067
硕士研究生	1799	884	915	2837	1406	1431	3555	1768	1787
博士研究生	273	158	115	370	220	150	449	267	182

5–6a　续表 5　　单位：人

受教育程度	初婚年龄								
	27岁			28岁			29岁		
	小计	男	女	小计	男	女	小计	男	女
总　计	**108004**	**68130**	**39874**	**77270**	**51012**	**26258**	**55297**	**37152**	**18145**
未上过学	806	377	429	594	303	291	505	246	259
学前教育	47	33	14	37	21	16	24	13	11
小　学	10964	7441	3523	7786	5401	2385	5877	4045	1832
初　中	24757	16627	8130	17480	11969	5511	12937	8761	4176
高　中	21513	14145	7368	15016	10139	4877	10795	7293	3502
大学专科	21472	13136	8336	15057	9794	5263	10517	7006	3511
大学本科	24370	14197	10173	17893	11366	6527	12129	8169	3960
硕士研究生	3638	1904	1734	2991	1743	1248	2171	1373	798
博士研究生	437	270	167	416	276	140	342	246	96

5–6a　续表 6　　单位：人

受教育程度	初婚年龄								
	30岁			31岁			32岁		
	小计	男	女	小计	男	女	小计	男	女
总　计	**39779**	**26846**	**12933**	**28530**	**19119**	**9411**	**21484**	**14335**	**7149**
未上过学	389	185	204	287	124	163	250	121	129
学前教育	21	10	11	11	6	5	14	8	6
小　学	4513	3064	1449	3442	2254	1188	2824	1851	973
初　中	9825	6510	3315	7496	4820	2676	5863	3762	2101
高　中	7712	5300	2412	5745	3878	1867	4328	2835	1493
大学专科	7350	4999	2351	5022	3388	1634	3707	2496	1211
大学本科	8277	5682	2595	5425	3866	1559	3727	2700	1027
硕士研究生	1463	939	524	931	653	278	665	481	184
博士研究生	229	157	72	171	130	41	106	81	25

5–6a　续表 7　　单位：人

受教育程度	初婚年龄								
	33岁			34岁			35岁		
	小计	男	女	小计	男	女	小计	男	女
总　计	**16195**	**10811**	**5384**	**12739**	**8417**	**4322**	**10201**	**6849**	**3352**
未上过学	182	74	108	170	85	85	127	57	70
学前教育	7	5	2	7	2	5	2	2	
小　学	2072	1369	703	1690	1103	587	1461	990	471
初　中	4616	2979	1637	3642	2277	1365	3015	1960	1055
高　中	3479	2314	1165	2662	1762	900	2115	1426	689
大学专科	2722	1836	886	2218	1471	747	1648	1109	539
大学本科	2584	1838	746	1985	1431	554	1539	1084	455
硕士研究生	424	306	118	304	235	69	251	185	66
博士研究生	109	90	19	61	51	10	43	36	7

5-6a 续表 8

单位：人

受教育程度	初婚年龄								
	36岁			37岁			38岁		
	小计	男	女	小计	男	女	小计	男	女
总　计	**8008**	**5322**	**2686**	**6398**	**4278**	**2120**	**5093**	**3398**	**1695**
未上过学	116	62	54	94	42	52	74	30	44
学前教育	5	2	3	7	5	2	3	1	2
小　学	1135	726	409	998	655	343	777	493	284
初　中	2466	1563	903	2019	1301	718	1670	1030	640
高　中	1594	1064	530	1388	915	473	1093	749	344
大学专科	1315	894	421	956	674	282	771	547	224
大学本科	1183	867	316	784	567	217	606	467	139
硕士研究生	158	117	41	122	96	26	81	66	15
博士研究生	36	27	9	30	23	7	18	15	3

5-6a 续表 9

单位：人

受教育程度	初婚年龄					
	39岁			40岁及以上		
	小计	男	女	小计	男	女
总　计	**4288**	**2860**	**1428**	**23730**	**15325**	**8405**
未上过学	68	31	37	539	220	319
学前教育	3	3		21	12	9
小　学	726	432	294	5427	3169	2258
初　中	1409	918	491	7970	4935	3035
高　中	894	614	280	4677	3142	1535
大学专科	615	438	177	2773	2017	756
大学本科	483	357	126	2033	1578	455
硕士研究生	73	56	17	239	204	35
博士研究生	17	11	6	51	48	3

5-6b 全省分性别、受教育程度、初婚年龄的人口(镇)

单位：人

受教育程度	初婚年龄					
	合　计			15岁以下		
	合计	男	女	小计	男	女
总　计	**1198039**	**561980**	**636059**	**1884**	**388**	**1496**
未上过学	45822	10412	35410	244	23	221
学前教育	1723	525	1198	10	1	9
小　学	355594	148504	207090	786	140	646
初　中	495716	243765	251951	630	156	474
高　中	164650	86768	77882	143	47	96
大学专科	83713	44653	39060	51	15	36
大学本科	49387	26509	22878	20	6	14
硕士研究生	1263	727	536			
博士研究生	171	117	54			

5-6b 续表 1

单位：人

受教育程度	初婚年龄								
	15岁			16岁			17岁		
	小计	男	女	小计	男	女	小计	男	女
总　计	**8063**	**1833**	**6230**	**14812**	**2966**	**11846**	**27982**	**5539**	**22443**
未上过学	941	92	849	1597	116	1481	2763	223	2540
学前教育	37	5	32	42	5	37	82	9	73
小　学	3438	639	2799	6658	1133	5525	12404	2039	10365
初　中	2707	747	1960	5019	1202	3817	10087	2408	7679
高　中	616	209	407	1043	325	718	1942	583	1359
大学专科	235	103	132	322	122	200	528	204	324
大学本科	88	38	50	127	61	66	175	72	103
硕士研究生	1		1	4	2	2	1	1	
博士研究生									

5-6b 续表 2

单位：人

受教育程度	初婚年龄								
	18岁			19岁			20岁		
	小计	男	女	小计	男	女	小计	男	女
总　计	**50759**	**11321**	**39438**	**94680**	**24185**	**70495**	**139704**	**42154**	**97550**
未上过学	4182	409	3773	5968	758	5210	6647	1106	5541
学前教育	147	18	129	203	34	169	285	67	218
小　学	21507	4137	17370	37008	8506	28502	49847	13980	35867
初　中	19699	5141	14558	40125	11287	28838	62004	19910	42094
高　中	3952	1168	2784	8423	2634	5789	14971	5094	9877
大学专科	986	334	652	2294	729	1565	4569	1512	3057
大学本科	280	111	169	651	232	419	1368	482	886
硕士研究生	6	3	3	5	3	2	13	3	10
博士研究生				3	2	1			

5-6b 续表 3

单位：人

受教育程度	初婚年龄								
	21岁			22岁			23岁		
	小计	男	女	小计	男	女	小计	男	女
总　计	**158380**	**66826**	**91554**	**166100**	**84074**	**82026**	**133446**	**71116**	**62330**
未上过学	5174	1099	4075	4407	1161	3246	3259	907	2352
学前教育	228	68	160	174	50	124	116	50	66
小　学	49670	19445	30225	46214	22128	24086	34038	17161	16877
初　中	72813	33037	39776	75939	41108	34831	57251	32650	24601
高　中	20269	8878	11391	24443	12653	11790	21982	12125	9857
大学专科	7530	3124	4406	10633	4924	5709	11168	5620	5548
大学本科	2659	1150	1509	4235	2016	2219	5535	2553	2982
硕士研究生	30	22	8	52	32	20	89	45	44
博士研究生	7	3	4	3	2	1	8	5	3

5–6b 续表 4

单位：人

受教育程度	初婚年龄								
	24岁			25岁			26岁		
	小计	男	女	小计	男	女	小计	男	女
总　计	**105500**	**60868**	**44632**	**79935**	**49131**	**30804**	**56592**	**36298**	**20294**
未上过学	2359	831	1528	1748	691	1057	1224	535	689
学前教育	97	51	46	75	34	41	52	32	20
小　学	24625	14050	10575	17423	11005	6418	11718	7777	3941
初　中	41876	25473	16403	29590	19132	10458	19852	13224	6628
高　中	18236	10882	7354	14105	8912	5193	9869	6506	3363
大学专科	11175	6033	5142	9678	5541	4137	7486	4658	2828
大学本科	6995	3467	3528	7140	3722	3418	6169	3445	2724
硕士研究生	126	72	54	157	83	74	197	108	89
博士研究生	11	9	2	19	11	8	25	13	12

5–6b 续表 5

单位：人

受教育程度	初婚年龄								
	27岁			28岁			29岁		
	小计	男	女	小计	男	女	小计	男	女
总　计	**39743**	**26200**	**13543**	**28281**	**19040**	**9241**	**20398**	**13853**	**6545**
未上过学	915	419	496	710	336	374	632	312	320
学前教育	31	19	12	25	15	10	25	17	8
小　学	8459	5777	2682	6246	4288	1958	4707	3186	1521
初　中	13647	9210	4437	9722	6604	3118	7381	4984	2397
高　中	6742	4552	2190	4734	3274	1460	3211	2246	965
大学专科	5094	3309	1785	3554	2420	1134	2322	1672	650
大学本科	4670	2808	1862	3140	2007	1133	1996	1357	639
硕士研究生	164	90	74	125	79	46	109	67	42
博士研究生	21	16	5	25	17	8	15	12	3

5–6b 续表 6

单位：人

受教育程度	初婚年龄								
	30岁			31岁			32岁		
	小计	男	女	小计	男	女	小计	男	女
总　计	**15092**	**9912**	**5180**	**11252**	**7301**	**3951**	**8659**	**5643**	**3016**
未上过学	464	218	246	423	195	228	313	144	169
学前教育	15	9	6	21	13	8	12	6	6
小　学	3773	2444	1329	2903	1865	1038	2276	1469	807
初　中	5572	3562	2010	4269	2752	1517	3487	2256	1231
高　中	2266	1520	746	1714	1140	574	1286	866	420
大学专科	1604	1158	446	1081	741	340	741	526	215
大学本科	1326	961	365	793	556	237	518	362	156
硕士研究生	61	32	29	39	30	9	23	12	11
博士研究生	11	8	3	9	9		3	2	1

5-6b 续表 7 单位：人

受教育程度	初婚年龄								
	33岁			34岁			35岁		
	小计	男	女	小计	男	女	小计	男	女
总　计	**6544**	**4230**	**2314**	**5116**	**3302**	**1814**	**4134**	**2725**	**1409**
未上过学	237	114	123	231	110	121	179	87	92
学前教育	6	3	3	8	7	1	8	4	4
小　学	1835	1202	633	1453	956	497	1208	769	439
初　中	2588	1667	921	2056	1299	757	1584	1058	526
高　中	984	627	357	691	458	233	557	376	181
大学专科	524	348	176	423	296	127	354	260	94
大学本科	351	259	92	244	169	75	235	165	70
硕士研究生	18	10	8	9	7	2	8	5	3
博士研究生	1		1	1		1	1	1	

5-6b 续表 8 单位：人

受教育程度	初婚年龄								
	36岁			37岁			38岁		
	小计	男	女	小计	男	女	小计	男	女
总　计	**3217**	**2133**	**1084**	**2703**	**1728**	**975**	**2170**	**1385**	**785**
未上过学	140	66	74	133	62	71	109	49	60
学前教育	3	3		1		1			
小　学	995	651	344	836	528	308	692	429	263
初　中	1224	801	423	1064	679	385	827	520	307
高　中	438	306	132	357	233	124	306	205	101
大学专科	252	184	68	191	134	57	165	125	40
大学本科	157	119	38	117	88	29	64	50	14
硕士研究生	6	2	4	3	3		6	6	
博士研究生	2	1	1	1	1		1	1	

5-6b 续表 9 单位：人

受教育程度	初婚年龄					
	39岁			40岁及以上		
	小计	男	女	小计	男	女
总　计	**1754**	**1075**	**679**	**11139**	**6754**	**4385**
未上过学	103	45	58	720	304	416
学前教育	1	1		19	4	15
小　学	596	355	241	4279	2445	1834
初　中	669	410	259	4034	2488	1546
高　中	218	142	76	1152	807	345
大学专科	114	82	32	639	479	160
大学本科	50	37	13	284	216	68
硕士研究生	2	2		9	8	1
博士研究生	1	1		3	3	

5-6c 全省分性别、受教育程度、初婚年龄的人口(乡村)

单位：人

受教育程度	初婚年龄					
	合计			15岁以下		
	合计	男	女	小计	男	女
总　计	**2800143**	**1371685**	**1428458**	**6294**	**1196**	**5098**
未上过学	219787	50067	169720	1366	147	1219
学前教育	11403	3379	8024	39	5	34
小　学	1238309	575713	662596	3281	619	2662
初　中	1085241	602852	482389	1431	360	1071
高　中	174026	101405	72621	137	47	90
大学专科	51349	27211	24138	33	16	17
大学本科	19087	10538	8549	6	2	4
硕士研究生	833	443	390	1		1
博士研究生	108	77	31			

5-6c 续表 1

单位：人

受教育程度	初婚年龄								
	15岁			16岁			17岁		
	小计	男	女	小计	男	女	小计	男	女
总　计	**27643**	**5756**	**21887**	**49208**	**9726**	**39482**	**89618**	**18495**	**71123**
未上过学	4903	499	4404	8282	777	7505	13797	1236	12561
学前教育	204	22	182	357	38	319	600	53	547
小　学	14740	2918	11822	25971	4813	21158	47054	9113	37941
初　中	6926	1958	4968	13226	3562	9664	25552	7139	18413
高　中	691	268	423	1117	407	710	2197	759	1438
大学专科	139	66	73	191	90	101	336	152	184
大学本科	38	24	14	62	37	25	75	41	34
硕士研究生	2	1	1	2	2		7	2	5
博士研究生									

5-6c 续表 2

单位：人

受教育程度	初婚年龄								
	18岁			19岁			20岁		
	小计	男	女	小计	男	女	小计	男	女
总　计	**151827**	**35141**	**116686**	**261518**	**71855**	**189663**	**366997**	**121953**	**245044**
未上过学	20046	1969	18077	27523	3544	23979	31553	5012	26541
学前教育	907	106	801	1388	234	1154	1666	293	1373
小　学	77501	16684	60817	127701	33050	94651	169914	53839	116075
初　中	48118	14546	33572	93184	30792	62392	142799	54759	88040
高　中	4521	1545	2976	9915	3580	6335	17503	6775	10728
大学专科	627	240	387	1561	559	1002	3071	1094	1977
大学本科	102	47	55	232	90	142	479	178	301
硕士研究生	4	3	1	12	4	8	8	2	6
博士研究生	1	1		2	2		4	1	3

5-6c　续表 3

单位：人

受教育程度	初婚年龄								
	21岁			22岁			23岁		
	小计	男	女	小计	男	女	小计	男	女
总　计	**391827**	**184401**	**207426**	**384813**	**218430**	**166383**	**283371**	**168759**	**114612**
未上过学	24406	5151	19255	19895	5227	14668	15153	4553	10600
学前教育	1446	390	1056	1194	439	755	868	346	522
小　学	167882	74113	93769	156766	83752	73014	114146	65384	48762
初　中	168911	90099	78812	171053	108105	62948	121084	79706	41378
高　中	23615	12252	11363	27760	16871	10889	23178	14533	8645
大学专科	4751	2040	2711	6606	3295	3311	6859	3289	3570
大学本科	785	342	443	1513	728	785	2040	929	1111
硕士研究生	30	14	16	24	11	13	38	15	23
博士研究生	1		1	2	2		5	4	1

5-6c　续表 4

单位：人

受教育程度	初婚年龄								
	24岁			25岁			26岁		
	小计	男	女	小计	男	女	小计	男	女
总　计	**207805**	**133090**	**74715**	**149865**	**101895**	**47970**	**104373**	**73287**	**31086**
未上过学	10911	3747	7164	8302	3341	4961	6131	2619	3512
学前教育	613	266	347	489	253	236	300	178	122
小　学	84018	53318	30700	61252	42308	18944	42219	30470	11749
初　中	84184	58557	25627	57594	41957	15637	38802	28959	9843
高　中	18617	12307	6310	13450	9265	4185	9624	6796	2828
大学专科	6731	3551	3180	5855	3232	2623	4530	2685	1845
大学本科	2659	1306	1353	2814	1481	1333	2631	1511	1120
硕士研究生	62	32	30	99	51	48	119	57	62
博士研究生	10	6	4	10	7	3	17	12	5

5-6c　续表 5

单位：人

受教育程度	初婚年龄								
	27岁			28岁			29岁		
	小计	男	女	小计	男	女	小计	男	女
总　计	**73554**	**52930**	**20624**	**53493**	**38473**	**15020**	**40465**	**28704**	**11761**
未上过学	4784	2179	2605	3912	1768	2144	3097	1406	1691
学前教育	255	147	108	183	108	75	163	87	76
小　学	30175	22546	7629	22428	16727	5701	17735	13034	4701
初　中	26617	20003	6614	18896	14148	4748	14141	10358	3783
高　中	6350	4672	1678	4375	3234	1141	2970	2178	792
大学专科	3344	2161	1183	2213	1493	720	1426	982	444
大学本科	1895	1143	752	1359	929	430	846	602	244
硕士研究生	119	68	51	119	60	59	77	51	26
博士研究生	15	11	4	8	6	2	10	6	4

5－6c　续表 6

单位：人

受教育程度	初婚年龄								
	30岁			31岁			32岁		
	小计	男	女	小计	男	女	小计	男	女
总　计	**31648**	**22088**	**9560**	**24137**	**16808**	**7329**	**18913**	**13289**	**5624**
未上过学	2650	1191	1459	2104	959	1145	1678	777	901
学前教育	134	84	50	98	65	33	78	44	34
小　学	14082	10100	3982	10762	7741	3021	8501	6124	2377
初　中	11050	7983	3067	8716	6262	2454	6883	5020	1863
高　中	2180	1616	564	1493	1093	400	1123	830	293
大学专科	955	677	278	629	443	186	417	320	97
大学本科	553	408	145	315	232	83	210	159	51
硕士研究生	33	20	13	17	10	7	18	11	7
博士研究生	11	9	2	3	3		5	4	1

5－6c　续表 7

单位：人

受教育程度	初婚年龄								
	33岁			34岁			35岁		
	小计	男	女	小计	男	女	小计	男	女
总　计	**14645**	**10189**	**4456**	**11162**	**7784**	**3378**	**9042**	**6218**	**2824**
未上过学	1317	597	720	1121	503	618	970	414	556
学前教育	62	32	30	50	25	25	51	31	20
小　学	6771	4889	1882	5314	3831	1483	4406	3153	1253
初　中	5308	3811	1497	3859	2806	1053	2998	2147	851
高　中	744	545	199	540	397	143	408	318	90
大学专科	302	221	81	183	147	36	138	104	34
大学本科	127	86	41	88	69	19	67	50	17
硕士研究生	13	8	5	6	5	1	4	1	3
博士研究生	1		1	1	1				

5－6c　续表 8

单位：人

受教育程度	初婚年龄								
	36岁			37岁			38岁		
	小计	男	女	小计	男	女	小计	男	女
总　计	**7001**	**4762**	**2239**	**5772**	**3960**	**1812**	**4853**	**3257**	**1596**
未上过学	736	317	419	645	273	372	582	262	320
学前教育	34	14	20	28	18	10	26	13	13
小　学	3415	2383	1032	2905	2067	838	2441	1689	752
初　中	2366	1710	656	1878	1375	503	1570	1109	461
高　中	287	211	76	210	153	57	162	125	37
大学专科	113	92	21	66	45	21	53	44	9
大学本科	47	33	14	36	26	10	18	15	3
硕士研究生	2	1	1	4	3	1	1		1
博士研究生	1	1							

5－6c　续表 9

单位：人

受教育程度	初婚年龄					
	39岁			40岁及以上		
	小计	男	女	小计	男	女
总　计	**4353**	**2836**	**1517**	**25946**	**16403**	**9543**
未上过学	489	203	286	3434	1396	2038
学前教育	25	11	14	145	77	68
小　学	2245	1494	751	14684	9554	5130
初　中	1406	988	418	6689	4633	2056
高　中	140	102	38	719	526	193
大学专科	36	29	7	184	144	40
大学本科	11	8	3	79	62	17
硕士研究生	1	1		11	10	1
博士研究生				1	1	

目　录

下　册

第二部分　长表数据资料(续)

第六卷　生育

第七卷　迁移和户口登记地

第八卷　老年人口

第九卷　住房

第三部分　附　录

第二部分　长表数据资料

第六卷　生育

6-1 各地区分性别、孩次的出生人口
(2019.11.1-2020.10.31)

单位：人

地　区	出生人数				第　一　孩			
	合计	男	女	性别比(女=100)	小计	男	女	性别比(女=100)
全省	**71023**	**37434**	**33589**	**111.45**	**36430**	**19590**	**16840**	**116.33**
成都市	18601	9757	8844	110.32	11035	5796	5239	110.63
自贡市	1603	876	727	120.50	805	446	359	124.23
攀枝花市	1153	613	540	113.52	565	312	253	123.32
泸州市	3011	1576	1435	109.83	1364	732	632	115.82
德阳市	2250	1164	1086	107.18	1166	622	544	114.34
绵阳市	3840	2042	1798	113.57	1998	1072	926	115.77
广元市	1903	977	926	105.51	970	511	459	111.33
遂宁市	2443	1257	1186	105.99	1304	700	604	115.89
内江市	2183	1114	1069	104.21	1058	541	517	104.64
乐山市	2415	1230	1185	103.80	1215	633	582	108.76
南充市	4723	2513	2210	113.71	2566	1415	1151	122.94
眉山市	2233	1180	1053	112.06	1164	647	517	125.15
宜宾市	3729	1956	1773	110.32	1720	924	796	116.08
广安市	2029	1081	948	114.03	1011	564	447	126.17
达州市	5166	2778	2388	116.33	2809	1631	1178	138.46
雅安市	1234	637	597	106.70	621	321	300	107.00
巴中市	2456	1256	1200	104.67	1216	622	594	104.71
资阳市	1273	665	608	109.38	594	308	286	107.69
阿坝藏族羌族自治州	812	426	386	110.36	346	191	155	123.23
甘孜藏族自治州	1078	610	468	130.34	406	235	171	137.43
凉山彝族自治州	6888	3726	3162	117.84	2497	1367	1130	120.97

6-1 续表 1

单位：人

地　区	第　二　孩				第　三　孩			
	小计	男	女	性别比(女=100)	小计	男	女	性别比(女=100)
全省	**29011**	**14874**	**14137**	**105.21**	**3999**	**2142**	**1857**	**115.35**
成都市	7122	3724	3398	109.59	395	222	173	128.32
自贡市	703	382	321	119.00	83	43	40	107.50
攀枝花市	500	254	246	103.25	65	32	33	96.97
泸州市	1318	669	649	103.08	261	142	119	119.33
德阳市	1022	506	516	98.06	55	32	23	139.13
绵阳市	1746	918	828	110.87	80	44	36	122.22
广元市	881	438	443	98.87	49	27	22	122.73
遂宁市	1041	514	527	97.53	77	36	41	87.80
内江市	1020	529	491	107.74	93	39	54	72.22
乐山市	940	469	471	99.58	173	84	89	94.38
南充市	1948	987	961	102.71	176	97	79	122.78
眉山市	1012	501	511	98.04	49	30	19	157.89
宜宾市	1610	821	789	104.06	315	161	154	104.55
广安市	883	440	443	99.32	118	68	50	136.00
达州市	2053	982	1071	91.69	257	144	113	127.43
雅安市	552	283	269	105.20	47	28	19	147.37
巴中市	1077	554	523	105.93	135	64	71	90.14
资阳市	584	313	271	115.50	85	41	44	93.18
阿坝藏族羌族自治州	337	174	163	106.75	84	43	41	104.88
甘孜藏族自治州	342	195	147	132.65	178	98	80	122.50
凉山彝族自治州	2320	1221	1099	111.10	1224	667	557	119.75

6-1 续表 2

单位：人

地区	第四孩				第五孩及以上			
	小计	男	女	性别比(女=100)	小计	男	女	性别比(女=100)
全省	**1040**	**520**	**520**	**100.00**	**543**	**308**	**235**	**131.06**
成都市	42	12	30	40.00	7	3	4	75.00
自贡市	11	4	7	57.14	1	1		
攀枝花市	14	10	4	250.00	9	5	4	125.00
泸州市	42	20	22	90.91	26	13	13	100.00
德阳市	6	3	3	100.00	1	1		
绵阳市	14	7	7	100.00	2	1	1	100.00
广元市	2	1	1	100.00	1		1	
遂宁市	17	5	12	41.67	4	2	2	100.00
内江市	10	4	6	66.67	2	1	1	100.00
乐山市	64	36	28	128.57	23	8	15	53.33
南充市	29	12	17	70.59	4	2	2	100.00
眉山市	7	2	5	40.00	1		1	
宜宾市	59	36	23	156.52	25	14	11	127.27
广安市	14	7	7	100.00	3	2	1	200.00
达州市	34	12	22	54.55	13	9	4	225.00
雅安市	10	3	7	42.86	4	2	2	100.00
巴中市	21	12	9	133.33	7	4	3	133.33
资阳市	7	2	5	40.00	3	1	2	50.00
阿坝藏族羌族自治州	28	10	18	55.56	17	8	9	88.89
甘孜藏族自治州	73	37	36	102.78	79	45	34	132.35
凉山彝族自治州	536	285	251	113.55	311	186	125	148.80

6-1a 各地区分性别、孩次的出生人口(2019.11.1-2020.10.31)(城市)

单位：人

地区	出生人数				第一孩			
	合计	男	女	性别比(女=100)	小计	男	女	性别比(女=100)
全省	**27894**	**14824**	**13070**	**113.42**	**16242**	**8746**	**7496**	**116.68**
成都市	14331	7575	6756	112.12	8827	4654	4173	111.53
自贡市	526	289	237	121.94	276	149	127	117.32
攀枝花市	440	250	190	131.58	241	148	93	159.14
泸州市	876	449	427	105.15	462	235	227	103.52
德阳市	874	448	426	105.16	473	244	229	106.55
绵阳市	1382	731	651	112.29	745	407	338	120.41
广元市	484	258	226	114.16	265	148	117	126.50
遂宁市	933	494	439	112.53	496	270	226	119.47
内江市	547	283	264	107.20	273	133	140	95.00
乐山市	671	347	324	107.10	390	211	179	117.88
南充市	1391	722	669	107.92	778	409	369	110.84
眉山市	614	349	265	131.70	332	192	140	137.14
宜宾市	980	514	466	110.30	491	259	232	111.64
广安市	407	205	202	101.49	241	126	115	109.57
达州市	1733	976	757	128.93	1049	666	383	173.89
雅安市	227	116	111	104.50	126	67	59	113.56
巴中市	540	282	258	109.30	278	152	126	120.63
资阳市	362	200	162	123.46	204	107	97	110.31
阿坝藏族羌族自治州	41	24	17	141.18	30	18	12	150.00
甘孜藏族自治州	32	18	14	128.57	16	10	6	166.67
凉山彝族自治州	503	294	209	140.67	249	141	108	130.56

6-1a　续表 1　　　　单位：人

地　　区	第　二　孩				第　三　孩			
	小计	男	女	性别比(女=100)	小计	男	女	性别比(女=100)
全省	**10970**	**5702**	**5268**	**108.24**	**594**	**335**	**259**	**129.34**
成都市	5199	2757	2442	112.90	270	152	118	128.81
自贡市	239	132	107	123.36	9	6	3	200.00
攀枝花市	186	96	90	106.67	10	4	6	66.67
泸州市	390	200	190	105.26	24	14	10	140.00
德阳市	392	197	195	101.03	9	7	2	350.00
绵阳市	611	309	302	102.32	21	12	9	133.33
广元市	211	107	104	102.88	8	3	5	60.00
遂宁市	410	211	199	106.03	24	11	13	84.62
内江市	257	139	118	117.80	17	11	6	183.33
乐山市	261	124	137	90.51	16	10	6	166.67
南充市	581	297	284	104.58	26	13	13	100.00
眉山市	268	146	122	119.67	11	10	1	1000.00
宜宾市	444	228	216	105.56	37	23	14	164.29
广安市	152	72	80	90.00	14	7	7	100.00
达州市	651	292	359	81.34	27	16	11	145.45
雅安市	95	47	48	97.92	6	2	4	50.00
巴中市	243	121	122	99.18	17	7	10	70.00
资阳市	145	88	57	154.39	11	5	6	83.33
阿坝藏族羌族自治州	10	6	4	150.00				
甘孜藏族自治州	13	7	6	116.67	3	1	2	50.00
凉山彝族自治州	212	126	86	146.51	34	21	13	161.54

6-1a　续表 2　　　　单位：人

地　　区	第　四　孩				第五孩及以上			
	小计	男	女	性别比(女=100)	小计	男	女	性别比(女=100)
全省	**82**	**36**	**46**	**78.26**	**6**	**5**	**1**	**500.00**
成都市	32	9	23	39.13	3	3		
自贡市	1	1			1	1		
攀枝花市	3	2	1	200.00				
泸州市								
德阳市								
绵阳市	5	3	2	150.00				
广元市								
遂宁市	2	1	1	100.00	1	1		
内江市								
乐山市	4	2	2	100.00				
南充市	6	3	3	100.00				
眉山市	3	1	2	50.00				
宜宾市	8	4	4	100.00				
广安市								
达州市	6	2	4	50.00				
雅安市								
巴中市	2	2						
资阳市	1		1		1		1	
阿坝藏族羌族自治州	1		1					
甘孜藏族自治州								
凉山彝族自治州	8	6	2	300.00				

6-1b 各地区分性别、孩次的出生人口 (2019.11.1-2020.10.31)(镇)

单位：人

地区	出生人数				第一孩			
	合计	男	女	性别比(女=100)	小计	男	女	性别比(女=100)
全省	**15120**	**7869**	**7251**	**108.52**	**7201**	**3846**	**3355**	**114.63**
成都市	1107	583	524	111.26	581	309	272	113.60
自贡市	453	245	208	117.79	233	123	110	111.82
攀枝花市	229	112	117	95.73	100	51	49	104.08
泸州市	930	505	425	118.82	413	233	180	129.44
德阳市	451	230	221	104.07	219	122	97	125.77
绵阳市	699	381	318	119.81	360	206	154	133.77
广元市	591	297	294	101.02	282	149	133	112.03
遂宁市	433	210	223	94.17	217	106	111	95.50
内江市	617	311	306	101.63	301	153	148	103.38
乐山市	666	342	324	105.56	323	162	161	100.62
南充市	1252	673	579	116.23	675	367	308	119.16
眉山市	667	335	332	100.90	347	191	156	122.44
宜宾市	1147	604	543	111.23	531	285	246	115.85
广安市	754	385	369	104.34	345	191	154	124.03
达州市	1255	639	616	103.73	591	316	275	114.91
雅安市	464	241	223	108.07	226	115	111	103.60
巴中市	812	418	394	106.09	388	195	193	101.04
资阳市	397	193	204	94.61	163	85	78	108.97
阿坝藏族羌族自治州	338	170	168	101.19	155	84	71	118.31
甘孜藏族自治州	273	158	115	137.39	123	70	53	132.08
凉山彝族自治州	1585	837	748	111.90	628	333	295	112.88

6-1b 续表 1

单位：人

地区	第二孩				第三孩			
	小计	男	女	性别比(女=100)	小计	男	女	性别比(女=100)
全省	**6791**	**3415**	**3376**	**101.16**	**890**	**485**	**405**	**119.75**
成都市	498	257	241	106.64	28	17	11	154.55
自贡市	194	110	84	130.95	24	12	12	100.00
攀枝花市	115	51	64	79.69	10	7	3	233.33
泸州市	438	228	210	108.57	72	42	30	140.00
德阳市	215	101	114	88.60	12	5	7	71.43
绵阳市	327	168	159	105.66	11	7	4	175.00
广元市	297	141	156	90.38	12	7	5	140.00
遂宁市	196	97	99	97.98	18	7	11	63.64
内江市	287	143	144	99.31	23	10	13	76.92
乐山市	281	144	137	105.11	51	28	23	121.74
南充市	528	278	250	111.20	46	25	21	119.05
眉山市	311	138	173	79.77	9	6	3	200.00
宜宾市	502	260	242	107.44	93	47	46	102.17
广安市	361	168	193	87.05	41	24	17	141.18
达州市	566	272	294	92.52	88	47	41	114.63
雅安市	213	110	103	106.80	21	13	8	162.50
巴中市	379	201	178	112.92	37	19	18	105.56
资阳市	203	92	111	82.88	29	15	14	107.14
阿坝藏族羌族自治州	157	76	81	93.83	12	6	6	100.00
甘孜藏族自治州	99	58	41	141.46	28	15	13	115.38
凉山彝族自治州	624	322	302	106.62	225	126	99	127.27

6-1b 续表 2

单位：人

地　　区	第　四　孩				第五孩及以上			
	小计	男	女	性别比（女=100）	小计	男	女	性别比（女=100）
全省	**173**	**86**	**87**	**98.85**	**65**	**37**	**28**	**132.14**
成都市								
自贡市	2		2					
攀枝花市	2	2			2	1	1	100.00
泸州市	7	2	5	40.00				
德阳市	4	1	3	33.33	1	1		
绵阳市	1		1					
广元市								
遂宁市	2		2					
内江市	5	4	1	400.00	1	1		
乐山市	11	8	3	266.67				
南充市	2	2			1	1		
眉山市								
宜宾市	15	10	5	200.00	6	2	4	50.00
广安市	6	2	4	50.00	1		1	
达州市	9	3	6	50.00	1	1		
雅安市	3	2	1	200.00	1	1		
巴中市	6	3	3	100.00	2		2	
资阳市	2	1	1	100.00				
阿坝藏族羌族自治州	10	3	7	42.86	4	1	3	33.33
甘孜藏族自治州	13	9	4	225.00	10	6	4	150.00
凉山彝族自治州	73	34	39	87.18	35	22	13	169.23

6-1c 各地区分性别、孩次的出生人口 (2019.11.1-2020.10.31)(乡村)

单位：人

地　　区	出生人数				第　一　孩			
	合计	男	女	性别比（女=100）	小计	男	女	性别比（女=100）
全省	**28009**	**14741**	**13268**	**111.10**	**12987**	**6998**	**5989**	**116.85**
成都市	3163	1599	1564	102.24	1627	833	794	104.91
自贡市	624	342	282	121.28	296	174	122	142.62
攀枝花市	484	251	233	107.73	224	113	111	101.80
泸州市	1205	622	583	106.69	489	264	225	117.33
德阳市	925	486	439	110.71	474	256	218	117.43
绵阳市	1759	930	829	112.18	893	459	434	105.76
广元市	828	422	406	103.94	423	214	209	102.39
遂宁市	1077	553	524	105.53	591	324	267	121.35
内江市	1019	520	499	104.21	484	255	229	111.35
乐山市	1078	541	537	100.74	502	260	242	107.44
南充市	2080	1118	962	116.22	1113	639	474	134.81
眉山市	952	496	456	108.77	485	264	221	119.46
宜宾市	1602	838	764	109.69	698	380	318	119.50
广安市	868	491	377	130.24	425	247	178	138.76
达州市	2178	1163	1015	114.58	1169	649	520	124.81
雅安市	543	280	263	106.46	269	139	130	106.92
巴中市	1104	556	548	101.46	550	275	275	100.00
资阳市	514	272	242	112.40	227	116	111	104.50
阿坝藏族羌族自治州	433	232	201	115.42	161	89	72	123.61
甘孜藏族自治州	773	434	339	128.02	267	155	112	138.39
凉山彝族自治州	4800	2595	2205	117.69	1620	893	727	122.83

6-1c　续表 1

单位：人

地　区	第　二　孩				第　三　孩			
	小计	男	女	性别比（女=100）	小计	男	女	性别比（女=100）
全省	**11250**	**5757**	**5493**	**104.81**	**2515**	**1322**	**1193**	**110.81**
成都市	1425	710	715	99.30	97	53	44	120.45
自贡市	270	140	130	107.69	50	25	25	100.00
攀枝花市	199	107	92	116.30	45	21	24	87.50
泸州市	490	241	249	96.79	165	86	79	108.86
德阳市	415	208	207	100.48	34	20	14	142.86
绵阳市	808	441	367	120.16	48	25	23	108.70
广元市	373	190	183	103.83	29	17	12	141.67
遂宁市	435	206	229	89.96	35	18	17	105.88
内江市	476	247	229	107.86	53	18	35	51.43
乐山市	398	201	197	102.03	106	46	60	76.67
南充市	839	412	427	96.49	104	59	45	131.11
眉山市	433	217	216	100.46	29	14	15	93.33
宜宾市	664	333	331	100.60	185	91	94	96.81
广安市	370	200	170	117.65	63	37	26	142.31
达州市	836	418	418	100.00	142	81	61	132.79
雅安市	244	126	118	106.78	20	13	7	185.71
巴中市	455	232	223	104.04	81	38	43	88.37
资阳市	236	133	103	129.13	45	21	24	87.50
阿坝藏族羌族自治州	170	92	78	117.95	72	37	35	105.71
甘孜藏族自治州	230	130	100	130.00	147	82	65	126.15
凉山彝族自治州	1484	773	711	108.72	965	520	445	116.85

6-1c　续表 2

单位：人

地　区	第　四　孩				第五孩及以上			
	小计	男	女	性别比（女=100）	小计	男	女	性别比（女=100）
全省	**785**	**398**	**387**	**102.84**	**472**	**266**	**206**	**129.13**
成都市	10	3	7	42.86	4		4	
自贡市	8	3	5	60.00				
攀枝花市	9	6	3	200.00	7	4	3	133.33
泸州市	35	18	17	105.88	26	13	13	100.00
德阳市	2	2						
绵阳市	8	4	4	100.00	2	1	1	100.00
广元市	2	1	1	100.00	1		1	
遂宁市	13	4	9	44.44	3	1	2	50.00
内江市	5		5		1		1	
乐山市	49	26	23	113.04	23	8	15	53.33
南充市	21	7	14	50.00	3	1	2	50.00
眉山市	4	1	3	33.33	1		1	
宜宾市	36	22	14	157.14	19	12	7	171.43
广安市	8	5	3	166.67	2	2		
达州市	19	7	12	58.33	12	8	4	200.00
雅安市	7	1	6	16.67	3	1	2	50.00
巴中市	13	7	6	116.67	5	4	1	400.00
资阳市	4	1	3	33.33	2	1	1	100.00
阿坝藏族羌族自治州	17	7	10	70.00	13	7	6	116.67
甘孜藏族自治州	60	28	32	87.50	69	39	30	130.00
凉山彝族自治州	455	245	210	116.67	276	164	112	146.43

6-2 全省按年龄、受教育程度、生育孩次

受教育程度 年龄	合计	生男孩的妇女人数	生女孩的妇女人数	一孩		
				小计	男	女
总计	**71023**	**37434**	**33589**	**36430**	**19590**	**16840**
15–19岁	**1049**	**527**	**522**	**873**	**446**	**427**
15	17	6	11	15	6	9
16	47	29	18	46	29	17
17	149	74	75	127	66	61
18	283	133	150	242	119	123
19	553	285	268	443	226	217
20–24岁	**12764**	**6693**	**6071**	**9061**	**4792**	**4269**
20	1026	513	513	778	399	379
21	1656	850	806	1214	622	592
22	2556	1331	1225	1839	959	880
23	3390	1765	1625	2385	1260	1125
24	4136	2234	1902	2845	1552	1293
25–29岁	**27319**	**14466**	**12853**	**16207**	**8800**	**7407**
25	5206	2809	2397	3432	1878	1554
26	5346	2873	2473	3338	1828	1510
27	5919	3041	2878	3605	1932	1673
28	5569	2927	2642	3087	1651	1436
29	5279	2816	2463	2745	1511	1234
30–34岁	**21833**	**11437**	**10396**	**8088**	**4348**	**3740**
30	5705	2942	2763	2578	1345	1233
31	4828	2613	2215	1904	1062	842
32	4028	2067	1961	1445	751	694
33	4110	2165	1945	1274	702	572
34	3162	1650	1512	887	488	399
35–39岁	**6086**	**3263**	**2823**	**1650**	**889**	**761**
35	1902	1016	886	514	266	248
36	1247	668	579	325	177	148
37	1112	625	487	305	164	141
38	1093	571	522	321	168	153
39	732	383	349	185	114	71
40–44岁	**1375**	**718**	**657**	**350**	**193**	**157**
40	438	238	200	110	64	46
41	336	180	156	86	49	37
42	258	134	124	58	31	27
43	190	92	98	42	23	19
44	153	74	79	54	26	28
45–49岁	**597**	**330**	**267**	**201**	**122**	**79**
45	147	79	68	44	25	19
46	124	71	53	50	32	18
47	112	64	48	31	21	10
48	125	65	60	50	28	22
49	89	51	38	26	16	10

分的育龄妇女人数(2019.11.1—2020.10.31)

单位：人

二孩			三孩及以上		
小计	男	女	小计	男	女
29011	**14874**	**14137**	**5582**	**2970**	**2612**
160	**73**	**87**	**16**	**8**	**8**
2		2			
1		1			
19	7	12	3	1	2
38	14	24	3		3
100	52	48	10	7	3
3105	**1585**	**1520**	**598**	**316**	**282**
209	92	117	39	22	17
371	187	184	71	41	30
598	310	288	119	62	57
846	426	420	159	79	80
1081	570	511	210	112	98
9553	**4832**	**4721**	**1559**	**834**	**725**
1494	775	719	280	156	124
1708	888	820	300	157	143
2006	941	1065	308	168	140
2155	1105	1050	327	171	156
2190	1123	1067	344	182	162
11791	**6049**	**5742**	**1954**	**1040**	**914**
2722	1384	1338	405	213	192
2520	1320	1200	404	231	173
2231	1125	1106	352	191	161
2411	1237	1174	425	226	199
1907	983	924	368	179	189
3469	**1855**	**1614**	**967**	**519**	**448**
1126	609	517	262	141	121
731	386	345	191	105	86
638	363	275	169	98	71
566	290	276	206	113	93
408	207	201	139	62	77
672	**345**	**327**	**353**	**180**	**173**
220	116	104	108	58	50
178	94	84	72	37	35
130	66	64	70	37	33
86	39	47	62	30	32
58	30	28	41	18	23
261	**135**	**126**	**135**	**73**	**62**
54	29	25	49	25	24
47	25	22	27	14	13
61	30	31	20	13	7
55	28	27	20	9	11
44	23	21	19	12	7

6-2 续表 1

受教育程度 年龄	合计	生男孩的妇女人数	生女孩的妇女人数	一孩		
				小计	男	女
未上过学	**1054**	**569**	**485**	**185**	**108**	**77**
15-19岁	**19**	**9**	**10**	**13**	**5**	**8**
15						
16	1		1	1		1
17	3	3		1	1	
18	8	3	5	5	2	3
19	7	3	4	6	2	4
20-24岁	**146**	**73**	**73**	**50**	**28**	**22**
20	19	9	10	12	7	5
21	27	15	12	11	7	4
22	28	14	14	10	5	5
23	30	14	16	6	2	4
24	42	21	21	11	7	4
25-29岁	**262**	**149**	**113**	**53**	**33**	**20**
25	51	34	17	11	7	4
26	56	33	23	8	6	2
27	38	19	19	12	5	7
28	68	38	30	12	10	2
29	49	25	24	10	5	5
30-34岁	**295**	**151**	**144**	**40**	**24**	**16**
30	64	35	29	5	3	2
31	62	37	25	9	7	2
32	44	23	21	9	5	4
33	69	33	36	9	5	4
34	56	23	33	8	4	4
35-39岁	**184**	**104**	**80**	**23**	**16**	**7**
35	39	19	20	7	5	2
36	36	26	10	3	1	2
37	45	26	19	6	5	1
38	30	17	13	1	1	
39	34	16	18	6	4	2
40-44岁	**104**	**60**	**44**	**5**	**2**	**3**
40	37	24	13	3	2	1
41	15	8	7			
42	17	9	8			
43	20	11	9	1		1
44	15	8	7	1		1
45-49岁	**44**	**23**	**21**	**1**		**1**
45	15	10	5			
46	12	3	9	1		1
47	6	4	2			
48	7	3	4			
49	4	3	1			

单位：人

二孩			三孩及以上		
小计	男	女	小计	男	女
245	**130**	**115**	**624**	**331**	**293**
3	**2**	**1**	**3**	**2**	**1**
1	1		1	1	
2	1	1	1		1
			1	1	
59	**28**	**31**	**37**	**17**	**20**
5	1	4	2	1	1
12	6	6	4	2	2
10	7	3	8	2	6
18	7	11	6	5	1
14	7	7	17	7	10
78	**46**	**32**	**131**	**70**	**61**
20	15	5	20	12	8
20	11	9	28	16	12
14	8	6	12	6	6
15	6	9	41	22	19
9	6	3	30	14	16
59	**29**	**30**	**196**	**98**	**98**
18	10	8	41	22	19
15	9	6	38	21	17
9	3	6	26	15	11
10	4	6	50	24	26
7	3	4	41	16	25
27	**15**	**12**	**134**	**73**	**61**
5	4	1	27	10	17
5	3	2	28	22	6
8	3	5	31	18	13
5	4	1	24	12	12
4	1	3	24	11	13
12	**6**	**6**	**87**	**52**	**35**
5	2	3	29	20	9
1	1		14	7	7
3	2	1	14	7	7
1	1		18	10	8
2		2	12	8	4
7	**4**	**3**	**36**	**19**	**17**
1	1		14	9	5
2		2	9	3	6
1		1	5	4	1
2	2		5	1	4
1	1		3	2	1

6—2 续表 2

受教育程度 年龄	合计	生男孩的妇女人数	生女孩的妇女人数	一孩		
				小计	男	女
学前教育	**31**	**21**	**10**	**10**	**5**	**5**
15—19岁						
15						
16						
17						
18						
19						
20—24岁	**5**	**3**	**2**	**4**	**2**	**2**
20						
21						
22						
23	4	3	1	3	2	1
24	1		1	1		1
25—29岁	**14**	**11**	**3**	**3**	**2**	**1**
25	1	1				
26	6	5	1	2	1	1
27						
28	3	2	1			
29	4	3	1	1	1	
30—34岁	**4**	**2**	**2**	**1**	**1**	
30						
31						
32	3	1	2	1	1	
33	1	1				
34						
35—39岁	**2**	**1**	**1**	**1**		**1**
35	1		1	1		1
36						
37	1	1				
38						
39						
40—44岁	**5**	**4**	**1**	**1**		**1**
40	2	1	1	1		1
41	3	3				
42						
43						
44						
45—49岁	**1**		**1**			
45						
46						
47	1		1			
48						
49						

单位：人

二孩			三孩及以上		
小计	男	女	小计	男	女
8	**5**	**3**	**13**	**11**	**2**
1	**1**				
1	1				
5	**4**	**1**	**6**	**5**	**1**
			1	1	
1	1		3	3	
1	1		2	1	1
3	2	1			
1		**1**	**2**	**1**	**1**
1		1	1		1
			1	1	
			1	**1**	
			1	1	
			4	**4**	
			1	1	
			3	3	
1		**1**			
1		1			

6-2 续表 3

受教育程度 年 龄	合 计	生男孩的 妇女人数	生女孩的 妇女人数	一 孩		
				小计	男	女
小 学	**6226**	**3388**	**2838**	**1856**	**1032**	**824**
15-19岁	**288**	**146**	**142**	**205**	**107**	**98**
15	5	1	4	4	1	3
16	11	9	2	10	9	1
17	39	19	20	31	17	14
18	78	39	39	59	31	28
19	155	78	77	101	49	52
20-24岁	**1657**	**884**	**773**	**671**	**350**	**321**
20	210	120	90	110	67	43
21	304	161	143	154	72	82
22	370	181	189	146	67	79
23	385	208	177	136	68	68
24	388	214	174	125	76	49
25-29岁	**1726**	**978**	**748**	**471**	**279**	**192**
25	391	231	160	118	78	40
26	356	210	146	94	53	41
27	360	188	172	108	62	46
28	329	182	147	83	44	39
29	290	167	123	68	42	26
30-34岁	**1394**	**744**	**650**	**277**	**165**	**112**
30	336	173	163	87	51	36
31	298	167	131	46	29	17
32	277	140	137	53	32	21
33	283	157	126	55	32	23
34	200	107	93	36	21	15
35-39岁	**659**	**359**	**300**	**119**	**67**	**52**
35	165	93	72	21	11	10
36	126	67	59	19	11	8
37	118	58	60	28	14	14
38	142	80	62	30	15	15
39	108	61	47	21	16	5
40-44岁	**287**	**154**	**133**	**54**	**28**	**26**
40	82	46	36	15	7	8
41	63	34	29	9	5	4
42	64	33	31	10	5	5
43	43	26	17	7	5	2
44	35	15	20	13	6	7
45-49岁	**215**	**123**	**92**	**59**	**36**	**23**
45	50	26	24	8	5	3
46	34	22	12	8	5	3
47	43	24	19	10	6	4
48	50	29	21	22	13	9
49	38	22	16	11	7	4

单位：人

二孩			三孩及以上		
小计	男	女	小计	男	女
2325	**1255**	**1070**	**2045**	**1101**	**944**
76	**35**	**41**	**7**	**4**	**3**
1		1			
1		1			
8	2	6			
19	8	11			
47	25	22	7	4	3
660	**352**	**308**	**326**	**182**	**144**
76	36	40	24	17	7
111	63	48	39	26	13
158	78	80	66	36	30
154	91	63	95	49	46
161	84	77	102	54	48
600	**334**	**266**	**655**	**365**	**290**
142	78	64	131	75	56
131	75	56	131	82	49
114	56	58	138	70	68
118	69	49	128	69	59
95	56	39	127	69	58
564	**293**	**271**	**553**	**286**	**267**
126	63	63	123	59	64
134	76	58	118	62	56
112	49	63	112	59	53
105	55	50	123	70	53
87	50	37	77	36	41
230	**127**	**103**	**310**	**165**	**145**
66	36	30	78	46	32
44	26	18	63	30	33
40	18	22	50	26	24
38	23	15	74	42	32
42	24	18	45	21	24
100	**62**	**38**	**133**	**64**	**69**
31	18	13	36	21	15
25	15	10	29	14	15
21	13	8	33	15	18
16	11	5	20	10	10
7	5	2	15	4	11
95	**52**	**43**	**61**	**35**	**26**
16	10	6	26	11	15
14	8	6	12	9	3
26	14	12	7	4	3
21	11	10	7	5	2
18	9	9	9	6	3

6-2 续表 4

受教育程度 年 龄	合 计	生男孩的 妇女人数	生女孩的 妇女人数	一 孩		
				小计	男	女
初 中	**24409**	**12745**	**11664**	**10632**	**5666**	**4966**
15-19岁	**568**	**285**	**283**	**490**	**252**	**238**
15	11	5	6	10	5	5
16	30	16	14	30	16	14
17	87	42	45	75	38	37
18	146	70	76	129	65	64
19	294	152	142	246	128	118
20-24岁	**5389**	**2799**	**2590**	**3597**	**1886**	**1711**
20	508	244	264	386	193	193
21	769	388	381	562	289	273
22	1118	585	533	773	411	362
23	1418	740	678	943	502	441
24	1576	842	734	933	491	442
25-29岁	**8520**	**4448**	**4072**	**3782**	**2039**	**1743**
25	1884	1005	879	1021	552	469
26	1699	896	803	818	453	365
27	1763	891	872	767	400	367
28	1628	843	785	620	334	286
29	1546	813	733	556	300	256
30-34岁	**6986**	**3668**	**3318**	**1970**	**1053**	**917**
30	1679	884	795	528	262	266
31	1544	841	703	469	265	204
32	1280	637	643	362	186	176
33	1358	711	647	353	208	145
34	1125	595	530	258	132	126
35-39岁	**2171**	**1158**	**1013**	**541**	**286**	**255**
35	666	371	295	157	80	77
36	445	227	218	116	63	53
37	393	227	166	97	54	43
38	396	204	192	108	55	53
39	271	129	142	63	34	29
40-44岁	**519**	**254**	**265**	**151**	**92**	**59**
40	138	70	68	42	30	12
41	133	73	60	39	27	12
42	91	43	48	20	10	10
43	82	31	51	20	10	10
44	75	37	38	30	15	15
45-49岁	**256**	**133**	**123**	**101**	**58**	**43**
45	57	28	29	23	11	12
46	59	31	28	28	15	13
47	49	27	22	18	13	5
48	55	27	28	20	11	9
49	36	20	16	12	8	4

单位：人

二孩			三孩及以上		
小计	男	女	小计	男	女
11704	**5997**	**5707**	**2073**	**1082**	**991**
73	**32**	**41**	**5**	**1**	**4**
1		1			
10	4	6	2		2
15	5	10	2		2
47	23	24	1	1	
1590	**816**	**774**	**202**	**97**	**105**
110	48	62	12	3	9
182	87	95	25	12	13
303	152	151	42	22	20
425	216	209	50	22	28
570	313	257	73	38	35
4184	**2124**	**2060**	**554**	**285**	**269**
758	394	364	105	59	46
784	402	382	97	41	56
882	426	456	114	65	49
898	452	446	110	57	53
862	450	412	128	63	65
4197	**2168**	**2029**	**819**	**447**	**372**
990	529	461	161	93	68
911	479	432	164	97	67
774	376	398	144	75	69
835	420	415	170	83	87
687	364	323	180	99	81
1263	**670**	**593**	**367**	**202**	**165**
401	227	174	108	64	44
263	126	137	66	38	28
232	136	96	64	37	27
210	108	102	78	41	37
157	73	84	51	22	29
276	**128**	**148**	**92**	**34**	**58**
70	34	36	26	6	20
74	38	36	20	8	12
56	24	32	15	9	6
43	15	28	19	6	13
33	17	16	12	5	7
121	**59**	**62**	**34**	**16**	**18**
26	13	13	8	4	4
25	14	11	6	2	4
25	10	15	6	4	2
27	13	14	8	3	5
18	9	9	6	3	3

6-2 续表 5

受教育程度 年龄	合计	生男孩的妇女人数	生女孩的妇女人数	一孩 小计	一孩 男	一孩 女
高中	**15390**	**8097**	**7293**	**8217**	**4488**	**3729**
15-19岁	**144**	**70**	**74**	**135**	**65**	**70**
15	1		1	1		1
16	5	4	1	5	4	1
17	17	10	7	17	10	7
18	49	21	28	47	21	26
19	72	35	37	65	30	35
20-24岁	**3174**	**1672**	**1502**	**2591**	**1376**	**1215**
20	222	108	114	207	102	105
21	390	197	193	330	168	162
22	630	327	303	530	273	257
23	865	465	400	690	377	313
24	1067	575	492	834	456	378
25-29岁	**6369**	**3402**	**2967**	**3648**	**2048**	**1600**
25	1278	686	592	915	505	410
26	1281	687	594	807	448	359
27	1396	725	671	792	437	355
28	1258	693	565	629	372	257
29	1156	611	545	505	286	219
30-34岁	**4464**	**2313**	**2151**	**1459**	**797**	**662**
30	1244	629	615	462	245	217
31	996	525	471	310	176	134
32	812	420	392	270	142	128
33	836	435	401	230	123	107
34	576	304	272	187	111	76
35-39岁	**991**	**515**	**476**	**294**	**157**	**137**
35	346	178	168	105	54	51
36	194	104	90	58	34	24
37	158	87	71	43	22	21
38	164	73	91	53	26	27
39	129	73	56	35	21	14
40-44岁	**201**	**101**	**100**	**70**	**32**	**38**
40	68	34	34	20	9	11
41	61	34	27	23	10	13
42	39	18	21	18	10	8
43	19	7	12	5	1	4
44	14	8	6	4	2	2
45-49岁	**47**	**24**	**23**	**20**	**13**	**7**
45	11	4	7	5	3	2
46	9	6	3	5	4	1
47	8	4	4	3	2	1
48	9	4	5	5	3	2
49	10	6	4	2	1	1

单位：人

二孩			三孩及以上		
小计	男	女	小计	男	女
6673	**3323**	**3350**	**500**	**286**	**214**
8	**4**	**4**	**1**	**1**	
2		2			
6	4	2	1	1	
558	**281**	**277**	**25**	**15**	**10**
14	5	9	1	1	
57	28	29	3	1	2
97	52	45	3	2	1
170	86	84	5	2	3
220	110	110	13	9	4
2586	**1277**	**1309**	**135**	**77**	**58**
347	175	172	16	6	10
452	229	223	22	10	12
574	268	306	30	20	10
599	304	295	30	17	13
614	301	313	37	24	13
2767	**1379**	**1388**	**238**	**137**	**101**
726	354	372	56	30	26
631	316	315	55	33	22
498	251	247	44	27	17
562	283	279	44	29	15
350	175	175	39	18	21
617	**318**	**299**	**80**	**40**	**40**
213	113	100	28	11	17
118	61	57	18	9	9
106	59	47	9	6	3
95	37	58	16	10	6
85	48	37	9	4	5
112	**54**	**58**	**19**	**15**	**4**
41	19	22	7	6	1
35	21	14	3	3	
16	5	11	5	3	2
11	4	7	3	2	1
9	5	4	1	1	
25	**10**	**15**	**2**	**1**	**1**
6	1	5			
4	2	2			
4	2	2	1		1
4	1	3			
7	4	3	1	1	

6-2 续表 6

受教育程度 年龄	合计	生男孩的妇女人数	生女孩的妇女人数	一孩 小计	一孩 男	一孩 女
大学专科	**13305**	**6928**	**6377**	**8656**	**4591**	**4065**
15－19岁	**27**	**14**	**13**	**27**	**14**	**13**
15						
16						
17	3		3	3		3
18	2		2	2		2
19	22	14	8	22	14	8
20－24岁	**1998**	**1046**	**952**	**1783**	**944**	**839**
20	60	28	32	58	28	30
21	148	78	70	140	75	65
22	358	193	165	330	174	156
23	588	280	308	515	254	261
24	844	467	377	740	413	327
25－29岁	**6254**	**3250**	**3004**	**4714**	**2485**	**2229**
25	1175	630	545	993	538	455
26	1318	673	645	1043	534	509
27	1404	726	678	1076	576	500
28	1244	631	613	880	450	430
29	1113	590	523	722	387	335
30－34岁	**4024**	**2089**	**1935**	**1786**	**962**	**824**
30	1088	563	525	595	319	276
31	891	470	421	432	234	198
32	744	393	351	319	166	153
33	732	377	355	256	137	119
34	569	286	283	184	106	78
35－39岁	**848**	**439**	**409**	**294**	**154**	**140**
35	278	133	145	105	54	51
36	177	95	82	52	25	27
37	159	86	73	51	24	27
38	156	81	75	59	33	26
39	78	44	34	27	18	9
40－44岁	**133**	**75**	**58**	**39**	**24**	**15**
40	49	27	22	13	7	6
41	39	19	20	10	4	6
42	23	16	7	6	5	1
43	13	10	3	6	6	
44	9	3	6	4	2	2
45－49岁	**21**	**15**	**6**	**13**	**8**	**5**
45	9	6	3	4	2	2
46	5	5		5	5	
47	3	3				
48	3	1	2	3	1	2
49	1		1	1		1

单位：人

二孩			三孩及以上		
小计	男	女	小计	男	女
4444	**2237**	**2207**	**205**	**100**	**105**
207	**97**	**110**	**8**	**5**	**3**
2		2			
8	3	5			
28	19	9			
70	25	45	3	1	2
99	50	49	5	4	1
1481	**740**	**741**	**59**	**25**	**34**
178	91	87	4	1	3
259	134	125	16	5	11
316	144	172	12	6	6
353	178	175	11	3	8
375	193	182	16	10	6
2150	**1083**	**1067**	**88**	**44**	**44**
477	237	240	16	7	9
442	225	217	17	11	6
409	215	194	16	12	4
454	230	224	22	10	12
368	176	192	17	4	13
517	**268**	**249**	**37**	**17**	**20**
165	76	89	8	3	5
118	68	50	7	2	5
99	57	42	9	5	4
92	44	48	5	4	1
43	23	20	8	3	5
82	**43**	**39**	**12**	**8**	**4**
32	18	14	4	2	2
26	13	13	3	2	1
15	9	6	2	2	
5	2	3	2	2	
4	1	3	1		1
7	**6**	**1**	**1**	**1**	
4	3	1	1	1	
3	3				

6−2 续表 7

受教育程度 年 龄	合 计	生男孩的 妇女人数	生女孩的 妇女人数	一 孩		
				小计	男	女
大学本科	**9518**	**5100**	**4418**	**6109**	**3294**	**2815**
15−19岁	**3**	**3**		**3**	**3**	
15						
16						
17						
18						
19	3	3		3	3	
20−24岁	**391**	**215**	**176**	**361**	**205**	**156**
20	7	4	3	5	2	3
21	18	11	7	17	11	6
22	51	31	20	49	29	20
23	100	55	45	92	55	37
24	215	114	101	198	108	90
25−29岁	**3888**	**2063**	**1825**	**3263**	**1755**	**1508**
25	417	219	198	366	195	171
26	603	353	250	540	318	222
27	918	471	447	812	431	381
28	952	486	466	778	390	388
29	998	534	464	767	421	346
30−34岁	**4062**	**2152**	**1910**	**2129**	**1134**	**995**
30	1126	578	548	752	395	357
31	902	491	411	536	290	246
32	756	401	355	355	185	170
33	724	391	333	312	166	146
34	554	291	263	174	98	76
35−39岁	**1056**	**596**	**460**	**318**	**176**	**142**
35	352	191	161	101	51	50
36	235	129	106	65	35	30
37	199	119	80	62	35	27
38	175	103	72	63	35	28
39	95	54	41	27	20	7
40−44岁	**108**	**62**	**46**	**29**	**15**	**14**
40	51	33	18	15	9	6
41	21	9	12	5	3	2
42	19	11	8	4	1	3
43	13	7	6	3	1	2
44	4	2	2	2	1	1
45−49岁	**10**	**9**	**1**	**6**	**6**	
45	4	4		3	3	
46	5	4	1	3	3	
47						
48	1	1				
49						

单位：人

二孩			三孩及以上		
小计	男	女	小计	男	女
3298	**1749**	**1549**	**111**	**57**	**54**
30	**10**	**20**			
2	2				
1		1			
2	2				
8		8			
17	6	11			
607	**301**	**306**	**18**	**7**	**11**
49	22	27	2	2	
60	35	25	3		3
104	39	65	2	1	1
169	94	75	5	2	3
225	111	114	6	2	4
1880	**991**	**889**	**53**	**27**	**26**
367	181	186	7	2	5
355	194	161	11	7	4
394	213	181	7	3	4
398	216	182	14	9	5
366	187	179	14	6	8
703	**400**	**303**	**35**	**20**	**15**
238	133	105	13	7	6
161	90	71	9	4	5
132	79	53	5	5	
106	65	41	6	3	3
66	33	33	2	1	1
74	**44**	**30**	**5**	**3**	**2**
32	22	10	4	2	2
16	6	10			
14	9	5	1	1	
10	6	4			
2	1	1			
4	**3**	**1**			
1	1				
2	1	1			
1	1				

6-2 续表 8

受教育程度 年龄	合计	生男孩的妇女人数	生女孩的妇女人数	一孩 小计	一孩 男	一孩 女
硕士研究生	**1013**	**544**	**469**	**716**	**383**	**333**
15-19岁						
15						
16						
17						
18						
19						
20-24岁	**4**	**1**	**3**	**4**	**1**	**3**
20						
21						
22	1		1	1		1
23						
24	3	1	2	3	1	2
25-29岁	**271**	**156**	**115**	**259**	**151**	**108**
25	9	3	6	8	3	5
26	26	16	10	25	15	10
27	39	21	18	37	21	16
28	81	47	34	80	47	33
29	116	69	47	109	65	44
30-34岁	**567**	**298**	**269**	**397**	**199**	**198**
30	163	80	83	144	70	74
31	124	75	49	93	55	38
32	106	49	57	71	32	39
33	98	54	44	52	27	25
34	76	40	36	37	15	22
35-39岁	**158**	**83**	**75**	**55**	**31**	**24**
35	49	29	20	16	11	5
36	29	15	14	10	6	4
37	38	21	17	17	10	7
38	28	13	15	7	3	4
39	14	5	9	5	1	4
40-44岁	**10**	**3**	**7**			
40	7	1	6			
41	1		1			
42	1	1				
43						
44	1	1				
45-49岁	**3**	**3**		**1**	**1**	
45	1	1		1	1	
46						
47	2	2				
48						
49						

单位：人

二孩			三孩及以上		
小计	男	女	小计	男	女
287	**159**	**128**	**10**	**2**	**8**
11	**5**	**6**	**1**		**1**
			1		1
1	1				
2		2			
1		1			
7	4	3			
165	**99**	**66**	**5**		**5**
18	10	8	1		1
30	20	10	1		1
33	17	16	2		2
45	27	18	1		1
39	25	14			
101	**51**	**50**	**2**	**1**	**1**
33	18	15			
19	9	10			
21	11	10			
19	9	10	2	1	1
9	4	5			
9	**3**	**6**	**1**		**1**
6	1	5	1		1
1		1			
1	1				
1	1				
1	**1**		**1**	**1**	
1	1		1	1	

6-2 续表 9

受教育程度 年龄	合计	生男孩的妇女人数	生女孩的妇女人数	一孩		
				小计	男	女
博士研究生	**77**	**42**	**35**	**49**	**23**	**26**
15-19岁						
15						
16						
17						
18						
19						
20-24岁						
20						
21						
22						
23						
24						
25-29岁	**15**	**9**	**6**	**14**	**8**	**6**
25						
26	1		1	1		1
27	1		1	1		1
28	6	5	1	5	4	1
29	7	4	3	7	4	3
30-34岁	**37**	**20**	**17**	**29**	**13**	**16**
30	5		5	5		5
31	11	7	4	9	6	3
32	6	3	3	5	2	3
33	9	6	3	7	4	3
34	6	4	2	3	1	2
35-39岁	**17**	**8**	**9**	**5**	**2**	**3**
35	6	2	4	1		1
36	5	5		2	2	
37	1		1	1		1
38	2		2			
39	3	1	2	1		1
40-44岁	**8**	**5**	**3**	**1**		**1**
40	4	2	2	1		1
41						
42	4	3	1			
43						
44						
45-49岁						
45						
46						
47						
48						
49						

单位：人

二孩			三孩及以上		
小计	男	女	小计	男	女
27	**19**	**8**	**1**		**1**
1	**1**				
1	1				
8	**7**	**1**			
2	1	1			
1	1				
2	2				
3	3				
11	**6**	**5**	**1**		**1**
5	2	3			
3	3				
1		1	1		1
2	1	1			
7	**5**	**2**			
3	2	1			
4	3	1			

6-2a 全省按年龄、受教育程度、生育孩次

受教育程度 年龄	合计	生男孩的妇女人数	生女孩的妇女人数	一孩		
				小计	男	女
总计	**27894**	**14824**	**13070**	**16242**	**8746**	**7496**
15-19岁	**100**	**52**	**48**	**95**	**47**	**48**
15						
16	2	2		2	2	
17	13	5	8	13	5	8
18	27	14	13	26	13	13
19	58	31	27	54	27	27
20-24岁	**3280**	**1728**	**1552**	**2759**	**1471**	**1288**
20	153	73	80	143	67	76
21	320	169	151	281	149	132
22	585	308	277	511	268	243
23	913	470	443	753	397	356
24	1309	708	601	1071	590	481
25-29岁	**10711**	**5731**	**4980**	**7579**	**4128**	**3451**
25	1738	969	769	1336	748	588
26	1929	1067	862	1434	807	627
27	2353	1216	1137	1723	927	796
28	2336	1225	1111	1584	839	745
29	2355	1254	1101	1502	807	695
30-34岁	**10285**	**5425**	**4860**	**4647**	**2474**	**2173**
30	2612	1347	1265	1458	761	697
31	2245	1231	1014	1096	601	495
32	1927	976	951	845	425	420
33	1986	1084	902	746	409	337
34	1515	787	728	502	278	224
35-39岁	**2852**	**1536**	**1316**	**932**	**486**	**446**
35	916	486	430	289	152	137
36	592	318	274	179	93	86
37	506	286	220	168	84	84
38	532	278	254	200	100	100
39	306	168	138	96	57	39
40-44岁	**499**	**259**	**240**	**154**	**91**	**63**
40	177	100	77	49	32	17
41	131	71	60	42	23	19
42	83	41	42	24	15	9
43	62	32	30	18	12	6
44	46	15	31	21	9	12
45-49岁	**167**	**93**	**74**	**76**	**49**	**27**
45	35	21	14	17	12	5
46	42	28	14	25	18	7
47	32	18	14	10	7	3
48	36	15	21	19	9	10
49	22	11	11	5	3	2

分的育龄妇女人数(2019.11.1—2020.10.31)(城市)

单位：人

二孩			三孩及以上		
小计	男	女	小计	男	女
10970	**5702**	**5268**	**682**	**376**	**306**
4	**4**		**1**	**1**	
1	1				
3	3		1	1	
498	**241**	**257**	**23**	**16**	**7**
10	6	4			
39	20	19			
70	38	32	4	2	2
155	71	84	5	2	3
224	106	118	14	12	2
2996	**1523**	**1473**	**136**	**80**	**56**
380	208	172	22	13	9
466	247	219	29	13	16
605	274	331	25	15	10
728	371	357	24	15	9
817	423	394	36	24	12
5307	**2771**	**2536**	**331**	**180**	**151**
1101	560	541	53	26	27
1083	589	494	66	41	25
1026	515	511	56	36	20
1160	632	528	80	43	37
937	475	462	76	34	42
1780	**973**	**807**	**140**	**77**	**63**
578	311	267	49	23	26
387	213	174	26	12	14
316	186	130	22	16	6
309	163	146	23	15	8
190	100	90	20	11	9
306	**151**	**155**	**39**	**17**	**22**
112	61	51	16	7	9
81	45	36	8	3	5
56	24	32	3	2	1
36	16	20	8	4	4
21	5	16	4	1	3
79	**39**	**40**	**12**	**5**	**7**
15	8	7	3	1	2
15	8	7	2	2	
19	10	9	3	1	2
15	6	9	2		2
15	7	8	2	1	1

6-2a 续表 1

受教育程度 年 龄	合 计	生男孩的妇女人数	生女孩的妇女人数	一 孩		
				小计	男	女
未上过学	**29**	**15**	**14**	**11**	**5**	**6**
15-19岁						
15						
16						
17						
18						
19						
20-24岁	**5**	**2**	**3**	**3**	**1**	**2**
20	1		1	1		1
21						
22	2	1	1	2	1	1
23						
24	2	1	1			
25-29岁	**12**	**6**	**6**	**7**	**4**	**3**
25	1	1		1	1	
26	2	1	1	2	1	1
27	4	2	2	2	1	1
28	3	1	2	1	1	
29	2	1	1	1		1
30-34岁	**3**	**1**	**2**			
30						
31	1		1			
32						
33						
34	2	1	1			
35-39岁	**6**	**5**	**1**	**1**		**1**
35	1		1	1		1
36	2	2				
37	2	2				
38						
39	1	1				
40-44岁	**3**	**1**	**2**			
40	3	1	2			
41						
42						
43						
44						
45-49岁						
45						
46						
47						
48						
49						

单位：人

二孩			三孩及以上		
小计	男	女	小计	男	女
12	**5**	**7**	**6**	**5**	**1**
2	**1**	**1**			
2	1	1			
5	**2**	**3**			
2	1	1			
2		2			
1	1				
2		**2**	**1**	**1**	
1		1			
1		1	1	1	
1	**1**		**4**	**4**	
1	1		1	1	
			2	2	
			1	1	
2	**1**	**1**	**1**		**1**
2	1	1	1		1

6-2a 续表 2

受教育程度 年龄	合计	生男孩的妇女人数	生女孩的妇女人数	一孩		
				小计	男	女
学前教育	**4**	**2**	**2**	**1**		**1**
15-19岁						
15						
16						
17						
18						
19						
20-24岁						
20						
21						
22						
23						
24						
25-29岁	**3**	**1**	**2**	**1**		**1**
25						
26	2	1	1	1		1
27						
28						
29	1		1			
30-34岁						
30						
31						
32						
33						
34						
35-39岁	**1**	**1**				
35						
36						
37	1	1				
38						
39						
40-44岁						
40						
41						
42						
43						
44						
45-49岁						
45						
46						
47						
48						
49						

单位：人

二孩			三孩及以上		
小计	男	女	小计	男	女
2	**1**	**1**	**1**	**1**	
2	**1**	**1**			
1	1				
1		1			
			1	**1**	
			1	1	

6－2a　续表 3

受教育程度 年　　龄	合　计	生男孩的 妇女人数	生女孩的 妇女人数	一　孩		
				小计	男	女
小　学	**528**	**299**	**229**	**217**	**129**	**88**
15－19岁	**5**	**2**	**3**	**5**	**2**	**3**
15						
16						
17	1	1		1	1	
18	3	1	2	3	1	2
19	1		1	1		1
20－24岁	**58**	**36**	**22**	**37**	**21**	**16**
20	4	4		4	4	
21	8	3	5	7	2	5
22	11	8	3	8	5	3
23	10	4	6	4	1	3
24	25	17	8	14	9	5
25－29岁	**139**	**81**	**58**	**74**	**45**	**29**
25	33	18	15	21	11	10
26	21	13	8	12	8	4
27	32	17	15	21	13	8
28	29	17	12	10	7	3
29	24	16	8	10	6	4
30－34岁	**193**	**108**	**85**	**56**	**37**	**19**
30	38	23	15	12	8	4
31	40	26	14	7	7	
32	43	20	23	15	10	5
33	34	19	15	14	7	7
34	38	20	18	8	5	3
35－39岁	**66**	**36**	**30**	**25**	**13**	**12**
35	14	10	4	2	1	1
36	8	1	7	3	1	2
37	15	9	6	9	6	3
38	12	7	5	6	2	4
39	17	9	8	5	3	2
40－44岁	**27**	**14**	**13**	**3**	**1**	**2**
40	6	3	3			
41	7	4	3	1		1
42	6	3	3			
43	3	2	1			
44	5	2	3	2	1	1
45－49岁	**40**	**22**	**18**	**17**	**10**	**7**
45	8	5	3	4	3	1
46	4	3	1	2	2	
47	7	4	3	1		1
48	13	5	8	7	2	5
49	8	5	3	3	3	

单位：人

二孩			三孩及以上		
小计	男	女	小计	男	女
258	**136**	**122**	**53**	**34**	**19**
18	**13**	**5**	**3**	**2**	**1**
1	1				
3	3				
5	3	2	1		1
9	6	3	2	2	
52	**28**	**24**	**13**	**8**	**5**
10	6	4	2	1	1
5	1	4	4	4	
7	3	4	4	1	3
17	9	8	2	1	1
13	9	4	1	1	
115	**57**	**58**	**22**	**14**	**8**
24	14	10	2	1	1
26	14	12	7	5	2
23	7	16	5	3	2
17	11	6	3	1	2
25	11	14	5	4	1
35	**18**	**17**	**6**	**5**	**1**
10	7	3	2	2	
4		4	1		1
5	2	3	1	1	
5	4	1	1	1	
11	5	6	1	1	
18	**9**	**9**	**6**	**4**	**2**
5	2	3	1	1	
4	3	1	2	1	1
6	3	3			
1	1		2	1	1
2		2	1	1	
20	**11**	**9**	**3**	**1**	**2**
3	2	1	1		1
1		1	1	1	
6	4	2			
6	3	3			
4	2	2	1		1

6-2a 续表 4

受教育程度 年 龄	合 计	生男孩的 妇女人数	生女孩的 妇女人数	一 孩		
				小计	男	女
初 中	**5514**	**2918**	**2596**	**2538**	**1333**	**1205**
15-19岁	**52**	**29**	**23**	**48**	**25**	**23**
15						
16						
17	7	2	5	7	2	5
18	11	6	5	10	5	5
19	34	21	13	31	18	13
20-24岁	**956**	**467**	**489**	**719**	**351**	**368**
20	65	25	40	59	22	37
21	112	60	52	93	50	43
22	178	78	100	145	63	82
23	267	132	135	188	94	94
24	334	172	162	234	122	112
25-29岁	**1882**	**1016**	**866**	**954**	**519**	**435**
25	415	232	183	248	134	114
26	366	200	166	205	117	88
27	372	192	180	199	109	90
28	359	189	170	155	83	72
29	370	203	167	147	76	71
30-34岁	**1802**	**974**	**828**	**564**	**301**	**263**
30	392	204	188	145	71	74
31	381	221	160	126	73	53
32	341	166	175	115	52	63
33	379	214	165	105	64	41
34	309	169	140	73	41	32
35-39岁	**602**	**324**	**278**	**171**	**86**	**85**
35	190	105	85	54	28	26
36	119	64	55	34	18	16
37	97	54	43	26	12	14
38	120	60	60	40	18	22
39	76	41	35	17	10	7
40-44岁	**149**	**74**	**75**	**49**	**33**	**16**
40	38	24	14	14	13	1
41	39	23	16	12	9	3
42	26	10	16	6	3	3
43	23	10	13	6	4	2
44	23	7	16	11	4	7
45-49岁	**71**	**34**	**37**	**33**	**18**	**15**
45	12	6	6	5	3	2
46	22	13	9	13	7	6
47	14	6	8	7	5	2
48	16	5	11	8	3	5
49	7	4	3			

单位：人

二孩			三孩及以上		
小计	男	女	小计	男	女
2697	**1431**	**1266**	**279**	**154**	**125**
4	**4**				
1	1				
3	3				
224	**108**	**116**	**13**	**8**	**5**
6	3	3			
19	10	9			
30	14	16	3	1	2
76	37	39	3	1	2
93	44	49	7	6	1
870	**462**	**408**	**58**	**35**	**23**
153	89	64	14	9	5
150	78	72	11	5	6
163	76	87	10	7	3
193	98	95	11	8	3
211	121	90	12	6	6
1096	**594**	**502**	**142**	**79**	**63**
221	119	102	26	14	12
230	134	96	25	14	11
204	100	104	22	14	8
236	130	106	38	20	18
205	111	94	31	17	14
386	**211**	**175**	**45**	**27**	**18**
117	66	51	19	11	8
78	42	36	7	4	3
66	38	28	5	4	1
73	38	35	7	4	3
52	27	25	7	4	3
86	**39**	**47**	**14**	**2**	**12**
19	10	9	5	1	4
24	14	10	3		3
18	6	12	2	1	1
15	6	9	2		2
10	3	7	2		2
31	**13**	**18**	**7**	**3**	**4**
5	2	3	2	1	1
8	5	3	1	1	
6	1	5	1		1
6	2	4	2		2
6	3	3	1	1	

6-2a 续表 5

受教育程度 年 龄	合 计	生男孩的 妇女人数	生女孩的 妇女人数	一 孩		
				小计	男	女
高 中	**6447**	**3436**	**3011**	**3476**	**1944**	**1532**
15-19岁	**29**	**15**	**14**	**28**	**14**	**14**
15						
16	2	2		2	2	
17	3	2	1	3	2	1
18	12	7	5	12	7	5
19	12	4	8	11	3	8
20-24岁	**1093**	**601**	**492**	**936**	**524**	**412**
20	53	28	25	50	26	24
21	118	59	59	102	51	51
22	200	110	90	175	97	78
23	318	178	140	272	156	116
24	404	226	178	337	194	143
25-29岁	**2483**	**1353**	**1130**	**1518**	**873**	**645**
25	445	256	189	336	200	136
26	470	270	200	318	189	129
27	550	272	278	342	177	165
28	510	282	228	280	168	112
29	508	273	235	242	139	103
30-34岁	**2125**	**1095**	**1030**	**749**	**404**	**345**
30	544	275	269	220	118	102
31	461	241	220	152	82	70
32	402	201	201	133	67	66
33	423	224	199	134	75	59
34	295	154	141	110	62	48
35-39岁	**559**	**295**	**264**	**187**	**98**	**89**
35	176	96	80	56	31	25
36	117	62	55	35	19	16
37	95	51	44	31	16	15
38	104	49	55	41	20	21
39	67	37	30	24	12	12
40-44岁	**129**	**62**	**67**	**47**	**22**	**25**
40	46	23	23	12	5	7
41	39	22	17	17	8	9
42	22	9	13	12	7	5
43	14	6	8	3	1	2
44	8	2	6	3	1	2
45-49岁	**29**	**15**	**14**	**11**	**9**	**2**
45	3	1	2	1	1	
46	8	5	3	4	3	1
47	7	4	3	2	2	
48	5	3	2	3	3	
49	6	2	4	1		1

单位：人

二孩			三孩及以上		
小计	男	女	小计	男	女
2811	**1401**	**1410**	**160**	**91**	**69**
			1	**1**	
			1	1	
154	**74**	**80**	**3**	**3**	
3	2	1			
16	8	8			
24	12	12	1	1	
45	21	24	1	1	
66	31	35	1	1	
931	**456**	**475**	**34**	**24**	**10**
107	55	52	2	1	1
147	79	68	5	2	3
199	88	111	9	7	2
225	110	115	5	4	1
253	124	129	13	10	3
1293	**648**	**645**	**83**	**43**	**40**
308	151	157	16	6	10
291	148	143	18	11	7
251	122	129	18	12	6
277	141	136	12	8	4
166	86	80	19	6	13
342	**183**	**159**	**30**	**14**	**16**
108	62	46	12	3	9
76	40	36	6	3	3
60	33	27	4	2	2
59	26	33	4	3	1
39	22	17	4	3	1
74	**34**	**40**	**8**	**6**	**2**
29	14	15	5	4	1
21	13	8	1	1	
10	2	8			
9	4	5	2	1	1
5	1	4			
17	**6**	**11**	**1**		**1**
2		2			
4	2	2			
4	2	2	1		1
2		2			
5	2	3			

6-2a 续表 6

受教育程度 年　　龄	合　计	生男孩的 妇女人数	生女孩的 妇女人数	一　孩		
				小计	男	女
大学专科	**7772**	**4069**	**3703**	**5056**	**2674**	**2382**
15-19岁	**14**	**6**	**8**	**14**	**6**	**8**
15						
16						
17	2		2	2		2
18	1		1	1		1
19	11	6	5	11	6	5
20-24岁	**957**	**507**	**450**	**869**	**465**	**404**
20	27	14	13	27	14	13
21	74	42	32	72	41	31
22	164	94	70	153	87	66
23	267	128	139	241	118	123
24	425	229	196	376	205	171
25-29岁	**3454**	**1809**	**1645**	**2676**	**1405**	**1271**
25	609	334	275	530	292	238
26	709	369	340	566	295	271
27	780	406	374	605	323	282
28	709	362	347	526	265	261
29	647	338	309	449	230	219
30-34岁	**2619**	**1365**	**1254**	**1228**	**656**	**572**
30	674	356	318	385	208	177
31	576	309	267	296	157	139
32	476	242	234	226	117	109
33	503	266	237	186	96	90
34	390	192	198	135	78	57
35-39岁	**617**	**316**	**301**	**226**	**112**	**114**
35	203	98	105	76	40	36
36	124	65	59	40	18	22
37	112	60	52	40	16	24
38	122	65	57	50	26	24
39	56	28	28	20	12	8
40-44岁	**94**	**53**	**41**	**32**	**22**	**10**
40	36	20	16	10	6	4
41	29	14	15	9	4	5
42	11	7	4	4	4	
43	12	10	2	6	6	
44	6	2	4	3	2	1
45-49岁	**17**	**13**	**4**	**11**	**8**	**3**
45	8	5	3	4	2	2
46	5	5		5	5	
47	2	2				
48	1	1		1	1	
49	1		1	1		1

单位：人

二孩			三孩及以上		
小计	男	女	小计	男	女
2612	**1343**	**1269**	**104**	**52**	**52**
84	**39**	**45**	**4**	**3**	**1**
2	1	1			
11	7	4			
26	10	16			
45	21	24	4	3	1
754	**393**	**361**	**24**	**11**	**13**
76	41	35	3	1	2
136	72	64	7	2	5
173	83	90	2		2
178	95	83	5	2	3
191	102	89	7	6	1
1349	**685**	**664**	**42**	**24**	**18**
284	145	139	5	3	2
272	145	127	8	7	1
245	120	125	5	5	
302	163	139	15	7	8
246	112	134	9	2	7
364	**193**	**171**	**27**	**11**	**16**
120	56	64	7	2	5
80	46	34	4	1	3
66	41	25	6	3	3
68	35	33	4	4	
30	15	15	6	1	5
55	**28**	**27**	**7**	**3**	**4**
24	14	10	2		2
18	9	9	2	1	1
7	3	4			
4	2	2	2	2	
2		2	1		1
6	**5**	**1**			
4	3	1			
2	2				

6-2a 续表 7

受教育程度 年　　龄	合 计	生男孩的 妇女人数	生女孩的 妇女人数	一 孩		
				小计	男	女
大学本科	**6619**	**3559**	**3060**	**4262**	**2300**	**1962**
15-19岁						
15						
16						
17						
18						
19						
20-24岁	**207**	**114**	**93**	**191**	**108**	**83**
20	3	2	1	2	1	1
21	8	5	3	7	5	2
22	29	17	12	27	15	12
23	51	28	23	48	28	20
24	116	62	54	107	59	48
25-29岁	**2492**	**1322**	**1170**	**2113**	**1143**	**970**
25	231	127	104	196	109	87
26	335	197	138	307	182	125
27	583	312	271	524	289	235
28	654	330	324	542	272	270
29	689	356	333	544	291	253
30-34岁	**2998**	**1596**	**1402**	**1665**	**884**	**781**
30	818	421	397	564	295	269
31	661	356	305	421	224	197
32	563	300	263	286	148	138
33	549	307	242	253	139	114
34	407	212	195	141	78	63
35-39岁	**835**	**473**	**362**	**268**	**149**	**119**
35	282	148	134	86	43	43
36	189	105	84	56	30	26
37	148	90	58	46	26	20
38	144	84	60	56	31	25
39	72	46	26	24	19	5
40-44岁	**80**	**48**	**32**	**22**	**13**	**9**
40	37	26	11	12	8	4
41	16	8	8	3	2	1
42	13	8	5	2	1	1
43	10	4	6	3	1	2
44	4	2	2	2	1	1
45-49岁	**7**	**6**	**1**	**3**	**3**	
45	3	3		2	2	
46	3	2	1	1	1	
47						
48	1	1				
49						

单位：人

二孩			三孩及以上		
小计	男	女	小计	男	女
2287	**1222**	**1065**	**70**	**37**	**33**
16	**6**	**10**			
1	1				
1		1			
2	2				
3		3			
9	3	6			
372	**177**	**195**	**7**	**2**	**5**
34	17	17	1	1	
26	15	11	2		2
59	23	36			
111	58	53	1		1
142	64	78	3	1	2
1296	**693**	**603**	**37**	**19**	**18**
251	124	127	3	2	1
233	128	105	7	4	3
272	150	122	5	2	3
285	161	124	11	7	4
255	130	125	11	4	7
543	**310**	**233**	**24**	**14**	**10**
187	100	87	9	5	4
126	72	54	7	3	4
99	61	38	3	3	
84	51	33	4	2	2
47	26	21	1	1	
56	**33**	**23**	**2**	**2**	
24	17	7	1	1	
13	6	7			
10	6	4	1	1	
7	3	4			
2	1	1			
4	**3**	**1**			
1	1				
2	1	1			
1	1				

6-2a 续表 8

受教育程度 年龄	合计	生男孩的妇女人数	生女孩的妇女人数	一孩		
				小计	男	女
硕士研究生	**907**	**486**	**421**	**635**	**340**	**295**
15-19岁						
15						
16						
17						
18						
19						
20-24岁	**4**	**1**	**3**	**4**	**1**	**3**
20						
21						
22	1		1	1		1
23						
24	3	1	2	3	1	2
25-29岁	**232**	**135**	**97**	**223**	**132**	**91**
25	4	1	3	4	1	3
26	23	16	7	22	15	7
27	31	15	16	29	15	14
28	67	40	27	66	40	26
29	107	63	44	102	61	41
30-34岁	**509**	**267**	**242**	**357**	**180**	**177**
30	141	68	73	127	61	66
31	115	72	43	86	53	33
32	96	44	52	65	29	36
33	89	48	41	47	24	23
34	68	35	33	32	13	19
35-39岁	**150**	**78**	**72**	**50**	**26**	**24**
35	45	27	18	14	9	5
36	28	14	14	9	5	4
37	35	19	16	15	8	7
38	28	13	15	7	3	4
39	14	5	9	5	1	4
40-44岁	**9**	**2**	**7**			
40	7	1	6			
41	1		1			
42	1	1				
43						
44						
45-49岁	**3**	**3**		**1**	**1**	
45	1	1		1	1	
46						
47	2	2				
48						
49						

单位：人

二孩			三孩及以上		
小计	男	女	小计	男	女
264	**144**	**120**	**8**	**2**	**6**
9	**3**	**6**			
1	1				
2		2			
1		1			
5	2	3			
148	**87**	**61**	**4**		**4**
13	7	6	1		1
28	19	9	1		1
30	15	15	1		1
41	24	17	1		1
36	22	14			
98	**51**	**47**	**2**	**1**	**1**
31	18	13			
19	9	10			
20	11	9			
19	9	10	2	1	1
9	4	5			
8	**2**	**6**	**1**		**1**
6	1	5	1		1
1		1			
1	1				
1	**1**		**1**	**1**	
1	1		1	1	

6-2a 续表 9

受教育程度 年龄	合计	生男孩的妇女人数	生女孩的妇女人数	一孩		
				小计	男	女
博士研究生	**74**	**40**	**34**	**46**	**21**	**25**
15-19岁						
15						
16						
17						
18						
19						
20-24岁						
20						
21						
22						
23						
24						
25-29岁	**14**	**8**	**6**	**13**	**7**	**6**
25						
26	1		1	1		1
27	1		1	1		1
28	5	4	1	4	3	1
29	7	4	3	7	4	3
30-34岁	**36**	**19**	**17**	**28**	**12**	**16**
30	5		5	5		5
31	10	6	4	8	5	3
32	6	3	3	5	2	3
33	9	6	3	7	4	3
34	6	4	2	3	1	2
35-39岁	**16**	**8**	**8**	**4**	**2**	**2**
35	5	2	3			
36	5	5		2	2	
37	1		1	1		1
38	2		2			
39	3	1	2	1		1
40-44岁	**8**	**5**	**3**	**1**		**1**
40	4	2	2	1		1
41						
42	4	3	1			
43						
44						
45-49岁						
45						
46						
47						
48						
49						

单位：人

二孩			三孩及以上		
小计	男	女	小计	男	女
27	**19**	**8**	**1**		**1**
1	**1**				
1	1				
8	**7**	**1**			
2	1	1			
1	1				
2	2				
3	3				
11	**6**	**5**	**1**		**1**
5	2	3			
3	3				
1		1	1		1
2	1	1			
7	**5**	**2**			
3	2	1			
4	3	1			

6-2b 全省按年龄、受教育程度、生育孩次

受教育程度 年龄	合计	生男孩的妇女人数	生女孩的妇女人数	一孩		
				小计	男	女
总计	**15120**	**7869**	**7251**	**7201**	**3846**	**3355**
15-19岁	**205**	**106**	**99**	**176**	**91**	**85**
15	2	1	1	2	1	1
16	11	5	6	10	5	5
17	33	19	14	28	17	11
18	53	24	29	48	21	27
19	106	57	49	88	47	41
20-24岁	**2664**	**1431**	**1233**	**1894**	**1015**	**879**
20	193	90	103	155	74	81
21	326	163	163	236	116	120
22	526	280	246	387	202	185
23	754	414	340	542	301	241
24	865	484	381	574	322	252
25-29岁	**5965**	**3074**	**2891**	**3316**	**1772**	**1544**
25	1162	592	570	743	396	347
26	1216	662	554	738	409	329
27	1293	641	652	729	380	349
28	1152	589	563	579	300	279
29	1142	590	552	527	287	240
30-34岁	**4622**	**2379**	**2243**	**1402**	**751**	**651**
30	1182	592	590	459	231	228
31	1003	516	487	313	181	132
32	857	457	400	249	135	114
33	888	454	434	217	118	99
34	692	360	332	164	86	78
35-39岁	**1229**	**637**	**592**	**299**	**159**	**140**
35	382	202	180	94	45	49
36	240	121	119	52	29	23
37	242	134	108	67	37	30
38	222	106	116	52	27	25
39	143	74	69	34	21	13
40-44岁	**306**	**166**	**140**	**78**	**37**	**41**
40	88	49	39	25	13	12
41	78	41	37	16	9	7
42	62	34	28	17	7	10
43	39	18	21	7	2	5
44	39	24	15	13	6	7
45-49岁	**129**	**76**	**53**	**36**	**21**	**15**
45	28	14	14	11	5	6
46	24	16	8	6	4	2
47	28	16	12	5	4	1
48	32	19	13	11	6	5
49	17	11	6	3	2	1

分的育龄妇女人数(2019.11.1—2020.10.31)(镇)

单位：人

二孩			三孩及以上		
小计	男	女	小计	男	女
6791	**3415**	**3376**	**1128**	**608**	**520**
25	**12**	**13**	**4**	**3**	**1**
1		1			
4	1	3	1	1	
4	3	1	1		1
16	8	8	2	2	
662	**359**	**303**	**108**	**57**	**51**
30	13	17	8	3	5
76	39	37	14	8	6
111	63	48	28	15	13
190	104	86	22	9	13
255	140	115	36	22	14
2358	**1153**	**1205**	**291**	**149**	**142**
366	167	199	53	29	24
432	230	202	46	23	23
518	239	279	46	22	24
505	257	248	68	32	36
537	260	277	78	43	35
2774	**1381**	**1393**	**446**	**247**	**199**
639	323	316	84	38	46
591	277	314	99	58	41
530	281	249	78	41	37
566	274	292	105	62	43
448	226	222	80	48	32
756	**390**	**366**	**174**	**88**	**86**
235	128	107	53	29	24
156	78	78	32	14	18
148	82	66	27	15	12
127	57	70	43	22	21
90	45	45	19	8	11
154	**84**	**70**	**74**	**45**	**29**
45	23	22	18	13	5
44	21	23	18	11	7
29	16	13	16	11	5
19	11	8	13	5	8
17	13	4	9	5	4
62	**36**	**26**	**31**	**19**	**12**
9	4	5	8	5	3
12	8	4	6	4	2
18	9	9	5	3	2
17	11	6	4	2	2
6	4	2	8	5	3

6-2b 续表 1

受教育程度 年龄	合计	生男孩的妇女人数	生女孩的妇女人数	一孩		
				小计	男	女
未上过学	**135**	**68**	**67**	**19**	**8**	**11**
15-19岁	**6**	**3**	**3**	**2**		**2**
15						
16						
17	2	2				
18	1		1			
19	3	1	2	2		2
20-24岁	**19**	**5**	**14**	**5**	**1**	**4**
20	5	2	3	2	1	1
21	2		2			
22	1		1	1		1
23	4	2	2			
24	7	1	6	2		2
25-29岁	**26**	**16**	**10**	**7**	**5**	**2**
25	4	2	2	1	1	
26	8	6	2	3	2	1
27	2	1	1			
28	10	5	5	3	2	1
29	2	2				
30-34岁	**41**	**22**	**19**	**1**		**1**
30	11	6	5			
31	11	7	4			
32	6	2	4	1		1
33	4	2	2			
34	9	5	4			
35-39岁	**20**	**7**	**13**	**4**	**2**	**2**
35	7	4	3	1	1	
36	4	1	3	1		1
37	4	2	2	1	1	
38	1		1			
39	4		4	1		1
40-44岁	**16**	**11**	**5**			
40	5	3	2			
41	1	1				
42	2	1	1			
43	4	3	1			
44	4	3	1			
45-49岁	**7**	**4**	**3**			
45	1	1				
46	3	2	1			
47	1		1			
48						
49	2	1	1			

单位：人

二孩			三孩及以上		
小计	男	女	小计	男	女
36	**15**	**21**	**80**	**45**	**35**
1	**1**		**3**	**2**	**1**
1	1		1	1	
			1		1
			1	1	
8	**1**	**7**	**6**	**3**	**3**
1		1	2	1	1
2		2			
3	1	2	1	1	
2		2	3	1	2
8	**4**	**4**	**11**	**7**	**4**
2	1	1	1		1
2	2		3	2	1
2	1	1			
2		2	5	3	2
			2	2	
9	**4**	**5**	**31**	**18**	**13**
4	2	2	7	4	3
1		1	10	7	3
1	1		4	1	3
			4	2	2
3	1	2	6	4	2
3	**2**	**1**	**13**	**3**	**10**
2	2		4	1	3
			3	1	2
			3	1	2
			1		1
1		1	2		2
4	**1**	**3**	**12**	**10**	**2**
1		1	4	3	1
			1	1	
1		1	1	1	
1	1		3	2	1
1		1	3	3	
3	**2**	**1**	**4**	**2**	**2**
1	1				
			3	2	1
1		1			
1	1		1		1

6–2b　续表 2

受教育程度 年　　龄	合　计	生男孩的 妇女人数	生女孩的 妇女人数	一　　孩		
				小计	男	女
学前教育	**7**	**5**	**2**	**2**	**2**	
15–19岁						
15						
16						
17						
18						
19						
20–24岁	**1**	**1**				
20						
21						
22						
23	1	1				
24						
25–29岁	**5**	**4**	**1**	**2**	**2**	
25						
26	2	2		1	1	
27						
28	1		1			
29	2	2		1	1	
30–34岁	**1**		**1**			
30						
31						
32	1		1			
33						
34						
35–39岁						
35						
36						
37						
38						
39						
40–44岁						
40						
41						
42						
43						
44						
45–49岁						
45						
46						
47						
48						
49						

单位：人

二孩			三孩及以上		
小计	男	女	小计	男	女
2	**2**		**3**	**1**	**2**
1	**1**				
1	1				
1	**1**		**2**	**1**	**1**
			1	1	
			1		1
1	1				
			1		**1**
			1		1

6-2b 续表 3

受教育程度 年　龄	合　计	生男孩的妇女人数	生女孩的妇女人数	一　孩		
				小计	男	女
小　学	**1099**	**612**	**487**	**316**	**176**	**140**
15-19岁	**42**	**20**	**22**	**28**	**12**	**16**
15	1		1	1		1
16	2	1	1	1	1	
17	5	3	2	4	3	1
18	11	4	7	7	1	6
19	23	12	11	15	7	8
20-24岁	**231**	**118**	**113**	**107**	**53**	**54**
20	32	17	15	20	11	9
21	44	26	18	26	13	13
22	41	14	27	11	2	9
23	62	32	30	32	15	17
24	52	29	23	18	12	6
25-29岁	**309**	**183**	**126**	**84**	**52**	**32**
25	68	43	25	21	15	6
26	61	41	20	16	11	5
27	61	28	33	20	10	10
28	55	32	23	12	8	4
29	64	39	25	15	8	7
30-34岁	**272**	**147**	**125**	**48**	**31**	**17**
30	57	28	29	13	9	4
31	55	29	26	10	6	4
32	52	28	24	7	5	2
33	64	35	29	9	5	4
34	44	27	17	9	6	3
35-39岁	**119**	**68**	**51**	**23**	**10**	**13**
35	30	17	13	3	1	2
36	22	11	11	3	1	2
37	15	8	7	6	1	5
38	31	18	13	7	4	3
39	21	14	7	4	3	1
40-44岁	**71**	**42**	**29**	**16**	**9**	**7**
40	17	11	6	4	2	2
41	19	11	8	5	3	2
42	14	9	5	3	2	1
43	11	5	6	1		1
44	10	6	4	3	2	1
45-49岁	**55**	**34**	**21**	**10**	**9**	**1**
45	9	4	5	1	1	
46	9	6	3			
47	16	10	6	3	3	
48	14	9	5	5	4	1
49	7	5	2	1	1	

单位：人

二孩			三孩及以上		
小计	男	女	小计	男	女
466	**254**	**212**	**317**	**182**	**135**
13	**7**	**6**	**1**	**1**	
1		1			
1		1			
4	3	1			
7	4	3	1	1	
87	**45**	**42**	**37**	**20**	**17**
11	5	6	1	1	
14	10	4	4	3	1
22	8	14	8	4	4
21	13	8	9	4	5
19	9	10	15	8	7
132	**72**	**60**	**93**	**59**	**34**
26	15	11	21	13	8
28	18	10	17	12	5
27	9	18	14	9	5
25	17	8	18	7	11
26	13	13	23	18	5
127	**66**	**61**	**97**	**50**	**47**
27	13	14	17	6	11
25	14	11	20	9	11
28	14	14	17	9	8
26	11	15	29	19	10
21	14	7	14	7	7
48	**30**	**18**	**48**	**28**	**20**
15	9	6	12	7	5
12	8	4	7	2	5
4	3	1	5	4	1
9	5	4	15	9	6
8	5	3	9	6	3
30	**20**	**10**	**25**	**13**	**12**
8	4	4	5	5	
8	5	3	6	3	3
6	4	2	5	3	2
5	4	1	5	1	4
3	3		4	1	3
29	**14**	**15**	**16**	**11**	**5**
3	1	2	5	2	3
7	4	3	2	2	
9	4	5	4	3	1
7	4	3	2	1	1
3	1	2	3	3	

6-2b 续表 4

受教育程度 年龄	合计	生男孩的妇女人数	生女孩的妇女人数	一孩		
				小计	男	女
初中	**5625**	**2898**	**2727**	**2259**	**1178**	**1081**
15-19岁	**114**	**60**	**54**	**105**	**57**	**48**
15	1	1		1	1	
16	6	2	4	6	2	4
17	20	11	9	18	11	7
18	31	15	16	31	15	16
19	56	31	25	49	28	21
20-24岁	**1158**	**632**	**526**	**755**	**406**	**349**
20	98	45	53	77	37	40
21	151	72	79	105	49	56
22	233	135	98	157	93	64
23	318	181	137	216	121	95
24	358	199	159	200	106	94
25-29岁	**1927**	**951**	**976**	**787**	**406**	**381**
25	426	214	212	229	123	106
26	373	199	174	160	91	69
27	397	183	214	147	66	81
28	362	182	180	124	64	60
29	369	173	196	127	62	65
30-34岁	**1738**	**900**	**838**	**440**	**224**	**216**
30	404	212	192	126	60	66
31	379	193	186	96	52	44
32	320	169	151	73	38	35
33	353	184	169	88	52	36
34	282	142	140	57	22	35
35-39岁	**515**	**263**	**252**	**119**	**60**	**59**
35	157	85	72	29	12	17
36	95	45	50	20	12	8
37	107	59	48	26	15	11
38	100	48	52	26	11	15
39	56	26	30	18	10	8
40-44岁	**123**	**62**	**61**	**38**	**18**	**20**
40	34	18	16	13	7	6
41	31	17	14	4	3	1
42	22	11	11	7	3	4
43	18	6	12	6	2	4
44	18	10	8	8	3	5
45-49岁	**50**	**30**	**20**	**15**	**7**	**8**
45	12	6	6	7	2	5
46	9	5	4	3	1	2
47	9	5	4	1	1	
48	13	10	3	2	2	
49	7	4	3	2	1	1

单位：人

二孩			三孩及以上		
小计	男	女	小计	男	女
2856	**1448**	**1408**	**510**	**272**	**238**
9	**3**	**6**			
2		2			
7	3	4			
349	**199**	**150**	**54**	**27**	**27**
16	7	9	5	1	4
39	19	20	7	4	3
56	31	25	20	11	9
93	58	35	9	2	7
145	84	61	13	9	4
1013	**488**	**525**	**127**	**57**	**70**
170	75	95	27	16	11
197	103	94	16	5	11
234	112	122	16	5	11
212	103	109	26	15	11
200	95	105	42	16	26
1089	**548**	**541**	**209**	**128**	**81**
243	132	111	35	20	15
240	111	129	43	30	13
209	109	100	38	22	16
217	106	111	48	26	22
180	90	90	45	30	15
310	**159**	**151**	**86**	**44**	**42**
96	55	41	32	18	14
60	24	36	15	9	6
66	37	29	15	7	8
56	29	27	18	8	10
32	14	18	6	2	4
60	**32**	**28**	**25**	**12**	**13**
16	9	7	5	2	3
18	9	9	9	5	4
10	5	5	5	3	2
8	3	5	4	1	3
8	6	2	2	1	1
26	**19**	**7**	**9**	**4**	**5**
3	2	1	2	2	
5	4	1	1		1
7	4	3	1		1
9	7	2	2	1	1
2	2		3	1	2

6-2b 续表 5

受教育程度 年龄	合计	生男孩的妇女人数	生女孩的妇女人数	一孩		
				小计	男	女
高 中	**3655**	**1888**	**1767**	**1832**	**989**	**843**
15–19岁	**34**	**17**	**17**	**32**	**16**	**16**
15						
16	3	2	1	3	2	1
17	5	3	2	5	3	2
18	10	5	5	10	5	5
19	16	7	9	14	6	8
20–24岁	**736**	**399**	**337**	**579**	**310**	**269**
20	48	22	26	46	21	25
21	99	47	52	78	37	41
22	159	84	75	131	64	67
23	204	118	86	156	94	62
24	226	128	98	168	94	74
25–29岁	**1537**	**806**	**731**	**813**	**444**	**369**
25	307	158	149	201	113	88
26	330	179	151	203	113	90
27	335	180	155	170	96	74
28	295	161	134	133	73	60
29	270	128	142	106	49	57
30–34岁	**1056**	**525**	**531**	**324**	**175**	**149**
30	295	145	150	106	54	52
31	234	117	117	63	40	23
32	197	96	101	73	37	36
33	197	98	99	41	20	21
34	133	69	64	41	24	17
35–39岁	**238**	**115**	**123**	**64**	**35**	**29**
35	86	38	48	29	14	15
36	45	23	22	14	9	5
37	40	23	17	11	5	6
38	35	12	23	5	3	2
39	32	19	13	5	4	1
40–44岁	**44**	**23**	**21**	**14**	**7**	**7**
40	11	6	5	4	3	1
41	16	8	8	5	2	3
42	11	4	7	4	1	3
43	2	1	1			
44	4	4		1	1	
45–49岁	**10**	**3**	**7**	**6**	**2**	**4**
45	4	1	3	2	1	1
46	1	1		1	1	
47	1		1	1		1
48	3		3	2		2
49	1	1				

单位：人

二孩			三孩及以上		
小计	男	女	小计	男	女
1676	**826**	**850**	**147**	**73**	**74**
2	**1**	**1**			
2	1	1			
148	**84**	**64**	**9**	**5**	**4**
2	1	1			
18	9	9	3	1	2
28	20	8			
46	23	23	2	1	1
54	31	23	4	3	1
684	**344**	**340**	**40**	**18**	**22**
103	45	58	3		3
121	64	57	6	2	4
155	79	76	10	5	5
149	82	67	13	6	7
156	74	82	8	5	3
660	**315**	**345**	**72**	**35**	**37**
174	85	89	15	6	9
153	71	82	18	6	12
111	52	59	13	7	6
141	68	73	15	10	5
81	39	42	11	6	5
156	**72**	**84**	**18**	**8**	**10**
54	23	31	3	1	2
25	12	13	6	2	4
27	17	10	2	1	1
24	5	19	6	4	2
26	15	11	1		1
23	**10**	**13**	**7**	**6**	**1**
6	2	4	1	1	
9	4	5	2	2	
4	1	3	3	2	1
1		1	1	1	
3	3				
3		**3**	**1**	**1**	
2		2			
1		1			
			1	1	

6-2b 续表 6

受教育程度 年龄	合计	生男孩的妇女人数	生女孩的妇女人数	一孩		
				小计	男	女
大学专科	**2713**	**1392**	**1321**	**1664**	**887**	**777**
15–19岁	**7**	**4**	**3**	**7**	**4**	**3**
15						
16						
17	1		1	1		1
18						
19	6	4	2	6	4	2
20–24岁	**436**	**231**	**205**	**374**	**202**	**172**
20	8	3	5	8	3	5
21	25	16	9	22	15	7
22	82	41	41	77	37	40
23	142	70	72	119	61	58
24	179	101	78	148	86	62
25–29岁	**1324**	**664**	**660**	**945**	**495**	**450**
25	259	127	132	206	100	106
26	284	145	139	219	115	104
27	298	150	148	220	119	101
28	244	115	129	164	81	83
29	239	127	112	136	80	56
30–34岁	**756**	**392**	**364**	**285**	**157**	**128**
30	208	102	106	94	46	48
31	166	85	81	75	43	32
32	134	79	55	44	25	19
33	133	67	66	37	21	16
34	115	59	56	35	22	13
35–39岁	**159**	**84**	**75**	**47**	**28**	**19**
35	43	23	20	19	10	9
36	38	22	16	8	4	4
37	37	19	18	9	6	3
38	27	11	16	7	5	2
39	14	9	5	4	3	1
40–44岁	**27**	**15**	**12**	**4**	**1**	**3**
40	10	6	4	1		1
41	6	3	3			
42	8	6	2	2	1	1
43	1		1			
44	2		2	1		1
45–49岁	**4**	**2**	**2**	**2**		**2**
45	1	1				
46						
47	1	1				
48	2		2	2		2
49						

单位：人

二孩			三孩及以上		
小计	男	女	小计	男	女
1006	**482**	**524**	**43**	**23**	**20**
60	**27**	**33**	**2**	**2**	
3	1	2			
5	4	1			
22	8	14	1	1	
30	14	16	1	1	
367	**164**	**203**	**12**	**5**	**7**
53	27	26			
63	29	34	2	1	1
74	29	45	4	2	2
77	34	43	3		3
100	45	55	3	2	1
450	**225**	**225**	**21**	**10**	**11**
108	54	54	6	2	4
87	39	48	4	3	1
87	52	35	3	2	1
90	43	47	6	3	3
78	37	41	2		2
109	**55**	**54**	**3**	**1**	**2**
24	13	11			
29	18	11	1		1
27	12	15	1	1	
19	6	13	1		1
10	6	4			
19	**10**	**9**	**4**	**4**	
7	4	3	2	2	
6	3	3			
4	3	1	2	2	
1		1			
1		1			
1	**1**		**1**	**1**	
			1	1	
1	1				

6-2b 续表 7

受教育程度 年 龄	合 计	生男孩的妇女人数	生女孩的妇女人数	一 孩		
				小计	男	女
大学本科	**1822**	**972**	**850**	**1064**	**583**	**481**
15-19岁	**2**	**2**		**2**	**2**	
15						
16						
17						
18						
19	2	2		2	2	
20-24岁	**83**	**45**	**38**	**74**	**43**	**31**
20	2	1	1	2	1	1
21	5	2	3	5	2	3
22	10	6	4	10	6	4
23	23	10	13	19	10	9
24	43	26	17	38	24	14
25-29岁	**814**	**440**	**374**	**658**	**360**	**298**
25	95	47	48	83	43	40
26	156	90	66	134	76	58
27	196	96	100	168	86	82
28	178	93	85	136	71	65
29	189	114	75	137	84	53
30-34岁	**725**	**374**	**351**	**283**	**153**	**130**
30	197	93	104	112	57	55
31	153	83	70	65	39	26
32	140	79	61	48	28	20
33	131	64	67	39	18	21
34	104	55	49	19	11	8
35-39岁	**171**	**96**	**75**	**38**	**20**	**18**
35	55	33	22	11	5	6
36	35	18	17	5	2	3
37	37	22	15	13	8	5
38	28	17	11	7	4	3
39	16	6	10	2	1	1
40-44岁	**24**	**12**	**12**	**6**	**2**	**4**
40	11	5	6	3	1	2
41	5	1	4	2	1	1
42	5	3	2	1		1
43	3	3				
44						
45-49岁	**3**	**3**		**3**	**3**	
45	1	1		1	1	
46	2	2		2	2	
47						
48						
49						

单位：人

二孩			三孩及以上		
小计	男	女	小计	男	女
732	**377**	**355**	**26**	**12**	**14**
9	**2**	**7**			
4		4			
5	2	3			
151	**78**	**73**	**5**	**2**	**3**
12	4	8			
21	14	7	1		1
26	9	17	2	1	1
40	21	19	2	1	1
52	30	22			
428	**215**	**213**	**14**	**6**	**8**
81	36	45	4		4
84	41	43	4	3	1
91	51	40	1		1
89	44	45	3	2	1
83	43	40	2	1	1
127	**72**	**55**	**6**	**4**	**2**
42	26	16	2	2	
30	16	14			
23	13	10	1	1	
19	12	7	2	1	1
13	5	8	1		1
17	**10**	**7**	**1**		**1**
7	4	3	1		1
3		3			
4	3	1			
3	3				

6−2b　续表 8

受教育程度 年　　龄	合　计	生男孩的妇女人数	生女孩的妇女人数	一　孩		
				小计	男	女
硕士研究生	**63**	**33**	**30**	**44**	**22**	**22**
15−19岁						
15						
16						
17						
18						
19						
20−24岁						
20						
21						
22						
23						
24						
25−29岁	**22**	**9**	**13**	**19**	**7**	**12**
25	3	1	2	2	1	1
26	2		2	2		2
27	4	3	1	4	3	1
28	6		6	6		6
29	7	5	2	5	3	2
30−34岁	**33**	**19**	**14**	**21**	**11**	**10**
30	10	6	4	8	5	3
31	5	2	3	4	1	3
32	7	4	3	3	2	1
33	6	4	2	3	2	1
34	5	3	2	3	1	2
35−39岁	**7**	**4**	**3**	**4**	**4**	
35	4	2	2	2	2	
36	1	1		1	1	
37	2	1	1	1	1	
38						
39						
40−44岁	**1**	**1**				
40						
41						
42						
43						
44	1	1				
45−49岁						
45						
46						
47						
48						
49						

单位：人

二孩			三孩及以上		
小计	男	女	小计	男	女
17	**11**	**6**	**2**		**2**
2	**2**		**1**		**1**
			1		1
2	2				
11	**8**	**3**	**1**		**1**
2	1	1			
1	1				
3	2	1	1		1
3	2	1			
2	2				
3		**3**			
2		2			
1		1			
1	**1**				
1	1				

6-2b 续表 9

受教育程度 年龄	合计	生男孩的妇女人数	生女孩的妇女人数	一孩 小计	一孩 男	一孩 女
博士研究生	**1**	**1**		**1**	**1**	
15-19岁						
15						
16						
17						
18						
19						
20-24岁						
20						
21						
22						
23						
24						
25-29岁	**1**	**1**		**1**	**1**	
25						
26						
27						
28	1	1		1	1	
29						
30-34岁						
30						
31						
32						
33						
34						
35-39岁						
35						
36						
37						
38						
39						
40-44岁						
40						
41						
42						
43						
44						
45-49岁						
45						
46						
47						
48						
49						

单位：人

二孩			三孩及以上		
小计	男	女	小计	男	女

6-2c 全省按年龄、受教育程度、生育孩次

受教育程度 年　　龄	合　计	生男孩的妇女人数	生女孩的妇女人数	一　　孩		
				小计	男	女
总　计	**28009**	**14741**	**13268**	**12987**	**6998**	**5989**
15-19岁	**744**	**369**	**375**	**602**	**308**	**294**
15	15	5	10	13	5	8
16	34	22	12	34	22	12
17	103	50	53	86	44	42
18	203	95	108	168	85	83
19	389	197	192	301	152	149
20-24岁	**6820**	**3534**	**3286**	**4408**	**2306**	**2102**
20	680	350	330	480	258	222
21	1010	518	492	697	357	340
22	1445	743	702	941	489	452
23	1723	881	842	1090	562	528
24	1962	1042	920	1200	640	560
25-29岁	**10643**	**5661**	**4982**	**5312**	**2900**	**2412**
25	2306	1248	1058	1353	734	619
26	2201	1144	1057	1166	612	554
27	2273	1184	1089	1153	625	528
28	2081	1113	968	924	512	412
29	1782	972	810	716	417	299
30-34岁	**6926**	**3633**	**3293**	**2039**	**1123**	**916**
30	1911	1003	908	661	353	308
31	1580	866	714	495	280	215
32	1244	634	610	351	191	160
33	1236	627	609	311	175	136
34	955	503	452	221	124	97
35-39岁	**2005**	**1090**	**915**	**419**	**244**	**175**
35	604	328	276	131	69	62
36	415	229	186	94	55	39
37	364	205	159	70	43	27
38	339	187	152	69	41	28
39	283	141	142	55	36	19
40-44岁	**570**	**293**	**277**	**118**	**65**	**53**
40	173	89	84	36	19	17
41	127	68	59	28	17	11
42	113	59	54	17	9	8
43	89	42	47	17	9	8
44	68	35	33	20	11	9
45-49岁	**301**	**161**	**140**	**89**	**52**	**37**
45	84	44	40	16	8	8
46	58	27	31	19	10	9
47	52	30	22	16	10	6
48	57	31	26	20	13	7
49	50	29	21	18	11	7

分的育龄妇女人数(2019.11.1—2020.10.31)(乡村)

单位：人

二孩			三孩及以上		
小计	男	女	小计	男	女
11250	**5757**	**5493**	**3772**	**1986**	**1786**
131	**57**	**74**	**11**	**4**	**7**
2		2			
15	6	9	2		2
33	10	23	2		2
81	41	40	7	4	3
1945	**985**	**960**	**467**	**243**	**224**
169	73	96	31	19	12
256	128	128	57	33	24
417	209	208	87	45	42
501	251	250	132	68	64
602	324	278	160	78	82
4199	**2156**	**2043**	**1132**	**605**	**527**
748	400	348	205	114	91
810	411	399	225	121	104
883	428	455	237	131	106
922	477	445	235	124	111
836	440	396	230	115	115
3710	**1897**	**1813**	**1177**	**613**	**564**
982	501	481	268	149	119
846	454	392	239	132	107
675	329	346	218	114	104
685	331	354	240	121	119
522	282	240	212	97	115
933	**492**	**441**	**653**	**354**	**299**
313	170	143	160	89	71
188	95	93	133	79	54
174	95	79	120	67	53
130	70	60	140	76	64
128	62	66	100	43	57
212	**110**	**102**	**240**	**118**	**122**
63	32	31	74	38	36
53	28	25	46	23	23
45	26	19	51	24	27
31	12	19	41	21	20
20	12	8	28	12	16
120	**60**	**60**	**92**	**49**	**43**
30	17	13	38	19	19
20	9	11	19	8	11
24	11	13	12	9	3
23	11	12	14	7	7
23	12	11	9	6	3

6-2c 续表 1

受教育程度 年龄	合计	生男孩的妇女人数	生女孩的妇女人数	一孩		
				小计	男	女
未上过学	**890**	**486**	**404**	**155**	**95**	**60**
15-19岁	**13**	**6**	**7**	**11**	**5**	**6**
15						
16	1		1	1		1
17	1	1		1	1	
18	7	3	4	5	2	3
19	4	2	2	4	2	2
20-24岁	**122**	**66**	**56**	**42**	**26**	**16**
20	13	7	6	9	6	3
21	25	15	10	11	7	4
22	25	13	12	7	4	3
23	26	12	14	6	2	4
24	33	19	14	9	7	2
25-29岁	**224**	**127**	**97**	**39**	**24**	**15**
25	46	31	15	9	5	4
26	46	26	20	3	3	
27	32	16	16	10	4	6
28	55	32	23	8	7	1
29	45	22	23	9	5	4
30-34岁	**251**	**128**	**123**	**39**	**24**	**15**
30	53	29	24	5	3	2
31	50	30	20	9	7	2
32	38	21	17	8	5	3
33	65	31	34	9	5	4
34	45	17	28	8	4	4
35-39岁	**158**	**92**	**66**	**18**	**14**	**4**
35	31	15	16	5	4	1
36	30	23	7	2	1	1
37	39	22	17	5	4	1
38	29	17	12	1	1	
39	29	15	14	5	4	1
40-44岁	**85**	**48**	**37**	**5**	**2**	**3**
40	29	20	9	3	2	1
41	14	7	7			
42	15	8	7			
43	16	8	8	1		1
44	11	5	6	1		1
45-49岁	**37**	**19**	**18**	**1**		**1**
45	14	9	5			
46	9	1	8	1		1
47	5	4	1			
48	7	3	4			
49	2	2				

单位：人

二孩			三孩及以上		
小计	男	女	小计	男	女
197	**110**	**87**	**538**	**281**	**257**
2	**1**	**1**			
2	1	1			
49	**26**	**23**	**31**	**14**	**17**
4	1	3			
10	6	4	4	2	2
10	7	3	8	2	6
15	6	9	5	4	1
10	6	4	14	6	8
65	**40**	**25**	**120**	**63**	**57**
18	14	4	19	12	7
18	9	9	25	14	11
10	6	4	12	6	6
11	6	5	36	19	17
8	5	3	28	12	16
48	**25**	**23**	**164**	**79**	**85**
14	8	6	34	18	16
13	9	4	28	14	14
8	2	6	22	14	8
10	4	6	46	22	24
3	2	1	34	11	23
23	**12**	**11**	**117**	**66**	**51**
3	2	1	23	9	14
4	2	2	24	20	4
8	3	5	26	15	11
5	4	1	23	12	11
3	1	2	21	10	11
6	**4**	**2**	**74**	**42**	**32**
2	1	1	24	17	7
1	1		13	6	7
2	2		13	6	7
			15	8	7
1		1	9	5	4
4	**2**	**2**	**32**	**17**	**15**
			14	9	5
2		2	6	1	5
			5	4	1
2	2		5	1	4
			2	2	

6-2c 续表 2

受教育程度 年龄	合计	生男孩的妇女人数	生女孩的妇女人数	一孩		
				小计	男	女
学前教育	**20**	**14**	**6**	**7**	**3**	**4**
15-19岁						
15						
16						
17						
18						
19						
20-24岁	**4**	**2**	**2**	**4**	**2**	**2**
20						
21						
22						
23	3	2	1	3	2	1
24	1		1	1		1
25-29岁	**6**	**6**				
25	1	1				
26	2	2				
27						
28	2	2				
29	1	1				
30-34岁	**3**	**2**	**1**	**1**	**1**	
30						
31						
32	2	1	1	1	1	
33	1	1				
34						
35-39岁	**1**		**1**	**1**		**1**
35	1		1	1		1
36						
37						
38						
39						
40-44岁	**5**	**4**	**1**	**1**		**1**
40	2	1	1	1		1
41	3	3				
42						
43						
44						
45-49岁	**1**		**1**			
45						
46						
47	1		1			
48						
49						

单位：人

二孩			三孩及以上		
小计	男	女	小计	男	女
4	**2**	**2**	**9**	**9**	
2	**2**		**4**	**4**	
			1	1	
			2	2	
1	1		1	1	
1	1				
1		**1**	**1**	**1**	
1		1			
			1	1	
			4	**4**	
			1	1	
			3	3	
1		**1**			
1		1			

6-2c 续表 3

受教育程度 年龄	合计	生男孩的妇女人数	生女孩的妇女人数	一孩		
				小计	男	女
小学	**4599**	**2477**	**2122**	**1323**	**727**	**596**
15-19岁	**241**	**124**	**117**	**172**	**93**	**79**
15	4	1	3	3	1	2
16	9	8	1	9	8	1
17	33	15	18	26	13	13
18	64	34	30	49	29	20
19	131	66	65	85	42	43
20-24岁	**1368**	**730**	**638**	**527**	**276**	**251**
20	174	99	75	86	52	34
21	252	132	120	121	57	64
22	318	159	159	127	60	67
23	313	172	141	100	52	48
24	311	168	143	93	55	38
25-29岁	**1278**	**714**	**564**	**313**	**182**	**131**
25	290	170	120	76	52	24
26	274	156	118	66	34	32
27	267	143	124	67	39	28
28	245	133	112	61	29	32
29	202	112	90	43	28	15
30-34岁	**929**	**489**	**440**	**173**	**97**	**76**
30	241	122	119	62	34	28
31	203	112	91	29	16	13
32	182	92	90	31	17	14
33	185	103	82	32	20	12
34	118	60	58	19	10	9
35-39岁	**474**	**255**	**219**	**71**	**44**	**27**
35	121	66	55	16	9	7
36	96	55	41	13	9	4
37	88	41	47	13	7	6
38	99	55	44	17	9	8
39	70	38	32	12	10	2
40-44岁	**189**	**98**	**91**	**35**	**18**	**17**
40	59	32	27	11	5	6
41	37	19	18	3	2	1
42	44	21	23	7	3	4
43	29	19	10	6	5	1
44	20	7	13	8	3	5
45-49岁	**120**	**67**	**53**	**32**	**17**	**15**
45	33	17	16	3	1	2
46	21	13	8	6	3	3
47	20	10	10	6	3	3
48	23	15	8	10	7	3
49	23	12	11	7	3	4

单位：人

二孩			三孩及以上		
小计	男	女	小计	男	女
1601	**865**	**736**	**1675**	**885**	**790**
63	**28**	**35**	**6**	**3**	**3**
1		1			
7	2	5			
15	5	10			
40	21	19	6	3	3
555	**294**	**261**	**286**	**160**	**126**
65	31	34	23	16	7
96	52	44	35	23	12
133	67	66	58	32	26
128	75	53	85	45	40
133	69	64	85	44	41
416	**234**	**182**	**549**	**298**	**251**
106	57	49	108	61	47
98	56	42	110	66	44
80	44	36	120	60	60
76	43	33	108	61	47
56	34	22	103	50	53
322	**170**	**152**	**434**	**222**	**212**
75	36	39	104	52	52
83	48	35	91	48	43
61	28	33	90	47	43
62	33	29	91	50	41
41	25	16	58	25	33
147	**79**	**68**	**256**	**132**	**124**
41	20	21	64	37	27
28	18	10	55	28	27
31	13	18	44	21	23
24	14	10	58	32	26
23	14	9	35	14	21
52	**33**	**19**	**102**	**47**	**55**
18	12	6	30	15	15
13	7	6	21	10	11
9	6	3	28	12	16
10	6	4	13	8	5
2	2		10	2	8
46	**27**	**19**	**42**	**23**	**19**
10	7	3	20	9	11
6	4	2	9	6	3
11	6	5	3	1	2
8	4	4	5	4	1
11	6	5	5	3	2

6－2c　续表 4

受教育程度 年　龄	合　计	生男孩的 妇女人数	生女孩的 妇女人数	一　孩		
				小计	男	女
初　中	**13270**	**6929**	**6341**	**5835**	**3155**	**2680**
15—19岁	**402**	**196**	**206**	**337**	**170**	**167**
15	10	4	6	9	4	5
16	24	14	10	24	14	10
17	60	29	31	50	25	25
18	104	49	55	88	45	43
19	204	100	104	166	82	84
20—24岁	**3275**	**1700**	**1575**	**2123**	**1129**	**994**
20	345	174	171	250	134	116
21	506	256	250	364	190	174
22	707	372	335	471	255	216
23	833	427	406	539	287	252
24	884	471	413	499	263	236
25—29岁	**4711**	**2481**	**2230**	**2041**	**1114**	**927**
25	1043	559	484	544	295	249
26	960	497	463	453	245	208
27	994	516	478	421	225	196
28	907	472	435	341	187	154
29	807	437	370	282	162	120
30—34岁	**3446**	**1794**	**1652**	**966**	**528**	**438**
30	883	468	415	257	131	126
31	784	427	357	247	140	107
32	619	302	317	174	96	78
33	626	313	313	160	92	68
34	534	284	250	128	69	59
35—39岁	**1054**	**571**	**483**	**251**	**140**	**111**
35	319	181	138	74	40	34
36	231	118	113	62	33	29
37	189	114	75	45	27	18
38	176	96	80	42	26	16
39	139	62	77	28	14	14
40—44岁	**247**	**118**	**129**	**64**	**41**	**23**
40	66	28	38	15	10	5
41	63	33	30	23	15	8
42	43	22	21	7	4	3
43	41	15	26	8	4	4
44	34	20	14	11	8	3
45—49岁	**135**	**69**	**66**	**53**	**33**	**20**
45	33	16	17	11	6	5
46	28	13	15	12	7	5
47	26	16	10	10	7	3
48	26	12	14	10	6	4
49	22	12	10	10	7	3

单位：人

二孩			三孩及以上		
小计	男	女	小计	男	女
6151	**3118**	**3033**	**1284**	**656**	**628**
60	**25**	**35**	**5**	**1**	**4**
1		1			
8	4	4	2		2
14	4	10	2		2
37	17	20	1	1	
1017	**509**	**508**	**135**	**62**	**73**
88	38	50	7	2	5
124	58	66	18	8	10
217	107	110	19	10	9
256	121	135	38	19	19
332	185	147	53	23	30
2301	**1174**	**1127**	**369**	**193**	**176**
435	230	205	64	34	30
437	221	216	70	31	39
485	238	247	88	53	35
493	251	242	73	34	39
451	234	217	74	41	33
2012	**1026**	**986**	**468**	**240**	**228**
526	278	248	100	59	41
441	234	207	96	53	43
361	167	194	84	39	45
382	184	198	84	37	47
302	163	139	104	52	52
567	**300**	**267**	**236**	**131**	**105**
188	106	82	57	35	22
125	60	65	44	25	19
100	61	39	44	26	18
81	41	40	53	29	24
73	32	41	38	16	22
130	**57**	**73**	**53**	**20**	**33**
35	15	20	16	3	13
32	15	17	8	3	5
28	13	15	8	5	3
20	6	14	13	5	8
15	8	7	8	4	4
64	**27**	**37**	**18**	**9**	**9**
18	9	9	4	1	3
12	5	7	4	1	3
12	5	7	4	4	
12	4	8	4	2	2
10	4	6	2	1	1

6-2c 续表 5

受教育程度 年龄	合计	生男孩的妇女人数	生女孩的妇女人数	一孩		
				小计	男	女
高 中	**5288**	**2773**	**2515**	**2909**	**1555**	**1354**
15-19岁	**81**	**38**	**43**	**75**	**35**	**40**
15	1		1	1		1
16						
17	9	5	4	9	5	4
18	27	9	18	25	9	16
19	44	24	20	40	21	19
20-24岁	**1345**	**672**	**673**	**1076**	**542**	**534**
20	121	58	63	111	55	56
21	173	91	82	150	80	70
22	271	133	138	224	112	112
23	343	169	174	262	127	135
24	437	221	216	329	168	161
25-29岁	**2349**	**1243**	**1106**	**1317**	**731**	**586**
25	526	272	254	378	192	186
26	481	238	243	286	146	140
27	511	273	238	280	164	116
28	453	250	203	216	131	85
29	378	210	168	157	98	59
30-34岁	**1283**	**693**	**590**	**386**	**218**	**168**
30	405	209	196	136	73	63
31	301	167	134	95	54	41
32	213	123	90	64	38	26
33	216	113	103	55	28	27
34	148	81	67	36	25	11
35-39岁	**194**	**105**	**89**	**43**	**24**	**19**
35	84	44	40	20	9	11
36	32	19	13	9	6	3
37	23	13	10	1	1	
38	25	12	13	7	3	4
39	30	17	13	6	5	1
40-44岁	**28**	**16**	**12**	**9**	**3**	**6**
40	11	5	6	4	1	3
41	6	4	2	1		1
42	6	5	1	2	2	
43	3		3	2		2
44	2	2				
45-49岁	**8**	**6**	**2**	**3**	**2**	**1**
45	4	2	2	2	1	1
46						
47						
48	1	1				
49	3	3		1	1	

单位：人

二孩			三孩及以上		
小计	男	女	小计	男	女
2186	**1096**	**1090**	**193**	**122**	**71**
6	**3**	**3**			
2		2			
4	3	1			
256	**123**	**133**	**13**	**7**	**6**
9	2	7	1	1	
23	11	12			
45	20	25	2	1	1
79	42	37	2		2
100	48	52	8	5	3
971	**477**	**494**	**61**	**35**	**26**
137	75	62	11	5	6
184	86	98	11	6	5
220	101	119	11	8	3
225	112	113	12	7	5
205	103	102	16	9	7
814	**416**	**398**	**83**	**59**	**24**
244	118	126	25	18	7
187	97	90	19	16	3
136	77	59	13	8	5
144	74	70	17	11	6
103	50	53	9	6	3
119	**63**	**56**	**32**	**18**	**14**
51	28	23	13	7	6
17	9	8	6	4	2
19	9	10	3	3	
12	6	6	6	3	3
20	11	9	4	1	3
15	**10**	**5**	**4**	**3**	**1**
6	3	3	1	1	
5	4	1			
2	2		2	1	1
1		1			
1	1		1	1	
5	**4**	**1**			
2	1	1			
1	1				
2	2				

6—2c 续表 6

受教育程度 年龄	合计	生男孩的妇女人数	生女孩的妇女人数	一孩		
				小计	男	女
大学专科	**2820**	**1467**	**1353**	**1936**	**1030**	**906**
15—19岁	**6**	**4**	**2**	**6**	**4**	**2**
15						
16						
17						
18	1		1	1		1
19	5	4	1	5	4	1
20—24岁	**605**	**308**	**297**	**540**	**277**	**263**
20	25	11	14	23	11	12
21	49	20	29	46	19	27
22	112	58	54	100	50	50
23	179	82	97	155	75	80
24	240	137	103	216	122	94
25—29岁	**1476**	**777**	**699**	**1093**	**585**	**508**
25	307	169	138	257	146	111
26	325	159	166	258	124	134
27	326	170	156	251	134	117
28	291	154	137	190	104	86
29	227	125	102	137	77	60
30—34岁	**649**	**332**	**317**	**273**	**149**	**124**
30	206	105	101	116	65	51
31	149	76	73	61	34	27
32	134	72	62	49	24	25
33	96	44	52	33	20	13
34	64	35	29	14	6	8
35—39岁	**72**	**39**	**33**	**21**	**14**	**7**
35	32	12	20	10	4	6
36	15	8	7	4	3	1
37	10	7	3	2	2	
38	7	5	2	2	2	
39	8	7	1	3	3	
40—44岁	**12**	**7**	**5**	**3**	**1**	**2**
40	3	1	2	2	1	1
41	4	2	2	1		1
42	4	3	1			
43						
44	1	1				
45—49岁						
45						
46						
47						
48						
49						

单位：人

二孩			三孩及以上		
小计	男	女	小计	男	女
826	**412**	**414**	**58**	**25**	**33**
63	**31**	**32**	**2**		**2**
2		2			
3	1	2			
12	8	4			
22	7	15	2		2
24	15	9			
360	**183**	**177**	**23**	**9**	**14**
49	23	26	1		1
60	33	27	7	2	5
69	32	37	6	4	2
98	49	49	3	1	2
84	46	38	6	2	4
351	**173**	**178**	**25**	**10**	**15**
85	38	47	5	2	3
83	41	42	5	1	4
77	43	34	8	5	3
62	24	38	1		1
44	27	17	6	2	4
44	**20**	**24**	**7**	**5**	**2**
21	7	14	1	1	
9	4	5	2	1	1
6	4	2	2	1	1
5	3	2			
3	2	1	2	2	
8	**5**	**3**	**1**	**1**	
1		1			
2	1	1	1	1	
4	3	1			
1	1				

6-2c 续表 7

受教育程度 年龄	合计	生男孩的妇女人数	生女孩的妇女人数	一孩		
				小计	男	女
大学本科	**1077**	**569**	**508**	**783**	**411**	**372**
15-19岁	**1**	**1**		**1**	**1**	
15						
16						
17						
18						
19	1	1		1	1	
20-24岁	**101**	**56**	**45**	**96**	**54**	**42**
20	2	1	1	1		1
21	5	4	1	5	4	1
22	12	8	4	12	8	4
23	26	17	9	25	17	8
24	56	26	30	53	25	28
25-29岁	**582**	**301**	**281**	**492**	**252**	**240**
25	91	45	46	87	43	44
26	112	66	46	99	60	39
27	139	63	76	120	56	64
28	120	63	57	100	47	53
29	120	64	56	86	46	40
30-34岁	**339**	**182**	**157**	**181**	**97**	**84**
30	111	64	47	76	43	33
31	88	52	36	50	27	23
32	53	22	31	21	9	12
33	44	20	24	20	9	11
34	43	24	19	14	9	5
35-39岁	**50**	**27**	**23**	**12**	**7**	**5**
35	15	10	5	4	3	1
36	11	6	5	4	3	1
37	14	7	7	3	1	2
38	3	2	1			
39	7	2	5	1		1
40-44岁	**4**	**2**	**2**	**1**		**1**
40	3	2	1			
41						
42	1		1	1		1
43						
44						
45-49岁						
45						
46						
47						
48						
49						

单位：人

二孩			三孩及以上		
小计	男	女	小计	男	女
279	**150**	**129**	**15**	**8**	**7**
5	**2**	**3**			
1	1				
1		1			
3	1	2			
84	**46**	**38**	**6**	**3**	**3**
3	1	2	1	1	
13	6	7			
19	7	12			
18	15	3	2	1	1
31	17	14	3	1	2
156	**83**	**73**	**2**	**2**	
35	21	14			
38	25	13			
31	12	19	1	1	
24	11	13			
28	14	14	1	1	
33	**18**	**15**	**5**	**2**	**3**
9	7	2	2		2
5	2	3	2	1	1
10	5	5	1	1	
3	2	1			
6	2	4			
1	**1**		**2**	**1**	**1**
1	1		2	1	1

6-2c 续表 8

受教育程度 年龄	合计	生男孩的妇女人数	生女孩的妇女人数	一孩		
				小计	男	女
硕士研究生	**43**	**25**	**18**	**37**	**21**	**16**
15-19岁						
15						
16						
17						
18						
19						
20-24岁						
20						
21						
22						
23						
24						
25-29岁	**17**	**12**	**5**	**17**	**12**	**5**
25	2	1	1	2	1	1
26	1		1	1		1
27	4	3	1	4	3	1
28	8	7	1	8	7	1
29	2	1	1	2	1	1
30-34岁	**25**	**12**	**13**	**19**	**8**	**11**
30	12	6	6	9	4	5
31	4	1	3	3	1	2
32	3	1	2	3	1	2
33	3	2	1	2	1	1
34	3	2	1	2	1	1
35-39岁	**1**	**1**		**1**	**1**	
35						
36						
37	1	1		1	1	
38						
39						
40-44岁						
40						
41						
42						
43						
44						
45-49岁						
45						
46						
47						
48						
49						

单位：人

二孩			三孩及以上		
小计	男	女	小计	男	女
6	**4**	**2**			
6	**4**	**2**			
3	2	1			
1		1			
1	1				
1	1				

6-2c 续表 9

受教育程度 年龄	合计	生男孩的妇女人数	生女孩的妇女人数	一孩		
				小计	男	女
博士研究生	**2**	**1**	**1**	**2**	**1**	**1**
15–19岁						
15						
16						
17						
18						
19						
20–24岁						
20						
21						
22						
23						
24						
25–29岁						
25						
26						
27						
28						
29						
30–34岁	**1**	**1**		**1**	**1**	
30						
31	1	1		1	1	
32						
33						
34						
35–39岁	**1**		**1**	**1**		**1**
35	1		1	1		1
36						
37						
38						
39						
40–44岁						
40						
41						
42						
43						
44						
45–49岁						
45						
46						
47						
48						
49						

单位：人

二孩			三孩及以上		
小计	男	女	小计	男	女

6-3 全省育龄妇女分年龄、孩次的生育状况
(2019.11.1-2020.10.31)

单位：人、‰

年龄	平均育龄妇女人数	出生人数	生育率	第一孩		第二孩		第三孩及以上	
				出生数	生育率	出生数	生育率	出生数	生育率
总计	**2072082**	**71084**	**34.31**	**36453**	**17.59**	**29037**	**14.01**	**5594**	**2.70**
15-19岁	**245744**	**1470**	**5.98**	**1196**	**4.87**	**242**	**0.98**	**32**	**0.13**
15	52623	30	0.57	30	0.57				
16	52321	84	1.61	71	1.36	12	0.23	1	0.02
17	47366	215	4.54	187	3.95	24	0.51	4	0.08
18	44492	424	9.53	351	7.89	65	1.46	8	0.18
19	48942	717	14.65	557	11.38	141	2.88	19	0.39
20-24岁	**261413**	**15137**	**57.90**	**10603**	**40.56**	**3805**	**14.56**	**729**	**2.79**
20	49950	1383	27.69	1029	20.60	298	5.97	56	1.12
21	50266	2120	42.18	1542	30.68	488	9.71	90	1.79
22	49898	2906	58.24	2063	41.34	702	14.07	141	2.83
23	53012	3886	73.30	2732	51.54	967	18.24	187	3.53
24	58287	4842	83.07	3237	55.54	1350	23.16	255	4.37
25-29岁	**291146**	**27543**	**94.60**	**15791**	**54.24**	**10161**	**34.90**	**1591**	**5.46**
25	56703	5235	92.32	3339	58.89	1609	28.38	287	5.06
26	57679	5721	99.19	3564	61.79	1858	32.21	299	5.18
27	56945	5649	99.20	3237	56.84	2086	36.63	326	5.72
28	57118	5456	95.52	2971	52.02	2167	37.94	318	5.57
29	62701	5482	87.43	2680	42.74	2441	38.93	361	5.76
30-34岁	**335601**	**19884**	**59.25**	**6933**	**20.66**	**11052**	**32.93**	**1899**	**5.66**
30	68990	5351	77.56	2211	32.05	2695	39.06	445	6.45
31	64703	4448	68.74	1646	25.44	2439	37.70	363	5.61
32	69790	4014	57.52	1322	18.94	2278	32.64	414	5.93
33	73931	3680	49.78	1110	15.01	2168	29.32	402	5.44
34	58187	2391	41.09	644	11.07	1472	25.30	275	4.73
35-39岁	**232795**	**5239**	**22.50**	**1410**	**6.06**	**2922**	**12.55**	**907**	**3.90**
35	43499	1496	34.39	394	9.06	860	19.77	242	5.56
36	41375	1147	27.72	294	7.11	673	16.27	180	4.35
37	48305	1118	23.14	327	6.77	620	12.84	171	3.54
38	57169	932	16.30	254	4.44	506	8.85	172	3.01
39	42447	546	12.86	141	3.32	263	6.20	142	3.35
40-44岁	**271526**	**1224**	**4.51**	**312**	**1.15**	**594**	**2.19**	**318**	**1.17**
40	44750	389	8.69	101	2.26	200	4.47	88	1.97
41	44842	296	6.60	65	1.45	162	3.61	69	1.54
42	49082	205	4.18	47	0.96	98	2.00	60	1.22
43	60640	184	3.03	49	0.81	83	1.37	52	0.86
44	72212	150	2.08	50	0.69	51	0.71	49	0.68
45-49岁	**433857**	**587**	**1.35**	**208**	**0.48**	**261**	**0.60**	**118**	**0.27**
45	80690	127	1.57	41	0.51	51	0.63	35	0.43
46	85923	118	1.37	45	0.52	54	0.63	19	0.22
47	87371	120	1.37	43	0.49	55	0.63	22	0.25
48	89712	105	1.17	35	0.39	51	0.57	19	0.21
49	90161	117	1.30	44	0.49	50	0.55	23	0.26

6–3a　全省育龄妇女分年龄、孩次的生育状况 (2019.11.1–2020.10.31)(城市)

单位：人、‰

年　龄	平均育龄妇女人数	出生人数	生育率	第一孩		第二孩		第三孩及以上	
				出生数	生育率	出生数	生育率	出生数	生育率
总　计	**840977**	**27912**	**33.19**	**16251**	**19.32**	**10978**	**13.05**	**683**	**0.81**
15–19岁	**92119**	**161**	**1.75**	**151**	**1.64**	**9**	**0.10**	**1**	**0.01**
15	17314	1	0.06	1	0.06				
16	18452	4	0.22	4	0.22				
17	16942	22	1.30	21	1.24	1	0.06		
18	17085	40	2.34	39	2.28	1	0.06		
19	22326	94	4.21	86	3.85	7	0.31	1	0.04
20–24岁	**115051**	**4159**	**36.15**	**3439**	**29.89**	**684**	**5.95**	**36**	**0.31**
20	23467	231	9.84	207	8.82	24	1.02		
21	22410	474	21.15	421	18.79	51	2.28	2	0.09
22	21643	701	32.39	590	27.26	106	4.90	5	0.23
23	22705	1165	51.31	972	42.81	184	8.10	9	0.40
24	24826	1588	63.97	1249	50.31	319	12.85	20	0.81
25–29岁	**126456**	**11177**	**88.39**	**7676**	**60.70**	**3353**	**26.52**	**148**	**1.17**
25	24208	1783	73.65	1328	54.86	428	17.68	27	1.12
26	24792	2233	90.07	1670	67.36	539	21.74	24	0.97
27	24529	2268	92.46	1570	64.01	675	27.52	23	0.94
28	25168	2388	94.88	1585	62.98	774	30.75	29	1.15
29	27759	2505	90.24	1523	54.87	937	33.75	45	1.62
30–34岁	**150557**	**9402**	**62.45**	**3990**	**26.50**	**5086**	**33.78**	**326**	**2.17**
30	30720	2465	80.24	1258	40.95	1141	37.14	66	2.15
31	28857	2072	71.80	952	32.99	1068	37.01	52	1.80
32	31373	1956	62.35	771	24.58	1106	35.25	79	2.52
33	33567	1745	51.99	623	18.56	1045	31.13	77	2.29
34	26040	1164	44.70	386	14.82	726	27.88	52	2.00
35–39岁	**103884**	**2419**	**23.29**	**783**	**7.54**	**1508**	**14.52**	**128**	**1.23**
35	19374	706	36.44	205	10.58	458	23.64	43	2.22
36	18477	534	28.90	164	8.88	345	18.67	25	1.35
37	22238	549	24.69	204	9.17	326	14.66	19	0.85
38	25629	413	16.11	144	5.62	245	9.56	24	0.94
39	18166	217	11.95	66	3.63	134	7.38	17	0.94
40–44岁	**104450**	**428**	**4.10**	**134**	**1.28**	**262**	**2.51**	**32**	**0.31**
40	18358	158	8.61	48	2.61	99	5.39	11	0.60
41	17747	111	6.25	31	1.75	73	4.11	7	0.39
42	18977	59	3.11	19	1.00	37	1.95	3	0.16
43	22798	57	2.50	16	0.70	34	1.49	7	0.31
44	26570	43	1.62	20	0.75	19	0.72	4	0.15
45–49岁	**148460**	**166**	**1.12**	**78**	**0.53**	**76**	**0.51**	**12**	**0.08**
45	28377	34	1.20	20	0.70	12	0.42	2	0.07
46	29490	39	1.32	18	0.61	17	0.58	4	0.14
47	29600	40	1.35	20	0.68	18	0.61	2	0.07
48	30558	26	0.85	10	0.33	14	0.46	2	0.07
49	30435	27	0.89	10	0.33	15	0.49	2	0.07

6-3b 全省育龄妇女分年龄、孩次的生育状况 (2019.11.1-2020.10.31)(镇)

单位：人、‰

年龄	平均育龄妇女人数	出生人数	生育率	第一孩		第二孩		第三孩及以上	
				出生数	生育率	出生数	生育率	出生数	生育率
总计	**440295**	**15136**	**34.38**	**7209**	**16.37**	**6797**	**15.44**	**1130**	**2.57**
15-19岁	**60307**	**283**	**4.69**	**237**	**3.93**	**37**	**0.61**	**9**	**0.15**
15	14533	3	0.21	3	0.21				
16	14823	22	1.48	18	1.21	3	0.20	1	0.07
17	12414	43	3.46	38	3.06	4	0.32	1	0.08
18	9727	80	8.22	70	7.20	8	0.82	2	0.21
19	8810	135	15.32	108	12.26	22	2.50	5	0.57
20-24岁	**47108**	**3210**	**68.14**	**2234**	**47.42**	**845**	**17.94**	**131**	**2.78**
20	8502	268	31.52	206	24.23	49	5.76	13	1.53
21	8953	441	49.26	316	35.30	110	12.29	15	1.68
22	8925	636	71.26	470	52.66	137	15.35	29	3.25
23	9729	827	85.00	564	57.97	234	24.05	29	2.98
24	10999	1038	94.37	678	61.64	315	28.64	45	4.09
25-29岁	**58339**	**5970**	**102.33**	**3176**	**54.44**	**2493**	**42.73**	**301**	**5.16**
25	11017	1195	108.47	761	69.08	388	35.22	46	4.18
26	11611	1251	107.74	716	61.67	490	42.20	45	3.88
27	11473	1223	106.60	653	56.92	511	44.54	59	5.14
28	11398	1147	100.63	553	48.52	516	45.27	78	6.84
29	12840	1154	89.88	493	38.40	588	45.79	73	5.69
30-34岁	**70229**	**4201**	**59.82**	**1193**	**16.99**	**2579**	**36.72**	**429**	**6.11**
30	14194	1120	78.91	377	26.56	639	45.02	104	7.33
31	13208	933	70.64	282	21.35	571	43.23	80	6.06
32	14806	871	58.83	226	15.26	537	36.27	108	7.29
33	15564	776	49.86	196	12.59	491	31.55	89	5.72
34	12457	501	40.22	112	8.99	341	27.37	48	3.85
35-39岁	**50074**	**1072**	**21.41**	**262**	**5.23**	**643**	**12.84**	**167**	**3.34**
35	9195	308	33.50	75	8.16	182	19.79	51	5.55
36	8936	229	25.63	52	5.82	150	16.79	27	3.02
37	10294	236	22.93	60	5.83	141	13.70	35	3.40
38	12393	196	15.82	44	3.55	120	9.68	32	2.58
39	9256	103	11.13	31	3.35	50	5.40	22	2.38
40-44岁	**61019**	**270**	**4.42**	**68**	**1.11**	**136**	**2.23**	**66**	**1.08**
40	9968	80	8.03	20	2.01	44	4.41	16	1.61
41	10078	65	6.45	15	1.49	35	3.47	15	1.49
42	10931	46	4.21	8	0.73	26	2.38	12	1.10
43	13652	48	3.52	14	1.03	21	1.54	13	0.95
44	16390	31	1.89	11	0.67	10	0.61	10	0.61
45-49岁	**93219**	**130**	**1.39**	**39**	**0.42**	**64**	**0.69**	**27**	**0.29**
45	17750	25	1.41	7	0.39	10	0.56	8	0.45
46	18657	28	1.50	7	0.38	18	0.96	3	0.16
47	18876	24	1.27	6	0.32	14	0.74	4	0.21
48	18992	27	1.42	8	0.42	14	0.74	5	0.26
49	18944	26	1.37	11	0.58	8	0.42	7	0.37

6–3c 全省育龄妇女分年龄、孩次的生育状况

(2019.11.1–2020.10.31)(乡村)

单位：人、‰

年 龄	平均育龄妇女人数	出生人数	生育率	第一孩		第二孩		第三孩及以上	
				出生数	生育率	出生数	生育率	出生数	生育率
总 计	**790810**	**28036**	**35.45**	**12993**	**16.43**	**11262**	**14.24**	**3781**	**4.78**
15–19岁	**93318**	**1026**	**10.99**	**808**	**8.66**	**196**	**2.10**	**22**	**0.24**
15	20776	26	1.25	26	1.25				
16	19046	58	3.05	49	2.57	9	0.47		
17	18010	150	8.33	128	7.11	19	1.05	3	0.17
18	17680	304	17.19	242	13.69	56	3.17	6	0.34
19	17806	488	27.41	363	20.39	112	6.29	13	0.73
20–24岁	**99254**	**7768**	**78.26**	**4930**	**49.67**	**2276**	**22.93**	**562**	**5.66**
20	17981	884	49.16	616	34.26	225	12.51	43	2.39
21	18903	1205	63.75	805	42.59	327	17.30	73	3.86
22	19330	1569	81.17	1003	51.89	459	23.75	107	5.54
23	20578	1894	92.04	1196	58.12	549	26.68	149	7.24
24	22462	2216	98.66	1310	58.32	716	31.88	190	8.46
25–29岁	**106351**	**10396**	**97.75**	**4939**	**46.44**	**4315**	**40.57**	**1142**	**10.74**
25	21478	2257	105.08	1250	58.20	793	36.92	214	9.96
26	21276	2237	105.14	1178	55.37	829	38.96	230	10.81
27	20943	2158	103.04	1014	48.42	900	42.97	244	11.65
28	20552	1921	93.47	833	40.53	877	42.67	211	10.27
29	22102	1823	82.48	664	30.04	916	41.44	243	10.99
30–34岁	**114815**	**6281**	**54.71**	**1750**	**15.24**	**3387**	**29.50**	**1144**	**9.96**
30	24076	1766	73.35	576	23.92	915	38.00	275	11.42
31	22638	1443	63.74	412	18.20	800	35.34	231	10.20
32	23611	1187	50.27	325	13.76	635	26.89	227	9.61
33	24800	1159	46.73	291	11.73	632	25.48	236	9.52
34	19690	726	36.87	146	7.41	405	20.57	175	8.89
35–39岁	**78837**	**1748**	**22.17**	**365**	**4.63**	**771**	**9.78**	**612**	**7.76**
35	14930	482	32.28	114	7.64	220	14.74	148	9.91
36	13962	384	27.50	78	5.59	178	12.75	128	9.17
37	15773	333	21.11	63	3.99	153	9.70	117	7.42
38	19147	323	16.87	66	3.45	141	7.36	116	6.06
39	15025	226	15.04	44	2.93	79	5.26	103	6.86
40–44岁	**106057**	**526**	**4.96**	**110**	**1.04**	**196**	**1.85**	**220**	**2.07**
40	16424	151	9.19	33	2.01	57	3.47	61	3.71
41	17017	120	7.05	19	1.12	54	3.17	47	2.76
42	19174	100	5.22	20	1.04	35	1.83	45	2.35
43	24190	79	3.27	19	0.79	28	1.16	32	1.32
44	29252	76	2.60	19	0.65	22	0.75	35	1.20
45–49岁	**192178**	**291**	**1.51**	**91**	**0.47**	**121**	**0.63**	**79**	**0.41**
45	34563	68	1.97	14	0.41	29	0.84	25	0.72
46	37776	51	1.35	20	0.53	19	0.50	12	0.32
47	38895	56	1.44	17	0.44	23	0.59	16	0.41
48	40162	52	1.29	17	0.42	23	0.57	12	0.30
49	40782	64	1.57	23	0.56	27	0.66	14	0.34

6-4 各地区育龄妇女年龄别生育率

单位：‰

地　　区	15-19岁	20-24岁	25-29岁	30-34岁	35-39岁	40-44岁	45-49岁	总　和 生育率
全省	**5.98**	**57.90**	**94.60**	**59.25**	**22.50**	**4.51**	**1.35**	**1230.51**
成都市	2.04	34.37	84.60	61.35	23.26	3.92	0.96	1052.49
自贡市	3.36	67.58	94.70	56.58	21.46	3.16	1.75	1242.97
攀枝花市	7.57	71.16	113.87	61.68	24.99	3.32	0.85	1417.22
泸州市	5.05	75.62	104.72	63.41	27.51	6.72	1.65	1423.41
德阳市	2.98	61.62	88.40	53.05	19.23	3.16	0.75	1146.00
绵阳市	2.08	48.40	97.99	60.96	19.65	4.09	0.98	1170.82
广元市	5.57	71.89	115.55	67.13	24.89	2.04	0.52	1438.01
遂宁市	3.59	49.29	82.06	49.37	15.53	3.59	1.79	1026.15
内江市	2.72	45.09	84.23	54.14	17.10	3.61	0.99	1039.35
乐山市	12.05	93.97	104.15	54.05	20.41	4.40	0.82	1449.30
南充市	1.99	46.14	92.69	54.08	19.05	3.63	2.02	1098.03
眉山市	4.01	71.40	105.19	57.69	21.12	2.25	1.08	1313.70
宜宾市	12.05	86.90	101.61	64.63	26.36	5.89	1.47	1494.57
广安市	4.41	62.99	87.76	56.29	17.78	4.29	0.75	1171.29
达州市	3.50	50.39	89.38	53.91	21.12	4.29	1.87	1122.26
雅安市	4.92	87.99	93.45	56.63	22.33	7.46	1.33	1370.60
巴中市	2.99	57.37	107.17	55.00	17.77	2.67	1.37	1221.72
资阳市	3.79	67.01	92.75	57.79	21.51	4.52	1.28	1243.28
阿坝藏族羌族自治州	6.60	58.68	97.85	63.61	24.22	5.25	1.42	1288.13
甘孜藏族自治州	11.43	58.72	89.02	55.78	31.64	13.57	4.48	1323.26
凉山彝族自治州	29.37	139.97	138.70	78.94	33.50	10.18	2.86	2167.67

6-4a 各地区育龄妇女年龄别生育率(城市)

单位：‰

地　　区	15-19岁	20-24岁	25-29岁	30-34岁	35-39岁	40-44岁	45-49岁	总　和 生育率
全省	**1.75**	**36.15**	**88.39**	**62.45**	**23.29**	**4.10**	**1.12**	**1086.16**
成都市	1.66	27.54	80.92	62.98	24.31	4.38	1.06	1014.22
自贡市	0.90	43.43	88.29	53.71	24.80	4.58	1.10	1084.04
攀枝花市	1.65	37.85	93.09	51.70	19.61	2.57	0.62	1035.47
泸州市	1.60	44.42	104.49	61.24	27.59	3.97	1.18	1222.41
德阳市	0.78	40.75	79.55	58.39	22.48	2.19	0.46	1022.97
绵阳市	0.72	36.40	87.17	62.90	19.31	4.25	1.41	1060.83
广元市	0.71	69.67	101.10	70.39	28.80	1.71	0.73	1365.53
遂宁市	2.84	56.53	90.68	50.61	16.08	3.78	0.89	1107.06
内江市	1.33	29.97	79.63	64.59	19.13	3.45	0.71	994.01
乐山市	1.83	47.25	86.06	51.28	20.56	4.35	0.41	1058.71
南充市	0.99	33.51	99.72	63.42	20.89	5.13	3.03	1133.43
眉山市	2.01	51.80	99.67	53.40	20.98	2.00	0.59	1152.23
宜宾市	2.68	51.09	97.98	63.30	23.36	3.29	0.38	1210.47
广安市	3.15	69.77	86.24	56.25	16.55	2.92		1174.34
达州市	3.91	72.17	139.87	92.38	32.99	5.77	1.65	1743.66
雅安市	2.09	45.95	80.28	56.82	23.39	9.30	0.70	1092.64
巴中市	1.03	68.61	123.43	54.45	19.24	3.26	2.47	1362.54
资阳市	3.35	64.17	106.32	56.00	16.43	4.17	0.88	1256.64
阿坝藏族羌族自治州			148.76	109.68	32.68		7.14	1491.30
甘孜藏族自治州		7.41	69.15	66.67	17.05	5.78		830.24
凉山彝族自治州	3.51	44.41	102.93	67.18	24.72	3.10	1.65	1237.54

6−4b 各地区育龄妇女年龄别生育率(镇)

单位：‰

地　　区	15−19岁	20−24岁	25−29岁	30−34岁	35−39岁	40−44岁	45−49岁	总　和 生育率
全省	**4.69**	**68.14**	**102.33**	**59.82**	**21.41**	**4.42**	**1.39**	**1311.07**
成都市	1.41	43.07	100.16	61.78	21.87	2.86	0.87	1160.09
自贡市	2.19	80.21	100.97	58.82	17.89	1.00	1.17	1311.24
攀枝花市	1.67	88.01	142.41	89.31	31.86	8.04		1806.54
泸州市	2.89	87.17	101.27	67.22	23.44	7.72	3.19	1464.45
德阳市	2.85	68.02	90.86	50.91	14.98	3.13	1.07	1159.09
绵阳市	1.79	40.02	117.09	64.91	19.81	4.32	0.61	1242.70
广元市	4.87	76.31	125.56	72.87	26.50	2.96	0.54	1548.10
遂宁市	2.70	47.75	92.20	55.88	12.96	2.04	0.35	1069.34
内江市	3.51	55.30	91.43	51.59	20.31	2.82	1.01	1129.84
乐山市	12.23	110.85	104.23	56.62	19.85	2.87	0.48	1535.60
南充市	2.49	58.50	102.50	56.40	16.24	1.99	1.43	1197.74
眉山市	3.11	71.47	105.32	60.77	25.36	2.24	0.89	1345.82
宜宾市	8.53	91.48	100.50	59.44	25.55	7.61	2.38	1477.48
广安市	3.37	73.83	95.70	62.10	18.89	5.55	1.24	1303.40
达州市	2.17	45.44	83.70	45.60	17.19	4.84	1.67	1003.00
雅安市	6.28	92.16	106.15	58.39	20.01	9.40	2.99	1476.91
巴中市	1.82	63.74	115.43	59.59	18.28	2.26	1.37	1312.49
资阳市	2.09	60.92	96.77	67.27	26.61	2.50	0.67	1284.21
阿坝藏族羌族自治州	5.36	49.42	96.11	75.60	30.12	6.18	0.73	1317.64
甘孜藏族自治州	7.35	28.59	79.25	51.72	31.04	10.85	3.33	1060.69
凉山彝族自治州	18.00	123.74	126.07	74.15	28.43	8.37	2.00	1903.80

6−4c 各地区育龄妇女年龄别生育率(乡村)

单位：‰

地　　区	15−19岁	20−24岁	25−29岁	30−34岁	35−39岁	40−44岁	45−49岁	总　和 生育率
全省	**10.99**	**78.26**	**97.75**	**54.71**	**22.17**	**4.96**	**1.51**	**1351.81**
成都市	4.11	72.34	99.69	52.87	18.07	2.57	0.69	1251.71
自贡市	6.38	78.94	96.10	58.22	20.08	3.52	2.53	1328.84
攀枝花市	24.30	114.88	129.70	65.39	31.52	2.86	1.72	1851.91
泸州市	9.46	93.91	108.06	62.32	30.96	7.93	0.97	1568.05
德阳市	7.09	80.83	95.81	47.53	17.42	4.17	0.83	1268.38
绵阳市	4.31	63.97	99.86	57.58	19.98	3.87	0.84	1252.04
广元市	9.68	70.86	117.52	60.34	20.76	1.55	0.43	1405.65
遂宁市	4.78	45.40	72.65	45.60	16.15	4.09	2.91	957.91
内江市	3.29	49.81	82.40	49.89	13.56	4.19	1.10	1021.18
乐山市	23.34	128.11	120.63	55.19	20.72	5.52	1.27	1773.92
南充市	2.59	48.83	83.85	46.61	19.46	3.69	1.84	1034.36
眉山市	6.22	86.10	109.09	58.87	17.49	2.44	1.40	1408.04
宜宾市	23.64	118.74	105.72	71.01	29.92	6.36	1.46	1784.26
广安市	5.65	54.76	82.74	51.19	17.38	3.86	0.71	1081.39
达州市	4.06	44.66	71.71	41.25	17.31	3.23	2.06	921.39
雅安市	5.51	107.96	89.21	54.93	24.02	5.05	0.48	1435.81
巴中市	4.49	51.21	94.84	51.95	16.66	2.72	1.02	1114.38
资阳市	5.24	71.84	80.15	51.95	20.71	6.17	1.77	1189.14
阿坝藏族羌族自治州	8.65	65.41	95.72	48.80	19.30	4.91	1.49	1221.37
甘孜藏族自治州	13.55	75.07	95.50	57.12	32.87	15.21	5.34	1473.34
凉山彝族自治州	39.03	165.35	152.26	84.32	37.53	12.22	3.49	2471.05

6–5 各地区按活产子女数分的15–64岁妇女人数

单位：人

地区	15–64岁妇女人数	活产0个	活产1个	活产2个	活产3个	活产4个	活产5个及以上
全省	**3000864**	**700514**	**1209179**	**920404**	**129031**	**29005**	**12731**
成都市	753518	205352	385150	150524	10612	1577	303
自贡市	82285	16014	36229	26718	2852	392	80
攀枝花市	46053	10737	20617	12552	1716	311	120
泸州市	133419	31249	47805	43561	8281	1837	686
德阳市	119532	21095	70170	26133	1827	268	39
绵阳市	183986	37944	93390	48947	3175	456	74
广元市	80227	13773	33005	31135	1991	278	45
遂宁市	119827	24819	41253	47121	5785	706	143
内江市	125059	28054	44584	46484	5185	645	107
乐山市	104447	18137	57946	23571	3332	1033	428
南充市	232405	53117	83637	86246	8235	984	186
眉山市	97826	17234	51900	26795	1633	224	40
宜宾市	145038	31249	43692	55756	11431	2147	763
广安市	99257	21604	27015	42965	6559	918	196
达州市	241800	61632	73322	92008	12609	1831	398
雅安市	50066	9505	20087	18451	1600	331	92
巴中市	103080	24644	21103	48284	7754	1071	224
资阳市	69340	13258	23116	28531	3807	515	113
阿坝藏族羌族自治州	28683	8289	5793	10315	2965	894	427
甘孜藏族自治州	36782	14574	5790	9312	4508	1471	1127
凉山彝族自治州	148234	38234	23575	44995	23174	11116	7140

6–6 全省按受教育程度、活产子女数分的15–64岁妇女人数

单位：人

受教育程度	15–64岁妇女人数	活产0个	活产1个	活产2个	活产3个	活产4个	活产5个及以上
总　计	**3000864**	**700514**	**1209179**	**920404**	**129031**	**29005**	**12731**
未上过学	70392	6552	14055	25451	13535	6260	4539
学前教育	3103	425	873	1352	323	98	32
小　学	682016	29592	251405	315778	63253	15375	6613
初　中	1110105	130345	510362	417823	44135	6083	1357
高　中	534289	222471	210946	94156	5720	849	147
大学专科	326638	157238	128205	39500	1425	237	33
大学本科	249694	139195	85588	24212	596	94	9
硕士研究生	22322	13400	6961	1912	40	8	1
博士研究生	2305	1296	784	220	4	1	

6–7　全省按职业、活产子女数分的15–64岁妇女人数

单位：人

职业大类	15–64岁妇女人数	活产0个	活产1个	活产2个	活产3个	活产4个	活产5个及以上	妇女平均活产子女数
总　计	**1819646**	**320098**	**763233**	**621847**	**86417**	**19449**	**8602**	**1.31**
党的机关、国家机关、群众团体和社会组织、企事业单位负责人	12029	1932	6561	3279	215	36	6	1.16
专业技术人员	212786	81086	96795	33314	1332	217	42	0.79
办事人员和有关人员	108320	30411	56624	20172	945	149	19	0.93
社会生产服务和生活服务人员	771668	142617	352530	248235	23767	3635	884	1.22
农、林、牧、渔业生产及辅助人员	444200	31067	142386	203899	46754	13123	6971	1.75
生产制造及有关人员	268068	31863	107591	112346	13327	2267	674	1.44
不便分类的其他从业人员	2575	1122	746	602	77	22	6	0.89

6–8　各地区按存活子女数分的15–64岁妇女人数

单位：人

地　区	15–64岁妇女人数	存活0个	存活1个	存活2个	存活3个	存活4个	存活5个及以上
全省	**3000864**	**742985**	**1202479**	**899846**	**119910**	**25297**	**10347**
成都市	753518	215784	381378	145484	9582	1118	172
自贡市	82285	16890	36173	26280	2599	297	46
攀枝花市	46053	11516	20349	12242	1573	279	94
泸州市	133419	33261	47424	42747	7770	1637	580
德阳市	119532	22761	69853	25138	1585	182	13
绵阳市	183986	40158	93459	47411	2636	286	36
广元市	80227	14754	33128	30567	1606	158	14
遂宁市	119827	26667	41066	46166	5281	561	86
内江市	125059	30030	44276	45431	4784	473	65
乐山市	104447	19330	58076	22688	3097	923	333
南充市	232405	56749	82915	84444	7473	732	92
眉山市	97826	18242	51892	26096	1400	172	24
宜宾市	145038	33669	43703	54769	10646	1759	492
广安市	99257	23317	26745	42131	6174	768	122
达州市	241800	64646	72979	90654	11724	1559	238
雅安市	50066	10273	19985	18034	1441	257	76
巴中市	103080	26252	21065	47640	7144	848	131
资阳市	69340	14774	22860	27830	3434	381	61
阿坝藏族羌族自治州	28683	8664	5807	10196	2807	827	382
甘孜藏族自治州	36782	15102	5702	9198	4384	1369	1027
凉山彝族自治州	148234	40146	23644	44700	22770	10711	6263

6-9 全省按受教育程度、存活子女数分的15-64岁妇女人数

单位：人

受教育程度	15-64岁妇女人数	存活0个	存活1个	存活2个	存活3个	存活4个	存活5个及以上
总　计	**3000864**	**742985**	**1202479**	**899846**	**119910**	**25297**	**10347**
未上过学	70392	7732	14482	25141	13074	5974	3989
学前教育	3103	468	902	1329	296	81	27
小　学	682016	41694	253308	308927	59161	13573	5353
初　中	1110105	148685	506536	408691	40448	4863	882
高　中	534289	228224	208449	91802	5139	589	86
大学专科	326638	160254	126580	38380	1261	156	7
大学本科	249694	141064	84562	23513	496	56	3
硕士研究生	22322	13550	6885	1851	31	5	
博士研究生	2305	1314	775	212	4		

6-10 全省按职业、存活子女数分的15-64岁妇女人数

单位：人

职业大类	15-64岁妇女人数	存活0个	存活1个	存活2个	存活3个	存活4个	存活5个及以上	妇女平均存活子女数
总　计	**1819646**	**346321**	**759725**	**609189**	**80424**	**16966**	**7021**	**1.28**
党的机关、国家机关、群众团体和社会组织、企事业单位负责人	12029	2113	6476	3207	201	29	3	1.13
专业技术人员	212786	83464	95552	32433	1173	146	18	0.77
办事人员和有关人员	108320	31736	56038	19607	832	94	13	0.91
社会生产服务和生活服务人员	771668	154204	349593	242545	21794	2909	623	1.19
农、林、牧、渔业生产及辅助人员	444200	37677	144315	200541	44001	11851	5815	1.70
生产制造及有关人员	268068	35976	107011	110264	12353	1921	543	1.40
不便分类的其他从业人员	2575	1151	740	592	70	16	6	0.87

6-11 各地区15-64岁妇女平均活产子女数和平均存活子女数

单位：人、%

地区	15-64岁妇女人数	活产子女总数			存活子女总数			存活子女数占活产子女数的百分比	妇女平均活产子女数	妇女平均存活子女数
		合计	男	女	合计	男	女			
全省	**3000864**	**3623723**	**1944721**	**1679002**	**3519754**	**1880142**	**1639612**	**97.13**	**1.21**	**1.17**
成都市	753518	725966	383798	342168	706468	372367	334101	97.31	0.96	0.94
自贡市	82285	100227	52970	47257	97965	51536	46429	97.74	1.22	1.19
攀枝花市	46053	52776	28083	24693	51176	27049	24127	96.97	1.15	1.11
泸州市	133419	170885	92427	78458	165927	89282	76645	97.10	1.28	1.24
德阳市	119532	129198	67925	61273	125679	65798	59881	97.28	1.08	1.05
绵阳市	183986	203035	106929	96106	197527	103528	93999	97.29	1.10	1.07
广元市	80227	102601	53568	49033	99786	51842	47944	97.26	1.28	1.24
遂宁市	119827	156427	84905	71522	151931	82115	69816	97.13	1.31	1.27
内江市	125059	156263	83080	73183	151722	80341	71381	97.09	1.25	1.21
乐山市	104447	121604	63458	58146	118263	61312	56951	97.25	1.16	1.13
南充市	232405	285762	158305	127457	277635	153230	124405	97.16	1.23	1.19
眉山市	97826	111501	58287	53214	109100	56763	52337	97.85	1.14	1.12
宜宾市	145038	202308	109030	93278	194872	104364	90508	96.32	1.39	1.34
广安市	99257	137355	75558	61797	133253	72998	60255	97.01	1.38	1.34
达州市	241800	304633	170600	134033	296969	165623	131346	97.48	1.26	1.23
雅安市	50066	63615	33389	30226	61813	32271	29542	97.17	1.27	1.23
巴中市	103080	146421	79717	66704	141859	76872	64987	96.88	1.42	1.38
资阳市	69340	94267	50464	43803	90664	48208	42456	96.18	1.36	1.31
阿坝藏族羌族自治州	28683	41333	21881	19452	40094	21117	18977	97.00	1.44	1.40
甘孜藏族自治州	36782	50480	26753	23727	48756	25677	23079	96.58	1.37	1.33
凉山彝族自治州	148234	267066	143594	123472	258295	137849	120446	96.72	1.80	1.74

6-12 全省按年龄分的15-64岁妇女平均活产子女数和平均存活子女数

单位：人、%

年龄	15-64岁妇女人数	活产子女总数			存活子女总数			存活子女数占活产子女数的百分比	妇女平均活产子女数	妇女平均存活子女数
		合计	男	女	合计	男	女			
总 计	**3000864**	**3623723**	**1944721**	**1679002**	**3519754**	**1880142**	**1639612**	**97.13**	**1.21**	**1.17**
15-19岁	**245380**	**1946**	**988**	**958**	**1920**	**971**	**949**	**98.66**	**0.01**	**0.01**
15	49359	21	9	12	21	9	12	100.00		
16	54666	68	43	25	68	43	25	100.00		
17	49333	254	130	124	245	123	122	96.46	0.01	
18	44364	502	233	269	498	230	268	99.20	0.01	0.01
19	47658	1101	573	528	1088	566	522	98.82	0.02	0.02
20-24岁	**253959**	**51543**	**27181**	**24362**	**50444**	**26503**	**23941**	**97.87**	**0.20**	**0.20**
20	49866	2678	1397	1281	2610	1349	1261	97.46	0.05	0.05
21	48035	4931	2573	2358	4823	2507	2316	97.81	0.10	0.10
22	51190	9077	4750	4327	8852	4617	4235	97.52	0.18	0.17
23	50984	13942	7377	6565	13661	7205	6456	97.98	0.27	0.27
24	53884	20915	11084	9831	20498	10825	9673	98.01	0.39	0.38
25-29岁	**288161**	**228789**	**120556**	**108233**	**223818**	**117493**	**106325**	**97.83**	**0.79**	**0.78**
25	59139	30531	16136	14395	29851	15704	14147	97.77	0.52	0.50
26	55810	36879	19315	17564	36105	18834	17271	97.90	0.66	0.65
27	59396	47514	25131	22383	46413	24460	21953	97.68	0.80	0.78
28	56138	52650	27636	25014	51558	26990	24568	97.93	0.94	0.92
29	57678	61215	32338	28877	59891	31505	28386	97.84	1.06	1.04
30-34岁	**343634**	**455952**	**240125**	**215827**	**445693**	**233923**	**211770**	**97.75**	**1.33**	**1.30**
30	68692	80672	42464	38208	78811	41337	37474	97.69	1.17	1.15
31	66473	84735	44595	40140	82928	43504	39424	97.87	1.27	1.25
32	63293	84956	44901	40055	83044	43748	39296	97.75	1.34	1.31
33	76298	106468	56215	50253	104078	54785	49293	97.76	1.40	1.36
34	68878	99121	51950	47171	96832	50549	46283	97.69	1.44	1.41
35-39岁	**240545**	**365420**	**193169**	**172251**	**356755**	**187993**	**168762**	**97.63**	**1.52**	**1.48**
35	49119	73207	38719	34488	71525	37775	33750	97.70	1.49	1.46
36	41706	63464	33529	29935	61884	32563	29321	97.51	1.52	1.48
37	43165	65725	34772	30953	64176	33842	30334	97.64	1.52	1.49
38	55911	85202	45149	40053	83222	43960	39262	97.68	1.52	1.49
39	50644	77822	41000	36822	75948	39853	36095	97.59	1.54	1.50
40-44岁	**254133**	**392620**	**208373**	**184247**	**382669**	**202261**	**180408**	**97.47**	**1.54**	**1.51**
40	40064	62884	33250	29634	61296	32261	29035	97.47	1.57	1.53
41	46809	73219	38769	34450	71450	37688	33762	97.58	1.56	1.53
42	45727	71457	37788	33669	69629	36663	32966	97.44	1.56	1.52
43	54452	83037	44394	38643	80890	43102	37788	97.41	1.52	1.49
44	67081	102023	54172	47851	99404	52547	46857	97.43	1.52	1.48
45-49岁	**426141**	**643285**	**345028**	**298257**	**625413**	**333979**	**291434**	**97.22**	**1.51**	**1.47**
45	77183	117194	62668	54526	114040	60714	53326	97.31	1.52	1.48
46	84850	129163	68948	60215	125582	66733	58849	97.23	1.52	1.48
47	85439	129364	69365	59999	125876	67215	58661	97.30	1.51	1.47
48	87975	132711	71428	61283	128931	69061	59870	97.15	1.51	1.47
49	90694	134853	72619	62234	130984	70256	60728	97.13	1.49	1.44
50-54岁	**425874**	**648398**	**352262**	**296136**	**628086**	**339549**	**288537**	**96.87**	**1.52**	**1.47**
50	90828	136052	73681	62371	132138	71226	60912	97.12	1.50	1.45
51	84290	126782	68813	57969	122919	66389	56530	96.95	1.50	1.46
52	92950	141380	76794	64586	136913	73977	62936	96.84	1.52	1.47
53	73478	113905	61671	52234	110274	59409	50865	96.81	1.55	1.50
54	84328	130279	71303	58976	125842	68548	57294	96.59	1.54	1.49
55-59岁	**320485**	**499664**	**273383**	**226281**	**482410**	**262462**	**219948**	**96.55**	**1.56**	**1.51**
55	80018	123551	67588	55963	119437	64992	54445	96.67	1.54	1.49
56	80717	125532	68578	56954	121169	65820	55349	96.52	1.56	1.50
57	88307	136640	74729	61911	131971	71808	60163	96.58	1.55	1.49
58	48135	76635	42030	34605	73869	40230	33639	96.39	1.59	1.53
59	23308	37306	20458	16848	35964	19612	16352	96.40	1.60	1.54
60-64岁	**202552**	**336106**	**183656**	**152450**	**322546**	**175008**	**147538**	**95.97**	**1.66**	**1.59**
60	26724	43153	23592	19561	41523	22568	18955	96.22	1.61	1.55
61	27844	45374	24871	20503	43583	23746	19837	96.05	1.63	1.57
62	45568	74759	40919	33840	71719	38976	32743	95.93	1.64	1.57
63	50961	85015	46280	38735	81660	44155	37505	96.05	1.67	1.60
64	51455	87805	47994	39811	84061	45563	38498	95.74	1.71	1.63

6–13　全省按受教育程度分的15–64岁妇女平均活产子女数和平均存活子女数

单位：人、%

受教育程度	15–64岁妇女人数	活产子女总数		
		合计	男	女
总　计	**3000864**	**3623723**	**1944721**	**1679002**
未上过学	70392	156289	84402	71887
学前教育	3103	5118	2774	2344
小　学	682016	1170647	633559	537088
初　中	1110105	1510057	807904	702153
高　中	534289	420606	224819	195787
大学专科	326638	212597	112274	100323
大学本科	249694	136227	72522	63705
硕士研究生	22322	10942	5805	5137
博士研究生	2305	1240	662	578

6–13　续表

单位：人、%

受教育程度	存活子女总数			存活子女数占活产子女数的百分比	妇女平均活产子女数	妇女平均存活子女数
	合计	男	女			
总　计	**3519754**	**1880142**	**1639612**	**97.13**	**1.21**	**1.17**
未上过学	150113	80447	69666	96.05	2.22	2.13
学前教育	4924	2656	2268	96.21	1.65	1.59
小　学	1132047	609084	522963	96.70	1.72	1.66
初　中	1469380	782801	686579	97.31	1.36	1.32
高　中	410279	218587	191692	97.54	0.79	0.77
大学专科	207784	109474	98310	97.74	0.65	0.64
大学本科	133316	70782	62534	97.86	0.55	0.53
硕士研究生	10700	5662	5038	97.79	0.49	0.48
博士研究生	1211	649	562	97.66	0.54	0.53

第二部分　长表数据资料

第七卷　迁移和户口登记地

7-1　全省按现住地、户口登记地类型分的户口登记地在外乡镇街道人口

单位：人

现住地	合计					省内				
	合计	乡	镇的村委会	镇的居委会	街道	小计	乡	镇的村委会	镇的居委会	街道
全省	**2610212**	**597660**	**1105355**	**319978**	**587219**	**2374758**	**551837**	**1011999**	**290540**	**520382**
成都市	983565	207998	396565	112686	266316	848021	181843	346891	96233	223054
自贡市	65084	8931	27505	9909	18739	62131	8507	26106	9541	17977
攀枝花市	47680	10991	15855	5316	15518	43102	9848	14122	4823	14309
泸州市	85673	14599	39641	12008	19425	79459	13601	36584	11216	18058
德阳市	85651	14254	39713	12362	19322	78210	13079	36609	11390	17132
绵阳市	152509	30974	68682	24317	28536	139151	28611	63044	22305	25191
广元市	50740	10436	24825	7650	7829	47305	9720	23268	7091	7226
遂宁市	84489	18470	40181	8289	17549	80684	17763	38543	7823	16555
内江市	77713	10348	38203	13508	15654	73236	9770	36019	12745	14702
乐山市	82757	16556	40806	11205	14190	78192	15764	38673	10622	13133
南充市	165542	44848	63690	16980	40024	158206	43469	61062	16054	37621
眉山市	83168	15493	43586	11486	12603	79352	14899	41920	10852	11681
宜宾市	110097	18703	57801	13529	20064	101342	17098	52957	12584	18703
广安市	68546	17771	32902	8378	9495	64403	17012	31258	7660	8473
达州市	166920	44645	59962	23353	38960	157110	42333	56213	22161	36403
雅安市	33131	10362	13803	3276	5690	31107	9906	12923	3069	5209
巴中市	68707	17601	30439	6585	14082	66173	16953	29352	6316	13552
资阳市	49421	13124	21784	6271	8242	47241	12624	20917	5959	7741
阿坝藏族羌族自治州	15519	5865	5805	2504	1345	13956	5428	5021	2330	1177
甘孜藏族自治州	21142	10271	6026	2938	1907	18919	9539	5108	2695	1577
凉山彝族自治州	112158	55420	37581	7428	11729	107458	54070	35409	7071	10908

7-1　续表 1

单位：人

现住地	省外									
	小计					北京				
	小计	乡	镇的村委会	镇的居委会	街道	小计	乡	镇的村委会	镇的居委会	街道
全省	**235454**	**45823**	**93356**	**29438**	**66837**	**1891**	**86**	**207**	**211**	**1387**
成都市	135544	26155	49674	16453	43262	1252	42	87	126	997
自贡市	2953	424	1399	368	762	19			4	15
攀枝花市	4578	1143	1733	493	1209	12	1	1	2	8
泸州市	6214	998	3057	792	1367	31		6	1	24
德阳市	7441	1175	3104	972	2190	74	3	9	8	54
绵阳市	13358	2363	5638	2012	3345	132	10	20	15	87
广元市	3435	716	1557	559	603	21	2	5	4	10
遂宁市	3805	707	1638	466	994	13	2	4	1	6
内江市	4477	578	2184	763	952	20		7		13
乐山市	4565	792	2133	583	1057	57	2	5	12	38
南充市	7336	1379	2628	926	2403	66	7	11	10	38
眉山市	3816	594	1666	634	922	27	1	2	4	20
宜宾市	8755	1605	4844	945	1361	47	2	17	7	21
广安市	4143	759	1644	718	1022	12	1	5	1	5
达州市	9810	2312	3749	1192	2557	35	5	4	8	18
雅安市	2024	456	880	207	481	9	1	3	1	4
巴中市	2534	648	1087	269	530	26		10	4	12
资阳市	2180	500	867	312	501	17	4	3	1	9
阿坝藏族羌族自治州	1563	437	784	174	168	2		1		1
甘孜藏族自治州	2223	732	918	243	330					
凉山彝族自治州	4700	1350	2172	357	821	19	3	7	2	7

7—1 续表 2

单位：人

现住地	省外									
	天津					河北				
	小计	乡	镇的村委会	镇的居委会	街道	小计	乡	镇的村委会	镇的居委会	街道
全省	**1012**	**66**	**188**	**146**	**612**	**8234**	**1786**	**3322**	**948**	**2178**
成都市	682	40	115	88	439	5510	1210	2198	593	1509
自贡市	13	1		2	10	72	7	37	13	15
攀枝花市	12		7	2	3	155	37	48	19	51
泸州市	24		5	3	16	98	17	38	13	30
德阳市	25	1	3	8	13	274	48	119	32	75
绵阳市	59		14	10	35	550	131	218	76	125
广元市	8	1	1	1	5	129	19	69	27	14
遂宁市	11		1	1	9	72	19	34	4	15
内江市	15	2	4	4	5	96	6	44	24	22
乐山市	30	1	9	6	14	173	34	84	16	39
南充市	27	5	3	3	16	187	55	44	20	68
眉山市	22	1	4	7	10	125	20	72	15	18
宜宾市	22	3	6	3	10	241	46	107	28	60
广安市	1				1	50	10	23	7	10
达州市	36	8	8	5	15	157	40	49	28	40
雅安市	3		2		1	70	17	22	3	28
巴中市	2	1			1	80	11	37	11	21
资阳市	10		2	3	5	61	19	19	9	14
阿坝藏族羌族自治州	1				1	23	7	7	4	5
甘孜藏族自治州	4		1		3	27	3	19	4	1
凉山彝族自治州	5	2	3			84	30	34	2	18

7—1 续表 3

单位：人

现住地	省外									
	山西					内蒙古				
	小计	乡	镇的村委会	镇的居委会	街道	小计	乡	镇的村委会	镇的居委会	街道
全省	**5019**	**897**	**1798**	**615**	**1709**	**2163**	**359**	**586**	**374**	**844**
成都市	3404	581	1155	394	1274	1432	233	352	237	610
自贡市	32	4	16	1	11	19	4	10	2	3
攀枝花市	22	7	4	2	9	27	8	7	2	10
泸州市	56	16	22	4	14	17	1	5	2	9
德阳市	169	37	53	19	60	74	11	22	11	30
绵阳市	420	74	170	70	106	182	26	55	38	63
广元市	71	17	25	13	16	14	1	4	6	3
遂宁市	34	6	13	6	9	38	3	16	6	13
内江市	53	5	29	9	10	21	1	6	4	10
乐山市	76	14	32	6	24	41	10	19	3	9
南充市	84	23	18	14	29	42	10	10	7	15
眉山市	68	5	37	9	17	60	10	22	12	16
宜宾市	144	22	70	12	40	48	13	15	6	14
广安市	37	14	5	4	14	17	2	4	3	8
达州市	120	33	31	25	31	43	9	6	25	3
雅安市	34	8	15	5	6	18	2	6		10
巴中市	46	6	20	7	13	19	3	4	4	8
资阳市	35	5	17	1	12	14	2	5	5	2
阿坝藏族羌族自治州	25	3	19	1	2	13		11		2
甘孜藏族自治州	31	3	22	4	2	2	1	1		
凉山彝族自治州	58	14	25	9	10	22	9	6	1	6

7-1 续表 4

单位：人

现 住 地	省外									
	辽宁					吉林				
	小计	乡	镇的村委会	镇的居委会	街道	小计	乡	镇的村委会	镇的居委会	街道
全省	**3205**	**396**	**934**	**418**	**1457**	**2619**	**428**	**762**	**367**	**1062**
成都市	2099	273	492	246	1088	1832	304	481	258	789
自贡市	17	2	5	5	5	23	2	8	7	6
攀枝花市	62	6	15	6	35	50	14	16	3	17
泸州市	32	1	10	3	18	22	4	9	4	5
德阳市	106	10	33	5	58	69	7	22	8	32
绵阳市	154	18	65	22	49	229	35	79	40	75
广元市	65	11	12	27	15	22	3	4	7	8
遂宁市	19	1	7	5	6	11	1	6	1	3
内江市	151	6	76	27	42	24	6	7	2	9
乐山市	59	10	18	9	22	43	7	21	5	10
南充市	60	9	15	10	26	47	5	16	10	16
眉山市	36	4	15	9	8	34	4	18	1	11
宜宾市	113	18	59	14	22	67	8	32	7	20
广安市	28	5	9	4	10	6	1	3		2
达州市	72	13	33	9	17	40	5	12	5	18
雅安市	31		14	4	13	21	1	9	2	9
巴中市	20		15	2	3	16	4	5	2	5
资阳市	18		7	6	5	20	4	3	2	11
阿坝藏族羌族自治州	23	2	14	2	5	5				5
甘孜藏族自治州	11	3	4	1	3	5		5		
凉山彝族自治州	29	4	16	2	7	33	13	6	3	11

7-1 续表 5

单位：人

现 住 地	省外									
	黑龙江					上海				
	小计	乡	镇的村委会	镇的居委会	街道	小计	乡	镇的村委会	镇的居委会	街道
全省	**4264**	**645**	**1089**	**733**	**1797**	**1194**	**79**	**163**	**180**	**772**
成都市	3071	462	735	534	1340	710	27	52	108	523
自贡市	55	11	18	5	21	20	1	3	6	10
攀枝花市	49	5	10	5	29	22		3	1	18
泸州市	31	3	10	6	12	21		11	4	6
德阳市	138	14	28	25	71	48	3	5	8	32
绵阳市	340	62	97	69	112	95	4	23	16	52
广元市	36	7	13	8	8	9	3		1	5
遂宁市	33	4	8	4	17	27	6	4	5	12
内江市	27	1	10	6	10	13		1	3	9
乐山市	65	13	14	14	24	31	2	10	3	16
南充市	92	14	21	18	39	42	6	8	3	25
眉山市	56	5	21	11	19	16	1	3	2	10
宜宾市	65	7	31	6	21	50	10	20	6	14
广安市	31	10	6	3	12	7		1		6
达州市	49	6	19	9	15	31	6	7	7	11
雅安市	33	1	9	4	19	7	1		3	3
巴中市	22	3	10	2	7	12	2	3	1	6
资阳市	16	4	5	3	4	18	4	3	2	9
阿坝藏族羌族自治州	14	2	6		6	1		1		
甘孜藏族自治州	7	2	2		3	1				1
凉山彝族自治州	34	9	16	1	8	13	3	5	1	4

7-1 续表 6

单位：人

现住地	省外									
	江苏					浙江				
	小计	乡	镇的村委会	镇的居委会	街道	小计	乡	镇的村委会	镇的居委会	街道
全省	**6403**	**1024**	**2640**	**885**	**1854**	**7173**	**1225**	**3156**	**872**	**1920**
成都市	3800	609	1471	516	1204	4133	755	1674	464	1240
自贡市	81	6	31	14	30	110	12	59	18	21
攀枝花市	118	18	43	10	47	71		19	13	39
泸州市	122	13	52	16	41	146	18	78	19	31
德阳市	219	29	119	24	47	306	40	164	37	65
绵阳市	490	50	251	86	103	384	51	188	58	87
广元市	101	11	45	18	27	118	18	63	26	11
遂宁市	82	19	35	8	20	76	10	43	5	18
内江市	103	10	48	19	26	124	15	56	25	28
乐山市	222	31	97	38	56	175	22	103	23	27
南充市	207	38	67	28	74	223	36	83	25	79
眉山市	121	20	57	21	23	119	24	45	18	32
宜宾市	204	44	108	22	30	478	64	296	41	77
广安市	76	20	21	8	27	78	15	26	15	22
达州市	146	25	58	23	40	174	40	66	34	34
雅安市	50	12	16	10	12	72	16	27	8	21
巴中市	62	14	29	9	10	91	15	43	9	24
资阳市	68	12	28	10	18	102	30	40	6	26
阿坝藏族羌族自治州	17	1	14		2	25	1	10	6	8
甘孜藏族自治州	27	7	16	1	3	26	2	6	10	8
凉山彝族自治州	87	35	34	4	14	142	41	67	12	22

7-1 续表 7

单位：人

现住地	省外									
	安徽					福建				
	小计	乡	镇的村委会	镇的居委会	街道	小计	乡	镇的村委会	镇的居委会	街道
全省	**6803**	**1481**	**2942**	**796**	**1584**	**6413**	**1301**	**3123**	**655**	**1334**
成都市	4281	966	1720	481	1114	3674	795	1703	337	839
自贡市	101	15	58	7	21	75	12	33	19	11
攀枝花市	66	15	26	9	16	75	23	25	15	12
泸州市	92	13	42	14	23	108	15	59	11	23
德阳市	227	45	133	20	29	252	35	137	30	50
绵阳市	556	110	256	68	122	263	45	140	37	41
广元市	72	16	37	6	13	93	25	51	10	7
遂宁市	115	25	52	7	31	61	11	23	8	19
内江市	101	18	52	13	18	89	6	59	10	14
乐山市	134	24	73	14	23	156	17	102	8	29
南充市	157	31	56	33	37	193	30	96	23	44
眉山市	129	19	72	24	14	147	23	62	13	49
宜宾市	262	53	149	30	30	222	26	132	25	39
广安市	79	24	23	17	15	93	10	56	13	14
达州市	148	32	60	20	36	425	106	218	31	70
雅安市	65	9	33	6	17	81	13	43	11	14
巴中市	57	16	29	7	5	105	30	33	23	19
资阳市	51	12	24	8	7	33	12	17	2	2
阿坝藏族羌族自治州	19	5	5	3	6	91	17	54	8	12
甘孜藏族自治州	12	6	5	1		12		6	1	5
凉山彝族自治州	79	27	37	8	7	165	50	74	20	21

7-1　续表 8　　　　　　　　　　　　　　　　　　　　　　　　单位：人

现住地	省外									
	江西					山东				
	小计	乡	镇的村委会	镇的居委会	街道	小计	乡	镇的村委会	镇的居委会	街道
全省	**7723**	**1826**	**3434**	**910**	**1553**	**6859**	**1104**	**2658**	**780**	**2317**
成都市	4630	1091	1970	547	1022	4651	746	1670	515	1720
自贡市	129	15	80	8	26	75	16	28	9	22
攀枝花市	77	25	39	6	7	84	31	19	3	31
泸州市	163	37	70	18	38	135	10	53	16	56
德阳市	225	39	120	27	39	246	36	100	28	82
绵阳市	389	96	182	38	73	451	47	223	63	118
广元市	95	22	58	10	5	70	8	40	15	7
遂宁市	111	29	46	19	17	58	9	20	9	20
内江市	136	25	64	21	26	71	11	41	9	10
乐山市	189	49	82	33	25	137	18	69	12	38
南充市	245	39	99	33	74	139	33	43	23	40
眉山市	129	34	69	11	15	117	15	61	12	29
宜宾市	237	52	150	17	18	162	27	86	22	27
广安市	131	24	54	27	26	38	10	14	5	9
达州市	369	109	141	39	80	120	28	40	15	37
雅安市	87	27	47	9	4	65	10	37	3	15
巴中市	87	16	45	12	14	49	12	23	10	4
资阳市	85	24	36	12	13	44	6	21	4	13
阿坝藏族羌族自治州	37	7	14	8	8	18	3	9		6
甘孜藏族自治州	36	9	11	7	9	22	3	14	1	4
凉山彝族自治州	136	57	57	8	14	107	25	47	6	29

7-1　续表 9　　　　　　　　　　　　　　　　　　　　　　　　单位：人

现住地	省外									
	河南					湖北				
	小计	乡	镇的村委会	镇的居委会	街道	小计	乡	镇的村委会	镇的居委会	街道
全省	**15022**	**3915**	**6450**	**1412**	**3245**	**13860**	**2733**	**6123**	**1657**	**3347**
成都市	9165	2380	3862	796	2127	8635	1772	3594	1011	2258
自贡市	150	29	75	12	34	142	22	74	18	28
攀枝花市	162	64	57	15	26	179	33	83	25	38
泸州市	271	52	132	44	43	260	36	119	38	67
德阳市	470	104	243	43	80	344	41	198	36	69
绵阳市	1143	298	520	131	194	612	114	289	108	101
广元市	295	84	90	52	69	210	58	110	20	22
遂宁市	164	31	68	24	41	194	31	90	29	44
内江市	223	35	95	48	45	219	25	107	45	42
乐山市	287	52	172	26	37	325	62	166	32	65
南充市	358	119	121	32	86	436	96	165	40	135
眉山市	225	67	102	25	31	186	24	80	43	39
宜宾市	408	78	259	20	51	372	56	212	43	61
广安市	147	54	68	13	12	198	31	95	33	39
达州市	728	203	235	63	227	506	103	236	60	107
雅安市	146	39	68	21	18	110	19	59	9	23
巴中市	147	58	50	9	30	242	61	119	17	45
资阳市	96	31	43	9	13	102	30	47	5	20
阿坝藏族羌族自治州	64	23	31	6	4	113	22	72	9	10
甘孜藏族自治州	108	38	49	11	10	145	32	55	12	46
凉山彝族自治州	265	76	110	12	67	330	65	153	24	88

7—1 续表 10

单位：人

现住地	省外									
	湖南					广东				
	小计	乡	镇的村委会	镇的居委会	街道	小计	乡	镇的村委会	镇的居委会	街道
全省	**10921**	**2490**	**5040**	**1342**	**2049**	**8351**	**1071**	**2837**	**1220**	**3223**
成都市	5808	1340	2466	687	1315	4341	513	1132	656	2040
自贡市	213	39	117	18	39	127	9	55	19	44
攀枝花市	193	49	93	24	27	98	19	24	13	42
泸州市	276	25	169	34	48	327	27	191	35	74
德阳市	333	75	148	41	69	215	34	50	38	93
绵阳市	550	121	274	84	71	432	43	145	73	171
广元市	189	44	102	26	17	81	13	35	13	20
遂宁市	211	58	102	20	31	144	20	64	16	44
内江市	264	32	152	41	39	220	11	103	50	56
乐山市	232	57	124	30	21	202	18	65	27	92
南充市	436	105	186	65	80	508	66	202	81	159
眉山市	186	45	88	34	19	192	14	68	26	84
宜宾市	455	78	273	61	43	448	61	274	40	73
广安市	183	48	92	16	27	122	13	65	23	21
达州市	558	157	255	62	84	533	151	212	64	106
雅安市	95	22	49	10	14	56	6	23	9	18
巴中市	147	44	68	16	19	85	15	34	11	25
资阳市	127	41	53	21	12	83	12	39	10	22
阿坝藏族羌族自治州	113	19	59	21	14	10		3	3	4
甘孜藏族自治州	120	20	52	19	29	22	1	4	3	14
凉山彝族自治州	232	71	118	12	31	105	25	49	10	21

7—1 续表 11

单位：人

现住地	省外									
	广西					海南				
	小计	乡	镇的村委会	镇的居委会	街道	小计	乡	镇的村委会	镇的居委会	街道
全省	**4120**	**916**	**1886**	**448**	**870**	**1099**	**148**	**341**	**179**	**431**
成都市	2134	445	858	264	567	645	73	178	111	283
自贡市	89	11	64	3	11	12	2	7	1	2
攀枝花市	71	18	28	8	17	13	2	3		8
泸州市	132	26	79	15	12	25	5	10	5	5
德阳市	152	27	70	22	33	35	5	6	7	17
绵阳市	259	58	122	30	49	66	10	18	12	26
广元市	32	10	11	6	5	10		2	3	5
遂宁市	80	22	41	3	14	11	6	1	1	3
内江市	108	16	69	4	19	19		8	6	5
乐山市	79	20	43	11	5	26	5	13	1	7
南充市	181	36	84	18	43	32	3	15	4	10
眉山市	86	13	45	12	16	48	10	14	7	17
宜宾市	199	48	112	16	23	35	3	15	8	9
广安市	94	26	55	7	6	13	1	3	3	6
达州市	198	64	90	17	27	57	7	24	8	18
雅安市	46	21	17	2	6	6	5		1	
巴中市	50	16	29		5	21	4	9		8
资阳市	45	16	23	2	4	6	3	3		
阿坝藏族羌族自治州	21	3	14	4		2	1	1		
甘孜藏族自治州	6	1	5			7		5	1	1
凉山彝族自治州	58	19	27	4	8	10	3	6		1

7−1　续表 12

单位：人

现住地	省外									
	重庆					贵州				
	小计	乡	镇的村委会	镇的居委会	街道	小计	乡	镇的村委会	镇的居委会	街道
全省	**52290**	**9937**	**21150**	**6694**	**14509**	**11296**	**2686**	**5260**	**1172**	**2178**
成都市	29584	6069	12057	3394	8064	5244	1231	2081	569	1363
自贡市	619	69	238	81	231	172	32	109	11	20
攀枝花市	1328	253	462	166	447	115	29	53	13	20
泸州市	1617	240	710	229	438	1389	284	787	139	179
德阳市	1427	276	635	137	379	277	38	139	38	62
绵阳市	2036	375	858	292	511	463	112	233	55	63
广元市	458	80	213	83	82	117	35	61	10	11
遂宁市	1235	246	542	155	292	161	19	94	18	30
内江市	1221	154	542	221	304	298	45	180	43	30
乐山市	648	101	291	104	152	214	60	109	18	27
南充市	1713	267	617	203	626	422	90	205	44	83
眉山市	725	104	312	156	153	204	44	80	33	47
宜宾市	1311	193	626	193	299	580	137	363	38	42
广安市	1981	261	692	434	594	272	76	146	23	27
达州市	3582	646	1236	489	1211	692	257	300	40	95
雅安市	422	72	187	42	121	78	27	35	5	11
巴中市	549	133	206	66	144	140	49	65	10	16
资阳市	604	118	222	96	168	130	36	55	22	17
阿坝藏族羌族自治州	177	36	79	30	32	77	23	32	12	10
甘孜藏族自治州	294	77	99	54	64	85	23	48	10	4
凉山彝族自治州	759	167	326	69	197	166	39	85	21	21

7−1　续表 13

单位：人

现住地	省外									
	云南					西藏				
	小计	乡	镇的村委会	镇的居委会	街道	小计	乡	镇的村委会	镇的居委会	街道
全省	**14656**	**3694**	**7424**	**1403**	**2135**	**4584**	**533**	**659**	**835**	**2557**
成都市	5183	1164	2304	601	1114	2743	260	340	475	1668
自贡市	311	74	179	26	32	66	3	2	22	39
攀枝花市	1300	438	571	112	179	12	4	1	2	5
泸州市	525	118	299	58	50	43	2	1	7	33
德阳市	332	53	171	37	71	189	10	10	73	96
绵阳市	466	92	273	46	55	250	35	44	57	114
广元市	102	26	57	8	11	37	2	6	12	17
遂宁市	234	42	135	13	44	126	13	27	23	63
内江市	484	108	299	42	35	61	4	9	17	31
乐山市	305	64	182	27	32	122	10	22	25	65
南充市	251	57	117	18	59	233	23	37	15	158
眉山市	208	31	137	23	17	156	10	26	32	88
宜宾市	1961	464	1147	185	165	76	15	15	19	27
广安市	197	60	104	15	18	65		6	15	44
达州市	319	103	143	14	59	65	4	22	6	33
雅安市	190	70	94	12	14	72	7	17	13	35
巴中市	102	46	48	2	6	22	7	4	4	7
资阳市	178	50	91	19	18	44	2	14	8	20
阿坝藏族羌族自治州	140	54	73	10	3	21	7	13	1	
甘孜藏族自治州	458	99	282	33	44	161	110	35	8	8
凉山彝族自治州	1410	481	718	102	109	20	5	8	1	6

7-1 续表 14　　　　单位：人

现住地	省外									
	陕西					甘肃				
	小计	乡	镇的村委会	镇的居委会	街道	小计	乡	镇的村委会	镇的居委会	街道
全省	**9359**	**1795**	**4102**	**1038**	**2424**	**8551**	**1873**	**3049**	**1059**	**2570**
成都市	5345	1029	2147	595	1574	5196	1045	1738	572	1841
自贡市	80	9	46	11	14	57	11	31	7	8
攀枝花市	93	18	36	7	32	58	18	25	2	13
泸州市	91	9	36	19	27	79	19	34	13	13
德阳市	373	59	177	25	112	239	46	90	31	72
绵阳市	769	134	393	92	150	758	122	274	143	219
广元市	370	65	205	41	59	478	113	212	82	71
遂宁市	128	25	57	13	33	109	16	45	14	34
内江市	106	15	49	17	25	66	12	26	13	15
乐山市	228	41	98	35	54	142	25	60	21	36
南充市	314	70	112	39	93	227	49	85	28	65
眉山市	145	18	74	22	31	75	20	25	8	22
宜宾市	267	40	157	21	49	114	20	54	14	26
广安市	74	30	29	5	10	33	2	18	5	8
达州市	307	62	158	37	50	140	53	57	15	15
雅安市	52	16	22	4	10	46	20	10	5	11
巴中市	229	63	110	17	39	54	13	21	7	13
资阳市	44	9	17	7	11	41	9	9	12	11
阿坝藏族羌族自治州	99	12	67	12	8	291	151	106	24	10
甘孜藏族自治州	78	24	33	11	10	254	93	89	34	38
凉山彝族自治州	167	47	79	8	33	94	16	40	9	29

7-1 续表 15　　　　单位：人

现住地	省外									
	青海					宁夏				
	小计	乡	镇的村委会	镇的居委会	街道	小计	乡	镇的村委会	镇的居委会	街道
全省	**3491**	**475**	**636**	**742**	**1638**	**1018**	**141**	**246**	**180**	**451**
成都市	1974	162	299	434	1079	684	72	156	116	340
自贡市	14	3	1	5	5	1		1		
攀枝花市	9	1	2		6	10	5	2	3	
泸州市	21	1	8	7	5	6	1	2		3
德阳市	336	23	36	107	170	45	3	18	12	12
绵阳市	274	24	55	68	127	106	11	25	31	39
广元市	46	5	7	4	30	16	5	5	1	5
遂宁市	56	7	15	11	23	11	2	4	1	4
内江市	31	2	10	6	13	8	2	1	2	3
乐山市	49	4	11	9	25	27	7	11	3	6
南充市	87	11	21	19	36	32	10	5	4	13
眉山市	53		15	13	25	8	1	4		3
宜宾市	38	5	10	13	10	18	2	5	4	7
广安市	12		2	4	6	4	2			2
达州市	32	10	3	4	15	16	8	5		3
雅安市	19	3	5	1	10	6	3		2	1
巴中市	10	2	4	1	3					
资阳市	26	2	6	9	9	4	1			3
阿坝藏族羌族自治州	113	36	68	8	1	2	1			1
甘孜藏族自治州	254	172	50	16	16	5	3			2
凉山彝族自治州	37	2	8	3	24	9	2	2	1	4

7-1　续表 16

单位：人

现 住 地	省外				
	新疆				
	小计	乡	镇的村委会	镇的居委会	街道
全省	**5861**	**713**	**1151**	**1167**	**2830**
成都市	3702	466	587	728	1921
自贡市	59	3	14	14	28
攀枝花市	35	2	11	5	17
泸州市	54	5	10	15	24
德阳市	222	23	46	35	118
绵阳市	480	55	134	84	207
广元市	70	12	14	19	25
遂宁市	180	24	41	36	79
内江市	105	5	30	32	38
乐山市	91	12	28	12	39
南充市	295	36	66	56	137
眉山市	113	7	36	31	39
宜宾市	111	10	44	24	33
广安市	64	9	19	15	21
达州市	112	19	21	30	42
雅安市	34	8	11	2	13
巴中市	42	4	14	6	18
资阳市	58	2	15	18	23
阿坝藏族羌族自治州	6	1	1	2	2
甘孜藏族自治州	3			1	2
凉山彝族自治州	25	10	9	2	4

7-1a　全省按现住地、户口登记地类型分的户口登记地在外乡镇街道人口(城市)

单位：人

现 住 地	合计					省内				
	合计	乡	镇的村委会	镇的居委会	街道	小计	乡	镇的村委会	镇的居委会	街道
全省	**1688451**	**352018**	**645780**	**201951**	**488702**	**1526198**	**320996**	**589105**	**181381**	**434716**
成都市	840193	180662	319496	97611	242424	722500	157792	278403	82940	203365
自贡市	38462	5114	12265	4287	16796	36867	4878	11676	4132	16181
攀枝花市	36080	7290	10424	3968	14398	32485	6468	9146	3582	13289
泸州市	48720	7477	18408	6516	16319	46286	7098	17615	6183	15390
德阳市	58162	9991	23278	8482	16411	54044	9319	21900	7834	14991
绵阳市	94690	18671	38539	15629	21851	87892	17375	36169	14588	19760
广元市	25450	5177	11330	2823	6120	24054	4913	10747	2611	5783
遂宁市	60978	15212	24618	5325	15823	58470	14664	23775	5061	14970
内江市	43926	6827	18034	5864	13201	41835	6555	17234	5553	12493
乐山市	45322	7179	20097	6931	11115	43010	6869	19188	6599	10354
南充市	88172	20217	28480	9156	30319	84198	19512	27400	8679	28607
眉山市	40034	6419	21066	5288	7261	38110	6152	20312	4994	6652
宜宾市	63758	11105	28475	7189	16989	60350	10447	27032	6790	16081
广安市	24107	5330	10837	2326	5614	22946	5143	10485	2174	5144
达州市	83351	20651	26293	10525	25882	80385	20191	25417	10073	24704
雅安市	11927	1800	4771	1162	4194	11022	1663	4428	1077	3854
巴中市	29093	6819	10834	2389	9051	28287	6563	10581	2312	8831
资阳市	24707	4543	10530	3622	6012	23935	4389	10289	3482	5775
阿坝藏族羌族自治州	1437	632	332	345	128	1409	626	325	330	128
甘孜藏族自治州	1835	678	416	288	453	1708	632	379	274	423
凉山彝族自治州	28047	10224	7257	2225	8341	26405	9747	6604	2113	7941

7-1a 续表 1

单位：人

现住地	省外									
	小计					北京				
	小计	乡	镇的村委会	镇的居委会	街道	小计	乡	镇的村委会	镇的居委会	街道
全省	**162253**	**31022**	**56675**	**20570**	**53986**	**1545**	**55**	**101**	**159**	**1230**
成都市	117693	22870	41093	14671	39059	1198	41	77	121	959
自贡市	1595	236	589	155	615	14			1	13
攀枝花市	3595	822	1278	386	1109	11	1	1	1	8
泸州市	2434	379	793	333	929	21		2	1	18
德阳市	4118	672	1378	648	1420	35	1	1	3	30
绵阳市	6798	1296	2370	1041	2091	83	9	3	9	62
广元市	1396	264	583	212	337	7			1	6
遂宁市	2508	548	843	264	853	5				5
内江市	2091	272	800	311	708	14		3		11
乐山市	2312	310	909	332	761	34		1	5	28
南充市	3974	705	1080	477	1712	33	1	2	1	29
眉山市	1924	267	754	294	609	11			1	10
宜宾市	3408	658	1443	399	908	25	1		6	18
广安市	1161	187	352	152	470	7		3		4
达州市	2966	460	876	452	1178	20		2	8	10
雅安市	905	137	343	85	340	5		1		4
巴中市	806	256	253	77	220	6		1		5
资阳市	772	154	241	140	237	8	1	1	1	5
阿坝藏族羌族自治州	28	6	7	15						
甘孜藏族自治州	127	46	37	14	30					
凉山彝族自治州	1642	477	653	112	400	8		3		5

7-1a 续表 2

单位：人

现住地	省外									
	天津					河北				
	小计	乡	镇的村委会	镇的居委会	街道	小计	乡	镇的村委会	镇的居委会	街道
全省	**782**	**47**	**129**	**107**	**499**	**6212**	**1372**	**2402**	**712**	**1726**
成都市	617	33	100	81	403	4767	1058	1875	535	1299
自贡市	8	1			7	41	5	20	5	11
攀枝花市	6		5	1		130	35	36	13	46
泸州市	13		5	1	7	59	10	20	7	22
德阳市	17		2	5	10	141	31	51	16	43
绵阳市	17		2	2	13	233	62	79	36	56
广元市	3				3	58	9	35	6	8
遂宁市	6		1	1	4	45	18	11	2	14
内江市	8	2	1	2	3	35		16	5	14
乐山市	23	1	6	5	11	98	13	45	11	29
南充市	23	4	3	2	14	130	39	20	13	58
眉山市	9		2	2	5	81	11	48	10	12
宜宾市	12	3			9	146	24	57	18	47
广安市						32	7	14	4	7
达州市	15	2	2	5	6	73	15	20	23	15
雅安市	1				1	46	10	10	1	25
巴中市	1	1				35	8	17	5	5
资阳市	1				1	25	6	11	1	7
阿坝藏族羌族自治州						1		1		
甘孜藏族自治州	2				2	2		1		1
凉山彝族自治州						34	11	15	1	7

7-1a　续表 3　　　　单位：人

现住地	省外									
	山西					内蒙古				
	小计	乡	镇的村委会	镇的居委会	街道	小计	乡	镇的村委会	镇的居委会	街道
全省	**3628**	**641**	**1229**	**457**	**1301**	**1711**	**287**	**400**	**302**	**722**
成都市	2867	504	975	334	1054	1289	212	305	221	551
自贡市	18	4	4	1	9	12	4	5		3
攀枝花市	20	6	3	2	9	24	7	6	2	9
泸州市	23	6	6	2	9	12		3		9
德阳市	83	22	19	12	30	43	6	8	6	23
绵阳市	202	31	90	33	48	96	16	20	22	38
广元市	29	7	7	6	9	5		1	2	2
遂宁市	26	3	10	5	8	23	2	5	4	12
内江市	24	2	11	4	7	11		1		10
乐山市	42	6	16	4	16	24	7	9	1	7
南充市	58	15	5	10	28	32	6	5	7	14
眉山市	43	2	27	7	7	43	6	13	12	12
宜宾市	55	15	17	3	20	23	8	4	1	10
广安市	13	4		1	8	5		3		2
达州市	39	3	8	19	9	27	3	5	19	
雅安市	19	1	8	4	6	14	2	3		9
巴中市	12		4	4	4	10	2	2	2	4
资阳市	23	3	7	1	12	6	1	1	3	1
阿坝藏族羌族自治州	1		1							
甘孜藏族自治州	2			1	1					
凉山彝族自治州	29	7	11	4	7	12	5	1		6

7-1a　续表 4　　　　单位：人

现住地	省外									
	辽宁					吉林				
	小计	乡	镇的村委会	镇的居委会	街道	小计	乡	镇的村委会	镇的居委会	街道
全省	**2335**	**300**	**549**	**279**	**1207**	**2079**	**357**	**527**	**302**	**893**
成都市	1903	256	429	223	995	1652	278	408	236	730
自贡市	8	1	4	1	2	16	2	6	2	6
攀枝花市	57	5	12	6	34	45	14	15	2	14
泸州市	21		6	3	12	12	3	3	2	4
德阳市	30	3	10	4	13	29	5	8	6	10
绵阳市	72	10	18	12	32	123	25	25	25	48
广元市	17	2	5	1	9	13	3	2	2	6
遂宁市	7	1	1	1	4	5	1	1	1	2
内江市	21	1	4	3	13	12	1	3	1	7
乐山市	33	4	9	2	18	29	4	10	5	10
南充市	33	6	5	5	17	35	2	9	9	15
眉山市	12		7	1	4	15		10	1	4
宜宾市	40	3	14	5	18	41	7	14	5	15
广安市	12	2			10	2		1		1
达州市	32	4	12	6	10	12	2	4	1	5
雅安市	14		5	1	8	15	1	5	2	7
巴中市	4		2		2	3	2			1
资阳市	8		3	4	1	6	3	1		2
阿坝藏族羌族自治州										
甘孜藏族自治州						1		1		
凉山彝族自治州	11	2	3	1	5	13	4	1	2	6

7-1a 续表 5

单位：人

现住地	省外									
	黑龙江					上海				
	小计	乡	镇的村委会	镇的居委会	街道	小计	乡	镇的村委会	镇的居委会	街道
全省	**3403**	**502**	**788**	**598**	**1515**	**907**	**31**	**60**	**146**	**670**
成都市	2750	419	634	486	1211	658	23	38	106	491
自贡市	26	1	10	4	11	11			2	9
攀枝花市	37	4	4	5	24	19		1	1	17
泸州市	22		5	6	11	7			1	6
德阳市	82	11	15	19	37	27	2		6	19
绵阳市	178	33	41	34	70	61	1	9	14	37
广元市	19	2	6	6	5	4				4
遂宁市	24	3	5	1	15	16	1		5	10
内江市	20	1	4	5	10	7				7
乐山市	42	8	5	7	22	14			2	12
南充市	58	6	17	11	24	20	1	2		17
眉山市	33	3	13	3	14	12		3	1	8
宜宾市	37	5	12	1	19	20		3	3	14
广安市	11	1	1	1	8	3		1		2
达州市	20		6	4	10	17	3	2	3	9
雅安市	13		2	3	8	2				2
巴中市	7		2		5	2				2
资阳市	8	1	2	1	4	4			2	2
阿坝藏族羌族自治州	1	1								
甘孜藏族自治州										
凉山彝族自治州	15	3	4	1	7	3		1		2

7-1a 续表 6

单位：人

现住地	省外									
	江苏					浙江				
	小计	乡	镇的村委会	镇的居委会	街道	小计	乡	镇的村委会	镇的居委会	街道
全省	**4602**	**769**	**1614**	**654**	**1565**	**5102**	**857**	**2020**	**604**	**1621**
成都市	3341	576	1195	463	1107	3683	676	1433	413	1161
自贡市	50	5	14	5	26	69	4	38	9	18
攀枝花市	108	13	39	9	47	62		16	9	37
泸州市	70	10	13	11	36	64	5	21	12	26
德阳市	117	15	53	18	31	174	21	95	21	37
绵阳市	223	31	84	39	69	216	31	89	29	67
广元市	37	2	9	8	18	44	3	28	5	8
遂宁市	55	15	19	5	16	38	4	16	3	15
内江市	47	2	16	8	21	64	10	23	9	22
乐山市	113	12	37	27	37	114	8	70	17	19
南充市	120	20	32	14	54	129	20	37	11	61
眉山市	54	12	20	6	16	73	6	31	13	23
宜宾市	84	24	29	14	17	145	24	56	18	47
广安市	18	4	3	4	7	20	4	6	2	8
达州市	71	10	18	10	33	59	6	17	17	19
雅安市	11	2	6		3	39	7	13	2	17
巴中市	13		6	2	5	41	8	17	4	12
资阳市	32	5	7	9	11	20	6	5	2	7
阿坝藏族羌族自治州						5			5	
甘孜藏族自治州	6	2	4			4	1	1	1	1
凉山彝族自治州	32	9	10	2	11	39	13	8	2	16

7-1a 续表 7

单位：人

现住地	省外									
	安徽					福建				
	小计	乡	镇的村委会	镇的居委会	街道	小计	乡	镇的村委会	镇的居委会	街道
全省	**4901**	**1083**	**1954**	**594**	**1270**	**4352**	**891**	**1931**	**434**	**1096**
成都市	3692	845	1437	418	992	3171	671	1424	299	777
自贡市	56	13	22	2	19	44	8	23	3	10
攀枝花市	46	7	20	7	12	44	9	14	10	11
泸州市	59	9	25	9	16	42	4	13	8	17
德阳市	109	25	53	13	18	110	17	48	17	28
绵阳市	248	59	105	32	52	142	25	70	19	28
广元市	31	4	19	3	5	43	17	20	4	2
遂宁市	83	22	25	5	31	50	11	16	6	17
内江市	44	10	18	4	12	46	3	27	6	10
乐山市	62	9	29	9	15	87	13	45	7	22
南充市	86	17	23	24	22	115	20	44	14	37
眉山市	56	4	28	12	12	88	17	30	7	34
宜宾市	133	22	75	13	23	108	10	52	16	30
广安市	32	1	12	14	5	33	4	17		12
达州市	57	9	18	14	16	75	13	36	2	24
雅安市	31	1	15	3	12	36	6	12	9	9
巴中市	16	9	5	1	1	27	3	13	5	6
资阳市	26	7	10	7	2	19	12	5	1	1
阿坝藏族羌族自治州						3	3			
甘孜藏族自治州	6	4	1	1		3		1		2
凉山彝族自治州	28	6	14	3	5	66	25	21	1	19

7-1a 续表 8

单位：人

现住地	省外									
	江西					山东				
	小计	乡	镇的村委会	镇的居委会	街道	小计	乡	镇的村委会	镇的居委会	街道
全省	**5410**	**1309**	**2251**	**640**	**1210**	**5018**	**793**	**1831**	**598**	**1796**
成都市	3990	980	1639	477	894	3919	621	1422	459	1417
自贡市	83	8	44	6	25	54	15	16	6	17
攀枝花市	58	22	25	5	6	57	16	9	3	29
泸州市	98	22	36	11	29	91	6	29	5	51
德阳市	88	20	37	15	16	128	27	38	16	47
绵阳市	187	60	66	20	41	196	20	101	31	44
广元市	46	11	30	3	2	35	4	16	12	3
遂宁市	83	23	31	14	15	36	7	7	5	17
内江市	66	11	24	8	23	22	5	5	3	9
乐山市	83	11	37	16	19	72	6	29	7	30
南充市	138	26	42	16	54	81	19	15	17	30
眉山市	55	13	26	5	11	59	2	30	6	21
宜宾市	122	29	68	10	15	65	10	32	8	15
广安市	46	11	13	3	19	8	2	4		2
达州市	99	14	47	12	26	69	14	19	9	27
雅安市	57	13	37	5	2	36	2	20	2	12
巴中市	39	7	23	6	3	16	4	6	4	2
资阳市	28	10	9	8	1	28	4	14	2	8
阿坝藏族羌族自治州										
甘孜藏族自治州	1	1				2	2			
凉山彝族自治州	43	17	17		9	44	7	19	3	15

7-1a 续表 9

单位：人

现住地	省外									
	河南					湖北				
	小计	乡	镇的村委会	镇的居委会	街道	小计	乡	镇的村委会	镇的居委会	街道
全省	**10591**	**2828**	**4332**	**970**	**2461**	**9916**	**2066**	**3935**	**1185**	**2730**
成都市	7828	2059	3188	703	1878	7632	1621	3018	911	2082
自贡市	81	20	31	6	24	77	12	36	6	23
攀枝花市	132	53	49	5	25	148	26	71	14	37
泸州市	124	22	55	27	20	136	20	51	17	48
德阳市	273	65	121	30	57	149	28	66	19	36
绵阳市	659	196	288	54	121	296	78	108	52	58
广元市	92	40	39	6	7	70	24	28	6	12
遂宁市	123	25	43	21	34	113	24	37	10	42
内江市	100	17	28	30	25	101	14	34	17	36
乐山市	165	27	93	18	27	153	25	75	12	41
南充市	198	66	60	15	57	229	44	71	16	98
眉山市	138	48	54	14	22	92	6	39	23	24
宜宾市	167	37	102	3	25	175	30	76	23	46
广安市	45	14	24		7	73	11	30	7	25
达州市	176	36	48	22	70	188	37	72	25	54
雅安市	54	13	29	1	11	42	2	20	4	16
巴中市	63	35	17	2	9	70	17	35	3	15
资阳市	46	12	19	5	10	45	11	19	2	13
阿坝藏族羌族自治州	3		2	1		2			2	
甘孜藏族自治州	4	3	1			8	4	1		3
凉山彝族自治州	120	40	41	7	32	117	32	48	16	21

7-1a 续表 10

单位：人

现住地	省外									
	湖南					广东				
	小计	乡	镇的村委会	镇的居委会	街道	小计	乡	镇的村委会	镇的居委会	街道
全省	**6990**	**1616**	**2821**	**880**	**1673**	**5255**	**581**	**1269**	**791**	**2614**
成都市	5007	1184	1983	611	1229	3835	459	943	579	1854
自贡市	113	18	59	7	29	67	7	15	6	39
攀枝花市	153	37	67	22	27	80	15	14	10	41
泸州市	106	8	46	16	36	82	3	18	11	50
德阳市	163	37	66	18	42	107	14	8	29	56
绵阳市	242	42	118	42	40	163	14	24	29	96
广元市	59	12	27	13	7	23	2	9		12
遂宁市	116	39	44	11	22	82	14	25	8	35
内江市	99	13	39	20	27	95	3	34	20	38
乐山市	101	18	49	13	21	102	6	17	17	62
南充市	209	50	68	29	62	172	10	33	25	104
眉山市	77	21	27	17	12	91	3	24	8	56
宜宾市	179	34	93	24	28	135	12	56	19	48
广安市	48	16	11	3	18	27	3	10	4	10
达州市	113	18	43	19	33	96	10	17	15	54
雅安市	39	8	16	5	10	19		3	4	12
巴中市	31	14	7	3	7	24	3	6	2	13
资阳市	35	17	11	3	4	26	1	10	5	10
阿坝藏族羌族自治州										
甘孜藏族自治州	11		6	1	4	10	1			9
凉山彝族自治州	89	30	41	3	15	19	1	3		15

7-1a 续表 11 单位：人

现住地	省外									
	广西					海南				
	小计	乡	镇的村委会	镇的居委会	街道	小计	乡	镇的村委会	镇的居委会	街道
全省	**2618**	**556**	**1030**	**316**	**716**	**810**	**88**	**215**	**137**	**370**
成都市	1874	391	719	240	524	556	51	146	101	258
自贡市	44	7	25	2	10	5	1	1	1	2
攀枝花市	61	12	26	8	15	13	2	3		8
泸州市	35	5	13	8	9	18	4	6	4	4
德阳市	63	10	27	12	14	21	3	3	5	10
绵阳市	102	26	40	10	26	40	6	8	6	20
广元市	9	2	2	3	2	6		1		5
遂宁市	39	12	16		11	10	6		1	3
内江市	49	9	26	1	13	7		3	3	1
乐山市	35	5	16	9	5	17	3	6	1	7
南充市	81	17	29	7	28	15		8		7
眉山市	32		16	5	11	34	5	10	3	16
宜宾市	83	24	36	4	19	23	2	6	7	8
广安市	15	6	5		4	2		1		1
达州市	35	7	11	4	13	30	2	10	4	14
雅安市	13	8	3		2	1			1	
巴中市	8	4	4			7	1	1		5
资阳市	17	4	8	1	4	1		1		
阿坝藏族羌族自治州										
甘孜藏族自治州	1		1							
凉山彝族自治州	22	7	7	2	6	4	2	1		1

7-1a 续表 12 单位：人

现住地	省外									
	重庆					贵州				
	小计	乡	镇的村委会	镇的居委会	街道	小计	乡	镇的村委会	镇的居委会	街道
全省	**36747**	**7195**	**13662**	**4467**	**11423**	**6069**	**1407**	**2313**	**710**	**1639**
成都市	25737	5333	9956	3042	7406	4276	982	1591	502	1201
自贡市	388	49	110	40	189	60	11	31	3	15
攀枝花市	1121	205	373	139	404	82	17	33	12	20
泸州市	760	113	227	106	314	230	67	84	20	59
德阳市	901	179	350	95	277	115	9	43	24	39
绵阳市	1123	223	392	164	344	198	53	75	26	44
广元市	165	13	75	35	42	46	18	20	5	3
遂宁市	862	200	326	86	250	99	16	50	9	24
内江市	683	78	281	92	232	122	18	65	18	21
乐山市	313	40	122	55	96	55	9	19	5	22
南充市	962	153	278	121	410	210	37	85	23	65
眉山市	356	62	144	60	90	82	11	23	12	36
宜宾市	626	111	242	78	195	179	49	83	15	32
广安市	520	55	131	88	246	59	26	26	2	5
达州市	1184	161	297	143	583	98	35	31	14	18
雅安市	229	32	90	15	92	23	1	11	3	8
巴中市	185	61	48	16	60	47	23	10	6	8
资阳市	179	26	45	46	62	34	7	11	4	12
阿坝藏族羌族自治州	8	2	1	5						
甘孜藏族自治州	27	7	10	4	6	13	8	4	1	
凉山彝族自治州	418	92	164	37	125	41	10	18	6	7

7-1a 续表 13　　　　单位：人

现住地	省外									
	云南					西藏				
	小计	乡	镇的村委会	镇的居委会	街道	小计	乡	镇的村委会	镇的居委会	街道
全省	**7270**	**1818**	**3079**	**829**	**1544**	**3633**	**319**	**405**	**645**	**2264**
成都市	4169	955	1713	519	982	2516	222	278	440	1576
自贡市	95	29	27	12	27	36	2		3	31
攀枝花市	909	281	380	86	162	9	4		1	4
泸州市	159	38	65	19	37	31	2		4	25
德阳市	118	18	61	17	22	142	5	4	50	83
绵阳市	139	30	67	14	28	180	30	23	41	86
广元市	24	3	13	4	4	22	1	3	5	13
遂宁市	124	32	47	9	36	108	12	20	15	61
内江市	193	53	95	16	29	36	1	3	5	27
乐山市	132	29	65	15	23	90	6	9	18	57
南充市	127	32	43	10	42	164	11	24	11	118
眉山市	60	8	36	7	9	93	6	9	15	63
宜宾市	498	123	230	66	79	47	7	9	9	22
广安市	29	9	11	3	6	34			7	27
达州市	56	9	27	4	16	33	1	9	3	20
雅安市	22	7	10	2	3	46	2	7	9	28
巴中市	39	25	8	1	5	13	3	2	3	5
资阳市	39	6	18	7	8	24		5	5	14
阿坝藏族羌族自治州	1			1						
甘孜藏族自治州	5	1	2	2		6	4		1	1
凉山彝族自治州	332	130	161	15	26	3				3

7-1a 续表 14　　　　单位：人

现住地	省外									
	陕西					甘肃				
	小计	乡	镇的村委会	镇的居委会	街道	小计	乡	镇的村委会	镇的居委会	街道
全省	**6608**	**1227**	**2616**	**759**	**2006**	**6130**	**1241**	**1962**	**743**	**2184**
成都市	4680	894	1818	531	1437	4596	930	1474	515	1677
自贡市	39	3	19	10	7	35	6	20	1	8
攀枝花市	76	14	26	4	32	41	10	18	1	12
泸州市	48	4	14	7	23	47	13	20	6	8
德阳市	203	38	83	13	69	162	30	48	23	61
绵阳市	450	79	202	52	117	491	77	144	101	169
广元市	223	34	116	29	44	181	44	57	35	45
遂宁市	78	20	25	7	26	68	12	23	4	29
内江市	47	6	15	8	18	33	7	9	5	12
乐山市	93	19	32	15	27	84	13	32	12	27
南充市	152	28	45	20	59	140	30	39	13	58
眉山市	82	6	40	12	24	47	13	17	3	14
宜宾市	114	23	47	10	34	49	11	15	5	18
广安市	26	4	11	4	7	13	1	7	1	4
达州市	141	21	64	20	36	46	12	19	7	8
雅安市	22	3	7	3	9	22	6	4	3	9
巴中市	49	17	14	4	14	16	6	2		8
资阳市	22	1	8	5	8	25	6	5	5	9
阿坝藏族羌族自治州	1			1						
甘孜藏族自治州	4		2	2		8	7	1		
凉山彝族自治州	58	13	28	2	15	26	7	8	3	8

7-1a　续表 15　　　　单位：人

现住地	省外									
	青海					宁夏				
	小计	乡	镇的村委会	镇的居委会	街道	小计	乡	镇的村委会	镇的居委会	街道
全省	**2521**	**202**	**390**	**556**	**1373**	**767**	**99**	**178**	**130**	**360**
成都市	1715	144	256	364	951	593	66	133	104	290
自贡市	8		1	4	3	1		1		
攀枝花市	8	1	1		6	9	4	2	3	
泸州市	12	1	5	3	3	4	1			3
德阳市	307	19	29	101	158	29	1	9	10	9
绵阳市	182	8	36	42	96	48	8	14	5	21
广元市	37	4	7		26	11		5	1	5
遂宁市	43	7	11	4	21	8	2	2	1	3
内江市	23	2	6	3	12	5		1	1	3
乐山市	27		7	4	16	12	3	2	2	5
南充市	43	4	10	5	24	15	3	2	2	8
眉山市	36		5	13	18	5		4		1
宜宾市	19	1	5	5	8	9	2	1		6
广安市	6			3	3					
达州市	17	3	2	3	9	9	5	2		2
雅安市	16	3	4		9	5	3		1	1
巴中市	4	1			3					
资阳市	9	2	2	2	3	3	1			2
阿坝藏族羌族自治州	2		2							
甘孜藏族自治州	1	1								
凉山彝族自治州	6	1	1		4	1				1

7-1a　续表 16　　　　单位：人

现住地	省外				
	新疆				
	小计	乡	镇的村委会	镇的居委会	街道
全省	**4341**	**485**	**682**	**866**	**2308**
成都市	3182	386	486	637	1673
自贡市	36		7	7	22
攀枝花市	29	2	9	5	13
泸州市	28	3	2	6	17
德阳市	152	10	22	25	95
绵阳市	208	13	29	46	120
广元市	37	3	3	11	20
遂宁市	133	16	26	20	71
内江市	57	3	5	14	35
乐山市	63	5	17	11	30
南充市	166	18	24	26	98
眉山市	55	2	18	15	20
宜宾市	49	7	9	10	23
广安市	22	2	7	1	12
达州市	59	5	8	17	29
雅安市	13	4	2	2	5
巴中市	18	2	1	4	11
资阳市	25	1	3	8	13
阿坝藏族羌族自治州					
甘孜藏族自治州					
凉山彝族自治州	9	3	4	1	1

7-1b 全省按现住地、户口登记地类型分的户口登记地在外乡镇街道人口(镇)

单位：人

现住地	合计					省内				
	合计	乡	镇的村委会	镇的居委会	街道	小计	乡	镇的村委会	镇的居委会	街道
全省	**612039**	**161210**	**295966**	**91603**	**63260**	**577536**	**154677**	**281225**	**85707**	**55927**
成都市	52356	8956	25090	7476	10834	47059	7912	23190	6732	9225
自贡市	22333	3287	12432	5163	1451	21583	3180	12074	4979	1350
攀枝花市	6919	2122	3147	1038	612	6472	1996	2961	965	550
泸州市	30524	6314	16834	4947	2429	28349	5955	15696	4576	2122
德阳市	17455	2950	9718	3047	1740	15435	2647	8896	2798	1094
绵阳市	32505	6863	16477	5719	3446	29422	6397	15251	5091	2683
广元市	19401	3861	10625	4019	896	18266	3657	10076	3761	772
遂宁市	19967	2714	13360	2638	1255	19207	2633	12924	2478	1172
内江市	28965	2939	16871	7105	2050	27564	2769	16197	6716	1882
乐山市	26533	6541	14430	3371	2191	25421	6354	13867	3193	2007
南充市	61235	20736	27680	6144	6675	59464	20356	26952	5852	6304
眉山市	29878	6561	14985	4649	3683	28881	6379	14578	4430	3494
宜宾市	33422	5086	21235	5491	1610	31103	4792	19809	5092	1410
广安市	35568	10660	16778	5330	2800	33674	10273	16111	4875	2415
达州市	58777	16846	21467	10095	10369	55265	16162	20218	9593	9292
雅安市	13883	5836	5325	1723	999	13371	5722	5091	1647	911
巴中市	31665	8497	15864	3297	4007	30614	8257	15419	3162	3776
资阳市	22192	7974	9835	2408	1975	21316	7762	9510	2274	1770
阿坝藏族羌族自治州	9556	3731	3309	1748	768	8917	3539	3049	1638	691
甘孜藏族自治州	12730	6588	3192	1923	1027	11598	6181	2785	1763	869
凉山彝族自治州	46175	22148	17312	4272	2443	44555	21754	16571	4092	2138

7-1b 续表 1

单位：人

现住地	省外									
	小计					北京				
	小计	乡	镇的村委会	镇的居委会	街道	小计	乡	镇的村委会	镇的居委会	街道
全省	**34503**	**6533**	**14741**	**5896**	**7333**	**192**	**13**	**31**	**45**	**103**
成都市	5297	1044	1900	744	1609	25		5	2	18
自贡市	750	107	358	184	101	4			2	2
攀枝花市	447	126	186	73	62	1			1	
泸州市	2175	359	1138	371	307	6		1		5
德阳市	2020	303	822	249	646	33	2	4	5	22
绵阳市	3083	466	1226	628	763	24		3	6	15
广元市	1135	204	549	258	124	9		2	3	4
遂宁市	760	81	436	160	83	2	1	1		
内江市	1401	170	674	389	168	5		3		2
乐山市	1112	187	563	178	184	15	1	1	6	7
南充市	1771	380	728	292	371	19	3	2	9	5
眉山市	997	182	407	219	189	11		1	3	7
宜宾市	2319	294	1426	399	200	5		2	1	2
广安市	1894	387	667	455	385	4	1	2	1	
达州市	3512	684	1249	502	1077	6	3			3
雅安市	512	114	234	76	88	1			1	
巴中市	1051	240	445	135	231	10		1	3	6
资阳市	876	212	325	134	205	4				4
阿坝藏族羌族自治州	639	192	260	110	77					
甘孜藏族自治州	1132	407	407	160	158					
凉山彝族自治州	1620	394	741	180	305	8	2	3	2	1

7-1b　续表 2

单位：人

现住地	省外									
	天津					河北				
	小计	乡	镇的村委会	镇的居委会	街道	小计	乡	镇的村委会	镇的居委会	街道
全省	**133**	**14**	**21**	**28**	**70**	**966**	**179**	**382**	**162**	**243**
成都市	34	6	5	3	20	206	52	64	21	69
自贡市	4			1	3	19		9	6	4
攀枝花市	6		2	1	3	14		5	6	3
泸州市	3			1	2	14	2	5	5	2
德阳市	6	1	1	2	2	100	16	44	12	28
绵阳市	24		4	6	14	168	34	62	28	44
广元市	4	1		1	2	53	4	24	20	5
遂宁市	5				5	21	1	18	1	1
内江市	7		3	2	2	45		19	18	8
乐山市	4		1	1	2	48	8	27	3	10
南充市	1			1		39	13	17	5	4
眉山市	5			4	1	21	5	9	3	4
宜宾市	7		4	3		55	12	25	9	9
广安市						10	3	3	3	1
达州市	13	4			9	38	7	6	2	23
雅安市	1		1			8	1	3	2	2
巴中市						25	2	12	4	7
资阳市	5			2	3	24	3	7	8	6
阿坝藏族羌族自治州	1				1	12	2	3	4	3
甘孜藏族自治州	1				1	11	2	8	1	
凉山彝族自治州	2	2				35	12	12	1	10

7-1b　续表 3

单位：人

现住地	省外									
	山西					内蒙古				
	小计	乡	镇的村委会	镇的居委会	街道	小计	乡	镇的村委会	镇的居委会	街道
全省	**667**	**114**	**238**	**101**	**214**	**253**	**36**	**79**	**53**	**85**
成都市	154	15	42	23	74	77	13	17	9	38
自贡市	10		9		1	3		1	2	
攀枝花市	2	1	1							
泸州市	20	8	5	2	5	3	1	1	1	
德阳市	67	13	20	7	27	22	4	9	3	6
绵阳市	141	29	35	30	47	51	4	14	12	21
广元市	21	6	8	4	3	6		2	4	
遂宁市	1		1			7		5	2	
内江市	13		5	5	3	5		1	4	
乐山市	22	3	14	1	4	8		5	2	1
南充市	16	7	7	1	1	3	1	1		1
眉山市	18	3	7	2	6	11	1	7		3
宜宾市	50	2	32	7	9	10	1	6	2	1
广安市	21	10	5	2	4	11	2	1	3	5
达州市	48	10	12	6	20	13	4	1	6	2
雅安市	2		1	1		1				1
巴中市	22	2	11	2	7	8	1	2	1	4
资阳市	5		5			3	1		2	
阿坝藏族羌族自治州	4	2	1	1		4		2		2
甘孜藏族自治州	18	1	14	2	1	1		1		
凉山彝族自治州	12	2	3	5	2	6	3	3		

7－1b　续表 4

单位：人

现住地	省外									
	辽宁					吉林				
	小计	乡	镇的村委会	镇的居委会	街道	小计	乡	镇的村委会	镇的居委会	街道
全省	**398**	**41**	**137**	**88**	**132**	**245**	**30**	**90**	**35**	**90**
成都市	59	5	18	6	30	53	11	14	10	18
自贡市	8	1		4	3	6		1	5	
攀枝花市	5	1	3		1	3		1		2
泸州市	5		2		3	6		5		1
德阳市	50	1	9		40	34	1	10	2	21
绵阳市	23	3	10	4	6	27	2	10	3	12
广元市	25		3	19	3	7			5	2
遂宁市	10		5	4	1	6		5		1
内江市	54	1	26	15	12	8	4	2		2
乐山市	14	2	2	6	4	5	2	3		
南充市	18	3	5	4	6	7	2	3	1	1
眉山市	20	3	5	8	4	13	3	5		5
宜宾市	42	9	25	4	4	18		13	2	3
广安市	7	3	2	2		2	1			1
达州市	15	7		2	6	20	1	3	3	13
雅安市	10		6	3	1	5		3		2
巴中市	6		3	2	1	11	1	5	2	3
资阳市	9		3	2	4	4	1	2	1	
阿坝藏族羌族自治州	5		2	2	1					
甘孜藏族自治州	6	2	3		1	2		2		
凉山彝族自治州	7		5	1	1	8	1	3	1	3

7－1b　续表 5

单位：人

现住地	省外									
	黑龙江					上海				
	小计	乡	镇的村委会	镇的居委会	街道	小计	乡	镇的村委会	镇的居委会	街道
全省	**400**	**72**	**106**	**74**	**148**	**116**	**7**	**23**	**28**	**58**
成都市	104	14	27	20	43	16	2		2	12
自贡市	27	9	7	1	10	7		2	4	1
攀枝花市	4	1	2		1	2		1		1
泸州市	6	1	5			8		5	3	
德阳市	45	3	4	6	32	16		2	2	12
绵阳市	50	11	5	16	18	12		3	2	7
广元市	9	1	4	2	2	1			1	
遂宁市	3	1		2		2		2		
内江市	6		5	1		4		1	2	1
乐山市	13	2	5	5	1	6		2	1	3
南充市	23	6	1	4	12	8	2		1	5
眉山市	14	2	3	5	4	2			1	1
宜宾市	14		10	3	1	6		3	3	
广安市	18	9	4	2	3	3				3
达州市	21	4	10	3	4	5			3	2
雅安市	13		2	1	10	2			1	1
巴中市	12	3	6	1	2	2	1		1	
资阳市	4	1	1	2		9	1	1		7
阿坝藏族羌族自治州	4		2		2	1		1		
甘孜藏族自治州	6	2	1		3					
凉山彝族自治州	4	2	2			4	1		1	2

7-1b　续表 6　　　　单位：人

现住地	省外									
	江苏					浙江				
	小计	乡	镇的村委会	镇的居委会	街道	小计	乡	镇的村委会	镇的居委会	街道
全省	**821**	**106**	**389**	**158**	**168**	**974**	**173**	**419**	**192**	**190**
成都市	134	16	58	27	33	176	47	52	31	46
自贡市	18	1	8	7	2	24	7	8	9	
攀枝花市	7	5	1	1		4		2		2
泸州市	21	2	11	4	4	31	6	14	6	5
德阳市	52	5	29	4	14	79	12	33	13	21
绵阳市	118	7	56	27	28	72	9	35	14	14
广元市	30		19	7	4	31	2	13	14	2
遂宁市	13		9	1	3	28	4	19	2	3
内江市	33	5	13	10	5	40	4	16	15	5
乐山市	51	12	26	8	5	28	4	12	4	8
南充市	46	8	15	11	12	55	9	25	10	11
眉山市	34	1	19	9	5	31	14	6	3	8
宜宾市	58	2	41	8	7	112	3	79	18	12
广安市	48	11	15	4	18	38	8	13	11	6
达州市	33	10	7	11	5	56	11	17	13	15
雅安市	24	6	4	9	5	23	4	9	6	4
巴中市	32	2	18	7	5	39	6	18	4	11
资阳市	20	3	9	1	7	37	12	10	4	11
阿坝藏族羌族自治州	7	1	5		1	8		4	1	3
甘孜藏族自治州	15	2	10	1	2	10	1	3	6	
凉山彝族自治州	27	7	16	1	3	52	10	31	8	3

7-1b　续表 7　　　　单位：人

现住地	省外									
	安徽					福建				
	小计	乡	镇的村委会	镇的居委会	街道	小计	乡	镇的村委会	镇的居委会	街道
全省	**861**	**192**	**406**	**120**	**143**	**952**	**167**	**493**	**140**	**152**
成都市	130	35	54	23	18	136	54	45	12	25
自贡市	27	1	19	5	2	25	3	7	15	
攀枝花市	8	2	4		2	14	3	7	3	1
泸州市	22	2	10	4	6	30		22	3	5
德阳市	48	10	20	7	11	92	8	49	13	22
绵阳市	167	29	75	24	39	66	13	32	10	11
广元市	26	5	13	2	6	27	5	13	6	3
遂宁市	20	3	16	1		7		3	2	2
内江市	40	5	21	8	6	25	1	18	3	3
乐山市	45	6	29	4	6	33		25	1	7
南充市	41	7	20	4	10	39	7	22	5	5
眉山市	34	6	23	3	2	30	3	17	2	8
宜宾市	59	21	26	12		61	7	43	8	3
广安市	45	22	11	3	9	30	3	15	11	1
达州市	43	11	18	5	9	196	31	113	16	36
雅安市	15	2	8	1	4	24	4	14	2	4
巴中市	26	6	12	5	3	41	12	6	12	11
资阳市	17	3	8	1	5	10		8	1	1
阿坝藏族羌族自治州	13	4	2	3	4	12	2	6	4	
甘孜藏族自治州	4	1	3			3		1		2
凉山彝族自治州	31	11	14	5	1	51	11	27	11	2

7–1b　续表 8　　单位：人

现住地	省外									
	江西					山东				
	小计	乡	镇的村委会	镇的居委会	街道	小计	乡	镇的村委会	镇的居委会	街道
全省	**1308**	**303**	**625**	**198**	**182**	**816**	**184**	**340**	**97**	**195**
成都市	190	30	95	30	35	227	86	65	15	61
自贡市	33	5	25	2	1	7	1	1	3	2
攀枝花市	17	3	13	1		14	11	2		1
泸州市	53	12	25	7	9	13		4	8	1
德阳市	89	8	52	9	20	70	6	21	9	34
绵阳市	129	28	64	15	22	154	19	62	23	50
广元市	33	9	15	7	2	20	3	13	3	1
遂宁市	23	6	11	5	1	10		6	1	3
内江市	55	7	33	13	2	42	6	30	5	1
乐山市	70	29	26	14	1	37	6	24	4	3
南充市	68	9	36	13	10	39	10	19	3	7
眉山市	43	16	20	5	2	31	10	13	3	5
宜宾市	61	10	44	5	2	40	2	27	6	5
广安市	60	10	26	20	4	19	7	5	5	2
达州市	156	51	53	20	32	24	6	9	4	5
雅安市	15	7	6	1	1	15	1	11		3
巴中市	38	8	13	6	11	15	5	8	1	1
资阳市	43	11	17	4	11	7	1	2	1	3
阿坝藏族羌族自治州	32	7	13	6	6	5		1		4
甘孜藏族自治州	28	5	10	7	6	9		7	1	1
凉山彝族自治州	72	32	28	8	4	18	4	10	2	2

7–1b　续表 9　　单位：人

现住地	省外									
	河南					湖北				
	小计	乡	镇的村委会	镇的居委会	街道	小计	乡	镇的村委会	镇的居委会	街道
全省	**1836**	**458**	**729**	**242**	**407**	**1798**	**293**	**887**	**303**	**315**
成都市	350	112	126	33	79	293	40	135	37	81
自贡市	29	6	16	5	2	35	8	17	6	4
攀枝花市	13	1	6	5	1	21	6	4	11	
泸州市	67	16	23	13	15	76	14	37	13	12
德阳市	112	28	54	9	21	120	7	81	6	26
绵阳市	219	33	91	44	51	137	12	63	39	23
广元市	57	18	16	17	6	94	24	53	12	5
遂宁市	25	5	11	3	6	45	5	30	9	1
内江市	75	12	44	16	3	70	7	33	25	5
乐山市	56	7	38	8	3	69	9	33	17	10
南充市	88	28	32	12	16	134	39	56	19	20
眉山市	40	12	13	9	6	57	8	27	14	8
宜宾市	112	22	68	8	14	93	10	61	17	5
广安市	60	34	15	7	4	78	14	33	20	11
达州市	241	46	53	18	124	141	25	69	21	26
雅安市	48	11	22	14	1	22	7	11	1	3
巴中市	52	11	18	6	17	98	23	40	11	24
资阳市	32	13	13	3	3	35	13	14	2	6
阿坝藏族羌族自治州	31	16	9	4	2	28	6	17	4	1
甘孜藏族自治州	51	17	19	7	8	36	4	17	11	4
凉山彝族自治州	78	10	42	1	25	116	12	56	8	40

7-1b 续表 10

单位：人

现住地	省外									
	湖南					广东				
	小计	乡	镇的村委会	镇的居委会	街道	小计	乡	镇的村委会	镇的居委会	街道
全省	**2077**	**426**	**1086**	**336**	**229**	**1229**	**151**	**461**	**272**	**345**
成都市	220	42	102	34	42	154	18	34	28	74
自贡市	59	10	33	11	5	33	2	19	10	2
攀枝花市	22	7	13	2		12	1	8	3	
泸州市	111	10	77	17	7	83	5	45	17	16
德阳市	104	29	41	19	15	77	13	23	7	34
绵阳市	171	47	80	28	16	103	7	27	28	41
广元市	99	22	62	11	4	21	1	11	8	1
遂宁市	57	12	35	6	4	30	2	16	7	5
内江市	108	12	68	18	10	61	3	19	25	14
乐山市	71	16	41	14		42	2	12	8	20
南充市	148	33	75	29	11	137	24	48	33	32
眉山市	63	14	30	12	7	57	3	23	12	19
宜宾市	134	13	84	34	3	113	10	74	18	11
广安市	86	19	50	10	7	59	7	28	16	8
达州市	227	53	97	36	41	153	47	41	29	36
雅安市	29	5	22	2		15		7	3	5
巴中市	85	26	43	6	10	23	3	6	6	8
资阳市	70	19	29	15	7	21	2	7	3	9
阿坝藏族羌族自治州	52	8	22	14	8	5			2	3
甘孜藏族自治州	77	13	35	13	16	7		4	1	2
凉山彝族自治州	84	16	47	5	16	23	1	9	8	5

7-1b 续表 11

单位：人

现住地	省外									
	广西					海南				
	小计	乡	镇的村委会	镇的居委会	街道	小计	乡	镇的村委会	镇的居委会	街道
全省	**672**	**157**	**343**	**74**	**98**	**155**	**30**	**58**	**35**	**32**
成都市	61	8	27	5	21	51	15	19	6	11
自贡市	21	3	16	1	1	2	1	1		
攀枝花市	7	4	2		1					
泸州市	46	11	29	4	2	4	1	1	1	1
德阳市	65	12	26	9	18	12	2	2	2	6
绵阳市	87	19	35	15	18	17		6	6	5
广元市	12	4	6	1	1	3		1	2	
遂宁市	25	6	13	3	3	1		1		
内江市	27	6	15	2	4	7		1	3	3
乐山市	23	7	15	1		5	1	4		
南充市	47	11	28	5	3	8	1	2	4	1
眉山市	15	2	10	1	2	9	3	2	4	
宜宾市	56	7	39	6	4	4		2	1	1
广安市	42	10	25	5	2	4	1		2	1
达州市	69	24	21	12	12	11	1	6	4	
雅安市	7	1	5		1	1	1			
巴中市	23	10	9		4	5		3		2
资阳市	17	7	9	1		3	2	1		
阿坝藏族羌族自治州	6	1	3	2		2	1	1		
甘孜藏族自治州						6		5		1
凉山彝族自治州	16	4	10	1	1					

7-1b 续表 12

单位：人

现住地	省外									
	重庆					贵州				
	小计	乡	镇的村委会	镇的居委会	街道	小计	乡	镇的村委会	镇的居委会	街道
全省	**7923**	**1215**	**3271**	**1559**	**1878**	**2277**	**478**	**1156**	**312**	**331**
成都市	991	169	463	142	217	238	62	89	26	61
自贡市	154	10	78	37	29	37	11	17	6	3
攀枝花市	116	29	39	19	29	16	5	10	1	
泸州市	567	79	305	101	82	727	134	387	104	102
德阳市	268	51	123	28	66	80	11	38	11	20
绵阳市	406	69	168	78	91	113	24	60	19	10
广元市	156	24	73	38	21	30	2	19	5	4
遂宁市	254	29	138	58	29	33	1	23	7	2
内江市	370	56	147	112	55	80	14	45	19	2
乐山市	206	31	101	28	46	72	21	39	8	4
南充市	349	52	148	48	101	84	18	47	12	7
眉山市	200	21	83	66	30	64	26	23	12	3
宜宾市	391	42	202	93	54	128	25	83	16	4
广安市	941	126	299	277	239	111	27	50	18	16
达州市	1399	187	457	250	505	230	41	109	12	68
雅安市	95	19	39	15	22	18	5	11	1	1
巴中市	256	56	100	34	66	55	15	31	3	6
资阳市	302	69	106	45	82	59	16	24	14	5
阿坝藏族羌族自治州	87	13	31	21	22	23	6	8	7	2
甘孜藏族自治州	177	36	55	43	43	24	1	16	6	1
凉山彝族自治州	238	47	116	26	49	55	13	27	5	10

7-1b 续表 13

单位：人

现住地	省外									
	云南					西藏				
	小计	乡	镇的村委会	镇的居委会	街道	小计	乡	镇的村委会	镇的居委会	街道
全省	**2808**	**664**	**1477**	**348**	**319**	**605**	**128**	**110**	**158**	**209**
成都市	257	48	122	32	55	119	22	19	21	57
自贡市	83	18	47	13	5	28		1	19	8
攀枝花市	110	38	49	14	9	3		1	1	1
泸州市	180	47	100	31	2	11			3	8
德阳市	128	20	46	17	45	29	2	3	15	9
绵阳市	96	9	58	15	14	38	3	11	13	11
广元市	20	5	12		3	11	1	1	6	3
遂宁市	45	2	34	4	5	12		4	8	
内江市	102	19	59	20	4	18	1	2	12	3
乐山市	55	7	34	7	7	17		4	7	6
南充市	55	13	29	7	6	47	9	6	3	29
眉山市	52	11	26	11	4	52	1	14	15	22
宜宾市	547	80	360	80	27	21	3	4	10	4
广安市	75	29	34	5	7	25		2	8	15
达州市	166	49	73	2	42	22	1	7	3	11
雅安市	56	21	26	4	5	14	2	3	4	5
巴中市	35	18	15	1	1	7	4		1	2
资阳市	64	23	30	4	7	13	1	3	3	6
阿坝藏族羌族自治州	33	11	17	4	1	1		1		
甘孜藏族自治州	123	35	69	12	7	107	76	20	5	6
凉山彝族自治州	526	161	237	65	63	10	2	4	1	3

7-1b　续表 14　　　　单位：人

现住地	省外									
	陕西					甘肃				
	小计	乡	镇的村委会	镇的居委会	街道	小计	乡	镇的村委会	镇的居委会	街道
全省	**1125**	**235**	**522**	**156**	**212**	**1298**	**333**	**519**	**225**	**221**
成都市	186	39	65	27	55	192	25	71	25	71
自贡市	15	3	8	1	3	16	4	6	6	
攀枝花市	12	3	6	3		9	5	2	1	1
泸州市	27	4	9	11	3	14	3	5	4	2
德阳市	101	16	41	10	34	50	11	22	7	10
绵阳市	115	15	58	23	19	114	19	40	31	24
广元市	65	9	39	9	8	240	55	122	42	21
遂宁市	18		13	5		22		11	10	1
内江市	34	5	15	7	7	24	1	12	8	3
乐山市	47	2	26	8	11	19	4	7	6	2
南充市	89	32	29	10	18	52	14	26	9	3
眉山市	28	9	11	3	5	13	4	5	2	2
宜宾市	63	9	43	5	6	22	4	13	3	2
广安市	36	21	12	1	2	16		9	4	3
达州市	80	14	50	8	8	41	17	15	3	6
雅安市	13	3	9	1		18	12	3	2	1
巴中市	84	20	44	9	11	24	3	12	6	3
资阳市	16	7	5	1	3	9	2	3	2	2
阿坝藏族羌族自治州	38	3	25	6	4	172	87	59	19	7
甘孜藏族自治州	12	2	4	4	2	185	61	58	30	36
凉山彝族自治州	46	19	10	4	13	46	2	18	5	21

7-1b　续表 15　　　　单位：人

现住地	省外									
	青海					宁夏				
	小计	乡	镇的村委会	镇的居委会	街道	小计	乡	镇的村委会	镇的居委会	街道
全省	**643**	**199**	**136**	**128**	**180**	**134**	**22**	**20**	**40**	**52**
成都市	151	10	22	44	75	39	2	5	7	25
自贡市	3	1			2					
攀枝花市	1		1							
泸州市	5		1	2	2					
德阳市	19	4	2	6	7	7	2	1	1	3
绵阳市	73	9	16	22	26	43	1	6	24	12
广元市	6			3	3	3	3			
遂宁市	9		1	7	1	3		2		1
内江市	4			3	1	1			1	
乐山市	16	2	3	5	6	4	2	2		
南充市	25	1	9	7	8	10	6		2	2
眉山市	4				4	1				1
宜宾市	4			4		6		2	4	
广安市	6		2	1	3	4	2			2
达州市	12	6	1	1	4	3	1	1		1
雅安市	2		1	1						
巴中市	4	1	2	1						
资阳市	13		3	5	5	1				1
阿坝藏族羌族自治州	49	21	24	4						
甘孜藏族自治州	207	143	42	9	13	4	3			1
凉山彝族自治州	30	1	6	3	20	5		1	1	3

7-1b　续表 16　　单位：人

现住地	省外				
	新疆				
	小计	乡	镇的村委会	镇的居委会	街道
全省	**821**	**113**	**187**	**189**	**332**
成都市	274	46	40	43	145
自贡市	13	2	2	3	6
攀枝花市	4		1		3
泸州市	16	1	4	6	5
德阳市	45	5	12	8	20
绵阳市	125	11	37	23	54
广元市	16		5	6	5
遂宁市	23	3	3	12	5
内江市	38	1	18	17	2
乐山市	11	1	2	1	7
南充市	76	12	20	20	24
眉山市	24	1	5	7	11
宜宾市	27		11	9	7
广安市	35	7	6	14	8
达州市	30	12		9	9
雅安市	15	2	7		6
巴中市	13	1	7		5
资阳市	20	1	5	7	7
阿坝藏族羌族自治州	4	1	1	2	
甘孜藏族自治州	2			1	1
凉山彝族自治州	10	6	1	1	2

7-1c　全省按现住地、户口登记地类型分的户口登记地在外乡镇街道人口(乡村)

单位：人

现住地	合计					省内				
	合计	乡	镇的村委会	镇的居委会	街道	小计	乡	镇的村委会	镇的居委会	街道
全省	**309722**	**84432**	**163609**	**26424**	**35257**	**271024**	**76164**	**141669**	**23452**	**29739**
成都市	91016	18380	51979	7599	13058	78462	16139	45298	6561	10464
自贡市	4289	530	2808	459	492	3681	449	2356	430	446
攀枝花市	4681	1579	2284	310	508	4145	1384	2015	276	470
泸州市	6429	808	4399	545	677	4824	548	3273	457	546
德阳市	10034	1313	6717	833	1171	8731	1113	5813	758	1047
绵阳市	25314	5440	13666	2969	3239	21837	4839	11624	2626	2748
广元市	5889	1398	2870	808	813	4985	1150	2445	719	671
遂宁市	3544	544	2203	326	471	3007	466	1844	284	413
内江市	4822	582	3298	539	403	3837	446	2588	476	327
乐山市	10902	2836	6279	903	884	9761	2541	5618	830	772
南充市	16135	3895	7530	1680	3030	14544	3601	6710	1523	2710
眉山市	13256	2513	7535	1549	1659	12361	2368	7030	1428	1535
宜宾市	12917	2512	8091	849	1465	9889	1859	6116	702	1212
广安市	8871	1781	5287	722	1081	7783	1596	4662	611	914
达州市	24792	7148	12202	2733	2709	21460	5980	10578	2495	2407
雅安市	7321	2726	3707	391	497	6714	2521	3404	345	444
巴中市	7949	2285	3741	899	1024	7272	2133	3352	842	945
资阳市	2522	607	1419	241	255	1990	473	1118	203	196
阿坝藏族羌族自治州	4526	1502	2164	411	449	3630	1263	1647	362	358
甘孜藏族自治州	6577	3005	2418	727	427	5613	2726	1944	658	285
凉山彝族自治州	37936	23048	13012	931	945	36498	22569	12234	866	829

7-1c　续表 1

单位：人

现住地	省外									
	小计					北京				
	小计	乡	镇的村委会	镇的居委会	街道	小计	乡	镇的村委会	镇的居委会	街道
全省	**38698**	**8268**	**21940**	**2972**	**5518**	**154**	**18**	**75**	**7**	**54**
成都市	12554	2241	6681	1038	2594	29	1	5	3	20
自贡市	608	81	452	29	46	1			1	
攀枝花市	536	195	269	34	38					
泸州市	1605	260	1126	88	131	4		3		1
德阳市	1303	200	904	75	124	6		4		2
绵阳市	3477	601	2042	343	491	25	1	14		10
广元市	904	248	425	89	142	5	2	3		
遂宁市	537	78	359	42	58	6	1	3	1	1
内江市	985	136	710	63	76	1		1		
乐山市	1141	295	661	73	112	8	1	3	1	3
南充市	1591	294	820	157	320	14	3	7		4
眉山市	895	145	505	121	124	5	1	1		3
宜宾市	3028	653	1975	147	253	17	1	15		1
广安市	1088	185	625	111	167	1				1
达州市	3332	1168	1624	238	302	9	2	2		5
雅安市	607	205	303	46	53	3	1	2		
巴中市	677	152	389	57	79	10		8	1	1
资阳市	532	134	301	38	59	5	3	2		
阿坝藏族羌族自治州	896	239	517	49	91	2		1		1
甘孜藏族自治州	964	279	474	69	142					
凉山彝族自治州	1438	479	778	65	116	3	1	1		1

7-1c　续表 2

单位：人

现住地	省外									
	天津					河北				
	小计	乡	镇的村委会	镇的居委会	街道	小计	乡	镇的村委会	镇的居委会	街道
全省	**97**	**5**	**38**	**11**	**43**	**1056**	**235**	**538**	**74**	**209**
成都市	31	1	10	4	16	537	100	259	37	141
自贡市	1			1		12	2	8	2	
攀枝花市						11	2	7		2
泸州市	8			1	7	25	5	13	1	6
德阳市	2			1	1	33	1	24	4	4
绵阳市	18		8	2	8	149	35	77	12	25
广元市	1		1			18	6	10	1	1
遂宁市						6		5	1	
内江市						16	6	9	1	
乐山市	3		2		1	27	13	12	2	
南充市	3	1			2	18	3	7	2	6
眉山市	8	1	2	1	4	23	4	15	2	2
宜宾市	3		2		1	40	10	25	1	4
广安市	1				1	8		6		2
达州市	8	2	6			46	18	23	3	2
雅安市	1		1			16	6	9		1
巴中市	1				1	20	1	8	2	9
资阳市	4		2	1	1	12	10	1		1
阿坝藏族羌族自治州						10	5	3		2
甘孜藏族自治州	1		1			14	1	10	3	
凉山彝族自治州	3		3			15	7	7		1

7-1c 续表 3

单位：人

现住地	省外									
	山西					内蒙古				
	小计	乡	镇的村委会	镇的居委会	街道	小计	乡	镇的村委会	镇的居委会	街道
全省	**724**	**142**	**331**	**57**	**194**	**199**	**36**	**107**	**19**	**37**
成都市	383	62	138	37	146	66	8	30	7	21
自贡市	4		3		1	4		4		
攀枝花市						3	1	1		1
泸州市	13	2	11			2		1	1	
德阳市	19	2	14		3	9	1	5	2	1
绵阳市	77	14	45	7	11	35	6	21	4	4
广元市	21	4	10	3	4	3	1	1		1
遂宁市	7	3	2	1	1	8	1	6		1
内江市	16	3	13			5	1	4		
乐山市	12	5	2	1	4	9	3	5		1
南充市	10	1	6	3		7	3	4		
眉山市	7		3		4	6	3	2		1
宜宾市	39	5	21	2	11	15	4	5	3	3
广安市	3			1	2	1				1
达州市	33	20	11		2	3	2			1
雅安市	13	7	6			3		3		
巴中市	12	4	5	1	2	1			1	
资阳市	7	2	5			5		4		1
阿坝藏族羌族自治州	20	1	17		2	9		9		
甘孜藏族自治州	11	2	8	1		1	1			
凉山彝族自治州	17	5	11		1	4	1	2	1	

7-1c 续表 4

单位：人

现住地	省外									
	辽宁					吉林				
	小计	乡	镇的村委会	镇的居委会	街道	小计	乡	镇的村委会	镇的居委会	街道
全省	**472**	**55**	**248**	**51**	**118**	**295**	**41**	**145**	**30**	**79**
成都市	137	12	45	17	63	127	15	59	12	41
自贡市	1		1			1		1		
攀枝花市						2			1	1
泸州市	6	1	2		3	4	1	1	2	
德阳市	26	6	14	1	5	6	1	4		1
绵阳市	59	5	37	6	11	79	8	44	12	15
广元市	23	9	4	7	3	2		2		
遂宁市	2		1		1					
内江市	76	4	46	9	17	4	1	2	1	
乐山市	12	4	7	1		9	1	8		
南充市	9		5	1	3	5	1	4		
眉山市	4	1	3			6	1	3		2
宜宾市	31	6	20	5		8	1	5		2
广安市	9		7	2		2		2		
达州市	25	2	21	1	1	8	2	5	1	
雅安市	7		3		4	1		1		
巴中市	10		10			2	1			1
资阳市	1		1			10			1	9
阿坝藏族羌族自治州	18	2	12		4	5				5
甘孜藏族自治州	5	1	1	1	2	2		2		
凉山彝族自治州	11	2	8		1	12	8	2		2

7–1c　续表 5

单位：人

现住地	省外									
	黑龙江					上海				
	小计	乡	镇的村委会	镇的居委会	街道	小计	乡	镇的村委会	镇的居委会	街道
全省	**461**	**71**	**195**	**61**	**134**	**171**	**41**	**80**	**6**	**44**
成都市	217	29	74	28	86	36	2	14		20
自贡市	2	1	1			2	1	1		
攀枝花市	8		4		4	1		1		
泸州市	3	2			1	6		6		
德阳市	11		9		2	5	1	3		1
绵阳市	112	18	51	19	24	22	3	11		8
广元市	8	4	3		1	4	3			1
遂宁市	6		3	1	2	9	5	2		2
内江市	1		1			2			1	1
乐山市	10	3	4	2	1	11	2	8		1
南充市	11	2	3	3	3	14	3	6	2	3
眉山市	9		5	3	1	2	1			1
宜宾市	14	2	9	2	1	24	10	14		
广安市	2		1		1	1				1
达州市	8	2	3	2	1	9	3	5	1	
雅安市	7	1	5		1	3	1		2	
巴中市	3		2	1		8	1	3		4
资阳市	4	2	2			5	3	2		
阿坝藏族羌族自治州	9	1	4		4					
甘孜藏族自治州	1		1			1				1
凉山彝族自治州	15	4	10		1	6	2	4		

7–1c　续表 6

单位：人

现住地	省外									
	江苏					浙江				
	小计	乡	镇的村委会	镇的居委会	街道	小计	乡	镇的村委会	镇的居委会	街道
全省	**980**	**149**	**637**	**73**	**121**	**1097**	**195**	**717**	**76**	**109**
成都市	325	17	218	26	64	274	32	189	20	33
自贡市	13		9	2	2	17	1	13		3
攀枝花市	3		3			5		1	4	
泸州市	31	1	28	1	1	51	7	43	1	
德阳市	50	9	37	2	2	53	7	36	3	7
绵阳市	149	12	111	20	6	96	11	64	15	6
广元市	34	9	17	3	5	43	13	22	7	1
遂宁市	14	4	7	2	1	10	2	8		
内江市	23	3	19	1		20	1	17	1	1
乐山市	58	7	34	3	14	33	10	21	2	
南充市	41	10	20	3	8	39	7	21	4	7
眉山市	33	7	18	6	2	15	4	8	2	1
宜宾市	62	18	38		6	221	37	161	5	18
广安市	10	5	3		2	20	3	7	2	8
达州市	42	5	33	2	2	59	23	32	4	
雅安市	15	4	6	1	4	10	5	5		
巴中市	17	12	5			11	1	8	1	1
资阳市	16	4	12			45	12	25		8
阿坝藏族羌族自治州	10		9		1	12	1	6		5
甘孜藏族自治州	6	3	2		1	12		2	3	7
凉山彝族自治州	28	19	8	1		51	18	28	2	3

7-1c 续表 7

单位：人

现住地	省外									
	安徽					福建				
	小计	乡	镇的村委会	镇的居委会	街道	小计	乡	镇的村委会	镇的居委会	街道
全省	**1041**	**206**	**582**	**82**	**171**	**1109**	**243**	**699**	**81**	**86**
成都市	459	86	229	40	104	367	70	234	26	37
自贡市	18	1	17			6	1	3	1	1
攀枝花市	12	6	2	2	2	17	11	4	2	
泸州市	11	2	7	1	1	36	11	24		1
德阳市	70	10	60			50	10	40		
绵阳市	141	22	76	12	31	55	7	38	8	2
广元市	15	7	5	1	2	23	3	18		2
遂宁市	12		11	1		4		4		
内江市	17	3	13	1		18	2	14	1	1
乐山市	27	9	15	1	2	36	4	32		
南充市	30	7	13	5	5	39	3	30	4	2
眉山市	39	9	21	9		29	3	15	4	7
宜宾市	70	10	48	5	7	53	9	37	1	6
广安市	2	1			1	30	3	24	2	1
达州市	48	12	24	1	11	154	62	69	13	10
雅安市	19	6	10	2	1	21	3	17		1
巴中市	15	1	12	1	1	37	15	14	6	2
资阳市	8	2	6			4		4		
阿坝藏族羌族自治州	6	1	3		2	76	12	48	4	12
甘孜藏族自治州	2	1	1			6		4	1	1
凉山彝族自治州	20	10	9		1	48	14	26	8	

7-1c 续表 8

单位：人

现住地	省外									
	江西					山东				
	小计	乡	镇的村委会	镇的居委会	街道	小计	乡	镇的村委会	镇的居委会	街道
全省	**1005**	**214**	**558**	**72**	**161**	**1025**	**127**	**487**	**85**	**326**
成都市	450	81	236	40	93	505	39	183	41	242
自贡市	13	2	11			14		11		3
攀枝花市	2		1		1	13	4	8		1
泸州市	12	3	9			31	4	20	3	4
德阳市	48	11	31	3	3	48	3	41	3	1
绵阳市	73	8	52	3	10	101	8	60	9	24
广元市	16	2	13		1	15	1	11		3
遂宁市	5		4		1	12	2	7	3	
内江市	15	7	7		1	7		6	1	
乐山市	36	9	19	3	5	28	6	16	1	5
南充市	39	4	21	4	10	19	4	9	3	3
眉山市	31	5	23	1	2	27	3	18	3	3
宜宾市	54	13	38	2	1	57	15	27	8	7
广安市	25	3	15	4	3	11	1	5		5
达州市	114	44	41	7	22	27	8	12	2	5
雅安市	15	7	4	3	1	14	7	6	1	
巴中市	10	1	9			18	3	9	5	1
资阳市	14	3	10		1	9	1	5	1	2
阿坝藏族羌族自治州	5		1	2	2	13	3	8		2
甘孜藏族自治州	7	3	1		3	11	1	7		3
凉山彝族自治州	21	8	12		1	45	14	18	1	12

7−1c　续表 9　　　　单位：人

现住地	省外									
	河南					湖北				
	小计	乡	镇的村委会	镇的居委会	街道	小计	乡	镇的村委会	镇的居委会	街道
全省	**2595**	**629**	**1389**	**200**	**377**	**2146**	**374**	**1301**	**169**	**302**
成都市	987	209	548	60	170	710	111	441	63	95
自贡市	40	3	28	1	8	30	2	21	6	1
攀枝花市	17	10	2	5		10	1	8		1
泸州市	80	14	54	4	8	48	2	31	8	7
德阳市	85	11	68	4	2	75	6	51	11	7
绵阳市	265	69	141	33	22	179	24	118	17	20
广元市	146	26	35	29	56	46	10	29	2	5
遂宁市	16	1	14		1	36	2	23	10	1
内江市	48	6	23	2	17	48	4	40	3	1
乐山市	66	18	41		7	103	28	58	3	14
南充市	72	25	29	5	13	73	13	38	5	17
眉山市	47	7	35	2	3	37	10	14	6	7
宜宾市	129	19	89	9	12	104	16	75	3	10
广安市	42	6	29	6	1	47	6	32	6	3
达州市	311	121	134	23	33	177	41	95	14	27
雅安市	44	15	17	6	6	46	10	28	4	4
巴中市	32	12	15	1	4	74	21	44	3	6
资阳市	18	6	11	1		22	6	14	1	1
阿坝藏族羌族自治州	30	7	20	1	2	83	16	55	3	9
甘孜藏族自治州	53	18	29	4	2	101	24	37	1	39
凉山彝族自治州	67	26	27	4	10	97	21	49		27

7−1c　续表 10　　　　单位：人

现住地	省外									
	湖南					广东				
	小计	乡	镇的村委会	镇的居委会	街道	小计	乡	镇的村委会	镇的居委会	街道
全省	**1854**	**448**	**1133**	**126**	**147**	**1867**	**339**	**1107**	**157**	**264**
成都市	581	114	381	42	44	352	36	155	49	112
自贡市	41	11	25		5	27		21	3	3
攀枝花市	18	5	13			6	3	2		1
泸州市	59	7	46	1	5	162	19	128	7	8
德阳市	66	9	41	4	12	31	7	19	2	3
绵阳市	137	32	76	14	15	166	22	94	16	34
广元市	31	10	13	2	6	37	10	15	5	7
遂宁市	38	7	23	3	5	32	4	23	1	4
内江市	57	7	45	3	2	64	5	50	5	4
乐山市	60	23	34	3		58	10	36	2	10
南充市	79	22	43	7	7	199	32	121	23	23
眉山市	46	10	31	5		44	8	21	6	9
宜宾市	142	31	96	3	12	200	39	144	3	14
广安市	49	13	31	3	2	36	3	27	3	3
达州市	218	86	115	7	10	284	94	154	20	16
雅安市	27	9	11	3	4	22	6	13	2	1
巴中市	31	4	18	7	2	38	9	22	3	4
资阳市	22	5	13	3	1	36	9	22	2	3
阿坝藏族羌族自治州	61	11	37	7	6	5		3	1	1
甘孜藏族自治州	32	7	11	5	9	5			2	3
凉山彝族自治州	59	25	30	4		63	23	37	2	1

7-1c 续表 11

单位：人

现住地	省外									
	广西					海南				
	小计	乡	镇的村委会	镇的居委会	街道	小计	乡	镇的村委会	镇的居委会	街道
全省	**830**	**203**	**513**	**58**	**56**	**134**	**30**	**68**	**7**	**29**
成都市	199	46	112	19	22	38	7	13	4	14
自贡市	24	1	23			5		5		
攀枝花市	3	2			1					
泸州市	51	10	37	3	1	3		3		
德阳市	24	5	17	1	1	2		1		1
绵阳市	70	13	47	5	5	9	4	4		1
广元市	11	4	3	2	2	1			1	
遂宁市	16	4	12							
内江市	32	1	28	1	2	5		4		1
乐山市	21	8	12	1		4	1	3		
南充市	53	8	27	6	12	9	2	5		2
眉山市	39	11	19	6	3	5	2	2		1
宜宾市	60	17	37	6		8	1	7		
广安市	37	10	25	2		7		2	1	4
达州市	94	33	58	1	2	16	4	8		4
雅安市	26	12	9	2	3	4	4			
巴中市	19	2	16		1	9	3	5		1
资阳市	11	5	6			2	1	1		
阿坝藏族羌族自治州	15	2	11	2						
甘孜藏族自治州	5	1	4			1			1	
凉山彝族自治州	20	8	10	1	1	6	1	5		

7-1c 续表 12

单位：人

现住地	省外									
	重庆					贵州				
	小计	乡	镇的村委会	镇的居委会	街道	小计	乡	镇的村委会	镇的居委会	街道
全省	**7620**	**1527**	**4217**	**668**	**1208**	**2950**	**801**	**1791**	**150**	**208**
成都市	2856	567	1638	210	441	730	187	401	41	101
自贡市	77	10	50	4	13	75	10	61	2	2
攀枝花市	91	19	50	8	14	17	7	10		
泸州市	290	48	178	22	42	432	83	316	15	18
德阳市	258	46	162	14	36	82	18	58	3	3
绵阳市	507	83	298	50	76	152	35	98	10	9
广元市	137	43	65	10	19	41	15	22		4
遂宁市	119	17	78	11	13	29	2	21	2	4
内江市	168	20	114	17	17	96	13	70	6	7
乐山市	129	30	68	21	10	87	30	51	5	1
南充市	402	62	191	34	115	128	35	73	9	11
眉山市	169	21	85	30	33	58	7	34	9	8
宜宾市	294	40	182	22	50	273	63	197	7	6
广安市	520	80	262	69	109	102	23	70	3	6
达州市	999	298	482	96	123	364	181	160	14	9
雅安市	98	21	58	12	7	37	21	13	1	2
巴中市	108	16	58	16	18	38	11	24	1	2
资阳市	123	23	71	5	24	37	13	20	4	
阿坝藏族羌族自治州	82	21	47	4	10	54	17	24	5	8
甘孜藏族自治州	90	34	34	7	15	48	14	28	3	3
凉山彝族自治州	103	28	46	6	23	70	16	40	10	4

7-1c　续表 13　　　　单位：人

现住地	省外 云南 小计	乡	镇的村委会	镇的居委会	街道	省外 西藏 小计	乡	镇的村委会	镇的居委会	街道
全省	**4578**	**1212**	**2868**	**226**	**272**	**346**	**86**	**144**	**32**	**84**
成都市	757	161	469	50	77	108	16	43	14	35
自贡市	133	27	105	1		2	1	1		
攀枝花市	281	119	142	12	8					
泸州市	186	33	134	8	11	1		1		
德阳市	86	15	64	3	4	18	3	3	8	4
绵阳市	231	53	148	17	13	32	2	10	3	17
广元市	58	18	32	4	4	4		2	1	1
遂宁市	65	8	54		3	6	1	3		2
内江市	189	36	145	6	2	7	2	4		1
乐山市	118	28	83	5	2	15	4	9		2
南充市	69	12	45	1	11	22	3	7	1	11
眉山市	96	12	75	5	4	11	3	3	2	3
宜宾市	916	261	557	39	59	8	5	2		1
广安市	93	22	59	7	5	6		4		2
达州市	97	45	43	8	1	10	2	6		2
雅安市	112	42	58	6	6	12	3	7		2
巴中市	28	3	25			2		2		
资阳市	75	21	43	8	3	7	1	6		
阿坝藏族羌族自治州	106	43	56	5	2	20	7	12	1	
甘孜藏族自治州	330	63	211	19	37	48	30	15	2	1
凉山彝族自治州	552	190	320	22	20	7	3	4		

7-1c　续表 14　　　　单位：人

现住地	省外 陕西 小计	乡	镇的村委会	镇的居委会	街道	省外 甘肃 小计	乡	镇的村委会	镇的居委会	街道
全省	**1626**	**333**	**964**	**123**	**206**	**1123**	**299**	**568**	**91**	**165**
成都市	479	96	264	37	82	408	90	193	32	93
自贡市	26	3	19		4	6	1	5		
攀枝花市	5	1	4			8	3	5		
泸州市	16	1	13	1	1	18	3	9	3	3
德阳市	69	5	53	2	9	27	5	20	1	1
绵阳市	204	40	133	17	14	153	26	90	11	26
广元市	82	22	50	3	7	57	14	33	5	5
遂宁市	32	5	19	1	7	19	4	11		4
内江市	25	4	19	2		9	4	5		
乐山市	88	20	40	12	16	39	8	21	3	7
南充市	73	10	38	9	16	35	5	20	6	4
眉山市	35	3	23	7	2	15	3	3	3	6
宜宾市	90	8	67	6	9	43	5	26	6	6
广安市	12	5	6		1	4	1	2		1
达州市	86	27	44	9	6	53	24	23	5	1
雅安市	17	10	6		1	6	2	3		1
巴中市	96	26	52	4	14	14	4	7	1	2
资阳市	6	1	4	1		7	1	1	5	
阿坝藏族羌族自治州	60	9	42	5	4	119	64	47	5	3
甘孜藏族自治州	62	22	27	5	8	61	25	30	4	2
凉山彝族自治州	63	15	41	2	5	22	7	14	1	

7−1c 续表 15

单位：人

现住地	省外									
	青海					宁夏				
	小计	乡	镇的村委会	镇的居委会	街道	小计	乡	镇的村委会	镇的居委会	街道
全省	**327**	**74**	**110**	**58**	**85**	**117**	**20**	**48**	**10**	**39**
成都市	108	8	21	26	53	52	4	18	5	25
自贡市	3	2		1						
攀枝花市						1	1			
泸州市	4		2	2		2		2		
德阳市	10		5		5	9		8	1	
绵阳市	19	7	3	4	5	15	2	5	2	6
广元市	3	1		1	1	2	2			
遂宁市	4		3		1					
内江市	4		4			2	2			
乐山市	6	2	1		3	11	2	7	1	1
南充市	19	6	2	7	4	7	1	3		3
眉山市	13		10		3	2	1			1
宜宾市	15	4	5	4	2	3		2		1
广安市										
达州市	3	1			2	4	2	2		
雅安市	1				1	1			1	
巴中市	2		2							
资阳市	4		1	2	1					
阿坝藏族羌族自治州	62	15	42	4	1	2	1			1
甘孜藏族自治州	46	28	8	7	3	1				1
凉山彝族自治州	1		1			3	2	1		

7−1c 续表 16

单位：人

现住地	省外				
	新疆				
	小计	乡	镇的村委会	镇的居委会	街道
全省	**699**	**115**	**282**	**112**	**190**
成都市	246	34	61	48	103
自贡市	10	1	5	4	
攀枝花市	2		1		1
泸州市	10	1	4	3	2
德阳市	25	8	12	2	3
绵阳市	147	31	68	15	33
广元市	17	9	6	2	
遂宁市	24	5	12	4	3
内江市	10	1	7	1	1
乐山市	17	6	9		2
南充市	53	6	22	10	15
眉山市	34	4	13	9	8
宜宾市	35	3	24	5	3
广安市	7		6		1
达州市	23	2	13	4	4
雅安市	6	2	2		2
巴中市	11	1	6	2	2
资阳市	13		7	3	3
阿坝藏族羌族自治州	2				2
甘孜藏族自治州	1				1
凉山彝族自治州	6	1	4		1

7–2　全省按现住地、职业和性别分的户口登记地在本省其他乡镇街道人口

单位：人

现住地	合计			党的机关、国家机关、群众团体和社会组织、企事业单位负责人		
	合计	男	女	小计	男	女
全省	**1220209**	**681383**	**538826**	**18273**	**13469**	**4804**
成都市	468957	269649	199308	7969	5846	2123
自贡市	27704	15253	12451	386	276	110
攀枝花市	21721	12868	8853	262	207	55
泸州市	41489	21608	19881	330	268	62
德阳市	41301	22778	18523	625	459	166
绵阳市	71647	39230	32417	1374	1008	366
广元市	22952	12632	10320	578	433	145
遂宁市	36695	21495	15200	607	437	170
内江市	35613	19035	16578	380	275	105
乐山市	35147	19681	15466	471	362	109
南充市	86299	44969	41330	1033	749	284
眉山市	37704	20901	16803	762	537	225
宜宾市	49139	27104	22035	569	423	146
广安市	33226	16709	16517	231	170	61
达州市	79353	45401	33952	1049	751	298
雅安市	15666	8210	7456	130	102	28
巴中市	28524	16854	11670	362	303	59
资阳市	19551	10996	8555	201	151	50
阿坝藏族羌族自治州	7516	4527	2989	179	132	47
甘孜藏族自治州	10582	6141	4441	158	127	31
凉山彝族自治州	49423	25342	24081	617	453	164

7–2　续表 1

单位：人

现住地	专业技术人员			办事人员和有关人员			社会生产服务和生活服务人员		
	小计	男	女	小计	男	女	小计	男	女
全省	**158779**	**67403**	**91376**	**104759**	**58020**	**46739**	**590206**	**296601**	**293605**
成都市	68370	29004	39366	43596	22067	21529	232928	127418	105510
自贡市	3636	1509	2127	2788	1619	1169	13573	6658	6915
攀枝花市	2557	1073	1484	2000	1222	778	9217	4699	4518
泸州市	5159	2009	3150	3312	1922	1390	21854	10195	11659
德阳市	5044	2122	2922	3752	1991	1761	19717	9630	10087
绵阳市	9389	4127	5262	6070	3431	2639	35444	16825	18619
广元市	3543	1481	2062	2298	1375	923	9980	4584	5396
遂宁市	4218	1930	2288	2857	1633	1224	16416	8020	8396
内江市	3798	1552	2246	2768	1553	1215	18508	8583	9925
乐山市	4337	1824	2513	3132	1821	1311	16468	8183	8285
南充市	8450	3668	4782	4597	2671	1926	48589	20920	27669
眉山市	4491	1956	2535	3068	1638	1430	17346	8167	9179
宜宾市	6557	2620	3937	4384	2537	1847	22057	10614	11443
广安市	3222	1299	1923	2026	1244	782	18001	7297	10704
达州市	8229	3604	4625	5999	3767	2232	42216	21608	20608
雅安市	1834	643	1191	1512	897	615	6804	3099	3705
巴中市	4007	1712	2295	2607	1653	954	11494	5662	5832
资阳市	2524	1081	1443	1643	949	694	9308	4563	4745
阿坝藏族羌族自治州	1471	713	758	1107	654	453	2500	1370	1130
甘孜藏族自治州	2357	1027	1330	1486	951	535	3642	1965	1677
凉山彝族自治州	5586	2449	3137	3757	2425	1332	14144	6541	7603

7－2　续表 2

单位：人

现 住 地	农、林、牧、渔业生产及辅助人员			生产制造及有关人员			不便分类的其他从业人员		
	小计	男	女	小计	男	女	小计	男	女
全省	**55480**	**24373**	**31107**	**291044**	**220662**	**70382**	**1668**	**855**	**813**
成都市	5786	2920	2866	110053	82233	27820	255	161	94
自贡市	1369	582	787	5944	4604	1340	8	5	3
攀枝花市	1740	788	952	5936	4875	1061	9	4	5
泸州市	1663	683	980	8936	6442	2494	235	89	146
德阳市	1812	737	1075	10325	7825	2500	26	14	12
绵阳市	2333	1132	1201	16939	12652	4287	98	55	43
广元市	1073	496	577	5472	4257	1215	8	6	2
遂宁市	905	471	434	11606	8952	2654	86	52	34
内江市	1470	598	872	8524	6411	2113	165	63	102
乐山市	2732	1230	1502	8000	6258	1742	7	3	4
南充市	3443	1315	2128	19937	15550	4387	250	96	154
眉山市	2402	1148	1254	9527	7402	2125	108	53	55
宜宾市	2429	873	1556	13121	10019	3102	22	18	4
广安市	1864	749	1115	7798	5911	1887	84	39	45
达州市	2678	1391	1287	19073	14209	4864	109	71	38
雅安市	1978	774	1204	3395	2687	708	13	8	5
巴中市	1178	600	578	8843	6903	1940	33	21	12
资阳市	863	374	489	4984	3859	1125	28	19	9
阿坝藏族羌族自治州	784	405	379	1471	1249	222	4	4	
甘孜藏族自治州	1108	556	552	1831	1515	316			
凉山彝族自治州	15870	6551	9319	9329	6849	2480	120	74	46

7－3　全省按现住地、职业和性别分的户口登记地在外省人口

单位：人

现 住 地	合　计			党的机关、国家机关、群众团体和社会组织、企事业单位负责人		
	合计	男	女	小计	男	女
全省	**131479**	**82506**	**48973**	**2838**	**2291**	**547**
成都市	72116	46573	25543	1901	1533	368
自贡市	1607	902	705	24	20	4
攀枝花市	2534	1652	882	51	48	3
泸州市	3789	2009	1780	20	17	3
德阳市	3792	2485	1307	98	88	10
绵阳市	6900	4330	2570	149	119	30
广元市	2014	1268	746	77	65	12
遂宁市	2034	1172	862	52	37	15
内江市	2493	1337	1156	25	15	10
乐山市	2408	1554	854	36	26	10
南充市	4446	2340	2106	75	55	20
眉山市	1946	1173	773	52	42	10
宜宾市	5662	3314	2348	60	48	12
广安市	2661	1313	1348	26	20	6
达州市	6637	4088	2549	84	64	20
雅安市	1095	666	429	8	8	
巴中市	1601	1055	546	22	18	4
资阳市	1191	643	548	13	11	2
阿坝藏族羌族自治州	1245	974	271	11	11	
甘孜藏族自治州	1910	1386	524	15	14	1
凉山彝族自治州	3398	2272	1126	39	32	7

7-3　续表 1

单位：人

现 住 地	专业技术人员			办事人员和有关人员			社会生产服务和生活服务人员		
	小计	男	女	小计	男	女	小计	男	女
全省	**17984**	**10344**	**7640**	**9900**	**5871**	**4029**	**60499**	**34979**	**25520**
成都市	11241	6413	4828	6168	3561	2607	35908	22305	13603
自贡市	194	101	93	125	76	49	681	343	338
攀枝花市	242	132	110	198	143	55	1161	635	526
泸州市	406	219	187	235	142	93	1645	736	909
德阳市	366	226	140	287	171	116	1672	979	693
绵阳市	1032	619	413	427	256	171	2917	1579	1338
广元市	311	181	130	147	86	61	807	422	385
遂宁市	201	105	96	130	67	63	898	447	451
内江市	256	155	101	185	116	69	1129	516	613
乐山市	297	215	82	152	99	53	1079	618	461
南充市	417	213	204	247	143	104	2357	1033	1324
眉山市	227	133	94	145	84	61	891	479	412
宜宾市	643	405	238	350	216	134	1999	967	1032
广安市	301	125	176	207	128	79	1184	492	692
达州市	596	284	312	351	211	140	2347	1284	1063
雅安市	112	70	42	84	53	31	403	217	186
巴中市	188	119	69	90	60	30	549	272	277
资阳市	142	76	66	89	51	38	528	236	292
阿坝藏族羌族自治州	212	170	42	49	37	12	369	223	146
甘孜藏族自治州	301	182	119	98	77	21	736	458	278
凉山彝族自治州	299	201	98	136	94	42	1239	738	501

7-3　续表 2

单位：人

现 住 地	农、林、牧、渔业生产及辅助人员			生产制造及有关人员			不便分类的其他从业人员		
	小计	男	女	小计	男	女	小计	男	女
全省	**4625**	**1557**	**3068**	**35477**	**27366**	**8111**	**156**	**98**	**58**
成都市	636	311	325	16201	12405	3796	61	45	16
自贡市	150	25	125	433	337	96			
攀枝花市	137	60	77	744	633	111	1	1	
泸州市	362	95	267	1104	792	312	17	8	9
德阳市	187	82	105	1179	936	243	3	3	
绵阳市	275	119	156	2084	1625	459	16	13	3
广元市	106	51	55	565	463	102	1		1
遂宁市	105	48	57	645	466	179	3	2	1
内江市	230	49	181	662	485	177	6	1	5
乐山市	161	44	117	682	551	131	1	1	
南充市	191	65	126	1134	821	313	25	10	15
眉山市	96	28	68	527	401	126	8	6	2
宜宾市	542	80	462	2066	1598	468	2		2
广安市	229	33	196	712	513	199	2	2	
达州市	412	192	220	2842	2051	791	5	2	3
雅安市	131	30	101	357	288	69			
巴中市	81	27	54	669	557	112	2	2	
资阳市	102	32	70	317	237	80			
阿坝藏族羌族自治州	42	29	13	560	503	57	2	1	1
甘孜藏族自治州	45	22	23	715	633	82			
凉山彝族自治州	405	135	270	1279	1071	208	1	1	

7-4 全省按现住地、户口登记地类型、受教育程度分的户口登记地在本省其他乡镇街道人口

单位：人

现住地	合计					未上过学				
	合计	乡	镇的村委会	镇的居委会	街道	小计	乡	镇的村委会	镇的居委会	街道
全省	**2326669**	**539776**	**990027**	**285597**	**511269**	**46324**	**16159**	**19958**	**4428**	**5779**
成都市	832238	178363	340066	94626	219183	11146	2982	5204	1110	1850
自贡市	60875	8307	25467	9405	17696	1642	256	729	282	375
攀枝花市	42314	9632	13793	4748	14141	1290	399	498	110	283
泸州市	77859	13366	35786	11028	17679	1183	203	557	154	269
德阳市	76655	12839	35826	11187	16803	1484	324	734	176	250
绵阳市	136317	27982	61634	21919	24782	2216	582	1127	295	212
广元市	46148	9479	22645	6967	7057	897	224	471	90	112
遂宁市	78962	17342	37679	7677	16264	1516	426	755	105	230
内江市	71878	9595	35298	12539	14446	1216	172	623	210	211
乐山市	76454	15375	37674	10477	12928	1570	458	823	143	146
南充市	155375	42552	59945	15809	37069	3420	1179	1468	272	501
眉山市	77341	14506	40760	10635	11440	1086	270	569	148	99
宜宾市	99090	16696	51676	12375	18343	1258	287	664	113	194
广安市	62822	16587	30464	7502	8269	1311	328	713	118	152
达州市	154708	41681	55332	21830	35865	2387	762	911	258	456
雅安市	30351	9654	12598	2991	5108	566	273	220	34	39
巴中市	64582	16560	28621	6178	13223	757	234	358	62	103
资阳市	46237	12322	20482	5838	7595	901	290	421	100	90
阿坝藏族羌族自治州	13718	5338	4931	2287	1162	751	441	244	48	18
甘孜藏族自治州	18623	9382	5034	2660	1547	2125	1359	524	201	41
凉山彝族自治州	104122	52218	34316	6919	10669	7602	4710	2345	399	148

7-4 续表 1

单位：人

现住地	学前教育					小学				
	小计	乡	镇的村委会	镇的居委会	街道	小计	乡	镇的村委会	镇的居委会	街道
全省	**72368**	**18323**	**33037**	**7578**	**13430**	**483853**	**135546**	**231230**	**48262**	**68815**
成都市	21020	4366	8971	2214	5469	135066	33873	66331	12296	22566
自贡市	1731	248	886	201	396	13927	2106	6902	2098	2821
攀枝花市	1126	338	427	120	241	9334	2590	3713	809	2222
泸州市	2389	404	1201	270	514	17374	3284	8822	2011	3257
德阳市	2324	377	1137	321	489	15570	2775	8105	2144	2546
绵阳市	4426	953	2281	578	614	25593	6213	13310	3375	2695
广元市	1801	368	993	199	241	10850	2536	6136	1137	1041
遂宁市	2954	672	1549	234	499	19510	4852	9896	1687	3075
内江市	1976	264	1022	343	347	15406	2282	8332	2426	2366
乐山市	2560	543	1414	274	329	18603	4372	10148	2062	2021
南充市	4988	1502	2111	401	974	35686	11512	14895	3068	6211
眉山市	2809	547	1622	322	318	17061	3772	9535	2036	1718
宜宾市	3255	570	1834	360	491	21582	4120	12530	2043	2889
广安市	2668	738	1364	243	323	18306	5266	9347	1795	1898
达州市	4243	1175	1623	559	886	32561	9294	13389	4021	5857
雅安市	1221	407	531	97	186	6773	2725	2900	507	641
巴中市	2589	678	1213	205	493	13814	3830	6825	1148	2011
资阳市	1644	469	714	217	244	10909	3373	5060	1230	1246
阿坝藏族羌族自治州	413	161	156	69	27	3085	1542	1186	273	84
甘孜藏族自治州	563	329	156	52	26	5166	3246	1299	417	204
凉山彝族自治州	5668	3214	1832	299	323	37677	21983	12569	1679	1446

7-4　续表 2

单位：人

现住地	初中					高中				
	小计	乡	镇的村委会	镇的居委会	街道	小计	乡	镇的村委会	镇的居委会	街道
全省	**705890**	**173376**	**339132**	**77191**	**116191**	**481513**	**102273**	**203191**	**62688**	**113361**
成都市	236223	56346	115590	22937	41350	162963	33037	66233	19442	44251
自贡市	20598	2898	9210	3024	5466	11991	1360	5001	1824	3806
攀枝花市	12556	3077	4611	1264	3604	8382	1590	2162	1007	3623
泸州市	22964	4145	11258	2804	4757	19014	2655	9535	3005	3819
德阳市	23502	4203	12375	3082	3842	15943	2529	7508	2501	3405
绵阳市	41049	9495	21253	5796	4505	31276	6046	12548	5567	7115
广元市	12368	2544	6601	1668	1555	10736	2349	5105	1599	1683
遂宁市	27390	6487	13642	2500	4761	16860	3306	8280	1596	3678
内江市	24882	3417	13045	4063	4357	16069	1777	8410	2792	3090
乐山市	24866	5158	13449	3072	3187	14938	2875	6942	2329	2792
南充市	51312	15222	21513	4760	9817	33057	8338	12344	3634	8741
眉山市	26474	5334	15095	3326	2719	15592	2594	8263	2236	2499
宜宾市	29025	5201	16582	3112	4130	22841	3583	12413	2709	4136
广安市	20663	5550	10433	2393	2287	13233	3549	6339	1645	1700
达州市	54765	16242	20963	6831	10729	36897	9484	11613	5786	10014
雅安市	10145	3534	4632	855	1124	5644	1718	2199	596	1131
巴中市	20150	5709	9475	1600	3366	17212	3990	7806	1776	3640
资阳市	16757	4926	7674	1942	2215	9770	2341	4685	1052	1692
阿坝藏族羌族自治州	2855	1043	1305	370	137	2436	1137	867	312	120
甘孜藏族自治州	3439	1469	1325	404	241	2720	1566	619	346	189
凉山彝族自治州	23907	11376	9101	1388	2042	13939	6449	4319	934	2237

7-4　续表 3

单位：人

现住地	大学专科					大学本科				
	小计	乡	镇的村委会	镇的居委会	街道	小计	乡	镇的村委会	镇的居委会	街道
全省	**295684**	**58344**	**102219**	**45845**	**89276**	**221623**	**34053**	**58656**	**37034**	**91880**
成都市	140070	28543	47934	19573	44020	112113	18102	28177	15494	50340
自贡市	5896	730	1658	1031	2477	4802	678	1036	911	2177
攀枝花市	5218	903	1336	783	2196	4207	714	1027	629	1837
泸州市	8663	1945	2810	1345	2563	5897	689	1525	1372	2311
德阳市	11355	1964	4214	1784	3393	5995	638	1690	1092	2575
绵阳市	17218	2797	6941	3205	4275	13419	1791	3996	2878	4754
广元市	6099	1013	2477	1334	1275	3256	433	836	909	1078
遂宁市	6449	1061	2491	841	2056	4084	515	1042	681	1846
内江市	7366	1281	2432	1508	2145	4757	395	1393	1153	1816
乐山市	7841	1154	3084	1446	2157	5809	794	1770	1095	2150
南充市	14960	3079	4719	1963	5199	11246	1650	2742	1627	5227
眉山市	8141	1298	3467	1418	1958	5923	671	2147	1091	2014
宜宾市	10123	1454	4089	1840	2740	10581	1447	3499	2127	3508
广安市	4069	783	1517	743	1026	2480	356	730	545	849
达州市	14970	3075	4535	2645	4715	8587	1587	2243	1687	3070
雅安市	3327	643	1351	453	880	2539	349	743	426	1021
巴中市	6490	1550	2098	810	2032	3444	551	814	567	1512
资阳市	3700	567	1419	679	1035	2425	337	489	595	1004
阿坝藏族羌族自治州	2161	690	595	579	297	1925	312	572	598	443
甘孜藏族自治州	2388	855	553	655	325	2157	542	552	570	493
凉山彝族自治州	9180	2959	2499	1210	2512	5977	1502	1633	987	1855

7-4 续表 4

单位：人

现住地	硕士研究生					博士研究生				
	小计	乡	镇的村委会	镇的居委会	街道	小计	乡	镇的村委会	镇的居委会	街道
全省	**17321**	**1560**	**2408**	**2339**	**11014**	**2093**	**142**	**196**	**232**	**1523**
成都市	12042	1019	1490	1410	8123	1595	95	136	150	1214
自贡市	269	29	41	32	167	19	2	4	2	11
攀枝花市	186	20	18	23	125	15	1	1	3	10
泸州市	352	41	75	60	176	23		3	7	13
德阳市	439	23	58	85	273	43	6	5	2	30
绵阳市	970	100	167	192	511	150	5	11	33	101
广元市	132	11	23	27	71	9	1	3	4	1
遂宁市	181	20	21	31	109	18	3	3	2	10
内江市	189	5	35	42	107	17	2	6	2	7
乐山市	248	21	41	51	135	19		3	5	11
南充市	648	66	150	79	353	58	4	3	5	46
眉山市	244	20	59	57	108	11		3	1	7
宜宾市	391	31	59	66	235	34	3	6	5	20
广安市	91	17	21	20	33	1				1
达州市	276	57	53	39	127	22	5	2	4	11
雅安市	122	4	20	22	76	14	1	2	1	10
巴中市	116	16	29	10	61	10	2	3		5
资阳市	127	19	19	23	66	4		1		3
阿坝藏族羌族自治州	86	10	6	35	35	6	2		3	1
甘孜藏族自治州	52	7	5	14	26	13	9	1	1	2
凉山彝族自治州	160	24	18	21	97	12	1		2	9

7-5 全省按现住地、户口登记地类型、受教育程度分的户口登记地在外省人口

单位：人

现住地	合计					未上过学				
	合计	乡	镇的村委会	镇的居委会	街道	小计	乡	镇的村委会	镇的居委会	街道
全省	**232210**	**45123**	**91986**	**29044**	**66057**	**2606**	**749**	**1197**	**244**	**416**
成都市	133882	25773	48967	16267	42875	1290	368	582	117	223
自贡市	2907	419	1380	361	747	47	9	32	1	5
攀枝花市	4528	1132	1708	489	1199	119	45	50	7	17
泸州市	6104	984	3010	777	1333	78	21	33	10	14
德阳市	7331	1160	3055	960	2156	117	27	50	12	28
绵阳市	13166	2318	5559	1989	3300	121	37	53	17	14
广元市	3372	702	1533	547	590	36	13	12	7	4
遂宁市	3727	689	1611	460	967	48	9	26	3	10
内江市	4407	573	2150	748	936	56	5	39	5	7
乐山市	4492	781	2096	572	1043	46	17	20	2	7
南充市	7241	1358	2596	915	2372	86	17	26	17	26
眉山市	3740	584	1629	619	908	34	7	17	5	5
宜宾市	8589	1563	4767	925	1334	75	17	43	6	9
广安市	4041	740	1607	706	988	76	11	40	9	16
达州市	9704	2290	3716	1175	2523	68	19	38	5	6
雅安市	1982	445	860	203	474	26	11	9	1	5
巴中市	2485	637	1069	265	514	9	1	5		3
资阳市	2132	491	847	304	490	40	11	21	3	5
阿坝藏族羌族自治州	1552	435	779	173	165	70	31	33	5	1
甘孜藏族自治州	2201	726	909	239	327	71	41	20	9	1
凉山彝族自治州	4627	1323	2138	350	816	93	32	48	3	10

7-5　续表 1　　单位：人

现住地	学前教育					小学				
	小计	乡	镇的村委会	镇的居委会	街道	小计	乡	镇的村委会	镇的居委会	街道
全省	**5365**	**1118**	**2357**	**631**	**1259**	**32579**	**8141**	**16035**	**3149**	**5254**
成都市	2607	582	1119	267	639	15042	3922	7199	1284	2637
自贡市	104	10	48	21	25	506	70	299	54	83
攀枝花市	110	22	41	12	35	1109	326	443	121	219
泸州市	169	23	88	16	42	1353	232	796	141	184
德阳市	183	28	91	20	44	1150	216	613	123	198
绵阳市	307	67	121	53	66	1783	398	894	227	264
广元市	122	33	53	18	18	569	131	309	72	57
遂宁市	140	34	50	14	42	737	158	343	93	143
内江市	133	20	71	23	19	822	117	494	116	95
乐山市	149	20	83	19	27	768	174	414	70	110
南充市	202	48	70	23	61	1097	253	438	129	277
眉山市	129	21	58	18	32	554	97	278	91	88
宜宾市	270	50	160	24	36	1617	403	930	137	147
广安市	158	25	59	31	43	847	176	414	108	149
达州市	228	43	91	36	58	1288	337	605	134	212
雅安市	50	5	23	3	19	275	87	126	27	35
巴中市	69	14	35	2	18	398	123	195	28	52
资阳市	77	15	27	19	16	425	103	174	51	97
阿坝藏族羌族自治州	17	7	6	3	1	377	123	220	23	11
甘孜藏族自治州	29	7	13	5	4	741	331	285	62	63
凉山彝族自治州	112	44	50	4	14	1121	364	566	58	133

7-5　续表 2　　单位：人

现住地	初中					高中				
	小计	乡	镇的村委会	镇的居委会	街道	小计	乡	镇的村委会	镇的居委会	街道
全省	**63453**	**14795**	**31405**	**6577**	**10676**	**43250**	**8329**	**17481**	**5764**	**11676**
成都市	30298	7310	14653	2894	5441	24601	4882	9708	3069	6942
自贡市	960	157	554	99	150	516	70	223	63	160
攀枝花市	1533	415	665	141	312	742	169	228	79	266
泸州市	2077	384	1166	218	309	1076	148	504	146	278
德阳市	2113	399	1115	260	339	1268	201	529	212	326
绵阳市	3489	751	1831	416	491	2603	449	1039	466	649
广元市	1029	230	538	145	116	747	162	296	110	179
遂宁市	1330	256	667	136	271	801	138	344	102	217
内江市	1486	202	822	243	219	960	149	436	154	221
乐山市	1407	258	782	165	202	818	135	363	111	209
南充市	2394	517	1022	295	560	1552	271	581	181	519
眉山市	1143	201	599	171	172	725	110	319	141	155
宜宾市	3205	639	2036	265	265	1450	204	812	191	243
广安市	1536	359	708	227	242	720	120	256	153	191
达州市	3999	1114	1675	359	851	2090	504	750	291	545
雅安市	663	189	315	71	88	490	98	201	40	151
巴中市	1034	317	455	109	153	500	107	215	63	115
资阳市	850	215	389	102	144	371	80	157	53	81
阿坝藏族羌族自治州	493	144	270	47	32	270	64	117	46	43
甘孜藏族自治州	712	217	326	74	95	290	79	118	33	60
凉山彝族自治州	1702	521	817	140	224	660	189	285	60	126

7-5 续表 3

单位：人

现住地	大学专科					大学本科				
	小计	乡	镇的村委会	镇的居委会	街道	小计	乡	镇的村委会	镇的居委会	街道
全省	**32378**	**5318**	**10600**	**4820**	**11640**	**45695**	**5829**	**11550**	**7059**	**21257**
成都市	21750	3765	6835	3106	8044	32504	4233	7771	4916	15584
自贡市	303	35	99	46	123	408	58	111	69	170
攀枝花市	403	61	133	58	151	466	85	138	67	176
泸州市	639	108	220	104	207	643	62	189	128	264
德阳市	985	128	302	149	406	1427	153	325	169	780
绵阳市	1568	227	567	274	500	2981	350	965	485	1181
广元市	528	83	226	99	120	311	44	89	89	89
遂宁市	375	47	123	65	140	275	45	54	43	133
内江市	439	48	149	103	139	474	31	130	98	215
乐山市	528	75	205	87	161	727	101	220	108	298
南充市	705	106	209	96	294	1099	131	228	158	582
眉山市	464	70	165	79	150	662	75	185	108	294
宜宾市	787	94	381	123	189	1109	150	392	162	405
广安市	346	29	85	91	141	332	18	42	85	187
达州市	1085	171	351	159	404	899	92	202	179	426
雅安市	174	18	70	26	60	275	32	108	30	105
巴中市	283	53	104	31	95	182	20	60	32	70
资阳市	181	37	49	33	62	176	30	28	40	78
阿坝藏族羌族自治州	180	40	80	25	35	139	24	52	22	41
甘孜藏族自治州	182	29	77	25	51	161	19	68	29	45
凉山彝族自治州	473	94	170	41	168	445	76	193	42	134

7-5 续表 4

单位：人

现住地	硕士研究生					博士研究生				
	小计	乡	镇的村委会	镇的居委会	街道	小计	乡	镇的村委会	镇的居委会	街道
全省	**5954**	**750**	**1221**	**714**	**3269**	**930**	**94**	**140**	**86**	**610**
成都市	4967	625	975	544	2823	823	86	125	70	542
自贡市	57	9	14	8	26	6	1			5
攀枝花市	40	9	10	3	18	6			1	5
泸州市	63	6	13	14	30	6		1		5
德阳市	86	8	29	15	34	2		1		1
绵阳市	272	37	82	44	109	42	2	7	7	26
广元市	29	6	10	6	7	1			1	
遂宁市	20	2	4	4	10	1				1
内江市	31	1	8	5	17	6		1	1	4
乐山市	44	1	9	10	24	5				5
南充市	98	14	21	15	48	8	1	1	1	5
眉山市	26	3	8	4	11	3			2	1
宜宾市	72	5	13	17	37	4	1			3
广安市	23	2	3	1	17	3			1	2
达州市	45	9	4	12	20	2	1			1
雅安市	24	4	5	5	10	5	1	3		1
巴中市	10	2			8					
资阳市	11		2	2	7	1			1	
阿坝藏族羌族自治州	5	2		2	1	1		1		
甘孜藏族自治州	12	2	2	2	6	3	1			2
凉山彝族自治州	19	3	9	1	6	2			1	1

7-6 全省按现住地和出生地分的人口

单位：人

现住地	出生地							
	合计	省内		省外				
		本县市区	本省其他县市区	北京	天津	河北	山西	内蒙古
全省	**8866931**	**7169560**	**1380144**	**2706**	**1231**	**10764**	**7549**	**3099**
成都市	2049635	1081453	789713	1682	801	7283	5294	2209
自贡市	255739	226991	23446	59	26	91	53	23
攀枝花市	135955	77999	45910	28	40	340	89	56
泸州市	412397	377589	26898	46	22	126	79	27
德阳市	353644	297182	45606	75	32	366	259	120
绵阳市	529181	425520	84570	239	87	735	570	223
广元市	237057	210732	21109	74	10	208	106	29
遂宁市	358815	334816	19296	21	10	69	49	26
内江市	373591	343282	23506	20	7	92	53	15
乐山市	310605	270139	34171	63	28	270	141	57
南充市	702979	645159	47592	68	31	167	117	41
眉山市	289746	260552	24144	47	25	168	84	67
宜宾市	451524	394453	45136	85	49	292	189	65
广安市	315272	299446	10713	12	1	44	37	20
达州市	727030	677399	39278	64	18	135	104	27
雅安市	148370	133350	12613	11	17	88	60	21
巴中市	319910	305162	11276	71	9	86	63	22
资阳市	223604	209210	11005	27	9	63	52	17
阿坝藏族羌族自治州	84724	74964	8246	2	3	29	29	10
甘孜藏族自治州	109989	96316	11717	1	3	18	31	3
凉山彝族自治州	477164	427846	44199	11	3	94	90	21

7-6 续表 1

单位：人

现住地	出生地								
	省外								
	辽宁	吉林	黑龙江	上海	江苏	浙江	安徽	福建	江西
全省	**8063**	**4732**	**7194**	**2803**	**9125**	**9479**	**8160**	**7429**	**8633**
成都市	4447	3192	4852	1415	5340	4402	5164	3795	5344
自贡市	60	34	123	112	162	304	115	119	142
攀枝花市	1513	413	285	32	268	87	140	102	87
泸州市	126	30	45	48	121	221	95	167	135
德阳市	327	159	424	170	348	347	277	277	270
绵阳市	554	340	496	301	840	573	663	317	431
广元市	83	29	72	46	155	252	121	121	122
遂宁市	20	21	36	62	106	131	111	122	103
内江市	135	31	45	45	159	342	118	104	156
乐山市	168	84	135	56	256	207	206	153	224
南充市	102	51	110	130	282	316	169	321	294
眉山市	84	66	224	50	139	132	144	165	128
宜宾市	181	100	94	90	286	1088	289	243	263
广安市	25	14	36	9	72	96	84	230	136
达州市	57	42	49	48	173	322	151	636	362
雅安市	36	27	35	10	58	60	74	80	87
巴中市	30	18	29	121	141	184	66	183	88
资阳市	28	17	27	42	108	245	57	57	87
阿坝藏族羌族自治州	24	18	14	3	21	18	22	78	25
甘孜藏族自治州	9	6	4	2	18	28	11	14	31
凉山彝族自治州	54	40	59	11	72	124	83	145	118

7-6 续表 2

单位：人

现住地	出生地							
	省外							
	山东	河南	湖北	湖南	广东	广西	海南	重庆
全省	**10574**	**19136**	**17667**	**13595**	**13819**	**5805**	**1315**	**67689**
成都市	6885	11699	11050	7425	4953	2686	664	40173
自贡市	130	215	207	307	546	153	15	896
攀枝花市	502	490	516	461	164	214	18	3433
泸州市	143	278	287	265	757	224	39	1728
德阳市	407	648	459	406	364	181	43	2282
绵阳市	802	1524	1004	767	578	364	66	2987
广元市	131	425	249	203	232	86	13	782
遂宁市	72	199	196	211	293	140	17	1185
内江市	108	276	234	323	597	191	17	1597
乐山市	256	389	425	298	219	130	25	1036
南充市	188	439	547	568	1716	319	45	1684
眉山市	153	367	238	210	266	122	44	869
宜宾市	223	473	418	493	828	244	40	1513
广安市	46	166	258	240	469	158	21	1633
达州市	129	669	546	578	1245	294	107	2781
雅安市	66	158	146	110	45	51	8	565
巴中市	88	177	248	173	274	83	105	434
资阳市	76	105	118	148	178	74	12	754
阿坝藏族羌族自治州	24	64	100	101	11	20	2	156
甘孜藏族自治州	24	102	124	104	19	10	7	246
凉山彝族自治州	121	273	297	204	65	61	7	955

7-6 续表 3

单位：人

现住地	出生地								
	省外								港澳台或国外
	贵州	云南	西藏	陕西	甘肃	青海	宁夏	新疆	
全省	**14623**	**21952**	**2249**	**12334**	**11950**	**3718**	**1197**	**8381**	**256**
成都市	6325	6405	1419	7117	7543	2297	855	5603	150
自贡市	271	792	42	108	76	13	1	103	4
攀枝花市	235	2145	21	178	87	14	15	73	
泸州市	1607	941	26	134	87	15	6	75	10
德阳市	437	544	71	519	430	253	39	310	12
绵阳市	673	653	99	1059	1031	391	116	600	8
广元市	208	144	13	532	618	52	15	81	4
遂宁市	263	632	59	153	158	46	8	178	6
内江市	490	1199	27	142	87	29	9	148	7
乐山市	284	449	41	252	222	52	24	139	6
南充市	761	566	73	382	304	65	33	337	2
眉山市	295	397	57	172	132	53	14	126	12
宜宾市	626	3029	38	320	145	35	21	168	7
广安市	500	539	18	93	56	11	5	83	1
达州市	801	336	10	393	146	20	13	95	2
雅安市	87	267	28	89	63	13	4	40	3
巴中市	203	134	14	279	71	13	8	57	
资阳市	235	547	40	69	58	22	3	110	4
阿坝藏族羌族自治州	73	144	11	76	324	93	1	13	5
甘孜藏族自治州	81	424	131	83	218	195	1	2	6
凉山彝族自治州	168	1665	11	184	94	36	6	40	7

7−7　全省按现住地和五年前常住地分的人口

单位：人

现住地	五年前常住地							
	合计	省内		省外				
		本县市区	本省其他县市区	北京	天津	河北	山西	内蒙古
全省	**8449504**	**7795856**	**437127**	**6837**	**1498**	**5150**	**3854**	**1553**
成都市	1950779	1649722	213326	3809	802	3037	2284	921
自贡市	245334	230035	10175	83	20	66	44	8
攀枝花市	129925	120267	8012	25	13	45	18	6
泸州市	392900	375340	10629	94	46	76	45	18
德阳市	339469	318487	15362	120	46	205	121	49
绵阳市	506322	463165	28602	573	122	501	327	132
广元市	226204	215466	5909	303	45	93	177	37
遂宁市	344092	327043	10120	116	31	61	45	27
内江市	358761	337570	13323	71	20	78	60	24
乐山市	296730	283345	10370	97	15	101	43	36
南充市	674178	625627	26125	463	88	215	185	94
眉山市	276061	261741	10997	110	27	74	47	34
宜宾市	428387	397377	20362	224	61	174	147	43
广安市	300186	289638	3753	34	4	35	26	12
达州市	698822	670577	14710	216	86	136	75	16
雅安市	140684	135578	4054	17	4	33	21	9
巴中市	305018	293487	5370	357	32	113	87	49
资阳市	214620	204918	6197	77	19	33	22	14
阿坝藏族羌族自治州	79905	75142	3729	15	6	16	20	4
甘孜藏族自治州	102637	96205	5021	3	2	15	21	4
凉山彝族自治州	438490	425126	10981	30	9	43	39	16

7−7　续表 1

单位：人

现住地	五年前常住地								
	省外								
	辽宁	吉林	黑龙江	上海	江苏	浙江	安徽	福建	江西
全省	**2930**	**1721**	**2526**	**6829**	**9547**	**16141**	**3238**	**9708**	**3438**
成都市	1578	1172	1804	2632	3251	3630	1965	2309	1958
自贡市	22	21	37	144	253	686	39	149	68
攀枝花市	25	22	11	37	53	50	14	45	30
泸州市	23	8	23	138	138	457	36	277	57
德阳市	105	57	89	208	213	365	92	288	112
绵阳市	169	119	202	628	1234	1779	367	474	205
广元市	59	16	25	220	277	625	32	187	43
遂宁市	34	12	30	429	300	507	53	520	52
内江市	109	15	35	151	473	1086	61	233	54
乐山市	46	19	34	81	160	211	59	75	64
南充市	389	55	59	959	963	1357	114	1011	154
眉山市	32	22	28	93	263	183	45	161	48
宜宾市	91	61	32	268	456	2602	139	406	161
广安市	25	12	24	69	79	277	40	946	68
达州市	44	29	14	224	440	885	65	1866	155
雅安市	23	15	20	19	41	47	16	40	38
巴中市	98	17	21	373	721	588	42	473	50
资阳市	11	11	9	121	129	661	24	92	30
阿坝藏族羌族自治州	24	11	9	11	19	24	10	62	10
甘孜藏族自治州	6	3	3	4	12	24	3	12	10
凉山彝族自治州	17	24	17	20	72	97	22	82	71

7–7 续表 2

单位：人

现住地	五年前常住地							
	省外							
	山东	河南	湖北	湖南	广东	广西	海南	重庆
全省	**5222**	**7717**	**6385**	**5047**	**39354**	**2764**	**1768**	**24853**
成都市	3128	4526	3816	2685	8547	1318	609	11446
自贡市	84	97	87	130	1539	71	58	410
攀枝花市	37	50	34	50	153	35	14	239
泸州市	98	139	103	84	2123	132	54	862
德阳市	152	235	166	128	668	88	45	649
绵阳市	350	653	346	249	1572	189	78	1038
广元市	116	215	71	84	736	33	17	283
遂宁市	77	67	111	120	1679	43	35	748
内江市	80	156	85	120	2173	69	39	893
乐山市	86	125	139	95	345	43	18	294
南充市	220	228	265	276	8778	180	134	1631
眉山市	91	77	72	61	555	62	45	389
宜宾市	132	246	160	192	1981	150	48	752
广安市	40	77	127	79	1910	49	69	1725
达州市	85	358	250	293	4903	141	156	1794
雅安市	35	61	50	47	59	31	3	193
巴中市	254	117	128	92	951	48	317	414
资阳市	67	57	52	52	529	28	19	625
阿坝藏族羌族自治州	20	40	74	67	12	16	1	73
甘孜藏族自治州	14	70	98	56	30	4	6	131
凉山彝族自治州	56	123	151	87	111	34	3	264

7–7 续表 3

单位：人

现住地	五年前常住地								
	省外								港澳台或国外
	贵州	云南	西藏	陕西	甘肃	青海	宁夏	新疆	
全省	**7688**	**11223**	**3255**	**6930**	**5645**	**2301**	**954**	**8773**	**1672**
成都市	3012	3519	1458	3218	3203	1189	512	3508	885
自贡市	163	425	89	91	61	9	6	127	37
攀枝花市	55	451	14	37	23	8	7	34	11
泸州市	943	606	37	77	57	6	10	107	57
德阳市	196	233	91	214	180	108	41	301	55
绵阳市	327	409	253	565	493	200	110	815	76
广元市	78	90	34	284	351	54	21	199	24
遂宁市	143	372	370	126	87	52	21	635	26
内江市	318	780	105	105	75	35	11	324	30
乐山市	125	214	56	101	108	34	25	112	54
南充市	519	595	272	945	368	317	94	1453	45
眉山市	150	186	130	74	60	30	7	123	44
宜宾市	335	1105	45	210	72	35	17	247	56
广安市	311	413	36	68	27	12	7	167	27
达州市	487	239	26	202	104	21	15	195	15
雅安市	35	84	25	18	16	13	5	24	10
巴中市	94	123	22	320	55	13	24	154	14
资阳市	163	262	81	38	22	18	8	206	25
阿坝藏族羌族自治州	57	126	16	63	127	70	3	6	22
甘孜藏族自治州	72	361	87	62	96	52	3	6	141
凉山彝族自治州	105	630	8	112	60	25	7	30	18

第二部分　长表数据资料

第八卷　老年人口

8-1　各地区分性别、健康状况的60岁及以上老年人口

单位：人

地　区	60岁及以上人口			健　康		
	合计	男	女	小计	男	女
全省	**1817836**	**890745**	**927091**	**891240**	**461612**	**429628**
成都市	360314	172800	187514	227371	112353	115018
自贡市	68043	32963	35080	32994	16778	16216
攀枝花市	25545	12664	12881	12202	6259	5943
泸州市	93681	46102	47579	42218	22086	20132
德阳市	87143	42625	44518	45125	23536	21589
绵阳市	116601	58394	58207	57827	31353	26474
广元市	55479	27087	28392	24484	13191	11293
遂宁市	76693	38860	37833	34159	18659	15500
内江市	82521	40748	41773	36503	19239	17264
乐山市	74885	36614	38271	34428	17736	16692
南充市	158239	79556	78683	60723	33416	27307
眉山市	69912	33762	36150	33506	16992	16514
宜宾市	90953	44364	46589	43742	22433	21309
广安市	78115	38462	39653	33064	17350	15714
达州市	137777	68141	69636	62504	32769	29735
雅安市	30544	15083	15461	16398	8491	7907
巴中市	70339	34381	35958	27647	14879	12768
资阳市	62079	31040	31039	24906	13402	11504
阿坝藏族羌族自治州	11662	5466	6196	5885	3005	2880
甘孜藏族自治州	11929	5446	6483	5432	2728	2704
凉山彝族自治州	55382	26187	29195	30122	14957	15165

8-1　续表

单位：人

地　区	基本健康			不健康，但生活能自理			不健康，生活不能自理		
	小计	男	女	小计	男	女	小计	男	女
全省	**674854**	**314267**	**360587**	**209097**	**95926**	**113171**	**42645**	**18940**	**23705**
成都市	104932	47580	57352	20691	9555	11136	7320	3312	4008
自贡市	24802	11344	13458	8734	4154	4580	1513	687	826
攀枝花市	9994	4817	5177	2668	1271	1397	681	317	364
泸州市	38469	18095	20374	10972	5065	5907	2022	856	1166
德阳市	31369	14289	17080	8828	4008	4820	1821	792	1029
绵阳市	42871	19915	22956	13197	5965	7232	2706	1161	1545
广元市	20996	9540	11456	8430	3692	4738	1569	664	905
遂宁市	30734	14733	16001	9867	4631	5236	1933	837	1096
内江市	33765	15955	17810	10537	4827	5710	1716	727	989
乐山市	30118	14052	16066	8583	4060	4523	1756	766	990
南充市	67182	32377	34805	25802	11762	14040	4532	2001	2531
眉山市	26510	12258	14252	8248	3735	4513	1648	777	871
宜宾市	33674	15629	18045	11012	5110	5902	2525	1192	1333
广安市	32912	15499	17413	10473	4820	5653	1666	793	873
达州市	53797	25571	28226	18771	8567	10204	2705	1234	1471
雅安市	10472	4877	5595	2906	1370	1536	768	345	423
巴中市	28632	13213	15419	11970	5352	6618	2090	937	1153
资阳市	26396	12539	13857	9148	4361	4787	1629	738	891
阿坝藏族羌族自治州	4279	1838	2441	1215	510	705	283	113	170
甘孜藏族自治州	4503	1927	2576	1582	652	930	412	139	273
凉山彝族自治州	18447	8219	10228	5463	2459	3004	1350	552	798

8-1a 各地区分性别、健康状况的60岁及以上老年人口(城市)

单位：人

地　区	60岁及以上人口			健　康		
	合计	男	女	小计	男	女
全省	**493467**	**234614**	**258853**	**308038**	**151559**	**156479**
成都市	225243	106420	118823	154110	74825	79285
自贡市	18504	8402	10102	11333	5403	5930
攀枝花市	15681	7857	7824	7980	4014	3966
泸州市	17981	8499	9482	9555	4749	4806
德阳市	24200	11464	12736	15065	7412	7653
绵阳市	27873	13467	14406	16452	8373	8079
广元市	7012	3403	3609	4329	2200	2129
遂宁市	19469	9462	10007	10794	5532	5262
内江市	14281	6660	7621	8635	4178	4457
乐山市	17878	8441	9437	9945	4897	5048
南充市	26580	13066	13514	14579	7513	7066
眉山市	10578	4922	5656	6233	2992	3241
宜宾市	15389	7047	8342	8906	4279	4627
广安市	7831	3680	4151	4410	2158	2252
达州市	18279	9170	9109	9877	5157	4720
雅安市	5440	2630	2810	3563	1784	1779
巴中市	7019	3326	3693	3693	1871	1822
资阳市	6302	2908	3394	3384	1641	1743
阿坝藏族羌族自治州	289	131	158	222	112	110
甘孜藏族自治州	414	192	222	294	138	156
凉山彝族自治州	7224	3467	3757	4679	2331	2348

8-1a　续表

单位：人

地　区	基本健康			不健康，但生活能自理			不健康，生活不能自理		
	小计	男	女	小计	男	女	小计	男	女
全省	**147836**	**66374**	**81462**	**28005**	**12401**	**15604**	**9588**	**4280**	**5308**
成都市	57286	25410	31876	9611	4298	5313	4236	1887	2349
自贡市	5599	2337	3262	1128	473	655	444	189	255
攀枝花市	6212	3093	3119	1128	575	553	361	175	186
泸州市	6803	3098	3705	1306	548	758	317	104	213
德阳市	7325	3241	4084	1444	646	798	366	165	201
绵阳市	9261	4120	5141	1636	729	907	524	245	279
广元市	1879	856	1023	597	259	338	207	88	119
遂宁市	6711	3027	3684	1522	694	828	442	209	233
内江市	4525	2026	2499	886	367	519	235	89	146
乐山市	6412	2865	3547	1149	505	644	372	174	198
南充市	9555	4502	5053	1890	802	1088	556	249	307
眉山市	3358	1501	1857	784	340	444	203	89	114
宜宾市	4860	2061	2799	1206	503	703	417	204	213
广安市	2804	1241	1563	472	212	260	145	69	76
达州市	6799	3283	3516	1406	632	774	197	98	99
雅安市	1440	650	790	333	154	179	104	42	62
巴中市	2501	1108	1393	669	286	383	156	61	95
资阳市	2263	977	1286	492	211	281	163	79	84
阿坝藏族羌族自治州	49	16	33	13	2	11	5	1	4
甘孜藏族自治州	89	39	50	26	13	13	5	2	3
凉山彝族自治州	2105	923	1182	307	152	155	133	61	72

8-1b　各地区分性别、健康状况的60岁及以上老年人口(镇)

单位：人

地　　区	60岁及以上人口			健　　康		
	合计	男	女	小计	男	女
全省	**317689**	**152674**	**165015**	**158687**	**80382**	**78305**
成都市	25545	12326	13219	15514	7760	7754
自贡市	13385	6180	7205	7322	3497	3825
攀枝花市	2861	1379	1482	1436	733	703
泸州市	20736	9836	10900	10171	5031	5140
德阳市	15776	7748	8028	8221	4342	3879
绵阳市	16383	8169	8214	7951	4314	3637
广元市	11225	5418	5807	5200	2738	2462
遂宁市	12063	6031	6032	6210	3250	2960
内江市	17247	7994	9253	8507	4160	4347
乐山市	14786	7031	7755	7298	3631	3667
南充市	28465	14079	14386	11295	6041	5254
眉山市	15065	7201	7864	7434	3709	3725
宜宾市	21870	10434	11436	11631	5826	5805
广安市	16987	7946	9041	8024	3922	4102
达州市	32561	15860	16701	16575	8324	8251
雅安市	8731	4178	4553	4689	2352	2337
巴中市	13284	6313	6971	5456	2803	2653
资阳市	10221	4876	5345	5088	2602	2486
阿坝藏族羌族自治州	3853	1857	1996	1960	973	987
甘孜藏族自治州	2887	1377	1510	1486	762	724
凉山彝族自治州	13758	6441	7317	7219	3612	3607

8-1b　续表

单位：人

地　　区	基本健康			不健康，但生活能自理			不健康，生活不能自理		
	小计	男	女	小计	男	女	小计	男	女
全省	**119021**	**54143**	**64878**	**32549**	**14731**	**17818**	**7432**	**3418**	**4014**
成都市	8005	3625	4380	1497	707	790	529	234	295
自贡市	4271	1865	2406	1487	668	819	305	150	155
攀枝花市	1071	486	585	280	127	153	74	33	41
泸州市	8149	3688	4461	2013	931	1082	403	186	217
德阳市	5649	2539	3110	1551	718	833	355	149	206
绵阳市	6209	2837	3372	1822	849	973	401	169	232
广元市	4395	1968	2427	1363	589	774	267	123	144
遂宁市	4348	2067	2281	1175	560	615	330	154	176
内江市	6651	2948	3703	1747	743	1004	342	143	199
乐山市	5849	2654	3195	1288	582	706	351	164	187
南充市	12502	5899	6603	3862	1747	2115	806	392	414
眉山市	5883	2699	3184	1392	615	777	356	178	178
宜宾市	7383	3311	4072	2233	1012	1221	623	285	338
广安市	6886	3089	3797	1726	764	962	351	171	180
达州市	11877	5642	6235	3558	1633	1925	551	261	290
雅安市	3061	1384	1677	760	338	422	221	104	117
巴中市	5761	2587	3174	1717	773	944	350	150	200
资阳市	3792	1645	2147	1017	471	546	324	158	166
阿坝藏族羌族自治州	1411	650	761	398	196	202	84	38	46
甘孜藏族自治州	1000	449	551	333	138	195	68	28	40
凉山彝族自治州	4868	2111	2757	1330	570	760	341	148	193

8-1c　各地区分性别、健康状况的60岁及以上老年人口(乡村)

单位：人

地　区	60岁及以上人口			健　康		
	合计	男	女	小计	男	女
全省	**1006680**	**503457**	**503223**	**424515**	**229671**	**194844**
成都市	109526	54054	55472	57747	29768	27979
自贡市	36154	18381	17773	14339	7878	6461
攀枝花市	7003	3428	3575	2786	1512	1274
泸州市	54964	27767	27197	22492	12306	10186
德阳市	47167	23413	23754	21839	11782	10057
绵阳市	72345	36758	35587	33424	18666	14758
广元市	37242	18266	18976	14955	8253	6702
遂宁市	45161	23367	21794	17155	9877	7278
内江市	50993	26094	24899	19361	10901	8460
乐山市	42221	21142	21079	17185	9208	7977
南充市	103194	52411	50783	34849	19862	14987
眉山市	44269	21639	22630	19839	10291	9548
宜宾市	53694	26883	26811	23205	12328	10877
广安市	53297	26836	26461	20630	11270	9360
达州市	86937	43111	43826	36052	19288	16764
雅安市	16373	8275	8098	8146	4355	3791
巴中市	50036	24742	25294	18498	10205	8293
资阳市	45556	23256	22300	16434	9159	7275
阿坝藏族羌族自治州	7520	3478	4042	3703	1920	1783
甘孜藏族自治州	8628	3877	4751	3652	1828	1824
凉山彝族自治州	34400	16279	18121	18224	9014	9210

8-1c　续表

单位：人

地　区	基本健康			不健康，但生活能自理			不健康，生活不能自理		
	小计	男	女	小计	男	女	小计	男	女
全省	**407997**	**193750**	**214247**	**148543**	**68794**	**79749**	**25625**	**11242**	**14383**
成都市	39641	18545	21096	9583	4550	5033	2555	1191	1364
自贡市	14932	7142	7790	6119	3013	3106	764	348	416
攀枝花市	2711	1238	1473	1260	569	691	246	109	137
泸州市	23517	11309	12208	7653	3586	4067	1302	566	736
德阳市	18395	8509	9886	5833	2644	3189	1100	478	622
绵阳市	27401	12958	14443	9739	4387	5352	1781	747	1034
广元市	14722	6716	8006	6470	2844	3626	1095	453	642
遂宁市	19675	9639	10036	7170	3377	3793	1161	474	687
内江市	22589	10981	11608	7904	3717	4187	1139	495	644
乐山市	17857	8533	9324	6146	2973	3173	1033	428	605
南充市	45125	21976	23149	20050	9213	10837	3170	1360	1810
眉山市	17269	8058	9211	6072	2780	3292	1089	510	579
宜宾市	21431	10257	11174	7573	3595	3978	1485	703	782
广安市	23222	11169	12053	8275	3844	4431	1170	553	617
达州市	35121	16646	18475	13807	6302	7505	1957	875	1082
雅安市	5971	2843	3128	1813	878	935	443	199	244
巴中市	20370	9518	10852	9584	4293	5291	1584	726	858
资阳市	20341	9917	10424	7639	3679	3960	1142	501	641
阿坝藏族羌族自治州	2819	1172	1647	804	312	492	194	74	120
甘孜藏族自治州	3414	1439	1975	1223	501	722	339	109	230
凉山彝族自治州	11474	5185	6289	3826	1737	2089	876	343	533

8-2 全省分年龄、性别、健康状况的60岁及以上老年人口

单位：人

年龄	60岁及以上人口			健康		
	合计	男	女	小计	男	女
总计	**1817836**	**890745**	**927091**	**891240**	**461612**	**429628**
60-64岁	**413314**	**210762**	**202552**	**278911**	**146029**	**132882**
60	52733	26009	26724	38348	19405	18943
61	58001	30157	27844	40789	21743	19046
62	94112	48544	45568	63979	33859	30120
63	104073	53112	50961	68744	35899	32845
64	104395	52940	51455	67051	35123	31928
65-69岁	**541196**	**265704**	**275492**	**306723**	**157303**	**149420**
65	113124	56869	56255	69638	36229	33409
66	117099	58083	59016	69726	36004	33722
67	112457	54671	57786	63161	32087	31074
68	113519	55070	58449	60809	31038	29771
69	84997	41011	43986	43389	21945	21444
70-74岁	**368798**	**182870**	**185928**	**161577**	**84556**	**77021**
70	81794	40251	41543	39623	20474	19149
71	84331	42014	42317	37763	19764	17999
72	69851	34607	35244	30290	15807	14483
73	69119	34591	34528	28469	15027	13442
74	63703	31407	32296	25432	13484	11948
75-79岁	**250844**	**121825**	**129019**	**86163**	**44944**	**41219**
75	54510	26420	28090	20526	10771	9755
76	58035	28632	29403	20651	10940	9711
77	51144	24511	26633	17086	8767	8319
78	44050	21565	22485	14584	7626	6958
79	43105	20697	22408	13316	6840	6476
80-84岁	**146688**	**68547**	**78141**	**38902**	**19782**	**19120**
80	37810	18376	19434	11265	5870	5395
81	31114	14420	16694	8270	4143	4127
82	28786	13369	15417	7590	3895	3695
83	25055	11653	13402	6190	3101	3089
84	23923	10729	13194	5587	2773	2814
85-89岁	**67770**	**29356**	**38414**	**14283**	**6868**	**7415**
85	17078	7484	9594	3908	1900	2008
86	15132	6474	8658	3214	1524	1690
87	14941	6616	8325	3068	1472	1596
88	11569	4885	6684	2299	1064	1235
89	9050	3897	5153	1794	908	886
90-94岁	**23943**	**9883**	**14060**	**3972**	**1857**	**2115**
90	7844	3406	4438	1438	714	724
91	5633	2363	3270	932	424	508
92	4782	1954	2828	768	349	419
93	3315	1278	2037	479	211	268
94	2369	882	1487	355	159	196
95-99岁	**4691**	**1641**	**3050**	**645**	**254**	**391**
95	1690	607	1083	232	99	133
96	1301	458	843	189	68	121
97	800	271	529	111	50	61
98	526	177	349	65	18	47
99	374	128	246	48	19	29
100岁及以上	**592**	**157**	**435**	**64**	**19**	**45**

8–2 续表

单位：人

年 龄	基本健康			不健康，但生活能自理			不健康，生活不能自理		
	小计	男	女	小计	男	女	小计	男	女
总 计	**674854**	**314267**	**360587**	**209097**	**95926**	**113171**	**42645**	**18940**	**23705**
60–64岁	**111743**	**52686**	**59057**	**19568**	**10286**	**9282**	**3092**	**1761**	**1331**
60	12042	5394	6648	1984	1003	981	359	207	152
61	14379	6848	7531	2434	1327	1107	399	239	160
62	25057	11955	13102	4378	2324	2054	698	406	292
63	29310	13951	15359	5214	2805	2409	805	457	348
64	30955	14538	16417	5558	2827	2731	831	452	379
65–69岁	**189910**	**86651**	**103259**	**38899**	**18835**	**20064**	**5664**	**2915**	**2749**
65	35848	16759	19089	6686	3381	3305	952	500	452
66	38809	17759	21050	7453	3741	3712	1111	579	532
67	39948	18061	21887	8159	3904	4255	1189	619	570
68	42229	19050	23179	9169	4319	4850	1312	663	649
69	33076	15022	18054	7432	3490	3942	1100	554	546
70–74岁	**156815**	**74426**	**82389**	**44053**	**20735**	**23318**	**6353**	**3153**	**3200**
70	32936	15363	17573	8113	3854	4259	1122	560	562
71	35644	17003	18641	9620	4565	5055	1304	682	622
72	29783	14178	15605	8542	4009	4533	1236	613	623
73	30417	14644	15773	8918	4283	4635	1315	637	678
74	28035	13238	14797	8860	4024	4836	1376	661	715
75–79岁	**113625**	**53856**	**59769**	**43597**	**19496**	**24101**	**7459**	**3529**	**3930**
75	24416	11382	13034	8227	3633	4594	1341	634	707
76	26253	12624	13629	9575	4290	5285	1556	778	778
77	23403	10949	12454	9198	4121	5077	1457	674	783
78	19934	9540	10394	8068	3689	4379	1464	710	754
79	19619	9361	10258	8529	3763	4766	1641	733	908
80–84岁	**64621**	**30038**	**34583**	**35142**	**15419**	**19723**	**8023**	**3308**	**4715**
80	16848	8115	8733	8057	3667	4390	1640	724	916
81	13880	6366	7514	7374	3248	4126	1590	663	927
82	12635	5844	6791	6969	3022	3947	1592	608	984
83	10925	5073	5852	6395	2826	3569	1545	653	892
84	10333	4640	5693	6347	2656	3691	1656	660	996
85–89岁	**27929**	**12289**	**15640**	**19016**	**7740**	**11276**	**6542**	**2459**	**4083**
85	7265	3208	4057	4550	1843	2707	1355	533	822
86	6353	2725	3628	4223	1725	2498	1342	500	842
87	6166	2777	3389	4261	1771	2490	1446	596	850
88	4557	1988	2569	3380	1377	2003	1333	456	877
89	3588	1591	1997	2602	1024	1578	1066	374	692
90–94岁	**8534**	**3719**	**4815**	**7329**	**2906**	**4423**	**4108**	**1401**	**2707**
90	2899	1343	1556	2363	944	1419	1144	405	739
91	2026	878	1148	1749	725	1024	926	336	590
92	1644	740	904	1505	585	920	865	280	585
93	1153	461	692	1003	389	614	680	217	463
94	812	297	515	709	263	446	493	163	330
95–99岁	**1500**	**548**	**952**	**1358**	**479**	**879**	**1188**	**360**	**828**
95	562	204	358	519	187	332	377	117	260
96	417	152	265	387	140	247	308	98	210
97	269	107	162	206	60	146	214	54	160
98	153	51	102	144	56	88	164	52	112
99	99	34	65	102	36	66	125	39	86
100岁及以上	**177**	**54**	**123**	**135**	**30**	**105**	**216**	**54**	**162**

8-2a　全省分年龄、性别、健康状况的60岁及以上老年人口(城市)

单位：人

年龄	60岁及以上人口			健康		
	合计	男	女	小计	男	女
总　计	**493467**	**234614**	**258853**	**308038**	**151559**	**156479**
60-64岁	**131063**	**64113**	**66950**	**100283**	**49638**	**50645**
60	18958	9115	9843	15079	7344	7735
61	19535	9700	9835	15170	7608	7562
62	30114	14975	15139	23175	11652	11523
63	31445	15264	16181	23730	11612	12118
64	31011	15059	15952	23129	11422	11707
65-69岁	**143748**	**67457**	**76291**	**99246**	**47693**	**51553**
65	31678	15149	16529	22874	11133	11741
66	32240	15414	16826	22933	11219	11714
67	29406	13730	15676	20170	9609	10561
68	28518	13115	15403	18995	8980	10015
69	21906	10049	11857	14274	6752	7522
70-74岁	**92398**	**44006**	**48392**	**54265**	**26841**	**27424**
70	21420	9960	11460	13396	6464	6932
71	20829	9867	10962	12355	6065	6290
72	17351	8261	9090	10141	5018	5123
73	17000	8197	8803	9656	4813	4843
74	15798	7721	8077	8717	4481	4236
75-79岁	**60849**	**28989**	**31860**	**30204**	**15237**	**14967**
75	13528	6570	6958	7122	3660	3462
76	13766	6619	7147	7060	3529	3531
77	12123	5709	6414	5887	2934	2953
78	11036	5235	5801	5336	2720	2616
79	10396	4856	5540	4799	2394	2405
80-84岁	**38842**	**18186**	**20656**	**15897**	**8107**	**7790**
80	10018	4826	5192	4507	2297	2210
81	8086	3756	4330	3286	1649	1637
82	7695	3580	4115	3114	1587	1527
83	6738	3171	3567	2591	1328	1263
84	6305	2853	3452	2399	1246	1153
85-89岁	**18611**	**8307**	**10304**	**6128**	**3039**	**3089**
85	4757	2042	2715	1659	785	874
86	4176	1792	2384	1380	679	701
87	4001	1863	2138	1319	658	661
88	3153	1448	1705	987	496	491
89	2524	1162	1362	783	421	362
90-94岁	**6534**	**3016**	**3518**	**1708**	**875**	**833**
90	2196	1046	1150	603	338	265
91	1508	706	802	409	199	210
92	1276	581	695	344	161	183
93	881	392	489	194	99	95
94	673	291	382	158	78	80
95-99岁	**1252**	**489**	**763**	**286**	**121**	**165**
95	445	182	263	103	50	53
96	346	131	215	86	31	55
97	216	88	128	43	22	21
98	143	53	90	30	10	20
99	102	35	67	24	8	16
100岁及以上	**170**	**51**	**119**	**21**	**8**	**13**

8-2a 续表

单位：人

年龄	基本健康			不健康，但生活能自理			不健康，生活不能自理		
	小计	男	女	小计	男	女	小计	男	女
总计	**147836**	**66374**	**81462**	**28005**	**12401**	**15604**	**9588**	**4280**	**5308**
60-64岁	**26851**	**12409**	**14442**	**3217**	**1648**	**1569**	**712**	**418**	**294**
60	3404	1512	1892	390	208	182	85	51	34
61	3835	1814	2021	437	221	216	93	57	36
62	5999	2807	3192	757	407	350	183	109	74
63	6761	3156	3605	777	396	381	177	100	77
64	6852	3120	3732	856	416	440	174	101	73
65-69岁	**38172**	**16729**	**21443**	**5235**	**2429**	**2806**	**1095**	**606**	**489**
65	7603	3441	4162	998	465	533	203	110	93
66	8035	3552	4483	1061	516	545	211	127	84
67	7930	3494	4436	1074	492	582	232	135	97
68	8138	3473	4665	1144	531	613	241	131	110
69	6466	2769	3697	958	425	533	208	103	105
70-74岁	**31554**	**14152**	**17402**	**5305**	**2374**	**2931**	**1274**	**639**	**635**
70	6709	2899	3810	1080	477	603	235	120	115
71	7058	3137	3921	1154	527	627	262	138	124
72	5937	2680	3257	1035	455	580	238	108	130
73	6078	2793	3285	1004	459	545	262	132	130
74	5772	2643	3129	1032	456	576	277	141	136
75-79岁	**24006**	**10853**	**13153**	**5106**	**2197**	**2909**	**1533**	**702**	**831**
75	5147	2342	2805	1002	447	555	257	121	136
76	5276	2440	2836	1109	499	610	321	151	170
77	4948	2204	2744	1007	439	568	281	132	149
78	4371	1944	2427	1015	419	596	314	152	162
79	4264	1923	2341	973	393	580	360	146	214
80-84岁	**16328**	**7304**	**9024**	**4742**	**1999**	**2743**	**1875**	**776**	**1099**
80	4096	1872	2224	1017	477	540	398	180	218
81	3447	1551	1896	1007	416	591	346	140	206
82	3275	1468	1807	939	397	542	367	128	239
83	2876	1309	1567	886	368	518	385	166	219
84	2634	1104	1530	893	341	552	379	162	217
85-89岁	**7887**	**3516**	**4371**	**2896**	**1116**	**1780**	**1700**	**636**	**1064**
85	2047	883	1164	709	257	452	342	117	225
86	1806	735	1071	652	259	393	338	119	219
87	1708	803	905	593	238	355	381	164	217
88	1321	630	691	513	207	306	332	115	217
89	1005	465	540	429	155	274	307	121	186
90-94岁	**2542**	**1209**	**1333**	**1239**	**545**	**694**	**1045**	**387**	**658**
90	878	426	452	399	156	243	316	126	190
91	573	280	293	298	143	155	228	84	144
92	466	238	228	240	109	131	226	73	153
93	353	151	202	176	80	96	158	62	96
94	272	114	158	126	57	69	117	42	75
95-99岁	**443**	**188**	**255**	**237**	**85**	**152**	**286**	**95**	**191**
95	162	64	98	86	33	53	94	35	59
96	123	56	67	66	21	45	71	23	48
97	86	40	46	35	12	23	52	14	38
98	41	18	23	32	11	21	40	14	26
99	31	10	21	18	8	10	29	9	20
100岁及以上	**53**	**14**	**39**	**28**	**8**	**20**	**68**	**21**	**47**

8-2b　全省分年龄、性别、健康状况的60岁及以上老年人口(镇)

单位：人

年　龄	60岁及以上人口			健　康		
	合计	男	女	小计	男	女
总　计	**317689**	**152674**	**165015**	**158687**	**80382**	**78305**
60-64岁	**75427**	**37484**	**37943**	**50454**	**25773**	**24681**
60	9912	4787	5125	7038	3500	3538
61	10877	5535	5342	7603	3984	3619
62	17110	8602	8508	11461	5911	5550
63	18774	9272	9502	12315	6233	6082
64	18754	9288	9466	12037	6145	5892
65-69岁	**94234**	**45295**	**48939**	**54233**	**27196**	**27037**
65	20331	10054	10277	12593	6403	6190
66	20613	10003	10610	12319	6193	6126
67	19563	9330	10233	11185	5574	5611
68	19422	9140	10282	10664	5307	5357
69	14305	6768	7537	7472	3719	3753
70-74岁	**63148**	**30852**	**32296**	**28329**	**14552**	**13777**
70	14008	6791	7217	7040	3569	3471
71	14363	6995	7368	6496	3319	3177
72	11829	5722	6107	5202	2637	2565
73	11897	5903	5994	4999	2626	2373
74	11051	5441	5610	4592	2401	2191
75-79岁	**42852**	**20323**	**22529**	**15519**	**7893**	**7626**
75	9103	4351	4752	3582	1831	1751
76	10028	4804	5224	3721	1942	1779
77	8709	4021	4688	3121	1544	1577
78	7554	3630	3924	2606	1313	1293
79	7458	3517	3941	2489	1263	1226
80-84岁	**25597**	**11632**	**13965**	**6895**	**3401**	**3494**
80	6790	3179	3611	2104	1070	1034
81	5430	2470	2960	1456	708	748
82	4976	2266	2710	1325	660	665
83	4368	1915	2453	1058	501	557
84	4033	1802	2231	952	462	490
85-89岁	**11436**	**5019**	**6417**	**2480**	**1219**	**1261**
85	2870	1231	1639	696	336	360
86	2516	1108	1408	554	262	292
87	2522	1153	1369	509	256	253
88	1960	849	1111	415	202	213
89	1568	678	890	306	163	143
90-94岁	**4094**	**1729**	**2365**	**656**	**304**	**352**
90	1405	619	786	260	121	139
91	964	413	551	148	71	77
92	809	347	462	118	60	58
93	559	211	348	76	30	46
94	357	139	218	54	22	32
95-99岁	**799**	**309**	**490**	**108**	**38**	**70**
95	289	117	172	40	13	27
96	189	71	118	28	10	18
97	158	57	101	22	7	15
98	89	35	54	10	4	6
99	74	29	45	8	4	4
100岁及以上	**102**	**31**	**71**	**13**	**6**	**7**

8-2b 续表

单位：人

年 龄	基本健康			不健康，但生活能自理			不健康，生活不能自理		
	小计	男	女	小计	男	女	小计	男	女
总 计	**119021**	**54143**	**64878**	**32549**	**14731**	**17818**	**7432**	**3418**	**4014**
60-64岁	**21043**	**9637**	**11406**	**3353**	**1721**	**1632**	**577**	**353**	**224**
60	2395	1040	1355	402	200	202	77	47	30
61	2774	1279	1495	421	225	196	79	47	32
62	4770	2228	2542	740	377	363	139	86	53
63	5469	2504	2965	859	453	406	131	82	49
64	5635	2586	3049	931	466	465	151	91	60
65-69岁	**32897**	**14611**	**18286**	**6096**	**2931**	**3165**	**1008**	**557**	**451**
65	6494	3004	3490	1085	560	525	159	87	72
66	6866	3091	3775	1202	599	603	226	120	106
67	6897	3023	3874	1294	626	668	187	107	80
68	7113	3066	4047	1407	639	768	238	128	110
69	5527	2427	3100	1108	507	601	198	115	83
70-74岁	**26947**	**12561**	**14386**	**6781**	**3149**	**3632**	**1091**	**590**	**501**
70	5593	2537	3056	1180	578	602	195	107	88
71	6119	2855	3264	1536	708	828	212	113	99
72	5147	2402	2745	1262	552	710	218	131	87
73	5240	2480	2760	1407	667	740	251	130	121
74	4848	2287	2561	1396	644	752	215	109	106
75-79岁	**19649**	**9059**	**10590**	**6381**	**2739**	**3642**	**1303**	**632**	**671**
75	4072	1883	2189	1207	516	691	242	121	121
76	4607	2138	2469	1418	577	841	282	147	135
77	3997	1781	2216	1346	582	764	245	114	131
78	3547	1666	1881	1147	525	622	254	126	128
79	3426	1591	1835	1263	539	724	280	124	156
80-84岁	**11801**	**5338**	**6463**	**5499**	**2332**	**3167**	**1402**	**561**	**841**
80	3122	1443	1679	1272	545	727	292	121	171
81	2544	1145	1399	1144	485	659	286	132	154
82	2308	1070	1238	1066	443	623	277	93	184
83	2017	873	1144	1024	439	585	269	102	167
84	1810	807	1003	993	420	573	278	113	165
85-89岁	**4881**	**2138**	**2743**	**2961**	**1258**	**1703**	**1114**	**404**	**710**
85	1256	539	717	707	275	432	211	81	130
86	1080	487	593	649	272	377	233	87	146
87	1091	478	613	672	318	354	250	101	149
88	791	351	440	525	224	301	229	72	157
89	663	283	380	408	169	239	191	63	128
90-94岁	**1518**	**682**	**836**	**1218**	**504**	**714**	**702**	**239**	**463**
90	535	264	271	399	163	236	211	71	140
91	369	169	200	296	118	178	151	55	96
92	289	121	168	269	117	152	133	49	84
93	196	77	119	155	61	94	132	43	89
94	129	51	78	99	45	54	75	21	54
95-99岁	**252**	**106**	**146**	**243**	**92**	**151**	**196**	**73**	**123**
95	94	45	49	90	37	53	65	22	43
96	63	24	39	61	22	39	37	15	22
97	50	22	28	44	12	32	42	16	26
98	26	9	17	24	12	12	29	10	19
99	19	6	13	24	9	15	23	10	13
100岁及以上	**33**	**11**	**22**	**17**	**5**	**12**	**39**	**9**	**30**

8-2c 全省分年龄、性别、健康状况的60岁及以上老年人口(乡村)

单位：人

年龄	60岁及以上人口			健康		
	合计	男	女	小计	男	女
总 计	**1006680**	**503457**	**503223**	**424515**	**229671**	**194844**
60-64岁	**206824**	**109165**	**97659**	**128174**	**70618**	**57556**
60	23863	12107	11756	16231	8561	7670
61	27589	14922	12667	18016	10151	7865
62	46888	24967	21921	29343	16296	13047
63	53854	28576	25278	32699	18054	14645
64	54630	28593	26037	31885	17556	14329
65-69岁	**303214**	**152952**	**150262**	**153244**	**82414**	**70830**
65	61115	31666	29449	34171	18693	15478
66	64246	32666	31580	34474	18592	15882
67	63488	31611	31877	31806	16904	14902
68	65579	32815	32764	31150	16751	14399
69	48786	24194	24592	21643	11474	10169
70-74岁	**213252**	**108012**	**105240**	**78983**	**43163**	**35820**
70	46366	23500	22866	19187	10441	8746
71	49139	25152	23987	18912	10380	8532
72	40671	20624	20047	14947	8152	6795
73	40222	20491	19731	13814	7588	6226
74	36854	18245	18609	12123	6602	5521
75-79岁	**147143**	**72513**	**74630**	**40440**	**21814**	**18626**
75	31879	15499	16380	9822	5280	4542
76	34241	17209	17032	9870	5469	4401
77	30312	14781	15531	8078	4289	3789
78	25460	12700	12760	6642	3593	3049
79	25251	12324	12927	6028	3183	2845
80-84岁	**82249**	**38729**	**43520**	**16110**	**8274**	**7836**
80	21002	10371	10631	4654	2503	2151
81	17598	8194	9404	3528	1786	1742
82	16115	7523	8592	3151	1648	1503
83	13949	6567	7382	2541	1272	1269
84	13585	6074	7511	2236	1065	1171
85-89岁	**37723**	**16030**	**21693**	**5675**	**2610**	**3065**
85	9451	4211	5240	1553	779	774
86	8440	3574	4866	1280	583	697
87	8418	3600	4818	1240	558	682
88	6456	2588	3868	897	366	531
89	4958	2057	2901	705	324	381
90-94岁	**13315**	**5138**	**8177**	**1608**	**678**	**930**
90	4243	1741	2502	575	255	320
91	3161	1244	1917	375	154	221
92	2697	1026	1671	306	128	178
93	1875	675	1200	209	82	127
94	1339	452	887	143	59	84
95-99岁	**2640**	**843**	**1797**	**251**	**95**	**156**
95	956	308	648	89	36	53
96	766	256	510	75	27	48
97	426	126	300	46	21	25
98	294	89	205	25	4	21
99	198	64	134	16	7	9
100岁及以上	**320**	**75**	**245**	**30**	**5**	**25**

8-2c 续表

单位：人

年 龄	基本健康			不健康，但生活能自理			不健康，生活不能自理		
	小计	男	女	小计	男	女	小计	男	女
总 计	**407997**	**193750**	**214247**	**148543**	**68794**	**79749**	**25625**	**11242**	**14383**
60-64岁	**63849**	**30640**	**33209**	**12998**	**6917**	**6081**	**1803**	**990**	**813**
60	6243	2842	3401	1192	595	597	197	109	88
61	7770	3755	4015	1576	881	695	227	135	92
62	14288	6920	7368	2881	1540	1341	376	211	165
63	17080	8291	8789	3578	1956	1622	497	275	222
64	18468	8832	9636	3771	1945	1826	506	260	246
65-69岁	**118841**	**55311**	**63530**	**27568**	**13475**	**14093**	**3561**	**1752**	**1809**
65	21751	10314	11437	4603	2356	2247	590	303	287
66	23908	11116	12792	5190	2626	2564	674	332	342
67	25121	11544	13577	5791	2786	3005	770	377	393
68	26978	12511	14467	6618	3149	3469	833	404	429
69	21083	9826	11257	5366	2558	2808	694	336	358
70-74岁	**98314**	**47713**	**50601**	**31967**	**15212**	**16755**	**3988**	**1924**	**2064**
70	20634	9927	10707	5853	2799	3054	692	333	359
71	22467	11011	11456	6930	3330	3600	830	431	399
72	18699	9096	9603	6245	3002	3243	780	374	406
73	19099	9371	9728	6507	3157	3350	802	375	427
74	17415	8308	9107	6432	2924	3508	884	411	473
75-79岁	**69970**	**33944**	**36026**	**32110**	**14560**	**17550**	**4623**	**2195**	**2428**
75	15197	7157	8040	6018	2670	3348	842	392	450
76	16370	8046	8324	7048	3214	3834	953	480	473
77	14458	6964	7494	6845	3100	3745	931	428	503
78	12016	5930	6086	5906	2745	3161	896	432	464
79	11929	5847	6082	6293	2831	3462	1001	463	538
80-84岁	**36492**	**17396**	**19096**	**24901**	**11088**	**13813**	**4746**	**1971**	**2775**
80	9630	4800	4830	5768	2645	3123	950	423	527
81	7889	3670	4219	5223	2347	2876	958	391	567
82	7052	3306	3746	4964	2182	2782	948	387	561
83	6032	2891	3141	4485	2019	2466	891	385	506
84	5889	2729	3160	4461	1895	2566	999	385	614
85-89岁	**15161**	**6635**	**8526**	**13159**	**5366**	**7793**	**3728**	**1419**	**2309**
85	3962	1786	2176	3134	1311	1823	802	335	467
86	3467	1503	1964	2922	1194	1728	771	294	477
87	3367	1496	1871	2996	1215	1781	815	331	484
88	2445	1007	1438	2342	946	1396	772	269	503
89	1920	843	1077	1765	700	1065	568	190	378
90-94岁	**4474**	**1828**	**2646**	**4872**	**1857**	**3015**	**2361**	**775**	**1586**
90	1486	653	833	1565	625	940	617	208	409
91	1084	429	655	1155	464	691	547	197	350
92	889	381	508	996	359	637	506	158	348
93	604	233	371	672	248	424	390	112	278
94	411	132	279	484	161	323	301	100	201
95-99岁	**805**	**254**	**551**	**878**	**302**	**576**	**706**	**192**	**514**
95	306	95	211	343	117	226	218	60	158
96	231	72	159	260	97	163	200	60	140
97	133	45	88	127	36	91	120	24	96
98	86	24	62	88	33	55	95	28	67
99	49	18	31	60	19	41	73	20	53
100岁及以上	**91**	**29**	**62**	**90**	**17**	**73**	**109**	**24**	**85**

8-3 全省分性别、婚姻状况、健康状况的60岁及以上老年人口

单位：人

婚姻状况	60岁及以上人口			健康		
	合计	男	女	小计	男	女
总　计	**1817836**	**890745**	**927091**	**891240**	**461612**	**429628**
未　婚	41452	38099	3353	12786	11404	1382
有配偶	1326656	714310	612346	728860	403136	325724
离　婚	24864	14688	10176	14171	7928	6243
丧　偶	424864	123648	301216	135423	39144	96279

8-3 续表

单位：人

婚姻状况	基本健康			不健康，但生活能自理			不健康，生活不能自理		
	小计	男	女	小计	男	女	小计	男	女
总　计	**674854**	**314267**	**360587**	**209097**	**95926**	**113171**	**42645**	**18940**	**23705**
未　婚	17897	16816	1081	8992	8407	585	1777	1472	305
有配偶	464239	238778	225461	113234	60808	52426	20323	11588	8735
离　婚	8103	4982	3121	2199	1521	678	391	257	134
丧　偶	184615	53691	130924	84672	25190	59482	20154	5623	14531

8-3a 全省分性别、婚姻状况、健康状况的60岁及以上老年人口(城市)

单位：人

婚姻状况	60岁及以上人口			健康		
	合计	男	女	小计	男	女
总　计	**493467**	**234614**	**258853**	**308038**	**151559**	**156479**
未　婚	4170	3037	1133	1938	1338	600
有配偶	384015	203753	180262	257344	137550	119794
离　婚	12233	5838	6395	7944	3627	4317
丧　偶	93049	21986	71063	40812	9044	31768

8-3a 续表

单位：人

婚姻状况	基本健康			不健康，但生活能自理			不健康，生活不能自理		
	小计	男	女	小计	男	女	小计	男	女
总　计	**147836**	**66374**	**81462**	**28005**	**12401**	**15604**	**9588**	**4280**	**5308**
未　婚	1214	932	282	663	520	143	355	247	108
有配偶	106189	54752	51437	16035	8758	7277	4447	2693	1754
离　婚	3455	1722	1733	674	386	288	160	103	57
丧　偶	36978	8968	28010	10633	2737	7896	4626	1237	3389

8-3b 全省分性别、婚姻状况、健康状况的 60岁及以上老年人口(镇)

单位：人

婚姻状况	60岁及以上人口			健康		
	合计	男	女	小计	男	女
总计	**317689**	**152674**	**165015**	**158687**	**80382**	**78305**
未婚	5647	4973	674	1507	1264	243
有配偶	234427	124995	109432	131088	71406	59682
离婚	4066	2384	1682	2163	1238	925
丧偶	73549	20322	53227	23929	6474	17455

8-3b 续表

单位：人

婚姻状况	基本健康			不健康，但生活能自理			不健康，生活不能自理		
	小计	男	女	小计	男	女	小计	男	女
总计	**119021**	**54143**	**64878**	**32549**	**14731**	**17818**	**7432**	**3418**	**4014**
未婚	2411	2186	225	1295	1152	143	434	371	63
有配偶	82642	42180	40462	17333	9413	7920	3364	1996	1368
离婚	1398	821	577	414	264	150	91	61	30
丧偶	32570	8956	23614	13507	3902	9605	3543	990	2553

8-3c 全省分性别、婚姻状况、健康状况的 60岁及以上老年人口(乡村)

单位：人

婚姻状况	60岁及以上人口			健康		
	合计	男	女	小计	男	女
总计	**1006680**	**503457**	**503223**	**424515**	**229671**	**194844**
未婚	31635	30089	1546	9341	8802	539
有配偶	708214	385562	322652	340428	194180	146248
离婚	8565	6466	2099	4064	3063	1001
丧偶	258266	81340	176926	70682	23626	47056

8-3c 续表

单位：人

婚姻状况	基本健康			不健康，但生活能自理			不健康，生活不能自理		
	小计	男	女	小计	男	女	小计	男	女
总计	**407997**	**193750**	**214247**	**148543**	**68794**	**79749**	**25625**	**11242**	**14383**
未婚	14272	13698	574	7034	6735	299	988	854	134
有配偶	275408	141846	133562	79866	42637	37229	12512	6899	5613
离婚	3250	2439	811	1111	871	240	140	93	47
丧偶	115067	35767	79300	60532	18551	41981	11985	3396	8589

8-4　全省分性别、主要生活来源、健康状况的60岁及以上老年人口

单位：人

主要生活来源	60岁及以上人口			健　康		
	合计	男	女	小计	男	女
总　计	**1817836**	**890745**	**927091**	**891240**	**461612**	**429628**
劳动收入	484580	286843	197737	308827	189630	119197
离退休金/养老金	613019	305958	307061	358472	181075	177397
最低生活保障金	77215	43757	33458	14683	8262	6421
失业保险金	139	66	73	66	32	34
财产性收入	6538	3761	2777	3220	1882	1338
家庭其他成员供养	544720	203771	340949	167121	61167	105954
其　他	91625	46589	45036	38851	19564	19287

8-4　续表

单位：人

主要生活来源	基本健康			不健康，但生活能自理			不健康，生活不能自理		
	小计	男	女	小计	男	女	小计	男	女
总　计	**674854**	**314267**	**360587**	**209097**	**95926**	**113171**	**42645**	**18940**	**23705**
劳动收入	161838	89644	72194	13449	7315	6134	466	254	212
离退休金/养老金	206275	100318	105957	38141	19336	18805	10131	5229	4902
最低生活保障金	29651	17225	12426	26808	15251	11557	6073	3019	3054
失业保险金	60	29	31	11	4	7	2	1	1
财产性收入	2470	1355	1115	757	471	286	91	53	38
家庭其他成员供养	237078	86901	150177	117250	46706	70544	23271	8997	14274
其　他	37482	18795	18687	12681	6843	5838	2611	1387	1224

8-4a　全省分性别、主要生活来源、健康状况的60岁及以上老年人口(城市)

单位：人

主要生活来源	60岁及以上人口			健　康		
	合计	男	女	小计	男	女
总　计	**493467**	**234614**	**258853**	**308038**	**151559**	**156479**
劳动收入	38543	25012	13531	30261	20075	10186
离退休金/养老金	364078	175977	188101	230868	113993	116875
最低生活保障金	6508	2951	3557	2466	1075	1391
失业保险金	13	7	6	5	2	3
财产性收入	1579	856	723	1114	612	502
家庭其他成员供养	69633	23588	46045	35594	12122	23472
其　他	13113	6223	6890	7730	3680	4050

8-4a 续表

单位：人

主要生活来源	基本健康			不健康，但生活能自理			不健康，生活不能自理		
	小计	男	女	小计	男	女	小计	男	女
总　计	**147836**	**66374**	**81462**	**28005**	**12401**	**15604**	**9588**	**4280**	**5308**
劳动收入	7803	4649	3154	441	261	180	38	27	11
离退休金/养老金	109725	50987	58738	17634	8171	9463	5851	2826	3025
最低生活保障金	2298	1031	1267	1300	659	641	444	186	258
失业保险金	5	4	1	2		2	1	1	
财产性收入	381	193	188	75	46	29	9	5	4
家庭其他成员供养	23823	7784	16039	7560	2751	4809	2656	931	1725
其　他	3801	1726	2075	993	513	480	589	304	285

8-4b 全省分性别、主要生活来源、健康状况的60岁及以上老年人口(镇)

单位：人

主要生活来源	60岁及以上人口			健　康		
	合计	男	女	小计	男	女
总　计	**317689**	**152674**	**165015**	**158687**	**80382**	**78305**
劳动收入	59987	35874	24113	41643	25621	16022
离退休金/养老金	130982	66966	64016	72024	37414	34610
最低生活保障金	11307	6087	5220	2595	1293	1302
失业保险金	29	14	15	10	6	4
财产性收入	1039	612	427	514	325	189
家庭其他成员供养	97983	35027	62956	34483	12081	22402
其　他	16362	8094	8268	7418	3642	3776

8-4b 续表

单位：人

主要生活来源	基本健康			不健康，但生活能自理			不健康，生活不能自理		
	小计	男	女	小计	男	女	小计	男	女
总　计	**119021**	**54143**	**64878**	**32549**	**14731**	**17818**	**7432**	**3418**	**4014**
劳动收入	17087	9568	7519	1198	648	550	59	37	22
离退休金/养老金	47954	23745	24209	8880	4637	4243	2124	1170	954
最低生活保障金	4356	2378	1978	3392	1886	1506	964	530	434
失业保险金	17	7	10	2	1	1			
财产性收入	417	221	196	94	56	38	14	10	4
家庭其他成员供养	42650	15038	27612	17020	6472	10548	3830	1436	2394
其　他	6540	3186	3354	1963	1031	932	441	235	206

8-4c　全省分性别、主要生活来源、健康状况的60岁及以上老年人口(乡村)

单位：人

主要生活来源	60岁及以上人口			健康		
	合计	男	女	小计	男	女
总　计	**1006680**	**503457**	**503223**	**424515**	**229671**	**194844**
劳动收入	386050	225957	160093	236923	143934	92989
离退休金/养老金	117959	63015	54944	55580	29668	25912
最低生活保障金	59400	34719	24681	9622	5894	3728
失业保险金	97	45	52	51	24	27
财产性收入	3920	2293	1627	1592	945	647
家庭其他成员供养	377104	145156	231948	97044	36964	60080
其　他	62150	32272	29878	23703	12242	11461

8-4c　续表

单位：人

主要生活来源	基本健康			不健康，但生活能自理			不健康，生活不能自理		
	小计	男	女	小计	男	女	小计	男	女
总　计	**407997**	**193750**	**214247**	**148543**	**68794**	**79749**	**25625**	**11242**	**14383**
劳动收入	136948	75427	61521	11810	6406	5404	369	190	179
离退休金/养老金	48596	25586	23010	11627	6528	5099	2156	1233	923
最低生活保障金	22997	13816	9181	22116	12706	9410	4665	2303	2362
失业保险金	38	18	20	7	3	4	1		1
财产性收入	1672	941	731	588	369	219	68	38	30
家庭其他成员供养	170605	64079	106526	92670	37483	55187	16785	6630	10155
其　他	27141	13883	13258	9725	5299	4426	1581	848	733

8-5　全省分性别、居住状况、健康状况的60岁及以上老年人口

单位：人

居住状况	60岁及以上人口			健康		
	合计	男	女	小计	男	女
总　计	**1817836**	**890745**	**927091**	**891240**	**461612**	**429628**
与配偶和子女同住	385708	211327	174381	230527	129023	101504
与配偶同住	742439	400102	342337	386183	215139	171044
与子女同住	332904	101836	231068	130280	41366	88914
独居(有保姆)	2691	1200	1491	831	386	445
独居(无保姆)	231783	110121	121662	91755	46845	44910
养老机构	15858	10774	5084	2149	1494	655
其　他	106453	55385	51068	49515	27359	22156

8-5 续表

单位：人

居住状况	基本健康			不健康，但生活能自理			不健康，生活不能自理		
	小计	男	女	小计	男	女	小计	男	女
总　计	**674854**	**314267**	**360587**	**209097**	**95926**	**113171**	**42645**	**18940**	**23705**
与配偶和子女同住	120081	62693	57388	28737	15823	12914	6363	3788	2575
与配偶同住	275652	141614	134038	69701	37207	32494	10903	6142	4761
与子女同住	131846	39516	92330	54525	16292	38233	16253	4662	11591
独居(有保姆)	931	452	479	476	213	263	453	149	304
独居(无保姆)	100218	45786	54432	38039	16768	21271	1771	722	1049
养老机构	5841	4360	1481	4447	3154	1293	3421	1766	1655
其　他	40285	19846	20439	13172	6469	6703	3481	1711	1770

8-5a　全省分性别、居住状况、健康状况的 60岁及以上老年人口(城市)

单位：人

居住状况	60岁及以上人口			健　康		
	合计	男	女	小计	男	女
总　计	**493467**	**234614**	**258853**	**308038**	**151559**	**156479**
与配偶和子女同住	135675	74170	61505	95700	52707	42993
与配偶同住	186683	100845	85838	120709	65899	54810
与子女同住	95653	25660	69993	52183	14280	37903
独居(有保姆)	1318	557	761	433	196	237
独居(无保姆)	43138	17513	25625	23293	10082	13211
养老机构	4407	2015	2392	510	239	271
其　他	26593	13854	12739	15210	8156	7054

8-5a 续表

单位：人

居住状况	基本健康			不健康，但生活能自理			不健康，生活不能自理		
	小计	男	女	小计	男	女	小计	男	女
总　计	**147836**	**66374**	**81462**	**28005**	**12401**	**15604**	**9588**	**4280**	**5308**
与配偶和子女同住	33333	17605	15728	5120	2900	2220	1522	958	564
与配偶同住	55421	29003	26418	8575	4753	3822	1978	1190	788
与子女同住	32471	8472	23999	7695	2002	5693	3304	906	2398
独居(有保姆)	460	210	250	211	88	123	214	63	151
独居(无保姆)	16033	6073	9960	3540	1260	2280	272	98	174
养老机构	1269	600	669	1044	497	547	1584	679	905
其　他	8849	4411	4438	1820	901	919	714	386	328

8-5b　全省分性别、居住状况、健康状况的60岁及以上老年人口(镇)

单位：人

居住状况	60岁及以上人口			健康		
	合计	男	女	小计	男	女
总　计	**317689**	**152674**	**165015**	**158687**	**80382**	**78305**
与配偶和子女同住	73074	40021	33053	43157	24068	19089
与配偶同住	117700	63919	53781	64018	35685	28333
与子女同住	65274	19468	45806	25844	8055	17789
独居(有保姆)	542	231	311	134	56	78
独居(无保姆)	35988	16001	19987	15088	7175	7913
养老机构	3702	2692	1010	459	346	113
其　他	21409	10342	11067	9987	4997	4990

8-5b　续表

单位：人

居住状况	基本健康			不健康，但生活能自理			不健康，生活不能自理		
	小计	男	女	小计	男	女	小计	男	女
总　计	**119021**	**54143**	**64878**	**32549**	**14731**	**17818**	**7432**	**3418**	**4014**
与配偶和子女同住	23602	12358	11244	5176	2880	2296	1139	715	424
与配偶同住	42943	22251	20692	9073	4991	4082	1666	992	674
与子女同住	26870	7827	19043	9592	2740	6852	2968	846	2122
独居(有保姆)	188	94	94	95	37	58	125	44	81
独居(无保姆)	15534	6619	8915	5145	2111	3034	221	96	125
养老机构	1487	1182	305	1090	789	301	666	375	291
其　他	8397	3812	4585	2378	1183	1195	647	350	297

8-5c 全省分性别、居住状况、健康状况的60岁及以上老年人口(乡村)

单位：人

居住状况	60岁及以上人口			健康		
	合计	男	女	小计	男	女
总　计	**1006680**	**503457**	**503223**	**424515**	**229671**	**194844**
与配偶和子女同住	176959	97136	79823	91670	52248	39422
与配偶同住	438056	235338	202718	201456	113555	87901
与子女同住	171977	56708	115269	52253	19031	33222
独居(有保姆)	831	412	419	264	134	130
独居(无保姆)	152657	76607	76050	53374	29588	23786
养老机构	7749	6067	1682	1180	909	271
其　他	58451	31189	27262	24318	14206	10112

8-5c 续表

单位：人

居住状况	基本健康			不健康，但生活能自理			不健康，生活不能自理		
	小计	男	女	小计	男	女	小计	男	女
总　计	**407997**	**193750**	**214247**	**148543**	**68794**	**79749**	**25625**	**11242**	**14383**
与配偶和子女同住	63146	32730	30416	18441	10043	8398	3702	2115	1587
与配偶同住	177288	90360	86928	52053	27463	24590	7259	3960	3299
与子女同住	72505	23217	49288	37238	11550	25688	9981	2910	7071
独居(有保姆)	283	148	135	170	88	82	114	42	72
独居(无保姆)	68651	33094	35557	29354	13397	15957	1278	528	750
养老机构	3085	2578	507	2313	1868	445	1171	712	459
其　他	23039	11623	11416	8974	4385	4589	2120	975	1145

8-6　各地区分性别、主要生活来源的60岁及以上老年人口

单位：人

地　区	60岁及以上人口			劳动收入		
	合计	男	女	小计	男	女
全省	**1817836**	**890745**	**927091**	**484580**	**286843**	**197737**
成都市	360314	172800	187514	45682	28773	16909
自贡市	68043	32963	35080	16254	9734	6520
攀枝花市	25545	12664	12881	4142	2376	1766
泸州市	93681	46102	47579	27444	16304	11140
德阳市	87143	42625	44518	28738	16708	12030
绵阳市	116601	58394	58207	41937	24698	17239
广元市	55479	27087	28392	20673	11937	8736
遂宁市	76693	38860	37833	17990	11873	6117
内江市	82521	40748	41773	21836	13442	8394
乐山市	74885	36614	38271	14875	8833	6042
南充市	158239	79556	78683	55084	32619	22465
眉山市	69912	33762	36150	18885	11000	7885
宜宾市	90953	44364	46589	30995	17389	13606
广安市	78115	38462	39653	30006	16926	13080
达州市	137777	68141	69636	36622	21854	14768
雅安市	30544	15083	15461	7151	4205	2946
巴中市	70339	34381	35958	23657	13975	9682
资阳市	62079	31040	31039	20471	12015	8456
阿坝藏族羌族自治州	11662	5466	6196	2431	1487	944
甘孜藏族自治州	11929	5446	6483	2296	1324	972
凉山彝族自治州	55382	26187	29195	17411	9371	8040

8-6　续表 1

单位：人

地　区	离退休金/养老金			最低生活保障金			失业保险金		
	小计	男	女	小计	男	女	小计	男	女
全省	**613019**	**305958**	**307061**	**77215**	**43757**	**33458**	**139**	**66**	**73**
成都市	229475	109440	120035	6466	3777	2689	17	8	9
自贡市	26237	12102	14135	3144	2023	1121	2	1	1
攀枝花市	15861	8205	7656	448	211	237			
泸州市	25207	12338	12869	4536	2762	1774	8	7	1
德阳市	32224	15753	16471	2901	1680	1221	1	1	
绵阳市	37363	19214	18149	3619	2099	1520	16	4	12
广元市	12479	6746	5733	2211	1066	1145	23	6	17
遂宁市	21038	10936	10102	4020	2408	1612	10	4	6
内江市	22931	11266	11665	2936	2025	911			
乐山市	34998	17171	17827	3193	1838	1355	1	1	
南充市	30017	16434	13583	9109	5067	4042	8	4	4
眉山市	18096	9165	8931	2281	1348	933	7	6	1
宜宾市	22012	11127	10885	4099	2495	1604	8	4	4
广安市	12181	6603	5578	3996	2438	1558	14	8	6
达州市	27523	14951	12572	9939	5187	4752	3	2	1
雅安市	11273	5632	5641	1056	573	483			
巴中市	10013	5873	4140	4094	2023	2071	5	2	3
资阳市	10693	5803	4890	3775	2284	1491	9	3	6
阿坝藏族羌族自治州	1974	1070	904	458	222	236			
甘孜藏族自治州	2030	1080	950	866	368	498			
凉山彝族自治州	9394	5049	4345	4068	1863	2205	7	5	2

8-6　续表 2

单位：人

地　区	财产性收入			家庭其他成员供养			其　他		
	小计	男	女	小计	男	女	小计	男	女
全省	**6538**	**3761**	**2777**	**544720**	**203771**	**340949**	**91625**	**46589**	**45036**
成都市	1533	818	715	62489	22610	39879	14652	7374	7278
自贡市	92	56	36	19773	7601	12172	2541	1446	1095
攀枝花市	57	27	30	4483	1587	2896	554	258	296
泸州市	241	147	94	30767	11719	19048	5478	2825	2653
德阳市	543	300	243	19549	6591	12958	3187	1592	1595
绵阳市	303	174	129	29688	10342	19346	3675	1863	1812
广元市	129	74	55	18054	6326	11728	1910	932	978
遂宁市	273	160	113	28102	10682	17420	5260	2797	2463
内江市	168	109	59	30117	11424	18693	4533	2482	2051
乐山市	250	162	88	18177	6798	11379	3391	1811	1580
南充市	427	278	149	55916	21142	34774	7678	4012	3666
眉山市	400	234	166	25803	9843	15960	4440	2166	2274
宜宾市	182	95	87	31367	12035	19332	2290	1219	1071
广安市	212	127	85	29022	10994	18028	2684	1366	1318
达州市	459	294	165	51359	19983	31376	11872	5870	6002
雅安市	138	73	65	9007	3619	5388	1919	981	938
巴中市	177	111	66	28270	10395	17875	4123	2002	2121
资阳市	236	146	90	22668	8526	14142	4227	2263	1964
阿坝藏族羌族自治州	93	54	39	5586	2065	3521	1120	568	552
甘孜藏族自治州	132	65	67	4887	1847	3040	1718	762	956
凉山彝族自治州	493	257	236	19636	7642	11994	4373	2000	2373

8-6a　各地区分性别、主要生活来源的60岁及以上老年人口(城市)

单位：人

地　区	60岁及以上人口			劳动收入		
	合计	男	女	小计	男	女
全省	**493467**	**234614**	**258853**	**38543**	**25012**	**13531**
成都市	225243	106420	118823	13542	9360	4182
自贡市	18504	8402	10102	732	464	268
攀枝花市	15681	7857	7824	461	307	154
泸州市	17981	8499	9482	2759	1577	1182
德阳市	24200	11464	12736	2231	1377	854
绵阳市	27873	13467	14406	2403	1636	767
广元市	7012	3403	3609	613	399	214
遂宁市	19469	9462	10007	1748	1262	486
内江市	14281	6660	7621	1054	686	368
乐山市	17878	8441	9437	650	414	236
南充市	26580	13066	13514	3544	2245	1299
眉山市	10578	4922	5656	880	553	327
宜宾市	15389	7047	8342	1035	648	387
广安市	7831	3680	4151	2985	1496	1489
达州市	18279	9170	9109	1331	934	397
雅安市	5440	2630	2810	379	230	149
巴中市	7019	3326	3693	949	674	275
资阳市	6302	2908	3394	313	215	98
阿坝藏族羌族自治州	289	131	158	27	19	8
甘孜藏族自治州	414	192	222	43	30	13
凉山彝族自治州	7224	3467	3757	864	486	378

8-6a 续表 1

单位：人

地 区	离退休金/养老金			最低生活保障金			失业保险金		
	小计	男	女	小计	男	女	小计	男	女
全省	**364078**	**175977**	**188101**	**6508**	**2951**	**3557**	**13**	**7**	**6**
成都市	175121	83087	92034	2363	1110	1253	9	5	4
自贡市	15767	7204	8563	243	119	124			
攀枝花市	13667	7108	6559	108	30	78			
泸州市	12720	6001	6719	165	86	79			
德阳市	19058	9120	9938	274	122	152	1	1	
绵阳市	20637	10265	10372	339	128	211			
广元市	4753	2481	2272	164	64	100			
遂宁市	12341	6131	6210	432	222	210	2		2
内江市	10495	4927	5568	152	77	75			
乐山市	15243	7295	7948	198	81	117			
南充市	15973	8105	7868	498	236	262			
眉山市	7366	3505	3861	134	62	72	1	1	
宜宾市	11028	5275	5753	358	163	195			
广安市	2987	1525	1462	119	49	70			
达州市	10775	5748	5027	411	163	248			
雅安市	4404	2155	2249	74	40	34			
巴中市	2776	1524	1252	246	100	146			
资阳市	4476	2153	2323	114	54	60			
阿坝藏族羌族自治州	141	71	70	6	3	3			
甘孜藏族自治州	218	108	110	4	2	2			
凉山彝族自治州	4132	2189	1943	106	40	66			

8-6a 续表 2

单位：人

地 区	财产性收入			家庭其他成员供养			其 他		
	小计	男	女	小计	男	女	小计	男	女
全省	**1579**	**856**	**723**	**69633**	**23588**	**46045**	**13113**	**6223**	**6890**
成都市	879	475	404	27520	9612	17908	5809	2771	3038
自贡市	6	4	2	1527	495	1032	229	116	113
攀枝花市	24	12	12	1205	312	893	216	88	128
泸州市	15	9	6	1973	677	1296	349	149	200
德阳市	27	15	12	2251	662	1589	358	167	191
绵阳市	103	57	46	3893	1164	2729	498	217	281
广元市	20	12	8	1282	358	924	180	89	91
遂宁市	30	18	12	4120	1441	2679	796	388	408
内江市	11	7	4	2258	815	1443	311	148	163
乐山市	39	22	17	1332	416	916	416	213	203
南充市	59	36	23	5646	2011	3635	860	433	427
眉山市	46	27	19	1759	595	1164	392	179	213
宜宾市	38	17	21	2714	854	1860	216	90	126
广安市	11	7	4	1561	528	1033	168	75	93
达州市	41	25	16	4415	1650	2765	1306	650	656
雅安市	42	16	26	442	141	301	99	48	51
巴中市	28	15	13	2795	910	1885	225	103	122
资阳市	11	6	5	1164	378	786	224	102	122
阿坝藏族羌族自治州	2	1	1	56	11	45	57	26	31
甘孜藏族自治州	6	3	3	111	36	75	32	13	19
凉山彝族自治州	141	72	69	1609	522	1087	372	158	214

8-6b 各地区分性别、主要生活来源的60岁及以上老年人口(镇)

单位：人

地区	60岁及以上人口			劳动收入		
	合计	男	女	小计	男	女
全省	**317689**	**152674**	**165015**	**59987**	**35874**	**24113**
成都市	25545	12326	13219	3724	2259	1465
自贡市	13385	6180	7205	1755	1067	688
攀枝花市	2861	1379	1482	639	358	281
泸州市	20736	9836	10900	4177	2486	1691
德阳市	15776	7748	8028	4132	2495	1637
绵阳市	16383	8169	8214	3211	2040	1171
广元市	11225	5418	5807	2282	1418	864
遂宁市	12063	6031	6032	1735	1236	499
内江市	17247	7994	9253	2714	1615	1099
乐山市	14786	7031	7755	1575	989	586
南充市	28465	14079	14386	7285	4279	3006
眉山市	15065	7201	7864	2930	1746	1184
宜宾市	21870	10434	11436	5321	2950	2371
广安市	16987	7946	9041	3085	1766	1319
达州市	32561	15860	16701	5974	3557	2417
雅安市	8731	4178	4553	1497	887	610
巴中市	13284	6313	6971	1903	1222	681
资阳市	10221	4876	5345	1659	1002	657
阿坝藏族羌族自治州	3853	1857	1996	625	394	231
甘孜藏族自治州	2887	1377	1510	386	248	138
凉山彝族自治州	13758	6441	7317	3378	1860	1518

8-6b 续表 1

单位：人

地区	离退休金/养老金			最低生活保障金			失业保险金		
	小计	男	女	小计	男	女	小计	男	女
全省	**130982**	**66966**	**64016**	**11307**	**6087**	**5220**	**29**	**14**	**15**
成都市	15094	7294	7800	544	311	233	3	2	1
自贡市	7280	3268	4012	542	362	180			
攀枝花市	1536	757	779	55	27	28			
泸州市	8358	4039	4319	784	442	342	2	2	
德阳市	6953	3454	3499	526	309	217			
绵阳市	8287	4322	3965	573	304	269			
广元市	4757	2580	2177	385	176	209	5	1	4
遂宁市	4624	2473	2151	431	243	188	4	2	2
内江市	8419	4050	4369	381	235	146			
乐山市	9297	4449	4848	561	330	231			
南充市	8572	4771	3801	1080	552	528	1		1
眉山市	5811	3000	2811	494	286	208			
宜宾市	7470	3873	3597	891	497	394	5	2	3
广安市	6453	3379	3074	483	261	222	2	2	
达州市	10537	5682	4855	1395	694	701	2	1	1
雅安市	3939	1974	1965	291	120	171			
巴中市	4399	2505	1894	522	238	284			
资阳市	4180	2246	1934	359	212	147	4	2	2
阿坝藏族羌族自治州	1150	645	505	159	89	70			
甘孜藏族自治州	786	474	312	168	66	102			
凉山彝族自治州	3080	1731	1349	683	333	350	1		1

8-6b 续表 2

单位：人

地 区	财产性收入			家庭其他成员供养			其 他		
	小计	男	女	小计	男	女	小计	男	女
全省	**1039**	**612**	**427**	**97983**	**35027**	**62956**	**16362**	**8094**	**8268**
成都市	50	25	25	4513	1600	2913	1617	835	782
自贡市	5	2	3	3338	1226	2112	465	255	210
攀枝花市	8	2	6	579	216	363	44	19	25
泸州市	60	38	22	6161	2236	3925	1194	593	601
德阳市	58	33	25	3472	1125	2347	635	332	303
绵阳市	37	20	17	3827	1257	2570	448	226	222
广元市	21	14	7	3387	1046	2341	388	183	205
遂宁市	54	36	18	4419	1630	2789	796	411	385
内江市	36	18	18	4906	1696	3210	791	380	411
乐山市	27	17	10	2823	981	1842	503	265	238
南充市	68	44	24	10224	3807	6417	1235	626	609
眉山市	104	57	47	4902	1732	3170	824	380	444
宜宾市	56	32	24	7515	2748	4767	612	332	280
广安市	65	36	29	6462	2284	4178	437	218	219
达州市	114	75	39	11815	4506	7309	2724	1345	1379
雅安市	55	34	21	2424	905	1519	525	258	267
巴中市	37	22	15	5552	1927	3625	871	399	472
资阳市	21	12	9	3442	1131	2311	556	271	285
阿坝藏族羌族自治州	22	16	6	1492	522	970	405	191	214
甘孜藏族自治州	41	26	15	1076	381	695	430	182	248
凉山彝族自治州	100	53	47	5654	2071	3583	862	393	469

8-6c 各地区分性别、主要生活来源的60岁及以上老年人口(乡村)

单位：人

地 区	60岁及以上人口			劳动收入		
	合计	男	女	小计	男	女
全省	**1006680**	**503457**	**503223**	**386050**	**225957**	**160093**
成都市	109526	54054	55472	28416	17154	11262
自贡市	36154	18381	17773	13767	8203	5564
攀枝花市	7003	3428	3575	3042	1711	1331
泸州市	54964	27767	27197	20508	12241	8267
德阳市	47167	23413	23754	22375	12836	9539
绵阳市	72345	36758	35587	36323	21022	15301
广元市	37242	18266	18976	17778	10120	7658
遂宁市	45161	23367	21794	14507	9375	5132
内江市	50993	26094	24899	18068	11141	6927
乐山市	42221	21142	21079	12650	7430	5220
南充市	103194	52411	50783	44255	26095	18160
眉山市	44269	21639	22630	15075	8701	6374
宜宾市	53694	26883	26811	24639	13791	10848
广安市	53297	26836	26461	23936	13664	10272
达州市	86937	43111	43826	29317	17363	11954
雅安市	16373	8275	8098	5275	3088	2187
巴中市	50036	24742	25294	20805	12079	8726
资阳市	45556	23256	22300	18499	10798	7701
阿坝藏族羌族自治州	7520	3478	4042	1779	1074	705
甘孜藏族自治州	8628	3877	4751	1867	1046	821
凉山彝族自治州	34400	16279	18121	13169	7025	6144

8-6c　续表 1

单位：人

地　　区	离退休金/养老金			最低生活保障金			失业保险金		
	小计	男	女	小计	男	女	小计	男	女
全省	**117959**	**63015**	**54944**	**59400**	**34719**	**24681**	**97**	**45**	**52**
成都市	39260	19059	20201	3559	2356	1203	5	1	4
自贡市	3190	1630	1560	2359	1542	817	2	1	1
攀枝花市	658	340	318	285	154	131			
泸州市	4129	2298	1831	3587	2234	1353	6	5	1
德阳市	6213	3179	3034	2101	1249	852			
绵阳市	8439	4627	3812	2707	1667	1040	16	4	12
广元市	2969	1685	1284	1662	826	836	18	5	13
遂宁市	4073	2332	1741	3157	1943	1214	4	2	2
内江市	4017	2289	1728	2403	1713	690			
乐山市	10458	5427	5031	2434	1427	1007	1	1	
南充市	5472	3558	1914	7531	4279	3252	7	4	3
眉山市	4919	2660	2259	1653	1000	653	6	5	1
宜宾市	3514	1979	1535	2850	1835	1015	3	2	1
广安市	2741	1699	1042	3394	2128	1266	12	6	6
达州市	6211	3521	2690	8133	4330	3803	1	1	
雅安市	2930	1503	1427	691	413	278			
巴中市	2838	1844	994	3326	1685	1641	5	2	3
资阳市	2037	1404	633	3302	2018	1284	5	1	4
阿坝藏族羌族自治州	683	354	329	293	130	163			
甘孜藏族自治州	1026	498	528	694	300	394			
凉山彝族自治州	2182	1129	1053	3279	1490	1789	6	5	1

8-6c　续表 2

单位：人

地　　区	财产性收入			家庭其他成员供养			其　　他		
	小计	男	女	小计	男	女	小计	男	女
全省	**3920**	**2293**	**1627**	**377104**	**145156**	**231948**	**62150**	**32272**	**29878**
成都市	604	318	286	30456	11398	19058	7226	3768	3458
自贡市	81	50	31	14908	5880	9028	1847	1075	772
攀枝花市	25	13	12	2699	1059	1640	294	151	143
泸州市	166	100	66	22633	8806	13827	3935	2083	1852
德阳市	458	252	206	13826	4804	9022	2194	1093	1101
绵阳市	163	97	66	21968	7921	14047	2729	1420	1309
广元市	88	48	40	13385	4922	8463	1342	660	682
遂宁市	189	106	83	19563	7611	11952	3668	1998	1670
内江市	121	84	37	22953	8913	14040	3431	1954	1477
乐山市	184	123	61	14022	5401	8621	2472	1333	1139
南充市	300	198	102	40046	15324	24722	5583	2953	2630
眉山市	250	150	100	19142	7516	11626	3224	1607	1617
宜宾市	88	46	42	21138	8433	12705	1462	797	665
广安市	136	84	52	20999	8182	12817	2079	1073	1006
达州市	304	194	110	35129	13827	21302	7842	3875	3967
雅安市	41	23	18	6141	2573	3568	1295	675	620
巴中市	112	74	38	19923	7558	12365	3027	1500	1527
资阳市	204	128	76	18062	7017	11045	3447	1890	1557
阿坝藏族羌族自治州	69	37	32	4038	1532	2506	658	351	307
甘孜藏族自治州	85	36	49	3700	1430	2270	1256	567	689
凉山彝族自治州	252	132	120	12373	5049	7324	3139	1449	1690

8-7 全省分年龄、性别、主要生活来源的人口

单位：人

年龄	15岁及以上人口			劳动收入		
	合计	男	女	小计	男	女
总 计	**7466650**	**3741247**	**3725403**	**4471409**	**2553381**	**1918028**
45岁以下	**3298818**	**1673006**	**1625812**	**2268791**	**1256118**	**1012673**
45-49岁	**861042**	**434901**	**426141**	**712798**	**396462**	**316336**
45	155438	78255	77183	131349	71959	59390
46	171054	86204	84850	143555	79101	64454
47	173509	88070	85439	144555	80448	64107
48	177241	89266	87975	145245	80922	64323
49	183800	93106	90694	148094	84032	64062
50-54岁	**851387**	**425513**	**425874**	**616425**	**368874**	**247551**
50	182995	92167	90828	139870	82139	57731
51	168818	84528	84290	124291	74073	50218
52	185266	92316	92950	133314	79860	53454
53	145243	71765	73478	102519	61384	41135
54	169065	84737	84328	116431	71418	45013
55-59岁	**637567**	**317082**	**320485**	**388815**	**245084**	**143731**
55	160358	80340	80018	104426	65210	39216
56	160571	79854	80717	99841	62780	37061
57	177220	88913	88307	106131	67975	38156
58	94581	46446	48135	54555	34353	20202
59	44837	21529	23308	23862	14766	9096
60-64岁	**413314**	**210762**	**202552**	**168907**	**102028**	**66879**
60	52733	26009	26724	23020	13675	9345
61	58001	30157	27844	24394	15115	9279
62	94112	48544	45568	38458	23510	14948
63	104073	53112	50961	42123	25395	16728
64	104395	52940	51455	40912	24333	16579
65-69岁	**541196**	**265704**	**275492**	**187179**	**108194**	**78985**
65	113124	56869	56255	42806	25273	17533
66	117099	58083	59016	42222	24398	17824
67	112457	54671	57786	38943	22171	16772
68	113519	55070	58449	37612	21617	15995
69	84997	41011	43986	25596	14735	10861

8-7 续表 1

单位：人

年 龄	15岁及以上人口			劳动收入		
	合计	男	女	小计	男	女
70-74岁	**368798**	**182870**	**185928**	**83124**	**49484**	**33640**
70	81794	40251	41543	21761	12775	8986
71	84331	42014	42317	20405	12202	8203
72	69851	34607	35244	15385	9144	6241
73	69119	34591	34528	13874	8333	5541
74	63703	31407	32296	11699	7030	4669
75-79岁	**250844**	**121825**	**129019**	**33952**	**20511**	**13441**
75	54510	26420	28090	9012	5310	3702
76	58035	28632	29403	8699	5335	3364
77	51144	24511	26633	6715	4041	2674
78	44050	21565	22485	5093	3181	1912
79	43105	20697	22408	4433	2644	1789
80-84岁	**146688**	**68547**	**78141**	**8764**	**5228**	**3536**
80	37810	18376	19434	2935	1741	1194
81	31114	14420	16694	1955	1152	803
82	28786	13369	15417	1621	989	632
83	25055	11653	13402	1230	748	482
84	23923	10729	13194	1023	598	425
85-89岁	**67770**	**29356**	**38414**	**2168**	**1187**	**981**
85	17078	7484	9594	658	385	273
86	15132	6474	8658	532	285	247
87	14941	6616	8325	446	245	201
88	11569	4885	6684	305	148	157
89	9050	3897	5153	227	124	103
90-94岁	**23943**	**9883**	**14060**	**420**	**186**	**234**
90	7844	3406	4438	167	76	91
91	5633	2363	3270	103	44	59
92	4782	1954	2828	74	34	40
93	3315	1278	2037	50	19	31
94	2369	882	1487	26	13	13
95-99岁	**4691**	**1641**	**3050**	**63**	**24**	**39**
95	1690	607	1083	18	6	12
96	1301	458	843	19	7	12
97	800	271	529	13	7	6
98	526	177	349	8	2	6
99	374	128	246	5	2	3
100岁及以上	**592**	**157**	**435**	**3**	**1**	**2**

8-7 续表 2

单位：人

年龄	离退休金/养老金			最低生活保障金			失业保险金		
	小计	男	女	小计	男	女	小计	男	女
总 计	**794048**	**332170**	**461878**	**117880**	**67812**	**50068**	**3558**	**1894**	**1664**
45岁以下	**179**	**95**	**84**	**14874**	**8368**	**6506**	**1719**	**777**	**942**
45-49岁	**5585**	**215**	**5370**	**7747**	**4696**	**3051**	**940**	**390**	**550**
45	435	21	414	1284	793	491	139	66	73
46	704	27	677	1443	859	584	147	64	83
47	892	35	857	1505	896	609	149	66	83
48	1252	52	1200	1672	1037	635	239	85	154
49	2302	80	2222	1843	1111	732	266	109	157
50-54岁	**70073**	**5839**	**64234**	**9352**	**5800**	**3552**	**524**	**452**	**72**
50	11056	594	10462	1726	1051	675	138	92	46
51	13638	958	12680	1751	1122	629	111	104	7
52	15810	1288	14522	2060	1312	748	111	101	10
53	12835	1177	11658	1745	1069	676	81	77	4
54	16734	1822	14912	2070	1246	824	83	78	5
55-59岁	**105192**	**20063**	**85129**	**8692**	**5191**	**3501**	**236**	**209**	**27**
55	21318	3344	17974	2014	1263	751	84	80	4
56	25142	4602	20540	2172	1284	888	54	46	8
57	30902	5863	25039	2450	1490	960	54	42	12
58	17469	3590	13879	1376	753	623	34	32	2
59	10361	2664	7697	680	401	279	10	9	1
60-64岁	**138017**	**64864**	**73153**	**11120**	**7159**	**3961**	**29**	**16**	**13**
60	17887	7898	9989	1111	682	429	2	1	1
61	19864	9384	10480	1377	876	501	4		4
62	31739	15134	16605	2545	1663	882	8	4	4
63	34035	16013	18022	3072	2032	1040	11	7	4
64	34492	16435	18057	3015	1906	1109	4	4	
65-69岁	**177039**	**84447**	**92592**	**19425**	**11717**	**7708**	**52**	**24**	**28**
65	36754	17632	19122	3519	2207	1312	12	4	8
66	38542	18604	19938	3960	2440	1520	13	10	3
67	36561	17332	19229	4055	2415	1640	13	4	9
68	36695	17337	19358	4412	2599	1813	6	3	3
69	28487	13542	14945	3479	2056	1423	8	3	5

8-7 续表 3

单位：人

年龄	离退休金/养老金			最低生活保障金			失业保险金		
	小计	男	女	小计	男	女	小计	男	女
70-74岁	**127755**	**65798**	**61957**	**17571**	**10181**	**7390**	**30**	**14**	**16**
70	28458	14035	14423	3477	2029	1448	10	6	4
71	28723	14536	14187	3912	2310	1602	6	4	2
72	23970	12331	11639	3417	2010	1407	6	1	5
73	24210	12905	11305	3424	1972	1452	4	1	3
74	22394	11991	10403	3341	1860	1481	4	2	2
75-79岁	**86221**	**46155**	**40066**	**14009**	**7568**	**6441**	**16**	**8**	**8**
75	19057	10217	8840	2923	1563	1360	5	2	3
76	19709	10594	9115	3167	1792	1375	4	2	2
77	17301	9147	8154	2871	1502	1369	5	3	2
78	15653	8439	7214	2482	1315	1167	2	1	1
79	14501	7758	6743	2566	1396	1170			
80-84岁	**51825**	**27672**	**24153**	**8879**	**4558**	**4321**	**6**	**3**	**3**
80	13846	7664	6182	2190	1164	1026	1		1
81	10867	5720	5147	1838	950	888	2	2	
82	10252	5431	4821	1786	908	878	1		1
83	8717	4610	4107	1568	782	786	2	1	1
84	8143	4247	3896	1497	754	743			
85-89岁	**22946**	**12058**	**10888**	**4146**	**1854**	**2292**	**4**	**1**	**3**
85	5841	2927	2914	1031	519	512			
86	5157	2573	2584	919	405	514	1		1
87	5001	2759	2242	899	407	492	1		1
88	3841	2071	1770	718	307	411			
89	3106	1728	1378	579	216	363	2	1	1
90-94岁	**7715**	**4227**	**3488**	**1644**	**600**	**1044**	**2**		**2**
90	2682	1533	1149	503	182	321	1		1
91	1799	979	820	402	164	238	1		1
92	1511	835	676	345	130	215			
93	1009	526	483	226	73	153			
94	714	354	360	168	51	117			
95-99岁	**1349**	**677**	**672**	**349**	**108**	**241**			
95	504	254	250	122	41	81			
96	346	174	172	100	28	72			
97	246	127	119	67	18	49			
98	142	67	75	37	16	21			
99	111	55	56	23	5	18			
100岁及以上	**152**	**60**	**92**	**72**	**12**	**60**			

8-7 续表 4

单位：人

年 龄	财产性收入			家庭其他成员供养			其 他		
	小计	男	女	小计	男	女	小计	男	女
总 计	**37129**	**20676**	**16453**	**1690409**	**590787**	**1099622**	**352217**	**174527**	**177690**
45岁以下	**14589**	**7428**	**7161**	**843219**	**324799**	**518420**	**155447**	**75421**	**80026**
45–49岁	**6215**	**3218**	**2997**	**89734**	**11876**	**77858**	**38023**	**18044**	**19979**
45	1039	552	487	14572	1745	12827	6620	3119	3501
46	1216	605	611	16674	2091	14583	7315	3457	3858
47	1214	659	555	17554	2318	15236	7640	3648	3992
48	1338	685	653	19405	2641	16764	8090	3844	4246
49	1408	717	691	21529	3081	18448	8358	3976	4382
50–54岁	**5735**	**3522**	**2213**	**111333**	**21961**	**89372**	**37945**	**19065**	**18880**
50	1254	765	489	20814	3446	17368	8137	4080	4057
51	1126	683	443	20448	3833	16615	7453	3755	3698
52	1265	750	515	24430	4788	19642	8276	4217	4059
53	971	611	360	20537	4195	16342	6555	3252	3303
54	1119	713	406	25104	5699	19405	7524	3761	3763
55–59岁	**4052**	**2747**	**1305**	**101403**	**28380**	**73023**	**29177**	**15408**	**13769**
55	1055	676	379	24333	6034	18299	7128	3733	3395
56	982	657	325	25054	6655	18399	7326	3830	3496
57	1136	794	342	28422	8421	20001	8125	4328	3797
58	617	451	166	16055	4886	11169	4475	2381	2094
59	262	169	93	7539	2384	5155	2123	1136	987
60–64岁	**1631**	**950**	**681**	**74792**	**25959**	**48833**	**18818**	**9786**	**9032**
60	233	133	100	8245	2527	5718	2235	1093	1142
61	242	125	117	9529	3282	6247	2591	1375	1216
62	387	220	167	16745	5851	10894	4230	2162	2068
63	382	240	142	19658	6898	12760	4792	2527	2265
64	387	232	155	20615	7401	13214	4970	2629	2341
65–69岁	**2126**	**1188**	**938**	**128341**	**46184**	**82157**	**27034**	**13950**	**13084**
65	463	253	210	24052	8611	15441	5518	2889	2629
66	437	257	180	26223	9454	16769	5702	2920	2782
67	429	227	202	26709	9533	17176	5747	2989	2758
68	458	261	197	28576	10282	18294	5760	2971	2789
69	339	190	149	22781	8304	14477	4307	2181	2126

8-7 续表 5

单位：人

年 龄	财产性收入			家庭其他成员供养			其 他		
	小计	男	女	小计	男	女	小计	男	女
70-74岁	**1369**	**818**	**551**	**119408**	**46369**	**73039**	**19541**	**10206**	**9335**
70	323	192	131	23436	8958	14478	4329	2256	2073
71	329	201	128	26565	10417	16148	4391	2344	2047
72	247	152	95	23079	9008	14071	3747	1961	1786
73	230	136	94	23707	9325	14382	3670	1919	1751
74	240	137	103	22621	8661	13960	3404	1726	1678
75-79岁	**815**	**467**	**348**	**102059**	**40218**	**61841**	**13772**	**6898**	**6874**
75	170	93	77	20364	7725	12639	2979	1510	1469
76	212	121	91	23018	9108	13910	3226	1680	1546
77	167	95	72	21259	8366	12893	2826	1357	1469
78	130	72	58	18359	7399	10960	2331	1158	1173
79	136	86	50	19059	7620	11439	2410	1193	1217
80-84岁	**383**	**222**	**161**	**69252**	**27221**	**42031**	**7579**	**3643**	**3936**
80	109	70	39	16754	6762	9992	1975	975	1000
81	78	48	30	14708	5746	8962	1666	802	864
82	65	27	38	13578	5334	8244	1483	680	803
83	71	43	28	12243	4886	7357	1224	583	641
84	60	34	26	11969	4493	7476	1231	603	628
85-89岁	**159**	**82**	**77**	**34909**	**12652**	**22257**	**3438**	**1522**	**1916**
85	48	22	26	8600	3219	5381	900	412	488
86	41	23	18	7730	2855	4875	752	333	419
87	33	20	13	7807	2855	4952	754	330	424
88	24	11	13	6063	2075	3988	618	273	345
89	13	6	7	4709	1648	3061	414	174	240
90-94岁	**49**	**30**	**19**	**12950**	**4342**	**8608**	**1163**	**498**	**665**
90	20	14	6	4119	1454	2665	352	147	205
91	9	6	3	3031	1034	1997	288	136	152
92	10	6	4	2605	851	1754	237	98	139
93	6	3	3	1852	591	1261	172	66	106
94	4	1	3	1343	412	931	114	51	63
95-99岁	**5**	**4**	**1**	**2670**	**751**	**1919**	**255**	**77**	**178**
95	3	2	1	963	278	685	80	26	54
96	1	1		762	226	536	73	22	51
97				430	108	322	44	11	33
98				305	80	225	34	12	22
99	1	1		210	59	151	24	6	18
100岁及以上	**1**		**1**	**339**	**75**	**264**	**25**	**9**	**16**

8−7a　全省分年龄、性别、主要生活来源的人口(城市)

单位：人

年　龄	15岁及以上人口			劳动收入		
	合计	男	女	小计	男	女
总　计	**2609928**	**1275369**	**1334559**	**1447654**	**820650**	**627004**
45岁以下	**1349360**	**663461**	**685899**	**922672**	**491867**	**430805**
45−49岁	**292671**	**145769**	**146902**	**233103**	**130465**	**102638**
45	54702	26918	27784	45145	24484	20661
46	58320	28923	29397	47516	26108	21408
47	58450	29267	29183	47010	26301	20709
48	59478	29707	29771	46672	26359	20313
49	61721	30954	30767	46760	27213	19547
50−54岁	**267792**	**131508**	**136284**	**164466**	**107689**	**56777**
50	60757	30191	30566	41449	25943	15506
51	55081	27130	27951	34703	22550	12153
52	57870	28444	29426	35094	23199	11895
53	43477	21027	22450	25215	16773	8442
54	50607	24716	25891	28005	19224	8781
55−59岁	**206638**	**100017**	**106621**	**88870**	**65617**	**23253**
55	49949	24427	25522	24419	17577	6842
56	51857	25238	26619	23190	17090	6100
57	58759	28426	30333	24441	18280	6161
58	30444	14551	15893	11624	8773	2851
59	15629	7375	8254	5196	3897	1299
60−64岁	**131063**	**64113**	**66950**	**20109**	**13475**	**6634**
60	18958	9115	9843	3588	2455	1133
61	19535	9700	9835	3292	2220	1072
62	30114	14975	15139	4687	3165	1522
63	31445	15264	16181	4486	2995	1491
64	31011	15059	15952	4056	2640	1416
65−69岁	**143748**	**67457**	**76291**	**13418**	**8463**	**4955**
65	31678	15149	16529	3591	2285	1306
66	32240	15414	16826	3252	2100	1152
67	29406	13730	15676	2643	1622	1021
68	28518	13115	15403	2390	1491	899
69	21906	10049	11857	1542	965	577

8-7a 续表 1

单位：人

年 龄	15岁及以上人口			劳动收入		
	合计	男	女	小计	男	女
70-74岁	**92398**	**44006**	**48392**	**3415**	**2124**	**1291**
70	21420	9960	11460	1066	643	423
71	20829	9867	10962	860	559	301
72	17351	8261	9090	567	342	225
73	17000	8197	8803	512	331	181
74	15798	7721	8077	410	249	161
75-79岁	**60849**	**28989**	**31860**	**1124**	**664**	**460**
75	13528	6570	6958	339	213	126
76	13766	6619	7147	286	174	112
77	12123	5709	6414	202	108	94
78	11036	5235	5801	151	87	64
79	10396	4856	5540	146	82	64
80-84岁	**38842**	**18186**	**20656**	**331**	**210**	**121**
80	10018	4826	5192	114	74	40
81	8086	3756	4330	72	49	23
82	7695	3580	4115	45	27	18
83	6738	3171	3567	49	29	20
84	6305	2853	3452	51	31	20
85-89岁	**18611**	**8307**	**10304**	**114**	**58**	**56**
85	4757	2042	2715	37	19	18
86	4176	1792	2384	26	12	14
87	4001	1863	2138	21	13	8
88	3153	1448	1705	15	7	8
89	2524	1162	1362	15	7	8
90-94岁	**6534**	**3016**	**3518**	**28**	**15**	**13**
90	2196	1046	1150	9	6	3
91	1508	706	802	5	2	3
92	1276	581	695	8	3	5
93	881	392	489	3	1	2
94	673	291	382	3	3	
95-99岁	**1252**	**489**	**763**	**4**	**3**	**1**
95	445	182	263			
96	346	131	215	1	1	
97	216	88	128	1	1	
98	143	53	90	1		1
99	102	35	67	1	1	
100岁及以上	**170**	**51**	**119**			

8-7a 续表 2

单位：人

年 龄	离退休金/养老金			最低生活保障金			失业保险金		
	小计	男	女	小计	男	女	小计	男	女
总 计	**490453**	**195286**	**295167**	**12997**	**6657**	**6340**	**2599**	**1393**	**1206**
45岁以下	**135**	**70**	**65**	**1783**	**982**	**801**	**1339**	**602**	**737**
45-49岁	**4216**	**154**	**4062**	**1301**	**708**	**593**	**716**	**295**	**421**
45	331	14	317	189	96	93	110	51	59
46	534	23	511	200	117	83	103	48	55
47	655	21	634	268	148	120	115	49	66
48	962	42	920	291	153	138	183	65	118
49	1734	54	1680	353	194	159	205	82	123
50-54岁	**49083**	**4280**	**44803**	**1721**	**1015**	**706**	**377**	**338**	**39**
50	8139	454	7685	324	189	135	98	67	31
51	9806	720	9086	348	219	129	87	84	3
52	10991	950	10041	382	243	139	81	78	3
53	8816	852	7964	313	176	137	51	51	
54	11331	1304	10027	354	188	166	60	58	2
55-59岁	**72941**	**14805**	**58136**	**1684**	**1001**	**683**	**154**	**151**	**3**
55	14674	2474	12200	391	230	161	56	56	
56	17409	3419	13990	409	236	173	33	32	1
57	21590	4366	17224	484	298	186	32	31	1
58	11982	2593	9389	282	159	123	24	24	
59	7286	1953	5333	118	78	40	9	8	1
60-64岁	**89912**	**42358**	**47554**	**1283**	**687**	**596**	**5**	**4**	**1**
60	12570	5629	6941	151	83	68	1	1	
61	13362	6318	7044	172	96	76			
62	20592	9841	10751	285	156	129			
63	21712	10200	11512	354	194	160	2	1	1
64	21676	10370	11306	321	158	163	2	2	
65-69岁	**103954**	**48799**	**55155**	**1796**	**909**	**887**	**1**		**1**
65	22405	10707	11698	345	174	171			
66	23140	11031	12109	378	204	174	1		1
67	21286	9943	11343	384	191	193			
68	20710	9554	11156	394	196	198			
69	16413	7564	8849	295	144	151			

8-7a 续表 3

单位：人

年 龄	离退休金/养老金			最低生活保障金			失业保险金		
	小计	男	女	小计	男	女	小计	男	女
70–74岁	**72144**	**35514**	**36630**	**1267**	**565**	**702**	**4**	**2**	**2**
70	16499	7828	8671	276	124	152			
71	16103	7804	8299	289	142	147	1		1
72	13586	6711	6875	243	117	126	1		1
73	13462	6762	6700	231	93	138			
74	12494	6409	6085	228	89	139	2	2	
75–79岁	**47784**	**24108**	**23676**	**978**	**390**	**588**	**2**	**1**	**1**
75	10666	5449	5217	220	84	136			
76	10771	5442	5329	217	105	112			
77	9460	4747	4713	204	75	129	1	1	
78	8794	4421	4373	174	66	108	1		1
79	8093	4049	4044	163	60	103			
80–84岁	**30536**	**15373**	**15163**	**645**	**244**	**401**	**1**		**1**
80	7929	4070	3859	143	61	82	1		1
81	6336	3149	3187	128	53	75			
82	6145	3074	3071	128	49	79			
83	5264	2674	2590	130	39	91			
84	4862	2406	2456	116	42	74			
85–89岁	**14124**	**6934**	**7190**	**363**	**113**	**250**			
85	3615	1703	1912	89	32	57			
86	3224	1495	1729	74	17	57			
87	3025	1554	1471	75	25	50			
88	2379	1211	1168	63	23	40			
89	1881	971	910	62	16	46			
90–94岁	**4700**	**2469**	**2231**	**139**	**36**	**103**			
90	1625	877	748	55	12	43			
91	1099	565	534	26	6	20			
92	884	474	410	31	11	20			
93	624	322	302	12	3	9			
94	468	231	237	15	4	11			
95–99岁	**833**	**386**	**447**	**30**	**7**	**23**			
95	305	143	162	14	4	10			
96	222	98	124	9	1	8			
97	145	73	72	5	2	3			
98	93	43	50	1		1			
99	68	29	39	1		1			
100岁及以上	**91**	**36**	**55**	**7**		**7**			

8-7a　续表 4

单位：人

年　龄	财产性收入			家庭其他成员供养			其　他		
	小计	男	女	小计	男	女	小计	男	女
总　计	**17556**	**9606**	**7950**	**539645**	**191419**	**348226**	**99024**	**50358**	**48666**
45岁以下	**7497**	**3669**	**3828**	**364800**	**141429**	**223371**	**51134**	**24842**	**26292**
45–49岁	**3538**	**1759**	**1779**	**35882**	**5526**	**30356**	**13915**	**6862**	**7053**
45	582	297	285	5970	855	5115	2375	1121	1254
46	695	324	371	6610	964	5646	2662	1339	1323
47	656	340	316	6963	1024	5939	2783	1384	1399
48	766	387	379	7626	1235	6391	2978	1466	1512
49	839	411	428	8713	1448	7265	3117	1552	1565
50–54岁	**2965**	**1911**	**1054**	**37123**	**9309**	**27814**	**12057**	**6966**	**5091**
50	683	422	261	7298	1561	5737	2766	1555	1211
51	601	401	200	6991	1674	5317	2545	1482	1063
52	644	403	241	8110	2049	6061	2568	1522	1046
53	492	324	168	6641	1713	4928	1949	1138	811
54	545	361	184	8083	2312	5771	2229	1269	960
55–59岁	**1977**	**1411**	**566**	**32207**	**11567**	**20640**	**8805**	**5465**	**3340**
55	516	350	166	7812	2474	5338	2081	1266	815
56	460	325	135	8107	2746	5361	2249	1390	859
57	567	412	155	9159	3485	5674	2486	1554	932
58	304	233	71	4864	1924	2940	1364	845	519
59	130	91	39	2265	938	1327	625	410	215
60–64岁	**525**	**301**	**224**	**15633**	**5435**	**10198**	**3596**	**1853**	**1743**
60	88	55	33	2043	618	1425	517	274	243
61	70	34	36	2122	751	1371	517	281	236
62	125	70	55	3605	1329	2276	820	414	406
63	113	67	46	3899	1344	2555	879	463	416
64	129	75	54	3964	1393	2571	863	421	442
65–69岁	**529**	**282**	**247**	**20048**	**7082**	**12966**	**4002**	**1922**	**2080**
65	118	54	64	4287	1461	2826	932	468	464
66	118	69	49	4394	1578	2816	957	432	525
67	112	58	54	4161	1502	2659	820	414	406
68	99	54	45	4156	1452	2704	769	368	401
69	82	47	35	3050	1089	1961	524	240	284

8-7a 续表 5

单位：人

年 龄	财产性收入			家庭其他成员供养			其 他		
	小计	男	女	小计	男	女	小计	男	女
70-74岁	**292**	**162**	**130**	**12917**	**4516**	**8401**	**2359**	**1123**	**1236**
70	89	52	37	2926	1030	1896	564	283	281
71	67	40	27	2955	1055	1900	554	267	287
72	49	25	24	2474	862	1612	431	204	227
73	39	24	15	2350	801	1549	406	186	220
74	48	21	27	2212	768	1444	404	183	221
75-79岁	**143**	**69**	**74**	**9300**	**3087**	**6213**	**1518**	**670**	**848**
75	26	15	11	1945	656	1289	332	153	179
76	32	15	17	2106	719	1387	354	164	190
77	32	16	16	1922	624	1298	302	138	164
78	24	12	12	1647	548	1099	245	101	144
79	29	11	18	1680	540	1140	285	114	171
80-84岁	**52**	**30**	**22**	**6386**	**1966**	**4420**	**891**	**363**	**528**
80	13	10	3	1581	510	1071	237	101	136
81	13	7	6	1357	423	934	180	75	105
82	14	8	6	1192	358	834	171	64	107
83	7	3	4	1132	363	769	156	63	93
84	5	2	3	1124	312	812	147	60	87
85-89岁	**29**	**8**	**21**	**3484**	**999**	**2485**	**497**	**195**	**302**
85	8	1	7	882	237	645	126	50	76
86	9	2	7	738	218	520	105	48	57
87	4	2	2	753	226	527	123	43	80
88	5	2	3	614	173	441	77	32	45
89	3	1	2	497	145	352	66	22	44
90-94岁	**6**	**2**	**4**	**1459**	**410**	**1049**	**202**	**84**	**118**
90	2	1	1	449	128	321	56	22	34
91	1	1		329	109	220	48	23	25
92	1		1	313	76	237	39	17	22
93				207	53	154	35	13	22
94	2		2	161	44	117	24	9	15
95-99岁	**3**	**2**	**1**	**340**	**79**	**261**	**42**	**12**	**30**
95	3	2	1	109	28	81	14	5	9
96				105	28	77	9	3	6
97				58	11	47	7	1	6
98				43	8	35	5	2	3
99				25	4	21	7	1	6
100岁及以上				**66**	**14**	**52**	**6**	**1**	**5**

8-7b　全省分年龄、性别、主要生活来源的人口(镇)

单位：人

年龄	15岁及以上人口			劳动收入		
	合计	男	女	小计	男	女
总　计	**1471248**	**715536**	**755712**	**836589**	**467990**	**368599**
45岁以下	**672432**	**327489**	**344943**	**436033**	**231923**	**204110**
45-49岁	**181370**	**89023**	**92347**	**147881**	**80926**	**66955**
45	33491	16252	17239	27816	14916	12900
46	36656	18065	18591	30299	16513	13786
47	36832	18243	18589	30179	16582	13597
48	36747	17926	18821	29628	16216	13412
49	37644	18537	19107	29959	16699	13260
50-54岁	**172922**	**84531**	**88391**	**120575**	**72546**	**48029**
50	37279	18533	18746	27946	16488	11458
51	34111	16654	17457	24480	14498	9982
52	37787	18390	19397	26063	15759	10304
53	29504	14315	15189	19896	12142	7754
54	34241	16639	17602	22190	13659	8531
55-59岁	**126835**	**61819**	**65016**	**72113**	**46721**	**25392**
55	32213	15645	16568	19677	12509	7168
56	32028	15817	16211	18571	12148	6423
57	35413	17393	18020	19964	13080	6884
58	18447	8838	9609	9721	6315	3406
59	8734	4126	4608	4180	2669	1511
60-64岁	**75427**	**37484**	**37943**	**24454**	**14990**	**9464**
60	9912	4787	5125	3675	2203	1472
61	10877	5535	5342	3734	2368	1366
62	17110	8602	8508	5424	3381	2043
63	18774	9272	9502	5953	3610	2343
64	18754	9288	9466	5668	3428	2240
65-69岁	**94234**	**45295**	**48939**	**22883**	**13421**	**9462**
65	20331	10054	10277	5549	3347	2202
66	20613	10003	10610	5405	3168	2237
67	19563	9330	10233	4769	2801	1968
68	19422	9140	10282	4297	2442	1855
69	14305	6768	7537	2863	1663	1200

8-7b 续表 1

单位：人

年 龄	15岁及以上人口			劳动收入		
	合计	男	女	小计	男	女
70-74岁	**63148**	**30852**	**32296**	**8364**	**5001**	**3363**
70	14008	6791	7217	2373	1431	942
71	14363	6995	7368	2047	1183	864
72	11829	5722	6107	1481	890	591
73	11897	5903	5994	1296	786	510
74	11051	5441	5610	1167	711	456
75-79岁	**42852**	**20323**	**22529**	**3202**	**1889**	**1313**
75	9103	4351	4752	831	489	342
76	10028	4804	5224	836	498	338
77	8709	4021	4688	635	367	268
78	7554	3630	3924	476	291	185
79	7458	3517	3941	424	244	180
80-84岁	**25597**	**11632**	**13965**	**822**	**451**	**371**
80	6790	3179	3611	281	153	128
81	5430	2470	2960	187	108	79
82	4976	2266	2710	158	84	74
83	4368	1915	2453	106	57	49
84	4033	1802	2231	90	49	41
85-89岁	**11436**	**5019**	**6417**	**213**	**98**	**115**
85	2870	1231	1639	66	29	37
86	2516	1108	1408	52	24	28
87	2522	1153	1369	42	16	26
88	1960	849	1111	27	15	12
89	1568	678	890	26	14	12
90-94岁	**4094**	**1729**	**2365**	**43**	**22**	**21**
90	1405	619	786	25	14	11
91	964	413	551	9	3	6
92	809	347	462	7	5	2
93	559	211	348	1		1
94	357	139	218	1		1
95-99岁	**799**	**309**	**490**	**6**	**2**	**4**
95	289	117	172			
96	189	71	118	4	1	3
97	158	57	101	1	1	
98	89	35	54	1		1
99	74	29	45			
100岁及以上	**102**	**31**	**71**			

8-7b　续表 2

单位：人

年　龄	离退休金/养老金			最低生活保障金			失业保险金		
	小计	男	女	小计	男	女	小计	男	女
总　计	**170047**	**72157**	**97890**	**19122**	**10572**	**8550**	**307**	**168**	**139**
45岁以下	**32**	**15**	**17**	**2785**	**1495**	**1290**	**142**	**75**	**67**
45-49岁	**1013**	**51**	**962**	**1645**	**935**	**710**	**63**	**23**	**40**
45	80	7	73	293	171	122	5	4	1
46	122	4	118	300	159	141	13	4	9
47	176	13	163	294	169	125	8	5	3
48	208	7	201	379	223	156	21	4	17
49	427	20	407	379	213	166	16	6	10
50-54岁	**15225**	**1136**	**14089**	**1730**	**1076**	**654**	**53**	**42**	**11**
50	2162	93	2069	306	179	127	13	7	6
51	2784	171	2613	358	229	129	9	8	1
52	3521	257	3264	380	241	139	10	8	2
53	2861	222	2639	327	199	128	10	9	1
54	3897	393	3504	359	228	131	11	10	1
55-59岁	**22795**	**3989**	**18806**	**1655**	**979**	**676**	**20**	**14**	**6**
55	4741	649	4092	368	236	132	4	3	1
56	5553	936	4617	434	249	185	7	5	2
57	6533	1121	5412	429	257	172	6	3	3
58	3817	744	3073	269	144	125	2	2	
59	2151	539	1612	155	93	62	1	1	
60-64岁	**29301**	**13906**	**15395**	**1754**	**1083**	**671**	**9**	**4**	**5**
60	3602	1582	2020	212	125	87			
61	4194	2031	2163	209	129	80	1		1
62	6897	3319	3578	397	244	153	3	1	2
63	7205	3414	3791	484	306	178	4	2	2
64	7403	3560	3843	452	279	173	1	1	
65-69岁	**38759**	**18864**	**19895**	**2853**	**1658**	**1195**	**10**	**6**	**4**
65	8169	3971	4198	556	348	208	3	1	2
66	8359	4110	4249	597	349	248	2	2	
67	8001	3880	4121	610	350	260	1	1	
68	8190	3956	4234	620	337	283	3	2	1
69	6040	2947	3093	470	274	196	1		1

8−7b 续表 3

单位：人

年龄	离退休金/养老金			最低生活保障金			失业保险金		
	小计	男	女	小计	男	女	小计	男	女
70−74岁	**27616**	**14788**	**12828**	**2479**	**1370**	**1109**	**6**	**1**	**5**
70	6176	3172	3004	483	276	207	2		2
71	6268	3305	2963	533	298	235	1	1	
72	5076	2669	2407	478	267	211	2		2
73	5285	2953	2332	511	282	229	1		1
74	4811	2689	2122	474	247	227			
75−79岁	**18401**	**10031**	**8370**	**1961**	**1006**	**955**	**3**	**2**	**1**
75	3962	2145	1817	428	219	209	3	2	1
76	4317	2380	1937	427	225	202			
77	3726	1960	1766	407	195	212			
78	3259	1789	1470	344	178	166			
79	3137	1757	1380	355	189	166			
80−84岁	**10689**	**5870**	**4819**	**1329**	**588**	**741**	**1**	**1**	
80	2988	1726	1262	311	127	184			
81	2286	1233	1053	280	139	141	1	1	
82	2044	1125	919	249	111	138			
83	1745	907	838	251	108	143			
84	1626	879	747	238	103	135			
85−89岁	**4439**	**2482**	**1957**	**633**	**282**	**351**			
85	1131	583	548	160	74	86			
86	972	533	439	140	65	75			
87	1009	585	424	150	73	77			
88	716	418	298	113	49	64			
89	611	363	248	70	21	49			
90−94岁	**1510**	**872**	**638**	**236**	**79**	**157**			
90	536	327	209	65	20	45			
91	362	216	146	63	23	40			
92	310	173	137	56	22	34			
93	188	92	96	28	6	22			
94	114	64	50	24	8	16			
95−99岁	**236**	**138**	**98**	**53**	**19**	**34**			
95	85	50	35	23	7	16			
96	54	34	20	10	2	8			
97	51	28	23	8	5	3			
98	24	14	10	6	3	3			
99	22	12	10	6	2	4			
100岁及以上	**31**	**15**	**16**	**9**	**2**	**7**			

8-7b 续表 4

单位：人

年龄	财产性收入			家庭其他成员供养			其他		
	小计	男	女	小计	男	女	小计	男	女
总计	**6837**	**3832**	**3005**	**367597**	**126487**	**241110**	**70749**	**34330**	**36419**
45岁以下	**2692**	**1370**	**1322**	**198462**	**77242**	**121220**	**32286**	**15369**	**16917**
45—49岁	**1193**	**633**	**560**	**21611**	**2670**	**18941**	**7964**	**3785**	**4179**
45	188	96	92	3687	390	3297	1422	668	754
46	236	134	102	4149	514	3635	1537	737	800
47	247	135	112	4298	549	3749	1630	790	840
48	273	131	142	4571	552	4019	1667	793	874
49	249	137	112	4906	665	4241	1708	797	911
50—54岁	**1098**	**659**	**439**	**26258**	**5162**	**21096**	**7983**	**3910**	**4073**
50	214	134	80	4973	801	4172	1665	831	834
51	207	120	87	4764	909	3855	1509	719	790
52	253	143	110	5791	1108	4683	1769	874	895
53	201	119	82	4802	947	3855	1407	677	730
54	223	143	80	5928	1397	4531	1633	809	824
55—59岁	**815**	**558**	**257**	**23283**	**6386**	**16897**	**6154**	**3172**	**2982**
55	216	129	87	5662	1344	4318	1545	775	770
56	207	145	62	5710	1528	4182	1546	806	740
57	226	167	59	6545	1892	4653	1710	873	837
58	123	89	34	3616	1076	2540	899	468	431
59	43	28	15	1750	546	1204	454	250	204
60—64岁	**296**	**183**	**113**	**15986**	**5537**	**10449**	**3627**	**1781**	**1846**
60	53	26	27	1886	618	1268	484	233	251
61	46	28	18	2179	730	1449	514	249	265
62	65	41	24	3511	1218	2293	813	398	415
63	71	48	23	4199	1441	2758	858	451	407
64	61	40	21	4211	1530	2681	958	450	508
65—69岁	**333**	**192**	**141**	**24577**	**8687**	**15890**	**4819**	**2467**	**2352**
65	81	48	33	4907	1769	3138	1066	570	496
66	78	52	26	5207	1847	3360	965	475	490
67	69	34	35	5098	1741	3357	1015	523	492
68	71	40	31	5234	1849	3385	1007	514	493
69	34	18	16	4131	1481	2650	766	385	381

8-7b 续表 5

单位：人

年 龄	财产性收入			家庭其他成员供养			其 他		
	小计	男	女	小计	男	女	小计	男	女
70-74岁	**199**	**118**	**81**	**21145**	**7867**	**13278**	**3339**	**1707**	**1632**
70	41	25	16	4213	1530	2683	720	357	363
71	41	28	13	4751	1796	2955	722	384	338
72	44	21	23	4082	1530	2552	666	345	321
73	29	15	14	4145	1549	2596	630	318	312
74	44	29	15	3954	1462	2492	601	303	298
75-79岁	**120**	**71**	**49**	**16772**	**6173**	**10599**	**2393**	**1151**	**1242**
75	23	11	12	3350	1248	2102	506	237	269
76	29	17	12	3876	1403	2473	543	281	262
77	26	15	11	3420	1248	2172	495	236	259
78	25	18	7	3039	1151	1888	411	203	208
79	17	10	7	3087	1123	1964	438	194	244
80-84岁	**67**	**36**	**31**	**11326**	**4075**	**7251**	**1363**	**611**	**752**
80	19	10	9	2820	997	1823	371	166	205
81	9	6	3	2370	845	1525	297	138	159
82	11	5	6	2251	818	1433	263	123	140
83	15	8	7	2027	747	1280	224	88	136
84	13	7	6	1858	668	1190	208	96	112
85-89岁	**19**	**10**	**9**	**5568**	**1882**	**3686**	**564**	**265**	**299**
85	7	4	3	1370	476	894	136	65	71
86	2	2		1235	425	810	115	59	56
87	5	3	2	1206	428	778	110	48	62
88	4		4	984	314	670	116	53	63
89	1	1		773	239	534	87	40	47
90-94岁	**4**	**1**	**3**	**2102**	**660**	**1442**	**199**	**95**	**104**
90	2	1	1	720	230	490	57	27	30
91	1		1	475	138	337	54	33	21
92				393	129	264	43	18	25
93	1		1	311	103	208	30	10	20
94				203	60	143	15	7	8
95-99岁	**1**	**1**		**449**	**132**	**317**	**54**	**17**	**37**
95				167	55	112	14	5	9
96				110	32	78	11	2	9
97				82	17	65	16	6	10
98				50	16	34	8	2	6
99	1	1		40	12	28	5	2	3
100岁及以上				**58**	**14**	**44**	**4**		**4**

8-7c　全省分年龄、性别、主要生活来源的人口(乡村)

单位：人

年龄	15岁及以上人口			劳动收入		
	合计	男	女	小计	男	女
总　计	**3385474**	**1750342**	**1635132**	**2187166**	**1264741**	**922425**
45岁以下	**1277026**	**682056**	**594970**	**910086**	**532328**	**377758**
45-49岁	**387001**	**200109**	**186892**	**331814**	**185071**	**146743**
45	67245	35085	32160	58388	32559	25829
46	76078	39216	36862	65740	36480	29260
47	78227	40560	37667	67366	37565	29801
48	81016	41633	39383	68945	38347	30598
49	84435	43615	40820	71375	40120	31255
50-54岁	**410673**	**209474**	**201199**	**331384**	**188639**	**142745**
50	84959	43443	41516	70475	39708	30767
51	79626	40744	38882	65108	37025	28083
52	89609	45482	44127	72157	40902	31255
53	72262	36423	35839	57408	32469	24939
54	84217	43382	40835	66236	38535	27701
55-59岁	**304094**	**155246**	**148848**	**227832**	**132746**	**95086**
55	78196	40268	37928	60330	35124	25206
56	76686	38799	37887	58080	33542	24538
57	83048	43094	39954	61726	36615	25111
58	45690	23057	22633	33210	19265	13945
59	20474	10028	10446	14486	8200	6286
60-64岁	**206824**	**109165**	**97659**	**124344**	**73563**	**50781**
60	23863	12107	11756	15757	9017	6740
61	27589	14922	12667	17368	10527	6841
62	46888	24967	21921	28347	16964	11383
63	53854	28576	25278	31684	18790	12894
64	54630	28593	26037	31188	18265	12923
65-69岁	**303214**	**152952**	**150262**	**150878**	**86310**	**64568**
65	61115	31666	29449	33666	19641	14025
66	64246	32666	31580	33565	19130	14435
67	63488	31611	31877	31531	17748	13783
68	65579	32815	32764	30925	17684	13241
69	48786	24194	24592	21191	12107	9084

8-7c 续表 1 单位：人

年龄	15岁及以上人口			劳动收入		
	合计	男	女	小计	男	女
70-74岁	**213252**	**108012**	**105240**	**71345**	**42359**	**28986**
70	46366	23500	22866	18322	10701	7621
71	49139	25152	23987	17498	10460	7038
72	40671	20624	20047	13337	7912	5425
73	40222	20491	19731	12066	7216	4850
74	36854	18245	18609	10122	6070	4052
75-79岁	**147143**	**72513**	**74630**	**29626**	**17958**	**11668**
75	31879	15499	16380	7842	4608	3234
76	34241	17209	17032	7577	4663	2914
77	30312	14781	15531	5878	3566	2312
78	25460	12700	12760	4466	2803	1663
79	25251	12324	12927	3863	2318	1545
80-84岁	**82249**	**38729**	**43520**	**7611**	**4567**	**3044**
80	21002	10371	10631	2540	1514	1026
81	17598	8194	9404	1696	995	701
82	16115	7523	8592	1418	878	540
83	13949	6567	7382	1075	662	413
84	13585	6074	7511	882	518	364
85-89岁	**37723**	**16030**	**21693**	**1841**	**1031**	**810**
85	9451	4211	5240	555	337	218
86	8440	3574	4866	454	249	205
87	8418	3600	4818	383	216	167
88	6456	2588	3868	263	126	137
89	4958	2057	2901	186	103	83
90-94岁	**13315**	**5138**	**8177**	**349**	**149**	**200**
90	4243	1741	2502	133	56	77
91	3161	1244	1917	89	39	50
92	2697	1026	1671	59	26	33
93	1875	675	1200	46	18	28
94	1339	452	887	22	10	12
95-99岁	**2640**	**843**	**1797**	**53**	**19**	**34**
95	956	308	648	18	6	12
96	766	256	510	14	5	9
97	426	126	300	11	5	6
98	294	89	205	6	2	4
99	198	64	134	4	1	3
100岁及以上	**320**	**75**	**245**	**3**	**1**	**2**

8-7c 续表 2

单位：人

年 龄	离退休金/养老金			最低生活保障金			失业保险金		
	小计	男	女	小计	男	女	小计	男	女
总 计	**133548**	**64727**	**68821**	**85761**	**50583**	**35178**	**652**	**333**	**319**
45岁以下	**12**	**10**	**2**	**10306**	**5891**	**4415**	**238**	**100**	**138**
45-49岁	**356**	**10**	**346**	**4801**	**3053**	**1748**	**161**	**72**	**89**
45	24		24	802	526	276	24	11	13
46	48		48	943	583	360	31	12	19
47	61	1	60	943	579	364	26	12	14
48	82	3	79	1002	661	341	35	16	19
49	141	6	135	1111	704	407	45	21	24
50-54岁	**5765**	**423**	**5342**	**5901**	**3709**	**2192**	**94**	**72**	**22**
50	755	47	708	1096	683	413	27	18	9
51	1048	67	981	1045	674	371	15	12	3
52	1298	81	1217	1298	828	470	20	15	5
53	1158	103	1055	1105	694	411	20	17	3
54	1506	125	1381	1357	830	527	12	10	2
55-59岁	**9456**	**1269**	**8187**	**5353**	**3211**	**2142**	**62**	**44**	**18**
55	1903	221	1682	1255	797	458	24	21	3
56	2180	247	1933	1329	799	530	14	9	5
57	2779	376	2403	1537	935	602	16	8	8
58	1670	253	1417	825	450	375	8	6	2
59	924	172	752	407	230	177			
60-64岁	**18804**	**8600**	**10204**	**8083**	**5389**	**2694**	**15**	**8**	**7**
60	1715	687	1028	748	474	274	1		1
61	2308	1035	1273	996	651	345	3		3
62	4250	1974	2276	1863	1263	600	5	3	2
63	5118	2399	2719	2234	1532	702	5	4	1
64	5413	2505	2908	2242	1469	773	1	1	
65-69岁	**34326**	**16784**	**17542**	**14776**	**9150**	**5626**	**41**	**18**	**23**
65	6180	2954	3226	2618	1685	933	9	3	6
66	7043	3463	3580	2985	1887	1098	10	8	2
67	7274	3509	3765	3061	1874	1187	12	3	9
68	7795	3827	3968	3398	2066	1332	3	1	2
69	6034	3031	3003	2714	1638	1076	7	3	4

8-7c　续表 3　　单位：人

年　龄	离退休金/养老金			最低生活保障金			失业保险金		
	小计	男	女	小计	男	女	小计	男	女
70－74岁	**27995**	**15496**	**12499**	**13825**	**8246**	**5579**	**20**	**11**	**9**
70	5783	3035	2748	2718	1629	1089	8	6	2
71	6352	3427	2925	3090	1870	1220	4	3	1
72	5308	2951	2357	2696	1626	1070	3	1	2
73	5463	3190	2273	2682	1597	1085	3	1	2
74	5089	2893	2196	2639	1524	1115	2		2
75－79岁	**20036**	**12016**	**8020**	**11070**	**6172**	**4898**	**11**	**5**	**6**
75	4429	2623	1806	2275	1260	1015	2		2
76	4621	2772	1849	2523	1462	1061	4	2	2
77	4115	2440	1675	2260	1232	1028	4	2	2
78	3600	2229	1371	1964	1071	893	1	1	
79	3271	1952	1319	2048	1147	901			
80－84岁	**10600**	**6429**	**4171**	**6905**	**3726**	**3179**	**4**	**2**	**2**
80	2929	1868	1061	1736	976	760			
81	2245	1338	907	1430	758	672	1	1	
82	2063	1232	831	1409	748	661	1		1
83	1708	1029	679	1187	635	552	2	1	1
84	1655	962	693	1143	609	534			
85－89岁	**4383**	**2642**	**1741**	**3150**	**1459**	**1691**	**4**	**1**	**3**
85	1095	641	454	782	413	369			
86	961	545	416	705	323	382	1		1
87	967	620	347	674	309	365	1		1
88	746	442	304	542	235	307			
89	614	394	220	447	179	268	2	1	1
90－94岁	**1505**	**886**	**619**	**1269**	**485**	**784**	**2**		**2**
90	521	329	192	383	150	233	1		1
91	338	198	140	313	135	178	1		1
92	317	188	129	258	97	161			
93	197	112	85	186	64	122			
94	132	59	73	129	39	90			
95－99岁	**280**	**153**	**127**	**266**	**82**	**184**			
95	114	61	53	85	30	55			
96	70	42	28	81	25	56			
97	50	26	24	54	11	43			
98	25	10	15	30	13	17			
99	21	14	7	16	3	13			
100岁及以上	**30**	**9**	**21**	**56**	**10**	**46**			

8-7c 续表 4

单位：人

年 龄	财产性收入			家庭其他成员供养			其 他		
	小计	男	女	小计	男	女	小计	男	女
总 计	**12736**	**7238**	**5498**	**783167**	**272881**	**510286**	**182444**	**89839**	**92605**
45岁以下	**4400**	**2389**	**2011**	**279957**	**106128**	**173829**	**72027**	**35210**	**36817**
45-49岁	**1484**	**826**	**658**	**32241**	**3680**	**28561**	**16144**	**7397**	**8747**
45	269	159	110	4915	500	4415	2823	1330	1493
46	285	147	138	5915	613	5302	3116	1381	1735
47	311	184	127	6293	745	5548	3227	1474	1753
48	299	167	132	7208	854	6354	3445	1585	1860
49	320	169	151	7910	968	6942	3533	1627	1906
50-54岁	**1672**	**952**	**720**	**47952**	**7490**	**40462**	**17905**	**8189**	**9716**
50	357	209	148	8543	1084	7459	3706	1694	2012
51	318	162	156	8693	1250	7443	3399	1554	1845
52	368	204	164	10529	1631	8898	3939	1821	2118
53	278	168	110	9094	1535	7559	3199	1437	1762
54	351	209	142	11093	1990	9103	3662	1683	1979
55-59岁	**1260**	**778**	**482**	**45913**	**10427**	**35486**	**14218**	**6771**	**7447**
55	323	197	126	10859	2216	8643	3502	1692	1810
56	315	187	128	11237	2381	8856	3531	1634	1897
57	343	215	128	12718	3044	9674	3929	1901	2028
58	190	129	61	7575	1886	5689	2212	1068	1144
59	89	50	39	3524	900	2624	1044	476	568
60-64岁	**810**	**466**	**344**	**43173**	**14987**	**28186**	**11595**	**6152**	**5443**
60	92	52	40	4316	1291	3025	1234	586	648
61	126	63	63	5228	1801	3427	1560	845	715
62	197	109	88	9629	3304	6325	2597	1350	1247
63	198	125	73	11560	4113	7447	3055	1613	1442
64	197	117	80	12440	4478	7962	3149	1758	1391
65-69岁	**1264**	**714**	**550**	**83716**	**30415**	**53301**	**18213**	**9561**	**8652**
65	264	151	113	14858	5381	9477	3520	1851	1669
66	241	136	105	16622	6029	10593	3780	2013	1767
67	248	135	113	17450	6290	11160	3912	2052	1860
68	288	167	121	19186	6981	12205	3984	2089	1895
69	223	125	98	15600	5734	9866	3017	1556	1461

8-7c 续表 5

单位：人

年 龄	财产性收入			家庭其他成员供养			其 他		
	小计	男	女	小计	男	女	小计	男	女
70-74岁	**878**	**538**	**340**	**85346**	**33986**	**51360**	**13843**	**7376**	**6467**
70	193	115	78	16297	6398	9899	3045	1616	1429
71	221	133	88	18859	7566	11293	3115	1693	1422
72	154	106	48	16523	6616	9907	2650	1412	1238
73	162	97	65	17212	6975	10237	2634	1415	1219
74	148	87	61	16455	6431	10024	2399	1240	1159
75-79岁	**552**	**327**	**225**	**75987**	**30958**	**45029**	**9861**	**5077**	**4784**
75	121	67	54	15069	5821	9248	2141	1120	1021
76	151	89	62	17036	6986	10050	2329	1235	1094
77	109	64	45	15917	6494	9423	2029	983	1046
78	81	42	39	13673	5700	7973	1675	854	821
79	90	65	25	14292	5957	8335	1687	885	802
80-84岁	**264**	**156**	**108**	**51540**	**21180**	**30360**	**5325**	**2669**	**2656**
80	77	50	27	12353	5255	7098	1367	708	659
81	56	35	21	10981	4478	6503	1189	589	600
82	40	14	26	10135	4158	5977	1049	493	556
83	49	32	17	9084	3776	5308	844	432	412
84	42	25	17	8987	3513	5474	876	447	429
85-89岁	**111**	**64**	**47**	**25857**	**9771**	**16086**	**2377**	**1062**	**1315**
85	33	17	16	6348	2506	3842	638	297	341
86	30	19	11	5757	2212	3545	532	226	306
87	24	15	9	5848	2201	3647	521	239	282
88	15	9	6	4465	1588	2877	425	188	237
89	9	4	5	3439	1264	2175	261	112	149
90-94岁	**39**	**27**	**12**	**9389**	**3272**	**6117**	**762**	**319**	**443**
90	16	12	4	2950	1096	1854	239	98	141
91	7	5	2	2227	787	1440	186	80	106
92	9	6	3	1899	646	1253	155	63	92
93	5	3	2	1334	435	899	107	43	64
94	2	1	1	979	308	671	75	35	40
95-99岁	**1**	**1**		**1881**	**540**	**1341**	**159**	**48**	**111**
95				687	195	492	52	16	36
96	1	1		547	166	381	53	17	36
97				290	80	210	21	4	17
98				212	56	156	21	8	13
99				145	43	102	12	3	9
100岁及以上	**1**		**1**	**215**	**47**	**168**	**15**	**8**	**7**

8-8 全省分性别、婚姻状况、主要生活来源的60岁及以上老年人口

单位：人

婚姻状况	60岁及以上人口			劳动收入		
	合计	男	女	小计	男	女
总 计	**1817836**	**890745**	**927091**	**484580**	**286843**	**197737**
未 婚	41452	38099	3353	9105	8667	438
有配偶	1326656	714310	612346	408596	249426	159170
离 婚	24864	14688	10176	5785	4517	1268
丧 偶	424864	123648	301216	61094	24233	36861

8-8 续表 1

单位：人

婚姻状况	离退休金/养老金			最低生活保障金			失业保险金		
	小计	男	女	小计	男	女	小计	男	女
总 计	**613019**	**305958**	**307061**	**77215**	**43757**	**33458**	**139**	**66**	**73**
未 婚	3658	2860	798	16371	15787	584	1	1	
有配偶	480862	264164	216698	36070	19346	16724	108	57	51
离 婚	12968	6207	6761	1388	1129	259	2	1	1
丧 偶	115531	32727	82804	23386	7495	15891	28	7	21

8-8 续表 2

单位：人

婚姻状况	财产性收入			家庭其他成员供养			其 他		
	小计	男	女	小计	男	女	小计	男	女
总 计	**6538**	**3761**	**2777**	**544720**	**203771**	**340949**	**91625**	**46589**	**45036**
未 婚	426	395	31	2499	2042	457	9392	8347	1045
有配偶	4913	2901	2012	336457	147606	188851	59650	30810	28840
离 婚	101	71	30	3475	1986	1489	1145	777	368
丧 偶	1098	394	704	202289	52137	150152	21438	6655	14783

8–8a 全省分性别、婚姻状况、主要生活来源的60岁及以上老年人口(城市)

单位：人

婚姻状况	60岁及以上人口			劳动收入		
	合计	男	女	小计	男	女
总 计	**493467**	**234614**	**258853**	**38543**	**25012**	**13531**
未 婚	4170	3037	1133	527	428	99
有配偶	384015	203753	180262	33987	22873	11114
离 婚	12233	5838	6395	1073	692	381
丧 偶	93049	21986	71063	2956	1019	1937

8–8a 续表 1

单位：人

婚姻状况	离退休金/养老金			最低生活保障金			失业保险金		
	小计	男	女	小计	男	女	小计	男	女
总 计	**364078**	**175977**	**188101**	**6508**	**2951**	**3557**	**13**	**7**	**6**
未 婚	1623	1057	566	666	602	64			
有配偶	289249	155060	134189	3525	1698	1827	11	6	5
离 婚	9730	4364	5366	318	251	67	1	1	
丧 偶	63476	15496	47980	1999	400	1599	1		1

8–8a 续表 2

单位：人

婚姻状况	财产性收入			家庭其他成员供养			其 他		
	小计	男	女	小计	男	女	小计	男	女
总 计	**1579**	**856**	**723**	**69633**	**23588**	**46045**	**13113**	**6223**	**6890**
未 婚	30	24	6	325	241	84	999	685	314
有配偶	1311	755	556	46677	18639	28038	9255	4722	4533
离 婚	38	24	14	755	309	446	318	197	121
丧 偶	200	53	147	21876	4399	17477	2541	619	1922

8-8b　全省分性别、婚姻状况、主要生活来源的60岁及以上老年人口(镇)

单位：人

婚姻状况	60岁及以上人口			劳动收入		
	合计	男	女	小计	男	女
总　计	**317689**	**152674**	**165015**	**59987**	**35874**	**24113**
未　婚	5647	4973	674	739	678	61
有配偶	234427	124995	109432	51902	32277	19625
离　婚	4066	2384	1682	791	577	214
丧　偶	73549	20322	53227	6555	2342	4213

8-8b　续表 1

单位：人

婚姻状况	离退休金/养老金			最低生活保障金			失业保险金		
	小计	男	女	小计	男	女	小计	男	女
总　计	**130982**	**66966**	**64016**	**11307**	**6087**	**5220**	**29**	**14**	**15**
未　婚	587	480	107	2337	2195	142			
有配偶	102924	57744	45180	5224	2747	2477	25	13	12
离　婚	2083	1101	982	282	212	70			
丧　偶	25388	7641	17747	3464	933	2531	4	1	3

8-8b　续表 2

单位：人

婚姻状况	财产性收入			家庭其他成员供养			其　他		
	小计	男	女	小计	男	女	小计	男	女
总　计	**1039**	**612**	**427**	**97983**	**35027**	**62956**	**16362**	**8094**	**8268**
未　婚	23	20	3	400	314	86	1561	1286	275
有配偶	840	520	320	62600	26136	36464	10912	5558	5354
离　婚	17	11	6	691	349	342	202	134	68
丧　偶	159	61	98	34292	8228	26064	3687	1116	2571

8–8c 全省分性别、婚姻状况、主要生活来源的60岁及以上老年人口(乡村)

单位：人

婚姻状况	60岁及以上人口			劳动收入		
	合计	男	女	小计	男	女
总　计	**1006680**	**503457**	**503223**	**386050**	**225957**	**160093**
未　婚	31635	30089	1546	7839	7561	278
有配偶	708214	385562	322652	322707	194276	128431
离　婚	8565	6466	2099	3921	3248	673
丧　偶	258266	81340	176926	51583	20872	30711

8–8c 续表 1

单位：人

婚姻状况	离退休金/养老金			最低生活保障金			失业保险金		
	小计	男	女	小计	男	女	小计	男	女
总　计	**117959**	**63015**	**54944**	**59400**	**34719**	**24681**	**97**	**45**	**52**
未　婚	1448	1323	125	13368	12990	378	1	1	
有配偶	88689	51360	37329	27321	14901	12420	72	38	34
离　婚	1155	742	413	788	666	122	1		1
丧　偶	26667	9590	17077	17923	6162	11761	23	6	17

8–8c 续表 2

单位：人

婚姻状况	财产性收入			家庭其他成员供养			其　他		
	小计	男	女	小计	男	女	小计	男	女
总　计	**3920**	**2293**	**1627**	**377104**	**145156**	**231948**	**62150**	**32272**	**29878**
未　婚	373	351	22	1774	1487	287	6832	6376	456
有配偶	2762	1626	1136	227180	102831	124349	39483	20530	18953
离　婚	46	36	10	2029	1328	701	625	446	179
丧　偶	739	280	459	146121	39510	106611	15210	4920	10290

8–9　全省分性别、居住状况、主要生活来源的60岁及以上老年人口

单位：人

居住状况	60岁及以上人口			劳动收入		
	合计	男	女	小计	男	女
总　计	**1817836**	**890745**	**927091**	**484580**	**286843**	**197737**
与配偶和子女同住	385708	211327	174381	104702	65519	39183
与配偶同住	742439	400102	342337	246887	146263	100624
与子女同住	332904	101836	231068	45989	20259	25730
独居(有保姆)	2691	1200	1491	273	167	106
独居(无保姆)	231783	110121	121662	57600	35485	22115
养老机构	15858	10774	5084	295	198	97
其　他	106453	55385	51068	28834	18952	9882

8–9　续表 1

单位：人

居住状况	离退休金/养老金			最低生活保障金			失业保险金		
	小计	男	女	小计	男	女	小计	男	女
总　计	**613019**	**305958**	**307061**	**77215**	**43757**	**33458**	**139**	**66**	**73**
与配偶和子女同住	154652	85805	68847	8497	4642	3855	28	13	15
与配偶同住	262907	146007	116900	23710	12674	11036	59	34	25
与子女同住	100747	30849	69898	13424	4188	9236	29	4	25
独居(有保姆)	1586	725	861	121	68	53	1		1
独居(无保姆)	62386	26846	35540	20627	13681	6946	17	11	6
养老机构	4564	2112	2452	4447	4032	415			
其　他	26177	13614	12563	6389	4472	1917	5	4	1

8–9　续表 2

单位：人

居住状况	财产性收入			家庭其他成员供养			其　他		
	小计	男	女	小计	男	女	小计	男	女
总　计	**6538**	**3761**	**2777**	**544720**	**203771**	**340949**	**91625**	**46589**	**45036**
与配偶和子女同住	1327	804	523	103054	47302	55752	13448	7242	6206
与配偶同住	2949	1703	1246	172459	76109	96350	33468	17312	16156
与子女同住	768	302	466	158982	42041	116941	12965	4193	8772
独居(有保姆)	7	7		627	199	428	76	34	42
独居(无保姆)	1053	639	414	76927	26424	50503	13173	7035	6138
养老机构	88	76	12	2578	1043	1535	3886	3313	573
其　他	346	230	116	30093	10653	19440	14609	7460	7149

8－9a　全省分性别、居住状况、主要生活来源的60岁及以上老年人口(城市)

单位：人

居住状况	60岁及以上人口			劳动收入		
	合计	男	女	小计	男	女
总　计	**493467**	**234614**	**258853**	**38543**	**25012**	**13531**
与配偶和子女同住	135675	74170	61505	11621	8124	3497
与配偶同住	186683	100845	85838	13814	9175	4639
与子女同住	95653	25660	69993	4209	1874	2335
独居(有保姆)	1318	557	761	27	16	11
独居(无保姆)	43138	17513	25625	3707	2480	1227
养老机构	4407	2015	2392	33	16	17
其　他	26593	13854	12739	5132	3327	1805

8－9a　续表 1

单位：人

居住状况	离退休金/养老金			最低生活保障金			失业保险金		
	小计	男	女	小计	男	女	小计	男	女
总　计	**364078**	**175977**	**188101**	**6508**	**2951**	**3557**	**13**	**7**	**6**
与配偶和子女同住	98318	54003	44315	1277	670	607	3	1	2
与配偶同住	153376	83112	70264	1639	798	841	6	3	3
与子女同住	60131	16697	43434	1693	398	1295	1		1
独居(有保姆)	1144	496	648	21	10	11			
独居(无保姆)	32953	12685	20268	1139	583	556	3	3	
养老机构	2902	1212	1690	257	208	49			
其　他	15254	7772	7482	482	284	198			

8－9a　续表 2

单位：人

居住状况	财产性收入			家庭其他成员供养			其　他		
	小计	男	女	小计	男	女	小计	男	女
总　计	**1579**	**856**	**723**	**69633**	**23588**	**46045**	**13113**	**6223**	**6890**
与配偶和子女同住	474	287	187	20873	9417	11456	3109	1668	1441
与配偶同住	656	371	285	13753	5580	8173	3439	1806	1633
与子女同住	212	78	134	26691	5812	20879	2716	801	1915
独居(有保姆)	1	1		106	28	78	19	6	13
独居(无保姆)	167	81	86	4095	1217	2878	1074	464	610
养老机构				758	284	474	457	295	162
其　他	69	38	31	3357	1250	2107	2299	1183	1116

8-9b 全省分性别、居住状况、主要生活来源的60岁及以上老年人口(镇)

单位：人

居住状况	60岁及以上人口			劳动收入		
	合计	男	女	小计	男	女
总　计	**317689**	**152674**	**165015**	**59987**	**35874**	**24113**
与配偶和子女同住	73074	40021	33053	16355	10511	5844
与配偶同住	117700	63919	53781	26068	16053	10015
与子女同住	65274	19468	45806	7038	2978	4060
独居(有保姆)	542	231	311	36	17	19
独居(无保姆)	35988	16001	19987	5902	3470	2432
养老机构	3702	2692	1010	32	22	10
其　他	21409	10342	11067	4556	2823	1733

8-9b 续表 1

单位：人

居住状况	离退休金/养老金			最低生活保障金			失业保险金		
	小计	男	女	小计	男	女	小计	男	女
总　计	**130982**	**66966**	**64016**	**11307**	**6087**	**5220**	**29**	**14**	**15**
与配偶和子女同住	30629	17318	13311	1556	849	707	8	4	4
与配偶同住	56570	32146	24424	2880	1517	1363	12	8	4
与子女同住	21410	6980	14430	2235	612	1623	6		6
独居(有保姆)	331	161	170	20	7	13			
独居(无保姆)	14729	6625	8104	2344	1315	1029	1	1	
养老机构	733	394	339	1356	1216	140			
其　他	6580	3342	3238	916	571	345	2	1	1

8-9b 续表 2

单位：人

居住状况	财产性收入			家庭其他成员供养			其　他		
	小计	男	女	小计	男	女	小计	男	女
总　计	**1039**	**612**	**427**	**97983**	**35027**	**62956**	**16362**	**8094**	**8268**
与配偶和子女同住	238	164	74	21556	9682	11874	2732	1493	1239
与配偶同住	444	254	190	26598	11296	15302	5128	2645	2483
与子女同住	120	54	66	31772	7983	23789	2693	861	1832
独居(有保姆)	2	2		142	39	103	11	5	6
独居(无保姆)	159	86	73	11073	3699	7374	1780	805	975
养老机构	2	2		607	241	366	972	817	155
其　他	74	50	24	6235	2087	4148	3046	1468	1578

8-9c 全省分性别、居住状况、主要生活来源的60岁及以上老年人口(乡村)

单位：人

居住状况	60岁及以上人口			劳动收入		
	合计	男	女	小计	男	女
总　计	**1006680**	**503457**	**503223**	**386050**	**225957**	**160093**
与配偶和子女同住	176959	97136	79823	76726	46884	29842
与配偶同住	438056	235338	202718	207005	121035	85970
与子女同住	171977	56708	115269	34742	15407	19335
独居(有保姆)	831	412	419	210	134	76
独居(无保姆)	152657	76607	76050	47991	29535	18456
养老机构	7749	6067	1682	230	160	70
其　他	58451	31189	27262	19146	12802	6344

8-9c　续表 1

单位：人

居住状况	离退休金/养老金			最低生活保障金			失业保险金		
	小计	男	女	小计	男	女	小计	男	女
总　计	**117959**	**63015**	**54944**	**59400**	**34719**	**24681**	**97**	**45**	**52**
与配偶和子女同住	25705	14484	11221	5664	3123	2541	17	8	9
与配偶同住	52961	30749	22212	19191	10359	8832	41	23	18
与子女同住	19206	7172	12034	9496	3178	6318	22	4	18
独居(有保姆)	111	68	43	80	51	29	1		1
独居(无保姆)	14704	7536	7168	17144	11783	5361	13	7	6
养老机构	929	506	423	2834	2608	226			
其　他	4343	2500	1843	4991	3617	1374	3	3	

8-9c　续表 2

单位：人

居住状况	财产性收入			家庭其他成员供养			其　他		
	小计	男	女	小计	男	女	小计	男	女
总　计	**3920**	**2293**	**1627**	**377104**	**145156**	**231948**	**62150**	**32272**	**29878**
与配偶和子女同住	615	353	262	60625	28203	32422	7607	4081	3526
与配偶同住	1849	1078	771	132108	59233	72875	24901	12861	12040
与子女同住	436	170	266	100519	28246	72273	7556	2531	5025
独居(有保姆)	4	4		379	132	247	46	23	23
独居(无保姆)	727	472	255	61759	21508	40251	10319	5766	4553
养老机构	86	74	12	1213	518	695	2457	2201	256
其　他	203	142	61	20501	7316	13185	9264	4809	4455

8-10　各地区分性别、居住状况的60岁及以上老年人口

单位：人

地　区	60岁及以上人口			与配偶和子女同住		
	合计	男	女	小计	男	女
全省	**1817836**	**890745**	**927091**	**385708**	**211327**	**174381**
成都市	360314	172800	187514	101343	54986	46357
自贡市	68043	32963	35080	13284	7227	6057
攀枝花市	25545	12664	12881	6611	3629	2982
泸州市	93681	46102	47579	20476	11199	9277
德阳市	87143	42625	44518	17096	9427	7669
绵阳市	116601	58394	58207	20454	11505	8949
广元市	55479	27087	28392	8320	4543	3777
遂宁市	76693	38860	37833	12908	7402	5506
内江市	82521	40748	41773	14274	7979	6295
乐山市	74885	36614	38271	16512	8914	7598
南充市	158239	79556	78683	24361	13596	10765
眉山市	69912	33762	36150	15078	8044	7034
宜宾市	90953	44364	46589	22785	12361	10424
广安市	78115	38462	39653	13085	7093	5992
达州市	137777	68141	69636	27439	14821	12618
雅安市	30544	15083	15461	8475	4679	3796
巴中市	70339	34381	35958	11279	6055	5224
资阳市	62079	31040	31039	7712	4272	3440
阿坝藏族羌族自治州	11662	5466	6196	4111	2307	1804
甘孜藏族自治州	11929	5446	6483	3847	2160	1687
凉山彝族自治州	55382	26187	29195	16258	9128	7130

8-10　续表 1

单位：人

地　区	与配偶同住			与子女同住			独居(有保姆)		
	小计	男	女	小计	男	女	小计	男	女
全省	**742439**	**400102**	**342337**	**332904**	**101836**	**231068**	**2691**	**1200**	**1491**
成都市	137193	73476	63717	69926	19759	50167	739	313	426
自贡市	29002	15636	13366	11909	3172	8737	95	37	58
攀枝花市	8295	4512	3783	5753	1797	3956	30	16	14
泸州市	35199	18935	16264	19015	6047	12968	113	57	56
德阳市	39707	21585	18122	14246	4049	10197	110	47	63
绵阳市	52889	28969	23920	18939	5866	13073	177	92	85
广元市	26655	14423	12232	9321	2909	6412	64	27	37
遂宁市	33112	18250	14862	12223	3720	8503	103	43	60
内江市	34039	18639	15400	14820	4199	10621	101	35	66
乐山市	31687	17064	14623	13997	4293	9704	107	43	64
南充市	69971	37858	32113	22898	7435	15463	225	108	117
眉山市	30206	16075	14131	13262	4103	9159	80	25	55
宜宾市	31967	17181	14786	20942	6628	14314	146	71	75
广安市	35354	18771	16583	11683	3568	8115	100	50	50
达州市	52325	27796	24529	23982	8305	15677	228	104	124
雅安市	11225	6139	5086	6595	2246	4349	38	20	18
巴中市	33557	17698	15859	11231	3749	7482	77	38	39
资阳市	31055	16694	14361	8408	2615	5793	71	32	39
阿坝藏族羌族自治州	2071	1156	915	3801	1099	2702	13	5	8
甘孜藏族自治州	1618	913	705	4060	1158	2902	6	4	2
凉山彝族自治州	15312	8332	6980	15893	5119	10774	68	33	35

8–10 续表 2

单位：人

地区	独居(无保姆)			养老机构			其他		
	小计	男	女	小计	男	女	小计	男	女
全省	**231783**	**110121**	**121662**	**15858**	**10774**	**5084**	**106453**	**55385**	**51068**
成都市	32148	13892	18256	3493	1981	1512	15472	8393	7079
自贡市	8689	4230	4459	1048	707	341	4016	1954	2062
攀枝花市	2287	1004	1283	266	176	90	2303	1530	773
泸州市	11561	5991	5570	824	568	256	6493	3305	3188
德阳市	11981	5236	6745	629	424	205	3374	1857	1517
绵阳市	18198	8566	9632	1048	736	312	4896	2660	2236
广元市	8626	3929	4697	305	201	104	2188	1055	1133
遂宁市	11649	5777	5872	644	481	163	6054	3187	2867
内江市	12098	6043	6055	873	705	168	6316	3148	3168
乐山市	8869	4154	4715	936	682	254	2777	1464	1313
南充市	26858	13277	13581	1463	961	502	12463	6321	6142
眉山市	7887	3647	4240	573	411	162	2826	1457	1369
宜宾市	10741	5631	5110	798	624	174	3574	1868	1706
广安市	12896	6292	6604	577	452	125	4420	2236	2184
达州市	17469	8448	9021	1000	736	264	15334	7931	7403
雅安市	3068	1344	1724	177	128	49	966	527	439
巴中市	9700	4690	5010	239	170	69	4256	1981	2275
资阳市	10511	5106	5405	531	410	121	3791	1911	1880
阿坝藏族羌族自治州	672	321	351	86	51	35	908	527	381
甘孜藏族自治州	745	360	385	186	71	115	1467	780	687
凉山彝族自治州	5130	2183	2947	162	99	63	2559	1293	1266

8–10a 各地区分性别、居住状况的60岁及以上老年人口(城市)

单位：人

地区	60岁及以上人口			与配偶和子女同住		
	合计	男	女	小计	男	女
全省	**493467**	**234614**	**258853**	**135675**	**74170**	**61505**
成都市	225243	106420	118823	66432	36082	30350
自贡市	18504	8402	10102	4507	2436	2071
攀枝花市	15681	7857	7824	3349	1819	1530
泸州市	17981	8499	9482	4915	2707	2208
德阳市	24200	11464	12736	5163	2865	2298
绵阳市	27873	13467	14406	6565	3681	2884
广元市	7012	3403	3609	1613	912	701
遂宁市	19469	9462	10007	5290	3023	2267
内江市	14281	6660	7621	3749	2049	1700
乐山市	17878	8441	9437	4264	2320	1944
南充市	26580	13066	13514	7648	4217	3431
眉山市	10578	4922	5656	2842	1549	1293
宜宾市	15389	7047	8342	4653	2549	2104
广安市	7831	3680	4151	2674	1437	1237
达州市	18279	9170	9109	5186	2785	2401
雅安市	5440	2630	2810	1353	744	609
巴中市	7019	3326	3693	2119	1160	959
资阳市	6302	2908	3394	1414	758	656
阿坝藏族羌族自治州	289	131	158	67	41	26
甘孜藏族自治州	414	192	222	131	74	57
凉山彝族自治州	7224	3467	3757	1741	962	779

8-10a　续表 1　　单位：人

地　区	与配偶同住			与子女同住			独居(有保姆)		
	小计	男	女	小计	男	女	小计	男	女
全省	**186683**	**100845**	**85838**	**95653**	**25660**	**69993**	**1318**	**557**	**761**
成都市	83884	45020	38864	44000	11649	32351	646	269	377
自贡市	7627	4096	3531	3473	724	2749	29	7	22
攀枝花市	5917	3185	2732	2650	727	1923	19	12	7
泸州市	6241	3386	2855	3595	964	2631	42	20	22
德阳市	11357	6171	5186	4106	1022	3084	64	21	43
绵阳市	11991	6527	5464	4766	1258	3508	80	45	35
广元市	3159	1741	1418	1261	330	931	14	6	8
遂宁市	7373	4051	3322	3852	1061	2791	32	11	21
内江市	5275	2875	2400	3024	776	2248	35	13	22
乐山市	7963	4295	3668	3083	790	2293	60	22	38
南充市	9239	5072	4167	5290	1676	3614	50	23	27
眉山市	4448	2383	2065	1989	483	1506	26	9	17
宜宾市	5033	2739	2294	3759	906	2853	54	22	32
广安市	2457	1318	1139	1791	521	1270	14	8	6
达州市	4448	2433	2015	3305	1125	2180	81	39	42
雅安市	2398	1319	1079	918	255	663	19	7	12
巴中市	2424	1296	1128	1689	509	1180	14	7	7
资阳市	2556	1355	1201	1291	345	946	11	4	7
阿坝藏族羌族自治州	74	38	36	85	26	59	1		1
甘孜藏族自治州	99	59	40	109	26	83	1		1
凉山彝族自治州	2720	1486	1234	1617	487	1130	26	12	14

8-10a　续表 2　　单位：人

地　区	独居(无保姆)			养老机构			其　他		
	小计	男	女	小计	男	女	小计	男	女
全省	**43138**	**17513**	**25625**	**4407**	**2015**	**2392**	**26593**	**13854**	**12739**
成都市	18216	7265	10951	2032	922	1110	10033	5213	4820
自贡市	1778	682	1096	338	121	217	752	336	416
攀枝花市	1600	667	933	158	97	61	1988	1350	638
泸州市	1740	736	1004	247	95	152	1201	591	610
德阳市	2682	954	1728	103	51	52	725	380	345
绵阳市	3195	1329	1866	186	82	104	1090	545	545
广元市	671	262	409	126	74	52	168	78	90
遂宁市	1780	732	1048	154	82	72	988	502	486
内江市	1253	545	708	108	42	66	837	360	477
乐山市	1739	675	1064	193	85	108	576	254	322
南充市	2293	1043	1250	276	116	160	1784	919	865
眉山市	857	302	555	106	52	54	310	144	166
宜宾市	1304	569	735	100	53	47	486	209	277
广安市	561	243	318	36	18	18	298	135	163
达州市	904	438	466	123	70	53	4232	2280	1952
雅安市	580	212	368	21	11	10	151	82	69
巴中市	537	244	293	12	6	6	224	104	120
资阳市	646	263	383	54	27	27	330	156	174
阿坝藏族羌族自治州	13	9	4				49	17	32
甘孜藏族自治州	28	12	16	7	3	4	39	18	21
凉山彝族自治州	761	331	430	27	8	19	332	181	151

8-10b 各地区分性别、居住状况的60岁及以上老年人口(镇)

单位：人

地区	60岁及以上人口			与配偶和子女同住		
	合计	男	女	小计	男	女
全省	**317689**	**152674**	**165015**	**73074**	**40021**	**33053**
成都市	25545	12326	13219	6719	3685	3034
自贡市	13385	6180	7205	3015	1614	1401
攀枝花市	2861	1379	1482	765	419	346
泸州市	20736	9836	10900	4630	2502	2128
德阳市	15776	7748	8028	3453	1916	1537
绵阳市	16383	8169	8214	3040	1726	1314
广元市	11225	5418	5807	1924	1059	865
遂宁市	12063	6031	6032	2394	1353	1041
内江市	17247	7994	9253	3341	1851	1490
乐山市	14786	7031	7755	3363	1810	1553
南充市	28465	14079	14386	5839	3284	2555
眉山市	15065	7201	7864	3513	1878	1635
宜宾市	21870	10434	11436	6043	3259	2784
广安市	16987	7946	9041	3723	2015	1708
达州市	32561	15860	16701	7976	4284	3692
雅安市	8731	4178	4553	2413	1329	1084
巴中市	13284	6313	6971	3050	1628	1422
资阳市	10221	4876	5345	1826	1004	822
阿坝藏族羌族自治州	3853	1857	1996	1238	696	542
甘孜藏族自治州	2887	1377	1510	778	449	329
凉山彝族自治州	13758	6441	7317	4031	2260	1771

8-10b 续表 1

单位：人

地区	与配偶同住			与子女同住			独居(有保姆)		
	小计	男	女	小计	男	女	小计	男	女
全省	**117700**	**63919**	**53781**	**65274**	**19468**	**45806**	**542**	**231**	**311**
成都市	10027	5399	4628	5076	1486	3590	25	10	15
自贡市	5071	2727	2344	2620	649	1971	35	14	21
攀枝花市	907	502	405	805	258	547	6	2	4
泸州市	7378	3984	3394	4644	1431	3213	46	24	22
德阳市	6545	3590	2955	2713	731	1982	16	8	8
绵阳市	7246	4025	3221	2849	865	1984	34	15	19
广元市	5103	2808	2295	2058	610	1448	18	7	11
遂宁市	4762	2637	2125	2217	705	1512	23	9	14
内江市	6496	3495	3001	3571	952	2619	32	10	22
乐山市	5820	3139	2681	2947	859	2088	26	9	17
南充市	10578	5793	4785	5123	1638	3485	61	29	32
眉山市	6279	3354	2925	2843	826	2017	25	3	22
宜宾市	6976	3790	3186	5287	1541	3746	45	21	24
广安市	6569	3537	3032	3360	903	2457	23	12	11
达州市	10309	5549	4760	6613	2214	4399	50	22	28
雅安市	3154	1732	1422	1962	620	1342	12	8	4
巴中市	4925	2625	2300	2881	930	1951	21	10	11
资阳市	4426	2396	2030	1747	478	1269	21	11	10
阿坝藏族羌族自治州	830	468	362	1124	309	815	5	2	3
甘孜藏族自治州	508	294	214	847	239	608	1		1
凉山彝族自治州	3791	2075	1716	3987	1224	2763	17	5	12

8-10b 续表 2

单位：人

地区	独居(无保姆)			养老机构			其他		
	小计	男	女	小计	男	女	小计	男	女
全省	**35988**	**16001**	**19987**	**3702**	**2692**	**1010**	**21409**	**10342**	**11067**
成都市	2407	1000	1407	283	194	89	1008	552	456
自贡市	1262	476	786	346	275	71	1036	425	611
攀枝花市	231	119	112	37	22	15	110	57	53
泸州市	2266	1067	1199	197	132	65	1575	696	879
德阳市	2131	936	1195	197	149	48	721	418	303
绵阳市	2217	970	1247	253	177	76	744	391	353
广元市	1518	659	859	65	46	19	539	229	310
遂宁市	1426	652	774	145	117	28	1096	558	538
内江市	2215	907	1308	158	121	37	1434	658	776
乐山市	1729	705	1024	298	232	66	603	277	326
南充市	3718	1753	1965	307	206	101	2839	1376	1463
眉山市	1623	696	927	188	151	37	594	293	301
宜宾市	2198	1077	1121	344	269	75	977	477	500
广安市	2076	887	1189	122	96	26	1114	496	618
达州市	3740	1767	1973	253	183	70	3620	1841	1779
雅安市	857	324	533	59	35	24	274	130	144
巴中市	1320	648	672	51	39	12	1036	433	603
资阳市	1273	549	724	190	132	58	738	306	432
阿坝藏族羌族自治州	262	142	120	34	23	11	360	217	143
甘孜藏族自治州	258	139	119	106	40	66	389	216	173
凉山彝族自治州	1261	528	733	69	53	16	602	296	306

8-10c 各地区分性别、居住状况的60岁及以上老年人口(乡村)

单位：人

地区	60岁及以上人口			与配偶和子女同住		
	合计	男	女	小计	男	女
全省	**1006680**	**503457**	**503223**	**176959**	**97136**	**79823**
成都市	109526	54054	55472	28192	15219	12973
自贡市	36154	18381	17773	5762	3177	2585
攀枝花市	7003	3428	3575	2497	1391	1106
泸州市	54964	27767	27197	10931	5990	4941
德阳市	47167	23413	23754	8480	4646	3834
绵阳市	72345	36758	35587	10849	6098	4751
广元市	37242	18266	18976	4783	2572	2211
遂宁市	45161	23367	21794	5224	3026	2198
内江市	50993	26094	24899	7184	4079	3105
乐山市	42221	21142	21079	8885	4784	4101
南充市	103194	52411	50783	10874	6095	4779
眉山市	44269	21639	22630	8723	4617	4106
宜宾市	53694	26883	26811	12089	6553	5536
广安市	53297	26836	26461	6688	3641	3047
达州市	86937	43111	43826	14277	7752	6525
雅安市	16373	8275	8098	4709	2606	2103
巴中市	50036	24742	25294	6110	3267	2843
资阳市	45556	23256	22300	4472	2510	1962
阿坝藏族羌族自治州	7520	3478	4042	2806	1570	1236
甘孜藏族自治州	8628	3877	4751	2938	1637	1301
凉山彝族自治州	34400	16279	18121	10486	5906	4580

8-10c 续表 1

单位：人

地区	与配偶同住			与子女同住			独居(有保姆)		
	小计	男	女	小计	男	女	小计	男	女
全省	**438056**	**235338**	**202718**	**171977**	**56708**	**115269**	**831**	**412**	**419**
成都市	43282	23057	20225	20850	6624	14226	68	34	34
自贡市	16304	8813	7491	5816	1799	4017	31	16	15
攀枝花市	1471	825	646	2298	812	1486	5	2	3
泸州市	21580	11565	10015	10776	3652	7124	25	13	12
德阳市	21805	11824	9981	7427	2296	5131	30	18	12
绵阳市	33652	18417	15235	11324	3743	7581	63	32	31
广元市	18393	9874	8519	6002	1969	4033	32	14	18
遂宁市	20977	11562	9415	6154	1954	4200	48	23	25
内江市	22268	12269	9999	8225	2471	5754	34	12	22
乐山市	17904	9630	8274	7967	2644	5323	21	12	9
南充市	50154	26993	23161	12485	4121	8364	114	56	58
眉山市	19479	10338	9141	8430	2794	5636	29	13	16
宜宾市	19958	10652	9306	11896	4181	7715	47	28	19
广安市	26328	13916	12412	6532	2144	4388	63	30	33
达州市	37568	19814	17754	14064	4966	9098	97	43	54
雅安市	5673	3088	2585	3715	1371	2344	7	5	2
巴中市	26208	13777	12431	6661	2310	4351	42	21	21
资阳市	24073	12943	11130	5370	1792	3578	39	17	22
阿坝藏族羌族自治州	1167	650	517	2592	764	1828	7	3	4
甘孜藏族自治州	1011	560	451	3104	893	2211	4	4	
凉山彝族自治州	8801	4771	4030	10289	3408	6881	25	16	9

8-10c 续表 2

单位：人

地区	独居(无保姆)			养老机构			其他		
	小计	男	女	小计	男	女	小计	男	女
全省	**152657**	**76607**	**76050**	**7749**	**6067**	**1682**	**58451**	**31189**	**27262**
成都市	11525	5627	5898	1178	865	313	4431	2628	1803
自贡市	5649	3072	2577	364	311	53	2228	1193	1035
攀枝花市	456	218	238	71	57	14	205	123	82
泸州市	7555	4188	3367	380	341	39	3717	2018	1699
德阳市	7168	3346	3822	329	224	105	1928	1059	869
绵阳市	12786	6267	6519	609	477	132	3062	1724	1338
广元市	6437	3008	3429	114	81	33	1481	748	733
遂宁市	8443	4393	4050	345	282	63	3970	2127	1843
内江市	8630	4591	4039	607	542	65	4045	2130	1915
乐山市	5401	2774	2627	445	365	80	1598	933	665
南充市	20847	10481	10366	880	639	241	7840	4026	3814
眉山市	5407	2649	2758	279	208	71	1922	1020	902
宜宾市	7239	3985	3254	354	302	52	2111	1182	929
广安市	10259	5162	5097	419	338	81	3008	1605	1403
达州市	12825	6243	6582	624	483	141	7482	3810	3672
雅安市	1631	808	823	97	82	15	541	315	226
巴中市	7843	3798	4045	176	125	51	2996	1444	1552
资阳市	8592	4294	4298	287	251	36	2723	1449	1274
阿坝藏族羌族自治州	397	170	227	52	28	24	499	293	206
甘孜藏族自治州	459	209	250	73	28	45	1039	546	493
凉山彝族自治州	3108	1324	1784	66	38	28	1625	816	809

8-11 全省分年龄、性别、居住状况的60岁及以上老年人口

单位：人

年龄	60岁及以上人口			与配偶和子女同住		
	合计	男	女	小计	男	女
总计	**1817836**	**890745**	**927091**	**385708**	**211327**	**174381**
60-64岁	**413314**	**210762**	**202552**	**115935**	**61582**	**54353**
60	52733	26009	26724	15714	8077	7637
61	58001	30157	27844	16984	9260	7724
62	94112	48544	45568	26645	14333	12312
63	104073	53112	50961	28785	15111	13674
64	104395	52940	51455	27807	14801	13006
65-69岁	**541196**	**265704**	**275492**	**131388**	**68776**	**62612**
65	113124	56869	56255	29458	15491	13967
66	117099	58083	59016	29863	15576	14287
67	112457	54671	57786	27243	14148	13095
68	113519	55070	58449	26009	13655	12354
69	84997	41011	43986	18815	9906	8909
70-74岁	**368798**	**182870**	**185928**	**72424**	**40075**	**32349**
70	81794	40251	41543	17455	9292	8163
71	84331	42014	42317	16819	9214	7605
72	69851	34607	35244	13520	7461	6059
73	69119	34591	34528	13107	7478	5629
74	63703	31407	32296	11523	6630	4893
75-79岁	**250844**	**121825**	**129019**	**40053**	**23733**	**16320**
75	54510	26420	28090	9335	5336	3999
76	58035	28632	29403	9444	5646	3798
77	51144	24511	26633	8157	4776	3381
78	44050	21565	22485	6832	4181	2651
79	43105	20697	22408	6285	3794	2491
80-84岁	**146688**	**68547**	**78141**	**18362**	**11886**	**6476**
80	37810	18376	19434	5364	3384	1980
81	31114	14420	16694	3927	2509	1418
82	28786	13369	15417	3571	2297	1274
83	25055	11653	13402	2896	1959	937
84	23923	10729	13194	2604	1737	867
85-89岁	**67770**	**29356**	**38414**	**5873**	**4048**	**1825**
85	17078	7484	9594	1656	1121	535
86	15132	6474	8658	1342	889	453
87	14941	6616	8325	1275	898	377
88	11569	4885	6684	920	633	287
89	9050	3897	5153	680	507	173
90-94岁	**23943**	**9883**	**14060**	**1478**	**1079**	**399**
90	7844	3406	4438	546	397	149
91	5633	2363	3270	350	257	93
92	4782	1954	2828	285	202	83
93	3315	1278	2037	192	144	48
94	2369	882	1487	105	79	26
95-99岁	**4691**	**1641**	**3050**	**184**	**141**	**43**
95	1690	607	1083	73	58	15
96	1301	458	843	50	43	7
97	800	271	529	28	16	12
98	526	177	349	19	12	7
99	374	128	246	14	12	2
100岁及以上	**592**	**157**	**435**	**11**	**7**	**4**

8-11 续表 1

单位：人

年龄	与配偶同住			与子女同住			独居(有保姆)		
	小计	男	女	小计	男	女	小计	男	女
总　计	**742439**	**400102**	**342337**	**332904**	**101836**	**231068**	**2691**	**1200**	**1491**
60—64岁	**177779**	**90231**	**87548**	**47289**	**15346**	**31943**	**296**	**163**	**133**
60	21576	10608	10968	5980	1797	4183	49	22	27
61	24240	12370	11870	6528	2219	4309	34	17	17
62	40099	20487	19612	10642	3487	7155	68	37	31
63	45329	23110	22219	11840	3904	7936	75	44	31
64	46535	23656	22879	12299	3939	8360	70	43	27
65—69岁	**249166**	**125388**	**123778**	**68167**	**21337**	**46830**	**334**	**172**	**162**
65	51303	25928	25375	13167	4287	8880	55	32	23
66	53512	27037	26475	14227	4583	9644	67	41	26
67	51900	25917	25983	14177	4368	9809	67	33	34
68	52865	26492	26373	15051	4676	10375	87	37	50
69	39586	20014	19572	11545	3423	8122	58	29	29
70—74岁	**164528**	**89977**	**74551**	**61252**	**18915**	**42337**	**318**	**143**	**175**
70	37653	19816	17837	12007	3750	8257	61	31	30
71	38233	20690	17543	13287	4191	9096	81	37	44
72	31308	17131	14177	11747	3631	8116	60	24	36
73	30205	16992	13213	12231	3795	8436	57	24	33
74	27129	15348	11781	11980	3548	8432	59	27	32
75—79岁	**95176**	**56383**	**38793**	**59273**	**17580**	**41693**	**388**	**168**	**220**
75	22266	12642	9624	11306	3329	7977	64	27	37
76	23088	13565	9523	12728	3807	8921	84	38	46
77	19257	11403	7854	12191	3469	8722	75	30	45
78	15864	9699	6165	11268	3427	7841	73	33	40
79	14701	9074	5627	11780	3548	8232	92	40	52
80—84岁	**40984**	**27220**	**13764**	**49630**	**14551**	**35079**	**518**	**183**	**335**
80	12377	8008	4369	10967	3258	7709	79	27	52
81	9165	5959	3206	10051	2857	7194	107	41	66
82	7751	5170	2581	10031	2990	7041	117	44	73
83	6327	4356	1971	9214	2742	6472	99	39	60
84	5364	3727	1637	9367	2704	6663	116	32	84
85—89岁	**12086**	**8738**	**3348**	**30738**	**9182**	**21556**	**504**	**215**	**289**
85	3531	2420	1111	7116	2103	5013	95	42	53
86	2812	2022	790	6775	1955	4820	102	41	61
87	2607	1940	667	6808	2093	4715	116	48	68
88	1784	1332	452	5580	1667	3913	105	51	54
89	1352	1024	328	4459	1364	3095	86	33	53
90—94岁	**2463**	**1958**	**505**	**13162**	**4010**	**9152**	**275**	**129**	**146**
90	1034	828	206	3990	1231	2759	80	35	45
91	589	449	140	3099	984	2115	73	29	44
92	409	329	80	2702	833	1869	62	33	29
93	264	213	51	1931	550	1381	30	15	15
94	167	139	28	1440	412	1028	30	17	13
95—99岁	**240**	**192**	**48**	**2974**	**822**	**2152**	**51**	**25**	**26**
95	93	71	22	1044	291	753	18	7	11
96	66	53	13	840	233	607	15	10	5
97	45	40	5	512	136	376	9	4	5
98	20	17	3	337	91	246	5	2	3
99	16	11	5	241	71	170	4	2	2
100岁及以上	**17**	**15**	**2**	**419**	**93**	**326**	**7**	**2**	**5**

8-11 续表 2

单位：人

年 龄	独居(无保姆)			养老机构			其 他		
	小计	男	女	小计	男	女	小计	男	女
总 计	**231783**	**110121**	**121662**	**15858**	**10774**	**5084**	**106453**	**55385**	**51068**
60–64岁	**40653**	**24670**	**15983**	**1593**	**1370**	**223**	**29769**	**17400**	**12369**
60	4978	2947	2031	122	97	25	4314	2461	1853
61	5539	3463	2076	191	163	28	4485	2665	1820
62	9269	5735	3534	365	309	56	7024	4156	2868
63	10434	6299	4135	432	390	42	7178	4254	2924
64	10433	6226	4207	483	411	72	6768	3864	2904
65–69岁	**58669**	**31259**	**27410**	**2956**	**2492**	**464**	**30516**	**16280**	**14236**
65	11553	6722	4831	551	472	79	7037	3937	3100
66	12104	6667	5437	598	501	97	6728	3678	3050
67	12157	6406	5751	596	499	97	6317	3300	3017
68	12836	6532	6304	669	558	111	6002	3120	2882
69	10019	4932	5087	542	462	80	4432	2245	2187
70–74岁	**48587**	**21818**	**26769**	**2886**	**2290**	**596**	**18803**	**9652**	**9151**
70	9806	4679	5127	534	447	87	4278	2236	2042
71	10982	5132	5850	630	513	117	4299	2237	2062
72	9156	4092	5064	572	461	111	3488	1807	1681
73	9417	4110	5307	552	427	125	3550	1765	1785
74	9226	3805	5421	598	442	156	3188	1607	1581
75–79岁	**40829**	**16190**	**24639**	**2662**	**1851**	**811**	**12463**	**5920**	**6543**
75	8391	3399	4992	524	393	131	2624	1294	1330
76	9142	3731	5411	591	422	169	2958	1423	1535
77	8407	3278	5129	523	369	154	2534	1186	1348
78	7396	2885	4511	494	331	163	2123	1009	1114
79	7493	2897	4596	530	336	194	2224	1008	1216
80–84岁	**26476**	**9884**	**16592**	**2558**	**1325**	**1233**	**8160**	**3498**	**4662**
80	6510	2503	4007	520	288	232	1993	908	1085
81	5630	2045	3585	500	273	227	1734	736	998
82	5276	1971	3305	530	243	287	1510	654	856
83	4552	1693	2859	504	253	251	1463	611	852
84	4508	1672	2836	504	268	236	1460	589	871
85–89岁	**12165**	**4520**	**7645**	**2012**	**919**	**1093**	**4392**	**1734**	**2658**
85	3127	1138	1989	448	214	234	1105	446	659
86	2733	1008	1725	428	187	241	940	372	568
87	2725	1060	1665	447	194	253	963	383	580
88	2044	734	1310	377	179	198	759	289	470
89	1536	580	956	312	145	167	625	244	381
90–94岁	**3748**	**1539**	**2209**	**946**	**425**	**521**	**1871**	**743**	**1128**
90	1359	568	791	277	116	161	558	231	327
91	862	363	499	217	100	117	443	181	262
92	750	326	424	212	101	111	362	130	232
93	446	165	281	143	59	84	309	132	177
94	331	117	214	97	49	48	199	69	130
95–99岁	**606**	**229**	**377**	**212**	**88**	**124**	**424**	**144**	**280**
95	233	98	135	70	33	37	159	49	110
96	181	61	120	43	20	23	106	38	68
97	96	36	60	41	17	24	69	22	47
98	55	22	33	34	11	23	56	22	34
99	41	12	29	24	7	17	34	13	21
100岁及以上	**50**	**12**	**38**	**33**	**14**	**19**	**55**	**14**	**41**

8-11a 全省分年龄、性别、居住状况的60岁及以上老年人口(城市)

单位：人

年 龄	60岁及以上人口			与配偶和子女同住		
	合计	男	女	小计	男	女
总 计	**493467**	**234614**	**258853**	**135675**	**74170**	**61505**
60-64岁	**131063**	**64113**	**66950**	**44672**	**23671**	**21001**
60	18958	9115	9843	6404	3295	3109
61	19535	9700	9835	6796	3688	3108
62	30114	14975	15139	10425	5583	4842
63	31445	15264	16181	10675	5595	5080
64	31011	15059	15952	10372	5510	4862
65-69岁	**143748**	**67457**	**76291**	**45601**	**23816**	**21785**
65	31678	15149	16529	10520	5462	5058
66	32240	15414	16826	10703	5613	5090
67	29406	13730	15676	9262	4806	4456
68	28518	13115	15403	8680	4556	4124
69	21906	10049	11857	6436	3379	3057
70-74岁	**92398**	**44006**	**48392**	**23800**	**13107**	**10693**
70	21420	9960	11460	5984	3178	2806
71	20829	9867	10962	5549	3021	2528
72	17351	8261	9090	4358	2395	1963
73	17000	8197	8803	4186	2338	1848
74	15798	7721	8077	3723	2175	1548
75-79岁	**60849**	**28989**	**31860**	**12661**	**7567**	**5094**
75	13528	6570	6958	3000	1738	1262
76	13766	6619	7147	2960	1753	1207
77	12123	5709	6414	2506	1518	988
78	11036	5235	5801	2223	1331	892
79	10396	4856	5540	1972	1227	745
80-84岁	**38842**	**18186**	**20656**	**6259**	**4111**	**2148**
80	10018	4826	5192	1834	1163	671
81	8086	3756	4330	1323	862	461
82	7695	3580	4115	1205	789	416
83	6738	3171	3567	988	674	314
84	6305	2853	3452	909	623	286
85-89岁	**18611**	**8307**	**10304**	**2069**	**1426**	**643**
85	4757	2042	2715	578	386	192
86	4176	1792	2384	482	312	170
87	4001	1863	2138	453	324	129
88	3153	1448	1705	320	226	94
89	2524	1162	1362	236	178	58
90-94岁	**6534**	**3016**	**3518**	**530**	**407**	**123**
90	2196	1046	1150	190	151	39
91	1508	706	802	135	103	32
92	1276	581	695	96	71	25
93	881	392	489	70	55	15
94	673	291	382	39	27	12
95-99岁	**1252**	**489**	**763**	**81**	**64**	**17**
95	445	182	263	32	27	5
96	346	131	215	23	19	4
97	216	88	128	13	9	4
98	143	53	90	11	7	4
99	102	35	67	2	2	
100岁及以上	**170**	**51**	**119**	**2**	**1**	**1**

8-11a　续表 1　　　　单位：人

年　龄	与配偶同住			与子女同住			独居(有保姆)		
	小计	男	女	小计	男	女	小计	男	女
总　计	**186683**	**100845**	**85838**	**95653**	**25660**	**69993**	**1318**	**557**	**761**
60–64岁	**49748**	**25522**	**24226**	**18271**	**5048**	**13223**	**111**	**54**	**57**
60	7124	3602	3522	2562	653	1909	23	9	14
61	7386	3749	3637	2562	737	1825	12	4	8
62	11235	5887	5348	4190	1187	3003	26	10	16
63	12016	6128	5888	4415	1241	3174	27	14	13
64	11987	6156	5831	4542	1230	3312	23	17	6
65–69岁	**57496**	**28775**	**28721**	**22114**	**5936**	**16178**	**118**	**56**	**62**
65	12442	6303	6139	4599	1280	3319	21	9	12
66	12702	6492	6210	4811	1340	3471	24	13	11
67	11810	5876	5934	4503	1202	3301	23	11	12
68	11445	5587	5858	4642	1223	3419	32	15	17
69	9097	4517	4580	3559	891	2668	18	8	10
70–74岁	**38758**	**20712**	**18046**	**16794**	**4473**	**12321**	**113**	**51**	**62**
70	8993	4564	4429	3526	924	2602	21	11	10
71	8684	4524	4160	3702	998	2704	29	12	17
72	7376	3943	3433	3197	878	2319	18	8	10
73	7161	3969	3192	3196	843	2353	23	10	13
74	6544	3712	2832	3173	830	2343	22	10	12
75–79岁	**23295**	**13729**	**9566**	**14456**	**3702**	**10754**	**168**	**65**	**103**
75	5479	3160	2319	2874	777	2097	26	11	15
76	5387	3144	2243	3139	808	2331	35	11	24
77	4615	2707	1908	2938	689	2249	30	11	19
78	4143	2476	1667	2733	720	2013	33	13	20
79	3671	2242	1429	2772	708	2064	44	19	25
80–84岁	**12220**	**8142**	**4078**	**12300**	**3150**	**9150**	**279**	**91**	**188**
80	3559	2262	1297	2801	737	2064	42	12	30
81	2664	1718	946	2467	610	1857	53	22	31
82	2351	1597	754	2482	653	1829	67	23	44
83	1994	1401	593	2266	570	1696	45	17	28
84	1652	1164	488	2284	580	1704	72	17	55
85–89岁	**4149**	**3100**	**1049**	**7627**	**2103**	**5524**	**322**	**138**	**184**
85	1190	823	367	1849	464	1385	55	24	31
86	958	696	262	1676	435	1241	72	29	43
87	883	683	200	1643	480	1163	71	28	43
88	635	508	127	1338	380	958	69	34	35
89	483	390	93	1121	344	777	55	23	32
90–94岁	**929**	**787**	**142**	**3251**	**1021**	**2230**	**181**	**91**	**90**
90	390	329	61	1032	307	725	49	25	24
91	207	169	38	750	258	492	46	19	27
92	158	131	27	648	219	429	38	22	16
93	97	84	13	457	131	326	24	12	12
94	77	74	3	364	106	258	24	13	11
95–99岁	**84**	**74**	**10**	**727**	**200**	**527**	**22**	**11**	**11**
95	30	26	4	245	69	176	7	3	4
96	22	18	4	217	50	167	8	6	2
97	20	19	1	125	38	87	4	1	3
98	5	5		82	25	57	1		1
99	7	6	1	58	18	40	2	1	1
100岁及以上	**4**	**4**		**113**	**27**	**86**	**4**		**4**

8-11a 续表 2　　单位：人

年 龄	独居(无保姆)			养老机构			其 他		
	小计	男	女	小计	男	女	小计	男	女
总 计	**43138**	**17513**	**25625**	**4407**	**2015**	**2392**	**26593**	**13854**	**12739**
60-64岁	**9361**	**4842**	**4519**	**231**	**158**	**73**	**8669**	**4818**	**3851**
60	1403	740	663	25	14	11	1417	802	615
61	1407	757	650	25	20	5	1347	745	602
62	2138	1120	1018	66	46	20	2034	1142	892
63	2264	1132	1132	50	37	13	1998	1117	881
64	2149	1093	1056	65	41	24	1873	1012	861
65-69岁	**10497**	**4756**	**5741**	**438**	**276**	**162**	**7484**	**3842**	**3642**
65	2217	1114	1103	90	57	33	1789	924	865
66	2230	1022	1208	98	60	38	1672	874	798
67	2146	986	1160	85	55	30	1577	794	783
68	2184	920	1264	97	58	39	1438	756	682
69	1720	714	1006	68	46	22	1008	494	514
70-74岁	**8106**	**3078**	**5028**	**487**	**282**	**205**	**4340**	**2303**	**2037**
70	1733	674	1059	85	54	31	1078	555	523
71	1778	723	1055	87	57	30	1000	532	468
72	1515	556	959	89	47	42	798	434	364
73	1571	582	989	115	69	46	748	386	362
74	1509	543	966	111	55	56	716	396	320
75-79岁	**6868**	**2176**	**4692**	**644**	**314**	**330**	**2757**	**1436**	**1321**
75	1414	477	937	103	55	48	632	352	280
76	1474	495	979	142	77	65	629	331	298
77	1377	440	937	121	59	62	536	285	251
78	1292	393	899	136	66	70	476	236	240
79	1311	371	940	142	57	85	484	232	252
80-84岁	**4972**	**1504**	**3468**	**983**	**360**	**623**	**1829**	**828**	**1001**
80	1173	359	814	175	72	103	434	221	213
81	1045	312	733	181	67	114	353	165	188
82	1020	308	712	202	60	142	368	150	218
83	885	267	618	204	71	133	356	171	185
84	849	258	591	221	90	131	318	121	197
85-89岁	**2464**	**786**	**1678**	**999**	**372**	**627**	**981**	**382**	**599**
85	642	181	461	199	73	126	244	91	153
86	579	172	407	213	78	135	196	70	126
87	508	184	324	224	73	151	219	91	128
88	434	151	283	181	75	106	176	74	102
89	301	98	203	182	73	109	146	56	90
90-94岁	**739**	**318**	**421**	**489**	**195**	**294**	**415**	**197**	**218**
90	267	120	147	151	53	98	117	61	56
91	165	70	95	104	41	63	101	46	55
92	149	66	83	112	48	64	75	24	51
93	93	37	56	65	28	37	75	45	30
94	65	25	40	57	25	32	47	21	26
95-99岁	**121**	**50**	**71**	**114**	**49**	**65**	**103**	**41**	**62**
95	56	28	28	38	16	22	37	13	24
96	26	9	17	26	15	11	24	14	10
97	24	8	16	18	8	10	12	5	7
98	8	4	4	18	5	13	18	7	11
99	7	1	6	14	5	9	12	2	10
100岁及以上	**10**	**3**	**7**	**22**	**9**	**13**	**15**	**7**	**8**

8-11b　全省分年龄、性别、居住状况的60岁及以上老年人口(镇)

单位：人

年龄	60岁及以上人口			与配偶和子女同住		
	合计	男	女	小计	男	女
总　计	**317689**	**152674**	**165015**	**73074**	**40021**	**33053**
60-64岁	**75427**	**37484**	**37943**	**22526**	**11828**	**10698**
60	9912	4787	5125	3073	1546	1527
61	10877	5535	5342	3349	1800	1549
62	17110	8602	8508	5152	2777	2375
63	18774	9272	9502	5587	2901	2686
64	18754	9288	9466	5365	2804	2561
65-69岁	**94234**	**45295**	**48939**	**25145**	**13241**	**11904**
65	20331	10054	10277	5849	3122	2727
66	20613	10003	10610	5775	3025	2750
67	19563	9330	10233	5150	2702	2448
68	19422	9140	10282	4843	2524	2319
69	14305	6768	7537	3528	1868	1660
70-74岁	**63148**	**30852**	**32296**	**13464**	**7569**	**5895**
70	14008	6791	7217	3238	1778	1460
71	14363	6995	7368	3115	1708	1407
72	11829	5722	6107	2533	1374	1159
73	11897	5903	5994	2401	1427	974
74	11051	5441	5610	2177	1282	895
75-79岁	**42852**	**20323**	**22529**	**7317**	**4353**	**2964**
75	9103	4351	4752	1718	1022	696
76	10028	4804	5224	1759	1076	683
77	8709	4021	4688	1483	822	661
78	7554	3630	3924	1196	738	458
79	7458	3517	3941	1161	695	466
80-84岁	**25597**	**11632**	**13965**	**3262**	**2077**	**1185**
80	6790	3179	3611	984	613	371
81	5430	2470	2960	729	462	267
82	4976	2266	2710	619	393	226
83	4368	1915	2453	488	326	162
84	4033	1802	2231	442	283	159
85-89岁	**11436**	**5019**	**6417**	**1043**	**723**	**320**
85	2870	1231	1639	281	192	89
86	2516	1108	1408	232	156	76
87	2522	1153	1369	234	160	74
88	1960	849	1111	157	109	48
89	1568	678	890	139	106	33
90-94岁	**4094**	**1729**	**2365**	**287**	**205**	**82**
90	1405	619	786	115	78	37
91	964	413	551	68	53	15
92	809	347	462	56	36	20
93	559	211	348	32	25	7
94	357	139	218	16	13	3
95-99岁	**799**	**309**	**490**	**25**	**22**	**3**
95	289	117	172	11	10	1
96	189	71	118	5	5	
97	158	57	101	2	1	1
98	89	35	54	2	2	
99	74	29	45	5	4	1
100岁及以上	**102**	**31**	**71**	**5**	**3**	**2**

8-11b 续表 1

单位：人

年龄	与配偶同住			与子女同住			独居(有保姆)		
	小计	男	女	小计	男	女	小计	男	女
总　计	**117700**	**63919**	**53781**	**65274**	**19468**	**45806**	**542**	**231**	**311**
60-64岁	**30344**	**15706**	**14638**	**9808**	**3017**	**6791**	**53**	**26**	**27**
60	3839	1911	1928	1224	356	868	8	2	6
61	4306	2254	2052	1390	430	960	6	5	1
62	6898	3593	3305	2156	649	1507	12	6	6
63	7571	3890	3681	2452	788	1664	13	8	5
64	7730	4058	3672	2586	794	1792	14	5	9
65-69岁	**38792**	**19610**	**19182**	**14075**	**4340**	**9735**	**55**	**23**	**32**
65	8314	4241	4073	2766	873	1893	8	5	3
66	8399	4259	4140	2955	939	2016	9	5	4
67	8056	4101	3955	2950	881	2069	14	5	9
68	8117	4022	4095	3076	963	2113	11	3	8
69	5906	2987	2919	2328	684	1644	13	5	8
70-74岁	**25089**	**13749**	**11340**	**12203**	**3656**	**8547**	**67**	**27**	**40**
70	5745	2958	2787	2471	753	1718	9	4	5
71	5785	3146	2639	2641	812	1829	13	5	8
72	4661	2558	2103	2336	711	1625	13	6	7
73	4694	2670	2024	2435	705	1730	16	5	11
74	4204	2417	1787	2320	675	1645	16	7	9
75-79岁	**14558**	**8677**	**5881**	**11449**	**3286**	**8163**	**82**	**34**	**48**
75	3273	1864	1409	2179	628	1551	12	5	7
76	3504	2065	1439	2529	743	1786	17	7	10
77	2936	1733	1203	2356	642	1714	16	7	9
78	2505	1555	950	2187	628	1559	16	6	10
79	2340	1460	880	2198	645	1553	21	9	12
80-84岁	**6494**	**4350**	**2144**	**9471**	**2714**	**6757**	**120**	**49**	**71**
80	1983	1301	682	2191	646	1545	12	5	7
81	1449	954	495	1926	546	1380	31	12	19
82	1202	803	399	1923	566	1357	26	11	15
83	1028	688	340	1764	489	1275	30	14	16
84	832	604	228	1667	467	1200	21	7	14
85-89岁	**1935**	**1426**	**509**	**5414**	**1591**	**3823**	**96**	**39**	**57**
85	534	376	158	1271	353	918	22	9	13
86	455	337	118	1190	341	849	17	7	10
87	413	306	107	1166	372	794	22	11	11
88	319	245	74	981	293	688	19	8	11
89	214	162	52	806	232	574	16	4	12
90-94岁	**440**	**363**	**77**	**2275**	**693**	**1582**	**53**	**24**	**29**
90	197	163	34	707	210	497	16	5	11
91	110	93	17	547	165	382	15	6	9
92	73	59	14	437	150	287	14	8	6
93	35	28	7	344	96	248	4	2	2
94	25	20	5	240	72	168	4	3	1
95-99岁	**45**	**36**	**9**	**509**	**153**	**356**	**14**	**7**	**7**
95	20	15	5	175	53	122	7	3	4
96	9	9		132	43	89	4	2	2
97	9	6	3	102	26	76	1	1	
98	7	6	1	54	14	40	1	1	
99				46	17	29	1		1
100岁及以上	**3**	**2**	**1**	**70**	**18**	**52**	**2**	**2**	

8-11b 续表 2

单位：人

年 龄	独居(无保姆)			养老机构			其 他		
	小计	男	女	小计	男	女	小计	男	女
总 计	**35988**	**16001**	**19987**	**3702**	**2692**	**1010**	**21409**	**10342**	**11067**
60-64岁	**6357**	**3511**	**2846**	**410**	**354**	**56**	**5929**	**3042**	**2887**
60	866	488	378	30	25	5	872	459	413
61	885	518	367	47	37	10	894	491	403
62	1421	790	631	102	87	15	1369	700	669
63	1618	878	740	104	96	8	1429	711	718
64	1567	837	730	127	109	18	1365	681	684
65-69岁	**9001**	**4409**	**4592**	**703**	**606**	**97**	**6463**	**3066**	**3397**
65	1816	965	851	134	123	11	1444	725	719
66	1886	955	931	152	132	20	1437	688	749
67	1846	867	979	142	121	21	1405	653	752
68	1943	912	1031	159	133	26	1273	583	690
69	1510	710	800	116	97	19	904	417	487
70-74岁	**7613**	**3256**	**4357**	**796**	**641**	**155**	**3916**	**1954**	**1962**
70	1543	724	819	148	127	21	854	447	407
71	1740	746	994	182	146	36	887	432	455
72	1368	575	793	166	131	35	752	367	385
73	1456	626	830	142	111	31	753	359	394
74	1506	585	921	158	126	32	670	349	321
75-79岁	**6306**	**2355**	**3951**	**664**	**481**	**183**	**2476**	**1137**	**1339**
75	1268	492	776	143	110	33	510	230	280
76	1448	521	927	139	106	33	632	286	346
77	1276	482	794	137	96	41	505	239	266
78	1135	429	706	108	79	29	407	195	212
79	1179	431	748	137	90	47	422	187	235
80-84岁	**4218**	**1485**	**2733**	**529**	**315**	**214**	**1503**	**642**	**861**
80	1090	374	716	110	62	48	420	178	242
81	869	297	572	113	79	34	313	120	193
82	839	319	520	102	50	52	265	124	141
83	707	242	465	93	51	42	258	105	153
84	713	253	460	111	73	38	247	115	132
85-89岁	**1844**	**708**	**1136**	**387**	**203**	**184**	**717**	**329**	**388**
85	492	176	316	93	44	49	177	81	96
86	375	146	229	88	45	43	159	76	83
87	450	188	262	83	47	36	154	69	85
88	289	103	186	73	39	34	122	52	70
89	238	95	143	50	28	22	105	51	54
90-94岁	**544**	**228**	**316**	**169**	**75**	**94**	**326**	**141**	**185**
90	205	87	118	45	20	25	120	56	64
91	117	51	66	42	19	23	65	26	39
92	118	46	72	42	20	22	69	28	41
93	72	27	45	28	9	19	44	24	20
94	32	17	15	12	7	5	28	7	21
95-99岁	**94**	**45**	**49**	**40**	**15**	**25**	**72**	**31**	**41**
95	41	23	18	14	8	6	21	5	16
96	18	8	10	8	1	7	13	3	10
97	23	11	12	7	3	4	14	9	5
98	4		4	7	3	4	14	9	5
99	8	3	5	4		4	10	5	5
100岁及以上	**11**	**4**	**7**	**4**	**2**	**2**	**7**		**7**

8-11c 全省分年龄、性别、居住状况的60岁及以上老年人口(乡村)

单位：人

年 龄	60岁及以上人口			与配偶和子女同住		
	合计	男	女	小计	男	女
总 计	**1006680**	**503457**	**503223**	**176959**	**97136**	**79823**
60-64岁	**206824**	**109165**	**97659**	**48737**	**26083**	**22654**
60	23863	12107	11756	6237	3236	3001
61	27589	14922	12667	6839	3772	3067
62	46888	24967	21921	11068	5973	5095
63	53854	28576	25278	12523	6615	5908
64	54630	28593	26037	12070	6487	5583
65-69岁	**303214**	**152952**	**150262**	**60642**	**31719**	**28923**
65	61115	31666	29449	13089	6907	6182
66	64246	32666	31580	13385	6938	6447
67	63488	31611	31877	12831	6640	6191
68	65579	32815	32764	12486	6575	5911
69	48786	24194	24592	8851	4659	4192
70-74岁	**213252**	**108012**	**105240**	**35160**	**19399**	**15761**
70	46366	23500	22866	8233	4336	3897
71	49139	25152	23987	8155	4485	3670
72	40671	20624	20047	6629	3692	2937
73	40222	20491	19731	6520	3713	2807
74	36854	18245	18609	5623	3173	2450
75-79岁	**147143**	**72513**	**74630**	**20075**	**11813**	**8262**
75	31879	15499	16380	4617	2576	2041
76	34241	17209	17032	4725	2817	1908
77	30312	14781	15531	4168	2436	1732
78	25460	12700	12760	3413	2112	1301
79	25251	12324	12927	3152	1872	1280
80-84岁	**82249**	**38729**	**43520**	**8841**	**5698**	**3143**
80	21002	10371	10631	2546	1608	938
81	17598	8194	9404	1875	1185	690
82	16115	7523	8592	1747	1115	632
83	13949	6567	7382	1420	959	461
84	13585	6074	7511	1253	831	422
85-89岁	**37723**	**16030**	**21693**	**2761**	**1899**	**862**
85	9451	4211	5240	797	543	254
86	8440	3574	4866	628	421	207
87	8418	3600	4818	588	414	174
88	6456	2588	3868	443	298	145
89	4958	2057	2901	305	223	82
90-94岁	**13315**	**5138**	**8177**	**661**	**467**	**194**
90	4243	1741	2502	241	168	73
91	3161	1244	1917	147	101	46
92	2697	1026	1671	133	95	38
93	1875	675	1200	90	64	26
94	1339	452	887	50	39	11
95-99岁	**2640**	**843**	**1797**	**78**	**55**	**23**
95	956	308	648	30	21	9
96	766	256	510	22	19	3
97	426	126	300	13	6	7
98	294	89	205	6	3	3
99	198	64	134	7	6	1
100岁及以上	**320**	**75**	**245**	**4**	**3**	**1**

8-11c　续表 1　　　　单位：人

年　龄	与配偶同住			与子女同住			独居(有保姆)		
	小计	男	女	小计	男	女	小计	男	女
总　计	**438056**	**235338**	**202718**	**171977**	**56708**	**115269**	**831**	**412**	**419**
60–64岁	**97687**	**49003**	**48684**	**19210**	**7281**	**11929**	**132**	**83**	**49**
60	10613	5095	5518	2194	788	1406	18	11	7
61	12548	6367	6181	2576	1052	1524	16	8	8
62	21966	11007	10959	4296	1651	2645	30	21	9
63	25742	13092	12650	4973	1875	3098	35	22	13
64	26818	13442	13376	5171	1915	3256	33	21	12
65–69岁	**152878**	**77003**	**75875**	**31978**	**11061**	**20917**	**161**	**93**	**68**
65	30547	15384	15163	5802	2134	3668	26	18	8
66	32411	16286	16125	6461	2304	4157	34	23	11
67	32034	15940	16094	6724	2285	4439	30	17	13
68	33303	16883	16420	7333	2490	4843	44	19	25
69	24583	12510	12073	5658	1848	3810	27	16	11
70–74岁	**100681**	**55516**	**45165**	**32255**	**10786**	**21469**	**138**	**65**	**73**
70	22915	12294	10621	6010	2073	3937	31	16	15
71	23764	13020	10744	6944	2381	4563	39	20	19
72	19271	10630	8641	6214	2042	4172	29	10	19
73	18350	10353	7997	6600	2247	4353	18	9	9
74	16381	9219	7162	6487	2043	4444	21	10	11
75–79岁	**57323**	**33977**	**23346**	**33368**	**10592**	**22776**	**138**	**69**	**69**
75	13514	7618	5896	6253	1924	4329	26	11	15
76	14197	8356	5841	7060	2256	4804	32	20	12
77	11706	6963	4743	6897	2138	4759	29	12	17
78	9216	5668	3548	6348	2079	4269	24	14	10
79	8690	5372	3318	6810	2195	4615	27	12	15
80–84岁	**22270**	**14728**	**7542**	**27859**	**8687**	**19172**	**119**	**43**	**76**
80	6835	4445	2390	5975	1875	4100	25	10	15
81	5052	3287	1765	5658	1701	3957	23	7	16
82	4198	2770	1428	5626	1771	3855	24	10	14
83	3305	2267	1038	5184	1683	3501	24	8	16
84	2880	1959	921	5416	1657	3759	23	8	15
85–89岁	**6002**	**4212**	**1790**	**17697**	**5488**	**12209**	**86**	**38**	**48**
85	1807	1221	586	3996	1286	2710	18	9	9
86	1399	989	410	3909	1179	2730	13	5	8
87	1311	951	360	3999	1241	2758	23	9	14
88	830	579	251	3261	994	2267	17	9	8
89	655	472	183	2532	788	1744	15	6	9
90–94岁	**1094**	**808**	**286**	**7636**	**2296**	**5340**	**41**	**14**	**27**
90	447	336	111	2251	714	1537	15	5	10
91	272	187	85	1802	561	1241	12	4	8
92	178	139	39	1617	464	1153	10	3	7
93	132	101	31	1130	323	807	2	1	1
94	65	45	20	836	234	602	2	1	1
95–99岁	**111**	**82**	**29**	**1738**	**469**	**1269**	**15**	**7**	**8**
95	43	30	13	624	169	455	4	1	3
96	35	26	9	491	140	351	3	2	1
97	16	15	1	285	72	213	4	2	2
98	8	6	2	201	52	149	3	1	2
99	9	5	4	137	36	101	1	1	
100岁及以上	**10**	**9**	**1**	**236**	**48**	**188**	**1**		**1**

8-11c 续表 2 单位：人

年 龄	独居(无保姆)			养老机构			其 他		
	小计	男	女	小计	男	女	小计	男	女
总 计	**152657**	**76607**	**76050**	**7749**	**6067**	**1682**	**58451**	**31189**	**27262**
60-64岁	**24935**	**16317**	**8618**	**952**	**858**	**94**	**15171**	**9540**	**5631**
60	2709	1719	990	67	58	9	2025	1200	825
61	3247	2188	1059	119	106	13	2244	1429	815
62	5710	3825	1885	197	176	21	3621	2314	1307
63	6552	4289	2263	278	257	21	3751	2426	1325
64	6717	4296	2421	291	261	30	3530	2171	1359
65-69岁	**39171**	**22094**	**17077**	**1815**	**1610**	**205**	**16569**	**9372**	**7197**
65	7520	4643	2877	327	292	35	3804	2288	1516
66	7988	4690	3298	348	309	39	3619	2116	1503
67	8165	4553	3612	369	323	46	3335	1853	1482
68	8709	4700	4009	413	367	46	3291	1781	1510
69	6789	3508	3281	358	319	39	2520	1334	1186
70-74岁	**32868**	**15484**	**17384**	**1603**	**1367**	**236**	**10547**	**5395**	**5152**
70	6530	3281	3249	301	266	35	2346	1234	1112
71	7464	3663	3801	361	310	51	2412	1273	1139
72	6273	2961	3312	317	283	34	1938	1006	932
73	6390	2902	3488	295	247	48	2049	1020	1029
74	6211	2677	3534	329	261	68	1802	862	940
75-79岁	**27655**	**11659**	**15996**	**1354**	**1056**	**298**	**7230**	**3347**	**3883**
75	5709	2430	3279	278	228	50	1482	712	770
76	6220	2715	3505	310	239	71	1697	806	891
77	5754	2356	3398	265	214	51	1493	662	831
78	4969	2063	2906	250	186	64	1240	578	662
79	5003	2095	2908	251	189	62	1318	589	729
80-84岁	**17286**	**6895**	**10391**	**1046**	**650**	**396**	**4828**	**2028**	**2800**
80	4247	1770	2477	235	154	81	1139	509	630
81	3716	1436	2280	206	127	79	1068	451	617
82	3417	1344	2073	226	133	93	877	380	497
83	2960	1184	1776	207	131	76	849	335	514
84	2946	1161	1785	172	105	67	895	353	542
85-89岁	**7857**	**3026**	**4831**	**626**	**344**	**282**	**2694**	**1023**	**1671**
85	1993	781	1212	156	97	59	684	274	410
86	1779	690	1089	127	64	63	585	226	359
87	1767	688	1079	140	74	66	590	223	367
88	1321	480	841	123	65	58	461	163	298
89	997	387	610	80	44	36	374	137	237
90-94岁	**2465**	**993**	**1472**	**288**	**155**	**133**	**1130**	**405**	**725**
90	887	361	526	81	43	38	321	114	207
91	580	242	338	71	40	31	277	109	168
92	483	214	269	58	33	25	218	78	140
93	281	101	180	50	22	28	190	63	127
94	234	75	159	28	17	11	124	41	83
95-99岁	**391**	**134**	**257**	**58**	**24**	**34**	**249**	**72**	**177**
95	136	47	89	18	9	9	101	31	70
96	137	44	93	9	4	5	69	21	48
97	49	17	32	16	6	10	43	8	35
98	43	18	25	9	3	6	24	6	18
99	26	8	18	6	2	4	12	6	6
100岁及以上	**29**	**5**	**24**	**7**	**3**	**4**	**33**	**7**	**26**

8-12　全省分性别、婚姻状况、居住状况的60岁及以上老年人口

单位：人

居住状况	60岁及以上人口			未　婚		
	合计	男	女	小计	男	女
总　计	**1817836**	**890745**	**927091**	**41452**	**38099**	**3353**
与配偶和子女同住	385708	211327	174381			
与配偶同住	742439	400102	342337			
与子女同住	332904	101836	231068	1173	927	246
独居(有保姆)	2691	1200	1491	135	114	21
独居(无保姆)	231783	110121	121662	20035	19137	898
养老机构	15858	10774	5084	7722	7231	491
其　他	106453	55385	51068	12387	10690	1697

8-12　续表

单位：人

居住状况	有 配 偶			离　婚			丧　偶		
	小计	男	女	小计	男	女	小计	男	女
总　计	**1326656**	**714310**	**612346**	**24864**	**14688**	**10176**	**424864**	**123648**	**301216**
与配偶和子女同住	385708	211327	174381						
与配偶同住	742439	400102	342337						
与子女同住	84476	35456	49020	8432	3991	4441	238823	61462	177361
独居(有保姆)	537	314	223	107	71	36	1912	701	1211
独居(无保姆)	58025	36130	21895	11828	7714	4114	141895	47140	94755
养老机构	2292	1216	1076	293	222	71	5551	2105	3446
其　他	53179	29765	23414	4204	2690	1514	36683	12240	24443

8-12a　全省分性别、婚姻状况、居住状况的60岁及以上老年人口(城市)

单位：人

居住状况	60岁及以上人口			未　婚		
	合计	男	女	小计	男	女
总　计	**493467**	**234614**	**258853**	**4170**	**3037**	**1133**
与配偶和子女同住	135675	74170	61505			
与配偶同住	186683	100845	85838			
与子女同住	95653	25660	69993	172	128	44
独居(有保姆)	1318	557	761	23	13	10
独居(无保姆)	43138	17513	25625	1432	1104	328
养老机构	4407	2015	2392	589	477	112
其　他	26593	13854	12739	1954	1315	639

8-12a 续表

单位：人

居住状况	有配偶			离婚			丧偶		
	小计	男	女	小计	男	女	小计	男	女
总计	**384015**	**203753**	**180262**	**12233**	**5838**	**6395**	**93049**	**21986**	**71063**
与配偶和子女同住	135675	74170	61505						
与配偶同住	186683	100845	85838						
与子女同住	32304	11939	20365	4358	1451	2907	58819	12142	46677
独居(有保姆)	260	142	118	63	41	22	972	361	611
独居(无保姆)	12152	7126	5026	5521	2980	2541	24033	6303	17730
养老机构	1186	628	558	138	93	45	2494	817	1677
其他	15755	8903	6852	2153	1273	880	6731	2363	4368

8-12b 全省分性别、婚姻状况、居住状况的60岁及以上老年人口(镇)

单位：人

居住状况	60岁及以上人口			未婚		
	合计	男	女	小计	男	女
总计	**317689**	**152674**	**165015**	**5647**	**4973**	**674**
与配偶和子女同住	73074	40021	33053			
与配偶同住	117700	63919	53781			
与子女同住	65274	19468	45806	149	110	39
独居(有保姆)	542	231	311	14	8	6
独居(无保姆)	35988	16001	19987	1636	1493	143
养老机构	3702	2692	1010	2117	1960	157
其他	21409	10342	11067	1731	1402	329

8-12b 续表

单位：人

居住状况	有配偶			离婚			丧偶		
	小计	男	女	小计	男	女	小计	男	女
总计	**234427**	**124995**	**109432**	**4066**	**2384**	**1682**	**73549**	**20322**	**53227**
与配偶和子女同住	73074	40021	33053						
与配偶同住	117700	63919	53781						
与子女同住	19371	7751	11620	1393	686	707	44361	10921	33440
独居(有保姆)	95	54	41	18	11	7	415	158	257
独居(无保姆)	11312	6692	4620	1932	1223	709	21108	6593	14515
养老机构	431	216	215	62	53	9	1092	463	629
其他	12444	6342	6102	661	411	250	6573	2187	4386

8-12c　全省分性别、婚姻状况、居住状况的60岁及以上老年人口(乡村)

单位：人

居住状况	60岁及以上人口			未婚		
	合计	男	女	小计	男	女
总　计	**1006680**	**503457**	**503223**	**31635**	**30089**	**1546**
与配偶和子女同住	176959	97136	79823			
与配偶同住	438056	235338	202718			
与子女同住	171977	56708	115269	852	689	163
独居(有保姆)	831	412	419	98	93	5
独居(无保姆)	152657	76607	76050	16967	16540	427
养老机构	7749	6067	1682	5016	4794	222
其　他	58451	31189	27262	8702	7973	729

8-12c　续表

单位：人

居住状况	有配偶			离婚			丧偶		
	小计	男	女	小计	男	女	小计	男	女
总　计	**708214**	**385562**	**322652**	**8565**	**6466**	**2099**	**258266**	**81340**	**176926**
与配偶和子女同住	176959	97136	79823						
与配偶同住	438056	235338	202718						
与子女同住	32801	15766	17035	2681	1854	827	135643	38399	97244
独居(有保姆)	182	118	64	26	19	7	525	182	343
独居(无保姆)	34561	22312	12249	4375	3511	864	96754	34244	62510
养老机构	675	372	303	93	76	17	1965	825	1140
其　他	24980	14520	10460	1390	1006	384	23379	7690	15689

第二部分　长表数据资料

第九卷　住房

9-1　各地区按建筑层数、承重类型分的家庭户户数

单位：户

地　区	合　计	建筑层数				承重类型				
		平房	多层(7层及以下)	高层(8-33层)	超高层(34层及以上)	钢及钢筋混凝土结构	混合结构	砖木结构	竹草土坯结构	其他结构
全省	**2947695**	**718896**	**1601935**	**601619**	**25245**	**1460817**	**927771**	**435651**	**75088**	**48368**
成都市	696268	63676	340256	271061	21275	475249	178970	38310	1712	2027
自贡市	88907	20762	52628	15477	40	33268	32617	20975	1584	463
攀枝花市	43564	8256	22986	12033	289	23221	14118	2104	3402	719
泸州市	135449	33288	80206	21667	288	70206	47883	11530	4026	1804
德阳市	127844	40735	72464	14379	266	66527	43772	15025	1920	600
绵阳市	192537	44718	119187	28342	290	92964	69838	24631	4462	642
广元市	86283	22421	54634	9218	10	41295	28912	9233	5881	962
遂宁市	116159	35818	64169	15858	314	48241	38005	24311	2269	3333
内江市	125181	33226	71503	20224	228	41770	48343	28845	3786	2437
乐山市	110415	36725	56791	16874	25	46240	35299	28064	295	517
南充市	238687	70321	135624	32288	454	109755	68917	45248	8090	6677
眉山市	99313	31555	53377	13783	598	49083	34684	14457	654	435
宜宾市	141652	37187	81016	23318	131	73045	50754	14410	2646	797
广安市	112265	25997	71766	14349	153	39938	46777	22896	701	1953
达州市	218990	51104	120365	47058	463	77983	78987	56239	2533	3248
雅安市	47883	10698	32050	5053	82	24237	16063	6557	662	364
巴中市	105104	40891	41453	22502	258	43459	33143	12440	13401	2661
资阳市	85574	25491	50495	9510	78	34239	29094	16378	1269	4594
阿坝藏族羌族自治州	21565	5234	15616	714	1	8373	4136	5613	198	3245
甘孜藏族自治州	25698	9866	14731	1100	1	7574	3173	8277	1319	5355
凉山彝族自治州	128357	70927	50618	6811	1	54150	24286	30108	14278	5535

注：本表数据为居住在普通住宅的家庭户，下表同。

9-1a　各地区按建筑层数、承重类型分的家庭户户数(城市)

单位：户

地　区	合　计	建筑层数				承重类型				
		平房	多层(7层及以下)	高层(8-33层)	超高层(34层及以上)	钢及钢筋混凝土结构	混合结构	砖木结构	竹草土坯结构	其他结构
全省	**1029606**	**25352**	**507810**	**471772**	**24672**	**754607**	**258007**	**13978**	**1011**	**2003**
成都市	509335	10147	224283	253986	20919	397652	105657	4999	121	906
自贡市	27271	1486	14065	11683	37	17290	8692	1222	44	23
攀枝花市	26240	772	13959	11221	288	15207	10476	428	82	47
泸州市	33777	541	17142	15809	285	23527	9756	419	27	48
德阳市	44169	1865	29885	12154	265	32872	10517	675	2	103
绵阳市	62967	820	40222	21638	287	41237	21304	344	3	79
广元市	16465	274	10763	5426	2	12252	4091	104	9	9
遂宁市	36367	979	21790	13300	298	24123	11563	524	31	126
内江市	26104	669	13051	12158	226	16300	9223	519	24	38
乐山市	33020	972	19401	12622	25	22342	9905	737	1	35
南充市	50521	1061	29401	19614	445	36453	13188	819	5	56
眉山市	21978	1277	12913	7194	594	17253	3925	775	16	9
宜宾市	32097	848	13995	17136	118	22941	8434	651	36	35
广安市	15225	192	8627	6254	152	9937	5190	94	3	1
达州市	35780	402	7774	27212	392	24450	11022	209	8	91
雅安市	9653	219	6205	3149	80	6268	3212	165	2	6
巴中市	15216	1234	3918	9852	212	9317	4905	401	470	123
资阳市	14124	203	8293	5582	46	10687	3343	75	5	14
阿坝藏族羌族自治州	895	30	536	329		753	93	31		18
甘孜藏族自治州	1439	65	1002	372		1250	128	27		34
凉山彝族自治州	16963	1296	10585	5081	1	12496	3383	760	122	202

9-1b 各地区按建筑层数、承重类型分的家庭户户数(镇)

单位：户

地区	合计	建筑层数				承重类型				
		平房	多层(7层及以下)	高层(8-33层)	超高层(34层及以上)	钢及钢筋混凝土结构	混合结构	砖木结构	竹草土坯结构	其他结构
全省	**573301**	**71353**	**391327**	**110431**	**190**	**333754**	**190558**	**39217**	**5395**	**4377**
成都市	42386	4771	28297	9313	5	27556	11476	3095	97	162
自贡市	20360	2097	14514	3746	3	8787	9697	1794	43	39
攀枝花市	5657	790	4073	793	1	3805	1233	208	329	82
泸州市	34334	4041	24552	5738	3	20186	11778	1772	350	248
德阳市	23996	5570	16657	1769		14974	6900	1737	295	90
绵阳市	30553	2022	23947	4583	1	20116	9395	953	66	23
广元市	22140	2067	16660	3405	8	11899	8658	1157	348	78
遂宁市	19256	2073	15163	2019	1	11731	6101	1185	90	149
内江市	30860	2894	20196	7769	1	16393	11882	2235	228	122
乐山市	25910	3819	17906	4185		13534	9403	2872	22	79
南充市	51879	4291	36167	11413	8	34227	14976	2249	227	200
眉山市	26074	3580	17178	5314	2	16037	8473	1422	36	106
宜宾市	38467	5884	26860	5710	13	22045	14202	1957	112	151
广安市	31797	1296	23062	7438	1	17214	13184	1273	42	84
达州市	58552	4699	36530	17259	64	30443	24238	3628	67	176
雅安市	15524	2346	11431	1745	2	9387	4583	1310	184	60
巴中市	27144	2646	12809	11645	44	16471	9385	709	394	185
资阳市	19110	1213	14032	3833	32	11575	6445	872	53	165
阿坝藏族羌族自治州	8561	1427	6751	382	1	5407	1489	1198	21	446
甘孜藏族自治州	7577	2338	4570	669		4259	610	1906	161	641
凉山彝族自治州	33164	11489	19972	1703		17708	6450	5685	2230	1091

9-1c 各地区按建筑层数、承重类型分的家庭户户数(乡村)

单位：户

地区	合计	建筑层数				承重类型				
		平房	多层(7层及以下)	高层(8-33层)	超高层(34层及以上)	钢及钢筋混凝土结构	混合结构	砖木结构	竹草土坯结构	其他结构
全省	**1344788**	**622191**	**702798**	**19416**	**383**	**372456**	**479206**	**382456**	**68682**	**41988**
成都市	144547	48758	87676	7762	351	50041	61837	30216	1494	959
自贡市	41276	17179	24049	48		7191	14228	17959	1497	401
攀枝花市	11667	6694	4954	19		4209	2409	1468	2991	590
泸州市	67338	28706	38512	120		26493	26349	9339	3649	1508
德阳市	59679	33300	25922	456	1	18681	26355	12613	1623	407
绵阳市	99017	41876	55018	2121	2	31611	39139	23334	4393	540
广元市	47678	20080	27211	387		17144	16163	7972	5524	875
遂宁市	60536	32766	27216	539	15	12387	20341	22602	2148	3058
内江市	68217	29663	38256	297	1	9077	27238	26091	3534	2277
乐山市	51485	31934	19484	67		10364	15991	24455	272	403
南充市	136287	64969	70056	1261	1	39075	40753	42180	7858	6421
眉山市	51261	26698	23286	1275	2	15793	22286	12260	602	320
宜宾市	71088	30455	40161	472		28059	28118	11802	2498	611
广安市	65243	24509	40077	657		12787	28403	21529	656	1868
达州市	124658	46003	76061	2587	7	23090	43727	52402	2458	2981
雅安市	22706	8133	14414	159		8582	8268	5082	476	298
巴中市	62744	37011	24726	1005	2	17671	18853	11330	12537	2353
资阳市	52340	24075	28170	95		11977	19306	15431	1211	4415
阿坝藏族羌族自治州	12109	3777	8329	3		2213	2554	4384	177	2781
甘孜藏族自治州	16682	7463	9159	59	1	2065	2435	6344	1158	4680
凉山彝族自治州	78230	58142	20061	27		23946	14453	23663	11926	4242

9-2　各地区按住房建成时间分的家庭户住房状况

单位：户、间、平方米

地　　区	合　　计			1949年以前		
	户数	间数	面积	户数	间数	面积
全省	**2947695**	**9573532**	**327369892**	**12313**	**35155**	**1180621**
成都市	696268	1915313	73019154	1237	3663	153623
自贡市	88907	289095	9598192	398	967	28793
攀枝花市	43564	134064	4313771	41	140	4808
泸州市	135449	479674	16395584	660	1957	66833
德阳市	127844	413961	14072917	107	319	10036
绵阳市	192537	619379	20274116	340	962	30584
广元市	86283	294246	10038464	327	944	30929
遂宁市	116159	381195	13323748	307	858	29467
内江市	125181	432708	12848091	472	1266	34693
乐山市	110415	357787	13485888	669	1962	77458
南充市	238687	828153	24918283	1143	3411	92048
眉山市	99313	347144	13598721	296	919	37508
宜宾市	141652	494987	17867459	611	1790	66998
广安市	112265	372785	12520608	739	1933	61599
达州市	218990	659438	22145908	2669	6178	202461
雅安市	47883	189034	6396376	609	1920	61807
巴中市	105104	394514	11909686	674	2326	67950
资阳市	85574	302935	9583969	330	921	29501
阿坝藏族羌族自治州	21565	96236	3255963	65	357	13505
甘孜藏族自治州	25698	96242	3512665	171	788	30462
凉山彝族自治州	128357	474642	14290329	448	1574	49558

9-2　续表 1

单位：户、间、平方米

地　　区	1949-1959年			1960-1969年		
	户数	间数	面积	户数	间数	面积
全省	**9888**	**28823**	**955018**	**25612**	**75945**	**2465969**
成都市	1181	3130	124926	2419	6611	260878
自贡市	318	747	21936	936	2275	67959
攀枝花市	88	350	10952	439	1447	46581
泸州市	463	1366	44938	1083	3352	112210
德阳市	114	280	8727	474	1308	42269
绵阳市	434	1117	34262	1308	3692	109881
广元市	313	987	31250	832	2582	80818
遂宁市	396	1159	38901	1535	4594	150016
内江市	468	1257	36356	1499	4183	116328
乐山市	398	1238	46092	920	2667	102824
南充市	875	2616	74266	2479	7836	214470
眉山市	237	756	33682	560	1881	77007
宜宾市	320	913	31002	923	2479	85048
广安市	522	1363	44349	1211	3259	103383
达州市	1711	4201	135769	3700	8912	293357
雅安市	378	1160	40392	664	2099	69336
巴中市	647	2371	67819	1724	6343	183979
资阳市	303	892	27573	1085	3161	97944
阿坝藏族羌族自治州	73	303	13811	161	784	32267
甘孜藏族自治州	153	674	28029	320	1281	50112
凉山彝族自治州	496	1943	59986	1340	5199	169302

9—2 续表 2

单位：户、间、平方米

地区	1970—1979年			1980—1989年			1990—1999年		
	户数	间数	面积	户数	间数	面积	户数	间数	面积
全省	**81839**	**247366**	**7946244**	**266086**	**824351**	**27347268**	**550698**	**1805313**	**62291014**
成都市	7984	21997	849725	45446	132071	5133667	117961	347166	13562796
自贡市	2586	7161	220176	8977	26884	845884	21547	73053	2365612
攀枝花市	2710	6613	205405	5820	15667	481697	8371	24099	750354
泸州市	3231	9668	321576	8897	27244	905608	25709	88416	3095088
德阳市	1604	4596	146950	10012	30003	977406	21632	68938	2395417
绵阳市	4675	13835	396784	13148	38337	1161786	30462	93625	3030654
广元市	2562	8144	256023	8950	28556	930818	11024	34985	1210204
遂宁市	6175	18785	619854	14089	44439	1492365	26680	90255	3138984
内江市	4602	13393	371861	15339	48459	1376758	32879	118320	3438048
乐山市	2930	8503	318020	11622	35901	1346533	24678	81371	3091006
南充市	10117	31794	886115	28687	90797	2596218	45996	154278	4676112
眉山市	1787	5856	234037	7629	26369	1047180	22824	83210	3279799
宜宾市	2894	8421	293147	8499	24986	862961	21630	72059	2580806
广安市	3400	9457	306199	10991	33736	1093417	27794	94955	3150466
达州市	8613	22188	725561	28848	79508	2645441	49074	148856	5029841
雅安市	1530	5054	159580	4341	14674	473489	7799	29684	1014977
巴中市	5054	19125	554674	11036	40733	1199926	12281	43337	1347996
资阳市	4449	13257	421128	10007	32436	994244	17129	63742	1959480
阿坝藏族羌族自治州	439	2037	75561	1576	7092	250948	2900	13074	464844
甘孜藏族自治州	735	3304	126602	1766	7803	299413	4942	19312	722031
凉山彝族自治州	3762	14178	457266	10406	38656	1231509	17386	62578	1986499

9—2 续表 3

单位：户、间、平方米

地区	2000—2009年			2010—2014年			2015年以后		
	户数	间数	面积	户数	间数	面积	户数	间数	面积
全省	**930193**	**3112478**	**109930684**	**643634**	**2063364**	**70658741**	**427432**	**1380737**	**44594333**
成都市	236616	643101	25397034	179236	474515	17569312	104188	283059	9967193
自贡市	23903	83475	2877234	18030	56995	1938700	12212	37538	1231898
攀枝花市	12592	40399	1354933	8256	25584	854356	5247	19765	604685
泸州市	43805	165601	5740229	30032	109234	3676246	21569	72836	2432856
德阳市	51288	175954	5985617	29332	91281	3116568	13281	41282	1389927
绵阳市	79281	272051	9003166	43524	132927	4492968	19365	62833	2014031
广元市	27442	98442	3437000	20596	70031	2424992	14237	49575	1636430
遂宁市	35359	121098	4402536	17583	56905	2002849	14035	43102	1448776
内江市	32911	122849	3724803	21180	72339	2227600	15831	50642	1521644
乐山市	33312	111197	4403600	20580	66006	2430956	15306	48942	1669399
南充市	66942	239426	7522854	49007	177016	5372022	33441	120979	3484178
眉山市	33079	120326	4939655	19895	66009	2505323	13006	41818	1444530
宜宾市	46109	170466	6297984	33810	122572	4454947	26856	91301	3194566
广安市	35913	125805	4361670	18997	62680	2100181	12698	39597	1299344
达州市	61909	198903	6782906	38278	118102	3999109	24188	72590	2331463
雅安市	14402	62192	2085989	13539	54423	1876201	4621	17828	614605
巴中市	27369	104428	3228902	24743	95560	2916548	21576	80291	2341892
资阳市	22655	84316	2716236	17255	61160	1982898	12361	43050	1354965
阿坝藏族羌族自治州	9702	43555	1451401	4688	20031	649700	1961	9003	303926
甘孜藏族自治州	7452	27796	1035071	5288	19239	663100	4871	16045	557845
凉山彝族自治州	28152	101098	3181864	29785	110755	3404165	36582	138661	3750180

9−2a 各地区按住房建成时间分的家庭户住房状况(城市)

单位：户、间、平方米

地区	合计			1949年以前		
	户数	间数	面积	户数	间数	面积
全省	**1029606**	**2653831**	**96048980**	**1190**	**3004**	**91903**
成都市	509335	1251595	45510569	337	830	28128
自贡市	27271	68666	2476680	117	239	6544
攀枝花市	26240	62100	2136581	2	8	190
泸州市	33777	92048	3415607	43	94	2614
德阳市	44169	115976	4391709	16	41	1098
绵阳市	62967	156712	5637227	33	72	2172
广元市	16465	43570	1635909	5	15	602
遂宁市	36367	99912	3724175	15	40	1569
内江市	26104	70020	2449023	64	145	3645
乐山市	33020	89759	3274001	82	238	7994
南充市	50521	138827	4884168	222	569	12543
眉山市	21978	63883	2400273	31	93	3259
宜宾市	32097	85502	3021906	72	183	6915
广安市	15225	45497	1643609	3	10	306
达州市	35780	99242	3410970	28	79	2599
雅安市	9653	29245	1087757	11	33	1249
巴中市	15216	45841	1636633	64	172	5520
资阳市	14124	39517	1384936			
阿坝藏族羌族自治州	895	2177	79684			
甘孜藏族自治州	1439	3903	125567			
凉山彝族自治州	16963	49839	1721996	45	143	4956

9−2a 续表 1

单位：户、间、平方米

地区	1949−1959年			1960−1969年		
	户数	间数	面积	户数	间数	面积
全省	**1339**	**2926**	**88504**	**3085**	**6451**	**194888**
成都市	584	1195	37830	1076	2305	71856
自贡市	124	256	7129	422	843	22243
攀枝花市	8	28	730	123	253	7811
泸州市	75	154	4280	79	162	5487
德阳市	21	36	997	52	91	3135
绵阳市	126	222	6156	147	225	6944
广元市	11	25	591	78	149	4824
遂宁市	20	60	1866	64	165	6024
内江市	59	147	4225	121	272	7347
乐山市	50	128	4325	110	241	7787
南充市	73	162	4162	130	258	5952
眉山市	14	54	1930	36	80	2669
宜宾市	58	144	4542	184	324	8711
广安市	2	6	225	13	40	1465
达州市	25	72	2337	203	380	10829
雅安市	15	27	1000	37	94	3649
巴中市	38	92	2481	63	197	6787
资阳市	8	29	1059	60	139	3883
阿坝藏族羌族自治州	1	10	400			
甘孜藏族自治州				8	17	435
凉山彝族自治州	27	79	2239	79	216	7050

9-2a 续表 2

单位：户、间、平方米

地　区	1970-1979年			1980-1989年			1990-1999年		
	户数	间数	面积	户数	间数	面积	户数	间数	面积
全省	**12867**	**27525**	**841694**	**64183**	**152160**	**4847500**	**170814**	**432836**	**15263267**
成都市	4183	8758	272796	25854	59783	1899143	75075	180177	6262561
自贡市	922	1910	55441	2507	5903	176463	4521	11657	399807
攀枝花市	1820	3352	97875	3601	7128	209963	4896	10659	347922
泸州市	705	1462	47848	2629	6080	203738	6091	16305	594847
德阳市	297	555	18174	2829	6559	212686	7817	19820	739296
绵阳市	545	1017	30115	3233	7199	226533	11517	26391	910348
广元市	142	313	7619	936	2159	71727	3387	8656	312365
遂宁市	262	706	22964	2554	6442	227104	7669	20536	766375
内江市	596	1338	38787	2730	6454	199896	4241	11675	409010
乐山市	529	1245	38847	2391	5866	192713	6196	17016	638176
南充市	536	1241	34320	2946	7203	214720	9690	25524	893810
眉山市	113	312	11957	957	2870	108393	3751	11499	464065
宜宾市	487	998	27868	2225	5044	158995	5132	12881	444834
广安市	58	140	4923	479	1321	44044	2931	8942	327025
达州市	654	1548	46780	4029	10511	334864	7455	20892	711217
雅安市	185	463	14331	1061	2641	86417	2101	6378	233124
巴中市	227	684	23127	774	2198	72938	2760	8451	303750
资阳市	259	645	19225	1000	3059	83036	1991	5752	201366
阿坝藏族羌族自治州	22	55	1824	121	267	9410	170	404	14747
甘孜藏族自治州	30	82	2599	71	177	5433	406	1068	32085
凉山彝族自治州	295	701	24274	1256	3296	109284	3017	8153	256537

9-2a 续表 3

单位：户、间、平方米

地　区	2000-2009年			2010-2014年			2015年以后		
	户数	间数	面积	户数	间数	面积	户数	间数	面积
全省	**342652**	**899388**	**34748461**	**273275**	**703672**	**25471541**	**160201**	**425869**	**14501222**
成都市	179448	440139	17020649	139986	346361	12664708	82792	212047	7252898
自贡市	6908	18598	754485	7105	17489	645769	4645	11771	408799
攀枝花市	7889	20364	745558	5580	14140	507032	2321	6168	219500
泸州市	10022	28958	1156665	8456	23474	854746	5677	15359	545382
德阳市	14909	41665	1667253	13483	34703	1285233	4745	12506	463837
绵阳市	23405	60065	2278708	17788	44658	1601556	6173	16863	574695
广元市	4820	13562	551020	4719	12195	459260	2367	6496	227901
遂宁市	12650	36195	1425127	7314	19913	717816	5819	15855	555330
内江市	6933	19464	746283	6455	17042	588467	4905	13483	451363
乐山市	10461	29077	1178725	7743	20821	734321	5458	15127	471113
南充市	16529	47535	1760173	13716	37597	1323118	6679	18738	635370
眉山市	7452	21895	916437	5725	16083	557661	3899	10997	333902
宜宾市	8923	24296	931615	6854	18621	685446	8162	23011	752980
广安市	4881	15636	590343	3639	10182	358179	3219	9220	317099
达州市	10674	31105	1127663	8767	23817	824224	3945	10838	350457
雅安市	2615	9068	365064	2371	6931	257094	1257	3610	125829
巴中市	4610	14257	526535	3654	10778	385723	3026	9012	309772
资阳市	3710	10530	403729	4283	11525	409766	2813	7838	262872
阿坝藏族羌族自治州	258	705	27843	160	384	13083	163	352	12377
甘孜藏族自治州	503	1360	47699	322	919	28147	99	280	9169
凉山彝族自治州	5052	14914	526887	5155	16039	570192	2037	6298	220577

9-2b　各地区按住房建成时间分的家庭户住房状况(镇)

单位：户、间、平方米

地　区	合　计			1949年以前		
	户数	间数	面积	户数	间数	面积
全省	**573301**	**1808351**	**63066223**	**2655**	**7489**	**243108**
成都市	42386	134763	5330901	278	866	32163
自贡市	20360	60608	2097987	180	415	11607
攀枝花市	5657	19040	621291	5	21	988
泸州市	34334	112518	4004925	222	628	19454
德阳市	23996	79044	2713027	37	112	3459
绵阳市	30553	88063	3145794	41	108	3799
广元市	22140	67227	2323582	111	254	8151
遂宁市	19256	58242	2055430	67	174	5516
内江市	30860	90884	2995621	178	501	13827
乐山市	25910	76243	2858869	202	518	19243
南充市	51879	159835	5290540	140	443	12510
眉山市	26074	84164	3175103	65	197	6859
宜宾市	38467	127809	4697064	249	662	22693
广安市	31797	95005	3341444	103	264	8537
达州市	58552	176795	6024350	218	525	17815
雅安市	15524	59351	2017889	223	655	19871
巴中市	27144	86208	2854360	59	191	5755
资阳市	19110	56006	1887751	39	93	3217
阿坝藏族羌族自治州	8561	33543	1091036	28	173	5596
甘孜藏族自治州	7577	24427	849002	35	122	3901
凉山彝族自治州	33164	118576	3690257	175	567	18147

9-2b　续表 1

单位：户、间、平方米

地　区	1949-1959年			1960-1969年		
	户数	间数	面积	户数	间数	面积
全省	**1535**	**4230**	**142459**	**3492**	**9778**	**312554**
成都市	107	327	13596	185	585	24886
自贡市	128	289	8149	197	461	13183
攀枝花市	10	51	1279	43	141	4803
泸州市	114	326	11182	233	666	21324
德阳市	40	96	2946	96	285	9012
绵阳市	26	55	1829	128	288	9283
广元市	75	179	5714	147	352	10559
遂宁市	42	121	4354	114	318	10120
内江市	119	270	7701	387	948	25934
乐山市	93	270	8663	186	456	15458
南充市	76	192	5649	184	522	14918
眉山市	46	141	5765	92	324	11722
宜宾市	99	263	8418	198	486	16188
广安市	63	159	4665	116	287	8913
达州市	156	359	11906	392	1012	30541
雅安市	77	222	7943	119	391	11465
巴中市	40	126	4055	115	394	11458
资阳市	26	64	2110	74	184	5247
阿坝藏族羌族自治州	18	79	3282	26	119	4222
甘孜藏族自治州	24	92	3499	60	233	7103
凉山彝族自治州	156	549	19754	400	1326	46215

9-2b 续表 2

单位：户、间、平方米

地区	1970-1979年			1980-1989年			1990-1999年		
	户数	间数	面积	户数	间数	面积	户数	间数	面积
全省	**10404**	**29614**	**959760**	**41137**	**119467**	**3963172**	**106035**	**333632**	**11717437**
成都市	527	1757	74810	2582	8950	366935	6389	22815	947537
自贡市	386	998	29196	1836	4893	153610	4848	14658	493211
攀枝花市	214	629	21543	554	1690	55534	1464	4672	144851
泸州市	644	1808	58648	2166	6453	214155	7500	24154	877924
德阳市	278	797	26460	1609	4907	157057	4392	14917	515277
绵阳市	420	967	28390	2093	5302	164597	5533	15447	531945
广元市	516	1293	37517	2114	5532	171833	3199	9550	328212
遂宁市	456	1299	42634	1521	4362	144667	4160	12962	454940
内江市	849	2179	62286	3087	8301	253944	7228	21675	703313
乐山市	700	1730	58963	2454	6575	234272	5489	16107	615662
南充市	755	2210	63581	3312	9309	287812	9341	28312	951075
眉山市	401	1173	41869	1544	4565	169419	5331	17430	674542
宜宾市	655	1704	55692	2325	6497	219099	6772	21848	797923
广安市	439	1079	34137	1972	5272	173604	6463	19904	694795
达州市	801	2170	71364	4006	11412	386723	11142	33578	1167771
雅安市	333	1029	32307	1097	3649	115169	2602	9397	317971
巴中市	327	1085	33632	1580	4720	149114	2962	9251	303796
资阳市	323	807	24015	1505	3889	118336	3925	11871	391288
阿坝藏族羌族自治州	118	444	14850	482	1780	57383	969	3693	121023
甘孜藏族自治州	182	719	22422	443	1614	58021	1358	3949	144124
凉山彝族自治州	1080	3737	125444	2855	9795	311888	4968	17442	540257

9-2b 续表 3

单位：户、间、平方米

地区	2000-2009年			2010-2014年			2015年以后		
	户数	间数	面积	户数	间数	面积	户数	间数	面积
全省	**190595**	**624908**	**22418179**	**147567**	**458688**	**15893809**	**69881**	**220545**	**7415745**
成都市	13649	44182	1804324	13007	38312	1435679	5662	16969	630971
自贡市	5508	17275	638923	4535	13520	474051	2742	8099	276057
攀枝花市	1765	6234	208712	1018	3479	115707	584	2123	67874
泸州市	10716	37207	1356064	7839	25546	902036	4900	15730	544138
德阳市	8380	29753	1047487	6661	20163	682439	2503	8014	268890
绵阳市	10584	32545	1184272	8988	25374	926342	2740	7977	295337
广元市	7539	24351	874095	6225	18939	654689	2214	6777	232812
遂宁市	7332	22560	822500	4033	12001	416693	1531	4445	154006
内江市	8021	25237	871292	6507	19224	647460	4484	12549	409864
乐山市	7654	23406	942381	5668	16713	609661	3464	10468	354566
南充市	18972	59597	2043190	13535	41479	1359314	5564	17771	552491
眉山市	8522	28773	1153443	6516	20158	740016	3557	11403	371468
宜宾市	12427	43950	1676090	10427	34437	1257253	5315	17962	643708
广安市	11880	36843	1357482	7237	21037	712782	3524	10160	346529
达州市	21138	66309	2273742	14407	42837	1457536	6292	18593	606952
雅安市	4672	19580	632297	4570	17315	617643	1831	7113	263223
巴中市	9735	31735	1049239	8754	27764	926606	3572	10942	370705
资阳市	6530	19815	687655	4778	13821	475838	1910	5462	180045
阿坝藏族羌族自治州	3911	15381	502599	2319	8690	277513	690	3184	104568
甘孜藏族自治州	2506	8124	287341	1745	5826	195337	1224	3748	127254
凉山彝族自治州	9154	32051	1005051	8798	32053	1009214	5578	21056	614287

9–2c　各地区按住房建成时间分的家庭户住房状况(乡村)

单位：户、间、平方米

地　区	合　计			1949年以前		
	户数	间数	面积	户数	间数	面积
全省	**1344788**	**5111350**	**168254689**	**8468**	**24662**	**845610**
成都市	144547	528955	22177684	622	1967	93332
自贡市	41276	159821	5023525	101	313	10642
攀枝花市	11667	52924	1555899	34	111	3630
泸州市	67338	275108	8975052	395	1235	44765
德阳市	59679	218941	6968181	54	166	5479
绵阳市	99017	374604	11491095	266	782	24613
广元市	47678	183449	6078973	211	675	22176
遂宁市	60536	223041	7544143	225	644	22382
内江市	68217	271804	7403447	230	620	17221
乐山市	51485	191785	7353018	385	1206	50221
南充市	136287	529491	14743575	781	2399	66995
眉山市	51261	199097	8023345	200	629	27390
宜宾市	71088	281676	10148489	290	945	37390
广安市	65243	232283	7535555	633	1659	52756
达州市	124658	383401	12710588	2423	5574	182047
雅安市	22706	100438	3290730	375	1232	40687
巴中市	62744	262465	7418693	551	1963	56675
资阳市	52340	207412	6311282	291	828	26284
阿坝藏族羌族自治州	12109	60516	2085243	37	184	7909
甘孜藏族自治州	16682	67912	2538096	136	666	26561
凉山彝族自治州	78230	306227	8878076	228	864	26455

9–2c　续表 1

单位：户、间、平方米

地　区	1949–1959年			1960–1969年		
	户数	间数	面积	户数	间数	面积
全省	**7014**	**21667**	**724055**	**19035**	**59716**	**1958527**
成都市	490	1608	73500	1158	3721	164136
自贡市	66	202	6658	317	971	32533
攀枝花市	70	271	8943	273	1053	33967
泸州市	274	886	29476	771	2524	85399
德阳市	53	148	4784	326	932	30122
绵阳市	282	840	26277	1033	3179	93654
广元市	227	783	24945	607	2081	65435
遂宁市	334	978	32681	1357	4111	133872
内江市	290	840	24430	991	2963	83047
乐山市	255	840	33104	624	1970	79579
南充市	726	2262	64455	2165	7056	193600
眉山市	177	561	25987	432	1477	62616
宜宾市	163	506	18042	541	1669	60149
广安市	457	1198	39459	1082	2932	93005
达州市	1530	3770	121526	3105	7520	251987
雅安市	286	911	31449	508	1614	54222
巴中市	569	2153	61283	1546	5752	165734
资阳市	269	799	24404	951	2838	88814
阿坝藏族羌族自治州	54	214	10129	135	665	28045
甘孜藏族自治州	129	582	24530	252	1031	42574
凉山彝族自治州	313	1315	37993	861	3657	116037

9-2c 续表 2

单位：户、间、平方米

地区	1970-1979年			1980-1989年			1990-1999年		
	户数	间数	面积	户数	间数	面积	户数	间数	面积
全省	**58568**	**190227**	**6144790**	**160766**	**552724**	**18536596**	**273849**	**1038845**	**35310310**
成都市	3274	11482	502119	17010	63338	2867589	36497	144174	6352698
自贡市	1278	4253	135539	4634	16088	515811	12178	46738	1472594
攀枝花市	676	2632	85987	1665	6849	216200	2011	8768	257581
泸州市	1882	6398	215080	4102	14711	487715	12118	47957	1622317
德阳市	1029	3244	102316	5574	18537	607663	9423	34201	1140844
绵阳市	3710	11851	338279	7822	25836	770656	13412	51787	1588361
广元市	1904	6538	210887	5900	20865	687258	4438	16779	569627
遂宁市	5457	16780	554256	10014	33635	1120594	14851	56757	1917669
内江市	3157	9876	270788	9522	33704	922918	21410	84970	2325725
乐山市	1701	5528	220210	6777	23460	919548	12993	48248	1837168
南充市	8826	28343	788214	22429	74285	2093686	26965	100442	2831227
眉山市	1273	4371	180211	5128	18934	769368	13742	54281	2141192
宜宾市	1752	5719	209587	3949	13445	484867	9726	37330	1338049
广安市	2903	8238	267139	8540	27143	875769	18400	66109	2128646
达州市	7158	18470	607417	20813	57585	1923854	30477	94386	3150853
雅安市	1012	3562	112942	2183	8384	271903	3096	13909	463882
巴中市	4500	17356	497915	8682	33815	977874	6559	25635	740450
资阳市	3867	11805	377888	7502	25488	792872	11213	46119	1366826
阿坝藏族羌族自治州	299	1538	58887	973	5045	184155	1761	8977	329074
甘孜藏族自治州	523	2503	101581	1252	6012	235959	3178	14295	545822
凉山彝族自治州	2387	9740	307548	6295	25565	810337	9401	36983	1189705

9-2c 续表 3

单位：户、间、平方米

地区	2000-2009年			2010-2014年			2015年以后		
	户数	间数	面积	户数	间数	面积	户数	间数	面积
全省	**396946**	**1588182**	**52764044**	**222792**	**901004**	**29293391**	**197350**	**734323**	**22677366**
成都市	43519	158780	6572061	26243	89842	3468925	15734	54043	2083324
自贡市	11487	47602	1483826	6390	25986	818880	4825	17668	547042
攀枝花市	2938	13801	400663	1658	7965	231617	2342	11474	317311
泸州市	23067	99436	3227500	13737	60214	1919464	10992	41747	1343336
德阳市	27999	104536	3270877	9188	36415	1148896	6033	20762	657200
绵阳市	45292	179441	5540186	16748	62895	1965070	10452	37993	1143999
广元市	15083	60529	2011885	9652	38897	1311043	9656	36302	1175717
遂宁市	15377	62343	2154909	6236	24991	868340	6685	22802	739440
内江市	17957	78148	2107228	8218	36073	991673	6442	24610	660417
乐山市	15197	58714	2282494	7169	28472	1086974	6384	23347	843720
南充市	31441	132294	3719491	21756	97940	2689590	21198	84470	2296317
眉山市	17105	69658	2869775	7654	29768	1207646	5550	19418	739160
宜宾市	24759	102220	3690279	16529	69514	2512248	13379	50328	1797878
广安市	19152	73326	2413845	8121	31461	1029220	5955	20217	635716
达州市	30097	101489	3381501	15104	51448	1717349	13951	43159	1374054
雅安市	7115	33544	1088628	6598	30177	1001464	1533	7105	225553
巴中市	13024	58436	1653128	12335	57018	1604219	14978	60337	1661415
资阳市	12415	53971	1624852	8194	35814	1097294	7638	29750	912048
阿坝藏族羌族自治州	5533	27469	920959	2209	10957	359104	1108	5467	186981
甘孜藏族自治州	4443	18312	700031	3221	12494	439616	3548	12017	421422
凉山彝族自治州	13946	54133	1649926	15832	62663	1824759	28967	111307	2915316

9-3　各地区按住房设施状况分的家庭户户数

单位：户

地　区	合　计	住房所在建筑有无电梯		主要炊事燃料				
		有	无	燃气	电	煤炭	柴草	其他
全省	**2947695**	**614268**	**2333427**	**1953757**	**364447**	**16254**	**590585**	**22652**
成都市	696268	304068	392200	618318	37109	623	34877	5341
自贡市	88907	15097	73810	73662	2727	74	12060	384
攀枝花市	43564	10533	33031	19747	22201	37	1318	261
泸州市	135449	19184	116265	89975	16214	6947	21534	779
德阳市	127844	15670	112174	100781	9796	97	16364	806
绵阳市	192537	30124	162413	150329	6084	39	35612	473
广元市	86283	9222	77061	45254	5381	541	34825	282
遂宁市	116159	14886	101273	73142	3217	56	38855	889
内江市	125181	19059	106122	90085	8429	103	25218	1346
乐山市	110415	17687	92728	65231	18052	45	26666	421
南充市	238687	30815	207872	142523	11139	165	83657	1203
眉山市	99313	15398	83915	63353	11623	120	23621	596
宜宾市	141652	22723	118929	92816	18139	1779	28569	349
广安市	112265	13507	98758	73621	13752	192	24002	698
达州市	218990	35866	183124	130344	26655	3861	56483	1647
雅安市	47883	5470	42413	20636	24532	148	2460	107
巴中市	105104	15498	89606	46141	8438	402	49369	754
资阳市	85574	9623	75951	49379	3674	55	32083	383
阿坝藏族羌族自治州	21565	875	20690	1676	9495	796	7878	1720
甘孜藏族自治州	25698	1424	24274	1215	10965	48	9698	3772
凉山彝族自治州	128357	7539	120818	5529	96825	126	25436	441

9-3　续表 1

单位：户

地　区	住房内有无管道自来水		住房内有无厨房			住房内有无厕所	
	有	无	独立使用	与其他户合用	无	水冲式卫生厕所	水冲式非卫生厕所
全省	**2377927**	**569768**	**2871525**	**34487**	**41683**	**2251165**	**140878**
成都市	626749	69519	671836	12789	11643	646044	14717
自贡市	75115	13792	87982	505	420	63748	5741
攀枝花市	39809	3755	41874	367	1323	35828	1262
泸州市	118245	17204	133131	1002	1316	105825	6602
德阳市	99513	28331	125333	1203	1308	101222	9695
绵阳市	141118	51419	190040	1392	1105	159530	7808
广元市	78320	7963	84792	698	793	70483	3764
遂宁市	72232	43927	113746	1241	1172	78580	5105
内江市	84840	40341	121829	1219	2133	77404	8160
乐山市	88279	22136	109315	495	605	81962	4230
南充市	176957	61730	234071	2209	2407	167429	15601
眉山市	78995	20318	98347	430	536	76322	4885
宜宾市	101681	39971	138999	1223	1430	103506	9520
广安市	88800	23465	110146	1101	1018	79605	7460
达州市	175544	43446	214104	2673	2213	149493	16611
雅安市	46155	1728	47147	346	390	36210	1430
巴中市	92673	12431	103260	1093	751	83258	6692
资阳市	44396	41178	82698	1360	1516	53622	5932
阿坝藏族羌族自治州	19503	2062	19715	411	1439	11386	569
甘孜藏族自治州	20179	5519	21480	786	3432	12075	997
凉山彝族自治州	108824	19533	121680	1944	4733	57633	4097

9–3 续表 2

单位：户

地 区	住房内有无厕所			住房内有无洗澡设施			
	卫生旱厕	普通旱厕	无	统 一 供热水	家庭自装热水器	其他	无
全省	**251941**	**269084**	**34627**	**38141**	**2455413**	**193267**	**260874**
成都市	14804	14322	6381	14420	644651	10881	26316
自贡市	9871	8194	1353	569	75733	7230	5375
攀枝花市	2708	2857	909	1242	38478	1799	2045
泸州市	10693	11388	941	1968	111055	10797	11629
德阳市	8146	7799	982	836	112626	5473	8909
绵阳市	15608	8506	1085	767	170522	8023	13225
广元市	5023	6055	958	547	74510	3027	8199
遂宁市	14941	16818	715	596	84478	13414	17671
内江市	17972	20480	1165	742	94976	13908	15555
乐山市	11939	11505	779	1098	96743	4999	7575
南充市	23517	30725	1415	1653	184914	23627	28493
眉山市	8581	9156	369	1065	89287	3506	5455
宜宾市	16968	10737	921	876	114563	10685	15528
广安市	11760	12706	734	910	89538	10578	11239
达州市	23228	27500	2158	2244	171319	23884	21543
雅安市	5245	4700	298	403	43065	1700	2715
巴中市	6493	7908	753	645	86740	7101	10618
资阳市	10971	14262	787	621	59883	9991	15079
阿坝藏族羌族自治州	3248	4587	1775	166	16249	1387	3763
甘孜藏族自治州	1970	5718	4938	476	15218	1286	8718
凉山彝族自治州	28255	33161	5211	6297	80865	19971	21224

9–3a 各地区按住房设施状况分的家庭户户数(城市)

单位：户

地 区	合 计	住房所在建筑有无电梯		主要炊事燃料				
		有	无	燃气	电	煤炭	柴草	其他
全省	**1029606**	**484222**	**545384**	**978174**	**40519**	**598**	**5879**	**4436**
成都市	509335	284348	224987	492830	10854	229	2163	3259
自贡市	27271	10976	16295	27121	82	5	35	28
攀枝花市	26240	9553	16687	19023	7012	32	38	135
泸州市	33777	13304	20473	33128	364	19	250	16
德阳市	44169	13061	31108	43530	424	10	98	107
绵阳市	62967	22638	40329	62325	357	4	136	145
广元市	16465	5565	10900	15854	254	37	247	73
遂宁市	36367	11967	24400	35454	241	8	558	106
内江市	26104	11104	15000	25500	378	4	148	74
乐山市	33020	13073	19947	30695	2193	3	88	41
南充市	50521	18019	32502	49799	394	7	213	108
眉山市	21978	8192	13786	21006	578	10	316	68
宜宾市	32097	16100	15997	30464	1297	33	246	57
广安市	15225	5859	9366	15105	82	1	25	12
达州市	35780	18806	16974	34800	789	122	23	46
雅安市	9653	3284	6369	8821	760	21	45	6
巴中市	15216	6730	8486	13867	296	35	979	39
资阳市	14124	5628	8496	13667	329	2	83	43
阿坝藏族羌族自治州	895	333	562	228	614	4	17	32
甘孜藏族自治州	1439	343	1096	365	1063	2	8	1
凉山彝族自治州	16963	5339	11624	4592	12158	10	163	40

9–3a　续表 1

单位：户

地　　区	住房内有无管道自来水		住房内有无厨房			住房内有无厕所	
	有	无	独立使用	与其他户合用	无	水冲式卫生厕所	水冲式非卫生厕所
全省	**1008337**	**21269**	**1003988**	**12049**	**13569**	**997101**	**12022**
成都市	498136	11199	489947	10013	9375	494539	6000
自贡市	27087	184	27122	70	79	25455	437
攀枝花市	25701	539	25265	139	836	25166	337
泸州市	33168	609	33577	73	127	32650	485
德阳市	43169	1000	43797	175	197	42966	554
绵阳市	62071	896	62507	170	290	61959	494
广元市	16053	412	16292	36	137	16167	67
遂宁市	35167	1200	36057	112	198	35183	401
内江市	25492	612	25915	81	108	24965	329
乐山市	32557	463	32823	53	144	32115	379
南充市	49820	701	50210	95	216	49703	354
眉山市	21223	755	21833	40	105	20876	251
宜宾市	31429	668	31330	233	534	30392	551
广安市	15069	156	15144	39	42	15075	76
达州市	35489	291	35381	189	210	34955	504
雅安市	9557	96	9584	25	44	9292	154
巴中市	14404	812	14990	132	94	14336	219
资阳市	13819	305	13867	127	130	13491	287
阿坝藏族羌族自治州	875	20	858	7	30	843	8
甘孜藏族自治州	1400	39	1338	37	64	1372	34
凉山彝族自治州	16651	312	16151	203	609	15601	101

9–3a　续表 2

单位：户

地　　区	住房内有无厕所			住房内有无洗澡设施			
	卫生旱厕	普通旱厕	无	统　一供热水	家庭自装热水器	其他	无
全省	**5620**	**5527**	**9336**	**23926**	**977576**	**9364**	**18740**
成都市	1826	1837	5133	12849	480333	4368	11785
自贡市	261	189	929	224	26770	129	148
攀枝花市	123	135	479	772	23810	713	945
泸州市	268	228	146	881	32393	228	275
德阳市	172	254	223	520	43181	84	384
绵阳市	129	67	318	381	61788	157	641
广元市	55	41	135	187	15838	63	377
遂宁市	308	376	99	306	35244	288	529
内江市	302	323	185	327	25190	257	330
乐山市	196	122	208	673	31958	176	213
南充市	175	160	129	1019	49112	85	305
眉山市	413	373	65	408	21208	89	273
宜宾市	355	321	478	208	30735	378	776
广安市	25	32	17	148	15009	29	39
达州市	61	47	213	624	34727	124	305
雅安市	74	84	49	152	9378	36	87
巴中市	322	303	36	166	14307	306	437
资阳市	111	140	95	326	13383	176	239
阿坝藏族羌族自治州	4	3	37	52	797	6	40
甘孜藏族自治州	8	11	14	18	1270	11	140
凉山彝族自治州	432	481	348	3685	11145	1661	472

9-3b 各地区按住房设施状况分的家庭户户数(镇)

单位：户

地 区	合 计	住房所在建筑有无电梯		主要炊事燃料				
		有	无	燃气	电	煤炭	柴草	其他
全省	**573301**	**103032**	**470269**	**454031**	**84900**	**2482**	**28425**	**3463**
成都市	42386	10135	32251	38043	2013	86	1997	247
自贡市	20360	3859	16501	19608	387	12	287	66
攀枝花市	5657	913	4744	531	5074	1	13	38
泸州市	34334	5300	29034	28157	3920	688	1332	237
德阳市	23996	1941	22055	20357	1482	23	1915	219
绵阳市	30553	4898	25655	29156	715	11	613	58
广元市	22140	3002	19138	18754	1274	84	1940	88
遂宁市	19256	2009	17247	17557	284	6	1344	65
内江市	30860	7337	23523	28055	1499	21	1088	197
乐山市	25910	4377	21533	19109	5348	18	1326	109
南充市	51879	10574	41305	48361	819	36	2400	263
眉山市	26074	5720	20354	21598	2056	27	2268	125
宜宾市	38467	5909	32558	33478	3038	249	1609	93
广安市	31797	6653	25144	30392	869	19	408	109
达州市	58552	13904	44648	53005	2912	456	2036	143
雅安市	15524	1915	13609	5344	9843	27	282	28
巴中市	27144	7691	19453	22602	2796	67	1472	207
资阳市	19110	3686	15424	17414	700	19	899	78
阿坝藏族羌族自治州	8561	451	8110	1259	5106	587	1159	450
甘孜藏族自治州	7577	862	6715	682	5276	18	1088	513
凉山彝族自治州	33164	1896	31268	569	29489	27	2949	130

9-3b 续表 1

单位：户

地 区	住房内有无管道自来水		住房内有无厨房			住房内有无厕所	
	有	无	独立使用	与其他户合用	无	水冲式卫生厕所	水冲式非卫生厕所
全省	**535538**	**37763**	**562617**	**4166**	**6518**	**507783**	**17108**
成都市	38052	4334	41726	345	315	39000	930
自贡市	19745	615	20049	133	178	18442	599
攀枝花市	5410	247	5423	71	163	4874	98
泸州市	32793	1541	33810	174	350	30956	1229
德阳市	20162	3834	23503	278	215	19971	1659
绵阳市	29452	1101	30258	130	165	29301	314
广元市	21577	563	21732	179	229	20814	333
遂宁市	17605	1651	19009	146	101	17610	387
内江市	28496	2364	30181	299	380	26451	1376
乐山市	24160	1750	25589	108	213	22883	525
南充市	49460	2419	51254	324	301	48351	1523
眉山市	24030	2044	25831	114	129	23633	604
宜宾市	34105	4362	37918	223	326	33378	2276
广安市	31024	773	31549	101	147	30262	622
达州市	55828	2724	57964	310	278	53896	1856
雅安市	15269	255	15272	80	172	12859	434
巴中市	26605	539	26559	250	335	26056	485
资阳市	17797	1313	18690	188	232	17193	506
阿坝藏族羌族自治州	8091	470	8038	126	397	6431	239
甘孜藏族自治州	6409	1168	6506	165	906	5098	238
凉山彝族自治州	29468	3696	31756	422	986	20324	875

9-3b 续表 2

单位：户

地 区	住房内有无厕所			住房内有无洗澡设施			
	卫生旱厕	普通旱厕	无	统一供热水	家庭自装热水器	其他	无
全省	**22386**	**20030**	**5994**	**7669**	**527294**	**16681**	**21657**
成都市	1066	1140	250	527	40163	557	1139
自贡市	782	289	248	161	19251	495	453
攀枝花市	343	225	117	406	4677	407	167
泸州市	955	984	210	567	31578	1127	1062
德阳市	1067	1132	167	115	21610	779	1492
绵阳市	504	225	209	124	29420	350	659
广元市	385	344	264	242	20705	286	907
遂宁市	633	562	64	122	17879	504	751
内江市	1452	1144	437	234	28341	1149	1136
乐山市	1364	939	199	208	24625	422	655
南充市	952	908	145	273	49451	1028	1127
眉山市	1005	744	88	431	24542	460	641
宜宾市	1783	807	223	363	35003	1414	1687
广安市	419	398	96	509	30394	387	507
达州市	1369	1249	182	1037	55446	931	1138
雅安市	1081	1002	148	202	14183	441	698
巴中市	220	219	164	321	25653	402	768
资阳市	548	639	224	151	17321	705	933
阿坝藏族羌族自治州	512	881	498	70	7065	375	1051
甘孜藏族自治州	348	715	1178	241	5234	280	1822
凉山彝族自治州	5598	5484	883	1365	24753	4182	2864

9-3c 各地区按住房设施状况分的家庭户户数(乡村)

单位：户

地 区	合 计	住房所在建筑有无电梯		主要炊事燃料				
		有	无	燃气	电	煤炭	柴草	其他
全省	**1344788**	**27014**	**1317774**	**521552**	**239028**	**13174**	**556281**	**14753**
成都市	144547	9585	134962	87445	24242	308	30717	1835
自贡市	41276	262	41014	26933	2258	57	11738	290
攀枝花市	11667	67	11600	193	10115	4	1267	88
泸州市	67338	580	66758	28690	11930	6240	19952	526
德阳市	59679	668	59011	36894	7890	64	14351	480
绵阳市	99017	2588	96429	58848	5012	24	34863	270
广元市	47678	655	47023	10646	3853	420	32638	121
遂宁市	60536	910	59626	20131	2692	42	36953	718
内江市	68217	618	67599	36530	6552	78	23982	1075
乐山市	51485	237	51248	15427	10511	24	25252	271
南充市	136287	2222	134065	44363	9926	122	81044	832
眉山市	51261	1486	49775	20749	8989	83	21037	403
宜宾市	71088	714	70374	28874	13804	1497	26714	199
广安市	65243	995	64248	28124	12801	172	23569	577
达州市	124658	3156	121502	42539	22954	3283	54424	1458
雅安市	22706	271	22435	6471	13929	100	2133	73
巴中市	62744	1077	61667	9672	5346	300	46918	508
资阳市	52340	309	52031	18298	2645	34	31101	262
阿坝藏族羌族自治州	12109	91	12018	189	3775	205	6702	1238
甘孜藏族自治州	16682	219	16463	168	4626	28	8602	3258
凉山彝族自治州	78230	304	77926	368	55178	89	22324	271

9-3c　续表 1

单位：户

地　　区	住房内有无管道自来水		住房内有无厨房			住房内有无厕所	
	有	无	独立使用	与其他户合用	无	水冲式卫生厕所	水冲式非卫生厕所
全省	**834052**	**510736**	**1304920**	**18272**	**21596**	**746281**	**111748**
成都市	90561	53986	140163	2431	1953	112505	7787
自贡市	28283	12993	40811	302	163	19851	4705
攀枝花市	8698	2969	11186	157	324	5788	827
泸州市	52284	15054	65744	755	839	42219	4888
德阳市	36182	23497	58033	750	896	38285	7482
绵阳市	49595	49422	97275	1092	650	68270	7000
广元市	40690	6988	46768	483	427	33502	3364
遂宁市	19460	41076	58680	983	873	25787	4317
内江市	30852	37365	65733	839	1645	25988	6455
乐山市	31562	19923	50903	334	248	26964	3326
南充市	77677	58610	132607	1790	1890	69375	13724
眉山市	33742	17519	50683	276	302	31813	4030
宜宾市	36147	34941	69751	767	570	39736	6693
广安市	42707	22536	63453	961	829	34268	6762
达州市	84227	40431	120759	2174	1725	60642	14251
雅安市	21329	1377	22291	241	174	14059	842
巴中市	51664	11080	61711	711	322	42866	5988
资阳市	12780	39560	50141	1045	1154	22938	5139
阿坝藏族羌族自治州	10537	1572	10819	278	1012	4112	322
甘孜藏族自治州	12370	4312	13636	584	2462	5605	725
凉山彝族自治州	62705	15525	73773	1319	3138	21708	3121

9-3c　续表 2

单位：户

地　　区	住房内有无厕所			住房内有无洗澡设施			
	卫生旱厕	普通旱厕	无	统　一供热水	家庭自装热水器	其他	无
全省	**223935**	**243527**	**19297**	**6546**	**950543**	**167222**	**220477**
成都市	11912	11345	998	1044	124155	5956	13392
自贡市	8828	7716	176	184	29712	6606	4774
攀枝花市	2242	2497	313	64	9991	679	933
泸州市	9470	10176	585	520	47084	9442	10292
德阳市	6907	6413	592	201	47835	4610	7033
绵阳市	14975	8214	558	262	79314	7516	11925
广元市	4583	5670	559	118	37967	2678	6915
遂宁市	14000	15880	552	168	31355	12622	16391
内江市	16218	19013	543	181	41445	12502	14089
乐山市	10379	10444	372	217	40160	4401	6707
南充市	22390	29657	1141	361	86351	22514	27061
眉山市	7163	8039	216	226	43537	2957	4541
宜宾市	14830	9609	220	305	48825	8893	13065
广安市	11316	12276	621	253	44135	10162	10693
达州市	21798	26204	1763	583	81146	22829	20100
雅安市	4090	3614	101	49	19504	1223	1930
巴中市	5951	7386	553	158	46780	6393	9413
资阳市	10312	13483	468	144	29179	9110	13907
阿坝藏族羌族自治州	2732	3703	1240	44	8387	1006	2672
甘孜藏族自治州	1614	4992	3746	217	8714	995	6756
凉山彝族自治州	22225	27196	3980	1247	44967	14128	17888

9-4　各地区按住房来源分的家庭户户数

单位：户

地　　区	合　计	租赁廉租住房/公租房	租　　赁其他住房	购买新建商品房	购　买二手房	购买原公有住房	购买经济适用房/两限房	自建住房	继承或赠　予	其　他
全省	**2947695**	**47677**	**266369**	**667699**	**179058**	**74034**	**71731**	**1444691**	**30578**	**165858**
成都市	696268	14539	140007	205751	63308	23601	24631	140849	6511	77071
自贡市	88907	2044	5049	19942	8152	1995	2400	44872	587	3866
攀枝花市	43564	870	5562	8457	5217	3691	3845	13485	237	2200
泸州市	135449	2072	5950	32475	8700	2290	3434	76223	1046	3259
德阳市	127844	3591	6321	25001	6959	3011	5564	72548	734	4115
绵阳市	192537	3135	19455	36957	9713	7110	3544	105621	1341	5661
广元市	86283	1470	5537	13094	3404	2730	1827	55036	818	2367
遂宁市	116159	1119	5654	25956	6060	1988	2155	65948	1367	5912
内江市	125181	2010	5950	25894	6836	3158	1431	73171	1505	5226
乐山市	110415	1632	6019	26028	8461	2940	1555	58613	875	4292
南充市	238687	2249	11255	57015	9059	5079	3067	138434	2857	9672
眉山市	99313	856	4627	24930	4842	1655	1156	57704	350	3193
宜宾市	141652	2738	8934	26433	9245	2873	2731	83938	1017	3743
广安市	112265	1042	5185	29626	4436	1262	1333	64204	1480	3697
达州市	218990	2508	9353	53313	9889	3734	4477	122974	4472	8270
雅安市	47883	631	2300	5199	2518	1629	1244	31582	771	2009
巴中市	105104	753	4406	26307	2852	616	1711	61901	1920	4638
资阳市	85574	907	4737	16569	3206	1334	458	54085	856	3422
阿坝藏族羌族自治州	21565	851	901	1331	672	463	442	16101	66	738
甘孜藏族自治州	25698	1125	1092	1458	856	596	159	18179	201	2032
凉山彝族自治州	128357	1535	8075	5963	4673	2279	4567	89223	1567	10475

9-4a　各地区按住房来源分的家庭户户数(城市)

单位：户

地　　区	合　计	租赁廉租住房/公租房	租　　赁其他住房	购买新建商品房	购　买二手房	购买原公有住房	购买经济适用房/两限房	自建住房	继承或赠　予	其　他
全省	**1029606**	**29931**	**190789**	**434651**	**118977**	**53550**	**45475**	**61086**	**8288**	**86859**
成都市	509335	13242	124372	190564	58541	22304	19810	22174	4180	54148
自贡市	27271	1393	2707	11589	4634	1461	1595	1860	175	1857
攀枝花市	26240	678	4310	7483	4539	3271	3548	929	127	1355
泸州市	33777	1215	3257	18240	4976	1284	1949	1870	164	822
德阳市	44169	2325	4099	20277	5184	2431	4013	3350	251	2239
绵阳市	62967	1852	13702	24572	5824	5338	2370	7035	257	2017
广元市	16465	629	3005	6479	1317	1422	701	2013	50	849
遂宁市	36367	725	3471	17551	3885	1441	1283	3604	508	3899
内江市	26104	979	2774	13835	3070	1607	357	1183	385	1914
乐山市	33020	1193	3412	15658	4746	1677	958	2863	327	2186
南充市	50521	1081	4776	27785	4802	3459	1385	1980	475	4778
眉山市	21978	240	2028	13003	2478	614	405	2446	50	714
宜宾市	32097	1377	4711	14438	4794	1565	1240	1969	228	1775
广安市	15225	332	1169	9704	1120	347	545	717	232	1059
达州市	35780	887	4532	20342	3825	2109	1053	844	120	2068
雅安市	9653	438	786	2875	1311	1067	594	1638	77	867
巴中市	15216	195	1580	9484	1152	164	300	1433	158	750
资阳市	14124	254	1912	7641	1139	702	112	404	145	1815
阿坝藏族羌族自治州	895	233	89	161	121	130	58	42	4	57
甘孜藏族自治州	1439	112	269	383	200	200	37	109	5	124
凉山彝族自治州	16963	551	3828	2587	1319	957	3162	2623	370	1566

9-4b 各地区按住房来源分的家庭户户数(镇)

单位：户

地区	合计	租赁廉租住房/公租房	租赁其他住房	购买新建商品房	购买二手房	购买原公有住房	购买经济适用房/两限房	自建住房	继承或赠予	其他
全省	**573301**	**14938**	**51272**	**200337**	**47749**	**17371**	**18228**	**181881**	**5727**	**35798**
成都市	42386	688	3860	11221	3071	551	1618	13125	732	7520
自贡市	20360	544	2084	7817	3284	496	390	4340	136	1269
攀枝花市	5657	153	913	922	510	376	264	1859	30	630
泸州市	34334	823	2470	13391	3313	955	1315	10499	268	1300
德阳市	23996	1139	1530	4223	1297	442	1211	12716	237	1201
绵阳市	30553	924	3025	9746	2726	1490	932	9450	234	2026
广元市	22140	779	2229	5921	1716	1225	971	7961	268	1070
遂宁市	19256	350	1800	7245	1821	496	637	5932	139	836
内江市	30860	985	2846	11597	3380	1491	907	7068	394	2192
乐山市	25910	375	2183	9891	3269	1102	473	6897	225	1495
南充市	51879	995	4971	24682	3416	1277	1262	12358	482	2436
眉山市	26074	542	2050	9787	1966	952	605	8635	136	1401
宜宾市	38467	1254	3371	10739	3676	1167	1129	15711	279	1141
广安市	31797	543	3033	17107	2687	769	575	5210	303	1570
达州市	58552	1245	3511	26262	4322	1217	2220	16016	477	3282
雅安市	15524	154	1303	2146	1002	534	567	8725	323	770
巴中市	27144	489	2412	13832	1179	357	1089	5963	356	1467
资阳市	19110	620	2400	8423	1807	535	237	3868	167	1053
阿坝藏族羌族自治州	8561	606	777	1147	486	329	358	4264	33	561
甘孜藏族自治州	7577	872	642	1003	450	366	115	3357	80	692
凉山彝族自治州	33164	858	3862	3235	2371	1244	1353	17927	428	1886

9-4c 各地区按住房来源分的家庭户户数(乡村)

单位：户

地区	合计	租赁廉租住房/公租房	租赁其他住房	购买新建商品房	购买二手房	购买原公有住房	购买经济适用房/两限房	自建住房	继承或赠予	其他
全省	**1344788**	**2808**	**24308**	**32711**	**12332**	**3113**	**8028**	**1201724**	**16563**	**43201**
成都市	144547	609	11775	3966	1696	746	3203	105550	1599	15403
自贡市	41276	107	258	536	234	38	415	38672	276	740
攀枝花市	11667	39	339	52	168	44	33	10697	80	215
泸州市	67338	34	223	844	411	51	170	63854	614	1137
德阳市	59679	127	692	501	478	138	340	56482	246	675
绵阳市	99017	359	2728	2639	1163	282	242	89136	850	1618
广元市	47678	62	303	694	371	83	155	45062	500	448
遂宁市	60536	44	383	1160	354	51	235	56412	720	1177
内江市	68217	46	330	462	386	60	167	64920	726	1120
乐山市	51485	64	424	479	446	161	124	48853	323	611
南充市	136287	173	1508	4548	841	343	420	124096	1900	2458
眉山市	51261	74	549	2140	398	89	146	46623	164	1078
宜宾市	71088	107	852	1256	775	141	362	66258	510	827
广安市	65243	167	983	2815	629	146	213	58277	945	1068
达州市	124658	376	1310	6709	1742	408	1204	106114	3875	2920
雅安市	22706	39	211	178	205	28	83	21219	371	372
巴中市	62744	69	414	2991	521	95	322	54505	1406	2421
资阳市	52340	33	425	505	260	97	109	49813	544	554
阿坝藏族羌族自治州	12109	12	35	23	65	4	26	11795	29	120
甘孜藏族自治州	16682	141	181	72	206	30	7	14713	116	1216
凉山彝族自治州	78230	126	385	141	983	78	52	68673	769	7023

9-5 各地区按月租房费用分的家庭户户数

单位：户

地区	合计	200元以下	200-499元	500-999元	1000-1999元
全省	**314046**	**45969**	**86445**	**81471**	**74358**
成都市	154546	10336	29831	38712	55682
自贡市	7093	1799	2329	1936	961
攀枝花市	6432	1593	2576	1334	831
泸州市	8022	1770	2080	2520	1498
德阳市	9912	3594	2629	2637	797
绵阳市	22590	3784	12731	3880	1816
广元市	7007	1578	2446	2315	558
遂宁市	6773	1575	2286	1795	522
内江市	7960	1855	2539	2518	981
乐山市	7651	1617	3267	1925	501
南充市	13504	2889	4309	3929	1579
眉山市	5483	815	1523	1823	1029
宜宾市	11672	2435	3251	3344	2233
广安市	6227	1429	2234	1836	589
达州市	11861	2817	3065	3516	1479
雅安市	2931	570	1097	739	350
巴中市	5159	1019	1768	1434	713
资阳市	5644	1310	2020	1769	448
阿坝藏族羌族自治州	1752	775	524	250	126
甘孜藏族自治州	2217	864	475	363	321
凉山彝族自治州	9610	1545	3465	2896	1344

9-5 续表

单位：户

地区	2000-2999元	3000-3999元	4000-5999元	6000-7999元	8000-9999元	10000元及以上
全省	**16821**	**4530**	**2070**	**1086**	**559**	**737**
成都市	14791	3575	1028	265	114	212
自贡市	43	9	5	6	2	3
攀枝花市	77	11	3	2	1	4
泸州市	111	19	7	3	8	6
德阳市	76	48	66	41	12	12
绵阳市	199	87	57	15	10	11
广元市	45	13	20	14	6	12
遂宁市	117	112	158	114	54	40
内江市	36	17	1	4	5	4
乐山市	89	70	82	49	29	22
南充市	178	96	154	161	117	92
眉山市	70	37	58	48	33	47
宜宾市	311	53	25	6	3	11
广安市	65	23	10	15	8	18
达州市	214	130	215	221	94	110
雅安市	45	35	38	26	8	23
巴中市	38	52	27	37	23	48
资阳市	31	22	14	15	6	9
阿坝藏族羌族自治州	21	13	12	6	9	16
甘孜藏族自治州	95	44	34	13		8
凉山彝族自治州	169	64	56	25	17	29

9-5a 各地区按月租房费用分的家庭户户数(城市)

单位：户

地 区	合 计	200元以下	200-499元	500-999元	1000-1999元
全省	**220720**	**21707**	**51664**	**59081**	**66190**
成都市	137614	7761	23797	33455	53120
自贡市	4100	838	1286	1203	725
攀枝花市	4988	1195	1972	1092	653
泸州市	4472	914	773	1568	1135
德阳市	6424	2032	1664	1951	651
绵阳市	15554	1775	9234	2743	1561
广元市	3634	481	1166	1542	422
遂宁市	4196	740	1298	1468	366
内江市	3753	719	895	1403	713
乐山市	4605	742	2156	1193	340
南充市	5857	860	1419	2179	1128
眉山市	2268	282	554	862	492
宜宾市	6088	954	1225	1914	1665
广安市	1501	172	482	555	222
达州市	5419	784	1098	2160	911
雅安市	1224	260	298	356	276
巴中市	1775	189	323	735	439
资阳市	2166	283	530	1047	295
阿坝藏族羌族自治州	322	204	44	29	40
甘孜藏族自治州	381	120	77	86	80
凉山彝族自治州	4379	402	1373	1540	956

9-5a 续表

单位：户

地 区	2000-2999元	3000-3999元	4000-5999元	6000-7999元	8000-9999元	10000元及以上
全省	**15572**	**3822**	**1362**	**611**	**306**	**405**
成都市	14567	3495	952	223	85	159
自贡市	36	4	3	3	1	1
攀枝花市	61	7	2	1	1	4
泸州市	70	4	3		4	1
德阳市	47	16	36	20	5	2
绵阳市	124	61	34	10	7	5
广元市	18	4				1
遂宁市	44	45	94	77	39	25
内江市	14	3		1	3	2
乐山市	41	38	47	22	16	10
南充市	64	19	45	60	42	41
眉山市	12	8	10	17	12	19
宜宾市	276	37	6	3	1	7
广安市	23	15	4	9	7	12
达州市	51	38	111	138	62	66
雅安市	9	2	4	6	3	10
巴中市	10	9	7	17	10	36
资阳市	4	4		1	2	
阿坝藏族羌族自治州	5					
甘孜藏族自治州	10	5	2	1		
凉山彝族自治州	86	8	2	2	6	4

9–5b 各地区按月租房费用分的家庭户户数(镇)

单位：户

地 区	合 计	200元以下	200–499元	500–999元	1000–1999元
全省	**66210**	**17864**	**24209**	**16180**	**5276**
成都市	4548	730	1141	1796	713
自贡市	2628	791	930	671	222
攀枝花市	1066	213	471	206	162
泸州市	3293	793	1214	897	339
德阳市	2669	1298	686	490	111
绵阳市	3949	1386	1609	735	152
广元市	3008	971	1136	700	121
遂宁市	2150	738	844	237	122
内江市	3831	1052	1505	1014	227
乐山市	2558	708	930	663	132
南充市	5966	1472	2409	1329	302
眉山市	2592	404	757	805	470
宜宾市	4625	1238	1667	1198	472
广安市	3576	850	1323	1054	300
达州市	4756	1433	1514	1056	404
雅安市	1457	210	704	346	65
巴中市	2901	655	1298	619	210
资阳市	3020	842	1346	640	122
阿坝藏族羌族自治州	1383	550	472	212	80
甘孜藏族自治州	1514	620	316	229	190
凉山彝族自治州	4720	910	1937	1283	360

9–5b 续表

单位：户

地 区	2000–2999元	3000–3999元	4000–5999元	6000–7999元	8000–9999元	10000元及以上
全省	**808**	**520**	**523**	**366**	**208**	**256**
成都市	62	29	27	17	14	19
自贡市	7	2	2	1		2
攀枝花市	10	3	1			
泸州市	25	13	3	3	3	3
德阳市	25	23	17	5	5	9
绵阳市	36	10	8	4	3	6
广元市	23	7	20	14	6	10
遂宁市	55	52	52	26	13	11
内江市	17	10		3	2	1
乐山市	29	19	29	26	10	12
南充市	88	71	89	86	73	47
眉山市	42	21	32	25	18	18
宜宾市	25	9	12		1	3
广安市	32	4	3	3	1	6
达州市	95	59	77	63	22	33
雅安市	32	31	33	20	5	11
巴中市	24	41	14	18	11	11
资阳市	18	13	14	13	3	9
阿坝藏族羌族自治州	15	13	12	5	9	15
甘孜藏族自治州	72	36	31	12		8
凉山彝族自治州	76	54	47	22	9	22

9—5c 各地区按月租房费用分的家庭户户数(乡村)

单位：户

地 区	合 计	200元以下	200—499元	500—999元	1000—1999元
全省	**27116**	**6398**	**10572**	**6210**	**2892**
成都市	12384	1845	4893	3461	1849
自贡市	365	170	113	62	14
攀枝花市	378	185	133	36	16
泸州市	257	63	93	55	24
德阳市	819	264	279	196	35
绵阳市	3087	623	1888	402	103
广元市	365	126	144	73	15
遂宁市	427	97	144	90	34
内江市	376	84	139	101	41
乐山市	488	167	181	69	29
南充市	1681	557	481	421	149
眉山市	623	129	212	156	67
宜宾市	959	243	359	232	96
广安市	1150	407	429	227	67
达州市	1686	600	453	300	164
雅安市	250	100	95	37	9
巴中市	483	175	147	80	64
资阳市	458	185	144	82	31
阿坝藏族羌族自治州	47	21	8	9	6
甘孜藏族自治州	322	124	82	48	51
凉山彝族自治州	511	233	155	73	28

9—5c 续表

单位：户

地 区	2000—2999元	3000—3999元	4000—5999元	6000—7999元	8000—9999元	10000元及以上
全省	**441**	**188**	**185**	**109**	**45**	**76**
成都市	162	51	49	25	15	34
自贡市		3		2	1	
攀枝花市	6	1		1		
泸州市	16	2	1		1	2
德阳市	4	9	13	16	2	1
绵阳市	39	16	15	1		
广元市	4	2				1
遂宁市	18	15	12	11	2	4
内江市	5	4	1			1
乐山市	19	13	6	1	3	
南充市	26	6	20	15	2	4
眉山市	16	8	16	6	3	10
宜宾市	10	7	7	3	1	1
广安市	10	4	3	3		
达州市	68	33	27	20	10	11
雅安市	4	2	1			2
巴中市	4	2	6	2	2	1
资阳市	9	5		1	1	
阿坝藏族羌族自治州	1			1		1
甘孜藏族自治州	13	3	1			
凉山彝族自治州	7	2	7	1	2	3

9-6　各地区按住房来源分的同时拥有厨房和厕所的家庭户户数

单位：户

地　　区	合　计	租赁廉租住房/公租房	租　赁其他住房	购买新建商品房	购　买二手房	购买原公有住房	购买经济适用房/两限房	自建住房	继承或赠　予	其　他
全省	**2888004**	**45955**	**249364**	**667337**	**177971**	**72716**	**71535**	**1413785**	**28762**	**160579**
成都市	682688	14062	130300	205650	63223	23458	24614	139070	6350	75961
自贡市	87314	1872	4582	19927	8023	1836	2397	44409	524	3744
攀枝花市	41901	804	4676	8456	5203	3639	3832	13059	224	2008
泸州市	133584	2026	5711	32455	8655	2246	3431	75027	963	3070
德阳市	126148	3513	6030	24991	6939	2991	5551	71479	692	3962
绵阳市	190750	3064	19039	36946	9674	7016	3541	104674	1292	5504
广元市	84838	1401	5242	13091	3379	2665	1815	54188	770	2287
遂宁市	114643	1112	5514	25940	6030	1945	2153	64885	1294	5770
内江市	122416	1934	5653	25879	6734	2970	1394	71390	1408	5054
乐山市	109247	1581	5756	26022	8394	2841	1540	58088	849	4176
南充市	235520	2204	10939	56979	9023	5054	3064	136077	2711	9469
眉山市	98576	833	4452	24921	4823	1633	1156	57314	341	3103
宜宾市	139720	2581	8215	26426	9198	2769	2695	83303	966	3567
广安市	110803	1029	5052	29607	4414	1246	1331	63101	1408	3615
达州市	215480	2449	9077	53294	9849	3699	4470	120653	4009	7980
雅安市	47295	615	2149	5196	2492	1606	1243	31287	726	1981
巴中市	103783	722	4088	26292	2826	599	1711	61175	1819	4551
资阳市	83674	873	4436	16541	3168	1282	452	52818	800	3304
阿坝藏族羌族自治州	19246	820	708	1327	644	454	440	14213	49	591
甘孜藏族自治州	19834	1026	862	1453	788	587	158	13949	133	878
凉山彝族自治州	120544	1434	6883	5944	4492	2180	4547	83626	1434	10004

9-6a　各地区按住房来源分的同时拥有厨房和厕所的家庭户户数(城市)

单位：户

地　　区	合　计	租赁廉租住房/公租房	租　赁其他住房	购买新建商品房	购　买二手房	购买原公有住房	购买经济适用房/两限房	自建住房	继承或赠　予	其　他
全省	**1012256**	**28920**	**178653**	**434469**	**118664**	**52885**	**45348**	**60070**	**8008**	**85239**
成都市	498668	12883	115678	190466	58479	22181	19799	21784	4073	53325
自贡市	26312	1248	2432	11582	4543	1335	1593	1658	131	1790
攀枝花市	25268	617	3644	7483	4534	3226	3535	881	121	1227
泸州市	33579	1191	3184	18233	4957	1271	1949	1847	157	790
德阳市	43853	2287	3950	20276	5175	2416	4000	3308	247	2194
绵阳市	62486	1828	13440	24565	5822	5288	2368	6969	246	1960
广元市	16264	606	2896	6478	1313	1417	696	1984	46	828
遂宁市	36124	720	3376	17543	3873	1408	1283	3584	497	3840
内江市	25848	936	2698	13832	3052	1565	329	1165	379	1892
乐山市	32722	1157	3321	15657	4723	1617	953	2837	315	2142
南充市	50261	1056	4644	27779	4794	3452	1383	1974	469	4710
眉山市	21844	232	1959	12998	2472	606	405	2427	48	697
宜宾市	31341	1272	4286	14436	4776	1497	1207	1953	217	1697
广安市	15179	332	1149	9701	1115	344	545	714	230	1049
达州市	35480	854	4373	20334	3821	2087	1050	837	112	2012
雅安市	9578	427	758	2875	1308	1054	593	1632	73	858
巴中市	15110	177	1525	9481	1145	162	300	1426	152	742
资阳市	13945	244	1796	7633	1135	696	112	397	141	1791
阿坝藏族羌族自治州	851	220	71	161	116	128	57	42	3	53
甘孜藏族自治州	1363	112	202	380	200	198	37	108	5	121
凉山彝族自治州	16180	521	3271	2576	1311	937	3154	2543	346	1521

9－6b 各地区按住房来源分的同时拥有厨房和厕所的家庭户户数(镇)

单位：户

地　　区	合　计	租赁廉租住房/公租房	租　　赁其他住房	购买新建商品房	购　买二手房	购买原公有住房	购买经济适用房/两限房	自建住房	继承或赠　予	其　他
全省	**563605**	**14379**	**47888**	**200211**	**47281**	**16804**	**18181**	**179052**	**5441**	**34368**
成都市	41932	638	3668	11218	3055	536	1615	13026	723	7453
自贡市	20016	519	1906	7809	3252	463	389	4314	126	1238
攀枝花市	5464	151	796	921	506	372	264	1843	29	582
泸州市	33877	801	2311	13380	3294	926	1313	10404	244	1204
德阳市	23710	1102	1435	4215	1291	437	1211	12635	220	1164
绵阳市	30243	885	2914	9742	2704	1448	931	9412	227	1980
广元市	21746	734	2061	5920	1702	1169	965	7906	259	1030
遂宁市	19120	348	1758	7241	1808	488	635	5891	133	818
内江市	30217	955	2637	11586	3311	1349	905	6973	371	2130
乐山市	25577	360	2030	9887	3240	1070	464	6869	217	1440
南充市	51525	976	4830	24675	3394	1268	1261	12265	467	2389
眉山市	25892	531	1966	9785	1959	939	605	8593	133	1381
宜宾市	37988	1205	3167	10735	3651	1144	1126	15618	262	1080
广安市	31603	541	2940	17095	2676	760	573	5187	294	1537
达州市	58216	1223	3443	26253	4303	1211	2218	15957	459	3149
雅安市	15249	149	1187	2143	986	527	567	8625	304	761
巴中市	26735	476	2172	13822	1165	345	1089	5912	337	1417
资阳市	18737	600	2243	8406	1776	496	237	3808	163	1008
阿坝藏族羌族自治州	7884	589	608	1145	477	322	357	3884	30	472
甘孜藏族自治州	6193	802	503	1002	430	360	115	2567	60	354
凉山彝族自治州	31681	794	3313	3231	2301	1174	1341	17363	383	1781

9－6c 各地区按住房来源分的同时拥有厨房和厕所的家庭户户数(乡村)

单位：户

地　　区	合　计	租赁廉租住房/公租房	租　　赁其他住房	购买新建商品房	购　买二手房	购买原公有住房	购买经济适用房/两限房	自建住房	继承或赠　予	其　他
全省	**1312143**	**2656**	**22823**	**32657**	**12026**	**3027**	**8006**	**1174663**	**15313**	**40972**
成都市	142088	541	10954	3966	1689	741	3200	104260	1554	15183
自贡市	40986	105	244	536	228	38	415	38437	267	716
攀枝花市	11169	36	236	52	163	41	33	10335	74	199
泸州市	66128	34	216	842	404	49	169	62776	562	1076
德阳市	58585	124	645	500	473	138	340	55536	225	604
绵阳市	98021	351	2685	2639	1148	280	242	88293	819	1564
广元市	46828	61	285	693	364	79	154	44298	465	429
遂宁市	59399	44	380	1156	349	49	235	55410	664	1112
内江市	66351	43	318	461	371	56	160	63252	658	1032
乐山市	50948	64	405	478	431	154	123	48382	317	594
南充市	133734	172	1465	4525	835	334	420	121838	1775	2370
眉山市	50840	70	527	2138	392	88	146	46294	160	1025
宜宾市	70391	104	762	1255	771	128	362	65732	487	790
广安市	64021	156	963	2811	623	142	213	57200	884	1029
达州市	121784	372	1261	6707	1725	401	1202	103859	3438	2819
雅安市	22468	39	204	178	198	25	83	21030	349	362
巴中市	61938	69	391	2989	516	92	322	53837	1330	2392
资阳市	50992	29	397	502	257	90	103	48613	496	505
阿坝藏族羌族自治州	10511	11	29	21	51	4	26	10287	16	66
甘孜藏族自治州	12278	112	157	71	158	29	6	11274	68	403
凉山彝族自治州	72683	119	299	137	880	69	52	63720	705	6702

9-7　全省按户主的受教育程度、住房来源分的家庭户户数

单位：户

受教育程度	合　计	租赁廉租住房/公租房	租　赁其他住房	购买新建商品房	购　买二手房	购买原公有住房	购买经济适用房/两限房	自建住房	继承或赠　予	其　他
总　计	**2759238**	**46820**	**261242**	**650554**	**173860**	**71246**	**69747**	**1296403**	**28394**	**160972**
未上过学	102303	1149	4135	5246	2603	1212	1546	76390	1467	8555
学前教育	6030	52	201	375	146	82	76	4666	81	351
小　学	904282	9592	49216	89861	30976	13011	17074	630829	9633	54090
初　中	1008726	18492	94461	210487	58955	23270	26517	504408	11664	60472
高　中	333493	8825	47683	130341	32031	16144	12032	62575	3302	20560
大学专科	213873	4620	36277	106918	23803	9717	7274	13819	1456	9989
大学本科	170245	3623	26114	96277	21803	7029	4702	3577	737	6383
硕士研究生	18039	408	2867	9939	3131	626	415	126	42	485
博士研究生	2247	59	288	1110	412	155	111	13	12	87

9-7a　全省按户主的受教育程度、住房来源分的家庭户户数(城市)

单位：户

受教育程度	合　计	租赁廉租住房/公租房	租　赁其他住房	购买新建商品房	购　买二手房	购买原公有住房	购买经济适用房/两限房	自建住房	继承或赠　予	其　他
总　计	**1005159**	**29385**	**187223**	**424983**	**116101**	**51493**	**44485**	**58259**	**8066**	**85164**
未上过学	11555	519	1985	2328	883	799	984	1791	199	2067
学前教育	728	28	101	183	83	62	37	117	10	107
小　学	154643	5450	27985	42547	14249	8547	9658	21173	1956	23078
初　中	318086	11722	61965	115234	33831	15967	15775	26411	3093	34088
高　中	201195	6435	37422	90231	24064	12401	8664	6128	1506	14344
大学专科	159740	2957	31548	83469	19852	7155	5284	1924	801	6750
大学本科	140032	1907	23221	80384	19686	5821	3641	693	460	4219
硕士研究生	17054	315	2719	9533	3049	598	360	19	31	430
博士研究生	2126	52	277	1074	404	143	82	3	10	81

9-7b 全省按户主的受教育程度、住房来源分的家庭户户数(镇)

单位：户

受教育程度	合 计	租赁廉租住房/公租房	租 赁其他住房	购买新建商品房	购 买二手房	购买原公有住房	购买经济适用房/两限房	自建住房	继承或赠 予	其 他
总 计	**551083**	**14717**	**50423**	**195541**	**46494**	**16790**	**17754**	**169053**	**5505**	**34806**
未上过学	16316	510	1632	2453	1133	341	349	8130	227	1541
学前教育	752	20	77	150	43	17	30	349	9	57
小 学	161754	3409	14675	39373	12462	3614	4767	69954	1774	11726
初 中	230600	5720	21317	81571	20563	6110	7309	72280	2169	13561
高 中	75742	2026	7097	36106	6924	3294	2604	12986	801	3904
大学专科	40163	1417	3359	21161	3447	2292	1685	4150	335	2317
大学本科	24981	1519	2159	14404	1855	1090	935	1176	186	1657
硕士研究生	690	89	99	301	62	20	46	27	4	42
博士研究生	85	7	8	22	5	12	29	1		1

9-7c 全省按户主的受教育程度、住房来源分的家庭户户数(乡村)

单位：户

受教育程度	合 计	租赁廉租住房/公租房	租 赁其他住房	购买新建商品房	购 买二手房	购买原公有住房	购买经济适用房/两限房	自建住房	继承或赠 予	其 他
总 计	**1202996**	**2718**	**23596**	**30030**	**11265**	**2963**	**7508**	**1069091**	**14823**	**41002**
未上过学	74432	120	518	465	587	72	213	66469	1041	4947
学前教育	4550	4	23	42	20	3	9	4200	62	187
小 学	587885	733	6556	7941	4265	850	2649	539702	5903	19286
初 中	460040	1050	11179	13682	4561	1193	3433	405717	6402	12823
高 中	56556	364	3164	4004	1043	449	764	43461	995	2312
大学专科	13970	246	1370	2288	504	270	305	7745	320	922
大学本科	5232	197	734	1489	262	118	126	1708	91	507
硕士研究生	295	4	49	105	20	8	9	80	7	13
博士研究生	36		3	14	3			9	2	5

9-8 全省按户主的受教育程度、月租房费用分的家庭户户数

单位：户

受教育程度	合 计	200元以下	200-499元	500-999元	1000-1999元
总 计	**308062**	**45238**	**85397**	**80134**	**72503**
未上过学	5284	1907	1787	977	445
学前教育	253	76	91	50	25
小 学	58808	13656	22232	14380	6659
初 中	112953	18545	38807	32016	18662
高 中	56508	6254	14294	16512	15132
大学专科	40897	2561	5320	10007	17079
大学本科	29737	2056	2666	5668	12922
硕士研究生	3275	158	177	476	1432
博士研究生	347	25	23	48	147

9-8 续表

单位：户

受教育程度	2000-2999元	3000-3999元	4000-5999元	6000-7999元	8000-9999元	10000元及以上
总 计	**16166**	**4307**	**2003**	**1055**	**544**	**715**
未上过学	80	42	21	18		7
学前教育	5	1	2	2		1
小 学	886	354	291	182	81	87
初 中	2502	831	644	431	227	288
高 中	2832	676	331	209	115	153
大学专科	4408	953	308	101	72	88
大学本科	4646	1210	351	97	44	77
硕士研究生	731	223	48	14	5	11
博士研究生	76	17	7	1		3

9－8a 全省按户主的受教育程度、月租房费用分的家庭户户数(城市)

单位：户

受教育程度	合计	200元以下	200－499元	500－999元	1000－1999元
总计	**216608**	**21368**	**51255**	**58263**	**64553**
未上过学	2504	677	822	576	333
学前教育	129	24	44	32	19
小学	33435	5650	12046	9383	5284
初中	73687	9267	23413	22268	15526
高中	43857	3810	9789	12860	13689
大学专科	34505	1108	3506	8204	15994
大学本科	25128	713	1494	4480	12185
硕士研究生	3034	98	121	419	1379
博士研究生	329	21	20	41	144

9－8a 续表

单位：户

受教育程度	2000－2999元	3000－3999元	4000－5999元	6000－7999元	8000－9999元	10000元及以上
总计	**14953**	**3625**	**1305**	**596**	**297**	**393**
未上过学	53	21	7	13		2
学前教育	4	1	2	2		1
小学	616	168	119	88	45	36
初中	1934	514	304	201	118	142
高中	2632	577	216	133	61	90
大学专科	4335	920	268	67	43	60
大学本科	4581	1187	334	77	27	50
硕士研究生	723	220	48	14	3	9
博士研究生	75	17	7	1		3

9–8b　全省按户主的受教育程度、月租房费用分的家庭户户数(镇)

单位：户

受教育程度	合　计	200元以下	200–499元	500–999元	1000–1999元
总　计	**65140**	**17612**	**23851**	**15889**	**5162**
未上过学	2142	910	783	310	83
学前教育	97	39	37	16	4
小　学	18084	5787	7279	3573	864
初　中	27037	6665	10245	6893	1991
高　中	9123	1864	3133	2736	950
大学专科	4776	1172	1354	1353	720
大学本科	3678	1119	972	959	512
硕士研究生	188	52	45	44	36
博士研究生	15	4	3	5	2

9–8b　续表

单位：户

受教育程度	2000–2999元	3000–3999元	4000–5999元	6000–7999元	8000–9999元	10000元及以上
总　计	**794**	**507**	**513**	**355**	**207**	**250**
未上过学	19	16	12	5		4
学前教育	1					
小　学	187	143	115	72	31	33
初　中	390	222	250	170	91	120
高　中	118	80	89	59	45	49
大学专科	42	25	34	31	24	21
大学本科	30	19	13	18	15	21
硕士研究生	6	2			1	2
博士研究生	1					

9－8c　全省按户主的受教育程度、月租房费用分的家庭户户数(乡村)

单位：户

受教育程度	合　计	200元以下	200－499元	500－999元	1000－1999元
总　计	**26314**	**6258**	**10291**	**5982**	**2788**
未上过学	638	320	182	91	29
学前教育	27	13	10	2	2
小　学	7289	2219	2907	1424	511
初　中	12229	2613	5149	2855	1145
高　中	3528	580	1372	916	493
大学专科	1616	281	460	450	365
大学本科	931	224	200	229	225
硕士研究生	53	8	11	13	17
博士研究生	3			2	1

9－8c　续表

单位：户

受教育程度	2000－2999元	3000－3999元	4000－5999元	6000－7999元	8000－9999元	10000元及以上
总　计	**419**	**175**	**185**	**104**	**40**	**72**
未上过学	8	5	2			1
学前教育						
小　学	83	43	57	22	5	18
初　中	178	95	90	60	18	26
高　中	82	19	26	17	9	14
大学专科	31	8	6	3	5	7
大学本科	35	4	4	2	2	6
硕士研究生	2	1			1	
博士研究生						

9-9　全省按户主的职业、住房来源分的家庭户户数

单位：户

职业大类	合　计	租赁廉租住房/公租房	租　赁其他住房	购买新建商品房	购　买二手房
总　计	**1875868**	**26524**	**198481**	**440825**	**116869**
党的机关、国家机关、群众团体和社会组织、企事业单位负责人	25003	292	2626	12232	2526
专业技术人员	153329	3680	22361	74617	17762
办事人员和有关人员	117917	3047	13067	57164	12486
社会生产服务和生活服务人员	613562	13764	108154	193006	56198
农、林、牧、渔业生产及辅助人员	488557	547	4627	12533	5272
生产制造及有关人员	475744	5165	47510	90653	22457
不便分类的其他从业人员	1756	29	136	620	168

9-9　续表

单位：户

职业大类	购买原公有住房	购买经济适用房/两限房	自建住房	继承或赠　予	其　他
总　计	**27669**	**37900**	**924870**	**17018**	**85712**
党的机关、国家机关、群众团体和社会组织、企事业单位负责人	616	574	5000	171	966
专业技术人员	5403	4633	16552	941	7380
办事人员和有关人员	4561	4456	15499	996	6641
社会生产服务和生活服务人员	11499	16253	173716	5957	35015
农、林、牧、渔业生产及辅助人员	744	1814	445895	3885	13240
生产制造及有关人员	4823	10131	267561	5044	22400
不便分类的其他从业人员	23	39	647	24	70

9-9a 全省按户主的职业、住房来源分的家庭户户数(城市)

单位：户

职业大类	合计	租赁廉租住房/公租房	租赁其他住房	购买新建商品房	购买二手房
总　计	**646786**	**15709**	**146037**	**287117**	**78683**
党的机关、国家机关、群众团体和社会组织、企事业单位负责人	15543	146	2170	9480	2072
专业技术人员	103610	1756	18646	56077	14606
办事人员和有关人员	78043	1626	10760	42550	10179
社会生产服务和生活服务人员	310476	9115	81375	125882	38380
农、林、牧、渔业生产及辅助人员	11759	105	839	2872	801
生产制造及有关人员	126637	2940	32163	49860	12536
不便分类的其他从业人员	718	21	84	396	109

9-9a 续表

单位：户

职业大类	购买原公有住房	购买经济适用房/两限房	自建住房	继承或赠予	其他
总　计	**18148**	**22800**	**33046**	**3918**	**41328**
党的机关、国家机关、群众团体和社会组织、企事业单位负责人	371	385	332	56	531
专业技术人员	3588	3091	1391	399	4056
办事人员和有关人员	3222	3118	1790	495	4303
社会生产服务和生活服务人员	7821	10247	13911	2135	21610
农、林、牧、渔业生产及辅助人员	121	309	5968	56	688
生产制造及有关人员	3012	5628	9621	774	10103
不便分类的其他从业人员	13	22	33	3	37

9−9b　全省按户主的职业、住房来源分的家庭户户数(镇)

单位：户

职业大类	合　计	租赁廉租住房/公租房	租　赁其他住房	购买新建商品房	购　买二手房
总　计	**361509**	**8934**	**34316**	**132045**	**30079**
党的机关、国家机关、群众团体和社会组织、企事业单位负责人	4850	126	311	2443	380
专业技术人员	33223	1600	2840	16883	2748
办事人员和有关人员	25757	1275	1720	13482	2037
社会生产服务和生活服务人员	149748	4000	18889	58906	15038
农、林、牧、渔业生产及辅助人员	54539	255	2327	6746	2258
生产制造及有关人员	92982	1671	8191	33394	7566
不便分类的其他从业人员	410	7	38	191	52

9−9b　续表　　单位：户

职业大类	购买原公有住房	购买经济适用房/两限房	自建住房	继承或赠　予	其　他
总　计	**7713**	**10432**	**114957**	**3162**	**19871**
党的机关、国家机关、群众团体和社会组织、企事业单位负责人	216	146	915	36	277
专业技术人员	1521	1312	3824	284	2211
办事人员和有关人员	1241	1149	3057	235	1561
社会生产服务和生活服务人员	3023	4214	36403	1407	7868
农、林、牧、渔业生产及辅助人员	339	702	39289	392	2231
生产制造及有关人员	1364	2894	31392	804	5706
不便分类的其他从业人员	9	15	77	4	17

9-9c 全省按户主的职业、住房来源分的家庭户户数(乡村)

单位：户

职业大类	合计	租赁廉租住房/公租房	租赁其他住房	购买新建商品房	购买二手房
总计	**867573**	**1881**	**18128**	**21663**	**8107**
党的机关、国家机关、群众团体和社会组织、企事业单位负责人	4610	20	145	309	74
专业技术人员	16496	324	875	1657	408
办事人员和有关人员	14117	146	587	1132	270
社会生产服务和生活服务人员	153338	649	7890	8218	2780
农、林、牧、渔业生产及辅助人员	422259	187	1461	2915	2213
生产制造及有关人员	256125	554	7156	7399	2355
不便分类的其他从业人员	628	1	14	33	7

9-9c 续表

单位：户

职业大类	购买原公有住房	购买经济适用房/两限房	自建住房	继承或赠予	其他
总计	**1808**	**4668**	**776867**	**9938**	**24513**
党的机关、国家机关、群众团体和社会组织、企事业单位负责人	29	43	3753	79	158
专业技术人员	294	230	11337	258	1113
办事人员和有关人员	98	189	10652	266	777
社会生产服务和生活服务人员	655	1792	123402	2415	5537
农、林、牧、渔业生产及辅助人员	284	803	400638	3437	10321
生产制造及有关人员	447	1609	226548	3466	6591
不便分类的其他从业人员	1	2	537	17	16

9-10　全省按户主的职业、月租房费用分的家庭户户数

单位：户

职业大类	合　计	200元以下	200-499元	500-999元	1000-1999元
总　计	**225005**	**25506**	**62853**	**60414**	**56805**
党的机关、国家机关、群众团体和社会组织、企事业单位负责人	2918	180	371	618	1043
专业技术人员	26041	2519	3706	6093	9809
办事人员和有关人员	16114	1957	2745	3788	5402
社会生产服务和生活服务人员	121918	11911	32397	34045	32817
农、林、牧、渔业生产及辅助人员	5174	1698	2008	936	360
生产制造及有关人员	52675	7217	21585	14884	7336
不便分类的其他从业人员	165	24	41	50	38

9-10　续表

单位：户

职业大类	2000-2999元	3000-3999元	4000-5999元	6000-7999元	8000-9999元	10000元及以上
总　计	**12778**	**3393**	**1513**	**764**	**403**	**576**
党的机关、国家机关、群众团体和社会组织、企事业单位负责人	420	147	68	33	14	24
专业技术人员	2873	661	198	73	49	60
办事人员和有关人员	1569	432	107	43	21	50
社会生产服务和生活服务人员	6943	1878	894	460	234	339
农、林、牧、渔业生产及辅助人员	71	29	35	18	6	13
生产制造及有关人员	894	243	210	137	79	90
不便分类的其他从业人员	8	3	1			

9–10a 全省按户主的职业、月租房费用分的家庭户户数(城市)

单位：户

职业大类	合计	200元以下	200–499元	500–999元	1000–1999元
总计	**161746**	**11150**	**39092**	**44224**	**50663**
党的机关、国家机关、群众团体和社会组织、企事业单位负责人	2316	52	219	467	925
专业技术人员	20402	763	2105	4668	9120
办事人员和有关人员	12386	855	1695	2800	4917
社会生产服务和生活服务人员	90490	6030	20789	25328	29364
农、林、牧、渔业生产及辅助人员	944	136	290	299	176
生产制造及有关人员	35103	3301	13972	10635	6129
不便分类的其他从业人员	105	13	22	27	32

9–10a 续表

单位：户

职业大类	2000–2999元	3000–3999元	4000–5999元	6000–7999元	8000–9999元	10000元及以上
总计	**11815**	**2883**	**979**	**419**	**210**	**311**
党的机关、国家机关、群众团体和社会组织、企事业单位负责人	400	134	65	28	9	17
专业技术人员	2826	640	170	42	25	43
办事人员和有关人员	1533	418	92	29	12	35
社会生产服务和生活服务人员	6326	1546	564	251	124	168
农、林、牧、渔业生产及辅助人员	22	4	3	7	2	5
生产制造及有关人员	701	138	84	62	38	43
不便分类的其他从业人员	7	3	1			

9-10b　全省按户主的职业、月租房费用分的家庭户户数(镇)

单位：户

职业大类	合　计	200元以下	200-499元	500-999元	1000-1999元
总　计	**43250**	**9921**	**15712**	**11617**	**3991**
党的机关、国家机关、群众团体和社会组织、企事业单位负责人	437	100	107	108	91
专业技术人员	4440	1385	1279	1152	492
办事人员和有关人员	2995	930	829	781	376
社会生产服务和生活服务人员	22889	4454	8310	6544	2285
农、林、牧、渔业生产及辅助人员	2582	830	1135	414	118
生产制造及有关人员	9862	2213	4037	2601	625
不便分类的其他从业人员	45	9	15	17	4

9-10b　续表

单位：户

职业大类	2000-2999元	3000-3999元	4000-5999元	6000-7999元	8000-9999元	10000元及以上
总　计	**631**	**365**	**384**	**266**	**160**	**203**
党的机关、国家机关、群众团体和社会组织、企事业单位负责人	10	8	1	4	3	5
专业技术人员	30	13	25	30	20	14
办事人员和有关人员	25	11	12	10	9	12
社会生产服务和生活服务人员	416	250	244	162	88	136
农、林、牧、渔业生产及辅助人员	33	16	20	7	3	6
生产制造及有关人员	117	67	82	53	37	30
不便分类的其他从业人员						

9-10c 全省按户主的职业、月租房费用分的家庭户户数(乡村)

单位：户

职业大类	合 计	200元以下	200-499元	500-999元	1000-1999元
总 计	**20009**	**4435**	**8049**	**4573**	**2151**
党的机关、国家机关、群众团体和社会组织、企事业单位负责人	165	28	45	43	27
专业技术人员	1199	371	322	273	197
办事人员和有关人员	733	172	221	207	109
社会生产服务和生活服务人员	8539	1427	3298	2173	1168
农、林、牧、渔业生产及辅助人员	1648	732	583	223	66
生产制造及有关人员	7710	1703	3576	1648	582
不便分类的其他从业人员	15	2	4	6	2

9-10c 续表

单位：户

职业大类	2000-2999元	3000-3999元	4000-5999元	6000-7999元	8000-9999元	10000元及以上
总 计	**332**	**145**	**150**	**79**	**33**	**62**
党的机关、国家机关、群众团体和社会组织、企事业单位负责人	10	5	2	1	2	2
专业技术人员	17	8	3	1	4	3
办事人员和有关人员	11	3	3	4		3
社会生产服务和生活服务人员	201	82	86	47	22	35
农、林、牧、渔业生产及辅助人员	16	9	12	4	1	2
生产制造及有关人员	76	38	44	22	4	17
不便分类的其他从业人员	1					

9-11 全省按户主的职业分的家庭户住房状况

职业大类	户 数 (户)	人 数 (人)	平均每户住房间数 (间/户)	人均住房建筑面积 (平方米/人)	人均住房间 数 (间/人)
总 计	**1875868**	**5564954**	**3.30**	**37.90**	**1.11**
党的机关、国家机关、群众团体和社会组织、企事业单位负责人	25003	73435	3.15	40.35	1.07
专业技术人员	153329	404475	2.77	37.93	1.05
办事人员和有关人员	117917	324799	2.87	38.19	1.04
社会生产服务和生活服务人员	613562	1725044	2.94	36.42	1.04
农、林、牧、渔业生产及辅助人员	488557	1523670	3.91	41.10	1.25
生产制造及有关人员	475744	1508611	3.42	36.16	1.08
不便分类的其他从业人员	1756	4920	3.12	38.93	1.11

9-11a 全省按户主的职业分的家庭户住房状况(城市)

职业大类	户 数 (户)	人 数 (人)	平均每户住房间数 (间/户)	人均住房建筑面积 (平方米/人)	人均住房间 数 (间/人)
总 计	**646786**	**1762785**	**2.57**	**34.02**	**0.94**
党的机关、国家机关、群众团体和社会组织、企事业单位负责人	15543	44934	2.85	39.00	0.99
专业技术人员	103610	271773	2.61	36.70	0.99
办事人员和有关人员	78043	211925	2.67	36.90	0.98
社会生产服务和生活服务人员	310476	831557	2.49	33.07	0.93
农、林、牧、渔业生产及辅助人员	11759	36643	3.60	42.87	1.16
生产制造及有关人员	126637	364065	2.56	30.98	0.89
不便分类的其他从业人员	718	1888	2.70	39.33	1.03

9-11b 全省按户主的职业分的家庭户住房状况(镇)

职业大类	户数(户)	人数(人)	平均每户住房间数(间/户)	人均住房建筑面积(平方米/人)	人均住房间数(间/人)
总计	**361509**	**1074509**	**3.20**	**37.61**	**1.08**
党的机关、国家机关、群众团体和社会组织、企事业单位负责人	4850	13870	3.22	40.77	1.13
专业技术人员	33223	86679	2.89	39.27	1.11
办事人员和有关人员	25757	70276	2.97	39.41	1.09
社会生产服务和生活服务人员	149748	427807	3.07	37.72	1.07
农、林、牧、渔业生产及辅助人员	54539	175092	3.75	39.57	1.17
生产制造及有关人员	92982	299639	3.27	35.26	1.02
不便分类的其他从业人员	410	1146	2.99	37.00	1.07

9-11c 全省按户主的职业分的家庭户住房状况(乡村)

职业大类	户数(户)	人数(人)	平均每户住房间数(间/户)	人均住房建筑面积(平方米/人)	人均住房间数(间/人)
总计	**867573**	**2727660**	**3.87**	**40.52**	**1.23**
党的机关、国家机关、群众团体和社会组织、企事业单位负责人	4610	14631	4.09	44.12	1.29
专业技术人员	16496	46023	3.55	42.68	1.27
办事人员和有关人员	14117	42598	3.75	42.58	1.24
社会生产服务和生活服务人员	153338	465680	3.71	41.20	1.22
农、林、牧、渔业生产及辅助人员	422259	1311935	3.93	41.26	1.27
生产制造及有关人员	256125	844907	3.89	38.71	1.18
不便分类的其他从业人员	628	1886	3.69	39.69	1.23

9-12　全省按户主的职业、人均住房建筑面积分的家庭户户数

单位：户

职业大类	合　计	人均住房建筑面积(平方米)			
		8及以下	9-12	13-16	17-19
总　计	**1875868**	**12891**	**36477**	**81597**	**64942**
党的机关、国家机关、群众团体和社会组织、企事业单位负责人	25003	56	258	746	882
专业技术人员	153329	407	1664	5206	6077
办事人员和有关人员	117917	419	1374	4109	4558
社会生产服务和生活服务人员	613562	5455	14209	30177	25336
农、林、牧、渔业生产及辅助人员	488557	1899	7724	17836	10405
生产制造及有关人员	475744	4646	11223	23465	17619
不便分类的其他从业人员	1756	9	25	58	65

9-12　续表

单位：户

职业大类	人均住房建筑面积(平方米)					
	20-29	30-39	40-49	50-59	60-69	70及以上
总　计	**413382**	**370949**	**268331**	**159654**	**145293**	**322352**
党的机关、国家机关、群众团体和社会组织、企事业单位负责人	5409	4877	3843	2104	1854	4974
专业技术人员	34929	29447	23737	13078	10485	28299
办事人员和有关人员	26563	23325	18247	9925	8145	21252
社会生产服务和生活服务人员	147603	118462	83801	48592	39116	100811
农、林、牧、渔业生产及辅助人员	83796	93818	73027	48069	52605	99378
生产制造及有关人员	114706	100698	65430	37724	32957	67276
不便分类的其他从业人员	376	322	246	162	131	362

9－12a 全省按户主的职业、人均住房建筑面积分的家庭户户数(城市)

单位：户

职业大类	合计	人均住房建筑面积(平方米)			
		8及以下	9－12	13－16	17－19
总计	**646786**	**7405**	**16958**	**35517**	**34355**
党的机关、国家机关、群众团体和社会组织、企事业单位负责人	15543	24	155	471	659
专业技术人员	103610	270	1054	3694	4762
办事人员和有关人员	78043	295	923	2865	3473
社会生产服务和生活服务人员	310476	3826	9183	18481	17130
农、林、牧、渔业生产及辅助人员	11759	61	192	459	441
生产制造及有关人员	126637	2928	5441	9522	7856
不便分类的其他从业人员	718	1	10	25	34

9－12a 续表

单位：户

职业大类	人均住房建筑面积(平方米)					
	20－29	30－39	40－49	50－59	60－69	70及以上
总计	**171915**	**121303**	**88607**	**44793**	**31729**	**94204**
党的机关、国家机关、群众团体和社会组织、企事业单位负责人	3625	3040	2437	1212	1036	2884
专业技术人员	25234	19519	16430	8173	6190	18284
办事人员和有关人员	18861	15252	12287	6077	4730	13280
社会生产服务和生活服务人员	84911	57469	40949	20787	14147	43593
农、林、牧、渔业生产及辅助人员	2274	2087	1570	1106	993	2576
生产制造及有关人员	36832	23819	14844	7376	4588	13431
不便分类的其他从业人员	178	117	90	62	45	156

9-12b　全省按户主的职业、人均住房建筑面积分的家庭户户数(镇)

单位：户

职业大类	合　计	人均住房建筑面积(平方米)			
		8及以下	9-12	13-16	17-19
总　计	**361509**	**1954**	**6058**	**14655**	**12037**
党的机关、国家机关、群众团体和社会组织、企事业单位负责人	4850	15	43	134	144
专业技术人员	33223	88	324	1003	977
办事人员和有关人员	25757	70	249	747	776
社会生产服务和生活服务人员	149748	866	2566	6120	4950
农、林、牧、渔业生产及辅助人员	54539	407	1167	2343	1357
生产制造及有关人员	92982	503	1701	4295	3816
不便分类的其他从业人员	410	5	8	13	17

9-12b　续表

单位：户

职业大类	人均住房建筑面积(平方米)					
	20-29	30-39	40-49	50-59	60-69	70及以上
总　计	**80813**	**72622**	**49787**	**32913**	**26865**	**63805**
党的机关、国家机关、群众团体和社会组织、企事业单位负责人	948	954	748	478	387	999
专业技术人员	6840	6731	4886	3283	2692	6399
办事人员和有关人员	5171	5281	3881	2576	2100	4906
社会生产服务和生活服务人员	33594	29531	20456	13644	10681	27340
农、林、牧、渔业生产及辅助人员	10302	10330	7782	5223	5084	10544
生产制造及有关人员	23870	19722	11978	7675	5892	13530
不便分类的其他从业人员	88	73	56	34	29	87

9-12c 全省按户主的职业、人均住房建筑面积分的家庭户户数(乡村)

单位：户

职业大类	合　计	人均住房建筑面积(平方米)			
		8及以下	9-12	13-16	17-19
总　计	**867573**	**3532**	**13461**	**31425**	**18550**
党的机关、国家机关、群众团体和社会组织、企事业单位负责人	4610	17	60	141	79
专业技术人员	16496	49	286	509	338
办事人员和有关人员	14117	54	202	497	309
社会生产服务和生活服务人员	153338	763	2460	5576	3256
农、林、牧、渔业生产及辅助人员	422259	1431	6365	15034	8607
生产制造及有关人员	256125	1215	4081	9648	5947
不便分类的其他从业人员	628	3	7	20	14

9-12c 续表

单位：户

职业大类	人均住房建筑面积(平方米)					
	20-29	30-39	40-49	50-59	60-69	70及以上
总　计	**160654**	**177024**	**129937**	**81948**	**86699**	**164343**
党的机关、国家机关、群众团体和社会组织、企事业单位负责人	836	883	658	414	431	1091
专业技术人员	2855	3197	2421	1622	1603	3616
办事人员和有关人员	2531	2792	2079	1272	1315	3066
社会生产服务和生活服务人员	29098	31462	22396	14161	14288	29878
农、林、牧、渔业生产及辅助人员	71220	81401	63675	41740	46528	86258
生产制造及有关人员	54004	57157	38608	22673	22477	40315
不便分类的其他从业人员	110	132	100	66	57	119

9－13　各地区按拥有全部家用汽车总价分的家庭户户数

单位：户

地　　区	合　计	不　满10万元	10万元以上，不满20万元	20万元以上，不满30万元	30万元以上，不满50万元	50万元以上，不满100万元	100万元及以上	没有汽车
全省	**2947695**	**431050**	**504513**	**111026**	**51866**	**19362**	**6046**	**1823832**
成都市	696268	110833	170880	49346	27019	10992	3561	323637
自贡市	88907	13353	12447	2361	970	354	107	59315
攀枝花市	43564	8118	6548	1484	600	177	58	26579
泸州市	135449	20925	21177	4394	1760	568	150	86475
德阳市	127844	23808	23013	3965	1697	631	164	74566
绵阳市	192537	28358	34992	6802	2996	1099	291	117999
广元市	86283	11331	15137	2781	1039	318	96	55581
遂宁市	116159	16100	16811	2663	1084	371	134	78996
内江市	125181	17381	13366	2218	843	285	113	90975
乐山市	110415	15737	18434	3790	1848	598	143	69865
南充市	238687	29854	34980	6316	2129	632	226	164550
眉山市	99313	16734	21031	3881	1691	634	194	55148
宜宾市	141652	18393	22221	4120	1769	647	177	94325
广安市	112265	13491	14560	2462	649	208	69	80826
达州市	218990	22656	25452	3994	1553	439	166	164730
雅安市	47883	8562	8218	1531	697	229	66	28580
巴中市	105104	14490	15722	2552	896	281	72	71091
资阳市	85574	13433	10713	1880	656	200	66	58626
阿坝藏族羌族自治州	21565	5453	2866	831	308	107	38	11962
甘孜藏族自治州	25698	5521	2317	709	369	127	31	16624
凉山彝族自治州	128357	16519	13628	2946	1293	465	124	93382

9－13a　各地区按拥有全部家用汽车总价分的家庭户户数(城市)

单位：户

地　　区	合　计	不　满10万元	10万元以上，不满20万元	20万元以上，不满30万元	30万元以上，不满50万元	50万元以上，不满100万元	100万元及以上	没有汽车
全省	**1029606**	**146852**	**228921**	**66148**	**34435**	**13468**	**4163**	**535619**
成都市	509335	70140	125120	41466	23283	9630	3148	236548
自贡市	27271	4415	4455	1031	502	166	50	16652
攀枝花市	26240	3959	4355	1078	374	106	34	16334
泸州市	33777	5691	7118	1708	758	245	58	18199
德阳市	44169	8044	10166	2269	1058	384	96	22152
绵阳市	62967	9459	14125	3675	1775	660	166	33107
广元市	16465	2344	3693	978	389	144	38	8879
遂宁市	36367	4973	5869	1244	534	185	56	23506
内江市	26104	3531	3879	839	334	112	40	17369
乐山市	33020	4553	6900	1836	1015	298	70	18348
南充市	50521	6976	9932	2155	850	268	77	30263
眉山市	21978	3458	5593	1538	755	284	81	10269
宜宾市	32097	4448	6376	1619	810	305	74	18465
广安市	15225	2081	3571	626	210	58	14	8665
达州市	35780	3832	6033	1278	523	185	46	23883
雅安市	9653	1528	2181	523	262	82	16	5061
巴中市	15216	2388	3057	591	253	84	20	8823
资阳市	14124	2191	2557	511	230	70	22	8543
阿坝藏族羌族自治州	895	101	227	130	44	16	2	375
甘孜藏族自治州	1439	178	235	98	65	27	2	834
凉山彝族自治州	16963	2562	3479	955	411	159	53	9344

9-13b 各地区按拥有全部家用汽车总价分的家庭户户数(镇)

单位：户

地区	合计	不满10万元	10万元以上，不满20万元	20万元以上，不满30万元	30万元以上，不满50万元	50万元以上，不满100万元	100万元及以上	没有汽车
全省	**573301**	**81745**	**91637**	**18388**	**7316**	**2358**	**718**	**371139**
成都市	42386	8774	10560	2389	1115	418	130	19000
自贡市	20360	2839	2777	621	230	94	29	13770
攀枝花市	5657	1131	1007	229	105	26	7	3152
泸州市	34334	5199	5402	1211	517	148	30	21827
德阳市	23996	4522	4077	624	261	107	34	14371
绵阳市	30553	4313	5117	1015	409	127	37	19535
广元市	22140	2751	4102	827	276	77	29	14078
遂宁市	19256	2367	2711	470	156	68	15	13469
内江市	30860	4453	3570	585	226	68	31	21927
乐山市	25910	3513	4380	972	437	136	26	16446
南充市	51879	6561	8449	1628	478	122	53	34588
眉山市	26074	4556	5839	1128	471	175	52	13853
宜宾市	38467	4937	6172	1210	435	180	51	25482
广安市	31797	3436	3972	753	229	69	24	23314
达州市	58552	5888	6994	1143	523	102	40	43862
雅安市	15524	2535	2771	511	230	66	19	9392
巴中市	27144	3460	4403	861	297	81	19	18023
资阳市	19110	3083	2705	528	195	47	20	12532
阿坝藏族羌族自治州	8561	1911	1531	418	140	44	22	4495
甘孜藏族自治州	7577	1237	892	297	158	51	13	4929
凉山彝族自治州	33164	4279	4206	968	428	152	37	23094

9-13c 各地区按拥有全部家用汽车总价分的家庭户户数(乡村)

单位：户

地区	合计	不满10万元	10万元以上，不满20万元	20万元以上，不满30万元	30万元以上，不满50万元	50万元以上，不满100万元	100万元及以上	没有汽车
全省	**1344788**	**202453**	**183955**	**26490**	**10115**	**3536**	**1165**	**917074**
成都市	144547	31919	35200	5491	2621	944	283	68089
自贡市	41276	6099	5215	709	238	94	28	28893
攀枝花市	11667	3028	1186	177	121	45	17	7093
泸州市	67338	10035	8657	1475	485	175	62	46449
德阳市	59679	11242	8770	1072	378	140	34	38043
绵阳市	99017	14586	15750	2112	812	312	88	65357
广元市	47678	6236	7342	976	374	97	29	32624
遂宁市	60536	8760	8231	949	394	118	63	42021
内江市	68217	9397	5917	794	283	105	42	51679
乐山市	51485	7671	7154	982	396	164	47	35071
南充市	136287	16317	16599	2533	801	242	96	99699
眉山市	51261	8720	9599	1215	465	175	61	31026
宜宾市	71088	9008	9673	1291	524	162	52	50378
广安市	65243	7974	7017	1083	210	81	31	48847
达州市	124658	12936	12425	1573	507	152	80	96985
雅安市	22706	4499	3266	497	205	81	31	14127
巴中市	62744	8642	8262	1100	346	116	33	44245
资阳市	52340	8159	5451	841	231	83	24	37551
阿坝藏族羌族自治州	12109	3441	1108	283	124	47	14	7092
甘孜藏族自治州	16682	4106	1190	314	146	49	16	10861
凉山彝族自治州	78230	9678	5943	1023	454	154	34	60944

第三部分 附录

附录 1 四川省第七次全国人口普查公报

四川省第七次全国人口普查公报[1]（第一号）

——全省人口情况

四川省统计局

四川省第七次全国人口普查领导小组办公室

2021 年 5 月 26 日

根据第七次全国人口普查结果，现将 2020 年 11 月 1 日零时全省人口的基本情况公布如下：

一、常住人口

全省常住人口[2]为 83674866 人，与 2010 年第六次全国人口普查相比，增加 3256666 人，增长 4.05%，年平均增长率为 0.40%。

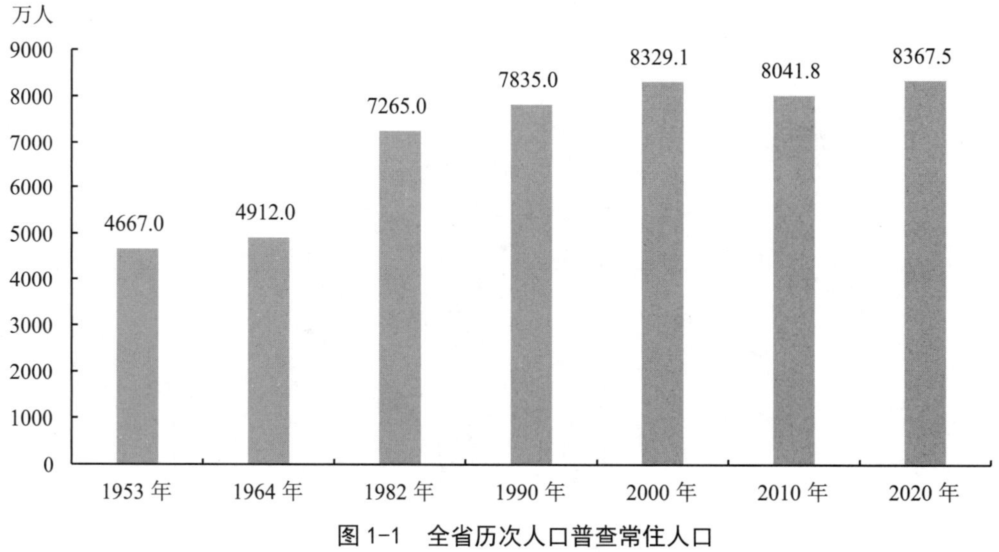

图 1-1　全省历次人口普查常住人口

二、户别人口

全省共有家庭户[3] 30756120 户，集体户 1448974 户，家庭户人口为 77093057 人，集体户人口为 6581809 人。平均每个家庭户的人口为 2.51 人，比 2010 年第六次全国人口普查的 2.95 人减少 0.44 人。

三、民族人口

全省常住人口中，汉族人口为 77986638 人，占 93.20%；各少数民族人口为 5688228 人，占 6.80%。与 2010 年第六次全国人口普查相比，汉族人口增加 2476389 人，增长 3.28%；各少数民族人口增加 780277 人，增长 15.90%。

注释：

[1] 本公报中数据均为初步汇总数。

[2] 常住人口包括：居住在本乡镇街道且户口在本乡镇街道或户口待定的人；居住在本乡镇街道且离开户口所在的乡镇街道半年以上的人；户口在本乡镇街道且外出不满半年或在境外工作学习的人。

[3] 家庭户是指以家庭成员关系为主、居住一处共同生活的人组成的户。

四川省第七次全国人口普查公报[1]（第二号）

——市（州）人口情况

四川省统计局

四川省第七次全国人口普查领导小组办公室

2021 年 5 月 26 日

根据第七次全国人口普查结果，现将 2020 年 11 月 1 日零时全省 21 个市（州）常住人口有关数据公布如下：

一、市（州）常住人口

21 个市（州）中，常住人口[2]超过 2000 万人的市（州）有 1 个，其余市（州）的常住人口都在 600 万人以下，其中常住人口在 500 万人至 600 万人之间的市（州）有 2 个；在 300 万人至 500 万人之间的市（州）有 8 个；在 100 万人至 300 万人之间的市（州）有 9 个；少于 100 万人的市（州）有 1 个。常住人口居前五位的市（州）依次是成都市、南充市、达州市、绵阳市、凉山州，合计占全省常住人口比重为 49.78%。

分五大经济区[3]看，成都平原经济区常住人口为 41934978 人，占 50.12%；川南经济区常住人口为 14472887 人，占 17.30%；川东北经济区常住人口为 19266421 人，占 23.02%；攀西经济区常住人口为 6070562 人，占 7.25%；川西北生态示范区常住人口为 1930018 人，占 2.31%。

表 2-1　各市（州）常住人口

单位：人、%

地　区	常住人口	比重[4]	
		2020 年	2010 年
成都市	20937757	25.02	18.80[5]
自贡市	2489256	2.98	3.33
攀枝花市	1212203	1.45	1.51
泸州市	4254149	5.08	5.25
德阳市	3456161	4.13	4.50
绵阳市	4868243	5.82	5.74
广元市	2305657	2.76	3.09
遂宁市	2814196	3.36	4.04
内江市	3140678	3.75	4.60
乐山市	3160168	3.78	4.02
南充市	5607565	6.70	7.81
眉山市	2955219	3.53	3.67
宜宾市	4588804	5.48	5.56
广安市	3254883	3.89	3.99
达州市	5385422	6.44	6.80
雅安市	1434603	1.72	1.87
巴中市	2712894	3.24	4.08
资阳市	2308631	2.76	3.22[5]
阿坝藏族羌族自治州	822587	0.98	1.12
甘孜藏族自治州	1107431	1.32	1.36
凉山彝族自治州	4858359	5.81	5.64

二、市（州）常住人口变化

与2010年第六次全国人口普查相比，21个市（州）中，有8个市（州）常住人口增加，增量排在前五位的依次为成都市[5]、凉山州、绵阳市、宜宾市、广安市，分别增加5818918人、325550人、254381人、116803人、49407人。

分五大经济区看，与2010年第六次全国人口普查相比，成都平原经济区、攀西经济区常住人口占全省比重分别上升4.25个百分点和0.10个百分点，川南经济区、川东北经济区、川西北生态示范区常住人口占比分别下降1.44个百分点、2.74个百分点和0.17个百分点。

注释：

[1]本公报中数据均为初步汇总数。

[2]常住人口包括：居住在本乡镇街道且户口在本乡镇街道或户口待定的人；居住在本乡镇街道且离开户口所在的乡镇街道半年以上的人；户口在本乡镇街道且外出不满半年或在境外工作学习的人。

[3]成都平原经济区是指成都、德阳、绵阳、遂宁、乐山、眉山、雅安和资阳8个市；川南经济区是指自贡、泸州、内江、宜宾4个市；川东北经济区是指广元、南充、广安、达州、巴中5个市；攀西经济区是指攀枝花和凉山2个市（州）；川西北生态示范区是指阿坝和甘孜2个州。

[4]指各市（州）的常住人口占全省常住人口总量的比重。

[5]因2016年成都市和资阳市行政区划调整，2010年成都市和资阳市常住人口已按调整后行政区划作了修订。

四川省第七次全国人口普查公报[1]（第三号）

——人口性别构成情况

四川省统计局

四川省第七次全国人口普查领导小组办公室

2021 年 5 月 26 日

根据第七次全国人口普查结果，现将 2020 年 11 月 1 日零时全省及 21 个市（州）人口性别构成情况公布如下：

一、全省人口性别构成

全省常住人口[2]中，男性人口为 42289718 人，占 50.54%；女性人口为 41385148 人，占 49.46%。人口性别比（以女性为 100，男性对女性的比例）由 2010 年第六次全国人口普查的 103.14 下降为 102.19。

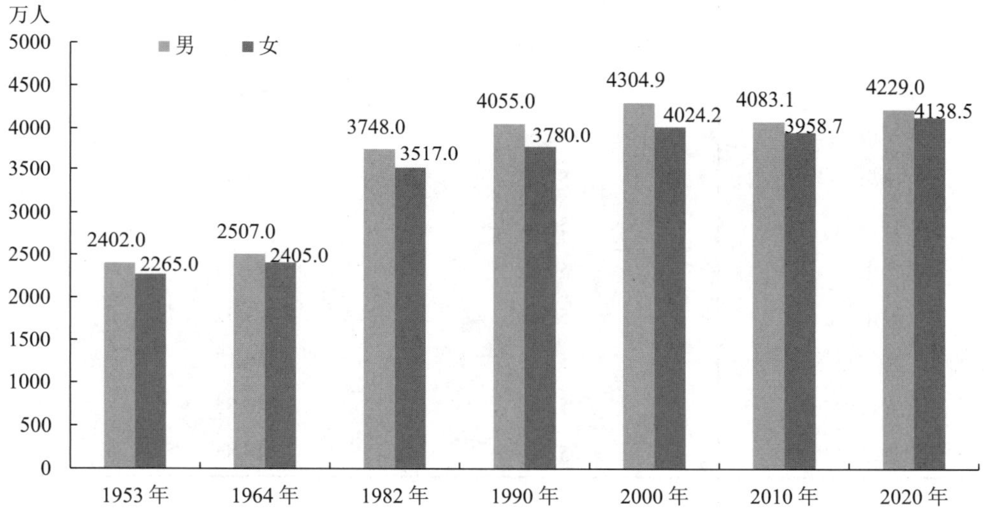

图 3-1 全省历次人口普查人口性别数

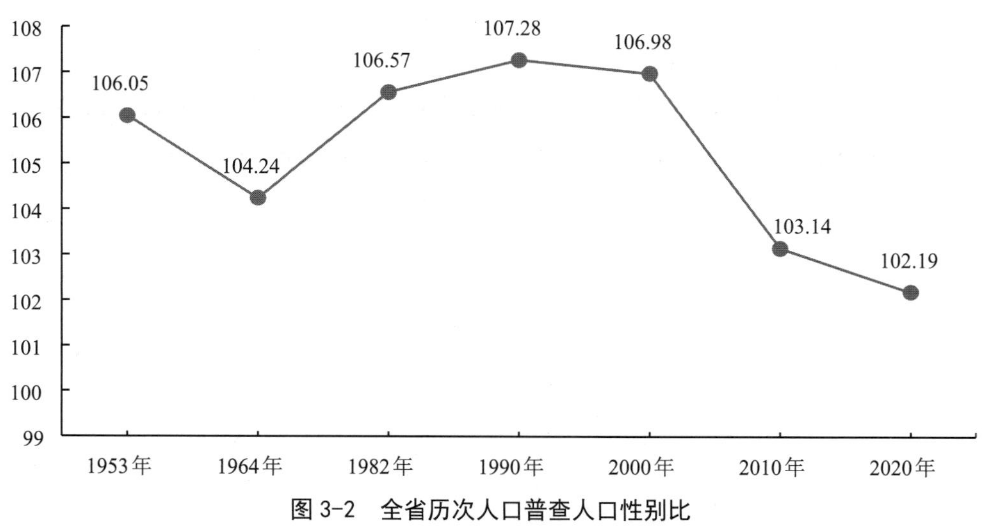

图 3-2 全省历次人口普查人口性别比

二、市（州）人口性别构成

21个市（州）中，常住人口性别比在100以下的市（州）有1个，在100至105之间的市（州）有16个，在105以上的市（州）有4个。

表3-1 各市（州）人口性别构成

地 区	占常住人口总量比重（%）		性别比
	男	女	
成都市	50.26	49.74	101.03
自贡市	49.75	50.25	99.02
攀枝花市	51.67	48.33	106.92
泸州市	50.42	49.58	101.70
德阳市	50.26	49.74	101.03
绵阳市	50.15	49.85	100.58
广元市	50.02	49.98	100.09
遂宁市	50.74	49.26	103.00
内江市	50.26	49.74	101.05
乐山市	50.18	49.82	100.71
南充市	50.68	49.32	102.74
眉山市	50.00	50.00	100.00
宜宾市	51.12	48.88	104.58
广安市	50.60	49.40	102.44
达州市	51.43	48.57	105.90
雅安市	50.60	49.40	102.42
巴中市	50.87	49.13	103.53
资阳市	50.48	49.52	101.94
阿坝藏族羌族自治州	51.83	48.17	107.59
甘孜藏族自治州	51.45	48.55	105.98
凉山彝族自治州	51.14	48.86	104.65

注释：

[1]本公报中数据均为初步汇总数。

[2]常住人口包括：居住在本乡镇街道且户口在本乡镇街道或户口待定的人；居住在本乡镇街道且离开户口所在的乡镇街道半年以上的人；户口在本乡镇街道且外出不满半年或在境外工作学习的人。

四川省第七次全国人口普查公报[1]（第四号）

——人口年龄构成情况

四川省统计局

四川省第七次全国人口普查领导小组办公室

2021 年 5 月 26 日

根据第七次全国人口普查结果，现将 2020 年 11 月 1 日零时全省及 21 个市（州）人口年龄构成情况公布如下：

一、全省人口年龄构成

全省常住人口[2]中，0—14 岁[3]人口为 13471112 人，占 16.10%；15—59 岁人口为 52039950 人，占 62.19%；60 岁及以上人口为 18163804 人，占 21.71%，其中 65 岁及以上人口为 14167600 人，占 16.93%。与 2010 年第六次全国人口普查相比，0—14 岁人口的比重下降 0.87 个百分点，15—59 岁人口的比重下降 4.54 个百分点，60 岁及以上人口的比重上升 5.41 个百分点，65 岁及以上人口的比重上升 5.98 个百分点。

表 4-1 全省人口年龄构成

单位：人、%

年 龄	人口数	比重
总 计	83674866	100.00
0—14 岁	13471112	16.10
15—59 岁	52039950	62.19
60 岁及以上	18163804	21.71
其中：65 岁及以上	14167600	16.93

二、市（州）人口年龄构成

21 个市（州）中，15—59 岁人口比重在 60%及以上的市（州）有 12 个，在 60%以下的市（州）有 9 个。65 岁及以上老年人口比重超过 14%的市（州）有 17 个。

表 4-2　各市（州）人口年龄构成

单位：%

地　区	占常住人口总量比重			
	0—14 岁	15—59 岁	60 岁及以上	其中：65 岁及以上
成都市	13.28	68.74	17.98	13.62
自贡市	15.77	56.89	27.34	21.29
攀枝花市	14.00	66.24	19.76	15.88
泸州市	18.23	58.78	22.99	17.65
德阳市	13.06	61.13	25.81	20.25
绵阳市	14.13	62.16	23.71	18.36
广元市	15.37	60.13	24.50	18.81
遂宁市	15.52	59.29	25.19	19.85
内江市	15.55	59.22	25.23	20.03
乐山市	14.11	61.39	24.50	19.19
南充市	15.72	58.28	26.00	20.69
眉山市	14.01	61.26	24.73	20.02
宜宾市	18.73	60.70	20.57	15.76
广安市	17.55	57.65	24.80	19.57
达州市	17.29	60.35	22.36	17.96
雅安市	15.39	63.16	21.45	17.01
巴中市	17.35	58.19	24.46	19.67
资阳市	16.75	55.06	28.19	22.62
阿坝藏族羌族自治州	18.87	66.80	14.33	10.81
甘孜藏族自治州	22.99	65.65	11.36	8.36
凉山彝族自治州	27.64	59.92	12.44	9.49

注释：

[1] 本公报中数据均为初步汇总数。

[2] 常住人口包括：居住在本乡镇街道且户口在本乡镇街道或户口待定的人；居住在本乡镇街道且离开户口所在的乡镇街道半年以上的人；户口在本乡镇街道且外出不满半年或在境外工作学习的人。

[3] 0—15 岁人口为 14370498 人，16—59 岁人口为 51140564 人。

四川省第七次全国人口普查公报[1]（第五号）

——人口受教育情况

四川省统计局

四川省第七次全国人口普查领导小组办公室

2021年5月26日

根据第七次全国人口普查结果，现将2020年11月1日零时全省及21个市（州）人口受教育情况公布如下：

一、受教育程度人口

全省常住人口[2]中，拥有大学（指大专及以上）文化程度的人口为11100847人；拥有高中（含中专）文化程度的人口为11129746人；拥有初中文化程度的人口为26309511人；拥有小学文化程度的人口为26204830人（以上各种受教育程度的人包括各类学校的毕业生、肄业生和在校生）。与2010年第六次全国人口普查相比，每10万人中拥有大学文化程度的由6675人增加到13267人；拥有高中文化程度的由11247人增加到13301人；拥有初中文化程度的由34889人减少到31443人；拥有小学文化程度的由34627人减少到31317人。

表5-1 全省各市（州）每10万人口中拥有的各类受教育程度人数

单位：人/10万人

地 区	大学（大专及以上）	高中（含中专）	初中	小学
全 省	13267	13301	31443	31317
成都市	25582	16186	28324	21802
自贡市	9484	12836	34694	33570
攀枝花市	15476	15078	30775	27624
泸州市	8410	12186	31690	37582
德阳市	11882	13114	32693	32326
绵阳市	12959	13759	32089	30873
广元市	10242	13604	29837	34743
遂宁市	7475	12933	35840	32847
内江市	8057	12290	36909	33370
乐山市	10584	12834	32642	34703
南充市	8825	13348	33385	32568
眉山市	9600	11957	34277	34095
宜宾市	9621	12325	31749	37020
广安市	6508	12189	34110	36644
达州市	6920	13781	38231	32018
雅安市	10649	12131	35654	31762
巴中市	8615	15868	32890	32948
资阳市	6177	10195	37083	35685
阿坝藏族羌族自治州	13191	8261	21614	36097
甘孜藏族自治州	10486	7249	14603	38870
凉山彝族自治州	6776	6861	22732	41783

二、平均受教育年限[3]

与2010年第六次全国人口普查相比，全省常住人口中，15岁及以上人口的平均受教育年限由8.35年提高至9.24年。

表5-2　全省各市（州）15岁及以上人口平均受教育年限

单位：年

地　区	2020年	2010年
全　省	9.24	8.35
成都市	10.85	9.79[4]
自贡市	8.87	8.18
攀枝花市	9.47	8.71
泸州市	8.65	7.89
德阳市	8.98	8.44
绵阳市	9.17	8.37
广元市	8.70	7.98
遂宁市	8.61	8.17
内江市	8.72	8.23
乐山市	8.93	8.42
南充市	8.62	8.08
眉山市	8.77	8.15
宜宾市	8.94	7.94
广安市	8.48	7.76
达州市	8.83	8.11
雅安市	9.04	8.46
巴中市	9.01	8.20
资阳市	8.27	7.83[4]
阿坝藏族羌族自治州	7.97	7.59
甘孜藏族自治州	6.89	5.78
凉山彝族自治州	7.41	6.41

三、文盲人口

全省常住人口中，文盲人口（15岁及以上不识字的人）为3330733人，与2010年第六次全国人口普查相比，文盲人口减少1046319人，文盲率[5]由5.44%下降为3.98%，下降1.46个百分点。

注释：

[1]本公报中数据均为初步汇总数。

[2]常住人口包括：居住在本乡镇街道且户口在本乡镇街道或户口待定的人；居住在本乡镇街道且离开户口所在的乡镇街道半年以上的人；户口在本乡镇街道且外出不满半年或在境外工作学习的人。

[3]平均受教育年限是将各种受教育程度折算成受教育年限计算平均数得出的，具体的折算标准是：小学=6年，初中=9年，高中=12年，大专及以上=16年。

[4]因2016年成都市和资阳市行政区划调整，2010年成都市和资阳市15岁及以上人口平均受教育年限数据已按调整后行政区划作了修订。

[5]文盲率是指常住人口中15岁及以上不识字人口占常住人口总量的比例。

四川省第七次全国人口普查公报[1]（第六号）

——城乡人口和流动人口情况

四川省统计局

四川省第七次全国人口普查领导小组办公室

2021 年 5 月 26 日

根据第七次全国人口普查结果，现将 2020 年 11 月 1 日零时全省城乡人口分布及流动情况公布如下：

一、城乡[2] 人口

全省常住人口[3] 中，居住在城镇的人口为 47465912 人，占 56.73%；居住在乡村的人口为 36208954 人，占 43.27%。与 2010 年第六次全国人口普查相比，城镇人口增加 15153879 人，乡村人口减少 11897213 人，城镇人口比重上升 16.55 个百分点。

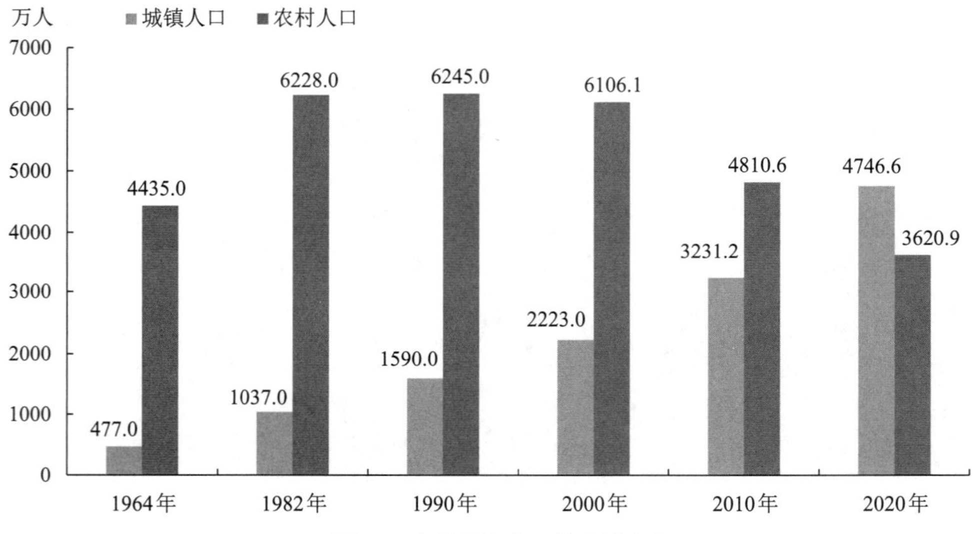

图 6-1 全省历次人口普查城乡人口

二、流动人口[4]

全省常住人口中，人户分离人口[5]为 27823204 人，其中，市辖区内人户分离[6]人口为 7134650 人，流动人口为 20688554 人。流动人口中，跨省流入人口为 2590041 人，省内流动人口为 18098513 人。

与 2010 年第六次全国人口普查相比，人户分离人口增加 16088052 人，增长 137.09%；市辖区内人户分离人口增加 5786833 人，增长 429.35%；流动人口增加 10301219 人，增长 99.17%。

注释：

[1] 本公报中数据均为初步汇总数。

[2] 城镇、乡村是按国家统计局《统计上划分城乡的规定》划分的。

[3]常住人口包括：居住在本乡镇街道且户口在本乡镇街道或户口待定的人；居住在本乡镇街道且离开户口所在的乡镇街道半年以上的人；户口在本乡镇街道且外出不满半年或在境外工作学习的人。

[4]流动人口是指人户分离人口中扣除市辖区内人户分离的人口。

[5]人户分离人口是指居住地与户口登记地所在的乡镇街道不一致且离开户口登记地半年以上的人口。

[6]市辖区内人户分离人口是指一个直辖市或地级市所辖的区内和区与区之间，居住地和户口登记地不在同一乡镇街道的人口。

第三部分　附录

附录 2　全国人口普查条例

中华人民共和国国务院令

第 576 号

《全国人口普查条例》已经 2010 年 5 月 12 日国务院第 111 次常务会议通过，现予公布，自 2010 年 6 月 1 日起施行。

总理 温家宝

二〇一〇年五月二十四日

全国人口普查条例

第一章 总 则

第一条 为了科学、有效地组织实施全国人口普查，保障人口普查数据的真实性、准确性、完整性和及时性，根据《中华人民共和国统计法》，制定本条例。

第二条 人口普查的目的是全面掌握全国人口的基本情况，为研究制定人口政策和经济社会发展规划提供依据，为社会公众提供人口统计信息服务。

第三条 人口普查工作按照全国统一领导、部门分工协作、地方分级负责、各方共同参与的原则组织实施。

国务院统一领导全国人口普查工作，研究决定人口普查中的重大问题。地方各级人民政府按照国务院的统一规定和要求，领导本行政区域的人口普查工作。

在人口普查工作期间，各级人民政府设立由统计机构和有关部门组成的人口普查机构（以下简称普查机构），负责人口普查的组织实施工作。

村民委员会、居民委员会应当协助所在地人民政府动员和组织社会力量，做好本区域的人口普查工作。

国家机关、社会团体、企业事业单位应当按照《中华人民共和国统计法》和本条例的规定，参与并配合人口普查工作。

第四条 人口普查对象应当按照《中华人民共和国统计法》和本条例的规定，真实、准确、完整、及时地提供人口普查所需的资料。

人口普查对象提供的资料，应当依法予以保密。

第五条 普查机构和普查机构工作人员、普查指导员、普查员（以下统称普查人员）依法独立行使调查、报告、监督的职权，任何单位和个人不得干涉。

地方各级人民政府、各部门、各单位及其负责人，不得自行修改普查机构和普查人员依法搜集、整理的人口普查资料，不得以任何方式要求普查机构和普查人员及其他单位和个人伪造、篡改人口普查资料，不得对依法履行职责或者拒绝、抵制人口普查违法行为的普查人员打击报复。

第六条 各级人民政府应当利用报刊、广播、电视、互联网和户外广告等媒介，开展人口普查的宣传动员工作。

第七条　人口普查所需经费，由国务院和地方各级人民政府共同负担，并列入相应年度的财政预算，按时拨付，确保足额到位。

人口普查经费应当统一管理、专款专用，从严控制支出。

第八条　人口普查每10年进行一次，尾数逢0的年份为普查年度，标准时点为普查年度的11月1日零时。

第九条　国家统计局会同国务院有关部门制定全国人口普查方案（以下简称普查方案），报国务院批准。

人口普查应当按照普查方案的规定执行。

第十条　对认真执行本条例，忠于职守、坚持原则，做出显著成绩的单位和个人，按照国家有关规定给予表彰和奖励。

第二章　人口普查的对象、内容和方法

第十一条　人口普查对象是指普查标准时点在中华人民共和国境内的自然人以及在中华人民共和国境外但未定居的中国公民，不包括在中华人民共和国境内短期停留的境外人员。

第十二条　人口普查主要调查人口和住户的基本情况，内容包括姓名、性别、年龄、民族、国籍、受教育程度、行业、职业、迁移流动、社会保障、婚姻、生育、死亡、住房情况等。

第十三条　人口普查采用全面调查的方法，以户为单位进行登记。

第十四条　人口普查采用国家统计分类标准。

第三章　人口普查的组织实施

第十五条　人口普查登记前，公安机关应当按照普查方案的规定完成户口整顿工作，并将有关资料提交本级人口普查机构。

第十六条　人口普查登记前应当划分普查区，普查区以村民委员会、居民委员会所辖区域为基础划分，每个普查区划分为若干普查小区。

第十七条　每个普查小区应当至少有一名普查员，负责入户登记等普查工作。每个普查区应当至少有一名普查指导员，负责安排、指导、督促和检查普查员的工作，也可以直接进行入户登记。

第十八条　普查指导员和普查员应当具有初中以上文化水平，身体健康，责任心强。

第十九条　普查指导员和普查员可以从国家机关、社会团体、企业事业单位借调，也可以从村民委员会、居民委员会或者社会招聘。借调和招聘工作由县级人民政府负责。

国家鼓励符合条件的公民作为志愿者参与人口普查工作。

第二十条　借调的普查指导员和普查员的工资由原单位支付，其福利待遇保持不变，并保留其原有工作岗位。

招聘的普查指导员和普查员的劳动报酬，在人口普查经费中予以安排，由聘用单位支付。

第二十一条　普查机构应当对普查指导员和普查员进行业务培训，并对考核合格的人员颁发全国统一的普查指导员证或者普查员证。

普查指导员和普查员执行人口普查任务时，应当出示普查指导员证或者普查员证。

第二十二条　人口普查登记前，普查指导员、普查员应当绘制普查小区图，编制普查小区户主姓名底册。

第二十三条　普查指导员、普查员入户登记时，应当向人口普查对象说明人口普查的目的、法律依据以及人口普查对象的权利和义务。

第二十四条　人口普查对象应当按时提供人口普查所需的资料，如实回答相关问题，不得隐瞒有关情况，不得提供虚假信息，不得拒绝或者阻碍人口普查工作。

第二十五条　人口普查对象应当在普查表上签字或者盖章确认，并对其内容的真实性负责。

第二十六条　普查人员应当坚持实事求是，恪守职业道德，拒绝、抵制人口普查工作中的违法行为。

普查机构和普查人员不得伪造、篡改普查资料，不得以任何方式要求任何单位和个人提供虚假的普查资料。

第二十七条　人口普查实行质量控制岗位责任制，普查机构应当对人口普查实施中的每个环节实行质量控制和检查，对人口普查数据进行审核、复查和验收。

第二十八条　国家统计局统一组织人口普查数据的事后质量抽查工作。

第四章　人口普查资料的管理和公布

第二十九条　地方各级普查机构应当按照普查方案的规定进行数据处理，并按时上报人口普查资料。

第三十条　人口普查汇总资料，除依法应当保密的外，应当予以公布。

全国和各省、自治区、直辖市主要人口普查数据，由国家统计局以公报形式公布。

地方人民政府统计机构公布本行政区域主要人口普查数据，应当报经上一级人民政府统计机构核准。

第三十一条　各级人民政府统计机构应当做好人口普查资料的管理、开发和应用，为社会公众提供查询、咨询等服务。

第三十二条　人口普查中获得的原始普查资料，按照国家有关规定保存、销毁。

第三十三条　人口普查中获得的能够识别或者推断单个普查对象身份的资料，任何单位和个人不得对外提供、泄露，不得作为对人口普查对象作出具体行政行为的依据，不得用于人口普查以外的目的。

人口普查数据不得作为对地方人民政府进行政绩考核和责任追究的依据。

第五章　法律责任

第三十四条　地方人民政府、政府统计机构或者有关部门、单位的负责人有下列行为之一的，由任免机关或者监察机关依法给予处分，并由县级以上人民政府统计机构予以通报；构成犯罪的，依法追究刑事责任：

（一）自行修改人口普查资料、编造虚假人口普查数据的；

（二）要求有关单位和个人伪造、篡改人口普查资料的；

（三）不按照国家有关规定保存、销毁人口普查资料的；

（四）违法公布人口普查资料的；

（五）对依法履行职责或者拒绝、抵制人口普查违法行为的普查人员打击报复的；

（六）对本地方、本部门、本单位发生的严重人口普查违法行为失察的。

第三十五条　普查机构在组织实施人口普查活动中有下列违法行为之一的，由本级人民政府或者上级人民政府统计机构责令改正，予以通报；对直接负责的主管人员和其他直接责任人员，由任免机关或者监察机关依法给予处分：

（一）不执行普查方案的；

（二）伪造、篡改人口普查资料的；

（三）要求人口普查对象提供不真实的人口普查资料的；

（四）未按照普查方案的规定报送人口普查资料的；

（五）违反国家有关规定，造成人口普查资料毁损、灭失的；

（六）泄露或者向他人提供能够识别或者推断单个普查对象身份的资料的。

普查人员有前款所列行为之一的，责令其停止执行人口普查任务，予以通报，依法给予处分。

第三十六条 人口普查对象拒绝提供人口普查所需的资料，或者提供不真实、不完整的人口普查资料的，由县级以上人民政府统计机构责令改正，予以批评教育。

人口普查对象阻碍普查机构和普查人员依法开展人口普查工作，构成违反治安管理行为的，由公安机关依法给予处罚。

第三十七条 县级以上人民政府统计机构应当设立举报电话和信箱，接受社会各界对人口普查违法行为的检举和监督。

第六章 附 则

第三十八条 中国人民解放军现役军人、人民武装警察等人员的普查内容和方法，由国家统计局会同国务院有关部门、军队有关部门规定。

交通极为不便地区的人口普查登记的时间和方法，由国家统计局会同国务院有关部门规定。

第三十九条 香港特别行政区、澳门特别行政区的人口数，按照香港特别行政区政府、澳门特别行政区政府公布的资料计算。

台湾地区的人口数，按照台湾地区有关主管部门公布的资料计算。

第四十条 为及时掌握人口发展变化情况，在两次人口普查之间进行全国 1%人口抽样调查。全国 1%人口抽样调查参照本条例执行。

第四十一条 本条例自 2010 年 6 月 1 日起施行。

第三部分 附录

附录3 第七次全国人口普查方案

第七次全国人口普查方案

国家统计局
国务院第七次全国人口普查领导小组办公室

第一部分　总说明

根据《中华人民共和国统计法》《中华人民共和国统计法实施条例》《全国人口普查条例》和《国务院关于开展第七次全国人口普查的通知》，制定本方案。

一、普查目的

全面查清我国人口数量、结构、分布、城乡住房等方面情况，为完善人口发展战略和政策体系，促进人口长期均衡发展，科学制定国民经济和社会发展规划，推动经济高质量发展，开启全面建设社会主义现代化国家新征程，向第二个百年奋斗目标进军，提供科学准确的统计信息支持。

二、普查时点

普查的标准时点是2020年11月1日零时。

三、普查对象

普查对象是指普查标准时点在中华人民共和国境内的自然人以及在中华人民共和国境外但未定居的中国公民，不包括在中华人民共和国境内短期停留的境外人员。

四、普查内容和普查表

普查登记的主要内容包括：姓名、公民身份号码、性别、年龄、民族、受教育程度、行业、职业、迁移流动、婚姻生育、死亡、住房情况等。

根据不同的普查对象和普查内容，具体分为四种普查表。

（一）第七次全国人口普查短表

普查短表包括反映人口基本状况的项目，由全部住户（不包括港澳台居民和外籍人员）填报。

（二）第七次全国人口普查长表

普查长表包括所有短表项目和人口的经济活动、婚姻生育和住房等情况的项目，在全部住户中抽取10%的户（不包括港澳台居民和外籍人员）填报。

（三）第七次全国人口普查港澳台居民和外籍人员普查表

港澳台居民和外籍人员普查表包括反映人口基本状况的项目以及入境目的、居住时间、身份或国籍、就业情况等项目，由在境内居住的港澳台居民和外籍人员填报。

（四）第七次全国人口普查死亡人口调查表

死亡人口调查表包括死亡人口的基本信息，由2019年11月1日至2020年10月31日期间有死亡人口的户填报。

五、普查方法

普查采用全面调查的方法，以户为单位进行登记。

普查采用按现住地登记的原则，每个人必须在现住地进行登记。普查对象不在户口登记地居住的，户口登记地要登记相应信息。

普查登记采用普查员入户询问、当场填报，或由普查对象自主填报等方式进行。

普查数据采集原则上采用电子化的方式。采取普查员使用电子采集设备（PAD 或智能手机）登记普查对象信息并联网实时上报，或由普查对象通过互联网自主填报等方式进行。

普查员应按照工作要求，在户口整顿基础上对所负责普查小区进行全面摸底，掌握普查小区内的人口和居住情况，编制《户主姓名底册》，根据《户主姓名底册》进行入户登记工作，并参考部门行政记录等资料进行比对复查，确保普查登记真实准确、不重不漏。

六、普查数据处理

各级普查机构负责普查数据处理。国务院人口普查办公室统一编制数据采集、审核、编辑、汇总程序。

国务院人口普查办公室集中部署数据采集处理环境。各级普查机构应保障必要的数据处理办公环境和网络条件，采取必要的安全措施，确保数据处理工作安全、顺利地进行。

七、普查组织实施

（一）全国统一领导

国务院第七次全国人口普查领导小组负责普查组织实施中重大问题的研究和决策。普查领导小组办公室设在国家统计局，具体负责普查的组织实施。

（二）部门分工协作

领导小组各成员单位要按照职能分工，各负其责、通力协作、密切配合，共同做好普查工作。对普查工作中遇到的困难和问题，要及时采取措施予以解决。

（三）地方分级负责

地方各级人民政府设立相应的普查领导小组及其办公室，领导和组织实施本区域内的普查工作。村民委员会和居民委员会设立人口普查小组，协助街道办事处和乡镇政府动员和组织社会力量，做好本区域内的普查工作。

普查指导员和普查员可以从国家机关、社会团体、企业事业单位借调，也可以从村民委员会、居民委员会或者社会招聘。借调和招聘工作由县级人民政府负责。

（四）各方共同参与

国家机关、社会团体、企业事业单位应当按照《中华人民共和国统计法》《中华人民共和国统计法实施条例》和《全国人口普查条例》的规定，参与并配合普查工作。

八、普查质量控制

普查实行严格的质量控制制度，建立健全普查数据质量追溯和问责机制，确保普查数据可核查、可追溯、可问责。国务院人口普查办公室统一领导、统筹协调普查全过程质量控制的有关工作。地方各级普查机构主要负责人对本行政区域普查数据质量负总责，确保普查数据真实、准确、完整、及时。各级普查办公室必须严格执行各阶段工作要求，保证各阶段工作质量达到规定标准，确保普查工作质量与数据质量合格达标。

九、普查宣传

各级宣传部门和普查机构应制定宣传工作方案，深入开展普查宣传。

各级宣传部门应组织协调新闻媒体及有关部门，通过报刊、广播、电视、互联网、手机和户外广告等多种渠道，充分利用微博、微信、短视频等新媒体传播手段，宣传普查的重大意义、政策规定和工作要求，积极营造良好的普查氛围。

各级普查机构要组织开展形式多样的宣传活动，动员社会各界支持、参与普查。

十、普查法规与纪律要求

坚持依法普查，普查工作要严格按照《中华人民共和国统计法》《中华人民共和国统计法实施条例》《全国人口普查条例》《国务院关于开展第七次全国人口普查的通知》及相关规定组织开展。

普查对象应当依法履行普查义务，如实提供普查信息，不得虚报、瞒报、拒报。拒绝提供普查所需的资料，或者提供不真实、不完整的普查资料的，由县级以上人民政府统计机构责令改正，予以批评教育，情节严重的依法严肃处理。普查取得的数据，严格限定用于普查目的，不得作为任何部门和单位对各级行政管理工作实施考核、奖惩的依据。普查中获得的能够识别或者推断单个普查对象身份的资料，任何单位和个人不得对外提供、泄露，不得作为对普查对象实施处罚等具体行政行为的依据，不得用于普查以外的目的。各级普查机构及其工作人员，必须严格履行保密义务。

十一、普查主要工作阶段

普查工作分三个阶段进行：

一是准备阶段（2019 年 10 月—2020 年 10 月）。这一阶段的主要工作是：组建各级普查机构，制定普查方案和工作计划，进行普查试点，落实普查经费和物资，准备数据采集处理环境，开展普查宣传，选聘培训普查指导员和普查员，普查区域划分及绘图，进行户口整顿，开展摸底等。

二是普查登记阶段（2020 年 11 月—12 月）。这一阶段的主要工作是：普查员入户登记，进行比对复查，开展事后质量抽查等。

三是数据汇总和发布阶段（2020 年 12 月—2022 年 12 月）。这一阶段的主要工作是：数据处理、汇总、评估，发布主要数据公报，普查资料开发利用等。

十二、其他

（一）香港特别行政区、澳门特别行政区的人口数，按照香港特别行政区政府、澳门特别行政区政府公布的资料计算。

台湾地区的人口数，按照台湾地区有关主管部门公布的资料计算。

（二）因交通极为不便等特殊因素，需采用其他登记时间和方法的地区，须报请国务院人口普查办公室批准。

（三）对认真执行本方案，忠于职守，坚持原则，在普查工作中做出显著成绩的单位和个人，按照国家有关规定给予表彰奖励。

（四）本方案由国务院人口普查办公室负责解释。

第二部分　普查表式

第七次全国人口普查短表

经国务院批准进行第七次全国人口普查
人口普查的标准时点为2020年11月1日零时
人口普查的原始资料不向任何单位和个人提供，仅供汇总使用
公民应履行如实申报普查项目的义务

表　　号：R 6 0 1 表
制定机关：国家统计局
国务院人口普查办公室
批准文号：国发（2019）24号
有效期至：2021年3月

地址：_____省（区、市）_____市（地、州、盟）_____县（市、区、旗）_____乡（镇、街道）_____普查区_____普查小区_____户编号

一、住户项目

H1．户别
1．家庭户
2．集体户

H2．本户应登记人数
2020年10月31日晚居住本户的人数_____人
户口在本户，2020年10月31日晚未住本户的人数_____人

H3．本户2019年11月1日至2020年10月31日期间的出生人口
男_____人 女_____人

H4．本户2019年11月1日至2020年10月31日期间的死亡人口
男_____人 女_____人

H5．住所类型
1．普通住宅
2．集体住所
3．工作地住所
4．其他住房
5．无住房
（选择2—5的，跳至个人项目。）

H6．本户现住房建筑面积
_____平方米

H7．本户现住房间数

____间

二、个人项目

每个人都填报的项目

D1．姓名

______

D2．与户主关系

0．户主
1．配偶
2．子女
3．父母
4．岳父母或公婆
5．祖父母
6．媳婿
7．孙子女
8．兄弟姐妹
9．其他

D3．公民身份号码

□□□□□□□□□□□□□□□□□□

D4．性别

1．男
2．女

D5．出生年月

出生于：______年______月

D6．民族

______族

D7．普查时点（2020年11月1日零时）居住地

1．本普查小区
2．本村（居）委会其他普查小区
3．本乡（镇、街道）其他村（居）委会
4．本县（市、区、旗）其他乡（镇、街道）
5．其他县（市、区、旗），请在下面填写地址

________省（区、市）
________市（地、州、盟）
________县（市、区、旗）
6．香港特别行政区、澳门特别行政区、台湾地区
7．国外

D8．户口登记地
1．本村（居）委会
2．本乡（镇、街道）其他村（居）委会
3．本县（市、区、旗）其他乡（镇、街道）
4．其他县（市、区、旗），请在下面填写地址
________省（区、市）
________市（地、州、盟）
________县（市、区、旗）
5．户口待定→D11

D9．离开户口登记地时间
1．没有离开户口登记地→D11
2．不满半年
3．半年以上，不满一年
4．一年以上，不满二年
5．二年以上，不满三年
6．三年以上，不满四年
7．四年以上，不满五年
8．五年以上，不满十年
9．十年以上

D10．离开户口登记地原因
0．工作就业
1．学习培训
2．随同离开/投亲靠友
3．拆迁/搬家
4．寄挂户口
5．婚姻嫁娶
6．照料孙子女
7．为子女就学
8．养老/康养
9．其他

3周岁及以上（2017年10月31日以前出生）的人填报的项目
D11．受教育程度
1．未上过学

2．学前教育

3．小学

4．初中

5．高中

6．大学专科

7．大学本科

8．硕士研究生

9．博士研究生

15 周岁及以上（2005 年 10 月 31 日以前出生）的人填报的项目

D12．是否识字

1．是

2．否

第七次全国人口普查长表

经国务院批准进行第七次全国人口普查
人口普查的标准时点为2020年11月1日零时
人口普查的原始资料不向任何单位和个人提供，仅供汇总使用
公民应履行如实申报普查项目的义务

表　　号：R 6 0 2 表
制定机关：国家统计局
国务院人口普查办公室
批准文号：国发（2019）24号
有效期至：2021年3月

地址：_____省（区、市）_____市（地、州、盟）_____县（市、区、旗）_____乡（镇、街道）_____普查区_____普查小区_____户编号

一、住户项目

H1．户别

1．家庭户

2．集体户

H2．本户应登记人数

2020年10月31日晚居住本户的人数_____人

户口在本户，2020年10月31日晚未住本户的人数_____人

H3．本户2019年11月1日至2020年10月31日期间的出生人口

男_____人　女_____人

H4．本户2019年11月1日至2020年10月31日期间的死亡人口

男_____人　女_____人

H5．住所类型

1．普通住宅

2．集体住所

3．工作地住所

4．其他住房

5．无住房

（选择2—5的，跳至个人项目。）

H6．本户现住房建筑面积

_____平方米

H7．本户现住房间数

_____间

H8．住房所在建筑的总层数

1．平房
2．多层（7 层及以下）
3．高层（8—33 层）
4．超高层（34 层及以上）

H9．承重类型

1．钢及钢筋混凝土结构
2．混合结构
3．砖木结构
4．竹草土坯结构
5．其他结构

H10．住房建成年代

1．1949 年以前
2．1949—1959 年
3．1960—1969 年
4．1970—1979 年
5．1980—1989 年
6．1990—1999 年
7．2000—2009 年
8．2010—2014 年
9．2015 年以后

H11．住房所在建筑有无电梯

1．有
2．无

H12．主要炊事燃料

1．燃气
2．电
3．煤炭
4．柴草
5．其他

H13．住房内有无管道自来水

1．有
2．无

H14．住房内有无厨房

1．独立使用
2．与其他户合用

3. 无

H15. 住房内有无厕所

1. 水冲式卫生厕所
2. 水冲式非卫生厕所
3. 卫生旱厕
4. 普通旱厕
5. 无

H16. 住房内有无洗澡设施

1. 统一供热水
2. 家庭自装热水器
3. 其他
4. 无

H17. 住房来源

1. 租赁廉租房/公租房
2. 租赁其他住房
3. 购买新建商品房
4. 购买二手房
5. 购买原公有住房
6. 购买经济适用房/两限房
7. 自建住房
8. 继承或赠予
9. 其他

（选择 3—9 的，跳至 H19。）

H18. 月租房费用

0. 200 元以下
1. 200—499 元
2. 500—999 元
3. 1000—1999 元
4. 2000—2999 元
5. 3000—3999 元
6. 4000—5999 元
7. 6000—7999 元
8. 8000—9999 元
9. 10000 元以上

H19. 拥有全部家用汽车的总价

1. 不满 10 万元
2. 10 万元以上，不满 20 万元

3．20 万元以上，不满 30 万元
4．30 万元以上，不满 50 万元
5．50 万元以上，不满 100 万元
6．100 万元以上
7．没有汽车

二、个人项目

每个人都填报的项目

C1．姓名

____

C2．与户主关系

0．户主
1．配偶
2．子女
3．父母
4．岳父母或公婆
5．祖父母
6．媳婿
7．孙子女
8．兄弟姐妹
9．其他

C3．公民身份号码

□□□□□□□□□□□□□□□□□□

C4．性别

1．男
2．女

C5．出生年月

出生于：________年________月

C6．民族

________族

C7．普查时点（2020 年 11 月 1 日零时）居住地

1．本普查小区
2．本村（居）委会其他普查小区
3．本乡（镇、街道）其他村（居）委会
4．本县（市、区、旗）其他乡（镇、街道）

5．其他县（市、区、旗），请在下面填写地址

_______省（区、市）

_______市（地、州、盟）

_______县（市、区、旗）

6．香港特别行政区、澳门特别行政区、台湾地区

7．国外

C8．户口登记地

1．本村（居）委会

2．本乡（镇、街道）其他村（居）委会

3．本县（市、区、旗）其他乡（镇、街道）

4．其他县（市、区、旗），请在下面填写地址

_______省（区、市）

_______市（地、州、盟）

_______县（市、区、旗）

5．户口待定→C12

C9．离开户口登记地时间

1．没有离开户口登记地→C12

2．不满半年

3．半年以上，不满一年

4．一年以上，不满二年

5．二年以上，不满三年

6．三年以上，不满四年

7．四年以上，不满五年

8．五年以上，不满十年

9．十年以上

C10．离开户口登记地原因

0．工作就业

1．学习培训

2．随同离开/投亲靠友

3．拆迁/搬家

4．寄挂户口

5．婚姻嫁娶

6．照料孙子女

7．为子女就学

8．养老/康养

9．其他

C11．户口登记地类型

1．乡

2．镇的村委会
3．镇的居委会
4．街道

C12．是否有农村土地承包经营权
1．有
2．无

C13．出生地
1．本县（市、区、旗）
2．本省其他县（市、区、旗）
3．省外：________省（区、市）

5周岁及以上（2015年10月31日以前出生）的人填报的项目
C14．五年前常住地
2015年11月1日常住地：
1．本县（市、区、旗）
2．其他地区，请在下面填写地址
______省（区、市）
______市（地、州、盟）
______县（市、区、旗）

3周岁及以上（2017年10月31日以前出生）的人填报的项目
C15．受教育程度
1．未上过学→C17
2．学前教育→C17
3．小学
4．初中
5．高中
6．大学专科
7．大学本科
8．硕士研究生
9．博士研究生

C16．学业完成情况
1．在校
2．毕业
3．肄业
4．辍学
5．其他

15 周岁及以上（2005 年 10 月 31 日以前出生）的人填报的项目

C17．是否识字

1．是

2．否

C18．工作情况

10 月 25—31 日是否为取得收入而工作了一小时以上（包括临时工、依托互联网平台灵活就业、家庭经营无酬帮工等）

1．是，上周工作时间_______小时

2．在职休假、在职学习培训、临时停工（保留工资）

3．未做任何工作→C22

C19．工作单位或生产经营活动所属类型

1．企业、事业、机关或社会团体等法人单位

2．个体经营户

3．经营农村家庭承包地（家庭农林牧渔生产经营活动）

4．自由职业/灵活就业

C20．行业

单位详细名称：________________________________

主要产品或主要业务：________________________________

C21．职业

本人从事的具体工作：________________________________→C23

C22．未工作原因

1．在校学习

2．离退休

3．料理家务

4．丧失工作能力

5．其他

C23．主要生活来源

1．劳动收入

2．离退休金/养老金

3．最低生活保障金

4．失业保险金

5．财产性收入

6．家庭其他成员供养

7．其他

C24．婚姻状况

1．未婚→C28

2．有配偶

3．离婚

4．丧偶

C25．初婚年月

______年______月

15 至 64 周岁（1955 年 11 月 1 日—2005 年 10 月 31 日出生）的妇女填报的项目

C26．生育子女数

1．未生育→C28

2．有生育（请填报生育的子女数）

生过几个孩子：

男______人

女______人

其中现在存活几个孩子：

男______人

女______人

15 至 50 周岁（1969 年 11 月 1 日—2005 年 10 月 31 日出生）的妇女填报的项目

C27．过去一年（2019 年 11 月 1 日—2020 年 10 月 31 日）的生育状况

1．一年内未生育（结束）

2．一年内有生育（请填报生育时间和孩子性别）

生育时间：

____月

婴儿性别：

1．男

2．女

一年内生育两个以上孩子的，请填报第二个孩子的状况。

生育时间：

____月

婴儿性别：

1．男

2．女

60 周岁及以上（1960 年 10 月 31 日以前出生）的人填报的项目

C28．居住状况

1．与配偶和子女同住

2．与配偶同住

3．与子女同住
4．独居（有保姆）
5．独居（无保姆）
6．养老机构
7．其他

C29．身体健康状况

1．健康
2．基本健康
3．不健康，但生活能自理
4．不健康，生活不能自理

第七次全国人口普查港澳台居民和外籍人员普查表

The Seventh National Population Census Form for Residents from Hong Kong, Macao, Taiwan and from Foreign Countries

中国政府决定进行第七次全国人口普查
人口普查标准时点为2020年11月1日零时
我们将对您在普查表中填写的信息给予
保密，敬请合作。

The Government of China has decided to conduct the 7th National Population Census, with zero hour on 1 November 2020 as the reference time.
Information provided will be kept confidential.
Your cooperation is highly appreciated.

表　号：R603表
制定机关：国家统计局
国务院人口普查办公室
批准文号：国发（2019）24号
有效期至：2021年3月

Form number: R603
Form issued by: National Bureau of Statistics
Office of the State Council for the Seventh National Population Census
Approval number: （2019）24
Valid until: March 2021

地址 Address：

_____省（区、市）Province

_____市（地、州、盟）City (prefecture)

_____县（市、区、旗）County (city, district)

_____乡（镇、街道）Town (township, street)

_____普查区 Enumeration area (village/community committee)

_____普查小区 Enumeration block

_____户编号 Household number

一、住户项目

Household Information

F1. 户别

Type of household

1. 家庭户 Family household
2. 集体户 Collective household

F2. 住所类型

Type of dwelling

1. 普通住宅 Conventional dwellings
2. 集体住所 Collective living quarters
3. 工作地住所 Living in work places
4. 其他住房 Other dwellings
5. 无住房 With no dwellings

（选择2—5的，跳至个人项目。）

(If the answer is 2-5, then skip to ‘Individual Information’.)

F3. 本户现住房建筑面积

Floor space for this household

_____平方米 m^2

F4. 本户现住房间数

Number of rooms for this household

_____间 rooms

二、个人项目

Individual Information

R1. 姓名 Full name

____

R2. 与户主关系

Relationship with head of household

0. 户主 Head of household
1. 配偶 Spouse
2. 子女 Son or daughter
3. 父母 Parent
4. 岳父母或公婆 Parent-in-law
5. 祖父母 Grandparent
6. 媳婿 Son-in-law or daughter-in-law
7. 孙子女 Grandchild
8. 兄弟姐妹 Brother or sister
9. 其他 Other relationship

R3. 性别

Sex

1. 男 Male
2. 女 Female

R4. 出生年月

Date of birth

出生于 Born in：_______年 year_______月 month

R5. 来内地（大陆）或来华目的

Purpose for stay in the mainland of China

1. 商务 Business
2. 就业 Work
3. 学习 Study
4. 定居 Residence
5. 探亲 Visiting relatives

6. 其他 Others

R6. 已在内地（大陆）或在华居住时间
Duration of stay in the mainland of China
1. 不满三个月 Less than 3 months
2. 三个月以上，不满半年 3 months to less than 6 months
3. 半年以上，不满一年 6 months to less than 12 months
4. 一年以上，不满二年 1 year to less than 2 years
5. 二年以上，不满五年 2 years to less than 5 years
6. 五年以上 5 years or more

R7. 受教育程度
3 周岁及以上（2017 年 10 月 31 日以前出生）的人填报
Educational attainment
For persons aged 3 and over（Born before 31st Oct. 2017）
1. 未上过学 No schooling
2. 学前教育 Pre-primary education
3. 小学 Primary education
4. 初中 Junior secondary education
5. 高中 Senior secondary education
6. 大学专科 College
7. 大学本科 University
8. 硕士研究生 Master
9. 博士研究生 Doctor

R8. 身份或国籍
Citizenship
1. 香港特别行政区居民 Hong Kong SAR resident
2. 澳门特别行政区居民 Macao SAR resident
3. 台湾地区居民 Taiwan resident
4. 外国人 Foreigner：国籍 Country_______ （结束）(End)

15 周岁及以上（2005 年 10 月 31 日以前出生）港澳台居民填报的项目
For persons aged 15 and over (Born before 31st Oct. 2005) from Hong Kong, Macao and Taiwan

R9. 工作情况
10 月 25—31 日是否为取得收入而工作了一小时以上
1．是
2．在职休假、在职学习培训、临时停工（保留工资）
3．未做任何工作→R12

R10．行业
1．农、林、牧、渔业

2．采矿业
3．制造业
4．电力、热力、燃气及水生产和供应业
5．建筑业
6．批发和零售业
7．交通运输、仓储和邮政业
8．住宿和餐饮业
9．信息传输、软件和信息技术服务业
10．金融业
11．房地产业
12．租赁和商务服务业
13．科学研究和技术服务业
14．水利、环境和公共设施管理业
15．居民服务、修理和其他服务业
16．教育
17．卫生和社会工作
18．文化、体育和娱乐业
19．公共管理、社会保障和社会组织
20．国际组织

R11．职业

1．党的机关、国家机关、群众团体和社会组织、企事业单位负责人
2．专业技术人员
3．办事人员和有关人员
4．社会生产服务和生活服务人员
5．农、林、牧、渔业生产及辅助人员
6．生产制造及有关人员
7．不便分类的其他从业人员

R12．婚姻状况

1．未婚
2．有配偶
3．离婚
4．丧偶

第七次全国人口普查死亡人口调查表

（2019 年 11 月 1 日至 2020 年 10 月 31 日死亡的人口登记）

经国务院批准进行第七次全国人口普查
人口普查的标准时点为 2020 年 11 月 1 日零时
人口普查的原始资料不向任何单位和个人提供，
仅供汇总使用
公民应履行如实申报普查项目的义务

表　　号：R 6 0 4 表
制定机关：国 家 统 计 局
国务院人口普查办公室
批准文号：国发（2019）24 号
有效期至：2 0 2 1 年 3 月

地址：_____省（区、市）_____市（地、州、盟）_____县（市、区、旗）_____乡（镇、街道）_____普查区_____普查小区_____户编号

每个死亡人口都登记的项目

S1．姓名

____

S2．公民身份号码

□□□□□□□□□□□□□□□□□□

S3．性别

1．男
2．女

S4．出生年月

出生于：_______年_______月

S5．死亡时间

死亡于：_______月

S6．民族

_______族

死亡时满 3 周岁的人登记的项目

S7．受教育程度

1．未上过学
2．学前教育
3．小学
4．初中
5．高中
6．大学专科
7．大学本科

8．硕士研究生

9．博士研究生

死亡时满15周岁的人登记的项目

S8．婚姻状况

1．未婚

2．有配偶

3．离婚

4．丧偶

第三部分 普查表填写说明

一、普查表的种类

第七次全国人口普查表分为《第七次全国人口普查短表》《第七次全国人口普查长表》《第七次全国人口普查港澳台居民和外籍人员普查表》和《第七次全国人口普查死亡人口调查表》四种表。

二、标准时点

第七次全国人口普查的标准时点为2020年11月1日零时。

普查员在掌握普查标准时点时，应注意以下两点：

（一）2020年11月1日零时以后出生的人不登记；2020年11月1日零时以后死亡的人仍要在普查短表中登记。

（二）2020年11月1日零时以后居住地发生变化的人，仍在原居住地登记。

三、普查对象

普查对象是指普查标准时点在中华人民共和国境内的自然人以及在中华人民共和国境外但未定居的中国公民，不包括在中华人民共和国境内短期停留的境外人员。

（一）普查短表和普查长表的普查对象具体是指2020年10月31日晚住本普查小区的人，以及户口登记在本普查小区但2020年10月31日晚未住本普查小区的人。

1.2020年10月31日晚住本普查小区的人，无论其户口登记在何处。

2.户口登记在本普查小区，但2020年10月31日晚未住本普查小区的人，无论其外出时间长短、外出原因如何。

（二）港澳台居民和外籍人员普查表的普查对象具体是指2020年10月31日晚住本普查小区的港澳台居民和外籍人员。

（三）死亡人口调查表的登记对象具体是指2019年11月1日至2020年10月31日期间本普查小区的死亡人口。

四、登记原则

人口普查采用按现住地登记的原则，每个人必须在现住地进行登记。普查对象不在户口登记地居住的，户口登记地要登记相应信息。

人口普查以户为单位进行登记，户分为家庭户和集体户。集体户以一个住房单元为一户进行普查登记。

为便于理解登记对象，并考虑到普查中可能遇到的特殊情况，普查员在入户登记时可采取以下方式询问住户：

应在您家普查登记的人包括：

•2020年10月31日晚住在您家里的人。

•经常居住在您家，由于临时出差、探亲、旅游或值夜班等原因，2020年10月31日晚未住在您家的人（视为2020年10月31日晚住在您家）。

•幼儿园全托孩子，小学、初中住校生（视为2020年10月31日晚住在您家）。

•户口登记在现住房地址的其他人。

不包括：

•现役军人和武警。

•由于临时出差、探亲、旅游等原因，2020 年 10 月 31 日晚暂住在您家的人。

•2020 年 11 月 1 日零时以后出生的人。

五、普查项目

（一）普查短表

按户填报的项目有：户别、本户应登记人数、本户 2019 年 11 月 1 日至 2020 年 10 月 31 日期间的出生人口、本户 2019 年 11 月 1 日至 2020 年 10 月 31 日期间的死亡人口、住所类型、本户现住房建筑面积、本户现住房间数。

按人填报的项目有：姓名、与户主关系、公民身份号码、性别、出生年月、民族、普查时点（2020 年 11 月 1 日零时）居住地、户口登记地、离开户口登记地时间、离开户口登记地原因、受教育程度、是否识字。

（二）普查长表

按户填报的项目有：户别、本户应登记人数、本户 2019 年 11 月 1 日至 2020 年 10 月 31 日期间的出生人口、本户 2019 年 11 月 1 日至 2020 年 10 月 31 日期间的死亡人口、住所类型、本户现住房建筑面积、本户现住房间数、住房所在建筑的总层数、承重类型、住房建成年代、住房所在建筑有无电梯、主要炊事燃料、住房内有无管道自来水、住房内有无厨房、住房内有无厕所、住房内有无洗澡设施、住房来源、月租房费用、拥有全部家用汽车的总价。

按人填报的项目有：姓名、与户主关系、公民身份号码、性别、出生年月、民族、普查时点（2020 年 11 月 1 日零时）居住地、户口登记地、离开户口登记地时间、离开户口登记地原因、户口登记地类型、是否有农村土地承包经营权、出生地、五年前常住地、受教育程度、学业完成情况、是否识字、工作情况、经常工作单位或生产经营活动所属类型、行业、职业、未工作原因、主要生活来源、婚姻状况、初婚年月、生育子女数、过去一年（2019 年 11 月 1 日—2020 年 10 月 31 日）的生育状况、居住状况、身体健康状况。

（三）港澳台居民和外籍人员普查表

按户填报的项目有：户别、住所类型、本户现住房建筑面积、本户现住房间数。

按人填报的项目有：姓名、与户主关系、性别、出生年月、来内地（大陆）或来华目的、已在内地（大陆）或在华居住时间、受教育程度、身份或国籍、工作情况、行业、职业、婚姻状况。

（四）死亡人口调查表

填报的项目有：姓名、公民身份号码、性别、出生年月、死亡时间、民族、受教育程度、婚姻状况。

六、普查表的填写方法

（一）普查表以户为单位进行登记。普查短表、死亡人口调查表采用普查员入户询问、当场填报，或由普查对象通过互联网自主填报等方式进行。普查长表、港澳台居民和外籍人员普查表采用普查指导员和普查员入户询问、当场填报的登记方式。

（二）普查小区中的每一户有且只有一个户编号，为“001”开始的 3 位顺序码，在《户主姓名底册》编制完成后自动生成，普查表上的户编号与其一致，不可修改。

（三）普查表的填写顺序：先填写住户项目，再逐人填写个人项目。

普查员填写普查短表时，填写按人登记的项目时，表内第一人应填户主，然后依次填户主的配偶和其他关系的人。全户死亡的户，只填写“H4.本户 2019 年 11 月 1 日至 2020 年 10 月 31 日期间的死亡人口”，其他住户项目和个人项目均不再登记。

普查员填写普查长表时，与普查短表相同的项目直接代入短表信息，经向普查对象核实确认后，再填报其他项目。

（四）普查表每户最多可以填写 20 人。对于超过 20 人的大集体户，可酌情分成若干集体户填写。

（五）有标准选项的项目，根据实际情况选填，并且每个问题只能选择一个标准选项。民族、普查时点（2020 年 11 月 1 日零时）居住地、户口登记地、出生地、五年前常住地等项目可根据列表栏进行选择。没有标准选项的项目，用文字或阿拉伯数字据情填报。

（六）如果填写错误或发生逻辑关系异常，数据采集程序会给出审核提示。审核类型分为强制性审核和确认性审核，若为强制性审核错误，必须根据提示信息对错误项目进行修改；若为确认性审核提示，应根据提示信息对异常项目进行核实，确认无误后，继续进行填报。

（七）普查员每填完一户，应即刻进行审核，将通过审核的信息向申报人当面宣读，核对无误后，由申报人签字确认。

第四部分　指标解释

一、普查短表

（一）住户项目

H1.户别——按家庭户、集体户的类别填报。

1.家庭户：以家庭成员关系为主，居住一处共同生活的人口，作为一个家庭户。单身居住独自生活的，也作为一个家庭户。

2.集体户：相互之间没有家庭成员关系，集体居住共同生活的人口作为一个集体户。

H2.本户应登记人数——包括两个部分。一部分是2020年10月31日晚居住本户的人数，既包括户口在本户、2020年10月31日晚居住本户的人数，也包括户口不在本户、2020年10月31日晚居住本户的人数，填写H2的第一项；另一部分是户口在本户，2020年10月31日晚未居住本户的人数，填写H2的第二项。

H3.本户2019年11月1日至2020年10月31日期间的出生人口——填写本户在2019年11月1日至2020年10月31日期间出生的人数。分别填写男、女的合计数。若本户在此期间没有出生人口，请填写“0”。

H4.本户2019年11月1日至2020年10月31日期间的死亡人口——填写本户在2019年11月1日至2020年10月31日期间死亡的人数。分别填写男、女的合计数。若本户在此期间没有死亡人口，请填写“0”。

填写H3、H4时应注意：

不要漏掉出生时有某种生命现象（如在胎儿脱离母体时，有呼吸或心跳，脐带搏动、随意肌收缩等）不久即死亡的婴儿，既要填写出生人数，也要填写死亡人数。

H5.住所类型——按居住的住所类型填报。

1.普通住宅：指人工建造的，有墙、顶、门、窗等结构，具有独立入口，专门供人居住的房屋或场所。如单元房、平房、四合院、独栋别墅、筒子楼、窑洞等传统意义上的住宅。

2.集体住所：指学生宿舍、职工宿舍、工棚、养老院、福利院、宗教场所等。

3.工作地住所：指居住在办公楼、发廊、商铺、餐馆等工作场所。

4.其他住房：指居住在上述场所以外的其他房屋或场所。

5.无住房：指本户没有住房，居无定所（如流动人口中那些睡在桥下、公园、车站或睡在运载货物、商品车辆上的人等）。

H6.本户现住房建筑面积——本户现住房的建筑面积以房屋所有权证（不动产权证）或租赁凭证上的相关信息为准。

若只知道使用面积的，可用使用面积乘以1.33，换算成建筑面积。填写本项目时应注意：

1.在租借房屋居住的户，按租借住房的实际情况填写其住房建筑面积。

2.合住在同一所住房里的住户，其建筑面积为各户所独立使用的房间面积加上公共使用面积（包括厨房、厕所、门厅、阳台等）的分摊部分：两户合住的，各按二分之一计算；三户合住的，各按三分之一计算，依此类推。

3.建筑面积应填写整数，不为整数时四舍五入获得。

H7.本户现住房间数——指除厨房、厕所、过道和厅以外的所有自然间数（包括扩建的房间）。填写本项目时应注意：

1.在租借房屋居住的户，按租借住房的实际居住情况填写其住房间数。

2.合住同一所住房的，在填写住房间数时，填写其独立使用的房间数。

（二）个人项目

D1.姓名——填写被登记人的正式姓名。没有正式姓名的可填小名或某某氏，但不能填笔名、代号等。婴儿未起名的，可填“未取名”。

D2.与户主关系——指被登记人与本户户主的关系。申报人不是户主的，不要将被登记人与申报人的关系错填为与户主的关系。

0.户主：按家庭日常生活习惯确定户主。

1.配偶：指户主的妻子或丈夫。

2.子女：指户主的子女。

3.父母：指户主的父母或继父母、养父母。

4.岳父母或公婆：指户主配偶的父母或继父母、养父母。

5.祖父母：指户主或配偶的祖父母、外祖父母、曾祖父母、外曾祖父母。

6.媳婿：指户主子女的配偶。

7.孙子女：指户主的孙子女、外孙子女、孙媳婿、外孙媳婿、重孙子女、重孙媳婿、重外孙子女、重外孙媳婿。

8.兄弟姐妹：指户主及其配偶的兄弟姐妹以及他们的配偶。

9.其他：指以上九种人以外的成员。

在登记家庭户时，户主应登记为第一人，选填“0.户主”。如果户主的配偶也在本户登记，应登记为第二人，选填“1.配偶”，然后再登记该户的其他成员；如果户主没有配偶，或户主配偶不在本户登记，第二人登记本户其他成员。

在登记集体户时，任选一人登记为户主，选填“0.户主”，本户其他成员与户主关系一律登记为其他，选填“9.其他”。

D3.公民身份号码——指 18 位公民身份号码。无公民身份号码的填写 18 位 0。

D4.性别——指被登记人的性别。

D5.出生年月——指被登记人的出生年、月。

出生年月按公历填写，只知道农历的，要换算成公历。按照一般的规律，农历的月份与公历的月份相差一个月左右，换算时农历的月份加 1 即可作为公历的月份，但要注意农历的 12 月应当是公历下一年的 1 月。

D6.民族——指被登记人的民族。

外国人加入中国籍，其民族和我国的某一民族相同的，就选填某一民族；没有相同民族的，按外国人加入中国籍填写，选填“入籍”。

D7.普查时点（2020 年 11 月 1 日零时）居住地——指被登记人在普查标准时点居住的地址。

1.本普查小区：指普查时点居住在本普查小区的人。如果本户在本普查小区拥有一套以上的住房，可确定其中一处进行登记。

2.本村（居）委会其他普查小区：指户口登记地在本普查小区，普查时点居住在本村（居）委会其他普查小区的人。

3.本乡（镇、街道）其他村（居）委会：指户口登记地在本普查小区，普查时点居住在本乡（镇、街道）其他村（居）委会的人。

4.本县（市、区、旗）其他乡（镇、街道）：指户口登记地在本普查小区，普查时点居住在本县（市、区、旗）的其他乡（镇、街道）的人。

5.其他县（市、区、旗）：指户口登记地在本普查小区，普查时点居住在本县（市、区、旗）以外地区的人。填报本选项的人还需选填普查时点居住地所在省（区、市）、市（地、州、盟）、县（市、区、旗）

的具体名称。

6.香港特别行政区、澳门特别行政区、台湾地区：指户口登记地在本户，普查时点居住在香港特别行政区、澳门特别行政区、台湾地区的人。

7.国外：指户口登记地在本户，普查时点居住在国外的人。

D8.户口登记地——指被登记人的居民户口簿上的地址。

1.本村（居）委会：指户口登记地在本村（居）委会的人。

2.本乡（镇、街道）其他村（居）委会：指普查时点居住本普查小区，户口登记地在本乡（镇、街道）其他村（居）委会的人。

3.本县（市、区、旗）其他乡（镇、街道）：指普查时点居住本普查小区，户口登记地在本县（市、区、旗）的其他乡（镇、街道）的人。

4.其他县（市、区、旗）：指普查时点居住本普查小区，户口登记地在本县（市、区、旗）以外地区的人。填报本选项的人还需填写户口登记地所在省（区、市）、市（地、州、盟）、县（市、区、旗）的具体名称。

5.户口待定：指普查时点居住本普查小区，在任何地方都没有登记户口的人。包括手持户口迁移证、出生证、退伍证等情况。

D9.离开户口登记地时间——指到普查标准时点为止，被登记人离开户口登记地（居住地与户口登记地不一致）的时间。

没有离开户口登记地是指户口登记地在本村（居）委会，普查标准时点居住在本普查小区或本村（居）委会其他普查小区。

若常年外出的人由于农忙、节假日等原因偶尔回家的，或回家后因疫情原因推迟外出的，还应该从第一次离开户口登记地的时间开始计算。

D10.离开户口登记地原因——指被登记人离开户口登记地（居住地与户口登记地不一致）的原因。

0.工作就业：指十五周岁及以上因务工经商、工作招聘、调动等原因离开户口登记地的人。

1.学习培训：指六周岁及以上因考入各级各类学校或参加各种学习班、培训班而离开户口登记地的人。

2.随同离开/投亲靠友：指因跟随亲属、投亲靠友而离开户口登记地的人。

3.拆迁/搬家：指因房屋拆迁、改造或者搬家而离开户口登记地的人。

4.寄挂户口：指户口落在集体户或没有在户口登记地居住过、只落户口的人。

5.婚姻嫁娶：指十五周岁及以上因结婚而离开户口登记地的人。

6.照料孙子女：指为照料孙子女而离开户口登记地的人。

7.为子女就学：指为子女就学而离开户口登记地的人。

8.养老/康养：指因旅游（度假）养老/康养、候鸟式养老/康养、回籍贯地养老/康养、居住在养老院而离开户口登记地的人，不包括跟随子女养老。

9.其他：指上述几种以外的原因。

凡具有两种以上原因的，按其主要的原因选填一个标准选项。

D11.受教育程度——指按照国家教育体制，被登记人接受教育的情况。通过自学或成人学历教育经国家统一考试合格的，分别归入相应的受教育程度。

1.未上过学：指从未接受过各级各类学校教育。包括参加过各种扫盲班或成人识字班学习，且以后再没有接受过各级各类学校教育的人。

2.学前教育：指仅接受过或正在接受专门学前教育机构教育，即在幼儿园或附设幼儿班接受保育和教育。

3.小学：指接受的最高一级教育为小学，无论其是否在校、毕业、肄业或辍学。

4.初中：指接受的最高一级教育为初中，无论其是否在校、毕业、肄业或辍学。

5.高中：指接受的最高一级教育为普通高中、成人高中和中等职业学校，无论其是否在校、毕业、肄业或辍学。

6.大学专科：指接受的最高一级教育为大学专科。在普通高等学校学习大学专科的，无论其是否在校、毕业、肄业或辍学，都填报此项。

凡国家授权承认学历的开放大学、广播电视大学、职工大学等成人高校和普通高等学校举办的函授大学、夜大学和其他形式的大学，按教育部颁布的大学专科教学大纲进行授课的，其毕业生选填此项；其肄业生、在校生按原有受教育程度填报。含成人专科和网络专科。

通过自学，经国家统一举办的自学考试合格，并取得大学专科毕业证书的，也选填此项。

7.大学本科：指接受的最高一级教育为大学本科。在普通高等学校学习大学本科的，无论其是否在校、毕业、肄业或辍学，都填报此项。

凡国家授权承认学历的开放大学、广播电视大学、职工大学等成人高校和普通高等学校举办的函授大学、夜大学和其他形式的大学，按教育部颁布的大学本科教学大纲进行授课的，其毕业生选填此项；其肄业生、在校生按原有受教育程度填报。含成人本科和网络本科。

通过自学和进修大学课程，经考试合格，并取得大学本科毕业证书的，也选填此项。

8.硕士研究生：指接受的最高一级教育为硕士研究生，无论其是否在校、毕业、肄业或辍学。含 2016 年 12 月 1 日以后录取的非全日制硕士研究生。

在职接受硕士研究生教育的，其毕业生选填此项；肄业生和在校生按原有受教育程度填报。

9.博士研究生：指接受的最高一级教育为博士研究生，无论其是否在校、毕业、肄业或辍学。含 2016 年 12 月 1 日以后录取的非全日制博士研究生。

在职接受博士研究生教育的，其毕业生选填此项；肄业生和在校生按原有受教育程度填报。

凡是没有按教育部的教学大纲培养或只学单科的人，不能填报“大学专科”“大学本科”“硕士研究生”或“博士研究生”，一律按原有受教育程度填报。

D12.是否识字：指被登记人是否达到国家规定的脱盲标准（城镇居民和企、事业单位职工识字 2000 个，农村居民识字 1500 个）。登记时可询问，日常生活中是否能读懂简单的书信或书写简短的句子。如果能阅读通俗书报、能写便条就认为具有识字能力。

二、普查长表

（一）住户项目

H1.户别——与短表 H1 相同。

H2.本户应登记人数——与短表 H2 相同。

H3.本户 2019 年 11 月 1 日至 2020 年 10 月 31 日期间的出生人口——与短表 H3 相同。

H4.本户 2019 年 11 月 1 日至 2020 年 10 月 31 日期间的死亡人口——与短表 H4 相同。

H5.住所类型——与短表 H5 相同。

H6.本户现住房建筑面积——与短表 H6 相同。

H7.本户现住房间数——与短表 H7 相同。

H8.住房所在建筑的总层数——层数是指建筑物的自然层数，一般按室内地坪以上计算。

采光窗在室外地坪以上的半地下室，其室内层高在 2.20m 以上（不含 2.20m）的，计算自然层数；假层、附层（夹层）、插层、阁楼（暗楼）、装饰性塔楼，以及突出屋面的楼梯间、水箱间不计层数。

其中，平房是指只有一层的房子。

H9.承重类型——指在房屋建筑中，由各种构件（屋架、梁、板、柱等）组成的能够承受各种作用的体系。

1.钢及钢筋混凝土结构：指承重的主要构件是用钢及钢筋混凝土建造的。它包括“钢结构”“钢、钢筋混凝土”和“钢筋混凝土”三种结构类型。

钢结构：承重的主要构件是钢材料建成的，包括悬索结构。

钢、钢筋混凝土结构：承重的主要构件是用钢、钢筋混凝土建造的。如一幢房屋一部分梁柱采用钢、钢筋混凝土构架建成。

钢筋混凝土结构：承重的主要构件是用钢筋混凝土建造的。包括薄壳结构、大模板现浇结构及使用滑模、升板等建造的钢筋混凝土结构的建筑物。

2.混合结构：指承重的主要构件是用钢筋混凝土和砖木建造的。如一幢房屋的梁是用钢筋混凝土制成，以砖墙为承重墙，或者梁是用木材建造，柱是用钢筋混凝土建造。

3.砖木结构：指承重的主要构件是用砖、木材建造的。如一幢房屋是木制房架、砖墙、木柱建成的。

4.竹草土坯结构：指承重的主要构件是用竹、草、土坯等建造的。如竹楼、土窑洞等。

5.其他结构：指不属于上述类型的结构。

H10.住房建成年代——指本户住房所属建筑物的建成年份。

本户住房所属建筑物翻修过的，按翻修时的年份选填。经过改建的，如改建面积大于原面积的，按改建时的年份选填；如改建面积小于原面积的，按原建成年份选填。

H11.住房所在建筑有无电梯——指本户住房所属建筑物内部、外部是否安装电梯。

H12.主要炊事燃料——指本户用于炊事的主要燃料。

如果本户用于炊事的燃料有两种以上，选填主要的一种。

H13.住房内有无管道自来水——指本户住房内是否有经过公用设施净化处理的管道输送水。

在院子里自己打的机井不能算作有自来水。

H14.住房内有无厨房——指本户住房内是否有专供做饭使用的房间，无论是否装有上下水道及固定灶具。

在公用过道、客堂等处烧饭的和在庭院、路边搭建的、临时简陋设施中做饭的都不算有厨房。

H15.住房内有无厕所——指本户住房内是否有厕所。

1.水冲式卫生厕所：指有上下水系统，或厕间有备水桶（瓢冲），坐便或蹲便器有水封或无水封的厕所，且粪便及污水冲入到下水道、化粪池和厕坑，无蝇，不会造成环境污染。

2.水冲式非卫生厕所：指虽然是水冲式厕所，但是粪便被冲到开放的水渠、沟塘等开放水体或者不确定冲到何处，会污染环境。

3.卫生旱厕：指有固定盖板的厕所，粪便基本无暴露，保持无蝇。比如通风改良厕所、堆肥厕所、双坑交替厕所、粪尿分集厕所、阁楼厕所、深坑防冻厕所等。

4.普通旱厕：包括无盖板的敞开式旱厕，有或无防渗处理。通常粪便暴露、有蛆蝇。

5.无：指没有厕所。

H16.住房内有无洗澡设施——指住房内是否有固定浴缸（浴盆）或淋浴龙头等能使用的洗浴设施。

1.统一供热水：指本户洗浴用热水由社区、物业管理部门或其他公共设施统一供应。

2.家庭自装热水器：指本户洗浴用热水是由自己安装的各种热水器，如电热水器、燃气（罐装、管道）热水器等。

3.其他：指上述两种以外的洗浴设施。

4.无：指住房内没有洗浴设施。

H17.住房来源——指本户获取现住房的方式。

1.租赁廉租房/公租房：指向政府相关部门申请并租住廉租房、公租房。

2.租赁其他住房：指通过私人、单位或房屋中介等渠道租住住房。

3.购买新建商品房：指按市场价购买的新建商品房。

4.购买二手房：指购买那些进入房屋市场进行交易，第二次及以上进行产权登记的住房，包括二手商品房、允许上市交易的已售公房、经济适用房等。

5.购买原公有住房：指个人以成本价或优惠价购买的、原作为福利分配给本单位职工的住房。

6.购买经济适用房/两限房：指向政府相关部门申请并购买经济适用房、两限房。

7.自建住房：指个人建造的住房，其产权属于个人所有。

8.继承或赠予：指从亲属处继承而来或者受他人赠予而获取住房。

9.其他：指上述几种住房来源以外的情况。

H18.月租房费用——指最近用于交纳房租的单月金额，不包括水电费、物业费、取暖费等附加费用。月租房费用不为整数时，按四舍五入计算。

若多人合租作一户登记时，则需将每人月租费加总计算。

H19.拥有全部家用汽车的总价——是指住户拥有的全部供家庭生活使用的汽车价格之和。

汽车价格按汽车实际购买价格（含税）的方式计算。

若住户有多辆家用汽车，则按全部家用汽车的价格总和选填。

（二）个人项目

C1.姓名——与短表 D1 相同。

C2.与户主关系——与短表 D2 相同。

C3.公民身份号码——与短表 D3 相同。

C4.性别——与短表 D4 相同。

C5.出生年月——与短表 D5 相同。

C6.民族——与短表 D6 相同。

C7.普查时点（2020 年 11 月 1 日零时）居住地——与短表 D7 相同。

C8.户口登记地——与短表 D8 相同。

C9.离开户口登记地时间——与短表 D9 相同。

C10.离开户口登记地原因——与短表 D10 相同。

C11.户口登记地类型——指离开户口登记地（居住地与户口登记地不一致）时的户口登记地类型。

若离开时户口登记地的类型是“乡”，而现在已改成“镇”，应选填“1.乡”，不要填报“2.镇的村委会”或“3.镇的居委会”。

C12.是否有农村土地承包经营权——指被登记人户口所在的户是否有农村土地承包经营权。

户口所在的户应以被登记人的户口簿为准。拥有农村土地承包经营权是指被登记人户口登记地在农村地区或以前的农村地区，目前户口所在的户与集体经济组织签订了农村土地承包合同。

拥有农村土地承包经营权的户，目前可能实际经营承包地，也可能因各种原因不再经营承包地，包括以转包、出租、入股、托管等方式流转所承包土地经营权。

C13.出生地——指被登记人的出生地点。

1.本县（市、区、旗）：指出生在本县、县级市、区、旗。

2.本省其他县（市、区、旗）：指出生在本省的其他县、县级市、区、旗。

3.省外：指出生在本省（区、市）以外其他地区，并选填出生地所在省（区、市）的名称。在港、澳、台或国外出生的，根据实际情况选填 “香港特别行政区”“澳门特别行政区”“台湾地区”或“国外”。

C14.五年前常住地——指被登记人在普查标准时点的五年前，即 2015 年 11 月 1 日零时的常住地。

五年前居住在本县（市、区、旗）以外其他地区的人，还需选填五年前常住地的地址。

五年前居住在港、澳、台或国外的，根据实际情况选填“香港特别行政区”“澳门特别行政区”“台湾地区”或“国外”。

C15.受教育程度——与短表 D11 项相同。

C16.学业完成情况——指受教育程度为小学及以上的人完成学业的情况。

1.在校：正在接受各级各类学校教育并有学籍。

2.毕业：已修完全部课程，并经过考试鉴定合格。

3.肄业：修完全部课程，但考试不及格或因种种原因未取得毕业资格。

4.辍学：未能修完所规定的全部课程，中途退学。

5.其他：私塾、自学等其他方式。

C17.是否识字——与短表 D12 项相同。

C18.工作情况——指被登记人在 10 月 25—31 日期间，即普查标准时点前一周，是否为取得收入而工作了 1 小时以上，包括临时工、互联网灵活就业、家庭经营无酬帮工。

工作是指为获取工资、实物报酬或经营收入而从事的各种生产、经营或服务性活动，其目的是为了取得收入，无论实际是否取得。不包括义务劳动和公益性劳动。

1.是：指在 10 月 25—31 日期间，为取得收入而干过固定的、临时的或兼职的工作，并且工作时间超过 1 小时。在校学生利用课余或假期以及退休人员为取得收入而从事了工作，也选填此项。

家庭成员在自家或亲属经营的公司、企业、商铺或网店工作，即使本人没有劳动报酬，也选填此项。

选填“1.是”的人，还需填写工作时间。工作时间按在 10 月 25—31 日期间实际的工作时间填写，而不是按国家或企业规定的制度工作时间填写。

计算工作时间，要注意把握以下几种情况：

（1）从事一种以上有收入工作的，几项工作时间相加计算。

（2）在规定的工作时间以外加班工作的，加班时间一并计算在内。

（3）农村既干家务又从事农业或其他有收入工作的人，家务劳动时间除外。

2.在职休假、在职学习培训、临时停工（保留工资）：

在职休假是指在 10 月 25—31 日期间，因各种休假或请假临时未工作，包括公休假、年休假、空勤人员、船员、火车乘务人员的轮休假、病假、工伤假、产假、事假、探亲假、婚丧假等。个人档案、人事关系已在某单位，但因各种原因尚未到新单位报到上班，如军人转业或工作调动等，也视为休假。

在职学习培训是指有工作单位，在 10 月 25—31 日期间参加脱产学习或培训。

临时停工（保留工资）是指在 10 月 25—31 日期间，由于机械或电力故障、原料或燃料短缺、天气或其他灾害等原因导致的暂时未工作，但仍可以有工资收入。

打零工、计件工等临时就业或灵活就业的人，因为上述原因停工并且没有收入，不填此项，应填“3.未做任何工作”。

3.未做任何工作：指在 10 月 25—31 日期间，没有工作单位，也未从事过任何可以有收入的工作。

对于下岗、内退人员，如果未与原单位解除劳动合同，仍有工资性收入的，选填“2.在职休假、在职学习培训、临时停工”；如果没有工资性收入，选填“3.未做任何工作”。对于承包土地的农民，在 10 月 25—31 日期间，如果干农活或其他有收入的工作超过 1 小时，选填“1.是”；如果外出打工，未从事任何工作，选填“3.未做任何工作”；如果正处于农业生产季节，没有外出打工，期间临时没有干农活，选填“2.在职休假、在职学习培训、临时停工”。

对于从事季节性生产经营的人，如果生产经营仍在进行中，只是在 10 月 25—31 日期间没有工作，选填“2.在职休假、在职学习培训、临时停工”；如果正处于季节性歇业，选填“3.未做任何工作”。

C19.工作单位或生产经营活动所属类型——指普查标准时点前一周的主要工作单位或生产经营活动类型。

1.企业、事业、机关或社会团体等法人单位：法人单位指依法成立，有自己的名称、组织机构和场所，能够独立承担民事责任，独立拥有和使用（或授权使用）资产承担负债，有权与其他单位签订合同，会计上独立核算，能够编制资产负债表的单位。包括企业、事业、机关、社会团体、民办非企业单位、基金会、居委会、村委会、农民专业合作社、农村集体经济组织和其他组织机构。

2.个体经营户：指资产归个人所有，以个体劳动为基础，劳动成果归劳动者个人占有和支配的一种经济组织。既包括在各级工商行政管理机关登记注册、领取《营业执照》的个体工商户，也包括没有领取《营业执照》，但实际从事个体经营活动的人。

3.经营农村家庭承包地（家庭农林牧渔生产经营活动）：指在自家承包的耕地、林地、草地、池塘以及其他合法用于农业的土地上，从事农林牧渔业生产经营活动，也包括家庭在转包和租用他人农业用地上从事农林牧渔业生产经营活动，所从事的农业生产活动以自营劳动为主，不雇佣长期雇工，但可能雇佣临时短工。

农业生产季节在承包土地上从事农业生产，但上周未做任何工作的人，也选填此项。

普查标准时点前一周未在自家承包土地上工作而从事其他生产经营活动的人，或外出务工经商的人不填此项，选填上周实际工作单位或生产经营活动。

4.自由职业/灵活就业：指除个体经营户以外的自雇就业或自主型的个体就业。包括律师、自由撰稿人、歌手、模特等自主就业人员，也包括家庭自雇家政服务、街头小贩、其他类型打零工的临时就业人员，还包括依赖平台承接工作任务、不隶属于任何雇主的劳动者。

C20.行业——指普查标准时点前一周主要工作所在单位的生产经营活动。如果前一周从事两项不同工作，按工作时间长短确定主要工作；如果工作时间相同，再按报酬高低确定主要工作。

行业是按照经济活动的同一性进行分类的，不是按其所属的行政管理系统来分的。产业活动单位是划分行业的分类标准。产业活动单位是指：（1）具有一个场所、从事一种或主要从事一种经济活动；（2）单独组织生产、经营或业务活动；（3）掌握收入和支出的会计核算资料。

填写行业时要注意以下情况：

有工作单位的，既要填写单位名称，也要填写单位的主要产品或从事的主要业务。单位名称要具体到分厂、分公司或营业部，即产业活动单位，不能笼统地只填写总厂名称。最重要的是单位的主要产品或主要业务要详细填写，要用动宾词组表达，如"生产服装"或"销售服装"，不能简写为"服装"。保密单位，填写其公开使用的名称和公开的主要产品或主要业务。

没有工作单位的，只填写主要产品或主要业务，如"送外卖""当滴滴司机"。务农人员不能笼统地填写"农业"，要根据其具体的农业生产活动或农户具体从事的主要业务填写。如"种粮食""养猪"等。

C21.职业——指普查标准时点前一周主要工作具体是干什么。如果前一周从事两项不同工作，按工作时间长短确定主要工作；如果工作时间相同，再按报酬高低确定主要工作。

职业分类是以工作性质的同一性为基本原则。所谓"同一性"，是指不论其所在工作单位是什么经济类型，不论用工形式是固定工还是临时工，也不论其隶属于哪个行业，凡是从事同一性质工作的人都划分为同一类。

填写职业时应注意以下情况：

填写职业要具体、详细。不能笼统地写"工人""农民""公务员""工程师"等，而应具体填写其实际工作种类，如"铸轧工""捕鱼""统计人员""通信工程技术员"等。具有专业技术职称的行政领导人员，应按行政领导职务填写其职业；同时担任两个以上职务的领导干部，应按主要职务填写其职业。工种尚未确定，暂时又无具体工作岗位的，要填写"工种未定"。

C22.未工作原因——指被登记人在普查标准时点前一周没有工作的主要原因。

1.在校学习：指在各级各类学校学习，并有正式学籍的人员。不包括有工作单位，脱产学习的人员。

2.离退休：指已办理离休、退休手续，定期领取离退休生活费，且未从事任何有收入劳动的人。

3.料理家务：指主要在自己家里从事家务劳动，且没有劳动收入的人。离、退休人员从事家务劳动的，选填"2.离退休"。为自家经营的摊位、商店、门市部、工厂工作的人，农村中既料理家务又务农或从事家庭副业的人，在别人家干家务活的临时工或小时工，均属于有工作的人，不选填此项。

4.丧失工作能力：指经专门机构鉴定或虽未鉴定但本人或其法定监护人认为，其因生理或心理疾患已丧失了从事劳动的能力。包括年老体弱生活不能自理的人员，但不包括离休、退休人员，这些人不论是身体残疾还是年老体弱生活不能自理，均选填“2.离退休”。

5.其他：指上述几种以外的原因。

C23.主要生活来源——指被登记人主要依靠什么生活。

如果被登记人同时有几种生活来源，选填其认为最主要的一项。

1.劳动收入：指主要依靠劳动报酬、经营利润或家庭收益（包括现金和实物收入）生活。

2.离退休金/养老金：指办理了离休、退休或退职手续，主要依靠从原工作单位或社会保险经办机构领取的离退休金（包括退职费）生活。

3.最低生活保障金：指建立最低生活保障制度的地区，家庭人均收入低于当地规定的最低生活保障线，主要依靠从政府有关部门或集体领取最低生活保障金生活，以及依靠民政部门发放的烈军属、五保户、残疾人等的生活抚恤金生活。

4.失业保险金：指失业保险经办机构依法支付给符合条件的失业人员的基本生活费用，是对失业人员在失业期间失去工资收入的一种临时补偿。

5.财产性收入：指以资金储蓄、借贷入股以及财产运营、房屋租赁等所取得的利息、股息、红利、租金等收入。

6.家庭其他成员供养：指主要依靠家庭其他成员或亲属的供养和资助生活。

7.其他：指上述几种以外的情况。

C24.婚姻状况——指被登记人在普查标准时点的实际婚姻状况。

1.未婚：指从未结过婚。

2.有配偶：指有配偶，处于婚姻中。

3.离婚：指曾经结过婚，但已办理了离婚手续且没有再婚，或正在办理离婚手续。

4.丧偶：指配偶已去世，且没有再婚。

人口普查的婚姻是指事实婚姻，不是单指法律意义上的婚姻，对不到法定结婚年龄，或未办理结婚手续而同居、实际结婚的人，应根据其在普查标准时点的实际情况，按照被登记人的申报选填。

C25.初婚年月——指被登记人第一次结婚时的年、月。

C26.生育子女数——指截止到普查标准时点，15至64周岁妇女的生育状况。

1.未生育：指被登记妇女没有生育过子女。

2.有生育：指被登记妇女生育过子女，需分别填写生过和存活的子女数。

生过几个孩子：指生育的活产男孩和女孩数，包括产后不久就死亡的婴儿。胎儿脱离母体时（不管孕期长短），凡有过呼吸或心跳、脐带搏动、随意肌收缩等生命现象的，都视为“活产”。这里所说的“子女”是指该妇女的亲生子女，不包括丈夫前妻的子女和领养的子女，但鉴于有些家庭不愿公开领养关系，可尊重申报人的意愿，按亲生子女填报。

其中现在存活几个孩子：指活产子女中，仍然存活的男孩和女孩数，无论是否与父母一起居住。在普查标准时点前已死亡的孩子不包括在内。无存活子女的填写“0”。

C27.过去一年（2019年11月1日—2020年10月31日）的生育状况——指普查标准时点前12个月内，15至50周岁被登记妇女的生育状况。

1.一年内未生育：指过去一年内没有生育过子女。

2.一年内有生育：指过去一年内生育过子女，需选填生育时间和孩子性别。

一年内生育两个以上孩子的，包括两次生育或生育多胞胎，还需填报第二个孩子的状况，第三个或以上的孩子不用填报。

C28.居住状况——指普查标准时点前一个月，60周岁及以上被登记人的主要居住状况。

1.与配偶和子女同住：指与配偶和子女住在一起。

2.与配偶同住：指子女不在身边，与配偶住在一起。

3.与子女同住：指配偶不在身边，与子女住在一起。

4.独居（有保姆）：指本户中只有老人和保姆。

5.独居（无保姆）：指独身一人居住。

6.养老机构：指在提供养老服务的场所，包括敬老院、老年公寓等居住的情况。凡在养老机构居住的老年人，不论与谁同住。

7.其他：指上述几种以外的状况。

C29.身体健康状况——指60周岁及以上被登记人根据自身健康状况，对普查标准时点前一个月能否保证正常生活做出的自我判断。

1.健康：指过去一个月健康状况良好，完全可以保证日常的生活。

2.基本健康：指过去一个月健康状况一般，可以保证日常的生活。

3.不健康，但生活能自理：指普查标准时点前一个月健康状况不是太好，但可以基本保证正常的生活。

4.不健康，生活不能自理：指普查标准时点前一个月健康状况较差，不能照顾自己日常的生活起居，如吃饭、穿衣、自行走动等。

三、港澳台居民和外籍人员普查表

（一）住户项目

F1.户别——与短表H1相同。

F2.住所类型——与短表H5相同。

F3.本户现住房建筑面积——与短表H6相同。

F4.本户现住房间数——与短表H7相同。

（二）个人项目

R1.姓名——填写被登记人的正式姓名。婴儿未起名的，可填“未取名”。外籍人员的姓名最好用中文填写，也可以用其它文字填写。

R2.与户主关系——与短表D2相同。

R3.性别——与短表D4相同。

R4.出生年月——与短表D5相同。

R5.来内地（大陆）或来华目的——指被登记人来中华人民共和国境内居住的原因。

1.商务：指进行各种商务活动的人。

2.就业：指已有工作或正在寻找工作的人。

3.学习：指已经或准备在各类学校学习的人。

4.定居：指在中华人民共和国境内定居但没有工作或上学的人。包括在中华人民共和国境内工作人士的家属。

5.探亲：指探望亲戚或朋友的人。

6.其他：指上述以外的其他原因。

R6.已在内地（大陆）或在华居住时间——指到普查标准时点为止，被登记人在中华人民共和国境内居住的时间。

R7.受教育程度——指被登记人接受教育情况。按照被登记人的申报选填。

R8.身份或国籍——指被登记人是香港特别行政区居民、澳门特别行政区居民还是台湾地区居民。如果是外国人，还应填写国籍。

R9.工作情况——参照长表C18。

R10.行业——指被登记人的工作单位主要生产的产品或提供的服务类别，参照《国民经济行业分类(GB/T4754—2017)》，按标准选项据情选填。

R11.职业——指被登记人所从事的工作类别，按标准选项据情选填。

1.党的机关、国家机关、群众团体和社会组织、企事业单位负责人：指在中国共产党机关，国家机关，民主党派和工商联，人民团体和群众团体、社会组织及其工作机构，基层群众自治组织，企业、事业单位中担任领导职务并具有决策、管理权的人员。

2.专业技术人员：指从事科学研究和专业技术工作的人员。

3.办事人员和有关人员：指在公共管理和社会组织机构中从事行政业务、行政事务、行政执法和仲裁、安全保卫、消防和应急救援等工作的人员。

4.社会生产服务和生活服务人员：指从事商品批发零售、交通运输、仓储、邮政和快递、信息传输、软件和信息技术、住宿和餐饮以及金融、房地产、租赁和商务技术辅助、生态保护、文化、体育和娱乐等社会生产服务与生活服务工作的人员。

5.农、林、牧、渔业生产及辅助人员：指从事农、林、牧、渔业生产活动及辅助生产的人员。

6.生产制造及有关人员：指从事产品生产及设备制造，矿产开采，工程施工和运输设备操作的人员及有关人员。

7.不便分类的其他从业人员。

R12.婚姻状况——参照长表 C24。

四、死亡人口调查表

凡在普查短表户记录 H4 中，登记了 2019 年 11 月 1 日至 2020 年 10 月 31 日期间有死亡人口的户，还要登记死亡人口的具体情况。

S1.姓名——与短表 D1 相同。

S2.公民身份号码——与短表 D3 相同。

S3.性别——与短表 D4 相同。

S4.出生年月——与短表 D5 相同。

S5.死亡时间——指死亡人口死亡时的月份。

S6.民族——与短表 D6 相同。

S7.受教育程度——与短表 D11 相同。

S8.婚姻状况——与长表 C24 相同。

为保证死亡人口的登记质量，普查员在入户登记时应注意以下几点：

1.登记死亡人口时，一般以死亡前的常住地为登记地，而不以死亡发生时的地点（如医院等）为登记地。

2.本户常住人口中有死亡的，不论其与该户有无亲属关系，都应作为该户死亡人口予以登记。

3.对于无法确定死亡人口常住地，或登记时与死亡人口常住地联系不上的，如孤寡老人、流动人口等，一律在死亡发生地登记。

第三部分 附录

附录 4 统计上划分城乡的规定

统计上划分城乡的规定

（国务院于 2008 年 7 月 12 日国函[2008]60 号批复）

一、为了科学、真实地反映我国现阶段城乡人口、社会和经济发展情况，准确评价我国的城镇化水平，制定本规定。

二、本规定作为统计上划分城乡的依据，不改变现有的行政区划、隶属关系、管理权限和机构编制，以及土地规划、城乡规划等有关规定。

三、本规定以我国的行政区划为基础，以民政部门确认的居民委员会和村民委员会辖区为划分对象，以实际建设为划分依据，将我国的地域划分为城镇和乡村。

实际建设是指已建成或在建的公共设施、居住设施和其它设施。

四、城镇包括城区和镇区。城区是指在市辖区和不设区的市，区、市政府驻地的实际建设连接到的居民委员会和其他区域。镇区是指在城区以外的县人民政府驻地和其他镇，政府驻地的实际建设连接到的居民委员会和其他区域。

与政府驻地的实际建设不连接，且常住人口在 3000 人以上的独立的工矿区、开发区、科研单位、大专院校等特殊区域及农场、林场的场部驻地视为镇区。

五、乡村是指本规定划定的城镇以外的区域。

六、本规定由国家统计部门负责解释。

七、本规定自 2008 年 8 月 1 日起施行。